Droit du travail

29e édition

2015

Gilles Auzero

Professeur à l'Université Montesquieu (Bordeaux IV)

Emmanuel Dockès

Professeur à l'Université Paris Ouest Nanterre La Défense

DALLOZ

DALLOZ

31-35 rue Froidevaux, 75685 Paris cedex 14

ISBN : 978-2-247-13733-6

AVERTISSEMENT
à la 28e édition

Depuis 1984 et la 12e édition de ce Précis, le nom de Jean Pélissier figurait sur sa couverture. Les exigences intellectuelles exceptionnelles et les qualités de style inimitables de cet auteur continuent et continueront longtemps encore à en marquer le contenu et la structure. C'est pour nous un grand honneur et une lourde tâche de reprendre ainsi la suite de notre maître.

L'esprit de ce Précis, fait de force doctrinale, d'attention aux contextes sociaux et de constant souci de simplicité est issu de plus de vingt ans de collaboration entre Jean Pélissier et Gérard Lyon-Caen. Nous nous efforcerons, au fil des mises à jour et des refontes partielles, inévitables, de préserver de notre mieux cet esprit. Nous espérons qu'ainsi il pourra demeurer ce qu'il est depuis si longtemps : un outil accessible aux étudiants et utile aux praticiens.

Nous savons et nous nous réjouissons de savoir que, malgré sa disparition de la couverture, le nom de Jean Pélissier restera pour de nombreuses années indissociablement rattaché à ce classique du droit du travail.

Gilles Auzero et Emmanuel Dockès

Juillet 2013

SOMMAIRE

(Une table des matières détaillée figure à la fin de l'ouvrage)

SIGLES ET ABRÉVIATIONS

ACCRE	Aide aux chômeurs et repreneurs d'entreprises
Act. jur.	*Action juridique CFDT*
AGIRC	Association générale des institutions de retraites des cadres
AJDA	*Actualité juridique de droit administratif*
ALD	*Actualité législative Dalloz*
ANI	Accord international interprofessionnel
APEC	Association pour l'emploi des cadres
Archives phil. dr.	*Archives de philosophie du droit* (Dalloz)
ARE	Allocation d'aide au retour à l'emploi
ARRCO	Association des régimes de retraites complémentaires
Assedic	Association pour l'emploi dans l'industrie et le commerce
BIT	Bureau international du travail
Bull. civ.	*Bulletin des arrêts de la Cour de cassation, chambres civiles*
Bull. crim.	*Bulletin de la Cour de cassation, chambre criminelle*
C. civ.	Code civil
C. com.	Code de commerce
C. éduc.	Code de l'éducation
C. pén.	Code pénal
C. pr. civ.	Code de procédure civile (anc. NCPC)
C. pr. pén.	Code de procédure pénale
CSS	Code de la Sécurité sociale
C. trav.	Code du travail
C. trav. mar.	Code du travail maritime
CAA	Cour administrative d'appel
CAE	Contrat d'accompagnement dans l'emploi
Cah. Cons. const.	*Cahiers du Conseil constitutionnel*
Cah. prud'h.	*Cahiers prud'homaux*
Cah. soc. barreau	*Cahiers sociaux du barreau*
CARE	Convention d'aide au retour à l'emploi
CASF	Code de l'action sociale et des familles
CE	Conseil d'État
CEDH	Cour européenne des droits de l'homme
CEDS	comité européen des droits sociaux
CEE	Centre d'études de l'emploi
CEREQ	Centre d'études et de recherches sur les qualifications
CES	Contrats emploi-solidarité
CESEDA	Code de l'entrée et du séjour des étrangers et du droit d'asile
CFA	Centre de formation d'apprentis

CFE	Confédération générale de l'encadrement
CFTC	Confédération française des travailleurs chrétiens
CGI	Code général des impôts
CGPF	Confédération générale de la production française
CGPMR	Confédération générale des petites et moyennes entreprises
CGT	Confédération générale du travail
CGTU	Confédération générale du travail unitaire
CHSCT	Comité d'hygiène, de sécurité et des conditions de travail
CIE	Contrat initiative-emploi
CIP	Contrat d'insertion professionnel
CIRI	Comité interministériel de restructuration industrielle
CJCE/CJUE	Cour de justice des Communautés européennes/ de l'Union européenne
COJ	Code de l'organisation judiciaire
Com.	Chambre commerciale de la Cour de cassation
Cons. const.	Conseil constitutionnel
Cons. Prud'h.	Conseil de prud'hommes
Conv. EDH	Convention européenne des droits de l'homme
Crim.	Cour de cassation, chambre criminelle
CSB (ou CSBP)	*Cahiers sociaux du barreau de Paris*
CUI	Contrat unique d'insertion
D.	*Recueil Dalloz*
DA	*Dalloz analytique* (1941 à 1944)
DC	*Dalloz critique* (1941 à 1944)
DGEFP	Direction générale à l'emploi et à la formation professionnelle
DH	*Dalloz hebdomadaire* (1924 à 1940)
DIRECCTE	Direction régionale des entreprises, de la concurrence, de la consommation, du travail et de l'emploi
DP	*Dalloz périodique* (1924 à 1940)
Dr. ouvrier	*Droit ouvrier* (revue CGT)
Dr. pénal	*Droit pénal*
Dr. soc.	*Droit social*
Dr. sociétés	*Droit des sociétés*
Droits	*Droits* (*Revue française de théorie juridique*)
Europe	*Revue Europe*
FO	Force ouvrière
FONGECIF	Fonds pour la gestion du congé individuel de formation
FPSPP	Fonds paritaire de sécurisation des parcours professionnels
Gaz. Pal.	*Gazette du Palais*
JCP	*Juris-Classeur Périodique (La semaine juridique), édition Générale*
JCP E	*Juris-Classeur périodique, édition Entreprise*
JCP S	*Juris-Classeur Périodique, édition Sociale*

JDI	*Journal de droit international*
JO	*Journal officiel de la République française*
JOUE	*Journal officiel de l'Union européenne*
JS Lamy	*Jurisprudence sociale Lamy*
JS UIMM	*Jurisprudence sociale de l'UIMM*
Justices	*Revue générale de droit processuel Justices* (Dalloz)
Liaisons soc.	*Liaisons sociales*
LPA	*LPA*
OIT	Organisation internationale du travail
OPCA	Organismes paritaires collecteurs agréés
PPAE	Projet personnalisé d'accès à l'emploi
PSE	Plan de sauvegarde de l'emploi
RCA	*Responsabilité civile et assurances*
RDC	*Revue des contrats*
PARE	Plan d'aide au retour à l'emploi
RDSS	*Revue de droit sanitaire et social*
RDT	*Revue de droit du travail*
Rec.	*Recueil des arrêts du Conseil d'État (Lebon)*
Rec. Cons. const.	*Recueil des décisions du Conseil constitutionnel*
Rec. CJCE	*Recueil de jurisprudence de la Cour de justice des Communautés européennes*
Rép. civ.	*Répertoire de droit civil Dalloz*
Rép. trav.	*Répertoire de droit du travail Dalloz*
Rev. arb.	*Revue de l'arbitrage*
Rev. crit. DIP	*Revue critique de droit internationl privé Dalloz*
Rev. crit. législ. et jur.	*Revue critique de législation et de jurisprudence*
RF aff. soc.	*Revue française des affaires sociales*
RG	Règlement annexé à la Convention du 19 février 2009
RFAS	*Revue française des affaires sociales*
RFDC	*Revue française de droit constitutionnel*
RID comp.	*Revue international de droit comparé*
RIT	*Revue internationale du travail* (BIT)
RJS	*Revue de jurisprudence sociale* (F. Lefebvre)
RLDC	*Revue Lamy droit civil*
RMI	Revenu minimum d'insertion
RSA	Revenu de solidarité active
RSC	*Revue de science criminelle et de droit pénal comparé*
RPDS	*Revue pratique de droit social*
RTD civ.	*Revue trimestrielle de droit civil*
RTD eur.	*Revue trimestrielle de droit européen*
SMIC	Salaire minimum interprofessionnel de croissance
SMIG	Salaire minimum interprofessionnel garanti (jusqu'en 1970)
Soc.	Cour de cassation, Chambre sociale
Sem. soc. Lamy	*Semaine sociale Lamy*

T. confl.	Tribunal des conflits
TCE	Traite de Rome du 25 mars 1957
TFUE	Traité sur le fonctionnement de l'Union européenne
TPS	*Travail et protection sociale*
TUE	Traité sur l'Union européenne
UIMM	Union des industries métallurgiques et minières
Unedic	Union nationale pour l'emploi dans l'industrie et le commerce
UNSA	Union nationale des syndicats autonomes
V. ss	Voir sous n°

SITES INTERNET

Agence nationale pour l'amélioration des conditions de travail (ANACT)	www.anact.fr
Association nationale des directeurs des ressources humaines (ANDRH, ex. ANDCP)	www.andrh.fr
Association pour l'emploi des cadres (APEC)	www.apec.fr
Centre INFFO (Formation professionnelle continue)	www.centre-inffo.fr
Centre des jeunes dirigeants d'entreprise (CJD)	www.cjd.net
Commission nationale informatique et libertés (CNIL)	www.cnil.fr
Confédération française de l'encadrement – Confédération générale des cadres (CFE-CGC)	www.cfecgc.org
Confédération française démocratique du travail (CFDT)	www.cfdt.fr
Confédération générale du travail (CGT)	www.cgt.fr
Confédération générale des petites et moyennes entreprises (CGPME)	www.cgpme.fr
Confédération internationale des syndicats libres	www.icftu.org
Confédération syndicale internationale (CSI)	www.ituc-csi.org
Conseil constitutionnel	www.conseil-constitutionnel.fr
Conseil de l'Europe	www.coe.int
Conseil économique et social	www.conseil-economique-et-social.fr
Cour de cassation	www.courdecassation.fr
Cour de justice de l'Union européenne	www.curia.eu.int
Force ouvrière (FO)	www.force-ouvriere.fr
Institut de recherches économiques et sociales (IRES)	www.ires-fr.org
Institut national de la statistique et des études économiques (INSEE)	www.insee.fr
La Documentation française	www.ladocumentationfrancaise.fr
Législation européenne (EUR-Lex)	eur-lex.europa.eu
Ministère du Travail	www.travail-emploi.gouv.fr
Mouvement des entreprises de France (MEDEF)	www.medef.com
Organisation de coopération et de développement économique (OCDE)	www.oecd.org
Organisation internationale du travail (OIT)	www.ilo.org
Union européenne	europa.eu

INTRODUCTION

1 Malgré son nom, le droit du travail ne régit pas l'ensemble des situations de travail. La matière ne traite que de la situation juridique des « salariés », lesquels sont des travailleurs rémunérés, subordonnés et soumis au droit privé [1]. L'usage du mot « travail » sans spécification, sans adjectif, est donc une exagération langagière. Mais celle-ci n'est pas propre à la France. Elle est au contraire très commune [2]. Elle s'explique par ses racines historiques : le mot « travail » et ses équivalents en langues étrangères ont visé, dans un premier temps, les seules basses besognes [3]. L'exagération perdure par l'importance du champ du droit du travail. Environ 90 % de la population active occupée travaille sous la subordination d'autrui [4]. Si l'on soustrait les travailleurs subordonnés soumis au droit public, il reste 70 % de la population active occupée à être *stricto sensu* salariée [5]. En d'autres termes, tous les travailleurs ne sont pas régis par le droit du travail. Mais, ils le sont dans leur très grande majorité.

Cette importance quantitative de l'objet du droit du travail se double d'une importance qualitative. Par le temps qui lui est consacré, par le revenu qui en dépend, par l'identité sociale qui en découle, le travail est un sujet primordial dans nos sociétés. Il est même peut-être *le* sujet primordial.

Le droit du travail est donc constamment l'objet d'attentions politiques et médiatiques. Et il peut être l'occasion de mouvements sociaux de grande ampleur. Si l'on devait mesurer l'importance d'une branche du droit à l'importance des mobilisations qui la concernent, qu'elle occasionne, nul doute que le droit civil ou le droit commercial apparaîtraient comme anecdotiques comparativement au droit du travail.

La clarification de quelques notions essentielles (Chap. 1) et une mise en perspective historique (Chap. 2) précéderont l'entrée dans le cœur de la matière.

---

1. Pour une définition plus précise du domaine du droit du travail, v. ss 192 s.

2. La matière se dit « diritto del lavoro » en Italien, « Arbeitsrecht » en allemand, « Labour Law » en anglais, « Derecho laboral » en espagnol, etc.

3. V. ss 2.

4. 90,3 % en 2012, *Source INSEE.*

5. 70,4 % en 2012, *Source INSEE.*

CHAPITRE 1
NOTIONS PREMIÈRES

2 ***Le travail humain*** ◊ Historiquement et étymologiquement le mot « travail » est attaché à l'idée de souffrance. Cette connotation est présente dans le latin *tripalium* dont il est issu, mot qui désigna un instrument de torture. Le français « travail » a longtemps conservé ce lien avec la douleur. Le « travail » fut d'abord celui de l'enfantement, avant de nommer l'activité des « gens de bras » (mais non des artisans, « gens de métier »). Le terme a depuis connu une constante extension de son sens. Sont désormais mêlées sous un même vocable les activités créatrices et destructrices, celles qui permettent à la personne de s'accomplir et celles qui l'avilissent [1]. Au demeurant, le travail a souvent ces deux faces. Synonyme d'identité, de socialisation, de réalisation de soi, il peut être *simultanément* un temps de soumission, de stress, d'usure physique ou morale.

3 ***Pouvoir*** ◊ Le droit du travail a pour objet le travail subordonné, celui qui s'exécute sous l'autorité, sous le pouvoir d'autrui [2]. Cette présence de l'inégalité irrigue et explique l'essentiel de la matière. Le droit du travail est un droit du pouvoir, au même titre que le droit public. Ce caractère le conduit à être assimilé à une branche du droit public dans certains droits anglo-saxons et notamment aux États-Unis. Il apparaît ainsi assez logique que certaines problématiques issues du droit public aient pu s'y exprimer avec tant de force. La problématique des droits de l'homme et la problématique de la démocratie en sont les exemples les plus nets [3].

C'est aussi parce qu'il est un droit du pouvoir que le droit du travail ne concerne pas, en principe, les *travailleurs indépendants* (commerçant, artisan, agriculteur exploitant, professions libérales). Cette affirmation est cependant à nuancer. En société, il n'existe guère d'activité qui ne subisse à un titre ou à un autre l'influence d'autrui. L'indépendance n'est pas un absolu mais une qualification toute relative. Pour cette raison, il n'est pas rare que des règles inspirées du droit du travail puissent avoir un certain impact sur des professions qualifiées d'indépendantes [4].

---

1. Cette ambivalence est au cœur de la réflexion philosophique sur le travail. V. not. D. Méda, *Le travail*, PUF, Coll. Que sais-je ?, 2003 ; Ph. Zarifian, *À quoi sert le travail ?*, La Dispute, 2003. V. aussi quelques récentes enquêtes : Ch. Baudelot et M. Gollac, *Travailler pour être heureux ?*, Fayard, 2003 ; La place du travail dans l'identité des personnes en emploi (Insee), *Premières synthèses et informations*-DARES, janv. 2004 ; F. Dubet *Injustices. L'expérience des inégalités au travail*, Paris, Seuil, 2006.

2. E. Dockès, Le pouvoir dans les rapports de travail, *Dr. soc.* 2004. 620 s. ; A. Jeammaud, Le pouvoir patronal visé par le droit du travail, *Sem. soc. Lamy* 2008, supp. n° 1340, p. 15-26.

3. E. Dockès, Pouvoir patronal et démocratie, *Sem. soc. Lamy* 2008, supp. n° 1340, p. 85-90.

4. G. Lyon-Caen, *Le droit du travail non salarié*, Sirey, 1990.

Le pouvoir que le droit du travail entend appréhender est d'abord une relation de fait. Le pouvoir de l'employeur n'a pas attendu de consécration juridique pour s'exprimer. La dépendance économique du travailleur a suffi pour placer celui-ci, dans les faits, sous la domination de son employeur, sous son *pouvoir de fait*. Et c'est en réaction à ce pouvoir de fait que le droit du travail s'est construit.

Ce rapport de force factuel a été reconnu, précisé, légitimé et encadré par le droit. Il en est résulté un pouvoir juridique, un *pouvoir de droit*, habituellement désigné sous le nom de « pouvoir de direction de l'employeur ». Ce pouvoir permet d'édicter des ordres ponctuels, mais aussi des directives générales ou des sanctions [1]. Il est une prérogative juridique. Il est, plus précisément encore, une habilitation a édicté des actes juridiques unilatéraux, qui précisent ou créent des obligations à la charge des salariés [2].

La valeur et la place de ce pouvoir dans l'agencement des sources du droit du travail sont des questions essentielles, très débattues en doctrine [3]. Après de longues hésitations, la jurisprudence considère désormais que le pouvoir de l'employeur est une faculté accordée par le contrat individuel de travail. Il en résulte d'importantes conséquences juridiques : la désobéissance du salarié au pouvoir de direction est une faute contractuelle [4] ; réciproquement lorsque l'employeur outrepasse son pouvoir, il viole le contrat [5] ; le pouvoir, issu du contrat, ne peut pas modifier le contrat [6] ; et ceci vaut y compris pour le pouvoir disciplinaire [7].

---

1. La distinction traditionnelle d'un pouvoir de direction, d'un pouvoir disciplinaire et d'un pouvoir normateur est trompeuse. Le pouvoir disciplinaire et le pouvoir normateur ne sont que des modes d'exercice du pouvoir de direction reconnu à l'employeur.

2. Sur cette définition du pouvoir juridique, comme « faculté de réaliser des actes unilatéraux accroissant ou précisant les devoirs juridiques d'autrui », v. E. Dockès, *Valeurs de la démocratie*, Dalloz 2004, p. 121-139. Comp. E. Gaillard, *Le pouvoir en droit privé*, Economica 1985.

3. Les débats sont structurés par l'opposition entre les tenants d'une vision institutionnelle et les tenants d'une vision contractuelle. Ils parcourent toutes sortes de positions intermédiaires qui tentent de concilier ces deux pôles antagonistes. Pour une défense de la théorie institutionnelle, v. not. P. Durand, À la frontière du contrat et de l'institution : la relation de travail, *JCP* 1944. I. 337. Pour la défense d'une position contractuelle, v. G. Lyon-Caen, Défense et illustration du contrat de travail, *Archives Phil. dr. t.* 13, 1968, p. 59 ; E. Dockès, De la supériorité du contrat de travail sur le pouvoir de l'employeur, *in Études offertes à J. Pélissier*, Dalloz, 2004, p. 203 s. V. aussi pour des positions intermédiaires, A. Jeammaud, Le pouvoir patronal visé par le droit du travail, préc. ; J. –M. Béraud, Autour de l'idée de constitution sociale de l'entreprise, in *Études offertes à J. Pélissier*, Dalloz, 2004, p. 55 s. ; P. Lokiec, *Contrat et pouvoir – Essai sur les transformations du droit privé des rapports contractuels*, LGDJ 2004 ; A. Fabre, *Le régime du pouvoir de l'employeur*, LGDJ, 2010.

4. Sur la nature contractuelle de la faute disciplinaire, v. not. Soc. 4 juill. 2000, *Bull. civ.* V, n° 263 ; Cass., ch. mixte, 18 mai 2007, n° 05-40.803 P, *D.* 2007. 2137, obs. J. Mouly ; *Sem. soc. Lamy* 2007, n° 1310, note Ph. Waquet ; *RDT* 2007. 527, obs. T. Aubert-Montpeyssen ; *JCP* 2007. II. 10129, obs. G. Loiseau ; *D.* 2007. Pan. 3037, obs. Ch. Géniaut ; *Dr. ouvrier* 2008. 25, note S. Ducrocq ; v. ss 752 s.

5. Ces solutions sont admises depuis la jurisprudence *Le Berre* du 10 juill. 1996, *Grands arrêts*, n° 50 ; *Bull. civ.* V, n° 278 ; *Dr. soc.* 1996. 976, obs. H. Blaise ; *Dr. ouvrier* 1996. 457, note P. Moussy ; *JCP* 1997. II. 22768, note Y. Saint-Jours ; 20 oct. 1998, *RJS* 1/99, n° 8. Sur cette jurisprudence, v. ss 613.

6. V. la jurisprudence *Le Berre*, du 10 juill. 1996, préc.

7. *Société Hôtel Le Berry* du 16 juin 1998, *Dr. soc.* 1998. 803, rapp. P. Waquet ; *JCP E* 1998. 1789, note D. Corrignan-Carsin, *D.* 1999. 125, note C. Puigelier ; *ibid.* 2000. Somm. 171, obs. M. -C. Amauger-Lattès, *Grands arrêts*, 4e éd., Dalloz, 2008, n° 67.

4 ***Rémunération*** ◊ Le droit du travail ne traite que des rapports de travail rémunérés. Cette exigence n'est pas sans lien avec la précédente. Celui qui ne tire aucune contrepartie de son activité, peut l'abandonner sans perte. Indépendant, il l'est au moins au sens économique. Au demeurant, ce lien est bien présent dans la notion de « *salarié* ». Le sens premier de ce terme est lié à la rémunération. Il vise les personnes qui touchent un salaire. Ce n'est qu'ensuite que le terme de salarié a pris de surcroît le sens de travailleur subordonné.

L'exigence de rémunération exclut l'activité bénévole du droit du travail (v. ss 196). Par assimilation (discutable ?), le travail domestique exercé dans le cadre de la famille est lui aussi exclu [1].

5 ***L'individuel et le collectif*** ◊ Le droit du travail régit les rapports individuels qu'entretiennent un employeur et un salarié. Mais, il ne s'y limite pas, loin s'en faut. Le droit du travail s'est construit et déployé pour et par la prise en compte des rapports collectifs de travail. Ces rapports collectifs s'expriment dans le cadre des entreprises, dans celui des branches d'activité et au niveau interprofessionnel. Ils mettent aux prises des employeurs et associations d'employeurs avec des collectifs de travailleurs, plus ou moins organisés, plus ou moins institutionnalisés.

Les cadres juridiques d'expression du collectif en droit du travail sont divers : création de syndicats, organisations d'actions collectives comme la grève, négociation collective, élections de délégués du personnel, de membres du comité d'entreprise, etc. Ces aspects collectifs du droit du travail sont d'une importance telle qu'il n'est pas de matière censément « individuelle » en droit du travail qui ne soit traversée de problématiques collectives. Le salaire, élément du contrat individuel de travail, est aussi l'objet de la négociation collective annuelle obligatoire (v. ss 1376 s.) ; le droit du licenciement, qui organise la cessation de la relation individuelle de travail, est irrigué de procédures, particulièrement lorsque sont visés des licenciements collectifs pour motif économique (v. ss 456 s.) ; un litige individuel du travail, porté devant le Conseil de prud'hommes, peut avoir un impact symbolique général sur toute l'entreprise et acquérir ainsi, dans les faits, une portée collective, etc.

Ce mélange d'individuel et de collectif a fait du droit du travail une matière intellectuellement riche et souvent pionnière. C'est dans ce champ que furent inaugurés et testés la liberté d'association, les contrats collectifs, les assurances obligatoires, la notion de contrat d'adhésion, l'action en justice d'organisations au nom d'intérêt généraux, etc.

6 ***Emploi*** ◊ Le chômage de masse, constant depuis les années 1970, ne pouvait rester sans impact sur le droit du travail. Les questions relatives à

1. Le travail domestique (ménage, soin des enfants...) demeure principalement exercé par les femmes. Il est l'un des lieux où le sexisme de nos sociétés s'exprime encore avec le plus de force. L'usage persiste de dire d'une « femme au foyer » qu'elle « ne travaille pas » ; pour la statistique, elle est « sans profession » et n'appartient pas à la « population active ».

l'acquisition, à la conservation et à la demande d'emploi, ont gagné en importance. La plupart des évolutions législatives du droit du travail de ces dernières décennies se sont faites au nom de l'emploi [1]. On a même, un temps, parlé de l'essor d'une branche nouvelle du droit : le droit de l'emploi [2], avant que cette matière ne fasse retour au sein de sa branche d'origine, le droit du travail. De ce mouvement, il demeure que les importantes questions du droit du chômage et du droit de la formation professionnelle ne peuvent plus être ignorées du spécialiste en droit du travail [3]. Et la notion d'emploi est, naturellement, devenu un concept clef de la matière [4].

7 ***Droit du travail et sciences sociales*** ◊ L'importance et la spécificité du travail salarié ont provoqué la création d'une branche spécifique non seulement en droit, mais dans l'ensemble des sciences sociales. Il existe une sociologie du travail [5], une économie du travail [6], une histoire du travail et des mouvements sociaux [7], des spécialisations en politiques sociale [8], en gestion des ressources humaines, etc.

Le droit du travail est directement influencé par ces discours et de ces savoirs. Réciproquement, il est un élément étudié par ces différentes matières. Plus encore que les autres branches du droit, le droit du travail est ouvert à la diversité des champs de la connaissance. Chercher à éclairer ou à inspirer les réformes possibles suppose, autant que possible, de marier ces différents angles d'étude [9].

1. Cet usage du droit au service de l'emploi ne va pas toujours de soi : *cf.* A. Supiot, Du bon usage des lois en matière d'emploi, *Dr. soc.* 1997. 229.

2. V. par ex. : J. Pélissier (dir.), *Droit de l'emploi*, Dalloz Action, 2e éd., 1998.

3. Sur le droit de la formation professionnelle, v. ss 137 s. Sur le droit du chômage, v. ss 589 s.

4. Sur l'origine, et la diversité des sens du terme : F. Gaudu, La notion juridique d'emploi en droit privé, *Dr. soc.* 1987. 414 ; Les notions d'emploi en droit, *Dr. soc.* 1996. 569. V. aussi : J. Vincens, La notion d'emploi de l'économie au droit, *Mélanges dédiés au Président M. Despax*, PU sc. soc. Toulouse, 2002, p. 183 ; J. Pélissier, Le lien d'emploi, *Mélanges en l'honneur d'Y. Serra*, Dalloz, 2006, p. 337.

5. La *sociologie* du travail fait l'objet d'une revue spécialisée et de nombreux ouvrages, tels ceux, classiques, de G. Friedmann et P. Naville, C. Durand, J. -D. Reynaud, J. -P. Durand, ou plus récents de J. Kergoat, J. Boutet, H. Jacot et D. Linhart (La Découverte, 1998) ou d'A. Bevort et A. Jobert (A. Colin, 2008). Auxquels il faut ajouter les recherches en sociologie de l'entreprise (A. Touraine, R. Sainsaulieu, *D.* Segrestin, Ph. Bernoux, N. Alter, Ch. Thuderoz), sociologie de l'emploi (M. Maruani et E. Reynaud, M. Lallement, F. Piotet). Particulièrement précieuses sont les études de terrain qui, dans la grande tradition des enquêtes sociales du XIXe s., permettent au juriste de saisir l'action (ou l'inaction) du droit sur le monde du travail (v. par ex. C. Baudelot et al. *Travailler pour être heureux ?* Fayard 2003 ; N. Jounin, *Chantier interdit au public. Enquête parmi les travailleurs du bâtiment*, La Découverte, 2007).

6. V. not. B. Gazier, *Economie du travail et de l'emploi*, 2e éd. Dalloz 1992 ; A. Zylberberg et P. Cahuc, *Économie du travail – La formation des salaires et les déterminants du chômage*, De Boeck 1998 ; B. Gazier *Tous sublimes. Vers un nouveau plein-emploi*, Flammarion, 2003.

7. V. not. O. Marchand et C. Thélot, *Le travail en France (1800-2000*, Nathan, 1997).

8. V. not. J. Fournier, N. Questiaux et J. -M. Delarue, *Traité du social*, Dalloz, 5e éd., 1989 ; M. -Th. Join-Lambert, A. Bolot-Gittler, Ch. Daniel, D. Lenoir, *D.* Méda *Politiques sociales*, Dalloz-Fondation des sciences politiques, 2e éd. 1997

9. V. par ex. A. Supiot, M. E. Casas, J. de Munck, P. Hanau, *Au-delà de l'emploi : transformations du travail et devenir du droit du travail en Europe*, rapport pour la Commission des Communautés européennes, Flammarion, coll. « Flammarion Documents et Essais », Paris, 1999.

CHAPITRE 2

HISTOIRE DU DROIT DU TRAVAIL

8 Il apparaît impossible de comprendre le droit du travail actuel, ses enjeux, ses débats, sans un minimum de profondeur historique. Le point de départ choisi pour ce bref rappel historique est la fin du XVIIIe siècle. L'apparition du premier droit du travail est pourtant postérieure. Mais c'est à cette époque que furent édictés et débattus des principes toujours actuels, et dont l'impact sur le droit du travail semble même se développer.

Le découpage du fil du temps en périodes s'impose pour des raisons de pédagogie et d'organisation du propos. Il ne doit en aucun cas être compris comme la définition de ruptures et ou d'époques séparées les unes des autres. Les évolutions d'un temps trouvent toujours des racines dans les temps antérieurs.

SECTION 1. DE 1789 À LA IIIE RÉPUBLIQUE

9 ***Le libéralisme initial*** ◊ Le libéralisme, tel qu'il s'est développé au XVIIIe siècle, est individualiste et antiautoritaire. Les pouvoirs publics sont naturellement, sa première cible. Ces pouvoirs s'exprimaient alors par la censure, la torture et les lettres de cachet. Ils formaient l'adversaire le plus évident. L'idée d'un pouvoir étatique devant être réduit afin de laisser le plus de libertés possible aux individus s'exprime avec force dans la Déclaration des droits de l'homme de 1789.

On oublie souvent de rappeler que des pouvoirs que nous qualifierions aujourd'hui de « privés » furent eux aussi visés. L'attention se porta naturellement, sur les inégalités et pouvoirs les plus visibles. Furent ainsi attaqués les droits féodaux, la classification de la société en ordres (noblesse, clergé, tiers état) et les corporations. Ces pouvoirs avaient comme point commun d'être établis et renforcés par le droit. Une telle existence juridique les rendait facilement décelables et particulièrement sensibles aux évolutions du droit. Quoi de plus facile que de détruire, par une loi nouvelle, un élément de droit antérieur ? Les pouvoirs juridiques privés furent donc rapidement abrogés par la Révolution française entre 1789 et 1793.

En droit du travail l'étape essentielle fut l'abrogation des corporations, par la *loi d'Allarde des 2 et 17 mars 1791* [1]. Ces corporations soumettaient juridiquement les ouvriers au pouvoir de leurs maîtres [2]. La loi d'Allarde abolit ce pouvoir, ce « privilège » de profession et proclame la liberté du travail : « il sera libre à toute personne…

---

1. S. L. Kaplan, *La fin des corporations*, Fayard, 2001. *Adde*, sur les courants sociaux qui se sont manifestés durant la période révolutionnaire, v. M. Borgetto et R. Lafore, *La République sociale*, PUF, 2000, p. 19 s.

2. La première abolition des corporations, en 1776, provoqua de tels comportements d'insubordination, que l'on parla du « carnaval de Turgot » (v. S. L. Kaplan préc., p. 429 s.).

d'exercer telle profession, art ou métier, qu'elle trouvera bon... ». Tout artisan ou marchand est libre de s'établir, tout travailleur libre de s'engager et tout entrepreneur libre de recruter qui il lui plaît.

L'abolition juridique de la subordination devait, dans l'esprit de l'époque, permettre la disparition à terme du pouvoir patronal. Le rapport de travail est alors conçu comme un simple échange contractuel, entre individus égaux, d'un travail contre un salaire.

Cet individualisme va conduire à la loi *Le Chapelier des 14-17 juin 1791*, laquelle a pour objectif de prévenir toute reconstitution des corporations. Elle entend prohiber *tout* groupement, de peur qu'en leur sein d'autres formes de pouvoir se créent. Ce faisant, elle prohibe l'action collective et isole les ouvriers. Elle les livre à la position économique dominante dans laquelle sont les employeurs. Il en résultera une exploitation et une soumission de fait, parfois extrêmement violentes.

10 ***L'autoritarisme du premier Empire*** ◊ Le reflux du libéralisme des révolutionnaires, dès les premières années du XIXe siècle, va permettre la résurgence de règles qui renforcent juridiquement le pouvoir des maîtres sur leurs subordonnés. Ces règles, antilibérales, promues sous l'Empire et inspirées de l'idéologie de l'Ancien Régime, vont perdurer durant la majeure partie du XIXe siècle. On peut en donner trois exemples :

1) Le livret ouvrier, aboli par la Révolution, a été rétabli par la loi Chaptal du 22 germinal an XI (L. du 12 avr. 1803) [1]. L'objectif de la mesure était essentiellement policier. Il visait à contrôler, avec l'aide des employeurs, la population des ouvriers, dont on se méfiait. Tout ouvrier devait posséder un tel livret. À l'embauche, il le remettait à son employeur, qui y notait divers éléments relatifs à la prestation de travail et les avances éventuelles qu'il avait consenties. Ces avances étaient alors fréquentes, l'ouvrier étant généralement sans ressource pour survivre dans l'attente de son premier salaire. Sans livret un ouvrier qui se déplaçait tombait sous le coup de la prohibition pénale du « vagabondage » et il était interdit à tout employeur de lui donner de l'ouvrage. Dès lors, en conservant ce précieux document, un employeur s'attachait le salarié et l'empêchait de démissionner ou de rechercher ailleurs du travail. Il s'agissait d'un outil de domination extrêmement puissant. Il tomba progressivement en désuétude, avant d'être supprimé par la loi du 2 juillet 1890 (v. aussi CE 23 mars 1869).

2) L'article 1781 du Code civil, disposait : « Le maître est cru sur son affirmation, pour la quotité des gages ; pour le paiement du salaire de l'année échue ; et pour les acomptes donnés pour l'année courante ». Ce principe d'inégalité juridique entre le maître et son subordonné ordonnait aux juges de toujours statuer, en matière de salaire, selon les dires de l'employeur contre les dires du salarié. Ce texte restera en vigueur jusqu'à la loi du 2 août 1868. Il faisait du droit une arme au service exclusif des patrons ;

3) Le premier Conseil de prud'hommes est institué à Lyon par la loi du 18 mars 1806. D'autres Conseils verront progressivement le jour dans la plupart des villes industrielles. Cette nouvelle juridiction est au départ strictement inégalitaire. Elle est composée de représentants des « fabricants » — qui doivent être majoritaires à eux seuls en vertu du décret du 11 juin 1809 —, de chefs d'atelier, de contremaîtres et d'ouvriers patentés. Les ouvriers « à livret », qui forment l'essentiel de ceux qui seraient aujourd'hui des salariés, en sont totalement exclus. Pour ces salariés, agir

---

1. J. -P. Le Crom, Le livret ouvrier au XIXe siècle, entre assujettissement et reconnaissance de soi, dans *Études offertes à Ph. -J. Hesse*, PU Rennes, 2003, p. 91

devant un conseil de prud'hommes, c'était être jugé par les représentants des employeurs, assistés de quelques cadres et artisans. Il faudra attendre la révolution de 1848 et le décret du 27 mai 1848 pour que les ouvriers soient représentés aux conseils de prud'hommes.

Le libéralisme utopique des révolutionnaires s'oppose à ces règles autoritaires, inspirées de l'idéologie corporatiste de l'Ancien Régime. Il postule l'égalité des cocontractants, maintiendra le contrat inégal de louage de service dans une certaine marginalité comparativement au contrat de louage d'ouvrage, puis, favorisera l'abandon de ces règles censées conforter la supériorité juridique des patrons. Mais, ce même libéralisme va aussi s'opposer à toute intervention de l'État en vue de protéger les salariés. Or l'époque est à l'exploitation violente et à la grande misère. Les ouvriers sont assujettis à la rigoureuse discipline de la fabrique ou de la mine, et exposés à de lourdes amendes retenues sur le salaire. Vivant dans des taudis, contraints de faire travailler femmes et enfants, ils constituent un sujet d'effroi et une menace pour l'ordre établi. Le célèbre rapport du docteur Louis-René Villermé en reproduit l'image [1], faite de misère, d'épuisement, de maladies, d'accidents et de déformations physiques diverses. Les enfants-travailleurs voient leur puberté retardée de plusieurs années et leur développement compromis. Un ouvrier est un vieillard infirme à 40 ans. Les armées mêmes commencent à peiner pour trouver, dans les villes industrielles, une population encore apte à porter les armes. La création d'un droit du travail protecteur devient alors une question de santé publique. L'idéologie libérale va pourtant combattre sans discernement les premières tentatives juridiques de réduire cet état de fait.

Ainsi, c'est contre la résistance acharnée de certains libéraux que seront adoptées les premières réformes sociales.

11 ***Les premiers pas du droit social*** ◊ Les années 1830-1840 découvrent la « *question sociale* » : celle que pose le « paupérisme », c'est-à-dire une misère qui n'est plus seulement celle des mendiants et vagabonds mais qui affecte les « classes laborieuses » [2]. Elle est traitée en termes humanitaires et romantiques, mais également avec le souci de sauvegarde d'une concurrence loyale. En même temps que l'industrie se développe, apparaissent les doctrines socialistes et le mouvement ouvrier dont l'action va influencer les *« lois sociales »*. Parce que le développement industriel a été plus lent, en France, qu'en Grande-Bretagne ou en Allemagne, l'intervention publique (et d'abord législative) y a été plus tardive [3].

1) Première de ces lois, adoptée sous la Monarchie de Juillet pour des raisons diverses (inquiétude de l'armée devant l'état physique de conscrits usés par le travail industriel, préoccupations hygiénistes, souci de paix sociale), la *loi du 22 mars 1841* sur le travail des enfants employés dans les manufactures [4] fixe à huit ans l'âge d'admission au travail et interdit aux enfants les travaux de nuit ou dangereux. Mais elle permet de faire travailler 72 heures par semaine les enfants de douze à seize ans. Les libéraux lui reprochent de fausser les mécanismes économiques. Bien qu'assortie d'un système de contrôle, elle va être peu respectée.

---

1. L.-R. Villermé, *Tableau de l'état physique et moral des ouvriers employés dans les manufactures de coton, de laine et de soie*, 1840.

2. J. Donzelot, *L'invention du social*, Fayard, 1984 ; M. David, *Les fondements du social*, Anthropos, 1993.

3. M.-Th. Join-Lambert et autres, *Politiques sociales*, Dalloz-FNSP, 2e éd., 1997, p. 31 s. (qui soulignent aussi l'obstacle spécifique qu'ont pu constituer la conception de la loi et le principe de l'égalité devant la loi, hérités de Rousseau et consacrés par la Révolution française).

4. Sur cette loi, v. ss 787.

2) Sous l'influence des socialistes, la *Révolution de 1848* tente de réaliser un programme social : proclamation, dans un décret préparé par Louis Blanc, d'un « droit au travail » qui trouve un début de réalisation avec les ateliers nationaux procurant de l'ouvrage aux chômeurs ; affirmation de la liberté d'association ; limitation de la journée de travail à 10 heures pour les adultes ; prohibition du marchandage (spéculation de sous-entrepreneurs sur la main-d'œuvre qu'ils fournissent à un entrepreneur principal) ; suppression des bureaux de placement payants ; création de la Commission du Luxembourg, embryon d'un ministère du Travail. L'expérience des ateliers nationaux tourne court, on refuse finalement d'inscrire le droit au travail dans la nouvelle Constitution républicaine, et les réformes sont abrogées dès 1849 [1].

3) L'Empire, « libéral » après 1860, cherche à se concilier les milieux ouvriers. Il manifeste une certaine tolérance à l'égard des syndicats et la loi du 25 mai 1864 abroge l'incrimination de la coalition. La grève cesse ainsi d'être délictueuse si elle respecte la liberté du travail de chacun.

SECTION 2. LA IIIE RÉPUBLIQUE

Pour l'essentiel, le droit du travail est apparu, en France, sous la IIIe République. L'œuvre législative considérable de cette période (§ 1) doit être mise en parallèle avec l'histoire du syndicalisme à la même époque (§ 2).

§ 1. L'œuvre législative

12 ***Avant 1936*** ◊ C'est à la IIIe République que l'on doit l'apparition d'un droit du travail digne de ce nom. Longtemps perçu comme un minimum de protection intangible, ce socle s'est constitué progressivement. Dans certains de ses aspects, il est aujourd'hui menacé. Ce qui est une raison de plus d'en rappeler la genèse, par une brève chronologie.

1) La loi de 1874 sur le travail des enfants et des filles mineures institue un corps d'*inspection du travail* [2].

2) La *loi du 21 mars 1884* accorde la liberté aux syndicats professionnels.

3) La *loi du 9 avril 1898* oblige l'employeur à indemniser forfaitairement l'ouvrier ou l'employé victime d'un accident du travail. Touchant à la sécurité au travail, ce texte constitue aussi la première composante d'une protection sociale légale [3], bientôt complétée par la loi de 1910 créant les *retraites* ouvrières et paysannes (sans grand succès),

1. M. Borgetto et R. Lafore, préc., p. 32 s. Il faut porter au crédit de cette République l'abolition de l'esclavage et l'abrogation de l'abominable Code noir de 1685, sur l'esclavage, traitant explicitement les « Nègres » comme des marchandises.

2. J. –L. Robert (dir.) *Inspecteurs et inspection du travail sous la IIIe et IVe République*, Doc. fr., 1998 ; Centenaire de l'Inspection du travail. Approches historiques, *Dr. ouvrier* 1993. 77 ; J. Luciani (dir.), *Histoire de l'Office du travail*, Syros, 1992. Sur l'influence des sciences sociales naissantes sur les interventions législatives : F. Soubiran-Paillet, Accélération du temps juridique et questionnement scientifique : le cas de la réglementation française des relations du travail à la charnière des XIXe-XXe siècles, *in L'accélération du temps du juridique*, Fac. univ. Saint-Louis, Bruxelles, 2000, p. 873.

3. « Événement philosophique considérable », cette loi marquerait l'émergence de l'État-providence et du « droit social » (F. Ewald, *L'État providence*, Grasset, 1986).

et celle de 1928 établissant des *assurances sociales* destinées à protéger les travailleurs des conséquences économiques de la maladie, de l'invalidité et de la vieillesse.

4) Le *congédiement*, c'est-à-dire la rupture par l'employeur du louage de services à durée indéterminée, cesse d'être un acte discrétionnaire : des lois de 1890 et de 1928 introduisent le délai de préavis et la faculté pour les juges d'accorder des dommages-intérêts au salarié abusivement congédié.

5) Des lois successives édifient une réglementation de la *durée du travail* [1] : loi du 2 novembre 1892 sur le travail des enfants et des femmes, loi de 1906 sur le repos hebdomadaire (relayant le repos dominical en ce temps de séparation de l'Église et de l'État) ; journée de 8 heures (semaine de 48 heures) avec une loi de 1919 cédant à une revendication ancienne dans un après-guerre dominé par la crainte de propagation de la révolution russe.

6) La loi du 25 mars 1919 dote les *conventions collectives de travail* d'un régime propre, dérogatoire au droit commun des contrats (et à la règle de la relativité de l'effet obligatoire qui entravait l'effet recherché par les signataires de premiers « contrats collectifs »), mais qui n'en réserve pas la signature aux syndicats [2].

7) Cette œuvre est consolidée par la réunion des textes en vigueur dans un *Code du travail* (quatre lois promulguées de 1910 à 1927) [3], et par la création en 1906 d'un ministère du *Travail* [4].

Elle va connaître un nouveau souffle en 1936.

13 ***Le Front Populaire*** ◊ L'année 1936, année du Front Populaire, est une borne importante sur la voie du progrès social et d'une organisation juridique des rapports collectifs du travail. L'*accord de Matignon*, conclu le 8 juin 1936 entre la CGT et la *Confédération générale de la production française* (CGPF) sous l'égide du gouvernement Blum (constitué après la victoire électorale du Front populaire), fait figure de première négociation de la *lex ferenda* entre syndicats et patronat.

1) Les grèves avec occupation des lieux de travail s'étant multipliées pour appuyer les revendications et la réalisation du programme du Front populaire, on s'accorde pour instituer des *procédures de règlement des conflits collectifs*. Conciliation et arbitrage deviennent obligatoires. De nombreuses sentences arbitrales sont rendues et la toute nouvelle Cour supérieure d'arbitrage manifeste une réelle audace jurisprudentielle (elle juge que la grève ne rompt pas le contrat de travail).

2) Le législateur favorise, en les dotant d'un statut approprié, la conclusion et l'extension des *conventions collectives du travail*. « Traité de paix » entre forces sociales en même temps que « loi de la profession », la convention, en réglant les conditions de travail et de salaire pour toute une branche, constitue désormais un facteur essentiel de progrès. Les délégués du personnel font aussi leur apparition dans les entreprises.

3) Les salariés se voient reconnaître des avantages qui transforment leurs conditions de vie : *semaine de 40 heures, congés payés*.

Cette consolidation et cet enrichissement de la législation industrielle permettent la constitution d'une nouvelle branche du droit, que l'on commence à nommer « droit du travail » et d'un nouveau type de droit contrastant avec le droit individualiste du Code civil : le *droit social* [5].

---

1. Sur ces lois, v. ss 787.

2. C. Didry, *Naissance de la convention collective*, éd. EHESS, 2002.

3. « Code en trompe l'œil », selon le mot de Pic exprimant l'opinion dominante. V. A. Jeammaud, La codification en droit du travail, *Droits* 27/1998, p. 161.

4. J. -A. Tournerie, *Le Ministère du Travail (Origines et premiers développements)*, Cujas, 1971.

5. P. Laroque, *Les rapports entre patrons et ouvriers*, Aubier, 1937. V. le premier numéro de la revue *Droit social*, créée en 1938 par F. de Menthon et P. -H. Teitgen, et dont P. Durand prendra

§ 2. Le mouvement syndical sous la IIIe République

14 ***Mise en place*** ◊ Il faut attendre la *loi Waldeck-Rousseau du 21 mars 1884* pour que les syndicats puissent enfin se constituer librement et acquièrent la personnalité juridique à la seule condition de déposer leurs statuts et de révéler le nom de leurs dirigeants. Antérieure à la reconnaissance de la liberté d'association (1901) et contemporaine des lois sur la liberté de réunion ou de la presse, elle traduit une attitude libérale qui n'exclut pas la défiance et reste imprégnée d'individualisme [1].

La fonction initiale du syndicat est certes de défendre les intérêts de ses adhérents. Mais la disparition des corporations avait laissé un vide que le syndicalisme va combler. La liberté nouvelle étant reconnue à tous ceux qui exercent une profession (et non aux seuls travailleurs salariés), des syndicats vont se constituer dans divers milieux professionnels. L'idée apparaît – consacrée par un arrêt de la Cour de cassation, puis une loi de 1920 – que le syndicat a vocation à représenter « l'intérêt collectif de la profession », c'est-à-dire un intérêt spécifique et non une somme d'intérêts individuels. Des prérogatives de plus en plus larges vont être ultérieurement accordées à ce type de groupement.

Le syndicalisme s'est généralisé. Les *salariés* (ouvriers puis employés) d'abord, les *employeurs* ensuite ont utilisé cette forme d'organisation. Les deux mouvements sont destinés à s'opposer et à composer. Ils ont toutefois des perspectives différentes : le *syndicalisme ouvrier* poursuit l'amélioration des conditions de vie et de travail des salariés, parfois avec un projet de transformation sociale [2] ; le *syndicalisme patronal* est, à la fois, organisation « de réponse » aux revendications salariales et groupement au service d'objectifs économiques, fiscaux, commerciaux, etc. [3].

Salariés, les *cadres* de l'industrie et du commerce seront plus tard sollicités par un syndicalisme « catégoriel ». Également travailleurs dépendants, les *fonctionnaires* rejoindront les syndicats ouvriers ou constitueront quelques syndicats autonomes. La liberté syndicale a aussi été mise à profit par diverses catégories de *travailleurs indépendants* : artisans, commerçants, exploitants agricoles, membres des professions libérales, y compris les médecins et les avocats (malgré l'existence d'ordres professionnels). Les étudiants, même, se réclament du syndicalisme, encore que la condition d'activité professionnelle exclue que leurs organisations soient, en droit, des syndicats.

15 ***Structuration du syndicalisme ouvrier*** ◊ La structuration du mouvement syndical entre 1884 et la Première Guerre mondiale est le résultat d'une série de regroupements sur le plan local, puis professionnel, national enfin.

1) Des bourses du travail aux unions locales et départementales. Les syndicats ont éprouvé le besoin d'un lieu de rencontre offrant des services communs et où une solidarité peut s'exprimer. Les syndicats d'une localité se groupent alors

---

la direction en 1940.

1. F. Soubiran-Paillet, *L'invention du syndicat (1791-1884)*, LGDJ, 1999.

2. G. Caire, *Les syndicats ouvriers*, PUF, 1971 ; J. –D. Reynaud, *Les syndicats en France*, Seuil, 1975 ; R. Mouriaux, *Les syndicats dans la société française*, Presses FNSP, 1983 ; G. Lyon-Caen, Droit syndical et mouvement syndical, *Dr. soc.* 1984. 5.

3. G. Lefranc, *Les organisations patronales en France*, Payot, 1976 ; J. Bunel et J. Saglio, *L'action patronale*, PUF, 1979 ; H. Weber, *Le parti des patrons : le CNPF (1946-1986)*, Seuil, 1986 ; J. –C. Javillier, Le patronat et les transformations du droit du travail, *Études offertes à G. Lyon-Caen*, Dalloz, 1989, p. 193.

au sein d'une *bourse du travail* (les offres d'emploi y sont publiées), où l'on peut se réunir et où sont centralisés l'enseignement syndical, la presse syndicale, où prennent corps des initiatives mutualistes. En 1892, un congrès tenu à Saint-Étienne voit naître une Fédération des Bourses du travail (dominée par la figure de Fernand Pelloutier) [1]. Le groupement géographique des syndicats subsiste aujourd'hui, avec les unions locales et départementales au sein de chaque confédération.

2) Les fédérations. Le lien entre les syndicats ne pouvait manquer de se faire aussi par affinités professionnelles. Mais deux conceptions s'opposent. La fédération peut se constituer sur la base du *métier* (les charpentiers s'unissent, à l'échelle du pays, en une fédération des charpentiers). L'objectif est de défendre les intérêts de travailleurs qualifiés, encore proches de l'artisanat (une « aristocratie ouvrière »), et les travailleurs non qualifiés ne sont pas admis. Le syndicat reste parent de la corporation. Les *trade-unions* britanniques se sont constitués sur ce modèle. La fédération peut, au contraire, se constituer dans le cadre d'une *branche d'industrie ou d'activité économique* (tous les travailleurs du bâtiment s'unissent dans une fédération du bâtiment, qu'ils soient maçons, couvreurs, peintres ou charpentiers). La solidarité est alors plus large et les contacts avec le patronat sont facilités dans la mesure où celui-ci s'organise aussi par branches. Le syndicalisme français a opté pour *le syndicat et la fédération syndicale d'industrie,* malgré quelques traces d'un syndicalisme de métier [2] qui a connu un récent essor avec l'apparition de certains syndicats « catégoriels » [3].

3) La Confédération générale du travail. Succédant à une Fédération nationale des syndicats (regroupant des fédérations et syndicats isolés), fondée en 1886 dans la mouvance du Parti ouvrier français (le parti, se réclamant du marxisme, de Jules Guesde) mais bientôt en déclin, un nouveau regroupement des fédérations donne naissance, au Congrès de Limoges de 1895, à la Confédération générale du travail (CGT). Au Congrès de Montpellier, en 1902, la Fédération des bourses du travail rejoint cette jeune confédération sur laquelle elle exerçait déjà son influence. Depuis lors, chaque syndicat confédéré adhère simultanément à une union locale et à une fédération professionnelle (de branche). Une organisation confédérale peut désormais représenter les intérêts de l'ensemble des travailleurs salariés.

16 ***Idéologies syndicales*** ◇ **1) La Charte d'Amiens** [4]. Dans la ligne de la Fédération des bourses du travail, le syndicalisme confédéré manifeste, dès l'origine, une volonté d'autonomie par rapport à tout parti politique, même « ouvrier ». En 1902, il proclame que « le syndicat groupe en dehors de toute école politique, les travailleurs conscients de la lutte à mener pour la disparition du salariat ». L'indépendance syndicale vis-à-vis des partis triomphe au Congrès d'Amiens de 1906, avec l'adoption d'une charte célèbre dont la signification reste controversée. L'affirmation d'autonomie signifie, certes, que le syndicat doit être indépendant de tout parti et que tout travailleur peut y adhérer, quels que soient ses choix politiques. Mais elle n'exclut pas les prises de position politiques du syndicat lui-même [5]. Le lien a toujours été trop étroit en France entre la lutte revendicative et économique d'une

---

1. Sur ces « établissements publics communaux » v. J. –M. Verdier, *Syndicats et droit syndical*, Dalloz, 2e éd., Vol. I, 1987, n° 110 ; P. Schöttler, *Naissance des bourses du travail*, PUF, 1985.

2. La Fédération du Livre, affiliée à la CGT.

3. Conducteurs du métropolitain parisien, pilotes de l'aviation civile.

4. CURAP Picardie, *L'actualité de la Charte d'Amiens*, PUF 1987.

5. La Charte assigne au syndicalisme une « double besogne » : « l'œuvre revendicatrice quotidienne » et « l'émancipation intégrale des travailleurs ».

part, et les problèmes politiques d'autre part, pour que le mouvement syndical s'interdise toute incursion dans la politique. En revanche, le cumul d'un mandat politique et d'un mandat syndical a toujours été vu avec défaveur.

2) Réformisme et anarcho-syndicalisme. La lutte pour l'abolition du salariat, objectif du syndicalisme confédéré, a fait apparaître deux grands courants entre lesquels la Charte d'Amiens réalise un compromis et qui cohabitent dans la CGT d'avant 1914.

Le *courant anarcho-syndicaliste*, majoritaire, privilégie « l'action directe », prône la grève générale pour abattre le capitalisme, et admet la violence révolutionnaire. Il est hostile aux politiciens, aux lois et à l'État [1]. L'attitude libertaire s'allie à un antimilitarisme et à un pacifisme militant.

Le *courant réformiste* accepte l'État et fixe comme but à l'action syndicale une transformation du régime économique pour l'amélioration progressive du sort des travailleurs. Dans cette perspective, la présence dans les institutions existantes et la collaboration avec les pouvoirs établis ne sont en rien condamnables. L'élaboration d'un programme revendicatif, la réalisation de « réformes de structure » telles que les nationalisations, retiennent l'attention des réformistes.

3) La Confédération française des travailleurs chrétiens. Dès 1905 se créent, à côté des syndicats confédérés, des syndicats désireux d'appliquer la doctrine exposée dans des encycliques pontificales [2]. Ils constituent, en 1919, la Confédération française des travailleurs chrétiens (CFTC). Sa structure est proche de celle de la CGT, mais elle groupe un grand nombre de syndicats de métier et compte plus d'employés que d'ouvriers. La doctrine initiale prône la collaboration du capital et du travail, et la nouvelle confédération se préoccupe essentiellement de politique familiale. Vecteur de la doctrine sociale de l'Église catholique dans le monde du travail, son caractère confessionnel a pu faire douter de sa légalité au regard de la laïcité de l'État.

4) 1921-1936 : la scission CGT-CGTU. La rupture au sein de la CGT à l'issue du premier conflit mondial a trois causes : la divergence d'attitude des syndicalistes face à la guerre, les uns acceptant la participation à l'effort de guerre, les autres, résolument internationalistes, refusant toute coopération ; les différences de position à l'égard de l'Internationale des syndicats rouges créée à Moscou au lendemain de la Révolution d'octobre ; les répercussions de la scission du Parti socialiste au Congrès de Tours de 1920. Des comités syndicalistes révolutionnaires, très actifs dans les durs mouvements de 1919-1920, sont exclus de la CGT, puis la scission survient fin 1921 entre majorité et minorité. Cette dernière et les exclus se regroupent dans une *Confédération générale du travail unitaire* (CGTU) fondée en 1922 à Saint-Étienne. La nouvelle confédération, de tendance révolutionnaire, est animée par des communistes (Benoît Frachon) et des anarcho-syndicalistes. Après quinze ans de division, la constitution du Front populaire favorise la réunification. Au Congrès de Toulouse de 1936, la CGTU réintègre la CGT (dont Léon Jouhaud reste secrétaire général). La CFTC fait toujours cavalier seul.

Cette période témoigne de ce qui deviendra le handicap majeur du mouvement syndical français : sa division.

---

1. P. Bance, *Les fondateurs de la CGT à l'épreuve du droit*, La Pensée sauvage, 1978.

2. Sur ces prises de position, de *Rerum Novarum* de Léon XIII (1891) à *Laborem exercens* de Jean-Paul II (1981), v. *D.* Maugenest *Le discours social de l'Église catholique*, Centurion, 1985 ; A. Supiot, La dimension juridique de la doctrine sociale de l'Église *Dr. soc.* 1991. 916 ; J. -C. Lattes, Doctrine sociale chrétienne et droit du travail, *in Libre Droit, Mélanges Ph. Le Tourneau*, Dalloz, 2007.

SECTION 3. LE RÉGIME DE VICHY

17 L'ambition du droit de Vichy était d'« extirper des rapports entre patrons et salariés tout esprit revendicatif, toute trace de lutte des classes » et d'« harmoniser, sous l'égide de l'État, et en vue du bien public, dans un esprit d'union et de coopération sincères (esprit communautaire), les activités conjuguées du patronat et du salariat, ou, plus généralement, toutes les forces vives de la Nation », sous le contrôle vigilant de l'État « dominé par la devise : Travail, Famille, Patrie » [1]. L'individu doit se fondre dans des entités supérieures, des « institutions », dont il ne doit être qu'un rouage, qu'un organe. Parmi ces institutions se trouve l'entreprise, elle-même intégrée au sein des professions, lesquelles se fondent dans la nation.

Cette vision institutionnelle était alors dominante non seulement en France mais dans l'Allemagne nazie, l'Italie fasciste et l'Espagne franquiste. Fusionnelle et holistique, elle conduisit naturellement à prohiber le conflit social et donc tout ce qui pouvait lui servir de vecteur d'expression. Dès le 9 novembre 1940 un décret du gouvernement de Vichy dissout les grandes confédérations syndicales, à savoir la CGT, la CFTC et la CGPF. La Charte du travail du 4 octobre 1941 [2] exprimera dans le monde du travail l'institutionnalisme et le corporatisme de l'époque.

SECTION 4. DE 1945 À 1982

18 ***Le droit social de la Libération*** ◊ Pénurie et taxation des salaires affectent le niveau de vie de la population. La Libération (1944-1946) va être synonyme de *nouvel essor du droit social* fondé notamment sur le programme du Conseil National de la Résistance [3].

a) Le Préambule de la Constitution de 1946. Il proclame, à côté des libertés politiques, des *droits sociaux* qualifiés de « particulièrement nécessaires à notre temps » : liberté d'adhésion et d'action syndicale, droit de grève, droit à la protection de la santé, etc. L'article 1er de la Constitution fait d'ailleurs de la France « une République indivisible, laïque, démocratique et *sociale* » [4].

b) Les innovations dans les structures des entreprises. Si l'on envisage pour la première fois de réformer les structures de l'entreprise, l'innovation législative se borne à recréer les délégués du personnel et à instituer des *comités d'entreprise* aux

1. P. Pic et J. Kréher, *Le nouveau droit ouvrier français dans le cadre de la Charte du travail*, LGDJ, 1943).

2. V. N. Dockès, Des ambiguïtés de la Charte du travail, *Études offertes à Marcel David*, Calligrammes, 1991, p. 107 ; J. –P. Le Crom, *Syndicats nous voilà ! Vichy et le corporatisme*, Éd. de L'Atelier, 1995 ; M. Margairaz et *D.* Tartakowsky (dir.), *Le syndicalisme dans la France occupée*, PU Rennes, 2008.

3. C. Andrieu, *Le programme commun de la Résistance : des idées dans la guerre*, éd. de l'Érudit, 1984. Élaboré sans la clandestinité, ce programme, qui était le fruit d'un large consensus allant des gaullistes aux communistes, en passant par la démocratie chrétienne, a posé les bases du modèle français d'État social (services publics, libertés syndicales, démocratie sociale). L'objectif affiché de certains partisans de la déréglementation du droit du travail est aujourd'hui de « défaire méthodiquement » ce programme (*D.* Kessler « Adieu 1945, raccrochons notre pays au monde ! » *Challenges*, 4 oct. 2007).

4. J. Rivero et G. Vedel, Les problèmes économiques et sociaux dans la Constitution de 1946, *Dr. soc.* 1947, fasc. XXXI ; M. Borgetto et R. Lafore, préc., p. 58 s.

attributions limitées. Les *nationalisations* réservent aux représentants du personnel une place dans la gestion des entreprises nationalisées, et s'accompagnent de l'adoption de statuts (du mineur, des cheminots, etc.) qui paraissent « avancés ».

c) La création de la Sécurité sociale. La garantie des travailleurs contre les risques sociaux avait été l'un des objets du droit du travail naissant. Dès lors qu'elle tendait à bénéficier à des indépendants, que les risques garantis n'étaient plus tous liés à la vie au travail, que les problèmes familiaux ou de santé publique passaient au premier plan des préoccupations législatives, elle devait sortir de l'orbite du droit du travail. Le processus est consommé avec la création, en 1945, d'un *service public de la Sécurité sociale* chargé d'assurer la protection de tous les actifs contre l'ensemble des risques sociaux (maladie, maternité, vieillesse, charges de famille, etc.), à l'exclusion du chômage. Un *droit de la sécurité sociale* voisine ainsi avec le droit du travail au sein du *droit social* [1].

19 ***La politique sociale de la IVe République*** ◊ Les premières années sont marquées par l'importante *loi du 11 février 1950* sur les conventions collectives et les conflits collectifs du travail, qui renoue avec l'esprit de la loi de 1936. Ce texte crée un salaire minimum interprofessionnel garanti (SMIG), mais libère la négociation collective des salaires, bloqués depuis 1939. Aussi est-il à l'origine d'un essor des conventions collectives de travail et des accords de salaire. Par ailleurs, il introduit une règle que la Cour de cassation refusait d'accueillir malgré la consécration d'un droit de grève dans le Préambule de 1946 : la grève ne rompt pas le contrat de travail, sauf faute lourde du salarié. Il institue enfin des procédures de règlement des conflits collectifs (conciliation, arbitrage) qui seront fort peu pratiquées.

Après cette grande loi, les autorités de l'État (l'instabilité gouvernementale est grande) paraissent s'en remettre aux négociations professionnelles, pratiquant ainsi une forme de néolibéralisme. Le *Centre national du patronat français (CNPF)*, qui a succédé à la CGPF, et ses interlocuteurs syndicaux créent en 1958 un régime *d'allocations aux travailleurs privés d'emploi* reposant sur une assurance obligatoire contre le risque chômage (Unedic). Inapte à concevoir une authentique politique sociale en cette période de plein-emploi, le régime introduit de modestes innovations : allongement des congés légaux (1956), institution d'une durée minimale de préavis de congédiement (1958).

20 ***Les nouvelles divisions syndicales*** ◊

a) La scission entre CGT et CGT-FO. La CGT, qui s'est reconstituée dans la clandestinité et a participé à la Résistance, se retrouve renforcée à la Libération. L'unité paraît préservée bien que s'opposent une tendance majoritaire dominée par les communistes et une tendance proche des socialistes de l'époque. Les causes premières de la scission consommée fin 1947 sont d'ordre international : cette année-là marque le début de la guerre froide dans un monde coupé en deux. Cette coupure traverse la CGT : la majorité de la confédération est hostile à l'aide économique du plan Marshall, qu'approuve la minorité. Les causes immédiates sont à chercher dans les grèves très dures de l'hiver 1947, animées par des militants communistes souvent sectaires. Une tendance oppositionnelle se constitue, puis quitte la CGT pour créer une nouvelle confédération : *Force Ouvrière (CGT-FO)* [2]. D'orientation réformiste, celle-ci entend incarner un syndicalisme « libre », c'est-à-dire affranchi de la tutelle des partis

1. Sur les liens entre les deux branches, v. A. Supiot, L'avenir d'un vieux couple : travail et sécurité sociale, *Dr. soc.* 1995. 823 ; J. Barthélémy, Peut-on dissocier le droit du travail et le droit de la sécurité sociale ? *Dr. soc.* 2007. 787.

2. Refusant de choisir entre les deux confédérations, la Fédération de l'Éducation nationale (FEN) opte pour l'autonomie.

communistes. Elle se retrouve avec les syndicats américains, britanniques, allemands, au sein de la Confédération internationale des syndicats libres, tandis que la CGT appartient à la Fédération syndicale mondiale dominée par le bloc soviétique.

b) La Confédération générale des cadres. Un syndicalisme catégoriel interprofessionnel est apparu après la Seconde guerre avec la constitution d'une confédération, la CGC, qui deviendra bien plus tard *Confédération française de l'encadrement* (CGC-*CFE*). Nombre de cadres d'entreprise – ingénieurs et autres employés supérieurs – mais aussi de techniciens ou d'agents de maîtrise, éprouvent le besoin d'une organisation spécifique pour affirmer des intérêts distincts de ceux de la masse des travailleurs et défendre leurs revendications propres : défense de la hiérarchie des rémunérations, institution puis défense d'un régime de retraite complémentaire (créé par un accord interprofessionnel de 1948) [1]. Si la CGC-CFE est représentative de cette catégorie de salariés, d'autres cadres adhèrent à des confédérations « ouvrières ».

c) Une nouvelle division : CFTC et CFDT. En ces années soixante où l'unité d'action est couramment pratiquée, une scission affecte la CFTC, dont le courant désormais dominant affiche une orientation anticapitaliste et tiers-mondiste, prône l'élimination de toute référence confessionnelle et la radicalisation des luttes. Au congrès de novembre 1964, une modification des statuts, votée à une importante majorité, transforme la centrale en *Confédération française démocratique du travail (CFDT)* Des minoritaires, qui se veulent fidèles à la doctrine sociale de l'Église, choisissent de maintenir une CFTC dont les forces et l'influence ne cesseront de décliner. La CFDT va choisir *l'unité d'action avec la* CGT, puis affirmer son option pour un « socialisme autogestionnaire ».

21 ***Politique sociale des débuts de la Vᵉ République*** ◊ Le gaullisme rêve d'*association capital-travail*, en vue de parachever l'*intégration de la classe ouvrière à la nation* :

1) L'*éducation* et la *promotion ouvrière* sont encouragées : démocratisation de l'enseignement, prolongation de la scolarité, développement de l'enseignement technique et de la formation professionnelle, ambitionnent de supprimer le cloisonnement héréditaire des classes.

2) La *participation aux résultats de l'entreprise* détache une fraction de la rémunération du salaire lié au contrat de travail ; *l'intéressement*, d'abord facultatif (Ord. du 7 janv. 1959), devient obligatoire (Ord. du 17 août 1967) ; cette politique devait culminer avec l'organisation d'une certaine *participation* des travailleurs de l'entreprise *aux décisions* ou *à la gestion* [2], ajournée *sine die* après l'échec du référendum lancé en 1969 par le Président De Gaulle et la démission de ce dernier.

3) De cette époque date la tentative d'instaurer une *politique des revenus*, liant maîtrise des prix et des salaires, et une *politique de l'emploi* rendue nécessaire par les transformations de la technique, le déclin économique de certaines régions, la concentration des entreprises. D'où la création du *Fonds national de l'emploi* destiné à faciliter les adaptations et reconversions nécessaires par l'aide de l'État (1963), et de l'*Agence nationale pour l'emploi* (1967).

22 ***Mai 1968*** [3] ◊ Un mécontentement latent des salariés et fonctionnaires, libéré par l'insurrection étudiante et la contestation du conservatisme idéologique,

1. L. Boltanski, *Les cadres. La formation d'un groupe social*, Éd. Minuit, 1982.

2. Traces de ce mouvement : F. Bloch-Lainé, *Pour une réforme de l'entreprise*, Seuil, 1963 ; *Rapport Sudreau sur la réforme de l'entreprise*, Coll. 10/18, 1975.

3. J. Capdevielle et R. Mouriaux, *Mai 68 : l'entre-deux de la modernité. Histoire de trente ans*, Presses FNSP, 1988.

culturel et politique symbolisé par le régime gaulliste, est à l'origine de l'impressionnant mouvement social de mai 1968. Celui-ci est amplifié par la sous-estimation, traditionnelle en France, du syndicalisme comme facteur de régulation sociale, illustrée par l'absence de négociation permanente et obligatoire des conditions de travail et de rémunération. Grèves et occupations d'usines revêtent plus d'ampleur qu'en 1936 et peuvent donner, un temps, le sentiment qu'un processus révolutionnaire est en cours.

1) La négociation interprofessionnelle finalement ouverte, sous l'égide du Premier ministre Georges Pompidou, s'achève par la rédaction des *accords de Grenelle* qui prévoient : la majoration des traitements et salaires, l'engagement de réduire progressivement la durée du travail, la promesse d'une négociation sur la sécurité de l'emploi, la révision générale des conventions collectives, la reconnaissance par la loi de l'exercice du droit syndical dans l'entreprise, etc. Pour la masse des salariés, les « événements de mai 1968 » se traduisent par une très substantielle augmentation de salaires.

2) La *loi du 27 décembre 1968* sur le droit syndical dans l'entreprise est le premier fruit législatif du mouvement de 1968. Suivront la substitution d'un *salaire minimum de croissance (SMIC)* au SMIG, et l'*accord national interprofessionnel du 10 février 1969 sur la sécurité de l'emploi*. La *concertation* avec les syndicats reste ensuite à l'ordre du jour. La politique de *mensualisation* vise à garantir la stabilité du revenu salarial (accords nationaux de 1970 à 1977, puis loi du 19 janv. 1978), celle de *formation professionnelle* à mieux adapter l'emploi aux besoins nouveaux (accord national du 9 juill. 1970, puis L. du 16 juill. 1971). On négocie et on légifère en vue d'améliorer les conditions de travail ou améliorer la stabilité de l'emploi : la *loi du 13 juillet 1973* encadre pour la première fois le licenciement (en instituant une procédure de prise de décision et en introduisant l'exigence d'une « cause réelle et sérieuse »), et la *loi du 3 janvier 1975* soumet les licenciements pour cause économique à des règles procédurales particulières (information et consultation des représentants du personnel, autorisation administrative), après qu'un avenant de novembre 1974 ait enrichi l'accord interprofessionnel de 1969 sur la sécurité de l'emploi [1].

23 ***1982 : Les réformes « Auroux »*** ◊ Dès l'installation du premier gouvernement d'Union de la gauche (1981) porteur d'une ambition de « changement de la société », le *Rapport Auroux* (du nom du ministre du Travail) annonce un important train de réformes destinées à réduire l'emploi précaire, favoriser l'embauche par la réduction de la durée du travail, faire des travailleurs « des citoyens dans l'entreprise » et enrichir la « démocratie économique » [2]. Trois ordonnances puis quatre lois (*lois Auroux*) de 1982 mettent en œuvre ce programme : réduction de la durée légale du travail à 39 heures par semaine et cinquième semaine de congés payés, réduction des possibilités d'embaucher sous contrat à durée déterminée ou de recourir à l'intérim, protection des libertés dans l'entreprise et invention du droit d'expression, développement du droit syndical et renforcement des institutions représentatives dans l'entreprise ou le groupe, amélioration du régime des conventions collectives et création d'un véritable droit de la négociation collective, création du comité d'hygiène, sécurité et des conditions de travail (CHSCT) dans l'entreprise et reconnaissance au salarié d'un droit de retrait en cas de danger. Participent de la même philosophie, deux lois de 1983, sur l'égalité

1. J. Pélissier, *Le nouveau droit du licenciement*, Sirey, 2e éd., 1981.
2. J. Auroux, *Les droits nouveaux des travailleurs. Rapport au Président de la République et au Premier ministre*, Doc. fr., 1982.

professionnelle des hommes et des femmes (loi Roudy) et sur la démocratisation du secteur public (étendu par les nationalisations de 1982).

Placées sous le mot d'ordre de la « citoyenneté dans l'entreprise », les réformes Auroux ambitionnaient de transposer dans l'entreprise le modèle de la démocratie politique [1]. Une fois passées les polémiques qui ont présidé à leur adoption, ces réformes se sont révélées consensuelles. Elles ont modernisé le droit du travail sans révolutionner la condition salariale ni handicaper les entreprises. Leur apport le plus notable est d'avoir donné le coup d'envoi à une promotion de la négociation collective qui s'est poursuivie dans toutes les réformes ultérieures [2].

SECTION 5. LA PÉRIODE CONTEMPORAINE : ÉBRANLEMENT DU DROIT DU TRAVAIL ET RECUL DU SYNDICALISME

24 ***Facteurs de remise en question du droit du travail*** ◊ Au cours du dernier quart de siècle, le droit du travail a été mis en question.

1) La *crise économique*, dont on parle à partir des « chocs pétroliers » des années 1970, se manifeste par un ralentissement de l'activité, des restructurations, des pertes d'emplois industriels, des licenciements massifs, une croissance du chômage bientôt angoissante. Les innovations technologiques pèsent moins, sans doute, que la « nouvelle division internationale du travail » et l'internationalisation de la concurrence : réalisation du marché commun, puis d'un marché unique au sein d'une Communauté européenne élargie de six à vingt-sept pays, mais surtout mondialisation des marchés et globalisation des firmes. Face à la concurrence des pays « émergents » où les entrepreneurs profitent de faibles coûts de main-d'œuvre, les thèses libérales poussent à la « déréglementation ». Il s'agirait de faire disparaître tout monopole public et combattre toute entente, mais surtout de rendre toute liberté aux directions d'entreprises dans la gestion de la main-d'œuvre. Les délocalisations de sites de production se banalisent, soit pour rapprocher la production des marchés ou s'adapter à des régimes locaux protectionnistes, soit pour bénéficier d'une main-d'œuvre moins onéreuse et plus soumise [3]. La tendance structurelle, commune à tous les pays occidentaux, est à la stagnation des revenus du travail, les gains de productivité profitant désormais aux actionnaires et aux dirigeants des grandes entreprises [4].

1. A. Jeammaud et A. Lyon-Caen, France, dans *Droit du travail, démocratie et crise en Europe et en Amérique*, Actes Sud, 1986.

2. A. Supiot, Autopsie du « citoyen dans l'entreprise », *L'histoire du droit du travail par les textes* (dir. J. –P. Le Crom), Éd. de l'Atelier, 1998, p. 265 ; J. Le Goff, Les lois Auroux, 20 ans après, *Dr. soc.* 2003. 703.

3. P. Auer, G. Besse, *D.* Méda (dir.), *Délocalisations, normes du travail et politiques d'emploi*, La Découverte, 2005. Ch. Hannoun, L'impact de la financiarisation de l'économie sur le droit du travail, *RDT* 2008. 288.

4. *Cf.* Commission européenne *Employment in Europe 2007*, spéc. Ch. 5 : The labour income share *in* the UE (disponible seulement en anglais). La proportion des revenus du travail dans le PIB, après avoir cru régulièrement jusqu'à atteindre 69,9 % en 1975 n'a cessé de décliner depuis dans les pays de l'Europe des 15 pour atteindre 57,8 % en 2006. Cette évolution était annoncée par R. Reich dans son livre de référence sur les effets de la libéralisation des échanges sur le

2) Dans le même temps, certains jugent obsolète l'idée d'un droit du travail protecteur du salarié. On fait procès à ce droit, comme aux cotisations assises sur les salaires pour financer la protection sociale : par les contraintes et charges qu'ils engendrent, ils dissuaderaient les entreprises d'embaucher, portant en fin de compte préjudice aux travailleurs. L'emploi stable (contrat à durée indéterminée) et à plein-temps, naguère devenu la *forme normale d'emploi* (« norme d'emploi »), est en recul. La « carrière », synonyme de revenu salarial régulier et à pouvoir d'achat progressif, se raréfie dans le secteur privé et semble devenir « privilège » des fonctionnaires. Le syndicalisme et la diversité des instances de représentation des salariés dans l'entreprise sont dénoncés comme des entraves à la compétitivité. D'aucuns professent que « le droit du travail ruine le droit au travail ». Le patronat revendique de la *« flexibilité »* dans la gestion de la main-d'œuvre, au nom de la nécessaire lutte pour l'emploi.

25 ***1986-2002 : profusion législative et déréglementation modérée*** ◇ Dans un contexte où chaque élection nationale a vu jouer l'alternance politique et où se sont succédé des périodes de « cohabitation » entre un président de la république et un Premier ministre de bords différents, les majorités successives ont adopté d'innombrables textes modifiant et alourdissant le Code du travail, sans compter la masse des textes non codifiés, ou les dispositions du Code de la sécurité sociale ayant une incidence sur l'emploi [1]. Textes souvent instables ou à la vie brève (délibérément temporaires, parfois), ils ne relèvent pas tous de la même orientation. Les changements ainsi opérés au cours de cette période illustrent une certaine *réversibilité* du droit du travail [2]. On peut parler de *déréglementation modérée* pour qualifier l'évolution normative, surtout si l'on prend en compte sa composante jurisprudentielle [3], et distinguer cinq tendances.

a) L'extension de *la place de la négociation collective* est remarquable si l'on considère ce qu'elle était jusqu'au début des années 1980. La loi renvoie plus largement aux conventions ou accords collectifs de travail et stimule la négociation en permettant à des accords collectifs de déroger à certaines de ses dispositions (en matière de temps de travail) dans un sens qui n'est pas nécessairement favorable aux salariés. Ainsi les employeurs trouvent-ils un intérêt à la négociation [4]. En revanche, la *négociation de la loi future*, pratiquée avec quelque succès de 1981 (réforme du temps de travail) à 1990 (réforme des contrats précaires), n'a pas acquis la constance que certains souhaitaient. La négociation collective constituerait cependant le procédé

---

monde du travail *The Work of Nations : Preparing Ourselves for 21St-Century Capitalism* (1991), trad. fr. *L'économie mondialisée*, Dunod, 1993. *Adde*. Ph. Askenazy, « Partage de la valeur ajoutée et rentabilité du capital en France et aux États-Unis : une réévaluation », *Économie et Statistique*, 2003, n° 363-364-365, p. 167-186. V. sur le cas américain : Dew-Becker I., Gordon R. J. (2005), « Where did the Productivity Growth Go ? Inflation Dynamics and the Distribution of Income », *Brookings Papers on Economic Activity* 36(2), 2005, p. 67-127, September.

1. A. Jeammaud, Droit du travail 1988 : des retournements plus qu'une crise, *Dr. soc.* 1988. 583 ; A. Lyon-Caen, Changement politique et changement du droit du travail, *Études offertes à G. Lyon-Caen*, Dalloz, 1989, p. 1.

2. G. Lyon-Caen *Le droit du travail. Une technique réversible* Dalloz, 1995. Son évolution peut connaître des retournements d'orientation. Des règles ou des opérations juridiques, paraissant jusqu'alors servir les intérêts des salariés, peuvent être mises à profit par les employeurs.

3. A. Jeammaud, Le droit du travail en changement Essai de mesure, *Dr. soc.* 1998. 211. Comp. : J. Le Goff, *Droit du travail et société*, T. 1, p. 983 s. ; F. Gaudu, L'évolution du droit du travail, *L'Économie, le travail, l'entreprise*, Univ. Tous les savoirs, vol. 3, O. Jacob, 2002, p. 285.

4. Les « lois 35 heures » ont subordonné à l'existence d'un accord le bénéfice d'une aide financière publique à la réduction du temps de travail.

idéal d'une « régulation » qui s'opposerait à la réglementation et signalerait une *procéduralisation* du droit du travail [1]. Cette extension du rôle et de la reconnaissance de la négociation a pu se réclamer de l'aspiration à plus de démocratie sociale [2]. Elle participe plus sûrement, à côté d'un certain renouveau du contrat de travail, à un mouvement plus ample de *contractualisation* du droit du travail [3].

b) L'*assouplissement des conditions juridiques d'usage de la main-d'œuvre* (« *flexibilisation* ») est passé tantôt par l'élargissement de la faculté de déroger conventionnellement aux règles légales [4], tantôt par une restitution de liberté de décision à l'employeur. On retiendra, là encore, l'évolution du *régime du temps de travail* et, surtout, la *diversification des formes juridiques d'emploi*, également activée par des inventions de la politique de l'emploi. Le code offre désormais aux employeurs une palette de procédés contractuels, plus ou moins attractifs en termes de coût (certains types de contrats de travail sont financièrement « aidés » par l'État) ou de disponibilité de la main-d'œuvre (certains combinent prestation de travail et formation professionnelle ou actions d'insertion).

c) Les dispositifs légaux ont également évolué *aux fins de réduction effective du temps de travail* (réduction de la durée légale, encouragement au travail à temps partiel librement choisi, etc.) ou de *réduction de la durée de la vie de travail* (préretraites alternatives au licenciement économique) [5].

d) L'*affermissement des droits de la personne du salarié* et l'affirmation de l'invocabilité des *droits fondamentaux* dans les relations du travail sont l'œuvre commune de textes législatifs et d'arrêts de la Cour de cassation, qui entendent mettre hors d'atteinte la personnalité comme les « libertés individuelles et collectives », ou limiter les restrictions que peuvent leur imposer la subordination du salarié ou les impératifs de sécurité. Il s'agit là de la face positive d'une *individualisation* des relations du travail qui comporte plusieurs aspects (enrichissement des droits individuels et de la protection des intérêts individuels du salarié, élargissement des facultés de singularisation de la situation de chaque salarié, etc.) [6].

e) Une autre tendance significative de l'évolution réside dans le développement des *obligations d'information* et, plus encore, *des procédures préalables à un certain*

1. A. Supiot, Travail, droit et technique, *Dr. soc.* 2002. 13 (spéc., p. 20) ; M. -A. Souriac et G. Borenfreund, La négociation collective entre désillusion et illusions, *Mélanges en l'honneur de J. -M. Verdier*, Dalloz, 2001, p. 181. Le terme « régulation », dans son rapport au droit ou dans le champ du droit, connaît une prospérité génératrice de confusion (*cf.* A. Supiot, « Critique de la régulation », préface de l'édition Quadrige de *Critique du droit du travail*, Paris, PUF, 2002). Le concept de « procéduralisation », n'est pas, lui non plus, toujours compris d'identique manière.

2. G. Lyon-Caen, L'état des sources du droit du travail, *Dr. soc.* 2001. 1031, M. Le Friant, La démocratie sociale, entre formule et concept, *Regards* (revue du CNESSS), janv. 2001, 48 s.

3. *La contractualisation du droit social* (dir. Ph. Auvergnon), COMPTRASEC-Univ. Bordeaux IV, 2003 ; et plus généralement : A. Supiot, La contractualisation de la société, *in* Y. Michaux (dir.) *Qu'est-ce que l'humain ?* Travaux de l'Université de tous les savoirs, vol. 2, Paris, O. Jacob, 2000, p. 157 s.

4. F. Bocquillon, *La dérogation en droit du travail*, Th. Strasbourg III, 1999.

5. Naguère mis en avant, l'équivoque mot d'ordre de « partage du travail » s'est fait discret.

6. A. Jeammaud, La place du salarié individu dans le droit français du travail, *Études en hommage à H. Sinay*, Peter Lang, 1994, p. 347 ; P. Adam, *La tendance à l'individualisation du droit du travail*, Th. Nancy-II, 2001. L'affirmation des droits fondamentaux s'inscrit en partie dans cette tendance : I. Meyrat, *Droits fondamentaux et droit du travail*, Th. Paris-X, 1997 ; A. Lyon-Caen et I. Vacarie, Droits fondamentaux et droit du travail, *Mélanges en l'honneur de J. -M. Verdier*, p. 421 ; M. -T. Aubert-Monpeyssen, Les libertés et droits fondamentaux dans l'entreprise : brèves remarques sur quelques évolutions récentes, *Mélanges dédiés au président M. Despax*, Presses Univ. sc. soc. Toulouse, 2002, p. 261.

nombre de décisions patronales, procédures comportant explications et confrontation des points de vue ou intérêts concernés (consultation des représentants du personnel ou entretien préalable avec le salarié exposé à une sanction ou à un licenciement), afin de favoriser une décision « juste » ou au moins acceptable par le ou les intéressés [1]. Cette tendance a pu être renforcée par une réelle exigence de la Cour de cassation en matière de respect des procédures censées protéger les intérêts des salariés et de justification des décisions patronales [2].

26 ***Depuis 2002 : réformisme libéral et conflits sociaux*** ◊ Depuis 2002 l'idée d'un droit du travail responsable, au moins en partie, du maintien d'un chômage élevé et d'une croissance atone a gagné la très grande majorité du personnel politique et une partie des organisations syndicales. Soucieux de mettre en œuvre les réformes attendues par le patronat et les milieux d'affaires, les gouvernements successifs se sont fixés comme objectifs la « modernisation du marché du travail » [3] et la réduction du coût du travail et des dépenses sociales. Cette politique, commencée sous des gouvernements de droite (2002-2012), est actuellement poursuivie par la gauche. Malgré la faveur affichée pour le « dialogue social », la nouvelle majorité a, comme la précédente, plusieurs fois cédé à la tentation d'imposer au nom de la lutte contre le chômage des réformes sans négociation ni concertation préalable.

Les attaques menées contre le droit du travail depuis 2002 ne se sont pas faites sans résistance. Plusieurs réformes ont été à l'origine de conflits sociaux d'envergure, pour certains couronnés de succès. Il faut notamment citer la longue et puissante mobilisation syndicale et étudiante de mars 2006, laquelle a contraint le gouvernement à renoncer à la création d'un CPE (contrat première embauche) qui aurait permis aux employeurs de licencier sans avoir à leur en donner le motif les jeunes de moins de 26 ans.

La principale réforme intervenue depuis 2002 a été celle de la représentativité syndicale et de la négociation collective du 20 août 2008, à la suite d'une position commune adoptée par les principaux représentants du patronat, la CFDT et la CGT [4]. Cette loi a pour effet principal de faire reposer, en partie, sur une légitimité électorale la représentativité syndicale. Cette représentativité, exigée pour qu'un syndicat puisse désigner un délégué syndical, ou pour qu'il puisse participer à une négociation collective, dépend désormais des résultats des élections professionnelles (v. ss 1036). L'exigence majoritaire pour que soient conclues efficacement des conventions collectives est renforcée, même si elle reste partiellement inaboutie (v. ss 1292 s.). Il en est résulté un renforcement de la légitimité des conventions

---

1. Sur cette « promotion des communications », v. A. Supiot, Travail, droit et technique, *Dr. soc.* 2002. 13.

2. F. Guiomard, *La justification des mesures de gestion du personnel. Essai sur le contrôle du pouvoir de l'employeur*, Th. Paris-X, 2000 ; E. Lafuma, *Des procédures internes. Contribution à l'étude de la décision de l'employeur en droit du travail*, Th. Paris-X, 2003 ; A. Lyon-Caen, Note sur le pouvoir de direction et son contrôle, *Mélanges dédiés à Michel Despax*, préc., p. 95.

3. Inspirée des directives de l'OCDE cette terminologie substitue le Marché au Droit, puisqu'il s'agit tout de même de réformer le droit du travail. Cette terminologie est révélatrice de l'aspiration à fondre le droit du travail dans les « lois » du Marché, aspiration commune au marxisme et au néolibéralisme.

4. Position commune du 9 avr. 2008 sur la représentativité, le développement du dialogue social et le financement du syndicalisme (*Liaisons soc.* n° 113/2008 du 9 mai 2008). Ce texte a été transposé dans le Code du travail par la L. n° 2008-789 du 20 août 2008 portant réforme de la démocratie sociale ; v. ss 1025 s. et les réf. citées.

collectives. Légitimité sur laquelle le législateur s'est appuyé pour autoriser toujours davantage la destruction des protections légales par convention collective, réduisant presque à néant les protections d'ordre public relatives au temps de travail.

Depuis 2008, la crise économique a connu un brutal regain d'intensité, crise bancaire d'abord, crise des dettes souveraines ensuite, avec pour conséquences une rapide augmentation du chômage. Dans cette conjoncture troublée, alors que certains droits du travail européen connaissaient un affaissement brutal [1], le droit du travail français a connu une relative et paradoxale stabilité [2]. Il faut toutefois excepter le droit du licenciement économique, lequel subit des attaques régulières de la part du législateur [3], un peu à la manière de ce qu'avait subi le droit du temps de travail au cours des années 2000.

27 ***Une crise du syndicalisme ?*** ◊ Ces trente dernières années, le taux de syndicalisation s'est considérablement réduit (a), cependant que les divisions syndicales s'accroissaient (b).

a) Moins de 10 % des travailleurs subordonnés (fonctionnaires compris) sont syndiqués, et si l'on considère les seuls salariés du secteur privé il est d'environ 8 % [4]. Ce taux est 2 fois plus faible qu'il y a 25 ans et 3 fois plus faible qu'en 1950. Et il est surtout exceptionnellement bas comparativement aux autres pays de l'OCDE : le Danemark et la Suède ont des taux de syndicalisation supérieurs à 80 % ; l'Italie, au-dessus de 50 % ; l'Allemagne et le Royaume-Uni sont aux alentours de 30 % et même un pays relativement peu syndiqué comme les États-Unis conserve un taux de près du double du taux français... Cette faiblesse des effectifs, placée au côté de la grande division des syndicats, caractérise bien l'existence d'une crise du syndicalisme en France [5].

Cette crise ne doit pas cependant être exagérée. Le taux de syndicalisation français est très faible, mais il est à peu près stable depuis une dizaine d'années. La présence syndicale dans les entreprises reste relativement élevée, avec 40 % des salariés qui déclarent qu'une présence syndicale existe sur leur lieu de travail. Et 90 % des salariés bénéficient en France d'une convention collective, ce qui est un des taux les plus élevés au monde. Il faudrait encore mentionner le rôle des syndicats dans la gestion des grands

---

1. V. not. sur la situation Italienne, S. Nadalet, *Dr. ouvrier* 2011. 104 ; Th. Pasquier, *ibid.* 112 ; sur la situation au R. U., H. Collins, *ibid.* 124 ; sur la situation en Espagne, A. Guamàn Hezrnàndez et O. Leclerc, *ibid.* 116.

2. *Cf.* E. Dockès et A. Fabre, Les résistances du droit français face à la crise, *Dr. ouvrier* 2012. 78. Sur les discours développés par les économistes sur le droit du travail et la crise, v. E. Peskine, J. Porta, T. Sachs et C. Wolmark, *Dr. ouvrier* 2012. 69 s.

3. V. not. les L. du 25 juin 2008, du 22 mars 2012 et surtout du 14 juin 2013.

4. Dares, avr. 2008, n° 16-1, *Sem. soc. Lamy* 2008, n° 1351. Ce taux est de 25 % en moyenne européenne). Six syndiqués sur dix travaillent dans le secteur public. Les syndiqués sont plus nombreux parmi les cadres et très peu présents dans les petites entreprises.

5. V. not. P. Rosanvallon, *La question syndicale*, Calmann-Lévy, 1988 ; G. Caire, « Crise » du syndicalisme ?, *Études offertes à Marcel David*, Calligrammes, 1991, p. 75 ; R. Mouriaux, *Le syndicalisme en France depuis 1945*, La Découverte, 1994 ; *D.* Andolfatto et Dominique Labbé, *Sociologie des syndicats*, La Découverte, 2001 ; *Les syndicats en France* (dir. *D.* Andolfatto), La Doc. française, 2004. Pour un point de vue comparatif à l'échelle du monde : J. –M. Servais, Syndicats : nouveaux membres, nouvelles alliances ?, *Mélanges en l'honneur de J. –M. Verdier*, p. 157.

organismes sociaux, leur présence dans de très nombreux organismes consultatifs, l'impact qui leur est accordé dans le processus législatif au côté des organisations patronales... Les syndicats français conservent d'importants moyens d'influence.

De plus, les 8 % de salariés syndiqués font tout de même plus de 1 800 000 syndiqués en France, ce qui représente une force militante imposante (à titre de comparaison, le total des adhérents revendiqués par les principaux partis politiques français est de l'ordre de 600 000 adhérents). Et si le nombre des syndiqués français est faible comparativement à d'autres pays, c'est aussi en partie du fait de certaines règles du droit français : les syndicats négocient pour l'ensemble des salariés et non pour leurs seuls adhérents, la Sécurité sociale et la formation professionnelle bénéficient à tous, syndiqués ou non, etc. Ces règles, qui sont loin d'être aussi répandues qu'on pourrait le croire, faussent la comparaison avec les pays qui font dépendre ces avantages de l'adhésion à un syndicat.

Ainsi, la crise du syndicalisme ne doit pas faire sous-estimer l'importance maintenue du phénomène syndical. D'autant que l'audience et la capacité de mobilisation des syndicats demeurent importantes, ainsi que l'a démontrée la crise du CPE, au printemps 2006.

b) La tendance à la division s'est poursuivie ces trente dernières années. Elle a notamment conduit à la création de deux nouvelles organisations importantes, venue s'ajouter aux cinq grandes confédérations déjà en place (CGT, CFDT, CGT-FO, CFTC, CGC).

La première organisation syndicale d'envergure nouvelle est l'Union syndicale solidaire. Celle-ci est la continuité de l'Union syndicale créée en 1981 entre 10 syndicats ou fédérations autonomes (le « G10 »). Elle compte aujourd'hui une quarantaine de syndicats membres, dont les syndicats SUD (solidaires-unitaires-démocratiques).

L'Union nationale des syndicats autonomes (UNSA) est, elle, née en 1993 en regroupant plusieurs syndicats dits « autonomes » et une partie de la Fédération de l'éducation nationale (FEN) qui venait de se scinder.

Pour avoir une vue un peu plus complète de la complexité du paysage syndical français, il faut encore mentionner l'existence de syndicats d'entreprise, de métiers, de fédérations et d'unions, non-rattachés aux confédérations et unions interprofessionnelles susvisées. Il existe, de plus, d'autres organisations interprofessionnelles de petite, voire de très petite taille. Ces différents morceaux du mouvement syndical ne sont pas tous négligeables, loin s'en faut. Certains syndicats ont un rôle majeur dans telle branche ou tel métier sans pour autant appartenir à une grande confédération. Ainsi, par exemple, la Fédération syndicale unitaire (FSU) regroupe exclusivement des personnels de la fonction publique et elle a l'essentiel de ses effectifs dans l'éducation nationale. Mais elle est aussi, dans cette branche, la première force syndicale en termes d'audience.

Dans certaines très grandes entreprises, il est possible de rencontrer plus de dix syndicats de salariés représentés, face à un seul employeur. Ce dernier pourra alors facilement jouer des oppositions entre les uns et les autres. Et lorsque dans une entreprise une organisation syndicale est seule présente, il est fréquent que l'employeur s'efforce de favoriser l'apparition d'une ou plusieurs autres sections syndicales, afin de diviser et affaiblir la première. Diviser pour régner...

La position commune du 9 avril 2008 et la loi du 20 août 2008 qui transpose cette position auraient pu laisser espérer un regroupement salutaire de certains syndicats. Ces textes encadrent plus strictement l'octroi de la représentativité. Dans l'entreprise, elle est désormais réservée aux syndicats ayant recueilli 10 % des suffrages aux élections professionnelles. Dans les branches ou au niveau interprofessionnel, elle suppose d'avoir passé le seuil de 8 % des suffrages. Ces seuils, combinés aux autres conditions nouvelles de la représentativité (v. ss 1025 s.), n'ont toutefois pas, jusqu'à présent, produit de recomposition du paysage syndical. Et l'on peut craindre une certaine stabilisation, les premières mesures d'audience ayant confirmé la représentativité au niveau national et interprofessionnel des cinq organisations syndicales qui étaient déjà précédemment présumées représentatives à ce niveau (CGT, CFDT, CGT-FO, CFTC et CFE-CGC) [1].

La division actuelle du syndicalisme salarié contraste avec la relative unité des associations patronales. Au niveau national et interprofessionnel, celles-ci sont principalement regroupées au sein de deux principales organisations : le Mouvement des entreprises de France (MEDEF) et la Confédération générale des petites et moyennes entreprises (CGPME). Le front patronal est ainsi relativement uni, même si cette unité est tempérée par l'existence d'organisations patronales catégorielles, non rattachées aux précédentes. Les principales sont l'Union professionnelle artisanale (UPA), la Fédération nationale des syndicats d'exploitants agricoles (FNSEA), l'Union nationale des professions libérales (UNAPL) et l'Union des employeurs de l'économie sociale et solidaire (UDES). Depuis la loi du 5 mars 2014, la notion d'organisation patronale « représentative » a été entièrement refondue, le critère clef devenant celui du nombre d'entreprises adhérant à l'organisation (C. trav., art. L. 2152-1 s.) [2]. Cette qualification nouvelle, pensée par les organisations actuellement dominantes, ne devrait pas modifier sensiblement le paysage actuel des organisations patronales.

---

1. Résultats d'audience publié le 29 mars 2013 par la DGT.
2. V. ss 1039 s.

PREMIÈRE PARTIE

LE CADRE INSTITUTIONNEL

TITRE 1
LES SOURCES DU DROIT DU TRAVAIL

28 ***Limites de l'autonomie*** ◊ Le droit commun des contrats s'est construit sur une vision individualiste et égalitaire des rapports contractuels. Et, même si la matière a depuis subi quelques notables amendements, elle demeure marquée par cette vision du monde. Le droit du travail, charpenté par l'action collective et la subordination, s'est nécessairement construit en opposition avec ce modèle. Sous des formes nationales diverses, le droit du travail s'est affirmé comme une branche du droit dotée de principes et de règles d'interprétation spécifiques [1]. Ce particularisme du droit du travail a conduit certains auteurs à soutenir la thèse de son autonomie [2] : la solution des problèmes non réglés par le Code du travail devrait être recherchée à la lumière des finalités ou « principes » spécifiques de cette branche du droit plutôt que par application des règles « civilistes ».

Cette thèse de l'autonomie n'a pas prospéré en droit positif, pour plusieurs raisons. Une certaine évolution du droit des obligations, notamment sous l'influence du droit du travail (reconnaissance des contrats collectifs, prise en compte modérée mais existante des asymétries entre

1. P. Durand, Le particularisme du droit du travail, *Dr. soc.* 1945. 298 ; G. Lyon-Caen, Les principes généraux du droit du travail, *Études offertes à G.-H. Camerlynck*, Dalloz, 1978, p. 35 ; A. Supiot, Pourquoi un droit du travail ? *Dr. soc.* 1990. 485.

2. La thèse de l'autonomie a connu différentes versions (en dernier lieu : J. Le Goff, *Droit du travail et société*, tome 1, PU Rennes, 2001, p. 29 s.), parfois plus nuancées : G.-H. Camerlynck, L'autonomie du droit du travail, *D.* 1956. Chron. 23 ; A. Brun et H. Galland, *Droit du travail*, Sirey, 2e éd., 1978, Tome I, n°s 123 s. ; G. Lyon-Caen, Du rôle des principes généraux du droit civil en droit du travail, *RTD civ.* 1974. 229.

cocontractants, etc.) a favorisé cette solution. Plus généralement, le droit du travail ne régit pas tous les aspects des relations entre employeurs et salariés qui demeurent soumises par certains aspects non seulement au droit civil, mais aussi au droit constitutionnel [1], au droit administratif (à l'occasion des diverses interventions de l'autorité administrative) [2], au droit commercial [3], au droit pénal [4], sans même évoquer la place cruciale du droit de la sécurité sociale dans le statut salarial [5]. Concernant les règles du droit civil, il est vrai qu'elles ont souvent servi à limiter la portée de dispositions du Code du travail ou à favoriser l'employeur. Mais l'inverse a aussi pu être vrai. La subordination reconnue parfois un peu trop facilement par le droit du travail s'est vue limitée au nom des principes égalitaires du droit civil (v. le régime de la modification du contrat de travail, v. ss 637). Une disposition comme l'article 9 C. civ., reconnaissant à chacun le droit au respect de sa vie privée, borne également le pouvoir patronal [6]. La Cour de cassation a régulièrement l'occasion d'appliquer aux relations du travail, l'article 6 du Code civil [7], qui fait prévaloir les règles d'ordre public sur les conventions, ou bien des principes généraux, tels l'abus de droit et à de fraude à la loi [8]. Les qualifications comme la considération des faits par le droit [9] peuvent présenter, ici, des traits particuliers.

---

1. V. Ogier-Bernaud, *Les droits constitutionnels des travailleurs*, PUAM, 2002, préf. L. Favoreu.

2. X. Prétot, La sécurité juridique et les décisions de l'Administration du travail, *Dr. soc.* 2006. 753.

3. Not. le droit des procédures collectives (v. A. Mazeaud, « Faillite » et droit du travail, *in Le Code de commerce, 1807-2007, Livre du bicentenaire*, Dalloz 2007, p. 561 ; A. Lyon-Caen et Q. Urban (dir.), *Les salariés et la défaillance de l'entreprise*, Dalloz, 2007), le droit de la propriété intellectuelle (v. L. Drai, *Le droit du travail intellectuel*, Th. LGDJ, 2005, préf. P.-Y. Verkindt), le droit de la concurrence (L. Driguez, *Droit social et droit de la concurrence*, Th. Bruylant, 2006, préf. L. Idot), le droit des sociétés, etc.

4. A. Cœuret et E. Fortis, *Droit pénal du travail*, Litec, 3e éd. 2008. X. Pin, Le travail dans le champ pénal, *in Le champ pénal, Mélanges R. Ottenhof*, Dalloz, 2007, 381. Le champ d'application du droit pénal aux relations de travail ne se limite pas aux incriminations prévues par le Code du travail. Le délit d'imposition de conditions de travail et d'hébergement incompatibles avec la dignité humaine (C. pén., art. 225-14) peut être constitué en cas d'esclavage domestique (Crim. 11 déc. 2001, *Bull. crim.* n° 256), comme dans une entreprise « normale » (Crim. 4 mars 2003, *Dr. soc.* 2004. 112, obs. Ch. Willmann ; *D.* 2004. Somm. 181, obs. Th. Aubert-Monpeyssen ; 23 avr. 2003, *Bull. crim.* n° 85), et l'exploitation de stagiaires constitue le délit de l'art. 225-13 (Crim. 3 déc. 2002, *Dr. soc.* 2003. 428, obs. F. Duquesne).

5. Sur les liens entre les deux branches, v. A. Supiot, L'avenir d'un vieux couple : travail et sécurité sociale, *Dr. soc.* 1995. 823 ; J. Barthélémy, Peut-on dissocier le droit du travail et le droit de la sécurité sociale ? *Dr. soc.* 2007. 787.

6. Y compris en visa d'arrêts de cassation ; ex : Soc. 22 janv. 1992, *Dr. soc.* 1992. 329, 1re esp., note J. Savatier ; 2 oct. 2001 (arrêts *Nikon* et *Abram*), *Dr. soc.* 2001. 915, note J.-E. Ray. Pourrait aussi trouver pleine pertinence l'art. 16-1, al. 1er créé en 1994 : « Chacun a droit au respect de son corps ».

7. Ex. : Soc. 10 juill. 2001, *Dr. soc.* 2001. 1131, obs. J. Savatier.

8. M. Billiau Regards sur l'application par la Cour de cassation de quelques principes du droit des contrats, in *Études offertes à Jacques Ghestin*, LGDJ-Montchrestien, 2001.

9. S. Frossard, *Les qualifications juridiques en droit du travail*, LGDJ, 2000 ; J.-P. Laborde, La considération du fait par le droit du travail, *Mélanges en l'honneur de H. Blaise*, Economica, 1995, p. 277.

La sécession du droit du travail relativement au droit commun n'a donc pas eu lieu [1]. Du reste, selon l'article L. 1221-1 du Code du travail, « le contrat de travail est soumis aux règles du droit commun ».

Le particularisme de la discipline se manifeste dans l'adaptation de certaines règles du droit civil à la situation de subordination, caractéristique de la relation de travail. Ainsi en va-t-il par exemple en matière de nullités [2], de transaction, de responsabilité contractuelle [3] ou délictuelle [4] du salarié, de sanctions [5], de résiliation amiable [6]. La notion de droit commun est cependant complexe et ne s'identifie pas au droit civil [7]. Si bien que le droit du travail participe certainement de la constitution d'un droit commun des relations contractuelles de dépendance [8], et influence à son tour certaines évolutions du droit civil [9].

29 ***Limites du pluralisme juridique*** ◊ En droit du travail, comme dans toutes les autres branches du droit, la sphère législative et nationale (chapitre. 2) est concurrencée par l'influence croissante des règles supra-étatiques européennes et internationales (chapitre 1). Dans la théorie des sources du droit, si la matière présente une forte originalité, c'est surtout du fait de la multiplicité de ses sources infra-étatiques, dites « professionnelles » (chapitre 3). Ces sources furent des pratiques avant d'être reconnues, progressivement comme des sources de règles de droit à part entière par le droit étatique. La reconnaissance des conventions collectives date de la loi du 23 mars 1919, celle du règlement intérieur peut être datée de l'ordonnance du 6 novembre 1945, même si le débat sur sa nature juridique

1. V. la critique approfondie de G. Couturier, Les techniques civilistes et le droit du travail, *D.* 1975. Chron. 151. Par leur abstraction, des règles générales du droit des obligations (songeons à l'art. 1134 C. civ.) peuvent jouer en faveur d'un contractant ou d'un autre, indépendamment de leur position socio-économique ; c'est d'abord en ce sens qu'elles sont « réversibles ». V. aussi : X. Lagarde, Aspects civilistes des relations de travail, *RTD civ.* 2002. 435.

2. G. Couturier, La théorie des nullités dans la jurisprudence de la Chambre sociale de la Cour de cassation, in *Études offertes à Jacques Ghestin*, LGDJ-Montchrestien, 2001.

3. Subordonnée par la jurisprudence à la preuve d'une faute lourde (supposant « l'intention de nuire à l'employeur ou à l'entreprise »). V. Chr. Radé, *Droit du travail et responsabilité civile*, Th. LGDJ, 1997.

4. M. Fabre-Magnan, *Droit des obligations*, vol. 2, *Responsabilité civile et quasi-contrats*, PUF, 2007, §. 127-131.

5. M. Grévy, *La sanction civile en droit du travail*, Th. LGDJ, 2002.

6. J. Savatier, Les limites de la résiliation amiable du contrat de travail, *RJS* 5/02. 399.

7. V. A. Wijffels (dir.) *Le Code civil entre ius commune et droit privé européen*, Bruxelles, Bruylant, 2005.

8. A. Supiot, La contribution du droit social au droit commun des contrats, *in* A. Wijffels, *op. cit.* p. 47 s.

9. J. Mestre, L'influence des relations de travail sur le droit commun des contrats *Dr. soc.* 1988. 405 ; P.-Y. Gautier, Les interactions du droit civil et du droit du travail, *in Les sources du droit du travail* (dir. B. Teyssié), préc., p. 129 ; M. Fabre-Magnan, Le droit du travail vue du droit civil : l'unité du droit des obligations, in *Regards croisés sur le droit social, Sem. soc. Lamy* 2002, suppl. n° 1095, p. 31.

ne fut clos qu'en 1991 [1]. La reconnaissance de l'engagement unilatéral comme source du droit du travail date de 1990 [2].

Cette pleine reconnaissance des règles professionnelles par le droit étatique, n'a pas fait disparaître les débats sur leur nature. L'entreprise reste parfois comprise comme un ordre normatif singulier [3], différent, voire concurrent de l'ordre normatif étatique. Il est remarqué, par ailleurs, que la juridicité des normes professionnelles a existé indépendamment de toute reconnaissance ou délégation étatique. Le droit du travail serait ainsi marqué par un certain pluralisme juridique [4]. Toutefois, les différentes sources du droit du travail sont étroitement imbriquées. Elles se reconnaissent, se complètent, et renvoient les unes aux autres. Les règles de validité, d'agencement, de conflit entre sources sont nombreuses. Pour toutes ces raisons, les sources professionnelles et étatiques appartiennent bien à un ordre normatif unique, à un même système juridique. Elles sont diverses, mais participent toutes à la définition *du* droit du travail. Les sources du droit du travail sont plus nombreuses, plus diversifiées que celles d'autres matières. Elles ne sont pas pour autant le signe d'un pluralisme plus grand ici qu'ailleurs.

---

1. Soc. 25 sept. 1991, *Unigrains*, *Bull. civ.* V, n° 387 ; *Dr. soc.* 1992. 24, note J. Savatier ; *Grands arrêts*, n° 177.

2. V. not. Soc. 4 avr. 1990, *Maguin*, *Bull. civ.* V, n° 161, *Dr. soc.* 1990. 806, obs. J. Savatier ; *Grands arrêts*, n° 176.

3. Pour deux versions très différentes de cette thèse : N. Aliprantis, L'entreprise en tant qu'ordre juridique, *Études offertes à H. Sinay*, Peter Lang, 1994, p. 185 ; J.-P. Robé, L'ordre juridique de l'entreprise, *Droits* 1997, n° 25, p. 163.

4. V. A. Jeammaud, M. Le Friant et A. Lyon-Caen, L'ordonnancement des relations du travail, *D.* 1998. Chron. 359.

CHAPITRE 1
LES SOURCES SUPRA-ÉTATIQUES

30 ***Primauté sur le droit national et diversité*** ◊ Selon l'article 55 de la Constitution de 1958, « les traités ou accords internationaux régulièrement ratifiés ou approuvés ont, dès leur publication, une autorité supérieure à celle des lois, sous réserve, pour chaque accord ou traité, de son application par l'autre partie ». Les dispositions de toute convention internationale *l'emportent* donc sur la loi française en cas de conflit, que cette loi soit antérieure ou postérieure [1]. Au surplus, la *condition de réciprocité* ne peut concerner, de jurisprudence constante, que le traité bilatéral. En revanche, quel que soit le type de la convention, ses dispositions suffisamment précises pour fournir réponse à une question de droit sont *directement applicables* dans l'ordre interne. Il appartient donc à toute juridiction d'État d'appliquer les dispositions des conventions internationales, au besoin en les faisant primer sur les règles nationales (contrôle de *conventionnalité* des lois par le juge ordinaire, contrastant avec le refus traditionnel de tout contrôle de constitutionnalité) [2].

Cette autorité du droit international est lourde de conséquences compte tenu du nombre et de l'importance des conventions liant aujourd'hui la France, qu'il s'agisse d'*accords bilatéraux* qui affectent le régime du travail (relatifs à d'immigration) ou, surtout, de *conventions multilatérales*. Ces dernières visent d'abord à former un socle protecteur minimal. Cette production internationale de normes est née du souci d'universaliser le progrès social et certaines valeurs démocratiques.

Dans un contexte d'internationalisation des échanges, cet effort normatif a aussi été soutenu par la volonté des pays à forte protection sociale de se protéger des pays dépourvus de telles protections. Cette deuxième justification a une force de conviction très limitée [3]. Elle domine pourtant au sein de l'Union européenne. Ce qui explique le relatif échec de ce niveau de production de norme.

---

1. Cass., ch. mixte, 24 mai 1975 (*Jacques Vabre*), *D.* 1975. 497, concl. A. Touffait ; CE 20 oct. 1989 (*Nicolo*), *D.* 1990. 135, note P. Sabourin ; Soc. 29 mars 2006, *Dr. soc.* 2006. 636, avis Duplat ; v. égal. : Cass., ass. plén., 14 oct. 1977, *JDI* 1978. 304, note G. Lyon-Caen ; *Grands arrêts*, n° 23 (à propos d'un conflit entre la convention judiciaire franco-helvétique et des dispositions du C. trav.) ; Conseil d'État, *La norme internationale en droit français*, Doc. fr., 2000.

2. M. Bonnechère, Vers une consolidation jurisprudentielle du droit international des droits de l'homme, *Dr. ouvrier* 2006. 1 (com. de Soc. 6 juill. 2005, *Bull. civ.* V, n° 236 : application de l'art. 26 du Pacte international relatif aux droits civils et politiques).

3. V. E. Dockès, Justifications et moyens d'un droit du travail mondial, *in La mondialisation du droit*, E. Loquin et C. Kessedjian dir., Litec 2000, p. 463-479.

Les conventions internationales à vocation mondiale, elles sont nombreuses. Il faut tout d'abord mentionner ici les deux pactes de 1966, adoptés dans le cadre de l'ONU. Le premier de ces pactes est relatif aux droits civils et politiques. Le second, qui a plus d'importance en droit du travail, est relatif aux droits économiques, sociaux et culturels. Ces textes sont reconnus d'application directe [1]. Et leur contenu est souvent plus protecteur que ne le sont les déclarations de droits françaises ou européennes. Ces pactes représentent donc une importante source de droits de l'homme.

Mais le droit du travail mondial est surtout marqué par les conventions élaborées dans le cadre de l'Organisation internationale du travail (OIT), lesquelles forment un véritable droit international du travail (Section 1). Le niveau du Conseil de l'Europe est essentiellement consacré aux droits fondamentaux (Section 2). Le niveau du droit de l'Union européenne s'appuie sur les traités fondateurs et se décline par les instruments du droit européen dérivé. Il constitue un ordre juridique original, dont l'impact sur le droit du travail va croissant (Section 3).

SECTION 1. LE DROIT INTERNATIONAL DU TRAVAIL

31 ***Les conventions de l'Organisation internationale du travail*** [2] ◊ L'organisation internationale du travail a été créée en 1919, à la fin de la Première Guerre mondiale, lors de la Conférence de la paix réunie d'abord à Paris, puis à Versailles. Rattachée à la SDN [3], elle est la seule partie de cette organisation qui ait survécu à la Seconde Guerre mondiale. L'OIT est aujourd'hui intégrée au sein de l'ONU. Elle est un exemple unique de démocratie sociale au niveau mondial. Elle est divisée en trois organes principaux, la Conférence internationale du travail, le Conseil d'administration et le Bureau international du travail.

La Conférence internationale du travail (CIT) est une sorte de Parlement mondial, compétent en matière sociale. Chacun des 178 États membres de l'OIT y envoie plusieurs délégués, dont 4 ont le droit de vote : 2 sont désignés par le gouvernement de l'État membre, 1 par les organisations d'employeurs, et 1 par les syndicats de

1. V. not. pour l'application directe du deuxième pacte, v. not. Soc. 16 déc. 2008, n° 05-40.876 P, *Dr. ouvrier* 2009. 87, note M. Bonnechère ; *RDT* 2008. 239, note R. de Quénaudon

2. Sur ces conventions, v. not. J.-M. Servais, *Normes internationales du travail*, Paris, LGDJ, 2004 ; Les normes internationales du travail : un patrimoine pour l'avenir, *Mélanges en l'honneur de Nicolas Valticos*, Genève, BIT, 2004. A. Euzéby, L'OIT a quatre-vingts ans : quatrième âge ou nouvelle jeunesse ?, *Dr. soc.* 2000. 61 ; F. Maupain, Le renouveau du débat normatif à l'OIT. De la fin de la guerre froide à la mondialisation, *Bull. dr. comp. trav.* 2001, p. 3. A. Wisskirchen, Le système normatif de l'OIT : pratique et questions juridiques, *RIT*, 2005, vol. 144/3, p. 267 ; J.-M. Belorgey et R. Brillat, Quelle justice internationale pour les droits sociaux ?, *Dr. soc.* 2008. 774.

3. La Société des Nations (SDN) était une organisation internationale de niveau mondial, créée au lendemain de la première guerre mondiale, en 1919, par le traité de Versailles. Incapable d'éviter la deuxième guerre mondiale, elle fut discréditée et remplacée en 1945 par l'Organisation des Nations unies (ONU).

salariés. La CIT se réunit tous les ans, au mois de juin, à Genève. Le Conseil d'administration est l'exécutif de l'OIT. Il est composé de 28 membres gouvernementaux, auxquels s'ajoutent 14 membres employeurs et 14 membres travailleurs. Les 10 États ayant la plus grande importance économique sont des membres gouvernementaux permanents du Conseil ; les représentants des autres États sont élus tous les 3 ans par la Conférence. Les employeurs choisissent leurs propres représentants et les travailleurs les leurs. Le Bureau international du travail (BIT) compte un peu moins de 2 000 fonctionnaires originaires de tous les pays et qui assurent diverses fonctions, notamment d'aide et de formation dans les États membres dont les normes sociales sont les moins développées.

La Conférence internationale du travail adopte, à la majorité des deux tiers, des conventions internationales. Celles-ci sont préalablement élaborées au sein du BIT et proposées par le Conseil d'administration. Ces conventions de l'OIT couvrent un vaste champ matériel : libertés fondamentales (Conv. n° 105 de 1957, n° 87 de 1948, n° 98 de 1949, n° 111 de 1958, n° 182 de 1999) [1], emploi et chômage (Conv. n° 122 de 1964, n° 142 de 1975, n° 158 de 1983 ; n° 175, de 1994 n° 177, de 1996 n° 181, de 1997), conditions de travail et santé (Conv. n° 1 de 1919, n° 100 de 1951, n° 187 de 2006), relations professionnelles (Conv. n° 154 de 1981), inspection du travail (Conv. n° 81 de 1947), condition des travailleurs migrants (Conv. n° 97 de 1949), mais aussi sécurité sociale (Conv. n° 102 de 1950). Depuis 1999, l'OIT a placé son action sous le signe du *travail décent* pour tous [2]. Expression du principe de dignité de la personne humaine, cette notion de travail décent vise à prendre en compte, au-delà du seul emploi salarié, la situation de tous les travailleurs dans le monde, et notamment de ceux qui vivent d'une économie de subsistance, (dite économie « informelle »), et qui constituent souvent, avec la paysannerie, la majorité de la population active dans les pays pauvres.

Suivant les règles du droit international, les conventions internationales ne sont obligatoires que dans la mesure où elles ont été ratifiées par chaque État. Il existe certes, une remarquable obligation faite aux États membres de présenter les conventions adoptées à l'organe national compétent pour les ratifier – dans le délai d'un an qui suit leur adoption [3] – et en cas de non-ratification, les États doivent indiquer les motifs de ce refus, mais ces obligations de présentation et de motivation sont mal respectées. De plus, le nombre de ratification est très variable d'un pays à l'autre [4]. Le champ d'application territorial du droit international apparaît de ce fait extrêmement morcelé.

1. Droits du travail, droits de l'homme, *RIT* 1998/2, n° spéc.

2. *Un travail décent*, Rapport du directeur général à la 87e session de la conférence internationale du travail, Genève, BIT, 1999. v. *RIT* 2003/2, n° spéc. ; Déclaration de l'OIT du 10 juin 2008 sur la justice sociale pour une mondialisation équitable ; J.-M. Servais, Politique de travail décent et mondialisation : réflexions sur une approche juridique renouvelée, *RIT* 2004, vol. 143, p. 203 ; D. Peccoud (dir.), *Le travail décent. Points de vue philosophiques et spirituels*, Genève, BIT, 2004.

3. Const. de l'OIT, art. 19.5.

4. Si l'on ne prend en compte que les conventions à jour disponibles à la ratification, on constate que sur un total de 81 conventions, le Suède en a ratifié 57, la France 47, l'Allemangne 43, le Japon 22, l'Afrique du Sud 11 et les États-Unis aucune. Une base de données relative aux ratifications de toutes les conventions est accessible sur le site internet de l'OIT <www. ilo.org/ public/ french/> (rubrique « Normes internationales du travail »).

Face à cette situation, l'OIT a adopté la déclaration du 19 juin 1998, relative aux principes et droits fondamentaux au travail [1]. Cette déclaration, affirme que huit conventions internationales, les plus importantes, sont juridiquement impératives pour tous les États membres de l'OIT, *même s'ils n'ont pas ratifié ces conventions*. Ces conventions, fondamentales, traitent de la liberté d'association, de la liberté syndicale, du droit à la négociation collective, de l'élimination du travail forcé et du travail des enfants et de l'élimination des discriminations en matière d'emploi et de profession. Il s'agit d'un cas unique de conventions internationales déclarées obligatoires, en l'absence de ratification. Cette importante avancée du droit international s'est appuyée sur un argument de droit intégré dans la déclaration : en adhérant à l'OIT, les États ont adopté ses valeurs fondatrices et ce sont ces valeurs qui sont explicitées dans les conventions fondamentales visées. Dès lors, l'adhésion au traité fondateur de l'OIT vaut adhésion à ces conventions.

L'argument a sa force. Il ne doit pas pour autant masquer l'importance de l'avancée ainsi réalisée par l'organisation internationale. La déclaration de 1998 est en rupture totale avec les habitudes du droit international, ce qui en dit long sur le dynamisme de l'OIT dans l'ordre international.

Cette institution souffre toutefois de la relative faiblesse des moyens qui sont mis à sa disposition. L'OIT dispose de nombreuses ressources incitatives [2]. Les États doivent faire régulièrement rapport sur l'application des conventions ratifiées [3]. Les rapports des États sur l'application des normes sont soumis à une commission d'experts [4]. Des réclamations et plaintes peuvent déclencher des procédures particulières, spécialement lorsque sont en cause les principes et droits fondamentaux. Il ne faut pas sous-estimer le poids de ces procédures. Elles peuvent notamment exercer une influence sur le juge interne appelé à appliquer directement les conventions de l'OIT [5]. Mais tout ceci peut apparaître encore comme fort limité,

1. J.-M. Verdier, La Déclaration de l'OIT de juin 1998 : complémentarité de la promotion et du contrôle des droits fondamentaux au travail, *in De tous horizons. Mélanges Xavier Blanc-Jouvan*, Paris, Société de législation comparée, 2005, p. 403 s. ; Ph. Alston « 'Core Labour Standards'and the Transformation of the International Labour Rights Regime » *The European Journal of International Law* (2004), Vol. 15, n° 3, p. 457-521.

2. Parmi ces mesures incitatives, il faut compter les *recommandations* de portée générale adoptée par l'OIT, qui invitent à adopter certaines pratiques ou certaines règles juridiques. On appelle *« normes internationales du travail »* l'ensemble des normes fondamentales, conventions et recommandations incluses.

3. A. Odero et M. M. Travieso, Le comité de la liberté syndicale, *Mélanges Valticos*, p. 159 s.

4. I. Boivin et A. Odero, La Commission d'experts pour l'application des conventions et recommandations et les progrès des législations nationales, *RIT* 2006/3, vol. 145, 235.

5. La condamnation de la France par l'OIT pour violation de la Conv. de l'OIT, n° 158 sur le licenciement (Décis. du BIT du 14 nov. 2007, approuvant le Rapport du comité *ad hoc* n° GB.300/20/6, *RJS* 1/08, n° 59), a ainsi eu une influence importante, sur le droit français : v. Soc. 1er juill. 2008, n° 07-44.127, *RJS* 2008, n° 10, p. 775-784, rapp. J. M. Béraud, *RDT* 2008. 504, avis J. Duplat, arrêt qui écarte la loi française ayant institué le contrats nouvelles embauches, comme contraire à la Conv. de l'OIT, n° 158, et conformément à la décision de l'OIT préc. Sur cette affaire, v. not. J.-M. Servais, L'application par la France de la Conv. de l'OIT, n° 158, *RDT* 2008. 196.

comparativement aux moyens dont dispose, par exemple, un organisme comme l'Organisation mondiale du commerce (OMC). Cette organisation, qui n'est chargée que de l'application des grands traités sur le commerce, a de puissants moyens de sanctions. Les droits des commerçants internationaux sont ainsi, de très loin, mieux protégés que les droits fondamentaux des travailleurs.

En droit français, l'impact des conventions internationales vient surtout du rôle reconnu aux juges internes. Comme dans les autres pays de tradition moniste [1], les conventions de l'OIT sont directement appliquées par les juges français et l'emportent sur les règles nationales contraires [2]. Plus de 100 conventions de l'OIT ont été ratifiées par la France. Elles sont souvent relativement méconnues. Elles forment pourtant un corps de règles supérieures hiérarchiquement au Code du travail et leur rôle protecteur ne cesse de croître au fur et à mesure que le droit du travail interne s'effrite.

SECTION 2. LES CONVENTIONS DU CONSEIL DE L'EUROPE

32 ***Le Conseil de l'Europe*** ◊ Créé par le Traité de Londres de 1948, établi à Strasbourg, le Conseil de l'Europe est une organisation internationale qui regroupe les 47 États de la « grande » Europe. Il inclut notamment, outre les 27 États de l'Union européenne, la Turquie, la Suisse, la Russie, l'Ukraine... En son sein ont été conclues plusieurs conventions importantes qui concernent le droit du travail, dont les deux principales sont la Convention de sauvegarde des droits de l'homme et des libertés fondamentales et la Charte sociale européenne [3].

33 ***La Convention de sauvegarde des droits de l'homme et des libertés fondamentales (CEDH)*** [4] ◊ Dans son contenu, ce texte ne contient

1. Lesquels considèrent que le droit international fait directement et immédiatement partie du système juridique national, dès qu'il a fait l'objet d'une ratification (ex. France, Allemagne, Pays-Bas). Les pays de tradition dualiste, moins nombreux, considèrent que le droit international n'est pas directement applicable devant les juges nationaux. Mais qu'il peut avoir un impact dans la mesure où il a été transposé par des règles internes (ex. USA, Royaume-Uni, Italie).

2. V. not. V. CE 9 oct. 1996, *Union CGT des Aff. sociales*, *Dr. soc.* 1997. 207, obs. X. Prétot ; 11 janv. 2002. *Dr. soc.* 2002. 428, concl. E. Mignon ; Soc. 29 mars 2006, *Sté Euromédia*, *Bull. civ.* V, n° 131, *RJS* 5/06, n° 561 ; *ibid.*, p. 369, rapp. A. Martinel ; Soc. 1er juill. 2008, préc. *Adde.* A. Jeammaud, Sur l'applicabilité en France des conventions internationales du travail, *Dr. soc.* 1986. 399 ; J.-M. Verdier, L'apport des normes de l'OIT au droit français du travail, *Études offertes à G. Lyon-Caen*, Dalloz, 1989, p. 51 ; R. de Quenaudon, L'application par le juge français des droits sociaux fondamentaux affirmés par l'OIT et l'ONU, *RDT* 2007. 109 ; *RDT* 2007. 315.

3. Signalons également la Convention européenne relative au statut juridique du travailleur migrant de 1977, en vigueur en France depuis 1984, qui concerne les seuls ressortissants d'États contractants.

4. F. Sudre, La perméabilité de la CEDH aux droits sociaux, *in Études J. Mourgeon*, Bruxelles, Bruylant, 1998, 467 ; J. Mouly, Les droits sociaux à l'épreuve des droits de l'Homme, *Dr. soc.* 2002. 799 ; J.-P. Marguénaud et J. Mouly, Les incursions de la CEDH en droit du travail, *RDT* 2008. 16.

que peu de dispositions relatives au droit du travail [1]. Mais son application est le cœur de compétence de la Cour européenne des droits de l'homme (Cour EDH), laquelle détient de véritables pouvoirs de sanction et peut être saisie par tout citoyen d'un pays membre. Les rares textes de la Convention consacrés au droit du travail et l'application de certains droits généraux aux relations de travail ont été l'occasion, pour la Cour, de bâtir d'importantes jurisprudences en droit du travail. L'œuvre accomplie concerne notamment le droit syndical [2], le droit de grève [3] et la liberté d'expression des salariés [4]. Il faut aussi compter sur l'importante jurisprudence de la Cour relative au droit à un procès équitable [5].

Se fondant à juste titre sur le principe d'indivisibilité des droits de l'homme [6], la Cour interprète aujourd'hui certaines dispositions de la CEDH à la lumière des droits et principes consacrés par la Charte sociale européenne [7]. Elle fait découler ainsi du « droit au respect de la vie privée », un « droit à la vie professionnelle » ainsi que l'interdiction pour un État de porter une atteinte excessive au « droit de gagner sa vie par un travail librement entrepris » consacré par l'article 1er, § 2 de la Charte sociale [8]. De même, elle a déduit de la liberté syndicale, garantie par

1. Il s'agit essentiellement de l'art. 4, prohibition du travail forcé, de l'art. 11 sur la liberté syndicale et de l'art. 14 sur les discriminations.

2. J.-M. Béraud, Aspects de la liberté syndicale au sens de la Convention européenne des droits de l'homme, *Dr. soc.* 1986. 384. CEDH 20 avr. 1993, *Sibson*, *Dr. soc.* 1993. 999, note Ch. Pettiti ; 30 juin 1993, *Sigürjonsson*, *D.* 1994. 181, note J.-P. Marguénaud ; 25 avr. 1996, *Gustafsson*, *D.* 1997. 363, note J.-P. Marguénaud et J. Mouly ; 11 janv. 2006, (2 arrêts : *Sorensen* et *Rasmussen*). Cette interprétation très individualiste de la liberté syndicale est de nature à fragiliser les systèmes de relations professionnelles « nordiques » fondés sur l'unité et la discipline syndicale (v. J.-P. Marguénaud et J. Mouly, Le modèle syndical danois terrassé par le droit d'association négatif, *Dr. soc.* 2006. 1022) et plus généralement à fragiliser les cadres collectifs protecteurs des salariés.

3. L'interdiction de la grève ou une restriction du droit de grève peut valoir restriction de la liberté syndicale : CEDH 10 janv. et 27 juin 2002, *D.* 2003. 939, note J.-P. Marguénaud et J. Mouly.

4. CEDH 29 févr. 2000, *Fuentes Bobo*, *D.* 2001. 574, note J.-P. Marguénaud et J. Mouly, à propos du licenciement d'un réalisateur d'émissions de télévision :

5. Ce droit prévu à l'art. 6 de la convention, exige un procès public, réglé dans « un délai raisonnable » par « un tribunal indépendant et impartial ». La France a été déjà été condamnée sur le fondement de ce texte du fait de la lenteur de certains procès prud'homaux : v. CEDH 14 nov. 2000, *Mme Delgado*, *D.* 2001. 2787, note J.-P. Marguénaud et J. Mouly ; 8 avr. 2003, *Mme Jussy*, *Dr. ouvrier* 2003. 425 ; 26 oct. 2004, *AB Kurt Kellerman*, *Dr. soc.* 2005. 803, note J.-P. Marguénaud et J. Mouly.).

6. CEDH 9 oct. 1979, *Airey c/ Irlande*, F. Sudre, J.-P. Marguénaud et *alii*, *Gr. Arr. de la CEDH*, PUF, 4e éd. 2007, no 2.

7. F. Sudre, *La perméabilité de la Convention européenne des droits de l'Homme aux droits sociaux*, Mélanges J. Mourgeon, Éd. Bruylant, 1998, p. 467 ; J.-P. Marguénaud et J. Mouly, La jurisprudence sociale de la Cour EDH : bilan et perspectives, *Dr. soc.* 2010. 883.

8. CEDH 27 juill. 2004, *Sidabras et Dziautas c/ Lituanie* (L'interdiction faite à d'anciens agents du KGB d'occuper un emploi dans diverses branches du secteur privé « affecte au plus haut point leur capacité à nouer des liens avec le monde extérieur et leur cause de graves difficultés quant à la possibilité de gagner leur vie, ce qui a des répercussions évidentes sur leur vie privée »). V. J.-P. Marguenaud et J. Mouly, Le droit de gagner sa vie par le travail devant la CEDH, *D.* 2006. 477. Rapp. les décisions de la CEDH qualifiant le droit à certaines prestations sociales de droit patrimonial au sens de l'art. 1er du Protocole additionnel de la convention l'article 11 de la Convention, le droit à la négociation collective et le droit de grève reconnus par l'article 6 de la Charte [1]. De plus la Cour EDH se réfère davantage aux conventions internationales de l'OIT [2]. La Cour devient ainsi peu à peu véritablement compétente en droit social.

L'influence de la CEDH se mesure aussi à l'aune de son application par les juridictions internes. Reconnue d'application directe par la Cour de cassation [3] comme par le Conseil d'État [4], la Convention a en particulier été invoquée pour contester l'organisation et la procédure prud'homales [5] ou l'ingérence du pouvoir législatif dans l'administration de la justice afin d'influer sur la solution de litiges en cours [6]. Les décisions de la Cour EDH peuvent elles aussi être directement appliquées par les juges français. Il est notable à ce sujet que c'est la Chambre sociale de la Cour de cassation qui, la première, a utilisé un arrêt de la Cour EDH au visa de l'une de ces décisions [7].

34 ***La Charte sociale européenne*** ◊ La *Charte sociale européenne* a été conclue en 1961, puis substantiellement révisée en 1996 [8]. C'est cette version révisée, ratifiée en 1999 par la France qui est actuellement applicable. Elle est l'un des rares textes internationaux à reconnaître le droit de grève,

protégeant le droit de propriété : CEDH 16 sept. 1996 (*Gaygusuz*), § 41 ; 30 sept. 2003, (*Koua Poirrez*), § 37. V. sur ces décisions S. Gilson et M. Glorieux, Aperçu du droit à l'aide sociale des étrangers, *in* J.-Y. Carlier et M. Glorieux, *Droit des étrangers et nationalité*, Bruxelles, Larcier, 2005, p. 238 s. X. Prétot, La protection sociale est-elle soluble dans le droit de propriété ?, *in Mélanges Alfandari*, Paris, Dalloz, 2000, 163.

1. Sur la reconnaissance du droit à la négociation collective : Cour EDH, 21 nov. 2006 et 12 nov. 2008, *Demir* et *Baykara*, n° 34503/97 ; J.-P. Marguénaud et J. Mouly, L'avènement de la Cour européenne des droits sociaux, *D.* 2009. 739. V. les obs. critiques de J.-F. Renucci, Cour EDH et la Charte sociale européenne : les liaisons dangereuses, *D.* 2007. Chron. 410. Sur la reconnaissance du droit de grève : CEDH 21 avr. 2009, *Enerji Yapi Yol Sen*, req. n° 68959/01, J.-P. Marguénaud et J. Mouly, *RDT* 2009. 499.

2. N. Moizard, « L'usage des conventions de l'OIT par la Cour EDH », *Dr. soc.* 2014.365.

3. V. par ex. Soc. 18 janv. 1989, *D.* 1989. 320, note A. Jeammaud ; 23 mai 2000, *Bull. civ.* V, n° 193. Rappr. : Soc. 11 déc. 2001, *D.* 2002. IR 255 ; 12 janv. 1999, *D.* 1999. 645, note J.-P. Margénaud et J. Mouly) ; v. égal. : Soc. 2 oct. 2001, *Nikon*, *D.* 2001. 3148, note P.-Y. Gautier ; *Dr. soc.* 2001. 915, obs. J.-E. Ray ; 26 nov. 2002, *Dr. soc.* 2003. 225, obs. J. Savatier ; *D.* 2003. Somm. 394, obs. A. Fabre (arrêts de cassation au visa conjoint de l'art. 8 de la Conv., de l'art. 9 C. civ., de l'art. 9 C. pr. civ. et de l'art. L. 120-2 [actuel L. 1121-1] C. trav.

4. CE 3 mai 2005, *D.* 2005. 1465, note Guillemin.

5. Soc. 15 nov. 1990, *Bull. civ.* V, n° 560 ; 29 mai 1991, *Bull. civ.* V, n° 278 ; 8 janv. 1997, *Dr. soc.* 1997. 764, obs. G.-P. Quétant ; 18 nov. 1998, *Bull. civ.* V, n° 506 ; 3 juill. 2001, *Dr. soc.* 2001. 898, obs. X. Prétot ; *Grands arrêts*, n° 28 (v. ex. cités) ; 19 nov. 2002, *civ.* V, n° 347. L'invocation de l'art. 6 ne fait pas triompher toutes les causes (ex., Soc. 19 déc. 2003, *Bull. civ.* V, n° 321.2004 ; rappr. : 3 déc. 2002, *Dr. soc.* 2003. 235, obs. J. Savatier).

6. Cass., ass. plén., 24 janv. 2003, *Dr. soc.* 2003. 473, rapp. J. Merlin ; *ibid.* 430, obs. X. Prétot ; *ibid.* 767, obs. J. Barthélémy ; *D.* 2003. 1648, note S. Paricard-Pioux) ; Soc. 18 mars 2003, *Bull. civ.* V, n° 96 ; 10 juin 2003, *Dr. soc.* 2003. 1017, obs. J. Mouly).

7. Soc. 13 juin 2007, *alii*, n° 05-45.694, *Bull. civ.* V, n° 99, P. Deumier, *RTD civ.* 2007. 536.

8. Pour une présentation générale de la Charte révisée, v. J.-F. Akandji-Kombé, S. Leclerc, *La Charte sociale européenne*, Bruylant, Bruxelles 2001 ; S. Grévisse, Le renouveau de la Charte sociale européenne, *Dr. soc.* 2000. 884.

depuis 1961. Elle contient en outre un droit à l'information et à la consultation des travailleurs, un droit à la protection en cas de licenciement, un droit à la dignité dans le travail, un droit à des conditions de travail équitables, à la sécurité et à l'hygiène... Et ces droits sont déclinés en conséquences impératives relativement précises. Le droit à des conditions de travail équitable, par exemple, se décline en droit à une limitation raisonnable du temps de travail, à des congés annuels payés de quatre semaines minimum, aux jours fériés, etc. Au final, la Charte sociale européenne est peut-être le traité le plus complet et le plus ambitieux en matière de droits sociaux.

Sa principale faiblesse réside dans l'absence de véritable procédure juridictionnelle, analogue à celle de la Cour EDH, instituée en son sein. La Charte a simplement fait l'objet d'un *protocole additionnel* en 1995, publié en même temps que la Charte révisée, et ratifié par la France, qui institue une procédure dite de réclamations collectives [1]. Ces « réclamations » peuvent être transmises notamment par des organisations patronales ou syndicales, internationales ou nationales. Elles sont examinées par un comité d'experts indépendants, le Comité européen des droits sociaux (CEDS) [2] et sont susceptibles de déboucher sur une recommandation du Comité des ministres du Conseil de l'Europe, lequel se contente le plus souvent de « prendre note » de la violation de la Charte. La France a été à plusieurs reprises déclarée en violation de la Charte sociale, notamment au sujet de sa réglementation du temps de travail [3]. Juridiquement, ces décisions apparaissent bien obligatoires pour les États membres. Elles sont toutefois dépourvues de sanctions, à la différence des décisions de la Cour EDH.

L'influence de la Charte n'en est pas moins croissante. La Charte sociale européenne est devenue une source d'inspiration de la jurisprudence de la Cour européenne des droits de l'homme (Cour EDH) [4]. Le Conseil d'État a reconnu son application directe dans un arrêt M. B. du 10 février 2014 [5].

---

1. J.-F. Akandji-Kombe, L'application de la Charte sociale européenne : la mise en œuvre de la procédure de réclamations collectives, *Dr. soc.* 2000. 888 ; La France devant le Comité européen des droits sociaux, *ibid.* 2001. 977 ; J.-M. Belorgey, « La Charte sociale du Conseil de l'Europe et son organe de régulation : le Comité européen des droits sociaux », *RDSS* 2007. 226.

2. CE 15 mai 1995, n° 152417 ; 2 avr. 2004, n° 249482.

3. Décis. du 11 déc. 2001 (réclam. n° 9/2000, du 7 déc. 2004 (réclam. n° 22/2003) ; du 23 juin 2010, (réclam. n° 55/2009), disponibles sur le site de la Charte sociale européenne : http://www.coe.int/t/dghl/monitoring/socialcharter/Complaints/Complaints_fr.asp. Sur cette troisième condamnation de la France, v. not. M. Miné, Le droit du temps de travail à la lumière de la Charte sociale européenne, *Sem. soc. Lamy* 2011, n° 1475, p. 7 ; J.-F. Akandji-Kombe, Réflexions sur l'efficacité de la Charte sociale européenne : à propos de la décision du Comité européen des droits sociaux du 23 juin 2010, *RDT* 2011. 233. Sur les condamnations antérieures, v. not. J.-Ph. Lhernould, *RJS* 2002, n° 6, p. 513.

4. V. ss 33.

5. CE 10 févr. 2014, *M. B.*, req. n° 358992, *Lebon* T, *Dr. soc.* 2014. 474. obs. J. Mouly, qui reconnaît l'application directe des dispositions relatives à l'obligation de motiver un licenciement. Sur la position antérieure, réservée, du Conseil d'État, v. CE 20 avr. 1984, *Valton et Crépeaux*, *Lebon* ; 2 avr. 2004, n° 249482, p. 148 ; 2 oct. 2009, n° 301014 ; 23 déc. 2010, n° 335738, publié au *Lebon*, *AJDA* 2011. 463, concl. C. Landais.

La Cour de cassation, plus timorée, n'a pas encore expressément reconnu son application directe, mais elle s'y réfère régulièrement [1] et devrait prochainement suivre la jurisprudence nouvelle du Conseil d'État. Les décisions du CEDS devraient mécaniquement, à la suite de cette reconnaissance de l'application directe, prendre une influence croissante sur la jurisprudence française.

Cette reconnaissance nouvelle de la force de la Charte et corrélativement de celle du CEDS est d'autant plus importante que ce comité est l'un des derniers remparts européens érigés face aux menaces croissantes qui pèsent sur le respect des droits sociaux fondamentaux des travailleurs en Europe. Ainsi, le CEDS s'est-il opposé frontalement à la jurisprudence de la CJUE qui traite les droits sociaux de travailleurs en droits inférieurs aux libertés économiques des employeurs [2]. Le CEDS est aussi intervenu pour invalider certaines mesures imposées à la Grèce par l'Union Européenne, comme attentatoires aux droits fondamentaux des travailleurs [3].

SECTION 3. **LE DROIT DE L'UNION EUROPÉENNE**

35 ***Un ordre juridique original*** ◊ L'*Union européenne* est le cadre d'une intégration régionale sans équivalent au monde [4]. Ses principales institutions sont le Conseil de l'Union (composé des ministres, des États membres,

---

1. Soc. 29 juin 2011, *Moulin*, n° 09-71.107 P, *Sem. soc. Lamy* 2011, n° 1499, p. 9, obs. M.-F. Mazars et P. Flores ; *RDT* 2011. 474, controverse B. Van Craeynest et P. Masson ; *ibid.* 481, obs. M.-F. Mazars, S. Laulom et C. Dejours ; A. Lyon-Caen, *Dr. ouvrier* 2012. 171 ; *D.* 2012. 901, Pan., obs. J. Porta ; 31 janv. 2012, n° 10-19.807 P ; Soc. 14 avr. 2010, n°s 09-60.426, 09-60.429, *D.* 2010. AJ. 1150, obs. B. Ines ; *ibid.* Pan. 2029, obs. J. Pélissier, et *alii* ; *RDT* 2010. 276, rapp. J.-M. Béraud ; *RDT* 2010. 374, obs. J.-F. Akandji-Kombé ; *RDT* 2010. 374, obs. J.-F. Akandji-Kombé ; Soc. 9 nov. 2010, n°s 09-42.064, 09-42.065, 09-42.066, 09-42.067, 09-42.068, et 09-42.069 ; 10 nov. 2010, n° 09-72.856, *D.* 2010. AJ. 2780 ; *RDT* 2011. 24, étude G. Borenfreund ; 1er déc. 2010, n° 10-60.117 ; 8 déc. 2010, n° 10-60.223.

2. V. CEDS 3 juill. 2013, récl. n°85/2012, *Sem. soc. Lamy* 2014, n°1616, p. 5, note S. Laulom ; *RDT* 2014.160, note K. Chatzilaou : par cette décision, le Comité juge contraire à la Charte sociale, la loi suédoise dite « Lex Laval » qui ne faisait que reprendre les conclusions de l'arrêt *Laval*, du 18 déc. 2007 (CJUE 18 déc. 2007, aff. C-341/05). La prohibition des grèves revendiquant des droits nouveaux pour les salariés détachés, prohibition imposée par cet arrêt et cette loi suédoise subséquente, est jugée contraire au droit de grève tel qu'il résulte de la Charte.

3. CEDS 12 mai 2012, GENOP-DEI et ADEDY, deux décisions, n°s 65/2011 et 66/2011. Sur ces décisions, v. not. C. Nivard, « Violation de la Charte sociale européenne par les mesures "anti-crise" grecques » *in* Lettre « Actualités Droits-Libertés » du CREDOF, 15 nov. 2012 ; *RDT* 2013. 457, étude C. Deliyanni-Dimitrakou.

4. Les trois communautés des origines, la Communauté européenne du charbon et de l'acier (CECA) née en 1951, la Communauté économique européenne (CEE) et la Communauté européenne de l'énergie atomique (Euratom) nées en 1957, ont été d'abord chapeauté (1992), puis fusionnée au sein de l'Union européenne par le traité de Lisbonne signé en 2007 et entré en vigueur le 1er déc. 2009.

réunis par spécialité), le Conseil européen (composé des chefs d'État et de gouvernement), la Commission européenne, le Parlement élu au suffrage universel, la Cour de justice de l'Union et le Tribunal de première instance. Ces institutions sont sources d'un *droit dérivé*. Les règlements, directives et décisions s'imposent aux vingt-sept États membres et, dans une large mesure, s'appliquent directement dans l'ordre juridique de chacun d'eux, en prévalant sur les règles nationales contraires.

Ajoutée à l'autorité reconnue aux Traités fondateurs – applicabilité directe de nombre de leurs dispositions, primauté « immédiate » sur toute disposition nationale – cette autorité supranationale du droit dérivé est celle d'un *ordre juridique communautaire* uniformément valide sur le territoire de l'ensemble des États [1]. Affirmée par la Cour de justice, l'existence de cet ordre a été confortée par les apports institutionnels des Traités qui, de 1986 à 2007, ont enrichi les accords initiaux.

Le droit du travail est l'une des branches les plus pauvres du droit de l'Union, ce qui paraît être une carence grave surtout si on la confronte aux nécessités d'un socle social minimal commun dans un espace qui se veut démocratique et dépourvu de frontières économiques. Il faut toutefois rappeler que d'autres intégrations régionales (ALENA, Mercosur) ne comportent pas cette dimension [2]. Et que, pour fragile qu'il soit, le droit social de l'Union européenne n'en a pas moins le mérite d'exister [3]. Les minima qu'il pose, peu protecteurs dans l'ensemble, acquièrent une importance croissante au fur et à mesure de la destruction des protections du droit du travail interne des États membres. L'inquiétude vis-à-vis du droit européen vient surtout de la jurisprudence de la Cour de justice, laquelle peut dans certains cas prohiber la mise en place de protections sociales jugées contraires aux grandes libertés économiques des traités (v. ss 64).

36 ***Du Traité de Rome au Traité de Lisbonne*** ◊ Le Traité de Rome de 1957 assignait pour mission à la CEE, « par l'établissement d'un marché commun »,

1. Le Conseil constitutionnel a récemment trouvé l'occasion de préciser que « la transposition en droit interne d'une directive communautaire résulte d'une exigence communautaire à laquelle il ne pourrait être fait obstacle qu'en raison d'une disposition expresse contraire de la Constitu-tion » et qu'« en l'absence d'une telle disposition, il n'appartient qu'au juge communautaire (...) de contrôler le respect par une directive communautaire tant des compétences définies par les traités que des droits fondamentaux garantis par l'art. 6 du Traité sur l'Union européenne » (Décis. n 2004-496 DC du 10 juin 2004, *JO* 22 juin 2004, p. 11 182).

2. V. M.-A. Moreau, P. Staelens, G. Trudeau, Nouveaux espaces économiques et distorsions sociales, *Dr. soc.* 1993. 686 ; E. Mazuyer, Les normes sociales dans les intégrations régionales, Th. Inst. univ. européen, Florence, 2002.

3. P. Rodière, *Droit social de l'Union européenne*, LGDJ, 2e éd., 2002 ; B. Teyssié, *Droit européen du travail, Paris*, Litec, 3e éd. 2006 ; J.-M. Servais, *Droit social de l'Union européenne*, Bruylant, 2008 ; F. Baron, *Marché intérieur et droit social dans l'Union européenne*, Th. Aix, PUAM, préf. M.-A. Moreau, 1998. A. Jeammaud et al., *Actualité du régime du travail dans le cadre de l'Union européenne*, Colloque AFDT/ENM, *Dr. soc.* 2005. 491. V. aussi : P. Rodière, Construction européenne et droit du travail,in *Études offertes à G. Lyon-Caen*, Dalloz, 1989, p. 33 ; J.-C. Javillier, Le droit du travail communautaire, un droit en construction ?, *Écrits en l'honneur de J. Savatier*, PUF, 1992, p. 221 ; M. Bonnechère, Le droit européen peut-il poser les bases d'un droit commun social ?, *Dr. ouvrier* 1999. 390 ; B. Bercusson, *Le concept de droit du travail européen, Le travail en perspectives* (dir. A. Supiot), LGDJ, 1998, p. 603.

de promouvoir un développement harmonieux des activités économiques dans l'ensemble des pays membres (six à l'origine) et « un relèvement accéléré du niveau de vie ». Des modifications ultérieures allaient ajouter « un niveau d'emploi et de protection sociale élevé », ainsi que « la cohésion économique et sociale ». La *libre circulation des travailleurs*, considérée comme l'un des « fondements de la Communauté » (art. 48 à 51), devait être assurée en 1970. En revanche, la place promise à la *politique sociale* parmi les politiques de la CEE restait assez modeste. Si les États contractants convenaient de « promouvoir l'amélioration des conditions de vie et de travail de la main-d'œuvre permettant leur égalisation dans le progrès », ils estimaient que cette évolution résulterait du fonctionnement même du marché commun et d'un rapprochement des législations reposant sur la collaboration entre États. Seul l'article 119 imposait aux États d'assurer, en 1970 au plus tard, « l'application du principe de l'égalité des rémunérations entre les travailleurs masculins et les travailleurs féminins ». Le droit communautaire s'est bientôt enrichi de règlements (sorte de lois communautaires) et de directives (instruments contraignant le rapprochement des législations) relatifs à la liberté de circulation des travailleurs et à l'égalité de traitement, dans chaque pays, des travailleurs ressortissants de la CEE et des travailleurs locaux. Les seuls actes communautaires visant le rapprochement des législations aux fins d'harmonisation sociale restaient des recommandations incitatives.

L'adoption d'une *« nouvelle politique sociale »* à partir de 1972 allait ouvrir une phase plus volontariste avec recours au procédé de la directive [1]. Il s'agissait, à la fois, d'améliorer les droits des travailleurs des pays membres et d'harmoniser les droits nationaux sur des points où les différences pouvaient fausser la concurrence entre entrepreneurs ou affecter la modernisation et les concentrations d'entreprises. La période 1974-1980 a vu adopter d'importantes directives : sur les licenciements collectifs, l'égalité professionnelle des femmes et des hommes, les transferts d'entreprise, la protection de la santé au travail, etc. Cette veine sociale, dont les principaux acquis demeurent, fut sans lendemain. Elle s'interrompit sous la pression du patronat européen puissamment relayé par le Royaume-Uni de Margaret Thatcher (devenue Premier ministre en 1979).

Les années 1980 allaient voir éclore le *dialogue social européen* entre les partenaires sociaux organisés au niveau communautaire (UNICE rebaptisée en 2007 *Business Europe*, CES, CEEP [2]), impulsé par la Commission Delors, puis officialisé par l'Acte unique de 1986 modifiant le Traité de Rome (passage du marché commun à un « marché unique »).

Le Traité de Maastricht de 1992, instituant l'Union européenne et modifiant chacun des trois Traités initiaux, a marqué une importante étape [3]. Il était accompagné d'un *Accord sur la politique sociale* entre onze des douze États (le Royaume-Uni restant à l'écart). Cet accord a ouvert la voie à une harmonisation sociale renforcée et reconnu, à la négociation collective au niveau communautaire, l'aptitude à produire des instruments de rapprochement des droits nationaux. Cette faculté a

1. « La directive lie tout État membre destinataire quant au résultat à atteindre, tout en laissant aux instances nationales la compétence quant à la forme et aux moyens » (Traité de Rome, art. 189 devenu TCE, art. 249 puis TFUE, art. 288).

2. Union des confédérations patronales d'Europe, Confédération européenne des syndicats, Centre européen des entreprises à participation publique (représentant le patronat public). Existe également une Union européenne de l'artisanat et des petites et moyennes entreprises (UEAPME).

3. G. Lyon-Caen, Le droit social de la Communauté européenne après le Traité de Maastricht, *D.* 1993. Chron. 149.

été mise à profit par les partenaires sociaux européens pour adopter quelques accords-cadres relayés par des directives imposant aux États de les intégrer dans leurs droits nationaux [1].

Le Traité d'Amsterdam, conclu en 1997 entre des États dont le nombre venait de passer de douze à quinze, a transféré la teneur de l'*Accord sur la politique sociale* (auquel le Royaume-Uni avait entre-temps adhéré) dans le Traité régissant la Communauté européenne.

La difficulté de faire progresser le droit social communautaire a conduit le traité d'Amsterdam à privilégier la mise en place de méthodes simplement incitatives. C'est à ce titre qu'il faut citer l'élaboration annuelle de « lignes directrices » dont les États sont invités à tenir compte dans les programmes qu'ils doivent adresser chaque année au Conseil [2]. Cette *« méthode ouverte de coordination »* (MOC) est typique d'un droit mou, se voulant non contraignant. Elle vise à mettre en œuvre les grandes orientations de la politique économique des États et de la Communauté, en promouvant l'adaptation de la main-d'œuvre aux besoins des marchés du travail. La réalisation des objectifs fixés aux États est mesurée par des batteries d'indicateurs chiffrés élaborés par la Commission [3]. Ainsi incités à améliorer leur score statistique, les mauvais élèves de la classe européenne sont censés suivre l'exemple des bons, selon une technique dite de *benchmarking* (étalonnage). Ce mode de régulation est à la fois complémentaire et concurrente de la législation européenne traditionnelle (règlements et directives). Elle s'est développée dans les matières sociales, avec un impact plutôt limité, en même temps que la législation européenne traditionnelle s'essoufflait dans ces matières.

Le traité de Lisbonne de 2007, conclu à 27, issu du projet de Constitution européenne et entré en vigueur le 1er décembre 2009, a marqué une nouvelle étape

---

1. J.-Ph. Lhernould, La négociation collective communautaire, *Dr. soc.* 2008. 34 ; J.-F. Renucci, Dialogue social et négociation collective à l'échelle communautaire, *Dr. soc.* 2008. 52 ; Chr. Vigneau, Étude critique du rôle des syndicats dans la gouvernance de l'Union européenne, *Au cœur des combats juridiques*, E. Dockès dir., Dalloz 2007, p. 159-178 ; Partenaires sociaux européens et nouveaux modes communautaires de régulation, *Dr. soc.* 2004. 883 ; M. Schmitt, *L'autonomie collective des partenaires sociaux dans l'ordre juridique communautaire. Contribution à l'étude du principe de subsidiarité*, Th. Strasbourg, 2007 ; M. Hecquet, Essai *sur le dialogue social européen*, LGDJ, 2007, préf. B. Teyssié ; A. Lyon-Caen, Le rôle des partenaires sociaux dans la mise en œuvre du droit communautaire, *Dr. soc.* 1997. 68.

2. Traité CE, anc. art. 125 s. devenu TFUE, art. 145 depuis le traité de Lisbonne. Sur ce droit incitatif européen, v. S. Laulom, Droit social communautaire et nouvelles formes de régulation : la stratégie européenne pour l'emploi, *Au cœur des combats juridiques, E.* Dockès dir., Dalloz 2007, p. 219-235 ; Ph. Martin, Le Traité d'Amsterdam inaugure-t-il une politique communautaire de l'emploi ?, *RTD eur.* 2000. 47 ; P. Pochet, La stratégie européenne pour l'emploi en 2001, *Dr. soc.* 2001. 1090 ; S. de la Rosa, Stratégie européenne pour l'emploi : les nouvelles orientations, *Dr. soc.* 2005. 1210.

3. Ces indicateurs véhiculent des normes sociales qui n'ont pas fait l'objet d'une véritable délibération démocratique. L'accent mis sur l'amélioration du taux de retour à l'emploi instantané suppose de tenir pour négligeable l'impact de la précarisation de l'emploi sur le marché du travail. Fondés sur le concept d'employabilité, et non celui de capacité des personnes, ces indicateurs ne tiennent pas davantage compte de la vulnérabilité des travailleurs exposés à un fort risque de perte de leur emploi. Ils ne s'intéressent pas au devenir des travailleurs qui retrouvent un emploi ni à la qualité de ces emplois. Enfin ils ne s'intéressent aux personnes qu'une fois qu'elles sont arrivées sur le marché du travail et sont aveugles à tout ce qui, en amont, permet de prévenir le chômage ; *cf.* R. Salais, Du bon (et du mauvais) emploi des indicateurs dans l'action publique, *in* A. Supiot (dir.) *Protection sociale et travail décent, Sem. soc. lamy* 2006, supp. n° 1272, p. 73.

importante dans la construction de l'Union européenne [1]. En droit du travail, son impact le plus important est sans doute dans l'intégration qu'il réalise de la *Charte des droits fondamentaux de l'Union européenne*, proclamée à Nice le 7 décembre 2000 [2]. Cette Charte relève du droit de l'Union européenne et ne doit pas être confondue avec la Charte sociale européenne, qui relève, elle, du droit du Conseil de l'Europe (v. ss 34). Elle se présente comme une déclaration supplémentaire, généraliste, de droits de l'homme. Par cette Charte, « l'Union reconnaît les droits, les libertés et les principes énoncés » dans six chapitres dont l'un (« Solidarité ») fait place à des droits sociaux qui s'ajoutent à la « liberté professionnelle et (au) droit de travailler » et à la « liberté d'entreprise » [3]. Depuis le traité de Lisbonne de 2007, elle a une pleine valeur juridique [4]. L'Union européenne semblait achever ainsi, tardivement, d'intégrer dans son droit la problématique des droits de l'homme [5]. Mais, la jurisprudence récente de la CJUE, qui refuse l'application directe des droits fondamentaux de l'Union européenne dès lors que ceux-ci lui semblent insuffisamment précis [6], menace l'effet utile de cette laborieuse avancée. L'application directe de la Charte sociale européenne du Conseil de l'Europe, et récemment reconnue par le Conseil d'État [7], contraste heureusement avec cette position en retrait de la CJUE.

37 ***La teneur du droit social communautaire*** ◊ On peut, dans cet ensemble composite, distinguer *trois volets*.

a) Le droit social unique. Il s'agit de règles uniformément valides et applicables sur le territoire de l'Union. Elles sont issues des Traités et des règlements. Elles organisent des procédures (dispositions régissant la politique sociale, y compris le

1. V. sur la dimension sociale du projet qui allait devenir le traité de Lisbonne, cf. P. Rodière, Les droits sociaux dans la Constitution européenne, *Sem. soc. lamy* n° 1213 du 2 mai 2005 ; Les droits sociaux fondamentaux à l'épreuve de la Constitution européenne, *JCP* 2005. Étude 136. B. Bercusson, U. Mückenberger et A. Supiot, Trois points de vue sur le Traité établissant une Constitution pour l'Europe, *Sem. soc. Lamy* n° 1214 du 9 mai 2005 ; J. Ziller, L'Europe sociale dans la Constitution pour l'Europe, *Dr. soc.* 2005. 188. Et sur les conséquences de l'élargissement à 10 nouveaux membres en 2004 : J.-Ph. Lhernould, L'Europe sociale après l'élargissement, *RJS* 11/04, p. 771.

2. Laquelle avait été précédée, en matière sociale, par la Charte communautaire des droits sociaux fondamentaux des travailleurs, proclamée en décembre 1989 et, elle aussi dépourvue de toute force obligatoire. Sur les autres influences du traité de Lisbonne sur le droit social, v. not. M. Schmitt, La dimension sociale du traité de Lisbonne, *Dr. soc.* 2010. 682.

3. G. Braibant, La Charte des droits fondamentaux, *Dr. soc.* 2001. 69 ; F. Benoît-Rohmer, La Charte des droits fondamentaux de l'Union européenne, *D.* 2001. Chron. 1483. B. Bercussion et I. Omarjee, Qu'attendre de la promotion de la Charte des droits fondamentaux par le Traité de Lisbonne ? *RDT* 2008. 74.

4. Art. 6 du traité sur l'Union européenne. Sur ce texte, v. B. Bercusson et I. Omarjee, préc. Le Royaume unis, la Pologne et la République tchèque ont obtenu par protocole le droit de se dispenser de l'application de la Chartes.

5. Cette intégration est le dernier pas d'une évolution antérieure. En 1997, les États membres avait affirmé en préambule du traité leur attachement aux droits sociaux fondamentaux tels que sont définis dans la Charte sociale européenne du Conseil de l'Europe et dans la Charte communautaire des droits sociaux fondamentaux des travailleurs de 1989. Ils avaient aussi introduit une référence à ces deux actes dans le chapitre du Traité de Rome sur la politique sociale. *Cf.* S. Robin-Olivier, La référence aux droits sociaux fondamentaux dans le Traité d'Amsterdam, *Dr. soc.* 1999. 609.

6. CJUE 15 janv. 2014, aff. C-176/12 ; *Sem. soc. Lamy* 2014, n° 1618, p. 11, note P. Rodière ; *D.* 2014. 705, note S. de La Rosa ; *RDT* 2014. 77, édit. A. Lyon-Caen.

7. CE 10 févr. 2014, *M. B.*,req. n° 358992, mentionnée au *Lebon*, *Dr. soc.* 2014. 474, obs. J. Mouly. *Adde*. v. ss 34.

dialogue social) ou des institutions sociales communautaires (Comité économique et social, Fonds social européen, etc.) et, parfois, régissent directement la condition de certaines personnes et certaines relations du travail [1].

b) Le droit de l'harmonisation sociale. Il vise à rapprocher le droit des États membres, sans l'unifier. Ses outils sont les directives et recommandations [2]. C'est en son sein qu'est censé se constituer un socle de droit du travail minimal commun. On y trouve surtout la série des *directives sociales* construites entre 1975 et 1980, lesquelles ont été maintenues, retravaillées, complétées et refondues, notamment pour leur intégrer la jurisprudence de la Cour de justice : directives sur les licenciements collectifs (1975 refondue en 1998), directives organisant la lutte contre les discriminations (v. not. les directives de 1975, 1976, 1997, 2000 et 2006), sur les transferts d'entreprise (1977, refondue en 1998 et 2001), sur la protection des salariés en cas d'insolvabilité de l'employeur (1980, modifiée en 2002), directives-cadres sur la santé et la sécurité au travail (1980 et 1989).

Si l'on excepte la continuation des directives lancées dans les années 1970, l'œuvre législative de l'Union est restée modeste. L'époque n'a pas pour autant été totalement stérile et quelques avancées importantes ont eu lieu. On peut à ce titre citer les directives de 1991 sur l'information du travailleur sur les conditions de son contrat de travail, de 1993, 2000 puis 2003 sur le temps de travail, de 1994 sur le comité d'entreprise européen, ou du 11 mars 2002 sur l'information et la consultation des travailleurs.

À cette cohorte de directives « classiques » de rapprochement des droits nationaux du travail s'ajoutent les directives imposant aux États de mettre en œuvre les résultats de la négociation collective européenne : accords-cadres européens sur le congé parental (1996, révisée en 2010), le travail à temps partiel (1997) ou le travail à durée déterminée (1999) [3].

c) Le droit de la coordination des droits nationaux en matière sociale. Il s'agit essentiellement des normes relatives à la sécurité sociale des travailleurs exerçant la liberté de circulation dans l'espace communautaire. Elles rattachent les intéressés au système de protection sociale du pays d'emploi et assurent (contre la territorialité caractéristique des systèmes nationaux) la totalisation des périodes de travail sous diverses législations pour l'ouverture et le maintien du droit aux prestations, ainsi que le paiement des prestations dans un autre pays de la Communauté [4].

---

1. Régime de la libre circulation des travailleurs, TFUE, art. 45 s. ; Règl. n° 1612/68 ; égalité de rémunérations des femmes et des hommes, TFUE, art. 157 (CJCE 8 avr. 1976, *Defrenne*, *RTD eur.* 1976. 521, note Ch. Philip) ; Charte des droits fondamentaux de l'Union européenne ; Droit du travail dans les transports (Règl. n° 561/2006 du 15 mars 2006).

2. Le dumping social n'est pas un simple état de différences entre les standards sociaux des divers pays, mais une pratique consistant à abaisser (« dégrader ») ces standards pour créer un avantage concurrentiel favorisant les entreprises locales ou un attrait pour des investisseurs. Un État peut, en règle générale, maintenir ou adopter des dispositions plus favorables aux salariés que celles prescrites par une directive (N. Moizard, *Droit du travail communautaire et protection nationale renforcée*, PUAM, 2000).

3. Sur ces accords, v. F. Favennec-Héry, L'accord cadre européen sur le travail à temps partiel, *JCP E* 1997. I. 692 ; Ch. Vigneau, L'accord-cadre européen sur le travail à durée déterminée, *Dr. soc.* 1999. 928. L'accord cadre européen sur le télétravail du 16 juill. 2002 n'est pas relayé par le droit communautaire et prévoit sa mise en œuvre par les organisations nationales membres des organisations européennes signataires « conformément aux procédures et pratiques propres aux partenaires sociaux dans les États membres ».

4. On pourrait rapprocher de ces dispositifs de coordination, dans la mesure où elles visent les rapports de travail, les Conventions de Bruxelles (1968) et de Rome (1980) en matière de compétence et de reconnaissance des jugements et de loi applicable aux obligations contrac-

38 ***Tendances*** ◊ Le camp des États hostiles au développement d'un modèle social européen s'est considérablement renforcé avec l'élargissement aux anciens pays communistes, convertis aux vertus d'un capitalisme sans entrave [1]. Ces pays souhaitent bénéficier à la fois de l'aide financière de la Communauté et de « l'avantage comparatif » que représente pour eux un bas niveau de salaires ainsi qu'une politique fiscale et un droit social attrayants pour les entreprises. Pour cette raison, parmi d'autres, le droit social européen déjà peu développé, semble orienté, globalement, à la baisse, malgré la résistance des pays dotés d'un droit du travail relativement protecteur.

Le projet de directive Bolkestein, peut être compris comme un signe de cette orientation. Ce projet visait à attiser cette mise en compétition des législations nationales, en soumettant les prestations de services internationales à la loi du pays d'origine [2]. Le texte finalement adopté a été édulcoré pour tenter de gagner l'opinion des pays occidentaux à la ratification du projet de traité constitutionnel européen [3]. Mais son interprétation par la Cour de Justice de l'Union a largement rétabli sa philosophie originelle [4].

Cette tendance inquiétante s'est encore exprimée dans le projet de directive modifiant la directive sur le temps de travail de 2003, qui contient d'importantes régressions par rapport au texte antérieur [5].

39 ***L'impact de la Cour de justice de l'Union européenne (CJUE)*** ◊ La Cour de justice de l'Union a eu longtemps une jurisprudence équilibrée, parfois même audacieuse et créatrice de protections nouvelles. On pense, en particulier, à sa perception de la discrimination sexiste et à l'invention

---

tuelles (v. ss 53). La Conv. de Bruxelles a été remplacée à compter de mars 2002, par le Règl. CE n° 44-2001 du 22 déc. 2000 et celle de Rome par le Règl. n° 593-2008 du 17 juin 2008, qui reprennent l'essentiel de leurs dispositions.

1. V. J. Ph. Lhernould, L'Europe sociale après l'élargissement, *Dr. soc.* 2004. 771 ; G. Spyropoulos, L'avenir incertain du modèle social européen dans une Europe élargie, *Dr. soc.* 2005. 603 ; F. Gaudu, Libéralisation des marchés et droit du travail, *Dr. soc.* 2006. 505 ; C. Aubin, À la recherche du modèle social européen, *Dr. soc.* 2008. 484.

2. Sans remettre en cause les dispositions de la directive de 1996 sur le détachement de travailleurs, ce texte interdisait en pratique aux administrations nationales de s'assurer de son respect.

3. Dir. CE n° 2006/123 du 12 déc. 2006 ; F. Mayer, Droit du travail communautaire, *D.* 2007. 465.

4. CJCE 3 avr. 2008, aff. C-346-06, *Rüffert*, *AJDA* 2008. 240, obs. E. Broussy, F. Donnat et C. Lambert ; *RDT* 2008. 412, obs. F. Jault-Seseke ; *D.* 2008. Pan. 3038, obs. F. Muller et M. Schmitt ; 19 juin 2008, aff. C-319-06, *Luxembourg*, *D.* 2008. Pan. 3038, obs. F. Muller et M. Schmitt. Sur ces arrêts, v. aussi, E. Dockès, L'Europe antisociale, *RDT* 2009. 145 s. Sur les projets actuels de révision de la directive détachement afin d'adoucir cette jurisprudence, v. M. Del Sol, M. Le Barbier et E. Lafuma : Faut-il réviser la directive détachement ?, controverse, *RDT* 2012. 262.

5. Proposition de modification de la Dir. n° 2003/88/CE sur l'aménagement du temps de travail, présentée par la Commission européenne le 22 sept. 2004 et débattue jusqu'en 2009, date à laquelle la proposition a été abandonnée, grace à l'opposition du Parlement européen, avant d'être relancée en 2010 (v. la communication de la Commission européenne du 21 déc. 2010 (COM(2010) 801 final). Cette relance ayant été vaine, on peut espérer la situation stabilisée, au moins pour quelques temps. Sur cette proposition, v. E. Dockès, L'Europe antisociale, *RDT* 2009. 145.

de la notion de discrimination indirecte au regard de l'égalité des rémunérations comme de l'égalité professionnelle entre hommes et femmes [1], ou encore à son interprétation compréhensive de la catégorie « transfert d'entreprise » au sens de la directive de 1977.

Dans la période récente, toutefois, la Cour n'a pas échappé pas aux évolutions des rapports de force politique qui ont accompagné le processus d'élargissement de l'Union européenne et sa jurisprudence la plus récente se montre moins soucieuse de la protection des droits sociaux que de celle des libertés économiques garanties par le traité, lesquelles sont interprétées comme autant de garanties favorables aux employeurs. Les pays post-communistes, qui sont peu enclins à faire progresser le droit social communautaire, bénéficient d'une forte représentation à la Cour de justice (dont la composition échappe à la règle de la pondération démographique). Se détournant de l'objectif « d'égalisation dans le progrès » qui figure dans le Traité et qui inspirait sa jurisprudence antérieure [2], la CJUE s'emploie désormais à permettre aux entreprises installées dans ces États d'utiliser à plein leur « avantage comparatif » [3], en interdisant en principe les grèves contre les délocalisations [4], en exemptant ces entreprises du respect des conventions collectives des autres pays où elles opèrent [5] ou en écartant les présomptions de salariat posées par les droits nationaux [6]. Cette orientation

1. La jurisprudence de la Cour a été recueillie par une Dir. du 15 déc. 1997 relative à la charge de la preuve en cas de discrimination fondée sur le sexe (M.-Th. Lanquetin, Discriminations à raison du sexe, *Dr. soc.* 1998. 688).

2. A. Lyon-Caen, Droit social et droit de la concurrence, *Études en l'honneur de Jean Savatier*, PUF, 1992, p. 311 ; A. Jeammaud, La condition du travailleur dans l'ordre concurrentiel, *Mélanges en l'honneur d'Antoine Pirovano*, p. 371 (spéc. p. 382).

3. V. A. Supiot, L'Europe gagnée par « l'économie communiste de marché », *Revue du MAUSS permanente*, 30 janv. 2008, http://www.journaldumauss.net/spip.php ?article 283 ; E. Dockès, L'Europe antisociale, *RDT* 2009. 145 ; P. Rodière, L'impact des libertés économiques sur les droits sociaux dans la jurisprudence de la CJCE, *Dr. soc.* 2010. 573 s.

4. CJCE 6 déc. 2007, aff. C-438/05, *Viking* ; 18 déc. 2007, aff. C-341-05, *Laval* qui, à rebours de la jurisprudence antérieure (CJCE 21 sept. 1999, aff. C-67/96, *Albany*) subordonnent le droit d'action collective à la liberté d'établissement et de prestation de service, nonobstant l'exclusion expresse du droit de grève du champ des compétences communautaires par l'art. 137 du traité. Sur ces arrêts, v. P. Chaumette, *Dr. soc.* 2008. 210 ; S. Robin-Olivier et E. Pataut, *RDT* 2008. 80 ; B. Teyssié, Esquisse du droit communautaire des conflits collectifs, *JCP S* 2008, p. 15 ; E. Dockès, *RDT* 2009. 12.

5. CJCE 18 déc. 2007, aff. C-341-05, *Laval*, préc. ; 3 avr. 2008, *Rüffert*, aff. C-346/06, (*Sem. soc. Lamy* 2008, n° 1350, obs. S. Laulom ; *Dr. soc.* 2008. 866, obs. N. Moizard ; *RJS* 2008, n° 7, p. 601, obs. Lhernould ; 19 juin 2008, aff. C-316/06, *Gd Duché du Luxembourg*) qui permet de payer des travailleurs étrangers détachés dans un pays membre de l'UE la moitié du tarif des conventions collectives applicables dans ce pays.

6. « Une présomption simple de contrat de travail posée par une réglementation nationale peut constituer, dans un certain contexte, une entrave injustifiée à la libre prestation de services définie à l'article 49 CE » (CJCE 15 juin 2006, *Commission c/ France*, aff. C-255/04, *RDC* 2006. 1273, obs. J.-S. Bergé). Entre autres exemples de cette nouvelle politique de démantèlement du statut salarial, v. CJCE 24 avr. 2008, aff. C-55/07 et 56/07, *Michaeler* et *Subito* (imposant aux États membres la « promotion du travail à temps partiel ») ; 19 juin 2008, aff. C-139/06, préc. (excluant la protection du pouvoir d'achat des travailleurs du champ de l'ordre public reconnu par le droit communautaire ; et interdisant aux États membres d'imposer aux entreprises étrangères détachant des salariés sur leur territoire, le dépôt chez un mandataire des documents nécessaires au contrôle de leurs activités).

qui fait prédominer les libertés économiques des employeurs sur les droits sociaux fondamentaux des travailleurs et en particulier sur leur droit de grève conduit à une opposition frontale de la CJUE et du Comité européen des droits sociaux (CEDS) du Conseil de l'Europe, lequel est chargé de s'assurer du respect de la Chartes sociale européenne [1].

La CJUE persiste pourtant dans sa volonté de minorer les droits sociaux fondamentaux. Ainsi, une décision de la Cour de justice du 15 janvier 2014 prive de tout effet direct un article de la Charte des droits fondamentaux, insuffisamment précis, selon elle, pour se suffire à lui-même [2]. Pareille imprécision étant le fait de la plupart des droits reconnus par la Charte européenne, la Cour vide ainsi de l'essentiel de son effet utile la Charte européenne, pourtant récemment rendu impératif par le traité sur l'Union Européenne, depuis le traité de Lisbonne de 2007 [3].

40 ***La confrontation au droit de la concurrence*** ◊ La Cour de justice considère que certaines dispositions sociales nationales se trouvent sous le contrôle du droit communautaire de la concurrence [4]. Des organismes publics de placement de certains pays (l'équivalent allemand de l'ANPE, par ex.) ont été qualifiés d'« entreprises » au sens des articles 85 à 90 (anciennement) du Traité de Rome, éventuellement « coupables » d'abus de position dominante [5]. On sent le poids de l'idéologie libérale – à travers une certaine représentation de l'économie, de la place et du fonctionnement d'un marché comme le marché du travail – dans le choix d'une telle qualification [6]. La même observation vaut pour le choix de qualifier d'« aides d'État » faussant la concurrence intracommunautaire et qu'aucune justification ne peut rendre « compatibles avec le marché commun » (actuel Traité de Rome, art. 87 s.), diverses aides publiques consenties par les autorités françaises dans un but de sauvegarde de l'emploi, à des entreprises ou à des branches d'activité en difficultés [7]. La concurrence « saine » est décidément l'impératif premier (la « valeur » première protégée par le droit communautaire), quel que soit son prix en emplois.

---

1. V. ss. 34.

2. CJUE 15 janv. 2014, aff. C-176/12 ; *RDT* 2014. 77, édit. A. Lyon-Caen.

3. TUE, art. 6, tel que modifié en 2007 par le traité de Lisbonne.

4. L. Driguez, *Droit social et droit de la concurrence*, Th. Bruylant, 2006, préf. L. Idot ; A. Lyon-Caen, Droit social et droit de la concurrence, *Écrits en l'honneur de J. Savatier*, PUF, 1992, p. 331 ; G. Lyon-Caen, Droit du travail et droit de la concurrence, *Dr. ouvrier* 1993. 313.

5. CJCE 23 avr. 1991, *Klaus Höfner et Macroton*, *Rec.* CJCE I-1979 ; 11 déc. 1997, *Job Centre*, *Rec.* CJCE I-7119 ; 8 juin 2000, *Carra*, *Rec.* CJCE I-4217 ; *D.* 2001. Somm. 3159, obs. Y. Rousseau. Rappr. : CJCE 10 déc. 1991, *Port de Gênes*, *Rec.* CJCE I-5889.

6. La Chambre criminelle de la Cour de cassation manifeste une certaine réticence (Crim. 16 nov. 1999, *D.* 2000. IR 99 ; 11 mars 2003, *Dr. soc.* 2004. 223, obs. Y. Rousseau).

7. CJCE 26 sept. 1996, *République française c/ Commission*, *Dr. soc.* 1997. 185, note A. Lyon-Caen ; 5 oct. 1999, *République française c/ Commission*, *RJS* 11/99, n° 1413 (réduction des cotisations patronales sur les bas salaires dans le secteur du textile). La qualification frappe même des facilités de paiement de cotisations de sécurité sociale accordées par un organe public chargé de leur collecte (CJCE 29 juin 1999, *DMT*, *Rec.* CJCE I-3913).

Dispositions classiques des législations sociales, les règles sur le repos hebdomadaire des salariés ont été accusées par certaines firmes de constituer, dès lors qu'elles imposent la fermeture dominicale des magasins, des « mesures équivalentes à des restrictions quantitatives à l'importation » prohibées par l'actuel article 28 du traité sur la libre circulation des marchandises. Pour la Cour de justice, toutefois, ce texte ne vise pas une réglementation exprimant « certains choix politiques et économiques » adaptés « aux particularités socio-culturelles nationales ou régionales » dont l'appréciation appartient à l'État membre [1]. De même la Cour a décidé que les conventions collectives, bien qu'elles aient des effets restrictifs de la concurrence, échappaient au champ d'application de l'interdiction des pratiques anticoncurrentielles dès lors qu'elles poursuivaient des objectifs de politique sociale [2]. La dérive « mercantiliste » trouve ainsi quelques limites dans la propre doctrine de la Cour.

1. CJCE 27 nov. 1989, *Torfaen Borough Council*, *Rec.* CJCE I-3851 ; 28 févr. 1991, *Union CGT de l'Aisne*, *D.* 1991. 343, note J.-G. Huglo ; 16 déc. 1992, *B & Q*, *Dr. ouvrier* 1993. 115, note M. Bonnechère. Plusieurs arrêts de la Cour de cassation ont ensuite repris cette analyse, parfois en citant ces arrêts de la CJCE.

2. CJCE 21 sept. 1999, *Albany*, C-67/96, § 59 et 60 ; *Dr. soc.* 2000. 106, obs. Prétot ; v. Chr. Deliyianni-Dimitrakou, Négociation collective et règles communautaires en matière de concurrence, *RIDC* 2006, vol. 3, p. 787.

CHAPITRE 2
LES SOURCES ÉTATIQUES

41 Les lois et règlements demeurent les principaux actes générateurs de règles étatiques du droit du travail (Section 2). Cependant, les normes constitutionnelles occupent une place qu'on n'imaginait guère au temps de l'adoption de la Constitution de 1958 (Section 1) et la contribution jurisprudentielle à l'élaboration du droit du travail est considérable (Section 3).

SECTION 1. LES BASES CONSTITUTIONNELLES DU DROIT DU TRAVAIL [1]

42 ***Le bloc de constitutionnalité*** ◊ Les normes de valeur constitutionnelle regroupent l'ensemble des règles dites « du bloc de constitutionnalité ». Celui-ci comprend, outre le texte de la Constitution de 1958, la Déclaration des droits de l'homme et du citoyen de 1789 et le Préambule de la Constitution de 1946, auxquels renvoie le Préambule de 1958, ainsi que les « principes fondamentaux reconnus par les lois de la République » visés par le Préambule de 1946.

Ce dernier proclame des *droits économiques et sociaux* « particulièrement nécessaires à notre temps » [2] parmi lesquels se trouvent le « droit d'obtenir un emploi » (et « le devoir de travailler »), la liberté syndicale, le droit de grève, etc. Il affirme de plus que « nul ne peut être lésé dans son travail ou son emploi en raison de ses origines, ses opinions, ses croyances » et que « la loi garantit à la femme, dans tous les domaines, des droits égaux à ceux de l'homme ».

Le bloc de constitutionnalité s'impose aux actes de rang législatif ou réglementaire créant, modifiant ou abrogeant des dispositions de droit du travail. La contrariété d'une disposition d'un de ces actes à l'une ou l'autre de ces normes l'expose à une déclaration d'inconstitutionnalité (pour une loi) ou à une annulation pour illégalité ou déclaration d'illégalité (pour un décret ou un arrêté).

43 ***Les voies de l'application du droit constitutionnel*** ◊ Les décisions du Conseil constitutionnel « s'imposent aux pouvoirs publics et à toutes

1. V. Ogier-Bernaud, *Les droits constitutionnels des travailleurs*, PUAM-Economica, 2003, préf. L. Favoreu ; X. Prétot, Les bases constitutionnelles du droit social, *Dr. soc.* 1991. 187 ; A. Jeammaud, Le droit constitutionnel dans les relations du travail, *AJDA* 1991. 612 ; *Norme sociale et contrôle de constitutionnalité, Sem. soc. Lamy* 2012, supp., n° 1561, actes du colloque de Paris II du 2 déc. 2011 ; A. Jeammaud et A. Lyon-Caen, « Suprématie de la Constitution et droit social », in *Traité international de droit contitutionnel*, M. Troper et D. Chagnollaud (dir.) p. 666-706.
2. CURAP de Picardie, *Le Préambule de la Constitution de 1946*, PUF, 1996.

les autorités administratives et juridictionnelles » (Const., art. 62, al. 2) [1], et cette autorité de chose jugée s'attache également aux réserves d'interprétation ou directives d'application dont le Conseil assortit parfois le rejet d'un grief d'inconstitutionnalité [2]. La banalisation de la saisine du Conseil constitutionnel aux fins de contrôle d'une loi avant sa promulgation a donné consistance et poids au droit constitutionnel du travail [3].

La question prioritaire de constitutionnalité (QPC) [4], introduite par la loi constitutionnelle du 23 juillet 2008 et entrée en vigueur le 1er mars 2010 [5], pourrait en accroître encore la portée. Avant cette réforme, il n'était pas possible d'attaquer pour inconstitutionnalité une disposition législative promulguée, devant le Conseil constitutionnel. Désormais, une question sur la conformité à la Constitution d'une disposition législative peut être posée par un justiciable à l'occasion d'un litige, et transmise par le Conseil d'État ou la Cour de cassation au Conseil constitutionnel. Cette transmission ne peut avoir lieu qu'à la triple condition que la question concerne le litige, qu'elle n'ait pas été déjà tranchée par le Conseil constitutionnel et qu'elle soit sérieuse [6]. L'interprétation de ces termes par la Cour de cassation a pu apparaître relativement restrictive dans un premier temps [7], mais

1. Elles s'imposent au législateur auteur de la loi contestée, comme au pouvoir réglementaire qui la complète par décret, au législateur auteur d'une loi ultérieure (Cons. const. 8 juill. 1989, *D.* 1990. Somm. 138, obs. D. Chelle et X. Prétot), au juge judiciaire (Soc. 25 mars 1998, *D.* 1998. Somm. 388, obs. X. Prétot).

2. V. Soc. 25 mars 1998, préc. ; Cass., ass. plén., 10 oct. 2001, *D.* 2002. 237, note Ch. Debbasch (si cette autorité s'attache, non seulement au dispositif mais aux motifs qui en sont le soutien nécessaire, elle ne s'impose qu'en ce qui concerne le texte examiné par le Conseil) ; TGI Poitiers, 15 déc. 1997, *Dr. soc.* 1998. 330, note J. Savatier (annulant une disposition d'un accord collectif pour cause de contrariété à des dispositions législatives telles qu'interprétées par le Conseil). La Décis. n° 2001-455 DC du 12 janv. 2002 (*JO* 18 janv. 2002, p. 1053), qui a censuré un seul article de la loi de modernisation sociale, comporte de nombreuses réserves d'interprétation (X. Prétot, Le Conseil constitutionnel et la loi de modernisation sociale, *Dr. soc.* 2002. 244 ; B. Mathieu, La loi de modernisation sociale à l'épreuve du contrôle de constitutionnalité, *Dr. ouvrier* 2002. 44).

3. F. Luchaire, Le Conseil constitutionnel, *Études offertes à G. Lyon-Caen*, Dalloz, 1989, p. 97 ; L. Favoreu, L'influence de la jurisprudence du Conseil constitutionnel sur les différentes branches du droit, *Études en l'honneur de L. Hamon*, Economica, 1982, p. 235 ; A. Jeammaud et A. Lyon-Caen, « Suprématie de la Constitution et droit social », *in* M. Troper, D. Chagnollaud, *Traité international de droit constitutionnel*, 2012, t. 3, p. 665.

4. Const., art. 61-1, 62. Sur la QPC en droit du travail, v. not. P. Flores, « La chambre sociale et la QPC », *Dr soc.* 2014. 308 ; J. F. Akandji-Kombé « Question prioritaire de constitutionnalité et droit social– Premier bilan et perspectives », *RDT* 2010. 628 ; Bernaud et F. Petit, La Cour de cassation face aux premières questions prioritaires de constitutionnalité en droit du travail : « la porte étroite » ?, *D.* 2010. 226 ; X. Prétot, La question prioritaire de constitutionnalité : premières réflexions, *JCP S* 2010, n° 4, p. 10 à 17 ; P.-H. Antonmattei, *Sem. soc. Lamy* 2010, n° 1463, p. 11. Sur la question de la QPC en général, v. not. *D.* Rousseau (éd.), *La question prioritaire de constitutionnalité*, Lextenso 2010.

5. L'entrée en vigueur de la QPC dû attendre la promulgation de la loi organique du 10 déc. 2009 et du décret du 16 févr. 2010.

6. L. org. du 10 déc. 2009, art. 23-2.

7. V. not. Soc. 18 juin 2010 (2 arrêts), nos 10-14.749 et 10-40.005 ; 16 juill. 2010 (4 arrêts, nos 10-40.015 ; 10-40.016 ; 10-40.017 et 10-40.018) ; 12 janv. 2011, n° 10-40.055 ; 18 janv. 2011, n° 10-40.054 ; 2 févr. 2011, n° 10-20.415, lesquels rejettent la demande de renvoi au Conseil constitutionnel.

est devenue assez vite équilibrée, voire relativement ouverte [1] surtout si l'on compare la position de la Chambre sociale et celle, très timorée, du Conseil constitutionnel. Jusqu'ici, ce dernier a en effet jugé presque toutes les dispositions déférées en droit du travail comme conformes à la Constitution [2], y compris lorsque la censure apparaissait devoir s'imposer avec une relative évidence [3]. Cette attitude du Conseil constitutionnel limite l'efficacité de cette nouvelle procédure en droit du travail. Ce recours supplémentaire offert aux justiciables n'en a pas moins produit quelques effets notables [4], même s'ils ne furent jamais en défense de droits sociaux. Et il conserve un important potentiel.

La question prioritaire de constitutionnalité n'a pas fait disparaître le rôle des juridictions ordinaires dans l'application de la Constitution. Il n'est pas rare que la Cour de cassation se réfère à la Constitution, en visant par exemple le « droit constitutionnel de grève », le « principe constitutionnel de la liberté du travail » [5], ou le « principe d'égalité, de valeur constitutionnelle » [6], voire en prononçant une cassation au visa d'alinéas du Préambule de 1946 ou d'articles de la Constitution de 1958 [7]. Ces références devraient perdurer et même se développer. Le rôle accru du Conseil

---

1. Soc. 8 juill. 2010 n° 10-60.189 ; 5 janv. 2011, n° 10-40.049 ; 2 févr. 2011, n° 10-40.058 ; Soc. 20 mars 2013, n°12-40104 P (travail en prison) ; 11 juill. 2013, n°13-40021 P. ; Soc. 8 janv. 2014, n°13-24851 P (travail dominical et travail de nuit).

2. V. les Décis. n° 2010-42 du 7 oct. 2010 (relative aux syndicats catégoriels) ; n° 2010-91 du 28 janv. 2011 (relative à la présentation du personnel dans les agences régionales de santé) ; n° 2010-98 QPC du 4 févr. 2011(relative à la mise à la retraite) ; n° 2011-111 du 25 mars 2011 (relative à l'indemnité légale forfaitaire pour travail dissimulé) ; n° 2011-119 du 1er avr. 2011 (relative au licenciement des assistants maternels).

3. V. not. décis. n° 2011-122 QPC du 29 avr. 2011, laquelle considère comme non contraire au principe d'égalité l'exclusion du calcul des effectifs les travailleurs en contrat d'apprentissage ou embauchés par certains contrats spéciaux des politiques de l'emploi.

4. V. l'abrogation du délit de harcèlement sexuel, pour atteinte aux principes de légalité des délits et des peines, de clarté et de prévisibilité de la loi : Cons. const. 4 mai 2012, n° 2012-240 QPC. La définition du harcèlement était, il est vrai, devenue largement tautologique. Inconstitutionnalité de l'effet suspensif du recours contre un arrêté préfectoral autorisant une dérogation au repos dominical, Cons. const. QPC 4 avr. 2014, n° 2014-374.

5. Pour le droit de grève, v. : Soc. 5 mars 1953, *D.* 1954. 109 ; *Grands arrêts*, n° 185 (et les arrêts cités) ; 27 juin 1989, *Bull. civ.* V, n° 470 ; 7 juin 1995, *D.* 1996. 75, note B. Mathieu, *Dr. soc.* 1996. 37, note C. Radé. Pour le liberté du travail (ou de l'activité professionnelle) : Soc. 19 nov. 1996, *Dr. soc.* 1997. 95, note G. Couturier ; 18 déc. 1997, préc. ; 10 juill. 2002, préc.

6. Soc. 29 mai 2001, *Dr. soc.* 2001. 821, note G. Borenfreund ; *D.* 2002. 34, note F. Petit (application au versement de subventions par l'employeur aux syndicats représentatifs, en vertu d'un accord collectif).

7. V. Soc. 5 mars 1953, préc. ; 2 juin 1992, *Dr. soc.* 1992. 696, rapp. Ph. Waquet, note J.-E. Ray ; 18 juin 1996, *D.* 1998. Somm. 258, obs. A. Lyon-Caen (cassation au visa, parfois exclusif, de l'al. 7 du préambule de 1946 consacrant le droit de grève) ; 8 avr. 1992, *Dr. soc.* 1992. 628 (double visa du préamb. de 1958 et de l'art. L. 122-45 [nouv. L. 1132-1] C. trav.) ; 24 mars 1998, *Dr. soc.* 1998. 614, obs. J. Savatier (visa des art. 1er et 75 de la Const. de 1958 et des art. 1134 et 1147 C. civ.) ; 11 juill. 2000, *Dr. soc.* 2000. 1141, obs. J. Mouly (visa du préamb. de 1946, de divers articles du C. trav. et d'un accord collectif) ; 29 mai 2001, préc. (visa de l'al. 6 du préamb. de 1946 consacrant la liberté syndicale, de trois articles de la Déclaration de 1789, et d'art. du C. trav.) ; Soc. 29 juin 2011, n° 09-71-107 P, *Sem. soc. Lamy*, n° 1499, p. 9 (visa de l'al. 11 du préamb. sur le droit à la protection de la santé).

constitutionnel reste limité aux questions nouvelles visant à écarter une disposition législative. Les juridictions ordinaires conservent donc toutes leurs fonctions pour appliquer les interprétations anciennes de la Constitution et pour appliquer les principes constitutionnels en l'absence de conflit avec une disposition législative contraire.

Les juridictions ordinaires conservent en outre le contrôle dit de « conventionnalité », qui vise à vérifier la conformité du droit interne au droit international et européen [1]. Pour ne pas empiéter sur cette compétence des juridictions ordinaires, les lois de transposition des directives européennes, ne font l'objet que d'un contrôle restreint de la part du Conseil constitutionnel. Celui-ci estime en effet que « la transposition en droit interne d'une directive communautaire résulte d'une exigence constitutionnelle à laquelle il ne pourrait être fait obstacle qu'en raison d'une disposition expresse contraire de la Constitution ». Il en déduit « qu'en l'absence d'une telle disposition, il n'appartient qu'au juge communautaire de contrôler le respect par une directive communautaire tant des compétences définies par les traités que des droits fondamentaux garantis par l'article 6 du Traité sur l'Union européenne » [2]. Dès lors, il refuse de contrôler la constitutionnalité d'une loi qui se borne « à tirer les conséquences nécessaires des dispositions inconditionnelles et précises d'une directive » [3]. Ce dont il peut être déduit que le Conseil admet la supériorité de principe du droit dérivé communautaire sur le droit constitutionnel [4].

44 ***Droits de première génération et droits sociaux*** ◊ On constate que le Conseil s'attache, comme en d'autres domaines, à *concilier des normes constitutionnelles* qui, en raison de leur haut degré de généralité, peuvent se heurter à l'heure d'apprécier une disposition particulière [5]. Le Conseil prend appui sur les normes puisées dans la Déclaration de 1789 (libertés individuelles, égalité devant la loi et les charges publiques) [6], ainsi que sur ceux issus du Préambule de 1946 [7].

Le Conseil a confirmé sans ambiguïté la positivité et la valeur constitutionnelle des droits sociaux. Sont ainsi régulièrement appliqués la liberté

1. J.-F. Akandji-Kombé, « Droit constitutionnel, droit international et droit européen des droits de l'homme : concurrence, confusion, complémentarité ? », *Dr. soc.* 2014. 300.

2. Cons. const. n° 2004-496 DC du 10 juin 2004, (Loi pour la confiance dans l'économie numérique) § 7.

3. cf. le compte rendu de cette décision dans la « Table analytique des décisions » publiée par le Conseil constitutionnel.

4. La doctrine diverge sur la portée de cette décision : comp. B. Genevois, Le Conseil constitutionnel et le droit communautaire dérivé, *RFDA* 2004. 651 ; *D.* 2004. 1739 ; *AJDA* 2004. 1385 ; *ibid.* 1497 ; J. Arrighi de Casanova, *ibid.* 1534 ; *D.* Bailleul, *D.* 2004. 3089.

5. Aspect classique des limites affectant l'exercice des droits et libertés fondamentaux (L. Favoreu et *alli*, *Droit des libertés fondamentales*, Dalloz, 6ᵉ éd., 2012, n° 199 s.).

6. V. not. sur le principe d'égalité, n° 43 ou sur la liberté d'entreprendre n° 652 s.

7. A. Jeammaud, Les principes dans le droit français du travail, *Dr. soc.* 1982. 618 ; G. Lyon-Caen, La jurisprudence du Conseil constitutionnel intéressant le droit du travail, *D.* 1989. Chron. 289.

syndicale dans sa dimension tant individuelle (« Tout homme peut défendre ses droits et ses intérêts par l'action syndicale et adhérer au syndicat de son choix ») que collective (lorsque le Conseil parle du « droit syndical ») [1] ; le droit de grève [2] ; le droit à la participation [3], lequel recouvre aussi un droit à la négociation collective [4] ; la protection de la santé, de la sécurité matérielle, du repos et des loisirs [5] et même le droit à l'emploi [6].

Il convient toutefois de noter que le Conseil constitutionnel tend, depuis quelques années, à faire prédominer systématiquement les droits et libertés fondamentales des entreprises et notamment leur droit de propriété et leur liberté d'entreprendre, sur les droits sociaux des travailleurs [7]. Les droits humains bénéficient ainsi, paradoxalement, en priorité aux personnes morales. Et le contrôle de constitutionnalité tend à devenir un contrôle de la justification des protections accordées aux salariés, toujours suspectes de porter atteinte aux droits fondamentaux des employeurs [8].

---

1. Cons. const. 19-20 juill. 1983, *AJDA* 1983. 614 (v. L. Hamon, Emploi, démocratisation du secteur public et Sécurité sociale dans la jurisprudence du Conseil constitutionnel, *Dr. soc.* 1984. 159) ; 25 juill. 1989, *Dr. soc.* 1989. 627 (note X. Prétot, *ibid.* 701).

2. Les difficultés se concentrent autour des conditions de cette « réglementation », qui peut être fondée sur d'autres normes de valeur constitutionnelle (continuité du service public, protection de la santé et de la sécurité des populations, sauvegarde de l'intérêt général), mais ne peut résulter que d'une loi (Cons. const. 25 juill. 1979, *D.* 1980. 101, note M. Paillet ; *Grands arrêts*, n° 183 ; 22 juill. 1980, *Dr. soc.* 1980. 441, note D. Turpin). V. aussi : B. Genevois, La jurisprudence du Conseil constitutionnel relative au droit de grève dans les services publics, *Dr. soc.* 1989. 797.

3. Cons. const. 16 déc. 1993, *Dr. soc.* 1994. 139, note X. Prétot ; 12 janv. 2002, 2001-455 DC, préc. (cons. 53-54). I. Odoul-Asorey, « Principe de participation des travailleurs et droit du travail », *Dr soc.* 2014. 356.

4. Cons. const. 25 juill. 1989 et 16 déc. 1993, préc. ; n° 2004-494 DC du 29 avr. 2004 (*JO* 5 mai 2004, p. 7998). La liberté syndicale doit être conciliée avec ce droit à la négociation : les syndicats n'ont pas le monopole de la représentation en matière de négociation collective (Cons. const. 6 nov. 1996, *Dr. soc.* 1997. 31 ; *Grands arrêts*, n° 157). V. I. Odoul-Asorey, *Négociation collective et droit constitutionnel*, préface M.-A Souriac, LGDJ, 2013. G. Lyon-Caen, La Constitution française et la négociation collective, *Dr. ouvrier* 1996. 479 ; M.-L. Morin, Le Conseil constitutionnel et le droit à la négociation collective, *Dr. soc.* 1997. 25. V. également : L. Favoreu, À propos de l'arrêt AGIRC : les limites du pouvoir normatif des partenaires sociaux, *Dr. soc.* 2000. 337.

5. Cons. const. 29 avr. 2004, 2004-494 DC (préc.).

6. Cons. const. 5 janv. 1982, *Rec. Cons. const.* 15 ; 28 mai 1983, *AJDA* 1983. 619, obs. R.-F. Le Bris. Dans le même sens : Cons. const. 16 janv. 1986, *Dr. soc.* 1986. 372, note Y. Gaudemet ; 12 janv. 2002, 2001-455 DC, préc. (cons. 45-46) ; 10 juin 1998, préc., et 13 janv. 2000, n° 9-423 DC, *RJS* 2/00, n° 175, *D.* 2001. Somm. 1837, obs. V. Bernaud. V. D. Baugard, « Le droit à l'emploi », *Dr. soc.* 2014. 332 ; X. Prétot, Le Conseil constitutionnel et les trente-cinq heures, *Dr. soc.* 2000. 257 ; A. Jeammaud et M. Le Friant, L'incertain droit à l'emploi, *Travail, genre et sociétés*, 2/1999, p. 29.

7. V. not. de manière symptomatique, Cons. const. 27 mars 2014, n° 2014-692 DC, qui juge inconstitutionnelle l'injonction faite à l'employeur d'exciper d'un motif légitime pour préférer la fermeture de son entreprise et la destruction de ses emplois, plutôt qu'une offre de reprise sérieuse. La motivation inquiétante de cette décision, basée sur la crainte du contrôle des juges du caractère « légitime » du motif et de la nature « sérieuse » de l'offre, n'est pas sans rappeler l'ancienne et dépassée jurisprudence de l'employeur seul juge (v. ss 611). Adde, sur ce constat de déséquilibre de la jurisprudence du Conseil constitutionnel, à propos du droit à l'emploi, D. Baugard, « Le droit à l'emploi », *Dr. soc.* 2014. 332, Spéc. 338.

8. V. aussi, Cons. const. 4 avr. 2014, n° 2014-373 QPC, spéc. pt. 15, décision qui admet la constitutionalité des limitations législatives du travail de nuit, celles-ci ne créant pas d'atteintes

La Constitution et le Conseil constitutionnel ont, en outre, un rôle central dans la définition de la fonction de la loi et de sa place par rapport règlement ou à la négociation collective. Mais cette question relève de la section suivante.

SECTION 2. LA LOI ET LE RÈGLEMENT

§ 1. La répartition des compétences

45 ***Compétences et fonctions de la loi*** ◊ Selon la répartition des compétences opérée par l'article 34 de la Constitution de 1958, la loi détermine seulement « *les principes fondamentaux* (...) du droit du travail, du droit syndical et de la sécurité sociale » ; hors de cette matière, c'est au Gouvernement qu'il appartient de « légiférer » par décrets en Conseil d'État. Cette expression « principes fondamentaux » est équivoque. Dans la pratique, la *matière législative* de l'article 34 est largement entendue. Les lois peuvent parfois aller assez loin dans le détail, et l'on trouve, dans les dispositions qu'elles créent ou modifient, des règles de principe, comme des règles d'exception [1]. L'habilitation accordée au législateur semble donc large.

Mais l'article 34 de la Constitution ne se contente pas *d'habiliter* le législateur. Il s'entend aussi comme une *contrainte* imposée au législateur d'opérer lui-même les choix essentiels concernant la matière. La loi ne peut donc se contenter d'abdiquer ses compétences au profit du pouvoir réglementaire ou de la négociation collective [2].

Cette exigence positive a conduit à juger inconstitutionnelles certaines dispositions législatives [3]. Elle reste toutefois d'un usage limité. La jurisprudence du Conseil constitutionnelle apparaît sous cet angle assez permissive. L'amplitude du renvoi législatif à la négociation collective ou au pouvoir réglementaire excède la simple mise en œuvre des dispositions légales [4]. Le Conseil a même pu considérer, de manière étonnante, que les principes de hiérarchie entre conventions collectives pouvaient être délégués à la négociation collective elle-même [5].

disproportionnées à la liberté d'entreprendre, au regard de l'objectif poursuivi (*ie* not. la santé des travailleurs). Cette fois là, les protections des travailleurs ont été considérées comme suffisamment justifiées par le Conseil, pour ne pas encourir le reproche d'être disproportionnées.

1. Sur la procédure d'élaboration des lois en droit du travail, v. P.-Y. Verkindt, Lé sécurité juridique et la confection de la loi, *Dr. soc.* 2006. 720.

2. Cons. const. 7 août 2008, n° 2008-568 DC, à propos de l'inconstitutionnalité d'une disposition renvoyant à d'autres sources la mise en place d'une contrepartie obligatoire en repos à certaines heures supplémentaires ; Cons. const. 11 avr. 2014, n° 2014-388 QPC, inconstitutionnalité de la loi qui déléguait à la négociation collective le soin de mettre en place l'ensemble du régime du portage salarial.

3. V. déc. préc.

4. Sur ces points : Cons. const. 10 juin 1998 et 13 janv. 2000, préc.

5. Cons. const. 29 avr. 2004, n° 2004-494 DC, préc. Cette décision se fonde sur l'al. 8 du Préamb. de 1946 (« Tout travailleur participe, par l'intermédiaire de ses délégués, à la détermi-

46 ***La négociation de la loi*** ◊ À la suite d'une demande expresse des partenaires sociaux en ce sens [1], la loi du 31 janvier 2007 a créé une obligation de faire précéder tout projet de réforme d'une concertation préalable, qui comprend notamment la transmission aux négociateurs collectifs d'un « document d'orientation présentant des éléments de diagnostic, les objectifs poursuivis et les principales options » [2]. Ces derniers reçoivent en outre la faculté d'informer du délai qu'ils souhaitent pour négocier [3].

Cette procédure apparaît relativement souple : rien n'indique que la demande de délai soit impérative pour le législateur. Rien n'indique non plus qu'une négociation aboutie lie juridiquement le législateur, lequel peut fort bien amender l'accord réalisé [4]. Contraindre véritablement le législateur supposerait, en toute hypothèse, une modification de la Constitution [5]. Enfin, la procédure prélégislative nouvelle n'est applicable qu'en l'absence d'« urgence » [6]. La loi du 31 janvier 2007 n'a donc qu'un impact essentiellement symbolique. Au demeurant, à peine quelques semaines après son élection, la majorité issue des élections présidentielle et législatives de mai-juin 2007, revenait à la pratique des lois votées dans l'urgence, sans véritable consultation-négociation préalable [7] et fut suivie dans cette pratique par les gouvernements suivants, qui ont tous, à un moment ou à un autre, procédé à des modifications législatives du droit du travail sans consultation préalable.

La loi n'en a pas moins confortée puissamment une pratique antérieure : celle de la négociation collective dite « légiférante », parce qu'elle a pour objet de fixer le contenu de lois à venir.

---

nation collective des conditions de travail... »), pour considérer comme conforme à la Constitution la décision du législateur de déléguer à la négociation collective la fixation de l'articulation des conventions interprofessionnelles, de branche et d'entreprise.

1. Position commune du 16 juill. 2001, *Dr. soc.* 2003. 92 et spéc. pt. III, 3, p. 95. Cette position conclue par les principales organisation patronales et syndicales (à l'exception notable de la CGT) avait réclamé, sur le modèle de la négociation collective européenne, qu'aucune loi ne puisse être votée dans le domaine social, sans que le projet de loi n'ait été soumis au préalable au partenaires sociaux et sans qu'il ne leur ait été laissé le temps d'une négociation. Un éventuel accord devrait alors être repris par le Parlement, sans que celui-ci puisse porter atteinte à son équilibre. V. A. Supiot, Un faux dilemme, *art. préc.* ; A. Mazeaud, Sur l'autonomie collective des partenaires sociaux depuis la position commune du 16 juill. 2001, *Dr. soc.* 2003. 361.

2. C. trav., art. L. 1er, al. 2

3. C. trav., art. L. 1er, al. 3

4. Ce qui est fort différent du droit de la négociation collective européenne, lequel ne laisse aux autorités de l'Union européenne que deux possibilités : soit entériner la convention européenne en l'intégrant dans une directive, soit s'abstenir de toute transposition.

5. Cons. const. 10 juin 1998, *RJS* 7/98, n° 939 ; *RFDC* 1998. 640, obs. L. Favoreu. Une proposition de modification de la Constitution visant à constitutionnaliser la négociation préalable de la loi a été déposée le 14 mars 2013, mais rien n'indique que cette proposition sera un jour adoptée (sur ce texte, v. V. Bonnin, La démocratie sociale « constitutionnalisée », *Dr. soc.* 2014. 428).

6. C. trav., art. L. 1er, al. 4

7. V. les lois du 21 août 2007 qui modifient le régime fiscal et social des heures supplémentaires et fixent un préavis individuel de grève dans le secteur du transport public terrestre de personnes.

Ce type de négociation n'est pas nouveau en droit du travail. Elle est l'objet de réflexions anciennes sur la place respective des sources légiférées et négociées [1]. On peut mentionner la loi du 12 novembre 1996 qui reprend l'Accord national interprofessionnel (ANI) du 31 octobre 1995, les principales lois relatives à la formation professionnelle, qui sont, pour l'essentiel, la reprise des accords de 1971, 1991 et 2003, ou encore le décret du 28 août 2006 (C. trav., art. D. 1242-2), qui instaure le contrat « vieux » en application de l'ANI du 13 octobre 2005. Il demeure que la loi du 31 janvier 2007 a permis le développement de cette influence des négociateurs collectifs sur la procédure parlementaire. La négociation collective légiférante a depuis cette loi changé de vitesse et d'ampleur. Les principales réformes du droit du travail ont, depuis cette loi, été précédées d'accords nationaux interprofessionnels. L'ANI du 11 janvier 2008 sur la modernisation du droit du travail a ainsi précédé la loi du 27 juin 2008, la position commune du 9 avril 2008 sur la représentativité, le développement du dialogue social a précédé la loi du20 août 2008 et l'ANI du 11 janvier 2013, la loi du 14 juin 2013. Ces réformes sont la marque d'une importante évolution des rapports entre sources du droit du travail.

La vision d'une loi si respectueuse des négociations collectives qu'elle leur apparaît quasi soumise, est désormais ancrée en tête du Code du travail et confirmée par la pratique. On pourra s'en réjouir en y voyant le signe d'un essor du dialogue social et un certain consensualisme. Il faut aussi y voir un pas de plus vers un droit du travail réduit aux protections expressément consenties par les employeurs et leurs représentants.

47 ***Clarté et intelligibilité de la loi*** ◊ Le législateur doit respecter « le *principe de clarté de la loi* » et « *l'objectif de valeur constitutionnelle d'intelligibilité de la loi* » ce qui lui impose « d'adopter des *dispositions suffisamment précises* et des *formules non équivoques* » [2]. Cette exigence du Conseil constitutionnel est belle est bonne. Mais de la règle à la pratique, la distance est parfois grande. Pour mesurer le niveau de clarté et d'intelligibilité, il suffit

1. *Cf.* l'art. pionnier de J.-M. Verdier et Ph. Langlois : Aux confins de la théorie des sources du droit : une relation nouvelle entre la loi et l'accord collectif, *D.* 1972. 258. V. aussi F. Ost (dir.), *Droit imposé, droit négocié ?*, Bruxelles, Pub. Fac. Univ. Saint-Louis, 1996 ; G. Lyon-Caen, Pour une réforme enfin claire et imaginative du droit de la négociation collective, *Dr. soc.* 1998. 419 ; J.-E. Ray, Du tout-État au tout-contrat ?, *Dr. soc.* 2000. 574 ; G. Borenfreund et M.-A. Souriac, Les rapports de la loi et de la convention collective : une mise en perspective, *Dr. soc.* 2003. 72 ; A. Supiot, Un faux dilemme : la loi ou le contrat ? *Dr. soc.* 2003. 59, et du même auteur, Les deux visages de la contractualisation : déconstruction du droit et renaissance féodale, *in* S. Chassagnard-Pinet et *D.* Hiez *Approche critique de la contractualisation*, LGDJ, 2007, p. 19 s. ; B. Teyssié, Loi et contrat collectif de travail : variations à la lumière de la jurisprudence du Conseil constitutionnel, *Cah. Cons. const.* 2004, n° 17, 103 ; V. Ogier-Bernaud, Une substitution des partenaires sociaux au législateur est-elle concevable ?, *JCP* 2004. 493 ; Conseil d'État, *Le contrat mode d'action publique et de production de normes*, Doc. fr., 2008, 397 p.

2. C'est not. sur ce motif que le Conseil constitutionnel a abrogé le délit de harcèlement sexuel (Cons. const. 4 mai 2012, n° 2012-240 QPC). V. aussi les Décis. (n° 2001-455 DC du 12 janv. 2002, cons. 8 s., n°s 100-101 ; 2004-494 DC du 29 avr. 2004).

de feuilleter le Code du travail. L'exigence constitutionnelle semble parfois si peu respectée que cela pourrait prêter à sourire, si les conséquences de cet irrespect n'étaient pas aussi graves. Par certains de ces aspects, la législation du travail atteint de tels niveaux de complexité, de contradiction et de flou que la possibilité pour le justiciable de connaître ses droits et devoirs est devenue, dans certains domaines, purement chimérique.

48 ***Les règlements*** ◊ La prolixité des lois n'empêche pas le Gouvernement d'user du pouvoir réglementaire qu'il tient de l'article 37 et qui lui permet d'adopter, par *décret pris après avis du Conseil d'État*, des dispositions complétant celles des lois (ou ordonnances). Par ailleurs, l'Exécutif exerce son classique pouvoir réglementaire pour l'application des lois par l'adoption de *décrets simples* auxquels le texte législatif renvoie parfois expressément [1]. Enfin, d'autres autorités, des ministres aux maires, en passant par les préfets, ont pouvoir d'édicter, par voie d'*arrêtés*, des règles subordonnées selon le schéma de la hiérarchie administrative ou en vertu de dispositions législatives spéciales. Ce pouvoir s'exerce sous le contrôle du Conseil d'État et Il n'est pas plus exceptionnel qu'en d'autres domaines qu'un décret soit annulé pour illégalité [2].

La part réglementaire du droit du travail est donc considérable. L'organisation des conseils de prud'hommes et la procédure prud'homale sont pour l'essentiel régies par des textes créés et modifiés par décret [3] ; l'hygiène et la sécurité du travail (matières très techniques il est vrai) font l'objet d'une multitude de dispositions infra-législatives. La loi renvoie à un décret en Conseil des ministres et à des arrêtés interministériels la fixation périodique du taux du salaire minimum légal (SMIC). Des arrêtés ministériels procèdent à l'extension des conventions collectives ; les arrêtés préfectoraux se rencontrent surtout en matière de fermeture hebdomadaire des établissements (pour assurer le repos hebdomadaire de salariés).

Suite à l'entrée en vigueur de lois nouvelles de quelque importance, ou en d'autres circonstances, des *circulaires ministérielles* ou des *instructions* sont adressées aux agents de l'Administration (de l'Inspection du travail en particulier), afin d'éclairer ou d'orienter leur action. Même dépourvus de caractère réglementaire, donc censés ne pas faire grief aux administrés [4],

---

1. Souvent les décrets tardent en droit du travail comme en d'autres matières.

2. Ex. : CE 27 juill. 2001, *Fédération des transports FO, Dr. ouvrier* 2002. 211, note F. Saramito et A. de Senga.

3. Compétence et procédure juridictionnelles autres que pénales relèvent largement, dans le système de la Constitution, du pouvoir réglementaire.

4. Le juge administratif annule les circulaires qui, posant de véritables règles de droit, excèdent la compétence de leur auteur, ou qui méconnaissent la hiérarchie des normes en tendant à consacrer des règles différentes des prescriptions législatives ou réglementaires qu'elles prétendent expliciter : circulaires visant à suspendre l'immigration dans les années 70 (CE 13 janv. 1975, *D.* 1975. 784, note F. Julien-Laferrière ; 8 déc. 1978, *D.* 1979. 661, note L. Hamon ; 24 nov. 1978, *D.* 1979. IR 92, obs. P. Delvolvé) ; instruction du directeur général de l'ANPE (CE 13 mai 1994, *Dr. soc.* 1994. 815), circulaire relative à l'application de la « loi Aubry II » (CE 6 mars 2002, *D.* 2002. IR 1406). Comp. : CE 26 févr. 2001, *D.* 2001. 1902, note G. Koubi (rejetant la requête aux fins d'annulation d'une circulaire ne méconnaissant pas les textes en cause).

ces documents revêtent une réelle importance pratique. S'ils ne s'imposent qu'aux agents de l'Administration et non aux tribunaux, ils sont couramment invoqués dans les débats juridiques ou judiciaires, dans la mesure où ils expriment une opinion autorisée (souvent celle des rédacteurs du texte commenté) [1].

§ 2. Codification et recodification

49 ***Codification et recodifications*** ◇ Au début du XXe siècle, la laborieuse confection d'un *Code du travail* avait constitué la première expérience de ce que l'on nomme aujourd'hui la « codification à droit constant ». L'objectif de cette réunion de « lois ouvrières » éparses en quatre livres promulgués entre 1910 à 1927 était pratique – faciliter l'accès (des travailleurs) au droit – et symbolique à la fois, en ce qu'elle entendait affirmer et renforcer la place de la loi dans les rapports de travail [2]. Cette « compilation » restait d'un niveau technique décevant. Elle n'a jamais convaincu les juristes, et n'a pu accueillir d'importants textes adoptés à partir de la Libération.

Une première recodification a eu lieu en 1973 [3]. Elle adoptait la forme moderne des Codes, avec une numérotation suivant les parties, et une division selon les sources de textes (L. pour loi, R. pour les décrets adoptés en Conseil d'État et D. pour les simples décrets). Elle visait à l'exhaustivité et à l'adaptabilité de l'instrument, en prévoyant l'incorporation annuelle (par décret) des textes relevant du droit du travail. L'exigence d'accessibilité a conduit à loger dans le code des dispositions qui auraient pu être considérées comme marginales par leur objet (service public de l'emploi, indemnisation du chômage…) ou par leurs champs d'application, incluant les travailleurs de droit public (grève dans les services publics), ou encore des textes dont l'impact excède la seule question des relations de travail (régime des syndicats professionnels, lequel concerne toutes les formes juridiques d'exercice d'une profession et non le seul salariat). Certaines dispositions législatives régissant le travail salarié furent toutefois, dès l'origine, oubliées du Code.

Médiocrement conçu, le code de 1973 avait très mal vieilli en raison de l'inflation de lois mal écrites et instables, de la multiplication de renvois obscurs, de l'allongement démesuré de certains articles ou à l'inverse de la ramification excessive de certaines numérotations.

Une seconde recodification visait à remettre de l'ordre dans ce texte devenu touffu et confus. Celle-ci a conduit à l'ordonnance du 12 mars 2007, ratifiée par la loi du 21 janvier 2008 et complétée par le décret du 7 mars 2008. Le Code qui résulte de ces textes est entré en vigueur le 1er mai 2008. Cette recodification aurait pu être l'occasion d'une mise à plat des textes du droit du travail dans un objectif de clarification et de simplification, à l'image de ce que fut la recodification du droit pénal réalisée en

1. X. Prétot, De l'esprit des circulaires et instructions… et des rapports qu'elles entretiennent avec le droit social, *RJS* 1997, n° 6, p. 415.

2. F. Hordern, Codification ou compilation ? Autour de la naissance du code du travail, *Histoire de l'Office du travail (1890-1914)* (dir. J. Luciani), Syros, 1992, p. 247 ; A. Jeammaud, La codification en droit du travail, *Droits* 1998, p. 161.

3. L. du 2 janv. 1973 et trois Décr. du 15 nov. 1973, complétés par le Décr. du 19 sept.1974.

1994 ou celle du Nouveau Code de procédure civile. Il fut cependant décidé de procéder à une recodification à droit constant, ce qui condamnait le législateur à reproduire soigneusement un fouillis de principes, d'exceptions, d'exceptions aux exceptions, de redondances, de renvois maladroits, etc. Le résultat ne pouvait qu'être décevant, voire attristant : la recodification est un travail lourd, qui ne peut qu'être exceptionnel et l'occasion d'une simplification du droit semblait ainsi avoir été gâchée [1].

Le nouveau Code n'a pas affecté de manière significative le fond du droit applicable [2]. Certaines modifications auraient pu altérer le droit positif, le plus souvent par inadvertance. Mais, conformément à l'intention affichée du législateur de maintenir le droit antérieur, la Cour de cassation interprète les nouvelles dispositions du Code conformément à celles de l'ancien Code [3], ce qui assure une certaine effectivité au principe de recodification à droit constant. Le plan du Code a été modifié ainsi que la numérotation des articles. Ces derniers demeurent identifiés par une lettre différente selon leur source (L, R ou D). Aux 1 891 articles regroupés en neufs livres de la version ancienne, ont été substituées huit parties comportant 3 652 articles obéissant à une numérotation pouvant aller jusqu'à 8 chiffres au lieu de 7 précédemment. Un certain nombre de textes antérieurement non codifiés ont été intégrés au nouveau Code.

L'ambition affichée de regrouper l'ensemble du droit relatif à la matière ne doit pas faire illusion. Le droit du travail comprend encore de nombreuses règles situées hors du Code.

50 ***Le droit du travail hors Code du travail*** ◊ Le droit du travail est plus grand que le Code du travail. S'y appliquent tout d'abord, sauf disposition spéciale contraire, les règles générales du Code civil régissant le droit des obligations. D'autres dispositions applicables en droit du travail sont issues de codes et lois ayant un champ d'application différent du Code du travail. C'est par exemple le cas de la loi « Informatique et libertés » de 1978 (qui doit être respectée dans les entreprises), ou encore de certaines dispositions du *Code de la propriété intellectuelle* (relatives aux inventions ou

1. V. les critiques d'A. Fabre et M. Grévy, *RDT* 2006. 362 ; B. Teyssié, Sur la sécurité juridique en droit du travail, *Dr. soc.* 2006. 703 ; E. Dockès, La décodification du droit du travail, *Dr. soc.* 2007. 388 ; G. Filoche, « Tornade patronale sur le code du travail », *Le Monde Diplomatique*, mars 2008 ; les plaidoyers en défense des auteurs du Code : Chr. Radé, Le nouveau Code du travail et la doctrine, *Dr. soc.* 2007. 513, et du même *D.* 2008. 1214 ; J.-*D.* Combrexelle et H. Lanouzière, Les enjeux de la recodification du Code du travail, *Dr. soc.* 2007. 517 ; J.-*D.* Combrexelle, Une réponse adaptée à un besoin manifeste, *RDT* 2007. 356. J. Barthélémy, La recodification du Code du travail vue de l'intérieur, *Sem. soc. Lamy* 2008, n° 1336 ; et la position intermédiaire d'A. Jeammaud et A. Lyon-Caen, Le « nouveau code du travail », une réussite ? *RDT* 2007. 35.

2. V. A. Fabre (dir.), À la découverte du nouveau code, *RDT* 2007 et 2008 (chronique mensuelle).

3. *Cf.* not. Soc. 27 janv. 2010, n° 08-44.376 ; 13 mars 2012, n° 10-21.785 P. La Cour ne réserve que le cas « de dispositions expresses contraires ». Il y a là une sorte de soumission à l'éventualité d'un texte clairement contraire à l'ancien Code. Mais il est peu de textes clairs...

créations de logiciels par des salariés) [1], du *Code de commerce* (droits des salariés dans les procédures collectives concernant l'employeur ; présence de représentants des salariés dans les organes des sociétés anonymes) [2], du *Code de la santé publique* (régissant l'emploi des collaborateurs du secteur hospitalier privé [3]) ou du *Code de l'entrée et du séjour des étrangers et du droit d'asile* (statut des travailleurs étrangers ; v. ss 139 s.).

La structure du Code du travail lui interdit d'accueillir les actes d'un rang inférieur au décret. Le maintien hors Code peut aussi se justifier par la *brève durée de validité* d'un texte (cas des décrets fixant le taux du SMIC et des arrêtés interministériels qui font connaître un nouveau taux dicté par l'évolution de l'indice des prix). De même, le caractère *conjoncturel* et *instrumental* de certains textes, agençant des « mesures » de politique de l'emploi ou participant au pilotage d'évolutions socio-juridiques à court terme, justifie qu'ils n'entrent pas dans le code (exemple des dispositifs législatifs qui se sont naguère succédé dans le but de provoquer une réduction du temps de travail). Certaines exclusions du Code sont en revanche dépourvues de tout motif valable. Certains textes très importants du droit du travail peuvent ainsi se retrouver hors du Code, par simple négligence du législateur [4].

La septième partie du Code du travail comporte des dispositions propres à certaines professions et activités (journalistes, mannequins, artistes du spectacle, concierges et gardiens d'immeubles, représentants de commerce, gérants de succursales et travailleurs à domicile). Mais d'autres secteurs professionnels relèvent de dispositions regroupées dans d'autres codes, tel le *Code rural* (livre 7) [5], le *Code des ports maritimes* (livre 5, régissant notamment les dockers) ou le *Code du travail maritime* (créé par une loi de 1926 et régissant le contrat d'engagement maritime) [6]. Ces dispositions ne sont naturellement pas exclusives, sur les points qu'elles ne règlent pas, de l'application de celles du Code du travail, en tant que droit commun du travail salarié [7].

---

1. *Cf.* L. Drai, *Le travail intellectuel*, Th. Lille, LGDJ, 2005, préf. P.-Y. Verkindt ; S. Pessina Dassonville, *L'artiste-interprète salarié*, Th. Montpellier, PUAM, 2006, préf. M. Vivant.
2. A. Lyon-Caen et Q. Urban (dir.), *Les salariés et la défaillance de l'entreprise*, Dalloz, 2007.
3. D'où quelques problèmes de combinaison avec les dispositions du Code du travail (ex. : Soc. 1er avr. 2003, *Dr. soc.* 2003. 663, obs. J. Savatier) ou d'interprétation de la portée de règles dérogatoires à celles du Code du travail (ex. : Soc. 29 avr. 2003, *Bull. civ.* V, n° 142, qui retient une solution particulièrement discutable).
4. V. par ex. la définition des discriminations indirectes, prévue à l'art. 1er de la L. n° 2008-496 du 27 mai 2008, non codifiée.
5. V. H. Gilbert, *Le travail en agriculture*, Th. Nantes, 2008.
6. P. Chaumette, *Le contrat d'engagement maritime*, Éd. CNRS, 1993 ; M. Le Bihan-Guénolé, *Droit du travail maritime*, L'Harmattan, 2001 ; A. Charbonneau, *Le marché international maritime. Un cadre en formation*, Th. Nantes, 2008.
7. Sur l'application du SMIC aux marins, v. Soc. 1er avr. 1992, *Dr. soc.* 1992. 665, note C. Éoche-Duval. Pour l'application aux marins de dispositions générales du Code du travail : Cass., ass. plén., 7 mars 1997, *Dr. soc.* 1997. 424, obs. P. Chaumette (protection du salarié victime d'un accident du travail) ; Soc. 28 oct. 1997, *Dr. soc.* 1998. 181, obs. P. Chaumette (mise à la retraite).

§ 3. Application dans le temps

51 ***Non-rétroactivité*** [1] ◇ « La loi ne dispose que pour l'avenir ; elle n'a point d'effet rétroactif ». On sait que l'interprétation de cet article 2 du Code civil distingue la rétroactivité, seule exclue, et l'application immédiate, de principe.

Une loi nouvelle ne saurait affecter les *effets passés* d'un contrat de travail conclu sous l'empire du droit antérieur. Une pratique, en son temps régulière, ne peut être sanctionnée en vertu d'une loi restrictive postérieure [2]. La *validité* d'un contrat ou d'une convention collective conclus sous l'empire d'une loi ne peut être remise en cause par une loi nouvelle [3], et ne peut davantage être déduite d'une loi nouvelle [4]. Ces actes ne doivent pas être interprétés à la lumière de cette nouvelle loi [5].

Cependant, la règle de l'article 2 du Code civil n'ayant que valeur légale, une loi peut se déclarer rétroactive. Mais cette faculté est aujourd'hui limitée par certaines exigences issues du droit constitutionnel et international [6]. Surtout, un texte législatif peut avoir un caractère *interprétatif*, qui lui vaut de s'appliquer même aux instances en cours pour apprécier des faits antérieurs [7]. Mais « si, en principe, le pouvoir législatif n'est pas empêché de réglementer en matière civile, par de nouvelles dispositions à portée rétroactive, des droits découlant de lois en vigueur, le principe de la prééminence du droit et la notion de procès équitable consacrés par l'article 6 de la Convention européenne de sauvegarde des droits de l'homme, s'opposent, sauf pour d'impérieux motifs d'intérêt général, à l'ingérence du pouvoir législatif dans l'administration de la justice dans le but d'influer sur le dénouement judiciaire d'un litige » [8]. Sont donc proscrites les lois visant à peser sur l'issue de procédures en cours.

---

1. E. Dockès, *L'application dans le temps des règles de droit du travail*, Th. IETL, Lyon, 1992 ; J.-F. Cesaro, La sécurité juridique et l'identification de la loi applicable, *Dr. soc.* 2006. 734.

2. Soc. 24 déc. 1938, *DH* 1939. 245.

3. Soc. 17 oct. 1974, *Bull. civ.* V, n° 482 (pour une convention collective).

4. Soc. 12 nov. 1953, *Dr. soc.* 1954. 92 ; 4 mai 1956, *ibid.* 1956. 415. Rappr., Soc. 26 janv. 1999, *Bull. civ.* V, n° 38 (pas de bénéfice d'une exonération de cotisations d'assurance-chômage prévue pas une loi postérieure à la notification des licenciements).

5. Cass., ass. plén., 12 mai 1989, *JCP* 1989. II. 21322, concl. J. Cabannes, note G. Lyon-Caen.

6. Si le principe de non-rétroactivité n'a valeur constitutionnelle qu'en matière répressive et si le législateur a donc, dans les autres matières, la faculté d'adopter des dispositions rétroactives, il ne peut désormais le faire qu'en considération d'un motif d'intérêt général suffisant et sous réserve de ne pas priver de garanties légales des exigences constitutionnelles (Cons. const. 18 déc. 2001, 2001-453 DC, *JO* 26 déc. ; 2001, p. 20582 ; *D.* 2002. Somm. 1953, obs. D. Ribes). Le droit de propriété garanti par l'article 1er du Protocole n° 1 à la Convention européenne de sauvegarde des droits de l'homme permet à la Cour de cassation d'écarter une disposition légale rétroactive qui entendait interdire aux salariés d'obtenir des arriérés de salaires sur le fondement de l'illégalité désormais reconnue de dispositions conventionnelles anciennes ; Soc. 21 mars 2012, 04-47.532 P.

7. Cas de la L. du 11 févr. 1950 précisant que la grève ne rompait pas le contrat de travail, donc soulignant une conséquence de la reconnaissance constitutionnelle d'un droit de grève ; Soc. 25 avr. 1952, *Bull. civ.* IV, n° 341 ; 16 déc. 1954, *Dr. soc.* 1955. 232.

8. Cour EDH 9 déc. 1994, n° 24846/94 et 34165/96 à 34173/96 ; 9 janv. 2007, *Arnolin et a.*, n° 20127/03, *RDT* 2007. 179, obs. Aubert-Montpeyssen ; *RJS* 4/07, n° 512 ; obs. Lhernould, *ibid.*, p. 299. Cet arrêt censure les dispositions de l'art. 29 de la L. du 19 janv. 2000, validant rétroac-

52 ***Application immédiate*** ◊ La loi nouvelle saisit les *situations juridiques en cours* à la date de son entrée en vigueur, pour en régir les effets futurs. Il en va autrement pour les *situations contractuelles* qui, par respect de « la loi des parties » et de leurs légitimes prévisions, restent soumises aux règles en vigueur au temps de la conclusion du contrat. Sauf si les dispositions nouvelles revêtent un caractère d'*ordre public*.

Compte tenu de ces règles générales de droit transitoire, il est exceptionnel que de nouvelles dispositions de droit du travail ne saisissent pas immédiatement les rapports juridiques en cours [1]. Cela vaut particulièrement pour celles qui régissent les relations professionnelles [2]. Même quand elles concernent le rapport de travail, né d'un contrat, elles paraissent plus souvent toucher à des droits dont le salarié est investi par la loi qu'à des créances contractuelles : une loi nouvelle accordant un droit à repos ou à congé nouveau, allongeant la durée des congés payés, modifiant le régime du temps de travail, s'applique dès son entrée en vigueur aux salariés antérieurement embauchés [3] ; il en va de même des dispositions encadrant l'exercice du pouvoir disciplinaire [4]. Enfin, les textes dont l'objet est plus sûrement le contrat de travail (sa qualification, sa suspension, sa cessation) présentent d'ordinaire un caractère d'ordre public [5]. Ainsi les lois de 1981 et 1992, introduisant une protection nouvelle du salarié victime d'un accident du travail ou d'une maladie professionnelle, ou devenu physiquement inapte à son emploi, ont-elles bénéficié aux salariés victimes d'un accident survenu, d'une maladie déclarée ou d'une inaptitude constatée avant leur entrée en vigueur [6].

Mais il est fréquent, ici comme en d'autres domaines, que les lois nouvelles contiennent des dispositions particulières sur leur entrée en vigueur et leur application dans le temps.

§ 4. Application dans l'espace [7]

53 ***Un droit européen*** ◊ Quel est le droit – droit français, droit d'un autre pays – applicable à un rapport de travail présentant une dimension internationale

tivement le recours aux heures d'équivalence dans le secteur médico-social et se montre ainsi plus exigeant que la Cour de cassation (Cass., ass. plén., 24 janv. 2003, n° 00-41.741 P) sur ce qu'il convient d'entendre par « d'impérieux motifs d'intérêt général ». La Chambre sociale s'est alignée sur cette interprétation stricte, qui fut du reste la sienne à l'origine de ce litige (Soc. 13 juin 2007, *Dr. soc.* 2007. 1178, obs. Morand).

1. V. cep., Soc. 31 mai 1989, *Bull. civ.* V, n° 409.

2. Soc. 21 janv. 1988, *Bull. civ.* V, n° 64 ; si les dispositions de l'ordonnance de 1986 modifiant le Code du travail en matière de contrat à durée déterminée, de travail à temps partiel etc., ne s'appliquent qu'aux contrats conclus après son entrée en vigueur, celles prescrivant de tenir compte, dans les effectifs, des salariés à durée déterminée ou à temps partiel sont d'application immédiate.

3. V. égal., Soc. 20 nov. 1996, *RJS 2/97*, n° 148 (application aux instances en cours lors de son entrée en vigueur de l'art. L. 3171-4 C. trav. sur la preuve du temps travaillé).

4. Soc. 19 juin 1991, *Bull. civ.* V, n° 307 (sol. impl.).

5. Soc. 6 juill. 1939, *DH* 1939. 481 ; 8 mars 2000, *Dr. soc.* 2000. 548, obs. J. Barthélémy.

6. Soc. 7 janv. 1988, *Bull. civ.* V, n° 14 ; 12 nov. 1997, *Dr. soc.* 1998. 118, note J. Savatier ; 19 mai 1998, *ibid.* 711, obs. J. Savatier.

7. V. not. F. Jault-Seseke, *Rép. Int.*, *V°* contrat de travail.

(salarié embauché à l'étranger et venant travailler en France ; salarié embauché et ayant commencé à travailler en France, puis mis à disposition à l'étranger ou expatrié ; relations professionnelles au sein d'une société occupant des salariés dans plusieurs pays) ?

54 Au sein de l'Union européenne, ces questions ont fait l'objet de règles communes, applicables en France depuis 1991 [1]. Le texte de référence actuel est le *Règlement dit « Rome I » n° 593/2008 du 17 juin 2008* sur la loi applicable aux obligations contractuelles [2]. Ce règlement ne s'applique toutefois que pour les contrats conclus à partir du 17 décembre 2009. Pour les contrats antérieurs, la *Convention de Rome du 19 juin* 1980 est toujours applicable [3]. Cette succession d'instrument normatif est de peu d'impact, les textes étant, en substance, identiques. La jurisprudence relative à la Convention de Rome, laquelle est nationale mais aussi européenne, est ainsi, pour l'essentiel transposable au règlement Rome I.

55 ***La loi d'autonomie*** ◇ Selon l'article 8.1 de ce règlement, le *contrat de travail* est régi par la loi choisie par les parties. Ce choix peut être exprès ou tacite [4]. La loi d'autonomie est de principe. Mais il ne saurait être question de permettre que, par une clause glissée dans le contrat, l'employeur puisse s'affranchir de toutes les protections du droit du travail. Aussi ce principe d'autonomie de la volonté est-il très fortement limité : le choix des parties ne peut avoir pour effet d'écarter les règles impératives qui auraient été applicables à défaut de choix. Cette loi applicable en l'absence de choix est dite loi « objectivement applicable ».

56 ***Loi objectivement applicable et détachement*** ◇ Cette loi est en principe celle *du lieu dans lequel le salarié exécute habituellement son travail* [5]. Lorsque le travail est accompli habituellement dans plusieurs pays, il est possible de se référer à la loi du lieu où le salarié accomplit la majeure partie de ses activités [6]. Toutefois, le pays dans lequel le travail est habituellement accompli n'est pas réputé changer lorsque le travailleur accomplit son travail de façon temporaire dans un autre pays [7]. Ce qui favorise la continuité de la loi applicable pour le salarié, mais peut provoquer une sorte de concurrence déloyale par des salariés temporairement détachés par des pays au droit du travail peu protecteur, dans les pays à protection relativement forte.

1. Sous couvert d'interprétation de l'article 3 C. civ., il s'agissait d'une construction jurisprudentielle : cf. *Grands arrêts*, n°s 14 s.
2. *JOUE* du 4 juill. 2008.
3. Cette convention est entrée en vigueur en 1991. Pour les contrats de travail conclu antérieurement à cette entrée en application, la Cour de cassation applique des règles de rattachement directement inspirées de la Convention de Rome (ex. : Soc. 9 oct. 2001, *Dr. soc.* 2002. 121, obs. M.-A. Moreau ; *D.* 2002. Somm. 766, obs. E. Lafuma ; *Grands arrêts*, n° 15).
4. v. not. Soc. 21 janv. 2004, n° 02-43.489, *Bull. civ.* V, n° 21 ; 27 mai 2009, n° 08-41.908.
5. Règl. Rome I, art. 8.2.
6. CJCE 15 mars 2011, *Koelzsch*, aff. C-29/10, pts 45 et 46 ; *D.* 2011. Pan. 2434, obs. L. d'Avout et S. Bollée, *RDT* 2011. 531, obs. V. Lacoste-Mary ; *Rev. crit. DIP* 2011. 447, note F. Jault-Seseke ; *JCP S* 2011. 1241, obs. Jeansen ; *Europe* 2011 ; *ibid.*, n° 205, obs. L. Idot.
7. V. par ex., Soc. 18 janv. 2011, n° 09-43.190, *D.* 2011. 385 (salarié détaché en France pour une durée déterminée par une entreprise du Royaume Uni, application de la loi Britannique).

Pour cette raison, la directive n° 96/71 du 16 décembre 1996 prévoit que certaines règles du lieu de travail du salarié temporairement détaché sont applicables. Ces règles, limitativement listées, incluent quelques éléments essentiels, comme le salaire minimum [1]. Mais, interprétées de manière très restrictive par la jurisprudence européenne [2], ces dispositions sont loin de couvrir l'ensemble du droit du travail [3] provoquant d'importantes polémiques [4], certaines entreprises issues de pays à faibles protections utilisant leur main d'œuvre (moins protégée), pour réaliser des « prestations de service » dans des pays à plus forte protection. Ce qui peut être ressenti comme une forme de concurrence déloyale pour la main d'œuvre et les entreprises de ces pays au droit du travail plus développé. Une directive récente est en passe d'être adoptée pour compléter la directive n° 96/71 du 16 décembre 1996 [5].

La possibilité d'appliquer le droit moins protecteur du pays d'origine aux travailleurs détachés temporairement, peut conduire certains employeurs à tenter de faire passer pour des salariés détachés temporairement des salariés dont le travail habituel et stable est situé en France. Dans de tels cas, la non déclaration des salariés, selon les règles du droit français, constitue le délit de travail dissimulé, passible de cinq ans d'emprisonnement [6].

À défaut de lieu habituel d'exécution du travail, la loi objectivement applicable est celle du pays à partir duquel le salarié exécute son travail [7]. Des chauffeurs routiers domiciliés en France, pourront ainsi être rattachés à la loi française, même si leur employeur est à l'étranger et même si les trajets qu'ils réalisent sont très internationaux [8].

En l'absence de tout rattachement possible au lieu habituel du travail ou au lieu à partir duquel le travail est exécuté, la loi objectivement applicable est la loi de

1. Sont encore applicables, notamment, les périodes maximales de travail et minimales de repos, à la durée minimale des congés annuels payés, les conditions de mise à disposition des travailleurs (travail intérimaire, notamment), les règles de sécurité et d'égalité de traitement.

2. CJCE 18 déc. 2007, *Laval* ; *RDT* 2008. 80, chron. Pataut et Robin-Olivier ; *JCP* 2008. II. 10059, note Vigneau ; *JCP S* 2008. 1075, chron. Teyssié ; *Rev. crit. DIP* 2008. 356, note Muir Watt.

3. Ne sont pas applicables, par exemple, les règles relatives à la rupture du contrat de travail : Soc. 18 janv. 2011, 09-43.190, *Bull. civ.* V, n° 22 ; *Dr. soc.* 2011. 337, obs. Lhernould ; *JCP S* 2011. 1309, obs. Tricoit.

4. V. not. P. Rodière, « Le détachement de travailleurs dans l'UE : une zone d'affrontements », *Sem. soc. Lamy* n°s 1628/2014 et 1629/2014.

5. Proposition de directive d'application de la directive sur le détachement adoptée le 16 avr. 2014 par le Parlement européen.

6. C. trav., art. L. 8221-1 et L. 8224-2 ; Crim. 11 mars 2014, *Easy Jet et Vueling*, deux arrêts, n°s 12-81461 et 11-88420, *Dr. ouvrier* 2014.385, étude H. Guichaoua.

7. Règl. Rome I, art. 8.2. Cette précision est issue de l'interprétation donnée par la jurisprudence européenne antérieure au Règlement Rome I. Elle est apparue à propos des conflits de juridictions, lesquels doivent eux aussi être résolus au regard du lieu d'exécution du travail : CJCE 13 juill. 1993, aff. C-125/92, *Mulox c/ Geels*, pts 10, 11 et 16 ; *JDI* 1994. 539, note A. Huet ; *Rev. crit. DIP* 1994. 569, note P. Lagarde.

8. Soc. 20 sept. 2006, n° 05-40.490, *Bull. civ.* V, n° 277 ; *Dr. soc.* 2006. 1200, obs. Lhernould (à propos d'un conflit de juridiction, assimilation d'une telle situation à un travail exécuté en France). En matière de conflits de loi, v. déjà, à propos de marins ayant un port d'attache, Soc. 31 mars 2009, *Ontario*, n° 08-40.367, *D.* 2009. AJ. 1149 ; *RDT* 2010. 55, chron. P. Rémy, A. Feuerborn, F. Jault-Seseke et M. Rönnmar ; *Dr. soc.* 2009. 733, note P. Chaumette.

l'établissement d'embauche. Cet établissement n'est nullement la personne morale employeur. Il s'agit de déterminer le lieu d'où est partie l'annonce de proposition d'emploi, le lieu où s'est déroulé l'entretien de recrutement [1], etc. Ce rattachement au lieu d'embauche est toutefois devenu très exceptionnel, tant les rattachements en fonction des lieux d'exécution du travail ou à partir duquel le travail est exécuté, semblent permettre de rattacher la quasi-totalité des situations de travail. Ce relatif abandon pratique du lieu d'embauche est l'œuvre de la jurisprudence [2], ce lieu étant plus facile à manipuler pour l'employeur que le lieu du travail.

Il est toujours possible au juge, du moins en théorie, de substituer à ces rattachements en fonction du lieu de travail ou d'embauche une loi qui présenterait les liens les plus étroits avec le contrat [3]. Cette disposition, dite « clause d'exception » aurait pu être assez déstabilisatrice. Elle est toutefois interprétée de manière restrictive par la Chambre sociale : celle-ci affirme, par exemple, que les éléments de rattachement du contrat lié au choix par les parties d'une loi applicable ne peuvent être invoqués au soutien de la clause d'exception, et c'est à celui qui prétend écarter la loi du lieu d'accomplissement habituel du travail, de rapporter la preuve que le contrat présente des liens plus étroits avec une autre loi [4]. Elle n'en demeure pas moins une souplesse qui permet aux juges d'écarter la loi du lieu d'exécution habituel, lorsque ce lieu n'est pas révélateur de la relation de travail.

57 ***Agencement de la loi objectivement applicable et de la loi d'autonomie*** ◊ Le règlement Rome I est fort clair, les « dispositions (de la loi objectivement applicable) auxquelles il ne peut être dérogé par accord » s'imposent (8.1). La loi d'autonomie est donc écartée par toutes les règles impératives au sens du droit interne et non pas seulement par les règles soutenues par l'ordre public international ou par les lois de polices. En France, l'essentiel du droit du travail est impératif, le salarié n'ayant qu'exceptionnellement la faculté de renoncer par contrat à des protections. Il demeure que certaines dispositions du droit français peuvent se voir écartée sur ce motif. La Chambre sociale a ainsi refusé de voir dans un usage une disposition impérative [5]. De même, il a été refusé de voir dans les règles de prescription en matière de licenciement des règles impératives [6].

En revanche, les conventions collectives s'imposent aux contrats individuels de travail. Elles sont donc impératives et leur application s'impose en même temps que celle des lois impératives [7].

---

1. CJCE 15 déc. 2011, *Jan Voogsgeerd*, aff. C-384/10 ; *RDT* 2012. 115, obs. F. Jault-Seseke.

2. *Cf.* de manière symptomatique CJUE 15 déc.2011, *Jan Voogsgeerd* (préc.), arrêt dans lequel, à une question sur la détermination du lieu d'embauche, la Cour répond en incitant les juges à procéder d'abord à une recherche plus approfondie du lieu d'exécution du travail ou du lieu à partir duquel le travail est exécuté.

3. Règl. Rome I, art. 8.4. Pour l'application de cette règle, v. par ex. Soc. 29 nov. 2007 n° 07-40.905 (*Cap Gemini*) ; 25 janv. 2012, n° 11-11.374 P. ; CJUE 12 sept. 2013, aff. C-64/12, *Schlecker*, *RDT* 2013. 785, note F. Jault-Seseke.

4. Soc. 29 sept. 2010, n° 09-68.851, *Rev. crit. DIP* 2011. 72, note F. Jault-Seseke.

5. Soc. 12 nov. 2002, n° 99-45.821

6. Soc. 12 juill. 2010, n° 07-44.655, *Dr. soc.* 2011. 212, obs. Keller ; *JCP S* 2010. 1409, n° 41, note Brissy ; *Rev. crit. DIP* 2011. 72, 1re esp., note Jault-Seseke ; *JDI* 2011. 600, note Parisot.

7. La désignation de la loi applicable emporte désignation des conventions collectives applicables : Civ. 1re, 5 nov. 1991, Masson, *JDI* 1992. 357, note M.-A. Moreau ; *Rev. crit. DIP* 1992. 314, 1re esp., note H. Muir Watt.

58 ***L'exception d'ordre public international*** ◊ Prévue à l'article 21 du règlement Rome I, elle peut permettre d'écarter une disposition désignée par la règle de conflit de loi et qui heurterait de front les valeurs essentielles du droit du juge saisi. Il pourrait en aller ainsi, par exemple, d'une loi interdisant tout droit de grève. À titre plus exceptionnel, l'exception d'ordre public peut écarter la législation d'un pays dans son ensemble et générer l'application du droit français. Elle fonctionne alors comme une règle de rattachement supérieure. C'est par un raisonnement de ce type que l'ordre public international a permis, par exemple, de justifier l'application du droit français à un domestique victime d'esclavagisme [1].

59 ***Les lois de polices*** ◊ Ce sont des lois qui s'appliquent à la situation internationale alors même qu'elles ne sont pas désignées par la règle de conflit de lois. Leur existence est reconnue par l'article 9.2, du règlement Rome I. Par leur nature impérative autant que par la nécessité de leur application uniforme à l'ensemble des travailleurs qui sont présents sur un territoire, elles sont dites applicables avant même que ne soit posée la question de la loi applicable. De jurisprudence constante, les *relations professionnelles* (activité syndicale, représentation du personnel, négociation collective, conflits du travail) dans les entreprises et établissements situés sur le territoire français, sont considérées comme des lois de police, quelles que soient la nationalité de l'employeur et des salariés et la loi applicable au contrat de travail de chacun d'eux [2]. Les règles de sécurité et d'hygiène appartiennent, elles aussi, à la catégorie des lois de police.

SECTION 3. **LA JURISPRUDENCE**

60 ***Contentieux*** ◊ Le *contentieux* est cette activité institutionnelle qu'alimentent les litiges soumis aux tribunaux et dont procèdent des jugements et arrêts. Seule une petite partie de cette masse de décisions de justice – plusieurs millions par an [3] – participe de la jurisprudence, au sens juridique du mot.

---

1. La Cour de cassation interdit à un employeur « de se prévaloir des règles de conflit de juridictions et de lois pour décliner la compétence des juridictions nationales et évincer l'application de la loi française dans un différend qui présente un rattachement avec la France et qui a été élevé par un salarié placé à son service sans manifestation personnelle de sa volonté et employé dans des conditions ayant méconnu sa liberté individuelle » (Soc. 10 mai 2006, n° 03-46.593, *Bull. civ.* V, n° 168 ; *Rev. crit. DIP* 2006. 856, note E. Pataut et P. Hammje ; *JCP* 2006. II. 10121, note Bollée ; *D.* 2006. 1400, note F. Guiomard).

2. CE 29 juin 1973, *Cie internationale des wagons-lits*, *Rev. crit. DIP* 1974. 334, concl. N. Questiaux ; *Grands arrêts*, n° 17 ; Soc. 14 févr. 2001, *Dr. soc.* 2001. 642, obs. M.-A. Moreau ; *D.* 2001. Somm. 2171, obs. C. Nicod ; 14 janv. 2004, *Bull. civ.* V, n° 14 (qui parle d'« application immédiate de la loi française »). La question du droit applicable se révèle particulièrement complexe en matière de conflit collectif du travail (A. Lyon-Caen, La grève en droit international privé, *Rev. crit. DIP* 1977. 271 ; J.-P. Laborde, Conflits collectifs et conflits de lois, *Dr. soc.* 2001. 715).

3. Plus de 2 500 000 en matière civile et commerciale en 2008, dont plus de 200 000 affaires terminées devant les Conseils de prud'hommes (Ministère de la Justice, *Les chiffres-clés de la Justice*, 2009).

61 ***Évolutions du phénomène jurisprudentiel*** ◊ La jurisprudence, dont résulte une part du droit positif, est la règle issue de la pratique des juges [1]. Cette règle vient de la réitération de certaines solutions, interprétations, affirmations dans les décisions de justice. Plus exactement, elle naît de la croyance en cette réitération. Phénomène de croyance, la jurisprudence est ainsi corroborée, renforcée, ou atténuée par l'accès aux décisions de justice et par l'ensemble des discours qui prennent la décision de justice pour objet, et en particulier par le travail de la doctrine juridique.

La formation d'une véritable règle de droit jurisprudentielle à partir de la pratique des juges a évolué dans la période récente. Cette évolution va plutôt vers une simplification de la création de la règle jurisprudentielle.

L'informatique et l'internet ont permis un spectaculaire développement de la publicité des décisions de justice. Dès lors que tous les arrêts des juridictions suprêmes, et un nombre croissant de décisions de juridictions inférieures sont accessibles, il est à la fois plus facile d'invoquer la jurisprudence et plus malaisé d'en fixer le sens. La jurisprudence, source du droit qui est une anticipation sur la pratique des juges, supposée maintenue, peut désormais aussi bien se trouver dans « certains arrêts » des juridictions suprêmes, qu'être découverte dans les innombrables décisions locales désormais collectées et diffusées par internet.

Le phénomène jurisprudentiel évolue de plus sous l'influence de la communication de la Cour de cassation. Celle-ci est plus désireuse que naguère de faire connaître et comprendre sa jurisprudence. La publication de rapports de conseillers et de conclusions d'avocats généraux s'est banalisée. Le rapport annuel de la Cour de cassation a pris de l'ampleur [2]. Et la médiatisation de certains arrêts a conduit la Cour de cassation à publier des communiqués, qui en donnent une interprétation « autorisée » [3]. Toute cette communication est dépourvue d'effet impératif propre. Mais elle influe sur la croyance en la réitération de solutions juridiques. En ce sens, elle a une portée jurisprudentielle.

62 ***La dispersion du contentieux*** ◊ Sans entreprendre la description de la répartition des compétences entre les diverses catégories de juridictions (v. ss 81 s.), il importe de signaler la *dispersion* du contentieux des relations du travail [4].

Cette dispersion concerne tout d'abord les juridictions de l'ordre judiciaire. Même s'ils sont de très loin les juges les plus sollicités, les *conseils de prud'hommes* ne

1. Sur le thème de la jurisprudence dans ses rapports avec le contentieux : E. Serverin, Juridiction et jurisprudence : deux aspects des activités de justice, *Dr. sociétés* 25/93, p. 339. La métaphore de « la jurisprudence, ombre portée du contentieux » est plaisante mais trompeuse.

2. Comp. : T. Grumbach, Doctrine et déontologie, *Dr. soc.* 1999. 323. La Cour fait un usage modéré de la faculté de formuler, dans son rapport annuel, des suggestions de réforme législative.

3. Ce fut le cas par ex. au sujet de l'arrêt « *Pages Jaunes* » de la Chambre sociale du 11 janv. 2006. V. le communiqué sur le site internet de la Cour.

4. V. sur ce phénomène et son incidence en droit du travail, A. Supiot, *Les juridictions du travail*, Paris Dalloz, 1987, p. 41 s.

connaissent toutefois que des différends se rattachant au contrat de travail [1]. Le *tribunal d'instance* connaît notamment des contestations en matière d'élections professionnelles dans les entreprises ou de désignation des délégués syndicaux. Juridiction de droit commun au premier degré, le *tribunal de grande instance* connaît, par exemple, des contestations relatives à la validité ou à l'interprétation des conventions ou accords collectifs de travail ou au fonctionnement des comités d'entreprise. Les *tribunaux de commerce* peuvent connaître de demandes ou questions juridiques touchant aux relations du travail, notamment à l'occasion de procédures de traitement des difficultés des entreprises, de litiges entre cédant et cessionnaire d'une entreprise, d'actions en dommages-intérêts entre commerçants pour embauche en dépit d'une clause de non-concurrence stipulée dans un contrat de travail. Dans la mesure où il est ouvert, l'appel contre les jugements et ordonnances rendus par ces diverses juridictions est porté devant la cour d'appel (chacune des 33 cours d'appel est dotée d'une chambre sociale au moins). Le pourvoi contre les arrêts rendus par les cours, ou contre les jugements rendus en dernier ressort par un conseil de prud'hommes ou un tribunal d'instance, est soumis à *la Chambre sociale de la Cour de cassation* [2]. Cette dernière, qui est la plus occupée de toutes les formations de la Cour, constitue le principal foyer de production jurisprudentielle en matière de droit du travail [3]. Depuis 2003 les pourvois formés dans des litiges de sécurité sociale (donc traités en première instance par des tribunaux d'affaires de sécurité sociale) ont été retirés à la chambre sociale et confiés à la 2e chambre civile. Inspirée notamment par des raisons idéologiques (volonté de rapprocher la sécurité sociale du droit des assurances privées) cette réforme ignore les liens étroits qui continuent d'unir travail et sécurité sociale et crée une nouvelle source de dispersion du contentieux sur des questions cruciales [4].

De nombreuses règles de droit du travail se trouvent assorties de sanctions pénales. Elles relèvent de la compétence des juridictions répressives et la

---

1. Plus de 228 000 affaires nouvelles introduites au fond et en référé, durant l'année 2009 (*Annuaire Statistique de la Justice*, Min. de la justice, éd. *2011-2012*).

2. La Chambre sociale statue sur des pourvois posant des questions de droit du travail (même si le litige initial opposait des commerçants). Mais, en raison de la répartition des affaires entre les chambres, certaines questions de droit du travail sont soumises à la Première chambre civile (en matière de contrat de travail international, mais pas seulement, ex. : Civ. 1re, 19 mai 1998, *Dr. soc.* 1998. 848, obs. X. Prétot) ou à la Deuxième chambre civile (quand lui sont confiés les pourvois en matière d'élection des conseils de prud'hommes). Cette dernière connaît également des pourvois en matière de saisie des rémunérations (relevant de la compétence du tribunal d'instance) et maîtrise ainsi l'interprétation de certaines dispositions du Code du travail régissant cette procédure d'exécution sur les salaires.

3. Ph. Waquet, Les arrêts de la chambre sociale de la Cour de cassation, *Dr. soc.* 1998. 62. Depuis le début de l'année 2002, les formations restreintes des chambres civiles peuvent déclarer « non admis » les pourvois irrecevables ou non fondés sur un moyen sérieux de cassation (COJ, art. L. 131-6 ; v. ex., Soc. 2 déc. 2003, *Dr. soc.* 2004. 204, obs. A. Jeammaud ; P. Sargos, L'organisation et le fonctionnement de la chambre sociale : la mission normative au péril de l'effet de masse, *Dr. soc.* 2006. 48). Depuis la loi de 1991 qui a créé cette procédure (COJ, art. L. 151-1), la Cour de cassation a été saisie de quelques demandes d'avis, mais elle se montre exigeante pour admettre que lui est soumise « une question de droit nouvelle, présentant une difficulté sérieuse et se posant dans de nombreux litiges » (ex., Civ. 1re, 20 juin 1997, *Dr. ouvrier* 1997. 271, concl. Y. Chauvy). Pour un avis de la Cour sur sollicitation d'un conseil de prud'hommes, v. Cass., 29 avr. 2002, *Dr. soc.* 2002. 771, obs. J. Savatier.

4. Sur les liens entre les deux branches, v. A. Supiot, L'avenir d'un vieux couple : travail et sécurité sociale, *Dr. soc.* 1995. 823 ; J. Barthélémy, Peut-on dissocier le droit du travail et le droit de la sécurité sociale ? *Dr. soc.* 2007. 787.

jurisprudence de la *Chambre criminelle* de la Cour de cassation joue ainsi en droit du travail un rôle parfois décisif [1].

La jurisprudence administrative participe aussi de l'évolution du droit du travail. La place qu'y occupent le pouvoir réglementaire ou les pouvoirs de décision du ministre ou de l'inspection du travail est à l'origine d'un contentieux qui relève en dernière instance de la section sociale du *Conseil d'État*. Ce dernier connaît aussi du contentieux relatif aux statuts du personnel des entreprises publiques, qui ont toujours joué un rôle majeur dans les relations sociales de notre pays. D'où l'abondance du contentieux administratif du travail qui contribue à façonner la jurisprudence. D'où également des conflits de compétence entre ordres administratif et judiciaire, qui font du *Tribunal des conflits* un quatrième protagoniste de la création jurisprudentielle.

63 ***Centralité de l'apport jurisprudentiel*** ◊ La contribution principale est, logiquement, celle de la Cour de cassation, et d'abord de sa chambre sociale [2]. Les contributions du Conseil d'État et du Tribunal des conflits au progrès jurisprudentiel du droit du travail sont, bien entendu, plus ponctuelles [3]. À la Haute juridiction administrative on doit principalement d'importants éléments du régime du règlement intérieur d'entreprise (sa légalité est contrôlée par l'inspecteur du travail) et du statut des salariés investis de fonctions représentatives.

Il serait vain de tenter d'en résumer les traits les plus saillants, ceux-ci étant visibles dans l'ensemble du présent ouvrage [4]. Certains pans du droit du travail, peu réglementés par la loi ou le décret, sont essentiellement jurisprudentiels. Tel est le cas, par exemple du droit de la grève (v. ss 1410 s.). À l'extrême inverse, d'autres domaines sont noyés dans une masse de textes législatifs et réglementaires, comme le droit du temps de travail. Mais, même dans ces domaines, la place de la jurisprudence prend une importance croissante : elle seule est capable d'ordonner le fouillis textuel à l'aide de quelques grands principes ou lignes directrices. En définitive, il n'est pas de matière, au sein du droit du travail, qui ne soit marquée par d'importants apports de la jurisprudence.

1. Ainsi en a-t-il été dans les années soixante-dix en matière de statut protecteur des représentants du personnel dans l'entreprise.

2. V. J. Laroque, Réflexions sur la jurisprudence de la Chambre sociale de la Cour de cassation, *Études offertes à G.-H. Camerlynck*, Dalloz, 1978, p. 27 ; J. Déprez, La Cour de cassation, *Études offertes à G. Lyon-Caen*, p. 169 ; J. Savatier, Le regard de la doctrine sur la jurisprudence de la Chambre sociale de la Cour de cassation, *Le Tribunal et la Cour de cassation*, Litec, 1990, p. 169 ; C. Wolmark, *La définition prétorienne. Étude en droit du travail*, Th. LGDJ, 2007.

3. G. Braibant, Le Conseil d'État, *Études offertes à G. Lyon-Caen*, p. 159 ; L. Cadiet, Jurisprudence administrative et jurisprudence judiciaire en matière sociale : le jeu des influences, *Dr. soc.* 1991. 200 ; Ph. Waquet, Regard sur le Tribunal des conflits, *D.* 2002. Chron. 742 ; L. Gay, *La jurisprudence sociale du Tribunal des conflits*, Th. PUAM, 2006, préf. A. Bugada. Sur le rôle des conflits de jurisprudence, v. A. Supiot, *Les juridictions du travail*, Dalloz, 1987.

4. Pour un ouvrage consacré plus spécifiquement aux apports de la jurisprudence en droit du travail, v. J. Pélissier, A. Lyon-Caen, A. Jeammaud et E. Dockès, *GADT*, 4e éd., Dalloz, 2008.

CHAPITRE 3
LES SOURCES PROFESSIONNELLES

64 ***Des sources sui generis privées*** ◊ Les sources professionnelles du droit du travail visent l'activité normative des acteurs privés du droit du travail (salariés, syndicats, employeurs). Elles comprennent principalement des accords collectifs, des actes unilatéraux de l'employeur (engagements unilatéraux et règlement intérieur) et des usages (d'entreprise ou de la profession).

Ces sources privées du droit du travail furent un temps rattachées à la seule source privée de normes reconnue par le Code civil, à savoir le contrat individuel. Collectives par leur champ d'application et parfois par leurs procédures d'adoption, les normes professionnelles s'en sont progressivement affranchies. Les règles qu'elles créent ne s'incorporent plus aux contrats individuels de travail [1]. Elles sont reconnues par le droit étatique légiféré ou jurisprudentiel comme dotées d'une certaine généralité et d'une certaine permanence. Les sources professionnelles sont ainsi désormais des sources du droit à part entière, à l'instar des sources traditionnelles du droit que sont la loi, la jurisprudence ou la coutume.

Les règles issues de ces sources professionnelles sont parfois présentées comme formant ensemble un *statut collectif*. L'expression peut être trompeuse. Le droit du travail reconnaît plusieurs sources qui s'ajoutent aux sources classiques du droit, sans se fondre en elles, ni se fondre les unes dans les autres pour former une entité juridique dotée de règles propres qui serait le « statut collectif ». Le régime juridique des conventions collectives n'est pas celui des engagements unilatéraux, qui n'est pas celui des usages de la profession ou du règlement intérieur. Chacune de ces sources confère une force obligatoire et une place dans l'agencement des normes spécifique. Juridiquement, le « statut collectif » n'est donc pas une catégorie de normes dotée de caractéristiques propres ou d'un régime juridique spécifique. Il ne s'agit ni d'une source, ni d'un support de règle. Il s'agit, au mieux, d'un ensemble de règles de sources diverses.

Les sources professionnelles ont commencé à être reconnues par le droit étatique au début du siècle. Le règlement intérieur (« règlement d'atelier » aussi ancien que la fabrique) a été la première source privée reconnue par la loi, avec un très modeste texte du début du XXe siècle. Son régime

1. Ph. Waquet, Contrat de travail et statut collectif, *RJS* 1994. 399 ; G. Borenfreund, L'articulation du contrat de travail et des normes collectives, *Dr. ouvrier* 1997.514. Sur la non incorporation de la convention collective, v. ss 1272, 1320 ; sur la non incorporation de l'engagement unilatéral, v. ss 625.

juridique date, pour l'essentiel, de 1945. Depuis longtemps pratiqué, le « contrat collectif », n'est devenu une source du droit à part entière qu'à partir de la loi de 1919, laquelle lui donna le nom de « convention collective ». Les usages de la profession, source ancienne, reconnue en jurisprudence avant d'être reprise par le législateur, peut aussi compter comme l'une des sources professionnelles « traditionnelle » du droit du travail.

À ces sources se sont ajoutés plus récemment les engagements unilatéraux de l'employeur [1]. Ces engagements, reconnus par la jurisprudence en 1990, ont formé une nouvelle source du droit en laquelle se sont fondues certaines normes atypiques du droit du travail, comme les « accords atypiques », les « recommandations patronales » et même les « usages d'entreprise ». Ces derniers, dont le régime juridique est strictement identique à celui de ces engagements unilatéraux, peuvent en effet être présentés comme un type particulier d'engagement unilatéral, qui pourrait être dit « né de la pratique » ou « spontané » [2].

Les sources professionnelles ont toujours eu une grande importance pratique. Mais celle-ci s'est encore accrue ces trente dernières années, corrélativement au retrait progressif de la puissance publique. Cet essor des sources professionnelles du droit du travail est parfois décrit comme la montée d'une « contractualisation » du droit du travail [3], parfois comme celui d'une « autoréglementation » des entreprises, ou des professions [4]. Il peut aussi être compris comme un mouvement de déréglementation, du fait de la réduction de l'impact des protections réglementaires issues du droit étatique qui l'accompagne.

Les usages de la profession (Section 2) peuvent être situés entre les conventions ou accords collectifs (Section 1) et les normes patronales d'entreprise (Section 3). Cette variété des composantes du statut collectif

1. V. ss 739 s.

2. P. Deumier, *Le droit spontané*, Economica, 2002, qui oppose « droit spontané » et « droit délibéré ». Un courant de la sociologie (en sociologie du travail ou de l'emploi, en sociologie des organisations) s'attache particulièrement aux pratiques et processus de production, négociation, mise en œuvre et changement des règles dans les entreprises (J.-*D*. Reynaud et des chercheurs influencés par sa théorie de « la régulation sociale »). Cette démarche (ex., Ch. Morel, Le droit coutumier social dans l'entreprise, *Dr. soc.* 1979. 279 ; G. Groux, L'entreprise : conflits et régulations, *Dr. sociétés* 41/99, p. 33) est riche d'enseignements, et salutaire pour les juristes exposés à une vision dogmatique de la juridicité. Le risque est de « voir du droit partout », c'est-à-dire des règles juridiques (non étatiques, voire contraires à celles du droit étatique) dans toute manifestation de normativité. Ce qui limite l'enrichissement apporté à la connaissance du droit comme fait et pratique sociale.

3. *La contractualisation du droit social* (dir. Ph. Auvergnon), COMPTRASEC-Univ. Bordeaux IV, 2003 ; A. Supiot, Un faux dilemme : la loi ou le contrat ?, *Dr. soc.* 2003. 59 ; J. Barthélémy et G. Cette, Réformer et simplifier le droit du travail via un rôle accru du droit conventionnel, *Dr. soc.* 2006. 24 ; A. Jeammaud et H. Masse-Dessen, Quel avenir pour la loi face à la négociation collective ? *Sem. soc. Lamy* 2006, n° 1257.

4. A. Supiot, Déréglementation des relations de travail et autoréglementation de l'entreprise, *Dr. soc.* 1989. 195, obs. F. Favennec-Héry. Vers l'autoréglementation du temps de travail dans l'entreprise, *Dr. soc.* 2005. 729. La question croise un thème plus ample : R. Encinas de Munagorri, *L'acte unilatéral dans les rapports contractuels*, Paris, LGDJ, 1996.

donne une singulière importance à la question de leurs relations entre elles et avec les règles du droit étatique. On est enclin à dire que ces relations sont gouvernées par un « principe de faveur », dont la teneur et la force juridique sont discutées (Section 4).

SECTION 1. LES CONVENTIONS ET ACCORDS COLLECTIFS [1]

65 ***Le modèle français de convention ou accord collectif*** ◊ La convention ou l'accord collectif de travail est un acte normatif négocié entre un employeur ou un groupement d'employeurs et une ou plusieurs organisations syndicales représentatives de salariés, en vue de fixer en commun les conditions d'emploi et de travail ainsi que les garanties sociales. Une distinction terminologique, sans grande portée juridique, est opérée dans le Code du travail entre la « convention » collective proprement dite, qui a vocation à traiter de l'ensemble des conditions d'emploi et de travail et des garanties sociales, et l'« accord » collectif, qui traite un ou des sujets déterminés (salaires, temps de travail, droit syndical...).

À la différence de certains droits étrangers (modèles germanique, anglo-saxon ou nordique), la source principale du droit du travail français fut longtemps la loi et le règlement. La convention collective n'y occupait qu'une place secondaire, sa seule vocation étant d'améliorer la situation des salariés par la création d'avantages supplémentaires. Cette situation a considérablement évolué depuis une trentaine d'années sous l'effet conjugué de deux tendances. La première a consisté à faire précéder l'adoption d'une loi d'une négociation collective [2]. La seconde a consisté à multiplier les cas dans lesquels les conventions collectives pouvaient écarter certaines dispositions légales protectrices, plaçant ainsi les salariés dans des situations juridiques moins favorables [3]. Ces deux évolutions majeures ont fait de la convention collective, en pratique, une source concurrente des sources légale et réglementaire. Même si, le principe d'une supériorité hiérarchique de la loi et du règlement sur la convention collective demeure [4].

66 ***L'effet réglementaire des conventions collectives*** ◊ La convention collective se conclut comme un contrat, mais ses effets dépassent les effets d'un simple contrat.

1. Le droit de la négociation et des conventions collectives fait l'objet de la Partie IV, Titre 2.
2. V. ss 46.
3. V. ss 789, notamment.
4. La convention collective ne peut retrancher aux minimas légaux qu'avec l'autorisation exprès de la loi elle-même. Elle devient alors *en pratique* de portée supérieure, même si l'exigence d'une habilitation légale exprès permet seule cette solution, ce qui confirme la supériorité *juridique* de la loi sur la convention collective. *Adde*, v. ss 69.

Comme un contrat, la convention s'applique d'abord aux parties signataires. Le cercle des parties à une convention collective comprend les employeurs, organisations d'employeurs et syndicats représentatifs signataires. Elle comprend aussi les personnes représentées par ces signataires. En droit français, il s'agit des employeurs membres d'une organisation patronale signataire, ces dernières étant considérées comme les mandataires de leurs membres lors de la négociation collective. Mais cela n'inclut pas les salariés syndiqués. Ceux-ci ne sont ni partie directement à la convention collective, ni représenté par leurs syndicats à la négociation (v. ss 1319).

La convention collective a aussi un effet au-delà de ses parties et c'est ce qui la différencie le plus clairement d'un contrat. Elle s'applique notamment à tous les salariés des employeurs régis par la convention, que ces salariés soient ou non membres d'une organisation syndicale signataire [1]. De même, la convention peut s'appliquer aux organisations syndicales représentatives dans son champ d'application, alors même que ces organisations ne l'ont pas signée [2]. La convention collective produit ainsi des effets *erga omnes* (du latin : à l'égard de tous) par opposition aux contrats, marqués par leur effet relatif, mais aussi par opposition à de nombreux droits étrangers qui réservent le bénéfice des conventions collectives aux seuls salariés adhérents aux syndicats signataires [3].

Lorsqu'elle est étendue [4], la convention collective s'applique même à tous les employeurs d'une branche d'activité ou d'un champ territorial donné, que ces employeurs soient ou non signataires ou membres d'une organisation signataire. Une convention collective peut enfin être d'ampleur nationale interprofessionnelle, et être étendue. Elle a alors un champ d'application similaire à celui d'une loi.

Cette absence d'effet relatif, cet effet réglementaire si l'on préfère, différencie la convention collective d'un simple contrat. Le régime et la nature de la convention collective se situent ainsi quelque part entre le contrat et le règlement. Ce qui se dit parfois en parlant du dualisme de la convention collective [5].

Les conventions collectives sont ainsi créatrices de véritables règles de droit. Ce qui explique qu'elles soient traitées comme telles. Les inspecteurs du travail sont chargés de veiller à l'application des dispositions des conventions et accords collectifs de travail, étendus ou non, comme à celles des lois (C. trav., art. L. 8112-1). Les dispositions d'une convention constituent, le cas échéant, des « règles applicables au litige » au sens de

1. V. par ex. Soc. 25 janv. 1968, *Bull. civ.* V, n° 60

2. V. not. Soc. 20 nov. 1991, *Dr. soc.* 1992. 52, rapp. Ph. Waquet ; *CSB* 1992, A 3, note A. Philbert ; *Grands arrêts*, n° 157.

3. Dans ces systèmes les salariés sont considérés comme les mandants des syndicats lors de la négociation collective.

4. Sur l'extension par arrêté ministériel des conventions collectives, v. ss 1327 s.

5. P. Durand, Le dualisme de la convention collective de travail, *RTD civ.* 1939. 353 ; M. Despax, *Négociations, conventions et accords collectifs, traité de droit du travail* (dir. G.-H. Camerlynck), Tome 7, 2e éd., 1989, nos 43 s.

l'article 12 du Code de procédure civile Certes, le juge n'est pas censé connaître les milliers de conventions et accords collectifs comme il est censé connaître la loi ; il lui appartient cependant de rechercher si une convention est applicable en invitant au besoin les parties à lui fournir un exemplaire [1]. La Cour de cassation exerce un contrôle de l'interprétation des conventions, dont les dispositions peuvent fournir le visa suffisant d'un arrêt de cassation.

L'effet des conventions collectives n'est toutefois pas identique à celui d'une loi ou d'un règlement. Les organisations syndicales ne représentent pas les salariés au sens civiliste du terme (ils ne sont pas les mandataires des salariés) et elles ne sont pas non plus leurs dirigeants, leurs commettants. Ce n'est donc pas par la force de la signature syndicale qu'une convention collective pourrait créer des obligations à la charge des salariés. La mesure de la force obligatoire d'une convention collective sur les salariés se limite à la mesure du pouvoir juridique de l'employeur sur ses salariés. Un accord collectif ne saurait modifier le contrat de travail [2]. Ce dernier « résiste » aux normes issues de la négociation collective. Cette logique fondatrice, en droit du travail français, des rapports entre l'individuel et le collectif, subit toutefois quelques exceptions législatives ponctuelles, dont les principales sont issues de la loi dite de sécurisation de l'emploi du 14 juin 2013 [3].

SECTION 2. LES USAGES

67 ***Usages de la profession et usages d'entreprise*** ◊ L'usage est une *pratique* caractérisée par sa répétition régulière, même sur une assez courte période (elle n'a pas le caractère « immémorial » que l'on dit caractériser la coutume), mais qui est tenue pour obligatoire par ceux qui s'y soumettent ou en bénéficient. Cette pratique est une source traditionnelle du droit. Il s'agit en quelque sorte d'une sous-coutume. Cette création de règles par la pratique se fait au nom de la promotion au rang de norme de ce qui perdure avec l'assentiment général et au nom de la protection des attentes légitimes que fait naître la croyance au maintien des pratiques habituelles.

1. Soc. 20 févr. 1996, *CSB* 1996, A. 28, note A. Philbert (plus exigeant qu'un arrêt antérieur ; Soc. 5 oct. 1993, *Bull. civ.* V, n° 224).

2. V. not. : Soc. 14 mai 1998, *Bull. civ.* V, n° 251 ; 27 janv. 1999, *Dr. soc.* 1999. 308, obs. Ch. Radé.

3. Les accords de mobilité interne (C. trav., art. L. 2242-21 s.) et les accords de maintien de l'emploi (C. trav., art. L. 5125-1 s.) peuvent suspendre les clauses contractuelles qui leur sont plus favorable. Le salarié a toutefois le droit de refuser l'application de ces accords, comme il peut refuser une modification du contrat de travail. Ce droit au refus réduit grandement la portée de l'exception à la résistance des contrats individuels générée par la loi nouvelle.

Pour que la pratique soit source de règle, une généralité minimale est nécessaire. Les usages peuvent être généralisés à la France entière (les deux heures quotidiennes de liberté pour le salarié en cours de préavis de licenciement ou de démission [1]). Mais une généralité limitée à une localité, à une profession [2] ou à un bassin d'emploi, peut suffire. On vise ces règles sous le nom d'usages de la profession. Ces usages jouent aujourd'hui un rôle mineur en droit du travail. Le législateur y renvoie parfois, le plus souvent à titre subsidiaire. Il est ainsi fait référence aux usages pour fixer la durée du préavis de démission (C. trav., art. L. 1237-1) pour fixer la durée du préavis de licenciement des salariés qui ont moins de six mois d'ancienneté (C. trav., art. L. 1234-1), comme justification de l'utilisation de certains contrats à durée déterminée (C. trav., art. L. 1242-2, 3°) ou comme cause de suspension des contrats de travail (C. trav., art. L. 1234-8).

À un niveau de généralité inférieur, lorsque la pratique ne concerne plus qu'une entreprise, il est question d'« usages d'entreprise ». Ces usages sont très répandus et jouent eux un rôle essentiel en droit du travail. Leur appartenance à la catégorie juridique des « usages » est, malgré leur appellation, douteuse. La pratique créatrice de norme est par définition limitée à une entreprise. Elle est donc le fruit du comportement d'un unique employeur, ou le fruit de sa tolérance. Elle peut être imputée à cet employeur. C'est pourquoi la jurisprudence assimile pleinement les usages d'entreprise à des engagements unilatéraux. Et c'est donc au titre des normes unilatéralement édictées par l'employeur qu'il convient d'en traiter [3].

SECTION 3. LES NORMES PATRONALES

68 ***Le pouvoir normatif de l'employeur*** [4] ◊ L'employeur est doté d'un pouvoir juridique [5]. Ce pouvoir de commandement peut être exercé au coup par coup, par décisions individuelles. Il peut aussi être exercé de manière plus générale, en touchant un ensemble de salariés pour une durée indéterminée. L'employeur crée alors de véritables règles de droit, générales, abstraites et permanentes.

Ce pouvoir réglementaire de l'employeur a été reconnu progressivement par le droit. Sa capacité à créer unilatéralement des obligations à la charge des salariés fut envisagée et réglementée par le législateur, au travers du règlement intérieur d'entreprise. Celui-ci est régi par les articles L. 1311-2 et suivants du Code du travail. Plus tard, un cadre juridique a été trouvé pour intégrer les actes par lesquels l'employeur crée au

1. Soc. 7 févr. 1957, *Dr. soc.* 1957. 362.
2. On cite souvent comme exemple le jour de la sainte-barbe, chômé dans les mines.
3. V. ss 743.
4. Ce pouvoir est l'objet du chapitre 4 du titre 3, v. ss 724 s.
5. V. ss 3, et le titre I de la 3e partie, v. ss 606.

profit de ses salariés des droits nouveaux. La catégorie de l'engagement unilatéral de l'employeur a alors pris toute son importance [1]. Les pratiques d'entreprise, dès lors qu'elles ont une certaine constance, une certaine généralité et qu'elles ont fait naître des attentes légitimes dans l'esprit des salariés, sont qualifiées d'« usages d'entreprise » et sont assimilées à ces engagements unilatéraux.

Le pouvoir normatif de l'employeur ne se résume pas aux règlements intérieurs, aux engagements unilatéraux et aux usages d'entreprise. L'entreprise est lieu régulé, normé. Et l'objet des règles générées unilatéralement par l'employeur dépasse la création de droits nouveaux au profit des salariés (engagements unilatéraux) et le domaine du règlement intérieur (discipline, hygiène et sécurité pour l'essentiel [2]). Les normes que génèrent les techniques et procédures de production, omniprésentes, ne relèvent à proprement parler d'aucun de ces deux cadres juridiques. Elles sont le fruit d'un pouvoir normatif qui n'entre dans aucune autre catégorie juridique propre. Il ne s'agit alors que de l'exercice du pouvoir de direction de l'employeur, lequel démontre ici qu'il ne se résume pas à l'édiction d'ordres ponctuels, mais peut aussi s'exercer de manière générale et permanente, de manière normative.

Le pouvoir unilatéral de l'employeur de créer des normes dans l'entreprise a un écho au niveau collectif. Les organisations patronales, qui représentent leurs membres à la négociation collective, peuvent imposer unilatéralement des obligations nouvelles à leurs membres. Ces « recommandations patronales », qui sont souvent des avantages minimaux accordés après l'échec d'une négociation collective, sont dotées par la jurisprudence d'une force obligatoire analogue à celle des engagements unilatéraux de l'employeur [3].

SECTION 4. **UN PRINCIPE DE FAVEUR ?**

69 La diversité et la complexité du système des sources du droit du travail conduit bien souvent à ce qu'une même situation juridique puisse être régie par des normes différentes. La question se pose alors de savoir si une norme nouvelle peut déroger à une autre ou bien de déterminer laquelle ou lesquelles doivent être appliquées. La réponse à ces questions est souvent recherchée dans ce qu'on appelle le principe de l'application de la norme la plus favorable au salarié ou « principe de faveur ». Ce principe serait « l'âme du droit du travail » et l'un de ses « principes généraux

---

1. V. ss 739 s.

2. Sur le domaine du règlement intérieur, V. ss 727 s.

3. Soc. 29 juin 1999, 2 arrêts, n° 97-45.865, *RTD civ.* 2000. 200, obs. Molfessis ; *D.* 2000. 50, note R. de Quenaudon ; *ibid.79*, obs. A.Bouilloux ; 6 janv. 2011, n° 09-69.650, *RDT* 2011. 338, obs. H.Tissandier spécifiques »[1]. Ignorée de la loi et assez récemment adoptée en doctrine[2], l'expression *« principe de faveur »* prospère dans l'équivoque. On ne sait trop ce qu'elle désigne[3]. Des doutes s'expriment, qui concernent tant la réalité ou la consistance de ce principe[4], que sa pérennité[5]. Il apparaît que, dans l'usage qu'en font les juristes, l'expression « principe de faveur » désigne à la fois ou alternativement plusieurs choses, et le plus souvent deux règles positives distinctes, au mieux conjointes et au pire confondues sous cette appellation. La confusion est d'autant plus facile qu'il s'agit de *deux principes*, l'un relatif aux conflits de normes et l'autre relatif à la création de règles.

70 ***Le principe de l'application de la norme la plus favorable au salarié*** ◊ Un arrêt rendu en 1988 par l'assemblée plénière de la Cour de cassation, a exclu tout cumul des avantages ou garanties ayant même objet ou même cause et découlant respectivement d'instruments conventionnels en concours, avant de préciser que le plus favorable de ces avantages ou garanties devait seul être accordé[6]. Cette solution a été clairement généralisée en 1996. La Chambre sociale a consacré, dans les visas et les motifs de trois arrêts de cassation rendus cette année-là, et sans se référer à un texte légal, *« le principe fondamental en droit du travail, selon lequel, en cas de conflit de normes, c'est la plus favorable au salarié qui doit recevoir application »*[7]. Ce même principe a depuis été repris par la chambre sociale à plusieurs occasions[8].

Bien qu'il ne soit pas évoqué, on le devine encore à l'œuvre dans une décision relevant qu'un accord conclu avec les élus du personnel et ayant valeur d'engagement unilatéral de l'employeur ne peut recevoir application à la place de la convention collective applicable dans l'entreprise que

1. Y. Chalaron, L'application de la disposition la plus favorable, *Études offertes à G. Lyon-Caen*, Dalloz, 1989, p. 243 ; M. Keller et G. Lyon-Caen, *Rép. trav. Dalloz*, V° Droit du travail (Sources), n° 76. V. égal. : A. Chevillard, La notion de disposition plus favorable, *Dr. soc.* 1993. 363 ; H. Tissandier, L'articulation des niveaux de négociation : à la recherche de nouveaux principes », *ibid.* 1997. 1045.

2. M. Despax, La place de la convention d'entreprise dans le système conventionnel, *Dr. soc.* 1988. 8 (spéc. p. 10) ; M. Bonnechère, *Le droit du travail*, La Découverte, Coll. Repères, 1997, p. 39.

3. A. Jeammaud, Le principe de faveur. Enquête sur une règle émergente, *Dr. soc.* 1999. 115.

4. J. Pélissier, Existe-t-il un principe de faveur en droit du travail ?, *Mélanges dédiés à M. Despax*, p. 289 ; G. Lyon-Caen, L'état des sources du droit du travail, *Dr. soc.* 2001. 1031.

5. J. Pélissier, Droit des conventions collectives. Évolution ou transformation, *Mélanges en l'honneur de J.-M. Verdier*, p. 95 (p. 106 s.) ; M.-A. Souriac et G. Borenfreund, La négociation collective entre désillusions et illusions, *Mélanges en l'honneur de J.-M. Verdier*, p. 181 (p. 184) ; F. Bocquillon, Que reste-t-il du « principe de faveur » ?, *Dr. soc.* 2001. 255.

6. Cass., ass. plén., 18 mars 1988, *D.* 1989. 221, note J.-P. Chauchard ; *Grands arrêts*, n° 173. La détermination du régime le plus favorable doit résulter d'une appréciation globale avantage par avantage pour l'ensemble du personnel (Soc. 19 déc. 2007, n°s 06-43.330 et 06-43.340).

7. Soc. 17 juill. 1996 (SNCF), *Dr. soc.* 1996. 1049, concl. P. Lyon-Caen, note J. Savatier, *Grands arrêts*, n° 174 ; 17 juill. 1996 (EDF), *Bull. civ.* V, n° 296 ; 8 oct. 1996, *Dr. soc.* 1996. 1046, note J. Savatier.

8. Soc. 27 mars 2001, *Bull. civ.* V, n° 106 ; 15 févr. 2012, n° 10-27.397.

s'il est plus favorable au salarié [1] ; mais aussi dans un arrêt de rejet jugeant que les dispositions du Code relatives aux sanctions disciplinaires doivent s'appliquer aux salariés de la SNCF dans la mesure où elles s'avèrent plus favorables que celles du statut [2]. On trouverait l'empreinte de ce principe, parfois allié à d'autres règles, dans d'autres décisions. Notamment lorsque la Chambre sociale affirme qu'une règle non-conventionnelle (usage, engagement unilatéral) doit être préférée à la loi si elle est plus favorable aux salariés, et ne vaut même qu'à cette condition [3].

Un arrêt antérieur et un arrêt postérieur à 1996 se réfèrent, eux, au « principe fondamental du droit du travail énoncé dans l'article L. 132-4 (C. trav., nouv. art. L. 2251-1) du Code du travail » [4]. Cette formule est approximative parce que l'article L. 2251-1 concerne le seul accord collectif et la création de règles plutôt que leur application (« La convention et l'accord collectif de travail peuvent comporter des dispositions plus favorables aux salariés que celles des lois et règlements en vigueur. Ils ne peuvent déroger aux dispositions d'ordre public de ces lois et règlements »). Le principe énoncé par les arrêts de 1996 ne se trouve pas davantage posé par l'article L. 2254-1 du Code du travail, dont l'objet est plus limité (« Lorsqu'un employeur est lié par les clauses d'une convention ou d'un accord collectif de travail, ces clauses s'appliquent aux contrats de travail conclu avec lui, sauf stipulations plus favorables »). Selon la démarche classique de « découverte » des principes généraux, le juge interprète diverses dispositions particulières comme autant de manifestations d'une norme d'un plus haut niveau de généralité. Surplombant ces textes qu'il déborde par sa teneur normative propre (elle est plus que l'addition de leurs contenus), ce principe général est mis en œuvre dans des situations non explicitement prévues par la loi et exerce ainsi une certaine pression sur l'interprétation de l'ensemble d'une branche du droit.

En qualité de *principe*, il est d'abord règle générale. Cette règle présente l'indétermination caractéristique de la teneur des principes généraux, c'est dans la mesure où elle renvoie à un critère de plus grande faveur dont la mise en œuvre sera parfois malaisée : comment apprécie-t-on le plus favorable [5] ? Mais elle se caractérise aussi par son autorité, sa position dans la hiérarchie des normes si l'on veut. En la qualifiant de « principe fondamental *en* droit du travail », la Cour de cassation souligne son importance systémique, le poids qui doit être le sien dans le raisonnement juridique. On peut y voir aussi, malgré la légère différence de

1. Soc. 19 nov. 1997 (1re esp.), *Dr. soc.* 1998. 89, obs. G. Couturier.
2. Soc. 17 déc. 1997, *Dr. soc.* 1998. 286, obs. A. Jeammaud.
3. Soc. 19 oct. 1994, *Bull. civ.* V, n° 281.
4. Soc. 25 nov. 1992, *Dr. soc.* 1993. 63 ; 26 oct. 1999, *ibid.* 2000. 381, note Ch. Radé.
5. Comparaison *in abstracto* ou *in concreto* ? La règle, à cet égard, n'est peut-être pas aussi assurée qu'on le croit. V. J. Barthélémy, Modalités concrètes de résolution des conflits de normes, *Sem. soc. Lamy* 2001, n° 1047. La question sera traitée à propos des concours de conventions collectives (v. Partie IV, Titre 2).

terminologie, une référence à la catégorie des « principes fondamentaux du droit du travail » de l'article 34 de la Constitution Seul le législateur[1] pourrait introduire une règle différente ou contraire.

71 ***Un principe général du droit du travail relatif à la création de règles*** ◊ C'est une norme au contenu proche, et ayant au moins la même autorité, que vise le Conseil d'État en parlant d'un « *principe général du droit du travail* », tel que « les dispositions législatives ou réglementaires prises dans le domaine (du droit du travail) présentent un caractère d'ordre public en tant qu'elles garantissent aux travailleurs des avantages minimaux (...), mais ne font pas obstacle à ce que ces garanties ou avantages soient accrus »[2]. Un « principe général du droit du travail dont s'inspirent les dispositions (de l'art. L. 2251-1 C. trav.) », dit aujourd'hui la Haute juridiction, excluant que le pouvoir réglementaire, sauf habilitation législative (c'est-à-dire par voie d'ordonnance), permette que des conventions collectives comportent des stipulations moins favorables aux salariés que les dispositions qu'il a lui-même édictées[3]. Mais aussi ce « principe général du droit du travail selon lequel un accord collectif (...) peut toujours comporter des dispositions plus favorables aux salariés que celles des lois et règlements en vigueur », de sorte que le Gouvernement peut admettre que des dispositions conventionnelles soient plus favorables aux salariés, mais non qu'elles dérogent aux règles posées par son propre décret dans un sens défavorable à ces derniers[4]. Ce principe a pour objet, non la solution du conflit naissant d'un concours de règles de sources différentes, mais la validité d'actes créateurs d'autres règles de droit. Il est étroitement lié au caractère dit d'*ordre public social* des dispositions du Code du travail. Au fond, ce caractère découle de la positivité de ce principe, qui pourrait s'énoncer de la manière suivante : *une norme (y compris celle d'un contrat de travail) peut toujours être plus favorable au (x) salarié(s) qu'une norme d'un niveau supérieur, et ne peut y déroger que dans un sens plus favorable*[5].

De ce principe général du droit (du travail), le Conseil d'État a tiré, à l'égard de décrets, les conséquences requises par son office de juge de la légalité administrative. Mais n'a-t-il pas plus haute autorité et ne s'impose-t-il pas au législateur lui-même, auquel il interdirait d'ouvrir à des accords collectifs toute faculté de déroger *in pejus* à la loi ou à des accords de niveau supérieur ? Saisi de la question à plusieurs reprises au cours des dernières années, le Conseil constitutionnel ne l'a pas pensé. Il a, d'abord, évité de se prononcer sur la question de savoir si « le principe de faveur » avait statut de principe fondamental reconnu par les lois de

1. Qui ne lierait pas le Conseil constitutionnel.
2. CE, ass., avis, 22 mars 1973, *Dr. soc.* 1973. 514.
3. CE 8 juill. 1994, *CGT, RJS* 1994. 12, n° 1386 ; *ibid.* 819, note X. Prétot.
4. CE 21 juill. 2001, *Fédé. transports FO, RJS* 2002. 1, n° 107 ; *ibid.* 9, note F. Bocquillon ; *Dr. ouvrier* 2002. 211, note F. Saramito et A. de Senga.
5. Il conviendrait de préciser cette notion de « niveau ».

la République au sens du préambule de 1946 [1]. Finalement, il a jugé par deux fois que « *le principe en vertu duquel la loi ne peut permettre aux accords collectifs de travail de déroger aux lois et règlements ou aux conventions de portée plus large que dans un sens plus favorable aux salariés* » ne résultait d'aucune disposition législative antérieure à la Constitution de 1946, et n'était décidément *pas un principe fondamental reconnu par les lois de la République* [2]. Dépourvu de valeur constitutionnelle, il appartient toutefois au domaine des principes fondamentaux du droit du travail au sens de l'article 34, de sorte que seul le législateur a le pouvoir de déterminer son contenu et sa portée. Sa portée a ainsi été réduite par la loi du 4 mai 2004, qui a élargi les possibilités offertes à des accords collectifs, notamment à des accords d'entreprise, de déroger dans un sens qui n'est pas obligatoirement plus favorable aux salariés à des dispositions conventionnelles de niveau supérieur [3] ou même à des dispositions légales [4]. Mais il n'en garde pas moins sa valeur de principe, pesant sur la répartition des compétences entre législateur et pouvoir réglementaire et imposant l'interprétation stricte de toute disposition qui ferait, face à sa teneur, figure d'exception.

Situés au même niveau dans la hiérarchie normative du droit étatique [5], « principe général du droit du travail » dégagé par le Conseil d'État et « principe fondamental en droit du travail » consacré par la Cour de cassation, ont des objets et des contenus différents. Mais leurs teneurs sont complémentaires. Il s'agit de deux déductions normatives d'une même idée, d'une même orientation pour le droit positif. C'est-à-dire d'une sorte de *métaprincipe* auquel il serait sage, si l'on tient à conserver l'expression dans le langage des juristes, de réserver le nom de principe de faveur. En comprenant bien que celui-ci n'a pas d'autre teneur normative, d'autres dérivés de droit positif, que les deux principes dont il vient d'être question. Certes, d'autres manifestations d'une idée de faveur, voire des références à

1. Cons. const. 6 nov. 1996, n° 93-383 DC, *Dr. ouvrier* 1996. 479, note G. Lyon-Caen ; *Dr. soc.* 1997. 25, note M.-L. Morin ; *D.* 1998. Somm. 152, obs. J. Trémeau ; 20 mars 1997, n° 97-388 DC, *Dr. soc.* 1997. 476, note X. Prétot ; *JCP* 1997. I. 4039, obs. M. Fabre-Magnan. Si la Décis. n° 89-257 du 25 juill. 1989 (*Dr. soc.* 1989. 627 ; *ibid.* 701, note X. Prétot) énonce que le principe suivant lequel une convention collective peut contenir des dispositions plus favorables est un « principe fondamental », il s'agit alors de la catégorie de l'art. 34 de la Constitution.

2. Cons. const. 13 janv. 2003, n° 2002-465 DC du (L. Fillon du 17 janv. 2003), *D.* 2003. 642, étude B. Mathieu ; *ibid.* 638 ; *Dr. soc.* 2003. 260, note X. Prétot ; *Grands arrêts*, n° 175 ; 29 avr. 2004, n° 2004-494 DC (loi relative au dialogue social), *JO* 5 mai 2004, p. 7998.

3. C. trav., art. L. 2252-1, L. 2253-3.

4. Art. 43. Où un auteur aperçoit la naissance d'un « ordre public dérogatoire » (F. Petit, L'ordre public dérogatoire, *RJS* 2007. 391, n° 5). Cette terminologie cherche à souligner le fait que seul la convention collective, et non le contrat individuel, peut déroger à la règle qui conserve ainsi une dimension d'ordre public. Il n'est pas sûr que cette extension de la polysémie des notions d'ordre public et de dérogation soit de nature à clarifier un système de sources devenu extrêmement complexe.

5. Encore que la formule soit audacieuse, s'agissant de règles plus sûrement jurisprudentielles que légiférées.

un critère de faveur, ne manquent pas dans les règles légales ou jurisprudentielles [1]. Mais notre droit ignore ou rejette bien d'autres solutions qu'imposerait un véritable principe-règle de faveur, c'est-à-dire un précepte de très vaste envergure imposant qu'en toute matière, sur toute question, prévale la solution la plus favorable au salarié [2].

---

1. Dispositions prescrivant que si un doute subsiste il profite au salarié, règles sur la preuve des discriminations ou du harcèlement, validité de la surqualification conventionnelle du salarié, faculté pour ce dernier de réclamer le bénéfice de la convention collective mentionnée sur son bulletin de paie dès lors qu'elle lui est plus favorable, etc.

2. La législation n'est pas « en droit » contrainte de n'évoluer que dans un sens toujours plus favorable aux salariés (en ce sens aussi le droit du travail est « réversible »). Rien ne prescrit d'interpréter toujours dans un sens favorable au salarié les dispositions légales ou conventionnelles, les clauses contractuelles ou les faits litigieux (*In dubio, pro operario* n'est pas de droit positif français). Loi et, surtout, jurisprudence admettent assez largement la validité de clauses du contrat de travail imposant au salarié une précarité (clause d'essai), des obligations ou sujétions (clause de mobilité, de non-concurrence, etc) que ne lui imposent ou ne prévoient ni la loi ni la convention collective. Et si cette dernière ne peut, sauf disposition légale expresse, déroger à la loi qu'*in melius*, sont en principe valides ses dispositions imposant aux salariés des sujétions que la loi ne prévoit pas mais ne prohibe pas, ou prévoyant des modalités contractuelles (tout contrat est conclu à l'essai) qui fragilisent l'emploi mais que la loi n'exclut pas davantage. Enfin, plus récemment, le législateur a multiplié les cas dans lesquels la convention collective peut déroger en un sens défavorable aux contrats individuels de travail (v. not. la loi du 14 juin 2013 ayant créé les accords de mobilité interne (C. trav., art. L. 2242-21 s.) et les accords de maintien de l'emploi (C. trav., art. L. 5125-1 s.), accords qui peuvent déroger *in pejus* aux contrats individuels de travail.

TITRE 2

LES INSTITUTIONS ADMINISTRATIVES ET JURIDICTIONNELLES

SOUS-TITRE 1

Les institutions administratives

CHAPITRE 1
LE SERVICE PUBLIC DE L'EMPLOI

72 ***Notions générales*** ◊ L'activité de *placement* consiste à fournir, à titre habituel des services visant à rapprocher offres et demandes d'emploi, sans que la personne assurant cette activité ne devienne partie aux relations de travail susceptibles d'en découler (C. trav., art. L. 5321-1). Toute personne à la recherche d'un emploi doit pouvoir accéder gratuitement à un service de placement. Le placement a pendant longtemps fait l'objet d'un monopole public, confié à l'Agence Nationale pour l'Emploi (ANPE). Mais ce monopole ayant été jugé contraire aux règles communautaires de la libre concurrence [1], le législateur y a mis fin en 2005, et a autorisé sous certaines conditions l'activité d'organismes privés [2]. Au monopole du placement a été substitué un *service public de l'emploi*, qui comprend, outre le placement proprement dit, le versement d'un revenu de remplacement, l'accompagnement des demandeurs d'emploi et l'aide à la sécurisation des parcours professionnels de tous les salariés. (C. trav., art L. 5311-2). Jusqu'en 2008, ce service relevait d'une part des institutions publiques (services de l'État chargés de l'emploi, ANPE et Association nationale pour la formation professionnelle des adultes [AFPA]) et d'autre part des institutions professionnelles en charge de l'assurance chômage (Unedic et Assedic). Pour remédier aux inconvénients de ce dualisme, le législateur a décidé en 2008 [3] de créer une nouvelle « institution nationale publique » qui intègre l'ensemble des services respectifs de l'ANPE et des Assedic [4].

---

1. CJCE 23 avr. 1991, *Höfner, Rec.* CJCE I-2021 ; et dans le même sens, CJCE 11 déc. 1997, *Job center, D.* 1998. IR 28 ; 8 juin 2000, *D.* 2001. 3159, obs. Y. Rousseau. V. Y. Rousseau, Le service public de l'emploi et la jurisprudence de la CJCE, *Dr. soc.* 2002. 974. La Conv. de l'OIT, n° 181 (1997), autorise elle aussi les « agences d'emploi privées ». V. G. de Larquier : Émergence des services publics de placement et marché du travail en France et en Grande-Bretagne au XXe s. *Travail et Emploi*, n° 84, 2000, p. 33.

2. Loi de cohésion sociale du 18 janv. 2005. V. ss 83 s. ; Y. Rousseau, Du monopole public du placement à un nouveau service public de l'emploi, *Dr. soc.* 2005. 456 ; M. Véricel, La réorganisation du service public de l'emploi ou la difficile mise en œuvre d'une réforme, *Dr. soc.* 2005. 1167 ; *D.* Balmary, Un nouveau service public de l'emploi ? *Dr. soc.* 2006. 594. La déréglementation du marché du placement a été, sinon achevée, à tout le moins très accentuée au détour d'une loi du 23 juill. 2010 relative aux réseaux consulaires, au commerce, à l'artisanat et aux services (M. Véricel, Après la L. du 23 juill. 2010 : la libéralisation totale du marché du placement des demandeurs d'emploi, *Dr. soc.* 2010. 1176).

3. L. n° 2008-126 du 1er févr. 2008. V. Y. Rousseau, Sur la fusion de l'ANPE et des Assedic, *Dr. soc.* 2008. 151 ; M. Véricel, La loi du 13 févr. 2008 et la nouvelle réforme de l'organisation du service de l'emploi, *Dr. soc.* 2008. 406.

4. Depuis le 1er avr. 2010, ont également été transférés à Pôle emploi une partie des salariés de l'Association nationale pour la formation professionnelle des adultes (L. n° 2009-1437 du 24 nov. 2009, art. 53). Ils y exercent les mêmes missions qu'antérieurement.

Cette institution a pris le nom de « Pôle emploi »[1]. Cet « opérateur unique » est le seul interlocuteur des demandeurs d'emploi (C. trav., art. L. 5312-1). Mais sauf à ruiner l'autonomie des partenaires sociaux, cette création ne pouvait s'accompagner de la disparition totale des institutions professionnelles. Aussi la réforme maintient-elle l'autonomie de l'Unedic, qui demeure chargée de la gestion de la convention d'assurance chômage (sur la base de l'art. L. 5427-1 C. trav.).

Une convention pluriannuelle, passée entre l'État, le « Pôle emploi » et l'Unedic, définit les objectifs du service public de l'emploi ainsi que ses conditions de mise en œuvre et ses modalités d'évaluation (C. trav., art. L. 5312-3).

Les collectivités locales doivent apporter leur concours au service public de l'emploi, qui peut aussi s'adjoindre la participation de divers organismes publics ou privés œuvrant dans son domaine (prestataires de formation, entreprises d'insertion, de travail temporaire, agences de placement privées, etc.). Au plan régional, les *maisons de l'emploi* sont des groupements d'intérêt public chargés de la coordination des actions menées dans le cadre du service public de l'emploi (C. trav., art. L. 5313-1 s.).

SECTION 1. LES INSTITUTIONS PUBLIQUES

§ 1. Les services de l'État

73 ***Administration centrale*** ◊ **1)** Un décret 2005-326 du 7 avril 2005 a créé le Conseil d'orientation pour l'emploi (COE). Placé auprès du Premier ministre le COE est une instance d'expertise et de concertation sur l'ensemble des questions de l'emploi.

Pour éclairer et orienter la réflexion politique à tous les échelons, deux organismes de recherche : le Centre d'études de l'emploi (CEE) qui fait partie de l'INED (Institut national d'études démographiques) ; le Centre d'études et de recherches sur les qualifications (CEREQ) ; comme sa dénomination l'indique, sa mission essentielle est de contribuer à une meilleure connaissance des métiers et des filières de formation.

2) *Un ministère chargé* de l'emploi et de la formation professionnelle, comprenant une *délégation générale* à l'emploi. Celle-ci a en charge le fonctionnement du marché de l'emploi, l'attribution des aides ; les interventions « sectorielles » et « régionales » ; la tutelle de l'AFPA. Elle a autorité sur les services extérieurs. Elle gère un budget important, le *fonds national de l'emploi*.

---

1. L'institution était réputée créée à la date de la première réunion de son conseil d'administration (L. n° 2008-126 du 13 févr. 2008, art. 9). Celle-ci s'est tenue le 19 déc. 2008. L'ensemble des dispositions du Décr. n° 2008-1010 du 29 sept. 2008 est entré en vigueur à cette date.

Un Conseil national de l'emploi, présidé par le ministre, concourt à la définition des orientations stratégiques des politiques de l'emploi (C. trav., art. R. 5112-1 s.).

3) Lorsqu'il n'est pas directement chargé de l'emploi, le ministère de l'*Économie* n'en joue pas moins un rôle majeur, à raison des aspects économiques de toute politique de l'emploi. Le comité interministériel de restructuration industrielle (CIRI) devrait être l'âme d'une politique cordonnée en faveur d'investissements créateurs d'emplois. Il est relayé au plan local par les « infirmeries départementales » (CODEFI). Le ministère de l'Économie et des Finances appréhende aussi la politique de l'emploi à travers les défaillances d'entreprises.

4) Le ministre de l'*Éducation nationale* a dans ses compétences, la formation générale et la formation professionnelle initiale.

74 ***Services extérieurs*** ◊ Ils fonctionnent dans le cadre du département, en articulation avec les services du travail. Le service de la main-d'œuvre à l'échelon départemental doit suivre de près l'évolution du marché du travail et la situation de l'emploi, adresser des rapports périodiques et procéder aux enquêtes économiques et études statistiques demandées par le ministère. Rouage essentiel, en contact direct avec les entreprises, ce service de la main-d'œuvre est en charge du contrôle de la main-d'œuvre étrangère et des centres de formation professionnelle. Quant au contrôle de l'emploi, il a progressivement disparu et seul demeure un droit de regard sur les licenciements économiques.

Des commissions départementales de l'emploi et de l'insertion concourent à la mise en œuvre des orientations de la politique publique de l'emploi et de l'insertion professionnelle et des décisions du Gouvernement en la matière (C. trav., art. R. 5112-11). Il existe également des conseils régionaux de l'emploi au rôle plus limité (C. trav., art. R. 5112-19).

§ 2. Pôle emploi

75 ***Organisation*** ◊ Comme l'Agence nationale pour l'emploi (ANPE) à laquelle il succède, Pôle emploi est une personne de droit public dotée de la personnalité morale et de l'autonomie financière, mais elle est pourvue d'un statut juridique *sui generis*, qui tient compte de la nature différente (publique et privée) des organismes dont elle réalise la fusion [1]. Elle est administrée par un conseil d'administration où les représentants de l'État sont en minorité [2], mais ce conseil ne peut que proposer le nom du directeur général, qui est nommé par décret. Son budget comporte 4 sections

---

1. V. Y. Rousseau, *op. cit.*, *Dr. soc.* 2008. 151.
2. Ce CA comprend 5 représentants de l'État, 10 représentants des partenaires sociaux, 2 personnalités qualifiées nommées par le ministre et 1 représentant des collectivités territoriales (C. trav., art. L. 5312-4).

non fongibles : Assurance chômage, Solidarité, Intervention, Fonctionnement et investissement. Elle est soumise en matière de gestion financière et comptable aux règles applicables aux entreprises industrielles et commerciales. En concurrence avec des opérateurs privés, elle peut faire payer ses services par les entreprises. En revanche elle doit toujours assurer gratuitement le service de placement des demandeurs d'emploi. Ses agents (anciens fonctionnaires de l'ANPE [1], salariés des Assedic et de l'AFPA) sont régis par le Code du travail. Mais comme ils demeurent chargés d'une mission de service public, leur statut collectif est fixé par une convention collective étendue, agréée par les ministres chargés de l'emploi et du budget [2].

76 ***Missions*** ◊ Pôle emploi cumule six missions (C. trav., art. L. 5312-1) : « prospecter » le marché du travail (collecte des offres d'emploi, conseil aux entreprises et rapprochement de l'offre et de la demande) ; « accompagner » (orienter et aider) toutes les personnes à la recherche d'un emploi, d'une formation ou d'un conseil professionnel, en favorisant leur reclassement [3] ; tenir à jour la liste des demandeurs d'emploi et à ce titre contrôler la recherche d'emploi ; assurer le service des allocations d'assurance chômage ou des allocations de solidarité ; collecter et communiquer les données dont il dispose sur le marché du travail et l'indemnisation des chômeurs ; mettre en œuvre toutes autres actions qui lui sont confiées par l'État, les collectivités territoriales et l'Unedic.

La mission d'accompagnement des demandeurs d'emploi peut être sous-traitée à des opérateurs privés, depuis que le placement est considéré comme une activité économique ouverte à la concurrence [4]. D'où l'ambiguïté de la mission du nouvel opérateur unique, qui tout à la fois *opère* sur ce marché en ayant lui-même une activité de placement et *régule* l'activité des opérateurs privés en leur sous-traitant une partie de cette activité. Il est permis de douter que cette confusion des fonctions d'opérateur et de régulateur soit soutenable à long terme.

En ce qui concerne l'emploi des cadres, une convention du 18 novembre 1966, conclue entre le patronat et les organisations syndicales de cadres, confie à l'association pour l'emploi des cadres (APEC) le rapprochement

---

1. Les agents en poste au moment de la fusion pourront choisir de conserver leur statut d'agents contractuels de droit public.

2. Par souci de conformité aux dispositions de la Conv. de l'OIT n° 88 (1948), cette convention collective doit comporter « des stipulations, notamment en matière de stabilité de l'emploi et de protection à l'égard des influences extérieures, nécessaires à l'accomplissement de cette mission » (C. trav., art. L. 5312-9).

3. Sur cette notion devenue omniprésente, V. F. Petit, L'émergence d'un concept juridique : l'accompagnement dans l'emploi, *Dr. soc.* 2006. 1136 ; et du même auteur, Le droit à l'accompagnement, *Dr. soc.* 2008. 413.

4. Cette externalisation tend à se développer, notamment au bénéfice des entreprises de travail temporaire, sans que son efficacité soit pour l'heure démontrée (v. M. Véricel, art. préc., *Dr. soc.* 2010. 1178).

des offres et demandes d'emploi ainsi que le perfectionnement et le recyclage des cadres privés d'emploi. L'APEC coopère avec l'opérateur unique concernant le placement.

77 ***Contentieux*** ◊ Les réclamations individuelles relatives au fonctionnement de Pôle emploi peuvent être portées devant un médiateur national [1], mais cette possibilité est ouverte sans préjudice des voies de recours existantes. Dans l'exercice de sa mission de service public, Pôle emploi agit à la fois pour le compte de l'État et pour celui de l'Unedic. Cette dernière relève du droit privé, bien que les grandes lignes du régime d'assurance chômage soient fixées par des dispositions d'ordre public (C. trav., art. L. 5422-1 s.) [2]. La réforme laisse donc subsister les interrogations sur la nature des actes (décisions individuelles ou règlements collectifs) pris pour la mise en œuvre de ce régime. Plusieurs auteurs ont penché en faveur de leur nature administrative [3]. Mais selon le Conseil d'État, les circulaires de l'Unedic prises pour l'application du régime d'assurance-chômage ne sont pas des actes administratifs [4]. Et soucieux de l'intérêt des justiciables, le législateur s'est efforcé de créer en ce domaine un bloc de compétence judiciaire [5]. Toutefois, en l'absence d'un ordre cohérent de juridictions sociales, la dispersion du contentieux est inévitable [6]. La création de Pôle emploi ne modifie pas cette situation (C. trav., art. L. 5312-12). Les litiges concernant l'application de la convention d'assurance chômage continueront de relever des tribunaux de droit commun de l'ordre judiciaire, tandis que les litiges relatifs au service des allocations de solidarité financées par l'État demeureront de la compétence des tribunaux administratifs. Relèvent également de l'ordre administratif le contentieux de l'inscription ou de la radiation sur la liste des demandeurs d'emploi ou celui de la suppression du revenu de remplacement [7]. Le recouvrement des cotisations de l'assurance chômage ayant été transféré aux Urssaf (C. trav., art. L. 5427-1), relève désormais du contentieux général de la sécurité sociale et non plus des tribunaux de droit commun.

---

1. C. trav., art. L 5312-12-1. Ce médiateur national est le correspondant du Médiateur de la République. Il est assisté de médiateurs régionaux.

2. N. Kerschen : Assurance-chômage : vers un modèle tripartite de régulation du marché du travail, *Dr. soc.* 1997. 1031 ; J.-P. Domergue : L'articulation des sources régissant l'assurance-chômage, *Dr. soc.* 1997. 1037. Les litiges opposant les assurés et l'Assedic sur le paiement des allocations relèvent donc du juge judiciaire, même si ces allocations son versées en exécution d'une convention entre l'Assedic et l'État (CE 21 juin 2006, n° 259159, *RJS* 11/06, n° 1214).

3. F. Moderne : *Dr. soc.* 1979. 505 ; *contra* : J.-P. Domergue, *in Droit de l'emploi*, Dalloz, 1999, n° 3330 s.

4. CE 27 juin 2001, *Sté Sofecome*, *RJS* 10/01, n° 1172.

5. C. trav., art. L. 5424-5 donnant compétence aux tribunaux judiciaires pour les litiges résultant de l'adhésion d'un employeur public au régime de l'assurance chômage. La compétence demeure administrative lorsque l'employeur public n'a pas adhéré à l'Assedic : T. confl. 18 oct. 1999, *RJS* 12/99, n° 1530.

6. X. Prétot, Le contentieux de l'assurance-chômage entre le juge civil et le juge administratif, *Dr. soc.* 2004. 766 ; Y. Rousseau, art. préc. *Dr. soc.* 2008. 163 s.

7. CE 27 févr. 1985, *Dr. soc.* 1985. 763.

SECTION 2. LES INSTITUTIONS PROFESSIONNELLES

78 ***Les partenaires sociaux*** ◊ L'emploi est aussi du ressort des interlocuteurs sociaux, qui y ont adapté la technique des conventions collectives. Il s'agit de *prévenir* les graves crises de l'emploi, de favoriser le *reclassement* par mutation interne ou externe, d'informer les représentants des salariés. La négociation a permis également de régler le sort des *salariés privés d'emploi* et leur prise en charge par des caisses à gestion paritaire.

79 ***Unedic*** ◊ La convention fondatrice de l'assurance chômage avait confié à des *associations* – les Assedic –, la mission de percevoir les cotisations et de verser les prestations. Les Assedic étaient fédérées au sein de l'Unedic [1], qui exerçait sur elles depuis 1993 un véritable pouvoir hiérarchique. Unedic et Assedic sont des organismes de droit privé (associations loi de 1901) chargés de la gestion d'un service public (distinct de celui de la Sécurité sociale) [2]. Cette organisation a disparu avec la mise en œuvre de la loi du 13 février 2008, qui a prévu la fusion des services des Assedic et de l'ANPE dans un même réseau placé sous l'autorité de Pôle emploi chargé du versement des prestations de l'assurance chômage. Le recouvrement des cotisations d'assurance chômage a été transféré aux Urssaf [3].

L'Unedic en revanche subsiste et continue de gérer pour le compte des partenaires sociaux tous les aspects de la convention d'assurance chômage autres que le prélèvement des cotisations (transféré aux Urssaf) et le service des allocations (transféré à Pôle emploi). Les organisations d'employeurs et de salariés restent donc maîtresses de la configuration de l'assurance chômage et de son pilotage financier. Elles ont su jusqu'à présent, dans un contexte de plus en plus difficile, arrêter ensemble les mesures nécessaires pour assurer la pérennité du système. L'Unedic (comme les Assedic) est administré par un conseil composé paritairement de membres désignés par les organisations signataires de la convention d'assurance chômage. Cette autonomie de gestion est garantie par la loi (C. trav., art. L. 5427-1) et l'État n'intervient donc pas (pas de tutelle) sauf crise grave, ce qui rapproche le système français d'assurance contre le risque chômage de celui des Pays-Bas et des pays scandinaves [4].

Le *régime* bénéficie à tous les salariés du secteur privé. Selon l'article L. 5422-13 du Code du travail, : « *tout employeur* est tenu d'assurer

---

1. Ces sigles qui désignaient primitivement les « Associations (et l'Union) pour l'emploi dans l'industrie et le commerce » ont acquis un sens autonome depuis que le champ d'application du régime d'assurance chômage a été étendu à tous les secteurs d'activité.

2. CE 28 nov. 1997, *RJS* 1/98, n° 122 (d'où : droit de l'usager à obtenir communication de son dossier).

3. En application de la L. du 13 févr. 2008, ce transfert devait initialement intervenir au plus tard le 1er janv. 2012. Un décret du 30 déc. 2009 a avancé cette échéance au 1er janv. 2011. Sur les difficultés posées par ce transfert, v. Ph. Coursier, Enjeux et mutations en matière de chômage ou la « flexisécurité sociale », *JCP S* 2010. 1324.

4. V. G. Drouin : L'assurance chômage : éléments de droit comparé, *Dr. soc.* 1984. 407.

contre le risque de privation d'emploi, *tout salarié* dont l'engagement résulte d'un contrat de travail... »[1]. Sa pérennité dépend du renouvellement de la convention fondatrice conclue pour une durée limitée. En l'absence d'accord, un décret y suppléerait et un établissement public serait créé (C. trav., art. L. 5427-7).

80 ***Règles propres au secteur public*** ◊ Les articles L. 5424-1 et suivants du Code du travail indiquent diverses modalités propres au secteur public. Les fonctionnaires et agents publics ont droit, sauf exception, aux mêmes prestations que les salariés du secteur privé en cas de privation involontaire d'emploi[2]. La charge et la gestion de l'indemnisation du risque chômage des non-titulaires sont en principe assurées par l'employeur lui-même[3]. Toutefois la *gestion* peut toujours être confiée conventionnellement à l'Unedic[4]. Ils peuvent également (à l'exception de l'État et des établissements publics administratifs) transférer la *charge* des prestations éventuelles aux Assedic en adhérant au régime d'assurance. L'option est alors irrévocable[5].

81 ***Régime des conventions*** ◊ La mise en œuvre du régime d'assurance-chômage fait l'objet d'un accord agréé par arrêté du ministre chargé du travail. Le régime de ces accords collectifs est, à bien des égards, très particulier (C. trav., art. L. 5422-20, L. 5422-21 à L. 5422-24) et n'a cessé d'alimenter des discussions[6] :

Ce sont des accords collectifs exclusivement interprofessionnels et limités à ce seul objet : l'assurance chômage[7].

---

1. Cette obligation s'étend aux fonctionnaires détachés dans un organisme privé (Soc. 27 juin 2000, *Bull. civ.* V, n° 257 ; Dir. Unedic n° 12-03 du 26 févr. 2003, *Liaisons soc.* n° 8379 du 27 mars 2003, D4) ou au salarié détaché dans une filiale étrangère (Soc. 1er avr. 2003, *RJS* 6/03, n° 814). En vertu du règlement CEE n° 1408/71 du 14 juin 1971, applicable aux prestations de chômage, la personne qui exerce une activité salariée sur le territoire d'un État membre est soumise à la législation de cet État même si elle réside sur le territoire d'un autre État membre ou si l'entreprise ou l'employeur qui l'occupe, a son siège ou son domicile sur le territoire d'un autre État membre. (Soc. 19 déc. 2000, *Bull. civ.* V, n° 435 ; *Dr. soc.* 2001. 328, obs. Couturier ; 5 juin 2001, *Bull. civ.* V, n° 208).

2. Les art. R. 5424-2 s. C. trav. fixent des règles de coordination en cas de mobilité entre secteur public et secteur privé. La Cour de cassation en fait une interprétation contestable propre à décourager cette mobilité (Soc. 11 mars 2003, *Dr. soc.* 2003. 558, obs. Verkindt).

3. Dans ce cas les agents n'ont droit qu'aux allocations d'assurance prévues à l'art. L. 5422-3 C. trav. (CE 12 mai 1999, *RJS* 8-9/99, n° 1157 : exclusion du droit à l'allocation de formation reclassement) ; v. Circ. DGEFP n° 97-23 du 2 oct. 1997 sur l'indemnisation du chômage des agents publics, *Dr. ouvrier* 1998. 63.

4. Les dispositions de la convention d'assurance chômage sont alors applicables, à moins qu'elles ne soient incompatibles avec les règles qui gouvernent l'emploi des agents publics. Il appartient à l'autorité administrative de procéder, sous le contrôle du juge de l'excès de pouvoir, à l'appréciation des conditions d'ouverture des droits ; CE 1er oct. 2001, *Cne de Bouc-Bel-Air*, *RJS* 4/02, n° 477.

5. C. trav., art. L. 5424-2 ; CE 13 oct. 1978, *D.* 1979. 215 ; 28 oct. 1983, *Dr. soc.* 1984. 110 ; Circ. du 5 oct. 1984.

6. X. Prétot, La nature juridique de la convention d'assurance chômage, *RDSS* 1986. 535 ; et du même auteur : De la convention du 1er janv. 2001 et de son agrément par la puissance publique, *Dr. soc.* 2001. 364 ; G. Lyon-Caen : Un agrément, des désagréments... *Dr. soc.* 2001. 377.

7. Une convention d'assurance chômage ne peut donc pas affecter une partie des cotisations, qui contribuent à l'équilibre du régime, au financement de prestations de retraite complémentaire (Soc. 10 oct. 2006, *Dr. soc.* 2006. 1203, obs. Barthélémy).

Ils sont, quoique fondateurs d'un régime, conclus pour une durée limitée ; malgré cela, ils peuvent être dénoncés [1], la loi ayant prévu une sorte de régime réglementaire provisoire minimal substitué au régime conventionnel, en cas de dénonciation ou non-renouvellement [2].

Ils sont « négociés et conclus » par les organisations patronales et syndicales représentatives ; mais la loi n'exige pas qu'ils soient signés par « toutes » ces organisations.

Ils doivent être *agréés* par arrêté ministériel, après avis du comité supérieur de l'emploi [3]. Cet agrément n'a pas exactement les mêmes effets qu'une extension, car sans lui l'accord est inapplicable (C. trav., art. L. 5422-20) ; il rend la convention obligatoire pour tous les employeurs de droit privé et pour les employeurs de droit public ayant adhéré au régime.

L'agrément supposait la signature de toutes les organisations représentatives [4]. Dorénavant même au cas contraire, il reste possible, au cas d'avis favorable du Comité supérieur de l'emploi donné sans opposition écrite et motivée de deux organisations représentatives ; le ministre peut même passer outre cette opposition, et agréer l'accord après avoir procédé à une nouvelle consultation du Comité supérieur de l'emploi [5]. À l'inverse le ministre peut refuser l'agrément de l'accord pour des motifs d'intérêt général tirés notamment de la nécessité de garantir l'équilibre financier du régime ou de la protection des droits des travailleurs privés d'emploi [6].

L'agrément n'est licitement donné que si aucune clause de la convention ne méconnaît les lois sur l'emploi (contrôle de l'emploi, compensation des offres et demandes, placement, contrôle des chômeurs, reclassement), lesquelles sont d'ordre public absolu. Ceci n'interdit pas aux partenaires sociaux de promouvoir une modification des dispositions législatives ou réglementaires en vigueur. Ils peuvent le faire en insérant dans leur accord des stipulations incompatibles avec ces dispositions à la date de signature de l'accord tout en subordonnant l'entrée en vigueur de ces stipulations à l'intervention des modifications législatives ou réglementaires nécessaires. Mais le ministre ne peut agréer ces stipulations avant l'entrée en vigueur de ces modifications [7].

1. Soc. 16 juill. 1987, *Bull. civ.* V, n° 500.

2. En l'absence d'accord ou d'agrément de celui-ci, le système peut être organisé par décret (C. trav., art. L. 5422-20 ; v. CE 27 juill. 2005, *Syn. nat. du personnel navigant*, *RJS* 11/05, n° 1130). La loi prévoit aussi (C. trav., art. L. 5427-7 s.) un service public administratif prêt à fonctionner au cas de défaillance du régime conventionnel.

3. L'irrégularité de cette consultation est sanctionnée par la nullité de l'arrêté d'agrément (CE 11 mai 2004, *Assoc. AC ! et a.*, *Dr. soc.* 2004. 773, obs. Prétot).

4. CE 21 oct. 1991, *D.* 1991. IR 278, *Dr. ouvrier* 1992. 75.

5. C. trav., art. L. 5422-23 ; v. CE 29 mars 2000, *RJS* 7-8/00, n° 846 ; 11 juill. 2001, *Synd. SUD travail et a.*, *Dr. soc.* 2001. 857, concl. S. Boissard.

6. CE 4 juill. 2001, *Medef et CGPME*, *Dr. soc.* 2001. 842, concl. S. Boissard.

7. CE 20 mars 1995, *Syn. nat. des masseurs kinésithérapeutes*, *RJS* 2/96, n° 154 ; 4 juill. 2001, *Medef et CGPME*, *préc.* ; 11 juill. 2001, *Synd. SUD travail et a.*, préc. L'agrément donné une fois ces modifications intervenues peut avoir un effet rétroactif (CE 30 déc. 2003, *Féd. des entreprises du spectacle vivant*, *RJS* 5/04, n° 589).

La convention d'assurance chômage demeure un contrat de droit privé relevant de la compétence du juge judiciaire, tandis que l'agrément est un acte administratif dont la légalité relève de la compétence du juge administratif [1]. Mais le Conseil d'État est animé par une vision réglementaire de la convention d'assurance chômage et n'hésite plus à empiéter sur la compétence judiciaire pour se faire juge de sa validité [2]. Dérogeant au principe de l'effet rétroactif des annulations contentieuses, il s'est même reconnu le pouvoir de fixer, clause par clause, la date à compter de laquelle l'annulation de l'agrément de la convention doit prendre effet [3]. L'agrément ayant pour effet d'associer les partenaires sociaux au pouvoir législatif, on ne s'étonne pas trop de voir ainsi ressurgir la technique d'Ancien Régime des arrêts de règlement [4]...

La convention institue en outre deux instances paritaires, qui concourent à son application : a) la commission paritaire d'interprétation, véritable autorité privée d'application d'un contrat, dont le rôle est de préciser le sens de celui-ci par des procès-verbaux ayant valeur obligatoire [5] ; b) le groupe paritaire national de suivi, qui veille à la mise en œuvre de la convention (partenariats, respect des enveloppes financières) et oriente la politique de formation des allocataires du régime.

En définitive le régime de l'assurance chômage est issu d'un double réseau de règles, les unes conventionnelles, les autres légales.

SECTION 3. LA RÉGLEMENTATION DU MARCHÉ DU PLACEMENT

82 ***Opérations de placement*** ◊ La suppression du monopole jadis exercé par l'ANPE entraîne une libéralisation des opérations de placement, qui

1. La contestation devant le juge administratif de la légalité des dispositions de la convention est une question préjudicielle relevant en principe du juge judiciaire (CE 29 juill. 1994, *Dr. soc.* 1994. 900 ; *D.* 1995. Somm. 353, obs. Soubise ; 6 oct. 2000, *Jouanine*, *Dr. soc.* 2001. 33, concl. S. Boissard).

2. Invoquant la « nature de la convention d'assurance chômage », il se prononce par voie d'exception sur sa validité, sauf à renvoyer à l'autorité judiciaire l'examen des questions soulevant une difficulté sérieuse relative soit aux conditions de la conclusion de l'accord soit à l'appréciation de la commune intention des parties (CE 11 juill. 2001 préc. ; 13 nov. 2002, *RJS* 2/03, n° 255, qui réserve toutefois l'hypothèse où le juge judiciaire a déjà prononcé l'annulation de tout ou partie de la convention).

3. CE 11 mai 2004, *Assoc. AC ! et a.*, préc. concl. Chr. Devys.

4. V. sur cette reféodalisation du droit, A. Supiot, Les deux visages de la contractualisation : déconstruction du Droit et renaissance féodale, *in* S. Chassagnard-Pinet et D. Hiez (dir.), *Approche critique de la contractualisation*, LGDJ, 2007, p. 19 s.

5. Les délibérations de cette commission sont des actes de droit privé dont la légalité ne peut être appréciée que par les tribunaux judiciaires (T. confl. 23 oct. 2000, *Dr. soc.* 2001. 38, ss. art. Prétot). Elles s'appliquent aux agents publics, même si leur employeur n'a pas adhéré au régime d'assurance (Soc. 18 mai 1999, *RJS* 8-9/99, n° 1156). Les non-signataires ne peuvent être exclus de cette commission dès lors que la convention lui confie un pouvoir normatif (CE 11 mai 2004, *Assoc. AC ! et a.*, *Dr. soc.* 2004. 773, ss. art. X. Prétot).

sont désormais ouvertes à la concurrence [1]. Toutefois ce nouveau marché du placement doit concourir au service public de l'emploi. Il se trouve donc soumis aux mêmes principes que Pôle emploi en ce qui concerne le placement des chômeurs : gratuité du service rendu pour le demandeur d'emploi et non-discrimination (les opérateurs privés ne peuvent refuser leurs services pour des motifs prohibés par l'art. L. 1132-1 C. trav.) ; rien ne leur interdit en revanche de se spécialiser dans les segments les plus rentables du marché et de laisser le reste à l'opérateur public. Le principe de non-discrimination s'applique aussi aux offres d'emploi, qu'elles soient diffusées par une agence de placement ou directement par l'employeur. Ces offres peuvent être désormais diffusées par tous moyens (presse, internet, journaux payants, affichage) sous réserve d'être datées et que l'identité de l'employeur soit communiquée au responsable de la publication [2].

83 ***Opérateurs privés de placement*** [3] ◊ Toute personne peut créer une entreprise de placement sans avoir à justifier d'une compétence ou d'une qualification particulière en ce domaine. Cette création ne doit même plus faire l'objet d'une déclaration préalable à l'autorité administrative [4]. Le Code du travail se borne à affirmer que la fourniture de services de placement peut être exercée à titre lucratif [5] et que les entreprises de travail temporaire peuvent fournir de tels services (C. trav., art. L. 5321-1). Les agences de placement doivent transmettre des informations statistiques sur leur activité à l'autorité administrative. Si elles méconnaissent leurs obligations légales, l'inspection du travail peut ordonner leur fermeture temporaire (C. trav., art. L. 5323-1). La création de Pôle emploi devrait conduire à la généralisation du recours à ces opérateurs privés [6]. Les expériences étrangères montrent qu'une telle évolution n'est pas sans risque : opérant comme sous-traitants du service public de l'emploi, les agences privées sont incitées, si l'on n'y prend pas garde, à « faire du chiffre » au détriment de la qualité du service rendu, et à se concentrer sur la part du marché la plus rentable, en s'intéressant essentiellement aux demandeurs d'emploi les plus faciles à reclasser et en délaissant les personnes qui ont le plus besoin d'être assistées [7].

---

1. *D.* Soldini, Le service public de l'emploi et le droit à la concurrence, *Dr. soc.* 2006. 599 ; M. Véricel, Après la L. du 23 juill. 2010 : la libéralisation totale du marché du placement des demandeurs d'emploi, *Dr. soc.* 2010. 1176.

2. C. trav., art. L. 5331-1 s., v. sur les règles propres aux offres publiées dans la presse : Y. Rousseau : Les offres d'emploi, *Dr. soc.* 1992. 323.

3. *D.* Soldini, Le service public de l'emploi et le droit de la concurrence, préc.

4. Cette exigence a été supprimée par la L. du 23 juill. 2010.

5. Il faut ici comprendre que les agences de placement pourront se faire rémunérer exclusivement par les employeurs.

6. *Cf.* M. Véricel, *art. cit. : Dr. soc.* 2008. 406 ; *ibid.* 2010. 1176.

7. V. C. Gratadour et M. Mansuy, Sous-traiter l'accompagnement des chômeurs : éléments d'évaluation, *Travail et Emploi*, 2007, n° 112, p. 21.

CHAPITRE 2

L'INSPECTION DU TRAVAIL

84 Ce corps de fonctionnaires est né avec le droit du travail moderne [1]. Les salariés étant vis-à-vis de leur employeur dans une position de subordination juridique et de dépendance économique ne peuvent poursuivre l'application de ce droit devant le juge sans mettre leur emploi en péril. Et il n'est pas non plus souhaitable de ne compter que sur la répression pénale pour en assurer l'effectivité. D'où la création dans tous les pays industriels, mais avec des champs de compétence très divers, de corps d'inspecteurs chargés de faire respecter le droit du travail dans les entreprises. Leur rôle est particulièrement décisif dans celles qui ne possèdent ni services juridiques suffisamment informés ni institutions représentatives du personnel suffisamment puissantes.

85 ***Organisation et compétences*** ◊ Régie par les articles L. 8112-1 et suivants du Code du travail, l'Inspection du travail est la composante la plus connue d'une *administration du travail*, relevant d'un ministère dont le nom (ministère du Travail, ministère des Affaires sociales, du travail et de la solidarité, ministère du Travail, des relations sociales, de la famille, de la solidarité et de la ville, avec éventuellement un ministre délégué) et les structures d'administration centrale [2] varient avec les gouvernements. Il s'agit, plus précisément, d'un corps interministériel de fonctionnaires géré par ce ministère [3]. Les services déconcentrés du ministère du Travail, qui comprenaient les directions régionales et les directions départementales du travail, ont connu une profonde évolution. Elles ont été remplacées par les Directions régionales des entreprises, de la concurrence, de la consommation, du travail et de l'emploi (DIRECCTE) [4]. Chaque DIRECCTE comprend plusieurs « pôles », dont l'un est dédié à la « politique du travail ».

1. M. Ricochon et *alii*, En marge du centenaire de l'inspection du travail, *Dr. soc.* 1992. 855 ; Centenaire de l'inspection du travail, *Dr. ouvrier* 1992. 429 ; *ibid.* 1993. 77.

2. Essentiellement aujourd'hui la Direction générale du travail (DGT), créée en 2006. Sur l'histoire du ministère du Travail, v. les dossiers réunis in *Travail et Emploi*, 2007, n°s 110, 111 et 112. Le rôle de la DGT est précisé par les art. R. 8121-13 et R. 8121-14 du Code du travail.

3. Deux Décr. du 30 déc. 2008 (n°s 2008-1503 et 2008-1510), pris dans le cadre de la révision générale des politiques publiques (RGPP) ont assuré la fusion des services d'inspection du travail. Au niveau territorial, la fusion a concerné les services d'inspection du ministère du Travail, l'ensemble des services du travail des transports, l'inspection du travail maritime et, dans une certaine mesure, les services d'inspection du travail agricole.

4. Décr. n° 2009-1377 du 10 nov. 2009 (*JO* 13 nov. 2009) ; Arr. du 30 déc. 2009 (*JO* 5 janv. 2010) et Instr. DGT du 12 mars 2010. Les DIRECCTE sont des services déconcentrés communs au ministère de l'économie, de l'industrie et de l'emploi et au ministère du Travail, des relations sociales, de la famille, de la solidarité et de la ville. V. Th. Kapp, P. Ramackers, J.-P. Terrier, *Le*

Sont toutefois créées, des « unités territoriales » qui sont, pour l'essentiel, l'équivalent des directions départementales du travail, de l'emploi et de la formation professionnelle. Le directeur régional exerce les pouvoirs qui étaient auparavant conférés aux directeurs départementaux. Mais il peut déléguer sa signature au chef du pôle en charge des questions de travail et aux responsables d'unités territoriales chargées des politiques du travail, de l'emploi, de la formation professionnelle et de développement des entreprises. Par ailleurs, en accord avec le délégant, ceux-ci peuvent donner délégation pour signer des actes relatifs aux affaires pour lesquelles ils ont eux-mêmes reçu délégation, aux agents du corps de l'inspection du travail placés sous leur autorité (C. trav., art. R. 8122-2) [1]. Ces délégations et subdélégations ne doivent pas faire oublier que les inspecteurs du travail disposent de pouvoirs propres. Au niveau le plus déconcentré, l'organisation de l'inspection du travail reposait sur une « section » dirigée par un inspecteur, comprenant deux contrôleurs et un secrétariat et rattachée à une « unité territoriale ». Le corps des contrôleurs du travail a été placé en voie d'extinction depuis l'entrée en vigueur du décret 2013-875 du 27 sept. 2013 [2]. A terme, ne devraient donc plus subsister que des inspecteurs du travail. A cela, il faut ajouter la réforme apportée par un décret du 20 mars 2014. Désormais, les inspecteurs du travail et les contrôleurs du travail exercent leur mission dans des « unités de contrôle », qui peuvent être départementale ou infra-départementale, interdépartementale, régionale ou interrégionale (C. trav., art. R. 8122-3) [3]. Chacune de ces unités est placée sous l'autorité d'un inspecteur du travail chargé, notamment, de la mise en œuvre de l'action collective, de l'animation, de l'accompagnement et du pilotage de l'activité des agents de contrôle [4].

Les inspecteurs du travail jouissent dans leur mission d'une indépendance garantie par les Conventions de l'OIT n°s 81 et 129, ratifiées par la France [5].

---

système d'inspection du travail en France, éd. Liaisons, 2e éd., 2013. V. aussi, DIRECCTE : quelles prérogatives pour les unités territoriales ? : *Sem. soc. Lamy* 2010, n° 1445, p. 2.

1. Le directeur régional peut mettre fin à tout ou partie de cette délégation. Il peut également fixer la liste des compétences qu'il souhaite exclure de la délégation que peuvent consentir ces chefs de service aux agents du corps de l'inspection du travail placés sous leur autorité.

2. Pour une critique de cette « fusion des corps », v. Ph. Auvergnon, Renforcer ou réorienter l'inspection du travail ?, RDT 2014. 232, spéc., p. 234.

3. Les unités de contrôle de niveau infra-départemental, départemental ou interdépartemental, rattachées à une unité territoriale, et les unités de contrôle interrégionales, rattachées à une direction régionale des entreprises, de la concurrence, de la consommation, du travail et de l'emploi, sont composées de sections, dans lesquelles un inspecteur ou un contrôleur du travail exerce ses compétences (C. trav., art. R. 8122-4). Le nombre d'unités de contrôle infra-départementales, départementales ou interdépartementales et leur rattachement sont fixés pour chaque région par arrêté du ministre chargé du travail (C. trav., art. R. 8122-5). Mais l'organisation de ces unités relève, dans les limites de sa circonscription territoriale, du pouvoir du Direccte.

4. Pour un regard critique sur cette organisation en forme « d'usine à gaz », v. Ph. Auvergnon, art. préc.

5. N. Valticos, *Droit international du travail*, Dalloz, 2e éd. 1983, n° 683 s. ; J.-M. Servais, *Normes internationales de travail*, LGDJ, 2004, n° 530 s. L'indépendance de l'inspection du travail est un principe fondamental du droit du travail au sens de l'art. 34 de la Constitution (Cons. const. 17 janv. 2008, n° 2007-561 DC, §. 14, imposant au pouvoir réglementaire de

Un Conseil national de l'inspection du travail contribue à garantir le libre exercice de cette mission[1].

Le Code du travail institue deux corps d'agents destinés à appuyer l'action de l'inspection du travail : l'inspection médicale du travail (C. trav., art. L. 8123-1) et les ingénieurs de prévention (C. trav., art. L. 8123-4).

Les *inspecteurs* – et les contrôleurs qui les assistent encore – sont principalement chargés de *veiller au respect* de la législation et de la réglementation du travail, ainsi que des conventions collectives. Ils disposent à cet effet du droit d'entrée et de visiter les entreprises, d'y effectuer certains prélèvements et de se faire communiquer certains documents (C. trav., art. L. 8113-1 s.)[2]. Les employeurs doivent faciliter leur tâche[3] et sont tenus à certaines obligations de déclarations (déclaration préalable à toute occupation de personnel salarié), d'affichages (horaires de travail et durée des repos, adresse et numéro d'appel de l'inspecteur, etc.), et de tenue de registres (not. le registre unique du personnel). Dans l'exercice de leur mission les inspecteurs du travail et ceux qui les assistent sont tenus en revanche à une obligation de secret professionnel.

Selon le Code du travail, nombre d'actes administratifs doivent ou peuvent intervenir dans les rapports entre employeurs et salariés : répartition des salariés entre collèges au cas d'élection, autorisation de la pratique des horaires individualisés en l'absence de représentants du personnel, demande d'autorisation de licencier un représentant du personnel, par exemple. Ces décisions sont prises par les fonctionnaires de l'Inspection du travail et leurs supérieurs hiérarchiques. Lorsqu'elles font grief aux administrés ou leur ouvrent une dérogation, elles doivent être motivées et sont soumises au contrôle du juge administratif.

L'inspection du travail exerce aussi en pratique une importante fonction d'information et de conseil juridique en droit du travail[4].

---

désigner au sein du « système d'inspection du travail » l'autorité administrative chargée d'opérer, en l'absence d'accord, la répartition des sièges entre les collèges électoraux pour les élections professionnelles). Cette indépendance constitue également, selon le Conseil d'État, un principe général du droit (CE 9 oct. 1996, n° 167511, *Union nationale CGT des affaires sociales*, publié au *Lebon*). Sur les différences entre les systèmes d'inspection du travail des pays latins et des pays anglo-saxons, v. M. Piore et A. Schrank, *RIT* 2008/1, vol. 147, p. 1.

1. Décr. n° 2007-279 du 2 mars 2007.

2. A l'heure où sont écrites ces lignes, une importante réforme des pouvoirs de l'inspection du travail est en discussion devant le Parlement. Celle-ci devrait, notamment, instaurer des sanctions administratives et ouvrir la possibilité de la transaction pénale. V., sur la question, l'art. préc. de Ph. Auvergnon.

3. L'obstacle au contrôle est constitutif d'un délit pénal (C. trav., art. L. 8114-1). Crim. 8 nov. 2005, *RJS* 4/06, n° 483 (refus de communication de pièces). Les dispositions du Code pénal réprimant les actes de violence d'outrage ou de résistance contre les officiers de police judiciaire sont applicables aux actes visant les inspecteurs et contrôleurs du travail (C. trav., art. L. 8114-2 ; Crim. 12 févr. 2008, n° 07-80.346, *RJS* 5/08, n° 587).

4. P. Cam et A. Supiot (dir.) *Les dédales du droit social*, Paris, Presses de Science po, 1986 ; Th. Kapp, L'inspection du travail face à la demande individuelle, *Dr. ouvrier* 2003. 563 ; V. Vieille, Inspecter le travail ou veiller à l'application du droit du travail : une mission impossible ? *Dr. soc.* 2006. 666.

Elle doit s'en acquitter de manière neutre et impartiale, aussi bien vis-à-vis des salariés que des employeurs [1], sans s'immiscer dans le règlement des litiges individuels qui incombe exclusivement aux conseils des prud'hommes.

L'*intervention publique* dans les relations du travail, à commencer par celle du corps d'inspecteurs spécialisés, ne se réduit donc pas à des activités de pur contrôle du respect des règles. Elle est devenue particulièrement importante dans le domaine de l'emploi, qu'il s'agisse de contrôle, d'incitation ou de conseil aux employeurs, et reste importante en cas de conflit du travail [2].

86 ***Infraction à des dispositions réglementaires*** ◊ Les inspecteurs ont pouvoir de constater, par des procès-verbaux « faisant foi jusqu'à preuve du contraire » (et ayant nature d'actes d'instruction ou de poursuite interrompant la prescription), les infractions pénales aux dispositions relatives aux relations de travail [3], ainsi que divers pouvoirs d'injonction [4].

Avant de dresser procès-verbal, l'inspecteur est en général tenu de délivrer au chef d'établissement une *mise en demeure* de se conformer aux dispositions réglementaires (C. trav., art. L. 4721-4, L. 8113-9) [5]. Il ne dressera procès-verbal d'infraction que si les mesures prescrites ne sont pas prises dans le délai imparti. Il peut cependant dresser ce procès-verbal sans mise en demeure préalable lorsque les faits constatés présentent un danger grave et imminent pour l'intégrité physique des travailleurs (C. trav., art. L. 4721-5).

Le procès-verbal doit toujours préciser les circonstances de fait et la législation ou les règlements applicables en l'espèce. Il est transmis au supérieur hiérarchique de l'inspecteur, qui les transmet s'il l'estime opportun au parquet. Celui-ci est, selon le droit commun de la procédure pénale, maître de l'opportunité des poursuites après ce « filtrage »

1. Circ. min. n° 475 du 12 déc. 1978.

2. Ph. Auvergnon, L'intervention médiatrice de l'administration du travail dans les conflits collectifs, *Dr. ouvrier* 2003. 501.

3. Ce pouvoir ne se limite pas aux dispositions du Code du travail, mais s'étend à certaines dispositions du Code pénal, du Code de la consommation, de la santé publique, du Code de commerce ou de l'entrée et du séjour des étrangers : v. C. trav., art. L. 8112-2. Leur intervention peut être sollicitée par la caisse régionale d'assurance maladie (CSS, art. L. 422-4).

4. Les infractions peuvent également être constatées par des officiers de police judiciaire, qui peuvent eux aussi pénétrer sur les lieux de travail, notamment en cas de délit flagrant (Crim. 28 mai 2006, *RJS* 3/07, n° 365 ; 2 mai 2007, n° 07-81. 517, *RJS* 8-9/07, n° 983)

5. L'art. R. 4721-5 C. trav. précise dans quel cas l'inspecteur doit suivre la procédure de mise en demeure et le délai minimum d'exécution. S'il veut contester la décision de l'inspecteur, le chef d'établissement doit, préalablement à tout recours contentieux, saisir le directeur régional du travail d'une réclamation avant l'expiration du délai fixé par la mise en demeure et au plus tard dans les quinze jours qui suivent celle-ci (CE 13 nov. 2002, *RJS* 2/03, n° 205) ; la réclamation est suspensive (C. trav., art. R. 4723-1). Le fait qu'aucune injonction ou mise en demeure n'ait été adressée à l'employeur après un contrôle de l'inspecteur n'exonère pas le chef d'entreprise du respect de la réglementation applicable (CE 26 juill. 1996, *RJS* 10/96, n° 1051).

hiérarchique. Si une poursuite pénale est engagée, le procès-verbal de l'inspecteur fait foi jusqu'à preuve contraire [1].

Lorsque l'infraction constatée par lui crée un risque sérieux d'atteinte à l'intégrité physique d'un travailleur, l'inspecteur peut saisir en référé le président du tribunal de grande instance pour voir ordonner « toutes mesures propres à faire cesser ce risque » (C. trav., art. L. 4732-1) [2].

1. Si l'infraction constatée excède le champ de compétence de l'inspecteur, le PV ne vaut que simple renseignement (Crim. 6 févr. 2007, n° 06-83. 356, *Bull. crim.* n° 33).

2. S'il constate sur un chantier du bâtiment et des travaux publics qu'un salarié ne s'est pas retiré d'une situation de travail présentant un danger grave et imminent, l'inspecteur peut prendre lui-même toutes mesures utiles, et notamment ordonner l'interruption des travaux en cause ; il en va de même en cas de dépassement des valeurs limites d'exposition à une substance chimique cancérigène, mutagène, ou toxique pour la reproduction (C. trav., art. L. 4731-2).

SOUS-TITRE 2

Les institutions juridictionnelles

87 Cette pluralité des contentieux fera l'objet d'une brève présentation (Chap. 1) avant que soient exposées plus en détail la compétence et l'organisation des *conseils de prud'hommes* (Chap. 2).

CHAPITRE 1

LA PLURALITÉ DES CONTENTIEUX

88 ***Un facteur de complexité*** ◊ La pluralité des contentieux ne facilite pas la connaissance du droit du travail. Le même acte et la situation conflictuelle qui peut l'entourer ou qu'il peut engendrer – par exemple le licenciement d'un délégué syndical – peuvent donner lieu à saisine du juge administratif (sur la régularité de l'autorisation administrative de licencier délivrée par l'inspecteur du travail), du juge répressif (sur le délit qu'aurait commis l'employeur pour ne pas avoir réintégré un délégué syndical, après annulation de l'autorisation administrative), du conseil des prud'hommes (sur la demande de dommages et intérêts présentée par le délégué syndical non réintégré dans son emploi après annulation de l'autorisation administrative). Dans la mesure où les juridictions administratives, répressives ou « sociales » ne statuent pas sur les mêmes objets de demande, n'abordent pas toujours de la même façon les mêmes questions de droit ou les problèmes de relations sociales, et ne retiennent pas toujours des solutions identiques ou cohérentes, il est parfois difficile de déterminer ce qu'un employeur ou un salarié a le droit de faire. On connaît parfois de véritables conflits de jurisprudence [1].

Une autre conséquence de la pluralité des contentieux est d'ordre plus technique. Le plaideur (ou le juriste professionnel qui l'assiste) peut avoir des hésitations sur la compétence respective des juridictions susceptibles de trancher le litige [2]. L'exposé sommaire des cadres du *contentieux judiciaire* (Section 1) puis du *contentieux administratif* (Section 2) voudrait réduire ces hésitations [3].

1. Pour mettre fin à une complexité peu compatible avec les exigences d'une justice sociale, rapide et aisément accessible, il avait été envisagé, dès le début des années cinquante, de rassembler l'ensemble du contentieux social sous l'égide d'un troisième ordre de juridiction (P. Laroque, Contentieux social et juridiction sociale, *Dr. soc.* 1954. 271). L'idée, périodiquement reprise (Y. Saint-Jours, *RF aff. soc.* 1993. 87 ; Y. Saint-Jours (dir.), *La perspective d'un ordre juridictionnel social*, PU Perpignan, 1994), n'a pas encore abouti. Elle connaît cependant aujourd'hui un regain d'actualité. V. F. Guimoard, Quelles réformes pour la justice sociale, RDT 2014. 129 (Première partie : Les juridictions) et 200 (Seconde partie : Les procédures).

2. V. A. Supiot, L'impossible réforme des juridictions sociales, *RF aff. soc.* 1993. 97. Sur cette dispersion du contentieux du travail, v. A. Lacabarats et A. Jeammaud, RDT 2014, Controverse, p. 536 et 539.

3. Ne jamais oublier que, dans le système français, la *compétence d'attribution* (la détermination de la juridiction compétente *ratione materiæ*) dépend fondamentalement de l'*objet de la demande* et, parfois, de la qualité des parties, mais rarement du droit applicable, et jamais des questions de droit à trancher pour se prononcer sur cette demande. La nature d'une question

SECTION 1. LE CONTENTIEUX JUDICIAIRE

§ 1. Les juridictions civiles

En dehors du conseil des prud'hommes, les litiges du travail peuvent relever du tribunal *d'instance*, du *tribunal de grande instance*, du *tribunal de commerce* et des *juges des référés civils*.

89 ***Le tribunal d'instance*** ◊ Les articles L. 221-4 et R. 221-4 du Code de l'organisation judiciaire donne au tribunal d'instance une compétence « ordinaire » pour les actions personnelles ou mobilières [1], et une compétence spéciale pour d'autres actions.

1) Au titre de sa *compétence ordinaire*, le tribunal d'instance statue sur les actions personnelles ou mobilières, en dernier ressort jusqu'à la valeur de 4 000 € et à charge d'appel jusqu'à 10 000 €. C'est dans ce cadre et dans la mesure de ce taux de compétence qu'il va connaître de quelques *litiges entre employeurs et salariés* échappant à la compétence prud'homale. Par exemple des différends entre marins et armateurs [2]. Il va aussi partager avec le tribunal de grande instance (selon le montant de la demande) la connaissance des litiges relatifs aux formes de travail sans contrat de travail (ex. stages de formation professionnelle) [3] et, dans la même mesure, d'une fraction du *contentieux de l'assurance chômage*, opposant Assédic, employeurs que celles-ci estiment débiteurs de cotisations (ou assujettis à

---

juridique rencontrée (légalité d'un acte administratif, validité d'un contrat privé, etc.) peut « seulement » affecter le *pouvoir* du juge (le contraindre à surseoir à statuer pour cause de question préjudicielle à soumettre à une juridiction d'une autre catégorie), mais non sa *compétence*.

1. Tout différend du travail échappe fort logiquement – et heureusement – à la nouvelle *juridiction de proximité*, ce notable-juge inventé en 2002.

2. Soc. 3 mai 2006, *Dr. soc.* 2006. 805 ; v. P. Chaumette, *Le contrat d'engagement maritime*, Éd. CNRS 1993. 95 s. Mais on rencontre des problèmes de qualification et de distinction entre périodes de la vie du rapport de travail (ex., Soc. 3 nov. 2005, *Dr. soc.* 2006. 218, obs. P. Chaumette ; 3 mai 2006, *ibid.* 805, obs. P. Chaumette). En tout cas, le tribunal d'instance statue alors en *matière prud'homale*, ce qui commande le régime des recours (Soc. 14 oct. 1997, *Dr. soc.* 1998. 205, obs. M. Morin). En vertu d'une disposition de l'art. R. 321-6, 3° COJ, le tribunal d'instance connaissait aussi des litiges concernant les assistantes maternelles dans leurs rapports avec les particuliers « employeurs » (Soc. 28 juin 1995, *Bull. civ.* V, n° 221 ; 14 avr. 1999, *RJS* 6/99, n° 872 ; 1er févr. 2001, *Dr. ouvrier* 2001. 390, note A. Baschénis), mais les différends « qui peuvent s'élever à l'occasion d'un contrat de travail entre les assistants maternels ou familiaux et les particuliers ou les personnes morales » qui ont recours à leurs services relèvent désormais des conseils de prud'hommes (CASF, art. L. 423-2). Les litiges relatifs au contrat de travail des avocats sont soumis à « l'arbitrage du bâtonnier », qui pratique alors l'application contentieuse du droit du travail et des règles déontologiques, à charge d'appel devant la cour d'appel (L. du 31 déc. 1990, art. 6) : J. Barthélémy, *Dr. soc.* 1992. 302. Exception aussi concernant les notaires salariés : A. Cœuret, Le salariat dans l'entreprise libérale, *Dr. soc.* 1992. 902.

3. Soc. 29 juin 1999, *D.* 1999. IR 200. Mais le conseil de prud'hommes étant compétent dès lors que le demandeur prétend qu'il y a contrat de travail, c'est à lui seul qu'il appartient de statuer sur une demande de requalification d'un stage en contrat de travail (Soc. 11 oct. 1990, *Dr. ouvrier* 1992. 128) ; V. F. Favennec-Héry, *Dr. soc.* 1988. 511 ; F. Gaudu, *Dr. ouvrier* 1992. 123.

l'AGS) ou qui estiment avoir versé des cotisations indues, personnes privées d'emploi réclamant des allocations de chômage ou sommées de répéter des allocations indues [1].

2) C'est dans le cadre de sa *compétence spéciale* que le tribunal d'instance est plus souvent appelé à trancher des litiges de droit du travail. On songe essentiellement au *contentieux électoral*, qu'il s'agisse des élections de représentants du personnel (C. trav., art. L. 2314-25, L. 2324-23) ou des élections des conseillers prud'hommes [2], et au *contentieux de la désignation* des délégués syndicaux (C. trav., art. R. 2143-1) et des représentants syndicaux au comité d'entreprise (C. trav., art. L. 2324-23) [3].

90 ***Le tribunal de commerce*** ◊ Les réformes des procédures de traitement des difficultés des entreprises ont développé les prérogatives des salariés et de leurs représentants et, par voie de conséquence, le rôle des tribunaux de commerce dans les relations du travail [4]. Toutefois, les contestations relatives aux relevés de créances sont de la compétence du conseil de prud'hommes (C. com., art. L. 625-1, al. 2), dont l'instance n'est plus suspendue par l'ouverture de la procédure de redressement judiciaire [5].

Mais le tribunal de commerce peut avoir, dans le cadre de sa compétence d'attribution, à trancher des questions de pur droit du travail ; par exemple de questions d'application de l'article L. 1224-1 du Code du travail, ou de validité d'une clause de non-concurrence insérée dans un contrat de travail [6].

91 ***Le tribunal de grande instance*** ◊ Juridiction de droit commun en matière civile, il traite, en principe, de tous les litiges dont la connaissance

---

1. Cela donne au tribunal d'instance l'occasion de trancher des questions classiques de droit du travail, comme celle de la qualification de salarié (donc de contrat de travail). Il y a place, néanmoins pour des questions préjudicielles au « profit » du conseil de prud'hommes, par exemple pour la détermination du montant d'un salaire dans le cadre d'un litige entre un ancien salarié et une Assédic (Soc. 22 févr. 2000, *D.* 2000. IR. 81).

2. Sur les possibilités de recours, V. Civ. 2e, 2 déc. 1997, *Dr. soc.* 1998. 54, concl. R. Kessous. Le tribunal d'instance tranche également, en dernier ressort, les litiges relatifs aux inscriptions et aux radiations sur les listes destinées aux élections des conseillers prud'hommes et des délégués mineurs (C. trav., art. R. 1441-54 s.).

3. Dans ces différents contentieux d'élections professionnelles et de désignation des représentants du personnel ou des représentants syndicaux, le tribunal statue en premier et dernier ressort et seul le pourvoi est ouvert. La comparution personnelle ne s'impose pas à l'employeur qui peut s'y faire représenter par une personne exclusivement attaché à l'entreprise (C. pr. civ., art. 828 ; Soc. 5 mars 2008, n° 06-60.125 P).

4. V. ss 487.

5. Soc. 14 mai 1997, *Dr. soc.* 1997. 749, obs. R. Vatinet.

6. Si le conseil de prud'hommes est seul compétent pour connaître de la demande d'un employeur contre l'ancien salarié auquel il reproche la violation d'une telle clause logée dans le contrat de travail qui les liait (Soc. 15 mai 1974, *D.* 1974. 702, note Y. Serra ; *Grands arrêts*, n° 19 ; 21 avr. 1977, *D.* 1978. 9, note Y. Serra), le tribunal de commerce (ou le TGI ou le TI si le défendeur n'est pas commerçant) est compétent pour statuer sur la demande en responsabilité civile dirigée contre le nouvel employeur de l'intéressé, même si une contestation est soulevée par le défendeur sur la validité ou l'applicabilité de cette clause (Com. 27 mars 2001, *D.* 2001. 1617, note E. Chevrier ; *ibid.* 2002. Somm. 1258, obs. Y. Serra).

n'est pas attribuée à une autre juridiction par un texte particulier. Il statuera, par conséquent, sur des litiges du travail de divers types, à la double condition : 1) qu'ils ne procèdent pas du contrat de travail (compétence du conseil des prud'hommes) [1] ou ne relèvent pas de la compétence spéciale du tribunal d'instance ; 2) que le montant du litige soit supérieur au taux de ressort du tribunal d'instance (10 000 €) [2].

Ainsi, le tribunal de grande instance est-il compétent, sous cette deuxième condition, en matière d'intéressement et de participation aux résultats [3] ou pour les litiges intéressant les inventions de salariés [4]. Il l'est également, et surtout, dans des matières relevant des relations collectives : demande d'application ou d'interprétation d'une convention collective soumise par un syndicat signataire [5], action en annulation totale ou partielle d'une convention ou d'un accord collectif, action en annulation de l'opposition à un accord collectif ou à un avenant de révision, demande d'annulation d'une délibération du comité d'entreprise, action d'un comité d'entreprise contre l'employeur à propos de la subvention de fonctionnement ou de la contribution patronale aux activités sociales et culturelles, action en dommages et intérêts d'un employeur contre un syndicat en réparation du préjudice causé par une grève illicite, action en annulation d'un règlement intérieur introduite par un comité d'entreprise ou un syndicat contre l'employeur, etc. Ces litiges mettent aux prises des syndicats entre eux, des syndicats et des organisations patronales, un employeur et un syndicat ou un comité d'entreprise.

La procédure d'ordonnance sur requête n'existant pas devant les prud'hommes, c'est le président du TGI qui peut ordonner, sur requête du salarié ou de l'employeur, les mesures d'instruction légalement admissibles, lorsqu'il existe un motif légitime de conserver ou d'établir avant tout procès la preuve de faits dont pourrait dépendre la solution d'un litige (C. pr. civ., art. 145) [6].

92 ***Les juges des référés*** ◊ L'intervention du juge des référés a longtemps fait difficulté en droit du travail [7]. Difficulté levée, pour l'essentiel, par le décret du 9 septembre 1971 et les articles 808 et suivants, 972 et suivants du nouveau Code de procédure civile. Il existe désormais un référé devant toutes les juridictions susceptibles de connaître d'un litige du travail : conseil de prud'hommes (C. trav., art. R. 1455-1), tribunal d'instance

1. La reconnaissance d'un contrat de travail est un droit exclusivement attaché à la personne de celui qui se prétend salarié, et un syndicat est irrecevable à introduire une telle action devant le TGI (Soc. 23 janv. 2008, *Bull. civ.* V, n° 22).
2. M. Keller, La compétence du TGI dans les litiges du travail, *RG proc.* 1999. 444.
3. Soc. 20 oct. 1977, *Bull. civ.* V, n° 558.
4. Soc. 18 févr. 1988, *Bull. civ.* V, n° 126.
5. Soc. 6 déc. 1979, *Bull. civ.* V, n° 957 ; 3 mai 2007, *Bull. civ.* V, n° 68, *Grands arrêts*, n° 34.
6. Soc. 23 mai 2007, *Bull. civ.* V, n° 84 (accès à la messagerie de l'ordinateur professionnel du salarié).
7. Sur le développement de son rôle, V. A. Supiot, *Traité* préc., n°s 197 s.

(C. pr. civ., art. 848 s.), tribunal de grande instance (C. pr. civ., art. 808 s.). Il existe même un référé devant le premier président de la cour d'appel qui, *en cas d'appel*, peut, pour cause d'urgence, prendre les mesures qui ne se heurtent à aucune contestation sérieuse ou que justifie l'existence d'un différend (C. pr. civ., art. 956).

La lenteur des procédures devant les juges du fond incite les salariés, les syndicats, les comités d'entreprise et les employeurs à saisir le juge des référés qui ne prend certes que des mesures provisoires, mais qui décide rapidement.

Quel juge des référés choisir ? La compétence de la juridiction des référés est ordonnée sur celle de la juridiction qui statue au fond et dont elle est l'émanation [1]. Aussi saisira-t-on le juge d'instance statuant en référé pour faire ordonner les mesures urgentes que requiert une opération électorale [2] ou le tribunal de grande instance pour obtenir (un employeur) l'expulsion de grévistes occupant les lieux de travail [3] ou faire ordonner à un employeur d'ouvrir une négociation pour lui obligatoire. La saisine en référé du président du TGI (par un comité d'entreprise) s'est développée et banalisée, depuis 1993, pour faire ordonner à un employeur de conduire ou recommencer régulièrement une procédure d'information et consultation des représentants du personnel sur un projet de licenciement collectif ou pour faire suspendre cette procédure.

Traditionnellement présenté comme le juge de l'*urgence*, le juge des référés est aussi devenu juge de l'*évidence*. L'urgence est présumée lorsqu'une « mesure » est sollicitée afin de faire cesser un *trouble manifestement illicite* ou de prévenir un *dommage imminent* (C. pr. civ., art. 809). Pour faire cesser le trouble manifestement illicite, le juge des référés peut prendre des mesures conservatoires ou de remise en état, en ordonnant par exemple la réintégration d'un salarié protégé irrégulièrement licencié, ou celle d'un syndicat dans les locaux dont l'employeur l'a illégalement chassé [4] ; ou encore en ordonnant sous astreinte, à la demande de l'inspecteur du travail, la cessation du travail de salariés occupés en violation des règles sur le repos dominical (C. trav., art. L. 3132-31) [5]. Pour faire échec à un

1. J. Normand, *Dr. soc.* n° spéc. mai 1980. 45 ; A. Supiot, préc. n°s 633 s. Cette restriction figure dans tous les textes qui instituent un référé devant une juridiction dotée d'une compétence d'attribution : conseil de prud'hommes (C. trav, art. R. 1455-5), tribunal d'instance (C. pr. civ., art. 848), tribunal de commerce (C. pr. civ., art. 872).

2. Soc. 2 mai 1979, *Bull. civ.* V, n° 372.

3. L'art. 808 C. pr. civ. ne limite pas les pouvoirs du président du tribunal de grande instance aux différends qui au fond relèveraient de la juridiction de droit commun. L'art. 810 lui confère, en outre, pouvoirs dans « toutes les matières où il n'existe pas de procédure particulière de référé ». Il reste que la concurrence des « référés spéciaux » limite son domaine d'intervention.

4. Soc. 26 sept. 2007, n° 06-13.810, *Bull. civ.* V, n° 143.

5. Art. créé par la L. du 19 janv. 2000, et reprenant une disposition réglementaire introduite en 1992 mais déclarée illégale par le Conseil d'État, au motif que seul le législateur a compétence pour définir les cas et conditions dans lesquelles l'inspecteur du travail peut ainsi agir devant le juge civil pour faire respecter la loi (CE 21 oct. 1994, *Sté Tapis Saint-Maclou*, *Dr. soc.* 1995, concl. J.-C. Bonichot ; *Grands arrêts*, n° 32). Si la mesure sollicitée par l'inspecteur du travail et ordonnée par le juge est assortie d'une astreinte au profit du Trésor, le premier nommé

dommage imminent, le juge des référés peut, comme cela est prévu lorsqu'il y a risque d'atteinte à l'intégrité physique des salariés et sur saisine par l'inspecteur du travail, prendre toutes mesures de nature à faire cesser ce risque (C. trav., art. L. 4732-1).

L'évidence du droit est devenue la condition première du pouvoir du juge des référés. C'est le fait que les mesures sollicitées « ne se heurtent à aucune contestation sérieuse », ou qu'elles aient pour objet de « faire cesser un trouble manifestement illicite », ou que « l'existence de l'obligation (ne soit) pas sérieusement contestable », qui tout à la fois conditionne et justifie son intervention [1].

Plusieurs textes du Code du travail prévoient la saisine d'un juge *« en la forme des référés »*. C'est notamment le cas pour le président du TGI, qu'il s'agisse de litiges relatifs au recours par le comité d'entreprise à un expert-comptable ou un expert en technologie rémunéré par l'employeur. On rappellera qu'une ordonnance rendue en la forme des référés est une décision au fond [2].

§ 2. **Les juridictions pénales** [3]

93 La violation de nombre d'obligations des employeurs ou chefs d'entreprise à l'égard du personnel constitue une contravention ou un délit. Il existe, d'autre part, des infractions spécifiques qui peuvent être commises par les salariés au cours d'un conflit du travail [4]. Si le ministère public exerce l'action publique, quels sont les effets de la saisine des juridictions répressives sur le différend du travail ? Si le ministère public, faisant jouer le principe de l'opportunité des poursuites, ne met pas en mouvement l'action publique, la victime de l'infraction, qui peut se constituer partie civile, a une option : soit elle porte son action devant le juge pénal, soit elle la porte devant le juge civil.

94 ***Effets des poursuites pénales sur le procès civil*** ◊ Lorsqu'un procès pénal est engagé, la victime de l'infraction n'est point obligée de joindre sa demande à l'action publique et de solliciter du juge répressif la réparation

a qualité pour en demander la liquidation (Soc. 1er juin 2005, *Bull. civ.* V, n° 188). L'action peut aussi être exercée par une organisation syndicale de salariés ou d'employeurs, la violation de la règle du repos dominical constituant un trouble manifestement illicite (Soc. 13 juin 2007, n° 06-18.336, *Bull. civ.* V, n° 103.).

1. A. Supiot, préc., nos 637 s. Pour un exemple de défaut d'évidence dans du contentieux de la négociation collective sur la réduction du temps de travail : Paris, 23 févr. 2000, *D.* 2000. IR 102 (nécessité d'apprécier la représentativité d'un syndicat, d'interpréter la portée des lois sur la réduction du temps de travail quant aux niveaux possibles de négociation, etc.).

2. Soc. 8 janv. 2002, *Bull. civ.* V, n° 8.

3. La sanction pénale du droit du travail, *Dr. soc.* n° spéc. juill.-août 1984 ; Y. Mayaud, Le recours au juge répressif, *Dr. soc.* 1987. 510 ; A. Cœuret et E. Fortis, *Droit pénal du travail*, 5e éd., LexisNexis, 2012.

4. Telle l'atteinte à la liberté du travail (C. pén., art. 431-1, 431-2).

du préjudice subi. Le salarié ou l'employeur victime de l'infraction a pu saisir le juge civil. Selon l'adage *« le criminel tient le civil en l'état »*, celui-ci devait surseoir à statuer tant que le tribunal répressif n'avait pas lui-même statué sur l'action publique [1]. Cette règle a été atténuée par la loi du 5 mars 2007, qui, en modifiant l'article 4 du Code de procédure pénale, a rendu le sursis à statuer facultatif lorsque les actions civiles ne tendent pas à la réparation du dommage causé par l'infraction [2]. En revanche, lorsque le tribunal répressif a rendu son jugement sur l'action publique, une juridiction civile appelée à statuer ultérieurement sur les mêmes faits ne peut méconnaître ce qui a été nécessairement et certainement décidé par lui sur l'existence de ces faits, sur leur qualification et sur la culpabilité de celui à qui ils sont imputés [3]. C'est l'expression du principe de l'*autorité sur le civil de la chose jugée au criminel.*

Cette économie des rapports entre justice pénale et justice civile concerne le juge prud'homal, notamment lorsqu'il doit se prononcer sur un licenciement disciplinaire consécutif à un agissement du salarié qui a connu des suites pénales [4].

95 ***Option de la partie civile*** ◊ La victime de l'infraction peut exercer une action en dommages et intérêts pour obtenir réparation du préjudice qui résulte directement de l'infraction soit devant une juridiction pénale, soit devant une juridiction civile.

Lorsque la victime a choisi la voie civile, son option est en principe irrévocable (C. pr. pén., art. 5). En revanche, lorsqu'elle a choisi la voie de l'action civile devant le juge répressif, elle peut toujours abandonner cette voie et revenir à la voie civile, à moins que la juridiction répressive n'ait déjà statué au fond. La constitution de partie civile devant le juge répressif a pour effet de mettre en mouvement l'action publique [5]. Aussi la victime de l'infraction peut être tentée de porter son action devant le tribunal répressif plutôt que devant le juge civil ; elle obtiendra plus rapidement justice et bénéficiera du concours actif du juge dans la recherche des

1. Soc. 12 mars 1991, *Dr. soc.* 1991. 631.

2. M. d'Allende, « Les incidences de la L. du 5 mars 2007 tendant à l'équilibre de la procédure pénale en matière prud'homale » : *JCP S* 2007. 1873. Pour une application, v. Soc. 17 sept. 2008, n° 07-43. 211, *Bull. civ.* V, n° 164.

3. Soc. 12 mars 1991 et 18 avr. 1991, *Dr. soc.* 1991. 632 ; 27 mars 2001, *Dr. soc.* 2001. 666, obs. Ch. Radé ; 27 sept. 2006, n° 05-40.208 ; *RDT* 2006. 382, note C. Amauger-Lattes.

4. A. Cœuret et E. Fortis, préc., n°s 161 s. La portée de l'autorité de la chose jugée au pénal n'est pas évidente. La relaxe du salarié (poursuivi pour vol, par exemple) n'exclut pas nécessairement le caractère réel et sérieux du motif de licenciement : tout dépend du motif de cette relaxe. La condamnation pénale, ou une décision du juge pénal qui établit la matérialité des faits reprochés au salarié, interdit au juge prud'homal de douter de l'existence d'une cause réelle et sérieuse, mais le laisse libre de qualifier la faute (d'écarter la qualification de faute lourde). V. Soc. 6 juill. 1999 (deux arrêts), *Dr. soc.* 1999. 961 ; *ibid.* 962, obs. J. Savatier ; 5 juill. 2006, n° 04-42.754, *Sem. soc. Lamy* 2006, n° 1275, obs. F. Duquesne. Dès lors que la lettre de licenciement se référait à la plainte pénale, la relaxe au pénal s'impose au juge civil (Soc. 20 mars 2007, n° 05-43.835).

5. Depuis la L. n° 2007-291 du 5 mars 2007, la saisine directe du juge d'instruction est subordonnée à la saisine préalable du ministère public (C. pr. pén., art. 85).

preuves. Cette méthode est parfois utilisée par les syndicats de salariés agissant au nom de « l'intérêt collectif de la profession » (ex., citation directe d'un chef d'entreprise ou d'établissement devant le tribunal correctionnel pour délit d'entrave).

Le juge pénal rencontre parfois des problèmes d'interprétation de dispositions substantielles du Code du travail lorsqu'il lui faut apprécier les conditions préalables de l'infraction (le délégué syndical qui se plaint d'une entrave avait-il été régulièrement désigné, pouvait-il être désigné dans cette entreprise ? l'employeur était-il tenu d'informer et consulter le comité d'entreprise dans telle situation ?). De jurisprudence constante de la Chambre criminelle de la Cour de cassation, il doit, en principe, trancher cette question de droit : *il n'y a pas question préjudicielle* lui commandant de surseoir à statuer jusqu'à appréciation par le juge civil (tribunal d'instance, conseil de prud'hommes ou tribunal d'instance selon le cas) [1].

SECTION 2. **LE CONTENTIEUX ADMINISTRATIF DU TRAVAIL**

96 Le droit français du travail se caractérise par une intervention marquée de l'autorité publique dans les relations collectives ou individuelles entre employeurs et salariés [2]. Le développement du pouvoir réglementaire d'application de la loi et les multiples missions de contrôle et d'arbitrage dévolues à l'Administration débouchent sur des décisions qui ont la nature juridique d'actes administratifs et qui peuvent donc donner lieu à des recours devant le tribunal administratif (avec appel devant la cour administrative d'appel, puis recours en cassation au Conseil d'État), voire directement devant le Conseil d'État [3]. Il faut souligner que l'intervention de l'autorité administrative ne rime pas nécessairement avec la compétence du juge administratif. Parfois, en effet, le législateur n'hésite pas à conférer un « bloc de compétences » au juge judiciaire, nonobstant l'intervention de l'Administration [4].

---

1. Crim. 20 févr. 1996, *RJS* 5/96, n° 557.

2. V. Droit public et droit social, *Dr. soc.* n° spéc., mars 1991. Mais le Code du travail instaure certains rapports directs entre l'État et les employeurs, dont le contentieux relève logiquement de la juridiction administrative (ex., Soc. 28 avr. 2006, n° 04-12. 484, *Bull. civ.* V, n° 156 : à propos de la participation financière de l'employeur au développement de la formation professionnelle continue).

3. Y. Struillou, L'office du juge administratif en contentieux public du travail, *in* M. Keller (dir.), *Procès du travail et Travail du procès*, LGDJ, 2008, p. 279. Sur la répartition des compétences entre le tribunal administratif, la cour administrative d'appel et le Conseil d'État, on renverra aux ouvrages de droit administratif général et de contentieux administratif. Pour une approche historique : F. Burdeau, Le Conseil d'État et le droit du travail à la fin du XIXe s., *Mélanges offerts à Henry Blaise*, Economica, 1995, p. 23.

4. Tel est le cas en matière de rupture conventionnelle. V., l'art. L. 1237-14 du Code du travail.

§ 1. Contentieux de la légalité des décisions administratives

97 ***Contentieux de l'annulation : recours pour excès de pouvoir*** ◊ La contestation des décisions de l'autorité publique vise le plus souvent à obtenir leur annulation. Ce contentieux est très varié. Il peut naître de recours dirigés contre des ordonnances [1], des décrets pris en application d'une loi [2] ou contre des arrêtés ministériels tels que ceux qui concernent la représentativité syndicale ou qui étendent une convention collective [3]. Il peut s'agir aussi – et ce sera fréquemment le cas – de recours dirigés contre les actes administratifs pris par des agents de l'administration du travail (directeurs régionaux des entreprises, de la concurrence, de la consommation, du travail et de l'emploi, chefs du pôle en charge du travail, responsables d'unités territoriales, inspecteurs ou contrôleurs du travail) dans des domaines très divers : emploi [4], règlement intérieur [5], constitution et fonctionnement des comités d'hygiène de sécurité et des conditions de travail [6], élections des représentants du personnel [7], plan de sauvegarde de l'emploi [8]. Le contentieux est abondant aussi en matière d'entrée et de séjour des travailleurs étrangers, ainsi que de délivrance des permis de séjour et de travail [9].

Ce recours en annulation peut être formé sans ministère d'avocat et par toute personne ayant un intérêt à agir contre la décision administrative lui faisant grief. Un salarié protégé pourra, par exemple, attaquer une autorisation de licenciement, de même que l'employeur aura intérêt à déférer un refus d'autorisation au juge de l'excès de pouvoir. Le juge administratif a

---

1. Le juge judiciaire est cependant compétent pour juger de la conformité à une convention internationale des dispositions d'une ordonnance, dès lors que ces dispositions ont fait l'objet d'une ratification implicite de la part du législateur (T. confl. 19 mars 2007, n° 3622, *Dr. soc.* 2007. 750, concl. I. de Silva).

2. Ex., parmi de nombreux arrêts de la Haute juridiction administrative : CE 15 juill. 1953, *Dr. soc.* 1954. 98 ; 10 janv. 1974, *Lebon* 36 ; 11 févr. 1977, *Dr. soc.* 1978. 48, concl. M. Gentot ; *Grands arrêts*, n° 27 (création, par décret, d'un référé prud'homal tenu par un seul conseiller) ; 10 juill. 1981, *Dr. soc.* 1981. 725, concl. J. Massot.

3. CE 2 mars 1962, *Lebon* 147 ; 30 avr. 2003, *AJDA* 2003. 1150, note F. Donnat et D. Casas.

4. Licenciement des représentants du personnel et des délégués syndicaux ; contentieux des aides publiques à l'emploi (P. Talbot : *JCP E* 1993. I. 216). Sur la répartition des compétences entre juge judiciaire et juge administratif en matière de contrats « emploi-solidarité » et « emploi-consolidé », v. T. confl. 22 nov. 2010, n° 3476.

5. Les arrêts rendus en ce domaine par le Conseil d'État sont nombreux (indice d'un nombre non négligeable de saisines des tribunaux administratifs) et constituent la principale source de jurisprudence concernant les conditions de légalité du règlement intérieur.

6. CE 29 avr. 1983, *Dr. soc.* 1984. 126, concl. M. Boyon.

7. Reconnaissance d'établissements distincts, reconnaissance d'une unité de site, formation des collèges, répartition des sièges à pourvoir entre les collèges, répartition du personnel entre les collèges. V. ss Partie IV, Titre 1.

8. Depuis la loi de sécurisation de l'emploi du 14 juin 2013, les plans de sauvegarde de l'emploi doivent, selon qu'ils sont négociés ou établis unilatéralement par l'employeur, faire l'objet d'une validation ou d'une homologation de la part de l'autorité administrative

9. V. ss 166 s.

également admis la recevabilité des recours formés par un syndicat [1] – auquel l'article L. 2132-3 du Code du travail reconnaît une qualité pour agir exorbitante du droit commun [2] – ou un comité d'entreprise [3].

Le délai du recours contentieux est de deux mois à compter de la notification de la décision à l'intéressé ou à compter de l'expiration du délai de quatre mois pendant lequel l'Administration a gardé le silence à la suite d'un recours gracieux ou hiérarchique.

98 ***Contentieux de la déclaration : recours en appréciation de validité*** ◊ Lorsque l'issue d'un litige dépend de la légalité d'une décision administrative, la juridiction judiciaire doit surseoir à statuer pour permettre au juge administratif d'apprécier la légalité de cet acte, qu'il s'agisse d'un acte réglementaire (statut du personnel d'une entreprise publique) [4] ou d'une décision individuelle (autorisation de licencier un salarié protégé) [5]. Ce recours en appréciation de validité sera recevable même après l'expiration du délai de recours contentieux [6], ce qui paraît fort logique puisque la question de la légalité de l'acte est soulevée « par voie d'exception » (par le défendeur).

Observons d'ailleurs que le juge administratif doit, lui aussi, surseoir à statuer si un point relève de la juridiction judiciaire. Ainsi, le sort du recours en annulation de l'arrêté ministériel d'extension d'une convention collective peut dépendre de la légalité d'une clause de cet acte privé : empêché, par le principe de séparation, de se prononcer à cet égard, le juge administratif devra surseoir dans l'attente de l'appréciation de ce point par le tribunal de grande instance [7].

---

1. CE 30 nov. 1979, *Dr. soc.* 1980. 276, note F. Moderne.

2. V. ss 1049 s.

3. V. ss 1162.

4. Enseignement de l'arrêt *Époux Barbier* : T. confl. 15 janv. 1968, *D.* 1969. 202, note J.-M. Auby ; *GAJA*, 16e éd., Dalloz, 2007, n° 86 ; *Grands arrêts*, n° 8. Pour un exemple d'arrêt du Conseil d'État appréciant la légalité d'une disposition du statut du personnel de la SNCF après arrêt de sursis à statuer de la Cour de cassation : CE 29 juin 2001, *Dr. soc.* 2001. 948, concl. S. Boissard.

5. V. ss 1126 ; ex. Soc. 28 mars 2000, *Dr. soc.* 2000. 614, concl. J. Duplat. Cette obligation n'est pas sans limites. D'abord parce qu'il y a des compétences exclusives de l'ordre judiciaire (ex. Soc. 6 avr. 2004, n° 02-45. 481 D ; une juridiction prud'homale saisie d'une demande de requalification d'un contrat de travail à durée déterminée en contrat à durée indéterminée ne doit pas surseoir à statuer dans l'attente de la décision du juge administratif saisi d'un refus d'autorisation de licenciement, car, la qualification du contrat relevant de la compétence exclusive des juridictions judiciaires, il n'existe aucun risque manifeste de contrariété de décisions). Ensuite et surtout parce que le contentieux des relations du travail dans les entreprises publiques relève largement des juridictions judiciaires (B. Jeanneau, in *Écrits offerts à J. Savatier*, PUF, 1992, p. 243 ; J. Chorin, *Dr. soc.* 1993. 953 ; T. confl. 17 avr. 2000, *D.* 2000. IR 135), comme celui des contrats de travail « aidés » soumis à un contrôle préalable de l'Administration (Soc. 3 juill. 2001, *Dr. soc.* 2001. 1113, obs. C. Roy-Loustaunau) voire celui de la légalité du règlement intérieur (Soc. 16 déc. 1992, *Dr. soc.* 1993. 271, note A. Jeammaud). Sur le cas particulier de l'appréciation de la faute lourde du représentant du personnel gréviste : CE 1er avr. 1992, *Dr. soc.* 1992. 689 ; concl. D. Kessler ; J.-E. Ray, *Dr. soc.* 1993. 51.

6. CE 8 mai 1981, *Lebon* 207 ; *D.* 1982. IR 394, obs. Ph. Langlois.

7. CE 21 févr. 2000, *D.* 2000. IR 13.

§ 2. Plein contentieux

99 ***Contentieux de la responsabilité. Contentieux des salariés de droit public*** ◊ La responsabilité de l'État est le corollaire de l'intervention des autorités administratives dans les relations de travail. Elle peut être engagée aussi bien sur le fondement de la faute [1] que sur le fondement du risque ou du principe de l'égalité des citoyens devant les charges publiques. Ainsi, en matière de conflits collectifs du travail, lorsque les tribunaux judiciaires ont ordonné l'expulsion de grévistes qui occupent une usine, l'autorité administrative est tenue de prêter le concours de la force publique pour assurer l'exécution de la décision de justice. Si elle n'agit pas, elle commet une faute et la responsabilité de la puissance publique sera alors engagée sur cette base. Toutefois, l'autorité administrative a « le droit de refuser le concours de la force publique tant qu'elle estime qu'il y a danger pour l'ordre et la sécurité ». Dans ce cas, la responsabilité de l'Administration ne peut plus être engagée pour faute, mais elle peut l'être pour risque en raison de la charge anormale pesant sur le justiciable.

Relèvent également du plein contentieux les actions d'agents publics, liés par un contrat de travail de droit public, contre la personne morale de droit public (chargée d'un service public administratif) qui est ou était leur employeur [2]. Il est vrai que, pour l'heure, ces contestations doivent être tranchées par application de règles de droit qui ne sont pas, pour l'essentiel, celles du Code du travail [3].

Le procès en indemnité présente deux différences notables avec le procès en annulation. Il n'est, d'abord, enfermé dans aucun délai à l'égard du rejet implicite ; seul le rejet explicite fait courir le délai de deux mois. Il n'est, ensuite, pas dispensé du ministère d'avocat.

---

1. Par ex. comme fondement de l'éventuelle responsabilité de la puissance publique en cas d'annulation d'une autorisation administrative de licencier un salarié protégé.

2. T. confl. 25 mars 1996, *Berkani*, *Lebon* 535, concl. Ph. Martin ; *D.* 1996. 598, note Y. Saint-Jours ; *Dr. soc.* 1996. 735, obs. X. Prétot ; *Grands arrêts*, n° 6 ; 22 mai 2006, n° 06-03.517, *AJDA* 2007. 39, concl. Chauvaux. Sur cette jurisprudence *Berkani* et le droit applicable, v. ss 215.

3. L'adoption d'un critère « organique » par l'arrêt *Berkani* n'a pas tari les disputes sur la condition de certains salariés (agents publics ou non, compte tenu du statut de leur employeur ?) ; ex., Soc. 28 avr. 2006, *JCP S* 2006. 1504, note B. Boubli. Pour la compétence judiciaire (donc prud'homale) pour connaître des litiges nés de l'exécution et de la rupture de contrats conclus par les services de l'État à l'étranger avec des personnels non statutaires, et non soumis à la loi française : T. confl. 22 oct. 2001, *M*me *Issa*, *D.* 2001. IR 3396. Par ailleurs, en cas de transfert d'une « entité économique » d'un employeur privé à une personne morale de droit public, le juge judiciaire – donc le conseil de prud'hommes – est seul compétent pour statuer sur les litiges nés du refus de cette personne morale publique ou de l'employeur cédant de poursuivre l'exécution du contrat de travail transmis par l'effet de l'art. L. 1224-1 C. trav. (T. confl. 19 janv. 2004, *M*me *Devun*, *Dr. soc.* 2004. 432, obs. A. Mazeaud), et l'art. 20 de la L. du 26 juill. 2005, qui prétend préciser la situation des salariés concernés par ce passage dans le service public administratif, n'a pas modifié les choses : le conseil de prud'hommes est compétent si l'intéressé conteste son licenciement par la personne morale de droit public consécutif à son refus de la proposition (obligatoire) d'un « contrat de droit public ».

CHAPITRE 2
LES CONSEILS DE PRUD'HOMMES

100 ***Réformes*** ◊ La juridiction prud'homale présente d'importantes spécificités liées à son histoire [1]. Compétente en matière de litiges individuels du travail, elle est composée paritairement de conseillers élus, employeurs et salariés. Cette juridiction est contestée depuis fort longtemps pour sa lenteur, pour l'absence de magistrat professionnel en son sein qui produit parfois un certain éloignement du droit, pour sa compétence limitée créatrice de l'éclatement du contentieux social [2], ou pour son caractère peu démocratique du fait du paritarisme qui donne à une petite minorité des citoyens, les chefs d'entreprises, un poids égal à celui de la grande majorité des citoyens, à savoir les salariés. Les appels à la réforme du conseil des prud'hommes sont anciens [3]. Ils buttent généralement sur les organisations patronales et les organisations syndicales de salariés, lesquelles participent ensemble au fonctionnement du Conseil et défendent ensemble un certain immobilisme. Cette communauté paradoxale d'intérêt n'a toutefois pas bloqué les débats, lesquels sont particulièrement vifs dans la période récente, en raison notamment de condamnations prononcées par la Cour Européenne des droits de l'homme, au nom du fonctionnement déficient de la justice du travail [4]. La question d'une refonte du conseil des prud'hommes, dans le cadre d'une unification des juridictions sociales – actuellement divisées et dévalorisées –, est aujourd'hui à nouveau posée [5] au travers d'un possible échevinage. L'abandon des élections prud'homales au profit d'une désignation par les organisations représentatives, a été

1. Sur l'histoire des Conseils de prud'hommes, v. note A. Cottereau (dir.), « Les prud'hommes (XIXe-XXe siècles) », *Le Mouvement social*, n° 141, 1987.
2. Sur lequel, v. ss 88.
3. P. Laroque, « Contentieux social et juridiction sociale », *Dr. soc.* 1954. 271 ; A. Supiot, « L'impossible réforme des juridictions sociales », *RF aff. soc.* 1992. 97.
4. D. Métin et S. Doudet, « Délais déraisonnables de la procédure prud'homale: l'État condamné », *Sem. soc. Lamy* 2012, n° 1529 ; « La juridiction prud'homale à bout de souffle », *Sem. soc. Lamy* 2013, n° 1575 ; C. Vigneau, « L'inéquitable procès prud'homal », *RJS* 2013. 363 ; Alain Lacabarats et A. Jeammaud, *RDT* 2013. 536 ; M. Laroque, « Unifier les juridictions sociales au profit des bénéficiaires », *RDSS* 2013. 1099 ; F. Guiomard, « La justice prud'homale dans tous ses rapports », *RDT* 2013. 500.
5. V. note P. Joxe, *Soif de justice: Au secours des juridictions sociales*, Fayard, 2014 ; D. Marshall, Les juridictions du XXIe siècle, Rapport pour le ministère de justice, disponible sur http://www.ladocumentationfrancaise.fr/ ; F. Guiomard, « Quelles réformes pour la justice sociale », *RDT* 2014. 129 et 200.

envisagé, dans le but de faire quelques menues économies [1]. Cette dernière réforme à la motivation effarante [2], semble heureusement pour l'instant abandonnée.

101 Les actions en justice sont, dans leur très grande majorité, faites par des salariés [3]. L'employeur se trouve, lui, placé dans une situation de force : par le jeu de la sanction disciplinaire ou du licenciement, ou le non-paiement d'une indemnité ou d'un salaire qu'il estime ne pas devoir, il a le *privilège du préalable :* il se fait en quelque mesure justice à lui-même, puis se situe en position de défendeur. D'où la rareté de son action en justice contre un salarié. Mais le salarié hésitera, par crainte d'aggraver sa situation ou de perdre son emploi, à saisir un tribunal tant que le contrat de travail se poursuit. D'où l'intérêt d'une substitution, au salarié isolé, d'un syndicat saisissant la justice en son nom et pour son compte. Cette substitution est aujourd'hui admise et organisée par le Code du travail dans un certain nombre d'hypothèses et au profit de certaines catégories de salariés présumés particulièrement fragiles ou désarmés [4].

L'étude comparative [5] fait apparaître *deux techniques* opposées de solution des conflits ou litiges du travail.

102 ***Technique « professionnelle » contre technique judiciaire*** ◊ La première l'emporte aux États-Unis, où le litige est pris en mains par l'organisation syndicale ouvrière et résolu au niveau de l'entreprise ou bien, en cas d'échec, à un échelon supérieur, par voie de conciliation puis d'arbitrage, dans un cadre purement professionnel (*grievance procedure*). Sans l'ignorer, le droit français ne lui reconnaît qu'un rôle mineur : les délégués du personnel régleront parfois par contact avec la direction les réclamations individuelles ; l'organisation syndicale prête fréquemment assistance juridique aux salariés. Enfin, sur le plan de la profession, quelques conventions collectives instituent une commission paritaire de conciliation compétente même pour les différents individuels.

---

1. Cf. projet de loi du 22 janv. 2014 relatif à la désignation des conseillers prud'hommes, projet qui semble actuellement abandonné. Sur ce projet, v. Th. Durand, Elections prud'homales : la démocratie coûte trop cher, à bas la démocratie, *Dr. ouvrier* 2014.322.

2. Supprimer des élections pour réduire le déficit budgétaire est une idée si évidemment anti-démocratique que l'on peut s'étonner qu'elle ait pu être portée, dans le débat public, par des hommes politiques élus...

3. A. Supiot, L'impossible réforme des juridictions sociales, *RF aff. soc.* 1993, n° 1, 97. L'action en justice est une liberté publique ; en cas d'atteinte à l'égalité professionnelle, la nullité du licenciement faisant suite à une action en justice est affirmée (C. trav., art. L. 123-5 ; v. aussi art. L. 122-45-2), d'où droit à réintégration. Mais hors cette hypothèse, *la protection du droit d'agir en justice* du salarié n'est généralement pas assurée (A. Supiot, *Dr. soc.* 1985. 774).

4. V. ss 1048. Le délégué du personnel est également habilité, à se substituer à un salarié en cas d'atteinte aux droits des personnes ou des libertés individuelles (C. trav., art. L. 2313-2).

5. A. Supiot, préc., n°s 21 s. ; G. Boldt et autres, *La juridiction du travail et de la sécurité sociale dans les pays de la Communauté*, Commission des Communautés, 1968 ; Min. du trav. (SES), Le rôle du juge, de l'Administration et des partenaires sociaux dans l'application du droit du travail, in *Les relations du travail en Europe*, 2e séminaire, 1990, p. 9-52 ; M. Le Friant, Le traitement du contentieux social en Allemagne, *Dr. soc.* 1993. 496 ; M. Alarcon Caracuel, La juridiction sociale en Espagne, *ibid.* 1993. 707 ; *Les juges et le droit social* (dir. Ph. Auvergnon), COMPTRASEC (CNRS-Univ. Montesquieu Bordeaux IV), 2002.

L'autre méthode consiste à ouvrir au salarié un recours soit devant le juge de droit commun (Italie), soit devant un tribunal du travail (Allemagne, Espagne et aujourd'hui Grande-Bretagne). La composition de ce dernier peut être conçue de façon variable (magistrats spécialisés, juges élus, magistrats assistés de juges élus selon le procédé de l'échevinage). Le trait commun sera l'intégration de cette juridiction du travail dans l'appareil juridictionnel de l'État.

Le droit français consacre ce recours *judiciaire*, mais d'une manière originale. Au premier degré le *conseil des prud'hommes* est une juridiction élective et paritaire, où ne siège donc aucun magistrat professionnel [1]. Au second degré, en revanche, les affaires sont jugées par la *chambre sociale de la cour d'appel*, où ne siègent que des magistrats professionnels. La Cour de cassation domine l'édifice en qualité de juge du droit, accessible par voie de recours extraordinaire, le pourvoi. L'évolution institutionnelle des conseils de prud'hommes, dont l'origine est ancienne [2], se caractérise par sa « *judiciarisation* » : intégration plus étroite dans l'ordre juridictionnel judiciaire, du point de vue des règles comme des pratiques ; soumission au droit commun de la procédure civile, et d'abord aux principes directeurs du procès civil (principe du contradictoire, obligation de trancher en droit), sous réserve des dispositions spéciales du Code du travail (elles ne sont pas secondaires, il est vrai [3]) ; banalisation de l'intervention des professionnels du droit (avocats).

Le fonctionnement de ce système laisse sans aucun doute à désirer [4]. Les propositions de réformes n'ont pas manqué [5], sans qu'on puisse augurer qu'elles aboutissent un jour. L'attachement au *statu quo* (notamment au paritarisme et contre toute perspective d'échevinage) parmi les organisations syndicales et patronales [6] rencontre ici la recherche d'économies budgétaires dans le fonctionnement de la justice et le bas coût d'une justice prud'homale élue, comparativement à une justice professionnelle.

L'institution des conseils de prud'hommes [7] a été profondément rénovée par la loi Boulin du 18 janvier 1979, complétée par une loi du 6 mai 1982. Les articles L. 1411-1 et suivants et R. 1412-1 et suivants du Code du travail sont le siège de la matière.

---

1. La formule prud'homale se retrouve dans quelques cantons helvétiques, notamment à Genève.

2. V. M. David, *Dr. soc. févr.* 1974. 3 ; A. Cottereau (dir.), Les prud'hommes XIXe-XXe s. *Le Mouvement social*, n° 141, oct.-déc. 1987. V. aussi : T. Grumbach. À propos des conseils de prud'hommes… cent ans après, *Dr. ouvrier, nov.* 1997, et le texte de Lénine publié dans *Dr. soc.* 1998. 57.

3. V. ss 116 s.

4. Pour des évaluations soucieuses de méthode et nuancée V. les rapports et études du CERCRID/Univ. Saint-Étienne, notamment : É. Serverin et *alii., L'exercice des voies de recours contre les décisions prud'homales*, Doc. fr. 1990 ; É. Serverin et F. Vennin, Les conseils de prud'hommes à l'épreuve de la décision, *Dr. soc.* 1995. 904 (à partir d'une étude pour le Ministère de la Justice) ; É. Serverin et *al., Les litiges du travail au temps du jugement prud'homal*, CERCRID/Ministère de la Justice, 2000 ; B. Munoz-Perez et É. Serverin, *Le droit du travail en perspective contentieuse*, 1993-2004, Ministère de la Justice, Dir. aff. Civ. et du sceau, nov. 2005.

5. V. pour la période récente : M. Kirsch, Rapport au Ministre de la Justice (non publié), 1986 ; C. Orliac, *Dr. soc.* 1992. 373 ; Y. Saint-Jours, *RF aff. soc.* 1993. 87 ; G. Gélineau-Larrivet (alors président de la Chambre sociale de la Cour de cassation), Quelques réflexions sur les conseils de prud'hommes et la procédure prud'homale, *Mélanges offerts à Pierre Drai*, Dalloz, 2000, p. 343.

6. A. Supiot, L'impossible réforme des juridictions sociales *RF aff. soc.* 1993, n°s 1, 91 s. Les propositions les plus modestes (ex. G. Gélineau-Larrivet, préc.) ont un peu plus de chances.

7. Pour une approche sociologique de l'institution et de son fonctionnement : W. Mac Pherson, *Dr. soc.* 1962. 19 ; P. Cam, *Les prud'hommes, juges ou arbitres ?*, Presses FNSP, 1981. Pour quelques données quantitatives et leur interprétation : A. Jeammaud, *Dr. soc.* 1993. 445.

103 ***Des « modes alternatifs de règlement » ?*** ◊ Les critiques adressées à la justice prud'homale pourraient conforter les partisans du développement des « modes alternatifs de règlement des conflits ». S'il s'agit là de modes de traitement des situations de conflit, et des litiges [1] en particulier, autrement que par une juridiction de l'État *et* par référence au droit de celui-ci, il est clair que ce droit étatique lui-même autorise ou favorise les *alternatives au règlement juridictionnel par décision d'un juge public*, serait-il conseil de prud'hommes [2]. La faveur pour l'entremise d'un tiers aux fins de parvenir à un règlement d'accord – la *médiation* au sens générique – est traditionnelle en matière de relations du travail [3]. En témoigne d'abord la place que la loi ménage à la *conciliation* dans la procédure prud'homale. Depuis la loi du 8 février 1995, existe au surplus la faculté, pour tout juge, de proposer une *médiation* « externe » (C. pr. civ., art. 131-1 s.). La pratique de la médiation à hauteur de la procédure d'appel contre les jugements prud'homaux a pu être, ces dernières années, la politique de certaines chambres sociales de cours d'appel [4].

Place, aussi, est ménagée à la vieille *transaction* du Code civil, naguère redécouverte par les services du personnel pour « régler à l'amiable » et par anticipation les litiges susceptibles de naître autour d'une rupture du contrat de travail. La jurisprudence limite certes l'efficacité juridique – donc l'utilité – de ce procédé « convivial » qui ne parvient évidemment pas à échapper au droit et aux prétoires [5]. Mais une transaction, déjà dotée

---

1. Sur cette distinction des concepts de conflit et de litige (ou différend) : A. Jeammaud, Les contentieux des conflits collectifs du travail, *Dr. soc.* 1988. 689.

2. M.-C. Rivier, Les modes alternatifs de règlement des conflits en droit du travail, *Justices* 1997, n° 8, p. 33.

3. A. Jeammaud, La médiation dans les conflits du travail, *in La médiation, un mode alternatif de règlement des conflits ?*, Inst. suisse dr. comparé, Shulthess, Zurich, 1992, p. 35. Les procédés que le langage du droit français (et d'autres systèmes) nomme « conciliation » et « médiation » constituent deux variétés d'un même type théorique de traitement des disputes : la médiation au sens générique de ce terme. Dans la langue législative, le mot « médiation » paraît surtout employé pour désigner une forme d'entremise dans laquelle le tiers est appelé à proposer la teneur d'un accord et non seulement à favoriser, au gré de son inspiration ou du temps disponible, la négociation entre les protagonistes (ex., les procédures de règlement des conflits collectifs offertes par le Code du travail, v. ss 1479 s.).

4. V. B. Blohorn-Brenneur, La médiation judiciaire. Vers un nouvel esprit des lois dans les conflits individuels du travail, *Gaz. Pal.* 2 juill. 1998 (pour) ; De la rupture négociée du contrat de travail à la médiation judiciaire (Colloque de Valence), *Sem. soc. Lamy* 2002, suppl. n° 1000 (pour) ; B. Augier, La médiation dans les conflits individuels du travail. Une chance pour le patronat, un piège pour les salariés ?, *Dr. ouvrier* 1999. 225 (contre) ; D. Boulmier, Médiation judiciaire déléguée à une tierce personne et instance prud'homale : nid ou déni de justice ?, et K. Derouvroy, La médiation entre par la fenêtre, *Dr. ouvrier* 2002. 185 *ibid.* 197 (très réservés) ; G. Chabot, Remarques sur la vocation conciliatoire des juridictions prud'homales, *D.* 2002. Chron. 2140 (favorable). La mode et le mythe de la médiation font oublier que, s'agissant des différends « justiciables » cet avenant procédé fait d'emblée problème dans un État de droit qui est aussi censé garantir à chacun d'entendre dire son droit. L'exaltation de la médiation risque d'être celle de l'arrangement à tout prix, et de servir essentiellement le souci d'écoulement des stocks d'affaires soumises aux tribunaux, d'accélération à tout prix du cours de la justice.

5. Cela étant, les salariés qui signent une transaction ne vont pas ensuite « aux prud'hommes » pour contester la validité ou la portée de ce contrat singulier ! La transaction d'autorité de la chose jugée (C. civ., art. 2052), peut désormais être homologuée par le président du tribunal de grande instance et ainsi transformée en titre exécutoire. Ce qui est de nature soit à renforcer son efficacité juridique, soit à la fragiliser en l'exposant à discussion [1]. Par ailleurs, l'*arbitrage* des litiges relevant de la matière prud'homale est réduit à la portion congrue par la Cour de cassation, qui n'encourage pas non plus le recours à des *instances paritaires*, même prévues et privilégiées par des conventions collectives, et il ne paraît pas qu'une clause de conciliation (ou de médiation) insérée dans un contrat de travail puisse avoir l'effet que la Cour de cassation lui reconnaît en règle générale [2].

Au total, la position du droit positif (étatique) à l'égard des « modes alternatifs » dans la matière prud'homale est, à ce jour, contrastée. L'idée reste présente à l'esprit que les modes alternatifs de règlement des litiges sont souvent des moyens d'évitement du juge, avec tout ce que cela implique en termes d'éloignement du justiciable de son juge et d'atteinte au droit à un procès équitable [3].

En préambule, il est utile de rappeler la lenteur de la procédure prud'homale. Celle-ci n'a certes pas le monopole de cette indigence, mais la matière est sans doute plus qu'une autre marquée par ce retard à rendre la justice, puisque sont en cause souvent des sommes alimentaires. Les délais excessifs font désormais l'objet d'un contentieux en responsabilité de l'État, pour faute lourde ou déni de justice [4].

SECTION 1. **ORGANISATION**

104 ***Généralisation de l'institution*** ◊ Le conseil de prud'hommes, juridiction permanente n'existait pas partout, mais là seulement où un décret en avait créé un ; il n'intervenait qu'à l'égard des activités mentionnées dans son décret d'institution. En l'absence de conseil de prud'hommes, ou pour une activité non visée au décret d'institution, compétence était attribuée au *juge d'instance*. La loi Boulin (1978) a généralisé les conseils de prud'hommes, en leur donnant un monopole de juridiction dans une ample matière.

1) Généralisation territoriale : il y a dorénavant au moins *un conseil dans le* ressort *de chaque tribunal de grande instance*, éventuellement plusieurs

reste un acte juridique à bien des égards « étonnant » (A. Jeammaud, Genèse et postérité de la transaction, *La transaction dans tous ses états* (dir. B. Mallet-Bricout et C. Nourissat, Dalloz, Coll. Thèmes et commentaires, 2006, p. 5).

1. Y. Desdevises, Les transactions homologuées : vers des contrats juridictionnalisables ? *D.* 2000. Chron. 284 (après le Décr. du 28 déc. 1998 créant l'art. 1441-4 C. pr. civ. ; L. du 22 nov. 1999).

2. V. ss 114.

3. E. Dockès, Injustes alternatives et justes conflits – Critique des justices alternatives à partir du droit social, *Droit et cultures* 2013/1, p. 101.

4. E. Serverin, Le procès des délais de procédure prud'homale, *RDT* 2012. 471.

(C. trav., art. L. 1422-1). Certains départements en étaient auparavant dépourvus [1]. La réforme de la carte judiciaire engagée en 2007 et achevée en 2009 a conduit à une réduction sensible de leur nombre [2].

2) Généralisation « professionnelle » : chaque conseil est en principe [3] subdivisé en cinq *sections*, lesquelles doivent couvrir l'ensemble des activités économiques : sections *industrie* (ouvriers et employés de l'industrie), *commerce et services* (ouvriers et employés du commerce), *agriculture* (ouvriers et employés des professions agricoles mentionnés à l'art. L. 2212-1 C. trav.), *activités diverses* (tous les salariés dont les employeurs ne relèvent ni de l'industrie, ni du commerce, ni de l'agriculture). La loi de 1979, modifiée en 1982, a ajouté une section de l'*encadrement* (C. trav., art. R. 1423-1).

En raison du caractère paritaire de leur composition et de la nature de leurs attributions, les conseils de prud'hommes, qui participent de l'autorité judiciaire, constituent un ordre de juridiction au sens de l'article 34 de la Constitution [4].

§ 1. La juridiction

105 ***Une juridiction élue*** [5] ◊ Un premier trait original de cette juridiction est d'être composée exclusivement de juges élus. L'échevinage (présidence d'un magistrat professionnel) est écarté et les intéressés (patrons et salariés) sont ainsi « jugés par leurs pairs ». La loi n'a pas accueilli la suggestion de faire désigner les conseillers par les organisations représentatives : ces « professionnels juges » sont « élus par leurs pairs ».

1. La L. du 6 mai 1982 a étendu les prud'hommes aux trois départements d'Alsace-Lorraine, où l'échevinage (à l'allemande) était resté en vigueur après 1919.

2. La réforme a conduit à supprimer 62 des 271 conseils existants précédemment et à en créer un (Décrets n° 2008-514 du 29 mai 2008 et n° 2009-1610 du 18 décembre 2009). La logique suivie est la même que celle qui a conduit à la suppression d'autres juridictions (ou encore à la suppression d'hopitaux…). Il s'agit de concentrer, pour faire des économies et mieux répartir les moyens, fut-ce au prix d'un éloignement du justiciable de son juge et plus généralement de l'usager de son service public.

3. Désormais, un seul conseil par ressort de tribunal de grande instance (en général il y en a plusieurs), voire un seul par département, comporte une section agriculture (art. L. 512-2, al. 2).

4. Cons. const. 17 janv. 2008, n° 2007-561 DC, §. 15 (*JO* du 22 janv., p. 1131).

5. Les dispositions réglant l'élection (art. L. 513-1 s., R. 513-1 s.), ont été modifiées et développées par les L. du 9 mai 2001 et du 17 janv. 2002, puis par une série de Décr. de mars 2002, en vue des élections du 11 déc. 2002 (v., les élections prud'homales, *sem. soc. Lamy* 2002, suppl. n° 1069). Dans le cadre de la campagne de simplification du droit, l'Ord. n° 2004-603 du 24 juin 2004 a pris des « mesures de simplification dans le domaine des élections prud'homales ». Elle donne une nouvelle rédaction aux art. L. 513-1, L. 513-2, L. 513-3, L. 513-3-1, retouche d'autres articles, et abroge l'art. L. 513-10 (sans créer de « vide », compte tenu de l'art. L. 513-3, IV). L'objectif est de « fiabiliser » les listes électorales et faciliter l'accès des électeurs au scrutin, afin de favoriser une plus forte participation aux élections. En outre, l'art. 8 de cette ordonnance repousse les prochaines élections à déc. 2008 (au lieu de 2007, chargée en élections politiques) et proroge jusqu'à cette date le mandat des quelque 15 000 conseillers élus en déc. 2002.

L'électorat est largement accordé, dès seize ans, même aux chômeurs. Les travailleurs étrangers sont électeurs [1]. L'*éligibilité* requiert vingt et un ans d'âge et la nationalité française (il s'agit de juger « au nom du Peuple français ») ; en principe, aussi, la qualité d'électeur, mais elle est ouverte aux retraités pendant dix ans après leur cessation d'activité. Les listes électorales sont dressées à partir de la dernière Déclaration annuelle des données sociales (DADS) des employeurs. Le scrutin a lieu par section pendant le temps de travail, sans perte de salaire [2] et dans un lieu proche du lieu de travail [3], et à la *représentation proportionnelle*, avec des listes de candidats en général présentées par des confédérations syndicales et des organisations d'employeurs [4]. Sont irrecevables les listes présentées « soit par un parti politique, soit par une organisation prônant des discriminations fondées notamment sur le sexe, les mœurs, l'orientation sexuelle, l'origine, la nationalité, la race, l'appartenance à une ethnie ou les convictions religieuses, et poursuivant un objectif étranger à l'institution prud'homale » [5]. Les contestations relatives à l'électorat, à l'éligibilité, à la régularité et à la recevabilité des listes de candidats sont de la compétence du juge judiciaire, qui statue en dernier ressort (C. trav., art. L. 1441-15, L. 1441-39, R. 1441-171 s.) [6]. Les conseils sont intégralement renouvelés tous les *cinq ans* [7].

Le juge tient ici sa légitimité d'un « mandat judiciaire », distinct du mandat politique (député) et du mandat professionnel (délégué élu du personnel).

---

1. Il en allait de même pour les enseignants des établissements privés sous contrat d'association avec l'État (Cass., ass. plén., 5 nov. 1993, *JCP* 1994. II. 22180, concl. M. Jéol, obs. Y. Saint-Jours). Mais la loi a fait de ces enseignants des agents publics, liés à l'État par un contrat de travail de droit public (C. éduc., nouv. art. L. 442-5), donc des justiciables des juridictions administratives (tout en les laissant électeurs aux élections professionnelles dans leur établissement d'affectation ; v. ss 1096).

2. Dans la limite du temps nécessaire pour aller voter (Soc. 9 déc. 1992, *Dr. soc.* 1993. 182).

3. Le vote électronique sera mis en œuvre, à titre expérimental, lors des élections de 2008 (Ord. de juin 2004, art. 9).

4. Les élections prud'homales sont devenues le principal indicateur de l'audience nationale des organisations syndicales, et un test de leur représentativité. La participation électorale a régulièrement décliné depuis les premières élections générales : 59 % en 1982 ; 46 % en 1987 ; 40 % en 1992, 34 % en 1997 (21 % pour les employeurs), 32,66 % en 2002. En 2002, la CGT a recueilli 32,13 % des voix, la CFDT : 25,23 %, FO : 18,28 %, la CFTC : 9,65 %, la CGC : 7,01 % (22,81 % dans la section encadrement, soit moins que la CFDT), l'UNSA : 4,99 % et le Groupe de Dix : 1,51 %. La tentative d'imposer une plus grande proportion de femmes sur les listes s'est heurtée au principe d'égalité tel que le comprend le Conseil constitutionnel en matière d'accès aux fonctions électives (Cons. const. 16 mars 2006, n° 2006-533 DC, *RJS* 5/06, n° 519).

5. C. trav., art. L. 1441-23 (L. du 17 janv. 2002, adoptée après la présentation en 1988 de listes patronnées par le Front National).

6. Les élections donnent lieu à un certain nombre de contentieux, et, sur pourvoi, à des arrêts de la 2e chambre civile de la Cour de cassation, à laquelle a été transférée la connaissance de ces affaires), voire de l'Assemblée plénière (ex., 21 oct. 2001, *Bull.*, n° 12, sur la méconnaissance de la règle selon laquelle aucune liste ne peut comporter un nombre de candidats inférieur au nombre de postes à pourvoir).

7. À l'exception des conseillers élus en 2002, dont le mandat a été prorogé jusqu'à 2008.

106 ***Juridiction paritaire*** ◊ Les conseils de prud'hommes sont « composés [...] d'un nombre égal de salariés et d'employeurs » (C. trav., art. L. 1421-1) [1]. Ce principe de parité entraîne, outre l'alternance de la présidence, l'obligation, en cas de partage des voix, de recourir au juge d'instance qui intervient comme tiers départageant (départiteur) (C. trav., art. L. 1454-2) [2]. Il a également pour effet d'écarter toute possibilité de recourir à un juge unique, y compris lorsqu'il s'agit d'une formation de référé [3]. Cependant le paritarisme fléchit lorsque le conseil renvoie l'instruction d'une affaire à « un ou deux » conseillers rapporteurs (C. trav., art. L. 1454-1). D'autre part l'existence d'une section de l'encadrement malmène quelque peu l'idée de parité : est assimilé à un *employeur* le cadre « détenant sur un service, un département ou un établissement de l'entreprise une délégation particulière d'autorité, établie par écrit » (C. trav., art. L. 1441-4), tandis qu'est traité comme un cadre *salarié* « celui qui exerce un commandement par délégation de l'employeur » (C. trav., art. L. 1441-6) [4] : cette formation est donc très homogène [5].

107 ***Juridiction conciliatrice*** ◊ Les conseils de prud'hommes règlent les différends « par voie de conciliation », et ne jugent qu'en cas d'échec de cette recherche d'un règlement d'accord (C. trav., art. L. 1411-1). À cet effet, chaque section comporte un *bureau de conciliation* et un *bureau de jugement* (C. trav., art. R. 1423-34), et la tentative de conciliation est la première phase, obligatoire, de l'instance prud'homale (ce n'est pas un simple « préalable »). Toutefois les exceptions à cette règle se multiplient, tandis que le taux de conciliation n'a cessé de décliner depuis le début de ce siècle [6] ; si bien que la phase de conciliation a aujourd'hui pour principal effet d'allonger la durée de l'instance.

Le bureau de conciliation a des pouvoirs qui vont au-delà de la simple conciliation.

---

1. Sur la sanction de cette règle : Soc. 28 févr. 1996, *RJS* 4/96, n° 436.

2. B. Jaubert et C. Sant, *Dr. soc.* 1985. 567 ; F. Ruellan, *ibid.* 1986. 799 ; Y. Desdevises, *ibid.* 1986. 802 ; M. Keller, *ibid.* 1993. 165 ; É. Serverin et F. Vennin, Les conseils de prud'hommes à l'épreuve de la décision, *Dr. soc.* 1995. 904.

3. CE 11 févr. 1977, *Dr. soc.* 1978. 39, concl. M. Gentot ; *Grands arrêts*, n° 27.

4. Cette délégation écrite de commandement doit conférer personnellement à l'intéressé des pouvoirs distincts de ceux normalement exercés par tout agent de maîtrise, les dispositions réglementaires (statut du personnel de la SNCF) ou conventionnelles ne peuvent déroger à cette exigence (Civ. 2e, 6 mars 2003, *Bull. civ.* II, n° 49).

5. Soc. 27 mars 1984, *Bull. civ.* V, n° 125 (appartenance d'un cadre au collège employeur pour les élections prud'homales). À lire l'art. L. 513-1 dans sa nouvelle rédaction (Ord. du 24 juin 2004), on pourrait croire que les électeurs... salariés de la section de l'encadrement (IV) n'appartiennent pas à un « collège des salariés » (II).

6. A. Supiot, *Dr. soc.* 1985. 225 ; A. Cottereau, *ibid.* 8. Moins de 10 % des affaires (en moyenne nationale) donnent aujourd'hui lieu à procès-verbal de conciliation. Mais il faut tenir compte des accords (transactions parfois) qui interviennent après l'audience de conciliation, qu'il est impossible de dénombrer et qui peuvent être une suite de cette audience (laquelle peut aussi servir à une sorte de mise en état) : Ph. Clément, A. Jeammaud, É. Serverin et F. Vennin, Les règlements non juridictionnels des litiges prud'homaux, *Dr. soc.* 1987. 55.

§ 2. Les juges

108 ***Statut des conseillers prud'hommes*** ◊ Les conseils rendant la justice, leur financement incombe au budget de l'État (jusqu'en 1979 les dépenses étaient à la charge des seules communes). Cela a rendu possible une amélioration du statut des conseillers, sur le plan de leur rémunération, de leur protection, de leur formation (C. trav., art. L. 1442-5 s.). Chaque conseil compte au minimum huit conseillers par section (soit, toutes sections comprises, un minimum de 32 conseillers, 40 s'il possède une section agriculture). Leur statut diffère sur certains points selon le collège, « employeurs » ou « salariés ».

1) Tous les conseillers qui exercent leurs activités prud'homales en dehors des heures de travail, ou qui sont retraités ou demandeurs d'emploi, perçoivent à ce titre des vacations dans des conditions fixées par décret [1]. La question du nombre d'heures utilisées dans l'exercice de leur fonction par les Conseiller prud'homaux a donné lieu à d'importants débats puis à contentieux, le gouvernement souhaitant réduire le coût – pourtant déjà relativement faible – de la justice prud'homale. Le Conseil d'État a tempéré cette volonté d'économie exprimée par le décret du 16 juin 2008 [2]. Selon la Haute juridiction, aucun plafond absolu d'heures indemnisables pour effectuer tel ou tel acte ne peut être fixé [3]. Un plafond ne peut être institué qu'à la condition qu'il soit susceptible d'être dépassé, au moins sur autorisation du président de la juridiction. Le refus d'un tel dépassement, « procède à une inexacte conciliation entre le bon emploi des deniers publics et l'indépendance de la juridiction prud'homale » [4]. Ces exigences sont désormais intégrées dans les textes [5].

2) La participation d'un salarié élu conseiller prud'homme à l'œuvre de justice ne saurait être une cause de rupture de son contrat de travail : son licenciement ne peut intervenir qu'après autorisation de l'inspecteur du travail. Les conseillers constituent donc une catégorie de salariés protégés (C. trav., art. L. 1442-19) [6]. Ils

---

1. C. trav., art. R. 1423-55, D. 1423-56 s.

2. Décr. n° 2008-560 du 16 juin 2008.

3. CE 17 mars 2010, n° 319785, publié au *Lebon*, *RDT* 05/10, p. 316, obs. E. Serverin ; CE 21 oct. 2011, n° 333045 (annulation sur le même motif du Décr. n° 2009-1011 du 25 août 2009, plafonnant à nouveau le nombre d'heures indemnisable des conseillers prud'homme).

4. CE 17 mars 2010 et 21 oct. 2011, préc.

5. Décr. n°2009-1011 du 25 août 2009 et n° 2014-332 du 13 mars 2014.

6. V. ss 1117 s. Protection des candidats dès que l'employeur a connaissance de leur candidature et pendant les six mois qui suivent la publication de celle-ci (C. trav., L. 2411-22), et jusqu'à leur prise de fonction s'ils sont élus (Soc. 24 oct. 1995, *RJS* 11/95, n° 1160 ; 12 sept. 2007, n° 06-43.041, *RJS* 11/07, n° 1201 P), puis pendant toute la durée de leur mandat, puis les six mois suivant sa cessation. L'opposabilité à tous des résultats des élections prud'homales et leur publicité interdisent à un employeur de justifier le non-respect de la procédure protectrice par son ignorance du statut du salarié (Soc. 9 juin 1998, *Bull. civ.* V, n° 314 ; 22 nov. 2000, *Dr. soc.* 2001. 211, obs. J. Savatier). La protection bénéficie au salarié élu conseiller prud'homme dans le collège « employeurs » (ex. un directeur administratif et financier) lorsque son employeur entend se séparer de lui (Crim. 22 avr. 1986, *Bull. crim.* n° 133 ; CE 27 juin 1997, *Dr. soc.* 1998. 408, obs. M. Keller). Elle bénéficie également au conseiller congédié alors qu'il est encore en période d'essai, car si la Chambre sociale avait pu juger le contraire à propos d'un élu prud'homme (Soc. 13 mars 1985, *D.* 1985. 442, note J. Mouly), elle a changé de position (Soc. 26 oct. 20065, *D.* 2006. 115, note J. Mouly ; *D.* 2006. Pan. 419, obs. P. Lokiec) et le revirement concerne aussi cette catégorie de salarié protégé. La protection s'étend à la modification du contrat de travail (Soc. 4 oct. 1995, *RJS* 11/95, n° 1161) ou à la mise à la retraite (Soc. 2 déc. 1998, *Bull. civ.* V, n° 534). Le salarié licencié sans respect de la procédure (licenciement nul) doit être réintégré s'il le demande, avec versement d'une indemnité égale au montant de la rémunédoivent bénéficier du temps libre nécessaire à l'accomplissement de leur fonction (C. trav., art. L. 1442-5) [1] ; ces absences des conseillers du collège salarié n'entraînent aucune diminution de leurs rémunérations et avantages y afférents [2], et ce temps est assimilé à une durée de travail effectif « pour la détermination des droits que le salarié tient de son contrat de travail, des dispositions légales et des stipulations conventionnelles » (C. trav., art. L. 1442-6).

3) Enfin au cours de leur mandat de cinq ans, ils doivent bénéficier de six semaines de congé-formation [3], le maintien du salaire étant imputable sur le 1 % formation et les dépenses de formation incombant à l'État (C. trav., art. L. 1442-2, D. 1442-1 s.).

4) Salarié ou employeur, le conseiller prud'homme est un magistrat [4] et non le représentant d'une organisation, ou le mandataire de son corps électoral (prohibition d'ordre public de tout mandat impératif), ou porte-parole d'intérêts quelconques. Des incompatibilités et des exigences particulières en découlent [5], qui, ajoutées à la composition paritaire et à l'ouverture de voies de recours, assurent *ipso jure* le respect de l'exigence d'impartialité imposée, notamment, par l'article 6-1 Convention EDH [6].

---

ration qu'il aurait perçue entre son licenciement et sa réintégration (Soc. 10 déc. 1997, *Bull. civ.* V, n° 431). Mais il peut, comme tout salarié protégé, préférer l'indemnisation du préjudice subi du fait de ce licenciement illégal, ou plus exactement le montant de la rémunération qu'il aurait dû percevoir entre son éviction et l'expiration de la période de protection (Soc. 28 mars 2000, *Dr. soc.* 2000. 658, obs. J. Mouly), limitée à la durée du mandat en cours à la date de la rupture (même si l'intéressé a été ultérieurement réélu) augmentée d'une période de 6 mois suivant l'expiration des fonctions. La base de calcul de cette indemnité est la rémunération avant précompte des contributions sociales et des impositions que la loi met à la charge du salarié (Soc. 7 juin 2005, *Bull. civ.* V, n° 191). À cette indemnité forfaitaire s'ajoutent les indemnités légales de rupture, et une indemnité réparant l'intégralité du préjudice résultant du caractère illicite du licenciement, au moins égale à celle d'un licenciement sans cause réelle et sérieuse (Soc. 2 mai 2001, *Dr. soc.* 2001. 774, 2e esp., obs. J. Savatier ; 12 juin 2001, *Dr. soc.* 2001. 899, note J. Savatier ; 26 mars 2002, *RJS* 6/02, n° 711). Rappr., en cas de mise à la retraite non autorisée ; Soc. 10 déc. 2003, *RJS* 2/04, n° 234. Après annulation de l'autorisation administrative de le licencier, le conseiller a droit à la réintégration dans son emploi ou dans un emploi équivalent (Soc. 12 mai 1998, *Dr. soc.* 1998. 728, obs. M. Keller).

1. L'obligation faite à tout employeur de laisser à ses salariés conseillers prud'hommes le temps nécessaire à l'exercice d'une partie de leur mission, bénéficie désormais aux salariés mandataires ou délégués de listes à l'occasion des élections prud'homales (art. L. 513-4, al. 7).

2. Pour une exclusion de la qualification d'atteinte volontaire aux droits de ces salariés protégés que sont les conseillers : Crim. 20 mai 2003, *Dr. soc.* 2004. 227, obs. F. Duquesne.

3. Soit 36 jours au total quel que soit l'horaire habituel de l'entreprise où ils travaillent (Soc. 19 nov. 1996, *Bull. civ.* V, n° 393).

4. Y. Desdevises, *Dr. soc.* 1987. 713. En cas de litige d'un salarié conseiller prud'homme avec son employeur, le conseil auquel il appartient est donc incompétent, par application de l'article 47 C. pr. civ. (Soc. 1er déc. 1988, *D.* 1989. 228, note M. et B. Pierchon ; *Dr. soc.* 1989. 394, note Y. Desdevises).

5. Soc. 8 janv. 1997, *Dr. soc.* 1997. 764, obs. G.-P. Quétant (interdiction pour un conseiller prud'homme de siéger pour le jugement au fond dans une affaire où il a assisté une partie en référé, en vertu de l'art. 6-1 de la Conv. EDH : droit à un tribunal impartial) ; CE 16 févr. 1994, *RJS* 8-9/94, n° 1037 (déchéance pour manquement au devoir de réserve).

6. Soc. 19 déc. 2003, *D.* 2004. 1688, note M. Keller ; *Dr. ouvrier* 2004. 129, note J.-P. Collomp, *JCP* E 2004. 269, obs. P. Morvan : arrêts approuvant une cour d'appel d'avoir refusé un renvoi pour cause de suspicion légitime ou rejeté la récusation de conseillers salariés, élus sur certaines listes syndicales. Sur cette question et d'autres problèmes nés de la propension à invoquer l'art. 6-1 de la Convention, v : *Grands arrêts*, n° 29 ; T. Grumbach, La prud'homie face aux enjeux du procès équitable, *Dr. ouvrier* 2004. 114 ; G. Poissonnier et J.-Ph. Ricoit, Garanties de l'impartialité de la juridiction prud'homale, *TPS* 2004. Chron. 9 (avr.) ; M. Keller et

Mais c'est un magistrat non professionnel, qui exerce à temps partiel et pour une durée détermine et ne relève donc pas du statut de la magistrature [1].

Le *secrétaire* du conseil de prud'hommes, dorénavant intégré au corps des greffiers, est devenu fonctionnaire de l'État (C. trav., art. R. 1423-36).

SECTION 2. COMPÉTENCE

§ 1. Compétence d'attribution

Fixée par les articles L. 1411-1 et suivants du Code du travail, elle s'étend à tous les différends individuels nés du contrat de travail, quelle que soit la profession, quel que soit le chiffre de la demande.

109 ***Différends individuels*** ◊ Cette formule exclut les *différends collectifs*. Mais la jurisprudence tend à donner une large acception à la notion de différend individuel, y incluant les différends juridiques même découlant d'une divergence sur l'interprétation d'une convention collective, même à l'issue d'un mouvement de grève ou de lock-out. Il suffit que le différend oppose *un seul employeur à un ou plusieurs salariés pris séparément*, dès lors que ceux-ci « ne cherchent pas à faire trancher le différend sur le plan des intérêts collectifs ».

On considère volontiers qu'un certain désintérêt des organisations professionnelles pour les procédures spécifiques de règlement des conflits collectifs du travail [2] a porté un coup fatal à la distinction entre différends individuels et collectifs, la Cour de cassation ayant alors choisi d'étendre au maximum la compétence des prud'hommes afin que les situations de conflits collectifs trouvent un juge. Dès 1937, elle énonçait que les conseils de prud'hommes ne sont pas compétents si le litige concerne l'exécution d'une convention collective et oppose groupements patronaux et ouvriers, mais qu'il en va autrement si le litige oppose un employeur à des salariés pris individuellement et porte sur un salaire auquel ceux-ci prétendent avoir droit en vertu d'une convention collective [3]. Il suffit donc que la demande ait pour objet la reconnaissance d'un droit individuel que le salarié tire de la loi, du règlement ou de la convention collective pour que le litige ait un caractère individuel. Peu importe qu'elle soit, en fait, présentée à l'initiative du syndicat agissant pour le compte du salarié qui est

T. Grumbach, Sur l'impartialité de la juridiction prud'homale... encore ?, *Dr. soc.* 2006. 52 (v. en annexe, Soc. 26 janv. 2005) ; N. Fricero, Regards sur l'impartialité du juge prud'homal, *Sem. soc. Lamy* 2008, suppl. n° 1352, p. 35. La formule prud'homale française paraît satisfaire les exigences de la Convention, telle que l'interprète la Cour de Strasbourg (v. son arrêt *AB Kurt Kellermann*, *Dr. soc.* 2005. 803, note J.-P. Marguénaud et J. Mouly).

1. Cons. const. 28 déc. 2006, n° 2006-545 DC (*JO* du 31).
2. V. ss 1479 s.
3. Civ. 19 oct. 1937, *DH* 1937. 581. Plus récemment, Soc. 24 avr. 1975, *Bull. civ.* V, n° 209.

juridiquement demandeur [1], ou qu'il s'agisse de demandes groupées (et identiques) d'un certain nombre de salariés [2], ou au contraire dirigées contre un groupe de salariés [3]. Peu importe également que ces demandes soulèvent à titre incident un problème d'interprétation dont la résolution aura nécessairement une portée pratique collective [4]. C'est seulement lorsque l'*objet de la demande principale* est la reconnaissance ou l'interprétation d'un droit collectif, que le litige pourra être dit collectif [5].

Selon que le demandeur invoque le droit collectif à titre incident ou à titre principal, il pourra donc attraire le défendeur soit devant les prud'hommes, soit devant le tribunal de grande instance. D'où une possibilité de « prud'homisation » d'un différend collectif, voire d'un conflit collectif. En cas de grève ou de lock-out, et dans la mesure où les parties n'ont pas l'intention de faire juger le conflit sur le plan collectif (en recourant à un arbitrage devenu facultatif), si les travailleurs cherchent un juge, ils le trouveront en la personne du conseil des prud'hommes auquel ils soumettront une série de demandes ou un procès témoin. De même en matière d'interprétation des conventions collectives : seule une action principale en interprétation relève de la compétence du tribunal de grande instance [6].

Au total :

– le *différend collectif* (portant, par ex., sur l'interprétation d'une convention collective) peut être soumis au juge prud'homal, et le sera en général, dès lors qu'il peut être posé sous l'angle de la demande individuelle de salariés intéressés par la solution de ce litige [7] ; la condition est que le salarié demandeur ou chacun des demandeurs formule un objet de demande pour (ex., la condamnation de l'employeur à lui verser la prime litigieuse) [8] ; des situations qui sont, en fait, des rapports de conflit collectif pourront ainsi donner lieu à traitement (ou à un épisode) sous forme de litiges individuels juxtaposés.

1. Soc. 10 mars 1965, *Bull. civ.* IV, n° 214.

2. Soc. 23 juin 1960, Toussaint, *D.* 1960. 688 ; *Grands arrêts*, n° 18 ; 3 oct. 1991, *Dr. ouvrier* 1992. 193.

3. Soc. 25 oct. 1978, *Bull. civ.* V, n° 710.

4. Soc. 25 juin 1960, préc. ; 24 avr. 1975 (trois arrêts), *Bull. civ.* V, n°s 207, 208, 209 ; 11 juin 1975, *ibid.*, n° 321 ; 18 mars 2008, n° 07-41.813, *RJS* 6/08, n° 704 (compétence prud'homale pour connaître de la question préjudicielle d'interprétation d'un accord collectif posée par le juge administratif dans le cadre d'un litige individuel).

5. Soc. 26 nov. 1981, *Bull. civ.* V, n° 920 ; *Grands arrêts*, n° 21 ; 30 avr. 1997, *Bull. civ.* V, n° 153 ; 6 mai 1998, *Dr. soc.* 1998. 731, obs. G. Couturier.

6. M. Despax, *Négociations, conventions et accords collectifs, Traité de droit du travail*, Dalloz, t. 7, 2e éd. 1989, n° 197.

7. V. par ex., Soc. 15 janv. 1997, *RJS* 2/97, n° 191 (action de 105 salariés en vue de l'exécution d'un accord de fin de grève) ; 12 juill. 2006, *RJS* 10/06, n° 1108 (action individuelle visant à réparation du préjudice résultant de l'inobservation de la convention collective). Mais faute de demande personnelle, il s'agit d'un litige collectif, qui relève de la compétence du tribunal de grande instance (Soc. 30 avr. 1997, *RJS* 6/97, n° 725).

8. Si un salarié se borne à demander l'application générale de telle convention collective dans l'entreprise, sans formuler de prétention particulière pour lui-même, le conseil de prud'hommes n'est pas compétent (Soc. 6 mai 1998, préc.).

– le *conflit collectif* ne portant pas sur des prétentions juridiques subsiste évidemment (celui relatif à une demande d'augmentation de salaires, de réduction du temps de travail, de maintien de l'emploi, etc.), mais il est matière à négociation, directe ou avec le concours d'une commission de conciliation ou d'un médiateur, ou à arbitrage en équité [1].

110 ***Différends nés du contrat de travail*** ◊ L'existence d'un *contrat de travail* est le premier critère de la compétence du conseil de prud'hommes [2]. La discussion de la compétence prud'homale est, par excellence, le terrain de discussion de la qualification d'un rapport de droit, sur l'existence d'un contrat de travail, que le défendeur attrait devant le conseil décline sa compétence ou que le demandeur forme contredit à un jugement prud'homal d'incompétence [3]. Relève de la compétence prud'homale tout litige dérivant de ce contrat (*a*), mais des dispositions légales l'étendent à d'autres litiges (*b*) ; en est exclu le litige dérivant d'un autre contrat (*c*).

a) S'élèvent « à l'occasion » d'un contrat de travail : les litiges liés à une contestation portant sur une discrimination à l'embauche [4] ou sur l'existence même du contrat (contrat fictif, contrat nul [5]) ; ceux relatifs à l'exécution du contrat, notamment d'une action en paiement de salaires [6] ou à des agissements dommageables imputés aux salariés [7] ; surtout ceux qui naissent de la cessation du contrat : réclamation d'indemnités de rupture, de congés payés, réclamation d'un certificat de travail, différend dérivant d'une clause de non-concurrence [8], mais non le litige opposant un employeur à un autre,

1. Par exemple à travers la mise en œuvre des procédures spécifiques de règlement des conflits collectifs du travail (art. L. 522-1 s.). Sur cette distinction, v. A. Jeammaud, *Dr. soc.* 1988. 689 ; *Grands arrêts*, n°s 18 et 21.

2. Car il faut aussi, selon l'art. L. 1411-1 : 1) que le contrat relève des dispositions du Code du travail, ce qui exclut les contrats de travail de droit public ou ceux qui relèvent d'un autre Code, tel le C. trav. mar. (Soc. 26 sept. 2007, n° 06-43.998, *RJS* 12/07, n° 1321, publié au *Bull.* 2) que demandeur et défendeur soient respectivement employeur et salarié, ou l'inverse (si un syndicat entend faire condamner à des dommages et intérêts un employeur qui pratique irrégulièrement et systématiquement l'embauche sous contrats à durée déterminée, la demande relève du TGI ou du TI, selon son montant ; en revanche, un syndicat peut intervenir dans une instance prud'homale).

3. L'art. 82 C. pr. civ. exige que le contredit soit motivé. Pour la Chambre sociale, répond à cette exigence la déclaration de contredit dont l'auteur invoque l'existence d'un lien de subordination, sans s'expliquer davantage ce qui fonde cette thèse (Soc. 15 mars 2006, *Dr. soc.* 2006. 695, obs. J. Savatier).

4. Soc. 20 déc. 2006, n° 06-40.864 P (compétence du C. prud. « pour connaître de tout litige relatif à l'article L. 122-45 du Code du travail »).

5. Soc. 19 déc. 2007, n° 07-40.384 P

6. Pour une approche quantitative de ce contentieux : A. Chevillard, Le salaire devant le conseil de prud'hommes *Dr. soc.* 1997. 561. Mais, chronologiquement, la réclamation en justice d'éléments de rémunération accompagne plutôt une contestation relative à la rupture ou n'est formée qu'après cette rupture, Appartiennent aussi au contentieux de l'exécution les litiges relatifs aux sanctions disciplinaires.

7. Soc. 16 janv. 2008, n° 05-21.757, *RJS* 6/08, n° 669 (actes de concurrence déloyale) ; Civ. 2e, 20 déc. 2007, n° 07-13.403 P (action en remboursement des dommages causés par le salarié au véhicule d'un client).

8. Soc. 15 mai 1974, Delbecq, *D.* 1974. 703, note Y. Serra ; *Grands arrêts*, n° 19.

complice de la violation de cette clause [1]. L'article L. 1411-1, alinéa 1er vise « les différends qui peuvent s'élever *à l'occasion* de tout contrat de travail », et ce lien est largement entendu en jurisprudence [2]. Pleinement compétents pour connaître des litiges consécutifs aux licenciements économiques [3], les conseils ont aussi vocation à trancher le litige opposant des salariés à leur ancien employeur au sujet des engagements pris par ce dernier dans un plan social [4]. Depuis la loi du 25 janvier 1985, ils sont seuls compétents si une contestation de nature salariale surgit, même postérieurement au jugement d'ouverture d'une procédure collective [5]. Par ailleurs, l'autorisation de licenciements par le juge-commissaire n'interdit pas à la juridiction prud'homale de statuer sur les demandes de salariés licenciés au regard de leur situation individuelle (qui demandent, par exemple, pour non-respect de la procédure de consultation des représentants du personnel) [6].

b) Par l'effet de dispositions légales expresses, la compétence des conseils de prud'hommes s'étend à des litiges opposant le salarié non directement à l'employeur, mais à un organisme substitué à l'employeur pour l'exécution de certaines de ses « obligations légales » [7], telles une caisse de congés payés [8], l'AGS ou encore l'Assedic à laquelle l'employeur auteur d'un licenciement non justifié doit rembourser les indemnités de chômage.

C'est aussi en vertu d'une disposition légale expresse que la compétence prud'homale a été étendue, sans souci de logique, aux litiges *entre salariés*, nés à l'occasion du travail [9], par exemple aux actions des non-grévistes contre les grévistes [10].

---

1. Soc. 21 août 1977, *D.* 1978. 9 : il y aura alors deux litiges, l'un prud'homal l'autre civil ou commercial. En revanche la juridiction prud'homale est compétente pour connaître du recours en garantie exercée par le cessionnaire contre le cédant qui a été condamné solidairement avec lui pour avoir éludé les droits d'un salarié dans le cadre du transfert d'entreprise (Soc. 10 avr. 2008, n° 07-41.101, *RJS* 6/08, n° 643).

2. V. *Grands arrêts*, n° 18. Ex. : Soc. 2 juin 2004, *Bull. civ.* V, n° 155 (compétence du conseil de prud'hommes, et non du TGI, pour connaître de la demande d'une ancienne conseillère littéraire salariée contre un éditeur, son ancien employeur, en paiement de droits en raison d'une création littéraire dans l'élaboration d'ouvrages édités par lui) ; Civ. 2e, 20 déc. 2007, n° 07-13.403 P, *D.* 2008. 225 (Action en responsabilité exercée par l'employeur contre le salarié ayant commis un dommage à un tiers dans l'exercice de sa mission) ; Soc. 21 mai 2008, n° 07-15.462 P, *RJS* 7/08, n° 816 ; *RDT* 2008. 472, obs. Grumbach et Serverin (demande du salarié fondée sur les dispositions du Code de propriété intellectuelle).

3. Sur la pratique prud'homale en ce domaine, V. S. Carré, *Dr. soc.* 1993. 859.

4. Soc. 23 févr. 1994, *Dr. soc.* 1994. 516.

5. Soc. 3 oct. 1989, *Bull. civ.* V, n° 559 ; 6 mars 1990, *ibid.*, n° 92.

6. Soc. 3 mars 1998, *Dr. soc.* 1998. 508, obs. R. Vatinet.

7. Sur les limites de cette notion ; Soc. 2 juin 1993, *Bull. civ.* V, n° 156.

8. L'art. L. 511-1, al. 2, n'envisage expressément que la « mise en cause » de l'organisme (caisse de congés payés du bâtiment ou du spectacle, notamment) aux côtés de l'employeur. Cette disposition fonde aussi l'appel en garantie, devant le conseil de prud'hommes, d'une association de services aux personnes établissant les bulletins de paie pour le compte du particulier employeur (Soc. 28 févr. 2006, *Dr. soc.* 2006. 680, obs. J. Savatier).

9. Soc. 18 mars 2008, n° 07-40.835, *RJS* 5/08, n° 607 (différend entre deux musiciens sur la répartition des cachets versés à l'occasion d'un travail salarié effectué en commun).

10. Soc. 3 mars 1983, *Dr. soc.* 1983. 638. Difficulté possible si le salarié s'oppose aux héritiers de l'employeur (Soc. 25 avr. 1990, *JCP* 1991. 21695, note P. Bauchard : question préjudicielle) ; 15 juin 1995, *CSBP* 1995, n° 72, p. 233 (action en réparation d'une diffamation : incompétence des prud'hommes).

Les articles L. 7321-1 et suivants du Code du travail étendent le champ d'application d'une partie des dispositions du Code du travail à certains gérants de succursales, bien qu'ils ne soient pas liés au propriétaire du fonds qu'ils exploitent par un contrat de travail. Ce statut hybride des gérants non-salariés conduit à une répartition de compétence entre les prud'hommes, habiles à connaître des litiges relatifs à l'application du Code du travail et le tribunal de commerce, devant qui doivent être portés les litiges se rattachant aux modalités commerciales d'exploitation du fonds [1].

c) En l'absence de disposition légale de ce genre, si le litige ne trouve pas sa source dans un contrat de travail le conseil de prud'hommes est en principe incompétent. Cela a été jugé pour les contrats d'intéressement ou de participation aux fruits [2] ; pour un pacte d'actionnaires liant un salarié [3] ; pour l'exploitation d'une invention de salarié [4] ; pour une convention de stage sauf requalification [5] ; pour le travail pénitentiaire [6]. La compétence prud'homale ne se retrouve à propos des conventions accessoires au contrat de travail, que si la demande présente un lien direct et nécessaire avec le contrat de travail [7]. Ce pourra être le cas en matière de *prêt* consenti à titre d'avance de salaires [8] ou de *dépôt* lié à l'exécution du travail [9], ou encore, dans un tout autre registre, d'octroi d'option de souscription d'actions [10]. Les contrats d'assurance groupe conclus par l'employeur au profit des salariés ne sont de la compétence prud'homale que s'ils ont été souscrits au profit de l'ensemble du personnel et constituent un avantage social complémentaire accessoire au contrat de travail [11].

111 ***Compétence d'une autre juridiction*** ◊ Les litiges nés de l'application de *la législation de Sécurité sociale* échappent aux conseils de prud'hommes

---

1. Soc. 8 mars 2006 et 22 mars 2006, *Dr. soc.* 2006. 789, obs. J. Savatier.

2. Soc. 20 oct. 1977, *Dr. soc.* 1978. 127.

3. Soc. 18 oct. 2007, n° 06-45.331 P, *D.* 2008. 259, note Lokiec

4. Soc. 18 févr. 1988, *Bull. civ.* V, n° 126 (compétence du TGI).

5. Soc. 11 oct. 1990, *Dr. ouvrier* 1991. 108 ; Paris, 19 janv. 1995, *RJS* 5/95, n° 588 (requalification d'un stage étudiant en contrat de travail) ; Aix-en-Provence, 27 sept. 1995, *RJS* 11/95, n° 1215 (stagiaire AFPA). Sur le contentieux des stages, V. F. Gaudu, *Dr. ouvrier* 1991. 123. Il avait été jugé que le conseil de prud'hommes était incompétent pour connaître du différend entre un travailleur handicapé et un centre d'aide par le travail, faute de contrat de travail entre eux (Soc. 18 mars 1997, *RJS* 6/97, n° 765) ; mais aux termes de l'art. L. 323-32, issu de la L. du 11 févr. 2005, « l'entreprise adaptée ou le centre de distribution de travail à domicile est considéré comme employeur et le travailleur handicapé comme salarié pour l'application des dispositions législatives, réglementaires et contractuelles en vigueur (...) ».

6. Soc. 17 déc. 1996, *Dr. soc.* 1997. 344, obs. G. Giudicelli-Delage et M. Massé ; v. S. Lorvellec, Le travail pénitentiaire, *in* A. Supiot (dir.), *Le travail en perspectives*, LGDJ, 1998, p. 247.

7. V. application de ce critère en matière de logement de fonctions : J. Lafond, *JCP* 1984. I. 3159 ; *Rép. trav. Dalloz*, V° Logement du travailleur.

8. Soc. 22 juin 1961, *Bull. civ.* IV, n° 686 ; 6 nov. 1968, *Bull. civ.* IV, n° 486 ; si le prêt se poursuit après la cessation du contrat : exclusion de la compétence prud'homale (Soc. 25 mai 1981, *Bull. civ.* V, n° 462).

9. Soc. 3 nov. 1976, *Bull. civ.* V, n° 550.

10. Soc. 21 juin 2005, *JCP S* 2005. 1183, note B. Boubli.

11. Soc. 8 mars 1995, *Dr. soc.* 1995. 506 ; 19 janv. 1999, *ibid.* 1999. 315, obs. Ph. Langlois.

(C. trav., art. L. 1411-4) [1]. Mais non ceux relatifs au préjudice découlant pour le salarié de la non-affiliation par l'employeur, car il s'agit d'une obligation découlant du contrat de travail [2]. Même raisonnement pour les régimes complémentaires de retraite ou de prévoyance : les litiges y afférents échappent aux conseils de prud'hommes [3], mais non ceux qui découlent de l'inexécution par l'employeur d'une obligation découlant du contrat de travail [4]. Le conseil de prud'hommes est compétent pour connaître des conséquences des maladies professionnelles non reconnues comme telles, dans la mesure où l'employeur est défendeur et où l'objet de la demande se rapporte à l'exécution du contrat.

Les litiges intéressant les salariés des services publics, employés dans les conditions du droit privé, doivent être portés devant le conseil de prud'hommes, tels ceux des EPIC [5], des Caisses nationales de sécurité sociale [6] ou de services publics industriels et commerciaux non dotés de la personnalité juridique [7], à la différence de ceux concernant des fonctionnaires, des agents contractuels de droit public [8], des ouvriers de l'État, des agents des EPA, qui relèvent de la juridiction administrative [9]. Le partage des compétences concernant les agents contractuels des services publics administratifs, lié au degré de participation du salarié au service public, étant particulièrement

---

1. Mais, par ex., l'action d'un agent d'EDF-GDF demandant, contre son employeur, l'anticipation de son départ en retraite en application des dispositions du statut national des industries électriques et gazières, est relative à la date de cessation du contrat de travail et relève donc de la compétence prud'homale (Soc. 21 janv. 2004, *Bull. civ.* V, n° 23).

2. Soc. 20 janv. 1971, *D.* 1971. 441.

3. Soc. 5 déc. 2006, n° 06-40.163, *Bull.* V, n° 369 (compétence du TGI ; indivisibilité de l'action dirigée contre le régime de retraite et contre l'employeur).

4. Pour une pension de retraite d'entreprise, Soc. 6 févr. 1967, *D.* 1967. 508 ; 20 nov. 1975, *D.* 1975. IR 256.

5. Art. L. 511-1, al. 7 ; v. T. confl. 7 oct. 1996, *RJS* 12/96, n° 1309 (prof. de l'éducation nationale mis à la disposition d'EDF : compétence prud'homale). Si la légalité du statut du personnel est contestée, le conseil de prud'hommes doit surseoir à statuer : T. confl. 26 oct. 1981, *Dr. ouvrier* 1982. 37 ; CE 19 juin 1981, *D.* 1981. IR 519 ; 12 oct. 1992 ; CE 15 mai 1996, *RJS* 7/96, n° 855 (légalité des circulaires relatives au statut) ; Soc. 2 mai 2000, *Bull. civ.* V, n° 162. Dès lors que la loi qualifie un organisme d'EPIC, le juge prud'homal ne peut remettre en cause cette qualification et se déclarer incompétent en estimant qu'il s'agit d'un service public administratif (Soc. 17 juill. 2001, *Dr. ouvrier* 2002. 20). V. B. Jeanneau, *Écrits en l'honneur de J. Savatier*, PUF 1992. 243 ; J. Chorin, *Dr. soc.* 1993. 953 ; C. Garbar ; *AJDA*, n° spéc., Droit du travail et droit public, sept. 1991.

6. Soc. 31 janv. 2007, n° 06-40.362 P

7. Soc. 28 avr. 2006, *JCP S* 2006. 1504, note B. Boubli (à propos de la Direction des monnaies et médailles, instituée au ministère des Finances). L'action est alors dirigée contre l'agent judiciaire du Trésor ; T. confl. 12 févr. 2007, *RJS* 5/07, n° 648.

8. Que sont désormais les maîtres des établissements privés d'enseignement sous contrat d'association (art. L. 442-5 C. éduc.), ce qui rend caduque une ferme position de la Cour de cassation (Cass., ass. plén., 20 déc. 1991, *Dr. soc.* 1992. 439 ; 5 nov. 1993, *JCP* 1994. II. 22180, concl. M. Jéol, obs. Y. Saint-Jours).

9. T. confl. 2 mai 1988, *Dr. soc.* 1989. 673, note J.-F. Lachaume. Nombreux arrêts, dans le même sens, de la Cour de cassation : Soc. 27 avr. 1989, *Bull. civ.* V, n°s 311 et 312 ; 10 oct. 1990, *ibid.*, n° 422 ; 20 déc. 2006, n° 04-46.673, *ibid.* n° 403 (Groupement d'intérêt public) et du Conseil d'État. V. F. Hamon : *Dr. soc.* 89. 815 ; Y. Saint-Jours, *Dr. ouvrier* 1992. 366. V. L. Gay, *La jurisprudence sociale du Tribunal des conflits*, Th. PUAM, 2006, préf. A. Bugada.

flou, le Tribunal des conflits a choisi de reconnaître à tous ces agents la qualité d'agents publics relevant de la compétence du juge administratif [1]. En sens inverse, il faut tenir compte des dispositions légales qualifiant de contrats de droit privé certains contrats de travail qui, à défaut, n'auraient pas cette qualité, tel le contrat d'accompagnement dans l'emploi (CAE) ou le CIRMA, dont le contentieux relève ainsi du conseil de prud'hommes [2]. Ces derniers demeurent également compétents pour connaître des litiges opposant des salariés au repreneur public d'une entité privée, tant que ce repreneur ne les a pas placés dans un régime de droit public [3].

§ 2. Compétence territoriale et internationale

112 ***Pluralité de critères*** ◊ Par dérogation à la règle générale (C. pr. civ., art. 42), le conseil de prud'hommes compétent est celui dans le ressort duquel est situé *l'établissement* où travaille le salarié. Si le lieu de travail n'est pas fixe (VRP), le conseil compétent est celui du domicile du salarié lors de la saisine du conseil [4]. Dans l'un et l'autre cas, toutefois, le salarié demandeur dispose d'une option : il peut toujours préférer saisir le conseil du lieu où l'engagement a été contracté [5], ou bien celui du lieu ou l'employeur est établi [6] (C. trav., art. R. 1412-1, anc. art. R. 517-1, al. 3). Cette option est indépendante de la nature et du lieu de l'emploi, et son exercice est laissé au libre choix du salarié [7].

De la compétence territoriale on peut rapprocher la *compétence internationale* (celle qui habilite à connaître d'un litige dans une relation présentant un caractère international) : elles sont certes de nature différente, mais le droit jurisprudentiel puise dans les critères de la première ceux de la seconde [8]. Si

---

1. T. confl. 25 mars 1996, *Berkani, D.* 1996. 598, note Y. Saint-Jours ; *Dr. soc.* 1996. 735, obs. X. Prétot ; *Grands arrêts*, n° 8 (et les arrêts cités). Une attribution claire de compétence peut résulter du statut de certains établissements, comme la Banque de France (Soc. 10 mai 1995, *RJS* 6/95, n° 686 : compétence administrative).

2. V. ss 156. À propos d'espèces antérieures de « contrats aidés », v. : T. confl. 20 oct. 1997, *Lebon* 538 ; 7 juin 1999, *Dr. soc.* 1999. 762, concl. J. Arrighi de Casanova ; Soc. 9 déc. 1998, *Dr. soc.* 1999. 143, note M. Keller ; 16 mars 1999, 2 arrêts, *ibid.* 1999. 553, note C. Roy-Loustaunau ; Soc. 15 nov. 2006, n° 05-42.469, *Bull. civ.* V, n° 337 (contrat emploi-jeune).

3. Soc. 12 juin 2007, n° 05-44.337 P

4. Soc. 25 nov. 1993, *Cah. prud'h.* 1994, n°s 4, 59 ; 9 juin 1994, *ibid.* 1995, n° 1, 1.

5. Soc. 12 mars 1997, *RJS* 4/97, n° 451 (salarié ayant travaillé successivement pour plusieurs sociétés d'un même groupe).

6. Il peut s'agir du domicile de l'employeur (Soc 27 févr. 1991, *RJS* 1991, n° 504).

7. Soc. 9 déc. 1992, *Bull. civ.* V, n° 588 ; 16 mai 2007, n° 06-42.717, *RJS* 7/07, n° 884. Le conseiller prud'homme a la qualité de magistrat et lorsqu'un magistrat ou un auxiliaire de justice est partie à un litige relevant de la juridiction dans laquelle il exerce ses fonctions, le demandeur peut saisir une juridiction située dans un ressort limitrophe (pour une illustration de cette faculté ; Soc. 6 nov. 2001, *TPS* 2002. 23, obs. B. Boubli).

8. Soc. 2 juin 1983, *JDI* 1984. 337, 1re esp., note P. Rodière ; *D.* 1984. IR 368, obs. A. Lyon-Caen ; *Grands arrêts*, n° 24. Un conseil de prud'hommes se trouvera ainsi compétent si le travail est effectué dans un établissement situé en France (conseil du lieu de cette implantation) ou si, le travail étant effectué hors de tout établissement (et même à l'étranger), le salarié a son aucun conseil de prud'hommes ne se trouve internationalement compétent en vertu de l'un ou l'autre de ces critères (notamment le travail dans un établissement situé en France, ou le domicile en France du salarié sans établissement), un conseil de prud'hommes pourra être utilement saisi en raison de la nationalité française du demandeur (hypothèse la plus probable) ou du défendeur (C. civ., art. 14 et 15) [1]. Face à la compétence d'un conseil de prud'hommes résultant de l'application de ces règles, l'ordre juridique français reconnaît-il valeur et efficacité à une clause (logée dans un contrat de travail international) attribuant compétence à un tribunal étranger [2] ? Il reste que la compétence internationale des juridictions françaises est depuis 2002 largement réglée par le règlement CE n° 44-2001 du 23 décembre 2000 (qui a remplacé la Convention de Bruxelles de 1968). Selon ce règlement (art. 18 s.), l'employeur ayant son domicile sur le territoire d'un État membre peut être attrait soit devant les tribunaux de l'État membre où il a son domicile ; soit devant le tribunal du lieu où le travailleur accomplit habituellement son travail ou devant le tribunal du dernier lieu où il a accompli habituellement son travail ; soit enfin, lorsque le travailleur n'accomplit pas ou n'a pas accompli habituellement son travail dans un même pays, devant le tribunal du lieu où se trouvait l'établissement qui a embauché le travailleur [3].

---

domicile en France (conseil dans le ressort duquel se trouve ce domicile), quelle que soit la nationalité du salarié ou celle de l'employeur ; un salarié ayant toujours la faculté, où qu'il soit et où qu'il travaille, de saisir le conseil dans le ressort duquel, le cas échéant, le contrat a été conclu ou bien où l'employeur a son siège. De plus, l'art. R. 517-1-1 (Décr. du 29 mai 2000) reconnaît aux conseils de prud'hommes compétence pour statuer sur les contestations relatives aux droits consacrés par l'art. L. 341-5 C. trav. (art. L. 342-1 s. depuis la L. du 2 août 2005) au profit d'un travailleur détaché en France pour une période limitée par son employeur étranger. Mais il faut tenir compte de la primauté des conventions internationales (Cass., ass. plén., 14 oct. 1977, *D.* 1978. 417, note P. Lagarde ; *Grands arrêts*, n° 23), et de l'immunité de juridiction dont jouissent les États étrangers et certaines organisations internationales, qui ne manquent pas de les opposer à d'anciens salariés prétendant les attraire devant un conseil de prud'hommes (v. pour une limite de cette immunité : Soc. 25 janv. 2005, *Bull. civ.* V, n° 16).

1. Le juge prud'homal français doit-il toujours décliner sa compétence si manque l'une ou l'autre de ces conditions ? La Chambre sociale a récemment rappelé (dans une affaire d'« esclavage moderne ») le rôle de l'*ordre public international* : il « s'oppose à ce qu'un employeur puisse se prévaloir des règles de conflit de juridictions et de lois pour décliner la compétence des juridictions nationales et évincer l'application de la loi française dans un différend qui présente un rattachement avec la France et qui a été élevé par un salarié placé à son service sans manifestation personnelle de sa volonté et employé dans des conditions ayant méconnu sa liberté individuelle » (10 mai 2006, n° 03-46.593 P, *RDT* 2006. 7).

2. Une relative incertitude subsiste (v. : Soc. 30 janv. 1991, *Bull. civ.* V, n° 41 ; *Grands arrêts*, n° 25).

3. J.-M. Béraud, Les recours juridictionnels dans les rapports de travail internationaux, *Dr. soc.* 1993. 519 ; P. Rodière, *Droit social de l'Union européenne*, LGDJ, 2e éd., 2002 ; *Grands arrêts*, sous n° 23-26. Ces règles de compétence spéciales interdisent au juge d'un État membre, saisi par un salarié d'une demande dirigée contre un employeur domicilié dans un autre État membre, de se référer aux règles de compétence interne pour déterminer la juridiction compétente. V. Soc. 20 sept. 2006, n° 05-40.491, *Bull. civ.* V, n° 277 ; *Dr. soc.* 2006. 1200, obs. Lhernould (chauffeurs routiers d'une société allemande dont le domicile en France « était le centre effectif de leurs activités professionnelles ») ; 20 sept. 2006, n° 04-45.717, *Bull. civ.* V, n° 268 (écartant la compétence du tribunal du domicile au profit de celui du dernier lieu de

§ 3. Compétence « professionnelle »

113 ***Les sections : la section de l'encadrement*** ◊ Il y a lieu de prendre en considération l'activité principale *de l'employeur* pour déterminer la section compétente (industrie, commerce, agriculture, activités diverses). La profession du salarié est indifférente. La prise en considération du statut professionnel du salarié est, en revanche, requise pour les cadres, qui relèvent toujours de seule section de l'encadrement.

La loi ne dit rien de la compétence de cette section. Elle indique seulement qui y est électeur : *a*) ingénieurs et salariés ayant une formation équivalente constatée *ou non* par un diplôme ; *b*) salariés qui, ayant acquis une formation technique administrative, juridique, commerciale, financière, exercent *un commandement par délégation de l'employeur* ; *c*) les VRP [1]. On peut en inférer (la compétence étant ici dépendante de l'électorat) que relèvent de cette section les trois catégories de cadres qui y sont inscrits : les cadres par formation ou titre ; les cadres par fonction (ceux qui exercent un commandement) ; les cadres par assimilation légale (les VRP). La jurisprudence avait écarté *les agents de maîtrise* que les conventions collectives, dans leurs annexes, ne traitent pas comme des cadres et précisément pour ce motif [2]. Depuis la loi du 6 mai 1982 les *agents de maîtrise* ayant délégation écrite de commandement relèvent de la section de l'encadrement [3].

Si la qualification de cadres au sens du droit prud'homal « descend » vers les agents de maîtrise, elle « monte » également jusqu'à être malaisément discernable de celle d'employeur. Certains cadres de direction peuvent être juges dans la section des cadres au titre des salariés, d'autres au titre des employeurs [4].

§ 4. Compétence d'ordre public et exclusive

114 ***Nullité des dérogations*** ◊ Compétences d'attribution, territoriale, et sans nul doute professionnelle, sont d'ordre public. Toute convention

travail) ; 19 juin 2007, n° 05-42. 551 P (compétence du juge du lieu de travail pour connaître du litige opposant le salarié d'une société filiale à 99 % à la société mère finlandaise) ; 1er avr. 2008, n° 07-40.706, *RJS* 6/08, n° 707. La CJCE a déclaré inapplicable aux contrats de travail les dispositions de l'art. 6 du Règlement, qui règlent la compétence en cas de pluralité de défendeurs (CJCE 22 mai 2008, *Glaxomithkline*, aff. C. 462-06).

1. Art. L. 513-1, IV, tel de rédigé par l'ordonnance du 24 juin 2004 (sans changement substantiel par rapport au texte antérieur).

2. Soc. 14 nov. 1979, *Bull. civ.* V, n° 850 ; 21 nov. 1979, *ibid.*, n° 875 ; Cass., ass. plén., 20 juin 1980, *D.* 1981. 325, note Ch. Pactet, *JCP* 1980. II. 19466, note B. Teyssié.

3. La Cour de cassation exige que ces salariés détiennent une délégation écrite de commandement durable et effective. Dans le même sens, sur le plan de l'électorat : Civ. 2e, 6 mars 2003, *Bull. civ.* II, n° 48 et 49.

4. Soc. 28 nov. 1979, *Bull. civ.* V, n° 906 ; 23 juill. 1980, *ibid.*, nos 689 et 690 ; 30 nov. 1982, *ibid.*, n° 659 (nécessité de rechercher si le cadre exerce bien les prérogatives de l'employeur). Des adjoints de direction et chefs de département doivent être inscrits dans le collège employeurs (Soc. 7 déc. 1982) ; une délégation d'autorité sur le personnel caractérise le cadre comme « employeur » (Soc. 27 mars 1984, *Bull. civ.* V, n° 125).

dérogatoire, toute clause d'un contrat individuel (C. trav., art. L. 1221-5, L. 1411-4) ou d'une convention collective, donnant compétence, en matière prud'homale, à un autre ordre de juridictions ou à un conseil territorialement non compétent, sont nulles, d'une nullité absolue [5].

De même, l'institution d'une commission paritaire [6] ou d'un conseil de discipline ne saurait avoir pour effet de priver le salarié du droit de saisir le conseil de prud'hommes [7]. Si une chambre mixte a jugé que la clause d'un contrat instituant une procédure de conciliation obligatoire et préalable à la saisine du juge était licite et que sa mise en œuvre constituait une fin de non-recevoir s'imposant au juge étatique [8], il ne paraît pas que cette règle jurisprudentielle puisse s'appliquer à une clause (de conciliation ou médiation) qui serait insérée dans un contrat de travail et prétendrait tenir en échec la compétence du conseil de prud'hommes [9].

En revanche, un *compromis d'arbitrage*, mais à condition d'être postérieur à l'expiration du contrat de travail, dessaisirait la juridiction prud'homale au profit de l'arbitre désigné : c'est la seule ouverture à l'arbitrage dans la matière prud'homale [10].

La compétence internationale manifeste-t-elle la même résistance ? Si la clause attributive de compétence est parfois licite dans un contrat de travail international, la clause compromissoire stipulée dans ce type de contrat reste moins bien traitée : à défaut d'être nulle, elle est inopposable

5. Soc. 16 déc. 1960, *D.* 1961. 172 ; 21 avr. 1961, *Bull. civ.* IV, n° 353 ; 4 mai 1961, *ibid.*,n° 370 (clause attributive de juridiction) ; Civ. 20 juin 1957, *JCP* 1958. II. 10773 (clause compromissoire).

6. Même expressément admise, par la loi (ex. l'art. L. 132-20), à connaître des « réclamations individuelles ».

7. Soc. 19 juill. 1988, *Bull. civ.* V, n° 475 ; *Grands arrêts*, n° 22 (et les autres arrêts cités). En l'absence de dispositions de la convention collective prévoyant que l'avis de la commission paritaire aura la valeur d'un avenant à la convention, l'avis de cette commission ne lie pas le conseil de prud'hommes ultérieurement saisi (Cass., ass. plén., civ. 6 févr. 1976, *Dr. soc.* 1976. 472, obs. J. Savatier ; *Grands arrêts*, n° 20 ; Soc. 11 oct. 1994, *Dr. soc.* 1994. 985 ; 15 juill. 1998, *Bull. civ.* V, n° 389). La décision de la commission arbitrale des journalistes n'a d'autorité de la chose jugée qu'en ce qui concerne l'indemnité de licenciement (Soc. 8 juill. 1992, *Dr. soc.* 1992. 840).

8. Cass., ch. mixte, 14 févr. 2003, *D.* 2003. 1386, note P. Ancel et M. Cottin ; *Dr. soc.* 2003. 890, obs. M. Keller (à propos d'une cession d'actions de société).

9. Militent en faveur de cette restriction de la portée de cet arrêt (rédigé en termes très généraux) l'existence d'une phase obligatoire de conciliation dans la procédure prud'homale, autant que le caractère d'ordre public de la compétence de la juridiction paritaire.

10. Soc. 5 nov. 1984, *Rev. arb.* 1986. 1, note M.-A. Moreau-Bourlès : nullité de la clause compromissoire, validité du compromis. La seconde solution découle de l'art. 2059 C. civ., la première ne paraît pas remise en question par le nouvel art. 2061 C. civ. issu de la loi du 15 mai 2001 (« la clause compromissoire est valable dans les contrats conclus à raison d'une activité professionnelle », mais c'est « sous réserve des dispositions législatives particulières », or on lit à l'art. L. 511-1, al. 6 que « toute convention dérogatoire » à la compétence des conseils de prud'hommes est réputée non écrite). Il y aurait ainsi une renonciation possible à la compétence prud'homale après rupture du contrat. Cela intéresse certains cadres supérieurs. V. *Grands arrêts*, n° 19-22. L'arbitrage du montant de l'indemnité de licenciement des journalistes par une commission arbitrale spécifique (C. pr. civ., art. 761-5) n'est pas une variété de l'arbitrage du C. pr. civ. et ne relève pas de ses règles (Soc. 11 janv. 2000, *D.* 2000. IR 51).

au salarié qui a saisi la juridiction (prud'homale) française compétente en vertu des règles gouvernant sa compétence internationale [1].

115 ***Compétence exclusive*** ◇ L'hypothèse est celle de deux litiges connexes. Si un tribunal autre que le conseil de prud'hommes – le tribunal de grande instance par exemple – se trouve saisi, incidemment à un autre litige, d'un différend individuel du travail, il doit décliner sa compétence. Le conseil de prud'hommes est *seul* compétent, peu important que le litige de travail soit connexe d'un autre litige [2]. Cela est vrai même pour le tribunal de grande instance qui a, en règle générale, plénitude de juridiction [3]. Cette règle connaît cependant certains tempéraments, notamment en cas d'indivisibilité d'un litige relevant de la compétence de la juridiction de droit commun [4].

SECTION 3. PROCÉDURE

116 C'est celle de droit commun, réglée par le nouveau Code de procédure civile (C. pr. civ., art. 749), sauf règles particulières inscrites dans les articles R. 1451-1 et suivants du Code du travail [5]. Le traitement des affaires par les conseils de prud'hommes (et les cours d'appel le cas échéant) est tributaire de la disposition de l'article 6 de la Convention européenne des droits de l'homme, qui exige un « délai raisonnable » [6].

---

1. Soc. 16 févr. 1999, *Dr. soc.* 1999. 632, obs. M.-A. Moreau ; *Grands arrêts*, n° 26 ; 9 oct. 2001, *Dr. soc.* 2002. 122, obs. M.-A. Moreau ; 12 mars 2008, n° 01-44.654 (société Sportive Il Gabbiano), *RJS* 6/08, n° 708, *RDT* 2008. 326, obs. E. Serverin. V. Th. Clay, L'arbitrage, justice du travail, *in* M. Keller (dir.), *Procès du travail, travail du procès*, LGDJ, 2008, p. 99 s.

2. Com. 18 déc. 2007, n° 05-19.397, *JCP S* 2008. 1085 (action en indemnisation d'actes de concurrence déloyale commis pendant l'exécution du contrat de travail).

3. Soc. 15 mai 1974, *D.* 1974. 702, note Y. Serra ; *Grands arrêts*, n° 19 ; 21 avr. 1977, *D.* 1978. 9, note Y. Serra.

4. Soc. 21 juin 2006, *RJS* 2/07, n° 281 (litige entre le salarié et l'organisme gestionnaire de sa retraite complémentaire. Le juge d'instance peut se prononcer sur l'existence d'un contrat de travail à l'occasion d'un litige électoral (ex., Soc. 20 juill. 1981, *Bull. civ.* V, n° 720, *RTD civ.* 1982. 465, obs. J. Normand ; 5 juin 1985, *Bull. civ.* V, n° 327 ; 8 avr. 1992, *ibid*, n° 262).

5. Y. Desdevises, Le particularisme de la procédure prud'homale, *Justices*, 1997, n°s 8, 23. Le Code de l'organisation judiciaire reproduisait les dispositions du Code du travail. L'Ord. n° 2006-673 du 6 juin 2006, adoptée titre de la simplification du droit (loi du 9 déc. 2004), porte refonte du premier nommé et en retire les dispositions concernant les conseils de prud'hommes, les juridictions sociales, les tribunaux de commerce, etc., qui subsistent dans « leur » Code d'origine.

6. La Cour de Strasbourg l'a rappelé dans des affaires mettant en cause le fonctionnement de la justice prud'homale française et elle requiert une diligence particulière pour le contentieux du travail (v. en dernier lieu : 28 mars 2006, *Le Béhennec c/ France*, *JCP S* 2006, 1431, note J. Cavallini, et les références). Selon l'*Annuaire statistique de la Justice* 2012, la durée moyenne des affaires au fond terminées en 2009 a été de 12,7 mois, mais de 24 mois en cas de départition (tendance à l'allongement sur la période 2000-2009), et 2,4 mois pour les procédures de référé.

§ 1. L'action et la demande

117 ***Droit d'action*** ◊ L'action *individuelle* du salarié contre l'employeur, ou de l'employeur contre son salarié ou son ancien salarié, est régie par les règles générales applicables aux actions en justice : nécessité d'un intérêt, respect de certains délais (prescription quinquennale de l'action en paiement de salaires). Au nom de la sécurité juridique (de l'employeur) des lois récentes s'efforcent toutefois de restreindre le droit d'agir des salariés [1]. Et, malgré sa dimension patrimoniale, « l'instance introduite par le salarié devant la juridiction prud'homale à l'encontre de son employeur ou de ses représentants à l'occasion de son contrat de travail est exclusivement attachée à (sa) personne », de sorte qu'elle ne peut être exercée ni par ses créanciers, ni par ses représentants légaux [2]. Des actions groupées sont fréquemment intentées par plusieurs salariés, dont le juge prononcera la jonction, mais l'évaluation de la demande se fait séparément en ce qui concerne le calcul du taux de ressort.

L'action *syndicale* devant les prud'hommes peut revêtir deux formes. Lorsque la loi l'autorise, le syndicat peut se *substituer* au salarié, si celui-ci, prévenu, ne s'y oppose pas ; le syndicat exerce alors une action individuelle, au profit d'un syndiqué [3]. Le syndicat peut aussi *intervenir* à une instance dans laquelle un salarié est demandeur ou défendeur, si l'intérêt collectif de la profession est en jeu (C. trav., art. L. 2132-3).

L'exercice de l'action expose le salarié à des représailles, contre lesquelles il est malaisé de le protéger. L'article L. 1144-3 du Code du travail déclare nul le licenciement prononcé en raison de l'action en justice tendant à assurer l'égalité professionnelle entre hommes et femmes. Plus récent, l'article L. 1134-4 du Code du travail fait de même à propos de l'action en justice engagée par le salarié ou en sa faveur (par substitution) en réaction à un agissement discriminatoire. Hors ces hypothèses, et à supposer établie la rétorsion, le salarié pourra plaider le licenciement sans cause réelle et sérieuse. Mais ne pourrait-il faire valoir qu'il est nul comme attentatoire à cette « liberté fondamentale » qu'est celle de l'action en justice ?

---

1. La loi du 25 juin 2008 a rétabli le délai de forclusion attaché à la signature d'un reçu pour solde de tout compte par le salarié. Si le salarié ne l'a pas dénoncé dans les 6 mois, il devient libératoire pour l'employeur pour les sommes qui y sont mentionnées (C. trav., art. L. 1234-20). La même loi a enfermé dans un délai de 12 mois le droit de contester une convention de rupture conventionnelle, une fois celle-ci homologuée (C. trav., art. L. 1237-14).

2. Soc. 31 janv. 2001, *Dr. soc.* 2001. 422, note B. Gauriau (ouvrier, en liquidation judiciaire à raison d'une activité indépendante exercée auparavant, demandant, après sa démission, que soit jugée nulle la clause de non concurrence insérée dans son contrat de travail : l'action échappait au-dessaisissement entraîné par la liquidation) ; 13 juill. 2004, *Bull. civ.* V, n° 217 (le dirigeant d'une société en liquidation judiciaire, et auquel la procédure a été étendue, est recevable à demander au conseil de prud'hommes de dire qu'il était aussi lié à cette société par un contrat de travail).

3. Sur les cas légaux de possible substitution du syndicat au salarié, et sur la nature de cette action (« action personnelle » au syndicat et non « en représentation des salariés », précise la Cour de cassation), v. ss 1048.

Le conseil est saisi par une demande formée au greffe (il n'y a pas d'assignation) soit par écrit, soit verbalement [1]. Le secrétariat-greffe convoque le défendeur devant le bureau de conciliation et en avise le demandeur : la convocation vaut citation en justice [2].

118 ***Comparution personnelle, représentation, assistance*** ◊ Selon l'article R. 1453-1 du Code du travail, la comparution personnelle des parties est la règle (comparution du représentant de la personne morale employeur), en harmonie avec la mission conciliatrice du conseil de prud'hommes et l'oralité de la procédure [3]. La portée de cette obligation a été considérablement réduite en 2008, les articles R. 1454-12 et R. 1454-13 du Code du travail autorisant désormais les parties, qui justifient en temps utile d'un motif légitime d'absence de se faire représenter par un mandataire l'autorisant à concilier en son nom [4].

L'*assistance* des parties obéit ici à un régime particulier que justifie le caractère de la juridiction. L'avocat ne jouit d'aucun monopole. Selon l'article R. 1453-2 du Code du travail, il peut être recouru aux « délégués permanents ou non permanents des organisations syndicales, ouvrières et patronales » [5] ; mais afin d'assurer, dit la Cour de cassation, le droit qu'a toute personne à ce que sa cause soit entendue par un tribunal

---

1. L'art. 11 – §. 5-2 de l'ANI de modernisation du travail du 11 janv. 2008 prévoyait d'obliger le demandeur (*i. e.* en pratique le salarié) à informer le défendeur (i. e. l'employeur) de l'objet de sa réclamation préalablement à la saisine du conseil (v. sur ce projet les obs. critiques de T. Grumbach et E. Serverin, *RDT* 2008. 224). Cette stipulation contraire à l'art. 52 C. pr. civ. a été exclue de l'extension de l'ANI par l'arrêté du 23 juill. 2008.

2. Soc. 19 févr. 1992, *Bull. civ.* V, n° 104. À la différence des intérêts des sommes que fixera éventuellement le juge (dommages-intérêts, indemnité pour licenciement injustifié par exemple), qui courent à la date du jugement (Soc. 21 juill. 1985, *Bull. civ.* V, n° 246), les intérêts moratoires des sommes dont le conseil constatera, le cas échéant, qu'elles étaient dues en vertu de la loi (indemnité de licenciement, de préavis, de congés payés), du contrat de travail (salaires) ou d'une règle du statut collectif, c'est-à-dire de sommes qui ne sont pas laissées à son appréciation, courent de plein droit du jour de la demande (valant mise en demeure), donc de la convocation devant le bureau de conciliation (Soc. 2 févr. 1983, *Bull. civ.* V, n° 70 ; 25 juin 2003, *TPS* 2003, n° 354).

3. Soc. 14 mars 2007, n° 0545.414 P, *RJS* 5/07, n° 649 (Les conclusions adressées par l'appelant à l'intimé ne peuvent suppléer à son absence à l'audience à laquelle elle a été régulièrement convoquée).

4. *D. n°* 2008-715 du 18 juill. 2008. Entérinant la pratique des grandes entreprises, qui se font généralement représenter lors de la conciliation par leurs avocats, cette réforme transpose une stipulation de l'ANI du 11 janv. 2008, art. 11. V. les fortes critiques de T. Grumbach, *in sem. soc. Lamy*, n° 1337 du 21 janv. 2008.

5. Selon l'art. L. 1453-4 C. trav., ces défenseurs bénéficient d'un crédit d'heures de fonction. F. Saramito et M. Cohen, Les prérogatives syndicales en matière d'assistance et de représentation des salariés devant la juridiction prud'homale, *Mélanges en l'honneur de J.-M. Verdier*, p. 143. L'assistant doit être membre et non pas salarié du syndicat (15 déc. 1983, *Dr. soc.* 1985. 504, note Y. Desdevises ; 26 sept. 1990, *Bull. civ.* V, n° 399 ; 16 déc. 1993, *CSB* 1994, n° 57, p. 33) ; l'assisté peut ne pas être syndiqué ou être membre d'un autre syndicat, et appartenir à une autre branche d'activité, sans aucune limite territoriale (Soc. 16 nov. 1995, *Dr. soc.* 1996. 204). Sur la nécessité d'un pouvoir spécial du représentant pour interjeter appel ; Soc. 2 avr. 1992 (2 esp.), *Dr. ouvrier* 1992. 237, concl. Y. Chauvy ; 18 oct. 1995, *D.* 1996. IR 26) ; mais la qualité de représentant statutaire d'une personne morale dispense de justifier d'un pouvoir spécial à cet effet (Soc. 6 juin 2000, *D.* 2000. IR 184).

indépendant et impartial (Conv. EDH, art. 6), un conseiller prud'homme qui pratique également la défense prud'homale comme délégué de son organisation syndicale ne peut exercer cette mission d'assistance et de représentation devant le conseil dont il est membre [1]. Il peut aussi être fait appel à un salarié ou un employeur de la même branche (idée de solidarité professionnelle), et pour les employeurs à un membre de leur entreprise [2] ; enfin au conjoint.

§ 2. **Le procès**

119 ***Conciliation et mesures provisoires*** ◇ À lire l'article L. 1411-1 du Code du travail, la recherche de la conciliation est la mission première assignée au juge prud'homal. C'est une phase inaugurale et obligatoire de l'instance [3], se déroulant devant le bureau de conciliation [4] et dont les fonctions multiples, essentielles [5], sont souvent gravement minorées par la pratique timorée des conseillers prud'homaux [6].

1. Soc. 3 juill. 2001, *Dr. soc.* 2001. 898, obs. X. Prétot ; *Grands arrêts*, n° 29 ; 2 févr. 2005, *Bull. civ.* V, n° 44. V. les critiques de cette interprétation dans *Dr. ouvrier* 2002. 1 s. La Cour juge, au visa de la même norme internationale, que la personne ayant assisté une partie devant la formation de référé, comme délégué d'une organisation syndicale, ne peut siéger comme conseiller dans la formation appelée à connaître l'affaire au fond (Soc. 8 janv. 1997, *Dr. soc.* 1997. 764, obs. G.-P. Quétant). Un conseiller prud'homme peut, comme un autre magistrat, faire l'objet d'une récusation, mais l'art. L. 518-1 précise que le seul fait d'être affilié à une organisation syndicale ne constitue pas l'intérêt personnel à la contestation pouvant fonder une récusation. Sur ce point encore, l'art. 6 Conv. EDH joue un rôle (Soc. 18 nov. 1998, *Bull. civ.* V, n° 506 ; J.-L. Cioffi, *Dr. soc.* 2002. 168), qui trouve toutefois des limites (Soc. 19 déc. 2003, préc.). Sur l'irruption du droit à un procès équitable et ses conséquences sur la procédure prud'homale v. : *Grands arrêts*, sous n° 29. Le conseiller dont la récusation est demandée ne devenant pas partie à l'instance devant la juridiction statuant sur cette requête (cour d'appel), son pourvoi en cassation est irrecevable (Soc. 19 déc. 2003, *Bull. civ.* V, n° 320).

2. N'a pas la qualité de membre de l'entreprise celui qui, sous couvert de contrats de travail épisodiques, n'y intervient que pour la représenter en justice (Soc. 12 avr. 1995, *Bull. civ.* V, n° 135).

3. Il s'agit d'une formalité substantielle dont l'omission entraîne la nullité de la procédure, mais l'irrégularité peut être couverte en cause d'appel et il appartient à la cour d'appel de procéder à la tentative de conciliation (Soc. 12 déc. 2000, *Bull. civ.* V, n° 422 ; 26 avr. 2007, *RDT* 2007. 402, obs. E. Serverin). S'il y a lieu, c'est dès la convocation devant le bureau de conciliation que l'autorité de tutelle doit être mise en cause ; Soc. 27 mai 2003, *Bull. civ.* – or, tout litige entre un salarié d'un organisme de sécurité sociale et ce dernier doit donner lieu à mise en cause de la tutelle (DRASS pour les caisses du régime général) – et (selon le même arrêt) sa convocation devant le bureau de jugement n'opère pas régularisation de la procédure. Cette position était d'autant plus rigoureuse que la décision annulant la procédure pouvait faire obstacle, par application de la règle de l'unicité d'instance, à toute demande ultérieure du salarié contre son employeur (Soc. 12 nov. 2003, *Dr. soc.* 2004. 100, avis P. Lyon-Caen, obs. M. Keller). Ce qui n'est plus, aujourd'hui le cas (Soc. 16 nov. 2010, *D.* 2011. 227, Cour de cassation et note V. Orif ; *ibid.* 265, obs. N. Fricero ; *RDT* 2011. 55, obs. E. Serverin ; *Dr. soc.* 2011. 461, note M. Keller).

4. M. Zavaro, La conciliation dans le contentieux prud'homal, *Mélanges en l'honneur de P. Julien*, Edilaix, 2004 ; D. Boulmier, Le bureau de conciliation, *Dr. ouvrier* 2004. 98.

5. Colloque du SAF (déc. 2005), « L'audience initiale : le bureau de conciliation au cœur des droits de la défense du salarié », *Dr. ouvrier* mai 2006.

6. C. Vigneau, « Le rendez-vous manqué de l'audience initiale », *RDT* 2013. 745.

Le bureau de conciliation tire son nom de sa première fonction, qui n'est peut-être pas la plus importante [1] : il doit « s'efforcer de *concilier* les parties » (C. trav., art. R. 1454-10). Cette tentative de conciliation préalable est un élément substantiel de la procédure, nulle s'il fait défaut. Son éventuelle réussite se traduit par la rédaction d'un *procès-verbal de conciliation*, véritable contrat conclu devant le juge, équivalent d'une transaction en sa présence mais revêtu de la force exécutoire [2]. La Cour de cassation a précisé ce que signifiait « s'efforcer » : la conciliation est un acte judiciaire qui implique « une participation active du bureau (...) à la recherche d'un accord des parties préservant les droits de chacune d'elles » – notamment en vérifiant que les parties étaient informées de ceux-ci. S'il apparaît que les deux conseillers n'ont pas rempli cet office, l'accord constaté par le procès-verbal de conciliation est nul, donc ne fait pas obstacle à une nouvelle saisine de la juridiction [3]. La pratique montre une faible importance de la conciliation, que les incantations du législateur ou des partenaires sociaux ont peu de chance de freiner [4].

Suite à l'ANI du 11 janvier 2013, la loi du 14 juin 2013 a prévu au sein de la procédure de conciliation, l'obligation pour le Conseil de prud'hommes de proposer une sorte d'indemnité de conciliation forfaitaire, calculée sans égard pour la particularité du litige au vu de la seule ancienneté du salarié [5]. Ce barème, applicable en cas de litige faisant suite à un licenciement (ce qui forme la plus grande part du contentieux [6]) est envisagé par

---

1. Selon les chiffres de l'*Annuaire statistique de la Justice* 2008 (p. 41), le nombre d'affaires au fond terminées par une « conciliation des parties » s'est maintenu, de 2002 à 2006, à moins de 10 % des affaires terminées (et les conciliations comptabilisées ne semblent pas être seulement celles obtenues devant le bureau de conciliation, puisque les parties peuvent se concilier tout au long de l'instance et que leur accord peut être constaté par le bureau de jugement). Pour une interprétation de cette donnée, constante depuis plusieurs décennies, v. : Ph. Clément, A. Jeammaud, É. Serverin et F. Vennin, « Les règlements non juridictionnels des litiges prud'homaux », *Dr. soc.* 1987. 55.

2. Le conseil des prud'hommes est compétent pour connaître d'une action en nullité de cette transaction (Soc. 28 févr. 2007, n° 06-42.005 P).

3. Soc. 28 mars 2000, *D.* 2000. 537, note J. Savatier ; *Dr. soc.* 2000. 661, obs. M. Keller ; *Grands arrêts*, n° 30 (il ressortait du procès-verbal que le jeune salarié n'avait obtenu, en contrepartie de son désistement, que des sommes qui lui étaient dues) ; Soc. 24 mai 2006, n° 04-45.877, *Bull.* V, *n°* 189 ; 5 déc. 2007, n° 06-40.634, *RDT* 2008. 119, obs. E. Serverin (le bureau de conciliation doit vérifié que les parties ont été informées de leurs droits respectifs et que la transaction comporte des concessions réciproques).

4. A. Supiot, Déclin de la conciliation prud'homale, *Dr. soc.* 1985. 225. En 2003, 17 % des affaires terminées au fond l'étaient devant le bureau de conciliation (B. Munoz Perez et E. Serverin, « Le droit du travail en perspective contentieuse », DACS 2005-2, nov. 2005). Ce constat doit toutefois être relativisé par l'importance des abandons de procédures résultant d'une transaction en cours d'instance : 44,8 % des instances prud'homales et 55,77 % des référés se sont ainsi terminés sans jugement en 2004 (*Liaisons soc.* n° 2723 du 30 août 2006). *Cf.* Ph. Clément et A. Jeammaud, Les règlements non juridictionnels des litiges prud'homaux, *Dr. soc.* 1987. 55.

5. D. Boulmier, « Faciliter la conciliation prud'homale... mais pour qui ? », *Dr. soc.* 2013. 837.

6. De l'ordre de 95 % des demandes formées devant les Conseils de prud'hommes suivent une rupture du contrat de travail (B. Munoz Perez et E. Serverin, *Le droit du travail en perspective* contentieuse, DACS 2005-2, nov. 2005).

l'article L. 1235-1, 1° du Code du travail. Il prévoit, en plus des indemnités légales ou conventionnelles, le versement d'une somme située entre deux mois de salaire, pour les salariés ayant moins de deux ans d'ancienneté, et quatorze mois de salaire, pour les salariés ayant plus de vingt-cinq ans d'ancienneté [1]. Il n'interdit pas au juge de proposer en outre, un autre montant, pas plus qu'il n'interdit aux parties de se concilier sur une autre base. D'autant que l'obligation du conciliateur d'informer les parties sur leurs droits demeure et que cette obligation l'oblige à montrer aux parties clairement la distance entre la proposition forfaitaire et l'application du droit. Il demeure qu'en pratique, la proposition légale risque parfois de remplacer le traitement du litige, par le versement d'une somme arbitraire et fixe. Rarement rapidité de la solution et exigence de justice n'auront semblé aussi contradictoires.

En plus de sa mission de conciliation, le bureau de conciliation est investi du pouvoir de prendre des *mesures provisoires* limitativement énumérées par l'article R. 1454-14 du Code du travail : remise d'un bulletin de paie et d'un certificat de travail ; octroi d'une provision sur les créances du salarié portant sur le salaire, les indemnités de congé payé et de rupture ; du moins s'il n'y a pas contestation sérieuse et dans la limite d'un plafond. Les ordonnances ainsi prises sont immédiatement exécutoires, et non susceptibles de voies de recours [2].

Le bureau de conciliation a encore d'importantes fonctions relatives à l'instruction de l'affaire et à l'administration de la preuve [3].

Certaines dispenses légales de conciliation ont été accordées dans le cadre de procédures accélérées devant les Conseils de prud'hommes. Tantôt elles prennent la forme d'un droit de saisine directe du bureau de jugement : ainsi en matière de contestation sur les créances salariales dans le cadre des procédures de sauvegarde et de redressement ou liquidation judiciaires [4], ou de requalification des contrats à durée déterminée [5]. Tantôt la loi prévoit que le bureau de jugement statuera « *en la forme des référés* » ou « *en urgence* » ; c'est le cas des lois créant certains congés

1. Décret n°2013-721 du 2 août 2013.
2. C. trav., art. R. 1454-16 : elles ne peuvent être frappées d'appel ou de pourvoi en cassation qu'en même temps que le jugement sur le fond. La pratique s'est ingéniée à contourner cette interdiction en invoquant l'excès de pouvoir : la Cour de cassation décide que l'absence de motivation des ordonnances du bureau de conciliation ne caractérise pas à elle seule un excès de pouvoir justifiant un appel immédiat (Soc. 21 nov. 1990, *Bull. civ.* V, n° 579 ; 7 juin 1995, *Dr. soc.* 1995. 838, obs. Y. Desdevises. V. M. Henry : *Dr. ouvrier* 1984. 443 ; A. Supiot, *Dr. soc.* 1985. 225 ; F. Favennec-Héry, *CSB* n° 35, 1991. 261 ; M. Henry, *eod loc.*, 267). Le bureau de jugement ne peut ordonner le paiement de sommes dues à l'employeur (Soc. 6 mai 1997, *RJS* 6/97, n° 727).
3. V. ss. 119.
4. C. com., art. 625-5 ; Soc. 5 déc. 2006, n° 05-45.697 P
5. C. trav., anc. art. L. 122-3-13 ; v. Soc. 21 juin 1995, *RJS* 8-9/95, n° 869 ; 12 mars 1996, *RJS* 4/96, n° 385. Le texte est libéralement interprété par la Chambre sociale, qui admet le salarié à soumettre au bureau de jugement directement saisi toute autre demande qui dérive du contrat (Soc. 4 déc. 2002, *Dr. soc.* 2003. 529, obs. C. Roy-Loustaunau).

spéciaux [1] ou de l'action du délégué du personnel pour cause d'atteinte aux droits des personnes et aux libertés [2].

120 ***Instruction du litige*** ◊ Avant d'être jugée, l'affaire doit être instruite, mise en état, les preuves être produites. La charge de la preuve pèse en principe sur le demandeur, c'est-à-dire le plus souvent, devant les prud'hommes, sur le salarié, alors que l'employeur dispose dans l'entreprise de l'essentiel des moyens de preuve [3]. L'employeur détient le plus souvent l'essentiel des écrits utiles à la manifestation de la vérité. Le juge prud'homal peut, selon le droit commun, ordonner la production d'une preuve [4]. Le salarié peut aussi demander au président du tribunal de grande instance d'ordonner sur requête la production de ces pièces [5]. Mais s'il y a accès pour son travail, il sera tenté de s'en procurer des photocopies pour se ménager ultérieurement un moyen de preuve. La Chambre sociale juge que « le salarié peut produire en justice, pour assurer sa défense dans le procès qui l'oppose à son employeur, les documents de l'entreprise dont il a connaissance à l'occasion de l'exercice de ses fonctions » [6]. Cette solution satisfait l'exigence d'une certaine égalité face aux moyens de preuve, car si le salarié attend le litige pour demander contradictoirement la production de ces pièces, son adversaire risque d'invoquer leur perte ou leur disparition.

C'est au bureau de conciliation qu'il incombe, de faciliter la recherche de la preuve, en ordonnant des expertises, production de pièces sous astreinte, et toutes autres mesures d'instruction nécessaires à la mise en état, et ce même si le défendeur ne se présente pas (C. trav., art. R. 1454-14). À défaut, ces mesures d'instruction seront ordonnées par le bureau de jugement.

La juridiction peut ordonner une mesure d'instruction afin d'établir les faits : prescrire une enquête lui permettant d'entendre des témoins [7], ou

1. Congé parental d'éducation ; congé pour la création d'entreprise et sabbatique.

2. C. trav., art. L. 2313-2.

3. Le juge ne peut écarter les attestations d'autres salariés produite par un employeur au seul motif qu'elles ont été établies postérieurement au licenciement dont la cause est en litige (Soc. 31 mai 2006, *RJS* 8-9/06, n° 931). Mais l'employeur ne peut sanctionner un salarié à raison de la teneur de son témoignage, même s'il le juge injurieux (Soc. 28 mars 2006, *RJS* 6/06, n° 767).

4. v. par ex. Soc. 21 févr. 2008, n° 06-41.547 (Lorsque le calcul de la rémunération dépend d'éléments détenus par l'employeur, celui-ci est tenu de les produire en vue d'une discussion contradictoire).

5. Soc. 12 avr. 1995, *Dr. soc.* 1995. 586, obs. M. Jeantin.

6. Soc. 2 déc. 1998, *D.* 1999. 431, note H. Gaba ; *Dr. ouvrier* 2000. 13, note R. Marié (v. aussi : Paris, 24 avr. 2001 et 18 janv. 2002, *Dr. ouvrier* 2002. 353, note M.-F. Bied-Charreton) ; sur les deux arrêts contraires de déc. 1998, v. S. Frossard, obs. *D.* 2000. Somm. 87. Abandonnant sa jurisprudence antérieure (Crim. 8 janv. 1979, *D.* 1979. 509, note P. Corlay ; 8 déc. 1998, *RJS* 6/99, n° 790 ; *D.* 2000. Somm. 120, obs. M. Segonds.), la Chambre criminelle s'est rapprochée de la Chambre sociale en jugeant que la qualification de vol devait être écartée (11 mai 2004, *Bull. crim.* n° 113 ; *Dr. soc.* 2004. 938, note F. Duquesne). La position désormais unifiée de la Cour de cassation satisfait l'exigence d'une certaine égalité face aux moyens de preuve, car si le salarié attend le litige pour demander contradictoirement la production de ces pièces, son adversaire risque d'invoquer leur perte ou leur disparition.

7. Toute personne étant tenue d'apporter son concours à la justice, le témoignage d'un salarié en justice ne peut, sauf abus, constituer ni une faute, ni une cause de licenciement (Soc.

une expertise si le litige comporte un aspect technique. Elle peut rétablir ainsi une certaine égalité face au risque de la preuve, qui est une exigence de l'article 6 de la Convention européenne des droits de l'homme [1].

Depuis 1973 le législateur s'efforce de réaliser une égalité face à la charge de la preuve : a) en prohibant le recours à des modes de preuve attentatoires aux libertés individuelles (C. trav., art. L. 1222-4) [2] ou, indirectement, en subordonnant la licéité de leur organisation à l'information et à la consultation des représentants du personnel (C. trav., art. L. 2323-32) [3] ; b) en confiant au juge un rôle actif dans la recherche de la vérité et en imposant à l'employeur de contribuer à cette recherche [4] ;

23 nov. 1994, *Dr. soc.* 1995. 62). Pour cette raison aussi, et parce que la preuve est libre en matière prud'homale, un conseil peut retenir une attestation établie par la personne (conseiller du salarié ou collègue, représentant du personnel ou non) qui l'a assisté lors de l'entretien préalable, pour apprécier librement la valeur et la portée de ce témoignage par écrit (Soc. 27 mars 2001, *Dr. soc.* 2001. 679, obs. J. Savatier). Pour la Chambre sociale, le fait qu'un cadre, agissant comme représentant de l'employeur, ait procédé au licenciement d'un autre salarié, ne le prive pas de la liberté de témoigner en faveur de celui-ci dans l'instance née de la contestation de la rupture (Soc. 4 avr. 2006, *Sem. soc. Lamy*, n° 1264, obs. F. C. ; *RDT* 2006. 6 ; à paraître au *Bull.*). L'enquête ne peut être confiée à un huissier (Soc. 29 oct. 2002, *Dr. soc.* 2003. 240, obs. F. Duquesne : affaire de concurrence pratiquée par un ancien salarié et portée devant un tribunal de commerce, mais solution valant à l'évidence pour une instance pud'homale).

1. Sur l'ensemble de la question : *D.* Boulmier, *Preuve et instance prud'homale*, LGDJ, 2002.

2. « Si l'employeur a le pouvoir de contrôler et de surveiller l'activité de son personnel, il ne peut mettre en œuvre un dispositif de surveillance clandestin et à ce titre déloyal » (Soc. 18 mars 2008, n°s 06-45.093 et 06-40.852 P, *Dr. soc.* 2008. 608, obs. Radé ; rapp. rendu le même jour et dans le même sens, l'arrêt n° 06-40.852). Ph. Waquet, Halte aux stratagèmes, *Sem. soc. Lamy* 2008, n° 1348. L'enregistrement d'une conversation téléphonique privée à l'insu du correspondant est un procédé déloyal, mais pas la production d'un SMS par son destinataire (Soc. 23 mai 2007, n° 06-43.209, *RDT* 2007, note de Quenaudon). Sur les conditions de validité de la fouille du casier individuel d'un salarié, v. Soc. 15 avr. 2008, n° 06-45.902, *RJS* 6/08, n° 635. Le respect de la vie personnelle du salarié ne constitue pas en lui-même un obstacle à l'application des dispositions de l'article 145 du nouveau Code de procédure civile dès lors que le juge constate que les mesures qu'il ordonne procèdent d'un motif légitime et sont nécessaires à la protection des droits de la partie qui les a sollicitées (Soc. 23 mai 2007, n° 05-17.818 P, *sem. soc. Lamy* 2007, n° 1310, obs. J.-E. Ray : Un employeur peut obtenir sur requête une ordonnance du président du TGI autorisant un huissier à accéder à l'ordinateur professionnel du salarié, dès lors qu'il a des motifs légitimes de suspecter des actes de concurrence déloyale et que l'huissier remplit sa mission en présence du salarié).

3. Soc. 20 nov. 1991, *D.* 1992. 73, concl. Y. Chauvy ; *Dr. soc.* 1992. 28, rapp. Ph. Waquet (« Tout enregistrement, quels qu'en soient les motifs, d'images ou de paroles à l'insu des salariés constitue un mode de preuve illicite ») ; 2 oct. 2001, *Dr. soc.* 2001. 915, 1re esp., note J.-E. Ray (illicéité de la preuve obtenue par consultation de l'ordinateur utilisé par le salarié) ; 29 nov. ; 2002, *Dr. soc.* 2003. 225, obs. J. Savatier (illicéité de la preuve obtenue par filature de la salariée) ; 23 nov. 2005, *Dr. soc.* 2006. 227, obs. J. Mouly (impossibilité de retenir des faits rapportés par des détectives privés sans rechercher si le salarié avait été préalablement informé de la mise en place de ce contrôle) ; 7 juin 2006, *D.* 2006. IR 1704, à paraître au *Bull.* (irrecevabilité de la production d'un enregistrement par système vidéo, dont l'introduction n'avait pas donné lieu à information et consultation du comité d'entreprise). Sur le droit du délégué du personnel d'agir en vue d'obtenir le retrait d'éléments de preuve ainsi obtenus ; Soc. 10 déc. 1997, *Dr. soc.* 1998. 202, obs. G. Couturier ; v. F. Favennec, Vie professionnelle, vie personnelle et droit probatoire, *Dr. soc.* 2004. 48.

4. En particulier en cas de litige relatif à l'existence ou au nombre d'heures effectuées (C. trav., art. 3171-4 ; v. Soc. 10 mai 2007, *Dr. soc.* 2007. 1183).

c) en décidant, que le doute sur le bien-fondé d'une sanction disciplinaire (C. trav., art. L. 1333-1) ou d'un licenciement (C. trav., art. L. 1235-1) doit profiter au salarié [1].

Parmi les procédés originaux d'instruction du procès prud'homal, figure le *renvoi à un conseiller rapporteur*. D'abord simple pratique, jugée licite par la Cour de cassation, le procédé est aujourd'hui réglé par les articles L. 1454-1 et R. 1454-1 du Code du travail. Ce renvoi peut être décidé par le bureau de conciliation ou celui de jugement, qui peut désigner *un* ou *deux* conseillers. Ceux-ci doivent mettre l'affaire en état d'être jugée, en procédant à des investigations [2] et en présentant le résultat de celles-ci au conseil, dans un ou deux rapports proposant une solution que le conseil se contente souvent d'entériner.

121 ***L'objet du procès : unicité de l'instance et demandes nouvelles*** ◊ Le plaideur qui engage un procès doit prendre garde aux demandes qu'il formule. Il doit n'en oublier aucune : une fois le procès fini, il ne peut plus, en principe, enclencher un nouveau procès, pour présenter de nouvelles demandes, contre un même employeur. Cette règle est celle de l'*unicité de l'instance* [3]. Elle se formule ainsi : toutes les demandes dérivant du même contrat de travail, entre les mêmes parties, doivent faire l'objet d'une seule instance à peine d'irrecevabilité (C. trav., art. R. 1452-6). Certes, la règle n'est pas applicable lorsque le fondement des prétentions est né ou révélé postérieurement à la saisine du conseil de prud'hommes (C. trav., art. R. 1452-6, al. 2). Ce qui peut permettre à un salarié de déclencher plusieurs procès successifs contre son employeur, à la condition que le ou les procès nouveaux soient basés sur des faits nouveaux ou sur des faits nouvellement découverts [4]. Réciproquement, un salarié qui a fait un procès à son employeur pour obtenir le paiement de jours de congés et qui obtenu définitivement gain de cause, ne peut plus agir en justice au nom de faits anciens et connus, y compris s'il s'agit de demandes tout à fait différentes. Une demande de rappel de salaire, à laquelle il n'avait tout simplement pas pensé lors du premier procès sera ainsi considérée comme irrecevable. Cette règle qui exige du salarié qu'il pense à toutes les demandes qu'il peut formuler, peut être très rigoureuse. Au salarié qui oublie une demande lors d'un précédent procès, il n'est pas accordé de deuxième

---

1. F. Favennec-Héry, La preuve face aux pouvoirs de l'employeur, *Dr. soc.* 1985. 172 ; A. Supiot : L'équitable dans la preuve, *Sem. soc. Lamy* 1988, suppl. n° 410 ; B. Chauvet, *Gaz. Pal.* 1994. 1. Doctr. 792 ; A. Chirez et J. Labignette, La place du doute dans le contentieux de la relation de travail, *Dr. soc.* 1997. 669 ; J.-Y. Frouin, La preuve en droit du travail, *sem. soc. Lamy* 2006, n°s 1262 et 1263.

2. Les conseillers rapporteurs n'ont cependant pas le pouvoir, sauf en matière de travail illégal (art. L. 516-2, al. 2), de se faire remettre des documents contre le gré de leurs détenteurs (Soc. 17 oct. 1990, *Bull. civ.* V, n° 482).

3. V. Orif, *La règle de l'unicité d'instance*, LGDJ 2012, préf. S. Amrani Mekki ; « Les pièges persistants de l'unicité de l'instance », *Dr. soc.* 2014. 65.

4. Soc. 25 sept. 2013, n°12-13965 P, *Dr. soc.* 2014. 67, note. V. Orif.

chance. Cette règle est une spécificité du procès prud'homal : elle n'a pas d'équivalent en droit commun de la procédure.

La règle a été et demeure très discutée [1]. Elle peut porter atteinte au droit des parties à un procès équitable au sens de l'article 6-1 de la Conv. EDH et conduire à de véritables dénis de justice. Un temps appliquée de manière un peu aveugle, la règle conduisait à priver les salariés de leur droit au juge, pour de simples maladresses de procédure [2].

Pour ces raisons, mais aussi pour contrecarrer les manœuvres procédurières de l'employeur visant à éviter l'accès au juge du salarié [3], la Cour de cassation a été amenée à réduire progressivement la portée du principe de l'unicité de l'instance [4]. Notamment, depuis un arrêt du 16 novembre 2010, ce principe ne peut plus déclencher d'irrecevabilité que lorsque l'instance précédente s'est achevée par jugement au fond [5]. En l'absence d'un tel jugement, lorsqu'un premier procès s'est achevé à la suite, par exemple, d'un désistement, d'une péremption d'instance, d'une nullité de la procédure ou d'un acquiescement, l'ouverture d'une nouvelle instance reste possible [6]. En revanche, l'extinction de l'instance par transaction

1. S. Amrani-Mekkin, La règle de l'unicité de l'instance, *in* M. Keller (dir.), *Procès du travail, Travail du procès*, LGDJ, 2008, p. 359 ; M. Pierchon et F Guiomard, Faut-il assouplir la règle d'unicité de l'instance ?, Controverse, *RDT* 2011. 156 ; V. Orif, La règle de l'unicité de l'instance, th., Paris-Ouest-Nanterre-La Défense, 2010 ; « Le renouveau de la règle de l'unicité de l'instance », *D.* 2011. 227 ; F. Guiomard, « Unicité de l'instance : concentration des demandes ou apurement du contentieux », *RDT* 2013. 717.

2. V. par ex. Soc. 12 nov. 2003, *Dr. soc.* 2004. 100, avis P. Lyon-Caen, obs. M. Keller : un salarié avait vu sa première action en justice annulée, faute pour lui d'avoir convoqué dès la conciliation l'autorité de tutelle de son employeur. Il reprend son procès, en respectant cette fois parfaitement la procédure, mais il se voit déclaré irrecevable, cette fois au nom de l'unicité de l'instance. Kafka n'aurait pas imaginé mieux...

3. Soc. 7 juin 2006, n° 04-43.774 P ; *JCP S* 2006. 1572, note Boubli : un employeur licencie une salariée pour faute lourde, la fait convoquer devant la juridiction prud'homale afin d'obtenir le paiement de diverses sommes, se désiste avant l'audience de conciliation, puis oppose la règle de l'unicité à la demande reconventionnelle de la salariée en paiement d'indemnités de rupture ; pour la Cour, ni le désistement de l'employeur, ni la règle d'unicité « ne peuvent faire obstacle au droit du salarié de contester en justice son licenciement ». V. aussi Soc. 14 mars 2007 (2e esp.) *Bull.* n° 49, *D.* 2007. 1007, note Guiomard.

4. L'unicité de l'instance ne fait pas obstacle à la saisine de la formation de référé, ni à la saisine du juge du fond alors qu'une précédente instance s'est ouverte en référé (Soc. 14 juin 1989, *JS UIMM* 1989. 520 ; 30 nov. 2010, n° 09-68.414 ; 24 mars 2010, n° 09-40.938). Les demandes dirigées par le salarié contre l'ancien employeur et le nouveau, auquel le contrat de travail a été transféré par l'effet de l'art. L. 122-12, ne sont pas entre les mêmes parties (Soc. 20 juin 2000, *D.* 2000. IR 252).

5. Soc. 16 nov. 2010, *D.* 2011. 227, Cour de cassation et note V. Orif ; *ibid.* 265, obs. N. Fricero ; *RDT* 2011. 55, obs. E. Serverin ; *Dr. soc.* 2011. 461, note M. Keller ; 4 oct. 2011, n° 10-15.249 P ; 23 mai 2012, n° 10-24.033 P. Comp. la solution antérieure, qui produisait des effets kafkaien effarants : un premier jugement intervenu avait annulé la procédure en raison de l'absence d'une mise en cause obligatoire ; le salarié saisit à nouveau le Conseil de prud'hommes, en respectant cette fois parfaitement son obligation de mise en cause ; il est dit irrecevable au nom de la règle de l'unicité d'instance : Soc. 12 nov. 2003, *Dr. soc.* 2004. 100, avis P. Lyon-Caen, obs. M. Keller.

6. V. not. Soc. 4 oct. 2011, préc. (extinction d'instance suite à l'acquiescement du défendeur) ; 23 mai 2012 préc. (péremption d'instance).

semble être assimilée à un jugement sur le fond par la Cour de cassation au regard de la règle de l'unicité d'instance [1].

La règle de l'unicité d'instance ne bloque la recevabilité de nouvelles demandes en justice que lorsque le procès s'est définitivement achevé. Tant que l'instance est en cours, toutes les demandes nouvelles dérivant d'un même contrat de travail sont recevables, y compris devant la formation de départage [2], ou en appel [3], même sur renvoi de cassation [4]. La règle du droit commun de la procédure civile selon laquelle le demandeur doit présenter dès l'instance relative à la première demande l'ensemble des moyens qu'il estime de nature à fonder celle-ci est ainsi très fortement atténuée en matière prud'homale [5].

La règle de l'unicité d'instance ne bloque pas non plus, bien entendu, de nouvelles procédures sur des fondements nés ou révélés postérieurement au jugement sur le fond ou à la transaction qui a achevé l'instance [6].

122 ***Le déroulement de l'instance : oralité et contradictoire*** ◊ Le déroulement de l'instance est dominé par un double principe : l'oralité de la procédure – qui existe également devant toutes les juridictions spécialisées – et le principe du contradictoire applicable devant toute juridiction.

Le principe de l'*oralité*, correspond à une exigence de simplicité et de rapidité ; chaque partie a la faculté (mais non l'obligation [7]) d'exposer ses prétentions verbalement [8]. Le principe du *contradictoire* signifie notamment que nul ne peut être jugé à partir d'éléments qui n'auraient pas été soumis à son examen et à sa critique [9]. Il s'applique en particulier à la production des preuves dont la partie adverse doit être informée [10], et à l'utilisation par le juge d'un moyen soulevé d'office, qui doit être soumis à l'observation préalable des deux parties [11].

Ces deux principes s'entrechoquent parfois. Au nom de l'oralité, les moyens retenus par les juges du fond sont présumés, sauf preuve contraire,

1. Soc. 13 juin 2012, 10-26.857 P.

2. Soc. 30 oct. 1991, *Dr. ouvrier* 1992. 114 ; 28 avr. 1994, *Bull. civ.* V, n° 154.

3. C. trav., art. R. 1452-7 ; Soc. 5 janv. 2011, n° 08-70.060.

4. Soc. 20 févr. 2008, n° 07-41.881, *RJS* 5/08, n° 582.

5. Cass., ass. plén., 7 juill. 2006, *D.* 2006. 2135, note L. Weiller ; *JCP* 2006. I. 183, n° 15 obs. S. Amrani-Mekki.

6. Soc. 13 juin 2012, 10-26.857 P.

7. Soc. 17 juill. 1997, *RJS* 10/97, n° 1125 : le principe de l'oralité est respecté dès lors que l'intéressé a comparu à l'audience. La cour d'appel peut, sans violer ce principe, ordonner le dépôt des conclusions écrites pour mettre l'affaire en état d'être jugée (Soc. 11 juin 2002, n° 00-42.654, *Bull. civ.* V, n° 202).

8. Sur la légalité du principe d'oralité : CE 27 mars 1996, *RJS* 6/96, n° 743. Sur ses mérites et son éventuel amendement : G. Gélineau-Larrivet, *in Mélanges offerts à Pierre Drai*, préc., p. 343 ; P. Moussy, Oralité et représentation des parties, *Dr. ouvrier* 2004. 106 ; E. Serverin et T. Grumbach, L'oral et l'écrit dans la procédure prud'homale, *RDT* 2007. 468. Sur les questions techniques qu'elle soulève, J.-L. Gillet, *RJS* 5/07, p. 403.

9. Le juge peut écarter du débat les pièces qui n'ont pas été communiquées en temps utile (Soc. 7 juin 1995, *RJS* 7/95, n° 810).

10. A. Rolland, *Dr. soc.* 1988. 323 ; Soc. 25 oct. 1989, *Bull. civ.* V, n° 618 ; 10 juill. 1991, *ibid.*, n° 354.

11. Soc. 8 juill. 1992, *Bull. civ.* V, n° 454.

débattus contradictoirement [1]. L'oralité sert ainsi d'argument pour les employeurs et leurs avocats pour apporter au dernier moment des pièces et arguments, sans que le salarié, qui plaide parfois sans avocat, puisse préparer sa réponse. Plus généralement, en un temps où l'analphabétisme n'est plus ce qu'il était, pour paraphraser Lacordaire, « entre le fort et le faible, entre le riche et le pauvre, entre le maître et le serviteur, c'est la liberté (l'oralité) qui opprime, c'est la loi (la procédure formelle) qui affranchit ». La récente réforme de l'oralité de la procédure, mise en place par le décret du 1er octobre 2010, n'a guère remédié à cette situation [2].

Dans les procédures orales, l'audience est le moment clef. Elle est l'occasion d'une sorte de synthèse des prétentions et moyens. Les prétentions formulées précédemment par écrit ne valent que si elles ont été reprises à l'audience [3]. Le régime procédural des moyens de défense, exceptions et fins de non-recevoir, demandes reconventionnelles, est dans l'ensemble celui du nouveau Code de procédure civile.

Le bureau de jugement du conseil de prud'hommes, à la différence bien entendu du bureau de conciliation, peut pratiquer lui-même une nouvelle tentative de conciliation [4] ou proposer aux parties de se soumettre à une conciliation ou une médiation « externe », dans les conditions du droit commun procédural. Il constatera leur éventuel accord dans ces mêmes conditions [5].

§ 3. Le jugement et son exécution

123 ***Jugement*** ◊ Le juge tranche le litige conformément aux règles de droit qui lui sont applicables (C. pr. civ., art. 12) [6], dont les conventions collectives

1. V. not. parmi de très nombreux arrêts, Soc. 4 juin 1987, n° 84-43.431, *Bull. civ.* V, n° 359 ; 1er déc. 2010, n° 09-42.694, *RDT* 2011. 59, note T. Grumbach.

2. V. not. les nouv. art. 446-1 à 446-4 C. pr. civ. Sur cette réforme, relativement modeste dans ses effets pratiques, v. not. E. Serverin et T. Grumbach, *RDT* 2011. 193.

3. C. pr. civ., art. 446-1, al. 1er.

4. Soc. 18 nov. 1998, *Bull. civ.* V, n° 507.

5. Pratiquée en première instance ou, plus probablement en cause d'appel, cette démarche pourra requérir des actes de procédure et déboucher sur quelques problèmes procéduraux délicats (B. Blohorn-Brenneur, La médiation judiciaire en matière prud'homale, le protocole d'accord et la décision d'homologation, *D.* 2001. Chron. 251). Pour la Cour de cassation, le juge n'a pas à homologuer l'accord né d'une médiation si le salarié et l'employeur ne le lui demandent pas, et, si cette demande est formulée, il doit vérifier qu'il préserve les droits de chacune des parties ; la Cour ajoute que le résultat de la médiation (désistement du salarié de sa demande d'indemnité de licenciement sans cause réelle et sérieuse) n'est pas opposable à l'Assedic, de sorte que la juridiction reste saisie du litige entre cet organisme et l'employeur (Soc. 18 juill. 2001, *Bull. civ.* V, n° 279). L'AGS a été moins bien traitée : elle n'est recevable à contester l'accord transactionnel conclu lors d'une médiation proposée par le conseil de prud'hommes qu'à la condition d'établir qu'il procédait d'une fraude à ses droits (Soc. 25 janv. 2006, *JCP S* 2006. 1446, note P. Morvan).

6. F. Canut, Le relevé d'office de moyens d'ordre public de protection, *D.* 2007. 2257. Toute juridiction judiciaire peut solliciter l'avis de la Cour de cassation avant de statuer sur une demande soulevant une question de droit nouvelle, soulevant une difficulté sérieuse et se présentant dans de nombreux litiges (COJ, art. L. 151-1). Cette faculté paraît peu utilisée et la Cour de cassation n'admet pas facilement l'existence d'une difficulté sérieuse. L'usage de ce mécanisme se heurte, à l'évidence à l'injonction de célérité de la justice !

et les usages qu'il lui appartient lui-même de rechercher [1]. Le conseil des prud'hommes n'échappe pas à cette règle qui lui interdit de fonder sa décision sur l'équité [2].

Le jugement est normalement rendu par le *bureau de jugement*. Les parties sont convoquées devant lui par lettre du greffe. Il est composé de deux conseillers employeurs et de deux conseillers salariés. La décision est prise, en délibéré, à la majorité des voix. Si les conseillers sont « en partage », les débats seront repris devant le bureau présidé par le juge d'instance.

Ce *juge départiteur* n'a pas à connaître de l'ensemble du litige, mais seulement des points restant en désaccord [3]. Il délibère avec les juges prud'homaux ou éventuellement seul ; mais ne tranche pas l'ensemble du différend, ce qui est discutable [4].

Le jugement est notifié par les soins du greffe (C. trav., art. R. 1454-26). Cette notification fait courir le délai d'exercice des voies de recours. Elle permet l'exécution provisoire lorsque celle-ci est possible (toutes les décisions provisoires prises par le bureau de conciliation ou la formation de référés ; les décisions qui n'ont pas été frappées d'appel).

124 ***Voies de recours et exécution*** [5] ◊ Le conseil de prud'hommes est intégré à l'appareil judiciaire. Il relève par la voie de l'*appel* de la cour d'appel, qui comprend nécessairement une chambre sociale, mais est dépourvue de juges élus. Le délai pour faire appel est d'un mois à compter de la notification du jugement. L'appel est formé par une déclaration au greffe, suivant la procédure sans représentation obligatoire, ce qui laisse les parties libres de se faire assister ou non par un avocat.

L'appel n'est pas possible lorsque la valeur totale des prétentions d'aucune des parties n'excède pas un chiffre appelé *taux du ressort*, fixé par décret [6]. Le jugement est dit alors *en dernier ressort*. C'est l'*évaluation du litige* – en fonction du montant global des demandes de chaque partie [7], et non des

1. Soc. 3 mars et 5 oct. 1993, *D*. 1994. 588, note R. Encinas de Munagorri (obligation pour le juge de se procurer par tous moyens le texte d'une convention collective invoquée par une partie, au besoin en invitant les parties à lui faire parvenir un exemplaire) ; 6 févr. 1996, *Bull. civ*. V, n° 60.

2. Soc. 11 mai 1994, *Dr. soc*. 1994. 703 ; 4 déc. 1996, *D*. 1997. IR 26. De la même manière, le conseil ne peut décider seulement « en vertu de la jurisprudence » (Soc. 18 juin 1997).

3. Soc. 10 juill. 1986, *Dr. soc*. 1986. 805, obs. Y. Desdevises (fixer le montant d'une indemnité, alors que le bureau de jugement s'est déjà prononcé à la majorité sur le caractère injustifié ou abusif du licenciement) ; 18 janv. 1989, *Dr. soc*. 1989. 395.

4. Sur ce que peuvent recouvrir les situations de partage du bureau de jugement et sur divers aspects de la *départition* : É. Serverin et F. Vennin, *Dr. soc*. 1995. 904.

5. V. E. Serverin et *al*., *L'exercice des voies de recours contre les décisions prud'homales*, CERCRID, Étude pour le C. S. de la prud'homie, Doc. fr., 1990 ; K. Salhi, Les spécificités de l'appel en matière prud'homale, *in* M. Keller (dir.) *Procès du travail, Travail du procès*, LGDJ 2008, p. 373 s.

6. C. trav., art. R. 1462-1. Ce taux est fixé à 4. 000 € (C. trav., art. D. 1462-3). Jusqu'en 2005, ce taux s'appréciait « par chef de demande » et non pas globalement, ce qui réduisait sensiblement les possibilités d'appel par rapport au droit commun.

7. Le jugement n'est pas susceptible d'appel si seule excède le taux du ressort la demande reconventionnelle en dommages intérêts fondée exclusivement sur la demande initiale (C. trav., art. R. 1462-2).

questions de droit à trancher pour statuer – qui permet de dire si le jugement est rendu en premier ou dernier ressort (sans appel). Sont cependant toujours susceptibles d'appel les jugements sur des demandes de valeur indéterminée (ex. : demande d'annulation d'une sanction disciplinaire ou d'un licenciement, même accompagnée d'une demande pécuniaire : salaires, dommages et intérêts) [1], à l'exception de celles qui tendent à la remise d'une pièce que l'employeur est tenu de délivrer (C. trav., art. R. 1462-1).

Le pourvoi en cassation contre les arrêts d'appel ou les jugements prud'homaux rendus en dernier ressort est porté devant la Chambre sociale [2]. Selon le vœu de la Cour de cassation elle-même [3], il n'est plus dispensé du ministère d'avocat, depuis le décret du 20 août 2004 [4].

L'*exécution* des sentences prud'homales est mal connue [5]. Il est difficile d'imposer un fait positif à l'employeur (réintégration) et une condamnation

---

1. La demande ne devient indéterminée et l'appel n'est ouvert ni du fait qu'un syndicat intervienne à l'instance (Soc. 16 mai 1973, *Dr. ouvrier* 1974. 324), ni de celui que la juridiction doive ou ait dû interpréter une disposition légale ou conventionnelle (Soc. 10 déc. 1986, *Bull. civ.* V, n° 588 ; 26 oct. 1993, *ibid.*, n° 249 ; 13 juill. 2004, *Bull. civ.* V, n° 216). Mais est indéterminée la demande tendant à faire dire illégale une mesure de lock-out (Soc. 4 juill. 1989, *Bull. civ.* V, n° 500), ou à faire rectifier les mentions figurant sur le bulletin de paie (Soc. 28 nov. 2006, n° 05-41.001, *Bull.* V., n° 357). Si une demande est chiffrée, elle cesse d'être indéterminée. Si elle soulève une question de principe (la prime de fin d'année est-elle devenue d'usage ? Telle clause d'une convention collective dénoncée mais non substituée est-elle conservée à titre d'avantages individuels acquis ?), elle est indéterminée (Soc. 13 mars 2001, *Dr. soc.* 2001. 681, obs. J. Savatier). De même une demande tendant à l'application de l'art. L. 1224-1 C. trav. avec conséquences est indéterminée (Soc. 7 mars 1990, *Bull. civ.* V, n° 107). Si une demande chiffrée s'appuie sur une demande d'annulation ou de requalification d'un acte, la nature indéterminée de cette dernière conduit à ouvrir la voie de l'appel (Soc. 12 mars 1987, *Bull. civ.* V, n° 160 ; 1° oct. 1996, *Dr. soc.* 1997. 170, note J. Savatier).

2. Les parties ne peuvent proposer devant la Cour de cassation un moyen incompatible avec la thèse qu'ils ont développée devant les juges du fond (Soc. 28 nov. 2007, n° 06-40.489 P). Le Premier président de la Cour peut retirer du rôle une affaire lorsque la décision frappée de pourvoi n'a pas été exécutée (C. pr. civ., art. 1009-1). Cette possibilité a été étendue au premier président de la cour d'appel par le décret du 28 déc. 2005.

3. Lutter contre la multiplication des pourvois en matière prud'homale est une préoccupation de la Cour : le pourvoi contre le jugement prud'homal est irrecevable si le taux de la demande était tel que l'appel était possible (Soc. 28 nov. 1991, *Bull. civ.* V, n° 541) ; v. aussi son interprétation de la notion de « chef de demande ». Pour un rétablissement de la représentation obligatoire devant la Cour : G. Gélineau-Larrivet, préc., p. 352 ; Cour de cassation, *Rapport pour 2000*, Doc. fr., 2001, p. 23 et *Rapport pour 2001*, p. 18.

4. Dont la licéité a été reconnue par le Conseil d'État (CE 6 avr. 2006, *CGT*, n° 273311, *RDT* 2006. 331, note Grumbach et Serverin). Le ministère d'avocat est obligatoire pour tous les pourvois formés contre les jugements ou arrêts rendus à compter du 1er janv. 2005. Les confédérations syndicales de salariés ont réagi de manière très critique à cette réforme qui n'était pas seulement symbolique. Le Conseil d'État a rejeté le recours en annulation des divers articles du décret d'août 2004, introduit par la CGT : la suppression de la dispense d'avocat ne porte pas atteinte au droit à un recours effectif et aucun principe, en droit français, ne garantit le libre choix du mode de défense en matière prud'homale (CE 6 avr. 2006, n° 273311, *RDT* 2006. 6, inédit au *Recueil*) V. P. Tillie et Ph. Blondel, La généralisation de la représentation obligatoire, *in* M. Keller (dir.) *Procès du travail et Travail du procès*, LGDJ, 2008, p. 387.

5. V. A.-S. Hocquet-Delajartre, *L'exécution des décisions prud'homales*, Th. Nantes, 1994 ; J.-P. Bonafe-Schmitt et P. Porcher-Stouvenel, *Dr. soc.* 1989. 743 ; *Act. jur.* CFDT, nov. 1987, n° 67 ; M. Henry et J. Grinsnir, *Dr. ouvrier* 1991. 181. Le salarié en difficulté financière qui a du mal à obtenir l'exécution d'une décision condamnant son employeur peut bénéficier de l'aide pécuniaire au salarié (saisie des rémunérations). Le droit d'obtenir l'exécution de justice dans un délai raisonnable a cependant été consacré par la Cour EDH en matière sociale [1]. Le mécanisme des astreintes est largement utilisé [2]. L'appel suspend l'exécution ; mais l'exécution *provisoire* peut être ordonnée malgré l'appel ; elle est de plein droit pour les mesures décidées en référé ou par le bureau de conciliation [3].

125 ***Référé prud'homal*** [4] ◊ Les conseils de prud'hommes sont restés longtemps dépourvus de toute juridiction d'intervention immédiate. En cas d'urgence les parties ne pouvaient que saisir le président du tribunal de grande instance. Le décret du 12 septembre 1974, puis la loi du 18 janvier 1979, ont imposé à chaque conseil de se doter d'une formation *paritaire* (un conseiller de chaque élément) de référé, extérieure aux sections. Cette *formation de référé* est compétente – et seule compétente, à l'exclusion du président du tribunal de grande instance – pour les litiges relevant de la compétence d'attribution de la juridiction prud'homale (C. trav., art. R. 1455-5). Mais les difficultés concernent moins sa compétence que ses *pouvoirs* définis par les articles R. 1455-5 et suivants du Code du travail. Ils dépendent de circonstances en dehors desquelles « il n'y a lieu à référé ». La rapidité de la procédure de référé et la lenteur des procédures prud'homales au fond, conduisent cette procédure à prendre une importance croissante [5].

Juge de l'*urgence*, selon la vocation première du référé, cette formation peut, en raison de cette circonstance, de prendre toute *mesure* qui ne se heurte à aucune contestation sérieuse [6], ou que justifie l'existence d'un différend [7], ou propre à prévenir un dommage imminent. Juge de l'*évidence* elle

---

juridique (Rép. min. n° 12194, *JO Sénat*, 14 déc. 1995, p. 2353). Le décret du 12 déc. 1996 (modifié en 2001) exonère de frais d'huissier l'exécution forcée des décisions prud'homales.

1. Par application de l'art. 6, § 1 Conv. EDH ; v. CEDH 20 déc. 2007, *Miclici*, n° 23. 657/03, *RDT* 2008. 442, obs. B. Bossu et J.-Ph. Tricoit.

2. J. Villebrun et G.-P. Quetant, *Dr. soc.* 1992. 911.

3. Pour le Conseil d'État (CE 6 avr. 2006, *CGT*, préc.), cet arrêt prévu par l'art. 524, dernier al. C. pr. civ., tel que modifié par le décret du 20 août 2004, loin de méconnaître les règles du procès équitable, est « de nature à apporter aux justiciables des garanties supplémentaires ».

4. J. Normand, Les procédures d'urgence en droit du travail, *Dr. soc.* 1980, n° spéc. 45 ; J. –M. Sportouch, Le recours au juge du provisoire en droit du travail, *ibid.* 1987. 503 ; Les contentieux de l'urgence et le droit du travail, *Dr. ouvrier*, n° spéc. juin 2004.

5. T. Durand, Le juge des référés, à saisir d'urgence !, *Dr. ouvrier.* 2012. 533.

6. Les faits doivent être avérés et aucune discussion juridique ne doit surgir. Ex. : il ne faut pas qu'il y ait à interpréter une clause ou à se prononcer sur le champ d'application d'une convention collective (Soc. 9 mars 1977, *Bull. civ.* V, n° 178 ; 31 mars 1982, *ibid.*, n° 247 ; Versailles, 24 févr. 2000, *RJS* 6/00, n° 690).

7. Ex. : Ordonner la production de pièces (Soc. 28 juin 1995, *Bull. civ.* V, n° 222). Ce pouvoir est également reconnu au bureau de conciliation (Soc. 7 juin 1995, *Dr. soc.* 1995. 838, obs. Y. Desdevises), et au président du tribunal de grande instance, saisi sur requête, mais non au conseiller rapporteur (Soc. 12 avr. 1995, *Dr. soc.* 1995. 586, obs. M. Jeantin). Mais le demandeur devra-t-il établir qu'il a un « motif légitime » de rechercher ces moyens de preuve (Soc. 7 mars 2006, *JCP S* 2006. 1524, note B. Boubli) ? Pourra-t-on lui objecter qu'il n'a pas, dans le procès engagé ou projeté, la charge de la preuve ?

peut, « même en présence d'une contestation sérieuse » [1], prescrire toute mesure conservatoire [2] ou de remise en état pour faire cesser un « trouble manifestement illicite » [3] : c'est à ce dernier titre qu'elle peut ordonner, sous astreinte, la reprise d'exécution du contrat de travail (« réintégration ») d'un représentant du personnel [4], d'un salarié sanctionné d'une mise à pied alors que les faits étaient prescrits [5], d'un gréviste ou d'une salariée en état de grossesse [6], illégalement licenciés ; mais aussi déclarer inopposable au salarié (sans l'annuler) la clause contractuelle de non-concurrence ne prévoyant aucune contrepartie financière [7]. Dans le même ordre d'idées, elle peut, si « l'existence de l'obligation n'est pas sérieusement contestable » accorder une *provision* au créancier [8] ou ordonner l'exécution d'une obligation [9], même s'il s'agit d'une obligation de faire (autre fondement possible de la « réintégration ») [10]. Les mesures que peut prendre par ordonnance cette formation de référé ne sont pas limitativement énumérées (à la différence de celles qui relèvent du bureau de conciliation) [11]. Mais elles présentent toujours un caractère *provisoire* [12] et sont dépourvues d'autorité de chose jugée au principal [13]. Aussi, ni le désistement d'une action introduite devant la formation de référés [14], ni son échec n'affecte la recevabilité de la demande au fond.

---

1. Les faits doivent être patents, mais peu importe que la décision sollicitée suppose interprétation de la loi et choix d'une qualification.

2. Ex., Soc. 3 et 21 juill. 1986, *Bull. civ.* V, n°s 355 et 419 (mesure concernant un logiciel)

3. La constatation de ce trouble par le juge du fond peut-être implicite (Soc. 16 janv. 2008, n° 07-10.095 P). Il n'est pas nécessaire qu'il y ait urgence (Soc. 15 mars 1984, *Bull. civ.* V, n° 99), même si en fait, cette circonstance est aussi présente. V. P. Moussy : Le référé prud'homal face aux discriminations, *Dr. ouvrier* 1992. 366. En cas d'appel de l'ordonnance, l'existence d'un trouble manifestement illicite, donc la régularité de la mesure prise, doit être appréciée par la cour à la date de la saisine du juge des référés (ou de la formation de référé en matière prud'homale) (Soc. 24 juin 2003, *TPS* 2003, n° 356).

4. V. ss 1131.

5. Soc. 23 nov. 1999, *Dr. soc.* 2000. 348, obs. J. Mouly.

6. Soc. 19 nov. 1997, *Bull. civ.* V, n° 382.

7. Soc. 25 mai 2005, *Dr. soc.* 2005. 1061, obs. J. Mouly.

8. Ex. Soc. 7 mars 2000, *D.* 2000. IR 126 (rupture « en période d'essai » d'un contrat à durée déterminée, alors que cette période était expirée ; provision au titre de la rupture anticipée du contrat) ; 14 févr. 2007, *RJS* 4/07, n° 411 (entente frauduleuse entre cédant et cessionnaire pour éluder le jeu de l'art. L. 1224-1 C. trav.). La Cour doit exercer son contrôle sur l'existence d'une obligation non sérieusement contestable, et le juge inférieur doit donc, par sa motivation, le mettre en mesure de le faire (Cass., ass. plén., 16 nov. 2001, *D.* 2002. 598, note C. Puigelier).

9. Soc. 20 févr. 1991, *Dr. soc.* 1991. 469, note A. Mazeaud (sanction pécuniaire prohibée : injonction de verser la fraction du salaire retenue) ; 3 mai 2007, *Autogrill Paris Saint-Lazare*, n° 05-44.776 P (indemnités compensatrices des salaires perdus du fait d'une grève imputable à l'employeur).

10. Il y aura aussi, dans nombre de ces hypothèses, trouble manifestement illicite ; ex., Soc. 21 mars 2000, *Dr. soc.* 2000. 594, obs. Ch. Radé (salaire indûment retenu au nom d'une compensation pour l'essentiel illégale).

11. A. Supiot et Y. Desdevises, *Dr. soc.* 1986. 535.

12. Annuler un acte juridique (une sanction disciplinaire par exemple) n'est donc pas une « mesure » que le juge des référés a pouvoir de prendre (v. ss 782), même si ordonner une réintégration au motif que la mise à pied (ou le licenciement) est illégal ressemble beaucoup au constat d'une nullité (mais c'est en principe dans les motifs de l'ordonnance...).

13. L'appel n'est ouvert que contre l'ordonnance de référé dans les limites du taux du ressort (C. pr. civ., art. 490 ; C. trav., art. R. 1412-1) et dans un délai de quinze jours (C. trav., art. R. 1452-8).

14. Soc. 12 janv. 1993, *Dr. soc.* 1993. 193.

DEUXIÈME PARTIE

L'EMPLOI

TITRE 1

L'ACCÈS À L'EMPLOI

126 L'accès à l'emploi concerne aussi bien la reprise d'un emploi que l'accès au premier emploi. Dans un cas comme dans l'autre, les pouvoirs publics s'efforcent de favoriser les ajustements entre les offres et les demandes d'emploi.

Techniquement, l'accès à l'emploi salarié se réalise en deux phases : l'une est celle du recrutement (Sous-titre 1), l'autre est celle de la conclusion du contrat de travail (Sous-titre 2). C'est là du moins le mode traditionnel d'accès à l'emploi. Depuis une vingtaine d'années, de nombreuses entreprises s'efforcent d'avoir à leur disposition une main-d'œuvre sans pour autant embaucher de nouveaux salariés ; elles font appel à une « main-d'œuvre extérieure » recourant au travail temporaire ou à d'autres contrats de fourniture de main-d'œuvre (Sous-titre 3).

SOUS-TITRE 1

Le recrutement

127 En droit du travail, le recrutement est une opération effectuée par le chef d'une entreprise, qui consiste à rechercher les personnes susceptibles de tenir les emplois disponibles dans l'entreprise et à sélectionner celles qui semblent les plus aptes. L'opération se termine normalement par une embauche.

La pratique professionnelle a révélé d'assez graves abus ; aussi le législateur, le juge et les interlocuteurs sociaux sont-ils intervenus pour réglementer les modes de recrutement (Chap. 1). Ce même législateur s'évertue de longue date à élaborer des dispositifs destinés à faciliter le recrutement de ceux qui sont à la recherche d'un emploi (Chap. 2). Il existe enfin des limites à la liberté d'embaucher (Chap. 3).

CHAPITRE 1
LES MODES DE RECRUTEMENT

128 L'entreprise qui entend recruter des salariés doit faire un premier choix : effectue-t-elle elle-même les opérations de recrutement ou préfère-t-elle faire appel à un intermédiaire. En d'autres termes, opte-t-elle pour un recrutement direct ou pour un recrutement par intermédiaire ? (Section 1).

Que les opérations de recrutement soient réalisées par l'entreprise elle-même ou par un intermédiaire, celles-ci doivent être conduites en respectant la personnalité des candidats. Des dispositions importantes ont été adoptées au cours de ces dernières années pour mettre fin à de graves atteintes à la vie privée des demandeurs d'emploi (Section 2).

SECTION 1. RECRUTEMENT DIRECT OU PAR INTERMÉDIAIRE

129 On distingue parfois le placement – acte dans lequel un intermédiaire agit au profit des deux parties – du *recrutement* – acte effectué pour le seul compte d'un futur employeur. En pratique trois possibilités s'offrent à une entreprise pour pourvoir un emploi : elle peut procéder elle-même aux opérations de recrutement ; recruter par l'intermédiaire du service public de l'emploi ; ou faire appel aux services d'une agence de recrutement.

130 ***Recrutement direct*** ◊ Il peut être *interne* et constitue souvent une promotion ; ou *externe*. Il s'adresse alors à des nouveaux venus sur le marché du travail, ou à des personnes qui ont actuellement un emploi, sous réserve de ne pas procéder à un *débauchage* qui pourrait être illicite [1]. Le recrutement peut avoir lieu par contact privé ou s'effectuer publiquement, par l'insertion d'offres d'emploi dans une publication ou un autre moyen de communication accessible au public. Les articles L. 5332-1 et suivants du Code du travail soumettent celles-ci à quelques prescriptions, notamment l'exigence de communication du nom de l'entreprise au directeur de la publication ou au responsable du moyen de communication (mais pas nécessairement aux lecteurs ; il y a beaucoup d'offres anonymes [2]). En fait

1. C. trav., art. L. 1237-3.

2. La loi pose quelques limites à cet anonymat ; C. trav., art. L. 5332-2 s. Utilisées à la constitution de fichiers clandestins. L'objection tirée du secret des affaires n'est pas sérieuse et l'anonymat est contraire à l'art. 27, loi informatique et libertés du 6 janv. 1978.

lorsque ceux-ci font acte de candidature, ils ignorent parfois quelle entreprise recrute et quelle est la vraie nature de l'emploi. La transparence est insuffisante.

L'offre ne doit comporter aucune limite d'âge, aucune allégation mensongère sur l'emploi ; elle doit être rédigée en langue française [1] ; s'il s'agit d'une agence de travail temporaire, le fait doit être porté à la connaissance du public.

131 ***Recrutement par l'intermédiaire du service public*** ◊ Les conventions internationales font obligation aux États qui les ont ratifiées d'organiser un service public du placement. L'entremise entre offre et demande ou courtage, ne pouvait jusqu'à une date récente être le fait d'organismes privés à but lucratif. Cette règle a été abrogée sous la pression de droit communautaire. Des opérateurs privés peuvent désormais concourir au fonctionnement du service public de l'emploi (C. trav., art. L. 5311-4). L'existence d'un service public du placement ne fait échec ni à la liberté de l'employeur de choisir parmi les candidats à l'emploi ni à celle du salarié de choisir entre les employeurs éventuels. Certes tout travailleur recherchant un emploi doit requérir son inscription auprès du Pôle emploi (C. trav., art. L. 5411-1), qui doit de son côté procéder à la collecte de toutes les offres d'emploi (C. trav., art. L. 5312-1, 1°). Mais employeur et salarié conservent leur liberté de choix lorsqu'ils sont mis en rapport par le Pôle emploi.

132 ***Recrutement à travers une agence de recrutement*** ◊ Celle-ci est un mandataire de l'employeur, dont le rôle est de l'assister dans le choix d'un candidat susceptible d'occuper l'emploi à pourvoir. À la différence des opérateurs privés de placement, qui sont des *intermédiaires* dont l'activité est réglementée et contrôlée (C. trav., art. L. 5323-1 s.) et qui sont tenus d'offrir gratuitement leurs services aux demandeurs d'emploi (C. trav., art. L. 5321-3), les agences de recrutement sont des *mandataires* des employeurs, qui se chargent de sélectionner en leur nom les meilleurs candidats à un emploi déterminé. Le cabinet de recrutement est une de ces multiples activités dont le rôle est de conseiller l'entreprise et qui bénéficient de la liberté du commerce et de l'industrie.

Quelles sont les obligations de l'agence et sa responsabilité ? Ce sont celles de tout mandataire rémunéré. Il évalue les candidats et propose à l'entreprise le ou les plus aptes [2]. Obligation de moyens : si le choix a été mal fait, il n'en est pas responsable. De toute manière le chef d'entreprise est libre du choix de ses collaborateurs. Si le candidat ne convient pas au poste vacant, l'entreprise peut avoir mal informé son agent sur les exigences requises.

---

1. C. trav., art. L. 5331-4, V. A. Supiot, Les langues de travail, *Sem. soc. Lamy* 2007, n° 1318.
2. Engage sa responsabilité le cabinet de recrutement qui ne vérifie par les informations portées sur le CV d'un candidat, sans même attirer l'attention de son client sur cette absence de vérification et sur les risques d'embauche dans de telles conditions (Civ. 1re, 2 nov. 2005, n° 03-10.909 *Bull. civ.* V, n° 400).

En pratique les conseils en recrutement ont deux activités bien distinctes si ce n'est aujourd'hui trois :

a) ils cherchent parmi les cadres supérieurs ou les spécialistes de haut niveau ceux que l'entreprise voudrait attirer. L'activité est à la limite du débauchage [1]. Il n'y a alors aucune « candidature » ;

b) ils recueillent les lettres de candidatures suscitées par la publication d'une offre d'emploi et évaluent les candidats qu'ils proposent aux entreprises ;

c) ils assistent les entreprises pour assurer le reclassement des salariés que celles-ci ont licenciés. Le contrat fait alors peser sur le conseil en recrutement l'obligation de mettre à la disposition du salarié licencié un ensemble de moyens matériels et une assistance personnelle pour l'aider à trouver un nouvel emploi. Le conseil s'engage, du moins lorsqu'il s'agit d'*outplacement* individuel, à apporter son soutien tant que le salarié licencié n'a pas trouvé un nouvel emploi [2].

On fera observer que si un contrat existe entre l'entreprise qui recrute et l'agence, les candidats ne sont pas parties à ce contrat et sont dépourvus de garanties. Il y a là une lacune que les codes de déontologie purement internes à la profession sont impuissants à combler. Pas plus que n'existe une quelconque exigence de qualification concernant le personnel recruteur.

SECTION 2. LES OPÉRATIONS DE RECRUTEMENT

133 ***Généralités*** ◊ Les principes généraux du droit garantissant les libertés publiques et privées, la loi informatique et libertés du 6 janvier 1978, l'article 9 du Code civil proclamant que « chacun a droit au respect de sa vie privée », certains arrêts de la Cour de cassation affirmant clairement que « les renseignements demandés lors de l'embauche ont pour but d'apprécier les qualités du salarié... pour l'emploi sollicité par lui et ne peuvent concerner des domaines sans lien direct avec l'activité professionnelle » [3] n'ont pas fait échec à certaines pratiques inadmissibles. Des modes de sélection peu fiables faisant appel à l'astrologie, à la morphopsychologie, à la numérologie, à la biologie, à la graphologie étaient de plus en plus utilisés. Après le rapport Gérard Lyon-Caen, élaboré à la demande du ministre du Travail, de l'Emploi et de la Formation professionnelle, le législateur a voté en décembre 1992 une loi qui, en consacrant les principes dégagés

1. La pratique parle de « chasseurs de têtes ».
2. C'est l'outplacement, traduction du français : reclassement externe. *D.* Porot, *Outplacement mode d'emploi*, Les éditions d'organisation 1977 ; F. Héas, *Le reclassement du salarié en droit du travail*, LGDJ 1999, p. 277 s.
3. Soc. 17 oct. 1973, *JCP* 1974. 11. 17. 698, note Y. Saint-Jours.

antérieurement, leur a donné un contenu plus précis et a inséré dans le Code du travail des règles protégeant la vie privée des candidats à l'emploi [1]. Ces règles ont un triple but : informer au préalable les candidats des méthodes et des techniques de recrutement qui sont utilisées, limiter le domaine de la recherche d'informations, assurer la confidentialité des renseignements obtenus.

134 ***Information préalable des candidats*** ◊ Le Code du travail impose au recruteur d'informer le candidat à l'emploi au début des opérations de recrutement des méthodes qui seront utilisées et des procédés de collecte d'information. « Le candidat à un emploi est expressément informé, préalablement à leur mise en œuvre, des méthodes et techniques d'aide au recrutement utilisées à son égard » (C. trav., art. L. 1221-8, al. 1er). « Aucune information concernant personnellement un salarié ou un candidat à un emploi ne peut être collectée par un dispositif qui n'a pas été porté à la connaissance du salarié ou du candidat à l'emploi » (C. trav., art. L. 1221-9). Obligation est également faite à l'employeur d'informer le comité d'entreprise, préalablement à leur utilisation, sur les méthodes ou techniques d'aide au recrutement des candidats à l'emploi (C. trav., art. L. 2323-32).

Ces obligations d'information préalable sont l'expression d'un principe de transparence.

135 ***Investigations prohibées*** ◊ La protection de l'intimité des candidats à l'emploi est assurée par la prohibition de certaines investigations.

Il s'agit tout d'abord de celles qui seraient contraires au principe de non-discrimination (C. trav., art. L. 1132-1 ; C. pén., art. 225-1). Sont notamment prohibées les investigations relatives à la santé du candidat à l'emploi [2], à ses convictions politiques, religieuses, syndicales, à ses origines, son appartenance à une ethnie ou à une religion [3], ainsi qu'à l'état de grossesse des candidates à l'emploi (C. trav., art. L. 1225-1).

En dehors des investigations prohibées, les recruteurs ne disposent pas d'une liberté générale dans la recherche d'informations. Celle-ci est limitée par une double règle de finalité et de pertinence. Règle de finalité : les

---

1. O. de Tissot, La protection de la vie privée du salarié, *Dr. soc.* 1995. 222.

2. C. trav., art. L. 1132-1. Seule l'inaptitude constatée par le médecin du travail peut faire échec à la prise de fonction. Contrairement à ce qui est parfois affirmé (B. Teyssié, *Dr. soc.* 1988. 378 s.), le chef d'entreprise ne peut pas exiger du candidat à l'emploi la production d'un certificat médical. Aucun texte ne prévoit cette modalité pour les recrutements dans le secteur privé et les art. L. 1132-1 C. trav. et 225-1 C. pén. la prohibent. L'art. 16-10 C. civ. (L. du 29 juill. 1994 relative au respect du corps humain) prévoit que « l'examen des caractéristiques génétiques d'une personne ne peut être entreprise qu'à des fins médicales ou de recherche scientifique » (disposition sanctionnée par l'art. 226-25 C. pén.). Le salarié n'est pas de son côté tenu de révéler sa maladie ou son handicap (Soc. 7 nov. 2006, *RJS* 1/07, n° 119).

3. Une exception est faite au profit des entreprises dites de tendance. Elle peut être discutée dans la mesure où elle n'est pas prévue par les textes d'ordre public prohibant ces investigations. V. les art. de C. Brisseau et F. Gaudu, *Dr. soc.* 2008.

informations demandées, sous quelque forme que ce soit, au candidat à un emploi ne peuvent avoir comme finalité que d'apprécier sa capacité à occuper l'emploi proposé. Règle de pertinence : les informations recherchées doivent présenter un lien direct et nécessaire avec l'emploi proposé (C. trav., art. L. 1221-6). Si pour des postes de cadres, des informations concernant l'esprit de décision, le dynamisme, la tolérance peuvent être nécessaires et justifier des tests de personnalité, le recrutement de personnel d'exécution ne doit pas donner lieu à de telles investigations. Et pour les cadres, les informations relatives à leur situation de famille, à leurs goûts sportifs ou artistiques ne doivent pas être recherchées car elles n'ont pas, sauf exception, de lien direct et nécessaire avec l'emploi à pourvoir.

De façon plus générale, l'exigence de pertinence signifie que l'évaluateur est comptable envers celui qu'il évalue de la validité scientifique du procédé utilisé ; c'est-à-dire de la possibilité d'identifier grâce à ce procédé l'aptitude requise pour occuper l'emploi. C'est considérable. Il ne s'agit pas de déontologie ou d'éthique. Il s'agit de la mise en place d'épreuves – quelles qu'elles soient – de nature à conduire à un choix *justifiable* [1].

136 ***Confidentialité des informations recueillies*** ◊ L'article L. 1222-3 du Code du travail précise que les résultats obtenus à l'aide des méthodes et techniques d'aide au recrutement doivent rester confidentiels.

1. S'il est difficilement imaginable d'accorder aux candidats (malheureux) un droit de recours (qui porterait atteinte à la liberté de gestion donc de choix du chef d'entreprise), il est très concevable que les syndicats puissent, dans des cas d'abus heurtant les art. L. 1221-6 et suivants, saisir les tribunaux civils en vue de la défense des intérêts collectifs de la profession et que les tribunaux dégagent progressivement les règles régissant l'acte d'évaluation dans l'intérêt même des entreprises.

CHAPITRE 2

LES DISPOSITIFS FACILITANT LE RECRUTEMENT

137 ***Formation et insertion*** ◊ Pour le chômeur ou le travailleur, l'occupation ou la conservation d'un emploi se joue principalement sur le terrain de la formation et de l'acquisition d'une qualification. En France cette formation a été jusqu'à une période récente du ressort presque exclusif de l'État (système scolaire), et seul l'apprentissage relevait du droit du travail. Depuis le début des années 1970, une formation initiale en entreprise s'est révélée nécessaire à l'emploi des jeunes [1]. Par ailleurs, la frontière entre travail et formation devient poreuse : l'expérience du travail participe de la formation (stages), tandis qu'à l'inverse un droit à la formation s'affirme dans l'exécution même du contrat de travail [2]. D'où l'importance prise en droit du travail par la formation professionnelle, conçue comme un moyen d'acquisition et d'entretien de la qualification des salariés. Plus récemment, les pouvoirs publics ont pris conscience que « l'orientation professionnelle et l'information sur laquelle elle repose sont au fondement de tout parcours professionnel » [3]. La loi du 24 novembre 2009 relative à l'orientation et à la formation professionnelle tout au long de la vie a donc consacré le droit pour toute personne à être informée, conseillée et accompagnée en matière d'orientation professionnelle, au titre du droit à l'éducation garanti à chacun par l'article L. 111-1 du Code de l'éducation (C. trav., art. L. 6111-3) [4].

Tendant, elle aussi, à faciliter le recrutement, et bien que toute préoccupation de formation n'en soit pas exclue, l'insertion procède néanmoins d'une logique différente. Elle a pour objectif d'aider à l'entrée ou au retour à l'emploi de catégories de demandeurs particulièrement vulnérables sur le marché du travail (jeunes sans qualification, chômeurs de longue durée). Fruit des politiques de l'emploi, elle prend notamment la forme de contrats aidés, généralement marqués du sceau de la précarité.

---

1. P. Santelmann *La formation professionnelle : nouveau droit de l'Homme ?, Paris, Gallimard, 2001 ; N. Maggi-Germain et A. Pelage, Les évolutions de la formation professionnelle, DARES* - Doc. fr. 2003.

2. F. Favennec-Héry : Travail et formation : une frontière qui s'estompe *in Le travail en perspectives*, ouv. coll., LGDJ, 1998. 475.

3. J.-P. Anciaux, Avis n° 1628, Ass. nat., 27 mai 2009.

4. J.-M. Luttringer et J.-P. Willems, La L. du 24 nov. 2009 relative à l'orientation et à la formation professionnelle tout au long de la vie : *Dr. soc.* 2010. 417.

SECTION 1. LA FORMATION EN ALTERNANCE

138 ***L'école ou l'entreprise*** ◊ Tandis qu'en Allemagne la formation professionnelle initiale relève principalement de la responsabilité des entreprises, le soin d'approvisionner le marché du travail en personnel qualifié incombe traditionnellement en France à des écoles financées et organisées par l'État [1]. Ce système trouve ses lointaines origines dans la fondation des grandes écoles d'ingénieurs à la fin du XVIIIe siècle (Ponts & Chaussées, Polytechnique, Mines, Arts et métiers). Napoléon justifiait cette préférence pour une formation de type scolaire par le souci de forger « un esprit national qui ne se trouve pas dans les apprentissages particuliers » [2]. Cette politique a conduit à se désintéresser de l'apprentissage en atelier, suspecté de corporatisme [3], sans mettre pour autant sur pied un enseignement professionnel de qualité aux niveaux inférieurs aux grandes écoles. Les progrès du taylorisme et, par opposition, l'idée de l'« école libératrice », ont ensuite convaincu le Mouvement ouvrier de la supériorité des formations acquises hors de l'entreprise [4]. La IIIe République a tenté de combler le vide entre formation générale et écoles d'ingénieurs : d'une part en instaurant un enseignement technique, et d'autre part en dotant l'apprentissage d'un véritable statut juridique incluant une formation hors de l'entreprise (Loi Astier [5], 1919). Cependant, malgré des tentatives de développement dans l'industrie, l'apprentissage demeure encore largement conçu comme un mode de formation réservé à l'artisanat.

139 ***Droit à la formation, à l'orientation et à la qualification professionnelles*** ◊ La force de l'exemple allemand, et les effets de la récession économique des années 1970, ont fait prendre conscience de la faiblesse du système français, qui n'assure pas à une majorité de jeunes la

1. *Cf.* M. Maurice, F. Sellier, J.-J. Sylvestre, *Politique d'éducation et organisation industrielle en France et en Allemagne*, Paris, PUF, 1982 ; sur l'Espagne, A. Marzal, La dialectique formation-travail dans le droit espagnol, *in Le travail en perspectives*, ouv. coll. préc.

2. Cité par J.-P. Guinot *Formation professionnelle et travailleurs qualifiés depuis* 1789, Paris, Domat-Montchrestien, 1946, V. p. 44 s.

3. Le savoir-faire des ouvriers qualifiés a été la principale force de résistance à la toute-puissance patronale au XIXe s. ; et la pensée socialiste de l'époque récusait toute séparation du travail et de la formation (v. J.-M. Luttringer : « Entreprise et formation professionnelle », *in Mélanges G. Lyon-Caen*, Dalloz, 1989. 363 s.).

4. Sur le statut du travail scolaire, v. C. Durand Prinborgne, *in Le travail en perspectives*, ouv. coll., LGDJ, 1998. 517.

5. Il s'agissait, selon Pierre Astier, de « constituer fortement tous les cadres de l'armée économique ». Les grandes Écoles fourniront les « officiers supérieurs », l'enseignement secondaire formera les « sous-officiers, contremaîtres, petits patrons, représentants de commerce », et « l'enseignement élémentaire formera la foule innombrable des soldats (...) ouvriers de toutes professions, employés de toutes catégories... » (cf. B. Charlot et M. Figeat, *Histoire de la formation des ouvriers 1789-1984*, Paris, Minerve, 1985, p. 243). Sur la période postérieure à 1945, v. Jalons pour une histoire de la formation professionnelle en France *Travail et Emploi* 2001, n° 86, Dossier, p. 5 s.

formation et la qualification professionnelle requises sur le marché du travail [1]. D'où la proclamation de trois *droits à*, dont la mise en œuvre est encore loin d'être assurée [2].

En premier lieu un *droit à une formation professionnelle initiale* : « Tout jeune doit se voir offrir, avant sa sortie du système éducatif et quel que soit le niveau d'enseignement qu'il a atteint, une formation professionnelle » [3]. Cette formation peut être dispensée de trois manières : soit dans le cadre de l'enseignement professionnel (formations conduisant à un diplôme professionnel), soit dans le cadre de formations professionnelles d'insertion (organisées *après* l'obtention d'un diplôme d'enseignement général ou technologique), soit dans le cadre des plans régionaux de formation professionnelle (formations spécifiques) [4]. Le droit à la formation professionnelle ainsi reconnu aux élèves et aux étudiants est mis en œuvre « en concertation avec les entreprises et les professions ».

En deuxième lieu un *droit à l'information et à l'orientation professionnelle* reconnu par la loi n° 2009-1437 du 24 novembre 2009 relative à l'orientation et à la formation professionnelle tout au long de la vie. Ce texte prévoit l'organisation d'un service public de l'orientation tout au long de la vie « pour garantir à toute personne l'accès à une information gratuite, complète et objective sur les métiers, les formations, les certifications, les débouchés et les niveaux de rémunération, ainsi que l'accès à des services de conseil et d'accompagnement en orientation de qualité et organisés en réseaux » (C. trav., art. L. 6111-3) [5].

En troisième et dernier lieu un *droit à la qualification professionnelle* est reconnu depuis 1990 à tout travailleur engagé dans la vie active ou toute personne qui s'y engage. Tout titulaire de ce droit « doit pouvoir suivre, à son initiative, une formation lui permettant, quel que soit son statut, de progresser au cours de sa vie professionnelle d'au moins un niveau en acquérant une qualification correspondant aux besoins de l'économie

---

1. P. Santelmann, Formation professionnelle et emplois non qualifiés, *Dr. soc.* 2002. 437.

2. P. Santelmann, *La formation professionnelle : nouveau droit de l'homme ?* Paris, Folio, Gallimard, 2001.

3. C. éduc., art. L. 122-3. (L. du 20 déc. 1993, art. 54, insérant un art. 7 *bis* à la L. du 10 juill. 1989 d'orientation sur l'éducation) V. J.-M. Luttringer : *Dr. soc.* 1994. 192. Le Ministre a présenté cette disposition comme « révolutionnaire ». Il faudrait, pour qu'elle le soit véritablement qu'elle conduise à remettre en question le système actuel d'enseignement qui : *a*) dévalorise l'enseignement secondaire professionnel par rapport à l'enseignement général, et *b*) ne reconnaît à tout bachelier de droit qu'à l'enseignement général (universitaire), et ferme au contraire (concours, *numerus clausus*) l'accès à *toutes* les filières de type professionnel (des BTS aux écoles d'ingénieurs).

4. Institué par l'art. 83 de la loi ce plan a pour objet la programmation du développement de l'ensemble des filières de formation professionnelle destinées à favoriser l'accès à l'emploi des jeunes.

5. Sans pour autant créer un opérateur public unique de l'insertion. Il est plus simplement institué, sous l'autorité du délégué à l'information et à l'orientation, un service dématérialisé gratuit et accessible à toute personne lui permettant de disposer d'une première information et d'être orientée vers les structures correspondant à sa demande (C. trav., art. L. 6111-4). Les organismes participant à cet objectif pourront se voir octroyer, sous certaines conditions, une forme de « label » (C. trav., art. L. 6111-5). *Adde.* le rapport sur le développement de l'orientation professionnelle tout au long de la vie remis par Mme Françoise Guégot au Premier ministre le 19 janv. 2010.

prévisibles à court ou moyen terme » (C. trav., art. L. 6314-1) [1]. La reconnaissance de cette qualification résulte normalement d'un diplôme ou d'un titre à finalité professionnelle [2]. Aussi la loi permet-elle que les acquis d'une expérience professionnelle, salariée ou non, puissent être validés par un diplôme correspondant [3].

140 ***Formation en alternance*** ◊ Le développement des formations en alternance vise à combler le fossé qui sépare l'école de l'entreprise [4]. Le principe commun, inspiré du modèle de l'apprentissage, consiste à associer des enseignements généraux professionnels et technologiques dans des organismes (publics ou privés) de formation à l'acquisition d'un savoir-faire par l'exercice en entreprise d'une activité professionnelle en relation avec la qualification recherchée. Ces formations peuvent être réalisées soit par des stages qui ne supposent pas l'emploi (§ 1), soit par des *contrats de travail sui generis*, qu'il s'agisse du contrat d'apprentissage (§ 2) ou des contrats associant emploi et formation (§ 3).

§ 1. Les stages

141 ***Présentation*** ◊ Le stage a pour but exclusif la formation du stagiaire qui, à la différence de l'apprenti ou du titulaire d'un contrat de professionnalisation, n'y occupe pas un véritable emploi. Ce mode, aujourd'hui fort répandu, de formation professionnelle initiale se présente sous deux formes juridiques différentes selon qu'il concerne des étudiants ou des élèves en cours de scolarité, ou bien des demandeurs d'emploi sans qualification [5].

A. Les stages de formation des élèves et étudiants

142 ***Variétés*** ◊ Ces stages ne doivent pas être confondus avec les « jobs d'été » qui sont de véritables emplois à durée déterminée, soumis à des règles

1. Antérieurement à la loi du 24 nov. 2009, ce texte se bornait à viser le « droit d'acquérir une qualification ». Il n'est pas certain que des conséquences juridiques puissent être tirées de l'exigence nouvelle. L'article L. 6314-1 vise en outre désormais le droit à l'information et à l'orientation professionnelles.

2. Peu étudié par les juristes, le diplôme joue un rôle clé dans l'organisation et le fonctionnement du marché du travail ; v. J.-M. Favret : Le système général de reconnaissance des diplômes et des formations professionnelles en droit communautaire, *RTD eur.* 1996. 259 ; M. Möbus et E. Verdier (dir.) *Les diplômes professionnels en France et en Allemagne*, L'Harmattan, 1997 ; A.-C. Dubernet, Le diplôme : un mode d'accès à l'emploi ? *in Le travail en perspectives*, ouv. coll., LGDJ, 1998. 529 s. ; P. Caillaud, *Le diplôme* Th. Droit, Nantes, 2000.

3. C. trav., art. L. 6111-1, al. 3, L. 6422-1 (congé pour validation des acquis de l'expérience).

4. La L. du 28 juill. 2011 pour le développement de l'alternance et la sécurisation des parcours professionnels (art. 4) a créé un service dématérialisé gratuit favorisant le développement de la formation en alternance. *Adde.* J.-Y. Kerbourc'h, Réforme de la formation en alternance : changements d'objectifs, changement de méthode : *Dr. soc.* 2012. 592.

5. F. Petit, La convention de stage comme technique d'accompagnement vers l'emploi : *Dr. soc.* 2007. 1127 ; D. Baugard, Les stages : *Dr. soc.* 2012. 238.

particulières dans le cas des jeunes de 14 à 16 ans (C. trav., art. L. 4153-3, D. 4153-1 s.). Les stages des mineurs de moins de 16 ans organisés dans le cadre de la scolarité par des établissements d'enseignement professionnel sont régis par l'article L. 4153-1 et s. Une convention doit être passée entre l'établissement scolaire et l'entreprise, et sont exclus les stages dans des établissements dangereux [1]. La pratique des stages s'est aussi répandue dans l'enseignement supérieur professionnel (IUT, BTS, grandes écoles) ou général (universités). Elle a donné lieu à de nombreux abus, certaines entreprises exploitant sans vergogne ce gisement de travail bénévole. D'où la revendication en 2006 par le mouvement étudiant *Génération précaire* d'un véritable statut pour les stagiaires. Cette revendication a été satisfaite par le législateur qui, s'y prenant à plusieurs reprises, a doté ce type de stages d'un cadre juridique [2].

143 ***Encadrement juridique*** ◇ Les textes encadrant les stages en entreprise figurent au sein du Code de l'éducation. Selon l'article L. 124-1 de ce Code, « (...) les stages correspondent à des périodes temporaires de mise en situation en milieu professionnel au cours de laquelle l'élève ou l'étudiant acquiert des compétences professionnelles et met en œuvre les acquis de sa formation en vue d'obtenir un diplôme ou une certification et de favoriser son insertion professionnelle. Le stagiaire se voit confier une ou des missions conformes au projet pédagogique défini par son établissement d'enseignement et approuvées par l'organisme d'accueil ». Le stage se caractérise donc nécessairement par un apport de formation pour la personne accueillie, ce qui suppose un encadrement et un suivi dans l'organisme d'accueil et par l'établissement d'enseignement [3]. C'est pourquoi les stages, qui peuvent être effectués à l'étranger [4], doivent impérativement être intégrés à un cursus pédagogique scolaire ou universitaire (C. éduc., art. L. 124-3). Cette intégration se fait selon les conditions fixées par voie règlementaire.

---

1. Ce qui n'empêche pas les abus ; v. par ex. Crim. 3 déc. 2002, *Bull. crim.* n° 215 : *Dr. soc.* 2003. 428

2. L. n 2006-396 du 31 mars 2006, art. 9 ; Décr. n° 2006-1093 du 29 août 2006 ; Décr. 2008-96 du 31 janv. 2008 ; L. n° 2009-1437 du 24 nov. 2009 ; Décr. n° 2010-956 du 25 août 2010 ; L. n° 2011-893 du 28 juill. 2011 pour le développement de l'alternance et la sécurisation des parcours professionnels, qui intègre au Code de l'éducation les textes relatifs à l'encadrement des stages (V. L. Flament, Réforme des stages : entre lutte contre les abus et émergence d'un statut particulier : *JCP S* 2011. 1460) ; L. n° 2013-660 du 23 juill. 2013 relative à l'enseignement supérieur et à la recherche.

3. Les obligations de l'établissement d'enseignement sont définies par l'article L. 124-2 du C. de l'éduc., qui impose, entre autres, de désigner une enseignant référent au sein des équipes pédagogiques de l'établissement, tout en limitant le nombre de stagiaires susceptibles d'être simultanément suivis. S'agissant de l'organisme d'accueil, il désigne un tuteur chargé de l'accueil et de l'accompagnement du stagiaire. Ce tuteur est garant du respect des stipulations pédagogiques de la convention de stage (C. éduc., art. L. 124-9, qui précise, en outre, qu'un accord d'entreprise peut préciser les tâches confiées au tuteur, ainsi que les conditions de l'éventuelle valorisation de cette fonction). A l'instar de l'enseignant référent, le tuteur ne peut suivre qu'un nombre limité de stagiaires, fixé par décret (C. éduc., art. L. 124-10).

4. C. éduc., art. L. 124-19 et L. 124-20.

Le stage fait nécessairement l'objet d'une convention entre le stagiaire, l'organisme d'accueil et l'établissement d'enseignement, dont les mentions obligatoires sont déterminées par décret. Aucune convention de stage ne peut être conclue pour exécuter une tâche régulière correspondant à un poste de travail permanent, pour faire face à un accroissement temporaire de l'activité de l'organisme d'accueil, pour occuper un emploi saisonnier ou pour remplacer un salarié ou un agent en cas d'absence ou de suspension de son contrat de travail (C. éduc., art. L. 124-7). La convention de stage est un contrat civil, mais si l'employeur le détourne de son objet pédagogique, le stagiaire peut demander au Conseil de prud'hommes sa requalification en contrat de travail [1]. En ce cas, l'affaire est directement portée devant le bureau de jugement, qui statue au fond dans un délai d'un mois suivant sa saisine (C. trav., art. L. 1454-5). Toujours dans l'objectif d'éviter la confusion entre stage et emploi permanent, la loi prescrit à toute personne ou organisme qui publie, pour son compte ou celui d'autrui, des offres de stage sur internet, de les distinguer des offres d'emploi qu'il propose et d'en assurer le référencement spécifique dans ses outils de recherche.

La durée du ou des stages effectués par un même stagiaire dans une même entreprise ne peut excéder six mois par année d'enseignement [2]. Lorsque la durée du stage au sein du même organisme d'accueil est supérieure à deux mois consécutifs ou, au cours d'une même année scolaire ou universitaire, à deux mois consécutifs ou non [3], le ou les stages font l'objet d'une gratification versée mensuellement. Cette gratification, qui n'a pas le caractère d'un salaire et est exonérée de l'impôt sur le revenu dans la limite du montant annuel du SMIC [4], est due au stagiaire à compter du premier jour du premier mois de la période de stage. Son montant est fixé par convention de branche ou par accord professionnel étendu ou, à défaut, par décret, à un niveau minimal de 15 % du plafond horaire de la sécurité sociale [5]. L'employeur souhaitant accueillir successivement des stagiaires, au titre de conventions de stage différentes, pour effectuer des stages dans un même poste, se doit de respecter un délai de carence égal au tiers de la durée du stage précédent [6]. De façon plus globale, le nombre de stagiaires dont la convention de stage est en cours sur une même

1. L'employeur peut quant à lui être condamné pour travail dissimulé : Crim. 28 sept. 2010, n° 09-87.689, *JCP S* 2010. 134, obs. C. Puigelier. Sur la difficulté de distinguer le stage du contrat de travail, v. l'art. préc. de D. Baugard. Si requalification il y a, c'est en contrat de travail à durée indéterminée et non en contrat à durée déterminée.

2. C. éduc., art. L. 124-5. Un décret fixe la liste des formations pour lesquelles il peut être dérogé à cette durée pour une période de transition de deux ans à compter de la promulgation de la loi tendant au développement, à l'encadrement des stages et à l'amélioration du statut des stagiaires.

3. Cette durée, de même que celle visée à l'article L. 124-5, sont appréciées en tenant compte de la présence effective du stagiaire dans l'organisme d'accueil, sous réserve de l'application de l'article L. 124-13 (C. éduc., art. L. 124-18).

4. CGI, art. 81 bis. Cette disposition s'applique au stagiaire personnellement imposable ou au contribuable qui l'a à sa charge

5. C. éduc., art. L. 124-6. Ce montant minimal forfaitaire équivaut à 523,26 euros. Il n'est pas fonction du nombre de jours ouvrés dans le mois. Ces dispositions sont applicables à compter du 1er septembre 2015. Jusqu'à cette date, l'article L. 612-11 du C. de l'éduc. continue de s'appliquer.

6. C. éduc., art. L. 124-11. Cette disposition n'est pas applicable lorsque le stage précédent a été interrompu avant son terme à l'initiative du stagiaire.

semaine civile dans l'organisme d'accueil ne peut être supérieur à un nombre fixé par décret, qui tient compte des effectifs de cet organisme [1]. La méconnaissance de cette dernière exigence, de même que l'absence de désignation d'un tuteur par l'organisme d'accueil, sont constatées par les agents de contrôle de l'inspection du travail. Les manquements sont alors passibles d'une amende administrative prononcée par l'autorité administrative [2]. Non sans une certaine redondance, l'article L. 8112-2, 7° du Code du travail dispose également que les inspecteurs du travail constatent « les manquements aux articles L. 124-7, L. 124-8, L. 124-10, L. 124-13 et L. 124-14 et à la première phrase du premier alinéa de l'article L. 124-9 du code de l'éducation » [3].

Lorsque le stagiaire interrompt son stage pour un motif lié à la maladie, à un accident, à la grossesse, à la paternité, à l'adoption ou, en accord avec l'établissement, en cas de non-respect des stipulations pédagogiques de la convention ou cas de rupture de la convention à l'initiative de l'organisme d'accueil, l'établissement d'enseignement supérieur valide le stage, même s'il n'a pas atteint la durée prévue dans le cursus, ou propose au stagiaire une modalité alternative de validation de sa formation [4]. En cas d'accord des parties à la convention, un report de la fin de la période du stage, en tout ou partie, est également possible (C. éduc., art. L. 124-15).

Protégés contre toute atteinte à leurs droits et libertés et contre le harcèlement moral et sexuel [5], les stagiaires doivent avoir accès aux activités sociales et culturelles du comité d'entreprise dans les mêmes conditions que les salariés (C. éduc., art. L. 124-16). Cette assimilation du stagiaire à un salarié s'exprime à d'autres égards. Le stagiaire a ainsi accès au restaurant d'entreprise ou aux titres-restaurants et il bénéficie de la prise en charge des frais de transport prévue à l'article L. 3261-2 du Code du travail (C. éduc., art. L. 124-13). De même, la présence du stagiaire dans l'organisme d'accueil suit les règles applicables aux salariés de l'organisme d'accueil pour ce qui a trait : aux durées maximales quotidiennes et hebdomadaires de présence ; à la présence de nuit ; au repos quotidien, au repos hebdomadaire et aux jours fériés (C. éduc., art. L. 124-14) [6]. Enfin, en cas

1. C. éduc., art. L. 124-8. Pour l'application de cette limite, il n'est pas tenu compte des périodes prolongation prévues à l'article L. 124-15.

2. C. éduc., art. L. 124-17. Le montant de l'amende est d'au plus 2 000 € par stagiaire concerné par le manquement et d'au plus 4 000 € en cas de réitération dans un délai d'un an à compter du jour de la notification de la première amende. Le délai de prescription de l'action de l'administration pour la sanction est de deux années à compter du jour où le manquement a été commis.

3. C. trav., art. L. 8112-2, 7°. Seule la méconnaissance des textes visés par l'art. L. 124-17 peut conduire au prononcé d'une amende administrative.

4. L'option ainsi ouverte s'avère relative lorsque la durée du stage a été réduite à la portion congrue. Il est en effet difficile, compte tenu de l'objet d'un stage, d'admettre la validation d'une période de stage extrêmement réduite.

5. Protection expressément rappelée par l'article L. 124-12 du C. éduc.

6. Pour l'application de ces règles, l'organisme d'accueil établit, selon tous moyens, un décompte des durées de présence du stagiaire. Il est aussi fait interdiction de confier au stagiaire

de grossesse, de paternité ou d'adoption, le stagiaire bénéficie de congés et d'autorisations d'absence d'une durée équivalente à celles prévues pour les salariés (C. éduc., art. L. 124-13). Sans renvoyer à la situation des salariés, ce même texte impose néanmoins que la convention de stage prévoit la possibilité de congés et d'autorisations d'absence au bénéfice du stagiaire au cours de la période du stage lorsque celui-ci est supérieur à deux mois [1].

Les noms et prénoms des stagiaires accueillis dans l'établissement sont inscrits, dans l'ordre d'arrivée, dans une partie spécifique du registre unique du personnel (C. trav., art. L. 1221-13).

En cas d'embauche dans l'entreprise dans les trois mois suivant l'issue du stage intégré à un cursus pédagogique réalisé lors de la dernière année d'étude, la durée de ce stage est déduite de la période d'essai, sans pouvoir réduire celle-ci de plus de la moitié, sauf accord collectif plus favorable. Lorsque cette embauche est effectuée dans un emploi correspondant aux activités qui avaient été confiées au stagiaire, la durée du stage est déduite intégralement de la période d'essai [2].

B. Les stages de formation des demandeurs d'emploi sans qualification professionnelle

144 ***Caractère résiduel*** ◊ Comment arracher au statut de chômeur, des jeunes sortis du système scolaire sans une qualification qui leur permettent de trouver un emploi ? Les « stages » ont constitué pendant longtemps la principale réponse à cette question [3] : des « stages pratiques » des « pactes pour l'emploi » des années 1970 aux stages d'initiation à la vie professionnelle (SIVP) des années 1980, la formule s'est montrée incapable de déboucher sur l'emploi et a perdu tout crédit parmi les jeunes (stages « parking »). Ce constat d'inefficacité, joint à celui de nombreux abus (recours à ces stages pour pourvoir à bon compte de véritables emplois) [4] a conduit depuis 1991 au déclin de cette formule au profit des

---

des tâches dangereuses pour sa santé ou sa sécurité. La méconnaissance des dispositions de l'article L. 124-14 est constatée par les agents de contrôle de l'inspection du travail dans les conditions exposées précédemment (C. éduc., art. L. 124-17).

1. Lorsque le stagiaire est victime d'un accident ou d'une maladie survenu par le fait ou à l'occasion de son stage et qu'il engage une action en responsabilité fondée sur la faute inexcusable de l'employeur contre l'établissement d'enseignement, celui-ci est tenu d'appeler en la cause l'organisme d'accueil pour qu'il soit statué, dans la même instance, sur la demande du stagiaire et sur la garantie des conséquences financières d'une reconnaissance éventuelle d'une faute inexcusable (CSS, art. L. 452-4).

2. C. trav., art. L. 1221-24. Le dernier alinéa de ce texte précise en outre que lorsque le stagiaire est embauché par l'entreprise à l'issue d'un stage d'une durée supérieure à deux mois, la durée de ce stage est prise en compte pour l'ouverture et le calcul des droits liés à l'ancienneté.

3. A. Jeammaud, L'emploi périphérique, *in Les sans emploi et la loi*, Quimper, Calligrammes, 1988, 153.

4. En cas de fraude (par ex. affectation des stagiaires sur des postes occupés par des salariés licenciés) il peut y avoir requalification (Soc. 19 déc. 2007, n° °6-45.139). D'où droit au SMIC, compétence prud'homale. Soc. 17 janv. 1990, *Bull. civ.* V, n° 12 ; 11 oct. 1990, *Bull. civ.* V, n° 473 contrats de travail de type particulier. On s'est avisé en effet que le contrat de travail était en lui-même un facteur d'insertion professionnelle [1], à la différence du stage. L'abandon du SIVP au profit du contrat d'orientation par la loi du 31 décembre 1991 a été le point d'orgue de ce changement, déjà marqué par la substitution des contrats emploi-solidarité aux travaux d'utilité collective (TUC) en 1989. La pratique des stages de formation professionnelle des jeunes ne subsiste donc plus que dans le cadre du droit à la qualification professionnelle que l'article L. 6314-1 reconnaît à toute personne engagée, ou qui s'engage dans la vie active. Bien qu'ils visent à l'acquisition d'une formation initiale, ce type de stage entre dans le champ d'application des dispositions relatives à la formation continue (C. trav., art. L. 6313-1, 1°). L'État, et les régions peuvent concourir au financement de ces stages et à la rémunération des stagiaires, de même que l'assurance chômage (C. trav., art. L. 6341-1 s.). Les personnes ainsi placées en formation dans l'entreprise travaillent sous l'autorité de l'employeur sans avoir la qualité de salarié [2]. Elles ont le statut de stagiaire de la formation professionnelle, statut qui régit aussi bien leurs conditions de travail (C. trav., art. L. 6343-1 s.) que leur protection sociale (C. trav., art. L. 6342-1). Les stagiaires ne font pas partie de l'effectif et ne sont pas décomptés dans les seuils fiscaux ou sociaux. N'étant pas salariés ils n'ont pas droit au SMIC et les prud'hommes sont incompétents pour connaître des litiges les concernant [3], sauf si ce litige a pour objet de faire requalifier en contrat de travail un stage que l'employeur aurait détourné de son objet pédagogique.

§ 2. L'apprentissage

145 ***Filière moderne de formation*** ◊ La loi du 16 juillet 1971 sur l'apprentissage, révisée par de très nombreuses lois ultérieures [4] (C. trav., art. L. 6211-1 s.), est venue rajeunir une vénérable institution en lui offrant un cadre juridique, institutionnel et financier destiné à en faire « *une filière moderne de formation* ». Son objet est de donner à des jeunes ayant

(travail subordonné, absence de formation, requalification en contrat de travail, compétence prud'homale). Dans le même sens : 25 oct. 1990, *Bull. civ.* V, n° 498 ; 27 oct. 1993, *Dr. soc.* 1993. 960 (stage non rémunéré ; aucune formation : requalification). Les abus les plus graves peuvent être sanctionnés pénalement sur la base de l'art. L. 225-13 C. pén. (délit d'obtention abusive de la part d'une personne vulnérable ou en situation de dépendance de services insuffisamment rétribués) ; Crim. 3 déc. 2002, *Dr. soc.* 2003. 428, obs. Duquesne.

1. A. Supiot, in *Les sans emploi et la loi*, préc. 1988, 185, n°s 15 s. ; L'identité professionnelle, in *Mélanges J. Savatier*, PUF, 1992, 409.

2. Soc. 17 oct. 2000, *Dr. soc.* 2001. 192, obs. J. Mouly ; 4 oct. 2007, *Dr. soc.* 2007. 1323, obs. F. Petit.

3. Compétence du juge civil pour connaître d'un litige entre le stagiaire et l'organisme de formation ; T. confl. 23 oct. 1995, *RJS* 2/96 n° 143, p. 92.

4. L'apprentissage est un des hauts lieux de l'acharnement législatif en droit du travail (cf. Conseil d'État, *Sécurité juridique et complexité du droit*, Rapport public, Doc. fr. 2006). L. du 23 juill. 1987, du 17 juill. 1992, du 20 déc. 1993, du 17 janv. 2002, du 4 mai 2004, du 30 déc. 2004, du 18 janv. 2005, du 31 mars 2006 du 24 nov. 2009, du 28 juill. 2011 et du 5 mars 2014.

satisfait à l'obligation scolaire une formation en vue de l'obtention d'une qualification professionnelle, sanctionnée par un diplôme ou par un titre enregistré au répertoire national des certifications professionnelles.

La formation est assurée, partie dans l'entreprise, partie dans un centre de formation d'apprentis ou dans les sections d'apprentissage des établissements d'enseignement, donc hors de l'entreprise. Il y a donc « alternance ».

A. Contrat d'apprentissage

146 ***Définition*** ◊ Aux termes de l'article L. 6221-1 du Code du travail, le contrat d'apprentissage est un *contrat de travail de type particulier* par lequel un employeur s'engage, outre *le versement d'un salaire*, à assurer une *formation* professionnelle méthodique et complète à un jeune travailleur [1]. Celui-ci s'oblige, en retour, à travailler pour cet employeur pendant la durée du contrat et à suivre la formation dispensée dans un centre de formation d'apprentis [2]. Le contrat d'apprentissage peut être conclu entre un employeur et un salarié déjà liés par un contrat de travail à durée indéterminée, qui se trouve alors suspendu (C. trav., art. L. 6222-13). Les entreprises de travail temporaire sont également en mesure de conclure des contrats d'apprentissage assurant à l'apprenti une formation professionnelle dispensée pour partie dans l'entreprise utilisatrice et pour partie dans le centre de formation d'apprentis (C. trav., art. L. 6226-1). La gratuité de l'apprentissage est affirmée par l'article L. 6221-2 du Code du travail.

Travailleur salarié, l'apprenti bénéficie donc à ce seul titre de l'ensemble de la législation du travail et des conventions collectives dans la mesure où elles ne sont pas contraires à son statut [3].

147 ***Conditions du contrat*** ◊ Jusqu'à la loi du 5 mars 2014 relative à la formation professionnelle, à l'emploi et à la démocratie sociale, le contrat d'apprentissage était nécessairement à durée déterminée. Désormais, il « peut être conclu pour une durée limitée ou pour une durée indéterminée » (art. L. 6222-7). Dans ce second cas, le contrat comporte, en quelque sorte, deux phases : la première, correspondant à la phase d'apprentissage, est régie par les règles relatives à l'apprentissage ; la seconde, qui lui succède,

---

1. Par dérogation à ce texte, deux employeurs peuvent conclure conjointement un contrat d'apprentissage pour l'exercice d'activités saisonnières. Ce contrat peut avoir pour finalité l'obtention de deux qualifications professionnelles. Il est en ce cas nécessaire de conclure une convention tripartite entre les deux employeurs et l'apprenti. Annexée au contrat d'apprentissage, elle doit comporter certaines stipulations énumérées par la loi (C. trav., art. L. 6222-5-1). Il y a là une forme de consécration légale de la théorie du co-employeur.

2. La loi permet, dans des conditions particulières, aux apprentis de suivre une formation professionnelle dans un CFA en l'absence de contrat d'apprentissage (C. trav., art. L. 6341-3, 3°).

3. Par ex., application de l'art. L. 1224-1 C. trav. à un contrat d'apprentissage, même si le cessionnaire n'a pas encore été agréé comme maître (Soc. 31 oct. 1989, *Bull. civ.* V, 621), ou vocation à bénéficier des accords d'intéressement (Soc. 27 juin 2000, *Dr. soc.* 2000. 1010, *RJS* 11/00, n° 1120, concl. P. Lyon-Caen, p. 716).

est soumise aux règles de droit commun du contrat de travail, à l'exception des dispositions relatives à la période d'essai [1]. La durée du contrat d'apprentissage, lorsqu'il est conclu pour une durée limitée, ou de la période d'apprentissage, lorsque le contrat est conclu pour une durée indéterminée, est égale à celle du cycle de formation préparant à la qualification qui fait l'objet du contrat et peut varier entre un et trois ans (C. trav., art. L. 6222-7) [2]. L'âge de l'apprenti doit être de 16 ans au moins et de 25 ans au plus au début de l'apprentissage [3]. Toutefois les jeunes gens âgés d'au moins 15 ans peuvent bénéficier d'une dérogation s'ils justifient avoir effectué la scolarité du premier cycle de l'enseignement secondaire. En outre, les jeunes qui atteignent l'âge de quinze ans avant le terme de l'année civile peuvent être inscrits, sous statut scolaire, dans un lycée professionnel ou dans un centre de formation d'apprentis pour débuter leur formation (art. L. 6222-1).

L'employeur est tenu d'inscrire l'apprenti dans un CFA (Centre de Formation d'Apprentis) qualifié et désigné dans le contrat, de lui faire suivre tous les enseignements et activités [4], et de l'inscrire à l'examen conduisant au diplôme de l'enseignement technologique correspondant à la formation prévue au contrat. En outre il assure la formation pratique de l'apprenti, en relation directe avec la profession prévue au contrat en lui confiant des tâches appropriées dans l'entreprise et suivant une progression annuelle. Un maître d'apprentissage doit être désigné qui assure la tutelle de l'apprenti (C. trav., art. L. 6223-5 s.). Le temps consacré par l'apprenti aux enseignements est compté comme *temps de travail* [5]. L'apprenti a droit à un salaire minimum égal à un pourcentage progressif du SMIC déterminé par décret, et variant selon l'âge de l'apprenti et sa progression dans son cycle de formation, dans une fourchette allant de 25 % à 78 % du SMIC (C. trav., art. L. 6222-27, D. 6222-26). L'État prend en charge les cotisations sociales (hors accidents du travail) correspondant à cette rémunération [6] et accorde un crédit d'impôt aux entreprises qui accueillent certains types d'apprentis (apprentis juniors, handicapés, etc.).

1. On peut penser que peu d'employeurs accepteront ainsi de se lier par une relation de travail à durée indéterminée.

2. La durée du contrat ou de la période d'apprentissage peut être adaptée pour tenir compte du niveau initial de compétence de l'apprenti (art. L. 6222-8). Des dérogations sont également possibles, permettant de réduire cette durée à 6 mois ou de l'étendre à 4 ans (C. trav., art. L. 6222-9, L. 6222-11). Sur le report du terme du contrat en cas d'accident ou de maladie, v. Soc. 1er juill. 1998 : *Bull. civ.* V, n° 353.

3. La limite d'âge de 25 ans n'est pas applicable dans certains cas énumérés par l'article L. 6222-2.

4. À défaut, l'employeur est responsable et doit des dommages-intérêts partiels aux parents (privés des allocations familiales), Soc. 19 déc. 1972, *Bull. civ.* V, 647. En revanche l'employeur, non responsable de l'échec de l'apprenti à son examen professionnel auquel il refuse de se préparer à nouveau, n'a pas commis de faute en le licenciant (Soc. 2 mai 1974 : *D.* 1974. IR 138).

5. Des dérogations sont prévues ; v. C. trav., art. L. 6222-24.

6. C. trav., art. L. 6243-2.

L'employeur qui envisage de recruter un apprenti doit le déclarer à l'autorité administrative et s'engager à prendre les mesures nécessaires à l'organisation de l'apprentissage (conditions de travail, hygiène et sécurité, tutorat) [1]. Cette déclaration devient caduque si aucun apprenti n'est embauché dans les 5 ans qui suivent sa notification. Le *contrôle* de l'apprentissage est désormais exercé *a posteriori* sous l'autorité du préfet du département, qui peut s'opposer à tout moment à l'engagement d'apprentis ou à la poursuite des contrats en cours. La procédure de cette opposition varie selon la gravité des faits constatés par les autorités de contrôle. En cas de risque sérieux d'atteinte à la santé ou à l'intégrité physique ou morale de l'apprenti, l'inspecteur du travail ou le fonctionnaire assimilé propose au directeur régional des entreprises, de la concurrence, de la consommation, du travail et de l'emploi la suspension du contrat (avec maintien de la rémunération), après avoir, si les circonstances le permettent, procédé à une enquête contradictoire [2]. En dehors de cette hypothèse, les manquements constatés aux obligations nées de l'apprentissage, qu'ils soient le fait de l'employeur lui-même, ou du maître d'apprentissage désigné par lui, donnent lieu à une procédure plus longue, la décision d'opposition du préfet pouvant intervenir dans les trois mois suivant l'expiration de la mise en demeure [3]. Cette décision précise si les contrats en cours peuvent être exécutés jusqu'à leur terme [4].

148 ***Formation et rupture du contrat*** ◊ Exigence d'un *contrat écrit* [5], remplacé par une déclaration quand l'employeur est un ascendant, *enregistré* à la chambre consulaire, sauf refus, si le contrat ne satisfait pas aux exigences légales [6]. En cas de nullité du contrat d'apprentissage, il faut se

1. C. trav., art. L. 6223-1, R. 6223-1 s.

2. C. trav., art. L. 6225-4 s. L'inspecteur saisit sans délai le directeur régional des entreprises, de la concurrence, de la consommation, du travail et de l'emploi qui se prononce dans les 15 jours sur la poursuite des contrats en cours et la possibilité d'en conclure de nouveaux. Le refus d'autoriser la reprise de l'exécution du contrat d'apprentissage entraîne la rupture de celui-ci, l'employeur restant redevable des sommes qu'il aurait dû payer à l'apprenti si le contrat s'était poursuivi jusqu'à son terme.

3. C. trav., art. R. 6225-4, R. 6225-5. La décision du préfet doit être motivée. Elle est transmise à l'inspection du travail, au comité d'entreprise, et à l'organisme consulaire compétent (chambre de commerce, des métiers ou de l'agriculture).

4. C. trav., art. L. 6225-2. Il en va de même en cas de transfert du contrat d'apprentissage à un employeur n'ayant pas fait de déclaration d'apprentissage.

5. À la différence des dispositions antérieures, l'actuel art. L. 6222-4 C. trav. ne fait pas expressément mention de la nullité. Celle-ci paraît découler de l'exigence d'un écrit dont la signature par les deux parties est un préalable à l'emploi. La jurisprudence s'est prononcée en ce sens s'agissant d'un contrat d'apprentissage signé à la seule première page, ni approuvé dans son entier ni enregistré (Soc. 9 mars 1978, *Bull. civ.* V, n° 134). À défaut d'établissement d'un écrit, le contrat ne peut être exécuté et le salarié a droit à des dommages-intérêts pour rupture fautive d'une promesse d'embauche (Soc. 13 déc. 2007, n° 06-45.343, inédit).

6. Sur la procédure d'enregistrement, v. C. trav., art. R. 6224-1 s. En cas de litige sur le refus d'enregistrement, conséquence de l'irrégularité du contrat, la compétence est judiciaire (C. trav., art. L. 6224-16 ; T. confl. 2 juin 1982, *Dr. soc.* 1982. 775). L'enregistrement peut être refusé lorsque l'employeur ne présente pas les garanties suffisantes pour assurer la formation référer au droit commun pour déterminer les droits du jeune travailleur [1]. Quant à la rupture elle n'est pas semblable à celle d'un contrat de travail ordinaire. La résiliation peut intervenir librement et sans indemnité pendant les deux premiers mois, par l'une ou l'autre des parties [2], que le contrat soit ou non enregistré à cette date [3]. Ultérieurement elle ne peut être prononcée que par accord exprès et bilatéral [4] ou par décision du Conseil de prud'hommes, statuant en la forme des référés, pour faute grave ou manquements répétés de l'une des parties à ses obligations [5], ou en raison de l'inaptitude de l'apprenti [6]. La rupture unilatérale par l'employeur [7] ou l'apprenti [8] est ici exclue. Lorsque, après la rupture d'un

(Soc. 1er juin 1999, *RJS* 7/99, n° 951). En cas de poursuite de la relation de travail malgré le refus d'enregistrement, l'apprenti peut demander la requalification du contrat en CDD : Soc. 12 déc. 2000, *RJS* 2/01, n° 223.

1. Soc. 1er avr. 1992, *Bull. civ.*, n° 220, *Dr. soc.* 1992. 474 ; 12 juill. 1994, *Dr. soc.* 1994. 892. Le salarié peut prétendre à une rémunération sur la base du salaire minimum légal ou conventionnel pour la période travaillée, mais pas à la requalification de son contrat en CDD de droit commun (Soc. 28 mai 2008, n° 06-44. 327, *RDT* 2008. 596, obs. B. Pélissier).

2. Sauf abus ; Soc. 28 avr. 1994, *Dr. soc.* 1994. 798 (violences exercées sur l'apprenti). La date de la rupture est celle de l'envoi sa notification par l'employeur (Soc. 29 janv. 2008, n° 06-43. 906 : *RJS* 4/08, n° 463). Le délai cesse de courir pendant les périodes d'absence pour maladie (Soc. 16 mars 2004, *Dr. soc.* 2004. 661). Sur l'hypothèse d'un changement d'employeur, v. Soc. 10 juill. 2002 : *RJS* 11/02, n° 1267. Un entretien d'évaluation doit être organisé par le CFA dans les deux premiers mois suivant la conclusion du contrat (C. trav., art. R. 6233-58).

3. Soc. 30 sept. 2009, n° 08-40.362, *JCP S* 2009. 1530, note L. Drai.

4. Le juge requalifiera cet accord en licenciement si la rupture découle en fait d'un comportement fautif de l'employeur (Nancy, 12 mars 2002, *RJS* 11/02, n° 1269 ; v. aussi, Soc. 6 juin 2012, n° 11-17.489, *JCP S* 2012. 1463 : pressions exercées sur une apprentie pour lui faire accepter la résiliation amiable du contrat), ou si l'accord de l'apprenti n'a pas été constaté par un écrit signé de lui et de son représentant légal s'il est mineur (Soc. 1er févr. 2005 : *Dr. soc.* 2005. 682). Est imputable à l'employeur la rupture du contrat qui résultent de ses manquements dans son obligation de formation et ont conduit l'apprenti à démissionner (Soc. 2 févr. 2005, *Dr. soc.* 2005. 683). La rupture conventionnelle est exclue (v. en ce sens, Circ. DGT n° 2009-04, 17 mars 2009 relative à la rupture conventionnelle d'un contrat à durée indéterminée, point 2.2).

5. Ex., s'il y a emploi de l'apprenti à des travaux de manœuvre, ou à des tâches qu'il n'aurait pas dû accomplir (Soc. 8 nov. 1984, *Bull. civ.* V, p. 314) ; si l'employeur ne le fait pas travailler, parce qu'il est devenu lui-même inapte, ne l'initie pas au métier convenu ou ne le paye pas (Soc. 16 juill. 1987, *Bull. civ.* V, n° 476). En sens inverse : refus d'obéissance, violences, manquement répété de l'apprenti à ses obligations (Soc. 7 mai 1996, *RJS* 6/96, n° 697). Seule une faute imputable à l'apprenti peut justifier la résiliation (Soc. 19 juill. 1995, *CSB* 1995, nos 73, 267).

6. Soc. 5 mai 1999, *RJS* 6/99, n° 839 (échec à l'examen de 1re année avec interdiction de redoubler). Les jeunes en « formation d'apprenti junior » peuvent résilier unilatéralement le contrat pour reprendre leur scolarité dans un collège.

7. La rupture prononcée unilatéralement en dehors des cas prévus par la loi est sans effet et les salaires sont dus jusqu'à la date où le juge statue sur la résiliation (Soc. 22 avr. 1997, *D.* 1998. 91 ; 4 mai 1999, *Bull. civ.* V, n° 183 ; *Dr. soc.* 1999. 1096 ; 6 févr. 2001, *Bull. civ.* V, n° 38 ; *Dr. soc.* 2001. 437 ; 4 juill. 2006, n° 04-45.576, *RDT* 2006. 239, note Lardy-Pélissier ; 11 avr. 2008, n° 07-40. 534) ; s'il existe un motif sérieux l'employeur ne peut que prononcer une mise à pied (Soc. 30 mars 1994, *Dr. soc.* 1994. 567) mais devra payer les salaires correspondant si la rupture du contrat est finalement prononcée à ses torts (Soc. 26 mars 2002, *Dr. soc.* 2002. 768, obs. Roy-Loustaunau). L'inexécution du fait de l'employeur en liquidation judiciaire entraîne nécessairement pour l'apprenti un préjudice qui doit être réparé (Soc. 6 mai 1998, *Bull. civ.* V, n° 223 ; *Dr. soc.* 1998. 736 ; 8 juill. 2008, n° 07-41.403 ; *JCP S* 2008. 1594, note Th. Lahalle).

8. Soc. 23 sept. 2008, n° 07-41.748 : *RDT* 2008. 735, obs. Ch. Vigneau.

contrat d'apprentissage, un nouveau contrat est conclu entre l'apprenti et un nouvel employeur pour achever la formation, la loi permet de stipuler une période d'essai, dans les conditions de droit commun des contrats à durée déterminée [1]. En cas d'obtention de son diplôme avant le terme initialement fixé, le contrat peut prendre fin à l'initiative de l'apprenti (C. trav., art. L. 6222-19). Si le contrat d'apprentissage est suivi de la signature d'un contrat de travail à durée indéterminée, d'un contrat à durée déterminée ou d'un contrat de travail temporaire dans la même entreprise, aucune période d'essai ne peut être imposée, sauf dispositions conventionnelles contraires, au salarié et la durée du contrat d'apprentissage est prise en compte pour le calcul de sa rémunération et de son ancienneté (C. trav., art. L. 6222-16) [2].

149 ***Statut de l'apprenti*** [3] ◊ Jeune travailleur en première formation professionnelle alternée, il bénéficie de l'ensemble de la législation du travail, des conventions collectives applicables à l'entreprise et de la protection sociale [4]. La délivrance d'une carte « d'étudiant des métiers » vise à ouvrir à l'apprenti certains des avantages reconnus aux étudiants (C. trav., art. L. 6222-36-1). Il n'entre pas en compte dans l'effectif global de l'entreprise (C. trav., art. L. 1111-3) [5]. Le temps consacré par l'apprenti aux enseignements et activités pédagogiques est compris dans l'horaire de travail [6]. Les apprentis âgés de moins de 18 ans ne peuvent – sauf dérogation exceptionnelle et limitée accordée par l'inspecteur du travail – être employés à un travail effectif de plus de huit heures par jour et trente-cinq heures par semaine, ou travailler de nuit [7], le dimanche ou les jours fériés [8]. Tenu de se présenter aux épreuves du diplôme professionnel, l'apprenti a droit, dans le mois qui précède celles-ci, à un congé payé de cinq jours ouvrables pour s'y préparer. Il bénéficie de la sécurité sociale et de la protection contre les accidents du travail y compris pendant la fréquentation des CFA.

1. C. trav., art. L. 6222-18 (L. n° 2009-1437 du 24 nov. 2009).

2. Soc. 27 mars 2013, n° 11-23.967 P.

3. C. trav., art. L. 6222-23 s.

4. Soc. 11 mars 1998, *Dr. soc.* 1998. 497, obs. J. Savatier ; 12 juill. 1999, *Dr. soc.* 1999. 949, obs. J. Savatier et C. Roy-Loustaunau (les apprentis ne peuvent être exclus par une disposition générale du champ d'application d'une convention collective, d'un usage ou d'un engagement unilatéral de l'employeur) ; 16 oct. 2002, *RJS* 2/03, n° 224.

5. Sur cette exclusion juridiquement discutable au regard des engagements internationaux de la France, v. ss. 1076.

6. C. trav., art. L. 6222-24. Un Conseil de prud'hommes ne peut donc débouter un apprenti de sa demande en paiement d'heures supplémentaires en énonçant que les heures d'école ne sauraient faire partie des heures supplémentaires ; Soc. 11 juill. 2000, *RJS* 11/00, n° 1122.

7. À de strictes conditions, l'apprenti peut effectuer tous les travaux que peut nécessiter sa formation, sous la responsabilité de l'employeur (C. trav., art. L. 6222-31).

8. Des dérogations sont prévues dans des secteurs énumérés à l'art. R. 3164-1 C. trav. (hôtellerie, restauration, etc.).

B. Centres de formation et financement

150 ***Objet*** ◊ Les centres de formation d'apprentis (CFA) dispensent aux jeunes travailleurs sous contrat d'apprentissage une formation générale associée à une formation technologique, théorique et pratique qui doit compléter la formation reçue dans l'entreprise [1].

Cette formation doit, parmi ses objectifs, « développer l'aptitude à tirer profit d'actions ultérieures de formation professionnelle. » (C. trav., art. R. 6231-1).

Ces établissements, à régime unifié, bénéficient du monopole de la formation des apprentis et ont pris la relève des cours professionnels et publics ; par convention le centre peut confier une partie de la formation soit à une entreprise, soit à un établissement d'enseignement.

151 ***Création par conventions*** ◊ La création des centres de formation d'apprentis fait l'objet de conventions conclues, sur le territoire régional, entre la région et divers organismes énumérés par l'article L. 6232-1 du Code du travail. Sont, notamment, visés les organismes de formation gérés paritairement par les organisations professionnelles d'employeurs et les syndicats de salariés ; les établissements publics ; les chambres de commerce et d'industrie territoriales, les chambres des métiers et les chambres d'agriculture, etc. Les conventions créant les centres de formation d'apprentis doivent être conformes à une convention type établie par la région [2].

Les centres de formation d'apprentis sont soumis au contrôle pédagogique de l'État et au contrôle technique et financier de l'État pour les centres à recrutement national, de la région pour les autres centres [3].

152 ***Financement : la taxe d'apprentissage*** ◊ L'article 1599 ter A du Code général des impôts énumère, tout à la fois, les entreprises assujetties et affranchies de la taxe d'apprentissage, dont le montant est égal à 0,68 % de la masse salariale (CGI, art. 1599 ter B) [4]. La taxe d'apprentissage se répartit en deux quotités : le « quota » et le « hors quota », encore appelé « Barème ». Le montant du quota, réservé au développement de l'apprentissage, est fixé à 59 % de la taxe (C. trav., art. D. 6241-8). Une part de ce quota [5] est versée au Trésor public par l'intermédiaire d'un des organismes

1. Les missions des CFA sont déclinées, dans le détail, par l'article L. 6231-1, qui, cependant, ne leur impose pas véritablement d'obligations.

2. Antérieurement à la loi du 5 mars 2014, l'État pouvait être partie aux conventions portant création des CFA. Ces conventions demeurent en vigueur et peuvent être reconduites dans les conditions applicables avant l'entrée en vigueur de ladite loi, jusqu'à la conclusion, le cas échéant, d'une convention sur le fondement du même article L. 6232-1, dans sa rédaction résultant de la même loi. Cette convention s'accompagne d'un transfert de compétences de l'État à la région.

3. La loi du 5 mars 2014 a renforcé le dispositif de contrôle de l'apprentissage. V. *JCP S* 2014. 1165.

4. La loi de finances rectificatives pour 2013 a fusionné la taxe d'apprentissage et la contribution au financement de l'apprentissage.

5. Son montant est de 22% de la taxe (C. trav., art. D. 6241-9).

collecteurs de la taxe d'apprentissage. Le reste du quota est destiné à financer, par l'intermédiaire d'un de ces organismes, les CFA, les sections d'apprentissage, les écoles d'enseignement technologique et professionnel et les centres de formation relevant du secteur des banques et des assurances. Le « hors quota », qui représente donc 41 % de la taxe d'apprentissage, est réparti selon les modalités décrites par l'article R. 6241-22 du Code du travail. Les entreprises de 250 salariés et plus sont également redevables d'une contribution supplémentaire à l'apprentissage, dès lors qu'elles sont assujetties à la taxe d'apprentissage et à condition que leur effectif annuel moyen de salariés sous contrat de professionnalisation ou d'apprentissage ou de jeunes accomplissant un volontariat international en entreprise ou bénéficiant d'une convention industrielle de formation par la recherche est inférieur au seuil de 4 % (CGI, art. 230 H)[1].

§ 3. Contrats associant emploi et formation[2]

153 ***Le problème de l'accès au premier emploi*** ◊ Depuis le début de la crise de l'emploi dans les années 1970, un effort particulier a été conduit pour lutter contre le chômage des jeunes, dont l'importance relative est l'une des caractéristiques de la situation française. Les formations scolaires de type professionnel étant soit dévalorisées (dans l'enseignement secondaire) soit fermées au plus grand nombre (dans l'enseignement supérieur), de nombreux jeunes se retrouvent pour la première fois sur le marché du travail sans formation ni qualification professionnelle. On a donc cherché à organiser des sas entre l'école et l'entreprise, qui permettent au jeune d'acquérir une formation professionnelle dans le cadre d'un premier emploi, sans que le coût de cette formation ne pèse sur l'employeur.

L'article L. 1242-3, 2° du Code du travail prévoit en termes généraux la possibilité de conclure un contrat à durée déterminée lorsque l'employeur s'engage à assurer un complément de formation professionnelle au salarié[3]. Dans ce cadre, plusieurs formules ont été conçues spécifiquement pour les jeunes. Depuis le *contrat emploi-formation* créé en 1975[4], se sont ainsi succédé ou juxtaposés plusieurs types de contrats subventionnés par l'État et alliant à des degrés divers un travail et une formation. Furent créés le *contrat de qualification* et le *contrat d'adaptation*[5], puis le *contrat*

1. Le montant de la taxe varie de 0,25% à 0,05% de la masse salariale, en fonction du pourcentage de salariés ou de jeunes occupés selon les modalités décrites.
2. R. Vatinet, La combinaison d'un emploi et d'une formation ; *Dr. soc.* 1979. 223 ; F. Gaudu ; Les conventions d'insertion professionnelle, *RDSS* 1989, n° 4 ; M. Théry, Les formations en alternance, *Dr. soc.* 1992. 391. P. Etiennot ; Formation professionnelle et contrat de travail : *Dr. soc.* 1998. 149.
3. L'indemnité de précarité n'est pas due à l'expiration de ce type de contrats ; Soc. 17 déc. 1996 : *Dr. soc.* 1997. 194, obs. C. Roy-Loustaunau.
4. Décr. du 4 juin 1975, du 22 sept. 1982 et surtout du 19 mai 1983 qui distingue : emploi-orientation et emploi-adaptation.
5. Accord national interprofessionnel sur l'insertion des jeunes du 26 oct. 1983 ; L. du 24 févr. 1984 et du 3 janv. 1985 ; v. art. C. trav., L. 6325-1 s.

d'orientation, substitué en 1991 aux stages d'initiation à la vie professionnelle (SIVP). La loi du 4 mai 2004 les a remplacés par un unique *contrat de professionnalisation* destiné aussi bien aux jeunes cherchant à s'insérer sur le marché du travail qu'aux adultes demandeurs d'emploi.

154 ***Les contrats de professionnalisation*** ◊ Conformément à la volonté des partenaires sociaux [1], la loi du 4 mai 2004 a cherché à clarifier les filières d'accès au marché du travail. Aux différents contrats d'insertion en alternance, qui ne se distinguaient plus nettement du contrat d'apprentissage, elle a substitué un dispositif unique, mais modulable : le contrat de professionnalisation [2].

Ce contrat vise d'abord l'acquisition d'un savoir-faire par l'occupation effective d'un emploi correspondant à la qualification recherchée, même s'il y associe des enseignements généraux, professionnels ou technologiques (C. trav., art. L. 6325-1 s.). Les organismes publics ou privés de formation en charge de ces enseignements ne peuvent conditionner l'inscription d'un salarié en contrat de professionnalisation au versement par ce dernier d'une contribution financière de quelque nature qu'elle soit (C. trav., art. L. 6325-2-1).

Ayant pour objet l'acquisition d'une qualification et l'insertion ou la réinsertion professionnelle du travailleur, il est ouvert non seulement aux jeunes de 16 à 25 ans, mais aussi aux demandeurs d'emploi plus âgés [3]. Il peut prendre la forme soit d'un *contrat de professionnalisation à durée déterminée* [4], soit d'une *action de professionnalisation située au début d'un contrat à durée indéterminée* [5]. Ses modalités, qui doivent être précisées par la négociation collective [6], varient selon les besoins de qualification. En principe

1. ANI du 20 sept. 2003 relatif à l'accès des salariés à la formation tout au long de la vie professionnelle : *Dr. soc.* 2004. 527.

2. Ch. Willmann, Le contrat de professionnalisation : *Dr. soc.* 2004. 715. *Adde*, Circ. DGEFP, n° 2012/15 du 19 juill. 2012.

3. La loi du 24 nov. 2009 a considérablement élargi le cercle des personnes susceptibles de bénéficier de ce contrat, désormais ouvert notamment aux bénéficiaires du RSA, de l'allocation de solidarité spécifique ou l'allocation aux adultes handicapés ou aux personnes ayant bénéficié d'un contrat conclu en application de l'art. L. 5134-19-1 (C. trav., art. L. 6325-1, L. 6325-1-1). Jusqu'au 31 déc. 2015, des contrats de professionnalisation peuvent être conlus avec des particuliers employeurs (L. n° 2011-893, 28 juill. 2011, art. 21).

4. Conclu en application de l'art. L. 1242-3 C. trav., ce peut être un contrat de mission conclu avec une entreprise de travail temporaire. Lorsque les parties sont liées par un contrat de professionnalisation à durée déterminée, la rupture avant l'échéance du terme ne peut intervenir, à défaut d'accord des parties, qu'en cas de faute grave ou de force majeure ; Soc. 31 oct. 2012, n° 11-21.734, *Bull. civ.* V, n° 283. En cas de défaillance de l'employeur dans son obligation de formation professionnelle, le contrat doit être requalifié en contrat à durée indéterminée (Soc. 28 juin 2006, n° 04-42.734 ; 28 nov. 2006, n° 05-41.189, *Dr. soc.* 2006. 1044 [rendus à propos du contrat de qualification]).

5. À l'instar du contrat d'apprentissage, un contrat de professionnalisation à durée déterminée peut être conclu avec deux employeurs conjoints pour l'exercice d'activités saisonnières (C. trav., art. L. 6325-4-1).

6. Accord de branche ou accord entre les organisations syndicales fondatrices d'un organisme collecteur paritaire des fonds de la formation professionnelle.

sa durée minimale est comprise entre 6 et 12 mois et le temps dévolu à la formation ne peut excéder le quart de la durée totale du contrat. Mais si le travailleur n'a aucune qualification préalable ou si la qualification poursuivie le justifie, le temps alloué à la formation peut être plus important et la durée minimale du contrat ou de l'action de professionnalisation peut être portée à 24 mois (C. trav., art. L. 6325-11, L. 6325-12, L. 6325-14).

À l'instar de l'apprentissage, la rémunération minimale varie avec l'âge et l'ancienneté du salarié ; elle peut être inférieure au SMIC pour les moins de 26 ans [1] et au minimum conventionnel pour les autres (avec un plancher : 85 %) ; elle bénéficie d'une exonération des cotisations sociales patronales lorsque le salarié embauché est un demandeur d'emploi âgé d'au moins 45 ans (C. trav., art. L. 6325-16). Ce contrat ne peut être rompu, à défaut d'accord des parties, qu'en cas de faute grave ou de force majeure [2].

Pour le reste, la loi soumet le contrat de professionnalisation aux mêmes règles que les contrats de formation en alternance qu'il remplace : égalité de traitement avec les autres salariés, sauf exception justifiée par l'objectif de formation (C. trav., art. L. 6325-6) [3] ; suivi obligatoire du jeune par un tuteur dans l'entreprise (C. trav., art. L. 6325-3-1) ; renouvellement du contrat possible une fois si la qualification visée n'a pu être obtenue [4] ; nullité des clauses de remboursement par le jeune à l'employeur des dépenses de formation en cas de rupture du contrat [5] ; financement dans le cadre de la contribution patronale obligatoire à la formation continue et de la taxe d'apprentissage. L'exclusion des intéressés du décompte des effectifs de l'entreprise en matière de représentation du personnel [6] est contraire à la directive n° 2002/14 telle qu'interprétée par la CJCE et le Conseil d'État [7].

1. S'agissant des contrats de qualification, la Cour de cassation a jugé que le salarié avait droit au SMIC du jour où sa formation était achevée par l'obtention du diplôme, et qu'il pouvait donc refuser de poursuivre l'exécution du contrat aux conditions initiales (Soc. 20 oct. 1998 : *Dr. soc.* 1999. 82, obs. Roy-Loustaunau).

2. Solution adoptée pour les contrats de qualification, par application de l'art. L. 1243-1 C. trav. ; Soc. 4 déc. 2001 : *Bull. civ.* V, n° 369. Le contrat de qualification comportant l'engagement de l'employeur d'assurer au jeune salarié une formation lui permettant d'acquérir une qualification professionnelle, l'inexécution de cette obligation par l'employeur engage sa responsabilité sauf en cas de force majeure ; Soc. 6 juin 2000, *Bull. civ.* V, n° 223.

3. V. par ex. Soc. 3 mars 1998, *Bull. civ.* V, n° 116 ; *Dr. soc.* 1998. 704 (application de l'ex-art. L. 122-12) ; Soc. 8 mars 2005, *Dr. soc.* 2005. 570 (droit à une indemnité forfaitaire de déplacement) ; 27 févr. 2007, *RJS* 5/07, n° 644.

4. Le contrat peut également être renouvelé si le bénéficiaire ayant obtenu la qualification visée prépare une qualification supérieure ou complémentaire.

5. De telles clauses de dédit-formation sont licites sous certaines conditions dans un contrat ordinaire.

6. C. trav., art. L. 1111-3 ; Soc. 16 mars 1999 : *RJS* 5/99, n° 711 (exclusion des effectifs jusqu'au terme du contrat de qualification, malgré la « titularisation » du salarié dans son emploi).

7. CJCE 18 janv. 2007, n° C-385/05, CGT et a., *Sem. soc. Lamy* 2007, n° 1292, note S. Laulom ; CE 6 juill. 2007, n° 283892/ *RJS* 10/07, n° 1099. Le Conseil constitutionnel a toutefois jugé que l'art. L. 1111-3 était conforme à la Constitution : Cons. const. 29 avr. 2011, n° 2011-122 QPC, *JO* 30 avr. 2011 ; *JCP S* 2011, act. 201. Sur la question, v. ss 1076.

SECTION 2. LES DISPOSITIFS VISANT À L'INSERTION

155 ***Les aides ciblées sur le chômeur*** ◊ Cette première méthode consiste à indexer la politique de l'emploi sur l'observation statistique des diverses catégories de chômeurs. L'État subventionne l'emploi des catégories qui apparaissent les plus frappées par le chômage [1]. Cette subvention prend le plus souvent la forme d'une prise en charge de tout ou partie des cotisations sociales afférentes à l'emploi. Peuvent s'y ajouter des primes, ou le financement d'actions de formation liées à l'embauche. Liées à des engagements budgétaires importants, ces aides ont le plus souvent une durée de vie limitée, chaque nouveau plan de lutte contre le chômage apportant son lot de dispositifs qui n'ont de vraiment neuf que leur dénomination (généralement un sigle : TUC, CES, CRE, CIE, etc.) [2]. Les effets de ces aides peuvent être sensibles à court terme sur la catégorie visée. Mais on peut douter de leur efficacité quant à la création d'emplois : les entreprises empocheront l'aide pour des embauches qu'elles auraient de toute manière effectuées (effet d'aubaine), ou bien éviteront de recourir à des embauches non subventionnées (effet pervers), ou encore évinceront un salarié ordinaire pour recruter un salarié subventionné (effet de substitution) [3]. La jurisprudence accroît ces risques d'effets pervers en autorisant les employeurs à pourvoir durablement des emplois liés à l'activité normale et permanente de l'entreprise par des contrats aidés à durée déterminée [4]. Cette méthode déplace le chômage des catégories aidées vers celles qui ne le sont pas [5]. Ceci a conduit à un certain élargissement des « populations-cibles », (femmes, chômeurs de longue durée, travailleurs de moins de 25 ou de plus de 50 ans [6], etc.) que l'on tend à identifier par le critère général des « difficultés d'accès à l'emploi ». Au sein des populations ainsi définies, la loi réserve certains dispositifs aux titulaires d'un revenu minimum social, et d'autres aux jeunes sans emploi ou aux travailleurs les plus âgés.

---

1. L. Gamet, *Les contrats de travail conclus au titre des dispositions publiques de mise à l'emploi*, LGDJ, 2002.

2. V. J.-Y. Kerbouc'h, *J.-Cl. travail V°* « Aides à l'emploi ».

3. Toutes les études s'accordent sur le constat de ces effets pervers et de la relative inefficacité des aides à l'emploi (v. not. les conclusions sévères du Rapport parlementaire Novelli-Péricard ; compte rendu in *Liaisons soc.* 1er août 1996, W). Approche comparative *in* I. Marx : Aides à la création d'emplois et allègement des cotisations sociales : bilan de divers travaux d'évaluation empirique, *RIT* 2001/1, p. 77.

4. Soc 16 mars 1999, *Dr. soc.* 1999. 553 (contrats emploi-solidarité) ; 18 nov. 2003, *Dr. soc.* 2004. 127, obs. Roy-Loustaunau (emploi de caissières sous contrat initiative-emploi) ; 26 janv. 2005, *Sté Tirved, Dr. soc.* 2005. 467. V. les critiques de J. Savatier, À propos de la jurisprudence sur les CES. Les aides à l'emploi, *Mélanges Dubuis*, Dalloz, 2002. 435. Selon l'administration du travail, l'employeur doit en pareil cas recourir à un CIE-CDI (Circ. DGEFP n° 2002-23 du 17 avr. 2002).

5. *Cf.* A. Supiot : Les inégalités entre chômeurs, *in Les sans-emploi et la loi*, Calligrammes, 1988, 185.

6. V. J.-P. Domergue, Âge et accès à l'emploi, *Dr. soc.* 2003. 1055.

156 ***Personnes rencontrant des difficultés sociales et professionnelles d'accès à l'emploi*** ◊ Depuis la loi du 18 janvier 2005 de programmation pour la cohésion sociale, coexistaient quatre principales formules de contrats aidés, destinées à favoriser l'accès à l'emploi des personnes rencontrant des difficultés sociales et professionnelles d'accès à l'emploi [1]. Plus précisément, les dispositifs existant alors invitaient à distinguer ces personnes des demandeurs d'emploi percevant un revenu social minimum. Les premières étaient susceptibles de bénéficier d'un contrat initiative-emploi (CIE) ou d'un contrat d'accompagnement dans l'emploi (CAE), tandis que les secondes pouvaient conclure un contrat insertion-revenu minimum d'activité (CI-RMA) ou un contrat d'avenir. Prenant acte de l'échec de ces deux derniers contrats, la loi du 1er décembre 2008 généralisant le revenu de solidarité active et réformant les politiques d'insertion y a mis un terme. Ne subsistent donc désormais que le CIE et le CAE, ouverts indifféremment aux populations précitées. Dans un souci de simplification, ils ont toutefois été en quelque sorte fondus dans un « contrat unique d'insertion » (CUI) [2]. Le CUI est un contrat de travail conclu entre un employeur et un salarié, au titre duquel est attribuée une aide à l'insertion professionnelle (C. trav., art. L. 5134-19-1) [3]. Cette aide est attribuée préalablement à la conclusion du contrat de travail [4], qui prend la forme, soit du CAE pour les employeurs du secteur non marchand, soit du CIE pour les employeurs du secteur marchand (C. trav., art. L. 5134-19-3).

Le contrat initiative emploi (CIE) a pour objet de faciliter l'insertion professionnelle des personnes sans emploi rencontrant des difficultés sociales et professionnelles d'accès à l'emploi (C. trav., art. L. 5134-65 s.). Il est ouvert aux employeurs privés (sauf les particuliers) ou publics [5] entrant dans le champ de l'assurance chômage, aux employeurs de pêche maritime et aux groupements d'employeurs qui organisent des parcours d'insertion et de qualification (C. trav., art. L. 5134-66) [6]. Conclu pour une durée indéterminée ou pour une durée déterminée [7], le CIE comporte

---

1. F. Petit et D. Baugard, *Droit de l'emploi*, Gualino, 2010, p. 147 s.

2. Ces dispositifs ont été réformés par la L. n° 2012-1189 du 26 oct. 2012, portant création des emplois d'avenir.

3. Cette procédure administrative d'attribution de l'aide à l'insertion professionnelle se substitue à la convention tripartite qui devait être conclue antérieurement à la L. du 26 oct. 2012.

4. C. trav., art. R. 5134-26, R. 5134-51. Il faut ainsi comprendre que la conclusion du contrat de travail est subordonnée à l'attribution de l'aide, c'est-à-dire à la décision du prescripteur.

5. Assujettis volontairement à l'Assedic ou pratiquant l'autoassurance.

6. L'aide à l'insertion professionnelle n'est pas attribuée : lorsque l'établissement a procédé à un licenciement pour motif économique dans les six moins précédant l'embauche, lorsque celle-ci vise à procéder au remplacement d'un salarié licencié pour un motif autre que la faute grave ou lourde et, enfin, lorsque l'employeur n'est pas à jour du versement de ses cotisations et contributions sociales (C. trav., art. L. 5134-68).

7. Lorsque le CIE est à durée déterminée, celle-ci ne peut, en principe, être inférieure à 6 mois. Le contrat peut être prolongé dans la limite d'une durée totale de 24 mois ou de cinq ans pour les salariés âgés de 50 ans et plus bénéficiaires d'un minimum social ainsi que pour les personnes reconnues travailleurs handicapés. Le CIE a durée déterminée n'est pas soumis à la limitation du nombre de renouvellement de l'art. L. 1243-13 C. trav. et il peut être rompu ou des actions d'accompagnement professionnel et peut prévoir des actions de formation professionnelle. La durée hebdomadaire du travail d'un salarié titulaire d'un CIE ne peut être inférieure à vingt heures. Les employeurs bénéficient d'une aide financière au plus égale à 47 % du montant brut du SMIC par heures travaillées, dans la limite de la durée légale hebdomadaire de travail. Cette aide peut être modulée en fonction de divers facteurs (C. trav., art. L. 5134-72).

Dans le secteur non-marchand, les *contrats d'accompagnement dans l'emploi* (CAE) ont remplacé les anciens *contrats emploi-solidarité* (CES). Il s'agit de contrats de travail à durée déterminée ou indéterminée [1], qui sont ouverts aux employeurs du secteur non marchand (collectivités territoriales et autres personnes morales de droit public, organismes de droit privé à but non lucratif, personnes morales chargées de la gestion d'un service public). Ils servent à pourvoir des « emplois visant à satisfaire des besoins collectifs non satisfaits » (*sic*). À la différence des CIE, les CAE doivent obligatoirement comprendre des actions de formation professionnelle, susceptibles d'être menées pendant le temps de travail, et de validation des acquis de l'expérience répondant au projet professionnel de l'intéressé. Ils peuvent également prévoir une ou plusieurs périodes de mise en situation en milieu professionnel auprès d'un autre employeur. La durée hebdomadaire du travail d'un titulaire du CAE ne peut être inférieure à vingt heures, sauf lorsque la décision d'attribution de l'aide le prévoit en vue de répondre aux difficultés particulièrement importantes de l'intéressé [2]. Le salaire est au moins égal au SMIC et exonéré d'une large part des cotisations sociales patronales ; l'employeur perçoit une aide de l'État dont le montant peut atteindre 95 % du taux brut du SMIC. Bien qu'ils soient surtout destinés au secteur public, les CAE sont qualifiés par la loi de contrats de droit privé (C. trav., art. L. 5134-24) ; d'où la compétence du juge judiciaire pour connaître des litiges relatifs à la qualification, l'exécution ou la rupture de ces contrats [3], le juge administratif étant en revanche

suspendu avant son terme par le salarié qui trouve un CDI ou un CDD d'au moins 6 mois ou une formation qualifiante. Un CIE à durée déterminée conclu sans respecter l'exigence d'un écrit et de la définition précise de son motif est réputé conclu pour une durée indéterminée (Soc. 12 mars 2002, (3 esp.), *RJS* 5/02, n° 538 ; 11 févr. 2004, *Dr. soc.* 2004. 429). Il suffit que le contrat soit intitulé « contrat initiative-emploi » pour satisfaire l'exigence de motivation du recours au contrat à durée déterminée ; Soc. 17 oct. 2000, *Dr. soc.* 2000. 1140. Lorsque le contrat arrive à échéance, l'indemnité de fin de contrat n'est pas due : Soc. 20 oct. 2010, n° 08-44.933 : *JCP S* 2010. 1535, obs. Th. Lahalle.

1. C. trav., art. L. 5134-24.

2. Lorsque le CAE est à durée déterminée et a été conclu avec une collectivité territoriale ou une autre personne de droit public, la durée hebdomadaire du travail peut varier sur tout ou partie de la période couverte par le contrat, sans être supérieure à la durée légale hebdomadaire (C. trav., art. L. 5134-26, al. 2).

3. Sauf disposition législative exprès, les salariés embauchés sous ce type de contrats doivent bénéficier de l'égalité de traitement avec les salariés de droit commun (Soc. 3 nov. 2005, *Dr. soc.* 2006. 444). Ils doivent également bénéficier de l'ensemble des normes conventionnelles applicables dans l'organisme employeur (Soc. 6 avr. 2011, n° 10-11.051, *JCP S* 2011. 1271, note S. Brissy).

compétent pour connaître des conséquences d'une éventuelle requalification en contrat de droit public ou de la légalité de la convention liant l'employeur et l'État [1].

157 ***Jeunes demandeurs d'emploi*** ◊ Certains dispositifs continuent de viser spécifiquement *l'emploi des jeunes*. Nombre d'entre eux s'inscrivent dans la politique de formation professionnelle. Mais la formation ne supplée pas l'absence d'expérience professionnelle souvent exigée à l'embauche. Aussi a-t-on recherché des moyens de réduire le coût du travail des jeunes. La loi dite quinquennale du 20 décembre 1993 avait créé un *contrat d'insertion professionnelle* (CIP) où la formation n'occupait plus qu'une place facultative, mais dont la rémunération était inférieure au SMIC. Ce dispositif a été aussitôt abrogé sous la pression des manifestations hostiles à ce « SMIC jeunes », et remplacé pendant un temps par une *aide au premier emploi des jeunes* [2].

Avec la création des *emplois-jeunes* par une loi du 16 octobre 1997, le problème a été abordé autrement [3]. Comme le contrat emploi-solidarité, ce dispositif s'adressait au secteur non-marchand (collectivités territoriales, établissements publics, organismes de droit privé à but non lucratif, etc.), mais il présentait une double originalité. La première était de promouvoir « le développement d'activités créatrices d'emplois répondant à des besoins émergents ou non satisfaits et présentant un caractère d'utilité sociale ». La seconde était d'offrir un emploi durable : contrats à durée déterminée de 5 ans ou contrats à durée indéterminée [4].

Ces emplois jeunes ont été mis en voie d'extinction après l'alternance politique de 2002 et remplacés par un nouveau dispositif, qui concerne cette fois le secteur marchand : le *soutien des jeunes en entreprise* (Seje) [5]. Ce dispositif a à son tour été mis en extinction à compter du 1er janvier 2008, au motif qu'il faisait double emploi avec le contrat initiative-emploi [6].

Quant aux jeunes les plus en difficulté (en situation d'échec scolaire et souffrant de graves handicaps sur le marché du travail), ils étaient la cible du programme TRACE (Trajet d'accès à l'emploi), qui avait pour ambition de leur proposer un parcours individualisé d'accès à un emploi durable [7]. Ce programme a été fondu dans un dispositif plus vaste, le *contrat d'insertion dans la vie sociale* (CIVIS), qui vise tous les jeunes de 16 à 25 ans rencontrant des difficultés particulières d'insertion

1. T. confl. 20 oct. 1997, *RJS* 3/98, n° 348 ; Soc. 16 mars 1999 (*France Telecom*), *Dr. soc.* 1999. 560 ; T. confl. 7 juin 1999, *Dr. soc.* 1999. 762, concl. J. Arrighi de Casanova ; Soc. 8 juill. 1999, *RJS* 8-9/99, n° 1120 (2e esp.) ; CE, avis, n° 29810 et 22811 *RJS* 2001, n° 1219 ; T. confl. 24 sept. 2007 (2e esp.) concl. Duplat, *Dr. soc.* 2007. 94 ; Soc. 27 mars 2008, n° 06-45.929, *RJS* 6/08, n° 701, *Dr. soc.* 2008. 737, note Roy-Loustaunau.
2. Décr. n° 94-281 du 11 avr. 1994 (*JO* du 12) et n° 95-921 du 16 août 1995 (*JO* du 17).
3. L. n° 97-940 du 16 oct. 1997 (*JO* du 17), v. J. Savatier : L'aide aux emplois-jeunes, *Dr. soc.* 1997. 908 ; G. Seraud : Le contrat jeune, *Dr. ouvrier* 1999. 179 ; F. Duquesne : Les emplois-jeunes et la grève *Dr. soc.* 2001. 711 ; D. Gelot et J.-L. Meyer : Le programme « Nouveaux services-emplois jeunes », entre structuration et déstructuration de l'action publique *Dr. soc.* 2001. 1062.
4. La sanction de l'irrégularité d'un emploi jeune à durée déterminée est sa requalification en contrat à durée indéterminée (Soc. 1er déc. 2005, *Dr. soc.* 2006. 442).
5. L. n° 2002-1095 du 29 août 2002 modif. par L. du 18 janv. 2005, du 31 mars et du 21 avr. 2006.
6. L. de finances n° 2007-1822 du 24 déc. 2007, art. 127.
7. L. n° 98-657 du 29 juill. 1998.

sociale et professionnelle. Un « référent » assure un « accompagnement personnalisé » du jeune dans son « parcours d'accès à la vie active », en l'orientant vers un contrat en alternance, une formation professionnalisante ou en l'assistant dans sa démarche de recherche d'emploi ou de création d'entreprise (C. trav., art. L. 5131-4). On aura compris que le CIVIS n'est pas un contrat de travail, mais un dispositif tendant à favoriser l'insertion professionnelle des jeunes.

Tel n'est pas le cas des *emplois d'avenir* créés par la loi du 26 octobre 2012 (C. trav., art. L. 5134-110 s.) [1]. Les emplois d'avenir ont pour objet de faciliter l'insertion professionnelle et l'accès à la qualification des jeunes sans emploi, âgés de seize à vingt-cinq ans au moment de la signature du contrat de travail, soit sans qualification, soit peu qualifiés, et rencontrant des difficultés particulières d'accès à l'emploi, par leur recrutement dans des activités présentant un caractère d'utilité sociale ou environnementale ou ayant un fort potentiel de création d'emplois [2]. La loi détermine les employeurs concernés en fixant la liste des personnes et organismes susceptibles de bénéficier de l'aide à l'insertion professionnelle relative aux emplois d'avenir (C. trav., art. L. 5134-111) [3]. Ces derniers s'inscrivent ainsi dans le cadre juridique du contrat unique d'insertion et prennent donc la forme, soit d'un CAE, soit d'un CIE [4]. Le contrat de travail associé à un emploi d'avenir peut être à durée indéterminée ou à durée déterminée. Dans ce dernier cas, le contrat est conclu pour une durée de 36 mois. Cette durée de principe peut cependant être aménagée selon des conditions et modalités fixées par la loi (C. trav., art. L. 5134-115). La rupture de contrat à durée déterminée obéit à des règles dérogatoires puisque, sans préjudice des dispositions de l'article L. 1243-1 du Code du travail, il peut être rompu à l'expiration de chacune des périodes annuelles de son exécution à l'initiative du salarié, moyennant le respect d'un préavis de deux semaines, ou de l'employeur, s'il justifie d'une cause réelle et sérieuse, moyennant le respect d'un préavis d'un mois et de la procédure prévue à

1. Cette même loi a institué des « emplois d'avenir Professeur » (C. trav., art. L. 5134-12 s.). Il faut encore ajouter la création, par un décret du 26 juin 2013 (n° 2013-549), d'un dispositif d'aide de l'État dénommé « emplois francs ». Institué à titre expérimental, pour une durée de trois ans, cette aide est versée aux employeurs qui embauchent, en contrat à durée indéterminée et à temps complet, un jeune résidant dans une des zones urbaines sensibles de certaines communes et rencontrant des difficultés particulières d'accès à l'emploi.

2. Les personnes bénéficiant de la reconnaissance de la qualité de travailleur handicapé et remplissant ces mêmes conditions peuvent accéder à un emploi d'avenir lorsqu'elles sont âgées de moins de trente ans.

3. Cette aide est attribuée au vu des engagements pris par l'employeur sur le contenu du poste proposé et sa position dans l'organisation de la structure employant le bénéficiaire de l'emploi d'avenir, sur les conditions d'encadrement et de tutorat ainsi que sur la qualification ou les compétences dont l'acquisition est visée pendant la période en emploi d'avenir. Ces engagements portent obligatoirement sur les actions de formation, réalisées prioritairement pendant le temps de travail, ou en dehors de celui-ci, qui concourent à l'acquisition de cette qualification ou de ces compétences et les moyens à mobiliser pour y parvenir. Le montant de l'aide varie selon que l'emploi d'avenir est conclu sous forme de CAE (75 % du taux horaire brut du SMIC) ou de CIE (35 ou 47 % du taux horaire brut du SMIC)

4. Les dispositions relatives à ces contrats s'appliquent à l'emploi d'avenir, sous réserve des dispositions spécifiques par la loi.

l'article L. 1232-2 du Code du travail. En principe, le bénéficiaire d'un emploi d'avenir occupe un emploi à temps plein. Pendant le temps de travail, un suivi personnalisé professionnel et, le cas échéant, social est assuré par le prescripteur de l'aide. Les compétences acquises dans le cadre de l'emploi d'avenir sont reconnues par une attestation de formation, une attestation d'expérience professionnelle ou une validation des acquis de l'expérience. Elles peuvent également faire l'objet d'une certification inscrite au répertoire national des certifications professionnelles.

158 ***Travailleurs âgés*** ◊ Le vieillissement de la population et le déficit de l'assurance-vieillesse conduit à repousser l'âge de la retraite, alors que les entreprises françaises continuent de se débarrasser en priorité de leurs salariés les plus âgés. Bien que la prise en considération de l'âge en matière d'emploi constitue depuis 2001 une discrimination prohibée, les politiques publiques ont pendant longtemps encouragé et financé l'exclusion des plus âgés du marché du travail afin de libérer des emplois pour les plus jeunes. Depuis la réforme des retraites intervenue en 2003, un souci inverse s'est affirmé, de maintien des plus âgés dans l'emploi. Il a donné lieu à la conclusion le 13 octobre 2005 d'un Accord national interprofessionnel relatif à l'emploi des seniors [1], dont certaines dispositions ont été reprises sous une forme législative ou réglementaire, notamment la création d'un contrat à durée déterminée dérogatoire, de 18 mois reconductible une fois, réservé aux chômeurs de plus de 57 ans [2]. De son côté le législateur s'est efforcé de rendre plus coûteux le recours aux préretraites ou la mise à la retraite d'office des salariés [3]. La loi de financement de la sécurité sociale pour 2009 a renforcé la lutte en faveur de l'emploi des seniors au moyen de mesures encore plus radicales. C'est ainsi que le salarié peut s'opposer à sa mise à la retraite jusqu'à son soixante-dixième anniversaire (C. trav., art. L. 1237-5, al. 7 à L. 1237-5, al. 9, D. 1237-2-1).

Dernièrement, les partenaires sociaux et le législateur se sont rejoints pour instituer un *contrat de génération* [4]. Aux termes de l'article L. 5121-6 du Code du travail, ce « contrat » poursuit un triple objectif : faciliter l'insertion durable des jeunes dans l'emploi par leur accès à un contrat à durée indéterminée ; favoriser

1. V. *Liaisons soc.* 2005, A1, n° 8636. Chr. Willmann, Promouvoir le « vieillissement actif » : les modestes propositions des partenaires sociaux, *Dr. soc.* 2006. 144 ; P.-Y. Verkindt, Changer le regard sur le travail des seniors après l'ANI du 13 oct. 2005, *Sem. soc. Lamy* 2005, n° 1234 ; F. Favennec-Héry, L'ANI relatif à l'emploi des seniors : un premier pas, *JCP S* 2005. 1329 ; M.-C. Amauger-Lattes et I. Desbarats, La rupture du contrat des 55-64 ans : tendances et ambiguïtés du droit, *Travail et Emploi* 2006, n° 106, 79 ; S. Bellini, Expérience professionnelle : capital ou fardeau pour les seniors ? *Travail et Emploi* 2007, n° 109, 81. Sur la négociation de branche relative à l'emploi des seniors, v. M.-C. Amauger Lattes, I. Desbarats et C. Vicens, L'emploi des seniors, *Sem. soc. Lamy* 2008, n° 1340.

2. C. trav., art. D. 1242-2 à 1242-7 ; M.-C. Amauger-Lattès, À propos du CDD senior, *RDT* 2006. 168.

3. V. en dernier lieu les dispositions de la loi de financement de la sécurité sociale n° 2007-1786 du 19 déc. 2007 (v. *Sem. soc. Lamy* 2007, n° 1331 ; *ibid.* 2008, n° 1344).

4. L. n° 2013-185 du 1er mars 2013, portant création du contrat de génération et ANI éponyme du 19 oct. 2012 ; v. L. Dauxerre, « Le contrat de génération : l'alliance des âges », *JCP S* 2013. 1119.

l'embauche et le maintien dans l'emploi des salariés âgés ; assurer la transmission des savoirs et des compétences. La mise en œuvre du contrat de génération est modulée en fonction de la taille de l'entreprise. Dans les entreprises occupant moins de 50 salariés, c'est le choix de l'incitation qui a été fait. Ces dernières bénéficient d'une aide pour chaque binôme de salariés (jeune/senior), dès lors que deux conditions sont réunies. D'une part, elles doivent embaucher, en contrat à durée indéterminée à temps plein et maintenir dans l'emploi pendant la durée de l'aide, un jeune âgé de moins de 26 ans ou un jeune de moins de 30 ans lorsqu'il est reconnu travailleur handicapé. D'autre part, il leur faut maintenir dans l'emploi, en contrat à durée indéterminée, un salarié âgé d'au moins 57 ans, ou d'au moins 55 ans lors de son embauche ou bien encore un salarié âgé d'au moins 55 ans reconnu travailleur handicapé [1]. Les entreprises ou groupes d'entreprises dont l'effectif est compris entre 50 et 300 salariés font l'objet d'un traitement légal qui se situe à mi-chemin de l'incitation et de la sanction. En effet, elles bénéficient d'une aide dès lors qu'elles remplissent les conditions qui viennent d'être décrites [2]. Mais, une entreprise bénéficiant de cette aide est soumise à une pénalité financière lorsqu'il est constaté qu'elle n'est pas couverte par un accord collectif ou un plan d'action [3]. Quant aux entreprises ou groupes dont l'effectif dépasse 300 salariés, il n'est plus question d'incitation mais, uniquement, de sanction. En effet, faute d'être couvertes par un accord collectif ou un plan d'action, ces entités se voient infliger une pénalité financière [4], non sans avoir été tout d'abord mises en demeure de régulariser leur situation. Elles doivent en outre transmettre, chaque année, à l'autorité administrative compétente, à compter de la date d'entrée en vigueur de l'accord collectif ou du plan d'action, un document d'évaluation sur la mise en œuvre de celui-ci [5]. Ce document est également transmis, d'une part, aux délégués syndicaux et, d'autre part, aux membres du comité d'entreprise ou, à défaut, aux délégués du personnel ou, à défaut et c'est plus original, aux salariés.

159 ***Les aides ciblées sur l'employeur*** ◊ Trois catégories d'aides sont ciblées sur l'employeur et non sur le chômeur.

---

1. C. trav., art. L. 5121-17. Ce texte exclut le bénéfice de l'aide dans certaines circonstances.
2. Antérieurement à la loi du 5 mars 2014, ces entités devaient, préalablement à l'obtention de l'aide, justifier être couvertes par un accord collectif ou un plan d'action.
3. Établis pour une durée maximale de trois ans, ces actes juridiques doivent être précédés d'un diagnostic qui leur est joint. Leur contenu est fixé par la loi (C. trav., art. L. 5121-10 à L. 5121-13). A titre d'exemple, l'accord collectif d'entreprise, de groupe ou de branche comporte des engagements en faveur de la formation et de l'insertion durable des jeunes dans l'emploi, l'emploi des salariés âgés et de la transmission des savoirs et des compétences. Il doit en outre comporter des objectifs chiffrés en matière d'embauche des jeunes et de maintien dans l'emploi des salariés âgés. L'employeur échappe à la pénalité s'il justifie être couvert par un accord de branche étendu.
4. C. trav., art. L. 5121-9, L. 5121-14 à L. 5121-16. La pénalité est applicable aux entreprises et aux établissements publics qui n'ont déposé ni accord collectif ni plan d'action auprès de l'autorité administrative compétente au 30 sept. 2013. Pour fixer le montant de la pénalité, l'autorité administrative évalue les efforts constatés pour conclure un accord collectif ou établir un plan d'action conforme à la loi, ainsi que la situation économique et financière de l'entreprise ou de l'établissement public.
5. À défaut de transmission ou en cas de transmission incomplète, l'employeur est mis en demeure de communiquer ce document ou de le compléter dans un délai d'un mois. Si l'employeur n'exécute pas la mise en demeure, l'autorité administrative compétente prononce une pénalité. V. T. Kapp, « Le rôle de l'Administration dans le contrôle des accords collectifs ou plans d'action portant sur le contrat de génération », *JCP S* 2013. 1176.

La première vise certaines *branches d'activités* confrontées à des problèmes d'emploi (C. trav., art. L. 5123-1), et dont il faut accompagner le déclin sans chercher à s'y opposer ; ou favoriser la modernisation ; ou encore encourager le développement.

La seconde vise à développer des « nouveaux gisements d'emplois », en incitant des personnes qui peuvent avoir besoin du travail d'autrui à se muer en employeurs. C'est le cas des *aides à l'embauche d'un premier salarié*, qui visent les travailleurs indépendants, les petites entreprises et certaines associations. C'est le cas aussi des mesures favorisant les services rendus aux particuliers : *aides fiscales ou sociales à l'emploi du personnel de maison* ; régime des *associations de service aux personnes* dont le but est de mettre à la disposition de personnes peu fortunées et âgées des prestataires de services à domicile [1] ; *chèque emploi service universel (CESU)*, qui réduit les formalités liées à l'emploi au service des particuliers (C. trav., art. L. 1271-1 s.). Le succès de ce dispositif a conduit à le transposer aux associations (C. trav., art. L. 1272-1) et aux très petites entreprises (employant moins de 10 salariés) [2].

La troisième catégorie vise les entreprises ayant spécifiquement pour objet de permettre à des chômeurs en difficulté « de bénéficier de contrats de travail en vue de faciliter leur insertion sociale et professionnelle » [3] ; ces *entreprises d'insertion* doivent être économiquement viables, mais bénéficient dans le cadre d'une convention avec l'État d'une aide financière pour compenser le handicap de la moindre productivité des salariés qu'elles embauchent. Il peut s'agir d'entreprises intérimaires, dont l'objet ne se distingue alors plus guère de celui des *associations intermédiaires*, qui embauchent également des personnes en difficulté pour les mettre à disposition d'utilisateurs pour des activités qui ne sont pas déjà assurées dans les conditions économiques locales par l'initiative privée ou publique [4]. Afin d'élargir le champ d'application de cette « insertion par l'activité économique », la loi a aussi consacré les *chantiers et ateliers d'insertion*, qui bénéficient d'aides publiques au titre de la remise au travail de chômeurs en difficulté particulière [5]. Les dispositions relatives à ces structures d'insertion par l'activité économique ont été quelque peu modifiées par la loi du 1er décembre 2008 [6].

---

1. C. trav., art. L. 7231-1 s.
2. V. ss 948 s.
3. C. trav., art. L. 5132-1 s.
4. C. trav., art. L. 5132-2. Cette mise à disposition ne peut intervenir que pour l'exécution d'un » tâche précise et temporaire ; Soc. 2 mars 2011, n° 09-43.290, *JCP S* 2011. 1270, note S. Molla.
5. C. trav., art. L. 5132-15 s. (L. du 18 janv. 2005 et du 23 mars 2006), R. 322-18 s. ; v. Chr. Willmann, Portalis et le droit de l'emploi, *JCP S* 2005, n° 11, p. 22, n° 10 s.
6. S. Molla, Structures d'insertion par l'activité économique : CDD d'insertion et autres dispositions : *JCP S* 2009. 1076.

CHAPITRE 3
LES LIMITES À LA LIBERTÉ D'EMBAUCHE

160 ***Principe de liberté*** ◇ À la liberté de l'individu de travailler pour le compte de l'employeur de son choix fait face la liberté des chefs d'entreprise de choisir leurs collaborateurs [1]. Cette liberté de valeur constitutionnelle qui a une portée très générale connaît cependant certaines limites d'origine légale, conventionnelle ou contractuelle. Les limites d'origine légale prennent des formes différentes se traduisant par des priorités d'emploi, des interdictions d'emploi ou des interdictions de discrimination. Les limites d'origine conventionnelle ou contractuelle résultent soit directement d'accords conclus entre employeurs soit indirectement d'interdictions faites aux salariés de travailler pour des concurrents de leurs anciens employeurs.

SECTION 1. LIMITATIONS LÉGALES À LA LIBERTÉ D'EMBAUCHER

161 Les limitations légales à la liberté d'embaucher peuvent poursuivre plusieurs objectifs. Certaines visent à protéger la personne du candidat à l'embauche ou de celui qui travaille. Il en va notamment ainsi de l'interdiction des discriminations à l'embauche ou encore de la prohibition du travail dissimulé. D'autres, telles les règles relatives au travailleur étranger, tendent à assurer une certaine police du marché du travail.

§ 1. Interdictions et priorité d'emploi

162 ***Travail dissimulé*** [2] ◇ Le Code du travail (C. trav., art. L. 8221-1 s.) interdit le travail totalement ou partiellement dissimulé sous ses deux formes, subordonnée et indépendante :

La *dissimulation d'emploi salarié*, c'est-à-dire l'emploi non déclaré, dissimulé et en fraude des droits du Fisc et de la Sécurité sociale. Toute

---

1. Cons. const. 20 juill. 1988, *Dr. soc.* 1988. 762.

2. Tout en s'évertuant à lutter contre ce fléau que constitue le travail dissimulé, le législateur multiplie les dispositifs susceptibles d'y conduire, dès lors qu'ils sont détournés de leur objet. On songe par exemple ici au « contrat d'appui au projet d'entreprise »(C. com., art. L. 127-1 s.).

rémunération étant passible de charges sociales, la dissimulation totale ou partielle (par indication sur le bulletin de paie d'un nombre d'heures inférieur à celui réellement effectué [1]) est un moyen de s'en affranchir [2]. L'interdiction (C. trav., art. L. 8221-5) est sanctionnée pénalement (C. trav., art. L. 8224-1, l. 8224-2) y compris pour les personnes morales (C. trav., art. L. 8224-5) [3]. Elle vise la protection de l'intérêt général, mais aussi celle des particuliers qui ont à souffrir de cette dissimulation [4]. L'infraction peut résulter du recours à de faux travailleurs indépendants, placés en réalité sous la subordination de l'utilisateur de leurs services [5]. Elle peut aussi découler d'un recours illicite au détachement international de travailleurs organisé par les articles L. 1262-1 et s. du Code du travail [6]. Depuis la loi du 24 août 1993, l'interdiction du territoire français est encourue lorsque l'infraction est le fait d'un étranger majeur (C. trav., art. L. 8224-4). Seul l'employeur [7] ou son donneur d'ordres sont incriminables et le salarié a droit à une indemnité forfaitaire de rupture égale à

1. Est réputé travail dissimulé par dissimulation d'emploi salarié le fait pour tout employeur de mentionner sur le bulletin de paie un nombre d'heures de travail inférieur à celui réellement accompli, sauf si cette mention résulte d'une convention collective ou d'un accord collectif d'aménagement du temps de travail conclu en application de la loi ; Crim. 16 avr. 2013, n° 12-81.767 : Crim., n° 89.

2. La seule constatation de la violation, en connaissance de cause, d'une prescription légale ou réglementaire implique l'intention coupable (Crim. 19 mars 2002, *RJS* 6/2, n° 705 ; 17 juin 2008, n° 07-86. 518, *JCP S* 2008. 1152, note A. Martinon ; 20 janv. 2009, n° 08-82. 615 : *Dr. pénal* 2009, n° 55, obs. J.-H. Robert). La Chambre criminelle institue ainsi une forme de présomption d'intention dont on peut se demander si elle supporte la preuve contraire (v. en ce sens l'arrêt préc. du 17 juin 2008 et les obs. préc. de J.-H. Robert). La Chambre sociale de la Cour de cassation paraît plus respectueuse des textes légaux, s'agissant à tout le moins de la recherche de l'élément intentionnel du travail dissimulé constitué par la mention sur le bulletin de paie d'un nombre d'heures de travail inférieur à celui réellement effectué. Elle considère en effet que doit être établi que, de manière intentionnelle, l'employeur a mentionné sur le bulletin de paie un nombre d'heures de travail inférieur à celui réellement effectué (Soc. 4 mars 2003 : *Bull. civ.* V, n° 80 ; 29 juin 2005, n° 04-40. 758, *Bull. civ.* V, n° 222 ; 29 nov. 2007, n° 06-42. 682, *JCP S* 2008. 1007. V. aussi, en matière de dissimulation d'emploi ; Soc. 3 juin 2009, n° 08-40. 981, *D.* 2009. 1530, obs. M. Serna.

3. Pour la condamnation d'une société mère du chef de complicité de travail dissimulé commis par l'une de ses filiales, v. CA Paris, 8 oct. 2013, n° 12/06514, N° Lexbase : A2213KQZ.

4. Crim. 6 févr. 2001, *Bull. crim.* n° 32 ; *RSC* 2002. 343, obs. Cerf-Hollender (recevabilité de l'action civile du travailleur dissimulé qui justifie d'un préjudice directement causé par le délit).

5. Crim. 5 janv. 1995 : *RJS* 3/95, n° 317 ; 31 mars 1998, *D.* 1999. 137, note S. Frossard ; 14 déc. 1999 : *RJS* 3/00, n° 245 ; 19 mars 2002, *RJS* 6/02 n° 705. Dotée de l'autorité de la chose jugée, la condamnation pénale de l'employeur pour emploi dissimulé interdit de remettre en cause l'existence du contrat de travail devant le juge civil (Soc. 27 mars 2001, *Bull. civ.* V, n° 105). La présomption de non-salariat édictée par l'art. L. 8221-6 C. trav. ne constitue qu'un obstacle très relatif à la constatation de l'existence d'un contrat de travail et, par voie de conséquence, de l'infraction de travail dissimulé.

6. Crim. 11 mars 2014, n° 12-81.461 et n° 11-88.420, publiés. Dans ces deux espèces, ont été condamnées pour travail dissimulé, deux compagnies aériennes *low cost*.

7. Peu importe que l'opération n'ait pas eu de but ou de résultat lucratif. Peu importe également les modalités de la rémunération ; Soc. 25 mai 2004, *Dr. soc.* 2004. 898 (fourniture d'un logement). Sur l'identification du dirigeant responsable dans les sociétés anonymes, v. Crim. 23 juill. 1996, *RJS* 3/97, n° 316.

6 mois de salaires [1]. C'est pour réduire la pratique du travail dissimulé qu'a été imposée une déclaration à la sécurité sociale (Urssaf) préalable à toute embauche [2].

Dans un ordre d'idées voisin, est réprimé l'emploi de travailleurs étrangers clandestins ayant pénétré irrégulièrement en France et dépourvus de cartes de travail (C. trav., art. L. 8251-1) ; les sanctions pénales figurent aux articles L. 8256-1 et suivants du Code du travail.

La *dissimulation d'activité*, c'est-à-dire l'exercice d'une activité lucrative de production, de réparation, de prestation de services, ou l'accomplissement d'actes de commerce, sans immatriculation au registre des métiers ou du commerce ou sans déclaration au fisc ou à l'Urssaf [3]. Il s'agit alors de travail « noir » indépendant lequel peut être le fait d'un salarié, en dehors de ses heures de travail [4]. Les peines prévues sont les mêmes que pour l'emploi dissimulé. Devant les difficultés de *preuve*, l'article L. 8221-4 du Code du travail pose une présomption de lucrativité (résultant de la publicité, de la fréquence des actes, de l'usage d'un outillage, d'absence de facturation ou d'absence de déclaration de salariés [5]). Cette dernière forme est la plus répandue et la plus pernicieuse [6].

1. C. trav., art. L. 8223-1. Suite à une QPC, le Conseil constitutionnel a déclaré cette disposition conforme à la Constitution Cons. const. 25 mars 2011, n° 2011-111 QPC. Le paiement de cette indemnité n'est pas subordonnée à une condamnation pénale préalable (Soc. 15 oct. 2002, *Dr. soc.* 2002, obs. F. Duquesne) ; elle est due quelque soit la qualification de la rupture du contrat (Soc. 12 oct. 2004, *Dr. soc.* 2004. 1152 ; 7 nov. 2006, n° 04-41.390, *Bull. civ.* V, n° 330) ; n'est pas soumise à cotisations sociales (Soc. 20 févr. 2008, n° 06-44.964, *Bull. civ.* V, n° 42). Après de nombreuses hésitations, la Cour de cassation a fini par considérer qu'au regard de la nature de sanction civile de cette indemnité, les dispositions de l'art. L. 8223-1 C. trav. ne font pas obstacle au cumul de l'indemnité forfaitaire qu'elles prévoient avec les indemnités de toute nature auxquelles le salarié a droit en cas de rupture de la relation de travail ; Soc. 6 févr. 2013, n° 11-23.738, *JCP S* 2013. 1149, note P.-Y. Verkindt ; 15 mai 2013, n° 11-22.396 P. En cas de requalification d'une relation de travail indépendant en contrat de travail, c'est l'employeur qui est tenu au paiement rétroactif des cotisations sociales (C. trav., art. L. 8221-6, II).

2. C. trav., art. L. 1221-10 s. ; v. M. Bancarel, La lutte contre le travail clandestin et la généralisation de la déclaration préalable à l'embauche, *Dr. soc.* 1994. 534. La dissimulation du travail demeure sans incidence sur l'application de la législation sur les accidents de travail (Soc. 11 févr. 2003, *RJS* 5 mars, n° 668).

3. Crim. 23 mai 1995, *RJS* 10/95, n° 1038 (omission d'une inscription modificative au registre du commerce) ; 29 mars 1994, *Bull. civ.*, n° 120 ; 21 nov. 2001, *Dr. soc.* 2002. 214 (voyant poursuivant son activité après avoir obtenu sa radiation de l'Urssaf) ; Soc. 3 oct. 2006 : *RJS* 1/07, n° 94 (brocanteur s'étant immatriculé au Royaume-Uni en conservant toute son activité en France). Pour prévenir l'activité dissimulée, l'art. L. 8221-7 C. trav. impose à toute personne qui offre ses services ou ses produits au public de faire connaître son identification légale.

4. L'employeur de ce salarié est alors fondé à se constituer partie civile ; Crim. 17 nov. 1998 : *RJS* 4/99, n° 560.

5. L'énumération des indices valant présomptions est limitative ; Crim. 16 févr. 1981, *JCP* 1981. IV. 159. L'activité doit être à but lucratif ce qui écarte le coup de main bénévole ; Soc. 20 mars 1980, *Dr. ouvrier* 1981. 234. Exclusion des activités ne figurant pas à L. 8221-3 C. trav. ; Crim. 16 avr. 1985 ; 26 févr. 1991 ; *Dr. ouvrier* 1991. 468 (présence d'un chômeur indemnisé sur les lieux de travail, présomption d'emploi d'un travailleur clandestin).

6. Est également prohibée la publicité, par quelque moyen que ce soit, tendant à favoriser, en toute connaissance de cause, le travail dissimulé (C. trav., art. L. 8221-1, 2°, L. 8221-7).

Le législateur a considérablement renforcé les sanctions [1], et cherché à les étendre à tous ceux qui profitent de la dissimulation. Il est en effet interdit d'avoir recours sciemment, directement ou par personne interposée, aux services de celui qui exerce un travail dissimulé [2]. Cette disposition permet de remonter la chaîne des sous-traitants qui concourent à l'infraction et en sont donc solidairement responsables (C. trav., art. L. 8222-2) [3]. L'exigence d'un élément intentionnel [4] est atténuée par l'obligation, mise à la charge du donneur d'ordres, de s'assurer que son cocontractant exerce une activité régulièrement déclarée (C. trav., art. L. 8222-1) [5]. D'autres sanctions dissuasives ont été prévues, notamment en matière d'attributions d'aides publiques à l'emploi (C. trav., art. L. 8272-1) [6] et d'attributions de marchés publics (L. du 11 mars 1997, art. 27).

163 ***Cumul illicite d'emplois*** [7] ◊ Les fonctionnaires et agents non titulaires de droit public doivent consacrer l'intégralité de leur activité professionnelle aux tâches qui leur sont confiées et ne peuvent en principe exercer à titre professionnel une activité privée lucrative de quelque nature que ce soit [8]. Toutefois les agents publics peuvent être autorisés à cumuler des activités accessoires à leur activité principale, sous réserve que ces activités ne portent pas atteinte au fonctionnement normal, à l'indépendance ou à la neutralité du service [9]. Sous cette même réserve, ce cumul est de droit pour les agents travaillant à temps partiel [10].

L'article L. 8261-1 C. trav. vise une forme mineure de cumul, en interdisant aux salariés d'effectuer des travaux rémunérés au-delà de la durée maximale du travail ou pendant les congés [11]. Toutefois un salarié peut avoir des employeurs multiples dans la limite de la durée maximale du travail. L'interdiction est d'application difficile [12].

---

1. V. not. les diverses peines complémentaires prévues par l'art. L. 8224-3 C. trav.

2. C. trav., art. L. 8221-1, L. 8222-5 ; v. Crim. 11 janv. 2000 : *RJS* 4/00, n° 427.

3. Crim. 7 juill. 1998, *Bull. crim.* n° 216 ; 12 déc. 2006 : *RJS* 4/07, n° 463. Sur la conformité de ces dispositions à la Constitution, v. Cass., QPC, 28 févr. 2013, n° 12-40.099, publié. L'infraction de travail dissimulé entraîne en outre l'annulation des exonérations et réductions de cotisations et contributions sociales (CSS, art. L. 133-4-5 ; L. n° 2009-1646, du 24 déc. 2009).

4. Crim. 22 févr. 2000, *RJS* 5/00, n° 562 ; Soc. 4 mars 2003, *RJS* 6/03, n° 780.

5. Soc. 23 janv. 2003, *RJS* 4/03, n° 505 ; Civ 2e, 16 nov. 2004, *RJS* 2/05, n° 189 ; 17 janv. 2008, n° 06-20.594, *RJS* 4/08, n° 465, 1re esp. (la solidarité financière s'impose lors même que l'employeur a été relaxé au pénal faute d'élément intentionnel). Sur les modalités du contrôle qui doit être exercé par le donneur d'ordres, v. C. trav., art. D. 8222-5.

6. A. Martinon, À propos de la répression du travail illégal, *JCP S* 2005. 1328.

7. L. Casaux, *La pluriactivité*, Th. Toulouse, LGDJ, 1993 ; S. van Goethem, *Les cumuls d'emploi en droit du travail*, th. Nantes, 1989.

8. L. n° 83-634 du 13 juill. 1983, art. 25 de la portant droits et obligations des fonctionnaires.

9. L. n° 2007-148 du 2 févr. 2007 ; Décr. n° 2007-658 du 2 mai 2007 (dont les art. 2 et 3 fixe la liste des activités autorisables). V. M. Carius, Feu le Décr. du 29 oct. 1936, *AJDA* 2007. 521.

10. Décr. n° 2007-658, préc., art. 15 ; Soc. 15 janv. 2002, *RJS* 4/02, n° 505.

11. V. Soc. 5-6 déc. 1979, *JCP* 1980. IV. 68 ; 27 avr. 1989, *Dr. soc.* 1989. 725, note Savatier ; 25 oct. 1990, *D.* 1990. IR 260.

12. J. Savatier : Interdiction des cumuls d'emplois privés : une réglementation inapplicable, *Dr. soc.* 1989. 725 ; v. Soc. 27 mars 2002, *RJS* 7/02, n° 870 (l'interdiction ne concerne que les périodes où l'agent est en position d'activité et ne s'étend pas aux travaux à titre gratuit) ; 1er avr. 2003, *RJS* 6/03, n° 782 (faute « continue », pas de prescription).

Enfin, nul ne peut recourir aux services d'une personne qui contrevient à ces interdictions de cumul [1].

Un certain nombre de travaux échappent à ces interdictions, soit en raison de leur nature (travaux bénévoles, scientifiques, pédagogiques ou littéraires etc.) soit en raison de leur caractère minime ou urgent (C. trav., art. L. 8261-3).

164 ***Interdictions d'embaucher*** ◊ Les interdictions légales d'emploi sont exceptionnelles. Dans quelques situations prévues par un texte, un employeur n'a pas le droit d'embaucher une personne déterminée, pourtant candidate à l'emploi.

Cette interdiction peut résulter de l'âge du candidat à l'emploi. En principe, un contrat de travail ne peut pas être conclu avec un enfant non libéré de l'obligation scolaire, c'est-à-dire avec un enfant de moins de 16 ans (C. trav., art. L. 4153-1) ; il existe cependant quelques dérogations soit pour exercer une profession du spectacle [2], soit pour effectuer des stages en milieu professionnel, soit pour effectuer des travaux légers pendant une partie des vacances scolaires [3].

L'interdiction d'embaucher peut tenir également à la nationalité étrangère du candidat à l'emploi lorsque celui-ci n'est pas citoyen de l'Union européenne et qu'il n'est pas titulaire d'un titre unique de séjour et de travail.

Enfin, il existe des interdictions tenant au sexe. Il est interdit d'occuper des salariées au cours des six semaines qui suivent l'accouchement (C. trav., art. L. 1225-29) ; un employeur peut éventuellement embaucher une salariée pendant cette période, mais la période d'exécution du contrat ne peut commencer qu'à l'expiration du délai de six semaines. D'autres textes établissent une liste de travaux interdits aux femmes enceintes ou allaitant (C. trav., art. D. 4152-9, D. 4152-10).

165 ***Priorités dans l'emploi*** ◊ Les priorités d'emploi ne constituent qu'une limite assez faible à la liberté d'embaucher. Les entreprises occupant au moins vingt salariés doivent employer un certain nombre de travailleurs handicapés, de mutilés de guerre et assimilés [4]. De même d'anciens salariés de l'entreprise bénéficient d'une priorité d'embauche lorsque des emplois sont vacants ; c'est le cas des salariés licenciés pour motif économique (C. trav., art. L. 1233-45), de ceux qui ont résilié leur contrat de

1. Les études récentes font apparaître deux tendances : la première dans le sens d'une répression plus efficace, la seconde dans le sens d'une certaine légalisation du travail noir (création de petites entreprises de dépannage ; acquittement forfaitaire de sa protection sociale par le travailleur au noir).

2. C. trav., art. L. 7124-1 s. ; les dérogations concernent les travaux soit dans une entreprise de spectacles, sédentaire ou itinérante, soit dans une entreprise de cinéma, de radiophonie, de télévision ou d'enregistrements sonores.

3. C. trav., art. L 4153-3 ; l'adolescent doit avoir plus de quatorze ans et ne peut jamais travailler pendant plus de la moitié de chaque période de congé scolaire ; les employeurs sont tenus d'adresser une déclaration préalable à l'inspecteur du travail qui peut notifier son désaccord.

4. C. trav., art. L. 5212-2 s. Le pourcentage d'emplois réservés est fixé à 6 %.

travail à l'issue du congé de maternité ou d'adoption (C. trav., art. L. 1225-67). Enfin, les salariés à temps plein ou à temps partiel ont droit à une priorité d'embauche sur les emplois à temps partiel ou à temps plein qui sont ouverts dans l'entreprise où ils travaillent (C. trav., art. L. 3123-11).

§ 2. **Le travailleur étranger**

166 ***Évolution de la politique d'immigration*** [1] ◊ Depuis plus d'un siècle en France, l'industrie utilise systématiquement la main-d'œuvre étrangère [2] moins coûteuse et plus docile. La politique d'immigration a suivi les méandres de la conjoncture économique : largement ouvertes après la guerre 1914-1918, les frontières se referment avec la crise économique des années 1930. À nouveau ouvertes après la guerre de 1939-1945 [3] – l'immigration étant devenue indispensable au développement économique français – elles se sont à nouveau refermées [4] avec la dégradation du marché de l'emploi.

La source législative essentielle demeure l'ordonnance n° 45-2658 du 2 novembre 1945 relative aux conditions d'entrée et de séjour des étrangers en France. Son orientation première était favorable à l'immigration. Le Gouvernement a tenté à diverses reprises (en 1973 et en 1977) d'en restreindre la portée par circulaire ou décret, mais ces tentatives se sont heurtées à la censure du juge administratif [5]. C'est donc le législateur qui est intervenu pour « maîtriser l'immigration ». Les lois se sont succédé au fil des alternances politiques successives : politique de fermeture dans la loi dite Bonnet du 10 janvier 1980 ; rigueur dans la loi Questiaux du 29 octobre 1981, aggravée encore par la première loi Pasqua du 9 septembre 1986 ; sérénité plus grande dans la loi Joxe du 2 août 1989 ; raidissement avec la seconde loi Pasqua du 24 août 1993 dont certaines dispositions ont été assouplies par la loi Chevènement du 11 mai 1998. Renforcement de la lutte contre l'immigration clandestine avec la loi Sarkozy-I du 26 novembre 2003. Ces lois ont toutes poursuivi deux objectifs principaux : la fermeture du marché du travail dans un contexte de chômage élevé, et l'intégration des travailleurs immigrés en situation régulière. En revanche la Droite et la Gauche ont divergé sur les questions de protection des libertés individuelles (régime de rétention, expulsion, droits de recours, etc.) et de régularisation des « sans-papiers » justifiant d'une insertion professionnelle, ainsi

1. V. Actes des Quatrièmes entretiens de l'emploi, *Migrations internationales et gestion de l'emploi*, Paris, ANPE 2005. 241 p. ; *Circulations migratoires. Nouvelles dynamiques des migrations, in RFAS*, n° spéc. avr.-juin 2004, n° 2. I. Daugareilh et F. Vernat (dir.) *Migrations internationales et marché du travail*, Lyon, Éd. Chronique sociale, 2004, 206 p. ; R. Filali Meknassi, O. Sidibé et A. Supiot, Entretien sur la politique française d'immigration, *Dr. soc.* 2007. 268. Add. le numéro spécial *Migrations* de la *Revue internationale du travail* (RIT, 2006/1-2, vol. 145).

2. G. Lyon-Caen : Les travailleurs immigrés : *Dr. soc.* 1975-1 ; n° spéc., *Dr. soc.* mai 1976, et pour une approche historique V. G. Noiriel, *Le creuset français. Histoire de l'immigration XIXe-XXe s.*, Paris, Seuil, 1988. 438 p.

3. Ord. 2 nov. 1945 relative aux conditions d'entrée et de séjour des étrangers en France, et créant l'Office national d'immigration, texte souvent remanié toujours en vigueur, publié en son dernier état par le décret du 6 sept. 1991 (*D.* 1991. Lég. 412).

4. Circ.du 5 juill. 1974 suspendant tout nouveau recrutement de travailleurs étrangers, annulée par CE 24 nov. 1978, remplacée par le Décr. du 15 janv. 1976 confirmé depuis lors ; Circ. du 21 déc. 1984 enjoignant de refuser toute nouvelle demande d'autorisation (*JO* 12 janv. 1985).

5. CE 13 janv. 1975, *Da Silva et CFDT* ; 8 déc. 1978, *Assoc. Gisti, CFDT et CGT*.

que sur l'idée d'une « immigration choisie » mise en œuvre par la loi Sarkozy-II du 24 juillet 2006 et la loi Hortefeux du 20 novembre 2007 [1]. La loi du 26 novembre 2003 a décidé du regroupement dans un *Code de l'entrée et du séjour des étrangers et du droit d'asile* (Ceseda) des dispositions législatives en vigueur relatives à l'immigration. Il s'agit d'une codification à droit constant qui ne modifie pas le sens et la portée de ces dispositions.

A. L'accès à l'emploi

167 ***Principe*** ◊ S'il n'est pas citoyen de l'Union européenne, l'étranger doit posséder pour entrer en France en vue d'y exercer une activité salariée, (outre passeports et visas éventuellement requis [2]), un contrat de travail visé par l'autorité administrative (C. trav., art. L. 5221-2). Le régime de libre circulation n'existe qu'à l'intérieur de la Communauté européenne [3].

168 ***Le titre unique de séjour et de travail*** ◊ Les ressortissants des pays membres de la Communauté européenne ont de plein droit accès au marché du travail français. Ils peuvent donc circuler, résider et travailler en France sans avoir à solliciter de titre de séjour [4]. Le régime des *titres de séjour* des travailleurs extra-communautaires a été simplifié par la loi du 17 juillet 1984 [5]. Il n'y a plus à distinguer : carte de séjour pour l'entrée et le séjour, et carte de travail pour l'admission au travail. C'est un même document qui donne le droit d'accéder au territoire et au marché du travail. Il s'agit soit d'une carte de séjour temporaire, valable au moins un an renouvelable, soit d'une carte « compétence et talents » valable pour une durée de 3 ans renouvelable, soit enfin d'une carte de résident, valable 10 ans et renouvelable de plein droit.

La délivrance d'une *carte de séjour temporaire autorisant l'exercice d'une activité professionnelle* donne à son titulaire des droits différents selon la mention qui y est apposée (CESEDA, art. L. 313-10) [6]. La carte porte la mention « salarié » lorsque

---

1. La L. du 16 juin 2011 relative à l'immigration, à l'intégration et à la nationalité prolonge cette idée. Outre qu'elle introduit un nouveau titre de séjour pour les travailleurs hautement qualifiés, elle renforce les sanctions administratives, civiles et pénales à l'encontre des employeurs utilisant de la main-d'œuvre sans-papiers et de leurs commanditaires.

2. Un visa « long séjour » (plus de trois mois), délivré par les autorités consulaires françaises dans le pays d'émigration est désormais exigé préalablement à la délivrance de la carte de séjour temporaire ou de la carte « compétences et talent » (CESEDA, art. L. 311-7).

3. Le régime des accords avec l'Algérie s'en rapproche (Soc. 20 mai 1999, *Dr. soc.* 1999. 753) ; mais l'exception d'ordre public joue comme à l'intérieur de l'UE (CE 5 oct. 1984, *D.* 1985. 383). *Adde* CE 6 oct. 1995 (*Bouzid*), *RJS* 1/96, n° 80 (les activités sous statut de droit public ne sont pas dispensées du régime d'autorisation préalable d'exercer une activité salariée).

4. Ils peuvent toutefois en demander un. Demeurent soumis à la détention d'un titre de séjour durant le temps de validité des mesures transitoires éventuellement prévues en la matière par le Traité d'adhésion du pays dont ils sont ressortissants, et sauf si ce traité en stipule autrement, les citoyens de l'UE qui souhaitent exercer en France une activité professionnelle (CESEDA, art. L. 121-2).

5. CESEDA, art. L. 311-1 s. ; C. trav., art. L. 5221-2 s.

6. Le pouvoir réglementaire ne peut, sans méconnaître la loi, restreindre les conditions de délivrance de cette carte de séjour temporaire en subordonnant la recevabilité des demandes de

l'activité est exercée pour une durée supérieure ou égale à douze mois, et la mention « travailleur temporaire » lorsque l'activité est exercée pour une durée déterminée inférieure à 12 mois [1]. Si la rupture du contrat de travail du fait de l'employeur intervient dans les trois mois précédant le renouvellement d'une carte « salarié », une nouvelle carte est délivrée pour une durée d'un an. Le titulaire d'une carte portant l'une de ces mentions ne peut en être privé au motif qu'il s'est trouvé, autrement que de son fait, privé d'emploi (CESEDA, art. L. 311-8). Apposée sur une carte délivrée pour 3 ans renouvelables, la mention « travailleur saisonnier » concerne les salariés qui s'engagent à maintenir leur résidence habituelle hors de France et ne travaillent pas plus de six mois par an en France. D'autres mentions sont prévues pour les salariés détachés par une entreprise étrangère (« salarié en mission »), les travailleurs indépendants, les chercheurs (mention « scientifique »), les étudiants (mentions « étudiant » ou « stagiaire » [2]). La carte porte la mention « carte bleue européenne » lorsqu'elle est délivrée à l'étranger titulaire d'un contrat de travail d'une durée égale ou supérieure à un an, pour un emploi dont la rémunération annuelle brute est égale à une fois et demie le salaire moyen annuel de référence [3], et qui est titulaire d'un diplôme sanctionnant au moins trois années d'études supérieures ou qui justifie d'une expérience professionnelle d'au moins cinq ans d'un niveau comparable, sans que lui soit opposable la situation de l'emploi [4].

La délivrance d'une *carte « compétences et talents »* concerne les étrangers « susceptibles de participer, du fait de leurs compétences et talents, et durable au développement économique, au développement de l'aménagement du territoire ou au rayonnement, notamment intellectuel, scientifique, culturel, humanitaire ou sportif de la France et, directement ou indirectement, du pays dont il a la nationalité » (CESEDA, art. L. 315-1). Elle est délivrée en tenant compte de la personnalité et du projet de l'intéressé, auquel elle donne le droit d'exercer toute activité professionnelle en relation avec ce projet.

La délivrance d'une *carte de résident* ouvre le droit d'exercer sur tout le territoire, toute activité professionnelle. Elle est délivrée de plein droit, sauf menace à l'ordre public et sous réserve de la régularité du séjour, à certains étrangers [5]. Elle est aussi délivrée de plein droit aux étrangers réfugiés, qui peuvent exercer la profession de leur choix dès que cette qualité de réfugié leur a été reconnue par l'Office français de protection des réfugiés et apatrides (OFPRA) ou, en cas de refus de ce dernier, par la Commission des recours des réfugiés. Les autres étrangers peuvent la demander dès lors qu'ils ont séjourné au moins 3 ans en France, y justifient de moyens d'existence, et remplissent la condition « d'intégration républicaine (...) dans la

délivrance de cette carte à la présentation, par l'étranger, d'une promesse d'embauche dans l'un des métiers réglementairement prévus (CE 23 oct. 2009, n° 314397, *JCP S* 2009. 1593, note Ch. Willmann

1. La L. du 20 nov. 2007 a ouvert la possibilité de délivrer cette carte pour des raisons humanitaires ou au regard de motifs exceptionnels que l'étranger fait valoir (CESEDA, art. L. 313-14).

2. Le stagiaire peut être un étudiant ou une personne en emploi (CESEDA, art. R. 313-10-1). Un décret n° 2009-609 du 29 mai 2009 a précisé les modalités d'obtention de ce titre de séjour (CESEDA, art. R. 313-10-1 s.).

3. Le salaire de référence est fixé, chaque année, par un arrêté du ministre chargé de l'immigration.

4. Inspirée de la « green card » américaine, cette carte vise à rétablir l'important déséquilibre entre l'Europe et les États-Unis en terme d'attractivité des compétences.

5. Étranger marié depuis au moins deux ans avec un(e) français(e) ; ascendant ou descendant à charge d'un français ; conjoint et enfant mineurs du titulaire d'une carte de résident (regroupement familial), étranger séjournant régulièrement en France depuis plus de dix ans (sauf les étudiants), etc. (v. CESEDA, art. L. 314-11, L. 314-12).

société française, appréciée en particulier au regard de (leur) engagement personnel à respecter les principes qui régissent la République française [1], du respect effectif de ces principes et de (leur) connaissance suffisante de la langue française » [2].

Les étrangers qui ne peuvent prétendre ni à une carte de séjour ni à une carte de résident, peuvent demander une *autorisation provisoire de travail* de 12 mois renouvelable, en vue d'exercer chez un employeur déterminé une activité présentant par sa nature ou les circonstances de son exercice un caractère temporaire (C. trav., art. R. 5221-3, 13°) [3]. Une autorisation provisoire de séjour peut aussi être accordée aux étudiants étrangers qui, après l'obtention en France d'un diplôme au moins équivalent au master, souhaitent y acquérir une première expérience professionnelle avant de retourner dans leur pays (CESEDA, art. L. 311-11).

L'octroi du titre unique peut être refusé, tout comme son renouvellement, par décision administrative, après avis d'une commission [4]. La loi du 24 août 1993 interdit de délivrer cette carte aux étrangers polygames et à leurs conjoints. Seule la carte de résident permet le libre choix de l'emploi et n'est pas retirée en cas de perte de l'emploi. Dans les autres cas, le droit au séjour est subordonné à l'occupation d'un emploi [5]. Le principe demeure donc (C. trav., art. L. 5221-5) : pas d'activité professionnelle pour l'étranger en France sans autorisation [6].

169 ***Procédure d'introduction et règles de fond*** ◊ L'employeur désireux de procéder à l'embauche d'un travailleur extra-communautaire, non encore autorisé à travailler en France, doit adresser sa demande au préfet du département dans lequel réside l'étranger ou, lorsque celui-ci ne réside pas sur le territoire national, au préfet du département dans lequel se trouve l'établissement auquel l'étranger sera rattaché (C. trav., art. R. 5221-15, R. 5221-16). En pratique, le préfet délègue cette compétence à l'administration du travail. L'immigration de travailleurs étrangers ou des étudiants étrangers diplômés en France, qui présentent « un intérêt technologique et commercial » pour les entreprises françaises est désormais encouragée, dans le cadre de la politique « d'immigration choisie ». Répondant à la demande de secteurs en quête de main-d'œuvre sous-traitée et bon marché [7], le législateur a autorisé en 2007 les

1. Cet engagement résulte en principe de la signature du *contrat d'accueil et d'intégration*, par lequel tout étranger admis pour la première fois au séjour en France ou qui entre régulièrement en France entre l'âge de seize ans et l'âge de dix-huit ans, et qui souhaite s'y maintenir durablement, « s'oblige à suivre une formation civique et, lorsque le besoin en est établi, linguistique » (Ceseda, art. L. 311-9).

2. Ceseda, art. L. 314-2.

3. Ces travailleurs sont privés du droit à l'allocation chômage lorsque l'autorisation arrive à échéance (CE 29 déc. 2000, *D.* 2001. IR 3162, obs. Willmann).

4. L'employeur est de tenu de fournir à son salarié étranger les documents dont il a besoin pour justifier l'existence du contrat de travail auprès de l'Administration (Soc. 10 févr. 1998, *Bull.* V, n° 72, *Dr. soc.* 1998. 401, obs. J. Savatier).

5. La L. du 11 mai 1998 préc. (art. 10) a institué une carte de séjour « retraité » au profit des étrangers retraités d'un régime d'assurance français établis à l'étranger, leur permettant d'effectuer des séjours n'excédant pas une année.

6. L'autorisation de travail est accordée de droit à l'étranger autorisé à séjourner en France pour la conclusion d'un contrat d'apprentissage ou de professionnalisation à durée déterminée (C. trav., art. L. 5221-5, al. 2).

7. V. not. sur le cas du bâtiment, N. Jounin, L'illégalité sous-traitée ? Les conséquences du recours à des employeurs intermédiaires dans le secteur du bâtiment, *Dr. soc.* 2007. 38, et du même auteur *Chantier interdit au public. Enquête parmi les travailleurs du bâtiment*, La Découverte, 2008.

entreprises de travail temporaire à recourir à l'immigration [1]. En cas d'accord de l'administration du travail, le dossier est transmis à l'*Office français de l'immigration et de l'intégration* (OFII) [2], accompagnée du contrat de travail [3] et d'informations sur le logement du migrant. L'OFII se charge de percevoir auprès de l'employeur une redevance spéciale et de l'acheminer près de son lieu de travail [4]. Une procédure simplifiée a été instituée au profit des cadres dirigeants extra-communautaires venus travailler en France comme salariés de sociétés françaises de groupes internationaux [5].

Le critère principal qui préside à l'examen de la demande est la « *situation de l'emploi* ». L'administration s'appuie sur les statistiques du marché du travail ; non pas sur les candidatures éventuelles à un poste de travail précis mais sur la situation présente et à venir dans la profession et la région [6]. Cette situation n'est pas opposable aux salariés détachés ou introduits en France lorsque ce détachement ou cette introduction s'effectue entre établissements d'une même entreprise ou entre entreprises d'un même groupe, à la condition que la rémunération de ces salariés soit au moins égale à 1,5 SMIC [7]. D'autres catégories d'étrangers ne peuvent pas – par décision administrative – se voir « opposer » la situation générale de l'emploi [8]. Les critères secondaires sont : l'application par l'employeur de la réglementation du travail (hygiène, sécurité) [9], les caractéristiques de l'emploi offert, qui ne doit pas être temporaire [10], la qualification du travailleur [11], les mesures prises pour assurer le logement du travailleur.

---

1. L. n° 2007-1631 du 20 nov. 2007, art. 43 ; v. D. Turpin, La loi du 20 nov. 2007 relative à la maîtrise de l'immigration, à l'intégration et à l'asile ; précisions techniques et symboles républicains, *D.* 2008. 930.

2. Cet Office a remplacé, en 2009, l'Agence nationale de l'accueil des étrangers et des migrations (ANAEM) qui s'était elle-même substituée, en 2005, à l'Office des Migrations Internationales.

3. Contrat type : le contrat doit être rédigé dans la langue du migrant (v. A. Supiot, Les langues de travail, *Sem. soc. Lamy* 2007, n° 1318).

4. La L. du 20 nov. 2007 a supprimé la condition d'une visite médicale préalable dans le pays d'origine. Cette visite doit désormais avoir lieu dans les mois suivant la délivrance de l'autorisation de travail (C. trav., art. L. 5221-5, R. 5221-1).

5. Circ. DPM/DMI 2 n° 143 du 26 mars 2004, *BO TR* n° 2004/9 du 20 mai 2004 et *Liaisons soc.*, du 28 juin 2004, Bref social n° 14166, p. 2.

6. Cette condition est écartée dans les métiers et les zones géographiques caractérisées par des difficultés de recrutement (CESEDA, art. L. 313-10), ainsi que pour la carte de séjour temporaire portant la mention « carte bleue européenne »).

7. CESEDA, art. L. 313-10, 5°.

8. Le maquis de ces dérogations, qui résulte souvent de circulaires, a pu être résumé par un auteur en terme de personnalité des lois « Dis moi qui tu es, je te dirai ton droit... » (L. Gamet, Mobilité internationale et autorisation administrative d'employer un l'étranger, *Sem. soc. Lamy* 2008, n° 1350, p. 7).

9. CE 8 oct. 1971 ; si l'entreprise a fait l'objet de plaintes à cet égard, la demande sera rejetée.

10. C. trav., art. L. 5221-4.

11. Circ. des 15 et 16 janv. 2002 assouplissant les conditions de délivrance des autorisations de travail aux étrangers présentant pour les entreprises françaises « un intérêt technologique et commercial » et aux étudiants étrangers à l'issue de leur cursus de formation (*Liaisons soc.* D5, n° 8272, du 22 mars 2002).

Si ces conditions ne sont pas réunies, refus d'accès au territoire français, et même interdiction du territoire. Maintien provisoire de l'étranger dans des locaux *ad hoc*.

B. Contrôle et sanctions

170 ***Répression de l'emploi des étrangers en situation irrégulière*** ◇ Il est interdit d'engager un étranger non muni d'un permis de travail [1]. Cette interdiction spécifique s'ajoute à la répression générale du travail clandestin et du marchandage ou trafic de main-d'œuvre. Elle vise l'employeur de l'étranger en situation irrégulière [2].

Des lois successives ont institué des peines accrues envers l'employeur : érigeant ce qui n'était qu'une contravention en délit ; appliquant l'amende autant de fois qu'il y a d'étrangers irrégulièrement employés ; instituant des peines complémentaires (confiscation, publicité, contribution aux frais de rapatriement, fermeture provisoire) [3]. Au surplus, le donneur d'ouvrage (généralement distinct du chef de l'atelier clandestin, qui est un sous-traitant) est solidairement responsable. En outre, l'article L. 8251-2 fdu Code du travail ait interdiction, sous peine de sanctions pénales, de recourir sciemment aux services d'un employeur d'un étranger sans titre. La responsabilité pénale des personnes morales peut être aujourd'hui engagée en cas d'infraction aux règles régissant la main-d'œuvre étrangère (C. trav., art. L. 8256-7 ; C. pén., art. 131-39). Enfin le Code pénal (C. pén., art. 225-13) incrimine désormais le fait d'obtenir d'une personne en abusant de sa vulnérabilité ou de sa situation de dépendance, la fourniture de services non rétribués ou en échange d'une rétribution manifestement sans rapport avec l'importance du travail accompli. Ce texte concerne au premier chef les abus dont sont victimes les étrangers en situation irrégulière. Les organisations syndicales disposent en ce domaine d'un droit de substitution pour agir en justice au nom des intéressés (C. trav., art. L. 8255-1) [4]. Ces pénalités s'ajoutent à l'obligation d'acquitter une

---

1. En application de l'art. L. 5221-8 C. trav., l'employeur doit s'assurer, auprès des administrations territorialement compétentes, de l'existence du titre autorisant l'étranger à exercer une activité salariée en France, sauf si cet étranger est inscrit sur la liste des demandeurs d'emploi tenue par Pôle emploi.

2. Crim. 29 mars 1994, *Bull. civ.*, n° 121, p. 266 (Il suffit que l'employeur omette de s'informer de la nationalité de la personne embauchée ou de vérifier son titre de travail pour que l'infraction soit constituée).

3. C. trav., art. L. 8256-2 s. Les sanctions pénales ne sont pas applicables à l'employeur qui sur la base d'un titre frauduleux ou présenté frauduleusement par un étranger salarié, a pprocédé sans intention de participer à la fraude et sans connaissance de celle-ci, aux déclarations et vérifications requises par la loi.

4. La répression vise aussi bien le « passeur de frontières » que le chef d'atelier clandestin ; celui qui retient sur le salaire la redevance due à l'OFII ; l'auteur d'une fausse déclaration ou fraude pour faire obtenir à l'étranger son permis de travail.

contribution spéciale au bénéfice de l'OFII ; contribution due autant de fois qu'il y a de travailleurs en situation irrégulière [1].

L'emploi de travailleurs étrangers en situation irrégulière n'est plus qu'une forme parmi d'autres de trafic de main-d'œuvre et de travail noir. Les entreprises étrangères qui emploient en France les salariés venus de leur pays doivent respecter les lois françaises et ne pas pratiquer le marchandage ou la mise à disposition illicite de main-d'œuvre. Le détachement temporaire de salariés étrangers en France par une entreprise étrangère ne dispense pas de l'application de l'ensemble des dispositions législatives, réglementaires et conventionnelles [2].

171 ***Nullité du contrat*** ◇ L'étranger qui travaille sans carte, ou dont la carte n'a pas été renouvelée, ou dans une profession non mentionnée sur la carte, travaille dans le cadre d'un contrat nul [3]. La nullité découle de la violation d'une règle d'ordre public général, non de la simple méconnaissance d'une formalité. Cette nullité est cependant originale et opère sans rétroactivité [4].

La loi du 17 octobre 1981 a coupé court aux hésitations antérieures de la jurisprudence [5]. Quatre dispositions figurent aux articles L. 8252-1 et suivants du Code du travail : assimilation de l'étranger irrégulier au travailleur régulièrement engagé au regard de diverses dispositions du Code du travail (durée du travail, repos, congés, santé et sécurité) ; prise en compte de la période d'emploi illicite dans le calcul de l'ancienneté ; obligation pour l'employeur de payer ou de ne pas se faire restituer le salaire conventionnel ou le SMIC, ainsi que les accessoires du salaire ; droit pour le salarié à une indemnité forfaitaire de rupture, égale à 3 mois de salaire (à moins que la loi ou les conventions collectives ne prévoient un préavis et une indemnité de licenciement plus avantageux [6]) à laquelle peuvent s'ajouter des dommages-intérêts si le salarié fait la preuve d'un préjudice

1. Art. L. 8253-1. Sur la coresponsabilité du donneur d'ordre, v. C. trav., art. L. 8254-1 s. Sur l'autorité de la chose jugée au pénal ; CE 15 oct. 1999, *RJS* 12/99, n° 1537.

2. C. trav., art. L. 1262-4 ; v. S. Robin, *Dr. soc.* 1994. 127. Le droit communautaire a adopté une règle semblable (Dir. n° 96/71/CE du 16 déc. 1996, *JOCE* L 18/1 du 21 janv. 1997, *Liaisons soc.* du 6 févr. 1997, A1), mais l'interprétation la plus récente qu'en fait la CJCE est très restrictive (CJCE 3 avr. 2008, aff. C-346/06, *Rüffert*) ; *adde* l'arrêt *Rush Portuguesa*, CJCE 27 mars 1990, *RTD eur.* 1990, n° 3, note P. Rodière. Sur les conflits de lois en matière de contrat de travail, v. Ph. Coursier, Th. Montpellier, *op. cit.*, LGDJ, 1993.

3. Soc. 15 févr. 1978, *Bull. civ.* V, n° 107 ; 3 juin 1998, *Bull. civ.* V, n° 293.

4. C. Mangematin, Rupture de la relation de travail du travailleur étranger en situation irrégulière, *Dr. soc.* 2013. 407.

5. V. J. Savatier, *Dr. soc.* 1986. 424 ; sur l'interprétation de ce texte, Soc. 8 juill. 1985, *Dr. soc.* 1986. 428 ; 3 oct. 1985, *Bull. civ.* V, 438.

6. Les indemnités ne se cumulent pas. Ainsi, si l'indemnité de préavis s'avère d'un montant supérieur à l'indemnité forfaitaire, celle-là seule s'applique (Soc. 29 janv. 2008, *Bull. civ.* V, n° 27). Le droit à l'indemnité de préavis est ouvert même si celui-ci ne peut être exécuté ; Soc. 13 févr. 2013, n° 11-23.920 P. Ce même arrêt exclut la faute lourde du travailleur qui avait délibérément trompé l'employeur sur son identité et sa situation sur le territoire français.

spécial [1]. L'employeur est sans doute tenu de procéder à la rupture du contrat de travail puisqu'en application du deuxième alinéa de l'article L. 8251-1 du Code du travail, il ne peut « conserver à son service » un étranger en situation irrégulière. La Cour de cassation considère, à cet égard, que l'irrégularité de la situation d'un travailleur étranger constitue nécessairement une cause objective justifiant la rupture de son contrat de travail [2]. En outre, la rupture est exclusive de l'application des dispositions relatives aux licenciements et de l'allocation de dommages-intérêts pour licenciement sans cause réelle et sérieuse [3].

C. Égalité de traitement

172 ***Non-discrimination*** ◇ L'étranger jouit de l'égalité de traitement en matière de salaire et de conditions de travail [4]. La loi du 1er juillet 1972 contre le racisme et la xénophobie condamne les pratiques de discrimination à l'embauchage. Les associations luttant contre le racisme peuvent se constituer partie civile en cas de délit spécifique mais aussi en cas de délits de droit commun (ex. meurtre) dont le mobile est d'ordre raciste. Les conventions de l'OIT n° 97 et 111 rejettent toute discrimination. Au demeurant la non-discrimination entre travailleurs, qu'elle découle de la nationalité, de la race, du sexe ou de l'appartenance syndicale est un principe général du Droit [5]. C'est à la période du recrutement

1. Soc. 3 juin 1998, *Dr. soc.* 1998. 840, obs. J. Savatier. La Chambre criminelle considère, quant à elle, que le délit d'emploi d'un étranger non muni d'une autorisation de travail salarié cause nécessairement un préjudice direct et personnel au travailleur étranger irrégulièrement employé ; Crim. 11 avr. 2012, n° 11-85.224, *Bull. crim.* n° 87. L'employeur qui embauche un salarié en situation irrégulière est tenu de lui verser l'indemnité de préavis lorsque le contrat prend fin en raison d'une intervention extérieure. En revanche cette indemnité n'est pas due lorsque le salarié était en situation régulière au moment de son embauche et que l'employeur doit le licencier en raison du non renouvellement de sa carte de séjour (Soc. 12 mars 2002, *Sem. soc. Lamy* 2002, n° 1069, concl. P. Lyon-Caen). Si le travailleur sans titre a été employé dans le cadre d'un travail dissimulé, il bénéficie de l'indemnité forfaitaire égale à six mois de salaire (C. trav., art. L. 8223-1) ou des dispositions ici exposées si elles sont plus favorables (C. trav., art. L. 8252-2, al. 5).

2. Soc. 4 juill. 2012, n° 11-18.840, *JCP S* 2013. 1097, note C. Hodez et M. Paradis. La Cour de cassation précise toutefois, dans ce même arrêt, que l'irrégularité de la situation du travailleur n'est pas constitutive en soi d'une faute privative des indemnités de rupture. Par suite, l'employeur qui entend invoquer une faute grave distincte de la seule irrégularité de l'emploi doit donc en faire état dans la lettre de licenciement.

3. Soc. 4 juill. 2012, préc. ; v. aussi Soc. 13 nov. 2008, n° 07-40. 689, *JCP S* 2009, 1085, note P.-Y. Verkindt. L'employeur n'est pas plus tenu de respecter la procédure spéciale de licenciement des salariés protégés (Soc. 5 nov. 2009, n° 08-40. 923, *JCP S* 2010. 1072, note J.-Y. Kerbourc'h).

4. C. trav., art. L. 2261-22, 10°. I. Daugareilh ; La situation de l'emploi salarié des étrangers en France, *RDSS* 1997. 918.

5. Paris, 24 juin 2005, *Dr. ouvrier* 2005. 546, note Bonnechère (délai de production de pièces d'état civil privant excluant de fait certains salariés étrangers). Sur l'application du principe à la protection sociale, J.-J. Dupeyroux et X. Prétot, Le droit de l'étranger à la sécurité sociale, *Dr. soc.* 1994. 69 ; v. Cass., ass. plén., 16 avr. 2004, 7/04, n° 849 (les étrangers résidant régulièrement bénéficient de plein droit des prestations familiales) ; CEDH 30 sept. 2003, *Koua Poirrez c/ France, RJS* 1/04, n° 143, obs. P. Mavridis, p. 19. S. Segues et A. Toullier, L'accès des

et de l'embauche que le risque est le plus grand [1]. La Cour de cassation admet en revanche que les salariés étrangers soient mieux traités que les étrangers, dès lors que cette inégalité de traitement repose sur des raisons objectives, étrangères à toute discrimination prohibée [2].

En matière de droits collectifs, les étrangers sont électeurs et éligibles aux institutions électives et syndicales (C. trav., art. L. 2314-15, L. 2324-14) ; ils peuvent être désignés comme délégués syndicaux (C. trav., art. L. 2143-1) et comme administrateurs ou dirigeants de syndicats (sous condition de travailler en France depuis 5 ans, et que les étrangers ne représentent pas plus d'un tiers des membres de la direction). Ils sont électeurs, mais non éligibles aux conseils de prud'hommes (C. trav., art. L. 1441-1, L. 1441-16).

SECTION 2. **LIMITATIONS CONVENTIONNELLES OU CONTRACTUELLES À LA LIBERTÉ D'EMBAUCHER**

173 ***Généralités*** ◇ L'interdiction d'embaucher une personne déterminée peut résulter d'une clause qui lie directement un employeur potentiel. Celui-ci a pu s'engager vis-à-vis d'un autre employeur à ne pas embaucher les salariés qui travaillent ou qui ont travaillé pour le compte de celui-ci. Ces clauses [3] se rencontrent le plus souvent dans des contrats liant une entreprise prestataire de services à une entreprise cliente. Elles permettent aux entreprises prestataires de services de se protéger contre les actions de débauchage de leurs meilleurs salariés et contre la perte de marchés. Si elles sont, en principe, licites, elles sont expressément prohibées dans les contrats de mise à disposition liant une entreprise de travail temporaire à une entreprise utilisatrice ; l'article L. 1251-44 du Code du travail prévoit

---

étrangers aux prestations servies par les CAF, *Dr. soc.* 2005. 665. En droit du travail, difficultés particulières concernant la suspension du contrat de travail pour service militaire, si celui-ci est effectué dans le pays d'origine (Paris, 21 janv. 1991, *D.* 1991. IR 82), ainsi que l'ordre des licenciements en cas de licenciement collectif (Soc. 8 avr. 1992, *D.* 1992. IR 155).

1. V. Stulz, La discrimination à l'embauche, *Sem. soc. Lamy* 2006, n° 1255.

2. Soc. 9 nov. 2005, *Synchrotron*, *Bull. civ.* V, n° 312, *Sem. soc. Lamy* 2006, n° 1243, note Lhernould (prime d'expatriation compensant les inconvénients résultant de l'installation en pays étranger, et facilitant le recrutement de chercheurs étrangers dans un pôle français d'excellence scientifique). La Cour de cassation a maintenu cette jurisprudence (Soc. 17 avr. 2008, n° 06-45.270, *Sem. soc. Lamy* 2008, n° 1354, note G. Singer et obs. A. Jeammaud ; *D.* 2008. 1519 note S. Petit et C. Cohen) malgré l'avis contraire de la Halde (Délib. n° 2007-272 du 22 oct. 2007).

3. Ex. de clause de non-sollicitation, Soc. 2 mars 2011, *Dr. soc.* 2011. 860, note J. Mouly. La validité de la clause n'empêche pas le salarié qui n'a pas pu retrouver d'emploi d'obtenir la condamnation de son employeur à réparer le préjudice qui lui a été causé (Soc. 2 mars 2011 préc.).

expressément que « toute clause tendant à interdire l'embauche par l'entreprise utilisatrice du salarié temporaire à l'issue de sa mission est réputée non écrite ». Dans d'autres situations, qui retiendront notre attention, l'interdiction d'embaucher sera la conséquence d'un engagement qui lie non pas l'entreprise qui entend embaucher mais le candidat à l'emploi. Lorsque ce dernier est lié vis-à-vis de son ancien employeur par une clause de non-concurrence (§ 1) ou par une clause de clientèle (§ 2), l'entreprise qui le recruterait pourrait se rendre complice de la violation par le salarié de son obligation et engager sa propre responsabilité.

§ 1. Les clauses de non-concurrence

174 ***Existence des clauses de non-concurrence***[1] ◊ Le principe fondamental de la liberté du travail et de celui de la libre concurrence ne font pas complètement échec à la licéité des clauses conventionnelles ou contractuelles interdisant à un salarié de travailler pour le compte d'une entreprise concurrente de son ancien employeur.

En l'absence de disposition législative en ce domaine, c'est la jurisprudence qui a progressivement déterminé quelles sont les conditions de validité de ces clauses (A), les sanctions en cas d'irrégularités des clauses (B) et les règles de mise en œuvre des clauses licites (C).

Les conventions collectives complètent ce droit jurisprudentiel en imposant quelquefois des limites plus strictes à la licéité des clauses que celles dégagées par les juridictions. Elles jouent également un autre rôle ; elles instituent quelquefois elles-mêmes une interdiction de non-concurrence à la charge des salariés relevant de la convention collective. De façon discutable, la Cour de cassation a jugé que cette interdiction s'imposait aux salariés alors même qu'elle n'était pas mentionnée dans le contrat individuel de travail[2].

A. Conditions de validité

175 ***Principe*** ◊ La Cour de cassation a d'abord affirmé que la clause de non-concurrence insérée dans un contrat de travail était en principe licite[3]. Certes, la nullité de la clause était prononcée lorsqu'elle portait atteinte à

1. J. Pélissier, La liberté du travail, *Dr. soc.* 1990. 19 s. ; Conditions de validité des clauses de non concurrence, *D.* 2002. 3110 ; *Droit de l'emploi*, Dalloz 1999, n°s 585 s. ; Y. Serra « Tsunami sur la clause de non-concurrence en droit du travail », *D.* 2002. 2491 ; ; M. Gomy, L'autonomie de la clause de non-concurrence post-contractuelle en droit du travail, *in Étude sur le droit de la concurrence, Mélanges Yves Serra,* Dalloz, 2006, p. 199 ; Y. Picod et S. Robinne : « Obligation de non-concurrence », in *Rép. travail, V°* Concurrence, 2009.

2. Soc. 8 janv. 1997, *RJS* 1997, n° 184 ; *D.* 1997. Somm. 240, obs. Yves Serra ; 9 juill. 1976, *D.* 1977. 338, note Crionnet ; *JCP* 1978. 18853, note Y. Mayaud. Un renvoi du contrat à la convention collective devrait être un minimum. V. note Despax, *D.* 1970. 690 et les notes préc. ; Versailles, 25 sept. 1987, *D.* 1989. Somm. 261, obs. Serra.

3. Soc. 8 mai 1967, *D.* 1967. 230, note G. Lyon-Caen ; *grands arrêts*, n° 44.

la liberté du travail en raison de son étendue dans le temps, dans l'espace et quant à la nature de l'activité de l'intéressé. Mais c'est le salarié qui voulait obtenir l'annulation de la clause, qui devait établir que celle-ci portait gravement atteinte à sa liberté de travailler.

La solution était surprenante. Toute clause de non-concurrence porte atteinte à la liberté du travail, qui est un principe fondamental de notre droit. La règle doit donc être celle de la nullité de ces clauses ; la licéité de celles-ci ne doit être retenue qu'à titre exceptionnel lorsque l'employeur rapporte la preuve que les règles générales de la concurrence déloyale ne suffisent pas à protéger les intérêts légitimes de l'entreprise.

En faisant de la nullité des clauses de non-concurrence une exception alors qu'elle doit constituer le principe, la jurisprudence adoptait une solution qui n'était pas seulement peu satisfaisante d'un point de vue *juridique ; elle était socialement* inopportune en période de crise de l'emploi ; il est inadmissible socialement que l'auteur d'un licenciement puisse interdire au salarié licencié et chômeur d'exercer son activité dans un domaine où celui-ci est spécialement compétent [1] ! Il était *économiquement* incompréhensible qu'un pays se prive de la compétence et du dynamisme de ses cadres en donnant force juridique à des clauses qui leur interdisent de travailler dans le domaine où ils sont le plus performants. Procédant d'un esprit anticoncurrentiel, elle est « malthusienne ».

Depuis 1991, la chambre sociale de la Cour de cassation a adopté une nouvelle approche de la question. En particulier, elle pose en principe qu'une clause de non-concurrence n'est licite qu'autant qu'elle protège les intérêts légitimes de l'entreprise. Dans un arrêt de principe [2] – l'arrêt Barbier –, la Cour de cassation subordonne la licéité d'une clause de non-concurrence à quatre conditions : la clause doit être justifiée par les intérêts légitimes de l'entreprise ; elle doit être limitée dans le temps et dans l'espace ; elle doit laisser au salarié la possibilité d'exercer une activité conforme à sa formation et à son expérience professionnelle ; enfin, elle doit comporter l'obligation pour l'employeur de verser au salarié une contrepartie financière.

176 ***Intérêts légitimes de l'entreprise*** ◊ En 1988, la Cour de cassation censurait encore un arrêt d'une cour d'appel qui avait déclaré illicite

1. La clause de non-concurrence est opposable au salarié, sauf précision contraire de la convention (Nancy 9 oct. 1975, *D.* 1976. 232, note R. Tendler), même lorsque l'employeur a procédé à un licenciement abusif (Soc. 6 févr. 1969, *Bull. civ.* V, 93 ; 8 déc. 1977, *D.* 1978. IR 150), même au cas de licenciement économique (le salarié sera tenu de refuser un emploi proposé par l'ANPE) ou de démission (Soc. 10 mai 1983, *D.* 1983. IR 354). Elle peut jouer en fin d'apprentissage et éventuellement en fin de période d'essai (Versailles, 20 sept. 1988 *D.* 1989. Somm. 262), même si le plus souvent les juges considèrent que le salarié dont le contrat est rompu en cours ou en fin d'essai n'est pas lié par l'interdiction de concurrence (Soc. 14 mars 1983, *JS UIMM* 1983. 342 ; *Bull. civ.* V, n° 144 ; Paris, 23 févr. 1989, *D.* 1990. Somm. 82 ; 18 avr. 1989, *D.* 1990. Somm. 82) ; elle peut être insérée dans un contrat d'intérimaire (Soc. 31 mars 1981. *Bull. civ.* V, n° 282 ; 2 juill. 1981, *Bull. civ.* V, 635).

2. Soc. 10 juill. 2002, *D.* 2002. 2491 note Y. Serra ; *ibid.* 3110, note J. Pélissier ; *Grands arrêts*, n° 46.

une clause de non-concurrence au motif que la qualification professionnelle du salarié ne relevait pas d'une spécialité poussée ou particulière et que l'employeur n'était pas susceptible de subir un préjudice au cas où le salarié viendrait à exercer ses activités dans une autre entreprise. Les juges du fond ne pouvaient pas substituer leur appréciation de l'utilité pour l'entreprise d'une clause de non-concurrence à la force obligatoire de la convention des parties [1]. L'intérêt légitime de l'entreprise n'était une condition de licéité des clauses de non-concurrence que dans les cas où la convention collective applicable formulait elle-même cette exigence.

Cette interprétation faisait l'objet de vives critiques doctrinales [2] et certains juges du fond refusaient de s'y soumettre [3]. La Cour de cassation l'a finalement abandonnée. Elle approuve, dans l'arrêt *Godissart*, les juges du fond qui avaient déclaré que l'employeur ne pourrait pas se prévaloir d'une clause de non-concurrence insérée dans le contrat de travail d'un laveur de vitres : en raison des fonctions du salarié, la clause de non-concurrence n'était pas indispensable à la protection des intérêts légitimes de l'entreprise et était, par là même, illicite [4]. Désormais, un employeur ne peut plus exiger l'exécution d'une clause de non-concurrence tant qu'il n'a pas établi que l'existence de celle-ci était justifiée par les risques particuliers que fait courir à l'entreprise la mise à la disposition de tiers des connaissances acquises par le salarié au cours de l'exécution de son contrat de travail [5]. La limitation dans le temps et dans l'espace de l'obligation de non-concurrence, la possibilité pour le débiteur de l'obligation d'exercer sa profession ne sauraient valider la clause ; l'existence de l'intérêt légitime de l'entreprise qui a imposé cette obligation est, *à elle seule*, une condition de validité de la clause [6].

177 ***Conditions de temps et de lieu*** ◊ L'interdiction doit être limitée *dans le temps* et l'espace.

La jurisprudence a longtemps considéré que la limitation dans le temps et la limitation dans l'espace de l'obligation de non-concurrence étaient

1. Soc. 13 oct. 1988, *D.* 1989. 122, note Y. Serra.
2. Y. Serra, *D.* 1989. Somm. 122.
3. Poitiers 6 févr. 1990, *D.* 1990. Somm. 332.
4. Soc. 14 mai 1992, *Grands arrêts* 2004, n° 45 ; *D.* 1992. 350 note Y. Serra.
5. Soc. 14 févr. 1995. *CSB* 1995, A. 18 ; Soc. 20 juin 1995, *RJS* 8-9/95, n° 891. Cette nouvelle jurisprudence devrait entraîner la disparition de ces curieuses obligations de non-concurrence que la pratique révèle et qui pèsent sur un salarié rémunéré au SMIC (Soc. 10 janv. 1991, *D.* 1991. IR 38), un chauffeur ambulancier (Soc. 25 janv. 1984, *Bull. civ.* V, n° 31), un conducteur de travaux (Soc. 13 oct. 1988, *D.* 1989. 722), une secrétaire dactylographe n'ayant que des taches d'exécution (Lyon 30 nov. 1992, *RJS* 1993, n° 273). Mais il a été jugé que la clause interdisant à un garçon de café de faire concurrence à son ancien employeur est licite, en raison des contacts que ce salarié avait avec la clientèle (Soc. 1er mars 1995, *RJS* 4/95, n° 377).
6. Soc. 19 nov. 1996, *Dr. soc.* 1997. 95, obs. G. Couturier ; CSB 1997. 37, A. 7. Pour de plus amples développements, voir *Droit de l'emploi*, Dalloz 1999 ; N. Gavalda, *Dr. soc.* 1999. 585 s. ; Y. Serra *D.* 1996. Chron. 245.

des conditions alternatives de validité. Une interdiction de concurrence illimitée dans le temps était licite si elle était limitée dans l'espace [1]; de même, l'interdiction de concurrence illimitée dans l'espace était licite si elle était limitée dans le temps [2].

L'arrêt *Barbier*, rendu le 10 juillet 2002, (et deux autres arrêts rendus le même jour) met fin à cette jurisprudence en décidant que la limitation dans le temps et la limitation dans l'espace de l'interdiction de concurrence sont des conditions cumulatives [3]. Désormais, pour être licite, la clause de non-concurrence qui oblige le salarié doit être limitée dans le temps et dans l'espace. Si cette double condition n'est pas à elle seule suffisante, elle est nécessaire à la validité de la clause.

178 ***Condition relative à l'activité professionnelle*** ◊ « Pour être valable, une clause de non-concurrence doit laisser au salarié la possibilité d'exercer normalement l'activité qui lui est propre » [4]. Pendant de nombreuses années, cette condition de validité n'a pas empêché les juges de déclarer licites des clauses interdisant au salarié d'exercer son propre métier lorsque l'interdiction n'avait pas une large étendue aussi bien dans le temps que dans l'espace. Ainsi la Cour de cassation déclarait-elle licite une clause interdisant à un directeur d'hôtel d'exercer son activité professionnelle sur la totalité du territoire français pendant dix-huit mois [5].

Dans les arrêts rendus le 10 juillet 2002, la condition relative à l'activité professionnelle du salarié est formulée en des termes différents. La clause de non-concurrence n'est licite que si elle tient compte « des spécificités de l'emploi du salarié » [6]. Ce changement terminologique ne semble pas entraîner une véritable modification dans l'appréciation de la condition de validité de la clause. Aujourd'hui [7], comme au cours des années antérieures [8], les juges attachent une grande importance à la formation du salarié et aux connaissances acquises par celui-ci dans la pratique professionnelle

1. Soc. 10 mars 1988, *Liaisons soc., Législ. soc.*, n° 6092 ; dans le même sens, Com. 7 nov. 1984, *Bull. civ.* IV, n° 302 ; Soc. 27 juin 1984, *Bull. civ.* V, n° 269. Dans les autres États de la Communauté européenne, la loi fixe souvent la durée maximale d'une clause de non-concurrence (un an en Belgique et au Luxembourg ; deux ans en République fédérale d'Allemagne). V. Y. Serra, V. *Concurrence* (obligation de non-concurrence, *Rép. Dalloz*, n° 27).

2. Soc. 29 mai 1991, *RJS* 1991, n° 836 ; Com. 30 oct. 1989, *Bull. civ.* IV, n° 260.

3. Soc. 10 juill. 2002, *Bull. civ.* V, n° 239 ; *D.* 2002. 2491 note Y. Serra ; *ibid.* Somm. 3111 note J. Pélissier.

4. Soc. 18 oct. 1952, *Bull. civ.* IV, n° 736 ; 27 févr. 1996, *RJS* 4/1996, n° 406.

5. Soc. 20 avr. 1987, l'obligation pour le salarié de s'expatrier ne constitue pas une modification radicale de ses conditions de travail puisqu'il avait séjourné à l'étranger les années précédentes !

6. Soc. 10 juill. 2002, préc. ; dans le même sens, Soc. 29 janv. 2003, *RJS* 4/03, n° 455.

7. Soc. 18 sept. 2002, *D.* 2002. 3220, note Serra : « lorsque cette clause ne permet pas au salarié d'exercer une activité conforme à sa formation et à son expérience professionnelle », les juges peuvent en restreindre l'application. Ils peuvent ainsi transformer une obligation de non-concurrence en une interdiction de démarchage auprès des clients de l'ancien employeur.

8. Soc. 28 oct. 1997, *RJS* 12/97, n° 1369.

pour déterminer si la clause de non-concurrence fait ou ne fait pas échec à la liberté du salarié d'utiliser normalement ses compétences [1].

Pour apprécier la gravité de l'atteinte apportée à cette liberté, les juges tiennent essentiellement compte de deux paramètres. Ils recherchent d'une part si l'activité interdite au salarié correspond à une activité qu'il a exercée pendant de longues années ou au contraire pendant une durée assez courte. Si cette activité a été exercée pendant une ou deux années seulement au cours d'une longue carrière, les juges considèrent que cette activité n'est pas l'activité propre du salarié et qu'elle peut valablement être interdite par une clause de non-concurrence [2]. En revanche, si le salarié exerce depuis longtemps l'activité qui est prohibée par la clause, les juges considèrent qu'il y a atteint à la liberté du travail et ils annulent la clause [3]. Ils tiennent compte d'autre part du caractère plus ou moins général de la formation du salarié et des connaissances acquises par celui-ci. Lorsque cette formation ou les connaissances acquises donnent au salarié la possibilité d'occuper des emplois très variés, l'interdiction d'occuper un emploi très précis ne sera pas considérée comme illicite ; le salarié peut, en effet, malgré cette interdiction, continuer à exercer une activité professionnelle correspondant à ses compétences [4]. Ce n'est que dans les cas où l'activité prohibée correspond à une spécialisation étroite que la nullité de la clause de non-concurrence est retenue [5].

---

1. V., par ex., Soc. 20 nov. 2013, n° 12-20.074 : *RDT* 2014. 32, note G. Auzero (« ayant retenu que le salarié disposait d'une expérience professionnelle et d'une formation qui ne le limitaient pas au secteur de l'informatique des laboratoires médicaux, [la cour d'appel] a pu déduire de ses constatations que la clause n'avait pas pour effet d'empêcher le salarié d'exercer une activité conforme à sa formation et à son expérience »).

2. Paris, 14 oct. 1982, *D.* 1983. IR 52 : activité de commercialisation des stimulateurs cardiaques pendant deux ans mais dans les quatorze années précédentes, activité dans d'autres branches ; l'interdiction d'exercer une activité de commercialisation des stimulateurs cardiaques est licite car le salarié peut avoir une activité professionnelle correspondant à sa formation dans d'autres branches ; Soc. 4 déc. 1990, *JCP* 1991. IV. 40 ; agent commercial d'une société aéronautique qui a eu dans le passé d'autres activités.

3. Soc. 28 oct. 1997, *RJS* 12/97, n° 1369, clause annulée alors qu'elle est limitée à deux ans et aux seules spécialités exercées par la société bénéficiaire car son application sur l'ensemble du territoire métropolitain fait perdre à un salarié âgé de 40 ans et ayant toujours travaillé depuis son entrée dans la vie active dans le secteur de la radiologie, le bénéfice de 15 ans d'expérience professionnelle et l'oblige à s'expatrier pour retrouver un emploi conforme à sa formation et aux connaissances acquises.

4. Soc. 20 juin 1995, *RJS* 8-9/1995, n° 891 ; 11 oct. 1984, *D.* 1985. IR 385 (un électronicien peut avoir des tâches variées : l'interdiction de travailler sur les applications médicales de l'électronique ne lui interdit pas d'exercer une activité d'électronicien ; la clause d'interdiction est licite) ; Soc. 28 avr. 1976, *Bull. civ.* V, n° 241 (un cadre administratif peut travailler dans des secteurs très différents ; l'interdiction de travailler dans le secteur de la vente par correspondance ne l'empêche pas d'utiliser ses compétences professionnelles ; la clause d'interdiction limitée au secteur de la vente par correspondance est licite).

5. Illicéité de la clause concernant un affûteur-monteur en machine à bois (Soc. 9 juill. 1985, *D.* 1986. IR 341), un projeteur calculateur dans une entreprise de vitrerie-miroiterie (Paris, 27 oct. 1983, *D.* 1984. IR 139), un spécialiste des méthodes de fabrication des enduits de peinture (Com. 15 nov. 1988, *Bull. civ.* IV, n° 304), un spécialiste du tourisme (Soc. 14 oct. 1992, *Dr. ouvrier* 1993. 19). Mais il se peut que les juges retiennent l'existence d'une spécialisation

179 ***Exigence d'une contrepartie pécuniaire*** ◊ L'exigence d'une contrepartie pécuniaire à l'interdiction de faire concurrence s'imposait ; un principe général domine le droit des contrats ; dans les contrats synallagmatiques, l'obligation de chaque partie doit avoir une cause qui est la contrepartie fournie par le cocontractant [1]. Or, curieusement, dans le domaine du contrat de travail et des clauses de concurrence, la Cour de cassation écartait catégoriquement le droit commun des contrats : « la validité d'une clause de non-concurrence n'est pas subordonnée à l'octroi au salarié d'une contrepartie pécuniaire si celle-ci n'est pas prévue par une convention collective » [2].

Les arrêts rendus le 10 juillet 2002 par la chambre sociale de la Cour de cassation, ont opéré un important revirement de jurisprudence. En visant tout à la fois le « principe fondamental de libre exercice d'une activité professionnelle » et l'article L. 120-2 (C. trav., nouv. art. L. 1121-1) du Code du travail, la chambre sociale de la Cour de cassation affirme très clairement qu'une « clause de non-concurrence n'est licite que si elle comporte l'obligation pour l'employeur de verser au salarié une contrepartie financière » [3]. Cette contrepartie financière peut être prévue aussi bien par la convention collective applicable que par le contrat individuel de travail [4]. La contrepartie de l'obligation de non-concurrence ne peut pas être seulement symbolique [5] ou incluse dans la rémunération normale du salarié [6]. Elle ne peut pas être subordonnée à la condition que la rupture du

étroite alors que le salarié a reçu une formation générale de haut niveau (Soc. 31 mars 1981, *Bull. civ.* V, n° 283, polytechnicien spécialisé depuis la sortie de l'école comme ingénieur conseil en organisation et en gestion ; une clause lui interdisant d'exercer cette activité sur l'ensemble du territoire français est illicite ; Soc. 27 févr. 1996, *RJS* 4/1996, n° 406, nullité de l'obligation liant un ingénieur commercial).

1. C. Dupouey, *Essai sur la notion de contrepartie. Contribution à l'étude des rappots entre droit du travail et droit des contrats*, Th. Toulouse, 2007; M. Fabre-Magnan, « Le droit du travail vu du droit civil : l'unité du droit des obligations », *Sem. soc. Lamy* 2002, suppl. n° 1095. Ainsi que l'explique cet auteur, le recours à la notion de cause se conçoit dès lors que l'on admet une certaine autonomie de la clause de non-concurrence par rapport au contrat de travail.

2. Soc. 9 oct. 1985, *D.* 1986. 420, note Y. Serra ; 11 oct. 1990, *Bull. civ.* V, n° 459. Dans le même sens, Soc. 11 juill. 2001, n° 99. 43. 627.

3. Soc. 10 juill. 2002, préc. ; 29 janv. 2003, *RJS* 4/03, n° 455.

4. Soc. 5 mai 2010, n° 09-40.710, *RJS* 7/10, n° 599.

5. Soc. 15 nov. 2006, *Dr. soc.* 2007. 241, note J. Mouly. Mais, si une contrepartie financière dérisoire à la clause de non-concurrence équivaut à une absence de contrepartie rendant la clause nulle, le juge ne peut, sous couvert de l'appréciation du caractère dérisoire de la contrepartie pécuniaire invoquée par le salarié, substituer son appréciation du montant de cette contrepartie à celle fixée par les parties et, après avoir décidé de l'annulation de la clause, accorder au salarié la contrepartie qu'il estime justifiée ; Soc. 16 mai 2012, n° 11-10.760, *RDT* 2012. 488, note B. Géniaut ; *JCP S* 2012. 1329, note G. Loiseau.

6. La contrepartie financière versée pendant l'exécution du contrat de travail n'est pas prise en considération (Soc. 22 juin 2011, n° 09-71.567 PB, *Dr. soc.* 2011. 1121 note J. Mouly). Curieusement, la Cour de cassation considère que le paiement pendant la période d'exécution du contrat de travail de la contrepartie financière prévue par une clause de non-concurrence nulle, qui s'analyse en un complément de salaire, n'est pas dénué de cause : Soc. 15 janv. 2014, n° 12-19.472 : *RDT* 2014. 177, obs. L. Bento de Carvalho. V. aussi, antérieurement, Soc. 17 nov. 2010, n° 09-42.389 : *RDT* 2011. 110, obs. L. Bento de Carvalho.

contrat soit imputable à l'employeur [1] ou bien au salarié [2]. Elle ne peut pas non plus être écartée, même par une clause de convention collective, dans les cas où le salarié est licencié pour faute grave [3]. De façon générale, les parties ne sauraient dissocier les conditions d'ouverture de l'obligation de non-concurrence de celles de son indemnisation. Ainsi la stipulation contractuelle minorant de moitié la contrepartie financière en cas de démission est réputée non écrite [4]

Les revirements de jurisprudence ayant un effet rétroactif, toutes les clauses de non-concurrence en vigueur, qui ne comportent pas de contrepartie financière, sont nulles [5]. Une convention collective, postérieure à la conclusion d'une clause contractuelle de non-concurrence, ne peut avoir pour effet de valider celle-ci en prévoyant le versement d'une indemnité compensatrice [6].

La Cour de cassation juge également que le respect par le salarié d'une clause illicite lui cause nécessairement un préjudice dont il appartient au juge d'apprécier l'étendue [7].

180 ***Contrepartie pécuniaire et renonciation*** ◊ L'exigence d'une contrepartie pécuniaire donne à la clause de non-concurrence un caractère synallagmatique [8]. Il en résulte que l'employeur ne peut pas, en principe, renoncer unilatéralement à la mise en œuvre de celle-ci pour se libérer de son obligation de verser une contrepartie pécuniaire. Cette faculté de renonciation unilatérale ne lui sera ouverte que si elle est prévue par la convention collective ou le contrat de travail [9]. La clause conventionnelle

1. Soc. 31 mai 2006, *Dr. soc.* 2006. 927, note J. Mouly.
2. Soc. 27 févr. 2007, n° 05-44.984, *RJS* 5/07, n° 595 ; *D.* 2007. 2262. Mais la contrepartie financière n'est pas due lorsque c'est le décès du salarié qui a entrainé la rupture du contrat ; Soc. 29 oct. 2008 n° 07-43.093, *Bull. civ.* V, n° 207.
3. Soc. 4 juin 2008 n° 04-40.609 (nullité de la clause conventionnelle) ; 28 juin 2006 n° 05-40.990 (nullité de la clause contractuelle qui exclut le bénéfice de la contrepartie pécuniaire en cas de licenciement pour faute grave). Mais la Cour de cassation juge que la clause contractuelle prévoyant la minoration de la contrepartie pécuniaire en cas de licenciement du salarié pour faute n'entraîne pas la nullité de la clause de non-concurrence ; l'irrégularité est seulement sanctionnée par la nullité de la disposition minorant la contrepartie pécuniaire (Soc. 8 avr. 2010, n° 08-43 à 56, *RJS* 6/10, n° 512)
4. Soc 25 janv. 2012, n° 10-11.590, *RJS* 4/12, n° 338.
5. Soc. 25 févr. 2004, *RJS* 5/04, n° 532.
6. Soc 28 sept. 2011, n° 09-68.537, *RDT* 2011. 610 ; *RJS* 12/11, n° 970 ; *Dr. soc.* 2012. 92 note J. Mouly.
7. Soc. 11 janv. 2006, *Bull. civ.* V, n° 8 ; 22 mars 2006, *Dr. soc.* 2006. 688, note J. Mouly. Mais le salarié dont le licenciement a été annulé et qui demande sa réintégration, ne peut prétendre à l'indemnisation du préjudice lié au respect, après la rupture de son contrat de travail, d'une clause de non-concurrence dépourvue de contrepartie financière ; Soc. 26 mars 2013, n° 11-27.964 P.
8. Ce qui ouvre une place à l'exception d'inexécution. V. en ce sens, Soc. 20 nov. 2013, n° 12-20.074 : *RDT* 2014. 32, note G. Auzero.
9. Soc. 17 févr. 1993, *D.* 1993. 347, note Y. Serra ; 28 nov. 2001, *RJS* 2/02, n° 175 ; 22 févr. 2006, *RJS* 7/06, n° 835. Lorsque l'accord du salarié est nécessaire, celui-ci ne doit pas nécessairement être écrit (Soc. 28 mars 2001, *RJS* 6/01, n° 739).

ou contractuelle ne peut pas, pour autant, accorder à l'employeur un droit de renonciation pendant toute la durée de l'obligation de non-concurrence : « la clause par laquelle l'employeur se réserve la faculté, après la rupture, de renoncer à la clause de non-concurrence à tout moment au cours de l'exécution de celle-ci doit être réputée non écrite » [1]. Le plus généralement, la clause autorisant l'employeur à renoncer unilatéralement à la mise en œuvre de l'obligation de non-concurrence détermine le délai pendant lequel cette renonciation est possible, ce délai étant nécessairement assez bref après la rupture du contrat de travail afin que le salarié sache, pendant sa recherche d'un nouvel emploi, quelle est l'étendue de sa liberté de travailler [2]. Il résulte de cela qu'est valable la renonciation de l'employeur dans la lettre de rupture, alors même que la convention collective applicable exige que le salarié soit délié de la clause de non-concurrence par un courrier recommandé adressé dans les 15 jours suivant l'envoi de la lettre de licenciement [3]. En matière de rupture conventionnelle, le délai de quinze jours au plus tard, suivant la première présentation de la notification de la rupture du contrat de travail dont dispose contractuellement l'employeur pour dispenser le salarié de l'exécution de l'obligation de non-concurrence, a pour point de départ la date de la rupture fixée par la convention de rupture [4]. Si aucun délai n'est fixé par la convention collective ou par le contrat individuel de travail, la Cour de cassation jugeait que la renonciation devait intervenir « dans un délai raisonnable » [5]. Dans

1. Soc. 13 juill. 2010, n° 09-41.626, *Bull. civ.* V, n° 174.

2. Lorsque la convention collective précise le délai dans lequel la renonciation doit intervenir, la renonciation qui intervient après le délai conventionnel est inopérante ; la clause de non-concurrence produit tous ses effets (Soc. 17 nov. 1988, *Bull. civ.* V, n° 607 ; 23 juill. 1984, *D.* 1985. IR 387). Lorsque la clause insérée dans le contrat accorde à l'employeur un délai de huit jours à compter de la notification de la rupture du contrat pour dispenser le salarié de l'exécution de l'obligation de non-concurrence et se délier du paiement de l'indemnité compensatrice, le point de départ de ce délai est le jour de la notification du licenciement et non celui du jour de l'adhésion du salarié à la convention de conversion (Soc. 4 janv. 2000, *RJS* 6/00, n° 171). Lorsque le contrat de travail prévoit que l'employeur peut renoncer à la clause de non-concurrence à condition d'en informer le salarié au plus tard à la date de la rupture du contrat, la renonciation, exprimée le jour de la prise d'effet de la rupture, ne produit aucun effet (Soc. 14 oct. 2009, n° 08-44.052, *RJS* 12/09, n° 929 ; la date de la rupture est fixée au jour de la notification de celle-ci, peu important que l'employeur ait différé la prise d'effet). L'employeur qui dispense le salarié de l'exécution de son préavis doit, s'il entend renoncer à l'exécution de la clause, le faire au plus tard à la date du départ effectif de l'intéressé de l'entreprise, nonobstant stipulations ou dispositions contraires ; Soc. 13 mars 2013, n° 11-21.150, *RDT* 2013. 326, note A. Charbonneau.

3. Soc. 24 avr. 2013, n° 11-26.007 P. Dès lors que l'employeur produit la preuve de l'envoi d'une lettre recommandée et que la renonciation est intervenue dans le délai contractuellement prescrit, elle est valable, peu important que la lettre, perdue par la poste, ne soit jamais parvenue au salarié : Soc. 10 juill. 2013, n° 12-14.080, publié.

4. Soc. 29 janv. 2014, n° 12-22.116, publié.

5. Soc. 13 juin 2007, n° 04-42.740, *Dr. soc.* 2007. 1052, note J. Mouly, rendu dans une hypothèse de prise d'acte de la rupture). S'il y a dispense d'exécuter le préavis, le délai pour renoncer utilement au bénéfice de la clause commence à courir du jour de la cessation effective du travail ; Soc. 27 sept. 1989, *D.* 1990. 101, note Y. Serra. La renonciation au bénéfice de la clause de non-concurrence en cours de contrat n'a pas d'effet (en l'absence de clause conventionnelle contraire) si elle n'est pas confirmée après la cessation du contrat de travail dans le délai fixé par la convention (Soc. 20 juin 1990, n° 87-40.103, *Bull. civ.* V, n° 309).

un arrêt rendu le 13 juillet 2010, elle adopte une solution plus rigoureuse pour l'employeur ; en l'absence de disposition contractuelle ou conventionnelle fixant valablement le délai de renonciation par l'employeur à la clause de non-concurrence, celui-ci ne peut être dispensé de verser la contrepartie financière que « s'il libère le salarié de son obligation de non-concurrence au moment du licenciement » [1].

En tout état de cause, la renonciation de l'employeur à l'obligation de non-concurrence ne peut produire effet que si elle ne laisse pas place à l'équivoque [2] et si elle est totale [3].

181 ***Nature de l'indemnité compensatrice*** ◊ Avant que la Cour de cassation ne consacre l'obligation d'une indemnité compensatrice, la jurisprudence avait précisé la nature juridique de l'indemnité compensatrice prévue par la convention collective ou le contrat de travail.

– Rejetant l'analyse qui voyait dans cette « indemnité » des dommages-intérêts, elle l'analyse comme une indemnité compensatrice de *salaire* : son paiement est garanti par l'AGS [4] ; elle est assujettie aux cotisations sociales [5] et elle ouvre droit à congés payés [6]. Cette indemnité se cumule avec les allocations de chômage, l'indemnité compensatrice de préavis et l'indemnité de clientèle [7].

– Rejetant l'analyse selon laquelle la clause attribuant une indemnité de non-concurrence serait une *clause pénale*, elle n'autorise pas le juge à modérer le montant de cette indemnité au motif qu'il serait disproportionné au préjudice réel subi par le salarié [8].

– Considérant que l'indemnité pécuniaire est la contrepartie de l'obligation de non-concurrence, elle décide que le non-paiement de l'indemnité compensatrice libère le salarié de son obligation de non-concurrence [9]. Elle en conclut également que l'ancien employeur est tenu de payer l'indemnité compensatrice tant que le salarié respecte l'obligation de non-concurrence [10] ; il importe peu que ce dernier ait été licencié pour faute

1. Soc. 13 juill. 2010, préc.
2. La renonciation doit être expresse et non équivoque ; Soc. 5 mai 1982, *D.* 1983. IR 50 ; 27 sept. 1989, *Bull. civ.* V, n° 545 ; *D.* 1990. 101 note Y. Serra.
3. Une renonciation partielle en vue d'obtenir une réduction partielle de la contrepartie pécuniaire n'est pas valable (Soc. 13 juill. 1988, *Bull. civ.* V, n° 444).
4. Soc. 7 févr. 2006, *RJS* 4/06, n° 447 ; 20 juin 2006, *RJS* 10/06, n° 1070.
5. Soc. 6 juill. 2000, *RJS* 9-10/00, n° 993. D'un montant variable selon les conventions, elle atteint souvent la moitié, parfois les deux tiers du dernier salaire.
6. Soc. 28 nov. 2001, *RJS* 2/02, n° 175 ; 17 mai 2006, *RJS* 8-9/06, n° 987 ; 10 oct. 2007, *Dr. soc.* 2008. 250, note J. Mouly ; 23 juin 2010, *Dr. soc.* 2010. 1254, obs. J. Mouly.
7. Soc. 27 févr. 1997, *RJS* 8-9/1991, n° 1034 ; 6 juin 1990, *Bull. civ.* V, n° 271.
8. Soc. 26 mai 1988, *Bull. civ.* V, n° 318 ; 19 mars 1986, *Liaisons soc.*, n° 5814 ; 23 juill. 1984, *D.* 1985. IR 101.
9. Soc. 3 oct. 1991, *CSBP*, n° 34153 (le salarié ne sera pas condamné pour avoir violé l'obligation de non-concurrence). Le juge des référés est compétent pour déclarer la clause de non-concurrence sans contrepartie financière inopposable au salarié (Soc. 25 mai 2005, *RJS* 8-9/05, n° 841).
10. En cas de licenciement du salarié avec dispense d'exécution de son préavis, la date de début de l'obligation de non-concurrence, la date d'exigibilité de la contrepartie financière de la

grave [1], qu'il soit dans l'impossibilité, après la rupture du contrat, d'exercer une activité professionnelle [2] ou qu'il ait fait valider ses droits à pension de retraite [3].

182 ***Absence de condition purement potestative*** ◊ Pour tourner les règles jurisprudentielles limitant le droit pour l'employeur de renoncer au jeu d'une clause de non-concurrence, la pratique a imaginé des clauses de non-concurrence dont la mise en application serait subordonnée à une manifestation de volonté de l'employeur, exprimée après la rupture de contrat de travail. La Cour de cassation relève que l'obligation de non-concurrence est alors subordonnée à une condition purement potestative et qu'elle doit être déclarée nulle en application de l'article 1174 du Code civil [4].

B. Sanctions de l'irrégularité de la clause de non-concurrence

183 ***Nullité relative*** ◊ À défaut de remplir les conditions de validité exigées, la sanction consistera normalement dans la nullité de la clause.

La jurisprudence lui a apporté un tempérament important ; la nullité « *instituée seulement dans l'intérêt du salarié* », a un caractère relatif ; seul le salarié peut invoquer la nullité d'une clause de non-concurrence portant atteinte à la liberté du travail. La demande en nullité présentée par l'employeur sera déclarée irrecevable [5]. Toutefois une clause nulle est inopposable au nouvel employeur du salarié [6]. Il a aussi été jugé que l'AGS pouvait se prévaloir de la nullité d'une clause de non-concurrence au motif que celle-ci avait un droit propre pour contester le principe et l'étendue de sa garantie dans tous les cas où les conditions de celle-ci ne paraissent pas remplies [7]. Cette solution est aujourd'hui incertaine dans la mesure où la Cour de cassation a jugé, à propos d'autres litiges, que l'AGS ne pouvait pas agir au lieu et place du salarié pour faire respecter les règles édictées dans un souci de protection de celui-ci [8].

---

clause de non-concurrence et la date à laquelle doit être déterminée la période de référence pour le calcul de cette indemnité sont celles du départ effectif du salarié ; Soc. 22 juin 2011, n° 09-68.762, *Dr. soc.* 2011. 1122, note J. Mouly.

1. Soc. 28 juin 2006, *RJS* 11/06, n° 1144.

2. Soc. 10 oct. 2001, *RJS* 12/01, n° 1427.

3. Soc. 30 avr. 2003, *RJS* 7/03, n° 899.

4. Soc. 12 avr. 1995, *RJS* 8-9/95, n° 892 ; 12 févr. 2002, *RJS* 4/02, n° 431. L'insertion de cette clause illicite dans un contrat de travail constitue une faute de l'employeur qui crée un préjudice pour le salarié (incertitude pour celui-ci quant à ses possibilités de reclassement) ; l'employeur peut donc être condamné à verser des dommages-intérêts au salarié en réparation du préjudice causé (même arrêt).

5. Soc. 17 juill. 1997, *Dr. soc.* 1997. 972 ; 15 avr. 1991, n° 88-44. 557 ; 3 mai 1989, *Bull. civ.* V, n° 324 ; 13 nov. 1985, *D.* 1986. IR 341.

6. Com. 29 janv. 2008, n° 06-18654, *RJS* 4/08, n° 422.

7. Soc. 13 juin 2001, *RJS* 10/01, n° 1147.

8. Soc. 7 avr. 2004, *Laravine c/ Piec* ; 4 déc. 2002 ; *RJS* 2/03, n° 761.

Lorsque le salarié sollicite et obtient l'annulation de la clause, celle-ci n'a pas d'effet rétroactif lorsque, du moins, le salarié a respecté l'obligation de non-concurrence tant que la nullité n'a pas été judiciairement constatée ; le salarié peut conserver les sommes qui lui ont été versées au titre de la contrepartie financière de l'obligation avant la décision d'annulation [1]. La nullité de la clause n'exonère pas en revanche le salarié de sa responsabilité pour des actes de concurrence déloyale illicite [2].

184 ***Réduction de la clause*** ◊ Un deuxième tempérament jouait en faveur de l'employeur. Jusqu'à un arrêt récent, la Cour de cassation décidait, de façon fort contestable [3], que le juge du fond, au lieu d'annuler la clause illicite, pouvait procéder à sa révision et lui donner un effet limité qui la validait partiellement. Ce pouvoir de révision était très largement reconnu aux juges du fond. Il pouvait être utilisé quelle qu'ait été la cause de l'irrégularité de la clause ; la révision était imposée au salarié aussi bien dans des cas où la durée de l'obligation de non-concurrence était excessive [4], où le champ géographique de l'interdiction était trop vaste [5] que dans ceux où l'étendue des activités professionnelles prohibées empêchait le salarié d'exercer son activité propre [6] ou, selon la nouvelle formule adoptée par la Cour de cassation, une activité conforme à sa formation et à son expérience professionnelle [7].

Cette possibilité de valider partiellement la clause de non-concurrence était cependant subordonnée au comportement du débiteur de l'obligation de non-concurrence. Lorsque celui-ci avait respecté l'obligation de non-concurrence bien qu'elle soit illicite, et demandait aux juges d'en prononcer la nullité, la juridiction saisie devait prononcer celle-ci. En revanche, si au lieu de demander en justice l'annulation de la clause illicite, le salarié la violait, les juges pouvaient réviser la clause contractuelle et la rendre licite en en limitant la portée. En d'autres termes, la violation par le salarié de l'obligation de non-concurrence était une condition nécessaire du pouvoir de révision du juge.

---

1. Soc. 28 oct. 1997, *Dr. soc.* 1998. 78, obs. G. Couturier ; *RJS* 12/97, n° 1369. Comp. Aix-en-Provence, 10 mai 1989, *RJS* 3/90, n° 202 (condamnation du salarié au remboursement de l'indemnité compensatrice perçue jusqu'au jour où la nullité de la clause a été prononcée).

2. Soc. 14 déc. 2005, *RJS* 3/06, n° 342.

3. Pour la critique de cette jurisprudence, V. Y. Serra : *Rép. Dalloz, V. Concurrence*, n°s 62 et 63.

4. Soc. 16 mai 1972, *Bull. civ.* V, n° 322 : durée excessive en l'espèce de 5 ans, mais violation de la clause quelques mois après la rupture ; dans le même sens ; Soc. 7 juill. 1977 préc. ; 25 janv. 1984, *D.* 1984. IR 443, obs. Y. Serra ; 27 sept. 1989, *Liaisons soc.* n° 6320 : la clause est licite… parce que le salarié a été immédiatement réembauché, alors qu'elle avait une durée reconnue trop longue ; Soc. 11 oct. 1990, *Bull. civ.* V, n° 474.

5. Soc. 2 févr. 1966, *Bull. civ.* IV, 109 ; 18 oct. 1972, *Bull. civ.* V, n° 502 ; *D.* 1973. 43, note Y. Serra ; 29 avr. 1980, *Bull. civ.* V, 282 ; 13 janv. 1982, *ibid.* 6 ; 1er déc. 1983, *D.* 1983. IR 418, obs. Critiques Y. Serra ; *D.* 1983. 162, note P. Diener.

6. Soc. 9 nov. 1971, *Bull. civ.* V, n° 645 ; 4 mars 1970, *Bull. civ.* V, n° 155 ; 21 mai 1974, *Bull. civ.*, n° 313.

7. Soc. 18 sept. 2002, *D.* 2002. 3229 note Y. Serra ; *ibid.* Somm. 3111, obs. J. Pélissier.

Dans un arrêt rendu le 12 octobre 2011 [1], la Cour de cassation semble opérer un revirement. Elle décide, en effet, alors que le salarié avait violé la clause de non-concurrence, que la cour d'appel ne pouvait pas réduire le champ d'application de la clause de non-concurrence « dès lors que seule sa nullité était invoquée par le salarié ». Cette solution est dans la continuation de la règle selon laquelle la nullité de la clause est une nullité relative ; « s'agissant de dispositions protectrices du salarié, seul celui-ci doit être autorisé à les invoquer et à choisir la sanction de leur violation par l'employeur » [2].

C. Mise en œuvre de la clause de non-concurrence

185 La mise en œuvre de la clause de non-concurrence suppose d'abord que l'on détermine la portée exacte de celle-ci, ensuite que l'on dégage les sanctions encourues par l'auteur de la violation de la clause.

186 ***Portée de l'obligation de non-concurrence*** ◊ La portée de l'obligation dépend évidemment des précisions données par le contrat de travail et la convention collective en ce qui concerne les activités prohibées, la durée de l'interdiction, les lieux où la concurrence ne peut être exercée, les événements donnant naissance à cette obligation [3]. À cet égard, les dispositions contractuelles ou conventionnelles sont très différentes. Certaines ne font naître l'obligation de non-concurrence que dans les cas où la rupture du contrat résulte d'une démission ou d'un licenciement pour faute. D'autres font naître l'obligation de non-concurrence quelle que soit la cause de cessation de contrat de travail, en prévoyant cependant quelques exceptions dans des cas limitativement énumérés (par exemple licenciement pour motif économique, interruption de l'essai). D'autres enfin ont un caractère tout à fait général et prévoient la naissance de l'obligation de non-concurrence lors de la rupture ou de l'échéance du contrat de travail. Dans cette dernière situation, les juges ne limitent pas la portée des clauses en leur donnant une interprétation restrictive ; en particulier, ils décident que la rupture de contrat interdit au salarié de faire concurrence à son ancien employeur alors même que celle-ci résulte d'un licenciement sans

1. Soc. 12 oct. 2011, n° 09-43.155, *Dr. soc.* 2012. 198 note J. Mouly ; *Dr. ouvrier* 2012. 19 ; *ibid.* 12 s., comm. F. Canut.

2. J. Mouly, note préc., p. 200.

3. Faisant fi de l'indépendance juridique des personnes morales composant un groupement, la Cour de cassation a décidé que « si la clause interdisant, avant l'expiration d'un certain délai, au salarié quittant une entreprise d'entrer dans une autre entreprise exerçant une activité similaire ne s'applique pas, dès lors que les deux entreprises ne sont pas en situation réelle de concurrence mais appartiennent au même groupe économique, et que le passage du salarié de l'une à l'autre est le résultat d'une entente entre lui et ses deux employeurs successifs, elle reprend ses effets normaux à partir du jour où le contrat de travail avec le second employeur a été rompu » : Soc. 29 janv. 2014, n° 12-22.116, publié.

cause réelle et sérieuse [1]. Curieusement l'employeur qui prive à tort le salarié de son emploi peut encore lui interdire de travailler pour le compte d'un concurrent.

Si les juges ne donnent pas une interprétation restrictive des clauses de non-concurrence, ils doivent donner à celles-ci une interprétation stricte et ne pas étendre leur portée au-delà des prévisions expresses contenues dans le contrat ou la convention collective [2].

187 ***Sanctions encourues par le salarié*** ◊ Le salarié qui viole l'obligation contractuelle de non-concurrence sera condamné à payer des dommages et intérêts en réparation du préjudice subi par l'ancien employeur. Il appartient à l'employeur de rapporter la preuve de la violation par le salarié de la clause de non-concurrence [3].

C'est le Conseil de prud'hommes qui est compétent pour statuer sur la demande de l'employeur puisque la violation dont il est demandé réparation concerne une obligation née du contrat de travail. La compétence du Conseil de prud'hommes est exclusive [4]. Très souvent, les parties fixent de façon forfaitaire le montant de ces dommages et intérêts en accompagnant la clause de non-concurrence d'une *clause pénale*. La jurisprudence admet la licéité de ces clauses pénales [5] ; le juge peut, par application de l'article 1152 du Code civil, modérer le montant de l'indemnité forfaitaire [6] ; il peut également, par application du même article, augmenter le montant de la clause pénale s'il estime celui-ci dérisoire [7].

L'employeur peut également faire condamner sous astreinte le salarié à résilier le contrat de travail conclu avec un autre employeur en violation

1. Soc. 22 oct. 1997, *RJS* 12/97, n° 1368 ; 25 oct. 1995, *RJS* 1/96, n° 22.

2. Soc. 13 déc. 2000, *RJS* 2/01, n° 199 ; « Une clause de non-concurrence qui apporte une restriction au principe de la liberté du travail est d'interprétation stricte ». Pour une illustration du travail d'interprétation du juge, v. Soc. 20 nov. 2013, n° 12-20.074 : *RDT* 2014. 32, note G. Auzero : « la cour d'appel qui a examiné les nouvelles fonctions exercées par l'intéressé, sans s'arrêter à leur dénomination, ni étendre le champ d'application de la clause au-delà de ses prévisions, a relevé qu'elles étaient de même nature et correspondaient à celles exercées par le salarié à titre d'ingénieur commercial ».

3. Soc. 25 mars 2009, n° 07-41.894, *Bull. civ.* V, n° 85, est inopérante la clause contractuelle imposant au salarié de justifier par tout moyen l'absence de violation la clause.

4. Soc. 21 avr. 1977, *D.* 1978. 9, note Y. Serra ; 15 mars 1974. *D.* 1974. 728, note Y. Serra ; Paris, 15 avr. 1988, *D.* 1989. Somm. 268.

5. Soc. 25 nov. 1970, *Bull. civ.* V, n° 651 ; Paris, 26 sept. 1986, *D.* 1987. Somm. 269.

6. V. Soc. 24 mai 1978, *Bull. civ.* V, n° 291 ; les juges du fond ont pu considérer que le montant de la clause équivalant à un an de salaires n'était pas excessif ; par contre a été jugée excessive la clause prévoyant deux ans de salaires alors que l'intéressé n'avait été embauché par le concurrent que pendant trois jours ; Soc. 3 mai 1989, *Bull. civ.* V, n° 325. Le juge du fond dispose d'un pouvoir souverain d'appréciation pour réduire le montant de l'indemnité (Com. 11 févr. 1997, *RJS* 6/97, n° 691) ; ce n'est pas parce que le montant de la clause pénale est supérieur à la réparation du préjudice résultant de l'inexécution de l'obligation de non-concurrence que l'indemnité contractuelle est manifestement excessive (Soc. 13 déc. 2000, *RJS* 2/01, n° 200).

7. Soc. 5 juin 1996, *RJS* 7/96, n° 791.

d'une obligation de non-concurrence [1] comme il peut faire ordonner la fermeture du fonds de commerce ouvert en violation d'une telle clause [2].

La jurisprudence admet le cumul d'une exécution en nature et d'une condamnation à des dommages et intérêts [3]. En revanche, lorsqu'une clause pénale a été prévue, l'employeur ne peut pas en principe demander cumulativement l'exécution forcée de l'obligation de non-concurrence et le montant de la pénalité pour inexécution (C. civ., art. 1229, al. 2). L'article 1229 du Code civil n'étant pas un texte d'ordre public, les parties contractantes ont toutefois la possibilité de préciser que le versement de l'indemnité forfaitaire n'ôte pas à l'employeur le droit d'exiger en justice la cessation de la concurrence prohibée [4].

188 ***Sanctions encourues par le nouvel employeur*** ◊ De façon générale, les juges font une distinction selon que le nouvel employeur connaît ou ignore l'obligation de non-concurrence qui lie le salarié qu'il embauche. Lorsque le nouvel employeur ignore l'existence de cette obligation, sa responsabilité civile n'est pas engagée [5]. En revanche, lorsque le nouvel employeur a connaissance de la clause qui interdit au salarié de travailler pour son compte [6] et que cette clause est valide [7], il engage sa responsabilité vis-à-vis du précédent employeur s'il embauche ou garde à son service ce salarié. Il n'y a pas lieu de distinguer selon que le nouvel employeur a connaissance de la clause de non-concurrence au moment de l'embauche du salarié ou seulement après que celui-ci ait été engagé ; dans le second cas, il pourra être condamné à verser des dommages et intérêts au premier employeur s'il ne met pas fin aux relations de travail dès qu'il est informé de l'existence de la clause de non-concurrence [8]. La responsabilité de l'employeur est la responsabilité délictuelle du tiers complice de la violation d'une obligation contractuelle [9]. Dès lors que le litige oppose deux sociétés

---

1. Soc. 16 oct. 1958, *Bull. civ.* IV, n° 1043 ; 24 janv. 1979, *D.* 1979. 619, note Y. Serra ; lorsque le créancier de l'obligation de non-concurrence demande au juge d'ordonner la rupture du contrat de travail, ce dernier *doit* ordonner cette rupture si la clause est licite ; sauf contestation sérieuse de la validité de la clause (Soc. 14 juin 2007, n° 05-45.683, *RJS* 10/07, n° 1059), le juge des référés est compétent pour ordonner les mesures conservatoires ou de remise en état qui s'imposent (Soc. 13 janv. 1998, *Dr. soc.* 1998. 279 ; 16 mai 2007, n° 05-46.046, *RJS* 11/07, n° 1180).

2. Soc. 24 janv. 1979, *D.* 1979. 619, note Y. Serra.

3. Soc. 24 janv. 1979, préc. ; la condamnation du salarié à payer les dommages et intérêts permet de réparer le préjudice subi par l'employeur, mais cette réparation ne protège pas ce dernier contre les nouveaux actes de concurrence que le salarié peut commettre. Seule l'interdiction sous astreinte de continuer l'exercice de l'activité prohibée assure le plein respect de l'engagement souscrit par le salarié.

4. Soc. 20 févr. 1975, *D.* 1976. 142, note Y. Serra.

5. Com. 19 oct. 1999, *RJS* 01/00, n° 39.

6. La preuve de la connaissance par le nouvel employeur de l'obligation de non-concurrence incombe à celui qui se prévaut de l'existence de cette obligation (Soc. 18 déc. 2001, *RJS* 4/02, n° 432).

7. Une clause nulle est inopposable au nouvel employeur (Com. 29 janv. 2008, n° 06-18.654, *RJS* 4/08, n° 422).

8. Soc. 10 mai 1983, *Bull. civ.* V, n° 251.

9. Com. 13 mars 1979, *D.* 1980. 1, note Y. Serra ; 10 mai 1983, *Bull. civ.* V, 176 ; Paris, 22 sept. 1982 et 24 janv. 1983, *D.* 1983. IR 421, obs. Y. Serra. Le fait pour le salarié de dissimuler commerciales et que la juridiction prud'homale n'est pas saisie par les parties au contrat de travail, l'absence de décision de cette juridiction sur la validité ou la nullité de la clause de non-concurrence n'empêche pas la juridiction commerciale de trancher cette question lors de l'instance opposant les employeurs successifs [1]. Le bénéficiaire de la clause de non-concurrence peut également, s'il le souhaite, faire condamner le nouvel employeur à cesser d'employer le salarié [2].

Dans certaines situations particulières, les juges reprocheront cependant au nouvel employeur d'avoir fait preuve de négligence en omettant de rechercher, lors de l'embauche d'un salarié, si le candidat à l'emploi n'était pas lié par une clause de non-concurrence [3]. L'employeur sera alors condamné sur la base de l'article 1383 du Code civil à réparer le préjudice qu'il a causé au bénéficiaire de la clause de non-concurrence.

§ 2. Les clauses de clientèle [4]

189 ***Qualification*** ◊ Les clauses de clientèle ou de non-démarchage laissent plus de liberté aux anciens salariés que les clauses de non-concurrence. Ceux-ci ne se voient interdire ni le droit de travailler pour le compte d'une entreprise concurrente de celle de leur ancien employeur ni la possibilité de créer une entreprise concurrente de celle-ci. Il leur est seulement interdit de démarcher les clients de leur ancien employeur. La tentation est cependant grande pour les chefs d'entreprise d'insérer dans le contrat de travail des clauses dites de clientèle qui étendent très largement l'interdiction faite aux anciens salariés de travailler avec les clients de l'entreprise. La rigueur des conditions de validité, et en particulier l'exigence d'une contrepartie pécuniaire, des clauses de non-concurrence sont à l'origine du développement de clauses de clientèle de plus en plus contraignantes pour les salariés. Les juges du fond qui, pour qualifier un contrat ou une clause du contrat, doivent, au-delà des termes utilisés dans l'écrit, analyser les obligations imposées à chacune des parties, n'hésitent pas à qualifier « clause de non-concurrence » une clause dénommée « clause de clientèle » lorsque celle-ci porte une grave atteinte à la liberté du travail. La

---

la clause au second employeur constitue une faute grave justifiant le licenciement sans indemnités (Soc. 14 déc. 1983, *Liaisons soc.* 1984, n° 5480, p. 5 ; 10 févr. 1965, *JCP* 1965. II. 14181, note G.-H. C). Généralement la clause figurera dans le certificat de travail, mais le silence de celui-ci n'en laisse pas moins subsister la responsabilité du second employeur (Soc. 5 janv. 1967, *D.* 1967. 212). Aussi le salarié a-t-il l'obligation de l'en informer.

1. Com. 14 mai 2013, n° 12-19.351, *Lexbase Hebdo, éd. Sociale*, n° 530, obs. G. Auzero.

2. Soc. 25 oct. 1990, *RJS* 12/90, n° 965. Mais le juge des référés ne peut pas ordonner sous astreinte au nouvel employeur de résilier le contrat litigieux ; Soc. 13 mai 2003 *Bull. civ.* V, n° 151 ; *D.* 2003. 1154, note A. Bugada.

3. Com. 11 juill. 2000, *RJS* 3/01, n° 302 (en l'espèce, le nouvel employeur exerçait une activité exactement concurrentielle de l'employeur précédent et le salarié embauché avait une grande expérience professionnelle).

4. M. Castronovo, Clause de clientèle et clause de non-concurrence, *RDT* 2010. 507 s.

Cour de cassation approuve cette démarche en utilisant même, à l'occasion, une formulation qui ouvre largement les portes de la requalification : « Une clause selon laquelle il est fait interdiction à un salarié, durant une période déterminée, d'entrer en relation, directement ou indirectement, selon quelque procédé que ce soit, avec la clientèle qu'il avait démarchée lorsqu'il était au service de son ancien employeur est une clause de non-concurrence » [1]. La clause requalifiée peut ensuite être annulée si elle ne prévoit pas de contrepartie pécuniaire [2].

190 ***Conditions de validité des clauses de clientèle*** ◊ La jurisprudence n'a pas encore dégagé les conditions de validité des clauses de clientèle. En dehors des cas où la clause de clientèle est requalifiée en clause de non-concurrence et, par voie de conséquence, assujettie à toutes les conditions de validité de ces dernières, la Cour de cassation n'a pas encore pris position. Dans un arrêt, elle a cependant décidé qu'il convient d'annuler une clause de clientèle (qui n'est pas requalifiée en clause de non-concurrence) lorsque celle-ci consiste en une interdiction générale, illimitée dans le temps et dans l'espace, d'entrer en contact directement ou indirectement avec tous les clients de la société - ancien employeur et qu'elle ne comporte pas de contrepartie financière [3]. De façon moins ponctuelle, on doit relever que la clause de clientèle limite la liberté du travail et qu'elle tombe sous le coup de l'article L. 1121-1 du Code du travail : elle ne peut être valide que si elle est justifiée par la nature de la tâche à accomplir et si elle est proportionnée au but recherché. Par ailleurs, en application de la règle selon laquelle toute obligation souscrite par une partie au contrat doit avoir une cause, l'obligation de ne pas démarcher la clientèle de son employeur après la rupture du contrat devrait, comme l'obligation de non-concurrence, avoir une contrepartie pécuniaire [4].

---

1. Soc. 19 mai 2009, n° 07-40.222. Il faut cependant relever que cet arrêt n'est pas publié au Bull. Dans un arrêt ultérieur, publié au Bulletin, la Cour de cassation approuve la requalification d'une clause contenant « une interdiction, y compris dans le cas où des clients de l'employeur envisageraient spontanément, en dehors de toute sollicitation ou démarchage, de contracter directement ou indirectement avec l'ancienne salariée… » Soc. 27 oct. 2009, n° 08-41.501, *Bull. civ.* V, n° 232.

2. Soc. 19 mai 2009, préc. ; 27 oct. 2009, préc.

3. Soc. 3 févr. 2010, n° 08-41.668, *RDT* 2010. 507 s.

4. V. ss 179.

SOUS-TITRE 2

La conclusion du contrat de travail

191 La sélection des candidats opérée, la décision d'embaucher prise, reste pour l'employeur à décider du type de contrat de travail : contrat de travail à durée indéterminée (Chap. 2), contrat de travail à durée déterminée (Chap. 3), contrat de travail à temps plein ou contrat de travail à temps partiel (Chap. 4).

Bien que le Code du travail pose que « le contrat de travail à durée indéterminée est la forme normale et générale de la relation de travail » (C. trav., art. L. 1221-2), les contrats proposés aux salariés sont fréquemment des contrats à durée déterminée. Contrats d'exception au regard des principes juridiques, les contrats à durée déterminée deviennent le mode habituel d'entrée dans l'entreprise.

L'évolution contemporaine quant au choix du contrat de travail est également marquée par la progression des contrats de travail à temps partiel. Non seulement, les chefs d'entreprise n'ont aucune autorisation à solliciter des représentants du personnel, des syndicats ou de l'autorité administrative pour conclure des contrats de travail à temps partiel, mais ils jouissent d'une grande liberté pour aménager ce type de contrat en utilisant des heures complémentaires et en modifiant selon les besoins de l'entreprise la répartition du temps travaillé au cours d'une semaine, d'un mois ou d'une année de travail.

Avant d'étudier les différents types de contrat de travail, il est indispensable de déterminer à partir de quand la fourniture d'une prestation de travail au profit d'autrui constitue un contrat de travail (Chap. 1).

CHAPITRE 1

LA QUALIFICATION « CONTRAT DE TRAVAIL »

192 Le droit du travail s'applique aux salariés et aux employeurs, lesquels sont définis comme les parties à un « contrat de travail » [1]. Ainsi, même s'il existe quelques nuances et exceptions [2], c'est bien essentiellement de la qualification de contrat de travail que dépend l'application du droit du travail [3]. Si le contrat qui unit les parties est un « contrat de travail », le travailleur aura droit au SMIC, aux congés payés, aux limitations du temps de travail, et à toutes les protections du Code du travail. Si, à l'inverse, le contrat est qualifié, par exemple, de « contrat de prestation de service », de « contrat d'entreprise », ou de quelque autre contrat spécial, le travailleur sera dit indépendant et privé de toutes les protections du droit du travail. Il sera alors parfaitement licite de le faire travailler pour un salaire symbolique, plus de vingt heures par jour. Le passage de la frontière du « contrat de travail » est brutale. Cette qualification est donc cruciale. La lourdeur de l'enjeu en fait le lieu de tensions très vives. Les uns souhaitent inclure le plus possible de travailleurs dans cette catégorie, afin d'étendre le champ des protections. Les autres souhaitent à l'inverse en exclure le plus grand nombre possible, pour réduire le champ d'application de ces protections jugées trop coûteuses ou trop rigides.

---

1. La multitude des textes du Code du travail relatifs aux champs d'application ne doit pas tromper : elle est redondance et non diversité : selon les art. L. 1111-1, L 1131-1, L 1141-1, L. 1151-1, L 1211-1, L. 2211-1, L. 2311-1, L. 2521-1, L. 3111-1, L. 3311-1 et L. 3331-1... C. trav., « Les dispositions du présent livre [ou « du présent titre » selon le cas] sont applicables aux employeurs de droit privé ainsi qu'à leurs salariés ». D'autres textes affirment que tel titre ou tel livre s'applique aux « employeurs de droit privé » et ou aux « salariés » ; C. trav., art. L. 1311-1, L. 1411-1, L. 2221-1, L. 4111-1, L. 4151-1, L 4621-1. L'« employeur » et le « salarié » étant les noms donnés aux parties aux « contrats de travail ». Cela revient à faire de la qualification de « contrat de travail » le déclencheur de principe du droit du travail.

2. V. not. *Le singulier en droit du travail*, J. M. Béraud et A. Jeammaud (dir.), Dalloz, coll. « Thèmes et commentaires », 2006 et spéc. les art. d'A. Bouilloux, F. Debord et A. Jeammaud.

3. De cette même qualification de contrat de travail dépend aussi l'application du régime général de la sécurité sociale. Les art. L. 311-2, L. 411-1 CSS sont plus ouverts que ceux du Code du travail puisqu'ils visent les personnes « salariées ou travaillant à quelque titre ou en quelque lieu que ce soit ». C'est la jurisprudence qui a unifié les champs d'application du droit du travail et de la sécurité sociale (v. not. Soc. 13 nov. 1996, *Grands arrêts*, n° 2 ; *Dr. soc.* 1996. 1067, note J.-J. Dupeyroux ; *JCP E*1997. II. 911, note J. Barthélémy ; Civ. 2e, 20 juin 2007, n° 06-17.146, *Bull. civ.* II, n° 166 ; 13 nov. 2008, n° 07-15.535, *Bull.civ.*, II, n° 241 ; 11 mars 2010, n° 09-11.560, *Bull. civ.* II, n° 56.). V. aussi C. trav., le visa de l'art. L. 120-3 (devenu L. 8221-6) à l'article L. 311-11 CSS.

193 Avant l'apparition d'un droit du travail digne de ce nom au début du XXe siècle, la question de la qualification du contrat par lequel une personne met son travail à la disposition d'une autre s'était, bien entendu posée, mais en des termes très différents.

En 1776 [1] comme 1791 [2], l'abolition des corporations et autres privilèges de profession a été pensée comme la prohibition du pouvoir juridique du maître sur les compagnons. La liberté du travail s'entendait alors aussi comme une prohibition de l'état de subordination. Travailleurs et employeurs n'étaient que des citoyens, en tout point égaux, et nul pouvoir ne pouvait être juridiquement accordé à l'un sur l'autre [3]. Cette égalité de principe proclamée à nouveau par la Constitution de 1793 [4], devait être tempérée par la réaction du Code civil.

L'article 1779 du Code civil de 1804 prévoit, outre le contrat de transport, deux grands contrats susceptibles de régir les relations de travail.

Le premier de ces contrats, le « louage des gens de travail qui s'engagent au service de quelqu'un », vite désigné comme le « louage de services » concerne le « louage des domestiques et ouvriers » [5]. Le mot « service », ancré dans son étymologie romaine de *servus*, l'esclave, se rattache encore à cette époque à la famille sémantique de la servitude et de la servilité [6]. Les rares articles du Code consacrés à ce contrat prévoient notamment la foi accordée à la parole du maître contre celle des gens de travail et serviteurs [7]. La préséance du maître y est patente. Il s'agit bien d'un régime juridique entre inégaux. Le pouvoir y est implicite.

Le second contrat est le contrat des « entrepreneurs d'ouvrage par suite de devis ou marché ». Ce contrat, ancêtre de notre « contrat d'entreprise » est un contrat entre égaux. C'est ce contrat qui sera de loin la qualification principale sous laquelle s'organiseront les relations de travail pendant tous le XIXe siècle. Ceux qui seraient aujourd'hui qualifiés de « salariés » y sont pour la plupart employés à « prix fait » et relèvent de ce contrat. La soumission qui sera leur lot en pratique est alors juridiquement niée. Ce deuxième constat sera, de loin, le plus important. L'idéologie révolutionnaire de l'égalité l'a emporté et c'est l'affirmation de l'égalité des cocontractants qui l'emporte [8]. Certains arrêts de l'époque, comme le fameux arrêt dit « des sabots » de 1866, attestent de cette négation juridique du pouvoir et de l'affirmation, jusqu'à l'absurde, de relations censément égalitaires entre patrons et ouvriers [9].La réalité de domination subie, la condamnation du caractère fictif de

1. Sur la première abolition des corporation par Turgot en 1776 et sur le mouvement d'insubordination qui s'en suivit, v. S. L. Kaplan, (2001), *La Fin des corporations*, Fayard, p. 429 s.

2. Décr. d'Allarde des 2-17 mars 1791.

3. V. ss 9.

4. Const. du 24 juin 1793, art. 18 ; « La loi ne reconnaît point de domesticité ; il ne peut exister qu'un engagement de soins et de reconnaissance, entre l'homme qui travaille et celui qui l'emploie ».

5. Comme l'indique l'intitulé de la section du Code civil consacrée à ce contrat.

6. Ce sens servile s'entend encore aujourd'hui dans des expressions anciennes comme « je suis à votre service ». Le sens actuel, qui s'entend dans l'« économie de services » ou « les services bancaires », s'est détaché de cette origine.

7. C. Civ., art. 1781. *Adde*. v. ss 10.

8. A. Cottereau, Droit et bon droit, *Annales Histoire, Sciences Sociales*, 2002/6, p. 521-1557 ; J.-P. Chauchard et J.-P. Le Crom, Les services entre droit civil et droit du travail, *Le Mouvement Social*, 2005/2, n° 211.

9. Cass. 14 févr. 1866, *Bull. civ.*, n° 34. En l'espèce, la femme Julliard avait été condamnée à une amende de 10 francs, ce qui représentait près de la moitié de son salaire mensuel, pour être entrée en sabots dans l'atelier, en violation du règlement d'atelier. En ces temps, les souliers étaient encore, dans certains milieux, un luxe relatif. Aujourd'hui on verrait dans cette sanction un acte de pouvoir disciplinaire, appuyé par un acte de pouvoir réglementaire. À l'époque, la Cour ne voit aucun pou-

l'égalité proclamée, ainsi que l'apparition d'une doctrine visant à intégrer l'ensemble des ouvriers dans un contrat unique marqué par l'inégalité des parties [1], conduisirent à l'abandon progressif de la catégorie du contrat de « louage d'ouvrage » conclut entre égaux. Le contrat « de louage de service » fut lui aussi abandonné comme dépassé. Le contrat unissant le travailleur à son patron s'unifia alors sous le nom de « contrat de travail » à partir de la fin du XIXe siècle.

C'est aux parties à ce contrat, désignées sous le nom d'« ouvriers et employés » ou de « salariés » que se sont appliquées les premières lois sociales, comme la loi de 1898 sur les accidents du travail, celle de 1910 sur les retraites ouvrières, celles de 1928 et 1930 sur les assurances sociales, puis celle de 1932 relative aux allocations familiales.

La question de la définition du « contrat de travail » est alors devenue celle du champ d'application de la législation sociale naissante. Elle est resté jusqu'à nos jours la clef d'entrée dans le domaine du droit du travail.

SECTION 1. LA NOTION DE « CONTRAT DE TRAVAIL »

194 ***Définition*** ◇ Le contrat de travail peut se définir comme le contrat par lequel une personne physique (le salarié) s'engage à exécuter un travail sous la subordination d'une personne physique ou morale (l'employeur), en échange d'une rémunération [2].

Cette notion est composée de trois éléments centraux : un travail, un salaire et un état de subordination. Pour l'essentiel, le contentieux, les débats et les difficultés sont concentrées sur ce dernier élément, qui est un composé de pouvoir subi et de dépendance économique [3]. Les deux premiers éléments, moins polémiques, moins débattus, sont aussi de moindre importance.

§ 1. Travail et salaire

195 ***La prestation de travail*** ◇ La prestation de travail que le salarié s'engage à fournir peut revêtir les formes les plus diverses : être manuelle, intellectuelle, artistique, sportive [4]. Elle peut être celle d'un manœuvre, d'un ouvrier hautement qualifié, d'un comptable ou d'un ingénieur, d'un

voir. Le règlement d'atelier est assimilé à une annexe du contrat de travail et la Cour se contente de rappeler la force obligatoire des contrats pour confirmer l'application de la clause du règlement prévoyant l'amende. Au nom de l'adage *pacta sunt servanda*, la Cour valide la dette de la salariée et refuse tout contrôle de celle-ci. On ne saurait mieux nier l'existence d'un pouvoir patronal.

1. E.-D. Glasson, *Le Code civil et la question ouvrière*, F. Pichon, Paris, 1886

2. Pour différentes définitions du contrat de travail et sur les débats qui entourent cette notion, v.not. récemment, E. Dockès, Notion de contrat de travail, *Dr. soc.* 2011. 546. 202 ; B. Géniaut, Le contrat de travail et la réalité, *RDT* 2013. 90, C. Radé, Des critères du contrat de travail. Protéger qui exactement ? Le Tentateur ? Le sportif amateur ? Le travailleur ?, *Dr. soc.* 2013. 202.

3. En ce sens, v. E. Dockès, préc. Comp. B. Géniaut et C. Radé préc.

4. L'activité sportive, même comme « amateur » emporte la qualification « contrat de travail » dès lors que le sportif perçoit une rémunération et qu'il est en état de subordination (Soc 28 avr. 2011, n° 10-15.573, *RDT* 2011. 370, obs. G. Auzero).

enseignant, d'un médecin, d'un avocat, etc. Il n'est aucune activité humaine qui ne puisse être qualifiée de « travail » au sens du droit du travail.

Pour éluder l'application du droit du travail, une société productrice d'émissions télévisées a plaidé que la participation à une émission de téléréalité ne pouvait pas être considérée comme une prestation de travail dès lors que les participants ne faisaient qu'exprimer leurs propres sentiments et s'impliquer dans des relations interpersonnelles. Laisser filmer son comportement personnel dans un lieu et dans un temps imposé par le cocontractant ne constituerait pas une prestation de travail. La Cour de cassation a nettement écarté cette prétention [5]. Le communiqué publié par la Cour de cassation à la suite de cet arrêt indique très clairement que la notion de prestation de travail doit être entendue très largement : « dès lors qu'elle est exécutée, non à titre d'activité privée mais dans un lien de subordination, pour le compte et dans l'intérêt d'un tiers en vue de la production d'un bien ayant une valeur économique, *l'activité, quelle qu'elle soit*, peu important qu'elle soit ludique ou exempte de pénibilité, est une prestation de travail soumise au droit du travail » [6]. Et la solution a depuis été logiquement étendue à tous les participants à des jeux télévisés [7].

Dès lors, l'exigence d'un « travail » en vue de la qualification de contrat de travail n'a plus qu'un rôle résiduel pour exclure du champ du droit du travail. L'argument de l'absence de « travail » reste toutefois utilisé pour écarter la qualification de contrat de travail lorsque l'activité est un simple moyen au service de la formation [8], de l'insertion [9] ou n'est qu'une dimension de l'intégration dans une communauté religieuse [10].

5. Soc. 3 juin 2009 n° 08-40.981, *Dr. soc.* 2009. 788. Sur cet arrêt v. not. C. Radé, La possibilité d'une île, *Dr. soc.* 2009. 930 s., G. Auzero, Je ne m'amuse pas, je travaille, *RDT* 2009. 507, M. Serna ; *D.* 2009 J. 1530, D. Cohen et L. Gamet, Loft-story ; le jeu travail, *Dr. soc.* 2001, D. Allix ; Un nouveau passeport pour les loisirs, le vrai faux contrat de travail, *Dr. soc.* 2009. 780 ; P.– Y Verkindt *JCP S* 2009. Actu. 305, J.– E Ray, *Sem. soc. Lamy*, n° 1403, p. 11 ; J. Barthélemy, *Sem. soc. Lamy*, n° 1382, p. 8. Pour une confirmation de la solution retenue mais un refus de la qualification d'« artiste-interprète des participants à cette émission, v. Civ. 1re, 24 avr. 2013, n° 11-19.091 P.

6. Disponible sur http://www.courdecassation.fr/jurisprudence_2/chambre_sociale_576/arret_n_12906.html.

7. Soc. 25 juin 2013, *Mister France*, n° 12-13.968 P., *Dr. ouvrier* 2014. 101, note A. Mazières ; Soc. 25 juin 2013, *Koh Lanta*, n° 12-17660, inédit, *RDT* 2013. 622, note D. Gardes.

8. Soc. 17 oct. 2000, *RJS* 12/00, n° 1214 (pas de requalification en contrat de travail d'une convention de stage en entreprise qui n'a pas servi de cadre à une simple prestation de travail substituée à la formation recherchée) ; 14 nov. 2000, *RJS* 2/01, n° 157 (pas de contrat de travail entre un employeur et un stagiaire accueilli au titre d'une formation pratique de CAP, même après dépassement du terme convenu) ; 18 juill. 2001, *Dr. soc.* 2001. 1115, obs. Y. Rousseau (demandeur d'emploi accueilli dans une entreprise, dans le cadre d'une convention avec l'ANPE pour une évaluation de ses compétences et capacités en milieu de travail).

9. Soc. 9 mai 2001, *Dr. soc.* 2001. 798, note J. Savatier ; *D.* 2002. 1705, note E. Alfandari (compagnon d'une Communauté d'Emmaüs qui « s'est soumis aux règles de vie communautaire qui définissent un cadre d'accueil comprenant la participation à un travail destiné à l'insertion sociale de compagnons et qui est exclusive de tout lien de subordination »). On est proche de l'orientation de la jurisprudence communautaire à propos de la qualité de travailleur communautaire bénéficiant de la liberté de circulation (CJCE 31 mai 1989, *Bettray*, aff. 344-87, *Rec.* CJCE I-1621 : réinsertion par le travail).

10. Cas de la religieuse n'exerçant son activité que dans le cadre et au bénéfice de sa congrégation (Cass., ass. plén., 8 janv. 1993, *JCP* 1993. II. 22010, concl. M. Jéol, note Y. Saint-Jours ;

196 ***La rémunération*** ◊ Une rémunération doit être versée ou promise, expressément ou tacitement, car le contrat de travail est un *contrat à titre onéreux*[1]. Cette rémunération peut être calculée au temps ou à la tâche (« aux pièces »), ou bien combiner ces deux modes. Elle peut consister en une somme d'argent ou être fournie en nature (ex. : logement, nourriture).

Cet élément de qualification ne joue pas un rôle essentiel dans la distinction entre le contrat de travail et les autres contrats car les autres contrats sont le plus souvent à titre onéreux et comportent également une contrepartie à la prestation fournie (par exemple les contrats de prestation de services). Il permet cependant de tracer la frontière entre les prestations de travail bénévole et le contrat de travail[2]. Le travailleur bénévole est celui qui ne reçoit aucune rémunération en échange de ses services. Seuls d'éventuels remboursements de frais sont possibles[3]. En revanche, une rémunération faible, voire dérisoire, conduit la relation à être qualifiée de « contrat de travail », ce qui entraine l'application de l'ensemble des règles du Code du travail[4]. Le droit du travail n'est pas moins applicable parce qu'un travailleur est mal, voire extrêmement mal payé, au contraire. C'est notamment pour protéger les travailleurs très mal payés que le droit du travail a été créé, et que le SMIC a été imposé. La Cour de cassation a même pu qualifier de contrat de travail un contrat dépourvu de toute contrepartie : la salariée qui vivait du RMI (ancêtre du RSA) travaillait gratuitement dans l'espoir de pouvoir être, ultérieurement, embauchée[5]. Cet espoir de rémunération future suffisait à démontrer le caractère à titre onéreux de la relation et donc la qualification de contrat de travail.

Dr. soc. 1993. 391, rapp. Y. Chartier ; Soc. 12 juill. 2005, *RJS* 11/05, n° 1069). Encore faut-il que la religieuse travaille pour le compte d'une association cultuelle ou d'une congrégation légalement établie : une religieuse qui travaillait dans le cadre d'une association de la loi de 1901 peut être considérée comme titulaire d'un contrat de travail (Soc. 20 janv. 2010 n° 08-42. 207. Les personnes qui ne sont pas des ecclésiastiques et qui participent aux activités d'une communauté religieuse sont considérés comme salariées si les critères habituels du contrat de travail sont réunis ; la nature spirituelle de leur engagement n'est pas pris en compte (Soc. 29 oct. 2008, n° 07-44. 766, *RJS* 1/09 n° 1).

1. Cass. 3 août 1942, *DA* 1943. I. 1 ; Soc. 26 oct. 1999, *Dr. soc.* 2000. 146, note J. Savatier (à propos d'une volontaire pour le développement travaillant pour l'association Médecins du monde, et béficiant d'un pécule). Sur le statut du travail à titre gratuit, v. *Le travail en perspectives*, préc., p. 229 s. Pour la conception d'un régime du travail volontaire : M. Morand et Ph. Coursier, Le contrat de travail solidaire, *Dr. soc.* 2003. 155.

2. H. Guichaoua, La frontière entre l'activité professionnelle et le bénévolat, *Dr. ouvrier* 2013. 229.

3. Soc. 29 janv. 2002, *Dr. soc.* 2002. 494, note J. Savatier ; requalification d'un contrat de bénévolat dans lequel les intéressés percevaient une somme forfaitaire dépassant le remboursement de leurs frais réels.

4. Soc. 17 avr. 1985 *Bull. civ.* V, n° 171 ; Civ. 2e, 11 mars 2010, n° 09-11.560, *Bull. civ.* II, n° 56 (application du droit social à la participation d'un directeur d'établissement à un jury d'examen contre une vacation de 34,36 euros). Le pourvoi qui arguait d'une « rémunération dérisoire » est rejeté. Des avantages en nature sont des contreparties qui conduisent à la requalification du contrat ; Soc. 17 avr. 1985, n° 83-15.445, *Bull. civ.* V, n° 238.

5. Soc. 26 mai 2010, n° 05-44.939. Il s'agissait d'assurer le secrétariat d'un avocat.

Dans des contextes où la présence d'une intention libérale du salarié semble pouvoir être présumée, le législateur est intervenu pour exclure de la qualification de salarié certains travailleurs, alors même qu'ils reçoivent une (petite) rémunération [1]. Cette intervention du législateur était nécessaire pour exclure ces salariés du champ du droit du travail, la présence d'une rémunération interdisant de les assimiler à des bénévoles.

§ 2. L'état de subordination

197 ***Subordination juridique, état de subordination et dépendance économique*** ◇ Pour comprendre la question du critère central du contrat de travail, la jurisprudence sur la question et les débats qui l'entourent, il est nécessaire de bien distinguer plusieurs notions.

La **dépendance économique** fut caractérisée au début du siècle comme la situation de celui dont la subsistance voire la survie étaient en cause [2]. Cette définition quelque peu dramatique ne convient plus en un temps d'assurance chômage et de RSA. Le dépendant économique, en principe, ne risque plus ni la mort, ni même la totalité de ses moyens de subsistance : des revenus de remplacement lui sont accordés. La dépendance économique n'a pas pour autant disparu [3]. Elle a simplement pris un sens moins extrême. Elle est une situation de faiblesse [4], une infériorité dans le rapport de force économique. Elle vient de l'importance qu'une relation économique a pour une des parties, comparativement à l'importance qu'elle a pour l'autre partie. Pour le dépendant, l'enjeu est important. Pour celui dont il dépend, l'enjeu est moins important, voire il n'est qu'accessoire ou marginal. Et, dans la négociation, celui pour qui l'affaire est de moindre importance est en position de force.

La **subordination** a été définie par l'arrêt Société générale du 13 novembre 1996 [5]. Cette définition, souvent reprise depuis [6], énonce : « le lien de

---

1. Les textes se sont succédés : v. not. Décr. du 14 mars 1986 concernant « les volontaires pour le développement » ; Décr. du 30 janv. 1995 concernant les « volontaires pour la solidarité internationale » ; L. du 25 fév. 2005 sur le contrat de volontariat de solidarité internationale ; L. du 23 mai 2006 sur le volontariat associatif (V. Bonnin, *RDT* oct. 2006, Le volontariat associatif) ; loi du 11 mars 2010, relative au service civique… Sur ces contrats spéciaux comprenant une certaine rémunération tout en s'inspirant en partie de l'idée de bénévolat, v. not. C. Giraudet, étude 4 Service civique et volontariats, *in Le Droit social des associations et autres organismes à but non lucratif*, Dalloz, 2010, coll. « JuriExpert », p. 35. Ces travailleurs semi-salariés, semi-bénévoles, bénéficient de protections spécifiques et limitées, notamment en matière de congé, de sécurité sociale et d'accident du travail.

2. P. Cuche, préc., *Rev. crit. législ. et jurispr.* 1913. 412. V. aussi J.-P. Chazal, *D.* 2002. 1862.

3. V. not. G. Virassamy, *Les contrats de dépendance, Essai sur les activités professionnelles exercées dans une dépendance économique*, LGDJ, 1986, p. 133 s. ; O. Rivoal, La dépendance économique en droit du travail, *D.* 2006. 891 ; T. Pasquier, *RDT* 2010. 83.

4. L'arrêt Bardou du 6 juill. 1931 (préc.) rapproche dans un même trait de plume « la faiblesse ou la dépendance économique ».

5. Soc. 13 nov. 1996, *Grands arrêts*, n° 2 ; *Dr. soc.* 1996. 067, note J.-J. Dupeyroux ; *JCP E* 1997. II. 911, note J. Barthélémy.

6. V. not. Soc. 1er déc. 2005, G7, préc. note 1 ; 17 mai 2006, n° 05-43.265 ; Civ. 2e, 20 juin 2007, n° 06-17.146, *Bull. civ.* II, n° 166 ; Soc. 23 janv. 2008, n° 06-46.137 ; 22 sept. 2010, n° 09-41.495 ; 3 nov. 2010, n° 09-4.215, etc.

subordination est caractérisé par l'exécution d'un travail sous l'autorité d'un employeur qui a le pouvoir de donner des ordres et des directives, d'en contrôler l'exécution et de sanctionner les manquements ». La formule décline les grands modes d'exercice du pouvoir : pouvoir d'édicter des « ordres » ponctuels, des « directives » générales et des sanctions. Elle mentionne encore le « contrôle », sans lequel ces pouvoirs seraient de vains mots. Ces quatre dimensions peuvent se résumer à trois : *direction*, *contrôle* et *sanction* [1].

Subordination et dépendance sont deux notions liées : une personne en situation de faiblesse obéit plus facilement... Il s'agit toutefois bien de notions différentes. Certaines personnes dépendantes peuvent ne pas recevoir d'ordres, ni être contrainte à l'obéissance. Elles sont alors dépendantes sans être subordonnées. Réciproquement certaines personnes peuvent être soumises et obéissantes, alors même qu'elles ne sont nullement en position de faiblesse, de dépendance économique...

Subordination juridique et état de subordination doivent être distingués. Un pouvoir juridique, reconnu par le droit, est accordé à l'employeur. Ce pouvoir d'édicter des commandements valides et qui s'imposent juridiquement au salarié est ce que l'on désigne sous le nom de « subordination juridique ». Ce pouvoir de droit doit être distingué du pouvoir existant dans les faits [2]. Une personne peut être amenée à obéir, même si elle n'y est pas juridiquement contrainte. Souvent d'ailleurs le pouvoir subi dans les faits, l'obéissance que l'on peut constater du salarié à l'employeur, dépassent de loin ce que l'employeur serait en droit de commander. Ce *pouvoir de fait* caractérise un *état* de subordination.

198 ***La subordination juridique : effet caractéristique du contrat de travail*** ◊ L'idée d'une subordination juridique est une idée doctrinale tardive, qui date de la fin du XIXe siècle [3]. Elle fut d'abord pensée comme le moyen d'assurer l'autorité patronale sur des ouvriers réputés indisciplinés [4]. Elle n'emporta guère la conviction dans un premier temps. Le pouvoir juridique était perçu comme une prérogative de puissance publique. L'accorder aux employeurs avait quelque chose de choquant. La définition du contrat de travail par le projet de Code du travail de 1898 n'y fait

1. L'édiction d'ordres ponctuels (pouvoir de direction *stricto sensu*) et l'édiction de normes générales (pouvoir normateur) ne sont en réalité que deux modalités d'exercice d'une même capacité de commandement.

2. Sur la distinction entre pouvoir de droit et pouvoir de fait, v. E. Dockès, *Valeurs de la démocratie*, Dalloz 2005, p. 76 et 83-95 ; Le pouvoir dans les rapports de travail, *Dr. soc.* 2004. 620 ; A. Jeammaud, Le pouvoir patronal visé par le droit du travail, *Sem. soc. Lamy* 2008, supp. n° 1340, p. 15-26.

3. V. not. A. Cottereau, Droit et bon droit. Un droit des ouvriers instauré puis évincé par le droit du travail (France, XIXe siècle), *Annales Hist. Sc. soc.* 2002, vol. 57, p. 1521-1557 ; v. aussi, Civ. 14 févr. 1866, *Bull. civ.* n° 34 ; *RDT* 2006. 30, obs. N. Olszak, arrêt symptomatique de l'époque par son raisonnement en termes d'exécution des contrats et sa négation de tout pouvoir de l'employeur sur le salarié.

4. E.-D. Glasson, *Le Code civil et la question ouvrière*, F. Pichon, Paris, 1886.

aucunement référence [1]. Et, à la veille de l'arrêt Bardou du 6 juillet 1931 [2], la doctrine majoritaire y est encore opposée [3].

C'est seulement à partir de cet arrêt *Bardou* que le contrat de travail a été compris comme créateur « d'un lien juridique de subordination ». Depuis, l'idée s'est non seulement maintenue, mais elle s'est renforcée [4]. Plus que jamais, un « lien de subordination inhérent au contrat de travail » est reconnu par la Cour de cassation [5]. La subordination juridique est même un effet spécifique, caractéristique de l'espèce « contrat de travail », puisqu'elle ne se retrouve dans aucun autre contrat.

L'arrêt *Bardou* allait plus loin et faisait du « lien juridique de subordination », autrement dit de la « subordination juridique » le critère distinctif du contrat de travail. Cette idée est toujours présente en doctrine [6]. Elle semble pourtant avoir été abandonnée, à juste titre, par la jurisprudence.

199 ***L'état de subordination : critère du contrat de travail*** ◊ De la qualification de « contrat de travail » dépend l'application du droit du travail. Et ce droit est d'ordre public. Il n'appartient donc pas aux parties d'écarter l'application de ce droit, par la stipulation d'une absence de subordination ou en adoptant la dénomination de « contrat de location » ou encore de « contrat de prestation de service ». Pareille manœuvre permettrait aux employeurs peu scrupuleux d'échapper trop facilement à l'application du droit du travail, les salariés étant rarement à même de pouvoir effectivement négocier les clauses ou la dénomination de leur contrat. Dès lors, pour savoir si telle ou telle relation doit être qualifiée de « contrat de travail », le juge ne peut se fonder sur les clauses du contrat, ni sur sa dénomination, ni même sur la commune volonté affichée par les parties [7]. Il est contraint de se pencher sur la pratique des parties, pour essayer de savoir si une subordination existe dans les faits. Prouver que tel contrat est un contrat de travail, ce n'est donc plus prouver la teneur de ce contrat, ses clauses, son contenu. L'objet de la preuve s'est déplacé sur les conditions

---

1. Proposition de loi sur le Code du travail, Chambres des députés, 7e législature, session de 1898, annexe au P. V. de la séance du 13 juin 1898, présentée par MM. Arthur Groussier, Dejeante, Allard, etc. Paris, Imp. de la Chambre des députés, 1898, p. 60.

2. *DP* 1931. 1. 131, note P. Pic ; *Grands arrêts, op.cit. 4e éd.* 2008, n° 1.

3. P. Cuche, Du rapport de dépendance, élément constitutif du contrat de travail, *Rev. crit. législ. et jur.* 1913. 412 ; *DH* 1932. 101) ; R. Savatier, *DP* 1923. 1. 5 ; *DP* 1924. 2. 73 ; A. Rouast, La notion de contrat de travail et la loi sur les Assurances sociales, *JCP* 1930. I. 329. *Contra* en faveur en faveur de la subordination juridique, v. P. Pic préc.

4. V. not. Soc. 13 nov. 1996, *Grands arrêts*, n° 2, *Dr. soc.* 1996. 1067, note J.-J. Dupeyroux ; *JCP E* 1997. II. 911, note J. Barthélémy.

5. Pour un usage de cette expression, v. not. Soc. 28 mai 2009, n° 08-15.687 ; 11 févr. 2010, n° 09-11.324.

6. V. not. B Géniaut, Le contrat de travail et la réalité, *RDT* 2013. 90, spéc. II, A), 2.

7. V. not. V Cass., ass. plén., 4 mars 1983, *D.* 1983. 381, concl. J. Cabannes, *D.* 1984. IR 184, obs. J.-M. Béraud : arrêt selon lequel la volonté des parties est « impuissante à soustraire des travailleurs au statut social découlant nécessairement *des conditions d'accomplissement de leur tâche* » ; Soc. 19 déc. 2000, *Labbanne, Dr. soc.* 2001. 227, note A. Jeammaud ; *Dr. ouvrier* 2001. 241, note A. de Senga ; *Grands arrêts*, n° 3 et les arrêts cités aux notes suivantes.

effectives de travail. La Cour de cassation affirme de manière constante depuis l'arrêt *Labbane* du 19 décembre 2000, que la qualification de contrat de travail dépend seulement « des *conditions de fait dans lesquelles est exercée l'activité des travailleurs* » [1]. Seul importe la subordination constatée dans les faits ou, en d'autres termes, l'« état de subordination » [2].

200 ***Fonction complémentaire de la dépendance économique*** ◊ L'utilisation de la dépendance économique comme critère du contrat de travail, fut fermement écartée par l'arrêt *Bardou* du 6 juillet 1931 au profit du critère de la subordination [3]. Mais cette exclusion radicale, difficilement tenable, fut très vite tempérée. Dès 1932, la dépendance économique retrouva un rôle dans la qualification de contrat de travail [4]. Celui-ci s'est perpétué jusqu'à aujourd'hui. Il est ainsi fréquent que la Cour de cassation note, pour qualifier un contrat de « contrat de travail », que travailleur n'avait pas de clientèle propre [5], qu'il travaillait exclusivement pour le donneur d'ouvrage [6], que le montant du prix ou du salaire était fixé unilatéralement par la partie forte [7], ce qui est autant de manières de caractériser ou de prouver une dépendance économique. Il apparaît ainsi que la dépendance économique est un élément qui peut aider à la preuve de la subordination. Mieux, il se pourrait qu'elle soit une sorte de critère complémentaire, le plus souvent implicite [8]. Une forte dépendance économique permettrait alors une

1. Soc. 19 déc. 2000, *Labbanne*, préc. ; 15 mars 2006, n° 04-47.379, *Bull.* V, n° 110 ; Civ. 2e, 13 nov. 2008, n° 07-15.535, *Bull. civ.* II, n° 241 ; 3 juin 2009, Île de la tentation, préc. ; Soc. 20 janv. 2010, n° 8-42.207, *Bull.* V, n° 5 ; Civ. 1re, 24 avr. 2013, 11-19.091 P.

2. Pour une utilisation de cette expression, outre l'arrêt Labbane du 19 déc. 200, préc., v. not. Soc. 10 déc. 2002, n° 00-44.646, *Bull. civ.* V, n° 374 ; 6 oct. 2010, n° 08-45.392 ; 3 nov. 2010, n° 08-45.391 ; 31 oct. 2012, n° 11-23.422. De nombreux arrêts continuent toutefois à viser sans plus de spécification la « subordination » ou le « lien de subordination ». Sur l'état de subordination comme nouveau critère du contrat de travail, v. not. A. Jeammaud, L'avenir sauvegardé de la qualification de contrat de travail – À propos de l'arrêt Labbane, *Dr. soc.* 2001. 227., spéc. 234-235 ; E. Dockès, Notion de contrat de travail, *Dr. soc.* 2011. 546.

3. *DP* 1931. 1. 131, note P. Pic ; *Grands arrêts*, n° 1

4. V. not. Civ., 22 juin 1932 (3 arrêts), 30 juin 1932, et 1er août 1932, *DH* 1. 145, note P. Pic, lequel s'inquiète du retour de la dépendance économique ; Civ., 25 juill. 1938, *DH*1938. 530.

5. Soc. 13 janv. 2000, *Bull. civ.* V, n° 20 ; 23 janv. 2008, n° 06-46.137 ; 20 mai 2010, n° 08-21.817 ; 12 juill. 2010, n° 07-45.298 ; 6 oct. 2010, n° 09-43.296.

6. Soc. 15 mars 2006, n° 04-47.379, *Bull. civ.* V, n° 110 ; 4 oct. 2007, n° 06-43.562 ; 6 oct. 2010, préc.

7. V. not. Soc. 10 déc. 2002, n° 00-44.646, *Bull. civ.* V, n° 374 ; 2 juill. 2003, n° 01-43.018 ; Civ. 2e, 13 déc. 2005, n° 04-18.104, *Bull. civ.* II, n° 320 ; 10 févr. 2010, n° 09-40.383, 20 mai 2010, n° 08-21.817.

8. Cet usage simultané de la dépendance et la subordination n'est qu'exceptionnellement visé de manière expresse par la Cour de cassation. V. toutefois Soc. 9 mai 1979, n° 77-41.406, *Bull. civ.* V, n° 394 (pour lequel il s'agissait d'un « état de dépendance et de subordination ») ; Soc. 16 déc. 1980, n° 79-12.978, *Bull. civ.* V, n° 904 ; 19 janv. 1983, n° 81-16.424, *Bull. civ.* V, n° 21 (qui caractérise les contrats de travail par un « lien de dépendance et de subordination »). L'usage conjoint de la dépendance et de la subordination est plus fréquent et plus récent au sein de la Chambre criminelle ; v. not. Crim. 27 sept. 1989, n° 88-81.182, *Bull. crim.* n° 807 (« les ouvriers concernés se trouvaient dans un état de dépendance économique et de subordination juridique caractérisant l'existence de contrats de travail ») ; Crim. 21 sept. 1994, n° 93-83.218, *Bull. crim.* n° 301 ; 13 mars 1997, n° 96-81.081, *Bull. crim.* n° 107 ; 26 févr. 1998, n° 97-80.238, *Bull. crim.* n° 77.

qualification de « contrat de travail », même lorsque la subordination, à proprement parler, est douteuse ou à tous le moins légère [1].

§ 3. Preuve de l'état de subordination

201 *La charge de la preuve* ◊ Il incombe à celui qui prétend qu'un contrat est un « contrat de travail », d'établir les éléments de cette qualification, de convaincre le juge qu'ils sont réunis [2]. Inversement, celui qui prétend fictif un contrat de travail apparent doit établir ce caractère [3].

Les dispositions de l'art. L. 8221-6 du Code du travail ont rendu la question un peu plus complexe, sans toutefois infléchir véritablement ces solutions traditionnelles [4].

L'alinéa 1er de ce texte pose une présomption d'exclusion du salariat applicable à certaines personnes : les personnes physiques immatriculées au Registre du commerce et des sociétés, au Répertoire des métiers, au Registre des agents commerciaux, ou auprès des Urssaf pour le recouvrement des cotisations d'allocations familiales, mais aussi (c'est une nouveauté du texte de 2003 par rapport à celui de 1994) les dirigeants des personnes morales immatriculées au Registre du commerce et des sociétés.

L'alinéa 2 de l'article ouvre toutefois la possibilité de renverser cette présomption : l'existence d'un contrat de travail peut être rétablie par la preuve que l'intéressé prouve une exécution *« dans des conditions qui le placent dans un lien de subordination juridique permanente »*. L'expression choisie « lien de subordination juridique permanent » est assez énigmatique. En pratique, il semble que la Cour de cassation ne distingue pas entre la preuve de ce lien et la preuve qui doit être apportée pour toute qualification de contrat de travail d'un état de subordination [5]. Dès lors, il

1. V. not. Soc. 12 janv. 2011, n° 09-66.982, arrêt qui qualifie un chauffeur routier de salarié après avoir caractérisé son intense dépendance économique, la subordination n'étant ici présente qu'au travers d'horaires, élément qui, hors de toute dépendance économique, n'aurait certainement pas suffit à démontrer l'existence d'un contrat de travail.

2. Sauf incidence de l'autorité de la chose jugée au pénal : la décision condamnant le dirigeant d'une société pour recours au travail clandestin (qui a autorité de la chose jugée à l'égard de tous) implique, sur le plan civil, l'existence d'un contrat de travail entre la société et la personne irrégulièrement employée (Soc. 27 mars 2001, *Dr. soc.* 2001. 666).

3. Soc. 18 juin 1996, *Bull. civ.* V, n° 245 ; 7 janv. 1997, *Dr. soc.* 1997. 310 ; 11 oct. 2001, *RJS* 2/01, n° 159 ; 23 oct. et 20 nov. 2001, *RJS* 2/02, nos 238 et 239. Pour un ex. de contrat fictif ; Soc. 29 nov. 2000, *RJS* 2/01, n° 158.

4. Introduit par la loi du 11 févr. 1994, dite loi Madelin. Cette loi a été abrogée par une loi du 19 janv. 2000, mais une L. du 1er août 2003 a réintroduit ses dispositions dans le Code du travail. M. Véricel, Le rétablissement de la présomption de non-salariat, *Dr. soc.* 2004. 297.

5. Soc. 10 déc. 2002, *Bull. civ.* V, n° 217 ; 8 juill. 2003, *Bull. civ.* V, n° 374 ; *Dr. ouvrier* 2004. 81, note A. de Senga ; *D.* 2004. Somm. 383, obs. Th. Pasquier (cassation d'un arrêt n'ayant pas reconnu un contrat de travail dans les rapports entre l'ancien chauffeur salarié d'un commissionnaire de transport, démissionnaire de son emploi puis inscrit au registre du commerce en tant que transporteur indépendant, auquel son ancien employeur avait « sous-traité » un certain nombre de contrats en lui donnant des directives précises, y compris concernant la périodicité, le secteur et les horaires de travail).

ne semble guère plus difficile de renverser la présomption de l'article L. 8221-6 du Code du travail, que de prouver directement la qualification de contrat de travail. En définitive, la preuve d'un lien de subordination incombe au travailleur qui entend bénéficier du Code du travail, qu'il soit ou non un salarié immatriculé relevant des dispositions de l'article L. 8221-6.

202 ***La preuve directe de la subordination*** ◊ L'état de subordination est la capacité pratique, pour l'employeur, de diriger, de contrôler et de sanctionner le travailleur [1].

Parfois, ces trois éléments sont directement prouvés. Ainsi, un arrêt du 17 mai 2006 note que le travailleur « recevait du gérant de la société des *instructions* dans l'exécution de ses tâches dont il *contrôlait l'exécution* et que la société *s'était estimée investie d'un pouvoir disciplinaire en le sanctionnant*, par une rupture anticipée de leurs relations » [2], pour conclure à l'existence d'une subordination [3].

Plus souvent, seule une partie du triptyque direction-contrôle-sanction peut être directement prouvée. Ainsi, l'arrêt du 13 décembre 2005 [4] reconnaît que l'« activité était *contrôlée* selon un échéancier de surveillance, ... et que [la société] disposait (...) d'un pouvoir de *sanction* "consistant à décider de ne plus confier de mission" ». L'arrêt de la Chambre sociale du 2 juillet 2003 [5] constate que la partie dominante, ici la SNCF, exerçait un « *contrôle* sur le travail des intéressés et qu'elle *pouvait les sanctionner* par des avertissements et la résiliation de la convention de portage ». L'arrêt du 15 mars 2006 [6] note que « les clients étaient livrés *en suivant les consignes et directives* données par la société ». Dans tous ces cas, et bien d'autres similaires [7], la Cour conclut à la subordination en complétant l'analyse par d'autres indices.

En sens inverse, il peut arriver que la preuve directe de l'insubordination puisse être apportée. Ainsi, la Cour de cassation a pu noter dans un arrêt du 9 novembre 2010 qu'un transporteur de béton avait la maîtrise de ses congés, qu'il avait refusé l'installation d'un système de géo-localisation, qu'il n'avait pas changé de camion comme il s'y était engagé, qu'il ne recevait pas d'ordre et conservait la maîtrise et la responsabilité des opérations, pour en déduire une absence de subordination et refuser la qualification de contrat de travail [8]. Ainsi encore, l'absence de subordination

1. V. ss 197.
2. n° 05-43.265, nous soulignons.
3. Pour d'autres exemples de preuve directe des trois éléments de la subordination, v. not. Soc. 3 juin 2009, « Île de la tentation » préc. ou Soc. 8 juin 2010, n° 08-44.965, à propos des « gérants » de B&B.
4. Civ. 2e, 13 déc. 2005, n° 04-18.104, *Bull. civ.* II, n° 320.
5. Soc. 2 juill. 2003, n° 01-43.018.
6. Soc. 15 mars 2006, n° 04-47.379, *Bull. civ.* V, n° 110.
7. V. not. Soc. 8 juill. 2003, n° 01-40.464, *Bull. civ.* V, n° 217 ; 3 nov. 2010, n° 09-43.215 ; 15 déc. 2010, n° 09-40.478.
8. Soc. 9 nov. 2010, n° 08-45.342.

peut-elle découler de la démonstration d'une totale incapacité à gérer et à diriger de la personne dont la qualification d'employeur est recherchée [1].

L'exigence d'une direction et d'un contrôle peut aussi faire douter qu'un dirigeant statutaire de société (gérant, président, directeur général, administrateur) puisse prétendre être lié à sa société par un contrat de travail – à supposer qu'il soit licite selon le droit des sociétés – parallèle à son mandat social. Même si le contrat en cause correspond à un travail effectif et distinct des tâches de direction ou d'administration de l'entreprise, imagine-t-on qu'une direction et un contrôle effectifs s'exercent sur lui ? La Cour de cassation se montre parfois assez libérale pour admettre que les conditions du cumul sont réunies [2].

203 ***La preuve par indices de la subordination*** ◇ Le plus souvent, il est impossible de prouver directement la direction, le contrôle et la capacité de sanctionner. Pour prouver la subordination et ainsi qualifier de contrat de travail, la jurisprudence reconnaît la possibilité pour le salarié de prouver par présomptions, ou plus précisément encore par la technique du faisceau d'indices. Cela revient pour les juges à collecter des éléments qui sans être ni nécessaires ni suffisants, laissent à penser qu'une subordination était en l'espèce probable. L'accumulation de tels indices peut alors conduire à la preuve d'une subordination et, par suite, à la qualification de « contrat de travail ». Les motifs de certains arrêts de la Cour de cassation illustrent très clairement cette méthode [3].

De nombreux éléments peuvent servir d'indice de subordination. De tels indices sont simplement des éléments de fait qui sont le plus souvent, habituellement, associés à une relation de travail subordonné. La force de ces indices est bien entendu variable. Il est impossible d'en dresser une liste exhaustive, mais les principaux d'entre eux peuvent être énumérés.

204 ***L'intégration dans un service organisé*** ◇ L'intégration de l'intéressé dans un service organisé fut un temps présenté comme une alternative possible au critère de la subordination et comme pouvant, en elle-même,

1. Soc. 23 juin 2010, n° 08-70.427, espèce dans laquelle un fils réclame le statut de salarié de sa mère alors que celle-ci était à ce point dans l'incapacité de diriger quoi que ce soit, qu'elle avait fini par être placée sous tutelle…

2. Mais la subordination ne fait parfois aucun doute (ex., Soc. 14 mai 1998, *Dr. soc.* 1998. 707, obs. G. Couturier ; *D.* 1998. Somm. 395, obs. J.-C. Hallouin).

3. Soc. 10 déc. 2002, *Bull. civ.* V, n° 217 (porteuse de presse) ; 27 mai 2003, *D.* 2004. Somm. 382, obs. A. Fabre (associés d'une société créée pour assurer, en vertu d'un contrat de mandat, « l'animation commerciale » d'un des magasins de vente de chaussures d'une société puissante) ; 2 juill. 2003, *CSBP* 2003, A 50 (porteurs de gare). Pour une illustration de ce qui serait plutôt un faisceau d'indices négatifs, conduisant à écarter la qualification de contrat de travail, on peut se reporter aux décisions du fond rendues dans le procès opposant un instituteur, personnage d'un film documentaire particulièrement réussi (*Être et avoir*) à la société productrice de cette œuvre, à laquelle il réclamait des salaires et diverses indemnités en plaidant l'existence d'un contrat de travail (Cons. Prud'h. Perpignan, 5 nov. 2003, *RJS* 1/04, n° 2 ; Montpellier, 31 mars 2004, *D.* 2004. IR 1501).

suffire à la qualification de contrat de travail [1]. Cette solution a depuis été fermement écartée [2], même si elle conserve la faveur d'une partie de la doctrine [3]. L'intégration dans un service organisé reste toutefois un fort indice de subordination. Pareille intégration semble en effet pouvoir faire présumer l'existence d'un minimum de pouvoir, ne serait-ce que pour maintenir le caractère organisé du service. Ainsi, l'intégration du médecin dans le « cadre d'un service organisé » d'un hôpital ou d'une clinique contribue-t-elle à en faire un salarié [4].

205 ***Le traitement du travailleur comme un salarié*** ◊ Lorsque le bénéficiaire du travail traite le travailleur comme un salarié, s'il se conduit comme un employeur, ce sera un indice de subordination. Ainsi, une annonce par voie de presse se présentant comme une offre d'emploi plutôt que comme proposition commerciale, le versement de l'indemnité de congés payés, la délivrance de bulletins de paie, l'immatriculation du collaborateur au régime général de sécurité sociale, ou la remise d'un certificat de travail pourront servir d'indices [5]. Semblable comportement justifiera aussi l'analyse du contrat « d'équipe » en autant de contrats de travail liant chacun de ses membres à l'entrepreneur. Son attitude à l'égard d'une personne dont il n'est pas contesté qu'elle est salariée pourra aussi convaincre de traiter un partenaire commercial de son employeur comme son co-employeur [6].

206 ***L'absence d'entraide professionnelle ou familiale*** ◊ Certains liens personnels unissant employeur et salarié prétendus peuvent paraître inconciliables avec l'idée de subordination. La volonté d'entraide peut être la cause du concours prêté par une personne à une autre avec laquelle elle entretient des relations d'étroite d'amitié [7].

Plus importante est la question de l'entraide conjugale, car le concours du conjoint à une exploitation artisanale, commerciale ou agricole de type

---

1. Cass., ass. plén., 18 juin 1976, *D.* 1977. 173, note A. Jeammaud.

2. Soc. 13 nov. 1996, *Société Générale*, *Dr. soc.* 1996. 1067, note J.-J. Dupeyroux ; *JCP E* 1997. II. 911 ; note J. Barthélémy ; *Grands arrêts*, n° 2.

3. C. Radé, Des critères du contrat de travail, Protéger qui exactement ? Le Tentateur ? Le sportif amateur ? Le travailleur ?, *Dr. soc.* 2013. 202.

4. Soc. 30 janv. 1980, *Bull. civ.* V, n° 91 ; 29 mars 1994, *Bull. civ.* V, n° 108, *Dr. soc.* 1994. 558.

5. Soc. 6 juill. 1966, *Bull. civ.* IV, n° 578 ; 5 nov. 1982, *Bull. civ.* V, n° 603. Traduisent aussi le sentiment d'être employeur l'affiliation à l'Urssaf en cette qualité (Civ. 3e, 2 oct. 1979, *Bull. civ.* III, n° 128), ou la perception d'allocations familiales en qualité de travailleur indépendant (Soc. 11 oct. 1973, *Bull. civ.* V, n° 441).

6. Ex., Soc. 19 janv. 1999, *Dr. soc.* 1999. 745, obs. I. Vacarie (démonstratrice embauchée par une société et affectée dans un grand magasin, prise en compte dans son effectif par ce dernier et élue déléguée du personnel dans cette entreprise sans objection de sa direction).

7. Soc. 16 oct. 1959, *Bull. civ.* IV, n° 810. Rappr., Soc. 3 juin 1966, *Bull. civ.* IV, n° 451 (invalide recueillie par charité) ; 13 déc. 1973, *D.* 1974. IR 19 (épouse de l'employé prêtant la main aux services de table et à la cuisine à titre purement amical). Plus contestable : la novation d'un contrat de travail d'une employée de maison en assistance bénévole (Soc. 18 mars 1992, *Dr. soc.* 1992. 661, note J. Savatier).

familial demeure fréquent. Les devoirs d'assistance entre époux (C. civ., art. 212) et de contribution aux charges du mariage (C. civ., art. 214) en fournissent *a priori* le fondement. D'ailleurs, comment concevoir qu'un lien de subordination vienne interférer avec des rapports personnels et patrimoniaux entre époux placés, depuis quelques décennies, sous le signe de l'égalité ? Mais la condition juridique de travailleur salarié comporte, sur le plan social (en matière de protection sociale) et fiscal, des avantages qui ont convaincu d'admettre qu'un contrat de travail puisse se superposer au lien conjugal, dans le domaine distinct de l'activité professionnelle [1]. Le problème sera de déterminer si, en fait, la collaboration relève de l'entraide familiale ou constitue une activité de travailleur salarié.

Aux termes de la loi du 10 juillet 1982 relative aux conjoints d'artisans et de commerçants travaillant dans l'entreprise familiale, le conjoint peut exercer son activité soit comme *collaborateur* (inscrit au registre du commerce ou au répertoire des métiers), soit comme conjoint *associé*, soit comme conjoint *salarié*. Cette loi a créé, dans le Code du travail, un article L. 784-1 [2] déclarant les dispositions de ce code applicables au « conjoint du chef d'entreprise, salarié par lui et sous l'autorité duquel il est réputé exercer son activité, dès lors qu'il participe effectivement à l'entreprise ou à l'activité de son époux à titre professionnel et habituel et qu'il perçoit une rémunération horaire minimale égale au salaire minimum de croissance » [3]. Cet article a été abrogé à l'occasion de la nouvelle codification du Code du travail.

Le problème posé par le lien de filiation est analogue. Normalement et sauf preuve contraire, on présumera que la collaboration à l'entreprise paternelle a été apportée par l'enfant à titre d'entraide familiale [4]. Il en sera ainsi de la fille majeure travaillant dans l'entreprise hôtelière de son père, de la fille et du gendre d'un exploitant agricole [5]. Mais rien ne s'oppose à ce qu'un entrepreneur décide d'embaucher un descendant comme salarié. Il en est ainsi même s'agissant d'un mineur, car doit être rejeté

1. R.-F. Le Bris, *La relation de travail entre époux*, LGDJ, 1965 ; R. Le Guidec et M. Forgit, Le recul de la gratuité dans la sphère familiale, *Le travail en perspectives*, préc., p. 237.

2. R. Martin, La coopération conjugale dans l'entreprise familiale, *D.* 1982. Chron. 293 ; E. Wagner, La rémunération de la collaboration professionnelle du conjoint, *D.* 1985. Chron. 1.

3. La Cour de cassation a précisé la portée de cet article. Dès lors que sont réunies les conditions qu'il énonce, les dispositions du code du travail se trouvent applicables aux relations professionnelles entre les époux sans qu'il soit besoin de constater l'existence d'un lien de subordination car celui-ci n'est pas une condition d'application de l'art. L. 784-1 (Soc. 6 nov. 2001 *D.* 2002. 987, note P. Rossi ; F. Favennec, *Dr. soc.* 2002. 403). Plus récemment, la Cour de cassation a jugé que l'absence de rémunération ne faisait pas échec à l'application du statut de conjoint salarié (Soc. 13 déc. 2007, n° 06-45.243, *RDT* 2008. 100 s., obs. B. Lardy-Pélissier).

4. Soc. 17 mai 1973, *Bull. civ.* V, n° 279 ; 14 mars 1967, *Dr. soc.* 1968. 277, note P. Voirin. Il en est de même dans le cas d'une grand-mère gardienne de l'enfant (Soc. 14 janv. 1971, *Bull. civ.* V, n° 44).

5. Soc. 10 juin 1960, *Bull. civ.* IV, n° 473 ; 15 juin 1960, *Bull. civ.* IV, n° 493. Il en est de même quand un père ayant donné son fonds à son fils collabore de façon intermittente à son exploitation (Soc. 21 janv. 1972, *D.* 1972. Somm. 39).

l'argument tiré de la prétendue incompatibilité entre la subordination et le devoir d'obéissance, qui fonderait à lui seul la collaboration apportée par l'enfant.

207 ***Le lieu de travail*** ◊ Le salarié effectue habituellement la prestation de travail chez l'employeur ou dans les locaux de son entreprise, au poste qui lui a été confié. L'impératif géographique constituera donc un indice de subordination.

Ainsi a-t-il été jugé qu'étaient des salariés : l'agent qui reçoit la clientèle dans un bureau mis à sa disposition par l'employeur, le médecin d'entreprise tenu de se rendre dans les locaux de celle-ci, la tenancière d'un kiosque installée dans un local à elle assigné par l'employeur, le professeur donnant des leçons au domicile de ses élèves ou dans un établissement d'enseignement.

Lorsque l'activité du travailleur s'exerce par nature à l'extérieur, on retiendra comme indice de subordination le fait que le vendeur de journaux doit suivre l'itinéraire qui lui a été assigné, que le sportif professionnel doit déférer à la convocation au lieu de la compétition, que la démonstratrice plaçant des commandes d'articles ménagers ou de produits cosmétiques participe dans l'entreprise à des réunions organisées, des stages de formation et assure un service après vente.

En revanche, la qualité de salarié a été refusée au vendeur de journaux qui fixe librement son secteur d'activité, à un agent encaisseur travaillant dans ses propres locaux, ou encore à un professeur de droit n'ayant aucune obligation de présence dans l'entreprise d'édition pour laquelle il travaille [1].

La fixation du lieu de travail n'est évidemment pas à elle seule décisive. En raison de la nature de son activité, il peut arriver qu'un indépendant soit conduit à accomplir sa prestation dans l'entreprise de celui qui reste pour lui un client, tel l'expert-comptable ou l'ingénieur-conseil, ou dans le lieu où ce client organise sa manifestation, comme dans le cas de l'interprète de conférences [2].

La pratique du *télétravail* [3], et plus généralement celle du travail à domicile, affaiblit la signification traditionnelle du lieu de travail.

208 ***L'horaire de travail*** ◊ La subordination se marquera concrètement par l'obligation faite au travailleur de demeurer à la disposition de l'employeur conformément à l'horaire établi par ce dernier. Seront donc considérés comme des salariés : le vendeur de journaux tenu de commencer sa distribution aux abonnés à une heure imposée, le médecin assurant le service médical d'une entreprise et tenu par son contrat de s'y rendre à des heures

1. Civ. 1re, 20 juin 1995, *Bull. civ.* I, n° 268.

2. Soc. 14 janv. 1982 (trois arrêts), *Bull. civ.* V, nos 13, 14 et 18 ; *D.* 1983. IR 201, obs. A. Jeammaud ; *ibid.* 1983. 242, note Y. Saint-Jours (en l'absence de toute autre sujétion que le lieu et la date).

3. J.-E. Ray, Le droit du travail à l'épreuve du télétravail, *Dr. soc.* 1996. 121 ; *ibid.* 351.

déterminées, ainsi que l'enseignant soumis à des horaires [1]. Lorsque la prestation n'est pas effectuée de façon continue suivant un horaire régulier, la subordination peut résulter de l'obligation de répondre à toute convocation du créancier de cette prestation [2].

En revanche, il a été jugé que n'étaient pas liés par un contrat de travail : le vendeur de journaux auquel aucun horaire n'est imposé, le porteur aux Halles travaillant aux heures qui lui conviennent, le « conseiller » faisant profiter l'entreprise de ses relations en les contactant, sans être tenu par un horaire.

Quand le travailleur est tenu de se rendre au lieu assigné, et suivant un horaire imposé, le juge admettra aisément qu'il y a « subordination juridique », donc contrat de travail. Cet acte de soumission est en lui-même significatif, et cette localisation à heures fixes paraît constituer une condition de l'exercice effectif par l'employeur de son pouvoir de direction et de contrôle [3]. Les tendances nouvelles en matière de durée du travail (horaires individualisés, travail à temps partiel et intermittent, variabilité de l'horaire au cours de l'année) ne semblent pas de nature à rendre ces indices moins significatifs.

209 ***La fourniture d'une prestation personnelle et exclusive*** ◊ Le contrat de travail oblige le salarié à fournir en personne une prestation de travail, sans pouvoir se substituer quiconque, et notamment un salarié qu'à son tour il embaucherait.

L'imposition d'une telle fourniture personnelle du travail oriente fortement vers la qualification de contrat de travail [4]. Au contraire, n'est pas lié par un contrat de travail au bénéficiaire de son activité l'entrepreneur faisant appel à des ouvriers recrutés par lui, travaillant sous sa direction et sa responsabilité exclusive.

La Cour de cassation a refusé la qualité de salarié de la firme à l'agent général ayant la direction de sous-agents salariés, rémunérés par lui et travaillant pour son compte, et qui utilise donc le travail d'autrui à son profit personnel [5]. Il en va de même pour le chirurgien libre de son activité, opérant dans une clinique avec des infirmières qu'il embauche, rémunère et dirige seul [6].

---

1. Pour le médecin : Soc. 5 févr. 1960, *Bull. civ.* IV, n° 112 ; 14 oct. 1960, *Bull. civ.* IV, n° 393 ; 31 mai 1965, *Bull. civ.* IV, n° 344 ; 7 oct. 1976, *Bull. civ.* V, n° 394 (psychologue vacataire attachée à une association de sauvegarde de l'enfance) ; 27 oct. 1978, *Bull. civ.* V, n° 544 (médecin de clinique) ; 30 janv. 1980, *Bull. civ.* V, n° 64 (médecin de dispensaire) ; 7 déc. 1983, *JCP* 1984. IV. 53 (médecin de clinique). Pour l'enseignant : Cass., ass. plén., 4 mars 1983, *D.* 1983. 381, concl. P. Cabannes.

2. Ex. : Versailles, 10 juin 1999, *RJS* 10/99, n° 1349 (transporteur routier soumis à des astreintes).

3. Aussi le législateur a-t-il dû intervenir pour assimiler expressément à des salariés les travailleurs à domicile, qui exercent leur activité chez eux, quand bon leur semble et donc sans contrôle immédiat de leur activité.

4. Soc. 19 déc. 2000, *Dr. soc.* 2001. 227, note A. Jeammaud ; *Grands arrêts*, n° 3.

5. Soc. 28 avr. 1960, *Dr. soc.* 1961. 107, note J. Savatier ; 27 nov. 1968, *Bull. civ.* V, n° 446 ; 23 mars 1977, *Bull. civ.* V, n° 171 ; 30 mai 1979, *Bull. civ.* V, n° 358.

6. Soc. 7 mars 1979, *Bull. civ.* V, n° 145. De nombreuses décisions reconnaissent au contraire la qualité de salarié au médecin de clinique qui, entre autres indices, travaille avec le personnel de la clinique (ex., Soc. 8 févr. 1979, *Bull. civ.* V, n° 92).

Si l'exclusivité fait habituellement présumer l'existence d'un lien de subordination, la proposition inverse n'est pas exacte : l'activité non exclusive, exercée au profit de plusieurs employeurs ou d'une clientèle, n'est pas nécessairement incompatible avec la qualité de salarié. Le cumul d'un contrat de travail avec une profession libérale indépendante est possible [1], de même bien entendu que l'exécution simultanée de plusieurs contrats de travail (à temps partiel, en principe, afin de respecter la réglementation de la durée du travail) avec des employeurs différents. La *pluriactivité*, ou exercice simultané par une même personne de plusieurs activités professionnelles différentes, se répand [2]. Elle n'est qu'exceptionnellement interdite [3].

210 ***La fourniture du matériel, des matières premières, ou des produits*** ◊ L'employeur fournit normalement au salarié les outils et matériaux nécessaires à l'exécution de sa tâche. Par là s'affirme la dépendance du travailleur à l'égard d'un employeur détenteur des moyens de production.

Sur le plan de la subordination, l'autorité du bénéficiaire de la prestation s'estompe quand le matériel est la propriété du travailleur qui en dispose à son gré, car ce dernier cesse d'être un pur locateur de services. Ainsi des décisions ont-elles refusé la qualité de salarié : à l'entrepreneur utilisant son outillage et sa bétonnière, à un entrepreneur de battage restant maître de la conduite de ses engins, au représentant propriétaire d'un entrepôt et d'un matériel de transport livrant à des détaillants les produits d'une société, à l'artisan faisant l'avance de diverses fournitures. Sont au contraire liés par contrat de travail la tenancière d'un kiosque vendant aux prix indiqués les marchandises fournies exclusivement par l'employeur et rapportant les invendus, ou les maçons auxquels le mortier est fourni. Une donnée du même ordre pèse, avec d'autres indices, en faveur de la qualité de salariés de médecins d'établissements privés de soins utilisant les installations de ceux-ci [4].

Dans le cas de certains coursiers ou chauffeurs routiers propriétaires de leur véhicule, l'exclusion de la qualification de contrat de travail est *a priori* très probable. Mais les intéressés pourront parfois, en fonction de diverses conditions de l'exercice de leur activité, bénéficier des dispositions du Code du travail par l'effet des articles L. 7321-1 et suivants Code du travail.

---

1. Soc. 5 févr. 1960, *Bull. civ.* IV, n° 112 (médecin d'entreprise, salarié, bien que consacrant par ailleurs l'essentiel de son activité à sa clientèle personnelle) ; 6 janv. 1961, *Bull. civ.* IV, n° 14 (sage-femme libérale, également salariée d'une clinique) ; 12 mai 1971, *JCP* 1971. IV. 157 (architecte).

2. L. Casaux, *La pluriactivité*, LGDJ, 1993.

3. Le cumul d'une activité salariée et d'une activité indépendante peut avoir lieu pour le compte d'un même employeur (Soc. 19 mars 1987, *D.* 1988. Somm. 96, obs. P. Fieschi-Vivet : salariée en tant qu'attachée commerciale et indépendante pour des activités de démarchage de clientèle ; Toulouse, 21 janv. 1983, *D.* 1984. IR 182, obs. J.-P. Karaquillo : moniteur sportif qui est, dans un même club, salarié et enseignant libéral ; Soc. 17 juin 1982, *Bull. civ.* V, n° 403 : salarié d'une agence immobilière en même temps mandataire pour la négociation d'appartements).

4. Soc. 27 oct. 1978, *Bull. civ.* V, n° 544 ; 8 févr. 1979, *Bull. civ.* V, n° 92 ; 30 janv. 1980, *Bull. civ.* V, n° 64 ; 7 déc. 1983, *JCP* 1984. IV. 53. Comp., Bordeaux, 3 juin 1981, *D.* 1982. IR 262, obs. J. Penneau.

211 ***La forme de la rémunération*** ◊ Peu importe que la rémunération soit au temps ou à la tâche [1], en argent ou uniquement en nature, fixe ou sous forme exclusive de commissions ou de pourcentage. Le mode de rémunération constitue toutefois une circonstance que les juges relèvent fréquemment pour conclure à l'existence d'un contrat de travail. En effet, la rémunération au temps implique plus certainement la subordination : celui qui rémunère selon le temps passé au travail, sans considération de la tâche accomplie, entend surveiller de près l'activité. En revanche, la rémunération à la tâche, à la commission ou au pourcentage ne constitue pas un facteur décisif, car elle peut aussi bien concerner un entrepreneur ou un agent commercial mandataire qu'un salarié.

SECTION 2. INCLUSIONS ET EXCLUSION SPÉCIALES

Le législateur est intervenu pour étendre le champ d'application du droit du travail (1). En sens inverse, certaines exclusions de travailleurs subordonnés demeurent. Ainsi, le travail en prison est-il exclu des protections du droit du travail par l'article 717-3 du Code de procédure pénale. Ce texte a été contesté, à juste titre, par la généralité et la brutalité de l'exclusion qu'il affirme [2]. Mais le Conseil constitutionnel n'y voit aucune entorse aux droits et libertés fondamentales garantis par la Constitution [3]. Une autre exclusion d'importance demeure, celle des travailleurs subordonnés relevant du droit public (2).

§ 1. Extensions du champ d'application du Code du travail

212 Diverses dispositions regroupées dans le livre I de la septième partie du Code réalisent une extension du champ d'application du Code du travail.

1. Dans une distinction restée célèbre, Planiol considérait que, dans le contrat de travail, le salaire de l'ouvrier était proportionnel au temps, alors que la créance de l'entrepreneur était déterminée par l'importance de l'ouvrage accompli indépendamment du temps passé. Cette distinction méconnaissait la pratique courante du salaire aux pièces.

2. – V. not. P. Auvergnon, Droit du travail et prison : le changement maintenant ?, *RDT* 2013. 309 ; L. Isidro, Droit du travail en détention : les détenus, des travailleurs libres ?, *in* Lettre « Actualités Droits-Libertés », CREDOF, 14 mars 2013.

3. Cons. const. 14 juin 2013, n° 2013-320/321 QPC, *RDSS* 2013. 639, note S. Brimo ; *RDT* 2013. 564, note C. Wolmark ; La décision a été considérée comme « cruellement décevante » par J.-M. Delarue, Contrôleur général des lieux de privation de liberté dans un communiqué de presse du même jour, qui rappelle les faits relatifs au travail en prison, constatés à l'occasion de ses visites : discriminations des femmes enceintes, manipulation de produit toxiques sans protections, absence de contrôle de l'inspection du travail, absence d'indemnisation en cas de maladie, etc... V. aussi l'arrêt de renvoi des QPC, Soc. 20 mars 2013, n°s 12-40.104 et 12-40.105. V. aussi la discutable décision du Tribunal des conflits qui juge que la relation de travail entre un détenu et un concessionnaire, soit deux personnes privées, est une relation de droit public : T. confl. 14 oct. 2013, n° 3918, *Vincent*, au *Lebon*.

Tantôt elles assimilent le contrat de certains professionnels à un contrat de travail et font donc de ces personnes des salariés proprement dits (a), tantôt elles se contentent d'ordonner l'application de certaines parties du Code du travail à des travailleurs, sans les assimiler pleinement à des salariés, et donc sans que leur contrat ne soit requalifié de « contrat de travail » (b).

213 ***a) Extensions légales du contrat de travail*** ◊ Sans intervention légale, le travailleur à domicile aurait été un sous-traitant indépendant, le voyageur, représentant ou placier (VRP) un mandataire, le journaliste un auteur, l'artiste du spectacle un prestataire de services indépendant. Mais la loi a tenu compte de leur dépendance économique, à défaut de subordination véritable ou suffisamment caractérisée. L'assimilation légale du travailleur porté à un salarié, dans le cadre du portage salarial, relève d'une autre logique. Il s'agit cette fois de permettre à des travailleurs réellement indépendants (ou supposés tels) de pouvoir bénéficier de certaines protections accordées aux salariés et notamment des assurances sociales. Le portage salarial sera, pour cette raison, étudié ultérieurement [1].

L'article L. 7313-1 du Code du travail dispose que toute convention dont l'objet est la représentation conclue entre un VRP et un employeur, est, nonobstant toute stipulation expresse du contrat ou en son silence, un contrat de travail [2]. D'autres dispositions se bornent à *présumer* que le ou les contrats des intéressés sont des contrats de travail. Mais elles le font dans des conditions telles que cette présomption reste particulièrement résistante aux tentatives de renversement : l'article L. 7112-1 pour les *journalistes professionnels*, l'article L. 7121-3 pour les *artistes du spectacle* [3] et l'article L. 7123-3 du Code du travail pour les *mannequins* [4].

Les textes concernant les travailleurs à domicile (C. trav., art. L. 7411-1 s.) [5] procèdent par définition du travailleur à domicile et par affirmation de l'application des dispositions du Code du travail à ces

1. Sur le portage salarial, v. ss. 297 et s.

2. L'art. L. 7311-3 C. trav. détermine qui est voyageur, représentant ou placier.

3. C'est à la lecture de cet art. L. 7121-4 C. trav. qu'apparaît le plus clairement la liberté prise par le législateur avec la catégorie générique de contrat de travail : la présomption vaut quel que soit le montant de la rémunération de l'artiste (on ne doit donc pas être surpris qu'un chanteur à grands succès et impressionnants revenus saisisse un Conseil de prud'hommes afin de régler ses comptes avec son ancienne maison de disques), et elle subsiste, même s'il est prouvé que l'artiste conserve la liberté d'expression de son art, qu'il est propriétaire de tout ou partie du matériel utilisé ou qu'il emploie lui-même une ou plusieurs personnes pour le seconder (des musiciens, par exemple), dès lors qu'il participe personnellement au spectacle ; v. par ex., Soc. 8 juill. 1999, *RJS* 10/99, n° 1310 ; 19 mai 1998, *Bull. civ.* V, n° 270. Cet art. L. 762-1 n'exclut pas les exhibitions sportives et concerne, à ce titre, des boxeurs professionnels (Soc. 6 mars 2003, *D.* 2003. 2109, note J.-P. Karaquillo).

4. Sur le possible renversement de cette présomption relative à la qualification ; Soc. 1er févr. 1995 *Bull. civ.* V, n° 47 ; 8 mars 1995, *RJS* 4/95, n° 452 (journaliste) ; 12 janv. 1995, *RJS* 2/95, n° 162 (artiste du spectacle) ; 16 janv. 1996, *RJS* 3/97, n° 326 (mannequin).

5. Sur l'origine (la première loi date de 1915), le développement, l'état présent, les perspectives (avec le télétravail ?) et le régime juridique de cette forme d'activité professionnelle, v. Conseil économique et social, Avis et rapport (Ch. Rey), *Le travail à domicile*, 1999.

travailleurs. Littéralement, ils n'imposent pas la qualification de « contrat de travail » au contrat qui les unit au donneur d'ouvrage. Mais le Code du travail leur est entièrement applicable, d'autres dispositions traitent du « contrat de travail » de ces travailleurs (C. trav., art. R. 7413-4) et des arrêts de la Cour de cassation parlent également de « contrat de travail » de ces travailleurs à domicile.

Les employés de maison font également l'objet de dispositions particulières logées dans le livre VII, alors même qu'ils sont indiscutablement liés à leurs employeurs par des contrats de travail selon le droit commun. La difficulté est de déterminer, parfois, le droit qui leur est applicable. Ils ne peuvent être concernés par les dispositions visant des entreprises (par ex. le régime particulier du licenciement pour motif économique). Surtout, l'article L. 7221-2 du Code du travail livre une forte courte énumération d'articles du Code qui leur sont applicables. Mais la Cour de cassation estime que cette liste n'est pas limitative [1].

214 ***b) Applications d'éléments du Code du travail à d'autres contrats*** ◊ Les textes relatifs aux gérants non salariés (C. trav., art. L. 7322-1 s.) génèrent de véritables situations mixtes où le travailleur bénéficie à la fois d'une partie du droit du travail, tout en restant régi par le droit civil ou commercial de la location-gérance, du mandat d'intérêt commun ou du contrat de franchise [2]. La distribution entre ces différents corps de règles, ou leur combinaison, est parfois délicate : les intéressés peuvent réclamer le bénéfice du régime de la durée du travail, des repos et congés, du salaire minimum, du licenciement lorsque leur contrat prend fin à l'initiative de leur partenaire plus puissant (alors traité comme un employeur) [3]. L'article L. 7321-2 du Code du travail est le plus remarquable à cet égard, par la diversité des indépendants, commerçants ou artisans auxquels il peut procurer le bénéfice du Code du travail. Par l'effet de son interprétation et de son application par la Cour de cassation, des pompistes gérants libres de stations-services, d'autres distributeurs exclusifs, des franchisés même, peuvent s'en prévaloir parce qu'ils dépendent exclusivement d'un fournisseur ou d'un donneur d'ordre qui, serait-ce de manière indirecte, influence assez intensément leurs conditions de travail et maîtrise les prix des biens ou services qu'ils fournissent à « leurs » clients [4].

1. Soc. 19 nov. 2003, *Bull. civ.* V, n° 291.

2. Sur ces situations hybrides, v. not. G. Auzero, *RDT* 2009. 373 ; *ibid.* 2012. 101.

3. Pour des illustrations de la combinaison des protection du salariat avec l'application d'autres statut juridique ; v. Soc. 13 mars 2001, *Dr. soc.* 2001. 547, obs. C. Radé (le locataire-gérant d'une station-service ne peut obtenir, au titre de la même année, des salaires et des bénéfices commerciaux) ; Soc. 27 mars 2013, n° 11-27.641 P (relations entre un gérant de succursale et ses salariés), n° 12-12892 P (application de la jurisprudence sociale relative aux clauses de non concurrence à un gérant de succursale ; mais application des règles du droit commercial pour la clause de responsabilité en cas de déficit d'inventaire en fin de contrat).

4. Il a été jugé que remplissaient les conditions posées par cet article pour le bénéfice des dispositions visant les salariés : des gérants libres de stations-service (Soc. 23 oct. 1968, *Bull. civ.* V, n° 455 ; 13 janv. 1972, *D.* 1972. 425, note E. Schaeffer, *Grands arrêts*, n° 4 ; 18 déc. 1975, *D.* 1976.

§ 2. Contrat de travail et droit public

215 ***Catégories d'agents publics*** ◊ La qualification de contrat de travail n'entraîne pas l'application de l'essentiel du Code du travail si ce contrat est un contrat de droit public.

Les travailleurs de ce secteur ont qualité, soit d'agents publics, soit de salariés dits « de droit privé » liés à leur employeur par un contrat de travail soumis au Code du travail (collaborateurs des personnes morales de droit privé chargées d'un service public ou des personnes morales, même publiques, chargées d'un service public industriel ou commercial).

Les *agents publics* sont, en majorité, des fonctionnaires, nommés par un acte administratif unilatéral (décret ou arrêté de nomination) dans un emploi public, placés « vis-à-vis de l'administration, dans une situation statutaire et réglementaire » (L. du 13 juill. 1983, art. 4), régis par le statut général des fonctionnaires et les dispositions propres à l'une des trois fonctions publiques (de l'État, territoriale ou hospitalière).

La condition des autres agents publics, non titulaires d'un emploi de la fonction publique, est restée longtemps incertaine. L'enjeu premier étant la détermination du juge compétent, une abondante jurisprudence du Tribunal des conflits, du Conseil d'État et de la Cour de cassation, s'est développée sans livrer, pendant longtemps, de repères assez clairs pour espérer voir se tarir le contentieux [1]. Alors qu'un critère organique est depuis longtemps pratiqué lorsque l'employeur est une personne de droit privé [2], la jurisprudence recourait, lorsque l'employeur était un organisme

---

399, note A. Jeammaud ; 18 nov. 1981, *D.* 1983. 242, note Y. Saint-Jours), des franchisés (Soc. 7 juill. 1977, *Bull. civ.* V, n° 482 ; 3 mai 1995, *D.* 1997. 10, note L. Amiel-Cosme ; 25 févr. 1998, *JCP E* 1998. 536, obs. P. Morvan ; 4 déc. 2001, *Dr. soc.* 2002. 158, note A. Jeammaud ; *D.* 2002. 1934, note H. Kenfack, *Grands arrêts*, n° 5). Selon les arrêts du 4 déc. 2001, les dispositions visant les salariés sont applicables dès lors que les conditions énumérées par l'anc. art. L. 781-1 (C. trav., art. L. 7321-1 s.) « sont, *en fait*, réunies, quelles que soient les énonciations du contrat (...) sans qu'il soit besoin d'établir l'existence d'un lien de subordination ». V. *Grands arrêts*, n°s 4 et 5.

1. J.-F. Lachaume, Sur le critère de l'agent public, *Dr. soc.* 1986. 44 ; F. Hamon, Les contractuels : de quel droit ?, *ibid.* 1989. 815 ; B. Stirn, L'agent public : réflexions sur la jurisprudence, *AJDA* 1991. 587.

2. Le contrat relève alors du code du travail et son contentieux de la compétence prud'homale, peu important que l'employeur remplisse une mission de service public : T. confl. 19 mai 1958, *JCP* 1958. II. 10658, note P. Laroque (caisses de sécurité sociale) ; 20 nov. 1961, *D.* 1962. 369 (centre anticancéreux) ; CE 4 avr. 1962, *Lebon* 244 (fédération départementale de chasseurs) ; 1er févr. 1995, *RJS* 3/95, n° 308 (association créée par une chambre de commerce). V. aussi les nombreux arrêts concernant les enseignants (recrutés par l'État) d'établissements privés sous contrat d'association avec l'État ou délégués dans des établissements privés, et placés sous l'autorité des chefs de ces établissements ; Cass., ass. plén., 20 déc. 1991 ; Soc. 5 févr. 1992, *Dr. soc.* 1992. 439, note J. Savatier ; 5 nov. 1993, *JCP* 1994. II. 22180, concl. M. Jéol, note Y. Saint-Jours ; 1er juill. 1998, *RJS* 8-9/98, n° 1033 ; 25 mars 1998, *Dr. soc.* 1998. 616, obs. J. Savatier. Le fonctionnaire mis à la disposition ou détaché auprès d'un organisme de droit privé se trouve lié à celui-ci par un contrat de travail, qui en fait un salarié de droit privé (Soc. 20 juin 1990, *RJS* 8/9-1990, n° 643 ; Cass., ass. plén., 20 déc. 1996, *Dr. soc.* 1997. 710, note J.-F. Lachaume ; T. confl. 10 mars 1997, *ibid.* 717, concl. J. Sainte-Rose ; 7 juin 1999, *D.* 2000. Somm. 81, obs. F. Debord ; Soc. 5 mars 1997, *Bull. civ.* V, n° 99 ; 13 mars 2001, *Dr. soc.* 2001. 544, obs. J. Savatier). Rappr. ; CE 9 oct. 2002, *GIAT Industries*, *RJS* 1/03, n° 95.

de droit public, à un double critère : à titre principal celui de la participation directe à l'exécution du service public, et à titre subsidiaire celui de la présence de « clauses exorbitantes du droit commun ». La condition de l'agent qui répondait à l'un de ces deux critères était réputée de droit public et relevait de la compétence du juge administratif [1]. La participation à l'exécution du service public devant être « directe », la tendance était à distinguer selon l'objet du travail effectué : les tâches « nobles » relevaient du fonctionnement du service public, mais non les tâches plus modestes [2]. Soucieux de réduire l'incertitude, le Tribunal des conflits a opté, dans son arrêt *Berkani* du 25 mars 1996, pour le critère organique : « les personnels non statutaires travaillant *pour le compte d'un service public à caractère administratif* sont des *agents contractuels de droit public* quelles que soient la nature et les conditions de leur emploi » [3]. Le revirement est d'autant plus net que l'espèce concernait un aide de cuisine d'un restaurant universitaire. Le Tribunal allait bientôt préciser que cette qualité d'agent public était subordonnée à la double condition que le service soit géré par une personne publique [4] et que le travailleur soit bien affecté à la mission de service public administratif [5]. Si ce critère, plus simple, a le mérite de désigner clairement le juge compétent, il accroît le nombre de travailleurs exclus du champ du droit du travail [6] pour être soumis à des règles plus incertaines, dispersées et globalement moins protectrices. L'arrêt *Berkani* et ceux qui l'ont suivi qualifient les agents publics en question de *contractuels*, levant ainsi les

---

1. Cette longue phase de jurisprudence constante avait été inaugurée par deux arrêts rendus en 1954 par le CE (4 juin 1954, *Affortit* et *Vingtain*, *Lebon* 342, concl. J. Chardeau).

2. T. confl. 25 nov. 1963, *Vve Mazerand*, *Lebon* 792 (une même employée communale relève du droit privé lorsqu'elle s'occupe du nettoyage des locaux scolaires, et du droit public lorsqu'elle garde les enfants) ; 19 avr. 1982, *D.* 1982. 546, note J. Imbert (serveuse au restaurant universitaire) ; 10 janv. 1983, *Dr. ouvrier* 1983. 426, note Y. Saint-Jours (ouvrier d'entretien d'une forêt communale) ; 14 avr. 1986, *Dr. soc.* 1987. 131, note G. Renaud (femme de service d'une école) ; 29 juin 1987, *JCP* 1989. II. 21196, note G. Renaud, *D.* 1989. Somm. 63, obs. Chelle et Prétot (formatrice traitée comme agent de droit public lorsqu'elle dispensait un enseignement au personnel paramédical d'un hôpital, mais soumise au droit privé quand elle était chargée de l'alphabétisation de personnels de service) ; 24 févr. 1992, *RJS* 4/92, n° 483 ; 22 juin 1992, *RJS* 10/92, n° 1146 (qualité d'agent public dès lors qu'une partie du travail participe de l'exécution directe du service public) ; 22 nov. 1993, *Bull. civ.*, n° 19 (l'artiste engagé par un théâtre municipal, même pour quelques représentations, participe directement au service public) ; Cass., ass. plén., 20 déc. 1991, *RJS* 2/92 n° 182 ; Soc. 18 mars 1992, *RJS* 5/92, n° 657 ; 7 déc. 1994, *RJS* 1/95, n° 52.

3. *Lebon* 535, concl. P. Martin ; *D.* 1996. 598, note Y. Saint-Jours ; *Dr. soc.* 1996. 735, obs. X. Prétot ; *Grands arrêts*, n° 6. La Cour de cassation (ex., Soc. 18 juin 1996, *Bull. civ.* V, n° 249 ; 15 janv. 1997, *Bull. civ.* V, n° 21 ; 16 mai 2000, *Bull. civ.* V, n° 186) et le CE (26 juin 1996, *Cne de Cereste*, *Lebon* 246) suivent cette doctrine.

4. T. confl. 3 juin 1996, *Préfet des Yvelines*, *Lebon* 541 ; 22 oct. 2001, *Cabanel*, *AJDA* 2002. 348, note M.-C. Rouault.

5. T. confl. 18 juin 2001, *Lelaidier*, *D.* 2001. IR 2560 (ce n'est pas le cas de l'agent recruté pour la gestion du domaine privé d'une commune).

6. Rendu sur élévation du conflit par le préfet, l'arrêt *Berkani* a eu pour première conséquence de priver un modeste agent d'un restaurant universitaire des indemnités de rupture auxquelles son employeur, un centre régional des œuvres universitaires et scolaires, avait été condamné par le juge prud'homal.

doutes qui pouvaient subsister quant à la nature de l'acte juridique créateur du rapport de travail entre les non titulaires et l'administration ou l'établissement qui les emploie. Cet acte est bien un contrat de travail.

Comme il s'agit d'un « contrat de droit public », les litiges relatifs à sa conclusion, son exécution ou sa rupture relèvent de la compétence des juridictions administratives. Est-ce dire que le Code du travail n'est pas, par principe, applicable [1] ? Il serait logique (et équitable) que si une personne morale de droit public choisit d'embaucher par contrat de travail au lieu de recruter un fonctionnaire, ce contrat se trouve soumis à ce code, sauf disposition législative expresse ou incidence des nécessités propres au service public. Dans son arrêt *Dame Peynet* de 1973, le Conseil d'État a écarté cette position et préféré appliquer au cas par cas à ces non titulaires – et à condition qu'aucune nécessité propre au service public en cause ne s'y oppose – les « principes généraux du droit du travail » dont certains articles du code sont réputés « s'inspirer » [2]. Ont ainsi été déclarés applicables à ces agents, l'interdiction de licencier une femme enceinte (pourvu qu'aucune nécessité propre au service ne s'y oppose) [3], de verser une rémunération inférieure au SMIC [4], ou l'obligation, en cas d'inaptitude définitive et médicalement constatée à l'emploi occupé, de reclasser l'intéressé dans un autre emploi ou, si ce reclassement s'avère impossible, de procéder à son licenciement [5]. Nul doute que ces salariés de droit public peuvent aussi se prévaloir de ces autres principes généraux du droit du travail que le Conseil d'État a pu dégager pour les opposer à des statuts du personnel d'entreprises publiques applicables à des salariés « de droit privé », telles, par exemple, interdiction de prononcer une sanction pécuniaire ou encore l'exigence d'un entretien préalable au prononcé d'une sanction disciplinaire [6]. La condition de ces salariés de droit public est régie pour le surplus – c'est-à-dire pour l'essentiel – par des dispositions législatives et surtout réglementaires, éparses et incomplètes, et, sur quelques points, par des règles du Code du travail [7]. Ainsi exclus du champ d'application de la majeure part du droit du travail comme de celui des statuts de la fonction

1. F. Zapata, Le juge administratif et l'application du Code du travail aux personnels du secteur public, *Dr. soc.* 1996. 697.

2. CE 8 juin 1973, *Dame Peynet, Lebon* 406, concl. S. Grévisse ; *JCP* 1974. II. 17957, note Y. Saint-Jours ; *Grands arrêts*, n° 7.

3. CE 8 juin 1973, préc. ; 9 juill. 1997, *CH Draguignan, D.* 1999. Somm. 48, obs. P. Bon et *D.* de Béchillon.

4. CE 23 avr. 1982, *Ville de Toulouse, Lebon* 152, concl. *D.* Labetoulle ; *D.* 1983. 8, note J.-B. Auby.

5. CE 2 oct. 2002, *CCI de Meurthe-et-Moselle, AJDA* 2002. 1294, concl. D. Piveteau.

6. CE 1er juill. 1988, *Billard et Volle, Dr. soc.* 1988. 775, concl. O. van Ruymbeke ; *ibid.* 512, note J.-F. Lachaume ; *JCP* 1989. II. 21252, note Y. Saint-Jours ; *Grands arrêts*, n° 9 ; 28 juill. 1993, *Fédé. FO et CGT des tabacs et allumettes, AJDA* 1993. 682, chron. Ch. Maugüé et L. Touvet ; *Dr. ouvrier* 1994. 85, note F. Saramito. V. *Grands arrêts*, sous n° 7 (autres arrêts cités).

7. Leur régime d'indemnisation chômage figure dans le code (C. trav., art. L. 5224-1 s.). Ils relèvent aussi du régime de la grève dans les services publics (C. trav., art. L. 2512-1 s.), et certaines règles du code leur sont expressément déclarées applicables (C. trav., art. L. 3221-1 pour les dispositions visant à assurer l'égalité de rémunération entre les hommes et les femmes).

publique, ces salariés ne relèvent d'aucun régime juridique cohérent et de larges zones d'incertitude subsistent sur l'étendue de leurs droits.

Bien entendu, cette qualification de contrat de droit public ne s'impose que « sauf dispositions législatives contraires ». Or, la loi qualifie expressément certains contrats de *contrats de travail de droit privé*, bien qu'ils soient conclus avec des personnes morales publiques gérant un service public administratif, (C. trav., art. L. 5134-9). Les litiges relatifs à ces contrats relèvent des tribunaux judiciaires, donc des conseils de prud'hommes [1], encore que ces contrats de droit privé par détermination de la loi soient exposés à requalification en cas de pratique irrégulière.

1. T. confl. 20 oct. 1997, *Lebon* 538 ; 19 janv. 1998, *D.* 1998. IR 97 ; 7 juin 1999, *Dr. soc.* 1999. 762, concl. J. Arrighi de Casanova ; 13 mars 2000, *Bull. civ.* n° 6 ; 3 juill. 2000, *Bull. civ.* n°s 14 et 15 ; Soc. 9 déc. 1998, *Dr. soc.* 1999. 143, note M. Keller ; 16 mars 1999, *Bull. civ.* n° 553 (1er esp.), note C. Roy-Loustaunau ; 1er juin 1999, *Bull. civ.* n° 834, obs. C. Roy-Loustaunau.

CHAPITRE 2
LA CONCLUSION D'UN CONTRAT DE TRAVAIL À DURÉE INDÉTERMINÉE

216 « Le contrat de travail est soumis aux règles du droit commun. Il peut être établi selon les formes que les parties contractantes décident d'adopter » (C. trav., art. L. 1221-1). Bien que l'affirmation soit formulée de façon très générale, des hésitations peuvent être exprimées aussi bien pour les règles formelles de conclusion (Section 1) que pour celles relatives aux conditions de fond et au contenu du contrat de travail (Section 2).

SECTION 1. CONDITIONS DE FORME

217 Le Code du travail n'impose pas expressément la rédaction d'un écrit lors de la conclusion d'un contrat de travail à durée indéterminée ; on peut cependant s'interroger, après la directive communautaire du 14 octobre 1991, sur la nécessité ou l'utilité d'un écrit. Il est en revanche certain que l'employeur doit procéder à une déclaration préalable d'embauche.

§ 1. Écrit et validité du contrat

218 ***Principe : un contrat écrit n'est pas nécessaire*** ◊ Contrairement à ce qui est quelquefois affirmé, la directive adoptée par le Conseil des communautés européennes le 14 octobre 1991 n'impose pas aux parties à un contrat de travail de rédiger un contrat écrit. Cette directive qui fait obligation aux États Membres d'adopter avant le 1er juillet 1995 les dispositions permettant aux salariés de disposer d'un ou de plusieurs documents écrits comportant des éléments d'information sur les éléments essentiels du contrat impose seulement une obligation écrite d'information. La France, comme les autres États Membres de l'Union européenne, doit imposer aux employeurs l'obligation d'indiquer dans un ou plusieurs écrits qui peuvent être aussi bien une lettre d'engagement ou un bulletin de paie qu'un contrat de travail, des informations concernant le lieu de travail, la description du travail, la rémunération, la durée des congés, la durée du

travail journalière ou hebdomadaire [1]. L'État français n'a pas estimé nécessaire d'imposer la rédaction d'un contrat écrit dans la mesure où les employeurs ont l'obligation de délivrer un bulletin de paie qui contient les précisions prévues par la directive.

219 ***Exceptions : rédaction obligatoire d'un contrat*** ◊ Plusieurs textes du Code du travail imposent à titre exceptionnel la rédaction d'un écrit lors de la conclusion du contrat de travail à durée indéterminée, sans pour autant sanctionner par la nullité du contrat l'absence d'écrit.

La rédaction d'un écrit est, par exemple, exigée pour les contrats de travail à domicile (C. trav., art. L. 7421-1, L. 7421-2) ; si l'employeur ne remet pas au travailleur à domicile un bulletin où sont précisées les conditions de travail, il commet une infraction [2] ; le contrat n'est pas nul pour autant. De même, les contrats conclus par des médecins salariés doivent être passés par écrit (CSP, art. L. 4113-9) ; le médecin salarié qui ne rédige pas un contrat écrit pour le soumettre au contrôle de l'ordre des médecins encourt une sanction disciplinaire, mais l'absence d'écrit est sans intérêt pour la solution du litige relatif à l'existence d'un contrat de travail [3].

Lorsque les conventions collectives prévoient que le contrat de travail doit être conclu par écrit, elles font rarement de cette règle une condition de validité du contrat. Elles instituent une obligation à la charge de l'employeur qui doit remettre au salarié un exemplaire écrit du contrat dont les précisions éviteront des contestations ultérieures ; si l'employeur ne remet pas cet écrit au salarié, celui-ci pourra exiger la rédaction et la remise de cet écrit en invoquant les dispositions de la convention collective.

Dans de très rares cas, l'écrit est une véritable condition de validité du contrat de travail. Le défaut d'écrit entraîne la nullité du contrat de travail lorsqu'il s'agit d'un contrat d'engagement maritime [4], de l'engagement d'un membre du personnel navigant de l'aéronautique civile [5].

§ 2. Écrit et preuve du contrat

220 ***Utilité de l'écrit*** ◊ À s'en tenir aux principes, il faudrait évoquer la nécessité de l'écrit plutôt que son utilité. En effet, par application des règles du droit commun, la preuve d'un contrat de travail doit être rapportée par écrit lorsque la totalité des salaires prévue pour la durée de contrat est supérieure à 1 500 euros [6] ; cet écrit doit, en outre, être établi en double exemplaire puisque le contrat de travail est un contrat synallagmatique (C. civ., art. 1325).

1. Sur les précisions obligatoires, v. C. trav. annoté, note sous l'art. L. 1221-2.
2. C. trav., art. R. 7421-4.
3. Soc. 17 déc. 1960, *Bull. civ.* V, n° 720.
4. C. trav. mar., art. 9
5. C. aviat., art. L. 423-1.
6. C civ., art. 1341 ; Décis. du 1er janv. 2005.

En réalité, l'employeur et le salarié pourront rapporter la preuve du contrat de travail même lorsqu'ils n'ont pas rédigé un contrat écrit en double exemplaire. S'ils n'ont établi qu'un exemplaire unique du contrat, celui-ci vaut commencement de preuve par écrit et peut être complété par présomption ou par témoignage [1]. Même à défaut de tout écrit, le salarié [2] peut recourir à la preuve par témoins ou établir ses prétentions à l'aide de présomptions. Dans la plupart des cas, l'employeur est un « commerçant » au sens juridique du terme et le contrat de travail est, à son égard, un acte de commerce par accessoire ; le salarié peut donc, par application de l'article L. 110-3 du Code de commerce, prouver l'existence et le contenu du contrat de travail par tous moyens [3].

Lorsque l'employeur n'est pas un « commerçant » et que le salarié ne peut pas invoquer les règles de preuve des actes mixtes, celui-ci ne sera pas dans l'impossibilité de prouver l'existence et le contenu du contrat malgré l'absence d'écrit. Les juges appliquent, en effet, libéralement l'article 1348 du Code civil prévoyant l'impossibilité matérielle ou morale de se procurer une preuve littérale de l'acte juridique ; lorsque, dans une profession ou une région, l'usage est de conclure les contrats verbalement, cet usage rend impossible l'exigence, par une des parties, d'un acte écrit ; le salarié et l'employeur pourront prouver par tous moyens [4]. À défaut même d'usage, consacrant les contrats verbaux, le salarié pourra convaincre les juges que son état de subordination l'a mis dans l'impossibilité morale d'exiger un écrit lors de la conclusion du contrat [5].

Ce droit reconnu au salarié de rapporter la preuve du contrat de travail par tous moyens ne doit pas dissimuler les difficultés que le salarié rencontrera pour établir effectivement l'étendue de ses droits. La production d'un écrit correctement rédigé évitera les discussions sur le contenu de la tâche, la qualification du salarié, le montant du salaire et des primes [6].

221 ***Langue de rédaction de l'écrit*** ◊ Le législateur a imposé des règles de rédaction du contrat de travail en ce qui concerne la langue utilisée (C. trav., art. L. 1221-3).

Tout contrat constaté par écrit et qui doit être exécuté sur le territoire français doit être rédigé en français.

Lorsque le salarié est étranger, celui-ci peut exiger une traduction du contrat dans sa langue ; les deux textes – français et étranger – font également foi en justice ; en cas de discordance entre les deux textes, seul le texte rédigé dans la langue du salarié étranger peut être invoqué contre ce dernier. Mais ces règles sont peu respectées.

---

1. Soc. 29 mai 1965, *Bull. civ.* IV, n° 438 ; le commencement de preuve par écrit permet également de rapporter la preuve grâce au serment supplétoire ; Soc. 9 avr. 1970, *Bull. civ.* V, n° 234.

2. L'employeur doit lui respecter les preuves du droit civil car le contrat de travail est un acte civil au regard du salarié.

3. Soc. 10 janv. 1982, *Bull. civ.* IV, 28 ; 9 mai 1975, *Bull. civ.* V, n° 255.

4. Soc. 28 avr. 1955, *Bull. civ.* IV, n° 257.

5. Soc. 28 avr. 1955, préc.

6. En pratique les bulletins de paie sont largement utilisés, si aucun écrit n'existe.

C'est tantôt le contrat lui-même qui est rédigé en anglais ou contient des termes étrangers, tantôt l'offre d'emploi, tantôt un livret du personnel lequel définit les obligations des parties. L'employeur est, en effet, souvent un groupe international et les salariés sont de nationalité différente. La politique de défense de la langue française risque d'être peu efficace en la matière [1].

§ 3. Déclaration préalable d'embauche

222 ***Déclaration nominale*** ◊ Une loi du 31 décembre 1991 renforçant la lutte contre le travail clandestin impose à tout employeur de faire une déclaration nominale auprès des organismes de protection sociale avant que l'embauche ne devienne effective (C. trav., art. L. 1221-10) [2]. Cette déclaration d'embauche a été simplifiée par un décret du 16 juin 2011 [3].

L'absence de déclaration est sanctionnée pénalement (C. trav., art. L. 1221-11).

SECTION 2. CONDITIONS DE FOND

223 ***Échange et validité des consentements*** ◊ Le terme de la procédure de recrutement est la conclusion du contrat par l'*échange des consentements*.

Le contrat de travail n'est conclu qu'à partir du moment où il y a eu rencontre entre la volonté de l'employeur et celle du candidat à l'emploi.

Avant cet échange de consentements, existe souvent une période précontractuelle de négociations au cours de laquelle les parties peuvent engager leur responsabilité. Tant que l'employeur fait une offre d'emploi au public, il conserve la possibilité de refuser l'acceptation de tel ou tel candidat à l'emploi. Mais lorsque l'offre d'emploi est précise et à personne dénommée, le retrait de l'offre, avant l'expiration du délai de réflexion qui avait été accordé au salarié, engage la responsabilité de l'employeur [4].

Lorsque le contrat est conclu par échange de lettres, la jurisprudence tend à considérer que la convention se trouve formée au moment et au lieu où l'acceptation est donnée [5].

---

1. Est-ce bien la bonne méthode ? De même que les sociétés sont multinationales, les actes juridiques qu'elles produisent ne peuvent se voir contraints à s'exprimer en telle ou telle langue. Il y a beaucoup de naïveté à vouloir défendre la langue française sans analyser les causes de son recul : la mondialisation des marchés, l'internationalisation du capital.

2. Un Décr. du 29 mars 1993 a précisé les mentions que doit contenir cette déclaration, les organismes destinataires, les moyens de déclaration (C. trav., art. R. 1221-1 s.).

3. *Dict. perm soc.*, juill. 2011, p. 4.

4. Soc. 12 déc. 1983, *D.* 1984. IR 111 ; 13 mars 1974, *D.* 1974. IR 92. En revanche, la rupture de simples pourparlers ne donne pas lieu à dommages et intérêts ; Soc. 17 oct. 1973, *D.* 1973. Somm. 142 ; 21 déc. 1977, *D.* 1978. IR 75 ; 17 mai 1979, *Bull. civ.* V, n° 307.

5. Soc. 21 avr. 1966, *JCP* 1966. IV. 78 ; 4 mai 1961, *D.* 1961. Somm. 116 ; 3 mars 1965, *JCP* 1965. IV. 50 ; 21 janv. 1970, *Bull. civ.* IV, n° 31.

Au cours des pourparlers l'employeur peut être conduit à faire une *promesse* d'embauche [1]. L'acceptation du salarié est alors présumée, ce qui permet à la Cour de cassation d'affirmer que la promesse d'embauche vaut contrat de travail [2]. Seul un refus exprès de la part du bénéficiaire de la promesse permet de considérer qu'aucun contrat n'a été conclu [3]. Un accord de principe de l'employeur, comprenant certaines réserves exprès, n'aurait pas cet effet conclusif présumé.

Le contrat n'est valablement conclu que si le consentement des parties n'a pas été *vicié par l'erreur* [4], *le dol* [5] *ou la violence*. La Cour de cassation considère qu'il ne saurait y avoir violence morale cause de nullité quand les circonstances et la nécessité d'assurer sa subsistance font accepter des conditions draconiennes au travailleur. Il en va différemment quand l'employeur, abusant de son autorité, exerce lui-même une pression personnelle sur le travailleur, pour l'inviter par exemple à renoncer à son contrat de représentant de commerce salarié et à accepter à la place un contrat moins avantageux de mandat [6]. Aussi bien l'article 1112 du Code civil lui-même souligne-t-il qu'il doit être tenu compte pour apprécier la violence, de « la condition des personnes », formule riche de signification si on l'interprète en fonction de la condition économique et sociale de salarié.

224 ***Objet et cause licite*** ◊ Par application du Droit commun le contrat ne peut valablement être conclu que s'il a un *objet* et une *cause licites*. Les parties au contrat jouissent d'une très grande liberté pour déterminer la prestation de travail. Il y a peu d'activités qui soient rebelles au contrat de travail. Certains travaux sont cependant illicites et ne peuvent évidemment pas faire l'objet d'un contrat de travail : une femme ne peut pas s'engager valablement auprès d'un proxénète à se prostituer moyennant une rémunération forfaitaire ; un individu ne peut pas s'engager valablement à transporter de la drogue ou des objets de contrebande. D'autres travaux, sans être illicites, sont interdits à certaines personnes en raison de leurs caractères particuliers ; ainsi les travaux pénibles et dangereux ne

1. G. Auzero, Distinction de l'offre d'emploi et de la promesse d'embauche, *RDT* 2006. 311.

2. Soc. 15 déc. 2010, n° 08-42.951, *D.* 2011. 170, *RDT* 2011. 108, obs. G. Auzero, *RDC* 2011. 804, obs. T. Génicon, *JCP S* 2011. 1104, note C. Puigelier, 7 mars 2012, n° 10-21.717, inédit, *JCP* 2012. 830, note D. Jacotot.

3. Soc. 28 nov. 2012, n° 11.16231, *RDT* 2013. 105, avec la note de D. Jacotot qui permet de comprendre l'arrêt en cohérence avec les arrêts préc.

4. Soc. 3 févr. 1965, *Bull. civ.* IV, n° 84 (erreur de l'employeur) ; 3 juill. 1990, *RJS* 10/90, n° 573 (l'employeur ne peut obtenir le prononcé de la nullité du contrat dans la mesure où l'erreur commise sur la personne du salarié est inexcusable).

5. Le dol doit être déterminant ; Soc. 3 févr. 1965, *Bull. civ.* IV, n° 84 ; Versailles, 19 sept. 1990, *RJS* 1/91, n° 5 ; il n'en est pas ainsi en cas de fausse déclaration faite par un salarié sur sa position militaire qui n'a pas été la cause déterminante de la signature du contrat ; Soc. 23 avr. 1960, *JCP* 1960. IV. 81.

6. Soc. 5 juill. 1965, *JCP* 1965. II. 77602 ; 30 oct. 1973. IR 227 (privation de droits nés du premier contrat) ; 4 juill. 1974. IR 194 (imposer de nouvelles bases de rémunération peu avant l'expiration d'un essai renouvelé).

peuvent pas être mis à la charge de *femmes* ou d'enfants, d'autres travaux réclament de l'exécutant une compétence établie et ne peuvent être accomplis que par des personnes justifiant d'un titre déterminé.

Par ailleurs, le contrat peut être déclaré nul en raison du caractère illicite ou immoral de la cause du contrat [1].

225 ***Nullité du contrat*** ◇ Si l'une des conditions de validité du contrat fait défaut (incapacité, absence ou vice du consentement, objet ou cause illicite ou immorale, infraction à la législation concernant l'emploi des étrangers ou des enfants), la sanction est la nullité.

Lorsqu'il est déclaré nul, le contrat de travail cesse immédiatement de produire ses effets. Mais, contrairement aux effets classiques des nullités, la nullité du contrat de travail n'entraîne pas l'anéantissement rétroactif du contrat ; cette règle s'applique même lorsqu'il s'agit d'une nullité d'ordre public.

Le travailleur conserve les rémunérations qu'il a perçues et peut réclamer les salaires qui ne lui auraient pas été payés [2]. Il peut exiger aussi bien un certificat de travail qu'un bulletin de paye. Il peut même, dans certains cas, obtenir une indemnité de préavis et une indemnité de rupture [3].

SECTION 3. CLAUSES DU CONTRAT

226 ***Variété des clauses du contrat*** ◇ Le contrat de travail a un contenu de plus en plus riche. L'époque des lettres d'engagement d'une rédaction sommaire est révolue. Actuellement, les contrats incluent de nombreuses clauses relatives à l'emploi (clause d'essai, clause de garantie d'emploi, clause de mobilité professionnelle, clause de dédit-formation, clause de

1. Soc. 8 janv. 1964, *D.* 1964. 267 ; *Dr. soc.* 1964. 578 (le contrat conclu par une femme de chambre avec le tenancier d'une maison de tolérance est annulé parce que la cause du contrat est illicite et contraire aux bonnes mœurs) ; Paris, 30 nov. 1948, *JCP* 1949. II. 4871 (le contrat de travail entre un directeur d'agence et une entreprise travaillant pour l'armée allemande est annulé pour cause illicite parce que le but poursuivi avait été de favoriser l'ennemi).

2. Soc. 8 avr. 1957, *D.* 1958. 221, note Malaurie ; 27 oct. 1959, *D.* 1960. 109 ; 1er mars 1961, *Dr. soc.* 1961. 483, note. J. Savatier ; 16 juill. 1963, *Bull. civ.* IV, n° 593 ; 20 oct. 1965, *D.* 1965. 811 ; J. Savatier, Les sanctions civiles de l'emploi de travailleurs étrangers en situation irrégulière, *Dr. soc.* 1986. 424 s.

3. Soc. 1er avr. 1968, *Bull. civ.* V, n° 193 (indemnité de préavis) ; 9 févr. 1966, *Bull. civ.* IV, n° 156 ; 26 janv. 1983, *Bull. civ.* V, n° 23. La jurisprudence fondait la condamnation sur les principes de la responsabilité civile délictuelle ; aussi lorsque le salarié a parfaitement conscience de l'irrégularité qu'il commet en concluant un contrat de travail dans des conditions prohibées, ne peut-il pas obtenir la condamnation de l'employeur en réparation du préjudice résultant de l'annulation, celui-ci n'étant pas plus imputable à l'employeur qu'à lui-même (Soc. 15 févr. 1978, *D.* 1978. IR 388, obs. J. Pélissier). Cep., des arrêts plus récents ne font pas référence à la responsabilité civile pour justifier la condamnation de l'employeur (Soc. 26 janv. 1983, *Bull. civ.* V, n° 33). La L. du 17 oct. 1981 (C. trav., art. L. 8252-2) précise les droits des travailleurs étrangers dont le contrat est annulé (en particulier, ils ont droit à une indemnité forfaitaire d'un mois de salaires).

non-concurrence, clause relative aux effets d'un licenciement...), aux conditions d'exécution du contrat (clause concernant le lieu de travail et la mobilité géographique, la durée et la répartition du temps de travail, les modalités de calcul et de variation du salaire) ou à la détermination des règles applicables au contrat (loi, convention collective ou usage). Les juges sont assez fréquemment saisis pour statuer sur la validité ou la portée de ces clauses. Ils apportent des réponses ponctuelles mais celles-ci ne semblent pas constituer un ensemble coordonné. Une approche générale du droit de ces clauses s'impose avant la présentation de quelques-unes des dispositions les plus fréquentes.

§ 1. Approche générale des clauses du contrat

227 ***Clauses contractuelles et clauses informatives*** [1] ◊ La Cour de cassation établit une distinction essentielle entre les différentes clauses insérées dans un contrat de travail : les unes sont considérées comme « contractuelles », les autres comme simplement informatives. Seules les clauses « contractuelles » s'imposent aux deux parties ; elles lient l'employeur comme le salarié si bien que l'employeur ne peut pas unilatéralement modifier celles-ci. La clause informative, au contraire, ne lie pas l'employeur : ce dernier peut modifier, sans avoir à solliciter l'accord du salarié, la disposition qui a fait l'objet d'une simple information.

Malgré l'importance de la distinction entre les clauses contractuelles et les clauses informatives, la Cour de cassation n'a pas encore précisé le critère de celle-ci. Elle procède par voie d'affirmation, décidant par exemple que la clause déterminant le montant de la rémunération est une clause contractuelle ou que, au contraire, la clause relative au lieu de travail est une simple clause informative [2]. La logique et la sécurité juridique imposent de dégager un critère précis. Celui-ci doit être tiré de l'objet même du contrat qui consiste à créer un rapport juridique. Si telle disposition du contrat concourt à créer un rapport juridique, elle mérite la qualification de « clause contractuelle » ; si, au contraire, elle ne participe en aucune façon à la création de ce rapport, elle est une clause simplement informative. En d'autres termes, doit être considérée comme une clause informative la clause faisant référence au règlement intérieur dont la force obligatoire est indépendante du contrat de travail et préexiste à la conclusion de celui-ci. En revanche, doit être considérée comme une clause contractuelle toute clause qui précise un élément du rapport juridique résultant de la conclusion du contrat, peu important que cette clause soit relative à la durée du travail, à la rémunération ou au lieu de travail.

---

1. J. Pélissier, Clauses informatives et clauses contractuelles du contrat de travail, *RJS* 2004. 3 s.
2. Soc. 3 juin 2003, *Dr. soc.* 2003. 884, obs. J.Savatier ; *JCP* 2003. II. 10165 ; *Dr. ouvrier* 2004. 22, note B. Lardy-Pélissier ; « la mention du lieu de travail dans le contrat de travail a valeur d'information, à moins qu'il soit stipulé par une clause claire et précise que le salarié executera son travail exclusivement en ce lieu »

228 ***Validité des clauses contractuelles*** ◊ La jurisprudence relative aux conditions de validité manque également d'unité. Certaines clauses, comme les clauses de non-concurrence, sont soumises à des conditions de validité assez strictes [1] alors que la validité d'autres clauses, comme celle des clauses de mobilité géographique, est très facilement admise.

S'il est inévitable que des conditions particulières de validité soient imposées en raison même de l'objet de telle ou telle clause, certaines conditions ont un caractère général et devraient être appliquées de la même façon à toutes les clauses contractuelles.

Ainsi l'interdiction des dispositions autorisant l'une des parties au contrat à modifier unilatéralement une clause du contrat devrait-elle être appliquée à toutes les clauses contractuelles [2]. Or si la Cour de cassation juge qu'« une clause du contrat ne peut valablement permettre à l'employeur de modifier unilatéralement la rémunération contractuelle du salarié » [3] ou ne peut valablement autoriser un employeur à transformer un horaire à temps complet en horaire à temps partiel [4], elle décide que la clause permettant à l'employeur de modifier unilatéralement le lieu de travail est, en principe, licite [5].

De même, l'interdiction d'apporter aux droits des personnes et aux libertés individuelles et collectives des restrictions qui ne seraient pas justifiées par la nature de la tâche à accomplir ni proportionnées au but recherché a une portée générale [6]. Dès qu'une clause contractuelle porte atteinte aux droits des personnes ou aux libertés, sa validité ne peut qu'être exceptionnelle. Il n'y a pas donc pas de distinctions à faire entre les différents types de clause contractuelle. Toute clause contractuelle limitant les droits des personnes et les libertés individuelles ou collectives, quel que soit son objet, est en principe irrégulière. Sa validité ne peut être admise par les juges que si l'employeur rapporte la preuve que la clause répond aux exigences posées par l'article L. 1221-1 du Code du travail. La discussion sur la validité de la clause est un préalable nécessaire aux débats qui peuvent concerner la mise en œuvre de celle-ci.

§ 2. **Les clauses d'essai** [7]

229 ***Essai et période probatoire*** ◊ Au lieu de s'engager immédiatement et de manière définitive, les parties peuvent convenir de procéder à un

1. V. ss 175 s.
2. Il s'agit, en effet, d'un principe général du droit contractuel. Le contrat suppose un engagement de chacune des parties contractantes et cet engagement doit être ferme et précis. Si l'une des parties pouvait unilatéralement modifier ses propres obligations ou celles de son cocontractant, il n'y aurait pas véritablement d'engagement réciproque.
3. Soc. 30 mai 2000, *Bull. civ.* V, n° 206 ; *RJS* 7-8//00, n° 772.
4. Soc. 29 juin 1999, *RJS* 8-9/99, n° 1025.
5. Soc. 23 févr. 2005, *RJS* 5/05, n° 477.
6. C. trav., art. L. 1221-1.
7. S. Tournaux, *L'essai en droit privé, contribution à l'étude de l'influence du droit du travail sur le droit privé*, Bibliothèque de droit social, T. 54, LGDJ 2011 ; J-Y. Frouin, La période d'essai après

essai. La période d'essai ne peut être prévue par les parties qu'au moment de l'embauche du salarié [1].

Depuis la loi du 25 juin 2008, portant modernisation du marché du travail, le Code du travail contient de nombreuses dispositions relatives à l'essai [2]. Il reste que l'essai est une dérogation au principe selon lequel la convention est normalement conclue à titre définitif ; il en résulte que c'est toujours celui qui se prévaut de l'existence d'un essai qui doit en rapporter la preuve [3]. La période d'essai ne se présume pas. Elle doit être expressément stipulée dans la lettre d'engagement ou le contrat de travail [4].

Si une clause d'essai est introduite en cours d'exécution du contrat de travail à l'occasion d'un changement de fonction [5], cette clause est requalifiée « clause probatoire » [6] ou « période probatoire » [7]. Cette requalification entraîne des conséquences importantes. La clause d'essai autorise l'employeur et le salarié à rompre le contrat pendant la période d'essai sans avoir à respecter les règles du licenciement ou de la démission. La clause probatoire n'autorise pas la rupture du contrat de travail ; elle permet seulement à l'employeur ou au salarié de revenir aux règles fixées initialement dans le contrat. Par l'effet de cette requalification, le salarié évite la perte de son emploi ou du moins obtient la condamnation de l'employeur pour licenciement sans cause réelle et sérieuse si l'employeur a rompu le contrat.

---

la L. n° 2008-596 du 25 juin 2008, *RJS* 6/10, n° 419 s. ; P. Etiennot, Stage et essai en droit du travail, *RJS* 8-9/1999, n° 623 s. ; D. Noguéro, le devenir de la période d'essai du salarié, *Dr. soc.* 2002. 589 ; J. Mouly, Une innovation ambiguë : la réglementation de l'essai, *Dr. soc.* 2008. 288 s. ; Sur le caractère impératif de la durée des nouvelles périodes d'essai, v. *Sem. soc. Lamy* 2008, n° 1351, p. 6 s. ; Les clauses d'essai, *Grands arrêts*, 4e éd. n° 41 s.

1. Soc. 25 janv. 2006 n° 04-45.429 ; 25 févr. 1997 *Bull. civ.* V, n° 83 ; *D.* 1997. 425, note J. Mouly.

2. C. trav., art. L. 1221-19 s. ; pour l'essai dans les contrats de travail à durée indéterminée, C. trav., art. L. 1242-10 pour les contrats à durée déterminée.

3. Soc. 15 nov. 1989, *Liaisons soc.*, n° 6320 ; 5 juin 1990, *CSB* 1990, S. 117. Il en est de même si l'employeur prétend qu'il y a eu renouvellement de l'essai : Poitiers, 22 nov. 1967, *D.* 68. Somm. 32 ; Soc. 8 nov. 1983 et 12 déc. 1983, *Bull. civ.* V, n° 604. Pour éviter un litige possible, certaines conventions collectives exigent la confirmation écrite des conditions de l'essai par l'employeur.

4. C. trav., art. L. 1221-23. L'essai ne peut donc plus découler directement d'une convention collective comme cela était admis avant la promulgation de la L. du 25 juin 2008 (Soc. 13 mars 1990, *RJS* 5/90, n° 346 ; 22 juin 1994, *RJS* 8-9/94, n° 962 ; dans le même sens, Soc. 1er févr. 2000, *RJS* mars 2000, n° 246). La clause d'essai prévue par la convention collective n'était opposable au salarié que si celui-ci avait été informé, au moment de son engagement, de l'existence d'une convention collective et mis en mesure d'en prendre connaissance (Soc. 18 juill. 2001, *RJS* 11/01, n° 1244 ; 7 mars 2000, *RJS* 4/00, n° 369 ; 25 mars 1998, *RJS* 5/1998, n° 561 ; 23 avr. 1997, *RJS* 6/97, n° 648 ; *Dr. soc.* 1997. 641 ; 29 mars 1995, *RJS* 5/95, n° 538 ; *Bull. civ.* V, n° 112). La règle posée par l'art. L. 1221-23 C. trav. ne concerne que les contrats de travail à durée indéterminée mais il est vraisemblable qu'elle sera également appliquée aux contrats à durée déterminée.

5. Á l'inverse, une clause probatoire peut être insérée dans le contrat de travail pendant la période d'essai. La Cour de cassation juge que l'avenant au contrat, stipulant une période probatoire pour l'exercice de nouvelles fonctions, met nécessairement fin à la période d'essai qui avait été prévue dans le contrat initial (Soc. 20 oct. 2010, n° 08-42.805).

6. Soc. 30 mars 2005, n° 02-45.338, *Mme Salvat* ; 26 mai 1998, *Bull. civ.* V, n° 275 ; *RJS* 7/98, n° 821.

7. Soc. 16 mai 2012, n° 10-10.623 P.

À l'instar de l'essai, la période probatoire ne se présume pas : elle doit avoir été expressément stipulée et acceptée par le salarié [1].

La requalification d'une clause d'essai en clause probatoire est opérée par les juges lorsque la clause d'essai est introduite dans un contrat de travail en cours d'exécution, mais aussi lorsque le changement de fonctions du salarié donne lieu à la conclusion d'un nouveau contrat : « en présence de deux contrats successifs entre les mêmes parties, la période d'essai stipulée dans le second contrat conclu à l'occasion d'un changement de fonction du salarié ne peut être qu'une période probatoire dont la rupture a pour effet de replacer le salarié dans les fonctions antérieures » [2]. Cette solution, juridiquement justifiée [3], est équitable. Lorsqu'un employeur estime qu'un salarié est apte à occuper de nouvelles fonctions et lui propose de signer un nouveau contrat pour occuper celles-ci, il serait anormal qu'il fasse supporter par le salarié seul les conséquences de son erreur de jugement. Si l'on peut admettre que l'échec du salarié dans son nouveau poste autorise l'employeur à abandonner son projet de promotion, on comprendrait mal que le salarié soit sanctionné par la perte de son emploi initial sans aucune indemnité au motif qu'il a accepté la proposition de promotion de son employeur.

230 ***Nature juridique*** ◊ La détermination de la nature exacte de l'essai a fait l'objet de controverses doctrinales, apparaissant aujourd'hui quelque peu dépassées, concernant l'unité ou la dualité de contrats passés, le caractère suspensif ou résolutoire de la condition d'essai assortissant la convention [4]. En fait, comme en droit, les parties concluent normalement dès le départ un *contrat de travail unique* qui comprend une première phase d'essai. Les relations de travail se nouent immédiatement entre les parties : accomplissement de la prestation de travail moyennant rémunération, respect nécessaire de la réglementation du travail, bénéfice immédiat de la sécurité sociale.

L'examen des conventions collectives confirme pareille interprétation. Elles parlent non d'un contrat à l'essai, mais d'une *période d'essai*.

La période d'essai implique que le salarié soit placé dans des conditions normales d'emploi. Elle ne doit pas être confondue avec des tests professionnels qui précèdent l'embauche [5].

---

1. Soc. 16 mai 2012, préc.

2. Soc. 30 mars 2005 – deux arrêts *Sté Cabinet de RVM* et *Sté Exa Informatique*. – *D.* 2005. IR 198 ; *ibid.* 2501, obs. J. Pélissier; *RJS* 6/05, n° 594.

3. La règle selon laquelle un salarié ne peut pas renoncer aux règles légales du licenciement en cours de contrat doit être appliquée à l'occasion de la conclusion d'un nouveau contrat pendant la période d'exécution du contrat en cours (avis de l'avocat général Duplat, *Sem. soc. Lamy*, n° 1210, p. 5).

4. Sur ces discussions,v. *GADT*, n° 41 et s. ; G. Poulain : La liberté de rupture en période d'essai, *Dr. soc.* 1980. 149 s. ; J. Mouly, *La rupture de l'essai pour motifs économiques*, *D.* 1982. 206 s.

5. Soc. 4 janv. 2000, *RJS* 2/00, n° 145 (l'intéressé avait conduit au cours du mois de févr. un car destiné au transport d'élèves, mais il avait conduit le car vide de passagers et en présence du chauffeur habituel ; ce mois n'est pas considéré comme faisant partie de la période d'essai).

231 *Durée* ◊ La durée de l'essai est réglementée. Lorsque le contrat est un contrat de travail à durée déterminée, la période d'essai ne peut jamais être supérieure à un mois [1]. Lorsque le contrat est à durée indéterminée, la durée maximale varie selon la qualification du salarié. Elle ne peut pas, en principe [2], dépasser, renouvellement compris, quatre mois pour les ouvriers et employés, six mois pour les agents de maîtrise et les techniciens, huit mois pour les cadres [3]. Le droit européen condamne, en toute hypothèse, les durées d'essai supérieures à un an [4].

La période d'essai, exprimée en mois, en semaines ou en jours, se décompte en mois, semaines ou jours calendaires [5]. La prolongation de l'essai est automatique lorsque l'essai a été interrompu du fait de la maladie du salarié [6], de la fermeture de l'entreprise en raison des congés annuels [7] ou d'une absence autorisée du travailleur pendant l'essai [8] ; dans tous ces cas, la période d'essai est prolongée de la durée de suspension du contrat.

Lorsque le contrat de travail est à durée indéterminée, la période d'essai peut être renouvelée une fois si un accord de branche étendu le prévoit (C. trav., art. L. 1221-21) [9]. La possibilité de renouveler la période d'essai doit être expressément stipulée dans la lettre d'engagement ou le contrat de travail (C. trav., art. L. 1221-23) [10]. Le renouvellement ou la prolongation

---

1. C. trav., art. L. 1242-10.

2. Exceptionnellement des durées plus longues sont admises lorsqu'elles sont fixées par des accords de branche conclus avant la la date de publication de la L. du 25 juin 2008 portant modernisation du marché du travail (C. trav., art. L. 1221-22). Encore faut-il que cette période plus longue ne soit pas incompatible avec les exigences de la Conv. OIT n° 158 (Soc. 4 juin 2009, n° 08-41.359).

3. C. trav., art. L. 1221-19.

4. CEDS 12 mai 2012, *GENOP-DEI et ADEDY*, 65/2011, § 26-28. Sur cette déc. v. not. C. Nivard, « Violation de la charte sociale européenne par les mesures "anti-crise" grecques » *in* Lettre « Actualités Droits-Libertés » du CREDOF, 15 nov. 2012 ; *RDT* 2013. 457, étude C. Deliyanni-Dimitrakou.

5. Soc. 29 juin 2005, *RJS* 10/05, n° 944, concernant les essais calculés en jours et opérant un revirement de jurisprudence ; avant cet arrêt, la période d'essai était décomptée en jours travaillés ; Soc. 27 mars 1995, *RJS* 6/95, n° 659 ; 18 juin 2002, n° 2073 FD ; dans le même sens, Soc. 28 avr. 2011, n° 09-40.464, *RDT* 2011. 435, obs. S. Tournaux ; la période d'essai exprimée en jours se décompte en jours calendaires, sauf disposition conventionnelle ou contractuelle contraire

6. Soc. 18 janv. 1989, *Bull. civ.* V, n° 36 ; 3 oct. 1957, *Bull. civ.* IV, n° 644 ; Paris, 27 févr. 1987, *D.* 1987. IR 84 (les absences, quelles qu'en soient les causes, doivent suspendre le cours de la période d'essai, peu important qu'une telle hypothèse n'ait pas été envisagée par les parties lors de l'engagement).

7. Soc. 27 nov. 1985, *Bull. civ.* V, n° 560.

8. Soc. 30 avr. 1975, *JS UIMM*, n° 356, p. 345.

9. Ne constitue pas un renouvellement de la période d'essai, la période d'essai insérée dans un nouveau contrat de travail conclu avec une autre société appartenant au même groupe. Bien que les deux contrats se succèdent immédiatement et que les deux périodes d'essai soient successivement imposées au salarié, ces périodes d'essai sont indépendantes l'une de l'autre ; la seconde clause d'essai insérée dans le second contrat est valable (Soc. 20 oct. 2010, n° 08-40.822).

10. L'accord du salarié à la prolongation de la période d'essai ne peut résulter de la seule poursuite du travail par l'intéressé (Soc. 22 oct. 1997, *RJS* 12/97, n° 1337). Il doit être donné par le salarié formellement (Soc. 18 mars 1992, *Bull. civ.* V, n° 197). La signature apposée par le salarié sur un document d'évaluation contenant une proposition de renouvellement de la période d'essai ne vaut pas accord exprès du salarié sur le renouvellement de la période d'essai (Soc. 15 mars 2006, *RJS* 5/06, n° 516).

de la période d'essai doit résulter d'un accord exprès des parties et exige une manifestation de volonté claire et non équivoque du salarié, ne pouvant être déduite de la seule apposition de sa signature sur un document établi par l'employeur [1]

Les cocontractants peuvent abréger les durées d'essai prévues par la convention collective ou par les usages [2]. En tout état de cause, la durée de l'essai doit être justifiée par la finalité de l'essai qui est désormais précisée à l'article L. 1221-20 du Code du travail : « La période d'essai permet à l'employeur d'évaluer les compétences du salarié, notamment au regard de son expérience ». S'il apparaît que la longue durée de l'essai a pour but, non de permettre l'appréciation des qualités du salarié, mais d'éluder la législation sur les licenciements, la Cour de cassation considère que le contrat est définitivement conclu et que la rupture du contrat – si rupture il y a – est un licenciement [3]. Par ailleurs, la durée de l'essai ne doit pas être excessive eu égard aux fonctions que l'intéressé doit remplir [4].

Le point de départ de la période d'essai est le jour où commence l'exécution du contrat de travail. Les parties ne peuvent pas valablement convenir de différer le début de l'essai [5]. Lorsque le contrat de travail a été précédé par un ou plusieurs contrats à durée déterminée, la durée de ces contrats doit être retranchée de l'éventuelle période d'essai stipulée, ce qui revient à faire partir la période d'essai du premier contrat conclu par le salarié avec l'employeur [6]. Reste à déterminer quand commence l'exécution du contrat de travail lorsque le salarié suit un stage de formation au cours de ses premières semaines d'activité dans l'entreprise [7].

1. Soc. 25 nov. 2009, n° 08-43.008 P.

2. Soc. 20 janv. 1999, *RJS* 4/99, n° 469 (« c'est la disposition contractuelle, plus favorable au salarié, qui s'applique »).

3. La Cour de cassation n'hésite pas à rappeler que la durée de l'essai ne doit pas être exagérément prolongée dans le but de faire fraude à la loi (concernant le licenciement) : Soc. 22 févr. 1979, *D.* 1979. IR 424, obs. J. Pélissier ; 21 déc. 1977, *Bull. civ.* V, n° 727.

4. Soc. 28 déc. 1977, *Bull. civ.* V, n° 727 (un essai de six mois imposé à une sténodactylographe est jugé d'une durée excessive) ; 9 juin 1988, *Bull. civ.* V, n° 348 (un délai de 3 mois est jugé excessif car le salarié avait déjà exercé les mêmes attributions au cours de contrats antérieurs).

5. Soc. 25 févr. 1997, *D.* 1997. 426, note J. Mouly ; *CSB* 1997, n° 90, p. 149 ; *RJS* 4/97, n° 370 : un salarié est engagé en qualité de directeur de magasin avant l'ouverture du magasin ; il prend ses fonctions avant l'ouverture. L'essai commence à courir du jour où il commence à travailler et non du jour du début de l'exploitation.

6. Soc. 9 oct. 2013, n° 12-12113, P (peu importe que les contrats antérieurs aient été conclu sur des emplois différents), *RDT* 2013. 761, note B. Géniaut.

7. La Cour de cassation ne fait plus de distinction selon les modalités d'organisation du stage de formation. Même si la formation est assurée en dehors de l'entreprise par un organisme extérieur de formation, cette période de formation est comprise dans la durée de l'essai (Soc. 24 oct. 1997, *RJS* 12/97, n° 1334 ; dans le même sens, Soc. 24 févr. 1997, *CSB* 1997, n° 90, p. 149 ; *RJS* 4/97, n° 370 : bien que le stage de formation soit un stage de formation théorique, la durée du stage est intégrée dans la période d'essai). Il n'en va autrement que si le stage est préalable à la conclusion du contrat et constitue une condition de recrutement (Soc. 1er févr. 2000, *RJS* 3/00, n° 246).

232 ***Rupture en cours d'essai*** ◊ Le trait essentiel, en même temps que la raison d'être de l'engagement à l'essai, est de conférer à chaque partie, sauf stipulation expresse contraire, la faculté de rompre le contrat à tout moment [1]. Mais la rupture ne sera considérée comme une rupture d'essai que si la décision de l'employeur s'est manifestée par l'envoi d'une lettre recommandée avant l'expiration de la période d'essai [2]. La rupture décidée, en cours d'essai, par le salarié en raison des fautes commises par l'employeur ne constitue pas une prise d'acte de rupture ; elle est qualifiée « rupture d'essai », en ouvrant droit pour le salarié à une indemnisation [3]

1) En principe, la rupture décidée par l'employeur n'est pas assujettie aux règles du licenciement (C. trav., art. L. 1231-1). Il en résulte que l'employeur n'avait pas à solliciter l'autorisation de procéder à un licenciement pour motif économique lorsque celle-ci était exigée [4]. Il n'a pas, non plus, à alléguer une cause réelle et sérieuse de rupture. Mais il doit, par application de l'article L. 1221-25 du Code du travail, respecter un délai de prévenance avant de mettre un terme au contrat [5].

Concernant plus spécialement les femmes en état de grossesse, la Cour de cassation fait application du principe selon lequel la rupture de l'essai n'est pas assimilable à un licenciement : la protection de la femme enceinte contre le licenciement ne s'applique pas pendant la période d'essai [6].

---

1. Peu importe que ce soit dès les premiers jours (Soc. 6 mars 1980, *JCP* 1980. IV. 193 ; 26 mai 1983, *Bull. civ.* V, n° 199), ou la veille de l'expiration de l'essai (Soc. 9 déc. 1964, *Bull. civ.* IV, n° 708). Toutefois la rupture, avant le début même de l'essai, privant le salarié de sa chance d'obtenir un emploi engage la responsabilité de l'employeur, Soc. 22 mars 1972, *D.* 1972. 468.

2. Soc. 11 mai 2005, *RJS* 7/05, n° 722, « La rupture du contrat de travail se situe à la date où l'employeur a manifesté sa volonté d'y mettre fin, c'est-à-dire au jour de l'envoi de la lettre recommandée avec demande d'avis de réception notifiant la rupture ». Pendant de nombreuses années, la Cour de cassation a jugé, au contraire, que la lettre de rupture devait avoir été reçue par le salarié avant l'expiration de la période d'essai, Soc. 27 nov. 1996, *Dr. soc.* 1997. 197 ; 16 nov. 1993, *RJS* 2/94, n° 128.

3. Soc. 7 févr. 2012, n° 10-27.525, *RJS* 4/12, n° 295.

4. Soc. 2 juin 1981, *D.* 1982. 206, note J. Mouly ; Crim. 19 janv. 1982, *JCP* 1982. IV. 123. Dans un sens voisin, Soc. 12 janv. 1989, *Liaisons soc.*, n° 6197 (la rupture de relations de travail au cours de la période d'essai, serait-elle due à un motif économique, n'obéit à aucune règle de procédure). Cette solution est discutable. La rupture de l'essai par l'employeur ne peut être justifiée que par l'insuffisance professionnelle du salarié ou pour une faute commise par celui-ci. Lorsque le licenciement économique est envisagé, c'est, par définition, pour une raison non inhérente à la personne du salarié. Il y a semble-t-il, incompatibilité entre le licenciement économique et la rupture de l'essai ; dès lors que l'employeur entend licencier des salariés pour motif économique, tous les salariés menacés de licenciement devraient être protégés par la procédure des licenciements économiques.

5. Ce délai varie de 24 heures à un mois selon la durée de présence du salarié (deux semaines après un mois de présence ; un mois après trois mois de présence). Lorsque c'est le salarié qui met fin à la période d'essai, le délai de prévenance est de 48 heures ; ce délai est ramené à 24 heures si la durée de présence du salarié dans l'entreprise est inférieure à huit jours (C. trav., art. L. 1221-26).

6. Soc. 21 déc. 2006, *Bull. civ.* V, n° 415 ; *RJS* 3/07, n° 325 ; 15 janv. 1997, *RJS* 2/97, n° 136. Mais si la femme salariée rapporte la preuve que la rupture de l'essai a eu pour cause son état de grossesse, l'employeur sera condamné pour rupture abusive (application de l'art. L. 1225-1 C. trav.). Depuis que l'art. L. 1132-1 C. trav. prohibe expressément la discrimination en raison de la

Exceptionnellement, la Cour de cassation décide que les salariées, victimes d'un accident du travail en cours d'essai, bénéficient des règles de protection établies par les articles L. 1226-7 et suivants (C. trav., anc. art. L. 122-32-1 s.) [1]. Elle juge également, depuis le 26 octobre 2005, que les dispositions légales assurant une protection exceptionnelle et exorbitante du droit commun à certains salariés, en raison du mandat ou des fonctions qu'ils exercent dans l'intérêt de l'ensemble des travailleurs, s'appliquent à la rupture du contrat de travail à l'initiative de l'employeur pendant la période d'essai [2].

2) Le droit de rompre le contrat n'est pas pour autant discrétionnaire. Comme tous les droits, le droit de mettre fin à l'essai est susceptible d'abus. Le salarié peut obtenir des dommages et intérêts s'il rapporte la preuve que l'employeur a agi par malveillance à son égard ou avec une légèreté blâmable [3]. Le nouvel article L. 1221-20 du Code du travail indique clairement quelles sont les limites du droit de rompre l'essai. En précisant que la période d'essai permet à l'employeur d'évaluer « les compétences du salarié dans son travail, notamment au regard de son expérience... », il sous-entend que les ruptures pour un motif autre que la compétence du salarié sont irrégulières. Ainsi la rupture du contrat pour un motif économique sera sanctionnée [4].

Il arrive aussi – même si cela est plus rare – qu'un employeur obtienne la condamnation d'un salarié pour rupture abusive en cours d'essai [5].

Par ailleurs, si l'employeur est dispensé de suivre les règles du licenciement pour motif personnel, il reste soumis aux règles de la procédure disciplinaire. S'il rompt l'essai en raison d'une faute commise par le salarié, il doit, en application des articles, L. 1331-1 et suivants du Code du

grossesse, la salariée dont l'essai est rompu en raison de la grossesse obtiendra la nullité de rupture de contrat par application de l'art. L. 1132-4 C. trav. La Cour de cassation affirme, en effet, très nettement que les art. L. 1132-1 s. C. trav. (anc. art. L. 122-45) s'appliquent à la période d'essai (Soc. 16 févr. 2005, *Bull. civ.* V, n° 52).

1. Soc. 19 avr. 1989, *Bull. civ.* V, n° 295 ; *D.* 1990. 8 ; *JCP* 1990. II. 21499, note Mouly ; 5 juin 1990, *RJS* 7/90, n° 546 ; 25 févr. 1997, *Dr. soc.* 1997. 409 ; *Bull. civ.* V, n° 80.

2. Soc. 26 oct. 2005, *RJS* 1/06, n° 63. La Chambre criminelle de la Cour de cassation avait déjà jugé que les règles spéciales du licenciement des personnes protégées devaient être appliquées en cas de rupture en cours de période d'essai (Crim. 5 nov. 1974 *Bull. crim.* n° 313 ; 2 févr. 1982 *Bull. crim.* n° 38). L'exception a un domaine assez large puisqu'elle concerne aussi bien les titulaires de mandats dans l'intérêt des travailleurs (délégués du personnel, membres du comité d'entreprise, délégués syndicaux, conseillers prud'hommes) que les salariés exerçant des missions de protection (conseiller du salarié, médecin du travail...)

3. Soc. 2 févr. 1994, *D.* 1995. 550 (précipitation inhabituelle pour interrompre la période d'essai) ; 6 déc. 1995, *Bull. civ.* V, n° 289 ; *RJS* 1/96, n° 2 ; 18 juin 1996, *RJS* 8-9/96, n° 891 ; *Bull. civ.* V, n° 247 ; 9 oct. 1996, *RJS* 11/96, n° 1148.

4. Soc. 20 nov. 2007, n° 06-42. 212, *RDT* 2008. 29, obs. J. Pélissier, « la cour d'appel qui a constaté la résiliation du contrat de travail était intervenue au cours de la période d'essai pour un motif non inhérent à la personne du salarié, a décidé à bon droit qu'elle était abusive ». En bonne logique, il serait préférable de requalifier la rupture d'essai en licenciement injustifié (voir note J. Pélissier, précitée).

5. Soc. 9 mai 1979, *D.* 1980. IR 30, obs. Ph. Langlois.

travail, convoquer le salarié à un entretien, organiser cet entretien et notifier par écrit les motifs de la sanction. À défaut, il sera condamné à verser des dommages-intérêts au salarié [1].

3) La rupture du contrat en cours d'essai met fin aux relations de travail sans effacer rétroactivement les obligations des parties ; lorsque les parties ont inséré dans le contrat une obligation de non-concurrence en cas de rupture, cette obligation qui a pris valablement naissance au moment de la conclusion du contrat, produira ses effets [2] après la rupture en cours ou en fin d'essai. Cependant, lorsqu'il apparaît que le temps passé par le salarié dans l'entreprise pendant la période d'essai ne lui a pas permis d'acquérir des connaissances lui permettant de porter à son ancien employeur une concurrence plus redoutable que celle qu'il aurait pu lui porter en l'absence de tout essai, le salarié n'est pas tenu de respecter l'obligation de non-concurrence insérée dans le contrat du travail [3].

233 ***Expiration de l'essai*** ◊ Le contrat de travail devient définitif à l'expiration de l'essai. Tout se passe comme si le contrat avait été dès l'origine un contrat pur et simple ; en particulier, l'ancienneté du salarié commence à courir du jour où le contrat a été conclu et non pas du jour où le contrat devient définitif. Les règles de la démission et du licenciement deviennent applicables du jour où la durée de l'essai prend fin, lorsque le contrat conclu est un contrat à durée indéterminée. En cas de licenciement, les juges rechercheront, dans chaque espèce, si le licenciement a une cause réelle et sérieuse ; ce n'est pas parce que l'employeur invoque l'insuffisance professionnelle du salarié peu de temps après avoir estimé l'essai concluant que les juges retiendront nécessairement l'absence de cause réelle et sérieuse [4].

§ 3. Clauses concernant l'emploi

234 ***Une question de licéité*** ◊ La pratique témoigne de leur fréquence mais aussi des discussions que soulève leur validité [5] :

– **clauses relatives à l'*imputabilité de la rupture***, qui visant par avance tel événement (comme une absence de longue durée), déterminent à qui incombent les conséquences de la rupture. La tendance est de leur refuser toute validité, surtout lorsqu'elles énoncent que le contrat prendra fin automatiquement en telle ou telle circonstance ;

– **clauses de *stabilité ou de garantie d'emploi***, qui restreignent la faculté de licencier (le salarié se voit garantir un emploi pour un minimum

1. Soc. 10 mars 2004, *Liaisons soc.* 2004, n° 857.
2. Soc. 22 juin 1994, *D.* 1995. 92, note F. Petit.
3. Soc. 14 mars 1983, *D.* 1984. IR 163, obs. J.-M. Béraud ; Paris, 23 févr. 1989, *D.* 1990. Somm. 82 ; 18 avr. 1989, *D.* 1990. Somm. 82.
4. Soc. 24 mai 1978, *D.* 1978. IR 389, note J. Pélissier ; 2 juill. 1987, *JS* 1987, SJ 226 ; néanmoins le changement rapide d'appréciation est suspect (Soc. 4 juin 1987, *JS* 1987, SJ 227, licenciement sans cause réelle et sérieuse).
5. J. Pélissier, Pour un droit des clauses du contrat de travail, *RJS* 2005. 499 s.

de X années). Tant qu'il n'y a pas renonciation complète au droit de licencier qui est d'ordre public [1] mais simple aménagement de celui-ci [2] la clause de stabilité peut produire son entier effet. L'employeur qui ne respecte pas une telle clause commet une faute contractuelle et doit verser des dommages-intérêts au salarié [3]. L'indemnité due en réparation du préjudice subi en cas de violation de la clause ne prive pas le salarié des indemnités et avantages relatif au droit du licenciement. Cette indemnité pour violation de la garantie d'emploi se cumule ainsi avec l'indemnité de préavis [4], ou avec une somme prévue par un plan de sauvegarde de l'emploi au titre de l'aide au reclassement [5]. En revanche, le licenciement, prononcé en violation d'une telle clause, n'est pas nécessairement dépourvu de cause réelle et sérieuse [6]. Lorsqu'il est jugé que le licenciement prononcé en violation de la clause de garantie d'emploi n'a pas de cause réelle et sérieuse, l'indemnité pour violation de la clause et l'indemnité de licenciement sans cause réelle et sérieuse peuvent être allouées cumulativement au salarié [7], car elles n'ont pas le même objet.

– **clauses de *mobilité*** [8]. Ce sont des clauses par lesquelles le salarié consent d'avance à changer de lieu de travail, de fonctions, de salaire. Elles paralysent la théorie élaborée pour régir la modification du contrat de travail puisque le changement de lieu de travail et de fonction a déjà été contractuellement accepté [9].

La validité de ces clauses est admise plus ou moins facilement selon leur objet. Les clauses de mobilité d'une société à une autre société appartenant au même groupe sont nulles [10]. Les clauses prévoyant une variation de la rémunération du salarié ne sont valables que si elles sont fondées sur des éléments objectifs indépendants de la volonté de l'employeur, si elles ne

---

1. Soc. 17 avr. 1989, *Bull. civ.* V, n° 310 ; 10 mars 1983, *Bull. civ.* V, n° 140.

2. Soc. 7 nov. 1990, *Bull. civ.* V, n° 524, *Dr. soc.* 1991. 413, note J. Savatier ; 7 juill. 1993, *Dr. soc.* 1993. 772 ; 6 mai 1997, *RJS* 6/97, n° 649.

3. Soc. 27 oct. 1998, *D.* 1999. 186, note J. Mouly ; 28 avr. 1994, *Bull. civ.* V, n° 151 ; 13 févr. 1996, *RJS* 5/96 n° 512. Ces dommages-intérêts sont équivalents aux rémunérations qui auraient été perçues jusqu'au terme de la période garantie. Ils ne peuvent donc pas se cumuler avec le revenu de remplacement servi par l'Assedic (Soc. 28 févr. 2006, *RJS* 5/06 n° 584).

4. Soc. 13 nov. 2008 n° 07-42.640, *RDT* 2009. 32, note G. Auzero, *RJS* 1/09, n° 3 ; 23 oct. 2007, *RDT* 2007. 719, obs. G. Auzero.

5. Soc. 9 oct. 2012, n° 10-28.785, *RDT* 2013. 696, obs. F. Géa.

6. Soc. 13 nov. 2008 n° 07-42. 640, préc. Cet arrêt opère un revirement de jurisprudence. La Cour de cassation a d'abord jugé que le licenciement prononcé en violation d'une clause de garantie d'emploi était un licenciement sans cause réelle et sérieuse (Soc. 7 oct. 1997, *RJS* 11/97, n° 1198). La solution retenue fait l'objet de discussions (v. note G. Auzero, préc.).

7. Soc. 13 nov. 2008 n° 07-42. 640, préc. ; 2 juill. 2003, *RJS* 10/03, n° 1113.

8. V. ss 627 s. *Adde*, L. Kristie Gratton, *Les clauses de variation du contrat de travail*, nouvelle bibliothèque des thèses, volume 104, Dalloz 2011 ; J. Pélissier, « L'insécurité contractuelle du salarié », *Mélanges en l'honneur de Jean Hauser*, Bordeaux 2012 ; B. Siau « La mobilité professionnelle », *Dr. soc.* 2011. 883 s.

9. Soc. 30 sept. 1997, *RJS* 11/97, n° 1202 ; 14 oct. 1997, même référence.

10. Soc. 23 sept. 2009, n° 07-44.200, *RDT* 2009. 647, note G. Auzero, « Un salarié ne peut accepter par avance un changement d'employeur ».

font pas porter le risque d'entreprise sur le salarié et si elles n'ont pas pour effet de réduire la rémunération en dessous des minima légaux et conventionnels [1]. La validité des clauses de mobilité géographique n'a pas été soumise dans un premier temps, à des conditions particulières si elle ne heurtait pas une liberté fondamentale du salarié [2]. Dans un arrêt du 19 mai 2004, la Cour de cassation laissait envisager une évolution jurisprudentielle : la limitation de l'espace géographique à l'intérieur duquel une mutation serait possible deviendrait une condition de validité de la clause de mobilité géographique [3]. Cette orientation a été confirmée. Une clause de mobilité doit définir sa zone géographique d'application et elle ne peut pas conférer à l'employeur le pouvoir d'en étendre unilatéralement la portée [4]. La même exigence est imposée lorsque la clause de mobilité est prévue par une convention collective [5].

Lorsque la validité des clauses de mobilité est admise, les juges exercent un contrôle strict sur la mise en œuvre de celles-ci. Ainsi, à propos de clauses de mobilité géographique, ils ne se contentent pas de faire échec à leur application lorsqu'elles concernent une personne protégée (représentant du personnel, représentant syndical, conseiller prud'homme) [6] ou de subordonner celle-ci aux règles du droit disciplinaire lorsque la mutation sanctionne une faute du salarié [7]. Ils utilisent aussi leur pouvoir d'interprétation lorsqu'ils estiment que la clause de mobilité manque de clarté et n'hésitent pas à en limiter la portée [8]. Et, dans les cas où la clause est applicable, les salariés se voient assez souvent reconnaître le droit de

1. Soc. 4 mars 2003, *RJS* 3/03, n° 568 ; 27 févr. 2001, *RJS* 5/01, n° 562 ; 30 mai 2000, *RJS* 7-8/00, n° 772.

2. Nullité de la clause, qui porte atteinte au libre choix de son domicile par le salarié (Soc. 12 janv. 1999, *Bull. civ.* V, n° 7).

3. Soc. 19 mai 2004, *Sem. soc. Lamy* 2004, n° 1171, p. 12.

4. Soc. 7 juin 2006, *Dr. soc.* 2006. 926, obs. F. Favennec-Héry. Il semblerait normal de subordonner la validité de ces clauses au double principe de finalité et de proportionnalité posé par l'art. L. 1121-1 C. trav. (en ce sens, J. Y. Frouin, *Cah. soc. barreau* 1998, n° 99, p. 123 ; J. Pélissier, *Pour un droit des clauses du contrat de travail*, préc.). La Cour de cassation fait maintenant application de l'article L. 1121-1 C. trav. mais seulement pour statuer sur la mise en œuvre de la clause (Soc. 14 oct. 2008, n° 07-40.523, *RDT* 2008. 731, note G. Auzero).

5. Soc. 23 janv. 2008, *M*^me^ *Garcia*, *D.* 2008. 2306 ; 24 janv. 2008, *Sté Jacobs France*, même réf.

6. Soc. 4 oct. 1995, *Dr. soc.* 1995. 1044 ; une clause de mobilité incluse dans un contrat de travail ne peut faire obstacle aux dispositions protectrices des salariés protégés ; aucun changement de lieu de travail ne peut être imposé à un tel salarié sans son accord, Soc. 23 sept. 1992, *Dr. soc.* 1992. 925 ; 28 janv. 1988, *D.* 1988. 457, note J. M. Verdier.

7. Soc. 15 janv. 2002, *RJS* 4/02, n° 471 ; 11 juill. 2001, *Bull. civ.* V, n° 265. La mutation d'un salarié à raison d'un comportement considéré comme fautif par l'employeur n'est régulière, même en présence d'une clause de mobilité, que si ce dernier rapporte la preuve d'une faute commise par le salarié.

8. La clause par laquelle un salarié accepte par avance un changement de lieu de travail dans un autre établissement du groupe Go Sport en métropole ou dans un pays de la communauté européenne ne concerne, selon les juges, que les mutations dans un établissement existant au jour de la conclusion du contrat (Soc. 12 mai 2004, *Sem. soc. Lamy* 2004, n° 1171, p. 12 ; 19 avr. 2000, n° 98-41.078).

refuser une mutation soit parce que l'employeur a abusé de son droit [1] soit parce que la mise en œuvre de la clause de mobilité porte atteinte au droit du salarié à une vie personnelle et familiale et qu'une telle atteinte ne peut être justifiée par la tâche à accomplir et n'est pas proportionnée au but recherché [2]

– **clauses de *non-concurrence*.** Très fréquentes, – en pleine évolution –, elles prolongent au-delà du contrat une obligation (ne pas faire concurrence à son employeur) qui pèse sur le salarié pendant l'exécution du contrat [3].

§ 4. Clauses concernant la formation

235 Leur importance ne fait que croître :

– Celles concernant la *qualification initiale* définissent à la fois la nature de la prestation de travail attendue du salarié et l'indice salarial correspondant dans la convention collective. Il peut y avoir surqualification conventionnelle valable.

– Celles concernant la *formation permanente* sont multiples et bouleversent en profondeur le rapport de travail.

236 ***Obligations de s'adapter et d'adapter*** ◊ Ces obligations apparaissent lors d'un licenciement et elles sont généralement implicites. Ou, si l'on préfère, découvertes par les juges.

– Le *salarié* a l'obligation de s'adapter aux changements technologiques. Son refus de s'y conformer pourra être à l'origine d'un licenciement justifié, surtout s'il a refusé de suivre une formation de recyclage ou de reconversion. Il ne suffit plus de dire qu'il doit exécuter consciencieusement le travail prescrit ; il doit se mettre en mesure de l'exécuter toujours mieux, voire d'exécuter un travail différent.

– Sur l'*employeur* pèse une obligation corrélative, plus impérieuse encore et dont les licenciements économiques ont révélé l'existence. Elle est double : *a) il doit adapter le personnel aux changements techniques*, à « l'évolution des

---

1. Dans de nombreuses décisions, l'usage abusif de clause de mobilité est retenu. Constituent un abus la non prise en compte de la situation familiale du salarié (Soc. 18 mai 1999, *Bull. civ.* V, n° 219 ; mutation d'un salarié qui se trouve dans une situation familiale critique alors que le poste pouvait être tenu par d'autres salariés), le fait de ne pas tenir compte des difficultés de transport pour rejoindre le nouveau poste de travail (Soc. 2 juill. 2003, *RJS* 10/03, n° 1120 ; 10 janv. 2001, *RJS* 4/01, n° 412), la trop grande brièveté du délai pour rejoindre la nouvelle affectation (Soc. 18 sept. 2002, *RJS* 12/02, n° 1352 ; 16 févr. 1997, *Bull. civ.* V, n° 83). Mais la Cour de cassation affirme que la bonne foi contractuelle doit être présumée et en déduit que les juges n'ont pas à rechercher si la décision de l'employeur de faire jouer une clause de mobilité stipulée dans le contrat est conforme à l'intérêt de l'entreprise ; « il incombe au salarié de démontrer que cette décision a, en réalité, été prise pour des raisons étrangères à cet intérêt ou bien qu'elle a été mise en œuvre dans des conditions exclusives de la bonne foi contractuelle » (Soc. 23 févr. 2005, *RJS* 5/05, n° 477).

2. Soc 23 mars 2011, n° 09-69.127, *Dr. ouvrier* 2011. 367, obs. A. Gardin ; 14 oct. 2008, n° 07-40.523, *RDT* 2008. 731, note G. Auzero.

3. V. ss 174 s.

emplois ». S'il avait négligé de le faire, le licenciement serait dépourvu de cause économique sérieuse [1] : il serait le fruit de sa propre négligence à entretenir le savoir de son personnel ; *b)* il doit au surplus reclasser ceux parmi le personnel qui n'auraient en définitive pas pu s'adapter aux transformations de leur poste de travail. Seule l'impossibilité établie de procéder à ce reclassement donne une cause réelle au licenciement [2]. Le fondement de ces obligations est tiré des articles L. 1222-1 du Code du travail et 1134, 3 du Code civil : les conventions doivent être exécutées « de bonne foi ».

Mais, lacune sérieuse, il n'existe aucune obligation pour le chef d'entreprise de s'adapter lui-même aux mutations et changements survenus dans la technique et la vie économique.

237 ***Clauses sur le financement de la formation*** ◊ Si le financement de la formation relève principalement de la négociation collective, il n'est pas rare de trouver dans le contrat de travail une clause selon laquelle le coût du financement est à charge de l'employeur (même si parfois le salarié doit en supporter une part). En échange le salarié s'engage à rester dans l'entreprise le temps d'amortir cet investissement humain. S'il vient à démissionner, il pourra lui être réclamé le remboursement des sommes consacrées par l'employeur à sa formation (clause dite de dédit-formation). L'engagement est de fidélité à l'entreprise en contrepartie de l'avantage reçu. La licéité de la clause est discutable. La jurisprudence l'a pourtant validée en subordonnant cette validité à une triple condition : elle doit être la contrepartie d'un engagement pris par l'employeur d'assurer une formation entraînant des frais réels au-delà des dépenses imposées par la loi ou la convention collective ; le montant de l'indemnité de dédit doit être proportionné aux frais de formation ; elle ne doit pas avoir pour effet de priver le salarié de la faculté de démissionner [3]. La rémunération perçue par le salarié durant son temps de formation est une obligation légale, (C. trav., L. 6321-2) et ne peut donc être considérée comme un élément du coût de la formation qui puisse être pris en compte dans les sommes dont le remboursement est demandé au salarié [4].

---

1. Soc. 25 févr. 1992, *D.* 1992. Somm. 294, note A. Lyon-Caen ; *ibid.* 1992. 390, note Defossez, *Dr. soc.* 1992. 379.

2. Soc. 19 févr. 1992, *Dr. ouvrier* 1993. 310 ; 25 sept. 1992, *Dr. soc.* 1992. 922.

3. Soc. 21 mai 2002, *Bull. civ.* V, n° 169 ; *Grands arrêts*, 4ᵉ éd., n° 85.

4. Soc. 23 oct. 2013, n° 11-16032 P, *Dr. soc.* 2014. 77, note F. Canut.

CHAPITRE 3
LE CONTRAT DE TRAVAIL À DURÉE DÉTERMINÉE

238 ***Évolution*** ◊ Jusqu'en 1979, le législateur n'avait pas estimé nécessaire d'intervenir dans le domaine des contrats de travail à durée déterminée. Les problèmes de qualification de contrat et de régime juridique trouvaient leur solution dans une jurisprudence qui avait, en cette matière, fait œuvre créatrice [1]. Un premier texte législatif fut adopté le 3 janvier 1979 pour remédier aux incertitudes de règles juridiques purement jurisprudentielles et pour « permettre une meilleure adaptation de l'emploi aux variations de l'économie » [2]. Trois ans plus tard, peu de temps après le changement de majorité parlementaire, un nouveau texte est adopté qui transforme complètement le droit des contrats à durée déterminée.

L'ordonnance du 5 février 1982 fait des contrats à durée déterminée des contrats d'exception. Les cocontractants n'ont plus la liberté de choisir, comme ils l'avaient jusque-là, entre le contrat de travail à durée indéterminée et le contrat de travail à durée déterminée. Un principe nouveau est posé : « le contrat de travail est conclu sans détermination de durée » (C. trav., anc. art. L. 121-5) ; employeur et salariés doivent normalement conclure un contrat à durée indéterminée. C'est seulement dans quelques cas particuliers, limitativement énumérés par le législateur, que les employeurs et les salariés peuvent conclure un contrat de travail à durée déterminée. Par ailleurs, l'ordonnance du 5 février 1982 impose des règles de rédaction du contrat, détermine les droits des salariés pendant l'exécution du contrat et à l'échéance du terme, précise la qualification à donner à la relation contractuelle lorsqu'un contrat de travail à durée déterminée est renouvelé ou lorsque des contrats de travail à durée déterminée sont conclus de façon successive [3].

La loi du 25 juillet 1985 avait prévu de nouveaux cas d'admission et un décret du 3 avril 1985 autorisait l'embauche par contrat à durée déterminée, pour quelque motif que ce soit, des demandeurs d'emploi, inscrits comme tels à l'Agence nationale pour l'emploi depuis plus de douze mois. Un nouveau changement de majorité parlementaire intervenu aux élections de 1986 allait entraîner une nouvelle réforme ; l'ordonnance du

---

1. G. Poulain, *Les contrats de travail à durée déterminée*, 1988, Litec.

2. Sur cette réforme, V. spéc. le n° spéc. de *Droit social*, sept.-oct. 1980.

3. F. Saramito, Vers un déclin du contrat de travail à durée déterminée, *Dr. ouvrier* 1982, p. 403 ; B. Teyssié, Les contrats de travail à durée déterminée. *JCP CI* 1982. 13830 ; A. Lyon-Caen, Le recours au travail à durée limitée, *Dr. soc.* 1983. 5 ; J. Pélissier, Travail à durée limitée et droits des salariés, *Dr. soc.* 1985. 17 s.

11 août 1986 abandonne l'énumération limitative des cas de recours aux contrats de travail à durée déterminée et aux contrats de travail temporaire. Elle substitue à celle-ci une interdiction de recourir à ces contrats lorsque ceux-ci ont pour objet de pourvoir durablement un emploi lié à l'activité normale de l'entreprise.

Après la réélection de M. François Mitterrand à la présidence de la République, un accord national interprofessionnel rétablit l'énumération limitative des cas dans lesquels un contrat à durée déterminée peut être conclu, en ouvrant largement la liste de ces cas. La loi du 12 juillet 1990 reprend, à peu de chose près, les termes de cet accord.

Un accord-cadre européen sur le travail à durée déterminée a été conclu le 18 mars 1999 et a été mis en œuvre par une directive n° 1999/70/CE du conseil du 28 juin 1999 [1]. La loi de modernisation sociale du 17 janvier 2002 intègre en droit interne les dispositions communautaires et apporte quelques autres modifications [2]. Plusieurs lois ou ordonnances postérieures (L. du 3 janv. 2003 ; du 1er août 2003 ; du 4 mai 2004 ; du 24 juin 2004 ; Ord. du 24 juin 2004) ont encore retouché cet ensemble législatif. Plus récemment, la loi du 25 juin 2008 portant modernisation du marché du travail, tout en réaffirmant, que « le contrat de travail à durée indéterminée est la forme normale et générale de la relation de travail » (art. 1er modifiant l'art. L. 1221-2 C. trav.), introduit une nouvelle forme de contrat de travail à durée déterminée : le contrat dont l'échéance est la réalisation d'un objet défini (art. 6).

La législation des contrats de travail à durée déterminée a, en principe, pour but de limiter le recours aux contrats à durée déterminée (Section 1) et le renouvellement de ceux-ci (Section 5), d'assurer l'égalité des droits entre les travailleurs permanents et les travailleurs précaires pendant l'exécution du contrat (Section 3). Certaines dispositions imposent la rédaction d'un contrat écrit (Section 2) et déterminent les droits des salariés à l'échéance du contrat (Section 4).

SECTION 1. DROIT DE RECOURIR AUX CONTRATS À DURÉE DÉTERMINÉE

239 ***Énumération limitative des cas de recours*** ◊ La loi du 12 juillet 1990 revient à la solution adoptée en 1982, qui est celle de l'énumération limitative des cas dans lesquels un contrat à durée déterminée peut être conclu [3]

1. *JOCE* L. 175 du 10 juill. 1999. Ch. Vigneau, « L'accord cadre européen sur le droit du travail à durée déterminée », *Dr. soc.* 1999. 928 s.

2. *Cf.* Roy-Loustaunau, « La lutte contre la précarité des emplois : une réforme du CDD, discrète mais non sans importance », *Dr. soc.* 2002. 304 s.

3. Lorsque le salarié conteste l'exactitude des motifs figurant sur le contrat à durée déterminée, il appartient à l'employeur d'en rapporter la preuve (Soc. 15 sept. 2010, n° 09-40.473).

Ces cas recouvrent quatre types de situations. Dans les trois premiers (remplacement, variations d'activités et réalisation d'un objet défini), ce sont les besoins de l'entreprise qui sont pris en considération ; dans le quatrième, il s'agit d'utiliser le contrat à durée déterminée comme un moyen de lutte contre le chômage.

1) Remplacement (C. trav., art. L. 1242-2). Le recours au contrat à durée déterminée, initialement prévu pour remplacer des salariés absents [1], est de plus en plus ouvert.

Le premier mouvement d'extension a concerné le remplacement de salariés en supprimant, pour de nouvelles hypothèses de recours, l'exigence de la suspension du contrat ou de l'absence du salarié. Le contrat à durée déterminée peut être utilisé non seulement pour remplacer les salariés absents (congés) ou dont le contrat est suspendu (maladie, maternité) [2] ;il peut aussi être conclu pour remplacer un salarié qui a quitté l'entreprise ; ceci est prévu lorsque le poste, laissé vacant par un salarié titulaire d'un contrat à durée indéterminée, doit être prochainement supprimé : l'embauche aura lieu pour une durée déterminée, l'échéance étant la date prévue pour la suppression du poste. De même, un contrat à durée déterminée peut être conclu en attente de l'entrée en service effective d'un salarié recruté par contrat à durée indéterminée pour remplacer un salarié qui a définitivement quitté l'entreprise. Enfin, depuis une loi du 1er août 2003, le contrat à durée déterminée peut également être utilisé pour compléter le travail fourni par un salarié à temps partiel lorsqu'un salarié à temps plein passe provisoirement à temps partiel [3].

Le second mouvement d'extension a consisté à permettre l'utilisation du contrat à durée déterminée pour remplacer non plus un salarié mais un chef d'entreprise artisanale, industrielle commerciale ou agricole ou une personne exerçant une profession libérale (C. trav., art. L. 1242-2, al. 4 et 5). La loi précise que c'est non seulement le chef d'entreprise ou la

---

1. Le recours au contrat à durée déterminée n'est autorisé que pour remplacer *un* salarié absent, nommément désigné ; le contrat par lequel un travailleur est embauché pour remplacer tout membre du personnel absent en raison de congés annuels ou d'une maladie doit être requalifié en contrat à durée indéterminée (Soc. 24 févr. 1998, *Bull. civ.* V, n° 98). Le contrat à durée déterminée est également requalifié en contrat à durée indéterminée lorsqu'il est conclu pour remplacer plusieurs absents, même s'il mentionne le nom et la qualification des difffé-rents salariés qui sont remplacés (Soc. 28 juin 2006, nos 04-40. 555 et 04-43.053, *RDT* 2006. 237 ; *Dr. soc.* 2007. 641, obs. Cl. Roy-Loustaunau.

2. Le remplacement en cascade est autorisé (Soc. 16 juill. 1997, *RJS* 10/97, n° 103 ; 25 mars 1997, *Bull. civ.* V, n° 151 ; *RJS* 6/97, n° 668 ; 22 nov. 1995, *Dr. soc.* 1995. 194, obs. J. Savatier ; 15 oct. 2002, *RJS*12/02, n° 1361) : ceci signifie que l'employeur n'est pas obligé d'affecter le travailleur recruté en remplacement au poste même qui était occupé par le salarié absent ; le travailleur embauché peut remplacer un salarié qui, lui-même, remplace le salarié absent. En revanche, l'embauche pour remplacer non pas une personne dénommée mais toute personne se trouvant en congé annuel ou maladie donne naissance à un contrat à durée indéterminée (Soc. 24 févr. 1998, *RJS* 4/98, n° 421).

3. Auparavant, la Cour de cassation prohibait de façon générale le recours au contrat à durée déterminée afin de compléter le travail d'un salarié à temps partiel (Soc. 12 juill. 1999, *Bull. civ.* V, n° 343).

personne exerçant une profession libérale qui peut être remplacé par un salarié embauché par un contrat à durée déterminée, mais aussi le conjoint participant effectivement à l'entreprise à titre professionnel et habituel ou encore un associé non salarié d'une société civile professionnelle, d'une société civile de moyens ou d'une société d'exercice libéral.

En revanche, un même contrat à durée déterminée ne peut permettre de remplacer plusieurs salariés, ni simultanément [1], ni successivement [2]. Pour qu'un même salarié puisse effectuer plusieurs remplacements différents, il est nécessaire de conclure plusieurs contrats à durée déterminée successifs [3].

2) Variations d'activité de l'entreprise. Dès 1982, le Code du travail a admis le recours aux contrats à durée déterminée lorsque la nature des activités de l'entreprise engendre nécessairement des variations d'activité ; des contrats à durée déterminée peuvent être conclus pour pourvoir des emplois saisonniers [4]. Pour la Cour de cassation, « le caractère saisonnier d'un emploi concerne des tâches normalement appelées à se répéter chaque année à des dates à peu près fixes, en fonction du rythme des saisons ou des modes de vie collectifs » [5]. « La faculté pour un employeur de conclure des contrats à durée déterminée successifs avec le même salarié afin de pourvoir un emploi saisonnier n'est assortie d'aucune limite au-delà de laquelle s'instaurerait entre les parties une relation de travail globale à durée indéterminée » [6]. Ainsi des contrats conclus pendant seize années consécutives avec le même salarié ne sont pas requalifiés en contrat à durée indéterminée dès lors que l'emploi occupé correspondait à des tâches appelées à se répéter chaque année à des dates à peu près fixes [7]. Mais, lorsque chaque année le salarié travaille pendant toute la période d'activité de l'établissement, le contrat est un contrat de travail à durée indéterminée [8].

Des contrats à durée déterminée peuvent également être conclus, dans certains secteurs d'activité définis par décret ou par accord collectif étendu [9] afin de pourvoir des emplois pour lesquels il est d'usage constant

1. Soc. 28 juin 2006, n°s 04-43.053 et n° 04-40.455, *RDT* 2006. 237 ; *Dr. soc.* 2007. 640, obs. C. Roy-Loustaunau.

2. Soc. 11 juill. 2012, n° 11-122.43 P, *RDT* 2012. 627, obs. B. Reynès.

3. Sur les conditions de ces contrats successifs, v. ss 252.

4. Actuellement, C. trav., art. L. 1242-2. Mais, lorsque chaque année le salarié travaille pendant toute la période d'activité de l'établissement, le contrat est un contrat de travail à durée indéterminée (Soc. 6 juin 1991, *RJS* 7/91, n° 817 ; 2 févr. 1994, *Dr. soc.* 1994. 372 ; 13 déc. 1995, *RJS* 2/96, n° 101 ; 7 avr. 1998, *Dr. soc.* 1998. 802).

5. Soc. 17 sept. 2008, n° 07-42.463 ; 9 déc. 2007, n° 06-41.333 ; 12 oct. 1999, *Bull. civ.* V, n° 373 ; *RJS* 11/99, n° 1352. Une entreprise, ayant une activité toute l'année, peut recourir à des contrats saisonniers pour la période saisonnière où elle connaît un important pic d'activité : Soc. 19 sept. 2013, *Dr. ouvrier* 2014. 91, note P. Adam.

6. Soc 26 oct. 2011, n° 09-43.205, *RJS* 1/12, n° 12 ; *RDT* 2011. 675.

7. Soc 26 oct. 2011, préc.

8. Soc. 6 juin 1991, *RJS* 7/91, n° 817 ; 2 févr. 1994, *Dr. soc.* 1994. 372 ; 13 déc. 1995, *RJS* 2/96, n° 101 ; 7 avr. 1998, *Dr. soc.* 1998. 802 ; 28 sept. 2011, n° 10-10.971.

9. Il faut que l'activité *principale* de l'entreprise se situe dans un secteur visé par décret pour qu'un contrat à durée déterminée puisse être conclu en raison de la nature de l'activité (Soc.

de ne pas recourir au contrat à durée indéterminée en raison de la nature de l'activité exercée et du caractère par nature temporaire de ces emplois [1]. Les dispositions législatives actuelles tolèrent de façon beaucoup plus générale le recours aux contrats à durée déterminée en cas de variations d'activité de l'entreprise.

Elles admettent – ce qui était déjà admis en 1982 – que des contrats à durée déterminée peuvent être conclus pour l'exécution d'une tâche occasionnelle ne relevant pas de l'activité normale de l'entreprise, pour des travaux urgents dont l'exécution immédiate est nécessaire pour prévenir des accidents imminents, pour faire face à une commande exceptionnelle [2]. Elles admettent également – et ceci est plus étonnant – l'utilisation de ces contrats en cas « d'accroissement temporaire de l'activité de l'entreprise » [3]. Ce dernier cas de recours, dans la mesure où il vise tout accroissement d'activité, qu'il soit régulier ou irrégulier, habituel ou exceptionnel, ouvre très largement l'accès aux contrats à durée déterminée [4]. Cependant l'ouverture d'un

27 sept. 2006, *Bull. civ.* V, n° 285 ; 25 févr. 1998, *RJS* 4/98, n° 421). Par ailleurs, c'est l'activité de l'entreprise et non celle du salarié qui peut permettre d'invoquer le bénéfice de l'art. L. 1242-2, 3° C. trav. (Soc. 25 févr. 1998 préc., un salarié engagé en qualité de formateur par une banque ne peut pas être engagé par un contrat à durée déterminée sur la base de l'anc. art. L. 122-1-1, 3° C. trav. ; le secteur bancaire ne fait pas partie des secteurs énumérés par voie réglementaire).

1. Pendant de nombreuses années, la Cour de cassation a jugé que ces contrats d'usage devaient être requalifiés en contrat à durée indéterminée lorsque, en raison de leur succession, ils permettaient de pourvoir de façon durable des emplois liés à l'activité normale et permanente de l'entreprise (Soc. 28 oct. 1992, *D.* 1992. IR 262 ; lorsque l'enseignement de l'allemand est assuré depuis plusieurs années dans un collège, le contrat de travail d'un professeur d'allemand n'est pas un contrat à durée déterminée ; Soc. 8 mars 1994, *CSB* 1994, B 68 ; requalification en contrat à durée indéterminée de contrats conclus dans l'hôtellerie avec un salarié pendant onze mois). Dans le même sens, Soc. 26 mai 1994, *RJS* 7/94, n° 846 ; 18 janv. 1995, *RJS* 3/95, n° 210 ; 23 mai 1995, *Bull. civ.* V, n° 166 ; 15 juin 1999, *Bull. civ.* V, n° 279 ; 3 mai 2000, *RJS* 6/00, n° 637. La Cour de cassation a opéré en 2003 un premier revirement de jurisprudence. Bien que les arrêts visent toujours l'anc. art. L. 122-1 C. trav. (C. trav., nouv. art. L. 1242-1) selon lequel « le contrat de travail à durée déterminée, quel que soit son motif, ne peut avoir ni pour objet, ni pour effet de pourvoir durablement un emploi lié à l'activité normale et permanente de l'entreprise », la Cour de cassation juge que la seule mission des magistrats est de rechercher « si, pour l'emploi concerné, et sauf si une convention collective prévoit dans ce cas le recours au contrat à durée indéterminée, il est effectivement d'usage constant de ne pas recourir à un tel contrat » (Soc. 26 nov. 2003, quatre arrêts, *RJS* 1/04, n° 9, chron. P. Bailly, p. 7 ; 4 févr. 2004, *RJS* 4/04, n° 657 ; 20 sept. 2006, *RJS* 11/06, n° 1155). Ils n'avaient plus à rechercher si le salarié avait occupé durablement un poste lié à l'activité normale et permanente de l'entreprise. Nouveau revirement en 2008 pour tenir compte du droit communautaire, plus précisément de l'accord-cadre sur le travail à durée déterminée conclu le 18 mars 1999 et mis en œuvre par la Dir. n° 1999/70/CE du 28 juin 1999. Dans deux arrêts du 23 janv. 2008, la chambre sociale de la Cour de cassation décide que le juge du fond doit vérifier que le recours à l'utilisation de contrats successifs est justifié par des *raisons objectives qui s'entendent de l'existence d'éléments concrets établissant le caractère par nature temporaire de l'emploi* (*RDT* 2008. 171, obs. G. Auzero ; *D.* 2008. 2306, obs. B. Reynès).

2. ANI du 24 mars 1990, art. 3.

3. C. trav., art. L. 1242-2 ; ANI, art. 3.

4. D'autant plus que l'employeur n'est pas obligé d'affecter le salarié recruté avec un contrat à durée déterminée, à des tâches directement liées à ce surcroît d'activité (Soc. 18 févr. 2003, *Bull. civ.* V, n° 57).

magasin procède de l'activité normale et permanente de l'entreprise ; elle ne peut donc pas justifier l'embauche en contrat à durée déterminée d'une caissière au motif d'un surcroît d'activité [1]. De même, lorsque les prétendus « pics de production » ne sont pas liés à des commandes supplémentaires mais s'inscrivent dans le courant normal de commandes d'un client habituel, il est jugé que le contrat à durée déterminée a été conclu pour les besoins de l'activité normale et permanente de l'entreprise ; il doit donc être requalifié en contrat à durée indéterminée [2]

La distinction entre les contrats saisonniers et les contrats pour surcroît d'activité présente cependant un intérêt au regard des droits des salariés : les contrats saisonniers n'ouvrent pas droit à une indemnité de précarité d'emploi alors que les contrats pour surcroît d'activité donnent naissance à cette indemnité [3].

3) Réalisation d'un objet défini. Tout en affirmant que « le contrat de travail à durée indéterminée est la forme normale et générale de la relation de travail » (art. 1er), la loi du 25 juin 2008 portant modernisation du marché du travail institue, à titre expérimental, un nouveau contrat à durée déterminée dans son article 6. Il s'agit d'un « contrat de travail à durée déterminée dont l'échéance est la réalisation d'un objet défini, d'une durée minimale de 18 mois et maximale de 36 mois... conclu pour le recrutement d'ingénieurs et de cadres ». Ce contrat est original à plusieurs points de vue.

Tout d'abord au regard de sa conclusion. Celle-ci n'est possible que si elle est prévue par un accord de branche étendu ou, à défaut, d'un accord d'entreprise, accord qui doit obligatoirement contenir un certain nombre de dispositions [4] et ne peut concerner que des ingénieurs ou des cadres, au sens des conventions collectives. Elle donne lieu à la rédaction d'un écrit dont les mentions sont adaptées à la spécificité de ce contrat [5]. Il ne peut

1. Soc. 5 juill. 2005 n° 04-40.299 D.

2. Soc 1er févr. 2012, n° 10-26.647, *RJS* 4/12, n° 309.

3. Le rapport de la commission de Virville propose de supprimer cette distinction. Tous les salariés titulaires d'un contrat à durée déterminée auraient droit à une indemnité de précarité d'emploi.

4. L'accord doit définir : 1° les nécessités économiques auxquelles ces contrats sont susceptibles d'apporter une réponse adaptée ; 2° les conditions dans lesquelles les salariés sous contrat à durée déterminée à objet défini bénéficient des garanties relatives à l'aide au reclassement, à la validation des acquis de l'expérience, à la priorité de réembauchage et à l'accès à la formation professionnelle continue et peuvent, au cours du délai de prévenance, mobiliser les moyens disponibles pour organiser la suite de leur parcours professionnel ; 3° les conditions dans lesquelles les salariés sous contrat à durée déterminée à objet défini ont priorité d'accès aux emplois en contrat à durée indéterminée dans l'entreprise.

5. Le contrat doit notamment comporter la mention « contrat à durée déterminée à objet défini », l'intitulé et les références de l'accord collectif qui institue ce contrat, une clause descriptive du projet et mentionnant sa durée prévisible, la définition des tâches pour lesquelles le contrat est conclu, l'événement ou le résultat objectif déterminant la fin de la relation contractuelle, le délai de prévenance de l'arrivée du terme du contrat, une clause mentionnant la possibilité de rupture à la date anniversaire de la conclusion du contrat par l'une ou l'autre partie pour un motif réel et sérieux...

pas être renouvelé, ce qui ne veut pas dire que le même salarié ne peut pas conclure successivement avec le même employeur plusieurs contrats à durée déterminée à objet défini puisque la loi impose de prévoir dans l'accord collectif des dispositions relatives à la priorité de réembauchage.

L'originalité de ce type de contrat se manifeste également au regard de sa rupture. La particularité la plus étonnante tient à ce que ce contrat à durée déterminée peut non seulement cesser de produire ses effets en raison de l'arrivée du terme mais aussi par l'exercice par l'une ou l'autre des parties d'un droit de résiliation unilatérale. Ce droit est encadré ; il ne peut être exercé qu'au bout de dix-huit mois, puis à la date anniversaire de sa conclusion. Le salarié comme l'employeur ne peut rompre le contrat que « pour un motif réel et sérieux ». Lorsque la cessation des relations de travail intervient, comme cela est habituellement le cas pour les contrats à durée déterminée, en raison de l'échéance du terme, la loi institue ici un délai de prévenance que doit respecter l'employeur. Ce délai est au moins égal à deux mois. Lorsque, à l'issue du contrat, les relations contractuelles de travail ne se poursuivent pas par un contrat à durée indéterminée, le salarié a droit à une indemnité d'un montant égal à 10 % de sa rémunération totale brute.

4) Moyens d'accès à l'emploi. L'article L. 1242-3 du Code du travail fait une place particulière au contrat à durée déterminée, en prévoyant son utilisation comme moyen de lutte contre le chômage. Des contrats à durée déterminée peuvent être conclus au titre de dispositions législatives et réglementaires destinées à favoriser l'embauchage de certaines catégories de personnes sans emploi : contrats de professionnalisation (C. trav., art. L. 6325-1 s.) ; contrats initiative-emploi (C. trav., art. L. 5134-65 s.) ; contrats d'accompagnement dans l'emploi (C. trav., art. L. 5134-24) ; contrat d'avenir (C. trav., art. L. 5134-35 s).

Ils peuvent également être conclus lorsque l'employeur s'engage à assurer un complément de formation professionnelle à un salarié appartenant à une des catégories déterminées par décret : élèves d'un établissement effectuant un stage d'application, étrangers venant en France en vue d'acquérir un complément de formation professionnelle, bénéficiaires d'une aide financière individuelle à la formation par la recherche… (C. trav., art. D. 1242-3).

240 ***Interdictions*** ◊ Le Code du travail interdit le recours aux contrats de travail à durée déterminée dans des situations assez différentes [1].

Deux interdictions sont radicales. « En aucun cas, le contrat de travail à durée déterminée ne peut avoir pour objet le remplacement d'un salarié dont le contrat de travail est suspendu par suite d'un conflit collectif de travail » (C. trav., art. L. 1242-6). La formulation de la règle légale n'est pas heureuse car, à s'en tenir à la lettre du texte, elle ne prohibe pas la

1. En dehors des interdictions légales expressément formulées, les juges décident que les parties à un contrat à durée indéterminée ne peuvent pas conclure, en cours de contrat, un contrat à durée déterminée (Soc. 25 mars 2009, n° 06-46.330, *RJS* 6/09 n° 497).

conclusion d'un contrat à durée déterminée pour remplacer un salarié qui, travaillant dans un établissement, a été envoyé en renfort dans un autre établissement en grève pour prêter main-forte aux non-grévistes. Le contrat de la personne remplacée n'est pas *suspendu* et le remplacement n'est donc pas expressément prohibé par l'article L. 1242-6. Il semble cependant qu'un tel contrat ne soit pas admissible si l'on se réfère au but poursuivi par le législateur (ne pas utiliser les contrats à durée déterminée pour faire échec à un mouvement de grève).

De même, ne peuvent pas être conclus des contrats à durée déterminée pour des travaux particulièrement dangereux figurant sur une liste établie par arrêté ministériel (C. trav., art. L. 1242-6).

Deux autres interdictions ont, au contraire, un caractère provisoire. Selon l'article L. 1244-3 du Code du travail, un employeur ne peut pas immédiatement conclure un nouveau contrat à durée déterminée pour faire occuper le poste du salarié dont le contrat à durée déterminée vient de prendre fin. Pour qu'un nouveau contrat à durée déterminée puisse être conclu, il faut qu'il se soit écoulé depuis l'expiration du précédent contrat à durée déterminée une période égale au tiers de la durée de ce contrat. Si le premier contrat à durée déterminée a eu une durée de six mois, l'employeur pourra, deux mois après l'échéance de ce contrat, conclure un nouveau contrat de travail à durée déterminée afin de pourvoir le poste du salarié dont le contrat a pris fin. Lorsque la durée du contrat, renouvellement inclus, est inférieure à quatorze jours, l'employeur doit attendre que se soit écoulée une période égale à la moitié de la durée du contrat [1].

Cette interdiction a pour but d'éviter que, par le biais de recrutements successifs, un employeur précarise un emploi permanent ou du moins de longue durée. Cette prohibition est levée lorsque le premier contrat a été rompu par le salarié avant l'échéance du terme [2] ou lorsque le contrat à durée déterminée étant arrivé à échéance, le salarié a refusé le renouvellement de son contrat (C. trav., art. L. 1244-4, al. 3). Elle l'est également lorsque le contrat à durée déterminée qui vient de se terminer était soit un contrat saisonnier, soit un contrat pour tenir un emploi temporaire dans un secteur d'activité où il est d'usage de recourir aux contrats à durée déterminée, soit enfin un contrat pour remplacer un travailleur absent (C. trav., art. L. 1244-4). Dans ce dernier cas, l'interdiction n'est cependant levée qu'en cas de « nouvelle absence » du salarié remplacé [3].

L'autre interdiction à caractère provisoire concerne la conclusion de contrats à durée déterminée dans les six mois qui suivent un licenciement

1. Pour l'appréciation du délai devant séparer les deux contrats à durée déterminée, il est fait référence aux jours d'ouverture de l'entreprise ou de l'établissement concerné (C. trav., art. L. 1244-3).

2. Si la rupture est décidée par l'employeur, l'exception ne joue pas. Le nouveau contrat conclu avant l'expiration de la période d'attente est un contrat à durée indéterminée (Soc. 19 janv. 1999, *RJS* 3/99, n° 346).

3. La Cour de cassation ne tient cependant pas compte de cette limitation concernant l'exigence d'une nouvelle absence, Soc. 26 févr. 1991, *Bull. civ.* V, n° 96.

économique pour accroissement temporaire d'activité ou pour tâche occasionnelle, qui permettrait de pourvoir des postes concernés par ledit licenciement ; mais cette interdiction comporte, elle aussi, des exceptions [1].

Enfin, il existe une autre interdiction formulée de façon plus générale dont l'application laisse une large place à l'appréciation des tribunaux. L'article L. 1242-1 du Code du travail prévoit expressément que « le contrat de travail à durée déterminée quel que soit son motif ne peut avoir *ni pour objet ni pour effet* de pourvoir durablement des emplois liés à l'activité normale et permanente de l'entreprise ». En d'autres termes, il ne suffit plus d'apprécier pour chaque contrat pris isolément si les règles de conclusion des contrats à durée déterminée sont respectées ; il faut également vérifier si, dans l'entreprise, le recours à ces contrats n'est pas, par sa permanence, une violation des principes directeurs de la loi et de l'accord, entraînant les sanctions des conclusions irrégulières de contrat à durée déterminée [2].

241 ***Rôle des représentants du personnel et des syndicats*** ◇ En aucun cas, la conclusion de contrats à durée déterminée n'est soumise à une autorisation préalable du comité d'entreprise, des délégués du personnel ou des délégués syndicaux d'entreprise.

Il est seulement prévu que l'employeur doit informer le comité d'entreprise, trimestriellement ou annuellement selon les effectifs de l'entreprise, des éléments qui l'ont conduit à faire appel, dans l'année ou le trimestre écoulé et qui pourraient le conduire à faire appel dans le trimestre ou l'année à venir, à des contrats de travail à durée déterminée [3]. De la même façon, lors de la négociation annuelle d'entreprise portant sur les salaires effectifs, sur la durée et l'aménagement du temps de travail, l'employeur et

1. C. trav., art. L. 1242-5. Cette interdiction ne s'applique pas lorsque la durée du contrat n'excède pas trois mois ou lorsque le contrat est lié à la survenance d'une commande exceptionnelle à l'exportation.

2. Cette interdiction entraîne la requalification de contrats saisonniers permettant de pourvoir durablement un emploi lié à l'activité normale et permanente de l'entreprise (v. ss 239), de contrats de remplacements successifs (Soc. 16 juill. 1997, *RJS* 10/97, n° 1073 ; 4 déc. 1996, *Bull. civ.* V, n° 414 ; *CSB* 1997, A. 14 ; *RJS* 1/97, n° 13 : requalification de contrats de remplacements successifs en contrat à durée indéterminée, le salarié ayant, au cours de ces remplacements, conservé la même qualification et le même salaire). De façon plus générale, l'employeur ne peut pas recourir de façon systématique aux contrats à durée déterminée de remplacement pour faire face à un besoin structurel de main-d'œuvre (Soc. 28 janv. 2006, n° 02-45.318 PBRI. Adde. Soc. 4 déc. 2013, n° 11-28314 P, à propos d'une succession de contrat de travail temporaire). Elle entraîne aussi la requalification des contrats « d'usage », conclus de façon successive pendant une longue période (Soc. 23 janv. 2008, *RDT* 2008. 171, obs. G. Auzero ; *D.* 2008. 2306, obs. B. Reynès ; *Adde*, v. ss 239). Comp. la position très en retrait du droit européen sur la question, depuis l'interprétation régressive donnée par l'arrêt CJUE du 28 janv. 2012, *Kücük*, aff. C-586-10, *RTD eur.* 2012. 480, obs. S. Robin-Olivier, *RDT* 2012. 645 obs. S. Robin-Olivier et P. Rémy, J.-P. Lhernould ; *RJS* 4/12, n° 263 ; H. Tissandier, *Liaisons soc.*, n° 296, p. 6 ; L. Driguez, *Europe* 3/2012, n° 128 ; E. Mazuyer, *RLDA* 2012. 71.

3. C. trav., art. L. 2323-47 (entreprises de moins de 300 salariés) et C. trav., art. L. 2323-51 (entreprises de 300 salariés et plus). En l'absence de comité d'entreprise, l'employeur donne, une fois par an, la même information aux délégués du personnel (C. trav., art. L. 2313-5 mod. par L. du 25 juin 2008 portant modernisation du marché du travail).

les syndicats doivent examiner l'évolution du nombre des contrats à durée déterminée, des missions d'intérim et des journées de travail effectuées sous cette forme dans l'entreprise (C. trav., art. L. 2242-9) ; une obligation du même type est prévue dans le cadre de l'examen annuel des accords de branche (C. trav., art. L. 2241-2).

De façon plus ponctuelle, l'accord national interprofessionnel du 24 mars 1990 et la loi du 12 juillet 1990 prévoient que l'employeur doit consulter le comité d'entreprise (ou à défaut les délégués du personnel) avant de conclure certains contrats à durée déterminée [1].

242 ***Requalification*** ◊ Lorsqu'un contrat de travail à durée déterminée a été conclu en dehors des situations autorisées par la loi ou en violation des interdictions légales, il est réputé « à durée indéterminée » (C. trav., art. L. 1245-1). La loi organise une procédure accélérée pour que le Conseil de prud'hommes puisse prononcer très rapidement la requalification du contrat de travail [2].

Bien que la requalification du contrat soit présentée comme une sanction s'appliquant à « *tout* contrat conclu en méconnaissance des dispositions des articles L. 1242-1 à L. 1242-4, L. 1242-6, L. 1242-8, L. 1242-12, alinéa premier, L. 1243-11, alinéa premier, L. 1243-13, L. 1244-3 et L. 1244-4 du Code du travail », elle ne peut pas être invoquée par l'employeur [3]. Cette sanction a, en effet, pour but de protéger les salariés contre les risques de la précarité d'emploi et, comme toute sanction à caractère protecteur, elle ne peut être invoquée que par celui que la loi entend protéger. Pour la même raison, le juge ne peut pas d'office requalifier le contrat à durée déterminée en contrat à durée indéterminée [4] dans les situations visées à l'article L. 1245-1 du Code du travail. De même, contrairement à ce qui a été jugé pendant plusieurs années [5], l'AGS ne peut pas se prévaloir d'une requalification [6].

---

1. Lorsque le contrat à durée déterminée est conclu pour faire face à une commande exceptionnelle ou pour permettre l'occupation d'un poste rendu vacant par le départ d'un salarié et qui doit être prochainement supprimé ; la consultation est également obligatoire lorsque l'employeur entend, à titre exceptionnel, embaucher par contrat à durée déterminée dans les six mois qui suivent un licenciement pour motif économique en invoquant le surcroît d'activité ou la tâche occasionnelle.

2. C. trav., art. L. 1245-2, l'affaire est portée directement devant le bureau de jugement qui doit statuer au fond dans le délai d'un mois suivant sa saisine.

3. Soc. 16 juill. 1987, *Bull. civ.* V, n° 481 ; *Grands arrêts*, 4e éd. n° 35 : « Les dispositions prévues par les anc. art. L. 122-1 s. C. trav. ont été édictées dans un souci de protection du salarié qui peut seul se prévaloir de leur inobservation », Soc. 29 nov. 1989, *RJS* 1990. 71, n° 94 ; 13 févr. 1991, *Dr. soc.* 1991. 418, obs. J. Savatier ; 17 janv. 1996, *RJS* 3/96, n° 252.

4. Soc. 7 mai 1996, *RJS* 6/96, n° 658 ; 30 oct. 2002, *Dr. soc.* 2003. 473, obs. C. Roy Loustaunau. Le salarié peut demander la requalification du contrat initial et l'indemnité spéciale de requalification prévue par l'anc. art. L. 122-3-3. 12, al. 2 C. trav. alors même qu'il a été engagé, après l'échéance du terme, par contrat à durée indéterminée (Soc. 1er févr. 2000, *RJS* avr. 2000, n° 381 ; 9 mars 1999, *RJS* 4/99, n° 482).

5. Soc. 1er déc. 1993, *RJS* 1/94, n° 8 ; 1er mars 1994, *RJS* 4/94, n° 381 ; 12 nov. 1997, *RJS* 12/97, n° 1341 ; 15 juin 1999, *Bull. civ.* V, n° 278.

6. Soc. 4 déc. 2002, *Bull. civ.* V, n° 367 ; *Dr. soc.* 2003. 297, avis de l'avocat général Pierre Lyon-Caen, *ibid.* 293 s. ; 7 avr. 2004, *Bull. civ.* V, n° 106.

En revanche, lorsque le contrat n'a pas véritablement un terme, les juges peuvent rétablir d'office la véritable qualification du contrat [1] et l'employeur peut, aussi bien que le salarié, obtenir en justice la requalification du contrat à durée déterminée en contrat à durée indéterminée [2]. Cette dernière solution a une portée limitée depuis que la Cour de cassation décide que la présence d'une clause de résiliation unilatérale dans un contrat à durée déterminée n'entraîne plus la requalification de celui-ci en contrat à durée indéterminée mais doit être sanctionnée par la nullité de la clause [3].

Lorsque la requalification est prononcée à titre de sanction, par application de l'article L. 1245-1 du Code du travail, l'employeur est condamné à verser au salarié une indemnité qui ne peut être inférieure à un mois de salaire. La juridiction qui fait droit à une demande en requalification doit d'office condamner l'employeur à payer cette indemnité [4]. Mais cette indemnité n'est pas due lorsque la requalification est prononcée au motif que la relation contractuelle s'est poursuivie après l'échéance du terme [5]. Elle ne peut être attribuée que dans les cas où la « demande en requalification s'appuie sur une irrégularité du contrat initial ou de ceux qui lui ont fait suite » [6].

La violation des cas d'utilisation commise par l'employeur expose également celui-ci à des sanctions pénales (C. trav., art. L. 1248-1 s.).

SECTION 2. **RÉDACTION D'UN CONTRAT**

243 ***Rédaction d'un écrit*** ◊ Aux termes de l'article L. 1242-12 du Code du travail : « Le contrat de travail à durée déterminée est établi par écrit et comporte la définition précise de son motif ; à défaut il est réputé conclu pour une durée indéterminée... ». Avant la réforme du 12 juillet 1990, l'absence d'écrit faisait seulement « présumer » que le contrat avait été conclu pour une durée indéterminée et la Cour de cassation avait jugé qu'il s'agissait d'une présomption simple [7].

1. Soc. 19 mai 1998, *Bull. civ.* V, n° 267, *RJS* 7/98, n° 829.
2. Soc. 22 juin 1993, *D.* 1993. 592, note C. Roy-Loustaunau ; 24 févr. 1998, *Bull. civ.* V, n° 98 ; 19 mai 1998, *RJS* 7/98, n° 830.
3. Soc. 16 déc. 1998, *Dr. soc.* 1999. 397, obs. J. L. Karaquillo ; *ibid.* 285, obs. C. Roy-Loustaunau ; 24 oct. 2000, *RJS* 01/03, n° 18.
4. Soc. 19 janv. 1999, *Bull. civ.* V, n° 27 ; *Dr. soc.* 1999. 401 obs. J. Savatier ; 28 nov. 2000,n° 98-42999 P.
5. Soc. 22 mars 2006, n° 04-48.264 PBRI, *Sem. soc. Lamy* 2006, n° 1255, p. 11. Mais la circonstance que le contrat à durée déterminée ait été poursuivi après l'échéance du terme ou que les parties aient conclu un contrat à durée indéterminée ne prive pas le salarié de demander la requalification du contrat initial qui avait été irrégulièrement conclu ; cette requalification lui permet d'obtenir l'indemnité prévue par l'art. L. 1245-1 C. trav. (Soc 29 juin 2011, *Dr. soc.* 2012. 197, obs. C. Roy-Loustaunau et, pour la même solution en matière de travail temporaire, Soc. 19 févr. 2014, n° 12-24.929 P).
6. Soc. 22 mars 2006, préc.
7. Crim. 25 févr. 1986, *JS UIMM* 1986, n° 476, p. 303 ; Soc. 23 mars 1989, *Bull. civ.* V, n° 145.

Désormais, la loi opère une requalification du contrat en contrat à durée indéterminée, que l'employeur ne peut pas faire écarter même s'il établit que le salarié connaissait le motif du recours au contrat à durée déterminée [1] ou qu'il existait un motif autorisé de recours à ce type de contrat, autre que celui mentionné dans l'écrit [2].

La mention du motif doit être « précise » (C. trav., art. L. 1242-12). Malgré ce texte, la Cour de cassation s'est longtemps contentée d'une expression très générale et floue. Ainsi, par exemple, elle a considéré comme suffisamment précise la mention d'un « accroissement temporaire d'activité », sans aucune précision supplémentaire [3]. Dans un contexte de prolifération des contrats précaires, cette solution très discutable a finalement été abandonnée. La Cour de cassation exige désormais que soient stipulées « toutes précisions permettant d'apprécier la réalité du motif » [4]. Ce qui suppose la démonstration de « l'existence d'éléments concrets et précis établissant le caractère par nature temporaire » de l'emploi [5]. L'expression est inspirée de la jurisprudence européenne, interprétant la directive n° 1999/70 issue de l'accord-cadre sur le travail à durée déterminée du 18 mars 1999 [6]. Le motif du contrat à durée déterminé, à l'instar du motif du licenciement, suppose des faits précis et matériellement vérifiables. Faute de ces éléments, il n'est pas de motivation suffisante du contrat à durée déterminée.

La Cour de cassation juge que le contrat à durée déterminée ne peut comporter qu'un seul motif. La pluralité de motifs entraîne la requalification du contrat [7]. En revanche, la Cour de cassation écarte exceptionnellement, l'application de l'article L. 1242-12 du Code du travail lorsque le salarié a délibérément refusé de signer le contrat de travail de mauvaise foi ou dans une intention frauduleuse [8].

À l'absence d'écrit comportant la définition précise du motif de contrat, la Cour de cassation assimile la remise tardive d'un contrat écrit au salarié.

---

1. Soc. 22 oct. 1996, *RJS* 12/96, n° 1238 ; 26 oct. 1999, *Dubois*, *RJS* 12/99, n° 1044 (le contrat écrit non signé par le salarié est assimilé à une absence d'écrit ; le contrat est réputé conclu pour une durée indéterminée) ; Soc. 24 nov. 1998, *Dr. soc.* 1999. 84 ; 4 janv. 2000, *RJS* 2/00, n° 154 (le contrat ne précisait pas qu'il s'agissait d'un contrat de retour à l'emploi ; ne comportant pas la définition précise de son motif, il doit être requalifié en contrat à durée indéterminée alors même qu'une convention avait été passée entre l'employeur et les pouvoirs publics précisant qu'il s'agissait d'un contrat de retour à l'emploi).

2. Soc. 27 févr. 2001, *RJS* 5/01, n° 572.

3. Soc. 30 sept. 2005, *Bull. civ.* V, n° 271.

4. Soc. 29 nov. 2007, n° 06-41.847.

5. Soc. 23 janv. 2008, *Calori*, n° 06-43.040 P, *Grands arrêts*, n° 38, *RDT* 2008. 170, obs. G. Auzero, *RJS* 2008, n° 256 ; rapp. D. Ludet, *ibid.* 189 ; *Dr. ouvrier* 2008. 245, obs. J. Guyon ; 24 avr. 2013, n° 12-14.844.

6. CJCE 4 juill. 2006, *Adeneler*, aff. C-212/04, *Dr. soc.* 2007. 97, obs. C. Vigneau, *RDT* 2006. 141 ; *ibid.* 74, obs. F. Guiomard ; *Sem. soc. Lamy* 2006, suppl. n° 1288, p. 11, obs. S. Laulom.

7. Soc. 23 janv. 2008, n° 06-41.536, *RJS* 4/08, n° 373.

8. Soc. 7 mars 2012, n° 10.12-091, *RDT* 2012. 284, obs. B. Reynès.

Lorsque le contrat de travail n'est pas rédigé ou transmis au salarié dans les deux jours suivant l'embauche, il est requalifié en contrat à durée indéterminée [1].

Le deuxième alinéa de l'article L. 1242-12 du Code du travail précise que le contrat écrit doit, notamment, comporter : – le nom et la qualification du salarié remplacé ; – lorsque le contrat comporte un terme précis, la date d'échéance du terme, et le cas échéant une clause de renouvellement ; – lorsqu'il ne comporte pas de terme précis, la durée minimale pour laquelle il est conclu ; – la désignation du poste de travail ou de l'emploi occupé ou encore de la nature des activités auxquelles participe le stagiaire durant son séjour dans l'entreprise lorsqu'il s'agit d'un contrat formation prévu par l'article L. 1242-3 du Code du travail ; – la durée de la période d'essai éventuellement prévue ; – l'intitulé de la convention collective applicable ; – le montant de la rémunération et de ses différentes composantes ; – le nom et l'adresse de la caisse de retraite complémentaire.

L'omission de l'une de ces mentions obligatoires justifiait, comme l'absence d'écrit, la requalification du contrat en vertu de la présomption de durée indéterminée que formulait l'ancien article L. 122-3-1 [2]. La nouvelle rédaction de l'article L. 1245-1 ne prévoit la requalification du contrat à durée déterminée en contrat à durée indéterminée qu'en cas de violation de l'article L. 1242-12, alinéa 1er. Une interprétation littérale de cet article conduit à décider que l'omission d'une des mentions obligatoires prévues par le deuxième alinéa n'entraîne pas cette sanction. L'irrégularité formelle est sanctionnée autrement [3]. La Cour de cassation écarte cependant l'application littérale des articles L. 1242-12 et L. 1245-1 du Code du travail ; elle décide que l'absence d'une des mentions obligatoires visées à l'article L. 1242-12 entraîne, au moins dans certains cas, la requalification du contrat [4]. Elle fait cependant des distinctions entre les mentions obligatoires [5].

L'absence de contrat écrit ou de mention définissant précisément le motif de celui-ci est également sanctionnée pénalement [6].

---

1. Soc. 17 juin 2005, *RJS* 8-9/05, n° 810.

2. Soc. 19 nov. 1987, *Bull. civ.* V, p. 417.

3. Soc. 11 janv. 1994, *RJS* 2/94, n° 130 : l'absence de mention relative à l'essai entraîne une conséquence importante ; le contrat est censé être conclu sans essai alors même que le contrat renvoie à une convention collective prévoyant expressément un délai d'un mois.

4. Soc. 6 mai 1997, *Bull. civ.* V, n° 150 ; *Dr. soc.* 1997. 924 (absence du nom de la personne remplacée) ; Soc. 20 mai 1997, *RJS* 1997, n° 10 ; 1er juin 1999, *RJS* 7/99, n° 898 ; 26 oct. 1999, Martin, *RJS* 12/99, n° 1444 (le nom du salarié remplacé était mentionné, mais pas sa qualification) ; Soc. 30 avr. 2003, *Dr. soc.* 2003. 716 ; avis de l'avocat général Pierre Lyon-Caen, *ibid.* 712 s. ; l'exigence de précision quant à la définition du motif de recours au contrat à durée déterminée « implique nécessairement que le nom et la qualification du salarié remplacé figurent dans le contrat » ; il y a donc lieu de requalifier un contrat à durée déterminée en contrat à durée indéterminée s'il ne mentionne pas expressément le nom et la qualification du salarié remplacé.

5. L'omission de la mention de la convention collective applicable n'entraîne pas la requalification du contrat à durée déterminée en contrat à durée indéterminée (Soc. 26 oct. 1999, *Lebrun*, *RJS* 12/99, n° 1444, 2e esp.).

6. C. trav., art. L. 1248-6. Est également incriminée la transmission tardive de l'écrit au salarié (même art.).

244 ***Fixation d'un terme précis*** ◊ En principe, le terme du contrat doit être fixé avec précision (C. trav., art. L. 1242-7). Les parties doivent indiquer lors de la conclusion du contrat la date d'échéance, soit en mentionnant expressément le jour où les relations contractuelles prennent fin, soit en précisant le nombre de jours, de semaines, de mois ou éventuellement d'années pour lequel le contrat est conclu. Les cocontractants ne doivent pas insérer dans le contrat une clause autorisant les deux parties ou l'une d'elle à résilier le contrat avant l'échéance du terme ; les juges ont d'abord décidé que cette clause ôtait au terme précisé dans le contrat sa signification et ils requalifiaient le contrat en contrat à durée indéterminée [1] ; ils prononcent désormais la nullité d'une telle clause [2].

Le législateur prévoit que les contrats à terme précis ont une durée maximale de dix-huit mois [3]. Il admet cependant des dérogations à ce principe ; dans quelques cas, le contrat peut avoir une durée de plusieurs années [4] ; dans d'autres, la durée du contrat doit rester inférieure à une année [5]. De façon plus radicale, le législateur prévoit que les contrats conclus en application de l'article L. 1242-3 du Code du travail, relatifs à la formation professionnelle ne sont pas soumis à la règle d'une durée maximale [6].

Quant à la Cour de cassation, elle juge que des contrats successifs de remplacement à durée déterminée et à terme précis peuvent avoir une durée totale excédant 18 mois [7]. De façon plus générale, elle décide que la durée maximale de 18 mois est inapplicable aux contrats conclus au titre du 3°) de l'article L. 1242-2 du Code du travail, c'est-à-dire aux contrats conclus dans les secteurs d'activité où il est d'usage de ne pas recourir au contrat de travail à durée indéterminée (contrats conclus par des sportifs, des enseignants, des animateurs radio...) [8].

245 ***Fixation d'un terme imprécis*** ◊ Exceptionnellement, les parties sont autorisées à fixer un terme imprécis. Elles indiquent, lors de la conclusion

---

1. Soc. 27 oct. 1976, *Bull. civ.* V, n° 529 ; 17 déc. 1987, *Bull. soc. Lef.* 2/88, n° 248 ; 22 déc. 1988, *RJS* 2/89, n° 131 ; 27 mars 1991, *Bull. civ.* V, n° 154 ; v. cep., Soc. 5 juill. 1996, *D.* 1996. 280, note J. Mouly à propos d'un contrat d'entraîneur sportif.

2. Soc. 16 déc. 1998, *Dr. soc.* 1999. 397, obs. J. L. Karaquillo.

3. C. trav., art. L. 1242-8. Cette durée maximale est inapplicable au contrat conclu pour remplacer un salarié absent qui ne comporte pas de terme précis (Soc. 26 oct. 1999, *Lebrun, RJS* 12/99, n° 1444).

4. Vingt-quatre mois lorsque le contrat est exécuté à l'étranger et dans les cas de départ définitif d'un salarié précédant la suppression de son poste de travail et survenance dans l'entreprise d'une commande exceptionnelle à l'exportation (C. trav., art. L. 1242-8).

5. Neuf mois dans les cas d'attente de l'entrée en service effective d'un salarié recruté par contrat à durée indéterminée et de travaux urgents nécessités par des mesures de sécurité (C. trav., art. L. 1242-8).

6. C. trav., art. L. 1242-8, dern. al.

7. Soc. 8 févr. 2006, n° 04-41.279 PB, *Sem. soc. Lamy* 2006, n° 1249 p. 15.

8. Soc 28 oct. 1997, *D.* 1998. 127, note J. Mouly. La rubrique 3°) vise aussi les contrats saisonniers mais la notion de contrat saisonnier est incompatible avec une durée de contrat égale ou supérieure à une année.

du contrat, l'événement dont la réalisation mettra fin à la relation contractuelle ; la réalisation de cet événement est certaine et ne dépend pas de la volonté des parties – ce qui permet de la considérer comme un « terme » –, mais la date de celle-ci ne peut pas être connue avec précision lors de la conclusion du contrat – d'où la qualification « terme imprécis ».

Le contrat de travail peut être qualifié contrat à durée déterminée malgré l'imprécision du terme dans six situations seulement : le remplacement d'un travailleur absent temporairement, l'embauche provisoire dans l'attente de la prise d'emploi par un salarié qui est engagé pour une durée indéterminée, les emplois saisonniers, les emplois par natures temporaires dans les secteurs d'activité déterminés par décret ou par voie d'accord collectif étendu, les remplacements de chefs d'entreprise prévus par les paragraphes 4 et 5 de l'article L. 1242 du Code du travail et, depuis la loi du 25 juin 2008 portant modernisation du marché du travail, les embauches d'ingénieurs et de cadres pour la réalisation d'un projet défini (L. préc., art. 6).

Dans ces cas, l'utilisation du terme imprécis est une faculté, non une obligation. Ainsi pour remplacer un travailleur malade, l'employeur peut-il embaucher un salarié soit pour la durée de l'absence du travailleur malade (terme imprécis), soit pour une durée précisée, deux mois par exemple. Le choix entre les deux formules emporte des conséquences non négligeables. Si l'employeur a choisi la formule du terme imprécis, le remplacement est assuré jusqu'à ce que le travailleur malade soit rétabli et reprenne son emploi. Cette formule présente un risque pour l'employeur : la maladie du travailleur absent peut se prolonger et l'employeur sera obligé de conserver à son service le remplaçant, même si celui-ci fait preuve d'insuffisance professionnelle. Le contrat est en effet un contrat à durée déterminée et le salarié ne peut pas être licencié. Seule une rupture anticipée peut intervenir, mais celle-ci n'est autorisée que dans des situations très particulières (v. ss 247). Pour cette raison, l'employeur pourra préférer embaucher le salarié pour une durée précisée lors de l'embauche. À l'échéance du terme, l'employeur pourra, dans le cas particulier du remplacement d'un absent, reporter le terme « jusqu'au surlendemain du jour où le salarié remplacé reprend son emploi » (C. trav., art. L. 1243-7).

Lorsque le contrat a un terme imprécis, les parties doivent fixer une durée minimale (C. trav., art. L. 1242-7) [1], qu'elles déterminent librement [2]. Cette durée minimale ne doit pas être confondue avec le terme ; elle a pour but d'assurer un temps minimal de travail et de rémunération au salarié qui est embauché ; les salaires correspondant à cette durée minimale seront dus, même si à la suite d'un événement imprévu, le terme arrivait à échéance avant l'expiration de la durée minimale. L'expiration

1. À défaut de durée minimale, le contrat de travail à terme imprécis est requalifié en contrat à durée indéterminée (Soc. 29 oct. 1996, *Bull. civ.* V, n° 356 ; *RJS* 12/96, n° 1239). V. cep. Soc. 16 juill. 1997, *RJS* 10/97, n° 1073 pour le remplacement d'une salariée en congé maternité.

2. Sauf pour les contrats à objet défini dont la durée minimale est fixée à 18 mois par l'art. 6 de la L. du 25 juin 2008.

de la durée minimale ne libère l'employeur d'aucune de ses obligations, si le terme du contrat n'est pas échu. Dans ces conditions, on pourrait penser que l'employeur a toujours intérêt à fixer une très brève durée minimale ; ce serait ne pas tenir compte d'une autre règle qui précise que la durée de la période d'essai est calculée par rapport à la durée minimale du contrat (C. trav., art. L. 1242-10) : plus la durée minimale est brève, plus sera brève la période d'essai.

Exception faite du contrat conclu dans l'attente de prise d'emploi par un salarié embauché par un contrat à durée indéterminée et du contrat à objet défini, les contrats à terme imprécis ne sont pas soumis à une règle de durée maximale. Si les contrats saisonniers sont par nature d'une durée assez brève, les contrats de remplacement d'absent peuvent lier les parties pendant plusieurs années.

SECTION 3. DROITS DES SALARIÉS EN COURS DE CONTRAT

246 ***Égalité des droits*** ◊ Les salariés, liés à l'employeur par un contrat à durée déterminée, ont, pendant la durée du contrat, les mêmes droits que les salariés embauchés par un contrat à durée indéterminée. L'article L. 1242-14 du Code du travail affirme très clairement ce principe de l'égalité des droits, qu'il s'agisse de droits légaux, de droits d'origine conventionnelle ou encore de droits résultant des usages professionnels [1]. La violation de la parité de rémunération entre les salariés permanents et les salariés embauchés par contrat à durée déterminée est sanctionnée pénalement [2].

Les seules différences qui peuvent exister entre les droits des salariés embauchés par contrat à durée déterminée et les droits des salariés embauchés par contrat à durée indéterminée concernent la rupture du contrat de travail (en dehors de celles qui pourraient résulter de dispositions légales expresses).

La portée de ce principe de l'égalité des droits est cependant limitée dans les faits, car de nombreux droits ou avantages sont liés à l'ancienneté du salarié dans l'entreprise ; la durée des contrats à durée déterminée étant brève, les titulaires de ces contrats seront privés de droits et d'avantages, faute d'ancienneté suffisante.

1. Une Circ. min. du 26 déc. 1988 donne d'utiles indications concernant l'égalité de rémunération : la rémunération d'un salarié embauché par un contrat à durée déterminée doit être égale à celle qui est versée au titulaire d'un contrat à durée indéterminée, pour un même poste de travail à qualification égale ; mais cette égalité n'implique pas que l'employeur verse obligatoirement au remplaçant le salaire qui était versé au salarié absent remplacé (différence d'ancienneté, éventuellement de qualification). Si une réévaluation des salaires a lieu dans l'entreprise, celle-ci doit être répercutée dans la rémunération du salarié en cours de contrat.

2. C. trav., art. L. 1248-8.

247 ***Stabilité de l'emploi*** ◇ Jusqu'à l'échéance du terme, le salarié embauché par contrat à durée déterminée bénéficie d'une stabilité dans l'emploi que ne connaît pas le salarié embauché par contrat à durée indéterminée. Cette stabilité dans l'emploi n'existe certes qu'après l'expiration de la période d'essai, mais celle-ci fait l'objet d'une réglementation et sa durée maximale est fixée par le législateur.

1) La période d'essai ne peut jamais être supérieure à un mois ; elle ne peut atteindre cette durée que si la durée du contrat (ou la durée minimale de celui-ci lorsque le terme est imprécis) est supérieure à six mois. Dans les autres cas, elle ne peut pas être supérieure à deux semaines (C. trav., art. L. 1242-10) [1]. Pendant la durée de l'essai, l'employeur et le salarié peuvent rompre librement le contrat sans avoir à verser à l'autre partie d'indemnité – sous réserve évidemment des cas d'abus dans l'exercice de ce droit de rupture.

2) Après l'expiration de la période d'essai, l'employeur est tenu d'exécuter le contrat jusqu'à l'échéance du terme convenu. Les seuls cas où une rupture du contrat pourrait intervenir légitimement avant l'échéance du terme sont prévus limitativement par le législateur (C. trav., art. L. 1243-1) ; il s'agit de l'accord des parties, de la faute grave de l'autre partie [2], d'un cas de force majeure [3] et de l'inaptitude du salarié constatée par le médecin du travail.

Ni l'insuffisance professionnelle du salarié, ni sa maladie [4], ne sauraient être assimilées à des cas de force majeure. L'inaptitude du salarié, constatée par le médecin du travail, n'est admise comme cause de rupture anticipée du contrat de travail que depuis l'adoption de la loi du 17 mai 2011 concernant

1. Un jour d'essai par semaine de travail prévue dans le contrat dans la limite de deux semaines lorsque la durée initialement prévue du contrat est au plus égale à six mois. Si la période d'essai est fixée en semaines ou en mois, elle se décompte en semaines civiles ou en mois calendaire (Soc. 11 févr. 1995, *RJS* 1993, n° 490). La durée de la période d'essai exprimée en jours se décompte également, depuis un revirement de jurisprudence, en jours calendaires (Soc. 29 juin 2005, *Bull. civ.* V, n° 220). La durée de la période d'essai est fixée en fonction de la période initiale du contrat, peu important l'existence d'une clause prévoyant une faculté de renouvellement du contrat (Soc. 28 mai 1991, *RJS* 1991, n° 818).

2. L'employeur qui invoque la faute grave du salarié doit en apporter la preuve (Soc. 29 nov. 1978, *Bull. civ.* V, 607 ; 12 mai 1982, *D.* 1982. IR 370) ; seront invoqués l'insubordination (Soc. 8 janv. 1987, *JS* 1987. SJ 35), des propos grossiers (21 févr. 1974, *D.* 1974. IR 74), l'abandon injustifié du travail (Soc. 8 janv. 1981, *Bull. civ.* V, n° 6). La faute grave commise par l'employeur prendra la forme du non-paiement du salaire (Soc. 27 avr. 1966, *Bull. civ.* IV, n° 396), de la non-remise des bulletins de paie (Soc. 28 mars 1966, *Bull. civ.* IV, 529), de violences commises sur la personne du salarié (Soc. 5 juin 1973, *Bull. civ.* V, n° 361). Le salarié peut de sa propre autorité rompre le contrat de travail à durée déterminée lorsque l'employeur a commis une faute grave (Soc. 29 nov. 2006, *Bull. civ.* V, n° 360 ; *RDT* 2007. Chron. 169, D. Jacotot). La faute grave, appréciée par les juges du fond sous le contrôle de la Cour de cassation, est en définitive celle qui rend « impossible » le maintien des relations contractuelles ; notion très voisine de la faute grave privative de préavis et d'indemnités de rupture en matière de contrats à durée indéterminée.

3. Lorsque le contrat est rompu en raison d'un sinistre relevant de la force majeure, le salarié a droit à une indemnité (C. trav., anc. art. L. 122-3-4-1).

4. Soc. 15 févr. 1995, *RJS* 4/95, n° 357.

la simplification et l'amélioration de la qualité du droit (art. 49) [1]. Il n'est pas nécessaire que l'inaptitude ait une origine professionnelle pour autoriser l'employeur à procéder à une rupture unilatérale du contrat [2]. L'inaptitude d'origine non professionnelle justifie également une telle rupture [3] à condition (condition imposée dans tous les cas d'inaptitude) que l'employeur ait préalablement cherché à reclasser le salarié inapte dans l'entreprise ou, le cas échéant, le groupe auquel elle appartient. C'est uniquement dans les cas où l'employeur ne peut pas proposer de poste de reclassement, adapté aux capacités du salarié, et dans ceux où le salarié refuse les postes qui lui sont proposés que la rupture unilatérale du contrat à durée déterminée sera justifiée. Elle ouvrira droit pour le salarié à une indemnité dont le montant ne peut être inférieur à celui de l'indemnité dont le montant ne peut être inférieur à celui de l'indemnité légale de licenciement si l'inaptitude n'est pas d'origine professionnelle et au double de celle-ci si l'inaptitude résulte d'un accident du travail ou d'une maladie professionnelle [4].

Lorsque l'employeur rompt le contrat avant l'arrivée du terme en raison de la faute grave commise par le salarié, il exerce son pouvoir disciplinaire et doit observer la procédure disciplinaire prévue par l'article L. 1332-2 du Code du travail [5]. Mais la rupture anticipée, irrégulière au regard de la procédure disciplinaire, ne pourra pas être annulée par les juges du fond [6]. La violation par le salarié du pouvoir de direction de l'employeur, autrement dit le refus d'une modification des conditions de

---

1. Avant cette réforme, si l'employeur rompait sur le contrat rompait le contrat de travail de façon anticipée en raison de l'inaptitude du salarié, celui-ci avait droit à des dommages-intérêts résultant du préjudice subi, mais ces dommages-intérêts ne tenaient pas compte des salaires qui n'avaient pas été versés jusqu'à l'expiration du terme prévu (Soc. 20 mai 2009 n° 07-44. 505, *RJS* 8-9/09, n° 709 ; 18 nov. 2003, *Bull. civ.* V, n° 285 ; *RJS* 1/4, n° 12). La Cour de cassation décidait, dans ces arrêts, que le salarié ne pouvait pas fournir sa prestation de travail en raison de son inaptitude et qu'il n'avait donc pas droit aux salaires qui sont la contrepartie du travail fourni.

2. L'inaptitude d'origine professionnelle ne peut plus justifier la résiliation judiciaire du contrat à durée déterminée à la demande du salarié (mod. C. trav., art. L. 1225-20).

3. C. trav., art. L. 1243-1, mod.

4. Si l'employeur ne reclasse pas le salarié inapte et ne rempt pas le contrat à durée déterminée dans le délai d'un mois à compter de la seconde visite médicale de reprise, il devra reprendre le paiement des salaires correspondant à l'emploi que le salarié occupait avnat la suspension du contrat.

5. Obligation d'un entretien préalable (Soc. 27 juin 2001, *Bull. civ.* V, n° 236 ; 11 avr. 1996, *Bull. civ.* V, n° 151 ; *RJS* 5/96, n° 523). La lettre de rupture ne peut être adressée au salarié qu'un jour franc après l'entretien préalable (Soc. 30 juin 1993, *Dr. soc.* 1993. 770). La lettre de rupture doit comporter le motif de celle-ci ; Soc. 23 janv. 1997, *Bull. civ.* V, n° 32 ; *Dr. soc.* 1997. 314 (à défaut, la rupture est déclarée injustifié alors même que le salarié aurait commis une faute lourde).

6. Soc. 12 nov. 2003, *Dr. soc.* 2004. 305, obs. *Cf.* Roy-Loustaunau. L'anc. art. L. 122-43 C. trav. (désormais C. trav., art. L. 1333-2, L. 1333-3) prévoit que le Conseil de prud'hommes peut annuler les sanctions irrégulières à l'exception du licenciement. La Cour de cassation pouvait interpréter strictement le mot « licenciement ». Elle a préféré assimiler la rupture anticipée d'un contrat à durée déterminée au licenciement plutôt que de la considérer comme une simple sanction disciplinaire. V. aussi, Soc. 14 mai 2014, n°13-12.071 P, la violation de l'obligation de procéder à un entretien préalable ne vicie par au fond la rupture du contrat à durée déterminée.

travail, ne suffit pas à caractériser une faute et donc, ne peut suffire à justifier la rupture d'un contrat à durée déterminée [1].

Le salarié est, en principe, comme l'employeur, tenu d'exécuter le contrat pendant toute sa durée. La loi de modernisation sociale a cependant introduit une différence importante entre les obligations des deux parties au contrat. Le salarié peut en effet légitiment rompre le contrat à durée déterminée avant l'échéance du terme non seulement en cas d'accord des parties, de la faute grave de l'employeur, d'une situation de force majeure ou de l'inaptitude du salarié ; il le peut également s'il justifie d'une embauche en contrat à durée indéterminée par un autre employeur. Il devra seulement respecter un préavis (C. trav., art. L. 1243-2).

248 ***Sanctions de la rupture anticipée*** ◊ Lorsque l'une des parties rompt unilatéralement le contrat à durée déterminée, en dehors des cas autorisés par la loi, elle commet une irrégularité qui est sanctionnée de façon différente selon qu'elle émane de l'employeur ou du salarié.

1. Si c'est l'employeur qui est l'auteur d'une rupture anticipée irrégulière, il doit au salarié des dommages et intérêts d'un montant au moins égal aux rémunérations que celui-ci aurait perçues jusqu'au terme du contrat, sans préjudice de l'indemnité de fin de contrat (C. trav., art. L. 1243-4). Cette réparation minimale est due même si le préjudice subi par le salarié est peu important [2], même si le contrat a été rompu avant tout commencement d'exécution [3].

Lorsque le contrat à durée déterminée est sans terme précis, les juges peuvent se référer à « la durée prévisible de celui-ci » pour apprécier le préjudice résultant de la rupture anticipée [4].

Les dommages-intérêts pour rupture anticipée d'un contrat de travail à durée déterminée étant au moins égaux à la rémunération que le salarié aurait perçue jusqu'au terme du contrat, le salarié n'a pas droit aux indemnités de chômage au cours de la période courant de la rupture du contrat à l'échéance du terme de celui-ci [5].

Cette condamnation de l'employeur à une réparation minimale en cas de rupture anticipée du contrat à durée déterminée en l'absence de faute grave du salarié ou de force majeure est cependant écartée lorsque la rupture du contrat est décidée par l'employeur en raison de l'inaptitude du salarié à son emploi. Cette exception n'est point prévue par le législateur ; elle résulte d'une interprétation de la Cour de cassation [6]. Celle-ci relève en premier lieu que « lorsqu'un salarié n'est pas en mesure de fournir la prestation inhérente à son contrat de travail, son employeur ne peut être tenu de lui verser un salaire sauf disposition légale, conventionnelle ou contractuelle

1. Soc. 20 nov. 2013, deux arrêts, n°s 12-16370 P et 12-30100 P.
2. Soc. 31 mars 1993, *Dr. soc.* 1993. 596.
3. Soc. 12 mars 2002, *Bull. civ.* V, n° 86 ; 26 sept. 2002, *RJS* 12/02, n° 1363.
4. Soc. 13 mai 1992, *RJS* 6/92, n° 721.
5. Soc. 14 janv. 1997, *Dr. soc.* 1997. 315 ; *RJS* 2/97, n° 188 ; 5 mars 1998, *RJS* 4/98, n° 509.
6. Soc. 20 mai 2009, *RJS* 8-9/09 n° 709 ; 18 nov. 2003, *Bull. civ.* V, n° 285 ; *D.* 2004. 1194, note Karaquillo ; *RJS* 1/04, n° 12 ; *Dr. soc.* 2004. 302 obs. Roy-Loustaunau.

particulière ». Elle affirme ensuite que « si l'inaptitude physique du salarié ne constitue pas un cas de force majeure autorisant la rupture anticipée du contrat à durée déterminée, une telle inaptitude et l'impossibilité de reclassement de l'intéressé n'ouvrent pas droit au paiement des salaires restant à courir jusqu'en terme du contrat ni à l'attribution de dommages-intérêts compensant la perte de ceux-ci ». Elle en conclut que « si c'est à tort que l'employeur a rompu le contrat de travail à durée déterminée le liant à sa salariée, celle-ci, n'ayant pas droit à une rémunération dès lors qu'elle ne pouvait exercer effectivement des fonctions, ne peut prétendre qu'à l'attribution de dommages-intérêts résultant du préjudice subi ».

2. Si c'est le salarié qui se rend coupable d'une rupture anticipée injustifiée, il doit à l'employeur des dommages et intérêts correspondant au préjudice subi ; il n'existe plus de condamnation minimale forfaitaire et l'employeur ne pourra percevoir une indemnité que s'il établit l'existence d'un préjudice [1]. Cette diversité des sanctions selon l'auteur de l'irrégularité se rencontre de la même façon à propos des ruptures de contrats à durée indéterminée. Elle s'explique par l'inégalité de fait existant entre les deux contractants.

SECTION 4. DROITS DES SALARIÉS À L'ÉCHÉANCE DU CONTRAT

249 ***Indemnité de fin de contrat*** ◊ Les salariés embauchés par contrat à durée déterminée ont droit à une indemnité de fin de contrat (C. trav., art. L. 1243-8). Cette indemnité est normalement due à l'échéance du terme lorsque « les relations contractuelles ne se poursuivent pas par un contrat de travail à durée indéterminée » [2]. Le salarié a donc droit à cette indemnité, soit lorsque l'échéance du terme met fin à toute relation de travail avec l'employeur, soit lorsque, à l'échéance du terme, un autre contrat à durée déterminée est conclu avec le même employeur dans les cas où cette succession de contrats est autorisée.

Cette indemnité de fin de contrat n'est cependant pas due à tous les salariés dont le contrat de travail, arrivé à échéance, ne se poursuit pas par un contrat à durée indéterminée. Elle n'est pas due lorsque le contrat a été conclu avec un travailleur saisonnier, avec un salarié travaillant dans un de ces secteurs d'activité visés par décret, où il est d'usage de conclure des contrats à durée déterminée, avec des jeunes pour une période comprise dans leurs vacances scolaires ou universitaires. Cette différence de régime a un caractère discriminatoire et est, à ce titre, critiquable. Une QPC pour violation des principes d'égalité et de non-discrimination en fonction de

---

1. C. trav., art. L. 1243-3 ; Soc. 3 mars 1993, *CSBP* 1993. 114. S 48 (employeur débouté de sa demande en dommages-intérêts, aucun préjudice n'étant établi).

2. En cas de succession de contrats à durée déterminée suivie de la conclusion d'un contrat à durée indéterminée, seule l'indemnité de fin de contrat se rapportant au dernier contrat à durée déterminée n'est pas due ; Soc. 5 févr. 1992, *RJS* 1992, n° 256.

l'âge a, au demeurant, été transmise par la Cour de cassation à propos de l'exclusion de la prime de précarité pour les jeunes travaillant pendant les vacances scolaires ou universitaires[1].

On comprend plus aisément une autre exclusion qui tient non à l'objet du contrat à durée déterminée ou à la personne du salarié mais à l'attitude de ce dernier en fin de contrat. Celui-ci perd en effet le droit à indemnité lorsqu'il rompt lui-même de façon anticipée le contrat de travail[2] ou lorsqu'il refuse, à l'expiration du terme, de conclure un contrat à durée indéterminée pour occuper dans la même entreprise le même emploi ou un emploi similaire, assorti d'une rémunération au moins équivalente[3].

Lorsqu'elle est due, cette indemnité de fin de contrat est calculée en fonction de la rémunération du salarié et de la durée du contrat ; elle est égale à 10 % de la rémunération totale brute due au salarié (C. trav., art. L. 1243-18), mais un accord collectif peut déterminer soit un taux plus élevé soit un taux moins élevé lorsqu'il accorde des contreparties aux salariés en matière de formation professionnelle[4].

Cette indemnité constitue un complément de salaire (C. trav., art. L. 1243-8) et est donc soumise au régime juridique de celui-ci. Elle est versée à l'issue du contrat en même temps que le dernier salaire.

250 ***Indemnisation du chômage*** ◊ Les garanties de ressources aux travailleurs privés d'emploi sont attribuées indifféremment aux salariés licenciés ou aux salariés dont le contrat de travail arrive à échéance. Les conditions d'attribution de ces ressources sont liées au caractère involontaire de la privation d'emploi, à l'aptitude au travail de l'intéressé et à la recherche d'emploi (C. trav., art. L. 5421-1), non à la nature du contrat du travail.

En revanche, les salariés dont le contrat de travail est arrivé à échéance ne bénéficient pas d'une priorité d'embauche lorsque des emplois sont disponibles dans l'entreprise qui a utilisé leurs services, en dehors des cas où la convention collective applicable consacrerait une telle priorité.

SECTION 5. CONTRATS RENOUVELÉS OU SUCCESSIFS

251 ***Renouvellement*** ◊ Les contrats à durée déterminée peuvent être renouvelés lorsqu'ils arrivent à échéance, sans perdre leur qualification « contrat à durée déterminée », mais plusieurs conditions doivent être satisfaites (C. trav., art. L. 1243-13).

---

1. Soc. 9 avr. 2014, n° 14-40.001 P.
2. C. trav., art. L. 1243-10, même solution lorsque la rupture anticipée résulte d'une faute grave du salarié ou d'un cas de force majeure.
3. C. trav., art. L. 1243-10.
4. C. trav., art. L. 1243-9, l'accord collectif limitant le montant de l'indemnité peut être un accord d'entreprise ou d'établissement aussi bien qu'un accord collectif de branche étendu.

Tout d'abord, un seul renouvellement est autorisé.

Ensuite, le renouvellement ne peut pas avoir pour effet de dépasser la durée maximale du contrat à durée déterminée fixée par le législateur.

Enfin, à la date du renouvellement, le motif de recours à un contrat à durée déterminée doit exister [1].

Mais il n'est plus nécessaire, comme cela avait été prévu en 1982, que le contrat initial contienne une clause de renouvellement. Un avenant au contrat, soumis au salarié avant le terme initialement fixé, peut prévoir le renouvellement.

Si l'une de ces conditions n'est pas observée et si les relations contractuelles se poursuivent entre l'employeur et le salarié après l'échéance du terme, le contrat de travail devient un contrat de travail à durée indéterminée.

252 ***Contrats successifs*** ◇ Plusieurs situations doivent être distinguées :

1) Contrats immédiatement successifs sur un même poste de travail. Leur conclusion est prohibée ; l'employeur doit attendre une période égale au tiers ou à la moitié de la durée du contrat qui vient d'arriver à échéance avant de conclure un autre contrat à durée déterminée pour faire occuper ce même poste (C. trav., art. L. 1244-3).

La loi apporte cependant plusieurs dérogations à cette interdiction [2]. En particulier, elle prévoit que des contrats successifs peuvent être immédiatement conclus sur le même poste de travail avec le même salarie dans les secteurs d'activité, définis par décret ou accord collectif étendu, où il est d'usage constant de ne pas recourir au contrat de travail à durée indéterminée en raison de la nature de l'activité exercée et du caractère par nature de ces emplois [3]. Elle précise également (C. trav., art. L. 1244-4, 1°) que des contrats successifs peuvent être conclus sans respecter une période d'interruption pour assurer le remplacement d'un salarié absent « en cas de nouvelle absence du salarié remplacé ». La Cour de cassation ne tient pas compte de la précision contenue dans la loi (« en cas de nouvelle absence du salarié remplacée ») et juge que la succession immédiate de contrats de

---

1. Soc. 1er févr. 2000, *Bull. civ.* V, n° 46 ; *RJS* 3/00, n° 255.

2. C. trav., art. L. 1244-4. Par ailleurs, la Cour de cassation décide que les contrats de remplacement à terme précis d'*un même salarié* peuvent se succéder immédiatement ; Soc. 26 févr. 1991, *Bull. civ.* V, n° 96.

3. Pour bénéficier de cette dérogation, l'employeur doit établir que le recours à des contrats à durée déterminée successifs est justifié par des raisons objectives qui s'entendent de l'existence d'éléments concrets établissant le caractère par nature temporaire de l'emploi (Soc. 26 mai 2010, n° 08-43.050 ; l'énumération dans un accord collectif des emplois ayant un caractère temporaire ne dispense pas le juge de son obligation de vérifier que, dans le litige qui lui est soumis, le recours à des contrats à durée déterminée successifs est justifié par des raisons objectives). La succession de contrats à durée déterminée conclus dans les secteurs d'activité définis par décret ou par convention collective n'échappera pas à la requalification en contrat à durée indéterminée lorsqu'il n'est pas établi que l'utilisation de contrats successifs est justifié par des raisons objectives qui s'entendent de l'existence d'éléments concrets établissant le caractère par nature temporaire de l'emploi (Soc. 23 janv. 2008, *Bull. civ.* V, n° 16, arrêt n° 1 ; 24 sept. 2008 *Bull. civ.* V, n° 174). La vérification opérée par le juge du fond sur le caractère par nature temporaire de l'emploi doit se faire *in concreto* (Soc. 26 mai 2010, n° 08-43.050, *RJS* 8-9/10, n° 644).

remplacement n'entraîne pas la requalification de ces contrats en contrat à durée indéterminée alors même que ces contrats permettent de remplacer un salarié qui n'a jamais repris son travail. Bien qu'il n'y ait pas « nouvelle absence du salarié remplacé » les contrats successifs restent des contrats à durée déterminée [1].

2) Contrats immédiatement successifs sur des postes différents. En principe, un employeur ne peut pas conclure avec un même salarié plusieurs contrats à durée déterminée, même en donnant aux contrats successifs des objets différents. Si plusieurs contrats sont conclus, les parties sont considérées comme liées par un contrat à durée indéterminée.

Cette règle est écartée, par l'article L. 1244-1 du Code du travail, lorsqu'il s'agit de contrats pour remplacer un absent, pour effectuer un travail saisonnier ou pour occuper des emplois qui, dans certains secteurs d'activité, sont usuellement pourvus par des contrats à durée déterminée ; les contrats successifs restent alors des contrats à durée déterminée [2]. Cependant, en appliquant l'article L. 1242-1 du Code du travail selon lequel le contrat de travail à durée déterminée ne peut avoir ni pour objet ni pour effet de pourvoir durablement un emploi lié à l'activité normale et permanente de l'entreprise, les juges peuvent requalifier des contrats successifs de remplacement à durée déterminée en contrat à durée indéterminée lorsque ces contrats ont permis au salarié de conserver pendant plusieurs années la même qualification et le même salaire quel que soit le remplacement assuré [3].

3) Contrats successifs, espacés par une période d'inactivité. Lorsqu'un même salarié est embauché à plusieurs reprises par contrat à durée déterminée pour accomplir une tâche occasionnelle, les différents contrats ont toujours été considérés comme étant des contrats à durée déterminée [4].

Le problème de la qualification du contrat de travail avait été, en revanche, soulevé à propos des emplois saisonniers. Lorsqu'un même salarié était employé toutes les saisons d'été par le même restaurant pendant vingt-deux ans, la Cour de cassation avait jugé « qu'il y avait eu entre les parties des relations de travail d'une durée globale indéterminée, peu

---

1. Soc. 25 févr. 1991, *Bull. civ.* V, n° 96.

2. Soc. 12 mars 1987, *D.* 1988. Somm. 97, obs. J. Pélissier ; trois contrats de travail distincts conclus successivement pour le remplacement de salariés temporairement absents et nommément désignés ; ces contrats, décide la Cour de cassation, sont autonomes les uns par rapport aux autres ; leur succession n'a pas pour effet de créer entre les parties une relation de travail à durée indéterminée.

3. Soc. 4 déc. 1996, *Bull. civ.* V, n° 414 ; *RJS* 1/97, n° 13 ; *CSB* 1997. A 14 qui casse ; Limoges, 8 févr. 1993. *D.* 1993. 431, note J. Mouly ; dans le même sens, Soc. 16 juill. 1997, *RJS* 10/97, n° 1073 ; 29 sept. 2004, *RJS* 12/04, n° 1251 ; 26 janv. 2005, *Bull. civ.* V, n° 21. Mais il n'y aura pas requalification en contrat à durée indéterminée de contrats à durée déterminée successifs pendant plus de deux ans, si l'activité de l'employeur avait elle-même un caractère précaire (Soc. 5 déc. 2001, *RJS* 3/02, n° 270 : les accords passés par une société de production et une chaîne de télévision étaient d'une durée d'un an et non renouvelables par tacite reconduction).

4. Soc. 4 avr. 1979, *Bull. civ.* V, n° 314, n° 229.

important que le salarié n'eut été employé chaque année que pendant la période fixe de la saison et que l'exécution du contrat eut été suspendue dans l'intervalle » [1].

La Cour de cassation maintient cette jurisprudence, antérieure à la réforme de 1982, lorsque, du fait de contrats à durée déterminée successifs, le salarié travaille pendant toute la période d'ouverture de l'établissement. Le salarié est considéré comme titulaire d'un contrat à durée indéterminée [2]. En revanche, les contrats saisonniers successifs ne seront pas requalifiés en contrat à durée indéterminée si le salarié saisonnier n'est pas employé pendant toute la période d'ouverture ou de fonctionnement de l'entreprise [3].

1. Soc. 13 déc. 1978, *Bull. civ.* V, n° 854, n° 642.

2. Soc. 6 juin 1991, *Bull. civ.* V, n° 288 (un chef de rang est embauché chaque saison du 1er sept au 30 mai, pendant toute la période d'activité de l'établissement ; les parties sont liées par un contrat de travail à durée indéterminée) ; Soc. 22 janv. 1991, *RJS* 3/91, n° 316 ; *Grands arrêts*, n° 36 (caissière d'un institut marin embauchée par un contrat saisonnier du 19 avr. 1982 au 30 sept. 1982, puis par un second contrat de mars à oct. 1983 : la conclusion de deux contrats de travail successifs pendant toute la durée d'ouverture de l'établissement établit une relation de travail à durée globale indéterminée) ; Soc. 2 févr. 1994, *Dr. soc.* 1994. 372 ; 13 déc. 1995, *RJS* 2/96, n° 101.

3. Soc. 25 oct. 2002, *Bull. civ.* V, n° 306 ; 16 nov. 2004, *Dr. soc.* 2005. 98.

CHAPITRE 4

LE CONTRAT DE TRAVAIL À TEMPS PARTIEL[1]

253 ***Évolution*** ◊ Pratiqué depuis longtemps, le travail à temps partiel s'est considérablement développé au cours de ces trente dernières années[2]. La population des salariés à temps partiel, majoritairement féminine[3], est assez variée. Elle est composée aussi bien de jeunes à la recherche d'un premier emploi que de travailleurs âgés allégeant leur temps de travail avant de prendre leur retraite, aussi bien de salariés qui choisissent le travail à temps partiel (même s'ils sont minoritaires) pour combiner une activité rémunérée avec des études ou une formation professionnelle, des tâches ménagères ou familiales que de salariés qui acceptent de travailler à temps partiel faute de trouver un emploi à temps plein. Les entreprises trouvent plusieurs intérêts à recourir au travail à temps partiel : amélioration de la productivité (le temps de travail rémunéré étant ajusté aux besoins de la production ou de la distribution), lutte contre l'absentéisme, moyen de limiter le nombre de licenciements en cas de difficultés économiques[4].

Depuis 1973, le législateur est intervenu à de nombreuses reprises pour faciliter l'utilisation du travail à temps partiel : loi du 27 décembre 1973, loi du 28 janvier 1981, ordonnance du 26 mars 1982, ordonnance du 11 août 1986, loi du 3 janvier 1991, loi du 31 décembre 1992, loi du 20 décembre 1993. Les transformations les plus notables introduites en 1992 et 1993 concernent la création d'un contrat de travail à temps partiel « aidé » obéissant à des règles originales et la reconnaissance d'un travail à temps partiel sur l'année.

---

1. M. Del Sol, Travail à temps partiel : le renforcement de la logique du temps choisi ?, *Dr. soc.* 2001. 728 s. ; Travail à temps partiel, *Rép. Dalloz*, oct. 2000 ; F. Favennec-Héry, Le temps vraiment choisi, *Dr. soc.* 2000. 295 s. ; Le travail à temps partiel : changement de cap, *Dr. soc.* 1999. 1004 s. ; J. Pélissier, Contrats de travail à temps partiel *in* « Droit de l'emploi », Dalloz 1999, n° 870 s. ; F. Favennec-Héry, *Le travail à temps partiel*, Litec 1997, *Dr. soc.* 1994. 165 ; avis du Conseil économique et social, direction des journaux officiels, janv. 1997 ; J. Pélissier : Travail à temps partiel : travail à temps choisi, *in Application des lois Auroux*, éd. lég. et adm. 1984, p. 7 s. ; P. Hofman : Choisir et/ou partager le temps de travail – Une illusion en forme de dogme, *Dr. soc.* 1983. 458 ; A. Lyon-Caen : Le recours au travail à durée limitée, *Dr. soc.* 1983. 5 s. ; J. Pélissier : Travail à durée limitée et droits des salariés, *Dr. soc.* 1983. 17 s.

2. En 2011, 17,9 % des salariés des secteurs privé ou public déclarent travailler à temps partiel, contre 8,2 % en 1980 (source : Enquêtes emploi).

3. Les femmes représentent environ 80 % des travailleurs à temps partiel. Environ 30 % des femmes qui travaillent sont à temps partiel, contre environ 7 % des hommes (source Insee Enquêtes emploi). Même si le taux des femmes à temps partiel est stable depuis une quinzaine d'année alors que celui des hommes croît, ce très fort déséquilibre persistant oblige à toujours faire passer au prisme des possibles discriminations sexistes indirectes le sort fait aux salariés à temps partiel.

4. Les employeurs ont le choix entre le recours au chômage partiel et la transformation de contrats en temps plein en contrats de travail à temps partiel (si les salariés menacés de licenciement acceptent cette transformation).

D'autres lois, adoptées plus tard, ne poursuivent plus le même objectif. La loi du 13 juin 1998 et celle du 19 janvier. 2000 ont surtout pour but de mettre fin à certains abus du temps partiel en protégeant mieux les intérêts des salariés (limitation des interruptions au cours d'une journée de travail, nouvelles modalités des heures complémentaires et des modifications dans la répartition de temps travaillé, suppression du temps partiel annualisé). Elles limitent par ailleurs les aides au temps partiel qui avaient été consacrées par les lois du 31 décembre 1992 et du 20 décembre 1993. Le partage du travail passe, à cette époque, plus par une réduction du travail à temps plein (les 35 heures) que par le recours au temps partiel.

Sous l'influence du nouveau changement de majorité politique, d'une meilleure écoute des milieux patronaux qui demandent une plus grande flexibilité du temps de travail (qu'il s'agisse du temps de travail à temps complet ou du temps de travail à temps partiel), du programme présidentiel du « travailler plus pour gagner plus » et de la crise économique, la situation des travailleurs à temps partiel s'est ensuite dégradée aussi bien sur le terrain juridique (L. du 20 août 2008 facilitant la répartition du temps travaillé sur plusieurs semaines ou sur plusieurs mois, C. trav., art. L. 3122-3 s.) que sur celui des rémunérations (les salariés ne travaillant que quelques heures par semaine ont un revenu mensuel souvent égal à la moitié du Smic [1]).

Pour réduire cet essor de travailleurs pauvres mais subissant la contrainte d'une grande flexibilité du temps de travail, l'accord national interprofessionnel du 11 janvier 2013, retranscrit par la loi du 14 juin 2013, a fixé une durée minimale de 24 heures par semaine pour tout travailleur à temps partiel. Même si cette limite comporte de nombreuses exceptions, elle pourrait permettre de réduire la misère de certains travailleurs à temps très, trop, partiel. Cette loi adopte toutefois en « contrepartie » de nouvelles flexibilités au dépens des travailleurs à temps partiel [2].

Le droit communautaire assure une certaine protection aux salariés à temps partiel. Les organisations patronales et syndicales européennes ont conclu le 6 juin 1997 un accord-cadre sur le travail à temps partiel qui a pour objet de supprimer les discriminations à l'égard des travailleurs à temps partiel et de faciliter le développement du travail à temps partiel sur une base volontaire.

254 ***Définition des salariés à temps partiel*** ◊ Depuis la loi du 19 janvier 2000 transcrivant la directive susvisée, tout salarié qui travaille moins que la durée légale (ou que la durée conventionnelle inférieure à la durée légale) est un salarié à temps partiel (C. trav., art. L. 3123-1). Cette solution très simple clarifie grandement la solution du droit antérieur [3].

1. En 2008, un quart des salariés à temps partiel déclaraient percevoir une rémunération mensuelle nette inférieure à 550 euros et la moitié déclaraient recevoir une rémunération mensuelle nette inférieure à 820 euros (enquête emploi de 2008 : site internet travail-solidarité/études – recherches-statistiques). Depuis la crise économique, la situation s'est encore détériorée.

2. Sur cette réforme, v. not. A. Gardin, « Le travail à temps partiel : entre sécurité et flexibilité », *Dr. ouvrier* 2014. 64 ; C. Lefranc-Hamoniaux et E. Serverin, *RDT* 2013. 451.

3. Le droit antérieur exigeait notamment, pour qu'un salarié soit dit « à temps partiel » et qu'il bénéficie des protections liée à cette qualification, une différence d'au moins un cinquième entre la durée du temps complet et la durée de son temps de travail. Les salariés qui travaillaient moins que les salariés à temps complet, mais plus que cette limite du cinquième (entre 32 et 39 heures par semaine), n'étaient donc pas des « salariés à temps partiel » et ils étaient exclu des protections accordés à ces salariés.

Sont également considérés comme salariés à temps partiel les salariés dont la durée du travail est inférieure à la durée mensuelle ou annuelle résultant de l'application sur cette période de la durée légale du travail ou, si elles sont inférieures, de la durée du travail fixée conventionnellement (C. trav., art. L. 3123-1, 2° et 3°).

Les règles relatives à mise en place du temps partiel (Section 1), celles relatives à l'organisation du temps de ces salariés (Section 2) et enfin les règles d'égalité entre travailleurs à temps plein et travailleurs à temps partiel (Section 3) seront successivement abordées.

SECTION 1. MISE EN PLACE DU TRAVAIL À TEMPS PARTIEL

255 ***Mise en place d'horaires à temps partiel*** ◊ La mise en place d'horaires à temps partiel dans une entreprise ou un établissement ne dépend, en principe, que de la volonté unilatérale du chef d'entreprise. Celui-ci peut recourir au temps partiel alors même qu'aucune convention collective de branche ou d'entreprise ne prévoit la pratique du temps partiel. Il doit solliciter l'avis du comité d'entreprise ou à défaut celui des délégués du personnel [1], mais il n'est pas tenu de suivre celui-ci. Les représentants du personnel seraient-ils opposés à la pratique du temps partiel dans l'entreprise telle que la conçoit le chef d'entreprise, ils ne disposent pas d'un droit *de veto* à la différence de ce qui est prévu à propos de l'horaire individualisé ou variable.

Le Code du travail envisage également la mise en place d'horaires à temps partiel à la demande des salariés (C. trav., art. L. 3123-5), mais le chef d'entreprise peut la refuser en expliquant les raisons objectives qui le conduisent à ne pas y donner suite [2].

Le travail à temps partiel reste donc essentiellement, en ce qui concerne sa mise en place, une forme de travail choisie par l'employeur. La liberté de celui-ci est cependant limitée lorsqu'il entend instituer un travail à temps partiel dont la durée varierait de semaine en semaine ou de mois en mois ; le temps partiel à durée variable selon les semaines ou selon les mois ne

1. C. trav., art. L. 3123-2 – En l'absence de représentation du personnel, le chef d'entreprise doit informer l'inspection du travail avant de mettre en pratique les horaires de travail à temps partiel.

2. C. trav., art. L. 3123-6 – En l'absence de convention ou d'accord collectif, la demande du salarié ne peut être refusée que si le chef d'entreprise justifie de l'absence d'emploi disponible ressortissant de la catégorie professionnelle du salarié ou de l'absence d'emploi équivalent ou s'il peut démontrer que le changement d'emploi demandé aurait des conséquences préjudiciables à la bonne marche de l'entreprise. Dans une situation cependant, l'employeur n'a pas le droit de refuser le travail à temps partiel : en cas de naissance ou d'adoption d'un enfant, le père et la mère ont le droit d'avoir une activité à temps partiel pendant une période pouvant aller jusqu'à trois ans.

peut pas être institué par une décision unilatérale de l'employeur ; il ne peut être pratiqué que s'il est prévu par un accord collectif d'entreprise ou d'établissement, ou, à défaut, par une convention ou un accord de branche [1].

256 ***Forme et contenu du contrat de travail*** ◊ Le contrat de travail des salariés à temps partiel doit être établi par écrit (C. trav., art. L. 3123-14). L'écrit n'est cependant pas une condition de validité du contrat de travail à temps partiel. L'absence d'écrit fait seulement présumer que le contrat de travail a été conclu pour un horaire à temps plein. Et cette présomption étant une présomption simple ; l'employeur peut, malgré l'absence d'écrit, établir que le contrat de travail est un contrat à temps partiel [2]. Il doit pour cela, non seulement rapporter la preuve de la durée du travail contractuellement convenue, mais aussi prouver que la répartition de cette durée sur la semaine ou le mois permet au salarié de prévoir à quel rythme il doit travailler, et qu'il n'est pas ainsi constamment à la disposition de l'employeur [3].

L'employeur doit encore démontrer que la durée et la répartition convenues ont été suffisamment respectées. Faute de quoi, la situation s'interprètera comme une modification de la durée ou de la répartition du temps de travail. Or cette modification aura été réalisée sans respect des formes écrites nécessaires, et sans preuve de la durée exacte de travail convenue. Le contrat sera donc requalifié en contrat à temps plein [4].

Le contrat doit aussi mentionner notamment la qualification du salarié, les éléments de la rémunération, la durée hebdomadaire ou, le cas échéant, mensuelle du travail, la répartition de la durée du travail entre les jours de la semaine ou, le cas échéant, les semaines du mois [5]. Il définit, en outre, les cas dans lesquels une modification éventuelle de cette répartition peut intervenir ainsi que la nature de cette modification. Il précise par ailleurs les limites dans lesquelles peuvent être effectuées des heures complémentaires au-delà du temps de travail fixé par le contrat.

Le contrat de travail à temps partiel ne peut pas, en principe contenir une clause d'exclusivité interdisant au salarié toute autre activité professionnelle soit pour son compte soit pour le compte d'un tiers ou soumettant l'exercice

---

1. C. trav., art. L. 3122-2 – Si l'employeur entend organiser sur l'année un temps de travail réduit avec des interruptions de travail pendant un mois ou plus d'un mois, il doit recourir au travail intermittent (C. trav., art. L. 3123-31).

2. Soc. 14 mai 1987, *Dr. soc.* 1988. 444, obs. J. Savatier ; 25 oct. 1990, *CSBP.* 1990. 277 ; 26 mai 1998 ; 9 juill. 2003, *RJS* 10/03, n° 1175 ; 26 janv. 2005, n° 02-45.145 P+B.

3. Soc. 29 janv. 1997, *Dr. soc.* 1997. 311, note Favennec ; 12 nov. 1997, *RJS* 12/97, n° 1454 ; 12 mars 2002, *Bull. civ.* V, n° 90 ; 12 nov. 2002, *Bull. civ.* V, n° 341 ; 25 févr. 2004, *RJS* 5/04, n° 623 ; 3 mai 2006, n° 04-45.567 ; 9 janv. 2013, n° 11-16.433 P.

4. Soc. 20 juin 2013, n°10-20507 P.

5. L'art. L. 3123-14 C. trav. prévoit expressément, cependant, que la répartition de la durée du travail entre les jours de la semaine et les semaines du mois n'a pas à être mentionnée dans le contrat de travail lorsque celui-ci est conclu en application d'un accord collectif prévoyant la répartition du travail sur plusieurs semaines ou sur plusieurs mois. Cette exception concerne aussi les salariés des associations et entreprises d'aide à domicile (même art.).

de cette autre activité à une autorisation préalable de son employeur [1]. La nullité de la clause d'exclusivité n'a cependant pas pour effet d'entraîner la requalification du contrat de travail à temps partiel en contrat de travail à temps plein. Elle permet seulement au salarié d'exercer une autre activité professionnelle sans avoir à solliciter d'autorisation préalable et, éventuellement d'obtenir réparation du préjudice causé par cette clause [2].

257 ***Passage du temps plein au temps partiel*** ◊ Le chef d'entreprise peut proposer aux salariés qui ont été embauchés à temps plein de travailler à temps partiel. Si le salarié accepte cette proposition, son acceptation entraîne la modification du contrat de travail ; il ne pourra pas, par la suite, exiger le retour à un temps plein, aucune disposition légale ne consacrant un tel droit [3]. Si, au contraire, le salarié refuse, son refus ne constitue ni une faute ni un motif de licenciement (C. trav., art. L. 3123-4). Ce droit de refus reconnu au salarié est cependant plus apparent que réel, du moins lorsque l'entreprise connaît des difficultés économiques [4].

Le salarié peut prendre l'initiative et demander lui-même à l'employeur la transformation d'un travail à temps plein en travail à temps partiel. Les salariés qui en font la demande peuvent bénéficier d'une réduction de la durée du travail sous forme d'une ou plusieurs périodes d'au moins une semaine en raison des besoins de leur vie familiale (C. trav., art. L. 3123-7). Il ne s'agit là que d'une faculté, l'employeur n'étant pas tenu de répondre favorablement à cette demande. En revanche, les salariés sont véritablement titulaires d'un droit après une naissance ou une adoption (C. trav., art. L. 1225-47). Ils le sont aussi lorsque le chef d'entreprise a mis en place des horaires à temps partiel. Aux termes de l'article L. 3123-8 du Code du travail, les salariés à temps complet qui souhaitent occuper un emploi à temps partiel dans le même établissement ou, à défaut, dans la même entreprise ont priorité pour l'attribution d'un emploi ressortissant à leur catégorie professionnelle ou d'un emploi équivalent. L'employeur engage sa responsabilité si, au lieu de satisfaire la demande d'un salarié à temps complet, il embauche un salarié pour occuper un emploi vacant à temps partiel [5].

---

1. Soc. 11 juill. 2000, *Bull. civ.* V, n° 276 ; 25 févr. 2004, *RJS* 5/04, n° 624 ; 16 sept. 2009, n° 07-45.346, *D.* 2009. AJ. 2284. Elle n'est valable que si elle est indispensable à la protection des intérêts légitimes de l'entreprise et si elle est justifiée par la nature de la tache à accomplir et proportionnée au but de recherché (Soc 16 sept. 2009 préc. ; 25 févr. 2004, préc.).
2. Soc. 25 févr. 2004, préc.
3. V. ss 265.
4. Lorsque l'entreprise connaît des difficultés économiques, le chef d'entreprise peut présenter le travail à temps partiel comme un moyen d'éviter un licenciement pour motif économique ; si le salarié refuse la proposition de temps partiel, il sera licencié non pas parce qu'il a refusé une transformation de son contrat mais parce que la situation de l'entreprise rend nécessaire la suppression d'emplois (Soc. 30 juin 1992, *RJS* 1992, n° 962 ; le licenciement prononcé à la suite d'un refus d'une transformation de contrat, envisagée en raison de difficultés économiques, est un licenciement économique ayant une cause réelle et sérieuse).
5. Réciproquement, les travailleurs à temps partiel sont prioritaires pour occuper, s'ils le souhaitent, les emplois vacants à temps complet (v. ss 265).

SECTION 2. ORGANISATION DU TEMPS DE TRAVAIL

258 ***Durée minimale de 24 heures par semaine*** ◊ Depuis la loi du 14 juin 2013, la durée minimale de travail d'un salarié à temps partiel est de 24 heures par semaine (C. trav., art. L. 3123-14-1), cette durée pouvant être calculée en moyenne sur le mois, voire sur une durée supérieure en cas de modulation du temps de travail. Cette durée minimale vise à assurer une protection sociale et un salaire décent aux travailleurs à temps partiel. Elle comporte cependant plusieurs exceptions d'inégale importance. Une durée inférieure est tout d'abord possible pour les salariés de moins de vingt-six ans poursuivant des études (C. trav., art. L. 3123-14-5) et pour les salariés en insertion (C. trav., art. L. 5132-6, L. 5132-7). Ensuite, une convention collective de branche étendue peut prévoir une durée inférieure, si elle prévoit des garanties relatives à la mise en œuvre d'horaires réguliers ou suffisamment prévisibles pour permettre au salarié à temps partiel de trouver une activité complémentaire (C. trav., art. L. 3123-14-3). L'importance pratique de cette dérogation dépendra du résultat des négociations de branche. Mais elle pourrait s'avérer essentielle. Ensuite et surtout, une renonciation individuelle des salarié à la durée minimale est possible (C. trav., art. L. 3123-14-2). Cette renonciation doit être écrite et motivée. Et les motifs, dont on peut penser qu'ils devront être suffisamment précis et rédigés *in concreto*, ne peuvent être que de deux ordres.

– Ils peuvent être liés à la volonté du salarié de cumuler avec un autre emploi. Il semble alors que la nature et la durée de l'emploi cumulé par le salarié doive être précisées. On peut penser qu'il doit aussi s'agir d'un emploi actuel et existant au jour de la conclusion du contrat à temps partiel. Comme le texte le précise, cet emploi complémentaire doit permettre d'atteindre une durée minimale de 24 heures par semaine, une fois ajoutée au nouvel emploi à temps partiel.

– Le motif invoqué par le salarié pour motiver son acceptation d'une durée inférieure à 24 heures par semaine peut aussi être de lui « permettre de faire face des contraintes personnelles » (C. trav., art. L. 3123-14-2). L'expression est floue et en elle réside le principal danger. S'il s'agissait de mentionner simplement l'existence de telles « contraintes personnelles » *in abstracto*, il suffirait d'ajouter cette clause de style dans tous les contrats à temps partiel pour que l'exigence d'une durée minimale devienne lettre morte. La nécessité d'envisager cette clause comme une énonciation de motifs et donc comme la stipulation d'une situation concrète laisse à penser qu'une telle stipulation ne suffira pas. Il sera sans doute nécessaire que le salarié puisse expliciter quelles sont les contraintes qu'il invoque. Un certain contrôle de la pertinence ou au moins de la réalité de ce motif par le juge pourrait alors s'amorcer. Ce qui permettrait de réserver la réduction du temps en-deçà de 24 heures par semaine aux salariés qui ont de réels motifs de préférer cette organisation du temps de travail, et d'éviter ainsi sa généralisation à tous les salariés auquel l'employeur a demandé d'accepter un emploi à temps très partiel.

On l'aura compris, l'effectivité de la protection supplémentaire prévue par les textes dépend beaucoup de l'interprétation qui en sera donnée par la jurisprudence. Il semble cependant que cette nouvelle protection pourrait bien être une véritable avancée dans la lutte contre la misère qui frappe certains travailleurs à temps excessivement partiel, pour peu que la limitation des exceptions prévue par la loi soit prise avec le sérieux qu'elle requière par la jurisprudence.

Il est important d'ajouter que, dans tous les cas (sauf celui des étudiants), la réduction du temps de travail à temps partiel en-deçà de la durée de 24 heures par semaine suppose de regrouper les horaires de travail du salarié sur des journées ou des demi-journées complètes (C. trav., art. L. 3123-14-4). Cette protection est essentielle. Elle interdit les horaires morcelés, d'une heure par-ci, une heure par-là, qui faisait du travailleur à temps très partiel un salarié constamment obligé de se déplacer pour se mettre au service de l'employeur pour des durées minimes et donc pour un salaire très faible comparativement à la disponibilité requise et aux temps de transports nécessaires.

La durée maximale de 24 heures par semaine, introduite par la loi du 14 juin 2013, fait l'objet d'une entrée en vigueur progressive [1]. L'entrée en vigueur de ces dispositions est reculée au 1er janvier 2014. À cette date, les salariés à temps partiel qui souhaitent bénéficier de la durée minimale de 24 heures pourront en faire la demande, mais celle-ci pourra être refusée par l'employeur en cas d'« impossibilité d'y faire droit compte tenu de l'activité économique de l'entreprise ». Ce n'est qu'à compter du 1er janvier 2016 que la loi sera pleinement applicable à tous les salariés à temps partiel.

259 ***Les heures complémentaires*** ◊ La durée de base contractuelle est l'élément fixe de la durée du travail. Elle constitue une obligation aussi bien pour l'employeur que pour le salarié. Si cet durée est fixé à 24 heures par semaine, l'employeur doit fournir chaque semaine au salarié 24 heures de travail ; à défaut, il devra indemniser le salarié pour activité partielle.

Les heures complémentaires sont des heures qui peuvent être travaillées au-delà de l'horaire de base, à la demande de l'employeur. Le salarié est obligé de travailler pendant ces heures lorsqu'elles sont prévues au contrat, dans les limites imposées par la loi. Celle-ci précise que le nombre d'heures complémentaires effectuées par un salarié au cours d'une même semaine ou d'un même mois ne peut être supérieur au dixième de la durée hebdomadaire ou mensuelle de travail prévue dans son contrat (C. trav., art L. 3123-17). Ce nombre peut cependant être porté jusqu'au tiers de l'horaire de base par une clause d'un accord collectif de branche étendu ou d'un accord d'entreprise ou d'établissement (C. trav., art L. 3123-18).

1. L. du 14 juin 2013, art. 13, VIII.

L'utilisation des heures complémentaires est laissée à l'appréciation de l'employeur qui les fait travailler ou ne les fait pas travailler selon les besoins de l'entreprise. Lorsqu'elles sont travaillées, les heures complémentaires sont rémunérées à un taux majoré de 10 % (C. trav., art. L. 3123-17, al. 3). Lorsque l'employeur fait travailler des heures complémentaires au-delà du dixième de la durée de base, ces heures sont payées aux taux majoré de 25 %, mais ce taux peut être réduit par convention de branche étendue (C. trav., art. L. 3123-19). Il est à noter que cette réduction du taux ne peut être faite que par une convention de branche étendue, alors que l'accroissement du nombre possible d'heures complémentaires au-delà du dixième de la durée de base pouvait aussi être faite par convention d'entreprise ou même d'établissement.

Pour contourner le régime des heures complémentaires et notamment pour éviter de les payer à un taux majoré, une tactique d'évitement a été imaginée par certains employeurs. Les heures complémentaires sont des heures travaillées au-delà de la durée de base *fixée au contrat*. L'idée était alors de faire signer aux salariés à temps partiel des avenants modifiant cette durée de base, pour la durée du surcroit de travail. Ainsi, pendant la période où le salarié à temps partiel devait travailler davantage qu'habituellement, il ne faisait qu'exécuter sa nouvelle et temporaire durée contractuelle de base. Il n'exécutait aucune heure complémentaire et ne percevait aucune majoration. À l'échéance de l'avenant, il retrouvait son ancienne durée du travail.

La tactique était juridiquement habile. Ce n'en était pas moins une tactique visant à contourner l'application des règles relatives aux heures complémentaires, en d'autres termes une fraude. La jurisprudence est donc logiquement intervenue pour contrecarrer la manœuvre. Elle a requalifiée les heures effectuées sous l'empire de l'avenant temporaire d'« heures complémentaires », en référence à l'état initial de la relation contractuelle [1].

Cette jurisprudence réaliste qui empêchait le contournement du régime des heures complémentaire a semblé excessivement protectrice aux parties à l'ANI du 13 janvier 2013, puis au législateur. Selon la loi du 14 juin 2013, une convention collective de branche étendue peut prévoir qu'un avenant au contrat de travail peut modifier temporairement la durée de travail de base du contrat (C. trav., L. 3123-25). Ce texte prévoit que les heures complémentaires par rapport à cette nouvelle durée de base ne pourront être payées en dessous du taux majoré de 25 %, ce qui est vraiment une protection de papier, la conclusion de l'avenant ayant normalement pour effet de fixer le nombre d'heure du salarié au niveau des besoins temporaires de l'entreprise et donc, justement, d'éviter les heures qualifiées de complémentaires.

La convention de branche étendue devra aussi prévoir le nombre maximum d'avenants par an, étant entendu que ce maximum peut aller jusqu'à

1. Soc. 24 nov. 1998, n° 96-42.270 P, *Dr. soc.* 1999. 185, obs. F. Favennec-Héry ; *D.* 1999. Somm. obs. I. Desbarats ; 7 déc. 2010, 09-42.315 P, *RDT* 2011. 252, obs. M. Véricel.

huit avenants par an et par salarié, les avenants pour remplacement d'un salarié absent n'étant pas comptés dans ce maximum. Voilà qui devrait permettre une puissante flexibilité à bas coût pour les employeurs capable d'imposer à leur salarié à temps partiels la signature de petits avenants lorsque survient un surcroît temporaire de travail.

Quelques règles supplémentaires viennent compléter le régime des heures complémentaires.

1) Celles-ci ne peuvent avoir pour effet de porter la durée du travail effectué au niveau de la durée légale du travail ou de la durée fixée conventionnellement (C. trav., art. L. 3123-17, al. 2). Lorsque les heures complémentaires conduisent le salarié à travailler à temps plein, même temporairement, même de manière très exceptionnelle, le contrat de travail est requalifié en contrat de travail à temps complet [1].

Il faut cependant préciser qu'en cas de modulation du temps de travail, lorsque le temps de travail est calculé sur plusieurs semaines ou sur plusieurs mois, le temps de travail au cours d'une semaine peut être égal voire supérieur à la durée légale du travail pourvu que la moyenne effectuée sur la période de modulation soit restée inférieure.

2) Le refus d'effectuer les heures complémentaires, proposées par l'employeur au-delà des limites fixées par la loi, ne constitue pas une faute ou un motif de licenciement [2].

3) L'employeur qui fait effectuer des heures complémentaires sans respecter les limites légales est passible de sanction pénale (C. trav., art. R. 3124-8) et il devra indemniser le salarié du préjudice qu'il a subi du fait de ce dépassement [3].

4) Les heures complémentaires sont intégrées à l'horaire de base, sauf opposition du salarié, lorsque, pendant une période de douze semaines consécutives [4], l'employeur a recouru à au moins deux heures complémentaires hebdomadaires en moyenne (C. trav., art. L. 3123-15).

---

1. Soc. 12 mars 2014, n° 12-15014 P, (dépassement de la durée légale durant un mois, au cours des huit années d'emploi, requalification en contrat à temps complet. V. aussi Soc. 5 avr. 2006, n° 04-43.080 ; Soc. 16 nov. 2007, n° 06-40.987 : il est à noter que dans ces espèces, le temps plein avait été atteint temporairement à la suite d'avenants temporaires. Ces solutions ne devraient pas être différentes sous l'empire de la loi du 14 juin 2013, l'augmentation par avenant temporaire autorisé, selon les modalités de l'art. L. 3123-25 C. trav., devant être assimilé, en l'occurrence, à une augmentation de la durée du travail par heure complémentaire. L'ampleur de la flexibilité imposée au salarié à temps partiel par avenant temporaire devrait trouver ici une limite.

2. C. trav., art. L. 3123-20. Il en est de même lorsque l'employeur a informé le salarié moins de trois jours avant la date à laquelle les heures complémentaires sont prévues (même art.).

3. Soc. 27 févr. 2001, *RJS* 5/01, n° 687.

4. Ou pendant douze semaines au cours d'une période de quinze semaines (C. trav., art. L. 3123-15). Supposons un contrat prévoyant 21 heures hebdomadaires en horaire de base et sept heures complémentaires. Si, sur douze semaines consécutives, le salarié a travaillé en moyenne 24 heures par semaine, l'horaire de base est porté à 24 heures et les heures complémentaires ramenées à quatre (7-3). La même règle s'applique si la répartition du temps travaillé est effectuée sur le mois.

260 ***Enjeux du droit de la répartition de la durée du travail*** ◊ La répartition du temps de travail du salarié à temps partiel présente un danger pour celui-ci plus grave encore que pour le salarié à temps plein. Ce salarié ne bénéficie que d'un salaire partiel. Une répartition de son temps peu avantageuse, faite d'horaires très éclatés ou très variables, contraindra le salarié à rester à la disposition de l'employeur. Cette soumission continue, cette astreinte molle que génère le pouvoir de l'employeur de modifier assez librement les horaires est déjà fort discutable pour les salariés à temps complet [1]. Mais elle est plus grave encore pour le salarié à temps partiel. Celui-ci n'a, par définition, qu'un salaire partiel. Ce peut donc être un salaire de misère, qui apparaîtra bien faible en contrepartie de cette sorte de mise à disposition permanente que génère la flexibilité du temps de travail. De plus, cette disponibilité exigée du salarié lui interdira la recherche d'un emploi complémentaire qui lui permettrait d'atteindre un revenu décent.

Conscient de cette situation de particulière faiblesse du travailleur à temps partiel, la jurisprudence et le législateur ont reconnu au bénéfice du salarié à temps partiel un droit de la répartition du temps de travail un peu moins flexible, un peu plus protecteur que celui des salariés à temps plein.

261 ***Répartition initiale de la durée du travail*** ◊ Le contrat de travail à temps partiel peut organiser une répartition du temps travaillé sur la semaine ou sur le mois. Il peut même, à condition qu'un accord collectif d'entreprise ou d'établissement, ou, à défaut, une convention ou un accord de branche le prévoie, organiser une variation de la durée hebdomadaire ou mensuelle de travail sur tout ou partie de l'année.

La répartition habituelle est une répartition hebdomadaire ou mensuelle. Le contrat de travail mentionne la répartition de la durée du travail entre les jours de la semaine ou les semaines du mois. Il détermine également les modalités selon lesquelles les horaires de travail pour chaque journée travaillée sont communiqués par écrit au salarié (C. trav., art. L. 3123-14) [2]. Au cours d'une même journée, l'horaire à temps partiel ne peut comporter plus d'une interruption et cette interruption ne peut pas être supérieure à deux heures, sauf si un accord collectif de branche étendu ou un accord d'entreprise ou d'établissement en décide autrement (C. trav., art. L. 3123-16).

---

1. V. ss 622.

2. Rien n'interdit aux cocontractants d'établir dans le contrat l'horaire de chaque journée travaillée. L'horaire devient alors contractuel et l'employeur ne peut pas le modifier unilatéralement. Mais la mention de l'horaire de travail des jours travaillés n'est pas une mention obligatoire. Si le contrat écrit mentionne les conditions dans lesquelles le salarié sera informé de ses horaires de travail, le salarié ne pourra obtenir une requalification du contrat en contrat à temps plein que s'il établit que les conditions d'information des horaires n'étaient pas satisfaisantes et qu'il était obligé de se tenir en permanence à la disposition de l'employeur (Soc. 18 mars 2003, *RJS* 6/03, nº 825).

La répartition du temps travaillé peut aussi être organisée de façon variable selon les semaines ou les mois de l'année, dès la conclusion du contrat. Cette possibilité n'est cependant ouverte que si un accord d'entreprise ou d'établissement ou, à défaut, une convention ou un accord de branche, l'a prévu expressément (C. trav., art. L. 3122-2). Cet accord prévoit les modalités de communication et de modification de la répartition de la durée et des horaires de travail. Cette situation est particulièrement dangereuse pour le salarié, puisqu'elle peut conduire à une absence de prévision contractuelle de la répartition de la durée du travail. La jurisprudence a toutefois précisé que, même en l'absence de telles précisions contractuelles sur cette répartition, celle-ci devaient être connues du salarié suffisamment à l'avance : si le salarié est dans l'impossibilité de prévoir son rythme de travail et que, de ce fait il est tenu de rester constamment à la disposition de l'employeur, le contrat de travail doit être requalifié en contrat de travail à temps plein [1].

L'arrivée dans l'entreprise d'une convention collective nouvelle organisant la modulation du travail à temps partiel ne permet pas à l'employeur d'imposer à un salarié embauché à temps partiel cette modulation. Encore faut-il que le salarié l'accepte. En d'autres termes, la mise en œuvre du travail à temps partiel modulé « constitue, pour le salarié déjà titulaire d'un contrat de travail à temps partiel, une modification de son contrat de travail qui nécessite son accord exprès » [2].

Enfin, il est admis qu'un travail à temps réduit peut être organisé sur l'année avec des périodes de temps travaillé et de temps non travaillé. Mais il ne s'agit plus, au sens juridique du terme, de travail à temps partiel. Ce type de temps réduit est du « travail intermittent » prévu à l'article L. 3123-31 du Code du travail. Il n'est possible que si une convention collective étendue ou un accord collectif d'entreprise l'a préalablement autorisé. Il est aussi possible sans convention, à titre expérimental, dans quelques secteurs d'activité définis par arrêté ministériel [3]. Lorsqu'il est requis, l'accord collectif doit définir les emplois permanents susceptibles d'être pourvus par des contrats de travail intermittents [4]. Ces emplois sont des emplois qui *par nature* comportent une alternance de périodes travaillées et de périodes non travaillées (C. trav., art. L. 3123-31). À défaut, les

---

1. Soc. 9 sept. 2004, 02-43.249 P ; 9 janv. 2008, 06-44.458.

2. C. trav., art. L. 3122-6, al. 2, issu de la L. Warsmann du 22 mars 2012. Contrairement à ce qui est prévu pour le passage à la modulation des salariés à temps plein, ce texte maintient, pour les salariés à temps partiel, la solution jurisprudentielle antérieure (v. not. Soc. 20 févr. 2008, n° 06-43.349, *RDT* 2008. 230, obs. G. Auzero).

3. L. du 14 juin 2013, art. 24. Un contrat de travail intermittent peut encore être exceptionnellement conclu en l'absence d'accord collectif, lorsque le contrat est conclu avec un travailleur handicapé (C. trav., art. L. 3123-32).

4. Le contrat de travail intermittent est obligatoirement un contrat de travail à durée indéterminée. Il doit être écrit. Il mentionne notamment la durée annuelle minimale de travail du salarié, les périodes de travail, la répartition des heures de travail à l'intérieur de ces périodes (C. trav., art. L. 3123-33). Les heures dépassant la durée annuelle minimale fixée au contrat ne peuvent excéder le tiers de cette durée sauf accord du salarié (C. trav., art. L. 3123-34).

contrats intermittents conclus sont irréguliers et seront requalifiés en contrats à durée indéterminée à temps complet [1].

262 ***Modification de la répartition initiale du temps travaillé*** ◊ En principe, la répartition du temps de travail doit être contractuellement stipulée. Ce qui fait que le salarié est en droit d'en refuser la modification. Toutefois, une clause de mobilité autorisant l'employeur à modifier cette répartition peut être incluse dans le contrat de travail (C. trav., art. L. 3123-14) [2].Cette clause doit, pour être valide, déterminer l'ampleur de la variation possible et les cas dans lesquels cette modification pourra intervenir [3]. De plus, même si la modification demandée par l'employeur est conforme à une clause de mobilité valide, un certain droit au refus demeure pour le salarié. Celui-ci pourra refuser la modification qui n'est pas compatible avec des obligations familiales impérieuses, avec le suivi d'un enseignement ou avec des obligations professionnelles. Pareil refus ne pourra être considéré ni comme une faute, ni comme un motif de licenciement (C. trav., art. L. 3123-24).

En cas d'accord de modulation, il se peut qu'aucune précisions contractuelles sur la répartition du travail ne soit stipulée (C. trav., art. L 3122-2). L'employeur est tenu de transmettre une répartition indicative, mais celle-ci n'a pas forcément valeur contractuelle [4]. Le principe est alors celui du droit à la modification unilatérale par l'employeur, sans qu'il soit nécessaire de stipuler une clause de flexibilité [5]. Par analogie avec la modification imposée dans le cadre d'une clause contractuelle de mobilité, un droit au refus du salarié doit cependant pouvoir être reconnu aux salariés en cas d'obligations familiales impérieuses, de suivi d'un enseignement ou d'obligations professionnelles.

Dans tous les cas, qu'il s'agisse de modification d'une répartition contractuelle ou non du temps de travail, la modification doit être notifiée au salarié sept jours au moins avant la date à laquelle cette modification doit intervenir (C. trav., art. L. 3123-21) [6]. Ce délai peut être ramené

---

1. Soc. 27 juin 2007, n° 06-41.818, *RJS* 10/07, n° 1137.

2. Le changement de l'horaire journalier ne constitue pas une modification de la répartition initiale du temps travaillé, en dehors du cas particulier où le contrat de travail a déterminé l'horaire de chaque journée travaillée. Le contrat détermine seulement les modalités selon lesquelles les horaires de travail pour chaque journée travaillée sont communiqués par écrit au salarié. Lorsque l'écrit précisant, pour une période donnée, les horaires des journées travaillées, a été remis au salarié, celui-ci peut refuser un changement d'horaire en raison d'obligations familiales impérieuses, d'une autre activité professionnelle ou du suivi d'un enseignement (Soc. 9 mai 2001, *RJS* 7/01, n° 943).

3. Soc. 7 juill. 1998, *Mme Rebaul, RJS* 10/98, n° 1311 ; *Sem. soc. Lamy* 1998, n° 889, p. 10 ; 5 avr. 1999, n° 1629 PF.

4. C. trav., art. L. 3122-2, al. 5.

5. L'accord de modulation doit simplement prévoir « les modalités ... de modification de la répartition de la durée et des horaires de travail » ; C. trav., art. L. 3122-2, al. 5.

6. La généralité du champs d'application de la règle, applicable pour les modifications d'horaires contractuels comme pour les modifications d'horaires simplement indicatifs, vient du texte lui-même. L'art. L. 3121-21 C. trav. précise en effet qu'il s'impose pour « toute modification de la répartition de la durée du travail ».

jusqu'à 3 jours ouvrés si un accord collectif de branche étendu ou un accord d'entreprise ou d'établissement le prévoit [1]. Et ces modifications doivent être suffisamment exceptionnelles pour laisser au salarié une prévisibilité suffisante de son rythme de travail, afin qu'il soit en mesure de trouver un emploi complémentaire [2].

SECTION 3. ÉGALITÉ DES DROITS

263 ***Égalité des droits individuels*** ◊ Les salariés à temps partiel doivent jouir des mêmes droits que les salariés à temps plein (C. trav., art. L. 3123-11). L'égalité n'est cependant pas absolue.

Elle doit, en principe, être totale lorsqu'il s'agit de droits légaux. Et la loi précise qu'il doit y avoir égalité en matière de rémunération [3], en matière d'essai, d'avantages liés à l'ancienneté. La rémunération est proportionnelle à celle du salarié qui, à qualification égale, occupe à temps complet un emploi équivalent dans l'établissement ou l'entreprise (C. trav., L. 3123-10) ; les périodes d'essai ne peuvent avoir une durée calendaire supérieure à celle des salariés à temps complet (C. trav., L. 3123-9) ; l'ancienneté est décomptée comme si le salarié avait été occupé à temps complet [4]. En l'absence de disposition spécifique, l'application du principe de l'égalité de traitement entre salariés à temps partiel et salariés à temps plein interdit à un employeur qui procède à un licenciement collectif de licencier les salariés à temps partiel plutôt que les salariés à temps plein [5]. Dans une situation particulière, les travailleurs à temps partiel ont des droits plus étendus que les travailleurs à temps complet [6].

En revanche, l'égalité n'est plus totalement assurée au regard des droits résultant de l'application de conventions collectives. La loi précise, en effet, que la convention ou l'accord collectif peuvent prévoir des modalités spécifiques à l'attribution des droits qu'ils créent (C. trav., art. L. 3123-11) ; ainsi un accord collectif pourra-t-il proratiser les droits reconnus aux

---

1. L'accord doit prévoir des contreparties accordées au salarié lorsque le délai de prévenance est réduit (C. trav., art. L. 3123-22).

2. Soc. 9 sept. 2004, n° 02-43.249 P ; 9 janv. 2008, n° 06-44.458, préc.

3. Soc. 4 déc. 1990, *Bull. civ.* V, p. 366 ; *RJS* 1/91, n° 101 (lorsqu'un complément de rémunération est attribué en fonction du chiffre d'affaires réalisé par chaque salarié, le chiffre d'affaires à réaliser doit être modulé en fonction de la durée du travail des salariés) ; Soc. 11 févr. 1998, *RJS* 4/98, n° 549 (une prime de vacances ou de fin d'année n'est attribuée que proportionnellement au temps travaillé, en l'absence de dispositions particulières de la convention collective).

4. C. trav., art. L. 3123-12. L'indemnité de licenciement et l'indemnité de départ à la retraite des salariés ayant été occupés à temps complet et à temps partiel dans la même entreprise sont calculées proportionnellement aux périodes d'emploi effectuées selon l'une ou l'autre de ces deux modalités depuis leur entrée dans l'entreprise (C. trav., art. L. 3123-13).

5. Soc. 3 mars 1998, *RJS* 4/98, n° 548 ; 7 juill. 1998, *RJS* 10/98, n° 1196.

6. Les horaires d'équivalence ne sont pas applicables aux travailleurs à temps partiel ;Soc. 24 avr. 2001, *RJS* 7/01, n° 864 ; 11 févr. 1982, *Bull. civ.* V, n° 96.

salariés en fonction de la durée de leur travail. Mais une convention collective ne peut pas écarter de son champ d'application les travailleurs à temps partiel. Si une convention collective ne concerne que les médecins salariés occupés à plein-temps, les juges ne peuvent pas refuser d'appliquer cette convention à des médecins à temps partiel ; une telle exclusion porterait atteinte au principe d'égalité entre salariés [1].

264 ***Les droits collectifs*** ◊ Le travailleur à temps partiel est électeur et éligible aux élections de représentants du personnel. S'il travaille dans plusieurs entreprises, il est électeur dans toutes les entreprises où il travaille ; il est éligible dans l'entreprise de son choix (C. trav., art. L. 2314-16, L. 2324-15). Il peut être désigné délégué syndical dans n'importe laquelle des entreprises où il travaille.

Son temps de travail mensuel ne peut être réduit de plus d'un tiers par l'utilisation du crédit d'heures auquel il peut prétendre pour l'exercice de mandats détenus par lui au sein d'une entreprise ; le solde éventuel du crédit d'heures rémunérées peut être utilisé en dehors des heures de travail de l'intéressé (C. trav., art. L. 3123-29).

265 ***Retour au temps plein*** ◊ La loi ne consacre pas un droit de retour au temps plein au profit des salariés qui auraient demandé la transformation d'un contrat à plein-temps en contrat à temps partiel ; elle prévoit seulement un droit de priorité pour occuper les emplois vacants à temps plein au profit des travailleurs à temps partiel de l'entreprise (C. trav., art. L. 3123-8) [2]. L'employeur est tenu de porter à la connaissance des salariés à temps partiel la liste des emplois à temps plein ressortissant à leur catégorie professionnelle ou des emplois équivalents. La Cour de cassation a précisé que cette information devait être individualisée ; une information générale sur les emplois disponibles dans l'entreprise, diffusée sur le réseau intranet de l'entreprise ne saurait suffire [3].

Mais plusieurs accords collectifs contiennent des clauses de retour, qui assurent au salarié la réintégration dans l'emploi à plein-temps ou dans un emploi équivalent s'il en exprime le souhait [4].

1. Soc. 15 janv. 2002, *RJS* 3/02, n° 363.

2. Soc. 24 sept. 2008, n° 06-46.292, *Bull. civ.* V, n° 189 ; *Dr. soc.* 2008. 1232 s., note F. Favennec-Héry ; *RDT* 2008. 733, chr. Héas ; 27 mai 1992, *CSBP* 1992. Somm. 21.

3. Soc. 20 avr. 2005, *Bull. civ.* V, n° 152 ; *Dr. ouvrier* 2005. 443, obs. Coupillaud.

4. Certains accords subordonnent ce droit au retour à temps plein à la survenance d'un événement précis : divorce, décès, inaptitude ou chômage du conjoint.

SOUS-TITRE 3

Le recours à la main-d'œuvre extérieure

266 Le rêve de nombreux employeurs est de pouvoir disposer d'une main-d'œuvre sans avoir de salariés. Ce n'est pas un rêve irréalisable. Le droit n'y fait pas obstacle lorsque la fourniture de main-d'œuvre par un tiers est à but non lucratif (Chap. 1). En revanche, la loi pose une interdiction de principe à la fourniture de main-d'œuvre à but lucratif, en apportant cependant plusieurs exceptions à cette interdiction (Chap. 2).

CHAPITRE 1
FOURNITURE DE MAIN-D'ŒUVRE À BUT NON LUCRATIF

267 Le législateur a été plus préoccupé par l'interdiction de la fourniture de main-d'œuvre à but lucratif que par la réglementation de la fourniture de main-d'œuvre à but non lucratif. Ce n'est qu'à partir de 1985 que la loi a organisé certaines formes de fourniture de main-d'œuvre à but non lucratif (Section 2). Le régime général de cette fourniture de main-d'œuvre obéit à des règles peu nombreuses et simples (Section 1).

SECTION 1. RÉGIME GÉNÉRAL DE LA FOURNITURE DE MAIN-D'ŒUVRE À BUT NON LUCRATIF

268 ***Liberté*** ◊ Les deux textes législatifs qui prohibent la fourniture de main-d'œuvre ne visent que la fourniture de main-d'œuvre à but lucratif (C. trav., art. L. 8231-1, L. 8241-1). Les contrats de fourniture de main-d'œuvre à but non lucratif sont, au contraire, autorisées (C. trav., art. L. 8241-2).

Une première difficulté consiste à préciser ce qu'il faut entendre par l'expression « à but lucratif » ou « à but non lucratif ». Deux interprétations très différentes ont été données : selon la première, les opérations à but lucratif sont des opérations à titre onéreux [1] ; selon la seconde, seules les opérations réalisées pour poursuivre un bénéfice sont des opérations à but lucratif [2]. Une seconde difficulté est relative aux partenaires de l'opération : faut-il seulement rechercher si celle-ci est lucrative pour l'entreprise prêteuse de personnel ou faut-il rechercher également si elle l'est pour l'entreprise qui utilise le personnel ? La Cour de cassation avait

1. En ce sens Ph. Waquet, rapp. publié à *Dr. soc.* 1990 ; 780 s. ; Soc. 4 avr. 1990 *Dr. soc.* 1990. 784 (« le contrat ayant été conclu entre deux sociétés moyennant une rémunération, l'opération avait un but lucratif ») ; Crim. 15 févr. 1983, *JS* 1985. F 62.

2. Crim. 20 mars 2007, n° 05-85.253, *Bull. crim.* n° 86 ; *RJS* 7/07, n° 898 ; Soc. 25 nov. 1990, *RJS* 1990, n° 833 ; Paris, 20e ch, 11 févr. 1982, Jacquot. – En ce sens, commission des affaires culturelles, sociales et familiales de l'Assemblée nationale (Doc. AN. 1972-1973, 2e session, 4. 49, p. 14).

apporté une réponse à chacune de ces questions avant que le législateur ne s'empare de cette difficulté. La loi du 28 juillet 2011 modifie, en effet, la rédaction des articles L. 8241-1 et L. 8241-2 du Code du travail.

Dans plusieurs arrêts, la Chambre criminelle et la Chambre sociale de la Cour de cassation avaient apporté quelques clarifications sur le sens qu'il convenait de donner à l'expression « à but lucratif ». Un arrêt du 20 mars 2007, rendu par la Chambre criminelle, avait jugé que le but lucratif de l'opération consistait en un bénéfice, un profit ou un gain pécuniaire [1], adoptant ainsi une solution conforme au sens donné par le dictionnaire au mot lucratif [2] et à la position adoptée par la chambre sociale [3]. Le même arrêt considérait également que le caractère lucratif pouvait concerner l'utilisateur comme le prêteur. Un arrêt, rendu le 18 mai 2011 par la chambre sociale, reprend ces solutions : l'interdiction de fourniture de main-d'œuvre à but lucratif concerne « également l'entreprise utilisatrice » [4]. Le prêt de main-d'œuvre peut être déclaré illicite alors même que l'entreprise prêteuse n'a réalisé aucun profit. Il apporte une précision en affirmant que « le caractère lucratif de l'opération peut résulter d'un accroissement de flexibilité dans la gestion du personnel et de l'économie de charges procurés (à l'entreprise utilisatrice) ». Le prêt de main-d'œuvre sera ainsi considéré comme lucratif pour l'entreprise bénéficiaire de la mise à disposition du personnel dès lors qu'elle n'a payé que les rémunérations et les charges sociales afférentes des travailleurs mis à disposition sans participer aux frais de gestion du personnel.

La loi du 28 juillet 2011 donne une définition de l'opération de main-d'œuvre à but lucratif, mais soulève autant de problèmes qu'elle n'en règle. « Une opération de main-d'œuvre ne poursuit pas de but lucratif lorsque l'entreprise prêteuse ne facture à l'entreprise utilisatrice, pendant la mise à disposition, que les salaires versés au salarié, les charges sociales afférentes et les frais professionnels remboursés à l'intéressé au titre de la mise à disposition » (C. trav., art. L. 8241-1, dern. al.). Il est clair que la simple facturation d'une mise à disposition de personnel ne donne pas à celle-ci un caractère lucratif. Les caractères onéreux et lucratif sont clairement distingués. En revanche, le texte légal ne fait référence qu'à l'entreprise prêteuse ; le caractère lucratif au regard de l'entreprise utilisatrice n'est pas évoqué. Il ne fait pas non plus mention de la participation de l'entreprise utilisatrice aux frais de gestion du personnel. Si l'entreprise prêteuse demande le remboursement des frais de gestion du personnel mis à disposition pendant la durée de celle-ci, l'opération perd-elle son caractère gratuit à l'égard de l'entreprise prêteuse ? Si elle ne fait pas, l'opération ne

1. Crim. 20 mars 2007, n° 05-85.253, *JCP S* 2007. 1443, note J. F.Césaro.
2. lucratif : « qui procure un gain, des profits, un bénéfice ».
3. Soc. 25 nov. 1990, *RJS* 1990, n° 833.
4. Soc. 18 mai 2011, *John Deere*, n° 09-69.175, *RJS* 8-9/11, n° 651 ; *RDT* 2011. 503, chron. A. Fabre ; *Sem. soc. Lamy* 2011. 1493, rapp. H. Gosselin.

présente-t-elle pas un caractère lucratif au regard de l'entreprise utilisatrice ? Les juges vont être amenés à trancher ces délicates questions [1].

269 ***Droits et obligations des parties contractantes*** ◊ L'article L. 8241-2 du Code du travail dispose que les articles L. 1251-21 à L. 1251-2, L. 2313-3 à L. 2313-5 et L. 5221-4 du Code du travail ainsi que les articles L. 412-3 à L. 412-7 du Code de la sécurité sociale sont applicables aux opérations de prêt de main-d'œuvre à but non lucratif. Il en résulte que, pendant la durée de la mise à disposition, l'utilisateur est responsable des conditions d'exécution du travail, relatives à la durée du travail, au travail de nuit, au repos hebdomadaire et des jours fériés, à l'hygiène et à la sécurité du travail, au travail des femmes et des enfants. Il en résulte également que les salariés mis à disposition ont accès dans l'entreprise utilisatrice, dans les mêmes conditions que les salariés de cette entreprise, aux moyens de transport collectifs et aux installations collectives, notamment de restauration.

Pendant la période de prêt de main-d'œuvre, le contrat de travail qui lie le salarié à l'entreprise prêteuse n'est ni rompu ni suspendu. Le salarié continue d'appartenir au personnel de l'entreprise prêteuse ; il conserve le bénéfice de l'ensemble des dispositions conventionnelles dont il aurait bénéficié s'il avait exécuté son travail dans l'entreprise prêteuse (C. trav., art L. 8241-2).

Lorsque la mise à disposition est réalisée par une société mère au profit d'une filiale étrangère et que cette mise à disposition se traduit par un détachement accompagné d'une embauche par la filiale, la loi française a prévu des dispositions spéciales ; la société mère doit rapatrier et reclasser le salarié licencié par la filiale étrangère (C. trav., art. L. 1231-5).

SECTION 2. MODALITÉS PARTICULIÈRES DE FOURNITURE DE MAIN-D'ŒUVRE À BUT NON LUCRATIF

270 Dans le cadre d'une politique de développement de l'emploi, des dispositifs originaux de fourniture de main-d'œuvre à but non lucratif ont été mis en place depuis 1985. Il s'agit des groupements d'employeurs, des associations intermédiaires et des services aux personnes.

271 ***Groupement d'employeurs*** [2] ◊ La loi du 25 juillet 1985 autorise la constitution de groupements d'employeurs qui embauchent des salariés pour les mettre ensuite

1. G. Auzero, Le but lucratif dans les opérations de prêt de main-d'œuvre, *Dr. soc.* 2012. 115 s. ; F. Favennec-Héry, Prêt de main- d'œuvre à but non lucratif : un texte décevant, *Dr. soc.* 2011. 1200 ; D. Métin, Mise à disposition et prêt de main-d'œuvre : la main-d'œuvre importée dans l'entreprise, *Dr. ouvrier* 2013. 173.

2. J. Dalichoux et P. Fadeuilhe, *Les groupements d'employeurs*, Éd. Liaisons 2008 ; S. Tournaux « Libéralisation des groupements d'employeurs et statut embryonnaire de la mise à disposition » *RDT* 2011. 572.

à la disposition des employeurs membres du groupement (C. trav., art. L. 1253-1 s.). Partant de la constatation que les petites et moyennes entreprises hésitent à affronter seules les charges d'un emploi nouveau, le législateur les incite à embaucher à plusieurs en répartissant entre elles les coûts et les responsabilités. Initialement, seules les entreprises employant au maximum 300 salariés pouvaient faire partie d'un groupement. Deux lois du 19 janvier 2000 et du 28 juillet 2011 ont assoupli cette règle. Désormais, les entreprises occupant plus de 300 salariés peuvent adhérer à un groupement d'employeurs. Les collectivités territoriales peuvent également y adhérer (C. trav., art L. 1253-19 s.).

Le groupement d'employeurs embauche lui-même les travailleurs en concluant des contrats de travail écrits (C. trav., art. L. 1253-9) [1]. Ces contrats garantissent l'égalité de traitement en matière de rémunération, d'intéressement, de participation et d'épargne salariale entre le salarié du groupement et les salariés des entreprises auprès desquelles il est mis à disposition (C. trav., art L. 1253-9, dern. al.).

Les salariés du groupement bénéficient de la convention collective dans le champ d'application de laquelle le groupement a été constitué (C. trav., art. L. 1253-10).

Les opérations de mise à disposition au profit des membres du groupement ne peuvent pas avoir un but lucratif (C. trav., art. L. 1253-1). Pendant la durée de la mise à disposition, l'entreprise utilisatrice est responsable des conditions d'exécution du travail, telles qu'elles sont déterminées par les mesures législatives, réglementaires et conventionnelles applicables au lieu de travail (C. trav., art. L. 1253-12) [2].

Une règle importante est imposée par le législateur ; les membres du groupement sont solidairement responsables de ses dettes à l'égard des salariés et des organismes créanciers de cotisations obligatoires [3] (C. trav., art. L. 1253-8). La loi du 28 juillet 2011 autorise un aménagement de cette disposition : les statuts des groupements d'employeurs peuvent prévoir, sur la base de critères objectifs, des règles de répartition de ces dettes entre les membres du groupement, opposables aux créanciers [4].

272 ***Associations intermédiaires*** ◊ Les associations intermédiaires sont une création de la loi du 27 janvier 1987, modifiée par les lois du 29 juillet 1998 et du 17 janvier 2002. Elles ont pour objet d'embaucher des personnes sans emploi, rencontrant des difficultés sociales et professionnelles particulières, afin de faciliter leur insertion professionnelle en les mettant à titre onéreux à la disposition de personnes physiques ou morales (C. trav., art. L. 5132-7). Elles peuvent conclure une convention de coopération avec l'institution nationale publique mentionnée à l'article L. 5312-1 du Code du travail définissant les conditions de recrutement et de mise à disposition des salariés de l'association intermédiaire.

1. Ces contrats indiquent les conditions d'emploi et de rémunération, la qualification professionnelle du salarié, la liste des utilisateurs potentiels et les lieux d'exécution du travail.

2. Pour l'application de ce texte, les conditions d'exécution du travail comprennent limitativement ce qui à trait à la durée du travail, au travail de nuit, au repos hebdomadaire et aux jours fériés, à la santé et à la sécurité du travail, au travail des femmes, des enfants et des jeunes travailleurs, à l'exercice de la fonction de maître d'apprentissage.

3. Cette solidarité des membres du groupement d'employeurs ne fait pas obstacle, en cas de liquidation judiciaire de l'employeur, à l'obligation pour l'AGS de faire l'avance des sommes nécessaires au règlement des créances résultant de la rupture des contrats de travail (Soc. 9 mars 2004, n° 02-41.851, *Bull. civ.* V, n° 74 ; *RJS* 5/04, n° 542 ; *Sem. soc. Lamy* 2004, n° 1189, p. 6, note P. Fadeuilhe).

4. C. trav., art L. 1253-8. Ils peuvent également prévoir des modalités de responsabilité spécifiques pour les collectivités terrritoriales membres du groupement.

Depuis la loi de modernisation sociale du 17 janvier 2002, ces associations peuvent mettre leurs salariés aussi bien à la disposition des personnes physiques à leur domicile qu'à la disposition des entreprises à des fins professionnelles.

Les règles de rémunération minimale, de paiement des jours fériés, du droit à la formation professionnelle continue, de la durée des mises à disposition sont précisées par les articles L. 5132-11 et suivants du Code du travail. En revanche, le Code du travail ne donne aucune précision sur la nature du contrat de travail liant le salarié à l'association intermédiaire [1].

273 ***Associations de services aux personnes*** ◊ Ces associations constituent un autre type de groupements intermédiaires autorisés expressément par le législateur. Reconnues et réglementées par loi du 31 décembre 1991, elles font actuellement l'objet des dispositions de la loi du 26 juillet 2005 relative au développement des services à la personne et portant diverses mesures en faveur de la cohésion sociale (C. trav., art. L. 7231-1 s.). Les activités de ces associations concernent exclusivement les services rendus aux personnes physiques à leur domicile. Ces associations, qui doivent être agréées par l'État, peuvent soit intervenir comme bureau de placement privé (c'est alors la personne physique qui aura la qualité d'employeur), soit comme fournisseur de main-d'œuvre (l'association embauchant elle-même le travailleur pour le mettre à la disposition de personnes physiques) (C. trav., art. L. 7232-6), soit comme prestataire de services. Pour déterminer si l'association est ou n'est pas l'employeur des travailleurs à domicile, les juges ne sont pas liés par la nature de l'agrément accordé ; ils doivent rechercher, en analysant les faits de l'espèce, qui, de l'association ou de la personne physique, détermine les conditions de travail du salarié [2]. La Cour de cassation a eu l'occasion de rappeler que, conformément à l'article L. 7232-6, 1° du Code du travail, le fait pour l'association d'accomplir les formalités administratives et les déclarations sociales et fiscales liées à l'emploi des travailleurs qu'elle a placés « auprès de personnes physiques employeurs » ne donnait pas à celle-ci la qualité d'employeur. L'association ne remplit, dans ce cas, qu'un rôle de mandataire, la personne physique, bénéficiaire de la prestation de travail, étant le seul employeur [3]. Mais lorsque l'association organise les conditions de travail d'une aide ménagère auprès de la personne aidée, il existe un lien de subordination entre l'aide ménagère et l'association ; celle-ci sera considérée comme l'employeur [4].

---

1. On pourrait penser que ces contrats sont des contrats à durée déterminée comme ceux qui lient l'entreprise de travail temporaire aux salariés mis à disposition. La Cour de cassation les qualifient (curieusement) contrats de travail temporaire (Soc. 23 févr. 2005, *Dr. soc.* 2005. 817, obs. *Cf.* Roy-Loustaunau). Et elle décide que les irrégularités des contrats de mission comme l'absence de signature, de mention du salaire horaire et de la durée du contrat, n'entraînent pas la requalification de ces contrats en contrat de travail à durée indéterminée (Soc. 23 févr. 2005, préc.).

2. Soc. 20 janv. 2000, *RJS* 3/00, n° 341.

3. Soc. 23 nov. 2005, *Dr. soc.* 2006. 217, obs. B. Gauriau ; *RJS* 2/06, n° 281.

4. Soc. 30 juin 2010, n° 09-42.116, *RJS* 12/10, n° 991.

CHAPITRE 2

FOURNITURE DE MAIN-D'ŒUVRE À BUT LUCRATIF

274 La fourniture de main-d'œuvre à but lucratif est en principe prohibée ; elle est même pénalement sanctionnée (Section 1). À titre exceptionnel, mais l'exception a un domaine d'application de plus en plus large, la fourniture de main-d'œuvre est autorisée aux entreprises de travail temporaire (Section 2) et aux entreprises de travail à temps partagé (Section 3).

SECTION 1. PROHIBITION DE PRINCIPE

275 La loi interdit expressément dans les articles L. 8231-1 et L. 8241-1 du Code du travail la fourniture de main-d'œuvre à but lucratif. Pour éluder cette interdiction, certaines entreprises dissimulent la fourniture de main-d'œuvre à but lucratif derrière un contrat apparent de prestation de services.

276 ***Interdictions légales*** [1] ◊ La répression contre le trafic de main-d'œuvre s'appuie sur deux textes, qui se recoupent assez largement. La loi du 11 mars 1997 renforce la lutte contre le travail illégal.

L'article L. 8231-1 du Code du travail incrimine *toute* opération à but lucratif de fourniture de main-d'œuvre qui a pour effet de causer un préjudice au salarié ou d'éluder l'application des dispositions de la loi, d'un règlement, d'une convention ou d'un accord collectif. L'incrimination a un vaste champ d'application puisqu'elle ne distingue pas selon que la fourniture de main-d'œuvre accompagne une autre opération (par exemple fourniture de matériel) ou a un caractère exclusif. Dès que la fourniture de main-d'œuvre à but lucratif cause un préjudice au salarié, elle est illicite. Le contrat de mise à disposition est nul et les parties au contrat sont passibles d'un emprisonnement de deux ans et d'une amende de 30 000 euros (C. trav., art. L. 8234-1) [2].

---

1. *Grands arrêts*, 4e éd., p. 217 s. ; F. Doroy, Le préjudice causé au salarié dans le délit de marchandage, *Dr. soc.* 1994. 547 s. ; H. Blaise, à la frontière du licite et de l'illicite : la fourniture de main-d'œuvre, *Dr. soc.* 1990. 418.

2. Un syndicat peut se constituer partie civile et déclencher les poursuites (Crim. 15 nov. 1983, *Bull. civ.*, n° 2991).

L'article L. 8241-1 du Code du travail prohibe toute opération à but lucratif ayant pour objet exclusif le prêt de main-d'œuvre lorsqu'elle n'est pas effectuée dans le cadre des dispositions relatives au travail temporaire, au portage salarial, aux entreprises de travail à temps partagé et à l'exploitation d'une agence de mannequins. Il n'y a plus à rechercher quelles sont les conséquences de l'opération vis-à-vis du salarié. L'infraction est constituée même si la fourniture de main-d'œuvre n'entraîne pas un préjudice pour le salarié ; dès lors que l'objet exclusif de l'opération est la fourniture de main-d'œuvre, l'infraction est constituée. Les sanctions pénales sont identiques à celles sanctionnant le marchandage (C. trav., art. L. 8243-1). Le contrat est nul, d'une nullité absolue. Il en résulte que l'entreprise ayant fourni la main-d'œuvre ne peut obtenir en justice le paiement des sommes convenues en rémunération du service rendu [1].

En définitive, sont seules autorisées en dehors du recours au travail temporaire, au portage, au travail à temps partagé et au travail des mannequins [2] les opérations de fournitures de main-d'œuvre à but lucratif qui d'une part accompagnent une autre opération juridique (par exemple entretien d'un matériel loué ou vendu) et qui d'autre part n'entraînent aucun préjudice pour les salariés mis à disposition (même rémunération et mêmes avantages, en particulier conventionnels, que les salariés de l'entreprise utilisatrice).

277 ***Recours aux contrats de prestation de services*** ◊ Les contrats de prestation de services et de sous-traitance sont licites, à condition qu'il s'agisse véritablement de contrats de prestation de service ou de sous-traitance. Ils sont en revanche illicites lorsqu'ils dissimulent une fourniture de main-d'œuvre à but lucratif. Il convient donc de définir avec précision le contrat de prestation de service ou de sous-traitance et de cerner les critères de distinction entre ces contrats et les contrats de fourniture de main-d'œuvre à but lucratif.

Le contrat de prestation de services est un contrat par lequel un entrepreneur s'engage à réaliser une tâche précise pour le compte d'un tiers, moyennant rémunération. Le contrat de sous-traitance est une variété de contrat de prestation de services ; c'est un contrat par lequel un entrepreneur confie à un autre entrepreneur le soin d'exécuter totalement ou partiellement les engagements qu'il a lui-même souscrits vis-à-vis d'un tiers. La sous-traitance est fréquente dans le bâtiment et les travaux publics ; elle gagne progressivement la plupart des secteurs d'activité.

La distinction entre ces contrats de prestation de services et de sous-traitance d'une part et les contrats de fourniture de main-d'œuvre d'autre part ne doit pas être faite à partir des termes utilisés dans les contrats ou même des obligations formulées par ceux-ci. La qualification donnée par

1. Soc. 5 juill. 1984, *Bull. civ.* V, n° 299 ; 17 juin 2005, *JS Lamy* 2005, n° 174-6.
2. Dans une agence exploitée par une personne titulaire de la licence d'agence de mannequins (C. trav., art. L. 8241-1, 1°).

les parties contractantes ne lie pas le juge ; un contrat intitulé « contrat d'entreprise » et définissant les obligations réciproques des parties à savoir d'un côté la réalisation de diverses fabrications sous la seule responsabilité de l'entreprise productrice, de l'autre un paiement forfaitaire par le client peut être requalifié par les juges « contrat de fourniture de main-d'œuvre à but lucratif »[1]. Les juges recherchent comment le travail a été *effectivement* exécuté et plus spécialement si les salariés qui travaillaient dans les locaux de l'entreprise cliente, fournissaient leur travail en suivant les instructions de salariés de l'entreprise « prestataire » de services ou de salariés de l'entreprise dite cliente. S'il apparaît que les salariés exécutent les instructions de cadres de l'entreprise cliente, l'opération sera requalifiée en contrat de fourniture de main-d'œuvre et déclarée illicite. Si au contraire les salariés travaillent sous le contrôle effectif des cadres de l'entreprise « prestataire de services », le contrat est bien un contrat de prestation de services[2].

La formulation des arrêts varie selon les circonstances de l'espèce. Certains insisteront sur le mode de calcul de la rémunération due par le bénéficiaire[3], d'autres sur l'existence d'une obligation de résultat[4]. Mais le véritable critère est celui de l'autorité sur les salariés. Si une entreprise promet réellement une prestation de services, elle conserve obligatoirement le pouvoir de direction des personnes chargées d'exécuter cette prestation.

SECTION 2. LE TRAVAIL TEMPORAIRE

278 ***Développement du travail temporaire*** ◊ La formule du travail temporaire, née semble-t-il en Grande-Bretagne mais surtout développée aux États-Unis, a connu en Europe et notamment en France une fortune extraordinaire. Se sont multipliées les entreprises de fournitures de services de

1. Crim. 26 mai 1988 *(Roques)* : si les conventions conclues s'intitulaient « contrats d'entreprise », il apparaissait en réalité que la société avait mis à la disposition des firmes en cause de la main-d'œuvre placée sous l'autorité ainsi que sous la responsabilité des entreprises utilisatrices et intégrée au personnel de celles-ci ; les conventions sont requalifiées et l'infraction est constatée. Dans le même sens, Crim. 25 avr. 1989. *Prouveur, RJS* 7/89, n° 656, 3e esp. : en l'espèce, des salariés étaient en apparence placés sous la responsabilité d'un membre de l'entreprise prestataire de service ; il est constaté qu'en fait ils se trouvaient sous la subordination de l'encadrement de la société cliente ; le contrat de prestation de services est requalifié en contrat de fourniture de main-d'œuvre à but lucratif ; v. aussi trois autres dans le même sens, *RJS* 7/89, n° 656.
2. Soc. 6 févr. 2008, n° 06-45.385, *RJS* 4/08, n° 493.
3. Un mode de calcul basé sur le nombre d'heures travaillées, seul le taux de rémunération de l'heure de travail étant fixé, incitera le juge à qualifier le contrat « contrat de fourniture de main-d'œuvre ». Mais il ne s'agit pas là d'un critère décisif.
4. Lorsque l'entrepreneur s'engage à fournir un résultat, le contrat sera habituellement qualifié contrat d'entreprise (Soc. 19 juin 2002, n° 00-41.156, *RJS* 10/02, n° 118). Mais dans certains contrats d'entreprise, le prestataire de services ne contracte que des obligations de moyens.

personnel temporaire qui sélectionnent, embauchent, gèrent et rémunèrent des travailleurs qu'elles détachent en mission temporaire auprès des entreprises clientes.

Sur le plan économique, pareille technique permet de dégager rapidement un personnel d'appoint, en fournissant aux entreprises dans l'embarras les travailleurs qualifiés dont elles manquent épisodiquement soit par suite de l'instabilité ou de l'absence du personnel (v. *infra* les nombreuses causes, souvent inopinées, de suspension) soit en raison de la variabilité des exigences de la production, notamment en période de pointe ou en cas de travaux exceptionnels. S'y ajoute le souci des employeurs d'échapper aux contraintes qu'impose le régime juridique du licenciement des travailleurs permanents.

Sur le plan social la formule permet d'employer des travailleurs qui ne peuvent ou qui ne veulent s'engager que pour un temps limité – ou qui, depuis la crise économique, sont chômeurs et n'ont pu trouver un emploi permanent.

Malgré la contestation de certaines organisations syndicales, l'activité des entreprises de travail temporaire n'a jamais été considérée en France comme illicite. Sur le plan interne et international, il ne s'agit pas d'un bureau de placement interdit, car loin de s'effacer après avoir fourni le travailleur requis au client, l'entreprise demeure l'employeur permanent et assure toutes les obligations vis-à-vis de l'intéressé et de l'État.

Mais cette nouvelle technique triangulaire – mettant en présence l'entrepreneur de travail temporaire, l'utilisateur et le travailleur intérimaire – s'intégrait mal dans le schéma classique des rapports bilatéraux nés du contrat de travail, et imposait une intervention législative adaptée et destinée à remédier aux dangers et aux abus révélés par la pratique.

279 ***La loi du 3 janvier 1972*** [1] ◊ Cette loi, qui dote le travail temporaire d'un véritable statut, répond essentiellement à une double préoccupation.

Sur le plan *économique*, le travail temporaire ne doit constituer qu'une technique complémentaire de portée limitée, destinée à remédier à certaines situations très précises, afin de *ne pas fausser le jeu du marché de l'emploi*, en portant ainsi préjudice aux travailleurs permanents.

De là le recours à la formule de la « mission » dans les seuls cas limitativement énumérés de tâches non durables par nature – le contrat nécessairement écrit liant l'utilisateur à l'entreprise de travail temporaire devant énoncer le « motif précis justifiant le recours au travail temporaire », en même temps que les conditions et les caractéristiques et la rémunération du travail demandé.

Sur le plan *social*, assurer une meilleure protection des travailleurs temporaires vivant dans un régime d'insécurité, parfois victimes d'abus, et privés des garanties dont bénéficient les travailleurs permanents.

De là notamment l'exigence d'un contrat écrit de mission précisant les conditions de travail, la qualification requise et la rémunération (non réglementée).

1. G. Lyon-Caen et J. Ribettes-Thilhet : Sociétés de travail temporaire et travailleurs temporaires, *D.* 1972. Chron. 63 ; B. Alibert : Le contrat de travail temporaire, *Dr. soc.* 1974. 10.

Afin de compenser la précarité de l'emploi, une indemnité de précarité, proportionnée à la durée de la mission, est due au salarié.

En réalité, la loi du 3 janvier 1972 n'a pas permis d'endiguer le développement du travail temporaire et l'aggravation de la situation des travailleurs temporaires. De 1973 à 1979, le recours au travail temporaire est devenu de plus en plus fréquent, ce qui a incité les confédérations syndicales à attaquer de plus en plus vivement cette forme de travail, lui reprochant d'être en partie responsable du chômage. On assiste à un véritable détournement de la fonction complémentaire du travail temporaire, certaines entreprises utilisant de façon prolongée les services de travailleurs intérimaires, qui étaient affectés à des tâches en réalité permanentes [1]. Dans le même temps, la situation des travailleurs intérimaires ne s'améliore pas ; mal organisés pour se défendre en période de chômage, les travailleurs temporaires sont licenciés discrétionnairement au gré des entreprises utilisatrices et sont mal rémunérés ; en 1981, 30 à 50 % des intérimaires perçoivent le SMIC [2].

280 ***L'ordonnance du 5 février 1982*** [3] ◊ Sensible aux pressions des confédérations ouvrières contre « les marchands d'hommes » et prenant plus généralement position contre toutes les techniques dites de « précarisation de l'emploi » et « d'éclatement de la collectivité de travail », la majorité de gauche issue des élections de mai 1981 adopta rapidement un nouveau texte aux fins de limiter le recours au travail temporaire (en limitant les motifs de recours et la durée des missions), d'assurer aux travailleurs temporaires un traitement similaire à celui des salariés permanents qu'ils remplacent, de sanctionner efficacement le recours abusif à la main-d'œuvre temporaire.

281 ***Loi du 25 juillet 1985, ordonnance du 11 août 1986, loi du 12 juillet 1990, loi de modernisation sociale*** ◊ Avant même qu'une nouvelle majorité soit au pouvoir, le régime du travail temporaire avait été assoupli par la loi du 25 juillet 1985 ; de nouveaux cas de recours au travail temporaire étaient admis, des durées plus longues de mission étaient autorisées. Une réforme opérée par l'ordonnance du 11 août 1986 avait encore libéralisé le régime juridique du travail temporaire ; elle supprimait le système de la liste limitative des cas de recours instituée en 1972 et autorisait un utilisateur à faire appel aux salariés des entreprises temporaires « pour l'exécution d'une tâche non durable dénommée mission » ; elle harmonisait les règles régissant le contrat de travail temporaire avec celles applicables au contrat à durée déterminée.

L'accord national interprofessionnel du 24 mars 1990 et la loi du 12 juillet 1990 ont une nouvelle fois modifié le régime du travail temporaire. Ces dernières réformes ne remettent pas en cause, bien au contraire, le rapprochement des règles concernant le contrat à durée déterminée d'une part et le travail temporaire d'autre part. Elles ont surtout pour objet de rétablir une liste limitative des cas dans lesquels il peut être fait appel au travail temporaire, en apportant quelques modifications aux droits des travailleurs temporaires.

---

1. Soc. 13 juin 1979, *Bull. civ.* V, n° 533 (salariée intérimaire mise à la disposition de l'ORTF pendant 4 ans).
2. Rapp. au Président de la République, *JO* 1982, p. 485.
3. Y. Chalaron : La réforme du travail temporaire, *Dr. soc.* 1982. 372 s. ; N. Decoopman : Le travail temporaire, *D.* 1982. Chron. 224 ; B. Teyssié : Le travail temporaire, *JCP* 1982. I. 3086.

La loi de modernisation sociale n'apporte pas de transformation profonde au droit applicable ; elle apporte seulement quelques modifications aux règles concernant la succession de contrats de travail temporaire sur un même poste de travail, crée de nouvelles incriminations pénales et confère au comité d'entreprise de nouveaux pouvoirs de saisine de l'inspecteur du travail [1].

En l'état actuel des textes, le travail temporaire n'apparaît que comme une des formes du contrat de travail à durée déterminée lorsque l'on étudie les rapports entre l'entreprise de travail temporaire et les travailleurs temporaires (§ 3). En revanche, le travail temporaire se présente sous des traits originaux en raison de l'intervention d'une entreprise de travail temporaire (§ 1), des rapports juridiques entre une entreprise de travail temporaire et une entreprise utilisatrice (§ 2) et des rapports entre l'entreprise utilisatrice et le travailleur temporaire (§ 4).

§ 1. les entreprises de travail temporaire

282 ***Définition*** ◊ Les entreprises de travail temporaire se caractérisent par leur objet – la fourniture de main-d'œuvre à but lucratif – et par le caractère exclusif de leur activité. « Est un entrepreneur de travail temporaire, toute personne physique ou morale dont l'activité exclusive est de mettre à la disposition temporaire d'entreprises utilisatrices des salariés qu'en fonction d'une qualification convenue elle recrute et rémunère à cet effet » (C. trav., art. L. 1251-2).

Cette exigence d'exclusivité, qui interdit aux entreprises de travail temporaire d'avoir une activité commerciale ou industrielle accessoire [2], est assez fréquemment tournée dans la pratique. Pour éluder l'interdiction légale, les intéressés utilisent les possibilités ouvertes par la constitution de sociétés juridiquement distinctes ; mais les magistrats déjouent cette manœuvre en utilisant la notion d'unité économique et sociale : dès lors que deux sociétés forment un ensemble économique unique et que les mêmes personnes physiques organisent sous le couvert de personnes morales juridiquement distinctes une double activité de location de main-d'œuvre et de prestation de services, l'infraction à l'interdiction de cumul d'activité est constituée [3].

283 ***Monopole*** ◊ L'exigence de l'exclusivité est compensée par le monopole reconnu aux entreprises de travail temporaire pour exercer cette activité

1. C. trav., anc. art. L. 432-4-1 : le comité d'entreprise qui constate un accroissement important du nombre de travailleurs temporaires ou qui relève un recours abusif aux contrats de travail temporaires peut saisir l'inspecteur du travail afin que celui-ci effectue les constatations qu'il estime utiles.

2. Le fait de fournir des outils de travail aux travailleurs temporaires ne constitue pas une activité distincte prohibée dès lors que cette fourniture d'outils n'entraîne pas une source de profit distincte de l'activité professionnelle d'une entreprise de travail temporaire (Crim. 15 déc. 1981, *D.* 1983. IR 164).

3. Crim. 15 févr. 1985, *Bull. crim.* n° 56 ; *D.* 1983. IR 404 ; 12 déc. 1989, *RJS* 2/90, n° 180.

(C. trav., art. L. 1251-3). Toute opération à but lucratif ayant pour objet exclusif le prêt de main-d'œuvre est interdite sous peine de sanctions pénales [1] dès lors qu'elle n'est pas effectuée par une entreprise de travail temporaire (C. trav., art. L. 8243-1). Les entreprises qui ne sont pas des entreprises de travail temporaire peuvent seulement prêter de la main-d'œuvre sans réaliser de profit [2] ou prêter du personnel à l'occasion d'une opération de vente ou de location de matériel.

284 *Contrôle* ◊ Toute activité d'entrepreneur de travail temporaire ne peut être exercée qu'après déclaration faite à l'inspection du travail ; l'entreprise de travail temporaire ne peut exercer son activité avant que l'inspecteur du travail ne lui ait retourné un exemplaire du document de déclaration ou avant l'expiration d'un délai de quinze jours courant de la réception par l'inspecteur de cette déclaration (C. trav., art. R. 1251-6). Cette déclaration doit comporter d'assez nombreuses indications qui sont imposées par l'article R. 1251-4 du Code du travail.

L'entreprise de travail temporaire doit également présenter une garantie financière avant d'exercer cette activité (C. trav., art. L. 1251-49). Cette garantie [3] fait l'objet d'une réglementation stricte (C. trav., art. R. 1251-11 s.). Elle ne peut résulter que d'un engagement de caution pris par une société de caution mutuelle, une compagnie d'assurance ou une banque [4]. La garantie a pour objet le paiement des salaires et indemnités des travailleurs temporaires ainsi que des cotisations dues aux organismes de sécurité sociale ou autres institutions sociales (par ex., Assedic) (art. L. 1251-49) ; mais les salaires et charges sociales du personnel permanent des entreprises de travail temporaire sont exclus de cette garantie.

En cours d'activité, les entreprises de travail temporaire doivent fournir à l'institution nationale publique mentionnée à l'article L. 5312-1 du Code du travail le relevé mensuel des contrats de mission conclus avec leurs salariés (C. trav., art. L. 1251-46, R. 1251-7).

En l'absence de déclaration d'activité ou de garantie financière d'où résulte un risque sérieux de préjudice pour les salariés temporaires, le président du Tribunal de grande instance, saisi par l'inspecteur du travail après mise en demeure infructueuse, peut ordonner la fermeture de l'entreprise pendant deux mois au maximum (C. trav., art. L. 1251-47).

Pour éluder ces contrôles, certaines entreprises se présentent comme des entreprises « de régie », de « services » ou de « sous-entreprise de travaux » alors qu'elles mettent en réalité purement et simplement des salariés à disposition d'utilisateurs. Les tribunaux répressifs n'ont pas manqué

1. Sanctions prévues par l'art. L. 1254-1 C. trav. : amende de 3 750 € et, en cas de récidive, amende de 7 500 € et emprisonnement de six mois.

2. V. ss 268.

3. Le montant minimum de la garantie financière a été fixé pour l'année 2011 à 112 042 € (Décr. du 23 déc. 2010, *JO* 28 déc.).

4. Ou un établissement financier habilité à donner caution ou un organisme de garantie collective agréé par le ministre chargé du Travail et par le ministre chargé de l'Économie.

de réagir en restituant à l'opération sa qualification de prêt de main-d'œuvre à but lucratif, contraire à la fois à l'interdiction du marchandage et au monopole des entreprises de travail temporaire. Ont été dégagées par eux à cette occasion les caractéristiques symétriques et inverses de la véritable sous-entreprise ayant pour objet une prestation nettement définie, à prix fait, accomplie par un personnel encadré et dirigé par le sous-entrepreneur et soumis à son autorité, avec fourniture habituelle du matériel nécessaire [1].

§ 2. rapports entre entreprise de travail temporaire et entreprise utilisatrice

285 ***Contrats autorisés*** ◊ Les ordonnances du 5 février 1982 concernant le travail temporaire et les contrats à durée déterminée avaient limité très précisément les situations dans lesquelles le recours à ces contrats était autorisé, en établissant des distinctions entre ces deux formes de contrat. Dans certaines hypothèses, un employeur avait le choix entre l'embauche par contrat à durée déterminée et l'appel à des travailleurs temporaires (par exemple pour remplacer un travailleur absent ou pour faire face à un surcroît exceptionnel d'activité) [2] ; dans d'autres, l'employeur n'avait qu'une possibilité : ainsi pour l'exécution d'une tâche occasionnelle, pour faire face à une activité saisonnière ou pour occuper un emploi par nature temporaire dans des secteurs d'activité comme la restauration, l'audiovisuel…, l'employeur ne pouvait-il pas conclure avec une entreprise de travail temporaire ; il ne pouvait qu'embaucher un salarié par contrat à durée déterminée (ou éventuellement par contrat à durée indéterminée).

Actuellement, les contrats de travail temporaire et les contrats de travail à durée déterminée peuvent être conclus indifféremment. Les cas dans lesquels le recours au travail temporaire est autorisé (C. trav., art. L. 1251-6) sont exactement ceux qui permettent la conclusion d'un contrat à durée déterminée. Les interdictions de recourir au travail temporaire sont également celles qui s'opposent à l'utilisation des contrats à durée déterminée [3].

Lorsqu'une entreprise a recours aux services d'un salarié d'une entreprise de travail temporaire en dehors des cas autorisés, elle s'expose à une

---

1. J. Frossard : Les prestations de services *in La flexibilité du droit du travail, objectif ou réalité*, éd. lég. et adm. 1986, p. 89 s. ; Y. Chalaron : Pour un nouveau concept pénal de marchandage ou trafic de main-d'œuvre, *Dr. soc.* 1980-507 ; G. Lyon-Caen : Plasticité du capital et nouvelles formes d'emploi, n° spéc., *Dr. soc.* oct. 1980, spéc. 8, Crim. 7 févr. 1984, *Adde, Liaisons soc.* 1984, n° 5480, p. 7 : est licite la mise à disposition de personnel dont la société de services assure la formation technique en vue de l'exécution de programmes dont elle assure l'encadrement et le contrôle.

2. Sur les possibilités et les motifs de choix, consulter M. Despax et J. Pélissier : *La gestion du personnel, aspects juridiques*, t. 1, 2e éd., p. 145 s. ; J.-M. Béraud : L'utilisation des contrats à durée déterminée, *in Application des lois Auroux*, éd. lég. et adm. 1984, p. 34 s.

3. Sur l'interdiction de recourir au travail temporaire pour remplacer un salarié dont le contrat de travail est suspendu par suite d'un conflit collectif dans l'établissement utilisateur. Crim. 2 déc. 1980, *D.* 1980. 346, note J. Pélissier.

sanction civile rigoureuse, mais bien adaptée à l'irrégularité commise (C. trav., art. L. 1251-40). Celle-ci entraîne une double requalification contractuelle ; le salarié, qui a conclu un contrat de travail avec l'entreprise de travail temporaire, peut invoquer l'existence d'un contrat de travail avec l'entreprise utilisatrice (première requalification) ; le contrat conclu était un contrat à durée déterminée ; le salarié peut invoquer l'existence d'un contrat à durée indéterminée (deuxième requalification). Les entreprises utilisatrices ont donc intérêt à respecter scrupuleusement les règles limitant le recours au travail temporaire ; si elles ne le font pas, elles engagent elles-mêmes, sans toujours s'en rendre compte, des salariés par contrat à durée indéterminée [1]. Elles s'exposent, en outre, au paiement d'une indemnité qui ne peut pas être inférieure à un mois de salaire [2] et à d'assez lourdes sanctions pénales [3]. Elles peuvent même être condamnées à payer des salaires correspondant à des périodes d'inactivité entre des contrats de mission lorsque le salarié n'a pas travaillé pour d'autres employeurs durant les périodes entre contrats successifs et qu'il devait se tenir à la disposition de l'entreprise utilisatrice au cours de ces périodes [4]

286 ***Conclusion du contrat de mise à disposition*** ◊ La conclusion du contrat entre l'entreprise utilisatrice et l'entreprise de travail temporaire est assujettie à des règles précises, édictées par les articles L. 1251-5 s. du Code du travail.

Le contrat conclu par écrit [5] au *plus tard dans les deux jours ouvrables* suivant la mise à disposition, doit être établi pour *chaque salarié*. Ainsi se trouve condamné le laxisme antérieur dû à l'absence de délai prévu et d'individualisation.

Le contrat doit mentionner *le motif* pour lequel il est fait appel au travailleur temporaire ; cette mention doit être assortie de justifications

1. La requalification en contrat à durée indéterminée peut être demandée et obtenue alors que le contrat de mission a pris fin à la date à laquelle l'intéressé a saisi le Conseil de prud'hommes (Soc. 25 mars 1997 *RJS* 5/97, n° 628). La loi organise une procédure accélérée devant le Conseil de prud'hommes permettant au salarié d'obtenir très rapidement une décision de requalification (C. trav., art. L. 1251-41).

2. C. trav., art. 1251-41, al. 2. Lorsqu'il requalifie en contrat à durée indéterminée une succession de missions d'intérim, une seule indemnité de requalification est due (Soc. 13 avr. 2005 n° 03-44.995 PBRI).

3. C. trav., art. L. 1254-4. Est puni d'une amende de 3 750 € et, en cas de récidive, d'une amende de 7 500 € et d'un emprisonnement de six mois, tout utilisateur qui a recours au travail temporaire en dehors des cas autorisés par la loi.

4. Soc. 10 nov. 2009, n° 08-40.088, *Bull. civ.* V, n° 254 ; 9 déc. 20009, n° 08-41.737, *Bull. civ.* V, n° 282 ; *RJS* 2/10 n° 226.

5. La formalité d'un contrat écrit est destinée à garantir l'observation des diverses dispositions à défaut desquelles toute location de main-d'œuvre est interdite. Étant d'ordre public, son omission entraîne la nullité absolue du contrat (Soc. 17 avr. 1980, *Bull. civ.* V, n 243 ; 5 févr. 1992. *RJS* 3/92, n° 372). En conséquence, l'entreprise de travail temporaire n'est pas en droit d'obtenir le paiement des factures de fournitures de main-d'œuvre, mais l'utilisateur doit rembourser les salaires qui ont été versés par l'entreprise de travail temporaire aux travailleurs mis à disposition.

précises, notamment en cas d'absence ou de suspension comporter le nom et la qualification du salarié remplacé [1].

Le terme de la mission doit être fixé et mention devra être faite des clauses éventuelles d'assouplissement.

Le contrat doit préciser les caractéristiques particulières du poste de travail à pourvoir, la qualification professionnelle exigée, le lieu de la mission et l'horaire.

Le montant de la rémunération avec ses différentes composantes, que percevrait dans l'entreprise utilisatrice après période d'essai un salarié de qualification équivalente occupant le même poste de travail, doit être mentionné [2].

La réforme de 1982 a délibérément mis en cause l'entreprise utilisatrice. Elle seule en effet peut et doit – sous peine d'engager sa responsabilité pénale – fournir à bref délai et pour chaque travailleur les indications détaillées concernant le motif du recours au travail temporaire, la durée précise de l'emploi – point essentiel – et la référence au salaire correspondant pratiqué dans l'entreprise.

287 ***Responsabilité de l'entreprise de travail temporaire*** ◊ Le problème de la responsabilité de l'entreprise de travail temporaire vis-à-vis de l'entreprise utilisatrice est assez souvent soulevé à l'occasion des fautes commises par le travailleur temporaire en cours de mission [3]. La jurisprudence est nuancée et tient évidemment le plus grand compte des clauses relatives à la responsabilité, qui ont été insérées dans le contrat de mise à disposition.

1) Lorsque le contrat de mise à disposition ne contient aucune clause particulière à ce sujet, les juges ne retiennent la responsabilité de l'entreprise de travail temporaire que si celle-ci a commis une faute en mettant à la disposition de son client un salarié qui n'était pas apte à tenir le poste pour lequel l'entreprise utilisatrice sollicitait les services d'un travailleur temporaire. En d'autres termes, l'entreprise de travail temporaire n'est pas tenue d'une obligation de résultat (obligation d'envoyer en mission un salarié qui ne commette pas de faute dans l'exercice de son contrat) et ne verra pas sa responsabilité engagée du seul fait que le chauffeur de camion mis à disposition a causé un accident [4], qu'un comptable laisse une comptabilité présentant de graves désordres [5], qu'un monteur qualifié provoque un incendie [6]. L'entreprise de travail temporaire est débitrice d'une obligation de moyens, de diligence : sa responsabilité est engagée si elle n'a pas effectué

1. Crim. 25 nov. 1981, *JCP* 1982. IV. 64 ; 14 déc. 1982, *D.* 1983. IR 104.

2. L'utilisateur qui omet de communiquer, dans le contrat de mise à disposition, l'ensemble des éléments de rémunération est passible d'une amende de 3 750 € et en cas de récidive, d'une amende de 7 500 € et d'un emprisonnement de six mois (C. trav., art. L. 1254-10).

3. F. Gaudu, la responsabilité civile du prêteur de main-d'œuvre, *D.* 1988. Chron. 235.

4. Soc. 29 janv. 1981, *Bull. civ.* V, n° 98 (chauffeur routier ayant provoqué un accident en état d'ivresse alors que sa conduite antérieure n'avait donné lieu à aucune critique).

5. Paris, 11 juill. 1985, *D.* 1985. IR 394.

6. Civ. 1re, 28 mai 1980, *Bull. civ.* I, n° 157 ; *D.* 1981. IR 136, obs. Langlois ; dans le même sens, Reims, 2 mars 1987, *D.* 1988. 251, note D. Roux.

toutes les vérifications nécessaires sur les qualités et aptitudes professionnelles du personnel qu'elle met à disposition. Dans la généralité des cas, l'entreprise de travail temporaire doit seulement veiller à ce que le salarié ait la compétence professionnelle correspondant à la demande formulée par l'utilisateur ; aussi lorsqu'elle met à disposition un intérimaire qui doit accomplir une simple tâche d'exécution, elle n'est tenue d'aucune diligence particulière [1]. En revanche, lorsque le poste à pourvoir est un poste de responsabilité ou un poste de confiance, l'entreprise de travail temporaire doit pousser ses investigations ; elle engage sa responsabilité, dans ces hypothèses, si elle a négligé de se renseigner sur la personnalité du salarié (honnêteté, intempérance). Ont ainsi été condamnées des entreprises de travail temporaire pour avoir envoyé en mission un aide-comptable qui avait détourné un chèque alors que celui-ci avait déjà été condamné pour détournement de fonds [2], un gardien qui avait provoqué volontairement un incendie chez l'utilisateur [3] ou un rédacteur chargé de régler les sinistres dans une compagnie d'assurances alors que celui-ci avait été condamné à plusieurs reprises pour abus de confiance, falsification de chèques et usage de faux [4].

2) Les contrats de mise à disposition contiennent assez souvent des clauses ayant pour objet soit d'accroître les obligations de l'entreprise de travail temporaire, soit, au contraire, de limiter la responsabilité de celle-ci. Certaines entreprises de travail temporaire, pour attirer la clientèle, prennent expressément à leur charge la réparation des dommages occasionnés à l'utilisateur par le travailleur temporaire ; lorsqu'un tel dommage intervient, les tribunaux appliquent la clause contractuelle et condamnent l'entreprise de travail temporaire [5]. D'autres entreprises préfèrent insérer dans le contrat une clause exonératoire de responsabilité ; les tribunaux appliquent également ces clauses licites dans leur principe, sauf en cas de faute lourde ou de dol de l'entreprise de travail temporaire [6].

1. Soc. 9 janv. 1981, *Bull. civ.* V, n° 98 ; si l'entreprise doit envoyer en mission un ouvrier hautement qualifié, elle sera déclarée responsable des erreurs commises par le salarié qui n'avait pas la qualification convenue : Soc. 21 oct. 1982, *Bull. civ.* V, p. 422, n° 575 ; dans le même sens, Soc. 18 mars 1986, *JS UIMM* 1987. 52 (chauffeur qui provoque une avarie au moteur en commettant « une faute grave de conduite que n'aurait pas commise un professionnel digne de ce nom »).

2. Paris, 12 nov. 1981, *D.* 1982. IR 136 ; Civ. 1re, 1er mars 1983, *D.* 1983. IR 256.

3. Com. 25 nov. 1975, *Bull. civ.* IV, n° 281.

4. Civ. 1re, 26 févr. 1991, *Bull. civ.* I, n° 77 ; *D.* 1991. 605, note Ch. Lapoyade Deschamps. Cet arrêt montre cependant que la distinction entre les obligations qui pèsent sur les entreprises de travail temporaire selon la mission confiée au travailleur temporaire n'est pas très nette. En l'espèce, il est difficile d'affirmer qu'un rédacteur dans une compagnie d'assurances exerce des fonctions de confiance ou de particulières responsabilités et pourtant l'entreprise de travail temporaire voit sa responsabilité engagée pour avoir envoyé en mission une personne qui avait été condamnée à plusieurs reprises pour abus de confiance et usage de faux ; la Cour de cassation juge que si l'obligation de prudence dans le recrutement du personnel est plus ou moins rigoureuse selon les situations, « elle n'en existe pas moins dans tous les cas ».

5. Civ. 4 janv. 1974, *D.* 1974. 461.

6. Civ. 1er mars 1983, *JS UIMM* 1984. 54 (faute lourde) ; Soc. 21 oct. 1985, *Bull. civ.* V, n° 575 ; Com. 25 juin 1980, *Bull. civ.* IV, n° 275 ; Paris, 12 nov. 1981, *D.* 1982. IR 136.

Lorsque la victime du dommage causé par la faute du travailleur temporaire est un tiers, c'est en principe l'entreprise utilisatrice qui est considérée comme le commettant de l'auteur du dommage et qui sera condamnée à réparer le préjudice [1]. Mais l'entreprise utilisatrice pourra exercer une action récursoire contre l'entreprise de travail temporaire lorsque celle-ci n'a pas envoyé en mission un salarié ayant les qualifications qui étaient demandées par contrat [2].

§ 3. Rapports entre entreprise de travail temporaire et travailleur temporaire

288 ***Contrat de mission*** ◊ L'entreprise de travail temporaire embauche un travailleur pour le mettre à la disposition d'une autre entreprise pendant un certain temps. Ce contrat de travail, appelé contrat de mission, présente plusieurs caractéristiques.

1) Sa conclusion est subordonnée à *deux conditions préalables*. En premier lieu, elle ne peut intervenir que dans un des cas énumérés par les articles L. 1251-6 et L. 1251-7 du Code du travail en respectant les interdictions posées par les articles L. 1251-9 et L. 1251-10 du Code du travail [3]. En second lieu, quel que soit son motif, le contrat de mission ne peut avoir ni pour objet ni pour effet de pourvoir durablement un emploi lié à l'activité normale et permanente de l'entreprise utilisatrice [4]

2) La conclusion du contrat de mission est soumise à des règles particulières. Le contrat de mission doit être établi par écrit [5] et – disposition destinée à mettre fin à une pratique laxiste – il doit être adressé au salarié au plus tard dans les deux jours ouvrables suivant sa mise à disposition.

---

1. Paris, 25 févr. 1977, *D.* 1977. IR 329, note Ch. Larroumet.

2. En ce sens, Buy : *op. cit.*, n° 155 ; G. Durry : *RTD civ.* 1974. 823 ; *ibid.* 1976. 785.

3. Cas de recours et interdictions qui sont identiques à ceux prévus pour les contrats à durée déterminée.

4. Même si les contrats de mission successifs mentionnent un motif de recours qui est exact et qui répond aux exigences légales, le salarié peurt obtenir la requalification de ces contrats en contrat à durée indéterminée lorsqu'il ressort de l'analyse des faits que les missions d'interim ont eu pour effet de pourvoir durablement un emploi lié à l'activité normale et permanente de l'entreprise utilisatrice (Soc. 25 mars 2010, n° 08-45.358 : trente missions, comprenant des interruptions, pendant quatre ans)

5. Cette formalité est destinée à garantir le respect des diverses conditions à défaut desquelles toute opération à but lucratif de prêt de main-d'œuvre est interdite. Cette prescription étant d'ordre public son omission entraîne la nullité du contrat en tant qu'il constitue un contrat de travail temporaire (Soc. 12 juin 1981, *Bull. civ.* V, n° 558). L'entreprise de travail temporaire se trouve par suite liée par un contrat de travail à durée indéterminée de droit commun (Soc. 18 nov. 1981, *JCP* 1982. IV. 53 : l'indemnité compensatrice de préavis est due). L'absence de signature du contrat de mission est assimilée à une absence de contrat écrit ; le salarié peut donc obtenir la requalification du contrat de mission en contrat de travail à durée indéterminée avec l'entreprise utilisatrice (Soc. 13 déc. 2006, *Dr. soc.* 2007. 770, obs. Cl. Roy-Loustaunau). Mais cette requalification ne doit pas être prononcée lorsque le salarié, de mauvaise foi, refuse de signer le contrat de mission dans le seul but de plan de sauvegarde de l'emploi prévaloir irrégulièrement de son irrégularité (Soc. 24 mars 2010, n° 08-455, *RJS* 6/10, n° 572).

Il est, obligatoirement, un contrat à durée déterminée. C'est l'ordonnance du 5 février 1982 qui a posé cette exigence. Le même texte prévoyait que le terme devait toujours être un terme précis, que la durée du contrat ne devait pas excéder six mois [1] et que le contrat de mission – s'il pouvait éventuellement donner lieu à un report de terme [2] – ne pouvait pas être renouvelé. Si le contrat de travail temporaire doit toujours être un contrat à durée déterminée, les réformes successives ont rendu moins strictes les exigences. Il est désormais admis que, dans quelques cas, le contrat de mission peut avoir un terme imprécis (remplacement d'un travailleur absent, embauche en attente de la prise effective d'emploi par un salarié engagé par un contrat à durée indéterminée, emploi saisonnier, emplois dans certains secteurs d'activité qui, selon les usages, ne sont pas pourvus par des contrats à durée indéterminée, remplacement d'un chef d'entreprise artisanale, industrielle, commerciale ou agricole, C. trav., art. L. 1251-11) [3]. Il est également admis que les contrats de mission peuvent avoir une durée de 18 mois [4]. Enfin, il est admis que les contrats de mission ayant un terme précis peuvent être renouvelés une fois [5].

Quant à son contenu, il doit tout d'abord comporter – point essentiel – la reproduction des clauses et mentions énumérées dans le contrat de mise à disposition ; la qualification du salarié ; les modalités de rémunération y compris l'indemnité de précarité ; la période d'essai éventuelle ; une clause de rapatriement du salarié à la charge de l'entreprise de travail temporaire, si la mission s'effectue hors du territoire métropolitain ; la mention que l'embauche du salarié par l'utilisateur à l'issue de la mission n'est pas interdite. Lorsque le contrat de mission ne contient pas une des mentions obligatoires, le salarié peut obtenir la requalification du contrat de mission en contrat à durée indéterminée le liant à l'entreprise de travail temporaire [6].

---

1. Une seule dérogation était admise : le terme de la mission pouvait être reporté jusqu'au lendemain du jour où le salarié, remplacé par le travailleur temporaire, reprenait son activité (C. trav., anc. art. L. 124-2-2, al. 3).

2. C. trav., anc. art. L. 123-2-3 (report dans la limite d'un jour pour cinq jours de travail, le report ne pouvant pas conduire au dépassement du délai de six mois).

3. Dans ces cas, le contrat de mission doit être conclu pour une durée minimale et il a pour terme soit la fin de l'absence du salarié remplacé, soit la réalisation de l'objet pour lequel il a été conclu. Dans les cas de remplacement de travailleur absent, le contrat avec un terme imprécis prend fin lorsque le salarié remplacé reprend son emploi ou décède ; dans la seconde hypothèse, la jurisprudence décide que le contrat de remplacement cesse non pas au jour du décès de la personne remplacée mais au jour où l'employeur a connaissance de ce décès (Soc. 15 nov. 1990, *RJS* 12/90, n° 1040).

4. C. trav., art. L. 1251-12 ; Des dérogations sont prévues ; neuf mois seulement quand la mission permet de faire face à des travaux urgents ou d'attendre l'embauche définitive d'un salarié sous contrat à durée déterminée ; vingt-quatre mois lorsque la mission est exécutée à l'étranger, lorsque la mission permet de faire face à une commande exceptionnelle à l'exportation ou d'occuper un emploi laissé vacant par le départ d'un salarié et destiné à être supprimé.

5. Pour une durée qui, ajoutée à la durée du contrat initial, ne peut excéder la durée maximale fixée pour les différentes missions.

6. Soc. 20 mai 2009, n° 07-44.755, *RJS* 8-9/09, n° 751 ; le contrat de mission ne portait pas mention de la qualification du salarié ; le contrat est requalifié en contrat à durée indéterminée

3) La loi précise également les règles concernant l'échéance ou la rupture de ces contrats.

La suspension du contrat de travail ne fait pas obstacle à son échéance (C. trav., art. L. 1251-29).

Lorsque l'entreprise de travail temporaire rompt le contrat de mission avant le terme convenu, en l'absence de force majeure ou de faute grave du salarié, elle doit proposer à celui-ci dans les trois jours un nouveau contrat sans modification substantielle. À défaut, elle doit assurer au salarié sa rémunération jusqu'au terme prévu, y compris l'indemnité de fin de mission (C. trav., art. L. 1251-26). La rupture du contrat de mise à disposition ne constitue pas un cas de force majeure (C. trav., art. L. 1251-27).

Pour éviter tout abus, il est prévu par l'article L. 1251-14 du Code du travail que, à défaut de clause conventionnelle fixant la durée de l'essai [1], celle-ci ne peut excéder deux jours si le contrat est conclu pour une durée inférieure ou égale à un mois, trois jours si le contrat est conclu pour une durée comprise entre un et deux mois, cinq jours au-delà [2] ; la rémunération afférente à cette période ne peut être différente de celle qui est prévue par le contrat.

La résiliation à l'initiative du salarié ouvre droit à des dommages-intérêts correspondant au préjudice subi sauf dans les cas où le salarié justifie d'une embauche en contrat à durée indéterminée dans une autre entreprise [3].

289 ***Rémunération et indemnités*** ◊ La loi a voulu mettre fin à la disparité des rémunérations qui s'était établie au détriment des travailleurs temporaires par rapport au personnel permanent des entreprises. Ainsi plusieurs dispositions tendent à établir l'égalité de traitement :

– le travailleur temporaire doit percevoir un salaire au moins égal à celui que percevrait dans l'entreprise utilisatrice après une période d'essai un salarié de qualification équivalente occupant le même poste de travail (C. trav., art. L. 1251-18) [4] ;

– le travailleur temporaire a droit au paiement des jours fériés, indépendamment de son ancienneté, dès lors que les salariés de l'entreprise utilisatrice en bénéficient ;

---

avec l'entreprise de travail temporaire. Cette requalification n'interdit pas au salarié de demander ultérieurement la requalification du contrat de travail temporaire en contrat à durée indéterminée avec l'entreprise utilisatrice.

1. Un accord collectif d'entreprise ou d'établissement peut, comme un accord collectif professionnel de branche étendu, fixer une durée d'essai (C. trav., art. L. 1251-14).

2. C. trav., art. L. 1251-14 ; La période d'essai est calculée en jours ouvrés (Soc. 25 janv. 1989, *Bull. civ.* V, n° 74 ; *D.* 1989. IR 48), alors que la durée totale de la mission est exprimée en mois calendaire.

3. C. trav., art. L. 1251-28.

4. La société de travail temporaire doit verser au travailleur temporaire les primes et indemnités prévues par l'accord collectif applicable dans l'entreprise utilisatrice. Après avoir payé ces primes et indemnités, elle ne peut pas se retourner contre l'entreprise qui ne lui avait pas donné d'informations sur la convention collective applicable (Soc. 4 déc. 1996, *RJS* 1/97, n° 107 : il appartient à l'entreprise de travail temporaire de mettre la société utilisatrice en demeure de lui fournir toutes les informations permettant de calculer le salaire dû au travailleur temporaire).

– le travailleur temporaire a droit en fin de mission, à une indemnité de congés payés, quelle qu'ait été la durée de la mission. Cette indemnité ne peut être inférieure au dixième de la rémunération totale brute due au salarié (C. trav., art. L. 1251-19) ;

– il a également droit à une indemnité de précarité de situation lorsque, à l'issue d'une mission, il ne bénéficie pas immédiatement d'un contrat de travail à durée indéterminée avec l'utilisateur [1]. Cette indemnité constitue un complément de salaire. Elle est fonction de la durée de la mission et de la rémunération du salarié [2]. Exceptionnellement, cette indemnité n'est pas due si le contrat est rompu à l'initiative du salarié, pour faute grave de celui-ci ou en cas de force majeure. De la même façon, elle n'est pas due dans quelques cas particuliers, précisés par l'article L. 1251-33 du Code du travail [3].

L'entreprise de travail temporaire, en sa qualité d'employeur, est la débitrice du salaire. Il en résulte que c'est elle qui doit d'éventuelles sommes dues pour heures supplémentaires. Un salarié non rémunéré pour ses heures supplémentaires peut donc prendre acte de la rupture, cette non rémunération étant bien imputable à son employeur, l'entreprise de travail temporaire [4]. Celle-ci pourra alors se retourner contre l'utilisateur si celui-ci a omis de lui signaler ces heures. L'entreprise de travail temporaire agit ainsi, en quelque sorte, comme un garant des fautes initiées par l'utilisateur. Ce qui semble une nécessité, le caractère tripartite de l'opération ne pouvant en aucun cas se faire au détriment des droits du travailleur temporaire.

§ 4. Rapports entre entreprise utilisatrice et travailleur temporaire

290 *En cours de mission* ◊ Si les rapports entre entreprise utilisatrice et entreprise de travail temporaire d'une part, entre entreprise de travail temporaire et travailleur temporaire d'autre part, sont établis par un contrat, aucun lien juridique direct ne semble exister entre entreprise utilisatrice et travailleur temporaire – si du moins les règles essentielles du contrat de mise à disposition ont été respectées [5].

1. Si la conclusion d'un contrat à durée indéterminée avec l'entreprise utilisatrice intervient immédiatement après l'échéance du contrat de mise à disposition, elle prive, en principe, le travailleur temporaire de l'indemnité de précarité. Encore faut-il que la prise d'effet du contrat à durée indéterminée intervienne dans un délai raisonnable après la signature de celui-ci (Soc. 8 déc. 2004, *RJS* 2/05, n° 239).

2. Le montant de cette indemnité a été fixé à 10 % de la rémunération totale brute due au salarié (C. trav., art. L. 1251-32).

3. Not. lorsqu'un accord collectif exclut cette indemnité en fin de missions à caractère saisonnier ou de missions dans certains secteurs d'activité pour occuper des emplois qui, selon l'usage professionnel, sont pourvus par des contrats à durée déterminée.

4. Soc. 31 oct. 2012, n° 11-21.293 P.

5. Si tel n'est pas le cas, le contrat de travail temporaire est requalifié et le travailleur temporaire peut être considéré comme le salarié de l'entreprise utilisatrice (v. ss 285).

En réalité, ce n'est pas parce qu'il n'y a pas de contrat liant le travailleur temporaire à l'entreprise utilisatrice qu'il n'existe pas de lien juridique entre eux. Un ensemble de droits et d'obligations les unit l'un à l'autre.

L'entreprise utilisatrice a un pouvoir d'autorité sur le travailleur temporaire en raison de l'acte de mise à disposition ; elle peut donner des instructions au travailleur temporaire, qui doit les exécuter et c'est pour cette raison que l'entreprise utilisatrice est considérée comme le commettant du salarié vis-à-vis des tiers.

En contrepartie, l'entreprise utilisatrice est débitrice d'un certain nombre d'obligations. Elle est responsable des conditions d'exécution du travail telles qu'elles sont déterminées par celles des normes législatives, réglementaires et conventionnelles applicables au lieu de travail [1]. Elle est tenue des obligations relatives à la médecine du travail lorsque l'activité exercée par le salarié nécessite une surveillance médicale spéciale (C. trav., art. L. 1251-22). En revanche, n'étant pas employeur, l'entreprise utilisatrice ne supporte pas, en principe, les conséquences d'un accident du travail dont est victime le travailleur temporaire en cours de mission. Cependant lorsque l'accident du travail est entièrement imputable à la faute inexcusable de l'entreprise utilisatrice, celle-ci doit relever et garantir l'entreprise de travail temporaire des conséquences financières résultant de la faute inexcusable tant en ce qui concerne la réparation complémentaire versée à la victime que le coût de l'accident du travail [2].

Elle a, vis-à-vis des travailleurs temporaires, les obligations qu'elle a vis-à-vis de ses propres salariés, en ce qui concerne les moyens de transports collectifs et plus généralement les installations collectives, notamment de restauration (C. trav., art. L. 1251-24) [3].

291 ***En fin de mission*** ◊ **a)** Toute clause du contrat de mise à disposition tendant à interdire l'embauchage par l'utilisateur du salarié temporaire à l'issue de sa mission est réputée non écrite (C. trav., art. L. 1251-44). Cette règle est bénéfique dans le cadre d'une politique systématique de l'emploi et d'un intérêt accru depuis que de nombreux travailleurs s'orientent vers le travail intérimaire moins par vocation que par suite de leur état de chômeur et dans l'attente d'une situation permanente. La durée des missions effectuées chez l'utilisateur au cours des trois mois précédant l'embauche est prise en compte pour le calcul de l'ancienneté du salarié et déduite de l'éventuelle période d'essai (C. trav., art. L. 1251-38) [4].

---

1. C. trav., L. 1251-21 ; cet article précise que les conditions d'exécution du travail comprennent limitativement ce qui a trait à la durée du travail, du travail de nuit, au repos hebdomadaire et des jours fériés, à la santé et la sécurité, au travail des femmes, des enfants et des jeunes travailleurs.

2. Soc. 12 mars 2009 n° 08-11.735, *RJS* 6/09 n° 589 ; l'entreprise utilisatrice avait affecté le salarié intérimaire à une tâche autre que celle pour laquelle il avait été mis à sa disposition.

3. Étant donné le terme « notamment », la notion d'installations collectives doit être largement entendue (Circ. min. d'application du 24 févr. 1982, *JO* 19 mars 1982) et comprendre le parking réservé au personnel (Rép. min., n° 35797, *JOAN* 10 oct. 1983, p. 4341).

4. La durée de la mission n'est déduite de la période d'essai que si les fonctions exercées, au cours de la mission et celles fixées par le contrat de travail sont identiques (Soc. 10 nov. 1993, *RJS* 1993, n° 1248).

b) Si l'utilisateur continue à faire travailler après la fin de sa mission un salarié temporaire sans avoir conclu avec lui un contrat de travail ou sans nouveau contrat de mise à disposition, ce salarié est réputé lié à l'utilisateur par un contrat à durée indéterminée, en conservant le bénéfice de son ancienneté à compter du premier jour de la mission (C. trav., art. L. 1251-39). La demande en requalification ne peut être dirigée qu'à l'encontre de l'entreprise utilisatrice ; elle ne peut pas l'être, dans ce cas, contre l'entreprise de travail temporaire [1].

c) À l'expiration du contrat de mission, il faut laisser s'écouler une période égale au tiers ou à la moitié de la durée de ce contrat avant de pourvoir le même poste avec un autre contrat de travail temporaire [2]. Cette exigence est écartée lorsque le contrat de travail est conclu notamment pour remplacer un salarié absent, pour l'exécution de travaux urgents nécessités par des mesures de sécurité, pour occuper un emploi saisonnier ou un emploi dans certains secteurs d'activité définis par décret ou accord collectif étendu [3].

292 ***Requalification*** ◊ En dehors du cas mentionné dans le numéro précédent, l'article L. 1251-40 prévoit que lorsqu'une entreprise utilisatrice a recours à un salarié d'une entreprise temporaire en méconnaissance des dispositions des articles L. 1251-5 à L. 1251-7, L. 1251-10 à L. 1251-12, L. 1251-30 et L. 1251-35 du Code du travail, ce salarié peut faire valoir auprès de l'entreprise utilisatrice les droits correspondant à un contrat de travail à durée indéterminée prenant effet au premier jour de sa mission.

Lorsque des contrats de mission successifs sont requalifiés en contrat à durée indéterminée avec l'entreprise utilisatrice, celle-ci doit payer les salariés correspondant à des périodes d'inactivité entre les contrats de mission lorsque le salarié n'a pas travaillé pour d'autres employeurs durant les périodes intermédiaires et qu'il s'est tenu à la disposition de l'entreprise utilisatrice au cours de ces périodes [4].

SECTION 3. LE TRAVAIL À TEMPS PARTAGÉ [5]

293 ***Définition*** ◊ Le recours au travail à temps partagé a pour objet la mise à disposition d'un salarié par une entreprise de travail à temps partagé au bénéfice d'un client utilisateur pour l'exécution d'une mission (C. trav., art. L. 1252-1).

---

1. Soc. 17 juin 1998, *RJS* 11/98, n° 1422.
2. C. trav., art. L. 1251-36 ; période égale au tiers de la durée du contrat de mission si la durée de ce contrat est au moins égale à 14 jours, période égale à la moitié de la durée du contrat si la durée de celui-ci est inférieur à 14 jours. Pour l'appréciation du délai devant séparer les deux contrats, il est fait référence aux jours d'ouverture de l'entreprise.
3. C. trav., art. L. 1251-37.
4. Soc. 10 nov. 2009, n° 08-40.088 ; 9 déc. 2009, n° 08-41.737, *RJS* 2/10, n° 226.
5. P. Y. Verkindt, groupements d'employeurs et travail à temps partagé après la loi du 2 août 2005 en faveur des petites et moyennes entreprises, *Dr. soc.* 2005. 1333 ; P. Fadeuilhe, Regard critique sur l'entreprise de travail à temps partagé, *Sem. soc. Lamy* 2005, n° 1237, p. 6 s.

Le travail à temps partagé présente plusieurs points communs avec le travail temporaire. La relation de travail est, dans les deux situations, une relation triangulaire : une entreprise (l'entreprise de travail à temps partagé ou l'entreprise de travail temporaire) embauche un salarié pour le mettre à la disposition d'une autre entreprise, appelée « entreprise utilisatrice ». Le travailleur est lié par un contrat de travail avec l'entreprise de travail à temps partagé ou avec l'entreprise de travail temporaire. Cette entreprise est liée avec l'entreprise utilisatrice par un contrat de mise à disposition. Il n'existe en revanche aucun rapport contractuel entre l'entreprise utilisatrice et le salarié. Par ailleurs, l'opération de travail à temps partagé est comme le travail temporaire une opération à but lucratif – ce qui les différencie des mises à disposition par les groupements d'employeurs.

Mais le travail à temps partagé a été réglementé par le législateur beaucoup plus tard que le travail temporaire. C'est seulement une loi du 2 août 2005 en faveur des petites et moyennes entreprises qui a mis en place ce dispositif. Le but est de permettre à ces entreprises, qui ne peuvent pas employer à temps plein une personne qualifiée, de bénéficier des services d'une telle personne de façon régulière et à temps partiel, sans en être l'employeur. Le contrat qui lie le salarié à l'entreprise de travail à temps partagé est un contrat de travail à durée indéterminée (C. trav., art. L. 1252-4) ; c'est une différence notable avec le contrat de travail temporaire qui est toujours un contrat à durée déterminée. Cette différence traduit la disparité des buts poursuivis. Alors que le travail temporaire a essentiellement pour fonction de fournir aux entreprises pour une période assez brève un salarié qui remplace un absent ou qui permet de faire face à un surcroît temporaire d'activité, le travail à temps partagé permet à une entreprise de bénéficier, de façon régulière et sur une longue période, des services à temps partiel d'un travailleur mis à sa disposition.

294 ***L'entreprise de travail à temps partagé*** ◇ L'entrepreneur de travail à temps partagé est présenté par le Code du travail comme une « personne physique ou morale dont l'activité exclusive est de mettre à la disposition d'entreprises utilisatrices du personnel qualifié qu'elles ne peuvent recruter elles-mêmes en raison de leur taille ou de leurs moyens » (C. trav., art. L. 1252-2). La loi apporte cependant elle-même une dérogation à cette exigence d'activité exclusive. Elle prévoit, en effet, que l'entreprise de travail à temps partagé peut apporter des conseils en matière de gestion des compétences et de la formation aux entreprises qui concluent avec elle des contrats de mise à disposition. En d'autres termes, l'entreprise de travail à temps partagé peut exercer une double fonction vis-à-vis de ses clients, celle de fournisseur de main-d'œuvre et celle de conseil. Par ailleurs, l'article L. 1252-3 du Code du travail précise que « les entreprises de travail temporaire peuvent exercer l'activité d'entreprise de travail à temps partagé ». Cette autorisation, tout en témoignant des liens assez étroits qui existent entre le travail temporaire et le travail à temps partagé, montre

que la condition d'exclusivité imposée pour le travail temporaire et le travail à temps partagé n'est pas entendue de façon stricte.

La création d'une entreprise de travail à temps partagé n'est pas soumise aux mêmes contrôles qu'une entreprise de travail temporaire ou qu'un groupement d'employeurs. Si l'entrepreneur de travail à temps partagé doit justifier, à tout moment, d'une garantie financière assurant, en cas de défaillance de sa part, le paiement des salaires et de leurs accessoires et celui des cotisations obligatoires dues à des organismes de sécurité sociale ou à des institutions sociales (C. trav., art. L. 1252-13), ni la loi, ni la réglementation n'institue un contrôle préalable de l'administration du travail à l'exercice de cette activité.

295 ***Le contrat de mise à disposition*** ◊ Les défenseurs du nouveau Code du travail louent sa clarté. Les dispositions du Chapitre intitulé « Contrat conclu avec une entreprise de travail à temps partagé » incitent à porter un jugement opposé. Tout d'abord, il est maladroit de consacrer le titre du chapitre à un contrat ; le pluriel s'imposant puisque l'entreprise de travail à temps partagé conclut nécessairement deux types de contrats différents : le contrat de travail à temps partagé avec le travailleur et le contrat de mise à disposition avec l'entreprise utilisatrice. En second lieu, il est surprenant que plusieurs dispositions concernant le contrat de mise à disposition se trouvent dans la section 2 intitulée « Contrat de travail à temps partagé » et non pas dans la section 3 consacrée au contrat de mise à disposition.

La section 3 contient quatre articles dont seulement deux sont relatifs au contrat de mise à disposition [1]. L'article L. 1252-10 du Code du travail indique que le contrat de mise à disposition est établi pour chaque salarié et qu'il comporte : le contenu de la mission ; la durée estimée de celle-ci ; la qualification professionnelle du salarié ; les caractéristiques particulières du poste de travail ou des fonctions occupées ; le montant de la rémunération et ses différentes composantes. L'article L. 1252-11 du Code du travail précise que « toute clause tendant à interdire le recrutement du salarié mis à disposition par l'entreprise utilisatrice à l'issue de sa mission est réputée non écrite ». Il faut se reporter aux articles de la section 2 pour connaître les autres particularités du contrat de mise à disposition. La rémunération versée au salarié mis à disposition ne peut être inférieure à celle d'un salarié d'un niveau de qualification professionnelle identique ou équivalent, occupant le même poste ou les mêmes fonctions dans l'entreprise utilisatrice (C. trav., art. L. 1252-6) [2]. Le salarié mis à disposition a accès dans l'entreprise utilisatrice aux moyens de transports collectifs et aux installations collectives, notamment de restauration, dont peuvent

1. Les art. L. 1252-12, L. 1252-13 C. trav. ont un autre objet.

2. Cette référence, qui est utilisée également pour le travail temporaire, sera difficile à utiliser ici car, dans la plupart des cas, le salarié à temps partagé occupe seul dans l'entreprise utilisatrice une fonction ou un poste déterminé. À la différence du travailleur temporaire, il ne remplace pas un salarié absent ou ne complète pas une équipe déjà existante.

bénéficier les salariés de cette entreprise, dans les mêmes conditions que ces derniers (C. trav., art. L. 1252-8). Pendant la durée de la mise à disposition, c'est l'entreprise utilisatrice qui est responsable des conditions d'exécution du travail (C. trav., art. L. 1252-7).

296 ***Le contrat de travail à temps partagé*** ◊ Ce contrat « est réputé être à durée indéterminée » (C. trav., art. L. 1252-4). Il ne s'agit pas, semble-t-il, d'une simple présomption qui pourrait être écartée par la preuve contraire. L'article L. 1252-9 du Code du travail précise en effet que la rupture du contrat de travail à temps partagé est réalisée selon les règles de rupture du contrat de travail à durée indéterminée. En posant une règle générale ne souffrant aucune exception, le Code du travail écarte la possibilité d'un choix entre le contrat à durée déterminée et le contrat à durée indéterminée.

La loi ne donne, en revanche, aucune précision sur les conséquences de la rupture d'un contrat de mise à disposition sur le contrat de travail à temps partagé. Il n'y a pas ici, comme pour le travail temporaire, une coïncidence entre le contrat de mission et le contrat de mise à disposition. Le salarié n'est pas engagé pour effectuer, pendant un temps limité, une mission déterminée. Il est embauché par une entreprise à temps partagé pour une durée indéterminée, pour effectuer un travail déterminé, pendant un nombre d'heures déterminé chaque semaine ou chaque mois. L'entreprise à temps partagé doit lui fournir le travail et la rémunération prévus par le contrat. Un changement de la durée du travail ou de la rémunération ne peut intervenir que s'il y a modification du contrat de travail. À ce jour, il ne semble pas qu'une juridiction ait eu à statuer sur les difficultés qui peuvent naître des changements d'attribution, de durée du travail ou de rémunération.

SECTION 4. **LE PORTAGE SALARIAL**

297 ***Une pratique frauduleuse*** ◊ Le portage salarial est une pratique déjà ancienne [1] Le portage salarial [2] vise à faire bénéficier de l'ensemble du droit social des travailleurs indépendants, dotés de leur propre clientèle, mais qui souhaitent bénéficier des avantages du statut de salarié, notamment en matière de sécurité sociale et d'assurance chômage. L'opération consiste pour ces travailleurs (portés) à conclure un contrat avec un organisme (entreprise de portage), sans que le travailleur ne soit pour autant subordonné à cet organisme, lequel n'est au demeurant pas tenu de lui

1. Cf. P-M. Menger, P. Costa, *D.* Hanet et C. Marchika, Travailler par mission qui et comment ? Le cas du portage, *Dr. soc.* 2007. 46 s. Le portage serait apparu en 1985 et se serait développé dans les années 1990.
2. V. ss 297 s.

fournir du travail. Un tel contrat de portage ne correspond pas à la définition du « contrat de travail », mais il est présenté et déclaré par l'organisme comme tel, ce qui permet au « salarié » porté de bénéficier, notamment, des assurances sociales. Cette situation a longtemps été considérée comme une simple fraude aux assurances sociales puisqu'elle faisait passer un travailleur indépendant pour un salarié [1].

298 ***Une pratique légalisée... par une loi inconstitutionnelle*** ◊ L'utilité sociale de l'opération, qui permet la création d'une activité indépendante particulièrement simplifiée et protégée, a cependant conduit le législateur à tenter de légaliser l'opération par la loi de modernisation du marché du travail du 25 juin 2008, inspirée de l'accord national interprofessionnel du 11 janvier 2008. Cette loi modifiait l'article L. 8241-1 du Code du travail qui interdit toute opération à but lucratif ayant pour objet exclusif le prêt de main-d'œuvre, en insérant une nouvelle dérogation concernant le portage (L. préc., art. 8) [2]. Et elle créait un nouvel article L. 1251-64 du Code du travail qui donnait une définition pour le moins lacunaire du portage salarial [3] et laissait à la négociation collective le soin de donner sens et régime juridique au portage salarial. La convention collective du 24 juin 2010 [4], étendue le 24 mai 2013 était venue compléter ce texte.

Le Conseil constitutionnel est toutefois intervenu pour abroger l'ensemble de ce mécanisme, par une décision du 11 avril 2014 (n° 2014-388 QPC). La délégation très générale opérée par la loi à la négociation collective lui est apparu avoir été faite en violation de l'article 34 de la Constitution, lequel impose au législateur de fixer les principes fondamentaux du droit du travail. L'entrée en vigueur de cette décision a été retardée par le Conseil constitutionnel au 1er janvier 2015 et le régime conventionnel susvisé demeure donc applicable encore quelques temps, dans l'attente d'une nouvelle intervention du législateur.

Les quelques décisions de la Cour de cassation relatives aux conventions de portage [5] sont donc suspendues à la teneur de la loi prochaine [6].

Il faut encore noter que la loi à venir devra prendre garde de régler une difficulté juridique. Conformément à l'assimilation du travailleur porté à un salarié par la

---

1. J-J. Dupeyroux, « Le roi est nu », *Dr. soc.* 2007. 81 s. ; Réponse, *Dr. soc.* 2007. 616 ; L. Casaux-Labrunée, « Le portage salarial : travail salarié ou travail indépendant ? », *Dr. soc.* 2007. 58 s. ; J-Y. Kerbouch, « Le portage salarial : prestation de services ou prêt de main-d'œuvre illicite ? », *Dr. soc.* 2007. 72 s. ; en sens contraire, P. Morvan, « Éloge juridique et épistémologique du portage salarial », *Dr. soc.* 2007. 607.

2. L'incrimination de marchandage, prévue par l'art. L. 8232-1 C. trav., ne prévoyait, en revanche, aucune dérogation pour le portage salarial.

3. Le législateur de 2008 a aussi noté, à l'art. L. 8241-1 C. trav., le portage salarial parmi les exceptions au prêt de main-d'œuvre illicite.

4. Celle-ci réserve le portage à des cas très limités, seuls certains cadres pouvant être des salariés portés.

5. Soc. 17 févr. 2010, n° 08-45.298, *D.* 2010. 799, note J. Mouly ; *RDT* 2010. 292, obs. J. Pélissier (« le contrat de travail comporte pour l'employeur l'obligation de fournir du travail au salarié » ; la clause prévoyant que le salarié devait lui-même rechercher ses missions est sans effet. L'entreprise de portage ne peut donc pas licencier régulièrement un salarié porté au motif qu'il n'avait pas travaillé pendant plusieurs périodes, faute d'avoir trouvé de nouvelles missions) ; Soc. 17 févr. 2010, n° 08-40.671, *RJS* 4/10, n° 391, 2e esp. (les parties au contrat de portage ne pouvaient pas s'affranchir des règles légales régissant le travail à temps partiel).

6. V. aussi la position de l'Unedic sur le portage, qui admettait l'éventualité d'une indemnisation chômage pour les personnes portées mais subordonnait cette indemnisation à de nombreuses conditions, Circ. Unedic n° 2011-33 du 7 nov. 2011.

loi de 2008, la Cour de cassation avait ainsi mis à la charge de l'organisme porteur l'obligation, qui incombe à tout employeur, de fournir du travail au salarié et lui a imposé le respect des règles relatives aux contrats de travail à temps partiel [1]. Ces solutions, indiscutables dans l'état antérieur des textes, supprimaient la possibilité de conclure une convention de portage au sens où la pratique l'avait imaginée. Seule la création par le législateur d'un régime juridique mixte, comportant l'application d'une partie seulement du droit social, pourrait permettre la validation de ces conventions de portage.

En outre, le retour au droit commun du travail s'imposera en cas d'instauration d'un véritable lien de subordination soit entre le porteur et le porté, soit entre le client et le porté. Dans ces deux cas, il ne saurait s'agir d'une véritable opération de « portage ». La requalification en contrat de travail de droit commun interdira au futur régime spécifique du portage de s'appliquer. L'application pleine et entière du droit du travail sera de droit et l'employeur sera soit l'entreprise de portage (premier cas), soit le client (deuxième cas).

---

1. Soc. 17 févr. 2010, n°s 08-45.298 P (sur l'obligation de fournir du travail), 08-40.671 P (sur l'application du droit du travail à temps partiel), H. Gosselin, « Le portage salarial face au contrat de travail », *Sem. soc. Lamy* 2010. 1434 ; *D.* 2010. 799, note J. Mouly ; *RDT* 2010. 292, obs. J. Pélissier.

loi de 2008, la Cour de cassation avait ainsi mis à la charge de l'organisme porteur l'obligation, qui incombe à tout employeur, de fournir du travail au salarié et lui a imposé le respect des règles relatives aux contrats de travail à temps partiel[1]. Ces solutions indiscutables dans l'état antérieur des textes, supprimaient la possibilité de conclure une convention de portage au sens où la pratique l'avait imaginée. Seule la création par le législateur d'un régime juridique mixte, comportant l'application d'une partie seulement du droit social, pourrait permettre la validation de ces conventions de portage.

En outre, le retour au droit commun du travail s'imposera en cas d'instauration d'un véritable lien de subordination soit entre le porteur et le porté, soit entre le client et le porté. Dans ces deux cas, il ne saurait s'agir d'une véritable opération de « portage ». La requalification en contrat de travail de droit commun interdira au futur régime spécifique du portage de s'appliquer. L'application pleine et entière du droit du travail sera de droit et l'employeur sera soit l'entreprise de portage (premier cas), soit le client (deuxième cas).

1. Soc. 17 févr. 2010, n° 08-45.298 P (sur l'obligation de fournir du travail), 08-40.671 P (sur l'application du droit du travail à temps partiel); H. Gosselin, « Le portage salarial face au contrat de travail », Sem. soc. Lamy 2010. 1434; D. 2010. 799, note J. Mouly; RDT 2010. 292, obs. J. Pélissier.

TITRE 2
LE MAINTIEN DANS L'EMPLOI

299 ***Généralités*** ◇ Contrairement à ce qui est souvent dit ou écrit, la précarité de l'emploi n'est pas étroitement liée au développement des contrats de travail à durée déterminée et du travail temporaire. Les contrats de travail à durée indéterminée peuvent être résiliés unilatéralement par l'employeur en raison de difficultés rencontrées par l'entreprise ou de facteurs concernant le salarié (insuffisance professionnelle, absences, fautes...). Par ailleurs, le caractère *intuitu personae* du contrat de travail devrait logiquement entraîner la rupture de celui-ci lorsque l'un des contractants n'est plus en mesure de l'exécuter : ainsi la cession de l'entreprise qui implique le départ de l'employeur-cocontractant devrait s'accompagner de la rupture des contrats liant cet employeur avec les salariés qu'il a engagés.

Le droit du travail a normalement pour objectif de limiter la précarité de l'emploi, susceptible d'être engendrée par le droit de résiliation unilatérale et par les transferts d'entreprise. Cet objectif a été affirmé de façon de plus en plus nette au cours des années sauf en 2005-2006 (contrats nouvelle embauche et première embauche).

Certes les initiatives du législateur et du juge pour maintenir les salariés dans leur emploi n'assurent pas à ceux-ci une sécurité de l'emploi comparable à celles dont bénéficient les fonctionnaires. Les pertes d'emploi demeurent fréquentes (v. Titre 3). Mais le grand nombre de licenciements ne doit pas masquer les dispositions importantes qui tendent à faire échec aux ruptures de contrat de travail.

L'une très ancienne, antérieure au Code du travail, qui est successivement devenue l'article 23, puis l'article L. 122-12 et enfin les articles L. 1224-1 et suivants du Code du travail, concerne les transferts d'entreprise. Dès 1928 (L. du 19 juill. 1928), il est apparu que les salariés ne devaient pas perdre leur emploi du fait que l'entreprise était cédée ; les contrats de travail subsistent malgré le changement d'employeur (Chap. 1).

En dehors des hypothèses de transferts ou de restructurations d'entreprises, il fallait aussi éviter que des difficultés passagères d'exécution du contrat de travail entraînent la rupture de celui-ci. Le caractère momentané d'une chute des commandes, de la maladie ou de la maternité de salariés est conciliable avec une simple suspension du contrat ; celui-ci pourra produire à nouveau ses pleins effets lorsque l'obstacle temporaire à l'exécution prendra fin. Les suspensions de contrat de travail sont devenues de plus en plus fréquentes (Chap. 2).

Il convient enfin de souligner que, pour le travailleur, la conservation d'un emploi se joue principalement sur le terrain de la formation. Le législateur, aidé en cela par les partenaires sociaux, s'est donc efforcé d'assurer au salarié une formation professionnelle tout au long de la vie (Chap. 3).

CHAPITRE 1
TRANSFERTS D'ENTREPRISE [1]

300 ***Historique*** ◊ Le principe du maintien des contrats de travail en cas de transfert d'entreprise a été consacré très tôt par la législation française (L. du 19 juill. 1928). Écartant le principe de l'effet relatif des contrats affirmé dans l'article 1165 du Code civil, la législation du travail décide que le contrat de travail continue à produire ses effets lorsque l'employeur cocontractant cède son entreprise. Celui qui reprend l'entreprise devient le nouvel employeur et, bien qu'il n'ait conclu aucun contrat avec les salariés, le cocontractant de ces derniers.

Cette règle du maintien du contrat de travail en cas de transfert est en totale contradiction avec le caractère *intuitu personae* du contrat de travail. Alors que le choix du cocontractant joue un rôle essentiel pour chacune des deux parties, la substitution d'un cocontractant à un autre est légalement imposée. Cette curiosité juridique a une justification sociale évidente ; il s'agissait d'éviter la perte de leur emploi pour les salariés chaque fois qu'intervenait un transfert d'entreprise. Cette préoccupation a conduit en 1977 les autorités de la communauté européenne à adopter une directive ayant également pour objet le maintien des droits des travailleurs en cas de transferts d'entreprises, d'établissement ou de parties d'établissements [2].

Le caractère impératif des directives communautaires a obligé le législateur français à compléter les dispositions qui avaient été introduites dans le Code du travail. Le droit interne est désormais considéré comme une mesure d'application de la directive européenne. Cette subordination entraîne une conséquence majeure en ce qui concerne l'interprétation des articles L. 1224-1 et suivants du Code du travail ; la loi française devant toujours être en conformité avec la norme communautaire, le juge français est lié par les interprétations que la Cour de justice des Communautés européennes donne au texte de la directive – ce qui a pu le conduire à des revirements de jurisprudence.

La fréquence des opérations de cession et de restructuration d'entreprises donne à cette règle du maintien des contrats un vaste champ d'application dont les limites sont cependant difficiles à déterminer (Section 1). Initialement, ce sont les employeurs qui ont contesté l'application de l'ancien article L. 122-12 (C. trav., nouv. art. L. 1224-1) en prétendant que

---

1. A. Mazeaud « Transferts d'entreprise aspects individuels », *Rép. trav.* ; Les transferts d'entreprise en droit social, *Dr. soc.* 2005, n° spéc. 715-788.

2. Dir. n° 77/187/CEE du 14 févr. 1977, mod. en 1998 (Dir. n° 98/50/CE du 29 juin 1998) et remplacée par la Dir. n° 2001/23/CE du 12 mars 2001.

telle ou telle condition d'application n'était pas satisfaite en l'espèce. Actuellement, pour éviter d'être les victimes de l'externalisation de services au sein desquels ils travaillaient, les salariés plaident, à leur tour, la non-application de l'article L. 1224-1 du Code du travail.

Les modalités du maintien des contrats de travail ont également dû être précisées (Section 2). Certains principes dégagés depuis longtemps par la jurisprudence, comme le transfert automatique et obligatoire du contrat de travail lorsque les conditions d'application de l'article L. 1224-1 sont réunies, sont de plus en plus souvent contestés par les salariés.

SECTION 1. CHAMP D'APPLICATION DE L'ARTICLE L. 1224-1

301 ***Les textes*** ◊ Aux termes de l'article L. 1224-1 « Lorsque survient une modification dans la situation juridique de l'employeur, notamment par succession, vente, fusion, transformation du fonds, mise en société de l'entreprise, tous les contrats de travail en cours au jour de la modification subsistent entre le nouvel employeur et le personnel de l'entreprise ».

Quant à la directive du 12 mars 2001, elle indique qu'elle est applicable « aux transferts d'entreprises, d'établissements ou de parties d'établissements à un autre chef d'entreprise résultant d'une cession conventionnelle ou d'une fusion » (art. 1er).

Les formules utilisées « situation juridique de l'employeur », « transferts d'entreprises », « cession conventionnelle ou fusion » peuvent être entendues dans des sens assez différents et les juges n'ont pas hésité à modifier à plusieurs reprises le sens de ces expressions.

Le principe du maintien des contrats de travail a une portée plus ou moins large selon la signification donnée au mot « entreprise » (objet du transfert), au mode de transfert (l'art. L. 1224-1, al. 2 C. trav. fait précéder l'énumération de certains modes de transfert de l'adverbe « notamment »), à l'exigence d'une continuité de l'entreprise après le transfert, à l'existence du contrat de travail au moment même du transfert. À propos de chacune de ces quatre conditions, l'interprétation jurisprudentielle n'a cessé d'évoluer. En l'état actuel du droit positif, une constatation s'impose : l'interprétation des juges est assez large et donne un vaste champ d'application au principe du maintien des contrats de travail.

§ 1. Objet du transfert

302 ***L'entreprise (organisation)*** ◊ L'article L. 1224-1, *a* du Code du travail, de façon indiscutable, vocation à s'appliquer lorsque le transfert porte sur une entreprise au sens d'organisation. Lorsque des moyens en locaux, en matériel, en capitaux et en personnel sont regroupés pour assurer une

activité économique, cette organisation constitue un ensemble. S'il y a cession de cet ensemble, l'entrepreneur qui l'acquiert devient l'employeur des salariés qui en permettaient le fonctionnement. Très rapidement, il a été admis qu'une cession partielle d'entreprise devait être assimilée à une cession totale. La directive communautaire prévoit expressément que le transfert d'établissement ou de partie d'établissement entraîne le maintien des contrats comme le fait un transfert d'entreprise. La jurisprudence française depuis longtemps consacre cette solution [1]. Ceci signifie en clair que lorsqu'une société exploite deux établissements et qu'elle cède un de ces établissements, les salariés qui travaillent dans le cadre de l'établissement cédé changent d'employeur (ils deviennent les salariés de l'acquéreur de l'établissement) alors que ceux qui travaillent dans l'autre établissement demeurent les salariés de la société [2]. Tous les contrats de travail sont maintenus, mais il y a éclatement de la collectivité constituée par le personnel ; deux collectivités « personnel » existent désormais, travaillant pour le compte d'employeurs distincts.

303 ***Une activité économique*** ◊ L'entreprise n'est pas seulement une organisation autonome de production de biens ou de services marchands. Elle peut avoir un sens très différent, celui d'une activité ; ainsi le droit connaît-il les « contrats d'entreprise », contrats par lesquels une personne s'engage à fournir une prestation à une autre personne. L'entreprise se confond alors avec un simple marché.

La Cour de cassation a admis pendant un temps que la perte d'un marché constituait un transfert d'entreprise [3]. La société qui reprenait le marché perdu par une autre société devenait, par application de l'ancien article L. 122-12, al. 2 du Code du travail, l'employeur des salariés qui exécutaient précédemment le marché. Bien que la société (de nettoyage par exemple) continuât à exercer la même activité, la dénonciation d'un contrat de prestation de services entraînait automatiquement le transfert du personnel d'une société à une autre. Et, réciproquement, lorsque cette société concluait un nouveau marché, elle devenait automatiquement l'employeur des salariés qui avaient jusque-là exécuté cette tâche pour le compte d'un autre employeur.

Cette interprétation a été abandonnée par la Cour de cassation en Assemblée plénière le 15 novembre 1985. Elle rappelle que « l'article L. 122-12, al. 2, du Code du travail ne reçoit application qu'en cas de modification dans la situation juridique de l'employeur » avant d'affirmer « qu'une

1. Soc. 4 juin 1962, *JCP* 1962. II. 12807, note R.-L ; 21 mars 1969, *Bull. civ.* V, n° 176 ; 20 juill. 1977, *Bull. civ.* V, n° 401 ; 17 janv. 1979, *D.* 1979. IR 298 ; 24 nov. 1965, *Bull. civ.* V, n° 698 ; 20 juin 1985, *Bull. civ.* V, n° 356.

2. Par ex., Soc. 22 juin 1993, *RJS* 9/93, n° 844.

3. Soc. 15 févr. 1978, 8 et 30 nov. 1978, *D.* 1979. 277, note J. Pélissier (reprise par un nouveau prestataire de services des salariés du précédent, à la suite d'un nouveau marché concernant le gardiennage, l'entretien ou la restauration conclu par l'entreprise).

telle modification ne peut résulter de la seule perte d'un marché »[1]. Elle n'est pas revenue sur cette affirmation[2]. Ceci ne signifie point pour autant que la perte d'un marché ne peut en aucun cas entraîner l'application de l'article L. 1224-1 du Code du travail ; si la perte d'un marché présente des caractères particuliers, plus précisément si elle peut être assimilée au transfert d'une entité économique, la société qui reprend l'entité économique devient l'employeur des salariés qui assuraient antérieurement l'exécution du marché. – L'existence d'une entité économique sert en effet désormais de critère à l'application de l'article L. 1224-1 du Code du travail.

304 ***L'entité économique*** ◊ La Cour de justice de l'Union européenne comme la Cour de cassation appliquent la règle du maintien des contrats de travail en cours lorsqu'il y a transfert d'une entité économique autonome. Dans l'affaire *Tellerup*, la Cour de justice décide que la directive s'applique lorsque l'entité économique conserve son identité[3]. La Cour de cassation reproduit depuis 1990 dans tous ses arrêts concernant l'application de l'article L. 1224-1 (C. trav., anc. art. 122-12, al. 2) le même attendu de principe. Cet article, s'applique « à tout transfert d'une entité économique, conservant son identité et dont l'activité est poursuivie ou reprise »[4].

Au fil des arrêts, la Cour de justice et la Cour de cassation donnent des éléments de définition de l'entité économique. La Cour de justice après avoir retenu une conception large de l'entité économique[5], juge que le transfert d'une entité économique suppose, outre la cession d'une activité économique, soit la cession d'éléments d'actifs corporels ou incorporels significatifs, soit la reprise par le nouvel entrepreneur d'une partie essentielle des effectifs en terme de nombre et de compétence que son prédécesseur affectait à l'exécution du contrat[6].

La Cour de cassation, quant à elle, décidait que l'entité économique impliquait « un service distinct disposant des moyens propres »[7]. L'absence de transfert des moyens d'exploitation d'une activité conduisait les juges à

1. Cass., ass. plén., 15 nov. 1985, (*Nova Services*), *Dr. soc.* 1986. 1, concl. Picca, note Couturier, *D.* 1986. 1.

2. Cass., ass. plén., 16 mars 1990 (*Onet*), *Dr. soc.* 1990. 399, concl. Dontenwille, notes Couturier et Prétot ; Soc. 26 sept. 1990, *Bull. civ.* V, n°s 389 et 390 ; 6 nov. 1991, *D.* 1991. 292 ; *Dr. soc.* 1992. 186, rapp. Ph. Waquet ; 18 févr. 2004, *RJS* 5/04, n° 507 : « la seule affectation de salariés à l'exécution d'un marché ne suffit pas à caractériser une telle entité économique ».

3. CJCE 10 févr. 1988, *Dr. soc.* 1988. 455, concl. Darmon, note Couturier.

4. Cass., ass. plén., 16 mars 1990, *D.* 1990. 306, note A. Lyon-Caen ; Soc. 21 juill. 1993, *RJS* 11/93, n° 1070 ; 24 févr. 2004, *RJS* 5/04, n° 506.

5. CJCE 14 avr. 1994, *RJS* 5/94, n° 630 ; *D.* 1994. 533, note B. Chauvet ; *Dr. soc.* 1994. 931, chron. P. Pochet : les travaux de nettoyage d'un établissement d'une entreprise peuvent être assimilés à une partie d'établissement au sens de la directive alors même que les travaux étaient exécutés par une seule employée avant d'être transférés par contrat à une entreprise extérieure.

6. CJCE 24 janv. 2002, *Temco Services*, *RJS* 5/04, n° 511 ; *Rec. CJCE* I-969 ; 11 mars 1997, *Ayse Süzen*, *RJS* 6/97, n° 770 ; *Dr. soc.* 1997. 730 ; 10 déc. 1998, Hernandez Vidal, *RJS* 2/99, n° 315.

7. Soc. 15 févr. 1992, *RJS* 4/92, n° 408.

conclure que la succession dans l'exécution d'un marché de prestations de services n'était pas assimilable au transfert d'une entité économique [1].

La directive européenne du 29 juin 1998, s'inspirant de la jurisprudence communautaire, a donné une définition de l'entité économique qui a été ensuite reprise dans la directive du 12 mars 2001. L'entité économique est « entendue comme un ensemble organisé de moyens, en vue de la poursuite d'une activité économique, que celle-ci soit essentielle ou accessoire » [2].

À partir de ce texte et des décisions de la Cour de justice et de la Cour de cassation, plusieurs enseignements peuvent être tirés :

1) l'entité économique ne saurait être réduite à l'activité dont elle est chargée [3] ; l'activité économique est une condition indispensable d'existence d'une entité économique [4], mais elle n'est pas une condition suffisante ;

2) cette activité doit être « autonome » [5] ou poursuivre un objectif propre [6]. Cette précision joue un rôle important lorsqu'une entreprise décide d'extérioriser un service, en confiant l'activité à un tiers. Dans chaque litige, les juges rechercheront si l'activité transférée était organisée de façon autonome au sein de l'entreprise. Lorsque les juges relèvent que le service n'est qu'un démembrement des services centraux de l'entreprise, qu'il ne dispose pas au sein de l'établissement d'une autonomie, tant dans ses moyens en personnel que dans l'organisation de sa production, ils décident que le service ne constitue pas une entité économique et qu'il n'y a pas lieu d'appliquer l'article L. 122-12, al. 2 [C. trav., art. L. 1224-1] [7]. Si, au contraire, le service extériorisé poursuit une finalité propre et possède des moyens particuliers en matériel et en personnel, l'article L. 122-12, al. 2 est appliqué [8] ;

3) cette activité, qui doit être autonome, n'est pas nécessairement l'activité essentielle (texte de la directive) ; il en résulte qu'une activité accessoire comme une cafétéria [9], comme le nettoyage des locaux d'installations industrielles peut constituer une entité économique [10] ;

---

1. Soc. 13 déc. 1995, *Dr. soc.* 1996. 429, note A. Mazeaud.

2. Dir., art. 1er, 1 *b*).

3. CJCE 25 janv. 2001, *RJS* 5/01, n° 690.

4. À défaut d'activité économique, l'anc. art. L. 122-12, al. 2 ne s'applique pas : Soc. 31 janv. 2001, *RJS* 4/2001, n° 415 (la règle du transfert des contrats de travail est inapplicable à la cession d'un immeuble à usage d'habitation) ; Soc. 5 déc. 1989, *RJS* 1990, n° 91 (le personnel de maison ne peut invoquer le bénéfice de l'anc. art. L. 122-12, al. 2 à l'encontre des héritiers de leur employeur).

5. Soc. 18 juill. 2000, *RJS* 11/00, n° 1063.

6. CJCE 11 mars 1997, *Süzen, Rec CJCE* I-1259. Point 11 ; 25 janv. 2001, *Oy Liikenne Ab, RJS* 5/01, n° 690 ; 24 janv. 2002, *Temco service industries SA, RJS* 4/02, n° 511 ; 23 janv. 2002, *RJS* 5/02, n° 533.

7. Soc. 18 juill. 2000, *Sté Perrier Vittel France* (deux arrêts), *RJS* 11/00, n° 1063 ; les salariés de la Société Perrier qui travaillaient dans un service « caisserie Centre Bois » demeurent les salariés de cette entreprise comme ils le souhaitaient ; ils ne deviennent pas les salariés de l'entreprise à qui est cédée l'activité.

8. Soc. 23 janv. 2002, *RJS* 5/02, n° 533 (extériorisation du service informatique de l'orfèvrerie Christofle).

9. Soc. 28 nov. 2001, *RJS* 4/02, n° 395.

10. CJCE 24 janv. 2002, *RJS* 4/02, n° 511.

4) cette activité économique doit être organisée de manière stable et complétée par d'autres éléments. La notion d'entité économique renvoie à des éléments « tels que le personnel qui la compose, son encadrement, l'organisation de son travail, ses méthodes d'exploitation ou encore, le cas échéant, les moyens d'exploitation à sa disposition » [1]. Dans chaque espèce, les juges porteront une appréciation en fonction des circonstances de fait qui caractérisent l'opération en cause ; l'importance respective à accorder aux différents éléments servant de critères à l'existence d'une entité économique (éléments corporels constitués par les locaux, le matériel et les marchandises, éléments incorporels, transfert ou non de la clientèle, compétence et rôle du personnel) variera en fonction de l'activité exercée [2].

Le plus souvent, l'existence d'une entité économique ne sera reconnue que lorsque le transfert de l'activité s'accompagne d'un transfert d'actifs (corporels ou incorporels) significatifs. Mais, dans certains secteurs, l'activité repose essentiellement sur la main-d'œuvre ; une collectivité de travailleurs que réunit durablement une activité commune peut correspondre à une entité économique [3]. Ainsi lorsqu'un donneur d'ordre qui avait confié par contrat le nettoyage de ses locaux à un entrepreneur met fin à ce contrat et conclut, en vue de l'exécution des mêmes travaux, un nouveau contrat avec un second entrepreneur, il est jugé qu'il y a transfert d'une entité économique, bien que l'opération ne s'accompagne d'aucune cession d'éléments d'actif, corporels ou incorporels, au motif que le nouvel entrepreneur a repris une partie essentielle en termes de nombre et de compétence des effectifs que l'entrepreneur précédent avait affectés à l'exécution du marché [4]. Cette situation reste cependant assez exceptionnelle ; il est très rare qu'une activité repose essentiellement sur la main-d'œuvre. Dans la plupart des cas, l'exercice de l'activité exige des installations et un matériel et, en l'absence de transfert de ces éléments d'actif, le juge décidera qu'il n'y a pas de transfert d'une entité économique [5].

§ 2. **Acte de transfert**

305 ***Hypothèses visées par les textes*** ◇ L'article L. 1224-1 du Code du travail et surtout le texte de la directive du 12 mars 2001 semblent limiter le maintien des contrats de travail à des hypothèses où il existe un lien de droit entre les employeurs successifs. La directive prévoit qu'elle est applicable en

---

1. CJCE 25 janv. 2001, *RJS*5/01, n° 690, point 34.

2. CJCE 25 janv. 2001, préc., point 35 ; 20 nov. 2003, *Abler, RJS* 4/04, n° 4748 : la restauration collective ne peut être considérée comme une activité reposant essentiellement sur la main-d'œuvre dans la mesure où elle exige des équipements importants (point 36).

3. CJCE 25 janv. 2001 préc., point 38 ; 24 juin 2002, *RJS* 4/02, n° 511 ; 11 mars 1997, *Süzen*, préc. ; 10 déc. 1998, *Hidalgo, Rec.* CJCE I-8237 ; Grenoble, 23 juin 2003, *RJS* 4/04, n° 381.

4. CJCE 24 janv. 2002, préc.

5. L'exploitation des lignes d'autobus ne peut être considéré comme une activité reposant essentiellement sur la main-d'œuvre dans la mesure où elle exige un matériel et des installations importants. En l'absence de transfert des éléments d'actif, le changement d'exploitant n'entraîne pas le transfert d'une entité économique (CJCE 25 janv. 2001, préc.).

cas de « cession conventionnelle ou d'une fusion ». L'article L. 1224-1 énumère des opérations qui supposent toutes un lien de droit entre les employeurs : succession, vente, fusion, transformation du fonds, mise en société ; la présence de l'adverbe notamment pouvait, dans un tel contexte, laisser supposer que d'autres situations juridiques établissant un lien entre les employeurs successifs pouvaient entraîner le maintien des contrats de travail.

La jurisprudence a interprété de façon extensive les termes de la directive et de la loi française. Il est tout d'abord admis que tous les actes de transfert liant les employeurs successifs entraînent l'application de la règle du maintien des contrats en cours, même s'ils ne constituent pas une cession conventionnelle ou une fusion. Les actes de transfert à titre gratuit comme à titre onéreux, les actes transférant un simple droit d'exploitation (location-gérance d'un fonds de commerce par ex.) comme les actes transférant un droit de propriété entraînent le changement d'employeur.

Mais la hardiesse des juges ne s'est pas arrêtée là.

306 ***Absence de lien de droit*** ◊ La Cour de cassation a modifié à plusieurs reprises son interprétation.

Dès 1934, elle donnait une interprétation très large à la loi du 19 juillet 1928 qui est à l'origine de l'article L. 1224-1 du Code du travail. Elle décidait que ce texte était destiné à assurer aux salariés des emplois plus stables et qu'il devait donc recevoir application dans tous les cas où la même entreprise continuait à fonctionner sous une direction nouvelle [1], même s'il n'existait aucun lien de droit entre les employeurs successifs.

Cette interprétation a été maintenue pendant plus de 50 ans. En 1986, la Cour de cassation modifie totalement sa lecture du texte : « la modification dans la situation juridique de l'employeur, qui a pour effet de laisser subsister entre le nouvel employeur et le personnel de l'entreprise les contrats de travail en cours au jour de la modification, implique l'existence d'un lien de droit entre les employeurs successifs » [2].

Cette nouvelle interprétation de l'article L. 1224-1 a été rapidement abandonnée, la Cour de justice des Communautés européennes ayant jugé que la directive était applicable alors même qu'il n'existait pas de lien de droit entre les employeurs successifs [3]. Dans trois arrêts du 16 mars 1990, la Cour de cassation juge que l'article L. 122-12, al. 2 (C. trav., nouv. art. L. 1224-1) s'applique, même en l'absence d'un lien de droit entre les employeurs successifs, à tout transfert d'une entité économique conservant son identité et dont l'activité est poursuivie ou reprise [4]. Cette interprétation est, depuis ces arrêts, constamment réaffirmée par la Cour de cassation [5].

---

1. Civ. 27 févr. 1934, *DH* 1934. 252 ; *Les grands arrêts de droit du travail*, Sirey 1980, n° 104.
2. Soc. 12 juin 1986, *Dr. soc.* 1986. 605, concl. G. Picca.
3. CJCE 10 févr. 1988, *Tellerup*, *Dr. soc.* 1988. 455, concl. M. Darmon ; solution réaffirmée dans plusieurs décisions : CJCE 7 mars 1996, *Merckx*, *RJS* 5/96, n° 625 ; 11 mars 1997, *Ayse Süzen*, préc. ; 25 janv. 2001, *RJS* 5/01, n° 690.
4. Cass., ass. plén., 16 mars 1990, *Dr. soc.* 1990. 399, concl. H. Dontenwille, obs. G. Couturier et X. Prétot.
5. Soc. 16 mai 1990, *RJS* 1990. 388 ; 22 juin 1993, *RJS* 89/93, n° 845 ; 12 oct. 1999, *RJS* 4/2000, n° 378.

C'est donc plus la continuité de l'entreprise après transfert que l'acte de transfert qu'il convient d'analyser pour savoir si les salariés changent d'employeur.

§ 3. Continuité de l'entreprise

307 L'application de l'article L. 1224-1 du Code du travail, suppose d'une part que l'activité économique de l'entité soit poursuivie ou reprise, d'autre part que l'entité économique conserve son identité.

308 ***Maintien de l'activité économique*** ◊ La jurisprudence donne une interprétation extensive du maintien de l'activité économique lorsqu'il y a eu interruption provisoire de l'activité. La Cour de cassation décide en effet que l'interruption de l'activité économique pendant plusieurs semaines, voire plusieurs mois après l'opération de transfert ne fait pas échec à l'application de l'article L. 1224-1 [1].

309 ***Maintien de l'identité*** ◊ L'exploitation de la même activité économique par le nouvel entrepreneur ne s'accompagne pas toujours d'un maintien de l'identité de l'entité économique. Et, à défaut de ce maintien, l'article L. 1224-1 ne s'applique pas.

Encore faut-il préciser ce que l'on doit entendre par « maintien de l'identité ». Le contenu, donné à cette expression, a évolué au cours de ces dernières années. La Cour de cassation est de moins en moins rigoureuse pour admettre qu'il y a maintien de l'identité.

Dans un premier temps, la Cour de cassation a jugé que l'entité économique perdait son identité lorsqu'elle était démembrée à l'occasion du transfert. Le repreneur qui continuait la même activité économique mais qui la poursuivait dans d'autres locaux, en recourant à d'autres méthodes de fabrication, en utilisant éventuellement un autre matériel était considéré comme gérant une nouvelle entité économique. La Cour de cassation a ainsi décidé, à plusieurs reprises, que l'entité économique perdait son identité lorsque les conditions d'exercice de l'activité avaient été profondément modifiées et que, par voie de conséquence, l'article L. 1224-1 ne s'appliquait pas [2].

---

1. Soc. 13 juin 1990, *RJS* 1990, n° 554 ; 20 oct. 1994, *Dr. soc.* 1995. 57 ; 25 juin 1996, *RJS* 10/96, n° 1017 ; 28 mai 1997, *Bull. civ.* V, n° 195 ; *RJS* 10/97, n° 1071 (interruption pendant cinq mois après une liquidation judiciaire).

2. Soc. 5 juill. 1983, *Dr. soc.* 1984. 99 (transfert d'un restaurant d'entreprise, le repreneur approvisionnant ce restaurant en plats cuisinés apportés de l'extérieur alors, que son prédécesseur employait un cuisinier sur place : pas de continuité d'entité économique) ; Soc. 18 oct. 1983, *Bull. civ.* V, n° 503 (usine de traitements d'ordures ménagères ; le premier entrepreneur utilise une méthode par pyrolyse et produit de la vapeur d'eau à usage industriel ; le successeur transforme l'outil en usine d'incinération et produit de l'eau chaude pour le chauffage urbain. Ce n'est pas parce que les deux sociétés assurent le même service de destruction des ordures ménagères qu'il y a lieu d'appliquer l'article L. 122 12, al. 2 ; il fallait rechercher si en raison des différences, notamment eu égard aux procédés techniques utilisés, il n'y avait pas absence de

En 1998, la Cour de cassation adoptait une nouvelle interprétation. Ce n'est pas parce que des changements importants interviennent dans les techniques de fabrication et dans les tâches confiées aux salariés qu'il n'y a pas continuité de l'entité économique [1]. Cette nouvelle approche qui doit permettre d'atteindre le but fixé par le législateur (assurer la stabilité de l'emploi des salariés en cas de transfert) a été confirmée par plusieurs arrêts [2]. Elle est dans la ligne de la position adoptée par la Cour de justice selon laquelle il convient d'interpréter la condition d'identité « non pas, en ce sens qu'elle exige le maintien de l'organisation spécifique imposée par l'entrepreneur aux divers facteurs de production transférés, mais... en ce sens qu'elle suppose le maintien du lien fonctionnel d'interdépendance et de complémentarité de ces facteurs » [3]. Même si cette évolution minimise la portée de l'exigence du maintien de l'identité, elle n'ôte pas à celle-ci tout intérêt. L'article L. 1224-1 du Code du travail est inapplicable lorsque la nature et l'objet de l'entité ont été modifiés à l'occasion du transfert [4].

310 ***Cas particulier du transfert du secteur privé au secteur public ou du secteur public au secteur privé*** ◇ Dans ce domaine, l'interprétation donnée à l'expression « maintien de l'identité » a également évolué.

Initialement, l'entité économique perdait, selon la Cour de cassation, son identité lorsqu'elle passait du secteur public administratif au secteur privé ou inversement.

Ainsi l'article L. 1224-1 ne s'appliquait-il pas lorsqu'une clinique gérée par une société anonyme était cédée à un centre hospitalier, établissement public [5] ou lorsqu'un service de ramassage scolaire d'abord exploité par une société privée était ensuite confié à un service intercommunal exploité sous forme de service public [6].

---

continuité de l'entité économique) ; Soc. 23 mai 1984, *Bull. civ.* V, n° 221 (automatisation à l'occasion du changement d'employeur ; l'art. L. 122-12, al. 2 ne doit pas être appliqué car l'entreprise, telle qu'elle fonctionnait jusqu'au transfert, n'existe plus après le transfert).

1. Soc. 12 mai 1998, *Bull. civ.* V, n° 240, les juges appliquent l'art. L. 122-12, al. 2 alors même que les changements apportés aux techniques de fabrication ont entraîné de profondes modifications dans les emplois des salariés (changement de qualification, obligation d'assurer une nouvelle formation).

2. Soc. 28 mai 2003, *Bull. civ.* V, n° 177 ; *RJS* 8-9/03, n° 984 ; 12 oct. 2004, *RJS* 12/04, n° 1249. V. cep. Soc 13 nov. 2007, n° 06-41.800, *RJS* 1/8, n° 5.

3. CJCE 12 févr. 2009, *Klarenberg*, aff. C-466/07, *RJS* 6/09, n° 593, obs. J. Ph. Lhernould.

4. Soc. 12 juill. 2010, *RJS* 10/10, n° 723. Une association pour l'adaptation du diminué physique au travail avait mis fin au contrat la liant à une société de restauration pour confier ce service de restauration à un atelier d'apprentissage professionnel destiné aux travailleurs handicapés et encadrés par des éducateurs professionnels afin de les former. Bien que l'association ait repris l'ensemble des moyens matériels nécessaires à l'exploitation du service de restauration, la Cour de cassation décide qu'il n'y a pas transfert d'une entité économique. Celle-ci a perdu son identité du fait qu'elle a changé de nature et d'objet : il ne s'agit plus seulement de fabriquer des repas, mais de former des travailleurs handicapés.

5. Soc. 7 févr. 1980, *Bull. civ.* V, n° 115 ; 24 oct. 1989, *Bull. civ.* V, n° 609.

6. Soc. 2 oct. 1985, *Bull. civ.* V, n° 42. Dans le même sens, Soc. 10 juill. 1995, *RJS* 1995, n° 866 (service des eaux repris par une commune en régie directe).

De même, l'application de l'article L. 1224-1 était écartée lorsqu'une entité économique (un théâtre par exemple) gérée par un établissement public était exploitée, après la dissolution de cet établissement, par une association privée [1]. En revanche lorsque l'ancien ou le nouvel exploitant était un service public à caractère industriel ou commercial, l'article L. 1224-1 était appliqué [2].

Cette jurisprudence a été abandonnée en raison des solutions retenues par la Cour de justice en ce qui concerne le champ d'application de la directive européenne [3]. Pour la Cour de justice, le transfert d'une activité à caractère économique d'une personne morale de droit privé à une personne morale de droit public entre dans le champ de la directive alors même que cette personne morale de droit public agit dans le cadre des règles spécifiques du droit administratif [4]. Cette solution est en totale conformité avec la rédaction actuelle du texte de la directive ; celle-ci précise qu'elle est applicable aux entreprises publiques et privées exerçant une activité économique, qu'elles poursuivent ou non un but lucratif ; seules sont écartés du champ d'application de la directive la réorganisation administrative d'autorités administratives publiques ou le transfert de fonctions administratives entre autorités administratives publiques (art. premier, 1c). L'article L. 1224-1 du Code du travail n'étant qu'une application de la directive, la Cour de cassation ne peut pas donner à cet article un champ d'application plus limité que celui de la directive. Le revirement de jurisprudence attendu a été réalisé par trois arrêts du 25 juin 2002. Dans ces arrêts, la chambre sociale de la Cour de cassation affirme très clairement « que la seule circonstance que le cessionnaire soit un établissement à caractère administratif lié à son personnel par des rapports de droit public ne peut suffire à caractériser une modification dans l'identité de l'entité économique transférée » [5]. Le Conseil d'État juge également qu'il y a maintien de la relation

1. Soc. 1er déc. 1995, *RJS* 1994, n° 6 « lorsqu'un service public administratif disparaît, la reprise de son activité par un organisme de droit privé n'entraîne pas le transfert d'une entité économique conservant son identité ».

2. Soc. 7 avr. 1998, *Bull. civ.* V, *n°* 200 ; 6 déc. 1995, *RJS* 3/96, n° 250 ; 22 mars 1999, *RJS* 4/99, n° 478.

3. M. Morand, Reprise d'une entité économique par un organisme de droit public, *RJS* 2011. 185 s.

4. CJCE 26 sept. 2000, *Mayeur, RJS* 1/01, n° 138 ; la Cour n'exclut pas cependant que, dans certaines circonstances « des éléments tels que l'organisation, le fonctionnement, le financement, la gestion et les règles de droit applicables caractérisent une entité économique de manière telle qu'une modification de ces éléments, en raison du transfert de cette entité, entraîne un changement de son identité ».

5. Soc. 25 juin 2002, *Bull. civ.* V, n° 209 ; *RJS* 10/02, n° 1078 : (reprise d'une clinique par un centre hospitalier ; cassation de l'arrêt de cour d'appel d'Angers qui avait jugé qu'il n'y avait pas continuation de la même entreprise) ; *Dr. soc.* 2002. 1013, obs. A. Mazeaud ; *D.* 2002. Somm. 3117, obs. B. Lardy-Pélissier. Dans le même sens, Soc. 14 janv. 2003, *Bull. civ.* V, n° 3 ; 24 févr. 2004, *RJS* 5/04, n° 506 ; 23 nov. 2005, *RJS* 1/06, n° 12. Le Tribunal des conflits a eu l'occasion de préciser que la nature des contrats de travail n'est pas transformée du fait de la reprise des contrats par un service public administratif. Les contrats demeurent des contrats de droit privé tant que le nouvel employeur public n'a pas placé les salariés dans un régime de droit public (T. confl. 19 janv. 2004, *RJS* 5/04, n° 506).

de travail lorsque l'activité d'une entité économique employant des salariés de droit privé est reprise par une personne publique gérant un service public-administratif [1]. Celle-ci doit soit maintenir le contrat de droit privé des intéressés [2] soit leur proposer un contrat de droit public reprenant les clauses substantielles de leur ancien contrat dans la mesure où des dispositions législatives ou réglementaires n'y font pas obstacle [3].

La loi de 26 juillet 2005 portant diverses mesures de transposition du droit communautaire à la fonction publique dispose qu'il appartient à la personne publique de proposer à ces salariés un contrat de droit public à durée déterminée ou indéterminée selon la nature du contrat dont ils sont titulaires (C. trav., art. L. 1224-3). La Cour de cassation juge que « les contrats de travail en cours au jour de la modification subsistent entre le personnel de l'entreprise et le nouvel employeur, qui est tenu, dès la reprise de l'activité de continuer à rémunérer les salariés transférés dans les conditions prévues par leur contrat de droit privé jusqu'à ce que ceux-ci acceptent le contrat de droit public qui leur sera proposé, ou jusqu'à leur licenciement s'ils le refusent » [4]. Sauf disposition légale ou conditions générales de rémunération et d'emploi des agents non titulaires de la personne publique contraires, le contrat proposé doit reprendre les clauses substantielles du contrat dont les salariés sont titulaires. En cas de refus des salariés d'accepter le contrat proposé, leur contrat prend fin de plein droit (L. n° 2009-972 du 3 août 2009, art. 24, dern. al. de l'art. L. 1224-3-1 C. trav.). Bien qu'il s'agisse d'une rupture de plein droit, le même article précise que la personne publique applique « *les dispositions relatives aux agents licenciés, prévues par le droit du travail et par leur contrat* ». Les juges judiciaires seront compétents pour statuer puisqu'il s'agit de la rupture d'un contrat de travail de droit privé. Ils auront la difficile mission de concilier les effets habituels d'une rupture de plein droit avec l'obligation d'appliquer les dispositions relatives au licenciement, prévues par le droit du travail et par leur contrat. Puisqu'il n'y a pas licenciement, ils ne se préoccuperont vraisemblablement pas des règles de procédure précédant un licenciement. Mais dans l'application des « dispositions relatives aux agents *licenciés*, prévues par le droit du travail et par leur contrat », jusqu'où les juges

1. CE 22 oct. 2004, *Lamblin, Dr. soc.* 2005. 43 ; *ibid.* 37, concl. E. Glaser ; *RJS* 1/05 n° 12.

2. L'application de l'art. L. 122-12 n'a pas pour effet de transformer la nature juridique des contrats de travail en cause, qui demeurent des contrats de droit privé tant que le nouvel employeur public n'a pas placé les salariés dans un régime de droit public (T. confl. 19 janv. 2004, n° 3393).

3. CE 22 oct. 2004, *Lamblin*, préc.

4. Soc. 1er juin 2010, n° 09-40.679, *RJS* 8-9/10, n° 643. Avant que la L. du 3 août 2009 décide que, en cas de refus des salariés d'accepter le contrat proposé, leur contrat prend fin de plein droit, la Cour de cassation jugeait que la personne publique pouvait être condamnée à verser au salarié une indemnité pour licenciement sans cause réelle et sérieuse lorsque le contrat public proposé ne correspondait pas aux exigences formulées par l'art. L. 1224-3 C. trav. ; le juge judiciaire n'avait pas cependant la compétence pour se prononcer sur la conformité aux exigences légales du contrat de droit public proposé : la compétence était celle du juge administratif (Soc. 24 juin 2009, *RJS* 10/09, n° 767 ; 1er juin 2010, préc.). Le juge judiciaire pouvait ainsi être conduit à surseoir à statuer lorsqu'il était saisi d'une demande d'indemnité pour licenciement sans cause réelle et sérieuse.

iront-ils [1] ? Le versement d'une indemnité légale, conventionnelle ou contractuelle de licenciement et d'une indemnité compensatrice de préavis sont prévisibles. La condamnation de la personne publique pour licenciement sans cause réelle et sérieuse, qui avait été jugée possible avant la réforme du 3 août 2009 lorsque la proposition de contrat ne répondait pas aux exigences posées par la loi [2], est plus problématique.

En revanche, lorsque l'entité économique est transférée du secteur public administratif vers le secteur privé, le droit communautaire n'impose pas une modification de la jurisprudence nationale. En effet, si le transfert d'une entité, gérée par un organisme public intégré dans l'administration de l'État, à une société de droit privé entre dans le champ d'application matériel de la directive [3], la directive n'est pas applicable aux personnes qui ne sont pas protégées en tant que travailleurs au titre de la législation nationale en matière de droit du travail [4]. Les fonctionnaires et plus généralement les agents publics qui ne relèvent pas du droit du travail ne peuvent donc pas invoquer le bénéfice de la directive. Le législateur français a cependant estimé nécessaire d'adopter un dispositif visant cette hypothèse (L. du 3 août 2009). Aux termes de l'article L. 1224-3-1 du Code du travail, « lorsque l'activité d'une personne morale de droit public employant des agents non titulaires de droit public est reprise par une personne morale de droit privé ou par un organisme de droit public gérant un service public industriel et commercial, cette personne morale ou cet organisme propose à ces agents un contrat régi par le (...) code (du travail) ». Le contrat proposé doit reprendre les clauses substantielles du contrat dont les agents sont titulaires. En cas de refus des agents d'accepter le contrat proposé, il est de nouveau affirmé que « leur contrat prend fin de plein droit » avec cette précision que le repreneur « applique les *dispositions de droit public* relatives aux agents licenciés » [5].

§ 4. **Existence du contrat de travail au moment du transfert**

311 ***Contrats rompus avant transfert*** ◊ En principe, le nouvel employeur ne peut être lié par les contrats de travail, auxquels était partie l'employeur précédent, que si ces contrats étaient encore en cours au moment du transfert [6].

1. M. Morand « Reprise d'une entité économique par un organisme de droit public », *RJS* 3/11, n° 185.

2. Soc. 24 juin 2009 ; 1er juin 2010, préc.

3. CJCE 14 sept. 2000, *Collino*, point 35, *RJS* 12/00, n° 1308.

4. CJCE 14 sept. 2000, *Collino*, préc., point 38 ; Soc. 16 juin 2010, *RJS* 10/10, n° 722.

5. Le problème posé par ces transferts d'entités économiques du secteur public au secteur privé ou du secteur privé au secteur public est complexe, mais il n'est pas certain que la rédaction de la L. du 3 août 2009 aide à le clarifier : appliquer les règles relatives au licenciement à des ruptures de plein droit, imposer aux personnes privées d'appliquer les règles de droit public et inversement aux personnes publiques d'appliquer les règles de droit privé risque de provoquer quelques difficultés !

6. C. trav., art. L. 1224-1 : « tous les contrats de travail *en cours* subsistent entre le nouvel entrepreneur et le personnel de l'entreprise » ; art. 3 de la directive du 12 mars 2001 : « les droits

Si le salarié a démissionné ou si l'employeur a licencié le salarié pour un motif indépendant de l'opération de transfert avant que l'opération de transfert ne soit réalisée, l'article L. 1224-1 ne s'applique pas. Le contrat de travail a cessé de produire ses effets et l'acte de transfert de l'entité économique ne peut le faire revivre. Si le licenciement s'accompagne d'un préavis et si le préavis est en cours au jour du transfert d'entreprise, le préavis continuera à être exécuté, après le transfert, pour le compte du nouvel employeur. Mais, au terme du préavis, la relation contractuelle prend normalement fin [1].

De la même façon, il faut saisir la situation existante au jour du transfert lorsqu'un salarié a été muté d'un établissement à un autre peu de temps avant le transfert d'un établissement [2].

En revanche, si le licenciement a été prononcé avant l'opération de transfert pour éluder l'application de l'article L. 1224-1, ce licenciement est privé d'effet et le contrat de travail continue à produire effet avec le nouvel employeur. Cette solution a été retenue, pour la première fois, dans un arrêt *Guermonprez* [3], à l'occasion d'une cession intervenue dans le cadre d'une procédure collective. Elle a été par la suite confirmée et précisée pour tous les licenciements prononcés à l'occasion d'un transfert d'entreprise.

La jurisprudence a établi une distinction selon que le repreneur de l'entité économique proposait ou non au salarié, licencié irrégulièrement, de continuer à exécuter le contrat en respectant toutes les modalités de ce contrat.

Lorsque le cessionnaire de l'entreprise ne s'est pas manifesté auprès du salarié licencié, celui-ci « peut, à son choix, demander au repreneur la poursuite du contrat de travail illégalement rompu ou demander à l'auteur du licenciement illégal la réparation du préjudice en résultant » [4]. Si le salarié demande au repreneur la poursuite du contrat et se heurte à un refus, il peut obtenir la

---

et obligations qui résultent pour le cédant d'un contrat de travail ou d'une relation de travail *existant à la date du transfert*... sont, du fait de ce transfert, transférés au cessionnaire ». Le détachement d'un salarié dans une autre société ne rompt pas le contrat ; en cas de transfert d'entreprise, les contrats des salariés détachés sont, comme les contrats des salariés en activité dans l'entreprise, transférés au profit du nouvel entrepreneur (Soc. 14 mai 1997, *RJS* 8-9/97, n° 951).

1. Soc. 6 nov. 1991, *RJS* 1991, n° 1296.

2. Soc. 18 nov. 1992, *RJS* 1/93, n° 7 : une société exploite deux magasins, l'un à Bollène, l'autre à Pierrelate ; une salariée affectée au magasin de Pierrelate est mutée le 16 oct. 1986 à l'établissement de Bollène. Peu de temps après, une partie de l'établissement de Pierrelate est cédée à une autre société ; la salariée se présente le 10 nov. 1986 au magasin de Pierrelate, géré par la société cessionnaire, pour effectuer son travail en invoquant l'anc. art. L. 122-12, al. 2 (C. trav. art. L. 1224-1). La cour d'appel fait ressortir que le changement d'affectation, opéré sans fraude, avait été antérieur à la cession et décide que l'art. L. 1224-1 C. trav. ne s'appliquait pas en l'espèce. La Cour de cassation approuve.

3. Soc. 20 janv. 1998, *Bull. civ.* V, n° 16 ; *Dr. soc.* 1998. 297 ; *ibid.* 1019, obs. R. Vatinet et note M. Henry : le mandataire liquidateur, qui avait été autorisé par le juge-commissaire à céder le fonds de commerce, avait licencié tous les salariés avant la réalisation de la cession ; la Cour de cassation juge que « les licenciements prononcés par le mandataire liquidateur étaient sans effet ».

4. Soc. 20 mars 2002, *Bull. civ.* V, n° 94 ; *Dr. soc.* 2002. 516, note A. Mazeaud ; G. Pignarre, *D.* 2003. Chron. 14 ; 28 janv. 2004, *Bull. civ.* V, n° 28 ; 23 févr. 2005, *RJS* 5/05, n° 483.

condamnation *in solidum* du cédant et du cessionnaire au paiement des dommages-intérêts réparant le préjudice résultant du licenciement [1].

Si, au contraire, le cessionnaire de l'entreprise a informé le salarié licencié, avant l'expiration du préavis, de son intention de poursuivre, sans modification, le contrat de travail, le salarié ne peut pas se prévaloir du licenciement irrégulier. S'il ne répond pas à la demande du cessionnaire, il ne peut pas obtenir de dommages-intérêts de l'auteur du licenciement [2]. L'effet automatique (v. ss 383) de l'article L. 1224-1 du Code du travail s'imposant à lui comme à l'employeur, il sera considéré comme démissionnaire.

Par ailleurs, la jurisprudence retient une solution uniforme, refusant de faire une distinction selon que l'entreprise cédante est *in bonis* [3] ou en état d'insolvabilité [4], du moins dans les cas où le licenciement pour motif économique antérieur au transfert d'entreprise n'a pas été autorisé par le juge-commissaire pendant la période d'observation ou par le tribunal de commerce dans le plan de cession ou de continuation de l'entreprise [5]. En dehors de ce cas particulier, les licenciements prononcés pour faciliter une opération de cession sont toujours de nul effet.

312 ***Contrats conclus après transfert*** ◊ Lorsque le nouvel entrepreneur conclut un contrat de travail avec des salariés dont le contrat de travail a été rompu peu de temps avant le transfert d'entreprise, l'article L. 1224-1 peut éventuellement s'appliquer. La jurisprudence décide en effet que lorsque des salariés continuent d'exercer leurs fonctions après le transfert, la démission donnée à leur ancien employeur ou le licenciement prononcé par ce dernier ne peuvent pas faire échec aux dispositions de l'article L. 1224-1 du Code du travail et demeurent sans effet. Le licenciement étant sans effet, le salarié ne peut pas obtenir du précédent employeur le paiement des indemnités de rupture [6] ; il ne peut pas renoncer valablement aux droits d'ancienneté résultant du temps travaillé pour le compte du premier employeur [7].

§ 5. Application volontaire de l'article L. 1224-1

313 ***Pratique de transferts volontaires du contrat de travail*** ◊ Lorsque les conditions d'application de l'article L. 1224-1 ne sont pas réunies, rien

1. Soc. 12 avr. 2005, *RJS* 6/05, n° 603 ; cette condamnation est encourue même en l'absence de collusion frauduleuse entre le cédant et le cessionnaire.
2. Soc. 11 mars 2003, *Bull. civ.* V, n° 86 ; *Grands arrêts*, 4e éd., n° 64 ; *Dr. soc.* 2003. 474, rapp. P. Bailly ; *ibid.* 482 s., chron. A. Mazeaud ; 25 oct. 2007, *RJS* 1/08, n° 12.
3. Soc. 20 mars 2002, préc.
4. Soc. 11 mars 2003, préc. L'art. L. 1224-1 C. trav. s'applique en cas de redressement ou de liquidation judiciaire, même en l'absence de cession judiciairement autorisée ou ordonnée de l'entreprise en difficulté, dès lors qu'il y a transfert d'une entité économique conservant son identité et dont l'activité est poursuivie (Soc. 29 janv. 2003, *RJS* 4/03, n° 420).
5. Dans ce dernier cas, le licenciement est, en effet, régulier et produit tous ses effets.
6. Soc. 26 oct. 1994, *Dr. soc.* 1995. 55.
7. Soc. 28 mai 1997, *RJS* 8-9/97, n° 952.

n'interdit aux employeurs successifs d'organiser les transferts des contrats de travail. Ils peuvent le faire, à titre individuel, à l'occasion d'une cession d'entreprise en décidant contractuellement l'application volontaire de l'article L. 1224-1 [1].

L'application volontaire de cet article peut aussi résulter d'un accord collectif prévoyant que l'opération de cession entraînera le transfert des contrats alors même qu'une ou plusieurs conditions à l'application de l'art. L. 1224-1 font défaut. De tels accords existent dans les secteurs de la manutention ferroviaire, de la restauration collective et des entreprises de propreté. Ces accords fixent eux-mêmes les conditions et les modalités du transfert.

Une différence essentielle existe entre ces transferts et le transfert légal imposé par l'article L. 1224-1 : le transfert du contrat de travail ne peut être imposé au salarié sans son accord [2]. Pour le reste, le transfert volontaire opérera les mêmes effets que le transfert légal, dans la mesure du moins où l'accord collectif ou le contrat individuel ne prévoient pas des mesures originales [3].

SECTION 2. **MODALITÉS DU MAINTIEN DES CONTRATS DE TRAVAIL**

314 ***Transfert automatique*** ◊ La substitution d'un employeur à l'autre est automatique. Elle opère de plein droit, sans le consentement des partenaires en cause et sans formalisme préalable. L'employeur cédant doit simplement informer et consulter le comité d'entreprise sur le projet de cession (C. trav., art. L. 2323-15). En revanche, il n'a pas l'obligation d'informer individuellement chaque salarié du prochain changement d'employeur [4], même s'il n'existe pas de représentants des travailleurs dans l'entreprise [5].

1. Soc. 17 mars 1993, *RJS* 5/93, n° 377.

2. Soc. 2 nov. 1998, *RJS* 5/98, n° 572 ; 12 déc. 2001, *RJS* 4/02, n° 398 ; 9 nov. 2005, n° 03-49.483 PB ; *Sem. soc. Lamy* 2005, n° 1239, p. 12 : le refus de changer d'employeur ne constitue pas, dans ces cas, une cause de licenciement ; Soc. 10 oct. 2006, *Bull. civ.* V, n° 294 ; 8 avr. 2009, n° 08-41.046, *Dr. soc.* 2009. 817. – Sur cette solution, A. Mazeaud, « L'acceptation du salarié au transfert de son contrat en cas d'application volontaire de l'article L. 1224-1 du Code du travail » *Dr. soc.* 2009. 813 ; Y. Chagny *RDT* 2007. 78 ; *JCP* 2006. 1964, obs. P. Morvan.

3. L'entrepreneur qui, ne respectant pas la règle du transfert conventionnel, refuse de faire travailler pour son compte les salariés occupés par son prédécesseur, sera considéré comme l'auteur d'un licenciement (Soc. 15 juill. 1998, *RJS* 10/98, n° 1180). Lorsque l'accord collectif prévoit une procédure d'information préalable et individuelle au profit des salariés de l'entreprise sortante, cette procédure constitue une garantie de fond ; son inobservation a pour effet de rendre sans cause réelle et sérieuse le licenciement motivé par le seul refus du salarié de passer au service du nouveau titulaire du marché (Soc. 11 mars 2003, *Bull. civ.* V, n° 95).

4. Soc. 14 déc. 1999, *Dr. soc.* 2000. 211, obs. A. Mazeaud ; *RJS* 3/00, n° 253.

5. La Dir. du 12 mars 2001 impose aux États membres de prévoir pourtant une information individuelle des salariés lorsqu'il n'y a pas dans l'entreprise de représentation des travailleurs (Dir. préc., art. 7, point 6). Mais cet élément de la directive n'a pas été transposé et il ne s'ap-

Non seulement, la transmission des contrats opère de plein droit ; mais elle a également un caractère impératif. Le cédant et le cessionnaire ne peuvent d'un commun accord s'y opposer [1]. Le salarié n'a pas non plus la possibilité de s'opposer au transfert de son contrat à un nouvel employeur [2]. Il peut certes démissionner, mais il ne peut pas prétendre, s'il refuse de travailler pour le compte de l'entreprise cessionnaire, que la rupture est imputable à l'employeur [3], sauf si une clause, insérée dans le contrat, permet expressément au salarié de rompre le contrat en cas de fusion absorption, en précisant que la rupture est alors imputable à l'employeur [4].

Le caractère impératif du transfert a cependant ces limites. Si l'employeur cédant, l'employeur cessionnaire et le salarié concerné par l'opération de transfert décident d'un commun accord que le salarié continuera à travailler pour le compte de l'employeur cédant, l'accord est licite et produit tous ses effets. Il est de même admis qu'un employeur cédant peut

---

plique donc pas directement à l'employeur cédant : Soc. 17 déc. 2013, n° 12-13503, *RDT* 2013. 182, note N. Moizard. Le salarié ne peut alors qu'agir contre l'État, en responsabilité, pour non-transposition de la directive.

1. Soc. 3 mars 1982, *Bull. civ.* V, n° 134 ; 20 avr. 2005, *RJS* 7/05, n° 712.

2. Soc. 16 janv. 1990, *Bull. civ.* V, n° 11 ; *D.* 1990. IR 29 ; 14 déc. 2004, *Bull. civ.* V, n° 331 ; 4 avr. 2006, *RDT* 2006. 174, obs. Ph. Waquet. Cette solution fait l'objet de débats doctrinaux ; voir spécialement sur cette question : « Faut-il reconnaître au salarié la faculté de refuser le transfert de son contrat de travail ? », *RDT* 2007. 215 s., les opinions opposées de Yves Chagny et Pierre Rodière et aussi A. Supiot, Les salariés ne sont pas à vendre : En finir avec l'envers de l'anc. art. L. 122-12, al. 2 *in Dr. soc.* 2006. 264 s. Il existe cependant une exception légale à cette règle : les journalistes peuvent faire jouer la clause dite de conscience (C. trav., art. L. 7112-5). De son côté, la jurisprudence décide qu'une stipulation du contrat de travail peut aussi faire échapper le salarié à l'envers de l'art. L. 1224-1 C. trav. (Soc. 27 nov. 1986, *JS Lamy* 1987, F2). Enfin, le transfert du contrat ne peut pas être imposé au salarié lorsqu'il résulte de dispositions conventionnelles et non pas de la loi (Soc. 2 avr. 1998, *RJS* 5/98, n° 572) ; en revanche, l'accord contractuel entre le salarié et le nouvel employeur prévoyant l'application volontaire de l'art. L. 1224-1 C. trav. impose au salarié le changement d'employeur ; Soc. 17 mars 1993, *RJS* 4/93, n° 377. La CJCE juge que « si la directive permet au travailleur de rester au service du nouvel employeur dans les mêmes conditions que celles convenues avec le cédant, elle ne saurait être interprétée comme obligeant le travailleur à poursuivre la relation de travail avec le cessionnaire » ; « si le travailleur décide librement de ne pas poursuivre le contrat de travail avec le cessionnaire, il appartient aux États membres de déterminer le sort réservé au contrat de travail » ; ils peuvent prévoir que le contrat de travail est résilié soit à l'initiative du salarié, soit à l'initiative de (CJCE 7 mars 1996, *Merckx*, préc. ; CJCE 24 janv. 2002, *Temco service industrie*, point 36, *RJS* 4/02, n° 511). Il existe une demande salariale de plus en plus forte pour que le transfert d'entreprise n'impose pas au salarié un changement d'employeur. L'externalisation de certaines activités par des entreprises importantes au profit de petites structures, lorsque celle-ci peut-être qualifiée transfert d'entreprise, fait souvent perdre au salarié le bénéfice d'un statut conventionnel ou réglementaire très favorable. Sur la reconnaissance d'un droit d'opposition au changement d'employeur, v.oir P. Rémy, quelle signification donner au droit de travail ? *Dr. soc.* 2004. 155 s. ; P. Bailly, le salarié peut-il refuser les effets d'un transfert d'entreprise ? *Dr. soc.* 2003. 474 s. ; P. Rodière, Pour un droit d'opposition des salariés au transfert de leur contrat, *RDT* 2007. 219 s.

3. Le refus individuel de poursuivre le contrat de travail avec le nouvel employeur produit les effets d'une démission : Soc. 10 oct. 2006, *D.* 2007. 472, note J. Mouly ; *Dr. soc.* 2006. 1191, obs. A. Mazeaud ; 3 mai 1978, *Bull. civ.* V, n° 317 ; 29 mai 1985, *Bull. civ.* V, n° 307.

4. Soc. 26 janv. 2011, n° 09-71.271, *RDT* 2011. 175, obs. J. Pélissier

s'engager à reprendre à son service les salariés qui refuseraient de travailler pour le compte de l'employeur cessionnaire [1].

Le transfert automatique ne concerne que le transfert des droits contractuels [2]. L'application des droits résultant d'une convention collective obéit à d'autres règles (C. trav., L. 2261-14). Les accords applicables dans l'entreprise cédante peuvent être invoqués au maximum pendant un délai d'un an par les salariés qui ont changé d'employeur [3]. L'application des accords collectifs applicables dans l'entreprise cédante ne fait pas obstacle à l'application des conventions collectives applicables dans l'entreprise cessionnaire [4]. Le salarié dont le contrat a été transféré peut donc invoquer, pendant un temps, toutes les conventions ou accords collectifs applicables aussi bien dans l'entreprise cédante que dans l'entreprise cessionnaire. À l'expiration de ce délai et si aucun accord de substitution n'a été conclu, les salariés « transférés » peuvent invoquer le bénéfice des avantages individuels qu'ils ont acquis en application de la convention ou de l'accord collectif qui était en vigueur dans l'entreprise cédée et, évidemment, celui des dispositions contenues dans les accords ou conventions collectifs applicables dans l'entreprise cessionnaire. Si, au contraire, un accord de substitution a pu être conclu, les stipulations de cet accord seront seules applicables.

Le transfert automatique du contrat interdit au salarié comme à l'employeur d'exiger de nouvelles conditions de travail au moment du transfert d'entreprise. Un salarié ne peut exiger des garanties nouvelles à l'occasion du transfert [5]. L'employeur ne peut pas imposer au salarié des modifications substantielles du contrat de travail lors du transfert. Si le salarié accepte ces modifications, son acceptation est nulle [6]. Si le salarié refuse ces modifications et s'il est licencié en raison de ce refus, le licenciement

---

1. Soc. 9 janv. 1985, *D.* 1985. IR 268 ; 16 janv. 1990, *Bull. civ.* V, n° 11 ; 26 mai 1998 *Bull. civ.* V, n° 275. La CJCE juge que la directive ne fait pas obstacle à ce que le contrat de travail se poursuive avec le cédant lorsque le travailleur s'oppose au transfert au cessionnaire de son contrat ou de sa relation de travail (CJCE 24 janv. 2002, *Temco*, préc., point 37 et dispositif 2).

2. Cep., en l'absence de dénonciation régulière, un usage en vigueur dans l'entreprise cédée est opposable au nouvel employeur (Soc. 16 déc. 1992, *Dr. soc.* 1993. 156, note J. Savatier ; 7 oct. 1997, *RJS* 1/97, n° 1299) ; il en est de même des engagements unilatéraux du précédent employeur (Soc. 4 févr. 1997, *RJS* 3/97, n° 256). Toutefois, seuls les salariés en fonction lors du transfert bénéficient de l'usage ou de l'engagement unilatéral applicable dans l'entreprise cédante (Soc. 7 déc. 2005, *Dr. soc.* 2006. 232, note J. Savatier ; 22 nov. 2006, *RDT* 2007. 112, obs. Ph. Waquet).

3. Si un accord collectif de substitution a été conclu avant l'expiration du délai d'un an, cet accord s'applique immédiatement au lieu et place de l'accord antérieurement applicable. Cette règle de survie provisoire du statut collectif a été étendue par la jurisprudence aux usages (Soc. 23 sept. 1992, *Dr. soc.* 1992. 926) et aux engagements unilatéraux de l'employeur (Soc. 16 déc. 1992, *Dr. soc.* 1993. 156, note J. Savatier) ; la durée de la survie n'est pas alors enfermée dans le délai d'un an, mais dépend de la révocation de l'usage ou de l'engagement unilatéral, qui peut intervenir à tout moment.

4. Soc.10 févr. 2010, n° 08-44.454, *RJS* 4/10, n° 361

5. Soc. 3 mars 1993, *RJS* 4/93, n° 375 (le nouvel employeur n'est pas tenu d'offrir une garantie de rémunération pour l'avenir, qui n'était pas insérée dans le contrat).

6. CJCE 10 févr. 1988, *Rec. CJCE* I-739 ; Dijon, 5 juin 1991, *SARL Guérin* ; Reims, 3 déc. 1991, *Le Guen*.

est sans cause réelle et sérieuse [1]. La modification intervenant le jour même du transfert tend à éluder les dispositions d'ordre public de l'article L. 1224-1 et ne peut donc produire effet [2]

Le transfert automatique du contrat peut ne concerner qu'une partie du contrat lorsque le transfert de l'entreprise n'est que partiel. Le salarié qui travaillait pour le compte d'une société dans deux établissements distincts voit son contrat scindé en deux contrats le liant à deux employeurs différents lorsqu'un des deux établissements est cédé [3]. Cet éclatement du contrat unique en deux contrats distincts soulève cependant une difficulté sérieuse. Il constitue une modification du contrat initial, le plus souvent à temps plein, en deux contrats de travail à temps partiel. Comment concilier le transfert automatique d'un contrat qui, du fait même du transfert, est modifié ? La Cour de cassation retient une solution qui fait prévaloir la règle selon laquelle un contrat de travail ne peut pas être modifié sans l'accord des deux parties sur celle du transfert automatique : « Lorsque l'application de l'article L. 1224-1 du Code du travail entraîne une modification du contrat de travail autre que le changement d'employeur, le salarié est en droit de s'y opposer ;il appartient alors au cessionnaire, s'il n'est pas en mesure de maintenir les conditions antérieures, soit de formuler de nouvelles propositions, soit de tirer les conséquences de ce refus en engageant une procédure de licenciement. À défaut, le salarié peut poursuivre la résiliation judiciaire du contrat, laquelle produit alors les effets d'un licenciement sans cause réelle et sérieuse » [4]. Au vu des complications engendrées par les transferts partiels de contrat de travail, on ne peut que se féliciter de l'évolution jurisprudentielle qui limite le champ d'application de ceux-ci. La Cour de cassation décide, depuis plusieurs années, que lorsque le contrat de travail s'exécute pour l'essentiel sur le secteur cédé, il n'est pas scindé ; le salarié a pour seul employeur l'acquéreur du secteur cédé [5]

315 ***Exécution du contrat*** ◊ Le contrat de travail étant maintenu, le contenu et les modalités de celui-ci lient le nouvel employeur et le salarié comme ils liaient précédemment le salarié au précédent employeur. En particulier, le salarié peut invoquer tous les avantages liés à son ancienneté, celle-ci étant calculée en tenant compte des services fournis au

---

1. Paris, 21e ch., 16 sept. 1992, *Debry*.

2. Soc. 9 mars 2004, n° 02-42.140, *RJS* 4/04, n° 656 ; 14 janv.2004 n° 01-45.126, *Bull. civ.* V, n° 9, *RJS* 3/04 n° 288. En sens opposé, un arrêt antérieur : Soc. 17 sept. 2003, *Dr. soc.* 2003. 1132, obs. J. Mouly.

3. Soc. 22 juin 1993, *RJS* 89/93, n° 844 (comptable qui tient la comptabilité de deux établissements ; un établissement est cédé : le salarié devait passer au service de la seconde société pour la partie de l'activité qu'il consacrait au secteur cédé). Dans le même sens, Soc. 9 mars 1994, *RJS* 4/94, n° 377 ; 2 mai 2001, *RJS* 7/01, n° 854.

4. Soc. 30 mars 2010, *Dr. soc.* 2010. 856, obs. A. Mazeaud

5. Soc. 10 janv. 1995, *RJS* 2/95 n° 108 ; 30 mars 2010, n° 08-42.065, *RJS* 6/10, n° 489 (1re esp.)

précédent employeur [1], comme il peut invoquer à l'encontre du nouvel employeur le maintien d'une priorité d'embauche [2]. Il peut encore invoquer, pour prendre acte de la rupture de son contrat avec le nouvel employeur, des fautes commises par son ancien employeur [3]. De son côté, l'employeur peut se prévaloir des droits appartenant au premier employeur et licencier par exemple le salarié en raison d'une faute commise avant le transfert [4]. Il peut également invoquer le bénéfice d'une clause de non-concurrence qui avait été insérée dans le contrat de travail alors que le précédent employeur ne le peut plus [5].

Non seulement le nouvel employeur doit exécuter toutes les obligations prévues par le contrat transféré, mais il est également tenu vis-à-vis du salarié des obligations qui incombaient à l'ancien employeur à la date de la modification (arriérés de salaires, indemnités de congés payés) (C. trav., art. L. 1224-2) [6]. Le premier employeur est tenu de rembourser les sommes acquittées par le nouvel employeur pour son compte, sauf s'il a été tenu compte de cette charge dans la convention de transfert (C. trav., art. L. 1224-2, dern. al.) [7]. Le Code du travail prévoit cependant une double exception à ce principe de la solidarité des employeurs successifs pour le paiement des dettes du premier employeur : le nouvel employeur n'est pas tenu de payer les dettes de son prédécesseur lorsque le transfert a eu lieu dans le cadre d'une procédure de sauvegarde, de redressement ou liquidation judiciaire [8] ; le nouvel employeur n'est pas non plus obligé d'acquitter les dettes de son prédécesseur lorsqu'aucune convention n'est intervenue entre les employeurs successifs [9].

1. Soc. 9 avr. 1987, *Bull. civ.* V, 199 ; pour les conditions d'éligibilité (Soc. 20 déc. 1988, *D.* 1989. IR 25) ; pour la faculté d'occuper un mandat social (contrat de travail de plus de 2 ans) : Soc. 19 nov. 1986, *Bull. civ.* V, 529 ; 10 juill. 1991, *Dr. soc.* 1991. 732 ; 6 oct. 1991, *Bull. civ.* V, n° 408.

2. Soc. 26 févr. 1992, *Dr. soc.* 1992. 378 ; 5 févr. 2002, *RJS* 4/02, n° 397.

3. Soc. 20 févr. 2013, n° 11-28916 P.

4. Soc. 29 mai 1990, *Bull. civ.* V, n° 243 ; 6 mars 2002, *RJS* 5/02, n° 535.

5. Soc. 15 oct. 1997, *Dr. soc.* 1997. 1095.

6. Cette possibilité de recours contre le cessionnaire de l'entreprise n'interdit pas au salarié d'exercer son action en paiement directement contre son ancien employeur (Soc. 3 avr. 1991, *RJS* 1991, n° 561).

7. Concernant l'*obligation* à la dette, le second employeur sera tenu aussi bien des dettes échues *avant* le transfert et non payées, que des dettes venant à échéance *après* le transfert, mais correspondant à une période de travail antérieure (prime de fin d'année, transfert en cours d'année ; indemnité de congés payés, transfert antérieur à la période des congés). Concernant la *contribution* à la dette, le recours exercé contre le premier employeur, portera, dans la première hypothèse, sur la totalité de ce qui a été payé, dans la seconde, sur la part correspondant à sa part de gestion (Soc. 11 mars 1992. *D.* 1992. IR 107 : le droit à un treizième mois ne prenant en l'espèce naissance qu'en fin d'année, la charge de ce treizième mois pèse intégralement sur l'employeur à cette date).

8. L'AGS assure alors le paiement des salaires échus ; Soc. 18 nov. 1992, *RJS* 1/93, n° 8 (le repreneur n'est pas tenu de payer l'indemnité de congés payés correspondant à la période antérieure à la cession intervenue dans le cadre d'une procédure de redressement judiciaire).

9. Soc. 18 nov. 1992, *Dr. soc.* 1995. 65 (changement de concession de l'exploitation d'un service de transports routiers de voyageurs décidé par le concédant). Cette solution est contraire à la directive 2001/23 (art. 3, § 1), laquelle ne pose aucune condition de ce type pour un trans-

316 ***Modification ou rupture du contrat*** ◊ Après la réalisation de l'opération de transfert, le nouvel employeur dispose des droits reconnus à tout employeur. Il peut proposer aux salariés une modification de leur contrat de travail et éventuellement licencier les salariés qui refusent cette proposition ; seront appliquées les règles régissant habituellement les modifications de contrat. Encore faut-il que cette modification ne soit pas proposée au salarié immédiatement après la cession d'entreprise en vue d'éluder l'application de l'article L. 1224-1 (C. trav., anc. art. L. 122-12) [1]. Il peut également s'il n'est pas satisfait de la prestation de travail fournie par le salarié prononcer un licenciement pour motif personnel. Il peut même licencier le salarié pour une faute professionnelle que celui-ci aurait commise avant le transfert de l'entreprise [2].

Les licenciements qui sont prononcés par le nouvel employeur présentent cependant une certaine originalité ; le calcul du préavis et de l'indemnité de licenciement est fait en tenant compte de l'ancienneté acquise dans l'entreprise cédante ; le nouvel employeur doit respecter les limitations au droit de licencier résultant d'événements ayant eu lieu avant le transfert (en particulier le nouvel employeur ne peut pas licencier un salarié qui a été victime d'un accident du travail avant le transfert [3]).

fert des dettes. Mais cet aspect de la directive n'a pas été transposé et l'interprétation conforme est impossible ici (texte français expressément contraire à la directive). La directive n'est donc pas directement invocable par le salarié contre son ancien employeur : Soc. 17 déc. 2013, n° 12-13503, *RDT* 2013. 182, note N. Moizard. Le salarié ne pourra qu'agir en responsabilité contre l'État pour non-transposition de la directive.

1. Soc. 14 janv. 2004, *Bull. civ.* V, n° 9, *RJS* 3/04, n° 288 ; si l'employeur propose au salarié le lendemain du jour de la cession une mutation qui s'analysait en une rétrogradation, il cherche à éluder les dispositions d'ordre public de l'anc. art. L. 122-12, al. 2 C. trav. ; par voie de conséquence, le salarié a le droit de refuser cette mutation et son refus ne constitue pas une cause réelle et sérieuse de licenciement ; Soc. 9 mars 2004, *RJS* 4/04, n° 656. Dans un sens différent, Soc. 17 sept. 2003, *Dr. soc.* 2003. 1132, obs. critiques J. Mouly.

2. V. ss 375. Mais le délai de prescription de deux mois (C. trav., art. L. 1332-4) courant du jour de la connaissance des faits par le cédant lui est opposable lorsqu'il entend licencier le salarié pour une faute disciplinaire (Soc. 27 mai 2009 n° 06-46.293, *RJS* 8-9/09, n° 689).

3. Soc. 20 janv. 1993, *RJS* 5/93, n° 247.

CHAPITRE 2
SUSPENSION DU CONTRAT DE TRAVAIL [1]

317 Le souci majeur de la sécurité de l'emploi explique le recours croissant du droit du travail à la technique de la suspension – d'origine législative, conventionnelle collective, ou jurisprudentielle et sans vue d'ensemble – chaque fois que l'inexécution du contrat de travail revêt un caractère temporaire, et qu'il est possible d'éviter la rupture dans l'intérêt du salarié et parfois de l'entreprise elle-même.

Les causes de suspension sont nombreuses et assez différentes les unes des autres puisqu'il s'agit aussi bien de la grève ou du lock-out, que de la maladie ou de la maternité, ou bien encore de la mise à pied disciplinaire ou de l'activité partielle. La diversité d'origine entraîne, outre une difficulté de définition, une diversité des régimes de suspension. Avant d'étudier quelques cas spécifiques de suspension, qui ne font pas l'objet d'analyse à une autre place de ce Précis (Section 2), nous présenterons un essai de théorie générale de la suspension (Section 1).

SECTION 1. **THÉORIE**

318 ***Définition*** ◊ La notion de suspension du contrat de travail est difficile à cerner Chaque auteur – ou presque – propose sa définition. Pour MM. Brun et Galland « la suspension entraîne seulement une interruption momentanée dans la vie du contrat, lequel reprendra son cours normal après une période plus ou moins longue de mort apparente » [2]. En réalité, le caractère momentané de l'interruption n'est pas caractéristique de la suspension : certaines suspensions se terminent par la rupture du contrat de travail [3]. G.-H. Camerlynck insistait sur l'impossibilité temporaire d'exécuter les

---

1. *Grands arrêts*, n° 74 s. ; Ph. Langlois, contre la suspension du contrat de travail, *D.* 1992. Chron. 141 ; J.-M. Béraud : *La suspension du contrat de travail*, Sirey 1980 et L'influence de la suspension du contrat de travail sur les relations institutionnelles dans l'entre-prise, *Dr. soc.* 1980. 151 ; T. Yamaguchi : *La théorie de la suspension du contrat de travail et les applications pratiques dans le droit des pays membres de la Communauté européenne*, LGDJ 1963 ; J. Pélissier : Réflexions à propos de la suspension du contrat de travail, *Études de droit du travail offertes à A. Brun*, Librairie sociale et économique, 1974, p. 427.

2. Brun et Galland : *Traité*, n° II. 323.

3. Par exemple la mise à pied préventive des représentants du personnel qui accompagne une demande d'autorisation de licencier.

obligations contractuelles pour cerner la notion de suspension [1], mais il relevait lui-même qu'il existait des hypothèses de suspension en dehors de toute impossibilité d'exécution : c'est le cas de la grève ou de la mise à pied disciplinaire... Il est donc prudent d'adopter une définition large et de considérer qu'il y a suspension du contrat de travail chaque fois que « le travailleur est fondé à refuser sa prestation de travail ou l'employeur à s'abstenir de fournir du travail » [2]. Cette définition large inclut dans les cas de suspension les périodes de repos périodique et de congés : congés payés, jours fériés et chômés, repos de fin de semaine [3].

§ 1. Diversité des régimes de suspension

A. Pendant la période de suspension

319 ***Au regard des obligations contractuelles*** ◊ De façon très générale, il convient de faire une distinction entre les obligations principales et les obligations secondaires ; seules les premières font l'objet de suspension ; l'obligation de discrétion à la charge de nombreux salariés garde toute sa force pendant les congés, la maladie ou la grève des salariés.

Mais si la suspension ne concerne que les obligations principales – l'obligation de fournir une prestation de travail et son corollaire l'obligation de rémunérer ce travail –, ces obligations ne sont pas toujours également affectées par la suspension. Dans certaines situations, l'obligation de payer un salaire est maintenue malgré l'absence de toute prestation de travail ; de nombreuses conventions collectives prévoient que l'employeur doit verser au salarié malade, pendant une certaine durée, une indemnité correspondant à la différence entre les indemnités journalières de sécurité sociale et le salaire antérieurement perçu ; c'est quelquefois la loi, comme pour les congés payés, qui prévoit le maintien d'une rémunération malgré l'absence de travail.

---

1. *Le contrat de travail*, 1re éd., p. 222, n° 124.
2. Rivero et J. Savatier : *Droit du travail*, Thémis éd., 1970, p. 491.
3. Cette solution est contestée par certains auteurs qui trouvent illogique de présenter comme causes de suspension ce qui n'est en réalité que l'exécution normale du contrat de travail, celui-ci comprenant des temps de repos comme des temps de travail. Il y aurait incompatibilité entre suspension du contrat et exécution de celui-ci. En réalité, l'expression « suspension de contrat » est inexacte ; ce ne sont pas toutes les dispositions du contrat qui sont suspendues mais seulement certaines obligations ; seule se trouve suspendue l'exécution de la prestation de travail et, éventuellement, le paiement du salaire. Dans la mesure où la prétendue suspension du contrat se ramène à la suspension de l'obligation de fournir sa prestation de travail, il est difficile d'affirmer que les congés payés ou les jours fériés ne constituent pas des causes de suspension. M. J. –M. Béraud démontre fort bien dans son ouvrage (préc.) qu'il n'y a pas incompatibilité entre exécution d'une clause contractuelle et suspension (par exemple application de la clause contractuelle selon laquelle le service militaire ne rompt pas le contrat de travail et la suspension des obligations principales du contrat pendant le service militaire).

320 ***Au regard du lien d'entreprise*** ◊ Le principe est que la suspension du contrat n'entraîne pas de conséquences sur le lien d'entreprise et sur ses effets. Les salariés dont le contrat est suspendu sont toujours comptés dans les effectifs de l'entreprise et ils demeurent, en cours de suspension, électeurs aux élections de représentants de personnel [1]. De la même façon, ils sont considérés comme éligibles, même lorsque la suspension du contrat est prolongée [2].

De même, si, en principe, les représentants du personnel peuvent exercer leur mandat, même pendant les périodes où leur contrat de travail est suspendu – du fait de la grève ou de la maladie – [3] la Cour de cassation a d'abord décidé que les représentants du personnel ne pouvaient plus exercer leur mandat lorsqu'ils étaient mis à pied, qu'il s'agisse d'une mise à pied conservatoire ou d'une mise à pied disciplinaire [4]. Elle a ensuite aligné sa jurisprudence sur celle retenue dans les autres cas de suspension [5].

De même encore, si le pouvoir disciplinaire n'est pas suspendu du fait de la suspension du contrat, il ne peut pas s'exercer de la même façon au cours d'une période de suspension qu'au cours des périodes de pleine exécution [6].

B. Au terme de la suspension

321 ***La suspension, obstacle ou prélude au licenciement*** ◊ Les rapports entre la suspension et la rupture du contrat sont très différents selon les causes de suspension.

Certaines suspensions constituent des obstacles à la rupture du contrat de travail. Dans ces hypothèses, la suspension n'assure pas seulement la persistance d'obligations provisoirement inexécutées ; elle fait échec à des ruptures de contrats qui pourraient résulter d'événements indépendants de ceux qui justifient l'inexécution momentanée des

1. Soc. 2 déc. 1992, *RJS* 01/93, n° 58 ; 12 déc. 1990, *Bull. civ.* V, n° 662 ; 5 mars 1986, *Bull. civ.* V, n° 62, p. 50 ; *D.* 1986. IR 281, obs. Frossard. Le salarié dont le contrat de travail est suspendu reste électeur même s'il ne reçoit pas de rémunération pendant la période de suspension du contrat de travail (congé parental d'éducation, par ex. ; Soc. 8 avr. 1992, *Bull. civ.* V, n° 264 ; *Dr. soc.* 1992. 628).

2. Soc. 1er déc. 1993, *Dr. soc.* 1994. 217 (éligibilité d'un salarié en congé maladie depuis plus de dix-huit mois) ; 22 févr. 1994 n° 93-60.105 (salarié en congé formation).

3. Crim. 26 févr. 1979, *JS UIMM* 1979, n° 398 ; 27 févr. 1985, *Bull. civ.* V, n° 124 ; *JS Lamy* 1985. F 40.

4. Crim. 24 mars 1955, *D.* 1955. 501, rapp. Patin ; 6 mars 1957, *D.* 1957. 317 (mise à pied conservatoire) ; 9 nov. 1982, *JS Lamy* 1983, n° 54. F 1 (mise à pied disciplinaire) ; Soc. 27 nov. 1985, *Bull. civ.* n° 562 ; Crim. 4 janv. 1991, *RJS* 3/91, n° 346.

5. Soc. 7 juill. 1999, *Dr. soc.* 1999. 971, obs. A. Mazeaud : la mise à pied disciplinaire n'affecte pas le mandat ; même solution pour la mise à pied conservatoire, Soc. 2 mars 2004, *RJS* 5/04, n° 557 (dans un arrêt antérieur, la chambre criminelle a, au contraire, jugé que le mandat était suspendu pendant la durée d'une mise à pied conservatoire : Crim. 5 mars 2002, *Bull. crim.* n° 56).

6. Sur l'affaiblissement du pouvoir disciplinaire pendant la grève, v. ss 1458 s. Cet affaiblissement du pouvoir disciplinaire ne fait que traduire le relâchement du lien de subordination qui unit le salarié au chef d'entreprise (en ce sens, J. Pélissier, *op. cit.*, p. 434).

obligations principales. C'est le cas par exemple de la suspension pour grève [1] ou de la suspension pour maternité [2].

D'autres suspensions sont, au contraire, des préludes au licenciement. Elles annoncent le licenciement et sont organisées en fonction de ce licenciement. La mise à pied spéciale des représentants du personnel et des délégués syndicaux est l'illustration de ce type de suspension.

D'autres suspensions, enfin, s'accommodent aussi bien d'une rupture que d'une reprise de l'exécution des obligations contractuelles. C'est le cas par exemple de la maladie qui, si elle est de courte durée, n'entraîne qu'un arrêt provisoire dans l'échange des prestations contractuelles. En revanche, si la maladie se prolonge, le salarié pourra être licencié en raison d'une absence prolongée.

322 ***Le droit aux congés payés*** ◇ Les différentes causes de suspension n'entraînent pas les mêmes conséquences au regard du calcul des droits aux congés payés. Le droit aux congés payés étant la conséquence d'un travail effectif, les périodes de suspension ne font normalement acquérir aucun congé au salarié. Cette règle est cependant écartée par des dispositions législatives expresses lorsque l'arrêt de travail est dû à un accident du travail ou à une maladie professionnelle (C. trav., art. L. 3141-5), à la prise de congés payés de l'année antérieure, ou bien encore à la dispense de travail, sur décision de l'employeur, au cours du préavis, précédant la cessation définitive des relations de travail. Elle est également écartée, à l'occasion, par des dispositions de convention collective, notamment pour des arrêts de travail résultant de maladies non professionnelles.

323 ***Ancienneté du salarié*** ◇ L'ancienneté est pour le salarié source de nombreux avantages, d'origine légale ou conventionnelle [3] : délai-congé, indemnité de licenciement, élection et éligibilité aux fonctions de représentant du personnel, garantie de rémunération ou de conservation d'emploi en cas de maladie…

Cette notion d'ancienneté n'est pas toujours entendue de la même façon selon les droits mis en jeu [4]. Le plus souvent, l'ancienneté est entendue comme une appartenance du salarié à l'entreprise : ainsi en est-il, par exemple, pour l'application de la procédure de licenciement individuel [5] ou pour le calcul du montant de l'indemnité de licenciement [6]. Dans ces cas, la suspension du contrat, quelle qu'en soit la cause, n'exerce aucune influence sur le calcul de l'ancienneté.

---

1. Seule la faute lourde du gréviste peut justifier le licenciement.
2. C. trav., art. L. 1225-4.
3. M. Despax et J. Pélissier : *La gestion du personnel, aspects juridiques*, t. I, 2e éd., p. 224 s. ; G. Raymond : L'ancienneté de services, *Dr. soc.* 1967. 159 s. ; N. Alvarez : L'ancienneté du travailleur, *RPDS* 1972. 139 ; J.-M. Béraud : *op. cit.*, p. 256 s.
4. G. Poulain : Le calcul de l'ancienneté et la discontinuité des services du salarié, *Dr. soc.* 1970. 223 s. ; G. Vallée, La notion d'ancienneté en droit du travail français, *Dr. soc.* 1992. 871 s.
5. Soc. 17 oct. 1979, *Bull. civ.* V, n° 737.
6. V. G. Poulain : *op. cit.*, p. 230.

Mais l'ancienneté est également fondée, dans d'autres situations, sur l'idée de services continus, assimilée à celle de travail effectif. Cette approche est utilisée pour déterminer la durée du préavis et pour apprécier s'il y a ouverture du droit à l'indemnité de licenciement. La durée de la suspension doit alors, en principe, être déduite de la durée d'appartenance à l'entreprise pour fixer la durée de l'ancienneté. C'est à propos de cette ancienneté « services continus » qu'il y a lieu de distinguer entre les différentes causes de suspension, la distinction étant en principe la même que celle rencontrée à propos du droit aux congés payés puisqu'elle repose, dans les deux cas, sur la notion de travail effectif et sur l'assimilation de certains repos au travail effectif. Ainsi les périodes de suspension à la suite d'une maladie professionnelle ou d'un accident de travail, d'un congé maternité, de congés payés, de repos compensateur, de congé formation, seront prises en compte dans le calcul de l'ancienneté. Inversement, les périodes de suspension à la suite d'une grève, d'une mise à pied ou d'une maladie non professionnelle ne seront pas comptées dans l'ancienneté : seules les périodes antérieures et postérieures à la suspension seront ajoutées les unes aux autres pour obtenir la durée de l'ancienneté.

En raison même de la diversité des conséquences attachées à telle ou telle cause de suspension, il est indispensable de déterminer quelle cause de suspension doit être prise en considération lorsque, au même moment, deux causes de suspension peuvent être invoquées.

§ 2. **Concours de suspensions** [1]

324 ***Utilisation d'un critère chronologique*** ◊ À propos d'une même relation de travail, plusieurs événements susceptibles d'entraîner la suspension interviennent en même temps ou, du moins, interviennent les uns et les autres pendant la période d'inexécution des obligations principales. Par exemple, un salarié est en grève et il devient malade au cours de la grève : faut-il le considérer comme gréviste ou comme malade ? Un salarié pendant ses congés payés doit être hospitalisé : pendant sa période d'hospitalisation doit-il être considéré en congé maladie ou en congés payés ?

La Cour de cassation a d'abord privilégié un critère chronologique pour régler les problèmes posés par ces concours de suspension ; c'est la cause de suspension qui est apparue chronologiquement la première qui est retenue comme cause de l'inexécution de la relation de travail ; les événements qui interviennent après cette première cause de suspension ne pourront être envisagés eux-mêmes comme cause de suspension que lorsque la première cause de suspension aura cessé d'exister. Par exemple, si un salarié participe à une grève et s'il devient malade au cours de la grève, il est considéré comme gréviste jusqu'à la fin de la grève ; le contrat ne sera suspendu du fait de la maladie qu'à partir du premier jour suivant la fin du mouvement

1. *Grands arrêts*, 4e éd., n° 80-82 ; J. Pélissier : *op. cit.*, p. 440 s. ; J.-M. Béraud : *op. cit.*, p. 213 s.

de grève… s'il est toujours malade à ce moment-là [1]. Cette règle du critère chronologique était également appliquée lorsqu'il y avait concours entre la grève et l'activité partielle (anciennement chômage partiel) [2], la grève et les jours chômés [3], la maladie et les congés payés [4].

La solution dégagée par la jurisprudence n'était guère satisfaisante. Non seulement, elle ne reposait sur aucun fondement juridique exprimé, mais elle semblait souvent inconciliable avec des règles de droit positif bien établies [5]. Elle pouvait être d'une application extrêmement délicate [6] et n'avait pas, contrairement à ce qui était prétendu, l'avantage de la simplicité.

1. Soc. 1er mars 1972, *D.* 1972. 620, note J. Pélissier ; 2 avr. 1971, *Bull. civ.* V, n° 288. *Dans un arrêt du 17 juin 1982 (Bull. civ.* V, n° 405), la chambre sociale de la Cour de cassation nuance sa solution : la participation à la grève avant la maladie fait *présumer* que les salariés auraient continué à participer à la grève s'ils étaient restés en bonne santé mais cette présomption peut être combattue par la manifestation de leur volonté de se désolidariser des grévistes. Si, au contraire le salarié est malade avant d'être gréviste, on applique le régime de la maladie : Soc. 7 oct. 1970, *Dr. soc.* 1971. 138, obs. J. Savatier ; 20 févr. 1980, *Bull. civ.* V, n° 161 ; *Grands arrêts*, n° 78, p. 285. Toutefois, si les non-grévistes ont été empêchés de travailler et, de ce fait, privés de salaire, le travailleur malade ne perçoit pas les indemnités complémentaires maladie pendant la grève (Soc. 31 janv. 1985, *Sté Solmer, Liaisons soc.* 1985, n° 5627, p. 5) ; cette dernière solution n'est appliquée que si aucun non-gréviste n'a pu travailler ; si une partie du personnel a pu continuer à travailler pendant la grève, le salarié malade a droit à l'indemnité complémentaire prévue par la convention collective (Soc. 16 juill. 1987, *Liaisons soc.* 1987, n° 6011, p. 11).

2. Si un employeur décide de fermer l'entreprise en raison d'une grève annoncée d'EDF, avant que des salariés de l'entreprise aient fait connaître leur volonté de se mettre en grève ce jour-là, il peut organiser la récupération des heures perdues (Crim. 16 juin 1970, *Dr. soc.* 1971. 547, obs. J. Savatier). En revanche, si les salariés font connaître leur intention de s'associer à un mouvement de grève générale, l'employeur ne peut pas, en réponse à cette décision, organiser une récupération des heures perdues. C'est le régime de la grève qui s'applique et non celui de chômage technique (Crim. 12 janv. 1971, *Dr. soc.* 1971. 547 ; Soc. 30 mars 1971, même référence). Sur ce problème, V. J.-M. Béraud : *op. cit.*, p. 215.

3. J.-M. Béraud : *op. cit.*, p. 216.

4. Pour la jurisprudence, la maladie intervenant en cours de congé n'interrompt pas celui-ci : Soc. 31 janv. 1980, *JS Lamy* 1980. F 31 ; *Bull. civ.* V, n° 106 ; 22 juill. 1986, *JS UIMM* 1986. 498 ; 7 mai 1987, *Caisse mut. soc. agric. Haut-Rhin*. Sauf disposition conventionnelle contraire, le salarié qui a été malade pendant ses congés ne peut pas prendre ultérieurement des jours de congé, même non rémunérés, pour compenser les jours de congés perdus du fait de la maladie. En revanche, le salarié dont le contrat de travail est déjà suspendu par un arrêt de travail pour maladie à la date des départs en congé fixée par l'employeur, conserve son droit à congé et peut en bénéficier ultérieurement. L'employeur doit lui permettre d'exercer ce droit pour la part de congé non prise du fait de l'arrêt de travail, même si celui-ci ne prend pas fin avant que ne soit close la période des congés payés (Soc. 24 févr. 2009, n° 07-44.888, *RDT* 2009. 241, obs. M. Véricel ; avant cet arrêt, la Cour ne cassation ne reconnaissait ce droit au salarié uniquement lorsque la période annuelle de congés payés n'était pas close : Soc. 4 déc. 1996, *Bull. civ.* V, n° 420 ; *Grands arrêts*, n° 79, p. 286).

5. V. ci-dessous en ce qui concerne le faux concours grève et maladie.

6. Les grévistes n'étant pas obligés de reprendre tous le travail en même temps, à quel moment les malades sont-ils censés terminer leur grève ? Lorsque le mouvement de grève est un mouvement de grèves courtes et répétées, le malade est-il le même jour gréviste puis malade, puis de nouveau gréviste ? (Oui, dit la jurisprudence : Soc. 20 févr. 1980, *Bull. civ.* V, n° 161). Et que décider quand les grèves courtes et répétées se transforment en grève dure (arrêt complet pendant plusieurs jours) : le salarié qui a participé aux premiers mouvements et qui est tombé malade est-il un participant à la grève complète ? Non, décide la Cour de cassation (Soc. 20 févr. 1980, *Bull. civ.* V, n° 161 ; *D.* 1981. IR 546, obs. J. Pélissier) ; sur la critique de cette jurisprudence, V. aussi J. –M. Béraud : *op. cit.*, p. 222 s.

Une première confusion était commise en présentant des causes de suspension en concours, alors que celles-ci n'étaient pas toujours indépendantes les unes des autres. Il arrive qu'une cause de suspension exerce une influence sur l'existence même d'une autre cause. Ainsi lorsqu'un salarié gréviste devient malade, il est inexact de parler de concours entre deux causes de suspension : la grève et la maladie. Pour qu'il y ait participation à une grève, il ne suffit pas qu'il y ait un arrêt de travail ; il faut encore que cet arrêt soit volontaire. Or, un gréviste qui devient malade ne peut plus travailler. À partir du jour où il est malade, son arrêt de travail n'est plus volontaire, il est subi. La maladie n'est donc pas seulement une autre cause de suspension de contrat ; c'est une donnée qui supprime la participation volontaire du salarié à un mouvement de grève et qui supprime du même coup la cause initiale de la suspension de contrat. Il serait donc logique de décider qu'un travailleur malade a toujours droit aux indemnités conventionnelles, prévues en cas de maladie, quelle que soit la date de celle-ci (antérieure ou postérieure au début de la grève).

Dans les autres cas où il y a véritablement coexistence des causes de suspension, l'application de deux régimes de suspension semble s'imposer lorsque ceux-ci ne sont pas incompatibles [1]. Lorsque l'application cumulative de deux régimes de suspension n'est pas possible, il conviendrait, par application du principe de faveur, d'appliquer le régime de suspension le plus favorable au salarié [2].

325 ***Abandon progressif du critère chronologique*** ◊ Depuis le début de l'année 2004, la Cour de cassation a, à plusieurs reprises, réglé des concours de suspension sans faire référence à la date des causes de suspension.

Le premier arrêt qui écarte expressément l'utilisation du critère chronologique concerne un *concours entre congé parental et congé maternité*. Alors que le congé parental en cours expirait le 22 décembre 1995, le congé maternité de la salariée débutait en décembre 1995. Le licenciement de la salariée avait été notifié le 20 décembre 1995. La cour d'appel avait écarté les règles de protection contre le licenciement applicables pendant le congé maternité au motif « que le contrat de travail était suspendu dans le cadre du congé parental, qu'il y avait donc chevauchement de deux causes de suspension du contrat de travail et que, dans un tel cas, c'est la cause apparue la première qui détermine les effets attachés à la suspension du contrat pendant toute la durée de celle-ci imputable à la première cause ». Le congé parental n'interdisant pas à l'employeur de rompre le contrat pour un motif indépendant du congé, le licenciement avait été déclaré régulier. La Cour de cassation casse cet arrêt et affirme clairement que le bénéfice du congé parental d'éducation ne fait pas obstacle aux règles protectrices de la maternité [3].

1. En ce sens, J. Savatier : *Dr. soc.* 1971. 549 ; H. Sinay, *D.* 1970. 129 ; J. Pélissier, *op. cit.*, p. 447 ; *ibid.* 448.

2. D'autres solutions sont envisageables : V. J.-M. Béraud : *op. cit.*, p. 225 s.

3. Soc.11 févr. 2004, n° 01-43.574, *Bull. civ.* V, n° 47.

Dans un deuxième type de concours entre un congé maladie et un congé sans solde, la Cour de cassation écarte également l'utilisation du critère chronologique. Un accord avait été conclu entre l'employeur et la salariée le 20 juin 2000 pour l'octroi d'un congé sans solde à compter du 1er oct. 2000. La salarié est placée en arrêt maladie le 10 juill. 2000, cet arrêt étant prolongé jusqu'au 31 juill. 2001. La suspension due à la maladie étant antérieure au début de la période de congé sans solde, la salariée demande l'application du régime juridique en cas de maladie pendant toute la durée de celle-ci et la mise à l'écart du régime du congé sans solde pendant toute cette période. La Cour de cassation rejette cette interprétation : l'arrêt maladie ne modifiait pas l'accord sur le congé sans solde ni n'en reportait le point de départ de sorte que l'employeur n'était pas tenu de compléter le salaire de la salariée au-delà du 30 sept. 2000 [1]. On observera que, si le critère chronologique est écarté, ce n'est pas par application du principe de faveur ; l'application du second régime de suspension est ici défavorable au salarié.

La Cour de cassation n'a pas eu l'occasion de trancher, au cours de ces dernières années, les conflits de suspension résultant de la grève et de la maladie ou de la maladie et des congés payés [2]. Différents motifs incitent à envisager aussi dans ces domaines une évolution. Dans le premier type de concours, celui-ci n'est, comme nous l'avons indiqué, qu'apparent : la suspension de l'exécution du contrat de travail ne résulte que de la maladie et seul le régime de la suspension due à la maladie devrait être appliqué pendant toute la durée de l'absence liée à celle-ci, quelle que soit la date de survenance de la maladie. En ce qui concerne les suspensions liées aux congés payés et à l'état de santé du salarié, les règles de droit communautaire, faisant du droit au congé payé annuel un principe du droit social communautaire revêtant une importance particulière auquel il ne saurait être dérogé [3], devraient conduire les juges nationaux à appliquer le régime de suspension résultant de la maladie lorsque celle-ci survient au cours d'une période de congé payé. C'est en effet le seul moyen d'éviter que le salarié perde une

1. Soc. 21 mai 2008, n° 06-41.498

2. La Cour de cassation a statué sur une question voisine qui est celle du report des congés payés lorsqu'un salarié n'a pu prendre ceux-ci au cours de la période légale ou conventionnelle du fait de son arrêt de travail dû à la maladie. Il n'y a pas dans ces cas concours de suspensions puisqu'une seule suspension du contrat a eu lieu pendant l'arrêt maladie. La Cour de cassation décide que lorsque le salarié n'a pu prendre ses congés payés annuels en raison de son arrêt prolongé pour maladie, les congés payés acquis avant cet arrêt doivent être reportés après la reprise du travail (Soc. 24 févr. 2009, n° 07-44.488, *RDT* 2009. 241 obs. M. Véricel : dans cette affaire, l'arrêt prolongé était la conséquence d'une maladie non professionnelle. Le report avait déjà été décidé à la suite d'une arrêt faisant suite à un accident du travail : Soc. 27 sept. 2007, *RDT* 2007. 732 obs. M. Véricel). En revanche, la Cour écarte le droit communautaire pour refuser aux salariés l'acquisition de nouveaux droits à congés pendant la maladie (Soc. 13 mars 2013, n° 11-22.285, *RTD* 2013. 341, obs. M. Véricel).

3. Interprétation de l'art. 7 de la Dir. n° 2003/88/CE du 4 nov. 2003, *JOUE* L 299 du 18 nov. 2003 par la CJUE : v. not. CJCE 26 juin 2001, aff C-173/99 ; 18 mars 2004, aff. C-342-01 ; 20 janv. 2009, aff. C- 350-06 et C-520-06.

partie de son droit à congés payés. Le critère chronologique serait une nouvelle fois écarté pour assurer le respect d'un droit essentiel.

SECTION 2. PRINCIPALES CAUSES DE SUSPENSION

326 En dehors de la grève, du lock-out, et des différentes périodes de repos et de congés, développés dans d'autres parties du Précis, les principales causes de suspension sont la maladie et l'activité partielle ou chômage partiel [1].

§ 1. La maladie et l'accident [2]

327 L'état de santé du salarié est, selon les circonstances, lié à la vie professionnelle ou indépendante de celle-ci. Si l'origine de la maladie ou de l'accident exerce une influence sur le régime juridique de la suspension du contrat, les différences entre le régime des maladies professionnelles et des accidents du travail et celui des maladies non-professionnelles et des accidents de droit commun se sont considérablement atténuées. Dans tous les cas, la maladie ou l'accident ouvre d'abord une période de suspension du contrat de travail (A). L'issue de celle-ci, dont il convient de déterminer la date, revêt des aspects très différents (B).

A. La période de suspension du contrat

328 ***Les obligations du salarié*** ◇ La première obligation du salarié est d'informer rapidement l'employeur du motif de son absence et de lui faire parvenir le certificat médical de son médecin traitant ordonnant un arrêt de travail. Les conventions collectives prévoient généralement que cette information du chef d'entreprise et l'envoi du certificat médical doivent intervenir dans les deux premiers jours de l'absence. Lorsque la durée de l'arrêt maladie doit être prolongée, le salarié doit de la même façon informer l'employeur de cette prolongation en adressant un nouveau certificat médical. La carence du salarié constitue une faute qui peut être retenue comme une cause réelle et sérieuse de licenciement [3].

1. Comme autre cas de suspension, on peut mentionner le rappel sous les drapeaux (C. trav., art. L. 3142-74 ; Soc. 2 oct. 1974, *D.* 1974. IR 226) et les suspensions de contrat de travail à la suite d'une élection au Sénat ou à l'Assemblée nationale (C. trav., art. L. 3142-60).

2. S. Bourgeot et J. Y. Frouin, Maladie et inaptitude du salarié, *RJS* 2000. 3 s. ; « La santé du salarié... » Dalloz 1999 p. 57 s. (art. d'A. Arséguel, A. Mazeaud, I. Desbarats, M.-C. Amauger-Lattes, B. Lardy-Pélissier, P.-Y. Verkindt et T. Aubert) ; J. Savatier, le licenciement d'un salarié en raison de son état de santé, *RJS* 10/98, p. 707 ; J.-M. Béraud, Maladie et perte d'emploi, *Dr. soc.* 1991. 579 s. ; J. Pélissier, Inaptitude et modification d'emploi, *Dr. soc.* 1991. 608 s.

3. Cette carence peut même être considérée comme une faute grave (Soc. 12 oct. 2011, n° 09-68.754, *RJS* 1/12, n° 24).

Par ailleurs, le salarié en arrêt maladie ne doit pas exercer une activité professionnelle pour le compte d'un autre employeur [1]. Cependant si cette activité est occasionnelle et à titre bénévole, elle est tolérée et ne constitue pas une cause réelle et sérieuse de licenciement [2]. Lorsque l'activité du salarié pendant le congé maladie est une activité de loisirs (voyage, pratique d'un sport, participation à un concert...), elle ne constitue pas en principe un manquement du salarié à ses obligations professionnelles [3] ; il n'en va autrement que lorsque le comportement du salarié révèle un acte de déloyauté [4]. La rédaction des arrêts rendus au cours de ces dernières années donne à penser que la distinction majeure n'est plus à faire entre les activités professionnelles et les activités de loisirs mais entre les activités qui révèlent un acte de déloyauté du salarié à l'égard de l'employeur et celles qui ne constituent pas un acte de cette nature [5]. La construction jurisprudentielle est parfaitement logique. La maladie ou l'accident suspend l'obligation du salarié de fournir sa prestation de travail mais elle ne suspend pas son obligation de loyauté. Libéré provisoirement de son obligation de fournir une prestation de travail, le salarié n'a pas de compte à rendre à l'employeur sur ses différentes activités ; en revanche lorsque le comportement du salarié pendant le congé maladie révèle que son état de santé ne lui interdisait pas d'accomplir sa prestation de travail, on pourrait penser que le salarié commet un acte déloyal vis-à-vis de l'employeur [6]. La jurisprudence n'est pas aussi systématique. Elle n'autorise l'employeur à sanctionner le salarié qui travaille pour le compte d'autrui pendant le congé maladie que si cette activité lui porte préjudice [7].

L'obligation de loyauté impose aussi au salarié, pendant la période de suspension, de fournir à l'employeur les éléments nécessaires à la poursuite de l'activité de l'entreprise [8]. Le refus du salarié peut justifier son licenciement [9].

329 ***Les obligations de l'employeur*** ◊ Bien que l'employeur ne bénéficie pas de la prestation de travail du salarié, il devra verser au salarié une partie de

1. Soc. 21 juill. 1994, *Bull. civ.* V, n° 250.
2. Soc. 11 juin 2003, *RJS* 8-9/03, n° 1002 ; 4 juin 2002, *Bull. civ.* V, n° 191.
3. Soc. 16 juin 1998, *RJS* 7/1998, n° 844 ; 21 mars 2000, *Bull. civ.* V, n° 115.
4. Soc. 16 juin 1998, préc.
5. En ce sens, I. Desbarats, *La santé du salarié*, préc., p. 60 s.
6. En particulier, lorsque le travail fourni par le salarié est incompatible avec la prétendue incapacité de travail résultant de la maladie (Soc. 21 oct. 2003, *RJS* 12/03, n° 1384 : salarié mécanicien qui, pendant l'arrêt maladie, répare, moyennant rémunération, un véhicule ; Soc. 21 juill. 1994, *Bull. civ.* V, n° 250).
7. Soc. 12 oct. 2011, n° 10-16.649, *RJS* 12/11, n° 964 ; *RDT* 2011. 698, obs. S. Maillard-Pinon : l'instrumentalisation d'arrêts de travail pour maladie aux fins de se consacrer à une activité lucrative mais non concurentielle de son employeur ne constitue pas un manquement grave du salarié à son obligation de loyauté.
8. Soc. 18 mars 2003, *Dr. soc.* 2003. 770, note J. Savatier : communication d'un mot de passe informatique.
9. Soc. 6 févr. 2001, *Bull. civ.* V, n° 43 ; refus de la remise de fichiers clientèle.

la rémunération que celui-ci aurait acquise s'il avait travaillé normalement (C. trav., art. L. 1226-1). Cette obligation ne pèse sur l'employeur que si le salarié a une ancienneté d'un an dans l'entreprise, s'il a justifié de son incapacité de travailler dans les quarante-huit heures qui suivent celle-ci, s'il est pris en charge par la sécurité sociale et s'il est soigné sur le territoire français ou dans un des pays de l'Union européenne [1].

Cette garantie de rémunération est subordonnée à une contre visite médicale qui peut être ordonnée par l'employeur [2]. Le salarié qui refuse de se soumettre à cette contre-visite ou de reprendre le travail malgré l'avis du médecin contrôleur ne commet pas une faute susceptible d'entraîner une sanction disciplinaire [3], mais il perd le droit à l'allocation complémentaire versée par l'employeur [4]. Pour lutter contre les arrêts de travail successifs, le législateur a adopté deux mesures. L'une concerne la pratique de certains salariés qui consistaient à demander à leur médecin traitant un nouvel arrêt maladie après le contrôle médical de la sécurité sociale ayant entraîné une suspension des indemnités journalières. Lorsqu'un nouvel arrêt maladie est prescrit peu de temps après la décision de suspension des indemnités journalières, la reprise du versement de ces indemnités est subordonnée à l'avis du contrôle médical de la sécurité sociale (CSS, art. L. 323-7, D 323-4). L'autre établit un lien entre la constatation du médecin effectuant la contre-visite à la demande de l'employeur et le

1. L'employeur doit verser pendant 30 jours 90 pour 100 de la rémunération brute qu'aurait perçue le salarié s'il avait travaillé déduction faite des allocations que l'intéressé perçoit de la sécurité sociale et éventuellement des régimes complémentaires de prévoyance ; pendant les 30 jours suivants, l'employeur versera les 2/3 de cette même rémunération (C. trav., art. D. 1226-1). L'obligation de l'employeur commence à courir le premier jour d'absence lorsque celle-ci est consécutive à un accident du travail ou à une maladie professionnelle, à compter du onzième jour d'absence dans les autres cas (C. trav., art. D. 1226-3). L'ANI sur la modernisation du marché de travail réduit le délai de carence de onze jours à un délai de sept jours (Accord préc., art. 5).

2. La L. du 19 janv. 1978 a légalisé cette pratique (actuellement C. trav., art. L. 1226-1, al. 1er).

3. Soc. 10 oct. 1995, *RJS* 11/1995, n° 1111, p. 770, chron. J. Savatier.

4. Si le salarié s'oppose à la contre-visite, le refus de l'allocation complémentaire est justifié : Soc 21 févr. 1978. *D.* 1978. IR 387, obs. J. Pélissier ; 25 janv. 1978, *D.* 1978. 259 note Saint-Jours ; 10 oct. 1979, *D.* 1980. IR 110 ; 3 avr. 1981, *Bull. civ.* V, n° 250 ; 15 févr. 1995, *RJS* 3/95, n° 204. Encore faut-il analyser avec précision l'attitude du salarié pour déterminer s'il s'agit véritablement d'un refus pouvant entraîner la perte du droit aux indemnités complémentaires ; si le médecin ne décline ni sa qualité de docteur en médecine ni celle de mandataire de l'employeur, les juges décident que « l'attitude du salarié ne peut s'analyser en un refus, donné en connaissance de cause, de se soumettre à un contrôle médical » (Soc. 11 déc. 1986, *Dr. soc.* 1987. 738). De même, le simple fait pour le salarié malade de ne pas se présenter immédiatement au médecin qui vient exercer un contrôle ne peut pas toujours être assimilé à un refus de contrôle (Soc. 21 janv. 1987, *JS UIMM* 1987. 232). Le salarié peut par contre demander, éventuellement par voie judiciaire, une contre-expertise (Soc. 5 juill. 1982, *Bull. civ.* V, n° 333). Si le salarié ne reprend pas son travail alors que le médecin contrôleur estime que celui-ci est en état d'exécuter sa prestation, l'employeur peut interrompre le versement de l'indemnité complémentaire maladie (Soc. 11 oct. 1994, *RJS* 2/95, n° 107). Le salarié pouvait faire échec à cette conséquence en consultant son médecin traitant ; si ce dernier prescrvait une prolongation de l'arrêt de travail, le salarié était rétabli dans son droit aux indemnités complémentaires (Soc. 5 mars 1997, *Dr. soc.* 1997. 530, obs. J. Savatier ; 28 janv. 1998, *RJS* 1998, n° 465).

contrôle médical de la caisse de sécurité sociale. La loi du 24 décembre 2009 prévoit que lorsque le rapport du médecin désigné par l'employeur conclut à l'absence de justification de l'arrêt de travail ou fait état de l'impossibilité d'examiner le salarié, ce médecin doit transmettre son rapport, dans un très bref délai [1] au service de contrôle médical de la sécurité sociale. Au vu de ce rapport, ce service procédera à un nouvel examen ou demandera à la caisse de suspendre le paiement des indemnités journalières (CSS, art. L. 323-6, L. 433-1).

330 ***Rupture du contrat en cas de maladie ou d'accident non professionnel*** ◊ Lorsque la maladie du salarié se prolonge ou lorsque les arrêts de travail dus à la maladie se répètent fréquemment, l'employeur peut estimer que l'absence du salarié perturbe gravement le fonctionnement de l'entreprise et qu'il est nécessaire d'embaucher un autre travailleur pour remplacer le salarié défaillant qui sera exclu de l'entreprise.

Pendant une longue période, les juges décidaient que la rupture du contrat de travail d'un salarié en raison de son absence prolongée n'était pas imputable à l'employeur ; il ne s'agissait pas d'un licenciement ; en particulier, le salarié n'avait pas droit à une indemnité de licenciement, légale ou conventionnelle [2].

Cette jurisprudence est abandonnée. La rupture du contrat de travail à durée indéterminée, décidée par l'employeur en raison d'une absence prolongée du salarié, est un licenciement. L'employeur doit non seulement respecter la procédure de licenciement [3], mais il doit aussi au salarié préavis [4] et indemnité de licenciement [5]. La solution est identique lorsque la rupture du contrat de travail est décidée par l'employeur en raison des absences répétées du salarié.

La question qui se pose désormais est celle de la justification du licenciement. Par application de l'article L. 1132-1 du Code du travail, aucune personne ne peut être licenciée en raison de son état de santé, sauf inaptitude constatée par le médecin du travail, et tout acte contraire est nul de

1. Délai maximal de 48 heures, CSS, art. L. 315-1.

2. X. Blanc-Jouvan : initiative et imputabilité : un éclatement de la notion de licenciement, *Dr. soc.* 1981. 207.

3. Cette obligation pesait déjà sur l'employeur qui avait pris l'initiative de la rupture alors même que les juges déclaraient que la rupture ne lui était pas imputable : Soc. 21 févr. 1979, *D.* 1979. 413, note J. Pélissier ; 6 nov. 1980, *Bull. civ.* V, n° 594 ; 24 janv. 1985, *JS* 1985. SJ 129.

4. Cette obligation de préavis n'entraînera habituellement que peu de conséquences pratiques. Le préavis court, en effet, du jour de la notification de licenciement ; le délai de préavis étant préfix, la maladie n'en suspend pas le cours. Dans la mesure où son état de santé ne s'améliore pas après la notification de licenciement, le salarié malade qui ne fournit aucune prestation de travail pendant le délai-congé n'a pas droit à une indemnité de préavis. Le salarié ne pourra réellement bénéficier du préavis que s'il se rétablit en cours de congé ou si des dispositions conventionnelles prévoient expressément que les indemnités de préavis seront versées même en cas d'inexécution du travail.

5. Soc. 21 avr. 1988, *JS UIMM* 1988, n° 505, p. 314 ; *D.* 1988. Somm. 322, obs. A. Lyon/Caen ; 28 avr. 1988, *M*[me] *Lopez* ; 19 mai 1988, *SA Sécofi, CSBP* 1988. 19. A 6 ; *D.* 1989. Somm. 169.

plein droit. De plus, en vertu du droit fondamental à la protection de la santé, garanti notamment par l'alinéa 11 du préambule de la Constitution de 1946, un licenciement lié à l'état de santé est attentatoire aux libertés, et comme tel il est nul [1]. De manière subséquente, le salarié peut notamment obtenir sa réintégration et le paiement des salaires qui auraient été dus s'il avait travaillé entre la date de son éviction et celle de sa réintégration, peu important qu'il ait reçu des salaires ou revenus de remplacement pendant cette période [2]. La problématique du licenciement d'un salarié pour un motif rattaché à son état de santé relève ainsi du droit des discriminations et des droits fondamentaux.

Pour qu'un tel licenciement soit licite il est nécessaire qu'il soit justifié par la nature de la tâche à accomplir et proportionné au but recherché (C. trav., art. L. 1121-1). Le licenciement lié à l'état de santé n'est donc admis que s'il perturbe gravement le fonctionnement de l'entreprise (justification) et s'il est *nécessaire* de pourvoir au remplacement *définitif* du salarié malade (proportionnalité) [3].

331 ***Rupture du contrat en cas de maladie ou d'accident professionnel*** ◊ Pendant la période de suspension résultant d'un accident du travail ou d'une maladie professionnelle, l'employeur ne peut pas résilier le contrat de travail (C. trav., art. L. 1226-9). Ceci signifie qu'il ne peut pas notifier un licenciement pendant la période de suspension [4], mais il peut valablement

1. Soc. 11 juill. 2012, *New Baby Cash*, n° 10-15.905 P, *Dr. ouvrier* 2012. 802, obs. M. Bonnechère ; 29 mai 2013, n° 11-28.734 P.
2. Soc. 11 juill. 2012, *New Baby Cash*, préc. ; 29 mai 2013, préc.
3. Très souvent, la convention collective applicable dans l'entreprise prévoit expressément que l'employeur ne peut procéder au licenciement du salarié malade que s'il est nécessaire de remplacer celui-ci. Mais les juges posent cette condition à la régularité du licenciement alors même que la convention collective ne contient aucune disposition à ce sujet : Soc. 3 juill. 1986, *Bull. civ.* V, n° 346 ; 17 juill. 2001, *RJS* 11/01, n° 1282. Il faut qu'il y ait remplacement *effectif et définitif* pour que le licenciement du salarié malade soit justifié (Soc. 31 mai 1989, *RJS* 07/89, n° 571 : l'embauche d'un remplaçant par contrat à durée déterminée ne justifie pas le licenciement). Le remplacement définitif du salarié licencié suppose nécessairement *l'embauche d'un autre salarié* par la conclusion d'un contrat à durée indéterminée (Cass., ass. plén., 22 avr. 2011, n° 09-43.334, *RDT* 2011. 372, note B. Sardin-Lardy : le remplacement d'un gardien d'immeuble absent pendant une longue durée n'est pas assuré par le recours à une entreprise de service). Pour apprécier le caractère nécessaire du remplacement du salarié absent, les juges disposent d'un pouvoir souverain d'appréciation des éléments de fait et de preuve (Soc. 6 févr. 2008, n° 06-45.762, *D.* 2008. sept., Panorama de droit du travail, III, A., obs. B. Lardy-Pélissier).

Le remplacement définitif doit être opéré par l'entreprise qui a procédé au licenciement et non pas par une autre société du groupe (Soc 25 janv. 2012, n° 10-26.502, *RJS* 4/12, n° 332). Mais le remplacement peut ne pas intervenir immédiatement après la notification du licenciement (Soc. 31 oct. 1989 et 7 nov. 1989, *RJS* 1990. 16, n° 13 : licenciement fondé sur un motif réel et sérieux dès lors qu'il y avait nécessité de pourvoir au remplacement de l'intéressé et que ce remplacement était intervenu dans des délais normaux, à un moment où le salarié n'était toujours pas en état de reprendre son travail). Dans le même sens, Soc. 23 oct. 2001, *RJS* 1/02, n° 26 ; 9 juill. 2003, *RJS* 10/03, n° 1148. La Cour de cassation précise que le remplacement définitif est un remplacement « fixé une fois pour toutes » (Soc. 6 févr. 2008, n° 06-44.389).

4. La notification du licenciement en cours de suspension entraîne la nullité de celui-ci alors même que la notification reporte les effets de la rupture à une date postérieure à la fin de

engager une procédure de licenciement [1]. L'employeur, de la même façon, ne peut pas mettre à la retraite un salarié pendant cette période de suspension [2]. L'interdiction de licencier n'est pas absolue ; comme dans le cas de maternité, l'employeur peut licencier en cas de faute grave du salarié ou en cas d'impossibilité, pour un motif non lié à l'accident ou à la maladie, de maintenir le contrat de travail. Discriminatoire et attentatoire au droit à la protection de la santé, un licenciement contraire à ces textes est nul [3]. Le salarié licencié irrégulièrement peut soit demander la réintégration dans son emploi [4], soit demander le paiement d'indemnités de rupture [5].

---

la suspension (Soc. 5 juin 1996 *Bull. civ.* V, n° 222). Mais la notification du licenciement produit ses effets lorsque la lettre de licenciement parvient au salarié au cours de la période de suspension dès lors que cette lettre a été envoyée au salarié avant qu'il n'ait été victime d'un accident du travail (Cass., ass. plén., 28 janv. 2005 n° 01-45.924 PBRI : l'effet du licenciement est reporté à l'expiration de la période de suspension).

1. Soc. 17 janv. 1996, *Bull. civ.* V, n° 14 ; 13 févr. 1996, *RJS* 4/96, n° 395.

2. Soc. 7 mars 2007, *RJS* 5/07, n° 552 : « au cours des périodes de suspension consécutives à un accident du travail ou à une maladie professionnelle, une mise à la retraite décidée par l'employeur est nulle » ; Soc. 27 janv. 2009, n° 07-45.290, *RJS* 4/09, n° 335.

3. L'impossibilité de maintenir le contrat de travail doit résulter de circonstances indépendantes du comportement du salarié : Soc. 31 oct. 1989, *RJS* 12/89, n° 915 (le conflit existant entre la salariée et une partie du personnel ne rend pas impossible le maintien du contrat) ; Soc. 15 déc. 1989, *RJS* 2/90, n° 95. L'existence d'un motif économique peut justifier le licenciement d'un salarié victime d'un accident de travail ou d'une maladie professionnelle, à condition de respecter l'ordre des licenciements, mais l'existence d'une cause économique ne constitue pas habituellement une impossibilité pour l'employeur, au sens de l'art. L. 1226-9 C. trav., de maintenir le contrat de travail d'un salarié victime d'un accident du travail (Soc. 21 nov. 2000, *Bull. civ.* V, n° 380 ; 12 mars 1997, *Bull. civ.* V, n° 102). L'impossibilité de maintenir le contrat de travail doit être appréciée à la date de la rupture (Soc. 25 mai 1993, *SA Sadim*, *CSBP* 1993 ; 16 mars 1994 ; 16 mars 1994, *Dr. soc.* 1994. 517). Le choix de la victime d'un accident professionnel parmi les personnes licenciées pour motif économique ne peut pas être motivé par une réduction de ses capacités physiques consécutives à un accident du travail (Soc. 25 mai 1995, *Sté Coteg*, préc.). Il faut encore établir que la nécessité de licencier concerne précisément ce salarié : Soc. 5 déc. 1989, *RJS* 1/89, n° 10 ; 30 janv. 1991, *RJS* 3/91, n° 318.

4. Soc. 25 févr. 1998, *RJS* 4/98, n° 451 ; 12 nov. 1997, *RJS* 12/1997, n° 1358 ; lorsque le licenciement prononcé est nul, l'Assedic ne peut pas invoquer l'anc. art. L. 122-14-4 C. trav. pour obtenir le remboursement des indemnités versées au salarié privé d'emploi (Soc. 12 févr. 1991, *RJS* 3/91, n° 326).

5. Soc 12 mars 1987, *D.* 1987. IR 66 ; 27 mai 1987, *D.* 1987. IR 141. Lorsque l'employeur qui a licencié à tort la victime d'un accident du travail ou d'une maladie professionnelle, propose à celle-ci de la réintégrer dans son emploi, le salarié n'est pas obligé d'accepter cette offre et son refus ne peut être assimilé à une démission (Soc. 26 nov. 1987, *D.* 1987. IR 251). Après avoir adopté des solutions divergentes, la Cour de cassation juge actuellement que le salarie licencié *en cours de suspension* a droit à des dommages et intérêts calculés en fonction du préjudice subi (Soc. 17 déc. 1996, *RJS* 2/97, n° 136) et non aux indemnités particulières mentionnées aux art. L. 1226-14 et L. 1226-15 C. trav. ; les dispositions de ces deux articles (indemnité de préavis, indemnité de licenciement doublée, indemnité d'au moins douze mois de salaires sanctionnant l'irrégularité du licenciement) ne sont pas applicables dans ce cas (Soc. 22 mars 1989, trois arrêts, *RJS* 5/89, n° 413 ; 29 mai 1991, *RJS* 7/91, n° 821 ; 15 févr. 1995, *RJS* 3/95, n° 225 ; 12 mars 1996 *Bull. civ.* V, n° 90 ; *RJS* 5/96, n° 533). La solution est curieuse et risque d'inciter les employeurs à licencier les victimes d'accidents du travail pendant la période de suspension puisque les licenciements prononcés après la période de suspension entraînent les sanctions plus rigoureuses prévues aux art. L. 1226-14 et 1226-15 C. trav. : en ce sens, conclusions avocat général Picca, *RJS* 5/89, n° 225).

L'interdiction faite à l'employeur de licencier un salarié, victime d'une maladie professionnelle ou d'un accident du travail, pendant la période de suspension ne fait pas obstacle à la prise d'effet d'un licenciement qui a été notifié avant le début de la suspension [1].

B. Issue de la suspension

332 ***Date de la fin de la suspension*** ◊ La durée de la suspension du contrat peut être spécialement longue lorsque la maladie ou l'accident a une origine professionnelle. L'article L. 1226-7 du Code du travail prévoit en effet que le contrat de travail du salarié victime d'un accident du travail ou d'une maladie professionnelle est suspendu non seulement pendant la durée de l'arrêt de travail provoqué par l'accident ou la maladie mais aussi, le cas échéant, pendant le délai d'attente et la durée du stage de réadaptation, de rééducation ou de formation professionnelle que doit suivre l'intéressé.

Quelle que soit l'origine de la maladie ou de l'accident, il faut déterminer avec précision le jour où se termine la période de suspension. La loi n'aborde pas cette question. La Cour de cassation décide que c'est la visite de reprise assurée par le médecin du travail qui met fin à la période de suspension [2]. Cette solution n'est guère satisfaisante [3]. Elle ne donne pas de réponse pour tous les arrêts de travail de moins de 30 jours qui ne résultent pas d'une maladie professionnelle, la réglementation n'impose pas dans ces situations une visite de reprise [4]. Même dans les cas où il y a une visite de reprise, la solution de droit positif entraîne une conséquence curieuse : le salarié, qui reprend son travail avant que la visite de reprise n'ait eu lieu [5], sera considéré comme étant dans une période de suspension de contrat alors qu'il exécute les prestations du contrat de travail et que l'employeur doit évidemment lui verser la rémunération contractuelle. Par ailleurs, lorsqu'au terme de la première visite, le médecin du travail ne délivre pas un avis d'aptitude mais convoque le salarié pour un second examen, le contrat de travail n'est plus suspendu alors que, souvent, le salarié travaille pendant la période qui sépare les deux examens médicaux.

S'il y a reprise du travail en l'absence de visite obligatoire de reprise, le contrat de travail est toujours suspendu [6]. Si la suspension a pour origine

1. Cass., ass. plén., 28 janv. 2005, n° 01-45.924, *Bull. ass. plén.* n° 1, p. 1.

2. Soc. 30 janv. 1991, *Bull. civ.* V, n° 47 ; J. Y Frouin, *RJS* 12/95, n° 8. Le Code du travail prévoyant que cette visite de reprise peut donner lieu à deux examens médicaux espacés de deux semaines (C. trav., art. R. 4624-31), la Chambre sociale de la Cour de cassation précise que c'est la date du premier examen de reprise qui met fin à la suspension du contrat : Soc. 16 févr. 1999, *RJS* 4/99, n° 500 ; *Dr. soc.* 1999. 528, obs. J. Savatier.

3. A. Mazeaud, la santé du salarié Dalloz 1999 p. 47 s.

4. C. trav., nouv. art. R. 4624-22 (Décr. n° 2012-135 du 30 janv. 2012).

5. Cette situation est assez fréquente. La visite de reprise doit avoir lieu dans les huit jours où le salarié se présente dans l'entreprise à l'expiration de l'arrêt de travail ordonné par son médecin traitant ; il travaille ainsi pendant plusieurs jours avant que la visite de reprise n'ait eu lieu.

6. Soc. 22 mars 1989, *Bull. civ.* V, n° 235.

une maladie professionnelle ou un accident du travail, l'employeur ne pourra licencier le salarié après la reprise qu'en invoquant une faute grave ou l'impossibilité de maintenir le contrat pour un motif non lié à l'accident ou à cette maladie [1].

333 ***Issue de la suspension en cas d'aptitude*** ◊ Lorsque le médecin du travail constate l'aptitude du salarié à tenir son emploi [2], celui-ci reprend l'activité qui était précédemment la sienne. Si son emploi n'existe plus ou n'est plus vacant, il sera réintégré dans un emploi similaire. Par emploi similaire, il faut entendre un emploi comportant le même niveau de rémunération, la même qualification et les mêmes perspectives de carrière que l'emploi initial [3].

Cette règle de la réintégration dans le même emploi ou, à défaut, dans un emploi similaire est posée par le Code du travail en cas de maladie professionnelle ou d'accident du travail (C. trav., art. L. 1226-8). Elle a été étendue par la Cour de cassation aux cas de maladie et d'accident non professionnel [4]. Les sanctions ne sont cependant pas les mêmes dans les deux situations lorsque l'employeur ne réintègre pas le salarié apte à tenir son emploi dans son emploi initial ou un emploi équivalent. Lorsque la suspension du contrat a été provoquée par une maladie ou un accident non professionnel [5], le salarié non réintégré percevra les indemnités de

1. Soc. 28 févr. 2006, n° 05-41.555 (FSPBRI).

2. L'avis du médecin du travail peut être contesté par l'employeur et par le salarié. C'est alors l'inspecteur du travail qui statuera sur l'aptitude du salarié à tenir son emploi, après avis du médecin inspecteur du travail (C. trav, art. L. 4624-1. ; CE 4 oct. 1991, *RJS* 12/1991, n° 1326). Si l'inspecteur du travail ne reconnaît pas l'inaptitude (ou si sa décision la reconnaissant est annulée sur recours contentieux), le licenciement qui aurait été prononcé n'est pas nul car ce licenciement n'est pas subordonnée à la décision préalable de l'inspecteur du travail (Soc. 8 avr. 2004, *RJS* 4/2004, n° 681, chron. S. Bourgeot ; *ibid.* 435). Mais le licenciement est, selon la Cour de cassation, privé de cause ; le salarié a droit à « une indemnité qui ne peut être inférieure au salaire des six derniers mois prévue par l'anc. art. L. 122-14-4 (C. trav., art. L. 1235-3) » (même arrêt). Cette indemnité minimale est due quelle que soit l'ancienneté de la salariée dans l'entreprise et quels que soient les effectifs de celle-ci, l'arrêt ne faisant aucune allusion à ces données.

3. Soc. 22 oct. 1997, *RJS* 12/1997, n° 1360.

4. Soc. 25 févr. 1997, *RJS* 4/1997, n° 398.

5. Les accidents de trajet sont expressément exclus du champ d'application des dispositions relatives aux accidents du travail et aux maladies professionnelles (C. trav., art. L. 1226-7). En ce qui concerne les maladies professionnelles, la Cour de cassation juge que celles-ci ne sont pas toutes les maladies liées à l'activité professionnelle mais seulement celles qui sont considérées au regard du droit de la sécurité sociale, comme des maladies professionnelles : Soc 21 mars 1996, *Bull. civ.* V, n° 108 ; *RJS* 5/96, n° 532. Si la Cour de cassation refuse de considérer comme maladie professionnelle au regard des art. L. 1226-7 s. C. trav. une maladie qui ne serait pas considérée comme professionnelle au regard de la sécurité sociale, elle affirme l'autonomie du juge du travail par rapport aux décisions des caisses d'assurance maladie : un salarié est en droit d'invoquer le caractère professionnel d'une maladie pour bénéficier des dispositions du code du travail alors même que la décision de reconnaissance de l'origine professionnelle de la maladie par une CPAM était inopposable à l'employeur (Soc. 8 juin 1994, *RJS* 7/94, n° 856) ; dans un sens voisin, Soc. 23 mai 1996, *RJS* 8-9/1996, n° 916 : l'application de l'anc. art. L. 122-32-5 (C. trav., art. L. 1226-10 s.) n'est pas subordonnée à la reconnaissance par la caisse primaire d'assurance maladie du lien de causalité entre l'accident du travail et l'inaptitude.

licenciement et de licenciement sans cause réelle et sérieuse. Lorsque la suspension du contrat a été provoquée par une maladie ou un accident professionnel, le salarié non réintégré dans son emploi ou dans un emploi similaire aura droit à une indemnité spéciale de licenciement, à une indemnité qui ne peut être inférieure à douze mois de salaires (C. trav., art. L. 1226-15). Cette indemnité se cumule avec l'indemnité compensatrice de préavis et, le cas échéant, avec l'indemnité spéciale de licenciement qui est égale au double de l'indemnité légale de licenciement

334 ***Le reclassement en cas d'inaptitude*** [1] ◊ Si le salarié est déclaré par le médecin du travail inapte à reprendre l'emploi qu'il occupait précédemment, l'employeur est tenu de lui proposer un autre emploi approprié à ses capacités, compte tenu des conclusions écrites du médecin du travail et des indications qu'il formule sur l'aptitude du salarié à exercer l'une des tâches existantes dans l'entreprise et aussi comparable que possible à l'emploi précédemment occupé. Cette obligation de proposer au salarié déclaré inapte à occuper son emploi initial un autre poste dans l'entreprise pèse sur l'employeur quelle que soit l'origine de l'inaptitude ; elle est imposée par l'article L. 1226-10 du Code du travail en cas d'inaptitude d'origine professionnelle et par l'article L. 1226-2 du Code du travail en cas d'inaptitude d'origine non professionnelle [2].

Le chef d'entreprise doit rechercher par tous moyens s'il est possible de préserver l'emploi du salarié [3] ; il doit étudier toutes les propositions émises par le médecin du travail en procédant éventuellement à une mutation, à une transformation de poste ou à un aménagement du temps de travail [4].

Cette recherche d'un poste de reclassement doit être effectuée non seulement dans l'entreprise au sein de laquelle travaillait le salarié devenu inapte mais également dans toutes les entreprises du groupe auquel appartient l'entreprise, du moins dans celles dont les activités, l'organisation et le lieu d'exploitation permettent d'effectuer la mutation de tout ou partie du personnel [5].

Avant de proposer un poste de reclassement au salarié devenu inapte, l'employeur doit consulter les délégués du personnel du moins lorsque l'inaptitude a une origine professionnelle [6].

---

1. B. Lardy-Pélissier, l'obligation de reclassement, *D.* 1998. Chron. 399 ; F. Heas, les obligations de reclassement en droit du travail, *Dr. soc.* 1999. 504 ; G. Couturier, Vers un droit du reclassement, *Dr. soc.* 1999. 497 ; J. Pélissier, « Le lien d'emploi », *Mélanges Yves Serra*, Dalloz 2006, p. 337 s.

2. Cette obligation ne pèse pas sur l'employeur lorsque l'accident survient au cours du préavis courant après la démission du salarié (Soc. 15 févr. 2006, *Liaisons soc.* 2006, n° 949, p. 1).

3. M. C. Amauger Lattes et B. Lardy-Pélissier, *La santé du salarié*, Dalloz 1999, p. 106 s.

4. Cette obligation de rechercher un poste de reclassement existe alors même que le médecin du travail a déclaré le salarié inapte à tout emploi dans l'entreprise (J. Savatier « À propos de l'inaptitude physique à l'emploi apparue au cours du contrat de travail », *Dr. soc.* 2009. 1190 s. ; Soc. 16 sept. 2009, *Dr. soc.* 2009. 1193 ; 23 oct. 2001, *RJS* 1/02, n° 28).

5. Soc. 18 avr. 2000, *RJS* 6/00, n° 660 ; 19 mai 1998, *Bull. civ.* V, n° 264, *RJS* 7/98, n° 846 ; 16 juin 1998, *RJS* 8-9/98, n° 975.

6. C. trav., art. L. 1226-10. Cette obligation de consulter les délégués du personnel est entendue de façon stricte : il doit s'agir de la consultation de tous les délégués du personnel (et

Le reclassement est subordonné à l'acceptation par le salarié du nouvel emploi qui lui est proposé. Lorsque le salarié accepte le nouvel emploi, cette acceptation emporte modification du contrat ; l'employeur et le salarié sont désormais liés par les nouvelles obligations concernant la prestation de travail et la rémunération. Cependant lorsque le salarié éprouve des difficultés à tenir son nouvel emploi, la jurisprudence décide que l'employeur doit rechercher si un autre emploi, mieux adapté aux capacités du salarié, n'est pas disponible dans l'entreprise et le proposer à celui-ci [1]. Le licenciement du salarié reclassé fondé sur l'incapacité de celui-ci à exercer ses nouvelles fonctions, est frappé de nullité [2].

Un refus du salarié ne dispense pas l'employeur de faire de nouvelles propositions. Ce n'est que dans les situations où il n'existe aucun emploi dans l'entreprise et dans le groupe, qui puisse être tenu par le salarié inapte [3], que l'employeur pourra procéder de façon légitime au licenciement du salarié.

335 ***Inaptitude et licenciement*** ◇ Les droits du salarié licencié en raison de son inaptitude ne sont pas identiques selon que le salarié a été ou non victime d'une maladie ou d'un accident professionnel.

Le salarié inapte à la suite d'une maladie ou d'un accident professionnel, qui est licencié alors que l'employeur s'est acquitté de son obligation de rechercher et de proposer un poste de reclassement, a droit à une indemnité spéciale de licenciement [4] ; il a également droit à une indemnité

non pas de deux délégués sur les trois en fonction : Soc. 3 juill. 1990, *JS UIMM* 1990. 394), la consultation des délégués du personnel ne peut pas être remplacée par une consultation du comité d'entreprise (Soc. 22 mars 2000, *Bull. civ.* V, n° 119 ; *RJS* 5/00, n° 525) ou par l'avis d'un représentant syndical (Soc. 21 févr. 1990, *RJS* 4/90, n° 284). Cep., la Cour de cassation a jugé que l'employeur n'est pas obligé de recueillir un avis collectif des délégués du personnel au cours d'une réunion (Soc. 29 avr. 2003, *RJS* 7/03, n° 870 : la consultation individuelle des délégués est estimée suffisante). La violation de cette obligation de consultation est lourdement sanctionnée : l'employeur qui licencie un salarié pour impossibilité de reclassement alors qu'il n'a pas consulté les délégués du personnel sera condamné à verser une indemnité d'au moins 12 mois de salaires en application de l'art. L. 1226-15 C. trav. : Soc. 13 déc. 1995, *RJS* 3/96, n° 268 ; il ne pourra pas échapper à cette condamnation en invoquant l'absence de délégués du personnel dans l'entreprise lorsqu'il ne peut pas justifier de l'impossibilité dans laquelle il se serait trouvé d'organiser des élections de délégués du personnel (Soc. 22 mars 2000, *Bull. civ.* V, n° 119 ; 7 déc. 1999, *RJS* 1/2000, n° 35).

1. Soc. 10 janv. 1991, *RJS* 3/91, n° 368 ; 22 janv. 1991, *RJS* 3/91, n° 320.

2. Soc. 7 mars 2012, n° 11.11.311, *Sté Ciffreo Bona, Dict. perm. soc.*, n° 941, p. 13.

3. Soc. 30 nov. 2010, *Dr. soc.* 2010. 215, obs. F. Favennec Hery. La Cour de cassation approuve les juges du fond d'avoir retenu « que le refus par le salarié d'un poste proposé par l'employeur dans le cadre de son obligation de reclassement n'implique pas à lui seul le respect par celui-ci de cette obligation et qu'il lui appartient d'établir qu'il ne dispose d'aucun autre poste compatible avec l'inapitude du salarié ainsi que de faire connaître par écrit les motifs qui s'opposent au reclassement avant de procéder au licenciement ».

4. C. trav., art. L. 1226-14 ; cette indemnité spéciale est égale au double de l'indemnité légale de licenciement, mais, à la différence de cette dernière, elle n'est pas soumise à une condition d'ancienneté (Soc. 10 nov. 1988, *Bull. civ.* V, n° 589). Elle n'est versée que si le salarié ne bénéficie pas d'une indemnité conventionnelle plus élevée.

compensatrice d'un montant égal à l'indemnité compensatrice de préavis [1], droit original puisque l'indemnité compensatrice de préavis n'est normalement due que lorsque le salarié se tient à la disposition de l'employeur pour exécuter ses obligations contractuelles alors qu'ici le salarié inapte est dans l'impossibilité exécuter la prestation de travail prévue par le contrat. Le salarié sera cependant privé de cette indemnité spéciale de licenciement et de l'indemnité compensatrice lorsque son refus du ou des postes de reclassement a un caractère abusif [2]. Lorsque le licenciement est prononcé sans que l'employeur ait satisfait à son obligation de reclassement, le salarié aura en outre droit à une indemnité qui ne peut pas être inférieure à douze mois de salaires [3]. Reste la situation où l'employeur n'a pas failli à son obligation de reclassement mais a seulement omis de mentionner dans la lettre de licenciement qu'il était impossible de reclasser le salarié inapte. La Cour de cassation juge que la mention comme motif de licenciement « inaptitude physique du salarié » sans préciser qu'il y a impossibilité de reclassement ne constitue pas un motif précis de licenciement et que le licenciement doit être considéré comme sans cause réelle et sérieuse [4].

Lorsque le licenciement est prononcé à la suite d'une inaptitude d'origine non professionnelle, le salarié n'a pas droit à une indemnité compensatrice de préavis (C. trav., art. L. 1226-4, dern. al.). Il a droit, en revanche, à une indemnité légale ou conventionnelle de licenciement sauf faute grave de sa part [5] ; le préavis non exécuté est pris en compte pour le calcul

1. C. trav., art. L. 1226-14.

2. Si le refus abusif fait perdre au salarié le bénéfice de l'indemnité *spéciale* de licenciement et de l'indemnité de préavis, elle ne lui fait pas perdre le droit à l'indemnité de licenciement et à l'indemnité pour non-respect de la procédure (Soc. 19 juill. 1994, *RJS* 12/94, n° 1367 ; 26 mars, *RJS* 6/96, n° 669). Les juges qui ont à statuer sur le caractère abusif du refus du salarié décident habituellement que le refus motivé par la diminution de salaire entraînée par le changement d'emploi n'est pas abusif (Soc. 25 oct. 1990, *RJS* 6/90, n° 472 ; 7 juill. 1993, *RJS* 8-9/93, n° 865) ; la décision est identique lorsque le refus du salarié s'explique par les difficultés de déplacement entre le lieu de résidence du salarié handicapé et le lieu où est situé le poste proposé (Soc. 22 janv. 1992, *RJS* 5/92, n° 276) ou lorsque le poste proposé entraîne un déclassement professionnel (Soc. 9 mai 1995, *Dr. soc.* 1995. 672, obs. *D.* Corrignan-Carsin). De façon plus générale, la Cour de cassation décide que le refus par le salarié d'un poste de reclassement ne peut pas être abusif lorsque la proposition de reclassement entraîne une modification du contrat (Soc. 14 juin 2000, *Bull. civ.* V, n° 228 ; *Dr. soc.* 2000. 1026, obs. Jean Savatier ; 15 juill. 1998, *RJS* 10/98, n° 1208) : affirmation à vrai dire surprenante car s'il n'y a pas modification de contrat, il n'y a pas à proprement parler « reclassement », mais simple exécution du contrat initial ; et si toute modification du contrat est incompatible avec le caractère abusif du refus, ceci revient à affirmer qu'il ne peut pas y avoir de refus abusif de reclassement pourtant expressément prévu par la loi.

3. C. trav., art. L. 1226-14.

4. Soc. 9 avr. 2008, n° 07-40.356, *Sem. soc. Lamy* 2008, n° 1359, p. 13, obs. J. Y. Frouin ; *D.* 2008, « Panorama droit du travail », III, A, 3, obs. B. Lardy-Pélissier.

5. Le refus abusif d'un poste de reclassement constitue-t-il une faute grave entraînant la privation de l'indemnité de licenciement ? Les juridictions n'ont pas encore eu l'occasion de répondre à cette question (elles n'ont été saisies qu'à propos de refus abusif à l'occasion d'un licenciement à la suite d'une inaptitude professionnelle : v. *supra*). *Logiquement la réponse devrait être positive : le refus abusif constitue une faute ; or cette faute rend immédiatement impossible la continuation du contrat de travail et répond donc à la définition de la faute grave.*

de l'indemnité légale de licenciement. Il pourra également obtenir une indemnité de licenciement sans cause réelle et sérieuse si l'employeur n'a pas exécuté son obligation de proposer un poste de reclassement.

336 ***Inaptitude et paiement des salaires d'inactivité*** ◊ Si le salarié n'est pas reclassé dans l'entreprise à l'issue d'un délai d'un mois à compter de l'examen médical de reprise du travail ou s'il n'est pas licencié, l'employeur est tenu de verser à l'intéressé, dès l'expiration de ce délai, le salaire correspondant à l'emploi que celui-ci occupait avant la suspension de son contrat de travail.

Cette obligation légale, consacrée par les articles L. 1226-4 et L. 1226-11 du Code du travail, ne doit pas être confondue avec une obligation de licencier qui pèserait sur l'employeur en l'absence de reclassement. L'employeur a le droit de ne pas licencier lorsque le reclassement est impossible ; il peut préférer payer les salaires en attendant la possibilité de mettre à la retraite le salarié plutôt que procéder à un licenciement. Le salarié ne pourra prendre l'initiative de la rupture du contrat et faire décider que celle-ci est imputable à l'employeur que si celui-ci ne paie pas les salaires dus ; dans ce cas, en effet, l'employeur n'exécute pas les obligations qui sont à sa charge et le salarié peut invoquer cette inexécution pour faire juger qu'il y a licenciement sans cause réelle et sérieuse [1].

La portée de cette obligation de verser le salaire correspondant à l'emploi initial a été précisée par plusieurs arrêts. Il est tout d'abord décidé que cette obligation court à compter du second examen médical de la visite de reprise [2] ; il est également jugé que cette obligation lie l'employeur même lorsque le salarié a refusé de façon abusive le reclassement qui lui était proposé, du moment que le licenciement n'a pas été prononcé [3]. Il est aussi précisé que l'employeur ne peut pas prendre en compte les indemnités que reçoit le salarié en application d'un régime de prévoyance pour diminuer les salaires qu'il verse à celui-ci [4]. Enfin, de façon plus radicale, la Cour de cassation affirme que cette obligation de payer les salaires à défaut de

1. Soc. 4 mai 1999, *Bull. civ.* V, n° 185 ; *RJS* 6/99, n° 816 ; 29 sept. 2004, *RJS* 12/4, n° 1273. Lorsque le salarié n'a été ni reclassé ni licencié dans le délai d'un mois,le salarié peut demander à la fois la résiliation du contrat pour manquement de l'employeur à son obligation de reprendre le paiement du salaire et réclamer un tel paiement jusqu'à la date de la rupture qui s'analyse en un licenciement sans cause réelle et sérieuse (Soc 14 déc. 2011, n° 10-14.251, *RJS* 3/12, n° 239). On peut également imaginer une autre hypothèse : lorsque l'employeur n'a pas respecté son obligation de reclassement et qu'il ne licencie pas le salarié, celui-ci pourrait invoquer l'inexécution par l'employeur de ses obligations contractuelles pour faire juger qu'il y a licenciement sans cause réelle et sérieuse alors même que les salaires seraient versés. Cette situation ne se rencontrera qu'exceptionnellement parce que le salarié souhaitera habituellement continuer à bénéficier des salaires versés. Mais elle a déjà donné lieu à contentieux. Et la Cour de cassation a jugé que la reprise par l'employeur du paiement des salaires ne le dispense pas de son obligation de reclassement (Soc. 3 mai 2006, n° 04-40.721, *RDT* 2006. 93, obs. B. Lardy-Pélissier ; *Dr. soc.* 2006. 802, obs. J. Savatier).

2. Soc. 10 juill. 2002, n° 2508, *RJS* 10/02 n° 1109 ; 28 janv. 1998, *RJS* 3/98, n° 307 ; 4 juin 1998, *RJS* 8-9/98, n° 977. Sur ce point, B. Lardy-Pélissier, *La santé du salarié*, éd. Dalloz 1999, p. 122.

3. Soc. 7 déc. 1999, *RJS* 1/00, n° 36.

4. Soc. 9 janv. 2008, n° 06-41.172 ; 16 févr. 2005, *Bull. civ.* V, n° 51 ; *RJS* 8/05, n° 504 ; 19 mai 1998, *RJS* 7/98, n° 847.

reclassement et de licenciement exclut la possibilité pour l'employeur et le salarié de signer une rupture de commun accord [1].

§ 2. L'activité partielle (ou chômage partiel)

337 ***Contextes*** ◊ La mise à pied économique, longtemps dite « chômage partiel » [2], est désormais qualifiée d'« activité partielle » par la loi du 14 juin 2013 [3]. La volonté publicitaire de nommer de manière positive cette situation n'en a guère changé ni la nature, ni le régime. Il s'agit toujours de la situation dans laquelle se trouve un salarié lorsque l'employeur ne remplit plus son obligation de fournir un travail, et qu'il réduit ainsi, unilatéralement et provisoirement, le temps de travail de ses salariés. Techniquement, l'activité partielle produit une suspension du contrat de travail et la réduction du salaire. Le salarié bénéficie alors, sous conditions, d'une indemnisation qui lui permet de réduire sa perte de salaire.

Cette suspension économique du contrat de travail est apparue comme une alternative aux licenciements économiques, lorsque l'entreprise traverse une période de difficultés. À ce titre, elle a fait l'objet d'un intérêt très vif, notamment de la part des interlocuteurs sociaux et du pouvoir législatif et réglementaire. Il en est résulté une forte instabilité de sa réglementation jusqu'à la réforme de la loi du 14 juin 2013, qui pourrait stabiliser, au moins quelques temps, la question [4].

Il faut en outre compter avec la traditionnelle rémunération mensuelle minimale, qui est elle aussi un mode d'indemnisation de l'activité partielle.

338 ***Les allocations du travailleur en activité partielle*** ◊ Un travailleur en activité partielle est indemnisé à hauteur de 70% de la rémunération brute perdue (de l'ordre de 85% du net). Cette indemnisation lui est due par l'employeur (C. trav., art. R. 5122-18) [5], lequel reçoit une allocation spécifique, dont la charge est répartie entre l'État et l'assurance chômage. Fortement réévaluée en 2013, cette allocation est égale à 7, 74 € par heure dans les entreprises de 250 salariés au plus, et à 7, 23 € dans les entreprises de plus de 250 salariés [6].

1. Soc. 12 févr. 2002, *RJS* 4/02, n° 423 ; 29 juin 1999, *Bull. civ.* V, n° 304.
2. B. Sihol, Le chômage partiel, LGDJ 1998 ; P. Lokiec, Le chômage partiel : pour une autre approche, *Dr. soc.* 2009. 393 ; A. Fabre, Le chômage partiel ne connaît pas la crise !, *RDT* 2012. 286.
3. D. Baugard, « L'indemnisation de l'activité partielle après la loi du 14 juin 2013 et le décret du 26 juin 2013 », *Dr. soc.* 2013. 798.
4. Avant d'être re-modifié à la marge et requalifié d'« activité partielle » par la L. du 14 juin 2013, le chômage partiel avait déjà fait l'objet depuis 2009 de cinq accords nationaux interprofessionnels (ANI du 8 juill. 2009 ; ANI du 8 oct. 2009 ; ANI du 13 janv.2012 sur le chômage partiel ; ANI du 6 févr. 2012, ANI du 11 janv. 2013) et de six Décr. (n° 2009-110 du 29 janv. 2009 ; n° 2009-324 du 25 mars 2009 ; n° 2009-478 du 29 avr. 2009, n° 2012-183 du 7 févr. 2012, n° 2012-275 du 28 févr. 2012 et n° 2012-341 du 9 mars 2012). Au chômage partiel « classique » s'était ajoutée, en 2009, l'Activité partielle de longue durée (Apld). L'ANI du 11 janv. 2013 et la loi du 14 juin 2013, réunifient Apld et chômage partiel, sous le nom d'activité partielle.
5. En cas de formation, cette rémunération est portée à 100% du net.
6. C. trav., art. D. 5122-13.

Le versement de ces indemnisations et allocations suppose que le salarié soit bien en « activité partielle », ce qui implique une autorisation préalable de l'administration [1] et le respect de certaines conditions.

L'article R. 5122-1 du Code du travail mentionne l'exigence d'une « contrainte » de suspendre ou réduire temporairement l'activité de l'entreprise. Mais l'énoncé des possibles raisons de cette « contrainte » démontre que l'on est loin du caractère contraignant de la force majeure. Ces raisons, outre les traditionnels « sinistres ou intempéries de caractère exceptionnel » et autres « difficultés d'approvisionnement », incluent notamment la « conjoncture économique », la « transformation, restructuration ou modernisation de l'entreprise » ou encore « toute autre circonstance de caractère exceptionnel ». Cette contrainte peutdonc, notamment être le fait d'une entreprise prospère, procédant, à l'introduction de nouvelles technologies. Le recours au chômage partiel indemnisé demeure ainsi très ouvert. Les décrets d'application de la loi du 14 juin 2013 pourraient ouvrir encore ces possibilités de recours.

L'indemnisation de l'activité partielle est limitée à 1 000 heures par an [2]. Cette durée est réduite à 100 heures lorsque la motivation de l'activité partielle invoquée n'est que la modernisation des installations ou des bâtiments [3]. Depuis la réforme de 2013, l'activité partielle est une situation temporaire qui peut durer fort longtemps. L'autorité administrative peut autoriser un passage à l'activité partielle pour une durée de six mois renouvelable [4]. Aucune limitation n'est fixée sur le nombre de renouvellements. Juridiquement rien n'interdit une activité partielle prolongée sur des années.

339 ***La rémunération mensuelle minimale*** ◇ Les articles L. 3232-1 et suivants du Code du travail mettent en place une rémunération mensuelle minimale (RMM). Le montant de cette rémunération est égal au SMIC, multiplié par la durée légale du travail par mois. Couplée avec les dispositions sur la mensualisation, elle revient à poser un montant minimal par mois pour un salarié travaillant à plein-temps, égal au SMIC mensualisé.

Ce minimum peut être réduit, en cas de grève, de maladie, d'absence injustifiée, de maternité… Mais, et c'est là tout son intérêt, il ne peut pas être réduit en cas de réduction de la durée du travail sur ordre de l'employeur. En d'autres termes, une mise en activité partielle décidée par l'employeur ne pourra pas réduire la rémunération due aux salariés à temps plein en dessous de la RMM. Pour ces salariés, l'activité partielle décidé par l'employeur ne peut donc affecter que la part du salaire située au-dessus du SMIC [5].

1. C. trav., art. L. 5122-1. L'art. R. 5122-4 s. C. trav. laisse un délai de quinze jours à l'administration pour répondre. À défaut, l'autorisation est réputée acquise.
2. Arr. du 26 août 2013.
3. Sauf cas exceptionnel et autorisation administrative en ce sens, Arr. du 26 août 2013.
4. Art. R. 5122-9, modifié par le décret du 29 juin 2013. Le renouvellement peut être conditionné par la prise d'engagements.
5. Le complément accordé par l'employeur se substituant au salaire, il doit être inclus dans l'assiette de calcul d'une prime de 13e mois (Soc. 26 nov. 1996, *Dr. soc.* 1997. 93, obs. J. Savatier).

Plus précisément, la règle impose à l'employeur de verser, en plus du salaire dû pour les heures travaillées, un complément qui monte ce salaire jusqu'au niveau de la RMM. La moitié de ce complément lui sera remboursée par l'État [1].

340 ***Mise en activité partielle et modification du contrat de travail*** ◇ Malgré ces différentes garanties, l'activité partielle (anciennement chômage partiel) indemnisée se traduit par une baisse de rémunération, variable selon le niveau du salaire des personnes concernées, mais qui peut atteindre 15% du salaire net en cas de chômage partiel à temps complet, sur une période de six mois renouvelable.

La réduction du salaire, suite à la décision unilatérale de l'employeur de ne pas honorer ses engagements peut, en principe, être refusée par le salarié. L'employeur, auquel il est alors demandé de respecter les termes du contrat, aura le choix entre maintenir intégralement le salaire ou licencier pour un motif économique si la cause de la violation de son engagement de fournir un travail a les caractères d'une cause économique réelle et sérieuse de licenciement. La solution est ancienne [2].

La jurisprudence a cependant posé une très importante exception à cette solution de principe. Lorsque l'activité partielle remplit les conditions de l'indemnisation de l'article L. 5122-1 du Code du travail, l'employeur peut imposer la réduction de travail et la réduction de salaire qui s'en suit, sans que le salarié puisse la refuser. Le salarié qui refuse l'amputation de sa rémunération, n'aura plus que la possibilité de démissionner [3].

Cette jurisprudence réalise une exception au principe selon lequel toute réduction du salaire par l'employeur s'analyse en une modification du contrat de travail (v. ss 659). En créant de toutes pièces cette exception, juridiquement difficilement justifiable, la Cour de cassation poursuit un objectif très pratique : il s'agit de simplifier le recours à l'activité partielle, en espérant ainsi éviter d'éventuels licenciements économiques.

Aussi louable que soit cet objectif, l'opportunité de la solution n'en apparaît pas moins discutable. En interdisant au salarié de choisir d'être licencié plutôt que de voir sa rémunération amputée, la jurisprudence protège l'emploi du salarié contre la volonté de ce même salarié. Les salariés sont en quelque sorte tenus de se soumettre à la baisse de leur rémunération, dans leur propre intérêt. Ne serait-il pas préférable de les laisser choisir par eux-mêmes ce qui leur semble préférable ? D'autant que ceux qui choisiront le licenciement libéreront du temps de travail, lequel pourra permettre de limiter l'activité partielle des autres salariés.

---

1. C. trav., art. R. 3232-3.

2. Soc. 11 janv. 1962, *Bull. civ.* IV, n° 5 ; 24 juin 1982, *Bull. civ.* V, n° 418 ; 23 oct. 1991, *Dr. soc.* 1991. 961.

3. Soc. 18 juin 1996, *Gury*, n°s 94-44.654 s., *Bull. civ.* V, n° 252 ; *Dr. soc.* 1996. 978, obs. H. Blaise ; *Grands arrêts*, n° 79 ; 9 mars 1999, deux arrêts, *Bull. civ.* V, n°s 103 et 110. *Adde*, P. Lokiec – Le chômage partiel : pour une autre approche, *Dr. soc.* 2009, n° 4.

CHAPITRE 3

LA FORMATION PROFESSIONNELLE TOUT AU LONG DE LA VIE

341 ***Notion*** ◊ Selon le préambule de la Constitution, « La Nation garantit l'égal accès de l'enfant et de l'adulte à l'instruction à la formation professionnelle et à la culture ». « Obligation nationale » selon l'article L. 6111-1 C. trav., la formation professionnelle continue succède à la formation initiale et accompagne l'adulte « tout au long de sa vie » [1]. Son objet est lié à la politique de l'emploi : permettre l'adaptation des travailleurs aux changements des techniques et des conditions de travail et favoriser leur promotion sociale ; accompagner l'inévitable et permanente transformation des emplois ; faciliter la mobilité professionnelle d'un emploi à un autre ; permettre le retour à l'emploi de ceux qui ont interrompu leur activité professionnelle pour s'occuper de leurs enfants ou de leurs parents dépendants [2]. Elle intéresse aussi bien ceux qui ont un emploi et cherchent à le garder que ceux qui ont perdu le leur et cherchent à en trouver un autre. À son organisation, concourent l'État et les collectivités locales, les établissements d'enseignement public et les dispensateurs privés de formation, les organisations professionnelles d'employeurs et de salariés, mais surtout les entreprises.

Dépassant les formules antérieures : – *centres de formation professionnelle accélérée*, ou pour adultes, destinés depuis 1936 à donner un métier aux chômeurs pour faciliter leur réemploi ; – *promotion sociale* qui permet de faire d'un ouvrier spécialisé un ouvrier professionnel, et d'un professionnel un technicien ou un cadre – a été progressivement mis en place, par voie de *négociation collective* [3] *et d'interventions législatives* successives, un dispositif unifié et systématique de « formation professionnelle continue dans le cadre de l'éducation permanente ». Ce dispositif n'ayant pas tenu

1. Consacrée par la L. du 4 mai 2004, cette formulation vient de l'Union européenne (Mémorandum du 30 nov. 2001, entérinée par une résolution du conseil européen du 27 juin 2002).

2. L'article L. 6111-1 du Code du travail précise que la formation professionnelle tout au long de la vie « vise à permettre à chaque personne, indépendamment de son statut, d'acquérir et d'actualiser des connaissances et des compétences favorisant son évolution professionnelle, ainsi que de progresser d'au moins un niveau de qualification au cours de sa vie professionnelle. Elle constitue un élément déterminant de sécurisation des parcours professionnels et de la promotion des salariés ».

3. V. Luttringer, Réflexions sur les rapports entre formation continue et négociation collective, in *Le Droit collectif du travail, Mélanges H. Sinay*, Peter Lang, 1994, 43 s.

toutes les promesses qui étaient les siennes et profitant surtout à ceux qui sont déjà les plus qualifiés [1], a été maintes fois réformé et en dernier lieu par les lois du 4 mai 2004, du 24 novembre 2009 et du 5 mars 2014 qui reprennent respectivement l'essentiel des stipulations d'un Accord national interprofessionnel du 20 septembre 2003 « relatif à l'accès des salariés à la formation tout au long de la vie professionnelle », d'un accord du 7 janvier 2009 « sur le développement de la formation professionnelle tout au long de la vie professionnelle, la professionnalisation et la sécurisation des parcours professionnels » et d'un accord du 14 décembre 2013 sur la formation professionnelle [2].

La législation a aujourd'hui pour fondement trois droits individuels aux champs d'application différents. Le *droit à la qualification professionnelle* est reconnu à tout travailleur engagé dans la vie active ou à toute personne qui s'y engage. Celui qui l'exerce doit pouvoir suivre une formation lui permettant « de progresser au cours de sa vie professionnelle d'au moins un niveau en acquérant une qualification correspondant aux besoins de l'économie prévisibles à court ou moyen terme » (art. L. 6314-1). Sa mise en œuvre fait l'objet de dispositions spécifiques pour les jeunes et pour les demandeurs d'emploi.

Instauré par la loi du 14 juin 2013 et précisé par celle du 5 mars 2014, le *compte personnel de formation* constitue, pour ses titulaires, le support d'un droit d'initiative à formation (C. trav., art. L. 6323-1 et s.). Appelé à se substituer au droit individuel à la formation (DIF), le compte personnel de formation est ouvert pour toute personne âgée d'au moins seize ans [3]. Pleinement transférable, ce compte est fermé lorsque la personne est admise à faire valoir l'ensemble de ses droits à la retraite.

Toute personne dispose du *droit à être informée, conseillée et accompagnée en matière d'orientation professionnelle* (C. trav., art. L. 6111-3). Déjà reconnu dans le cadre des enseignements scolaires, où il participe du droit à l'éducation (C. éduc., art. L. 313-1), ce droit, qui est doté d'un « service public de l'orientation tout au long de la vie » [4], vise à ne pas laisser seuls les individus face à leurs décisions en matière d'orientation professionnelle. À cette fin, toute personne peut bénéficier, tout au long de sa vie

---

1. V. P. Santemann, Formation professionnelle continue : la fin des illusions, *Dr. soc.* 1998. 463 ; M.-L. Morin, Compétences, mobilité et formation tout au long de la vie, repères juridiques pour une réforme, *Travail et Emploi* n° 95, juill. 2003, 27 ; N. Maggi-Germain et A. Pelage (dir.), *Les évolutions de la formation professionnelle*, Paris, Doc. fr., 2003.

2. P. Etiennot, La formation professionnelle pensée autrement, *RDT* 2014. 112.

3. Par dérogation, un tel compte est ouvert dès l'âge de quinze ans pour le jeune qui signe un contrat d'apprentissage. Ainsi que le précise l'article L. 6111-1 « chaque personne dispose dès son entrée sur le marché du travail, indépendamment de son statut, d'un compte personnel de formation ». Les non-salariés et les agents publics ont donc vocation à bénéficier de ce dispositif.

4. Ce service est assuré par l'Etat et les régions. Le premier définit la politique d'orientation des élèves et des étudiants. Les secondes coordonnent les actions des autres organismes participant au service public régional de l'orientation ainsi que la mise en place du conseil en évolution professionnelle. Leur action est coordonnée au moyen d'une convention annuelle.

professionnelle, d'un conseil en évolution professionnelle dont l'objectif est de favoriser l'évolution et la sécurisation de son parcours professionnel. Ce conseil est gratuit et mis en œuvre dans le cadre du service public régional de l'orientation. Il accompagne les projets d'évolution professionnelle, en lien avec les besoins économiques existants et prévisibles dans les territoires. Il facilite l'accès à la formation, en identifiant les qualifications et les formations répondant aux besoins exprimés par la personne et les financements disponibles et il facilite le recours, le cas échéant, au compte personne de formation (C. trav., art. L. 6111-6) [1].

De son côté, l'employeur a une double obligation en matière de formation professionnelle : une *obligation financière* de contribution à la formation professionnelle : toute entreprise doit dépenser un pourcentage minimum de sa masse salariale en vue de concourir à la formation de son personnel (C. trav., art. L. 6331-9) ; et une *obligation d'adaptation* de ses salariés à l'évolution de leurs postes de travail (C. trav., art. L. 6321-1) [2].

342 ***Sources*** ◇ Sujet plus consensuel que les rémunérations ou le temps de travail, la formation professionnelle a été l'un des lieux d'élection de la négociation collective au plan national. Selon la pratique devenue courante de la loi négociée, le législateur a suivi des évolutions initiées par les partenaires sociaux. D'où une succession d'accords nationaux interprofessionnels (ANI), servant de marchepied à l'intervention législative ultérieure [3].

a) L'ANI du 9 juillet 1970 sur la formation et le perfectionnement professionnels a posé les premières bases de la formation continue en distinguant celle qui est suivie *à l'initiative du salarié* (création du droit à congé individuel de formation) et celle qui est suivie *à l'initiative de l'employeur* (plan de formation), et en prévoyant une gestion paritaire du système. Divers avenants à cet accord avaient été signés (1976, 1982, 1983), avant qu'il ne soit remplacé par un ANI du 3 juillet 1991, complété en 1994.

Un nouvel accord a été signé par l'ensemble des organisations représentatives au plan national le 20 septembre 2003. Ayant pour objet « l'accès des salariés à la formation tout au long de la vie professionnelle », il stipule la création d'un droit individuel à la formation et réforme le régime du temps de formation relativement au temps de travail. Il faut également évoquer

1. Ce texte entre en vigueur à compter du 1er janvier 2015. Jusqu'à cette date, les objectifs du conseil en évolution professionnel restent définis par l'article L. 6314-3, abrogé par la loi du 5 mars 2014.

2. Cette formulation issue de la L. du 4 mai 2004, est plus restrictive que celle retenue antérieurement (L. du 19 janv. 2000, anc. art. L. 932-2) qui, reprenant une solution jurisprudentielle (arrêt *Expovit* : Soc. 25 févr. 1992, *Bull. civ.* V, n° 122) visait une obligation d'adaptation des salariés à l'évolution de leurs *emplois* (v. M.-J. Gomez-Mustel, Les enjeux de l'obligation d'adaptation, *Dr. soc.* 2004. 499). L'employeur manque à cette obligation en maintenant un salarié à un poste qu'il est incapable de tenir (Soc. 29 mai 2002, *D.* 2002. 2284, note Waquet). Il n'est en revanche pas tenu de former le salarié à des techniques dont le salarié a prétendu lors de son embauche maîtriser l'utilisation (Soc. 31 janv. 2006, *RJS* 4/06, n° 390).

3. J.-M. Luttringer, Formation professionnelle tout au long de la vie et négociation collective, *Dr. soc.* 2004. 472.

l'accord national interprofessionnel du 7 janvier 2009 « sur le développement de la formation tout au long de la vie professionnelle, la professionnalisation et la sécurisation des parcours professionnels ». Cet accord est intervenu dans un contexte particulier, né d'une divergence de vue profonde entre les autorités étatiques et les partenaires sociaux, à la fois sur l'évaluation du système de formation et sur les réformes à opérer [1]. Cet accord, qui introduit véritablement dans notre droit l'idée de sécurisation des parcours professionnels, poursuit plusieurs objectifs [2]. Il importe, enfin, de mentionner l'ANI du 14 décembre 2013 relatif à la formation professionnelle. Ambitionnant de faire de la formation professionnelle à la fois un levier de la sécurisation de l'emploi et de la compétitivité des entreprises, cet accord a, pour pièce maîtresse, la mise en œuvre du compte personnel de formation. À cela, il faut encore ajouter une certaine simplification du financement de la formation professionnelle par les entreprises.

b) Le législateur est intervenu pour transposer et compléter ce régime conventionnel. Ce fut tout d'abord le cas de la grande *loi du 16 juillet 1971* sur la formation professionnelle continue, qui a introduit dans le Code du travail un livre consacré à la formation (auj. VIe partie, C. trav., art. L. 6111-1 s.) et posé ainsi les bases légales du Droit de la formation professionnelle, qui se présente aujourd'hui comme une nouvelle branche du droit social, empruntant à la fois au droit du travail, au droit public (de l'éducation) et au droit de la sécurité sociale (mutualisation).

Malgré les réformes successives dont ce texte fondamental a fait l'objet, le dispositif français de formation continue demeure insatisfaisant. Il souffre notamment de l'*effet Matthieu*, profitant aux plus qualifiés qui en bénéficient le plus tandis que les moins qualifiés en demeurent largement exclus [3]. La reconnaissance du droit individuel à la formation, conçu par les partenaires sociaux et consacré par la loi du 4 mai 2004, n'a pas suffi à renverser cette tendance et la loi du 24 novembre 2009 relative à l'orientation et à la formation professionnelle tout au long de la vie n'a pas permis de corriger ces défauts. Ils pourraient l'être par la loi du 5 mars 2014 relative à la formation professionnelle, à l'emploi et à la démocratie sociale. Substituant le compte personnel de formation au droit individuel à la formation, cette loi se donne « enfin les moyens de former plus ceux qui en ont le plus besoin, les travailleurs moins qualifiés, les demandeurs d'emploi, les salariés des très petites, petites et moyennes entreprises, les salariés des secteurs et des entreprises fragilisés par les mutations économiques » [4].

1. F. Guiomard, Accord sur la formation du 7 janv. 2009 : ébauche de sécurisation des parcours ou jeu de mistigri ? : *RDT* 2009. 235.
2. Améliorer la lisibilité des dispositifs de formation et simplifier les modalités de mise en œuvre, renforcer le dialogue social dans le domaine de la formation professionnelle, renforcer la coordination des politiques de formation et d'emploi, dépasser la logique de statuts pour intégrer une logique de projets et de parcours professionnels.
3. P. Santelman : Formation professionnelle continue : la fin des illusions, *Dr. soc.* 1998. 463.
4. Exposé des motifs de la réforme en question. V. S. Issehnane et Cl. Dubar, La oi du 5 mars 2014, nouveau souffle pour la formation professionnelle ?, *RDT* 2014. 380, controverse.

Le champ d'application du régime légal et celui du régime conventionnel ne coïncident pas absolument et leurs contenus peuvent diverger sinon dans l'esprit du moins dans le détail [1].

343 ***Différents types d'actions de formation*** ◊ L'article L. 6313-1 du Code du travail prévoit différents types d'actions de formation ; les unes s'adressent à des salariés, d'autres à de futurs ou à d'ex-salariés.

a) Les actions de *préformation* et de préparation à la vie professionnelle, au profit de toute personne sans qualification professionnelle et sans contrat de travail, visent donc surtout les jeunes et les femmes désirant reprendre une activité. Il s'agit de futurs salariés.

b) Les actions *d'adaptation et de développement des compétences* qui ont notamment pour objet de favoriser l'adaptation des salariés à leur poste de travail, à l'évolution des emplois, ainsi que leur maintien dans l'emploi.

c) Les actions de *promotion*, ayant pour objet de permettre à des travailleurs d'acquérir une qualification plus élevée. Elles impliquent en général un stage assez long. Le contrat de travail subsiste.

d) Les actions de *prévention*, ayant pour objet de réduire les risques d'inadaptation de qualification à l'évolution des techniques et des structures des entreprises, en préparant les travailleurs dont l'emploi est menacé à une mutation d'activité, soit dans le cadre, soit en dehors de leur entreprise.

e) Les actions de *conversion* permettant aux travailleurs salariés dont le contrat de travail est rompu d'accéder à des emplois exigeant une qualification différente ou à des travailleurs non salariés d'accéder à de nouvelles activités professionnelles. Il en est traité à propos du licenciement économique.

f) Les actions d'acquisition, d'entretien ou de *perfectionnement des connaissances*, elles ont pour objet d'offrir aux travailleurs les moyens d'accéder à la culture, de maintenir ou de parfaire leur qualification et leur niveau culturel.

À cette liste s'ajoutent les actions permettant de réaliser un *bilan de compétence* ; de faire valider les *acquis de l'expérience professionnelle* ; de se préparer à la *création ou la reprise d'une entreprise* ; d'apprendre la *langue française* ou de sortir de l'*illettrisme*. Entre également dans le champ d'application des dispositions relatives à la formation professionnelle continue la participation à un jury d'examen ou de validation des acquis de l'expérience lorsque ce jury intervient pour délivrer des certifications professionnelles inscrites au répertoire national des certifications professionnelles.

---

1. Cette pratique de la loi négociée, dont on sait qu'elle est consacrée par le Code du travail (C. trav., art. L 1 s.) pose de délicats problèmes concrets dès lors qu'il faut articuler un texte légal dont l'application de bon nombre de ses dispositions est subordonnée à l'entrée en vigueur de normes de nature variée (décret simple ou en Conseil d'État, ANI, accord de branche, convention cadre avec l'État) et une norme conventionnelle qui, pour certaines de ses stipulations, est directement applicable.

344 ***La formation des chômeurs*** ◊ À côté du jeune en formation, du salarié en formation, il y a une figure juridique nouvelle du chômeur en formation. Elle est appréhendée par la réglementation de deux manières différentes :

– dans le cadre du droit du licenciement. Il s'agit alors le plus souvent de mesures inscrites dans le plan de sauvegarde de l'emploi, qui tendent à faciliter le reclassement du salarié ;

– dans le cadre de l'assurance chômage. Il s'agit de mesures destinées à aider le chômeur à retrouver un emploi, en perfectionnant sa qualification. On parle de *réinsertion* ou retour à l'emploi. Elle s'effectue dans le cadre de contrats de travail spécifiques, associant activité professionnelle et formation et bénéficiant d'une aide de l'État : *contrats « aidés »* au titre de la politique de l'emploi (C. trav., art. L. 5134-1 s. ; v. ss 173 s.) [1] ; ou *contrats de professionnalisation* (C. trav., art. L. 6325-1 s. ; v. ss 220). Ces contrats peuvent intéresser ceux qui, parmi les chômeurs, perçoivent le revenu de solidarité active ou l'allocation de solidarité. À défaut de contrats de travail ce retour à l'emploi est recherché à travers des stages (C. trav., L. 6341-1 s.). Mention doit être faite également de la « préparation opérationnelle à l'emploi » (C. trav., art. L. 6326-1). Elle permet à un demandeur d'emploi de bénéficier d'une formation nécessaire à l'acquisition des compétences requises pour occuper un emploi correspondant à une offre déposée par une entreprise auprès du Pôle emploi [2]. À l'issue de la formation, dispensée préalablement à l'entrée dans l'entreprise, le contrat de travail qui peut être conclu par l'employeur et le demandeur d'emploi est un contrat à durée indéterminée, un contrat de professionnalisation d'une durée minimale de douze mois, un contrat d'apprentissage ou un contrat à durée déterminée d'une durée minimale de douze mois [3].

Il convient, enfin, d'indiquer que le demandeur d'emploi peut mobiliser son compte personnel de formation afin de suivre une formation.

§ 1. Le cadre institutionnel

345 ***Esprit de la loi*** ◊ Des options essentielles ont été prises : la formation continue, à la différence de l'éducation nationale, ne relève pas du service public, mais du *marché*, sur lequel opèrent les entreprises, *demandeurs* de formation pour leurs salariés, et les dispensateurs de formation qui constituent l'*offre*. La définition des grands objectifs intéresse certes l'État, mais aussi les partenaires sociaux, dont la gestion paritaire occupe une place essentielle. On peut faire une comparaison avec l'indemnisation du chômage ;

1. Cette aide porte sur les frais de formation, l'exonération des cotisations, plus une somme forfaitaire.

2. La formation est principalement financée par le Pôle emploi. Le FPSPP et l'OPCA dont relève l'entreprise concernée peuvent toutefois contribuer au financement du coût pédagogique et des frais annexes de la formation.

3. L'article L. 6326-3 vise la préparation opérationnelle à l'emploi « collective ».

néanmoins la formation est financée non par des *cotisations salariales et patronales* mais par des *taxes* supportées par les seules entreprises. La formation est un droit pour l'individu, mais aussi une nécessité pour l'entreprise qui est appelée à financer le dispositif [1]. La formation professionnelle intéressant employeur et salariés, au niveau de l'entreprise, les décisions ne seront pas prises par le seul employeur mais après concertation avec les représentants des salariés.

Au total quatre parties vont intervenir, outre évidemment le *stagiaire* lui-même : les *pouvoirs publics* (définition, financement, contrôle) ; les *partenaires sociaux* (création et gestion paritaire des institutions appropriées) ; l'*entreprise* (politique propre de formation, participation au financement) et sur le marché de la formation, les *dispensateurs de formation*. Entre elles, les relations juridiques découlent de conventions (conventions collectives, conventions de formation de types divers). La loi du 24 novembre 2009 a revu le rôle de chacun des acteurs et situé l'État au cœur des relations entre les acteurs de la formation professionnelle en choisissant le contrat comme modalité d'intervention.

346 ***Les pouvoirs publics*** ◊ Il s'agit certes de l'État, mais surtout des Régions qui, depuis la loi du 5 mars 2014, ont une compétence quasi exclusive en matière de formation professionnelle continue [2]. Un *Conseil national de l'emploi, de la formation et de l'orientation professionnelles*, chargé d'une mission de concertation, d'évaluation et de consultation, réunit au plan national des représentants des Régions, de l'État, du parlement et des partenaires sociaux (C. trav., art. L. 6123-1). Existe également, au même niveau, un *Comité paritaire interprofessionnel national pour l'emploi et la formation*. Uniquement composé de représentants de partenaires sociaux, ce comité définit les orientations politiques paritaires en matière de formation et d'emploi et assure leur suivi. Il élabore, en outre, la liste nationale des formations éligibles au compte personne de formation au niveau national et interprofessionnel (C. trav., art. L. 6123-5) [3]. À la différence de l'éducation nationale, la formation professionnelle ne constitue pas un service public. Le contentieux est donc de droit privé [4]. Les procédés

1. Sur les risques d'instrumentalisation du dispositif par les entreprises, v. N. Maggi-Germain : À propos de l'individualisation de la formation professionnelle continue : *Dr. soc.* 1999. 692 ; *adde*. S. Biondi-Mandelbaum : Formation professionnelle et réduction du temps de travail : *Dr. soc.* 1999. 239.

2. Ainsi que l'indique l'article L. 6121-1 du Code du travail, « sans préjudice des compétences de l'Etat en matière de formation professionnelle initiale des jeunes sous statut scolaire et universitaire et en matière de service militaire adapté (...), la région est chargée de la politique régionale d'accès à l'apprentissage et à la formation professionnelle des jeunes et des adultes à la recherche d'un emploi ou d'une nouvelle orientation professionnelle ». Ce même texte fixe, dans le cadre de cette compétence, les missions de la région.

3. Chacune de ces deux instances nationales connaît une déclinaison au niveau régional : le comité régional de l'emploi, de la formation et de l'orientation professionnelles, d'une part, et le comité paritaire interprofessionnel régional pour l'emploi et la formation, d'autre part.

4. T. confl. 20 janv. 1986, *Dr. soc.* 1987. 50.

juridiques utilisés sont au nombre de deux : l'*agrément* du stage, qui conditionne la rémunération du stagiaire par la Région : c'est un consentement donné par une personne publique à une personne privée, permettant à celle-ci d'avoir certaines activités ; c'est donc un acte unilatéral. Il permet de contrôler, car il n'est octroyé qu'à certaines conditions ; si celles-ci ne sont pas remplies, l'agrément peut être retiré. Le second procédé est *la convention* (de droit public) par laquelle l'État ou la Région s'engage à financer sur fonds publics des actions de formation en contrepartie d'obligations que le contractant s'engage à assumer. Ce contractant peut être un centre de formation public ou privé, une entreprise, un organisme paritaire. Financement d'une part (C. trav., art. L. 6122-1 s.), contrôle d'autre part (C. trav., art. L. 6361-1 s.), caractérisent le rôle de l'État. Un corps d'inspecteurs de la formation professionnelle en a la charge.

Il faut observer que le Droit de la formation s'adresse aussi aux travailleurs *indépendants* (C. trav., art. L. 6122-3, L. 6312-2 s., L. 6341-2, L. 6341-8), appelés également à bénéficier du compte personnel de formation.

347 ***Les partenaires sociaux : négociation collective et paritarisme*** ◊ La formation continue est d'abord un objet de négociation collective, au niveau national interprofessionnel (v. ss 225) mais aussi au niveau des branches ainsi qu'au niveau de l'entreprise. Le Droit commun des conventions collectives de travail s'y applique (C. trav., art. L. 2221-1). La loi renvoie à la négociation de branche le soin de définir les priorités, les objectifs et les moyens de la formation professionnelle, en obligeant les organisations liées par une convention de branche à négocier au moins tous les trois ans sur ce thème (C. trav., art. L. 2241-6). La négociation d'entreprise ne joue donc en ce domaine qu'un rôle complémentaire [1]. La loi interdit qu'un accord d'entreprise puisse déroger aux dispositions arrêtées au niveau de la branche en matière de mutualisation des fonds affectés à la formation professionnelle (C. trav., art. L. 2253-3). Un tel choix se justifie parfaitement : pour que la formation puisse concourir à la mobilité professionnelle des salariés, elle doit être conçue en fonction des besoins de la branche et non pas seulement de ceux de l'entreprise.

Cette négociation se prolonge par une gestion paritaire commune [2]. Plusieurs types de fonds à gestion paritaire avaient ainsi été agréés pour assurer la *mutualisation* des charges : les fonds d'assurance formation (FAF), à vocation généraliste, les organismes paritaires de gestion du congé individuel de formation (OPACIF et FONGECIF), et les organismes de mutualisation des formations en alternance (OMA). S'y ajoutaient des associations agréées exclusivement patronales : les ASFO.

1. *Cf.* J.-M. Luttringer, Formation professionnelle tout au long de la vie et négociation collective, *Dr. soc.* 2004. 472.

2. P. Santelmann : La formation professionnelle continue à l'épreuve de la relation État/partenaires sociaux, *Dr. soc.* 2000. 521 ; Sur le paritarisme, v. Sens et valeur ajoutée du paritarisme dans la formation professionnelle : *Sem. soc. Lamy* 2010, suppl. n° 1434.

Tenant compte de la dispersion et de l'opacité des mécanismes de redistribution financière, la loi du 24 novembre 2009 en a opéré la refonte. Seuls peuvent être désormais agréés des organismes à compétence nationale (de branche ou interprofessionnelle), régionale ou interrégionale, mis en place par accord collectif [1]. Le cumul des fonctions de collecteur de fonds et de dispensateur de formation est désormais prohibé.

Un accord national interprofessionnel du 3 juillet 1994 a remplacé les FAF et les ASFO par des *organismes paritaires collecteurs agréés* (OPCA).

Les OPCA ont la personnalité juridique. Ils ont pour objet la collecte de la taxe de formation et le financement d'actions de formation. Plus précisément, ils prennent en charge ou financent des organismes assurant, notamment, les formations relevant du plan de formation, le CIF, les formations financées par le compte personnel de formation, les périodes de professionnalisation, le contrat de professionnalisation, la préparation opérationnelle à l'emploi et, si un accord de branche le prévoit, pendant une durée maximale de deux ans, les coûts de formation engagés pour faire face à des graves difficultés économiques [2]. Il est fait interdiction aux OPCA d'assurer le financement, direct ou indirect, des organisations syndicales de salariés et des organisations professionnelles d'employeurs [3].

L'acte créateur de l'OPCA est une convention collective *sui generis* et le droit des conventions collectives de travail lui est applicable, y compris l'extension [4]. Il est possible à une entreprise non tenue par la convention collective, d'y adhérer après avis du comité d'entreprise.

Les OPACIF, dont la structure est analogue à celle des OPCA, prennent exclusivement en charge le congé individuel de formation. Ils ont, en outre, pour mission d'accompagner les salariés et les demandeurs d'emploi

---

1. L'art. L. 6332-1 C. trav. énumère les éléments en fonction desquels l'agrément est accordé. V. aussi le document « questions-Réponses » publié par la DGEFP le 6 mai 2011 (*JCP S* 2011. Actu. 234). Pour une illustration de l'annulation d'un arrêté portant agrément d'un OPCA, v. CE 14 mai 2014, n° 355924. Pour une illustration de l'annulation d'un arrêté portant agrément d'un OPCA, v. CE 14 mai 2014, n° 355924.

2. C. trav., art. L. 6332-1, tel que modifié par la loi du 5 mars 2014. Les OPCA concourent à l'information, la sensibilisation et l'accompagnement des entreprises dans l'analyse et la définition de leurs besoins en matière de formation professionnelle. Ils participent à l'identification des compétences et des qualifications mobilisables a sein de l'entreprise et à la définition des besoins collectifs et individuels au regard de la stratégie de l'entreprise, en prenant en compte les objectifs définis par les accords de GPEC. Ils assurent un service de proximité au bénéfice des très petites, petites et moyennes entreprises (C. trav., art. L. 6332-1-1, L. 6332-1-2, L. 6332-7).

3. Cette interdiction, introduite dans le Code du travail par la loi du 5 mars 2014, s'entend sous la seule réserve de la possibilité de rembourser, sur présentation de justificatifs, les frais de déplacement, de séjour et de restauration engagés par les personnes qui siègent au sein des organes de direction de cet organisme. Ces dispositions sont, évidemment, à mettre en relation avec la réglementation du financement des syndicats et des organisations professionnelles d'employeurs instaurées par la même réforme.

4. Cet accord est valide et peut être agréé même s'il n'est signé, en ce qui concerne la représentation des employeurs, que par une organisation d'employeur (C. trav., art. L. 6332-1, dern. al.). Le Conseil d'État a décidé par le passé que la mise en place d'un fonds d'assurance-formation n'est pas subordonnée à l'accord unanime des organisations professionnelles représentatives (CE 27 mars 2000, *Dr. soc.* 2000. 627, concl. S. Boissard).

qui ont été titulaires d'un contrat à durée déterminée dans l'élaboration de leur projet de formation au titre du congé individuel de formation [1].

L'article L. 6332-18 du Code du travail prévoit la création, par un accord conclu entre les organisations représentatives d'employeurs et de salariés au niveau national et interprofessionnel, d'un fonds paritaire de sécurisation des parcours professionnels (FPSPP) [2]. Les ressources de ce fonds permettent (C. trav., art. L. 6332-21) :

– de contribuer au financement d'actions de formation professionnelle concourant à la qualification et à la requalification des salariés et demandeurs d'emploi [3] ;

– d'assurer la péréquation des fonds par des versements complémentaires aux OPCA pour le financement de formations organisées dans le cadre des contrats de professionnalisation [4] ;

– de contribuer au développement de systèmes d'information concourant au développement de la formation professionnelle ;

– de financer les heures acquises et mobilisées au titre du compte personnel de formation ;

– de contribuer au développement de la formation des salariés des entreprises de moins de dix salariés organisée dans le cadre du plan de formation ;

– de contribuer au développement de la formation des salariés des entreprises de dix à quarante-neuf salariés ;

– de procéder à la répartition des fonds destinés au financement du congé individuel de formation en application de l'article L. 6332-3-6.

348 ***L'entreprise : obligations financières*** [5] ◊ Les obligations de financement de la formation professionnelle qui pèsent sur les employeurs ont été profondément modifiées par la loi du 5 mars 2014 relative à la formation professionnelle, à l'emploi et à la démocratie sociale [6]. Le nouveau mode de

---

1. En application de la loi du 5 mars 2014, les OPACIF ont perdu leur compétence de collecte de la contribution due au titre du congé individuel de formation, intégrée au sein de la contribution unique prélevée par les OPCA. Depuis cette date, les OPACIF perçoivent donc le pourcentage de la contribution unique qui leur est destinée par le biais d'un versement des OPCA.

2. Institué par la L. du 24 nov. 2009, ce fonds se substitue au fonds national de péréquation. Le FPSPP est alimenté par un pourcentage de la contribution unique collectée par les OPCA et par les sommes issues de la collecte des contributions dont disposent les OPCA, en tant qu'elles excèdent, pour les sommes destinées à financer le compte personnel de formation, un quart de leurs charges comptabilisées au cours du dernier excercice clos.

3. Les fonds de la formation vont ainsi bénéficier à des demandeurs d'emploi. V. F. Guiomard, Toilettage ou mutation de la formation professionnelle ? : *RDT* 2010. 106.

4. Les conditions exigées des OPCA déficitaires pour bénéficier de la péréquation auprès du FPSPP sont relativement strictes (C. trav., art. L. 6332-22).

5. S. Jubé, Les normes comptables intègrent-elles les évolutions du droit du travail en matière de formation professionnelle ?, *Dr. soc.* 2009. 1246.

6. Le taux de 2 % appliqué aux entreprises de travail temporaire est maintenu (C. trav., art. L. 6331-9, al. 2). La loi prévoit toutefois que, dans ce secteur, les partenaires sociaux ouvrent, dans le mois suivant sa publication, des négociations visant à proposer, avant le 31 décembre 2014, l'adaptation du niveau et de la répartition de cette contribution, dans le respect des niveaux prévus par la loi (art. 10, IV à VI de la loi).

financement, plus simple que celui auquel il se substitue, entrera en vigueur le 1er janvier 2015, pour la collecte des contributions dues au titre de l'année 2015. En conséquence, la perception des collectes dues au titre de l'année 2014 se fera selon les règles actuellement en vigueur.

Ces dernières (C. trav., art. L. 6331-2 et s.) font varier le montant des contributions exigées des entreprises en fonction de leur taille [1]. Les entreprises employant au moins vingt salariés sont tenues de consacrer au financement de la formation professionnelle continue au moins 1,6 % de leur masse salariale brute annuelle. Une partie de ce montant (0,2 %) doit être versée à l'organisme paritaire agréé collecteur au titre du congé individuel de formation (OPACIF) et une autre partie (0,5 %) à un OPCA de branche ou interprofessionnel au titre du financement des contrats et des périodes de professionnalisation et du DIF. Le solde, qui correspond à 0,9 %, de la masse salariale est acquitté, soit sous forme d'un versement à un OPCA, soit de dépenses directes de l'entreprise, au titre des actions de formation entrant dans le cadre du plan de formation de l'entreprise [2]. Les entreprises qui emploient entre dix et dix-neuf salariés sont soumises à une contribution représentant au moins 1,05 % de la masse salariale, répartie de la manière suivante : 0,15 % pour un OPCA au titre du financement des contrats et des périodes de professionnalisation et du DIF ; 0,9 % à un OPCA ou en financement direct des actions de formation dans le cadre du plan de formation de l'entreprise. Les entreprises de moins de dix salariés sont redevables d'une contribution de 0,55 % versée, en totalité, à un OPCA mais dont 0,15 % servent au financement des contrats et des périodes de professionnalisation et du DIF [3].

Les obligations de financement de la formation applicables à compter du 1er janvier 2015 sont les suivantes. L'employeur de moins de 10 salariés verse à l'OPCA désigné par l'accord de branche dont il relève ou, à défaut, à l'OPCA interprofessionnel, un pourcentage minimal du montant des rémunérations versées pendant l'année en cours s'élevant à 0,55 %. Dans les entreprises d'au moins dix salariés, cette même contribution, également versée à un OPCA unique est de 1 % [4]. Les employeurs qui, en raison de l'accroissement de leur effectif, atteignent ou dépassent au titre d'une année, pour la première fois, l'effectif de dix salariés restent soumis, pour cette année et les deux suivantes, aux taux applicable pour les entreprises de moins de dix salariés, sauf lorsque l'accroissement de l'effectif résulte de la reprise ou de l'absorption d'une entreprise ayant employé au moins dix salariés au cours de l'une des trois années précédentes. Lorsqu'un employeur n'a pas opéré le versement auquel il est

1. L'assiette de ces contributions est, dans tous les cas, celle applicable aux cotisations de sécurité sociale, c'est-à-dire l'ensemble de la masse salariale versée au cours d'une année. Les articles L. 6331-15 s. modulent les obligations des entreprises en cas de franchissement des seuils visés.

2. Un choix s'offre donc à l'employeur, entre payer ou former. Ce choix est, toutefois, relatif car il ne faut pas oublier que l'employeur est tenu d'assurer l'adaptation des salariés à leur poste de travail et de veiller au maintien de leur capacité à occuper un emploi, au regard notamment de l'évolution des emplois, des technologies et des organisations (C. trav., art. L. 6321-1). De telles obligations sont consubstantielles à des actions de formation.

3. Ces entreprises ne peuvent donc pas se libérer de leur obligation de participation au financement de la formation en réalisant elles-mêmes des dépenses de formation.

4. C. trav., art. L. 6331-2 et 6331-9, modif.

assujetti à l'OPCA ou a opéré un versement insuffisant, le montant de sa contribution est majoré de l'insuffisance constatée [1].

Il est à noter que la loi du 5 mars 2014 vient opportunément modifier l'article L. 6331-1 du Code du travail, afin de fixer les obligations qui pèsent sur l'employeur en matière de formation. Si l'alinéa 1er de ce texte dispose, sans modification aucune, que « tout employeur concourt au développement de la formation professionnelle continue en participant, chaque année, au financement des actions mentionnées aux articles L. 6313-1 et L. 6314-1 », lui sont ajoutés trois nouveaux alinéas qui précisent que ce financement est assuré, d'une part, par le financement direct par l'employeur d'actions de formation, notamment pour remplir ses obligations définies à l'article L. 6321-1, le cas échéant dans le cadre du plan de formation et, d'autre part, par le versement des contributions évoquées précédemment. L'employeur n'est donc plus en mesure de déduire de ces contributions les sommes qu'il consacre directement à la formation de ses salariés, notamment pour assurer et préserver leur employabilité. Il s'agit donc bien de contributions minimales. Toutefois, la contribution de 1 % applicable aux entreprises d'au moins 10 salariés pourra être réduite à 0,8 % lorsqu'un accord d'entreprise, conclu pour une durée de trois ans, prévoit que l'employeur consacre au moins 0,2 % du montant des rémunérations versées pendant chacune des années couvertes par l'accord au financement du compte personnel de formation de ses salariés et à son abondement (C. trav., art. L. 6331-10, modif.) [2].

Les sommes perçues par les OPCA au titre des contributions versées par les entreprises sont réparties au sein de cinq « sections », relatives aux différentes objets du financement : le FPSPP ; le CIF ; le compte personnel de formation ; les actions professionnalisation ; le plan de formation (C. trav., art. L. 6332-3, modif.) [3]. Dès leur réception, les versements reçus par l'OPCA sont mutualisés au sein de chacune des sections ou, s'agissant, du plan de formation, au sein de ses différentes sous-sections. L'OPCA peut affecter des versements des employeurs d'au moins cinquante salariés au financement des plans de formation présentés par des employeurs de moins de cinquante salariés adhérant à l'organisme. Les articles L. 6332-3-3 et L. 6332-3-4, *nouv.*, fixent les modalités de la répartition, en distinguant la contribution versée par les employeurs d'au moins cinquante

1. L'employeur verse alors au Trésor public une somme égale à la différence entre le montant des sommes versées à l'organisme collecteur et le montant de la contribution ainsi majorée (C. trav., art. L. 6331-30, modif.).

2. Ce même texte ajoute que, pendant la durée de l'accord, l'employeur ne peut bénéficier d'une prise en charge par l'OPCA auquel il verse sa contribution des formations financées par le compte personnel de formation de ses salariés. À l'issue d'une période de trois années civiles qui suit l'entrée en vigueur de l'accord, les fonds que l'employeur n'a pas consacrés au financement du compte personnel de formation et à son abondement sont reversés à l'OPCA (C. trav., art L. 6331-11, modif.). À défaut, ils reviennent au Trésor public (c. trav., art. L. 6331-28, modif.).

3. La section consacrée au financement du plan de formation est, elle-même, divisée en 4 sous-sections, tenant compte des effectifs des employeurs.

salariés [1] et celle versée par les employeurs de dix à quarante-neuf salariés [2]. La contribution versée par les entreprises de moins de dix salariés est gérée directement par l'OPCA pour financer des actions de professionnalisation et du plan de formation.

349 ***L'entreprise : négociation et concertation*** ◊ En matière de formation, la loi privilégie à juste titre la négociation de branche, en imposant notamment de négocier à ce niveau les priorités, les objectifs et les moyens de la formation professionnelle des salariés (v. ss 347). Elle ménage cependant un champ important à la négociation d'entreprise, à tout le moins dans celles qui occupent plus de 300 salariés. Celle-ci doit obligatoirement porter, tous les 3 ans [3], sur la mise en place d'un dispositif de gestion prévisionnelle des emplois et des compétences (GPEC), ainsi que sur les mesures d'accompagnement susceptibles de lui être associées, en particulier en matière de formation, d'abondement du compte personnel de formation, de validation des acquis de l'expérience et de bilan de compétences. Dans ces mêmes entreprises, cette négociation porte également sur les grandes orientations à trois ans de la formation professionnelle dans l'entreprise et les objectifs du plan de formation, en particulier les catégories de salariés et d'emplois auxquels ce dernier est consacré en priorité, les compétences et les qualifications à acquérir pour les trois années de validité de l'accord ainsi que les critères et modalités d'abondement de l'employeur du compte personnel de formation. À défaut d'accord, le comité d'entreprise est consulté sur ces différentes questions (C. trav., art. L. 2242-15).

La formation relève du pouvoir de direction dans l'entreprise, mais celui-ci doit s'exercer en concertation avec les représentants du personnel et, de façon plus ponctuelle, avec les salariés. En application de l'article L. 6315-1 du Code du travail, à l'occasion de son embauche, le salarié est informé qu'il bénéficie tous les deux ans d'un entretien professionnel avec son employeur consacré à ses perspectives d'évolution professionnelle, notamment en termes de qualifications et d'emploi [4]. Cet entretien professionnel, qui donne lieu à la rédaction d'un écrit dont une copie est remise au salarié, est, en outre, systématiquement proposé au salarié qui reprend son activité après une longue période d'absence de l'entreprise [5].

1. 0,2 % du montant des rémunérations est affecté au FPSPP et 0,2 % aux OPCA pour la prise en charge du CIF. La part restante est gérée directement par l'organisme collecteur pour financer des actions de professionnalisation, du plan de formation et du compte personnel de formation.

2. 0,15 % du montant des rémunérations est affecté au FPSPP et 0,15 % aux OPCA pour prendre en charge le CIF. La part restante est gérée directement par l'organisme collecteur pour financer des actions de professionnalisation, du plan de formation et du compte personnel de formation.

3. Négociation menée sur le fondement des orientations stratégiques de l'entreprise et de leurs conséquences.

4. Cet entretien, qui ne porte pas sur l'évaluation du travail du salarié, a été réformé par la loi du 5 mars 2014 qui a supprimé le « bilan d'étape professionnel » et le « passeport orientation et formation ».

5. L'article L. 6315-1, I vise les différents cas de suspension du contrat de travail ouvrant droit à cet entretien, auquel le salarié n'est pas tenu d'aller, puisqu'il lui est simplement « proposé ».

Tous les six ans [1], l'entretien professionnel fait un état des lieux récapitulatif du parcours professionnel du salarié [2]. Cet état des lieux, qui doit également être formalisé par écrit avec remise d'une copie au salarié, permet de vérifier que celui-ci a bénéficié, au cours des six dernières années, des entretiens professionnels bisannuels et d'apprécier s'il a suivi au moins une action de formation ; acquis des éléments de certification par la formation ou par une validation des acquis de son expérience ; bénéficié d'une progression salariale ou professionnelle. Dans les entreprises d'au moins cinquante salariés, lorsqu'au cours de ces six années, le salarié n'a pas bénéficié des entretiens professionnels et d'au moins deux des trois mesures précités, son compte personnel de formation est automatiquement abondé de cent heures de formation [3].

Chaque année, au cours de deux réunions spécifiques, le comité d'entreprise émet un avis sur l'exécution du plan de formation du personnel de l'entreprise lors de l'année précédente et de l'année en cours et sur le projet de plan ou de mise en œuvre du plan pour l'année à venir (C. trav., art. L. 2323-34) [4]. Le projet de plan de formation est élaboré annuellement ou, si un accord d'entreprise le prévoit, tous les trois ans [5]. Il tient compte des orientations de la formation professionnelle dans l'entreprise dont le comité d'entreprise a eu à délibérer, des grandes orientations à trois ans de la formation professionnelle dans l'entreprise et des objectifs du plan de formation arrêtés, le cas échéant, par l'accord sur la GPEC (C. trav., art. L. 2323-35). Ce plan, qui concrétise l'obligation d'adaptation pesant sur l'employeur en application de l'article L. 6321-1 du Code du travail, porte sur deux objets principaux : les actions d'adaptation du salarié au poste de travail ou liées à l'évolution et au maintien dans l'emploi dans l'entreprise ; les actions de développement des compétences du salarié (C. trav., art. L. 2323-36) [6]. Pour exercer ses attributions, il est loisible au comité d'entreprise de créer une commission de formation, de procéder à

1. Cette durée s'apprécie par référence à l'ancienneté du salarié dans l'entreprise.

2. Il résulte des travaux parlementaires, que « la notion d'état des lieux rend mieux compte du caractère contradictoire de l'échange », tandis que le terme « récapitulatif » tend « à préciser que l'entretien ne porte pas sur la situation à un temps « t » mais biens sur l'ensemble d'une période, notamment pour vérifier si des mesures ont bien été prises par l'employeur » (J.-P. Gille, Rapp. au nom de la Commission des affaires sociales de l'Assemblée nationale sur le projet de loi relatif à la formation professionnelle, l'emploi et la démocratie sociale).

3. Dans ce cas, l'employeur doit verser à l'OPCA une somme forfaitaire fixée par décret, correspondant à ces heures (C. trav., art. L. 6315-1 et L. 6323-13, modif.).

4. Un accord d'entreprise ou, à défaut, un décret détermine le calendrier de ces deux réunions. Actuellement ces deux réunions doivent intervenir respectivement avant le 1er octobre et avant le 31 décembre de l'année en cours (C. trav., art. D. 2323-7).

5. Il est ainsi permis de faire coïncider le plan de formation et le dispositif de GPEC, négocié tous les trois ans.

6. Les formations destinées à permettre aux bénévoles du mouvement coopératif, associatif ou mutualiste et aux volontaires en service civique d'acquérir les compétences nécessaires à l'exercice de leurs missions sont considérées comme des actions de formations. Il en va de même des formations destinées aux salariés en arrêt de travail et organisées dans les cadres des articles L. 323-3-1 et L 433-1 du Code de la sécurité sociale (C. trav., art. L. 6313-13 et L. 6313-14).

des études, de recourir à des experts. Afin de permettre aux membres du comité d'entreprise et, le cas échéant, aux membres de la commission de la formation de participer à l'élaboration du plan de formation et de préparer les délibérations dont il fait l'objet, l'employeur leur communique, trois semaines au moins avant les réunions, les documents d'informations règlementairement exigés.

La faculté pour les salariés de bénéficier de formations en vertu du plan de formation ne doit pas être confondue avec le congé individuel de formation. Les formations dispensées à ce titre sont indépendantes du plan.

350 ***Les dispensateurs de formation. Les conventions de formation*** ◊ En matière de formation, l'acte juridique essentiel est la conclusion d'une convention de formation avec un organisme agréé (convention de droit privé). La liberté d'entreprendre règne sur le marché de la formation. Si l'éducation nationale y est présente [1], c'est en concurrence avec des entreprises privées. Le stage de formation est l'objet habituel de ces conventions conclues entre l'offreur et le demandeur de formation (C. trav., art. L. 6353-1 s.). Ce sont des conventions civiles qui, pour produire effet libératoire, doivent être conformes à diverses règles. Elles contiennent une stipulation pour autrui (les bénéficiaires de formation). En cas d'inexécution, le formateur doit rembourser à l'entreprise les sommes dont elle se trouve de ce fait redevable [2].

En conséquence des abus évidents auxquels a donné lieu la formation continue – à la suite de l'apparition de multiples organismes se ruant pour se partager la manne offerte – le législateur a renforcé le dispositif de *réglementation* et de *contrôle* de l'activité de tout prestataire de services (personne physique ou morale) intervenant sur ce marché de la formation professionnelle (C. trav., art. L. 6351-1 s.) : *déclaration d'activité* déposée auprès de l'Administration lors de la conclusion de la première convention de formation ; envoi à celle-ci chaque année d'un bilan pédagogique et financier [3] ; établissement d'un règlement intérieur prévoyant une représentation collective des stagiaires ; obligation d'instituer un conseil de perfectionnement ; réglementation de la publicité. L'autorité administrative procède à un *enregistrement* des organismes, qui peut être refusé de manière motivée ou annulé s'il apparaît que les prestations de formation ne remplissent pas les conditions légales [4].

---

1. La convention de formation conclue entre une université et une entreprise est un contrat administratif dont le contentieux relève du juge administratif : T. confl. 18 déc. 2000, *RJS* 5/01, n° 626.

2. Compétence judiciaire : T. confl. 20 janv. 1986, *Dr. soc.* 1987. 50. Ex. d'inexécution : Com. 3 déc. 1985, *Bull. civ.* IV, n° 10.

3. Le dispensateur doit rembourser au Trésor public les dépenses excessives ou ne se rattachant pas à l'exécution de la convention. Le juge administratif est ainsi amené à distinguer dépenses rattachables (CE 6 avr. 2001, *RJS* 7/01, n° 903 : rémunération du personnel de l'organisme) et non rattachables (CE 11 juill. 1991, *Lebon T* 900 : frais de réception ; CE 16 nov. 2001, *RJS* 2/02, n° 207 : frais de restauration et d'hébergement non justifiés par les besoins du stage) à l'objectif de formation.

4. L'employeur est libre de choisir l'organisme de formation, enregistré conformément aux prescriptions légales ou en cours d'enregistrement, auquel il confie la formation de ses salariés (C. trav., art. L. 6351-1, A).

Ces dispensateurs de formation emploient eux-mêmes un personnel. La profession de formateur est libre [1]. La loi prévoit cependant que l'organisme doit justifier des titres et qualités du personnel qu'il emploie et de la relation entre ces titres et qualités et les prestations de formation [2]. S'agit-il de salariés ou d'indépendants ? La jurisprudence fait généralement prévaloir le salariat dès lors que les critères de celui-ci sont réunis [3] et par voie de conséquence l'affiliation au régime général de la sécurité sociale des « animateurs », « intervenants » et autres formateurs, même à titre occasionnel [4].

En ce qui concerne la sanction de la formation reçue, elle conduit en général à un certificat ou diplôme ; pas de difficulté si le dispensateur de formation est l'Éducation nationale ; si c'est un organisme privé, une homologation est nécessaire qui situe la formation à un niveau, correspondant lui-même à une qualification prévue par les conventions collectives.

§ 2. **Les droits et obligations de formation nés du contrat de travail**

351 À la différence des contrats ayant explicitement pour objet la formation professionnelle (comme le contrat d'apprentissage), le contrat de travail de droit commun n'emportait, jusqu'à une date récente, aucune obligation en ce domaine. La situation a rapidement évolué ces dernières années et la frontière entre travail et formation est devenue poreuse. Tout contrat de travail est aujourd'hui la source d'une obligation d'adaptation et de droits pour les salariés : droit au congé de formation et droit individuel à la formation. Les parties elles-mêmes peuvent convenir de clauses de dédit formation supplémentaires lorsque l'employeur s'engage à former le salarié au-delà de ces obligations légales.

352 ***L'obligation d'adaptation et de maintien de la capacité professionnelle*** ◊ L'obligation d'adaptation est née de la jurisprudence relative au licenciement économique. Dans un arrêt *Expovit*, la Cour de cassation a jugé en 1992 que « l'employeur, tenu d'exécuter de bonne foi le contrat de travail, a le devoir d'assurer l'adaptation des salariés à l'évolution de leur emploi » [5]. Elle en déduit qu'est dépourvu de cause réelle et sérieuse le licenciement décidé en violation de cette obligation. Cette solution prétorienne a été consacrée ensuite par le législateur aussi bien sur le terrain du droit du licenciement que sur celui de la formation professionnelle. Le

---

1. Les fonctions de direction ou d'administration d'un organisme de formation sont interdites aux personnes ayant fait l'objet d'une condamnation pénale pour des manquements à la probité, aux bonnes mœurs et à l'honneur (C. trav., art. L. 6352-2).
2. C. trav., art. L. 6352-1. V. A. Tarby, Lecture juridique de la professionnalité des formateurs : *Dr. soc.* 1993. 980.
3. Cass., ass. plén., 4 mars 1983, *Bull. civ. mars* 1983, p. 5 ; *D.* 1983. 381.
4. Soc. 21 oct. 1985, *Bull. civ.* V, n° 476 ; 6 nov. 1985, *Bull. civ.* V, n° 513.
5. Soc. 25 févr. 1992, *Bull. civ.* V, n° 122, *Dr. soc.* 1992. 922.

licenciement pour motif économique d'un salarié ne peut intervenir que « lorsque tous les efforts de formation et d'adaptation ont été réalisés » (C. trav., art. L. 1233-4). Et d'une manière générale, la loi du 19 janvier 2000 avait posé le principe selon lequel « l'employeur a le devoir d'assurer l'adaptation des salariés à l'évolution de leur emploi »[1]. La loi du 4 mai 2004 a adopté une formulation différente, en limitant l'obligation d'adaptation des salariés à l'évolution de leurs « postes de travail », mais en y ajoutant l'obligation de « veiller au maintien de leur capacité à occuper un emploi, au regard notamment de l'évolution des emplois, des technologies et des organisations », et la possibilité de « proposer des formations qui participent au développement des compétences, ainsi qu'à la lutte contre l'illettrisme » (C. trav., art. L. 6321-1). Cette nouvelle formulation ne doit pas s'entendre comme une diminution des obligations de l'employeur, mais plutôt comme un affinement de celles-ci. La distinction introduite par la loi suggère que l'adaptation du salarié à l'évolution de son poste de travail est pour l'employeur une obligation de résultat[2], tandis que le maintien de sa capacité à occuper un emploi est une obligation de moyens[3] ; quant au développement des compétences, c'est une simple faculté laissée à la discrétion de l'employeur. La notion de capacité (préférée à juste titre à celle d'employabilité) s'affirme ainsi comme une composante de l'état professionnel du salarié[4]. Le maintien de la capacité professionnelle de son salarié constitue pour l'employeur une obligation autonome, dont la violation doit faire l'objet d'une sanction propre[5]. C'est pourquoi l'accord national interprofessionnel du 11 janvier 2008 de modernisation du marché du travail a préconisé de dissocier entièrement la gestion prévisionnelle des emplois et des compétences (GPEC) des procédures de licenciements collectifs[6]. Ainsi devenue une composante de l'exercice du pouvoir de direction du chef d'entreprise, cette gestion prévisionnelle doit viser à la sécurisation des parcours professionnels des salariés, en s'appuyant sur les analyses prospectives fournies par les branches et les organisations territoriales[7].

---

1. C. trav., anc. art. L. 932-2.

2. Si l'employeur a l'obligation d'assurer l'adaptation des salariés à l'évolution de leur emploi, au besoin en leur assurant une formation complémentaire, il ne peut lui être imposé d'assurer la formation initiale qui leur fait défaut : Soc. 2 juill. 2014, n° 13-13.876, publié.

3. L'obligation de veiller au maintien de la capacité des salariés à occuper un emploi relève de l'initiative de l'employeur. Il ne saurait dès lors être fait reproche à un salarié de n'avoir émis aucune demande de formation au cours de l'exécution de son contrat de travail : Soc. 18 juin, n° 13-14.916, publié.

4. Cf. S. Godelain, *La capacité dans les contrats*, thèse LGDJ, 2007 ; A. Supiot, Cinq questions pour la Constitution d'une société européenne, *D.* 2003. Chron. 289 ; R. Salais et R. Villeneuve (dir.), *Développer les capacités des hommes et des territoires en Europe*, ANACT, 2006 ; N. Maggi-Germain, La capacité du salarié à occuper un emploi, *Dr. soc.* 2009. 1234.

5. Soc. 23 oct. 2007, n° 06-40. 950, *Dr. soc.* 2008. 126, obs. J. Savatier ; *Sem. soc. Lamy* 2007, n° 1334, obs. M.-C. Amauger-Lattes ; *RDT* 2008. 33, obs. A. Fabre.

6. N. Moizard, Le salarié acteur de l'évolution de sa compétence dans l'entreprise : *Dr. soc.* 2008. 693.

7. ANI du 11 janv. 2008, art. 9. J.-M. Luttringer et J.-P. Willems, L'accord et la réforme du système de formation professionnelle : *Dr. soc.* 2008. 329. Sur la GPEC, v. les contributions réunies *in Dr. soc.* 2007. 1067 s., n° spéc.

353 ***Le congé individuel de formation*** [1] ◇ Créé en 1971, le congé formation a pour objet de permettre à tout travailleur de suivre, à son initiative, et à titre individuel, des actions de formation indépendantes du plan de formation de son entreprise. Il lui permet d'accéder à un niveau supérieur de qualification, de changer d'activité ou de profession ou de s'ouvrir à la culture, à la vie sociale et à l'exercice de responsabilités bénévoles (C. trav., art. L. 6322-1). Relèvent aussi de cette catégorie : les congés pour bilan de compétence (C. trav., art. L. 6322-42 s.), les congés d'enseignement ou de recherche (C. trav., art. L. 6322-53 s.) et les congés de qualification professionnelle des jeunes (C. trav., art. L. 6322-59).

– 1° Conditions exigées des bénéficiaires :

a) *Ancienneté* (C. trav., art. R. 6322-1, R. 6322-2). Il faut justifier d'une ancienneté en qualité de salarié d'au moins 24 mois (36 dans les entreprises artisanales de moins de 10 salariés), consécutifs ou non, dont douze dans l'entreprise. Cette condition d'ancienneté est supprimée en faveur des salariés ayant changé d'emploi à la suite d'un licenciement pour motif économique. La loi du 12 juillet 1990 a prévu des modalités particulières en vue de permettre aux salariés travaillant en exécution de contrats à durée déterminée, de bénéficier de congés de formation, après le terme du contrat (C. trav., art. L. 6322-25 s.).

b) Délai de *franchise* (C. trav., art. R. 6322-10). Un salarié déjà précédemment bénéficiaire d'un congé de formation ne peut prétendre à un nouveau congé dans la même entreprise, avant un certain délai dit de franchise.

c) Le droit au congé est reconnu, à *tout salarié* (C. trav., art. L. 6322-1), et donc quelle que soit la taille de l'entreprise. Il s'applique, selon des modalités propres, au cas de l'intérim.

– 2° Condition relative à la formation. Le salarié choisit librement la formation. Le congé correspond à la durée du stage, sans pouvoir excéder un an s'il s'agit d'un stage continu à temps plein ou 1 200 heures s'il s'agit de stages constituant un cycle pédagogique comportant des enseignements discontinus ou à temps partiel (art. L. 6322-12) [2].

– 3° Condition concernant les effectifs. Dans les établissements de 200 salariés et plus, au-delà d'un certain seuil d'absences simultanées au titre d'un congé de formation, l'employeur est en droit de différer la demande afin que le pourcentage ne dépasse pas 2 % du nombre total des travailleurs de l'établissement (C. trav., art. L. 6322-7).

Dans les établissements de moins de 200 salariés il en est de même, si le nombre d'heures de congé dépasse 2 % du nombre total des heures de

---

1. P. Guilloux, *Le congé individuel de formation* : L'Harmattan, 1996 ; C. Ahumada, Le congé individuel de formation, *RPDS* 2010. 311.

2. La formation ne s'entend pas seulement de cours magistraux, mais inclut le travail de réflexion sur un sujet déterminé sous le contrôle d'un enseignant qui exige la présence régulière de ce dernier et de l'étudiant (Soc. 28 oct. 1997, *RJS* 4/98, n° 505 : direction de recherche par un directeur de thèse).

travail effectuées dans l'année (un pourcentage sur la base de l'effectif étant difficile à établir à partir d'un chiffre faible). En outre, l'employeur peut *reporter* une demande de congé pour raison de service (C. trav., art. L. 6322-8) après consultation du comité d'entreprise et éventuel « arbitrage » de l'inspecteur du travail [1].

– **4° Conditions de procédure** (C. trav., art. R. 6322-3). La demande de congé doit être formulée par le travailleur dans les délais prévus (120 ou 60 jours suivant sa durée) et comporter des précisions détaillées concernant les dates, l'organisme ou l'examen concerné. Dans les 30 jours l'employeur fera connaître sa réponse et le cas échéant les raisons motivant le rejet ou le report [2]. Si l'employeur ne répond pas dans ce délai, le congé est de droit [3].

354 ***Le compte personnel de formation*** ◊ Afin de permettre aux salariés de pouvoir se former tout au long de leur vie professionnelle, la loi n° 2004-391 du 4 mai 2004 a reconnu un droit individuel à la formation (DIF) aux titulaires d'un contrat à durée indéterminée (sauf apprentissage ou contrat de professionnalisation) ayant au moins un an d'ancienneté dans l'entreprise (C. trav., art. L. 6323-1 s., D. 6323-1) et aux titulaires d'un contrat à durée déterminée comptant au moins quatre mois de présence, consécutifs ou non, au cours des douze derniers mois (C. trav., art. L. 6323-3) [4]. Ce droit prend la forme d'un *crédit d'heures de formation*, d'une durée de 20 heures par an (proratisé pour les salariés à temps partiel et en contrat à durée déterminée) [5], cumulable jusqu'à un plafond de 120 heures par période de 6 années [6]. Ce droit individuel à la formation ayant insuffisamment fait ses preuves, le législateur a décidé de lui substituer, à compter du 1er janvier 2015 [7], le compte personnel de formation (CPF). Créé par la loi n° 2013-404 du 14 juin 2013 relative à la sécurisation de l'emploi, ce dispositif a été véritablement réglementé par la loi n° 2014-288 du 5 mars 2014 relative à la formation professionnelle, à l'emploi

1. CE 20 déc. 1985, *Dr. soc.* 1986. 471 : Il ne s'agit pas d'un arbitrage, mais d'une conciliation ; l'inspecteur ne prend aucune décision ; en cas de litige, la compétence reste prud'homale.
2. Soc. 7 nov. 1989, *Bull. civ.* V, n° 649, (refus suivi d'un licenciement : les juges doivent rechercher si l'employeur avait des raisons valables de refuser).
3. Soc. 22 janv. 1992, *Dr. soc.* 1992. 266.
4. Si la L. du 4 mai 2004 créant le DIF a été d'application immédiate, le bénéfice de la première tranche de 20 heures de droit à la formation ne pouvait être accordée qu'un an après l'entrée en vigueur de la loi (Soc. 20 janv. 2010, n° 08-41.697, *JCP S* 2010. 1138, note L. Drai). Le salarié dont la prise d'acte de la rupture du contrat de travail est justifiée et qui n'est pas tenu d'exécuter un préavis, a droit à être indemnisé da la perte de chance d'utiliser les droits qu'il a acquis au titre du DIF : Soc. 18 mai 2011, n° 09-69.175, *Bull. civ.* V, n° 117.
5. Cette durée minimale peut être augmentée par accord de branche ou d'entreprise.
6. Pour plus de précisions sur ce dispositif, v. la 28e éd. de ce Précis, n° 365.
7. Les heures de formation acquises jusqu'au 31 décembre 2014 au titre du DIF pourront être mobilisées jusqu'au 1er janvier 2021, le cas échéant complétées par les heures inscrites sur le CPF, dans la limite d'un plafond de 150 heures et dans des conditions définies par décret (L. n° 2014-288, 5 mars 2014, art. 1, V). Sur les difficultés de mise en œuvre de ces dispositions transitoires, v. S. Pélicier-Loevenbruck et S. Dougados, *JCP* S 2014, 1159, p. 23.

et à la démocratisation, dont il constitue la pièce maîtresse [1]. En application de l'article L. 6111-1 du Code du travail, « afin de favoriser son accès à la formation professionnelle tout au long de la vie, chaque personne dispose dès son entrée sur le marché du travail et jusqu'à la retraite, indépendamment de son statut, d'un compte personnel de formation qui contribue à l'acquisition d'un premier niveau de qualification ou au développement de ses compétences et de ses qualifications en lui permettant, à son initiative, de bénéficier de formations ». Si ce dispositif s'adresse, au premier chef, aux salariés et aux demandeurs d'emploi, il est aussi appelé à bénéficier aux non-salariés et aux agents publics, selon des modalités qui restent encore à établir. Il importe surtout de relever qu'à la différence du DIF, le CPF est lié à la personne tout au long de sa vie active et les droits sont conservés quels que soient les évènements venant affecter son parcours professionnel.

a) Bénéficiaires. Un CPF est ouvert pour toute personne âgée d'au moins seize ans en emploi ou à la recherche d'un emploi ou accompagnée dans un projet d'orientation et d'insertion professionnelles ou accueillie dans un établissement et service d'aide par le travail [2]. Le compte est fermé lorsque son bénéficiaire est admis à faire valoir l'ensemble de ses droits à la retraite (C. trav., art. L. 6323-1).

b) Alimentation du compte. Le CPF est comptabilisé en heures. Plus précisément, l'alimentation du compte se fait à hauteur de 24 heures par année de travail à temps complet jusqu'à l'acquisition d'un crédit de 120 heures, puis 12 heures par année de travail à temps complet, dans la limite d'un plafond total de 150 heures (C. trav., art. L. 6323-11) [3]. L'acquisition de droits nouveaux est donc bloquée tant que le titulaire du compte n'a pas utilisé tout ou partie de son crédit d'heures. Le CPF peut toutefois faire l'objet d'abondements en heures complémentaires qui ne sont donc pas prises en compte pour le calcul du plafond de 150 heures. Tout d'abord, lorsque la durée de la formation que souhaite suivre le titulaire du compte est supérieure au nombre d'heures inscrites sur celui-ci, il peut faire l'objet, à sa demande, d'abondements en heures complémentaires pour assurer le financement de cette formation. Ces heures complémentaires peuvent être financées par l'employeur, le titulaire du compte lui-même, un OPCA ou un OPCA au titre du CIF, l'organisme chargé de la gestion du compte personnel de prévention de la pénibilité, l'État, les régions, Pôle emploi ou encore l'AGEFIH (C. trav., art. L. 6323-4). Ensuite, et pour les seuls salariés, le compte peut être abondé en application de stipulations conventionnelles (C. trav., art. L. 6323-14). Enfin, dans les entreprises d'au moins cinquante salariés, l'abondement du compte peut, en quelque sorte, intervenir à titre de sanction, lorsque le salarié n'a pas bénéficié des entretiens professionnels requis par la loi et de deux des trois mesures évoquées par l'article L. 6315-1 (v. ss 362 ; C. trav., art. L. 6323-13).

---

1. C. trav., art. L. 6323-1 s.

2. Par dérogation, un CPF est ouvert dès l'âge de quinze ans pour le jeune qui signe un contrat d'apprentissage sur le fondement de l'al. 2 de l'art. L. 6222-1.

3. Lorsque le salarié n'a pas effectué une durée de travail à temps complet sur l'ensemble de l'année, l'alimentation est calculée à due proportion du temps de travail effectué, sous réserve de stipulations conventionnelles plus favorables. Certaines périodes de suspension du contrat de travail visées par l'article L. 6323-12 sont intégralement prises en compte pour le calcul de ces heures.

Chaque titulaire d'un CPF a connaissance du nombre d'heures créditées sur son compte par l'intermédiaire d'un service dématérialisé gratuit, géré par la Caisse des dépôts et consignations (C. trav., art. L. 6323-8) [1].

La comptabilisation des droits du salarié en heures de formation, à l'exclusion de toute « monétisation » de celles-ci [2], facilite la pleine transférabilité des droits acquis, d'ailleurs expressément affirmée par l'article L. 6323-3 du Code du travail. Selon ce texte, « les heures de formation inscrites sur le compte demeurent acquises en cas de changement de situation professionnelle ou de perte d'emploi de son titulaire ». La loi ne formule donc aucune restriction liée à la cause de la rupture du contrat de travail. En conséquence, et à la différence du DIF, les heures restent acquises alors même que le salarié a été licencié pour faute lourde.

c) Utilisation du compte. Alors que le DIF relève d'une initiative « partagée » de l'employeur et du salarié [3], le CPF est mobilisé à l'initiative de son seul titulaire, la loi précisant, en outre, que cette mobilisation requiert l'accord exprès de ce dernier et que son refus ne constitue pas une faute (C. trav., art. L. 6323-2) [4]. Cela étant, il importe de distinguer selon que le compte est mobilisé pour suivre une formation en dehors du temps de travail ou, en tout ou partie, pendant celui-ci (C. trav., art. L. 6323-17). Dans le premier cas, les formations ne sont pas soumises à l'assentiment de l'employeur. Dans le second cas, en revanche, le salarié doit demander l'accord préalable de l'employeur sur le contenu et le calendrier de la formation [5]. L'accord n'est toutefois pas requis dans quatre cas visés par l'article L. 6323-17 [6]. Les heures consacrées à la formation pendant le temps de travail constituent un temps de travail effectif et donnent lieu au maintien par l'employeur de la rémunération du salarié (C. trav., art. L. 6323-18) [7].

Les frais pédagogiques et les frais annexes de la formation sont pris en charge, dans la limite du nombre d'heures inscrites sur le CPF, soit par l'OPCA [8] ; soit par l'employeur lorsque, en vertu d'un accord d'entreprise, il consacre au moins 0,2 % des rémunérations versées pendant l'année de référence au financement du CPF

1. Ce service dématérialisé donne également des informations sur les formations éligibles et les abondements complémentaires susceptibles d'être sollicités. Le traitement automatisé du compte intègre la possibilité de bénéficier d'un passeport d'orientation, de formation et de compétences, dont la consultation est autorisée exclusivement par le titulaire, qui recense les formations et qualifications suivies dans le cadre de la formation initiale ou continue ainsi que les acquis de l'expérience professionnelle.

2. Il y a là une différence majeure avec le DIF. La portabilité de ce dernier ne consiste pas, en effet, dans le maintien au salarié quittant une entreprise de son compteur d'heures, mais dans le maintien de la valeur monétaire des droits acquis à ce titre. Depuis 2009, le forfait réglementaire de l'heure de formation est fixé à 9,15 euros.

3. En application de l'alinéa 1er de l'article L. 6323-9, « la mise en œuvre du droit individuel à la formation relève de l'initiative du salarié, en accord avec son employeur ».

4. De même, lors de l'adhésion à un contrat de sécurisation professionnelle, le bénéficiaire a la faculté, et non l'obligation, de mobiliser son CPF (C. trav., art. L. 1233-67, modif.).

5. L'employeur doit notifier sa décision au salarié dans des délais déterminés par décret. L'absence de réponse vaut acceptation.

6. Est notamment visé le cas dans lequel la formation est financée au titre des heures créditées sur le CPF consécutivement à la méconnaissance par l'employeur de ses obligations légales.

7. Le salarié bénéficie, pendant la durée de la formation, du régime de sécurité sociale relatif à la protection en matière d'accidents du travail et de maladies professionnelles (C. trav., art. L. 6323-19).

8. Dans ce cas, « il n'est pas même nécessaire d'informer l'employeur, ce qui facilite pour le salarié le suivi d'une formation visant à lui permettre de s'engager dans une mobilité externe à l'entreprise » (J.-P. Gille, Rapp. préc.).

de ses salariés et à son abondement [1] ; soit par le FPSPP lorsque le salarié mobilise son CPF à l'occasion d'un CIF (C. trav., art. L. 6323-20).

Les demandeurs d'emploi peuvent mobiliser les heures de formation qu'ils ont acquises dans le cadre du CPF au titre de leur précédente activité professionnelle (C. trav., art. L. 6323-21 et s.). Lorsque le demandeur d'emploi bénéficie d'un nombre d'heures suffisant pour suivre une formation, son projet est réputé validé au titre du projet personnalisé d'accès à l'emploi. Dans le cas contraire, Pôle emploi ou une autre institution chargée du conseil en évolution professionnelle mobilise, après validation du projet de formation, les financements complémentaires nécessaires. Les frais pédagogiques et les frais annexes de la formation sont pris en charge par le FPSPP, dans la limite des heures inscrites sur le CPF.

d) Formations éligibles. Si, comme il a été vu, le salarié dispose d'une pleine liberté pour mobiliser son CPF, le législateur a, en contrepartie [2], clairement souhaité orienter les financements qui lui sont consacrés vers certaines formations. Sont ainsi éligibles au CPF les « formations permettant d'acquérir le socle de connaissances et de compétences défini par décret » et l'accompagnement à la validation des acquis de l'expérience (C. trav., art. L. 6323-6 I et III). Les autres formations éligibles au CPF figurent sur des listes établies selon des modalités fixées par la loi [3], étant précisé que les formations effectivement choisies doivent relever de l'une des grandes catégories de formation visées à l'article L. 6323-6, II du Code du travail [4].

355 ***La clause de dédit-formation*** ◊ L'employeur peut souscrire volontairement des engagements spécifiques de formation dans le cadre du contrat de travail. Pour limiter le risque d'un départ prématuré du salarié, il peut être convenu que dans le cas où ce dernier démissionnerait une fois la formation reçue, il devra indemniser l'employeur des frais engagés [5]. Cette *clause de dédit formation* doit faire l'objet d'une convention particulière conclue avant le début de la formation [6] et répondre à une triple condition : a) que la formation ait entraîné des frais réels excédant les dépenses imposées par la loi ou la convention collective [7] ; b) que le montant de

---

1. V. ss 348.

2. V. en ce sens, le rapp. préc. de M. J.-P. Gille, qui précise qu' « en contrepartie de la liberté d'utilisation et la pleine transférabilité pour le salarié, un encadrement collectif de l'utilisation du compte est prévu, motivé par l'objectif d'intérêt général qui s'attache à l'amélioration des qualifications dans un but de renforcement de compétitivité de nos entreprises ». C'est aussi la volonté d'orienter les financements vers les formations les plus à mêmes de contribuer à la sécurisation des parcours professionnels des salariés qui est mise en avant.

3. C. trav., art. L. 6323-16 pour les salariés et L. 6323-21 pour les demandeurs d'emploi. À titre d'exemple, est visée la liste établie par le Comité paritaire interprofessionnel national pour l'emploi et la formation.

4. Sont, notamment, visées par ce texte les formations sanctionnées par une certification enregistrée dans le répertoire national des certifications professionnelles ou encore les formations sanctionnées par un certificat de qualification professionnelle.

5. La clause de dédit-formation ne peut donc être mise en œuvre lorsque la rupture du contrat de travail est imputable à l'employeur : Soc. 11 janv. 2012, n° 10-15.481, *JCP S* 2012. 1175, note F. Dumont.

6. Soc. 4 févr. 2004, *RJS* 4/04, n° 438.

7. L'employeur ne peut utilement se prévaloir de dépenses qui ont été en fait couvertes par des subventions publiques (Soc. 19 nov. 1997, *RJS* 1/98, n° 79). La clause, pour être valable, doit mentionner le coût réel de la formation pour l'employeur (Soc. 16 mai 2007, n° 05-16.647, *RDT* 2007. 450, note G. Auzero). Toute action de formation suivie par un salarié pour assurer son l'indemnité de dédit soit proportionnée aux frais de formation engagés ; et c) que la clause n'ait pas pour effet de priver le salarié de la faculté de démissionner [1].

§ 3. Le salarié en formation

356 ***Régime juridique*** ◊ La qualification du temps de formation a dépendu jusqu'à une date récente du point de savoir qui se trouvait à l'initiative de cette formation. Si c'était l'employeur, il s'agissait d'un temps de travail effectif ; dans le cas contraire le contrat de travail se trouvait suspendu et le salarié se trouvait en congé de formation professionnelle. Cette opposition binaire a commencé à se brouiller avec l'ANI du 3 juillet 1991, qui a ouvert la possibilité d'un « co-investissement » dans la formation, le salarié acquérant sur son temps libre une qualification que l'employeur s'engageait en contrepartie à reconnaître. Avec le passage aux 35 heures, les employeurs ont souhaité exclure autant que possible le temps de formation du temps de travail effectif et la formule a connu une extension nouvelle. Cette évolution a conduit les partenaires sociaux à adopter en 2003 de nouveaux critères de qualification, qui ont été consacrés par la loi du 4 mai 2004 et celle du 24 novembre 2009. Dorénavant, le régime juridique de la formation intervenue dans le cadre du plan de formation varie selon le but poursuivi. Si l'objectif visé est l'adaptation au poste de travail ou le maintien dans l'emploi, la formation participe de l'exécution du contrat de travail. Si cet objectif est le développement des compétences, la formation peut se dérouler hors du temps de travail. Les exceptions et dérogations sont omniprésentes... Mais le salarié en formation peut se trouver dans trois situations juridiques différentes, selon que la formation est assimilée à un travail effectif, qu'elle s'ajoute au temps de travail effectif ou qu'elle se déroule pendant un congé de formation.

A. La formation assimilée au travail effectif

357 ***Situations visées*** ◊ Deux types de formation participent du temps de travail effectif du salarié : d'une part les actions d'adaptation au poste de travail et d'autre part les actions liées à l'évolution des emplois ou qui

---

adaptation au poste de travail constituant un temps de travail effectif et donnant lieu pendant sa réalisation au maintien par l'entreprise de la rémunération, la clause de dédit-formation, qui prévoit qu'en cas de départ prématuré, le salarié devra rembourser les rémunérations qu'il a perçues durant sa formation, est nulle : Soc. 23 oct. 2013, n° 11-16.032, publié.

1. Soc. 17 juill. 1991, *RJS* 10/91 n° 1072 ; 9 févr. 1994, *RJS* 3/94, n° 284 ; 21 mai 2002, *Dr. soc.* 902, obs. Savatier ; v. J.-P. Chauchard, *Dr. soc.* 1989. 388, P.-H. Mousseron ; *ibid.* 479. Le paiement n'est pas dû si le salarié n'a pas manqué de son fait à son engagement (Soc. 25 févr. 2003, *RJS* 3/03, n° 650). L'employeur qui s'est engagé à assurer le financement de la formation du salarié en contrepartie d'une clause de dédit-formation, ne peut sans faute mettre un terme à cette formation avant son achèvement normal (Soc. 15 juin 2000, *RJS* 9-10/00, n° 977).

participent au maintien dans l'emploi (C. trav., art. L. 6321-2). Dans les deux cas le suivi de la formation est une simple modalité d'exécution du contrat de travail et le salarié conserve donc sa rémunération [2].

S'effectuent également en principe pendant le temps de travail les *périodes de professionnalisation*, qui ont pour objet de favoriser par des actions de formation le maintien dans l'emploi de certaines catégories de salariés en contrat à durée indéterminée (C. trav., art. L. 6324-1 s.). Ces périodes visent l'acquisition d'une qualification professionnelle reconnue. Leur bénéfice suppose l'accord de l'employeur qui peut refuser que plus de 2 % des effectifs de l'entreprise ou de l'établissement soient simultanément absents à ce titre. Si le principe est bien que ces périodes se déroulent pendant le temps de travail, la loi prévoit que l'employeur et le salarié peuvent en décider autrement, par un accord écrit qui doit alors préciser les engagements de l'entreprise à l'égard du salarié s'il obtient la qualification recherchée (C. trav., art. L. 6324-9, L. 6321-8).

Il faut enfin rappeler que le salarié peut, sous réserve d'avoir obtenu l'accord préalable de son employeur sur le contenu et le calendrier de la formation, mobiliser son CPF durant son temps de travail. Dans ce cas, en application de l'article L. 6323-18 du Code du travail, les heures consacrées à la formation pendant le temps de travail constituent un temps de travail effectif et donnent lieu au maintien de la rémunération du salarié par l'employeur [3].

358 ***Droits et obligations de l'employeur*** ◇ Le contrat n'est pas suspendu. La rémunération incombe au seul employeur, ainsi que les frais de formation [4]. Il s'agit donc d'une simple modalité d'exécution du contrat de travail [5]. Ainsi que l'indique expressément l'article L. 6321-2 du Code du travail, toute action de formation suivie par un salarié pour assurer son adaptation au poste de travail ou liée à l'évolution ou au maintien dans l'emploi dans l'entreprise constitue un temps de travail effectif et donne lieu pendant sa réalisation au maintien par l'entreprise de la rémunération [6].

---

2. Soc. 20 juin 2007, n° 05-44.715 ; Soc. 11 juill. 2007, n° 06-11.164, *RJS* 10/07, n° 1096 ; *ibid.* 803, rapp. Gosselin ; *RDT* 2007. 733, note Véricel. De la règle énoncée par l'article L. 6321-2, il résulte que la clause de dédit-formation, qui prévoit qu'en cas de départ prématuré, le salarié devra rembourser les rémunérations qu'il a perçues durant sa formation, est nulle : Soc. 23 oct. 2013, n° 11-16.032, publié.

3. V. ss 354.

4. Soc. 6 mai 1997, *Dr. soc.* 1997. 969. Lorsque le salarié mobilise son CPF pendant son temps de travail, les frais de formation ne sont pris en charge par l'employeur que si un accord d'entreprise prévoit qu'il consacre au moins 0,2 % du montant des rémunérations versées pendant l'année de référence au financement du CPF de ses salariés. À défaut, ces frais sont assumés par l'OPCA (v. ss 354).

5. Cep. la responsabilité du fait des commettants de l'art. 1384, al. 5 C civ. ne sera engagée que dans la mesure où l'employeur a conservé en fait sur le salarié le pouvoir de lui donner des ordres et des instructions et d'en surveiller l'exécution (Civ. 2e 18 déc. 1996, *Bull. civ.* II, n° 306).

6. Par conséquent, si la réalisation de ces actions entraîne un dépassement de la durée du travail, celui-ci relève du droit commun des heures supplémentaires.

C'est l'employeur qui en principe choisit le stagiaire et il peut écarter toute candidature. Le salarié est en quelque sorte en mission. L'employeur sera juge de l'aptitude à apprendre et des résultats obtenus à l'issue du stage. Il conserve autorité sur le personnel en formation, dont il est en quelque sorte « l'examinateur ».

359 ***Droits et obligations du stagiaire*** ◊ Au plan collectif, les droits du stagiaire sont inchangés ; électeur, éligible, il conserve en outre, s'il en est investi, ses fonctions représentatives.

Au plan individuel, il conserve son salaire, sa protection sociale. Mais ses obligations se trouvent modifiées [1]. Un refus de suivre la formation l'exposerait à un licenciement, à tout le moins lorsqu'elle participe des obligations qui pèsent sur l'employeur en application de l'article L. 6321-2 du Code du travail [2]. En outre, une nouvelle obligation d'assiduité au stage pèsera sur lui.

On peut considérer que le droit à la formation se transforme en pratique en une *obligation de se former*, pour s'adapter aux modifications intervenant dans les modes de travail [3].

L'inaptitude du salarié à suivre la formation ne constitue cependant pas une faute susceptible de justifier un licenciement [4].

B. La formation en dehors du temps de travail

360 ***Régime juridique spécifique*** ◊ Dès lors que la formation vise, non pas l'adaptation ou le maintien dans l'emploi, mais le *développement des compétences* du salarié, elle se déroule en principe hors du temps de travail et fait l'objet d'un régime juridique spécifique [5]. C'est en principe le cas dans deux hypothèses : lorsque l'action de développement des compétences résulte du plan de formation de l'entreprise ; et lorsque le salarié utilise son droit individuel à la formation. Le salarié qui dispose d'un an d'ancienneté dans l'entreprise peut en outre bénéficier d'un congé individuel de formation en dehors du temps de travail (C. trav., art. L. 6322-64) [6].

---

1. P. Etiennot, Formation professionnelle et contrat de travail : *Dr. soc.* 1998. 149.
2. Paris, 26 mai 1999, *RJS* 8-9/99, n° 1175. S'agissant du CPF, on rappellera qu'il ne peut être mobilisé qu'avec l'accord exprès de son titulaire et que le refus ne constitue pas une faute (C. trav., art. L. 6323-2).
3. Le refus du salarié, sans motif légitime, de suivre un stage de formation prescrit dans l'intérêt de l'entreprise constitue une cause réelle et sérieuse de licenciement (Soc. 20 juin 2001, n° 99-44.378 ; 5 déc. 2007, n° 06-42.905, *RJS* 3/08, n° 314).
4. Soc. 2 mars 1994, *Dr. soc.* 1994. 512.
5. Les actions de formation ayant pour objet de favoriser ou permettre l'adaptation des salariés à l'évolution de leurs emplois ne peuvent relever de ce régime, et le temps consacré à ces actions par le salarié constitue un temps de travail effectif (Soc. 11 juill. 2007, n° 06-11.164, *Bull. civ.* V, n° 123).
6. Dans cette hypothèse, et à la différence du CIF accompli pendant le temps de travail, le salarié n'a aucune autorisation à solliciter auprès de son employeur. Il présente sa demande à l'OPACIF qui peut assurer la prise en charge de tout ou partie des frais liés à la formation. Pendant la durée de cette formation, le salarié bénéficie de la législation de la sécurité sociale relative à la protection en matière d'accidents du travail et de maladies professionnelles.

361 ***Le développement des compétences dans le cadre du plan de formation*** ◇ Généralisant l'idée de « co investissement » dans la formation, la loi du 4 mai 2004 a prévu en termes généraux que le plan de formation de l'entreprise puisse comporter des actions de formation ayant pour objet le développement des compétences des salariés qui se dérouleront hors du temps de travail (C. trav., art. L. 6321-6).

Cette possibilité est soumise à deux conditions. La formation doit en premier lieu faire l'objet d'un *accord écrit* entre l'employeur et le salarié ; ce dernier est libre de refuser et dispose même de 8 jours pour revenir sur son accord éventuel. L'accord doit comporter des engagements de l'entreprise en cas de succès de la formation (accès prioritaire à un emploi correspondant à la qualification acquise). En second lieu la *durée de la formation* hors temps de travail est limitée à quatre-vingts heures par an et par salarié (et à 5 % du forfait pour les salariés payés au forfait).

Les heures ainsi consacrées à la formation en plus du travail effectif donnent lieu au versement d'une *allocation de formation* d'un montant égal à 50 % de la rémunération nette de référence du salarié. Cette allocation est exonérée de charges sociales et est imputable sur le budget de formation de l'entreprise.

362 ***L'exercice du droit individuel à la formation***[1] ◇ Situation intermédiaire entre le départ en congé de formation, (qui résulte d'une décision du salarié) et du perfectionnement des compétences dans le cadre du plan de formation (qui résulte d'un accord entre les parties), l'exercice du droit individuel à la formation résulte d'une initiative du salarié qui a été acceptée par l'employeur[2]. Ce qui éclaire le régime hybride qui est le sien.

En principe, il s'exerce en dehors du temps de travail (C. trav., art. L. 6323-11). L'employeur verse alors au salarié une allocation de formation correspondant à la moitié de sa rémunération nette, et prend en charge les frais de formation correspondant aux droits ouverts. Le régime de cette allocation est le même que celle versée au titre du plan de formation (C. trav., art. L. 6323-14, L. 6321-10).

Mais la loi réserve l'hypothèse où une convention de branche ou d'entreprise aurait prévu que le droit individuel à la formation s'exercerait en partie pendant le temps de travail. Dans ce cas, les heures consacrées à la

1. À compter du 1er janvier 2015, le compte personnel de formation se substitue au droit individuel à la formation. Les heures de formation acquises jusqu'au 31 décembre 2014 au titre du DIF pourront être mobilisées jusqu'au 1er janvier 2021, le cas échéant complétées par les heures inscrites sur le CPF, dans la limite d'un plafond de 150 heures et dans des conditions définies par décret (L. n° 2014-288, 5 mars 2014, art. 1, v. ss 354).

2. Lorsque, durant deux exercices civils consécutifs, le salarié et l'employeur sont en désaccord sur le choix de l'action de formation au titre du droit individuel à la formation, l'organisme collecteur paritaire agréé au titre du congé individuel de formation dont relève l'entreprise assure par priorité la prise en charge financière de l'action dans le cadre d'un congé individuel de formation, sous réserve que cette action corresponde aux priorités et aux critères définis par cet organisme (C. trav., art. L. 6323-12).

formation pendant le temps de travail ouvrent droit au maintien de la rémunération du salarié dans les conditions définies à l'article L. 6321-2 du Code du travail.

C. Les congés de formation

363 ***Droit au congé individuel*** ◊ Divers congés de formation sont liés à l'exercice d'un mandat collectif, tels ceux ouverts aux conseillers prud'hommes (C. trav., art. L. 1442-1, L. 1442-2) ; aux membres du comité (C. trav., art. L. 2325-44) ou du CHSCT (C. trav., art. L. 4614-14 s.) ou encore à la formation syndicale (C. trav., art. L. 3142-7 s.). On s'en tiendra ici au droit au congé individuel qui permet à tout travailleur de prendre l'initiative d'une formation de son choix (C. trav., art. L. 6322-1 s.).

364 ***Le salarié en congé individuel de formation*** ◊ **a) Suspension du contrat de travail.** Pendant le congé de formation il y a suspension de l'exécution du contrat de travail, mais celui-ci subsiste entre les parties. Aussi bien le salarié demeurant rattaché à l'entreprise, l'article L. 6322-13 prévoit que le congé de formation est assimilé à une période de travail concernant les droits que le salarié tient de son ancienneté dans l'entreprise ainsi que les droits au congé payé annuel. La durée du congé n'est pas imputable sur celle du congé payé annuel. La subordination à l'employeur subsiste partiellement, sous forme d'une obligation de fréquentation et d'assiduité ainsi que d'une obligation de loyauté [1].

Des règles spéciales visent à permettre aux salariés employés à durée déterminée de bénéficier de ce type de congés (C. trav., art. L. 6322-25 s.).

b) Droits collectifs. Pris en compte dans les effectifs, le stagiaire reste électeur ; mais son éligibilité a été parfois contestée [2].

c) Rémunération. Tout salarié bénéficiaire d'un congé de formation a en principe droit à une rémunération (C. trav., art. L. 6322-17) dès lors qu'il obtient l'accord d'un organisme paritaire agréé [3]. La prise en charge est de plus en plus mutualisée.

C'est la convention collective qui détermine selon quelles modalités le congé est pris financièrement en charge par les organismes paritaires collecteurs agréés. Toute entreprise d'au moins dix salariés est tenue de leur verser chaque année 0,2 % de la masse salariale. Il y a ainsi péréquation du financement qui n'est pas directement supporté par l'entreprise, et imputation

1. Soc. 10 mai 2001, *Bull. civ.* V, n° 159 ; *Dr. soc.* 2001. 888, obs. A. Mazeaud (manque à cette obligation de loyauté un salarié qui effectue une formation au sein d'une entreprise concurrente de son employeur). V. aussi, pour les conséquences de l'exécution d'un CIF sur la situation d'un salarié déclaré inapte à son poste de travail : Soc. 16 mars 2011, n° 09-69.945 ; *RJS* 5/11, n° 419.

2. Soc. 14 janv. 1982, *Act. form. prof.* 1982, n° 58.

3. Mais la formation professionnelle suivie sans accord préalable de l'employeur et hors du temps de travail n'est pas rémunérée : Soc. 20 mai 1985, *JS UIMM* 1985. 469 ; sur une situation intermédiaire : Soc. 4 févr. 1988, *JS UIMM* 1988. 503.

obligatoire d'une partie de la taxe de formation. La rémunération (80 à 100 % du salaire antérieur [1]) est avancée par l'employeur [2]. Des congés ne remplissant pas ces conditions restent possibles, mais n'ouvriront pas droit à rémunération.

Le stagiaire de la formation permanente bénéficie d'un régime de sécurité sociale quelle que soit sa situation (C. trav., art. L. 6342-1).

1. Le taux de 100 % est appliqué aux seules actions de formation jugées prioritaires (v. C. trav., art. R. 6322-12 s. ; Paris, 20 oct. 1995, *RJS* 12/95, n° 1265).

2. C. trav., art. L. 6322-20 ; Décr. du 16 juill. 1984 mod. par Décr. du 15 avr. 1988 fixant un pourcentage minimum. Pour cette rémunération correspondant non à un travail mais à un temps de formation, Soc. 4 déc. 1991, *Dr. soc.* 1992. 192.

TITRE 3
LA PERTE DE L'EMPLOI

365 ***Les principes classiques*** ◊ Dans le système juridique libéral consacré par le Code civil, le contrat de travail constituant la source normale et quasi exclusive des rapports individuels, il appartient aux seules parties de décider de la durée de la convention et des modalités suivant lesquelles elle prendra fin. Suivant une conception purement civiliste, le régime juridique de la rupture caractérisé par le droit de résiliation unilatérale de « chaque partie », est dominé par le double principe de la liberté et de la réciprocité.

Liberté de rompre le contrat de travail à durée indéterminée, à tout moment, sans avoir à justifier sa décision, sans avoir à verser une quelconque indemnité au cocontractant. Ce principe supporta progressivement certaines limitations (abus du droit de licencier, apparition d'un préavis, puis d'une indemnité de licenciement), mais l'idée directrice resta la même jusqu'en 1973 ; l'employeur est libre de licencier comme le salarié est libre de démissionner ; il n'a, pas plus que ce dernier, à donner une justification à sa décision.

Réciprocité des droits et des obligations des deux parties au contrat de travail qui s'entend de deux façons ; réciprocité parce que le droit de la rupture doit être le même pour l'employeur et pour le salarié, ce qui signifie que les règles du licenciement doivent être analogues à celle de la démission ; réciprocité aussi parce que le droit est souvent, en même temps, une obligation ; ainsi, par exemple, le préavis est pour le salarié un droit mais également une obligation.

366 ***L'orientation moderne*** ◊ L'évolution contemporaine du Droit du travail condamne progressivement une construction juridique abstraite [1] méconnaissant les impératifs sociaux du monde du travail et le souci de la stabilité de l'emploi.

1°) Alors que la conclusion du contrat de travail demeure encore largement soumise au principe de la liberté des contractants de se choisir, celle-ci n'a plus pour corollaire logique la libre résiliation. L'embauchage, « acte condition », entraîne l'adhésion nécessaire à un statut professionnel préétabli par la loi et la convention collective, dont le mécanisme et les conditions de rupture font partie intégrante.

2°) Contrairement au mythe libéral de la réciprocité, ce statut impératif tend à consacrer une distinction devenue primordiale entre la démission du salarié – sans inconvénient majeur pour l'employeur et qui demeure marqué du signe contractuel d'une simple reprise de liberté – et le licenciement, aux graves répercussions sociales, et qui constitue l'exercice d'un droit, dans le cadre d'une politique de l'emploi.

3°) L'orientation du droit positif tend par suite à établir un contrôle judiciaire ou administratif sur l'exercice du droit de licencier, qui diffère suivant qu'il s'agit d'un licenciement pour motif personnel ou pour motif économique.

***a*)** Aurait dû normalement relever du contrôle judiciaire, afin de vérifier son bien-fondé, le licenciement pour motif personnel, notamment la faute du salarié. En réalité, il est demeuré longtemps soumis au pouvoir discrétionnaire de l'employeur, en l'absence de droit commun disciplinaire du travail, ébauché seulement par certains statuts et accords collectifs, et par suite d'une jurisprudence trop restrictive en matière du droit de congédiement.

Une réforme nécessaire a été enfin réalisée par la loi du 13 juillet 1973. Des garanties de procédure sont prévues, et le licenciement doit être justifié par une cause réelle et sérieuse. Néanmoins le droit de résiliation unilatérale subsiste en ce sens que l'employeur n'a aucune autorisation préalable à solliciter et que d'autre part le licenciement irrégulier n'est pas, sauf exception, frappé de nullité [2].

***b*)** Concernant le licenciement pour motif économique, il est longtemps demeuré ignoré comme institution originale. Devant l'ampleur des licenciements collectifs et les exigences syndicales, un droit des licenciements économiques a été progressivement élaboré, fruit de l'intervention combinée du droit contractuel collectif (Accord interprofessionnel du 10 février 1969) et du législateur (L. 3 janv. 1975 sur les licenciements pour cause économique subordonnant ce type de licenciement à une autorisation de l'administration).

4°) L'existence de ce nouveau droit du licenciement a entraîné de nombreuses réactions de la part des employeurs bien sûr, mais également de la part des juges, des acteurs sociaux [3] et finalement du législateur lui-même (loi du 5 juill. 1986 et lois du 30 déc. 1986). L'autorisation administrative, mal supportée, source de complications, notamment de compétence, a été supprimée.

5°) L'équilibre entre la liberté de gestion du chef d'entreprise et la protection du salarié est difficile à réaliser. La loi s'y est essayée de nouveau en 1989, en 1993, en

---

1. G.-H. Camerlynck : De la conception civiliste du droit contractuel de résiliation unilatérale à la notion statutaire de licenciement, *JCP* 1958. I. 1425. L'analyse sera reprise, actualisée et infléchie par J.-Cl. Javillier. Une nouvelle illustration du conflit des logiques (droit à l'emploi et droit des obligations) : « normalisation » du licenciement et sauvegarde des pouvoirs du chef d'entreprise (Études offertes à G.-H. Camerlynck, 101).

2. Sur les cas encore exceptionnels où le licenciement peut être annulé, v. ss 502 s.

3. ANI du 20 oct. 1986 sur l'emploi, protocole du 22 déc. 1986 pour l'application de cet accord.

2002, en 2003 en, 2005 et en 2008 ; la loi du 2 août 1989 met l'accent sur la prévention des licenciements et sur la conversion du salarié en vue de son adaptation à un nouvel emploi ; la loi du 27 janvier 1993 consacre de nouvelles mesures pour favoriser le reclassement des salariés ; la loi du 17 janvier 2002 (loi de modernisation sociale) modifie les règles d'information et de consultation des représentants du personnel et renforce les droits des salariés licenciés ; la loi du 3 janvier 2003 a suspendu plusieurs dispositions de la loi de modernisation sociale ; la loi du 18 janvier 2005 abroge les dispositions qui avaient été suspendues et rétablit les règles de procédure applicables avant la loi de modernisation sociale, tout en consacrant quelques règles nouvelles (accords de méthode, reclassement des salariés, nouvelles appréciations de l'effectif licencié en cas de modification du contrat de travail) ; la loi du 25 juin 2008 de modernisation du marché du travail modifie certaines dispositions concernant l'indemnité de licenciement.

367 ***Plan*** ◊ La conséquence la plus immédiate d'un régime juridique autonome du licenciement a été la nécessité et la difficulté de distinguer le licenciement des autres modes de rupture de contrat de travail à durée indéterminée, entraînant d'autres effets. Certains employeurs ont cherché à éluder les contraintes du licenciement en donnant à la rupture du contrat une qualification autre que le licenciement. En dehors même de ces tentatives, les causes de rupture sont souvent complexes : celui qui prend l'initiative de la rupture n'est pas toujours le responsable ou le véritable auteur de celle-ci. La jurisprudence a ainsi été amenée à distinguer l'initiative de l'imputabilité de la rupture [1] et à approfondir les notions servant à la qualification des ruptures de contrat de travail à durée indéterminée (Sous-titre 1).

Le droit du licenciement pour motif personnel, dont le régime juridique constitue le droit commun du licenciement (Sous-titre 2) a également donné naissance à une abondante jurisprudence, d'autant plus nécessaire que la rédaction de la loi du 13 juillet 1973 est très imparfaite et que des notions clefs comme la cause réelle et sérieuse ne font l'objet d'aucune définition légale.

Le licenciement pour motif économique (Sous-titre 3) a acquis une spécificité assez grande par rapport au licenciement pour motif personnel.

Dans cet ensemble soumis à de continuelles modifications, les effets de la rupture du contrat de travail (Sous-titre 4) ont subi des transformations moins profondes.

---

1. X. Blanc-Jouvan, Initiative et imputabilité : un éclatement de la notion de licenciement, *Dr. soc.* 1981. 207 ; P. Chaumette : *Réflexions sur l'imputabilité de la rupture du contrat de travail, D.* 1986. 68.

SOUS-TITRE 1

Les modes de rupture autres que le licenciement

368 Les employeurs, trouvant la réglementation du licenciement trop contraignante, ont, assez naturellement, cherché à utiliser les moyens juridiques leur permettant d'éluder celle-ci. Un premier moyen a consisté à conclure des contrats de travail à durée déterminée plutôt que des contrats à durée indéterminée, la législation du licenciement ne s'appliquant qu'à cette deuxième catégorie de contrats. Dans le même ordre d'idée, des employeurs ont pu être tentés de faire appel au travail temporaire ou à la conclusion de contrat de prestation de services pour faire face à leurs besoins de main-d'œuvre. N'embauchant pas, ils pouvaient se croire libérés de tous les soucis liés à un licenciement. Ces parades ne pouvaient avoir qu'une efficacité limitée à partir du moment où le législateur réglementait les contrats à durée déterminée et le travail temporaire, et dans la mesure où l'inspecteur du travail traquait la « fausse » prestation de service, relevant des délits de marchandage et de fourniture de main-d'œuvre à but lucratif.

Le second moyen, utilisé avec plus ou moins de bonheur par les employeurs, a consisté à donner à la rupture du contrat de travail à durée indéterminée une qualification autre que « licenciement » ; la rupture sera appelée « démission » (Chap. 1), « prise d'acte de rupture » (Chap. 2), « rupture contractuelle » ou « rupture conventionnelle » (Chap. 3), « mise à la retraite » (Chap. 4), « force majeure » ou « résiliation judiciaire » (Chap. 5), de telle sorte que les règles propres au licenciement n'avaient plus à s'appliquer. La question des qualifications a pris une importance nouvelle car s'il est bien normal de soumettre, par exemple, la démission à un autre régime que le licenciement, encore faut-il être certain que la démission est bien une démission et qu'elle ne dissimule pas, en réalité, une rupture du contrat décidée et voulue par l'employeur.

CHAPITRE 1

LA DÉMISSION

SECTION 1. NOTION ET PREUVE

369 ***Preuve*** ◊ Les problèmes de preuve et de notion sont étroitement imbriqués. En ce qui concerne la charge de la preuve, il est décidé, par application des règles générales, que c'est à celui qui invoque la démission du salarié d'en rapporter la preuve [1]. Dans la pratique, ce sera presque toujours l'employeur qui invoquera la démission du salarié pour justifier l'absence de procédure et le non-versement des indemnités de licenciement et de préavis et pour repousser toute demande d'explication sur la cause réelle et sérieuse de « licenciement ».

370 ***Définitions*** ◊ La loi qui traite de la démission ne la définit qu'indirectement. Le premier article du Code du travail faisant état de la démission indique seulement qu'« en cas de démission, l'existence et la durée du préavis sont fixées par la loi ou par convention ou accord collectif de travail » (C. trav., art. L. 1237-1). Il faut se reporter au titre de la section dans laquelle est insérée la rubrique « démission » pour apprendre qu'il s'agit d'une « rupture à l'initiative du salarié ».

La jurisprudence donne une définition plus complète de la démission. Pour la Cour de cassation, « la démission est un acte unilatéral par lequel le salarié manifeste de façon claire et non équivoque sa volonté de mettre fin au contrat de travail » [2]. Cette formulation manque encore de précision. Toutes les ruptures de contrat de travail décidées par le salarié ne sont pas des démissions. Le salarié peut mettre fin au contrat de travail pour prendre sa retraite comme il peut prendre acte de la rupture du contrat en raison du comportement répréhensible de l'employeur. Départ à la retraite et prise d'acte de rupture du contrat de travail sont des notions juridiques nettement distinctes de la démission qui produisent d'autres effets juridiques. Il faut donc enrichir la définition jurisprudentielle pour cerner la notion de démission.

371 ***Les quatre éléments de la démission*** ◊ Un acte de rupture du contrat de travail ne peut être qualifié de « démission » que s'il présente quatre caractères.

---

1. Soc. 4 oct. 1961, *JCP* 1961. II. 12342 ; 5 mai 1970, *Bull. civ.* V, 252.
2. Soc. 9 mai 2007, *RJS* 7/07, n° 823 ; *RDT* 2007. 591, obs. G. Auzero.

– Il doit s'agir tout d'abord de *la rupture d'un contrat de travail à durée indéterminée*. La rupture du contrat de travail à durée déterminée par le salarié est une rupture anticipée de contrat qui obéit à un régime juridique qui n'est pas celui de la démission.

– Ensuite la rupture *du contrat doit avoir un caractère unilatéral et résulter de la seule volonté du salarié*. Elle se distingue ainsi très nettement de la rupture amiable ou de la rupture conventionnelle qui suppose un accord de volonté entre l'employeur et le salarié. La démission, à la différence de ces ruptures, met fin au contrat de travail en dehors de toute acceptation de l'autre partie au contrat. La rétractation de la démission est donc, en principe, dépourvue d'effet [1]. Mais – et c'est tout autre chose – l'employeur peut renoncer à se prévaloir de la démission [2]. Elle se distingue également du licenciement qui est une rupture unilatérale du contrat mais décidée par l'employeur.

– *La volonté de rompre ne doit pas être équivoque*. Lorsque la décision du salarié de rompre le contrat est équivoque, il n'y a pas démission. Ainsi lorsque le salarié ne reprend pas le travail après un arrêt maladie [3] ou après un congé sans solde [4], lorsqu'il cesse son travail et part en congé malgré le refus de l'employeur [5], les juges décident qu'il n'y a pas démission. Dans tous ces cas, le comportement du salarié ne traduit pas une volonté claire de ce dernier de rompre le contrat ; il n'y a donc pas démission du salarié. De même, la volonté du salarié de rompre le contrat n'est pas clairement établie lorsque le salarié prend sa décision dans un mouvement d'humeur et est rapidement rétractée. Les juges considèrent dans ce cas qu'il n'y a pas démission. Si l'employeur interdit au salarié de reprendre son travail, c'est lui qui rompt le contrat de travail et procède à un licenciement [6].

– *Enfin la volonté de mettre fin au contrat doit résulter de convenances personnelles* que le salarié n'a d'ailleurs pas l'obligation de faire connaître à l'employeur. Si, au contraire, la volonté du salarié de mettre fin au contrat a pour but de faire liquider sa pension de retraite, le départ volontaire n'est pas une démission, mais un départ à la retraite [7]. De même, lorsque la

1. Soc. 27 nov. 1968, *Bull. civ.* V, 443 ; 10 mars 1981, *Bull. civ.* V, n° 1979.

2. Soc. 21 févr. 1990 *JS UIMM* 1990. 179 (en établissant une attestation destinée à l'Assedic certifiant que le salarié avait été licencié, l'employeur renonce à se prévaloir de la démission qui était intervenue plusieurs mois avant ; les juges sont fondés à appliquer les règles du licenciement à la rupture du contrat).

3. Soc. 25 oct. 1989, *Bull. civ.* V, n° 616.

4. Soc. 24 janv. 1996, *Bull. civ.* V, n° 26.

5. Soc. 30 nov. 1994, *RJS* 1/95, n° 6.

6. Soc. 13 nov. 1986, *JS UIMM* 1987. 358 ; Soc. 30 nov. 1983, *Dr. ouvrier* 1985. 324. Mais il ne suffit pas que la démission soit rapidement rétractée ; il faut aussi et d'abord que les juges estiment, en raison des circonstances de fait, que la volonté de rompre n'avait pas été sérieuse au moment où elle avait été émise (Soc. 19 mars 1981 *Bull. civ.* V, n° 239, p. 179).

7. Ce n'est pas parce que le salarié a dépassé l'âge à partir duquel il peut faire liquider sa retraite que le départ volontaire est nécessairement qualifié « départ à la retraite ». Il s'agit d'une démission si le salarié ne fait pas liquider sa pension de retraite ; l'employeur ne lui devra pas l'indemnité de départ à la retraite.

volonté du salarié de mettre fin au contrat de travail résulte des fautes commises par l'employeur dans l'exécution du contrat, le départ volontaire est une prise d'acte de rupture et non une démission [1].

372 ***Nullité de la démission*** ◊ La nullité d'un acte juridique peut résulter aussi bien du caractère illicite de son objet que du défaut d'une volonté libre et éclairée. Quand il s'agit d'une démission, la nullité ne peut pas résulter de son objet ; la liberté de démissionner est l'expression de la liberté de ne plus travailler pour le compte d'une personne déterminée. C'est une liberté qui a un caractère d'ordre public.

La nullité de la démission ne peut donc résulter que d'un défaut de volonté de son auteur. Lorsque la volonté de rompre n'est pas réelle (n'est pas sérieuse) [2] ou lorsqu'elle n'est pas totalement libre, le salarié pourra obtenir l'annulation de la démission. Ainsi, lorsque le salarié démissionne sous l'effet de la contrainte, la démission est nulle. Une illustration très actuelle de cette règle est donnée par les conséquences du harcèlement moral ; l'article L. 1152-3 du Code du travail prévoit que toute rupture du contrat de travail qui résulterait de harcèlement moral est nulle. Le salarié qui donne sa démission en raison des actes de harcèlement répétés dont il est la victime n'exprime pas une volonté libre ; il peut, s'il le souhaite, obtenir l'annulation de celle-ci. De même, lorsque la décision du salarié de rompre le contrat est équivoque, il n'y a pas démission [3].

La nullité de la démission ôte à celle-ci tous ses effets. Tout se passe comme s'il n'y avait jamais eu de démission. Le contrat de travail est censé n'avoir jamais été rompu ; il continue de produire tous ses effets. Le salarié et l'employeur sont toujours tenus par leurs obligations contractuelles respectives. L'employeur doit donner au salarié la possibilité d'exécuter sa tâche et lui verser la rémunération prévue. Le salarié doit fournir la prestation de travail convenue. Si le salarié ou l'employeur ne veulent plus exécuter le contrat, ils doivent, l'un ou l'autre, prendre l'initiative d'une nouvelle rupture.

373 ***Requalification de la démission*** ◊ La requalification est une autre forme de remise en cause de la démission. À la différence de la nullité, elle ne supprime pas tous les effets de la démission [4]. La rupture du contrat engendrée par la démission persiste, mais ses effets sont modifiés. Si la démission est requalifiée en départ à la retraite, elle produit les effets juridiques d'un départ à la retraite. Si la démission est requalifiée en prise

---

1. V. ss 373.

2. Soc. 13 nov. 1986, *JS UIMM* 1987. 358 ; 30 nov. 1983, *Dr. ouvrier* 1985. 324.

3. V. ss 371.

4. Le salarié peut invoquer soit la nullité de la démission soit la requalification de celle-ci en prise d'acte, mais il ne peut pas valablement demander cumulativement l'annulation et la requalification : Soc. 17 mars 2010, n° 09-40.465, *Bull. civ.* V, n° 68. La Cour de cassation fait implictement application dans cet arrêt du « devoir de cohérence ». V. aussi, Soc. 7 mars 2012, n° 09-73.050, *JCP S* 2012. 1225, note G. François.

d'acte de rupture, elle produira les effets d'un licenciement sans cause réelle et sérieuse si les faits invoqués par le salarié la justifiaient ou, dans le cas contraire, d'une démission.

La requalification de la démission en départ à la retraite a été admise sans discussion lorsque le salarié, après avoir donné sa démission, a fait liquider sa pension de retraite [1].

La requalification de la démission en prise d'acte de rupture a soulevé plus de difficultés, du moins lorsque la démission a été donnée par le salarié pour convenances personnelles. Lorsque le salarié démissionne en faisant état, au moment de sa démission, des faits qu'il reproche à son employeur, la Cour de cassation a rapidement admis que cette « démission » devait être analysée en une « prise d'acte » de la rupture [2]. En revanche, la possibilité de requalifier une démission émise sans aucune réserve au moment de la rupture a fait débat. Il était soutenu que la démission sans réserve pouvait être annulée pour vice du consentement mais ne pouvait pas être requalifiée en prise d'acte de la rupture [3]. La Cour de cassation en a jugé autrement. Dans quatre arrêts rendus le 9 mai 2007, elle juge que des démissions émises sans réserve peuvent être requalifiées en prise d'acte de rupture lorsque, postérieurement à la démission, le salarié fait état de faits ou manquements de l'employeur, antérieurs ou contemporains de la démission [4]. Le salarié doit justifier devant le juge de l'existence d'un différend antérieur ou contemporain de la démission l'ayant opposé à l'employeur. S'il ne peut apporter la preuve de l'existence de ce différend, il sera débouté de sa demande ; la démission qu'il a donnée sera traitée comme une démission [5]. Par ailleurs, ses chances d'obtenir la requalification sont d'autant plus grandes qu'il rectifie rapidement la qualification de la rupture après sa prise de décision. Si le salarié attend pendant de nombreux mois avant de prétendre que sa démission est une prise d'acte de rupture, les juges le débouteront de sa demande [6]. Cette dernière solution est discutable. La distinction entre la démission et la prise d'acte tenant à la finalité de la rupture, il est curieux de tenir compte du temps pris par le salarié pour demander la rectification de la qualification. Le seul élément à prendre en considération concerne l'existence ou l'absence de fautes commises par l'employeur avant que le salarié ne prenne la décision de rompre. Si le salarié peut

1. V. ss 407.
2. Soc. 15 mars 2006, *RJS* 6/06, n° 727 ; 13 déc. 2006, *RJS* 2/07, n° 203.
3. J. Y. Frouin, Les ruptures du contrat de travail à durée indéterminée à l'initiative du salarié, *RDT* 2007. 152.
4. Soc. 9 mai 2007, *RJS* 7/07, n° 823 ; *Grands arrêts*, 4e éd., n° 88 ; J. Pélissier, La remise en cause des démissions, *RJS* 7/07, n° 591 s. ; G. Auzero, *RDT* 2007. 452 ; H. Gosselin, *RJS* 7/07, n° 603. La Cour de cassation applique la même solution au départ à la retraite ; ce qui se conçoit aisément dès lors que celui-ci est, à l'instar de la démission, une manifestation unilatérale de volonté : Soc. 15 mai 2013, n° 11-26.784, *Lexbase Hebdo, éd. Sociale*, n° 529, obs. C. Radé.
5. Soc. 19 déc. 2007, n° 06-42.550, *RJS* 3/08, n° 257.
6. Soc. 19 déc. 2007, préc. ; 9 mai 2007, n° 05-40.518 (arrêt *Noisette*), *RJS* 7/07, n° 823.

établir que l'employeur avait commis des manquements dans l'exécution du contrat avant qu'il ne « démissionne », il établit qu'il a mis fin au contrat en raison de ces manquements et qu'il n'a pas démissionné pour convenances personnelles [1].

Lorsque le conseil de prud'hommes est saisi d'une demande de qualification de la rupture du contrat de travail à l'initiative du salarié en raison de faits que celui-ci reproche à son employeur, l'affaire est directement portée devant le bureau de jugement, qui statue au fond dans un délai d'un mois suivant sa saisine [2].

374 ***Articulation de la démission et de la résiliation judiciaire*** ◊ Lorsqu'un salarié demande la résiliation judiciaire de son contrat de travail, c'est, par hypothèse, au juge qu'il appartient de prononcer, le cas échéant, la rupture de celui-ci. Quel sort faut-il réserver à la demande du salarié, lorsque, avant que le juge ne statue, il donne sa démission ? Dans un important arrêt en date du 30 avril 2014 [3], la Cour de cassation a délivré, à grand renfort d'*obiter dictum*, un véritable mode d'emploi de l'articulation de ces deux modes de rupture, en distinguant la démission « sans réserve » et « avec réserve ». Dans le premier cas, lorsqu'au moment où le juge statue sur une action du salarié tendant à la résiliation judiciaire de son contrat de travail aux torts de l'employeur, le contrat de travail a pris fin par la démission du salarié, sa demande de résiliation devient sans objet. Cette affirmation est des plus logiques, dans la mesure où il est difficile de rompre deux fois un même contrat de travail [4]. Pour autant, le salarié qui a démissionné conserve la faculté, si les griefs qu'il faisait valoir au soutien de sa demande étaient justifiés, de demander la réparation du préjudice en résultant. Dans le second cas, la Cour de cassation considère que « si, à la demande du salarié, la démission a été requalifiée en prise d'acte par le juge, celui-ci doit, pour l'appréciation du bien-fondé, de la prise d'acte, prendre en considération les manquements de l'employeur invoqués par le salarié tant à l'appui de la demande de résiliation judiciaire devenue sans objet qu'à l'appui de la prise d'acte » [5].

1. Sur ce point, v. J. Pélissier, La remise en cause des démissions, préc., p. 593 et 594.

2. C. trav., art. L. 1451-1. Inséré dans le Code du travail par une loi du 1er juill. 2014, ce texte a pour effet supprimer la phase de conciliation de la procédure prud'homale de manière à ce que le litige soit examiné directement au fond par le bureau de jugement. La « demande de qualification » vise, à lire les travaux parlementaires, « la qualification en démission ou en licenciement sans cause réelle et sérieuse » par le juge.

3. Soc. 30 avr. 2014, n° 13-10.772, *Lexbase Hebdo, éd. Sociale*, n° 570, note Ch. Radé ; *Sem. soc. Lamy* n° 1630, obs. F. Champeaux.

4. Ce que l'on peut traduire par la formule « rupture sur rupture ne vaut ». Solution, d'autant moins surprenante, qu'elle a été antérieurement retenue lorsqu'une prise d'acte (Soc. 31 oct. 2006, n° 05-42.158, *Bull. civ.* V, n° 321), une mise ou un départ à la retraite (Soc. 13 juill. 2010, n° 08-43.852, inédit) ou encore une rupture conventionnelle (Soc. 10 avr. 2013, n° 11-15.651, publié) fait suite à une demande en résiliation judiciaire.

5. Il ne s'agit là que d'une confirmation de jurisprudence : Soc. 31 oct. 2006, n° 04-46.280, *Bull. civ.* V, n° 321.

SECTION 2. RÉGIME JURIDIQUE

375 ***Liberté de démissionner*** ◊ Un salarié peut à tout moment reprendre sa liberté en mettant fin à un état de subordination estimé désormais par lui insupportable. Il n'a pas à motiver sa décision, la volonté de recouvrer sa pleine liberté d'action étant par elle-même un motif suffisant [1].

Cette liberté a cependant ses limites. L'article L. 1237-2 du Code du travail précise que « la résiliation d'un contrat à durée indéterminée, à l'initiative du salarié, ouvre droit, si elle est abusive, à dommages-intérêts pour l'employeur ». En pratique, la condamnation du salarié pour démission abusive est exceptionnelle. Elle interviendra en cas de brusque rupture par le salarié lorsque, en raison de sa malice et du préjudice causé à l'entreprise, le simple octroi de l'indemnité de préavis apparaît comme insuffisant, ou lorsque les circonstances accompagnant le départ du salarié revêtent un caractère fautif [2]. Mais le fait de démissionner pour exercer une activité concurrente de celle de son employeur ne constitue pas en soi un abus [3].

La liberté de démissionner peut également être limitée par le jeu d'une clause insérée dans le contrat de travail, aux termes de laquelle le salarié, qui démissionnerait avant une date fixée avec précision, devrait rembourser à l'employeur les frais qui ont été exposés pour assurer sa formation [4]. La Cour de cassation admet la licéité de cette clause de dédit-formation [5], mais subordonne celle-ci à une triple condition ; l'employeur doit avoir engagé des frais de formation au-delà des dépenses imposées par la loi ou la convention collective [6] ; le montant de l'indemnité de dédit doit être proportionné aux frais de formation engagés [7] ; la clause ne doit pas avoir pour effet de priver le salarié de la liberté de démissionner [8].

---

1. Soc. 22 juin 1994, *Bull. civ.* V, n° 204 (cassation d'une décision ayant condamné un salarié à payer des dommages-intérêts à son ancien employeur au motif que la démission n'était pas justifiée par les motifs avancés).

2. Soc. 19 juin 1959, *D.* 1959. 513 (brusque départ d'un mannequin au cours de la journée de présentation à la clientèle d'une collection comprenant des modèles à sa propre mesure) ; 26 juin 1959 (départ d'un expert-comptable en pleine période d'activité saisonnière pour nuire à l'employeur) ; Soc. 6 déc. 1967, *Bull. civ.* V, 646 (brusque départ entraînant la désorganisation de l'entreprise et sans restituer les documents comptables) ; 12 janv. 1972, *Bull. civ.* V, n° 17 (rupture brutale préjudiciable par un représentant, pour un motif fallacieux, avec l'ensemble de ses collègues) ; 7 nov. 1973, *Bull. civ.* V, n° 514 (brusque cessation de toute prospection avec campagne de dénigrement et passage au service d'un concurrent).

3. Soc. 18 janv. 1995 ; *Bull. civ.* V, n° 29 ; *RJS* 3/95, n° 213 ; *Dr. soc.* 1995. 270 ; *D.* 1996. 27.

4. J. Pélissier : La liberté du travail, *Dr. soc.* 1990. 19 s., sp. 24 ; Chauchard, *Dr. soc.* 1989. 388 ; F. Gaudu, *Dr. soc.* 1991. 419 s.

5. Soc. 21 mai 2002, *Bull. civ.* V, n° 169 ; *Dr. soc.* 2002. 902 note J. Savatier ; *Grands arrêts*, 4e éd., n° 85 ; 17 juill. 1991, *RJS* 10/91, n° 1072 ; 23 nov. 1983, *Bull. civ.* V, n° 576, p. 411 ; 23 janv. 1985, *JS* 1985. F 41 (obligation de rester 3 ans au service de l'employeur). Paris, 3 mai 1984, *D.* 1985. 156, note Amiel-Donat et Y. Serra.

6. Soc. 21 mai 2002, préc. ; 9 févr. 1994, *RJS* 3/94, n° 284 ; 17 juill. 1991, préc. ; 18 mars 1970, *Bull. civ.* V, n° 207.

7. Soc. 21 mai 2002, préc.

8. Soc. 21 mai 2002 préc. ; 19 nov. 1997, *RJS* 1/98 n° 79 ; 4 juin 1987, *Dr. ouvier* 1989. 65 ; 17 juill. 1991, préc.

376 ***Obligation de préavis*** ◇ Le salarié ne peut pas mettre fin immédiatement à son contrat de travail ; il doit respecter un délai-congé. À la différence du délai-congé ou préavis de licenciement, l'existence et la durée du préavis de démission ne sont pas fixées, d'une façon générale, par la loi [1]. Ce sont habituellement la convention collective ou les usages qui établissent cette obligation et en fixent le contenu [2]. Le contrat individuel de travail ne peut pas instituer une obligation de préavis de démission ou fixer une durée de préavis plus longue que celle qui serait fixée par la loi, la convention collective ou les usages [3]. À défaut de disposition légale spéciale, si la convention collective applicable ne réglemente pas le préavis en cas de démission, et si aucun usage professionnel ne peut être invoqué par l'employeur, le salarié peut quitter immédiatement l'entreprise.

Lorsque la convention collective ou les usages imposent un délai de préavis, le salarié qui démissionne ne peut plus, s'il le souhaite, donner un préavis plus long que celui auquel il est tenu. Si la convention collective fixe la durée de préavis de démission à 3 mois, l'employeur peut considérer que le contrat de travail cesse de produire ses effets à l'expiration de ce délai, même si le salarié a donné un préavis de 9 mois [4]. De façon plus générale, il faut souligner que le préavis de démission est, comme l'est le préavis de licenciement, une obligation pour les deux parties au contrat ; il s'impose aussi bien à l'employeur qu'au salarié [5].

Pendant toute la durée du préavis, le salarié doit exécuter normalement et pleinement les obligations résultant du contrat de travail [6]. À défaut, l'employeur pourra mettre fin au préavis en invoquant la faute grave du salarié [7]. Si, pendant le préavis, le salarié est victime d'un accident du

1. La loi ne fixe un préavis de démission que dans des cas particuliers (journalistes, C. trav., art. L. 7112-2, VRP, C. trav., art. L. 7313-9, salariés agricoles, C. rur., art. 991).

2. Les juges du fond doivent rechercher d'office, en l'absence d'indication dans la demande de l'employeur, si un préavis n'est pas dû en vertu de la convention collective applicable : Soc. 9 mai 1983, *Bull. civ.* V, n° 172.

3. Soc. 4 juin 1987, *D.* 1988. Somm. 103, obs. J. Pélissier (lorsque le contrat de travail institue un préavis réciproque de trois mois en cas de licenciement ou de démission, ce préavis n'est pas opposable au salarié qui démissionne) ; Soc. 13 mai 1992, *RJS* 6/92, n°s 731 ; la convention collective doit fixer elle-même la durée du préavis ; elle ne peut pas laisser au contrat de travail la possibilité d'augmenter la durée prévue par elle : Soc. 1er avr. 1992, *RJS* 5/92, n° 610.

4. Soc. 1er juill. 2008, n° 07-40.109, *Bull. civ.* V, n° 143 ; v. antérieurement : Soc. 21 nov. 1984, *Bull. civ.* V, n° 488 ; 11 avr. 1996, *RJS* 6/96, n° 671).

5. Soc. 5 déc. 1974, *Bull. civ.* V, 594 ; 16 avr. 1979, *Bull. civ.* V, 248. Mais, l'employeur peut dispenser le salarié d'exécuter le préavis en lui versant les salaires dus pour la période du délai-congé. Si l'employeur découvre après la démission une faute lourde du salarié, il peut obtenir le remboursement par le salarié des indemnités de préavis et de congés payés : Soc. 7 déc. 1989 *JS UIMM* 1990. 95.

6. Le salarié ne saurait se libérer en invoquant une nouvelle embauche (en l'absence de disposition en ce sens de la convention collective) : Soc. 28 févr. 1979, *D.* 1979. IR 425, obs. critiques de J. Pélissier. Le salarié démissionnaire qui, pour convenances personnelles, demande et obtient de ne pas être tenu d'exécuter le délai-congé dû par lui, ne peut pas bénéficier d'un droit à congés payés pour la durée du préavis non exécuté : Soc. 15 avr. 1992, *RJS* 6/92, n° 733.

7. S'agissant d'une démission, l'employeur n'a pas à respecter la procédure légale en matière de licenciement (Soc. 1er févr. 1983, *Bull. civ.* V, n° 42) ; s'agissant d'une sanction disciplinaire, il doit respecter la procédure disciplinaire.

travail, le préavis se trouve exceptionnellement suspendu pendant la durée de l'arrêt de travail [1]. La suspension du contrat de travail prend fin avec la visite de reprise effectuée par le médecin du travail. Lorsque le salarié est déclaré apte à reprendre son emploi, il exécutera le contrat jusqu'à l'expiration du préavis. Lorsque, au contraire, le salarié est déclaré inapte à tenir son emploi, l'employeur doit lui proposer un poste de reclassement en suivant les indications du médecin du travail. Au cas où le salarié refuserait le poste de reclassement proposé, l'employeur n'a pas à procéder à un licenciement puisque le contrat a déjà été rompu par la démission [2].

Le salarié, qui rompt brutalement le contrat sans exécuter le préavis [3], doit à l'employeur une indemnité, égale à la rémunération qu'il aurait touchée s'il avait travaillé pendant le délai-congé [4]. Cette indemnité a un caractère forfaitaire ; elle est due quel que soit le préjudice subi par l'employeur [5].

Le salarié qui n'exécute pas le délai-congé s'expose également à une sanction pénale, s'il travaille immédiatement pour le compte d'un autre employeur. Mais l'inexécution du préavis par un salarié démissionnaire ne donne pas systématiquement à celle-ci un caractère abusif [6].

377 ***Indemnisation du chômage*** ◇ En principe, le salarié qui démissionne et qui ne retrouve pas d'emploi n'a pas droit, à la différence du salarié licencié, aux allocations d'assurance chômage [7]. Ce principe n'est cependant pas appliqué strictement. La commission paritaire nationale de l'Unedic a dressé une liste exhaustive des situations dans lesquelles il est estimé que le salarié avait de justes raisons pour quitter son emploi ; le salarié démissionnaire a, dans ces cas, les mêmes droits aux allocations chômage que le salarié licencié. Plus généralement lorsque l'état de chômage se prolonge contre la volonté du chômeur, celui-ci peut être admis au bénéfice des allocations après un délai de 121 jours, sur décision de la commission paritaire de l'Assedic.

---

1. Soc. 15 févr. 2006, *Bull. civ.* V, n° 68 ; application de l'art. L. 1226-7 (C. trav., anc. art. L. 122-32).
2. Soc. 15 févr. 2006, préc.
3. Le salarié peut être dispensé par l'employeur de l'exécution du préavis, mais cette dispense d'exécution doit résulter d'une manifestation non équivoque de volonté de l'employeur : Soc. 10 déc. 1985, *JS UIMM* 1986, n° 473, p. 195.
4. Soc. 29 mars 1995, *RJS* 5/1995, n° 506 ; 9 mai 1990, *Bull. civ.* V, n° 209.
5. Crim. 2 févr. 1971, *D.* 1971. 251, M. Despax et J. Pélissier, *op. cit.*, p. 109.
6. Soc. 14 oct. 1987, *Sem. soc. Lamy* 1987, n° 382, p. 613.
7. En effet, aux termes de l'art. L. 5421-1 C. trav., seuls ont droit aux allocations de chômage les salariés involontairement privés d'emploi ou dont le contrat a été rompu conventionnellement selon les modalités prévues aux art. L. 1237-11 s. C. trav. (rupture conventionnelle).

CHAPITRE 2
LA PRISE D'ACTE DE RUPTURE

378 Le salarié comme l'employeur peuvent prendre acte de la rupture du contrat de travail, voulant ainsi éviter l'un de démissionner, l'autre de licencier. Il s'agit, en effet, de « constater » une rupture imposée par les faits, d'en prendre acte, sans en supporter l'imputabilité. Si le législateur n'a pas consacré cette notion, la Cour de cassation a dû lui donner une qualification juridique et en déterminer les effets. Elle a, dans ce travail de construction juridique, très nettement distingué la prise d'acte de rupture émanant du salarié (Section 1) de celle émanant de l'employeur (Section 2).

SECTION 1. PRISE D'ACTE PAR LE SALARIÉ [1]

379 ***Mode de rupture original*** ◊ Dans plusieurs arrêts rendus le 25 juin 2003, la Cour de cassation a consacré la prise d'acte de la rupture du contrat de travail par le salarié comme un mode original de rupture. Même si elle peut, dans certains cas, produire les effets d'une démission, ce n'est pas une démission. C'est un mode original de rupture qui peut produire des effets très différents selon les circonstances, qui sont ceux soit de la démission soit du licenciement.

La prise d'acte de rupture s'analyse en une décision du salarié de mettre fin à un contrat de travail à durée indéterminée en raison de(s) faute(s) commise(s) par l'employeur en cours d'exécution du contrat [2].

Cette qualification « prise d'acte de rupture » ne concerne que les ruptures de contrat à durée indéterminée. Lorsqu'un salarié prend acte de la rupture à contrat à durée déterminée, il s'agit juridiquement d'une rupture anticipée du contrat soumise aux règles prévues à l'article L. 1243-3 du Code du travail (v. ss 8) [3].

---

1. F. Géa, « La prise d'acte de la rupture », *RJS* 2010. 559 s. ; « Rompre. Réflexions sur la volonté du salarié de rompre son contrat » *in La volonté du salarié*, T. Sachs (dir.), Dalloz, 2012, p. 133 ; H. Gosselin et F. Géa, Quelle est la nature juridique de la prise d'acte ? *RDT* 2009. 688 s. ; J. Y. Frouin, Rupture du contrat de travail, prise d'acte par l'employeur ou le salarié, *RJS* 2003. 647 s. ; Les ruptures du contrat de travail à durée indéterminée à l'initiative du salarié, *RDT* 2007. 150 s. ; P. Lokiec, S. Robin-Olivier et autres, Prise d'acte et rupture du contrat de travail à l'initiative du salarié, *RDT* 2006. 196 s. ; J. Pélissier, La prise d'acte de rupture du contrat de travail par le salarié, *D.* 2003. 2396.

2. Soc. 15 mars 2006, *Bull. civ.* V, n° 109.

3. Soc. 9 avr. 2008, n° 06-46.003, *RDT* 2008. 448, obs. *D.* Jacotot ; 30 mai 2007, *RJS* 8-9/07, n° 919. En doctrine, les avis sont partagés. La plupart des auteurs considèrent que la prise d'acte

Par ailleurs, lorsque l'acte de rupture concerne un contrat à durée indéterminée, il convient de la distinguer soigneusement de la démission. Pour qu'il y ait prise d'acte, le salarié doit établir que sa décision de rompre le contrat était motivée par le comportement fautif de l'employeur sans qu'il soit nécessaire que le salarié ait fait expressément état de ce comportement au moment de la prise d'acte (v. ss 373) [1]. La prise d'acte doit être adressée directement à l'employeur. Si elle est adressée au juge prud'homal, elle est analysée comme une demande de résiliation judiciaire [2].

380 *Les effets de la prise d'acte* ◊ Dans ses arrêts du 25 juin 2003, la Cour de cassation a déterminé les effets de la prise d'acte de rupture par le salarié. Cette « rupture produit les effets soit d'un licenciement sans cause réelle et sérieuse si les faits invoqués la justifiaient soit, dans le cas contraire, d'une démission » [3]. Postérieurement, la Cour de cassation a été amenée à concilier ce mode de rupture avec les dispositions légales instituant une protection renforcée des salariés contre la rupture de leur contrat de travail. Elle a, dans ces hypothèses, décidé que la prise d'acte devait produire les effets d'un licenciement nul en cas de manquement suffisamment grave de l'employeur à ses obligations. Dernièrement, la Cour de cassation a validé une clause contractuelle qui autorise un salarié à prendre acte de la rupture du contrat en l'absence de faute commise par l'employeur. La prise d'acte produit alors les effets d'un licenciement ayant une cause réelle et sérieuse [4].

La prise d'acte de rupture par le salarié peut donc produire quatre effets différents.

---

de rupture n'a pas sa place dans le domaine des contrats à durée déterminée (C. Roy-Loustaunau, *Dr. soc.* 2008. 601 ; J. Mouly, *JCP S* 2007. 1171 ; *D.* Jacotot, préc.). Une opinion plus nuancée a été soutenue par M. J. Y. Frouin, *RJS* 10/07 : Un salarié en contrat à durée déterminée peut-il prendre acte de la rupture de son contrat de travail ?.

1. Il en va de même en cas de départ à la retraite : Soc. 15 mai 2013, nº 11-26.784, *Lexbase Hebdo, éd. Sociale*, nº 529, note C. Radé.

2. Soc. 16 mai 2012, nº 10-15.238 P : « si la prise d'acte de rupture du contrat de travail n'est soumise à aucun formalisme et peut valablement être présentée par le conseil du salarié au nom de celui-ci, c'est à la condition qu'elle soit adressée directement à l'employeur ».

3. Soc. 25 juin 2003, *D.* 2003. 2396, note J. Pélissier ; *Dr. soc.* 2003. 824, note G. Couturier et J. E. Ray ; *RJS* 8-9/03, nº 994 ; *ibid.* 647, note J. Y Frouin. Afin que le salarié, qui ne peut en principe prétendre à l'allocation de retour à l'emploi consécutivement à la prise d'acte, ne reste trop longtemps dans l'expectative sur l'imputation de la rupture, l'article L. 1451-1 dispose que « lorsque le conseil de prud'hommes est saisi d'une demande de qualification de la rupture du contrat de travail à l'initiative du salarié en raison de faits que celui-ci reproche à son employeur, l'affaire est directement portée devant le bureau de jugement, qui statue au fond dans un délai d'un mois suivant sa saisine ». Ce texte a pour effet de supprimer la phase de conciliation de la procédure prud'homale de manière à ce que le litige soit examiné directement au fond par le bureau de jugement. La « demande de qualification » vise, à lire les travaux parlementaires, « la qualification en démission ou en licenciement sans cause réelle et sérieuse » par le juge. Il y a là un abus de langage, car ce dernier ne qualifie pas, à proprement parler la rupture. Il lui fait produire les effets soit d'un licenciement, soit d'une démission.

4. Soc. 26 janv. 2011, nº 09-71.271, *RDT* 2011. 175, obs. J. Pélissier ; 10 avr. 2013, nº 11-25.841, *Lexbase Hebdo, éd. Sociale*, nº 526, note G. Auzero.

1. Les effets d'un licenciement sans cause réelle et sérieuse Le salarié, qui prend acte de la rupture du contrat de travail en raison de fautes suffisamment graves commises par l'employeur, a droit à l'indemnité légale ou éventuellement conventionnelle de licenciement, à l'indemnité compensatrice de préavis [1] et à l'indemnité de licenciement sans cause réelle et sérieuse. En outre, le comportement fautif de l'employeur fait obstacle à l'application de la clause de dédit-formation, insérée dans le contrat de travail [2].

Il appartient, en principe, au salarié d'établir l'existence des faits qu'il invoque pour justifier la prise d'acte [3]. Cette règle est cependant écartée lorsque le salarié prend acte de la rupture de son contrat, après un accident du travail, au motif que l'employeur n'a pas adapté son poste de travail conformément aux recommandations du médecin du travail lors de la visite de reprise. Cette exception résulte de l'application de l'article 4624-1 du Code du travail : l'employeur est tenu d'une obligation de sécurité de résultat en matière de protection de la santé et de sécurité des travailleurs dans l'entreprise [4].

La Cour de cassation a également réglé une difficulté relative aux faits que les juges devaient prendre en considération. Certaines voix s'étaient élevées pour faire un parallèle entre la lettre de prise d'acte et la lettre de licenciement. De même que la lettre de licenciement fixe les limites du litige et interdit à l'employeur d'invoquer devant le juge d'autres motifs que ceux mentionnés dans la lettre de licenciement, de même la lettre de prise d'acte aurait fixé les limites du litige si bien que le salarié n'aurait pas pu invoquer devant le juge des comportements fautifs de l'employeur qui n'auraient pas été mentionnés dans la lettre de prise d'acte. Le parallèle était osé car la prise d'acte ne suppose pas nécessairement la rédaction d'un écrit. Très logiquement, la Cour de cassation a écarté ce rapprochement entre la lettre de prise d'acte de rupture et la lettre de licenciement ; elle juge que l'écrit par lequel le salarié prend acte de la rupture ne fixe pas

1. Soc 28 sept. 2011, n° 09-67.510, lorsque la prise d'acte est justifiée, l'employeur doit accorder au salarié l'indemnité de préavis, même si celui-ci ne s'est pas tenu à la disposition de l'employeur après la prise d'acte. La prise d'acte entraîne, en effet, la cessation immédiate du contrat de sorte que le salarié n'est pas tenu d'exécuter un préavis (Soc. 26 mai 2010, n° 08-70.253).

2. Soc. 11 janv. 2012, n° 10-15.481, *RJS* 3/12, n° 224.

3. Soc. 19 avr. 2007, n° 06-44.754, *RDT* 2008. 254, obs. S. Bernard et T. Grumbach : « Dès lors qu'il subsist(e) un doute sur la réalité des faits invoqués à l'encontre de son employeur par le salarié à l'appui de sa prise d'acte de la rupture, celle-ci (doit) produire les effets d'une démission ».

4. Soc. 14 oct. 2009, n° 08-42.878, *RDT* 2009. 712, note J. Pélissier ; « Lorsque le salarié fait valoir que l'employeur n'a pas adapté son poste de travail conformément aux recommandations du médecin du travail, il appartient à l'employeur de justifier qu'il a procédé à une telle adaptation » La portée de cette décision ne concerne pas seulement les accidents du travail. L'art. L. 4624-1 C. trav., visé par cet arrêt, intéresse toutes les mesures individuelles telles que mutations ou transformations de postes, proposées par le médecin du travail en raison de considération relatives notamment à l'âge, à la résistance physique ou à l'état de santé physique ou mentale des travailleurs ; dans le même sens, Soc. 12 janv. 2011, n° 09-70.838, *RDT* 2011. 445, obs. M. Véricel.

les limites du litige [1] ; le juge est tenu d'examiner les manquements de l'employeur invoqués devant lui par le salarié, même si celui-ci ne les a pas mentionnés dans la lettre de prise d'acte de rupture. Mais les faits à prendre en considération sont ceux sur lesquels le salarié a pu s'appuyer au moment de la prise d'acte. Par suite, ne peuvent être retenus des manquements de l'employeur antérieurs à la prise d'acte, mais connus du salarié que postérieurement à celle-ci [2].

Le juge n'est pas seulement tenu de vérifier l'existence des manquements reprochés à l'employeur [3], il lui faut, aussi, en apprécier la gravité. En effet, pour que la prise d'acte produise les effets d'un licenciement, il est nécessaire que les manquements de l'employeur soient « suffisamment graves » [4]. Il convient donc de tenir compte des conséquences du manquement de l'employeur sur l'exécution du contrat de travail et non de sa nature. En conséquence, et contrairement à ce qu'avait pu un temps décider la Cour de cassation [5], il n'est pas de manquements qui constituent, automatiquement, une cause de rupture imputable à l'employeur [6]. Le salarié a ainsi intérêt à réfléchir à deux fois avant de prendre acte de la rupture de son contrat de travail, étant observé que son appréciation pourra, au final, ne pas rejoindre celle du juge [7]. Il lui faut également prendre garde à l'écoulement du temps, c'est pour cette raison qu'il est difficile de convaincre ce même juge que le manquement de l'employeur a empêché la poursuite du contrat de travail s'il s'est produit plusieurs mois

1. Soc. 29 juin 2005, n° 03-42.804, *RJS* 10/05, n° 959.

2. Soc. 9 oct. 2013, n° 11-24.457, *RDT* 2013. 763, note B. Géniaut.

3. La question de la matérialité des faits invoqués relève du pouvoir souverain d'appréciation des juges du fond.

4. V. par ex., Soc. 23 janv. 2013, n° 11-20.356, *JCP S* 2013. 1182, note D. Chenu. V. déjà en ce sens, Soc. 30 mars 2010, n° 08-44.236 : *Bull. civ.* V, n° 80. En bonne logique, la Cour de cassation applique la même exigence en matière de résiliation judiciaire du contrat de travail : Soc. 26 mars 2014, n° 12-21.372 et 12-35.040, publiés ; 12 juin 2014, n° 13-11.448 et 12-29.063, publiés.

5. V., par ex., Soc. 23 janv. 2013, n° 11-18.855 : *Bull. civ.* V, n° 15 (violation de l'obligation de sécurité de résultat) ; 3 nov. 2010, n° 09-65.254, *Bull. civ.* V, n° 252 (manquement à l'obligation de fournir un travail) ; 22 sept. 2011, n° 10-13.568, inédit (manquement aux règles relatives aux examens médicaux d'embauche, périodiques ou de reprise du travail) ; 28 avr. 2011, n° 09-70.619, *Bull. civ.* V, n° 97 (modification imposée du contrat de travail).

6. Cette évolution pouvait être décelée dans l'arrêt du 26 mars 2014 (n° 12-23.634), dans lequel la Cour de cassation avait considéré que le manquement de l'employeur n'avait pas empêché la poursuite du contrat de travail, alors qu'il n'avait pas respecté les règles relatives aux examens médicaux de reprise. Elle est manifeste dans les deux décisions du 12 juin 2014 qui, pour concerner la résiliation judiciaire, intéressent aussi la prise d'acte. Dans les deux cas, alors que l'employeur avait unilatéralement appliqué une modification du contrat de travail, la Cour de cassation décide que son comportement n'empêchait pas la poursuite du contrat de travail.

7. Décision judiciaire qui, faut-il le rappeler, pourra intervenir plusieurs années après la prise d'acte. Dans certains cas, le salarié sera sans doute plus avisé de saisir le juge d'une demande en résiliation judiciaire ou, plus simplement, d'une demande en exécution forcée de son contrat de travail ou de dommages et intérêts.

avant la prise d'acte [1]. Sous les réserves qui viennent d'être évoquées, un manquement suffisamment grave de l'employeur à ses obligations peut être caractérisé en raison de faits qui se sont déroulés en dehors du temps et du lieu de travail, dès lors qu'ils étaient relatifs à un différend d'ordre professionnel [2]. On notera enfin que la Cour de cassation a fait le choix d'exercer un contrôle général, mais « léger », sur la caractérisation de la gravité du manquement de l'employeur, c'est-à-dire un contrôle limité aux erreurs les plus manifestes d'appréciation [3].

2. Les effets d'un licenciement nul. Lorsque le salarié qui prend acte de la rupture de son contrat de travail bénéficie d'une protection spécifique contre le licenciement et que les manquements reprochés à l'employeur présentent un degré de gravité suffisant, la prise d'acte produit les effets d'un licenciement nul. Cette solution rigoureuse a d'abord été appliquée aux salariés titulaires d'un mandat de représentant du personnel [4], pour être ensuite étendue aux salariés dont le contrat de travail est suspendu en raison d'un accident du travail ou d'une maladie professionnelle [5]. Il en va de même lorsque la prise d'acte est fondée sur l'absence ou l'insuffisance d'un plan de sauvegarde de l'emploi [6]. Après avoir rappelé que la prise d'acte de la rupture par un salarié en raison de faits qu'il reproche à son employeur, entraîne la rupture immédiate du contrat de travail et ne peut être rétractée, la Cour de cassation a décidé qu'il en résulte qu'un salarié protégé qui a pris acte de la rupture de son contrat de travail, ne peut ultérieurement solliciter sa réintégration dans son emploi [7].

3. Les effets d'une démission. Si le salarié n'arrive pas à rapporter la preuve que la prise d'acte de rupture était justifiée, il sera considéré comme démissionnaire. Il n'aura donc droit à aucune indemnité de la part de l'employeur et ne pourra pas non plus prétendre aux allocations d'assurance chômage. Il peut même être condamné à verser à l'employeur une indemnité compensatrice de préavis si la convention collective ou les

1. V. en ce sens, Soc. 26 mars 2014, n° 12-35.040 et 12-23.634. Le facteur temps ne saurait être cependant conçu comme un obstacle dirimant à l'imputation de la rupture à l'employeur.

2. Soc. 23 janv. 2013, n° 11-20.356, *Bull. civ.* V, n° 16.

3. Selon la formule du M. le Conseiller doyen P. Bailly (Sem. soc. Lamy 2014, n° 1635, p. 10). Ce dernier prend toutefois soin de préciser que « la notion d'erreur manifeste d'appréciation est une notion administrative que la chambre sociale de la Cour de cassation n'a jamais utilisée comme telle. Nous nous fondons plutôt sur le fait que la Cour d'appel ne tire pas les conséquences légales de ses constatations ». Sur la distinction entre ce contrôle « léger » et un contrôle « lourd », v. A. Contamine, note ss. Soc. 13 mai 2014, n° 13-16.431, D. 2014. 1404.

4. Soc. 5 juill. 2006, n° 04-46.009, *Bull. civ.* V, n° 237 ; *JCP S* 2006. 1757, note J.-Y. Frouin ; 17 nov. 2011, n° 10-16.353, inédit.

5. Soc. 12 déc. 2012, n° 10-26.324, *JCP S* 2013. 1136, note F. Dumont. V. déjà en ce sens, Soc. 21 janv. 2009, n° 07-41.822, *Bull. civ.* V, n° 18.

6. Soc. 25 janv. 2012, n° 10-23.516, *Bull. civ.* V, n° 22. Une solution identique devrait prévaloir lorsque la prise d'acte procède d'un harcèlement moral. L'art. L. 1152-3 C. trav. semble toutefois commander que la rupture soit déclarée nulle et non qu'elle produise simplement les effets d'un licenciement nul.

7. Soc. 29 mai 2013, n° 12-15.974 P.

usages applicables dans l'entreprise prévoient un préavis en cas de démission puisqu'il ne se sera pas tenu à la disposition de l'employeur pendant la durée du préavis [1].

4. Les effets d'un licenciement ayant une cause réelle et sérieuse. Dans un arrêt rendu le 26 janvier 2011, la Cour de cassation affirme la licéité d'une clause contractuelle rendant la rupture imputable à l'employeur en cas de changement de contrôle, de fusion absorption ou de changement significatif d'actionnariat [2]. La prise d'acte de rupture par le salarié présente alors une double originalité : celle d'entraîner les effets d'un licenciement en l'absence de toute faute commise par l'employeur et celle d'entraîner les effets d'un licenciement régulier.

381 ***Date de la rupture du contrat et concours de la prise d'acte avec d'autres modes de rupture*** ◊ La prise d'acte par le salarié entraîne la rupture immédiate du contrat de travail [3]. Cette nette prise de position de la Cour de cassation emporte plusieurs conséquences, plus ou moins importantes.

En premier lieu, l'employeur doit remettre au salarié un certificat de travail et une attestation Assedic dès que l'auteur de la prise d'acte en fait la demande [4].

En second lieu, la prise d'acte de la rupture, une fois réalisée, ne peut pas être rétractée [5]. La prise d'acte de rupture, comme le licenciement ou la démission, est un acte unilatéral de volonté qui, lorsqu'il a été valablement émis, produit tous ses effets aussi bien vis-à-vis de l'autre partie au contrat qu'à l'égard de son auteur. Celui-ci est lié par sa décision. Il n'a pas le pouvoir d'ôter à l'acte juridique les effets que celui-ci a déclenchés. Mais en décidant que la prise d'acte ne peut pas être rétractée, la Cour de cassation n'interdit pas à l'employeur et au salarié de conclure un accord pour considérer que la prise d'acte de rupture par le salarié est inopérante [6].

Enfin, elle permet d'apporter une solution aux concours de ruptures qui peuvent émaner de l'employeur, du salarié ou même du juge. Lorsque la lettre de prise d'acte de rupture est adressée à l'employeur par exemple le

1. Soc. 2 juill. 2008, n° 07-42.299 ; 8 juin 2011, *Dict. perm. soc.*, juill. 2011, p. 14.
2. Soc. 26 janv. 2011, n° 09-71.271, préc. Pour être valide, la clause ne doit pas faire échec à la faculté de résiliation unilatérale du contrat par l'une ou l'autre des parties et qu'elle doit définir avec précision les événements pouvant être invoqués par le salarié comme étant la cause de la rupture du contrat de travail. Dans un arrêt plus récent (Soc. 10 avr. 2013, n° 11-25.841, préc.), la Cour de cassation est revenue sur la cause de cette stipulation et sur la nécessité de la soumettre à la procédure des conventions réglementées, dès lors que le salarié est nommé mandataire social.
3. Soc. 31 oct. 2006, n°s 05-42.158, 04-46.280 et 048.234, *RDT* 2007. 28 s., obs. T. Grumbach et J. Pélissier ; 30 janv. 2008, *Bull. civ.* V, n° 122 ; 25 févr. 2009, n° 06-46. 436 ; 14 oct. 2009, n° 08-42.878.
4. Soc. 4 juin 2008, n° 06-45.757.
5. Soc. 14 oct. 2009 n° 08-42.878, *RDT* 2009. 712, note J. Pélissier.
6. Sur ce point, v. H. Gosselin, *RDT* 2009. 689, J. Pélissier note préc., F. Géa, *Sem. soc. Lamy* 2009, n° 1418, p. 7.

24 août, la rupture est effective dès ce jour [1]. La rupture étant consommée, un autre acte de rupture ne peut pas produire effet. Ainsi lorsque l'employeur notifie un licenciement après une prise d'acte de rupture par le salarié, le juge ne statuera que sur la prise d'acte. Il ne recherchera pas si la décision de licenciement était justifiée, même si la convocation à un entretien en vue de licenciement avait précédé la prise d'acte de rupture [2]. En d'autres termes, le juge recherchera seulement si les faits avancés par le salarié justifiaient sa décision. Si tel est le cas, l'employeur sera condamné pour licenciement sans cause réelle et sérieuse. Peu importent les faits allégués par l'employeur dans la lettre de licenciement : ils ne peuvent pas justifier le licenciement car ils ne sont pas dans le débat. À l'inverse, et pour les mêmes raisons, on peut penser que lorsqu'un licenciement a été notifié, la prise d'acte de rupture par le salarié est inopérante. Le salarié ne peut pas rompre un contrat qui est déjà rompu.

La question est plus délicate lorsque la prise d'acte est en concours avec une demande en résiliation judiciaire car il était possible de donner un effet rétroactif au prononcé de la résiliation judiciaire. Mais ce n'est pas la solution qui a été retenue en droit positif. La demande en résiliation judiciaire qui a été introduite par le salarié n'empêche pas celui-ci de prendre acte de la rupture avant que le juge n'ait statué sur cette demande. Cette prise d'acte de rupture produit les effets de la démission ou d'un licenciement sans cause réelle et sérieuse « même si préalablement à la prise d'acte, le salarié avait engagé une procédure en résiliation de son contrat de travail aux torts de l'employeur » [3].

SECTION 2. PRISE D'ACTE PAR L'EMPLOYEUR

382 ***Acte de rupture non autonome*** ◊ À la différence de la prise d'acte de rupture du contrat de travail par le salarié, la prise d'acte de rupture par l'employeur n'est pas un mode original de rupture. Dans deux arrêts rendus le 25 juin 2003, la Cour de cassation adopte une position de principe : « l'employeur qui prend l'initiative de rompre le contrat de travail ou qui le considère comme rompu du fait du salarié doit mettre en œuvre la procédure de licenciement ; à défaut, la rupture s'analyse en un licenciement sans cause réelle et sérieuse » [4]. La formule utilisée par la Cour de cassation est trop générale. L'employeur qui prend l'initiative de rompre le contrat de travail pendant la période d'essai ou qui met à la retraite un salarié qui remplit les conditions prévues à l'article L. 1237-5 du Code du travail n'a pas à mettre en œuvre la procédure de licenciement. Mais elle a le mérite d'affirmer sans ambiguïté que la prise d'acte par l'employeur est un licenciement.

---

1. Soc. 28 juin 2006, n° 04-43.431, *RDT* 2006. 240, obs. J. Pélissier.
2. Soc. 28 juin 2006, préc.
3. Soc. 15 mars 2006, n° 05-41.376, *RDT* 2006. 24, obs. J. Pélissier ; v. ss 413.
4. Soc. 25 juin 2003, arrêts *Faucher et SA Roto France Ilienne*, *Grands arrêts*, 4e éd., n° 87.

383 ***Licenciement sans cause réelle et sérieuse*** ◊ Dans un premier temps, il a été jugé que la rupture du contrat constatée par l'employeur devait être assimilée à un licenciement sans pour autant que ce licenciement soit nécessairement sans cause réelle et sérieuse. Les juges recherchaient si la lettre de rupture, assimilée à une lettre de licenciement, indiquait les faits justifiant cette rupture [1]. Si la lettre de rupture mentionnait des faits objectifs comme motif de rupture et si ces faits étaient de nature à justifier un licenciement, la rupture du contrat décidée par l'employeur était traitée comme un licenciement ayant une cause réelle et sérieuse. Dans les arrêts du 25 juin 2003, la Cour de cassation adopte une nouvelle approche. Elle considère qu'il n'y a pas eu de procédure de licenciement et de lettre notifiant le licenciement. Elle applique la règle selon laquelle l'employeur ne peut pas invoquer devant le juge des motifs de licenciement non mentionnés dans la lettre de licenciement. Le licenciement n'est donc pas motivé et l'employeur encourt nécessairement les sanctions du licenciement sans cause réelle et sérieuse.

1. Soc. 24 oct. 1995, *RJS* 12/95, n° 1231 ; 7 mai 2003, *RJS* 8-9/03, n° 990.

CHAPITRE 3
LES ACCORDS DE RUPTURE

384 ***Généralités*** ◊ Avant la loi du 25 juin 2008 portant modernisation du marché du travail, le Code du travail ne contenait que quelques dispositions éparses concernant l'accord conclu entre le salarié et l'employeur pour mettre fin au contrat de travail. Ces dispositions concernaient la rupture du contrat d'apprentissage (C. trav., art. L. 6222-18), la rupture du contrat à durée déterminée (C. trav., art. L. 1243-1), la convention de reclassement personnalisé (C. trav., art. L. 1233-65 s.) [1], l'acceptation d'un congé de mobilité (C. trav., art. L 1233-80), le contrat de transition professionnelle (Ord. du 13 avr. 2006, art. 3). Les juridictions avaient dû prendre position sur la licéité et sur les effets des accords de rupture qui intervenaient en dehors des cas visés par la loi (Section 1). La loi de modernisation du marché du travail intègre dans le Code du travail une nouvelle section (dans le chapitre 7 du Titre III du Livre II de la première partie du Code) intitulée « Rupture conventionnelle ». Cette rupture qui a été présentée par le Ministre du Travail comme « une modernisation sans précédent des relations individuelles de travail » [2] n'est autre que la rupture de commun accord, soumise à de nouvelles règles aussi bien dans sa conclusion que dans ses effets (Section 2).

SECTION 1. LES RUPTURES D'UN COMMUN ACCORD

385 Le droit des ruptures de commun accord, élaboré avant l'entrée en application de la loi du 25 juin 2008, doit encore retenir l'attention. Il faut certes admettre, ne serait-ce qu'en application de l'adage *specialia generalibus derogant*, que la rupture conventionnelle constitue désormais le droit commun de la rupture amiable du contrat de travail à durée indéterminée [3]. Pour autant, elle n'a pas phagocyté la rupture d'un commun accord classique, qui conserve un champ d'application résiduel, principalement,

---

1. Depuis remplacée par le contrat de sécurisation professionnelle.

2. Déclaration à l'Assemblée nationale, séance du 15 avr. 2008 (reprise à 16 heures 20).

3. V. not., en ce sens, G. Couturier, « Les ruptures d'un commun accord », *Dr. soc.* 2008. 923 ; J.-F. Césaro, « La résiliation conventionnelle des contrats de travail », *Dr. soc.* 2011. 650 ; A. Jeammaud, « Consentir » *in La volonté du salarié*, T. Sachs (dir.), Dalloz, 2012, p. 65.

dans le cadre des plans de départs volontaires [1], des accords de gestion prévisionnelle des emplois et des compétences, et des plans de sauvegarde de l'emploi [2].

En l'absence de texte général concernant les accords de rupture du contrat de travail à durée indéterminée, la jurisprudence a appliqué le principe de la liberté contractuelle tout en donnant leur plein effet aux règles assurant une protection particulière aux salariés dans des situations déterminées. Ceci l'a conduit à établir une nette distinction entre les différents accords de rupture.

386 ***Licéité des résiliations amiables conclues par des salariés non protégés*** ◊ Antérieurement à 2008, la Cour de cassation avait admis la licéité des accords mettant fin à des contrats de travail à durée indéterminée lorsqu'ils ne concernaient pas un salarié protégé [3].

Elle l'avait admise très largement en faisant seulement la distinction entre les accords contractuels de rupture et les clauses de rupture insérées lors de la conclusion du contrat. L'article L. 1231-4 du Code du travail interdisant au salarié de renoncer par avance au droit de se prévaloir des règles du licenciement, les clauses de rupture automatique du contrat de travail en raison de la survenance d'un événement mentionné au contrat sont nulles [4]. Seuls les accords de rupture conclus en cours d'exécution du contrat sont licites. En revanche, il n'y a pas lieu de faire de distinction entre les accords conclus en cours d'exécution du contrat. Dès lors qu'ils ne sont pas conclus par un salarié protégé, ils sont licites, qu'il s'agisse d'accords de rupture pour motif personnel [5] ou d'accords de rupture pour motif économique [6]. Mais ce mode de rupture avait été soumis à des exigences particulières. Tout d'abord, la jurisprudence avait déclaré sans effet les accords de rupture qui sont en même temps des transactions : accord de rupture et transaction sont des actes juridiques de nature différente qui ne peuvent intervenir que de façon successive [7] ; leur simultanéité entraîne

1. Dans les trois arrêts de principe rendus en la matière, se trouve, à chaque fois, évoquée, la situation dans laquelle l'employeur entend, pour des raisons économiques, supprimer des emplois « en concluant avec les salariés intéressés des accords de rupture amiable » : Soc. 26 oct. 2010, n° 09-15.187, *Bull. civ.* V, n° 245 ; 25 janv. 2012, n° 10-23.516, *Bull. civ.* V, n° 22 ; 9 oct. 2012, n 11-23.142, *JCP S* 2012. 1497, note L. Cailloux-Meurice.

2. Il résulte en effet expressément de l'art. L. 1237-16 C. trav. que les ruptures des contrats de travail résultant des accords collectifs de GPEC et des PSE ne sont pas soumises au régime juridique de la rupture conventionnelle. On pourrait encore ajouter à cela l'acceptation par le salarié d'un congé de mobilité qui emporte, aux termes de la loi, rupture d'un commun accord.

3. *Grands arrêts*, 4e éd., 2008, nos 92, 93, 94, p. 417 s. ; J. Savatier, « La résiliation amiable du contrat du travail » *Dr. soc.* 1985. 692 s. ; J. Pélissier : « Les accords de rupture des contrats de travail », *Dr. soc.* 1987. 479 s. ; R. Vatinet, Le *mutuus dissensus*, *RTD civ.* 1987. 252.

4. Soc. 18 nov. 1998, *Dr. soc.* 1999. 192.

5. Soc. 17 janv. 1985, *Dr. soc.* 1985. 698.

6. Soc. 10 avr. 1991, *RJS* 5/91, n° 562 ; 5 mars 1986, *JCP* 1986. IV. 135 ; Crim. 28 nov. 1984, *Dr. soc.* 1985. 708.

7. Soc. 16 juill. 1997, *RJS* 10/97, n° 1089 ; Cass., ch. mixte, 12 févr. 1999, *Bull. civ.*, n° 1 ; *Grands arrêts*, 4e éd. 2008, n° 92, p. 417 s.

la nullité de l'un et de l'autre [1]. Ensuite, dans un arrêt Nayach, rendu le 26 octobre 1999 [2], la Cour de cassation avait jugé que l'acte de rupture ne pouvait pas valablement constituer une rupture de commun accord en l'état d'un litige existant entre les parties ; solution confirmée dans un arrêt postérieur [3].

387 ***Illicéité des résiliations amiables conclues par des salariés protégés*** ◊ L'illicéité des résiliations amiables avait d'abord été retenue lorsqu'un représentant du personnel ou un représentant syndical était partie à l'accord de rupture. La chambre criminelle [4], puis la chambre sociale [5] de la Cour de cassation avaient décidé que les accords ayant pour but de mettre fin au contrat de travail des représentants du personnel ou des représentants syndicaux étaient frappés de nullité [6]. En revanche, lorsque le licenciement avait déjà été notifié, le chef d'entreprise et le salarié pouvaient conclure un accord pour régler les conséquences pécuniaires de la rupture du contrat de travail. Cette faculté avait été admise alors même que le licenciement avait été notifié sans que la procédure légale ait été observée [7].

L'illicéité des accords de rupture a été ensuite étendue à des accords conclus par d'autres salariés bénéficiant de règles de protection contre le

---

1. Lorsque les parties au contrat entendent, dans le même acte, mettre fin au contrat de travail et régler les difficultés qui pourraient naître de cette rupture, elles verront leur accord privé de toute force juridique : l'acte qui entend régler les litiges nés ou à naître ne peut pas constituer une transaction car il intervient à un moment où la rupture du contrat n'est pas encore réalisée (Soc. 16 juill. 1997 préc.) et la nullité de la transaction entraîne celle de l'acte dans sa globalité (Soc. 12 nov. 1997, *RJS* 12/97 n° 1414 ; Cass., ch. mixte, 12 févr. 1999, *RJS* 3/99, n° 444).

2. Soc. 26 oct. 1999, *Dr. soc.* 2000. 183, obs. Ch. Radé ; *ibid.* 178 s. ; *RJS* 12/99, n° 1461.

3. Soc. 11 févr. 2009, n° 08-40.095. Dans un arrêt rendu le 21 janv. 2003 (*Dr. soc.* 2003. 547, obs. Couturier), la Cour de cassation a jugé que l'existence d'un litige ne faisait pas échec à la résiliation conventionnelle lorsque c'est le salarié qui a pris l'initiative du départ négocié ; on pouvait dès lors penser que ce n'était pas seulement l'existence d'un litige entre les parties, mais l'initiative prise par l'employeur de négocier un accord de rupture à l'occasion d'un litige qui entraînait la nullité de l'accord de rupture. Cette interprétation semble devoir être écartée puisque, dans sa décision du 11 févr. 2009, la Cour de cassation juge que l'accord de rupture ne lie pas le salarié au motif « qu'au jour de la conclusion de la convention de rupture amiable un différend existait entre les parties sur l'exécution et la rupture du contrat » alors même que, dans cette affaire, c'était le salarié qui avait pris l'initiative de demander la rupture amiable du contrat

4. Crim. 26 nov. 1985, *Bull. crim.* n° 379.

5. Soc. 2 déc. 1992, *Bull. civ.* V, n° 578 ; *RJS* 1993, n° 53 ; 17 mars 1993, *Chevalier, Liaisons soc.* 1993, n° 6851.

6. De façon exceptionnelle, la résiliation amiable du contrat d'un salarié investi d'un mandat syndical est admise à la double condition qu'elle intervienne dans le cadre d'un accord collectif mise en œuvre après consultation du comité d'entreprise et que l'inspecteur du travail ait préalablement autorisé la rupture du contrat (Soc. 27 mars 2007, n° 05-45.310, *Bull. civ.* V, n° 58 ; *D.* 2007. AJ. 1142, obs. A. Fabre ; *RJS* 6/07, n° 760). La solution vaut évidemment pour les représentants du personnel et autres représentants syndicaux.

7. Crim. 4 févr. 1992, *RJS* 1992, n° 1129 ; cet accord a une portée limitée ; il n'est pas une cause justificative de la méconnaissance des dispositions d'ordre public et ne fait pas obstacle à ce que l'employeur puisse être poursuivi pour délit d'entrave. Il interdit seulement au salarié protégé d'exiger sa réintégration qui ne saurait se cumuler avec l'indemnité conventionnelle qui a été négociée.

licenciement. A ainsi été déclarée nulle la résiliation d'un contrat de travail conclue au cours de la période de suspension consécutive à un accident du travail ou à une maladie professionnelle [1].

Même en dehors de tout texte prohibant la résiliation unilatérale, la Cour de cassation a déclaré nuls les accords de rupture qui ont pour effet de priver le salarié de garanties spéciales consacrées par la loi dans certaines situations. Ainsi, a-t-il été jugé que les dispositions des anciens articles L. 122-24-4 et L. 122-32-5 du Code du travail excluent, lorsque l'inaptitude du salarié a été constatée lors de la visite médicale de reprise, la possibilité pour les parties de signer une rupture d'un commun accord du contrat de travail qui aurait pour effet d'éluder les obligations légales pesant sur l'employeur [2]. La prohibition de la résiliation amiable n'est plus, dans ces cas, le prolongement de la prohibition de la résiliation unilatérale [3] ; elle a pour justification et pour but d'empêcher l'employeur d'éluder son obligation de reclassement ou le paiement des indemnités dues à l'occasion d'un licenciement pour inaptitude.

SECTION 2. **LES RUPTURES CONVENTIONNELLES [4]**

388 ***Origine des nouvelles dispositions*** ◊ L'article 5 de la loi portant modernisation du marché du travail, qui a introduit dans le Code du travail les articles concernant la rupture conventionnelle, est une transposition d'une partie des dispositions contenues dans l'accord national interprofessionnel du 11 janvier 2008 ayant le même objet [5]. L'article 12 de cet accord trace les grandes caractéristiques de la rupture conventionnelle : d'une part le formalisme de ce mode de rupture (procédure prévoyant des entretiens préalables, un droit de rétractation, une homologation de l'autorité administrative), d'autre part des droits nouveaux pour le salarié (indemnités de rupture non assujettie aux prélèvements sociaux et fiscaux,

1. Soc. 4 janv. 2000, *D.* 2000. 265 note C. Radé ; *Dr. soc.* 2000. 350, obs. J. Savatier.

2. Soc. 29 juin 1999, *Grands arrêts*, n° 88, p. 318 ; *JCP* 2000. II. 10 ; *ibid.*, n° 235 note Jean Savatier ; *Dr. soc.* 2000. 182, obs. C. Radé.

3. La loi incite, en effet, l'employeur à licencier le salarié inapte lorsque le reclassement est impossible.

4. D. Boulmier, « Brèves réflexions sur les contextes de la rupture conventionnelle » *JCP S* 2013. Actu. 53 ; G. Loiseau, La rupture conventionnelle du contrat de travail : regards sur le contentieux quatre ans après sa mise en place, *RJS* 2012. 249 ; J.-F. Césaro, « La résiliation conventionnelle des contrats de travail », préc. ; G. Couturier, « Les ruptures d'un commun accord », préc. ; J. Pélissier, « Modernisation de la rupture du contrat de travail, » *RJS* 2008. 679 s. *Adde*, F. Géa, « Rompre », *in La volonté du salarié*, T. Sachs (dir.), Dalloz, 2012, p. 133 ; T. Sachs, « La volonté du salarié en actes », *ibid.*, p. 47.

5. Sur cet accord, v. E. Dockès, « Un accord donnant, donnant, donnant… « *Dr. soc.* 2008. 280 ; G. Auzero, « L'accord du 23 janv. 2008 sur la modernisation du marché du travail : l'ébauche d'une flexisécurité à la française », *RDT* 2008. 152 s.

droit aux allocations d'assurance chômage). Il exprime également les préoccupations des signataires de l'accord. Il s'agit « de sécuriser les conditions dans lesquelles l'employeur et le salarié peuvent convenir en commun des conditions de la rupture du contrat de travail qui les lie » « sans remettre en cause les modalités de rupture existantes du contrat à durée indéterminée, ni porter atteinte aux procédures de licenciements collectifs pour cause économique engagées par l'entreprise ».

La loi de modernisation impose, en les précisant, les modalités de procédure et les droits prévus dans l'accord.

§ 1. Champ d'application

389 Le champ d'application est très large. Conformément au principe de la liberté contractuelle, les parties au contrat peuvent, lorsqu'elles le souhaitent, mettre fin à leurs relations contractuelles d'un commun accord. La loi détermine les conditions dans lesquelles cet accord peut être conclu, mais elle ne prévoit, de façon explicite, que deux situations, concernant, l'une et l'autre, des accords de rupture pour motif économique, dans lesquelles les règles de la rupture conventionnelle ne sont pas applicables.

390 ***Ruptures pour motif économique*** ◊ La loi exclut expressément l'application des règles de la rupture conventionnelle dans deux cas (C. trav., art. L. 1237-16). Le dispositif légal de la rupture conventionnelle n'est applicable ni aux ruptures du contrat de travail résultant des accords collectifs de gestion prévisionnelle des emplois et des compétences dans les conditions définies par l'article L. 2242-15 ni à celles résultant des plans de sauvegarde de l'emploi dans les conditions définies par l'article L. 1233-61 du Code du travail.

Que décider pour les autres ruptures de commun accord qui interviennent pour un motif économique ?[1]

Les accords qui engendrent la rupture du contrat de travail en dehors d'une procédure de licenciement peuvent constituer des ruptures conventionnelles alors même qu'elles sont conclues en raison d'un motif économique. Non seulement la loi n'exclut pas l'application des règles de la rupture conventionnelle dans ce cas, mais surtout elle a modifié l'article L. 1233-3 du Code du travail pour préciser que les dispositions concernant les licenciements pour motif économique sont « applicables à toute rupture du contrat de travail *à l'exclusion de la rupture conventionnelle visée aux articles L. 1237-11 et suivants* ». Cette rédaction laisse entendre qu'il peut exister des résiliations conventionnelles au sens des articles L. 1237-11 et suivants pour motif

1. J.-M. Béraud « Ruptures conventionnelles et droit du licenciement économique : un rapport à décrypter » *RDT* 2011. 226, J. Pélissier, « Ruptures conventionnelles assujetties au droit du licenciement économique », *Sem. soc. Lamy* 2011, n° 1484 p. 7 s ; G. Couturier, Ruptures conventionnelles et licenciements pour motif économique, *RJS* 2011. 347 ; F. Géa, Ruptures conventionnelles et droit du licenciement économique, *RDT* 2011. 244.

économique puisqu'elle prend soin de les exclure des règles régissant les licenciements pour motif économique.

Cela étant, et comme l'a laissé entendre la Cour de cassation, l'alinéa 2 de l'article L. 1233-3 ne peut pas être lu isolément. Il prend place dans un ensemble de dispositions dont il faut nécessairement tenir compte [1]. L'accord national interprofessionnel étendu du 11 janvier 2008 relatif à la modernisation du marché du travail précise dans son article 12 que la recherche de solutions négociées « ne doit pas se traduire par une quelconque restriction de la capacité des salariés à faire valoir leurs droits en justice… ni porter atteinte aux procédures de licenciements collectifs pour cause économique engagées par l'entreprise ». Par ailleurs, l'État français est lié par la directive n° 98/59/CE du Conseil du 20 juillet 1998 concernant « le rapprochement des législations des États membres de l'Union européenne relative aux licenciements collectifs ». Or cette directive précise qu'il faut assimiler aux licenciements les cessations du contrat de travail intervenues à l'initiative de l'employeur pour un ou plusieurs motifs non inhérents à la personne du travailleur [2] pour savoir si le nombre de licenciements est suffisant pour rendre obligatoire les procédures d'information et de consultation des représentants des travailleurs. En appliquant l'article L. 1233-3 alinéa 2 et l'article 12 de l'accord national interprofessionnel « à la lumière de la directive », la Cour de cassation décide que lorsqu'« elles ont une cause économique et s'inscrivent dans un processus de réduction des effectifs dont elles constituent la ou l'une des modalités, les ruptures conventionnelles doivent être prises en compte pour déterminer la procédure d'information et de consultation des représentants du personnel applicable ainsi que les obligations de l'employeur en matière de sauvegarde de l'emploi » [3]. En d'autres termes, bien qu'elles ne soient pas soumises au droit du licenciement économique, les ruptures conventionnelles, qui interviennent dans un tel contexte, n'en sont pas moins comptabilisées dans les seuils nécessaires à la mise en œuvre de ce droit. Il faut encore ajouter que les ruptures conventionnelles ne sauraient être utilisées frauduleusement pour contourner le droit du licenciement pour motif économique [4].

391 ***Rupture des contrats de personnes protégées*** ◊ La loi portant modernisation du marché du travail autorise expressément la rupture conventionnelle des contrats des représentants du personnel, des représentants syndicaux, des conseillers du salarié et des conseillers

1. Soc. 9 mars 2011, n° 10-11.581, *RDT* 2011. 226, Rapp. J.-M. Béraud; *ibid.* 244, obs. F. Géa; *Dr. soc.* 2011. 681, note G. Loiseau; *Sem. soc. Lamy* 2011, n° 1484, p. 7, obs. J. Pélissier.
2. Sur la portée de cette directive en droit interne, v. J. Pélissier, *op.cit.* p. 8.
3. Soc. 9 mars 2011, préc. Ne doivent pas être prises en compte les conventions qui, faute d'avoir été homologuées, n'ont pas entraîné la rupture du contrat de travail : Soc. 29 oct. 2013, n° 12-15.382, *RJS* 1/2014, n° 25.
4. V. en ce sens, l'instruction DGT n° 2010-02, du 23 mars 2010 qui, aux fins de refus d'homologation, donne à l'Administration un certain nombre d'indices de contournements.

prud'hommes [1] (C. trav., art. L. 1237-15). La rupture conventionnelle obéit, dans ces cas, à des règles spéciales. En particulier, elle est soumise à l'autorisation de l'inspecteur du travail dans les conditions prévues par le Code du travail pour le licenciement de ces salariés. Cette autorisation de l'inspecteur du travail peut faire l'objet d'un recours contentieux qui est nécessairement porté devant le juge administratif, alors même que l'article L. 1237-14 dispose que « tout litige concernant la convention, l'homologation ou le refus d'homologation relève de la compétence du Conseil de prud'hommes, à l'exclusion de tout autre recours contentieux ou administratif » [2]. Le principe de la séparation des pouvoirs trouve, par suite, à s'appliquer ici, interdisant au juge judiciaire, en l'état de l'autorisation administrative, d'apprécier la validité de la rupture conventionnelle, y compris lorsque la contestation porte sur la validité du consentement du salarié [3].

La loi ne contient aucune disposition concernant la rupture conventionnelle de contrats d'autres salariés bénéficiant de règles de protection contre le licenciement : salariés victimes d'accident du travail ou de maladie professionnelle pendant la période de suspension du contrat de travail, femme en congé maternité... Peut-être les juges adopteront-ils les solutions qu'ils ont dégagées à propos des résiliations amiables (v. ss 387), étant observé que les motifs justifiant celles-ci en cas de résiliation amiable ont la même pertinence en cas de rupture conventionnelle. Un arrêt rendu le 28 mai 2014 laisse toutefois à penser que cette voie ne sera pas empruntée. La Cour de cassation a décidé, en l'espèce, que la rupture conventionnelle du contrat de travail conclue avec un salarié déclaré apte, avec réserves, à reprendre son travail consécutivement à un accident du travail, ne saurait, par ce seul fait, être annulée dès lors que le salarié n'invoquait pas un vice du consentement et en l'absence de fraude de l'employeur [4].

392 ***Rupture des contrats en cas de différend entre le salarié et l'employeur*** ◊ Dans un arrêt rendu le 23 mai 2013, la Cour de cassation a clairement refusé d'appliquer à la rupture conventionnelle sa jurisprudence

1. Plus généralement de toutes les personnes mentionnées aux art. L. 2411-1,L. 2411-2 C. trav.

2. L'article L. 1237-15 dispose que « par dérogation aux dispositions de l'article L. 1237-14, la rupture conventionnelle est soumise à l'autorisation de l'inspecteur du travail dans les conditions prévues au chapitre Ier du titre Ier du livre IV, à la section 1 du chapitre Ier et au chapitre II du titre II du livre IV de la deuxième partie » (nous soulignons). La lecture de ces dispositions ne laisse pas de place au doute : l'autorisation de la rupture conventionnelle peut faire l'objet d'un recours contentieux devant le juge administratif, à l'exclusion du juge judiciaire.

3. Soc. 26 mars 2014, n° 12-21.136, *RDT* 2014. 330, note G. Auzero ; *JCP S* 2014. 1137, note G. Loiseau. En revanche, et comme il a été dit, l'appréciation de l'inspecteur du travail peut être soumise au juge administratif. Le juge prud'homal conservera une compétence résiduelle, notamment en cas d'annulation de l'autorisation de l'inspecteur du travail, afin d'en régler les conséquences relatives à la situation du salarié.

4. Soc. 28 mai 2014, n° 12-28.082, *Lexbase Hebdo, éd. Sociale*, n° 574, note Ch. Radé. Il faut, tout de même, relever que n'était pas en cause, dans cette décision, un avis d'inaptitude imposant à l'employeur une obligation de reclassement. La solution pourrait cependant être transposée à cette hypothèse, sous la réserve de la fraude de l'employeur.

classique relative à l'incompatibilité de la rupture amiable avec l'existence d'un litige entre l'employeur et le salarié (v. ss 386). Plus précisément, elle a décidé que « si l'existence, au moment de sa conclusion, d'un différend [1] entre les parties au contrat de travail n'affecte pas par elle-même la validité de la convention de rupture en application de l'article L. 1237-11 du Code du travail, la rupture conventionnelle ne peut être imposée par l'une ou l'autre des parties » [2]. Cette solution peut se justifier, d'une part au regard de l'absence de restriction en ce sens dans la loi et, d'autre part, en raison des garanties de forme et de fond qui encadrent le consentement du salarié en cas de rupture conventionnelle [3]. Il convient en outre de souligner, dans le prolongement de la décision évoquée, que si le litige dégénère en pressions et menaces destinées à contraindre le salarié à consentir à la rupture de son contrat de travail, celle-ci pourra être annulée en raison d'un vice du consentement [4].

§ 2. Formalisme de la convention de rupture

393 Les articles L. 1237-12 et suivants du Code du travail entourent la conclusion de l'acte de rupture d'un formalisme destiné « à garantir la liberté du consentement des parties » (C. trav., art. L. 1237-11, al. 3). Ils imposent une procédure qui s'inspire de la procédure du licenciement individuel, donnent aux parties la possibilité de rétracter la rupture qu'ils ont signée et soumettent enfin cette rupture à l'homologation du directeur départemental du travail et de l'emploi [5].

394 ***Entretien préalable à la signature de la convention*** ◊ La signature de la rupture conventionnelle doit être précédée d'un ou plusieurs entretiens au cours desquels l'employeur et le salarié peuvent se faire assister (C. trav., art. L. 1237-2) [6].

Le salarié peut se faire assister par une personne de son choix appartenant au personnel de l'entreprise, qu'il s'agisse d'un salarié titulaire d'un

1. L'emploi du terme « différend », de préférence à celui de « litige » n'est, sans doute, pas anodin. Il exclut, notamment, toute discussion quant au fait de savoir si la solution doit être limitée aux seuls litiges portés devant le juge.

2. Soc. 23 mai 2013, n° 12-13.865, *RDT* 2013. 480, note G. Auzero. V., dans le même sens, Soc. 26 juin 2013, n° 12-15.208, *RDT* 2013. 555, note G. Auzero ; *Dr. soc.* 2013. 860, note S. Tournaux.

3. V. not., en ce sens, J.-F. Césaro, art. préc., p. 646 ; G. Auzero, « La volonté du salarié en matière de ruptures bilatérales », *Dr. Ouvrier* 2013. Sur l'articulation de la rupture conventionnelle et de la transaction, v. ss 400.

4. V. ss 401.

5. Cette procédure fait l'objet d'un traitement automatisé, le téléRC (Arr. du 24 janv. 2013, *JO* 14 mars).

6. La rupture conventionnelle doit donc nécessairement comporter une phase initiale de négociation. Par suite, et quelle que soit la partie à l'origine du processus de rupture, elle ne peut formuler initialement qu'une simple offre d'entrer en pourparlers. On peut aussi penser qu'il ne peut y avoir de rupture conventionnelle valable sans qu'au moins un entretien préalable ait été organisé. Pour autant, la loi ne fait peser sur aucune des deux parties l'initiative d'organiser cet entretien et on ne voit pas pourquoi ce serait nécessairement celle de l'employeur.

mandat syndical ou d'un représentant du personnel ou de tout autre salarié. Lorsqu'il n'existe pas d'institution représentative du personnel dans l'entreprise, le salarié peut se faire assister par un conseiller choisi sur une liste dressée par l'autorité administrative. Le défaut d'information du salarié sur la possibilité de se faire assister par un conseiller n'a pas pour effet d'entraîner la nullité de la convention de rupture [1].

L'employeur peut également se faire assister mais à la condition que le salarié ait décidé lui-même de se faire assister. L'employeur peut choisir une personne de son choix appartenant au personnel de l'entreprise. Dans les petites entreprises (entreprises de moins de cinquante salariés), l'employeur peut se faire assister par une personne appartenant à son organisation d'employeurs ou par un autre employeur relevant de la même branche. Mais ni le salarié ni l'employeur ne peuvent se faire assister par un avocat pour déterminer les conditions de cette rupture amiable.

Il faut encore préciser que l'article 12 de l'ANI du 11 janvier 2008 prévoit « l'information du salarié sur la possibilité qui lui est ouverte de prendre les contacts nécessaires, notamment auprès du service public de l'emploi, pour être en mesure d'envisager la suite de son parcours professionnel avant tout consentement ». Alors même que cette stipulation n'a pas été reprise par la loi, la Cour de cassation semble l'avoir faite accéder à la positivité, considérant toutefois que l'absence d'information sur la « possibilité de prendre contact ave le service public de l'emploi » n'affecte pas la liberté du consentement du salarié [2].

395 ***Rédaction de l'acte de rupture*** ◊ La loi précise que la rupture conventionnelle « résulte d'une convention signée par les parties au contrat » (C. trav., art. L. 1237-11) [3]. Cette convention écrite définit les conditions de la rupture. Elle précise en particulier le montant de l'indemnité spécifique de rupture conventionnelle qui ne peut pas être inférieure à l'indemnité légale de licenciement. Elle fixe également la date de rupture du contrat de travail, qui ne peut pas intervenir avant le lendemain du jour de l'homologation (C. trav., art. L. 1237-13) [4].

---

1. Soc. 29 janv. 2014, n° 12-27.594, *RDT* 2014. 255, note G. Auzero ; *JCP S* 2014. 1078, avec l'art. de G. Loiseau. La solution est justifiée dans la mesure où cette formalité n'est pas de nature à affecter la liberté du consentement du salarié. Au reste, la loi n'impose nullement à l'employeur d'informer le salarié sur la possibilité de se faire assister.

2. Soc. 29 janv. 2014, n° 12-25.951, *RDT* 2014. 255, note G. Auzero ; *JCP S* 2014. 1078, avec l'art. de G. Loiseau. La Cour de cassation refuse donc de voir là une formalité substantielle, alors même que l'article 12 de l'ANI l'érige expressément en garantie de la liberté du consentement des parties. Mais sans doute n'est-ce pas là le rôle de la norme conventionnelle.

3. Il n'est pas nécessaire, dans le silence de la loi, de respecter un délai entre l'entretien au cours duquel les parties au contrat de travail conviennent de la rupture du contrat et la signature de la convention de rupture : Soc. 3 juill. 2013, n° 12-19.268, *RDT* 2013. 555, note G. Auzero. Cette solution, qui doit être approuvée, confirme, certes indirectement et ainsi qu'il a été dit, qu'il ne peut y avoir de signature de la convention de rupture sans au moins un entretien préalable.

4. Le délai de quinze jours, au plus tard suivant la première présentation de la notification de la rupture du contrat de travail dont dispose contractuellement l'employeur pour dispenser le salarié de l'exécution de l'obligation de non-concurrence, a pour point de départ la date de la rupture fixée par la convention de rupture : Soc. 29 janv. 2014, n° 12-22.116, publié.

396 ***Droit de rétractation*** ◊ La convention de rupture, une fois signée, ne lie pas encore les parties. L'employeur comme le salarié peut se rétracter pendant un délai de quinze jours calendaires. Ce délai court à partir de la date de signature de la convention. Il s'agit, là encore, de permettre aux parties et, singulièrement, au salarié de bien mesurer la portée de son engagement. On comprend dès lors pourquoi la Cour de cassation exige la remise d'un exemplaire de la convention au salarié [1]. La détention de l'*instrumentum* assure une connaissance pleine et entière de ce qui a été convenu entre les parties lors des négociations [2]. En revanche, une erreur commise dans la convention de rupture sur la date d'expiration du délai de quinze jours ne peut entraîner la nullité de cette convention que si elle a eu pour effet de vicier le consentement de l'une des parties ou de la possibilité d'exercer son droit de rétractation [3]. La rétractation doit être réalisée sous forme de lettre. Cette lettre peut être « adressée par tout moyen attestant de sa date de réception par l'autre partie » (C. trav., art. L. 1237-13). Le délai de rétraction une fois écoulé, la convention de rupture peut être soumise à homologation.

397 ***Homologation*** ◊ La validité de la convention de rupture est subordonnée à son homologation (C. trav., art. L. 1237-14 al. 3). En l'absence d'homologation, la convention de rupture ne peut produire les effets de la rupture conventionnelle. Ceci signifie-t-il que la convention de rupture ne produit aucun effet ? La réponse est incertaine. Il peut être soutenu que la convention de rupture produira les effets d'une rupture de commun accord tels qu'ils étaient déterminés par la jurisprudence avant que la loi n'instaure cette forme particulière dénommée « rupture conventionnelle » [4].

Cette homologation est donnée, expressément ou tacitement, par le directeur régional des entreprises, de la concurrence, de la consommation, du travail et de l'emploi du lieu où est établi l'employeur (art. R. 1237-3). Celui-ci est saisi par la partie la plus diligente lorsque le droit de rétractation ne peut plus être exercé [5]. À compter de la réception de la demande d'homologation, l'autorité administrative dispose d'un délai de quinze jours ouvrables pour prendre sa décision. Elle n'homologuera la convention qu'après avoir vérifié que le consentement des parties a été donné

1. Soc. 6 févr. 2013, n° 11-27.000, *RDT* 2013. 258, obs. F. Taquet ; *JCP S* 2013. 1162, note M. Patin.
2. La solution s'impose également au regard des prescriptions de l'art. 1325 C. civ.
3. Soc. 29 janv. 2014, n° 12-24.539, *RDT* 2014. 255, note G. Auzero ; *JCP S* 2014, 1078, avec l'art. de G. Loiseau. L'arrêt laisse donc une certaine place à la nullité de la convention de rupture, dès lors que l'erreur commise peut être mise en relation avec l'intégrité du consentement de l'une ou l'autre des parties.
4. En ce sens, G. Auzero, art. préc.
5. La convention de rupture adressée à l'administration pour homologation avant l'expiration du délai de rétractation est nulle ; cette erreur ne peut pas être couverte par l'envoi d'une nouvelle demande d'homologation (Lyon, 28 août 2011 ; *RJS* 11/11, n° 870 : pour valider la rupture conventionnelle, les parties doivent engager une nouvelle procédure et en respecter toutes les étapes).

librement et que le formalisme procédural a été respecté. Bien que la loi n'envisage que ces deux vérifications, l'autorité administrative pousse plus loin son contrôle lorsque la convention de rupture a un motif économique [1] ou a été conclue alors qu'il existait un litige entre les parties. La brièveté du délai qui lui est laissé pour prendre sa décision risque cependant de conduire à un contrôle sommaire.

Si le directeur régional des entreprises, de la concurrence, de la consommation, du travail et de l'emploi ne notifie pas sa décision dans le délai de quinze jours, l'homologation est réputée acquise et l'autorité administrative est dessaisie (C. trav., art. L. 1237-14).

Cette homologation ou le refus d'homologation peut faire l'objet d'un recours, mais ce recours ne sera pas porté devant la juridiction administrative bien que la décision émane d'une autorité administrative [2]. La loi a pris soin de préciser que tout litige concernant l'homologation ou le refus d'homologation relève de la compétence du Conseil de prud'hommes, à l'exclusion de tout autre recours contentieux ou administratif (C. trav., art. L. 1237-14) [3]. Pour justifier cette anomalie, la loi a posé le principe que l'homologation ne peut pas faire l'objet d'un litige distinct de celui relatif à la convention. Les litiges relatifs à la convention de rupture du contrat de travail entrant dans la compétence du Conseil de prud'hommes, la totalité du contentieux relève de celle-ci.

§ 3. Conséquences de la rupture conventionnelle

398 ***Droit pour le salarié à une indemnité de rupture*** ◊ La rupture conventionnelle ouvre, pour le salarié, droit à une indemnité spécifique. Le montant de cette indemnité ne peut pas être inférieur au montant de l'indemnité légale de licenciement (C. trav., art. L. 1237-13). L'article 1237-13 fait référence à l'indemnité prévue à l'article L. 1234-9 du Code du travail. Cet article réserve le droit à l'indemnité de licenciement aux salariés qui n'ont pas commis de faute grave et qui ont au moins un an d'ancienneté dans l'entreprise. Ces conditions du droit à l'indemnité de licenciement ne semblent pas applicables à l'indemnité spécifique. La rédaction de l'article 1237-13 affirme, en effet, l'existence d'une indemnité spécifique dans toute rupture conventionnelle. L'accord national interprofessionnel, modifié par un avenant du 18 mai 2009 [4], précise que le montant

1. V. l'instruction ministérielle DGT n° 02 du 23 mars 2010 relative à l'incidence d'un contexte économique difficile sur la rupture conventionnelle d'un contrat de travail à durée indéterminée.

2. Il en va différemment lorsque la rupture conventionnelle est signée par un représentant du personnel (V. ss 391).

3. Le Conseil de prud'hommes, saisi d'un recours contre un refus d'homologation est compétent pour valider la rupture (Versailles, 14 juin 2011, n° 10-01005, *RJS* 11/11, n° 871). L'administration est d'un avis contraire.

4. Avenant du 18 mai 2009, déposé le 16 juin 2009, applicable à compter du 17 juin, étendu par arrêté en date du 26 nov. 2009).

de l'indemnité spécifique ne peut être inférieur « ni à l'indemnité légale de licenciement ni à l'indemnité conventionnelle de licenciement prévue par la convention applicable » [1].

Cette indemnité obéit à un régime fiscal et de prélèvements sociaux très favorables pour les deux parties. Elle n'est pas soumise à l'impôt sur le revenu dans la limite d'un plafond assez élevé lorsque le salarié n'est pas en droit de bénéficier d'une pension de retraite d'un régime légalement obligatoire (CGI, art. 80 *duodecies*, 6°). Elle ne donne pas lieu, dans les mêmes limites, au prélèvement de cotisations sociales (CSS, art. L. 242-1). Mais elle est, en ce cas et depuis le 1er janvier 2013, soumise au forfait social au taux de 20 %.

399 ***Droit aux allocations d'assurance chômage*** ◊ L'intérêt majeur, pour le salarié, de la rupture conventionnelle par rapport à la rupture de commun accord est de lui assurer le droit aux allocations d'assurance chômage s'il ne retrouve pas un emploi après cette rupture [2]. Ce droit est, avec le droit à l'indemnité spécifique, une incitation forte à conclure une convention de rupture.

Si l'employeur n'a aucun intérêt à accepter une rupture conventionnelle lorsque le salarié souhaite substituer celle-ci à une démission qu'il est décidé à donner, il dispose, avec elle, d'un moyen efficace pour mettre fin au contrat de travail sans avoir à procéder à un licenciement. En offrant une indemnité spécifique d'un montant substantiel, il a toutes les chances d'obtenir l'accord d'un salarié qui sait qu'il aura, en outre, droit aux allocations d'assurance chômage s'il ne retrouve pas un autre emploi.

§ 4. **Contentieux**

400 ***Saisine des juges*** ◊ Les objets possibles de litige sont nombreux : contestations de l'homologation ou du refus d'homologation, irrégularités de procédure (non-respect des délais, des règles de l'entretien, information insuffisante...), irrégularités de fond (vices du consentement, détournement de procédure, existence d'un litige au moment de la rupture...) [3]. Le

1. Cette disposition de l'accord national interprofessionnel a une portée assez générale puisque l'avenant du 18 mai 2009 a fait l'objet d'un arrêté d'extension. Elle ne s'applique pas cependant aux secteurs d'activités qui ne sont pas représentés dans les organisations patronales signataires de l'accord (professions agricoles, professions libérales, secteur de l'économie sociale et du secteur sanitaire et social, particuliers employeurs). Le Ministère a estimé nécessaire d'élaborer une instruction concernant le régime indemnitaire de la rupture conventionnelle (Instr. DGT n° 2009-25 du 8 déc. 2009) ; les interprétations données par cette instruction ont été critiquées : G. Auzero, *RDT* févr. 2010.

2. C. trav., art. L. 5422-1 modifié : « Ont droit à l'allocation d'assurance les travailleurs involontairement privés d'emploi ou dont le contrat de travail a été rompu conventionnellement selon les modalités prévues aux art. L. 1237-11 s. C. trav., aptes au travail et recherchant un emploi qui satisfont à des conditions d'âge et d'activité antérieure ».

3. Le litige relatif à la rupture conventionnelle du contrat de travail d'un salarié ne porte pas en lui-même atteinte à l'intérêt collectif de la profession : Soc. 14 janv. 2014, n° 12-23.942, publié.

législateur a cependant fait le choix d'enfermer la possibilité de contester la régularité de la rupture conventionnelle dans des délais courts [1] : le recours juridictionnel doit être formé, à peine d'irrecevabilité, avant l'expiration d'un délai de douze mois à compter de la date d'homologation de la convention (C. trav., art. L. 1237-14) [2]. Le droit d'agir du salarié n'en revêt pas moins un caractère d'ordre public très marqué ; ce qui justifie qu'une clause de renonciation à tout recours contenue dans une convention de rupture conclue en application de l'article L. 1237-11 du Code du travail doit être réputée non écrite, comme contraire à l'article L. 1237-14 du même code, sans qu'en soit affectée la validité de la convention elle-même [3]. Pour autant, il n'est pas interdit au salarié et à l'employeur, qui ont signé une convention de rupture, de conclure une transaction. Mais celle-ci n'est valable qu'à deux conditions, énoncées par la Cour de cassation dans un arrêt en date du 26 mars 2014 [4]. Tout d'abord, la transaction doit intervenir postérieurement à l'homologation de la rupture conventionnelle par l'autorité administrative ou, s'agissant d'un salarié protégé, postérieurement à la notification aux parties de l'autorisation, par l'inspecteur du travail, de la rupture conventionnelle [5]. Ensuite, la transaction ne peut avoir pour objet que de régler un différend relatif non pas à la rupture du contrat de travail [6], mais à son exécution sur des éléments non compris dans la convention de rupture.

401 ***Contestation de la validité de la rupture*** ◊ À l'instar de toute rupture d'un commun accord, la rupture conventionnelle procède d'une convention. C'est ce que rappelle le dernier alinéa de l'article L. 1237-11 du Code du travail en affirmant que la rupture conventionnelle « résulte d'une convention signée par les parties au contrat ». Ce même texte

1. Il y a là une pièce importante de l'objectif de sécurisation dont procède, et auquel contribue, la rupture conventionnelle.

2. Pour une illustration, v. Soc. 10 avr. 2013, n° 11-15.651, *Lexbase Hebdo, éd. Sociale*, n° 525, note S. Tournaux (« Ayant constaté que l'annulation de la rupture conventionnelle n'avait pas été demandée dans le délai prévu par l'art. L. 1237-14 C. trav., la cour d'appel n'avait plus à statuer sur une demande, fût-elle antérieure à cette rupture, en résiliation judiciaire du contrat de travail devenue sans objet »).

3. Soc. 26 juin 2013, n° 12-15.208, *RDT* 2013. 555, note G. Auzero. La solution peut aussi justifier la volonté persistante de la Cour de cassation de soigneusement distinguer l'acte juridique qui met un terme au contrat de travail, et celui, qui a pour objet de transiger.

4. Soc. 26 mars 2014, n° 12-21.136, *RDT* 2014. 330, note G. Auzero ; *JCP S* 2014. 1137, note G. Loiseau.

5. Cette exigence chronologique n'est pas sans rappeler la jurisprudence de la Cour de cassation relative à l'articulation de la transaction et du licenciement. V., par ex., Soc. 15 janv. 1997, n° 93-44.010 : *Bull. civ.* V, n° 215 ; 31 mai 2011, n° 10-14.313 : *Bull. civ.* V, n° 137.

6. Cette exclusion, qui vient limiter l'objet de la transaction, doit être approuvée. Accepter que cet acte juridique puisse régler un différend relatif à la rupture du contrat de travail reviendrait à admettre que le salarié puisse renoncer au droit de contester la séparation ; droit que lui reconnaît expressément l'article L. 1237-14 du C. trav. Cela interdirait, par suite, au salarié de demander au juge de contrôler la validité de la convention de rupture que la loi a précisément encadré afin de garantir la liberté du consentement du salarié.

affirme surtout, subséquemment, qu'« elle est soumise aux dispositions de la présente section destinées à garantir la liberté du consentement des parties ». Le consentement des parties à la rupture conventionnelle ne peut donc être donné qu'au terme d'un processus encadré, marqué d'un formalisme informatif certain [1]. Les exigences prescrites par la loi étant destinées à garantir la liberté du consentement des parties, il aurait pu être considéré que leur méconnaissance devait, inéluctablement, entraîner la nullité de la convention de rupture [2]. La Cour de cassation ne l'a toutefois pas entendu ainsi, décidant que la nullité de la convention de rupture ne peut intervenir en dehors des conditions du droit commun [3], c'est-à-dire les conditions requises par le Code civil pour la validité des actes juridiques. Il importe donc, au premier chef [4], de vérifier que le consentement des parties, et spécialement celui du salarié, était libre et éclairé. S'agissant de la protection de la liberté du consentement, elle est principalement [5] assurée sur le terrain de la violence. La Cour de cassation a ainsi retenu le vice de violence dans une hypothèse où l'employeur avait menacé la salariée de voir ternir la poursuite de son parcours professionnel en raison des erreurs et manquements de sa part justifiant un licenciement et l'avait incitée, en faisant pression sur elle, à choisir la rupture conventionnelle [6]. C'est aussi la violence morale qui a été admise dans une espèce où, lors de la signature de la convention de rupture, la salariée était victime de harcèlement moral [7]. Pour ce qui est du caractère éclairé du consentement du salarié, il conduit à revenir sur le formalisme prescrit par la loi en matière de rupture conventionnelle. Le non-respect de celui-ci peut être cause de nullité de la convention de rupture, à la condition, toutefois, que la formalité omise ait, effectivement, empêché le salarié de manifester un consentement éclairé. Tel devrait être le cas si la convention

1. V. sur la question, T. Sachs, « La volonté du salarié en actes », *in* T. Sachs (dir.), *La volonté du salarié*, Dalloz, coll. « Thèmes et commentaires », 2012, p. 59 ; G. Auzero, « La volonté du salarié en matière de ruptures bilatérales », *Dr. ouvrier* 2013. 483.

2. Cela suppose d'identifier une condition de validité de la convention prescrite par la loi. Tel n'est pas le cas en l'absence de différend entre les parties ; ce qui peut, notamment expliquer pourquoi la Cour de cassation a décidé que « l'existence, au moment de sa conclusion, d'un différend entre les parties au contrat de travail n'affecte pas par elle-même la validité de la convention de rupture » : Soc. 23 mai 2013, n° 12-13.865, préc. La solution se justifie aussi par le fait que l'existence d'un différend ne suffit pas à constituer un vice de violence.

3. V. notamment en ce sens, Soc. 29 janv. 2014, n° 12-27.594, *RDT* 2014. 255, note G. Auzero ; *JCP S* 2014. 1078, avec l'art. de G. Loiseau.

4. L'article 1108 du Code civil commande aussi de s'attacher à la capacité de contracter à l'objet et à la cause. Mais il est vrai que ces conditions ont, en l'occurrence, moins de chance de prospérer que celle relative au consentement.

5. Il est aussi possible d'imaginer un salarié se plaignant du dol de son employeur ou de sa réticence dolosive. Pour une illustration, v. CA Bourges, 9 nov. 2012, n° 11/01667.

6. Soc. 23 mai 2013, préc.

7. Soc. 30 janv. 2013, n° 11-22.332, *RDT* 2013. 258, note F. Taquet. À lire cette décision, il semble que le juge ne doit pas se borner à constater des faits de harcèlement moral ; il doit, en sus, caractériser les troubles psychologiques qui en sont les conséquences et qui ont altéré le consentement du salarié (V. sur la question, les art. préc. de G. Loiseau, n°s 9 à 11 et G. Auzero, p. 489).

de rupture ne comporte pas les mentions obligatoires prescrites par la loi [1]. On comprend aussi pourquoi il a été décidé que la convention de rupture est nulle si un exemplaire de la convention de rupture n'est pas remis au salarié [2]. Le respect de cette formalité garantit que le consentement du salarié a été donné en connaissance de cause, en lui permettant d'exercer utilement son droit de rétractation. En revanche, parce qu'ils n'ont pas d'effet sur le consentement du salarié, ni le défaut d'information sur la faculté de se faire assister lors de l'entretien préalable à la signature de la convention de rupture [3], ni l'absence d'information sur la possibilité de prendre contact avec le service public de l'emploi [4], ne peuvent entraîner la nullité de la convention. À partir du moment où la convention de rupture est annulée par le juge, l'acte juridique litigieux se trouve rétroactivement effacé. Le salarié doit dès lors pouvoir retrouver son emploi ou un emploi équivalent [5]. Dans les cas où la réintégration n'est pas possible ou n'est pas souhaitable, la rupture devrait être requalifiée en licenciement sans cause réelle et sérieuse ou, à tout le moins, produire les effets d'un tel licenciement. Cette dernière sanction entraînerait une protection plus complète du salarié que les effets de la rupture conventionnelle. Celui-ci bénéficierait, comme en cas de rupture conventionnelle, des allocations d'assurance chômage et d'une indemnité de rupture équivalente à l'indemnité spécifique de rupture à laquelle s'ajouterait l'indemnité de licenciement sans cause réelle et sérieuse [6].

---

1. V., en ce sens, G. Loiseau, art. préc., n° 6.

2. Soc. 6 févr. 2013, n° 11-27.000, *RDT* 2013. 258, note F. Taquet. De même, l'erreur commise dans la convention de rupture sur la date d'expiration du délai de rétractation, ne peut entraîner la nullité de cette convention que si elle a eu pour effet de vicier le consentement de l'une ou l'autre des parties ou de la priver de la possibilité d'exercer son droit à rétractation : Soc. 29 janv. 2014, n° 12-24.539, préc. S'agissant de l'erreur, la Cour de cassation s'en tient, là encore, à une stricte application du droit commun.

3. Soc. 29 janv. 2014, n° 12-27.594, préc.

4. Soc. 29 janv. 2014, n° 12-25.951, préc.

5. Il convient de ne pas oublier que les dispositions légales sont destinées à garantir la liberté du consentement « des parties » (art. L. 1237-11). Par suite, et bien que cela confine à l'hypothèse d'école, l'employeur peut, lui aussi, demander au juge de prononcer la nullité de la convention de rupture si son consentement a été vicié. Il restera, dans ce cas, à déterminer les conséquences de la nullité.

6. Une autre situation pourrait advenir, lorsque le salarié, sans demander la nullité de la convention de rupture, la remet en cause, en arguant des manquements de l'employeur à ses obligations contractuelles. À supposer que ces manquements soient suffisamment graves, le salarié ne pourrait-il pas obtenir la requalification de la rupture en licenciement sans cause réelle et sérieuse ?

CHAPITRE 4

LA RETRAITE DU SALARIÉ [1]

402 ***Un mode original de rupture*** ◊ Jusqu'à la réforme du 30 juillet 1987, la jurisprudence affirmait : « aucune disposition légale ou réglementaire ne fixe un âge à partir duquel un travailleur doit obligatoirement quitter son emploi et prendre sa retraite » [2] ; elle en déduisait que la mise à la retraite décidée par l'employeur était un licenciement [3] et que le départ à la retraite décidé par le salarié était une démission. Souvent, les conventions collectives contenaient une clause de départ à la retraite. Certaines clauses, dites « souples », fixaient seulement un âge normal de la retraite (par ex. 65 ans) ; l'arrivée du salarié à l'âge indiqué n'entraînait pas la rupture automatique du contrat de travail [4] ; la mise à la retraite était qualifiée de licenciement [5], mais le salarié n'avait pas droit à l'indemnité conventionnelle de licenciement ; il percevait seulement l'indemnité de départ à la retraite. D'autres clauses, dites « guillotine » ou « couperet », prévoyaient une « cessation automatique » ou « de plein droit » des relations contractuelles le jour où le salarié atteignait l'âge fixé avec précision par la clause. Après des hésitations [6], la jurisprudence avait admis la licéité de ces clauses [7] ; le salarié mis à la retraite n'était plus « licencié » ; le contrat de travail à durée indéterminée prenait fin de plein droit lorsque le salarié atteignait l'âge convenu pour la retraite.

La loi du 30 juillet 1987 condamne cette interprétation jurisprudentielle. Elle institue un mode original de rupture du contrat de travail tenant à l'âge du salarié ; selon l'auteur de la rupture, celle-ci est soit une

---

1. J. Pélissier, Âge et perte d'emploi, *Dr. soc.* 2003. 1060 s. ; S. Benamara-Bouaziz, L'âge de la retraite et la rupture de contrat de travail, *Dr. ouvrier* 1991. 361 s. ; H. Blaise : Le départ à la retraite, *Bull. soc. F. Lefebvre*, 1987, p. 499 s. ; J. Savatier : Les dispositions de la loi du 30 juill. 1987 sur la rupture du contrat à l'âge de la retraite, *Dr. soc.* 1987. 723 s. ; B. Teyssié, *JCP E* 1987. Chron. 16. 672 ; sur la jurisprudence antérieure à la réforme, J. Savatier : Les clauses conventionnelles par rapport à l'âge de la retraite, *Dr. soc.* 1987. 1 ; *JS* 1986, n° 6, p. 51 ; *ibid.* 1987, n° 7, p. 49.

2. Soc. 1er mars 1972, *D.* 1972. 540, note G. Lyon-Caen ; *Dr. soc.* 1972. 505, obs. J. Savatier.

3. L'employeur devait donc respecter la procédure de licenciement, appliquer les règles du préavis, payer l'indemnité légale de licenciement (Soc. 31 mai 1978, *D.* 1978. 568, note J. Pélissier ; 1er mars 1972, préc.) et éventuellement l'indemnité pour licenciement sans cause réelle et sérieuse (Paris, 2 févr. 1976, *Dr. ouvrier* 1977. 58 ; Amiens, 6 oct. 1980, *RPDS* 1981. 516 ; 31 mai 1978, préc.).

4. A. Valentini : Licenciement et départ à la retraite, *Dr. soc.* 1978. 351.

5. Soc. 25 mai 1981, *JS* 1981. F 87 ; 26 oct. 1977, *JS* 1978, n° 3.

6. Soc. 25 mai 1981, préc. ; 3 déc. 1981, *Bull. civ.* V, n° 933 ; TGI Seine, 10 nov. 1982, *D.* 1983. 66, note Ph. Langlois ; Paris, 11 juill. 1984, *JS* 1984. F 77. Sur les analyses doctrinales, consulter J. Savatier, *Dr. soc.* 1978. 18 ; J. Pélissier, *D.* 1978. 568 ; A. Valentini, *Dr. soc.* 1978. 355 s. ; G.-H. Camerlynck, Le contrat de travail, p. 396 s.

7. Soc. 24 avr. 1986, *Dr. soc.* 1986. 460, concl. P. Franck.

« mise à la retraite » (Section 1), soit un départ à la retraite (Section 2), qui ne se confondent ni avec un licenciement ni avec une démission [1]. Elle déclare, en outre, « nulles et de nul effet toute disposition d'une convention ou d'un accord collectif de travail et toute clause d'un contrat de travail prévoyant une rupture de plein droit du contrat de travail d'un salarié en raison de son âge ou du fait qu'il serait en droit de bénéficier d'une pension vieillesse » (C. trav., art. L. 1237-4) ; les clauses « guillotine » qui sont encore insérées dans une convention collective ou dans un contrat de travail doivent donc être considérées comme non écrites. Elles sont entachées d'une nullité simplement relative [2] ; seul le salarié peut invoquer cette nullité. S'il y trouve avantage, le salarié qui a au moins soixante ans et qui a droit à une pension de retraite à taux plein peut invoquer le bénéfice d'une clause conventionnelle fixant de façon automatique la retraite à soixante-cinq ans pour faire requalifier en licenciement une mise à la retraite, notifiée avant qu'il ait atteint l'âge de soixante-cinq ans. Cette interprétation ne présente plus un grand intérêt puisque, depuis la loi du 17 décembre 2008, l'employeur ne peut pas mettre à la retraite un salarié de moins de 70 ans sans l'accord de celui-ci.

Seules sont désormais licites les clauses-guillotine insérées dans les statuts d'une entreprise publique [3] d'une part, les clauses de convention collective qui améliorent la situation des salariés par rapport aux dispositions légales d'autre part (clauses facilitant l'obtention d'une indemnité de départ à la retraite [4], clauses repoussant la date de mise à la retraite [5], clauses prévoyant des indemnités plus élevées que les indemnités légales). La licéité des clauses guillotine introduites dans les statuts d'une entreprise publique n'interdit pas, cependant, à un salarié d'invoquer devant le juge judiciaire la discrimination fondée sur l'âge à l'occasion d'un litige individuel. La Cour de cassation effectue, en effet, une distinction osée entre la règle licite qui autorise la mise à la retraite d'un salarié à un âge donné et l'application de cette règle qui pourrait être illicite [6]. La solution

1. La loi n'envisage pas la retraite par voie d'accord.

2. La Cour de cassation a d'abord jugé qu'il s'agissait d'une nullité absolue : Soc. 15 mars 1995, *RJS* 4/95, n° 370 ; 1 févr. 1995, *Dr. soc.* 1995. 233, obs. G. Couturier. Elle a modifié son interprétation dans un arrêt Assemblée Plénière rendu le 6 nov. 1998 (*Dr. soc.* 1999. 94, obs. J. Savatier ; *RJS* 12/98, n° 1475).

3. Les clauses guillotines insérées dans le statut d'une entreprise publique ne sont pas prohibées, car elles n'entrent pas dans le champ d'application de l'interdiction formulée par l'art. L. 1237-4 C. trav. (anc. art. L. 122-14-12, al. 2) (CE 17 mars 1995, *RJS* 5/95, n° 583 ; Soc. 22 févr. 2000, *Bull. civ.* V, n° 72 ; *Dr. soc.* 2000. 658 note D. Garbar).

4. Soc. 17 mars 1993, *RJS* 5/93, n° 508 (clause de convention collective qui ne subordonne pas le paiement de l'indemnité de départ à la retraite à l'absence d'activité professionnelle après la rupture du contrat).

5. Soc. 18 janv. 1995, *RJS* 3/95, n° 227 (mise à la retraite d'un salarié de 62 ans, requalifiée licenciement en raison d'une clause conventionnelle prévoyant la mise à la retraite à partir de 65 ans) ; 7 avr. 1994, *RJS* 5/84, n° 541.

6. Soc. 16 févr. 2011, n° 10-10.465, *RDT* 2011. 243, note F. Debord « si des dispositions réglementaires autorisant, à certaines condition, la mise à la retraite d'un salarié à un âge donné peuvent ne pas constituer, par elles-mêmes, une discrimination interdite par

adoptée peut paraître surprenante. La directive du 27 novembre 2000 portant création d'un cadre général en faveur de l'égalité de traitement en matière d'emploi et de travail justifie en son article 6 des différences de traitement fondées sur l'âge. « Les États membres peuvent prévoir que des différences de traitement fondées sur l'âge ne constituent pas une discrimination lorsqu'elles sont objectivement et raisonnablement justifiées, dans le cadre du droit national, par un objectif légitime, notamment par des objectifs légitimes de politique de l'emploi, du marché du travail et de la formation professionnelle, et que les moyens de réaliser cet objectif sont appropriés et nécessaires ». Cette justification des différences de traitement fondées sur l'âge concerne clairement des situations collectives liées à des objectifs de politique de l'emploi et non des situations individuelles. Elle peut donc être invoquée pour valider des dispositions légales ou réglementaires ; lorsque celles-ci sont valides, il est curieux que leur application puisse être irrégulière.

SECTION 1. LA MISE À LA RETRAITE

403 ***Conditions de fond*** ◊ La mise à la retraite résulte « d'une décision de l'employeur » (C. trav., art. L. 1237-5). Une loi du 21 août 2003, puis une loi 17 décembre 2008 ont limité le droit des employeurs de mettre les salariés à la retraite. Avant la réforme de 2003, un employeur pouvait mettre à la retraite tout salarié qui, ayant atteint l'âge de 60 ans, pouvait bénéficier d'une pension vieillesse à taux plein [1]. La loi du 21 août 2003 prohibe la mise à la retraite d'un salarié de moins de 65 ans [2]. La loi du 17 décembre 2008 limite encore plus le droit pour l'employeur de mettre le salarié à la retraite [3]. Tant que ce dernier n'a pas atteint l'âge de 70 ans, l'employeur ne

l'art. L. 1132-1 C. trav., il n'en résulte pas que la décision de l'employeur de faire usage de la faculté de mettre à la retraite un salarié déterminé est necessairement dépourvue de caractère discriminatoire ».

1. Sauf si la convention collective applicable dans l'entreprise ou le contrat de travail fixait un âge de retraite supérieur à 60 ans.

2. C. trav., nouv. art. L. 1237-5. Le Conseil constitutionnel a été saisi par un requérant prétendant « que la possibilité de mettre d'office à la retraite un salarié ayant atteint l'âge de 65 ans porte atteinte au droit d'obtenir un emploi et constitue une discrimination en fonction de l'âge qui meconnaît le principe d'égalité devant la loi ». Le Conseil constitutionnel a rejeté cette prétention et décide que le premier alinéa de l'art. L. 1237-5 C. trav., dans sa rédaction antérieure à la loi du 17 décembre 2008 susvisée, est conforme à la Constitution (Cons. const. 4 févr. 2011, nº 2010-98 QPC, *JO* 5 févr. 2011, p. 2355).

3. Ce qui a pu conduire certains employeurs à agir précipitamment, dans le but de se soustraire à ces nouvelles conditions : Soc. 15 janv. 2013, nº 11-15.646, *JCP S* 2013. 1147, note B. Bossu, dans lequel il est relevé que l'employeur avait manqué à l'obligation d'exécuter loyalement le contrat de travail et que la mise à la retraite constituait une discrimination fondée sur l'âge et dès lors un licenciement nul.

peut pas mettre à la retraite un salarié qui n'a pas manifesté son intention de cesser son activité (C. trav., art. L. 1237-5, al. 7 à 9) [1].

L'employeur n'est jamais obligé de prononcer la mise à la retraite du salarié [2]. Il peut proposer au salarié une mise à la retraite dès que celui-ci atteint l'âge d'attribution d'une retraite à taux plein (actuellement 65 ans, cet âge étant progressivement reporté jusqu'à 67 ans [3]) ; il peut également attendre plusieurs années après le soixante-cinquième anniversaire du salarié avant de mettre celui-ci à la retraite, avec, évidemment, l'acceptation de ce dernier. En revanche, un employeur ne peut pas mettre à la retraite un salarié qui avait déjà atteint l'âge légal de la retraite au moment de son embauche [4].

L'employeur n'a pas, par ailleurs, à justifier sa décision [5]. À la différence du licenciement qui doit avoir une cause réelle et sérieuse, la mise à la retraite n'a pas à être motivée [6]. L'employeur doit seulement indiquer par écrit que le contrat est rompu en raison d'une mise à la retraite [7]. L'employeur peut d'ailleurs interrompre une procédure de licenciement qu'il a engagée pour prononcer une mise à la retraite [8].

Ce n'est que dans les cas où une règle interdit de façon générale à l'employeur de résilier le contrat de travail à durée indéterminée que celui-ci sera privé du droit de procéder à une mise à la retraite. Ainsi un salarié victime d'un accident du travail ou d'une maladie professionnelle ne peut-il pas être mis à la retraite au cours de la suspension de contrat, l'article L. 1226-9 du Code du travail prohibant toute résiliation d'un contrat de travail à durée indéterminée pendant les périodes de suspension en l'absence de faute grave du salarié ou de l'impossibilité de maintenir le contrat [9]. De même, un employeur ne peut pas mettre à la retraite un salarié protégé sans avoir obtenu préalablement l'autorisation de l'inspecteur du travail [10].

---

1. L'employeur qui envisage de mettre à la retraite un salarié qui a entre 65 ans et 70 ans doit interroger celui-ci par écrit sur son intention de quitter volontairement l'entreprise pour bénéficier d'une pension vieillesse. En cas de réponse négative du salarié dans un délai fixé par décret ou à défaut d'avoir respecté cette obligation de solliciter le consentement du salarié, l'employeur ne peut pas décider unilatéralement d'une mise à la retraite.

2. Soc. 12 nov. 2002, *Dr. soc.* 2003. 233, obs. J. Savatier.

3. CSS, art. L. 351-8. L'âge à partir duquel l'employeur peut proposer une mise à la retraite va augmenter de 4 mois par an à partir du 1er juill. 2016. L'âge à partir duquel l'employeur peut proposer une mise à la retraite va de 65 ans et 4 mois, pour un salarié né au cours du second semestre 1951, à 67 ans pour celui né à partir de 1955.

4. Soc 29 juin 2011, n° 09-42.165, *RJS* 10/11, n° 782.

5. À l'exception des cas où la mise à la retraite est prévue par les statuts d'une entreprise publique (Soc. 16 févr. 2011, nos 09-72.061, 10-10.465, *RDT* 2011. 241 s.).

6. Soc. 12 janv. 1993, *Dr. soc.* 1993. 185 ; *D.* 1993. Somm. 225, obs. A. Bouilloux.

7. Soc. 9 mars 1999, *Bull. civ.* V, n° 59.

8. Soc. 16 janv. 2008, n° 06-44.583, *RDT* 2008. 234, obs. M.-C. Amauger-Lattes.

9. Soc. 7 mars 2007, *RJS* 5/07, n° 585 ; 27 janv. 2009, n° 07-45.290, *RJS* 4/09, n° 335.

10. Soc. 10 déc. 2003 n° 01-43.876, *Bull. civ.* V, n° 314. L'employeur doit suivre la procédure prévue en cas de licenciement ; la mise à la retraite doit donc être précédée de l'entretien préalable prévu par l'art. L. 1232-2 C. trav. (CE 17 juin 2009, req. n° 304027,4e et 5e s., *RJS*11/09, n° 868 ; v. n° suivant.

404 ***Procédure*** ◊ La loi ne subordonne pas la mise à la retraite à une procédure analogue à celle du licenciement lorsque celle-ci ne concerne pas des personnes protégées. En particulier, aucune disposition n'impose à l'employeur de convoquer à un entretien le salarié qu'il entend mettre à la retraite [1]. L'employeur est cependant assujetti à une double obligation : celle d'interroger par écrit le salarié sur son intention de quitter volontairement l'entreprise pour bénéficier d'une pension vieillesse et celle de notifier par écrit la mise à la retraite [2]. À défaut d'avoir sollicité l'accord du salarié lorsque celui-ci a moins de 70 ans, la rupture du contrat serait requalifiée en licenciement sans cause réelle et sérieuse. De même, en l'absence de lettre mentionnant que le motif de la rupture est la mise à la retraite, la rupture sera considérée comme un licenciement sans cause réelle et sérieuse.

Lorsque la mise à la retraite concerne un salarié protégé, l'employeur est-il obligé de respecter la procédure de licenciement des représentants du personnel et des délégués syndicaux ? La circulaire du 8 septembre 1987 répondait nettement par la négative, au motif que la rupture du contrat ne constitue pas, dans ce cas, un licenciement et n'entrait donc pas dans le champ d'application des articles organisant le système de l'autorisation administrative préalable. L'argument n'était pas décisif : la Cour de cassation juge en effet depuis 1974 que ce n'est pas parce qu'un mode de rupture n'est pas un licenciement que l'employeur peut éluder la procédure de licenciement ; elle décide que la procédure spéciale de licenciement, instituant une protection exceptionnelle et exorbitante du droit commun, « interdit à l'employeur de poursuivre, par d'autres moyens, la résiliation du contrat de travail » [3] ; ce principe, qui entraînait l'exclusion de la résiliation judiciaire du contrat de travail d'une personne protégée, impose également à l'employeur d'obtenir une autorisation administrative avant de mettre à la retraite un représentant du personnel ou un représentant syndical. C'est la solution qui est retenue par la Cour de cassation : la mise à la retraite d'un salarié protégé sans autorisation préalable de l'inspecteur du travail s'analyse en un licenciement nul [4]. Cette nullité sera lourde de conséquences pour l'employeur [5].

1. Paris, 29 avr. 1993, *RJS* 7/93, n° 738 ; Amiens, 19 nov. 1992, *RJS* 2/93, n° 129.

2. Cette obligation n'est pas imposée par la loi ; elle est consacrée par la jurisprudence : Soc. 9 mars 1999, *RJS* 4/99, n° 504.

3. Cass., ch. mixte, 21 juin 1974, *D.* 1974. 593, concl. Touffait ; il serait d'ailleurs paradoxal que la mise à la retraite d'un représentant du personnel ne soit soumise à aucun contrôle administratif alors que la cessation d'un contrat à durée déterminée à l'échéance du terme ne peut produire ses effets qu'après information et contrôle de l'autorité administrative.

4. Soc. 30 nov. 2004, *RJS* 2/05, n° 180 ; 13 nov. 2001, *RJS* 1/02, n° 55 ; 5 mars 1996, *Bull. civ.* V, n° 84 ; *Dr. soc.* 1996. 537, obs. M. Cohen ; *RJS* 4/96, n° 422.

5. Sera d'abord sanctionnée la méconnaissance du statut protecteur : le salarié a droit au montant des salaires dont il a été privé depuis la date de son éviction jusqu'à la fin de la période de protection lorsqu'il n'est pas réintégré (Soc. 13 nov. 2001, préc.). En outre, le salarié non réintégré aura droit aux indemnités de rupture et à une indemnité réparant l'intégralité du préjudice résultant du caractère illicite du licenciement et au moins égale à celle prévue par l'anc. art. L. 122-14-4 C. trav. (Soc. 13 nov. 2001, préc.).

405 ***Droits et indemnités*** ◊ Le salarié mis à la retraite a droit à un préavis dont la durée est identique à celle du préavis de licenciement [1]. Lorsque la convention collective ne fixe pas de préavis de mise à la retraite, le salarié bénéficie du préavis conventionnel de licenciement [2].

Il a également droit à une indemnité de mise à la retraite qui ne peut pas être inférieure à l'indemnité légale de licenciement prévue à l'article L. 1234-9 du Code du travail. Lorsque la mise à la retraite intervient dans le cadre d'un plan de sauvegarde de l'emploi, le droit, pour les salariés mis à la retraite, à l'indemnité de licenciement fixée par le plan doit être expressément mentionné dans celui-ci ; à défaut, les salariés mis à la retraite ne perçoivent que l'indemnité de mise à la retraite [3].

Le salarié mis à la retraite n'a pas à acquitter d'impôt sur le revenu pour les sommes qui lui sont allouées à l'occasion de sa mise à la retraite, dans la limite d'un plafond [4]. Par ailleurs, l'indemnité de mise à la retraite n'est pas assujettie aux cotisations de sécurité sociale dans les mêmes limites que l'exonération fiscale. Mais les indemnités de mise à la retraite versées à compter du 1er janvier 2009 sont soumises à une contribution à la charge de l'employeur dont le taux est fixé à 50 % (CSS, art. L. 137-12)

Dans quelques cas particuliers, le salarié mis à la retraite aura droit à des indemnités plus importantes. Lorsque le salarié bénéficie du statut de VRP, sa mise à la retraite constitue un mode de résiliation du contrat de travail par le fait de l'employeur lui permettant de prétendre à l'indemnité de clientèle [5]. Cette indemnité de clientèle ne se cumule pas avec l'indemnité de départ à la retraite ; seule la plus élevée est due [6].

Lorsque la mise à la retraite résulte de la mise en œuvre d'un plan de sauvegarde de l'emploi, elle peut ouvrir droit à l'indemnité conventionnelle de licenciement [7]. De même, le salarié mis à la retraite a droit à l'indemnité spéciale prévue à l'article L. 1226-14 C. trav. lorsque cette mise à la retraite intervient après que le médecin du

1. C. trav., art. L. 1237-6.

2. Soc. 15 mai 2007, n° 05-45.234, *Bull. civ.* V, n° 77.

3. Soc. 18 mars 2008, n° 07-40.269, *Bull. civ.* V, n° 63.

4. Les indemnités sont exonérées dans la limite du montant prévu par la convention collective de branche ou par l'accord professionnel ou interprofessionnel ou, à défaut, par la loi. Le salarié peut faire jouer un autre montant d'exonération qui correspond au double de la rémunération annuelle brute qu'il a perçue au cours de l'année civile précédant celle de la rupture de son contrat de travail ou 50 % du montant de l'indemnité si ce seuil est supérieur, dans la limite de cinq fois le plafond annuel de sécurité sociale en vigueur à la date du versement des indemnités (CGI, art. 80 *duodecies*).

5. Soc. 21 juin 1995, *RJS* 8-9/95, n° 968.

6. Soc. 21 juin 1995, préc.

7. Soc. 18 avr. 2000, *Grands arrêts*, 4e éd., n° 97, p. 431 ; *Dr. soc.* 2000. 790, obs. J. Savatier. Mais la mise à la retraite, qui n'intervient pas dans le cadre d'un plan social prévoyant le versement d'une indemnité de licenciement aux salariés mis à la retraite, n'ouvre pas droit à l'indemnité de licenciement (Soc. 18 mars 2008, n° 07-40.269, *RJS* 5/08, n° 532). La Cour de cassation précise que l'application de l'art. L. 1233-13 C. trav. ne modifie pas la nature spécifique de la mise en retraite ; elle ne devient pas un licenciement et n'entraîne pas les effets d'un licenciement (Soc. 18 mars 2008, préc.).

travail ait déclaré inapte à son emploi le salarié victime d'un accident du travail ou d'une maladie professionnelle [1].

406 ***Mise à la retraite irrégulière*** ◊ Lorsque les conditions de mise à la retraite ne sont pas réunies, la rupture du contrat de travail par l'employeur constitue un licenciement (C. trav., art. L. 1237-8). Dans un premier temps, la Cour de cassation a jugé que la mise à la retraite prononcée en l'absence des conditions légales ou conventionnelles constituait non seulement un licenciement mais aussi un licenciement sans cause réelle et sérieuse [2]. Elle juge maintenant que la mise à la retraite décidée par l'employeur alors que le salarié ne pouvait pas bénéficier d'une retraite à taux plein est un licenciement nul. Il s'agit, en effet, d'un licenciement fondé exclusivement sur l'âge c'est-à-dire sur un motif discriminatoire prohibé par la loi (C. trav., art. L. 1132-1) [3].

SECTION 2. LE DÉPART À LA RETRAITE

407 ***Droits du salarié*** ◊ Tout salarié peut décider lui-même de cesser le travail pour prendre sa retraite dès qu'il a atteint l'âge lui donnant droit à une pension de vieillesse (C. trav., art. L. 1237-9) [4]. Mais, encore faut-il que la manifestation de volonté du salarié en ce sens soit claire et non équivoque. En conséquence, lorsque le salarié, sans invoquer un vice du consentement de nature à entraîner l'annulation de son départ à la retraite, remet en cause celui-ci en raison de faits ou manquements imputables à son employeur, le juge doit, s'il résulte de circonstances antérieures ou contemporaines de son départ qu'à la date à laquelle il a été décidé, celui-ci était équivoque, l'analyser en une prise d'acte de la rupture qui produit les effets d'un licenciement sans cause réelle et sérieuse si les faits invoqués la justifiaient ou dans le cas contraire d'un départ volontaire à la retraite [5].

Le salarié qui décide de partir à la retraite a droit à une indemnité qui varie en fonction de l'ancienneté du salarié dans l'entreprise [6]. Les conventions

---

1. Soc. 29 janv. 2002, *Bull. civ.* V, n° 37 ; *Dr. soc.* 2002. 465.

2. Soc. 25 mars 1992, *RJS* 5/92, n° 589 ; 28 févr. 2006, *Dr. soc.* 2006. 692, obs. J. Savatier.

3. Soc. 21 déc. 2006, n° 05-12.816, *Bull. civ.* V, n° 412 ; *RDT* 2007. 238, obs. I. Desbarrats ; 15 janv. 2013, n° 11-15.646, préc. J. Duplat, Mise à la retraite et discrimination, *RJS* 3/07, n° 223 s.

4. Cet âge est fixé à 60 ans pour les salariés nés avant le 1er juillet 1951. Pour ceux nés à compter de cette date, cet âge varie entre 60 ans et 4 mois et 62 ans, en fonction de leur année de naissance. Il est possible de partir à la retraite avant l'âge légal dans le cadre d'un des dispositifs de retraite anticipée : « carrière longue », salariés handicapés ou « carrière pénible ».

5. Soc. 15 mai 2013, n° 11-26.784, *Lexbase Hebdo, éd. Sociale*, n° 529, note C. Radé. Cette solution est à rapprocher de celle retenue en matière de démission.

6. C. trav., art. L. 1237-9. Le taux de l'indemnité de départ en retraite prévue à l'art. L. 1237-9 est au moins égal à un demi-mois de salaire après dix ans d'ancienneté, un mois de salaire après quinze ans d'ancienneté, un mois et demi de salaire après vingt ans d'ancienneté, deux mois de salaire après trente ans d'ancienneté.

collectives peuvent prévoir une indemnité supérieure à l'indemnité légale [1]. Ce droit à indemnité marque bien l'autonomie du départ à la retraite par rapport à la démission [2]. Un salarié peut toujours démissionner, mais l'exercice de ce droit ne fait pas naître à son profit une créance à l'encontre de l'employeur. Le départ à la retraite, au contraire, rend le salarié, créancier de l'employeur. Cette distinction entre le départ à la retraite et la démission a lieu d'être faite même si le salarié a atteint ou dépassé l'âge lui permettant de prendre sa retraite. Ce n'est en effet que si le salarié fait liquider sa pension de retraite qu'il peut invoquer les droits découlant du départ à la retraite [3].

L'indemnité de départ à la retraite constitue une rémunération [4]. Elle est intégralement assujettie aux cotisations de sécurité sociale et à l'impôt sur le revenu ; elle est également assujettie à la CSG et à la CRDS.

408 ***Obligations du salarié*** ◊ Le salarié qui décide de partir à la retraite doit respecter un préavis. Ce préavis est identique, qu'il s'agisse de départ à la retraite ou de mise à la retraite.

La référence faite par l'article L. 1237-10 du Code du travail au préavis de licenciement, fixé par l'article L. 1234-1 du Code du travail, soulève une sérieuse difficulté dans la mesure où ce dernier article précise que le préavis légal n'est applicable qu'à défaut de convention collective ou de contrat de travail contenant des dispositions plus favorables pour le salarié. Le préavis de mise à la retraite et de départ à la retraite étant le même, les dispositions conventionnelles seront favorables ou défavorables au salarié selon la nature du litige. Si c'est le salarié qui a décidé de prendre sa retraite, la clause conventionnelle prolongeant la durée du préavis légal lui sera défavorable ; si c'est, au contraire, l'employeur qui décide de mettre le salarié à la retraite, la même clause conventionnelle sera favorable au salarié. Chaque fois que les auteurs de la clause conventionnelle n'auront pas fait de distinction entre le préavis de départ à la retraite et le préavis de mise à la retraite, les juges éprouveront certainement les plus grandes hésitations

1. Le salarié doit évidemment remplir les conditions prévues par l'accord pour avoir droit à l'indemnité conventionnelle. Ainsi un salarié qui part à la retraite avant 65 ans ne peut pas percevoir l'indemnité conventionnelle dc départ à la retraite dès lors que la convention collective subordonne ce droit à une condition d'âge supérieur (65 ans) : Soc. 4 juill. 2007, n° 06-40.114). Un avenant qui modifie le mode de calcul de l'indemnité de départ à la retraite est, à ce titre, dépourvu de tout caractère interprétatif : Soc. 12 juin 2014, n° 13-15.416, publié.

2. L'autonomie du départ à la retraite par rapport à la démission entraîne d'autres conséquences : par exemple la réduction de la contrepartie pécuniaire de l'obligation de non-concurrence prévue par l'accord national interprofessionnel des VRP en cas de démission, ne s'applique pas en cas de départ à la retraite à l'initiative du salarié (Soc. 15 janv. 2002, *RJS* 5/02, n° 638).

3. Le droit à une indemnité de départ à la retraite n'est ouvert que si le salarié qui a décidé de quitter l'entreprise en vue de faire liquider ses droits à pension de vieillesse en a effectivement demandé la liquidation : Soc. 23 sept. 2009, n° 08-41.397 : *Bull. civ.* V, n° 194.

4. Elle est donc soumise aux règles de saisie prévues par le C. trav. (Soc. 30 janv. 2008, n° 06-17.531, *RJS* 4/08, n° 417).

à apprécier la licéité d'une clause qui, envisagée d'une façon générale, peut difficilement être déclarée favorable ou défavorable aux salariés.

Le salarié qui, décidant de partir à la retraite, n'exécute pas son obligation de préavis ne perd pas pour autant son droit à l'indemnité de départ à la retraite [1]. Il sera, en revanche, condamné à verser des dommages-intérêts à l'employeur en réparation du préjudice subi par celui-ci.

1. Soc. 13 févr. 1996, *RJS* 4/96, n° 397.

CHAPITRE 5

FORCE MAJEURE ET RÉSILIATION JUDICIAIRE

SECTION 1. FORCE MAJEURE [1]

409 ***Conditions*** ◊ Le licenciement implique un acte de volonté libre par lequel l'employeur prend l'initiative, et partant la responsabilité juridique, de la rupture du contrat de travail. Il en va différemment quand un événement contraignant, étranger à l'employeur, vient provoquer la rupture de la relation de travail.

En l'absence de définition du Code du travail – qui n'y fait qu'une brève allusion pour dispenser l'employeur du délai-congé (C. trav., art. L. 1234-12) – la jurisprudence a modifié, au cours de ces dernières années, son approche de la force majeure. Alors que, jusqu'en 2003, la Chambre sociale retenait une définition relativement classique de cette institution, elle décida, à compter de cette date, de ne conserver que les critères d'irrésistibilité et d'extériorité, abandonnant le critère d'imprévisibilité [2]. Cette solution a, à son tour, été écartée, par un arrêt en date du 16 mai 2012, qui marque un retour à la conception traditionnelle de la force majeure [3]. L'impossibilité d'exécution du contrat doit être absolue, ainsi la destruction totale des installations par incendie [4]. Si l'événement rend l'exécution du contrat seulement plus difficile ou plus onéreuse, il ne constitue pas un cas de force majeure [5].

410 ***Effets*** ◊ La force majeure, dûment établie par l'employeur, le dispensera tout d'abord – comme le rappelle expressément l'article L. 1234-12 en cas de cessation de l'entreprise – de l'observation du délai-congé, donc de l'indemnité compensatrice.

---

1. A. Bousiges, L'évolution de la force majeure en droit du travail, écrit en l'honneur de Jean Savatier, PUF 1992, p. 85 s. ; M. A. Guericolas : Études offertes à A. Brun, p. 257.

2. Soc. 12 févr. 2003, n° 99-42.985, *Bull. civ.* V, n° 50 ; *D.* 2003. 1656, note N. Daimez.

3. Soc. 16 mai 2012, n° 10-17.726, *RDT* 2012. 420, note S. Tournaux (« Attendu que la force majeure permettant à l'employeur de s'exonérer de tout ou partie des obligations nées de la rupture d'un contrat de travail s'entend de la survenance d'un événement extérieur, imprévisible lors de la conclusion du contrat et irrésistible dans son exécution »).

4. Soc. 19 mars 1987, *JS* 1987. F. 36 ; 20 oct. 1983, *Gracia* ; Crim. 4 janv. 1984, *JCP* 1984. IV. 76 (cyclone).

5. Sinon le bénéfice de la force majeure sera refusé à l'employeur : Soc. 15 févr. 1995, *Dr. soc.* 1995. 384 (la cessation d'activité d'une entreprise à la suite d'une inondation n'est pas un cas de force majeure en raison de son caractère partiel et temporaire ; les ruptures de contrat sont des licenciements).

Il en est de même de l'indemnité de licenciement, ainsi que des dommages-intérêts pour rupture abusive, puisque la rupture n'est pas le fait de l'employeur.

La loi de modernisation sociale a notablement modifié les conséquences d'une rupture du contrat de travail à durée indéterminée résultant d'un cas de force majeure en raison d'un sinistre. Désormais, le salarié, qui perd son emploi dans ces conditions, a droit à une indemnité compensatrice d'un montant égal à la somme de l'indemnité compensatrice de préavis et de l'indemnité légale de licenciement qu'il aurait perçues s'il avait été licencié. Cette indemnité est à la charge de l'employeur (C. trav., art. L. 1234-13).

411 ***Cas de force majeure*** ◊ **1)** Seront constitutifs de force majeure – aux conditions exigées – le cyclone [1], l'incendie [2], l'état de guerre [3], le fait du prince [4].

Ce fait du prince peut se réaliser dans la personne du salarié mais l'incarcération du salarié ne constitue pas un cas de force majeure [5] pas plus que le non-renouvellement d'une carte de séjour et de travail à un travailleur étranger [6].

2) Par contre les événements affectant la personne de l'employeur comme son hospitalisation [7] ou même son décès [8] ne constituent pas un cas de force majeure ; si le décès du salarié entraîne une rupture de contrat qui échappe à la qualification licenciement, la maladie prolongée ou l'inaptitude du salarié ne sont pas des cas de force majeure. De même le ralentissement de l'activité ou la fermeture de l'entreprise pour des motifs d'ordre économique ou technique ne constituent pas un cas de force

1. Crim. 4 janv. 1984, *Bull. crim.* n° 6.
2. Soc. 20 déc. 1989, *JS UIMM* 1990. 136 ; 19 mars 1987, *JS* 1987. F 36 ; 27 avr. 1989, *CSB* 1989. S 69. Mais l'incendie n'est pas un cas de force majeure lorsque les conséquences de celui-ci ont été aggravées par le fait que l'employeur n'avait pas pris les mesures de sécurité qui lui avaient été recommandées (Soc. 7 mars 1985, *JS* 1985. F 54) ou lorsque la fermeture des locaux a été limitée à deux mois (Soc. 2 févr. 1994, *RJS* 3/94, n° 247).
3. Soc. 24 juin 1965, *Bull. civ.* IV, 411 (événements d'Algérie) ; 6 nov. 1969, *Bull. civ.* V, n° 495.
4. Ainsi le retrait, par le ministère de tutelle, de la scène de l'Odéon aux Comédiens français (Paris, 6 oct. 1961, *JCP* 1961. II. 12416, note B. P.) ; l'interdiction par la loi tunisienne de l'exercice des fonctions de VRP à un étranger (Soc. 22 févr. 1967, préc.) ; le refus d'exploiter le jeu de roulette (Soc. 31 oct. 1989, *JS UIMM* 1990. 136).
5. Soc. 15 oct. 1996, *Dr. soc.* 1997. 246 ; 14 mai 1997, CSB 1998. 218 ; *ibid.* S 130.
6. Soc. 14 oct. 1997, *Dr. soc.* 1997. 1101, obs. J. Savatier. Un arrêt récent conduit à se demander si la Cour de cassation n'aurait pas ici opérer un revirement de jurisprudence. Sans explicitement évoquer la force majeure, elle y affirme néanmoins que « l'irrégularité de la situation d'un travailleur étranger constitue nécessairement une cause objective justifiant la rupture de son contrat de travail exclusive de l'application des dispositions relatives aux licenciements et de l'allocation de dommages-intérêts pour licenciement sans cause réelle et sérieuse » : Soc. 4 juill. 2012, n° 11-18.840, *JCP S* 2013. 1097, note C. Hodez et M. Paradis.
7. Soc. 31 mars 1994, *Dr. soc.* 1994. 514.
8. Les héritiers sont tenus des indemnités de rupture : Soc. 16 nov. 1977, *Bull. civ.* V, 492 ; 10 févr. 1982, *JCP* 1982. IV. 150 ; 24 févr. 1983, *Bull. civ.* V, n° 80 (salarié garde-malade) ; 14 mars 1989, *JS UIMM* 1990. 235 (le décès de l'employeur d'une femme de ménage ne constitue pas un cas de force majeure ; celle-ci a droit au préavis et à l'indemnité de licenciement).

majeure. L'évolution de la conjoncture économique fait partie du risque normal d'entreprise dont le chef assume la responsabilité objective.

SECTION 2. RÉSILIATION JUDICIAIRE [1]

412 ***Résiliation judiciaire à la demande de l'employeur*** ◊ Le recours à la résiliation judiciaire pour rompre un contrat à durée indéterminée peut paraître surprenant, et par là même suspect. Pourquoi saisir le juge, exposer des frais, attendre des mois une sentence, alors que l'une et l'autre des parties au contrat peuvent, par l'effet de la seule volonté, rompre le contrat de travail ?

Après avoir admis largement le recours à la résiliation judiciaire du contrat de travail à durée indéterminée, la Cour de cassation écarte ce mode de rupture lorsque la demande est présentée par l'employeur.

Le recours à la résiliation judiciaire dans le domaine des contrats à durée indéterminée a surtout été utilisé pour mettre fin aux contrats de travail de représentants du personnel, lorsque l'inspecteur du travail refusait à l'employeur l'autorisation de licencier. Longtemps autorisé, il est, depuis 1974, prohibé et pénalement sanctionné [2].

Mais lorsque le contrat de travail à durée indéterminée concernait, non plus un salarié protégé, mais un salarié sans mandat, la Cour de cassation continuait d'admettre ce mode de rupture : « Si l'employeur qui prend l'initiative de rompre lui-même le contrat d'un salarié est tenu de respecter la procédure prévue par les articles L. 122-4 et suivants, il a également la faculté, que ces textes n'excluent pas, de demander la résolution judiciaire du contrat » [3]. Non seulement les juges déclaraient recevable le recours en résiliation judiciaire présenté par l'employer, mais ils décidaient que le recours était recevable alors même que l'inexécution par le salarié de ses obligations ne présentait pas le caractère de faute grave [4]. Si cette solution ne heurtait pas les termes de l'article 1184 du Code civil, elle avait pour effet de priver le salarié des droits à préavis et à indemnité de licenciement qui lui sont reconnus lorsqu'il est licencié sans avoir commis de faute grave.

La Cour de cassation a opéré un revirement de jurisprudence. Dans un arrêt *Grignan*, rendu le 9 mars 1999, elle déboute un employeur de sa demande en résiliation judiciaire au motif que, lorsque le salarié ne respecte pas ses obligations, il appartient à l'employeur d'user de son pouvoir disciplinaire et de prononcer le licenciement de l'intéressé [5]. Dans un arrêt plus récent, la chambre sociale de la Cour de cassation confirme cette nouvelle orientation, en formulant

---

1. M. Castronovo, « Faut-il conserver la résiliation judiciaire comme mode particulier de rupture du contrat de travail ? », thèse Toulouse oct. 2009, I. Daugareilh, *Dr. soc.* 1992. 805 ; A. Jeammaud : *D.* 1980. Chron. 47 s. ; J. Savatier, *Dr. soc.* 1979. 414 ; Mouly, note *D.* 1987. 437.

2. Cass., ch. mixte, 21 juin 1974, *Bull. ch. mixte* n° 3 ; *JCP* 1974. II. 17801, concl. Touffait ; H. Sinay, *D.* 1974. Chron. 237.

3. Soc. 31 janv. 1979, *Bull. civ.* V, n° 306 ; *D.* 1979. IR 328, obs. critiques Ph. Langlois ; Soc. 3 avr. 1979, *JCP* 1980. II. 19292, note. J. Mouly ; *Bull. civ.* V, n° 309.

4. Soc. 9 avr. 1987, *D.* 1987. 437, note Mouly ; *JS* 1987. F 34.

5. Soc. 9 mars 1999, *Dr. soc.* 1999. 527, obs. A. Mazeaud ; *D.* 1999. 365, obs. Ch. Radé ; *RJS* 4/99, n° 505.

de façon encore plus générale l'irrecevabilité des demandes en résiliation judiciaire présentées par un employeur [1].

413 ***Résiliation judiciaire à la demande du salarié*** ◊ La demande en résiliation judiciaire peut être présentée par un salarié lorsque l'employeur n'exécute pas ses obligations contractuelles. Elle est alors déclarée recevable par les juges mais elle est assimilée dans ses effets, lorsqu'elle est prononcée, à un licenciement dépourvu de cause réelle et sérieuse [2] ou, plus exceptionnellement, à un licenciement nul [3]. Les juges du fond ne sont pas souverains pour apprécier le montant du préjudice subi par le salarié ; ils doivent attribuer une indemnité au moins égale à la somme de l'indemnité légale ou conventionnelle de licenciement, de l'indemnité de licenciement sans cause réelle et sérieuse et de l'indemnité de préavis [4].

Cette assimilation des effets de la résiliation judiciaire du contrat de travail aux effets du licenciement peut paraître curieuse du point de vue de la logique juridique, car la résiliation judiciaire et le licenciement sont deux modes de rupture très différents. Elle est, en revanche, parfaitement justifiée au regard d'une logique des comportements. Il serait paradoxal d'accorder moins de droits au salarié qui entend soumettre au juge le différend qui l'oppose à l'employeur qu'au salarié qui décide de tirer lui-même les conséquences de l'inexécution par l'employeur de ses obligations. La Cour de cassation assimile la prise d'acte de rupture émanant d'un salarié au licenciement sans cause réelle et sérieuse lorsque la décision du salarié résulte de l'inexécution par l'employeur de ses obligations contractuelles ; il est normal que le même comportement de l'employeur entraîne les mêmes conséquences lorsque le juge est saisi de la difficulté.

Conformément aux prescriptions de l'article 1184 du Code civil, la résiliation judiciaire du contrat de travail suppose, au premier chef, que l'employeur ait manqué à ses engagements contractuels [5]. Mais cela ne suffit pas. Il faut encore, à l'instar de ce qui est exigé en matière de prise

---

1. Soc. 13 mars 2001, *JCP* 2002. II. 10. 562, note J. Mouly ; *Dr. soc.* 2001. 629 obs. C. Radé ; *Grands arrêts*, 4e éd., n° 90, p. 408 : « l'employeur, qui dispose du droit de résilier unilatéralement un contrat de travail à durée indéterminée par la voie du licenciement, en respectant les garanties légales, n'est pas recevable, hors les cas où la loi en dispose autrement, à demander la résiliation judiciaire dudit contrat ».

2. Soc. 20 janv. 1998, *Bull. civ.* V, n° 21 ; *Grands arrêts*, 4e éd., n° 89 ; *D.* 1998. 850 note Ch. Radé ; *RJS* 3/98, n° 286 ; *JCP E* 1998. I. 152, note Mouly.

3. Il en va notamment ainsi lorsque la résiliation judiciaire est demandée par un représentant du personnel (Soc. 26 sept. 2006, n° 05-41.890, inédit) ou par un salarié victime d'un harcèlement moral (Soc. 20 févr. 2013, n° 11-26.560 P).

4. « Dès lors que la résiliation judiciaire du contrat de travail est prononcée aux torts de l'employeur, l'indemnité de préavis est toujours due » (Soc. 28 avr. 2011, n° 09-40.708, *RJS* 7/11, n° 611 ; en l'espèce, la résiliation judiciaire avait été demandée et obtenue par un salarié qui était en arrêt maladie).

5. Un tel manquement ne saurait résulter du seul engagement d'une procédure disciplinaire qui n'a pas été menée à son terme, dès lors que sa mise en œuvre ne procède pas d'une légèreté blâmable ou d'une intention malveillante : Soc. 25 sept. 2013, n° 12-11.832, publié.

d'acte [1], que ces manquements soient « suffisamment graves », c'est-à-dire qu'ils rendent impossible (ou qu'ils empêchent) la poursuite du contrat de travail [2]. Il n'est donc pas de manquements qui, par nature, justifient l'imputation de la rupture aux torts de l'employeur. Seules comptent les conséquences du manquement sur la poursuite du contrat de travail. C'est ainsi qu'une modification du contrat de travail unilatéralement appliquée par l'employeur n'est pas de nature à empêcher la poursuite du contrat dès lors qu'elle n'avait pas exercé d'influence défavorable sur le montant de la rémunération perçue par le salarié pendant plusieurs années [3]. Ainsi que le laisse entendre cette décision, l'écoulement du temps peut jouer comme une circonstance atténuante dans l'appréciation de la gravité du manquement [4]. A cet égard, dans la mesure où, en cas de résiliation judiciaire du contrat de travail, la date d'effet de la résiliation ne peut être fixée qu'au jour de la décision qui la prononce, dès lors que le contrat n'a pas été rompu avant cette date [5], il appartient aux juges du fond d'apprécier les manquements imputés à l'employeur au jour de leur décision, ce qui les autorise à tenir compte de la régularisation à laquelle celui-ci a pu procéder [6]. Dans tous les cas, la caractérisation de la gravité du manquement de l'employeur est soumise à un contrôle « léger » de la Cour de cassation [7].

Avant que le juge, saisi d'une demande en résiliation judiciaire, statue, l'employeur ou le salarié peut décider de rompre le contrat [8]. L'employeur peut licencier le salarié ou le mettre à la retraite ; le salarié peut démissionner, prendre acte de la rupture ou partir à la retraite ; tous deux peuvent consentir à une rupture conventionnelle. Comment, alors, articuler des différents modes de rupture ?

---

1. V. ss 380.

2. Soc. 26 mars 2014, n° 12-35.040 et n° 12-21.372, *Lexbase Hebdo, éd. Sociale*, n° 567, note G. Auzero. Adde, F. Géa, « Prise d'acte de la rupture et résiliation judiciaire : vers une déconstruction de la jurisprudence ? » : *Sem. soc. Lamy* 2014, n° 1625, p. 10.

3. Soc. 12 juin 2014, n° 13-11.448, publié. V. aussi, dans le même sens, Soc. 12 juin 2014, n° 12-29.063, publié.

4. Le salarié a donc intérêt à ne pas trop tarder à saisir le juge. Cela étant, l'ancienneté du manquement n'exclut pas, en elle-même, toute imputabilité de la rupture à l'employeur. Outre que l'exécution du contrat de travail ne peut valoir renonciation à exercer les voies de droit résultant du manquement contractuel, il ne faut pas oublier que l'action en résiliation du contrat se prescrit par cinq à compter de celui-ci.

5. Soc. 24 avr. 2013, n° 11-28.629, publié. Si, en cas de confirmation en appel du jugement prononçant la résiliation, la date de la rupture reste celle fixée par le jugement, il en va autrement lorsque l'exécution du contrat de travail s'est poursuivie après cette décision : Soc. 21 janv. 2014, n° 12-28.237, publié.

6. Soc. 29 janv. 2014, n° 12-24.951, *JCP S* 2014, 1236, note H. Guyot.

7. Le choix de cette voie, de préférence à un contrôle lourd ou à l'absence de tout contrôle, a été fait dans les arrêts du 26 mars 2014 (préc.) et confirmé dans ceux du 12 juin 2014 (préc.).

8. Curieusement, la demande en résiliation judiciaire peut aussi être introduite postérieurement au licenciement : Soc. 7 mars 2012, n° 10-17.090, *JCP S* 2012. 1126, note J.-Y. Frouin. Le décès du salarié ne rend pas sans objet la demande, reprise en appel par les ayants-droit de celui-ci, en résiliation du contrat de travail. En ce cas, la date d'effet de la résiliation de ce contrat au jour du décès : Soc. 12 févr. 2014, n° 12-28.571, publié.

Lorsque la rupture émane du salarié, en particulier lorsque le salarié prend acte de la rupture après avoir introduit une demande en résiliation judiciaire [1], le juge saisi de la demande en résiliation judiciaire ne peut plus statuer sur cette demande. « La prise d'acte de la rupture par le salarié en raison de faits qu'il reproche à l'employeur entraîne la cessation immédiate du contrat de travail en sorte qu'il n'y a plus lieu de statuer sur la demande de résiliation judiciaire introduite auparavant » [2]. Il appartient au juge de se prononcer sur la seule prise d'acte. De même, lorsque l'annulation d'une rupture conventionnelle n'a pas été demandée dans le délai prévu par l'article L. 1237-14 du Code du travail, la cour d'appel n'a plus à statuer sur une demande, fût-elle antérieure à cette rupture, en résiliation judiciaire du contrat de travail devenue sans objet [3].

Si, au contraire, un licenciement est prononcé après l'introduction par le salarié d'une demande de résiliation judiciaire, le licenciement, notifié avant que le juge ait statué sur la demande de résiliation, n'empêche pas le juge de statuer sur cette demande [4]. Il doit rechercher si la demande de résiliation judiciaire est justifiée [5]. Si elle l'est, il prononcera la résiliation et condamnera l'employeur à payer les indemnités dues en cas de licenciement sans cause réelle et sérieuse puisque tel est l'effet d'une résiliation judiciaire [6]. C'est seulement si le juge refuse de prononcer la résiliation judiciaire qu'il statuera sur le litige concernant le licenciement.

La différence entre les deux solutions est justifiée. Lorsque le contrat de travail a été rompu, le juge ne peut pas, en principe, rompre un contrat déjà rompu. Mais ce principe doit être écarté lorsque, après l'introduction par le salarié d'une demande en résiliation judiciaire, la rupture du contrat de travail est décidée par celui contre qui la demande a été introduite. Le défendeur à une action en justice (ici l'employeur) ne peut pas, par l'effet de sa seule volonté, échapper aux poursuites engagées contre lui ; il ne peut ni priver le juge du pouvoir de juger ni priver la victime de son droit à réparation [7].

1. Sur l'articulation de la démission et de la résiliation judiciaire, v. ss 374.

2. Soc. 31 oct. 2006, *Bull. civ.* V, n° 321 ; *Grands arrêts*, 4e éd., n° 91 ; *RDT* 2007. 28, note J. Pélissier.

3. Soc. 10 avr. 2013, n° 11-15.651, *Lexbase Hebdo, éd. Sociale*, n° 525, note S. Tournaux.

4. Soc. 6 janv. 2010 n° 08-43.256 ; 22 mars 2006, *RDT* 2006. 25, obs. J. Pélissier. Cela étant, si le salarié demande, à titre principal, que son licenciement soit déclaré sans cause réelle et sérieuse, le juge doit statuer sur le bien fondé du licenciement, sans examiner au préalable la demande subsidiaire de résiliation judiciaire aux torts de l'employeur : Soc. 26 sept. 2012, n° 11-14.742, *JCP S* 2012. 1509, note D. Jacotot.

5. Même solution lorsque le salarié adhère à une convention de reclassement personnalisé : Soc. 12 juin 2012, n° 11-19.641 ; *JCP* 2012. 1419, note D. Jacotot.

6. La date de la rupture est alors fixée à la date d'envoi de la lettre de licenciement (Soc. 7 déc. 2011, n° 07-45.689, *RJS* 2/12, n° 111).

7. Pour les mêmes raisons, la mise à la retraite prononcée par l'employeur ne devrait pas faire obstacle au prononcé de la résiliation judiciaire. La Cour de cassation a pourtant décidé en 2005 que la mise à la retraite du salarié postérieure à une demande de résiliation judiciaire rendait sans objet cette demande et interdisait au juge de statuer sur celle-ci (Soc. 12 avr. 2005, *RJS* 7/05, n° 732). Il serait logique de faire la distinction entre la mise à la retraite et le départ à la retraite. Le départ à la retraite qui est une décision du salarié doit, comme la prise d'acte de rupture par le salarié, faire échec au prononcé de la résiliation judiciaire (en ce sens, Soc. 13 juill. 2010, n° 08-43.852). La mise à la retraire, qui, comme le licenciement, est une décision de l'employeur, ne doit pas empêcher le juge de se prononcer sur la demande de résiliation judiciaire.

SOUS-TITRE 2

Le droit commun du licenciement

414 ***Le principe du droit de résiliation unilatérale*** ◊ Pendant de très nombreuses années, le droit de résiliation unilatérale a été considéré comme inhérent à l'indétermination de la durée du contrat et, par voie de conséquence, reconnu aussi bien au profit de l'employeur qu'au profit du salarié.

Cette philosophie libérale liée à la liberté de gestion permet de comprendre le régime juridique du licenciement, dont le motif n'avait pas à être indiqué par l'employeur dans la lettre de congé, et qui n'engageait la responsabilité de ce dernier en cas de litige qu'à la condition le plus souvent impossible de la preuve, incombant au salarié demandeur, d'un *abus du droit* caractérisé.

415 ***La réforme du licenciement par la loi du 13 juillet 1973*** [1] ◊ La doctrine et les organisations syndicales ont dénoncé l'absence de garanties du travailleur contre un licenciement demeuré discrétionnaire. Seule l'obstruction patronale explique une inertie législative prolongée et la carence du droit contractuel collectif.

Une réforme a été enfin opérée par la loi du 13 juillet 1973.

Le premier mérite de la réforme a été de regrouper en une nouvelle section (C. trav., anc. art. L. 122-4 s.), les règles auparavant dispersées concernant le licenciement.

Ensuite et surtout, des restrictions importantes ont été apportées au droit de licenciement, accusant désormais le contraste avec le régime de la libre démission du travailleur.

Ces restrictions se traduisent sur le *plan formel* ; le licenciement doit être précédé d'une procédure se déroulant dans le cadre de l'entreprise : nécessité de la convocation, de l'audition et de l'information préalables du salarié, éventuellement assisté. Elles se traduisent aussi par des exigences *de fond :* le droit de licencier est désormais subordonné à l'existence d'une cause réelle et sérieuse. L'employeur ne peut plus rompre pour n'importe quel motif de son choix (sous la seule réserve de l'abus du droit) ; il ne peut rompre le contrat que pour un motif dont les juges contrôleront le caractère réel et sérieux. La modification des règles de fond s'accompagne d'une

1. M.-C. Bonnetête et G. Lyon-Caen : La réforme du licenciement à travers la L. du 13 juill. 1973, *Dr. soc.* 1973. 493 s. ; P. Rongère : La réforme du droit de licenciement, Économie et humanisme, sept.-oct. 1973 ; J. Pélissier : La réforme du licenciement, Sirey 1974.

modification des règles de *preuve*. Alors que, jusqu'en 1973, le salarié qui voulait obtenir la condamnation de l'employeur pour licenciement abusif devait rapporter lui-même la preuve de l'abus commis, le travailleur licencié ne supporte plus la charge de la preuve. C'est au juge saisi qu'il appartient d'apprécier la régularité de la procédure suivie et le caractère réel et sérieux des motifs invoqués par l'employeur, et de former sa conviction au vue des éléments fournis par les parties et, au besoin, après toutes les mesures d'instruction qu'il estime utiles (C. trav., anc. art. L. 122-14-3).

Cependant, les *sanctions* originales prévues en cas de procédure irrégulière ou d'absence de cause réelle et sérieuse ne s'appliquent qu'à certains licenciements : seulement si le salarié licencié a au moins deux ans d'ancienneté dans l'entreprise, seulement si l'entreprise emploie au moins onze salariés.

Une autre donnée pouvait, dès 1973, inciter les interprètes à s'interroger sur l'ampleur réelle de la réforme. Plusieurs règles étaient formulées de façon si générale que les juges pouvaient leur donner le contenu de leur choix : ainsi, selon l'interprétation des juges, l'exigence d'une « cause réelle et sérieuse » pouvait être soit une limitation considérable soit une très faible limitation au droit de licencier.

416 ***Réformes ultérieures*** ◊ La réforme du 13 juillet 1973 a été complétée par plusieurs réformes ultérieures mais seulement sur les points de détail, en ce qui concerne les licenciements pour motif personnel. La loi du 4 août 1982 relative au droit disciplinaire a complété les dispositions de la loi du 13 juillet 1973, en ce qui concerne les licenciements pour motif personnel lorsque la cause du licenciement est une faute du salarié ; ces licenciements sont désormais toujours assujettis à une procédure préalable, quelles que soient l'ancienneté du salarié et l'importance des effectifs de l'entreprise. Les lois du 3 juillet 1986 et du 30 décembre 1986, quoiqu'essentiellement relatives au licenciement économique, ont en partie réorganisé les procédures de licenciement [1]. Nouvelle révision sur différents points (qui seront signalés à leur place) dans la loi du 2 août 1989 bien qu'elle concerne surtout le licenciement pour motif économique, dans la loi du 18 janvier 1991 relative au conseiller du salarié, dans la loi du 31 décembre 1992, dans celle du 17 janvier 2002, dans la loi du 26 juin 2008 qui modifie les règles gouvernant l'indemnité de licenciement [2].

417 ***Annonce de plan*** ◊ À la suite de ces réformes successives, le droit du licenciement est complexe. Il existe en effet plusieurs régimes juridiques selon la qualification donnée au licenciement : licenciement pour motif personnel [3], licenciement pour motif économique, licenciement individuel,

1. J.-E. Ray : Le nouveau droit du licenciement, *Dr. soc.* 1987. 664 s.

2. Une Ord. du 24 juin 2004 et une Ord. du 2 août 2005 avaient supprimé les règles procédurales et l'exigence d'une cause réelle et sérieuse pour les contrats de travail « nouvelles embauches » mais cette forme de contrats a été abrogée (L. du 26 juin 2008, art. 9).

3. Licenciement pour motif personnel qui peut être fautif (on parle alors de licenciement disciplinaire) ou non fautif (insuffisance professionnelle, inaptitude physique).

licenciement collectif. Le licenciement collectif est le licenciement de plusieurs personnes pour motif économique. Le licenciement individuel peut être un licenciement pour motif personnel ou un licenciement pour motif économique.

Par ailleurs, les irrégularités commises par l'employeur sont sanctionnées de façon assez différente ; en particulier, les licenciements prohibés sont habituellement frappés de nullité alors que les licenciements sans cause réelle et sérieuse ouvrent droit à une indemnité.

Ce sous-titre sera consacré aux règles qui ont vocation à s'appliquer à tous les licenciements et qui, constituent, de ce fait, le droit commun du licenciement. Par suite, et en raison de leurs spécificités, les licenciements pour motif économique – individuel ou collectif – seront étudiés dans le sous-titre suivant [1].

L'analyse portera successivement sur la procédure de licenciement (Chap. 1), la cause réelle et sérieuse du licenciement (Chap. 2) et la prohibition de certains types de licenciement (Chap. 3).

1. Le licenciement pour faute est, quant à lui, étudié au titre du pouvoir disciplinaire de l'employeur.

CHAPITRE 1
PROCÉDURE DE LICENCIEMENT

418 ***Unification des procédures de licenciement*** ◊ La loi du 30 décembre 1986 et celle du 2 août 1989 relatives aux procédures de licenciement, qui intéressent essentiellement les licenciements pour motif économique, ont également apporté des modifications importantes au regard de la procédure des licenciements prononcés pour motif personnel.

Désormais, tous les licenciements pour motif personnel quels que soient les effectifs de l'entreprise, l'ancienneté du salarié ou la nature de la cause personnelle de licenciement doivent être précédés d'une même procédure. L'uniformisation n'est cependant pas totale. Les licenciements disciplinaires sont soumis à des règles originales. Par ailleurs, les sanctions en cas de violation des règles procédurales diffèrent selon les situations (v. ss 422 s.).

SECTION 1. DÉROULEMENT DE LA PROCÉDURE DE LICENCIEMENT

419 ***Convocation et audition du salarié*** ◊ L'article L. 1232-2 du Code du travail prévoit que « l'employeur qui envisage de licencier un salarié le convoque, avant toute décision, à un entretien préalable. La convocation peut émaner d'un représentant de l'employeur, mais l'employeur ne peut pas donner mandat à une personne étrangère à l'entreprise [1]. La Cour de cassation entend, cependant, de façon assez large, la notion d'appartenance à l'entreprise [2].

La convocation est effectuée par lettre recommandée ou par lettre remise en main propre contre décharge. Cette lettre indique l'objet de la convocation.

L'entretien préalable ne peut avoir lieu moins de cinq jours ouvrables après la présentation de la lettre recommandée ou la remise en main propre de la lettre de convocation ».

1) La convocation à l'entretien et l'organisation de l'entretien sont toujours obligatoires, lorsqu'il s'agit d'un licenciement pour motif personnel quelle que soit la taille de l'entreprise [3]. En particulier, la gravité de la faute

---

1. Soc. 7 déc. 2011, n° 10-30.222, *Dr. soc.* 2012. 415, obs. G. Couturier.

2. Soc. 2 mars 2011, n° 09-67.237, *RJS* 5/11, n° 406 : un travailleur temporaire n'est pas une personne étrangère à l'entreprise au sein de laquelle il effectue une mission.

3. Sur l'entretien préalable en cas de licenciement économique, v. ss 451 s.

commise par le salarié ne libère pas l'employeur de cette obligation [1]. La solution est logique, car les garanties de procédure sont surtout utiles lorsque les risques de licenciement sont les plus sérieux. Cependant lorsque le salarié a commis une faute grave ou une faute lourde, l'employeur peut procéder à une mise à pied conservatoire du salarié dès qu'il a connaissance de la faute et dans l'attente de la mesure prise à l'issue de la procédure de licenciement. Cette mise à pied ne fait pas échec au prononcé du licenciement postérieur [2].

2) Si la convocation à l'entretien et l'organisation de l'entretien sont obligatoires, la tenue de l'entretien n'est pas toujours indispensable à la régularité de la procédure. Si le salarié ne veut pas se présenter à l'entretien [3] ou s'il ne peut pas s'y présenter en raison de son état de santé, l'employeur pourra notifier le licenciement en respectant le délai qui doit s'écouler entre le jour prévu pour l'entretien et le jour de notification du licenciement [4].

3) La convocation à l'entretien doit être faite par lettre recommandée, par lettre remise en main propre contre décharge [5], par voie d'huissier [6] ou par l'envoi d'une lettre Chronopost [7] L'article R. 1232-1 du Code du travail précise que cette lettre doit indiquer l'objet, la date, l'heure et le lieu de

---

1. Soc. 22 mars 1979, *Dr. soc.* 1979. 293, obs. J. Savatier ; 9 oct. 1980, *Bull. civ.* V, n° 534. La convocation du salarié est obligatoire, même si celui-ci a reconnu par écrit avoir commis les fautes qui lui sont reprochées (Soc. 9 avr. 1987, *JS* 1987. NB 57).

2. Soc. 4 avr. 1979, *Bull. civ.* V, n° 228 (l'employeur n'est pas lié par la disposition du règlement intérieur limitant la durée de la mise à pied disciplinaire – en effet de nature différente) ; 21 juin 1979, *Bull. civ.* V, n° 414 ; 8 nov. 1978, *D.* 1978. IR 230 (la mise à pied constituant une simple mesure provisoire destinée à laisser un délai de réflexion, le licenciement ultérieur ne constitue pas une deuxième sanction pour les mêmes faits) ; Soc. 21 juin 1979, *Bull. civ.* V, n° 412 ; 28 juin 1979, *D.* 1980. IR 89, obs. J. Pélissier ; 12 déc. 1983, *JS UIMM* 1984. 167. V. J.-E. Ray, *Dr. soc.* 1989. 287.

3. Le salarié n'est pas obligé de se présenter à l'entretien ; celui-ci est organisé dans le seul intérêt du salarié, qui peut y renoncer. Son absence ne constitue pas une faute (Soc. 15 mai 1991, *RJS* 6/91, n° 740 ; 28 nov. 2000, *RJS* 2/01, n° 205).

4. Soc. 29 juin 1977, *Bull. civ.* V, n° 433 (l'absence du salarié malade le jour de l'entretien ne fait pas obstacle à la poursuite de la procédure de licenciement) ; dans le même sens, Soc. 25 nov. 1992, *RJS* 1993, n° 23. Exceptionnellement l'employeur sera condamné pour ne pas avoir respecté la procédure de convocation alors même qu'il a adressé une lettre de convocation préalable à l'entretien ; il en sera ainsi lorsque l'intention dolosive de l'employeur est établie (Soc. 1er févr. 2001, *RJS* 4/01, n° 425 : l'employeur savait que le salarié allait subir une grave opération et l'avait volontairement mis dans l'impossibilité de se présenter à l'entretien préalable). L'employeur doit toujours organiser l'entretien. Il ne saurait prétexter de l'absence ou de la maladie prolongée, quelles que puissent être les dispositions de la convention collective prévoyant que l'employeur peut alors « prendre acte de la rupture » : Soc. 4 avr. 1978, *Bull. civ.* V, n° 207 ; 21 févr. 1979, *Bull. civ.* V, n° 110 ; 3 juill. 1979, *Bull. civ.* V, n° 450 ; 27 nov. 1980, *Bull. civ.* V, n° 633. De même en cas d'inaptitude physique du salarié, 11 janv. 1979, *D.* 1979. IR 299 ; 23 avr. 1980, *Bull. civ.* V, n° 256 ; 6 nov. 1980, *Bull. civ.* V, n° 594. De même doit être cassé l'arrêt ayant décidé qu'à la suite du refus de mutation d'un cadre l'entretien est inutile : Soc. 4 juill. 1978, *D.* 1979. IR 27, obs. Ph. Langlois.

5. Innovation de la L. du 30 déc. 1986, qui a fait l'objet de critiques (P. Bouaziz, *Dr. ouvrier* 1987. 154).

6. Soc. 30 mars 2011, n° 09-71.412.

7. Soc. 8 févr. 2011, n° 09-40.027.

l'entretien [1]. Cette lettre de convocation doit rappeler au salarié qu'il peut se faire assister par une personne de son choix appartenant au personnel de l'entreprise [2] ou s'il n'existe pas d'institutions représentatives du personnel dans l'entreprise, par un conseiller de son choix extérieur à l'entreprise [3]. Curieusement, il n'est pas nécessaire que la lettre de convocation mentionne les motifs qui font envisager le licenciement [4].

La loi impose un délai minimum de 5 jours ouvrables entre la présentation de la lettre de convocation et le jour de l'entretien [5].

L'employeur peut fixer l'entretien un jour travaillé en dehors des heures de travail, pendant un jour de repos ou pendant une période de congés payés ; la convocation du salarié à un entretien préalable en dehors du temps de travail ne constitue pas une irrégularité de procédure mais le salarié peut prétendre à la réparation du préjudice subi le cas échéant [6].

4) Pour l'entretien, bien que la loi n'envisage ni la représentation ni l'assistance de l'employeur, il est admis que celui-ci peut et se faire représenter [7] et

1. L'employeur a le droit de fixer le lieu de l'entretien au siège social de l'entreprise (Soc. 28 janv. 2005, *Dr. soc.* 2005. 476 ; 24 janv. 1996, *RJS* 3/96, n° 261). Lorsque le report de l'entretien préalable intervient à la demande du salarié, l'employeur est simplement tenu d'aviser, en temps utile et par tous moyens, le salarié des nouvelles date et heure de cet entretien : Soc. 29 janv. 2014, n° 12-19.872, publié.

2. Lorsque l'entreprise relève d'une unité économique et sociale, la lettre de convocation doit mentionner que le salarié peut se faire assisté par une personne de son choix appartenant au personnel de l'unité économique et sociale (Soc. 8 juin 2011, n° 10-14.650, *RJS* 8-9/11, n° 672).

3. Une L. du 2 août 1989 a introduit cette possibilité pour un salarié de se faire assister par une personne de son choix, extérieure à l'entreprise et inscrite sur une liste dressée par le préfet dans chaque département après avis des organisations syndicales. Une loi du 18 janv. 1991 précise les conditions d'intervention, de rémunération et de protection de ces conseillers (C. trav., art. L. 1232-7 s.). Cette obligation n'existe que dans les cas où aucune institution représentative n'existe dans l'entreprise ; l'absence de représentant du personnel au niveau de l'établissement où le salarié exerce ses fonctions n'oblige pas l'employeur à donner cette information lorsqu'une institution représentative existe au sein de l'entreprise (Soc. 26 nov. 1996, *Dr. soc.* 1997. 200 ; 5 mars 1997, CSB 1997. 155 ; *ibid.* S 88). De même, le salarié ne peut pas se faire assister par un conseiller extérieur à l'entreprise lorsqu'existe une répresentation du personnel au sein de l'UES. dont fait partie l'entreprise employeur (Soc. 21 sept. 2005, *Dr. soc.* 2006. 105, obs. J. Savatier). De façon discutable, la Cour de cassation assimile le délégué syndical à un représentant du personnel et décide que la présence d'un délégué syndical dans l'entreprise suffit à écarter le recours à un conseiller extérieur à celle-ci (Soc. 19 févr. 2002, *RJS* 5/02, n° 547).

4. Soc. 4 nov. 1992, *Bull. civ.* V, n° 530 ; *Dr. soc.* 92. 1002 ; *RJS* 1992, n° 1372.

5. C trav., art. L. 1232-2, al. 3. La computation du délai de 5 jours ouvrables doit être faite en appliquant les règles fixées par les art. 641, 642 C. pr. civ. (Soc. 11 oct. 2005 n° 02-45. 927 ; 9 juin 1999, *Bull. civ.* V, n° 273 : le jour de présentation de la lettre n'est pas compté dans le délai ; celui-ci expire le dernier jour à 24 heures).

6. Soc. 7 avr. 2004, *Bull. civ.* V, n° 110 ; *RJS* 4/04, n° 670.

7. Cohen, *RPDS* 1973. 280 ; G.-H. Camerlynck : *op. cit.*, n° 407 ; J. Pélissier : *op. cit.*, p. 76. Pour que l'entretien conserve sa signification, il est indispensable que le représentant de l'employeur ait qualité pour décider du maintien dans l'emploi ou du licenciement du salarié convoqué ; la Cour de cassation juge cependant que « la faculté de représenter l'employeur à l'entretien préalable n'est pas réservée au seul délégataire du pouvoir de prononcer le licenciement ». (Soc. 14 juin 1994, *RJS* 7/94, n° 851).

se faire assister [1]. L'assistance, qui est déjà discutable au regard du texte voté [2], ne doit pas transformer l'entretien en comparution devant une juridiction disciplinaire. Elle devrait se limiter à une seule personne [3]. Elle ne peut être assurée que par un membre de l'entreprise [4].

Quant à l'assistance du salarié, la loi prévoit que celui-ci peut se faire assister par une personne de son choix appartenant au personnel de l'entreprise. Lorsqu'il n'y a pas d'institutions représentatives du personnel dans l'entreprise, le salarié peut se faire assister par un conseiller de son choix, inscrit sur une liste dressée par le représentant de l'État dans le département [5]. La jurisprudence a utilement précisé que le droit à l'assistance implique que l'assistant ne subisse aucune perte de rémunération du fait de son intervention [6].

L'entretien doit être mené dans une langue compréhensible par l'une et l'autre partie ; à défaut, il doit être fait appel à un interprète accepté par les deux parties [7].

Au cours de l'entretien, l'employeur est tenu d'indiquer le ou les motifs de la décision envisagée. Malgré cette exigence légale, la Cour de cassation a admis que l'employeur pouvait invoquer devant le juge un motif qui n'avait pas été évoqué lors de l'entretien [8].

---

1. Soc. 11 janv. 1984, *JS* 1984. F. 41 (direction représentée par deux personnes ; les juges du fond ne pouvaient condamner l'entreprise pour non-respect de la procédure « alors qu'il n'était ni établi, ni même allégué que la procédure suivie par l'employeur eût fait grief aux intérêts du salarié ») ; 12 mars 1986, *Liaisons soc.* 1986, n° 5814. Mais l'employeur ne peut se faire assister que par une personne appartenant au personnel de l'entreprise : Soc. 20 juin 1990, *RJS* 8/90, n° 664 ; 26 févr. 1992, *RJS* 4/92, n° 471. ; 28 oct. 2009, n° 08-44.241.

2. J. Pélissier : *op. cit.*, p. 77.

3. V. cep. Colmar, 7 mars 1985, *JS* 1985. F 46 (note critique) ; Soc. 7 mars 1985, *JS* 1985. SJ 47 (mais l'arrêt relève que le salarié n'avait, lors de l'entretien, fait aucune réserve sur la présence de deux cadres qui assistaient l'employeur). Plus récemment, la Cour de cassation a jugé que la procédure était irrégulière lorsque l'employeur avait fait participer à l'entretien deux contremaîtres et deux témoins : la présence de ces personnes transformait en enquête l'entretien préalable, le détournant ainsi de son objet (Soc. 10 janv. 1991, *RJS* 3/91, n° 325 ; dans le même sens, Soc. 1er avr. 1997, *RJS* 5/97, n° 592 ; 11 févr. 2009 n° 07. 43.506).

4. Soc. 27 mai 1998, *RJS* 7/98, n° 839 ; 7 déc. 2011, n° 10-30.222, *JCP S* 2012. 1084, note J.-P. Tricoit.

5. (C. trav., art. L. 1232-4). La procédure est irrégulière lorsque la lettre de convocation ne précise pas l'adresse des services dans lesquels la liste des conseillers peut être consultée. Cette irrégularité ouvre droit à une indemnité maximale d'un mois de salaire (C. trav., art. L 1235-2 ; Soc. 2 juin 2004, *RJS* 8-9/04, n° 889) ; le salarié a droit à cette indemnité alors même qu'il s'est fait assister par un conseiller lors de l'entretien (Soc. 21 janv. 2009, *Bull. civ.* V, n° 16). Cette liste ne peut pas comporter de conseillers prud'hommes en activité (C. trav., art. L. 1232-7).

6. Soc. 12 févr. 1991, *RJS* 3/91, n° 323 (*quid* lorsque l'entretien a lieu à un moment où l'assistant n'est pas dans une période de travail ? La formule utilisée par l'arrêt laisse supposer que l'assistant n'aurait pas droit à une indemnisation). Lorsque l'assistant est un conseiller, extérieur à l'entreprise, le temps passé pendant les heures de travail pour l'exercice de la mission est rémunéré par l'employeur du conseiller (C. trav., art. L. 1232-9). L'État rembourse l'employeur (C. trav., art. L. 1232-11). Si l'employeur du salarié en fait la demande, ce conseiller doit justifier de sa qualité : Soc. 25 sept. 2012, n° 11-10.684, *RDT* 2012. 625, note G. Auzero.

7. Soc. 8 janv. 1997, *RJS* 2/97, n° 129 ; *Dr. soc.* 1997. 317.

8. Soc. 13 déc. 1979, *D.* 1981. 26, note critique M.-J. Brissier-Nicolas.

L'employeur doit également recueillir les explications du salarié. Celui-ci doit pouvoir s'exprimer librement pour assurer sa défense : aussi les propos qu'il peut tenir pour réfuter les griefs invoqués contre lui ne peuvent pas, sauf abus, constituer une cause de licenciement [1].

5) L'employeur et le salarié ne sont nullement obligés de rédiger un procès-verbal d'entretien, permettant de constater le déroulement de celui-ci, les faits évoqués et les explications du salarié. Mais s'ils désirent en établir un, ils le peuvent parfaitement [2], tout en sachant que le procédé présente des risques [3].

420 ***Notification du licenciement*** ◊ L'obligation de notifier le licenciement par lettre recommandée avec demande d'avis de réception, prévue par l'article L. 1232-6 du Code du travail [4], a un champ d'application très étendu ; elle concerne en effet tous les licenciements.

1) La notification du licenciement doit émaner de l'employeur. Bien que la loi n'envisage pas une possibilité de représentation, la jurisprudence admet celle-ci très largement [5]. Logiquement, cette délégation de pouvoir ne devrait être donnée qu'à un salarié de l'entreprise [6]. Mais cette exigence n'est pas toujours respectée. La Cour de cassation admet, par exemple, que le directeur des ressources humaines de la société mère puisse recevoir mandat pour procéder à l'entretien préalable et à la notification du licenciement d'un salarié employé par une filiale [7]. Par ailleurs, la délégation de pouvoir n'est pas soumise à des modalités rigoureuses [8]. Il n'est pas nécessaire que la délégation soit donnée par écrit [9]. Il n'est pas non plus nécessaire qu'elle indique expressément qu'elle emporte pouvoir de licencier au nom de

---

1. Soc. 19 juin et 21 juin 1991, *RJS* 8-9/91, n° 959 ; *D.* 1992. Somm. 289, obs. A. Lyon-Caen. Les propos tenus ne peuvent pas, non plus, servir de preuve des fautes reprochées au salarié (Besançon, 27 nov. 1990, *RJS* 6/91, n° 697).

2. Un procès-verbal sera parfois dressé. Le juge en fera éventuellement état en constatant par exemple l'absence de précision sur les fautes reprochées au salarié (Soc. 30 nov. 1977, *D.* 1978. IR 64).

3. M. Despax et J. Pélissier : *La gestion du personnel*, t. I, p. 335, texte et note 3.

4. Ainsi que l'affirme la Cour de cassation : « l'envoi de la lettre recommandée avec avis de réception visée à l'article L. 1232-6 du Code du travail n'est qu'un moyen légal de prévenir toute contestation sur la date de notification du licenciement ». En conséquence, la remise de la lettre de licenciement au salarié par un tiers, si elle entraîne l'irrégularité de la notification, ne prive pas le licenciement de cause réelle et sérieuse : Soc. 23 oct. 2013, n° 12-12.700, publié.

5. G. Auzero, « L'exercice du pouvoir de licencier », *Dr. soc.* 2010. 289 ; v. ss 708.

6. Soc. 26 mars 2002, *Bull. civ.* V, n° 105 ; *RJS* 6/02, n° 669 ; 7 déc. 2011, préc., note 420. En marge de la délégation de pouvoir, la Cour de cassation a pu faire appel à la gestion d'affaires pour assurer la validité d'un licenciement prononcé par la fille d'un particulier employeur dans l'incapacité de s'occuper de ses affaires en raison de la dégradation de son état de santé : Soc. 29 janv. 2013, n° 11-23.267, *Lexbase Hebdo, éd. Sociale*, n° 516, note G. Auzero.

7. Soc. 23 sept. 2009, n° 07-44.200 : les salariés de la filiale n'étant pas les salariés de la société mère, seul le directeur de la filiale devrait pouvoir donner une délégation pour licencier les salariés de celle-ci.

8. V. en particulier, les arrêts rendus par la Cour de cassation en chambre mixte à propos de licenciements notifiés par un DRH dans une société par actions simplifiée : Cass., ch. mixte, 19 nov. 2010 *Sem. soc. Lamy* 2010, n° 1469, p. 11 ; G. Auzero et N. Ferrier La délégation de pouvoir de licencier dans les SAS, *RJS* 2011. 83 s.

9. Soc. 23 sept. 2009 n° 07-44.200.

l'employeur ; le pouvoir reconnu à un salarié de représenter l'employeur dans les actions liées à la gestion des ressources humaines emporte le pouvoir de licencier [1]. La Cour de cassation décide que l'absence de pouvoir au moment de la notification du licenciement ne fait obstacle à la régularité de celui-ci dès lors le licenciement a été postérieurement ratifié par l'employeur [2].

2) Pour éviter les licenciements prononcés sous l'effet de la mauvaise humeur, le législateur impose à l'employeur de laisser s'écouler au moins deux jours ouvrables après la date pour laquelle le salarié a été convoqué à l'entretien avant de notifier le licenciement (C. trav., art. L. 1232-6) [3].De façon générale, la loi ne prévoit pas un délai maximal au-delà duquel l'employeur ne pourrait plus notifier un licenciement, mais l'article L. 1332-2 du Code du travail prévoit qu'une sanction disciplinaire ne peut pas être prononcée plus d'un mois après le jour fixé pour l'entretien.

3) Dans tous les cas, c'est la date de présentation de la lettre recommandée qui fixe le point de départ du délai-congé (C. trav., art. L. 1234-3) et qui permet de déterminer les conséquences de la rupture [4]. La jurisprudence admet que la notification puisse également être faite par exploit d'huissier [5] ou par lettre remise en main propre [6].

421 ***Énonciation des causes du licenciement*** ◊ Cette énonciation a dorénavant lieu *dans la lettre de licenciement elle-même* et non plus, comme cela a été longtemps le cas, par lettre séparée en réponse à la demande faite par le salarié. Cette obligation d'énoncer le ou les motifs du licenciement dans la lettre de licenciement concerne tous les licenciements, que ceux-ci aient un motif économique ou personnel, disciplinaire ou non disciplinaire (C. trav., art. L. 1232-6).

L'employeur peut invoquer dans la lettre de licenciement plusieurs motifs de rupture, inhérents à la personne du salarié dès lors qu'ils procèdent de faits distincts. Après avoir écarté un des motifs énoncés dans la lettre, par exemple la faute grave du salarié, les juges peuvent, en principe, retenir un autre motif dans la lettre pour déclarer le licenciement

---

1. Soc. 29 sept. 2010 n° 09-42.296 ; Cass., ch. mixte, 19 nov. 2010, n° 10.10.095, *Sem. soc. Lamy* 2010, n° 1469, p. 11, comm. P. Henriot.

2. Cass., ch. mixte, 19 nov. 2010, n° 10-30.215, préc. ; Soc. 16 janv. 2013, n° 11-26.398, *Bull. Joly* 2013. 275, note P. Le Cannu. Sur la sanction du licenciement prononcé par une personne dépourvue du pouvoir de le faire, v. ss 708.

3. Le délai est de 7 jours ouvrables s'il s'agit d'un licenciement économique individuel (C. trav., art. L 1233-15 ; 15 jours ouvrables pour le licenciement individuel d'un cadre).

4. Soc. 20 juin 1979, *D.* 1980. 91, obs. J. Pélissier. Conformément à la jurisprudence antérieure, la notification du licenciement par lettre recommandée avec accusé de réception n'est qu'un moyen légal de preuve pour prévenir toute contestation sur le point de départ du délai-congé ; doit être cassé le jugement ayant accordé l'indemnité pour inobservation de la procédure : Soc. 3 mai 1979, *Bull. civ.*, n° 273 ; 26 oct. 1979, *Bull. civ.* V, n° 592, 20 oct. 1983, *JS* 1983. SJ 256. Mais, en l'absence de lettre de licenciement, celui-ci sera considéré comme n'ayant pas de cause réelle et sérieuse (Soc. 23 juin 1998, *RJS* 8-9/98, n° 971).

5. Soc. 8 nov. 1978 *Bull. civ.* V, n° 746.

6. Soc. 16 juin 2009, n° 08-40.722, *RJS* 8-9/09, n° 702.

justifié [1]. Il en va autrement lorsque l'un des motifs avancés est la dénonciation par le salarié de harcèlement moral. L'allégation de ce motif rend nul le licenciement [2]. Le juge, qui doit, dans ce cas, déclarer la nullité du licenciement si elle est demandée par le salarié, n'a pas à examiner l'existence des autres griefs invoqués par l'employeur [3]. La même solution est retenue alors même que le salarié ne demande pas la nullité du licenciement : le fait que la lettre de licenciement reproche à la salariée d'avoir accusé la présidente de l'association de harcèlement moral prive « à lui seul le licenciement de cause réelle et sérieuse » [4].

L'énonciation des motifs joue un rôle très important en cas de contentieux. L'indication portée dans la lettre de licenciement fixe, en effet, les limites du litige [5] ; les juges n'ont pas à examiner, dans leur recherche de l'existence d'une cause réelle et sérieuse, des griefs que l'employeur allègue en cours d'instance alors que ceux-ci n'ont pas été mentionnés dans la lettre de licenciement [6]. En revanche, le juge est tenu d'examiner l'ensemble des griefs énoncés dans la lettre de licenciement, même s'ils portent sur des faits postérieurs à l'entretien préalable ou à la sanction disciplinaire refusée par le salarié [7]. En outre, si la lettre de licenciement doit énoncer des motifs précis et matériellement vérifiables, l'employeur est en droit, en cas de contestation, d'invoquer toutes les circonstances de fait qui permettent de justifier ce motif [8].

Lorsque la lettre de licenciement n'énonce pas le motif ou mentionne un motif imprécis [9], le défaut d'énonciation de motif ou l'imprécision des motifs invoqués équivaut à une absence de cause réelle et sérieuse de licenciement [10].

---

1. Soc. 23 sept. 2003, *Dr. soc.* 2003. 1119, note A. Cristau ; *D.* 2004. Somm. 102, obs. M.-C. Amauger-Lattes ; *RJS* 11/03, n° 1260, *ibid.* 863 s., avis de l'avocat général J. Duplat ; 7 mars 2006, *Sem. soc. Lamy* 2006, n° 1253, p. 15.

2. Sauf si la dénonciation de harcèlement moral a été faite de mauvaise foi.

3. Soc. 6 déc. 2011, n° 10-18.440, *RJS* 3/12, n° 235 : bien que les autres motifs énoncés dans la lettre de licenciement (malversations comptables et manquements à ses obligations professionnelles) soient établis, les juges du fond ne peuvent pas décider que le licenciement a une cause réelle et sérieuse

4. Soc. 15 déc. 2011, n° 10-20.011, *RJS* 3/12, n° 235, (2e esp.).

5. Soc. 19 juin 1991, *RJS* 8-9/91, n° 959.

6. Soc. 14 oct. 1993, *RJS* 11/93, n° 1084 : l'employeur ayant seulement invoqué un motif économique dans la lettre de licenciement, les juges du fond n'ont pas à examiner le motif disciplinaire invoqué ultérieurement par l'employeur. Si le juge doit s'en tenir au motif énoncé dans la lettre de licenciement, il n'est pas lié par la qualification donnée aux faits par l'employeur (Soc. 16 juin 1993, *Dr. soc.* 1993. 772 ; 30 juin 1993, *Dr. soc.* 1993. 771 ; 22 mars 1995, *RJS* 5/95, n° 499).

7. Soc. 14 janv. 2014, n° 12-12.744, publié.

8. Soc. 15 oct. 2013, n° 11-18.977, *Lexbase Hebdo, éd. Sociale*, n° 546, obs. Ch. Radé.

9. La Cour de cassation interprète strictement l'obligation d'énoncer les motifs du licenciement. Ainsi l'employeur qui licencie un salarié en absence prolongée doit-il invoquer expressément dans la lettre de licenciement non seulement la nécessité du remplacement du salarié absent mais aussi l'existence de perturbation dans le fonctionnement de l'entreprise résultant de cette absence ; à défaut, le licenciement sera déclaré sans cause réelle et sérieuse (Soc. 19 oct. 2005, *Dr. soc.* 2006. 109, obs. J. Savatier).

10. Soc. 29 nov. 1990, *Bull. civ.* V, n° 598 ; 20 janv. 1993, *Bull. civ.* V, n° 17 ; 12 janv. 1994, *Bull. civ.* V, n° 2.

SECTION 2. SANCTIONS DES IRRÉGULARITÉS PROCÉDURALES

§ 1. Condamnations prononcées par les juges du fond

422 ***Sanctions spécifiques prévues par l'article L. 1235-2*** ◊ L'article L. 1235-2 du Code du travail prévoit deux types de sanctions lorsque l'employeur n'observe pas les règles légales de procédure : 1) le tribunal saisi doit imposer à l'employeur d'accomplir la procédure prévue ; 2) il doit accorder au salarié, à la charge de l'employeur, une indemnité qui ne peut être supérieure à un mois de salaire.

Contre la lettre du texte, la Cour de cassation décide que les juges du fond ne sont pas tenus de condamner l'employeur à accomplir la procédure de licenciement qui, par hypothèse, n'a pas été correctement appliquée. Alors que, selon la loi, le tribunal saisi « impose à l'employeur d'accomplir la procédure prévue », elle décide que les juges du fond peuvent estimer que l'accomplissement de la procédure ne présente plus aucune utilité et débouter le salarié de sa demande tendant à obtenir l'exécution des formalités imposées par le législateur [1].

La sanction de l'irrégularité formelle se limitera, dans de nombreux litiges, au paiement d'une indemnité qui ne peut pas être supérieure à un mois de salaire [2].

423 ***Conditions d'application des sanctions prévues à l'article L. 1235-2*** ◊ Les sanctions prévues à l'article L. 1235-2 ne peuvent être prononcées que si plusieurs conditions sont réunies.

Il faut tout d'abord que le travailleur licencié ait au moins deux années d'ancienneté dans l'entreprise [3].

Il faut ensuite que le salarié licencié travaille dans une entreprise occupant habituellement au moins onze salariés.

Il faut enfin que le licenciement ait été prononcé pour une cause réelle et sérieuse. Si, au contraire, le licenciement n'a pas de cause réelle et

1. Soc. 16 mars 1978, *Bull. civ.* V, n° 199 ; *Grands arrêts,* 4e éd., n° 98 ; 6 juill. 1983, *Cah. prud'h.* 1984. 13.

2. Les juges du fond n'ont pas à motiver leur appréciation de fait (Soc. 18 mai 1978, *Bull. civ.* V, n° 372) ; ils peuvent limiter le montant de cette indemnité à un franc (Soc. 24 oct. 1979, *Bull. civ.* V, n° 779). Même sans entretien, le licenciement produit ses effets ; le salarié n'appartient plus aux effectifs (Soc. 24 janv. 1990, *D.* 1990. IR 45).

3. Les travailleurs qui ont moins de deux ans d'ancienneté ont droit au respect de la procédure, mais ils ne bénéficient pas des sanctions spécifiques de la violation de cette procédure (C. trav., art. L. 1235-5). La réforme du 30 déc. 1986, qui avait pour but d'unifier les procédures de licenciement, a, de ce fait, une portée limitée. Ces salariés ont droit à une indemnité calculée sur la base du préjudice effectif subi.

sérieuse, le juge ne sanctionnera que l'irrégularité quant au fond [1] ; l'irrégularité quant au fond absorbe l'irrégularité formelle.

Exceptionnellement, les sanctions spécifiques prévues à l'article L. 1235-2 peuvent être prononcées alors même que le salarié n'a pas deux années d'ancienneté dans l'entreprise ou ne travaille pas dans une entreprise occupant habituellement au moins onze salariés. L'exception concerne le cas où l'employeur a omis d'informer le salarié qu'il pouvait se faire assister par un conseiller extérieur à l'entreprise, en l'absence de représentants du personnel dans l'entreprise [2].

424 ***Sanction de l'absence d'énonciation des motifs de licenciement*** ◊ Depuis les lois du 30 décembre 1986 et 2 août 1989 l'énonciation des motifs de licenciement doit être faite dans la lettre de licenciement. Le Code du travail ne donnant aucune indication sur les conséquences d'une absence de motivation, deux solutions pouvaient être envisagées. Soit les juridictions considéraient que l'absence de motivation dans la lettre de licenciement n'était qu'une irrégularité procédurale et devait être sanctionnée comme telle ; soit elles décidaient que cette absence équivalait à une absence de cause réelle et sérieuse et exposait l'employeur à une condamnation pour licenciement sans cause réelle et sérieuse.

La chambre sociale de la Cour de cassation a clairement opté pour la seconde interprétation. À défaut d'énonciation du ou des motifs de licenciement dans la lettre de licenciement, « le licenciement est sans cause réelle et sérieuse » [3]. Quelles que soient les données de l'affaire, l'employeur qui a omis de notifier une lettre de licenciement ou de mentionner dans celle-ci le motif du licenciement ne peut plus arguer devant le juge de l'existence d'une cause réelle et sérieuse. En particulier, il importe peu que le salarié soit sous le coup de poursuites pénales pour vol et abus de confiance ; la juridiction prud'homale saisie d'une demande d'indemnité pour licenciement sans cause réelle et sérieuse n'a pas à surseoir à statuer en attendant la décision du juge pénal. L'autorité de la chose jugée au pénal n'a aucun rôle à jouer dans ce cas : le licenciement du salarié n'ayant

1. Soc. 25 mai 1976, *Bull. civ.* V, n° 312 ; 7 déc. 1978, *Gaz. Pal.* 1979, n°s 110-111 : en réclamant une indemnité de licenciement sans cause réelle et sérieuse sur la base de l'ancien art. L. 122-14-4 C. trav., le salarié « invoque le maximum de droits auxquels il peut prétendre en application de cet article » ; en conséquence, il pourra obtenir une indemnité pour irrégularité de procédure bien qu'il n'ait pas expressément présenté une telle demande, lorsque les juges décident que le licenciement a une cause réelle et sérieuse mais que les règles procédurales n'ont pas été correctement appliquées (Soc. 14 déc. 1983, *Bull. civ.* V, n° 618 ; 5 déc. 1985, *JS* 1986. SJ 42).

2. C. trav., art. L. 1235-5. Avant la nouvelle codification, Soc. 19 juill. 1995, *RJS* 10/95, n° 1015.

3. Soc. 29 nov. 1990, *RJS* 1/91, n° 19 ; 30 juin 1993, *Bull. civ.* V, n° 186 ; 12 janv. 1994, *Dr. soc.* 1994. 271 ; 30 nov. 1994, *RJS* 1/95, n° 11 ; Cass., ass. plén., 27 nov. 1998, trois arrêts, *Dr. soc.* 1999. 19, concl. L. Joinet. Jean Savatier, L'obligation d'énoncer les motifs du licenciement et sa sanction, *Dr. soc.* 1991. 99 ; J. Béraudo, l'évolution de la jurisprudence en matière d'énonciation des motifs du licenciement, *RJS* 4/92, n° 231 s.

« pas fait l'objet d'une lettre de licenciement précisant les motifs de celui-ci, était dès lors privé de cause réelle et sérieuse » [1].

À plusieurs reprises, la Cour de cassation a jugé que l'indication du motif de licenciement dans la lettre de convocation à l'entretien ne saurait remplacer la mention du motif dans la lettre de licenciement [2] ; de même, la référence dans la lettre de licenciement à des correspondances antérieures ne vaut pas énonciation des motifs [3].

L'énonciation de « motifs imprécis » ou « non matériellement vérifiables » est assimilée à l'absence d'énonciation de motif et le licenciement sera jugé sans cause réelle et sérieuse. Les « difficultés relationnelles » [4], « la faute lourde » [5], l'incompatibilité d'humeur [6], les « graves négligences » [7], « un comportement déloyal » [8], le « non-respect de la hiérarchie » [9], « l'absence prolongée gênant le bon fonctionnement du service » [10], « la mésentente » [11], « l'inaptitude au poste occupé » [12] ne sont pas, pour les juges, des motifs suffisamment précis ou matériellement vérifiables. Mais, si la lettre de licenciement doit énoncer des motifs de cette nature, l'employeur est en droit, en cas de contestation, d'invoquer toutes les circonstances de fait qui permettent de justifier ces motifs [13].

425 ***Sanctions non spécifiques*** ◊ Lorsque le salarié a moins de deux ans d'ancienneté dans l'entreprise ou lorsqu'il travaille dans une entreprise

1. Soc. 7 nov. 1991, *RJS* 12/91, n° 1307. La Cour de cassation revient à la solution qu'elle avait adoptée peu après le vote de la loi du 13 juill. 1973 pour sanctionner le défaut de réponse de l'employeur à la demande d'énonciation des motifs, formulée par le salarié dans les formes et dans les délais légaux ; le défaut de réponse faisait présumer de façon irréfragable que le licenciement n'avait pas de cause réelle et sérieuse (Soc. 26 oct. 1976, *Janousek*, *D.* 1977. 544, note A. Jeammaud). Après avoir considérablement atténué la portée de la règle qu'elle avait elle-même posée (E. Wagner : Tours et contours de la Chambre sociale autour de l'arrêt Janousek, *D.* 1983. Chron. 253), la Cour de cassation adopte de nouveau, à l'occasion d'une modification du texte législatif, une solution de nature à assurer l'effectivité de l'obligation de motiver le licenciement avant tout litige.

2. Cass., ass. plén., 27 nov. 1998 (3 arrêts), *Bull. civ.* ass. plén. n° 7 ; *Dr. soc.* 1999. 19, concl. L. Joinet ; *ibid.* 13 ; *Grands arrêts*, n° 95 ; Soc. 30 nov. 1994, *Dr. soc.* 1995. 61 ; 18 mai 1995, *RJS* 8-9/95, n° 874. Il en est autrement lorsque la lettre de convocation est annexée à la lettre de licenciement ; elle fait alors partie intégrante de la lettre de licenciement et les motifs contenus dans la lettre de convocation sont des motifs énoncés par la lettre de licenciement : Soc. 2 déc. 1998, *RJS* 1/99, n° 23.

3. Soc. 31 mai 1995, *Dr. soc.* 1995. 677, obs. H. Blaise ; 7 oct. 1997, *RJS* 11/97, n° 1223. Mais la lettre de licenciement, renvoyant à une annexe jointe à la lettre, est une lettre motivée dans la mesure où l'annexe fait état de motifs précis (Soc. 10 oct. 2000, *RJS* 12/00, n° 1241).

4. Soc. 25 juin 1997, *Bull. civ.* V, n° 236 ; *RJS* 10/97, n° 1077.

5. Soc. 16 mars 1999, *RJS* 5/99, n° 649.

6. Soc. 17 janv. 2001, *RJS* 3/01, n° 296.

7. Soc. 5 juill. 2000, *RJS* 9-10/00, n° 929.

8. Soc. 10 mai 2001, *Bull. civ.* V, n° 161, *RJS* 7/01, n° 850.

9. Soc. 31 mars 1999, n° 1517 D.

10. Soc. 5 juin 2001, *RJS* 8-9/01, n° 1010.

11. Soc. 5 févr. 2002, *RJS* 4/02, n° 409.

12. Soc. 20 févr. 2002, *RJS* 5/02, n° 551.

13. Soc. 15 oct. 2013, n° 11-18.977, publié.

qui emploie moins de onze salariés, les sanctions prévues à l'article L. 1235-2 ne sont pas applicables. L'article L. 1235-5 prévoit que ces salariés peuvent prétendre à une indemnité calculée en fonction du préjudice subi « en cas de licenciement abusif ». Les juges décident qu'un licenciement prononcé en violation des règles de procédure peut être considéré comme un licenciement « abusif » et que le salarié peut obtenir sur la base de l'article L. 1235-5 (C. trav., anc. art. L. 122-14-5) une indemnité en réparation du préjudice subi [1].

426 ***Sanctions en cas de violation d'une procédure conventionnelle*** ◊ Il n'est pas rare que des conventions collectives viennent améliorer les garanties que la loi confère aux salariés menacés d'un licenciement, en renforçant les exigences procédurales qui doivent être respectées par l'employeur. Ces procédures conventionnelles de licenciement se matérialisent principalement par l'obligation faite à ce dernier de saisir un conseil de discipline [2], une commission de conciliation [3] ou encore un organisme paritaire *ad hoc* [4], chargés, le plus souvent, de donner un avis sur le licenciement projeté. Ces exigences conventionnelles doivent être scrupuleusement respectées, dans la mesure où la Cour de cassation considère, depuis un arrêt de principe rendu le 23 mars 1999 [5], que l'intervention d'un tel organisme constitue une « garantie de fond » pour le salarié et, qu'à défaut, le licenciement doit être déclaré sans cause réelle et sérieuse [6]. Cela étant, dès lors que la convention collective ne l'exige pas, le respect des droits de la défense et du principe de la contradiction n'impose pas que l'avis du conseil de discipline soit communiqué au salarié avant la notification de son licenciement [7]. La Cour de cassation permet aussi aux salariés menacés d'un licenciement de se prévaloir des garanties édictées par d'autres actes juridiques, qu'il s'agisse des statuts d'une société [8], d'un pacte d'actionnaires [9], ou encore d'un règlement de copropriété [10].

---

1. Soc. 30 mai 1990, *D.* 1990. 559, note J.-P Karaquillo.

2. Soc. 3 juin 2009, n° 07-42.432 *Bull. civ.* V, n° 142.

3. Soc. 27 juin 2012, n° 11-14.036 *Bull. civ.* V, n° 198.

4. Soc. 22 oct. 2008, n° 06-46.215 *Bull. civ.* V, n° 198.

5. Soc. 23 mars 1999, n° 97-40.412, *Dr. soc.* 1999. 634, obs. J. Savatier. V. aussi, Soc. 28 mars 2000, *Bull. civ.* V, n° 136 ; 16 janv. 2001, *RJS* 4/01, n° 431 ; 1er févr. 2012, n° 10-10.012, *JCP S* 2012. 1209, note L. Dauxerre.

6. La Cour de cassation applique, non sans une certaine logique, la même sanction lorsque l'employeur a omis d'informer le salarié qu'il pouvait saisir un tel organisme : Soc. 13 sept. 2005, n° 03-45.580, inédit ; 10 avr. 2013, n° 11-25.639, inédit. Il reste que l'on peut parfois hésiter quant au fait de savoir si la convention collective a, véritablement, institué une « garantie de fond ». V. sur la question, Ch. Varin, « Les critères de la notion de "garantie de fond" », *JCP S* 2013. 1356 et, pour une illustration, CA Aix-en-Provence, 10 sept. 2013, *J.* 2014, n° 139, p. 36, obs. G. Auzero.

7. Soc. 18 févr. 2014, n° 12-17.557, publié. La solution est justifiée par le fait que, la décision que l'employeur peut être amené à prendre, à la suite de l'avis du conseil de discipline, ou les éléments dont il dispose pour la fonder, ont vocation, le cas échéant, à être ultérieurement discutés devant les juridictions de jugement.

8. Soc. 15 févr. 2012, n° 10-27.685, *Bull. Joly* 2012. 507, note G. Auzero.

9. Soc. 18 mars 2009, n° 07-45.212, *Bull. Joly* 2009. 786, note A. Constantin. V. G. Auzero, « Les aménagements statutaires et extra-statutaires au droit du licenciement », in *Pacte d'associé ou clause statutaire : quel choix pour l'entreprise sociétaire ?, Actu. du dr. de l'entreprise,* n° 30, LexisNexis, p. 61.

10. Cass.,ass. plén., 5 mars 2010, n° 08-42.843, *JCP* 2010. 606, note D. Corrignan-Carsin.

§ 2. Mesures ordonnées par le juge des référés

427 ***Impossibilité d'obtenir une réintégration provisoire*** ◊ Dans les années qui ont suivi la réforme du 13 juillet 1973, plusieurs juridictions statuant en référé ont jugé que, lorsqu'un employeur n'avait pas observé la procédure de licenciement, il y avait urgence à faire cesser un trouble manifestement illicite, qu'il n'y avait pas de contestation sérieuse (les irrégularités alléguées n'étant pas contestées par l'employeur) et qu'il convenait d'imposer à l'employeur l'accomplissement de la procédure ou la réintégration des salariés irrégulièrement licenciés.

La Cour de cassation a mis fin à ce courant jurisprudentiel. Elle décide de façon nette [1], mais discutable [2], que le juge des référés ne peut pas ordonner la réintégration, fût-elle provisoire, des salariés dont le licenciement avait été prononcé sans que la procédure légale ait été respectée.

Pourtant, c'est le respect d'une liberté importante du salarié qui est en jeu : celle de discuter les griefs qui sont dirigés contre lui. Sur la base de l'article L. 1235-2 (C. trav., anc. art. L. 122-14-4), le juge devrait pouvoir imposer le respect de « formalités » qui touchent aux libertés.

1. Soc. 9 févr. 1977, *Bull. civ.* V, nº 95, p. 75 ; *D.* 1977. 544, note A. Jeammaud ; 29 juin 1978, *JCP* 1979. II. 19135, note B. Teyssié ; Soc. 26 avr. 1979, *Cah. prud'h.* 1979, nº 7, p. 108 ; 4 juin 1987, *D.* 1988. 193, note A. Mazeaud.

2. V. note A. Jeammaud, *D.* 1977. 544 ; J. Pélissier : *Le nouveau droit du licenciement*, p. 292 s.

CHAPITRE 2
EXIGENCE D'UNE CAUSE RÉELLE ET SÉRIEUSE

428 ***Droit antérieur à la réforme de 1973 : licenciement abusif*** ◊ Née en jurisprudence au XIXe siècle, par réaction contre l'individualisme libéral et la conception absolutiste des droits, la théorie civiliste de l'abus du droit devait trouver un domaine d'élection et une fortune singulière en matière de résiliation du contrat de travail à durée indéterminée, par suite de l'inégalité des parties en présence et du souci de préserver la stabilité de l'emploi.

Aussi bien la jurisprudence se trouvera-t-elle consacrée par la loi du 19 juillet 1928. Aux termes de l'ancien article 23, alinéa 5, la résiliation abusive par l'une des parties – singulièrement l'employeur – donnera lieu à dommages-intérêts. Par une disposition apparemment capitale l'alinéa 6 *in fine* après avoir prévu une enquête possible par le juge spécifiait : « Le jugement devra, en tout cas, mentionner expressément *le motif allégué* par l'auteur de la rupture. »

La doctrine en concluait à la nécessité pour l'employeur d'établir l'existence d'un motif de nature à justifier le licenciement. En réalité, l'interprétation contraire de la Cour de cassation a retardé la réforme d'un demi-siècle, en abandonnant à l'employeur l'appréciation discrétionnaire du motif, simplement « allégué » par lui, en le dispensant de preuve et sans aucun contrôle du juge. Le chef d'entreprise, responsable de la bonne marche de celle-ci, est juge de son organisation et du point de savoir si un collaborateur s'acquitte à son entière satisfaction des fonctions qui lui sont confiées. Le licenciement est en principe licite ; le salarié licencié ne pourra obtenir la condamnation de l'employeur que s'il rapporte lui-même la preuve d'un abus qu'aurait commis l'employeur en exerçant son droit de licencier.

429 ***Le droit de licencier, droit « causé »*** ◊ La loi du 13 juillet 1973 opère un changement important puisque le droit de rompre le contrat de travail à durée indéterminée qui était un droit « non causé » devient – lorsqu'il s'agit du droit de licencier – un droit « causé ». L'employeur ne peut plus rompre le contrat de travail pour n'importe quel motif ; il ne peut le dénoncer que s'il existe une cause réelle et sérieuse. En l'absence de cause réelle et sérieuse, il n'y a plus, à strictement parler, abus du droit de licencier ; il y a absence de droit. Le licenciement n'est plus abusif, il est irrégulier [1].

---

1. Le licenciement peut encore être abusif – *stricto sensu* – mais dans des conditions assez particulières. Il faut d'abord supposer que l'employeur avait le droit de licencier (le licenciement a une cause réelle et sérieuse) et que l'employeur a abusé de son droit en rompant le contrat dans des circonstances inadmissibles : celles-ci portent atteinte à la réputation et à l'honorabilité du salarié (Soc. 22 juill. 1981, *Dr. ouvrier* 1982. 188 ; 14 janv. 1981, *JS UIMM* 1981. 188 ; 13 mai 1980, *Bull. civ.* V, n° 320).

Cette exigence d'une cause réelle et sérieuse, condition même de l'existence du droit de licencier, est tout à fait générale (C. trav., art. L. 1232-1, L. 1233-2). Elle concerne tous les licenciements, quelle que soit l'ancienneté du salarié [1], quelle que soit la taille de l'entreprise [2]. Les sanctions de l'absence de cause réelle et sérieuse seront cependant différentes selon les licenciements.

SECTION 1. NOTION DE CAUSE RÉELLE ET SÉRIEUSE

430 ***Absence de définition légale et jurisprudentielle*** ◊ Tout en attribuant à la cause réelle et sérieuse du licenciement un rôle majeur, la loi du 13 juillet 1973 ne donne aucune définition de ces notions de « cause réelle » et de « cause sérieuse ». La Cour de cassation n'a point cherché à combler le vide législatif. On chercherait en vain, dans les très nombreux arrêts rendus, une définition de la cause réelle et de la cause sérieuse du licenciement. Cette absence de définition légale et jurisprudentielle n'est pas incompatible avec un contrôle par la Cour de cassation des qualifications données par les juges du fond, comme l'atteste la jurisprudence des années 1973-1985 ; la combinaison d'une absence de définition et de l'exercice d'un contrôle des qualifications laisse une très grande liberté à la Cour de cassation pour exercer un contrôle sur les décisions du juge de fond ; selon les données de l'espèce et son intime conviction, le juge de cassation décidera que la cause alléguée par l'employeur est ou n'est pas une cause réelle et sérieuse ; la jurisprudence de la Cour de cassation devient ainsi une jurisprudence de cas d'espèce, la Cour suprême se conduisant comme un troisième degré de juridiction [3].

431 ***Disparition du contrôle de la Cour de cassation sur la qualification*** ◊ Depuis décembre 1985, la Cour de cassation s'est dégagée de ce rôle qui ne doit pas être le sien sans pour autant se décider à donner un contenu précis à ces notions de cause réelle et de cause sérieuse. Il en résulte ce que l'on a pu appeler une « démarche tâtonnante » de la chambre sociale de la Cour suprême vers un abandon du contrôle de qualification. Celui-ci, qui est aujourd'hui acquis [4], est diversement apprécié par les

1. Soc. 15 nov. 1978, *Bull. civ.* V, n° 769.
2. Soc. 20 oct. 1976, *Bull. civ.* V, n° 500 ; *Grands arrêts*, 2e éd., p. 367.
3. J. Pélissier : Ambiguïtés et logique du contrôle de la Cour de cassation, *Dr. soc.* 1986. 180.
4. J. Savatier : l'appréciation du caractère réel et sérieux des motifs de licenciement doit-elle être contrôlée par la Cour de cassation ? *Dr. soc.* 1987. 357. La Cour de cassation a d'abord rejeté les pourvois en avançant que les décisions attaquées « n'étaient pas entachées d'une erreur manifeste de qualification (Soc. 10 déc. 1985, Blaze, *Dr. soc.* 1986. 210, *D.* 1986. 120, note critique J. Boré), puis en relevant que le juge du fond avait fait usage « de son pouvoir souverain d'appréciation des éléments qui lui étaient soumis (Soc. 9 oct. 1986, *D.* 1987. 3, note critique

praticiens [1]. Il présente, en tout cas, le risque de l'arbitraire judiciaire [2]. Au *contrôle de qualification*, de la réalité et du sérieux de la cause, n'est substitué qu'un simple *contrôle de motivation :* ne seront censurés que les juges qui n'auront fourni aucune explication à leur décision ou se seront contredits.

La Cour de cassation n'applique pas toujours strictement la règle qu'elle a elle-même posée. Elle n'hésite pas, en effet, à contrôler la qualification « cause réelle et sérieuse » de licenciement lorsque les juges du fond retiennent la perte de confiance comme cause de licenciement. Elle décide en effet que la perte de confiance ne constitue pas en soi un motif de licenciement (v. ss 435). De la même façon, elle décide qu'une cause tirée de la vie personnelle du salarié ne peut être une cause réelle et sérieuse que si le comportement du salarié, compte tenu de ses fonctions et de la finalité propre de l'entreprise, a créé un trouble caractérisé au sein de cette dernière (v. ss 438, 439).

432 ***Définitions contractuelles ou conventionnelles*** ◊ Aucune clause du contrat de travail ne peut valablement décider qu'une circonstance déterminée constituera une cause réelle et sérieuse de licenciement [3]. Seul le juge peut apprécier dans le cadre des pouvoirs qu'il tient de l'article L. 1235-1 du Code du travail si les faits invoqués par l'employeur dans la lettre de licenciement caractérisent ou non une cause réelle et sérieuse de licenciement. De la même façon, une clause de convention collective ne peut pas imposer au juge une définition de la cause réelle et sérieuse [4]. En revanche, il n'est pas interdit aux cocontractants ou aux partenaires sociaux de préciser dans le contrat ou dans la convention collective que certaines situations ne constitueront pas une cause réelle et sérieuse de licenciement [5] ; le licenciement prononcé pour un motif autre que ceux qui sont conventionnellement ou contractuellement prévus est dépourvu de cause réelle et sérieuse [6].

G. Lyon-Caen), enfin en reprenant la dernière formule mise au point selon laquelle le juge du fond « par une décision motivée, n'a fait qu'user des pouvoirs qu'il tient de l'anc. art. L. 122-14-3 C. trav. en décidant que le licenciement procédait (ou ne procédait pas) d'une cause répondant aux exigences de ce texte » (Soc. 16 déc. 1986, *Dr. soc.* 1987. 91, concl. av. gén. G. Picca ; 21 janv. 1987, *Dr. soc.* 1987. 361 ; Soc. 5 mars 1987, 2 arrêts, *ibid.* 362 ; 12 mars 1987, 2 arrêts, *ibid.* 364 ; 25 juin 1987, *Bull. civ.* V, n° 424 ; 16 juill. 1987, *Bull. civ.* V, n° 489 ; 17 déc. 1992, *CSBP* 1993. A 9).

1. V. les opinions exprimées lors de la table ronde organisée par le Parquet général de la Cour de cassation, le 17 janv. 1986, *Dr. soc.* 1986. 185 s.

2. G. Lyon-Caen, note, *D.* 1987. 4 : « aucun progrès législatif n'a plus de sens, si demain les concepts utilisés par le législateur sont de la monnaie de singe, c'est-à-dire de simples données de fait, manipulables à volonté par les juges du fond » ; égal., J. Pélissier : *op. cit.* 181 et Table ronde, préc.

3. Soc. 14 nov. 2000, *Bull. civ.* V, n° 367; Soc. 12 févr. 2014, n° 12-11.554, publié.

4. Soc. 13 oct. 2004, n° 02-45.285, *Bull. civ.* V, n° 256.

5. Soc. 29 sept. 2009, n° 07-43.441, *RJS* 2009, n° 907 ; 25 oct. 2005 n° 02-45.158, *Dr. soc.* 2006. 110, obs. J. Savatier.

6. La nullité du licenciement ne sera prononcée que si la disposition conventionnelle la prévoit elle-même expressément (Soc. 25 mars 2009, n° 07-44.748, *RJS* 6/09, n° 507).

433 ***Recherche d'une définition*** ◊ La doctrine ne peut se satisfaire d'un constat de carence. La définition de la cause réelle et sérieuse est nécessaire et possible.

Nécessaire parce que les sujets de droit doivent pouvoir connaître le contenu des règles qu'ils ont à respecter et dont ils peuvent éventuellement bénéficier. L'absence de définition des notions clefs qui conditionnent l'existence même des droits est une négation du droit. Il est anormal que des employeurs ignorent, quels que soient leurs efforts d'information, ce qu'ils ont le droit de faire et ce qu'ils ne doivent pas faire. Il est également anormal que les salariés ne puissent prévoir l'issue du procès qu'ils envisagent d'engager à la suite de leur licenciement. Cette incertitude du droit engendre d'ailleurs le contentieux, celui qui a perdu en première instance conservant toujours un espoir de gagner son procès en appel ou en cassation.

Indispensable, une définition de la cause réelle et sérieuse du licenciement est tout à fait possible. Il suffit, pour cela, de se reporter aux travaux parlementaires, qui contiennent d'utiles indications aussi bien à propos de la « cause réelle » que de la « cause sérieuse ».

§ 1. Cause réelle

434 ***Les trois caractéristiques de la cause réelle*** ◊ Au cours des débats parlementaires, le ministre du Travail a précisé ce qu'il fallait entendre par cause réelle : « la cause est réelle si elle présente un caractère d'objectivité, ce qui exclut les préjugés et les convenances personnelles. La cause réelle peut être, par exemple, une faute, une inaptitude professionnelle ou une réorganisation de l'entreprise »[1]. La cause réelle est d'abord une cause « *objective* », « indépendante de la bonne ou de la mauvaise humeur de l'employeur »[2].

Si le caractère d'objectivité est essentiel, la notion de réalité implique également, comme l'a souligné le rapporteur de la commission des affaires culturelles, familiales et sociales à l'Assemblée nationale, que la cause soit « à la fois une cause *existante* et une cause *exacte* »[3]. La cause alléguée par l'employeur n'est à l'évidence pas réelle si les faits avancés n'existent pas ; de la même façon, la cause alléguée n'est pas réelle, bien que les faits avancés existent, si ces faits ne sont pas la véritable cause du licenciement.

435 ***Caractère objectif de la cause*** ◊ Pour être objective, la cause de licenciement doit se traduire par des manifestations extérieures susceptibles de vérification. La cause est au contraire subjective lorsqu'elle ne se réfère à aucun fait précis, lorsqu'elle existe seulement dans l'esprit de l'employeur. Ainsi, la *mésentente* d'un salarié avec les autres membres du personnel est

1. *JO* débats AN 23 mai 1973, p. 1445, col. 2.
2. *JO* débats AN 30 mai 1973, p. 1619, col. 2.
3. Rapp. Ass. Nat., n° 352, p. 46.

une cause objective lorsque l'employeur fait état de faits précis ayant opposé ce salarié aux autres travailleurs et ayant entravé le fonctionnement normal de l'entreprise. En revanche, la cause de licenciement n'est plus objective lorsque l'employeur invoque le mauvais caractère d'un salarié sans donner de précision sur les manifestations extérieures de ce mauvais caractère.

Assez curieusement, la Cour de cassation n'exigeait pas, en toute occasion, que la cause du licenciement ait un caractère objectif. Elle admettait, en particulier, que *la perte de confiance* ne reposant sur aucun fait précis soit une cause réelle et sérieuse. Il a été ainsi jugé qu'une salariée pouvait être régulièrement licenciée en raison « d'une absence de confiance réciproque mettant obstacle en l'espèce au maintien des relations de travail » alors qu'aucune négligence, aucun acte de mauvaise volonté n'était relevé à l'encontre de cette salariée ; la perte de confiance tenait à ce que le mari de cette salariée avait été licencié par cet employeur et que des rapports tendus existaient entre l'employeur et le mari de la salariée [1]. L'employeur licencie donc parce qu'il redoute que la salariée épouse les querelles de son mari ; le sentiment éprouvé par l'employeur, cause typiquement subjective, est cependant retenu comme motif réel et sérieux. Malgré les critiques suscitées par cette jurisprudence sur la perte de confiance [2], les juges ont décidé, pendant plusieurs années, que les impressions de l'employeur pouvaient constituer une cause réelle de licenciement [3]. En 1990, dans un arrêt *Mme Fertray*, la Cour de cassation opère enfin un revirement de jurisprudence en affirmant dans un attendu de principe « qu'un licenciement pour une cause inhérente à la personne doit être fondé sur des éléments objectifs ; que la perte de confiance alléguée par l'employeur ne constitue pas en soi un motif de licenciement » [4]. Les conséquences de cette jurisprudence sont de deux ordres : d'une part, l'employeur ne peut plus licencier un salarié en raison du comportement d'un de ses proches [5] ; d'autre

1. Soc. 26 juin 1980, *Voisin*, *Bull. civ.* V, p. 431, n° 573.

2. A. Chirez : La perte de confiance par l'employeur constitue-t-elle une cause réelle et sérieuse de licenciement ?, *D.* 1981. Chron. 193.

3. Soc. 6 juill. 1983, *Bull. civ.* V, p. 281 ; 22 oct. 1981, *Bull. civ.* V, p. 607, n° 817 ; 29 févr. 1984, *Bull. civ.* V, p. 58, n° 76 ; 17 déc. 1987, *JS UIMM* 1988. 49. Sur cette jurisprudence : J. Pélissier : *op. cit.*, *Dr. soc.* 1986. 182.

4. Soc. 29 nov. 1990, *D.* 1991. 190, note J. Pélissier ; *Dr. soc.* 1992. 38, étude F. Gaudu p. 32 ; *Grands arrêts*, 4ᵉ éd., n° 103. Dans le même sens, Soc. 9 janv. 1991, *Dr. soc.* 1992. 38 ; 25 juin 1991, *RJS* 1991, n° 1081 ; 14 janv. 1998, *RJS* 3/98, n° 292 ; 6 oct. 1999, *RJS* 11/99, n° 1355 ; 29 mai 2001, *Bull. civ.* V, n° 183 ; *D.* 2002. 921, note A. Gardin ; 30 mars 2005, *RJS* 6/05, n° 610. Comp., CE 10 févr. 2014, n° 358992, publié au *Lebon*, qui considère « qu'eu égard aux responsabilités exercées par le secrétaire général d'une chambre de métiers, aux relations de confiance qu'il doit nécessairement entretenir avec les élus de la chambre et leur président, afin que le bon fonctionnement de l'établissement public puisse être assuré, le motif de licenciement pour perte de confiance prévu par les dispositions contestées constitue, sous le contrôle du juge, un « motif valable » au sens des stipulations précitées de l'article 24 de la charte sociale européenne ».

5. Arrêt *Mme Fertray* : dans le même sens, Soc. 12 janv. 1993, *Dr. soc.* 1993. 187 (le comportement du fils ne peut justifier le licenciement du père) ; 27 mai 1998, *RJS* 10/98, n° 1185 ; 21 mars 2000, *RJS* 5/2000, n° 509 ; *Dr. soc.* 2000. 565, note J. Savatier.

part, un licenciement ne peut plus être régulièrement prononcé en raison de « soupçons » que l'employeur pourrait avoir quant à des comportements répréhensibles du salarié [1].

L'exigence « d'éléments objectifs » ne fait pas obstacle, en droit positif, à la reconnaissance comme cause réelle et sérieuse des mésententes et de l'incompatibilité d'humeur lorsque celles-ci se traduisent par des faits imputables au salarié [2].

436 ***Cause existante*** ◊ La cause alléguée par l'employeur n'est « réelle » que si les faits présentés comme motif de rupture existent réellement.

Cette vérification est habituellement opérée par les juges. L'employeur ne peut plus se contenter – comme il pouvait le faire avant 1973 – d'affirmer que le salarié est licencié pour *insuffisance professionnelle*, sans donner de précision sur ce qu'il entend par insuffisance professionnelle [3]. Le licenciement est considéré comme irrégulier si l'employeur ne fait pas état de manifestations précises de cette insuffisance professionnelle [4]. Il le sera également si les insuffisances précises reprochées au salarié n'apparaissent pas établies aux yeux des juges [5]. Si un vendeur est licencié parce qu'il obtient de mauvais résultats ou si une aide-soignante est licenciée parce qu'elle accomplit mal sa fonction, les juges rechercheront si les résultats du vendeur sont effectivement mauvais ou si l'aide-soignante accomplit mal sa fonction. Lorsque l'analyse des faits ne fait pas apparaître les mauvais résultats ou le mauvais exercice des fonctions, le juge décide que le licenciement est irrégulier pour défaut de cause réelle [6].

---

1. Soc. 25 juin 1991, *RJS* 10/91, n° 1081 ; 16 mai 1991, *RJS* 7/91, n° 825 ; 12 mars 1991, *Bonfils, JCP E* 1991. II. 176. Mais il a été jugé que le licenciement d'un salarié, qui avait pourtant été relaxé à la suite de poursuites pénales pour infraction à la législation des sociétés, a une cause réelle et sérieuse dans la mesure où la presse avait fait un large écho à la condamnation qui avait été prononcée en première instance ; le maintien du salarié qui occupait des fonctions importantes de représentation vis-à-vis des administrations et des collectivités publiques était de nature à entraver la marche de l'entreprise (Soc. 12 mars 1991, *Dr. soc.* 1991. 626, avec l'article de J. Savatier. Le licenciement pour des faits susceptibles d'incrimination pénale). Pour une autre exception, V. Soc. 14 janv. 1992, *RJS* 1992, n° 419, soupçons étayés au moment du licenciement par deux expertises.

2. Soc. 9 oct. 1991, *JS UIMM* 1992. 12 (mésentente entre deux directeurs) ; 28 nov. 1992, *ibid.* (incompatibilité d'humeur entre un directeur et un salarié) ; 27 nov. 2001, *RJS* 2/02, n° 153 ; 23 févr. 2005, *RJS* 5/05, n° 491.

3. Soc. 22 avr. 1964, *JCP* 1964. II. 13732 ; 13 mars 1963, *Bull. civ.* IV, n° 198 ; 5 nov. 1970, *Bull. civ.* V, n° 592. Dans l'arrêt : Soc. 7 janv. 1976, *D.* 1976. IR 41, il est encore affirmé que l'employeur est seul juge des responsabilités que le salarié peut assumer ; Soc. 31 mars 1977, *JS UIMM* 77/378, p. 348 : l'employeur est juge des qualifications et aptitudes.

4. Lyon 5 juin 1979, *Dr. ouvrier* 1979. 422 ; Paris, 27 mars 1979, *Gaz. Pal.* 1979 ; Nancy, 9 mai 1974, *Dr. ouvrier* 1976. 52 ; 10 nov. 1981, *Dr. ouvrier* 1982. 198 ; 8 juill. 1981, *Dr. ouvrier* 1982. 183 ; 1er juill. 1981, *Dr. ouvrier* 1982. 180 ; 25 mai 1982, *D.* 1983. IR 359 (contrôle du juge).

5. Soc. 5 nov. 1981, *Dr. ouvrier* 1982. 197 ; 23 sept. 1981, *ibid.* 189.

6. Grenoble, 3 juin 1975 (mauvais résultats) ; Grenoble, 8 oct. 1974, *Dr. ouvrier* 1976. 23 (aide-soignante) ; Soc. 9 avr. 1987, *JS* 1987, n° 5, F. 39. De même, les juges contrôlent l'existence de l'inaptitude : Soc. 29 janv. 1981, *Dr. ouvrier* 1982. 158 (une incapacité de travail de 30 % n'entraîne pas *in* concreto l'inaptitude de la salariée à tenir son emploi).

437 ***Cause exacte*** ◊ L'exactitude de la cause est souvent confondue avec l'existence de la cause. Il est évident que l'on peut dire que la cause alléguée par l'employeur (par exemple l'inaptitude du salarié à tenir l'emploi) est inexacte lorsque l'existence de cette cause ne peut pas être établie en justice. La notion d'inexactitude n'ajoute alors rien à celle d'inexistence et ne présente aucune utilité pour mieux cerner la notion de cause réelle.

Mais l'inexactitude de la cause peut jouer un rôle original ; le salarié ne conteste pas que les faits allégués pour motiver le licenciement soient établis ; il conteste que ces faits soient le véritable motif du licenciement. Par exemple, une employée d'hôtel est licenciée pour avoir pris des pots de confiture et des plaquettes de beurre laissés par des clients sur les plateaux des petits-déjeuners. Examinant l'ensemble des faits antérieurs au licenciement, les juges estiment que le petit larcin de la salariée n'est pas la véritable cause de celui-ci ; la cause « exacte », la cause « réelle » de licenciement est le témoignage effectué par la salariée au cours de la procédure de divorce de son employeur ; la cause alléguée par l'employeur n'étant qu'un prétexte, dissimulant la cause véritable, le licenciement est déclaré irrégulier [1].

Les juges doivent donc, dans chaque litige, rechercher si la cause alléguée ne dissimule pas la véritable cause – inavouable – du licenciement [2] : activité syndicale, action en justice pour faire respecter ses droits, participation à une grève [3], inaptitude résultant d'un accident du travail [4], motifs dérivant de la vie privée qui ne peuvent en principe justifier un licenciement.

§ 2. **Cause sérieuse**

438 ***La faute, cause sérieuse*** ◊ Au cours des débats précédant le vote de la loi du 13 juillet 1973, le ministre du Travail donna une précision sur la signification de l'expression cause sérieuse : « Une cause sérieuse est une cause revêtant une certaine gravité, qui rend impossible sans dommages pour l'entreprise, la continuation du travail et qui rend nécessaire le licenciement » [5].

Appliquée à la faute du salarié, présentée comme cause du licenciement, cette définition devait entraîner – et a effectivement entraîné – un changement dans les solutions du droit positif. Alors qu'avant 1973, le juge

1. Soc. 28 oct. 1981, *Bull. civ.* V, n° 836 ; *Grands arrêts*, 4e éd., n° 102 ; dans le même sens, Soc. 23 févr. 1977, *D.* 1977. IR 161 (le motif allégué, mauvais résultats, dissimulant le motif réel qui consistait à avoir exigé l'augmentation de rémunération, promise antérieurement).

2. Soc. 23 oct. 1991, *CSBP* 1991. A 63, p. 281 ; 26 mai 1998, *RJS* 7/98, n° 840.

3. Soc. 28 avr. 1994, *Dr. soc.* 1994. 719 (licenciement motivé par des fautes effectivement commises par le salarié ; les juges décident que ces fautes ne sont que des prétextes ; la véritable cause du licenciement est la participation du salarié à une grève licite. En mettant à jour la véritable cause du licenciement, ils peuvent déclarer ici le licenciement nul puisque la loi prévoit la nullité des licenciements pour faits de grève).

4. Soc. 10 avr. 1995, *RJS* 5/95, n° 527.

5. *JO* déb. AN 30 mai 1973, p. 1699, vol. 2.

décidait que le licenciement pour faute même légère n'était pas un licenciement abusif, les juges décident maintenant qu'une faute « légère » n'est pas une cause sérieuse de licenciement [1].

Si la faute légère n'est certainement pas une cause sérieuse de licenciement, est-il nécessaire que la faute du salarié soit « grave » pour que l'employeur ait le droit de licencier ? La question a été controversée après l'adoption de la loi du 13 juillet 1973 [2] ; la jurisprudence lui a donné une réponse négative, admettant qu'il existait une catégorie de faute, intermédiaire entre la faute grave et la faute légère, de nature à justifier le licenciement [3]. Cette distinction entre la faute « sérieuse » et la faute « grave » donne aux juges un large pouvoir d'appréciation en présence de situations concrètes où les torts du salarié peuvent être assez caractérisés pour justifier un licenciement sans être graves au point de priver le salarié du droit au préavis et de l'indemnité de licenciement [4].

Par ailleurs, la faute du salarié ne peut, en principe, être une cause sérieuse de licenciement que si cette faute a un caractère professionnel. Le fait imputé au salarié, qui s'est déroulé en dehors du temps et du lieu de travail, relève de la vie personnelle et ne peut constituer une faute [5] justifiant un licenciement. Il est cependant fait exception à ce principe lorsque la faute commise en dehors du temps et du lieu de travail a créé un trouble caractérisé au sein de l'entreprise, en raison des fonctions du salarié et de la finalité propre de l'entreprise [6] ou plus généralement lorsqu'elle entraîne

---

1. Soc. 5 janv. 1978, *JS UIMM*, n° 388 ; 8 oct. 1981, *Dr. ouvrier* 1982. 191.

2. V. J. Pélissier, *Le nouveau droit du licenciement*, p. 191 s.

3. Soc. 10 juin 1976, *Dr. soc.* 1977. 21, note J. Pélissier ; 28 mars 1979, *D.* 1979. IR 423 ; 5 févr. 1981, *Dr. ouvrier* 1982. 158.

4. À bien des égards il existe une spécificité du licenciement disciplinaire : règle selon laquelle le même fait ne peut donner prise à deux sanctions successives ; incidence des lois d'amnistie ; obligation de qualifier le licenciement, si une convention ou un statut ont prévu la saisine d'un conseil de discipline, surtout lien éventuel du licenciement pour faute (sérieuse) disciplinaire, avec les poursuites pénales (*quid* de la condamnation, de la relaxe, de l'acquittement, pour un vol dans l'entreprise ?) ou avec la détention ou l'incarcération du salarié (rendant la prestation de travail impossible). V. J. Y. Frouin, l'incarcération du salarié et la relation de travail, *RJS* 2001. 3 ; Soc. 16 juin 1988, *D.* 1990. 70 ; 21 juin, 12 juill. 1989, *D.* 1990. 133 ; 25 avr. 1990, *D.* 1990. IR 126.

5. Soc. 3 mai 2011, n° 09-67.464, *RJS* 7/11, n° 588 : le licenciement disciplinaire d'un salarié qui s'était vu retirer son permis de conduire à la suite d'infractions au code de la route, commises en dehors de l'execution de son contrat de travail, est dépourvu de cause réelle et sérieuse ; Soc. 26 sept. 2001, *RJS* 12/01, n° 1413 ; 16 déc. 1997, *RJS* 2/98, n° 141, *Bull. civ.* V, n° 441 ; 14 mai 1997, *RJS* 6/97, n° 758.

6. Soc. 20 nov. 1991, *RJS* 1/92, n° 3 : un agent de surveillance dans une entreprise de gardiennage vole à l'étalage dans un centre commercial en dehors de son temps de travail ; sa faute constitue une cause sérieuse de licenciement. Les trois conditions qui permettent de retenir une faute commise dans sa vie personnelle par le salarié comme cause sérieuse de licenciement sont cumulatives et non pas simplement alternatives ; Dijon 9 sept. 2004, *RJS* 4/05, n° 355 (qui se contente de relever un troubler crée dans l'entreprise). Mais le contrôle exercé sur l'existence de ces trois conditions n'est pas toujours rigoureux, v. par ex. Soc. 25 janv. 2006, *JCP* 2006. II. 10. 049, note B. Bossu. Sur l'évolution, lire J. Mouly « Le licenciement du salarié pour des faits relevant de sa vie personnelle : le retour discret de la perte de confiance », *Dr. soc.* 2006. 839 s.

un trouble objectif dans le fonctionnement de l'entreprise [1]. Il est également admis, pour reprendre une formule de la Cour de cassation, qu'« un motif tiré de la vie personnelle du salarié peut justifier un licenciement disciplinaire s'il constitue un manquement de l'intéressé à une obligation découlant de son contrat de travail » [2].

439 ***La cause sérieuse, non fautive*** ◊ En dehors de toute faute, le comportement ou plus généralement la situation personnelle du travailleur peut constituer une gêne importante pour le bon fonctionnement de l'entreprise et justifier, à ce titre, le licenciement ; l'insuffisance professionnelle, l'inaptitude physique [3], les absences, les mauvaises relations avec la clientèle ou avec les autres salariés seront fréquemment invoquées comme causes de licenciement [4]. En revanche, comme dans le cas des causes fautives, le comportement du salarié dans sa vie personnelle ne peut pas, sauf exception, constituer une cause sérieuse de licenciement [5].

Logiquement, dans chaque cas, les juges devraient rechercher si l'insuffisance professionnelle, l'inaptitude, l'absence... rend impossible, sans dommage pour l'entreprise, la continuation du contrat de travail. L'étude de la jurisprudence révélait que cette recherche n'était pas faite systématiquement lorsque la Cour de cassation exerçait encore un contrôle des qualifications retenues par le juge du fond ; il apparaissait même que, pour certains types de cause de licenciement, la règle était de ne pas contrôler le caractère « sérieux » de la cause alléguée. Seule la « réalité » de la cause était vérifiée, et l'unification en une seule notion « cause réelle et sérieuse » de deux exigences nettement distinctes permettait de masquer l'absence de vérification du caractère sérieux.

Ce phénomène était surtout apparent lorsque l'employeur invoquait l'*insuffisance professionnelle* du salarié pour justifier le licenciement.

---

1. Soc. 16 sept. 2009, n° 08-41.837, *RJS* 11/09, n° 842. On aura compris que ce licenciement ne peut, en aucun cas, être un licenciement fautif.

2. Soc. 27 mars 2012, n° 10-19.915, *Dr. soc.* 2012. 525, note J. Mouly. V. aussi, Soc. 6 févr. 2002, *RJS* 4/02, n° 410 ; 25 févr. 2003, *Dr. soc.* 2003. 625, note J. Savatier ; 19 mars 2008, *Dr. soc.* 2008. 822, note Ch. Vigneau ; 3 mai 2011, n° 09-67.464, *D.* 2012. 903, note J. Porta.

3. Sur l'inaptitude et la maladie, cause de licenciement, v. ss 330, 335.

4. Le licenciement prononcé en violation d'une clause de garantie d'emploi n'est pas nécessairement un licenciement sans cause réelle et sérieuse ; les juges doivent apprécier, comme dans les autres litiges concernant un licenciement, le caractère réel et sérieux des motifs invoqués par l'employeur dans la lettre de licenciement (Soc. 13 nov. 2008, n° 07-42.640, *RJS* 1/09, n° 3). Le salarié licencié en violation d'une clause de garantie d'emploi a droit à une indemnité forfaitaire minimale correspondant aux salaires qu'il aurait dû percevoir jusqu'à la fin de la période de garantie d'emploi (Soc. 2 févr. 1999, *Bull. civ.* V, n° 49) ; à cette indemnité s'ajoute l'indemnité de licenciement sans cause réelle et sérieuse seulement si le juge retient, au regard des motifs allégués dans la lettre de licenciement, l'absence de cause réelle et sérieuse (Soc. 13 nov. 2008, préc.).

5. Soc. 22 janv. 1992, *Dr. soc.* 1992. 268 (le fait pour une salariée d'une concession Renault d'acheter une voiture Peugeot ne constitue pas une cause sérieuse de licenciement : dans sa vie privée, le salarié est libre d'acheter les biens, produits ou marchandises de son choix) ; Soc. 17 avr. 1991, *CSBP* 1991, A-33 (l'homosexualité d'un sacristain n'est pas une cause sérieuse de licenciement) ; Soc. 15 déc. 1997, *RJS* 2/98, n° 241.

Pour la Cour de cassation, l'insuffisance professionnelle était une « cause sérieuse » du fait qu'elle était réelle [1].

Cette absence de contrôle du caractère sérieux de la cause de licenciement se constatait également pour d'autres causes comme la mise à la retraite [2] et plus généralement lorsqu'une clause de convention collective prévoyait qu'un événement déterminé justifierait la rupture du contrat ; la tendance de la Cour de cassation était de considérer qu'une clause de convention collective pouvait imprimer un caractère sérieux à certaines causes de licenciement et retirer aux juges la mission, que le législateur leur a confiée, de contrôler la réalité et le sérieux de ces causes [3] ; un tel courant jurisprudentiel était doublement dangereux : il privait les salariés de garanties que le législateur avait entendu leur accorder contre la perte de leur emploi et il portait gravement atteinte à l'autorité de la loi.

Depuis que la Cour de cassation ne contrôle plus les qualifications retenues par les juges du fond, les solutions varient selon la juridiction saisie ; dans des situations voisines, les juges décideront, ici que la cause quoique réelle n'est pas sérieuse, là que la cause réelle est également sérieuse [4].

Globalement, il apparaît toutefois que les juges du fond recherchent avec attention si la cause réelle de licenciement est également une cause sérieuse. Ceci est manifeste lorsqu'on analyse la jurisprudence concernant les licenciements pour insuffisance professionnelle [5] ou pour inaptitude à l'emploi [6].

1. Soc. 7 févr. 1980, *Bull. civ.* V, p. 88, n° 117 ; 11 févr. 1982, *Bull. civ.* V, n° 114 ; 15 juin 1983, *Bull. civ.* V, n° 325 ; v. égal., la jurisprudence des mauvais résultats du salarié : quelle que soit l'origine des mauvais résultats, ceux-ci constituent toujours une cause sérieuse de licenciement (Soc. 5 oct. 1983, *Bull. civ.* V, n° 472 ; 7 janv. 1981, *JS* 1981. F 27). P. Lokiec, « Le licenciement pour insuffisance professionnelle », *Dr. soc.* 2014. 38.

2. Soc. 14 mars 1985, *Dr. ouvrier* 1985. 472 ; J. Pélissier, *Dr. soc.* 1986. 183.

3. Soc. 17 oct. 1983, *Bull. civ.* V, n° 496 (licenciement après écoulement du délai de protection fixé par la convention collective) ; 11 janv. 1984, *Bull. civ.* V, n° 10 (état de maladie non justifié dans le délai fixé par la convention collective).

4. Comparer par ex. : Soc. 18 déc. 1986, *JS* 1987. F 11 ; 11 déc. 1986, *JS* 1987. F 4.

5. Le manque de suivi de la comptabilité de certaines sociétés du groupe n'est pas un motif sérieux de licenciement lorsque le réviseur comptable ne dispose pas d'un personnel suffisant pour faire face à ses attributions (Versailles, 29 juin 1994, *RJS* 11/94, n° 1328) ; l'insuffisance de qualité du travail n'est pas un motif sérieux de licenciement lorsque le salarié manque de spécialisation pour les tâches qui lui ont été confiées (Soc. 24 janv. 1995, *CSB* 1995. 72). De même la seule insuffisance des résultats ne constitue pas en soi une cause sérieuse de licenciement ; le juge saisi doit exercer son pouvoir d'appréciation (Soc. 3 févr. 1999, *RJS* 3/99, n° 351 ; 30 mars 1999, *RJS* 5/99, n° 641 ; 13 janv. 2004, *Bull. civ.* V, n° 3 ; 18 mai 2005, *RJS* 8-9/05, n° 819). L'insuffisance des résultats ne constitue pas une cause sérieuse lorsque les objectifs définis n'étaient pas raisonnables et compatibles avec le marché (Soc. 30 mars 1999, préc.) ou lorsqu'ils étaient très difficiles à atteindre compte tenu des conditions d'exploitation du magasin et de la faible marge de manœuvre du salarié (Soc. 3 févr. 1999 préc.) ou compte tenu d'une conjoncture difficile (Soc. 4 avr. 2001, *RJS* 6/01, n° 729). De façon plus générale, la Cour de cassation décide que le juge du fond doit rechercher si les mauvais résultats procèdent d'une insuffisance professionnelle ou d'une faute imputable au salarié (Soc. 18 mai 2005, *RJS* 8-9/05, n° 819 ; 3 oct. 2007, n° 06-42.121).

6. Le licenciement est sans cause sérieuse lorsque l'employeur n'a pas proposé au salarié, qui est devenu inapte à tenir son emploi, un autre emploi, correspondant à ses capacités, qui était disponible dans l'entreprise ou qui pouvait être aménagé.

440 ***Date d'appréciation de la réalité et du sérieux de la cause*** ◊ La réalité et le sérieux du motif du licenciement s'apprécient au jour où la décision de rompre le contrat de travail est prise par l'employeur [1]. Il en résulte que les absences prolongées du salarié ne peuvent pas constituer une cause sérieuse de licenciement lorsque la décision de licencier est prise alors que le salarié a repris son travail [2]. De même, les difficultés professionnelles avec le supérieur hiérarchique ne constituent pas une cause sérieuse dès lors que le supérieur hiérarchique n'est plus salarié de l'entreprise au jour du congédiement [3].

SECTION 2. PREUVE DE LA CAUSE RÉELLE ET SÉRIEUSE

441 ***La charge de la preuve*** ◊ La charge de la preuve de la cause réelle et sérieuse ne doit pas être confondue avec la charge de la preuve du licenciement. Lorsqu'un salarié prétend qu'il a été licencié et invoque les droits attachés au licenciement, il lui incombe d'établir que la rupture du contrat est un licenciement [4]. En revanche, lorsqu'un salarié prétend que la cause du licenciement, avancée par l'employeur, n'est pas réelle ou n'est pas sérieuse, la charge de la preuve ne lui incombe pas. La loi du 13 juillet 1973 a, en effet, innové dans ce domaine de la preuve en substituant une procédure inquisitoire à la procédure accusatoire antérieurement en vigueur. « Aucune des parties ne supporte la charge de la preuve. Elles sont mises à égalité. C'est le juge qui se voit confier la mission d'établir la preuve, l'une et l'autre partie, dans son propre intérêt, devant lui en fournir les éléments. S'ils sont insuffisants, il appartiendra au juge d'en recueillir d'autres au moyen de toutes mesures d'instruction qu'il jugera appropriées » [5]. Les éléments de preuve fournis par les parties seront éventuellement écartés par le juge en raison de leur caractère illicite [6] ; c'est ce qui a déjà été décidé à propos d'enregistrements réalisés à l'insu des salariés [7], de comptes rendus de filature [8] ou d'un constat dressé par un huissier qui a pris une fausse qualité pour obtenir des renseignements [9]. De façon générale, si l'employeur a le pouvoir de contrôler et de surveiller l'activité de son

---

1. Soc. 5 janv. 1999, *RJS* 2/99, n° 166 ; 21 nov. 1990, *Bull. civ.* V, n° 574.
2. Soc. 5 janv. 1999, préc.
3. Soc. 20 juill. 1989, *SA Ipem Hom c/ Lluch.*
4. Soc. 9 nov. 1977, *Bull. civ.* V, 485 ; 3 mai 1979, *ibid.* 276.
5. Déclaration du ministre du Travail, *JO* débats AN 30 mai 1973, p. 1145, 2e col.
6. J. Raynaud, « Pour la réhabilitation, sous conditions, de la preuve dite déloyale en droit du travail », *JCP S* 2013. 1054.
7. Soc. 20 nov. 1991, *D.* 1992. 75, concl. Chauvy.
8. Soc. 22 mai 1995, *RJS* 7/95, n° 757.
9. Soc. 5 juill. 1995, *RJS* 11/95, n° 1110.

personnel pendant le temps de travail, il ne peut mettre en œuvre un dispositif de contrôle clandestin et à ce titre déloyal [1]

Le juge ne doit pas seulement vérifier si le motif allégué par l'employeur est réel et sérieux ; il doit également rechercher s'il n'existe pas un autre motif comme le prétend le salarié et si cet autre motif n'est pas le véritable motif du licenciement [2]. Ces nouvelles règles posées par l'article L. 1235-1 du Code du travail, donnent de très larges pouvoirs au juge qui peut, précise le texte, « recourir à toutes les mesures d'instruction qu'il estime utiles » [3], mais qui peut également refuser de prescrire une mesure d'instruction demandée par l'une des parties [4], ce qu'il n'hésitera pas à faire lorsque le plaideur demandant la mesure d'instruction n'a pas jusque-là contribué à l'établissement de la preuve. Les parties au procès ont donc tout intérêt, bien que la charge de la preuve ne leur incombe pas, à fournir au juge le maximum d'éléments établissant la véracité de leurs affirmations.

Certains auteurs ont estimé que les juges n'appliquaient pas les nouvelles dispositions légales et que, par le biais de la jurisprudence dite « des motifs *en apparence* réels et sérieux », ils laissaient à la charge du salarié la preuve de l'absence de cause réelle et sérieuse [5]. En réalité, la jurisprudence des motifs en apparence réels et sérieux n'a pas cette portée. La Cour de cassation décide que lorsque l'employeur a allégué, comme il le doit, des motifs précis et en apparence de nature à justifier le licenciement, le juge ne peut pas prononcer une condamnation à son encontre au motif que l'employeur n'a pas rapporté la preuve de la cause réelle et sérieuse [6]. La Cour de cassation ne fait pas supporter par le salarié le fardeau de la preuve ; elle reproche seulement aux juges du fond de ne pas avoir accompli leur propre tâche : rechercher eux-mêmes s'il existe une cause réelle et sérieuse.

442 ***Le risque de la preuve*** ◇ Reste l'hypothèse où le juge, faute d'éléments, n'arrive pas à former sa conviction concernant l'existence ou l'absence d'une cause réelle et sérieuse du licenciement. Un doute subsiste : certes, si

---

1. Soc. 4 juill. 2012, n° 11-30.266 : *Bull. civ.* V, n° 208.

2. Soc. 23 oct. 1991, *RJS* 1991, n° 1303 ; 10 avr. 1996, *RJS* 5/96, n° 527 ; 26 mai 1998, *RJS* 7/98, n° 840.

3. Selon l'anc. art. L. 122-4-3 C. trav., « en cas de litige, le juge à qui il appartient d'apprécier la régularité de la procédure suivie et le caractère réel et sérieux des motifs invoqués par l'employeur, forme sa conviction au vu des éléments fournis par les parties et au besoin après toutes mesures d'instruction qu'il estime utiles ».

4. Soc. 20 nov. 1980, *Dr. ouvrier* 1982. 156 ; Lyon,18 nov. 1974, *Dr. ouvrier* 1976. 41 ; Lyon, 8 juill. 1975, *FNAC c/ Delay*.

5. En particulier, H. Sinay : Les difficultés d'ordre probatoire nées de la L. du 13 juill. 1973, *Dr. soc.* 1978. 22 s. Les premiers arrêts qui évoquent une cause en apparence réelle et sérieuse sont : Soc. 19 janv. 1977, *D.* 1978. 152 ; 16 nov. 1977, *D.* 1978. 152 ; *ibid.* IR 63 ; *Dr. ouvrier* 1978. 27. V. aussi Soc. 8 nov. 1982, *D.* 1983. 304, note Mouly.

6. « Les motifs allégués par l'employeur étant en apparence réels et sérieux, il appartenait dès lors aux juges de former leur conviction et de la motiver sans que la charge de la preuve incombe à l'employeur » : Soc. 8 oct. 1981, *Dr. ouvrier*, 1982. 191 ; 24 avr. 1980, *RPDS* 1980. 220. V. J. Laroque, *Dr. soc.* avr. 1978. 28.

l'employeur n'a rien « allégué », il sera condamné par suite de cette carence ; mais doit-on dire que si l'employeur avait allégué un motif en apparence réel et sérieux, « on ne saurait le condamner en ignorant que, en apparence du moins, le licenciement est justifié par la cause alléguée » [1].

Il ne semble pas que l'on puisse ici invoquer la théorie de l'apparence pour faire supporter au salarié le risque de la preuve. Lorsqu'elle s'applique à une situation de fait, la théorie de l'apparence suppose le caractère ostensible de cette situation [2] ; or, lorsque le juge n'arrive pas à savoir si la cause alléguée par l'employeur existe ou n'existe pas, les faits invoqués ne sont pas, par hypothèse, ostensibles. S'il y a un problème de preuve, c'est justement parce que la réalité des faits échappe complètement aux investigations du juge.

L'intention du législateur et la logique des dispositions du 13 juillet 1973 conduisent en cas de doute à faire supporter le risque de la preuve par l'employeur. Au cours des débats parlementaires, le ministre du Travail a clairement indiqué que « l'employeur aura, en matière de preuve, une responsabilité particulière au cours du procès », en précisant, il n'est pas inutile de le rappeler : « C'est évident, et pour la jurisprudence, cela résultera de tous les travaux préparatoires et de nos délibérations actuelles... En définitive, la carence de l'employeur, s'il y a carence, devrait tourner à l'avantage du salarié » [3].

La logique du texte législatif impose d'ailleurs cette solution. Puisque le droit de licencier n'existe qu'autant qu'il existe une cause réelle et sérieuse, l'impossibilité pour le juge de constater une cause réelle et sérieuse doit le conduire à constater que les conditions d'existence du droit font défaut et que le licenciement a été irrégulièrement prononcé. Toute hésitation a aujourd'hui disparu : la loi du 2 août 1989 a modifié l'ancien article L. 122-14-3 (C. trav., nouv. art. L. 1235-1). « *Si un doute subsiste, il profite au salarié* » [4]. Les juges ont eu l'occasion d'appliquer cette nouvelle règle [5].

SECTION 3. **SANCTIONS EN L'ABSENCE DE CAUSE RÉELLE ET SÉRIEUSE**

443 ***Domaine limité des sanctions originales des articles L. 1235-3 et L. 1235-4*** ◊ Les salariés, victimes d'un licenciement sans cause réelle et sérieuse, ne peuvent pas tous invoquer les mêmes droits en justice.

1. G. Couturier, *J.-Cl. travail*, fasc. 30-3 B, n° 50.
2. J. Ghestin et G. Goubeaux : *Traité de droit civil, Introduction générale*, p. 656, n° 771.
3. *JO* débats AN 30 mai 1973, p. 1621.
4. Favennec-Hery, *Dr. soc.* 1990. 179. La règle a été jugée conforme à la constitution (Cons. const. du 25 juill. 1989). Le doute, c'est ici « l'impossibilité pour le juge de former sa conviction à l'issue de l'instruction ».
5. Soc. 16 juin 1993, *Dr. soc.* 1993. 773 ; 6 oct. 1999, *RJS* 11/99, n° 1355.

Les salariés qui travaillent dans des entreprises occupant moins de onze salariés ou qui ont moins de deux années d'ancienneté dans l'entreprise [1] ne bénéficient pas des dispositions des articles L. 1235-3 et L. 1235-4 du Code du travail. Il existait une exception à cette règle générale ; la Cour de cassation décidait que les sanctions prévues à l'ancien article L. 122-14-4 étaient applicables à des licenciements concernant des salariés ayant moins de deux ans d'ancienneté ou travaillant dans une entreprise employant moins de onze salariés lorsque les règles concernant l'assistance du salarié par un conseiller extérieur à l'entreprise avaient été violées [2]. Mais la Cour de cassation a modifié sa jurisprudence [3]. La rédaction du nouvel article L. 1235-5 consacre implicitement cette évolution jurisprudentielle.

Les salariés qui ne peuvent pas invoquer les dispositions des articles 1235-3 et L. 1235-4 du Code du travail ont droit à une indemnité calculée en fonction du préjudice réel que leur a causé le licenciement sans cause réelle et sérieuse. Il appartient au juge du fond d'apprécier l'étendue du préjudice [4].

444 ***Les trois sanctions des articles L. 1235-3 et L. 1235-4*** ◊ Lorsque les articles L. 1235-3 et L. 1235-4 sont applicables, l'employeur encourt trois sanctions. Elles ne seront, en réalité, jamais prononcées toutes les trois [5].

1) La réintégration. Le tribunal peut *proposer* la réintégration du salarié dans l'entreprise, avec maintien de ses avantages acquis. Cette sanction est très rarement prononcée, car non seulement il ne s'agit que d'une simple possibilité pour le tribunal, mais surtout la loi prévoit expressément que l'employeur, comme le salarié, peuvent *refuser* la réintégration proposée par le juge.

1. Pour le calcul de l'ancienneté, les périodes de suspension du contrat de travail doivent être prises en compte lorsqu'il s'agit de déterminer si les art. L. 1235-3 et L. 1235-4 s. C. trav. ont applicables : Soc 7 déc. 2011, *RJS* 2/12, n° 130. Il en va différemment lorsque l'ancienneté sert à déterminer la durée du préavis et l'ouverture du droit à l'indemnité de licenciement.

2. Soc. 26 juin 2001, *Bull. civ.* V, n° 233, *RJS* 10/01, n° 1130 ; 11 juill. 2000, *Bull. civ.* V, n° 270, *RJS* 11/00, n° 1074 ; 13 nov. 1996, *Dr. soc.* 1996. 1096, obs. Ph. Waquet ; *RJS* 12/96, n° 1252.

3. Soc. 5 févr. 2003, *Bull. civ.* V, n° 41 ; 10 juin 2003, *Dr. soc.* 2003. 895, obs. Ph. Waquet. Les salariés qui ont moins de deux ans d'ancienneté dans l'entreprise ou qui travaillent dans une entreprise employant moins de onze salariés n'ont pas droit à l'indemnité minimale de six mois, même lorsque les règles concernant l'assistance du salarié par un conseiller ont été violées ; seules sont applicables les dispositions de l'anc. art. L. 122-14-5 C. trav.

4. Soc. 25 sept. 1991, *Dr. soc.* 1991. 763. Les juges du fond ne peuvent pas attribuer une indemnité équivalente à six mois de salaire sans avoir recherché l'importance du préjudice subi (Soc. 15 mars 1978, *Bull. civ.* V, n° 187), mais ils peuvent condamner l'employeur à payer une indemnité égale à six mois de salaire dès lors qu'ils précisent qu'il s'agit de dommages et intérêts correspondant à l'importance du préjudice occasionné par le licenciement (Soc. 11 mars 1981, *D.* 1982. 35, note Karaquillo). L'absence de cause réelle et sérieuse établit par elle-même l'existence d'un préjudice : Soc. 25 sept. 1991, *Dr. soc.* 1991. 763.

5. Le juge n'est pas tenu de commencer par proposer la réintégration. Il peut directement condamner l'employeur à une indemnité : Soc. 18 déc. 1975, *D.* 1976. 210, note J. Pélissier ; *Grands arrêts*, 4e éd., n° 83, p. 472.

2) L'indemnité minimale de six mois de salaires. Dès lors que le licenciement a été effectué sans cause réelle et sérieuse et qu'il n'y a pas réintégration, le salarié a droit à l'indemnité spéciale prévue par l'article L. 1235-3.

Cette indemnité a une nature hybride. Elle est une sanction prononcée contre l'employeur, car son montant ne sera jamais inférieur aux salaires des six derniers mois ; même si le salarié retrouve, immédiatement après le licenciement, un emploi équivalent à l'emploi perdu, c'est-à-dire même s'il ne subit aucun préjudice, il percevra une indemnité correspondant à six mois de salaires. Sous cet aspect, l'indemnité est d'abord une pénalité civile prononcée à l'encontre d'un employeur fautif.

Mais cette indemnité n'a pas un montant forfaitaire. C'est un *minimum*. Si le salarié subit un préjudice important, par exemple s'il connaît un chômage prolongé, il a droit à une indemnité réparant intégralement le préjudice causé par l'employeur, qui peut avoir un montant beaucoup plus élevé que six mois de salaires. Il appartient au salarié de rapporter la preuve de l'importance du préjudice subi lorsqu'il entend obtenir une indemnité réparatrice d'un montant supérieur à six mois de salaires [1].

Cette indemnité ne fait pas obstacle à l'attribution de dommages et intérêts pour licenciement abusif [2].

3) Condamnation de l'employeur au remboursement des allocations de chômage. Cette troisième sanction, prévue par l'article L. 1235-4, n'intéresse qu'indirectement le salarié licencié. Celui-ci ne perçoit, en effet, aucune indemnité supplémentaire du fait de cette condamnation de l'employeur. Cette sanction présente en revanche un intérêt pour la collectivité des salariés en raison de l'effet dissuasif qu'elle peut exercer sur un employeur qui envisagerait de prononcer un licenciement sans cause réelle et sérieuse [3].

Cet effet dissuasif a cependant été atténué par la loi du 30 décembre 1986. Initialement, la loi prévoyait une condamnation de l'employeur au remboursement de toutes les indemnités de chômage payées au travailleur licencié du jour de son licenciement au jour du jugement prononcé par le tribunal. Désormais, le tribunal ordonne le remboursement *de tout ou*

1. Soc. 18 mai 1977, *Dr. ouvrier* 1977, suppl. n° 350, p. 26 et 27 ; 8 juill. 1982, *Bull. civ.* V, n° 475 (9 mois de salaire) ; 12 mars 1987, *Bull. civ.* V, n° 147 (abus s'ajoutant à l'absence de cause réelle et sérieuse) ; 25 janv. 1989, *Bull. civ.* V, n° 64 (préjudice moral). De toute manière, égale ou supérieure à 6 mois de salaires, il s'agit de dommages-intérêts, réparant un préjudice exclus de l'assiette des cotisations de sécurité sociale.

2. Soc. 5 déc. 1995, *CSB* 1996. 35, ; *ibid.* 35 ; 12 mars 1987, *JS* 1987. SJ 96. V. aussi, Soc. 10 juill. 2013, n° 12-19.740, publié (« le bien-fondé d'une demande de dommages-intérêts à raison des conditions vexatoires de la rupture du contrat de travail est indépendant du bien-fondé de la rupture »).

3. Une décision (TGI Paris, 25 janv. 1987, *Dr. soc.* 1987. 469, note Prétot) s'était avisée que l'anc. art. L. 122-14-4 C. trav. était sur ce point en contradiction avec la convention européenne des Droits de l'homme. Cette opinion inattendue, a été désavouée par la Cour de cassation : Soc. 7 déc. 1988, 18 janv. 1989, *Dr. soc.* 1989. 246, concl. Picca, *D.* 1989. 320, note Jeammaud, *Bull. civ.* V, n°s 47 et 48. L'employeur n'est pas automatiquement condamné et peut contester le principe de sa responsabilité dans le licenciement. Le procès est équitable.

partie des indemnités de chômage payées au travailleur licencié et le nouveau texte précise que le montant de cette condamnation ne peut pas dépasser six mois d'indemnités de chômage par salarié concerné [1]. La loi précise que ce remboursement est ordonné d'office par le tribunal dans le cas où les organismes concernés ne sont pas intervenus à l'instance ou n'ont pas fait connaître le montant des indemnités versées [2]. L'employeur peut cependant éluder cette sanction en concluant une transaction avec le salarié irrégulièrement congédié, avant qu'une décision ait été rendue par les juges de première instance [3].

1. Les juges du fond apprécient souverainement, dans la limite prévue par la loi, la part des indemnités de chômage devant être remboursées aux organismes concernés : Soc. 22 avr. 1992, *RJS* 6/92, n° 727.

2. Lorsque la décision de justice condamnant l'employeur à verser une indemnité au salarié pour licenciement sans cause réelle et sérieuse a omis d'ordonner d'office le remboursement des indemnités de chômage, il appartient à l'Assedic de demander au juge du fond (Conseil de Prud'hommes ou cour d'appel selon le cas), par voie de requête en réparation d'omission à statuer, de compléter sa décision pour ordonner le remboursement des indemnités de chômage (Soc. 17 déc. 1987, *JS* 1988. F 3 ; 16 févr. 1987, *JS* 1987. F 27).

3. Soc. 14 janv. 1982, *JS* 1982. F 25. V. B. Boubli : Le droit des Assedic au remboursement des indemnités de chômage, *Dr. soc.* 1981. 258. Si une transaction est conclue entre le salarié et l'employeur au cours de la procédure d'appel, celle-ci n'est pas opposable à l'Assedic ; cet organisme peut invoquer les dispositions du jugement ordonnant le remboursement par l'employeur des allocations de chômage versées au salarié (Soc. 7 juin 1995, *Bull. civ.* V, n° 188 ; *RJS* 8-9/95, n° 876) ; dans le cas où le juge de première instance aurait omis d'ordonner le remboursement des indemnités de chômage tout en condamnant l'employeur pour licenciement sans cause réelle et sérieuse, le désistement d'instance du salarié ou de l'employeur ne prive pas l'Assedic de la possibilité de faire réparer par le Conseil de prud'hommes l'omission de statuer dont était affecté le jugement (Soc. 7 juin 1995, *Bull. civ.* V, n° 189 ; *RJS* 8-9/95, n° 876).

CHAPITRE 3
LES LICENCIEMENTS PROHIBÉS

445 Si, de façon générale, le droit de licencier est seulement subordonné au respect de certaines conditions de forme et de fond, il est supprimé dans un certain nombre de situations précises. La détermination des « licenciements prohibés » est incertaine car l'interdiction de licencier ne résulte pas toujours d'un texte légal (Section 1). Quant à la sanction de ces licenciements prohibés, elle prend des formes diverses même si elle se traduit normalement par la nullité (Section 2).

SECTION 1. DÉTERMINATION DES LICENCIEMENTS PROHIBÉS

446 ***Les interdictions légales*** ◊ En dehors de l'interdiction de licencier une personne protégée (délégués du personnel, délégués syndicaux, membres de comité d'entreprise, conseillers prud'hommes, etc.) sans autorisation administrative, le Code du travail prévoit dans plusieurs textes qu'un licenciement ne peut pas être prononcé. Ces interdictions légales sont devenues de plus en plus nombreuses au cours de ces dernières années.

Elles sont, dans certains cas, formulées de façon radicale ; elles ne sont pas soumises à certaines restrictions comme la faute grave du salarié et ne peuvent pas être levées par l'autorisation donnée par une autorité administrative. Ainsi sont fermement prohibés les licenciements discriminatoires (C. trav., art. L. 1132-1), les licenciements de personnes qui ont subi ou refusé de subir les agissements de harcèlement sexuel ou moral (C. trav., art. L. 1153-2, L. 1153-3), les licenciements en raison de l'exercice normal du droit de grève (C. trav., art. L. 1132-2). Le législateur a aussi entendu rendre effectif le droit des salariés d'agir en justice pour faire respecter ces interdictions légales ; sont ainsi prohibés les licenciements de personnes qui ont témoigné d'agissements de harcèlement sexuel ou moral (C. trav., art. L. 1153-3, L. 1152-2) ou qui ont introduit une action en justice pour faire respecter l'égalité professionnelle entre les femmes et les hommes (C. trav., art. L. 1144-3).

Dans d'autres cas, le licenciement est prohibé mais la loi écarte cette prohibition dans des situations particulières qu'elle vise expressément. Ainsi les femmes en état de grossesse ou dans la période qui suit leur maternité ne peuvent pas, en principe, être licenciées mais l'employeur recouvre le droit de licencier en cas de faute grave de la salariée non liée à son état de grossesse ou de l'impossibilité de maintenir le contrat de travail pour un motif étranger à la grossesse ou à l'accouchement (C. trav., art. L. 1225-4) [1]. Le régime de l'interdiction de licencier est similaire lorsqu'un salarié a été victime d'un accident du travail ou d'une maladie professionnelle : au cours des périodes de suspension du contrat, l'employeur ne peut rompre ce dernier que s'il justifie soit d'une faute grave du salarié soit de l'impossibilité de maintenir le contrat pour un motif étranger à l'accident ou à la maladie (C. trav., art. L. 1226-9).

447 ***Les interdictions sans texte*** ◇ L'absence de texte légal prohibant formellement le licenciement ne signifie pas pour autant que le licenciement n'est pas juridiquement interdit. L'interdiction peut résulter d'une clause introduite dans le contrat de travail ou dans une convention collective garantissant au salarié son emploi pendant une certaine durée ; pendant cette durée, l'employeur n'a pas le droit de licencier le salarié sauf dans les cas exceptionnels qui peuvent être prévus par la clause contractuelle ou conventionnelle. De façon plus générale, l'ordre public et le respect des libertés fondamentales peuvent faire échec au droit de licencier. Il est interdit à l'employeur de violer l'ordre public et les libertés fondamentales des salariés en rompant unilatéralement le contrat de travail de travail ; le licenciement prononcé dans de telles circonstances n'est pas seulement un licenciement sans cause réelle et sérieuse. C'est un licenciement illicite dont il faut déterminer la sanction.

SECTION 2. SANCTION DES LICENCIEMENTS PROHIBÉS [2]

448 La sanction des licenciements prohibés soulève une double question touchant à la nature de la sanction et à ses effets. La sanction doit-elle être la nullité du licenciement au lieu d'une simple indemnité réparatrice comme dans les cas où le licenciement est sans cause réelle et sérieuse ? Et dans les cas où la nullité du licenciement est retenue, cette nullité entraîne-t-elle toujours les mêmes effets ?

449 ***Cas dans lesquels la nullité du licenciement est retenue*** ◇ La nullité du licenciement a été retenue pour la première fois, il y a plus de 60 ans,

1. Lorsque la rupture du contrat est exceptionnellement autorisée, elle ne peut prendre effet ou être notifiée pendant les périodes de suspension du contrat auxquelles elle a droit au titre du congé maternité.

2. G. Couturier, Les nullités du licenciement, *Dr. soc.* 1977. 215 ; Petites histoires de nullité du licenciement, *Dr. soc.* 2011. 1218 ; B. Gauriau, La nullité du licenciement et la personne du salarié, *Dr. soc.* 1993. 738 ; B. Desjardins, La réintégration, *Dr. soc.* 1992. 766 ; F. Gaudu, Les nullités du licenciement et le principe pas de nullité sans texte, *Dr. soc.* 2010. 151 s.

à propos du licenciement d'un salarié protégé en violation de son statut protecteur [1]. Depuis, cette sanction originale a été consacrée par plusieurs textes qui, en interdisant le licenciement, mentionnent que la violation de l'interdiction est sanctionnée par la nullité du licenciement (C. trav., art. L. 1132-4, 1134-4, L. 1144-3, L. 1152-3, L 1153-4, L. 1225-5...).

En l'absence de texte prévoyant expressément la nullité, les juges peuvent-ils prononcer la nullité du licenciement ? Dans un premier temps, la Cour de cassation a répondu par la négative, jugeant que les licenciements, même prononcés pour une cause illicite, devaient être considérés et traités comme des licenciements sans cause réelle et sérieuse lorsque la nullité du licenciement n'était pas prévue par un texte légal [2]. Le 28 avril 1988, elle a admis pour la première fois que, même en l'absence de texte prévoyant expressément la nullité, le licenciement prononcé en violation d'un droit constitutionnel (le droit d'expression des opinions, qui existe dans et donc en dehors de l'entreprise) devait être soumis à une sanction originale : la nullité [3]. Après cet arrêt, la Cour de cassation a considérablement élargi le domaine de la nullité des licenciements en jugeant que tout licenciement portant atteinte à une liberté fondamentale devait être annulé [4]. Récemment, malgré l'absence de texte prévoyant la nullité, la Cour de cassation décide « qu'est nul le licenciement prononcé par l'employeur pour un motif lié à l'exercice légitime par le salarié du droit de retrait de son poste de travail dans une situation de danger » [5]. Le licenciement doit également être annulé lorsque l'employeur utilise son pouvoir de licencier afin d'imposer au salarié sa propre solution dans le litige qui les oppose relativement à l'exécution du jugement du Conseil de prud'hommes, litige qui n'avait pas été définitivement tranché [6].

1. Soc. 3 juin 1948, *D.* 1948. 51.

2. Soc. 31 mars 1982, *Dr. soc.* 1983. 225, note J. Savatier. Sur cette jurisprudence, v. G. Couturier, *Dr. soc.* 1977. 215 s. ; *ibid.* 1981. 248 s.

3. Soc. 28 avr. 1988, *Bull. civ.* V, n° 257 ; *D.* 1988. 437, note Wagner ; *Dr. soc.* 1988. 429, concl. H. Ecoutin, obs. G. Couturier ; G. Lyon-Caen, *Dr. ouvrier* 1987. 97 s. ; J.-M. Verdier, *D.* 1988. Chron. 63 s.

4. Soc. 13 mars 2001, *Dr. soc.* 2001. 117 ; 28 mai 2003. 808, obs. Ph. Waquet ; 31 mars 2004, n°s 01-46.960 : *Bull. civ.* V, n° 101 ; 28 mars 2006, n° 04-41.695 : *Bull. civ.* V, n° 127 ; 29 oct. 2013, n° 12-22.447, *Lexbase Hebdo, éd. Sociale*, n° 547, note Ch. Radé (nullité du licenciement portant atteinte à la liberté fondamentale de témoigner. Notons que l'arrêt est rendu au visa des art. 6 et 10 de la CEDH).

5. Soc. 28 mai 2009, *Dr. ouvrier* 2009. 286 ; cette décision est prise en application des art. L. 4131-3 C. trav. (interdiction de sanctionner un salarié exerçant son droit de retrait en cas de danger grave et imminent) et L. 1121-1 (interdiction d'apporter aux droits des personnes et aux libertés individuelles et collectives des restrictions qui ne seraient pas justifiées par la nature de la tâche à accomplir ni proportionnées au but recherché), interprété à la lumière de la Dir. n° 89/391/CEE du 12 juin 1989, art. 8 et 4.

6. Soc. 9 oct. 2013, n° 12-17.882, *RDT* 2014. 58, note V. Orif ; *Lexbase Hebdo, éd. Sociale*, n° 545, note Ch. Radé. La solution est rendue au visa de l'article 6 § 1 de la CEDH, dont la Cour de cassation tire la règle de principe selon laquelle, « le principe de l'égalité des armes s'oppose à ce que l'employeur utilise son pouvoir disciplinaire pour imposer au salarié les conditions de règlement du procès qui les oppose ».

450 ***Réintégration du salarié*** [1] ◊ Pendant de nombreuses années, la nullité du licenciement n'a pas entraîné la réintégration effective du salarié dans son emploi. Il était avancé que l'obligation de réintégrer était une obligation de faire et qu'en application de l'article 1142 du Code civil, toute obligation de faire se résout en dommages-intérêts en cas d'inexécution par le débiteur. Il a fallu attendre l'arrêt *RevetSol*, rendu le 14 juin 1972, pour que la victime d'un licenciement nul puisse obtenir l'exécution en nature de l'obligation de réintégration [2]. Depuis cet arrêt, la réintégration des salariés dans leur emploi après un licenciement nul s'est généralisée. Initialement reconnue au profit des seuls salariés protégés, elle peut actuellement être obtenue par tous les salariés.

La règle est posée de façon tout à fait générale par la Cour de cassation [3].

Il n'est point nécessaire que le législateur ait expressément prévu la poursuite du contrat du travail en cas de nullité, comme il le fait pour les licenciements annulés à la suite de l'annulation d'une procédure de licenciement collectif ou pour les licenciements consécutifs à une action en justice en matière de discrimination ou d'égalité professionnelle entre les hommes et les femmes ou en raison de l'exercice du droit de grève. La salariée licenciée pendant la période de grossesse a droit à la réintégration dans son emploi alors que l'article L. 1225-4 ne le prévoit pas expressément [4].

La prévision légale selon laquelle le licenciement nul peut donner lieu à l'attribution de dommages-intérêts ne fait pas échec au droit à réintégration [5]. La sanction pécuniaire envisagée par le législateur n'est que subsidiaire ou complémentaire. Elle est subsidiaire dans les hypothèses où le salarié ne demande pas sa réintégration. Elle joue un rôle complémentaire lorsque la réintégration ne répare pas l'intégralité du préjudice subi.

La réintégration s'impose à l'employeur alors même qu'une assez longue période (éventuellement plusieurs années) s'est écoulée entre le prononcé du licenciement et son annulation [6] ; elle s'impose aussi bien au repreneur de l'entreprise qu'à l'employeur qui a prononcé le licenciement [7].

451 ***L'indemnisation en cas de réintégration*** ◊ En dehors des cas où une ordonnance de référé ordonne le maintien du contrat alors que le salarié

---

1. M. Henry, La réintégration des salariés non protégés, *Dr. ouvrier* 1995. 371 ; H. Sinay, Rigueur et ampleur de la réintégration, *Dr. soc.* 1994. 552 ; B. Desjardins, La réintégration, *Dr. soc.* 1992. 766 s. ; Ph. Waquet, La réintégration du salarié illégalement licencié, *Dr. soc.* 1991. 60.

2. Soc. 14 juin 1972 *Bull. civ.* V, n° 425 ; *Grands arrêts*, n° 148.

3. Soc. 30 avr. 2003 *Bull. civ.* V, n° 152 ; *Grands arrêts*, n° 99 ; *RJS* 7/03 n° 869 ; ibid. 557 s., avis J. Duplat : « lorsque le licenciement est nul, le salarié à droit à réintégration dans son emploi ou, à défaut, dans un emploi équivalent ».

4. Soc. 30 avr. 2003, préc.

5. L'art. L. 1225-71 C. trav. prévoit que l'inobservation par l'employeur des dispositions des art. L. 1225-1 à L. 1225-28 et L. 1225-35 à L. 1225-69 C. trav. peut donner lieu à l'attribution de dommages-intérêts au profit de la salariée. Malgré ce texte, les juges décident que la salariée licenciée pendant sa grossesse a droit à réintégration.

6. Soc. 2 juin 1993, *Dr. ouvrier* 1993. 429.

7. Soc. 13 juill. 1993, *Dr. soc.* 1993. 881 ; Crim. 15 oct. 1991, *Action jur.* 1992, n° spéc., Protection et licenciement des délégués, n° 94, p. 32.

est en cours de préavis, la réintégration du salarié dans son emploi ne fait pas disparaître l'intégralité du préjudice subi par celui-ci. Le salarié a été privé de salaires pendant la période comprise entre la date où le licenciement est effectif et celle de sa réintégration. Ce préjudice doit être réparé. De façon générale, les juges condamnent l'employeur au paiement d'une « somme correspondant à la totalité du préjudice subi au cours de la période qui s'est écoulée entre son licenciement et sa réintégration, dans la limite du montant des salaires dont il a été privé » [1]. Si le salarié a, au cours de cette période, perçu un salaire en travaillant pour le compte d'une autre entreprise ou reçu un revenu de remplacement versé par un organisme social, ces sommes sont déduites du montant de la réparation du préjudice subi. Dans quelques situations, la condamnation de l'employeur est plus rigoureuse : celui-ci doit verser au salarié l'intégralité des sommes que celui-ci aurait dû percevoir entre son éviction de l'entreprise et sa réintégration, peu important qu'il ait ou non reçu des salaires ou un revenu de remplacement pendant cette période. Tel est le cas des licenciements de grévistes pour fait de grève [2] ou des licenciements, en l'absence d'autorisation administrative, de représentants du personnel [3].

452 ***L'indemnisation en l'absence de réintégration*** ◊ Le salarié, qui a toujours le droit de demander la réintégration dans son emploi lorsque le licenciement est nul, peut préférer ne pas exercer ce droit et demander seulement l'attribution de dommages-intérêts. Il a alors droit à plusieurs indemnités. Il bénéficie des indemnités de rupture du contrat de travail : indemnité de préavis [4] et indemnité légale ou conventionnelle de licenciement. À ces indemnités s'ajoute une indemnité réparant intégralement le préjudice résultant du caractère illicite du licenciement ; le montant de celle-ci est apprécié souverainement par le juge du fond dès lorsqu'il est au moins égal à celui prévu par l'article L. 1235-3 du Code du travail [5], c'est-à-dire à six mois de salaires [6].

1. Soc. 3 juill. 2003 *Bull. civ.* V, n° 214 ; 12 févr. 2008, *Bull. civ.* V, n° 34, *RJS* 4/08, n° 404 ; 16 déc. 2008, *RJS* 2/09, n° 1600.

2. Soc. 2 févr. 2006, n° 03-47.481, *RDT* 2006. 42, obs. O. Leclerc.

3. Soc. 10 oct. 2006, n° 04-47.623, *Bull. civ.* V, n° 97 ; *RJS* 12/06, n° 1296. Mais lorsque le licenciement avait été autorisé et que l'annulation du licenciement résulte de l'annulation de cette autorisation de licencier, les sommes perçues par le salarié pendant la période écoulée entre son licenciement et sa réintégration sont déduites du montant des salaires qui auraient dû être versés : Soc. 14 févr. 2007, *RJS* 2007, n° 633.

4. Même si le salarié est dans l'impossibilité physique de l'exécuter (Soc. 2 juin 2004, n° 1230 FS-PB, *RJS* 8-9/04, n° 903).

5. Soc. 17 déc. 2002, *Bull. civ.* V, n° 390 ; 12 juin 2001, *Bull. civ.* V, n° 219 ; 27 juin 2000, *Bull. civ.* V, n° 250 ; 21 sept. 2005, *RJS* 12/05, n° 1163.

6. Cette indemnité minimale de six mois est due, même si le salarié n'a pas deux ans d'ancienneté dans l'entreprise et même s'il n'a pas six mois d'ancienneté (Soc. 2 juin 2004, n° 1230 FSPB, *RJS* 8-9/04, n° 903 ; 6 oct. 2010, n° 09-42.283).

SOUS-TITRE 3

Le licenciement pour cause économique

453 ***Mise en place d'un régime juridique autonome*** ◊ Le licenciement pour cause économique, en tant qu'institution juridique originale, est longtemps demeuré ignoré par le Droit du travail. Étant donné le caractère discrétionnaire du droit de résiliation unilatérale accordé à l'employeur, peu importait le motif du licenciement. Même le licenciement collectif simultané de plusieurs salariés pour des raisons économiques ne constituait que la somme de licenciements individuels et bénéficiait, à ce titre, de garanties jugées suffisantes. La Cour de cassation est longtemps demeurée fidèle à une telle interprétation.

La notion de licenciement pour cause économique apparaît, pour la première fois, dans la jurisprudence administrative concernant la mise en application de l'ordonnance du 24 mai 1945 relative au contrôle de l'emploi. Interprétant l'exigence d'une autorisation administrative préalable pour tout licenciement, le Conseil d'État considéra qu'un tel contrôle ne pouvait s'exercer effectivement qu'en matière de licenciement pour cause économique – en raison de la finalité de l'ordonnance – à l'exclusion du licenciement pour cause personnelle relevant de la seule compétence des tribunaux judiciaires en cas de litige.

La loi du 18 juin 1966, portant réforme du comité d'entreprise, prévoit que celui-ci donne son avis en cas de projet de compression d'effectif. En 1969, les acteurs sociaux concluent un très important *accord national interprofessionnel sur la sécurité de l'emploi* qui précise, à propos des licenciements collectifs pour raisons économiques, le contenu de la consultation du comité d'entreprise et qui impose des délais minima entre la date où le comité d'entreprise est saisi et la décision du chef d'entreprise de licencier. En 1973, le législateur indique clairement que le licenciement collectif pour motif économique obéit à un régime juridique à part puisqu'il l'écarte du champ d'application des nouvelles dispositions relatives à la procédure de licenciement et aux sanctions spécifiques en cas d'absence de cause réelle ou sérieuse. Mais c'est surtout avec la loi du 3 janvier 1975 « relative aux licenciements pour cause économique » qu'un véritable droit spécifique du licenciement pour motif économique est mis en place. Ce texte organise la consultation des représentants du personnel et surtout, il crée une autorisation administrative de licenciement. Un licenciement pour motif économique n'est régulier – y compris dans les relations entre l'employeur et le salarié – que s'il a été autorisé, expressément ou tacitement, par l'autorité administrative [1].

Ces réformes ont vite posé certaines difficultés [2]. À l'usage, la principale a été la coordination du contentieux judiciaire avec le contentieux administratif devenu abondant en la matière, puisque l'autorité administrative autorisait ou refusait les

1. J. Pélissier, Les licenciements pour motif économique, *D.* 1975. Chron. 135.
2. J.-J. Dupeyroux, « Deux lois ne font pas une législation cohérente », *Le Monde*, 18 févr. 1975.

licenciements et que la décision administrative est susceptible de recours devant le tribunal administratif ou devant le Conseil d'État.

454 ***Trente ans de réformes ininterrompues*** ◊ Les règles les plus discutées, par les milieux patronaux, concernaient les délais, jugés trop longs et surtout la nécessité d'obtenir une autorisation administrative pour pouvoir procéder au licenciement. L'accord national interprofessionnel du 20 octobre 1986 [1] et la loi du 30 décembre 1986 ont modifié sensiblement les conditions de délai sans pour autant sacrifier la consultation des représentants du personnel, plus que jamais considérée comme une pièce maîtresse de cette procédure spécifique de licenciement. Quant à l'autorisation administrative, elle a été supprimée en deux étapes : tout d'abord partiellement par la loi du 3 juillet 1986, puis totalement par la loi du 30 décembre 1986.

Cette relative ouverture du droit de licencier, fut contrebalancée par la loi du 2 août 1989. L'effet principal de cette loi fut de mieux encadrer « procéduralement » la justification des licenciements, avec en particulier la création du « plan social » ayant pour objectif, soit de maintenir dans l'entreprise les salariés malgré les difficultés économiques, soit de faciliter leur départ en les aidant à se reconvertir, à se former ou plus simplement à trouver un nouvel emploi. Ce plan social, devenu « plan de sauvegarde de l'emploi » en 2002, reste la pièce maîtresse de la procédure des grands licenciements économiques. La loi de 1989 fut aussi l'occasion d'une innovation alors présentée comme majeure, celle des *conventions de conversion* [2], lesquelles furent modifiées et renommées de nombreuses fois sans que l'objectif principal ni le contenu, – une adhésion des salariés licenciés à une convention permettant une période d'indemnisation et de reconversion protégée –, ne soit fondamentalement remis en cause.

La loi du 27 janvier 1993 a adopté de nouvelles mesures pour favoriser le reclassement des salariés : elle répute nulle et non avenue la procédure de licenciement entreprise par l'employeur tant que les représentants du personnel n'ont pas été saisis d'un plan de reclassement des salariés (C. trav., anc. art. L. 321-4-1, al. 2 et 3) ; elle habilite par ailleurs l'inspection du travail à constater la carence d'un plan social (C. trav., anc. art. L. 321-7, al. 3). La loi de modernisation sociale du 17 janvier 2002 renforce le rôle de l'administration du travail et celui des représentants du personnel. Elle institue un congé de reclassement. Cette loi limitait aussi les possibles justifications des licenciements économiques [3]. Mais, sur ce dernier point, le législateur a été censuré par le Conseil constitutionnel [4].

Depuis cette loi de 2002, la tendance législative est à la réduction progressive des protections légales. Une première vague est venue, après le changement de majorité à l'Assemblée nationale, par deux lois, l'une du 3 janvier 2003, l'autre du 18 janvier 2005. La première a suspendu plusieurs dispositions de 2002 et a prévu que des accords d'entreprise – dits « accords de méthode » – pouvaient fixer au

1. Cet accord, comme celui du 10 févr. 1969, et son avenant du 21 nov. 1974, a fait l'objet d'un arrêté d'extension (Arr. du 31 déc. 1986, *JO* 1er janv. 1987) et d'un arrêté d'élargissement (Arr. du 31 déc. 1986, *JO* 1er janv. 1987).

2. La L. du 2 août 1989 a également pour objectif (c'est son titre) de prévenir les licenciements économiques. La L. du 2 août 1989 a été commentée par le ministre du Travail (*Dr. soc.* 1989. 621) et déclarée conforme à la Constitution (Cons. const. 25 juill. 1989, *Dr. soc.* 1989. 627, comm. Prétot) notamment non discriminatoire malgré ses dispositions relatives aux salariés « fragiles ».

3. Sur ce changement de définition, voir les observations critiques de J. Pélissier, *Dr. ouvrier* 2002. 145 s.

4. Cons. const. 12 janv. 2002, n° 2002-455 DC, *JO* 18 janv. 2002.

rabais les modalités de la consultation des représentants du personnel. La loi du 18 janvier 2005 abroge les dispositions de la loi de 2002 qui n'avaient été que suspendues en 2003. Elle renforce encore l'ampleur des dérogations possibles par négociation collective. Elle retarde le point de départ de la procédure devant s'enclencher en cas de restructuration par modification des contrats individuels de travail, réduit les délais de contestations des irrégularités qui ont pu être commises, limite les sanctions encourues pour certains licenciements illicites...

Les régressions successives organisées par la loi de 2005 font atteindre une sorte de pallier au droit du licenciement économique. Une certaine pause dans la modification des textes est alors observée. Seule la loi du 28 juillet 2011 intervient, conformément à un accord pour une fois unanime des partenaires sociaux, pour instituer le contrat de sécurisation professionnelle, contrat qui se substitue à la convention de reclassement personnalisé et au contrat de transition professionnelle.

Avec l'ANI du 11 janvier 2013, suivit par la loi du 14 juin 2013 le mouvement de réduction de l'encadrement du licenciement pour motif économique reprend [1]. De nouvelles voies de contournement et d'accélération des procédures protectrices sont mises en place. Les délais de contestation sont encore, drastiquement, réduits et tout est mis en œuvre pour que la sanction d'annulation des licenciements économiques, seule sanction vraiment dissuasive, devienne anecdotique. Cette loi nouvelle conduit aussi à la dislocation du contentieux entre juridictions administratives – compétentes pour juger le validité d'un plan de sauvegarde de l'emploi – et les juridictions judiciaires – compétentes pour juger de la justification des licenciements. Il en résulte une lourdeur procédurale accrue pour les plaideurs qui s'opposent à un licenciement économique. Cela revient aussi à confier à deux juges différents ce qui, en bonne logique, aurait dû faire bloc : le plan de sauvegarde de l'emploi est un document qui vise notamment à réduire le nombre de licenciement et, par voie de conséquence, à préciser et renforcer la justification de ceux qui paraîtront inévitables.

De l'ensemble de ces réformes, le droit du licenciement économique est sorti passablement complexifié. La voie de la destruction des protections est passée, comme ailleurs, par l'essor de la négociation collective dérogatoire et par la création d'exceptions à des principes toujours plus malmenés [2].

Certaines protections importantes demeurent toutefois, notamment celles qui peuvent s'appuyer sur les textes internationaux qui lient la France (Conv. OIT n° 158, Dir. eur. n° 98/59/CE du 20 juill. 1998) et celles qui résultent des avancées de la jurisprudence judiciaire, réalisées au cours des années 1990 et 2000.

455 ***Plan*** ◊ La première question est celle du champ d'application des règles applicables (Chap. 1). Celui-ci dépend de la qualification de « licenciement

---

1. A. Fabre, Le licenciement économique et l'objectif de sécurisation, *RDT* 2013. 184 ; F. Géa, Le droit du licenciement économique à l'épreuve de la sécurisation de l'emploi, *Dr. soc.* 2013. 210 ; Les grands licenciements collectifs dans l'ordre administratif, *RDT* 2013. 261.

2. En matière de temps de travail, cette méthode des petits pas successifs à permis une destruction quasi complète des protections mises en place au début du XXe siècle. Sur cette méthode de régression législative, v. not. E. Dockès, Le stroboscope législatif, *Dr. soc.* 2005. 35.

pour motif économique », mais aussi des différentes catégories de licenciement économique construites par le législateur. Un licenciement économique peut en effet être individuel ou collectif, et surtout, un licenciement collectif peut être « petit » ou « grand ». Nous analyserons ensuite les principales règles qui font les procédures de licenciements. Certaines régissent les relations entre le salarié individu menacé de licenciement et l'employeur (entretien préalable, obligation de reclassement, notification...). Ces éléments individuels (chapitre 2) sont complétés d'éléments que l'on peut qualifier de collectifs (chapitre 3) en ce sens que le salarié individu n'y prend plus part directement. Ceux-ci organisent l'intervention dans la procédure de l'administration, des syndicats et des représentants du personnel.

La procédure ainsi comprise, il sera possible d'aborder la question de la justification des licenciements économiques (chapitre 4), puis celle de l'accès au juge et des sanctions de la violation des règles du droit du licenciement (chapitre 5).

CHAPITRE 1
NOTION ET CATÉGORIES DE LICENCIEMENTS POUR MOTIF ÉCONOMIQUE

456 Il existe une notion générale de « licenciement économique » (1) et à l'intérieur de cette notion, plusieurs catégories de licenciements, la plus importante d'entre elles étant la notion de grand licenciement économique collectif (2).

SECTION 1. NOTION DE LICENCIEMENT POUR MOTIF ÉCONOMIQUE

457 ***Une définition légale ambivalente*** ◊ L'article L. 1233-3 du Code du travail donne une définition du licenciement pour motif économique : « *Constitue un licenciement pour motif économique le licenciement effectué par un employeur pour un ou plusieurs motifs non inhérents à la personne du salarié résultant d'une suppression ou transformation d'emploi ou d'une modification refusée par le salarié d'un élément essentiel du contrat de travail, consécutives notamment à des difficultés économiques ou à des mutations technologiques* ».

Cette définition obscurcit plus qu'elle n'éclaire les débats concernant les licenciements pour motif économique. Elle traite de deux questions très différentes : la cause économique qui permet de qualifier le licenciement (la cause qualificative) et la cause économique qui permet de justifier le licenciement (la cause justificative) [1]. Ces deux acceptions de l'expression « cause économique » sont indépendantes l'une de l'autre. Du moment que l'employeur allègue un motif qui ne tient à pas à la personne du salarié, dès lors qu'il ne s'agit pas d'un motif personnel, comme une faute ou un manque de compétence, le licenciement est un licenciement pour motif économique. Et la procédure des licenciements économiques s'applique. Elle s'applique même si l'employeur n'avait aucune bonne raison de licencier, même si, par exemple, les difficultés économiques qu'il a invoqué n'existait pas. La procédure demeure impérative dans ce cas. Elle a même pour objectif de donner à voir les licenciements pour cause économique

1. J. Pélissier « La cause économique du licenciement », *RJS* 1992. 527 ; D. Baugard « La qualification de motif économique », *RDT* 2009. 510.

mal justifiés. Le licenciement doit donc être qualifié de « licenciement pour motif économique », mais la justification du licenciement étant insuffisante, il sera aussi un licenciement sans cause réelle et sérieuse. La difficulté est que le texte de l'article L. 1233-3 du Code du travail mélange ces deux registres, celui de qualification et celui de la justification. La fin du texte, qui mentionne « notamment » des difficultés économiques et des mutations technologiques relève de la justification du licenciement, laquelle sera abordée ultérieurement [1]. Seul le début du texte a trait à la qualification.

458 ***Un motif qui n'est pas inhérent à la personne*** ◊ Le motif économique est d'abord celui qui n'est pas personnel, en d'autres termes celui dont le motif n'est pas *« inhérent à la personne du travailleur ».* Ceci exclut le motif disciplinaire, l'absence prolongée ou les absences répétées, l'âge, l'inaptitude physique ou professionnelle, etc. Si l'employeur veut procéder à des changements de personnes sur un poste, ou se fonde sur la qualité du travail du salarié, le motif n'est pas d'ordre économique [2]. Le licenciement est un licenciement pour motif personnel. En retenant ce premier critère, la loi française est en conformité avec la directive européenne n° 98/59/CE du 20 juillet 1998 concernant le rapprochement des législations des États membres, relative aux licenciements collectifs, laquelle définit les licenciements collectifs comme ceux « « effectués pour un ou plusieurs motifs non inhérents à la personne des travailleurs ».

Le motif économique implique par ailleurs, selon l'article L. 1233-3 du Code du travail, *la suppression d'emploi*, la *transformation de l'emploi* ou, la *modification*, refusée par le salarié, d'un élément essentiel *du contrat de travail*. En bonne logique, ces précisions sont légèrement redondantes. Lorsque l'emploi du salarié licencié est maintenu, qu'il est désormais occupé aux mêmes conditions par un autre salarié, le licenciement n'a pu avoir lieu que pour un motif personnel, inhérent à la personne du salarié remplacé [3]. Un motif non inhérent à la personne du salarié suppose une modification de son emploi.

1. V. ss 516 s.

2. Avant 1989 déjà l'exclusion de tels motifs apparaissait nettement dans les arrêts : CE 30 mars 1981, *JS UIMM* 1981. 420 ; *ibid.* 301 ; 18 déc. 1981, *D.* 1982. IR 319 ; 21 déc. 1983, *D.* 1984. IR 105 ; 13 avr. 1976, *Bull. civ.* V, n° 207 ; 13 juin 1979, *Bull. civ.* V, n° 386 ; Crim. 4 mars 1980, *JS UIMM* 1980. 407 ; *ibid.* 188 ; 21 juill. 1986, *JS UIMM* 1887. 483 ; *ibid.* 62.

3. En l'absence de modification d'emploi, le licenciement n'est pas un licenciement pour motif économique : Soc. 22 mars 1978, *Dr. soc.* 1978. 296, obs. J. Savatier, *D.* 1978. 554, note J. Pélissier (remplacement d'une salariée malade) ; CE 18 déc. 1981, *D.* 1982. IR 319, obs. J.-M. Sportouch (salariée malade, qui a été remplacée ; licenciement à son retour parce que la société ne pouvait pas rémunérer deux personnes pour un même emploi ; le licenciement n'est pas économique : l'emploi de cette salariée n'avait pas été supprimé). Exceptionnellement, le licenciement est économique alors que, sur un emploi déterminé, le titulaire de l'emploi est licencié et remplacé par un autre salarié : il s'agit de l'hypothèse où, en raison de l'ordre des licenciements, un salarié qui a plus de titres à conserver son emploi remplace un salarié moins bien placé dans l'ordre d'un licenciement collectif (Soc. 29 juin 1994, *Bull. civ.* V, n° 216). Mais, dans ce cas, il y a bien suppression d'emploi.

S'il est nécessaire qu'il y ait suppression ou modification de l'emploi, il n'est pas exigé qu'il y ait globalement, dans l'entreprise ou dans l'établissement, une diminution du nombre global des emplois. Une réorganisation entraîne souvent le remplacement d'emplois supprimés par de nouveaux emplois, différents. Même si le nombre global d'emplois n'est pas en diminution après la restructuration, celle-ci a bien pu occasionner des licenciements pour motif économique. La jurisprudence est, sur ce point, bien établie [1].

Le texte mentionne les modifications du contrat de travail dans la définition. La distinction entre acte de pouvoir et proposition de modification du contrat de travail [2] est en effet ici cruciale. Le refus d'un acte de pouvoir de l'employeur est une faute, et le licenciement qui s'en suit sera un licenciement disciplinaire, donc pour motif personnel. En revanche, le refus d'une proposition de modification du contrat n'est pas une faute. Il ne peut être une cause de licenciement. Si le salarié est licencié à la suite de son refus, ce ne pourra être qu'au nom du motif qui a conduit l'employeur à faire la proposition de modification. Si ce motif est non inhérent à la personne du salarié, ce motif sera économique.

Deux exceptions légales viennent limiter cette solution logique : la qualification « licenciement pour motif économique » est écartée, bien qu'il y ait modification du contrat pour un motif non inhérent à la personne du salarié, lorsqu'un ou plusieurs salariés refusent une modification du contrat en application d'un accord de réduction de la durée du travail [3]. Elle est également écartée, bien qu'il y ait suppression d'emploi, dans le domaine particulier du bâtiment et des travaux publics : lorsque des salariés affectés à un chantier sont licenciés en fin de chantier, les licenciements sont considérés comme des licenciements pour motif personnel [4]. La conformité de ces disqualifications légales aux textes internationaux peut être discutée [5].

459 ***Concours d'un motif économique et d'un motif personnel*** ◊ Les situations de fait sont souvent complexes ; plusieurs causes de licenciement sont susceptibles d'être invoquées et le sont effectivement devant le salarié ou le juge ; ces causes peuvent être complètement indépendantes les unes des autres ou, au contraire, étroitement liées.

---

1. Soc. 24 oct. 1979, *Dr. ouvrier* 1980. 138 ; 1er juin 1983, *JS* 1983. F 70 ; Crim. 17 oct. 1979, *JS* 1979, n° 23 ; *ibid.* 98 ; 7 juin 1983, *JS* 1983. F 71 ; nombreux arrêts du Conseil d'État.

2. Sur laquelle, v. ss 613, 615 s.

3. C. trav., art. L. 1222-7.

4. C. trav., art. L. 1236-8. Selon cet article « le licenciement qui, à la fin d'un chantier, revêt un caractère normal selon la pratique habituelle et l'exercice régulier de la profession » n'est pas soumis au droit des licenciements pour motif économique. Il relève de la législation concernant les licenciements pour motif personnel ; la loi ne fait que consacrer la solution qui avait été dégagée par la jurisprudence (Soc. 22 avr. 1977, *Dr. soc.* 1978. 295, obs. J. Savatier ; 25 nov. 1982, *Dr. ouvrier* 1983. 145). S'il existe une possibilité d'emploi sur un autre chantier, le licenciement sera jugé sans cause réelle et sérieuse (Soc. 10 juill. 1986, *JS UIMM* 1887. 486). L'art. L. 1236-8 C. trav. prévoit cependant que la convention ou l'accord collectif peut déroger à la règle qu'il pose.

5. V. ss 463.

1) Si les causes de licenciement susceptibles d'être invoquées par l'employeur n'ont *aucun lien entre elles*, il appartient normalement à l'employeur de choisir le motif de licenciement qui lui semble le plus adéquat. Ayant allégué tel motif – par exemple un motif personnel (comportement fautif) –, il lui appartiendra de justifier devant le Conseil de prud'hommes et éventuellement devant le juge répressif que ce motif personnel est bien une cause réelle et sérieuse du licenciement. Si le juge est effectivement convaincu que la cause du licenciement est, par exemple, la répétition des retards du travailleur licencié et non pas, comme le prétend le salarié, les difficultés économiques de l'entreprise entraînant dans le même temps d'autres licenciements, l'employeur ne sera pas condamné pour avoir procédé à un licenciement pour motif économique. Si, au contraire, il apparaît que le motif personnel allégué par l'employeur n'est pas la cause exacte du licenciement (que la véritable cause est la situation économique de l'entreprise), les juges condamneront l'employeur, pour licenciement sans cause réelle et sérieuse, ou pour licenciement nul.

L'employeur, qui a la possibilité de choisir la qualification, doit normalement être lié par son choix. S'il a choisi de présenter le licenciement pour motif économique, il ne pourra plus invoquer les règles du licenciement pour motif personnel [1]. Inversement, l'employeur qui a choisi de présenter le licenciement comme un licenciement pour motif personnel ne devrait pas pouvoir utilement plaider devant les juges le caractère économique de ce licenciement [2]. Exceptionnellement, l'employeur n'a pas la liberté de choisir le motif du licenciement alors que plusieurs motifs existent réellement et qu'ils sont totalement indépendants l'un de l'autre. Il en est ainsi lorsque le régime juridique du licenciement pour un motif déterminé offre des garanties particulières au salarié. La Cour de cassation juge alors que l'employeur ne peut pas priver le salarié de ces garanties en invoquant un autre motif de licenciement [3].

L'employeur peut aussi mentionner, dans la lettre de licenciement, les différentes causes de celui-ci. Cette possibilité pour l'employeur d'invoquer plusieurs motifs a été admise [4] alors que l'employeur fondait sa décision sur un motif disciplinaire et un motif personnel non disciplinaire.

---

1. Avant les réformes de 1986, les juges décidaient qu'un employeur qui s'était soumis au dispositif de la loi du 3 janv. 1975, ne pouvait plus recourir en cas de rejet de sa demande à la procédure de licenciement pour motif personnel : Crim. 13 oct. 1981 ; 21 mai 1985.

2. Les données du problème sont compliquées par le fait qu'un employeur licencie souvent en suivant la procédure des licenciements pour motif personnel alors qu'il invoque en réalité une cause économique ; le juge des prud'hommes recherche si la cause est réelle et sérieuse et, dans ce cas, ne condamne pas l'employeur, le salarié ayant omis de demander des dommages et intérêts pour violation de la procédure des licenciements pour motif économique (v. A. Jeammaud : *op. cit.*, *Dr. soc.* 1981. 274).

3. Soc. 14 mars 2000, *RJS* 5/00, n° 526 : un salarié ayant été déclaré inapte à son emploi par le médecin de travail à la suite d'un accident de travail, ce qui lui ouvrait droit au bénéfice des dispositions de l'anc. art. L. 122-32-5 C. trav., l'employeur ne pouvait dès lors le licencier pour motif économique sans méconnaître ces dispositions.

4. Soc. 23 sept. 2003, *Bull. civ.* V, n° 242.

Dès lors qu'elle est recevable lorsque les motifs sont l'un disciplinaire et l'autre non disciplinaire, elle doit l'être également lorsque l'un est d'ordre personnel et l'autre d'autre économique. Il serait inexact de prétendre que le motif personnel et le motif économique sont toujours incompatibles au motif qu'ils sont contradictoires et exclusifs l'un de l'autre. Cette incompatibilité n'existe que lorsque les deux motifs invoqués sont étroitement liés par un rapport de causalité. Lorsque les deux motifs découlent de faits totalement indépendants (une faute professionnelle et la restructuration de l'entreprise), ils peuvent parfaitement coexister ; la faute professionnelle n'exclut pas la restructuration, pas plus que la restructuration n'exclut l'existence d'une faute professionnelle.

Lorsque l'employeur allègue dans la lettre de licenciement un motif personnel et un motif économique, il appartient au juge de rechercher le motif qui a été la cause première et déterminante du licenciement [1].

2) Les causes de licenciement peuvent être étroitement *liées l'une à l'autre*. On peut alors parler de licenciement *mixte*. Par exemple, un salarié est devenu inapte à tenir son emploi (motif personnel) parce que son emploi a été modifié à la suite d'une restructuration de l'entreprise (motif économique). Un seul fait entraîne des conséquences en chaîne : d'abord transformation de l'emploi, ensuite inaptitude du salarié à occuper l'emploi modifié. Dans ces cas, un seul motif peut être retenu.

La Cour de cassation retient la cause survenue chronologiquement en premier. Ce choix de la cause première et déterminante du licenciement est logique : si l'emploi est transformé par suite de restructuration, le licenciement du salarié inapte à tenir le nouvel emploi doit être considéré comme un licenciement pour motif économique, l'inaptitude du salarié n'étant qu'une conséquence de la transformation d'emploi ; cause seconde, elle ne doit jouer qu'un rôle secondaire dans la qualification [2].

---

1. Soc. 3 avr. 2002, *RJS* 6/02, n° 697 ; 10 oct. 1990, *Bull. civ.* V, n° 442 ; *Grands arrêts*, 4e éd., n° 106.

2. Soc. 24 juin 1970, *Bull. civ.* V, n° 433, p. 352 (salarié qui, après avoir accepté un changement d'affectation, est licencié pour inaptitude à ce nouvel emploi : le licenciement est « économique ») ; Crim. 5 juill. 1983, *JS UIMM* 1983. 446 ; *ibid.* 420 (achat d'une machine ; changement des tâches à accomplir ; inaptitude de femme salariée à accomplir les nouvelles tâches ; licenciement pour motif économique) ; CE 18 mai 1983, *JS UIMM* 1983. 446 ; *ibid.* 421 ; Soc. 21 juill. 1986, *JS* 861. 25 : licenciement d'une salariée dans le cadre d'une réorganisation, consécutive à l'absence prolongée de cette salariée (licenciement pour motif personnel) ; Soc. 10 oct. 1990, *Bull. civ.* V, n° 442 ; *Grands arrêts*, n° 106 ; 15 oct. 1992, *Mme Largeron, CSBP* 1992. 271 (l'emploi de Mme Largeron avait été transformé en raison de l'informatisation de l'entreprise ; l'intéressée n'avait pu s'adapter aux nouvelles exigences technologiques afférentes à cet emploi : le licenciement a un caractère économique) ; v. cep. Soc. 12 déc. 1991, *RJS* 2/92, n° 133 (arrêt discutable ; v. J. Pélissier, *RJS* 9/92). La solution sera différente si le salarié refuse de suivre des stages de perfectionnement qui lui permettraient d'acquérir l'aptitude nécessaire à l'utilisation d'un matériel modernisé, CE 2 oct. 1981, *Neveu*, *JS* 1982. F 7 : modernisation du parc de camions ; refus d'un chauffeur de participer aux stages de perfectionnement ; licenciement pour inaptitude à conduire les nouveaux véhicules ; licenciement pour motif personnel.

SECTION 2. CATÉGORIES DE LICENCIEMENTS ÉCONOMIQUES

460 ***Deux distinctions*** ◇ Le droit du licenciement économique est traversé par deux grandes distinctions. La première oppose les licenciements économiques pour motif individuel des licenciements économique collectifs. La seconde, parmi ces derniers, distingue les grands licenciements pour motif économiques, qui en principe sont des projets de licenciement d'au moins dix salariés sur trente jours, des autres licenciements collectifs, les « petits », qui sont de moindre importance.

La procédure de licenciement économique est très différente selon qu'il s'agit de licenciements individuels ou collectifs, et parmi ces derniers de « petits » ou de « grands » licenciements collectifs. La procédure la plus complète, de très loin, concerne les *grands* licenciements économiques *collectifs*. Le rôle de l'administration, des syndicats et des représentants du personnel y est nettement plus développé. Notamment, ce n'est qu'à l'occasion de ces grands projets collectifs, dans les entreprises de plus de cinquante salariés, qu'un document crucial, le plan de sauvegarde de l'emploi [1], est impératif. Ce document est au cœur des stratégies syndicales qui visent à ralentir les grands projets de licenciement ou à en réduire l'impact sur les salariés. Réciproquement, l'évitement de ce document et plus généralement l'évitement de la procédure des grands licenciements collectifs est l'objectif premier sur lequel les organisations patronales se sont concentrées ces dernières années. Et, pour ce faire, le plus simple est de disqualifier un « grand licenciement collectif » en série de licenciements « individuels », ou bien en « petit » licenciement collectif. Pour cette raison, les qualifications de « collectif » et « d'individuel », et celles de « grand » et de « petit », ont été et demeurent, parmi les questions les plus débattues du droit du travail. Pour cette raison encore, il s'agit de questions mouvantes, objet de revirements de jurisprudence et d'interventions régulières du législateur.

§ 1. Licenciement individuel et licenciement collectif

Le licenciement d'un travailleur n'est pas toujours un licenciement individuel et le licenciement de plusieurs travailleurs n'est pas nécessairement un licenciement collectif [2].

461 ***L'unité du motif*** ◇ Dans la plupart des cas, le licenciement d'un seul travailleur sera qualifié d'« individuel ». Mais un licenciement, en apparence

1. Sur le plan de sauvegarde de l'emploi, v. ss 500 s.
2. J. Pélissier, Observations à propos de la notion de licenciement individuel, *in Études offertes à G.-H. Camerlynck*, Dalloz 1978, p. 83.

individuel, peut relever des dispositions concernant les licenciements collectifs. Ce sera le cas lorsque, peu après le licenciement d'un seul salarié, d'autres travailleurs de la même entreprise sont licenciés pour le même motif économique. Le licenciement du premier travailleur congédié s'inscrit alors « dans le cadre d'un licenciement collectif » [1]. C'est la raison pour laquelle la loi fait intervenir la « période » de licenciement (C. trav., art. L. 1233-8) et vise les licenciements successifs (C. trav., art. L. 1233-26).

De même, le licenciement, dans le même temps, de plusieurs salariés de la même entreprise est habituellement collectif. Encore faut-il que tous les licenciements soient prononcés pour une même cause et que cette cause soit une cause économique ; sinon, les licenciements seront considérés comme un ensemble de licenciements individuels. C'est le cas lorsque plusieurs salariés sont licenciés pour avoir commis une faute lourde au cours d'une grève. C'est également le cas lorsqu'un cadre est licencié pour un motif personnel en même temps que 98 salariés d'une usine de la même entreprise ; ce n'est pas parce qu'il y a une simple coïncidence entre la mesure individuelle le concernant et le licenciement collectif touchant le personnel d'une usine à laquelle il n'était pas affecté que ce cadre peut invoquer les règles concernant les licenciements collectifs [2].

462 ***La modification collective des contrats individuels*** ◊ Le débat le plus vif et le plus actuel recouvre la question de la qualification des licenciements décidés par un employeur à la suite du refus (individuel) d'une modification (collective) des contrats individuels de travail. Un employeur décide, par exemple, de déplacer une usine et ses salariés de 300 kilomètres. Ce déplacement dépasse le secteur géographique et suppose une modification des contrats individuels de travail. Le licenciement des salariés récalcitrants, qui refusent le déplacement, sera-t-il un licenciement personnel et individuel, causé par leur refus, ou bien s'agit-il d'un licenciement économique collectif, causé par le déplacement de l'usine ?

Assez curieusement, la jurisprudence commença par considérer que, dans de telles hypothèses, les licenciements étaient individuels. Cette solution fut donnée par un arrêt « *Petit Bateau* » du 9 octobre 1991 [3]. La Cour considérait que chaque refus était une cause différente, individuelle. Ce raisonnement était critiquable. Qualifier de « licenciements individuels » des licenciements qui pouvaient toucher d'un coup des centaines de salariés à la suite d'une grande restructuration avait quelque chose d'assez curieux. De plus, il y avait là une erreur de droit : le refus d'une modification du contrat est un droit du salarié. L'exercice d'un droit ne peut jamais être une cause recevable de licenciement. La seule cause invocable par l'employeur est la cause de la proposition, identique pour tous et non le refus de cette proposition.

1. Soc. 15 nov. 1979, *JS* 1979, n° 24 ; *ibid.* F 6 ; 24 juin 1970, *Bull. civ.* V, n° 433 ; 29 oct. 1974, *Bull. civ.* V, n° 474.
2. Soc. 27 janv. 1971, *Bull. civ.* V, n° 51, p. 41.
3. Soc. 9 oct. 1991, *Petit Bateau, Bull. civ.* V, n° 399.

Le législateur est intervenu, avec la loi du 31 juillet 1992, pour couler définitivement la fort critiquable jurisprudence *Petit Bateau*. Depuis lors, le licenciement de salariés qui refusent la modification de leur contrat est bien un licenciement collectif et non une série de petits licenciements individuels [1]. Cette solution n'a plus été remise en cause. La procédure des licenciements économique collectifs s'applique donc lors des restructurations qui provoquent des modifications de contrats individuels de travail, même si aucune réduction d'effectif n'est prévue par l'employeur. Il suffit que la rupture du contrat des salariés récalcitrants soit envisagée par l'employeur.

Cette solution, aujourd'hui expressément visée par l'article L. 1233-25 du Code du travail, n'a jamais été totalement acceptée par le patronat. Celui-ci souhaite éviter la procédure des licenciements collectifs, et en particulier éviter l'éventuel plan de sauvegarde de l'emploi lorsqu'il ne s'agit pas de réduire les effectifs, mais « simplement » de déplacer une usine de quelques centaines de kilomètres ou de réduire les salaires. L'ANI du 11 janvier 2013 et la loi du 14 juin 2013 ont partiellement acquiescé à cette revendication. Le caractère collectif de principe est maintenu. Cependant la loi nouvelle lui apporte deux importantes exceptions.

463 ***Les disqualifications opérées par la loi du 14 juin 2013*** ◊ La loi du 14 juin 2013 crée deux catégories nouvelles d'accords collectifs : les accords de mobilité interne [2] et les accords de maintien de l'emploi [3]. Dans le premier cas, il s'agit d'imposer des mobilités professionnelles ou géographiques aux salariés. Dans le second, il s'agit de faire face à de graves difficultés économiques en réduisant provisoirement certains avantages sociaux. Dans les deux cas, des modifications de contrats individuels de travail sont prévues par les accords. Les salariés conservent toutefois le droit de refuser ces modifications [4]. Mais, s'ils refusent, leur licenciement sera simplifié. Selon la loi nouvelle, ces licenciements pourront être décidés en suivant la procédure des licenciements *individuels* pour motif économique.

Cette qualification légale de licenciement pour motif individuel est une exception légale faite au principe de l'article L. 1233-5 du Code du travail. Le problème vient de ce qu'il s'agit peut-être aussi d'une atteinte au droit européen [5]. L'exception légale française n'est nullement prévue par la directive n° 98/59 du 20 juillet 1998 relative aux licenciements collectifs.

---

1. Appliquant la L. de 1992, v. not. Soc. 22 mars 1995, *Bull. civ.* V, n° 102.
2. C. trav., art. L. 2242-21 s. *Adde*, v. ss 633.
3. C. trav., art. L. 5125-1.
4. V. G. Borenfreund, *RDT* 2013. 224.
5. V. not. D. Baugard, Questions de conventionalité : droit international et européen, *in* G. Couturier et J.F. Akandji-Kombé (dir.), *Compétitivité des entreprises et sécurisation de l'emploi – Le passage de l'accord à la loi, IRJS* 2013. 27, spéc. 36 ; A. Braun, Lutter contre les accords de mobilité et de maintien de l'emploi en période de crise, *Dr. ouvr.* 2014. 345 ; N. Moizard, Des mises à l'écart flagrante du droit international et européen, *Sem. soc. Lamy* 2013.1569, p. 12.

Toutefois, le droit français pourrait bien se révéler conforme à la directive pour le motif suivant. Dans l'hypothèse étudiée, des accords collectifs ont été conclus. Une négociation a donc eu lieu, ce qui en droit européen, peut valoir procédure d'information-consultation. Il faut donc vérifier que l'objet de cette négociation collective satisfait l'objet de la consultation prévue par le droit européen. Selon la directive, la consultation doit, en substance, porter sur les possibles reclassements internes et externes des salariés menacés de licenciement [1]. La loi du 14 juin 2013 exige que les conventions de maintien de l'emploi prévoient des « mesures d'accompagnement » (C. trav., L. 5125-2, al. 2) et que les conventions de mobilité interne prévoient des « mesures d'accompagnement et de reclassement » (C. trav., L. 2242-23, al. 3). Il y a dès lors deux possibilités. La première serait de considérer que ces dispositions sont insuffisantes, reconnaître la contrariété de la loi française et de la directive, et finalement permettre aux salariés d'attaquer l'État en responsabilité pour non transposition de la directive [2]. La seconde serait d'interpréter de manière extensive les dispositions légales sus-visées, pour les rendre conformes au droit européen. Il faudrait alors considérer que les « mesures d'accompagnement » visées par les textes intègrent nécessairement mesures de reclassement interne et externe. Il en résulterait que les accords de mobilité interne ou de maintien de l'emploi doivent intégrer un plan de reclassement interne et externe en faveur des salariés récalcitrants, sous peine d'être invalidés. Cette deuxième solution semble la plus probable, l'interprétation conforme à la directive devant en principe l'emporter.

Ces exceptions légales issues de la loi du 14 juin 2013 [3], dont l'interprétation restrictive semble s'imposer au nom du droit européen, maintiennent le principe. Lorsqu'un motif conduit l'employeur à proposer plusieurs modifications de contrats de travail, ces modifications font partie d'un même ensemble, collectif. Et la procédure du licenciement collectif pour motif économique devra être suivie pour licencier les éventuels récalcitrants. Reste à calculer le nombre de salariés concernés pour qualifier ce licenciement collectif de « grand » ou de « petit ».

§ 2. Les « grands » projets

464 ***Trois questions*** ◊ L'article L. 1233-61 du Code du travail, qui fixe le champ dans lequel un plan de sauvegarde de l'emploi est impératif, vise un

---

1. Dir. préc., art. 2.2.
2. En ce sens, v. A. Braun, préc ; N. Moizard, préc.
3. V. aussi la L. du 19 janv. 2000 (art. 30) qui avait opté pour une solution plus radicale encore. Selon cette loi, le licenciement des salariés qui refusent la modification prévue par un accord de réduction du temps de travail n'avait pas à respecter le droit du licenciement économique dans son ensemble. La L. du 14 juin 2013 n'exclut que la procédure spécifique des licenciements économiques *collectifs*. Les dispositions de la L. de 2000 n'ont pas (encore) été attaquées pour atteinte au droit européen.

« projet de licenciement (qui) concerne au moins dix salariés dans une même période de trente jours ». À l'instar de la définition du licenciement « collectif » et pour les mêmes raisons, cette définition du « grand » licenciement a fait l'objet de rudes batailles juridiques, lesquelles sont loin d'être achevées. Il en est résulté plusieurs extensions et quelques restrictions légales apportées à la définition du « grand » licenciement collectif.

La principale difficulté est celle de la prise en compte des restructurations sans réduction d'effectif. Ces grands projets de modification des contrats de travail, dont on ignore s'ils déboucheront sur de nombreux licenciement collectifs ou non, sont-ils des grands projet de licenciements (A) ?

Une seconde difficulté vient des grands projets de réduction d'effectif dans lesquels aucun licenciement n'est envisagé, l'employeur entendant poursuivre son objectif par la voie de ruptures consenties. Cette question est celle des « plans de départs volontaires » (B).

La troisième difficulté vient des plans qui étalent sur plus de trente jours les licenciements pour éviter de passer la barre des 10 salariés sur trente jours. Le législateur est intervenu pour bloquer ce type de contournement (C).

A. Les grands projets de modification des contrats de travail

465 ***La question posée*** ◊ Le plan de sauvegarde de l'emploi a, entre autres buts, celui d'éviter des licenciements. Pour que cette finalité ait du sens, il est évidemment nécessaire que ce plan puisse être discuté et mis en place avant que les décisions de licencier ne soient définitivement arrêtées. Il n'est donc pas question de compter les licenciements, puisqu'à ce stade on ignore encore combien seront, finalement, licenciés. L'article L. 1233-61 du Code du travail impose de compter le nombre de salariés concernés par un « projet de licenciement ». Nombre qui, il faut l'espérer, sera bien supérieur au nombre de salariés effectivement licenciés. Un projet n'est pas non plus une simple pensée qui traverse vaguement l'esprit de l'employeur. Le problème d'interprétation se situe là : à partir de quand un licenciement est-il suffisamment « projeté » pour qu'il doive être compté ? Le point de bascule se situe quelque part après la vague idée passagère du chef d'entreprise et avant sa décision ferme et définitive. Mais où ?

Le débat s'est focalisé sur la question des modifications de contrats de travail proposées par l'employeur, laquelle se comprend mieux au travers de l'exemple précédemment évoqué. Soit un employeur qui envisage de déplacer une usine de 300 kilomètres, sans que ses besoins en emplois soient diminués. Il envisage de proposer aux salariés un déplacement important de leur lieu de travail. Ce déplacement, on le suppose ici, s'analyse en une modification du contrat de travail. Les salariés sont donc en droit de le refuser. Si la décision de déplacer se concrétise, il faudra envisager de licencier les salariés récalcitrants. Ce type d'opération voit se succéder les quatre étapes suivantes : il y a d'abord un projet de restructuration, puis une décision de restructurer, une proposition de modification des contrats de travail, et enfin la rupture du contrat des salariés qui ont refusé les modifications de leurs contrats de travail.

À quel moment la procédure de grand licenciement économique doit-elle être déclenchée ?

La grande question est alors de savoir s'il faut compter les propositions de modification faite par l'employeur, ou bien s'il ne faut compter que ceux qui refusent ces propositions, lesquels sont évidemment beaucoup moins nombreux.

466 ***Compter les propositions ou les refus ?*** ◊ Par deux arrêts, *Framatome* et *Majorette*, du 3 décembre 1996 [1], la Cour de cassation a affirmé que le décompte du nombre de licenciements envisagés doit être placé au début de l'opération. Dans l'exemple sus-décrit, dès que le projet de déplacement d'usine est suffisamment précis, avant même que la décision de déplacement ne soit définitive (donc avant l'achat des nouveaux terrains, la construction des nouveaux locaux, l'installation des nouvelles machines…), la procédure doit être enclenchée. Il n'est pas question d'attendre que le nombre de refus soit connu, ni même que les propositions de modifications soient envoyées. L'idée est de faire avancer le plus tôt possible les discussions autour du plan de sauvegarde de l'emploi, afin que celui-ci puisse pleinement jouer son rôle de prévention des licenciements.

Le législateur soucieux de réduire les protections existantes en matière de licenciement économique est revenu sur cette solution, par la loi du 18 janvier 2005 [2]. L'article L. 1233-25 du Code du travail issu de cette loi permet d'attendre que le nombre de refus soit connu, et de n'enclencher la procédure de grand licenciement économique que si le nombre de refus enregistré est supérieur à 10, sur une période de trente jours. Il s'agit sans doute de l'un des premiers textes réduisant la portée du plan de sauvegarde de l'emploi. Le risque est de faire perdre à ce plan sa signification. Attendre les refus, c'est reculer considérablement le point de départ de la procédure. Alors, le plus souvent, il sera trop tard. Dans l'exemple précédent les terrains ont été achetés, la nouvelle usine construite et même les machines auront été déplacées… Sauvegarder l'emploi des salariés qui refuseront de bouger sera alors devenu bien hypothétique. Ce recul par la loi du point de départ de la procédure était donc en contradiction avec la finalité même du plan de sauvegarde de l'emploi [3].

---

1. Soc. 3 déc. 1996, deux arrêts, *Framatome* et *Majorette, Bull. civ.* V, n° 411 ; *Grands arrêts* 4e éd., n° 109, *RJS* 1997, n° 24 ; ibid. 12 et 13, concl. P. Lyon-Caen ; *JCP E* 1997. II. 916, note J. Barthélemy ; *Dr. soc.* 1997. 23 ; *ibid.* 18, rapp. Ph. Waquet. Dans le même sens, v. not. Soc. 21 janv. 2004, *Aventis Pharma, Bull. civ.* V, n° 26 ; 22 févr. 2005, *Dr. soc.* 2005. 559.

2. C. Radé, « Feu la jurisprudence Framatome et Majorette », *Dr. soc.* 2005. 386 ; Y. Chagny, « La jurisprudence Framatome-Majorette : les derniers feux ? », *Dr. soc.* 2005. 556 ; I. Meyrat, « Vers un affaiblissement de l'emprise des procédures de licenciement collectif : le cas des propositions de modification du contrat de travail pour motif économique », *Dr. ouvrier* 2005. 296.

3. V. not. M. Véricel, préc. 976.

B. Les grands plans de départs volontaires

467 ***Application du plan de sauvegarde aux plans de départs volontaires*** ◊ Le plan de sauvegarde de l'emploi peut également être obligatoire lorsque des licenciements ne sont pas envisagés. C'est le cas lorsque l'entreprise programme des suppressions d'emploi par *départs volontaires* [1]. Déjà ancienne, la pratique des « départs négociés » [2] a connu un développement récent sous l'appellation « plans de départs volontaires » (PDV). Ces plans sont, par application de l'article L. 1233-3, alinéa 2, soumis aux dispositions légales relatives à la procédure de licenciement économique en général, et donc aux plans de sauvegarde de l'emploi en particulier [3].

Les plans de départs volontaires prennent des formes différentes. Ils peuvent être exclusifs, c'est-à-dire ne concerner que des départs volontaires. L'employeur s'engage alors à ne pas recourir à des licenciements pour atteindre son objectif de suppression d'emplois. Ils peuvent aussi être intégrés à un plan général envisageant aussi bien des départs volontaires que de possibles licenciements. Le contenu du plan de sauvegarde de l'emploi a été allégé par la jurisprudence dans le premier cas. Lorsque l'employeur s'est engagé à ne pas procéder à des licenciements, il lui est possible de se dispenser d'intégrer dans son plan de départ volontaire un plan de reclassement interne [4].

C. Les réductions d'emploi organisées sur plus de trente jours

468 ***Le décompte des licenciements effectués*** ◊ Une opération de licenciement économique peut s'étaler sur trois mois, sur un an, voire sur plusieurs années. Un projet peut ainsi toucher 50, 100 salariés, sans jamais passer la barre des 10 licenciements sur 30 jours fixée par l'article L. 1233-61 du Code du travail. Et cet étalement peut, au demeurant, avoir été construit dans le but d'éviter la procédure du plan de sauvegarde de l'emploi.

Pour cette raison, la qualification de « grand » licenciement collectif a été élargie en lui adjoignant deux hypothèses, dans lesquelles une grande opération s'étale dans le temps. Pour ce faire, il a été décidé de compter les licenciements réalisés et, si ceux-ci dépassent un certain nombre au cours

---

1. Versailles, 14e ch., 1er avr. 2009, n° 09-01.005, *Sem. soc. Lamy* 2009, n° 1407, p. 11, entretien croisé avec G. Couturier et J. Pélissier.

2. J. Pélissier, Les départs négociés, *Dr. soc.* 1981. 228 s.

3. Soc 26 oct. 2010, n° 09-15.187, *Sem. soc. Lamy* 2010, n° 1465, p. 10 « l'employeur qui, pour des raisons économiques, entend supprimer des emplois en concluant avec les salariés intéressés des accords de rupture amiable est tenu d'établir un plan de sauvegarde de l'emploi lorsque les conditions prévues par l'article L. 1233-61 du code du travail sont remplies ».

4. Soc. 26 oct. 2010, n° 09-15.187, préc. Pour une discussion et une analyse plus précise de ce plan de sauvegarde au rabais, v. ss 510.

d'une certaine période de temps, tout projet de licenciement qui suivra, dans les trois mois, devra passer par la procédure complète des grands licenciements collectifs.

Plus précisément deux calculs doivent être opérés, le premier a été introduit par la loi du 2 août 1989, le second l'a été par la loi du 17 janvier 2002.

Si, pendant 3 mois, plus de 10 licenciements ont été réalisés, tout licenciement envisagé au cours des 3 mois suivants doit suivre la procédure du grand licenciement économique (C. trav., art. L. 1233-26).

Si, au cours d'une année civile (du 1er janvier au 31 décembre), plus de 18 licenciements ont été réalisés, tout licenciement envisagé au cours des 3 mois suivants (entre le 1er janv. et le 31 mars de l'année suivante) doit suivre la procédure du grand licenciement économique (C. trav., art. L. 1233-27).

Ces modes de calculs, construits à partir de licenciements d'ores et déjà effectifs peut créer une certaine amertume de la part des premiers salariés licenciés, dont le décompte va permettre aux salariés suivants de bénéficier de la procédure complète. Ces premiers licenciés étaient bien dans la même opération de réduction d'effectifs que les autres, mais, parce qu'ils étaient les premiers, ils n'ont pas eu droit aux mêmes garanties que les autres...

De plus, sans passer par la procédure du grand licenciement collectif, un employeur pourra tout de même licencier un nombre respectable de salariés tous les ans (dix-huit).

L'article L. 1233-27 affirme que le calcul qu'il prône n'a lieu que lorsque l'entreprise au cours de la période considérée n'a jamais envisagé de procéder à au moins 10 licenciements au cours d'une même période de 30 jours. Cela semble signifier que les modes de calcul sont alternatifs et non-cumulatifs. En clair, les licenciements réalisés à la suite d'une procédure de grand licenciement ne comptent pas pour savoir si une nouvelle procédure de grand licenciement doit être enclenchée. Cette fois, c'est le salarié licencié tout seul pour motif économique, juste après une « charrette » de licenciés avec plan de sauvegarde de l'emploi, qui risque de ressentir une certaine amertume lorsqu'il s'apercevra qu'il ne bénéficie pas des mêmes protections que ceux qui l'ont précédé.

CHAPITRE 2
ÉLÉMENTS DE PROCÉDURE INDIVIDUELS

L'entretien préalable (1) et les propositions de reclassement que l'employeur doit adresser au salarié (2) précèdent la rupture de contrat de travail et ses conséquences (3).

SECTION 1. ENTRETIEN PRÉALABLE

469 ***Domaine d'application*** ◊ L'entretien individuel préalable au licenciement fut longtemps une spécificité du licenciement pour motif personnel. Cet entretien préalable a été progressivement étendu, par les lois du 3 juillet, du 30 décembre 1986 et du 2 août 1989. Aujourd'hui, seuls les grands licenciements collectifs, de plus de dix personnes dans une même période de trente jours, sont dispensés d'organiser un entretien préalable, à la condition qu'il existe une représentation du personnel dans l'entreprise (C. trav., art. L. 1233-38).

Cette dispense n'est donc que résiduelle. Elle n'en est pas moins discutable. Alors que les entretiens annuels d'évaluation se banalisent, y compris dans les grandes entreprises, l'idée qu'il serait trop lourd d'organiser des entretiens individuels pour annoncer une mesure aussi grave que le licenciement ne tient plus. D'autant que la procédure d'entretien préalable peut apparaître, sinon comme un embryon de procédure contradictoire, du moins comme une règle de politesse élémentaire : avant de licencier une personne, il n'apparaît pas excessif d'exiger que cette personne soit reçue, afin qu'il lui soit dit personnellement, en face, les motifs qui expliquent qu'une telle décision ait été envisagée.

470 ***Conditions de l'entretien*** ◊ Les règles de convocation à l'entretien et du déroulement de celui-ci sont les mêmes que celles prévues en cas de licenciement pour motif personnel [1]. Quelques particularités cependant : lorsque l'employeur convoque un salarié à un entretien en vue d'un licenciement pour motif économique, il doit lui proposer le bénéfice d'un contrat de sécurisation professionnelle, d'un congé de reclassement ou d'un congé de mobilité, ces contrats étant supposés permettre au salarié

---

1. V. ss 419. L'objet de la convocation doit être clairement indiqué ; il s'agit là d'une précision substantielle (Soc. 19 mars 1998, *RJS* 5/98, n° 581).

de bénéficier, après la rupture de son contrat de travail, d'actions de soutien, destinées à favoriser son reclassement [1]. Le délai entre la date fixée pour l'entretien et la notification du licenciement est plus long lorsque le licenciement a un caractère économique [2].

Les sanctions du défaut d'entretien sont uniquement des sanctions civiles. Elles sont précisées par les articles L. 1235-2 et L. 1235-5 du Code du travail et ont été exposées à propos du licenciement pour motif personnel.

SECTION 2. LE RECLASSEMENT

471 ***Une obligation jurisprudentielle, légale, constitutionnelle*** ◊ L'obligation de reclasser est peut-être l'obligation la plus importante qui soit imposée à l'employeur au cours de la procédure de licenciement [3]. Cette obligation est d'origine jurisprudentielle [4]. Elle a été reprise et amplifiée par le législateur (L. de 2002, 2003 et 2005) et est aujourd'hui consacré par l'article L. 1233-4 du Code du travail. Le droit au reclassement a de surcroît été renforcé par la décision du Conseil constitutionnel du 13 janvier 2005, qui considère que ce droit au reclassement des salariés licenciés « découle directement » du « droit de chacun d'obtenir un emploi » [5]. Création jurisprudentielle décriée, le droit au reclassement est ainsi devenu droit fondamental en à peine plus de dix ans. Il est l'exigence d'une recherche loyale et approfondie, par l'employeur, d'emplois de substitution pour les salariés menacés par lui de licenciement économique.

Le reclassement est une obligation de l'employeur vis-à-vis de chaque salarié. Et l'employeur demeure responsable de sa bonne exécution, même lorsqu'il en a délégué la mise en œuvre à un cabinet extérieur spécialisé dans le reclassement [6].

L'obligation de reclassement ne se confond pas avec l'obligation d'élaborer un plan de reclassement [7]. Ce n'est pas parce que cette dernière est satisfaite que l'employeur est libéré de l'obligation qu'il a, vis-à-vis de chaque salarié, de lui trouver un nouvel emploi pouvant éviter le licenciement [8].

---

1. Sur ces conventions, v. ss 477 s.

2. C. trav., art. L. 1233-15. La lettre de notification du licenciement ne peut être expédiée moins de 7 jours ouvrables à compter de la date prévue de l'entretien préalable. Le délai est porté à 15 jours ouvrables pour le licenciement individuel d'un cadre.

3. J. Chauviré, Synthèse sur le reclassement dans le licenciement pour motif économique, *Sem. soc. Lamy* 2011, n° 1477 p. 6 s. ; J.-E. Ray, Devoirs d'adaptation et obligations de reclassement, *Dr. soc.* 2008. 949 ; F. Géa, Licenciement pour motif économique : l'obligation générale de reclassement, *RJS* 7-8/00, n° 511 ; B. Lardy-Pélissier, L'obligation de reclassement, *D.* 1998. Chron. 399.

4. Soc. 1er avr. 1992, *Bull. civ.* V, n° 228. Pour une application plus récent, v. par ex. Soc. 18 janv. 2011, n° 09-69.199, *Sem. soc. Lamy* 2011, n° 1476, p. 9, obs. F. Géa ; *ibid.* 6 s., rapp. P. Bailly

5. Décis. n° 2005-509 DC, cons. 28 ; *Dr. soc.* 2005. 375, obs. X. Prétot.

6. Soc. 30 sept. 2013, n° 12-13.439 P, *Sem. soc. Lamy* 2013, n°1604, p. 9, note A. Renaud.

7. Sur laquelle, v. ss 509.

8. Soc. 31 mars 1998, *RJS* 5/98, n° 578 ; 6 juill. 1999, *RJS* 10/99, n° 1237.

L'obligation de l'employeur n'est qu'une obligation de moyens, mais elle est une obligation de moyens de plus en plus renforcée. Les offres de reclassement proposées au salarié doivent être écrites et précises [1], concrètes et personnalisées [2]. L'obligation de reclassement concerne aussi bien les modifications d'emploi que les suppressions d'emploi : « dans le cadre de son obligation de reclassement dans l'entreprise, l'employeur doit, en cas de suppressions ou de transformations d'emplois, proposer aux salariés concernés, des emplois disponibles de même catégorie ou, à défaut, de catégorie inférieure, fût-ce par voie de modification substantielle des contrats de travail » [3]. L'obligation de reclassement ne se limite donc pas à proposer au salarié un emploi équivalent à celui qu'il occupait précédemment ; elle a également pour objet d'offrir, à défaut d'emplois équivalents, des emplois de moindre qualification et de rémunération inférieure que le salarié pourrait tenir. Le salarié est évidemment libre de rejeter cette proposition, mais il pourra obtenir la condamnation de l'employeur pour licenciement sans cause réelle et sérieuse si ce dernier a négligé de lui faire cette offre [4].

L'obligation de reclassement a, par ailleurs, un cadre très large.

472 ***Le reclassement au sein du groupe*** ◊ L'employeur doit proposer aux salariés concernés non seulement les postes qui seraient disponibles dans la société employeur, mais également ceux qui seraient disponibles à l'intérieur du groupe. La loi du 17 janvier 2002 a généralisé cette obligation à l'ensemble du groupe auquel appartient l'employeur [5]. Précédemment, selon la jurisprudence, le reclassement n'était envisagé que pour les entreprises dont les activités et l'organisation permettaient la permutation de tout ou partie du personnel [6]. Ainsi l'employeur doit-il rechercher s'il existe des emplois dans une société du groupe, même située à l'étranger, dès l'instant que la législation applicable localement n'empêche pas l'emploi de salariés étrangers [7].

L'obligation de reclassement au sein du groupe demeure toutefois une obligation de l'employeur et de lui seul. La Cour de cassation juge, en effet,

---

1. C. trav. art. L. 1233-4, al. 2. À défaut de respect de ce formalisme, le licenciement est dépourvu de cause réelle et sérieuse : Soc. 20 sept. 2006, n° 04-45.703, *Bull. civ.* V, n° 276, *RDT* 2006. 315, obs. P. Waquet, *Dr. soc.* 2006. 1156, obs. G. Couturier ; 13 mai 2009, n° 07-43.893, *RJS* 7/09, n° 621.

2. Soc. 7 déc. 2005, n° 03-45.012 ; *RJS* 3/06, n° 324. V. aussi Soc. 23 avr. 2013, n° 12-15.221 P : « la seule communication aux intéressés d'une liste de postes disponibles dans le groupe [ne constitue] pas une proposition écrite et personnalisée de reclassement répondant aux exigences légales ».

3. Soc. 8 avr. 1992, *RJS* 5/92, n° 598. Dans le cas particulier d'une modification du contrat de travail, l'employeur est tenu d'une obligation de reclassement vis-à-vis du salarié qui refuse la modification (Soc. 30 sept. 1997, *RJS* 11/97, n° 1222).

4. Soc. 21 mai 1992, *Delussu*, n° 91-40.026 M.

5. C. trav., L. 1233-4, al. 1er.

6. Soc. 31 mars 1998, *RJS* 5/98, n° 578 ; 5 oct. 1999, *RJS* 11/99, n° 1356 : cette règle s'applique même si les entreprises ne constituent pas un groupe au sens commercial du terme ; Soc. 7 avr. 2004, *RJS* 6/04, n° 666 ; 27 oct. 1999, *RJS* 12/99, n° 1449.

7. Soc. 4 déc. 2007, n° 05-46.073, *RJS* 2/08, n° 158 ; 30 mars 1999, *RJS* 5/99, n° 644 ; 7 oct. 1998, *RJS* 11/98, n° 1352.

que les autres sociétés du groupe n'ont pas à répondre vis-à-vis des salariés licenciés d'une insuffisance des mesures de reclassement [1]. Il y a là une sorte de paradoxe, la jurisprudence et la loi créent une obligation de reclassement au niveau du groupe, mais elles rendent seul débiteur de cette obligation une personne incapable d'exécuter cette obligation.

Cette irresponsabilité des autres sociétés du groupe est toutefois limitée. Tout d'abord, il faut vérifier si certaines sociétés ne peuvent pas être considérées comme co-employeur du salarié. De plus, même lorsque tel n'est pas le cas, une action des salariés licenciés à l'encontre des autres sociétés du groupe reste envisageable. En particulier, on ne voit pas ce qui interdirait à des salariés licenciés d'engager la responsabilité des autres sociétés du groupe. Un tiers engage sa responsabilité délictuelle lorsqu'il fait obstacle à l'exécution par une autre personne de ses obligations. La société mère du groupe ou une autre société filiale qui empêche la société employeur d'honorer son obligation de recherche un reclassement dans « dans les entreprises du groupe auquel l'entreprise appartient » [2] se trouve dans une situation voisine de celle d'un employeur qui fait travailler un salarié lié par une clause de non-concurrence avec un précédent employeur. Bien que le nouvel employeur ne soit pas lui-même engagé par cette obligation de non-concurrence, il sera condamné vis-à-vis du précédent employeur pour avoir concouru à la violation de cette obligation [3]. De la même façon, les sociétés du groupe, qui empêchent la société employeur de faire face à son obligation de reclassement en tenant compte des moyens du groupe, doivent, semble-t-il, être condamnées à réparer le dommage subi par les salariés à qui un reclassement n'a pu être proposé.

473 ***Le reclassement international*** ◊ L'obligation de proposer des emplois inclut une obligation de proposer les emplois disponibles situés à l'étranger. Cette obligation pouvait amener les employeurs à faire des propositions « indécentes », notamment en cas de délocalisation, en raison du très bas niveau des salaires pratiqués dans certains pays. Le législateur a entendu mettre fin à ces situations mal vécues par les salariés et par les employeurs et à mis en place une procédure spécifique au reclassement internationaux.

L'article L. 1233-4-1, introduit dans le Code du travail, par la loi du 18 mai 2010 [4] a créé une procédure de reclassement spécifique pour les entreprises ou les groupes implantés hors de France. L'employeur doit demander préalablement au salarié s'il accepte de recevoir des propositions relativement à un poste à l'étranger dans l'une des implantations de l'entreprise, et si oui où et à quelles conditions. L'absence de réponse du salarié dans un délai de six

---

1. Soc. 13 janv. 2010, *Dr. soc.* 2010. 474, obs. G. Couturier, F. Favennec – Héry, *Dr. soc.* 2010. 762 s.
2. C. trav., art. L. 1233-4.
3. V. ss 188.
4. L. n° 2010-499, *JO* 19 mai 2010 ; F. Géa, *RDT* 2010. 646 ; D. Corrignan-Carsin, *JCP E* 2010. 19070.

jours est alors assimilé à un refus, lequel libère l'employeur de son obligation de proposer ses emplois disponibles à l'étranger. Si le salarié a été diligent et a répondu, l'employeur devra lui transmettre les offres correspondant à ses conditions. Le salarié reste libre de refuser ces offres.

La brièveté du délai (6 jours ouvrables) et l'assimilation de l'absence de réponse à un refus, démontrent que la finalité de la réforme de 2010 est plus de libérer l'employeur de ses obligations que de protéger les salariés contre la réception d'offres lointaines, peu rémunérées et au final ressenties comme insultantes.

474 ***Reclassement, adaptation, formation*** ◊ S'il existe dans l'entreprise un emploi disponible que le salarié est, en l'état actuel de ses compétences, dans l'incapacité de tenir, l'employeur doit proposer une formation au salarié menacé de licenciement afin qu'il soit en mesure de postuler sur ce poste [1]. L'obligation de reclassement se double ainsi d'une obligation particulière de formation au profit de salariés déterminés – ceux dont l'emploi est supprimé ou modifié – lorsque certains postes sont vacants dans l'entreprise. Cette obligation de formation est l'expression du devoir de l'employeur d'adapter les salariés à l'évolution de leur emploi. Faisant preuve de réalisme, les juges n'imposent à l'employeur cette obligation de formation qu'autant que l'emploi disponible est compatible avec les capacités du salarié menacé de licenciement. L'employeur est tenu de fournir une formation assez modeste qui permet de compléter les compétences déjà acquises par le salarié [2] ; il n'est pas obligé de proposer au salarié une formation complète qui lui permettrait d'acquérir une qualification d'un niveau beaucoup plus élevée que sa qualification actuelle [3]. Les décisions de justice font simplement référence à « l'adaptation du salarié » à de nouvelles attributions ou à un nouvel emploi.

La loi de modernisation sociale du 17 janvier 2002 a intégré dans le Code du travail ces solutions dégagées par la jurisprudence. L'article L. 1233-4 précise actuellement que le licenciement pour motif économique d'un salarié ne peut intervenir que lorsque tous les efforts de formation et d'adaptation ont été réalisés et que le reclassement de l'intéressé ne peut être opéré dans le cadre de l'entreprise ou, dans les entreprises du groupe auquel l'entreprise appartient.

SECTION 3. **ISSUE DE LA PROCÉDURE**

475 Les salariés licenciés pour motif économique disposent tous de certains droits spécifiques par rapport aux salariés licenciés pour motif personnel.

---

1. Soc. 25 févr. 1992, *Sté Expovit*, *RJS* 4/92, n° 421 : « L'employeur, tenu d'exécuter de bonne foi le contrat de travail, a le devoir d'assurer l'adaptation des salariés à l'évolution de leurs emplois ».
2. Soc. 17 févr. 1998, *RJS* 4/98, n° 434.
3. Soc. 4 févr. 1998, *RJS* 4/98, n° 434.

S'ils ne bénéficient plus d'une indemnité légale de licenciement plus élevée que celle qui est attribuée aux salariés licenciés pour motif personnel [1], il bénéficient de règles spécifiques relatives à la notification du licenciement, à l'existence d'obligations de l'employeur de leur proposer des conventions spécifiques, et à l'existence d'une priorité de réembauche.

§ 1. La notification du licenciement

476 ***Notification du licenciement*** ◊ Même si la procédure de licenciement ne se termine pas nécessairement par la notification d'un licenciement, celle-ci est l'issue la plus habituelle de la procédure.

La notification d'un licenciement pour motif économique se différencie de la notification d'un licenciement pour motif personnel à un double point de vue.

Les délais de notification ne sont pas les mêmes et le contenu de la lettre diffère.

– Lorsqu'il s'agit d'un licenciement individuel ou d'un petit licenciement collectif, la notification du licenciement ne peut être adressée à un salarié moins de 7 jours ouvrables à compter de la date pour laquelle le salarié a été convoqué à un entretien (C. trav., art. L. 1233-15). Ce délai est porté à 15 jours ouvrables en cas de licenciement individuel d'un membre du personnel d'encadrement (même art.).

– Lorsqu'il s'agit d'un grand licenciement collectif, la notification du licenciement ne peut être effectuée avant l'expiration d'un délai qui varie entre 30 et 60 jours selon le nombre des licenciements [2]. Ce délai court à compter de la notification du projet de licenciement à l'administration [3]. Celle-ci a la faculté de réduire ce délai, lorsqu'un accord collectif encadre le licenciement qui lui a été notifié [4].

Outre l'indication du motif de licenciement, qui constitue la mention commune de toutes les lettres de licenciement [5], la lettre notifiant un

1. La L. du 25 juin 2008 portant modernisation du marché du travail a uniformisé le montant de l'indemnité légale de licenciement (art. 4).

2. C. trav., art. L. 1233-39 : 30 jours lorsque le licenciement est inférieur à 100, 45 jours lorsqu'il est au moins égal à 100 et inférieur à 250, 60 jours lorsqu'il est au moins égal à 250.

3. Soc. 18 févr. 1998 : le point de départ du délai est bien celui de la notification du projet de licenciement à l'autorité administrative et non pas celui de la transmission des listes de salariés dont le licenciement est envisagé.

4. C. trav., art. L. 1233-41. La réduction doit être raisonnable, c'est-à-dire ne pas tomber en-dessous des délais accordé à l'administration pour vérifier le contenu du plan de sauvegarde l'emploi, prévus à l'art. L. 1233-53 C. trav.

5. La lettre de licenciement doit énoncer et la cause économique du licenciement (difficultés économiques, changements technologiques, sauvegarde de la compétitivité de l'entreprise…) et la conséquence de cette cause sur l'emploi (suppression ou transformation de l'emploi, modification substantielle du contrat) : Soc. 22 févr. 2000, *RJS* 4/2000, n° 394 ; 6 juill. 1999, *RJS* 8-9/99, n° 1042 ; 21 oct. 1998 ; *RJS* 12/98, n° 1528. En l'absence de difficultés économiques ou mutations technologiques invoquées dans la lettre de licenciement, la réorganisation qui y est licenciement économique contient obligatoirement deux autres précisions. Elle doit informer le salarié de l'existence de la priorité de réembauche prévue à l'article L. 1233-45 et des modalités de sa mise en œuvre (C. trav., art. L. 1233-42). Elle indique par ailleurs au salarié, lorsque l'entreprise ou le groupe emploie au moins 1 000 salariés, qu'il peut bénéficier d'un congé de reclassement [1]. L'employeur n'est pas obligé de mentionner dans la lettre de notification les critères de l'ordre des licenciements, mais l'article L. 1233-43 du Code du travail prévoit que l'employeur est tenu, à la demande écrite du salarié, de lui indiquer par écrit ces critères. Le défaut de réponse de l'employeur n'est plus assimilé à une absence de cause réelle et sérieuse. C'est une simple irrégularité de procédure qui ouvre droit à des dommages et intérêts [2].

§ 2. Conventions sur les suites du licenciement

477 ***Application du droit du licenciement nonobstant le consentement du salarié aux suites de la rupture*** ◊ En fin de procédure de licenciement, certains aménagements conventionnels sur les suites ou les conditions de la rupture doivent être proposés aux salariés. Ces aménagements prennent la forme d'accords entre l'employeur et le salarié. Ce consentement du salarié peut conduire à la requalification légale du licenciement en rupture d'un commun accord [3].

Toutefois, l'objet du consentement demandé aux salariés est clair. Les propositions de conventions sont intégrées dans la procédure de licenciement économique. Et ces convention ne portent que sur les conséquences de la rupture et non sur son principe. Elles ne constituent donc pas un véritable mode de rupture spécial. Aussi la jurisprudence décide, à juste titre, que le droit du licenciement leur demeure applicable. La violation des règles de la procédure de licenciement préalable à l'acceptation d'une convention sur les suites du licenciement cause nécessairement au salarié un préjudice qu'il convient de réparer [4]. La conclusion d'une convention

mentionnée ne constitue pas l'énoncé d'une cause économique dès lors que l'employeur ne fait pas état de la nécessité de sauvegarder la compétitivité de l'entreprise (Soc. 16 déc. 2008 n° 07-41.953, *RDT* 2009. 102, obs. J. Y. Frouin ; *Dr. soc.* 2009. 243, obs. G. Couturier).

1. C. trav., art. R. 1233-20.

2. Soc. 20 janv. 1998, *Dupin, RJS* 3/98, n° 296 ; *D.* 1999. 376, note V. Bonnin ; 2 févr. 2006, *Bull. civ.* V, n° 57. Cet arrêt opère un revirement de jurisprudence ; la Chambre sociale décidait auparavant que « l'absence de réponse de l'employeur à la demande du salarié l'invitant à lui préciser les critères relatifs à l'ordre des licenciements laisse le salarié dans l'ignorance du motif réel de son licenciement, lequel est, dès lors, dépourvu de cause réelle et sérieuse » (Soc. 23 janv. 1996, *RJS* 3/96, n° 263).

3. C. trav., art. L. 1233-67 (contrat de sécurisation professionnelle) ; L. 1233-80 (Congé de reclassement).

4. Soc. 17 déc. 2013, n° 12-23726 P (décision rendue à propos d'une convention de reclassement personnalisée, aujourd'hui abrogée, mais transposable aux conventions nouvelles organisant les suites de la rupture et notamment au contrat de sécurisation professionnelle. V. aussi, Soc. 16 mai 2013, n° 11-28494 P).

ne prive le salarié, ni de la possibilité d'en contester le motif économique [1], ni du droit de contester l'ordre des licenciements [2], ni celui de contester la violation par l'employeur de ses obligations de reclassement [3]. En l'absence de cause réelle et sérieuse de licenciement, la convention est nulle [4].

478 ***Le contrat de sécurisation professionnelle*** [5] ◊ Le « contrat de sécurisation professionnelle » est le successeur de deux contrats qui remplissaient la même fonction, à savoir la convention personnalisée de reclassement et le contrat de transition professionnelle. Il s'applique depuis 2011 [6]. Ce contrat est un droit pour tout salarié menacé de licenciement économique, dès lors qu'il a une ancienneté d'au moins un an ou une ancienneté suffisante pour bénéficier d'une période de chômage indemnisé [7]. Dans tous ces cas, l'employeur doit proposer au salarié la conclusion de ce contrat [8]. La proposition doit être faite lors de l'entretien préalable ou à l'issue de la dernière réunion des représentants du personnel. Cette obligation touche tous les employeurs ou tous les groupes d'employeurs de moins de 1000 salariés (au-delà, le congé de reclassement s'applique).

Chaque salarié doit être informé individuellement et par écrit du contenu du contrat de sécurisation professionnelle et de la possibilité qu'il a d'en bénéficier. Il dispose d'un délai de réflexion de 21 jours, à compter de la remise de la proposition écrite, pour l'accepter ou le refuser [9]. L'absence de réponse au terme du délai de réflexion est assimilée à un refus du salarié [10].

1. Soc. 5 mars 2008 n° 07-41.694, *Bull. civ.* V, n° 47, *RJS* 5/08 n° 580 ; *Dr. soc.* 2008. 617 obs. G. Couturier ; 14 janv. 2009 *RJS* 3/09, n° 269 ; Soc. 12 mars 2014, n° 12-22901 P. À défaut d'avoir précisé le motif économique de la rupture, l'employeur s'expose à une condamnation pour licenciement sans cause réelle et sérieuse (Soc. 10 févr. 2010, n° 08-44.663). L'employeur est alors tenu de verser au salarié l'indemnité de préavis et des congés payés afférents (Soc. 5 mai 2010, n° 08-43.652, *RJS* 7/10, n° 617). Ces solutions ont été données pour les conventions que le contrat de sécurisation professionnelle remplace. Elles sont parfaitement transposables au contrat de sécurisation professionnelle.

2. Cass., avis, 7 avr. 2008, n° 00.80.002, *Poss c/ Sté Asmédia*. Avis donné pour les conventions que le contrat de sécurisation professionnelle remplace.

3. Soc. 28 sept. 2011, n° 10-23.703 P, *RDT* 2011. 637, obs. F. Géa : en revanche l'adhésion à un contrat de sécurisation professionnelle emporte refus des propositions de reclassement formulées par l'employeur.

4. Soc. 17 déc. 2013, n° 12-27202 P.

5. D. Baugard, Le contrat de sécurisation professionnelle, *RDT* 2011. 570.

6. Ce contrat a été créé par un ANI unanime du 31 mai 2011, entériné par la L. du 28 juill. 2011 (C. trav., art. L 1233-65 s.) et par une convention du même type que celles relatives à l'assurance chômage, à savoir l'ANI du 19 juill. 2011, agréée par Arr. du 6 oct. 2011. V. aussi la Circ. UNEDIC n° 2012-11 du 14 mai 2012.

7. C. trav., art. L. 1233-65, L. 1233-67 ; ANI du 19 juill. 2011 agréé le 6 oct. 2011. Les salariés qui ont moins d'un an d'ancienneté mais ont droit à l'indemnisation du chômage n'ont droit qu'au montant de cette indemnisation (ANI préc., art. 3).

8. À défaut de proposition faite par l'employeur, Pôle emploi propose au salarié un contrat de sécurisation professionnelle au salarié : C. trav., art. L. 1233-66).

9. C. trav., art. L. 1233-65, L. 1233-67 ; ANI du 19 juillet 2011 agréé le 6 oct.2011, art. 5.

10. ANI du 19 juill. 2011 agréé le 6 oct.2011, art. 5.

Pendant l'exécution du contrat de sécurisation professionnelle, le salarié est placé sous le statut de stagiaire de formation professionnelle. Il bénéficie d'un entretien individuel de pré-bilan pour l'examen de ses capacités professionnelles. Celui-ci peut conduire si nécessaire à un bilan de compétence destiné à identifier le profil et le projet de reclassement du salarié, ses atouts potentiels, ses difficultés et ses freins éventuels. Les prestations d'accompagnement retenues d'un commun accord, au vu des résultats l'entretien de pré-bilan, sont mises en place au plus tard dans les trois mois suivant cet entretien [1]. Ces mesures, assez diverses, [2] peuvent aussi bien être des mesures d'appui social et psychologique, que des mesures d'orientation, d'accompagnement (préparation à des entretiens d'embauche) ou de formation.

Ce programme de reclassement, juridiquement impératif, peut malheureusement, en pratique, se réduire à peu de choses. L'essentiel pour le salarié est alors la rémunération qu'il perçoit. Il bénéficie en effet d'une allocation spécifique lui garantissant 80 % de son salaire journalier de référence pendant toute la durée du contrat [3]. Cette allocation est versée pour douze mois, durée qui s'interrompt si le salarié retrouve du travail.

À la fin du contrat, le salarié peut s'inscrire à Pôle emploi et bénéficier de l'indemnisation du chômage (ARE), s'il y a droit. Cet éventuel droit à indemnisation du chômage est toutefois accordé pour une durée diminuée de la durée pendant laquelle il était en contrat de sécurisation professionnelle.

479 ***Le congé de reclassement*** [4] ◊ Le congé de reclassement a été créé par la loi du 17 janvier 2002, puis modifié notamment par les lois du 28 juillet 2011 et du 14 juin 2013. Il constitue un droit pour les salariés licenciés pour cause économique mais seulement pour ceux qui travaillent pour le compte d'une entreprise ou d'un groupe employant au moins 1 000 salariés [5] et à condition que l'entreprise qui licencie ne soit ni en redressement ni en liquidation judiciaire [6]. À la différence du contrat de sécurisation professionnelle, le lien contractuel avec l'employeur est maintenu pendant toute la durée du congé. D'où l'utilisation du mot « congé » qui vise le maintien du lien contractuel avec l'employeur, malgré la dispense de travail accordée au salarié. La rémunération du salarié, diminuée, reste à la charge de l'employeur. Et les droits à indemnisation du chômage, qui pourront être ouverts à l'échéance du congé de reclassement, ne sont pas amputés.

L'employeur doit, avant de notifier le licenciement, informer les salariés des conditions de mise en œuvre du congé de reclassement [7]. Dans la lettre de licenciement, il doit proposer au salarié de bénéficier de ce congé. Le

---

1. ANI du 19 juill. 2011 agréé le 6 oct. 2011, art. 10.
2. ANI du 19 juill. 2011 agréé le 6 oct. 2011, art. 11.
3. Conv. du 19 juill. 2011, art. 15.
4. C. trav., art. L. 1233-71 s., R. 1233-17 s.
5. C. trav., art. L. 1233-71.
6. C. trav., art. L. 1233-75.
7. C. trav., art. R. 1233-19.

salarié dispose d'un délai de huit jours à compter de la date de notification de la lettre de licenciement pour faire connaître sa décision à l'employeur. L'absence de réponse du salarié dans ce délai est assimilée à un refus du congé de reclassement.

Si le salarié accepte le congé de reclassement, celui-ci débute à l'expiration du délai de réponse. Ce congé a une durée qui est fixée par l'employeur entre quatre et douze mois [1]. Il s'exécute pendant le préavis de licenciement, le salarié étant dispensé de son exécution. Lorsque la durée du congé de reclassement excède la durée du préavis, le terme de ce dernier est reporté d'une durée égale à la durée du congé de reclassement restant à courir (C. trav., art. L. 1233-72).

Pendant la période du congé de reclassement, le salarié bénéficie d'actions de formation et des prestations d'une cellule d'accompagnement des démarches de recherche d'emploi [2]. Il est titulaire de droits mais il est également débiteur d'obligations.

Il a droit à un ensemble de prestations précisées dans un document qui lui est remis à l'issue d'un entretien d'évaluation et d'orientation réalisé par la cellule d'accompagnement des démarches de recherches d'emploi. Il a, par ailleurs, droit à une rémunération mensuelle pendant toute la durée de ce congé. Cette rémunération est sa rémunération habituelle tant que le congé de reclassement est pris pendant la période de préavis. Pendant la période de congé excédant la durée de préavis, le salarié bénéficie d'une rémunération mensuelle à la charge de l'employeur dont le montant est au moins égal à 65 % de sa rémunération annuelle brute au titre des douze derniers mois précédant la notification du licenciement (C. trav., art. R. 1233-32).

Le salarié contracte aussi certaines obligations en acceptant le bénéfice du congé de reclassement. Il doit suivre les actions de formation définies dans le document qui lui a été remis et participer aux actions organisées par la cellule d'accompagnement des démarches de recherche d'emploi. Si le salarié s'abstient, sans motif légitime, d'exécuter ses obligations, l'employeur peut lui notifier la fin du congé de reclassement (C. trav., art. R. 1233-34).

Le congé de reclassement peut être suspendu pendant l'exécution par le salarié de contrats de travail à durée déterminée ou de travail temporaire. Le terme du congé de reclassement peut alors être reporté, si l'employeur l'a prévu (C. trav., art. L. 1233-72-1).

480 ***Congé de mobilité*** ◊ Le congé de mobilité est une alternative au congé de reclassement sus-visé, dans les entreprises ou les groupes d'au moins mille salariés [3]. Il s'agit d'un système assez proche. L'acceptation par le salarié de la proposition d'un congé de mobilité dispense l'employeur de

---

1. C. trav., art. L. 1233-71, R. 1233-31. La durée peut être inférieure à 4 mois sous réserve de l'accord exprès du salarié.

2. Le coût de ces actions est financé par l'employeur (C. trav., art. L. 1233-71, dern. al.).

3. C. trav., art. L. 1233-77 s. Les modalités du congé de mobilité ont été précisées par la circulaire DGEFP 2007/15 du 7 mai 2007.

l'obligation de lui proposer un congé de reclassement (C. trav., art. L. 1233-81). Elle a pour effet de rompre le contrat de travail d'un commun accord des parties à l'issue du congé (C. trav., art. L. 1233-80).

Le congé de mobilité peut être proposé par l'employeur qui a conclu un accord collectif relatif à la gestion prévisionnelle des emplois et des compétences.

Le congé de mobilité est pris pendant la période de préavis, voire au-delà. Pendant la durée du préavis, le salarié conserve sa rémunération normale. Une fois cette durée écoulée, il conserve une rémunération réduite, dont le minimum est fixé par la loi [1].

Pendant ce congé, les périodes de travail fournies par le salarié peuvent être accomplies au sein ou en dehors de l'entreprise qui a proposé le congé. C'est l'accord collectif qui détermine l'organisation des périodes de travail et les modalités d'accompagnement des actions de formation.

§ 3. Priorité de réembauche [2]

481 Les salariés licenciés pour motif économique ont droit à une priorité de réembauche (C. trav., art. L. 1233-45). Ce droit est largement accordé, mais il a une portée effective limitée.

482 ***Les bénéficiaires*** ◊ La priorité de réembauche bénéficie à tous salarié licencié pour motif économique [3]. Peu importe le nombre de salariés licenciés, peu importe les effectifs de l'entreprise, peu importe l'ancienneté du salarié licencié, peu importe même que le salarié ait opté pour un départ volontaire [4]. Les événements postérieurs à la rupture du contrat n'ont pas non plus d'influence sur l'existence de ce droit. Ainsi, les salariés licenciés qui ont trouvé un emploi dans une autre entreprise ne perdent pas leur droit à une priorité de réembauche dans l'entreprise qui les a licenciés [5]. Il suffit qu'il manifeste le désir de bénéficier de cette priorité au cours de l'année qui suit l'expiration du préavis.

483 ***Étendue et sanction*** ◊ La priorité de réembauche est limitée dans le temps. Elle n'est accordée que pendant un délai d'un an à compter de la date de rupture du contrat. Le délai court de l'expiration du préavis, même lorsque celui-ci n'est pas travaillé [6].

---

1. L'art. L. 1233-83 renvoie à l'article L. 5123-2 C. trav. pour le calcul de cette rémunération.

2. D. Corrignan-Carsin, *RJS* 12/00, n° 783 ; E. Micou, *JCP* 1995. I. 3875 ; J. Y. Frouin, *Sem. soc. Lamy* 2001, n° 1053, p. 6.

3. À l'exception toutefois des travailleurs domestiques qui ne relèvent pas des dispositions concernant les licenciements économiques (CE 13 mai 1983, *Lebon* 198 ; Soc. 25 juin 1987, *Bull. civ.* V, n° 427).

4. Soc. 10 mai 1999, *RJS* 6/99, n° 806.

5. Soc. 3 mai 1995, *RJS* 6/95, n° 637 ; 5 mars 2002, *RJS* 5/02, n° 605.

6. Soc. 21 janv. 1993, *RJS* 8-9/93, n° 858. Pendant le préavis, le salarié ne peut pas invoquer ce droit à la priorité de réembauchage.

Elle porte sur tout emploi devenu disponible et compatible avec la qualification du salarié [1]. Un emploi qui est provisoirement inoccupé en raison d'une absence provisoire du titulaire du poste n'est pas disponible : le salarié licencié ne peut pas faire jouer son droit de priorité lorsque le chef d'entreprise recrute par contrat à durée déterminée un salarié pour remplacer un travailleur absent pendant deux mois [2] ou un travailleur en congés payés [3]. De même, les emplois proposés en interne aux salariés de l'entreprise ne sont pas des emplois disponibles : aucune embauche intervenant, un salarié licencié ne peut pas invoquer la priorité de réembauche [4].

Pour apprécier si un emploi est compatible avec la qualification du salarié, il faut tenir compte non seulement de la qualification qui était celle du salarié avant la rupture du contrat mais également de la qualification acquise après celle-ci [5].

La priorité de réembauche s'exerce dans le cadre de l'entreprise [6], même s'il y a eu cession d'entreprise [7]. Lorsque plusieurs salariés demandent à bénéficier de la priorité de réembauche, l'employeur n'a pas à respecter un ordre déterminé. Il peut choisir en fonction des intérêts de l'entreprise sauf à communiquer au juge, en cas de contestation, les éléments objectifs sur lesquels il s'est appuyé pour arrêter son choix [8]. La violation par l'employeur de l'obligation d'embaucher en priorité les salariés ayant perdu leur emploi pour motif économique est sanctionnée par une indemnisation du préjudice subi, laquelle ne peut être inférieure à 2 mois de salaire (C. trav., art. L1235-13). Ce minimum ne s'applique cependant ni aux salariés qui ont moins de deux ans d'ancienneté, ni aux employeurs qui emploient moins de onze salariés (C. trav., art. L. 1235-14).

1. En cas de litige, il appartient à l'employeur d'apporter la preuve qu'il a satisfait à son obligation de réembauche en établissant soit qu'il a proposé les postes disponibles soit en justifiant l'absence de tels postes : Soc. 23 juin 2009, n° 07-44.640, *RJS* 10/09, n° 820.

2. Soc. 17 déc. 1992, *RJS* 3/93, n° 263 ; 12 déc. 1995, *Dr. soc.* 1996. 200 ; 26 nov. 1997, *RJS* 2/98, n° 193 (remplacement de salariée en congé de maternité).

3. Soc. 17 juin 1992, *Bull. civ.* V, n° 404.

4. Soc. 6 juill. 1999, *Bull. civ.* V, n° 334.

5. C. trav., art L. 1233-45, dern. al.

6. Soc. 6 avr. 1994, *Bull. civ.* V, n° 134.

7. Soc. 26 févr. 1992, *Bull. civ.* V, n° 128 ; 5 févr. 2002, *Bull. civ.* V, n° 52 ; *Dr. soc.* 2002. 561.

8. Soc. 2 déc. 1998, *RJS* 1/99, n° 88.

CHAPITRE 3
ELÉMENTS DE PROCÉDURE COLLECTIFS

484 ***Répartition des éléments de procédure collectifs*** ◊ Les éléments de procédure collectifs sont ceux auxquels le salarié individu ne prend pas part directement. Ils mettent en présence l'employeur, l'administration, les syndicats, au travers de la négociation collective, et les représentants du personnel.

Ces exigences procédurales collectives sont très variables selon l'importance du licenciement projeté. Un licenciement individuel n'emportera presqu'aucune procédure collective, seule une information *a posteriori* de l'administration est requise et un respect des critères d'ordre des licenciements (C. trav., art. L. 1233-7). Aucune consultation préalable des représentants du personnel n'est nécessaire. Les éléments de procédure collectifs sont principalement réservés aux licenciements collectifs [1].

Parmi ceux-ci seuls les « grands » licenciements collectifs [2] font l'objet d'une procédure collective complète. Les petits licenciements collectifs font l'objet d'une procédure simplifiée. Une autre ligne de fracture importante vient de la taille de l'entreprise : les entreprises de moins de cinquante salariés bénéficient de simplifications et en particulier d'une dispense de plan de sauvegarde de l'emploi.

Une autre distinction, essentielle, est liée à la méthode choisie. La procédure de licenciement collectif peut n'être jalonnée que de décisions unilatérales de l'employeur. Celles-ci font alors l'objet d'informations, de consultations, d'homologation, mais l'employeur reste seul décisionnaire. La procédure de licenciement peut aussi faire l'objet d'un accord collectif. Par ce biais, la procédure de licenciement devient plus consensuelle, ce qui permet à l'employeur de s'affranchir de nombreuses règles. Cette voie de la négociation collective n'a cessé de prendre de l'importance depuis une quinzaine d'années. La loi du 14 juin 2013 l'a encore considérablement renforcée.

Il est possible de qualifier d'élément collectif de la procédure de licenciement les questions relatives à l'ordre de licenciement (1), au rôle des représentants du personnel et des syndicats (2), à celui de l'administration (3) et enfin celles qui entourent le plan de sauvegarde de l'emploi (4). Les règles particulières relatives aux licenciements collectifs dans les entreprises en difficulté pourront alors être évoquées (5).

1. Sur les notions de licenciement « individuel » ou « collectif », v. ss 461 s.
2. Sur la notion de « grand » licenciement collectif, v. ss 464 s.

SECTION 1. L'ORDRE DES LICENCIEMENTS

485 Les critères d'ordre des licenciements doivent être arrêtés par l'employeur après consultation du comité d'entreprise [1], chaque fois que la convention collective applicable dans l'entreprise ne détermine pas elle-même ces critères. La consultation des représentants du personnel sur cette question doit avoir lieu dès que l'employeur a décidé d'engager la procédure de licenciement économique [2].

L'article L. 1233-5 du Code du travail énumère un certain nombre de critères qui [3]doivent être pris en compte pour fixer l'ordre des licenciements : les charges de famille et, en particulier, celles de parents isolés, l'ancienneté de service dans l'établissement ou l'entreprise, la situation des salariés qui présentent des caractéristiques sociales rendant leur réinsertion professionnelle particulièrement difficile, notamment des personnes handicapées et des salariés âgés, les qualités professionnelles appréciées par catégorie. La jurisprudence a eu l'occasion de préciser que l'employeur doit obligatoirement prendre en compte tous les critères légaux pour fixer l'ordre des licenciements [4], ce que la loi du 14 juin 2013 a consacré (C. trav., art. L. 1233-5 *in fine*). Conformément à la jurisprudence antérieure, cela ne doit pas signifier que l'employeur est limité par la liste légale. Il peut également prendre en compte d'autres critères et il est libre de donner plus ou moins d'importance à tel ou tel critère [5].

Ces critères de choix doivent être appliqués à tous les salariés de l'entreprise qui relèvent de la catégorie professionnelle visée par le projet de licenciement [6]. La catégorie professionnelle s'entend de l'ensemble des salariés qui exercent dans l'entreprise des fonctions de même nature, supposant

1. J. Savatier, L'ordre des licenciements dans les licenciements pour motif économique, *Dr. soc.* 1990. 515 ; M. Despax, L'ordre des licenciements dans les entreprises à établissements multiples, *Dr. soc.* 1994. 243 s. ; H.-J Legrand, L'ordre des licenciements ou l'identification du salarié atteint par une suppression d'emploi, *Dr. soc.* 1995. 243 ; P.-Y. Verkindt, L'ordre des licenciements, *RJS* 12/97, p. 811 ; La question de l'ordre des licenciements, *Dr. soc.* 1996. 26 s. ; D. Jacotot, Choix et respect des critères de l'ordre des licenciements, *D.* 1999. 12.

2. Soc. 3 déc. 1996, *RJS* 1/97, n° 23. L'arrêt de la Cour de cassation indique que l'employeur est tenu de mettre en œuvre les dispositions de l'(anc.)art. L. 321-1-1 C. trav. « lorsqu'un licenciement économique est décidé », mais comme le relève le professeur P.-Y. Verkindt, la formule utilisée vise la décision d'engager la procédure de licenciement plutôt que celle de rompre le contrat (P.-Y. Verkindt *RJS* 12/97, n° 812).

3. Il peut être tenu compte des sanctions disciplinaires pour apprécier les qualités professionnelles dès lors qu'elles ne constituent pas le seul critère d'évaluation mis en œuvre par l'employeur : Soc. 19 mai 2010, *Sem. soc. Lamy* 2010, n° 1458, p. 14, obs. J. Crépin.

4. Soc. 14 janv. 1997, *Dr. soc.* 1997. 159, concl. P. Lyon-Caen ; *Grands arrêts*, 4e éd., n° 113.

5. Soc. 15 mai 1991 *RJS* 6/91, n° 698 ; 20 janv. 1993, *Dr. soc.* 1993. 303. Les juges contrôlent l'utilisation faite par l'employeur de ces critères (Soc. 14 janv. 1997, *RJS* 2/97, n° 131 : le juge impose à l'employeur de lui fournir les éléments objectifs sur lesquels il s'est fondé pour apprécier les qualités professionnelles du salarié).

6. En début de procédure, le chef d'entreprise doit mentionner les catégories professionnelles menacées par le licenciement (C. trav., art. L. 1233-31).

une formation professionnelle commune [1]. Il n'y a pas à faire de distinction entre les salariés selon leur affectation dans un établissement ou un service de l'entreprise [2] ; les salariés d'un établissement où aucune suppression d'emploi n'est envisagée, mais qui font partie de la catégorie professionnelle touchée par les suppressions d'emploi, font partie des « licenciables » si l'application des critères de choix les désigne, avant d'autres, comme susceptibles d'être licenciés [3]. Ainsi, la suppression de tous les postes d'un établissement ne dispense-t-elle pas l'employeur d'exécuter les critères d'ordre des licenciements, lesquels s'appliquent dans toute l'entreprise [4]. En revanche, l'application de l'ordre des licenciements s'arrête, en principe, à l'entreprise sans englober l'ensemble du groupe.

Il n'est pas exclu qu'un accord d'entreprise ou qu'un accord de groupe accroisse le cadre d'application des critères à l'ensemble ou à une partie d'un groupe de sociétés [5]. En revanche, un accord collectif d'établissement ne peut pas réduire l'application de l'ordre des licenciements à un seul établissement [6]. L'accord majoritaire spécial relatif à la procédure de grand licenciement économique, créé par la loi du 13 juin 2013, est toutefois susceptible de dépasser cette protection jurisprudentielle : l'article L. 1233-24-2 du Code du travail prévoit en effet que ces accords peuvent porter sur « la pondération et le périmètre d'application des critères d'ordre des licenciements ». L'interprétation de ce texte reste à faire. Il se pourrait qu'il ne vise que l'accroissement du périmètre sans autoriser de dérogation *in pejus*. Il se pourrait aussi qu'il en soit déduit une faculté pour ces accords spéciaux de réduire le périmètre de l'ordre des licenciements. Cette deuxième interprétation, discutable, serait inquiétante : si le périmètre est réduit à l'établissement, voire au service ou à l'atelier dans lequel tous les postes sont détruits, la prévision d'un ordre des licenciements perd toute signification.

Deux autres failles existent, de plus longue date, en droit positif. La première concerne le caractère insuffisamment rigoureux de la sanction qui frappe l'employeur qui a violé les règles établissant l'ordre des licenciements. Même si la Cour de cassation adopte une formule qui autorise les juges du fond à accorder une réparation importante aux salariés licenciés à tort [7], elle

1. Soc. 7 juill. 1998, *RJS* 10/98, n° 1196 ; 8 juin 1999, *RJS* 7/99, n° 909.
2. Soc. 2 avr. 2008 n° 07-40.572, *RJS* 6/08, n° 654 (Ordre de licenciements entre les chefs de service).
3. Soc. 13 déc. 1995, n° 5219, *Dr. soc.* 24 mars 1993 ; *RJS* 5/93, n° 500. Un salarié dont l'emploi n'est pas supprimé peut être ainsi licencié pour motif économique (Soc. 13 juin 1996, *RJS* 7/96, n° 776 ; 29 juin 1994, *Bull. civ.* V, n° 216 ; *RJS* 8-9/94, n° 970).
4. Soc. 15 mai 2013, n° 11-27458, *RDT* 2013. 553, note A. Fabre.
5. Soc. 15 mai 2013, préc.
6. Soc. 10 févr. 2010, n° 08-41.109, *Valaubrac* ; 15 mai 2013, n° 11-27.458 P, *Sem. soc. Lamy* 2013, n° 1585, p. 5, obs. F. Champeaux.
7. Soc. 14 janv. 1997 préc. ; 23 avr. 1997, *RJS* 6/97, n° 713 ; 5 déc. 2006 n° 04-47.822 ; l'inobservation des critères d'ordre de licenciement n'est pas soumise aux sanctions de l'art. L. 1235-3, L. 1235-4 C. trav. ; elle « constitue une illégalité qui entraîne un préjudice, pouvant aller jusqu'à la perte injustifiée de son emploi, lequel doit être intégralement réparé ».

refuse d'admettre que le licenciement prononcé en violation des critères d'ordre de licenciements soit un licenciement sans cause réelle et sérieuse [1].

La seconde concerne une coordination discutable entre l'ordre des licenciements et l'obligation de reclassement. Logiquement, il conviendrait d'établir en premier lieu la liste des salariés « licenciables » parmi ceux qui relèvent des catégories professionnelles concernées par le projet, en appliquant les critères d'ordre de licenciement. Dans un second temps, on rechercherait si les salariés « licenciables » peuvent faire l'objet d'un reclassement [2]. La pratique actuelle suit une démarche opposée. La première étape consiste à reclasser les salariés appartenant à la catégorie professionnelle concernée sans tenir compte d'un ordre de classement. Au cours de la seconde étape, on applique les critères d'ordre de licenciement à tous ceux qui n'ont pu être reclassés pour déterminer ceux qui seront licenciés. Seront ainsi licenciés des salariés qui auraient pu échapper au licenciement si l'on avait appliqué les critères d'ordre à l'ensemble des salariés des catégories intéressées en début de procédure.

SECTION 2. RÔLE DES REPRÉSENTANTS DU PERSONNEL ET DES SYNDICATS

486 Le comité d'entreprise demeure l'interlocuteur de principe des procédures de licenciements économiques. Mais le rôle de la négociation collective n'a cessé de s'accroître au détriment de celui-ci. La possibilité accordée par la loi du 14 juin 2013 aux partenaires sociaux de conclure un accord intégrant l'essentiel des éléments de procédure y compris le plan de sauvegarde de l'emploi, parachève ce mouvement [3].

Avant que d'aborder les éléments relevant de la procédure de licenciement à proprement parler, il faut rappeler les règles de consultation et de négociation anticipées, « à froid », sur l'évolution prévisible des emplois.

§ 1. L'anticipation « à froid » : la GPEC et ses dérivés

487 ***Consultation et négociation sur l'évolution prévisible des emplois*** ◊ L'idée d'anticiper les difficultés avant qu'elles ne surviennent a

1. Soc. 8 juin 1999, *RJS 7/99*, n° 909 ; 20 janv. 1998, *D.* 1999. 376, note V. Bonnin ; 5 déc. 2006, n° 04-48.800, *RJS 2/07*, n° 206. Dans la mesure où un salarié a été licencié alors qu'il n'aurait pas dû faire partie de la liste des licenciables, il a été licencié sans cause réelle et sérieuse. Il existe peut-être une cause justifiant un certain nombre de licenciements pour motif économique, mais cette cause ne justifie pas son propre licenciement. Sur la critique de la solution jurisprudentielle, v. les *Grands arrêts*, 4e éd., p. 521 s.

2. En ce sens, H.-J. Legrand, l'ordre des licenciements ou l'identification du salarié atteint par une suppression d'emploi, *Dr. soc.* 1995. 243.

3. Sur cet accord spécial organisé par la L. du 14 juin 2013, v. ss 493.

conduit le législateur à organiser des consultations et des négociations avant que tout projet de licenciement ne soit envisagé, avant qu'aucun plan de sauvegarde de l'emploi ne soit impératif. Cette volonté d'anticipation s'est exprimée dès la loi du 2 août 1989. Elle a été reprise notamment par les lois du 19 février 2001, du 18 janvier 2005, du 26 octobre 2012, et par la loi du 14 juin 2013. Cette accumulation de lois a conduit à des textes parfois redondants. Les plus importants sont les suivants.

L'article L. 2323-56 du Code du travail impose à l'employeur, dans les entreprises de 300 salariés et plus, d'informer par écrit le comité d'entreprise de l'évolution de l'emploi au cours de l'année passée, et de ses prévisions pour les années à venir concernant l'emploi, les qualifications, et les actions à mener en matière de formation. Un débat a lieu annuellement, sur ces sujets. Il doit être suivi d'un avis. Le procès-verbal de la réunion est transmis à l'administration. Il y a donc consultation et incitation à une gestion prévisionnelle de l'emploi. Une information prévisionnelle doit être également fournie au comité de groupe.

Lors de la négociation collective annuelle obligatoire sur les salaires, tant au niveau de la branche, qu'au niveau de l'entreprise, un examen de l'évolution de l'emploi et des prévisions annuelles et pluriannuelles s'impose (C. trav., art. L. 2241-2, L. 2242-9). Cette négociation annuelle obligatoire a un champ d'application très large, puisqu'elle s'impose à toute entreprise dotée d'un interlocuteur syndical apte à conclure une convention collective.

La loi du 18 janvier 2005 a ajouté une négociation triennale obligatoire dans les entreprises d'au moins 300 salariés portant notamment sur la mise en place d'un dispositif de « gestion prévisionnelle des emplois et des compétences ». L'expression, directement issue de la langue des gestionnaires, a obtenu un vif succès sous son acronyme de « GPEC ». Cette négociation sur la « GPEC », porte aussi, notamment, sur la stratégie de l'entreprise et ses effets prévisibles sur l'emploi, sur la qualification des catégories d'emplois menacés par les évolutions économiques ou technologiques. Actuellement visée aux articles L. 2242-15 et L. 2242-16 du Code du travail, cette négociation sur la « GPEC » a été détaillée par la loi du 14 juin 2013, laquelle a rajouté comme objet de négociation, la mobilité, les emplois précaires, la sous-traitance, la formation... et d'autres objets déjà inclus dans l'idée de gestion prévisionnelle des emplois et des compétences, laquelle était au demeurant déjà incluse dans une négociation l'évolution des emplois, laquelle est impérative, tous les ans, dans toutes les entreprises dotées d'une représentation syndicale et ce depuis 1993.

Ces redondances textuelles ne sont au final significatives que d'une chose : la volonté du législateur de se donner une image, celle d'un combattant tâchant de prévenir les difficultés. Le Code du travail accumule ainsi des pages et des pages de textes aussi répétitifs que des spots publicitaires.

§ 2. **Les représentant du personnel dans les procédures de licenciement**

488 Les règles d'information et de consultation des représentants du personnel diffèrent selon le nombre de licenciements envisagés et selon la taille de l'entreprise.

489 ***Petit licenciement collectif*** ◊ Un petit licenciement collectif (de 2 à 9 sur une même période de 30 jours) doit être soumis pour avis au comité d'entreprise ou, à défaut de celui-ci, aux délégués du personnel qui sont informés et consultés aux lieu et place de celui-ci [1]. Si l'entreprise est composée de plusieurs établissements, la détermination des organes à consulter (comités d'établissement ou/et comité central d'entreprise) dépend des pouvoirs accordés dans l'entreprise aux chefs d'établissements et des mesures envisagées à l'occasion du licenciement [2].

L'employeur doit consulter le comité d'entreprise ou les délégués du personnel après leur avoir indiqué les raisons économiques, financières, ou techniques, l'ayant conduit à présenter ce projet, le nombre des salariés permanents ou non habituellement employés, le nombre des licenciements envisagés et les catégories professionnelles concernées, les critères proposés pour l'ordre des licenciements et le calendrier prévisionnel de ceux-ci (C. trav., art. L. 1233-10). Une unique réunion du comité d'entreprise peut ainsi suffire.

L'employeur ne peut pas arguer de l'absence du comité d'entreprise ou de délégués du personnel pour justifier l'absence d'information et de consultation des représentants du personnel, si aucun procès-verbal de carence n'a été établi après l'organisation d'élections. Les licenciements économiques qui seraient prononcés sans que les obligations d'information et de consultation des représentants aient été respectées, faute de représentation, sont irréguliers. Mais cette irrégularité n'est pas sanctionnée par la nullité du licenciement. La loi prévoit que le salarié irrégulièrement licencié a droit à une indemnité qui ne peut être inférieure à un mois de salaire brut, sans préjudice des indemnités de licenciement et de préavis qui lui sont par ailleurs dues (C. trav., art. L. 1235-15).

490 ***Grands licenciements collectifs*** ◊ Lorsque le nombre de licenciements envisagés est au moins égal à dix sur une même période de trente jours, l'information et la consultation des représentants du personnel

1. C. trav., art. L. 2325-15, L. 2313-7.

2. Lorsque le licenciement est envisagé dans un seul établissement ayant une autonomie de gestion suffisante, la procédure de consultation doit se dérouler exclusivement devant lui (CE 11 juin 1982, *Lebon* 218). Mais lorsque la réorganisation d'un établissement dépasse son seul cadre et intéresse d'autres établissements (auxquels en l'espèce les services supprimés devaient être rattachés), et, que les mesures prises de licenciement excèdent les pouvoirs du directeur d'établissement, le comité central d'entreprise doit également être consulté : Crim. 6 nov. 1975, *Dr. soc.* 1975. 394, note J. Savatier ; 21 mars 1979, *D.* 1979. IR 501. Jurisprudence confirmée par l'art. L. 1233-9 C. trav.

sont organisées de façon plus complexe, les règles variant selon les effectifs de l'entreprise (plus ou moins de cinquante salariés).

– **Dans les entreprises employant moins de cinquante salariés**, l'employeur doit réunir les délégués du personnel, lesquels remplissent leur rôle habituel de suppléance du comité d'entreprise. L'employeur leur adresse, en les convoquant, les informations obligatoires dans tous les cas de licenciements collectifs, visées à l'article L. 1233-10 du Code du travail. Les délégués du personnel tiennent deux réunions séparées par un délai qui ne peut être supérieur à quatorze jours (C. trav., art. L. 1233-29).

– **Dans les entreprises employant au moins cinquante salariés**, l'employeur doit consulter le comité d'entreprise sur le projet de licenciement collectif. Cette consultation suppose au moins deux réunions du comité d'entreprise. Celles-ci doivent être espacée d'un délai minimum de quinze jours (C. trav., art. L. 1233-30, I) et d'un délai maximum de deux mois lorsque le nombre des licenciements est inférieur à cent, de trois mois lorsque ce nombre est compris entre cent et deux cent cinquante licenciements, et de quatre mois au-delà (C. trav., art. L. 1233-30, II). À l'expiration de ce délai maximum, en l'absence d'avis du comité, celui-ci est réputé avoir été consulté (C. trav., art. L. 1233-30 II, al. 3). Du moins est-ce le cas si le comité a été régulièrement convoqué. Le comité peut se faire assister par un expert-comptable payé par l'employeur [1].

Comme dans la procédure des petits licenciements, le chef d'entreprise doit adresser aux représentants du personnel, avec la convocation à la première réunion, tous les renseignements utiles sur le projet de licenciement collectif (raisons économiques, financières ou techniques du projet, nombre de licenciements envisagés…) [2].

L'originalité de la procédure de consultation dans les grands licenciements des entreprises de plus de cinquante salariés tient aussi à l'obligation pour le chef d'entreprise d'adresser au comité, en plus des informations habituelles, un projet de plan de sauvegarde de l'emploi. Cette pièce maitresse de la procédure des grands licenciements collectifs mérite d'être traitée à part, ultérieurement [3].

– **Dans les entreprises et les groupes employant au moins mille salariés**, et qui envisagent de fermer un établissement, la loi du 29 mars 2014 a mis en place l'obligation de procéder à la recherche d'un repreneur, [4]. Cette obligation n'ajoute pas grand-chose d'utile depuis que les dispositions les plus

1. C. trav., art. L. 1233-34. La mission de l'expert comptable est entourée de délais strict prévus à l'art. L. 1233-35 C. trav. Cet expert a dix jours à compter de sa désignation pour demander les informations qu'il juge nécessaires. L'employeur répond à cette demande dans les huit jours. Le cas échéant, l'expert demande, dans les dix jours, des informations complémentaires à l'employeur, qui répond à cette demande dans les huit jours à compter de la date à laquelle la demande de l'expert est formulée. L'expert doit rendre son rapport au plus tard quinze jours avant l'expiration du délai maximum entre les deux réunions du comité d'entreprise.

2. V. ss 489.

3. V. ss 500 s.

4. C. trav., art. L. 1233-57-9 et s. Sur cette réforme, v. not. R. Dalmasso, « Le désamorçage de l'obligation de recherche d'un repreneur », *Sem. soc. Lamy* 2014, n°1625, p. 4.

saillantes de cette réforme ont été invalidées par la Conseil constitutionnel [1]. La logique aurait voulu que la recherche d'un repreneur soit un préalable. Mais la logique est, en la matière, moins importante que la volonté de ne pas retarder les licenciements. La procédure d'information-consultation sur la recherche d'un repreneur devra donc être menée *en même temps* que celle de licenciement et dans le respect des délais de cette procédure [2]. Ce qui suppose de discuter du nombre et de l'accompagnement des licenciements sans même savoir au préalable si l'établissement sera repris ou non.

On notera toutefois que le comité d'entreprise peut, par la procédure nouvelle, avoir un rôle un peu plus actif que celui qui lui est reconnu dans la procédure des grands licenciements économiques. Le comité peut notamment participer à la recherche d'un repreneur (C. trav. art. L. 1233-57-16). Et, s'il juge que l'obligation de rechercher un repreneur n'a pas été respectée par l'employeur, il peut en saisir le tribunal de commerce. (C. com. art. L. 771-1). Depuis la censure du Conseil constitutionnel, ce tribunal ne peut toutefois qu'exercer un contrôle réduit et les sanctions qu'il pourrait édicter semblent devoir être limitées à de simples dommages et intérêts en fonction du préjudice subi.

491 ***Les objets de la consultation*** ◊ La consultation du comité porte sur l'opération projetée par l'employeur et sur ses conséquences (C. trav., art. L. 1233-30). Ces deux objets de consultation sont très différents. La consultation sur l'opération projetée porte sur une opération économique projetée, sur un choix de gestion de l'entreprise. Il pourra s'agir, par exemple, de la possible suppression d'une ligne de production, du déplacement d'une usine, etc. Cette consultation impérative est issue du livre II du Code du travail (C. trav., art. L. 2323-15). La consultation sur le projet de licenciement porte quant à elle, notamment, sur le nombre de licenciements envisagés, sur les catégories professionnelles touchées, sur le calendrier prévisionnel des licenciements (C. trav., art. L. 1233-30, I, 2).

Ces deux consultations devraient logiquement être successives. Avant que de s'interroger sur le calendrier prévisionnel des licenciements, il semble nécessaire de s'interroger sur l'opération économique qui pourrait (ou non) justifier des licenciements. Cette préséance logique avait été imposée par un arrêt *Sietam industries*, du 16 avril 1996 [3]. Et cette solution avait été reprise par la loi du 17 janvier 2002. La loi du 18 janvier 2005 est toutefois revenue sur cette solution. Depuis cette loi, confirmée par celle du 14 juin 2013 (C. trav., art. L. 1233-30 1°) [4], la consultation

1. Cons. const., n° 2014-692 DC, 27 mars 2014. Sur cette décision, v. ss 44 *in fine*.
2. C. trav., art. L. 1233-57-20.
3. Soc. 16 avr. 1996, *Sietam industries*, *Bull. civ.* V, n° 165, *RJS* 5/96, n° 560 ; *ibid.* 311, concl. R. Kessous ; *Dr. soc.* 1996. 489, obs. A. Lyon-Caen. V. aussi, Soc. 17 juin 1997, *Grands Magasins de l'Ouest*, *Bull. civ.* V, n° 223 ; *Grands arrêts*, n° 111 ; *RJS* 8-9/97, n° 990, rapp. J. Y. Frouin.
4. Le texte ne vise pas toutes les situations. Il ne vise que les procédures applicables aux grands licenciements collectifs. Pour les petits licenciements collectifs, les consultations sur l'opération projetée et sur ses conséquences en termes de licenciements pourraient donc demeurer successives.

sur l'opération économique projetée et la consultation sur le projet de licenciement peuvent être simultanées. Ce rapprochement dans le temps apparaît très discutable.

Pour qu'une vraie consultation sur l'opération projetée, par exemple sur le projet de fermeture d'un site, puisse avoir lieu, pour que la discussion sur de possibles alternative soit sérieuse, il est nécessaire que celle-ci ait lieu avant que le projet ne soit arrêté, à un moment où une part de doute demeure dans l'esprit de l'employeur. Or, si l'on attend pour consulter le comité qu'un projet détaillé de licenciement ait été mise en place, comprenant notamment le nombre de licenciements envisagés, les catégories visées et le calendrier prévisionnel de ces licenciements, il semble plus que probable que l'opération économique sera d'ores et déjà devenue irrévocable. Il sera alors trop tard pour « consulter » à ce sujet. La décision étant prise, il restera qu'une possibilité d'information…

492 ***La consultation réduite*** ◊ L'objet de la consultation du comité d'entreprise peut être drastiquement réduit lorsqu'un plan de sauvegarde de l'emploi a été adopté par convention collective selon les formes de l'article L. 1233-24-1 du Code du travail. La négociation ne porte plus alors sur le projet de licenciement, ni sur ses mesures d'accompagnement, tout ayant déjà été fixé par convention collective (C. trav., art. L. 1233-4-30, al. 4). La consultation obligatoire du comité d'entreprise ne porte plus que sur l'opération projetée. Et cette consultation est organisée alors que toutes les conséquences de l'opération ont d'ores et déjà été décidées dans le plan de sauvegarde de l'emploi, lequel comprend les mesures de reclassement, le calendrier des licenciements, et tout le détail des suites des licenciements. La consultation du comité d'entreprise sur l'opération projetée suit alors la fixation du plan de licenciement. Le nombre de licenciements, leur calendrier, leur encadrement, les reclassements internes et externes, tout aura été fixé. Et l'on prétend que ce pourrait être le moment choisi par l'employeur pour réfléchir sur l'opportunité de l'opération économique qui conduit à ces licenciements et qu'il pourrait encore être utile de consulter le comité à ce sujet pour qu'il puisse infléchir le projet de l'employeur. Il y a là une pure fiction juridique. Ouvrir une discussion sur les causes du licenciement *après* avoir obtenu un accord sur le plan de licenciement relève de la mascarade.

A force de réformes visant à accélérer les procédures, c'est le sens même de ces procédures qui s'est perdu.

§ 3. **La négociation de la procédure de consultation**

493 ***Le possible retour à la procédure des petits licenciements*** ◊ Deux types d'accords collectifs peuvent intervenir pour modifier les paramètres légaux de la procédure de consultation des grands licenciements collectifs. Les

premiers sont les « accords de méthode » créés par la loi du 3 janvier 2003, prévus aux articles L. 1233-21 et suivants du Code du travail. Ces accords pouvaient à l'origine avoir un objet plus vaste que la seule question de la consultation des représentants du personnel et traiter aussi de l'accompagnement du licenciement, voire du plan de sauvegarde de l'emploi. La loi du 14 juin 2013 les a recentrés sur les seules questions de procédures. Ils restent conclus selon les règles communes du droit de la négociation collective.

Le second type d'accord a été mis en place par la loi du 14 juin 2013. Ces accords spéciaux ont pour objet de fixer non seulement la procédure, mais plus généralement presque tout ce qui touche à la procédure de licenciement et, notamment, le plan de sauvegarde de l'emploi. Ces accords, prévus aux articles L. 1233-24-1 et suivants, sont des accords dérogatoires au droit commun de la négociation collective : ils ne peut être conclus que par les syndicats majoritaires [1].

Ces deux types d'accords sur la procédure de consultation ont la même marge de manœuvre quand à la procédure de consultation : ils peuvent réduire la procédure de licenciement des grands licenciements collectifs à ce que la loi prévoit pour les petits licenciements collectifs, mais ne peuvent aller en-deçà [2].

Les possibilités de contestation en justice des accords de méthode est enfermée dans un délai, fort court, de trois mois à compter du dépôt de l'accord à la direction départementale du travail et de l'emploi [3]. Ce qui permet de rendre la réduction de la procédure en-deçà même du socle minimal légal rapidement inattaquable...

SECTION 3. RÔLE DE L'AUTORITÉ ADMINISTRATIVE

494 ***De 1975 à nos jours*** ◊ De 1975 à 1986, l'autorisation administrative de licencier a été une des pièces maîtresses du régime juridique des licenciements pour motif économique, qu'il s'agisse de licenciements individuels ou de licenciements collectifs. Aucun licenciement, en dehors des cas de règlement ou de liquidation judiciaire, ne pouvait être régulièrement prononcé sans autorisation préalable du directeur départemental du travail.

---

1. Il s'agit, comme c'est l'habitude, des syndicats ayant recueilli « 50 % des suffrages exprimés en faveur d'organisations reconnues représentatives au premier tour des dernières élections des titulaires au comité d'entreprise ou de la délégation unique du personnel ou, à défaut, des délégués du personnel » (C. trav., art. L. 1233-24-1).

2. Ces règles de bases, prévues aux art. L. 2323-2, L. 2323-4, L. 2323-5, L. 1233-1 à L. 1233-3 C. trav. sont expressément exclues des possibilités de dérogation par l'art. L. 1233-23 (accord de méthode) comme par l'art. L. 1233-24-3 (accords sur le PSE et la procédure). Sur ce socle indérogeable applicable y compris dans les entreprises de moins de cinquante salariés ou pour les petits licenciements collectifs, v. ss 489.

3. C. trav., art. L. 1233-24.

Ce système de l'autorisation administrative a soulevé de nombreux problèmes juridiques concernant la détermination de l'autorité administrative compétente, l'étendue des pouvoirs de contrôle de celle-ci, l'exercice des recours hiérarchiques, gracieux ou contentieux contre les décisions d'autorisation ou de refus, les effets des décisions d'annulation des décisions d'autorisation ou de refus. Elle a surtout été contestée d'un point de vue politique, cet interventionnisme de l'État étant mal vécu par les patrons [1]. Les lois du 3 juillet 1986 et du 30 décembre 1986 ont en conséquence supprimé le régime de l'autorisation administrative pour tous les licenciements. Cette suppression n'a pas bien entendu pas eu sur l'emploi les effets annoncés. Le CNPF demandait depuis plusieurs années la suppression de cette autorisation de licencier, en affirmant qu'elle dissuadait les employeurs d'embaucher. Ayant fait chiffrer les effets de cette suppression, il a fait campagne en affirmant que la suppression de l'autorisation de licencier entraînerait la création de 367 000 emplois [2]. L'argumentation paradoxale selon laquelle il suffit de simplifier le licenciement pour créer des emplois, toujours actuelle, démontra alors sa faiblesse rhétorique.

L'effet essentiel de la suppression de l'autorisation administrative de licenciement eu en revanche un effet juridique essentiel : le contentieux de ces licenciements est passé du juge administratif au juge judiciaire. Le premier, habitué à être juge de la puissance publique, était peu légitime dans l'appréciation des justifications économiques apportées par les employeurs privés. Le second, le juge judiciaire, est plus coutumier du contrôle des activités privées. Il pu donc progressivement amorcer un contrôle plus approfondi, surtout à partir des années 1990 [3].

Cet essor provoqua une sorte de nostalgie patronale. Sans aller jusqu'à réclamer un retour à l'autorisation administrative, l'idée d'éviter le contrôle judiciaire des plans de sauvegarde de l'emploi et de rendre aux juridictions administrative une part de leurs compétences s'est imposée au MEDEF. En conséquence, l'accord national interprofessionnel du 11 janvier 2013 et la loi 14 juin 2013 ont créé un contrôle administratif *a priori* des plans de sauvegarde de l'emploi. Enserré dans des délais peu réalistes, ce contrôle a pour effet principal de ressusciter la compétence juridique des tribunaux administratifs, malgré leur incompétence pratique sur les questions économiques. Cela a aussi pour effet de scinder le contentieux des licenciements économiques en deux : le contrôle du plan de sauvegarde revient seul aux tribunaux administratifs ; les autres questions, et notamment la question de la justification des licenciements, restent au juge judiciaire.

Le rôle de l'administration est donc devenu très sensiblement différent selon les cas. Tous les licenciement économiques collectifs, quelle que soit leur taille, doivent passer par une information donnée au Directeur régional des entreprises, de la concurrence, de la consommation, du travail et

---

1. Sur le débat soulevé par le projet de suppression de l'autorisation de licencier, V.J.-M. Sportouch, Contrainte et tolérance dans le licenciement économique *in La flexibilité du droit du travail : objectif ou réalité ?*, Éd. législatives et administratives, 1986 ; F. Loubejac, Sur la suppression de l'autorisation de licenciement, *Dr. soc.* 1986. 213 s. ; Elbaum et Tonnerre, « Dossiers statistiques du travail et de l'emploi, n° 19, févr. 1986 ; N. Catala, Faut-il repenser le droit du licenciement ?, *Sem. soc. Lamy*, n° 97, p. XVIII s.

2. Le chiffre de 367 000 emplois créés a été avancé par M. Gattaz en juill. 1984.

3. Sur la justification du licenciement, v. ss 516 s.

de l'emploi (DIRECCTE) [1]. Mais le rôle de ce directeur et de ses services sont radicalement différents selon qu'il s'agit d'un grand ou d'un *petit* licenciement collectif, et surtout selon qu'un plan de sauvegarde de l'emploi (PSE) doit, ou non, être adopté.

§ 1. Compétence de l'administration en l'absence de PSE

495 ***En cas de petit licenciement collectif*** ◊ Lorsqu'il s'agit d'un petit licenciement collectif, c'est-à-dire d'un licenciement de moins de dix salariés dans une période de trente jours, l'information est une information *a posteriori* [2]. Elle doit être adressée au Directeur départemental du travail et de l'emploi dans les huit jours suivant l'envoi des lettres de licenciement aux salariés concernés (C. trav., art. D. 1233-3). Cette information a un double but. Elle permet à l'administration d'établir les statistiques des licenciements pour motif économique. Elle permet aussi à l'administration vérifier qu'il s'agit bien de petits licenciements collectifs et qu'il n'y a donc pas de violation de la procédure des grands licenciements collectifs. L'employeur qui contrevient à cette obligation d'information peut être puni d'une peine d'amende [3].

496 ***En cas de grand licenciement collectif*** ◊ Lorsqu'il s'agit d'un grand licenciement collectif, dans les entreprises de moins de cinquante salariés, la procédure est plus complète. Plusieurs informations doivent être adressées *en cours de procédure* au DIRECCTE. L'employeur doit tout d'abord lui adresser l'ensemble des informations qu'il transmet aux représentants du personnel au moment même où il les expédie à ceux-ci (C. trav., art. L. 1233-48). Par ce biais, l'administration reçoit le document qui reprend les mesures que l'employeur envisage de mettre en œuvre pour limiter ou éviter les licenciements et notamment les reclassements prévus (document prévu à l'art. L. 1233-32 C. trav.). L'employeur transmet enfin les procès-verbaux des réunions du comité d'entreprise ou des délégués du personnel. L'employeur doit encore transmettre le rapport de l'expert comptable, dans les cas où le comité à fait appel à un tel expert (C. trav., art. L. 1233-50).

Ceci fait, l'employeur doit *notifier* à l'administration son projet de licenciement [4]. La date de la notification est importante pour deux raisons.

1. Lorsque le projet de licenciement intéresse un établissement distinct, les informations doivent être adressées au DIRECCTE dans le ressort territorial duquel est situé l'établissement. Lorsque l'établissement fait partie d'une entreprise dont le siège ou d'autres établissements sont situés hors du département, le directeur départemental doit alerter le Directeur régional compétent ou la délégation à l'emploi (Circ. du 7 avr. 1987, II. 2. 9).
2. C. trav., art. L. 1233-19.
3. C. trav., art. R. 1238-4 : amende prévue pour les contraventions de 4e classe.
4. C. trav., art. L. 1233-46.

À compter de cette date, l'administration dispose de vingt et un jours pour vérifier la légalité de la procédure, ce qui comprend une vérification du respect des règles relatives à l'information et à la consultation des représentants du personnel, et une vérification de la teneur et de la mise en œuvre des mesures visant à éviter les licenciements. Elle peut alors envoyer à l'employeur un *avis*, lequel contient les irrégularités qu'elle a pu observer [1]. Et l'employeur doit alors répondre à ces remarques. L'effet des licenciements, qui ont pu être d'ores et déjà notifiés, est suspendu à l'envoi de cette réponse. Mais il n'est nullement exigé que l'employeur se conforme aux observations de l'administration. Celles-ci sont simplement transmises aux représentants du personnel et pourront servir d'argument dans un procès à venir sur la légalité des licenciements et de la procédure.

La date de la notification faite à l'administration du licenciement a un autre effet, fort important : elle est le point de départ du délai de trente jours, à l'expiration duquel l'employeur peut adresser aux intéressés leurs lettres de licenciements [2]. Cette notification sera donc faite le plus vite possible par l'employeur, si celui-ci entend aller vite. Il ne peut toutefois pas notifier les licenciements avant le lendemain du jour où s'est tenue la *première* réunion des représentants du personnel (C. trav., art. L. 1233-46) [3]. Il faut en déduire que la deuxième réunion du comité peut, elle, fort bien avoir lieu alors que les licenciements ont été notifiés aux salariés. Dans un tel cas, son objet ne pourra plus qu'être relatif à l'accompagnement des salariés d'ores et déjà licenciés.

On notera que l'avis de l'administration, bien qu'il soit un jugement porté sur des irrégularités commises, n'a guère d'impact juridique. Si l'employeur est diligent, il ne permet même pas de retarder d'un seul jour le cours de la procédure de licenciement [4]. Il en a été déduit que l'avis donné par l'autorité administrative ne fait pas grief, ce qui rend irrecevable toute demande d'annulation d'un tel avis [5]. Ceci évite toute compétence des

1. C. trav., art. L. 1233-53.

2. Ce délai peut être accru par convention collective, mais non point réduit... Il s'agit d'un résidu de principe de faveur dans un univers qui n'en compte plus guère (C. trav., art. L. 1233-39). Le délai minimal est de 30 jours dans tous les cas depuis la loi du 14 juin 2013, alors qu'il pouvait, précédemment, être supérieur selon la taille du licenciement.

3. Éventuellement celle qui procède à la désignation de l'expert-comptable. Sauf évidemment s'il n'y a pas dans l'entreprise de représentants du personnel. L'absence de représentation du personnel ne dispense pas l'employeur de cette obligation de notification (C. trav., art. R. 1233-9).

4. Les remarque de l'administration doivent être envoyées dans les 21 jours qui suivent la notification à l'administration du projet de licenciement. Et les lettres de licenciement ne peuvent être envoyées qu'après 30 jours à compter de cette notification à l'administration. L'employeur a donc 9 jours au minimum pour répondre. Et ainsi les licenciements pourront être effectifs dès le lendemain de l'écoulement du délai légal de 30 jours, sans que les irrégularités notées par l'administration n'aient ralenti d'un seul jour le cour de la procédure.

5. CE 26 mars 1997, *Sté Bostik*, concl. F. Lamy, *Dr. soc.* 1997. 460. Cet arrêt annule le jugement du TA de Versailles, 26 janv. 1989, 279, concl. Prétot ; v. sur cette question Y. Gaudemet, *Dr. soc.* 1987. 225 ; Frier, *Dr. soc.* 1987. 664. Ainsi écartée la compétence du juge administratif, toute discussion sur la compétence du juge judiciaire était levée : celui-ci pouvait statuer sur une demande concernant la procédure de licenciement économique sans avoir à prononcer un sursis à statuer.

juridictions administratives dans les procédures des grands licenciements, tant que ceux-ci on lieu dans des entreprises de moins de cinquante salariés.

Il en va bien autrement si le grand licenciement économique est prononcé dans une entreprise d'au moins cinquante salariés. Alors, un plan de sauvegarde de l'emploi (PSE) doit être rédigé. Et ce plan fait l'objet, depuis la loi du 14 juin 2013, d'un contrôle *a priori* de l'administration et d'une pleine compétence des juridictions administratives.

§ 2. **Compétence de l'administration en présence d'un PSE**

497 Lorsque le projet de licenciement concerne au moins dix salariés dans une même période de trente jours *et* que ce projet est élaboré dans une entreprise employant au moins cinquante salariés, l'employeur doit établir et mettre en œuvre un plan de sauvegarde de l'emploi [1]. Dans ce cas, le rôle de la Direction régionale des entreprises, de la concurrence, de la consommation, du travail et de l'emploi (DIRECCTE), a été considérablement accru par la loi du 14 juin 2013. Ces fonctions traversent toute la procédure d'adoption du plan de sauvegarde de l'emploi, jusqu'à son édiction qui fait l'objet d'un contrôle *a priori* de l'administration. Il en résulte que la jurisprudence relative au contenu des PSE, jusqu'ici objet de la jurisprudence judiciaire, sera désormais de la compétence des juridictions administratives [2].

L'administration est informée de la mise en place d'une procédure d'adoption d'un plan de sauvegarde de l'emploi (PSE). Ce qui consiste en une obligation pour l'employeur de l'informer de l'ouverture d'une négociation en vue de conclure un plan de sauvegarde négocié (C. trav., art. L. 1233-24-1) ou bien, en l'absence d'une telle négociation, de l'avis du Comité d'entreprise (C. trav., art. L. 2323-15).

Dans un premier temps, l'administration procède par proposition, suggestions. Il n'y a alors rien d'impératif. La décision essentielle de l'administration sera celle d'accorder ou de refuser l'homologation du plan de sauvegarde unilatéral ou bien la validation du plan de sauvegarde conventionnel.

498 ***L'action incitative de l'administration*** ◊ L'administration a plusieurs possibilités pour intervenir au cours de la procédure d'adoption du plan de sauvegarde. Elle peut formuler toutes remarques et proposition sur le déroulement de la procédure ou sur le contenu souhaitable du plan de sauvegarde de l'emploi. Ces éléments sont transmis au comité d'entreprise ou aux organisations syndicales engagées dans la négociation du plan de sauvegarde. Et l'employeur est tenu d'y apporter une réponse motivée (C. trav., art. L. 1233-57-6). L'intervention de l'administration peut aussi

1. C. trav., L. 1233-61 Sur le domaine du PSE, v. ss 461 s., 464 s.
2. Sur ce contrôle, v. ss 505 s.

être déclenchée par les représentants du personnel ou les syndicats qui souhaitent obtenir plus d'informations ou qui se plaignent de la violation d'une règle de procédure. L'administration devra alors intervenir dans les cinq jours (C. trav., art. L. 1233-57-5).

Une fois le plan de sauvegarde élaboré, il est transmis à l'administration (C. trav., art. L. 1233-57-1). Celle-ci peut dans tous les cas présenter des propositions pour le compléter ou le modifier, avant la deuxième réunion du comité d'entreprise et l'employeur est tenu de faire une réponse motivée à cette proposition (C. trav., art. L. 1233-57). La proposition de l'administration est transmise au comité d'entreprise. Avec la réponse de l'employeur, elle fait l'objet d'un affichage sur les lieux de travail (C. trav., art. L. 1233-57, al. 3).

Ces différentes interventions de l'administration ne sont que des propositions et elles ne déclenchent que des obligations de répondre, nullement des obligations de se soumettre. Elles ne bloquent ni même ne ralentissent la procédure de licenciement. Ne faisant pas grief, elles ne peuvent donc pas, assez logiquement, faire l'objet d'un recours devant les tribunaux administratifs. Mais la compétence traditionnelle du Conseil de prud'homme en référé pour suspendre la procédure en cas d'irrégularité commise par l'employeur n'en a pas pour autant été conservée. Elle a été expressément exclue par la loi du 14 juin 2013. Seul restera possible un contentieux *ex post*, devant le juge administratif, portant sur la validation ou l'homologation du plan (C. trav., art. L. 1235-7-1). Rien ne pourra plus arrêter le cours d'une procédure, même manifestement illicite, avant son aboutissement.

499 ***L'action impérative de l'administration*** ◊ La loi du 14 juin 2013 distingue deux décisions de l'administration selon que le plan de sauvegarde de l'emploi (PSE) est édicté unilatéralement par l'employeur ou bien selon qu'il est prévu par une convention collective. Dans le premier cas, il s'agit d'une « homologation », dans le second d'une « validation ». Si l'administration refuse d'homologuer ou de valider, la procédure de licenciement est bloquée. Il ne reste à l'employeur qu'à relancer la procédure et à proposer un nouveau plan, plus conforme aux souhaits de l'administration (C. trav., art. L. 1233-57-7). En cas de nouveau refus de l'administration, les licenciements seront bloqués. Tout licenciement réalisé sans plan de sauvegarde de l'emploi dûment validé ou homologué est nul (C. trav., art. L. 1235-10). Les décisions de validation, d'homologation, ou bien de refus de valider ou d'homologuer font donc grief. Elles pourront faire l'objet d'un contentieux administratif [1].

Il convient d'apprécier le contrôle qui devra être opéré par l'administration, à peine de voir sa décision ou son abstention invalidée par le juge administratif.

1. Sur la procédure spéciale de contestation des validations et homologations, v. C. trav., art. L. 1235-7-1 ;v. ss 527 s.

Dans le cas ou le plan de sauvegarde a été édicté unilatéralement par l'employeur, le contrôle qui précède l'homologation semble devoir être, logiquement, plus approfondi. Lorsqu'il s'agit d'un plan conventionnel, lorsque l'accord des syndicats majoritaires a été obtenu, un contrôle moins approfondi devrait pouvoir suffire. Le contrôle d'homologation semble donc, *a priori*, plus lourd que le contrôle de validation. À l'étude, ces deux contrôles semblent pourtant assez proches.

La validation des plans de sauvegarde conventionnels doit être envoyée par l'administration dans les quinze jours. L'homologation des plans de sauvegarde unilatéraux doit être menée dans les vingt et un jours (C. trav., art. L. 1233-57-4). Ces délais méritent deux observations.

– Leur brièveté est à double tranchant. Elle permet d'accélérer les décisions de licencier, ce qui sera positif pour l'employeur. Mais elle peut faire craindre que le contrôle de l'administration soit rapide et baclé, ou bien absent, la décision étant alors tacite (C. trav., art. L. 1233-57-4). Les risques d'une annulation en justice de décisions prises dans l'urgence, ou simplement tacites, est grand. Et l'on sait qu'en cas d'annulation de la décision, exprès ou tacite, de validation ou homologation, la nullité des licenciements pourra être ordonnée (C. trav., art. L. 1235-10, L. 1235-11).

– Les délais accordés à l'administration sont différents en cas de validation (15 jours) ou d'homologation (21 jours), ce qui semble signifier que dans un cas et dans l'autre l'intensité du contrôle doit varier. D'autant que l'article L. 1233-57-2 du Code du travail, qui décrit le contrôle qui doit être mené en cas de simple validation est sensiblement plus court que le texte relatif à l'homologation. Toutefois, la différence d'intensité du contrôle semble difficile à caractériser. L'article L. 1233-57-2 du Code du travail, relatif à la validation supposée plus légère, impose à l'administration de vérifier la validité de la procédure d'adoption du plan de sauvegarde et le contenu de ce plan tel qu'il est impérativement fixé par les articles L. 1233-61 et suivants du Code du travail. La jurisprudence judiciaire s'est appuyée sur ces textes pour réaliser un contrôle approfondi des plans de sauvegarde. Elle vérifiait la complétude du plan de sauvegarde, mais aussi le caractère suffisant de ses dispositions au regard des possibilités de l'entreprise [1]. Cette recherche du caractère suffisant du plan de sauvegarde s'imposera, y compris pour les simples validations et y compris devant les juridictions administratives : le nouvel article L. 1235-10 du Code du travail confirme expressément cette intensité requise du contrôle.

Dans ce contexte, l'article L. 1233-57-3 du Code du travail, relatif au contrôle de l'administration avant homologation, quoique plus précis et

1. Soc. 28 mars 2000, *Bull. civ.* V, n° 131 : le chef d'entreprise avait proposé 35 postes de reclassement aux quatorze salariés concernés par le projet de licenciement) ; les juges du fond avaient admis la validité du plan social. Leur décision est cassée au motif qu'ils auraient du rechercher si, en dehors des reclassements proposés, l'employeur ne pouvait pas prendre d'autres mesures telles que la réduction du temps de travail, le passage à temps partiel et le développement d'activités nouvelles. Pour une description plus précise de la jurisprudence judiciaire, v. ss 509 s.

plus long, ne semble pas sensiblement plus exigeant. Il liste des éléments de contrôle comme la vérification des mesures d'adaptation ou bien comme la prise en compte des moyens de l'entreprise. Or, ces recherches sont incluses dans la recherche de la suffisance du plan de sauvegarde. Ils s'imposeront donc en cas de validation d'un plan de sauvegarde conventionnels comme en cas d'homologation d'un plan de sauvegarde unilatéral. Seule l'utilisation du crédit d'impôt compétitivité emploi est une exigence de l'homologation qui ne se retrouve pas dans la simple validation.

Homologation et validation semblent ainsi être des actes très proches. Ce qui est finalement assez logique. Certes, la légitimité du plan conventionnel est plus grande. Mais le contenu d'un plan de sauvegarde de l'emploi demeure un contenu d'ordre public, auquel les interlocuteurs sociaux ne peuvent pas déroger en moins favorable. À cet égard, le pouvoir de la convention collective n'est pas supérieur à celui de l'employeur seul. Le contrôle de la suffisance du plan de sauvegarde, présent dans un cas comme dans l'autre, ne pouvait dès lors différer substantiellement. Ce qui ne veut pas dire que la pratique sera exactement la même dans l'un ou l'autre cas : l'administration risque d'être plus sourcilleuse, plus exigeante, lorsqu'elle est conduite à apprécier le contenu d'un plan unilatéral. Il est probable qu'un plan appuyé par la signature des syndicats majoritaires dans l'entreprise sera appréciée de manière plus laxiste… Au risque de voir la validation accordée annulée par les tribunaux administratif.

Au vu de la brièveté des délais laissés à l'administration, il se peut que l'administration soit dans l'incapacité de répondre suffisamment tôt. Le silence de l'administration vaut alors validation ou homologation (C. trav., art. L. 1233-57-4, al. 3). Il restera aux salariés à agir devant les tribunaux administratifs pour contester cette décision par abstention.

En cas d'annulation de la décision d'homologation ou de validation pour absence ou insuffisance du plan de sauvegarde, l'article L. 1235-10 du Code du travail affirme que « la procédure de licenciement est nulle ». Il faut en déduire que les licenciements qui auraient pu être notifiés sont également nuls [1].

Il reste à savoir dans quels cas l'annulation de la procédure et celle des licenciements subséquents pourront être ordonnées par les juges administratifs. La jurisprudence administrative pourrait bien ici s'inspirer de la jurisprudence judiciaire antérieure [2].

SECTION 4. LE PLAN DE SAUVEGARDE DE L'EMPLOI

500 L'origine du plan de sauvegarde de l'emploi est sans doute à chercher dans les conventions dites de « protection sociale » conclues dans les secteurs

1. V. ss 528 s.
2. Sur le contrôle par les juges judiciaires puis administratif des PSE, v. ss 507 s.

en crise ou dans les entreprises durement frappées [1]. Dans le régime du licenciement économique originaire, l'employeur était déjà tenu d'indiquer aux représentants du personnel « les mesures qu'il envisage de prendre d'une part pour éviter les licenciements ou en limiter le nombre (« alternatives » au licenciement) et d'autre part pour faciliter le reclassement du personnel dont le licenciement ne pouvait être évité ». L'accord national interprofessionnel du 21 novembre 1974, puis celui du 20 octobre 1986, les lois du 30 décembre 1986, du 2 août 1989, du 27 janvier 1993 et du 17 janvier 2002 ont donné peu à peu sa physionomie au document que le législateur a baptisé *plan social* puis *plan de sauvegarde de l'emploi* (C. trav., art. L. 1233-61) [2].

Le plan de sauvegarde de l'emploi est un document qui explicite l'ensemble des mesures prises pour éviter les licenciements et pour limiter l'impact social de ceux qui ne pourront être écartés. Ce document a pris une place centrale dans la procédure des grands licenciements économiques, notamment du fait de la force de la sanction qui s'attache à une absence ou à une insuffisance de plan de sauvegarde de l'emploi : la nullité des licenciements [3]. Cette sanction est véritablement dissuasive, à la différence de la sanction indemnitaire accordée pour « simple » absence de justification des licenciements. Pour cette raison, le plan de sauvegarde a été situé au cœur des débats relatifs aux grands licenciements économiques. Il est le point d'ancrage de la procédure sur lequel les syndicats s'appuient pour limiter ou retarder les grands licenciements collectifs. Il est l'élément du droit du licenciement contre lequel s'est focalisé le MEDEF en quête de libéralisation du droit du licenciement. Cette centralité pratique et politique a mis le plan de sauvegarde de l'emploi au cœur de des réformes du droit du licenciement économique. Les plus récentes de ces réformes ont eu pour objectif de simplifier le droit de licencier accordé à l'employeur et, en conséquence, d'affaiblir le plan de sauvegarde de l'emploi. Dernièrement, la loi du 14 juin 2013 a encore limité son domaine d'application (1). Elle a encadré et favorisé la possibilité pour les interlocuteurs sociaux d'établir un plan de sauvegarde par voie de convention collective (2). Elle a surtout réorganisé profondément les modalités de son contrôle (3). Sans que pour autant la nature et la force obligatoire de ces plans ne soit profondément modifiés (4).

---

1. Convention de protection sociale dans la sidérurgie du 24 juill. 1984 (contrats de formation conversion ; cessations anticipées d'activité), accord de protection sociale de Creusot-Loire du 18 oct. 1984, etc.

2. M. Véricel, « Le plan de sauvegarde de l'emploi, acte normatif original », *Dr. soc.* 2005. 976 s. ; G. Couturier, *Dr. soc.* 2002. 279 ; *ibid.* 1993. 219 s. ; X. Prétot, *RJS* 1993. 87 s. ; n° spéc. ; *Dr. soc.* mai 1994, « Les plans sociaux » ; J. Pélissier, « Le contrôle des plans sociaux », *RJS* 8-9/94, n° 563 ; F. Gaudu, « L'extinction du plan social », *D.* 1995. Chron. 337 ; P. Waquet, « Les plans sociaux », *RJS* 5/96, n° 303.

3. V. ss 528 s.

§ 1. Domaine

501 L'article L. 1233-61 du Code du travail impose la mise en place d'un plan de sauvegarde de l'emploi dans les entreprises d'au moins cinquante salariés, en présence d'un grand projet de licenciement, défini en principe comme un projet qui concerne au moins dix salariés dans une même période de trente jours. Ce domaine de principe a fait l'objet d'importants débats et de nombreuses interventions législatives.

502 ***Taille du projet*** ◊ Les questions relatives à la notion de grand licenciement collectif ont déjà été étudiées [1]. Il suffit de rappeler ici l'impact récent de la loi du 14 juin 2014. Celle-ci a rétrogradé certains licenciements économiques collectifs en simple licenciements individuels. Il s'agit du licenciement de salarié ayant refusé l'application d'une convention collective dite de « mobilité interne » [2] ainsi que des licenciements de salariés ayant refusé les modifications proposées par un accord dit *« de maintien de l'emploi »* (C. trav., art. L. 5121-5 s.) [3]. Ces accords, conclus de manière dérogatoire par des syndicats représentatifs ayant totalisé au moins la moitié des suffrages exprimés aux élections professionnelles, prévoient la suspension de certains avantages sociaux pour une durée maximale de deux ans, moyennant un engagement de l'employeur de maintenir des emplois [4]. Lorsqu'un tel accord est conclu, les salariés qui le refusent sont licenciés « selon les modalités d'un licenciement individuel pour motif économique » (C. trav., art. L. 5125-2, al. 2). La procédure à suivre pour ces licenciements est donc simplifiée [5].

503 ***Taille de l'« entreprise »*** ◊ L'article L. 1233-61 qui fixe le domaine du plan de sauvegarde de l'emploi, fait référence à des « entreprises » d'au moins cinquante salariés. Il en résulte tout d'abord que l'appréciation du nombre de salariés et du nombre de licenciements projetés s'apprécie dans le cadre de l'entreprise et non dans celui d'un établissement [6]. Mais la difficulté se situe ailleurs. L'éclatement moderne en une multitude de personnes morales de ce qui n'est, en fait, qu'une unique organisation économique, qu'une même entreprise, impose de dépasser l'apparence des structures juridiques. Il faut sortir des limites de la personne morale employeur

---

1. V. ss 464 s.
2. V. ss 633.
3. G. Couturier, « Accords de maintien de l'emploi », *Dr. soc.* 2013. 805.
4. Sur la pratique, ancienne, d'accords collectifs *in* pejus pour sauvegarder les emploi, sur l'utilité et les dangers de ces accors, v. A. Braum, « Accords de maintien de l'emploi : et pourtant ils signent... », *Sem. soc. Lamy* 2013, n° 1592, p. 43.
5. Sur la question de la justification de ces licenciements, v. ss 633.
6. Soc. 7 mai 2003, n° 01-42.379, *RJS* 7/03, n° 862 : l'employeur ne peut pas tirer argument du fait qu'il y a moins de 10 licenciements projetés dans un ou plusieurs établissements pour éluder son obligation de présenter un plan de sauvegarde de l'emploi. Dès lors que la décision de licencier au moins dix salariés dans une période de trente jours avait été prise au niveau de l'entreprise, un plan de sauvegarde de l'emploi devait être élaboré.

et rechercher si le franchissement du seuil de cinquante salariés a eu lieu à un niveau plus élevé. Ainsi, lorsque la décision a été prise au niveau d'une unité économique et sociale, logiquement, le décompte du nombre de salarié se fait-il au niveau de cette unité [1]. De même, lorsqu'il existe, entre différentes sociétés une confusion d'intérêts, d'activités et de directions et que celles-ci doivent en conséquence être qualifiées de co-employeurs, l'addition des effectifs s'impose [2]. Plus généralement, ce dépassement de la personnalité morale pour apprécier la taille de l'« entreprise » qui licencie devrait s'imposer à chaque fois que le projet de licenciement a été conçu au niveau du groupe et non simplement à celui de la personne morale employeur [3]. En revanche, il se peut que le projet de licenciement ait été conçu exclusivement au niveau de la filiale : la seule appartenance à un groupe de sociétés ne permet plus alors de dépasser le seuil de la personnalité morale [4].

Pour des motifs de droit international privé et de loi applicable, lorsque l'entreprise a des salariés travaillant à l'étranger, seuls les salariés travaillant en France sont pris en compte pour déterminer si le seuil de cinquante salariés est atteint [5].

§ 2. **Une élaboration unilatérale ou négociée**

504 ***Modalités d'élaboration*** ◊ Le plan social peut être édicté unilatéralement par le chef d'entreprise ou bien inclu dans un accord collectif. La procédure à suivre est sensiblement différente dans l'un ou l'autre cas.

---

1. Soc. 9 mars 2011, n° 10-11.581 : la cour d'appel avait constaté que les sociétés formant l'unité économique et sociale s'étaient concertées pour envisager simultanément une série de licenciements économiques relevant d'un même plan de restructuration et dont le nombre était d'au moins dix. La Cour de cassation en déduit que « l'établissement d'un plan de sauvegarde de l'emploi résultait d'une obligation légale ».

2. Soc. 2 janv. 2009, n° 07-45.481 P, *RDT* 2009. 233, note J.-Y. Frouin. V. aussi, Soc 18 janv. 2011 n° 09-69.199, *Sem. soc. Lamy* 2011, n° 1476, p. 10 ; *ibid.* 6 s., rapp. de P. Bailly : arrêt qui ordonne d'apprécier la justification du licenciement au niveau du groupe qui réunit les co-employeurs.

3. Cette solution n'est que logique. Elle n'a pas été (encore ?) entérinée par la jurisprudence.

4. Soc. 26 févr. 2003, n° 01-41.030, *RJS* 3/03, n° 589 : arrêt qui refuse l'argumentation d'un dépassement de la personnalité morale sur le seul motif d'une appartenance à un groupe de cette personne morale.

5. Soc. 23 sept. 2008 n° 07-42.862, *RJS* 12/08, n° 1181 ; *Sem. soc. Lamy* 2008, n° 1371, p. 12. En l'espèce, les licenciements concernaient 28 salariés d'une succursale française d'une banque italienne. La cour d'appel avait jugé qu'un plan de sauvegarde de l'emploi aurait du être établi au motif qu'il fallait prendre en compte l'ensemble de la communauté des salariés de l'entreprise, travaillant aussi bien à l'étranger qu'en France. Elle avait souligné que la succursale parisienne ne pouvait pas être distinguée de la Banque italienne ayant son siège à l'étranger puisqu'elle ne disposait d'aucune personnalité juridique autonome et ne constituait pas une filiale installée en France. L'arrêt est cassé en application du principe de la territorialité de la loi française :« seuls les salariés rattachés à l'activité de l'employeur en France bénéficient des lois françaises en droit du travail en sorte que l'effectif à prendre en compte pour déterminer si un plan de sauvegarde de l'emploi devait être mis en place est constitué par les seuls salariés relevant des établissements de la société situés en France ».

Le plan produit unilatéralement par le chef d'entreprise est soumis à la discussion des représentants du personnel [1]. Il doit également être transmis à l'administration du travail, qui recevra les procès-verbaux des réunions des représentants du personnel, mentionnant les avis et suggestions de ces derniers (C. trav., art. L. 1233-48). Après avoir étudié les propositions des représentants du personnel et donné une réponse motivée, le chef d'entreprise arrête, en fin de procédure de consultation, le plan définitif de sauvegarde de l'emploi. Il le transmet à l'autorité administrative pour homologation [2].

Le plan adopté par convention collective est l'aboutissement d'une négociation collective spéciale créée par la loi du 14 juin 2013 (C. trav., art. L. 1233-24-1). Elle doit être, comme toute négociation, loyale. Il est simplement prévu qu'en plus des informations relatives à la négociation, les négociateurs du côté syndical peuvent bénéficier d'un expert comptable mandaté par le comité d'entreprise (C. trav., art. L. 1233-34). L'administration est informée sans délai de l'ouverture d'une négociation ayant pour objet le plan de sauvegarde de l'emploi. L'accord valant plan de sauvegarde ne peut être conclu que s'il est majoritaire. L'accord est transmis à l'autorité administrative pour validation [3].

§ 3. Le contenu du PSE et son contrôle par l'administration

505 ***Règles générales*** [4] ◊ Le plan de sauvegarde de l'emploi doit contenir deux ensembles de mesures : les unes ont pour but d'éviter les licenciements ou d'en limiter le nombre, les autres ont pour objet de faciliter le reclassement du personnel dont le licenciement ne pourrait être évité. Le plan de sauvegarde de l'emploi prévoit notamment des mesures telles que des actions de reclassement interne ou externe à l'entreprise, des créations d'activités nouvelles, des actions de formation, de validation des acquis ou de reconversion, des mesures de réduction ou d'aménagement de la durée du travail (C. trav., art. L. 1233-62).

Il contient, en principe trois ensembles de dispositions :

– celles qui tendent à éviter les suppressions d'emploi (aménagement ou réduction de la durée du travail, diminution des salaires ou des primes) ;

– celles qui tendent à éviter les licenciements alors qu'il y a suppression d'emplois (mise à la retraite, retraite anticipée, travail à temps partiel, congés sans solde indemnisés, départs volontaires, reclassements internes) ;

1. Sur la procédure de consultation des représentants du personnel, lorsqu'un plan de sauvegarde est impératif, v. ss 490. S'il n'y a pas de représentants du personnel, le plan est affiché sur les lieux du travail et communiqué à l'autorité administrative compétente (C. trav., art. L. 1233-49).
2. V. ss 499, 527.
3. V. ss 499, 527.
4. G. Couturier, *Dr. soc.* 2002. 279 s. ; *ibid.* 1994. 436 s.

– celles qui facilitent le reclassement après licenciement : reclassement externe (cellule de reclassement, actions de formation et de reconversion, aide au retour et à la réinsertion dans le pays d'origine pour les travailleurs immigrés), soutien à la création d'activités nouvelles dans le bassin d'emploi ou priorité de réembauchage dans l'entreprise.

506 ***Compétence exclusive des juridictions administratives*** ◊ Depuis la loi du 14 juin 2014, les plans de sauvegarde de l'emploi font l'objet d'un contrôle *a priori* de l'administration : avant que les licenciements ne soient prononcés, ils doivent faire l'objet soit d'une « homologation », s'ils sont issus de la volonté unilatérale de l'employeur, soit d'une « validation », s'ils sont issus de la négociation collective (C. trav., art. L. 1233-57-1). Les décisions de validation, d'homologation, comme le refus de telles décisions, sont susceptibles d'un recours pour excès de pouvoir ou, afin de bloquer les licenciements en urgence, d'une demande en référé-suspension [1]. Le juge administratif devient ainsi seul juge de la conformité du plan de sauvegarde aux exigences légales [2], alors que cette compétence était précédemment celle des tribunaux judiciaire. Une jurisprudence administrative va donc se construire en la matière, ce qui ne veut pas dire que toutes les solutions élaborées par la Cour de cassation vont être abandonnées, loin s'en faut.

La question de la transposition de la jurisprudence judiciaire à la sphère administrative est donc posée (A). La jurisprudence judiciaire en la matière restera sans doute la référence centrale, au moins tant qu'une jurisprudence administrative ne se sera pas mise en place. Le rappel de cette jurisprudence s'avère donc indispensable (B). Les débats récents ayant secoué le domaine ne manqueront pas, toutefois, de rejaillir devant les tribunaux administratifs, et en particulier la question des PSE dans les plans de départs volontaire et celle de la cause illicite possible d'un plan de sauvegarde de l'emploi.

A. Jurisprudence judiciaire et jurisprudence administrative

507 ***Vers une destruction administrative des constructions jurisprudentielles judiciaires ?*** ◊ Il est possible que les juridictions administratives forgent peu à peu une jurisprudence originale sur le contrôle des PSE. Les premières décisions des tribunaux administratifs semblent aller dans le sens d'un contrôle relativement approfondi des plans de sauvegarde de l'emploi [3]. inquiétudes légitimes peuvent être formulées à ce

1. Cette demande suppose de démontrer l'urgence, ce qui semble plus difficile dans le cadre d'une procédure de redressement ou de liquidation judiciaire (où les licenciements semblent inéluctables) : CE 21 févr. 2014, n° 374409, *Sem. soc. Lamy* 2014, n°1622 p. 13, note F. Champeaux.

2. Sur le bloc de compétence relatif aux plans de sauvegarde confié au juge administratif, v. C. trav., art. L. 1235-7-1, v. ss 496 s.

3. C.Taillandier, « Chronique des premiers jugements des tribunaux administratifs sur les PSE », *Sem. soc. Lamy* 2014, n°1623, p. 6.

sujet. Le Conseil d'État, peu habitué à contrôler les décisions des personnes privées, a pendant longtemps été peu enclin à contrôler les licenciements. Le contrôle des licenciements économiques était faiblement développé du temps de l'autorisation administrative de licenciement. Plus récemment, son contrôle des autorisations administratives de licenciement des salariés protégés ne s'est pas révélé très protecteur. Il est ainsi symptomatique que les progrès de la jurisprudence judiciaire en droit du licenciement ont mis parfois plus de dix ans à être acceptés par le Conseil d'État pour le licenciement des salariés protégés [1]. Ce retard a fait qu'il était alors plus facile de licencier un salarié normal qu'un délégué syndical, la jurisprudence administrative étant plus permissive que celle de la Cour de cassation...

De plus, la procédure particulière accélérée de contrôle des décisions de validation ou d'homologation risque de conduire vers un rapide encombrement du Conseil d'État, lequel n'est nullement apte à traiter d'un contentieux de masse. La solution pourrait alors être pour la Haute Cour, effrayée par le travail requis, de n'opérer qu'un contrôle très restreint, voire de refuser tout contrôle lorsqu'une juridiction administrative ou une cour d'appel auront eu le temps de statuer et qu'il ne sera saisi qu'en juge de cassation. En un mot, les tendances naturelles du Conseil d'État et sa crainte du contentieux peuvent se conjuguer pour que le plan de sauvegarde de l'emploi, hier pièce maîtresse du droit du licenciement, devienne une simple formalité. Cette évolution possible n'est au demeurant probablement pas pour rien dans la volonté du MEDEF de transférer le contentieux des plans de sauvegarde aux juridictions administratives.

508 ***Les possibles résistances de la jurisprudence judiciaire*** ◇ Ces espoirs ou ces craintes, selon le côté duquel on se situe, ne sont toutefois pas forcément fondés. Récemment, le Conseil d'État et la Cour de cassation se sont considérablement rapprochés et le dialogue entre les Hautes Cours, en matière sociale, a permis de fortes réductions des écarts jurisprudentiels. La cohérence entre les jurisprudences judiciaire et administrative sera ici d'autant plus importante que le contentieux du licenciement est depuis la loi du 14 juin 2013 totalement éclaté. Le juge administratif est le juge du plan de sauvegarde de l'emploi, mais le juge judiciaire reste le juge du droit au reclassement dont chaque salarié

1. Le CE a prohibé le licenciement pour simple perte de confiance (CE 21 déc. 2001, *Baumgarth*, *RJS* 2002, n° 304, CE 22 mai 2002, *RJS* 2002, n° 999), plus de dix ans après que la Cour de cassation l'a fait (sur la prohibition par la Cour de cassation, à partir de 1990, v. ss 447 ; en sens inverse, v. encore CE 1er avr. 1999 ; 11 juin 1999, *RJS* 1999, n° 1093). Le Conseil d'État a longtemps adopté sa propre définition de la justification économique du licenciement (CE 18 févr. 1977, *Abellan*, *Lebon* 97 ; *Dr. ouvrier* 1977. 215, note M. Cohen, et encore CE 8 juill. 2002, *RJS* 2002, n° 1148). Il lui a fallu attendre 2005 pour commencer à se référer à la définition légale introduite par l'art. L. 1233-3 C. trav. en 1989 (v. CE 15 juin 2005, req. n° 254728). Et ce n'est qu'avec l'arrêt du 8 mars 2006, arrêt *Moranzoni*, que le Conseil d'État a repris l'exigence de la Cour de cassation, d'une nécessaire sauvegarde de la compétitivité, initiée en 1995 (req. n° 270857, *Lebon* 116 ; *Dr. soc.* 2006. 857, concl. R. Keller ; *JCP S* 2006, n° 16, p. 31-33, note J.-Y. Kerbouc'h).

bénéficie. Sans pouvoir se prononcer sur la validité du plan de reclassement inclu dans le plan de sauvegarde, il devra néanmoins se prononcer sur le respect par l'employeur de son obligation de reclassement vis-à-vis du salarié, à l'occasion de la contestation par celui-ci de son licenciement. Le risque de contrariété de jurisprudence pourrait alors conduire à des solutions divergentes sur le même licenciement collectif.

Le juge judiciaire est aussi le juge des mesures que l'employeur doit prendre pour limiter le nombre des licenciements dans les entreprises de moins de cinquante salariés [1]. À l'occasion de ces contentieux, le juge judiciaire sera amené à se prononcer sur le caractère suffisant ou non des mesures prises par l'employeur. Il serait pour le moins choquant que les exigences formulées par la jurisprudence judiciaire pour les petits licenciements collectifs, ou dans les entreprises de moins de cinquante salariés deviennent plus protectrices que celles du plan de sauvegarde de l'emploi, lequel est supposé être le niveau d'exigence le plus élevé. Il apparaît dès lors que les juridictions administratives ne peuvent guère, sans générer une grave incohérence du droit, écarter les protections forgées par la jurisprudence judiciaire. À l'inverse, le plan de sauvegarde de l'emploi étant réservé aux hypothèses pour lesquelles une protection plus importante est prévue, la prévision de solutions plus protectrices que celles prévues dans les autres hypothèses par la jurisprudence judiciaire apparaîtrait logique.

Quoiqu'il en advienne et dans l'attente des premières décisions des juridictions administratives, le droit positif le plus probable, de très loin, reste celui qui fut forgé par la jurisprudence judiciaire relative aux plans de sauvegarde. Jusqu'à preuve du contraire, cette jurisprudence dessine le droit positif actuel. Son rappel s'avère dès lors indispensable.

B. La jurisprudence judiciaire sur le contenu du PSE

509 ***Principes sur le contenu du PSE*** ◇ Selon la Cour de cassation, le plan ne doit pas seulement contenir des mesures abstraites de reclassements éventuels. Les mesures proposées doivent être des mesures effectives qui permettent réellement de diminuer le nombre de licenciements ou tout au moins d'assurer le reclassement de plusieurs salariés [2]. La Cour juge également qu'un plan de sauvegarde de l'emploi est insuffisant bien qu'il contienne des mesures précises et concrètes dès lors que le chef d'entreprise pouvait proposer d'autres mesures permettant de limiter le nombre de licenciements : l'employeur doit mettre en œuvre toutes les mesures possibles, appréciées en fonction des moyens dont dispose l'entreprise pour maintenir les emplois ou faciliter les reclassements [3].

1. V. ss 471 s., 495 s.
2. Soc. 17 mai 1995, *Éverite, Grands arrêts*, 4e éd., no 108 ; 13 févr. 1997, 1re esp., *Dr. soc.* 1997. 254.
3. Soc. 28 mars 2000, *Bull. civ.* V, no 131.

Plus généralement, le plan de reclassement contenu dans le plan de sauvegarde de l'emploi exprime les moyens par lesquels l'employeur entend respecter l'obligation de reclassement dont il est débiteur vis-à-vis de chaque salarié. Le plan de reclassement retrouve ainsi l'étendue de l'obligation générale de reclassement. Ce qui impose la nécessité de rechercher un reclassement y compris dans des postes différents de ceux tenus par les salariés [1], y compris à l'international [2], et le tout au sein de l'ensemble du groupe auquel appartient l'entreprise [3].

Ces différentes solutions devraient être facilement reprises par le Conseil d'État. En revanche, sa décision à propos de deux importants débats ayant secoué la jurisprudence judiciaire ces dernières années sera très attendue. La première concerne les plans de départs volontaires, la seconde concerne l'articulation entre légalité du motif de licenciement et légalité du plan de sauvegarde de l'emploi.

510 ***Le PSE au rabais des plans de départs volontaires*** ◊ Les plans de départs volontaires, comme les projets de licenciements, doivent être accompagnés d'un plan de sauvegarde de l'emploi dès lors qu'il s'agit de grands plans de départ. Selon l'article L. 1233-61 du Code du travail tout plan de sauvegarde de l'emploi « intègre un plan de reclassement ». Pourtant, s'agissant des plans de départs volontaires, la Cour de cassation a considéré que la prévision d'un plan de reclassement interne n'était pas requise [4]. L'idée est qu'il n'y avait pas lieu de prévoir un reclassement dans l'entreprise pour les salariés qui seraient menacés de licenciement, car aucun salarié n'est menacé de licenciement. Cette vision des choses est peut-être un peu angélique, les plans de départs volontaires pouvant, dans certains cas, accompagner des réductions très importantes d'effectifs, voire la fermeture de sites entiers. Même en présence d'un engagement de l'employeur de ne pas licencier, si simultanément aux offres de départs volontaires d'autres postes étaient offerts, il se pourrait que cette autre option séduise certains salariés. Il n'est donc pas impossible d'imaginer que la jurisprudence administrative pourrait évoluer sur la question et revenir à une lecture plus littérale de l'article L. 1233-61 du Code du

1. V. ss 471 s.
2. V. ss 473 s.
3. V. ss 471 s. V. aussi Soc. 12 juill. 2010, n° 09-40.984, *Sem. soc. Lamy* 2010, n° 1456, p. 15 : dès lors que des emplois sont disponibles dans une société du groupe, le plan de sauvegarde de l'emploi ne peut pas laisser à cette société le choix de recruter un salarié venant de l'extérieur du groupe plutôt qu'un salarié à reclasser. Un tel plan ne garantit pas le reclassement des salariés en cas d'emploi disponible dans le groupe ; il ne répond donc pas aux exigences légales. *Adde.* F. Favennec-Hery, « L'extinction de la relation de travail dans les groupes », *Dr. soc.* 2010. 762 ; *ibid.* 789 ; *ibid.* 790 ; G. Auzero, « Plan de sauvegarde de l'emploi et groupe de sociétés », *Sem. soc. Lamy* 2009, n° 1416, p. 6 s.
4. Soc. 26 oct. 2010, *Renault*, n° 09-15.187, *Sem. soc. Lamy* 2010, n° 1465, p. 10. Cette argumentation est discutable : E. Dockès, « Le plan de sauvegarde de l'emploi sans reclassement : naissance d'une chimère », *Sem. soc. Lamy* 2010, n° 1465, p. 11 s.

travail, lequel vise l'exigence d'un plan de reclassement, sans faire d'exception particulière pour les plans de départ volontaire.

Il faut toutefois noter que la justification de la limitation judiciaire est aussi sa limite. C'est parce qu'aucun licenciement n'est envisagé que le plan de départ volontaire peut se contenter d'un PSE sans plan de reclassement interne [1]. Réciproquement, lorsque des licenciements sont envisagés, un PSE complet s'impose. Tel est le cas lorsque la possibilité de licenciement est implicite. En d'autres termes, le plan allégé n'est possible que lorsque l'employeur s'est formellement engagé à ne réaliser aucun licenciement [2]. En l'absence d'un tel engagement ou en cas de violation de cet engagement, le plan de sauvegarde de l'emploi dépourvu d'un plan de reclassement interne est nul. Il en résulte la nullité des licenciements décidés à la suite du plan censément de « départs volontaires » [3], mais aussi la nullité des ruptures d'un commun accord ayant pu être signées dans le cadre de ce plan [4]. Il faut aussi noter qu'en l'absence d'engagement de l'employeur de ne pas licencier, des propositions individuelles et personnalisées de reclassement doivent avoir été faites aux salariés qui ont finalement accepté une rupture amiable, avant que ceux-ci n'aient formulé cette acceptation [5].

Un plan de reclassement externe reste dans tous les cas impératif [6].

511 ***Licéïté du PSE et cause illicite des licenciements*** ◊ Plusieurs arrêts de Cours d'appel ont jugé que le juge des référés pouvait invalider un plan de sauvegarde de l'emploi, lorsque les licenciements projetés n'avaient pas de motif économique [7]. Cette solution, diversement appréciée par les commentateurs [8], apparaissait logique. En l'absence de tout motif économique,

1. Soc. 26 oct. 2010, *Renault* ; 25 janv. 2012, *Completel et Air France KLM* ; 9 oct. 2012, n° 11-23.142 P, *Sem. soc. Lamy* 2012, n° 1559, p. 10, obs. F. Géa.

2. Soc. 25 janv. 2012, *Completel*, n° 10-23.516, *RDT* 2012. 152, obs. F. Géa ; *RJS* 4/12, n° 328 ; *ibid.* 243, chron. G. Couturier ; *Dr. ouvrier* 2012. 601, obs. F. Dumoulin ; *Sem. soc. Lamy* 2012, n° 1524, p. 8, obs. P. Lokiec ; 9 oct. 2012, *Air France KLM*, n° 11-23.142 P, *Sem. soc. Lamy* 2012, n° 1559, p. 10, obs. F. Géa. Lorsqu'un plan de reclassement est impératif, si un salarié prend acte de la rupture en raison de l'absence ou de l'insuffisance de ce plan, cette prise d'acte produit les effets d'un licenciement nul (Soc. 25 janv. 2012, préc.).

3. Soc. 25 janv. 2012, *Completel* ; 9 oct. 2012, *Air France KLM*, préc.

4. Soc. 15 mai 2013, *Dentressangle*, n° 11-26.414 P, *Sem. soc. Lamy* 2013, n° 1588, p. 12, obs. F. Géa ; *Dr. ouvrier* 2013. 608, note A. Ferrer ; *RDT* 2013. 485, note M. Kocher.

5. Soc. 23 avr. 2013, n° 12-15.221 P., *RDT* 2013. 485, note. M. Kocher.

6. Soc. 25 janv. 2012 ; 9 oct. 2012, préc. L'arrêt préc. du 26 oct. 2010 était ambigu sur la question.

7. Paris, 12 mai 2011, *RJS* 2011, n° 864 ; *Dr. ouvrier* 2011. 540 ; Reims, 3 janv. 2012.

8. Dans le sens de l'approbation, A. Lyon-caen La nullité d'une procédure de licenciement collectif pour défaut de motif économique, *Dr. ouvrier* 2011. 537 ; P. Lokiec De l'inexistence..., *Sem. soc. Lamy* 2011, n° 1511, p. 11 ; P. Lokiec et A. Lyon-Caen Contre la violation efficace du droit, *Sem. soc. Lamy* 2012, n° 1352, p. 6. Critiquent, en revanche, cette solution, G. Couturier, Nullité du licenciement : les audaces de la cour d'appel de Paris, *Sem. soc. Lamy* 2011, n° 1509, p. 10, Petites histoires de nullités du licenciement, F. Favennec-Héry Recadrer la nullité du licenciement pour motif économique, *Dr. soc.* 2011. 1218 ; S. Béal, L'arrêt *Viveo* ou la dernière étape d'une trilogie infernale, *JCP S* 2012, n° 35.

tous les emplois doivent, par hypothèse être maintenus. Quels que soient les efforts faits par l'employeur pour limiter les licenciements dans le plan de sauvegarde de l'emploi, dès lors que tous les salariés ne sont pas maintenus, ces efforts seront nécessairement insuffisants : en l'absence de motif économique tous les licenciements aurait dû être évités. La Cour de cassation a pourtant décidé de censurer les décisions des Cours d'appel dans un arrêt Viveo du 3 mai 2012 [1]. Selon la Cour de cassation, un plan de sauvegarde de l'emploi peut donc être parfaitement légal, même s'il organise une destruction illégale d'emplois.

La justification des licenciements est ainsi fermement séparée de la validité du plan de sauvegarde de l'emploi. Cette solution pourrait être maintenue par les juridictions administratives au nom de la simplification qu'elle opère dans la répartition des compétences judiciaires et administratives : tout ce qui relève de la cause du licenciement serait extérieur à la question de la validité du PSE. Ce qui rendrait les juridictions administratives incompétentes sur toute question relative à la cause des licenciements et permettrait à cette cause de n'être contrôlée que par les juridictions judiciaires.

Simple, cette solution n'en est pas moins difficilement acceptable pour au moins deux raisons. La première est pratique : elle vient de l'enchaînement des contentieux dans le temps. Le contrôle de l'administration sur le PSE est un contrôle *a priori*. Il est enserré dans les délais de deux mois du recours pour excès de pouvoir. Il sera logiquement le premier recours exercé par les salariés. Lors de ce premier contentieux, devant le juge administratif, les salariés ne pourront pas invoquer l'illégalité des causes de leur licenciement. Ils devront plaider sur le caractère insuffisant ou incomplet des mesures d'accompagnement… d'un acte peut-être parfaitement illégal par ailleurs. Après avoir échoué, ils pourront agir devant le juge judiciaire, lequel sera juge de la cause du projet de licenciement, et donc de la cause du plan de sauvegarde de l'emploi. À ce moment là seulement, le débat pourra porter sur l'essentiel : l'employeur avait-il un motif licite pour licencier ses salariés ? Obliger à un premier contentieux sur ce qui entoure les licenciements en interdisant aux débats de porter sur ces licenciements, en interdisant aux salariés d'y mentionner l'essentiel, à savoir la cause même de ce qui déclencha la procédure, génère un débat à tendance ubuesque où le périphérique seul peut être mentionné et où le cœur du problème doit être soigneusement évité. De plus, qu'il soit permis de considérer comme valide un acte dont la cause est illicite étonnera, voire choquera plus d'un juriste. C'est pourtant ce qui semble être demandé aux juges administratifs, si l'on en juge selon la jurisprudence *Viveo* précitée [2].

---

1. Soc. 3 mai 2012, n° 11-20.741 P. Pour une approbation de l'arrêt, v. not. J. Pélissier, Défaut de cause économique et absence de nullité, *RJS* 2012. 427, n° 536. Pour une critique de l'arrêt, v. E. Dockès, Le droit du licenciement perd son sens à l'ombre de l'arrêt *Viveo, Dr. soc.* 2012. 606 ; M. Henry, À propos de l'arrêt Viveo, faisons un rêve, *Dr. ouvrier* 2012. 629 ; F. Géa, La problématique Viveo : au législateur de prendre la main, *RDT* 2012. 608.

2. Soc. 3 mai 2012, *Viveo*, préc.

Il reste possible d'espérer que le juge administratif sera, en la matière, plus respectueux que le juge judiciaire ne l'a été de cette idée fondamentale du droit selon laquelle un acte dont la cause est illicite est nul.

§ 4. Mise en œuvre du plan de sauvegarde de l'emploi

512 ***Portée de la force obligatoire du plan*** ◊ Une fois mis en place, le plan de sauvegarde de l'emploi doit être mis en œuvre. Les juges judiciaires sont appelés à exercer leur contrôle sur l'exécution de ce plan [1].

Les juges judiciaires ont principalement à déterminer la portée de la force obligatoire du plan de sauvegarde de l'emploi. Lorsqu'il est arrêté unilatéralement par le chef d'entreprise, il prend valeur d'engagement unilatéral et il s'impose à ce titre à l'employeur [2]. Lorsque le plan est issu d'une convention collective, sa force obligatoire est naturellement celle des conventions collectives. Quelques règles essentielles peuvent être dégagées :

a) Le plan de sauvegarde de l'emploi ne crée d'obligations qu'à la charge de l'employeur. Le plan de sauvegarde, lorsqu'il est un acte unilatéral pris par l'employeur, ne peut pas faire naître de droits au profit de celui-ci. Ceci découle de sa nature d'engagement unilatéral. Il ne peut pas mettre à la charge des salariés des obligations nouvelles – si ce n'est des obligations qui seraient la contrepartie des droits nouveaux accordés aux salariés que ceux-ci seraient libres de ne pas invoquer. Les salariés restent libres de refuser les mesures prévues dans le plan de reclassement (mutations, préretraite, services d'un cabinet de placement...) [3]. Il ne peut pas non plus retirer aux salariés des droits qu'ils tiennent de la loi ou de conventions collectives applicables dans l'entreprise ; si par exemple une convention collective impose à l'employeur de rechercher un reclassement des salariés en cas de suppression d'emploi, le chef d'entreprise ne peut pas opposer aux salariés le plan qui prévoit un déclassement professionnel pour éviter le licenciement [4].

Lorsque le plan est issu d'une convention collective, la question est plus difficile. L'objet limitatif des accords collectifs qui valent plan de sauvegarde

---

1. Selon les circonstances, ce sera le Conseil de prud'hommes ou le Tribunal de grande instance qui sera appelé à statuer ; le Conseil de prud'hommes est compétent lorsqu'un salarié demande à titre individuel l'exécution du plan (Versailles, 7 févr. 1992, *RJS* 1992. 364 ; Soc. 23 févr. 1994, *Dr. soc.* 1994. 516). Le Tribunal de grande instance est compétent lorsqu'un syndicat demande dans l'intérêt de l'ensemble des salariés l'exécution du plan.

2. Si l'employeur est libre de modifier les dispositions du plan social pendant la période de consultation du comité d'entreprise pour tenir compte des suggestions des représentants du personnel et des observations de l'autorité administrative (Soc. 23 mars 1994, *Dr. soc.* 1994. 517), il est tenu, après la dernière réunion du comité d'entreprise, de respecter le plan social qu'il a lui-même établi (J. Savatier, *Dr. soc.* 1990. 804 ; R. Vatinet, *Dr. soc.* 1991. 673 ; F. Gaudu, *Dr. soc.* 1994. 494 ; Soc. 4 avr. 1990, *Dr. soc.* 1990. 806 ; 14 nov. 1990, *Dr. soc.* 1991. 677.

3. Soc. 23 janv. 2003, *RJS* 4/03, n° 436.

4. Soc. 10 oct. 1990, *Michelin*, n° 88-43.920.

est toutefois décrit à l'article L. 1233-24-2 du Code du travail. Il semble que la convention ne puisse s'en écarter. Or ce domaine exclut la création d'obligations à la charge des salariés. En toute hypothèse, la faculté pour une convention collective quelconque de créer des obligations à la charge des salariés est très discutable [1].

b) Il détermine l'étendue des obligations de l'employeur. Par exemple, si le plan organise des départs volontaires avec primes, il peut limiter l'offre de primes à certains salariés qui travaillent dans des ateliers ou services déterminés, ou qui occupent des fonctions précises dans l'entreprise. Les salariés qui ne remplissent pas les conditions fixées dans le plan de sauvegarde de l'emploi ne pourront pas obtenir en justice le paiement d'une prime de départ [2]. Les mêmes observations peuvent être faites à propos de la mise en place du travail à temps partiel ou de la proposition de préretraites. Les salariés qui ne travaillent pas dans les services ou ateliers pour lesquels le travail à temps partiel ou la préretraite est envisagé ne pourront pas exiger le bénéfice de la préretraite ou le passage du travail à temps plein au travail à temps partiel.

Cette liberté de contenu du plan a cependant ses limites. Celui-ci ne peut pas réserver le bénéfice des dispositions du plan à certains salariés lorsque l'exclusion des autres salariés tombe sous le coup des discriminations prohibées [3] ou des inégalités de traitement.

c) La durée du plan est fixée par le plan. Le plan peut être prévu pour une durée déterminée ou indéterminée. Cette liberté de déterminer la durée du plan de sauvegarde de l'emploi emporte une conséquence très importante. La Cour de cassation applique en effet au plan la distinction habituellement faite entre les actes juridiques à durée déterminée et les actes juridiques à durée indéterminée. L'auteur d'un acte juridique à durée indéterminée peut résilier unilatéralement cet acte alors que l'auteur d'un acte juridique à durée déterminée est lié par les dispositions résultant de cet acte jusqu'à l'expiration du terme qui a été fixé. Un employeur ne peut donc revenir sur les engagements souscrits dans un plan de sauvegarde de l'emploi unilatéral que si ceux-ci l'ont été pour une durée indéterminée [4]. De la même manière, une convention collective à durée déterminée ne peut pas être dénoncée.

---

1. Sur les conventions collective de mobilité interne et sur les conventions collectives de maintien de l'emploi, v. ss 463, 465, 517.

2. Soc. 17 déc. 1992, *Krol*, n° 89-42.085 (un salarié est débouté de sa demande de prime car le plan social soumettait les départs volontaires à l'accord de l'employeur, cet accord pouvant être refusé en cas d'impossibilité de remplacement du candidat au départ par un autre salarié de l'entreprise).

3. Soc. 10 nov. 1992, *Dr. soc.* 1993. 62 (un plan social ne peut pas écarter des salariés d'un avantage de départ au motif qu'ils sont employés à temps partiel). De même, un plan social ne peut pas réserver les départs en préretraite ou les départs volontaires avec primes à des femmes.

4. Soc. 4 avr. 1990, *Dr. soc.* 1990. 807. Sur la durée du plan, V. F. Gaudu, *Dr. soc.* 1994. 492 s. ; *D.* 1995. Chron. 337 s. ; J. Pélissier, *RJS* 8-9/94, n° 569. Sur les difficultés soulevées par des plans successifs, Soc. 14 nov. 1990, *Dr. soc.* 1991. 677 ; Versailles, 24 janv. 1992, *RJS* 4/92, n° 433 ; Soc. 15 déc. 1993, *RJS* 2/94, n° 145 ; J. Pélissier, *op. cit.*, p. 570 et 571.

513 ***Contrôle judiciaire de l'exécution*** ◊ Le salarié pourra obtenir en justice l'exécution en nature des obligations consistant dans le versement de sommes d'argent (prime de départ, indemnité conventionnelle de licenciement...) que l'employeur aurait souscrites et omis d'exécuter.

Lorsque l'obligation inexécutée par l'employeur est une obligation de faire, l'employeur sera condamné à verser une indemnité. Cette indemnité doit-elle être une indemnité en réparation du préjudice ou une indemnité pour absence de cause réelle et sérieuse ? Lorsque le salarié a quitté volontairement l'entreprise pour créer sa propre entreprise, le non-respect par l'employeur des engagements qu'il avait souscrits dans le plan de sauvegarde de l'emploi ne peut donner naissance qu'à des dommages et intérêts en réparation du préjudice subi [1]. En revanche, lorsque le salarié est licencié, la Cour de cassation décide que, en ne respectant pas les engagements pris dans le plan, l'employeur viole nécessairement l'obligation de reclassement et le licenciement du salarié, victime de cette violation, se trouve de ce fait dépourvu de cause réelle et sérieuse [2].

SECTION 5. **LE LICENCIEMENT DANS LES PROCÉDURES COLLECTIVES** [3]

514 ***Le plan de licenciement*** ◊ Dans le cadre d'une procédure de redressement, de liquidation judiciaire, avec cession partielle ou totale de l'entreprise, bref dans tous les cas, avant l'homologation par le tribunal commercial des licenciements, un plan de licenciement doit être mis en place par l'administrateur judiciaire ou le liquidateur, selon les cas. Ce plan de licenciement ne peut être construit qu'en suivant une procédure de

1. Soc. 12 juin 2001 *RJS* 8-9/01, n° 1054 : le plan prévoyait que le départ effectif d'un collaborateur pour création d'entreprise serait subordonné à la validation de son projet par l'antenne emploi et que celle-ci apportait aux futurs créateurs d'entreprise toute l'assistance souhaitable sur les plans techniques et financiers. Ayant constaté que l'employeur avait validé le projet d'un ancien salarié sans en examiner les éléments financiers ni accorder la moindre attention à son contenu, les juges peuvent décider que l'employeur doit réparer le préjudice subi par le salarié, dont ils apprécient le montant.

2. Soc. 6 juin 2000, *Bull. civ.* V, n° 219 ; *RJS* 7-8/00, n° 786. En l'espèce, l'employeur n'avait pas respecté l'engagement de transformer des emplois à temps plein en emploi à temps partiel pour favoriser les reclassements et limiter les licenciements. Il avait été condamné par les juges du fond à payer à chaque salarié une indemnité pour licenciement sans cause réelle et sérieuse équivalant à six mois de salaire. La Cour de cassation rejette le pourvoi formé contre cette décision. Dans le même sens, Soc. 10 juill. 2001, *RJS* 10/01, n° 1128 (le plan offrait la possibilité d'une préretraite progressive ; l'employeur licencie un salarié qui avait sollicité une préretraite progressive et qui remplissait les conditions permettant de l'obtenir ; « en licenciant (le salarié) et en le privant d'une mesure à laquelle il pouvait prétendre, l'employeur avait agi avec une légèreté blâmable en sorte que le licenciement était sans cause réelle et sérieuse ».

3. H. Melmi, *L'emploi dans l'entreprise en difficulté*, thèse dactyl Lyon 2, 2012 ; Q. Urban et A. Lyon-Caen, (dir.), *Les salariés et la défaillance de l'entreprise*, 2007, Dalloz, coll. « Thèmes et commentaires ».

licenciement spéciale simplifiée, organisée par l'article L. 1233-58 du Code du travail. Cette procédure respecte les grandes lignes de la procédure « normale » de licenciements. Elle comprend notamment la consultation des représentants du personnel [1] (v. ss 1243) et, le cas échéant, un plan de sauvegarde de l'emploi qui sera soumis à la Direccte pour être validé ou homologué, selon qu'il est conventionnel ou unilatéral.

Toutefois, les restrictions faites à la procédure normale sont nombreuses. Pour l'essentiel, elles visent à accélérer les choses. L'expert comptable du comité d'entreprise, un temps oublié, a été réintroduit par l'ordonnance du 12 mars 2014 [2]. Les délais laissés à l'administration pour valider ou pour homologuer un plan de sauvegarde sont réduits, à quatre jours en cas de liquidation et à huit jours en cas de redressement judiciaire, délais ridicules alors même que certaines dispositions du plan de sauvegarde méritent une attention approfondie en particulier en cas de redressement ou de liquidation, comme l'étude des reclassements externes ou bien celle des reclassements au sein du groupe. Il est vrai qu'en cas d'annulation d'un plan de sauvegarde, la sanction de nullité des licenciements ne s'applique pas [3], mais que seule une indemnité supplémentaire de six mois minimum de salaire pourra être octroyée (C. trav., art. L. 1233-58 II, al. 5). Les délais à respecter entre l'entretien préalable et l'envoi des lettre de licenciement [4] n'ont pas à être respectés.

Dans le cadre d'une procédure de sauvegarde, l'adoption d'un plan de sauvegarde conduit à une procédure elle aussi accélérée de consultation, d'homologation et de validation du plan de sauvegarde de l'emploi (C. trav., art. L. 1233-58, III).

515 ***L'homologation judiciaire du plan de licenciement*** ◊ Lorsque les licenciements présentent un caractère « urgent, inévitable et indispensable », l'administrateur ou le liquidateur peuvent être autorisés par le juge-commissaire à procéder à ces licenciements (C. com., L. 631-17, L. 641-10). En cas de redressement judicaire, à compter de la décision du juge commissaire, les licenciements doivent avoir lieu dans un délai d'un mois (C. com., L. 631-19). C'est pendant ce délai que l'administration est

1. D. Jacotot, L'intervention des représentants du personnel en cas de « grand » licenciement collectif dans une entreprise en difficulté, *Dr. soc.* 2014.423.

2. Désormais, les art. L. 1233-34 et L. 1233-35 al. 1 du Code du travail, relatifs à l'expert comptable, sont bien applicables en cas de redressement ou de liquidation (C. trav., art. L. 1233-58). L'ordonnance de 2004 a, en outre, rétabli la consultation préalable du CHSCT. En revanche, la consultation du CE peut toujours se faire en une seule réunion, lorsqu'aucun expert comptable n'est désigné.

3. Cette exclusion résulte d'une malfaçon législative plus que de la volonté du législateur. En ce sens, C. et J. Y Frouin, La sanction de l'insuffisance du plan de sauvegarde de l'emploi établi dans le cadre d'une procédure collective, *RJS* 4/06, n° 251 s. Puis, elle a disparu par l'action du législateur (L. du 17 janv. 2002) avant de réapparaître (L. du 18 janv. 2005), et d'être finalement considérée comme non contraire à la constitution (Cons. const. 28 mars 2013, n° 2013-299 QPC, *M*[me] *Maïtena, D.* 2013. 1148).

4. Soit 7 jours pour un salarié normal et 15 jours pour un cadre : C. trav., art. L. 1233-15.

amenée à valider ou à homologuer l'éventuel plan de sauvegarde de l'emploi. La même procédure est retenue en cas de liquidation judiciaire (C. com., L. 641-4, L. 641-10). Cette homologation ou cette validation intervient donc après la validation du plan de licenciement par le juge commissaire. En cas de contrariété entre une validation par le juge commissaire et un refus de valider le plan de sauvegarde de l'emploi par le Direccte, le contentieux risque d'être particulièrement confus.

En cas de cession, totale ou partielle, le plan de cession arrêté par le tribunal de commerce peut prévoir un plan de licenciement, à la condition que ce plan ait été adopté conformément à la procédure précédemment explicitée (C. trav., art. L. 1233-58 et n° précédents).

Dans tous ces cas, une sorte d'autorisation judiciaire de licencier est donc nécessaire. L'ordonnance rendue par le juge-commissaire indique le nombre des salariés dont le licenciement est autorisé ainsi que les activités et catégories professionnelles concernées. Mais le juge-commissaire ne doit pas dresser une liste nominative [1] des salariés licenciables.

1. Soc. 18 juin 1997, *Dr. soc.* 1997. 983 ; *RJS* 8-9/97, n° 964.

CHAPITRE 4
CONTRÔLE DE LA CAUSE RÉELLE ET SÉRIEUSE

516 ***Force et généralité du contrôle*** ◊ Comme tout licenciement, le licenciement économique doit être pourvu d'une cause réelle et sérieuse (C. trav., art. L. 1233-2, al. 2). Cette exigence de justification reconnue par la loi française a aussi valeur supra-législative, de par sa mention dans certains traités internationaux et en particulier par l'article 4 de la Convention de l'OIT n° 158 [1]. Elle a donc valeur générale. Ce qu'il faudra rappeler au regard de certaines dispositions ambigües de la loi du 14 juin 2013. Il sera alors possible d'étudier plus avant la jurisprudence relative à la réalité, mais surtout au sérieux de la cause économique.

517 ***Exceptions au contrôle, droit international et loi du 14 juin 2013*** ◊ La valeur supra-législative du contrôle de justification qui incombe au juge est d'autant plus importante que la revendication patronale de pouvoir licencier sans justification a reçu un début de satisfaction avec l'ANI du 11 janvier 2013. Dans deux hypothèses, celle du refus par le salarié d'un accord de mobilité interne [2] et celle du refus d'un accord de maintien de l'emploi [3], les partenaires sociaux ont envisagé que le licenciement pourrait être débarrassé de toute obligation de justification [4]. Conscient de la difficulté de ces dispositions au regard du droit international, le législateur n'a pas repris dans la loi les propositions de l'accord national interprofessionnel. Il s'est contenté de mentionner que, dans un cas comme dans l'autre, « le licenciement repose sur une cause économique » [5]. La formule est ambigüe. Elle peut signifier que le licenciement devra être qualifié de licenciement pour motif économique, ce qui semble tomber sous le sens. Elle peut aussi signifier que le licenciement sera alors doté d'une cause réelle et sérieuse économique incontestable. Ce deuxième sens serait plus

---

1. Aux termes duquel le licenciement, lorsqu'il n'est pas pour un motif personnel (*i.e* « lié à l'aptitude ou à la conduite du travailleur »), doit avoir un « motif valable … fondé sur les nécessités du fonctionnement de l'entreprise, de l'établissement ou du service ». V. aussi, l'art. 30 de la Charte des droits fondamentaux de l'Union européenne : « Tout travailleur a droit à une protection contre tout licenciement injustifié ».

2. Sur ces accords, v. ss 713.

3. C. trav., art. L. 5125-1 s.

4. Au sujet des accords de maintien de l'emploi, l'art. 19 de l'ANI vise un licenciement « dont la cause réelle et sérieuse est attestée par l'accord » ; au sujet de des accords de mobilité interne, l'art. 15, al. 6 visait même un licenciement dont le motif « personnel » aurait été le refus du salarié.

5. C. trav., art. L. 2242-23, L. 5125, al. 2.

conforme à l'intention des interlocuteurs sociaux. Elle s'opposerait cependant au droit international, lequel impose le contrôle de la justification des licenciements.

Le plus simple est alors d'interpréter loi et droit international comme conformes et comme laissant au juge le contrôle de la justification des licenciements. Il semble bien, au demeurant, que l'intention du législateur ait été de respecter le droit international, en ne reprenant pas exactement le contenu de l'accord national interprofessionnel. L'interprétation inverse, à notre avis inutilement conflictuelle, aboutirait au même résultat : elle ferait apparaître une opposition de sens entre droit interne et droit international, ce qui conduirait à écarter le premier pour faire pour faire prédominer le second.

Il faut noter, au surplus, que cette question est surtout importante pour les salariés qui refusent un accord de mobilité interne. Elle est beaucoup plus théorique à propos des accords de maintien de l'emploi : ceux-ci ne sont valides qu'en cas de « graves difficultés économiques » [1]. Une telle motivation est bien plus exigeante qu'une simple cause réelle et sérieuse de licenciement. Si l'accord est reconnu valide par les juges, l'existence d'une cause économique réelle et sérieuse sera donc, *a fortiori*, facile à démontrer.

518 ***Une cause réelle*** ◊ La réalité du motif économique présente peu d'originalité. Comme en droit commun du licenciement, le motif allégué par l'employeur doit être objectif, existant et exact [2]. Une difficulté vient toutefois de ce que, souvent, la Cour de cassation parle de « réalité » du motif alors que ce qui est en cause est le « sérieux » de ce motif. Est ainsi symptomatique l'arrêt du 10 juillet 1999 [3], qui affirme que : « ni la réalisation d'un chiffre d'affaires moindre de 1992 à 1993, ni la baisse des bénéfices réalisés pendant la même période ne suffisaient à caractériser la réalité des difficultés économiques alléguées ». La baisse du chiffre d'affaires et la baisse des bénéfices étaient pourtant bien réelles, c'est-à-dire objectives, existantes (prouvées) et exactes (c'était à cause de ces faits que le salarié avait été licencié). Simplement les difficultés en question n'étaient pas sérieuses. Elles ne suffisaient pas à justifier le licenciement, parce qu'elles ne rendaient pas le licenciement nécessaire, elles n'étaient pas suffisamment sérieuses.

Cette confusion de rédaction est assez fréquente : on ne compte plus les arrêts qui affirment que tel ou tel licenciement n'a pas de « cause économique », alors qu'il est bien pourvu d'une cause économique réelle, mais que, simplement, cette cause n'est pas suffisante pour justifier le licenciement, qu'elle n'est pas sérieuse [4]. Cette imprécision n'emporte pas de

1. C. trav., art. L. 5125-1, al. 1er.
2. V. ss 434 s.
3. *Bull. civ.* V, n° 327
4. Soc. 5 oct. 1999, *Bull. civ.* V, n° 366 ; Cass., ass. plén., 8 déc. 2000, *SAT*, *Grands arrêts*, n° 115 ; *Bull. ass. plén.* n° 11 ; *D.* 2001. 1125, note J. Pélissier ; *Dr. soc.* 2001. 126, concl.

conséquences. L'exigence d'une cause réelle *et sérieuse* est incontestablement un impératif légal [1]. Et les juges contrôlent bien le sérieux de la cause économique. Ils exercent même en la matière un contrôle approfondi.

Ces confusions langagières, parfois corrigées par la Cour [2], sont sans conséquences sur la solution des litiges. Elles peuvent, et donc elles doivent, être soigneusement évitées dans l'exposé du droit positif, si l'on souhaite que la matière soit intelligible.

Il existe plusieurs types de motif susceptibles d'être une cause sérieuse de licenciement.

519 ***Typologie des causes justificatives*** ◊ L'article L. 1233-3 du Code du travail mentionne deux causes justificatives : les difficultés économiques et les mutations technologiques. Ces deux causes sont toutefois précédées d'un « notamment », ce qui a permis à la jurisprudence de reconnaître la possible justification du licenciement économique, même en l'absence de difficultés économiques et de mutations technologiques. Deux hypothèses de justification ont été ajoutées, la nécessaire sauvegarde de la compétitivité et la décision de l'employeur de cesser son activité.

520 ***Des difficultés économiques sérieuses*** ◊ Un licenciement économique peut être justifié par les difficultés économiques que rencontre l'entreprise. Il s'agit du cas le plus évident. Les difficultés économiques invoquées doivent être suffisamment importantes pour être une cause sérieuse. La Cour de cassation en déduit que les juges du fond ne peuvent pas se borner à mentionner la baisse du chiffre d'affaires et du bénéfice de l'employeur [3]. Par ailleurs, les difficultés économiques ne seront pas appréciées par rapport au seul lieu où travaillait le salarié licencié. Les mauvais résultats d'un point de vente ne peuvent justifier le licenciement d'un salarié travaillant dans ce point de vente quand il existe d'autres magasins exploités dans la même ville par le même employeur : « la réalité des difficultés économiques invoquées doit être appréciée en fonction de l'activité de l'ensemble des magasins exploités dans la ville » [4]. Et si la société employeur fait partie d'un groupe, « les difficultés économiques

---

P. de Caigny et note A. Cristau ; *ibid.* 417, note A. Jeammaud et M. Le Friant ; *RJS* 2001, n° 95, note P.-H. Antonmattéi ; *ibid.* 567 chron. P. Waquet ; *JCP E* 2001. 426, note F. Duquesnes ; 9 mars 2004, *RJS* 2004, n° 667.

La loi n'est pas mieux rédigée que la jurisprudence. À la différence du droit européen, l'art. L. 1233-3 C. trav. mélange qualification de « motif économique » et justification économique du licenciement, v. ss 457.

1. C. trav., art. L. 1233-2, al. 2.

2. V. not. Soc. 13 avr. 1999, *SGS Qualitest, Bull. civ.* V, n° 171.

3. Soc. 6 juill. 1999, *RJS* 10/99, n° 1236 : ni la réalisation d'un chiffre d'affaires moindre, ni la baisse des bénéfices ne suffisent à caractériser des difficultés économiques permettant de justifier un licenciement.

4. Soc. 17 juin 1992, *RJS* 8-9/92, n° 980 ; dans le même sens, Soc. 15 oct. 1997, *RJS* 12/97, n° 1349.

doivent être appréciées au regard du secteur d'activité du groupe auquel appartient l'entreprise concernée »[1].

521 ***La nécessaire sauvegarde de la compétitivité*** ◊ Dans une entreprise dépourvue de difficultés économiques sérieuses, voire dans une entreprise en excellente santé financière, certains licenciements économiques peuvent être justifiés. L'idée est qu'il vaut mieux parfois restructurer avant que les difficultés économiques ne surviennent. C'est pourquoi la Cour de cassation a créé une possible justification basée sur la « nécessaire sauvegarde de la compétitivité »[2]. L'entreprise est dans une situation saine, mais certains événements démontrent que sa compétitivité est menacée et que sa situation sera compromise à l'avenir si des mesures ne sont pas prises[3]. C'est alors que la sauvegarde de la compétitivité, en vue de prévenir des difficultés économiques à venir[4], peut être un motif sérieux de licenciement. Cette anticipation possible ne signifie pas qu'il suffise d'évoquer des incertitudes futures, toujours présentes. La menace pesant sur l'entreprise, quoique future, doit être avérée, objective et prouvée[5]. La simple diminution du chiffre d'affaires et la réduction des performances financières sont insuffisantes pour démontrer une telle menace[6].

Pour être justificative, la cause du licenciement ne doit pas seulement être réelle et sérieuse. Elle doit aussi être une cause. Il faut que le motif invoqué ait bien rendu nécessaire la suppression ou la modification de l'emploi. Les juges doivent ainsi vérifier si la « suppression d'emploi [est] rendue indispensable par la cause économique invoquée par le chef d'entreprise »[7].

Cette causalité nécessaire a semblé un temps édulcorée par la jurisprudence lorsqu'était invoquée une sauvegarde de la compétitivité. L'Assemblé

---

1. Soc. 25 juin 1992, *Chevalier, Bull. civ.* V, n° 420 ; 5 avr. 1995, deux arrêts, *Thomson Tubes* (ex. Vidéocolor) et *TRW REPA, Bull. civ.* V, n° 123 ; *Grands arrêts*, n° 114 ; *Dr. soc.* 1995. 487, chron. G. Lyon-Caen ; *ibid.* 489 s. ; *ibid.* 482 s., comm. P. Waquet ; *D.* 1995. 503, note M. Keller.

2. V. not. Soc. 5 oct. 1999, *Bull. civ.* V, n° 366 ; Cass., ass. plén., 8 déc. 2000, *SAT, D.* 2001. 1125 note J. Pélissier ; *Grands arrêts*, n° 115 ; *Dr. soc.* 201. 126, concl. P. de Caigny et note A. Cristau ; 20 juin 2007, n° 05-45.924 ; 13 févr. 2008, n° 06-44.933. V. aussi les arrêts fondateurs, Soc. 5 avr. 1995, deux arrêts, *Thomson Tubes* (ex. Vidéocolor) et *TRW REPA, Bull. civ.* V, n° 123 ; *Grands arrêts*, n° 114 ; *Dr. soc.* 1995. 487, chron. G. Lyon-Caen. *ibid.* 489 s. ; *ibid.* 482 s., comm. P. Waquet ; *D.* 1995. 503, note M. Keller, arrêts qui visent la « sauvegarde la compétitivité », sans que sa « nécessité » ne soit encore mentionnée. Sur la notion de sauvegarde de la compétitivité, V. not. B. Boubli et P. Lokiec Quel contrôle judiciaire de la compétitivité de l'entreprise ? *RDT* 2008. 218 s.

3. Soc. 11 janv. 2006, *Pages jaunes, Bull. civ.* V, n° 10 ; *D.* 2006. 1013, note J. Pélissier ; *Dr. soc.* 2006. 138-143, obs. J.-E. Ray, *Grands arrêts*, n° 116.

4. Soc. 11 janv. 2006, *Pages jaunes*, préc. : les licenciements avait eu lieu « pour prévenir des difficultés économiques à venir ».

5. Soc. 7 juin 2006, n° 04-40.945 ; 4 juill. 2006, n° 04-46.261, *RDT* 2006. 241, obs. P. Waquet. V. déjà Soc. 9 mars 1999, *RJS* 4/99, n° 517 : la mesure de réorganisation d'un service de nuit dans une clinique qui a pour effet de supprimer les postes de veilleurs de nuit et de les remplacer par des postes d'aides-soignants n'est pas une cause réelle et sérieuse des licenciements des veilleurs de nuit car elle n'est pas nécessaire pour assurer la compétitivité de la clinique.

6. Soc. 12 déc. 2013, n° 12-23.079.

7. Soc. 17 mai 1998, *RJS* 5/98, n° 579.

plénière de la Cour de cassation a en effet décidé que, lorsque la nécessité de réorganiser l'entreprise pour sauvegarder sa compétitivité était établie, les licenciements étaient justifiés, sans qu'il soit nécessaire de vérifier si d'autres réorganisations tout aussi efficaces pour redresser la compétitivité n'auraient pas pu préserver plus d'emploi [1]. En d'autres termes, la preuve du motif et de son sérieux dispensait de vérifier si ce motif rendait bien les licenciements nécessaires, s'il était bien cause des licenciements.

Cette solution contestable [2] semble toutefois, sinon abandonnée, du moins un peu édulcorée [3]. La compétitivité pure ne semble plus justifiante de n'importe quelle réorganisation, encore faut-il que celle-ci soit bien un moyen de « sauvegarder le maximum d'emplois » [4].

En droit français, la justification par la sauvegarde de la compétitivité demeure cependant relativement ouverte. Les juges n'entendent pas déterminer à la place de l'employeur quelle est la meilleure décision de gestion pour l'entreprise ; ils recherchent seulement si la décision prise par l'employeur était bien nécessaire pour faire efficacement face à la concurrence [5]. L'argument selon lequel la suppression des emplois actuels permettra de préserver des emplois futurs en plus grand nombre semble de grand poids, même si la démonstration de ce sauvetage hypothétique futur est toujours bien difficile [6]. Au final, il semble parfois qu'il suffise d'invoquer le poids de la concurrence (toujours présents), et les dangers qui pourraient en résulter sur l'emploi, pour étayer une décision de licencier alors même que l'entreprise est florissante et que certaines alternatives aux licenciements semblaient envisageables [7].

L'intensité du contrôle effectif est au final difficilement quantifiable. D'autant que celui-ci pourrait être variable selon les Cours d'appel

1. Cass., ass. plén., 8 déc. 2000, *SAT, D.* 2001. 1125, note J. Pélissier, *Grands arrêts*, n° 115 ; *Dr. soc.* 201. 126, concl. P. de Caigny et note A. Cristau. En l'espèce, le rapport d'expertise faisait apparaître que trois solutions permettaient de sauvegarder la compétitivité de l'entreprise ; la première entrainait la suppression de 86 emplois, la deuxième 213, la troisième 318. La direction de l'entreprise avait retenu la troisième solution. Les juges du fond avaient décidé que les licenciements étaient dépourvus de cause réelle et sérieuse car la solution retenue excédait la mesure de ce qui était nécessaire à la sauvegarde de la compétitivité du secteur considéré de l'entreprise. Leur décision est cassée au motif qu'il n'appartient pas au juge de contrôler le choix effectué par l'employeur entre les solutions possibles.

2. V. note, *D.* 2001. 1125 s., préc.

3. Soc. 20 juin 2007, n° 05-45.924 : « si les juges du fond ne peuvent pas arbitrer entre les différentes possibilités de réorganisation d'une entreprise, il leur appartient de vérifier que celle invoquée à l'appui des licenciements est nécessaire à la sauvegarde de sa compétitivité ».

4. Communiqué de la Cour de cassation ayant pour but de préciser la portée des arrêts Soc. 11 janv. 2006, *Pages jaunes, D.* 2006. 1014, note J. Pélissier ; *RJS* 3/06 n° 322 ; *ibid.* 187, comm. J. Y. Frouin ; *Dr. soc.* 2006. 318, note J. E. Ray ; *Grands arrêts*, n° 116 ; 31 mai 2006, n° 04.47.376 P, *Sem. soc. Lamy* 2006, n° 1265, p. 10 s., obs. F. C.

5. Soc. 7 avr. 1998, *RJS* 5/98, n° 580 ; 5 oct. 1999, *RJS* 11/99, n° 1361 ; v. ss 578.

6. V. Soc. 11 janv. 2006 préc. ; 21 nov. 2006, *Dunlop*, n° 05-40.656, *Bull. civ.* V, n° 349 ; *Dr. soc.* 2007. 114-117, obs. G. Couturier ; *RDT* 2007. 105-106, obs. A. Lyon-Caen.

7. V. not. Soc. 11 janv. 2006, *Pages jaunes*, préc. ; 21 nov. 2006, *Dunlop*, préc.

compétentes, la Cour de cassation n'exerçant qu'un contrôle réduit de l'appréciation par les juges du fond de la justification économique [1].

Quoiqu'il en soit, comme les difficultés économiques, la nécessaire sauvegarde de la compétitivité doit être évaluée dans l'ensemble du secteur d'activité du groupe de société [2].

522 ***L'introduction de nouvelles technologies*** ◊ L'introduction de nouvelles technologies peut suffire à justifier un licenciement économique sans difficultés économiques [3], ni menaces sur la compétitivité [4]. En reconnaissant cette justification autonome, le droit affiche ici une bienveillance optimiste vis-à-vis de tout apport technologique, ainsi présumé bénéfique. Le contrôle de la nécessité de la modification pour préserver la compétitivité ne semble ainsi nullement requis. Ne demeure qu'un contrôle de l'importance, du sérieux, de la modification technologique opérée. Ainsi, un simple changement de logiciel ou de progiciel peut fort bien ne pas être une innovation d'ampleur suffisante pour être considérée comme une « introduction de nouvelles technologies » justifiant les licenciements [5].

523 ***La cessation d'activité*** ◊ Le choix fait par l'employeur de cesser son activité peut être, en elle-même, une justification des licenciements économiques. Peuvent ainsi être justifiés des licenciements prononcés par l'employeur qui ferme son entreprise en raison de son âge [6] ou de son état de santé [7] ou à la suite d'une inondation des locaux [8]. Pour être justificative, une cessation d'activité doit toutefois être définitive [9]. Elle doit aussi ne pas avoir été due à une faute de l'employeur ou à sa légèreté blâmable [10].

La fermeture d'un établissement ne caractérise pas une cessation d'activité de l'employeur. Elle ne suffit donc pas. Les juges doivent rechercher si cette fermeture résulte de difficultés économiques, de mutations technologiques ou d'une réorganisation pour sauvegarder la compétitivité de l'entreprise [11].

---

1. Dans leur très grande majorité les arrêts de la Cour de cassation sont des arrêts de rejet, motivés soit par le pouvoir souverain des juges du fond, soit par des formules de contrôle restreint du type « la cour d'appel a pu... ». V. dernièrement, par ex., quatre arrêts du 16 mai 2013, n°s 12-12.952, 11-28.967, 12-11.869 et 12-12.233.

2. Soc. 23 mars 2005, *RJS* 3/05, n° 614 ; 5 avr. 1995, deux arrêts, *Thomson Tubes* (ex. Vidéocolor) et *TRW REPA*, préc.

3. Soc. 2 juin 1993, n° 90-44.956, *Bull. civ.* V, n° 155.

4. Soc. 9 oct. 2002, n° 00-44.069.

5. Soc. 13 mai 2003, n° 00-46.766.

6. Paris, 9 avr. 1992, *Desfrey et Binet* ; *contra* Soc. 10 oct. 1989, *RJS* 11/89, n° 835.

7. Nancy, 16 janv. 1991, *RJS* 7/91, n° 830.

8. Soc. 15 févr. 1995, *RJS* 4/95, n° 371.

9. Soc. 9 mars 2004, *RJS* 4/04, n° 667.

10. Soc. 16 janv. 2001, *Bull. civ.* V, n° 10, *RJS* 3/01, n° 294 ; 28 févr. 2006 n° 03-47.880, *Bull. civ.* V, n° 89 ; 8 juill. 2009 n° 08-41.644, *RJS* 10/09, n° 773 ; 1er févr. 2011, n° 10-30.045, *RDT* 2011. 174. L'erreur du chef d'entreprise dans l'appréciation du risque inhérent à tout choix de gestion ne caractérise pas à elle seule la légèreté blamable (Soc. 22 sept. 2011, n° 10-16.172, *RDT* 2012. 37, obs. A. Fabre).

11. Soc. 16 mars 2004, *RJS* 6 avr., n° 607 ; 7 avr. 1998, *RJS* 5/98, n° 580.

Lorsque l'activité de la personne morale entière cesse, en revanche, il y a bien en principe cessation totale de l'activité de l'employeur, laquelle est en principe justificative. La solution est très discutable, lorsque la société dissoute appartient à un groupe de sociétés qui continue son activité. La dissolution d'une société du groupe ne devrait être une cause réelle et sérieuse que si le motif de la dissolution est lui aussi réel et sérieux. Sans aller jusque là, la Cour de cassation tempère l'effet justifiant de la dissolution d'une personne morale lorsque celle-ci appartient à un groupe.

Tout d'abord, lorsque plusieurs sociétés du groupe sont imbriquées au point de pouvoir être qualifiées de co-employeurs, la cessation d'activité de l'un des co-employeurs n'est plus alors justificative des licenciements et la preuve de difficultés économiques, de mutation technologique ou d'une nécessité de sauvegarder la compétitivité du secteur d'activité seront nécessaires [1].

Ensuite, elle semble en outre accepter relativement facilement que la décision du groupe de fermer une filiale caractérise une légèreté blâmable, dès lors que cette fermeture n'est pas justifiée par la situation économique du secteur d'activité du groupe [2].

524 ***Perte de justification*** ◇ Si l'employeur s'est rendu coupable d'une légèreté blâmable ou d'un détournement de pouvoir [3], ceux-ci sont considérés comme la véritable cause de la suppression d'emploi. Celui-ci sera par conséquent considéré comme injustifié, même en présence de difficultés économiques ou de menaces sur la compétitivité. De même, l'employeur qui prend lui-même des dispositions devant entraîner des difficultés économiques ou financières de l'entreprise qu'il dirige, ne pourra pas par la suite invoquer ces difficultés pour justifier un licenciement [4].

---

1. Soc. 18 janv. 2011, *Jungheinrich*, 09-69.199 P ; *Dr. soc.* 2011. 379, obs. G. Couturier ; *RDT* 2011. 168, note F. Géa ; *Dr. ouvrier* 2011. 273, note P. Darves-Bornoz ; *Sem. soc. Lamy* 2011, n° 1476, p. 6, rapp. P. Bailly, *JCP S* 2011. 1065, note P. Morvan. *Adde*. P.-A. Antonmattéi, Groupe de sociétés : la menace du co-employeur se confirme !, *Sem. soc. Lamy* 2011, n° 1484, p. 11 ; F. Géa, la cessation d'activité d'une filiale : quel contrôle des licenciements ?, *RDT* 2011. 168 s.

2. Soc. 1er févr. 2011, n° 10-30.045, *RDT* 2011. 174. La Cour de cassation s'exprime ici par litote : elle affirme « il n'est pas interdit (au juges du fond) de prendre en compte la situation économique de l'entreprise pour apprécier le comportement de l'employeur » et partant son éventuelle légèreté blâmable.

3. Soc. 26 févr. 1992, *RJS* 4/92, n° 422.

4. Aix-en-Provence, 29 oct. 1991, *RJS* 4/92, n° 436 ; Soc. 9 oct. 1991, *RJS* 11/91, n° 1194.

CHAPITRE 5
CONTESTATIONS ET SANCTIONS

525 ***Chaos*** ◊ Les règles du droit du licenciement ne sont pas égales devant la sanction. Certaines sanctions sont symboliques, d'autres sévères. La répartition de ces sanctions est l'objet de luttes incessantes, les uns essayant d'en restreindre l'importance (au nom de la sécurité juridique), les autres essayant de les développer (au nom de la sécurité de l'emploi). Selon les avancées des uns et des autres, contingentes, la répartition des sanctions a varié, sans que la logique soit toujours respectée. Le résultat est une étonnante incohérence du droit en la matière. Certaines irrégularités formelles sont sanctionnées d'une manière beaucoup plus sévère que des irrégularités de fond. Certaines irrégularités sont punissables de lourdes peine de prison, mais n'encourent que des sanctions civiles de principe. Il est parfois nécessaire de savoir si l'employeur a bien accompagné ses licenciements de toutes les mesures sociales requises, avant de pouvoir vérifier s'il avait, en l'espèce, un quelconque droit de licencier ses salariés. Le tout saupoudré de délais de prescription dont l'objectif est d'éviter le recours au juge et donc l'application du droit. C'est dans ce chaos qu'il est nécessaire de plonger pour comprendre la portée réelle des règles du droit du licenciement.

Pour l'exposition, le plus simple est de partir des sanctions théoriquement les plus lourdes, à savoir les sanctions pénales, même si leur application pratique est rarissime, voire quasi-inexistante [1]. La sanction principale du droit du licenciement économique reste la nullité du licenciement pour défaut de plan de sauvegarde de l'emploi, même si tout est fait pour limiter le champ de cette possible sanction. La sanction du licenciement sans cause réelle et sérieuse est la même qu'en matière de licenciement pour motif personnel. Et les autres sanctions encourues en cas de violation par l'employeur du droit applicable sont anecdotiques.

526 ***Sanctions pénales*** ◊ Pénalement, tout employeur qui viole les obligations d'information ou de consultation des représentants du personnel, ainsi que ses obligations de négocier, commet le délit *d'entrave* à l'exercice régulier des fonctions des délégués du personnel, du comité d'entreprise

1. Selon l'Annuaire statistique de la justice 2011-2012, le nombre de condamnation pénale pour entrave à la représentation des salariés, toutes hypothèses confondues, était de 44 en 2010, de 39 en 2011... Rapporté aux quelques 30 000 comités d'entreprise français, ce nombre anecdotique est surtout signifiant d'une absence presque totale d'application des textes relatifs à l'entrave des représentants des salariés.

ou encore à l'exercice du droit syndical [1]. Ces délits sont punis d'un an d'emprisonnement et d'une amende de 3 750 euros au maximum. L'employeur peut également, mais dans certaines situations seulement, se rendre coupable d'une infraction spéciale prévue par l'article L. 1238-2 du Code du travail. Ce texte punit d'une amende de 3 750 euros, prononcée autant de fois qu'il y a de salariés concernés par l'infraction, la violation des règles relatives à la consultation des représentants des salariés dans les grands projets de licenciement [2]. La violation des règles d'information et de consultation à l'occasion des « petits » licenciements, soit ceux de moins de 10 salariés au cours d'une période de 30 jours, ne constitue pas une infraction spéciale. Mais l'entrave reste possible à leur sujet.

Le Code du travail prévoit en outre quelques amendes spéciales, de 3 750 euros, en cas de violation de certains aspects de la procédure de licenciement économique, comme la notification des licenciements à l'administration (C. trav., art. L. 1238-4) ou le respect du délai entre cette notification à l'administration et la notification des licenciements aux salariés concernés (C. trav., art. L. 1238-3).

§ 1. Contestation et sanction d'un plan de sauvegarde de l'emploi irrégulier

527 ***La compétence exclusive du juge administratif*** ◊ L'article L. 1235-7-1 a fixé un bloc de compétence en faveur des juridictions administratives relativement au plan de sauvegarde de l'emploi. Celui-ci inclut les contestations relatives au contenu insuffisant du plan, lesquelles passent par le contentieux relatif aux décisions de validation ou d'homologation. Il inclut aussi les contestations qui pourraient survenir en cours de procédure d'élaboration du plan, relatives notamment à un manque d'information ou à une irrégularité dans les consultations préalables, doivent être soumises à l'administration. Celle-ci statue dans les cinq jours sur la demande. Mais ni sa décision d'enjoindre à l'employeur une action procédurale supplémentaire, ni son refus d'accéder à la demande des salariés, ni son silence qui normalement vaut refus tacite, ne peuvent faire l'objet d'un recours devant les tribunaux administratifs : la régularité de la procédure d'adoption du plan de sauvegarde ne peut pas faire l'objet d'un litige distinct de celui relatif à la décision de validation ou d'homologation (C. trav., art. L. 1235-7-1). Cette exclusion du juge des référés [3] est généralisée. En un mot, pour tout ce qui concerne l'adoption comme la validité du plan de sauvegarde de l'emploi, il faudra attendre que la procédure

1. C. trav., art. L. 2146-1 (droit syndical dans l'entreprise) ; L. 2316-1 (délégués du personnel) ; L. 2328-1, (comité d'entreprise).
2. Règles prévues aux art. L. 1233-29, L. 1233-30, L. 1233-34, L. 1233-35 C. trav.
3. Sur l'importance antérieure du juge des référés, v. not. Soc. 12 nov. 1996, *RJS* 12/96, n° 1249, G. Couturier ; *Dr. soc.* 1993. 224, P. Lyon-Caen, *Dr. soc.* 1995. 571, note J. Pélissier ; *RJS* 8-9/94, p. 566.

(possiblement illégale) s'achève par une homologation, une validation, ou par un refus d'homologation ou de validation. Alors, enfin, le juge administratif pourra être saisi, soit par les salariés ou par leurs représentants, si l'administration a avalisé le plan, soit par l'employeur dans le cas inverse.

La procédure de contestation est précisée par l'article L. 1235-7-1 du Code du travail. L'action doit être menée devant les tribunaux administratifs dans les deux mois à compter de la notification de la décision d'homologation ou de validation. La même règle doit logiquement s'imposer pour la contestation d'un refus, exprès ou tacite, d'homologation ou de validation. Le tribunal administratif a alors trois mois pour statuer. En l'absence de décision du tribunal dans ce délai, l'affaire est automatiquement portée en appel. La Cour administrative d'appel dispose alors, elle aussi de trois mois pour statuer. Si elle ne s'est pas prononcée (ou en cas de recours en cassation) l'affaire est portée devant le Conseil d'État. Aucun délai n'est imposé à la haute juridiction. Ainsi, en cas de lenteur des juges, les salariés sont simplement privés du bénéfice du double degré de juridiction. Ce mode d'accélération de la procédure par exclusion du droit au juge apparaît d'une validité très douteuse au regard du droit à un procès équitable prévu par l'article 6 de la CEDH.

528 ***Annulation d'une validation ou d'une homologation*** ◊ La sanction d'une absence ou d'une insuffisance du plan de sauvegarde de l'emploi a fait l'objet de rudes débats [1]. Selon les textes initiaux, la sanction d'une absence ou d'une insuffisance de plan de sauvegarde (alors plan social) était la nullité de la procédure de licenciement. La question était alors de savoir si cette nullité de la procédure avait une influence sur le fond et si elle entrainait, ou non, la nullité des licenciements susbséquents. La Cour de cassation a tranché dans un arrêt fameux du 13 février1997, *La Samaritaine* [2] en faveur de la nullité des licenciements. Cette nullité permet la réintégration des salariés qui le souhaitent, une indemnisation pour toute la période où ils ont été indûment privés d'emploi et, en outre, d'éventuelles indemnités pour licenciement sans cause réelle et sérieuse pour les salariés qui refusent leur réintégration. Selon la durée qu'a pu prendre le procès et donc selon le temps de la privation d'emploi subie par les salariés, des indemnisations se montant à plusieurs années de salaire peuvent alors être ordonnées par les juges. La nullité du licenciement peut ainsi être une sanction lourde. Elle est la seule qui soit véritablement dissuasive pour un employeur qui souhaite licencier ses salariés au mépris du droit applicable. Par l'admission de cette sanction, le plan de sauvegarde de

---

1. Opposés à la nullité du licenciement, v. not. G. Couturier, *Dr. soc.* 1993. 22 ; *ibid.* 23 ; G. Bélier, *Sem. soc. Lamy* 1993, n° 630, p. 4 ; X. Prétot, *RJS* 2/93, p. 89. En faveur de de la nullité, v. not. J. Pélissier, *RJS*, 8-9/94, p. 566 s. ; F. Gaudu, *Dr. soc.* 1994. 500 ; *ibid.* 501.

2. Soc. 13 févr. 1997 n° 1300, *Grands arrêts*, n° 110, *Bull. civ.* V, n° 64, *D.* 1997. 172 note A. Lyon-Caen, *Dr. soc.* 1997. 255 note G. Couturier, *JCP* 1997 n° 19-20 p. 230 note F. Gaudu, G. Couturier et J. Pélissier, *S.S.L.*, 1997, n° 829, p. 3 s.

l'emploi est devenu l'élément le mieux sanctionné de l'ensemble du droit du licenciement économique. La sanction d'un licenciement simplement dépourvu de justification étant bien moindre [1]. La loi du 17 janvier 2002 a consacré la jurisprudence *La Samaritaine*, en affirmant que, lorsque la procédure était nulle du fait de l'absence ou de l'insuffisance du plan, le tribunal prononçait la nullité du licenciement et ordonnait, à la demande du salarié, la poursuite du contrat de travail [2].

Avec la loi du 14 juin 2013, les textes ont été refondus, mais la solution demeure. L'article L. 1235-10 du Code du travail prévoit que tout licenciement intervenu sans homologation ou validation d'un plan de sauvegarde est nul [3]. L'alinéa 2 de ce texte affirme qu'en cas d'annulation d'une homologation ou d'une validation, « la procédure de licenciement est nulle ». Cette différence n'est qu'une maladresse de rédaction. Il n'était nullement dans l'intention du législateur de faire une différence entre nullité de la procédure et nullité du licenciement. L'un équivaut bien à l'autre. C'est ce que confirme l'article L. 1235-11, qui dispose que lorsque la procédure est nulle, le juge peut annuler les licenciements, ordonner la réintégration, etc... La jurisprudence *La Samaritaine*, qui avait déduit d'une nullité de la procédure la nullité des licenciements subséquents [4] est donc toujours expressément confirmée par le législateur. Son champ d'application jurisprudentiel devrait, lui aussi, être confirmé. Ainsi, l'annulation d'une validation ou d'une homologation de plan de sauvegarde conduira non seulement à la nullité des licenciements, mais aussi à la nullité des départs d'un commun accord adoptés à la suite de ce plan [5]. Les départs volontaires d'un plan de départ volontaire ne sont donc pas plus épargnés que les licenciements d'un grand projet de licenciements.

529 ***Une nullité atténuée*** ◊ L'importante sanction de la nullité a toutefois été réduite, progressivement, par différents biais.

Un certain nombre d'exclusions ont été mises en place. Les nullités pour absence ou annulation de l'homologation ou de la validation, ne sont pas applicables aux entreprises en redressement ou liquidation judiciaires [6].

1. Sur cette sanction, v. ss 443 s.

2. C. trav., anc. art. L. 122-14-4.

3. Il faut toutefois rappeler qu'une absence de réponse de l'administration dans un délai de 15 jours (validation) ou de 21 jours (homologation) vaut décision tacite de validation ou d'homologation de l'administration (C. trav., L. 1233-57-4).

4. Soc. 13 févr. 1997, n° 1300, *Grands arrêts*, n° 110, *Bull. civ.* V, n° 64, *D.* 1997. 172 note A. Lyon-Caen, *Dr. soc.* 1997. 255 note G. Couturier, *JCP* 1997 n° 19-20, p. 230, note F. Gaudu, G. Couturier et J. Pélissier, *Sem. soc. Lamy*, 1997, n° 829, p. 3 s.

5. Soc. 15 mai 2013, *Dentressangle*, n° 11-26.414 P, *Sem. soc. Lamy* 2013, n° 1588, p. 12, obs. F. Géa, *RDT* 2013. 485, note M. Kocher.

6. Cette exclusion résulte moins de la volonté du législateur que d'une malfaçon législative. En ce sens, C. et J. Y Frouin, La sanction de l'insuffisance du plan de sauvegarde de l'emploi établi dans le cadre d'une procédure collective, *RJS* 4/06, p. 251 s. Puis, elle a disparu par l'action du législateur (L. du 17 janv. 2002) avant de réapparaître (L. du 18 janv. 2005), et d'être finalement considérée comme non contraire à la constitution (Cons. const. 28 mars 2013, n° 2013-299 QPC, Mme *Maïtena*, *D.* 2013. 1148, note. D. Jacotot).

Elles sont aussi exclues pour les salariés ayant moins de deux ans d'ancienneté [1]. Pour le législateur, violer la loi est donc moins grave lorsqu'il s'agit de le faire à l'encontre des salariés qui ont peu d'ancienneté.

La loi du 18 janvier 2005 a précisé que lorsque la réintégration « est devenue impossible », le salarié ne peut réclamer sa réintégration, mais doit se contenter d'une sanction indemnitaire. Celle-ci est alors fixée à une indemnité ne pouvant être inférieure aux salaires des douze derniers mois. La portée de cette limitation, conservée par la loi du 14 juin 2013 (C. trav., art. L. 1235-11) peut être discutée. Le texte mentionne qu'une telle impossibilité peut résulter notamment de la fermeture de l'établissement, du site ou de l'absence d'emploi disponible. Mais cela ne signifie pas que de telles hypothèses suffisent. Une véritable impossibilité semble devoir parfois combiner ces motifs. Ainsi, la seule disparition d'un établissement ne devrait pas conduire à une impossibilité de réintégration s'il existe des emplois disponibles dans le reste de l'entreprise [2].

La jurisprudence a, elle aussi, édulcoré la sanction de nullité, dans l'hypothèse des licenciements économiques. Tout d'abord, elle n'impose pas que l'obligation de réintégration suite à une annulation du licenciement soit évaluée au regard des possibilités existantes dans le groupe [3]. La solution est curieuse, le champ de l'obligation de réintégration étant ainsi réduit par rapport au champ du reclassement dû par l'employer dans le cadre de tout licenciement économique.

La jurisprudence a aussi réduit la dette de salaire de l'employeur, pour toute la période couverte par la nullité, des revenus qui ont pu être perçus par le salarié pendant cette période et, notamment, de son éventuelle indemnisation du chômage [4]. Ainsi, les sommes versées par solidarité aux salariés privés d'emploi sert à diminuer les sanctions encourues par l'employeur ayant illégalement privé d'emploi un salarié. L'assurance chômage, pensée pour le salarié, devient ainsi une garantie en faveur des employeurs qui violent la loi. Il eut été plus logique d'ordonner à l'employeur le versement de l'ensemble des salaires dûs pendant la période couverte par la

1. C. trav., art. L. 1235-14.

2. La jurisprudence antérieure à la loi de 2005 interprétait de manière restrictive cette impossibilité de réintégrer, v. not. Soc. 24 juin 1998, *Bull. civ.* V, n° 340 ; 15 juin 2005, *Wolber*, n° 03-48.094 P, *Dr. soc.* 2005. 847, note G. Couturier ; *Sem. soc. Lamy*, n° 1221, p. 5, rapp. P. Bailly. Cette jurisprudence devrait être pouvoir être maintenue sous l'empire de la loi nouvelle (en ce sens, V. G. Couturier préc., *Dr. soc.* 2005. 403 s. ; *ibid.* 2011. 1218).

3. La Cour de cassation juge que l'obligation de réintégration résultant de la poursuite du contrat de travail ne s'étend pas au groupe auquel appartient l'employeur (Soc. 15 févr. 2006, *Dr. ouvrier* 2006. 350, note B. Lardy-Pélissier).

4. Soc. 3 juill. 2003, *Bull. civ.* V, n° 214 ; *D.* 2004. Somm. 180, obs. Reynès, *JCP E* 2004. 563, obs. Cesaro ; 16 déc. 2008, n° 07-45.001. Cette limitation de la sanction est propre aux licenciements économiques nuls. Sur la solution inverse retenue dans les autres cas de nullité du licenciement et notamment lorsque sont en cause des droits et libertés fondamentaux, v. not. Soc. 11 juill. 2012, 10-15.905 P. Fort logiquement, en revanche, les sommes versées au salarié par application du plan de sauvegarde sont déduites des sommes dues suite à l'annulation de ce plan et des licenciements : Soc. 28 mars 2012, n° 11-30.034 P.

nullité, quitte à permettre aux Assedics de récupérer auprès du salarié les sommes reçues par lui de l'assurance chômage, lesquelles serait alors devenue rétroactivement indues [1].

530 ***Procédures judiciaires et administratives*** ◊ L'irruption d'une compétence des tribunaux administratif en matière de plan de sauvegarde de l'emploi, ne signifie pas que le juge administratif soit devenu le seul juge des grands licenciements collectifs. Si la solution de l'arrêt *Viveo* de la Cour de cassation, rendu le 3 mai 2012 [2], est maintenue par les juridictions administratives, le jugement sur le plan de sauvegarde ne présumera en rien de la licéité du motif de licenciement. L'entier contentieux de la justification du licenciement devrait alors demeurer de la compétence des Conseils de prud'hommes.

Lorsqu'il est inclu dans un grand licenciement collectif, dans une entreprise d'au moins cinquante salariés, le salarié qui conteste son licenciement économique sera donc contraint d'engager deux procédures. Devant le juge administratif, il pourra contester l'irrégularité de la procédure de consultation des représentants du personnel, et l'irrégularité ou l'insuffisance du plan de sauvegarde. Devant le juge judiciaire, il pourra agir au nom de l'absence de cause réelle et sérieuse. Au vu des risques d'épuisement des délais de recours, il semble qu'il lui sera possible d'agir simultanément devant les deux juridictions, quitte à ce que le Conseil de prud'hommes sursoit à statuer dans l'attente de la décision administrative. Or celle-ci peut se faire attendre, puisque l'affaire peut conduire le salarié jusque devant le Conseil d'État. Alors, si le plan de sauvegarde n'a pas été annulé, la procédure devant les prud'hommes pourra reprendre.

La logique procédurale (l'administratif avant le judiciaire), suivra ainsi le chemin inverse de la logique tout court (évaluer la licéité de la cause du licenciement devrait logiquement précéder l'évaluation des mesures qui accompagnent les licenciements). Cette multiplication des actions en justice conduira surtout à un accroissement des délais et des coûts de l'action en justice, avec les effets dissuasifs qui s'en suivront. La réforme de 2013 s'incrit ainsi dans une perspective déjà poursuivie depuis quelques années : tout est fait pour éloigner le juge du justiciable. La solution rassurera ceux qui pensent le droit du licenciement comme une nuisance à

1. Telle n'est pas la solution de la Cour de cassation. L'indemnisation versée au salarié est réduite de l'indemnisation du chômage. Et réciproquement, les indemnités chômage versées sont considérées comme dues au salarié, malgré l'annulation de son licenciement. et comme ne pouvant, par conséquent, être réclamée par les Assedics : Soc. 11 mars 2009, n° 07-43.336, *RDSS*. 731, note C. Willmann). Sur la question plus générale de la répétition des indemnités chômage indues, v. E. Serverin, *RDT* 2013. 420.

2. Soc. 3 mai 2012, n° 11-20.741 P. Pour une approbation de l'arrêt, v. not. J. Pélissier, Défaut de cause économique et absence de nullité, *RJS* 2012. 427, n° 536. Pour une critique de l'arrêt, v. E. Dockès, Le droit du licenciement perd son sens à l'ombre de l'arrêt *Viveo*, *Dr. soc.* 2012. 606, M. Henry, À propos de l'arrêt *Viveo*, faisons un rêve, *Dr. ouvrier* 2012. 629, F. Géa, La problématique *Viveo* : au législateur de prendre la main, *RDT* 2012. 608.

l'économie devant être réduite au maximum. La solution inquiétera ceux qui pensent qu'au nom du droit à un procès équitable, l'accès à la justice doit être favorisé plutôt que découragé.

§ 2. Sanction civile des autres vices de procédure

531 *Une indemnité fonction du préjudice subi* ◊ La Cour de cassation jugeait que les irrégularités commises dans la procédure de consultation permettaient d'obtenir la suspension de la procédure de licenciement tant qu'elle n'était pas achevée par la notification des licenciements [1]. En revanche, une fois cette notification réalisée, les salariés ne pouvaient plus, en principe, qu'obtenir une indemnité en fonction du préjudice subi (C. trav., art. L. 1235-12), lequel n'était guère facile à démontrer. À titre exceptionnel, la nullité de la procédure de licenciement collectif était toutefois retenue lorsque l'employeur avait poursuivi la procédure de licenciement jusqu'aux licenciements alors que l'irrégularité de procédure avait été soulevée avant la fin de la procédure de licenciement, à un moment où la consultation pouvait être reprise ou suspendue [2].

La loi du 14 juin 2013 a entièrement modifié ce système dans les hypothèses où un plan de sauvegarde de l'emploi est impératif. Le contentieux administratif de l'homologation ou de la validation du plan de sauvegarde est désormais le seul au cours duquel d'éventuelles actions contre les irrégularités de procédure sont recevables (C. trav., art. L. 1235-7-1). Ce qui bloque toute action en justice pour suspendre la procédure en cours au nom d'irrégularités commises par l'employeur. Paradoxalement, de telles actions ne seront plus possibles que dans les cas où un plan de sauvegarde de l'emploi n'est pas impératif, soit parce que l'entreprise emploie moins de cinquante salariés, soit parce qu'il s'agit d'un petit projet de licenciement...

En revanche, le contentieux administratif du plan de sauvegarde de l'emploi ne pourra plus ignorer le vice de procédure, sauf à priver de toute sanction civile cette procédure. Il faut en déduire que les irrégularités de procédures pourront être considérées comme des motifs de refus d'homologation ou de validation du plan de sauvegarde et donc, par voie de conséquence, comme des causes d'annulation des licenciements. L'indemnité supplémentaire en fonction du préjudice subi, toujours prévue par l'article L. 1235-12, pourrait alors ne plus être qu'un supplément anecdotique.

§ 3. Prescriptions

532 Selon l'article L. 1235-7, la prescription des actions portant sur la régularité ou sur la validité du licenciement se prescrit par douze mois, à compter

1. Soc. 11 janv. 2007, *RJS* 3/07, n° 323.
2. Soc. 4 janv. 2003, *Bull. civ.* V, n° 5 ; *RJS* 3/03, n° 334.

de la dernière réunion du comité d'entreprise lorsqu'il s'agit d'une action collective menée par les syndicats ou par le comité d'entreprise, à compter de la notification de la lettre de licenciement lorsqu'il s'agit de l'action en justice du salarié licencié. Dans ce dernier cas, la limitation à douze mois du délai pour agir est subordonnée à la mention de ce délai dans la lettre de licenciement.

La Cour de cassation donnait une interprétation restrictive à cet alinéa. Elle jugeait en effet que le délai de douze mois n'était applicable qu'aux contestations susceptibles d'entraîner la nullité de la procédure de licenciement collectif pour motif économique en raison de l'absence ou de l'insuffisance d'un plan de sauvegarde de l'emploi [1]. Les autres contestations portant par exemple, sur le non-respect de l'obligation de reclassement, sur les critères d'ordre de licenciement, sur la violation des règles relatives à la priorité de réembauchage, sur le contrat de transition professionnelle ou sur l'absence de cause réelle et sérieuse restaient recevables tant que le délai de prescription de droit commun n'était pas écoulé.

Si la jurisprudence maintient cette position, le délai de douze mois de l'article L. 1235-7 n'aura plus guère de portée. Les questions relatives à l'annulation des licenciements suite à une insuffisance du plan de sauvegarde de l'emploi sont en effet désormais passibles d'un délai encore bien plus court. Depuis la loi du 14 juin 2013, la contestation d'un plan de sauvegarde passe par la contestation de la validation ou de l'homologation de ce plan. Et cette contestation est enfermée dans un délai de deux mois (C. trav., art. L. 1235-7-1) [2].

1. Soc. 15 juin 2010, n°s 09-65.062 et 09-65.064, *RDT* 2010. 512 s., obs. A. Fabre.

2. Le délai court à compter de la notification de la décision administrative (si l'intéressé est récipiendaire de cette obligation de notification) ou à compter de l'affichage par l'employeur de cette décision administrative.

SOUS-TITRE 4

Effets de la rupture du contrat de travail

533 Les effets de la rupture du contrat de travail sont étroitement liés à la cause de celle-ci. Le licenciement, la démission, la retraite, l'accord de rupture, la résiliation judiciaire ou la force majeure entraînent évidemment des conséquences différentes. Ces différences sont cependant plus ou moins accusées selon qu'il s'agit du délai-congé (Chap. 1), du règlement des comptes (Chap. 2) ou des attestations délivrées par l'employeur (Chap. 3).

CHAPITRE 1
LE DÉLAI-CONGÉ

534 ***Délai-congé et modes de rupture*** ◊ Le délai-congé ou préavis n'existe en principe que dans les cas où la rupture du contrat de travail résulte d'une manifestation de la volonté unilatérale d'une des parties au contrat : licenciement, démission, départ ou mise à la retraite. Il permet à l'autre contractant de prendre les dispositions nécessaires avant que la rupture ne devienne effective. Le salarié congédié bénéficiera d'un temps utile pour rechercher un nouvel emploi ; l'employeur mettra à profit le préavis pour rechercher un autre salarié ou pour redistribuer le travail entre les salariés de l'entreprise.

En revanche, la résiliation judiciaire et les cas de force majeure produisent immédiatement leur effet ; la situation contractuelle cesse dès que l'événement de force majeure survient ou que le juge prononce la résiliation [1]. Il en est habituellement de même dans les hypothèses de rupture d'un commun accord ou de rupture conventionnelle, mais il n'est pas interdit aux cocontractants de prévoir l'existence d'un délai-congé entre la conclusion de l'accord et la rupture effective du contrat.

SECTION 1. SOURCES DU DÉLAI-CONGÉ

535 D'abord consacré par les usages, puis par les conventions collectives, le droit au délai-congé l'est désormais par la loi, du moins en cas de licenciement ou de retraite.

536 ***La loi*** ◊ La loi n'impose un préavis minimum que dans les cas de licenciement, de mise à la retraite ou de départ à la retraite. Elle ne contient aucune disposition générale sur le sujet pour les démissions [2].

C'est la loi du 19 février 1958 qui a institué un délai-congé d'un minimum d'un mois en cas de licenciement ; une ordonnance du 15 juillet

---

1. La prise d'acte entraînant la cessation immédiate du contrat de travail, le salarié n'est pas tenu d'exécuter un préavis. Cela étant, si cette prise d'acte produit les effets d'un licenciement sans cause réelle et sérieuse, l'employeur sera condamné à verser au salarié une indemnité compensatrice de préavis (Soc. 28 sept. 2011, n° 09-67.510 *Bull. civ.* V, n° 199). À l'inverse, si la prise d'acte produit les effets d'une démission, le salarié pourra être tenu d'indemniser l'employeur pour non-respect du préavis (Soc. 4 févr. 2009, n° 07-42.144, inédit), sauf empêchement objectif à l'exécution du préavis, par exemple, la maladie du salarié (Soc. 14 janv. 2014, n° 11-21.907, publié).

2. La loi impose un préavis de démission dans des situations particulières : journaliste (C. trav., L. 7112-2) ; VRP (C. trav., art. L. 7313-9).

1967 a porté la durée minimale du délai-congé à deux mois au profit des salariés qui ont une ancienneté de deux ans et plus dans l'entreprise. Quelques textes spéciaux fixent des conditions particulières de préavis dans certaines professions [1].

La loi organisant la mise à la retraite et le départ à la retraite renvoie au préavis légal de licenciement ; l'originalité de la loi dans ce domaine est d'appliquer la même règle au départ à la retraite décidé par le salarié et à la mise à la retraite décidée par l'employeur, alors que le préavis de licenciement et le préavis de démission obéissent à des règles différentes.

537 ***Les conventions collectives*** ◊ Elles ont constitué un remarquable instrument de progrès en matière de délai-congé, adapté aux besoins et aux possibilités de chaque profession [2]. La convention collective prévaut sur l'usage – ainsi rejeté au second plan [3] – même si elle consacre une règle moins favorable [4]. Ceci est vrai pour le préavis de démission comme pour le préavis de licenciement.

La convention collective conserve une double fonction : *a*) réglementer les situations demeurées en dehors du champ d'application de la loi (ancienneté du salarié licencié inférieure à six mois, démission) ; *b*) surtout adopter des solutions plus favorables que les prescriptions légales, conformément à sa vocation bénéfique [5].

538 ***L'usage*** ◊ L'usage « pratiqué dans la localité et la profession », et constaté souverainement par les juges du fond, est demeuré longtemps la source primordiale.

Il n'a maintenant qu'une autorité supplétive, du moins en ce qui concerne le préavis de démission et les relations entre les conventions collectives et les usages à propos du préavis de licenciement. Dans les cas de démission, l'usage ne s'applique qu'à défaut de disposition légale ou de clause de convention ou d'accord collectif. Dans les cas de licenciement, il convient de distinguer selon que les usages sont en concours avec une convention collective ou avec la loi. L'usage a un caractère supplétif par rapport à la convention collective en ce sens qu'il ne s'applique pas si la convention collective contient une disposition relative au préavis, même si la disposition conventionnelle est moins favorable que l'usage. En revanche, les

1. C. trav., art. L. 7112-2 (journalistes), L. 7313-10 (VRP), L. 5213-9 (travailleurs handicapés).

2. V. Ribettes et Wibault : Le délai-congé dans le droit conventionnel, *Dr. soc.* 1970. 7.

3. Le juge ne saurait condamner l'employeur à verser une indemnité compensatrice en se référant aux usages locaux, tout en relevant qu'une convention collective est applicable aux rapports des parties (Soc. 14 avr. 1983, *Bull. civ.* V, 136, *D.* 1984. IR 167, obs. G. Vachet).

4. En fixant par exemple désormais le point de départ du délai-congé au jour de la notification et non plus à l'expiration du mois en cours (Soc. 21 déc. 1961, *JCP* 1962. II. 12537, note G.-H. C., approuvé par Cass. ch. R. 22 juin 1966. *D.* 1966. 502 ; *JCP* 1966. II. 14844, note Voirin) ; Soc. 3 oct. 1963, *Bull. civ.* IV, n° 524 (durée moindre) ; *Dr. soc.* 1963. 228, note J. Savatier.

5. Elle ne peut par contre adopter des solutions moins favorables que la loi : Soc. 14 févr. 1980, *Bull. civ.* V, n° 113 (calcul de l'indemnité compensatrice de préavis).

usages prévalent sur les dispositions légales relatives au préavis de licenciement lorsqu'ils sont plus favorables aux salariés soit qu'ils consacrent un préavis plus long que le préavis légal, soit qu'ils fixent des conditions d'ancienneté du salarié moins exigeantes que celles fixées par la loi (C. trav., art. L. 1234-1).

539 ***Le contrat de travail*** ◊ Le contrat de travail a un rôle assez limité en matière de préavis.

Il ne peut pas établir un préavis de démission [1], même si la clause contractuelle prévoit un préavis réciproque de licenciement et de démission.

Il ne peut fixer, en cas de licenciement, ni un délai-congé inférieur à celui qui résulte de la loi, d'une convention collective ou d'un usage, ni une condition d'ancienneté de services supérieure à celle qu'énonce une de ces sources de droit (C. trav., art. L. 1234-2).

Le contrat de travail peut seulement établir des règles de préavis de licenciement ou de retraite plus favorables que celles résultant de la loi, d'une convention collective ou d'un usage.

SECTION 2. CONDITIONS DU DÉLAI-CONGÉ

540 Lorsque la rupture du contrat de travail à durée indéterminée résulte d'une décision unilatérale d'un des cocontractants, elle donne naissance à un délai-congé sous une double condition tenant à l'ancienneté du salarié dans l'entreprise et à l'absence de faute grave [2].

541 ***Ancienneté du salarié*** ◊ Le préavis légal de licenciement, de mise à la retraite ou de départ à la retraite est subordonné à une condition d'ancienneté de services chez le même employeur [3].

Cette durée minimale de services est fixée, en cas de licenciement, à 6 mois par l'article L. 1234-1 du Code du travail [4]. Pour apprécier l'ancienneté, il faut se placer au jour où la lettre de licenciement a été présentée au

1. Soc. 4 juin 1987, *D.* 1988. Somm. 103, obs. J. Pélissier ; 17 déc. 1987, *JS* 1988, n° 1, SJ 12.
2. Double condition qui s'ajoute aux conditions particulières concernant la démission (v. ss 423).
3. Sauf en cas de modification dans la situation juridique de l'employeur, notamment par vente, fusion, scission... en application des règles prévues par l'art. L. 1224-1 C. trav. Dans ces hypothèses, le temps de travail fourni pour l'employeur qui a cédé son fonds est pris en compte dans les relations du salarié avec le nouvel employeur qui a acquis le fonds. Font également exception au principe selon lequel les services fournis à un autre employeur ne sont pas pris en considération, le travail temporaire en cas d'embauche par l'entreprise utilisatrice et le travail exécuté au profit d'une filiale étrangère.
4. Cette condition d'ancienneté minimale est écartée dans quelques cas particuliers : journalistes, VRP.

salarié [1]. Dans la période qui court du premier jour de travail au jour de la notification de la rupture, il faut ôter les journées, semaines ou mois non travaillés à l'exception des arrêts de travail résultant d'une maladie professionnelle, d'un accident du travail (C. trav., art. L. 1226-7), d'un congé maternité (C. trav., art. L. 1225-24) ou des congés payés [2]. Cette règle résulte de l'article L. 1234-8 qui précise que les périodes de suspension n'interrompent pas l'ancienneté du salarié, mais ne peuvent pas être prises en compte dans le calcul de celle-ci.

Un délai de prévenance a été institué par la loi du 25 juin 2008 lorsque le salarié ou l'employeur rompt le contrat de travail pendant la période d'essai. La condition d'ancienneté est ramenée à de très courtes périodes de travail [3].

542 ***Faute grave du salarié*** ◇ Lorsque le licenciement est prononcé en raison d'une faute grave du salarié, celui-ci n'a pas droit à un délai-congé (C. trav., art. L. 1234-1) [4].

La Cour de cassation définissait la faute grave du salarié comme « un fait ou un ensemble de faits imputables au salarié qui constituent une violation des obligations découlant du contrat de travail ou des relations de travail d'une importance telle qu'elle rend impossible le maintien du salarié pendant la durée du préavis » [5]. En 2007, elle a légèrement modifié cette définition : « la faute grave est celle qui rend impossible le maintien du salarié dans l'entreprise » [6].

Il n'existe pas un catalogue de fautes qui seraient par nature des fautes graves. Il appartient au juge d'apprécier dans chaque litige si la faute invoquée par l'employeur comme cause du licenciement est ou n'est pas une faute grave. Aussi plutôt que d'énumérer des faits qui ont été dans le passé retenus comme fautes graves, convient-il de dégager les règles directrices de la qualification « faute grave ».

1) Seul le juge est qualifié pour décider qu'une faute du salarié est ou n'est pas grave. Les clauses contenues dans une convention ou un accord collectif, un règlement intérieur ou un contrat individuel de travail qui qualifient un comportement ou une abstention « faute grave » n'ont

1. Soc. 5 juin 1996, *RJS* 7/96, n° 788 ; 19 janv. 1994, CSB 1994. 45, A 11 ; *RJS* 3/94, n° 250.

2. Soc. 6 nov. 1969, n° 68-40. 571. Sont également assimilés à un temps de travail effectif pris en compte dans le calcul de l'ancienneté, les congés de formation économique, sociale et syndicale, les absences des conseillers prud'hommes pour l'exercice de leurs fonctions. Le congé parental d'éducation est pris en compte pour moitié (C. trav., L. 1225-54).

3. C. trav., art. L. 1221-25, L. 1221-26.

4. Si le licenciement est prononcé pour un autre motif, l'employeur ne peut pas, après la notification du licenciement, invoquer tardivement une faute grave du salarié pour être dispensé du préavis. Il est seulement admis que le préavis peut être interrompu lorsque l'employeur découvre après la notification du licenciement, une faute grave qui a été commise avant le licenciement ; Soc. 18 juin 1970, *JCP* 1970, n° 88733) ; Soc. 12 déc. 2001, *RJS* 2/02, n° 169.

5. Soc. 26 févr. 1991, *Bull. civ.* V, n° 97 ; *RJS* 4/91, n° 448.

6. Soc. 27 sept. 2007, n° 06-43.867, *Bull. civ.* V, n° 146 ; *RDT* 2007. 650, note G. Auzero ; 18 mars 2009 n° 07-44.247, inédit.

aucune force obligatoire et ne lient pas le juge [1]. Les juges du fond ne sont d'ailleurs pas souverains pour donner à la faute commise par le salarié la qualification « faute grave » ; la Cour de cassation contrôle elle-même cette qualification [2].

2) En principe, seuls les faits constituant une violation des obligations découlant du contrat de travail ou des relations de travail peuvent constituer une faute grave [3]. Les fautes qui n'ont pas un caractère professionnel, c'est-à-dire les fautes qui sont commises en dehors du temps de travail ne peuvent pas être considérées comme des fautes graves. Après avoir un temps admis que des fautes non professionnelles puissent être qualifiées « fautes graves », « lorsque le comportement de l'intéressé, compte tenu de ses fonctions et de la finalité propre de l'entreprise, a créé un trouble caractérisé au sein de cette dernière » [4], la Cour de cassation retient aujourd'hui que le fait imputé au salarié relevant de sa vie personnelle ne peut constituer une faute [5]. Il peut en revanche constituer une cause réelle et sérieuse de licenciement.

3) Les faits reprochés au salarié doivent être de nature à rendre indispensable le départ du salarié. Il en résulte que l'employeur qui fait exécuter le préavis se prive du droit d'invoquer la faute grave du salarié [6]. De même, ne peut utilement invoquer la faute grave du salarié, l'employeur qui, ayant connaissance de l'ensemble des faits susceptibles de justifier le licenciement, tarde à engager la procédure de licenciement [7]. Mais le maintien du salarié dans l'entreprise pendant le temps nécessaire à l'accomplissement de la procédure n'interdit pas à l'employeur d'invoquer la faute grave [8]. De même, le paiement volontaire par l'employeur de l'indemnité compensatrice de préavis ne prive pas celui-ci du droit d'invoquer la faute grave du salarié [9].

Quant à la preuve de la faute grave, celle-ci incombe à celui qui l'invoque. Aussi l'employeur qui prétend ne pas devoir de préavis doit-il rapporter la preuve de la faute grave commise par le salarié [10].

1. Soc. 17 déc. 1987, *Cah. prud'h.* 1988, n° 5, p. 88.

2. Soc. 18 juill. 2005, n° 03-46.504 D (l'absence d'une journée ne constitue pas une faute grave) ; 2 juill. 1992, *RJS* 10/92, n° 1089 (un acte d'insubordination ne caractérise pas nécessairement une faute grave).

3. Il importe ici de rappeler que le manquement à une obligation contractuelle peut être commis en dehors du temps et du lieu de travail. Un salarié peut ainsi méconnaître son obligation de loyauté pendant son temps de repos et être, de ce fait, licencié pour faute grave.

4. Soc. 20 nov. 1991, *RJS* 1/92, n° 3 ; 16 mars 2004, *RJS* 6/04, n° 660.

5. Soc. 16 déc. 1997, *RJS* 2/98, n° 141 ; mai 2011, n° 09-67.464, *D.* 2011. 1568, note G. Loiseau.

6. Soc. 15 mai 1991, *Bull. civ.* V, n° 237 ; 12 juill. 2005, *RJS* 10/05, n° 963.

7. Soc. 22 oct. 1991, n° 90-40.077.

8. Soc. 19 juill. 1988, *Cah. prud'h.* 1989. 101 ; aucun texte n'oblige l'employeur à prendre une mesure conservatoire avant d'ouvrir une procédure de licenciement pour faute grave : Soc. 4 nov. 1992, *Bull. civ.* V, n° 530.

9. Soc. 8 janv. 1997, *D.* 1997. IR 36 ; 2 févr. 2005, *RJS* 4/05, n° 359.

10. Soc. 21 nov. 1984, *Cah. prud'h.* 1985, n° 7, p. 140.

543 ***Faute grave de l'employeur*** ◊ Lorsque c'est l'employeur qui a commis une faute grave et que le salarié, à la suite de cette faute, entend rompre le contrat, la loi ne contient aucune disposition spécifique. Dans les situations de ce genre, la jurisprudence décide qu'il s'agit d'une prise d'acte de rupture par le salarié et que celle-ci produit les effets d'un licenciement puisqu'elle est justifiée par la faute de l'employeur. Le salarié aura droit à une indemnité compensatrice de préavis (v. ss 427).

SECTION 3. DURÉE DU DÉLAI-CONGÉ

544 ***Détermination de la durée*** ◊ La loi impose, en cas de licenciement, une durée minimale de préavis lorsque le salarié a au moins six mois d'ancienneté dans l'entreprise. Cette durée est d'un mois lorsque le salarié justifie chez le même employeur d'une ancienneté de services continus comprise entre six mois et moins de deux ans ; elle est de deux mois lorsque le salarié justifie chez le même employeur d'une ancienneté de services continus d'au moins deux ans. La convention collective, les usages ou le contrat individuel peuvent prolonger la durée du préavis [1].

La durée du préavis en cas de départ ou de mise à la retraite est la même que celle du préavis en cas de licenciement, du moins en ce qui concerne la durée du préavis légal.

Quant à la durée du préavis en cas de démission, elle n'est pas, sauf exception, fixée par la loi ; ce sont les usages ou la convention collective qui la déterminent.

545 ***Point de départ*** ◊ En principe, le point de départ du préavis est, qu'il s'agisse de démission ou de licenciement, le jour de présentation de la lettre annonçant la rupture du contrat de travail [2].

Mais la convention collective, l'usage ou le contrat individuel de travail peut prévoir que le préavis commencera à courir à une date postérieure à celle de la présentation de la lettre de rupture, par exemple le premier jour du mois suivant [3].

1. Soc. 3 févr. 1993, *RJS* 3/93, n° 337.
2. Soc. 23 oct. 1980, *Bull. civ.* V, n° 774 ; 7 nov. 2006, n° 05-42.323, *Bull. civ.* V, n° 327. En cas de licenciement, c'est normalement la présentation de la lettre recommandée notifiant le licenciement qui fait courir le délai de préavis (C. trav., art. L. 1234-3). Peu importe que le destinataire de la lettre ne veuille pas ou ne puisse pas en prendre immédiatement connaissance (par exemple, lorsque la lettre a été retournée à l'employeur parce que le salarié avait changé d'adresse et n'avait pas fait connaître ce changement à l'employeur : Soc. 26 juin 1986, *Bull. civ.* V, n° 338). Mais les juges décident qu'un salarié ne saurait se prévaloir du défaut de lettre recommandée pour contester le point de départ du préavis lorsqu'il a eu effectivement connaissance du licenciement en recevant une lettre simple de l'employeur (Soc. 19 mars 1987, *Cah. prud'h.* 1988, n° 2, p. 31). Lorsque la notification du licenciement est réalisée par une remise de lettre au salarié en mains propres, avec émargement de ce dernier, la date de remise de la lettre fixe le point de départ du préavis (Versailles, 7 nov. 1991, *RJS* 1/92, n° 104).
3. Soc. 9 févr. 1978, *Bull. civ.* V, n° 96.

En revanche, ni la convention collective, ni l'usage, ni le contrat individuel de travail ne peuvent fixer le point de départ du préavis à une date antérieure à celle où la lettre de licenciement a été présentée au salarié [1].

546 ***Caractère préfix*** ◊ Le préavis est un délai préfix ne comportant, en principe, ni suspension ni interruption [2]. L'échéance du délai-congé n'est pas reculée pour cause de maladie ou d'accident survenant en cours de préavis [3], sauf s'il s'agit d'un accident du travail [4]. Elle n'est pas non plus reculée en raison de journées de grève en cours de préavis [5].

Exceptionnellement, la Cour de cassation juge que, lorsque la rupture du contrat est notifiée pendant la période des congés payés, le préavis ne commence à courir qu'à l'expiration de ces congés [6]. Le préavis est également suspendu lorsque le licenciement est notifié alors que la date des congés payés était déjà fixée ou lorsque les parties se mettent d'accord pour reporter le terme du préavis en tenant compte des congés [7].

547 ***Prolongation du préavis*** ◊ L'employeur et le salarié peuvent se mettre d'accord pour prolonger la durée du préavis [8]. Ils doivent exprimer clairement leur volonté pour lever toute confusion entre une prolongation du contrat en cours et la conclusion implicite d'un nouveau contrat qui ne pourrait prendre fin qu'à l'issue d'une nouvelle rupture ou à l'échéance du terme si le nouveau contrat était un contrat à durée déterminée [9].

SECTION 4. **LES EFFETS DU DÉLAI-CONGÉ**

548 ***Caractère réciproque du délai-congé*** ◊ Le préavis, qu'il soit de licenciement, de démission, de départ ou de mise à la retraite, est « réciproque » [10].

La réciprocité du préavis signifie que, lorsque la rupture du contrat engendre un préavis, les deux parties au contrat de travail sont tenues l'une et l'autre de respecter le préavis. En d'autres termes, le préavis est non

1. Soc. 3 oct. 1979, *Bull. civ.* V, n° 670.
2. Soc. 21 janv. 2003 n° 01-40.529, *Bull. civ.* V, n° 978.
3. Soc. 6 nov. 1975, *Bull. civ.* V, n° 516 ; 28 juin 1989, *CSB* 1989. 153, B 82.
4. Soc. 18 juill. 1996 *Dr. soc.* 1996. 982 ; *RJS* 10/96, n° 1040.
5. Soc 3 oct. 1968, *Bull. civ.* V, n° 509.
6. Soc. 10 déc. 1986, *Bull. civ.* V, n° 580 ; 8 nov. 1995, *RJS* 12/95, n° 1243.
7. Soc. 22 juin 1994, *RJS* 8-9/94, n° 978. Lorsque le licenciement intervient avant que les dates de congés payés n'aient été fixées, le salarié et l'employeur peuvent se mettre d'accord pour que les congés payés soient pris pendant la période de préavis ; dans ce cas, la période de prise de congés payés ne suspend pas le préavis (Cass., ass. plén., 5 mars 1993, *RJS* 4/93, n° 389).
8. Soc. 14 janv. 1984, *Liaisons soc.*, n° 5491, p. 3.
9. Si l'employeur n'établit pas un accord des parties pour prolonger la durée de préavis, la poursuite de la relation de travail au terme du premier contrat de travail entraîne la conclusion d'un second contrat (Soc. 15 mai 2012, n° 10-26.811).
10. Soc. 18 juin 2008 n° 07-42.161, *RJS* 8-9/08, n° 889.

seulement un droit pour le salarié en cas de licenciement ; c'est aussi pour lui une obligation dont il ne peut pas se dispenser unilatéralement. De la même façon, en cas de démission, l'employeur est à la fois créancier et débiteur de préavis vis-à-vis du salarié.

549 ***Préavis travaillé ou non travaillé*** ◊ Habituellement, l'employeur et le salarié continuent à exécuter les obligations nées du contrat de travail pendant toute la durée du préavis. Le préavis est « travaillé » ; il n'existe en principe pas de différence dans la situation juridique des parties entre cette période de préavis et la période qui la précède (§ 1).

Mais il peut arriver, pour des raisons qui tiennent à la volonté unilatérale d'une partie ou à la volonté conjuguée de l'employeur et du salarié, que le préavis ne soit pas travaillé. Les droits et obligations des parties varient selon les circonstances qui sont à l'origine de l'inexécution du travail (§ 2).

§ 1. Le préavis travaillé

A. Maintien des obligations de l'employeur

550 ***Interdiction de modification du contrat*** ◊ Pendant toute la durée du préavis, l'employeur ne peut apporter aucune modification au contrat de travail sans l'accord du salarié [1]. Il ne peut imposer au salarié ni un travail relevant d'une qualification professionnelle inférieure à celle qui a été reconnue à celui-ci avant la notification de la rupture [2] ni un travail dans un lieu autre que le lieu habituel de travail si le changement de lieu constitue une modification du contrat [3].

Lorsque le licenciement du salarié résulte du refus de celui-ci d'accepter une modification du contrat de travail, l'employeur ne peut pas imposer au salarié d'exécuter le préavis dans les conditions nouvelles qu'il entendait lui imposer [4].

Le salarié qui refuse d'exécuter le préavis dans des conditions substantiellement différentes de celles qui résultaient de l'exécution du contrat de travail, et qui cesse le travail, a droit à une indemnité compensatrice de préavis [5].

551 ***Possibilité de changement des conditions de travail*** ◊ Ayant les mêmes droits et les mêmes obligations pendant le délai-congé qu'avant la

1. Soc. 5 oct. 1999, *RJS* 11/99, n° 1370 ; 16 févr. 1999, *Bull. civ.* V, n° 72 ; Cass., ass. plén., 18 nov. 1994, *Bull. civ.*, n° 6.
2. Soc 17 nov. 1965, *Bull. civ.* IV, p. 668.
3. Soc. 16 oct. 1985, n° 82-43.174 ; de la même façon, l'employeur ne peut pas priver le salarié d'une augmentation de salaire au motif que celui-ci est en cours de préavis (Soc. 6 févr. 1992, *RJS* 4/92, n° 440).
4. Cass., ass. plén., 18 nov. 1994, n° 90-44.754.
5. Soc 5 oct. 1999, *RJS* 11/99, n° 1370 ; 19 avr. 1989, *RJS* 5/89, n° 421.

notification de la rupture du contrat, l'employeur peut imposer au salarié une modification des conditions de travail pendant le préavis. Le salarié qui refuse d'exécuter sa prestation de travail au motif qu'une modification des conditions de travail lui a été imposée se rend coupable d'une inexécution fautive de ses obligations ; non seulement il ne peut obtenir aucun salaire correspondant à la période de préavis non travaillée [1], mais il peut être lui-même condamné pour inexécution du préavis.

B. Maintien des obligations du salarié

552 ***Principe : persistance des obligations*** ◊ Pendant toute la durée du délai-congé, le salarié doit se tenir à la disposition de l'employeur et exécuter scrupuleusement toutes les obligations contractuelles. Il doit fournir un travail normal en respectant l'horaire de travail, en participant aux réunions qui correspondent à ses attributions, en effectuant les déplacements qui entrent dans sa mission habituelle. Il reste tenu par l'obligation de fidélité qui interdit au salarié d'exercer une activité faisant concurrence à son employeur [2].

553 ***Atténuation au principe : temps libre pour recherche de travail*** ◊ Les usages ou les conventions collectives consacrent le plus souvent le droit pour le salarié de disposer d'un temps libre pendant les heures de travail pour rechercher un nouvel emploi. Cette disponibilité est habituellement de deux heures par journée travaillée [3].

Lorsqu'il est établi par l'usage ou par la convention collective, ce temps libre pour recherche d'emploi est habituellement rémunéré comme un temps de travail. Cependant, si le salarié n'use pas du droit

---

1. Soc. 20 nov. 1985, *Cah. prud'h.* 1986, n° 8, p. 183 ; 5 juill. 1982, *JS* 1982, SJ. 131 ; 1er déc. 1982, *JS* 1983, F 17.
2. Com. 8 févr. 1965, *Bull. civ.* III, p. 81.
3. L'origine de ce droit entraîne plusieurs conséquences. Tout d'abord, ce droit, qui n'est pas consacré par la loi, ne peut pas être utilement invoqué par le salarié si l'existence d'un usage dans la profession ou la localité ou une clause de convention applicable dans l'entreprise n'est pas établie : lorsque l'usage est un usage professionnel dans une localité, un salarié de la localité qui appartient à une autre profession ne peut pas, en invoquant l'équité, se référer à cet usage (Soc. 26 févr. 1981, *Cah. prud'h.* 1981, p. 73). Par ailleurs, la durée de la période pendant laquelle le salarié peut invoquer ce droit est déterminée par l'usage ou la convention collective qui consacre ce droit et non pas par la durée légale du préavis (si la durée du préavis légal devient plus longue que le préavis conventionnel ou d'usage, le droit aux heures pour recherche d'emploi est limité à la période de préavis conventionnel ou d'usage (Soc. 7 mai 1987, *Cah. prud'h.* 1987, n° 7, p. 123 ; *Bull. civ.* V, n° 280). Enfin, il faut se reporter à l'usage ou à la convention collective pour savoir si le salarié démissionnaire a, comme le salarié licencié, droit à ces heures disponibles pour recherche d'emploi ; si l'usage ou la convention collective ne font aucune distinction selon l'origine de la rupture du contrat de travail, le salarié démissionnaire, comme le salarié licencié, a droit aux heures pour recherche d'emploi ; si, au contraire, l'usage ou la convention collective réserve le temps libre aux salariés licenciés ou ne prévoit la rémunération du temps libre que lorsque le départ du salarié n'est pas volontaire, les salariés démissionnaires seront, selon le cas, soit privés des heures libres, soit privés de rémunération en cas d'utilisation de ces heures (Soc. 3 févr. 1993, *CSB* 1993, A. 21 ; 11 déc. 1986, *Liaisons soc.* 1987, n° 5915, p. 7).

de s'absenter, il ne peut pas prétendre à une indemnité compensatrice [1], sauf bien entendu si l'usage ou la convention collective en dispose autrement [2] ou s'il est démontré que l'impossibilité d'utiliser ces heures est le fait de l'employeur [3].

Le droit à des heures pour recherche d'emploi disparaît lorsque le salarié a retrouvé du travail [4], lorsque ces heures sont prises tout au long du préavis. Au contraire, lorsque l'employeur a donné son accord pour que les heures de recherche d'emploi soient cumulées et regroupées en fin de préavis, le caractère préfix du préavis s'oppose à ce que l'employeur mette fin prématurément à celui-ci au motif que le salarié a retrouvé un emploi au cours du préavis [5].

554 ***Faute grave du salarié*** ◊ La faute grave, commise en cours de préavis par le salarié, prive celui-ci du préavis restant à courir [6]. L'employeur qui interrompt le préavis en raison de la faute grave commise par le salarié n'a pas à engager une nouvelle procédure de licenciement [7], mais il doit engager une procédure disciplinaire puisqu'il sanctionne une faute commise par le salarié [8].

En revanche, la faute grave commise par le salarié en cours de préavis ne prive pas celui-ci de l'indemnité de licenciement ; le droit à cette indemnité prend, en effet, naissance lors de la notification du licenciement [9]. La solution est identique lorsqu'une faute grave, commise avant la notification du licenciement, est découverte pendant le préavis [10].

De la même façon, la faute grave commise par le salarié en cours de préavis ne lui fait pas perdre le droit à l'indemnité de clientèle, qui prend naissance lors de la notification du licenciement [11].

555 ***Faute lourde du salarié*** ◊ La faute lourde commise par le salarié en cours de préavis met immédiatement fin à celui-ci, mais elle ne prive le salarié ni de l'indemnité de licenciement [12], ni de l'indemnité compensatrice de congés payés [13].

---

1. Soc. 13 nov. 1975, *Bull. civ.* V, n° 535.
2. Soc. 3 mai 1994, *RJS* 8-9/94, n° 979.
3. Soc. 7 mai 1986, *Bull. civ.* V, n° 206.
4. Soc. 7 févr. 1957, *Bull. civ.* IV, n° 143 ; mais il subsiste tant qu'une offre d'emploi ferme n'a pas été acceptée par le salarié : Soc. 11 juin 1986, *Liaisons soc.*1986, n° 5850, p. 11.
5. Soc. 21 janv. 2003, *Bull. civ.*, *RJS* 4/03, n° 446.
6. La faute grave, commise avant le licenciement et découverte en cours de préavis, interrompt le préavis et prive le salarié de la partie de l'indemnité compensatrice restant à courir jusqu'au terme du préavis (Soc. 12 déc. 2001, *RJS* 2/02, n° 169).
7. Soc. 22 janv. 1991, *RJS* 3/91, n° 327 ; 15 janv. 2002, *RJS* 3/02, n° 282.
8. En ce sens, Paris,18 févr. 1988 et Aix-en-Provence 30 nov. 1987, cités dans la *RJS* 3/91, n° 327 ; J. Savatier, *Dr. soc.* 1992. 751.
9. Soc. 10 juin 2003 n° 01-41.710, *RJS* 8-9/03, n° 1006 ; 5 avr. 1990, *Bull. civ.* V, n° 176.
10. Soc. 7 mars 1990, *RJS* 4/90, n° 292.
11. Soc. 1er avr. 1992, *Bull. civ.* V, n° 226 ; *Dr. soc.* 1992. 479.
12. Soc. 23 oct. 1991, *RJS* 12/91, n° 1239.
13. Soc. 27 janv. 1993, *Sem. soc. Lamy* 1993, n° 643, p. 20 ; 23 oct. 1991, *Dr. soc.* 1991. 957.

§ 2. Préavis non travaillé

556 L'absence de travail pendant le délai-congé peut résulter soit d'une dispense de travail régulièrement décidée, soit d'une violation par les parties au contrat de leurs obligations.

A. Dispense de travail

1. Dispense unilatérale du travail

557 ***Régularité d'une dispense unilatérale de l'employeur*** ◊ L'employeur a le droit de dispenser unilatéralement le salarié d'exécuter son travail pendant le délai-congé à condition de lui verser toutes les sommes que celui-ci aurait perçues s'il avait fourni sa prestation de travail jusqu'à l'expiration du préavis. Le Code du travail admet implicitement la régularité de cette pratique en précisant dans l'article L. 1234-5 que la dispense par l'employeur de l'exécution du travail pendant le préavis n'entraîne aucune diminution des salaires et avantages que le salarié aurait perçus s'il avait accompli son travail jusqu'à l'expiration du préavis, indemnité de congés payés comprise [1]. Le législateur a ainsi consacré la solution que la Cour de cassation avait dégagée [2].

Le droit de l'employeur de dispenser le salarié de fournir sa prestation de travail pendant le préavis est, comme tout droit, susceptible d'abus. Il y a abus lorsque la décision de l'employeur s'accompagne d'une attitude de brutalité et de méfiance, qui fait supposer aux tiers que le salarié a commis une faute grave. Dans ce cas, l'employeur devra non seulement payer une indemnité compensatrice de préavis, mais également des dommages et intérêts en réparation du préjudice subi par le salarié [3].

558 ***Preuve de la dispense unilatérale*** ◊ La dispense de prestation de travail doit résulter d'une manifestation de volonté non équivoque de l'employeur [4] ; elle ne peut pas résulter d'une simple attestation portant la mention « libre de tout engagement » délivrée à un salarié qui n'avait pas terminé son préavis [5].

En cas de litige, la preuve de la dispense doit être apportée par le salarié qui réclame une indemnité compensatrice de préavis en l'absence de fourniture de travail [6].

---

1. Le salarié dispensé de l'exécution de son préavis ne peut donc être tenu, même en application d'un engagement pris dans le contrat de travail, de restituer l'avantage en nature constitué par la mise à sa disposition d'un véhicule de fonction pour un usage professionnel et personnel : Soc. 11 juill. 2012, n° 11-15.649, *JCP S* 2012. 1433, note F. Dumont.

2. Civ. 2e, 25 févr. 1966, *Bull. civ.* II, n° 273 ; *Grands arrêts*, 4e éd., n° 118.

3. Paris,7 nov. 1991, *RJS* 2/92, n° 143.

4. Soc. 17 janv. 1979, *Bull. civ.* V, n° 45 ; 10 avr. 1991, *SARL Meubles Morin d'Cheveau.*

5. Soc. 3 déc. 1987, *Bull. civ.* V, n° 700 ; dans le même sens, Soc. 10 nov. 1993, *RJS* 1993, n° 1199.

6. Soc. 11 janv. 1984, *JS* 1984, SJ 78.

559 ***Obligation de rémunérer le salarié*** ◊ Bien que le salarié ne fournisse pas de prestation de travail, il a droit à une rémunération et à des avantages identiques à ceux qu'il aurait obtenus s'il avait travaillé jusqu'à l'expiration du préavis (C. trav., art. L. 1234-5). L'obligation de l'employeur et le droit corrélatif du salarié sont soumis à plusieurs règles.

1) Le salarié a droit non seulement aux salaires qui auraient été acquis mais aussi à tous les avantages qui complètent la rémunération [1]. Seules les indemnités qui représentent des frais professionnels réellement exposés par le salarié en situation de travail ne sont pas dues au salarié dispensé de fournir une prestation de travail puisqu'il n'engage aucun frais professionnel pendant le préavis non travaillé [2].

2) Le salaire à payer est « le salaire brut, assujetti au paiement par l'employeur des cotisations sociales, que le salarié aurait reçu s'il avait travaillé pendant la durée du délai-congé » [3]. Les heures supplémentaires doivent être prises en compte dans la base de calcul de l'indemnité compensatrice de préavis dans la mesure où les heures supplémentaires, effectuées par le salarié, constituaient un élément stable et constant de la rémunération sur lequel il était en droit de compter [4].

3) Le principe selon lequel les salaires dus sont ceux que le salarié aurait perçus s'il avait travaillé pendant toute la durée du préavis entraîne cette conséquence que le salarié licencié doit bénéficier des augmentations de salaire qui peuvent prendre effet pendant le délai-congé [5]. Ce principe est cependant écarté par une disposition légale expresse dans un cas où son application serait défavorable au salarié ; lorsque, pendant la durée du préavis, les salariés de l'entreprise sont mis en chômage partiel, les salariés en cours de préavis ont droit à une rémunération qui est calculée sur la base de la durée légale ou conventionnelle de l'entreprise sans qu'il soit tenu compte de la réduction provisoire de la durée du travail (C. trav., art. L. 1234-6).

4) Le temps non travaillé est assimilé à un temps de travail effectif pour le calcul des droits à congés payés (C. trav., art. L. 1234-5).

5) L'indemnité compensatrice de préavis est assimilée juridiquement à un salaire ; elle est soumise au régime juridique du salaire aussi bien au regard des garanties de salaire (prescription, privilège, superprivilège,

---

1. Comme les primes d'intéressement (Soc. 17 avr. 1991, *RJS* 7/91, n° 923), les primes de vacances (Soc. 9 juin 1983, *Bull. civ.* V, n° 319) ou de fin d'année (Soc. 10 déc. 1987, *Bull. civ.* V, n° 719), les primes d'assiduité (Soc. 23 nov. 1983, *Bull. civ.* V, n° 569). De même, le salarié n'est pas tenu de restituer l'avantage en nature constitué par la mise à disposition d'un véhicule de fonction pour un usage professionnel et personnel (Soc. 8 mars 2000, *RJS* 4/2000, n° 402 ; 11 juill. 2012, n° 11-15.649, préc.). En revanche, il doit restituer le véhicule à usage uniquement professionnel pendant le préavis non travaillé (Soc. 17 déc. 1987, n° 4504 D, *Giroudon*).

2. Soc. 4 déc. 1968, *Bull. civ.* V, n° 550 ; 8 nov. 1983, *Bull. civ.* V, n° 538.

3. Soc. 21 févr. 1990, *RJS* 4/90, n° 290 ; 12 janv. 1994, *RJS* 2/94, n° 143 ; 24 janv. 1996, *RJS* 3/96, n° 272.

4. Soc. 20 avr. 2005, *Dr. soc.* 2005. 933.

5. Soc. 5 mai 1988, *Cah. prud'h.* 1989, n° 3, p. 46.

insaisissabilité et incessibilité) qu'au regard des cotisations sociales (l'indemnité est soumise à cotisations comme le serait un salaire).

6) Le droit à l'indemnité compensatrice reste acquis même si, pendant le préavis, une faute grave [1] ou lourde [2] est découverte ou si le salarié devient incapable de fournir la prestation de travail qui aurait été normalement due en l'absence de dispense [3]. Bien plus, dès lors que le salarié est dispensé d'exécuter le préavis, l'employeur est tenu de verser, sans déduction des indemnités journalières de la sécurité sociale, l'indemnité compensatrice de préavis et peu importe que le salarié ait déjà été en arrêt de travail pour maladie non professionnelle lors de la dispense d'exécution [4].

560 ***Le droit du salarié de travailler chez un concurrent*** ◊ Lorsque le salarié licencié et dispensé de travailler pendant le délai-congé n'est pas lié par une clause de non-concurrence, les juges décident que ce salarié peut entrer au service d'une autre entreprise, fût-elle concurrente de celle qui reste son employeur, pendant la durée du préavis non exécuté [5].

Lorsque, au contraire, le salarié dispensé d'exécuter le préavis est lié par une clause de non-concurrence, cette clause produit effet avant même que le délai-congé soit expiré ; elle est applicable dès le moment où le salarié cesse effectivement de travailler pour le compte de l'entreprise [6]. Et si l'employeur entend renoncer au droit d'interdire au salarié une action de concurrence, il doit le faire au plus tard à la date du départ effectif de l'intéressé de l'entreprise, nonobstant stipulations ou dispositions contraires [7].

2. Dispense résultant d'un accord

561 ***Absence d'indemnité de préavis*** ◊ L'absence de travail pendant le délai-congé peut résulter d'un accord entre le salarié et l'employeur. Lorsque le salarié demande à l'employeur d'être dispensé de travailler pendant le délai-congé et que l'employeur donne son accord, la dispense de travail ne s'accompagne plus, dans une telle situation, du paiement d'une indemnité compensatrice de préavis [8]. En réalité, il s'agit plus, dans ce cas, d'une dispense de préavis que d'une dispense de travail pendant le préavis ; le salarié et l'employeur sont l'un et l'autre déliés des obligations auxquelles le contrat de travail avait donné naissance. Le salarié n'est pas tenu de travailler pour le compte de celui qui l'a employé jusqu'à la rupture du contrat et il peut accepter un emploi dans une

---

1. Soc. 10 juin 2003, *RJS* 8-9/03, n° 1006 ; 9 mai 2000, *Bull. civ.* V, n° 171.
2. Soc. 22 mai 2002, *Bull. civ.* V, n° 173.
3. Soc. 15 déc. 1993, *RJS* 1/94 n° 27 (salarié malade pendant le délai-congé).
4. Soc. 31 oct. 2012, n° 11-12.810, *JCP S* 2013. 1033, note F. Dumont.
5. Soc. 26 mars 1997, *Dr. soc.* 1997. 538 ; 19 janv. 1994, *Dr. soc.* 1994. 269.
6. Soc 22 juin 2011, n° 09-68.762, *RJS* 10/11, n° 788 ; 27 sept. 1989, *D.* 1990. 101, note Y. Serra.
7. Soc. 13 mars 2013, n° 11-21.150 P.
8. Soc. 28 janv. 2005, *RJS* 4/05, n° 379.

autre entreprise ; l'employeur n'a pas à payer une indemnité compensatrice de préavis et le contrat prend immédiatement fin [1].

3. Dispense résultant d'une disposition légale

562 ***Inaptitude d'origine non professionnelle*** ◊ Depuis la loi de simplification du droit en date du 22 mars 2012, le préavis n'est plus exécuté lorsque le licenciement est prononcé en raison d'une inaptitude qui ne résulte ni d'une maladie professionnelle ni d'un accident du travail (dern. al. de l'art. L. 1226-4 C. trav.). L'inexécution du préavis ne donne pas lieu au versement d'une indemnité compensatrice, mais le préavis est pris en compte pour le calcul de l'indemnité de licenciement. La formulation légale est, au demeurant, assez curieuse car elle consacre en même temps la rupture immédiate du contrat de travail dès la notification du licenciement et l'existence d'un préavis non exécuté [2].

B. Inobservation fautive du préavis

563 ***Inobservation du préavis par l'employeur*** ◊ Un employeur s'oppose à ce que le salarié continue à fournir sa prestation de travail pendant le préavis résultant d'un licenciement, d'une démission, d'un départ ou d'une mise à la retraite et refuse de verser à ce dernier les salaires et avantages qu'il aurait reçu s'il avait continué à travailler. En dehors du cas où la faute grave du salarié fait échec à la naissance du préavis, l'employeur doit réparer le préjudice que son comportement a fait naître. L'inobservation du délai-congé ouvre droit, sauf faute grave du salarié, à une indemnité compensatrice ne se confondant ni avec l'indemnité de licenciement ni avec les indemnités dues en cas de licenciement irrégulier.

Cette indemnité compensatrice de préavis obéit aux mêmes règles que l'indemnité versée par l'employeur en cas de dispense de préavis. Elle est égale au montant du salaire brut que le salarié aurait reçu s'il avait travaillé pendant la durée du délai-congé [3] et aux primes et indemnités versées aux salariés de l'entreprise pendant cette période [4].

Elle est due intégralement même s'il est établi que le salarié aurait été dans l'impossibilité de travailler pendant tout ou partie de la durée du délai-congé ; si le salarié est malade pendant la durée du préavis, les juges relèvent que l'inexécution du préavis n'a pas pour cause l'incapacité du salarié mais la décision de l'employeur de le priver du préavis [5] ; de la même façon, l'employeur qui a licencié à tort un salarié sans préavis est débiteur

---

1. Soc. 3 mars 1993, *RJS* 4/93, n° 388 : le salarié démissionnaire, débiteur de préavis, n'a pas droit à une indemnité compensatrice s'il a été dispensé de l'exécution du délai-congé à sa demande ; dans le même sens, Soc. 15 avr. 1992, *RJS* 6/92, n° 732.
2. « En cas de licenciement, le préavis n'est pas exécuté et le contrat de travail est rompu à la date de notification du licenciement », dern. al.de l'art. L. 1226-4 C. trav.
3. Soc. 15 nov. 1990, *Bull. civ.* V, n° 558.
4. Soc. 7 mai 1986, *JS* 1986, SJ 168.
5. Soc. 9 oct. 2001, *Bull. civ.* V, n° 308 ; *RJS* 12/01 n° 1423 ; 12 mars 1991, *RJS* 4/91, n° 457.

d'une indemnité compensatrice pour toute la période du délai-congé bien que le salarié ait été dans l'impossibilité de fournir sa prestation de travail en raison de la suspension de son permis de conduire ; la justification de la décision est ici encore liée à la cause de l'inexécution du préavis ; celle-ci n'est pas la suspension du permis de conduire mais la décision de l'employeur de priver le salarié du délai-congé [1]. Cette solution, qui a été dégagée par la Cour de cassation dans les cas où l'employeur était responsable d'une inexécution fautive du préavis, est désormais appliquée également dans les cas de dispense de préavis par l'employeur [2].

Exceptionnellement, l'employeur n'aura pas à payer une indemnité compensatrice correspondant à l'intégralité des salaires et avantages que le salarié aurait reçu s'il avait exécuté le préavis ; il s'agit de la situation où le salarié malade pendant le préavis perçoit des indemnités journalières de la sécurité sociale et éventuellement des indemnités complémentaires au titre d'un régime de prévoyance ; le salarié ne pouvant, pour une même période, cumuler des indemnités compensant les pertes de salaire pendant sa maladie et une indemnité compensant la perte de ces mêmes salaires du fait de l'inexécution du préavis, l'employeur est fondé à déduire les indemnités versées par la sécurité sociale et les régimes de prévoyance de l'indemnité compensatrice de préavis [3]. Il en va différemment lorsqu'il s'agit du paiement de l'indemnité prévue à l'article L. 1226-14 du Code du travail (C. trav., anc. art. L. 122-326) [4], qui a un montant égal à l'indemnité de préavis mais une nature juridique différente [5].

564 ***Inobservation du préavis par le salarié*** ◊ Le salarié licencié, comme le salarié démissionnaire, doit un préavis à l'employeur, le délai-congé étant, comme nous l'avons signalé, à la fois un droit et une obligation.

Le salarié qui refuse de fournir sa prestation de travail pendant le délai-congé alors qu'il n'a pas été dispensé d'exécuter son obligation sera condamné à verser à l'employeur une indemnité égale aux salaires qu'il aurait reçus s'il avait continué à travailler jusqu'à l'expiration du préavis [6]. Cette indemnité qui est calculée sur le salaire brut du travailleur [7] a un caractère forfaitaire ; elle est due quelle que soit l'importance du préjudice subi par l'employeur [8]. Ces solutions, qui ne reposent sur aucun texte, sont difficiles à justifier. Habituellement, celui qui engage sa responsabilité contractuelle doit, à défaut de texte spécial, réparer le préjudice subi par l'autre contractant et seulement ce préjudice.

1. Soc. 12 mars 1991, *RJS* 4/91, n° 457. Même solution et même raisonnement lorsque le salarié ne peut pas travailler pendant le préavis en raison d'une incarcération (Soc. 8 févr. 2000, *RJS* 3/00, n° 273).

2. Soc. 15 déc. 1993, *RJS* 1/94, n° 27.

3. Soc. 3 mars 1994, *RJS* 4/94, n° 401 ; 27 nov. 1991, *Bull. civ.* V, n° 532.

4. Soc. 18 mai 1999, *RJS* 6/99, n° 812.

5. Soc. 15 juin 1999, *RJS* 8-9/99, n° 1052.

6. Soc 22 janv. 1992, *JS UIMM* 1992. 325 ; 29 mars 1995, *RJS* 5/95, n° 506 ; 26 mai 1998, *RJS* 7/98, n° 831.

7. Soc 18 déc. 1986, *Cah. prud'h.* 1987, n° 3, p. 44.

8. Soc 17 avr. 1991, *CSB* 1991, A 55 ; 9 mai 1990, *Cah. prud'h.* 1991, n° 10, p. 199.

CHAPITRE 2
RÈGLEMENT DES COMPTES

565 La rupture du contrat de travail s'accompagne le plus souvent du paiement par l'employeur de sommes diverses au profit du salarié (Section 1). En recevant les sommes qui lui sont dues, le salarié signe un « reçu pour solde de tout compte » (Section 2). Pour éviter un contentieux auquel le reçu pour solde de tout compte ne fait pas échec, l'employeur et le salarié concluent fréquemment une transaction (Section 3).

SECTION 1. SOMMES DUES PAR L'EMPLOYEUR

566 Le salarié, comme l'employeur, peut se trouver débiteur lors d'une rupture de contrat de travail. Ce sera le cas lorsqu'il y a rupture anticipée d'un contrat de travail à durée déterminée, violation des règles du préavis de démission ou de licenciement, démission abusive. Ces hypothèses ont déjà été étudiées.

Les obligations qui pèsent sur l'employeur sont plus lourdes et plus variées. Outre les indemnités de rupture anticipée de contrat de travail à durée déterminée, les indemnités de licenciement sans cause réelle et sérieuse et de licenciement abusif, les indemnités de préavis, les indemnités de mise à la retraite ou de départ à la retraite qui ont fait l'objet de précédents développements, l'employeur peut être débiteur d'une indemnité légale de licenciement (§ 1) ou d'une indemnité conventionnelle de licenciement (§ 2).

§ 1. Indemnité légale de licenciement

567 ***Textes applicables*** ◊ Une ordonnance du 13 juillet 1967 a créé une indemnité légale minimale de licenciement au profit du salarié comptant deux ans d'ancienneté ininterrompue, à défaut de convention collective plus favorable applicable au salarié. La réforme de 1973 sur le licenciement n'a pas modifié les solutions antérieures, sauf en ce qui concerne le montant de l'indemnité (Décr. du 19 sept. 1974). L'accord national interprofessionnel de mensualisation a légèrement majoré l'indemnité minimum. La loi du 17 janvier 2002 décide que le taux de l'indemnité est différent selon que le licenciement est notifié pour un motif personnel ou pour un motif économique. La loi du 25 juin 2008 portant modernisation du marché du travail supprime cette distinction et modifie les conditions d'attribution de cette indemnité (C. trav., art. L. 1234-9 s.).

568 ***Nature juridique*** ◊ La Cour de cassation estime depuis longtemps que l'indemnité de licenciement n'est pas la contrepartie d'un travail fourni et ne *constitue donc pas un salaire* ; elle en déduit qu'elle n'est pas passible de cotisations de sécurité sociale [1], qu'elle n'est pas soumise à la prescription du salaire [2], ni aux règles spéciales de compensation [3], qu'elle se cumule avec les allocations chômage [4].

L'autorité administrative fait la même analyse : d'un point de vue fiscal, l'indemnité *légale* de licenciement n'est pas imposable.

569 ***Conditions d'octroi*** ◊ **a)** La doctrine dominante affirme que l'indemnité dite de « licenciement », contrepartie du droit de résiliation unilatérale de l'employeur, n'est due qu'en matière de contrat à durée indéterminée. Cette solution déjà expressément consacrée par la loi du 13 juillet 1973 relative au contrat à durée indéterminée, s'est trouvée confirmée par les lois successives concernant le contrat à durée déterminée. Le salarié, titulaire d'un contrat à durée déterminée, a droit, au moins en certaines circonstances, à une autre indemnité, appelée indemnité de fin de contrat (v. ss 339).

b) Comme son nom même l'indique, et conformément à son but, l'indemnité n'est accordée qu'en cas de *licenciement* et non de démission volontaire du travailleur, ou de rupture par la force majeure. Mais des indemnités dites de départ, très comparables, sont versées pour inciter au départ volontaire, ou à l'occasion d'une mise à la retraite.

c) La loi subordonne l'octroi de l'indemnité de licenciement à une ancienneté ininterrompue [5] minimale d'une année [6] au service du même employeur. Le droit à l'indemnité de licenciement naissant à la date où le congédiement est notifié [7], l'ancienneté est appréciée à cette date [8].

d) Le salarié sera privé de l'indemnité de licenciement lorsqu'il a commis une faute grave (ou *a fortiori* une faute lourde) avant la notification du licenciement [9].

1. Soc. 27 nov. 1985, *Bull. civ.* V, n° 564 ; 4 mai 1988, *Dr. soc.* 1989. 132 ; 9 nov. 1989, *Bull. civ.* V, 657, *JS UIMM*, 90/523, p. 34.

2. Soc. 20 oct. 1988, *Dr. soc.* 1989. 132 ; 11 déc. 1991, *Cah. prud'h.* 1992. 85.

3. Soc. 23 juin 1988, *Dr. soc.* 1989. 131.

4. Soc. 6 mai 1982, *Bull. civ.* V, n° 290.

5. La suspension du contrat entraînée par une maladie, un accident, une grève, un chômage saisonnier n'interrompt pas l'ancienneté du salarié ; en revanche, la période de suspension n'est pas, sauf exception légale, prise en compte pour le calcul de l'ancienneté (Soc. 10 févr. 1999, *Bull. civ.* V, n° 64) ; parmi les exceptions légales, on peut citer la durée du congé maternité, l'arrêt à la suite d'un accident du travail ou à une maladie professionnelle, le congé de formation économique, sociale et syndicale… La durée du congé annuel payé est prise en compte dans le calcul de l'ancienneté car elle est assimilée à une période de travail effectif.

6. C. trav., art. L. 1234-9 mod. par L. du 25 juin 2008.

7. Soc. 26 oct. 1999, *RJS* 12/99, n° 1459.

8. Soc. 25 nov. 1997, *Dr. soc.* 1998. 84, obs. J. Savatier.

9. La faute grave commise pendant le préavis (Soc. 3 juill. 1990, *Bull. civ.* V, n° 333) ou révélée après la notification du licenciement (et commise avant celle-ci) (Soc. 7 mars 1990, *RJS* 4/90, n° 292, *CSB* 1990 A 28) n'entraîne pas la perte du droit à l'indemnité de licenciement.

La faute grave, privative de l'indemnité de licenciement [1], a la même nature et revêt les mêmes formes que la faute grave privative de préavis.

570 ***Montant de l'indemnité*** ◊ Il est établi en fonction :

a) Du *salaire* réel global, accessoires compris [2] ; la loi précise que l'indemnité est calculée en fonction de la rémunération *brute* (C. trav., art. L. 1234-9) et la partie réglementaire du code précise que le salaire servant de base de calcul est le douzième de la rémunération des douze derniers mois précédant le licenciement [3].

b) Du nombre d'années d'*ancienneté* dans l'entreprise [4]. Comme le précise l'article L. 1234-11, les diverses causes de suspension du contrat ne rompent pas l'ancienneté, mais la période de suspension n'entre pas en compte pour la détermination de la durée d'ancienneté [5]. L'indemnité de licenciement ne peut être inférieure à un cinquième de mois d'ancienneté, auquel s'ajoutent deux quinzièmes de mois par année au-delà de dix ans d'ancienneté [6]. Lorsque l'ancienneté ne correspond pas à un nombre exact d'années, l'année incomplète d'ancienneté donne droit à une fraction d'indemnité de licenciement, proportionnelle au nombre de mois d'ancienneté.

c) De la profession exercée. Si l'ensemble des salariés bénéficient des montants modifiés plus haut, les journalistes jouissent d'un avantage considérable par rapport aux autres professionnels. L'indemnité qui leur est due en cas de licenciement ne peut être inférieure à la somme représentant un mois des derniers appointements, par année ou fraction d'année de collaboration [7].

§ 2. Indemnité conventionnelle ou contractuelle de licenciement

571 ***Licéité des clauses plus favorables au salarié*** ◊ La convention collective ou le contrat individuel de travail peut prévoir, au profit du salarié, une indemnité de licenciement dont les conditions d'attribution sont moins rigoureuses que celles fixées par la loi ou dont le montant est plus élevé que celui de l'indemnité légale.

---

1. La convention collective ou le contrat individuel de travail peut valablement prévoir que le salarié a droit à l'indemnité de licenciement, même en cas de faute grave (Soc. 4 juill. 1990, *CSBP* 1990, n° 22, p. 193, A 45).

2. Soc. 16 févr. 1989, *RJS* 3/89, n° 221 ; Paris, 10 déc. 1992, *RJS* 2/93, n° 226.

3. Ou, selon la formule la plus avantageuse pour le salarié, le tiers des trois derniers mois (C. trav., art. R. 1234-4).

4. C'est au terme du préavis, exécuté ou non, qu'il convient de se placer pour apprécier l'ancienneté du salarié à l'effet de déterminer le montant de l'indemnité de licenciement : Soc. 25 nov. 1997, *RJS* 1/98, n° 30.

5. À l'exception des cas où la loi en dispose autrement comme pour les arrêts de travail dus à une maladie professionnelle ou à un accident du travail, le congé maternité, le congé de formation économique, sociale et syndicale, le congé de formation professionnelle.

6. C. trav., art. R. 1234-2.

7. C. trav., art. L. 7112-3 ; le maximum des mensualités est fixé à quinze.

En particulier, la convention collective ou le contrat individuel peut abréger la condition d'ancienneté ouvrant droit à l'indemnité de licenciement ou prévoir que l'indemnité de licenciement sera due au salarié même dans les cas où celui-ci a commis une faute grave [1].

La convention collective ou le contrat individuel de travail peut également fixer un taux plus élevé que le taux fixé par la loi pour déterminer le montant de l'indemnité de licenciement. Souvent les conventions collectives prévoient des taux de plus en plus élevés au fur et à mesure que l'ancienneté du salarié devient plus importante [2].

Ces clauses conventionnelles ou contractuelles sont licites dans la mesure où elles sont plus avantageuses pour le salarié que les dispositions légales. Leur licéité pourrait cependant être contestée lorsqu'elles ont pour effet de priver l'employeur de son droit de licencier [3].

572 ***Nature de l'indemnité*** ◊ L'indemnité conventionnelle ou contractuelle de licenciement est considérée, à de nombreux égards, comme une indemnité n'ayant pas de caractère salarial. Elle est, comme l'indemnité légale de licenciement, saisissable et cessible en totalité ; elle n'est pas soumise à la prescription quinquennale des salaires ; elle ne bénéficie pas du superprivilège de l'article L. 3253-1 du Code du travail ; les juges peuvent accorder à l'employeur des délais pour le paiement de cette indemnité.

En revanche, à la différence de l'indemnité légale, l'indemnité conventionnelle et surtout l'indemnité contractuelle de licenciement peuvent être assujetties et à l'impôt et à cotisations de sécurité sociale.

573 ***Révision de l'indemnité*** ◊ À cet égard, il convient de distinguer l'indemnité contractuelle de l'indemnité conventionnelle.

---

1. Soc. 4 juill. 1990, *Bull. civ.* V, n° 347.

2. L'existence de ce type de clauses soulève une difficulté d'interprétation lorsque la clause n'est pas très clairement rédigée ; l'interprète doit déterminer si les différents taux prévus par la convention en fonction de l'ancienneté du salarié correspondent à des tranches d'ancienneté ou à des seuils d'ancienneté. S'il s'agit de taux par tranches, le salarié a droit à une indemnité qui est la somme d'indemnités calculées chacune sur la base d'un taux déterminé correspondant à la période d'ancienneté (5/10 de un à cinq ans, puis 6/10 de six à dix ans…) ; s'il s'agit au contraire d'un seuil d'ancienneté, l'indemnité sera calculée en totalité par application du taux correspondant à l'ancienneté globale acquise (dans l'exemple choisi, le salarié qui a huit ans d'ancienneté aura une indemnité égale à 6/10 de rémunération mensuelle multipliée par huit). Les juges sont fréquemment saisis de ce type de difficulté ; ils se reportent aux termes précis utilisés dans la convention.

3. La jurisprudence de la Cour de cassation n'est pas en ce sens, s'agissant de l'indemnité contractuelle de licenciement. Dans un arrêt en date du 5 mars 2014, la Cour de cassation a, en effet, décidé, que viole les articles 1134 et 1152 du Code civil, la cour d'appel qui, pour annuler une indemnité contractuelle de licenciement, retient qu'elle annihile le droit de l'employeur de rompre unilatéralement le contrat de travail sans caractériser en quoi cette indemnité contractuelle, qu'elle avait le pouvoir de réduire, même d'office, si elle présentait un caractère manifestement excessif, était de nature à faire échec au droit de licenciement reconnu par l'employeur : Soc. 5 mars 2014, n° 12-23.106, *Dr. soc.* 2014. 481, obs. J. Mouly. Les juges ne pouvant réduire le montant de l'indemnité de licenciement fixée par une norme conventionnelle, alors même qu'elle serait excessive, il reste, en ce cas, une place pour la nullité de la clause.

Lorsque l'indemnité de licenciement est fixée par la convention collective, les juges ne peuvent pas réduire le montant de celle-ci au motif qu'ils la trouveraient excessive [1].

Ils peuvent en revanche réduire le montant d'une indemnité contractuelle de licenciement lorsqu'ils la trouvent excessive au regard du préjudice subi par le salarié [2]. Les juges se reconnaissent le pouvoir de réduire l'indemnité contractuelle de licenciement en invoquant l'article 1152 du Code civil relatif aux clauses pénales. Cette interprétation est discutable : la clause pénale est celle qui prévoit une certaine somme à titre de dommages-intérêts lorsque l'un des contractants ne respecte pas ses engagements contractuels ; en la circonstance, l'employeur qui licencie un salarié ne viole pas ses engagements contractuels ; il exerce un droit qui est inhérent au contrat de travail à durée indéterminée et verse une indemnité qui est prévue par le contrat dans ce type de situation.

SECTION 2. **REÇU POUR SOLDE DE TOUT COMPTE** [3]

574 ***Considérations générales*** ◇ Le reçu pour solde de tout compte se présente habituellement comme un relevé des sommes versées par l'employeur au moment où cesse le contrat de travail. Comme reçu, il a d'abord une fonction probatoire. En signant ce document, le salarié reconnaît que l'employeur lui a versé une certaine somme d'argent en paiement de dettes mentionnées dans l'acte.

Le reçu pour solde de tout compte a également eu une autre fonction, qui était d'ailleurs principale. En reconnaissant que le reçu « solde tous les comptes » entre lui et l'employeur, le salarié admettait que l'employeur ne lui devait plus rien ; en acceptant les sommes que lui proposait l'employeur, le salarié reconnaissait qu'il était rempli de tous ses droits. En d'autres termes, le reçu pour solde de tout compte avait un effet libératoire pour l'employeur. Le salarié ne pouvait plus le poursuivre en justice pour obtenir paiement de telle ou telle somme qui serait due en exécution du contrat

---

1. Soc. 14 mai 1987, *Bull. civ.* V, n° 320 ; 22 févr. 1995, *RJS* 6/95, n° 644.

2. Soc 22 juin 2011, n° 09-68.762, *RJS* 10/11, n° 788 ; 20 déc. 2006, *RJS* 3/07, n° 332 ; 3 déc. 2002, *RJS* 2/03, n° 185. Cette jurisprudence ne s'applique qu'à l'indemnité de licenciement *stricto sensu* ; l'indemnité versée à l'occasion d'un licenciement pour réparer un préjudice spécifique ne peut faire l'objet d'une modération judiciaire (Soc. 17 oct. 1996, *D.* 1997. 179, note M. Défossez ; v. égal. Soc. 5 mars 1996, CSB 1996. 152, S. 64).

3. Sur le droit du reçu pour solde de tout compte avant la réforme du 17 janv. 2002, dont la connaissance redevient utile après la réforme du 25 juin 2008 : *Droit de l'emploi*, sous la direction de Jean Pélissier, Dalloz action 1999, n° 3041 s. ; J. Savatier : « Le reçu pour solde de tout compte. Chronique de jurisprudence », *Dr. soc.* 1989. 829 ; I. Vacarie : La renonciation du salarié, *Dr. soc.* 1990. 757 ; A. Philbert : « Le reçu pour solde de tout compte. Réflexions sur une évolution jurisprudentielle », *CSB* 1995. 95.

de travail ou en raison de sa rupture. Pour protéger les salariés contre les risques de l'effet libératoire du reçu pour solde de tout compte, le législateur avait prévu d'une part qu'un reçu pour solde de tout compte ne pouvait avoir d'effet libératoire que s'il était établi dans certaines conditions, d'autre part, que le salarié disposait d'un délai de deux mois pour dénoncer le reçu. Si le salarié exerçait ce droit de dénonciation dans le délai prévu par la réglementation, le reçu pour solde de tout compte était privé de son effet libératoire.

575 ***Suppression et rétablissement de l'effet libératoire*** ◊ Les salariés supportaient mal de voir leurs demandes en paiement d'indemnités ou d'arriérés de salaires déclarées irrecevables au motif qu'ils avaient signé un reçu pour solde de tout compte et qu'ils ne l'avaient pas dénoncé dans les conditions exigées par la loi. Un contentieux abondant était né sur la validité du reçu, sur celle de sa dénonciation et sur la portée de l'effet libératoire.

La loi de modernisation sociale du 17 janvier 2002 a supprimé l'effet libératoire du reçu pour solde de tout compte et modifié profondément l'article L. 1234-20 du Code du travail. Le reçu n'ayant que la valeur d'un simple reçu des sommes qui y figurent, le formalisme de l'établissement du reçu a été simplifié.

La loi du 25 juin 2008 portant modernisation du marché du travail a rétabli le caractère libératoire du reçu pour solde de tout compte sans restaurer le formalisme antérieur. Si le reçu pour solde de tout compte n'est pas dénoncé dans les six mois qui suivent sa signature, il devient libératoire pour l'employeur, mais uniquement pour les sommes qui y sont mentionnées (art. L. 1234-20 al. 2). L'alinéa 1er de ce texte précisant, par ailleurs, que le reçu doit faire « l'inventaire des sommes versées au salarié lors de la rupture du contrat », la Cour de cassation a, à très juste titre, décidé que « le reçu pour solde de tout compte n'a d'effet libératoire que pour les seules sommes qui y sont mentionnées, peu important le fait qu'il soit, par ailleurs, rédigé en des termes généraux » [1].

SECTION 3. **LA TRANSACTION**

576 Si le Code du travail réglemente de façon précise le reçu pour solde de tout compte, il ne contient aucune disposition relative à la transaction [2].

---

1. Soc. 18 déc. 2013, n° 12-24.985, *Dr. Soc.* 2014. 176, obs. J. Mouly. Cette décision reprend, tout en la généralisant, une solution retenue dans un arrêt de 1998, dans lequel la Cour de cassation avait considéré que le reçu pour solde de tout compte, même rédigé en termes généraux, ne fait pas obstacle à l'action en dommages-intérêts pour absence de cause réelle et sérieuse : Soc. 30 juin 1998, n° 96-40.394, *Bull. civ.* V, n° 352.

2. J. M. Sportouch, Transaction, rupture amiable et chronologie, *in Mélanges J. Pélissier*, Dalloz, 2004, p. 511 s. ; *Grands arrêts*, 4e éd., n° 119-121 ; A. Jeammaud, Retour sur une transaction en quête de stabilité, *Dr. soc.* 1999. 351 ; J. Savatier, Résiliation amiable du contrat de travail

Le Code civil définit en revanche la transaction : « un contrat par lequel les parties terminent une contestation née ou préviennent une contestation à naître » (C. civ., art. 2044). Et il en détermine les effets : « les transactions ont, entre les parties, l'autorité de la chose jugée en dernier ressort (C. civ., art. 2052) ».

Les juges du travail auraient pu déduire de la réglementation du reçu pour solde de tout compte la nullité des transactions négociées lors de la rupture d'un contrat de travail. C'est au contraire le principe de la licéité des transactions qui a été affirmé par la Cour de cassation (§ 1). Celles-ci vont produire leurs effets très particuliers, en droit du travail (§ 2).

§ 1. **Licéité des transactions**

577 ***Licéité de principe*** ◊ La législation relative au reçu pour solde de tout compte, telle qu'elle existait avant la réforme du 17 janvier 2002, aurait pu inciter les juges à déclarer illicites les transactions conclues lors de l'échéance ou de la rupture du contrat de travail. Cette législation avait, en effet, pour but de protéger le salarié contre les engagements intempestifs que l'employeur l'incitait à prendre lors de la cessation du contrat de travail afin de percevoir rapidement l'indemnité qui lui était proposée. Puisque le législateur voulait protéger le salarié contre lui-même et l'empêcher de renoncer trop rapidement à des droits qu'il ne connaît pas toujours bien, il aurait été logique de conclure à l'illicéité d'une transaction, conclue dès la rupture du contrat de travail ou même avant celle-ci, par laquelle le salarié renonce définitivement à réclamer en justice le respect de ses droits contractuels, conventionnels et légaux.

La Cour de cassation a cependant écarté cette solution. Dans un arrêt rendu le 18 mai 1953, elle a posé le principe de la licéité des transactions conclues lors de la rupture d'un contrat de travail [1]. Depuis cette date, elle a toujours confirmé sa position.

578 ***Date de conclusion*** ◊ Les juges se montrent cependant de plus en plus rigoureux pour admettre que les conditions de validité de la transaction sont réunies.

La transaction ayant pour objet de mettre fin au litige résultant d'un licenciement, elle ne peut valablement être conclue qu'une fois la rupture intervenue et définitive [2]. Et la Cour de cassation précise que la rupture

---

et transaction, *Dr. soc.* 1996. 687 ; H. Blaise, « Rupture amiable et transaction », *Dr. soc.* 1996. 33 ; *D.* Corrignan-Corsin, « La transaction », *RJS* 1996. 407 ; J. Pélissier, « Les accords de rupture du contrat de travail », *Dr. soc.* 1987. 479 s., spéc. 481 s. ; I. Vacarie, La renonciation du salarié, *Dr. soc.* 1990. 757 s. ; Arseguel et Isoux, La transaction : ses effets au regard de l'indemnisation du chômage, *Dr. soc.* 1991. 438 s. ; *ibid.* 1993. 152, note Ph. Waquet.

1. Soc. 18 mai 1953, *Dr. soc.* 1953. 602.

2. Soc. 1 juill. 2009, n° 08-43.179 ; 29 mai 1996, *D.* 1997. 49, note J. P. Chazal ; *Dr. soc.* 1996. 689, note J. Savatier ; *Grands arrêts*, 4ᵉ éd., n° 120 : l'accord conclu par l'employeur et le salarié devient définitive « par la réception, par le salarié, de la lettre de licenciement dans les conditions requises par l'article L. 122-14-1 (C. trav., actuel art. L. 1232-6) du Code du travail » [1].

Cette condition de validité ne résulte pas des règles posées par le Code civil dans les articles L. 2044 et suivants. Elle est une application de l'article L. 1231-4 du Code du travail. Selon ce texte, les parties au contrat de travail ne peuvent pas renoncer par avance au droit de se prévaloir des règles « prévues par le présent titre », en l'occurrence le titre III du Livre II de la première partie du Code du travail relatif à la « rupture du contrat de travail à durée déterminée » [2]. Ne pouvant pas renoncer par avance à ses droits, le salarié ne peut transiger et renoncer à une partie de ses droits résultant du licenciement que lorsque ceux-ci sont nés (c'est-à-dire lorsque le licenciement a été notifié) et lorsque le salarié a une connaissance effective des motifs du licenciement par la réception de la lettre de licenciement prévue à l'article L. 1232-6 du Code du travail [3].

La sanction de cette exigence relative à la date de conclusion de la transaction est une nullité relative instituée dans l'intérêt du salarié [4] ; elle ne peut pas être invoquée par l'employeur. La nullité étant relative, l'action en nullité est prescrite après cinq ans (application C. civ., art. 1304) [5].

En matière de rupture conventionnelle, la Cour de cassation applique des exigences similaires, s'agissant de la date de conclusion de la transaction, sans toutefois les fonder sur l'article L. 1231-4 du Code du travail [6].

avant réception par ce dernier de la lettre de licenciement ne peut être qualifié « transaction » et emporter les effets juridiques de celle-ci ; dans le même sens, Soc. 15 janv. 1997, *Dr. soc.* 1997. 419, obs. J. Pélissier. De façon plus générale, la Cour de cassation considère, avec constance, qu'une transaction ne peut avoir pour objet de mettre fin à un contrat de travail : Soc. 5 déc. 2013, n° 11-15.471, *JCP S* 2013, note D. Chenu.

1. Soc. 21 mars 2000, *Dang Van Nhan, RJS* 5/2000, n° 528 (2e esp.) ; la transaction ne peut donc être valablement conclue qu'après réception par le salarié de la lettre recommandée avec demande d'avis de réception notifiant le licenciement ; Soc. 18 févr. 2003, *Bull. civ.* V, n° 61 ; 14 juin 2006, n° 04-43.123, *Bull. civ.* V, n° 215 ; *RDT* 2006. 172, obs. B. Lardy-Pélissier (nullité de la transaction qui a été signée après la présentation de la lettre recommandée notifiant le licenciement mais avant que cette lettre n'ait été retirée par son destinataire ; la transaction ne peut être valablement conclue par le salarié licencié que lorsqu'il a eu connaissance effective des motifs du licenciement par la réception de la lettre prévue à l'art. L. 122-14-1 C. trav. actuel art. L. 1232-6). La nullité de la transaction est également prononcée bien que celle-ci soit signée après la notification du licenciement dès lors que le projet de transaction avait été reçu avant la notification et qu'il avait été accepté, après celle-ci, sans modification (Soc 8 juin 2011, n° 09-43.221, *Sem. soc. Lamy* 2011, n° 1504, p. 15.

2. Antérieurement à la recodification, le dernier alinéa de l'article L. 122-14-7 se bornait à indiquer que les parties au contrat de travail ne peuvent renoncer par avance au droit de se prévaloir des règles légales en matière de licenciement.

3. Soc. 1 juill. 2009, n° 08-43.179.

4. Soc. 28 mai 2002, *Bull. civ.* V, n° 182. Est en revanche atteinte d'une nullité absolue d'ordre public la transaction conclue avec un représentant du personnel avant la notification du licenciement : Soc. 16 mars 2005, n° 02-45.293, *Bull. civ.* V, n° 98.

5. Soc. 14 janv. 2003, *RJS* 3/03, n° 343.

6. Ce qui aurait pu être admis, compte tenu de la portée nouvelle que la recodification a donnée à ce texte (v. supra).

En effet, dans un important arrêt rendu le 26 mars 2014 [1], la Chambre sociale a décidé qu'un salarié et un employeur ayant signé une convention de rupture ne peuvent valablement conclure une transaction que si celle-ci intervient postérieurement à l'homologation de la rupture conventionnelle par l'autorité administrative ou, s'agissant d'un salarié protégé, postérieurement à la notification aux parties de l'autorisation, par l'inspecteur du travail, de la rupture conventionnelle [2].

579 ***Concessions réciproques*** ◊ L'existence de concessions réciproques est, selon la jurisprudence, une condition de validité de la transaction [3]. Cette solution ne s'imposait pas sur le plan juridique ; l'existence de concessions réciproques est en effet plus un élément de qualification de l'opération contractuelle qu'une condition de validité. En l'absence de concessions réciproques, l'acte juridique ne devrait pas produire les effets spécifiques de la transaction, mais il devrait avoir la force obligatoire d'un contrat. Celui-ci n'est en effet affecté d'aucune cause de nullité, retenue habituellement en droit contractuel. En décidant que le contrat est nul au lieu de simplement lui retirer la qualification de transaction, la Cour de cassation facilite la tâche du salarié qui est automatiquement délié de toutes les obligations qu'il a pu contracter.

L'existence de concessions réciproques ne résulte pas des seules affirmations des parties à l'acte. Les juges peuvent se fonder sur les faits invoqués dans la transaction pour conclure à l'absence de concessions réciproques et rejeter la qualification transaction. Par exemple, en constatant que le motif de licenciement avancé par l'employeur est l'insuffisance professionnelle du salarié, ils relèveront que le licenciement n'est pas un licenciement pour faute grave et que l'employeur doit normalement au salarié l'indemnité de licenciement et un préavis. Si la convention des parties oblige l'employeur à verser au salarié une somme inférieure au montant cumulé de l'indemnité de licenciement et de l'indemnité de préavis, il apparaît que l'employeur n'a fait aucune concession et que la transaction n'est pas valable [4].

---

1. Soc. 26 mars 2014, n° 12-21.136, *JCP S* 2014. 1137, note G. Loiseau ; *RDT* 2014. 330, note G. Auzero. Antérieurement, la Cour de cassation avait décidé qu'une clause de renonciation à tout recours contenue dans une convention de rupture conclue en application de l'article L. 1237-14 du Code du travail doit être réputée non écrite, comme contraire à l'article L. 1237-11 du même code, sans qu'en soit affectée la validité de la convention elle-même : Soc. 26 juin 2013, n° 12-15.208, *RDT* 2013. 555, note G. Auzero.

2. Il résulte de cette même décision que la transaction n'est valable que si elle a pour objet de régler un différend relatif non pas à la rupture du contrat de travail, mais à son exécution sur des éléments non compris dans la convention de rupture.

3. Soc. 27 mars 1996, *Grands arrêts*, 4ᵉ éd., n° 119, *Bull. civ.* V, n° 124 ; *RJS* 5/96, n° 541 ; 20 juin 1995, *Bull. civ.* V, n° 201.

4. Soc. 27 mars 1996, préc. ; 6 avr. 1999, *RJS* 5/99, n° 662. De la même façon, si les juges constatent que la lettre de licenciement ne mentionne aucun motif de licenciement, ils doivent en conclure que le licenciement est sans cause réelle et sérieuse et que l'employeur n'a fait aucune concession, l'indemnité transactionnelle à sa charge étant inférieure à l'indemnité

Tirant les conséquences de cette jurisprudence, la Cour de cassation décide qu'une transaction portant sur l'imputabilité de la rupture du contrat de travail est nulle [1]. Pour savoir si une transaction est valable, il faut d'abord déterminer quels sont les droits des parties à l'acte afin de vérifier si celles-ci ont fait des concessions par rapport à leurs droits. Ces droits découlant de l'imputabilité de la rupture, il est impossible de les déterminer lorsque celle-ci n'est pas définie. Puisqu'il est impossible de vérifier l'existence de concessions réciproques, la transaction est déclarée nulle [2].

Si la réciprocité des concessions est une condition de validité de la transaction, il n'est pas nécessaire que ces concessions soient de même importance. Bien que les concessions de l'employeur et du salarié soient de valeur inégale, la transaction est valable [3]. Les juges peuvent cependant annuler une transaction au motif que la concession faite par une partie était très faible [4] ou n'était pas « appréciable » [5].

580 ***Autres conditions de validité*** ◊ Les conditions générales de validité des actes juridiques sont en principe applicables à la transaction.

La transaction est annulée en l'absence d'un objet certain [6]. Elle peut, en revanche, porter sur des droits ayant un caractère d'ordre public lorsque ces droits sont déjà nés [7].

Si la transaction ne peut pas être attaquée pour cause d'erreur de droit [8] ni pour cause de lésion (C. civ., art. 2053), elle est assez souvent annulée

---

légale sanctionnant le défaut de cause réelle et sérieuse : la « transaction » est nulle (Soc. 13 oct. 1999, *RJS* 11/99, n° 1373 ; 23 janv. 2001, *RJS* 4/01, n° 440 ; 3 avr. 2013, n° 11-28.812, inédit). Jugé également que le fait pour un employeur de dispenser le salarié qu'il licencie de l'exécution d'un préavis, sans pour autant lui verser d'indemnité compensatrice, ne constitue pas, de sa part et à lui seul, une concession de nature à rendre valable la transaction (Soc. 23 avr. 1997, n° 1689 D, *RJS* 6/97, n° 689).

1. Soc. 16 juill. 1997, *Dr. soc.* 1997. 977, obs. G. Couturier.

2. Cette nullité des transactions portant sur l'imputabilité de la rupture constitue une limite importante à la pratique des transactions à l'occasion des ruptures de contrat de travail. Il n'est pas rare, en effet, que les litiges portent d'abord sur la qualification de la rupture, l'employeur considérant que le salarié a démissionné, le salarié estimant que la rupture est un licenciement. L'éventualité de ces litiges est devenue de plus en plus fréquente depuis que la distinction entre la modification du contrat et le changement des conditions de travail entraîne des qualifications opposées de la rupture en cas de refus du salarié.

3. Soc. 13 mai 1992, *D.* 1992. IR 171 ; 17 mars 1982, *JS* 1982, n° 48, F 40.

4. Civ. 4 mai 1976, *Bull. civ.* I, n° 157.

5. Soc. 19 févr. 1997, *RJS* 4/97, n° 410.

6. Soc. 18 mai 1999, *RJS* 7/99, n° 917.

7. Soc. 3 juin 1981, *Bull. civ.* V, n° 520 : un délégué syndical peut valablement renoncer à ses droits après qu'ils aient pris naissance « nonobstant le caractère d'ordre public des règles relatives au licenciement pour cause économique ou d'un délégué syndical » ; Crim. 4 févr. 1992, *RJS* 10/92, n° 1129. Mais la transaction conclue avant le licenciement d'une personne protégée est nulle (Soc. 2 déc. 1992, *Dr. soc.* 1993. 155) ; de même la transaction conclue immédiatement après la notification de licenciement pour être annulée lorsqu'il apparaît que l'employeur a organisé la rupture du contrat de travail en dehors du cadre légal (Soc. 1er juin 1994, *RJS* 7/94, n° 880).

8. La Cour de cassation a une conception étroite de l'erreur de droit : la méconnaissance d'un revirement jurisprudentiel n'est pas une erreur de droit : Soc. 24 nov. 1998, *RJS* 2/99, n° 197.

pour absence de consentement du salarié [1]. La transaction signée par le salarié pour bénéficier des droits prévus par la convention collective est sans effet [2].

581 ***Conséquence de la nullité*** ◊ La transaction nulle ne fait plus obstacle aux réclamations présentées en justice par le salarié. La nullité a-t-elle également pour effet d'obliger le salarié à rembourser les sommes qu'il a perçues en application de la transaction ? L'adage « *nemo auditur propriam turpitudinem allegans* » n'interdit-il pas à l'employeur, qui s'est rendu l'auteur d'une fraude lors de la conclusion de la transaction, d'exiger la restitution des sommes versées ? La Cour de cassation donne une réponse négative à cette question ; tout en retenant le caractère frauduleux des licenciements et la mauvaise foi de l'employeur dans les négociations qui les ont suivis, les juges qui annulent la transaction peuvent condamner les salariés à restituer les sommes reçues en exécution de la transaction [3].

§ 2. Effets des transactions

582 ***Autorité de la chose jugée*** ◊ « Les transactions ont, entre les parties, l'autorité de la chose jugée en dernier ressort » (C. civ., art. 2052) [4]. Elles ont, comme les décisions de justice rendues en dernier ressort, un caractère définitif.

Elles rendent irrecevables les demandes en justice. L'irrecevabilité des demandes en justice n'a cependant pas un caractère général ; elle est limitée à l'objet de la transaction [5]. La chambre sociale de la Cour de cassation a voulu limiter la portée des transactions en décidant que seules les questions se rattachant au litige à l'origine de la transaction ne pouvaient pas

---

1. Soc. 14 janv. 1997, *CSB* 1997. 122 ; 11 févr. 1997, *RJS* 6/97, n° 690.
2. Soc. 5 avr. 2005 n° 04-44.626, *Dr. soc.* 2005. 701, note G. Couturier ; 12 juill. 2010, n° 08-44.96, *JCP S* 2011. 1012, note A. Martinon.
3. Soc. 10 nov. 2009, n° 08-43. 805, *Bull. civ.* V, n° 251. La Cour de cassation justifie sa solution au motif que si l'acte de l'employeur est frauduleux, il ne procède pas d'une cause immorale. C'est consacrer la distinction entre la cause illicite et la cause immorale pour n'appliquer l'adage que lorsque la cause de l'acte est à la fois illicite et immoral ; c'est du même coup ouvrir le débat pour déterminer où commence l'immoralité.
4. Il a été jugé que si l'effet relatif des contrats interdit aux tiers de se prévaloir de l'autorité d'une transaction à laquelle ils ne sont pas intervenus, ces mêmes tiers peuvent néanmoins invoquer la renonciation à un droit que renferme cette transaction : Soc. 14 mai 2008, n° 07-40.946, *RDT* 2008. 450, note G. Auzero ; 20 nov. 2013, n° 10-28.582, *Lexbase Hebdo, éd. Sociale*, n° 550, note Ch. Radé. Comp., Soc. 25 sept. 2013, n° 12-20.256, *Dr. soc.* 2014. 79, obs. A. Mazeaud.
5. Les demandes en justice sont recevables si la question soulevée n'a pas fait explicitement ou implicitement l'objet de la transaction. Les juges peuvent donc être appelés à interpréter le contenu de la transaction ; en fonction de l'interprétation plus ou moins large donnée à l'objet de celle-ci, ils peuvent déclarer recevable ou irrecevable la demande présentée par l'une ou l'autre des parties. Il n'est pas rare que la portée de l'objet de la transaction soit soulevée à propos de l'exécution des clauses de non-concurrence (Soc. 12 oct. 1994, *RJS* 11/94, n° 1263 ; 11 mai 1994, *RJS* 6/94, n° 695 ; 30 janv. 1996, *RJS* 3/96, n° 278).

faire l'objet d'une demande en justice [1]. Elle n'a pas été suivie par la Cour de cassation statuant en Assemblée Plénière : lorsque le salarié renonce dans la transaction à toutes réclamations, de quelque nature qu'elles soient, relatives à l'exécution ou à la rupture du contrat de travail, toute demande en justice concernant l'exécution ou la rupture du contrat est irrecevable alors même que la transaction avait été conclue pour régler un litige particulier concernant le paiement d'une indemnité compensatrice d'une obligation de non-concurrence [2]. La Chambre sociale de la Cour de cassation continue cependant à limiter la portée des transactions : « il résulte de l'article 2048 du Code civil que les transactions se referment dans leur objet et que la renonciation qui y est faite à tous droits, actions et prétentions, s'entend de ce qui est relatif au différend qui y a donné lieu » [3].

Par ailleurs, la transaction, qui est un contrat, peut, comme tout contrat, faire l'objet d'une résolution judiciaire lorsque l'une des parties n'exécute pas ses obligations [4] ou d'une annulation lorsque l'une des conditions de validité fait défaut.

583 ***Indemnité transactionnelle*** ◊ En signant une transaction lors de la rupture du contrat de travail, le salarié abandonne habituellement l'ensemble de ses droits et obtient, en contrepartie, une indemnité versée par l'employeur.

Lorsque la transaction fixe une indemnité globale et forfaitaire [5] en vue de mettre fin à toutes les contestations concernant la rupture du contrat, les juges décident que cette indemnité ne doit pas être incluse dans l'assiette des cotisations de sécurité sociale [6] ; il en est ainsi même lorsque l'indemnité transactionnelle de licenciement est supérieure à l'indemnité de licenciement prévue par la loi ou par la convention collective [7]. Dans quelques situations cependant, l'indemnité transactionnelle sera, pour partie, soumise aux cotisations sociales [8].

---

1. Soc. 22 janv. 1992, n° 88-44.927.

2. Cass., ass. plén., 4 juill. 1997, *D.* 1998. 101, note *D.* Boulmier ; *Grands arrêts*, 4e éd., n° 121 ; *Dr. soc.* 1997. 978, obs. G. Couturier ; *RJS* 10/97, n° 1090.

3. Soc. 2 déc. 2009 n° 08– 41.665, *Bull. civ.* V, n° 274 : la transaction conclue entre les parties avait pour seul objet de fixer le montant du préjudice subi par le salarié résultant de la rupture de son contrat de travail, la cour d'appel pouvait en déduire que la demande du salarié portant sur un complément d'indemnité conventionnelle de licenciement était recevable.

4. Soc. 7 juin 1989, *RJS* 7/89, n° 589 ; 30 janv. 1996, *Sem. soc. Lamy* 1996, n° 781, p. 16.

5. Lorsque la transaction présente un compte détaillé des indemnités, les indemnités compensatrices de préavis et de congés payés sont assujetties à cotisation (Soc. 9 mai 1979, *Bull. civ.* V, p. 287 ; 8 févr. 1989, *Bull. civ.* V, p. 63).

6. Soc. 28 avr. 1986, *JS* 1986, F. 54 ; 8 févr. 1989, *D.* 1990. 339, note Y. Saint-Jours ; *RJS* 3/89, n° 266.

7. Soc. 27 nov. 1985, *JCP E* 1986, n° 14730, note G. Vachet ; 10 févr. 1994, *RJS* 7/94, n° 899).

8. Les juges doivent rechercher si l'indemnité, présentée par les parties comme une indemnité globale et forfaitaire, n'englobe pas des éléments de rémunération soumis à cotisations (Soc. 30 juin 1994, *Dr. soc.* 1994. 809). Mais les juges n'ont que le pouvoir de donner à l'indemnité de transaction la qualification appropriée, en fonction des décisions effectivement adoptées par les parties. Si les parties ont entendu renoncer au préavis, les juges ne peuvent pas assujettir une partie de l'indemnité globale à cotisations sociales au motif que, selon eux, le salarié avait droit à

584 ***Autres obligations*** ◊ Les parties à la transaction peuvent souscrire des obligations très variées l'une vis-à-vis de l'autre. Ce sera par exemple l'obligation contractée par le salarié de ne pas faire concurrence à son ancien employeur pendant une certaine durée ; ce peut être l'obligation pour l'employeur d'adresser une nouvelle lettre de licenciement ne faisant plus apparaître comme motif de licenciement la faute grave ou lourde commise par le salarié.

Lorsque la transaction est licite, une des parties ne peut pas tirer argument à l'encontre de l'autre partie d'une pratique ou d'un acte juridique qui n'est que l'exécution de la transaction [1].

préavis. Si, en raison de son caractère salarial, l'indemnité de préavis est soumise à cotisations, le salarié peut renoncer expressément à la percevoir en tout ou en partie dans le cadre d'un accord transactionnel (Soc. 8 févr. 1989, *Bull. civ.* V, p. 63 ; dans le même sens ; Soc. 2 nov. 1989, *Bull. civ.* V, p. 387 : les parties ayant l'une et l'autre renoncé au préavis sans prévoir d'indemnité, le montant de l'indemnité compensatrice ne peut pas être compris dans le montant global de l'indemnité ; Soc. 14 oct. 1993, *RJS* 11/93, n° 1135 ; 27 févr. 1992, *RJS* 4/92, n° 499).

1. Un salarié licencié à la suite d'une grève ne peut pas utilement prétendre que son licenciement est nul au motif que la lettre de licenciement ne motive pas celui-ci par une faute lourde lorsque, après une première notification du licenciement pour faute lourde, la transaction prévoyait que l'employeur enverrait une nouvelle lettre de licenciement sans évoquer la faute lourde des grévistes afin que ceux-ci retrouvent plus facilement un emploi (Soc. 16 févr. 1994, *RJS* 7/94, n° 895).

CHAPITRE 3
ATTESTATIONS DÉLIVRÉES PAR L'EMPLOYEUR

SECTION 1. LE CERTIFICAT DE TRAVAIL

585 ***Obligations de délivrance*** ◊ À l'expiration du contrat de travail, l'employeur doit remettre au salarié un certificat de travail. La généralité de la formule employée par l'article L. 1234-19 du Code du travail impose à l'employeur de remettre ce document à tous les salariés au moment où ils quittent l'entreprise, quelle que soit la cause de cessation des relations de travail et quelle qu'ait été la nature du contrat [1].

Le certificat de travail est quérable et non portable. Le salarié doit aller le retirer auprès de l'employeur. Si l'employeur refuse d'établir un certificat de travail, le salarié saisira le Conseil de prud'hommes. Le bureau de conciliation du conseil peut condamner l'employeur sous astreinte à délivrer le certificat [2]. La condamnation de l'employeur vaut mise en demeure et rend le certificat portable [3].

586 ***Contenu du certificat*** ◊ L'article D. 1234-6 du Code du travail précise que le certificat contient *exclusivement* la date d'entrée et de sortie du travailleur [4], la nature de l'emploi, ou, le cas échéant, des emplois successivement occupés [5], ainsi que les périodes pendant lesquelles ces emplois ont été tenus [6].

---

1. Même en cas d'illicéité de la relation de travail, l'employeur est tenu de délivrer ce document (s'agissant d'un travailleur étranger en situation irrégulière, Paris, 6 déc. 1990, *RJS* 1991, n° 262) ; l'employeur a l'obligation de remettre ce document aux ayants droit du salarié décédé (Soc. 20 janv. 1960, *Bull. civ.* IV, n° 61).

2. C. trav., art. R. 1454-14.

3. Soc. 12 nov. 2002, *RJS* 2/03, n° 186 ; 17 janv. 1995, *RJS* 4/95, n° 416.

4. La date d'entrée est celle à partir de laquelle le contrat a commencé à s'exécuter, ce qui inclut donc éventuellement la période d'essai. La date de sortie doit correspondre au moment où le contrat de travail est expiré ; il faut comptabiliser la durée du préavis, que celui-ci ait été ou non exécuté (Soc. 23 juin 1988, *Bull. civ.* V, n° 386).

5. La nature de l'emploi occupé doit être indiquée avec une précision suffisante correspondant aux fonctions qu'exerçait réellement le salarié (Soc. 8 oct. 1992, *Sem. soc. Lamy* 1992, n° 621). Si le salarié a occupé successivement des emplois de nature différente, le certificat de travail devra les mentionner en précisant leurs durées respectives (Soc. 12 juin 1981, *Bull. civ.* V, n° 534).

6. Lorsqu'il y a modification dans la situation juridique de l'employeur, la poursuite du contrat de travail impose au dernier employeur d'établir un certificat unique rendant compte de l'ancienneté totale du salarié. En cas de mutation d'un salarié dans la même entreprise, un certificat de travail unique sera également délivré au salarié au moment où il quitte l'entreprise. Mais, lorsqu'un salarié est employé successivement par des sociétés différentes, le salarié ne

L'employeur ne peut pas imposer au salarié des mentions autres que celles qui sont légalement prévues ; il est en particulier interdit de faire mention d'une clause de non-concurrence, si le salarié n'a pas donné son accord pour que cette mention figure dans le certificat [1].

Assez fréquemment, le certificat indique que le salarié est « libre de tout engagement ». Cette formule ne veut pas dire que le salarié est dispensé d'exécuter un préavis [2] ; elle ne signifie pas non plus que l'employeur a renoncé au bénéfice d'une clause de non-concurrence [3] ou d'une clause de dédit-formation [4]. Elle informe seulement les tiers que les obligations liées à l'exécution du contrat de travail ont pris fin.

SECTION 2. ATTESTATION DESTINÉE AUX ORGANISMES GESTIONNAIRES DE L'ASSURANCE CHÔMAGE

587 ***Objet*** ◇ Au moment de l'expiration ou de la rupture du contrat de travail, l'employeur doit remettre au salarié un document destiné aux organismes gestionnaires de l'assurance chômage.

Ce document sert à attester de la durée de travail accomplie par le salarié lorsqu'il quitte l'entreprise [5] et de la rémunération qui lui était versée. Il doit indiquer le motif de la rupture du contrat de travail (démission, licenciement pour motif économique, licenciement pour motif personnel, prise d'acte de rupture [6]), mais il ne doit pas préciser, quand il s'agit d'un licenciement pour motif personnel, quelle est la cause précise du licenciement [7].

Cette attestation n'est qu'un document de preuve non créateur de droit [8].

588 ***Sanctions*** ◇ Lorsque le salarié n'a pu percevoir les allocations de chômage auxquelles il pouvait normalement prétendre ou si ses allocations ont été d'un montant moindre en raison d'attestations erronées fournies par l'employeur, il pourra obtenir une indemnisation pour le préjudice qu'il a subi [9].

---

peut exiger du dernier employeur qu'il atteste des services accomplis auprès des autres sociétés « quels que fussent les liens économiques existant entre les employeurs successifs » (Soc. 7 févr. 1989, *CSB* 1989. 59).

1. Soc. 4 mars 1992, *RJS* 4/92, n° 442.
2. Soc. 10 nov. 1993, *RJS* 12/93, n° 1199.
3. Soc. 13 déc. 1995, *CSB* n° 78, B 51 ; 25 oct. 1995, *RJS* 1/96, n° 22.
4. Soc. 4 juill. 2001, *RJS* 10/01, n° 1137.
5. Il ne peut donc être délivré qu'à l'issue du préavis si le salarié doit en exécuter un ; il permet au salarié privé d'emploi d'exercer ses droits à percevoir un revenu de remplacement.
6. Soc. 27 sept. 2006, n° 05-40.414, *RDI* 2007. 26, obs. J. P. Domergue.
7. Une présentation tendancieuse de la cause de la rupture peut être considérée comme un abus de droit (Soc. 8 oct. 1992, *RJS* 11/92, n° 1256).
8. Soc. 22 févr. 2000, *RJS* 4/2000, n° 405.
9. Soc. 19 mai 1998, *RJS* 7/98, n° 865 ; 23 juin 1999, *RJS* 10/99, n° 1276.

Lorsque la remise tardive de cette attestation a entraîné un retard dans le paiement des allocations pour le salarié, celui-ci devra être indemnisé pour le préjudice financier dont il a souffert [1].

L'employeur qui ne respecte pas les conditions de délivrance de cette attestation encourt les peines d'amende prévues pour les contraventions de la 5e classe (C. trav., art. R. 5429-1).

1. Soc. 20 janv. 1999, *RJS* 3/99, n° 369 : la remise tardive de l'attestation entraîne nécessairement un préjudice pour le salarié.

TITRE 4

LE DROIT DU CHÔMAGE TOTAL

CHAPITRE 1
CONTEXTES

589 ***Le chômage en France*** ◊ Depuis la crise du milieu des années 1970, le chômage de masse est devenu, en France, un phénomène de société constant [1]. Le marché du travail est resté depuis durablement déséquilibré : l'offre de travail est plus importante que la demande. Il en résulte un taux de chômage important et un taux de sous-emploi plus important encore. Cette situation place les salariés dans une situation de particulière faiblesse. Elle est surtout l'une des causes premières de la montée de la misère, de l'exclusion et des inégalités dans la société actuelle.

Les études statistiques du chômage sont plurielles et controversées [2]. Ceci est dû en partie au caractère très médiatique et très politique du chiffre du chômage. Mais ceci s'explique aussi par la complexité du phénomène, la demande d'emploi recouvrant des situations très diverses [3]. Le BIT a adopté une définition internationale du chômeur, relativement restrictive. Selon cette définition un chômeur est celui qui est à la recherche d'un emploi, est disponible dans les 15 jours pour en occuper un et n'a pas travaillé plus d'une heure au cours de la semaine de référence [4]. Si l'on retient cette définition, le taux de chômage s'établit selon l'INSEE à 10,2 % en France métropolitaine au quatrième trimestre 2012 [5]. À la suite de la crise financière de 2008, ce chiffre a connu une augmentation très rapide [6].

La définition du BIT, restrictive, est loin de recouvrir toute l'ampleur des difficultés provoquées par le déséquilibre du marché du travail. De nombreuses personnes sont en situations de sous-emploi ou de précarité, sans être « chômeurs » au sens du BIT. Certains indicateurs essaient de saisir cette réalité [7]. Il est notamment possible de rappeler que le nombre de demandeurs d'emploi inscrits à Pôle emploi et tenus de faire des actes positifs de recherche d'emploi, toutes catégories

1. Le taux de chômage au sens du BIT n'était encore que de 3,5 % en 1975. Il a atteint un niveau comparable au niveau actuel (9 %) en 1985. Il oscille depuis entre 10,8 % au pire (1997) et 7,1 % (2008) au mieux. Source : Insee, enquêtes Emploi, données corrigées de la rupture de série en 2002.

2. V. not. Collectif ACDC, Les autres chiffres du chômage, *Dr. soc.* 2007. 410 ; rapport d'information n° 815 sur la mesure des grandes données économiques et sociales présenté à l'Assemblé Nationale le 16 avr. 2008, par M. H. Mariton ; rapport du Conseil national de l'information statistique (CNIS) sur la définition d'indicateurs en matière d'emploi, de chômage, de sous-emploi et de précarité de l'emploi, 2008, disponible sur www.cnis.fr/Agenda/DPR/DPR_0653.PDF. Ces débats ont conduit à une réforme partielle des catégories statistique du chômage, en mars 2009 (v. Y. Rousseau, Le suivi du chômageet des personnes tenues de rechercher un emploi après les lois de 2008, spéc. p. 1101-104).

3. C. Willman, *Essai d'identification juridique du chômeur*, Th. Paris X, LGDJ, 1998 ; J.-P. Domergue : Le droit du chômage et du non-emploi, *Dr. soc.* 1997. 463 ; L. Casaux-Labrunée : Qu'est-ce qu'un chômeur ? *Dr. soc.* 1996. 577.

4. Conv. n° 160 et Rec. n° 170 adoptées en 1985 ; sur les problèmes soulevés par cette définition, V. Le travail dans le monde, BIT, 1995, Ch. 1, p. 13 s.

5. Source : enquête emploi. Insee, *Informations Rapides*, 7 mars 2013, n° 55.

6. Le taux de chômage était encore de 7,1 % en 2008.

7. V. not Le halo du chômage entre chômage BIT et inactivité, Insee Première n° 1260, oct. 2009

confondues, était de plus de 5 millions de personnes fin avril 2013 [1]. Et ce chiffre ne compte pas les personnes découragées dans leur recherche d'emploi ou radiées et qui, de ce fait, ne sont plus inscrites.

590 ***Droit au travail et droit du chômage*** ◇ Pour combattre la misère dans laquelle sombraient les travailleurs dépourvus d'emploi, la première idée ne fut pas de leur assurer un revenu de substitution, un revenu d'inactivité, mais de leur accorder un travail, afin qu'ils puissent subvenir à leurs besoins.

Cette idée est présente au XVIIIe siècle, notamment lors de la révolution française [2]. On la retrouve en 1848. L'un des premiers actes de IIe République, de février à juin 1848, fut le lancement de grands travaux et la mise en place d'Ateliers nationaux, dans l'objectif de donner du travail à tous [3]. La constitution du 4 novembre 1848 proclame le devoir de la République d'assister les nécessiteux en leur fournissant du travail [4]. Le préambule de la Constitution de 1946 qui lie à son alinéa 5 droit au travail et devoir de travailler [5] rappelle cette conception originelle. La logique d'assistance dominante en 1848 a certes disparu du texte de 1946. Celui-ci proclame un droit. Mais le principe d'une lutte contre la misère par la fourniture de travail demeure [6]. Elle est toujours actuelle, notamment au travers des très nombreuses mesures qui visent à favoriser et développer l'emploi salarié.

Cependant, en économie de marché, l'emploi demeure pour l'essentiel entre les mains d'opérateurs privés. Il est alors très difficile, pour ne pas dire impossible à l'État d'assurer *effectivement* un emploi à chaque personne désireuse de travailler. Le droit à l'emploi est donc perçu comme insusceptible d'exécution en nature. Son effectivité s'accommode mieux d'une exécution par équivalent, par l'indemnisation des travailleurs privés d'emploi.

591 ***Assistance et assurance*** [7] ◇ Deux logiques sensiblement différentes se sont affrontées et complétées pour fonder le versement d'un revenu de remplacement aux chômeurs.

La première, historiquement, est une logique dérivée de la charité. Il s'agit d'aider les nécessiteux, de les assister. L'octroi de subsides est alors dû à la générosité publique. La personne aidée est ainsi protégée, mais elle est aussi placée dans une certaine position d'infériorité. Elle est redevable. Réciproquement, la personne qui assiste, qu'elle soit privée ou publique, est généreuse et donc facilement condescendante. En pratique, elle sera conduite à favoriser les méritants, ceux qui par leur comportement apparaissent plus dignes d'être aidés. Elle pourra exiger des contreparties à son aide, en termes d'activité ou de comportement. La logique de l'assistance se caractérise encore par ses limites dans l'aide qu'elle accorde : elle est réservée

1. Dares indicateurs, mai 2013, nº 033, chiffre DOM inclus.
2. Sur cette histoire, v. M. Borgetto, La notion de fraternité en droit public français, LGDJ 1991, p. 144-189.
3. M. Borgetto, préc. 280-301.
4. Préamb. Const. du 1848, al. 7 : « La République (…) doit, par une assistance fraternelle, assurer l'existence des citoyens nécessiteux, soit en leur procurant du travail dans les limites de ses ressources, soit en donnant, à défaut de la famille, des secours à ceux qui sont hors d'état de travailler. ».
5. « Chacun a le devoir de travailler et le droit d'obtenir un emploi ».
6. V. D. Roman, Devoir de travailler et protection sociale : d'une problématique de la dette sociale à la question des « devoirs sociaux », *RDSS* 2009. 63.
7. M. Borgetto, Logique assistancielle et logique assurancielle dans le système français de protection sociale : les nouveaux avatars d'un vieux débat, *Dr. soc.* 2003. 115.

aux personnes « dans le besoin ». Elle n'assurera donc pas le maintien d'un revenu important ou considéré comme tel. Les sommes accordées par la logique de l'assistance sont nécessairement relativement faibles : elles sont destinées à sortir de la misère les plus pauvres.

La seconde logique, postérieure, est la logique de l'assurance. Le chômage est alors perçu comme un risque, contre lequel il convient de se prémunir. Des cotisations d'assurances sont alors demandées en échange d'une indemnité, exigible en cas de survenance du risque. L'indemnisation est un droit que l'assuré reçoit en contrepartie des cotisations versées. L'assureur n'est nullement généreux, pas plus qu'il n'est en droit d'exiger d'autres contreparties que celles qu'il a perçues sous forme de cotisations. Le chômeur est un créancier, qui exige le paiement de ce qui lui est dû. Cette situation lui confère une position plus égale, plus digne que celle d'assisté. Le montant de l'indemnité reçue dépend du niveau de cotisation consenti. Il n'est nullement limité à la sortie d'une certaine pauvreté et peut parfaitement garantir le maintien de revenus élevés, si des cotisations élevées ont été perçues.

L'affrontement de ces deux logiques dans le droit du chômage a commencé très tôt. La tendance actuelle est à l'essor, très net, de la logique de l'assistance et au recul, corrélatif, de la logique de l'assurance.

592 ***Histoire de l'assurance chômage*** ◊ L'assurance chômage est née au début du XIXe siècle au sein du mouvement mutualiste et syndical. La puissance publique est intervenue ultérieurement. Elle est d'abord restée cantonnée au niveau local, communal ou départemental. L'État n'est intervenu qu'à partir de la loi de 22 avril 1905, en subventionnant ce système dual, composé de mutuelles privées et locales.

La ratification par la France, en 1948, de la convention de l'OIT n° 44 de 1919 modifiée en 1934, et la loi du 12 mars 1951 furent des étapes importantes, renforçant l'aide de l'État aux chômeurs. La logique alors retenue est plutôt celle de l'assistance. La véritable naissance de l'*assurance* chômage est due à un accord national interprofessionnel du 31 décembre 1958, accord qui crée des cotisations et des prestations proportionnelles aux salaires, et les organismes paritaires chargés de gérer ce système : les Assedic et l'Unedic. Cet accord octroyait aux chômeurs une allocation d'assurance, laquelle venait s'ajouter à l'allocation d'assistance prévue par les textes antérieurs. Au dualisme des sources (puissance publique et partenaires sociaux) correspondait le dualisme des logiques (assistance et assurance). Ces deux systèmes furent unifiés dans un régime unique, assurantiel, par la loi du 16 janvier 1979. Mais le dualisme devait réapparaître dès les réformes de 1984 [1]. Finalement, si l'on excepte la parenthèse 1979-1984, la deuxième moitié du XXe siècle aura été un temps de coexistence et de claire séparation des prestations d'assurance et des prestations d'assistance.

Le XXIe siècle semble, lui, se diriger vers un mélange croissant des genres. Même si la toute fin du XXe siècle en porte les germes, c'est avec la convention du 1er janvier 2001 [2] que cette évolution devient évidente. À dater de cette convention, l'inégalité et l'exigence de relative soumission qui caractérisent la logique d'assistance s'invitent au sein de l'« assurance chômage ».

L'objectif était de rendre « actives » les dépenses de l'assurance chômage afin de favoriser le retour à l'emploi. Le revenu de remplacement versé par l'assurance chômage

1. Protocole du 10 janv. 1984, accord du 9 févr. 1984, Ord. du 16 févr., du 21 mars 1984.
2. Sur cette la convention du 1er janv. 2001 et le glissement vers la logique assistantielle qu'elle a opéré, v. La nouvelle assurance chômage, *Dr. soc.* avr. 2001, n° spécial, avec not. les art. de M. Borgetto, J.- J. Dupeyroux ; G. Lyon-Caen, C. Willmann.

est débaptisé par la convention de 2001 pour prendre le nom d'« allocation d'aide au retour à l'emploi » (ARE) [1]. La nouvelle logique est incitative. Le chômeur est perçu comme devant être poussé à agir et assisté, pour qu'il accède à nouveau à l'emploi. Il est suspecté de se satisfaire de sa situation et de profiter de son temps d'allocation comme d'un temps de repos, bref d'être un faux chômeur [2]. Pour aider le chômeur, en le rendant plus actif, la convention du 1er janvier 2001 crée le PARE (Plan d'aide au retour à l'emploi) qui formalise des engagements réciproques entre le chômeur et les Assedic ; et le PAP (Projet d'action personnalisé) signé par le chômeur et l'ANPE qui définit les mesures d'« accompagnement » qui permettront à la personne de retrouver un emploi. L'indemnisation est alors comprise comme une contrepartie des efforts fait par le chômeur pour retrouver un emploi, et non plus comme une contrepartie des cotisations versées. La situation du chômeur est individualisée, contractualisée. Cette logique perçoit le chômeur comme partiellement responsable de son état. Elle tend à le faire retomber dans l'état d'infériorité propre à la logique d'assistance. En pratique, inciter, c'est ordonner, vérifier, contrôler, le tout sous la menace d'une perte de l'indemnisation. Le chômeur a ainsi été progressivement placé dans un état de quasi-subordination vis-à-vis des gestionnaires du service public de l'emploi.

La direction montrée par la convention de 2001 s'est poursuivie. Le PARE (Plan d'aide au retour à l'emploi) a été supprimé en 2006, mais il a été remplacé par un instrument plus exigeant encore : le PPAE (Projet personnalisé d'accès à l'emploi). Ce PPAE a été créé par le décret du 2 août 2005 et par la convention du 18 janvier 2006. Il a été précisé par la loi du 1er août 2008 [3]. Il détaille et individualise les obligations qui seront celles du chômeur.

La loi du 1er août 2008 a eu un autre effet important, institutionnel, parfaitement logique au vu des évolutions sus-décrites : le regroupement des Assedic, chargés de la gestion de l'assurance chômage et de l'ANPE (Agence nationale pour l'emploi), laquelle était chargée d'assister les chômeurs dans leur recherche d'emploi. Ces organismes se sont fondus dans une nouvelle entité dénommée « Pôle emploi » [4]. Cette entité nouvelle, concurrencée par divers organismes de placement et aux prises à de graves difficultés de fonctionnement, peine à assurer un service public de l'emploi digne de ce nom [5].

La convention du 19 février 2009, agréée le 30 mars 2009, a confirmé l'évolution de ces dernières années tout en modifiant de manière substantielle les conditions, durée et montant de l'allocation versée aux chômeurs. La convention du 6 mai 2011, issue de l'ANI du 25 mars 2011 a pris le relais de cette convention. Applicable jusqu'au 31 décembre 2013, elle n'a apporté aucun changement majeur au dispositif de 2009 [6]. La convention du 14 mai 2014, applicable depuis le 1er juillet 2014 lui a

1. RG, art. 1er.

2. Pour une critique statistique et économique de cette vision du chômeur, v. P. Concialdi, La chasse aux chômeurs..., *Dr. soc.* 2008. 706.

3. V. les art. dans le C. trav. : L. 5411-6 s. et sur ces textes, M. Véricel, Droits et devoirs des demandeurs d'emploi, *RDT* 2009. 101.

4. M. Véricel, La L. du 13 févr. 2008 et la nouvelle réforme de l'organisation du service de l'emploi, *Dr. soc.* 2008. 406 ; Y. Rousseau, Sur la fusion de l'ANPE et des ASSEDIC, *Dr. soc.* 2008. 151 ; C. Willmann, L'autonomie des partenaires sociaux en débat : Pôle emploi et la convention d'assurance chômage du 19 févr. 2009 *Dr. soc.* 2009. 830 ; P-A Adele, Y. Ferkane, et S. Leroy, Une nouvelle assurance chômage ? 1re partie : un paysage institutionnel renouvelé, *RDT* 2009. 366.

5. M. Véricel, « Recréer un véritable service public de l'emploi pour une action efficace en matière d'insertion professionnelle », *Dr. soc.* 2013. 1031.

6. On notera simplement la fin du coefficient réducteur qui limitait l'indemnisation des travailleurs saisonniers et la possibilité accrue d'un cumul entre allocation retour à l'emploi et pension d'invalidité.

succédé. Elle a toutefois simplifié la situation des travailleurs qui alternent de courtes périodes de travail et de courtes périodes de chômage en organisant le principe des droits rechargeables [1]. Mais elle a réduit l'indemnisation minimale du chômage et considérablement accru le possible temps d'attente de l'indemnisation pour les salariés ayant reçu de leur employeur d'importantes indemnisations lors de leur licenciement, en plus des indemnités légales [2].

Les chômeurs dits « en fin de droit », ceux qui ont épuisé les droits dont ils pouvaient bénéficier au titre de l'assurance chômage, ne sont pas immédiatement privés de tout revenu. Ils peuvent recevoir certaines aides directement assises sur l'impôt et relevant pleinement de la logique de l'assistance. La plus connue de ces aides est le RSA (Revenu de solidarité active). Il faut aussi mentionner ici l'ASS (Allocation de solidarité spécifique), dont le montant est similaire au RSA, mais qui peut être versée y compris lorsque le chômeur dispose par ailleurs de ressources personnelles ou familiales limitées. Ces allocations relèvent du droit de l'aide sociale et ne seront pas traitées ici. Les développements qui suivent se concentrent sur le droit de l'assurance chômage.

1. V. ss 599.
2. Sur ces évolutions, v. ss 601.

CHAPITRE 2
L'ASSURANCE CHÔMAGE

593 L'assurance chômage verse sous conditions une allocation qualifiée avec volontarisme et optimisme : « allocation de retour à l'emploi » (ARE). Seront abordés successivement les conditions à remplir pour bénéficier de cette allocation, son montant, sa durée et le contentieux qu'elle génère.

SECTION 1. CONDITIONS D'OCTROI DE L'ALLOCATION

594 ***Conditions cumulatives*** ◊ L'allocation d'aide au retour à l'emploi (ARE), principal revenu de remplacement versé aux chômeurs, suppose remplies plusieurs conditions cumulatives :
- l'inscription en qualité de demandeur d'emploi auprès de Pôle Emploi [1] ;
- la perte involontaire d'un emploi [2] ;
- la cotisation à l'assurance chômage pendant une durée minimale [3] ;
- la recherche permanente et effective d'un emploi [4] ;

Ces différentes conditions méritent d'être précisées.

595 ***L'inscription sur la liste des demandeurs d'emploi*** ◊ Tous les travailleurs à la recherche d'un emploi sont tenus de requérir leur inscription auprès de Pôle Emploi (C. trav., art. L. 5411-1 s.). Leur demande doit être renouvelée périodiquement, et ils doivent déclarer à l'Agence tout changement susceptible d'avoir une incidence sur leur inscription ou leur classement sur la liste. L'inscription est subordonnée à des conditions générales d'âge (16 ans : C. trav., art. L. 4153-1), d'aptitude physique (C. trav., art. L. 5411-5), et de titre de séjour [5].

596 ***La perte involontaire de l'emploi*** ◊ L'idée assurantielle consiste à prémunir les personnes contre la survenance d'un risque indépendant de leur volonté. La rupture du contrat de travail par la volonté du salarié n'ouvre donc pas droit à indemnisation. Il a cependant été tenu compte, de

---

1. Réglement général indexé à la convention du 14 mai 2014 (RG), art. 4 a).
2. RG, art. 1er et art. 2.
3. V. ss 597.
4. RG, art. 4 *b)*.
5. Pôle Emploi est fondée à refuser l'inscription d'un travailleur étranger qui ne justifie pas d'un titre de séjour l'autorisant à avoir une activité professionnelle en France (CE 9 sept. 1996, *RJS* 11/96, n° 1212).

manière réaliste, de l'ambiguïté de certaines soit-disant « démission ». Plus récemment, la loi du 25 juin 2008 a ouvert l'indemnisation du chômage aux ruptures conventionnelles.

Aussi l'assurance est-elle ouverte dans les cas suivants [1] :

– le licenciement, quelle qu'en soit la cause, économique ou non, même pour faute grave ou lourde ;

– la fin d'un contrat à durée déterminée [2] ;

– la démission reconnue par Pôle Emploi comme dictée par un motif légitime [3] ;

– la rupture conventionnelle [4].

La mise à la retraite n'ouvre pas droit à l'allocation-chômage, dès lors que le salarié peut obtenir une pension à taux plein [5].

597 ***Durée minimale de cotisation à l'assurance chômage*** ◊ Là encore l'idée assurantielle demeure. Pour bénéficier des prestations de l'assurance chômage, une durée d'affiliation minimale est requise. Selon l'article 3 du Règlement général annexé à la Convention du 6 mai 2011 (RG), l'ouverture de l'indemnisation suppose soit 122 jours, soit 610 heures d'affiliation au cours des 28 derniers mois. Ces durées équivalent à 4 mois de travail à temps plein. Cette durée de travail minimale sera plus importante pour un salarié à temps partiel ne travaillant que certains jours. Elle sera plus courte pour un salarié qui a travaillé plus qu'un temps plein [6].

Pour les salariés ayant atteint 50 ans ou plus à la fin de leur contrat de travail, la durée minimale d'affiliation est recherchée dans les 36 mois qui précèdent la fin de contrat de travail [7].

La durée minimale d'affiliation a été sensiblement réduite par la convention du 19 février 2009 [8], ce qui permet de mieux intégrer les travailleurs

---

1. RG, art. 2.

2. Soc. 2 oct. 2001, *Bull. civ.* V, n° 297 ; *Dr. soc.* 2002. 108.

3. Appréciation souveraine de la commission paritaire : Soc. 20 mars 1990, *RJS* 5/90, n° 407 ; 27 juin 2000, *Bull. civ.* V, n° 253 ; pour les agents publics ne relevant pas de l'Unedic, V. CE 2 juin 1995 (*Denoz*), *RJS* 8-9/95, n° 927 (militaire n'ayant pas renouvelé son engagement : défaut de privation involontaire d'emploi).

4. C. trav., art. L. 5421-1, L. 5422-1.

5. V. RG, art. 4 *c*). Si le salarié n'a pas droit à une pension retraite à taux plein, la mise à la retraite s'analyse en un licenciement, et l'intéressé a droit aux allocations jusqu'à ce qu'il ait acquis une pension à taux plein et au plus tard jusqu'à 65 ans. Sur le cas particulier des ouvriers de l'État, v. CE 17 mars 1995, *Min. de la Défense*, *RJS* 5/95, n° 583, et sur celui des travailleurs migrants dans l'Union européenne, v. Soc. 11 juill. 2002, *Dr. soc.* 2002. 1034, obs. Lhernould.

6. Le nombre d'heure à pouvoir être pris en compte par semaine est limité pour tenir compte des durées maximale du travail. Selon l'art. 3 RG, la limite est celle dictée par l'art. L. 3121-35 C. trav., soit 48 heures par semaines, sauf exceptions. La circulaire UNEDIC n° 2009-10 du 22 avr. 2009 parle, elle, d'un total possible de 260 par mois, ce qui équivaut à 60 heures par semaines, et tient compte de toutes les dérogations possibles à la limite de principe de 48 heures par semaine. Quoique dépourvue de force obligatoire, cette circulaire peut toujours être invoquée efficacement devant Pôle Emploi.

7. RG, art. 3, al. 3.

8. Le régime antérieur exigeait 6 mois au cours des 22 mois précédant la rupture du contrat, avec une variation pour les salariés d'au moins 50 ans (C. trav., anc. art. R. 5422-1).

précaires. Cette évolution a été rendue possible par une réduction corrélative des durées d'indemnisation (v. ss 599).

598 ***La recherche permanente et effective d'un emploi*** ◊ Le chômeur doit s'activer pour trouver un emploi sous peine d'être radié de la liste des demandeurs d'emploi et de perdre son droit à l'allocation. Cette obligation a été intensifiée et détaillée au cours du temps [1]. Le chômeur est suspect d'être un profiteur du système. Il doit constamment justifier de son activité réelle de recherche d'emploi, sous peine d'être radié.

L'article L 5412-1 du Code du travail liste une série de causes de radiation qui montrent bien l'état actuel du droit positif à cet égard. Selon ce texte, le chômeur peut être radié dans les cas suivants :

– s'il « ne peut justifier de l'accomplissement d'actes positifs et répétés en vue de retrouver un emploi, de créer ou de reprendre une entreprise » [2]. La formule, relativement floue, laisse une assez grande marge d'appréciation à Pôle emploi.

– s'il refuse d'élaborer ou d'actualiser un projet personnalisé d'accès à l'emploi (PPAE) [3]. Ce projet est un acte censé être élaboré conjointement par Pôle Emploi et par le chômeur [4]. La menace de la radiation en cas de refus d'élaboration ou d'actualisation fait du PPAE un acte certes négocié mais sur une base de forte inégalité. En pratique, les dernières propositions de Pôle Emploi s'imposent au chômeur, sous peine de perte de l'allocation. La Cour de cassation en a tiré les conséquences : elle refuse toute valeur contractuelle au PPAE [5]. Le PPAE fixe la nature et les caractéristiques de l'emploi ou des emplois recherchés, la zone géographique privilégiée et le niveau de salaire demandé. Il contient aussi les engagements que Pôle Emploi peut prendre vis-à-vis du chômeur, en termes de formation ou d'aide à la mobilité notamment. Il est régulièrement « actualisé », ce qui veut dire qu'en pratique il est demandé au chômeur de réviser régulièrement à la baisse ses prétentions.

– s'il refuse à deux reprises une « offre raisonnable d'emploi » sans « motif légitime » [6]. La notion d'offre raisonnable est propre à chaque chômeur. Elle est fixée dans le PPAE (projet personnalisé d'accès à l'emploi). Elle doit rester compatible avec les qualifications et compétences du chômeur (telle qu'évaluée par Pôle emploi). La rémunération que peut raisonnablement exiger le chômeur est révisée à la baisse avec l'accroissement de la durée du chômage [7] et une certaine mobilité peut être exigée de lui, passé

1. V. L. Camaji, Le demandeur d'emploi à la recherche de ses obligations, *Dr. soc.* 2010. 666.
2. C. trav., art. L 5412-1, 1°.
3. C. trav., art. L 5412-1, 3° *a)*.
4. C. trav., L. 5411-6-1.
5. Soc. 31 janv. 2007, n° 04-19.464 P.
6. C. trav., art. L 5412-1, 2°
7. Lorsque le demandeur d'emploi est inscrit sur la liste des demandeurs d'emploi depuis plus de trois mois, est considérée comme raisonnable l'offre rémunérée à au moins 95 % du salaire antérieurement perçu. Ce taux est porté à 85 % après six mois d'inscription et à la hauteur du revenu de remplacement au-delà (C. trav., art. L. 5411-6-3, al. 2).

les six premiers mois de chômage [1]. La notion d'offre raisonnable d'emploi doit toutefois être interprétée conformément à celle *d'emploi convenable*, définie par la convention de l'OIT n° 44 laquelle semble sensiblement plus exigeante. Un emploi ne correspondant pas aux conditions objectives posées par cette convention [2] ne saurait être considéré comme une « offre raisonnable d'emploi ». L'appréciation de la légitimité d'un refus se fera *in concreto*, compte tenu de la situation personnelle du demandeur [3].

– s'il refuse de suivre une action de formation ou d'aide à la recherche d'emploi s'inscrivant dans le cadre du projet personnalisé d'accès à l'emploi [4].

– s'il refuse de répondre à toute convocation de Pôle Emploi [5].

– s'il refuse de se soumettre à une visite médicale destinée à vérifier son aptitude au travail ou à certains types d'emploi [6]

– s'il refuse une action d'insertion, une proposition de contrat d'apprentissage, de contrat de professionnalisation, ou d'un autre contrat aidé [7].

Le seul énoncé de cette liste suffit à démontrer l'état de quasi-subordination dans laquelle le demandeur d'emploi est désormais placé s'il souhaite rester inscrit à Pôle Emploi, inscription dont on rappelle qu'elle est nécessaire à l'obtention d'une allocation. Le chômeur inscrit est désormais traité comme un actif, dont l'activité est de rechercher un emploi sous la direction et le contrôle de Pôle Emploi. À certains égards, la situation du demandeur d'emploi est même bien pire que celle d'un salarié actif. Ce dernier ne peut que subir une sanction strictement proportionnée à la faute commise. Ici, la moindre faute, comme l'absence à un entretien, parfois même seulement téléphonique, parfois même un simple retard à un entretien, peut conduire à une radiation de la part de Pôle Emploi [8]. Et

1. Lorsque le demandeur d'emploi est inscrit sur la liste des demandeurs d'emploi depuis plus de six mois, est considérée comme raisonnable une offre d'emploi entraînant, à l'aller comme au retour, un temps de trajet en transport en commun, entre le domicile et le lieu de travail, d'une durée maximale d'une heure ou une distance à parcourir d'au plus trente kilomètres (C. trav., art. L. 5411-6-3, al. 3).

2. « Ne doit pas être considéré comme convenable : a) un emploi dont l'acceptation comporterait la résidence dans une région où il n'existe pas de possibilités de logements appropriés ; b) un emploi dont le taux de salaire offert est inférieur ou dont les autres conditions d'emploi sont moins favorables [...] que n'aurait pu raisonnablement espérer le requérant en tenant compte de ce qu'il obtenait habituellement dans sa profession ordinaire, dans la région où il était généralement employé, [...] [ou bien moins favorable] que le niveau généralement observé à ce moment dans la profession et dans la région dans lesquelles l'emploi est offert [...] ; c) un emploi se trouvant vacant en raison d'un arrêt du travail dû à un conflit professionnel » (Conv. OIT n° 44 [1934], art. 10).

3. V. Y. Rousseau et B. Wallon : Du droit pour un chômeur de refuser un emploi, *Dr. soc.* 1990. 27 ; P. Moussy : Contrôle des demandeurs d'emploi : Brèves interrogations sur la légitimité des méthodes, *Dr. ouvrier* 1996. 147.

4. C. trav., art. L 5412-1, 3° *b)*.

5. C. trav., art. L 5412-1, 3° *c)*.

6. C. trav., art. L 5412-1, 3° *d)*.

7. C. trav., art. L 5412-1, 3° *e)* et *f)*.

8. V. not., les statistiques et exemples cités par le rapport spécifique du médiateur national de Pôle Emploi, *La gestion de la liste des demandeurs d'emploi. Les radiations*, janv. 2013, téléchargeable sur www.pole-emploi.org. Selon ce rapport, 7 % des directeurs d'agence Pôle emploi disent

cette radiation peut entraîner la suspension de toute indemnisation, laquelle est souvent le seul moyen de subsistance du chômeur et de sa famille [1]. La validité au regard des droits fondamentaux de cette disproportion entre faute et sanction apparaît fort discutable [2].La liste susvisée des cas de radiation permet aussi de mieux réaliser que les salariés privés d'emploi et (ou) en recherche d'emploi forment une population bien plus vaste que la population des seuls inscrits à Pôle Emploi.

SECTION 2. MONTANT ET DURÉE DE L'ALLOCATION

599 ***Durée d'indemnisation, droits rechargeables*** ◊ La convention du 19 février 2009, dont les grandes lignes ont été reprises par les conventions du 6 mai 2011 et du 14 mai 2014, a simplifié le système antérieur, tout en réduisant en pratique les durées d'indemnisation. La règle est depuis très simple : la durée de l'indemnisation est égale à la durée d'affiliation. Cette durée est plafonnée à 730 jours (deux ans), et elle comprend un minimum de 4 mois (lequel est aussi la durée d'affiliation minimale à temps plein pour bénéficier de l'allocation) [3]. Pour les salariés privés d'emploi âgés de cinquante ans ou plus à la date de fin de leur contrat de travail, le plafond de durée d'indemnisation est portée à 1 095 jours (3 ans).

Afin que la reprise progressive d'emploi soit simplifiée et encouragée, plusieurs réformes ont eu lieu. La loi de sécurisation de l'emploi du 14 juin 2013 prévoit une meilleure prise en compte des droits à indemnisation non utilisés par un salarié lors d'une précédente période de chômage, pour le calcul de ses droits dans une nouvelle période de chômage (C. trav., art. L. 5422-2-1). Elle s'est traduite dans l'instauration de droits rechargeables par la convention du 14 mai 2014 (art. 1). Selon ce texte, les droits à indemnisation de l'allocataire, calculés au jour de l'ouverture de ces

procéder à des radiations pour simple retard à un entretien, même sans récidive et 16 % pour absence à un entretien téléphonique, même sans récidive. Cette pratique est donc très minoritaire. Elle n'en est pas moins effarante, dès lors que l'on compare la légèreté de la faute à la violence de la sanction. Les radiations pour absence à un entretien téléphonique ou pour retard à un entretien deviennent beaucoup plus fréquentes lorsqu'une récidive est constatée. Ainsi, la radiation pour absence à un entretien téléphonique se pratique dans près de la moitié des agences (44 %), la majorité de ces agences ne procédant à une telle radiation qu'en cas de récidive.

1. Sur cette sanction et l'embryon de procédure contradictoire qui la précède ; v. ss 604.

2. L'art. 8 de la DDHC de 1789 selon lequel « la loi ne doit établir que des peines strictement et évidemment nécessaires », n'est nullement limité aux peines édicté par un juge. Il s'étend à toute sanction administrative et plus précisément à « toute sanction ayant le caractère d'une punition même si le législateur a laissé le soin de la prononcer à une autorité de nature non judiciaire » : v. not. Cons. const. 17 janv. 1989, n° 88-248 DC. Et, eu égard à ses possibles conséquences et aux conditions de son édiction, la radiation mérite amplement cette qualification de sanction administrative.

3. RG, art. 11.

droits, forment un capital initial. Si la période de chômage est interrompue par une ou plusieurs reprises du travail, l'indemnisation n'est que suspendue. Lorsque le salarié redevient chômeur, l'indemnisation reprend sur la base de ce qui lui reste de son capital initial. À l'épuisement de ce capital, les périodes de travail réalisées depuis l'ouverture des droits sont prises en compte pour calculer une éventuelle nouvelle période d'indemnisation, à la condition que le salarié ait réalisé dans l'intervalle au minimum 150 heures de travail [1]. Le dispositif « activité réduite », qui permet dans la limite d'un certain montant de cumuler allocation chômage et certains revenus du travail, a de plus été simplifié [2].

600 ***Salaire journalier de référence*** ◊ Le montant de l'allocation et la date à laquelle cette allocation est due dépendent de la fixation d'un salaire journalier de référence. Celui-ci est calculé, en principe, d'après la rémunération brute soumise à cotisation perçue au cours des douze mois précédent [3].

601 ***Début de l'indemnisation*** ◊ L'indemnisation ne commence pas dès la rupture du contrat de travail consommée, à l'expiration du préavis. Elle est différée dans le temps. Il s'agit de convertir certaines sommes perçues à l'occasion de la rupture en temps rémunéré et de ne commencer l'allocation qu'à compter de l'expiration de ce temps. On compte un premier temps d'attente de sept jours [4]. À ce temps d'attente s'ajoute le temps d'un « différé d'indemnisation ». Le calcul de ce différé a été considérablement modifié par la convention du 14 mai 2014. Il est désormais le suivant [5]. Le total des sommes inhérentes à la rupture et qui ne résultent pas directement de la loi (indemnité conventionnelles, suppléments d'indemnités négociés, ...) sont divisées par 90. Il en résulte un nombre qui est le nombre de jours de différé d'indemnisation. Ce nombre est plafonné à 180 jours au maximum sauf en cas de licenciement pour motif économique [6]. Comparativement au système antérieur, ce mode de calcul favorise les salariés aux salaires relativement modestes (indemnités journalières inférieures à 90 euros par jour [7]), mais il fait perdre les salariés mieux rémunérés [8]. Le texte nouveau conduit aussi à reculer considérablement la date d'indemnisation des salariés obtenu de grosses indemnités supplémentaires de licenciement, suite par exemple à un PSE bien négocié : le plafond de

1. Art. 28 RG. La durée minimale d'indemnisation supplémentaire obtenue à ce titre est de 30 jours (art. 9 §1 al. 3 RG).
2. Art. 30 s. RG.
3. Pour plus de détail, v. les art. 13 et 14 RG.
4. RG, art. 22.
5. RG, art. 21.
6. RG, art. 21, §2 a).
7. Soit 2 700 euros bruts pour un mois de 30 jours.
8. Les suppléments reçus par le salarié étaient précédemment divisé par son salaire journalier de référence pour calculer son nombre de jours de différé d'indemnisation. En réduisant les droits des salariés mieux rémunéré, le système d'assurance chômage se rapproche, pas à pas, de la logique de l'assistance faite aux plus démunis.

180 jours se substitue au plafond antérieur qui n'était « que » de 75 jours. Un salarié ayant reçu un important « chèque valise », pourra ainsi attendre six mois le premier versement de l'allocation. En cas de rupture pour motif économique au sens de l'article L. 1233-3 du Code du travail, toutefois, le plafond de 75 jours de différé d'indemnisation demeure applicable [1]. Un salarié auquel on propose une rupture conventionnelle moyennant un important chèque et sous menace d'un licenciement pour motif économique devra garder cette différence à l'esprit : par l'acceptation d'une rupture conventionnelle, il risque de subir un différé d'indemnisation important, bien plus important que celui qu'il aurait en cas de licenciement pour motif économique. Ce qui fait perdre à l'indemnité supplémentaire accordée par l'employeur en cas de rupture conventionnelle une part de son intérêt...

602 ***Montant de l'allocation*** ◊ Le montant de l'allocation est calculée selon le plus favorable des deux modes de calculs suivants [2] :

– 57 % du salaire journalier de référence [3].

– 40,4 % du salaire de référence auquel s'ajoute une somme fixe, dont le montant est de 11,64 euros depuis le 1er juillet 2013.

Ce deuxième mode de calcul est plus favorable pour les petits salaires, et il permet ainsi de mieux indemniser, en pourcentage, les salariés dont le revenu est le plus faible.

Un minimum de 28,38 euros par jour a été fixé depuis le 1er juillet 2013. Un plafond de 75 % du salaire journalier de référence (dont on doit rappeler qu'il est calculé à partir du salaire brut) est lui aussi prévu.

Dans tous les cas, Pôle emploi a une obligation d'information du chômeur sur l'ensemble de ses droits [4]. Si un déficit d'information a été préjudiciable au demandeur d'emploi, celui-ci devra être indemnisé.

SECTION 3. RADIATION ET RECOURS

603 ***Institutions compétentes*** ◊ Depuis la loi du 1er février 2008, Pôle Emploi est chargée de la gestion de la liste des demandeurs d'emploi, et du contrôle de la recherche d'emploi par les chômeurs indemnisés. Il est ainsi mis fin à la séparation entre la fonction d'aide au retour à l'emploi et celle de contrôle de la recherche d'emploi [5]. Les agents chargés du contrôle

1. RG, art. 21, §2 a).
2. Sur les règles de calculs, v. les art. 14 s. RG.
3. Ce montant minimal a été réduit par la convention du 14 mai 2014. Il était précédemment de 57,4 %.
4. Soc. 8 févr. 2012, n° 10-30.892 P.
5. Les expériences américaines de *workfare* (ARE) montrent que la confusion de ces deux fonctions conduit à faire prévaloir le contrôle et la sanction sur l'écoute et l'assistance : cf. J. H. Handler, *Social Citizenship and Workfare in the US and the Western Europe*, Cambridge Univ. Press, 2004.

peuvent réduire ou supprimer le revenu de remplacement à titre conservatoire, mais la décision définitive est prise par le préfet (sur délégation, par le directeur départemental du travail et de l'emploi) [1]. Elle entraîne la radiation de la liste des demandeurs d'emploi. Inversement, toute décision de radiation doit être signalée à la direction du travail.

604 ***Motifs et étendue des sanctions encourues par le chômeur*** ◊ Les mêmes motifs justifient la radiation de la liste des demandeurs d'emploi et l'exclusion des allocations chômage [2]. Cette radiation peut bien sûr résulter d'un changement déclaré dans la situation du demandeur, qui aura retrouvé un emploi [3] ou renoncé à en chercher un. Mais elle peut résulter également d'un manquement du demandeur d'emploi aux obligations qui sont les siennes (v. ss 598) ou à une *fraude* résultant de fausses déclarations ou de la perception délibérée d'allocations indues [4].

Sauf cas de fraude ou fausse déclaration, la sanction peut consister en une simple réduction, plutôt qu'une suppression du revenu de remplacement [5]. Cette sanction peut être, temporaire ou définitive. En revanche la radiation n'est jamais définitive : elle interdit toute nouvelle inscription pendant une période comprise entre 15 jours et un an, selon son motif (C. trav., art. R. 5412-5).

Ces sanctions peuvent, bien entendu, avoir des effets très graves sur les personnes indemnisées qui souvent, sont déjà dans des situations très

---

1. V. les art. R. 5426-3 s. C. trav. La compétence du préfet est exclusive, même si l'employeur est un établissement public (CE 17 mars 1993, *Pollard*, *Lebon* 855 ; CAA Nantes, 23 nov. 2000, *D.* 2001. IR 3166, obs. Labouz). L'intéressé qui conteste cette décision doit effectuer un recours gracieux devant le préfet avant de saisir le juge administratif (C. trav., art. R. 5426-11). Le Conseil d'État juge cette procédure conforme à la convention européenne des droits de l'homme (CE 26 févr. 2003, *RJS* 8-9/03, n° 1050).

2. C. trav., art. L. 5412-1 ; v. J.-L. Rey : Revenu de remplacement : la double nature des décisions d'exclusion des demandeurs d'emploi, *RJS* 11/98, chron. 808.

3. Sur le pouvoir de l'Assedic d'interrompre le service des allocations dans cette hypothèse, v. Soc. 22 févr. 2005, *RJS* 5/05, n° 553.

4. C. trav., art. L. 5412-2, L. 5426-5. Obligation de remboursement des allocations injustement perçues : C. trav., art. L. 5426-5 ; Civ. 1re, 11 avr. 1995, *JCP E* 1995. II. 736 ; des sanctions pénales sont aussi encourues au titre de l'art. L. 5124-1 C. trav. : Crim. 11 mai 2000, *D.* 2001. IR 3166, obs. Willmann ; *RJS* 11/00, n° 1124 (délit de fraude ou de fausse déclaration pour obtenir ou faire obtenir des allocations d'aide aux travailleurs sans emploi) ; 27 mars 2007, n° 06-87.415 P, *RJS* 7/07, n° 883, (défaut de déclaration d'une activité professionnelle). Il n'y a pas de lien nécessaire entre sanction pénale et administrative(v. CE 21 mars 2007, req. nos 284655 et 284656, *RJS* 6/07, n° 767, (2 esp.) : la sanction administrative n'est pas encourue lorsque l'activité non déclarée n'était pas, à raison de son caractère minime ou occasionnel, privative du droit au revenu de remplacement ; et la relaxe au pénal n'interdit pas le prononcé d'une sanction administrative). L'Assedic est fondée à exiger (sauf jeu de la prescription triennale) la répétition des sommes versées par erreur (Soc. 22 févr. 2005, *RJS* 5/05, n° 553) mais cette dernière n'exclut pas que l'assuré puisse réclamer l'indemnisation du préjudice qui a pu lui être causé par la faute de celui qui les lui a versées : Soc. 30 mai 2000, *Dr. soc.* 2000. 813, obs. Gauriau. Dès lors qu'elle a la nature d'une sanction, la radiation doit être une mesure proportionnée à la gravité des faits qui lui servent de fondement (CE 23 févr. 1998, *RJS* 5/98, n° 623 : activité non déclarée, isolée et de brève durée).

5. X. Prétot, Le contrôle des demandeurs d'emploi – À propos du Décr. n° 2005-915 du 2 août 2005 ; *Dr. soc.* 2005. 1179.

difficiles. La gravité de ces sanctions est généralement totalement disproportionnée relativement aux fautes invoquées pour justifier la sanction, lesquelles peuvent être très légères [1].

605 ***Procédure et voies de recours*** [2] ◊ Les sanctions qui conduisent à la perte de la qualité de demandeur d'emploi sont soit de la compétence du Préfet, sur saisine de Pôle emploi (mesures d'exclusion, temporaire ou définitive du revenu de remplacement) soit de la compétence de Pôle emploi (radiation des listes, laquelle aura pour conséquence de priver le chômeur de tous les droits attachés à l'inscription, y compris le revenu de remplacement) [3]. Ces décisions doivent être motivées [4]. Et, avant toute radiation, le demandeur d'emploi doit avoir été mis à même de présenter ses observations écrites (C. trav., art. R. 5412-7). Pour le reste, les procédures qui garantissaient en la matière le respect du principe du contradictoire et l'exercice des droits de la défense ont été pour la plupart abrogées par la loi du 13 février 2008 et le décret 13 octobre 2008. La gravité de ces sanctions, privatrices de la totalité ou d'une partie de ressources à caractère alimentaire, n'a ainsi pas empêché la mise en place d'une procédure étonnamment allégée. En matière de radiation, celle-ci est construite unilatéralement par Pôle emploi. L'instruction n° 2012-166 du 11 décembre 2012 fixe ainsi un délai de quinze jours calendaires à compter de l'envoi de la lettre d'avertissement pour que la décision de radiation puisse être prise [5]. Il est à noter toutefois que, depuis cette instruction, la radiation n'a plus d'effet rétroactif [6].

Les sanctions du demandeur d'emploi peuvent faire l'objet de différentes voies de recours. Il est possible de former une réclamation devant le médiateur institué par l'article L. 5312-12-1 du Code du travail. Les décisions de sanction peuvent en outre faire l'objet d'un recours gracieux devant l'autorité ayant pris la mesure, puis en cas de refus de celle-ci d'un recours hié-

---

1. V. ss 598, *in fine*.

2. X. Prétot, « Le contentieux des mesures d'exclusion du bénéfice du revenu de remplacement, *RDSS* 1990. 252 ; J.-P. Domergue, Le droit du chômage ou du non-emploi, *Dr. soc.* 1997. 463 ; Y. Rousseau, Le contentieux du non-emploi, *Dr. soc.* 1999. 258 ; L. Camaji, Le demandeur d'emploi à la recherche de ses obligations, *Dr. soc.* 2010. 666, spéc. 673-675.

3. Plus précisément, la radiation est une sanction administrative édictée par Pôle emploi, qui entraîne l'impossibilité pour le demandeur d'emploi d'obtenir une nouvelle inscription pendant un certain délai, qui va de quinze jours à douze mois selon les cas (C. trav., R. 5412-5). Durant cette période le demandeur d'emploi voit son indemnisation suspendue. Il est donc privé de revenu. Techniquement ses droits ne sont pas réduits, puisqu'ils les retrouve à sa réinscription, c'est ce qui distingue la radiation édictée par Pôle emploi des sanctions édictées par le Préfet. Toutefois, dans un cas comme dans l'autre, le demandeur d'emploi se retrouve pour un temps totalement privé de revenu, avec les conséquences qui peuvent en découler…

4. L. n° 79-587 du 11 juill. 1979 relative à la motivation des actes administratifs ; Soc. 11 janv. 2006, *RJS* 3/06, n° 372.

5. Sur la réduction de délai généré par cette instruction, v. A. Fabre, Du nouveau chez Pôle emploi : la radiation n'est désormais plus rétroactive, *RDT* 2013. 106.

6. V. A Favre, préc. Auparavant, il pouvait être demandé au demandeur d'emploi de rembourser certaines sommes perçues : il était ainsi à la fois privé de revenus et endetté.

rarchique devant le préfet de Région (C. trav., R. 5426-14). Le recours contentieux devant le juge administratif doit obligatoirement avoir été précédé d'un recours gracieux, lequel est non suspensif.

À la différence du contentieux des sanctions, le contentieux relatif au service des prestations (attribution, paiement, etc.) dépend de la nature de la prestation. Pour les allocations d'assurance (ARE), la compétence demeure aux tribunaux judiciaires, malgré la loi du 13 février 2008 qui a transmis à un organisme public (Pôle emploi) la fonction de verser ces prestations [1]. Les allocations à la charge de l'État, comme l'allocation de solidarité spécifique et l'allocation temporaire d'attente, relèvent en revanche d'un contentieux administratif.

1. C. trav., art. L. 5312-12, art. qui renvoie aux solutions contentieuses antérieures à la loi de 2008. *Adde*, Y. Rousseau, Sur la fusion de l'ANPE et des Assedic, *Dr. soc*. 2008. 151.

TROISIÈME PARTIE

LE RAPPORT DE TRAVAIL

TITRE 1
LE POUVOIR DE L'EMPLOYEUR

606 ***Apparition et source du pouvoir*** ◊ Le pouvoir de l'employeur est d'abord un *fait*, issu de la domination économique. Il fut longtemps nié par le droit. Il était inconcevable d'accorder à une personne privée (l'employeur) un pouvoir juridique, lequel était conçu comme une prérogative de puissance publique. La reconnaissance du pouvoir juridique de l'employeur fut, pour ces raisons, tardive [1]. Elle fut d'abord pensée comme le moyen d'assurer l'autorité patronale sur des ouvriers réputés indisciplinés. Elle peut être datée, en doctrine, de la fin du XIXe siècle [2] et en jurisprudence de 1931 [3]. Le pouvoir de l'employeur reçut ainsi l'appui de la force du droit, mais il put aussi être plus facilement encadré, limité par le droit. C'est de ce pouvoir juridique qu'il s'agit de traiter ici.

Comme toute norme juridique, le pouvoir de droit de l'employeur a une source. Celle-ci a été l'objet d'importantes controverses [4]. Selon la jurisprudence

---

1. V. not. A. Cottereau, « droit et bon droit. un droit des ouvriers instauré puis évincé par le droit du travail (France, XIXe siècle) », *Annales Hist. Sc. soc., 2002*, vol. 57, p. 1521-1557. V. aussi, Civ. 14 févr. 1866, arrêt dit « des sabots », *Bull. civ.* n° 34 ; *RDT* 2006. 30, obs. N. Olszak, arrêt symptomatique de la situation antérieure par son raisonnement en termes d'exécution des contrats et sa négation de tout pouvoir de l'employeur sur le salarié.

2. E.- D. Glasson, *Le Code civil et la question ouvrière*, F. Pichon, Paris, 1886

3. Date de l'arrêt *Bardou* par lequel la subordination juridique devient l'essence et le critère du contrat de travail : Civ. 6 juill. 1931, *Bardou, DP* 1931. 1. 131, note P. Pic ; *Grands arrêts*, n° 1.

4. V. not. J. Pélissier, dir., *Le pouvoir du chef d'entreprise* (dir), Dalloz, 2002 ; A. Jeammaud dir., Le pouvoir patronal, *Sem. soc. Lamy*, Suppl. n° 1340, 11 févr. 2008 ; A. Fabre, *Le régime du pouvoir de l'employeur*, LGDJ 2010. Pour une vision du pouvoir patronal prenant sa source dans l'organisation collective, dans l'entreprise, v. not. J.-M. Béraud, Autour de l'idée de constitution sociale de l'entreprise, *Études offertes à Jean Pélissier*, p. 55. *Adde*, v. ss 610.

actuelle le pouvoir juridique est une faculté concédée par le contrat de travail [1]. Il faut ajouter que tout contrat de travail concède, par définition, un tel pouvoir : il existe un « lien de subordination inhérent au contrat de travail » [2].

607 ***Unité du pouvoir et diversité des modes d'exercice du pouvoir*** ◊ On distingue classiquement le pouvoir de direction de l'employeur, son pouvoir disciplinaire et son pouvoir réglementaire ou normatif. Cette trilogie est inspirée de la trilogie des fonctions de Montesquieu (fonction exécutive, législative et judiciaire). Mais il n'y a là qu'une vague inspiration. En droit du travail, les trois modalités du commandement sont réunies dans les mêmes mains, celles de l'employeur. De plus, il apparaît à l'étude que les trois pouvoirs ne sont pas sur le même plan.

Le pouvoir premier, essentiel, est le pouvoir de direction. Il est une faculté d'organiser, de contrôler, et de commander la prestation de travail. En termes plus juridiques, il est une faculté de créer ou de préciser unilatéralement les obligations dont le salarié est le débiteur [3].

Les pouvoirs disciplinaires et normatifs ne sont que des déclinaisons de ce pouvoir général de direction. Lorsque celui-ci s'exerce en édictant des ordres durables et dotés d'une certaine généralité, il est qualifié de pouvoir réglementaire ou de pouvoir normatif (Chap. 4). Lorsqu'il est exercé pour se renforcer lui-même, pour sanctionner ceux qui lui ont désobéi, on parle de pouvoir disciplinaire (chapitre 5). Le pouvoir de direction inclut ainsi ces deux autres types de pouvoir, sans s'y résumer.

Le « pouvoir de direction », ou « pouvoir » tout court, doit d'abord être confronté, dans sa généralité, à ce qui est sa source et sa première limite : le contrat individuel de travail (Chap. 1). Comme tout pouvoir, il doit être respectueux des droits fondamentaux (Chap. 2). Ses limites n'ont de sens que si elles peuvent être imposées avec une effectivité minimale. Ce qui suppose d'identifier le détenteur réel du pouvoir (Chap. 3).

1. V. ss 611.
2. V. not. Soc. 28 mai 2009, n° 08-15.687 ; 11 févr. 2010, n° 09-11.324.
3. Sur cette définition du pouvoir juridique, v. E. Dockès, *Valeurs de la démocratie*, Dalloz 2005, p. 91-106. Comp. E. Gaillard, *Le pouvoir en droit privé*, Economica 1985.

CHAPITRE 1
POUVOIR ET CONTRAT

608 La question des rapports entre pouvoir de l'employeur et contrat individuel de travail est l'objet de vives controverses doctrinales, lesquelles donnent tout leur sens aux évolutions, majeures que la jurisprudence à connu au cours des années 1980 et 1990 (1). Ces évolutions ont opéré un véritable changement de paradigme. Désormais, la première question juridique à régler est la délimitation de ce qui relève de l'accord des parties et de ce qui relève du pouvoir unilatéral de l'employeur (2). Selon que l'on se situe d'un côté ou de l'autre de cette frontière, le régime juridique applicable est radicalement différent. D'un côté, la question est celle de la modification du contrat de travail (3). De l'autre, c'est d'exercice du pouvoir qu'il s'agit (4).

SECTION 1. DÉBAT DOCTRINAL ET ÉVOLUTION JURISPRUDENTIELLE

609 ***Un difficile agencement*** ◊ Le contrat renvoie une image d'égalité et de commun accord. Le pouvoir est inégalité et unilatéralisme. Contrat et pouvoir semblent donc *a priori* bien éloignés l'un de l'autre. Ils furent même longtemps conçus comme s'excluant l'un l'autre. Au nom du principe d'égalité proclamé en 1789, il appartenait au contrat de régir les rapports entre individus égaux. Au nom de l'intérêt général, les rapports entre personnes publiques et administrés étaient eux placés exclusivement sous le signe du pouvoir.

Ces conceptions imprégnées des dogmes révolutionnaires et d'une certaine naïveté n'ont plus cours. Outre le recours croissant de la puissance publique au contrat [1], l'existence d'un possible pouvoir juridique au sein des relations contractuelles est désormais reconnue [2]. Le plus évident de ces pouvoirs accordés à un cocontractant est le pouvoir de l'employeur sur ses salariés. Ce pouvoir est juridiquement admis depuis l'arrêt *Bardou* du 6 juillet 1931 [3]. L'antinomie contrat-pouvoir a ainsi perdu sa rigidité au profit d'une certaine cohabitation.

---

1. *Cf.* not. M. Hecquart-Théron, Contractualisation des actions et des moyens publics d'intervention, *AJDA* 1993. 451.
2. P. Lokiec, *Contrat et pouvoir*, LGDJ 2004.
3. V. ss 200.

Le conflit des paradigmes n'en reste pas moins vif. Et leur confrontation demeure source de controverses [1]. Deux conceptions principales s'opposent. Selon la première, le pouvoir est une prérogative reconnue au chef d'entreprise ès qualités. C'est sa position dans l'organisation économique collective qui lui confère son pouvoir. Selon la seconde conception, le pouvoir de l'employeur est issu du contrat. Il est une clause implicite insérée au sein de tout contrat individuel de travail.

610 ***Le pouvoir détaché du contrat : la théorie de l'institution*** ◊ La permanence d'une logique de puissance publique, transposée en droit du travail, a longtemps conduit la doctrine à placer la source et les limites du pouvoir en dehors du contrat de travail. Cette posture part du fait : la position du chef d'entreprise dans l'organisation économique est bien la source factuelle du pouvoir. Si, en pratique, le chef d'entreprise dirige, c'est parce qu'il détient les moyens de la puissance économique, parce qu'il est dans une situation prépondérante dans l'organisation économique que l'on nomme « entreprise ». Une part de la doctrine s'appuie sur ce fait, pour le transformer en droit. La source factuelle de la domination se mute alors en source juridique d'un pouvoir juridique. Le droit se plie au fait. Et le pouvoir de fait se transforme en pouvoir de droit. Le discours doctrinal le plus abouti qui ait défendu ce point de vue est la théorie institutionnelle [2].

Selon cette théorie, dans la forme que lui a donnée Hauriou [3], une institution naît de la réunion de personnes, se donnant un moyen d'expression commun, autour d'une idée d'œuvre. Ces éléments de fait permettent, selon l'auteur, l'apparition d'une institution, soit d'une entité dotée d'une certaine transcendance et au sein de laquelle les individus sont fondus pour être intégrés comme organe ou comme parties d'un organe. Cette entité est source du droit, elle est même pour Santi Romano, un ordre juridique [4]. Le pouvoir du chef de l'institution est un pouvoir juridique, qui tire sa source dans l'existence de l'Institution. Ce pouvoir ne trouve plus alors de limites que dans le respect de la finalité de l'institution.

1. *Cf.* not. J.-M. Béraud, L'interaction du contrat de travail et du pouvoir de l'employeur, *Dr. ouvrier* 1997. 529 ; Autour de l'idée de constitution sociale de l'entreprise, *Études offertes à Jean Pélissier*, p. 55 ; E. Dockès, De la supériorité du contrat de travail sur le pouvoir de l'employeur, *Études offertes à J. Pélissier*, p. 203.

2. La théorie institutionnelle connaît plusieurs versions. Les principales sont celles de M. Hauriou (v. réf. note 3) et de Santi Romano (v. réf. note 4). V. aussi, G. Renard, *La théorie de l'institution*, Sirey, 1930.

3. *Cf.* not. M. Hauriou, « L'Institution et le droit statutaire », *Recueil de Législation de Toulouse*, 2e série, T. 11, 1906, p. 134-182 ; « La théorie de l'institution et de la fondation », *Cahiers de la Nouvelle Journée*, 1925, n° 4, p. 2-45. Sur cette théorie, cf. not. G. Gurvitch, Les idées maîtresse de Maurice Hauriou, archives de philosophie du droit, 1931, p. 185 ; E. Millard, Hauriou et la théorie de l'institution, *Dr. sociétés* 1995, n° 30/31.

4. S. Romano, *L'ordre juridique*, 1re éd. 1918, trad. de la seconde édition par L. François et P. Gothot, Dalloz, 1975

Transposée en droit du travail [1], cette théorie fait de l'entreprise une institution. Le contrat individuel de travail n'a plus alors qu'un rôle mineur, celui d'être un acte d'adhésion du salarié à l'institution [2]. Il n'est ni la source, ni la limite du pouvoir de l'employeur. L'intérêt de l'entreprise est dans ce contexte le principal frein du pouvoir de l'employeur. Cette limitation par l'intérêt de l'entreprise est en pratique un peu théorique, d'autant que la théorie institutionnelle désigne l'employeur comme interprète officiel de la teneur de cet intérêt de l'entreprise [3].

Le principal danger de la théorie institutionnelle est cependant ailleurs. Parmi les différents organes de l'institution, cette théorie accorde une place à part à l'organe dirigeant, au chef de l'institution. Son existence est l'un des éléments constitutifs essentiel d'une institution et sa reconnaissance comme source du droit est l'un des effets principaux de la théorie [4]. Dans le cadre d'une analyse institutionnelle, pour connaître quel est le chef de l'institution, le créateur de droit, il suffit donc d'observer celui ou ceux qui dans les faits dirigent. Le chef de l'institution est celui qui exerce le pouvoir de fait. C'est parce qu'il détient ce pouvoir qu'il est chef et c'est parce qu'il est chef qu'il est détenteur d'un pouvoir de droit. La théorie institutionnelle permet ainsi une « auto-juridification », une auto-légitimation du pouvoir. Le droit se soumet au pouvoir. Le pouvoir nu est rendu juridique par la seule vertu d'une théorie. Poussé dans ses limites, ce raisonnement a pu conduire à des dérives extrêmes [5].

Sous l'influence notamment de Paul Durand, la Cour de cassation a un temps été tentée par la vision institutionnelle du pouvoir de l'employeur. En ce sens, de manière symptomatique, le célèbre arrêt *Poliet et Chausson* du 16 juin 1945 avait affirmé que le pouvoir disciplinaire du « *patron* » est

---

1. Pour une application de cette théorie au droit du travail, v. not. J. Brèthe de la Gressaye et A. Legal, *Le pouvoir disciplinaire dans les institutions privées*, Sirey, 1938 et surtout P. Durand, Aux frontières du contrat et de l'institution, la relation de travail, *JCP* 1944 I. 387 ; *Rapport sur la notion juridique d'entreprise*, Travaux de l'association Henri Capitant pour la culture juridique française, 1947, Dalloz, 1948, tome 3, p. 45 s. V. aussi, pour une position moderne proche, J.-M. Béraud, Autour de l'idée de constitution sociale de l'entreprise, *Études offertes à Jean Pélissier*, p. 55.

2. *Cf.* not. P. Durand, À la frontière du contrat et de l'institution : la relation de travail, *JCP* 1944. I. 337.

3. Pour une critique de la notion d'intérêt de l'entreprise, *Cf.* G. et A. Lyon-Caen : « La doctrine de l'entreprise », *in Dix ans de droit de l'entreprise*, Paris, Éd. Litec, 1978, p. 599 s.

4. *Cf.* not. Hauriou 1925 préc., p. 11 et Santi Romano préc.

5. *Cf.* not. C. Schmitt « *Der Führer schützt das Recht* » (« Le Führer protège le droit »), *Deutsche Juristenzeitung* 1934/29. Dans cet article l'auteur applique sa vision institutionnelle du droit pour légitimer les assassinats commis sur ordre de Hitler lors de la nuit des longs couteaux du 30 juin 1934 : « *Le Führer préserve le droit des pires déviances en créant directement du droit,* (…) *en se fondant sur sa fonction de Führer et en tant que juge suprême.* (…) *En vérité, l'acte du Führer était l'expression de la vraie justice. Il n'est pas soumis à la justice, mais il est lui-même justice suprême* » (trad. M. Fromont et *alii*, *in* Bernd Rhüters « Citations d'un « auteur classique » (Carl Schmitt) selon les époques », *RFDC* 2002. 540). Les assassinats commis sur ordre du chef de l'institution sont ainsi ordonnés par la source suprême du droit, ils sont donc des exécutions capitales juridiquement fondées… Ce raisonnement, qui n'est qu'une simple application de la théorie institutionnelle prônée par l'auteur, conduit à la négation pure et simple de l'idée d'État de droit.

« *inhérent à sa qualité* » [1] et la Cour avait pu, en plusieurs occasions, prétendre que l'employeur était « *seul juge* » de l'intérêt de l'entreprise [2]. Ces motivations discutables directement inspirées par la théorie institutionnelle de l'entreprise, ont été abandonnées depuis le début des années 1980 [3], au profit de la principale théorie concurrente : la théorie contractuelle du pouvoir. L'idée d'un pouvoir patronal existant au-delà et indépendamment du contrat demeure cependant encore présente en doctrine [4].

611 ***Le pouvoir issu du contrat : la théorie contractuelle du pouvoir*** ◊ Selon la théorie contractuelle, la source juridique du pouvoir, ce qui permet au pouvoir de l'employeur d'accéder au droit, doit être recherché au-delà de la simple constatation de ce pouvoir. Pour accéder au droit le pouvoir doit s'appuyer sur une source qui soit juridique et légitimante. Or, avec la montée d'une meilleure prise en compte de l'individu en droit du travail, le fait collectif qu'est l'entreprise est apparu progressivement insuffisant pour légitimer ou juridiciser la soumission au pouvoir du salarié.

Ce plus grand respect accordé à l'individu a rendu nécessaire de fonder sur le consentement l'existence d'un pouvoir juridique. Il est alors considéré que *le salarié est subordonné parce qu'il y a consenti, et dans la limite où il y a consenti*. Ce qui conduit à reconnaître le contrat individuel comme la source du pouvoir juridique de l'employeur et comme sa première limite. Ce pouvoir juridique, désigné du point de vue du salarié comme la « subordination juridique », se comprend comme une clause implicite, incluse par la jurisprudence au sein de tout contrat de travail [5].

Cette lecture contractuelle du pouvoir a pris son essor avec la redécouverte de l'individu salarié en droit social. Même si les premiers travaux de réhabilitation du contrat de travail datent de la fin des années 1960 [6], le mouvement fut surtout sensible à partir des années 1980. La consécration

1. J. Pélissier, A. Lyon-Caen, A. Jeammaud et E. Dockès, *Grands arrêts*, n° 63 ; *Dr. soc.* 1946. 427 note P. Durand.

2. *Cf.* not. Soc. 15 janv. 1960, *Bull. civ.* V, n° 49 : « *l'employeur* (...) *est seul juge de savoir quels sont les salariés qu'il doit conserver dans l'intérêt de son entreprise* » (v. déjà, Soc. 31 mai 1956, *Brinon*, *JCP* 1956. II. 9397, note Esmein, *D.* 1958. 21, note Levasseur ; *adde*. Soc. 27 janv. 1971, *Bull.* V, n° 54 ; 18 déc. 1972, *Bull. civ.* V, n° 695).

3. L'abandon de la doctrine de l'employeur seul juge a été progressif avec la montée du contrôle de l'abus du droit de licencier au début des années 1970, puis à la suite des lois limitant le droit de licencier de 1973 et 1975. Sur cet abandon, cf. not. la note de Jean Pélissier, sous Soc. 31 mai 1978, *D.* 1978. 569 ; *Adde*, Soc. 6 févr. 1980, *Bull.* V, n° 109. *Adde*, Ph. Waquet, Le juge et l'entreprise, *Dr. soc.* 1996. 472 s., spéc. 476. V. cep. la résurgence isolée et maladroite de l'idée d'employeur seul juge dans Soc. 21 févr. 1990, *Bull. civ.* V, n° 81. L'idée d'un pouvoir disciplinaire inhérent à la qualité de chef d'entreprise a, elle, été contredite expressément par la loi du 4août 1982, ce qui a conduit à l'abandon de la formule en jurisprudence.

4. V. par ex. C. Radé, À propos de la contractualisation du pouvoir disciplinaire de l'employeur critique d'une jurisprudence hérétique, *Dr. soc.* 1999. 3 ; J.-M. Béraud, préc.

5. G. Lyon-Caen, L'obligation implicite, *APD*, t. 44, Dalloz 2000, p. 109 ; E. Dockès, Notion de contrat de travail, *Dr. soc.* 2011. 548.

6. G. Lyon-Caen, Défense et illustration du contrat de travail, in *Archives Phil. dr.* t. 13, 1968, p. 59.

jurisprudentielle de la théorie contractuelle, progressive, s'est achevée au cours des années 1990. Cette évolution [1], décrite plus précisément ci-après, fut logiquement concomitante au développement de la problématique des droits de l'homme en droit du travail [2]. Le tout s'inscrivant dans une certaine individualisation du droit du travail [3].

Trois étapes essentielles ont ponctué l'intégration en jurisprudence de l'analyse contractuelle du pouvoir. Ces étapes sont connues sous le nom des arrêts qui les ont consacrées, à savoir les arrêts *Raquin*, *Le Berre*, et *Le Berry*.

612 ***L'exigence d'une acceptation exprès : l'arrêt Raquin du 8 octobre 1987*** [4] ◇ Le revirement de jurisprudence réalisé par cet arrêt peut à première vue apparaître relativement anodin. Avant l'arrêt *Raquin*, lorsqu'un important changement dans les rapports de travail avait lieu, le fait que le salarié exécute son travail aux nouvelles conditions, sans protester, permettait au juge d'en déduire que le salarié avait consenti au changement. L'exécution du contrat de travail aux nouvelles conditions valait acceptation tacite de ces nouvelles conditions [5]. L'arrêt *Raquin* refuse cette acceptation tacite. Il affirme que l'acceptation des salariés ne peut pas découler de la poursuite du travail. Le salarié accepte la modification expressément ou il ne l'accepte pas.

L'arrêt *Raquin* en tire les conséquences. En l'espèce, l'employeur avait modifié le mode de rémunération, ce qui s'était traduit par une perte de salaire de M. Raquin. Celui-ci n'en avait pas moins continué de travailler, aux nouvelles conditions et ce pendant plus de 10 ans. Cette poursuite du travail ne vaut pas, pour la Cour de cassation, acceptation de la modification du contrat. Cette modification n'a donc pas eu lieu et le seul contrat qui demeure est le contrat conclu aux conditions antérieures. Par conséquent, M. Raquin avait droit à des rappels de salaires. Et l'arrêt ajoute que si M. Raquin persiste dans son silence, l'employeur devra continuer à lui verser son ancien salaire ou bien il devra le licencier. Ce rejet de l'acceptation tacite est une petite modification du droit. Elle a eu des conséquences considérables.

---

1. Sur laquelle, v. not. A. Lyon-Caen, Actualité du contrat de travail, *Dr. soc.* 1988. 540 ; A. Jeammaud, Les polyvalences du contrat de travail, Mélanges G. Lyon-Caen, Dalloz 1989, p. 299 ; Ph. Waquet, Le renouveau du contrat de travail, *RJS* 1999. 383.

2. V. ss 653 s.

3. P. Adam, *L'individualisation du droit du travail*, LGDJ 2005

4. Soc. 8 oct. 1987, *Raquin et Trappiez*, *D.* 1988. 57, note Y. Saint-Jours, *Dr. soc.* 1988. 135 (3e esp.), note J. Savatier, *Grands arrêts*, n° 49 ; *Bull. civ.* V, n° 541. *Adde*, dans le même sens, Soc. 17 déc. 1987, *Bull. civ.* V, n° 746 ; 21 janv. 1988, *ibid.*, n° 58 ; 4 févr. 1988, *ibid.*, n° 96 ; 25 févr. 1988, *ibid.*, n° 140, et de nombreux arrêts postérieurs (ex. : 18 avr. 2000, *Bull. civ.* V, n° 139 ; 16 nov. 2007, *JCP S* 2008. 1030, note M. Del Sol.

5. V. not. Soc. 1er déc. 1971, *Bull. civ.* V, n° 702. La solution n'était écarté que si une clause du contrat initial prévoyait qu'un écrit devait être rédigé en cas de modification (Soc. 7 déc. 1966, *Bull. civ.* IV, n° 922). Sur cet état du droit, v. M. Despax, L'acceptation tacite par le salarié de modifications aux conditions de travail initialement convenues avec l'employeur, *Études dédiées à G. Marty*, Univ. Sc. soc. Toulouse, 1978, p. 449.

En pratique, en effet, les salariés qui tiennent à leur emploi se soumettent généralement sans protester aux modifications de lieu, d'horaire, de salaire que l'employeur veut bien leur imposer. La soumission, dans un contexte de travail subordonné, est monnaie courante. Tant que la soumission valait acceptation des modifications du contrat, le contrat n'était en pratique qu'un chiffon de papier. L'employeur pouvait ordonner sans crainte. Si son commandement allait au-delà du contrat cela n'importait guère : pour peu que les salariés se soumettent, leurs contrats étaient automatiquement modifiés. Le contenu des contrats était ainsi, en pratique, à la disposition des employeurs.

Avec l'arrêt *Raquin*, tout devient différent. Le salarié peut continuer à courber prudemment l'échine pour conserver son emploi. Mais lorsqu'il le souhaitera, des années plus tard peut-être, il pourra se retourner contre l'employeur et exiger l'application du contrat aux conditions initiales. Si son salaire a été baissé, ce sont des rappels de salaires sur 5 ans qui pourront être ainsi réclamés [1]. L'absence de refus exprès valait acceptation tacite. Par l'arrêt *Raquin*, qui ne dit mot ne consent plus.

Depuis lors, lorsque l'employeur veut modifier le contrat de travail, il doit demander l'acceptation expresse de ses salariés. Il est vrai que, sous la menace du licenciement, cette acceptation peut souvent être obtenue. Mais on aurait tort de sous-estimer la formalité désormais nécessaire. Envoyer à tous les salariés une demande d'acceptation expresse et attendre que tous l'aient bien renvoyée dûment remplie n'est pas si facile, surtout lorsqu'il s'agit de demander de renoncer à des avantages. La formalité rend, de plus, la réduction d'avantages particulièrement visible, officielle. Ce qui n'est pas sans effets psychologiques sur le personnel, lequel peut très mal le prendre, voire organiser des résistances. La destruction d'avantages discrète, tacite, est nettement plus facile. Ainsi, l'arrêt *Raquin* a eu un effet considérable. Il a permis au contrat de travail d'avoir une force obligatoire non plus seulement théorique, mais effective. Ce qui change tout.

Que l'on doive demander l'accord formel du salarié est au demeurant à ce point important que le législateur a fini par se sentir obligé d'édulcorer quelque peu la jurisprudence *Raquin*. La loi du 20 décembre 1993 a introduit la règle de l'article L. 1222-6 du Code du travail. Ce texte permet d'éviter, sous condition, l'application de la jurisprudence *Raquin*. Pour ce faire, l'employeur qui propose une modification du contrat *pour un motif économique* doit envoyer à tous les salariés concernés une lettre recommandée avec accusé de réception. Cette lettre doit mentionner expressément que le salarié peut refuser la modification et qu'il a un mois pour ce faire [2]. Si au bout de ce mois le salarié est resté silencieux, il est réputé avoir accepté la modification de son contrat. Le silence ainsi, à nouveau, vaut acceptation.

1. Les dettes de salaires sont prescrites au bout de 5 ans, v. ss 947.
2. Le licenciement prononcé avant l'expiration du délai de réponse est dépourvu de cause réelle et sérieuse (Soc. 10 déc. 2003, *RJS* 2/04, n° 174).

Ce changement législatif n'a pas fait disparaître la jurisprudence *Raquin*. Il s'analyse comme une exception législative à cette jurisprudence. Exception qui est, comme telle, d'interprétation stricte.

Ainsi la jurisprudence Raquin reste seule applicable lorsque la modification du contrat est demandée par l'employeur *pour un motif personnel*, soit par exemple une faute ou une insuffisance professionnelle. De plus, la procédure de l'article L. 1222-6 du Code du travail n'opère pas un complet retour en arrière. Elle requiert tout de même quelques formes, ce qui n'est pas en pratique négligeable. Et, si ces formes ne sont pas respectées, on en revient à la jurisprudence *Raquin* [1]. De plus, le champ d'application de cette procédure spéciale est d'interprétation stricte [2].

613 ***L'abandon des modifications « substantielles » et « non substantielles » : l'arrêt Le Berre du 10 juillet 1996*** [3] ◊ Afin de déterminer si un employeur pouvait ou non imposer unilatéralement un changement d'horaire, de durée du travail, de lieu d'exécution de la prestation, des tâches à accomplir, ou de la rémunération, la jurisprudence a longtemps distingué « modifications substantielles » et « modifications non substantielles » du contrat de travail. Les premières ne pouvaient être imposées par l'employeur et leur mise en œuvre requérait l'assentiment du salarié [4]. Les modifications non substantielles, c'est-à-dire mineures, pouvaient au contraire être imposées par l'employeur et le refus du salarié d'exécuter le contrat ainsi modestement retouché constituait une faute justifiant une sanction disciplinaire, y compris un licenciement [5]. L'appartenance d'une modification litigieuse à l'une ou l'autre des deux catégories était affaire d'appréciation. Tout dépendait de l'incidence du changement sur les conditions de vie et de travail du salarié [6].

---

1. Soc. 30 janv. 2008, n° 06-42.000 D, *RDT* 2008. 142

2. La Cour de cassation considère que la procédure d'acceptation tacite ne s'applique pas à la proposition de modification du contrat adressée par l'employeur en exécution de son obligation de reclassement afin d'éviter le licenciement pour motif économique : Soc. 13 avr. 1999, *Dr. soc.* 1999. 639, obs. G. Couturier ; 17 mai 2006, *RDT* 2006. 100, obs. Ph. Waquet. V. aussi : Soc. 16 nov. 2007, *Bull. civ.* V, n° 511 ; *JCP S* 2008. 1030, note M. Del Sol. Sur cet obligation de reclassement, v. l'art. L. 1233-4 C. trav.

3. Soc. 10 juill. 1996, *Bull. civ.* V, n°s 278, 541, *Grands arrêts*, n° 50.

4. « L'employeur ne peut, sans l'accord du salarié, modifier substantiellement le contrat individuel de travail » et « il lui incombe, soit de maintenir les conditions contractuellement convenues, soit de tirer les conséquences du refus opéré par l'intéressé » (Soc. 21 janv. et 4 févr. 1988, *Bull. civ.* V, n°s 58, 96).

5. Malgré la référence, fondatrice de cette construction jurisprudentielle, à la nature contractuelle du rapport de travail et à la force obligatoire des conventions, une modification du contrat pouvait être imposée unilatéralement dès lors qu'elle restait « non substantielle » ou ne touchait pas un « élément essentiel ». Au motif que « le contrat à durée indéterminée, qui peut être à tout moment rompu par la volonté de l'une des parties, peut également et par là même être modifié de façon unilatérale » (Soc. 26 janv. 1978, *Dr. soc.* 1979. 287, obs. J. Savatier). La justification en valait que pour le contrat à durée indéterminée.

6. Par ex., le changement du lieu de travail allait-il allonger le temps de trajet quotidien dans une mesure affectant l'organisation de vie de la salariée ou du salarié ? Le contraindre, en fait, à déménager ?

Cette appréciation *in concreto* a pu paraître trop incertaine. Elle était surtout, d'un point de vue terminologique, une négation de l'analyse contractuelle du pouvoir. Il était en effet admis que l'employeur avait le pouvoir de modifier le contrat. Ce pouvoir était certes limité, puisqu'il ne pouvait qu'occasionner une modification « non substantielle ». Mais il était tout de même reconnu. Le pouvoir de l'employeur était ainsi compris comme partiellement supérieur à la force obligatoire du contrat. Ce qui contredisait l'idée d'un pouvoir issu du contrat et limité par le contrat.

Pour ces raisons, à travers plusieurs arrêts du 10 juillet 1996, dont le célèbre arrêt *Le Berre* [1], la Cour de cassation a abandonné son ancienne terminologie et consacré une nouvelle distinction entre, d'une part, la *modification du contrat de travail*, qui suppose le commun accord des parties, et, d'autre part, le *pouvoir de l'employeur* lequel régit le (simple) *changement des conditions de travail*. L'évolution n'est pas seulement terminologique. Elle traduit une nouvelle approche du rapport de travail [2]. Toute *modification* du contrat de travail, aussi modeste soit-elle, ne peut intervenir qu'avec l'accord des deux parties. En revanche, l'*exécution* du contrat est placée sous le signe de la subordination du salarié à l'employeur, et à ce titre celui-ci peut modifier les « conditions de travail ». La question devient alors de séparer ce que le contrat a fixé et ce qu'il a laissé au pouvoir de l'employeur. Par la cohérence qu'elle apporte au droit du travail cette jurisprudence peut être approuvée [3]. Sa difficile mise en œuvre a cependant pu nourrir la critique [4].

L'analyse contractuelle du pouvoir et l'idée d'une subordination juridique fondée et limitée par le consentement du salarié peut être considérée comme de droit positif jurisprudentiel depuis l'arrêt *Le Berre*. Désormais, le contrat individuel de travail l'emporte à chaque fois qu'il peut être opposé à un acte de pouvoir de l'employeur. Cette solution a été, par la suite, confirmée et systématisée par la Cour de cassation. En 1998, par un important arrêt *Hôtel le Berry* du 16 juin 1998 [5], la Cour put ainsi affirmer que, même par l'exercice de son pouvoir disciplinaire, l'employeur ne peut unilatéralement modifier le contrat de travail de son salarié. Dans la même logique, on notera qu'aucun accroissement du

1. Soc. 10 juill. 1996, *Bull. civ.* V, n° 278, *Dr. soc.* 1996. 976, obs. H. Blaise, *Dr. ouvrier* 1996. 457, note P. Moussy, *JCP* 1997. II. 22768, note Y. Saint-Jours, *Grands arrêts*, n° 50. V. aussi : Soc. 17 oct. 1996, n°s 93-41.794 D et 93-45.738 D ; 30 sept. 1997, *Dr. soc.* 1997. 1094, obs. J.-E. Ray.

2. V. not. l'exposé d'un des artisans du changement : Ph. Waquet, La modification du contrat de travail et le changement des conditions de travail, *RJS* 12/96, p. 791 ; Le renouveau du contrat de travail, *RJS* 5/99, n° 383.

3. Cette opinion n'est pas partagée par tous les auteurs de cet ouvrage : voir J. Pélissier, « Difficultés et dangers de l'élaboration d'une théorie jurisprudentielle : l'exemple de la distinction entre la modification du contrat les changements des conditions de travail », *Mélanges offerts à P. Couvrat*, PUF, 2001.

4. V. not. J. Pélissier, préc.

5. Soc. 16 juin 1998, *Bull. civ.* V, n° 320 ; *Dr. soc.* 1998. 803, rapp. Ph. Waquet ; *Grands arrêts*, n° 67.

pouvoir de l'employeur, fût-ce par convention collective, ne peut être admis sans modification préalable du contrat de travail [1].

Il faut noter que la jurisprudence *Le Berre* n'a toujours pas fait l'objet d'une consécration législative exprès. Empruntant la terminologie jurisprudentielle de son temps, la « loi Balladur » de décembre 1993 avait imposé la notification par écrit de toute « modification substantielle des contrats de travail » pour un motif économique (C. trav., art. L. 321-1-2). La « loi Borloo » du 18 janvier 2005 a changé l'expression, non en adoptant celle consacrée depuis près de dix ans par la Cour de cassation mais en substituant à l'expression choisie en 1993 celle de « modification d'un élément essentiel du contrat de travail » [2]. L'intention du législateur n'était pas, pour autant, de modifier la jurisprudence. Il entendait au contraire la reprendre. Aussi la Cour de cassation a-t-elle pu maintenir sa terminologie [3].

On pouvait espérer que la recodification mettrait fin à cette contradiction entre la terminologie législative et la terminologie jurisprudentielle. Il n'en a rien été. Il est encore question de « modification d'un élément essentiel du contrat de travail » aux nouveaux articles L. 1222-6 et L. 1233-25 du Code du travail.

SECTION 2. CONTENU DU CONTRAT ET DÉLIMITATION DU POUVOIR

614 ***Commune volonté et ordre public*** ◊ Identifier ce que le contrat fixe et ce qu'il laisse soumis au pouvoir de l'employeur est une question essentielle. Elle relève, en principe, de l'interprétation de la volonté des parties. Mais elle est aussi parcourue d'ordre public. La question, en effet, est grave. Il s'agit de fixer les contours du pouvoir juridique auquel sont soumises les personnes en situation de travail, ou du moins la grande majorité d'entre d'elles. En d'autres termes, il s'agit de délimiter les frontières de la soumission au travail. L'ordre public ne peut se désintéresser d'une pareille question, du moins en démocratie. Il se manifeste d'abord au travers des droits fondamentaux des personnes, qu'un trop grand pouvoir pourrait atteindre. Il est aussi présent au nom du droit commun des obligations, droit pour lequel le principe est celui de l'égalité entre cocontractants et qui ne peut concevoir le pouvoir que comme une exception d'interprétation stricte. Le Code civil contient notamment un article 1174,

1. Soc. 28 sept. 2010, *GAEC Collonges*, n° 08-43.161 P, *Sem. soc. Lamy* 2010, n° 1464, note F. Favennec-Héry ; *ibid.*, n° 1472, p. 12, note P. Florès, arrêt qui considère qu'un accord collectif de modulation (accord dont l'effet est d'accroître le pouvoir de l'employeur sur la répartition du temps de travail) ne peut s'appliquer qu'après modification des contrats individuels de travail.

2. V. aussi l'art. L. 321-1-3 issu de cette loi : « Lorsqu'au moins dix salariés ont refusé la modification d'un élément essentiel de leur contrat de travail... ».

3. V. not. les arrêts postérieurs à 2005, cités en notes aux n°s 593 s.

lequel prohibe les conditions potestatives, et un article 1129, lequel exige des obligations contractuelles qu'elles aient un objet déterminé ou déterminable. En droit du travail, ces règles emportent une exigence de délimitation contractuelle du pouvoir. Quoique ces textes ne soient pas cités expressément par la Cour de cassation, il est permis de penser qu'ils inspirent une partie des solutions jurisprudentielles en la matière [1].

La question est sensiblement différente selon qu'un écrit précise ou non la frontière du pouvoir de l'employeur.

§ 1. En l'absence de clauses spéciales

615 ***Méthode*** ◊ Comment déterminer avec précision ce qui relève du champ contractuel lorsque la conclusion du contrat de travail n'a pas fait l'objet d'un écrit ou lorsque l'écrit, sommaire, ne contient par de dispositions sur la question ?

Certains ont cru, un temps au moins, que la directive communautaire n° 91/533 du 14 octobre 1991, relative à l'obligation de l'employeur d'informer le travailleur des conditions applicables au contrat ou à la relation de travail, imposait de tenir pour éléments du contrat ceux qu'énumère son article 2 (identité des parties, lieu de travail, qualité ou catégorie d'emploi, description sommaire du travail, date du début du contrat, rémunération, durée journalière ou hebdomadaire de travail, durée du congé payé, conventions et accords collectifs, applicables, etc.). Mais cette directive n'a pas une telle portée : elle prescrit seulement aux États membres d'imposer aux employeurs de porter par écrit à la connaissance du travailleur (et pas nécessairement par l'écrit dressé pour constater le contrat) les principaux éléments de leur rapport de travail. On imaginerait mal, au demeurant, qu'elle prétende imposer aux droits nationaux de traiter dorénavant la convention collective comme un élément du contrat de travail. Si les juges français peuvent éventuellement s'inspirer de ce texte pour identifier les éléments de la « sphère contractuelle », ils n'y sont pas tenus. La chambre sociale, qui contrôle la qualification pratiquée par les juges du fond [2], se prononce au coup par coup à propos du changement litigieux, ce qui est souvent l'occasion pour elle de fixer une solution de principe pour un type de changement, et de dire s'il s'agit d'une modification du contrat ou d'un simple changement des conditions de travail. C'est ainsi que progressivement la jurisprudence a tracé les contours du contenu du contrat de travail et, en creux, l'étendue du pouvoir patronal contractuellement consenti.

La prestation de travail due par le salarié est, dans ses différentes composantes, déterminée par le contrat avec une certaine souplesse. En

1. V. ss 629 s. *Adde* E. Dockès, La détermination de l'objet des obligations nées du contrat de travail, *Dr. soc.* 1997. 140 ; J. Pélissier, La détermination des éléments du contrat de travail, *Dr. ouvrier* 2005. 92 ; Pour un droit des clauses du contrat de travail, *RJS* 5/05, p. 499.

2. Soc. 28 janv. 1998, *Bull. civ.* V, n° 40.

l'absence de clauses exprès sur ces points, sont considérés comme fixés par le contrat la qualification et la nature du travail demandé (A), la durée, les grandes lignes de la répartition du temps de travail (B), le secteur géographique dans lequel le travail est exécuté (C) et surtout le salaire (D). Parmi les obligations essentielles qui découlent du contrat de travail, il faut encore compter l'obligation de l'employeur de fournir le travail convenu [1]. La question du contenu du contrat de travail est aussi celle de l'intégration, ou non, des dispositions issues du statut collectif au sein du contrat (E).

A. Obligation de l'employeur de fournir un travail et obligation du salarié de réaliser ce travail

616 ***L'obligation de fournir une tâche à exécuter*** ◊ La première obligation souscrite par l'employeur est de fournir à son cocontractant un travail à exécuter. La Cour de cassation affirme clairement que « le contrat de travail comporte pour l'employeur l'obligation de fournir du travail au salarié ». De cette obligation, il résulte plusieurs conséquences : l'employeur devra verser une indemnité au salarié qui a été mis en chômage partiel ; il ne pourra pas reprocher au salarié de ne pas avoir travaillé pendant une certaine période faute d'avoir trouvé lui-même des tâches à accomplir (le licenciement qui serait prononcé pour ce motif serait sans cause réelle et sérieuse). Quant au salarié, il pourra prendre acte de la rupture du contrat lorsque l'employeur ne lui donne pas, en dehors bien sûr des périodes pendant lesquelles le contrat est suspendu, le travail convenu à effectuer (la prise d'acte produira les effets d'un licenciement sans cause réelle et sérieuse). Cette tâche que l'employeur s'engage à fournir et que le salarié s'engage à exécuter, doit être précisée par le contrat.

617 ***La détermination de la tâche à accomplir*** ◊ Un salarié est embauché pour exercer un certain type de tâches et non pour faire n'importe quoi au gré de l'employeur. Il ne peut donc pas se voir contraindre à exécuter des tâches qui sortent de ses attributions contractuelles. La difficulté est de préciser, au cas par cas, quelles sont les attributions contractuelles de tel ou tel salarié.

En cas de silence ou d'imprécision du contrat écrit, la jurisprudence considère qu'au minimum la qualification du travail et les responsabilités du salarié sont des éléments du contrat. Un salarié embauché pour tel type de tâche qualifiée ne peut être muté sur une tâche qui suppose une autre qualification sans son accord, même si cette mutation équivaut à une

1. Sur cette obligation de fournir le travail convenu, v. Soc. 3 nov. 2010, *Dr. soc.* 2011. 95, note C. Radé, Partie 2 notion de contrat de travail.

promotion [1]. De même, la réduction des responsabilités d'un salarié est une modification de son contrat de travail [2].

Lorsque la demande de l'employeur ne modifie pas l'ampleur des responsabilités du salarié et qu'elle ne le fait pas non plus sortir de sa qualification, la question est plus difficile. Toute modification des tâches habituellement réalisées par le salarié n'est pas une modification du contrat de travail. Si les tâches sont connexes ou de même nature, la demande fait en général partie du pouvoir de l'employeur [3]. En revanche, dès que le type de travail diffère franchement et qu'il n'est pas habituellement associé à la tâche du salarié, c'est la qualification de modification du contrat de travail qui l'emporte [4].

À ces modifications de la nature de la tâche qui relèvent du pouvoir de l'employeur, il faut ajouter comme appartenant à cette sphère du pouvoir la modification de l'intensité de la tâche. L'accélération du rythme de travail est en principe considérée comme faisant partie du pouvoir de l'employeur. Ainsi, l'augmentation de la quantité de travail ou la réduction de la durée prévue pour telle ou telle tâche ont pu être jugées comme de simples modifications des conditions de travail relevant du pouvoir de l'employeur [5]. Et le refus de ce changement de rythme par les salariés peut donc être considéré comme fautif.

Ces possibles commandements visant à modifier la nature ou l'intensité du travail permettent de mieux comprendre, concrètement, ce que signifie la subordination.

618 ***Une obligation de moyen*** ◇ L'obligation de prestation de travail est une obligation de moyens : au lieu de promettre un résultat (comme l'entrepreneur dans le contrat d'entreprise), le salarié met son activité à la disposition de son employeur, sous la subordination duquel il se place. Lorsque l'objet du contrat est un résultat, la subordination est exclue et l'on sort du contrat de travail. Engagement du salarié à obtenir un résultat et qualification de contrat de travail sont antinomiques. Toute stipulation prétendant créer à la charge du salarié l'obligation d'atteindre un résultat (un « chiffre », par exemple) est nulle ou inopérante, à moins qu'elle n'entraîne la disqualification du contrat de travail [6]. Ainsi, un objectif ne peut

1. Soc. 22 oct. 2002, *RJS* 2002, n° 1351.

2. Soc. 28 janv. 2005, *Bull. civ.* V, n° 35 ; La création d'un niveau hiérarchique supérieur ne suffit pas à caractériser une réduction des responsabilités modifiant le contrat de travail (Soc. 6 févr. 2008, n° 06-45.863 D, *RDT* 2008. 142, obs. G. Pignarre).

3. Ainsi, par ex., il peut être demandé à une ouvrière agricole chargée de la cueillette de citrons d'effectuer l'engainage de bananes (Soc. 10 mai 1999, *Bull. civ.* V, n° 791) ou à une femme de ménage affectée à l'entretien des appartements des copropriétaires d'effectuer le nettoyage des parties communes de l'immeuble (Soc. 24 avr. 2001, *Bull. civ.* V, n° 128).

4. Pour un veilleur de nuit en droit de refuser d'effectuer le dressage des couverts pour le petit-déjeuner, v. Soc. 24 janv. 2001, *RJS* 2001, n° 563.

5. V. Soc. 20 oct. 2010, *Dr. soc.* 2011. 333, note M. Miné.

6. On dit volontiers, depuis quelques années, que de nombreux salariés (cadres notamment) sont désormais tenus d'une « obligation de résultats (ex. le rapport de la Commission

être une obligation contractuelle souscrite par le salarié, et dont la violation pourrait être qualifiée en elle-même de faute professionnelle, ni même d'insuffisance professionnelle [1]. Si une telle faute ou une telle insuffisance sont alléguées par l'employeur, il lui appartiendra de démontrer que la non-réalisation des objectifs fixés était due à une telle faute ou à une telle insuffisance et non à d'autres causes comme la fixation trop élevée des résultats, la conjoncture économique, etc. [2] Et la Cour n'hésite pas à affirmer que l'insuffisance de résultats, de manière générale, « ne peut constituer en soi une cause de licenciement » [3].

Ainsi, malgré leur importance pratique et la pression qu'elles peuvent générer sur certains salariés, les objectifs fixés ont une valeur *juridique* très limitée, qu'ils soient unilatéralement fixés par l'employeur, ou même qu'ils soient contractuellement consentis. La force juridique principale possible d'un objectif fixé contractuellement ou unilatéralement se situe sur la rémunération. Un objectif peut toujours être la condition valide de l'octroi d'une prime et des résultats être un mode de calcul de la rémunération due. Ces modes de calculs de la rémunération, à la pièce, au chiffre, aux résultats, doivent simplement respecter les règles relatives à la rémunération minimale et ne pas avoir pour effet de faire porter sur les salariés les risques de l'entreprise.

Dans ce cadre la modification des objectifs peut avoir un effet sur la rémunération. La rémunération étant, par nature, contractuelle, il serait logique que la modification d'un objectif ayant un impact sur la rémunération soit considérée comme une modification du contrat de travail. La Cour de cassation en a décidé autrement. Lorsque les objectifs sont fixés unilatéralement par l'employeur, leur modification peut être unilatérale, même si cette modification a un impact sur la rémunération des salariés [4]. On retrouve ici une limite au caractère contractuel du salaire analogue à celle admise au sujet des engagements unilatéraux, et également critiquable [5].

619 ***Une obligation à exécuter de bonne foi*** ◊ L'exécution de bonne foi, qu'impose l'article 1134, alinéa 3 du Code civil, se manifeste moins à travers la substance de l'obligation de prestation de travail qu'à sa périphérie.

Boissonnat, *Le travail dans vingt ans*, Odile Jacob, 1995, p. 89). L'observation rend peut-être compte du calcul et de la pratique de certaines directions d'entreprises, qu'elles privilégient les résultats par rapport aux modalités de l'activité des salariés dont on valorise alors « l'autonomie » ou qu'elles assignent explicitement des objectifs. Elle peut signaler aussi ce qu'éprouvent nombre de salariés. En droit, *aucune stipulation ne saurait transformer la nature de l'obligation d'un salarié* en une obligation de résultat au sens du langage des juristes.

1. Comp. : Ph. Waquet, Les objectifs, *Dr. soc.* 2001. 120.
2. Soc. 30 mars 1999, *Bull. civ.* V, n° 143 ; 14 nov. 2000, *Dr. soc.* 2001. 99, obs. Ph. Waquet ; 12 févr. 2002, *RJS* 5/02, n° 543 ; 24 juin 2003, *RJS* 10/03, n° 1131.
3. Soc. 3 févr. 1999, *Bull. civ.* V, n° 56 ; 18 avr. 2000, *Bull. civ.* V, n° 138 ; 3 avr. 2001, *Dr. soc.* 2001. 680, obs. C. Radé ;
4. Soc. 2 mars 2011, n° 08-44.977, P, *Dr. ouvrier* 2011. 587, note T. Katz et A. Brousse.
5. Sur cette jurisprudence, v. ss 624.

De la loyauté qu'elle requiert du salarié, on a déduit que ce dernier devait s'abstenir de communiquer à des tiers des informations à caractère confidentiel concernant l'entreprise [1], et des clauses peuvent préciser ou renforcer cette obligation de confidentialité [2].

La bonne foi contractuelle consiste aussi à favoriser l'exécution de ses obligations par le cocontractant. L'exécution de chaque obligation doit ainsi bénéficier de la bonne foi des deux parties. C'est autour de l'adaptation du salarié à son emploi et à ses évolutions que se manifeste de plus remarquable manière cette exigence de coopération pour la poursuite du contrat [3]. On sait que l'obligation, pour l'employeur, d'assurer l'adaptation des salariés à l'évolution de leurs emplois a été « déduite » de l'article 1134, alinéa 3 du Code civil avant d'être consacrée par la loi [4]. Et sa violation est caractérisée lorsque l'employeur a sciemment maintenu une salariée à un poste qu'elle était incapable de tenir au point d'être finalement licenciée [5]. Mais lorsque la Cour de cassation estime que le refus du salarié, sans motif légitime, de suivre une action de formation décidée par l'employeur « dans l'intérêt de l'entreprise » est fautif [6], la solution est rattachable à ce même article 1134, alinéa 3. Même si elle porte l'empreinte de la faveur actuelle pour la gestion prévisionnelle des compétences [7] et confirme que le salarié a désormais une sorte d'« obligation de gérer son emploi » [8].

620 ***Le détenteur du pouvoir de direction*** ◊ Le travail auquel s'oblige le salarié est soumis au pouvoir de direction de son cocontractant, lequel est qualifié d'employeur [9]. L'identité de ce cocontractant est considérée, naturellement, comme un élément du contrat. Un changement d'employeur

1. Soc. 28 juin 1972, *Dr. soc.* 1973. 305, 2e esp., obs. J. Savatier. Rappr. : Soc. 25 mars 1981, *Bull. civ.* V, n° 253.

2. O. Leclerc, Sur la validité des clauses de confidentialité en droit du travail, *Dr. soc.* 2005. 173.

3. Ainsi, manque à l'obligation de bonne foi l'employeur qui met une salariée dans l'impossibilité de travailler en la privant d'une facilité de transport vers ses lieux de travail éloignés dont elle bénéficiait depuis plusieurs années (Soc. 10 mai 2006, *Dr. soc.* 2006. 803, obs. J. Savatier ; *D.* 2007. Pan. 179, obs. A. Jeammaud). Tout comme l'employeur refusant à une salariée contrainte de déménager pour raisons familiales, une mutation en fait possible vers sa nouvelle région de résidence (Soc. 24 janv. 2007, *D.* 2007. 1480, note G. Loiseau).

4. V. ss 353.

5. Soc. 29 mai 2002, *D.* 2002. 2284, note Ph. Waquet. L'arrêt parle plutôt d'abus de droit de l'employeur, tel que l'insuffisance des résultats de l'intéressé dans les fonctions qui lui étaient ainsi confiées ne pouvait constituer une cause sérieuse de licenciement. En revanche, l'employeur n'est tenu ni de fournir au salarié la formation initiale qui s'avère lui faire défaut (Soc. 3 avr. 2001, *Bull. civ.* V, n° 114, *D.* 2001. Somm. 2170, obs. A. Bouilloux ; *ibid.* 3010, obs. B. Reynès), ni d'assurer la formation d'un salarié à l'utilisation de logiciels dont il avait indiqué, au moment de l'embauche, maîtriser l'utilisation (Soc. 31 janv. 2006, *Bull. civ.* V, n° 47).

6. Soc. 3 mai 1990, n° 88-41.900 D ; 7 avr. 2004, n° 02-40.493 D ; 5 déc. 2007, *JCP S* 2008. 1233, note A. Barège, *RDT* 2008. 7, obs. F. G.

7. A. Lyon-Caen, Le droit et la gestion des compétences, *Dr. soc.* 1992. 573.

8. F. Meyer et C. Sachs-Durand, L'évolution du rapport salarial, *Études en hommage à H. Sinay*, p. 369 (p. 382).

9. Sur l'identification de l'employeur, v. ss 697 s.

ne peut donc pas avoir lieu sans l'accord du salarié [1]. De même, la mise à disposition d'un salarié à un autre employeur, laquelle emporte transfert du pouvoir de direction à un tiers au contrat, suppose l'accord préalable du salarié [2].

Cette faculté du salarié de refuser un changement d'employeur ou de titulaire du pouvoir de direction souffre une très importante exception : en cas de transfert d'entreprise, par application de l'article L. 1224-1 du Code du travail, le salarié ne peut s'opposer à son changement d'employeur [3]. Cette solution qui traite le salarié comme un bien transférable au gré de l'employeur apparaît très discutable.

B. Le temps

621 ***Durée de la prestation*** ◊ La durée du travail est en principe contractuelle [4]. Cependant, depuis 1961, la Cour de cassation admet, par exception, que l'employeur dispose du pouvoir d'ordonner aux salariés la réalisation d'heures supplémentaires, sans que ceux-ci puissent les refuser [5]. Ce pouvoir unilatéral est limité. D'une part, l'employeur doit respecter la réglementation des heures supplémentaires et, d'autre part, la Cour affirme qu'au-delà d'un certain nombre d'heures, dès lors que celles-ci deviennent systématiques, l'exigence de l'employeur s'analyse en une offre de modifier le contrat, offre que les salariés peuvent refuser [6]. Même ainsi limité, le pouvoir d'ordonner unilatéralement des heures supplémentaires apparaît discutable, puisqu'il permet à l'employeur de préempter le temps de repos, lequel, par définition, devrait être exclu de son emprise [7].

La baisse de la durée du travail dans la mesure où elle conduit à une réduction du salaire est, en revanche, nécessairement une modification du contrat de travail, même si elle est minime [8]. Cette solution, logique,

---

1. Soc. 16 déc. 2008, n° 07-43.875 P, *RDT* 2009. 228, note B. Lardy-Pélissier ; *Sem. soc. Lamy* 2007, n° 1318, p. 9, note A. Lyon-Caen.

2. C. trav., art. L. 8242-2 issu de la L. du 28 juill. 2011. Sur la solution antérieure contraire, v. Soc. 15 mars 2005, *Bull. civ.* V, n° 88.

3. V. ss 314 s.

4. Soc. 23 janv. 2001, *Bull. civ.* V, n° 19 ; 15 mars 2006, *Bull. civ.* V, n° 107, *RDT* 2006. 96, obs. M. Véricel (sol. impl.). Cela va de soi lorsqu'il s'agit d'une durée du travail « mentionnée au contrat de travail » (Soc. 20 oct. 1998, n° 96-40.614, *Dr. soc.* 1998. 1045, obs. Ph. Waquet ; *D.* 1999. Somm. 174, obs. I. Desbarats).

5. Soc. 20 mars 1961, *Dr. soc.* 1961. 424, note J. Savatier. Cette position a depuis été réitérée à plusieurs reprises : v. par ex., Soc. 10 mars 1998, *Dr. soc.* 1998. 492, obs. J. Barthélémy ; 12 mars 1996, *RJS* 1996, n° 549 ; 9 mars 1999, n° 96-43.718, *Bull. civ.* V, n° 103 ; *Dr. soc.* 1999. 630, obs. P.-H. Antonmattéi. L'employeur peut aussi réduire unilatéralement le nombre d'heures supplémentaires, sauf preuve d'un engagement de sa part d'en maintenir un certain volume : Soc. 10 oct. 2012, 11-10.455 P.

6. Soc. 16 mai 1991, n° 89-44.485, *Dr. soc.* 1994. 863, obs. J. Mouly.

7. Sur la notion de temps de travail et sur celle de temps de repos, v. ss *797*, *798*.

8. Soc. 23 janv. 2001, *Bull. civ.* V, n° 19. La réduction du temps de travail par accord collectif n'emporte modification des contrats de travail que si elle laisse inchangé la rémunération des salariés (C. trav., art. L. 1222-7). Si le salarié refuse une modification de rémunération liée à un connaît cependant une étrange exception. L'employeur peut imposer à ses salariés une mise au chômage partiel, à la condition de rester dans le cadre du chômage partiel indemnisé [1], et ce même si cela se traduit pour eux par une perte de salaire.

La modification de la durée du travail doit être distinguée de la variation de l'intensité du travail. Un employeur qui augmente les tâches à effectuer, en augmentant l'intensité du travail ou les cadences, ne modifie pas en cela le contrat de travail, à la condition bien entendu qu'il ne s'agisse pas d'une modification indirecte de la durée du travail [2].

622 ***Répartition du temps de travail*** ◊ La répartition de la durée du travail sur la journée, la semaine, le mois, voire l'année est laissée très largement à la disposition de l'employeur [3]. Tel est le cas, curieusement, même si, indirectement cette modification de la répartition du temps de travail a un impact sur la rémunération [4].

Les grandes lignes de la répartition du temps de travail sont toutefois contractuelles. Ainsi l'accord préalable du salarié est nécessaire pour le passage d'un horaire fixe à un horaire variable [5], pour la modification d'un cycle [6], pour l'abandon du repos dominical [7], pour le passage, même partiel, à un horaire de nuit [8], ou pour la suppression du repos dominical [9], pour le passage d'un horaire continu à un horaire discontinu [10], ou encore,

---

accord de réduction du temps de travail, l'employeur pourra le licencier sans autre motif. Ce licenciement *sui generis*, est supposé ne pas être un licenciement pour motif économique et être doté d'une cause réelle et sérieuse, selon l'art. L. 1222-8 C. trav.

1. Soc. 18 juin 1996, *Gury*, *Bull. civ.* V, n° 252 ; *Grands arrêts*, n° 79.

2. Soc. 20 oct. 2010, n° 08-44.594, *RDT* 2011. 119, note F. Canut (l'employeur qui comptait 1 heure de travail par cage d'escalier nettoyée et décide de ne plus en compter que 45 mn ne modifie pas le contrat de travail).

3. V. not. Soc. 22 févr. 2000, *Bull. civ.* V, n° 67 ; 16 mai 2000, *Dr. soc.* 2000. 776, obs. J.-E. Ray ; 17 oct. 2000, *Bull. civ.* V, n° 327 ; 17 oct. 2000 (2 arrêts), *Bull. civ.* V, n°s 327, 328 ; 27 juin 2001, *Bull. civ.* V, n° 234 ; 9 avr. 2002, *Dr. soc.* 2002. 665, obs. J. Savatier ; 25 mars 2009, n°s 07-44.744 et 07-44745 ; 3 nov. 2011, *Sté GSF Orion*, n° 10-30.033 P, A. Fabre, *Sem. soc. Lamy* 2011, n° 1518, p. 11s., E. Dockès, *Dr. soc.* 2012. 147-151, P. Lokiec ; *D.* 2012. 67. Sur la variation de la répartition du temps de travail sur une période supérieure à la semaine, v. ss 822 s. Sur l'obligation de détermination détermination contractuelle de la répartition du temps de travail dans les contrats de travail à temps partiel, v. C. trav. art. L. 3123-14 ; Soc. 7 juill. 1998, *Bull. civ.* V, n° 373 ; *D.* 1999. Somm. 185, obs. I. Desbarats ; 14 oct. 1998, *Bull. civ.* V, n° 419 ; 6 avr. 1999, *Bull. civ.* V, n° 166 ; 20 févr. 2008, n° 06-43.349 P, *RDT* 2008. 230, obs. G. Auzero.

4. Soc. 30 mai 2012, n° 11-10.087, *Dr. ouvrier* 2012. 659, note T. Durand.

5. Soc. 14 nov. 2000, n° 98-43.218, *Bull. civ.* V, n° 365.

6. Soc. 10 mai 1999, n° 96-45.652, *Bull. civ.* V, n° 208.

7. Soc. 2 mars 2011, n° 09-43.223, P. V. aussi pour une modification du contrat de travail caractérisé par l'abandon d'un repos hebdomadaire de deux jours consécutifs, Soc. 22 oct. 2003, n° 01-42.651.

8. Soc. 7 avr. 2004, *Bull. civ.* V, n° 107, une vendeuse de supermarché, jusqu'ici employée en journée, a le droit de refuser de nouveaux horaires comportant des « nocturnes » jusqu'à 22 heures ; v. aussi not. Soc. 30 oct. 2007, n° 06-43.455.

9. Soc. 2 mars 2011, n° 09-43.223 P

10. Soc. 3 nov. 2011, *Berkman*, n° 10-30.033 P, *Dr. soc.* 2012. 151, obs. E. Dockès.

bien entendu, en cas d'atteinte à un droit fondamental, comme le droit à une vie familiale normale ou le droit à la vie privée [1]. Et il a fallu une intervention du législateur pour que le passage à la modulation du temps de travail cesse d'être, en elle-même, une modification du contrat de travail [2]. Ces limites sont, au final, relativement importantes. Il demeure que, même avec de telles exceptions, le principe reste celui du pouvoir de l'employeur sur les horaires. Cette solution apparaît très discutable. L'idée que l'employeur puisse préempter unilatéralement le temps des salariés, y compris leur temps de repos, conduit à reconnaître une sorte d'astreinte molle mais permanente. Et la subordination ne semble alors plus avoir de véritables bornes temporelles.

C. Le lieu

623 ***La nature contractuelle du secteur géographique*** ◊ Le travail, s'il n'est pas par nature itinérant, tel celui du VRP, s'exécute en un lieu, le plus ordinairement dans les locaux de l'entreprise. L'employeur doit mettre un lieu à la disposition du salarié [3], sauf s'il est convenu que celui-ci travaillera chez lui [4]. Cette banale observation a pris de l'importance avec le développement, en dehors du traditionnel travail à domicile (C. trav., art. L. 7411-1 s.), de possibilités de télétravail, la propension de certaines directions d'entreprise à réduire les espaces destinés à l'hébergement de leurs salariés, mais aussi la recherche, par certains salariés, d'une forme de conciliation de leur vie professionnelle et de leur vie personnelle : le télétravail, hors des locaux de l'employeur, en particulier au domicile (résidence) du salarié, ne peut être que volontaire [5].

1. Soc. 3 nov. 2011, Sté *GSF Orion*, préc.

2. C. trav., art. L. 3122-6 issu de la L. n° 2012-387 du 22 mars 2012. Si l'accord de modulation a un impact sur le montant des salaires, il semble que sa mise en application demeure une modification du contrat de travail ; v. ss 827. Sur la jurisprudence antérieure, v. Soc. 28 sept. 2010, n° 08-43.161 P, *Sem. soc. Lamy* 2010, n° 1464, note F. Favennec-Héry ; *ibid*., n° 1472, rapp. Ph. FLorès ; *RDT* 2010. 725, note F. Canut.

3. « Le salarié n'est tenu ni d'accepter de travailler à son domicile, ni d'y installer ses dossiers et ses instruments de travail », de sorte que l'ordre donné à un salarié, après suppression du bureau dont il disposait dans les locaux de l'employeur, d'installer chez lui les équipements nécessaires à son travail, constitue une modification unilatérale de son contrat de travail (Soc. 2 oct. 2001, *Dr. soc*. 2001. 1039, note J.-E. Ray, *D*. 2002. Somm. 768, obs. M. Mercat-Bruns).

4. Lorsque les parties sont convenues d'une exécution de tout ou partie de la prestation de travail par le salarié à son domicile, l'employeur ne peut modifier cette « organisation contractuelle du travail » afin que le travail s'exécute quotidiennement au siège sans l'accord du salarié, peu important l'existence d'une clause de mobilité (Soc. 31 mai 2006, *Dr. soc*. 2006. 924, obs. J. Savatier ; 31 oct. 2006, n° 05-41.836 D).

5. ANI du 19 juill. 2005, transposant l'accord-cadre européen sur le télétravail du 16 juill. 2002, signé par l'ensemble des organisations syndicales et patronales représentatives, étendu par arrêt ministériel du 15 juin 2006. V. : J.-E. Ray, Le droit du travail à l'épreuve du télétravail, *Les lieux du droit du travail* (dir. Ph. Waquet), *Sem. soc. Lamy*, suppl., p. 36 ; A. Probst, Télétravail au domicile. Confusion des lieux et distinction des temps, *Dr. soc*. 2006. 1109.

En l'absence de clause [1], le lieu du travail peut varier, dans une certaine mesure, selon la décision unilatérale de l'employeur. Mais ce pouvoir sur le lieu est limité. La jurisprudence considère qu'est contractuel le « secteur géographique ». Ce qui signifie que l'employeur peut ordonner la mutation du salarié dans ce secteur sans que celui-ci puisse s'y opposer [2]. En revanche, l'employeur ne peut ordonner de mutation dans un autre secteur géographique. Une telle mutation supposerait une modification du contrat, et donc un accord du salarié [3]. Si les règles semblent claires, les solutions le sont moins, la notion de « secteur géographique » restant relativement incertaine [4].

Enfin, la Cour de cassation admet qu'à titre tout à fait exceptionnel la sortie du secteur géographique ou même la sortie des limites d'une clause de mobilité puisse être exigée de certains salariés [5]. La Cour de cassation a précisé dans un arrêt du 3 février 2010 les conditions d'un tel dépassement. Celui-ci n'est possible que s'il est temporaire, motivé par l'intérêt de l'entreprise et justifié par des circonstances exceptionnelles. L'information préalable du salarié dans un délai raisonnable est en outre requise [6]. Même ainsi circonscrit, ce dépassement n'en est pas moins inquiétant. Il semble devoir s'interpréter comme la découverte d'une sorte de clause de dureté implicite dans les contrats de travail, d'une clause permettant le dépassement exceptionnel du pouvoir, dans des circonstances exceptionnelles.

---

1. Sur les clauses de mobilité accroissant le pouvoir de l'employeur, v. ss 628 s. Sur les clauses limitant le pouvoir de mutation géographique, v. ss 635.

2. Soc. 20 oct. 1998, *Bull. civ.* V, n° 431 ; 16 déc. 1998, *Bull. civ.* V, n° 558 ; 4 mai 1999, *Bull. civ.* V, n° 186, *Grands arrêts*, n° 51 ; 4 janv. 2000, *Bull. civ.* V, n° 4 ; 3 mai 2006, *JCP S* 2006. 1666, note B. Bossu (lorsque des mutations successives ont précédé la mutation litigieuse, celle-ci s'apprécie par rapport au dernier lieu de travail) ; 18 avr. 2008, n°s 06-41.874 à 06-41.877 D.

3. Soc. 4 janv. 2000, *RJS* 2000, n° 152 ; 13 avr. 2005, *D.* 2005. 1978, note C. Lefranc-Hamoniaux ; *Dr. soc.* 2005. 819, obs. J. Savatier ; 21 déc. 2006, n° 05-42.979 ; 13 déc. 2007, n° 06-44.912 D. Mais un déplacement occasionnel hors du secteur géographique n'altère pas le contrat dès lors que « la mission est justifiée par l'intérêt de l'entreprise et que la spécificité des fonctions exercées par le salarié implique de sa part une certaine mobilité géographique » (Soc. 22 janv. 2003, *Bull. civ.* V, n° 5, *Sem. soc. Lamy* 2003, n° 1107, avis J. Duplat).

4. Plus vaste qu'un bassin d'emploi assurément. Qu'un département ? (En ce sens, Pau et Tarbes, éloignés de 40 km et situés dans deux départements distincts, ont été considéré par la Cour de cassation comme appartenant au même secteur géographique : Soc. 12 déc. 2012, n° 11-23.762). Mais quand même pas une région... Ne faudrait-il pas que la desserte en moyens de transport du lieu de travail assigné soit plus clairement prise en considération (v. : Soc. 15 juin 2004, n° 01-44.707 D) ? On a proposé d'apprécier plutôt le changement du lieu de travail en fonction du domicile du salarié, comme cela avait pu être pratiqué avant le revirement de 1996 (B. Boubli, Le changement du lieu de travail, *Sem. soc. Lamy* 2004, p. 10 ; B. Bossu, note *JCP S* 2006. 1666).

5. Soc. 22 janv. 2003, *Bull. civ.* V, n° 15, arrêt qui considère qu'il découle de la « spécificité des fonctions » d'un chef de chantier ayant statut de cadre de pouvoir être déplacé, exceptionnellement, en dehors de sa région de travail habituelle ;

6. Soc. 3 févr. 2010, n° 08-41.412 P, *Dr. ouvrier* 2010. 359, note crit. B. Lardy-Pélissier ; *RDT* 2010. 226, J.-Y. Frouin ; A. Gardin, Le changement temporaire du lieu de travail du salarié, *Sem. soc. Lamy* 2010, n° 1460, p. 4 ; *ibid.* 2010, n° 1461, p. 5.

D. Le salaire

624 ***Nature contractuelle du salaire*** [1] ◊ Le salaire est nécessairement un élément du contrat de travail. C'est en échange d'un salaire que le salarié accepte de se soumettre aux commandements de l'employeur. Le salaire est la contrepartie, la cause, du pouvoir de l'employeur. Il ne saurait être simultanément l'objet sur lequel porte ce pouvoir. Toute modification du salaire, même minime, est donc une modification du contrat de travail. C'est ce qu'a affirmé, à de nombreuses reprises la Cour de cassation [2] : celle-ci exclut toute modification unilatérale de la rémunération « aussi minime soit-elle » [3], même plus avantageuse [4], même indirecte [5].

Cette solution est tout à fait générale. Elle vaut pour la diminution d'un avantage en nature [6]. Elle vaut encore pour une diminution de rémunération provoquée par une convention collective nouvelle, et ce même si cet effet n'est qu'indirect. Ainsi, une baisse du salaire provoquée par l'application d'une convention collective réduisant la durée du travail ne peut s'imposer aux salariés qu'après l'acceptation « claire et non équivoque » de chaque salarié [7].

Cette nature contractuelle du salaire a connu cependant une atténuation. Lorsqu'une prime ou un autre élément accessoire du salaire, est prévu par un engagement unilatéral, la dénonciation dans les formes de cet engagement suffit à détruire l'élément de salaire en question [8]. Le salarié se voit alors privé d'une part de sa rémunération par décision unilatérale de l'employeur.

L'idée de la Cour de cassation est qu'il s'agit d'un supplément issu d'une source spéciale, distincte, qui ne s'incorpore pas au contrat individuel de travail. Cette solution est cependant discutable. Lorsqu'un salarié consent, par contrat, à travailler sous la subordination d'autrui moyennant un salaire, il le fait en considération de tous les éléments de rémunération auquel il a droit. Il ne distingue pas selon l'origine de cet avantage. Tous les

1. V. aussi, sur les clauses de variation du salaire, v. ss, 639, 940.
2. V. Soc. 28 janv. 1998, *Bull. civ.* V, n° 40 ; *RJS* 1998, n° 274 ; *ibid.* 168, obs. E. Dockès ; 3 mars 1998, *Bull. civ.* V, n° 109 ; *RJS* 1998, n° 417 ; 18 juill. 2000, *Bull. civ.* V, n° 288 ; 29 janv. 2003, *RJS* 2003, n° 414 ; 21 févr. 2007, n° 04-47.682 P, *Bull.* V, n° 28 ; 9 janv. 2008, n° 06-45.230 D.
3. Ex. : Soc. 19 mai 1998, préc. ; 18 oct. 2006, n° 05-41.643 D.
4. Soc. 5 mai 2010, n° 07-45.409.
5. Sont ainsi assimilée à des modifications du contrat parce qu'elle touchent indirectement au salaire, la remise en cause de l'exclusivité dont bénéficiait un VRP (Soc. 6 juill. 2004, n° 02-42.865 D) ; la restriction de la zone de prospection d'un attaché commercial (Soc. 26 sept. 2007, *JCP S* 2007. 1877, note A. Barège) ; la diminution significative de l'ouvrage fourni à un travailleur à domicile (Soc. 5 avr. 2006, *Bull. civ.* V, n° 137 ; 26 sept. 2007, *JCP S* 2008, 1078, note T. Lahalle).
6. La perte d'un logement de fonction est ainsi une modification du contrat (Soc. 14 nov. 2007, *JCP S* 2008, 1078, note B. Bossu).
7. V. not. Soc. 27 mars 2001, *Bull. civ.* V, n° 109 ; 13 nov. 2002, *RJS* 2003, n° 42.
8. Pour la destruction unilatérale d'une prime de 13ᵉ mois issue d'un usage d'entreprise, v. Soc. 13 févr. 1996, *Bull. civ.* V, n° 53 ; pour la suppression de primes d'assiduité et de vacances, pourtant payées depuis plus de vingt ans, Soc. 24 sept. 2008, n° 07-42.488, inédit.

éléments de rémunération sont des contreparties du travail. Ils sont donc, par définition, la cause de l'engagement du salarié. Et, même si elle est née en dehors du contrat, cette cause-contrepartie ne peut qu'être intégrée au support contractuel. De plus, quelle que soit sa source, la contrepartie du pouvoir patronal ne saurait être soumise à ce même pouvoir. Le refus jurisprudentiel d'intégrer au contrat les primes issues d'usages ou d'engagements unilatéraux se heurte à ces idées simples.

Peut-être ces raisons expliquent-elles que la Cour de cassation hésite à appliquer pleinement sa doctrine. Dès qu'une part trop importante du salaire vient d'un engagement unilatéral, la nature contractuelle de cet avantage est généralement admise, d'une manière ou d'une autre [1]. De manière plus ferme, la Cour de cassation affirme que le salaire de base est *nécessairement* contractuel, quelle que soit son origine [2].

E. Le contenu des sources professionnelles

625 ***Le principe de non-incorporation*** ◊ Une altération des droits des salariés et plus généralement une modification de leurs conditions juridiques d'emploi et de travail peuvent résulter de la modification ou de la dénonciation d'une convention ou d'un accord collectif, de la dénonciation d'un usage ou d'un engagement unilatéral de l'employeur, ou encore de la modification du statut du personnel d'une entreprise publique. Le principe de non-incorporation de ces normes aux contrats de travail des salariés est aujourd'hui consacré par la Cour de cassation. Elle vaut y compris pour les salariés des entreprises à statut, le statut du personnel ne s'incorporant pas aux contrats individuels [3]. En conséquence, la modification ou la perte de validité d'un élément d'une convention collective, d'un engagement unilatéral, ou d'une autre source collective ne constitue pas, en principe, une modification de ces contrats [4]. Elle est donc opposable aux salariés et produit ses effets à leur égard, dès lors qu'elle est régulière, sans qu'il soit besoin de solliciter leur accord et même s'ils ont exprimé leur désaccord.

Inversement toutefois, un changement dans la teneur des règles collectives ne saurait affecter le contrat sans l'accord du salarié [5]. Tout dépend

---

1. V. Soc. 11 mars 2008, n° 07-40.210, *Dr. ouvrier* 2008. 489, note P. Adam, arrêt qui valide un raisonnement prenant appui sur l'ancienneté, la constance et l'importance quantitative d'un usage en matière de salaire pour affirmer que celui-ci ne pouvait être retiré qu'avec l'accord de la salariée.

2. Soc. 20 oct. 1998, n° 95-44.290, *Bull. civ.* V, n° 435 : lorsque le salaire de base est fixé par un usage d'entreprise ou par un engagement unilatéral, une dénonciation dans les formes ne permet pas à l'employeur de fixer unilatéralement le montant des salaires. À la suite d'une telle dénonciation, le montant du salaire de base sera soit maintenu par décision du juge, soit fixé par le commun accord des parties.

3. Soc. 11 oct. 1995, *Dr. soc.* 1995. 1042, obs. J. Savatier ; 16 oct. 1997, *RJS* 12/97, n° 1449.

4. V. not. Soc. 17 mars 1993 et 3 déc. 1996, *Grands arrêts*, n°s 164 et 178.

5. V. not. Soc. 7 nov. 2007, n° 06-40.115 D, *RDT* 2008. 31, obs. G. Pignarre.

donc du contenu du contrat. S'il est plus favorable que les règles professionnelles nouvelles, il s'appliquera malgré elles.

626 ***L'exceptionnelle contractualisation d'une source collective*** ◊ Le principe de non-incorporation n'est qu'un principe d'interprétation du contenu de la commune volonté des parties. Il demeure parfaitement possible que les parties décident d'un commun accord de contractualiser tel ou tel élément d'une règle professionnelle. La modification ou mise à néant de cet élément ne peut dès lors avoir d'impact sur le contenu du contrat, aussi modeste cette modification soit-elle [1]. Mais l'existence d'une contractualisation n'est pas facilement admise par la Cour de cassation. Une disposition exprès est en principe nécessaire [2]. Cette solution peut apparaître excessivement rigoureuse, notamment lorsqu'un élément essentiel du contrat de travail, comme le montant du salaire, est issu de l'application d'une norme professionnelle.

§ 2. Les clauses spéciales

A. Les clauses de mobilité et de variation

627 ***Notion et utilité de ces clauses*** ◊ Pour accroître le champ de son pouvoir de direction, l'employeur peut prévoir des clauses de mobilité au sein du contrat [3]. Le salarié s'oblige alors à travailler dans tout établissement de l'entreprise situé sur le territoire métropolitain, national ou en quelque lieu que ce soit (clause de mobilité géographique), ou accepte par avance d'exercer une autre fonction que celle pour laquelle il est embauché (clause

1. Soc. 22 mars 1995, *RJS* 5/95, n° 539 ; 7 avr. 1998, *Dr. soc.* 1998. 623, obs. J. Savatier.

2. Une volonté « claire et non équivoque » est exigée : Soc. 10 mars 2010, n° 08-44.950, *Dr. soc.* 2010. 1097, obs. crit. M. Véricel, ce qui est très restrictif. Pour la chambre sociale : la remise au salarié, lors de l'embauche, d'un document résumant les usages et engagements unilatéraux de l'employeur n'a pas pour effet de contractualiser les avantages qui y sont décrits (11 janv. 2000, *Dr. soc.* 2000. 833, 2e esp., note M. Véricel ; 2 mai 2001, *Dr. soc.* 2001. 1003, obs. ; B. Gauriau ; 25 sept. 2007, *JCP S* 2007, 1887, note M. Del Sol) ; la référence faite, dans l'écrit constatant le contrat de travail, à un avantage né de l'usage ou d'un « règlement » adopté par l'employeur ne le contractualise pas (12 juill. 2007, *JCP S* 2008. 1031, note J.-Ph. Tricoit) ; en proposant de reprendre, dans un avenant aux contrats, une version modifiée de l'usage l'employeur n'admet pas nécessairement que celui-ci s'est incorporé à ces contrats (10 févr. 1998, *Bull. civ.* V, n° 83) : un avantage d'usage ne se transforme pas en effet du contrat du seul fait que l'employeur a recherché un accord avec ses salariés sur sa modification (16 nov. 2005, *Bull. civ.* V, n° 329 ; *D.* 2006. Somm. 417, obs. G. Borenfreund) ou a sollicité leur accord à sa mise en cause (26 avr. 2006, *JCP S* 2006. 1674, note P.-Y. Verkindt). Illustration supplémentaire de la distinction entre mention proprement contractuelle et mentions purement informatives (v. ss 635).

3. V. not. L. –K Gratton, *Les clauses de variation du contrat de travail*, Dalloz 2011, préf. P. Rodière ; P. Lokiec, La mise en œuvre des clauses contractuelles. L'exemple de la clause de mobilité dans le contrat de travail, *D.* 2009. 1427 ; F. Canut, Tir groupé autour des clauses de mobilité, *Dr. ouvrier* 2009. 7 ; P. Bouaziz et I. Goulet, À propos de la modification du lieu de travail et de la clause de mobilité, *Dr. soc.* 2005. 634.

de mobilité professionnelle) ou de subir un changement d'horaires de travail, ou bien il donne son accord anticipé à la variation de sa rémunération que l'employeur pourrait décider. Le changement qui surviendra, quelle que soit son importance objective, ne s'analysera plus en une modification du contrat, mais comme son exécution.

La jurisprudence pose des conditions à la validité de ces clauses et elle contrôle leur mise en œuvre.

628 ***Validité des clauses de variation*** ◊ La validité des clauses de variation suppose que ces clauses soient d'une ampleur suffisamment limitée (a) et qu'elles soient conformes aux droits fondamentaux des salariés (b).

a) Une clause de variation ne saurait faire *entièrement* dépendre de la volonté unilatérale de l'employeur telle ou telle dimension de la relation de travail. La solution est claire [1], même si sa motivation ne l'est pas toujours [2]. Les clauses de variation ne peuvent, par conséquent, accroître le pouvoir de l'employeur que de manière circonscrite et limitée. Ainsi, une *clause de mobilité* « doit définir de façon précise sa zone géographique d'application et elle ne peut conférer à l'employeur le pouvoir d'en étendre unilatéralement la portée » [3] ; une clause insérée dans un contrat de travail à temps partiel ne permet à l'employeur de modifier les horaires convenus qu'à la double condition de déterminer la variation possible et de préciser les cas dans lesquels cette modification peut intervenir [4] ; « la clause de mobilité par laquelle le salarié lié par contrat de travail à une société s'est engagé à accepter toute mutation dans une autre société, alors même que cette société appartiendrait au même groupe ou à la même unité économique et sociale est nulle » [5].

Il est permis de voir dans ces solutions l'application en droit du travail de l'article 1174 du Code civil, lequel prohibe les conditions potestatives ou celle de l'article 1129 du Code civil, lequel exige des obligations contractuelles qu'elles aient un objet déterminé ou déterminable [6].

---

1. Soc. 27 févr. 2001, *Dr. soc.* 2001. 514, note C. Radé.

2. Selon l'arrêt préc., une telle clause « est nulle comme contraire aux dispositions de l'art. 1134, al. 2 C. civ., le salarié ne pouvant renoncer aux droits qu'il tient de la loi », ce qui ne convainc guère.

3. Soc. 6 juin 2006, *D.* 2006. 3041, note M.-C. Escande-Varniol ; *Dr. soc.* 2006. 926, obs. F. Favennec-Héry ; *RDT* 2006. 313, obs. J. Pélissier ; *Grands arrêts*, n° 52 ; 12 juill. 2006, *Bull. civ.* V, n° 241 ; *RDT* 2006. 313, obs. J. Pélissier. Mais ne faudrait-il pas, en s'inspirant du régime de la clause de non-concurrence, subordonner la validité d'une telle clause à sa limitation dans le temps, dans la mesure où la clause de mobilité est en général liée à la nature des fonctions du salarié, qui peuvent changer en cours de carrière (B. Lardy-Pélissier, obs. *RDT* 2008. 174, spéc. 176).

4. Soc. 7 juill. 1998, *Bull. civ.* V, n° 373 ; *D.* 1999. Somm. 185, obs. I. Desbarats ; 7 déc. 1999, *Bull. civ.* V, n° 478 ; v. C. trav., art. L. 3123-14.

5. Soc. 23 sept. 2009, n° 07-44.200 P, *RDT* 2009. 647, note G. Auzero. V. aussi, Soc. 9 nov. 2011, n° 10-10.320 D.

6. E. Dockès, La détermination de l'objet des obligations nées du contrat de travail, *Dr. soc.* 1997. 140 ; J. Pélissier, La détermination des éléments du contrat de travail, *Dr. ouvrier* 2005. 92 ; Pour un droit des clauses du contrat de travail, *RJS* 5/05, p. 499.

Ces exigences s'expriment avec une force particulière sur les clauses relatives à la rémunération. Toute clause de flexibilité qui accorderait un pouvoir de l'employeur sur le salaire est nulle [1]. Et ce de manière très générale : « une clause du contrat de travail ne peut permettre à l'employeur de modifier unilatéralement la rémunération contractuelle du salarié » [2]. Les juges excluent, de plus, qu'un tel pouvoir de faire varier le salaire puisse résulter, indirectement, d'une clause de mobilité [3]. Lorsqu'une rémunération variable n'est pas fixée d'un commun accord par les parties, ni prédéterminée par un mode de calcul objectif, indépendant de la volonté unilatérale de l'employeur, il appartient au juge de fixer lui-même le montant de cette rémunération, « en fonction des critères fixés au contrat de travail et des accords conclus les années précédentes » [4]. Ces solutions s'expliquent non seulement par l'exigence générale de détermination de l'objet des obligations contractuelles, mais aussi parce qu'une clause contractuelle ne saurait faire peser sur le salarié les risques de l'entreprise. Ainsi, une clause qui subordonne la rémunération au règlement par le client de la commande que le salarié a enregistrée est illicite [5].

b) Conformité aux droits fondamentaux : l'article L. 1121-1 du Code du travail a vocation à limiter toute atteinte aux droits fondamentaux. Il s'applique naturellement aux clauses du contrat de travail [6]. C'est sur lui que s'appuie, par exemple, la jurisprudence sur la validité des clauses de non-concurrence [7] ou celle sur les clauses d'exclusivité [8]. C'est encore lui qui peut fonder la nullité d'une clause de mobilité imposant, au-delà du changement du lieu de travail, celui du domicile du salarié, en violation de la liberté de choix du domicile [9].

629 ***Mise en œuvre des clauses de variation*** ◇ Valide, une clause de variation doit encore être mise en œuvre de bonne foi [10]. Mais la bonne foi contractuelle

1. Soc. 2 juill. 2002, *Saucier*, *Bull. civ.* V, n° 229 ; *Dr. soc.* 2002. 998, obs. C. Radé, *D.* 2003. Somm. 391, obs. V. Wauquier, *Grands arrêts*, n° 54. *Adde*, v. ss 939.

2. Soc. 16 juin 2004, *Bull. civ.* V, n° 166.

3. Soc. 15 déc. 2004, *Bull. civ.* V, n° 336.

4. Soc. 22 mai 1995, *Van Oertzen*, *Bull. civ.* V, n° 161 ; *Grands arrêts*, n° 55 ; 22 févr. 2000, n° 97-43.465, *Dr. soc.* 2000. 438, obs. C. Radé ; 7 juin 2006, *JCP S* 2006. 1580, note R. Vatinet ; 11 juill. 2007, n° 06-41.733 ; 13 janv. 2009, n° 06-46.208 P

5. Soc. 10 mai 2007, *RDT* 2007. 594 obs. M. Véricel, *Dr. soc.* 2007. 1177, obs. D. Jourdan et J. Barthelemy, v. cep. l'exception faite pour les commissions des VRP, Soc. 17 déc. 1986, *Bull. civ.* V, n° 622.

6. V. ss 662.

7. V. not. Soc. 10 juill. 2002, *Barbier*, *Grands arrêts*, n° 46 ; *Bull. civ.* V, n° 239, 2e esp., n° 2724 ; *D.* 2002. 2491, note Y. Serra ; *ibid.* Somm. 3111, obs. J. Pélissier ; *Dr. soc.* 2002. 954, obs. R. Vatinet. Sur ces clauses, v. ss 174 s.

8. Soc. 11 juill. 2000, 4 arrêt dont deux publiés, *Bull. civ.* V, n° 276, n° 277 et deux non publiés, pourvois nos 98-41.486 et 98-43.945.

9. V. Soc. 12 janv. 1999, *Spileers*, *RJS* 2/99, n° 151 ; *ibid.* 94, note J. Richard de la Tour ; *D.* 1999. 645, note J.-P. Marguénaud et J. Mouly ; *Dr. soc.* 1999, obs. J.-E. Ray, rendu au visa de l'art. 8 de la Conv. EDH et avec des motifs inspirés des termes de l'actuel C. trav., art. L. 1121-1.

10. Soc. 18 mai 1999, *Dr. soc.* 1999. 734, obs. B. Gauriau ; *D.* 2000. Somm. 84, obs. M.-C. Escande-Varniol ; 7 juill. 2004, n° 02-43.979 D.

est présumée et le juge n'a pas à rechercher si son invocation était conforme à l'intérêt de l'entreprise, de sorte qu'il incombe au salarié de démontrer que cette décision d'invoquer la clause a été prise dans des « conditions exclusives de cette bonne foi » ou pour des raisons étrangères à cet intérêt [1].

La mise en œuvre de la clause peut aussi être entachée d'abus de droit, révélé par l'intention de nuire ou la légèreté blâmable [2]. Elle peut encore être jugée illicite parce qu'elle a pour conséquence d'imposer au salarié une baisse de sa rémunération [3], parce qu'elle porte atteinte à un droit fondamental ou à des obligations familiales impérieuses [4], ou parce que son application est discriminatoire [5].

---

1. Soc. 23 févr. 2005 (2e esp.), *D.* 2005. 1678, note H. K. Gaba ; *Dr. soc.* 2006. 576, obs. J. Mouly ; *ibid.* 634 (2e esp.), note P. Bouaziz et I. Goulet ; *Dr. ouvrier* 2005. 213, note P. Moussy ; *D.* 2005. Pan. 2502, obs. J. Pélissier ; *Grands arrêts*, n° 53. On retrouve la formule de principe dans un arrêt du même jour (*D.* 2005. 1678, 1e esp., *Dr. soc.* 2006. 634, 1e esp.). V. aussi : Soc. 3 oct. 2007, n° 06-45.478 D. Selon des arrêts antérieurs, la clause de mobilité ne pouvait être mise en œuvre que dans l'intérêt de l'entreprise qu'il incombait à l'employeur d'établir en cas de contestation (Soc. 23 janv. 2002, *JCP E* 2002. 954, note P. Adam). L'employeur est réputé avoir manqué à ses obligations contractuelles s'il n'établit pas que la modification de la répartition de l'horaire de travail d'un salarié à temps partiel, expressément autorisée par le contrat, était imposée par l'intérêt de l'entreprise (Soc. 9 juill. 2003, n° 01-42.723) (la disposition de l'actuel C. trav., art. L. 3123-24, al. 2 protège certains motifs de refus du salarié, même lorsque le contrat prévoit la modification).

2. Soc. 10 janv. 2001, *Dr. soc.* 2001. 553, obs. J. Savatier (en présence d'une clause de mobilité, mais en l'absence de transport en commun permettant à la salariée de rejoindre à l'heure le nouveau lieu de travail, l'employeur, faute de lui assurer des moyens de le faire, a « abusé du droit qu'il tient de l'exercice de son pouvoir de direction ») ; 18 sept. 2002, *Bull. civ.* V, n° 273 (employeur ayant agi avec précipitation en notifiant la mutation à la salariée sans la faire bénéficier du délai contractuel de réflexion de huit jours, ni d'un délai de prévenance suffisant pour rejoindre son nouveau lieu de travail, alors qu'il cherchait à se séparer d'elle et que l'intérêt de l'entreprise à cette mutation n'était pas établi) ; 2 juill. 2003, *RJS* 2003, n° 1120 ; 23 févr. 2005, préc. (« précipitation suspecte compte tenu du contexte) ; 21 juin 2006, *RJS* 11/06, n° 1150 (pas de délai de prévenance suffisant) ; 31 mai 2007, n° 06-42.389 D. L'usage de la clause peut être détourné : âr exemple celui d'une clause de mobilité peut cacher une rétrogradation, auquel cas le salarié peut refuser de se soumettre à la mesure (Soc. 16 déc. 2005, *D.* 2006. 1945, note B. Boudias).

3. « Une clause du contrat de travail ne peut permettre à l'employeur de modifier unilatéralement la rémunération contractuelle du salarié » : Soc. 16 juin 2004, *Bull. civ.* V, n° 166 (clause permettant de modifier le secteur d'un représentant exclusif). V. parmi d'assez nombreux arrêts dans le même sens : Soc. 15 déc. 2004, *Dr. soc.* 2005. 337, obs. J. Mouly ; 15 févr. 2005, n° 04-45.584 D (conséquence de la différence de chiffre d'affaires entre le magasin quitté et le magasin de nouvelle affectation pour un cadre dont le salaire dépend de cette variable) ; 12 juill. 2006, n° 04-47.949 D (retour dans un magasin de taille réduite où la salariée avait été affectée en début de carrière, constitutif d'une rétrogradation). Rappr. : 3 mai 2006, *Dr. soc.* 2006. 929 (1e esp.), obs. Ph. Waquet, *JCP S* 2006. 1694, note B. Bossu.

4. V. Soc. 13 janv. 2009, n° 06-45.62 P, *RDT* 2009. 300, obs. A. Dumery. *Adde* pour des atteintes à la vie personnelle considérée comme des restrictions excessives au droits fondamentaux du salarié Soc. 14 oct. 2008, n° 07-40.523, *Bull. civ.* V, n° 192 ; *D.* 2008. AJ. 2672, obs. L. Perrin ; *ibid.* 2009. Pan. 590, obs. A. Fabre ; *RDT* 2008. 731, obs. G. Auzero ; 13 janv. 2009, n° 06-45.562, *Bull. civ.* V, n° 4 ; 17 nov. 2004, *Dr. soc.* 2005. 227, obs. C. Radé (changement de répartition de l'horaire imposant à la salariée de travailler deux dimanches sur trois au lieu d'un sur trois) ; 15 mai 2007, n° 06-41.277 P, *RDT* 2007. 449, obs. V. Bonnin (tentative d'imposer au salarié, sous couvert de mise en œuvre d'un clause de mobilité sur l'ensemble du territoire, la fixation de son domicile dans un département déterminée).

5. Soc. 30 mars 2011, 09-71.542 P, *Sem. soc. Lamy* 2011, n° 1490, p. 12, obs. A. Marcon et F. Champeaux (changement de poste autorisé par une clause de mobilité professionnelle, mais motivé par l'état de santé de la salarié et donc discriminatoire).

Une clause de mobilité peut être mise en œuvre à titre de sanction disciplinaire, c'est-à-dire en réaction à un comportement considéré par l'employeur comme fautif. Cette mesure doit alors être prise en suivant la procédure disciplinaire et ne se trouvera justifiée, en cas de contestation, que si la faute du salarié est avérée [1].

Selon un arrêt du 3 février 2010, les limites d'une clause de mobilité pourraient être franchies par l'employeur, dans certains cas très exceptionnels [2]. Les clauses de mobilité, au moins géographiques, devraient s'interpréter comme comprenant une sorte d'exception de dépassement tacite, en faveur de l'employeur. Cette exception est très limitée. Elle suppose que le dépassement soit « motivé par l'intérêt de l'entreprise… justifié par des circonstances exceptionnelles, et que le salarié est informé préalablement dans un délai raisonnable du caractère temporaire de l'affectation et de sa durée prévisible ». Le caractère circonscrit de l'exception et sa non-application à l'espèce (les conditions de l'exception n'étaient pas remplies) ne suffisent pas pour autant à rassurer pleinement [3]. Un peu à l'image de ce qu'elle avait admis à propos des prétendues « clauses informatives », la Cour trouve ici le moyen de priver de force obligatoire certaines dispositions contractuelles [4].

630 ***Le refus du salarié de se soumettre à la clause*** ◊ Le refus du salarié de se soumettre à la clause de mobilité valide s'analyse comme une violation par le salarié du pouvoir de l'employeur tient du contrat et donc comme une faute contractuelle [5]. Cette faute peut être, selon le cas, légère, sérieuse ou grave. La Cour de cassation estime ainsi que si ce refus constitue en principe, à la charge du salarié, un « *manquement à ses obligations contractuelles, (il) ne caractérise pas à lui seul une faute grave* » [6].

La qualification de faute est bien entendu subordonnée à la validité de l'ordre donné. Même s'il s'inscrit dans le cadre d'une clause de mobilité ou de variation valide, un tel ordre peut être illicite, soit qu'il soit un abus de droit de la part de l'employeur, soit qu'il provoque une modification indirecte du contrat de travail (modification indirecte de la rémunération) soit qu'il porte atteinte au libre choix du domicile ou à un autre droit fondamental. Dans ces hypothèses, l'illicéité de l'ordre donné rend naturellement le refus licite.

---

1. Soc. 11 juill. 2001, *Bull. civ.* V, n° 265 ; 15 janv. 2002, *Bull. civ.* V, n° 12. Sur cette juxtaposition du droit du contrat et du droit disciplinaire, v. ss 776.

2. Soc. 3 févr. 2010 (n° 08-41.412 P, *Dr. ouvrier* 2010. 359, note crit. B. Lardy-Pélissier ; *RDT* 2010. 226, J.-Y. Frouin).

3. V. B. Lardy Pélissier, Au nom de l'intérêt de l'entreprise, *Dr. ouvrier* 2010. 356.

4. V. ss 635.

5. V. ss 752 s.

6. Soc. 23 janv. 2008, *Bull. civ.* V, n° 19 ; *RDT* 2008. 174, obs. B. Lardy-Pélissier, (v. p. 175 sur la possible distinction du « manquement », que consomme en tout cas le refus du salarié, et de la « violation »), *JCP S* 2008. 1322, note B. Bossu. Arrêt rendu à propos d'un changement de lieu de travail en exécution d'une clause de mobilité, mais la règle vaut pour toutes les clauses de variation.

631 ***Sanction de l'illicéité d'une clause*** ◊ Lorsqu'une clause du contrat de travail est illégale, elle est, inopposable aux parties. Mais cette sanction a pu sembler insuffisante en pratique. Souvent, en effet, les salariés se sentent liés par leur contrat écrit. Ils obéissent ainsi aux clauses illicites. Et, lorsque le juge vient constater l'illicéité, il est trop tard : le salarié a obéi et il a donc subi ce qui s'analyse, le plus souvent, en une restriction illégitime de ses droits fondamentaux. L'apparente légalité de la clause a causé un préjudice. Et ce préjudice a été causé par le caractère illicite de la clause. S'agissant d'un contrat d'adhésion, cette illicéité est entièrement imputable à celui qui a rédigé et imposé l'écrit contractuel, à savoir à l'employeur.

Ce raisonnement est suivi par la Cour de cassation. Un salarié qui a obéi à une clause illicite du contrat et a subi de ce fait un préjudice, doit recevoir, de la part de l'employeur, des dommages-intérêts permettant la réparation de ce préjudice [1]. La Cour de cassation précise même que le seul respect d'une clause de non-concurrence illicite « cause nécessairement un préjudice dont il appartient au juge d'apprécier l'étendue » [2], ce qui revient à exiger des juges du fond qu'ils n'éludent pas la responsabilité encourue par l'employeur du fait des clauses illicites du contrat, même s'ils restent souverains dans l'appréciation de ce préjudice [3].

Il faut remarquer et apprécier le réalisme dont fait ici preuve, une fois de plus, la chambre sociale de la Cour de cassation. Elle rejette l'abstraction juridique qui voudrait qu'un contrat soit le fruit des deux parties au contrat. Elle reconnaît que la clause illicite n'est nullement imputable au salarié, même si celui-ci l'a signée. L'employeur est reconnu être juridiquement l'auteur exclusif de la clause illicite : le salarié consent à l'écrit, mais en pratique il n'en est pas l'auteur, ni même le coauteur. L'illicéité de la clause ne peut donc pas lui être imputée, même partiellement. L'indemnisation du préjudice subi du fait de l'illicéité de la clause est entièrement à la charge de l'employeur. Cette solution, logique, est signifiante du rejet par la jurisprudence d'une logique juridique abstraite qui ferait de l'écrit contractuel l'œuvre de deux parties égales.

632 ***Les clauses de mobilité insérées dans des conventions collectives*** ◊ La convention collective peut prévoir des dispositions relatives à la mobilité des salariés. Ces dispositions peuvent être plus favorables celles du contrat de travail, auquel cas leur application ne pose pas problème [4]. Une clause conventionnelle peut par exemple soumettre au consentement du salarié tout déplacement du lieu de travail ou tout allongement du

---

1. V. à propos d'une clause de non-concurrence, Soc. 18 mars 2003, *Bull. civ.* V, n° 98 ; 11 janv. 2006, *Bull. civ.* V, n° 8 ; *Dr. soc.* 2007. 465-466, obs. J. Mouly ; *RTD civ.* 2006. 311, obs. J. Mestre et B. Fages ; 18 oct. 2006, n° 05-42.706 ; 15 nov. 2006, n° 05-46.721, *Bull. civ.* V, n° 341 ; *RDT* 2007. 95, obs. J. Pélissier ; 12 janv. 2011, n° 08-45.280 P, *Dr. ouvrier* 2011. 214, note F. Canut et à propos d'une clause d'exclusivité, Soc. 25 févr. 2004, *Bull. civ.* V, n° 64.

2. Soc. 11 janv. 2006 ; 18 oct. 2006 ; 15 nov. 2006 ; 12 janv. 2011, préc.

3. Soc. 22 mars 2006, *Bull. civ.* V, n° 121 ; *Dr. soc.* 2006. 688, obs. J. Mouly.

4. C. trav., art. L. 2254-1.

temps de trajet même à l'intérieur du secteur géographique contractuel. Elle peut aussi poser une étendue maximale à telle ou telle mobilité, voire régler les suites du licenciement consécutif à un refus de l'intéressé dans un sens favorable à ce dernier.

Une question plus difficile est de savoir si une convention collective peut imposer une mobilité supplémentaire à un salarié. La jurisprudence a prévu qu'une telle disposition conventionnelle pouvait être valide, lorsqu'elle suit les conditions de validité imposées aux clauses contractuelles [1]. La question est celle du conflit entre de telles clauses et les contrats individuels de travail. Selon la jurisprudence, la clause de mobilité conventionnelle peut s'imposer au salarié, mais à la double condition d'avoir été stipulée avant l'embauche de ce salarié et que la convention collective ait été portée préalablement à sa connaissance [2]. En d'autres termes, une clause conventionnelle de mobilité ne peut s'imposer au salarié que si l'on peut supposer qu'il l'a tacitement acceptée au moment de son embauche. L'effet d'une clause de mobilité conventionnelle est ainsi subordonné à son intégration tacite dans le contrat individuel de travail, lors de sa conclusion. En revanche, selon la jurisprudence, aucune clause de mobilité nouvelle ne peut s'imposer à un salarié en cours d'application du contrat de travail, sans respect des conditions relatives à la modification des contrats de travail [3]. Cette jurisprudence est donc, pour l'essentiel, conforme à l'idée que le pouvoir de l'employeur ne peut résulter que du contrat individuel et que, par conséquent, son accroissement ne peut avoir lieu que par le biais d'une clause contractuelle consentie par le salarié.

La loi du 14 juin 2013 a toutefois apporté une exception limitée ce principe. Cette loi crée des accords d'un type nouveau, dits de « mobilité interne » (C. trav., nouv. art. L. 2242-21 s.) [4].

633 ***Les clauses insérées dans les accords de mobilité interne*** ◊ Ces accords sont issus de négociations collectives qui ne peuvent avoir lieu que dans des entreprises en relativement bonne santé économique : selon le texte, l'employeur ne doit avoir « aucun projet de réduction d'effectif » (C. trav., nouv. art. L. 2242-21, al. 1er) [5].

Ces accords de mobilité interne, soumis au droit commun de la négociation collective, peuvent prévoir des clauses de mobilité géographique ou professionnelle qui s'imposent aux contrats de travail en cours. Plus précisément même, « les clauses du contrat contraires à l'accord sont suspendues » (C. trav., nouv. art. L. 2242-23, al. 2). Cependant, ces clauses de mobilité conventionnelle d'un nouveau type n'accroissent pas à proprement

1. Soc. 24 janv. 2008, *Bull. civ.* V, n° 23, *JCP S* 2008. 1250, note B. Bossu.
2. Soc. 27 juin 2002, *Bull. civ.* V, n°° 222 ; Soc. 30 nov. 2005, n° 03-46.530, *RJS* 2006. 307.
3. Sur ces conditions, v. ss 637 s.
4. P. Lokiec, La face cachée des accords de mobilité interne, *Sem. soc. Lamy* 2013, n° 1587, p. 5.
5. Il faut en déduire qu'un tel accord n'est pas valide en présence d'un projet de réduction d'effectif.

parler le pouvoir juridique de l'employeur : le salarié conserve le droit de refuser la mobilité proposée par l'employeur par application de la clause [1]. Le texte prévoit même expressément que les formes relatives à la modification du contrat de travail doivent être respectées par l'employeur qui entend mettre en œuvre cette mobilité conventionnelle [2]. La seule chose qui change est la procédure de licenciement qui devra être suivie par l'employeur qui souhaite se débarrasser des récalcitrants. Ce licenciement sera prononcé « selon les modalités d'un licenciement individuel pour motif économique ». La procédure du licenciement économique collectif, et en particulier la prévision éventuelle d'un plan de sauvegarde de l'emploi, est ainsi évitée [3]. Les accords de mobilité interne ne sont donc pas *stricto sensu* des accords d'accroissement du pouvoir juridique. Ce sont des accords de réduction des protections du droit du licenciement.

La principale question qui reste à trancher à propos de ces accords est celle de la justification du licenciement d'un salarié qui refuse la mobilité prévue par l'accord. Selon l'accord national interprofessionnel du 11 janvier 2013, qui a inspiré la loi du 14 juin 2013, ce licenciement aurait dû être un licenciement pour motif personnel, directement et simplement justifié par le refus du salarié. Cette solution dont la compatibilité avec le droit international était très douteuse [4], a été écartée par le législateur. Le licenciement du salarié récalcitrant, aux termes de la loi, « repose sur un motif économique ». Cette qualification du licenciement acquise, il restera au juge à contrôler la justification de la mobilité conventionnelle, justification dont dépendra la cause réelle et sérieuse du licenciement des salariés ayant refusé cette mobilité [5]. Plus précisément, il faudra vérifier si la mobilité ordonnée par l'employeur par application de la clause de la convention collective était imposée soit par des difficultés économiques, soit par une mutation technologique, soit encore, notamment, par la

1. G. Borenfreund, Le refus du salarié face aux accords collectifs de maintien de l'emploi et de mobilité interne, *RDT* 2013. 309.

2. C. trav., nouv. art. L. 2242-23, al. 3.

3. L'art. L. 2242-23 C. trav., fait simplement référence aux « mesures d'accompagnement et de reclassement que doit prévoir l'accord qui adapte le champ et les modalités de mise en œuvre du reclassement interne prévu aux art. L. 1233-4 et L. 1233-4-1 C. trav. ». Cette disposition signifie qu'une sorte de plan de reclassement au rabais doit être prévu par l'accord de mobilité interne.

4. V. D. Baugard, Questions de conventionalité : droit international et européen, *in* Compétitivité des entreprises et sécurisation de l'emploi-Le passage de l'accord à la loi, G. Couturier et J.F. Akandji-Kombé, *IRJS* 2013. 27. L'auteur y démontre que ce n'est pas seulement la question de la justification du licenciement qui est protégée par la Conv. OIT n° 158, mais aussi celle de la qualification du licenciement pour motif économique ou personnel. Or, en l'occurrence, le vrai motif du licenciement du salarié ayant refusé est la mobilité décidée par l'employeur et ce motif n'est nullement inhérent à la personne du salarié. La qualification de licenciement économique devait donc s'imposer.

5. Une interprétation différente du texte nouveau, qui viendrait considérer que la cause justificative est irréfragable ment présumée par le texte, serait contraire au droit international et notamment aux articles 8-1 (droit à un juge ou à un arbitre impartial) et art. 9-1 (droit de soumettre à cette autorité la question de la justification du licenciement) de la Convention n° 158 de l'OIT.

nécessaire sauvegarde la compétitivité de l'entreprise [1]. On remarquera que pareilles justifications peuvent parfaitement être démontrées par l'employeur, y compris lorsque, conformément à l'article L. 2242-21 du Code du travail l'accord a été fait « sans projet de réduction d'effectifs ». La réduction d'effectif n'est nullement nécessaire à la justification des licenciements économiques : le déplacement d'une usine par exemple peut-être nécessaire à la sauvegarde de la compétitivité, sans que ce déplacement ne signifie que des emplois seront supprimés.

Lorsque des emplois sont supprimés, des mobilités construites sur le même modèle (modification des contrats prévue par l'accord, droit au refus et licenciement économique individuel des récalcitrants) sont possibles dans des accords dits « de maintien de l'emploi » [2]. Mais ces accords ne sont valides qu'en cas de « graves difficultés économiques » [3]. La loi du 14 juin 2013 a donc prévu un accord spécial en l'absence de tout projet de réduction d'effectif, un autre pour les graves difficultés économiques et, entre les deux, rien d'autre que le droit commun. La cohérence du système reste à découvrir.

B. Les clauses de réduction du pouvoir

634 ***Validité des clauses contractuelles de réduction du pouvoir*** ◊ Une clause peut spécifier que tel ou tel élément de la relation de travail, ses horaires, son lieu, la nature du travail, est un élément contractuel et que, comme tel il échappe au pouvoir de l'employeur. De la même manière, la clause peut spécifier que tel ou tel avantage qui relève du pouvoir de l'employeur (ou de telle ou telle autre source, comme la loi ou la convention collective) est un contenu du contrat. La suppression de cet avantage vaudra dès lors modification du contrat [4].

De telles clauses limitatives du pouvoir sont licites, quelle que soit l'intensité de la réduction du pouvoir qu'elles opèrent. Il n'existe pas de minimum de pouvoir qui pourrait être dit d'ordre public. Cette solution, qui contraste avec la validité conditionnelle des clauses d'accroissement du pouvoir s'explique aisément. Quoiqu'admis, le pouvoir de l'employeur n'en demeure pas moins une exception, dans un système juridique qui proclame les principes de liberté et d'égalité entre personnes privées. La réduction du pouvoir n'est rien d'autre qu'un renforcement de ces principes, ce que le système juridique ne peut qu'encourager.

635 ***Clauses contractuelles et mentions informatives*** ◊ Cependant, certaines de ces clauses de réduction du pouvoir sont privées de tout effet par la Cour de cassation. Celle-ci distingue parmi elles des clauses

---

1. Sur la cause réelle et sérieuse économique, v. ss 516 s.
2. C. trav., art. L. 5125-1 s Sur ces accords, v. ss 463, 465, 517.
3. C. trav., art. L. 5125-1, al. 1er.
4. Soc. 28 mars 2007, n° 05-41.793 D.

« contractuelles », efficaces, et d'autres seulement « informatives » [1]. Ainsi, la mention relative au lieu de travail est considérée comme simplement informative, « à moins qu'il ne soit stipulé par une clause claire et précise que le salarié exécutera son travail exclusivement dans ce lieu » [2]. En l'absence d'une telle précision [3], la Cour considère que la modification du lieu de la prestation de travail, dès lors qu'il n'y a pas changement de secteur géographique, est un simple changement des conditions de travail [4].

Même si elle est étroitement circonscrite par la jurisprudence, cette catégorie des clauses informatives est contestable [5]. En droit commun, la clause d'un écrit contractuel, pour peu qu'elle soit valide, reçoit la force obligatoire des contrats. On conviendra qu'il faut de très solides arguments pour aller contre cette évidence et contre les légitimes prévisions des parties qu'elle fait naître. À la rigueur, il serait possible de considérer comme dépourvue de force obligatoire propre la clause faisant mention d'une convention collective dont l'application s'impose en toutes hypothèses. Pareille stipulation pourrait alors s'interpréter comme n'ajoutant rien au droit applicable et donc, comme simplement « informative ». Mais un tel argument n'a aucun poids sur les clauses relatives au lieu de travail, lesquelles précisent un point qui ne préexistait pas [6].

La jurisprudence sur les clauses informatives s'interprète plutôt comme le signe d'hésitations qui demeurent encore, au sein de la Cour de cassation, lorsqu'il s'agit de donner tout leur effet aux clauses des contrats individuels de travail limitatives du pouvoir. Cette hésitation est encore perceptible dans le cas suivant.

636 ***Le dépassement exceptionnel des prévisions contractuelles*** ◊ Un arrêt du 3 février 2010 [7] a pu considérer que le dépassement des limites d'une clause de mobilité par l'employeur était l'exercice normal du pouvoir

---

1. Soc. 3 juin 2003 (2 arrêts), *Dr. soc.* 2003. 884, obs. J. Savatier ; *JCP* 2003. II. 10165, note M. Véricel (« la mention du lieu de travail dans le contrat de travail a valeur d'information, à moins qu'il soit stipulé par une clause claire et précise que le salarié exécutera son travail exclusivement en ce lieu ») ; 21 janv. 2004, *Sem. soc. Lamy* 2004, n° 1154, note G. Lyon-Caen ; *Dr. ouvrier* 2004. 222, note B. Lardy-Pélissier ; 15 mars 2006, *JCP S* 2006. 1329, note B. Bossu ; 26 sept. 2006, n° 04-46.734 D.

2. Soc. 3 juin 2003 (2 arrêts), *Dr. soc.* 2003. 884, obs. J. Savatier ; *JCP* 2003. II. 10165, note M. Véricel ; 21 janv. 2004, *Sem. soc. Lamy* 2004, n° 1154, note G. Lyon-Caen ; *Dr. ouvrier* 2004. 222, note B. Lardy-Pélissier ; 15 mars 2006, *JCP S* 2006. 1329, note B. Bossu ; 26 sept. 2006, n° 04-46.734 D.

3. Qui opère « organisation contractuelle du travail », pour parler comme un arrêt dans une espèce où il avait été convenu que tout ou partie de la prestation de travail s'exécuterait au domicile du salarié (Soc. 31 mai 2006, *Dr. soc.* 2006. 924, obs. J. Savatier ; *RDT* 2006. 71, obs. C. D.

4. Mais le changement de secteur géographique vaut naturellement modification du contrat (Soc. 4 avr. 2007, *JCP S* 2007. 1514).

5. V. not. J. Pélissier, Clauses informatives et clauses contractuelles du contrat de travail, *RJS* 1/04, p. 3.

6. J. Pélissier, préc.

7. n° 08-41.412 P, *Dr. ouvrier* 2010. 359, note crit. B. Lardy-Pélissier ; *RDT* 2010. 226, J.-Y. Frouin.

de direction de l'employeur. Cette violation de la clause n'en est pas une, si ce dépassement est exceptionnel, limité dans le temps, et conforme à l'intérêt de l'entreprise. Cet arrêt peut s'interpréter comme la découverte par la jurisprudence d'une sorte de clause contractuelle de dureté, en faveur des employeurs, laquelle accorderait un supplément de pouvoir en cas de circonstances exceptionnelles. Il ne s'agirait que d'une interprétation souple des dispositions contractuelles. L'arrêt peut aussi se comprendre comme une atteinte à la force obligatoire du contrat et à la sécurité juridique du salarié.

Les arrêts sur les clauses informatives et sur le possible dépassement par le pouvoir des clauses contractuelles, montrent que la Cour de cassation peine encore à faire respecter les dispositions contractuelles limitatives du pouvoir. Cette réticence peut apparaître comme un résidu de la conception institutionnelle d'un pouvoir « naturel », *supra* contractuel, accordé aux employeurs ès qualités, indépendamment de tout consentement des salariés.

SECTION 3. **LA MODIFICATION DU CONTRAT DE TRAVAIL**

637 Toute modification du contrat requiert l'accord des parties. C'est-à-dire, dans l'immense majorité des hypothèses, l'acceptation, par le salarié, de la modification proposée par l'employeur, et que celui-ci peut seulement proposer, jamais imposer. Exceptionnellement, la modification peut être proposée par le salarié. Celui-ci, pas plus que l'employeur, ne peut l'imposer [1].

Ce cas est marginal. L'étude portera donc principalement sur les hypothèses de propositions de modification faites par l'employeur. L'avenir du contrat dépend alors de l'acceptation ou du refus du salarié (1). Fréquemment, suite à une proposition refusée, le désaccord des parties conduit à la rupture du contrat (2).

§ 1. **Effets de l'acceptation et du refus du salarié**

638 ***Distinguer l'acceptation du refus*** ◊ La novation du contrat ne se présume pas. Sauf preuve d'une acceptation par le salarié de la proposition de modification du contrat de travail, le contrat est maintenu à l'identique. Le refus, qui laisse inchangé l'ordre juridique, est donc de principe.

1. Ex. : Soc. 22 janv. 2003, n° 01-40.292 D (initiative de la rupture imputée au salarié ayant renoncé à exercer l'une des fonctions prévues par son contrat). L'option de l'employeur, bien que relevant de l'exercice de la liberté contractuelle, est tributaire, non seulement, de l'obligation d'exécuter le contrat de travail de bonne foi (ex. : Soc. 24 janv. 2007, *D.* 2007. 1480, note G. Loiseau), mais aussi des exigences de non-discrimination des art. L. 1132-1 s. C. trav., et sans doute de l'art. L. 1121-1.

Réciproquement, l'acceptation obéit à des règles de preuve strictes, précédemment étudiées : en principe, l'acceptation doit être exprès ; par exception elle peut être déduite du silence du salarié pendant un mois, à la suite de la réception d'une proposition de modification du contrat de travail pour motif économique faite dans les formes requises [1]. L'ordonnance n°2014-326 du 12 mars 2014 a réduit à quinze jours ce délais, lorsque l'entreprise est en redressement judiciaire ou en liquidation judiciaire.

639 ***La modification suivant l'acceptation*** ◇ L'acceptation de la modification emporte « novation du contrat » [2] ou « novation dans les rapports contractuels » [3], et maintes décisions rappellent que « la novation du contrat de travail ne se présume pas » [4]. Ce recours à l'idée de novation a été discuté [5], au nom de la continuité existant entre le contrat initial et le contrat modifié, laquelle exclurait que soit visée une véritable « novation » au sens des articles 1271 et suivants du Code civil [6]. Il demeure que toute modification du contrat de travail entraîne la substitution d'une obligation à une autre, de teneur différente, ce qui semble bien entrer dans la qualification de novation. Cette qualification est au demeurant confirmée par la jurisprudence, laquelle affirme clairement qu'après acceptation de la modification, ni l'employeur ni le salarié ne peuvent réclamer le retour à l'état antérieur du contrat [7].

640 ***Exécution du contrat initial*** ◇ Le salarié, qui refuse la modification proposée (ou qui simplement ne l'a pas accepté), peut exiger l'exécution du contrat inchangé. L'employeur doit, ou bien renoncer à son projet, ou bien rompre ce contrat s'il peut le faire régulièrement. La Cour de cassation fait application de l'article 1134 du Code civil en affirmant que « l'employeur ne peut, sans l'accord du salarié, modifier (...) le contrat individuel de travail et qu'il lui incombe soit de maintenir les conditions contractuellement convenues, soit de tirer les conséquences du refus opposé par l'intéressé » [8]. Le

1. V. ss 612.
2. Ex. Soc. 25 janv. 1961, *D.* 1961. 621, note M. Despax.
3. Ex. Soc. 1er déc. 1971, *Bull. civ.* V, n° 702.
4. Ex. Soc. 9 janv. 2008, n° 06-44.522 D.
5. V. A. Van de Wynckele, Le régime du changement de contrat de travail au sein d'une même relation de travail, *JCP S* 2006. 1064 ; L. Gaudin, La novation en droit du travail, une notion en quête d'utilité ?, *RDT* 2008. 162 et réf. cit.
6. Que la règle de l'art. 1273 C. civ. – « La novation ne se présume point ; il faut que la volonté de l'opérer résulte clairement de l'acte » – n'ait, dès lors, pas titre à s'appliquer ici prive les juges d'une formule aux allures rassurantes d'adage. Cep., outre que cette règle ne concerne pas l'existence d'un accord des parties mais celle de l'intention de nover qui doit caractériser cet accord spécial, cette privation est sans inconvénient compte tenu de la ligne d'exigence en matière de formulation et preuve du consentement suivie depuis l'arrêt *Raquin*.
7. Ex. : l'employeur, qui a demandé à une salariée travaillant dans les bureaux de l'entreprise, de travailler désormais à son domicile ne peut pas, après l'acceptation de l'intéressée, exiger qu'elle reprenne son activité dans les locaux de l'entreprise (Soc. 16 juin 1965, *Bull. civ.* IV, n° 466).
8. Soc. 4 févr. 1988, *Bull. civ.* V, n° 96. V. égal. : Soc. 26 nov. 2002, *Bull. civ.* V, n° 353. Un arrêt rappelle cette position en ajoutant que l'employeur « ne peut, sans l'avoir rétabli dans son

salarié, qui refuse la modification proposée mais n'entend pas prendre l'initiative d'une rupture, peut donc se contenter de poursuivre sa prestation de travail aux conditions antérieures, et l'employeur est alors tenu de lui payer le salaire convenu, même s'il a informé le salarié que la durée du travail était diminuée ou que le taux de la rémunération était réduit. Si l'employeur n'exécute pas son obligation dans les conditions, inchangées, du contrat, le salarié pourra obtenir en justice sa condamnation au paiement du salaire ayant fait l'objet de leur accord [1], ou des dommages-intérêts de responsabilité contractuelle réparant le préjudice subi [2]. Le salarié peut encore obtenir de la formation de référé du conseil de prud'hommes, contre l'employeur qui n'entend pas renoncer à son projet, une ordonnance de le réintégrer dans son poste [3].

§ 2. La rupture du contrat suite à une proposition refusée

641 L'employeur qui n'entend pas poursuivre l'exécution du contrat de travail inchangé dispose d'une seule issue : rompre ce contrat. Cette possibilité de rompre est aussi ouverte au salarié, si l'employeur tente d'imposer sans son consentement une modification du contrat.

642 ***Rupture à l'initiative de l'employeur*** ◊ Le salarié qui refuse la proposition de modification exerce sa liberté contractuelle en même temps qu'une sorte de droit conféré à tout contractant par l'article 1134 du Code civil. Acte éminemment légitime par conséquent [4], sauf abus [5], son refus

emploi, se prévaloir d'un comportement fautif postérieur au refus pour procéder à un licenciement disciplinaire » (13 juill. 2004, *Dr. soc.* 2004. 1038, obs. J. Mouly). En l'espèce, l'employeur n'avait pas renoncé à la modification refusée par le salarié (qui y voyait une rétrogradation) et lui avait enjoint de prendre ses congés annuels au lieu de procéder à son licenciement ainsi que l'intéressé le lui demandait ; puis, ce dernier étant entré au service du société concurrente, son employeur initial l'avait licencié pour faute lourde. Mais faut-il parler d'« obligation de licencier » ? Ou voir là une application du très incertain *Nemo auditur ?* On peut en douter : dans des circonstances comme celles de cette affaire, le motif de licenciement, tout simplement, n'était pas sérieux parce que l'employeur avait mis le salarié dans une situation intenable.

1. Soc. 18 févr. 1988, *Bull. civ.* V, n° 118 (modification de l'horaire de travail qui passe de 41 heures à 32 heures par semaine ; refus de cette modification par le salarié, qui continue à travailler ; celui-ci a droit aux salaires correspondant à un horaire de 41 heures même s'il n'a pu effectuer que des horaires de 32 heures) ; 21 janv. 1988, *Bull. civ.* V, n° 58 (baisse de rémunération non acceptée). Dans le même sens : Soc. 8 oct. 1987, *Raquin*, préc. ; 4 févr. 1988, préc. ; 25 févr. 1988, *Bull. civ.* V, n° 140.

2. Ex. : Soc. 5 avr. 2006, *Bull. civ.* V, n° 137 (cas particulier de correcteur de copies, travailleur à domicile, dont l'employeur, l'AFPA, a diminué considérablement et sans justification la tâche, donc la rémunération).

3. Ex. : Paris, 22 mai 1996, *RJS* 8-9/96, n° 901.

4. « Peu important l'avis du comité d'entreprise sur (la) modification » (Soc. 4 janv. 1996, *Bull. civ.* V, n° 2).

5. On conçoit que, dans certaines circonstances, le refus de la modification par le salarié puisse être jugé abusif, bien que la loi envisage dans une seule hypothèse, et avec un effet limité,

ne saurait justifier ni rupture anticipée du contrat à durée déterminée (que seule la faute grave autoriserait l'employeur de décider), ni licenciement. La Cour de cassation le rappelle à l'occasion : « le seul refus d'accepter une modification de son contrat de travail ne constitue pas en soi une cause réelle et sérieuse de licenciement » [1]. Il faut comprendre que le licenciement est consécutif au refus mais ne doit pas avoir ce refus pour motif [2]. Un tel motif serait attentatoire à une liberté fondamentale, la liberté contractuelle, et le licenciement serait alors exposé à nullité [3].

Pour autant, le licenciement consécutif au refus du salarié n'est pas nécessairement dépourvu de cause réelle et sérieuse. Simplement sa justification est à rechercher non dans le refus, mais dans la justification de la proposition refusée. La juridiction éventuellement saisie devra « rechercher si le motif de la modification constitue ou non une cause réelle et sérieuse de licenciement » [4]. La résiliation décidée par l'employeur emprunte ainsi son motif à la modification légitimement refusée.

La qualification du licenciement, qui gouvernera la procédure applicable, dépend donc de la nature du motif de la modification : motif personnel, spécialement motif disciplinaire si le licenciement est consécutif au refus du salarié de subir une mutation ou une rétrogradation motivée par une faute, motif économique s'il est non inhérent à la personne du salarié [5]. Lorsqu'au moins dix salariés ont refusé une modification pour motif économique et que leur licenciement est envisagé, il est soumis au régime du licenciement collectif pour motif économique (C. trav., art. L. 1233-25).

L'employeur, qui doit le préavis au salarié (sauf faute grave), devra verser une indemnité compensatrice en l'absence de tout travail fourni pendant cette période de préavis s'il entendait lui imposer, pendant cette phase ultime de vie du contrat, la modification régulièrement refusée [6]. Le droit de l'intéressé à indemnité de licenciement ne soulève aucune difficulté particulière [7].

l'abus dans le refus de reclassement (C. trav., art. L. 1226-54, al. 2). Pour un refus abusif de l'employeur de consentir à une mutation possible et sollicitée par une salariée, v. Soc. 24 janv. 2007, *D.* 2007. 1480, note G. Loiseau.

1. Soc. 14 nov. 2007, *JCP S* 2008. 1097, note B. Bossu. V. déjà : Soc. 20 oct. 2008, *Dr. soc.* 1998. 1045, obs. Ph. Waquet, *D.* 1999. Somm. 174, obs. I. Desbarats.

2. Mais on pourrait dire aussi, en pratiquant une certaine distinction des concepts de « cause » et de « motif » du licenciement, que le refus est sa *cause* mais ne peut être son *motif*. Ou, plus exactement, son seul motif car le caractère abusif de ce refus pourrait éventuellement donner un caractère sérieux au motif de rupture.

3. V. ss 662.

4. Soc. 10 déc. 1996, *Dr. soc.* 1997. 200, obs. G. Couturier.

5. Soc. 9 mai 2006, n° 04-46.271 D, *RDT* 2006. 97, obs. Ph. Waquet.

6. Soc. 12 janv. 1978, *Bull. civ.* V, n° 37 (le salarié ne pouvait être contraint d'effectuer son préavis dans les conditions nouvelles imposées unilatéralement par l'effet d'un déclassement). Mais aucune indemnité de préavis n'est due si la modification ne doit prendre immédiatement effet et si le salarié, invité à exécuter son contrat dans les conditions initiales, refuse de poursuivre sa prestation (Soc. 22 mars 1978, *Bull. civ.* V, n° 227).

7. Le salarié licencié a droit à cette indemnité liée à son ancienneté, sauf, bien entendu, si son refus est constitutif de faute grave. Le refus d'une rétrogradation ou d'une mutation disciplinaire ne constitue pas, en lui-même, une faute (Soc. 15 juin 1998, *RJS* 7/98, n° 858).

S'agissant de la justification de la rupture, l'appréciation du caractère réel et sérieux du motif se fait selon les règles habituelles. Simplement la cause dont le réel et le sérieux sont étudiés est la cause de la proposition refusée [1]. Ainsi, par exemple, la Cour considère que les juges ne peuvent se borner à « retenir que la mutation imposée au salarié était nécessitée par la bonne gestion de l'entreprise ». Ils doivent « constater qu'elle était consécutive à des difficultés économiques, à des mutations technologiques ou à une réorganisation de l'entreprise nécessaire à la sauvegarde de sa compétitivité » [2].

Le licenciement est également dépourvu de cause réelle et sérieuse si l'employeur n'avait pas la faculté de faire la proposition refusée [3]. Le licenciement est même nul s'il est consécutif au refus d'une modification proposée pour un motif discriminatoire, ou si la modification aurait été attentatoire à une liberté fondamentale du salarié [4].

643 ***Rupture à l'initiative du salarié*** ◊ Deux situations doivent être soigneusement distinguées. L'employeur peut se contenter de proposer une modification du contrat (1). Il peut aussi tenter de passer en force, d'imposer la modification sans l'accord du salarié (2). La situation est alors sensiblement différente.

1) Tant qu'un employeur ne fait que proposer au salarié une modification du contrat de travail, il a la possibilité de renoncer à son projet. Les salariés qui refuseraient la proposition de l'employeur et se considéreraient comme licenciés en raison de la proposition qui leur a été adressée seraient déboutés de leur demande d'indemnités de licenciement [5]. De la même façon, un employeur ne peut tirer argument du fait qu'un salarié travaillant à temps plein a proposé de travailler à temps partiel : si l'employeur est en droit de rejeter sa demande, il ne peut pas invoquer celle-ci comme motif de licenciement, puisque l'intéressé n'a ni refusé d'exécuter le contrat aux conditions convenues, ni imposé unilatéralement sa modification [6]. Les juges du fond doivent analyser avec attention la situation de fait pour déterminer si l'employeur (ou éventuellement le salarié) a seulement présenté un projet de modification du contrat ou s'il a tenté d'imposer une

---

1. Par conséquent, la lettre de licenciement ne doit pas seulement indiquer comme motif le refus du salarié ; elle doit préciser le motif économique qui était à l'origine de la modification du contrat (Soc. 5 oct. 1999, *RJS* 11/99, n° 1360).

2. Soc. 14 mai 1997, *Dr. soc.* 1997. 740, obs. F. Favennec-Héry. Dans le même sens : Soc. 26 nov. 1996, *Dr. soc.* 1997. 103 ; 19 oct. 1994, *RJS* 12/94, n° 1360 (modification des indemnités de déplacement afin d'améliorer la compétitivité de l'entreprise). V. aussi, Soc. 21 juin 2006, n° 05-41.969 D, *JCP S* 2006. 1841.

3. Soc. 11 oct. 2005, *JCP S* 2006. 1375, note P.-Y. Verkindt ; *D.* 2006. Pan. 412, obs. G. Borenfreund (proposition d'annualisation du temps de travail en l'absence de l'accord collectif dérogatoire qui, selon C. trav. anc. art. L. 212-8, conditionnait l'adoption de cette formule d'aménagement ; v. désormais C. trav. nouv. art. L. 3122-9).

4. Ce que confirme implicitement : Soc. 28 mars 2006, *JCP S* 2006. 1381, note P.-Y. Verkindt ; *RDT* 2006. 116, obs. O. Leclerc ; *D.* 2006. Pan. 2004, obs. B. Reynès.

5. Soc. 5 mars 1997, *RJS* 4/97, n° 376 ; 21 oct. 2005, n° 04-45.910 D.

6. Soc. 9 juill. 1997, *RJS* 8-9/97, n° 948.

modification et a, de ce fait, outrepassé ses droits. Cette distinction emporte des conséquences majeures [1]. Elle est parfois difficile à opérer [2].

2) Lorsque l'employeur impose unilatéralement une modification au contrat de travail [3], son comportement s'interprète comme une violation du contrat de travail. Le salarié peut alors, plutôt que de continuer à travailler en faisant connaître son refus du changement imposé, prendre l'initiative de la rupture.

S'il cesse purement et simplement de travailler dans les conditions nouvelles que l'employeur prétend lui imposer, la rupture aux allures de démission sera, si l'ancien salarié fait la démarche de saisir le conseil de prud'hommes, qualifiée de licenciement [4]. L'employeur sera normalement condamné à lui payer une indemnité de licenciement, de préavis [5], et des dommages-intérêts pour licenciement sans cause réelle et sérieuse. Cette dernière dette est directement impliquée par la jurisprudence constante : « en l'absence de lettre de l'employeur énonçant les motifs de la rupture, le licenciement du salarié résultant de son refus d'une modification de son contrat de travail est nécessairement sans cause réelle et sérieuse » [6]. Mais, selon une pratique désormais familière, le salarié préférera normalement *prendre acte de la rupture* en l'imputant à l'employeur et saisir aussitôt le conseil de prud'hommes en faisant état de la violation du contrat commise par l'employeur [7]. La rupture ainsi constatée produira les effets d'un licenciement sans cause réelle et sérieuse [8].

Le salarié pourra encore saisir le juge prud'homal d'une action en *résiliation judiciaire* du contrat pour inexécution de ses obligations par l'employeur [9]. Le jugement prononçant cette résiliation aux torts de ce dernier devra le charger des mêmes condamnations pécuniaires qu'en cas de licenciement sans cause réelle et sérieuse [10].

1. V. *infra*.
2. Ainsi qu'en témoignent deux arrêts rendus le même jour : Soc. 5 mars 1997, *RJS* 4/97, n°s 376 ; *ibid.* 378.
3. Ce que des arrêts ont qualifié de « voie de fait » (Soc. 26 juin 2001, *Bull. civ.* V, n° 229 ; 28 nov. 2001, *RJS* 2/02, n° 144).
4. Soc. 31 mars 2004, *RJS* 6/04, n° 655 ; 28 nov. 2001, *RJS* 10/01, n° 1117.
5. Soc. 13 mars 1991, *JS UIMM* 1991. 218.
6. Soc. 20 janv. 1998, *RJS* 3/98, n° 276.
7. V. par ex. Soc. 5 mai 2010, n° 07-45.409 (une modification de la rémunération du salarié même favorable constitue une modification du contrat. Imposée sans l'accord du salarié, cette modification justifie la prise d'acte de la rupture du salarié).
8. Soc. 27 sept. 2006, n° 04-46.314 D ; 26 avr. 2007, n° 05-45.867 D, *JCP S* 2007. 1515. Dans cette hypothèse particulière comme dans les autres, la prise d'acte de la rupture n'est soumise à aucun formalisme (Soc. 4 avr. 2007, n° 05-42.847 D, *JCP S* 2007. 1514) et l'écrit par lequel le salarié prend acte de la rupture ne fixe pas les termes du litige (Soc. 16 nov. 2007, *JCP S* 2008. 1030, note M. Del Sol).
9. D'autant plus que l'imposition du changement vaudra manquement à l'obligation d'exécuter le contrat de bonne foi (ex. : Soc. 10 mai 2006, *Dr. soc.* 2006. 803, obs. J. Savatier ; *D.* 2007. Pan. 179, obs. A. Jeammaud).
10. V. ss 413. La confusion, par les juges du fond, de la demande de résiliation judiciaire et de la prise d'acte sera pratiquement sans incidence (ex. : Soc. 22 févr. 2006, *JCP S* 2006. 1294, note P.-Y. Verkindt).

SECTION 4. EXERCICE DU POUVOIR DE DIRECTION

644 Lorsqu'il demeure dans les limites fixées par le contrat de travail, l'employeur dispose d'un pouvoir juridique. La juridicité de ce pouvoir fait des commandements de l'employeur exprimés dans le cadre de ce pouvoir des actes juridiques producteurs d'effets de droit. Les obligations créées ou précisées par l'acte de pouvoir de l'employeur ont bien force de droit. Leur irrespect par le salarié est qualifié de faute. Le pouvoir est issu du contrat. En lui désobéissant, le salarié viole ainsi son contrat. La désobéissance est ainsi traitée en jurisprudence comme une faute contractuelle (1), laquelle peut même sous conditions restrictives, emporter la responsabilité contractuelle du salarié (2). La reconnaissance du pouvoir juridique de l'employeur a une autre conséquence. Celle-ci emporte attribution et reconnaissance juridique des moyens de ce pouvoir. Outre l'existence du pouvoir disciplinaire associé au pouvoir de direction [1], le droit reconnaît à l'employeur des facultés de surveillance, de contrôle et d'évaluation des salariés (3).

§ 1. La résistance au pouvoir de direction

645 ***Refus du salarié de poursuivre son activité*** ◊ Il est certains cas légaux qui permettent de suspendre le contrat de travail et donc le pouvoir de l'employeur (parmi lesquels il faut compter la maladie, la grève ou le droit de retrait) [2]. Mais en dehors de ces hypothèses, le salarié qui n'exécute pas son obligation d'exécuter un travail subordonné commet une faute contractuelle. Ceci produit toutes sortes de conséquences. En cas d'inexécution partielle, de mauvaise exécution, la faute relève du droit disciplinaire [3].

En cas d'inexécution totale, outre l'application de ce droit, l'exception d'inexécution peut être invoquée. L'obligation du salarié de fournir une prestation de travail participe du synallagmatisme du contrat. S'il ne l'exécute pas *en totalité* [4], l'employeur est dispensé de lui verser la rémunération correspondante, sauf disposition légale, conventionnelle (ex. : suspension du contrat en raison de la maladie du salarié) ou stipulation contractuelle contraire [5].

1. V. chapitre 5, n° 725 s.
2. Sur la suspension du contrat de travail en général, v. ss 318 s. ; sur la grève, v. ss 1440 s. ; sur le droit de retrait, v. ss 892.
3. Sur la notion de faute disciplinaire, v. ss 746 s.
4. En cas d'inexécution partielle ou de mauvaise exécution aucune retenue sur salaire n'est possible du fait de la prohitition des sanctions pécuniaires (v. ss 9).
5. Évidence récemment rappelée par : Soc. 10 juin 2008, n° 06-46.000 P, *Sem. soc. Lamy* 2008, n° 1359, comm. F. C. et entretien avec P. Bailly.

En cas de refus d'exécution fautif de sa part, le salarié sera naturellement dans une situation difficile :

– S'il prend l'initiative de la rupture, par une prise d'acte par exemple, l'absence de grief invocable devant le juge conduira à assimiler les effets de la prise d'acte à ceux d'une démission [1].

– Si le salarié cesse son travail sans démissionner ni prendre acte de la rupture, il ne pourra faire valoir aucun droit à l'encontre de l'employeur qui ne prend aucune initiative. En refusant de poursuivre l'exécution d'un contrat qui n'a fait l'objet d'aucune modification, le salarié manque à ses obligations contractuelles. L'employeur peut sanctionner la faute commise. Mais il peut aussi ne pas le faire et se contenter de ne plus rémunérer le salarié, dès lors que celui-ci ne fournit plus *aucune* prestation de travail. Faute de rupture du contrat décidée par l'employeur, le salarié ne peut prétendre à aucune indemnité [2].

646 ***Rupture du contrat par l'employeur*** ◊ L'employeur qui entend tirer les conséquences du refus d'obéissance du salarié en l'évinçant, ne peut plus simplement, comme cela a été longtemps admis par la jurisprudence, prendre acte de la rupture du contrat, même en cas d'inexécution totale. Pour la Cour de cassation, à défaut de démission non équivoque, le refus du salarié de poursuivre l'exécution du contrat de travail n'entraîne pas à lui seul la rupture de ce contrat, même si le salarié cesse de fournir toute prestation. L'employeur doit mettre en œuvre la procédure de licenciement [3]. À défaut, la rupture s'analyse en un licenciement sans cause réelle et sérieuse [4].

Lorsque l'employeur procède régulièrement au licenciement, le refus du salarié d'exécuter le contrat de travail fut un temps qualifié, « en principe », de faute grave [5] privant le salarié du préavis et de l'indemnité de licenciement. Il est désormais nécessaire d'évaluer la gravité de la faute selon des circonstances de l'espèce : toute désobéissance, même volontaire, n'est pas « grave ». La Cour de cassation estime que « *le refus par le salarié d'un changement de ses conditions de travail, s'il rend son licenciement fondé sur une cause réelle et sérieuse, ne constitue pas à lui seul une faute grave* » [6]. Le licenciement restera alors justifié, mais le salarié aura droit au

1. Sur la prise d'acte de la rupture, v. ss 379 s.

2. Soc. 8 juill. 1992, *RJS* 12/92, n° 1353 ; 27 janv. 1993, *Dr. soc.* 1993. 345, note A. Mazeaud ; 10 juill. 1996 (*Le Berre*), *Dr. soc.* 1996. 976, obs. H. Blaise, *Dr. ouvrier* 1996. 457, note P. Moussy ; *JCP* 1997. II. 22768, note Y. Saint-Jours ; *Grands arrêts*, n° 50 ; 20 oct. 1998, *RJS* 1/99, n° 8.

3. Soc. 24 juin 1992, *Bull. civ.* V, n° 413 ; 25 juin 1992, *Dr. soc.* 1992. 818, concl. Y. Chauvy.

4. Soc. 25 juin 2003, *Dr. soc.* 2003. 825, avis P. Lyon-Caen, *RJS* 8-9/03 ; *ibid.* 647, note J.-Y. Frouin ; *Grands arrêts*, n° 87 ; v. aussi n° 383

5. Soc 10 juill. 1996, *Dr. soc.* 1996. 976.

6. Soc. 23 févr. 2005 (1re esp.), *D.* 2005. 1678, note H. K. Gaba ; *Dr. soc.* 2006. 634 (1re esp.), note P. Bouaziz et I. Goulet ; *JCP* 2005. II. 10076, note D. Corrignan-Carsin ; Soc. 20 nov. 2013, 2 arrêts, n°s 12-16370 P et 12-30100 P. La Cour a aussi adoptée cette formule à propos du refus du salarié de se soumettre à une clause de variation valide et régulièrement mise en œuvre (v. ss 631).

préavis et à l'indemnité de licenciement [1]. Il n'est pas exclu que dans certaines circonstances particulières, le refus d'exécution d'un ordre licite puisse être qualifié de faute légère, insuffisamment sérieuse pour justifier un licenciement.

Il faut aussi rappeler que le caractère fautif du refus dépend du caractère licite de l'ordre reçu, du changement des conditions de travail. Tel ne sera pas le cas si l'ordre revêt un caractère abusif [2], lequel autorise le salarié à en refuser l'exécution. En cas de refus légitime, un éventuel licenciement serait dépourvu de cause réelle et sérieuse. Le travailleur licencié aura alors droit, non seulement, aux indemnités de préavis et de licenciement, mais aussi à l'indemnité de licenciement injustifié.

§ 2. Les responsabilités du salarié

647 Outre la possibilité d'une sanction disciplinaire [3], la faute du salarié peut entraîner sa responsabilité civile [4]. À l'égard de son employeur, cette responsabilité est de nature contractuelle et elle est limitée aux cas de faute lourde. À l'égard des tiers ou des salariés, la responsabilité du salarié est délictuelle et ses limites sont d'un autre ordre.

648 ***La responsabilité contractuelle du salarié*** ◊ Une jurisprudence constante subordonne la responsabilité contractuelle du salarié à la preuve d'une faute lourde [5]. Il s'agit là d'une règle prétorienne remarquable par

1. Ex. : Soc. 3 avr. 1997, *RJS* 5/97, n° 523 (changement des conditions de travail imposant au salarié de suivre une formation de plusieurs mois) ; 17 oct. 2000, *Bull. civ.* V, n° 328 (refus d'un nouvel horaire de travail imposant à la salariée d'être présente à son poste à l'heure du déjeuner, dont elle disposait jusqu'alors afin de s'occuper de ses enfants d'âge scolaire) ; 14 déc. 2004, *D.* 2006. 1087, note C. Lefranc-Hamoniaux (refus de modification de ses horaires par une salariée au retour d'un congé de maternité et invoquant des obligations familiales impérieuses). On peut se demander, alors que la conciliation de la vie personnelle et de la vie professionnelle est si officiellement désirée, si l'on doit encore considérer comme une faute « sérieuse » le refus de se soumettre à la décision de l'employeur modifiant des conditions de travail qui affectent sérieusement cette conciliation, sans nier toutefois, qu'il y ait là un motif (inhérent à la personne du ou de la salariée) réel et sérieux de licenciement (M.-C. Escande-Varniol, Sur la qualification juridique des changements d'horaires ou de lieu de travail, *Dr. soc.* 2002. 1064). Il est vrai que, sur le plan indemnitaire, aucune différence n'existe entre le licenciement pour faute non grave et licenciement pour motif personnel « non fautif ».

2. Ex. : Soc. 18 nov. 2001, *RJS* 2/02, n° 147 (agit avec légèreté blâmable l'employeur qui n'indique pas le motif du changement de lieu de travail, se borne à indiquer l'intérêt de l'entreprise en faisant état de son pouvoir discrétionnaire).

3. Sur le droit disciplinaire, v. ss 749 s.

4. C. Radé, Droit du travail et responsabilité civile, *RDT* 2007. 752. L'auteur pose un double, mais discutable, diagnostic d'« instrumentalisation de la responsabilité civile » et d'« autonomisation du droit du travail ».

5. L'arrêt fondateur est Soc. 27 nov. 1958, *Sté des forges stéphanoises, Bull. civ.* IV, n° 1259 ; *D.* 1959. 20, note R. Lindon ; *Grands arrêts*, n° 47. V. aussi, not. Soc. 21 janv. 1971, n° 70-40.005, *Bull. civ.* V, n° 43 ; 22 mai 1975, n° 74-40.454, *Bull. civ.* V, n° 265 ; 27 juin 1991, n° 89-44.560 ; 23 sept. 1992, *Bull. civ.* V, n° 466 ; 12 avr. 1995, *Dr. soc.* 1995. 651, obs. J. Savatier ; 11 mars 1998, *Dr. soc.* 1998. 497, obs. J. Savatier ; 19 mars 2003, n° 01-40.084 D, *D.* 2004. Somm. 384, obs.

l'exception qu'elle constitue à celle de l'article 1147 du Code civil. Elle est justifiée par la subordination du salarié et une idée de risque-profit [1] : parce qu'il est le détenteur du pouvoir, il appartient aussi à l'employeur d'assumer les risques de l'exploitation [2].

La prohibition des sanctions pécuniaires dans l'entreprise (C. trav., art. L. 1331-2) prive l'employeur du moyen de contourner ce régime restrictif de la responsabilité pécuniaire en restant sur le plan disciplinaire.

La chambre sociale considère, depuis 1990, que la faute lourde suppose une intention de nuire à l'employeur ou à l'entreprise [3]. La règle étant d'ordre public (social), la clause d'un contrat de travail relative à la responsabilité personnelle du salarié envers son employeur ne saurait produire effet qu'en cas de faute lourde [4], et ni la convention collective ni le règlement intérieur ne peuvent prévoir une responsabilité pécuniaire de plein droit [5].

649 ***La responsabilité délictuelle du salarié*** ◇ Ce régime de la responsabilité contractuelle du salarié doit être rapproché de celui de sa *responsabilité délictuelle à l'égard de tiers* victimes d'un dommage causé par son activité en exécution du contrat de travail. L'Assemblée plénière de la Cour de cassation a exclu toute responsabilité délictuelle du préposé, salarié en l'occurrence, à l'égard de ces tiers (sur le fondement de l'art. 1382 C. civ.) lorsqu'il a agi sans excéder les limites de la mission impartie par son commettant (seul tenu à réparation sur le fondement de l'art. 1384, al. 5 C. civ.) [6]. L'idée

E. Peskine ; 19 mars 2003, préc. ; 20 avr. 2005, *JCP E* 2005. II. 1261, note G. Vachet ; *D.* 2006. 1346, note J. Mouly ; 25 oct. 2005, *Bull. civ.* V, n° 299. La faute lourde doit être caractérisée même si le dommage a été causé à l'employeur dans un abus de fonction manifeste (Soc. 6 mai 1997, *Dr. soc.* 1997. 734, obs. J. Savatier ; 19 mars 2003, préc.).

1. G. Couturier, Responsabilité civile et relations individuelles de travail, *Dr. soc.* 1988. 407.

2. Le salarié ne répond pas à l'égard de son employeur des risques de l'exploitation : Soc. 31 mai 1990, *Bull. civ.* V, n° 260.

3. Soc. 31 mai 1990, préc. ; 16 juin 1993, *CSBP* 1993, A. 49 ; 2 déc. 1998, *D.* 1999. IR 32. V ; 19 mars 2003, préc. ; 20 avr. 2005, *JCP E* 2005. II. 1261, note G. Vachet ; *D.* 2006. 1346, note J. Mouly ; 25 oct. 2005, *Bull. civ.* V, n° 299 ; 19 janv. 2012, n° 10-18.708 : J. Déprez, Droit commun des obligations et spécificité du régime de responsabilité civile du salarié dans la jurisprudence sociale, *RJS* 1/93, p. 3 ; B. Bossu, La faute lourde du salarié : responsabilité contractuelle ou responsabilité disciplinaire, *Dr. soc.* 1998. 26. Ainsi a-t-il été jugé que le vol au préjudice de l'employeur n'impliquait pas nécessairement l'intention de nuire à ce dernier (Soc. 6 juill. 1999, *Dr. soc.* 1999. 961, obs. J. Savatier), ou que le fait, pour le réceptionniste de nuit d'un hôtel « d'emprunter » le véhicule d'un client et de l'endommager ne caractérisait pas davantage une faute lourde (Soc. 19 mars 2003, préc.). Un second arrêt du 31 mai 1990 (*Dr. soc.* 1991. 105, note G. Couturier) a retenu la même conception de la faute lourde privative d'indemnité compensatrice de congés payés. V. aussi, en matière de grève, v. ss 1460.

4. Soc. 10 nov. 1992, *Dr. soc.* 1993. 55 ; 11 mars 1998, *Dr. soc.* 1998. 497, obs. J. Savatier. Rappr. : Soc. 2 avr. 1995, *Dr. soc.* 1995. 651, obs. J. Savatier (pour une reconnaissance de dette de dommages et intérêts) ; 23 janv. 1992, *JCP* 1993. II. 22000, note Ph. Delebecque (clause de déficit d'inventaire dans le contrat d'un de ces gérants des art. L. 781-1 et L. 782-1 – désormais « gérants de succursales des art. L. 7321-1 s. C. trav. – que le Code assimile partiellement à des salariés).

5. Soc. 9 juin 1993, *Dr. soc.* 1993. 767 ; *D.* 1994. Somm. 307, obs. I. Vacarie.

6. Cass., ass. plén., 25 févr. 2000 (*Costedoat*), *D.* 2000. 673, note Ph. Brun ; *ibid.* Somm. 467, obs. Ph. Delebecque ; *JCP* 2000. II. 10295, concl. R. Kessous, note M. Billiau ; *Grands arrêts*, n° 48. Pour une critique : J.-F. Barbièri, Responsabilité de l'entreprise et responsabilité de ses salariés. À est que les fautes ordinaires du salarié constituent un risque de l'entreprise que l'employeur doit supporter. Puis la Cour a admis une exception à cette immunité en cas d'infraction intentionnelle commise dans les limites de la mission, fût-ce sur ordre du commettant [1]. Finalement, le préposé qui cause un dommage à un tiers en agissant sans excéder les limites de la mission confiée par son commettant n'engage sa responsabilité que si le préjudice résulte d'une infraction pénale intentionnelle au sens de l'article 121-3 du Code pénal ou d'une faute intentionnelle [2].

Enfin, un salarié peut, à l'occasion de l'exécution de sa prestation de travail, causer *un dommage à un autre salarié*. Si la couverture des accidents du travail par le droit de la sécurité sociale limite l'importance pratique du problème, celui-ci peut surgir suite à l'appréciation portée par un supérieur hiérarchique sur un autre salarié ou à des faits de harcèlement entre salariés. La deuxième chambre civile exclut la responsabilité du salarié qui a agi dans les limites des relations de travail et sans faute personnelle commise hors de ses fonctions [3]. La chambre sociale estime, en se référant à l'article L. 1152-1 du Code du travail, que le salarié engage sa « responsabilité personnelle » à l'égard de ses salariés auxquels il « fait subir intentionnellement des agissements répétés de harcèlement moral » [4]. On ne voit pas de raison de limiter cette responsabilité délictuelle au supérieur hiérarchique tourmentant des collègues sur lesquels il a autorité, ni de ne pas l'étendre au harcèlement sexuel au moins aussi vigoureusement « interdit » par l'article L. 1153-1 du Code du travail.

la recherche de l'équilibre perdu, *Mélanges dédiés à M. Despax*, p. 141. Pour une application à un médecin et à une sage-femme salariés d'établissements de soins : Civ. 1re, 9 nov. 2004, deux arrêts, *D.* 2005. 253, note F. Chabas ; *ibid.* Pan. 403, obs. J. Penneau ; pour une critique de cette extension : C. Riot, L'exercice « subordonné » de l'art médical, *D.* 2006. Chron. 111. L'employeur-commettant ne disposant d'aucune action récursoire contre son salarié-préposé, faute de pouvoir se prévaloir d'une subrogation dans les droits de la victime, il ne peut « se retourner » contre lui qu'en tentant d'établir sa faute lourde dans une instance relevant de la seule juridiction prud'homale (Civ. 2e,20 déc. 2007, n° 07-13.403 P, *D.* 2008. Chron. C. cass. 657, obs. C. Nicolétis).

1. Cass., ass. plén., 14 déc. 2001 (*Cousin*), *D.* 2002. 1930, note J. Julien ; *ibid.* Somm. 1317, obs. D. Mazeaud ; *JCP* 2002. II. 10026, note M. Billiau ; Crim. 7 avr. 2004, *Bull. crim.* n° 94 ; *D.* 2004. IR 1563. V. : N. Molfessis, Vie professionnelle, vie personnelle et responsabilité des commettants du fait de leurs préposés, *Dr. soc.* 2004. 31.

2. Civ. 2e 21 févr. 2008, n° 06-21.182 D. Qu'une salariée ait commis un délit d'abus de faiblesse au préjudice d'une pensionnaire de la maison de retraite qui l'employait n'implique pas nécessairement qu'elle ait agi hors du cadre de ses fonctions au sens de l'art. 1384, al. 5 C. civ. (Civ. 2e 16 juin 2005, *Dr. ouvrier* 2006. 135, note F. Saramito). Pour une proposition de faire de la faute inexcusable la condition de la responsabilité civile du salarié à l'égard des tiers, v. : J. Mouly, Quelle faute pour la responsabilité civile du salarié ?, *D.* 2006. Chron. 2756 (pour qui cette solution, propre à « restaurer une certaine moralisation des rapports de travail » et à favoriser « la responsabilisation des préposés » devrait « également prévaloir dans les rapports entre employeurs et salariés », et donc appeler une modification de la règle consacrée depuis 1958).

3. Civ. 2e 18 mai 2000, *Bull. civ.* II, n° 84 (recherche, par un salarié, de la « responsabilité quasi délictuelle » d'un supérieur hiérarchique suite à son licenciement motivé par les résultats (contestables) d'un contrôle de connaissances.

4. Soc. 21 juin 2006, *Dr. soc.* 2006. 826, note C. Radé ; *JCP S* 2006. 1566, note C. Leborgne-Ingelaere ; *RDT* 2006. 71, obs. F. G. ; *ibid.* 245, obs. P. Adam.

§ 3. La surveillance, le contrôle et l'évaluation du salarié

650 Le pouvoir juridique de l'employeur n'est pas un vain mot, il est assorti des moyens du pouvoir, à savoir de droit à la surveillance, au contrôle et à l'évaluation [1]. Il s'agit de surveiller et de contrôler le déroulement de la prestation de travail, et de ses résultats, puis d'évaluer le travail accompli mais plus encore les aptitudes, les compétences, de l'intéressé en vue de décider de l'avenir du rapport de travail. Ces accessoires du pouvoir sont juridiquement accordés, mais ils sont aussi juridiquement encadrés.

651 ***Surveillance et contrôle*** ◊ Les procédés se sont diversifiés avec, notamment, le développement de l'informatique : de la surveillance physique par le patron ou un supérieur hiérarchique à la biométrie, en passant par le pointage, le badgeage, la vidéosurveillance, la gestion automatisée des accès et du contrôle des présences, l'écoute et l'enregistrement des conversations téléphoniques avec les équipements de l'entreprise, la géolocalisation des salariés circulant à l'extérieur, etc. [2]. Quelques dispositions du Code du travail ou de la loi « Informatique et libertés » introduisent d'indispensables conditions et restrictions.

Aucune information concernant personnellement un salarié ne peut être collectée par un dispositif qui n'a pas été préalablement porté à sa connaissance (C. trav., art. L. 1222-4) [3]. Le procédé qui n'a pas fait l'objet de cette information (« clandestin ») [4] étant illicite, les éléments de preuve recueillis ne sauraient être retenus. Par ailleurs, le comité d'entreprise doit être, avant leur introduction ou leur mise en œuvre, informé sur les traitements automatisés de gestion du personnel (comme sur leur modification) et informé et consulté sur les moyens ou les techniques permettant le contrôle de l'activité des salariés (C. trav., art. L. 2323-32, al. 2 et 3) ; à peine, là encore, d'irrecevabilité du moyen de preuve obtenu [5]. Enfin, dans la mesure où le

1. Ex. : Soc. 14 mars 2000, *Bull. civ.* V, n° 101 ; 18 mars 2008, n° 06-45.093 P, *D.* 2008. AJ. 992, obs. B. Ines ; *Sem. soc. Lamy* 2008, n° 1348, note Ph. Waquet ; *JCP S* 2008. 1396, 1re esp., note B. Bossu (contrôle et surveillance de l'activité du personnel) ; 26 avr. 2006, *Bull. civ.* V, n° 145 (surveillance des lieux de travail) ; 10 juill. 2002, *Dr. ouvrier* 2002. 535, note V. Wauquier (évaluation du travail des salariés).

2. Sur l'ensemble de ces questions, v. : F. Favennec-Héry, Vie professionnelle, vie personnelle du salarié et droit probatoire, *Dr. soc.* 2004. 48 ; J.-E. Ray, Droit du travail et TIC (I), *Dr. soc.* 2007. 140. V. aussi : P.-H. Mousseron, Le lieu de travail, territoirre de l'entreprise, *Dr. soc.* 2007. 1110.

3. Pour des faits antérieurs à la L. du 31 déc. 1992 qui a créé cette disposition : Soc. 20 nov. 1991 (*Néocel*), *D.* 1992. 73, concl. Y. Chauvy ; *Dr. soc.* 1992. 28, rapp. Ph. Waquet ; 22 mai 1995, *Bull. civ.* V, n° 164. Un employeur ne peut recourir à une société de surveillance à l'insu du personnel (Soc. 15 mai 2001, *Bull. civ.* V, n° 617 ; *D.* 2001. Somm. 3015, obs. T. Aubert-Monpeyssen) ou à des détectives privés à l'insu du salarié surveillé (Soc. 23 nov. 2005, *Dr. soc.* 2006. 227, obs. J. Mouly).

4. Même si le salarié ne pouvait ignorer, par exemple, la présence de caméras vidéo (Soc. 7 juin 2006, *JCP S* 2006. 1614, note D. Corrignan-Carsin).

5. Soc. 7 juin 2006, *Bull. civ.* V, n° 206. La mise en œuvre de l'outil de contrôle peut être suspendue en référé jusqu'à consultation des représentants du personnel (ex. : Soc. 10 avr. 2008, n° 06-45.741 D, *RDT* 2008. 351, obs. F. G.).

dispositif réalise ou permet un traitement de données à caractère personnel, la loi du 6 janvier 1978, modifiée par celle du 6 août 2004, impose procédure de déclaration auprès de la Commission nationale de l'informatique et des libertés et un certain nombre d'exigences de fond quant aux modalités et usages des dispositifs, sous le contrôle de cette même CNIL [1]. La méconnaissance de ces « règles de contrôle de la surveillance » fonde le salarié à refuser de se soumettre au dispositif [2] et rend irrecevable le moyen de preuve obtenu grâce à ce dispositif irrégulièrement installé [3].

En revanche, la surveillance d'un salarié par un membre de la hiérarchie de l'entreprise ne constitue pas un dispositif requérant l'information préalable du salarié [4]. L'employeur peut vérifier les relevés de communications téléphoniques à partir de l'entreprise, et les équipements disposés dans les locaux de l'entreprise, susceptibles d'établir des pratiques ou attitudes de salariés sans être installés à cet effet, ne sont pas davantage des dispositifs visés par les articles L. 1222-4 et L. 2323-32, al. 3, donc donnant lieu à ces informations ou consultation préalables [5]. L'employeur pourra aussi recueillir par de simples témoins des éléments de preuve du comportement critiquable du salarié dans l'exécution de sa prestation, ou encore recourir à un huissier afin d'établir certains faits utiles à son contrôle. Toutefois, en l'absence même d'un véritable « dispositif » au sens de la loi, le recours à un stratagème, peut rendre l'opération de surveillance « clandestine et déloyale » ou commander d'écarter jusqu'au constat d'huissier dressé dans de telles circonstances [6].

---

1. H. Bouchet, *La cybersurveillance sur les lieux de travail*, Rapport CNIL, mars 2004 (reproduit dans *Dr. ouvrier* 2004. 410) ; A. de Senga, Information, consultation et déclaration préalables obligatoires portant sur les mécanismes de contrôle de l'activité des salariés, *Dr. ouvrier* 2006. 474. Sur le correspondant à la protection des données personnelles en entreprise (CDP), « correspondant informatique et libertés » (CIL) dans la terminologie de la CNIL, v. : N. Métallinos, Maîtriser le risque informatique et libertés, *Dr. soc.* 2006. 378 ; D. Jourdain, Le correspondant « informatique et libertés », *JCP S* 2006. 1002 ; R. de Quénaudon, obs. *RDT* 2006. 32 ; J.-E. Ray, Droit du travail et TIC (II), *Dr. soc.* 2007. 275 ; Le succès du CIL, *Sem. soc. Lamy* 2008, n° 1355, p. 6. Sur l'introduction de systèmes biométriques, v. : L. Flament, La biométrie dans l'entreprise, *JCP S* 2006. 1468 ; A. de Senga, Autorisation uniques de la CNIL de mise en œuvre de dispositifs biométriques, *Dr. ouvrier* 2007. 31 La méthode de la CNIL, *Sem. soc. Lamy* 2008, n° 1336, p. 5. V. aussi : CNIL, son bilan d'activité pour 2006, *Sem. soc. Lamy* 2007, n° 1320, p. 4.

2. Soc. 6 avr. 2004, *Dr. ouvrier* 2004. 378, note P. Adam.

3. Soc. 7 juin 2006, préc.

4. Soc. 3 mai 2007, *JCP S* 2007. 1541. Rappr. : Soc. 26 avr. 2006, *Bull. civ.* V, n° 145.

5. V. : Soc. 31 janv. 2001, *Bull. civ.* V, n° 28 ; *D.* 2001. Somm. 2169, obs. J.-F. Paulin ; 19 avr. 2005, *JCP S* 2005. 1032, note J.-F. Césaro ; *D.* 2005. IR 1248, obs. A. Astaix ; 29 janv. 2008, *RJS* 5/08, n° 511 ; *RDT* 2008. 242, obs. C. Sachs-Durand et R. de Quénaudon (qui critiquent la « dispense » d'information et consultation accordée à l'usage de l'autocommutateur téléphonique de l'entreprise ; avec raison : l'art. L. 1222-4 C. trav. ne vise pas tout dispositif de « surveillance », mais de collecte d'information).

6. Soc. 18 mars 2008, 2 arrêts, *Sem. soc. Lamy* 2008, n° 1348, p. 5, note Ph. Waquet ; *Dr. soc.* 2008. 608 ; *ibid.* 610, obs. C. Radé ; *JCP S* 2008. 1396, note B. Bossu. Dans son arrêt concernant l'agent d'EDF « piégé » par des collègues envoyés par sa hiérarchie et transformés en clients pour constater son activité étrangère à son travail, la Cour évoque les conditions de mise en œuvre d'un dispositif de surveillance mais ne semble pas traiter le « stratagème » qu'elle fustige comme un tel dispositif. La cassation, comme dans d'autres arrêts (20 nov. 1991, 23 nov. 2005, préc.), est sim-

L'opération de contrôle de l'exécution de la prestation de travail peut se heurter à la protection des libertés du salarié. Sa licéité et la recevabilité de l'élément de preuve qu'elle peut procurer dépendront donc de la conciliation imposée par l'article L. 1121-1 du Code du travail (« Nul ne peut apporter aux droits des personnes et aux libertés individuelles et collectives de restrictions qui ne seraient pas justifiées... »). Le problème surgit, en particulier, lorsque le salarié utilise pour son travail un outil informatique mis à sa disposition par l'employeur, et que ce dernier découvre des traces (messages, fichiers) d'une utilisation de l'appareil à des fins personnelles, voire d'un usage interdit par lui. Il ressort d'une série d'arrêts :

– que l'employeur ne peut, sans violer le droit du salarié au respect de l'intimité de sa vie privée qui implique le secret des correspondances, prendre connaissance des messages personnels émis ou reçus par le salarié grâce à l'ordinateur de travail mis à sa disposition, même s'il a interdit toute utilisation non professionnelle de l'appareil [1], et qu'il ne peut donc ouvrir les fichiers identifiés comme personnels par le salarié qu'en présence de ce dernier ou celui-ci dûment appelé [2] ;

– qu'il en va autrement en cas de « risque ou événement particulier » [3] et que, par ailleurs, « le respect de la vie personnelle du salarié ne fait pas obstacle à une mesure d'instruction ordonnée par le juge (C. pr. civ., art. 145) constatant que cette mesure « procède d'un motif légitime et apparaît nécessaire à la protection des intérêts de l'employeur demandeur » [4] ;

– que les fichiers et dossiers créés par un salarié grâce à son ordinateur de travail sont présumés avoir un caractère professionnel, de sorte que l'employeur peut y accéder hors sa présence [5].

plement prononcée au visa de l'art. 9 C. pr. civ. (« Il incombe à chaque partie de prouver conformément à la loi les faits nécessaires au succès de sa prétention ») interprété à la lumière d'un principe (naissant ?) de loyauté dans la production de la preuve (B. Ines, obs. *D.* 2008. AJ. 992).

1. Soc. 2 oct. 2001 (*Nikon France*), *D.* 2001. 3148, note P.-Y. Gautier ; *Dr. soc.* 2001. 915, 1re esp., note J.-E. Ray ; *Grands arrêts*, n° 70 (ingénieur licencié pour faute grave pour avoir entretenu, pendant ses heures de travail, une activité parallèle attestée par le contenu de messages découverts par la direction en consultant un fichier « personnel » sur l'ordinateur de service du salarié) ; 12 oct. 2004, n° 02-40.932 D. V. : Ph. Waquet, retour sur l'arrêt *Nikon*, *Sem. soc. Lamy* 2002, n° 1065, p. 5. Ces arrêts de cassation visent les art. 8 de la Conv. EDH, 9 C. civ., 9 C. pr. civ. et L. 120-2 (désormais C. trav., art. L. 1121-1). Un arrêt rendu au même visa a estimé que ne pouvait être retenu comme élément de preuve des carences d'une salariée le rapport de « filature » établi par son supérieur hiérarchique (Soc. 26 nov. 2002, *Dr. soc.* 2003. 225, obs. J. Savatier).

2. Soc. 17 mai 2005, *Dr. soc.* 2005. 789, obs. J.-E. Ray ; *JCP S* 2005. 1031, note F. Favennec-Héry ; *D.* 2005. IR 1448, obs. E. Chevrier ; *D.* 2006. Pan. 30, obs. M.-C. Escande-Varniol.

3. Soc. 17 mai 2005, préc. On pense à un risque très sérieux, et plausible, pour l'entreprise (virus informatique, contexte d'actes de concurrence déloyale), ce que ne constitue pas la découverte, comme en l'espèce, de photos érotiques dans un tiroir du bureau du salarié (J. Duplat, Avis, *Sem. soc. Lamy* 2006, n° 1218, p. 10).

4. Soc. 23 mai 2007, *Bull. civ.* V, n° 84 ; *D.* 2007. AJ. 1590, obs. A. Fabre ; *RDT* 2007. 590, obs. R. de Quénaudon ; 10 juin 2008, n° 06-19.229 P. La mesure sollicitée dans ces affaires (du président du TGI statuant sur requête) était la désignation d'un huissier avec mission d'accéder aux données de l'ordinateur.

5. Soc. 18 oct. 2006, *JCP S* 2006. 1946, 1re esp., note J.-Y. Frouin ; *RDT* 2006. 395 (1er arrêt), obs. R. de Quénaudon ; *D.* 2007. Pan. 691, obs. F. Guiomard ; 9 juill. 2008, n° 06-45.800 P. Le

652 *L'évaluation du salarié* [1] ◊ Si la Cour de cassation rappelle que l'employeur a, en vertu de son pouvoir de direction « le droit d'évaluer le travail de ses salariés » [2], cette évaluation n'a jamais épargné la personne de chacun (malgré la grande distinction de la vie professionnelle et de la vie personnelle) et il est admis qu'elle porte sur les compétences et les aptitudes [3]. C'est en cela qu'elle n'a pas toujours bonne presse : n'alimente-t-elle pas ce stress qui est aujourd'hui, pour de nombreux salariés de toutes catégories, le principal facteur de souffrance au travail, n'est-elle pas la pratique emblématique d'une « domination douce » et le stimulant d'une perverse concurrence entre les salariés ? On objecte qu'elle est plus indispensable que jamais dans le contexte d'intense concurrence entre les entreprises, qu'elle permet une meilleure « allocation des ressources humaines », qu'elle est requise par la gestion prévisionnelle des emplois et des compétences, qu'elle permet aussi à chaque salarié de mieux gérer son « employabilité » et son « parcours professionnel » tout en satisfaisant une aspiration à la justice des salariés eux-mêmes. Si l'on peut discuter ces mérites, nul doute que l'évaluation permet à l'employeur de limiter les risques juridiques de ses décisions concernant la carrière de ses salariés ou de la fixation, en cas de besoin, de l'ordre des licenciements pour motif économique (C. trav., art. L. 1233-5), alors que s'est intensifiée l'exigence de justification de ses décisions [4]. L'éventualité d'une invocation du principe « à travail égal, salaire égal » ou du principe d'égalité de traitement par certains salariés incite les employeurs à se pourvoir de solides et sérieux bilans d'évaluation du personnel [5].

Le Code du travail n'impose pas le choix d'une méthode (entre auto-évaluation, évaluation par entretien, par mise en situation, et des méthodes plus sophistiquées encore). Il se borne à exiger, d'une part que les informations demandées à un salarié n'ait « d'autre finalité que d'apprécier ses aptitudes professionnelles » et qu'elles présentent « un lien

---

second arrêt du 18 oct. 2006 estime, de façon analogue, que les documents détenus par le salarié dans le bureau de l'entreprise mis à sa disposition sont présumés avoir un caractère personnel, sauf si l'intéressé les identifie comme personnels.

1. L'évaluation en débat, dossier spéc., *Sem. soc. Lamy* 2010, n° 1471 ; Ph. Waquet, L'évaluation des salariés, *Sem. soc. Lamy* 2003, n° 1126, p. 7 ; A. Chirez, Notation et évaluation des salariés, *Dr. ouvrier* 2003. 309 ; S. Vernac, L'évaluation des salariés en droit du travail, *D.* 2005. Chron. 924. V., du côté des sciences sociales et humaines : L. Tanguy, De l'évaluation des postes de travail à celle des qualités des travailleurs. Définitions et usages de la notion de compétences, *Le travail en perspectives*, préc., p. 545 ; C. Dejours, *L'évaluation du travail à l'épreuve du réel. Critique des fondements de l'évaluation*, INRA Éditions, 2003.

2. Soc. 10 juill. 2002, 00-42.368, *Dr. ouvrier* 2002. 535, note V. Wauquier.

3. L'employeur est « seul juge de *la valeur professionnelle* des salariés » (Soc. 21 févr. 1990, *Bull. civ.* V, n° 81) : c'est un peu plus que le travail déjà réalisé. A. Lyon-Caen, Le droit et la gestion des compétences, *Dr. soc.* 1992. 573.

4. F. Guiomard, *La justification des mesures de gestion du personnel. Essai sur le contrôle du pouvoir de l'employeur*, thèse Paris X, 2000.

5. Leçon à tirer d'arrêts récents : Soc. 17 oct. 2006, *Dr. soc.* 2006. 1186, obs. C. Radé ; 20 févr. 2008, n°s 06-40.085, 06-40.615 P, *Sem. soc. Lamy* 2008, n° 1344, p. 8, rapp. H. Gosselin, comm. F. Champeaux. Sur le principe en question, v. ss 695.

direct et nécessaire avec l'évaluation » de ces aptitudes (C. trav., art. L. 1222-2), d'autre part que les « méthodes et techniques d'évaluation professionnelle mises en œuvre » à l'égard du salarié soient préalablement portées à sa connaissance [1] et soient « pertinentes au regard de la finalité poursuivie » (C. trav., art. L. 1222-3) [2]. Les décisions susceptibles de résulter de l'évaluation, notamment en matière de rémunération, formation, reclassement, qualification, classification, promotion, mutation, sont évidemment saisies par la règle de non-discrimination de l'article L. 1132-1, redoublée par les dispositions des articles L. 1142-1 (discrimination sexiste) et L. 2141-3 (discrimination syndicale) [3].

Au-delà de ces textes, la violence de certains modes d'évaluation commence a donner lieu a contentieux. La Chambre sociale a tout d'abord reconnu l'impact que peut avoir sur la santé certains modes d'évaluation, pour en déduire que l'employeur qui entend instaurer un système d'évaluation doit, non seulement consulter le comité d'entreprise, mais aussi et d'abord le comité d'hygiène, de sécurité et des conditions de travail (CHSCT). Ainsi, par application de la disposition la plus générale sur les missions du CHSCT (C. trav., art. L. 4612-1), des évaluations annuelles projetées doivent faire l'objet d'une consultation préalable du CHSCT si elles peuvent « avoir une incidence sur le comportement des salariés, leur évolution de carrière et leur rémunération » et si les enjeux de l'entretien annuel prévu sont « manifestement de nature à générer une pression psychologique entraînant des répercussions sur les conditions de travail » [4]. De plus, certains modes d'évaluation sont désormais directement prohibés par la Chambre sociale, au nom sans doute de leur excessive brutalité. Il en va ainsi notamment du « *ranking* par quotas », lequel est un mode d'évaluation dans lequel les évaluateurs sont tenus de répartir le personnel en groupes de niveau, selon leur efficacité ou leur compétence par exemple, chaque groupe devant contenir un certains pourcentage préétabli de salariés [5].

---

1. La méconnaissance, par l'employeur, de cette obligation d'informer peut justifier l'allocation de dommages-intérêts, sans être toutefois « de nature à caractériser une inobservation des critères d'ordre des licenciements, dès lors que l'appréciation des qualités professionnelles repose sur des éléments objectifs et vérifiables » (Soc. 21 nov. 2006, *Dr. soc.* 2007. 114, obs. G. Couturier).

2. Le salarié « est tenu de répondre de bonne foi » aux demandes d'information (C. trav., art. L. 1222-2, al. 3), et les résultats de l'évaluation sont « confidentiels » (C. trav., art. L. 1222-3, al. 2) : ces deux exigences pourraient découler de l'obligation d'exécuter le contrat de bonne foi.

3. Soc. 17 oct. 2006, préc. ; 27 mai 2008, n° 07-40.145 D. Le salarié exerçant des mandats de délégué syndical et de représentant du personnel, donc souvent mais régulièrement absent de son poste de travail, a « droit à l'évaluation », au même titre et selon les mêmes méthodes que ses collègues. La pratique du classement des salariés sur la base de leur évaluation (*ranking*) a suscité émotion et débats (*Sem. soc. Lamy* 2002, n° 1100, p. 6 ; Grenoble, 13 nov. 2002, *Dr. soc.* 2003. 988, note J. Colonna).

4. Soc. 28 nov. 2007 (*Groupe Mornay*), *Sem. soc. Lamy* 2007, n° 1332, p. 10, comm. P.-Y. Verkindt et A. Mole, *Dr. ouvrier* 2008. 49, rapp. J.-M. Béraud ; *JCP S* 2008. 1070, note J.-B. Cottin ; *RDT* 2008. 111, obs. L. Lerouge ; ibid. 180, obs. P. Adam. L'arrêt considère que la mise en œuvre de ce projet n'était pas subordonnée à déclaration à la CNIL, dès lors que les données personnelles recueillies n'étaient pas destinées à faire l'objet d'un traitement automatisé.

5. Soc. 27 mars 2013, n° 11-26.539 P.

CHAPITRE 2
POUVOIR ET DROITS FONDAMENTAUX

653 ***Une histoire récente*** ◊ La problématique des droits et libertés fondamentaux est d'apparition récente, étonnamment récente même comparativement à l'importance prise par cette dimension du droit du travail actuel. La première application explicite des droits de l'homme en droit du travail date de l'arrêt du Conseil d'État *Peintures Corona*, du 1er février 1980 [1]. Deux ans plus tard, la loi du 4 août 1982, introduisit dans le Code du travail la prohibition des discriminations et affirma l'obligation de respecter les droits et libertés fondamentaux dans le règlement intérieur [2]. Il fallut attendre dix ans de plus pour que la loi du 31 décembre 1992 généralise cette application des droits et libertés fondamentaux à l'ensemble du droit du travail [3].

Le dernier étage de la problématique des droits fondamentaux est venu de l'essor jurisprudentiel du principe d'égalité. L'arrêt *Ponsolle* du 29 octobre 1996 [4] fut le premier temps de cet avènement, avec l'affirmation de la règle « à travail égal, salaire égal ». Plusieurs arrêts à partir de 2007 l'ont généralisée en posant un principe d'« égalité de traitement entre tous les salariés d'une même entreprise », applicable à toutes les dimensions du rapport de travail [5].

La problématique des droits de l'homme s'exprime désormais autour de ces trois règles. La première est inscrite à l'article L. 1121-1 du Code du travail. Elle proclame l'application des droits et libertés fondamentaux au droit du travail. La seconde est la règle de non discrimination, que l'on retrouve aux articles L 1132-1 et suivants du Code du travail. La troisième est le principe d'égalité, dont les sources constitutionnelles et internationales sont anciennes, mais dont le développement jurisprudentiel est récent.

---

1. *Dr. soc.* 1980. 310, concl. A. Baquet, *Dr. ouvrier* 1980. 211, note S. Alter.

2. Pour la mention des droits fondamentaux à propos du contrôle du règlement intérieur, v. l'art. L. 122-35 de l'anc. C. trav., devenu l'art. L. 1321-3, 2° C. trav. ; la prohibition des discrimination est apparue à l'art. L. 122-45 de l'anc. Code, devenu L. 1132-1 C. trav.

3. C. anc. trav., art. L. 120-2, devenu L. 1121-1 C. trav.

4. Soc. 29 oct. 1996, *Ponsolle, Bull. civ.* V, n° 359 ; *Dr. soc.* 1996. 1013, note A. Lyon-Caen ; *Grands arrêts*, n° 71.

5. Soc. 16 mai 2007, n° 05-44.565, *D.* 2007. Pan. 3035, obs. A. Jeammaud ; 19 juin 2007, n° 06-44.047 P, *Dr. soc.* 1045, obs. C. Radé ; *Sem. soc. Lamy* 2007, n° 1314, rapp. P. Bailly ; *D.* 2007. Pan. 3035, obs. A. Jeammaud ; *Dr. ouvrier* 2007. 556, chron. I. Meyrat ; 20 févr. 2008, *Sté Bensoussan*, n° 05-45.601 P, *Dr. soc.* 2008. 536, obs. C. Radé.

654 ***Unité et pluralité dans la problématique des droits fondamentaux*** ◇ Ces trois règles sont liées. La règle d'égalité, posée à l'orée de la déclaration des droits de l'Homme de 1789, est un droit fondamental. Il s'agit même d'une des bases sur lesquelles l'existence même des droits fondamentaux s'appuie : c'est parce que les êtres humains sont égaux en valeur que des droits de l'homme, égaux pour tous, ont été proclamés. La prohibition des discriminations s'inspire elle aussi, à l'évidence, de l'idée d'égalité. Elle est de plus une technique protectrice d'autres droits fondamentaux, lorsqu'elle prohibe la discrimination en fonction de l'exercice du droit de grève ou des libertés syndicale, d'opinion, de religion...

Ces trois règles n'en demeurent pas moins distinctes dans leurs objets, comme dans la technique qu'elles utilisent. Pour ne prendre qu'un exemple, la prohibition de la discrimination raciste ou sexiste protège une ontologie de l'être humain, une identité en valeur de tous les êtres humains. Cette égalité-là est d'un ordre différent de l'égalité de traitement qui vient prohiber l'octroi de chèques restaurant aux seuls non-cadres [1]. Ici, c'est de limitation du pouvoir, de prohibition de l'arbitraire qu'il s'agit, et non de respect de l'unité du genre humain.

Cette séparation des grandes règles inspirées de la problématique des droits fondamentaux impose un traitement séparé. L'étude de la problématique générale des droits et libertés fondamentaux [2] précédera l'étude de l'égalité dans ses deux dimensions que sont la non-discrimination et l'égalité de traitement.

SECTION 1. LES LIBERTÉS ET DROITS FONDAMENTAUX

655 Cette proclamation a connu une première étape lors de l'édiction par la loi du 4 août 1982 d'un texte limité au contrôle du contenu du règlement intérieur (C. trav., art. L. 1321-3, 2°). La formule alors retenue a été généralisée à tous les acteurs et à tous les domaines du droit du travail, pour former un texte fameux, l'ancien article L. 120-2 du Code du travail, devenu article L. 1121-1 du Code du travail. L'étude de ce texte s'impose comme un préalable. L'étude plus approfondie de certaines de ses déclinaisons suivra.

§ 1. L'article L. 1121-1 du Code du travail

656 ***Analyse de texte*** ◇ Selon cet article : « Nul ne peut apporter aux droits des personnes et aux libertés individuelles et collectives de restrictions qui

1. Ex. tiré de Soc. 20 févr. 2008, *Sté Bensoussan*, préc.
2. Sur cette problématique, v. P. Waquet, Y. Struillou et L. Pécaut-Rivolier, *Pouvoir du chef d'entreprise et libertés du salarié. Du salarié-citoyen au citoyen-salarié*, éd. Liaisons, 2014.

ne seraient pas justifiées par la nature de la tâche à accomplir ni proportionnées au but recherché ». Ces termes, qui décrivent un objet, un champ d'application et une méthode, méritent quelques mots de commentaire.

657 ***« Nul ne peut »*** ◊ Le champ d'application du texte est on ne peut plus large. Tous les acteurs de l'entreprise sont concernés. Si le chef d'entreprise est le premier auquel ce texte s'applique, il n'est pas le seul. L'obligation de respecter les droits fondamentaux d'autrui est générale. Y sont soumis les salariés, les syndicats, les représentants du personnel... Si l'on ajoute que les droits fondamentaux sont issus de la Constitution et de différents traités ratifiés par la France, on peut ajouter le législateur à la liste des personnes devant les respecter. Tous les aspects du droit du travail passent par ce prisme.

L'application généralisée des droits fondamentaux aux relations de travail a conduit la Cour de cassation à condamner sur ce fondement aussi bien des actes unilatéraux que des clauses contractuelles ou conventionnelles. Sont encore visées les abstentions, pour peu qu'elles apparaissent attentatoires aux droits fondamentaux [1].

Ce sont toutefois des actes de l'employeur restreignant les libertés fondamentales qui forment d'essentiel du contentieux.

658 ***« Droits des personnes » et « libertés individuelles et collectives »*** ◊ Il s'agit de n'oublier personne. La doctrine a glosé à l'infini sur ces termes en faisant des distinctions plus subtiles les unes que les autres, mais peu convaincantes. Il s'agit tout simplement de viser les « droits de l'homme » ou, pour éviter le sexisme, « les droits de l'être humain », ou encore « les libertés fondamentales ». Ces différentes expressions doivent aujourd'hui être considérées comme synonymes. Elles seront alternativement utilisées par la suite.

La liste de ces droits et libertés est longue. Certains de ces droits n'ont pas attendu 1982 pour s'appliquer et influer le droit du travail. Tel est le cas, notamment, des droits qui permettent une action collective des salariés, comme la liberté syndicale, le droit de grève, le droit des travailleurs de participer à la gestion des entreprises ou le droit à la négociation collective. Ces droits sont fondateurs du droit du travail. Ils font l'objet de protections et de réglementations spécifiques [2]. De même, la réglementation sur l'hygiène et la sécurité, dans son ensemble, est aujourd'hui justifiée par le droit à la santé. Mais, fort heureusement, ce pan du droit du travail a commencé à se développer bien avant l'avènement des droits de l'Homme en droit du travail, et même bien avant la proclamation du droit à la santé [3]. Ce sont paradoxalement les droits de l'homme dit de première génération qui mirent le plus de temps à s'imposer en droit du travail. Le

---

1. Pour la condamnation d'une abstention d'agir, v. not. Soc. 24 janv. 2007, n° 05-41263.
2. V. 4e partie.
3. V. ss 860 s. et not. les art. L. 4111-1 s. C. trav.

droit au respect de la vie privé et plus généralement de la vie personnelle [1], le libre choix du domicile [2], la liberté d'expression [3], la liberté du travail [4] et la liberté d'entreprendre [5] et même en un sens le droit à l'égalité [6], sont des droits jeunes en droit du travail.

Il est à noter que les « droits des personnes et libertés individuelles et collectives » sont parfois visés par la Cour de cassation, sans spécification, au fondement de sa décision. Il y a là une simplification, qui laisse à penser que c'est tout simplement la liberté, au singulier, qui sert alors de fondement, sans que la référence précise à telle ou telle de ses déclinaisons apparaisse utile. Tel est le cas par exemple d'une décision qui censure le contrôle par géolocalisation de la situation des salariés, comme insuffisamment justifié [7].

659 ***« Des restrictions »*** ◊ Dès qu'un acte restreint, limite, un tant soi peu un droit de l'homme, il est suspect. Il n'est pas pour autant automatiquement illicite et condamné. Les droits fondamentaux sont des énoncés souvent assez flous. De plus, ils s'affrontent souvent les uns aux autres. De ce fait, aucun droit de l'Homme n'est absolu, tous souffrent de possibles limitations, de possibles restrictions : la liberté d'aller et venir n'autorise pas quiconque à entrer chez vous sans frapper ; tout comme la liberté d'expression n'autorise ni la diffamation ni l'injure.

La « restriction » à un droit fondamental peut donc ne pas être une « violation » des droits fondamentaux : elle échappera à cette condamnation si elle est justifiée et proportionnée. Ces deux exigences sont successives et cumulatives.

660 ***« justifiées par la nature de la tâche à accomplir »*** ◊ Lorsqu'un acte est reconnu restreindre, même faiblement, un droit fondamental, la première étape est de rechercher si cette restriction peut se prévaloir d'un motif légitime. C'est ce que l'article L. 1121-1 du Code du travail vise lorsqu'il dit que les restrictions doivent être « justifiées par la nature de la tâche à accomplir ». Un premier exercice de balance doit alors être mené. Dans un plateau sera mise la raison, le motif avancé par l'employeur pour justifier la restriction, et dans l'autre, la restriction au droit.

Il se peut, tout d'abord, que le motif avancé par l'employeur ne soit en rien une justification de la restriction apportée. Pour que l'employeur ait une quelconque légitimité à restreindre les droits fondamentaux du salarié, il faut au minimum que l'exercice de ces droits crée un « trouble

1. V. ss 665 s.
2. V. par ex. Soc. 28 févr. 2012, n° 10-180.308 P, *RDT* 2012. 225, note C. Varin (annulation d'une clause fixant un obligation de résidence).
3. V. ss 671 s.
4. V. ss 678 s.
5. V. ss 679 s.
6. V. ss 681 s.
7. Soc. 3 nov. 2011, n° 10-18.036, *Sem. soc. Lamy* 2011, n° 1518, obs. P. Flores.

caractérisé » au sein de l'entreprise [1]. Ainsi, par exemple, une clause d'un contrat de travail imposait à des employés de résider dans l'immeuble qu'ils étaient chargés d'entretenir, ce qui restreignait leur liberté de choisir leur domicile. Or, les salariés pouvaient fort bien réaliser leurs fonctions tout en résidant à l'extérieur de leur lieu de travail. La clause n'évitait aucun trouble. Elle était donc nulle [2]. Rien de plus simple.

Lorsque la mesure liberticide est bien susceptible d'éviter un trouble, cela ne suffit pas pour autant. Les libertés individuelles ne sauraient être écartées à la moindre gêne occasionnée dans l'entreprise. Entre le trouble et la liberté, en principe, la liberté l'emporte. Ainsi, par exemple, l'ouverture par l'employeur des vestiaires et armoires individuels est strictement encadrée quand aux motifs invocables. Les armoires peuvent contenir toutes sortes d'objets personnels. Leur ouverture par l'employeur peut donc porter atteinte à la vie privée. Et, selon le Conseil d'État, cette atteinte n'est possible « que si ce contrôle est justifié par les nécessités de l'hygiène ou de la sécurité » [3]. Aucun autre motif n'est recevable. Seraient ainsi immédiatement rejetées, pour absence de justification, des possibilités d'ouvertures dont la seule raison serait de « contrôler l'état et le contenu », ou « d'éviter l'encombrement excessif », etc. De tels motifs ne font pas le poids face au droit à la vie privée. Ils ne peuvent donc permettre aucune restriction à ce droit, *même minime*.

La force nécessaire à un motif pour légitimer la restriction d'un droit est l'objet d'une casuistique complexe, parfois un peu déroutante. L'importance de l'atteinte apportée au droit fondamental prend ici toute sa place. Assez logiquement, certaines atteintes seront plus difficilement justifiables que d'autres. Ainsi la liberté de se vêtir à sa guise est-elle finalement reconnue, même si les entorses qu'elle peut subir semblent relativement faciles à justifier [4]. De même, l'atteinte à la vie privée que peut opérer l'application d'une clause de mobilité sera sans doute jugée de manière plus sévère s'agissant d'une veuve ayant deux jeunes enfants, que s'il s'agissait d'un célibataire sans enfants [5]. Certains droits fondamentaux, intangibles, peuvent même apparaître insusceptible de réduction [6].

1. Soc. 17 avr. 1991, *Painsecq*, *Bull. civ.* V, n° 201, affaire dite du « *sacristain homosexuel* », *Dr. soc.* 1991. 485, note J. Savatier ; *JCP* 1991. II. 21724, note A. Seriaux.

2. Soc. 13 avr. 2005, *Dr. soc.* 2005. 809.

3. CE 8 juill. 1988, *Sté Comptoir Lyon, Alemand, Louyot*, *Lebon T.* 1403 ; *D.* 1990. Somm. 134, obs. D. Chelle et X. Prétot.

4. V. le deuxième arrêt *Montribot*, Soc. 12 nov. 2008, n° 07-42.220, inédit ; comp. le premier arrêt Montribot, arrêt dit « du bermuda », lequel avait refusé la qualification de liberté fondamentale à la liberté vestimentaire : Soc. 28 mai 2003, *Bull. civ.* V, n° 178 ; *Grands arrêts*, n° 69. La difficulté de sanction a déporté une partie du contentieux sur les vêtements sur le contentieux de la discrimination selon l'apparence physique, ou selon le sexe (pour une condamnation sur ces motifs d'un employeur ayant licencié un chef de rang dans un restaurant de prestige pour port d'un boucle d'oreille, cf. Soc. 11 janv. 2012, n° 10-16.655 P)

5. V. Soc. 13 janv. 2009, n° 06-45.562 P.

6. En ce sens, v. not. A. Linden, « Garantie des droits fondamentaux du salarié : éléments de jurisprudence de la Chambre sociale de la Cour de cassation », *Dr. ouvrier* 2011. 73.

On notera au passage que ce n'est pas nécessairement « par la nature de la tâche à accomplir » que la restriction peut être justifiée : l'impératif de sécurité qui permet, sous condition, d'ouvrir les vestiaires [1], n'est pas nécessairement lié à la tâche… Il n'en est pas moins recevable. Il y a là une petite maladresse de rédaction de l'article L. 1121-1 du Code du travail qui ne prête pas à conséquence, la jurisprudence ne s'y arrêtant pas.

Parfois, le motif invoqué comme justification a suffisamment de poids. C'est notamment le cas lorsqu'il est soutenu par un autre droit fondamental. Même alors, la restriction faite aux droits du salarié n'est pas nécessairement licite. Elle doit encore être « proportionnée au but recherché » (C. trav., art. L. 1121-1), c'est-à-dire proportionnée au motif retenu. C'est sur cette exigence de proportion que se concentre l'essentiel de la jurisprudence.

661 ***« proportionnées au but recherché »*** ◊ L'exigence de proportion signifie, tout d'abord, que le champ d'application de la restriction aux droits des salariés doit être strictement délimité. La faculté accordée par le règlement intérieur de faire réaliser un alcootest aux salariés peut être justifiée par des impératifs de sécurité. Mais alors seuls les salariés exécutant des travaux dangereux pourront y être soumis [2].

L'exigence de proportion signifie, ensuite, que la restriction doit être aussi réduite, aussi limitée, que possible. Pour démontrer que telle atteinte est illégale, il suffit de montrer que le but recherché pouvait être réalisé à l'aide d'une méthode plus douce que celle employée, restreignant moins le droit fondamental en cause. Ainsi, par exemple, dans une entreprise qui travaille sur des métaux précieux, la mise en place d'un détecteur de métaux à la sortie peut s'avérer proportionnée, mais la fouille additionnelle des « sacs, effets et véhicules du personnel » n'est plus alors indispensable : elle est donc exclue [3]. En revanche, sont proportionnés l'exigence d'un badge pour circuler dans des installations nucléaires [4] ou un alcootest imposé aux salariés « amenés à manipuler des machines ou produits dangereux ainsi qu'à ceux qui conduisent des engins ou des véhicules automobiles » [5].

De même, il ne suffit pas d'arguer d'un motif légitime suffisant pour avoir le droit d'ouvrir les armoires et ordinateurs d'un salarié. Encore faut-il que les conditions d'ouverture portent le moins possible atteinte à ses droits fondamentaux, et donc qu'elle s'exécute dans le cadre d'une procédure aussi respectueuse que possible de ses droits [6].

Ce contrôle de proportionnalité est, selon les cas, plus ou moins dense, plus ou moins exigeant [7]. Un exemple de contrôle strict peut être trouvé

1. V. CE 8 juill. 1988, préc.
2. CE 8 juill. 1988, préc. ; comp. Soc. 22 mai 2002, *Dr. ouvrier* 2002. 549, note A. de Senga
3. CE 8 juill. 1988, préc.
4. CE 29 déc. 1995, *Eurodif, Dr. soc.* 1996. 394, 2e esp.
5. Soc. 24 févr. 2004, *RJS* 2004, n° 535
6. V. ss 670
7. *Cf.* B. Géniaut, *La proportionnalité dans les relations de travail – De l'exigence au principe*, Dalloz 2009.

dans le contentieux relatif aux clauses de non-concurrence et d'exclusivité, lesquelles restreignent le libre exercice d'une activité professionnelle [1].

662 ***Sanctions*** ◊ L'article L. 1121-1 du Code du travail ne mentionne pas expressément les sanctions civiles applicables en cas d'atteinte aux droits fondamentaux. La sanction civile a par conséquent été mise en place par la jurisprudence. Cette sanction est la nullité, laquelle s'applique à tout acte attentatoire à un droit ou à une liberté fondamentale, avec toutes les conséquences indemnitaires qui en découlent. Sont ainsi annulées des clauses contractuelles [2], des sanctions, et même des licenciements [3] et des ruptures de contrats à durée déterminée [4]. En la matière, la nullité du licenciement produit tous ses effets : le salarié a notamment le droit d'obtenir sa réintégration et le paiement des salaires qui auraient été dus s'il avait travaillé entre la date de son éviction et celle de sa réintégration, peu important qu'il ait reçu des salaires ou revenus de remplacement pendant cette période [5].

Il faut aussi rappeler que la stipulation d'une clause illicite engage la responsabilité civile de l'employeur pour tous dommages qui aurait pu en découler et notamment pour les dommages subis par le salarié qui s'est soumis à cette clause, sans savoir qu'elle était nulle [6]. La Cour de cassation affirme au demeurant que la stipulation d'une clause illicite emporte nécessairement préjudice pour le salarié et qu'il appartient à l'employeur de l'en indemniser [7].

§ 2. **Applications**

663 ***Une présence centrale en droit du travail*** ◊ Les droits fondamentaux irriguent désormais l'essentiel du droit du travail. Les plus importants d'entre eux sont la source ou l'inspiration de pans entiers de la matière. Tel est le cas, notamment, du droit à la protection de la santé [8] et des droits qui permettent l'action collective des salariés, comme la liberté

1. V. ss 174 s.

2. V. not. Soc. 12 janv. 1999, *Bull. civ.* V, n° 7 ; 10 juill. 2002, *Barbier, Bull. civ.* V, n° 239, 2e esp. ; *D.* 2002. 2491, note Y. Serra ; *D.* 2002. Somm. 3111, obs. J. Pélissier ; *Dr. soc.* 2002. 954, obs. R. Vatinet ; *Grands arrêts*, n° 46 ; 13 avr. 2005, *Dr. soc.* 2005. 809.

3. V. not. Soc. 13 mars 2001, *Bull. civ.* V, n° 87 ; *Dr. soc.* 2001. 1117 ; 28 mai 2003, *Dr. soc.* 2003. 808, obs. Ph. Waquet ; 28 janv. 2009, n° 07-44.556 P, *Dr. ouvrier* 2009. 287, note M. Estevez.

4. Soc. 6 févr. 2013, n°11-11740 P, *RDT* 2013, 630, note P. Adam, nullité de la rupture d'un CDD en rétorsion d'une action en justice des salariés, au nom de l'atteinte au droit d'agir en justice.

5. V. not. Soc. 11 juill. 2012, *New Baby Cash*, n° 10-15.905 P, *Dr. ouvrier* 2012. 802, obs. M. Bonnechère ; 29 mai 2013, n° 11-28.734 P.

6. V. not. Soc. 18 mars 2003, *Bull. civ.* V, n° 98 ; 25 févr. 2004, *Bull. civ.* V, n° 64 ; 11 janv. 2006, *Bull. civ.* V, n° 8 ; *Dr. soc.* 2007. 465-466, obs. J. Mouly ; *RTD civ.* 2006. 311, obs. J. Mestre et B. Fages ; 18 oct. 2006, n° 05-42.706 ; 15 nov. 2006, n° 05-46.721, *Bull. civ.* V, n° 341 ; *RDT* 2007. 95, obs. J. Pélissier.

7. V. not. Soc. 11 janv. 2006 ; 18 oct. 2006 et 15 nov. 2006, préc.

8. V. ss 330, 879 s. *Adde.* C.Vial, Travail et droit à un environnement sain, *Dr. ouvrier* 2011. 29.

syndicale, le droit de grève, le droit des travailleurs de participer à la gestion des entreprises, le droit à la négociation collective [1]. Parmi les droits de première génération, d'application plus récente en droit du travail, le droit au respect de la vie personnelle, la liberté d'expression et le libre exercice d'une activité professionnelle, peuvent apparaître comme les plus importants [2]. Ils méritent un traitement spécifique.

A. Le droit à une vie personnelle [3]

664 ***Notion et histoire*** ◊ Le droit à une vie personnelle comprend le droit au respect de l'intimité de la vie privée, mais il ne s'y limite pas. Les activités publiques, politiques, et associatives du salarié sont tout autant protégées contre l'emprise de l'employeur. Cette extension du droit à la vie privée à tous les aspects de la vie sociale des personnes est confirmée par la jurisprudence de la Cour EDH. Celle-ci rattache désormais au droit à la vie privée des activités sociales diverses, y compris professionnelles, au point que le droit au travail semble aujourd'hui déductible pour la Cour du droit à la vie privé, alors qualifiée de vie privée « sociale » [4]. Dans ce contexte, le respect par l'employeur de la vie personnelle du salarié inclut bien toutes sortes d'aspects de la vie du salarié, y compris professionnels. Ainsi, le travail du salarié chez un autre employeur, ou bien son éventuelle activité indépendante réalisée en plus de son travail, ne peuvent être atteints par l'employeur, dès lors que ces activités sont situées hors des relations professionnelles qu'il entretient avec le salarié. Cette vie professionnelle personnelle du salarié n'est toutefois protégée de l'emprise de l'employeur que si elle n'empiète pas sur le travail du salarié chez cet employeur ou sur son obligation de loyauté vis-à-vis de celui-ci.

Le respect du droit à une vie personnelle est ainsi très large, même si sous certains de ses aspects, il fait l'objet de droits spécifiques, comme le libre choix du domicile, la liberté d'opinion religieuse ou politique.

---

1. V. 4e partie.
2. V. aussi not. la protection du droit d'agir en justice, contre les rétorsions exercées par l'employeur contre les salariés qui agissent contre lui : Soc. 6 févr. 2013, n°11-11740, P, *RDT* 2013, 630 note P. Adam.
3. V. not. Ch. Mathieu-Géniaut, *La vie personnelle du salarié*, thèse Lyon 2, 2004 ; P. Waquet, La vie personnelle du salarié, *Mélanges en l'honneur de J.-M. Verdier*, Dalloz, 2001, p. 513 ; La vie personnelle du salarié, *Dr. soc.* 2004. 23 ; Vie privée, vie professionnelle et vie personnelle, *Dr. soc.* 2010. 14 ; *Vie professionnelle et vie personnelle, Dr. soc.* n° spéc. de janv. 2010 ; P. Adam, La vie personnelle, une forteresse et quelques souterrains, *RDT* 2011. 116 ; Vie personnelle/vie professionnelle : une distinction en voie de dissolution ?, *Dr. ouvrier.* 2013.431 ; J.-Y. Frouin, Protection de la personne du salarié, intérêt de l'entreprise et construction prétorienne du droit du travail, *JCP S* 2010. 1087 ;.
4. V. J.-F. Akandji-Kombe, Un nouvel horizon pour le droit à l'emploi : le droit à la vie privée, *in Mélanges dédiés à F. Gaudu*, à paraître ; CJUE 15 mai 2012, *Martinez Fernandez*, aff. T-56030/07 : « La Cour réaffirme qu'il n'y a aucune raison de principe de considérer que la « vie privée » exclut les activités professionnelles. Des restrictions apportées à la vie professionnelle peuvent tomber sous le coup de l'article 8... ».

La protection de la vie personnelle, sur certains de ses aspects, a été la source d'arrêts précurseurs, qui comptent parmi les touts premiers à avoir utilisé la problématique des droits fondamentaux en droit du travail. On peut citer, par exemple, l'annulation en 1968 de la clause de célibat comme attentatoire à la liberté du mariage [1], ou bien encore le droit reconnu à un salarié de cacher son état de prêtre [2]. Avant 1982, ces solutions étaient toutefois limitées et exceptionnelles.

La vie personnelle s'exprime bien entendu d'abord hors des temps et lieu de travail (1). Mais elle peut aussi s'exprimer à l'intérieur de ce périmètre (2).

1. Le droit à une vie personnelle en dehors du travail

665 Les principales difficultés juridiques viennent, d'une part, de la volonté de certains employeurs de rechercher des informations relevant de la vie personnelle et, d'autre part, de l'invocation par l'employeur de faits s'étant déroulés hors des temps et lieu de travail, à l'appui de décisions concernant le salarié, et en particulier à l'appui d'une sanction disciplinaire ou d'un licenciement. La question est devenue d'autant plus grave que l'accès aux données relatives à la vie privée est désormais facilitée par l'utilisation généralisée de réseaux sociaux informatisés, du type Facebook [3].

666 ***Information et vie personnelle*** ◊ La demande d'information relevant de la vie personnelle est en principe illicite. Si les questions de l'employeur portent néanmoins sur la vie personnelle du salarié, celui se trouve légitimé dans son refus de répondre, voire dans son éventuelle réponse mensongère, sauf pour l'employeur à démontrer que la restriction au droit à la vie personnelle était justifiée par la nature de la tâche à accomplir et proportionnée au but recherché, selon l'article L. 1121-1 du Code du travail. En d'autres termes, toujours selon le Code du travail, les informations demandées au candidat à un emploi ou au salarié doivent avoir pour unique finalité « d'apprécier sa capacité à occuper l'emploi » (C. trav., art. L. 1221-6) ou « ses aptitudes professionnelles » (C. trav., art. L. 1222-2), et elles doivent « présenter un lien direct et nécessaire » avec « l'emploi proposé » ou avec l'évaluation des « aptitudes professionnelles » (C. trav., art. L. 1221-6, L. 1222-2). Pour ces raisons, par exemple, l'ordre donné aux employés d'une banque d'informer leur employeur de l'existence de comptes qu'ils détiennent dans d'autres établissements est illicite [4].

---

1. Soc. 7 févr. 1968, n° 65-40.622, *Bull. civ.* V, n° 67 : on notera la très timide motivation de l'époque qui justifie l'annulation en notant que « le mariage ne... mettait pas nécessairement (la salariée) dans l'impossibilité d'exécuter de manière normale les stipulations de son contrat de travail ».

2. Soc. 17 oct. 1973, *Fives-Lille-Cail*, *Bull. civ.* V, n° 484

3. Sur ce danger, v. not. *Sem. soc. Lamy* 2010, n° 1470, « Facebook m'a licencier », doss. avec not. l'art. de J. E. Ray. Sur le caractère privé des publications sur MSN ou Facebook, dès lors que ces publications sont destinées à un groupe de personne limité, v. Civ. 1re, 10 avr. 2013, n°11-19530 P.

4. CE 3 oct. 1997, *Synd. FO des employés et cadres de la CRCA du Midi*, *RJS* 1997, n° 1371.

667 ***Motivation des actes de l'employeur et vie personnelle*** ◊ Au nom du droit à une vie personnelle, sont encore invalidés les actes de l'employeur dont le motif est tiré de faits relevant de la vie personnelle. L'essentiel du contentieux en la matière est tiré du droit disciplinaire et du droit du licenciement. Il suffit de noter ici qu'un acte de la vie personnelle échappe par définition au pouvoir de l'employeur et que, par conséquent, il ne peut permettre de fonder une sanction ou un licenciement disciplinaire [1]. Pareil licenciement, attentatoire au droit à la vie personnelle pourrait, par conséquent, être annulé.

2. Le droit à une vie personnelle au travail

668 ***La reconnaissance d'une vie personnelle au temps et lieu de travail*** ◊ Le temps travail n'est pas un temps exclusivement consacré aux tâches productives, il s'agit aussi d'un temps de vie sociale, de vie amicale, parfois de vie amoureuse, ou familiale. La vie privée et plus généralement la vie personnelle a sa part, y compris pendant ce temps soumis qu'est le temps de travail [2] : le pouvoir patronal n'est donc pas un pouvoir total, ni totalitaire. Une part de l'individu salarié lui échappe. Par exemple, ont été considérées comme des restrictions disproportionnées aux droits fondamentaux, l'interdiction de toute conversation étrangère au service [3] ou l'interdiction faite aux caissières d'accepter à leur caisse un membre de leur famille [4]. Le droit à une vie personnelle au travail est cependant limité, ce qu'illustrent bien les cas suivants.

669 ***De l'inspection des données personnelles stockées sur les ordinateurs professionnels*** ◊ L'employeur a logiquement accès aux fichiers informatiques professionnels et à ceux qui ne sont pas spécialement classés comme « personnels » ou « privés », lesquels sont présumés professionnels [5]. La difficulté apparaît au sujet des fichiers et e-mails classés « personnels ». La jurisprudence reconnaît que l'ouverture d'un e-mail ou d'un fichier noté « personnel » porte atteinte à la vie privée du salarié et

1. V. ss 755 et réf. cit.
2. « le salarié a droit, même au temps et au lieu de travail, au respect de l'intimité de sa vie privée » : Soc. 2 oct. 2001, *Nikon, Bull. civ.* V, n° 291 ; *Dr. soc.* 2001. 915, note J.-E. Ray ; *Dr. ouvrier* 2002. 76, note A. de Senga ; Soc. 18 oct. 2011, n° 10-25.706 P.
3. CE 25 janv. 1989, *SITA, Dr. soc.* 1990. 201.
4. CE 9 déc. 1994, *Lebon* 547.
5. Soc. 18 oct. 2006, *Bull. civ.* V, n° 308 ; *RDT* 2006. 395, obs. R. de Quenaudon. L'employeur peut ouvrir un fichier ou un courriel non spécifié personnel. Le seul fait que les fichiers étaient intégrés dans un dossier « mes documents » ne suffit pas à donner un caractère personnel à ces fichiers (Soc. 10 mai 2012, n° 11-10.278 P). Toutefois, s'il s'avère que le contenu de ce document était personnel, il ne pourra pas être utilisé à l'appui d'une sanction disciplinaire (Soc. 5 juill. 2011, 10-17.284, *RDT* 2011. 708, note M. Kocher ; *JCP S* 2011. 1501, note B. Bossu ; 18 oct. 2011, n° 10-26.782). Une clé USB connectée à un ordinateur personnel est présumée utilisée à des fins professionnelles et n'est pas plus protégée de l'employeur que l'ordinateur lui-même : Soc. 12 févr. 2013, n° 11-28.649 P, *RDT* 2013. 339, obs. N. Nord-Wagner.

au principe de secret des correspondances qui en découle [1]. Mais la justification de cette atteinte semble relativement facile. Un « risque ou événement particulier » suffit [2]. La formule est très vague et semble pouvoir légitimer un peu trop facilement l'intrusion de l'employeur dans des fichiers pourtant spécifiquement désignés comme personnels par le salarié. On imagine, non sans inquiétude, l'employeur convaincre le juge avec des arguments du type : « j'ai ouvert tout le courrier et les fichiers personnels du salarié, mais comprenez-moi, je n'avais plus guère confiance en lui, il était amical avec un concurrent… il semblait bien pressé de quitter son travail… ». Les vestiaires, casiers et armoires personnelles des salariés, qui ne peuvent être ouverts sans motifs d'hygiène ou de sécurité [3], apparaissent ainsi mieux protégés que les fichiers informatiques personnels.

Plus grave encore, la Cour de cassation semble désormais admettre sans limites la faculté pour l'employeur de rechercher et d'identifier les connexions établies par un salarié sur des sites Internet pendant son temps de travail, grâce à l'outil informatique mis à sa disposition, y compris hors de la présence du salarié. Elle motive sa solution en se contentant de noter que ces connexions sont présumées professionnelles [4]. Généralisée, pareille motivation peut permettre toutes sortes de dérives. Il n'est guère d'activité au temps du travail qui ne soit présumable professionnelle… Et il existe pourtant bien une vie personnelle au travail à protéger.

670 ***Mais devant être encadré par une procédure*** ◊ Au nom de la nécessaire proportionnalité entre la restriction au droit et le but poursuit, l'ouverture de l'ordinateur d'un salarié, comme celle de son armoire, doit être précédée d'une procédure aussi respectueuse que possible des droits du salarié.

Ainsi, a été validée la demande par l'employeur d'une mesure d'instruction pour accéder au contenu de l'ordinateur mis à la disposition du salarié, dans le cadre de la procédure sur requête de l'article 145 du Code de procédure civile : les garanties offertes par le juge au cours de cette procédure ont été jugées suffisantes pour proportionner les dangers d'une telle ouverture à l'insu du salarié [5]. De la même manière, a été jugée valide l'ouverture du casier personnel du salarié par l'employeur, eu égard à la procédure ayant encadré cette ouverture : « le salarié avait été personnellement avisé trois

1. Soc. 2 oct. 2001, *Nikon*, *Bull. civ.* V, n° 291 ; *Dr. soc.* 2001. 915, note J.-E. Ray. En revanche, ce caractère personnel doit être clairement identifié. La mention du prénom du salarié (Soc. 8 déc. 2009,n° 08-45.253) ou la mention « Mes documents » (Soc. 10 mai 2012, n° 11-13.884 P, *RDT* 2012. 428, obs. M. Keim-Bagot) ne suffisent pas à donner à un fichier le caractère de fichier personnel.

2. Soc. 17 mai 2005, *Dr. soc.* 2005. 793, note J.-E. Ray

3. CE 8 juill. 1988, *Sté Comptoir Lyon, Alemand, Louyot*, *Lebon T.* 1403 ; *D.* 1990. Somm. 134, obs. D. Chelle et X. Prétot.

4. Soc. 9 juill. 2008, n° 06-45.800 P

5. Soc. 23 mai 2007, n° 05-17.818, *D.* 2007. AJ. 1590, obs. A. Fabre ; *Sem. soc. Lamy*, n° 1310, note J.-E. Ray ; *JCP* 2007. II. 10140, note L. Weiller.

semaines à l'avance par affichage sur son propre casier de la date d'ouverture de tout vestiaire non identifié et revendiqué et (...) l'ouverture, limitée aux seuls casiers non identifiés dans le délai prévu à cette fin, avait eu lieu en présence d'un représentant du personnel et d'un agent de sécurité dans les conditions prévues par la procédure d'identification et d'attribution des vestiaires mise en place avec l'accord des partenaires sociaux » [1].

B. La liberté d'expression

671 ***Notion et sources*** ◊ Proclamée par tous les textes internationaux relatifs aux droits de l'être humain [2], la liberté d'expression est visée par la déclaration de 1789, comme « l'un des droits les plus précieux de l'Homme » [3]. Sans elle, pas d'information, pas de débat, pas de pluralisme et, donc cela va sans dire, pas de démocratie. Sans elle, et cela est moins souvent rappelé, l'être humain est isolé, enfermé en lui-même. La liberté d'expression est une liberté de communication à autrui, une liberté relationnelle. Elle protège la faculté d'extérioriser, par l'écrit ou la parole, des pensées, des opinions. Brider cette liberté, c'est non seulement provoquer le despotisme, mais c'est encore interdire l'existence sociale de l'individu dans sa plénitude d'être pensant. Le principe est clair. Son application est parfois plus difficile.

En droit du travail, la liberté d'expression s'est d'abord exprimée au niveau collectif, au travers de l'organisation d'un droit d'expression exprimé au sein de réunion spécifiques [4] ou au travers des institutions représentatives du personnel, lesquelles avaient pour objet premier de permettre l'expression des réclamations et revendications des salariés. Elle s'est développée plus récemment pour protéger l'expression individuelle.

672 ***« Dans l'entreprise et en dehors de celle-ci »*** ◊ Cette liberté fut d'abord accordée au salarié en dehors des temps et lieu de travail [5]. Elle ne fut qu'ensuite reconnue au salarié y compris lorsqu'il se trouvait dans l'entreprise, soumis à ce pouvoir [6]. C'est désormais dans une même

---

1. Soc. 15 avr. 2008, L. *c/ Auchan*, n° 06-45.902 P, *RDT* 2008. 668, note Norbert Olszak
2. Conv. EDH, art. 10 ; art. 11 Chartes des droits fondamentaux de l'UE ; art. 19 du Pacte international relatif aux droits civils et politiques.
3. DDHC, art. 11 (1789).
4. C. trav., art. L. 2281-1 s. Ce droit ne vise que l'expression sur le contenu et les conditions du travail. Il s'exerce exclusivement lors de réunions collectives organisées selon les prévision du Code du travail : Soc. 16 nov. 1993, *Dr. soc.* 1994. 42 ; 28 avr. 1994, 92-43.917, *Bull. civ.* V, n° 159 ; 14 déc. 1994, *Dr. soc.* 2000. 163, concl. J. Duplat, note J.-E. Ray ; 7 oct. 1997, 93-41.747, *Bull.* V, n° 303 ; 14 déc. 1999, n° 97-41.995, *Bull. civ.* V, n° 488 ; 2 mai 2001, n° 98-45.532, *Bull. civ.* V, n° 112.
5. V. Soc. 28 avr. 1988, Clavaud, n° 87-41.804, *Bull. civ.* V, n° 257 ; *Dr. ouvrier* 1988. 250, concl. H. Écoutin, note A. Jeammaud et M. Le Friant ; 5 mai 1993, n° 90-45.893 ; 12 nov. 1996, n° 94-43.859, *Bull. civ.* V, n° 373. Sur la validité d'une clause restreignant la liberté d'expression du salarié après la rupture de son contrat, pour assurer la protection de la réputation d'autrui, à la condition qu'elle soit soigneusement limitée quant à son objet et à sa durée, v. Soc. 14 janv. 2014, n°12-27284 P, *RDT* 2014. 180, note Ch. Mathieu.
6. Soc. 14 déc. 1999, n° 97-41.995, *Bull. civ.* V, n° 488 ; 2 mai 2001, n° 98-45.532, *Bull. civ.* V, n° 112 ;

formule que la jurisprudence rappelle régulièrement : « le salarié jouit, dans l'entreprise et en dehors de celle-ci, de sa liberté d'expression » [1].

673 ***Limites*** ◊ Les difficultés se focalisent sur les limites reconnues à cette liberté [2]. Appuyée sur la théorie de l'abus de droit, la Cour de cassation définit ces limites par l'utilisation de trois termes : la liberté d'expression ne saurait permettre « des propos injurieux, diffamatoires ou excessifs » [3]. Les deux premiers termes tombent sous le sens, le caractère illicite de l'injure et de la diffamation n'est pas à démontrer, ces actes étant même pénalement sanctionnés [4]. La difficulté se concentre donc sur le troisième de ces termes, celui des propos « excessifs ». Ce qualificatif est aussi flou qu'il est possible de l'être. L'« abus » est caractérisé en cas d'« excès »... Ces deux termes pouvant apparaître largement synonyme, cela ne nous renseigne guère. Les solutions retenues, relativement nombreuses [5] démontrent cependant que la Cour de cassation reconnaît aux salariés un véritable droit de critiquer [6], même si cette critique est exprimée en termes vifs [7]. Et ce droit n'est pas réservé aux seuls salariés situés au sommet de la hiérarchie [8], contrairement à ce que la motivation de certains arrêts lue *a contrario* aurait pu laisser penser [9]. Le même droit de critiquer est au demeurant reconnu et protégé par la jurisprudence de la Cour européenne des droits de l'homme [10].

Le caractère réitéré et systématique de la critique peut toutefois favoriser la caractérisation de l'abus [11], alors qu'un fait isolé sera plus facilement

1. Outre les arrêts préc., v. not. Soc. 22 juin 2004, 02-42.446, *Bull. civ.* V, n° 175 ; 8 déc. 2009, préc. note 8 ; 29 sept.2010, n°s 09-41.543, 09-41.544 ; 27 mars 2013, n° 11-19.734 P.

2. V. B. Dabosville, « Les contours de l'abus d'expression du salarié », *RDT* 2012. 275 ; G. Loiseau, La liberté d'expression du salarié, *RDT* 2014. 396.

3. V. Soc 14 déc. 1999, n° 97-41.995, *Bull. civ.* V, n° 488 ; 15 déc. 2009, n° 08-44.222 ; 16 juin 2010, 09-40.065 ; 19 oct. 2010, n° 09-42.180 ; 27 mars 2013, n° 11-19.734 P.

4. C. pén., art. R. 621-2, R 621-1, pour la diffamation et l'injure non publique ; L. du 29 juill. 1881, art. 29 et 33 sur la liberté de la presse pour la diffamation publique et l'injure publiques.

5. V. par ex. Soc. 2 mai 2001, n° 98-45.532, *Bull. civ.* V, n° 112 ; 19 déc. 2007, n°s 06-42.804 et 06-42805 ; 9 nov. 2009, n° 08-41.927 ; 9 nov. 2009, n° 08-42.806 ; 19 oct. 2010, n° 09-42.180.

6. Pour des lettres de critiques des dirigeants de l'entreprise, considérées comme n'excédant pas les limites de la liberté d'expression, envoyées par des salariés au Conseil d'administration de l'entreprise ou de l'association, et (ou) à certains salariés, v. not. Soc. 21 sept. 2010, n° 09-42.382 ; 7 juill. 2010, n° 08-45.560 ; 15 déc. 2009, 08-44.222 ; 9 nov. 2009, 08-42.806.

7. V. not. Soc. 9 nov. 2009, préc. ; 13 févr. 2008, n° 06-41.500.

8. V. par ex. Soc. 7 juill. 2010, n° 08-45.560, liberté d'expression d'une « accueillante juridique » à temps partiel et à durée déterminée dans une association d'aide aux victimes et de médiation judiciaire ; Soc. 2 mai 2000, n° 98-41.557 (liberté d'expression d'une enseignante dans un établissement scolaire).

9. V. not. Soc 14 déc. 1999, n° 97-41.995, *Bull. civ.* V, n° 488, lequel note pour motiver l'absence d'abus que le salarié exerçait des fonctions « de très haut niveau ». Ce type de sur-motivation de la décision n'est plus utilisé dans la jurisprudence récente.

10. CEDH 18 oct. 2011, *Sosinowska*, aff. n° 10247/09.

11. Soc. 11 févr. 2009, n° 07-44.127 ; v. cep., Soc. 19 oct. 2010, n° 09-42.180 pour un cas dans lequel la cour d'appel note que le salarié a « a multiplié les accusations, les contestations, les polémiques et les sous-entendus », sans que cela suffise, pour la Cour de cassation, à caractériser un abus dans l'exercice de la liberté d'expression.

qualifié d'« imprudence » qui « ne saurait caractériser à elle seule » un abus de la liberté d'expression [1]. La forme du propos semble aussi importante. L'humour ou l'« insolence » semblent facilement caractériser un abus [2]. On peut le regretter, ce mode d'expression étant le seul qui puisse permettre de faire passer certains messages.

Il apparaît en revanche logique que la liberté d'expression puisse être limitée au nom d'autres droits et libertés fondamentaux. Ainsi la liberté d'expression n'autorise-t-elle pas, par exemple, de divulguer des faits relevant de la vie privée [3].

674 ***Expression et exactitude*** ◊ S'inspirant du droit de la diffamation [4], la Cour de cassation considère que l'exactitude des faits allégués, même lorsque ceux-ci sont graves et pénalement sanctionnés, permet d'exclure l'abus de la liberté d'expression [5]. Cette solution s'imposait, sous peine d'interdire aux salariés d'une entreprise de donner l'alerte lorsqu'ils sont témoins de faits graves. Réciproquement, le caractère mensonger des faits permet de conclure facilement à un abus [6], et ce plus encore lorsque ce mensonge, intentionnel, est fait dans l'intention de nuire [7].

La question est plus difficile lorsque le salarié relate de bonne foi des faits qui se révèlent *in fine* inexacts. Pour la Cour de cassation, le salarié qui relate ou témoigne d'un fait de harcèlement moral est protégé contre toute sanction ou licenciement, *même si les faits allégués sont non fondés*, pourvu qu'il ait été de bonne foi [8]. La solution a le mérite de la clarté. Elle n'a cependant été adoptée qu'au sujet du harcèlement moral, par interprétation de l'article L 1152-2 du Code du travail. Sa généralisation à tous les cas d'exercice de la liberté d'expression reste douteuse. Pour conclure à l'absence d'abus, une décision récente note que la fausseté des allégations

---

1. Soc. 9 janv. 2002, n° 99-45.875.

2. V. Soc. 26 mai 2010, n° 09-40.419 ; 29 avr. 2009, n°s 07-44.798 et 07-44.813. Arrêts qui relèvent tous deux l'insolence du ton avant de conclure à l'abus du salarié. Il est cependant difficile d'en déduire une prohibition générale de l'insolence, les arrêts susvisés pointant d'autres faits susceptibles de justifier un tel abus. V. aussi, à propos de caricatures de l'employeur diffusées par les membres d'un syndicat, CEDH 12 sept. 2011, *Palomo Sanchez*, req. n° 28955/06, *RDT* 2011. 543, note F. Guiomard.

3. Soc. 21 sept. 2011, n° 09-72.054 P, *D.* 2012. Pan. 901, obs. P. Lokiec et J. Porta ; *RDT* 2012. 275, obs. B. Dabosville (abus de la liberté d'expression caractérisé par la mise en cause de la moralité du représentant de l'employeur, sur le fondement de faits tirés de sa vie privée).

4. La preuve de la vérité des faits diffamatoires publics ou non publics exonère le coupable d'une diffamation (L. du 29 juill. 1881, art. 35, al. 3 ; C. pén., art. R. 621-1, al. 2).

5. Soc. 29 sept.2010, n^os^ n° 09-41.543, 09-41.544 : « la cour d'appel qui a estimé que les informations qu'il était reproché à la salariée d'avoir communiquées à la presse et à l'Assemblée nationale étaient exactes, a fait ressortir l'absence d'abus ».

6. Soc. 27 oct. 2010, 08-44.446, inédit « accusations graves et non fondées » ; Soc. 29 avr. 2009, n°s 07-44.798, 07-44.813, allégations caricaturales faisant suite à des accusations injustifiées.

7. Soc. 16 nov. 1993, n° 91-45.904, *Bull. civ.* V, n° 278.

8. Soc. 10 mars 2009, 07-44.092, *Bull. civ.* V, n° 66 ; *RDT* 2009. 453, note P. Adam ; *ibid.* 376, obs. B. Lardy-Pélissier ; *Dr. ouvrier* 2009. 456, obs. P. Rennes ; 29 sept. 2010, 09-42.057 ; 27 oct. 2010, n° 08-44.446.

du salarié n'était pas établie [1]. Cependant qu'une autre décision reconnaît au contraire un tel abus, au motif que le salarié reconnaissait que ses graves accusations « ne reposaient sur aucune preuve » [2]. Le doute profite dans le premier cas au salarié, dans le second à l'employeur...

Il apparaît de bon sens de considérer que, hormis les cas dans lesquels un texte spécial vient protéger le salarié, plus les faits dénoncés sont graves et plus le salarié devra pouvoir étayer son propos. Il n'apparaît pas nécessaire qu'il prouve les faits qu'il allègue. Réciproquement la preuve de l'inexactitude de l'allégation ne doit pas suffire à entraîner la condamnation du salarié. En revanche, que le salarié soit incapable d'apporter le moindre élément étayant son propos, semble permettre le plus souvent de caractériser une certaine mauvaise foi de sa part, et donc un abus dans son exercice de la liberté d'expression.

C. Le libre exercice d'une activité professionnelle

675 ***Fondements*** ◇ Dans un système corporatiste, l'exercice d'une activité professionnelle n'est pas libre ; il faut, pour pratiquer un métier, appartenir à la corporation correspondante, et respecter ses règlements. Dans un tel système la profession participe de l'état des personnes. Les travailleurs ne peuvent contracter d'engagements que dans les conditions fixées par la corporation, et il n'existe donc pas de véritable marché du travail. Il n'existe pas davantage dans un système communiste où le travail n'est pas conçu comme un objet possible de contrat, mais comme une fonction sociale exercée dans un cadre défini par l'État. En France, l'abolition des corporations par le Décret d'Allarde (loi des 2 et 17 mars 1791) a adopté la première formulation du principe de liberté professionnelle : « Il sera libre à toute personne de faire tel négoce ou d'exercer telle profession, art ou métier, qu'elle trouvera bon » (art. 7). Une formulation plus moderne a été donnée par le Conseil d'État, qui compte au nombre des libertés publiques « le libre accès à l'exercice par les citoyens de toute activité professionnelle n'ayant fait l'objet d'aucune limitation légale » [3].

Ce principe de liberté professionnelle s'est vu reconnaître depuis une valeur constitutionnelle [4]. Il se décline sous deux formes différentes, selon que l'activité est exercée ou non à titre indépendant. Exercée en recourant au travail d'autrui, ou en travaillant soi-même à son propre compte, la

1. Soc. 9 nov. 2009, n° 08-41.927.
2. Soc. 15 juin 2010, n° 09-41.550.
3. CE 22 juin 1963, *Lebon* 386 ; *AJDA* 1963. 460 (annulation d'un décret limitant l'accès à une profession antérieurement libre).
4. Cons. const. 28 mai 1983, n° 83-156-DC, *AJDA* 1983. 619, obs. Le Bris ; mais il n'est pas défini par les textes, le Préambule de la Constitution de 1946 se bornant à déclarer que « chacun a le devoir de travailler et le droit d'obtenir un emploi ». Cette formule, à bien des égards maladroite, signifie une dette de la Nation à l'égard de ceux qui sont involontairement privés d'emploi. On en retiendra ici la distinction entre le travail, qui peut être indépendant, et l'emploi, qui désigne le travail subordonné.

liberté professionnelle prend la forme de la liberté d'entreprendre. Exercée en travaillant pour autrui, elle prend la forme de la liberté du travail. Des principes semblables se retrouvent dans le droit communautaire, qui fonde le Marché unique d'une part sur la liberté de circulation des travailleurs dépendants, et d'autre part sur la liberté de prestation de service des travailleurs indépendants.

Mais liberté d'entreprendre et liberté du travail sont les branches d'un même tronc. Elles partagent un droit commun de l'activité professionnelle (ex. droit syndical, et de plus en plus règles de santé et de sécurité [1], de formation professionnelle [2] et droit de la sécurité sociale) [3]. Et surtout elles sont toutes deux issues du même esprit. Comme toute liberté elles ont deux faces, l'une protectrice, l'autre distributive. La première entend protéger la liberté de l'individu de choisir son activité professionnelle. La seconde vise à permettre à l'individu de gagner par le travail les moyens économiques de son existence. Dans cette deuxième signification, le libre exercice d'une activité professionnelle se rapproche du droit à l'emploi.

1. La liberté d'entreprendre

676 ***Le principe de liberté d'entreprendre*** ◊ Dite aussi liberté du commerce et de l'industrie [4], la liberté d'entreprendre conduit à exclure en principe toute réglementation qui limiterait l'accès à une profession, ne serait-ce qu'en soumettant cet exercice à une autorisation préalable [5]. Cette liberté a aujourd'hui valeur constitutionnelle, valeur que le Conseil constitutionnel ne déduit plus de la propriété proclamée « inviolable et sacrée » par l'article 17 de la Déclaration, mais simplement de l'article 4 (« La liberté consiste à pouvoir faire tout ce qui ne nuit pas à autrui ») [6]. Elle a aussi une portée communautaire. Le Traité de Rome en distingue deux aspects : d'une part la liberté d'établissement, qui comporte l'accès aux activités non salariées et à leur exercice, ainsi que la constitution et la gestion d'entreprises (art. 43, ex-52), et d'autre part la liberté de prestation de services

1. V. Soc. 12 oct. 1999, *Dr. soc.* 1999. 1121, obs. P. Chaumette (soumission aux prescriptions d'hygiène et de sécurité du C. trav. de scaphandriers indépendants).
2. C. trav., art. L. 953-2 ; v. CE 27 mars 2000, *Dr. soc.* 2000. 627, concl. Boissard.
3. *Cf.* A. Supiot : Les nouveaux visages de la subordination, *Dr. soc.* 2000. 131.
4. F. Dreyfus, *La liberté du commerce et de l'industrie*, LGDJ, 1973.
5. CE 22 juin 1951, *Daudignac, Lebon* 362 ; *D.* 1951. 589, concl. Gazier ; *GAJA*, Dalloz, 18e éd., 2011, n° 65 (annulation d'un arrêté municipal subordonnant l'activité de photographe sur la voie publique à une autorisation préalable). V. aussi CE 29 juill. 1953, *Lebon* 430 ; 28 oct. 1960, *Lebon* 570 ; *Dr. soc.* 1961, concl. Heumann, note Teitgen ; 22 juin 1963, préc. ; 16 déc. 1988, *D.* 1989. IR 22.
6. Depuis la Décis. n° 81-132 DC du 16 janv. 1982 concernant les lois de nationalisations. La première censure d'une disposition législative pour atteinte à cette « liberté à protection restreinte » date seulement de : Cons. const. 7 déc. 2000, n° 2000-436 DC (*AJDA* 2001. 18, note J.-E. Schoettl ; *D.* 2001. Somm. 1840, obs. L. Favoreu). Ce principe d'égalité impliquerait désormais la libre concurrence (Cons. const. 11 juill. 2001, n° 2001-450 DC, *JO* 18 juill. 2001, p. 11506 ; *D.* 2002. Somm. 1949, obs. D. Ribes).

(art. 49, ex-59) et de circulation des marchandises (art. 23, ex-9) et des capitaux (art. 56, ex-73 B). En principe un travailleur salarié a toujours le droit de se mettre à son compte, sans que son employeur puisse s'y opposer [1]. La liberté d'entreprendre comporte également la liberté de faire travailler autrui. Le Conseil constitutionnel en déduit que l'employeur, responsable de l'entreprise, doit pouvoir choisir ses collaborateurs [2].

La liberté d'entreprendre est d'abord une liberté qui protège celui qui entreprend. Mais elle est aussi au fondement du soutien que l'État et le droit peuvent fournir pour accorder les moyens concrets d'une possible création d'entreprise. La crise de l'emploi salarié a conduit à développer ces dernières années des aides à l'entreprenant, telles que le congé pour la création d'entreprise [3], l'aide aux chômeurs créateurs ou repreneurs d'entreprise [4], l'incitation fiscale à l'essaimage [5] ou le statut d'auto-entrepreneur [6]. On cherche aussi à encourager « l'esprit d'entreprise », par des mesures fiscales ou sociales, ou des simplifications administratives [7].

677 ***Les limitations de la liberté d'entreprendre*** ◊ La liberté d'entreprendre doit être conciliée avec les droits économiques et sociaux garantis aux travailleurs par la Constitution. Le législateur peut donc lui apporter des limitations visant à assurer le droit pour chacun d'obtenir un emploi ou à permettre aux travailleurs de participer à la détermination des conditions de travail et à la gestion de l'entreprise ou afin de respecter l'alinéa du Préambule selon lequel la nation « garantit à tous (...) le repos et les

1. Soc. 18 janv. 1995 *(Gallet et Roux)*, *Dr. soc.* 1995. 270 : La démission pour exercer une activité concurrente (création d'une société) ne constitue pas en soi un abus du droit de démissionner.

2. Cons. const. 20 juill. 1988, préc. (admission de la réintégration, prévue par une loi d'amnistie, des salariés investis de fonctions représentatives licenciés en l'absence de faute lourde, mais non des délégués auteurs d'une telle faute) ; 8 juill. 1989, *JO* 11 juill. 1989, p. 8734 ; *D.* 1989. Somm. 138, obs. D. Chelle et X. Prétot.

3. C. trav., art. L. 3142-78 s. ; v. Soc. 23 oct. 1991, *Bull. civ.* V, n° 438 ; 2 juin 1992, *Bull. civ.* V, n° 360 ; 21 nov. 1995, *RJS* 1/96, n° 34 (droit au cumul d'activité salariée et non salariée à l'issue du congé).

4. C. trav., art. L. 5141-1 s.

5. Les entreprises qui participent au financement de la mise à son compte d'un salarié peuvent constituer en franchise d'impôt une provision spéciale (CGI, art. 39 *quinquiès*) : V. A. Benoît : *Droit de l'emploi*, PUG 1995, p. 159 s. J.-C. Sciberras : Création, reprise d'entreprise, et essaimage, *Dr. soc.* 1994. 115.

6. Statut créé par la loi de modernisation de l'économie du 4 août 2008, visant à simplifier la création de petites entreprises individuelles. V. aussi, dans la même direction, le projet de création de l'EIRL (entrepreneur individuel à responsabilité limitée), en cours d'adoption devant le Parlement. Ces réformes visent à favoriser le travail indépendant. Elles pourraient aussi faciliter la mise en place de masque juridiques permettant de déguiser une situation de subordination, au risque de priver certains travailleurs subordonné du bénéfice du droit du travail.

7. Ce fut le sens de la Loi Madelin du 11 févr. 1994 relative à l'initiative et à l'entreprise individuelle, dont le maigre bilan a été critiqué par le rapport Baert (*Pour un nouvel environnement administratif des PME*, rapport au Minist. de l'économie, *Liaisons soc.* 6 nov. 1997, V, et 11 déc. 1997, V). *Adde.* L. du 1er août 2003 destinée à encourager l'initiative économique (J.-Y. Kerbourc'h, *Sem. soc. Lamy* 2003, n° 1139 ; *ibid.*, n° 1140).

loisirs » [1]. Mais le Conseil constitutionnel veille à ce que ces limitations ne portent pas à la liberté d'entreprendre une atteinte disproportionnée au regard de l'objectif poursuivi. Il a été décidé que « le cumul de contraintes » qu'une certaine « définition » du licenciement pour motif économique faisait peser sur la gestion de l'entreprise (en ne permettant à l'employeur de licencier que si la pérennité de cette entreprise était en cause), portait à la liberté d'entreprendre « une atteinte manifestement excessive au regard de l'objectif poursuivi du maintien de l'emploi » [2]. S'agissant de la conciliation de la liberté d'entreprendre et du droit à l'emploi, le Conseil constitutionnel entend cependant s'en tenir à un contrôle de l'erreur manifeste d'appréciation du législateur [3].

En principe, la liberté d'entreprendre ne connaît pas de limitation édictée dans l'intérêt même des entrepreneurs. Mais ce principe connaît de nombreuses entorses. Le législateur s'est soucié de la stabilité d'établissement des travailleurs indépendants (avec la législation sur les baux commerciaux, fondant la « propriété commerciale ») bien avant d'assurer celle du travailleur salarié (avec le droit du licenciement, qui n'a jamais fondé une « propriété de l'emploi » [4]). Et il est parfois difficile de démêler dans la réglementation foisonnante des activités indépendantes ce qui relève du souci de protection de l'intérêt général (ordre public et protection du consommateur) et ce qui relève du souci de protection des intérêts particuliers des professionnels [5].

Deux types de limitations sont ainsi apportés à la liberté d'entreprendre [6]. En premier lieu des limitations tenant à la personne du travailleur indépendant : il est soumis à des conditions de nationalité ; il ne doit pas être frappé d'une interdiction professionnelle, ni faire l'objet d'une incompatibilité (interdictions de cumul pour les fonctionnaires ; réglementation des conflits d'intérêts entre activité publique et activité privée) [7]. En second lieu des limitations tenant à la profession exercée. Cette limitation peut tenir à la protection d'un titre professionnel ; l'accès à la profession est alors soumis à diverses conditions de diplôme [8], de *numerus clausus*, d'inscription à un ordre ou sur une liste professionnelle (professions

---

1. Cons. const. 10 juin 1998 et 13 janv. 2000, préc.
2. Cons. const. 12 janv. 2002, n° 2001-455 DC, préc. (cons. 50). Pour une critique de cette décision : A. Lyon-Caen, préc. En sens contraire : X. Prétot, préc., n°s 9 s. ; G. Carcassonne, Modernisation sociale et régression politique, *Dr. soc.* 2002. 254.
3. Cons. const. 13 janv. 2005, n° 2004-509 DC (loi de cohésion sociale).
4. V. *contra*, défendant l'idée d'une « quasi-propriété » de l'emploi : X. Lagarde, Aspects civilistes des relations individuelles de travail, *RTD civ.* 2002. 435.
5. *Cf.* les critiques et recommandations du rapport Cahuc-Kramarz, *Vers une sécurité sociale professionnelle, déc.* 2004, *Liaisons soc.* 2005, n° 10.
6. *Cf.* G. Lyon-Caen, *Le droit du travail non salarié* Sirey, 1990. Sur le contrôle des règles d'accès aux professions par le Conseil d'État, V. les obs. de Y. Moreau *in*, J.-L. Bodiguel et al. *Servir l'intérêt général. Droit du travail et fonction publique*, Paris, PUF, 2000.
7. L. Casaux, *La pluriactivité*, LGDJ, 1993.
8. P. Caillaud, *Le diplôme*, thèse droit, univ. Nantes, 2000.

médicales [1] et juridiques [2], experts-comptables etc.), de délivrance d'une carte professionnelle (journalistes, forains) voire à l'achat d'une charge (huissiers, notaires). La limitation d'accès peut aussi résulter d'un régime de licence ou d'autorisation, qui vise à assurer une certaine régulation de l'offre de services, pour des raisons sociales (débits de boisson) ou d'aménagement du territoire (officines pharmaceutiques).

L'institution du marché unique européen conduit à remettre en cause un certain nombre de ces limitations [3] et à rendre une certaine vigueur à la liberté d'entreprendre qui tend en France à se rétrécir comme une peau de chagrin, au détriment des possibilités d'insertion professionnelle des jeunes. Dans une société technicienne, où l'exigence de spécialisation est devenue générale, il n'est plus guère de travailleurs indépendants qui ne puissent exciper de la nécessité d'un contrôle de qualification pour obtenir la réglementation de l'accès à leur profession. La liberté d'entreprendre exigerait alors pour devenir effective, une politique de formation professionnelle dont les objectifs sont les mêmes que le travail doive être exercé à titre dépendant ou indépendant [4].

2. La liberté du travail [5]

678 ***Le principe de liberté du travail*** ◊ La liberté du travail est un droit fondamental reconnu par les traités internationaux [6] et doté de valeur constitutionnelle [7]. Il s'oppose aussi bien à toute intervention administrative autoritaire dans l'embauchage qu'à un engagement illimité vis-à-vis de l'employeur empêchant le salarié de changer d'emploi, si tel est son choix ; ou à une pression, soit syndicale (nullité des clauses réservant les

1. Sur le cas du monopole de la pharmacie d'officine, V. M.-H. Renaut : De la corporation d'apothicaires à l'Ordre des pharmaciens, *RDSS* 1998. 737.

2. CE 15 nov. 2006, n° 283465 : « Il appartient au Premier ministre de fixer les règles de déontologie de la profession d'avocat, alors même que celles-ci auraient une incidence sur la liberté d'entreprendre des intéressés, dès lors que ne sont méconnus ni le respect de l'indépendance de l'avocat ni le caractère libéral de sa profession ».

3. Constitue une profession réglementée au sens du droit communautaire, toute activité professionnelle qui, quant à ses conditions d'accès ou d'exercice, est directement ou indirectement régie par des dispositions législatives, réglementaires ou administratives imposant la possession d'un diplôme : Dir. n° 92/51/CEE du 18 juin 1992 ; CJCE 9 sept. 2003 aff. (C-285/01) et 7 oct. 2004 aff. (C-402/02) ; CE 4 août 2006, req. n° 280769 (professeur territorial d'enseignement artistique). J.-M. Favret : Le système général de reconnaissance des diplômes et des formations professionnelles en droit communautaire, *RTD eur.* 1996. 259.

4. Ce lien entre la liberté d'entreprendre, entendue comme liberté concrète, et droit à la formation professionnelle émerge dans les dispositifs d'incitation à la création d'entreprise.

5. J. Pélissier, La liberté du travail, *Dr. soc.* 1990. 19 ; A. Supiot, Le travail, liberté partagée, *Dr. soc.* 1993. 715 ; et pour une approche comparative : *La liberté du travail*, Congrès de l'Université de Liège, vol. 53, 1969 ; R. Salais : Liberté du travail et capacités : une perspective pour la construction européenne, *Dr. soc.* 1999. 467.

6. V. not. l'art. 6.1 du Pacte international relatif aux droits économiques, sociaux et culturels du 16 déc. 1966.

7. Le Conseil constitutionnel (Décis. du 28 mai 1983) reconnaît implicitement à cette « liberté professionnelle » la valeur d'un principe constitutionnel.

emplois aux seuls syndiqués) soit collective, sur le salarié (liberté du travail du non-gréviste). Le travail forcé est interdit [1] et la peine de travail d'intérêt général ne peut être infligée qu'aux « volontaires » [2]. La liberté du travail se définit donc comme la liberté de travailler ou de ne pas travailler (de refuser un emploi) par opposition aussi bien à l'interdiction de travailler qu'à l'obligation de travailler. En droit communautaire, elle a pour prolongement la libre circulation des travailleurs qui se déplacent pour trouver ou occuper un emploi [3].

679 ***Limitations de la liberté du travail*** ◊ Comme la liberté d'entreprendre, la liberté du travail fait l'objet de certaines limitations légales qui tiennent, les unes à la personne du travailleur (condition d'âge [4], de nationalité et d'aptitude physique) [5] et les autres aux exigences particulières des professions réglementées (diplômes ou autres certifications). En revanche des limitations conventionnelles semblent difficilement compatibles avec le respect de cette liberté. Dans une économie de marché proclamant la liberté du travail, mais aussi la liberté de la concurrence [6], il est pour le moins étrange que la non-concurrence (à ne pas confondre avec la concurrence déloyale) puisse être ainsi érigée en obligation contractuelle licite. Restriction au libre exercice d'une activité professionnelle, ces clauses ne sont plus reconnues comme valides qu'à de très strictes conditions. Elles doivent être dotées de contreparties et surtout strictement justifiées et proportionnées, conditions que la jurisprudence apprécie avec rigueur [7]. La jurisprudence se montre également très restrictive à l'égard des *clauses d'exclusivité*, dont la validité est subordonnée à la réunion de trois conditions inspirées de la jurisprudence sur les clauses de non-concurrence : être indispensable à la protection des intérêts légitimes de l'entreprise ; être justifiée par la nature de la tâche à

1. Interdit par la convention n° 29 (1930) de l'OIT, le travail forcé l'est aussi par la *Déclaration relative aux principes et de droits fondamentaux* (1998) qui s'impose à tous les États membres de cette Organisation. La traite des êtres humains sous toutes ses formes est cependant loin d'avoir régressé avec la « globalisation » de l'économie et le BIT conduit un programme d'action spécial sur le sujet (*RIT* 2003/1, p. 79).

2. L. 10 juin 1983 créant le TIG, qui s'oppose ainsi à l'ancienne peine des travaux forcés : V. P. Poncela, *Droit de la peine*, PUF Thémis, 1995, p. 363 s. S. Lorvellec, Travail et peine, *in Le travail en perspectives*, ouvr. coll., LGDJ, 1998, p. 247 s.

3. Traité de Rome, art. 39 (ex. 48) ; v. P. Rodière, *Droit social de l'Union européenne*, 2e éd., 2002, n° 171 s. ; B. Teyssié *Droit européen du travail*, Litec, 2001, n° 132 s. ; S. van Raepenbusch, La libre circulation des personnes. Jurisprudence de la CJCE, *RJS* 1995. 75.

4. Interdiction du travail des jeunes de moins de 16 ans : C. trav., art. L. 4153-1 s. (assouplissements possibles : C. trav., art. L. 4153-1, L. 4153-3). En revanche, sauf exception, illicéité des limites d'âge supérieure (C. trav., art. L. 1237-4) et des discriminations fondées sur l'âge (C. trav., art. L. 1132-1).

5. Ces conditions légales sont aujourd'hui susceptibles d'être débattue au nom de la prohibition des discriminations.

6. Laquelle est reconnue comme liberté publique : CE 6 mars 1914, *Syndicat de la boucherie*, *Lebon* 308

7. V. ss 174 s.

accomplir ; et être proportionnée au but recherché [1]. De telles clauses sont inopposables au salarié qui crée ou reprend une entreprise [2].

680 ***Liberté du travail et droit au travail*** ◊ Comme les autres droits fondamentaux, la liberté du travail ne se résume pas à protéger l'exercice d'une liberté. Elle vise à accorder les moyens de cette liberté au plus grand nombre. Elle s'associe au droit à l'emploi ou droit au travail [3], prévu par le préambule de la constitution de 1946 [4] et soutient la nécessité d'une intervention active et positive de l'État, pour assurer le plein-emploi. Le Préambule de la Constitution de 1946, après avoir garanti l'égal accès de l'enfant et de l'adulte à l'instruction et à la formation professionnelle, affirme que chacun a le devoir de travailler et le droit d'obtenir un emploi. Selon la formule employée par le Conseil constitutionnel il appartient en conséquence au législateur « de poser les règles propres à assurer au mieux le droit pour chacun d'obtenir un emploi, en vue de permettre l'exercice de ce droit au plus grand nombre possible d'intéressés » [5].

D. La liberté religieuse

681 Selon l'article 9 de la CEDH, la liberté religieuse comme la liberté de conscience ou d'opinion, emporte la liberté de « manifester sa religion ou sa conviction individuellement ou collectivement, en public ou en privé » [6]. Cette liberté ne saurait donc s'arrêter aux portes des entreprises. Dans le Code du travail, la protection de la liberté religieuse résulte aussi bien de

1. Soc. 11 juill. 2000, *Dr. soc.* 2000. 141 ; rapp. Soc. 18 avr. 2000, *Dr. soc.* 2000. 646, obs. Radé (est contraire au principe de la liberté du travail le fait pour l'employeur de subordonner le droit à une prime de fin d'année à la présence du salarié dans l'entreprise le 30 juin de l'année suivante) ; 25 févr. 2004, *Sem. soc. Lamy* 2004, n° 1159, p. 15 ; V. Ph. Waquet : Pouvoir de direction et libertés des salariés *Dr. soc.* 2000. 1051. Sur le cas des artistes, v. J.-Y. Kerbourc'h et J. Vincent, *Dr. soc.* 2007. 808.

2. C. trav., art. L. 1222-5 (L. du 1er août 2003). Cette inopposabilité est limitée à un an (deux si le salarié est en congé de création d'entreprise) et ne concerne pas les VRP.

3. *Cf.* G. Lyon-Caen : Le droit au travail, *in Les sans-emploi et la loi*, *op. cit.* p. 203 ; G. Mundlak, Le droit au travail : coupler droits de l'homme et politique de l'emploi, *RIT* 2007/3-4, vol. 146, 207.

4. V. Sur les origines historiques et la signification actuelle de ce droit à l'emploi, V. *Les sans-emploi et la loi,* ouv. coll., Éd. Calligrammes, 1987. L'OIT définit la politique de l'emploi comme devant assurer à chaque personne active un emploi à sa convenance « productif et librement choisi » et aux entreprises, la main-d'œuvre dont elles ont besoin. Le droit au travail est ainsi la face positive de la liberté du travail. Sur le cas québécois, v. D. Roux, *Le principe du droit au travail. Juridicité, signification et normativité,* Montréal, Wilson et Lafleur, 2005.

5. Cons. const. 28 mai 1983 préc. La loi a pu dans cette optique poser des règles interdisant ou taxant le cumul de pensions de retraites et de certaines activités (Ord. du 30 mars 1982 mod. L. du 17 janv. 1986, n° 257) ; elle restreint la liberté du travail des uns, afin d'assurer le droit au travail du plus grand nombre. Le droit au travail se résorbe dans l'aménagement de la liberté du travail. Mais elle ne peut porter à cette fin une atteinte excessive à la liberté d'entreprendre (Cons. const. 12 janv. 2002, n° 2001-455 DC ; 13 janv. 2005, n° 2004-509 DC. V. B. Silhol, Droit à l'emploi : brèves réflexions sur la jurisprudence récente du Conseil constitutionnel, *RDT* 2007. 390).

6. Les libertés religieuses, de conscience et d'opinion sont encore proclamées par l'art. 1er de la Const. de 1958 et par l'art. 10 de la DDHC de 1789.

la protection générale des droits et liberté visée par l'article L. 1121-1 du Code du travail que de l'article 1132-1 du Code du travail qui prohibe les discriminations opérées selon les convictions religieuses.

Ces deux prohibitions ne se recoupent pas totalement. L'une peut même venir atténuer l'autre. La prohibition des discriminations fixe une obligation de neutralité, d'indifférence, l'employeur devant s'abstenir de prendre en compte les convictions religieuses des salariés. La protection de la liberté religieuse impose, de surcroît, un principe de tolérance, lequel peut conduire à imposer à l'employeur d'adapter la situation de travail des salariés en fonction de leurs convictions religieuses. Les questions posées méritent dès lors des réponses nuancées, même si les débats juridiques [1] et publics qui les entourent sont parfois vifs.

Plusieurs autorités indépendantes ont eu à se prononcer sur ces questions. C'est le cas du Haut Conseil pour l'intégration (HCI) [2], et, surtout de la Halde, désormais intégrée au défenseur des droits [3]. Si, du fait de ses fonctions, cette dernière s'est concentrée sur le fondement discriminatoire, la protection de la tolérance et de la liberté religieuse sont clairement inspiratrices de certaines de ses décisions. Ainsi, selon la Halde : « l'employeur doit justifier, par des éléments objectifs étrangers à toute discrimination, le refus d'accorder une autorisation d'absence pour fête religieuse » [4].

Ce qui ne signifie par que la liberté religieuse puisse l'emporter systématiquement sur le respect par le salarié de ses obligations. Conformément à l'article L. 1121-1 du Code du travail, la nature de la tâche à accomplir peut permettre une restriction de la liberté religieuse, pourvu que celle-ci soit proportionnée au but recherché [5].

---

1. V. not. F. Gaudu, La religion dans l'entreprise, *Dr. soc.* 2010. 65 ; P. Adam, Et la lumière fu(i)t ?, *RDT* 2011. 314 ; *Baby Loup* : horizons et défense d'une jurisprudence anathème, *RDT* 2013. 385 ; C. Mathieu, Le respect de la liberté religieuse dans l'entreprise, *RDT* 2012. 17 ; E. Dockès, Liberté, laïcité, *Baby Loup* : de la très modeste et très contestée résistance de la Cour de cassation face à la xénophobie montante, *Dr. soc.* 2013. 388 ; J. Mouly, La liberté d'expression religieuse dans l'entreprise : le raidissement de la Cour de cassation, *D.* 2013. 963 ; C. Vigneau, La liberté religieuse dans les relations de travail, in *Mélanges F. Gaudu*, 2014 ; J.-F. Akandji Kombé, Baby-Loup, suite : le contrôle de la restriction, par l'employeur, de la liberté religieuse dans l'entreprise privée, *Dr. soc.* 2013.50 ; F. Laronze, Dr. soc. 2014. 100 ; G. Calvès, *RDT* 2014, 94 ; I. Meyrat, *Dr. ouvrier.* 2014.73 ; D. Jourdan (dir.) Religion et laïcité dans l'entreprise, *Sem. soc. Lamy* 1611/2013, supp., avec not. les contrib. de P. H. Antonmattéi, M. Morand et G. Vachet ; P.-H. Antonmattéi, *RDT* 2014.391.

2. V. not. l'avis du 1er sept. 2011, disponible sur www. hci.gouv.fr. *Adde*, sur cet avis, R. de Quenaudon, « Expression religieuse et laïcité dans l'entreprise », *RDT* 2011. 643.

3. V. not. Délib. n° 2006-242 du 06/11/2006 (refus de l'animatrice d'une classe de mer de se baigner avec les enfants autistes et de retirer son voile) ; n° 2008-10 du 14/01/2008 (refus d'embauche en raison des convictions religieuses du candidat) ; n° 2007-123 du 14/05/2007, (retrait d'autorisation d'accès à une zone militaire sensible à la suite de notes mentionnant la religion et à la situation de famille des réclamant).

4. Délib. n° 2007-301 du 13 nov. 2007 : autorisation d'absence pour la fête juive du Kippour, mais pas pour la fête musulmane de l'Aïd-el-kébir ; v. *RDT* 2008. 238, obs. K. Bhertou.

5. V. not. Soc. 24 mars 1998, *Azad*, *Dr. soc.* 1998. 614, obs. J. Savatier : arrêt qui affirme licite le licenciement d'un boucher musulman refusant d'exécuter la tâche pour laquelle il avait été embauché, laquelle comprenait la préparation de viande porc. La motivation de l'arrêt laisse à

La liberté religieuse a un traitement particulier dans le cadre des entreprises dites identitaires [1], de « tendance », ou « de conviction » et notamment de celles qui sont à caractère religieux (Églises, écoles religieuses...). La liberté religieuse protège ces institutions. Mais elle protège aussi leurs salariés. La liberté religieuse est alors le droit d'avoir une foi ou une pratique différente de celle que professe l'employeur. Au nom du caractère particulier de ces entreprises de tendance, la Cour de cassation a d'abord accepté les atteintes à la liberté religieuse des salariés de ces entreprises de manière assez laxiste [2]. Avec la montée des problématiques des libertés fondamentales, elle a finalement adopté une position plus protectrice de la liberté individuelle : pour que l'appartenance ou la pratique religieuse du salarié puisse être prise en compte par son employeur, celle-ci doit au minimum avoir créé un « trouble caractérisé » au sein de l'entreprise. Tel n'était pas le cas du comportement d'un sacristain homosexuel. L'homosexualité de celui-ci était cachée et elle ne produisait par conséquent aucun trouble au sein de l'Église : son licenciement sur ce motif était donc illégal [3].

Avec cette jurisprudence, la Cour de cassation apparaît plus protectrice de la liberté religieuse individuelle que la Cour européenne des droits de l'homme, laquelle a pu admettre comme non attentatoire à la liberté religieuse le licenciement de salariés aux pratiques ou aux convictions religieuses contraires à celle professées par l'employeur, même en l'absence de trouble caractérisé [4]. Cette différence des jurisprudences nationale et internationale ne pose pas de problème en termes de hiérarchie des normes. La protection internationale des droits fondamentaux est un

---

penser que, pour la Cour de cassation, la justification et la proportionnalité de la restriction sont facilement admises et que la simple stipulation contractuelle d'une tâche opposée à telle ou telle pratique religieuse peut être une justification suffisante. Dans le sens d'une appréciation laxiste des conditions de justification et de proportionnalité, à propos d'une prohibition du voile musulman dans une crèche, v. aussi Cass., ass. plén., 25 juin 2014, n° 13-28.369, P ; N. Hervieu, G. Calvès et E. Dockès, La Revue des droits de l'homme, http://revdh.revues.org/848 ; B. Bossu, *JCP S* 2014, 1287 ; E. Gayat, *Dr. ouvr.* 2014. 327.

1. Terminologie retenue par la Dir. n° 2000/78/CE, du 27 nov. 2000. Sur le droit européen des droits de l'homme en matière d'entreprises identitaires, v. not. C. Mathieu, Le respect de la liberté religieuse dans l'entreprise, *RDT* 2012. 17, J.-P. Marguénaud et J. Mouly, Les droits de l'Homme salarié de l'entreprise identitaire, *D.* 2011. 1637.

2. Soc. 19 mai 1978, *Dame Roy, D.* 1978. 541, concl. Schmelck, note P. Ardant ; *JCP* 1978. II. 19009, rapport Sauvageot, note R. Lindon (validation par la Cour de cassation du licenciement d'une salariée d'un établissement d'enseignement catholique pour cause de re-mariage). *Adde.* Soc. 20 nov. 1986, *Bull. civ.* V, n° 555.

3. Soc. 17 avr. 1991, *Painsecq*, aff. dite du « sacristain homosexuel », *Dr. soc.* 1991. 485, note J. Savatier ; *JCP* 1991. II. 21724, note A. Seriaux ; *RTD civ.* 1991. 706, obs. J. Hauser, *Bull. civ.* V, n° 201.

4. CEDH 3 févr. 2011, n° 18136/02, *Siebenhaar* ; CEDH 23 sept. 2010, *Obst*, n° 425/03, (1re esp.) ; *Schüth* (2e esp.), *D.* 2011. 1637, chron. J.-P. Marguénaud et J. Mouly ; *RDT* 2011. 45, obs. J. Couard. Une certaine balance entre les intérêts de l'employeur et ceux du salarié est toutefois opérée par la Cour, notamment eu égard à ses fonctions ou à la liberté en cause. Le licenciement pour adultère est ainsi parfois admis (CEDH 23 sept. 2010, *Obst*, préc.) et parfois invalidé (CEDH 23 sept. 2010, *Schüth*, préc., au nom du droit à la vie privé du salarié qui allait avoir un enfant adultérin).

minimum auquel il est évidemment possible d'ajouter des protections supplémentaires dans les droits nationaux.

La liberté religieuse est parfois invoquée par des institutions religieuses non pas contre la liberté religieuse de leurs salariés, mais contre d'autres droits fondamentaux de ceux-ci. Ainsi la Cour EDH a-t-elle admis que les travailleurs d'un archevêché roumain puissent se voir refuser, en Roumanie, le droit de fonder un syndicat [1]. Cette restriction à la liberté syndicale était suffisamment justifiée par « l'autonomie de l'organisation religieuse ». Cette solution discutable n'a plus grand-chose à voir avec la protection de la liberté. Elle semble plutôt une résurgence de l'ancienne révérence du système juridique de droit positif face aux systèmes normatifs religieux, qui furent longtemps leurs concurrents. Cette admission par la Cour européenne de la soumission du droit roumain aux organisations religieuses, ne doit pas s'interpréter comme une interdiction faite aux États de faire prévaloir la liberté syndicale dans de telles hypothèses.

La jurisprudence relative aux entreprises confessionnelles et de tendance été invoquée, plus récemment, au profit d'institutions qui seraient de tendance « laïque » [2], ce qui pourrait leur permettre d'interdire à certains de leurs salariés le port de signes religieux ostensibles. L'idée a pu inspirer les décisions desCour d'appel de Versailles et de Paris ayant validé le licenciement de la salariée d'une crèche privée pour port du voile [3]. Le raisonnement a cependant ses limites. La laïcité est juridiquement une obligation faite à la puissance publique de ne pas prendre parti. Elle est une absence de tendance et non une tendance. Ceci explique, que la Cour de cassation ait refusé, par deux fois, cette argumentation [4]..

La laïcité est aussi opposée à la liberté religieuse pour justifier une exigence de neutralité vestimentaire à l'égard des salariés. La laïcité ne doit pas se comprendre comme une mesure de lutte contre les religions et leurs expressions, mais comme une mesure visant, au contraire, à protéger la liberté religieuse en assurant la neutralité de la puissance publique [5]. De ce

1. CEDH, Gde ch., 9 juill. 2013, *Syndicatul « Pastorul cel bun »*, aff. C-233/12.

2. F. Gaudu, L'entreprise de tendance laïque, *Dr. soc.* 2011. 1186.

3. Versailles, 27 oct. 2011, *Baby-Loup*, n° 10/05642, *Sem. soc. Lamy* 2011, n° 1515, obs. P. Adam ; Paris (sur renvoi), 27 nov. 2013, *Baby-Loup*, n° 13/02981, *D.* 2014. 65, note Mouly ; *Dr. soc.* 2014. 4, étude J. E. Ray.

4. Cass., ass. plén., 25 juin 2014, n° 13-28.369, P ; N. Hervieu, G. Calvès et E. Dockès, La Revue des droits de l'homme, http://revdh.revues.org/848 ; B. Bossu, *JCP S* 2014, 1287 ; E. Gayat, *Dr. ouvr.* 2014. 327 ;Soc. 19 mars 2013, *Baby Loup*, n° 11-28.845 P, *Sem. soc. Lamy* 2013, n° 1577, concl. J.-G. Huglo, obs. R. Schwartz et V. Berger, *JCP S* 2013. 1146, obs. B. Bossu, *Dr. soc.* 2013. 388, obs. E. Dockès, J. Mouly, La liberté d'expression religieuse dans l'entreprise : le raidissement de la Cour de cassation, *D.* 2013. 963, Corrignan-Carsin, Entre laïcité et liberté religieuse, l'art difficile du compromis, *JCP* 2013. 542, P. Adam, *Baby Loup* : horizon et défense d'une jurisprudence anathème, *RDT* 2013. 385.

5. Sur la notion juridique de laïcité comme neutralité de l'État (par opposition à certaines conceptions politiques de la laïcité qui ont pu utiliser le mot comme principe de combat contre les religions), v. not. J. Rivero, Le concept de laïcité, *D.* chron. 33, S. Hennette-Vauchez, La burqa, la femme et l'État, Réflexions inquiètes sur un débat actuel, *Raison-Publique*, www.raison-publique.fr/article 317.html.

fait, le champ de la neutralité vestimentaire exigible est limité à la puissance publique et aux employeurs privés qui, sur délégation de cette puissance publique, gèrent un service public [1]. Les employeurs privés qui ne gère pas un service public ne peuvent imposer que des restrictions strictement justifiées par rapport à la nature de la tâche à accomplir et proportionnées au but recherché. En revanche, ceux qui gèrent un service public semblent pouvoir imposer une neutralité vestimentaire aussi large que stricte à tous les salariés, même subalternes, même sans contact avec le public [2]. La solution, rigoureuse, semble excessive. Elle l'est d'autant plus lorsqu'on la compare à la grande flexibilité de la laïcité lorsqu'il ne s'agit plus de voile musulman, mais de signes vestimentaires issus d'autres religions et en particulier de la religion catholique romaine, majoritaire en France [3]. De ce fait, il est possible de se demander si la laïcité n'est pas en train de glisser. Elle est traditionnellement un principe de défense de la liberté religieuse, par l'imposition d'une neutralité de la puissance publique. Elle tend à devenir un argument rhétorique permettant de présenter sous un jour acceptable la montée de l'intolérance à l'égard de certaines religions. Cette évolution apparaît très inquiétante [4].

SECTION 2. **L'ÉGALITÉ**

682 ***Les deux égalités*** ◇ L'égalité est un mot du droit si puissamment porteur de valeur qu'il n'a pu qu'être utilisé dans de nombreux sens, parfois opposés [5]. Proclamée par la déclaration des droits de l'homme du 26 août 1789 [5],

---

1. Soc. 19 mars 2013, *CPAM de Seine-Saint-Denis*, n° 12-11.690 P ; Soc. 19° mars 2013, *Baby Loup*, n° 11-28.845 P, préc. et, implicitement, Cass., ass. plén., 25 juin 2014, *Baby-Loup*, n° 13-28.369, P., préc.

2. Soc. 19 mars 2013, *CPAM de Seine-Saint-Denis*, préc.

3. V. not. sur l'absence d'atteinte à la laïcité lorsque des religieuses en habit exercent des fonctions de prise en charge des détenus et sont rémunérées pour ce faire par l'administration pénitentiaire, v. CE 27 juill. 2001, req. n°s 215550, 220980, 10/9 *SSR*, Publié au *Lebon*, *AJFP* 2002. 39, obs. J. Mekhantar ; CE 29 mai 2002, req. n° 235806, 10 SS, Inédit au *Lebon*. Sur l'absence d'atteinte à la laïcité du régime des cultes d'Alsace Moselle, par lequel l'État rémunère les ministres du culte de manière variable selon les religions, la religion musulmane étant même totalement exclue de ces rémunérations, v. Cons. const. 21 févr. 2013, n° 2012-297 QPC ; *JCP adm*. 2013. 2108, obs. crit. J. Laffaille et *ibid*. 2109, obs. H. Portelli.

4. V. not. S. Hennette-Vauchez préc. ; E. Dockès, préc. V. aussi l'interdiction du voile dans une crèche qui, selon l'Assemblé plénière, « a pu » être considérée comme proportionnée par la Cour d'Appel de Paris, alors même que cette interdiction était générale et que la justification de cette prohibition était plus que problématique (Cass., ass. plén., 25 juin 2014, *Baby-Loup*, n° 13-28.369, P., préc.).

5. Sur les polysémie de l'Égalité, v. not. J. Porta, « Égalité, discrimination et égalité de traitement -à propos des sens de l'égalité dans le droit de lanon-discrimination », *RDT* 2011. 290 s., *RDT* 2011. 354 s. (2 parties) ; M. Sweeney, L'égalité en droit social – Au prisme de la diversité et du dialogue des juges », Th. dactyl. Paris Ouest Nanterre, déc. 2010. *Adde*. D. Loschak, La notion de discrimination, *Dr. soc*. 1987. 778 ; A. Lyon-Caen, L'égalité et la loi en droit du travail, *Dr. soc*. 1990. 68 ; A. Supiot, Principe d'égalité et limites du droit du travail *Dr. soc*. 1992. 382 ; A. Jeammaud, Du principe d'égalité de traitement des salariés, *Dr. soc*. 2004. 694.

par la devise de la République [6], ou par le préambule du Pacte international relatif aux droits civils et politiques de 1966, l'égalité est d'abord, en droit, l'affirmation de l'égale valeur de tous les êtres humains, de leur égale dignité dirait-on aujourd'hui [1]. Elle a aussi acquis un deuxième sens, originairement lié mais qui a pris avec le temps une incontestable indépendance. Dans ce deuxième sens, l'égalité s'oppose non à la hiérarchie en valeur des êtres humains, mais à l'arbitraire ou l'injustice. Elle exige, par exemple, que tous les étudiants soient traités également lors des examens. Ce n'est plus la valeur de l'être humain en tant que telle qui est en cause, mais une certaine idée de la justice et du droit, qui prohibe l'arbitraire et impose certaines limites aux créateurs de droit.

Cette exigence, fut longtemps désignée comme le principe d'« égalité devant la loi » [2]. Depuis la généralisation de l'application des droits fondamentaux à la sphère privée, cette égalité « devant la loi » est devenue une égalité devant le droit, et plus généralement une égalité face aux actes de pouvoir. C'est ce sens de l'égalité, à application générale, qui est visé par la Cour de cassation sous le nom de principe d'« égalité de traitement » [3].

La première égalité, qui défend l'unité du genre humain, s'exprime principalement dans la prohibition des discriminations (§ 1). La seconde, l'égalité de traitement, ne s'impose aux actes juridiques privés, que depuis quelques années (§ 2). La séparation de ces deux groupes de règles est nette dans la doctrine de la Cour de cassation [4], elle est aussi nette par l'intensité de l'exigence d'égalisation qui s'exprime dans le premier cas comparativement au second.

Le traitement séparé s'impose. Mais ceci ne doit pas occulter les liens importants qui demeurent entre ces deux domaines. La technique de

1. La dignité a cela en commun avec le principe d'égalité d'être une transposition juridique de l'humanité de l'homme, au point que l'expression « égale dignité » peut apparaître comme partiellement tautologique, pour peu que l'on reconnaisse l'unité du genre humain. Lorsqu'elle est invoquée au soutien d'un droit fondamental ou d'une liberté, comme le droit au travail par exemple, la dignité est un renfort des droits fondamentaux. Lorsqu'elle est opposée à la liberté de l'individu, obligé de ne pas porter atteinte à sa propre dignité, elle peut être le vecteur d'un certain moralisme ou d'un certain autoritarisme. Cette utilisation, avérée, nous semble cependant être plus un contresens commis sur l'idée de dignité, que le signe d'une nécessaire remise en cause du concept.Sur la dignité du salarié en droit du travail, v. not. P. Adam, La dignité du salarié et le droit du travail, *RDT* 2013. 168 et s. ; 246 et s. Sur la dignité en général v. not. B. Edelman, « La dignité de la personne humaine, un nouveau concept », *D.* 1997. 572 ; B. Mathieu, « La dignité de la personne humaine : quel droit ? quel titulaire ? » *D.* 1996. Chron. 282 et spéc. O. Cayla « Jeux de nains, jeux de vilains, in *Les droits fondamentaux de la personne humaine en 1995 et 1996*, G. Lebreton éd., L'harmattan 1998, p. 155 et s. ; O. Cayla et Yan Thomas, *Du droit de ne pas naître*, Gallimard, coll. Le débat 2002.

2. H. Kelsen qui qualifie cette unité logique d'« égalité devant la loi », par opposition à « l'égalité dans la loi » : *Théorie pure du droit*, 2e éd. fr. 1962, p. 190. *Adde*, Ch. Leben, Le Conseil constitutionnel et le principe d'égalité devant la loi, *RD publ.* 1982. 295. Sur l'égalité devant la loi, v. O. Jouanjan, *Le principe d'égalité devant la loi en droit allemand*, Economica 1992.

3. V. ss 693 s.

4. V. not. Soc. 27 oct. 1999, *Bull. civ.* V, n° 422 ; *Dr. soc.* 2000. 185, note. G. Couturier ; Les discriminations dans la jurisprudence de la Cour de cassation, Rapport annuel de la Cour de cassation 2008, Doc. fr. 2009, p. 61 s., spéc. 83 s.

contrôle est proche. En règle générale, il s'agit de comparer la situation de salariés et, en cas de différence de traitement, d'en rechercher l'éventuelle justification [1]. Cette recherche est bien entendu nettement plus difficile si les groupes sont séparés par l'utilisation d'un critère discriminatoire prohibé. Par exception, dans un cas comme dans l'autre, l'atteinte à l'égalité peu être constatée du fait d'un acte inégalitaire par nature, sans que la comparaison entre salariés soit nécessaire [2].

Les questions principales posées par ces dimensions de l'égalité en droit du travail ont trait au respect *par* l'employeur ou les partenaires sociaux, de l'égalité *entre* salariés. C'est sur ces questions que ce chapitre se focalise. Toutefois il est nécessaire de dire quelques mots en préambule d'autres aspects du principe d'égalité en droit du travail. L'égalité en droit du travail doit être respectée par les pouvoirs publics et en particulier par le législateur. Et elle n'est pas exclusivement une question d'égalité *entre salariés* : l'égalité entre employeurs et l'égalité entre employeurs et salariés ont aussi quelques effets.

683 ***L'application du principe d'égalité devant la loi*** ◊ Avant d'être généralisée sous le nom de principe d'égalité de traitement, l'égalité comme principe de rationalité et de justice du droit était dite égalité « devant la loi », ce qui exprimait son usage d'alors comme outil de contrôle de l'action des pouvoirs publics en général et du législateur en particulier, au nom de la Constitution et des traités internationaux.

L'égalité devant la loi est mobilisée au service d'argumentations variées, avec le plus souvent un succès relatif. Elle conduit à des solutions sensiblement différentes selon les juridictions compétentes [3].

Le Conseil constitutionnel apparaît, de ce point de vue particulièrement timoré, surtout si l'on compare sa jurisprudence à celle de la Cour de justice de l'Union européenne. Il estime, selon une formule, désormais classique, que « le principe d'égalité ne s'oppose ni à ce que le législateur règle de façon différente des situations différentes, ni à ce qu'il déroge à l'égalité pour des raisons d'intérêt général pourvu que, dans l'un et l'autre cas, la différence de traitement qui en résulte soit en rapport direct avec l'objet de la loi qui l'établit ».

---

1. Sauf exception, il s'agit de rechercher dans un cas comme dans l'autre si une différence de traitement peut, ou non, être justifiée. La justification est simplement plus difficile, voire parfois impossible, lorsque l'unité du genre humaine est en cause.

2. Une discrimination peut être découverte par la seule utilisation d'un critère prohibé, sans passer par une comparaison entre personnes discriminés et celles qui ne le sont pas (Soc. 10 nov. 2009, n° 07-42.849 P, *Dr. soc.* 2010. 112, obs. C. Radé ; *D.* 2010. Pan. 672, obs. J. Porta ; *RDT* 2010. 169, obs. Th. Aubert-Montpeyssen). De même le principe d'égalité de traitement peut être violé par la seule stipulation d'une inégalité de traitement, sans qu'une comparaison entre le sort de plusieurs groupes de salariés soit nécessaire : Soc. 23 mars 2011, n° 09-42.666 P, *JCP S* 2011. 1243, note J.-F. Cesaro.

3. V. not. M. Sweeney, *L'égalité en droit social – Au prisme de la diversité et du dialogue des juges*, Th. dactyl. Paris Ouest Nanterre, déc. 2010. *Adde*, J. Porta, préc.

Sur ce motif, la violation du principe d'égalité a pu être reconnue par le Conseil [1]. Mais celui-ci est plus enclin au rejet des arguments qui l'invoquent [2]. Ainsi, à l'occasion de l'examen de la loi du 26 juillet 2005, le Conseil a considéré que l'exclusion des jeunes de moins de vingt-six ans des effectifs de l'entreprise n'était pas contraire au principe d'égalité [3]. La Cour de justice de l'Union européenne s'est prononcée en sens inverse le 18 janvier 2007 [4]. Le 4 février 2011, le Conseil a considéré que les dispositions relatives à la mise à la retraite d'office n'étaient pas contraires au principe d'égalité [5]. Quelques jours plus tard, la Cour de cassation a, sans s'opposer formellement à cette décision, fait preuve d'une sensibilité différente et imposé aux mises à la retraite d'office d'être justifiées et nécessaires, comme toute utilisation de critères discriminatoire doit l'être [6]. La Cour de justice de l'Union semble adopter sur cette même question une position nuancée, n'excluant pas d'invalider certaines clauses de mise à la retraite d'office, si elles apparaissent insuffisamment justifiées [7].

684 ***L'égalité entre employeurs*** ◊ L'une des fonctions essentielles du droit social est de placer les entreprises sur un pied d'égalité face aux charges inhérentes à la force de travail. Il s'agit d'éviter que la concurrence ne conduise à faire tomber le prix de la force de travail au-dessous du minimum jugé nécessaire à sa perpétuation. Ceci se justifie par la particularité de ce qui s'échange sur le marché du travail : non pas une marchandise, mais une « ressource humaine » dont l'entretien et la reproduction sur la longue durée ont un coût qui doit être supporté par celui qui en bénéficie, et non pas abandonné à la charge de la collectivité ou des autres entreprises. Cette recherche d'égalité a d'abord été le fait des employeurs eux-mêmes ; ceux qui accordaient un sursalaire aux pères de famille avaient

1. Cons. const. 13 janv. 2000, préc. Les dispositions déclarées contraires au principe d'égalité concernaient la garantie de rémunération pour les salariés « smicards » en cas de réduction de la durée du travail et la bonification des heures supplémentaires. En revanche, « il était loisible au législateur (...) de fixer des règles particulières pour le personnel d'encadrement, eu égard aux spécificités d'emploi de ce personnel » (en matière de temps de travail).

2. Cons. const. 20 juill. 1988, *Dr. soc.* 1988. 755, note X. Prétot ; *D.* 1989. 269, note F. Luchaire ; 25 juill. 1989, *Dr. soc.* 1989. 627 ; 12 janv. 2002, n° 2001-455 DC, préc. (cons. 31 s., 105 s.). Sur cette dernière décision : X. Prétot, préc., n°s 14 s. ; 30 mars 2006, n° 2006-535 DC (L. sur l'égalité des chances), *Dr. soc.* 2006. 494, ss. art. Prétot ; 7 oct. 2010, n° 2010-42 QPC du (QPC sur la représentativité des syndicats catégoriels). V. cep., 22 oct. 1982, *D.* 1983. 189, note F. Luchaire (la limitation des cas de responsabilité civile de salariés, délégués ou syndicats en raison des dommages liés à un mouvement de grève méconnaîtrait l'égalité devant la loi entre victimes d'actes fautifs dommageables).

3. Décis. du 28 mai 1983, n° 2005-521 DC.

4. CJCE 18 janv. 2007, aff. C-385/05, arrêt condamnant l'ordonnance du 2 août 2005, qui, par application de la loi d'habilitation du 26 juill. 2005, préc., excluait les jeunes de moins de vingt-six ans des effectifs.

5. Cons. const. 4 févr. 2011, n° 2010-98 QPC.

6. Soc. 16 févr. 2011, n° 10-10.465 P.

7. CJUE, gr. ch., 12 oct. 2010, aff. C-45/09 ; *Rosenbladt* 18 nov. 2010, aff. C-250/09 et C-268/09, *Georgiev.* Sur ces affaires, V. S. Laulom, L'interdiction des discriminations fondées sur l'âge, *Sem. soc. Lamy* 2010, suppl. n° 1489, p. 9.

ainsi créé des caisses de compensation destinées à en égaliser la charge financière [1]. Aujourd'hui cette péréquation des charges sociales relève principalement de la sécurité sociale et de l'assurance chômage. Mais le droit du travail continue de jouer un rôle essentiel en ce domaine ; c'est notamment l'une des fonctions des conventions collectives que de fixer les conditions d'une concurrence loyale entre entreprises dans chaque branche professionnelle [2].

La recherche de l'égalité concrète n'a pas connu vis-à-vis des employeurs les développements remarquables qui sont les siens s'agissant des salariés. Sa principale manifestation réside dans les seuils d'effectifs qui permettent de moduler les charges des entreprises selon leur taille [3]. En matière de santé et de sécurité des travailleurs, le droit de la sécurité sociale fait dépendre le montant des cotisations patronales du plus ou moins grand nombre d'accidents observés dans la branche ou l'entreprise [4]. Une autre disposition remarquable en ce domaine consiste à répartir la charge financière entre l'employeur et l'entreprise utilisatrice d'un travailleur intérimaire [5], ce qui limite les possibilités d'extériorisation du risque financier. Procède de la même idée l'obligation de remboursement partiel des allocations versées par l'assurance chômage en cas de licenciement injustifié (C. trav., art. L. 1235-4). Mais aucun mécanisme de portée générale (modulation des cotisations) ne permet d'imputer à une entreprise une partie du coût (malus) ou de l'économie (bonus) que ses choix de gestion (flexibilité externe ou interne) entraînent pour l'assurance chômage, et donc pour les autres entreprises.

685 ***L'égalité entre employeurs et salariés*** ◊ La relation individuelle de travail se caractérise par l'inégalité des parties au contrat : inégalité juridique, puisque l'une est subordonnée à l'autre, et inégalité de fait résultant de la position économique dominante de l'employeur.

Cette situation juridique et factuelle ne doit plus s'interpréter comme une exclusion des rapports entre salariés et employeurs du champ d'application du principe d'égalité. Il faut désormais considérer la subordination juridique pour ce qu'elle est, une exception au principe d'égalité. Ce caractère permet d'expliquer de nombreux aspect du droit du travail, et notamment le contrôle de justification que la jurisprudence tend à généraliser pour tout acte de pouvoir [6]. Il est aussi porteur d'évolutions possibles.

1. J.-J. Dupeyroux et al. *Droit de la sécurité sociale*, Dalloz 14e éd. 2001, n° 36.
2. V. en ce sens CJCE 21 sept. 1999, *Albany*, aff. C-67/96, *RJS* 3/00, n° 348 ; *Dr. soc.* 2000. 106, obs. Prétot.
3. C. Sachs-Durand, *Les seuils d'effectifs en droit du travail*, LGDJ, 1985.
4. *Cf.* J.-J. Dupeyroux : préc. n° 1155 s. ; J. Wisniewski : *Dr. soc.* 1980. 402 ; M. Laroque : *Dr. soc.* 1987. 874.
5. CSS, art. L. 241-5-1.
6. Il est à noter toutefois que l'extension de ce contrôle est d'abord tirée du principe d'égalité de traitement, qui est un principe d'égalité des salariés entre eux (sur ce principe v. ss 693 s.). Mais, il est permi de penser que cette généralisation du contrôle du pouvoir est, aussi, liée à l'idée d'égalité entre employeurs et salariés, avec ce que cela suppose de nécessaires limitations du pouvoir.

Ainsi, au nom du principe d'égalité, une interprétation restrictive de l'étendue du pouvoir de l'employeur devrait prévaloir. Ce qui fragiliserait certaines solutions actuelles et en particulier la jurisprudence qui continue à considérer que le temps de repos peut, en principe, être préempté par l'employeur par la voie d'une modification des horaires de travail [1].

Le principe d'égalité entre employeurs et salariés est aussi l'une des justifications essentielles de l'organisation des relations collectives de travail [2]. Le droit de grève, le droit syndical, le droit de la négociation collective, sont autant de conditions nécessaires à l'équilibre du marché du travail. Certains systèmes juridiques étrangers tendent même à y voir des conditions suffisantes : le rôle presque exclusif de la loi se borne alors à rendre possibles ces relations collectives et à y interdire les pratiques discriminatoires [3]. En droit français cette égalité a d'abord été conçue comme une simple égalité formelle ; on pensait qu'il suffisait pour la garantir de reconnaître, comme autant de libertés, l'activité syndicale, la grève et la négociation collective. Mais l'idée s'est progressivement affirmée que dans les relations collectives pas plus que dans les relations individuelles l'égalité n'allait de soi, et qu'elle avait besoin du secours de la loi pour exister. Les droits conférés aux syndicats représentatifs, et au premier rang d'entre eux le droit à la négociation collective, sont aujourd'hui l'expression la plus manifeste de cette recherche de l'égalité concrète entre employeurs et salariés. Le déséquilibre qui marque ces négociations en temps de crise est aussi le signe de la grande difficulté qu'il y a s'en rapprocher significativement.

§ 1. La prohibition des discriminations

686 ***Champ d'application*** ◊ Interdiction est faite à l'employeur de prendre en considération un certain nombre de traits distinctifs de la personne du travailleur, qu'il soit salarié, fonctionnaire ou candidat à un emploi ou à un stage. Aux termes de l'article L. 1132-1 du Code du travail, « Aucune personne ne peut être écartée d'une procédure de recrutement ou de l'accès à un stage ou à une période de formation en entreprise, aucun salarié ne peut être sanctionné, licencié ou faire l'objet d'une mesure discriminatoire ». La formule est on ne peut plus générale. Sont visées toutes les « mesures », mais aussi les abstentions, y compris l'abstention d'embaucher. C'est une des hypothèses où le refus de contracter est constitutif d'une faute. Sont ainsi clairement prohibées la pratique des « listes noires » mettant à l'écart des syndicalistes, le refus d'embaucher des personnes en fonction de leur origine,

1. V. ss 622.
2. *Cf.* A. Supiot, *Critique du droit du travail*, PUF, 1994, 2e éd., 2002, p. 111 s.
3. C'est le modèle anglo-saxon dit de relations industrielles, encore en vigueur aux États-Unis (v. X. Blanc-Jouvan, *Les rapports collectifs du travail aux États-Unis*, Dalloz, 1957) et, dans une moindre mesure en Grande-Bretagne, malgré les atteintes sévères qui lui ont été portées par les politiques de déréglementation.

de leur sexe, ou d'un autre critère discriminant. Les questions de la preuve et de la sanction sont cependant alors particulièrement ardues.

687 ***Critères prohibés*** ◊ Le principe de non-discrimination a vocation à s'appliquer à tout trait non pertinent au regard de l'aptitude professionnelle [1]. Il s'exprime dans un ensemble disparate de dispositions nationales, communautaires ou internationales et se trouve fréquemment assorti de sanctions pénales [2]. Son expression la plus complète se trouve à l'article L. 1132-1 (C. trav., anc. L. 122-45) du Code du travail [3]. Cet article interdit, à peine de nullité des actes ou dispositions contraires, la prise en considération de l'origine du travailleur, de son sexe [4], de ses mœurs [5], de son orientation sexuelle [6], de son âge [7], de sa situation de

1. D. Loschak : Réflexions sur la notion de discrimination, *Dr. soc.* 1987. 778 ; A. Lyon-Caen : L'égalité et la loi en droit du travail, *Dr. soc.* 1990. 68 ; A. Supiot, Principe d'égalité et limites du droit du travail *Dr. soc.* 1992. 382 ; H. Masse-Dessen : La résolution contentieuse des discriminations en droit du travail. Une approche civile, *Dr. soc.* 1995. 442 ; P. Guerder : La poursuite et la répression pénales des discriminations en droit du travail, *Dr. soc.* 1995. 447 ; M.-Th. Lanquetin, Le principe de non-discrimination, *Dr. soc.* 2001. 186 ; J.-M. Belorgey, Discriminations. Essais de clarification des concepts et éléments de droit comparé, *Dr. soc.* 2002. 683 ; Ph. Waquet, Le principe d'égalité en droit du travail, *Dr. soc.* 2003. 276 ; A. Jeammaud, Du principe d'égalité de traitement des salariés, *Dr. soc.* 2004. 694.

2. V. A. Cerf-Hollender, L'extension du champ pénal de lutte contre les discriminations, *in Mélanges Reynald Ottenhof*, Dalloz, 2006, p. 367.

3. Allongée en moyenne tous les deux ans par le législateur depuis 1982 (v. not. sur la loi du 13 nov. 2001 transposant les dernières directives communautaires : M. Keller, *D.* 2002. 1355 ; M. Richevaux, *Dr. ouvrier* 2002. 290 ; et sur la loi du 30 mars 2006 relative à l'égalité des hommes et des femmes : J.-F. Cesaro, *JCP* 2006. 1273) l'énumération de l'art. L. 1132-1 C. trav. porte désormais les stigmates du vocabulaire politiquement correct. Ainsi en va-t-il de la notion d'« orientation sexuelle » (ajout juridiquement inutile mais politiquement significatif à la vieille notion de mœurs), ou encore de l'interdiction de tenir compte de l'apparence physique (connue aux États-Unis sous le nom de délit de « lookisme »). V. aussi C. pén. art. 225-1.

4. Sous réserve des cas où « l'appartenance à l'un ou l'autre sexe répond à une exigence professionnelle essentielle et déterminante et pour autant que l'objectif soit légitime et l'exigence proportionnée » (C. trav., art. L. 1142-2, al. 1er). Pour une annulation pour discrimination sexiste du licenciement d'un salarié parce qu'il portait des boucles d'oreilles, ornement considéré comme féminin par son employeur, cf. Soc. 11 janv. 2012, n° 10-28.213 P, *RDT* 2012. 159, note N. Moizard ; *Dr. soc.* 2012. 346, obs. J.-Ph. Lhernould. La lutte pour l'égalité selon le sexe ou le genre fait l'objet de dispositifs spéciaux régulièrement modifiés par le législateur. V. dernièrement. les art. 2242-5 s. C. trav., issus de la L. du 18 déc. 2012, qui imposent une négociation collective et (ou) un plan d'action pour l'égalité homme-femme sous peine de sanction financière, dans toutes les entreprises de plus de 50 salariés (v. M. Miné, *RDT* 2013. 109). *Adde* sur l'égalité de rémunération, v. ss 694 s.

5. Soc. 26 avr. 2007, n° 05-42.352 (nullité du licenciement d'une cadre, motivé par son absence de réaction à un tract ordurier relatif à ses mœurs).

6. Soc. 24 avr. 2013, n° 11-15.204 P, *Sem. soc. Lamy* 2013, n° 585, p. 12, obs. V. Chandivert.

7. Soc. 21 déc. 2006, n° 05-12.816 P ; 4 avr. 2012, n° 11-10.706 P (réintégrations de salariés dont le contrat a été rompu en raison de leur âge) ; CJUE 21 juill. 2011, *S. Hennings*, aff. C-297/10 (caractère discriminatoire d'une rémunération fixée selon l'âge). Les différences de traitement fondées sur l'âge ne constituent pas cependant une discrimination « lorsqu'elles sont objectivement et raisonnablement justifiées par un but légitime, notamment par le souci de préserver la santé ou la sécurité des travailleurs, de favoriser leur insertion professionnelle, d'assurer leur emploi, leur reclassement ou leur indemnisation en cas de perte d'emploi, et lorsque les moyens de réaliser ce but sont nécessaires et appropriés. » (C. trav., art. L. 1133-2). Le juge communautaire famille [1] ou de sa grossesse, de ses caractéristiques génétiques [2], de son appartenance ou de sa non-appartenance, vraie ou supposée, à une ethnie [3], une nation [4] ou une race [5], de ses opinions politiques, de ses activités syndicales [6] ou mutualistes, de ses convictions religieuses [7], de son apparence

a adopté une interprétation de cette exigence de proportionnalité beaucoup moins laxiste que le Conseil constitutionnel. Là où ce dernier estime conformes au principe d'égalité des dispositifs qui s'appliquent sans distinction à une classe d'âge entière (comme les jeunes de moins de 25 ans : Cons. const. 30 mars 2006, n° 2006-535 DC : contrat première embauche) la CJCE juge au contraire à bon droit que l'âge ne saurait à lui seul justifier une différence de traitement, indépendamment de la prise en considération de la structure du marché du travail en cause et de la situation personnelle des intéressés (CJCE, 22 nov. 2005, *Mangold*, *RJS* 6/04, n° 506, obs. Tissandier ; *ibid.* 257 ; CJUE, gr. ch., 19 janv. 2010, aff. C-555/07, Kücükdeveci). V. P. Rodière, Âge et discrimination dans l'accès à l'emploi, *Sem. soc. Lamy* 2006, n° 1266 ; F. Héas, Âge et emploi, *Sem. soc. Lamy* 2005, suppl. n° 1232, p. 32 ; Ph. Langlois, Que faire de l'interdiction de la discrimination selon l'âge ? *Dr. soc.* 2006. 155 ; M. Mercat-Bruns, La discrimination fondée sur l'âge, *RDT* 2007. 360 ; J.-Ph. Lhernould, Le chantier des discriminations à raison de l'âge, *RJS* 7/07, p. 595 ; F. Michéa, « Le traitement judiciaire du critère discriminatoire de l'âge », *Dr. soc.* 2010. 1060 ; S. Laulom, Les discriminations selon l'âge, *Sem. soc. Lamy* 2011, suppl. n° 1489, p. 9-21 ; P. Bailly et J.-Ph. Lhernould, Discriminations en raison de l'âge : sources européennes et mises en œuvre en droit interne, *Dr. soc.* 2012. 223. Des règles particulières peuvent viser certaines professions, si elles apparaissent dûment proportionnées aux nécessités de la profession (sur l'ex. des pilotes de ligne : v. CJUE 13 sept. 2011, C-447/09 ; X. Vincent, *Dr. soc.* 2007. 761 ; sur l'ex. des pompiers : CJUE, 12 janv. 2010, aff. C-229/08, *Wolf*).

1. Soc. 10 févr. 1999 *Bull. civ.* V, n° 61 (lien conjugal) ; 1er juin 1999, *Bull. civ.* V, n° 249 (lien de filiation). Cep., selon la Cour de cassation, les dispositions d'un statut collectif (statut des mineurs) qui prévoient des avantages déterminés par un critère indépendant du travail fourni tenant compte de la situation de famille des agents ne viole pas le principe d'égalité de rémunération et n'institue aucune discrimination prohibée (Soc. 26 févr. 2002, *Houillères du bassin de Lorraine, Dr. soc.* 2002. 560, obs. J. Savatier).

2. L. n° 2002-303 du 4 mars 2002 relative aux droits des malades (v. Y. Lambert-Faivre, *D.* 2002. Chron. 1291).

3. Le Conseil constitutionnel exclut l'origine ethnique et la race de la liste des données objectives qui peuvent être recensées pour les besoins de l'étude de la diversité des origines des personnes, de la discrimination et de l'intégration (Cons. const. 15 nov. 2007, n° 2007-557 DC, *Dr. soc.* 2008. 166, obs. Chr. Willmann).

4. L'interdiction des discriminations fondées sur la nationalité a connu d'importants développements en droit communautaire, v. P. Rodière, *Droit social de l'Union européenne*, LGDJ, 2e éd. 2002, n° 242 sq. ; Soc. 10 déc. 2002, *RJS* 2/03, n° 152 (illicéité d'un système de rémunération avantageant les travailleurs allemands dans un institut Goethe) et chron. Lhernould, *RJS* 3/03, p. 207).

5. V. Paris, 17 oct. 2003, *Restaurant du Moulin Rouge, Dr. ouvrier* 2003. 284 ; M. Miné, Approche juridique de la discrimination raciale au travail : une comparaison France – Royaume-Uni, *Travail et Emploi*, 1999, n° 80, p. 91 ; C. Haguenau-Moizard : La lutte contre le racisme par le droit en France et au Royaume-Uni, *RIDC* 1999. 281 ; A. Gardin et A.-L. Zabel, Les discriminations raciales au travail, *RJS* 2/03. Chron. 87. V. Chr. Willmann, Définir la « race » et l'ethnie, préalable contre le racisme en entreprise, *Dr. soc.* 2007. 936 (art. bien intentionné et informé, mais qui n'échappe pas au scientisme ambiant consistant à se référer aux « vérités » de la science pour définir l'humain. Peu importe au juriste que la science reconnaisse ou ne reconnaisse pas des différences raciales ou génétiques. Principe dogmatique, l'égalité entre les hommes procède du Droit et non de la biologie, laquelle a professé jusqu'aux années 40 l'existence de races humaines (cf. A. Pichot, *La société pure. De Darwin à Hitler*, Flammarion, 2000).

6. Crim. 14 juin 2000, *Dr. soc.* 2000. 1035 (délit constitué même si la discrimination n'a pas été le motif exclusif des mesures prises) ; Soc. 17 oct. 2006, n° 05-40.393, *Dr. soc.* 2006. 1186, obs. Radé (prise en considération des activités syndicales lors d'un entretien d'évaluation).

7. V. ss 681 s. et réf. cit.

physique [1], de son lieu de résidence [2], de son nom de famille [3] ou enfin, sauf inaptitude constatée par le médecin du travail [4], de son état de santé [5] ou de son handicap [6]. La non-discrimination implique une égalité de traitement qui ne se limite pas au recrutement, mais s'étend à tous les aspects de la relation de travail [7] (rémunération, formation, reclassement, affectation, qualification, classification, promotion professionnelle [8], mutation, renouvellement de contrat, sanctions disciplinaires, licenciement, représentation du personnel, mise à la retraite [9]). L'égalité de traitement est aussi légalement ordonnée par des règles spéciales s'agissant des travailleurs « atypiques » (précaires, temps partiel) [10].

Cette liste de critères est habituellement comprise comme limitative. Ce caractère semble cependant peu compatible avec le droit international. La liste de critères discriminants prévue par l'article 26 du pacte international relatif aux droits civils et politiques du 16 décembre 1966 est non limitative. Or ce texte est un traité d'ordre mondial, dont l'autorité est supérieure à celle de la loi française. Son ouverture devrait dès lors s'imposer, en dehors de la matière pénale. Dans le même sens, on notera que la liste de l'article 81 de la Charte des droits fondamentaux de l'Union européenne, directement applicable depuis le traité de Lisbonne, est non limitative.

De plus, l'absence de caractère limitatif des listes de critères est le seul moyen d'agencer les différentes listes entre elles : la prohibition d'un certain nombre de critères de différenciation ne saurait se lire *a contrario* comme une autorisation des autres critères de différenciation. Ainsi,

1. Soc. 11 janv. 2012, n° 10-28213 P, *RDT* 2012. 159, note N. Moizard. (nullité du licenciement d'un chef de rang dans un restaurant de prestige pour port d'un boucle d'oreille sur ce fondement) ; Orléans, 21 juin 2007, *RDT* 2008. 106, obs. K. Berthou (licenciement d'un réceptionniste ayant décidé de porter la barbe) ; Rapp. Délib. de la HALDE n° 2006-78 du 10 avr. 2006 condamnant les rubriques d'un questionnaire d'embauche d'hôtesse d'accueil, relative à la taille, au poids, au tour de poitrine et la taille du bonnet.

2. Critère ajouté par la loi n° 2014-173 du 21 février 2014 de programmation pour la ville et la cohésion urbaine.

3. Soc. 15 déc. 2011, n° 10-15.873 P, *RDT* 2012. 291, obs. J. Bouton.

4. Soc. 28 janv. 1998, *Dr. soc.* 1998. 406, obs. A. Mazeaud.

5. Soc. 31 oct. 2006, n° 05-43.214 (licenciement pour troubles comportementaux résultant d'un état pathologique).

6. J.-P. Laborde, À propos du projet de loi sur l'égalité des droits et des chances, la participation et la citoyenneté des personnes handicapées, *Dr. soc.* 2004. 986. CJUE 11 avr. 2003, *HK Danmark*, aff. C-335/11 et C-337-11.

7. G. Auzero, L'application du principe d'égalité de traitement dans l'entreprise, *Dr. soc.* 2006. 822.

8. V. par ex. Soc. 16 juill. 1998, *Bull. civ.* V, n° 392, *Dr. soc.* 1998. 947, obs. M.-T. Lanquetin (privation d'une chance de promotion résultant du défaut de notation d'une salariée en congé de maternité) ; 30 avr. 2009, n° 06-45.939 P ; *RJS* 2009. 569, n° 640 (coeficient d'un salarié n'ayant pas évolué depuis sa désignation comme délégué syndical).

9. Soc. 15 juin 1999 *(Opéra de Paris)*, *Dr. soc.* 1999. 779, ss. obs. J. Savatier.

10. P.-Y. Verkindt : L'application du principe d'égalité de traitement aux travailleurs précaires, *Dr. soc.* 1995. 870 ; C. Vigneau : L'accord-cadre européen sur le travail à durée déterminée, *Dr. soc.* 1999. 928 ; v. Soc. 7 mai 2002, *RJS* 7/02, n° 912 (interdiction d'exclure les travailleurs à temps partiel du bénéfice de la convention collective).

l'article 1er de la loi du 27 mai 2008 adopte une liste très courte, dépourvue de « notamment » et qui pourrait ainsi sembler limitative. Cependant, l'article L. 1132-1 du Code du travail qui renvoie désormais à ce texte et à sa liste pour définir les « discriminations » énumère simultanément une autre liste, beaucoup plus longue, sans craindre la contradiction.

Et cette dernière liste apparaît cependant encore insuffisante. Par exemple, l'article L. 1132-1 n'inclut pas dans sa liste le critère de la « fortune ». Est-ce à dire qu'un employeur, qui souhaite « ne pas mélanger les torchons et les serviettes » peut exiger, lors de l'embauche d'un vendeur, qu'il démontre être propriétaire de biens immobiliers d'une valeur minimale de 250 000 euros ? Certainement pas. Un tel critère serait une violation de l'article L. 1221-6, alinéa 2 du Code du travail qui exige que « les informations demandées doivent présenter un lien direct et nécessaire avec l'emploi proposé ». Mais son utilisation devrait surtout être considérée comme une discrimination faite selon la « fortune ». La fortune n'est en effet ni un acte, ni une compétence. Elle est ici utilisée comme un attribut de la personne. Elle doit dès lors être considérée comme un critère discriminant. L'article 14 de la Convention européenne de sauvegarde des droits de l'homme, qui prévoit expressément dans sa liste de critères prohibés « la fortune », apparaît alors comme complémentaire de l'article L. 122-45 du Code du travail.

Les discriminations peuvent être directes ou indirectes.

688 ***Discriminations directes*** ◇ Selon la définition donnée par la loi du 27 mai 2008, la discrimination est directe lorsque, pour un motif prohibé, l'employeur traite un salarié « de manière moins favorable qu'un autre ne l'est ou ne l'a été dans une situation comparable » [1]. Cette formule pourrait laisser à penser que la comparaison avec un ou plusieurs autres salariés est nécessaire à la preuve de la discrimination directe. Mais cette exigence de comparaison n'est pas reprise par l'article 1132-1 du Code du travail. Et dans le contexte d'une telle contrariété de texte, la définition de la loi de 2008 semble être plus une maladresse qu'une véritable prise de position du législateur. Depuis un arrêt du 10 novembre 2009, la Cour de cassation affirme qu'une telle comparaison n'est nullement nécessaire [2]. Cette solution s'impose pour des raisons tant fondamentales que pratiques.

D'un point de vue fondamental, la prohibition des discriminations ne se fonde pas seulement sur un principe d'égalité de traitement *des salariés* entre eux. Elle est directement issue d'un principe bien plus ample, celui de l'égalité des *êtres humains* entre eux. Lorsque l'employeur utilise comme élément de décision un critère prohibé, lorsqu'il agit sur tel ou tel salarié

1. L. n° 2008-496 du 27 mai 2008, art. 1er, al. 1er (non codifié).

2. Soc. 10 nov. 2009, n° 07-42.849 P, *Dr. soc.* 2010. 112, obs. C. Radé ; *D.* 2010. Pan. 672, obs. J. Porta ; *RDT* 2010. 169, obs. Th. Aubert-Montpeyssen : « l'existence d'une discrimination n'implique pas nécessairement une comparaison avec la situation d'autres salariés » ; dans le même sens, v. not. Soc. 20 févr. 2013, n° 10-30.028 P.

parce qu'il est d'origine arabe, ou *parce qu'*elle est une femme, il différencie *par définition* ce salarié des autres êtres humains qui ne sont pas « arabes » ou pas « femme ». L'usage de tels critères caractérise en soit une fracture au sein de l'humanité, autrement dit une discrimination.

D'un point de vue pratique, la solution s'impose aussi. C'est assez que de prouver que le motif de l'acte de l'employeur est raciste, ou sexiste, ou fondé sur un autre critère prohibé. Il n'est pas nécessaire de prouver en plus la situation différente d'autres salariés. La victime n'est pas forcément détentrice d'informations précises sur les autres salariés. De plus, que l'on se place une seconde dans la situation d'une entreprise dotée d'un seul salarié, et l'on sera convaincu de la position de la Cour de cassation. Un employeur qui licencie un salarié parce qu'il vient de s'apercevoir qu'il est juif ou musulman ne saurait échapper à la condamnation pour discrimination en fonction de la religion au seul motif qu'il s'agissait de son seul salarié et que, de ce fait, toute comparaison est impossible avec d'autres salariés.

Les différences de traitement sont en revanche autorisées par ce texte, à condition qu'elles « répondent à une exigence professionnelle essentielle et déterminante, et que cet objectif soit légitime et l'exigence proportionnée » [1]. Le principe d'égalité ne supprime pas en particulier l'*intuitus personae* du contrat de travail, et l'employeur demeure libre de traiter différemment des salariés différents [2]. Une inégalité entre les salariés peut être justifiée lorsqu'elle repose sur des raisons objectives, étrangères à toute discrimination prohibée [3].

689 ***Discriminations indirectes, systémiques, et preuve des discriminations*** ◊ Dès que l'auteur d'une discrimination prend soin de déguiser un peu ses motivations, il est souvent difficile, voire impossible, de démontrer que son acte a été inspiré par l'utilisation d'un critère prohibé. Les discriminations sont ainsi souvent masquées au niveau individuel. De plus, les inégalités persistantes sont, en elles-mêmes, déstructurantes et dangereuses, même sans intention de défavoriser telle ou telle catégorie de personne. La prohibition des discriminations dites « indirectes » a pour objectif de compléter, sur la base de ces constats, la prohibition des discriminations précédemment étudiées. Les discriminations indirectes, dont l'apparition en droit français est relativement récente, sont des actes apparemment neutres, mais qui indirectement provoquent une différenciation selon un critère prohibé. Ce qui se comprend mieux au travers d'un exemple.

Il se peut que, de bonne foi, un fabricant de vêtements rémunère mieux l'activité de découpe des tissus que l'activité consistant à coudre ces tissus, et ce par tradition ou par habitude. Si cependant, l'essentiel des salariés employés à la découpe sont des hommes, alors que l'essentiel des

1. C. trav., art. L. 1133-1. V. *Liaisons soc.* 2007, n° 15020 ; K. Said, *RDT* 2008. 389.
2. M.-A. Péan° : *L'intuitus personae* dans le contrat de travail, *Dr. soc.* 1995. 129.
3. Soc. 17 juin 2003 (3e esp.), *RJS* 8-9/03, n° 974 ; 9 nov. 2005, *Bull. civ.* 2005, V, n° 312 ; 17 avr. 2008, n° 06-45.270 P.

salariés occupés à coudre sont des femmes, le résultat de cette différence de traitement est de payer plus, en moyenne, les hommes que les femmes. Il se peut qu'aucun sexisme n'ait été à l'origine de cette différenciation et qu'au demeurant les quelques hommes employés à la couture soient payés sur les mêmes bases que les femmes, de même que les quelques femmes employées à la coupe obtiennent le même salaire que les hommes. Peu importe. Et là est toute la portée de l'innovation. Le système de rémunération conduit à une sous-rémunération, en moyenne, des femmes et cela suffit pour qu'il soit présumé discriminatoire. La discrimination est alors dite « indirecte », en ce sens que la rémunération n'est pas directement fixée selon le sexe. Elle est fixée selon la tâche, de découpe ou de couture. Mais la répartition des sexes dans ces deux catégories est très déséquilibrée ce qui fait qu'indirectement, le résultat de ce système est de provoquer une discrimination sexiste. Ainsi se comprend la définition légale de la discrimination indirecte contenue à l'article premier alinéa 2 de la loi du 27 mai 2008 : « Constitue une discrimination indirecte une disposition, un critère ou une pratique neutre en apparence, mais susceptible d'entraîner, pour l'un des motifs mentionnés au premier alinéa, un désavantage particulier pour des personnes par rapport à d'autres personnes, à moins que cette disposition, ce critère ou cette pratique ne soit objectivement justifié par un but légitime et que les moyens pour réaliser ce but ne soient nécessaires et appropriés » [1].

Cette évolution vient des droits anglo-saxons *via* la jurisprudence de la Cour de justice des Communautés européennes [2] et plus récemment des directives européennes [3].

Les discriminations indirectes n'ont été intégrées que tardivement et avec réticence par la Cour de cassation [4]. Elle a finalement été entérinée et généralisée en droit du travail à tous les critères de discrimination prohibés, par la loi du 16 novembre 2001 modifiant l'article L. 122-45 de l'ancien Code du travail (C. trav., art. L. 1132-1), puis à tous les cas de discrimination, même hors droit du travail par l'article 1er de la loi du 27 mai 2008. La jurisprudence l'utilise désormais régulièrement [5].

1. Pour une définition similaire, v. art. 1. b, Dir. 2006/54/CE du 5 juill. 2006 ; v. aussi, les termes similaires employés par l'art. 2. 2. b Dir. 2000/43/CE du 29 juin 2000 et l'art. 2. b Dir. 2000/78 CE du 27 nov. 2000 préc. ; pour un ex. de discrimination indirecte à l'égard des personnes malades, v. Soc. 9 janv. 2007, *D.* 2007. AJ. 375, obs. A. Fabre ; *JCP S* 2007. 1137, note J. F. Cesaro ; *RDT* 2007. 245, obs. M. Miné.

2. V. not. CJCE 31 mars 1981, *Jenkins*, aff. 96/80 et CJCE 13 mai 1986, *Bilka*, aff. C-170/84.

3. Il s'agit des Dir. n° 2000-43 sur l'égalité de traitement entre les personnes sans distinction de race ou d'origine ethnique ; n° 2000-78 sur l'égalité en matière d'emploi et de travail ; et n° 2002-73 sur l'égalité entre hommes et femmes concernant l'accès à l'emploi, la formation, la promotion professionnelle et les conditions de travail et n° 2006/54 CE du 5 juill. 2006 qui a refondu les dispositions antérieures. Sur ces différents textes et leur lois de transposition, V. M.-T. Lanquetin, *Dr. soc.* 2007. 861 ; J.-F. Cesaro ; *ibid.* 2008. 654 ; K. Said, *RDT* 2008. 393 ; et M.-T. Lanquetin, *Dr. soc.* 2008. 778.

4. Soc. 23 nov. 1999, *Dr. soc.* 2000. 592, note M.-T. Lanquetin ; 9 janv. 2007, n° 05-43.962 P, *RDT* 2007. 245, note M. Miné ; 6 juin 2012, n° 10-21.489 P, *RDT* 2012. 299, obs. F. Guiomard.

5. V. not. Soc. 6 juin 2012, n° 10-21.489 P ; 3 juill. 2012, n° 10-23.013 P (dans lesquels le raisonnement des discriminations indirectes est parfaitement exposé). V. aussi Soc. 2 févr. 2013, n° 11-27.689 P.

Au-delà des discriminations indirectes la jurisprudence européenne condamne encore les discriminations systémiques [1]. Cette terminologie insiste les « systèmes » que forment les habitus et les normes qu'elles soient juridiques ou simplement sociales. Ces systèmes peuvent être des causes de discriminations, en l'absence de tout acte intentionnellement discriminatoire (discrimination directe) et même en l'absence de tout acte clairement identifié comme ayant eu indirectement et sans intention des effets discriminants (discrimination indirecte). La condamnation des discriminations de ce type est un ressort de la lutte contre les inégalités appelé à se développer en France, la cause systémique, parfois dite structurelle, étant sans doute l'une des principales causes de discrimination.

Une conséquence évidente de ces évolutions se situe sur le plan probatoire : celui qui se plaint d'une discrimination n'a plus à prouver l'intention, ce qui était le plus souvent une preuve quasi impossible à rapporter. Il lui suffit de prouver qu'il existe une différence de traitement dans l'entreprise, par exemple entre hommes et femmes, ou entre sa situation de représentant syndical et celle d'autres salariés qui ne le sont pas. Cette preuve pourra être apportée par tout moyen et nomment à l'aide de l'inspecteur du travail. Celui-ci peut être amené à rédiger un rapport, lequel pourra servir d'élément probatoire au salarié dans un procès en discrimination [2]. Ce sera ensuite au défendeur de tenter de prouver que sa pratique est « objectivement justifiée par un but légitime » et que « les moyens pour parvenir à ce but (sont) appropriés et nécessaires » [3]. Il subira, de ce fait, le risque de la preuve.

Un important contentieux relatif à la discrimination syndicale a permis de préciser quels étaient les éléments de preuve qui devaient être apportés par le salarié qui s'estimait victime d'une discrimination, afin d'étayer suffisamment l'existence d'une différence de traitement. Ainsi, par exemple le salarié aura suffisamment étayé sont propos s'il démontre qu'à diplôme égal et à ancienneté égale, il a moins progressé dans la carrière que la moyenne des salariés n'ayant pas eu d'activité syndicale. Il appartiendra alors à l'employeur de démontrer que ce retard est dû à d'autres causes... [4].

L'importance de cette évolution probatoire permise par la discrimination indirecte ne doit pas masquer l'idée générale, qui va au-delà : le déplacement de la charge de la preuve n'est que la conséquence d'une évolution de l'objet de la preuve. Il n'est plus nécessaire de prouver que la dévalorisation de la personne, ni même qu'un attribut de la personne est un motif,

---

1. V. CJCE 27 oct. 1993, *Enderby*, aff. C-127/92, *Rec.* CJCE, 5535

2. Soc. 15 janv. 2014, n°12-27261, P ; *Dr. ouvrier. 2014*. 290, note T. Kapp ; *RDT* 2014.188, note M. Miné.

3. L. du 27 mai 2008, art. 1er, al. 2, préc. ; v. aussi les termes similaires des art. 1. b Dir. n° 2006/54/CE du 5 juill. 2006 ; 2. b Dir. n° 2000/78 CE ; 2. b Dir. n° 2000/78 CE.

4. V. dernièrement F. Champeaux, la stabilité de la jurisprudence sur la discrimination syndicale, *Sem. soc. Lamy* 2011, n° 1477, p. 12 et réf. *cit.* V. aussi Soc. 18 janv. 2011, n° 09-68.163 D ; *Sem. soc. Lamy* 2011, n° 1190 ; *ibid.* 1191, doss. spéc. sur la discrimination syndicale.

une cause de différenciation. La différence de traitement est en elle-même prohibée, sous la seule condition qu'elle ait pour effet d'opposer des catégories définies par des critères interdits. En un mot, le résultat est prohibé en lui-même. Et c'est en cela que les discriminations indirectes sont la reconnaissance juridique de la nécessité de lutter contre certaines inégalités matérielles en tant que telles.

La possibilité laissée à l'auteur de l'acte de se justifier ne doit pas tromper. Celui-ci ne doit pas se contenter de prouver qu'il n'a eu aucune intention discriminante. Il doit prouver que la différenciation opérée est non seulement dépourvue d'intention discriminante, mais qu'elle est « objectivement justifiée », « appropriée et nécessaire » [1]. Cette difficile épreuve de justification nécessaire au « sauvetage » de la différenciation n'est pas sans rappeler les conditions d'une utilisation licite de critères prohibés en matière de discriminations directes ou la justification d'une restriction faite aux droits fondamentaux.

690 ***Sanctions*** ◊ La discrimination peut donner lieu sous conditions à des sanctions pénales [2]. En outre, d'un point de vue civil, selon l'article L. 1132-4, « toute disposition ou tout acte pris à l'égard d'un salarié en méconnaissance des dispositions du présent chapitre est nul ». Cette nullité fait penser d'abord à la nullité d'un éventuel licenciement ou d'une sanction disciplinaire, mais la généralité du propos « toute disposition ou tout acte » va beaucoup plus loin. Elle signifie qu'à chaque fois que cela est possible, il faut ne pas se contenter d'accorder des dommages et intérêt, mais essayer de rétablir la situation effective dans l'état qu'elle aurait eu s'il n'y avait pas eu de discrimination.

En particulier, si la discrimination s'est manifestée par un retard de carrière ou une modification péjorative des conditions de travail, le juge prud'homal doit, si demande lui en est faite en sus de l'allocation de dommages-intérêts, ordonner le rétablissement de la situation de l'intéressé (« repositionnement » dans une classification professionnelle, restitution des attributions ou des moyens correspondant à l'emploi occupé), sans s'arrêter à l'objection qu'il ne saurait lui-même modifier le contrat de travail ou accomplir un acte relevant du pouvoir de direction de l'employeur [3]. En cas de retard de carrière, les juges n'hésitent pas à calculer le préjudice subi en reconstituant la carrière du salarié discriminé [4].

---

1. V. l'art. 1er de la L. du 27 mai 2008 et les dir., préc. *Adde*, Soc. 6 juin 2012, n° 10-21.489 P qui,conformément à ces textes, exige que la pratique « soit objectivement justifiée par un objectif légitime et que les moyens de réaliser cet objectif soient appropriés et nécessaires ».

2. C. pén., art. 225-1 s.

3. Soc. 10 juill. 2002, n° 00-45.359 (ordre du juge de reclasser à un coefficient déterminé de la convention collective).

4. Sur la méthode de la « triangulation » utilisée pour ce faire, v. Discrimination syndicale : la stratégie de la CGT, entretien avec F. Clerc, *Sem. soc. Lamy* 2004, n° 1190, p. 9. V. aussi, Soc. 19 janv. 2011, n° 09-70.076 D ; 19 janv. 2011, n° 09-42.541 D.

La question est plus difficile lorsqu'il s'agit de savoir si l'employeur, dont le refus d'embauche à un motif xénophobe ou antisyndical, pourrait être contraint d'embaucher ? D'un côté, il n'y a, par hypothèse, aucun acte à mettre à néant. De l'autre, la sanction de la nullité est bien un choix en faveur de l'exécution en nature du respect dû à la légalité. Il semble que l'employeur auteur du refus illicite d'embaucher s'expose essentiellement à des dommages-intérêts sur le fondement de l'article 1382 du Code civil (responsabilité pré-contractuelle), pour perte d'une chance d'embauche.

691 ***Preuve et action en justice*** ◊ Pour rendre effective l'égalité de traitement, plusieurs dispositions visent à faciliter l'action en justice des victimes de discriminations. La loi s'efforce tout d'abord de faciliter la preuve de la discrimination. Toute personne qui allègue une discrimination directe ou indirecte doit présenter devant la juridiction compétente les faits qui permettent d'en présumer l'existence. Au vu de ces éléments, il appartient à la partie défenderesse de prouver que la mesure en cause est justifiée par des éléments objectifs étrangers à toute discrimination [1]. Le juge forme alors sa conviction après avoir ordonné, en cas de besoin, toutes les mesures d'instruction qu'il estime utiles (C. trav., art. L. 1134-1, L. 1144-1) [2]. La preuve est aussi facilitée par la protection accordée au salarié qui témoigne de bonne foi d'un agissement discriminatoire : toute sanction ou mesure discriminatoire prise à son encontre serait à son tour frappée de nullité [3].

L'exercice de l'action en justice est enfin facilité par l'attribution d'une action de substitution aux syndicats et aux associations de lutte contre les discriminations, qui peuvent ainsi agir à la place des victimes sans avoir à justifier d'un mandat de leur part (C. trav., art. L. 1134-2). Le licenciement d'un salarié ayant pour seule cause l'action engagée par lui ou en sa faveur sur la base des dispositions du Code du travail relatives aux discriminations est frappé de nullité et le salarié a droit à réintégration dans son emploi (C. trav., art. L. 1134-4). Il en va de même des actions fondées sur le principe d'égalité professionnelle entre hommes et femmes (C. trav., art. L. 1144-3) [4].

1. L. n° 2008-496 du 27 mai 2008, art. 4 (non codifié). Pour un ex., dans lequel l'employeur n'a pu suffisament justifier un retard en terme de carrière, ce qui permet de prouver la discrimination ethnique, cf. Soc. 7 févr. 2012, n° 10-19.505 P.

2. La Cour de cassation a étendu cette solution à l'hypothèse voisine d'une atteinte au principe « à travail égal, salaire égal » (Soc. 28 sept. 2004, *Dr. soc.* 2004. 1144, obs. Radé ; *ibid.* 2005. 823, chron. A. Johansson). Cette règle ne s'applique pas en matière pénale, où la preuve incombe à l'accusation (Crim. 3 avr. 2007, n° 06-81.784 P, *RJS* 7/07, n° 870). Une formule plus restrictive, calquée sur celle de la directive, a été retenue par la L. du 3 janv. 2003 s'agissant de la preuve du harcèlement : le salarié doit alors *établir* des faits qui permettent de présumer l'existence d'un harcèlement (C. trav., art. L. 1154-1). On peut douter que cette réforme soit conforme à la clause de non-régression contenue par la directive (cf. N. Moizard, L'usage régressif du droit communautaire dans la réforme de la charge de la preuve du harcèlement, *Sem. soc. Lamy* 2003, n° 1113).

3. C. trav., art. L. 1152-2 ; L. n° 2008-496 du 27 mai 2008, art. 3 (non codifié).

4. Selon la Cour de cassation « hors le cas visé à l'art. L. 123-5 [devenu C. trav., art. L. 1144-3] du Code du travail, le licenciement sans cause réelle et sérieuse d'un salarié intervenu en raison de l'action en justice qu'il a introduite sur le fondement d'une violation du principe à travail égal,

Ainsi facilité, le contentieux de la discrimination est en plein essor et conduit le juge à graduer son contrôle en fonction de la gravité du type de discrimination invoqué [1].

L'influence du droit communautaire s'est aussi manifestée avec la création en 2004 d'une *Haute autorité de lutte contre les discriminations et pour l'égalité* (HALDE), qui disposait de pouvoirs d'investigation et de médiation. La HALDE pouvait être directement saisie par les victimes de discriminations [2], et émettre des recommandations sans force juridique [3]. Ses pouvoirs ont été renforcés par la loi du 31 mars 2006 sur l'égalité des chances, qui l'autorisait à proposer une transaction pénale aux auteurs de discrimination [4]. Ses premiers rapports d'activité [5] avaient démontré l'importance des discriminations dans l'emploi et en particulier des discriminations en fonction de l'origine.

Par une loi organique et une loi ordinaire du 29 mars 2011, la HALDE a été fondue dans une institution à vocation générale, le défenseur des droits [6]. La disparition de cette autorité spécialisée fait craindre que l'objectif de lutte contre les discriminations ne soit fortement dilué et que les moyens mis dans cette lutte soient réduits d'autant.

692 ***L'égalité concrète : les actions positives*** ◇ S'en tenir à une approche formelle du principe d'égalité conduit bien souvent à conforter des inégalités de fait. Aussi la méthode de *l'affirmative action* expérimentée aux USA pour lutter contre les discriminations raciales a-t-elle été importée en droit français et communautaire en vue de réaliser une *égalisation* des conditions d'emploi [7]. Une action positive, parfois dite « discrimination

salaire égal, n'encourt pas la nullité » (Soc. 20 févr. 2008, n° 06-400.85 P, *RDT* 2008. 330, obs. F. Guiomard). Cette interprétation restrictive est critiquable au regard des termes généraux de l'art. L. 1134-4 C. trav., qui n'étaient pas, il est vrai, invoqués par le pourvoi.

1. X. Lagarde, Actualité jurisprudentielle des discriminations autres que syndicale, *Sem. soc. Lamy* 2007, n° 1312, p. 7.

2. La création de cette nouvelle Autorité a résulté de la transposition de la Dir. n° 2000/43/CE du 29 juin 2000 relative à la mise en œuvre du principe d'égalité de traitement entre les personnes sans distinction de race ou d'origine ethnique (*Sem. soc. Lamy* 2006, n° 1261 ; *ibid.* 2007, n° 1306).

3. En principe ces recommandations sont insusceptibles de recours pour excès de pouvoir car elles ne constituent pas des décisions administratives. Il en irait toutefois différemment de recommandations de portée générale, rédigées de façon impérative (CE 13 juill. 2007, n°s 297742, 294195 et 295761, *RJS* 11/07, n° 1216).

4. L. n° 2006-396 du 31 mars 2006 ; Décr. n° 2006-641 du 1er juin 2006. V. J. Bouton, *RDT* 2006. 320. Pour être applicable la transaction doit être homologuée par le procureur de la République (C. pr. pén. art. D. 1-1, §. II). V. Y. Mayaud, La HALDE, une trop « Haute » autorité ? *Dr. soc.* 2007. 930 ; N. Grenet, S. Kern, Y. Tarasewicz, T. Grumbach, *Sem. soc. Lamy* 2007, n° 1317.

5. Disponibles sur son site < www. halde. fr/>. V. *Liaisons soc.* 2007, n° 149.

6. Outre les fonctions et pouvoirs de la HALDE, celui-ci reçoit les attributions du Défenseur des enfants, de la Commission nationale de déontologie de la sécurité, et celles du Médiateur de la République.

7. A. Haquet : L'action positive instrument de l'égalité des chances entre hommes et femmes *RTD eur.* 2001. 305 ; K. Berthou : Sur les discriminations positives, *Dr. soc.* 2000. 901 ; Y. Leroy, L'égalité professionnelle. Vers une approche générale et concrète, *RJS* 11/02 ; *ibid.* Chron. 887.

positive » est alors autorisée en faveur de certaines catégories de travailleurs qui souffrent d'une inégalité de fait sur le marché du travail [1]. C'est le cas des travailleurs handicapés, qui bénéficient d'un quota d'emplois réservés [2]. C'est le cas aussi des femmes, qui peuvent bénéficier des plans d'égalisation [3], ou de quota minimum de participation aux organes de direction des sociétés [4]. Une aide financière de l'État peut être apportée aux actions d'égalisation conduites en faveur des femmes dans le cadre de ces plans ou bien dans celui de conventions collectives de droit commun [5]. Mais cette recherche d'une égalité effective doit se concilier avec les exigences de l'égalité formelle [6]. Telle ne serait pas le cas d'une disposition qui imposerait une priorité automatique et inconditionnelle au sexe sous-représenté [7] ou qui réserverait à certaines catégories de femmes (divorcées, veuves) des avantages non accordés aux hommes placés dans la même situation [8]. Et, s'agissant des femmes, elle n'autorise pas le maintien des

---

M. Tsujimura et D. Lochak (dir.) *Égalité des sexes : la discrimination positive en question. Une analyse comparative (France, Japon, Union européenne et États-Unis)*, Paris, Société de législation comparée, 2006.

1. *Cf.* M. Sweeney, Les actions positives à l'épreuve des règles de non discrimination, *RDT* 2012. 87

2. C. trav., art. L. 5212-1 s. (6 % de l'effectif total des salariés dans les entreprises d'au moins 20 salariés, dont une partie éventuellement sous forme de sous-traitance auprès d'Ateliers Protégés ou de Centres d'Aide par le Travail, et à défaut versement d'une contribution à l'Agefiph) ; V. Ph. Auvergnon : L'obligation d'emploi des handicapés, *Dr. soc.* 1991. 596 ; J. Bordeloup : Faiblesses et aléas d'une politique publique : les différentes actions menées en faveur des handicapés, *Dr. soc.* 1994. 586. Cette obligation d'emploi n'immunise par le travailleur handicapé contre le licenciement économique : V. Soc. 10 juin 1998, *Dr. soc.* 1998. 952, obs. J. Savatier.

3. L. du 13 juill. 1983 : C. trav., art. L. 1142-4 s. ; V. A. Junter-Loiseau : *Dr. soc.* 1987. 143 ; *ibid.* 1990. 1109 ; *Dir. eur.* n° 76-207, art. 2, § 4. *adde* E. Lelièvre et A. Gauthier : L'emploi des femmes en Europe : inégalités, discontinuités, politiques sociales, *in Comparer les systèmes de protection sociale en Europe*, Min. des aff. soc. MIRE, 1995, vol. 1, p. 493 s. La L. n° 2006-340 du 30 mars 2006 oblige les partenaires sociaux à supprimer les écarts de rémunération entre les hommes et les femmes avant le 31 déc. 2010 (v. M.-T. Lanquetin, *Dr. soc.* 2006. 624 ; J.-F. Cesaro ; *JCP S* 2006. 1273 ; *Liaisons soc.* 2006, n° 8687, A1).

4. L. du 27 janv. 2011 imposant 40 %de femmes dans les organes de gouvernance des entreprises d'ici 2017. Cette loi a été rendue possible par la L. const. du 23 juill. 2008, laquelle a modifié la constitution pour permettre l'instauration de tels quotas, le Conseil constitutionnel ayant invalidé une précédente tentative du législateur en 2006.

5. C. trav., art. R. 1143-1, D. 1143-2. *Adde.* ANI du 1er mars 2004, relatif à la mixité et à l'égalité professionnelle entre les hommes et les femmes (v. comm. P. Le Cohu, *Sem. soc. Lamy* 2004, n° 1161). Sur la pratique de la négociation collective en ce domaine, v. *Liaisons soc.* 2008, n° 15074.

6. Cons. const. 18 nov. 1982 (censure du système de quotas de sièges réservés aux femmes en matière d'élections municipales) : V. D. Loschak : *Dr. soc.* 1983. 131.

7. CJCE 17 oct. 1995, *Kalanke*, C-450/93, *RJS 7/96*, p. 495, avec les obs. de la Commission des CE (censure de la priorité d'accès à l'emploi accordée aux femmes, à qualification égale, dans les secteurs où elles sont sous-représentées : V. M.-T. Lanquetin : *Dr. soc.* 1996. 494) ; CJCE 6 juill. 2000 *Anderson*, aff. C-407/98, *Rec. CJCE* I-5539 ; CEDH 27 mars 1998, *D.* 1999. 141, obs. J.-P. Marguenaud et J. Mouly.

8. Soc. 18 déc. 2007, n° 06-45.132 P, *Dr. soc.* 2008. 246, note approbative Chr. Radé (condamnation du statut collectif donnant aux femmes veuves ou divorcées une priorité de titularisation). Postulant (contrairement à toutes les données socio-économiques disponibles) qu'un veuvage ou un divorce a les mêmes effets pour un homme que pour une femme, cette jurisprudence inspirée du droit communautaire fait prévaloir, au détriment des femmes, une représentation purement abstraite de l'égalité sur la prise en considération des inégalités concrètes.

avantages fondés sur les inégalités de fait dans la répartition des tâches familiales [1] ; seules sont admises en ce domaine les différences de traitement fondées sur la grossesse et la maternité [2].

§ 2. Le principe d'égalité de traitement [3]

693 ***Évolutions*** ◊ Le Code du travail ne comporte aucun texte d'allure générale consacrant le principe d'égalité de traitement entre les salariés d'un même employeur. Pour autant, le législateur a, au détour de quelques dispositions spécifiques, prescrit le respect d'une telle égalité. Nous en avons d'ores et déjà vu un certain nombre de manifestations [4], auxquelles il convient d'ajouter le dispositif pour l'égalité de rémunération des hommes et des femmes. La Cour de cassation a plus récemment considéré que la règle de l'égalité de rémunération entre les hommes et les femmes n'est qu'une application de la règle plus générale « à travail égal, salaire égal », qui s'est ensuite muée en « principe ». Il faut se demander si ce dernier n'est pas lui-même devenu une application particulière d'un principe général d'égalité de traitement entre les salariés.

A. L'égalité de rémunération hommes-femmes

694 ***Le dispositif pour l'égalité de rémunération des hommes et des femmes*** ◊ **a)** Les articles L. 3231-1 et suivants du Code du travail recomposé ont leur origine dans une loi du 22 décembre 1972, que semblait appeler la Convention de l'OIT n° 100 et dont l'article 119 du Traité de Rome (actuel art. 141) imposait l'adoption en exécution de l'engagement qu'il emportait pour la France comme pour les autres membres de la Communauté. Le chapitre « Égalité de rémunération entre les hommes et les femmes » du Code du travail de 1973 a accueilli les dispositions de

1. Condamnation de la France pour manquement par l'arrêt de la Cour de justice, 25 oct. 1988, *RTD eur.* 1989. 297, note P. Rodière ; *Dr. soc.* 1989. 551, note H. Masse et Lanquetin. De nombreuses conventions collectives françaises contiennent *des avantages réservés aux salariées mères de famille* (congé du mercredi après-midi). Elles doivent être révisées. Selon CE 6 févr. 1981, *D.* 81. IR 289, une limite d'âge spéciale pour les femmes serait irrégulière. Sur la non conformité de l'interdiction du travail de nuit des femmes, V. CJCE 25 juill. 1991, *Stoeckel, Dr. soc.* 1992. 174, ss. art. M.-A. Moreau ; A. Supiot : *Dr. soc.* 1992. 382 ; CJCE 2 août 1993, *Lévy*, 1993. 577, note Pettiti.

2. Entendue sous son sens strictement biologique, exception faite « des rapports particuliers entre la femme et son enfant au cours de la période qui fait suite à la grossesse et à l'accouchement » : CJCE 12 juill. 1984 *Hofmann* (aff. C-184-83). V. aussi Soc. 28 mars 1995, *Dr. soc.* 1995. 1036, obs. M.-A. Moreau (refus de notation d'une femme en raison de son congé de maternité).

3. V. *Le droit social, l'égalité et les discriminations*, G. Borenfreund et I Vacarie (dir.), Dalloz, coll. « Thèmes et comm. », 2013 ; *Égalité et droit social*, J.-F. Akandji-Kombé (dir.), IRJS éd. T. 51, 2014.

4. Égalité des droits entre salariés en contrat à durée déterminée et salariés en contrat à durée indéterminée (v. ss 686) et entre salariés à temps complet et salariés à temps partiel (v. ss 263). V. aussi les règles applicables au travailleur temporaire (v. ss 300) et aux travailleur étranger (v. ss 172 s.).

cette loi, ultérieurement enrichies par la loi Roudy du 13 juillet 1983, elle aussi requise par les obligations communautaires du pays [1], puis par la loi du 16 novembre 2001 relative à la lutte contre les discriminations.

Dans leur état présent, ces dispositions [2] imposent à « tout employeur » d'assurer, « pour un même travail ou pour un travail de valeur égale » [3] l'égalité de rémunération entre ses salariés des deux sexes [4]. Elles précisent que la rémunération comprend le salaire de base et tous les autres avantages et accessoires [5], mais aussi que les catégories et les critères de classification et de promotion professionnelles, les modes d'évaluation des emplois doivent être les mêmes. Elles frappent de nullité toute disposition contraire d'un contrat de travail, d'un accord collectif ou toute décision patronale contraire (la rémunération plus élevée dont bénéficient les travailleurs avantagés étant substituée de plein droit à celle que comportait la disposition entachée de nullité). Inspecteurs du travail et autres fonctionnaires habilités bénéficient de possibilités d'investigation spéciales (par voie d'enquête contradictoire) dans les établissements employant du personnel féminin (C. trav., art. L. 3221-9, R. 3221-1). De plus, la méconnaissance de ces dispositions constitue une contravention de cinquième classe (C. trav., art. R. 3222-1) [6].

Les dispositions pertinentes ne figurent pas toutes dans ce titre de la troisième partie du Code, mais aussi dans le titre IV « Égalité professionnelle entre les femmes et les hommes » du livre Ier de la première partie. Ainsi l'action en justice dénonçant un manquement à l'égalité de rémunération entre femmes et hommes peut-elle être exercée, au nom et pour le compte de la salariée ou du salarié par une organisation syndicale représentative (C. trav., art. L. 1144-2), et les dispositions de l'article L. 1144-1 sont applicables en cas de litige. Ces dernières répartissent la charge de la preuve en des termes identiques à ceux de l'article L. 122-45, alinéa 4 du Code du travail [7]. Par ailleurs, l'article L. 1134-4, déjà

1. V. ss 35.

2. Applicables aux rapports entre les employeurs de droit privé et leurs salariés (C. trav., art. L. 3211-1) mais aussi aux salariés qui ne sont pas régis par ce Code du travail, notamment les agents de droit public.

3. Sur la notion de « travail de valeur égale », v. Soc. 6 juill. 2010, n° 09-40.021 PBR, *Lexbase Hebdo, éd. Sociale*, n° 404, note G. Auzero.

4. La règle peut être invoquée par des hommes pour obtenir le bénéfice d'un avantage prévu pour les femmes, du moins s'il n'est pas lié à des circonstances qui les concernent spécifiquement (Soc. 27 févr. 1991, *Bull. civ.* V, n° 101 : une prime de crèche prévue par l'accord collectif au bénéfice des salariés mères de famille doit également être versée aux pères de famille remplissant les mêmes conditions). Dans le même sens : Soc. 22 juin 1994, *RJS* 8-9/94, n° 1000 ; 9 avr. 1996, *Bull. civ.* V, n° 144 ; 8 oct. 1996, *Bull. civ.* V, n° 311.

5. . N'est cep. pas contraire au principe une allocation forfaitaire versée aux femmes partant en congé de maternité, dès lors qu'elle est destinée à compenser les désavantages professionnels qui résultent pour elles de leur éloignement du travail (Soc. 21 mars 2000, *Dr. soc.* 2000. 645).

6. Ex. : Crim. 5 mars 2002, *Dr. ouvrier* 2002. 420 (différence de rémunération justifiée par l'analyse comparative des tâches à laquelle a souverainement procédé le juge du fond).

7. Sur ce terrain encore, la chambre sociale avait anticipé la transposition de la Dir. n° 97/50/CE (sur cet instrument v. : M.-Th. Lanquetin, Discriminations à raison du sexe, *Dr. soc.* 1998. 688) : Soc. 23 nov. 1999, *Dr. soc.* 2000. 589, 1re esp., note M.-Th. Lanquetin ; 19 déc. 2000, *Dr. soc.* 2001. 314, obs. C. Radé.

évoqué, frappe de nullité le licenciement qui riposterait à l'action en justice dénonçant une discrimination sexiste en matière de rémunération. Faut-il rappeler, enfin, que toutes les dispositions du droit national sont soutenues ou « poussées » par des normes communautaires (Traité, art. 141, directives « égalité »), qu'elles doivent être appliquées et interprétées « à la lumière » de celles-ci, telles qu'interprétées par la Cour de justice des Communautés européennes, et que ce *corpus* jurisprudentiel est, en cette matière, riche et subtil [1] ?

La densité et la sophistication de l'appareil normatif, le souci d'effectivité de l'article L. 3221-2 dénoté par tant d'autres dispositions, ont sans doute contribué à un réel progrès mais sont loin d'avoir assuré une réelle égalité des salaires entre femmes et hommes. Les données quantitatives attestant le maintien d'un important écart entre les salaires des travailleurs des deux sexes restent difficiles à interpréter dans leur rapport aux règles juridiques ici décrites. Mais tout le monde convient que l'égalité n'est pas près de se réaliser et que l'utilité des règles juridiques dépend de la possibilité, pour les intéressé(e)s, de les « mobiliser », autant que de la fermeté dans leur application [2]. Et tant que les emplois aux coefficients hiérarchiques les plus modestes seront plutôt destinés à des femmes, et que les promotions resteront, en fait, plus difficiles pour les femmes que pour les hommes, l'égalité professionnelle en général et l'égalité de rémunération en particulier paraîtront vains principes.

b) La *loi du 23 mars 2006 relative à l'égalité salariale entre les femmes et les hommes* a entendu marquer une nouvelle étape [3]. Ses objets et objectifs essentiels sont :

– la « suppression des écarts de rémunération » entre les femmes et les hommes, notamment par la stimulation de la négociation collective, de branche et d'entreprise, en l'orientant vers le traitement effectif de cette question, vers la programmation de mesures permettant de supprimer ces écarts [4] ;

– l'« articulation entre l'activité professionnelle et la vie personnelle et familiale », tant il est vrai que les difficultés sur ce plan touchent surtout les femmes.

---

1. V. ss 35 s.

2. V. à cet égard la remarquable étude du Conseil économique social et environnemental (« Bilan de l'application des dispositifs promouvant l'égalité professionnelle entre femmes et hommes », févr. 2012), disponible sur son site internet. Cette étude dresse tout à la fois un bilan sans concession de l'application des dispositifs promouvant l'égalité professionnelle, constate, chiffres à l'appui, la persistance des inégalités en la matière et propose des pistes de réflexion pour favoriser « une culture de l'égalité et créer un contexte favorable à la négociation collective, afin de passer d'une égalité formelle à une égalité réelle ».

3. Sur ce texte, v. J.-F. Césaro, Le Code du travail est pavé de bonnes intentions, *JCP S* 2006. 1273 ; M.-T. Lanquetin, L'égalité des rémunérations entre les femmes et les hommes réalisée dans cinq ans ?, *Dr. soc.* 2006. 624.

4. L'égalité professionnelle est matière à obligation de négocier au niveau de la branche et de l'entreprise depuis une loi Génisson du 9 mai 2001. V. auj. les art. L. 2241-3, L. 2241-9, L. 2242-5 C. trav.

Dans la ligne d'une évolution normative contemporaine qui recherche volontiers la solution de problèmes sociaux dans l'instauration de procédures de décision faisant la plus large place à la confrontation des points de vue et des intérêts, la loi de 2006 a propulsé la négociation vers la réalisation d'une effective égalité des rémunérations. Cette évolution a été confirmée par la loi du 9 novembre 2010 portant réforme des retraites, qui franchit toutefois un degré supplémentaire en soumettant les entreprises de plus de cinquante salariés qui ne sont pas couvertes pas un accord relatif à l'égalité professionnelle entre les femmes et les hommes à une pénalité financière à la charge de l'employeur [1]. Là où la loi de 2006 imposait une simple obligation de négocier, celle de 2010 incite fortement à conclure l'accord, sans toutefois l'imposer. L'employeur échappera à la pénalité si, à défaut d'accord [2], est mis en œuvre un « plan d'action » destiné à assurer l'égalité professionnelle entre les femmes et les hommes (C. trav., art. L. 2242-5-1). Établi unilatéralement par le chef d'entreprise, ce « plan d'action » doit néanmoins être soumis au comité d'entreprise [3]. Après avoir évalué les objectifs fixés et les mesures prises au cours de l'année écoulée, ce plan d'action, fondé sur des critères clairs, précis et opérationnels, détermine les objectifs de progression prévus pour l'année à venir, la définition qualitative et quantitative des actions permettant de les atteindre et l'évaluation de leur coût. Ce dispositif, qui impose à l'employeur une « obligation d'agir », constitue un réel progrès [4]. Il n'en comporte pas moins une limite en ce qu'il exige au préalable que soient identifiées et reconnues dans l'entreprise des différences de traitement entre les femmes et les hommes [5].

Pour ce qui touche directement au régime du salaire, la loi de 2006 a reconnu à la salariée ou au salarié de retour d'un congé de maternité ou d'adoption un droit à l'augmentation de rémunération correspondant aux augmentations générales et à la moyenne des augmentations individuelles perçues, pendant la durée de son congé, par les salariés de la même

1. L'employeur ne peut échapper à la pénalité en arguant qu'il est couvert par un accord de branche, la loi visant uniquement les accords d'entreprise. Le montant de la pénalité, qui ne peut pas dépasser 1 % des rémunérations versées aux salariés, est fixé par le directeur régional des entreprises, de la concurrence, de la consommation, du travail et de l'emploi à l'issue d'une phase contradictoire de six mois (C. trav., art. R. 2242-3 s.).

2. Le texte ne fait pas expressément de la négociation collective un passage obligé. On peut toutefois se demander si le droit des salariés à la négociation collective ne commande pas que le plan d'action ne puisse être établi qu'en cas d'échec de la négociation. Dans les entreprises d'au moins 300 salariés, ce défaut d'accord est attesté par un procès-verbal de désaccord.

3. C. trav., art. L. 2323-47, L. 2323-57 ; v. ss 1220. Le plan d'action doit également être déposé auprès de l'autorité administrative.

4. D'autant plus que l'employeur ne pourra se contenter de mesures vagues, sans risquer de se voir infliger la pénalité.

5. V. en ce sens, M. Miné, *op. cit.*, p. 122. Ces dispositions sont entrées en vigueur à compter du 1er janv. 2012. Pour les entreprises couvertes par un accord ou, à défaut, par un plan d'action à la date de publication de la loi, elles entrent en vigueur à l'échéance de l'accord ou du plan d'action (L. n° 2010-1330, art. 99, IV).

catégorie professionnelle ou, à défaut, à la moyenne des augmentations individuelles pratiquées dans l'entreprise (C. trav., art. L. 1225-44), sauf dispositions conventionnelles « au moins aussi favorables ».

B. Le principe « à travail égal, salaire égal »

695 ***Le principe*** ◊ L'arrêt *Ponsolle*, de 1996 [1], a fait sensation en approuvant un conseil de prud'hommes d'avoir « rappelé » que la règle de l'égalité de rémunération entre les hommes et les femmes (C. trav., actuel art. L. 3121-2) « était une application de la règle plus générale « à travail égal, salaire égal » énoncée par les articles L. 133-5, 4° et L. 136-2, 8° du Code du travail », pour en déduire que « l'employeur est tenu d'assurer l'égalité de rémunération entre tous les salariés, de l'un ou l'autre sexe, pour autant que les salariés en cause sont placés dans une situation identique ». Pourtant, les deux dispositions sollicitées « n'énonçaient pas » la règle en question – elles la nommaient – et le « principe » qu'elles évoquaient ainsi n'a pas la teneur reconnue par l'arrêt à la règle qu'il décrit et applique [2]. Celle-ci est bel et bien une règle jurisprudentielle, consacrée par l'arrêt de 1996, mais peut-être annoncée par une décision antérieure [3]. Ni les interrogations sur sa portée (*quid* des pratiques d'individualisation des salaires ?), ni le reproche de prendre trop de liberté avec les textes [4] n'ont dissuadé la Cour de persister [5]. Et même de « signer » en qualifiant bientôt la règle de « principe » [6]. Mais cette qualification de la norme n'indique pas précisément sa position dans le système de droit, et n'éclaire ni sur sa teneur, ni sur le régime de la preuve lorsqu'elle est invoquée comme fondement d'une demande en justice [7].

a) Statut. La chambre sociale se réfère, pour en faire application, à un *principe* qu'elle ne feint plus de lire dans les modestes dispositions sollicitées

---

1. Soc. 23 oct. 1996, *Dr. soc.* 1996. 1013, note A. Lyon-Caen, *Dr. ouvrier* 1997.148, obs. P. Moussy ; *D.* 1999. Somm. 159, obs. M.-T. Lanquetin ; *Grands arrêts*, n° 71 ; Ph. Waquet, Retour sur l'arrêt *Ponsolle*, *RDT* 2008. 22.

2. Ces dispositions visaient « le principe 'à travail égal, salaire égal'« pour faire de ses modalités d'application un objet obligatoire pour les conventions collectives de branche aspirant à l'extension (C. trav., anc. art. L. 133-5) et un objet d'investigation et de réflexion pour la Commission nationale de la négociation collective (C. trav., anc. art. L. 136-2). L'enquête sur la genèse des textes codifiés à ces articles enseigne qu'ils concernaient l'égalité salariale entre femmes et hommes, et entre travailleurs jeunes et adultes.

3. V. : P. Rongère, À la recherche de la discrimination introuvable : l'extension de l'exigence d'égalité entre salariés, *Dr. soc.* 1990. 99. « Tous ont droit, sans aucune discrimination, à un salaire égal pour un travail égal », lit-on à l'art. 23.2 de la Déclaration universelle des droits de l'homme de 1948 ; mais on sait que cet instrument n'a pas valeur de convention internationale.

4. Ph. Langlois, La Cour de cassation et le respect de la loi en droit du travail, *D.* 1997. Chron. 45 (spéc. p. 49)

5. Soc. 15 déc. 1998, *Dr. soc.* 1999. 187, obs. M. Bonnechère. V. aussi, Soc. 18 janv. 2000, *Dr. soc.* 2000. 436, obs. C. Radé.

6. Soc. 18 mai 1999, *Dr. soc.* 1999. 747, obs. C. Radé ; 29 juin 1999, *ibid.* 771, concl. S. Kehrig ; 13 janv. 2004, *Dr. soc.* 2004. 307, obs. C. Radé.

7. A. Lyon-Caen, À travail égal, salaire égal. Une règle en quête de sens, *RDT* 2006. 16.

en 1996. Même si un lien est maintenu avec elles à travers un rapprochement dans un visa de cassation [1], ou si l'application du principe est appuyée par l'affirmation qu'il inspire diverses dispositions du Code [2]. Ces textes font donc figure d'applications particulières de la norme plus générale, « découverte » par induction amplifiante, à la manière d'autres « principes », volontiers qualifiés de « généraux » ou « fondamentaux ». Il est difficile, en effet, de ne pas voir un lien entre elle et les dispositions précédemment passées en revue, qui prescrivent une égalité de rémunération entre salariés de différentes catégories ou prohibent des différences de rémunération en raison de leur motif [3]. Mais si son accès à la positivité procède d'une généralisation, la Cour de cassation s'abstient de la qualifier de « principe fondamental en droit du travail », comme elle a pu le faire pour telle autre norme remarquable [4].

Cela étant, l'incertitude subsiste quant à la relation entre ce principe et un *principe d'égalité de traitement des salariés d'un même employeur*, de plus ample portée, qui a, à son tour, accédé à la positivité [5].

b) Teneur. « À travail égal, salaire égal » n'est donc pas l'énoncé de la règle en vigueur, mais plutôt son nom. Le nombre d'arrêts rendus par la chambre sociale atteste que sa sollicitation n'est pas exceptionnelle. Mais on a pu avoir le sentiment que l'invocation de ce principe était souvent vaine et que la chambre sociale était prompte à trouver une bonne raison d'admettre la différence en matière de rémunération dénoncée par l'une de parties au nom de cette norme [6], quand elle n'a pas purement et simplement exclu l'application de celle-ci au nom du pouvoir de direction de l'employeur [7]. À travers la série des arrêts qui laissent parfois perplexe et

1. Ex. : Soc. 1er juin 2005, *JCP* 2005. II. 10 092, note P. Lokiec ; *Dr. soc.* 2005. 1049, obs. C. Radé ; *Dr. ouvrier* 2006. 41, 1re esp., note P. Moussy ; *D.* 2006. Pan. 32, obs. A. Jeammaud ; 28 avr. 2006, *JCP S* 2006. 1440, note J.-F. Césaro. Désormais, on rencontre plutôt le visa du seul principe (Soc. 1er déc. 2005, *Dr. soc.* 2006. 224, obs. C. Radé ; 3 mai 2006, *JCP S* 2006. 1496, note J.-F. Césaro).

2. « Le principe "à travail égal, salaire égal", dont s'inspirent les anc. art. L. 133-5, 4° (…), L. 140-2 C. trav. » (Soc. 21 juin 2005, *Dr. soc.* 2005. 1047, obs. C. Radé, *D.* 2006. Pan. 32, obs. A. Jeammaud ; 1er déc. 2005, préc.). Dans le texte nouveau du Code, à l'art. L. 2261-22, qui reprend l'anc. L. 133-5, il est question de « l'égalité de traitement entre salariés et la prévention des discriminations ».

3. Leur lien intellectuel et idéologique n'empêche que le principe « à travail égal, salaire égal » et ce qui est auj. l'art. L. 1132-1 C. trav. sont normes bien distinctes, ce qui a des conséquences sur le plan de la procédure (ex. : Soc. 5 juill. 2005, *Bull. civ.* V, n° 231).

4. V. ss 71. On sait que la Cour de cassation nomme volontiers « principes » ses propres créations (ou « découvertes ») normatives.

5. V. ss 696.

6. T. Aubert-Monpeyssen, Principe « à travail égal, salaire égal » et politiques de gestion des rémunérations, *Dr. soc.* 2005. 18 ; A. Lyon-Caen, préc. ; J.-M. Gasser, Les justifications de l'inégalité des rémunérations ou que reste-t-il du principe « à travail égal, salaire égal » ?, *RJS* 8-9/07, p. 687 ; T. Aubert-Monpeyssen et J.-M. Gasser, Controverse, *RDT* 2007. 632 ; G. Auzero, L'application du principe d'égalité de traitement dans l'entreprise : *Dr. soc.* 2006. 822.

7. V. en ce sens, Soc. 10 oct. 2012, nos 11-10.454 et 11-10.455, *Sem. soc. Lamy* 2012, n° 1560, note A. Fabre. La Cour de cassation évoque, dans ces arrêts, l'absence d'un droit acquis à l'exécution d'astreintes ou d'heures supplémentaires, sauf engagement de l'employeur vis-à-vis du salarié à lui en assurer un certain nombre et sous réserve, à défaut d'un tel engagement, de l'abus de l'employeur dans l'exercice de son pouvoir de direction.

qui parfois affichent une belle rigueur, on dispose aujourd'hui d'une vision assez nette de ce qu'elle requiert ou rend illicite.

On pourrait, s'il paraissait opportun de la « consolider » en lui donnant une expression législative et l'accueillir dans le Code du travail, la formuler ainsi : « *Tout employeur assure l'égalité de rémunération, pour un même travail ou un travail de valeur égale, entre tous ses salariés placés dans une situation identique au regard de l'avantage en cause. Les différences de rémunération ne peuvent être fondées que sur des raisons objectives, pertinentes, constantes et contrôlables* ». On aurait ainsi la prescription, non d'une égalité des sommes et avantages de nature salariale versés aux salariés, mais d'une *égalité de traitement en matière de rémunération*. Car c'est bien ainsi qu'agit déjà le principe « à travail égal, salaire égal », dont il faut décidément se garder de prendre le nom pour la formulation : les rémunérations, même entre des salariés effectuant des tâches identiques ou d'égale valeur et placés dans des situations identiques peuvent être différentes, un avantage peut être accordé à certains et non à d'autres, mais ces différences doivent être justifiées en application de critères objectifs, pertinents au regard du travail, constants, contrôlables dans leur mise en œuvre [1]. L'existence d'une justification n'a rien, dès lors d'une exception au principe ou d'une exclusion de son application, mais apparaît au contraire comme une conclusion logique de son application dans un cas d'espèce. En d'autres termes, c'est *la teneur même de cette norme, sa nature d'exigence d'égalité de traitement qui autorise certaines différences de rémunération autant qu'elle requiert, en d'autres hypothèses, le paiement de rémunérations égales*.

Inspirée de la jurisprudence, la formule proposée devrait être systématiquement confrontée aux arrêts [2].

Selon la Cour de cassation sont visés *tous les salariés d'un même employeur* [3], *mais eux seulement* [4], même si cet employeur appartient à un

1. « Si l'employeur peut accorder des avantages particuliers à certains salariés, c'est à la condition que tous les salariés de l'entreprise placés dans une situation identique puissent bénéficier de l'avantage ainsi accordé et que les règles déterminant l'octroi de cet avantage soient préalablement définies et contrôlables » (Soc. 25 oct. 2007, n° 05-45.710 D, *JCP S* 2007. 1914). Il s'en déduit que si les critères retenus par l'employeur pour l'attribution d'un avantage n'ont pas été portés à la connaissance préalable de tous les salariés concernés, le principe « à travail égal, salaire égal » se trouve, par là-même, violé : Soc. 10 oct. 2013, n° 12-21.167, inédit. Il reste à savoir si cette violation doit conduire au rétablissement de l'égalité par l'octroi de l'avantage aux salariés lésés. On peut le penser s'agissant de ceux qui ont rempli les critères en cause. Pour les autres, ce serait plutôt la réparation de la perte d'une chance d'en bénéficier qui devrait être privilégiée.

2. On s'en tiendra à quelques ex. V. aussi : *Grands arrêts*, n° 71-73.

3. Ce qui n'exclut pas des différences des rémunérations entre établissements, au titre de la différence de situation ou d'une justification plus spécifique. V. en ce sens, Soc. 21 janv. 2009, n° 07-43.452, *JCP S* 2009. 1151, note J.-F. Césaro (« il ne peut y avoir de différences de traitement entre salariés d'établissements différents d'une même entreprise exerçant un travail égal ou de valeur égale, que si elles reposent sur des raisons objectives dont le juge doit contrôler concrètement la réalité et la pertinence »). V. aussi, à propos des mesures contenues dans un plan de sauvegarde de l'emploi, Soc. 12 juill. 2010, n° 09-15.182, *Lexbase Hebdo, éd. Sociale*, n° 406, note G. Auzero.

4. Soc. 24 sept. 2008, n° 06-45.579, *Bull. civ.* V, n° 175 : « la règle «à travail égal salaire égal» est sans application lorsque des salariés appartiennent à des entreprises différentes, peu important que ces salariés soient soumis à la même convention collective ».

groupe au sens du droit du travail [1] ou à une unité économique et sociale reconnue. Ce *périmètre* de référence (de comparaison) n'est modifié que dans deux cas : d'une part, il s'étend à celui de l'UES lorsque les conditions de rémunération de l'ensemble des salariés de celle-ci sont fixées par les mêmes règles légales ou réglementaires ou par une convention ou un accord collectif commun (ou un usage ou un engagement unilatéral, valant pour toute l'unité) [2] ; d'autre part, il s'étend à la collectivité des salariés d'employeurs différents, mais formant une UES, lorsqu'ils travaillent dans un même établissement [3].

D'ailleurs, l'apport jurisprudentiel concerne surtout *la condition d'identité de situation* et *la liste des justifications* d'une différence de rémunération même « en situation identique » [4]. Tout d'abord, l'identité de situation doit s'apprécier au regard de l'avantage revendiqué ou en cause [5]. La précision est capitale. C'est parce que l'opération de comparaison est corrélée à un avantage particulier que des salariés se trouvant abstraitement dans des situations différentes, au regard par exemple de leur statut [6] ou de leur catégorie professionnelle [7], peuvent néanmoins être concrètement considérés comme étant dans une situation identique. La Cour de cassation n'en a pas moins admis qu'« en raison des particularités des régimes de prévoyance couvrant les risques maladie, incapacité, invalidité, décès et retraite, qui reposent sur une évaluation des risques garantis, en fonction des spécificités de chaque catégorie professionnelle, prennent en compte un objectif de solidarité et requièrent dans leur mise en œuvre la garantie d'un organisme extérieur à l'entreprise, l'égalité de traitement ne s'applique qu'entre les salariés relevant d'une même catégorie professionnelle » [8]. Les particularités des régimes de prévoyance ne sont donc pas ici

1. Soc. 14 sept. 2010, n° 08-44.180, *RJS* 11/10, n° 849.

2. G. Auzero et J.-M. Chonnier, Les conventions et accords collectifs de travail à l'épreuve de l'égalité de traitement, *Dr. soc.* 2011. 52.

3. Soc. 1er juin 2005, préc. Lorsque les salariés d'un employeur sont mis à la disposition d'un autre employeur, les salariés de l'un ou de l'autre ne peuvent prétendre aux avantages ou éléments de rémunération assurés à ceux de l'autre (Soc. 6 juill. 2005, *Dr. soc.* 2006. 98, obs. C. Radé ; *D.* 2006. Pan. 33, obs. A. Jeammaud).

4. L'application du principe d'égalité de traitement conduit ainsi à un résultat paradoxal. Si un employeur rapporte la preuve qu'il existe des raisons objectives de traiter différemment des salariés dans une situation identique, on est tenté de considérer qu'il est par là même démontré qu'en réalité ces salariés ne sont pas dans la même situation. D'ailleurs, si le salarié démontrait, en amont, une identité parfaite de situation avec ses collègues au regard d'un avantage donné, l'employeur n'aurait, par définition, plus rien à justifier. Ce qui est en réalité exigé du salarié, c'est la démonstration d'une identité de situation apparente.

5. V. en ce sens, Soc. 20 févr. 2008, n° 05-45.601, *Dr. soc.* 2008. 530, avec la chron. de Ch. Radé ; 1er juill. 2009, n° 07-42.675, *Dr. soc.* 2009. 1002, obs. Ch. Radé.

6. Soc. 16 févr. 2012, n° 10-21.864, *JCP S* 2012. 1147, note J. Daniel.

7. Soc. 20 févr. 2008, préc. (« Mais attendu que la seule différence de catégorie professionnelle ne saurait en elle-même justifier, pour l'attribution d'un avantage, une différence de traitement entre les salariés placés dans une situation identique au regard dudit avantage (...) ».

8. Soc. 13 mars 2013, nos 11-20.490, 11-23.761, 11-13.645, 10-28.022, *D.* 2013. 1030, note P. Lokiec et J. Porta. Ainsi que le relèvent ces auteurs, « si les mobiles financiers de cette solution sont évidents, les raisons juridiques semblent, à la lecture de l'arrêt, plus difficiles à découvrir ».

invoquées par la Chambre sociale au titre de la justification de la différence de traitement, mais, en amont, pour borner le périmètre de comparaison à une catégorie professionnelle déterminée.

Ensuite, il a, par exemple, été jugé que des salariés, occupant des emplois identiques mais n'ayant pas eu le même parcours professionnel, ne se trouvaient pas dans une situation identique, de sorte que des différences de rémunération pratiquées par des dispositions conventionnelles prenant en compte le parcours spécifique de certains ne méconnaissaient pas le principe [1]. Ou que les agents contractuels de droit privé de La Poste, dont la rémunération résultait de négociations salariales annuelles dans le cadre d'une convention collective, ne se trouvaient pas dans une situation identique à celle des fonctionnaires de l'établissement avec lesquels ils réclamaient une égalité de rémunération (versement d'une prime) [2]. En revanche, la Cour a considéré qu'une « différence de statuts » entre des salariés – formateurs en contrat à durée déterminée d'un côté, formateurs occasionnels de l'autre – salariés d'un même organisme, effectuant un travail de même valeur, ne suffisait pas à caractériser une différence de situation [3]. Ou que la seule circonstance que les salariés aient été engagés avant ou après la dénonciation d'un accord collectif ou d'un engagement unilatéral ne suffisait pas à les placer dans des situations différentes du point de vue du principe [4]. Lorsque la différence de traitement entre des salariés placés dans une situation identique au regard de l'avantage considéré résulte des termes mêmes de l'accord collectif, il y a lieu de faire application du principe d'égalité de traitement sans recourir nécessairement à une comparaison entre salariés de l'entreprise effectuant le même travail ou un travail de valeur égale [5].

1. Soc. 3 mai 2006, *RDT* 2006. 108, obs. G. Pignarre. Cette solution a été, sinon remise en cause, à tout le moins précisée par un arrêt postérieur, relatif au même problème juridique : Soc. 4 févr. 2009, n° 07-41.406, *JCP S* 2009. 1198, note M. d'Allende. V. aussi, à propos de l'expérience professionnelle acquise auprès de précédents employeurs, Soc. 15 nov. 2006, n° 04-47.156, *Bull. civ.* V, n° 340.

2. Soc. 11 oct. 2005, *RJS* 12/05, n° 1208. La Cour de cassation a précisé cette solution par la suite, distinguant rémunération de base et complément de rémunération (en l'occurrence le « complément poste ») : Cass., ass. plén., 27 févr. 2009, n° 08-40.059, *D.* 2009. 2128, obs. T. A. ; *RDT* 2009. 316, obs. H. Tissandier (v. aussi, concernant le même avantage mais au stade de la justification de la différence de traitement, Soc. 6 févr. 2013, n° 11-26.604, *Dr. soc.* 2013. 378, obs. C. Radé). Alors que l'on pouvait penser, à la lecture de cet arrêt, que la nature de la norme (de droit public ou de droit privé) octroyant l'avantage suffisait à justifier la différence de traitement, une décision plus récente paraît exiger un motif supplémentaire, tenant au lien d'interdépendance entre cette norme et la différence en découlant (Soc. 16 févr. 2012, n° 10-21.864, *JCP S* 2012. 1147, note J. Daniel). V. aussi en ce sens, Soc. 12 juin 2013, n° 12-17.273 P.

3. Soc. 15 mai 2007, *Dr. soc.* 2007. 896, obs. C. Radé. Il est ainsi permis de comparer des salariés en CDD et en CDI, à condition toutefois de comparer ce qui est comparable : Soc. 10 oct. 2012, n° 10-18.672, *D.* 2013. 1029, note P. Lokiec et J. Porta.

4. Soc. 11 juill. 2007, *Dr. soc.* 2007. 1122, note C. Radé ; 28 sept. 2010, n° 09-40.622, *JCP S* 2011. 1097, note J.-F. Césaro. Comp. Soc. 1er déc. 2005, n° 03-47.197, *Bull. civ.* V, n° 346.

5. Soc. 23 mars 2011, n° 09-42.666, *JCP S* 2011. Actu. 151.

Mais les arrêts raisonnent aussi en termes de « justifications (ou raisons) objectives » [1], serait-ce pour conclure qu'il n'y a pas situation identique [2]. Selon l'heureuse formule de certains arrêts, « ne méconnaît pas le principe (...) l'employeur qui justifie par *des raisons objectives et matériellement vérifiables* la différence de rémunération entre des salariés effectuant un même travail ou un travail de valeur égale » [3]. Telle autre décision précise : « raisons objectives, étrangères à toute discrimination », ce qui va de soi [4].

Ces justes raisons de rémunérer différemment sont trouvées, par exemple, dans des différences de performance ou de qualité du travail fourni (dès lors que les critères d'évaluation ou de calcul des primes liées à ce facteur sont objectifs et vérifiables) [5], dans l'ancienneté [6], dans l'expérience [7], dans la « situation juridique » (forme d'emploi) particulière d'une salariée percevant un salaire plus élevé qu'une collègue effectuant le même travail [8] ou encore dans la possession du diplôme requis par la convention collective pour l'exercice des fonctions [9].

Si l'on a pu un temps en douter, il apparaît aujourd'hui nettement, à la lumière de nombreux arrêts rendus par la Cour de cassation, que la convention ou l'accord collectif de travail ne peut s'affranchir du respect du principe « à travail égal, salaire égal » et, plus largement, du principe de l'égalité de traitement. Cela ne saurait être discuté dès lors que comme tout contrat (ou convention), cet acte juridique se doit d'être conforme à la loi [10]. Il en résulte qu'un accord d'entreprise ne peut instituer des

---

1. Sur la notion de « raison objective », v. J. Barthélémy, « Le principe d'égalité de traitement », *Sem. soc. Lamy*, n° 1414, p. 6.

2. Ce qui est contestable puisque l'employeur n'a à justifier de la différence de traitement que si les salariés sont dans une situation identique. Si tel n'est pas le cas, il n'y a pas de justification à apporter. Mais, il faut le redire, dès lors qu'il y a une raison objective à traiter différemment des salariés se trouvant dans la même situation, c'est qu'il n'y a pas en réalité identité de situation.

3. Soc. 21 juin et 1er déc. 2005, préc. V. égal. la formule de : Soc ; 27 oct. 2007, préc.

4. Soc. 9 nov. 2005, *Dr. soc.* 2006. 221, obs. A. Jeammaud.

5. Soc. 18 janv. 2000, *Bull. civ.* V, n° 25 ; 26 nov. 2002, *ibid.*, n° 354 ; 20 févr. 2008, n° 06-40.085 P, *Sem. soc. Lamy* 2008, n° 1344, p. 8, rapp. H. Gosselin.

6. Soc. 20 juin 2001, n° 99-43.905 (à condition qu'elle soit prise en compte dans le salaire de base et non par une prime spéciale).

7. Soc. 29 sept. 2004, n° 03-42.025, inédit ; 16 févr. 2005, n° 03-40.465, inédit. Comp. Soc. 11 janv. 2012, n° 10-19.438, inédit (l'expérience professionnelle acquise auprès d'un précédent employeur ne peut justifier une différence de salaire qu'au moment de l'embauche et pour autant qu'elle est en relation avec les exigences du poste et les responsabilités effectivement exercées).

8. Soc. 28 avr. 2006, *JCP S* 2006. 1440, note J.-F. Césaro.

9. Soc. 10 nov. 2009, n° 07-45.528, *JCP S* 2010. 1044, avec l'avis de D. Allix. Arrêt troublant qui paraît admettre que la seule possession d'un diplôme, dès lors qu'elle est prévue par une stipulation conventionnelle, justifie une différence de traitement, alors qu'il pouvait paraître nécessaire de rechercher si des raisons objectives justifiaient plus concrètement la différence de classement et de rémunération qui en découlait (v. antérieurement, Soc. 16 déc. 2008, n° 07-42.107, *JCP S* 2009. 1005, note J.-F. Césaro). Tel était l'opinion soutenue par D. Allix. Celui-ci avait d'ailleurs rendu un avis de cassation, qui n'a pas été suivi par la Chambre sociale. V. aussi, s'agissant de la différence de diplôme comme raison objective et pertinente de la différence de rémunération : Soc. 17 mars 2010, n° 08-43.088, *Dr. soc.* 2010. 583, note Ch. Radé.

10. Quelles que soient les hésitations que l'on peut avoir à cet égard, ce(s) principe(s) ont, au moins, l'autorité de la loi.

différences de traitement entre des salariés se trouvant dans une situation identique, qui ne serait pas justifiée par des raisons objectives dont le juge doit contrôler concrètement la réalité et la pertinence [1]. Celles-ci ne peuvent ainsi résider dans le seul fait que les salariés travaillent dans des établissements distincts [2]. De même, dans une espèce où était en cause une convention collective qui attribuait des jours de congés payés supplémentaires aux seuls cadres de l'entreprise, la Cour de cassation a décidé que la seule différence de catégorie professionnelle ne saurait en elle-même être une justification à la disparité de traitement [3]. Malgré des propos rassurants [4], cet arrêt a fait naître certaines craintes [5] quant à la fin de la spécificité du régime des cadres, dans la mesure où de très nombreuses conventions collectives font des différences en fonction des catégories professionnelles, sans que celles-ci soient particulièrement justifiées. Si cette solution peut laisser dubitatif, c'est toutefois moins au regard de l'exigence abstraite d'une justification à la différence de traitement que de sa vérification concrète par le juge. En amont, il faut par ailleurs se demander quelles justifications l'employeur pourrait apporter à une différence de traitement instituée par un texte qu'il n'aura pas nécessairement lui-même négocié. Ne peut-on par suite considérer que les partenaires sociaux ont nécessairement étudié la question de la justification et de l'opportunité des différences de traitement introduites [6] ? Peut-être est-ce là prêter trop de vertus à l'autonomie collective et se contenter du seul constat que des « syndicats ont signé » [7]. Nonobstant les virulentes critiques dont l'arrêt *Pain* du 1er juillet 2009 avait fait l'objet, la Cour de cassation a confirmé la solution de principe qu'elle y avait énoncé par deux importantes

1. Les stipulations conventionnelles instituant une différence de traitement sont parfois validées au regard de l'absence d'identité de situation entre les salariés (Soc. 3 mai 2006, n° 03-42.920, préc. ; 12 juill. 2006, n° 05-40.980).

2. Soc. 28 oct. 2009, n° 08-40.457, *Bull. civ.* V, n° 239 (« un accord d'entreprise ne peut prévoir de différences de traitement entre salariés d'établissements différents d'une même entreprise exerçant un travail égal ou de valeur égale (...) ») ; Soc. 8 juin 2011, n° 10-162 et 10-30.337. V. déjà en ce sens, quoique de manière moins nette, Soc. 18 janv. 2006, *JCP* 2006. 10055, note D. Corrignan-Carsin. On savait déjà qu'une décision unilatérale de l'employeur ne peut valablement instituer des différences de rémunération entre établissements d'une même entreprise (Soc. 21 janv. 2009, n° 07-43.452, préc.).

3. Soc. 1er juill. 2009, n° 07-42.675, *JCP S* 2009. 1451, note J.-F. Césaro ; *Dr. soc.* 2009. 1002, obs. Ch. Radé. *Adde*, J.-E. Ray, A travail inégal, salaire inégal, *Dr. soc.* 2011. 42.

4. V. l'interview de P. Bailly, *Sem. soc. Lamy*, n° 1414, p. 13. V. aussi, dans la même revue, l'article de F. Champeaux : La jurisprudence sur l'égalité de traitement ou la fin des catégories professionnelles ? (p. 11).

5. Craintes d'autant plus fondées que les juges du fond n'ont guère tardé à mettre en œuvre la solution retenue par la Cour de cassation. V. Montpellier, 4 nov. 2009, n° 09/01816, *Sem. soc. Lamy*, n° 1423, avec la chron. de F. Champeaux.

6. V. en ce sens, Ch. Radé, obs. ss. l'arrêt en cause : *Lexbase Hebdo, éd. Sociale*, n° 371. Cet auteur considère qu'il n'est pas souhaitable que le juge substitue totalement son appréciation à celle des partenaires sociaux et que la Cour de cassation devrait réduire son contrôle des conventions collectives à un seul contrôle de l'erreur manifeste. V. aussi, J.-E. Ray, art. préc.

7. N'est-ce pas pourtant la voie qu'invite à emprunter la L. du 20 août 2008, qui vise à redonner de la légitimité tant à l'acteur syndical qu'aux conventions et accords collectifs de travail ?

décisions en date du 8 juin 2011 [1]. La Cour de cassation ajoute toutefois que « repose sur une raison objective et pertinente la stipulation d'un accord collectif qui fonde une différence de traitement sur une différence de catégorie professionnelle, dès lors que cette différence de traitement a pour objet ou pour but de prendre en compte les spécificités de la situation des salariés relevant d'une catégorie déterminée, tenant notamment aux conditions d'exercice des fonctions, à l'évolution de carrière ou aux modalités de rémunération ». Dans la mesure où l'on savait déjà qu'il est possible de justifier l'attribution d'un avantage conventionnel à une catégorie professionnelle déterminée, ces arrêts retiennent l'attention relativement à la nature de cette justification. À lire les décisions, celle-ci existe lorsque la situation des salariés de la catégorie bénéficiant de l'avantage présente des « spécificités », dont la Cour de cassation livre trois exemples. Si la précision est heureuse, elle ne soulage guère les employeurs tenus de justifier de différences de traitement souvent instaurées par des conventions collectives de branche auxquelles ils sont totalement étrangers [2]. En outre, quand bien même une telle justification serait avancée, il faut encore qu'elle soit de nature à convaincre le juge et que la Cour de cassation retienne la même appréciation que les juridictions du fond [3].

On peut se demander enfin si les évolutions jurisprudentielles précitées ont véritablement sonné le glas de la solution retenue dans l'arrêt *EDF* de 1999, dans lequel la Cour de cassation avait affirmé que « la négociation collective au sein d'un établissement distinct permet d'établir, par voie d'accord collectif, des différences de traitement entre les salariés de la même entreprise » [4]. Fondée sur le texte de loi permettant la négociation au niveau de l'établissement (C. trav., art. L. 2232-16), cette solution a, *a*

---

1. Soc. 8 juin 2011, n°s 10-14.725 et 10-11.933, *JCP S* 2011. 1321, note J. Daniel ; *Dr. soc.* 2011. 986, avec les obs. de P.-H. Antonmattéi et de Ch. Radé. *Adde*, *Sem. soc. Lamy*, n° 1497 avec les chron. D'A. Lyon-Caen et B. Serizay.

2. Il en va différemment pour les accords d'entreprise directement signés par les parties. Mais la justification ne sera pas forcément plus aisée, soit que l'accord étant ancien, la raison objective de la différence de traitement aura été oubliée, soit que celle-ci étant connue, elle ne sera pas avouable. Il est vrai qu'il n'est pas interdit de faire preuve d'imagination à l'heure de trouver une justification. Mais le juge devra en contrôler la réalité et la pertinence. On peut enfin trouver curieux que l'on demande à l'employeur seul de dire qu'elle a été au fond la commune intention des parties à l'acte juridique en cause. Une issue au problème réside dans la signature d'un avenant interprétatif, plutôt que dans la révision ou la dénonciation de l'accord (v. sur la question, G. Auzero et J.-M. Chonnier, Les conventions et accords collectifs de travail à l'épreuve de l'égalité de traitement : *Dr. soc.* 2011. 52 ; M. Morand, Norme collective et principe d'égalité de traitement : *JCP S* 2010. 1167 ; G. Auzero, Avantages catégoriels, principe d'égalité et négociation collective : *RDT* 2012. 269).

3. Une série d'arrêts rendus le 28 mars 2012 témoigne de ces divergences d'appréciation, la Cour de cassation reprochant à des juges du fond d'avoir considéré que la différence de traitement n'était pas justifiée (Soc. 28 mars 2012, n°s 11.12.043, 11-30.034, et 10-28.670, *Dr. soc.* 2012. 746, obs. C. Radé) ou, au contraire, d'avoir écarté la demande d'une salarié s'estimant lésée, sans avoir relevé l'existence de spécificités (Soc. 28 mars 2012, n° 11-11.307).

4. Soc. 27 oct. 1999, *Dr. soc.* 2000. 189, chron. G. Couturier. V. sur la question, G. Auzero et J.-M. Chonnier, art. préc.

posteriori, fait l'objet de critiques au regard de la méconnaissance du principe d'égalité de traitement dont elle serait porteuse. Toutefois, si un accord collectif conclu à ce niveau doit à l'évidence respecter ce principe, celui-ci ne paraît avoir d'autre champ d'application que l'établissement concerné par la négociation [1]. Il paraît dès lors difficile de justifier que, sur ce fondement, les salariés d'un autre établissement, seraient-ils dans la même situation que leurs collègues de travail, bénéficient des avantages stipulés dans l'accord d'établissement [2].

Toujours est-il que, désormais, conventions et accords collectifs sont soumis au principe d'égalité de traitement et le juge se doit de vérifier, en cas de contestation, les « raisons objectives » d'une différence de rémunération trouvant sa source dans une disposition conventionnelle. La Cour de cassation considère à ce propos que la seule circonstance que les salariés aient été engagés avant ou après l'entrée en vigueur d'un accord collectif ne saurait suffire à justifier des différences de traitement entre eux, pour autant que cet accord collectif n'a pas pour objet de compenser un préjudice subi par les salariés présents dans l'entreprise lors de l'entrée en vigueur de l'accord collectif [3]. La justification d'une différence a pu aussi être trouvée dans la conclusion d'un accord de substitution maintenant des avantages ou dans la règle de maintien des avantages individuellement acquis après mise en cause de la convention collective [4]. De même, l'obligation à laquelle est légalement tenu le nouvel employeur, en cas de transfert d'une entité économique, de maintenir au bénéfice des salariés qui y sont rattachés les droits qu'ils tiennent d'un usage en vigueur au jour du transfert, justifie la différence de traitement qui en résulte par rapport aux autres salariés [5].

---

1. En revanche, lorsqu'un accord est conclu au niveau d'une entreprise il ne peut établir une différence de traitement entre les salariés se trouvant dans une même situation, pour la seule raison qu'ils travaillent dans des établissements distincts. Mais rien n'interdit que cette différence soit justifiée par les spécificités de l'activité de l'établissement (pénibilité du travail, situation géographique, etc.) ou, plus exactement, que celles-ci conduisent à écarter l'identité de situation.

2. Ce qui n'exclut pas que des manœuvres frauduleuses de l'employeur, consistant à négocier au niveau de chaque établissement pour éviter d'attribuer à tous les salariés de l'entreprise des avantages comparables, soit sanctionnées. Car, au final, si justification à apporter il y a, n'est-ce pas quant à la décision d'ouvrir des négociations dans tel établissement et non dans tel autre ? Le principe d'égalité de traitement, pour peu qu'on l'envisage d'un point de vue collectif, peut y conduire.

3. Soc. 4 févr. 2009, n° 07-42.024, *JCP S* 2009. 1198, note M. d'Allende. Rapp., bien que fondé sur l'absence d'identité de situation, Soc. 1er déc. 2005, n° 03-47.197, *Dr. soc.* 2006. 225, obs. Ch. Radé. V. aussi, à propos de la justification d'une prime conventionnelle d'expatriation, Soc. 9 nov. 2005, n° 03-47.720, préc.

4. Soc. 4 déc. 2007, n° 06-44.041, *RDT* 2008. 115, note H. Tissandier ; 11 juill. 2007, n° 06-42.128, *RTD* 2007. 661, obs. G. Pignarre. En bonne logique, la Cour de cassation a décidé que « le principe d'égalité de traitement ne s'oppose pas à ce que l'employeur fasse bénéficier, par engagement unilatéral, les salariés engagés postérieurement à la dénonciation d'un accord collectif d'avantages identiques à ceux dont bénéficient, au titre des avantages individuels acquis, les salariés engagés antérieurement à la dénonciation de l'accord » : Soc. 24 avr. 2013, n° 12-10.196, *Bull. civ.* V, n° 114.

5. Soc. 11 janv. 2012, n° 10-14.614, *JCP S* 2012. 1148, note J. Daniel. Solution justifiée, qui tient compte des contraintes légales pesant sur un employeur, dès lors nullement responsable de la différence de traitement à laquelle elles conduisent. Rappr. Soc. 11 janv. 2012, n° 10-15.806 :

Mais le *contrat individuel* peut-il justifier un avantage pour le salarié, assurant à celui-ci une rémunération plus élevée que celle des autres salariés de son cocontractant effectuant le même travail ou un travail de valeur égale [1] ? Le principe de la liberté contractuelle et l'article 1134 du Code civil suffisent-ils à fonder cette différence, c'est-à-dire à placer le salarié dans une situation non identique à celle de ses collègues ? Ou bien ne peuvent-ils qu'autoriser et rendre obligatoire *inter partes* une clause dont l'aptitude à introduire une différence de rémunération favorable (et réservée) au salarié dépendra de sa justification par des « raisons objectives » ? La Cour de cassation a considéré que l'urgence d'un recrutement pouvait justifier la stipulation d'un salaire auquel ne saurait prétendre, au seul motif de l'identité des tâches et des responsabilités, une autre salariée occupant le même poste dans d'autres circonstances ; elle ne s'est pas bornée à relever qu'il y avait accord contractuel entre l'employeur et la salariée « favorisée » [2]. Le principe « à travail égal, salaire égal » ne paralyse donc pas le contrat, mais expose ses stipulations salariales à un nouveau contrôle. Contrôle de l'existence d'une justification objective d'abord [3]. Et peut-être, par la suite, *contrôle de proportionnalité* si cette exigence spécifique poursuit sa diffusion dans l'ordonnancement des relations du travail [4]. Mais ce contrôle de mesure devrait alors concerner toutes les différences de rémunération par ailleurs justifiées.

c) Preuve de l'atteinte au principe. En se référant à l'article 1315 du Code civil, la Cour de cassation a introduit un système qui ressemble à celui du Code en matière de discrimination (C. trav., art. L. 1134-1) : il appartient au salarié qui invoque une violation du principe de soumettre au juge « les éléments de fait susceptibles de caractériser » ce manquement [5], et il incombe

---

Lexbase hebdo, éd. Sociale, n° 470, note Ch. Radé (Est justifiée la différence de traitement entre cadres et non cadres résultant de l'affiliation à des régimes de retraite distincts dès lors qu'elle ne résulte pas d'un manquement de l'employeur ou de la Caisse de retraite au principe de l'égalité de traitement, mais trouve sa cause dans la diversité et l'autonomie des régimes de retraire complémentaire relevant d'organismes distincts et l'évolution de la norme juridique applicable).

1. Autrement dit, les autres salariés ne peuvent-ils prétendre à ce même avantage ?

2. Soc. 21 juin 2005, *Dr. soc.* 2005. 1047, obs. C. Radé ; *D.* 2006. Pan. 33, obs. A. Jeammaud.

3. V., par ex., Soc. 15 janv. 2014, n° 12-25.402, publié (prime de treizième mois stipulée dans le contrat de travail). Dès lors que le juge considère que tel salarié doit bénéficier de l'avantage contractuellement octroyé à l'un de ses collègues se trouvant dans une situation identique, quelle est la source de l'avantage alors perçu par le salarié ? On admettra qu'il serait curieux d'y voir, dans le silence du contrat, un élément contractuel. Mais on en imagine difficilement un autre. À moins qu'il faille considérer que le non-respect de la règle en question ne peut pas se solder par l'octroi de l'avantage litigieux... V., sur la question, D. Baugard et L. Gratton, L'efficacité de la sanction des violations de la règle de l'égalité de traitement et des règles destinées à lutter contre la discrimination en matière sociale, in *Egalité et droit social*, J-F. Akandji-Kombé (dir.), IRJS éd., Tome 51, 2014, p. 485.

4. Ce contrôle pourrait alors toucher la contrepartie pécuniaire de la clause de non-concurrence (dans la mesure où elle a une nature salariale), comparée à celles stipulées dans les contrats d'autres salariés du même employeur.

5. Soc. 20 oct. 2010, n° 08-19.748, *Bull. civ.* V, n° 242. Le salarié doit donc apporter au juge des éléments de comparaison avec des collègues qui, à situation égale au regard de l'avantage en litige, sont favorisés.

alors à l'employeur de « rapporter la preuve d'éléments objectifs » justifiant la différence de rémunération dénoncée [1]. Lorsque le salarié soutient que la preuve de tels faits se trouve entre les mains d'une autre partie, il lui appartient de demander au juge d'en ordonner la production ; que ce dernier peut ensuite tirer toute conséquence de droit en cas d'abstention ou de refus de l'autre partie de déférer à une décision ordonnant la production de ces pièces [2].

C. Le principe général d'égalité de traitement

696 ***Manifestations*** ◊ Après avoir découvert le principe « à travail égal, salaire égal », la Cour de cassation a fait accéder à la positivité un principe d'égalité de traitement, de plus ample portée. Apparu pour la première fois dans le visa de plusieurs arrêts de cassation rendus en 2008 [3], il a ensuite été appliqué par la Chambre sociale dans diverses hypothèses [4]. L'avènement d'un tel principe était prévisible dans la mesure où il paraissait difficile de réserver l'égalité de traitement aux seuls avantages salariaux. À cet égard, le principe « à travail égal, salaire égal » semble pouvoir être considéré comme une application particulière du principe d'égalité de traitement. Mais la Cour de cassation s'est gardée de qualifier ces principes, laissant dans l'ombre la question de leur valeur juridique [5]. Il serait notamment souhaitable de savoir le rapport que l'un et l'autre entretiennent avec le « principe d'égalité à valeur constitutionnelle » ; principe dont cette même Cour de cassation ne s'est pas privée de faire application, à plusieurs reprises, à des avantages consentis par l'employeur à des syndicats de salariés [6]. Si étaient en cause dans ces espèces des

---

1. Soc. 26 nov. 2002, *RJS* 2/03, n° 178 ; 13 janv. 2004, *Dr. soc.* 2004. 307, obs. C. Radé ; 28 sept. 2004, *ibid.* 1144, obs. C. Radé ; 25 mai 2005, *Bull. civ.* V, n° 178 ; *D.* 2006. Pan. 34, obs. A. Jeammaud. V. : A. Johansson, La preuve de l'atteinte au principe « à travail égal, salaire égal » et l'art. 1315 C. civ., *RJS* 12/05, p. 823.

2. Soc. 12 juin 2013, n° 11-14.458 P.

3. Soc. 30 janv. 2008, n° 06-46.447, F-D, *JCP S* 2008. 1274, note J.-F. Césaro ; 10 juin 2008, n° 06-46.000 FS-PBR, *Dr. soc.* 2008. 981, chron. Ch. Radé (arrêt relatif au régime des retenues sur salaire pour fait de grève des personnels d'Air France). V. aussi antérieurement, Soc. 10 juill. 2001, n° 99-40.987, *Bull. civ.* V, n° 255 qui, sans évoquer le principe, le met en œuvre.

4. Soc. 27 mai 2009, n° 08-41.391, inédit (bénéfice d'un régime de retraite supplémentaire) ; 1er juill. 2009, n° 07-42.675, *Dr. soc.* 2009. 1002, obs. Ch. Radé (attribution, par voie d'accord collectif, d'une semaine de congés payés supplémentaires uniquement aux cadres) ; 1er févr. 2011, n° 10-11.717, inédit (possibilité, pour des commerciaux, de participer à des animations commerciales et à un concours leur permettant de bénéficier d'un voyage) ; 12 juill. 2010, n° 09-15.182, *JCP S* 2010. 1505, chron. P. Morvan (mesures contenues dans un plan de sauvegarde de l'emploi).

5. A. Jeammaud, Du principe d'égalité de traitement des salariés, *Dr. soc.* 2004. 694.

6. Soc. 29 mai 2001, n° 98-23.078, *Dr. soc.* 2001. 821, note G. Borenfreund ; 5 mai 2004, n° 03-60.175, *Bull. civ.* V, n° 119 ; 5 mars 2008, n° 07-60.305, *Sem. soc. Lamy*, n° 1364, 8, chron. B. Boubli. Dans chacun de ces arrêts la Cour de cassation vise ou fait référence à l'art. 6 du Préamb. de la Const. du 27 oct. 1946 et aux art. 1er, 5 et 6 de la Déclaration des droits de l'homme et du citoyen. V. aussi Soc. 4 mars 2009, n° 08-60.401, *JCP S* 2009. 1272, note J.-Y. Kerbourc'h ; 22 sept. 2010, n° 09-60.410, *JCP S* 2010. 1499, note B. Gauriau.

organisations syndicales et non des salariés, c'est bien l'égalité de traitement qu'a entendu faire respecter la Cour de cassation.

Cela étant, la mise en œuvre du principe d'égalité de traitement commande que soit identifiée, dans un premier temps, une identité de situation au regard de l'avantage concerné [1], à charge pour l'employeur de démontrer, dans un second temps, que la différence de traitement repose sur des éléments objectifs [2]. Ainsi, la différence de traitement peut trouver son origine et sa justification dans l'effet relatif de la chose jugée [3].

Il faut encore ajouter que l'action du syndicat, qui ne tend pas au paiement de sommes déterminées à des personnes nommément désignées, mais à l'application du principe d'égalité de traitement, relève de la défense de l'intérêt collectif de la profession [4].

---

1. Ce qui exige de procéder à une comparaison. Toutefois, il a été jugé que lorsque la différence de traitement entre des salariés placés dans une situation identique au regard de l'avantage considéré résulte des termes mêmes de l'accord collectif, il y a lieu de faire application du principe d'égalité de traitement sans recourir nécessairement à une comparaison entre salariés de l'entreprise effectuant le même travail ou un travail de valeur égale : Soc. 23 mars 2011, nº 09-42.666, *Dr. soc.* 2011. 592, obs. C. Radé.

2. Il est intéressant de relever que si la teneur du principe d'égalité de traitement et, avant lui, celle du principe « à travail égal, salaire égal » ont fait l'objet de multiples études, il en est bien peu qui se sont intéressées à la sanction de la violation du principe (v. toutefois, J.-F. Césaro, Catégories professionnelles et sanction *in medio* du principe jurisprudentiel d'égalité : *RJS* 11/11, 747), comme s'il était acquis que celle-ci réside nécessairement dans une réparation en nature et, le cas échéant, dans une réparation par équivalent. Ne serait-il pas pourtant possible de soutenir qu'une stipulation conventionnelle portant atteinte de manière injustifiée au principe d'égalité de traitement doit être déclarée non écrite ? La sanction serait, il est vrai, rude pour les bénéficiaires de l'avantage et ceux qui y prétendent… De même, un employeur impuissant à justifier la différence de traitement instaurée par un accord collectif de branche, ne pourrait-il pas se retourner contre les parties signataires de l'acte juridique, voire contre celui qui l'a éventuellement étendu ? V., sur la question, G. Auzero et J.-M. Chonnier, art. préc. ; J.-F. Césaro, art. préc.

3. Soc. 23 oct. 2013, nº 12-12.894, publié.

4. Soc. 12 févr. 2013, nº 11-27.689 P.

CHAPITRE 3
LE DÉTENTEUR DU POUVOIR

SECTION 1. L'IDENTIFICATION DE L'EMPLOYEUR

697 ***Une qualification d'ordre public*** ◊ L'« employeur » est le terme juridique par lequel est désigné le cocontractant du « salarié ». Définir le « salarié », l'« employeur » et le « contrat de travail » sont des questions liées. La qualification d'employeur reprend ainsi logiquement certains aspects de la qualification de « contrat de travail » [1]. La différence de problématique est surtout liée à la difficulté rencontrée. Lors de la qualification de contrat de travail, on supposait connues les personnes en relation, les cocontractants. C'était de la nature de leur relation qu'il était question. Cette fois, la question part d'une personne dont la qualification de salarié n'est pas douteuse : il existe bien un travail, un salaire et une subordination. La question est celle de l'identification de son cocontractant, de celui qui sera tenu des obligations de fournir un travail et de payer un salaire, de celui qui recevra en contrepartie une prestation de travail et un pouvoir de direction.

Lorsque le contrat individuel de travail fait l'objet d'un écrit, une première manière d'identifier l'employeur consiste à se référer à cet écrit et à y lire le nom des parties. L'une est l'employeur, l'autre le salarié. Cette apparence peut fort bien correspondre à une réalité : ce sera le cas lorsque l'employeur visé au contrat est le fournisseur de travail et le détenteur du pouvoir de direction. Ce cas est le plus fréquent. Mais pareille coïncidence n'a rien de nécessaire. Pour des raisons d'évitement du droit social et du droit fiscal les entreprises s'organisent de plus en plus fréquemment en groupe de société, voire en réseau de sociétés. Pour échapper aux responsabilités d'employeur, certains utilisateurs de main-d'œuvre sont passés maîtres dans l'art de dresser entre eux et leurs travailleurs toutes sortes d'écrans de papier (sociétés, contrats de prestation de service, pseudo sous-traitance, etc.). L'organisation réelle et l'exercice réel du pouvoir peut alors ne plus avoir de grands rapports avec l'organisation juridique. Les menaces que fait peser sur les salariés ce type de déstructuration sont multiples.

À titre d'exemple, dans un groupe de société pour justifier des licenciements économiques, il peut être tentant de mettre en difficulté une filiale. Rien de plus facile : les moyens de faire passer actifs et bénéfices d'une

1. Sur laquelle, v. ss 191 s.

société du groupe à l'autre sont légions. La filiale asséchée sera ainsi mise dans de sérieuses difficultés. Dans un cas sanctionné par la Cour de cassation le 18 janvier 2011, la filiale avait même été mise en liquidation judiciaire [1]. La justification du licenciement économique semble alors aller de soit... Plus généralement, un cocontractant dépourvu de pouvoir réel sur l'organisation économique et privé des profits sera dans l'incapacité pratique de satisfaire aux obligations que le contrat et le Code du travail imposent à l'employeur. S'il suffisait de mettre en place quelques sociétés écrans et de faire rédiger les contrats de travail au nom de la moins solvable de ces sociétés pour contourner le droit du travail, c'est la matière entière qui apparaîtrait vite inutile.

Pour ces raisons, la qualification d'employeur ne peut résulter d'une simple mention sur un bout de papier, fut-il un *instrumentum* contractuel. L'employeur est le débiteur des principales créances du salarié et notamment de l'obligation de verser un salaire et de fournir un travail. Il est aussi le débiteur des principales obligations du droit du travail, lesquelles sont d'ordre public. Et nul ne peut y échapper par la seule vertu d'une clause qu'il est bien trop facile de faire signer à un demandeur d'emploi. Aussi, la jurisprudence ne s'estime pas liée par la désignation officielle d'un employeur au sein de la forme contractuelle écrite, au sein de l'*instrumentum* [2]. La qualification d'« employeur » doit être attribuée au véritable détenteur originel [3], dans les faits, du pouvoir de direction, même s'il n'est nullement signataire ou cosignataire de l'*instrumentum*. Le juge perce ainsi les écrans formels, parfois multiples, qui ont pu être dressés entre un salarié et son véritable employeur [4].

Cette requalification a lieu dans deux types d'hypothèses. Dans les premières, les juges sont confrontés à une organisation économique unique, divisée en une pluralité de personnes morale. Pour peu qu'entre ces sociétés soit prouvée une « confusion d'intérêts, d'activités et de direction », les différentes personnes juridiques sont qualifiées de « co-employeurs » ou

---

1. Soc. 18 janv. 2011, *Jungheinrich*, 09-69.199 P, *Dr. soc.* 2011. 379 obs. G. Couturier ; *RDT* 2011. 168, note F. Géa ; *Dr. ouvrier* 2011. 273, note P. Darves-Bornoz ; *Sem. soc. Lamy* 2011, n° 1476, p. 6, rapp. P. Bailly ; *JCP S* 2011. 1065, note P. Morvan. *Adde*. P.-A. Antonmattéi, Groupe de sociétés : la menace du co-employeur se confirme !, *Sem. soc. Lamy* 2011, n° 1484, p. 11. *Adde*. N. Moizard, Les salariés de la filiale en difficulté et sa société-mère : la construction prétorienne du co-emploi, *RLDA* 2012. 17 ; *ibid*. 72-78.

2. Soc. 9 nov. 1978, *Bull. civ.* V, n° 760, n° 77-13.723.

3. Ce pouvoir originel peut être ensuite délégué à un chef d'entreprise, à un cadre, etc. Ce qui constitue une difficulté supplémentaire : v. ss 712.

4. G. Auzero, La nature juridique du lien de co-emploi, *Sem. soc. Lamy* n° 1600/2013 p. 8 ; Les co-employeurs, *in Les concepts émergents du droit des affaires*, LGDJ, 2010, p. 43 s. ; E. Peskine, *Réseaux d'entreprises et droit du travail*, Bibl. LGDJ 2008, n° 200 s. ; P.-H. D'Ornano, Le co-employeur, *JCP S* 2010, n° 1533 ; H. Tissandier, Sociétés à structure complexe et droit du travail, *RJS* 4/10, p. 251 ; P.-H. Antonmattéi, Groupe de sociétés : la menace du co-employeur se confirme, *Sem. soc. Lamy*, 2011, n° 1484, E. Peskine, La responsabilisation des sociétés mères, *Dr. ouvrier* 2013. 157.

d'« employeur conjoint »[1] : elles sont alors solidairement responsables des obligations existantes vis-à-vis des salariés et considérées comme un ensemble unique pour l'application des règles du droit du travail et en particulier des règles du licenciement économique[2].

Une situation proche quoique distincte est celle dans laquelle l'employeur formel stipulé au contrat de travail ne collabore pas à l'activité économique de l'organisation. Il n'est qu'un intermédiaire de papier entre le détenteur du pouvoir de direction et le salarié. Dans ce cas, la tendance sera à qualifier d'employeur unique le véritable détenteur du pouvoir[3].

Ces deux cas relèvent de la même logique : la jurisprudence requalifie en employeur unique ou en co-employeur le détenteur dans les faits du pouvoir de direction. La formule retenue par la Cour de cassation en matière de qualification de contrat de travail[4] peut ainsi être transposée à la qualification d'employeur : cette qualification ne dépend pas « de la volonté exprimée par les parties... mais des conditions de fait dans lesquelles est exercée l'activité des travailleurs ».

Cette requalification connaît toutefois une exception importante, celle du prêt de main-d'œuvre licite. Dans le cadre du travail temporaire ou dans celui des autres prêts de main-d'œuvre licites, un employeur peut déléguer son pouvoir de direction à un tiers de manière valide[5]. Alors l'exercice effectif du pouvoir de direction par l'utilisateur de la main-d'œuvre n'entraînera pas la requalification de l'utilisateur de la main-d'œuvre en « employeur ». Le prêt de main-d'œuvre apparaît ainsi comme une exception légalement autorisée au principe selon lequel l'employeur réel est le détenteur dans les faits du pouvoir de direction[6]. Dans cette situation de

1. Soc. 22 janv. 1992, *Bull. civ.* V, n° 23 ; 26 juin 1997, n° 94-45.173 ; 11 juill. 2000, n° 98-40.146 ; 1er juin 2004, n° 02-41.776, *RJS* 2004, n° 880 ; 12 juill. 2005, *Bull. civ.* V, n° 244 ; 15 mars 2006, n° 04-45.518 ; 25 janv. 2006, n° 04-45.341 ; 28 janv. 2009, n° 07-45.481 P, *RDT* 2009. 233, note J.-Y. Frouin ; 18 janv. 2011, *Jungheinrich*, préc. ; 22 juin 2011, n° 09-69.021, *RDT* 2011. 634, obs. G. Auzero ; 28 sept. 2011, n° 10-12.278 (ce dernier arrêt précise que la confusion susvisée suffit à caractériser des co-employeurs, « sans qu'il soit nécessaire de constater l'existence d'un rapport de subordination individuel de chacun des salariés de la (filiale) à l'égard de la société mère »).

2. V. not. Soc. 28 janv. 2009, n° 07-45.481 P, *RDT* 2009. 233, note J.-Y. Frouin ; 18 janv. 2011, préc. ; 1er févr. 2011, *Goodyear*, n° 10-30.045, *Dr. soc.* 2011. 379, obs. G. Couturier.

3. Soc. 5 nov. 1999, *Bull. civ.* V, n° 433 ; n° 97-21.152 ; 12 juill. 1995, *Bull. civ.* V, n° 244 ; 20 oct. 1998, *Dr. soc.* 1998. 95, obs. I. Vacarie ; 30 juin 2010, n° 09-67.496 (qualification d'employeur d'une personne morale sur le fondement exclusif de la subordination du salarié à cette personne morale).

4. V. not. Soc. 19 déc. 2000, *Labbane, Grands arrêts*, n° 3, *Bull. civ.* V, n° 437 ; 15 mars 2006, n° 04-47.379, *Bull. civ.* V, n° 110 ; Civ. 2e, 13 nov. 2008, n° 07-15.535, *Bull. civ.* II, n° 241 ; 3 juin 2009, *L'île de la tentation*, n° 08-40.981, *Bull. civ.* V, n° 141 ; *Sem. soc. Lamy* 2008, n° 1403, doss. spéc. ; *RDT* 2009. 507, obs. G. Auzero ; *D.* 2009. 2517, note B. Edelman ; 20 janv. 2010, n° 08-42.207, *Bull. civ.* V, n° 15.

5. Sur le prêt de main-d'œuvre, v. ss *267* s. Sur le travail temporaire, v. ss *278* s. Cette délégation du pouvoir de direction à un tiers est tout à fait différente de la délégation de pouvoir à un salarié de l'entreprise, lequel est subordonné à l'employeur. Sur cette délégation de pouvoir accordée à un subordonné de l'employeur, v. ss *712* s.

6. Par détenteur, il faut ici comprendre le détenteur originel : l'employeur peut déléguer son pouvoir de direction à ses subordonnés sans perdre sa qualité d'employeur. Sur la délégation de pouvoir, v. ss *712* s.

transfert légal du pouvoir de direction, l'utilisateur de la main-d'œuvre n'est plus nécessairement qualifié d'employeur. Toutefois, sa position le rend débiteur de certaines des obligations qui incombent normalement à l'employeur, en matière de conditions de travail notamment [1].

La Cour de justice de l'Union est allée plus loin, à l'occasion d'un prêt de main-d'œuvre licite parce que sans but lucratif, opéré au sein d'un groupe : le personnel signait avec une société du groupe, puis était mis à disposition au sein de telle ou telle autre société du groupe. La cession de l'une de ces sociétés utilisatrices de la main-d'œuvre priva les salariés d'emploi. En cas de transfert d'entreprise, les contrats de travail doivent être maintenus avec le cessionnaire. Mais ici aucun transfert n'avait amputé la société formellement « employeur ». Les salariés qui travaillaient pour la filiale transférée avaient ainsi été maintenus avec leur employeur formel inchangé, puis licencié faute d'emploi. La Cour de justice a condamné cette manœuvre et ordonné le transfert des salariés au cessionnaire de la filiale. Pour ce faire elle a qualifié l'utilisateur de la main-d'œuvre d'« employeur non contractuel » [2]. La qualification d'« employeur non contractuel » est un oxymore en droit français, l'employeur étant défini comme le cocontractant du salarié [3]. En droit français toujours, les transferts d'entreprise entraînent un maintien des contrats de travail [4], et imposer un maintien sans contrat n'a donc guère de sens. Transposée en droit français, la décision de la Cour de justice de l'Union a toutefois un grand intérêt. Elle distingue un employeur formel (désigné par l'*instrumentum* contractuel) et un co-employeur de fait (détenteur du pouvoir de direction), *y compris en cas de prêt de main-d'œuvre*. Il est trop tôt pour savoir si cette avancée de la jurisprudence de la Cour de justice se développera hors de la directive transfert, ou hors des hypothèses de prêt de main-d'œuvre licite à l'intérieur de groupes de société.

Il faut noter que les efforts du droit social pour percer l'écran de la personnalité morale contrastent avec la frilosité en la matière du droit des procédures collectives [5].

698 ***Sanctions pénales*** ◊ L'interposition de personne peut conduire à faire travailler des personnes subordonnées en les privant des garanties du droit du travail, ce qui peut conduire à des situations être extrêmement graves.

1. V. ss 290 s.
2. CJUE 21 oct. 2010, C-242/09, *Albron Catering BV*, *Sem. soc. Lamy*, 2011, n° 1485, p. 10, note M-H. Chezlemas ; *RDT* 2011. 35, obs. H. Tissandier ; *RJS* 2010. 8, obs. N. Moizard.
3. Ce qui n'est pas nécessairement le cas en droit européen, la possibilité d'une relation de travail sans contrat de travail est connue de certains pays membres et préservée comme juridiquement possible par le droit de l'Union.
4. V. ss 300 s.
5. V. l'emblématique Com. 3 juill. 2012, *Sodimédical*, *RDT* 2012. 574, obs. E. Serverin, *Dr. ouvrier* 2013. 199, P. Darvez-Bornoz et P. Masanovic : arrêt qui autorise l'ouverture d'une procédure collective, alors même que l'état de cessation des paiements avait été organisé de manière frauduleuse par la société mère et que l'ouverture avait pour seul but d'éluder les annulations successives de plan de sauvegarde de l'emploi.

Pour éviter ce type de situation, la pleine capacité du juge à qualifier d'employeur le détenteur réel du pouvoir de direction a pu apparaître insuffisamment dissuasive. Ceci explique, pour une part, l'existence de sanctions pénales, encourues en cas de dissimulation de la qualité d'employeur.

L'employeur réel, une fois requalifié, est par hypothèse dans une situation où il a embauché des salariés sans les avoir déclarés. Il est par conséquent coupable de dissimulation d'emploi salarié. Il est passible, en vertu des articles L. 8221-1, L. 8221-3, L. 8221-5 et L. 8224-1 du Code du travail d'une peine d'emprisonnement de 3 ans. Peine qui passe à 5 ans si le travail dissimulé est celui d'un mineur de moins de 16 ans (C. trav., art. L. 8224-2). L'employeur encourt en outre, en vertu de l'article L. 8224-3 du Code du travail de nombreuses peines complémentaires, lesquelles peuvent entraîner la confiscation de ses biens professionnels et l'interdiction d'exercer l'activité professionnelle dans le cadre de laquelle il a eu recours à une dissimulation d'emploi.

De plus, dans ces cas de requalification, des infractions de prêt de main-d'œuvre à but lucratif ou de marchandage, passibles de deux ans d'emprisonnement seront fréquemment constituées (C. trav., art. L. 8231-1, L. 8241-1, L. 8234-1, L. 8243-1).

SECTION 2. LA DÉLÉGATION DE POUVOIR [1]

699 ***Nécessité de la délégation de pouvoir*** ◊ En règle générale, l'entreprise s'organise autour de trois composantes [2] : un entrepreneur, défini comme la personne au nom et pour le compte de laquelle l'entreprise est exploitée et qui prend le nom d'employeur en Droit du travail ; des moyens de production matériels et humains ; un chef d'entreprise, investi du pouvoir de direction. Dans l'entreprise individuelle, les qualités d'employeur et de chef d'entreprise se confondent, tandis qu'elles sont dissociées lorsque l'entreprise est exploitée par un groupement personnifié. Ainsi, et à titre d'exemple, dans l'entreprise sociétaire, la qualité d'employeur revient à la société personne morale et celle de chef d'entreprise à son organe de direction. Pour le dire autrement, si le salarié est contractuellement lié à la société, c'est le chef d'entreprise qui exerce en son nom et pour son compte les droits contractuels et les pouvoirs dont elle est titulaire.

La détermination du chef d'entreprise exige au premier chef de se tourner vers les disciplines qui régissent les groupements personnifiés en cause et, notamment, le Droit des sociétés. Selon la forme sociale, il est qualifié de « président », « directeur général », « gérant », etc. Mais l'organisation

1. N. Ferrier, *La délégation de pouvoir, technique d'organisation de l'entreprise*, Litec, coll. Bibl. de droit de l'entreprise, 2005 ; F. Marmoz, *La délégation de pouvoir*, Litec, coll. Bibl. de droit de l'entreprise, 2000.

2. V. N. Ferrier, *op. cit.*, n° 3.

légale ou statutaire du pouvoir exige souvent d'être complétée par le recours au mécanisme de la délégation de pouvoir, spécialement dans les sociétés d'une certaine taille. On conçoit en effet que, dans ces structures, le chef d'entreprise peut se heurter à une impossibilité matérielle d'exercer seul les pouvoirs de direction [1]. Dans bien des cas, la délégation de pouvoir s'avère donc nécessaire.

700 ***Nature juridique de la délégation de pouvoir*** ◊ Bien que la question soit discutée, la délégation de pouvoir peut être analysée comme un mandat [2]. Il faut toutefois admettre qu'elle constitue une catégorie particulière de mandat, de nature à justifier certaines spécificités de son régime. « Moins volatile qu'un mandat ordinaire, la délégation de pouvoirs fonde sa stabilité sur le fait qu'elle ne vise pas à relayer la personne du délégant, mais participe à l'organisation du pouvoir au sein de l'entreprise » [3]. En tout état de cause, et quelle que soit sa fonction, le délégataire agit dans l'intérêt de l'entrepreneur, c'est-à-dire de la société, et non dans celui de l'auteur de la délégation, c'est-à-dire du délégant [4]. Sans doute est-ce le chef d'entreprise qui délègue ses pouvoirs. Mais il convient de ne pas oublier que ces pouvoirs appartiennent initialement au groupement doté de la qualité d'entrepreneur [5], puis sont ensuite attribués à l'organe de direction lors de sa désignation.

En tant qu'elle est une technique d'organisation de l'entreprise [6], la délégation de pouvoir occupe une place importante dans les rapports qui s'établissent entre les salariés et leur employeur, représenté par le chef d'entreprise. Le fait que la délégation de pouvoir soit généralement, sinon exclusivement, consentie à un salarié en constitue un premier témoignage. Au-delà, ce sont les conséquences de l'exercice des pouvoirs délégués sur la situation des salariés qui doivent retenir l'attention. Envisagées

1. La délégation de pouvoir est au demeurant parfaitement concevable dans l'entreprise individuelle. Dans cette hypothèse, la même personne cumulera les qualités d'employeur, de chef d'entreprise et de délégant.

2. V. not., en faveur d'une telle analyse, N. Ferrier, *op. cit.*, n° 62 s. ; M. Cozian, A. Viandier, Fl. Deboissy, *Droit des sociétés*, Litec, 23e éd., 2010, n° 271. *Contra*, F. Marmoz, *op. cit.*, n° 220 s. ; A. Cœuret et F. Duquesne, Les licenciements dans la SAS : fin d'une controverse et ébauche d'une théorie du pouvoir délégué, *Dr. soc.* 2011. 382.

3. J.-J. Caussain, F. Deboissy, G. Wicker, obs. ss. Com. 15 mars 2005, *JCP E* 2005. 1046, n° 2.

4. Ce qui explique pourquoi la délégation de pouvoir subsiste malgré le changement de délégant. Mais la solution ne vaut qu'en présence d'une délégation de compétence, qui seule correspond à la notion de délégation de pouvoir, et non d'une simple délégation de signature. Cette dernière, qui confère à un mandataire le soin de signer un acte pour le compte et au nom d'un dirigeant, n'est qu'un simple mandat et devient donc caduque en cas de cessation des fonctions du délégant. La première, en revanche, est consentie par ce dernier en tant qu'organe social et non en tant que personne individualisée. Elle ne disparaît donc pas malgré le changement de dirigeant (v. en ce sens, M. Cozian, A.Viandier, F. Deboissy, *op. cit.*, n° 271).

5. Il devrait en résulter que la disparition du groupement, consécutivement par exemple à une fusion-absorption, entraîne la caducité de la délégation de pouvoir. V. Crim. 20 juill. 2011, n° 10-87.348, *Bull. Joly* 2011. 957, obs. N. Ferrier ; *RJS* 1/12, p. 5, chron. A. Cœuret.

6. Selon l'heureuse expression du Professeur N. Ferrier (ouvrage préc.).

de longue date dans le domaine de la responsabilité pénale dans l'entreprise, ces questions se posent également en matière civile.

§ 1. La délégation de pouvoir en matière pénale [1]

701 ***Opportunité*** ◊ La violation de nombre d'obligations pesant sur les employeurs est érigée en infraction pénale, que ce soit par le Code du travail ou le Code pénal. Ces infractions sont en principe imputables au chef d'entreprise, entrepreneur individuel ou organe d'un groupement, tenu de veiller au respect des dispositions légales et réglementaires. Or, que ce soit en raison de la taille de l'entreprise ou de la complexité et de la technicité de la réglementation, le chef d'entreprise n'est pas toujours en mesure de veiller personnellement à leur mise en œuvre. Cette situation est pour le moins problématique si l'on a égard au fait que les incriminations pénales ont pour finalité essentielle d'inciter à la prévention. Aussi, la Chambre criminelle admet-elle de longue date que le chef d'entreprise puisse, au moyen d'une délégation de pouvoir, charger l'un de ses préposés de veiller au respect de la loi [2]. Une telle délégation produit un effet logique mais néanmoins redoutable, puisqu'elle entraîne un transfert de la responsabilité pénale qui pesait initialement sur le chef d'entreprise vers le délégataire [3]. Cette conséquence justifie les rigoureuses conditions de validité à laquelle la délégation de pouvoir se trouve soumise.

A. Conditions de validité de la délégation de pouvoir

702 ***Incriminations concernées*** ◊ Par plusieurs arrêts en date du 11 mars 1993, la Chambre criminelle de la Cour de cassation a donné un large champ d'application à la délégation de pouvoir, affirmant que « sauf si la loi en dispose autrement, le chef d'entreprise qui n'a pas pris personnellement part à la réalisation de l'infraction peut s'exonérer de sa responsabilité

1. A. Cœuret et E. Fortis, *Droit pénal du travail*, Litec, 5e éd. 2012, p. 173 s. ; A. Cœuret, Délégation de pouvoirs et responsabilité pénale dans l'entreprise, *Journ. sociétés*, mars 2010, n° 74 ; La délégation de pouvoirs et les responsabilités pénales dans l'entreprise, *RJS* 2012. 3 ; H. Matsopoulou, La « faute pénale » du préposé, *RCA* 2013, n° 3, doss. 16.

2. La délégation de pouvoir a été admise dès 1902 : Crim. 28 juin 1902, *Bull. crim.* n° 237. Sur la légalité du mécanisme, qui ne ressort pas expressément de la loi, v. A. Cœuret et E. Fortis, *op. cit.*, n° 290 s. La légitimité de la délégation de pouvoir est aujourd'hui telle que sa seule absence peut s'avérer fautive (Crim. 1er oct. 1991, n° 90-85.024, inédit). On peut en revanche trouver critiquable l'opinion selon laquelle la délégation de pouvoir n'est possible que dans les entreprises d'une certaine dimension.

3. La pratique de la subdélégation est conciliable avec le transfert effectif du pouvoir et libère le délégant et le subdélégant de toute responsabilité pénale (Crim. 8 févr. 1983, *Bull. crim.* n° 48 ; *D.* 1984. IR 172, obs. Y. Reinhard). La Cour de cassation n'exige même plus que la subdélégation soit expressément autorisée par le délégant, facilitant ainsi la pratique dangereuse des délégations en chaîne (Crim. 30 oct. 1996, *Bull. crim.* n° 389).

pénale s'il apporte la preuve qu'il a délégué ses pouvoirs à une personne dotée de la compétence, de l'autorité et des moyens nécessaires »[1]. Pour autant, alors même qu'elle est possible, la délégation de pouvoir n'est pas dotée d'une efficacité absolue. Il en va notamment ainsi lorsque le chef d'entreprise est poursuivi pour entrave au fonctionnement du CHSCT ou du comité d'entreprise et, plus précisément, lorsqu'il lui est fait reproche de n'avoir pas respecté les attributions de ces institutions en matière d'information et de consultation. Le chef d'entreprise ne peut s'exonérer de sa responsabilité en invoquant une délégation de pouvoir consentie à un préposé dès lors que la décision qui aurait dû faire l'objet d'une information ou d'une consultation relevait de ses pouvoirs propres[2]. La solution est logique dans la mesure où l'effet exonératoire de la délégation de pouvoir doit être strictement rapporté aux prérogatives dont l'exercice aurait permis que l'infraction ne se produise pas.

703 ***Conditions tenant à la personne du délégataire*** ◊ Selon une jurisprudence constante, il y a délégation de pouvoir lorsque le chef d'entreprise a délégué ses pouvoirs à un préposé investi par lui et pourvu de la compétence, de l'autorité et des moyens nécessaires pour veiller efficacement à l'observation des prescriptions réglementaires[3]. Il ressort de cette formule que la validité de la délégation de pouvoir est subordonnée à plusieurs conditions tenant à la personne du délégataire[4].

a) La délégation de pouvoir ne peut jouer que dans les rapports entre un chef d'entreprise et un salarié de cette même entreprise[5]. Cette exigence de principe connaît cependant certaines exceptions. Ainsi, la Chambre criminelle admet que le gérant d'une entreprise membre d'un groupe peut se prévaloir d'une délégation de pouvoir accordée pour l'ensemble du groupe, bien que le délégataire n'appartienne pas à l'entreprise du gérant[6]. Cette solution, qui a notamment pour effet de méconnaître l'autonomie des personnes morales qui composent le groupe de

1. Crim. 11 mars 1993 (5 arrêts), *JCP E* 1994. II. 571, note J.-H. Robert.

2. Crim. 15 mars 1994, *D.* 1995. 30, note Y. Reinhard ; 3 mars 1998, *RJS* 1998, n° 749 ; 16 sept. et 14 oct. 2003, *Bull. Joly* 2004. 79, note G. Auzero ; 15 mai 2007, *Dr. pénal* 2007, n° 108, obs. J.-H. Robert.

3. Crim. 29 juin 1950, *Bull. crim.* n° 202 ; 4 janv. 1984, *ibid.*, n° 5 ; 16 janv. 1990, *ibid.*, n° 28.

4. La validité de la délégation de pouvoir ne saurait en outre rester étrangère à toute considération tenant à la personne du délégant (v. en ce sens, A. Cœuret, art. préc., p. 33). S'agissant des conséquences de la modification dans la situation juridique de l'employeur sur la validité de la délégation, v. Crim. 14 mars 2006, *Dr. soc.* 2006. 1057, obs. F. Duquesne ; 20 juill. 2011, n° 10-87.348, *Bull. Joly* 2011. 957, obs. N. Ferrier.

5. Crim. 12 déc. 1989, *Bull. crim.* n° 477 ; 24 sept. 1998, *Bull. Joly* 1999. 492. Selon un auteur, l'exigence d'appartenance du délégataire à l'entreprise s'explique par la volonté de renforcer l'obligation de surveillance due par le chef d'entreprise délégant et est destinée à garantir l'efficacité de la prévention des infractions dans son entreprise (N. Ferrier, *op. cit.*, n° 285).

6. Crim. 7 févr. 1995, n° 94-81.832, inédit, *RJS* 1995, n° 657. V. aussi, Crim. 26 mai 1994, *Bull. crim.* n° 208 ; *Dr. soc.* 1995. 344, note A. Cœuret ; *D.* 1995. 110, note Y. Reinhard. Cette dernière décision ne saurait être sollicitée à l'excès dans la mesure où, en l'espèce, le président de la société mère était également le dirigeant de la société où l'infraction avait été commise.

sociétés, est critiquable [1]. Apparaît en revanche moins contestable, la situation dans laquelle plusieurs sociétés chargées de la réalisation d'un même ouvrage confient à un unique délégataire, salarié de l'une d'entre elle, la charge de veiller au respect de la réglementation, spécialement en matière de santé et de sécurité au travail [2].

b) Le délégataire de pouvoir doit être doté de la compétence, de l'autorité et des moyens lui permettant de veiller efficacement à l'observation de la réglementation en cause. La compétence renvoie aux connaissances techniques nécessaires pour appliquer ou faire appliquer les prescriptions légales ou réglementaires [3]. L'autorité, qui va de pair avec la condition précédente, s'entend du pouvoir de commandement dont doit disposer le délégataire, afin d'obtenir des salariés placés sous sa surveillance qu'ils respectent ces prescriptions [4]. Parce qu'elle est de nature à restreindre l'autorité et à entraver les initiatives de chacun des prétendus délégataires, la Cour de cassation exclut qu'une délégation puisse être donnée à plusieurs personnes pour une même tâche [5]. Le délégataire doit enfin disposer des moyens lui permettant d'exercer efficacement les pouvoirs délégués. Ainsi, et à titre d'exemple, le délégataire doit pouvoir commander le matériel de sécurité nécessaire, sans s'en remettre au chef d'entreprise [6].

c) Parce qu'elle est une convention, mais aussi compte tenu des conséquences qu'elle emporte au regard de sa responsabilité pénale, il faut admettre que la délégation de pouvoir doit être expressément acceptée par le salarié [7].

704 ***Conditions tenant à la délégation*** ◊ La délégation de pouvoir doit être certaine et exempte d'ambiguïté. Elle ne peut donc résulter de la nature des travaux [8] ou des fonctions par ailleurs assumées par le

1. A tout le moins faudrait-il exiger que le chef d'entreprise mis en cause ait lui-même délégué ses pouvoirs dans le domaine concerné.

2. Admise en 1999 (Crim. 14 déc. 1999, *Bull. crim.* n° 306), la validité de cette délégation de pouvoir a été confirmée ultérieurement par la Cour de cassation : Crim. 13 oct. 2009, n° 09-80.857, *Bull. crim.* n° 169 ; *JCP* 2010. 52, note J.-H. Robert ; *Dr. soc.* 2010. 144, chron. F. Duquesne ; 23 nov. 2010, n° 09-85.115, *RJS* 2011. 251, chron. A. Cœuret ; *Dr. soc.* 2011. 361, chron. F. Duquesne. Outre qu'elle respecte l'autonomie des personnes morales en exigeant que la délégation soit conférée par chacun des chefs des entreprises intervenantes, la solution permet d'assurer une politique de prévention optimale.

3. Crim. 21 oct. 1975, *Bull. crim.* n° 222 ; 8 févr. 1983, *Bull. crim.* n° 48.

4. Pour autant, le droit d'infliger des sanctions n'est qu'un indice de la validité de la délégation : Crim. 21 nov. 2000, *Dr. ouvrier* 2001, 135, obs. M. Richevaux. Sauf à remettre en cause l'effet de la délégation de pouvoir, le chef d'entreprise ne peut s'immiscer dans l'exécution de la mission du délégataire (Soc. 21 nov. 2000, *Dr. soc.* 2001. 209, obs. J. Savatier ; 7 juin 2011, n° 10-84.283, *RJS* 1/12, p. 3, chron. A. Cœuret).

5. Crim. 23 janv. 1997, *Dr. ouvrier* 1997. 267 ; 23 nov. 2004, *Bull. crim.* n° 295.

6. Toulouse, 18 nov. 1999, *JCP E* 2000. 1128, obs. E. Fortis et Y. Muller.

7. Crim. 2 mars 1977, *Bull. crim.* n° 202. Si la délégation est donnée lors de l'exécution du contrat de travail, il s'agit d'une modification de celui-ci. On peut également penser que relève de cette qualification le fait de retirer à un salarié une délégation antérieurement consentie (v. en ce sens, à propos du retrait d'une délégation de signature, Soc. 26 oct. 2011, n° 10-19.001, *Dr. soc.* 2012. 303, obs. J. Mouly).

8. Crim. 2 oct. 1979, *Bull. crim.* n° 267.

salarié [1]. Mais « certaine » ne veut pas dire écrite [2]. La délégation doit par ailleurs être limitée quant à son objet. Partant, le contrat de travail qui charge le salarié d'une mission générale de surveillance et d'organisation des mesures de sécurité sur les chantiers ne vaut pas délégation en l'absence d'instructions précises [3].

B. Effets de la délégation de pouvoir

705 ***À l'égard des personnes physiques*** ◊ Dès lors qu'elle est valable, la délégation de pouvoir entraîne un transfert de la responsabilité pénale pesant sur le chef d'entreprise sur la tête du délégataire. Pour produire son effet exonératoire, elle doit être invoquée par celui qui entend s'en prévaloir [4] et qui doit en établir l'existence [5]. La preuve de la délégation de pouvoir est libre. Par voie de conséquence, si un écrit n'est pas nécessaire [6], il peut faciliter la preuve, en cas de litige, de l'existence et de l'étendue de la délégation de pouvoir [7]. La preuve de la délégation doit s'appuyer sur des éléments précis, de nature à convaincre le juge [8]. Si tel est le cas, le chef d'entreprise échappera à la responsabilité pénale qui pèse normalement sur lui [9]. Cet effet exonératoire paraît de nature à remettre en cause la thèse selon laquelle la délégation de pouvoir doit être analysée comme un mandat [10]. Toutefois, le transfert de responsabilité pénale du chef d'entreprise vers le délégataire est fondé sur l'exercice par le second des pouvoirs du premier, indépendamment du mécanisme juridique en vertu duquel le pouvoir est exercé [11].

706 ***À l'égard des personnes morales*** ◊ En application de l'article 121-2 du Code pénal, les personnes morales, à l'exclusion de l'État, sont responsables des infractions commises, pour leur compte, par leurs organes ou

1. V., à propos d'un salarié coordonnateur des travaux, Crim. 8 avr. 2008, *Dr. soc.* 2008. 809, note F. Duquesne.

2. Crim. 27 oct. 1976, *Bull. crim.* n° 776 ; 27 févr. 1979, *Bull. crim.* n° 88.

3. Crim. 28 janv. 1975, *Bull. crim.* n° 32 ; 30 avr. 2002, *Dr. soc.* 2002. 905, obs. F. Duquesne.

4. Il s'agit d'un moyen de défense que le prévenu peut invoquer à tout moment, y compris en cause d'appel : Crim. 5 janv. 1993, *Bull. crim.* n° 6 ; 13 sept. 2005, *JCP S* 2005. 1339, note J.-F. Césaro.

5. Crim. 11 mars 1993 (5 arrêts), *Bull. crim.* n° 112.

6. Crim. 27 févr. 1979, préc.

7. L'écrit n'est qu'un élément d'appréciation parmi d'autres (Crim. 26 juin 1979, *Bull. crim.* n° 232). Une délégation écrite, même signée du délégataire, n'est pas nécessairement valable dès lors qu'elle est rédigée en termes généraux (Crim. 2 févr. 1993, *Dr. pénal* 1993, n° 139, note J-H. Robert).

8. Crim. 26 mars 2008, *JCP E* 2008. 1813, n° 4, obs. E. Fortis. *Adde*, A. Cœuret et E. Fortis, *op. cit.*, n° 337 s. et la jsp. citée.

9. La responsabilité pénale du délégataire sera quant à elle engagée dans les mêmes termes que celle du chef d'entreprise (v. A. Cœuret et E. Fortis, *op. cit.*, n° 343 s.). Il en résulte que la même *infraction* ne peut être retenue à la fois contre le chef d'entreprise et contre le délégataire qu'il s'est substitué (Crim. 23 janv. 1975, *JCP* 1976. II. 18333, note J.-H. Robert ; 28 mars 1979, *Bull. crim.* n° 127).

10. Le mandat devrait en effet avoir pour seule finalité l'engagement du mandant et non du mandataire.

11. N. Ferrier, *op. cit.*, n° 70.

représentants. La jurisprudence ayant fait entrer dans cette dernière catégorie les salariés titulaires d'une délégation et d'une subdélégation de pouvoir [1], leurs infractions peuvent être imputées à la personne morale employeur. Mais la culpabilité de cette dernière présuppose toujours celle de son représentant ou de son organe [2]. Toutefois, la Chambre criminelle a, un temps, dispensé les juges du fond de l'identification de l'auteur de l'infraction, lorsqu'il apparaissait qu'elle n'avait pu être commise, pour le compte de la personne morale, que par l'un de ses organes ou représentants [3]. Elle est aujourd'hui revenue à une application plus rigoureuse des conditions posées par l'article L. 121-2 du Code pénal, exigeant des juges qu'ils vérifient que les manquements relevés à la charge d'une personne morale résultent du comportement de l'un de ses organes ou représentants et qu'ils ont été commis pour son compte [4]. Cette même Chambre criminelle a décidé que dans l'hypothèse où plusieurs sociétés intervenant sur un même chantier ont donné à un délégataire unique le pouvoir de veiller à l'application de la réglementation en matière de santé et de sécurité au travail, les infractions commises engagent la responsabilité pénale de la personne morale qui est l'employeur de la victime ou, en cas de recours à une main-d'œuvre intérimaire, de la personne morale ayant la qualité d'entreprise utilisatrice [5]. Cette solution a le mérite de préserver l'obligation pour l'employeur de veiller à la sécurité de ses salariés, tout en évitant de faire supporter à la société à laquelle est contractuellement lié le délégataire les conséquences des infractions commises au moins partiellement pour le compte d'autrui [6].

Il faut enfin souligner que, conformément aux prescriptions du dernier alinéa de l'article 121-2 du Code pénal, la responsabilité pénale des

1. Crim. 1er déc. 1998, *Bull. crim.* n° 325 ; 30 mai 2000, *Bull. crim.* n° 206 ; 25 mars 2014, n° 13-80.376, publié (délégation de pouvoir) ; 26 juin 2001, *Bull. crim.* n° 161 ; *JCP E* 2002. 371, note D. Ohl (subdélégation de pouvoir). La qualification de « représentant » pourrait sans doute être aussi retenue à l'encontre de salariés qui, sans être titulaires d'une délégation de pouvoir, disposeraient d'un statut ou d'attributions particulières. V. en ce sens, Crim. 11 oct. 2011, n° 10-87.212, *RJS* 1/12, n° 93 ; *ibid.* 6 avec la chron. d'A. Cœuret

2. Ce qui signifie que le juge doit caractériser tous les éléments de l'infraction dans la personne physique de l'un des organes ou représentants de la personne morale dont elle emprunte ensuite la criminalité (Crim. 18 janv. 2000, *D.* 2000. 696, note J.-C. Saint-Pau ; *JCP E* 2001. 278, note F. Marmoz).

3. Crim. 20 juin 2006, n° 05-85.255, *Bull. crim.* n° 188 ; 26 juin 2007, *Dr. pénal* 2007, n° 135, note M. Véron ; 15 janv. 2008, *JCP E* 2008. 1813, n° 7, obs. E. Fortis.

4. Crim. 11 avr. 2012, n° 10-86.974, *D.* 2012. 1381, note J.-Ch. Saint-Pau ; *JCP E* 2012. 1451, note J.-H. Robert. *Adde*, A. Cœuret et Fr. Duquesne, « Responsabilité pénale des personnes morales : un tournant décisif ? », *RJS* 2012. 515. V. aussi, dans le même sens, Crim. 2 oct. 2012, n° 11-84.415, *JCP S* 2013. 1053, note S. Brissy ; 11 déc. 2012, n° 11-87.421, *Dr. pénal* n° 4, n° 55, obs. M. Véron ; 22 janv. 2013, n° 12-80.022 P. Comp., Crim. 18 juin 2013, n° 12-85.917, publié, qui détonne un peu dans cet ensemble.

5. Crim. 13 oct. 2009 et 23 nov. 2010, préc. Le dernier arrêt cité laisse entrevoir qu'une autre personne morale pourrait être également condamnée (v. en ce sens, la chron. préc. d'A. Cœuret, *RJS* 2011. 255).

6. A. Cœuret, *op. cit.*, p. 255. Ainsi que le souligne à juste titre cet auteur, cette solution peut conduire à considérer que les sociétés sont les co-employeurs du délégataire commun.

personnes morales n'exclut pas celle des personnes physiques auteurs des mêmes faits [1]. Le chef d'entreprise ou le délégataire de pouvoir qu'il s'est substitué peut donc être déclaré pénalement responsable, nonobstant d'ailleurs la rédaction malheureuse de l'article L. 4741-1 du Code du travail postérieurement à la recodification [2].

§ 2. La délégation de pouvoir en matière civile

707 ***Présentation*** ◇ Selon une opinion très juste, les personnes morales sont, en raison de leur nature abstraite, dans l'impossibilité d'émettre une volonté ; elles sont, en quelque sorte, frappées d'une incapacité d'exercice de fait [3]. Elles ne peuvent donc exercer leur activité externe que par l'intermédiaire de personnes physiques, habilitées à agir en leur nom et pour leur compte. Alors même qu'il met en scène un certain nombre de groupements personnifiés, tels que, notamment, les syndicats et les comités d'entreprise, le Code du travail ne rend quasiment pas compte de cette problématique. Leur attribuant d'importantes prérogatives, il n'évoque que rarement les modalités de leur exercice [4]. C'est la technique de la délégation de pouvoir qui semble alors seule de nature à assurer la représentation de ces personnes morales, même si cela ne ressort pas de manière très claire des quelques arrêts rendus par la Cour de cassation en la matière [5].

Le Code du travail est tout aussi lacunaire s'agissant de la représentation de la personne morale employeur et, spécialement, de l'exercice de ses prérogatives à l'égard des salariés. Pas plus qu'elle ne saurait conclure le

---

1. Sous réserve des dispositions du quatrième alinéa de l'art. 121-3 C. pén. V. Crim. 2 oct. 2012, n° 11-85.032, *JCP S* 2012. 1546, note A. Cœuret.

2. Ce texte intéresse les *infra*ctions aux règles de santé et de sécurité. Alors que l'ancien article L. 263-2 visait « les chefs d'établissement, directeurs, gérants ou préposés », l'art. L. 4741-1 C. trav. ne vise plus que « l'employeur ou son délégataire ». L'employeur étant fréquemment une personne morale, il pourrait être tiré argument du texte nouveau pour avancer que la responsabilité du chef d'entreprise est désormais exclue au profit de la seule personne morale. Une telle interprétation doit être écartée. Outre que la recodification s'est faite à droit constant, il serait pour le moins curieux que le chef d'entreprise ne soit plus pénalement responsable, alors que son délégataire de pouvoir l'est.

3. G. Wicker, Personne morale, *Rép. Dalloz de Droit civil*, n° 76.

4. On cherchera ainsi en vain dans ledit code des dispositions organisant la représentation du comité d'entreprise, si ce n'est l'art. L. 2325-2 C. trav. qui renvoie à un « règlement intérieur » le soin de préciser les modalités de son fonctionnement. L'article R. 432-1 qui disposait que « (...) le comité est valablement représenté par un de ses membres délégué à cet effet » a été abrogé à l'occasion de la recodification. S'agissant des syndicats de salariés et groupements d'employeurs, peut seul être mentionné l'art. L. 2231-2 C. trav. relatif aux personnes habilitées à négocier en leur nom et pour leur compte.

5. V. toutefois, à propos du comité d'entreprise, Soc. 12 juill. 2006, n° 04-47.737, *Bull. civ.* V, n° 255 ; 29 sept. 2010, n° 09-42.296, *Bull. civ.* V, n° 206. Pour ce qui est des syndicats, la Cour de cassation donne prééminence aux délégations de pouvoir statutaires, notamment en matière de désignation des représentants du syndicat dans l'entreprise (v. ss 1106). Elle considère en outre que le salarié désigné pour représenter son organisation syndicale auprès du chef d'entreprise, est, par cette désignation, investi de plein droit du pouvoir de négocier et de conclure un accord d'entreprise : Soc. 19 févr. 1992, n° 90-10.896, *Bull. civ.* V, n° 896.

contrat de travail qui, pourtant, la lie au salarié, la personne morale employeur n'est en mesure de licencier ce dernier. Seule une personne physique habilitée à agir en son nom et pour son compte peut accomplir ces actes juridiques. Pourtant, qu'il s'agisse de la convocation à l'entretien préalable au licenciement (C. trav., art. L. 1232-2), du déroulement de cet entretien (C. trav., art. L. 1232-3) ou de la notification du licenciement, le Code du travail se borne à viser « l'employeur », sans envisager sa représentation.

708 ***Délégation du pouvoir de licencier***[1] ◊ Juridiquement titulaire du pouvoir de licencier, la personne morale employeur ne peut l'exercer en fait. Elle doit donc, ici comme ailleurs, être représentée par une personne physique. Cette prérogative sera d'abord exercée par le chef d'entreprise, dont l'identification dépend de la forme juridique adoptée par la personne morale[2]. Mais, pour des raisons évoquées précédemment, il faut admettre que le chef d'entreprise peut déléguer ce pouvoir à l'un de ses subordonnés. C'est la position adoptée par la Chambre sociale de la Cour de cassation, qui considère que « l'employeur » peut se faire représenter tant au cours de l'entretien préalable[3], que pour la notification du licenciement[4], à condition que le mandat ne soit pas donné à une personne étrangère à l'entreprise[5].

Alors que l'on pouvait penser que la possibilité de déléguer le pouvoir de licencier ne posait plus de difficultés, au moins quant à son principe, sa validité a été remise en cause dans les sociétés par actions simplifiées[6]. Une chambre mixte de la Cour de cassation a clos le débat par deux arrêts

1. G. Auzero, L'exercice du pouvoir de licencier, *Dr. soc.* 2010. 289 ; A. Cœuret et Fr. Duquesne, Actualité de la délégation du pouvoir de licencier dans l'entreprise ou le groupe d'entreprises : *Dr. soc.* 2012. 35.

2. Et donc du droit des sociétés ou encore du droit applicable aux associations. V. à ce propos, Soc. 25 nov. 2003, n° 01-42.111, *Bull. Joly* 2004. 422, note C.-M. Bénard ; 29 sept. 2004, n° 02-43.771, *Bull. civ.* V, n° 236 ; 2 mars 2011, n° 08-45.422, *Bull. civ.* V, n° 58 ; 12 janv. 2012, n° 10-23.484 : *Dr. soc.* 2012. 323, obs. Fr. Duquesne ; 19 sept. 2012, n° 11-14.547, *Bull. Joly*. 2012. 860, note N. Ferrier.

3. Soc. 14 juin 1994, n° 92-45.072, *RJS* 7/94, n° 851.

4. Soc. 26 mars 2002, n° 99-43.155, *Bull. civ.* V, n° 105 ; *Dr. soc.* 2002. 784, obs. J. Mouly.

5. Soc. 26 mars 2002, préc. ; 26 avr. 2006, n° 04-42.860, inédit. La Cour de cassation a toutefois admis que le directeur du personnel de la société mère, qui n'est pas une personne étrangère aux filiales, peut recevoir mandat pour procéder à l'entretien préalable et au licenciement d'un salarié employé par ces filiales : Soc. 19 janv. 2005, n° 02-45.675, *Dr. soc.* 2005. 475, obs. J. Savatier ; 23 sept. 2009, n° 07-44.200, *RDT* 2009. 647, obs. G. Auzero. Compte tenu de l'autonomie des personnes morales qui composent le groupe, il faut que le mandat soit donné par le représentant de l'employeur, c'est-à-dire le mandataire social de la filiale (v. en ce sens, Soc. 15 déc. 2011, n° 10-21.926, inédit ; 16 janv. 2013, n° 11-26.398, *Bull. Joly*. 2013. 275, note P. Le Cannu). V. aussi, à propos d'un travailleur temporaire, Soc. 2 mars 2011, n° 09-67.237, *RDT* 2011. 307, obs. N. Ferrier.

6. Cette remise en cause a été le fait de décisions émanant de diverses cours d'appel. V. G. Auzero et N. Ferrier, La délégation du pouvoir de licencier dans les SAS (et autres groupements personnifiés), *RJS* 2011. 83 et la jsp. citée. On peut trouver curieux que le problème ait surgi à propos de la SAS, alors qu'il paraît intéresser tous les groupements dotés de la personnalité morale. Cela s'explique au regard des textes applicables à cette société et, singulièrement, de l'art. L. 227-6 C. com.

rendus 19 novembre 2010, en affirmant que si, selon l'article L. 227-6 du Code de commerce, « la société par actions simplifiée est représentée à l'égard des tiers par son président et, si statuts le prévoient, par un directeur général ou un directeur général délégué dont la nomination est soumise à publicité, cette règle n'exclut pas la possibilité, pour ces représentants légaux, de déléguer le pouvoir d'effectuer des actes déterminés tels que celui d'engager ou de licencier les salariés de l'entreprise »[1]. Confirmant des solutions qui avaient été énoncées antérieurement[2], cette même Chambre mixte précise qu'aucune disposition légale n'exige que la délégation du pouvoir de licencier soit donnée par écrit, qu'elle peut être tacite et découler des fonctions du salarié qui conduit la procédure de licenciement[3]. La Chambre sociale n'aura guère tardé à adopter la position retenue dans ces arrêts de Chambre mixte[4].

Lorsque le licenciement est prononcé par une personne qui n'en a pas le pouvoir, la Cour de cassation a un temps hésité entre l'annulation du licenciement[5] et la condamnation de l'employeur pour licenciement sans cause réelle et sérieuse[6]. Alors, que la logique juridique incitait à privilégier la première solution[7], la Cour de cassation a, semble-t-il, définitivement choisi la seconde[8]. En tout état de cause, l'employeur paraît devoir échapper à l'une et l'autre de ces sanctions, dans la mesure où, conformément aux règles du mandat, lui est reconnue la faculté de ratifier l'acte litigieux[9]. Si la Cour de cassation avait admis que la nullité du licenciement, elle aurait pu considérer que la ratification avait pour seul effet

1. Cass., ch. mixte, 19 nov. 2010, n°s 10-10.095 et 10-30.215, *Sem. soc. Lamy*, n° 1469, note P. Henriot ; *JCP E* 2010. 2049, note A. Couret et B. Dondero. *Adde* la chron. préc. de G. Auzero et N. Ferrier ; A. Cœuret et F. Duquesne, Les licenciements dans la SAS : fin d'une controverse et ébauche d'une théorie du pouvoir délégué, *Dr. soc.* 2011. 382.

2. Soc. 18 nov. 2003, n° 01-43.608, *Bull. civ.* V, n° 191 ; 23 sept. 2009, préc. ; 29 sept. 2010, n° 09-42.292, *Bull. civ.* V, n° 206.

3. Cass., ch. mixte, 19 nov. 2010, n° 10-10.095, préc. La solution est logique dès lors que l'on admet que la délégation de pouvoir est une forme particulière de mandat. La Chambre mixte paraît avoir fait sienne cette analyse, si l'on en juge par le visa de l'arrêt en cause, dans lequel figurent les articles 1984 et 1998 du Code civil.

4. Soc. 26 janv. 2011, n° 08-43.475, *Bull. civ.* V, n° 34 ; 2 mars 2011, n°s 09-67.237 et 08-45.422, *RDT* 2011. 307, obs. N. Ferrier ; 8 nov. 2011, n° 11-10.038.

5. Soc. 13 sept. 2005, n° 02-47.619, inédit ; 29 avr. 2009, n° 08-40.128, inédit.

6. Soc. 30 sept. 2010, n° 09-40.114, *Bull. civ.* V, n° 208 ; *JCP E* 2010. 1997, note F. Duquesne. Cette dernière décision laisse à penser que la Chambre sociale entend privilégier l'absence de cause réelle et sérieuse.

7. V. en ce sens, G. Auzero, L'exercice du pouvoir de licencier, préc. V. aussi, A. Cœuret et Fr. Duquesne, Actualité de la délégation du pouvoir de licencier dans l'entreprise ou le groupe d'entreprises, préc.

8. Soc. 15 nov. 2011, n° 10-17.015, *JCP S* 2012, 1057, note S. Brissy ; 18 janv. 2012, n° 10-23.713, *Dr. soc.* 2012. 325, obs. F. Duquesne.

9. Cass., ch. mixte, 19 nov. 2010, n° 10-30.215, préc., qui rappelle, au visa de l'article 1998 du Code civil, « qu'en cas de dépassement de pouvoir par le mandataire, le mandant est tenu de l'acte de celui-ci s'il l'a ratifié expressément ou tacitement ». V. aussi, pour une référence expresse au mandat, Soc. 7 déc. 2011, n° 10-30.222, préc. Pour un exemple de ratification, au demeurant bien curieux, v. Soc. 10 mai 2012, n° 10-28.769, note F. Duquesne. V. aussi, Soc. 13 mars 2013, n° 11-23.761, *Bull. Joly.* 2013. 313, note N. Ferrier, qui admet la ratification tacite.

d'assurer la rupture du contrat de travail, sans pour autant effacer l'irrégularité de fond résidant dans le fait que le licenciement avait été, à l'origine, prononcé par une personne qui n'avait pas compétence pour le faire [1]. De façon générale, il faut rappeler que la délégation de pouvoir est une délégation de compétence [2]. Partant, et en s'inspirant des solutions retenues en matière pénale, le juge devrait être en mesure de contrôler que la personne à qui le pouvoir de licencier a été délégué dispose, sinon de l'autorité et des moyens, à tout le moins de la compétence pour l'exercer [3].

SECTION 3. LE CUMUL D'UN CONTRAT DE TRAVAIL ET D'UN MANDAT SOCIAL [4]

709 ***Présentation*** ◇ Le cumul d'un contrat de travail et un mandat social éveille la curiosité. Comment, en effet, une personne détenant une fraction plus ou moins importante du pouvoir de direction en vertu d'un mandat social pourrait-elle être, dans le même temps, liée à la société employeur par un contrat de travail, dont on sait qu'il est caractérisé par un lien de subordination ? Sauf à considérer que l'on puisse être subordonné à soi-même, ce qui ne peut être admis, une telle situation de cumul paraît donc juridiquement exclue. Cette conclusion doit pourtant être écartée et il s'avère que ce cumul peut être licite et, à certains égards, justifié.

Le cumul d'un contrat de travail et d'un mandat social est en premier lieu concevable d'un point de vue juridique, parce que la désignation en qualité de mandataire n'implique pas nécessairement la détention de la totalité du pouvoir de direction et, par suite, l'attribution de la fonction de

---

1. Nonobstant la ratification, ce licenciement devrait donc être jugé sans cause réelle et sérieuse. V. en ce sens, G. Auzero et N. Ferrier, art. préc. La Cour de cassation considérant désormais que le licenciement prononcé par une personne qui n'avait pas ce pouvoir est « simplement » dépourvu de cause réelle et sérieuse, la ratification paraît devoir effacer cette sanction.

2. Ce qui n'interdit pas une simple délégation de signature. Ainsi, le titulaire du pouvoir de licencier peut, après avoir mené la procédure et arrêté la décision de licenciement, déléguer le seul pouvoir de signer la lettre de notification à une autre personne (Soc. 10 nov. 2009, *Bull. civ.* V, n° 250 ; *Lexbase Hebdo, éd. Sociale*, n° 373, obs. G. Auzero). Il est en revanche très contestable que la Cour de cassation admette que la faculté de représenter l'employeur à l'entretien préalable ne soit pas réservée au seul délégataire du pouvoir de décider du licenciement (Soc. 14 juin 1994, n° 92-45.072, *RJS 7/94*, n° 851). Le pouvoir et, par suite, la compétence pour licencier ne peuvent se diviser. Un arrêt en date du 7 décembre 2011 peut laisser à penser que la Chambre sociale entend abandonner cette solution (Soc. 7 déc. 2011, n° 10-30.222 : *RDT* 2012. 94, obs. G. Auzero).

3. On peut ainsi admettre, avec la Cour de cassation, qu'un travailleur temporaire n'est pas une personne étrangère à l'entreprise et peut donc recevoir délégation du pouvoir de licencier (Soc. 2 mars 2011, n° 09-67.237, préc.). Mais dispose-t-il pour autant de la compétence pour l'exercer ?

4. G. Auzero et N. Ferrier, Cumul d'un contrat de travail et d'un mandat social, *Rép. Sociétés* Dalloz, 2010 ; À Sayag, Mandat social et contrat de travail : attraits, limites et fictions, *Rev. sociétés* 1981. 1 ; R. Vatinet, Cumul d'un mandat social et d'un contrat de travail, *in* « Les frontières du salariat », *RJ Île-de-France* 1996, n° 39/40, 209.

chef d'entreprise à celui qui en est investi. En d'autres termes, alors même qu'elle a la qualité de mandataire social d'une société, une personne peut néanmoins être subordonnée à autrui par l'effet d'un contrat de travail. Le cumul peut en second lieu se justifier concrètement [1]. Souvent nécessaire dans les structures sociales de petite dimension, spécialement lorsqu'elles ont un caractère familial, le cumul peut être le moyen d'assurer la promotion sociale d'un salarié méritant. Promotion dont on évitera qu'elle se révèle illusoire en garantissant à l'intéressé qu'il conserve son contrat de travail. Cela étant, il ne faut pas cacher que le cumul d'un contrat de travail de travail et d'un mandat social peut poursuivre des objectifs beaucoup moins avouables, dénoncés de longue date et pourtant régulièrement au cœur de l'actualité [2].

710 *Dualité du cumul* ◊ Fort peu envisagé par les textes, qu'ils relèvent du Droit du travail ou du Droit des sociétés, le cumul d'un contrat de travail et d'un mandat social a fait en revanche l'objet des attentions de la Cour de cassation, qui s'est essentiellement préoccupée de fixer ses conditions de validité, sans pour autant méconnaître ses effets. Régulièrement saisie de litiges relatifs à des cumuls au sein d'une même société, la Chambre sociale de la Cour de cassation a plus récemment admis une figure originale : celle du cumul au sein d'un groupement de sociétés. Tandis que, dans le premier cas, le contrat de travail et le mandat social s'additionnent, ils ne font plus qu'un dans le second, le contrat de travail absorbant en quelque sorte le mandat social. Il y a là une différence très nette qui commande d'étudier séparément le cumul au sein d'une même société (§ 1) et le cumul au sein d'un groupement de sociétés (§ 2).

§ 1. Le cumul au sein d'une même société

A. Les conditions de validité du cumul

711 Le cumul d'un mandat social et d'un contrat de travail obéit en premier lieu à des conditions générales, d'origine prétorienne, qui visent à s'assurer de sa réalité. On trouve en second lieu trace dans les textes de quelques conditions spéciales, attachées à la forme sociale dans laquelle il s'inscrit.

1. Conditions générales

712 *Critères et charge de la preuve* ◊ Pour être licite, le cumul d'un contrat de travail et d'un mandat social doit être effectif, ce qui suppose

1. V. A. Sayag, art. préc.
2. Le cumul peut ainsi avoir pour but d'accorder au dirigeant une protection à laquelle il ne peut *a priori* pas prétendre, notamment au regard de l'assurance chômage, ou encore une double rémunération pour une seule et même fonction. V. sur la question, G. Auzero et N. Ferrier, *op. cit.*, spéc. n° 7.

de prouver la réalité et l'effectivité de l'un et l'autre de ces contrats[1]. Les discussions se cristallisent principalement sur le contrat de travail dont l'existence est, tantôt revendiquée, généralement par l'intéressé, tantôt contestée, que ce soit par la société, l'AGS ou Pôle emploi [2]. L'effectivité du cumul suppose la réunion de fonctions salariales et sociales distinctes, d'une subordination juridique et d'un salaire au titre du contrat de travail. Conformément aux prescriptions de l'article 1315 du Code civil, la preuve de l'existence du contrat de travail ou, s'il est apparent, de son caractère fictif, pèse sur celui qui s'en prévaut [3].

713 ***Fonctions distinctes*** ◊ Le cumul d'un contrat de travail et d'un mandat social, qui se traduit par l'addition de deux actes juridiques, ne doit pas rimer avec confusion. Il suppose donc concrètement une dissociation de deux fonctions, l'une de direction, au titre du mandat social, l'autre, habituellement qualifiée de technique, au titre du contrat de travail [4]. Par suite, lorsque les fonctions exercées par un mandataire social ne comportent l'exercice d'aucune tâche technique distincte de son mandat social, le contrat de travail ne peut être tenu pour valable. Le fait que le contrat de travail ait souvent pour objet l'exercice de fonctions qualifiées de « direction » (directeur financier, commercial, etc.) ne facilite pas la tâche. À cette fin, il convient de rechercher et de comparer, au cas par cas, l'objet de chacune des fonctions effectivement exercées par l'intéressé, sans se limiter aux stipulations contractuelles [5].

714 ***Lien de subordination*** ◊ Parce qu'il ne peut y avoir en principe de contrat de travail sans lien de subordination, il convient de vérifier que, dans l'exercice de ses fonctions techniques, l'intéressé est subordonné à autrui. C'est sans doute là le critère qui suscite le plus de difficultés et de contentieux. Établir un rapport de subordination suppose au premier chef d'identifier dans la société une personne susceptible de donner des ordres et des directives au « mandataire social-salarié », d'en contrôler l'exécution et, au besoin, de sanctionner ses manquements. À cet égard, l'existence d'un lien de subordination doit par principe être exclue lorsque le mandataire social est maître de l'ensemble des décisions. Cette hypothèse ne paraît renvoyer

1. Contrats qui doivent évidemment répondre à leurs propres conditions de validité. Nous faisons ici nôtre l'analyse contractuelle de la situation des dirigeants soutenue par certains auteurs (v. en ce sens, Fl. Deboissy, Le contrat de société, *in* « Le contrat », Trav. de l'Ass. H. Capitant, Tome LV, 2005, 119, spéc. n° 42 s.).

2. La réalité du mandat social est très rarement discutée, y compris dans des cas où elle pourrait l'être. V. Soc. 10 févr. 2010, n° 09-40.383, *Bull. Joly* 2010. 528, obs. G. Auzero.

3. Soc. 7 janv. 1997, n° 93-44.127, *JCP E* 1997. 951, note C. Puigelier ; 17 sept. 2008, n° 07-40.842 : *Bull. Joly* 2009. 12, note B. Saintourens ; 18 avr. 2008, n° 07-40.843, *Bull. Joly* 2008, obs. ; G. Auzero. La production de bulletins de salaire et la notification d'une lettre de licenciement sont à elles seules insuffisantes à créer l'apparence d'un contrat de travail (Soc. 10 juin 2008, n° 07-42.165, *RDT* 2008. 659, obs. J.-Ch. Pagnucco).

4. Soc. 14 juin 1989, n° 86-43.378, inédit ; 25 mai 1989, n° 86-42.021, *Bull. civ.* V, n° 392.

5. Soc. 17 nov. 1988, *Rev. sociétés* 1989. 232, note B. Petit, *RTD com.* 1989. 82, obs. Y. Reinhard.

pour l'heure qu'à la situation du gérant majoritaire de SARL, qui se voit toujours refuser le cumul [1]. Pour le reste, la Cour de cassation se veut compréhensive, décidant notamment que la qualité d'associé égalitaire de SARL n'est pas exclusive de celle de salarié [2] ou encore qu'il n'y a pas d'incompatibilité de principe entre les fonctions de salarié et celles de président du conseil d'administration d'une société anonyme [3]. Cela peut aboutir à des situations curieuses dans lesquelles le « mandataire social-salarié » sera en fait subordonné, non pas à un dirigeant, mais à un actionnaire majoritaire [4]. En tout état de cause, il convient, dans chaque cas, de caractériser, à partir d'un faisceau d'indices, le lien de subordination juridique [5].

715 ***Rémunération*** ◊ Le cumul suppose que l'intéressé perçoive une rémunération spécifique pour son activité salariée [6]. Une double rémunération n'est cependant pas exigée dans la mesure où le mandat social peut être gratuit [7]. Mais, existerait-elle, elle ne suffit pas à établir la réalité du contrat de travail, car si une rémunération spécifique à l'activité salariée est une condition nécessaire du cumul, elle n'est qu'un indice de sa réalité [8].

2. Conditions spéciales

716 ***Société anonyme*** ◊ Bien que la loi ne l'interdise pas de manière expresse, et l'autorise même dans certains cas [9], la Cour de cassation considère de longue date qu'un administrateur ne peut conclure un contrat de travail avec la société dans laquelle il exerce ses fonctions sociales [10]. C'est donc un

1. Soc. 31 mars 1982, n° 81-10.488, *Bull. civ.* V, n° 238.

2. Soc. 18 avr. 2008, n° 07-40.842, préc. V. aussi, à propos d'un associé unique « non-gérant », Soc. 11 juill. 2012, n° 11-21.161, inédit.

3. Soc. 16 oct. 1991, n°s 88-40.188 et 88-42.392, *Bull. civ.* V, n° 408.

4. Paris, 10 avr. 1996, *Bull. Joly* 1996. 689, note F. Mansuy ; Soc. 10 févr. 2010, n° 09-40.383, préc. dans lequel la Cour de cassation admet que le gérant minoritaire d'une SARL, par ailleurs son unique salarié, était sous la dépendance « de la société mère ».

5. V. G. Auzero et N. Ferrier, *op. cit.*, n° 28 s. et la jsp. citée.

6. Soc. 14 mai 1998, n° 97-40.652, *Bull. civ.* V, n° 256. À défaut, l'absence de contrat de travail sera présumée : Soc. 22 mai 1995, *Bull. Joly* 1995. 860, note Ph. Reigné ; 29 avr. 2009, n° 08-41.072, inédit.

7. Paris, 10 avr. 1996, préc.

8. Soc. 16 oct. 1980, *Bull. civ.* V, n° 745.

9. L'art. L. 225-21-1 C. com., issu de la loi « Warsmann » du 22 mars 2012, permet à un administrateur de devenir salarié d'une société anonyme au conseil de laquelle il siège « si cette société ne dépasse pas, à la clôture d'un exercice social, les seuils définissant les petites et moyennes entreprises prévus à l'art. 2 de l'annexe à la recommandation n° 2003/361/CE de la Commission, du 6 mai 2003, concernant la définition des micro, petites et moyennes entreprises et si le contrat de travail correspond à un emploi effectif ».

10. Soc. 7 juin 1974, n° 73-40.155, *Rev. sociétés* 1975. 91, note Y. Chartier ; 21 nov. 2006, n° 05-45. 416, *Bull. Joly* 2007. 383, note G. Auzero. La solution est fondée sur l'application combinée des art. L. 225-44 et L. 225-22 C. com. La conclusion d'un contrat de travail est donc possible dès lors que le mandat social a pris fin (Soc. 9 juill. 2008, n° 07-44.553, *Bull. Joly* 2008. 961, obs. G. Auzero). Par ailleurs, rien n'interdit à un administrateur en fonction de conclure un contrat de travail avec une autre société, ferait-elle partie du même groupement.

critère purement chronologique qui est ici à l'œuvre. Il suffit que les fonctions d'administrateurs aient été acceptées pour que la conclusion postérieure d'un contrat de travail soit exclue. À l'inverse, un salarié peut accéder aux fonctions d'administrateurs tout en conservant le bénéfice de son contrat de travail, sous réserve que les conditions générales évoquées précédemment soient remplies [1]. Le contrat de travail n'est alors pas figé et des modifications peuvent lui être apportées [2]. Il n'existe aucune limitation de cette sorte dans la société anonyme à conseil de surveillance et directoire où le cumul d'un contrat de travail et d'un mandat social est pleinement autorisé. En revanche, le nombre d'administrateurs ou de membres du conseil de surveillance liés à la société par un contrat de travail ne peut dépasser le tiers des membres en fonction (C. com., art. L. 225-22, L. 225-85).

717 ***Autres formes sociales*** ◇ Selon une opinion communément admise, l'associé d'une société en nom collectif ne pourrait cumuler cette fonction avec un contrat de travail dans la mesure où il a la qualité de commerçant et que celle-ci est incompatible avec celle de salarié [3]. Une telle incompatibilité peut néanmoins être contestée, dès lors que l'activité salariée est absolument distincte de l'activité développée en qualité d'associé [4]. Les mêmes solutions et réserves valent pour les sociétés en commandite, qu'elles soient simples ou par actions. Dans les autres formes sociales, rien ne s'oppose au cumul d'un mandat social et d'un contrat de travail, seules étant alors applicables les conditions générales auxquelles sa licéité subordonnée [5].

B. **Le régime juridique du cumul**

718 Le cumul d'un contrat de travail et d'un mandat social est de nature à entraîner deux séries de conséquences selon qu'il est irrégulier ou régulier. La première situation appelle immanquablement des sanctions, tandis que la seconde, qui fait coexister deux rapports juridiques distincts, oblige en principe à procéder à une application distributive des règles issues du Droit du travail et du Droit des sociétés.

---

1. Sous réserve aussi de pratiques frauduleuse consistant, par exemple, à démissionner du mandat social puis à conclure un contrat de travail avant que d'être à nouveau nommé en qualité d'administrateur (Soc. 18 mai 2005, n° 03-41.799, *RTD com.* 2006. 138, obs. P. Le Cannu).

2. Modifications qui, quelle que soit leur importance, ne peuvent être assimilées à la conclusion d'un « nouveau » contrat de travail, ce qui conduirait à ressusciter l'interdiction précitée (v. en ce sens, G. Auzero et N. Ferrier, *op. cit.*, § 53).

3. V. aussi en ce sens, Civ. 2e, 18 janv. 1961, *Bull. civ.* II, n° 43 ; Soc. 5 avr. 1974, *Bull. civ.* V, n° 220.

4. V. en ce sens, J.-J. Caussain, Fl. Deboissy, G. Wicker, obs. ss. Paris, 4 nov. 2003, *JCP E* 2004. 1510, n° 5, qui admet le cumul. V. aussi Com. 29 sept. 2009, n° 08-19.777, *Bull. civ.* IV, n° 115.

5. V., par ex., au sein d'un GIE : Soc. 17 sept. 2008, n° 07-41.344, *JCP E* 2008. 2237, note I. Beyneix et J. Rovinski. V. cep., pour le cas particulier des SCOP, G. Auzero et N. Ferrier, *op. cit.*, n° 70 s.

1. Le cumul irrégulier

719 ***Nullité et suspension du contrat de travail*** ◊ La seule irrégularité du cumul d'un contrat de travail et d'un mandat social ne paraissant plus devoir conduire à la nullité de ce dernier [1], il convient uniquement de s'interroger sur le sort du contrat de travail. L'hypothèse d'un contrat de travail consenti à un administrateur en fonction, nonobstant la prohibition précédemment évoquée, n'appelle guère de développements. Le contrat de travail est en ce cas frappé d'une nullité absolue, qui ne peut donc être rétroactivement confirmée [2]. Le contrat de travail sera aussi déclaré nul lorsqu'il a une cause illicite [3]. Reste la situation fréquente dans laquelle le cumul ne peut être admis, faute pour le contrat de travail d'être effectif, soit parce qu'il ne correspond pas à des fonctions techniques distinctes, soit parce qu'un lien de subordination ne peut être caractérisé. Dans semblables hypothèses, le contrat de travail n'est pas valable et sa nullité devrait être prononcée. Toutefois, lorsque l'absence d'effectivité du contrat de travail survient postérieurement à la nomination aux fonctions sociales, la Cour de cassation admet que le contrat de travail est suspendu de plein droit pendant le mandat social, sauf volonté contraire des parties [4]. Cette solution confère une certaine protection au salarié nommé à des fonctions de mandataire social, en lui assurant qu'il retrouvera son emploi salarié postérieurement à sa révocation [5]. Remarquons que la suspension du contrat de travail en raison de l'exercice d'un mandat social n'en laisse pas moins subsister certaines obligations à la charge du salarié, telle l'obligation de loyauté [6]. De même, la désignation du salarié comme mandataire social avec la suspension du contrat de

1. À la seule exception de la violation de la limite du tiers des membres du conseil d'administration ou du conseil de surveillance liés à la société par un contrat de travail (v. G. Auzero et N. Ferrier, *op. cit.*, n° 85).

2. Soc. 21 nov. 2006, n° 05-45.416, préc. ; Com. 26 janv. 1999, *Bull. Joly* 1999. 657, note T. Granier. L'administrateur doit normalement restituer à la société les rémunérations perçues au titre du contrat de travail nul, sans pouvoir obtenir une indemnité pour le travail accompli (Com. 16 mai 1995, n° 93-14.709, *Bull. civ.* IV, n° 149 ; Soc. 25 févr. 1997, n° 94-45.364, *D.* 1998. Somm. 185 ; 5 nov. 2009, n° 08-43.177, inédit).

3. Il en ira ainsi lorsqu'il stipule une indemnité de rupture d'un montant tel qu'elle porte atteinte au principe de libre révocation des mandataires sociaux (Soc. 30 mars 1999, n° 97-42.061, *Bull. Joly* 1999. 1107, note J.-P. Dom). Solution au demeurant contestable, qui fait peu de cas de l'indépendance des rapports juridiques issus du contrat de travail et du mandat social. L'indemnité a plutôt ici pour objet ou pour effet de remettre en cause le droit de rupture unilatérale de l'employeur dont on sait qu'il est d'ordre public.

4. Soc. 12 déc. 1990, n° 87-40.596, *Bull. civ.* V, n° 658 ; 18 nov. 1992, n° 89-41.252, *Bull. civ.* V, n° 547 ; 26 avr. 2000, n° 97-44.241, *Bull. civ.* V, n° 152 ; 22 sept. 2011, n° 09-72.637, inédit.

5. On imagine sans peine que, fréquemment, un licenciement succèdera à la révocation. Toutefois, compte tenu de l'indépendance des rapports juridiques issus du contrat de travail et du mandat social, la révocation ne saurait constituer une cause réelle et sérieuse de licenciement, qui ne peut être fondé que sur des motifs inhérents à la relation de travail salarié (Soc. 28 juin 2000, n° 98-43.100, *RJS* 11/00, n° 1066 ; 2 juill. 1992, n° 91-43.113, *Bull. Joly* 1992. 1099, note P. Le Cannu).

6. Soc. 30 mars 2011, n° 09-70.444, inédit.

travail pendant la durée de ce mandat, en l'absence de fonctions techniques distinctes ne met pas fin à la période d'essai [1].

2. Le cumul régulier

720 ***Coexistence de statuts indépendants*** ◊ Le cumul régulier d'un contrat de travail et d'un mandat social entraîne la coexistence de deux rapports juridiques distincts. Cette autonomie des deux statuts permet de résoudre la plupart des difficultés inhérentes au cumul, que ce soit pendant l'exécution du contrat de travail ou au moment de sa rupture. Dans le premier cas, la règle de principe précitée commande que les événements affectant l'un des rapports juridiques n'aient pas d'effets sur l'autre. Ainsi, le seul fait qu'il soit mis fin aux fonctions sociales ne peut constituer dans le même temps une modification du contrat de travail [2]. De même, le contrat de travail peut faire l'objet de modifications postérieurement à la nomination aux fonctions de mandataire social. Dans cette dernière hypothèse, il peut toutefois s'avérer nécessaire de respecter des exigences particulières relevant du Droit des sociétés. Ainsi, dans les sociétés anonymes et les SARL, trouve à s'appliquer la procédure des conventions réglementées, spécialement lorsque la modification intéresse la rémunération versée au titre du contrat de travail [3].

Pour ce qui est de la rupture du contrat de travail et ainsi qu'il a été déjà relevé, la révocation ne peut constituer à elle seule une cause réelle et sérieuse de licenciement. Par ailleurs, ce dernier ne pourra être fondé que sur des motifs inhérents à la relation de travail salariée [4].

§ 2. Le cumul au sein d'un groupement de sociétés

721 ***Présentation*** ◊ L'hypothèse envisagée procède d'un montage juridique original consistant à conclure un contrat de travail avec une société, dont l'objet est l'exercice d'un mandat social au sein d'une autre. Le mandat social ne s'additionne donc pas au contrat de travail, il se fond dans celui-ci. Un tel montage est fréquemment mis en œuvre dans les groupes de sociétés, le contrat de travail étant conclu avec la société mère aux fins d'exercer un mandat social dans l'une de ses filiales. Nonobstant les critiques dont elle fait l'objet, cette pratique a été admise par la Cour de cassation [5].

1. Soc. 24 avr. 2013, n° 12-11.825 P. Cette solution est la conséquence du fait que le cumul conduit à la coexistence de deux rapports juridiques bien distincts, y compris lorsque le contrat de travail est suspendu.

2. Soc. 14 juin 2000, n°s 97-45.852 et 97-45.945, *Bull. Joly* 2000. 949, note G. Auzero. V. aussi Soc. 28 sept. 2005, *Bull. Joly* 2006. 213, note G. Auzero.

3. On ne saurait pour autant considérer que toute augmentation de salaire doit être soumise à cette procédure (G. Auzero et N. Ferrier, *op. cit.*, n° 108 s).

4. Ainsi, des fautes commises dans l'exercice des fonctions sociales, si elles peuvent justifier la révocation du mandataire ne peuvent, dans le même temps, motiver un licenciement.

5. Soc. 2 oct. 1991, *RJDA* 12/91, n° 1041, *Dr. soc.* 1991. 463, note B. Petit ; 6 oct. 1993, *JCP E* 1994. I. 3746, obs. A. Viandier et J.-J. Caussain ; 20 mars 1996, *Bull. Joly* 1996. 514, note N. Rontchevsky ; 4 mars 1997, *RTD com.* 1997. 650, obs. B. Petit et Y. Reinhard.

A. Conditions de validité

722 ***Lien de subordination juridique*** ◊ Contrairement au cumul traditionnel, il n'est pas ici exigé des fonctions techniques distinctes de celles exercées au titre du mandat social. Cela est logique dans la mesure où, par hypothèse, le contrat de travail a pour objet l'exercice d'un mandat social. En revanche, il reste nécessaire de caractériser l'existence d'un lien de subordination. Cette démonstration s'avère *a priori* plus aisée que dans le cas du cumul au sein d'une même société, compte tenu du fait que le pouvoir patronal est exercé par une société distincte de celle dans laquelle est exercé le mandat social. Mais, précisément, cette subordination illustre la situation ambiguë du salarié et révèle la critique principale qui peut être opposée à ce montage juridique. En sa qualité de dirigeant, et au regard du Droit des sociétés, il doit exercer son mandat social de manière autonome ou sous l'autorité d'un autre organe de la filiale. Comment dès lors admettre que dans ces fonctions de direction, il soit subordonné à autrui ? Il faut cependant considérer qu'il y a là une question qui, pour intéresser la validité du mandat social, reste étrangère aux préoccupations du juge social qui doit s'en tenir au fait de savoir si un contrat de travail peut être caractérisé. Il faut en outre remarquer que le titulaire du pouvoir patronal n'est pas un tiers à la société dans laquelle est exercé le mandat social mais, en règle très générale, son actionnaire majoritaire [1].

B. Régime juridique

723 ***Indépendance et confusion des situations juridiques*** ◊ Alors que le cumul d'un contrat de travail et d'un mandat social au sein d'une même société conduit à la coexistence de deux rapports juridiques distincts, on est tenté de considérer qu'ils sont au contraire confondus lorsque le contrat de travail a pour objet l'exercice d'un mandat social. Cette assertion n'est toutefois vraie qu'en partie car si les deux rapports juridiques sont indubitablement liés, ils n'en conservent pas moins une certaine indépendance. Cela n'en rend que plus difficile la détermination du régime de ce cumul, dont il faut souligner que la Cour de cassation n'a pratiquement jamais eu à connaître [2]. Il en résulte de nombreuses questions auxquelles il est difficile d'apporter des réponses certaines [3]. Qu'advient-il par exemple du contrat de travail lorsque le mandat social est révoqué par les organes de

---

1. On ne saurait donc jeter la pierre à la Chambre sociale de la Cour de cassation qui ne fait que tirer des conséquences de montages sociétaires dont les ressorts lui échappent. Remarquons en outre que le cumul ici envisagé peut constituer l'un des indices d'une situation de co-emploi.

2. La Cour de cassation a en revanche été saisie de questions qui, pour être proches de celle qui nous intéresse, sans distinguent néanmoins dans la mesure où le salarié, embauché dans un premier temps par un contrat de travail « classique » est ensuite détaché dans une filiale pour y exercer un mandat social. V. not., Soc. 9 déc. 1997, n° 95-42.619, *Bull. civ.* V, n° 424 ; 30 nov. 1999, n° 97-41.431, *Bull. civ.* V, n° 464.

3. V. sur la question, G. Auzero et N. Ferrier, *op. cit.*, n° 149 s.

la société au sein de laquelle il est exercé ? Sans doute faut-il ici tenir compte des stipulations du contrat de travail. Si celui-ci précise que le salarié a été embauché pour exercer tel mandat social déterminé, la révocation semble constituer une cause de caducité du contrat de travail dont elle fait disparaître l'objet [1]. Si en revanche le mandat social n'est pas précisé, la société mère doit certainement donner au salarié une nouvelle affectation. De façon plus générale, on peut se demander à quelles conditions le contrat de travail peut être rompu par la société mère et, notamment, si des manquements commis dans l'exercice du mandat social peuvent constituer une cause de licenciement [2]. Cela doit sans doute être admis dès lors que ces manquements constituent, dans le même temps, une violation des obligations nées du contrat de travail [3].

1. Ce qui n'exclut pas que l'employeur doive licencier le salarié, la révocation constituant tout au plus un motif de licenciement.

2. Quoique plus hypothétique, le licenciement pour motif économique ne doit pas être exclu, spécialement lorsque la filiale disparaît consécutivement à sa mise en liquidation judiciaire. Dans ce cas, l'employeur devra chercher à reclasser le salarié.

3. Pour plus de développements sur cette question, v. G. Auzero et N. Ferrier, *op. cit.*, n° 159 s.

CHAPITRE 4
LE POUVOIR NORMATIF

724 ***Typologie*** ◊ Dès lors que le pouvoir de direction de l'employeur s'exprime par voie de disposition générale et permanente, il devient créateur de véritables règles de droit. Il peut alors s'exprimer au sein des règlements intérieurs d'entreprise (section 1), lesquels sont, aux dires de la jurisprudence, de véritables « actes réglementaires de droit privé » [1]. Il s'agit de la première forme de pouvoir normatif ou réglementaire de l'employeur à avoir été reconnue. Plus tard, il est apparu à la jurisprudence que l'employeur pouvait aussi créer unilatéralement, par voie de disposition générale et permanente, de nouveaux avantages. Est alors apparue l'importante catégorie des engagements unilatéraux de l'employeur (section 2). La faculté de l'employeur d'user de son pouvoir de direction par la mise en place de règles générales et permanentes ne s'épuise pas dans ces deux sources reconnues par la loi pour la première et la jurisprudence pour la seconde. L'entreprise est un lieu extrêmement normé, au sein de laquelle circulent toutes sortes de documents qui peuvent avoir une valeur normative : un code d'éthique [2], un message sur l'intranet, des notes de service, un cahier des charges, etc. Sont ainsi fixés toutes sortes de processus, procédures et méthodes de travail. Ces normes sont valides, pourvu qu'elles n'excèdent pas les limites du pouvoir fixées par le contrat, qu'elles respectent les droits fondamentaux et l'égalité de traitement, bref qu'elles soient licites. Elles tirent leur force juridique de l'exercice licite du pouvoir de direction de l'employeur [3]. Le Code fait parfois référence à ces normes directement issues du pouvoir de direction. Par exemple, l'article L. 2281-12 appelle l'employeur à régler, en l'absence d'accord collectif, les modalités d'exercice du droit d'expression directe.

725 ***Répartition*** ◊ Ces normes innommées se distinguent des normes du règlement intérieur et des engagements unilatéraux par leur objet. La qualification de règlement intérieur est réservée aux normes qui ont trait à la discipline, à l'hygiène, à la sécurité et à quelques autres éléments ponctuels limitativement fixés par le Code du travail [4]. Comme leur nom l'indique,

1. Soc. 25 sept. 1991, *Dr. soc.* 1992. 24, note J. Savatier, *Grands arrêts*, n° 177.

2. TGI Nanterre, 6 oct. 2005, *Dr. ouvrier* 2005. 219, note Saramito (code d'éthique comportant des dispositions générales et permanentes).

3. Sur ce pouvoir, v. ss 606 s.

4. C. trav., art. L. 1321-1, sur lequel, v. ss 727 s. Sur la qualification de « règlement intérieur » de toute norme patronale ayant un objet inclus dans celui du règlement intérieur, v. C. trav., art. L. 1321-5.

les engagements unilatéraux de l'employeur ne peuvent que générer des créances au bénéfice des salariés, ils ne sauraient contenir d'obligations à leur charge. Les normes innommées sont les autres manifestations normatives du pouvoir de direction, ce qui recouvre les normes unilatéralement édictées par l'employeur, prévoyant des obligations à la charge des salariés et qui n'entrent pas dans le domaine du règlement intérieur.

SECTION 1. LE RÈGLEMENT INTÉRIEUR

726 ***Avènement du règlement intérieur comme source spéciale du droit*** [1] ◊ Le règlement fut d'abord une pratique patronale, avant d'accéder au droit. Dans un premier temps, la Cour de cassation l'a assimilé une sorte d'annexe contractuelle à laquelle les salariés étaient censés avoir tacitement consenti lors de l'embauchage. Cette conception issue du célèbre arrêt « des sabots » de 1866 [2], n'est plus d'actualité. Le règlement intérieur apparaît aujourd'hui comme une manifestation particulière du pouvoir de direction de l'employeur. Au lieu de s'exprimer par des ordres ponctuels, le pouvoir s'exprime ici par l'édiction de normes générales et permanentes. Il s'agit donc bien d'un « *acte réglementaire de droit privé* », ainsi que la Cour de cassation le dit expressément [3].

Le règlement intérieur ou d'atelier fit son apparition dans le droit légiféré avec l'ordonnance du 6 novembre 1945, laquelle imposa la consultation du comité d'entreprise en préalable à son adoption et le contrôle de l'inspection du travail. En 1982, certains proposaient d'en faire un

1. M. Véricel, Sur le pouvoir normateur de l'employeur, *Dr. soc.* 1991. 120 ; A. Supiot, La réglementation patronale de l'entreprise, *Dr. soc.* 1992. 215. Sur le genre florissant des « chartes de déontologie », « codes de conduite », etc., élaborés par la direction et diffusés dans nombre d'entreprises, voy. assimilant un « code of business conduct » au règlement intérieur : TGI Nanterre, 10 oct. 2007, *Sem. soc. Lamy* 2007, n° 1328, obs. Ph. Waquet ; *RDT* 2008. 39, obs. I. Desbarats. *Adde.* N. Caussé, *La valeur juridique des chartes d'entreprise au regard du droit du travail français*, PUAM, 2000 ; A. Sobczak, *Réseaux de sociétés et codes de conduite. Un nouveau modèle de régulation des relations de travail pour les entreprises européennes*, Th., LGDJ, 2002. ; T. Berns et *alii*, *Responsabilités des entreprises et corégulation*, Bruylant, 2007 ; P.-H. Antonmattéi et Ph. Vivien, Chartes d'éthiques, alerte professionnelle et droit du travail français, *Dr. soc.* 2007. 522.

2. Civ. 14 févr. 1866, arrêt dit « des *sabots* », *D.* 1866. I. 84 (publié à nouveau dans *RDT* 2006. 29, obs. N. Olszak) : « Attendu que le jugement attaqué constate que les demandeurs *ont fait afficher à la porte de leurs ateliers un règlement* faisant défense à leurs ouvriers d'entrer dans lesdits ateliers avec des sabots, sous peine d'une amende de dix francs ; Que la femme Julliard, *admise comme ouvrière dans la fabrique des demandeurs, a adhéré à ce règlement* et qu'elle y a contrevenu... ». La Cour considère qu'en pénétrant dans l'atelier avec des sabots, l'ouvrière a « contrevenu pour la totalité » à son obligation. Les tenants d'une conception de l'entreprise comme institution allaient opposer à cette analyse contractuelle une analyse institutionnelle, attribuant nature réglementaire à cet acte du « chef d'entreprise, législateur naturel de la société professionnelle », selon un mot de P. Durand.

3. Soc. 25 sept. 1991, *Dr. soc.* 1992. 24, note J. Savatier, *Grands arrêts*, n° 177. V. Ph. Neau-Leduc, *La réglementation de droit privé*, Th. Montpellier, Litec, 1998.

instrument négocié, d'autres de le supprimer, d'autres encore d'en restreindre le contenu et de l'assujettir plus fermement à l'ordre de l'État. Les réformateurs de 1982 ont choisi cette troisième voie. Le règlement a été conservé comme acte unilatéral de l'employeur, soumis pour simple avis aux représentants du personnel et exposé, sans limitation de temps, à un contrôle de légalité de l'inspecteur du travail. Depuis la loi du 4 août 1982 (C. trav., art. L. 1311-2 s.) cet instrument est porteur de règles de droit s'imposant à tous et opposable à tous (y compris l'employeur et la personne physique ayant qualité de chef d'entreprise) même s'il doit également servir de support d'information sur certains éléments du droit étatique. Le Code impose son établissement dans toute entreprise où sont employés habituellement au moins vingt salariés. Mais il limite assez strictement son objet (ce dont il traite) – l'hygiène et la sécurité, la discipline [1] – et sa teneur (ce qu'il dispose) : subordonné aux lois et conventions collectives [2], « il ne peut apporter aux droits des personnes et aux libertés individuelles et collectives des restrictions qui ne seraient pas justifiées par la nature de la tâche à accomplir ni proportionnées au but recherché ».

§ 1. Le contenu du règlement intérieur

727 Le Code du travail fixe l'*objet* du règlement intérieur. Seules les règles dont le contenu entre dans cet objet doivent y figurer. Réciproquement, toute norme, tout document qui entre dans l'objet du règlement intérieur est assimilé à une annexe de ce règlement. Le contenu du règlement doit en outre, naturellement, respecter le droit en vigueur, qu'il soit légal ou conventionnel.

728 ***Objet*** ◊ Selon l'article L. 1321-1 du Code du travail, le règlement intérieur est un document écrit par lequel l'employeur fixe exclusivement :

– les règles relatives à l'hygiène et la sécurité, ce qui comprend les règles d'application de la réglementation en la matière et les conditions dans lesquelles les salariés peuvent être appelés à participer, à la demande de l'employeur, au rétablissement des conditions de travail protectrices de la santé et de la sécurité des salariés quand elles sont compromises ;

– les règles générales et permanentes relatives à la discipline, et notamment la nature et l'échelle des sanctions que peut prendre l'employeur.

En vertu du même texte, le règlement intérieur doit de surcroît rappeler certaines règles légales ou conventionnelles, à savoir celles relatives aux droits de la défense des salariés tels qu'ils résultent des articles L. 1332-1 à

1. S'il est négocié et signé avec les organisations syndicales, le règlement devient un accord collectif, et n'est plus tributaire des limites imposées à l'objet du règlement intérieur (Soc. 3 juill. 2001, *Bull. civ.* V, n° 245).

2. Soc. 7 nov. 2006, *Dr. soc.* 2007. 364, obs. J. Savatier.

L. 1332-3 ou, le cas échéant, de la convention collective applicable [1] et les dispositions des articles L. 1152-1 et suivants relatives aux harcèlements moral et sexuel.

La présence de dispositions sur ces différents objets est *obligatoire* [2]. L'inspecteur du travail peut donc, à l'occasion du contrôle de légalité de cet acte, exiger que les dispositions manquantes soient rajoutées. Leur absence consomme la contravention de l'article R. 1323-1 du Code du travail et l'employeur devra supporter ses conséquences civiles. L'absence de l'échelle des sanctions, par exemple, paralysera le pouvoir disciplinaire de l'employeur, celui-ci ne pouvant pas édicter de sanction qui n'ait été prévue au règlement [3].

Le périmètre de la santé et de la sécurité a suscité quelques interrogations ; notamment à propos des mesures restrictives ou prohibitives de l'usage du tabac, que l'employeur a désormais la *faculté* d'inscrire dans le règlement [4].

Surtout, la notion de *discipline* au sens du texte est assez floue [5]. Pour l'essentiel, les règles relatives à la discipline sont les suivantes.

– Les règles qui prescrivent ou interdisent des comportements ou actions afin de faire *respecter le bon ordre* dans l'établissement par l'obtention de

---

1. Le règlement doit au moins rappeler ces dispositions. Mais il peut aussi prévoir des garanties supplémentaires (ex : intervention d'un conseil de discipline chargé de donner un avis sur une sanction).

2. En ce sens, V. not. Circ. n° 5-83 (*Dict. perm. soc.*, *Bull.* n° 160, du 24 mars 1983, p. 7036), Soc. 26 oct. 2010, cité ci-dessous.

3. Soc. 26 oct. 2010, n° 09-42.740 P, *RDT* 2010. 719 note A. Fabre ; *Sem. soc. Lamy* 2010, n° 1466, note F. Champeaux ; *RJS* 2011. 91 note. F. Duquesne. En ce sens, v. déjà Circ. DRT n° 91/17 du 10 sept. 1991.

4. P. Chaumette, L'inspection du travail et le tabac, *JCP E* 1993. I. 272 ; A. Bugada, Fumer nuit gravement à l'emploi, *Dr. soc.* 1997. 679. Le Conseil d'État avait estimé, en 1988, que seuls des impératifs d'hygiène et de sécurité permettaient d'introduire une interdiction de fumer ; il a ultérieurement jugé qu'« aucune disposition non plus qu'aucun principe général ne fait obstacle à ce que soient édictées par la voie du règlement intérieur (...) des mesures faisant application des textes qui, tout en poursuivant, comme c'est le cas de la loi du 9 juill. 1976 modifiée, un objectif qui dépasse le cadre de l'entreprise, n'en vise pas moins les lieux de travail et répondent à un impératif d'hygiène » (CE 18 mars 1998, *Groupe Crédipar, Lebon* 99). Ainsi apparaît une catégorie de dispositions facultatives à côté des dispositions obligatoires (v. Circ. DRT n° 99-8 du 18 juin 1998, *Dr. ouvrier* 2000. 54). Cela étant, la violation de l'interdiction de fumer inscrite dans le règlement intérieur ne constitue pas nécessairement une faute grave (Soc. 31 mars 1999, *JCP E* 2000. 853, note A. Bugada), mais peu, en raison des circonstances mériter cette qualification (ex.: Soc. 7 juill. 2004, n° 02-43.595 D; 1er juill. 2008, n° 06-46.421 PBRI, *D.* 2008. AJ. 2004, obs. B. Ines). Même si l'employeur n'use pas de cette faculté, les dispositions issues de la loi de 1976 modifiée par celle du 10 janv. 1991, et du décret du 29 mai 1992, aujourd'hui accueillies aux art. L. 3511-7 et R. 3511 s. CSP limitent fortement la liberté de fumer dans les locaux d'une entreprise, en l'absence même de toute prévision dans le règlement intérieur (notamment, l'interdiction de fumer s'applique « dans tous les lieux fermés et couverts qui accueillent du public ou constituent des lieux de travail »). V. : Retour sur la nouvelle législation antitabac, *Sem. soc. Lamy* 2006, n° 1287, p. 2 ; Les incidences de la nouvelle réglementation antitabac, *Sem. soc. Lamy* 2007, n° 1294, p. 2.

5. J. Frossard, Le contenu du règlement intérieur, *Application des lois Auroux*, IET Lyon, Éd. lég. et adm. 1984, p. 43 ; B. Soinne, Le contenu du pouvoir normatif de l'employeur, *Dr. soc.* 1983. 509 ; A. Supiot, *Critique du droit du travail*, 2e éd., PUF, 2002, p. 55-56 ; J.-M. Béraud, La discipline dans l'entreprise, *Études offertes à G. Lyon-Caen*, p. 161 ; A. Jeammaud, Propos liminaire : disciplines et droit, *Vers un droit commun disciplinaire ?*, CERCRID, PU Saint-Etienne, 2007, p. 17.

conformités, et non celles qui ne sont destinées qu'à l'explicitation du déroulement des tâches productives. Ainsi, par exemple, l'exigence du respect des horaires a sa place dans le règlement intérieur. Mais la fixation de ces horaires n'est pas une disposition du règlement intérieur.

– Les règles qui concernent le contrôle et la surveillance des salariés.

– La liste des sanctions encourues par ces salariés.

Le plus difficile est bien entendu de tracer la frontière entre les règles destinées à faire *respecter le bon ordre* dans l'établissement et celles qui ne sont que l'explicitation du déroulement des tâches productives. Les premières n'ont de sens et de légitimité qu'au service des secondes.

La question se pose notamment vis-à-vis des instruments de type *déontologique* – chartes d'éthique, codes de conduite, dispositions instituant un système d'alerte sur certaines pratiques détectées par les salariés – aujourd'hui introduits par nombre de directions. Ont-ils leur place dans un règlement intérieur ou, autre manière de poser la question, doivent-ils échapper au régime de l'adjonction au règlement intérieur [1] ? Dès lors que ces instruments sont destinés à régler des rapports, des pratiques, dire les positions de chacun (ce que sont ses « droits » et ses obligations), ils ont vocation à être sollicités, opposés entre sujets des relations du travail, et cela suffit, indépendamment de l'objet de leurs différentes dispositions, à leur valoir signification de corps de normes juridiques. Mais acquise leur « juridicité » [2], reste en discussion leur appartenance au genre du disciplinaire. Elle paraît à son tour acquise dès lors que ces outils visent essentiellement l'obtention de comportements déterminés et la diffusion de conformités dans la manière d'agir des salariés à la périphérie de leur prestation de travail [3]. Quelques juridictions judiciaires ont vu dans l'adoption de tels instruments des adjonctions au règlement intérieur [4], mais la Cour de cassation n'a pas eu l'occasion de se prononcer sur cette question [5] et on ne peut pas dire que la position du Conseil d'État soit très nette [6].

---

1. V. P.-H. Antonmattéi et Ph. Vivien, Chartes d'éthique, alerte professionnelle et droit du travail français : état des lieux et perspectives. Rapport pour le ministre chargé du travail, *Dr. soc.* 2007. 522. L'introduction de certains de ces dispositifs donne lieu à déclaration à la CNIL.

2. Sauf à adhérer à une conception substantialiste de la juridicité (seuls certains contenus d'énoncés à signification normative peuvent en faire des énoncés appartenant à l'univers du droit).

3. La perception du juridique fondant ces observations sommaires diffère de celle qui inspirent les points de vue du Rapport Antonmattéi-Vivien (préc.).

4. TGI Nanterre, 6 oct. 2004, *Dr. ouvrier* 2005. 219, note F. Saramito, 15 juill. 2005, *ibid.* 2006. 593, note I. Meyrat ; 19 oct. 2007, *Sem. soc. Lamy* 2007, n° 1378, p. 8, note Ph. Waquet ; TGI Versailles, 17 juin 2004, *Dr. ouvrier* 2004. 47.

5. Un arrêt rendu le 28 mai 2008 (n° 07-15.744 P) par la chambre sociale censure partiellement un arrêt de cour d'appel qui avait déclaré « nulles et non avenues » des dispositions du code de déontologie adressé par une société de crédit à ses collaborateurs et qu'elle avait analysé comme une adjonction au règlement intérieur, irrégulièrement adoptée et attentatoire aux libertés des collaborateurs. Mais le motif de la cassation est que les obligations prétendument créées par ce code « figuraient déjà dans le règlement intérieur, de sorte que le code de déontologie n'en constituait pas une adjonction, mais une simple modalité d'application ».

6. Le Conseil a estimé qu'une juridiction du fond n'avait pas commis d'erreur de droit en jugeant opposable à une salariée (représentante du personnel dont le licenciement avait été

Malgré ces incertitudes, nombre de dispositions relèvent indiscutablement au domaine de la discipline ou lui sont étrangères. Appartiennent au premier groupe les clauses relatives aux obligations de « pointer », de prévenir en cas d'absence ou de retard, de solliciter une autorisation avant de s'absenter ou de se déplacer dans l'entreprise, ainsi que les clauses interdisant d'emporter des objets appartenant à l'entreprise, d'utiliser sans autorisation son matériel [1], de lacérer les affiches ou communications régulièrement apposées. Au contraire, ne relèvent pas de la discipline les dispositions concernant la période d'essai, l'obligation de non-concurrence, le changement de lieu de travail, l'accomplissement d'heures supplémentaires, la mise à la retraite, les primes d'assiduité, la durée du préavis ou le montant de l'indemnité de licenciement.

Lorsque le règlement intérieur contient des dispositions qui, légalement, ne devraient pas s'y trouver, elles ont une portée juridique différente selon leur contenu. Lorsque ces dispositions sont favorables aux salariés (par exemple elles prévoient des primes de fin d'année ou des indemnités de licenciement plus élevées que l'indemnité légale), la Cour de cassation admet que l'on y voie l'expression d'engagements unilatéraux de l'employeur. Tant que ces engagements unilatéraux n'ont pas été dénoncés régulièrement par l'employeur, ils lient celui-ci [2]. Lorsque, au contraire, les dispositions du règlement intérieur créent des obligations à la charge des salariés (obligation de mobilité, obligation de non-concurrence), elles sont dépourvues de validité et ne s'imposent aucunement au salarié, même si celui-ci a signé le règlement intérieur, cette signature ne manifestant pas une volonté claire et non équivoque d'accepter l'incorporation de cet élément au contrat de travail [3].

729 ***Assimilation des notes de service ou circulaires au règlement intérieur*** ◇ Avant 1982, les directions d'entreprise adoptaient facilement par voie de note de service, circulaire ou directive des dispositions qui auraient dû trouver place dans le règlement intérieur, évitant ainsi le formalisme imposé en cas d'adoption ou de révision de ce document. Le législateur de 1982 a entendu tenir cette pratique en échec avec une disposition ainsi rédigée : « les notes de service ou tout autre document qui portent

autorisé par l'inspecteur du travail) une prescription de type déontologique figurant dans une note de service non soumise à la procédure imposée pour tous les instruments ayant même objet que le règlement intérieur (CE 11 juin 1999, *M*[me] *Chicard*, *Rec.*, p. 198, concl. G. Bachelier, *D.* 2000. Somm. 88, obs. C. Giraudet). Il a jugé que les règlements intérieurs des sociétés de bourse pouvaient comporter des règles relatives à la déontologie propre à la profession (CE 18 mars 1998, *Comité d'entreprise de Bourse A. Ferri*, *RJS* 6/98, n° 734).

1. Notamment des équipements informatiques mis à la disposition des salariés pour l'exécution de leur prestation, dont l'usage à des fins personnelles est à l'origine de difficultés déjà signalées (v. ss 2).

2. Soc. 22 janv. 1992, *D.* 1992. 378, note B. Mathieu ; 10 janv. 1995, *Bull. civ.* V, n° 18, *D.* 1995. Somm. 357, obs. E. Dockès ; 7 juill. 1998, *Dr. soc.* 1998. 955, obs. J. Savatier, *D.* 1999. Somm. 176, obs. M. C. Amauger-Lattes ; 19 mai 1999, *Bull. civ.* V, n° 236 ; 10 mars 2004, *Dr. soc.* 2004. 834, note M. Véricel, *Dr. ouvrier* 2004. 547, note I. Meyrat.

3. Soc. 2 oct. 1997, *RJS* 11/97, n° 1236 ; 19 nov. 1997, *Bull. civ.* V, n° 383.

prescriptions générales et permanentes dans les matières mentionnées à l'article L. 122-34 [repris C. trav., nouv. art. L. 1321-1, L. 1321-2] sont, lorsqu'il existe un règlement intérieur, considérées comme des adjonctions à ce règlement intérieur » et sont soumis aux dispositions applicables à cet acte. L'interprétation littérale de ce texte emporte pour conséquence de soumettre au régime du règlement intérieur tout acte unilatéral de l'employeur, quelle que soit sa dénomination, posant des règles relatives à la discipline, à l'hygiène et à la sécurité [1].

Réciproquement, *dans les autres domaines*, l'employeur peut exprimer son pouvoir de direction sous forme de règles générales et permanentes, sans respecter les règles relatives au règlement intérieur. Il en résulte des normes patronales qui, pour être innommées, n'en sont pas moins très fréquentes [2]. Normes au demeurant enserrées dans le réseau de règles étatiques limitant leur possible teneur, à commencer par l'article L. 1121-1 du Code du travail ou l'article 1134 du Code civil [3]. Ce pouvoir normatif est parfois prévu par le Code du travail : règlement des critères d'ordre des licenciements ; fixation de la période des congés annuels et de l'ordre des départs...

730 ***Respect du droit*** ◊ Sur les questions dont il doit ou peut traiter, le règlement ne peut contenir de dispositions contraires « aux lois et règlements, ainsi qu'aux dispositions des conventions et accords collectifs de travail applicables dans l'entreprise ou l'établissement » (C. trav., art. L. 1321-3) [4].

---

1. La note imposant aux caissières le nettoyage quotidien de leur emplacement et d'une partie des locaux de l'établissement doit être assimilée au règlement intérieur (Crim. 26 juin 1990, *RJS* 8-9/90, n° 73), de même qu'une « consigne générale » sur le port d'une blouse de travail (Soc. 18 févr. 1998, *Dr. soc.* 1998. 506, obs. A. Jeammaud) ou une lettre adressée, en termes identiques, à une partie des salariés de l'établissement dès lors qu'elle énonce une règle de comportement générale et permanente s'imposant aux salariés sous peine de sanction (CE 27 juill. 2005, *Centre de convalescence et de rééducation de la Roseraie*, préc.). En revanche, une note de service se bornant à préciser le costume à porter selon les saisons constitue une simple modalité d'application du règlement intérieur imposant le port d'une tenue et n'est donc pas soumise au régime d'adoption de ce règlement (Soc. 7 oct. 1992, *JCP* 1993. II. 22148, note D. Corrignan-Carsin), de même que des dispositions d'un « code de déontologie » n'ajoutant pas à des obligations d'information ou de levée du secret bancaire sur les comptes personnels de certains collaborateurs figurant déjà dans le règlement intérieur (Soc. 28 mai 2008, préc.).

2. A. Supiot, La réglementation patronale de l'entreprise. *Dr. soc.* 1992. 215. M. Véricel, Sur le pouvoir normateur de l'employeur, *Dr. soc.* 1991. 120 ; A. Jeammaud, M. Le Friant et A. Lyon-Caen, L'ordonnancement des relations du travail, *D.* 1998. Chron. 359 ; A. Jeammaud, L'entreprise, champ de validité de normes non conventionnelles, *Le singulier en droit du travail*, p. 133.

3. Ces règles sont « supplétives », car elles ne valent qu'à défaut d'accord collectif ; elles ont vocation à disparaître dès qu'est conclu un tel accord. Elles sont soumises à toutes les autres normes juridiques du travail (A. Supiot, préc., p. 220 et 221). Pour un tableau de l'espace disponible pour cette production normative patronale : A. Jeammaud, préc., p. 151 s.

4. Est évidemment illégale la disposition d'un instituant une sanction pécuniaire prohibée par l'art. L. 1331-2 C. trav. (CE 12 juin 1987, *Sté Hapian Frères*, *Dr. soc.* 1987. 651, note J. Savatier ; *D.* 1988. Somm. 104, obs. J. Pélissier) ou prévoyant, parmi les sanctions susceptibles d'être prononcées, une mise en pied que ne prévoit pas la convention collective (CE 28 janv. 1991, *Crédit du Nord*, *Dr. soc.* 1992. 227, note J. Savatier ; *D.* 1992. Somm. 153, obs. D. Chelle et X. Prétot), ou aménageant un recours en cas de procédure de sanction incompatible avec celui prévu par la convention de branche (Soc. 7 nov. 2006, *Dr. soc.* 2007. 364, obs. J. Savatier).

Les normes conventionnelles internationales (la Convention européenne des droits de l'homme, la Charte sociale européenne) et les normes communautaires directement applicables dans l'ordre interne s'imposent aussi au règlement. Celui-ci peut bien entendu améliorer la condition des salariés par rapport à ces diverses normes, notamment face au pouvoir de sanctionner (ex. : prévoir l'intervention d'une instance disciplinaire).

L'article L. 1321-4 dispose que le règlement ne peut contenir « des dispositions apportant aux droits des personnes et aux libertés individuelles et collectives des restrictions qui ne seraient pas justifiées par la nature de la tâche à accomplir ni proportionnées au but recherché ». Inspirée d'un arrêt du Conseil d'État [1], ce texte devait éviter les clauses malmenant les droits et libertés des salariés (prévoyant la fouille corporelle ou la fouille des sacs, relatives à la tenue vestimentaire, autorisant à pratiquer l'alcootest, etc.). Il n'a pas été exceptionnel que des inspecteurs du travail contrôlant les règlements intérieurs remaniés après la réforme de 1982 soient amenés à exiger le retrait de dispositions limitant les libertés des salariés. Ils l'ont fait sous le contrôle éventuel du juge administratif et selon les orientations du Conseil d'État [2], voire de la Cour de cassation, qui peut avoir l'occasion de se prononcer sur la légalité d'une disposition de cette catégorie d'acte [3].

---

1. CE 1er févr. 1980, *Peintures Corona, Dr. soc.* 1980. 310, concl. A. Bacquet.

2. CE 12 juin 1987, *Sté Gantois, Dr. soc.* 1987. 651, note J. Savatier ; *D.* 1989. Somm. 65, obs. D. Chelle et X. Prétot : la disposition du règlement intérieur qui prescrit au salarié, invoquant le droit de retrait ou d'alerte, de consigner par écrit la situation ayant motivé sa décision, impose « une sujétion qui n'est pas justifiée par les nécessités de la sécurité dans l'entreprise » ; la clause prévoyant que la direction se réserve le droit de faire ouvrir à tout moment les armoires individuelles des salariés afin d'en contrôler l'état et le contenu est, pour la même raison, illicite. Sur les dispositions prévoyant des fouilles des salariés : CE 8 juill. 1988, *SA Comptoir Lyon, Alemand, Louyot, D.* 1990. Somm. 134, obs. D. Chelle et X. Prétot ; 11 juill. 1990, *Sté Griffine-Maréchal, RJS* 10/90, n° 769. Sur les conditions de soumission des salariés à l'alcootest : CE 9 oct. 1987, *RNU Renault, Rec.*, Tables. 969 ; 12 nov. 1990, *Cie des Signaux et entreprises électriques, RJS* 2/91, n° 178). Sont illicites les dispositions interdisant toutes conversations étrangères au service (CE 25 janv. 1989, *SITA, Dr. soc.* 1990. 201, concl. J. de Clausade), ou interdisant à des caissières d'accepter le passage à leur caisse de membres de leur famille (CE 9 déc. 1994, *Sté Obi-France, RJS* 2/95, n° 129), ou imposant à des employés de banque d'informer leur employeur de l'existence de comptes qu'ils détiendraient dans d'autres établissements (CE 3 oct. 1997, *Synd. FO de la CRCA du Midi, RJS* 12/97, n° 1371). En revanche, est licite la disposition prévoyant le port d'un badge pour circuler dans des installations nucléaires (CE 29 déc. 1995, *Eurodif, Dr. soc.* 1996. 394, 2e arrêt, concl. Ch. Maugüe). Si l'employeur ne peut réglementer l'exercice du droit de grève (CE 12 oct. 1992, *SA Sofrapain, Dr. soc.* 1993. 163, concl. G. Le Chatelier ; CE 27 juill. 2005, *Centre de convalescence et de rééducation de la Roseraie, JCP S* 2005, 1266, note X. Prétot, *Dr. ouvrier* 2006. 11, note D. Boulmier), les impératifs de sécurité dans l'entreprise peuvent justifier que le règlement intérieur prévoie des mesures d'astreinte à certains postes (CE 12 nov. 1990, *Atochem, AJDA* 1991. 484, note X. Prétot ; 21 oct. 1994, *Teintureries de la Turdine, RJS* 1/95, *D.* 1996. Somm. 225, obs. D. Chelle et X. Prétot ; 29 déc. 1995, *Eurodif, Dr. soc.* 1996. 394, 1er arrêt, concl. Ch. Maugüe). Le règlement intérieur peut imposer le respect du caractère propre d'un établissement privé d'enseignement à la double condition que cette obligation ne porte pas atteinte à la liberté de conscience des salariés et qu'elle soit appréciée eu égard à la nature des fonctions exercées par le personnel : CE 20 juill. 1990, *Assoc. St-Joseph, Dr. soc.* 1990. 862, concl. M. Pochard ; 23 juill. 1993, *Institution privée de Monistrol-sur-Loire Dr. soc.* 1993. 842, concl. M. Pochard.

3. La Cour a jugé que la disposition imposant le respect, dans la profession bancaire, du « principe de non-conflit d'intérêts entre le salarié et l'employeur » mais abandonnant à ce dernier l'identification du conflit et l'appréciation de l'intérêt à préférer, « excède, par sa géné-

Enfin, l'article L. 1321-1 du Code du travail exclut la présence de « dispositions discriminant les salariés dans leur emploi ou leur travail, *à capacité professionnelle égale*, en raison de leur origine, de leur sexe, de leurs mœurs, de leur orientation sexuelle, de leur âge, de leur situation de famille ou de leur grossesse de leurs caractéristiques génétiques, de leur appartenance ou leur non-appartenance, vraie ou supposée, à une ethnie, une nation ou une race, de leurs opinions politiques, de leurs activités syndicales ou mutualistes, de leurs convictions religieuses, de leur apparence physique, de leur nom de famille ou en raison de leur état de santé ou de leur handicap ». Cette règle de *non-discrimination* s'apparente à celle, très générale de l'article L. 1132-1 du Code du travail [1], qui est également issue d'un article créé dans l'ancien Code par la loi du 4 août 1982. La recodification a donné l'occasion d'uniformiser les listes de motifs déclarés discriminatoires, mais a laissé subsister l'étonnante réserve « à capacité professionnelle égale » [2]. Par ailleurs, l'article 6 de la loi du 27 mai 2008 portant diverses dispositions d'adaptation au droit communautaire dans le domaine de la lutte contre les discriminations, qui a introduit dans les articles L. 1132-1 et L. 1134-1 du Code du travail renvoi à l'article 1er de cette loi définissant la discrimination directe et la discrimination indirecte, n'a pas apporté la même retouche à cet article L. 1321-1, 3° du Code du travail. Mais nul doute que l'application de ce texte s'effectuera, autant que de besoin, en se référant à cet article 1er de la loi de mai 2008.

§ 2. L'élaboration du règlement intérieur

731 ***Obligation d'élaborer un règlement*** ◊ Selon l'article L. 1311-2 du Code du travail, l'établissement d'un règlement intérieur est obligatoire

ralité et son imprécision, les restrictions que l'employeur peut légalement apporter à la liberté individuelle du salarié » (Soc. 9 juin 1998, *Bull. civ.* V, n° 315, *D.* 1999. Somm. 35, obs. C. Giraudet). Elle déclare, en revanche, licites les dispositions d'un règlement intérieur permettant d'établir sur le lieu de travail l'état d'ébriété d'un salarié en recourant à un contrôle de son alcoolémie dès lors, d'une part que les modalités du contrôle permettent la contestation de ses résultats, d'autre part qu'eu égard à la nature du travail confié au salarié, l'état d'ébriété est de nature à exposer à un danger les personnes ou les biens (Soc. 22 mai 2002, *Dr. soc.* 2002. 781, obs. F. Duquesne ; 24 févr. 2004, *Bull. civ.* V, n° 60). Un arrêt récent (Soc. 28 mai 2008, préc.), adoptant la même position que l'arrêt *Société Gantois* de 1987, approuve une cour d'appel d'avoir, sur l'action d'un syndicat contre l'employeur, ordonné la suppression d'une disposition du règlement imposant à tout salarié exerçant son droit de retrait d'une situation dangereuse (C. trav., art. L. 4131-1), une obligation de consigner l'événement par écrit avant de se retirer.

1. Sur la prohibition des discriminations en général, v. ss 686 s.

2. Le texte ainsi rédigé signifie-t-il, littéralement, qu'une différence pour l'un des motifs que l'on croit mis hors-la-loi est cependant autorisée entre salariés d'égale capacité professionnelle, ou au contraire que c'est seulement entre salariés d'égale capacité professionnelle que ces motifs sont bannis alors qu'ils peuvent être utilisés dans toute autre configuration ? La réserve est présente depuis l'origine de ce qui était l'anc. art. L. 122-35. Les discussions contentieuses sur ce texte semblent fort rares ; ce qui explique sans doute que la bizarrerie de cette formule ne soit pas plus souvent relevée et n'ait pas été corrigée (par suppression pure et simple de ces trois mots) à l'occasion de la recodification.

dans les entreprises ou établissements, quels que soient leur forme et leur objet, où sont employés habituellement au moins vingt salariés. Sachant que ces dispositions sur le règlement intérieur s'appliquent dans « les établissements des employeurs de droit privé » et les établissements publics à caractère industriel et commercial (C. trav., art. L. 1311-1).

Lorsque l'entreprise comporte *plusieurs établissements*, l'employeur doit-il élaborer un règlement pour chaque établissement où sont occupés au moins vingt salariés ou peut-il se contenter d'un seul règlement pour l'ensemble de l'entreprise ? La lettre de l'article L. 1311-2 du Code du travail comme les règles de procédure d'élaboration du règlement orientent vers la première solution [1]. Mais, la loi ne précisant pas ce qu'il faut entendre par « établissement » au sens de ce texte, et sans qu'il y ait lieu de se référer à la notion d'établissement au sens de la représentation du personnel, il faut se souvenir que la jurisprudence affirme le caractère relatif et fonctionnel de cette notion. On considérera donc l'objet du règlement intérieur : puisqu'il concerne la protection de la santé et de la sécurité ainsi que la discipline, une unité sera considérée comme un établissement distinct lorsque les problèmes de santé, sécurité et discipline se posent en termes originaux par rapport à ce qu'ils sont dans d'autres unités. Le Conseil d'État ne dit pas autre chose lorsqu'il juge qu'une entreprise comportant plusieurs établissements peut établir un *règlement unique* dès lors que ceux-ci ne présentent pas, au regard des prescriptions des articles L. 1321-1 et L. 1321-2 du Code du travail, de particularités exigeant l'édiction de dispositions propres à l'un ou plusieurs d'entre eux [2].

732 ***Procédure d'élaboration*** ◇ Un règlement intérieur ne peut être introduit dans une entreprise ou un établissement sans avoir été préalablement soumis pour avis au comité d'entreprise ou d'établissement (C. trav., art. L. 1321-4). Lorsqu'il est possible d'élaborer un règlement unique pour une entreprise comportant plusieurs implantations, le projet est soumis au comité d'entreprise ou au comité central d'entreprise. En l'absence de comité d'entreprise ou d'établissement, les délégués du personnel sont consultés. Cette consultation des représentants du personnel constitue une formalité substantielle, dont le défaut entraîne la nullité du règlement [3].

---

1. Le règlement intérieur est obligatoire « dans les entreprises *ou* établissements où sont employés... ». Par ailleurs, le projet de règlement intérieur doit être soumis au CHSCT, or les CHSCT sont implantés dans les établissements.

2. CE 5 juin 1987, *UAP, Dr. soc.* 1987. 651 (1er arrêt), note J. Savatier ; *D.* 1989. Somm. 65, obs. D. Chelle et X. Prétot ; 5 mai 1993, *SAT, RJS* 7/93, n° 741.

3. Soc. 4 juin 1969, *Dr. soc.* 1969. 515, obs. J. Savatier. V. aussi Soc. 9 mai 2012, n° 11-13.687 P, *Dr. ouvrier* 2013. 26, note C. Varin (inopposabilité au salarié du règlement qui n'a pas fait l'objet d'une consultation préalable et d'une transmission à l'inspection du travail). Le défaut de consultation consomme de plus, le délit d'entrave au fonctionnement des institutions représentatives.

Doit également être sollicité l'avis du *comité d'hygiène, de sécurité et des conditions de travail* pour toutes les questions abordées par le règlement qui relèvent de sa compétence [1].

Ces avis recueillis, l'employeur arrête les dispositions du règlement intérieur – rédigé en français, avec éventuelles traductions en une ou plusieurs langues étrangères (C. trav., art. L. 1321-6) – qui doit être *affiché* « à une place convenable aisément accessible dans les lieux où le travail est effectué, ainsi que dans les locaux et à la porte des locaux où se fait l'embauchage » (C. trav., art. R. 1321-1). Il doit également être *déposé* au secrétariat-greffe du conseil de prud'hommes de la situation de l'entreprise ou de l'établissement (C. trav., art. R. 1321-2).

En même temps qu'il fait l'objet des mesures de publicité, le règlement intérieur est *communiqué* à l'inspecteur du travail appelé à contrôler sa légalité [2]. Cette communication incombant à l'employeur, celui-ci ne saurait invoquer sa carence pour échapper aux restrictions que le règlement peut apporter à son pouvoir disciplinaire : cette carence « ne prive pas le salarié de la possibilité de se prévaloir de ce règlement » (par exemple si celui-ci prévoit la consultation d'un conseil de discipline ou introduit une gradation des sanctions) [3].

Consultation des élus du personnel, publicité, affichage, transmission à l'administration s'imposent en cas de *modification* ou de *retrait* de clauses du règlement (C. trav., art. L. 1321-4, al. 4), ainsi que pour l'adoption ou la modification de tout document assimilé au règlement intérieur (C. trav., art. L. 1321-5).

Il n'est pas interdit d'inclure dans une convention collective des dispositions relevant du domaine du règlement intérieur. Ces dispositions conventionnelles pourront alors avoir valeur de règlement intérieur ou d'annexe à ce règlement [4]. L'employeur pourra être considéré comme ayant satisfait à ses obligations relatives à l'édiction d'un règlement intérieur si la convention collective en question a été conclue dans le respect des dispositions légales relatives à l'adoption d'un règlement intérieur (consultation

1. Selon le ministère, cet avis devrait être sollicité avant la consultation du comité d'entreprise (circ. n° 5-83 préc.).

2. L'employeur doit adresser, en même temps que le règlement intérieur, l'avis du comité d'entreprise (ou des délégués du personnel) et celui du comité d'hygiène, de sécurité et des conditions de travail (C. trav., art. L. 1321-4, al. 3). Le contrôle du règlement intérieur unique de l'entreprise à établissements multiples est exercé par l'inspecteur du siège de l'entreprise.

3. Soc. 28 mars 2000, *Dr. soc.* 2000. 653, obs. J. Savatier : l'employeur soutenait que la communication à l'inspecteur du travail constituait une formalité substantielle dont l'inobservation viciait le règlement et ôtait toute portée à ses dispositions. L'arrêt a un parfum de *Nemo auditur*, on dirait peut-être, aujourd'hui, de « principe de cohérence ». En tout cas, il faut comprendre que le salarié, qui peut alors opposer le règlement à l'employeur, ne saurait se le voir opposer par ce dernier (qui l'invoquerait pour lui reprocher la violation d'une prescription ou fonder le choix d'une sanction).

4. Soc. 3 juill. 2001, n° 99-43.387, *Bull. civ.* V, n° 245.

préalable des représentants du personnel, dépôt de la convention valant règlement intérieur à l'inspection du travail, publicité...).

733 ***Entrée en vigueur et champ de validité*** ◊ Le règlement ne devient applicable qu'après que les règles de consultation préalable, de dépôt et de publicité aient été respectées. [1]. Mais comme il semble opportun qu'un certain temps s'écoule entre ces opérations et l'entrée en vigueur, la date de celle-ci (inscrite dans le règlement) doit être postérieure d'un mois à l'accomplissement des formalités de dépôt et de publicité (C. trav., art. L. 1321-4, al. 2).

Le règlement intérieur est valide dans une entreprise ou un établissement. Dans cet espace, l'arrêt *Société Unigrains*, qui le qualifie justement d'acte réglementaire de droit privé, souligne qu'il « *s'impose à tous les membres du personnel comme au chef d'entreprise* » [2]. La formule est doublement incomplète. D'abord parce qu'elle néglige que ce règlement régit toutes les personnes qui travaillent, serait-ce provisoirement dans l'entreprise, tels les salariés d'entreprises extérieures, prestataires de service notamment (y compris les intérimaires, salariés d'une entreprise de travail temporaire) ou les stagiaires. Avec une seule réserve : l'employeur n'a pouvoir de sanctionner que ses propres salariés et les éventuels manquements de salariés extérieurs ne pourront être sanctionnés que par leur propre employeur [3]. En second lieu, le règlement s'impose aussi, non seulement au chef d'entreprise, mais aussi et d'abord à l'employeur, qui est, en droit, son auteur. Mais la formule utilisée par l'arrêt présente, malgré cette dernière imperfection, l'intérêt d'évoquer la fonction de référence des dispositions inscrites dans le règlement intérieur, de mesure commune pour la validité, la licéité, la portée des actions et des situations, qui est l'essence de la normativité. Parce que, en raison de ses conditions et son contexte d'édiction, ce règlement porte des règles juridiques, quel que soit leur contenu, ces énoncés peuvent être opposés à autrui, notamment à l'employeur. Même s'ils émanent de cet employeur et semblent n'avoir sens, de prime abord, que de contraindre les salariés, ceux-ci peuvent l'opposer à celui-là : pour faire valoir qu'il ne peut exiger plus ou autre chose, dans l'ordre de la discipline notamment, que ce qu'il a prescrit dans le règlement, ou faire valoir qu'il ne s'est pas ménagé la faculté de pratiquer une fouille [4]. Bref, même si ses dispositions ne prescrivent d'obligations qu'aux salariés, le règlement lie l'employeur, constitue une référence qu'on lui opposera, que le juge lui opposera, comme référence obligatoire pour son jugement d'une situation litigieuse.

---

1. Soc. 9 mai 2012, n° 11-13.687 P, *RDT* 2012. 564, obs. V. Pontif : inopposabilité d'un règlement intérieur édicté sans consultation préalable des représentants du personnel ni communication à l'inspecteur du travail.

2. Soc. 21 sept. 1991, préc.

3. CE 12 nov. 1990, *Atochem*, préc.

4. Ex. : Soc. 11 déc. 2001, *Bull. civ.* V, n° 377.

§ 3. Le contrôle de la légalité du règlement intérieur

A. Le contrôle administratif [1]

734 ***Missions et pouvoirs de l'inspecteur du travail*** ◊ Ce fonctionnaire a une double mission. D'une part, il doit vérifier que l'employeur s'est bien acquitté de son obligation d'élaborer un règlement intérieur. Ce qui implique la vérification de l'existence même de celui-ci, du respect de la procédure d'élaboration et de la présence dans le document des dispositions rendues obligatoires par les articles L. 1321-1 et L. 1321-2. D'autre part, il doit vérifier que les règles inscrites dans le règlement y ont bien leur place, c'est-à-dire qu'elles ne sont pas étrangères au domaine du règlement (au regard de l'art. L. 1321-1 C. trav.) et qu'elles satisfont aux exigences substantielles de l'article L. 1321-3.

Selon les illégalités éventuellement relevées, l'inspecteur prend des mesures différentes. La loi n'envisage que les hypothèses où l'employeur a excédé son pouvoir normatif. L'inspecteur peut alors exiger le *retrait* des dispositions étrangères à l'objet du règlement, ou exiger la *modification* des dispositions excédant ce domaine ou bien qui méconnaissent des dispositions légales, réglementaires ou conventionnelles ou portent atteinte aux « droits des personnes ou libertés individuelles et collectives » sans justification ou de manière disproportionnée. Bien que le Code n'en dise rien, l'inspecteur peut assurément mettre l'employeur en demeure d'*établir* un règlement intérieur ou de *compléter* un règlement qui ne contient pas toutes les dispositions obligatoires. Ce pouvoir résulte de la mission générale que lui confie l'article L. 8112-1, al. 1 du Code du travail (« veiller à l'application des dispositions du Code du travail ») et des articles L. 8112-1, alinéa 2 et L. 8112-2 qui l'habilitent à constater les infractions : l'omission d'établir un règlement intérieur ou d'y insérer des clauses obligatoires constitue une infraction (C. trav., art. R. 1323-1) et l'inspecteur doit, avant de dresser procès-verbal, enjoindre à l'employeur de remplir ses obligations.

L'inspecteur ne peut qu'ordonner l'établissement, le complément, le retrait, la modification, et non réaliser l'opération. Celle-ci incombe au seul employeur. Le règlement intérieur n'est jamais, même pour une fraction, l'œuvre de l'Administration.

735 ***Exercice du contrôle*** ◊ L'inspecteur du travail jouit d'une grande liberté dans la pratique de ce contrôle de légalité.

1. Appelé à se prononcer sur une demande d'autorisation de licenciement d'un salarié protégé, auquel est, par exemple, reproché une violation du règlement intérieur, l'inspecteur du travail sera éventuellement conduit à se prononcer sur la légalité de ce document (ex. l'esp. de : CE 11 juin 1999, *M*[me] *Chicard*, préc.). Sa démarche sera analogue à celle d'un juge judiciaire, prud'homal notamment, confronté à l'occasion d'un litige à la nécessité de procéder à une appréciation de légalité.

Il l'exerce sans être tenu de suivre les interprétations qui auraient déjà été données par un autre inspecteur à propos d'un règlement identique présenté par la même entreprise pour un établissement relevant d'une autre section d'inspection. Les différences d'interprétation et d'injonctions sont naturellement mal comprises par les directions d'entreprise.

Par ailleurs, le contrôle d'un règlement n'est enfermé dans aucun délai à partir de sa communication par l'employeur. L'article L. 1322-1 précise que l'inspecteur du travail peut, *à tout moment*, exiger le retrait ou la modification de certaines dispositions [1]. Certes, il s'efforcera d'analyser rapidement le document et de faire ses observations afin que l'employeur puisse s'y conformer avant son entrée en vigueur. Mais s'il n'a pu procéder immédiatement à cet examen ou s'il ne constate une illégalité qu'à la suite d'une démarche d'un salarié ou d'une décision de justice (hypothèse de l'art. L. 1322-4 C. trav.), il peut, plusieurs mois ou plusieurs années après la mise en application du règlement intérieur, exiger le retrait ou la modification d'une clause illégale [2].

En tout état de cause, sa décision doit être motivée (C. trav., art. L. 1322-2, al. 1er).

736 ***Recours contre la décision de l'inspecteur du travail*** ◊ Cette décision peut faire l'objet d'un recours hiérarchique devant le directeur régional du travail et de l'emploi (et non le directeur départemental, supérieur hiérarchique direct de l'inspecteur). Ce recours peut être exercé aussi bien par un salarié ou un représentant du comité d'entreprise que par l'employeur ; en pratique, il est formé par ce dernier [3]. Il doit, pour être recevable, être formé dans un délai de deux mois à compter de la notification de la décision de l'inspecteur [4]. Aucun délai particulier ne lui étant imparti pour statuer, le directeur régional dispose du délai de droit commun de quatre mois. S'il prend une décision dans ce délai, il doit la notifier à l'employeur et la communiquer pour information au comité d'entreprise (C. trav., art. L. 1322-3). S'il ne statue pas dans les quatre mois, son silence vaut décision de rejet.

---

1. De même, l'inspecteur du travail peut à tout moment enjoindre à un employeur d'élaborer ou compléter un règlement intérieur. La violation de l'obligation constitue une infraction continue. L'inspecteur peut donc toujours verbaliser ou inviter l'employeur à exécuter ses obligations.

2. L'illégalité peut d'ailleurs être postérieure à l'élaboration du règlement intérieur et résulter d'une évolution législative, jurisprudentielle ou conventionnelle.

3. L'intervention de l'inspecteur ayant pour objet de faire apporter une modification au règlement élaboré par l'employeur, celui-ci est normalement amené à critiquer cette décision. Les salariés auraient plutôt à se plaindre de l'inaction de l'inspecteur qui tolère l'application d'un règlement recélant, à leur avis, des dispositions illicites. Ils pourraient lui demander d'exiger le retrait de telle ou telle clause et, à tout le moins, provoquer une décision de rejet de leur requête, susceptible de recours hiérarchique ou contentieux.

4. La loi fait état d'une « notification » à l'employeur et d'une « communication » aux membres du comité d'entreprise, aux délégués du personnel, aux membres du CHSCT (C. trav., art. L. 1322-2, al. 2). Le délai ne devrait courir, à l'égard des salariés, qu'à compter du jour de cette communication.

La décision du directeur régional, quelle qu'elle soit, peut elle-même faire l'objet d'un *recours hiérarchique* devant le ministre du Travail [1] ou d'un *recours contentieux* devant le tribunal administratif. La légalité de la décision critiquée dépendant, en général, de l'appréciation de la légalité du règlement intérieur pratiquée par son auteur, le juge de l'excès de pouvoir doit se livrer à cette appréciation au regard de l'ensemble des dispositions qui se trouvent aujourd'hui aux articles L. 1311-2 et suivants du Code du travail, car il n'y a pas lieu à question préjudicielle au juge judiciaire [2]. Ce *contentieux administratif* est ainsi devenu le principal lieu d'élaboration jurisprudentielle du régime de l'*acte privé* que reste le règlement intérieur.

B. Le contrôle judiciaire

737 ***Compatibilité du contrôle judiciaire et du contrôle administratif*** ◊ L'article L. 1322-4 du Code du travail admet expressément qu'un conseil de prud'hommes puisse, à l'occasion d'un litige relevant de sa compétence, écarter une disposition de règlement intérieur *a priori* applicable mais qu'il juge illégale. C'est même, pour lui, une obligation [3]. En effet, l'organisation d'un contrôle administratif de cet instrument et le principe de séparation des autorités administratives et judiciaires ne font pas obstacle à un éventuel contrôle par une juridiction judiciaire.

Le contrôle administratif de légalité du règlement est « une procédure de contrôle de type négatif », de sorte que « le silence gardé par l'inspecteur ne vaut pas approbation tacite d'un règlement, qui ne peut en aucune façon être considéré comme approprié par l'Administration et couvert de son autorité » [4]. Une juridiction judiciaire a donc, à l'occasion de tout litige entrant dans sa compétence d'attribution, pouvoir d'estimer que le règlement intérieur n'a pas été régulièrement élaboré [5] ou qu'il contient des dispositions illicites [6], et en tirer toute conséquence dans sa décision, sans pour autant se prononcer sur un acte administratif.

La Cour de cassation souligne avec raison que « le règlement intérieur est un acte juridique de droit privé et que le contrôle de légalité dévolu à l'inspecteur du travail par (le) Code du travail ne saurait lui ôter sa nature pour le transformer en un acte administratif » [7]. Mais elle observe

1. CE 18 mars 1998, *Comité d'entreprise de la Sté de bourse Ferri*, préc. Il existe ainsi un double recours hiérarchique dont on peut se demander s'il conserve le délai du recours contentieux. La décision du ministre doit, comme celle du directeur régional, être motivée (CE 23 juill. 1993, *Institution privée de Monistrol-sur-loire*, préc.).
2. CE 12 juin 1987, *Sté Gantois*, préc.
3. Soc. 7 nov. 2006, *Dr. soc.* 2007. 364, obs. J. Savatier (à propos d'une disposition contraire à celle de la convention collective applicable).
4. A. Bacquet, concl. préc., p. 312.
5. Ex. avant la réforme de 1982 : Soc. 4 juin 1969, *JCP* 1970. II. 16208, note J.-M. Verdier.
6. Par ex. une clause contraire à la liberté nuptiale : Soc. 10 juin 1982, *Bull. civ.* V, n° 392.
7. Soc. 16 déc. 1992, *Dr. soc.* 1993. 267, note A. Jeammaud ; *D.* 1993. 334, note X. Prétot. Rappr. : Soc. 25 sept. 1991, préc. (« acte réglementaire de droit privé »).

curieusement que ce pouvoir du juge judiciaire cesse à l'égard des « clauses modifiées à la suite d'une décision de l'inspecteur du travail » [1].

Ces problèmes ne concernent pas l'appréciation de la légalité de l'acte administratif réglementaire portant *statut du personnel* d'une entreprise publique. Bien qu'un tel acte traite, parmi d'autres objets, de questions relevant du règlement intérieur régi par le Code du travail, il est d'une autre nature que ce dernier. Seul, dès lors, le juge administratif a compétence et pouvoir pour se prononcer sur la légalité de ses dispositions, et la juridiction judiciaire qui rencontre cette question doit reconnaître une question préjudicielle [2].

738 ***Modalités du contrôle judiciaire*** ◊ Diverses juridictions judiciaires peuvent être conduites à se prononcer – par voie d'exception ou par voie d'action – sur la légalité d'un règlement intérieur ou d'une note de service assimilée.

C'est d'abord le *conseil des prud'hommes*, saisi par exemple de la contestation d'une sanction disciplinaire ou d'un licenciement. Pour déterminer s'il y a eu faute du salarié ou si la sanction prononcée pouvait l'être, il est parfois conduit à apprécier la légalité d'une disposition du règlement intérieur : si celle-ci est illicite, sa violation ne pouvait constituer une faute, ou bien la sanction ne pouvait être prononcée. Dans ce cas, il n'annule pas la disposition en cause – ce n'est pas l'objet de la demande du salarié et son jugement ne saurait avoir d'autorité qu'entre le salarié demandeur et l'employeur défendeur – mais *écarte son application* et, en conséquence, annule la sanction ou dit le licenciement sans cause réelle et sérieuse. La constatation de l'illégalité reste logée dans les motifs du jugement et n'a aucune autorité de chose jugée au-delà du cercle des parties au litige. Il a cependant

1. L'arrêt du 16 déc. 1992 estime que « la cour d'appel a distingué à bon droit les clauses modifiées à la suite de la décision de l'inspecteur du travail de celles au sujet desquelles l'autorité administrative ne s'est pas prononcée ». Pourtant, dans la mesure où le règlement intérieur est un acte de droit privé, les juges judiciaires sont pleinement et exclusivement compétents pour statuer sur sa validité (X. Prétot et A. Jeammaud, notes préc.). Sauf problème de pouvoir de juger et non de compétence : le juge judiciaire doit surseoir à statuer jusqu'à appréciation de légalité, par le juge administratif, de la décision antérieure de l'inspecteur du travail, s'il apparaît que sa propre appréciation des dispositions du règlement risque d'être contraire à celle de ce fonctionnaire. La solution adoptée par la Cour de cassation s'explique par la volonté d'éviter le risque d'interprétations contradictoires des juges judiciaires et des juges administratifs, ceux-ci ne prononçant pas de sursis à statuer sur la licéité des clauses du règlement intérieur lorsqu'ils sont saisis d'un recours contre la décision de l'inspecteur du travail (CE 12 juin 1987, *Sté Gantois*, préc.). Curieusement, la méconnaissance par le Conseil d'État des principes de répartition de compétence a entraîné la Cour de cassation à renoncer partiellement à sa propre compétence. Pour un point récente sur la question : G. Berthon et D. Chenu, Le contrôle juridictionnel de la légalité du règlement intérieur : une tentative de clarification, *Dr. soc.* 2007. 1142.

2. T. confl. 15 janv. 1968, *Épx Barbier, Lebon* 789, concl. J. Kahn ; *D.* 1969. 202, note J.-M. Auby ; *Grands arrêts*, n° 8 (statut du personnel d'Air France) ; Soc. 4 et 10 juill. 1984, *Dr. soc.* 1985. 122, note J.-F. Lachaume (le rapprochement de ces deux arrêts, également relatifs au statut du personnel de la SNCF, montre l'influence de la formulation des demandes et des moyens sur le pouvoir de juger) ; 2 mai 2000, *Bull. civ.* V, n° 162.

paru opportun que l'Administration soit alertée. Aussi le greffe du conseil (ou de la cour d'appel) doit-il adresser copie du jugement (ou de l'arrêt) à l'inspecteur du travail et aux représentants du personnel (C. trav., art. L. 1322-4). S'il n'est pas lié par cette appréciation judiciaire, l'inspecteur sera incité à examiner ou réexaminer la légalité du règlement intérieur et pourra, s'il partage le point de vue du juge prud'homal, enjoindre à l'employeur de supprimer ou modifier la clause en question [1].

Une *action en annulation* d'une ou plusieurs dispositions d'un règlement intérieur (ou de l'instrument dans son entier, si son adoption n'a pas respecté toutes les « formalités substantielles ») est recevable devant le *tribunal de grande instance*, juridiction judiciaire de droit commun [2]. Cette action peut être introduite par le comité d'entreprise ou d'établissement, ou par un syndicat que l'article L. 2132-3, alinéa 2 du Code du travail qualifie pour agir [3]. Si la juridiction accueille la thèse du demandeur, le résultat de l'action est plus radical que celui de la constatation d'illégalité opérée par voie d'exception par le juge prud'homal : le jugement (ou l'arrêt d'appel) annule les dispositions en cause [4]. Il est possible d'obtenir, du président du tribunal statuant en référé, une mesure de suspension d'un acte valant adjonction au règlement ou d'une modification de cet instrument adoptés en méconnaissance des règles d'élaboration ou contenant des dispositions manifestement bannies par l'article L. 1321-3.

SECTION 2. L'ENGAGEMENT UNILATÉRAL

739 ***L'émergence de l'engagement unilatéral*** ◊ La reconnaissance jurisprudentielle de l'engagement unilatéral, opérée en 1990 [5], répondait à la nécessité de donner une force juridique à certains actes et engagements de

---

1. Le classique contentieux prud'homal reste le cadre principal de l'éventuel contrôle judiciaire du règlement intérieur (v. : Soc. 18 févr. 1998, *Dr. soc.* 1998. 506, obs. A. Jeammaud, rappelant aux juges de la matière prud'homale qu'ils ne sauraient se dérober à cette tâche). Il ne semble pas que la mission confiée aux délégués du personnel par l'art. L. 2313-2 C. trav. qualifie ces élus pour solliciter du bureau de jugement du conseil de prud'hommes la suppression d'une disposition de règlement intérieur au motif qu'elle porterait atteinte aux droits des personnes ou aux libertés individuelles.

2. Soc. 16 déc. 1992, préc. V. A. Jeammaud, Séparation des pouvoirs et action en nullité de dispositions du règlement intérieur, *Dr. soc.* 1985. 479.

3. Ex. : v. l'esp. Soc. 28 mai 2008, n° 07-15.744 P (action d'une fédération syndicale contre une société de banque, en annulation d'un « code de déontologie, sanctionné selon les dispositions du règlement intérieur » et paraissant constituer une adjonction à ce règlement, et en suppression d'un alinéa du règlement lui-même relatif au droit de retrait des salariés).

4. D'autres juridictions judiciaires peuvent être conduites à confronter des clauses d'un règlement intérieur avec les dispositions légales qui le régissent ou avec les règles étatiques, *supra*-étatiques ou conventionnelles qui s'imposent à lui (A. Jeammaud, Les contrôles de la légalité du règlement intérieur, préc., n° 22).

5. Soc. 4 avr. 1990, *Dr. soc.* 1990. 803, note J. Savatier ; *Grands arrêts*, n° 176. E. Dockès, L'engagement unilatéral de l'employeur, *Dr. soc.* 1994. 227.

l'employeur, générateurs d'attentes légitimes des salariés, sans pour autant appartenir à une source traditionnelle du droit du travail. De nombreuses voies juridiques ont alors été explorées pour trouver une source juridique adéquate. Il fut notamment argué que les accords signés avec des partenaires qui n'avaient pas la qualité requise pour signer des conventions collectives (délégués du personnel, comité d'entreprise, comité de grève, salariés directement consultés) n'étaient pas nul, mais qu'ils valaient en qualité d'accords synallagmatiques de droit commun [1]. Il fut aussi suggéré de recourir à l'idée de coutume instantanée pour donner force obligatoire à des projets d'accords non ratifiés mais appliqués [2].

Il est apparu que ces hypothèses visaient soit des actes unilatéraux de l'employeur créateurs d'obligations à sa charge, soit des actes d'apparence contractuelle, mais signés par des représentants des salariés n'ayant aucunement le droit de conclure de tels accords et dont la signature était donc nulle. En bref, la théorie de l'engagement unilatéral de volonté, jusqu'ici fort débattue en droit commun [3], trouvait ici une pertinence particulièrement forte. Depuis sa reconnaissance par la Cour de cassation en 1990, cette source est devenue une source importante du droit du travail. Elle présente la particularité d'être à la fois une source de règles générales et permanentes applicables dans l'entreprise, et, à l'occasion, une source d'obligations particulières à exécution instantanée, à destination d'un unique salarié [4].

§ 1. **Domaine**

740 Il existe, en pratique, trois sortes d'engagements unilatéraux de l'employeur.

741 ***Les engagements unilatéraux proclamés*** ◊ Peuvent être dits « proclamés », les engagements unilatéraux qui naissent simplement de l'affirmation, par l'employeur, de sa volonté d'accorder un avantage à ses salariés. Ils s'expriment de toutes sortes de manières. Pour qu'elle vaille engagement, l'expression de la volonté de l'employeur doit simplement être suffisamment ferme pour avoir fait naître, dans l'esprit des salariés, une attente légitime. De tels engagements seront fréquemment découverts

---

1. Soc. 9 mars 1957 (4 arrêts), *D.* 1958. 152-153, note Brethe de la Gressaye ; *Bull. civ.* IV, n° 290 à 292 ; *Dr. soc.* 1957. 278, concl. Blanchet ; 18 déc. 1958, *Bull. civ.* IV, n° 1368 ; 3 nov. 1960, *Bull. civ.* IV, n° 964. Ch. Freyria, Les accords d'entreprise atypiques, *Dr. soc.* 1988. 43 ; G. Vachet, Les accords atypiques, *ibid.* 1990. 620.

2. B. Stark, À propos des «accords de Grenelle», réflexions sur une source informelle du droit, *JCP* 1970. 1. 2363

3. Voy. sur cette discussion : M. Fabre-Magnan, *Les obligations I. Contrats et engagement unilatéral*, PUF, Thémis, 2008, n° 258 s. Comp. : M.-L. Izorche, *L'avènement de l'engagement unilatéral en droit privé contemporain*, PU Aix-Marseille, 1995 ; J.-L. Aubert, *Rép. civ. Dalloz*, v° Engagement par volonté unilatérale.

4. Pour un engagement unilatéral de verser une indemnité de rupture à un salarié, v. par ex. Soc. 1er févr. 2011, n° 09-71.630.

dans les nombreux documents que produisent de manière informelle les entreprises, ces « circulaires » [1], « notes » [2] et autres guides du personnel. On en trouvera de nombreux autres au sein de textes unilatéralement adoptés suivant des formes plus officielles, comme les décisions du conseil d'administration [3], les plans de sauvegarde de l'emploi (anciennement plans sociaux) [4] ou les procès-verbaux de réunion du comité d'entreprise [5]. Seront encore des engagements unilatéraux les dispositions qui sont formellement incluses dans le règlement intérieur, sans pour autant appartenir à son domaine légal [6] et même certaines dispositions incluses sur les fiches de paie, comme le bénéfice d'une convention collective non obligatoire [7]. En revanche, un engagement unilatéral ne saurait découler de simples commentaires figurant sur un document de travail [8].

Parmi les engagements unilatéraux proclamés, une place spéciale mérite d'être faite aux « recommandations patronales ». Il s'agit de déclarations que les organisations patronales adressent à leurs adhérents et qui les invitent à prendre certaines mesures, souvent à la suite d'une négociation de branche ayant échoué. Elles peuvent, par exemple, inviter leurs membres à pratiquer tel barème de salaire. La force obligatoire de ces recommandations patronales est clairement reconnue par la jurisprudence [9]. Leur rattachement à la catégorie des engagements unilatéraux est parfois expressément affiché [10] et parfois tenue sous silence [11]. Quoi qu'il en soit, ces

1. Soc. 3 févr. 1993, *RJS* 1993, n° 337.

2. Soc. 5 mars 1987, *Bull. civ.* V, n° 115.

3. Soc. 17 mars 1993, *Dr. soc.* 1993. 457. V aussi pour une clause d'un règlement de copropriété disposant que le concierge serait logé gratuitement, Soc. 27 mars 2001, *Bull. civ.* V, n° 106.

4. Soc. 4 avr. 1990, préc. ; 25 nov. 2003, *Dr. soc.* 2004. 166, obs. J. Savatier ; *D.* 2004. Somm. 389, obs. O. Leclerc.

5. Soc. 20 mai 1992, *RJS* 1992, n° 858.

6. Soc. 22 janv. 1992, *D.* 1992. 378, note B. Mathieu ; 26 mai 1999, *D.* 1999. IR 171 ; 10 janv. 1995, *Dr. soc.* 1995. 196 ; *D.* 1995. Somm. 357, obs. E. Dockès ; 7 juill. 1998, *Dr. soc.* 1998. 955, obs. J. Savatier ; *D.* 1999. Somm. 176, obs. M.-C. Amauger-Lattès.

7. La simple mention d'une convention sur les bulletins de paie vaut « reconnaissance de l'application » de celle-ci : Soc. 18 nov. 1998, *Dr. soc.* 1999. 101, obs. J. Savatier ; *ibid.* 190, obs. A. Mazeaud ; 18 juill. 2000, *Dr. soc.* 2000. 921, rapp. ; J.-Y. Frouin ; *ibid.* 1024, note J.-Ph. Lhernould ; *D.* 2001. 1201, note B. Reynès ; *Grands arrêts*, n° 162 ; 10 déc. 2002, *Bull. civ.* V, n° 372. Ce type d'engagement unilatéral pourrait toutefois être rattaché à la catégorie des usages d'entreprise ou engagement unilatéraux nés de la pratique (sur lesquels v. *infra*), la force de la proclamation dans la fiche de paie étant renforcée par son application.

8. Soc. 4 juill. 2006, n° 04-47.708 ; 19 mars 2008, n° 06-44.509, *RDT* 2008. 400, note Tissandier (document de travail interne sans valeur normative). Le juge du fond a en ce domaine un large pouvoir d'appréciation (Soc. 14 févr. 2007, n° 04-48.338, *Sté Carrefour* : interprétation souveraine par les juges du fond du sens et de la portée du courrier électronique adressé à l'ensemble des directeurs de magasin préconisant des niveaux de rémunération).

9. Soc. 31 mars 1981, *Bull. civ.* V, n° 287 ; *Dr. ouvrier* 1982. 106 ; 8 oct. 1987, *D.* 1989. 85 ; 29 juin 1999 (deux arrêts), *Dr. soc.* 1999. 795, concl. J. Duplat ; *D.* 2000. 50, note R. de Quénaudon ; *ibid.* Somm. 79, obs. A. Bouilloux.

10. Pour la qualification d'« engagement unilatéral » de telles recommandations, v. Soc. 31 mars 1981 et 8 oct. 1987, préc.

11. Pour une affirmation de cette force obligatoire en tant que telle, sans référence à l'engagement unilatéral, v. Soc. 29 juin 1999, préc.

« recommandations » ont bien un effet impératif vis-à-vis des membres de l'organisation patronale auteur. Cette force doit être déduite de la capacité de ces organisations d'engager leurs membres, à l'instar de ce qu'elles peuvent faire dans le cadre de la négociation collective.

742 ***Les engagements unilatéraux négociés*** ◊ La deuxième catégorie d'engagements unilatéraux de l'employeur est composée d'accords conclus entre l'employeur et certains représentants des salariés [1]. Ces accords, longtemps dits « atypiques », posent problèmes du fait du monopole de la négociation collective qui est accordé par la loi aux syndicats représentatifs. Dès lors, les accords conclus entre l'employeur et des délégués du personnel, des membres du comité d'entreprise, un comité informel de grève ou toute autre instance qui n'est pas un syndicat représentatif de salariés ne sont pas valides comme accords collectifs. Plutôt que de les annuler, la Cour de cassation a préféré considérer comme non écrite la signature sans validité, émanant des salariés, de leurs leaders ou de leurs représentants. Cette signature annulée, parce que non syndicale, il ne reste plus que la signature de l'employeur. Le rattachement de ces accords, longtemps dits « atypiques », à la catégorie des engagements unilatéraux était donc logique. Elle est généralisée à toute sorte d'accord à vocation collective auxquelles une condition de validité manque pour que la qualification de convention collective soit acquise [2].

743 ***Les usages d'entreprise : des engagements unilatéraux nés de la pratique*** ◊ La troisième catégorie d'engagements unilatéraux est plus débattue. Il s'agit des normes désignées sous le nom d'« usages d'entreprise ». Un usage d'entreprise n'est pas un véritable usage. Il s'agit d'une pratique existante dans une entreprise particulière. Pratique qui a une certaine généralité (elle s'applique au moins à toute une catégorie de salariés), une certaine constance et une certaine fixité [3]. Ces pratiques, par leur persistance, peuvent faire naître dans l'esprit des salariés une légitime croyance dans leur maintien. Elles prennent alors une certaine force obligatoire.

Comme ces pratiques sont propres à l'entreprise, elles sont soit des pratiques de l'employeur lui-même (lorsqu'il verse annuellement une prime

1. V. par ex. : Soc. 30 oct. 1991, *Bull. civ.* V, n° 46 ; 3 févr. 1993, *RJS* 4/93, n° 337 ; 20 mai 1992, *ibid.* 6/92, n° 471 ; 5 juin 1996, *Bull. civ.* V, n° 225 ; 18 mars 1997, *Dr. soc.* 1997. 546, obs. G. Couturier et J. Savatier ; *D.* 1998. Somm. 256, obs. A. Lyon-Caen ; 19 nov. 1997 (2 arrêts), *Dr. soc.* 1998. 89, obs. G. Couturier ; 15 juill. 1998, *Bull. civ.* V, n° 378 ; 7 nov. 2001, inédit ; 4 févr. 2003, *Dr. soc.* 2003. 532, obs. Ch. Radé.

2. Alors que l'agrément ministériel conditionne tout effet d'un accord collectif conclu dans le secteur médico-social, les salariés peuvent réclamer le bénéfice d'un accord non agréé en tant qu'engagement unilatéral de leur employeur : Soc. 4 janv. 2000, *Bull. civ.* V, n° 5.

3. Cette solution était déjà affirmée du temps où l'usage d'entreprise était une source spécifique : Soc. 16 nov. 1977, *Bull. civ.* V, n° 62 ; 26 oct. 1979, *Bull. civ.* V, n° 786 ; 21 janv. 1987, *Dr. soc.* 1987. 637, 1re esp., note J. Déprez. Elle s'est perpétue depuis que l'usage d'entreprise est assimilé à un engagement unilatéral de l'employeur : Soc. 28 févr. 1996, *Bull. civ.* V, n° 74 ; Soc. 4 avr. 2007, n° 05-44.104, *RDT* 2007. 505, note Pignarre.

par exemple), soit des pratiques que l'employeur a laissé s'instaurer (par exemple, un jour chômé traditionnellement dans l'entreprise). Dans les deux cas, ces pratiques peuvent être imputées à la volonté d'un employeur unique, ce qui les rapproche des engagements unilatéraux. La Cour de cassation les désigne toujours, toutefois, sous le nom d'« usage d'entreprise ». Mais elle reconnaît que leur véritable source est dans la volonté unilatérale de l'employeur [1] et admet logiquement qu'un usage d'entreprise puisse être annulé pour vice du consentement de l'employeur [2]. De plus, la Cour de cassation leur applique systématiquement le régime juridique des engagements unilatéraux [3].

En clair, malgré la survivance de la terminologie « usage d'entreprise » au sein des décisions de la Cour de cassation, le droit assimile pleinement ces normes à des engagements unilatéraux. Rien de leur régime juridique ne les en distingue. Il convient donc de les traiter pour ce qu'ils sont, en droit, à savoir des engagements unilatéraux nés de la pratique.

§ 2. **Régime juridique**

744 ***Une source exclusivement créatrice d'avantages*** ◊ L'engagement unilatéral ne vaut que dans la mesure où il apporte une garantie ou un avantage aux salariés [4], et il ne peut déroger à la loi ou à la convention collective que dans un sens favorable à ces salariés [5]. Ainsi un « accord atypique », n'a ni la valeur ni les effets d'un accord collectif au sens du livre I du Code. Il n'est donc pas opposable aux salariés (par exemple s'il prévoit une obligation de non-concurrence), tandis que ces derniers peuvent « se prévaloir d'un avantage contenu dans cet accord, qui ne vaut alors que comme engagement unilatéral de l'employeur » [6].

1. V. déjà, Soc. 12 juin 1986, *Dr. ouvrier* 1987. 143, arrêt qui vise « un usage résultant d'une décision unilatérale de l'employeur »

2. Soc. 10 mai 1979, *Bull. civ.* V, n° 408

3. V. déjà, Soc. 7 janv. 1992, *Bull. civ.* V, n° 2 ; 23 sept.1992, *Bull. civ.* V, n° 479. V. aussi les arrêts cités n° 709 s. s. La jurisprudence vise indistinctement « les règles régissant la révocation des usages et des engagements unilatéraux » : v. not. Soc. 26 janv. 2005, n° 02-47.507, *Bull. civ.* V, n° 31 ; 7 juill. 1998, n° 96-42.521, *Bull. civ.* V, n° 364.

4. Soc. 23 oct. 1991, *Bull. civ.* V, n° 433.

5. Soc. 19 nov. 1997, (1re esp.), *Dr. soc.* 1998. 89, obs. G. Couturier ; 26 oct. 1999, *ibid.* 2000. 381, note Ch. Radé. Si l'employeur peut soumettre l'avantage qu'il institue (une prime) à certaines conditions, celles-ci ne doivent pas porter atteinte aux libertés et droits fondamentaux du salarié, par exemple à la liberté du travail (Soc. 18 avr. 2000, *D.* 2001. 263, note J. Mouly, bien que cet arrêt n'aborde pas la prime en cause comme un engagement unilatéral).

6. Soc. 15 juill. 1998, préc. Le salarié ne peut, dans son contrat de travail, renoncer à une disposition du statut collectif – donc au bénéfice d'un engagement de l'employeur – qui lui est plus favorable (Soc. 5 juin 2001, *Bull. civ.* V, n° 208 ; *D.* 2001. Somm. 3014, obs. M.-C. Amauger-Lattès ; 4 févr. 2003, préc.). En revanche, l'avantage né d'un engagement unilatéral peut se trouver « conventionnalisé » (Soc. 10 juill. 2001, *Bull. civ.* V, n° 257) ou contractualisé. Mais « la remise au salarié, lors de son embauche, d'un document mentionnant les engagements unilatéraux de l'employeur, fût-il mentionné au contrat de travail à titre de renseignement sur le statut collectif de l'entreprise, n'a pas pour effet de contractualiser les avantages qui y sont décrits » (Soc. 2 mai 2001, *Dr. soc.* 2001. 1003, obs. B. Gauriau).

745 ***Destruction par convention collective*** ◊ L'engagement unilatéral est créé par la seule volonté unilatérale de l'employeur. Il s'agit pour cette raison d'une des normes les plus fragiles. Elle a été située par la jurisprudence au plus bas de la hiérarchie des normes, dans une situation de parfaite soumission aux conventions collectives. Cette solution est assez logique. Cependant, la Cour de cassation en tire une conséquence parfois jugée excessive : une convention collective nouvelle peut détruire les engagements unilatéraux existants, si elle le prévoit expressément, ou même plus simplement si elle porte sur le même objet [1]. L'engagement unilatéral est ainsi une source du statut collectif supplétive de l'existence d'une convention collective.

Cette destruction par convention collective est la seule qui soit admise pour les engagements unilatéraux à durée déterminée ou à exécution instantanée, lesquels sont insusceptibles de dénonciation [2].

746 ***Engagement unilatéral et contrat individuel de travail*** ◊ Le contrat individuel n'a pas la capacité destructrice accordée aux conventions collectives. Ce qui est logique, l'engagement unilatéral étant un élément du statut collectif. En cas de conflit entre un contrat de travail et un engagement unilatéral, le principe de faveur s'applique et la disposition la plus favorable s'impose [3].

Un engagement unilatéral, en principe, ne s'incorpore pas au sein des contrats individuels de travail [4]. La destruction d'un engagement unilatéral peut donc avoir lieu sans que l'employeur ne doive poursuivre la procédure de modification des contrats individuels de travail [5]. La seule exception

1. V. Soc. 19 déc. 1990, *Bull. civ.* V, n° 688 ; 25 janv. 1995, *D.* 1995. 593, note P. Pochet ; *Dr. soc.* 1995. 274, obs. G. Borenfreund ; 9 juill. 1996, *Dr. soc.* 1996. 983, obs. J. Savatier ; 5 mars 1997, *Bull. civ.* V, n° 92 ; 19 nov. 1997 (2e arrêt), *Dr. soc.* 1998. 89, obs. G. Couturier ; 8 janv. 2002, *Bull. civ.* V, n° 4 ; 27 sept.2006, n° 05-40.232, *Dr. soc.* 2006. 1190, note Ph. Waquet ; 10 mars 2010, n° 08-44.950, *Dr. soc.* 2010. 1097, obs. crit. M. Véricel. L'application volontaire d'une convention collective, ayant valeur d'engagement unilatéral, est donc immédiatement interrompue par la conclusion d'une convention d'entreprise ayant le même objet (Soc. 26 sept. 2012, n° 10-24.529 P). L'identité d'objet peut ne pas être évidente (Soc. 16 sept. 2003, *D.* 2004. Somm. 385, obs. L. Camaji).

2. Pour un engagement à durée déterminée, v. Soc. 4 avr. 1990, *Grands arrêts*, n° 176 ; *Bull. civ.* V, n° 161. Pour un engagement à exécution instantanée, v. Soc. 16 déc. 1998, *Bull. civ.* V, n° 553, à propos d'une obligation de reclassement.

3. Soc. 18 oct. 2006, n° 04-44.602, *Bull. civ.* V, n° 314 ; *Dr. soc.* 2007. 108-109, observations A. Mazeaud : « le contrat de travail entraîne l'application du statut collectif en vigueur dans l'entreprise, lequel peut résulter d'un engagement unilatéral de l'employeur, et que le salarié ne peut y renoncer dans son contrat de travail, sauf disposition contractuelle plus favorable ». Dans le même sens, v. not. Soc. 21 mars 2001, *Bull. civ.* V, n° 106. Certains arrêts non publiés ont semblé accepter que la destruction d'un engagement unilatéral pourrait avoir lieu par intégration de l'engagement au sein des contrats individuels, Soc. 11 juill. 2006, n° 05-41.177, *Dr. soc.* 2006, note critique Ph. Waquet ; 12 juin 2007, n° 06-41.282, *Dr. soc.* 2007. 966, obs. F. Duquesne. Ces arrêts non publiés, lacunaires, liés à des espèces assez particulières dans lesquelles il n'était pas question de destruction mais d'intégration, semblent dépourvus de portée jurisprudentielle claire (en ce sens, v. Soc. 18 oct. 2006, préc.).

4. Soc. 3 déc. 1996, *Dr. soc.* 1997. 102, obs. Ph. Waquet ; *Grands arrêts*, n° 172.

5. V. Soc. 13 févr. 1996, *Bull. civ.* V, n° 53 ; 24 sept. 2008, n° 07-42.488, inédit.

reconnue est celle d'une volonté « claire et non équivoque » des parties au contrat [1]. La formule, restrictive, est significative de la réticence de la Cour de cassation à admettre une telle intégration.

Cette réticence est parfois excessive, surtout en matière de salaire. Celui-ci est la contrepartie des droits contractuels accordés à l'employeur et notamment de son pouvoir de direction. Comme tel il devrait être considéré comme un élément du contrat et ce quelle que soit sa source et échapper ainsi au pouvoir. Le refus d'incorporation jurisprudentiel des engagements unilatéraux relatifs au salaire conduit, au contraire, à laisser au pouvoir le choix de déterminer unilatéralement certains éléments de sa cause [2], ce qui peut apparaître assez peu logique, voire relativement choquant.

747 ***Dénonciation*** ◊ L'employeur peut dénoncer unilatéralement les engagements unilatéraux à durée indéterminée et à exécution successive [3]. Trois conditions sont nécessaires pour que cette dénonciation soit valide : la notification aux représentants du personnel, la notification individuelle aux salariés et le respect d'un préavis suffisant pour permettre des négociations [4].

La notification individuelle aux salariés est sans doute la formalité la plus importante. Les salariés qui doivent être informés sont tous les salariés qui profitent de l'avantage ou qui sont susceptibles d'en profiter [5], soit encore tous ceux qui sont dans le champ d'application de l'engagement unilatéral, soit encore tous les salariés de l'entreprise si tel est le domaine d'application de l'engagement [6]. L'obligation de notification individuelle n'est pas une simple information due sous peine d'inopposabilité de la dénonciation aux seuls salariés oubliés. La dénonciation doit être notifiée

1. Soc. 10 mars 2010, n° 08-44.950, *Dr. soc.* 2010. 1097, obs. crit. M. Véricel. *Adde.* v. « le contenu du statut collectif » et réf. cit.

2. V. ss 624.

3. Soc. 4 avr. 1990, préc. ; 16 déc. 1998, *Dr. soc.* 1999. 194, obs. F. Gaudu. L'ajout d'une condition pour le bénéfice de l'avantage nécessite une dénonciation de l'engagement initial (Soc. 7 mai 1998, *Dr. soc.* 1998. 730, obs. G. Couturier ; 11 juin 2003, inédit). Le défaut de versement d'une rémunération due en vertu d'un engagement unilatéral provoque la rupture du contrat de travail qui s'analyse en un licenciement (Soc. 18 nov. 1998, *Dr. soc.* 1999. 97, obs. J.-E. Ray).

4. V. not. Soc. 25 févr. 1988, n° 85-40.821, *Bull. civ.* V, n° 139 ; 2 oct. 1990, n° 89-40.851, *Bull.* n° 408 ; 22 janv. 1992, n° 89-42.841, *Bull. civ.* V, n° 25 ; 13 févr. 1996, n° 93-42.309, *Bull. civ.* V, n° 53 ; 18 mars 1997, n° 93-43.989 ; 20 juin 2000, n° 98-43.395 *Bull. civ.* V, n° 237 ; 20 sept.2006, n° 04-47.343, *Bull. civ.* V, n° 279.

5. V. Soc. 13 oct. 2010, n° 09-13.110, *D.* 2011. Pan. 1246, note E. Dockès. Les récipiendaires de l'information individuelle furent d'abord visés comme l'ensemble des « intéressés », v. Soc. 25 févr. 1988 ; 2 oct. 1990 ; 22 janv. 1992, préc. La Cour a réduit un temps ce champ à l'ensemble des salariés auxquels l'engagement « profite » (v. Soc. 13 févr. 1996 ; 18 mars 1997 ; 20 juin 2000, et 20 sept. 2006, préc.), ce qui pouvait conduire à exclure de l'information les salariés ne présentant pas une condition pour bénéficier de l'avantage (v. Soc. 11 janv. 2000, n° 97-44.148, *Bull. civ.* V, n° 17 : pas d'information due aux salariés n'ayant pas l'ancienneté requise pour bénéficier d'une prime d'ancienneté dénoncée). Cette restriction a été abandonnée par Soc. 13 oct. 2010, préc.

6. Soc. 18 mai 2011, n° 10-10.605. Pour un engagement unilatéral dont le champ d'application est une UES, v. Soc. 13 oct. 2010, préc.

individuellement à l'ensemble des salariés concernés, faute de quoi la dénonciation n'est pas valide. L'oubli d'une partie des salariés rend la dénonciation nulle pour l'ensemble des salariés, y compris pour ceux qui ont reçu cette notification [1]. La solution apparaît nécessaire ne serait-ce que pour des motifs tirés de l'égalité de traitement.

La dénonciation doit être portée à la connaissance des *représentants du personnel* (et non des syndicats) s'ils sont présents dans l'entreprise [2]. En l'absence de représentant du personnel, il faut toutefois distinguer le cas dans lequel cette absence est imputable à une faute de l'employeur, par exemple, s'il a omis d'organiser des élections alors que celles-ci étaient obligatoires. Dans ce cas, la dénonciation réalisée en l'absence d'information préalable des représentants du personnel sera considérée comme irrégulière, l'impossibilité d'une telle information étant imputable à l'employeur [3].

La dénonciation doit enfin, pour être régulière, être précédée d'un préavis suffisant pour permettre les négociations. Le délai court à compter de la réalisation de l'ensemble des informations individuelles et collectives susvisées. La durée exacte de ce délai reste floue, comme tout délai de source jurisprudentielle, d'autant que l'appréciation de sa durée est laissée par la Cour de cassation au pouvoir souverain des juges du fond [4]. On peut cependant noter qu'il s'agit d'une exigence jurisprudentielle directement inspirée du délai de préavis de dénonciation des conventions collectives, délai pendant lequel les parties sont soumises à une obligation de négocier (C. trav., art. L. 2261-10). Ce délai de préavis est, pour les conventions collectives, d'une durée de trois mois. Un tel délai devrait *a priori* être suffisant s'agissant de simples engagements unilatéraux, lesquels sont des actes bien inférieurs aux conventions collectives dans la hiérarchie des normes [5].

La dénonciation n'a pas à être motivée, elle peut être abusive, la preuve de son motif illicite entraînant sa nullité [6].

748 ***Maintien en cas de transfert d'entreprise*** ◊ En cas de transfert d'entreprise [7] les engagements unilatéraux sont transférés au nouvel employeur [8]. Cette opposabilité ne bénéficie qu'aux salariés dont le contrat

1. v. Soc. 12 févr. 2008, n° 06-45.397, *Bull. civ.* V, n° 36 ; 13 oct. 2010, préc.
2. Sur les conditions de cette information, v. Soc. 5 janv. 2005, *Bull. civ.* V, n° 1.
3. Soc. 16 nov. 2005, *Bull. civ.* V, n° 329 ; *Dr. soc.* 2006. 233, obs. J. Savatier.
4. V. par ex. Soc. 16 mars 1989, *Bull. civ.* V, n° 221
5. V. cep. Soc. 13 oct. 1988, *JS IUMM* 1989, n° 510, p. 505, à propos d'une cour d'appel ayant fixé souverainement à un an le délai de dénonciation nécessaire pour un engagement unilatéral dont l'objet était une prime annuelle.
6. Soc. 13 févr. 1996, *Bull. civ.* V, n° 54 (dénonciation d'un usage pour tenter de faire échec à l'exercice normal du droit de grève) ; 26 nov. 1996, *RJS* 1/97, n° 109 (mesure de rétorsion à l'égard d'un représentant du personnel).
7. Sur les transferts d'entreprise, v. ss 294 s.
8. Soc. 23 sept. 1992, *Dr. soc.* 1992. 926 ; 4 févr. 1997, *Dr. soc.* 1997. 416, obs. G. Couturier ; 9 oct. 2001, *Bull. civ.* V, n° 311 ; 17 oct. 2007, n° 05-43.652 ; 22 janv. 2008, n° 06-46.534 ; 12 mars 2008, n° 06-45.147 P (cession judiciaire), *RDT* 2008. 387, obs. Fabre ; 18 avr. 2008, n° 06-45.328.

était en cours au jour du transfert [1]. Cette solution n'est pas cohérente avec le fait que l'engagement unilatéral participe du statut collectif applicable dans l'entreprise. Dès lors qu'il ne s'incorpore pas au contrat de travail, son effet normatif ne devrait pas dépendre de la date de conclusion des contrats individuels.

Le maintien de l'usage d'entreprise ou de l'engagement unilatéral vis-à-vis des seuls salariés dont les contrats étaient en cours au jour du transfert crée une différence de traitement vis-à-vis des salariés nouvellement embauchés ou vis-à-vis des anciens salariés d'une entreprise absorbante. Cette inégalité de traitement est, pour la Cour de cassation, justifiée par l'obligation faite au nouvel employeur de maintenir les usages ou les engagements unilatéraux antérieurs [2].

1. Soc. 7 déc. 2005, *Dr. soc.* 2006. 232, obs. critiques J. Savatier.
2. Soc. 11 janv. 2012, n° 10-14.614, *Dr. soc.* 2012. 427, note C. Radé.

CHAPITRE 5

LE POUVOIR DISCIPLINAIRE

749 ***Une modalité du pouvoir de direction*** ◊ Le pouvoir disciplinaire de l'employeur est un mode d'exercice particulier du pouvoir de direction, qui se caractérise par son origine. Il est, selon le Code du travail, pris à la suite d'un comportement du salarié que l'employeur considère comme fautif [1]. Ceci laisse supposer que l'acte de pouvoir de l'employeur a pour finalité immédiate de punir, de sanctionner. Le droit disciplinaire a pour objet et pour fonction d'encadrer cette édiction de sanctions.

750 ***Place et fondement du pouvoir disciplinaire*** ◊ L'employeur peut, sur le plan juridique, réagir de diverses manières à l'inexécution ou la mauvaise exécution par le salarié de ses obligations contractuelles (mauvaise exécution de la tâche confiée, refus d'exécuter des tâches prescrites, abandon du poste de travail, détérioration du matériel, retard au travail, infraction aux dispositions du règlement intérieur, actes de violence, etc.). La recherche de la responsabilité civile est rare, parce qu'elle étroitement circonscrite et suppose l'intervention du juge [2]. Il est plus aisé, pour l'employeur, de réagir par l'édiction de sanctions disciplinaires.

Pour justifier le prononcé de telles sanctions, on a d'abord avancé une *analyse contractuelle d'où le pouvoir était exclu* : dans cette analyse, la sanction est présentée comme une simple application du contrat. Une amende élevée est alors possible, même pour une faute vénielle, dès lors qu'il a été prévu que cette faute produirait cette sanction dans le règlement intérieur, lequel était interprété comme une annexe du contrat, tacitement acceptée par le salarié [3]. Cette analyse pouvait cependant entraver le pouvoir disciplinaire, en l'absence de règlement d'atelier suffisamment précis. Sous l'influence de l'analyse institutionnelle de l'entreprise, elle a été abandonnée au profit d'une conception du pouvoir disciplinaire comme pouvoir naturel du chef d'entreprise, comme « inhérent à la qualité de patron » [4]. En dernier lieu, le pouvoir disciplinaire a été rattaché au pouvoir de direction que l'employeur tire du contrat de travail : le pouvoir disciplinaire ne peut dépasser la sphère du pouvoir de direction, telle que celle-ci est

1. C. trav., art. 1331-1 et l'analyse de ce texte faite, v. ss 760 s.
2. Sur la responsabilité du salarié, v. ss 649.
3. V. en ce sens Civ. 14 févr. 1866 dit « *arrêt des sabots* ». Sur cet arrêt, v. ss 606, 726.
4. Soc. 16 juin 1945 (*Établissements Poliet et Chausson*), *Dr. soc.* 1946. 427, note P. Durand, *Grands arrêts*, 4ᵉ éd., 2008, n° 65. *Adde*, v. ss 610.

délimitée dans le contrat de travail [1]. Ce point d'aboutissement de la jurisprudence apparaît, de loin, préférable. Il est réaliste, par la reconnaissance du pouvoir qu'il permet. Il est respectueux de l'individu par la source contractuelle qu'il donne au pouvoir.

Sans se préoccuper de cette question de la source du pouvoir disciplinaire, le législateur de 1982 a entendu procurer aux salariés des garanties contre les abus de cette prérogative, d'une part en soumettant la *décision de prononcer une sanction* à un ensemble de règles de fond et de procédure (Section 1), d'autre part en ouvrant la voie à un *contrôle judiciaire* approfondi de la sanction prononcée (Section 2). Le Code parle d'un « *droit disciplinaire* » [2], encadrant le pouvoir qu'il consacre sans le nommer [3]. Ce droit souffre d'ambiguïtés sans doute inexpugnables [4], et présente quelques particularités en ce qui concerne la sanction la plus grave, le licenciement.

SECTION 1. GARANTIES DE FOND

751 L'individu est protégé contre l'arbitraire lorsqu'il sait, avant d'agir, ce qui lui est interdit ou prescrit, et lorsqu'il peut apprécier à quoi l'exposeraient ses éventuels manquements. Pourtant, la réforme de 1982 n'a que partiellement transposé le principe pénaliste *Nullum crimen, nulla pœna sine lege*. Les *sanctions* sont listées et limitées : seules celles prévues par le règlement intérieur peuvent être prononcées. Mais cette solution n'est pas retenue pour les fautes : la loi n'impose pas à l'employeur de se lier en inscrivant une liste limitative des fautes dans le règlement.

§ 1. La faute disciplinaire

752 ***Notion*** ◊ La subordination qui est consentie par contrat de travail est une subordination limitée à la sphère professionnelle. En dehors de son temps de travail, le salarié est l'égal de l'employeur. Il n'est pas soumis à son pouvoir de direction. *A fortiori*, il n'est pas soumis à son pouvoir disciplinaire. La faute commise par le salarié en dehors de sa vie professionnelle, en dehors de son contrat de travail, peut être grave et même

1. V. Soc. 16 juin 1998, *Sté Hôtel Le Berry*, *Dr. soc.* 1998. 803, rapp. Ph. Waquet ; *JCP E* 1998. 1789, note D. Corrignan-Carsin ; *D.* 1999. 125, note C. Puigelier ; *ibid.* 2000. Somm. 171, obs. M.-C. Amauger-Lattès ; *Grands arrêts*, 4e édition, 2008, n° 67 ; v. ss 776.

2. P. Bouaziz, Du pouvoir souverain vers un droit disciplinaire, *Dr. ouvrier* 1982. 449 ; S. Frossard, Les évolutions du droit disciplinaire, *D.* 2004. Chron. 2450. Pour un point de droit comparé : I. Laurent-Merle, Le pouvoir disciplinaire face aux droits et libertés du salarié en Europe occidentale, *RDT* 2007. 298.

3. S. Laulom, Du pouvoir disciplinaire au droit disciplinaire ? Les entreprises, *Vers un droit commun disciplinaire ?*, CERCRID, PU Saint-Étienne, 2007, p. 105.

4. J. Pélissier, Les ambiguïtés du droit disciplinaire dans les relations de travail, *Écrits en l'honneur de J. Savatier*, PUF, 1992, p. 367.

pénalement répréhensible. Mais elle ne peut fonder une sanction disciplinaire de l'employeur. La faute disciplinaire, celle qui peut fonder une sanction du même nom n'est donc pas n'importe quelle faute.

Le pouvoir disciplinaire de l'employeur permet exclusivement de sanctionner les violations par le salarié de ses obligations contractuelles. Ce qui inclut la violation par le salarié de son obligation d'obéir à l'employeur, laquelle est issue du contrat [1]. C'est pourquoi la faute disciplinaire est définie comme *une faute contractuelle*. La jurisprudence s'est prononcée clairement en ce sens à plusieurs reprises [2]. Cette définition générale demande à être appliquée dans différents contextes.

753 ***Du droit de désobéir à un ordre illicite*** ◊ Seule la violation d'un commandement licite exprimé dans le cadre du pouvoir de direction que l'employeur tient du contrat peut être qualifiée de faute disciplinaire. Réciproquement, la violation d'un commandement illicite n'est pas une faute [3]. Tel est le cas de l'exercice par le salarié de son droit contractuel de refuser une tâche étrangère à ses attributions ou une modification de son contrat de travail [4], mais pas seulement.

754 ***Les autres désobéissances licites*** ◊ La désobéissance du salarié a un ordre édicté de manière valide par l'employeur est en principe fautive. Il existe toutefois certains cas de désobéissance non fautive, comme la grève [5] ou le droit de retrait en cas de danger grave et imminent [6], lesquels sont non seulement licites, mais protégés. Plus généralement, la cessation du travail par le salarié peut être légitimée par la faute de l'employeur : ainsi, un salarié peut refuser sans faute de reprendre le travail tant que le salaire qui lui est dû, au titre d'une mise à pied ordonnée par l'employeur sans justification, ne lui aura pas été versé [7]. Cette dernière solution peut être rapprochée du doit commun des contrats et de l'exception d'inexécution.

---

1. V. ss 3, 607.

2. La faute disciplinaire d'un salarié est définie par la Cour de cassation comme le « manquement aux obligations résultant de son contrat » : Cass., ch. mixte, 18 mai 2007, n° 05-40.803 P, *D.* 2007. 2137, obs. J. Mouly ; *Sem. soc. Lamy* 2007, n° 1310, note Ph. Waquet ; *RDT* 2007. 527, obs. T. Aubert-Montpeyssen ; *JCP* 2007. II. 10129, obs. G. Loiseau ; *D.* 2007. Pan. 3037, obs. Ch. Géniaut ; *Dr. ouvrier* 2008. 25, note S. Ducrocq. V. aussi, dans le même sens, Soc. 4 juill. 2000, *Bull. civ.* V, n° 263 ; CE 15 déc. 2010, n° 316856, concl. G. Dumortier, *RDT* 2011. 99 ; *Sem. soc. Lamy* 2011, n° 1481, p. 10, note M-C. Rouault et F. Duquesne ; 3 mai 2011, n° 09-67.464 P, *Sem. soc. Lamy* 2011, n° 1492, p. 12, note. F. Champeaux.

3. Ex. : Soc. 19 déc. 1973, *Bull. civ.* V, n° 677 (refus par une femme d'une fouille corporelle pratiquée par un homme) ; 6 avr. 2004, *D.* 2004. 2736, note R. de Quénaudon (refus d'utiliser un badge géré par des moyens informatisés n'ayant pas donné lieu à déclaration à la CNIL).

4. Ex. : Soc. 28 mars 1995, *Dr. soc.* 1995. 505 ; 14 févr. 1995, *ibid.* 268 ; 28 mars 2000, *Bull. civ.* V, n° 128.

5. V. ss 1110 s.

6. C. trav., art. L. 4131-1 ; v. ss 859.

7. Soc. 23 juin 2009, n° 07-44.844 P.

755 ***Vie professionnelle et vie personnelle*** [1] ◊ Les obligations contractées par le salarié relèvent de sa vie professionnelle. Un fait relatif à sa vie personnelle ne peut donc pas être qualifié de faute disciplinaire [2], y compris s'il est commis aux lieux et temps de travail [3], y compris lorsqu'il est constitutif d'infractions pénales et a conduit le salarié à être placé en détention provisoire [4]. Cette protection va au-delà de la seule protection de la vie privée *stricto sensu*. Elle protège tout ce qui est extérieur à la sphère contractuelle, et inclut outre la vie privée, la vie publique, politique, militante ou associative [5]. Au temps et lieu de travail, elle inclut notamment l'exercice des mandats syndicaux ou électifs, lesquels échappent bien entendu à tout pouvoir de direction

La faute extra-professionnelle, commise hors des temps et lieu de travail, échappe totalement au pouvoir disciplinaire de l'employeur. Si elle constitue un trouble caractérisé dans l'entreprise, elle ne peut justifier qu'un licenciement *pour motif personnel non disciplinaire*, avec application de la procédure de droit commun du licenciement. Après quelques hésitations [6], cette solution, logique, a été adoptée définitivement dans un arrêt de chambre mixte, par la Cour de cassation, le 18 mai 2007 [7]. En l'espèce,

---

1. Sur la notion de vie personnelle, v. Ph. Waquet, La vie personnelle du salarié, *Mélanges en l'honneur de J.-M. Verdier*, Dalloz, 2001, p. 513 ; La vie personnelle du salarié, *Dr. soc.* 2004. 23 ; Vie privée, vie professionnelle et vie personnelle, *Dr. soc.* 2010. 14 ; Ch. Mathieu-Géniaut, *La vie personnelle du salarié*, thèse Lyon 2, 2004 ; P. Adam, La vie personnelle du salarié, une forteresse et quelques souterrains, *RDT* 2011. 116.

2. Soc. 14 mai 1997, *Bull. civ.* V, n° 175 ; 15 juin 1999, *Bull. civ.* V, n° 279 ; 27 juin 2000, *Bull. civ.* V, n° 249 ; 9 mars 2011, n° 09-42.150 P : « un fait de la vie personnelle occasionnant un trouble dans l'entreprise ne peut justifier un licenciement disciplinaire ». Deux arrêts récents précisent logiquement que par exception, un fait de la vie personnelle peut consituer une faute disciplinaire « s'il constitue un manquement de l'intéressé à une obligation découlant de son contrat de travail » CE 15 déc. 2010, n° 316856, Conclusions G. Dumortier, *RDT* 2011. 99 ; *Sem. soc. lamy* 2011, n° 1481, p. 10, note M-C. Rouault et F. Duquesne ; Soc. 3 mai 2011, n° 09-67.464 P, *Sem. soc. Lamy* 2011, n° 1492, p. 12, note. F. Champeaux.

3. Soc. 2 oct. 2001, *Nikon*, *Bull. civ.* V, n° 291 ; *Dr. soc.* 2001. 915, note J.-E. Ray ; 23 juin 2009, n° 07-45.256 P.

4. Soc. 26 févr. 2003, *Dr. soc.* 2003. 630, obs. J. Savatier.

5. V. par ex. Soc. 23 mai 2007, n° 05-41.374 P, *D.* 2007. Pan. 3037, obs. Ch. Géniaut, *RDT* 2008, obs. T. Aubert-Monpeyssen, qui refuse la qualification de faute disciplinaire d'un blocage de péage, réalisé par l'employé de ce péage, mais hors de son temps de travail et à l'occasion d'une manifestation publique ; v. aussi Soc. 23 juin 2009, n° 07-45.256 P. Au temps et lieu de travail, il faut rappeler qu'à l'évidence l'exercice des mandats syndicaux et électifs sont en dehors de la sphère de pouvoir de l'employeur et que les fautes commises à cette occasion ne sauraient donc en aucun cas être qualifié de fautes disciplinaires ni servir de fondement à une sanction disciplinaire par l'employeur (v. par ex. Soc. 30 juin 2010, n° 09-66.792 P).

6. V. not. Soc. 3 déc. 2002, n° 00-44.321, *Bull. civ.* V, n° 361.

7. Cass., ch. mixte, 18 mai 2007, n° 05-40.803 P, *D.* 2007. 2137, obs. J. Mouly ; *Sem. soc. Lamy* 2007, n° 1310, note Ph. Waquet ; *RDT* 2007. 527, obs. T. Aubert-Montpeyssen ; *JCP* 2007. II. 10129, obs. G. Loiseau ; *D.* 2007. Pan. 3037, obs. Ch. Géniaut ; *Dr. ouvrier* 2008. 25, note S. Ducrocq ; 3 mai 2011, n° 09-67.464 P, *Sem. soc. Lamy* 2011, n° 1492, p. 12 note. F. Champeaux. Dans le même sens, v. not. CE 4 juill. 2005, *Patarin*, n° 272193, *Lebon* 306 ; 15 déc. 2010, req. n° 316856, concl. G. Dumortier, *RDT* 2011. 99 ; *JCP S* 2011. 1247, note J.-Y. Kerbourc'h ; *Sem. soc. Lamy*, 2011, n° 1481, p. 10, note M-C. Rouault et F. Duquesne ; Soc. 3 mai 2011, n° 09-67.469 P.

l'arrêt d'appel avait retenu l'existence d'un trouble objectif généré par un fait qui relevait de la vie privée du salarié. Elle en avait déduit qu'une sanction de rétrogradation était en l'espèce justifiée. La Cour de cassation casse cet arrêt au motif qu'un trouble objectif ne saurait permettre en lui-même de fonder une sanction disciplinaire à l'encontre du salarié, en l'absence de « manquement aux obligations résultant de son contrat ».

Un « trouble objectif » causé par le salarié à l'entreprise par la commission d'un fait relevant de sa vie personnelle peut être une cause réelle de licenciement, si le trouble est suffisamment important. Mais il ne pourra pas s'agir d'un licenciement disciplinaire [1], ni, *a fortiori*, d'un licenciement pour faute grave.

Toutefois, plusieurs difficultés demeurent.

1) Il est parfois difficile de séparer vie professionnelle et vie personnelle. Certains faits qui relèvent principalement de la vie personnelle du salarié, peuvent cependant s'avérer aussi, accessoirement, une violation d'ordres professionnels donnés par l'employeur dans l'exercice de son pouvoir de direction. Auquel cas, une faute disciplinaire peut être caractérisée. Tel sera le cas, par exemple, de l'utilisation pendant le temps de travail du poste téléphonique ou du courrier électronique mis à disposition par l'employeur pour un usage extraprofessionnel qu'il interdit [2], de l'utilisation du véhicule de fonction pour transporter des amis en dehors des heures de travail, contrairement aux consignes de l'employeur [3], ou du fait de fumer dans les locaux de travail en infraction aux dispositions du Code de la santé publique et en l'absence même de prescription dans le règlement intérieur [4].

2) Certains faits, tirés de la vie personnelle révèlent de véritables dangers pour la sécurité dans l'entreprise. Pour prendre un exemple caricatural, le salarié d'une crèche qui aurait commis des coups et blessures sur enfant mineur, même en dehors des temps et lieu de travail, représente un tel danger. Un tel salarié doit pouvoir être licencié. Il doit même pouvoir l'être *immédiatement, sans attendre la durée du préavis*. Une mise à pied conservatoire devrait donc être admise dans une telle situation, et à chaque fois que la préservation de la sécurité des personnes est en cause. Or cette mise à pied conservatoire n'a longtemps été admise qu'en cas de faute grave, au sein des procédures de licenciement disciplinaire. Ceci peut permettre de comprendre certains arrêts qui, pour contourner cette règle, ont pu qualifier de fautes professionnelles

---

1. Soc. 16 déc. 1997, *Bull. civ.* V, n° 441 ; *Grands arrêts*, 4e éd., 2008, n° 66 ; 18 juin 2002, *Dr. soc.* 2002. 864, obs. Ph. Waquet ; 21 oct. 2003, *RJS* 1/04, n° 16 ; 9 mars 2011, n° 09-42.150 P.

2. Ex. : Soc. 29 janv. 2008, *RJS* 5/08, n° 511 (communications avec des messageries de rencontres entre adultes). Rappr. : Soc. 2 juin 2004, *RJS* 8-9/04, n° 882 (constitue une faute grave l'utilisation de la messagerie électronique de l'entreprise pour émettre, dans des conditions permettant d'identifier l'employeur, un courriel contenant des propos antisémites).

3. Ex. : Soc. 20 janv. 2004, n° 01-45.718 D.

4. Ex. : Soc. 1er juill. 2008, n° 06-46.421 P, *Sem. soc. Lamy* 2008, n° 1363, p. 13, comm. M. Babin ; *D.* 2008. AJ. 2004, obs. B. Ines.

des faits qui ne s'y rattachaient pas. Ainsi, l'arrêt du 2 décembre 2003 avait ainsi qualifié la conduite en état d'ivresse, *hors des temps et lieu de travail*, d'un conducteur de poids lourd [1].

Ces solutions ont finalement été abandonnées au profit d'un retour à l'orthodoxie. Dans plusieurs espèces relatives à des retraits de permis de conduire pour des faits réalisés *en dehors du temps de travail*, la Cour de cassation et le Conseil d'État ont clairement refusé la qualification de faute disciplinaire, et réaffirmé à l'occasion la nature contractuelle de la faute disciplinaire [2].

Plutôt que d'imaginer de pseudo-fautes disciplinaires hors des temps et lieu de travail, il apparaît plus juste d'accepter une possible mise à pied conservatoire en cas d'impérieux et immédiats motifs de sécurité. Cette voie semble désormais ouverte par la Cour de cassation, laquelle a récemment reconnu par un arrêt du 3 février 2010 [3] qu'une mise à pied conservatoire pouvait précéder un licenciement *non disciplinaire*. Cette ouverture est sans doute l'une des raisons qui a permis d'achever la mise en cohérence des solutions rendues par la Cour de cassation.

3) Une dernière difficulté tient à l'existence de certaines obligations professionnelles en dehors des lieux et temps de travail. Si ces obligations apparaissent valides, notamment au regard du droit à la vie privée, leur violation peut, logiquement, être considérée comme une faute professionnelle. Ainsi, c'est de manière valide qu'un règlement intérieur peut interdire aux personnels éducatifs d'un établissement spécialisé dans l'accueil des mineurs en difficulté de recevoir à leur domicile les mineurs placés dans l'établissement. Cette restriction à la vie privée apparaît justifiée et proportionnée à la Cour de cassation, et la violation de ladite obligation peut donc s'analyser en une faute disciplinaire, justifiant, en l'espèce, une sanction de « rappel au règlement intérieur » [4]. De même, peut être sanctionné pour faute professionnelle un salarié ayant abusé de son pouvoir hiérarchique pour obtenir des faveurs sexuelles en dehors des temps et lieu

---

1. *Bull. civ.* V, n° 304 ; *Dr. soc.* 2004. 550 (avec indication de la date du 25 nov. 2003), obs. J. Savatier. V. aussi, pour un rattachement à la vie professionnelle d'un tel comportement pourtant commis pendant les congés payés, Soc. 19 mars 2008, n° 06-45.212, *Dr. soc.* 2008. 822, note crit. C. Vigneau.

2. CE 15 déc. 2010, req. n° 316856, concl. G. Dumortier, *RDT* 2011. 99 ; *JCP S* 2011. 1247, note J.-Y. Kerbourc'h ; *Sem. soc. Lamy*, 2011, n° 1481, p. 10, note M-C. Rouault et F. Duquesne ; Soc. 3 mai 2011, n° 09-67.464 P, *Sem. soc. Lamy* 2011, n° 1492, p. 12, note F. Champeaux ; Soc. 10 juill. 2013, n°12-16878, *RDT* 2014.43, note C. Mathieu.

3. Soc. 3 févr. 2010, n° 07-44.491 P, *RDT* 2010. 299, obs. P. Adam.

4. Soc. 13 janv. 2009, n° 07-43.282 P. V. aussi 25 janv. 2006, *Dr. soc.* 2006. 848, note Ch. Mathieu-Géniaut ; *JCP* 2006. II. 10049, note B. Bossu ; *D.* 2006. Pan. 2709, obs. A. Lepage (rejet du pourvoi contre une décision ayant retenu la faute grave d'une salariée, cadre commercial d'une banque, « tenue, à ce titre, d'une obligation particulière de probité », licenciée du fait de son implication dans une affaire de vol et trafic de véhicule). Comp. Soc. 20 nov. 1991, *Dr. soc.* 1992. 79 (qualification de faute grave pour le vol commis par un agent de surveillance, en dehors de son temps de travail, dans un centre commercial par ailleurs client de son employeur, qui, compte tenu des fonctions du salarié et de l'objet de l'entreprise, a créé un trouble caractérisé au sein de celle-ci).

de travail [1], la prohibition du harcèlement sexuel étant une obligation professionnelle qui se maintient au-delà du temps subordonné.

Pareille extension du domaine des obligations professionnelles devrait cependant rester très exceptionnelle. Et certaines décisions de la Cour de cassation semblent, de ce point de vue, excessives. Ainsi, un arrêt du 10 décembre 2008 admet que l'injure à un supérieur hiérarchique proférée alors que le salarié se trouvait dans une fête foraine, en dehors de son temps et de son lieu de travail, peut constituer une faute, et même une faute sérieuse susceptible de justifier un licenciement [2].

756 ***Interventions du législateur dans la qualification de faute*** ◊ Dans quelques cas, la loi exclut expressément la qualification de faute pour certains actes ou, au contraire, l'impose pour d'autres. C'est à propos du *harcèlement moral ou sexuel*, que l'on trouve, à la fois, une immunité et une qualification légale de faute : aucun salarié ne peut être sanctionné pour avoir subi ou refusé de subir des agissements répétés de harcèlement moral ou pour avoir témoigné de tels agissements ou les avoir relatés (C. trav., art. L. 1152-2) ou pour avoir subi ou refusé de subir des agissements de harcèlement sexuel (C. trav., art. L. 1153-2) ou avoir témoigné de ces agissements ou les avoir relatés (C. trav., art. L. 1153-3) ; toute sanction, y compris la rupture du contrat de travail, prise en violation de ces prohibitions est nulle (C. trav., art. L. 1152-3, L. 1153-4). En sens inverse, tout salarié auteur de tels agissements « est passible d'une sanction disciplinaire » (C. trav., art. L. 1152-5, L. 1153-6), c'est-à-dire doit être sanctionné [3]. La loi du 13 novembre 2007 relative à la lutte contre la corruption a créé, dans le Code du travail, un article L. 1161-1, dont la structure est imitée de celle des articles L. 1152-2 et L. 1153-2 : aucun salarié ne peut être sanctionné, à peine de nullité de l'acte, pour avoir relaté ou témoigné de bonne foi, soit à son employeur, soit aux autorités

1. Soc. 11 janv. 2012, n° 10-12.930 P. V. aussi, Soc. 19 oct. 2011, n° 09-72.672 P.
2. Soc. 10 déc. 2008, n° 07-41.820 P ; *contra* Soc. 2 avr. 1997, *Bull. civ.* V, n° 136.
3. Cette interprétation de l'adjectif « passible » n'est pas unanimement admise. Statuant sur un pourvoi dans une affaire où des faits de harcèlement moral commis par un salarié avaient donné lieu à une mutation valant simple changement des conditions de travail et non sanction (selon les juges du fond), la Cour de cassation n'a pas eu à se prononcer sur cette question de la liberté de l'employeur de sanctionner ou non (Soc. 13 juin 2007, n° 06-41.368 D, *RDT* 2007. 588, obs. C. Sachs-Durand). Les agissements de harcèlement sexuel constituent une faute grave (Soc. 19 avr. 2000, *RJS* 6/00, n° 628 ; 5 mars 2002, *Bull. civ.* V, n° 83 ; *D.* 2002. Somm. 2092, obs. J.-F. Paulin). L'employeur ne peut licencier le salarié victime d'un harcèlement moral en raison de la perturbation que son absence prolongée cause au fonctionnement de l'entreprise (Soc. 11 oct. 2006, *Bull. civ.* V, n° 301, *RDT* 2007. 30, obs. E. Dockès ; *D.* 2007. Pan. 692, obs. C. Wolmark). S'il est acquis, après des poursuites pénales, que le salarié ne s'est pas rendu coupable d'agression et de harcèlement sexuels à l'égard de collègues, le problème peut être celui du licenciement en raison de faits de la vie privée, dont la justification suppose que le comportement de l'intéressé ait créé un trouble objectif caractérisé au sein de l'entreprise (Soc. 30 nov. 2005, *Dr. soc.* 2006. 466, obs. M.-T. Lanquetin).

judiciaires ou administratives, de faits de corruption dont il aurait eu connaissance dans l'exercice de ses fonctions[1].

757 ***Faute et insuffisance professionnelle*** ◊ La faute disciplinaire doit être distinguée de l'*insuffisance professionnelle*, la première supposant que soit en cause la bonne volonté de l'intéressé, tandis que la seconde ne s'attache qu'à son aptitude, à ses erreurs et résultats, abstraction faite de tout « élément moral »[2]. Une sanction disciplinaire prononcée en raison de ce qui est simple insuffisance ou inaptitude professionnelle serait donc injustifiée. Mais il apparaît que l'enjeu de la qualification est souvent l'application du régime de la sanction disciplinaire (délai de prescription des faits, procédure légale ou conventionnelle, etc.), invoquée par le salarié pour critiquer une mesure décidée sans respect intégral de ces règles. Ainsi le salarié peut-il trouver intérêt à soutenir qu'on lui reproche une faute disciplinaire et non une simple insuffisance ou inaptitude.

758 ***Prescription des fautes disciplinaires***[3] ◊ Aux termes de l'article L. 1332-4, « aucun fait fautif ne peut donner lieu à lui seul à l'engagement de poursuites disciplinaires au-delà *d'un délai de deux mois* à compter du jour où l'employeur en a eu connaissance, à moins que ce fait ait donné lieu dans le même délai à l'exercice de poursuites pénales »[4].

Le texte et la jurisprudence apportent plusieurs précisions d'importance :

1) le délai court du jour où l'employeur, son représentant ou le supérieur hiérarchique du salarié[5] en a eu connaissance[6] ;

---

1. *RDT* 2008. 182, obs. J. Bouton. Pour des sanctions réagissant à une dénonciation émanant du salarié dans d'autres domaines, v. : Soc. 14 mars 2000, *Dr. soc.* 2000. 555, obs. J. Savatier ; *D.* 2001. 894, note H. K. Gaba (le fait de porter à la connaissance de l'inspecteur du travail des faits concernant l'entreprise et paraissant anormaux ne constitue pas en soi, c'est-à-dire en l'absence mauvaise foi ou de légèreté blâmable, une faute) ; 12 juill. 2006, *Bull. civ.* V, n° 245, *Sem. soc. Lamy* 2006, n° 1272, p. 11, comm. F. Champeaux (la dénonciation au procureur de la République, par un éducateur, de faits concernant l'établissement, ne constitue pas une faute si elle n'est pas mensongère) ; Soc. 26 sept. 2007, *Dr. soc.* 2007. 1325, obs. J. Savatier ; 30 oct. 2007, *Dr. soc.* 2008. 124, obs. J. Savatier (applications de l'art. L. 313-24 CASF, instituant une immunité disciplinaire des salariés d'un établissement médico-social ayant témoigné de mauvais traitements infligés à des personnes accueillies).

2. Soc. 6 mars 1986, *Bull. civ.* V, n° 87 ; 4 déc. 1986, *Bull. civ.* V, n° 579 ; 11 déc. 1986, *Bull. civ.* V, n° 594 ; 27 mars 1996, *Bull. civ.* V, n° 124 ; 31 mars 1998, *Dr. soc.* 1998. 716, obs. A. Jeammaud ; *JCP E* 1998. II. 1835, note J. Mouly ; 16 déc. 1998, *Dr. soc.* 1999. 193, obs. C. Radé ; 9 mai 2000, *Dr. soc.* 2000. 786, obs. F. Favennec-Héry ; 5 avr. 2005, n° 02-45.714 D. Mais une insuffisance d'efforts dans l'accomplissement du travail, accompagnant l'insuffisance professionnelle objective, constitue une faute (Soc. 29 oct. 1998, *RJS* 12/98, n° 1481 ; 12 juin 2008, n° 07-40.945 D). V. : A. Chirez, Insuffisances, erreurs et fautes du salarié, *Dr. ouvrier* 2006. 513.

3. R. de Quénaudon, L'exercice du pouvoir disciplinaire dans l'entreprise et l'écoulement du temps, *Dr. soc.* 1984. 173.

4. La convention collective ou le règlement intérieur peuvent sans doute fixer un délai plus court, plus favorable aux salariés (v. obs. F. Duquesne, sous Soc. 7 déc. 2005, *Dr. soc.* 2006. 461).

5. Soc. 30 avr. 1997, *Dr. soc.* 1998. 25, note A. Cœuret ; 23 févr. 2005, *RJS* 5/05, n° 514.

6. Une « connaissance exacte et complète » (Soc. 17 févr. 1993, *Bull. civ.* V, n° 55). Dès lors que plus de deux mois se sont écoulés depuis la commission des faits fautifs, il incombe à l'employeur d'établir qu'il n'en avait pas connaissance depuis plus de deux mois lorsqu'il a

2) le délai doit s'apprécier au jour où les poursuites disciplinaires sont engagées et non à la date du prononcé de la sanction [1] ;

3) le délai de prescription n'est ni suspendu ni interrompu par une période de suspension du contrat de travail [2] ;

4) la prescription n'est pas opposable à l'employeur lorsque la faute du salarié a donné lieu à des poursuites pénales avant l'expiration du délai de deux mois [3], la mise en mouvement de l'action publique interrompant le délai jusqu'à décision définitive de la juridiction pénale [4] ;

5) la prescription empêche de sanctionner isolément le fait qu'elle concerne, mais, si d'autres faits fautifs sont commis postérieurement, l'employeur peut saisir avec eux ce fait antérieur de plus de deux mois pour motiver une sanction ;

6) il n'y a pas prescription si le fait fautif remontant à plus de deux mois s'est poursuivi pendant ce délai [5].

---

engagé la procédure (Soc. 24 mars 1988, *Bull. civ.* V, n° 203 ; *D.* 1988. Somm. 316, obs. Ph. Langlois ; 19 mars 1998, *Dr. soc.* 1998. 717, obs. A. Jeammaud). Si le salarié relève d'un ordre professionnel et de ses règles de déontologie, le point de départ du délai est la décision ordinale permettant à l'employeur d'avoir une exacte connaissance de la réalité des faits contraires à la déontologie retenus comme faute disciplinaire de salarié (Soc. 7 nov. 2006, *Dr. soc.* 2007. 104, obs. J. Savatier ; *RDT* 2007. 39, obs. R. de Quénaudon : cas d'un chirurgien-dentiste vacataire salarié d'une mutuelle).

1. L'acte interruptif de prescription est d'ordinaire la convocation à l'entretien préalable. La convocation adressée, l'entretien doit avoir lieu dans les deux mois qui suivent sa date, faute de quoi le salarié invoquera utilement la prescription des faits fautifs (Soc. 9 oct. 2001 *Bull. civ.* V, n° 304, *D.* 2002. Somm. 772, obs. S. Rozelier). Lorsque le salarié demande un report de l'entretien, la nouvelle convocation doit intervenir dans un délai de deux mois qui commence à courir lors de l'envoi de la première convocation (Soc. 9 déc. 2003, *RJS* 2/04, n° 206). Une mise à pied conservatoire vaut également engagement des poursuites disciplinaires (Soc. 13 janv. 1993, *RJS* 3/93, n° 277).

2. Que la suspension soit consécutive à la maladie (Soc. 13 juill. 1993, *Dr. soc.* 1993. 877), à un accident du travail (17 janv. 1996, *JCP E* 1996. II. 815, note D. Corrignan-Carsin), ou à l'incarcération du salarié (10 mars 1998, *Dr. soc.* 1998. 501, obs. P.-H. Antonmattéi). Il en va autrement lorsqu'une suspension du travail avec maintien du salaire (ce qui n'est pas une mise à pied conservatoire) a été décidée par l'employeur dans l'attente du prononcé de la sanction (Soc. 15 avr. 1996, *RJS* 7/96, n° 792), ou si une cause extérieure à l'employeur fait. obstacle aux poursuites disciplinaires (CE 28 sept. 2005, n° 269.764, *Sté Carto Rhin*, *Lebon* T : prononcé de la résiliation judiciaire du contrat par le conseil de prud'hommes à la demande du salarié protégé, alors que la procédure disciplinaire avait été engagée, l'employeur se trouvant à nouveau en mesure, après annulation du jugement par la cour d'appel, de présenter à l'inspection du travail une nouvelle demande d'autorisation de licenciement, sans se voir opposer l'expiration du délai de deux mois).

3. CE 8 juin 1990, *Dehon*, *RJS* 8-9/90, n° 697 ; *D.* 1992. Somm. 161, obs. D. Chelle et X. Prétot (censurant l'erreur de droit d'un inspecteur du travail à propos d'un salarié protégé). La prescription n'est pas écartée si la poursuite pénale ne concerne pas les faits reprochés au salarié au plan disciplinaire (Soc. 10 mars 1998, préc.).

4. Soc. 12 janv. 1999, *Bull. civ.* V, n° 8 ; 15 mai 2008, n° 07-41.362 D. Mais les poursuites disciplinaires ne peuvent plus être engagées lorsque deux mois se sont écoulés depuis la décision définitive sur la culpabilité, même si la décision sur les intérêts civils intervient plus tard (Soc. 30 janv. 2008, *JCP S* 2008. 1183, note S. Brissy).

5. L'absence injustifiée du salarié se perpétuant malgré une mise en demeure, la circonstance que l'employeur ait attendu plus de deux mois pour mettre en œuvre la procédure de licenciement n'a pas pour effet de rendre le licenciement sans cause réelle et sérieuse (Soc. 13 janv. 2004, *RJS* 3/04, n° 308). Il faut distinguer l'absence injustifiée, acte continu et l'abandon de poste, acte instantané qui ne peut pas donner lieu à des poursuites disciplinaires plus de

§ 2. La sanction disciplinaire

759 Le droit disciplinaire a pour objet de réguler les sanctions disciplinaires. Définir la notion de sanction disciplinaire c'est donc aussi définir le domaine d'application du droit disciplinaire (A). Plusieurs règles limitent les sanctions disciplinaires susceptibles d'être édictées par l'employeur et forment ainsi son régime juridique (B). L'une de ces règles, à savoir la prohibition des sanctions pécuniaires est plus ancienne et plus complexe. Elle mérite un traitement séparé (C).

A. Notion de sanction disciplinaire [1]

760 ***Enjeu*** ◊ L'enjeu de la qualification de « sanction disciplinaire » n'est nullement de dire que telle ou telle mesure est valide. Il s'agit au contraire de dire que telle mesure s'annonce suspecte, dangereuse et qu'elle doit être passée au crible du droit disciplinaire avant de pouvoir être considérée comme valide. Ceci explique la définition légale de la notion de « sanction disciplinaire ». Aux termes de l'article L. 1331-1 du Code du travail : « Constitue une sanction toute mesure, autre que les observations verbales, prise par l'employeur à la suite d'un agissement du salarié considéré par l'employeur comme fautif, que cette mesure soit de nature à affecter immédiatement ou non la présence du salarié dans l'entreprise, sa fonction, sa carrière ou sa rémunération ». Si telle ou telle mesure de l'employeur entre dans cette définition, elle est soumise au droit disciplinaire, lequel exige une procédure, des règles de prescription, de proportionnalité, etc. La définition légale de la sanction disciplinaire est donc cruciale. Il est nécessaire de la commenter mot à mot pour bien la comprendre.

761 ***« Constitue une sanction toute mesure, autre que les observations verbales... »*** ◊ Le rejet des observations verbales s'explique par la volonté de ne pas procéduraliser excessivement la vie de l'entreprise. Il est possible à l'employeur de faire des observations verbales sur le travail de ses salariés, même si elles sont désobligeantes, sans devoir passer par toute une procédure, sans envoi de lettre recommandée, etc. Les observations écrites sont, logiquement, assimilée à des observations verbales, s'il s'agit bien de simples « remarques » ou d'un simple « rappel à l'ordre » [2]. Mais ces critiques écrites sont parfois difficiles à distinguer de la plus légère des

---

deux mois après sa survenance (Soc. 29 janv. 2003, *RJS* 4/03, n° 458). V. également : Soc. 30 sept. 2005, *Dr. soc.* 2006. 102, obs. J. Savatier (le salarié ayant persisté dans son comportement fautif jusqu'à la veille de l'engagement de la poursuite disciplinaire en ignorant les prescriptions de son employeur remontant à plus de deux mois, et au mépris de l'obligation que l'art. L. 4122-1 C. trav. fait peser sur chaque travailleur, la prescription n'était pas acquise).

1. J. Pélissier, La définition des sanctions disciplinaires, *Dr. soc.* 1983. 545, S. Frossard, Les caractères de la sanction disciplinaire, *RDT* 2012. 685.

2. Soc. 22 janv. 1991, *Bull. civ.* V, n° 35 ; 4 juin 2009, n° 07-44.838, *RDT* 2010. 109, obs. C. Varin ; 3 févr. 2010, n° 07-44.491 P, *RDT* 2010. 299, obs. P. Adam.

sanctions disciplinaires, à savoir l'avertissement. Ainsi, la lettre de l'employeur reprochant au salarié diverses erreurs et le mettant en demeure d'apporter un maximum de soins à la réalisation des travaux confiés [1], des demandes d'explications écrites et conservées dans le dossier individuel du salarié [2], ou bien encore de simples courriels de reproches [3], ont pu être considérées comme des sanctions disciplinaires. Cette qualification joue un rôle très important, en raison de la règle *non bis in idem* : les faits ayant fait l'objet d'un avertissement ne pourront pas être à nouveau sanctionnés [4].

En revanche, en visant « toute » mesure, le texte ne distingue pas entre les mesures positives ou négatives. Une mesure peut être qualifiée de « sanction » même si elle est un gain. Les « promotions » qui visent à écarter un salarié considéré comme gênant peuvent ainsi être qualifiées de sanctions et être soumises à la procédure disciplinaire [5]. De même le texte ne distingue pas les actes et les abstentions de l'employeur. Un refus de promotion ou même un refus de détachement [6] peuvent ainsi être considérés comme des sanctions disciplinaires, s'ils remplissent les autres éléments de la définition.

762 ***« ... prise par l'employeur à la suite d'un agissement du salarié ... »*** ◊ L'employeur ne peut prononcer une sanction à titre préventif, c'est-à-dire à une date où le fait fautif n'a pas encore eu lieu [7].

763 ***« ... considéré par lui comme fautif... »*** ◊ Il faut se rappeler que l'enjeu de la qualification de sanction disciplinaire est l'application des protections du droit disciplinaire. Pour que ces protections s'appliquent, il faut qualifier la mesure de l'employeur de « sanction disciplinaire ». On comprend alors que la qualification de « sanction » ne demande pas que la mesure ait été, en vérité, fondée par une faute. Une sanction disciplinaire doit, pour être licite, être fondée par une faute. Mais la protection est d'autant plus nécessaire lorsqu'il n'y a pas de faute. Ainsi, par exemple, un salarié qui adhère à un syndicat ne commet aucune faute. Il se peut cependant que l'employeur n'apprécie pas ce comportement, qu'il le perçoive négativement. Il s'agira alors d'un « comportement considéré (par l'employeur) comme fautif ». Si l'employeur prend une mesure « à la suite » de ce comportement, comme une mutation par exemple, cette mesure sera considérée comme une sanction disciplinaire, ce qui permettra l'application

1. Soc. 13 oct. 1993 *RJS* 2/94, n° 152 ; 13 nov. 2001, *RJS* 1/02, n° 60 ; 5 mai 2009, n° 07-44.835.
2. Soc. 30 janv. 2013, n° 11-23.891 P.
3. 9 avr. 2014, n° 13-10.939 D.
4. v. ss. 778.
5. Soc. 15 déc. 2005, *Dr. soc.* 2006. 460, obs. Ph. Waquet.
6. Soc. 10 avr. 1991, *Bull. civ.* V, n° 174.
7. Soc. 18 févr. 2004, *Bull. civ.* V, n° 54 (l'absence non autorisée avait été seulement annoncée par le salarié).

des protections du droit disciplinaire. En l'espèce, ces protections seront particulièrement utiles. Le droit disciplinaire permettra de dire la sanction « illégale » et même « discriminatoire ». C'est justement dans ce type d'hypothèses, lorsqu'il n'y a pas de faute, que la protection du droit disciplinaire est la plus importante et que la qualification de « sanction disciplinaire » est la plus nécessaire.

La qualification de sanction disciplinaire est donc indépendante de l'existence, en réalité, d'une faute du salarié. Seule importe l'impression de l'employeur. Par exemple, une retenue sur salaire est une sanction disciplinaire, si elle a lieu à la suite d'un travail que l'employeur *considère* comme non fait ou mal fait [1].

Réciproquement, le refus par l'employeur d'octroyer une récompense, par exemple le refus d'accorder un avancement au choix, échappe à la qualification de sanction disciplinaire [2]. Ce refus est bien la suite d'une évaluation du salarié, mais elle ne suit pas une évaluation négative, un comportement considéré comme fautif. Le refus de récompense n'est que la conséquence d'un jugement neutre ou insuffisamment positif. Il n'est donc pas une sanction disciplinaire [3].

764 ***« (...) que cette mesure soit de nature à affecter immédiatement ou non la présence du salarié dans l'entreprise, sa fonction, sa carrière ou sa rémunération »*** ◊ Deux interprétations de ces termes sont possibles, selon les mots sur lesquels porte le « ou non ».

– **Première interprétation** : le « ou non » porte sur l'adverbe « immédiatement ». Le texte se lit alors ainsi : est une sanction « toute mesure (...), *que cette mesure affecte immédiatement ou à terme* la présence du salarié dans l'entreprise, sa fonction, sa carrière ou sa rémunération ». Pour être sanction, il faut affecter. Ce peut être immédiatement ou à terme, mais il faut affecter. Ce peut être la présence du salarié qui est affectée à terme. Ce sera le cas, par exemple, d'un avertissement, lorsqu'il est convenu qu'au

1. V. Soc. 6 févr. 2008, n° 06-45.208. L'arrêt poursuit le raisonnement en qualifiant la sanction de sanction pécuniaire et donc de sanction nulle. Comp. Cass., ass. plén., 6 janv. 2012, n° 10-14.688 P, *Sem. soc. Lamy* 2012, n° 1523, p. 12, obs. crit. Ph. Waquet ; *Dr. ouvrier* 2012. 362, obs. crit. T. Durand ; *RDT* 2012. 145 obs. crit. P. Lokiec : le changement d'affectation d'un conducteur de tramway suite à une faute de conduite de celui-ci n'est pas considérée comme une sanction disciplinaire, l'employeur ayant réussit à convaincre qu'il n'avait pas l'intention de punir, mais simplement de protéger... L'arrêt est très discutable : l'impératif de sécurité semble ici avoir été si fort dans la tête des juges, que ceux-ci n'ont pas hésité à « oublier » la définition de la sanction disciplinaire, qui qualifie de sanction la mesure prise « à la suite » d'un comportement considéré comme fautif, sans exiger aucunement que la mesure prise soit voulue punitive.

2. Soc. 10 mai 1989, *RJS* 6/89, n° 496. Rappr. : Soc. 18 mars 1992, *Dr. soc.* 1992. 475.

3. V. aussi, dans le même sens, Soc. 29 mai 1990, *RJS* 1990, n° 575 ; 23 oct. 1991, *Dr. soc.* 1991. 955 (accorder une augmentation salariale à certains salariés en fonction de leurs qualités professionnelles, n'est pas une sanction vis de leurs collègues qui n'en bénéficient pas). Comp. Soc. 19 juill. 1995, *RJS* 1995, n° 1021 (l'exclusion de certains salariés, pour cause de comportement reprochable, du bénéfice d'une mesure d'augmentation générale des salaires est une sanction pécuniaire).

troisième avertissement un licenciement pourra être envisagé. Mais une mesure comme un la suppression d'une place de parking, un changement de bureau ou d'horaires, dès lors qu'elle n'affecte ni immédiatement, ni à terme « la présence du salarié dans l'entreprise, sa fonction, sa carrière ou sa rémunération » n'est pas une sanction. Alors, l'employeur pourra, pour punir un salarié, à la suite d'un comportement qu'il considère comme fautif, prendre toutes sortes de mesures d'apparence bénigne, mais qu'il espérera vexantes, voire humiliantes, sans jamais avoir à suivre la procédure disciplinaire, sans que le salarié puisse contester la réalité de sa faute, sans que l'employeur ait à motiver la mesure en aucune manière, bref, sans que le droit disciplinaire ne s'applique.

– **Seconde interprétation** : le « ou non » porte sur le verbe « affecter ». Le texte se lit alors ainsi : est une sanction la mesure qui « affecte ou qui n'affecte pas la présence du salarié dans l'entreprise, sa fonction, sa carrière ou sa rémunération ». Pour qu'il y ait sanction, il suffit que la mesure ait été prise à la suite d'un agissement considéré par l'employeur comme fautif. Hors les observations verbales, spécifiquement écartées, toutes les mesures pourront alors faire l'objet de protections : les changements de bureau, comme les suppressions de place de parking, comme toutes les autres petites mesures, qui sans affecter l'une des grandes dimensions de la relation de travail, peuvent affecter gravement la vie quotidienne d'un salarié.

La première interprétation semble avoir la préférence de la jurisprudence [1], malgré quelques imprécisions qui pourraient passer pour des hésitations [2].

Ce choix de la première interprétation permet certes à l'employeur d'avoir les coudées plus franches sans être encombré de procédures. Elle présente cependant l'inconvénient de priver de toute protection des salariés qui subissent des mesures punitives. Et elle semble jouer un peu sur les mots en considérant que des mesures ouvertement punitives ne sont pas disciplinaires. Que l'employeur puisse ainsi punir à répétition des salariés sans jamais décider de sanction disciplinaire apparaît bien étrange. D'autant que l'article L. 1332-2 du Code du travail tranche clairement en faveur de la seconde interprétation : ce texte qualifie de « sanction » une mesure « qui n'a pas d'incidence, immédiate ou non, sur la présence dans l'entreprise, la fonction, la carrière ou la rémunération du salarié... ». Pour ces différentes raisons, la solution qui prédomine en jurisprudence apparaît critiquable [3]. Et il faut espérer son prochain abandon.

1. Soc. 27 févr. 1985, *Bull. civ.* V, n° 122, très net en ce sens. V. aussi Soc. 7 déc. 1999, *Bull. civ.* V, n° 476 ; 13 juin 2007, n° 06-41.368, inédit, *RDT* 2007. 588, note C. Sachs-Durand, arrêts qui penchent dans la même direction, quoique de manière moins nette.

2. Soc. 4 mars 2003, n° 00-46.742 ; 5 mai 2009, n° 07-44.835, inédit.

3. En ce sens, V. Ph. Waquet, Réflexions sur le droit disciplinaire en général et sur la faute grave en particulier, *Dr. soc.* 2009. 1177.

B. Régime juridique des sanctions disciplinaires

765 ***L'exigence d'une prévision de la sanction par le règlement intérieur*** ◊ La fixation de « la nature et l'échelle des sanctions » que l'employeur peut prendre relève depuis 1982 de l'objet obligatoire du règlement intérieur (C. trav., art. L. 1321-1). Seules les sanctions prévues par ce règlement peuvent être prononcées [1]. Et ces prévisions doivent être suffisamment précises pour ne pas être indéterminées. Ainsi, par exemple, la mise à pied n'est une sanction licite que si le règlement intérieur en fixe la durée maximale [2]. Seuls le licenciement et la rupture anticipée du contrat à durée déterminée semblent pouvoir échapper à cette exigence : ces actes sont directement « habilités » par le régime légal du contrat de travail et soumis par le Code à des conditions de justification (cause réelle et sérieuse et faute grave, respectivement).

Il n'est pas interdit d'inclure dans une convention collective des dispositions relevant du domaine du règlement intérieur. Ces dispositions conventionnelles pourront alors tenir lieu de règlement intérieur ou d'annexe au dit règlement [3]. Une convention collective, lorsqu'elle fixe la nature et l'échelle des sanctions, remplit cette obligation et peut être considérée comme permettant l'habilitation de l'employeur à prendre de telles sanctions, si la convention collective a été adoptée et diffusé dans le respect des règles relatives à l'édiction et à la publicité d'un règlement intérieur.

Quoi qu'il en soit, lorsqu'une convention collective contient des dispositions relatives à l'échelle des sanctions qui sont plus favorables que celles d'un règlement intérieur, la disposition conventionnelle plus favorable s'impose à l'employeur [4].

766 ***L'individualisation des sanctions*** ◊ L'employeur a la faculté, « dans l'exercice de son pouvoir d'individualisation des mesures disciplinaires et dans l'intérêt de l'entreprise », de prononcer des sanctions différentes contre des salariés ayant participé aux mêmes faits fautifs ou commis des fautes analogues [5]. Cette faculté est toutefois strictement limitée. Elle doit ne pas tomber sous le coup de la prohibition des discriminations, qui interdisent à l'employeur de différencier les sanctions au nom d'un critère interdit, comme le sexe, l'origine, les mœurs, l'appartenance syndicale ou la participation à un mouvement de grève [6]. Plus généralement, elle ne

1. Soc. 26 oct. 2010, n° 09-42.740 P, *RDT* 2010. 719, note A. Fabre ; *Sem. soc. Lamy* 2010, n° 1466, note F. Champeaux ; *RJS* 2011. 91 note. F. Duquesne ; Soc. 4 déc. 2013, n° 12-23.930 P. En ce sens, v. déjà Circ. DRT n° 91/17 du 10 sept. 1991.
2. Soc. 4 déc. 2013, n° 12-23.930 P.
3. Soc. 3 juill. 2001, n° 99-43.387, *Bull. civ.* V, n° 245.
4. Soc. 24 nov. 2010, n° 09-42.267, *RDT* 2011. 249, obs. F. Duquesne.
5. Soc. 15 mai 1991 (2 arrêts), *Dr. soc.* 1991. 624, rapp. Ph. Waquet, concl. P. Franck ; 29 janv. 1992, *Bull. civ.* V, n° 50 ; 1er févr. 1995, *Dr. soc.* 1995. 276, obs. J.-E. Ray ; 17 déc. 1996, *Bull. civ.* V, n° 445 ; 14 mai 1998, *Dr. soc.* 1998. 709, obs. A. Jeammaud.
6. Sur la prohibition des discriminations, v. C. trav., art. L. 1132-1 s.

doit pas porter atteinte au principe d'égalité de traitement, ce qui suppose que la différenciation puisse être justifiée par des éléments réels, objectifs et pertinents [1]. Enfin, l'individualisation ne doit pas être non plus l'occasion d'un détournement de pouvoir disciplinaire [2].

767 ***Épuisement du pouvoir disciplinaire et « amnistie » des sanctions*** ◊ **1)** Lorsqu'un employeur sanctionne un salarié, il épuise son pouvoir disciplinaire à l'égard de ce salarié. L'inspiration initiale de cette règle d'origine jurisprudentielle est peut-être à trouver dans l'adage *Non bis in idem*, lequel interdit de sanctionner plusieurs fois une même faute [3]. Ainsi, lorsqu'une faute a motivé un avertissement ou une mise à pied, elle ne peut plus justifier un licenciement [4]. Plus généralement, cet épuisement du pouvoir disciplinaire signifie qu'un employeur qui a sanctionné un salarié, ne peut pas le sanctionner à nouveau pour des faits antérieurs à cette première sanction, s'il avait connaissance de ces faits [5]. En d'autres termes, pour sanctionner à nouveau un salarié déjà sanctionné, il faut soit de nouvelles fautes soit la découverte nouvelle de fautes anciennes jusqu'ici ignorées.

L'annulation de la première sanction pour défaut de justification ne fait d'ailleurs pas obstacle à la censure de la seconde en tant que réitération d'une sanction pour des faits déjà sanctionnés [6].

L'application de cet épuisement du pouvoir disciplinaire est l'un des enjeux de la qualification de sanction disciplinaire : si une première réaction de l'employeur appelle cette qualification, une autre sanction pour les mêmes faits encourt l'annulation ou, s'il s'agit d'un licenciement, un constat de défaut de cause réelle et sérieuse [7]. Le problème surgit notamment pour la mise à pied : si la décision patronale de suspendre l'exécution

---

1. Soc. 19 juin 2007, n° 06-44.047 P, *Dr. soc.* 1045, obs. C. Radé ; *Sem. soc. Lamy* 2007, n° 1314, rapp. P. Bailly ; *D.* 2007. Pan. 3035, obs. A. Jeammaud ; *Dr. ouvrier* 2007. 556, chron. I. Meyrat ; 20 févr. 2008, *Sté Bensoussan*, n° 05-45.601 P, *Dr. soc.* 2008. 536, obs. C. Radé ; 1er juill. 2009, n° 07-42.675 P. ; Soc. 5 févr. 2014, n°12-24980, *Dr. soc.* 2014.387, note. J. Mouly.

2. Soc. 14 mai 1998, *Bull. civ.* V, n° 250, n° 96-41.755 ; Soc. 5 févr. 2014, préc.

3. Parmi de nombreux arrêts : Soc. 27 sept. 1984, *Bull. civ.* V, n° 339 ; 5 nov. 1987, *D.* 1988. Somm. 98, obs. J. Pélissier ; 13 oct. 1993, *RJS* 11/93, n° 1102 ; 18 févr. 1998, *Dr. soc.* 1998. 499, obs. A. Jeammaud ; 27 juin 2001, *Bull. civ.* V, n° 236 ; *Grands arrêts*, 4e éd., 2008, n° 68.

4. Soc. 25 juin 1986, *Bull. civ.* V, n° 333 ; 21 mars 1991, *D.* 1991. IR 125 ; 22 févr. 2006, *Dr. soc.* 2006. 931, obs. Ph. Waquet.

5. Soc. 25 sept. 2013, n°12-12976 P. *Dr. soc.* 2013.955, note J. Mouly ; *Dr. ouvrier* 2014.294, note A.M.

6. Soc. 27 juin 2001, *Bull. civ.* V, n° 235. L'annulation de la première sanction n'efface donc pas le fait qu'elle ait été prononcée.

7. Soc. 27 déc. 1984, *Dr. ouvrier* 1985. 96. Ex. : Soc. 8 nov. 2006, n° 05-41.514 D (juges du fond estimant que constituait un avertissement le courrier électronique par lequel l'employeur avait reproché à une salariée de ne pas effectuer correctement des tâches avant de la licencier pour ces mêmes manquements) ; 6 mars 2007, n° 05-43.698 D (juges du fond estimant que le fait d'avoir adressé par courrier, puis par courriel, des reproches à une salariée constituait une série de mises en garde ayant nature de sanctions, de sorte que l'employeur ne pouvait ensuite licencier l'intéressée pour ces mêmes faits).

du contrat apparaît, malgré la manière dont l'employeur l'a présentée, comme une mise à pied disciplinaire, la rupture ultérieurement décidée pour sanctionner la même faute est dépourvue de cause réelle et sérieuse. Il en va autrement s'il s'agissait bien d'une mise à pied conservatoire prévue par l'article L. 1332-3 [1].

2) Si l'employeur ne peut sanctionner deux fois les mêmes faits fautifs, il peut parfaitement, lorsque des agissements ou omissions de même nature se répètent (« récidive disciplinaire »), tenir compte des fautes antérieures pour sanctionner plus sévèrement la plus récemment commise [2]. L'article L. 1332-5 limite toutefois cette possibilité en interdisant à l'employeur *de prendre en considération les sanctions prononcées plus de trois ans* avant l'engagement d'une nouvelle action répressive. À la différence de quelques lois d'amnistie du passé qui ont effacé des sanctions disciplinaires dans l'entreprise [3], cette disposition opère, en effet, une sorte d'amnistie permanente : aucune sanction *antérieure de plus de trois ans* à l'engagement de poursuites disciplinaires ne peut être invoquée à l'appui d'une nouvelle sanction [4]. Il est donc interdit de tenir compte d'une sanction prononcée il y a plus de trois ans pour réprimer plus sévèrement une nouvelle faute, serait-elle de même nature que l'agissement antérieurement sanctionné [5].

768 ***Proportionnalité des sanctions à la gravité des fautes*** ◊ En précisant que le juge prud'homal peut annuler une sanction disproportionnée à la faute commise, l'article L. 1333-2 introduit cette exigence de proportionnalité. La loi de 1982 a ainsi rompu avec une jurisprudence de « l'employeur seul juge », selon laquelle une juridiction ne pouvait annuler une sanction excessive, à son sens, par rapport aux faits reprochés [6]. Des mises à pied de plusieurs jours ne peuvent plus être infligées pour des fautes bénignes [7],

1. V. ss 774.

2. Soc. 9 mars 1999, *RJS* 4/99, n° 509 ; 22 mars 2006, n° 03-44.362 D. La persistance de l'agissement fautif après une sanction justifie une nouvelle sanction (Soc. 27 oct. 1998, *RJS* 12/98, n° 1482). La récidive disciplinaire ne s'entend pas de la succession de faits fautifs quelconque, mais de « faits identiques » (Soc. 5 févr. 2002, *D.* 2002. 1298, note P. Bailly) ou « faits de même nature » (Soc. 14 janv. 2003, *Bull. civ.* V, n° 7 ; *D.* 2003. Somm. 1661, obs. C. Giraudet) ou « similaires » (Soc. 24 juin 2003, n° 01-42.455 D).

3. Consécutives aux élections présidentielles de 1981, 1988, 1995 et 2002, elles avaient engendré, en leur temps, des difficultés spécifiques. V. : F. Duquesne, L'amnistie des fautes disciplinaires des salariés, *Dr. soc.* 2002. 959.

4. R. de Quénaudon, L'exercice du pouvoir disciplinaire dans l'entreprise et l'écoulement du temps, *Dr. soc.* 1984. 173.

5. Si des faits, déjà sanctionnés, peuvent être invoqués pour caractériser la gravité de la nouvelle faute, c'est à la condition qu'ils ne soient pas antérieurs de plus de trois ans (Soc. 10 nov. 1992, *Dr. soc.* 1993. 56).

6. H. Sinay, Le contrôle de proportionnalité des sanctions disciplinaires au regard des fautes commises, *Dr. soc.* 1979. 275.

7. V., par ex., avant la réforme : Soc. 22 févr. 1979, *Bull. civ.* V, n° 165 (mère de famille mise à pied huit jours pour s'être rendue à une convocation de la chambre des métiers concernant l'apprentissage de son fils et avoir repris son travail avec une heure de retard). Après 1982, la Cour de cassation a admis que les juges du fond annulent une mise à pied de deux jours s'ils l'estiment excessive par rapport à la faute commise (Soc. 12 févr. 1987, *D.* 1988. Somm. 98, obs. J. Pélissier).

et les juges du fond ont à cet égard conquis un pouvoir d'appréciation [1]. Il s'agit de la plus importante des réformes de 1982 en matière disciplinaire.

Des dispositions du statut collectif peuvent subordonner les diverses sanctions ou les plus lourdes d'entre elles à un certain degré de gravité de la faute, ou subordonner une mesure comme le licenciement au prononcé antérieur (pour d'autres faits, bien entendu) d'autres sanctions. Une telle disposition statutaire ou conventionnelle, mais qui peut figurer aussi dans le règlement intérieur, renforce l'encadrement du pouvoir disciplinaire et limite son droit de rompre le contrat de travail. Elle est licite, d'une part, en vertu de l'article L. 2251-1 du Code du travail parce qu'elle est plus favorable aux salariés que ce Code, d'autre part dans la mesure où elle ne rend pas impossible la rupture de ce contrat [2].

C. Prohibition des sanctions pécuniaires

769 Depuis la loi du 5 février 1932, les amendes et autres sanctions pécuniaires sont interdites. Aujourd'hui, cette prohibition est prévue par l'article L. 1331-2 du Code du travail. La jurisprudence autorise les sanctions pécuniaires *indirectes*, mais condamne les sanctions pécuniaires *déguisées* [3].

770 ***Sanctions pécuniaires indirectes*** ◊ Les sanctions pécuniaires indirectes sont admises en jurisprudence. La rétrogradation d'un salarié, par exemple, est une sanction licite, même si les nouvelles fonctions du salarié sont moins bien rémunérées que ses fonctions précédentes. Le raisonnement de la Cour de cassation est d'affirmer que cette réduction du salaire n'est pas une sanction pécuniaire, mais l'effet pécuniaire de la rétrogradation, laquelle est une sanction licite [4]. De même, une mise à pied prive le salarié de travail pendant un temps, et la réduction de salaire qui s'en suit n'est pas, pour la jurisprudence, une sanction pécuniaire, mais la simple conséquence du principe « pas de travail, pas de salaire ». Plus encore, l'absence du salarié pendant ses jours de mise à pied peut le priver non seulement du salaire correspondant à ces jours de travail, mais encore de la prime d'assiduité prévue dans l'entreprise [5].

L'acceptation jurisprudentielle des sanctions pécuniaires indirectes n'est cependant pas absolue. Ainsi, la réduction de l'horaire de travail à

1. Soc. 14 nov. 2000, *Dr. soc.* 2001. 207, obs. J. Savatier. Les juges doivent préciser en quoi la sanction est disproportionnée (Soc. 23 avr. 1986, *Bull. civ.* V, n° 160).
2. Ex. : Soc. 10 juill. 2002, *Bull. civ.* V, n° 236 ; 30 juin 2004, *Dr. soc.* 2004. 1035, obs. J. Savatier.
3. J. Pélissier, La définition des sanctions disciplinaires, *Dr. soc.* 1983. 545 s., spéc. 549 à 551.
4. Soc. 7 juill. 2004, *Bull. civ.* V, n° 193. Comp. Crim. 1er déc. 1981, *Dr. ouvrier* 1982. 280 ; *D.* 1982. IR 314, obs. J.-M. Béraud (existence d'une sanction pécunière directe, la "rétrogradation" n'ayant été qu'un changement d'échelon et les fonctions n'ayant pas changées). V. aussi Soc. 24 mars 1988, *Bull. civ.* V, n° 203 ; 20 avr. 1989, *RJS* 1989, n° 425 ; 22 janv. 1992, *ibid.* 1992. n° 282 ; 17 févr. 1993, *D.* 1993. 618, note J. Mouly ; 22 juin 1994, *Dr. soc.* 1994. 801 ; 7 juill. 2004, *Bull. civ.* V, n° 193.
5. Soc. 19 juill. 1994, *Bull. civ.* V, n° 164 et les obs. critiques de G. Borenfreund, *D.* 1995. Somm. 357.

titre de sanction peut être qualifiée de sanction pécuniaire lorsqu'elle ne correspond ni à un déclassement ni à un changement d'affectation [1].

De plus, le salarié pourra toujours refuser une sanction pécuniaire indirecte, toute réduction de salaire étant une modification du contrat de travail [2].

771 ***Sanctions pécuniaires déguisées*** ◊ Plusieurs manœuvres ont été tentées par les employeurs pour porter atteinte à la rémunération de leurs salariés sans tomber sous le coup de la qualification de « sanction pécuniaire ».

L'idée la plus fréquemment utilisée consiste à créer une prime et à affirmer qu'elle sera supprimée si tel ou tel comportement du salarié est réalisé. Lorsque le comportement survient, l'employeur prétend qu'il ne s'agit que du jeu d'une condition de rémunération et non d'une sanction. La jurisprudence a déjoué cette manœuvre. Dès lors que la réduction de prime est une mesure prise à la suite d'un comportement considéré par l'employeur comme fautif, elle est une sanction pécuniaire.

Cette solution, initiée par le Conseil d'État [3] a été suivie, après un temps d'hésitation, par la Cour de cassation [4]. Ainsi, par exemple, une prime de « rétribution pour la qualité et la productivité », ne peut être réduite par l'employeur à la suite d'un comportement considéré par l'employeur comme fautif [5]. De même, selon un autre arrêt du même jour [6], une prime d'assiduité supprimée doit être versée aux grévistes malgré leur absence : en l'espèce, toutes les absences n'entraînaient pas une telle réduction, les congés légaux et conventionnels n'étant pas causes de réduction. Restaient donc comme causes de suppression de la prime les absences pour maladie, les absences injustifiées, et les absences pour fait de grève, soit des absences jugées négativement par l'employeur, considérées par lui comme fautives. Dans de telles conditions, la prime d'assiduité ne pouvait plus être supprimée, même en cas d'absence. L'arrêt en déduit qu'une prime d'assiduité ne peut être réduite qu'à la condition que toutes les absences, sans aucune distinction, soient prises en compte. La moindre distinction entre absences

1. Soc. 24 oct. 1991, *RJS* 12/91, n° 1314.
2. V. la jurisprudence *Le Berry*, v. ss 776.
3. CE 12 juin 1987, *Sté Hapian Frère*, *Dr. soc.* 1987. 651.
4. Soc. 19 mai 1988, *Bull. civ.* V, n° 307 ; 7 mai 1991, *RJS* 6/91, n° 705 (privation d'une prime de fin d'année en raison de faits jugés fautifs par l'employeur) ; 2 déc. 1992, *RJS* 1/93, n° 35 (prime de travail minorée pour cause d'insuffisance dans l'exécution du travail) ; 16 févr. 1994, *RJS* 1994, n° 403 (suppression d'une prime « rétribution pour la qualité et la productivité ») ; 22 nov. 1995, *Dr. soc.* 1996. 197 (abaissement du coefficient d'une prime liée à la qualité et à la quantité de travail à la suite d'observations pour abandon du poste de travail) ; 2 avr. 1997, *Bull. civ.* V, n° 136 (suppression d'une prime trimestrielle en raison de faits considérés comme fautifs) ; 4 juin 1998, *ibid.*, n° 296 (retenue sur la prime d'objectif à raison du comportement du salarié vis-à-vis de sa hiérarchie et de la clientèle) ; 20 déc. 2006, *JCP S* 2007. 1415, note B. Bossu (suppression de prime en raison du licenciement).
5. Soc. 16 févr. 1994, *Bull. civ.* V, n° 56.
6. Soc. 16 févr. 1994, *Bull. civ.* V, n° 55.

ferait penser à une distinction entre « bonnes » et « mauvaises » absences, ce qui ferait tomber la réduction de prime dans le champ des sanctions pécuniaires déguisées [1]. En revanche, la Cour admet qu'une distinction soit faite entre les absences qui sont assimilées à du temps de travail effectif du fait de la loi (jours de RTT, congés payés, congés de formation économique ou syndicale), lesquelles n'entraînent pas de réduction de rémunération, et les autres absences, qui entraînent une telle réduction [2].

Une autre idée est de faire passer la mesure de réduction du salaire pour une simple conséquence de l'exception d'inexécution du droit commun des contrats. Cette argumentation est systématiquement déjouée par les juges [3]. En droit du travail, l'inexécution d'une partie de ses obligations contractuelles est la définition même de la faute disciplinaire. Justifier une mesure de réduction du salaire par une telle inexécution, c'est reconnaître la qualification de sanction et donc celle de sanction pécuniaire.

SECTION 2. PROCÉDURE

772 ***Une protection procédurale de portée générale*** ◊ Jusqu'en 1973, un salarié, en dehors des rares situations où une convention collective ou un statut du personnel d'entreprise publique instituait une procédure disciplinaire, pouvait être mis à pied, muté, rétrogradé, licencié sans que l'employeur ait l'obligation de l'informer du projet de sanction et de lui donner la possibilité de présenter sa défense. Les premières garanties d'ordre procédural, pour l'ensemble des salariés, ont été introduites par la loi du 13 juillet 1973 en matière de licenciement. La loi du 4 août 1982 a organisé une protection procédurale de portée plus générale.

Pour prononcer une sanction disciplinaire, *tout employeur*, n'aurait-il qu'un seul salarié, est tenu de suivre une procédure réglée par les articles L. 1332-1 à 3 du Code du travail (complétés par les art. R. 1332-1 à R. 1332-3 C. trav.), dont seule la gravité de la sanction envisagée influence les modalités (elle n'est pas la même pour un avertissement ou une mise à pied). D'application générale, cette procédure concerne aussi la rupture du contrat de travail décidée à titre de sanction, en particulier le licenciement.

1. Pour l'invalidation d'une prime d'assiduité qui prévoyait son maintien en cas d'absence pour événement familial ou en cas de prise des jours de congé d'ancienneté conventionnels : v. Soc. 16 janv. 2008, n° 06-42.983 P.
2. Soc. 23 juin 2009, n° 08-42.154 P.
3. Requalification en sanction pécuniaire – nulle – de la retenue pratiquée sur le salaire de salariés auxquels était reprochée la mauvaise exécution de leurs obligations (Soc. 20 févr. et 17 avr. 1991, *Dr. soc.* 1991. 469, note A. Mazeaud ; 7 févr. 2008, n° 06-45.208 D), ou d'une retenue sur salaire en réaction à un refus de participer à une réunion obligatoire, constitutif d'un « acte d'insubordination caractérisé » (Soc. 19 nov. 1997, *Dr. soc.* 1998. 196, obs. C. Marraud : illustration du fait que les salariés peuvent trouver intérêt à voir leur comportement qualifié de faute disciplinaire).

773 ***La procédure simplifiée*** ◊ Lorsqu'il prononce une sanction mineure, c'est-à-dire « un avertissement ou une sanction de même nature n'ayant pas d'incidence, immédiate ou non, sur la présence dans l'entreprise, la fonction, la carrière ou la rémunération du salarié », l'employeur est seulement tenu d'*informer par écrit* l'intéressé des griefs retenus contre lui, au moment où il lui notifie cette mesure (combinaison des art. L. 1332-1, L. 1332-2, al. 1er C. trav.). Il faut toutefois distinguer le « simple » avertissement dépourvu de conséquences sur la présence du salarié dans l'entreprise et pour lequel la procédure simplifiée suffit, de l'avertissement qui est présenté comme la condition d'un possible licenciement ultérieur. L'avertissment-menace doit suivre la procédure disciplinaire complète [1].

Même lorsqu'il n'y est pas tenu l'employeur a la faculté de suivre la procédure normale, notamment parce qu'il souhaite entendre le salarié. Mais il doit alors se tenir à ce choix – et notamment respecter le délai d'un mois à compter de la date de l'entretien imparti pour la notification de la sanction et ne peut s'en affranchir après l'entretien prévu par cette procédure normale, même s'il prononce finalement un simple avertissement [2].

774 ***La procédure normale*** ◊ **a)** Lorsque l'employeur envisage une sanction ayant une incidence, immédiate ou non, sur la présence du salarié dans l'entreprise, sur sa fonction, sa carrière ou sa rémunération – blâme, mise à pied, mutation, rétrogradation – la procédure est plus complexe et ressemble à celle du droit commun du licenciement.

L'employeur doit convoquer le salarié à un *entretien* (C. trav., art. L. 1332-2, al. 1er), par une lettre remise en mains propres contre décharge ou adressée par lettre recommandée (C. trav., art. R. 1332-1). Cette convocation doit préciser l'objet, la date, l'heure et le lieu d'entretien et rappeler à l'intéressé qu'il a la faculté de se faire assister (C. trav., art. R. 1332-1). En revanche, il n'est pas obligatoire d'y faire figurer les faits que l'employeur reproche au salarié. Le salarié pourra ainsi aller à l'entretien sans même savoir ce qu'on lui reproche... Il en résulte une certaine philosophie de l'entretien préalable. Celui-ci n'est ni un élément de procédure contradictoire, ni l'exercice d'un droit de la défense [3]. La procédure disciplinaire du droit du travail reste donc loin des principes du droit disciplinaire d'autres matières, du droit public notamment. Insuffisante, cette formalité de l'entretien préalable n'en est pas moins importante. Elle est une mesure de politesse et de courage minimal, qui impose de voir en face la personne et de l'entendre avant de la sanctionner.

---

1. Soc. 3 mai 201, n° 10-14.104 P, règlement intérieur subordonnant le licenciement disciplinaire à l'existence de deux sanctions antérieures, pouvant notamment être constituée d'avertissement : obligation de suivre la procédure disciplinaire complète.

2. Soc. 16 avr. 2008, n° 06-41.999 P.

3. Selon la Cour de cassation, les droits de la défense peuvent s'exercer devant les juges... et ils n'ont donc pas vocation à s'exercer pendant l'entretien préalable : par conséquent, le respect des droits de la défense n'impose pas que le salarié ait accès au dossier avant l'entretien préalable. Soc. 27 févr. 2013, n°12-23213 P., *Dr. soc.* 2013 968.

Lors de l'entretien (ou de « l'audition », puisque le texte, désormais, emploie également ce terme), l'employeur doit indiquer le motif de la sanction envisagée et, tout de même, il doit recueillir les explications du salarié, qui *peut être assisté* par une personne de son choix appartenant au personnel de l'entreprise [1]. Au terme de l'entretien, l'employeur doit attendre au moins *deux jours ouvrables* avant de prononcer une sanction, mais celle-ci doit intervenir *dans le mois* suivant le jour fixé pour l'entretien (C. trav., art. L. 1332-2, al. 4, R. 1332-2, R. 1332-3). L'expiration de ce délai interdit à l'employeur de convoquer le salarié à un nouvel entretien pour les mêmes faits, autant que de prononcer une sanction pour ces faits [2].

Toute décision de sanction doit être *écrite*, *motivée* et *notifiée* à l'intéressé (C. trav., art. L. 1332-1, L. 1332-2, al. 4, R. 1332-2) [3].

b) Réglant un point négligé par les textes relatifs au licenciement, l'article L. 1332-3 du Code du travail dispose que « lorsque les faits reprochés au salarié ont rendu indispensable *une mesure conservatoire de mise à pied* à effet immédiat », aucune sanction ne peut être prise avant accomplissement de l'entière procédure [4]. Est ainsi admise la faculté de mettre le salarié à l'écart de l'entreprise pour la durée de la procédure. Cette mise à pied entraînant normalement une privation de salaire, et seule une faute grave pouvant justifier cette conséquence pécuniaire, elle suppose que les faits reprochés au salarié constituent une telle faute [5] et le refus du salarié de se soumettre à une mise à pied conservatoire injustifiée ne constitue évidemment pas une faute [6]. Si l'employeur arrête finalement une sanction moindre qu'un licenciement ou licencie le salarié sans invoquer une faute

---

1. Ce que dit un salarié au cours de l'entretien ne peut, sauf abus de sa liberté d'expression, constituer une cause de licenciement (Soc. 8 janv. 1997, *Bull. civ.* V, n° 5).

2. Soc. 17 janv. 1990, *RJS* 2/90, n° 113. Le délai ne semble pas pouvoir être prorogé lorsque l'employeur doit procéder à des investigations rendues nécessaires par les déclarations du salarié au cours de l'entretien (Soc. 25 oct. 2006, n° 04-46.508 D ; comp. : 17 févr. 1993, *Dr. soc.* 1993. 380). Lorsque la date fixée pour l'entretien est reportée à la demande du salarié (malade), le délai d'un mois court de la date à laquelle l'entretien a eu lieu, même si cet entretien n'a pas été précédé d'une nouvelle convocation (Soc. 3 févr. 2004, *RJS* 4/04, n° 395). Le délai n'est ni suspendu ni interrompu pendant la période de suspension du contrat consécutive à un accident du travail ou une maladie professionnelle, période durant laquelle le licenciement ne peut d'ailleurs être prononcé que pour faute grave (Soc. 19 janv. 2005, n° *Bull. civ.* V, n° 15).

3. La seule référence à l'entretien préalable dans la notification de la sanction (une rétrogradation en l'espèce) ne satisfait pas aux exigences légales (Soc. 17 janv. 1995, *Dr. soc.* 1995. 349, note J. Savatier). L'analogie avec la position de la Cour en matière de licenciement est claire et suscite, à ce titre, certaines critiques (J. Savatier, préc.).

4. H. Blaise, La mise à pied conservatoire, *Dr. soc.* 1986. 220 ; J. Pélissier, obs. *D.* 1979. IR 230 ; *ibid.* 1988. Somm. 98. Lorsque le règlement intérieur prévoit seulement la mise à pied comme mesure conservatoire, l'employeur ne peut prononcer une mutation provisoire en cours de procédure (Soc. 18 oct. 1989, *RJS* 11/89, n° 842).

5. Soc. 6 nov. 2001, *Bull. civ.* V, n° 338. Si l'employeur prononce finalement une sanction de mise à pied de moindre durée que la mesure conservatoire, il ne peut maintenir la privation de rémunération correspondant à cette dernière (Soc. 5 nov. 1987, *Bull. civ.* V, n° 617 ; *D.* 1988. Somm. 98, obs. J. Pélissier). Mais il peut prononcer une mise à pied disciplinaire de plus longue durée, couvrant la période de mise à pied conservatoire (Soc. 29 mars 1995, *Bull. civ.* V, n° 111).

6. Soc. 12 oct. 2005, *Bull. civ.* V, n° 284.

grave ou lourde, la mise à pied conservatoire se révèle injustifiée : il doit donc payer le salaire correspondant à ce temps de suspension. S'il néglige, refuse ou même simplement tarde à le faire [1], la mise à pied sera considérée comme disciplinaire et, l'employeur ayant dès lors épuisé son pouvoir de sanctionner, le licenciement, prononcé pour les mêmes faits sera nécessairement dépourvu de cause réelle et sérieuse [2].

Ainsi qu'on l'a déjà signalé, la qualification de mise à pied conservatoire se trouve notamment discutée au regard de la règle prétorienne de prohibition de la double sanction [3], et la Cour de cassation a dû préciser ce qui la distinguait de la mise à pied disciplinaire, c'est-à-dire prononcée à titre de sanction. Ainsi la mise à pied doit-elle, pour rester mesure conservatoire, être concomitante au déclenchement de la procédure de licenciement et faire référence à l'éventualité d'un licenciement [4]. Elle doit avoir été immédiatement suivie par l'ouverture de la procédure disciplinaire [5]. Enfin, une mise à pied n'est conservatoire que si elle est décidée pour une durée indéterminée (celle qu'il faudra pour accomplir régulièrement la procédure de sanction) : prononcée pour un temps déterminé, elle ne peut être qu'une sanction disciplinaire [6].

La Cour de cassation a admis qu'une mesure conservatoire autre qu'une mise à pied (un changement d'affectation), plus opportune compte tenu des circonstances de l'affaire, pouvait être pratiquée par l'employeur, à condition qu'elle apparaisse bien comme une mesure conservatoire [7].

c) La *convention collective*, le *statut du personnel* d'une entreprise publique ou le *règlement intérieur* peuvent instituer des modalités procédurales particulières, comme la saisine d'une instance disciplinaire ou d'un autre organisme (investi de pouvoirs variables) avant toute décision de sanctionner. Dans la mesure où ces modalités assurent un supplément de protection, la disposition qui les prévoit vaut et s'applique en vertu du principe de l'application de la règle la plus favorable au salarié consacrée par la Cour de cassation (le couramment dénommé « principe de faveur ») [8].

1. Sur la requalification d'une mise à pied conservatoire en mise à pied disciplinaire, l'employeur ayant attendu six jours pour engager la procédure de licenciement sans pour justifier d'un motif pour ce retard, v. Soc. 30 oct. 2013, n°12-229962, P, *Dr. soc.* 2014.83, note J. Mouly.

2. Soc. 3 févr. 2004, *RJS* 4/04, n° 409.

3. V. ss 767.

4. Soc. 25 juin 1986, *JS* 1986, F. 58 ; 19 juin 2002, *Dr. soc.* 2002. 865. Dès lors qu'un salarié, mis à pied à titre conservatoire, a été amené à reprendre son travail pendant deux jours à la demande de l'employeur, cette mise à pied constitue (se transforme en) une sanction disciplinaire (Soc. 31 oct. 2006, n° 04-48. 682 D).

5. Soc. 18 févr. 1998, *Dr. soc.* 1998. 499, obs. A. Jeammaud.

6. Soc. 3 mai 2001, *Dr. soc.* 2001. 890, obs. J. Savatier ; 6 nov. 2001, préc. ; 12 févr. 2003, *Dr. soc.* 2003. 539, obs. J. Savatier ; 10 déc. 2003, n° 01-44.104 D ; 22 févr. 2006, *Dr. soc.* 2006. 931, obs. Ph. Waquet.

7. Soc. 20 déc. 2006, *Dr. soc.* 2007. 366, obs. J. Savatier, *JCP S* 2007, 1296, note B. Bossu (changement d'affectation dans l'attente de l'issue d'une action pénale contre le salarié pour des faits de harcèlement sexuel sur une subordonnée). Présentée comme « conservatoire » une mesure de ce type est, comme une mise à pied, exposée à requalification en sanction, en fonction du contexte dans lequel elle a été arrêtée (ex. : Soc. 30 mai 2007, *RJS* 8-9/07, n° 1001).

8. V. ss 69 s.

Ces éléments procéduraux se combinent avec ceux de la procédure légale [1]. Ainsi, l'avis du conseil de discipline, par exemple, doit être obtenu avant la décision de l'employeur (et non avant l'entretien préalable) [2]. La sanction pourra intervenir au-delà du délai d'un mois de l'article L. 1332-2, alinéa 4, à condition que la procédure conventionnelle ou statutaire ait été effectivement engagée dans ce délai [3].

La méconnaissance de ces dispositions du statut collectif ne constitue pas seulement une irrégularité formelle. La Cour de cassation estime, en effet, que la consultation d'un organisme chargé de donner un avis sur la sanction envisagée ou toute autre modalité destinée à parfaire la décision « constitue pour le salarié une garantie de fond », dont la méconnaissance affecte la validité de la sanction prononcée et, si cette dernière est un licenciement, la prive de cause réelle et sérieuse [4].

775 ***Procédure en cas de rupture du contrat de travail*** ◊ Si procédure disciplinaire et procédure de droit commun du licenciement sont très voisines, depuis 1982, des différences subsistent. Par exemple, dans le cadre d'une procédure disciplinaire, l'employeur ne peut plus prononcer de sanction lorsqu'il s'est écoulé plus d'un mois depuis le jour fixé pour l'entretien, tandis que le régime du licenciement ignore cette interdiction. Or, l'article L. 1332-2 est très général puisqu'il vise « la sanction » et, à la différence de l'article L. 1333-3, il n'exclut pas l'application de ses dispositions en cas de licenciement. D'ailleurs, il serait paradoxal que l'employeur ne puisse plus, écoulé ce délai d'un mois, prononcer une mise à pied ou une rétrogradation, mais qu'il conserve la faculté de priver le salarié de son emploi. Aussi, l'employeur qui sanctionne une faute par un licenciement doit-il respecter cumulativement la procédure de licenciement (avec le délai de cinq jours ouvrables entre la convocation à l'entretien préalable et sa tenue, le délai de deux jours ouvrables entre la date prévue pour cet entretien et l'expédition de la lettre de licenciement, etc.) et la procédure disciplinaire normale ou, plus exactement, les combiner [5]. Il doit également

---

1. Soc. 20 oct. 1988, *Bull. civ.* V, n° 533.

2. Soc. 28 sept. 2005, *Bull. civ.* V, n° 274.

3. Soc. 31 oct. 2000, *Dr. soc.* 2001. 89, obs. J. Savatier ; 23 juin 2004, *Bull. civ.* V, n° 182 ; 10 mai 2006, *Dr. soc.* 2006. 798, obs. J. Savatier ; 19 sept. 2007, n° 05-45.645 D (il ne suffit pas que le salarié ait été informé dans ce délai de la décision de l'employeur de saisir l'organisme paritaire).

4. Parmi de nombreux arrêts : Soc. 23 mars 1999, *Dr. soc.* 1999. 634, obs. J. Savatier ; *D.* 2001. 417, 1re esp., note S. Frossard ; 28 mars 2000, *Dr. soc.* 2000. 653, obs. J. Savatier ; *D.* 2001. Somm. 825, obs. M. Mercat-Bruns ; 11 juill. 2000, *Dr. soc.* 2000. 1027, obs. C. Radé, *D.* 2001. 417, 2e esp., note S. Frossard ; 16 janv. 2001, *Bull. civ.* V, n° 9 ; 8 janv. 2002, *Dr. soc.* 2002. 466, obs. F. Duquesne ; 29 juin 2005, *Bull. civ.* V, n° 221 ; 16 nov. 2005 *RJS* 3/06 n° 350 ; 18 oct. 2006, *Bull. civ.* V, n° 310, *RDT* 2006. 354, obs. A. M ; 1er févr. 2012, n° 10-10.012 P. Il y a garantie de fond même si l'exigence conventionnelle est celle d'une double signature de la lettre de licenciement (Soc. 5 avr. 2005, *Bull. civ.* V, n° 119).

5. Soc. 28 juin 1990, *Bull. civ.* V, n° 327. L'employeur doit donc engager la procédure de licenciement dans les deux mois qui suivent le jour où il a eu connaissance des faits reprochés au salarié (Soc. 5 févr. 1997, *Bull. civ.* V, n° 52). Le délai maximal d'un mois entre l'entretien préalable et la notification du licenciement doit être respecté (Soc. 4 mai 1995, *RJS* 6/95, n° 630 ;

suivre la procédure disciplinaire la plus complète (entretien préalable, motivation, etc.) en cas de rupture anticipée d'un contrat à durée déterminée pour faute grave [1] ou de rupture du contrat de travail pendant la période d'essai [2].

776 ***Le refus de la sanction par le salarié*** ◊ Lorsque la sanction disciplinaire est une mesure qui relève du pouvoir de direction de l'employeur, elle peut être imposée au salarié sans son consentement. En revanche, lorsque cette sanction dépasse ce pouvoir, lorsqu'elle suppose une modification du contrat de travail, elle ne peut être édictée qu'après acceptation par le salarié de ladite modification.

Après quelques hésitations [3], cette solution a été définitivement adoptée par la Cour de cassation dans un arrêt *Hôtel Le Berry* rendu 16 juin 1998 [4]. Aux termes de cet arrêt : « *une modification du contrat de travail prononcée à titre disciplinaire contre un salarié ne peut lui être imposée* ». La sanction est ainsi justiciable du régime jurisprudentiel de la modification du contrat de travail [5]. C'est dire que, si l'employeur « notifie » cette sanction, il ne s'agit, en droit, que d'une proposition, et que l'acceptation du salarié ne se présume pas davantage dans ce cas que dans les autres hypothèses de modification du contrat [6]. Au demeurant, lorsque l'employeur notifie au salarié une sanction emportant modification de son contrat de travail, il doit informer l'intéressé de sa faculté d'accepter ou refuser cette modification [7]

Ainsi, droit disciplinaire et droit de la modification du contrat de travail se juxtaposent : ils doivent être tous deux respectés par l'employeur. Une sanction modificatrice du contrat conforme au droit disciplinaire, mais

---

16 mars 1995, *Bull. civ.* V, n° 90 ; 7 juill. 1998, *ibid.* n° 368), et ce délai court de la date fixée pour l'entretien même si le salarié ne s'y est pas présenté (Soc. 2 avr. 2008, n° 06-44.088 D) ; mais si l'employeur, informé de l'impossibilité pour le salarié de se présenter à la date initialement fixée, a décidé de le reporter, le délai court à compter de cette date de report (Soc. 7 juin 2006, *RJS* 2006, n° 945).

1. Soc. 5 mars 1987, *D.* 1988. 241, note J.-P. Karaquillo ; 27 mai 1992, *D.* 1992. 411, note J.-P. Karaquillo ; 16 mars 1995, *RJS* 5/95, n° 493 ; 23 janv. 1997, *Dr. soc.* 1997. 314, obs. C. Roy-Loustaunau ; *D.* 1998. 29, note J.-P. Karaquillo.

2. Soc. 10 mars 2004, *JCP* 2004. II. 10088, note D. Corrignan-Carsin ; *Dr. soc.* 2004. 733, note M. Dubertret ; *D.* 2004. Somm. 2189, obs. B. Géniaut.

3. V. Soc. 21 févr. 1990, *Saint Michel, Bull. civ.* V, n° 74 ; *Dr. soc.* 1991. 16, note A. Mazeaud ; 9 oct. 1991, *Cie internationale des wagons-lits, Bull. civ.* V, n° 400 ; *D.* 1992. 30, chron. J. Pélissier, Modification substantielle du contrat de travail et droit disciplinaire ; Soc. 19 nov. 1997, *Dr. soc.* 1998. 198, obs. C. Marraud.

4. *Dr. soc.* 1998. 803, rapp. Ph. Waquet ; *JCP E* 1998. 1789, note D. Corrignan-Carsin ; *D.* 1999. 125, note C. Puigelier ; *ibid.* 2000. Somm. 171, obs. M.-C. Amauger-Lattès ; *Grands arrêts*, 4e éd., 2008, n° 67 ; Soc. 15 juin 2000, *Bull. civ.* V, n° 233 ; 6 mai 2002, n° 00-42.054 D ; 4 juin 2002, n° 00-44.279 D ; 7 juill. 2004, *Bull. civ.* V, n° 193 ; 10 juill. 2007, *RDT* 2008. 108, obs. R. de Quénaudon.

5. V. ss 637 s.

6. L'expression « modification du contrat de travail prononcée à titre disciplinaire » est critiquable (S. Frossard, La réaction de l'employeur à la faute du salarié, *Études offertes à J. Pélissier*, p. 231, spéc. 243).

7. Soc. 28 avr. 2011, n° 09-70.619 P.

faite sans l'accord du salarié, ne vaut pas. De même, une sanction modificatrice expressément acceptée par le salarié restera illicite si elle est faite en violation du droit disciplinaire, lequel est d'ordre public [1].

Le pouvoir disciplinaire de l'employeur n'est pas pour autant paralysé : en cas de refus du salarié, l'employeur peut prononcer une autre sanction, aux lieu et place de la sanction refusée. Cette nouvelle sanction ne se heurte pas à l'interdiction du cumul, puisque la mesure d'abord décidée a été paralysée par le refus de l'intéressé, de sorte que l'employeur n'a pas « épuisé » son pouvoir disciplinaire. Cette sanction peut être plus légère afin d'entrer dans les limites du pouvoir de direction de l'employeur et interdire tout refus du salarié. Elle peut aussi être plus grave et se traduire par un licenciement disciplinaire, si la faute reprochée au salarié est réelle et sérieuse. Le fait que l'employeur ait choisi dans un premier temps une sanction moins lourde que le licenciement est sans influence sur la qualification de la faute, et le juge prud'homal ne peut en tirer argument pour dire que la faute n'est pas réelle et sérieuse [2]. Des faits commis par le salarié après son refus de la sanction pourront être invoqué par l'employeur à l'appui de la seconde sanction [3].

Cette faculté de nouvelle sanction est préservée par la computation des différents délais du droit disciplinaire. La convocation à l'entretien préalable interrompt le délai de prescription de deux mois de l'article L. 1332-4 [4]. L'édiction d'une première sanction interrompt aussi ce délai, jusqu'au refus du salarié. En cas de refus par le salarié de cette première sanction, le délai de deux mois de l'article L. 1332-4 court à compter du refus [5]. Le délai d'un mois maximum entre l'entretien préalable et la sanction, prévu par l'article L. 1332-2 du Code du travail, court à partir du nouvel entretien préalable en vue de l'adoption de la nouvelle sanction [6].

La solution de la jurisprudence *Le Berry* apparaît ainsi comme équilibrée. Elle apparaît aussi parfaitement logique. Dès lors que l'on considère que le pouvoir juridique de l'employeur est issu du contrat de travail, il apparaît évident que ce pouvoir est incapable de modifier le contrat. Par l'arrêt le Berry, la Cour de cassation fait sienne cette vision contractuelle du pouvoir. Celle-ci demeure cependant très débattue en doctrine [7], ce qui

---

1. Cass., ch. mixte, 18 mai 2007, n° 05-40.803 P, *D.* 2007. 2137, obs. J. Mouly ; *Sem. soc. Lamy* 2007, n° 1310, note Ph. Waquet ; *RDT* 2007. 527, obs. T. Aubert-Montpeyssen ; *JCP* 2007. II. 10129, obs. G. Loiseau ; *D.* 2007. Pan. 3037, obs. Ch. Géniaut ; *Dr. ouvrier* 2008. 25, note S. Ducrocq. V. déjà, en ce sens, Soc. 11 déc. 1996, *Dr. soc.* 1997. 198, obs. A. Mazeaud.

2. Soc. 31 mai 2006, n° 04-40.328 D ; 10 juill. 2007, préc. Dans un ordre d'idées voisin, l'employeur qui soumet au salarié une proposition (mutation) alternative au licenciement, conserve la faculté, en cas de refus du salarié, d'invoquer son comportement fautif comme cause de licenciement, v. comme faute lourde (Soc. 31 janv. 2007, n° 04-42.669 D).

3. Soc. 14 janv. 2014, n°12.12744, P.

4. Soc. 9 oct. 2001, *Bull. civ.* V, n° 304.

5. Soc. 28 avr. 2011, n° 10-13.979 P

6. Soc. 27 mars 2007, n° 05-41.921, *Bull. civ.* V, n° 57. Sur la nécessité d'un nouvel entretien préalable, v. Soc. 28 avr. 2011, préc.

7. V. ss 608 s.

explique que la jurisprudence *Le Berry* reste controversée [1], notamment par les défenseurs d'un pouvoir juridique de l'employeur d'essence supérieure, capable en tant que tel de modifier unilatéralement les contrats individuels de travail.

SECTION 3. CONTRÔLE JUDICIAIRE

777 Le salarié sanctionné peut saisir le conseil de prud'hommes d'une demande d'annulation de la sanction ou de condamnation de l'employeur à lui verser des dommages-intérêts. Il peut également saisir le conseil en référé pour obtenir une mesure qui ne saurait être une annulation. Ces actions ouvrent la voie à un contrôle judiciaire du pouvoir disciplinaire [2] et alimentent un contentieux qui n'a pas submergé les juridictions prud'homales [3]. Les garanties qu'offre ce contrôle dépendent de son *objet* et du *sort de la sanction* jugée irrégulière.

§ 1. L'objet du contrôle

778 ***Contrôle de la régularité de la procédure*** ◊ Le conseil des prud'hommes « apprécie la régularité de la procédure suivie » (C. trav., art. L. 1333-1, al. 1er). Il doit donc rechercher : 1) si la mesure prise par l'employeur constitue une « sanction disciplinaire », condition de l'obligation de suivre une procédure disciplinaire ; 2) quelle était, en l'espèce, la procédure applicable ; 3) si toutes les modalités de cette procédure ont été respectées. Il pratique aussi ce contrôle au regard des éléments additionnels de procédure prévus par la convention collective, le statut du personnel de l'entreprise publique ou le règlement intérieur.

1. En faveur de la solution de la jurisprudence le Berry, v. not. J. Pélissier, Modification substantielle du contrat de travail et droit disciplinaire, *D.* 1992. Chron. 30 ; M.-C. Amauger-Lattès, Modification du contrat de travail et droit du licenciement, *Dr. soc.* 1998. 120 ; A. Mazeaud, Contractuel, mais disciplinaire, *Dr. soc.* 2003. 164 ; E. Dockès, De la supériorité du contrat de travail sur le pouvoir de l'employeur, *Études offertes à J. Pélissier*, p. 203 ; S. Frossard, La réaction de l'employeur à la faute du salarié, *Études offertes à J. Pélissier*, p. 231, spéc. 243. Contre cette solution, v. not. M. Morand, Le contractuel pourchasse le disciplinaire, *JCP E* 1998. 2058 ; Ch. Radé, À propos de la contractualisation du pouvoir disciplinaire de l'employeur : critique d'une jurisprudence hérétique, *Dr. soc.* 1999. 3 ; J. Savatier, Sanctions disciplinaires et contrat de travail, *Mélanges offerts à P. Couvrat*, PUF, 2001, p. 211 ; J. Mouly, Les modifications disciplinaires du contrat de travail. Chronique d'humeur à propos d'un revirement, *D.* 1999. Chron. 359 ; Disciplinaire, donc non contractuel, *Dr. soc.* 2003. 395 ; L'utilisation des clauses de mobilité à titre disciplinaire : une remise en cause indirecte de la jurisprudence *Hôtel Le Berry*, *Dr. soc.* 2002. 955 ; Les suites de la jurisprudence *Hôtel Le Berry*. À propos d'un dixième anniversaire, *Dr. soc.* 2008. 537.
2. La demande peut viser une mesure qui ne se présente pas comme une sanction, mais dont le salarié entend précisément faire juger qu'elle a cette nature afin d'en obtenir la censure (sanction pécuniaire interdite, non-respect de la procédure disciplinaire, etc.).
3. F. Vennin, La contestation des sanctions disciplinaires par le salarié, *Dr. soc.* 1990. 769.

En jurisprudence, et de manière analogue à ce que l'on connaît dans le droit commun du licenciement, l'*irrégularité de procédure* est parfois traitée comme un *vice de fond*, l'absence de motivation de la sanction fournissant l'exemple le plus indiscutable [1]. La Cour de cassation a jugé que la méconnaissance des règles des articles L. 1332-1 et suivants du Code du travail, applicables au licenciement disciplinaire, avait pour effet de priver celui-ci de cause réelle et sérieuse, sans distinguer entre les diverses exigences procédurales posées par le texte [2]. Mais cet effet de privation de justification du licenciement vaut particulièrement pour la méconnaissance du délai d'un mois imparti pour la notification de la sanction, dans lequel elle avait déjà vu une garantie « de fond » pour le salarié [3].

Soucieuse de traiter l'irrégularité de forme par inobservation des règles conventionnelles ou statutaires comme l'irrégularité par méconnaissance des dispositions légales, la Cour a ensuite considéré que le licenciement prononcé en méconnaissance d'une disposition de la convention collective ou du règlement intérieur imposant la consultation d'un organisme appelé à donner un avis sur la sanction envisagée – offrant ainsi une « garantie de fond » au salarié – était également « *dépourvu de cause réelle et sérieuse* » [4]. Cette interprétation s'apparente évidemment à la jurisprudence qui, en matière de licenciement, répute injustifiés les licenciements souffrant de certaines irrégularités de forme. Critiquée, comme celle-ci, par certains commentateurs [5], elle vaut pour toutes les sanctions. Mais elle présente surtout de l'intérêt à propos du licenciement : les autres sanctions sont annulables en cas d'irrégularité de procédure comme de vice de fond, tandis que les suites – toujours indemnitaires, il est vrai – ne sont pas les mêmes pour un licenciement irrégulier en la forme et un licenciement sans cause réelle et sérieuse.

779 ***Contrôle de l'existence d'une faute*** ◇ Le conseil de prud'hommes apprécie « si les faits reprochés au salarié sont de nature à justifier une sanction » (C. trav., art. L. 1333-1, al. 1er).

1. Soc. 7 nov. 2007, n° 06-42.988 P (le défaut de motivation de la décision par laquelle la direction maintient, sur recours du salarié conformément au statut du personnel, la mise à la retraite d'office d'un agent EDF/GDF, la prive de justification).
2. Soc. 3 avr. 1997, *Dr. soc.* 1997. 690.
3. Soc. 3 avr. 1997, préc. ; 7 juill. 1998, *Bull. civ.* V, n° 368 ; 16 janv. 2001, *Bull. civ.* V, n° 8 ; 2 avr. 2008, n° 06-44.088 D. L'art. L. 1332-2, al. 4 est une de « règle de fond » en ce qu'il impose ce délai (Soc. 17 janv. 1990, *Bull. civ.* V, n° 13).
4. Soc. 23 mars 1999, *Dr. soc.* 1999. 634, obs. J. Savatier, *D.* 2001. 417, 1re esp., note S. Frossard ; 28 mars 2000, *Dr. soc.* 2000. 653, obs. J. Savatier, *D.* 2001. Somm. 825, obs. M. Mercat-Bruns ; 11 juill. 2000, *Dr. soc.* 2000. 1027, obs. C. Radé, *D.* 2001. 417, 2e esp., note S. Frossard ; 16 janv. 2001, *Bull. civ.* V, n° 9 ; 8 janv. 2002, *Dr. soc.* 2002. 466, obs. F. Duquesne ; 29 juin 2005, *Bull. civ.* V, n° 221 ; 16 nov. 2005 *RJS* 3/06, n° 350 ; 11 juill. 2006, *Bull. civ.* V, n° 240 ; 18 oct. 2006, *Bull. civ.* V, n° 310, *RDT* 2006. 354, obs. A. M.
5. « Le contrôle judiciaire des licenciements disciplinaires, comme des autres sanctions disciplinaires, doit être centré sur leur justification au fond. Le juge ne doit pas être privé de ce pouvoir d'appréciation du seul fait que la procédure n'a pas été entièrement respectée » (J. Savatier, note *Dr. soc.* 1997. 690).

a) Cette vérification est d'abord celle de l'*existence des faits invoqués* par l'employeur. Ce dernier doit fournir les éléments retenus pour prendre la sanction. La juridiction forme sa conviction « au vu de ces éléments et de ceux qui sont fournis par le salarié à l'appui de ses allégations » et après avoir ordonné, le cas échéant, les mesures d'instruction qu'elle estime utiles. Le texte ajoute que « si un doute subsiste, il profite au salarié » (C. trav., art. L. 1333-1, al. 3). L'article L. 1333-3 exclut l'application de ces dispositions lorsque la sanction contestée est un licenciement. Mais l'article L. 1235-1 du Code du travail, applicable au licenciement, contient des dispositions similaires.

Si le salarié – ou l'organisation syndicale représentative qui peut alors exercer son action pour son compte (C. trav., art. L. 1134-2) – soutient que la sanction est, en réalité, discriminatoire au sens des articles L. 1132-1 et suivants du Code du travail (« principe de non-discrimination »), ce demandeur bénéficie d'un régime particulier de charge de la preuve : il lui appartient de présenter des « éléments de fait laissant supposer l'existence d'une discrimination directe ou indirecte », et il incombe alors à l'employeur, défendeur, de « prouver » que sa décision d'infliger cette sanction « est justifiée par des éléments objectifs, étrangers à toute discrimination » (C. trav., art. L. 1134-1).

Ici surgit la question de la *licéité des procédés de collecte d'éléments de preuve d'agissements fautifs* grâce à la surveillance et au contrôle des salariés par l'employeur. Des faits susceptibles de constituer ou révéler des fautes disciplinaires sont parfois établis par des moyens illicites [1]. À titre d'exemple, la détention fautive d'alcool découverte à la suite de l'ouverture de l'armoire personnelle du salarié, ne peut être invoquée par l'employeur si cette ouverture a eu lieu dans des conditions illicites [2].

b) Le juge recherche ensuite si ces faits méritent *la qualification de « faute »*, ou *de « faute grave »* si a été prononcé un licenciement sans préavis ni indemnités légales. À cet égard, il n'est pas lié par les qualifications qui peuvent figurer dans le règlement intérieur [3]. Il peut même constater qu'une disposition de ce règlement intérieur est illicite et la laisser inappliquée pour conclure que sa violation ne pouvait constituer une faute. En sens inverse, il peut très bien voir une faute dans une action ou une abstention du salarié non visée par le règlement. Il n'est pas davantage lié par

---

1. V. ss 651.

2. Soc. 6 juill. 2005, n° 04-42.553 D. Il en va autrement si la détention d'objets non autorisés par le règlement intérieur a été établie par une visite dont chaque salarié a été avisé personnellement trois semaines à l'avance et qui a été effectuée en présence d'un représentant du personnel, dans des conditions fixées par accord avec des organisations syndicales (Soc. 15 avr. 2008, n° 06-45.902 P). Sur les conditions d'ouverture de l'armoire individuelle : CE 12 juin 1987, *Sté Gantois, Dr. soc.* 1987. 651, note J. Savatier ; *D.* 1989. Somm. 65, obs. D. Chelle et X. Prétot ; Soc. 11 déc. 2001, *Dr. soc.* 2002. 352, obs. J. Savatier.

3. Soc. 2 mai 2000, *Dr. soc.* 2000. 787, obs. F. Favennec-Héry (règlement qualifiant de faute grave le refus d'un changement d'affectation). La décision d'une juridiction ordinale quant à la méconnaissance, par le salarié, des règles déontologiques professionnelles n'a pas autorité de chose jugée devant ce juge appelé à apprécier la gravité de la faute sanctionnée par l'employeur (Soc. 7 nov. 2006, *Dr. soc.* 2007. 104, obs. J. Savatier).

l'avis, sur l'existence de la faute ou sur sa gravité, d'une instance disciplinaire prévue par une disposition conventionnelle, statutaire ou par un règlement intérieur, sauf si cette disposition subordonne la décision de l'employeur à l'avis conforme (et non au simple avis) de cette instance [1]. Ainsi qu'il a été observé à propos de l'exposé du droit du licenciement, la Cour de cassation exerce son contrôle sur l'appréciation de la faute grave par les juges du fond [2].

780 ***Contrôle de la licéité de la sanction*** ◇ Bien que la faute du salarié soit avérée, la sanction disciplinaire est injustifiée si elle est de celles que l'employeur *ne pouvait prononcer* : sanction pécuniaire ou sanction indisponible, c'est-à-dire non prévue par le règlement intérieur ou dont ce règlement, la convention collective ou le statut du personnel soumettait le prononcé à certaines conditions (de gravité de la faute, de « récidive », de sanctions antérieures moins lourdes pour d'autres fautes) [3].

La sanction peut aussi être illicite parce que *disproportionnée* à la faute commise (C. trav., art. L. 1333-2) [4]. Les juges tiennent compte des circonstances, de l'ancienneté du salarié dans l'entreprise, de l'existence ou de l'absence de fautes antérieures. Mais la commission d'un fait isolé peut constituer une faute « sérieuse » et justifier un licenciement, sans qu'il soit nécessaire qu'il ait donné lieu à un avertissement préalable [5]. Les juges ne sont pas liés par une clause du règlement intérieur attachant une sanction déterminée à une faute précise, car une règle édictée par l'employeur ne saurait tenir en échec ce contrôle judiciaire de proportionnalité [6].

1. Soc. 29 févr. 2000, *Dr. soc.* 2000. 556, obs. J. Savatier (disposition conventionnelle subordonnant le licenciement sans préavis ni indemnité à l'avis conforme d'une commission de discipline sur la qualification de « faute grave »). L'aveu du salarié sur la matérialité des faits qui lui sont reprochés et sur leur nature de faute grave ne prive pas le juge de son pouvoir d'appréciation (Soc. 13 juin 2001, *Dr. soc.* 2001. 1011, obs. B. Gauriau).

2. Ex. : Soc. 1er juill. 2008, n° 06-46.421 P, *D.* 2008. AJ. 2004, obs. B. Ines (la cour d'appel avait pu estimer que le comportement de l'employé d'une cartonnerie, surpris à fumer dans un local affecté aux pauses, dans un établissement très exposé aux risques d'incendie et en violation de dispositions expresses du règlement intérieur, « rendait impossible son maintien dans l'entreprise et constituait une faute grave »).

3. Soc. 12 mars 1991, *Dr. soc.* 1992. 227, note J. Savatier ; 17 déc. 1997, *ibid.* 1998. 284, obs. A. Jeammaud ; 25 oct. 2005, *Dr. soc.* 2006. 110, obs. J. Savatier. Si la convention collective n'autorise le licenciement qu'après deux sanctions de moindre gravité, l'annulation des avertissements antérieurs prive ce licenciement de cause réelle et sérieuse (Soc. 30 juin 2004, *Dr. soc.* 2004. 1035, obs. J. Savatier). Observons que cette annulation ruine alors la sanction disciplinaire subséquente, tandis que, sur le terrain de la prohibition de la double sanction, elle n'empêche pas, selon la Cour de cassation, que deux sanctions successives pour les mêmes faits aient été prononcées (v. ss 768).

4. Soc. 14 nov. 2000, *Dr. soc.* 2001. 207, obs. J. Savatier. Les juges du fond doivent évidemment, sous peine de cassation pour défaut de base légale, préciser en quoi la sanction est disproportionnée ou injustifiée (Soc. 23 avr. 1986, *Bull. civ.* V, n° 160).

5. Soc. 1er juill. 2008, n° 07-40.053 P, *D.* 2008. AJ. 2005, obs. B. Ines (cassation d'un arrêt d'appel ayant jugé injustifié le licenciement de salariés surpris en train de « fumer un joint » dans la salle de repos fumeurs de l'entreprise).

6. Soc. 9 oct. 1985, *JS* 1985, SJ. 318. *Adde*, v. ss 722.

§ 2. **Le sort de la sanction irrégulière**

781 La *sanction irrégulière* est ici, dans un sens large, celle qui souffre d'une irrégularité de procédure (« en la forme » dit le Code), qui est injustifiée (absence de faute, sanction prohibée ou indisponible) ou qui est disproportionnée.

782 ***L'annulation : principe et exceptions*** ◊ Le conseil de prud'hommes peut annuler la sanction irrégulière (C. trav., art. L. 1333-2). L'irrégularité du point de vue de la procédure suivie expose donc, autant que le défaut de justification ou la disproportion, la sanction à la mise à néant. Selon la Cour de cassation, le pouvoir d'annulation s'exerce aussi en cas de méconnaissance des dispositions procédurales conventionnelles, statutaires ou d'un règlement intérieur comportant pour les salariés « des garanties supérieures ou des avantages supplémentaires à ceux prévus par la loi » [1].

Le juge prud'homal a le pouvoir d'annuler la sanction, mais *non de la modifier*, par exemple de la réduire ainsi qu'il pourrait songer à le faire en présence d'une sanction disproportionnée. Réduire ne serait pas annulé partiellement, mais accomplir un acte d'exercice du pouvoir disciplinaire qui n'appartient qu'à l'employeur [2].

Ce juge *peut annuler, mais n'est pas tenu de le faire.* Même si le salarié sollicite la mise à néant de la mesure, ce juge « ne fait qu'user de la faculté résultant de (l'art. L. 1333-2 C. trav.) en décidant qu'il n'y a pas lieu d'annuler la sanction », parce que celle-ci est affectée d'une irrégularité de procédure qui n'altère pas une « garantie de fond » [3]. Il accorde alors des dommages-intérêts en réparation du préjudice « nécessairement » causé au salarié et qu'il apprécie souverainement [4]. Bien entendu, il ne peut qu'accorder une indemnité si le salarié la demande de préférence à l'annulation de la sanction. Mais il a aussi la faculté de l'allouer en même temps qu'il annule cette dernière, si le salarié établit un préjudice causé par l'irrégularité.

L'article 1333-3 soustrait le *licenciement* à l'annulation. Les irrégularités de procédure ou l'absence de cause réelle et sérieuse d'un licenciement disciplinaire n'entraînent que des condamnations indemnitaires, en application des articles L. 1235-3 et suivants [5]. La Cour de cassation

---

1. Soc. 7 mai 1996, *Dr. soc.* 1996. 738, obs. A. Jeammaud, v. ss 779.

2. Soc. 23 avr. 1986, *Dr. soc.* 1986. 501, note J. Savatier. Une mise à pied d'une durée excédant le maximum prévu par le règlement intérieur peut toutefois être réduite à cette durée maximale (Soc. 27 févr. 1985, *D.* 1985. IR 442, obs. Ph. Langlois).

3. Soc. 13 oct. 1988, *Bull. civ.* V, n° 296 ; 23 mars 1989, *Dr. soc.* 1989. 504, note J. Savatier ; 20 juin 2007, n° 05-44.314 D (cas d'inobservation du délai d'un jour franc entre l'entretien préalable et la notification de la sanction). Mais la règle de l'art. L. 1332-2, al. 4 C. trav. fixant un délai d'un mois à compter de la date de l'entretien pour prononcer la sanction institue assurément une garantie de fond (Soc. 17 janv. 1990, *Bull. civ.* V, n° 13).

4. Soc. 20 oct. 1988, *Bull. civ.* V, n° 534 ; 20 juin 2007, préc.

5. Soc. 28 nov. 1995, *Bull. civ.* V, n° 316 ; 30 sept. 1997, *RJS* 11/97, n° 1228. V. aussi : Soc. 4 juin 1987, *D.* 1988. 193, note A. Mazeaud (cas d'inobservation d'une procédure conventionnelle). V. toutefois : Soc. 21 nov. 2007, n° 06-44.993 P (le licenciement pour faute grave notifiée, après assimile sur ce point la *rupture du contrat à durée déterminée pour faute* au licenciement [1]. N'est-il pas paradoxal que toute sanction illégalement prononcée puisse être annulée, à l'exception de la plus lourde, celle qui évince le salarié de son emploi ? Mais, par exception à cette exception, le licenciement prononcé pour faute qui se révèle *discriminatoire* (que l'invocation de la faute n'ait été qu'un prétexte ou que le motif discriminatoire ait influencé le choix de la sanction), est nul en vertu de l'article L. 1132-4. La nullité est encore encourue lorsque le licenciement disciplinaire porte atteinte à une liberté fondamentale [2].

783 ***Le recours au juge des référés*** ◊ Il est tentant, pour le salarié, de saisir la formation de référé du conseil de prud'hommes afin d'obtenir rapidement la mise à néant d'une sanction irrégulière. Mais annuler un acte juridique, aussi grossièrement illégal soit-il, excède les pouvoirs de tout juge des référés, qui peut seulement prendre des « mesures » dans les circonstances définies par la loi (C. trav., art. R. 1455-5 s.) [3]. En revanche, le juge des référés peut et doit, au titre précisément des « mesures conservatoires ou de remise en état qui s'imposent (...) pour faire cesser un trouble manifestement illicite », ordonner le versement d'une fraction du salaire retenue par ce qui constitue une sanction pécuniaire prohibée ou la suite d'une mise à pied irrégulière, dès lors que l'illicéité de l'une ou de l'autre est manifeste [4]. Compte tenu du texte de l'article R. 1455-6 (« même en présence d'une contestation sérieuse »), il ne saurait refuser une telle mesure au motif qu'il existe une difficulté juridique sérieuse [5].

784 ***Conséquences de l'annulation de la sanction*** ◊ L'annulation rétablit le salarié dans ses droits et le fonde à obtenir le rétablissement dans sa situation antérieure [6]. S'il est aisé d'imposer à un employeur de supprimer les conséquences d'un avertissement ou d'une mise à pied (versement du salaire

---

expiration du délai d'un mois de l'art. L. 1332-2, al. 4 C. trav., alors que le contrat du salarié est suspendu pour cause d'accident du travail, est nul en vertu de l'art. L. 1226-13 : la rupture, tardivement décidée ou notifiée, n'est plus traitée comme un licenciement pour faute grave).

1. Soc. 12 nov. 2003, *Dr. soc.* 2004. 304, obs. C. Roy-Loustaunau. En l'absence de notification écrite et motivée, la rupture est « abusive » et donne lieu aux dommages et intérêts de l'art. L. 1243-4 C. trav. (Soc. 4 juin 2008, n° 07-40.126 P, *D.* 2008. AJ. 1769, obs. L. Perrin).

2. Soc. 13 mars 2001, 2 arrêts, *Bull. civ.* V, n° 87 ; 8 nov. 2006 (*Bull. civ.* V, n° 331 ; *RDT* 2007. 98, obs. J. Lévy-Amsallen ;*D.* 2007. Pan. 686, obs. O. Leclerc), v. ss 653.

3. Soc. 5 mars 1987, *Bull. civ.* V, n° 110 ; 7 janv. 1988, *Bull. civ.* V, n° 12 ; 4 nov. 1988 ; 23 mars 1989, *Dr. soc.* 1989. 504, note J. Savatier.

4. Soc. 20 févr. 1991, *Dr. soc.* 1991. 469, note A. Mazeaud.

5. Soc. 23 nov. 1999, *Dr. soc.* 2000. 348, obs. J. Mouly (à propos d'une rétrogradation au terme d'une procédure dont l'irrégularité au regard du délai de deux mois de l'art. L. 1332-4 C. trav. dépendait de l'interprétation de l'articulation de la procédure légale et d'une procédure conventionnelle) ; Versailles 19 oct. 2004, *RJS* 5/05 n° 513.

6. Cette remise en état peut être ordonnée sous astreinte, par le juge du fond dans le dispositif de sa décision ou par la formation de référé ultérieurement saisie, qu'il s'agisse de réintégration dans son emploi antérieur du salarié rétrogradé ou de réintégration dans l'entreprise du salarié victime d'un licenciement nul parce que discriminatoire (Soc. 17 mars 1999, *Dr. soc.* 1999. 535, obs. M. Grévy).

des jours de suspension), la réintégration d'un salarié rétrogradé à tort soulève des difficultés, surtout lorsque le poste de ce salarié a été confié à un autre. Ces difficultés ne dispensent pas l'employeur de proposer à l'intéressé un poste équivalent à celui qui était occupé avant le prononcé de la sanction [1].

L'employeur a-t-il la faculté de prononcer *une autre sanction* ? Si l'annulation a été prononcée au motif que le salarié n'avait pas commis de faute, l'autorité de la chose jugée exclut toute nouvelle sanction d'un fait déclaré non fautif. Si elle l'a été pour cause d'engagement tardif de la procédure disciplinaire (violation de l'art. L. 1332-4 C. trav.), l'employeur, hors délai dès l'origine, ne peut évidemment engager une nouvelle procédure [2]. Il en va autrement lorsque l'annulation est imputable à d'autres vices de procédure ou au caractère disproportionné de la sanction : dans la mesure où le juge a admis l'existence d'une faute du salarié et où l'annulation laisse subsister la procédure antérieure, l'employeur pourra prononcer une nouvelle sanction, plus légère, à condition de le faire dans le mois suivant la notification du jugement [3].

785 ***Sanctions disciplinaires et harcèlement moral*** ◊ Une forme de réaction judiciaire à l'exercice du pouvoir disciplinaire, étrangère aux prévisions du législateur de 1982, est apparue avec les dispositions visant le harcèlement moral, introduites en 2002 (C. trav., art. L. 1152-1 s.). En effet, si le prononcé de sanctions, même irrégulières, ne suffit pas à constituer ce type d'agissement illicite, les circonstances, souverainement appréciées par les juges du fond, peuvent convaincre ces derniers que l'usage du pouvoir de sanctionner a dégénéré en harcèlement par la pratique de sanctions illégales ayant entraîné une dégradation constatée des conditions de travail du salarié [4], ou même par le recours systématique à des sanctions pour des fautes bénignes, ayant ce même effet délétère caractérisé par l'article L. 1152-1 [5]. Un employeur peut même, en outrepassant les limites de son pouvoir disciplinaire, s'exposer à condamnation pénale pour le délit de l'article 222-33-2 du Code pénal [6].

1. Soc. 16 nov. 1993, *D.* 1994. 457, note B. Bossu ; 18 janv. 1995, *RJS* 3/95, n° 232.
2. Soc. 18 janv. 1995, *Dr. soc.* 1995. 349, note J. Savatier.
3. Soc. 4 févr. 1993, *Dr. soc.* 1993. 429, note J. Savatier.
4. Soc. 16 juin 2004, n° 02-41.795 D ; 4 avr. 2006 (licenciement disciplinaire « couronnant » une série de vexations, brimades et tourments divers) ; 22 mars 2007, n° 04-48.308 D (succession d'avertissements non fondés adressés à une salariée n'ayant fait jusqu'alors l'objet d'aucun reproche) ; 16 avr. 2008, n° 06-41.999 P (déclassement d'une salariée à l'occasion de l'entrée en vigueur d'une nouvelle classification conventionnelle des emplois, suivie, sur une courte période, de plusieurs mises en garde et de trois avertissements irréguliers). La Cour de cassation estime que l'amnistie de sanctions disciplinaires (par une loi d'amnistie) dont bénéficie un salarié, ne peut avoir pour effet de l'empêcher d'invoquer ces sanctions afin d'établir en justice qu'il a été victime de faits de harcèlement moral ou de discrimination syndicale de la part de son employeur (Cass., avis, 21 déc. 2006, *Dr. soc.* 2007. 653, obs. J. Savatier).
5. J. Savatier, obs. préc.
6. Crim. 29 janv. 2008, n° 07-80.748 D, *RJS* 2008, n° 510. V. : P. Adam, Petite balade dans le « contentieux prud'homal » du harcèlement moral, et B. Py, Le harcèlement moral et la jurisprudence pénale, *Le harcèlement moral dans l'entreprise. Cinq ans après la loi de modernisation sociale* (dir. P. Adam), *Sem. soc. Lamy* 2007, suppl. n° 1315, p. 7, 13.

TITRE 2

LES CONDITIONS DE TRAVAIL

CHAPITRE 1
LE TEMPS DE TRAVAIL

786 ***Temps et travail*** ◇ La question du temps de travail ne peut être totalement détachée de l'évolution du travail. Les organisations industrielles fordistes, « scientifiques » mettaient l'accent sur l'organisation collective du travail, les tâches étant parcellaires et monotones, organisées à des cadences imposées. L'essor des activités relationnelles et cognitives, propres au secteur tertiaire, a conduit a de nouvelles difficultés. L'intensité du travail ne se mesure plus simplement en « cadence » de travail, mais davantage en termes de pression nerveuse et d'évaluation multifactorielle. Cette évolution a eu un impact sur la délimitation des temps. Le travail posté, rythmé, est plus aisé à délimiter, à compter. Le travail intellectuel ou relationnel peut facilement se prolonger au-delà d'horaires précis.

Cette difficulté des frontières est devenu l'un des principaux enjeux de la matière. Elle a été renforcée par les moyens modernes de communication qui permettent de garder une sorte de connexion permanente entre les salariés et leurs employeurs. Elle a été favorisée par un législateur soucieux de souplesse et flexibilité. Les frontières du temps libre et du temps de travail sont ainsi devenues plus en plus poreuses. L'existence même d'un droit au temps libre, c'est-à-dire d'un droit à la déconnexion totale du travail, est aujourd'hui devenue douteuse.

787 ***La réduction du temps de travail entre santé, revendication du temps libre et lutte pour le plein emploi*** ◇ Le mouvement de réduction du temps de travail fut d'abord justifié par la nécessaire protection de la santé. Il fut ensuite porté par la revendication d'un temps d'existence hors du travail, un temps libre. Il fut enfin, dès 1936, associé à une autre idée, celle du partage du travail comme moyen de réduire le chômage.

Première grande loi du droit du travail, souvent jugée excessivement protectrice à l'époque et restée largement lettre morte en pratique, la loi du 22 mars 1841 pose les premières limitations du temps de travail. Ces limitations ne sont applicables que dans l'industrie naissante [1]. Le travail des enfants de moins de huit ans est interdit, celui des enfants de huit à douze ans est limité à huit heures par jour et enfin, celui des enfants de douze à seize ans à douze heures par jour. Le travail de nuit des enfants de moins de treize ans est en outre prohibé. La loi du 2 novembre 1892 interdit (en principe) le travail des enfants de moins de treize ans, limite à dix heures par jour le travail des enfants âgés de treize à seize ans, et à onze heures par jour le travail des enfants de seize à dix-huit ans et celui des femmes. Elle limite

1. La loi de 1841 s'applique exclusivement dans les manufactures, usines et ateliers à moteur mécanique ou à feu continu et dans toute fabrique occupant plus de vingt ouvriers réunis en atelier (L. préc., art. 1er).

aussi à soixante heures par semaine le travail des mineurs de moins de dix-huit ans et crée un droit au repos hebdomadaire pour les mineurs de dix-huit ans et pour les femmes. La loi du 13 juillet 1906 généralise le repos hebdomadaire, la loi du 21 avril 1919 limite le temps de travail à huit heures par jour et à 48 heures par semaine [1]. La crise économique des années 1930, la crainte du chômage et l'avènement du Front Populaire conduisirent à la loi du 21 juin 1936, laquelle réduit la semaine à cinq jours et limite subséquemment la durée du travail à quarante heures hebdomadaires. Ces durées de huit heures quotidienne et de quarante heures hebdomadaire sont alors des durées maximales. À ce titre, il est possible de dire que c'est au lendemain de la loi du 21 juin 1936 qu'est atteint le plus haut niveau de protection en matière de durée du travail.

Des exceptions à la durée maximale hebdomadaire de 40 heures seront vite mises en place. La loi dite des quarante heures est suspendue par le gouvernement de Vichy et n'est que partiellement rétablie à la libération : au nom des efforts nécessaires à la reconstruction, la loi du 26 février 1946 prévoit la possibilité d'accorder de larges exceptions à la durée maximale de quarante heures par semaine, sur autorisation de l'inspection du travail [2]. Cette durée devient alors progressivement un seuil au-delà duquel les heures de travail sont admises. Elles sont simplement dites « supplémentaires » et payées à un taux majoré. Limitées à vingt heures supplémentaires par semaine, elles portent la véritable durée maximale à soixante heures par semaine.

À nouveau au nom du temps libre, mais aussi sous l'influence de la crise de l'emploi à partir des années 1970 et de la nécessité d'un partage du travail, plusieurs lois vont intervenir pour réinstaurer des limitations plus strictes de la durée du travail. Elles le firent d'abord en instaurant des durées maximales plus basses [3]. Elles le firent ensuite en réduisant la durée légale du travail, au-delà de laquelle les heures dites « supplémentaires » doivent être payées à un taux majoré : passage au 39 heures par l'ordonnance du 16 janvier 1982, puis au 35 heures par les lois Aubry du 13 juin 1998 et du 19 janvier 2000.

788 ***L'essor moderne de la durée du travail*** ◊ Avec le retour de la droite au pouvoir, en 2002, les exceptions aux 35 heures hebdomadaires se multiplièrent. Le « travailler moins, pour travailler tous » des années 1998-2000 fut remplacé par le « travailler plus, pour gagner plus », slogans de l'élection présidentielle de 2007. Depuis, les efforts du législateur portent sur l'accroissement de la durée du travail. L'évolution s'est faite sans abroger formellement la durée légale de principe de 35 heures, mais en l'assortissant de tempérament et limites telles qu'elle a perdu peu à peu une bonne part de son efficacité. Des incitations ont de plus été mises en place pour favoriser l'accroissement de la durée du travail. La loi du 21 août 2007 en faveur du travail, de l'emploi et du pouvoir d'achat, dite « loi

1. D. et A. Cabanis, Histoire de la réduction du temps de travail, *in La réduction du temps de travail*, Dalloz (coll. « Thèmes et commentaires »), 1998 ; I. Leray, La réduction du temps de travail pour tous : la loi du 23 avril 1919, *in Deux siècles de droit du travail. L'histoire par les lois*, J.-P. Le Crom (dir.), Éd. de l'Atelier, 1998, p. 117.

2. Parmi les motifs acceptables, on note celui « d'accroître la production »...

3. V. déjà la L. du 18 juin 1966 (54 heures en moyenne sur douze semaines). L. du 27 déc. 1975, (52 heures par semaine et 48 heures en moyenne sur douze semaines) ; Ord. du 16 janv.1982 (10 heures par jour, 48 heures par semaine, 46 heures en moyenne sur douze semaines).

Tepa » a créé une exonération d'impôt sur le revenu pour les salaires versés au titre des heures supplémentaires et complémentaires et des incitations, sur le terrain des cotisations de sécurité sociale, à la pratique de ces heures de dépassement. La loi du 8 février 2008 pour le pouvoir d'achat a favorisé le « rachat » des jours de repos acquis au titre de la réduction du temps de travail et des repos compensateurs ou des jours de repos au titre du compte épargne-temps. Enfin, initialement destinée à inscrire dans le Code ce qui avait été convenu par les partenaires sociaux dans leur Position commune du 9 avril 2008, la loi du 20 août 2008 a été dotée, à l'initiative du Gouvernement, d'un volet inattendu [1] qui lui a valu de s'intituler « loi portant rénovation de la démocratie sociale et réforme du temps de travail ». Elle tend à favoriser un peu plus, à travers une nouvelle promotion de la négociation et d'abord de la négociation d'entreprise, la pratique des heures supplémentaires et l'annualisation de la durée du travail [2].

Il est trop tôt pour savoir si ce mouvement en faveur d'un développement de la durée du travail, sensible dans ce début de XXIe siècle, est une tendance lourde, susceptible de remettre progressivement en cause les gains du XXe siècle en matière de durée du travail. En revanche, il apparaît aujourd'hui clairement que ces protections sont aujourd'hui profondément affectées par deux autres tendances, commencées au cours des années 1980 et qui se sont depuis continuellement développées : la dérogabilité et la flexibilité.

789 ***Supplétivité et flexibilité*** ◊ Depuis les années 1980, le droit du temps de travail a subi de profondes atteintes sous l'effet de deux mouvements de grande ampleur.

Le premier est l'essor du caractère supplétif des protections en matière de temps de travail. Progressivement, la plupart des règles protectrices du droit du temps de travail sont devenues susceptibles de dérogation, en moins favorable, par convention collective. Le second est l'essor de la flexibilité, notamment par la modulation, l'astreinte ou les clauses de forfait. Du fait de ces évolutions, il n'est plus guère de temps libre qui ne puisse, d'une manière ou d'une autre, être préempté par les employeurs. Une protection minimale contre cette déstructuration des temps aurait pu être qu'au moins le salarié doive donner son accord en cas de modification de la répartition de son temps de travail sur la journée, la semaine, le mois ou l'année. Mais la jurisprudence accorde à l'employeur un large pouvoir de modification unilatérale de la répartition du temps de travail [3].

1. Malgré la vive protestation des confédérations de syndicats de salariés et, un court temps, la réticence de la présidente du Medef demandant « le respect de la position commune » avant de se féliciter de cette audace du pouvoir politique.

2. J. Barthélémy, La révolution annoncée n'aura pas lieu, *Sem. soc. Lamy* 2008, n° 1360, p. 5 ; F. Favennec-Héry, Temps de travail : une réforme dans la continuité, *JCP S* 2008. Actu. 372. Dans sa Décis. n° 2008-568 DC du 7 août 2008, le Conseil constitutionnel a déclaré contraires à la Constitution deux dispositions secondaires du texte adopté par le Parlement.

3. V. ss 623.

Flexibilité et supplétivité ont été présentées dans les premiers temps comme le moyen d'un meilleur aménagement du temps de travail, laissant plus de liberté aux salariés dans le choix de leurs horaires. Elles ont surtout permis le développement du pouvoir patronal de gérer et de préempter le temps de leurs salariés. Les conséquences produites en termes de rythme de vie des personnes, et d'atteinte aux temps consacrés au repos, à la vie familiale et à la vie publique apparaissent inquiétantes [1].

790 ***La méthode d'une destruction progressive*** ◊ L'accroissement des possibilités d'augmenter la durée du travail et, surtout les facultés d'organiser la flexibilité et la variabilité du temps de travail ont conduit à la disparition progressive des protections mises en place dans la première moitié du XXe siècle [2]. Cette évolution brutale a été rendue possible par une stratégie de petits pas répétés, laquelle s'est traduite par une accumulation frénétique de lois et de règlements. Le paroxysme a été atteint entre mai 2004 et août 2005, période qui a compté neuf lois, accompagnées d'une pluie de décrets (soit une moyenne de plus d'une loi tous les deux mois) [3]. L'année 2003 avait déjà connu trois lois sur la question (L. du 17 janv. 2003, du 1er août 2003 et du 21 août 2003). Le mouvement a été relancé après l'élection présidentielle de 2007 (v. les L. du 21 août 2007, du 16 avr. 2008 et du 20 août 2008). Mais ces dernières évolutions ayant presque achevé de détruire l'ordre public social en la matière, l'accalmie récente pourrait être durable. Et l'on en est souvent réduit à se référer au droit européen, pourtant indigent, pour les quelques protections qu'il contient encore [4].

791 ***Le temps de travail dans le Code*** ◊ La troisième partie du Code du travail regroupe « Durée du travail, salaire, intéressement, participation et épargne salariale ». En accord avec le slogan « travailler plus pour gagner plus », le temps de travail est ainsi rapproché du régime de la rémunération [5]. Dans l'ancien Code, de 1973, il était principalement inclus dans un titre relatif aux « conditions de travail », ce qui rapprochait la réglementation

1. A. Supiot, Temps de travail : pour une concordance des temps, *Dr. soc.* 1995. 947, J.-E. Ray, Naissance et avis de décès du droit à la déconnexion, *Dr. soc.* 2002. 939. V. aussi J. Freyssinet, *Le temps de travail en miettes. Vingt ans de politique de l'emploi et de négociation collective*, Éd. de l'Atelier, 1997, A. Gauvin et H. Jacot (dir.), *Temps de travail, temps sociaux*, Éd. *Liaisons soc.*, 1999.

2. Sur l'évolution de la matière, v. not. M. Grévy, Où en est le temps de travail ?, *Dr. ouvrier* 2009. 193-199.

3. L. du 4 mai 2004 ; ord. du 24 juin 2004 ; L. du 30 juin 2004 ; Ord. du 12 nov. 2004 ; L. du 18 janv. 2005, du 11 févr. 2005, du 23 févr. 2005, du 31 mars 2005 et du 2 août 2005.

4. V. not. l'important article de M. Bonnechère, Revisiter le droit positif par l'ajustement au droit européen ?, *Dr. ouvrier* 2012. 175 s. Ces quelques protections européennes sont elles-mêmes menacées, la révision à la baisse de la Dir. n° 2003/88 étant toujours à l'ordre du jour.

5. Explication plausible : durée du travail et salaire entretiennent un lien plus étroit que jamais, d'autant plus que l'art. 1er de la loi du 19 janv. 1978 sur la mensualisation a été transféré dans le Code (C. trav., art. L. 3242-1). (A. Fabre, Le temps de travail, « À la découverte du nouveau Code », *RDT* 2008. 73).

du temps de travail de la recherche de la qualité de la vie professionnelle et de la santé. Quoique dépourvu d'effet en droit positif, ce déplacement est symptomatique de l'évolution du droit et des mentalités.

Trois grandes questions divisent le droit du temps de travail : la durée du travail (Chap. 1), la répartition de cette durée au sein de la journée, de la semaine, de l'année (Chap. 2), et la garantie de temps de repos et de congés (Chap. 3).

SECTION 1. **LA DURÉE DE TRAVAIL**

792 Dans l'exercice de son pouvoir de direction, l'employeur fixe et modifie le temps de travail, et d'abord sa durée, après consultation du comité d'entreprise s'il existe (C. trav., art. L. 2323-29) [1]. Son pouvoir est toutefois borné par les contrats individuels de travail et par diverses *normes de durée du travail* qu'impose le Code (1). C'est par rapport à elles, et dans la mesure qu'elles autorisent, que peuvent être pratiquées des *heures supplémentaires* ou conclues des *conventions de forfait* (2), qui représentent deux manières de franchir de ces limites.

§ 1. **Les normes de durée du travail**

793 ***Des dispositions à ample champ d'application*** ◊ Le législateur a fixé une durée légale qu'il n'interdit pas de dépasser mais dont il limite en bonne logique le dépassement en imposant des durées maximales (§ 1). Ces limitations mesurent le temps de travail. Mais, pour être compté et payé, encore faut-il que le temps soit qualifié de « temps de travail ». Or cette qualification ne tombe pas sous le sens : le temps de travail n'est pas exactement celui pendant lequel le salarié se trouve dans les locaux de l'entreprise, ni celui pendant lequel il est juridiquement disponible pour son employeur (§ 2).

Les dispositions du Code relatives à la durée du travail, aux repos et congés s'appliquent « aux employeurs de droit privé ainsi qu'à leurs salariés », quelle que soit la forme juridique de l'employeur personne morale, et aux établissements publics industriels et commerciaux (C. trav., art. L. 3111-1) [2]. Des dispositions analogues s'appliquent dans les professions agricoles (L. du 19 janv. 2000, art. 33 modifiant le C. rur.). Certains salariés sont soustraits à l'application de nombre de ces règles, soit en

1. La modification de la durée du travail peut affecter le contrat du ou des salariés (v. ss 622).

2. Sauf quelques exceptions d'importance (SNCF, RATP, transports publics urbains, qui relèvent toujours d'un « acte dit loi » de 1940, que n'a pas abrogé la loi d'orientation des transports intérieurs de 1982). Le régime du Code s'applique, en revanche, au salarié lié par un contrat emploi-jeune (contrat de droit privé, conclu pour la durée légale du travail : C. trav., art. L. 5134-9 s.) à une collectivité territoriale (Soc. 22 févr. 2006, *Bull. civ.* V, n° 82).

vertu des dispositions particulières les concernant [1], soit parce qu'ils ne travaillent pas dans une entreprise ou un établissement [2].

Il faut surtout souligner que les *cadres dirigeants* échappent à la majeure partie des dispositions de ce livre Ier : durée du travail, mais aussi repos quotidien et hebdomadaire, jours fériés. L'article L. 3111-2, qui reprend un article (C. trav., art. L. 212-15-1) introduit par la « loi Aubry II » du 19 janvier 2000, circonscrit cette catégorie de salariés en retenant trois critères cumulatifs : 1/ les responsabilités qui leur sont confiées par l'employeur revêtent une importance supposant une grande indépendance dans l'organisation de leur emploi du temps [3] ; 2/ ils sont habilités à prendre des décisions de façon « largement autonome » ; 3/ ils perçoivent une rémunération « se situant dans les niveaux les plus élevés des systèmes de rémunération pratiqués dans leur entreprise ou établissement ». Cette catégorie n'accueille qu'un nombre restreint de salariés, qui, liés par un contrat de travail exempt de fraude, participent à la direction de l'entreprise [4]. Elle devrait être plus étroite que celle de salariés électeurs employeurs aux prud'hommes (C. trav., art. L. 1441-4, 2°) : une délégation d'autorité sur un service, un département, un établissement, ne devrait pas suffire. Pour peu que ces différentes conditions soient remplies, la Cour de cassation a pu admettre la qualification de cadre dirigeant pour des salariés de relativement petites entreprises, aux rémunérations relativement modestes et qui ne se situent même pas aux niveaux les plus élevés des conventions de branches applicables, même s'ils sont « dans les niveaux les plus élevés... » de l'entreprise [5]. Cette solution apparaît critiquable, eu égard à la gravité de cette qualification et à l'idée même de cadre dirigeant, laquelle devrait supposer un certain niveau social dans l'absolu et non pas seulement un certain niveau relatif, dans l'entreprise.

La définition des « cadres dirigeants » retenue par une convention collective ne saurait lier le juge car on ne se trouve pas dans un domaine ouvert à la dérogation conventionnelle [6].

---

1. Concierges et employés d'immeubles à usage d'habitation (C. trav., art. L. 7211-1) ; employés de maison (C. trav., art. L. 7221-2), dont la convention collective nationale limite cependant le temps de travail (v. : Soc. 4 juin 1998, *Dr. soc.* 1998. 837, obs. J. Savatier).

2. Voyageurs, représentants ou placiers (VRP) selon les circulaires ministérielles de 1998 et de 2000 (v., F. Morel, préc., p. 21). Ce que certains jugent contestable vu les art. L. 7311-1 C. trav., et l'est plus encore compte tenu de la généralité des termes de l'art. L. 3111-1 C. trav. (et de l'art. L. 3121-10 C. trav. fixant la durée légale).

3. Pour un refus de qualification de cadre dirigeant au motif de l'existence d'horaires imposés au salarié, v. Soc. 27 mars 2013, n° 11-19.734 P, *RDT* 2013.492, note V. Pontif.

4. Sur la nécessité d'une participation effective à la direction de l'entreprise, v. Soc. 31 janv. 2012, n° 10-24.412 P, *Dr. soc.* 2012. 422, obs. S. Tournaux ; *Sem. soc. Lamy* 2012, n° 1525, p. 10, obs. F. Champeaux ; *RDT* 2012. 500, obs. S. Amalric ; Soc. 26 nov. 2013, 12-21.758 P.

5. Soc. 30 nov. 2011, n° 09-67.798 P, à propos d'un salarié qui dirigeait en fait, sans compter ses heures, l'entreprise, laquelle était à la fois un garage et un loueur de Taxi. Peu importait que ce salarié n'ait pas été classé dans les niveaux les plus élevés de la convention collective applicable.

6. Le juge appelé à se prononcer sur cette qualification doit examiner la situation réelle du salarié au regard des critères cumulatifs (Soc. 16 mai 2007, *JCP S* 2007. 1567, note J.-Ph. Lhernould ; *RDT* 2007. 535, obs. H. Tissandier). Pour la reconnaissance de cette qualité : Soc. 16 nov. 2005, *RJS* 4/06, n° 453 ; 10 mai 2006, n° 04-47.772 D.

A. Durée légale et durées maximales du travail

794 ***La durée légale : de l'institution à l'instrument*** [1] ◊ « La durée légale du travail effectif des salariés est fixée à trente-cinq heures par semaine civile », énonce aujourd'hui l'article L. 3121-10 du Code du travail. Cette semaine civile débute le lundi à 0 heure et se termine le dimanche à 24 heures. Mais qu'un accord d'entreprise ou d'établissement peut en décider autrement (par exemple la faire débuter le dimanche à 0 heure et s'achever le samedi à minuit) [2]. Créée par la loi du 21 juin 1936 comme une limitation effective du temps que le salarié consacre chaque semaine au travail, la durée légale (40 heures à l'époque) a constitué, jusqu'à ces dernières années (en passant à 39 heures en 1982, puis à 35 heures en 2000-2002), une institution emblématique du droit français du travail, même si elle avait assez tôt cessé d'être une limite infranchissable [3]. Désormais, elle n'est qu'un instrument de mesure, une référence pour diverses règles juridiques agençant des dépassements, des réductions, des aménagements.

La *durée effective* du travail d'un salarié au service de son employeur peut légalement excéder 35 heures avec la pratique des heures supplémentaires [4], heures de récupération et heures d'équivalence [5]. En sens inverse, le salarié (à temps plein) ne peut prétendre travailler 35 heures au minimum au cours de la semaine ou, au moins, percevoir le salaire correspondant à cette durée. L'employeur a la faculté d'organiser temporairement du chômage partiel, sans que les salariés puissent en principe prétendre que leur contrat de travail se trouve modifié [6]. Des horaires de travail à temps partiel peuvent être instaurés dans certaines conditions [7], et c'est par rapport à la durée légale ou à ses succédanés qu'est identifié le temps partiel (C. trav., art. L. 3123-1) [8]. Cette nature d'instrument apparaît clairement lorsqu'un aménagement conventionnel du temps de travail transforme les 35 heures en simple moyenne hebdomadaire sur une période de plusieurs semaines ou d'une année [9].

Les articles L. 3121-52 et suivants (reprenant l'essentiel de l'art. L. 212-2 C. trav.) renvoient à des *décrets en Conseil d'État* la fixation des

1. Faut-il abroger la durée légale du travail ? Controverse, par F. Favennec-Héry et M. Miné, *RDT* 2008. 282.

2. C. trav., art. L. 3122-1 mod. par L. du 20 août 2008.

3. A. Jeammaud, La notion de durée légale du travail, *Dr. soc.* 1981. 441.

4. La recodification a (involontairement ?) pris acte de ce déclassement en transférant la disposition instituant une durée légale de la tête du chapitre « Durée du travail » à celle d'une section intitulée « Durée légale et heures supplémentaires ».

5. V. ss 812.

6. Soc. 18 juin 1996, *Dr. soc.* 1996. 978, obs. H. Blaise ; 9 mars 1999, *ibid.* 1999. 630, obs. P.-H. Antonmattei.

7. V. ss 255.

8. En revanche, la durée du travail dans cette autre forme de travail à temps nécessairement partiel qu'est le travail intermittent, dont le régime voisine avec celui du travail à temps partiel proprement dit (C. trav., art. L. 3123-31 s.), est sans lien avec la durée légale.

9. V. ss 821 s.

modalités d'application de certaines dispositions législatives, dont l'article L. 3121-10. L'article L. 3122-46 ajoute que ces décrets déterminent également les modalités d'application des dispositions légales relatives à la répartition et à l'aménagement du temps de travail. En fait, comme sous l'empire des textes de 1982, les décrets pris pour l'application de la « loi des 40 heures » de 1936 demeurent applicables pour la plupart des branches ou professions dans toutes leurs dispositions non contraires aux règles aujourd'hui en vigueur. Des décrets n'ont été adoptés depuis 1982 que pour quelques branches [1].

795 ***Les durées maximales*** ◇ Le nouveau Code présente la règle imposant un temps de pause dans la journée de travail comme source d'une durée maximale, ce qu'elle ne paraît pas être [2]. Il recèle deux véritables normes de ce type.

a) La *durée quotidienne maximale* de travail par salarié ne peut excéder *dix heures* (art. L. 3121-34). Elle ne se confond pas avec *l'amplitude* de la journée de travail, qui s'entend du nombre d'heures comprises entre le début et la fin du travail, en incluant les temps de repos [3]. La durée du travail maximale quotidienne est ramenée à huit heures pour les apprentis et les jeunes travailleurs de moins de dix-huit ans (C. trav., art. L. 6622-25, L. 3162-1). Elle peut, en revanche, être portée à douze heures par une convention ou un accord collectif étendu ou un accord d'entreprise ou d'établissement (art. D. 3121-19), et un dépassement peut être autorisé par dérogation accordée par l'inspecteur du travail en raison d'un surcroît temporaire d'activité (C. trav., art. D. 3121-15 s.).

b) La *durée hebdomadaire maximale* a deux visages (C. trav., art. L. 3121-35 s.). Au cours d'une même semaine, la durée du travail ne peut, heures supplémentaires comprises, dépasser *48 heures*. Mais la *durée moyenne* hebdomadaire calculée sur une période de douze semaines consécutives ne peut dépasser *44 heures*. Il peut être dérogé à l'une et l'autre de ces limites sans que la durée du travail puisse jamais, même en cas de circonstances exceptionnelles, excéder *60 heures* par semaine (C. trav., art. L. 3121-36).

Ces maxima s'appliquent en cas de pluri-activité salariée (exécution simultanée de contrats de travail liant à différents employeurs, C. trav., art. L. 8261-1) [4].

---

1. V. : F. Morel, préc., Annexe III, p. 357.

2. Elle concerne la répartition journalière du temps de travail (v. ss *797*, 835).

3. L'amplitude de la journée de travail maximale est calculée en retranchant la durée minimale de repos quotidien à 24 h. Cette durée minimale étant en principe de 11 h consécutives (C. trav., art. L. 3131-1), l'amplitude maximum ne peut dépasser 13 heures (Soc. 18 déc. 2001, 99-43.351 P, *RJS* 3/02, n° 294, *Dr. soc.* 2002. 353, obs. J. Barthélémy ; Soc. 23 sept. 2009, *APEI*, n° 07-44.226 P). v. ss 7.

4. Un salarié ne peut, par exemple, travailler 50 heures par semaine au motif qu'il cumule deux emplois et travaille (serait-ce à temps partiel) pour deux employeurs. Quelques exceptions sont prévues par l'art. L. 8261-3 C. trav. Sur le licenciement d'un salarié dont la durée totale de travail hebdomadaire excède le maximum en raison d'un cumul de contrats : Soc. 4 juin 1998, *Dr. soc.* 1998. 837, obs. J. Savatier ; Versailles, 23 mars 2000, *RJS* 6/00, n° 694.

B. Notion de temps de travail

796 Le temps limité par la durée légale ou mesuré à partir d'elle, et limité par les durées maximales, est le *temps de travail effectif.* L'article L. 3121-10 le précise. Mais le contrat de travail peut assujettir le salarié au-delà de ce temps, moyennant des compensations inférieures à la contrepartie du temps de travail qu'est le salaire, par le procédé des *astreintes* [1].

797 ***Le temps de travail effectif*** ◊ Aux termes de l'article L. 3121-1, « la durée du travail effectif est le temps pendant lequel le salarié est *à la disposition de l'employeur* et *se conforme à ses directives sans pouvoir vaquer librement à des occupations personnelles* ». Cette définition [2] est inspirée d'arrêts de la Cour de cassation contemporains de la discussion de la « loi Aubry I » qui l'a introduite sur amendement parlementaire entendant « transcrire la jurisprudence » [3].

Le législateur est intervenu pour préciser l'application de cette règle.

Il a ainsi pu affirmer l'assimilation à du temps de travail du temps dont la nature aurait pu être douteuse. Toute action de formation suivie par le salarié pour assurer l'adaptation au poste de travail constitue alors, selon l'article L. 6321-2, un temps de travail effectif [4].

D'autres règles sont intervenues pour simplement rappeler l'application de la règle générale à certains temps particulier. Ainsi, le temps nécessaire à la restauration et les temps consacrés aux pauses (« arrêts de travail de courte durée sur le lieu de travail ou à proximité » [5]) sont considérés comme du temps de travail effectif lorsque les critères de qualification de l'article L. 3121-1 sont réunis [6]. C'est l'hypothèse dans laquelle les salariés restent à la disposition de l'employeur, prêts à intervenir [7].

1. J.-Ph. Lhernould, La notion de temps de travail en quête de nouveaux repères, *RJS* 12/04, p. 871.
2. Conception en harmonie avec la logique du travail au temps, préférée à une conception « productiviste » du temps de travail productif (A. Johansson, *La détermination du temps de travail effectif*, LGDJ, 2006 ; Le temps de travail effectif : temps productif ou temps « à disposition » ?, *D.* 2006. Chron. 1711) ; O.-L. Bouvier, La notion de temps de travail effectif : évolutions en droit interne et en droit communautaire, *RJS* 11/05.
3. V. : Soc. 28 oct. 1997, *Dr. soc.* 1998. 15, note J. Savatier ; 7 avr. 1998, *ibid.* 530, note G. Bélier ; 3 juin 1998, *ibid.* 744, note A. Jeammaud ; 9 mars 1999, *Bull. civ.* V, n° 1004 ; *Grands arrêts*, n° 58.
4. Le salarié doit donc percevoir, pour les heures consacrées à cette formation, l'intégralité de sa rémunération (Soc. 20 juin 2007, n° 05-44.715 D). Pour l'interprétation compréhensive de la notion d'« adaptation au poste de travail », v. : Soc. 11 juill. 2007, n° 06-11.164 P, *Sem. soc. Lamy* 2007, n° 1319, p. 12, comm. F. Lefrançois. V. aussi les art. L. 6321-3, L. 6321-6 C. trav. sur les actions de formation liées à l'évolution des emplois et sur celles ayant pour objet le développement des compétences des salariés.
5. Soc. 1er avr. 2003, *Dr. soc.* 2003. 651, obs. Ph. Waquet ; *Grands arrêts*, n° 61.
6. P. Flores, Une définition plus précise du temps de pause, *Sem. soc. Lamy* 2013, n° 1575, p. 11.
7. Ex., Soc. 10 mars 1998, *Dr. soc.* 1998. 494, obs. J. Barthélémy ; 4 janv. 2000, *ibid.* 2000. 439, obs. J. Barthélémy ; 2 avr. 2003, *Dr. soc.* 2003. 652, obs. P. Waquet ; 12 oct. 2004, *Atofina*, n° 03-44.084 P, *Dr. ouvrier* 2005. 180, note A. Johansson (local vitré permettant la surveillance des machines pour intervenir en cas d'alerte) ; 23 mars 2007, n° 05-45.127 D ; 20 févr. 2013, n° 11-26.401 P. Pour des cas dans lesquels les salariés ne sont pas dérangés pendant leur pause, ce qui exclut la qualification de temps de travail effectif : Soc. 23 mars 2007,

L'article L. 3121-2 précise que, même s'ils ne constituent pas des temps de travail, ces temps peuvent être rémunérés en vertu d'une disposition conventionnelle ou d'une clause du contrat de travail. Apparemment superflue, cette précision renforce une interprétation : qu'un temps de restauration ou de pause soit rémunéré n'en fait pas un temps de travail effectif [1]. La rémunération versée pour les temps pauses n'est pas alors une rémunération versée en contrepartie du travail et, comme telle, elle n'entre pas dans l'assiette du SMIC [2]. En revanche, une norme professionnelle exprès en ce sens pourrait assimiler à du temps de travail effectif des périodes qui ne mériteraient pas cette qualification en vertu de la loi.

Le législateur est aussi intervenu, à l'occasion ou à la suite du passage au 35 heures, pour exclure certains temps de la qualification de temps de travail, alors que, selon la définition générale ils auraient pu en faire partie. Il en va ainsi des temps d'habillage et déshabillage et de certains temps de déplacement.

Le *temps d'habillage et de déshabillage* sont ainsi exclus expressément. Ils doivent simplement donner lieu à des contreparties lorsque le port d'une tenue de travail est imposé au salarié et que les opérations d'habillage et déshabillage doivent s'effectuer dans les locaux de l'entreprise ou sur le lieu de travail (C. trav., art. L. 3121-3). Ces deux conditions sont cumulatives [3]. La Cour de cassation considère ainsi que, même si l'habillage et le déshabillage ont lieu dans les locaux de l'entreprise, aucune contrepartie n'est due lorsque l'employeur autorise l'habillage et le déshabillage au domicile du salarié. Toutefois, lorsque l'habillage sur le lieu de travail s'impose pour des raisons d'hygiène ou de sécurité, la contrepartie est due, même si formellement l'employeur avait autorisé les salariés à conserver leurs tenues jusqu'à leur domicile [4].

Lorsqu'elles sont dues, les contreparties financières ou sous forme de rcpos doivent être fixées par accord collectif ou à défaut par le contrat de travail, et ce contrat ou une norme professionnelle peut bien entendu

---

RDT 2007. 532, obs. M. Véricel ; 21 mars 2012, n° 10-27.425 P. Mais la pause-temps de repos « n'est pas incompatible avec des interventions éventuelles et exceptionnelles demandées durant cette période (...) en cas de nécessité, notamment pour des motifs de sécurité » (Soc. 1er avr. 2003, préc. ; 16 mai 2007, n° 05-42.639 D). La brièveté de la pause et le fait que les salariés ne puissent quitter l'établissement ne suffisent pas pour considérer que la durée de cette pause constitue du temps de travail effectif (Soc. 5 avr. 2006, *Bull. civ.* V, n° 142) ; pas davantage le fait que le salarié soit astreint au port de sa tenue de travail durant cette pause (Soc. 30 mai 2007, n° 05-44.396 D).

1. Soc. 30 mars 1994, *Dr. soc.* 1994. 558 ; 21 mars 2012, n° 10-27.425 P.

2. Soc. 21 mars 2012, préc.

3. V. not. Soc. 26 mars 2008, 05-41.476 P, *Dr. ouvrier* 2008. 499, note. N. Bizot et A. Mazières ; *RJS* 5/08, n° 550, avis S. Petit, p. 338 ; Cass., ass. plén., 18 nov. 2011, n° 10-16.491, *D.* 2011. 2875 ; *ibid.* 2012. 901, obs. P. Lokiec et J. Porta, *Dr. ouvrier* 2012. 236, note. S. Günel ; *Dr. soc.* 2012. 307, obs. A. Johansson ; *RDT* 2012. 104, obs. ciritique M. Véricel ; *JCP S* 2011, n° 51, p. 56, obs. M. Morand.

4. Soc. 31 oct. 2007, *RDT* 2008. 42, obs. C. Vigneau ; *JCP S* 2008, n° 1029, note C. Lefranc-Hamoniaux ; *D.* 2008. Pan. 443, obs. C. Wolmark ; 11 juill. 2012, n° 11-21.192, *RDT* 2013. 705 note L. Bento de Carvalho ; 21 nov. 2012, n° 11-15.696, *RDT* 2013. 114, obs. V. Pontif.

assimiler ce temps à du temps de travail effectif [1]. Si aucune de ces sources normatives ne fixe de contrepartie, il appartient au juge de la fixer [2]. Mais celui-ci ne peut alors l'assimiler à du temps de travail effectif.

Le *temps du déplacement* entre le domicile et le lieu de travail n'est pas un temps de travail. Cette solution de principe, rappelée par l'article L. 3121-4 alinéa 1er, est ancienne et logique. Le temps de trajet est bien un temps contraint par l'emploi, mais sa durée dépend du choix du lieu du domicile, et ce choix est une liberté du salarié Cependant, si l'employeur modifie unilatéralement le lieu de travail et allonge le temps habituel de trajet, le supplément par rapport au trajet normal aurait dû être considéré comme l'exécution d'une directive de l'employeur et, partant comme un temps de travail effectif. Le législateur est intervenu pour exclure cette qualification. Ce temps supplémentaire, anormal, doit simplement faire l'objet d'une contrepartie soit sous forme de repos, soit financière [3]. Dans ce cas, le temps de déplacement ne semblait pas pour autant assimilé à du temps de travail effectif. Cette solution semble toutefois remise en cause par la jurisprudence [4].

Lorsque le salarié se déplace, au cours d'une journée de travail, pour aller d'un lieu de travail à un autre, ce temps de déplacement n'est pas visé par l'article L. 3121-4. Il doit être considéré comme un temps de travail effectif puisque le salarié est à la disposition de l'employeur et ne peut vaquer à des occupations personnelles [5]. Il sera rémunéré comme temps de travail et pris en compte pour le calcul des heures supplémentaires et des durées maximales du travail [6].

L'article L. 3124 ne concerne pas non plus le temps de déplacement du salarié au sein de l'entreprise pour se rendre à son poste de travail. Ce temps, qui peut par exemple séparer des vestiaires à une pointeuse, est un temps d'exécution des directives de l'employeur. Comme tel, il aurait mérité la qualification de temps de travail. La Cour de cassation est toutefois hésitante à ce sujet. Elle accepte parfois la qualification de temps de travail [7], mais le plus souvent elle la refuse [8].

---

1. Si l'employeur prétend avoir rémunéré ces temps comme du temps de travail effectif, il lui incombe d'en rapporter la preuve (Soc. 12 juill. 2006, *Bull. civ.* V, n° 264 ; *RDT* 2007. 115, obs. M. Véricel).

2. Soc. 16 janv. 2008, n° 06-42.983 P, *D.* 2008. AJ. 359.

3. C. trav., art. L. 3121-4, al. 2. La nature et le montant de cette contrepartie sont déterminés par accord collectif ou, à défaut, par décision de l'employeur après consultation du comité d'entreprise ou les délégués du personnel s'ils existent. À défaut, il est fixé par le juge, sans que celui-ci puisse le rémunérer à l'égal d'un temps de travail effectif (Soc. 14 nov. 2012, n° 11.18.571 P, *RDT* 2013. 343, obs.M. Véricel).

4. En ce sens, v. Soc. 15 mai 2013, n°11-28749 P, *RDT* 2013, 569, note M. Véricel. L'alinéa second de l'article L. 3121-4 s'interpréterait alors comme faisant exception à l'alinéa 1, lequel refuse la qualification de temps de travail au temps de trajet.

5. Soc. 31 janv. 2012, n° 10-28.573

6. Soc. 12 janv. 2005, n° 02-47.505 D.

7. Soc. 13 juill. 2004, *Bull. civ.* V, n° 205, *Dr. ouvrier* 2005. 1, note E. Dockès ; *Dr. soc.* 2004. 1025, obs. B. Gauriau.

8. Soc. 16 juin 2004, *Dr. soc.* 2004. 1023, obs. C. Radé ; 27 sept. 2006, *JCP S* 2006 n° 1916, note D. Asquinazi-Bailleux ; 10 oct. 2007, *RDT* 2008. 187, obs. M. Véricel ; 31 oct. 2007, *RDT* 2008. 42, obs. C. Vigneau, *JCP S* 2008, n° 1029, note C. Lefranc-Hamoniaux ; *D.* 2008. Pan. 443, obs. C. Wolmark. La motivation de ce refus apparaît peu convaincante.

798 ***Les astreintes*** ◊ La loi du 19 janvier 2000 a donné de l'astreinte une définition désormais placée à l'article L. 3121-5 : « période pendant laquelle le salarié, sans être à la disposition permanente et immédiate de l'employeur, *a l'obligation de demeurer à son domicile ou à proximité afin d'être en mesure d'intervenir pour effectuer un travail au service de l'entreprise* ». Un second alinéa précise, pour le cas où un doute s'élèverait, que « la durée de cette intervention est considérée comme un temps de travail effectif ». Ainsi ressort le caractère original de l'astreinte : le salarié n'est pas à la disposition immédiate de l'employeur, mais il n'est pas non plus totalement libre vis-à-vis de celui-ci ; il est obligé de demeurer à son domicile et de répondre sans tarder à une demande éventuelle d'intervention dans l'entreprise [1].

La jurisprudence nationale a interprété littéralement la disposition légale. Il n'y a astreinte que lorsque le salarié est obligé de demeurer à son domicile ou à proximité [2]. S'il est tenu de rester dans les locaux indiqués par l'employeur, lieu de travail ou appartement situé à proximité de celui-ci, il a semblé un temps qu'il devait systématiquement être considéré comme en temps de travail effectif même s'il était seulement disponible pour répondre à une éventuelle demande d'intervention. Il suffisait de démontrer que le lieu où le salarié était astreint, dans l'entreprise ou à proximité, et que ce lieu n'était pas le véritable (et unique) domicile du salarié [3]. Cette jurisprudence s'est depuis peu à peu édulcorée, jusqu'à multiplier les cas dans lesquels les salariés peuvent être astreint dans l'entreprise, même en dehors de leur domicile [4]. Pareil glissement, qui ouvre la porte à un enchaînement de la personne aux locaux de son entreprise en quasi permanence apparaît à la fois effarant, contraire au droit européen [5] et contraire au droit à la vie personnelle des salariés.

---

1. T. Tauran, Le salarié et les périodes d'astreinte, *JCP S* 2008. Étude 1028.
2. Ex. : Soc. 31 mai 2006, *Bull. civ.* V, n° 197 ; 7 févr. 2008, n° 05-942 D.
3. Soc. 4 mai 1999, *Dr. soc.* 1999. 730, obs. B. Gauriau, *Grands arrêts*, n° 59 ; 2 avr. 2003, *Bull. civ.* V, n° 131 ; 20 sept. 2005 et 31 janv. 2006 (2 arrêts), *RDT* 2006. 34, obs. M. Véricel ; 26 mars 2008, *RJS* 5/08, n° 549 ; *ibid.* 400, rapp. H. Gosselin ; *JCP S* 2008. 1394, note F. Dumont ; Soc. 8 juin 2011, n° 09-70.324, *D.* 2011. 1692 ; *RDSS* 2011. 1162, obs. P. Lokiec ; 20 févr. 2013, n° 11-26.401 P. Soc. 20 févr. 2013 n° 11-26.401 P, qui affirme de manière péremptoire : « constitue un travail effectif, le temps pendant lequel le salarié est tenu de rester sur le lieu de travail dans des locaux déterminés imposés par l'employeur, peu important les conditions d'occupation de tels locaux, afin de répondre à toute nécessité d'intervention sans pouvoir vaquer librement à des occupations personnelles ».
4. Soc. 15 oct. 2013, n° 12-19.807 P (garagiste vivant dans le garage et restant à la disposition des clients jour et nuit : cassation de la décision d'appel qui requalifiait le temps d'astreinte en temps de travail effectif). *Adde.* v. Soc. 30 juin 2010, n° 09-40.082 ; 5 avr. 2012, n° 11-11.283 ; 27 juin 2012, n° 11-13.342, arrêts non publiés qui considèrent comme d'astreinte et non comme en temps de travail effectif des salariés d'hôtels restant la nuit dans une chambre de l'hôtel et susceptibles d'être réveillés à tout moment pour satisfaire un client. Ces chambres sont loin du « domicile » de la définition légale de l'astreinte et ces solutions sont directement contraires aux arrêts cités dans la note précédente…
5. CJCE 9 sept. 2003, *Jaeger*, *Dr. soc.* 2004. 142, note F. Morel : un service de garde qu'un médecin effectue selon le régime de la présence physique à l'hôpital est un temps de travail au

Les astreintes sont instaurées (« mises en place ») par convention ou accord collectif étendu ou par accord d'entreprise ou d'établissement. À défaut leur instauration peut être décidée par l'employeur après information et consultation du comité d'entreprise, ou à défaut des délégués du personnel, et information de l'inspecteur du travail [1].

Pour ce qui est des contreparties, le régime de l'astreinte repose sur la distinction entre le temps d'attente, pendant lequel le salarié se tient disponible pour répondre à une demande d'intervention, et le temps consacré à l'intervention ou aux interventions demandées. Le *temps d'attente* n'est pas un temps de travail effectif. Il s'agit tout de même temps où le salarié reste à la disposition de l'employeur. C'est pourquoi la Cour de cassation a décidé qu'il ne s'agissait pas d'un temps de repos [2]. Le législateur français a tenté de contredire cette solution [3]. Ce qui a conduit la France à être fermement condamnée par le Comité européen des droits sociaux du Conseil de l'Europe [4]. Cette contrariété de la loi française à la Charte sociale européenne pourrait bien être invoquée par la Cour de cassation pour maintenir sa jurisprudence [5].

Ce temps d'attente doit, en toutes hypothèses, donner lieu à une compensation financière ou à une compensation en repos, fixée par l'accord ou l'acte unilatéral qui organise ce système d'astreinte (C. trav., art. L. 3121-7). Une contrepartie dérisoire serait assimilée à une absence de contrepartie. En l'absence de contrepartie contractuelle ou conventionnelle, il appartient aux juges du fond d'évaluer souverainement le montant de la contrepartie due [6].

Le *temps d'intervention* est un temps de travail effectif. Il doit donc être rémunéré et il interrompt le temps de repos quotidien ou hebdomadaire. Le repos de onze heures consécutives, pour le repos quotidien, et de

---

sens de la directive, alors même que l'intéressé est autorisé à se reposer sur place lorsque ses services ne sont pas sollicités. V. aussi CJCE 3 oct. 2000, aff. C-303/98, *Dr. soc.* 2001. 76, note J. Barthélémy.

1. Si l'astreinte est instaurée par accord collectif, le salarié est tenu de s'y soumettre. Lorsqu'elle est instaurée par une décision unilatérale de l'employeur, il reste en droit de la refuser. (Soc. 13 févr. 2002, *RJS* 5/02, n° 570).

2. Soc. 4 mai 1999, *Dinoto*, *Bull. civ.* V, n° 187 ; *Grands arrêts*, n° 59 ; 10 juill. 2002, *D.* 2003. 935, note G. Vachet ; *ibid.* 2002. Somm. 3110, obs. T. Aubert-Monpeyssen ; *Grands arrêts*, n° 60. V. : Ph. Waquet, Le temps de repos, *Dr. soc.* 2000. 288 ; J.-E. Ray, Naissance et avis de décès du droit à la déconnexion, *Dr. soc.* 2002. 939.

3. C. trav., art. L. 3121-6, issu de la loi « Fillon » du 17 janv. 2003.

4. V. not. les décision du Comité européen des droits sociaux du 7 déc. 2004, (réclam. n° 22/2003, *CGT c/ la France* et du 23 juin 2010, (réclam. n° 55/2009), disponibles sur www.coe.int. Sur ces condamnations, v. J. Ph. Lhernould, *RJS* 7/05, p. 511 ; M. Miné, Le droit du temps de travail à la lumière de la Charte sociale européenne, *Sem. soc. Lamy* 2011, n° 1475, p. 7 ; J.-F. Akandji-Kombe, Réflexions sur l'efficacité de la Charte sociale européenne : à propos de la décision du Comité européen des droits sociaux du 23 juin 2010, *RDT* 2011. 233.

5. Pour une influence exercée parla charte sociale européenne, v. Soc. 14 avr. 2010, n°s 09-60.426 et 09-60.429 P. *Adde*, v. ss 34.

6. Pour une contrepartie fixée au niveau du salaire horaire normal par la cour d'appel et un rejet du pourvoi formé contre cet arrêt, v. Soc. 10 mars 2004, *Bull. civ.* V, n° 77.

trente-cinq heures consécutives pour le repos hebdomadaire doit être intégralement donné à compter de la fin de l'intervention [1]. Le temps de déplacement pour une intervention fait partie intégrante de celle-ci et doit être rémunéré comme un temps de travail effectif [2].

C. Preuve des heures effectuées

799 ***Contrôles*** ◊ L'existence de limites de durée et leur incidence sur le régime du temps travaillé commandent que les salariés soient clairement informés des horaires de travail auxquels ils sont soumis et des heures qu'ils ont effectuées. L'inspecteur du travail doit, pour sa part, pouvoir exercer un contrôle. Parmi les dispositions relatives au contrôle de la durée du travail et des repos, regroupées dans un titre final du livre Ier, les articles L. 3171-1 et suivants, complétés par les articles D. 3171-1 et suivants, prescrivent la tenue de différents documents et l'affichage de l'horaire du travail. L'article L. 3171-4, alinéa 3 précise que si le décompte des heures effectuées par chaque salarié est assuré par un système d'enregistrement automatique (pointeuse, badgeuse, horodateur, etc.), celui-ci doit être fiable et infalsifiable. Il s'agit en effet de prévenir les différends ou, au moins, d'assurer des moyens de preuve. Il faut cependant vérifier que le contrôle automatique des salariés n'est pas invasif au point d'être attentatoire aux droits et libertés [3].

800 ***Charge et risque de la preuve*** ◊ En cas de litige relatif à l'existence ou au nombre d'heures de travail effectuées, l'employeur doit fournir au juge (prud'homal) les éléments de nature à justifier les horaires « effectivement réalisés » par le salarié. Ce juge forme sa conviction au vu de ces éléments, de ceux fournis par le salarié et après d'éventuelles mesures d'instruction (C. trav., art. L. 3171-4). En pratique, ces règles trouvent

1. Circ. DRT n° 6 du 14 avr. 2003, *Légis. soc.* A2, n° 8384 du 25 avr. 2003. Le temps de repos minimal doit aussi avoir été accordé avant que l'intervention ne l'interrompe. Ces règles limitent l'impact possible de l'intervention du législateur visant à transformer les temps d'astreinte en temps de repos. Cette assimilation permettrait de placer un salarié en temps d'astreinte pendant ses périodes de repos minimales, de 11 heures quotidiennes et de 35 heures hebdomadaires. Mais attention, si d'aventure l'employeur s'avise d'appeler le salarié pendant une telle période pour le faire travailler, il interrompt son repos, son repos minimal. En d'autres termes, appeler le salarié d'astreinte pendant sa période de repos minimal revient à violer la période de repos minimal... Ce qui est illégal. Le législateur entend permettre de placer en astreinte pendant le repos minimal, mais il n'a pas donné la faculté de faire travailler pendant le repos minimal... L'astreinte en cours de repos minimal, si elle devait être admise, ne pourrait donc qu'être une astreinte utilisée dans les cas, très limités, où une atteinte au temps de repos est autorisée (not. en cas de sauvetage ou d'accidents imminents, art. L. 3132-4 C. trav. ou en cas de travaux urgents tels que définis par l'art. D. 3131-5 C. trav.).

2. Soc. 31 oct. 2007, n° 06-43.834 P, *RDT* 2008. 41, obs. M. Véricel.

3. Soc. 3 nov. 2011, n° 10-18.036, *Sem. soc. Lamy* 2011, n° 1518, obs. P. Flores ; *Dr. ouvrier* 2011. 153, note. S. Baradel et P. Masanovic (système de géolocalisation des salarié jugés attentatoire aux droits et libertés, injustifié s'agissant de salariés bénéficiant d'une certaine liberté dans l'organisation de leurs horaires).

surtout à s'appliquer en cas de différend sur l'accomplissement d'heures supplémentaires [1]. La Cour de cassation souligne que « la preuve des heures de travail n'incombe spécialement à aucune des parties », pour en déduire que le juge ne peut rejeter la demande d'un salarié prétendant avoir effectué des heures niées par son employeur au seul motif d'insuffisance des preuves qu'il propose [2]. Mais, si le salarié n'a pas à fournir la preuve de la durée du travail, du moins doit-il présenter au juge des éléments de nature à étayer sa demande [3]. Ainsi, par exemple, la présentation d'un décompte des heures effectuées, mois par mois, peut être considérée comme un élément étayant suffisamment cette demande [4]. Il appartient alors à l'employeur de fournir ses propres éléments et, s'il n'y parvient pas, le décompte effectué par le salarié démontrera la réalité des heures effectuées.

Lorsqu'est en cause le respect des durées maximales du travail ou le respect des durées minimales de repos, la charge de la preuve n'est pas partagée selon les règles susvisées : elle incombe exclusivement à l'employeur [5].

§ 2. Heures supplémentaires et conventions de forfait

801 ***La promotion de procédés dérogatoires*** ◊ L'autorisation de faire travailler les salariés au-delà de la durée légale du travail a suivi d'assez près (1946) l'institution de cette dernière (1936). La pratique s'est banalisée. La recherche d'une réduction de la durée du travail pour lutter contre le chômage devait viser la durée effective plus encore que la durée légale, donc ces heures supplémentaires. Pour tenter d'obtenir leur diminution, la méthode la plus classique a consisté à combiner une réduction du nombre des heures susceptibles d'être effectuées, un renchérissement de leur coût pour les employeurs, une diminution de leur attrait pour certains salariés

1. J.-M. Gasser, La preuve des heures supplémentaires, *RJS* 3/05, p. 175 ; G. Pignarre, Sur la répartition de la charge de la preuve de l'accomplissement des heures supplémentaires, : vers un retour aux principes directeurs du procès, *RDT* 2012. 503.

2. Soc. 3 juill. 1996, *Dr. soc.* 1996. 974, obs. G. Couturier ; 10 nov. 1998, *ibid.* 1999. 89, obs. J. Barthélémy ; 19 janv. 1999, *ibid.* 1999. 401, obs. J. Savatier ; 11 févr. 2004, *RJS* 5/04, n° 544 ; 24 mars 2004, *Dr. soc.* 2004. 665, obs. C. Radé ; 9 et 31 mai 2006, *RDT* 2006. 102, obs. Ph. Waquet ; *ibid.* 182, obs. G. Pignarre ; 13 févr. 2007, n° 05-42.042 D ; 10 mai 2007, *JCP S* 2007. 1509, note F. Favennec-Héry ; *D.* 2007. Pan. 3038, obs. F. Fouvet.

3. Soc. 11 févr. 2004, préc. ; 9 et 31 mai 2006, préc. Pour des arrêts estimant que les juges du fond ont eu des éléments étayant la demande du salarié :

4. Soc. 24 nov. 2010, n° 09-40.928 P. V. aussi Soc. 15 janv. 2014, n°12-19472 P., *RDT* 2014. 267, note G. Pignarre (exigence d'élements « suffisamment précis quant aux horaires effectivement réalisés pour permettre à l'employeur de répondre en fournissant ses propres éléments ») ; Soc. 10 et 13 mai 2006, *RDT* 2006. 183, obs. G. Pignarre.

5. Soc. 17 oct. 2012, n° 10-17.370, *RDT* 2013. 707, note M. Véricel ; Soc. 20 févr. 2013, n°s 11-28.811 P, 11-21-599 P ; Soc. 25 sept. 2013, n°12-13267, P. Ces arrêts utilisent une formule un peu alambiquée qui vise les « durées maximales de travail fixées par le droit interne » et « le respect des seuils et plafonds prévus par le droit de l'Union européenne »... desquels sont issus les règles relatives aux durées minimales de temps de repos.

(substitution d'un repos compensateur à une majoration du salaire). Elle a été utilisée dans le cadre de « l'opération 35 heures », avant d'être mise en cause par les réformes engagées en 2003 et poursuivies jusqu'à ce jour. L'objectif des récentes réformes normatives, en particulier de la « loi Tepa » du 21 août 2007 et de la loi du 20 août 2008, est notamment d'encourager la pratique des heures supplémentaires et des conventions de forfait dont la « loi Aubry II » du 19 janvier 2000 avait tenté, à la fois, de favoriser et d'encadrer la pratique.

La loi de 2008 a profondément modifié le régime de ces deux procédés, afin d'en faciliter l'usage. Cette réforme répond donc principalement aux attentes des organisations patronales (Medef en tête) à *plus de flexibilité* dans les conditions juridiques d'usage de la main-d'œuvre. Mais aussi par une priorité plus largement reconnue au droit négocié par rapport au droit étatique, et dans l'ordre du droit conventionnel un primat de la négociation d'entreprise sur la négociation de branche. Pourtant, les dispositions du Code se trouvant remarquablement *allégées*, on ne peut s'empêcher de penser que cette relative *simplification* ne profite pas seulement aux employeurs.

A. L'existence d'heures supplémentaires

802 ***Qualification*** ◊ Une heure supplémentaire est une heure de travail (effectif) fournie par un salarié – y compris un cadre s'il n'a la qualité de cadre dirigeant [1] – à son employeur au-delà *de la durée légale* [2] ou de l'éventuelle durée conventionnelle (par hypothèse inférieure). Mais toutes les heures travaillées pour le compte d'un même employeur au-delà de 35 heures ne sont pas des heures supplémentaires.

a) Les *heures d'équivalence* n'ont pas cette qualité [3]. On les rencontre dans certaines professions ou certains emplois dont l'exercice connaît ordinairement des « heures creuses » pendant lesquelles le salarié est désœuvré pour cause de temps morts dans la production ou d'absence de clientèle (gardiennage et surveillance, cafés et restaurants, coiffure, etc.). Une durée équivalente à la durée légale (ex. : 39 heures pour 35 heures) peut alors être fixée [4], soit par décret après conclusion d'une convention ou

1. Contre une légende tenace, la Cour de cassation rappelle à chaque occasion que « la qualité de cadre et l'existence d'une liberté d'organisation dans le travail ne suffisent pas à exclure » du bénéfice de la durée légale et du paiement corrélatif des heures supplémentaires (Soc. 11 janv. 1962, *Dr. soc.* 1962. 291, obs. J. Savatier ; 14 juin 1990, *Bull. civ.* V, n° 285 ; 23 juin 1994, *Dr. soc.* 1994. 798 ; 30 janv. 1997, *Bull. civ.* V, n° 46 ; 18 oct. 2006, *JCP S* 2006, 1984, note C. Pizzio-Delaporte ; 12 mars 2008, n° 05-41.214 D).

2. Comme la durée légale du travail, les heures supplémentaires se décomptent en principe par semaine civile (du lundi à 0 heure au dimanche à 24 heures).

3. Soc. 31 oct. 2007, *JCP S* 2008. 1249, note T. Lahalle. V. : M. Morand, La face cachée du régime d'équivalence, *JCP S* 2008. Étude 1162.

4. Aucune disposition n'impose que la durée équivalente soit définie sur une base hebdomadaire, dès lors que le mode de comptabilisation (ex. : en durée de présence journalière) permet de déterminer le nombre d'heures de travail effectif sur une semaine (CE 6 déc. 2006, *RDT* 2007. 324, obs. M. Véricel).

d'un accord de branche, soit par décret en Conseil d'État (C. trav., art. L. 3121-9) [1]. Seules les heures effectuées au-delà de cette « durée équivalente » constituent des heures supplémentaires [2]. Les heures d'équivalence (différence entre cette durée et la durée légale) ne sont pas rémunérées, sauf usage ou accord collectif en ce sens [3]. Mais Conseil d'État comme Cour de cassation rappellent la lettre du texte légal : l'instauration ou la pratique valides d'équivalences ne peut concerner que des « emplois déterminés », comportant des « périodes d'inaction » [4]

Le droit européen ne connaît pas cette catégorie des horaires d'équivalence. Interrogée par le Conseil d'État, la Cour de justice des Communautés européennes a estimé que toutes les heures de présence devaient être comptabilisées intégralement comme heures de travail, quelle que soit l'intensité du travail [5]. Pour l'application de la directive n° 2003/88 du 4 novembre 2003 (temps de repos minimum, durée maximale du travail...), il faut donc tenir compte de toutes les heures de présence [6]. Et les

---

1. Une réduction des équivalences a été engagée dans les années 1970, mais le système subsiste dans une petite vingtaine de branches. L'instauration irrégulière, relevée par la Cour de cassation, d'un régime d'équivalence dans le secteur des établissements médico-sociaux, puis sa « validation » par un article de la « loi Aubry II » a été à l'origine d'une confrontation de cette dernière disposition, qui avait vocation à influencer l'issue de procès prud'homaux en cours (afin d'épargner les fonds publics subventionnant des employeurs « sociaux »), avec l'art. 6 de la Conv. EDH qui garantit le droit à un procès équitable (v. ss 33). La bataille s'est poursuivie devant la Cour de Strasbourg, la France a été condamnée et la Cour de cassation s'est alignée sur la position de la juridiction européenne (v. *Grands arrêts*, obs. n° 18-22, p. 121-123 ; en dernier lieu : Soc. 5 juin 2008, n° 06-46.295 P).

2. Les *heures de dérogation permanente* prévues par certains décrets de la loi de 1936 (C. trav., art. L. 3121-52), qui autorisent dans certaines professions à prolonger la présence de certains travailleurs d'une demi-heure à une heure et demie par jour, sont assimilées aux heures supplémentaires (Soc. 7 juill. 1960, *Grands arrêts*, 2e éd., Sirey, 1980, n° 100).

3. Faute pour l'employeur d'invoquer un décret prévoyant un horaire d'équivalence, tout temps pendant lequel le salarié doit se tenir à sa disposition sans pouvoir vaquer librement à des occupations personnelles est un temps de travail effectif, rémunéré à titre d'heures supplémentaires le cas échéant (Soc. 9 mars 1999, *Dr. soc.* 1999. 522, obs. Ch. Radé ; *D.* 2000. 445, note B. Belloir-Caux ; 29 juin 1999, *Dr. soc.* 1999. 767, concl. S. Kehrig).

4. CE 18 oct. 2006, *Fédération des services CFDT, Dr. soc.* 2006. 1096, concl. C. Devys ; *RDT* 2006. 397, obs. M. Véricel (annulation d'un décret et d'arrêtés d'extension d'avenants à la convention collective des hôtels, cafés, restaurants, instituant un régime d'équivalence sans le limiter aux emplois comportant des périodes d'inaction) ; Soc. 31 oct. 2006, *Dr. soc.* 2007. 239, obs. J. Barthélémy ; *RDT* 2007. 42, obs. M. Véricel (admission que des femmes de ménage d'hôtels peuvent, faute pour leur emploi de comporter des périodes d'inaction, prétendre avoir travaillé en heures supplémentaires ce qui était, selon le décret, des heures d'équivalence) ; v. déjà : Soc. 30 juin 2004, *Bull. civ.* V, n° 189. Faute de disposition légale, un horaire d'équivalence ne saurait être appliqué au salarié à temps partiel qui, par hypothèse, n'atteint pas la durée légale à laquelle est référé tout horaire d'équivalence (Soc. 8 nov. ; 1995, *Dr. soc.* 1996. 91, obs. F. Favennec-Héry ; 27 sept. 2006, *RJS* 2006, n° 1332).

5. CJCE 1er déc. 2005, *Dellas*, aff. C-14/04, *D.* 2006. 1722, note M. Miné ; *JCP S* 2006. 1003, note J. Cavallini ; *RDT* 2006. 33, obs. M. Véricel ; CE 28 avr. 2006, *Dellas, Lebon* 206, *RDT* 2006. 104, obs. M. Miné. Dans le même sens, v. Soc. 26 mars 2008, *RJS* 5/08, n° 549 ; *ibid.* 400, rapp. H. Gosselin ; *JCP S* 2008. 1394, note F. Dumont ; CE 10 oct. 2011, *Union syndicale Solidaires Isère*, n° 301014.

6. Soc. 23 sept. 2009, n° 07-44.226, *RDT* 2010. 114, obs. M. Véricel. Les durées à respecter sont celles prévues par la directive et non par le droit national. Si la durée moyenne hebdomadispositions contraires d'un décret prévoyant des horaires d'équivalence seront annulées par le Conseil d'État. En revanche, pour l'application des éléments du droit français inconnus en droit européen, le jeu des horaires d'équivalence peut continuer [1]. Il en va ainsi, notamment, pour le calcul du salaire, aucune disposition européenne n'existant en la matière [2].

b) Il faut également écarter les *heures récupérées*. Lorsque la durée normale d'une semaine de travail doit être ou a été réduite par suite d'« interruption collective du travail », l'employeur a la faculté d'organiser, dans les douze mois précédant ou suivant cette réduction d'horaire [3], la récupération des heures perdues en dessous de 35 heures (C. trav., art. L. 3122-27). Il faut que cette interruption du travail résulte de causes accidentelles, d'intempéries, d'inventaire ou d'un événement de force majeure, ou bien que les heures aient été perdues par suite du chômage d'un ou de deux jours ouvrables compris entre un jour férié et un jour de repos hebdomadaire ou d'un jour précédant les congés annuels (« pont »). En revanche, les heures perdues par suite de chômage des jours fériés (art. L. 3133-2) ou par suite de grève ou de lock-out ne sont pas récupérables. Les heures récupérées, bien qu'elles portent la durée du travail à plus de 35 heures au cours d'une ou de quelques semaines, ne sont pas des heures supplémentaires [4], mais des heures déplacées payées au taux normal.

c) Les heures qui, dans un système de répartition de la durée du travail sur une période supérieure à la semaine et au plus égale à l'année, excèdent la durée légale au cours de certaines semaines ou les 1 607 heures annuelles, *ne sont qu'exceptionnellement des heures supplémentaires* (C. trav., nouv. art. L. 3122-4, résultant de la L. du 20 août 2008). C'est d'ailleurs l'un des intérêts de cet aménagement [5].

803 ***Le recours aux heures supplémentaires*** ◊ **a)** L'instauration d'heures supplémentaires est un attribut du pouvoir de direction de l'employeur [6].

daire de travail, heures d'équivalence comprise, est supérieure à 44 heures (durée maximale moyenne en droit français) mais égale ou inférieure à 48 heures, la situation est régulière. Elle l'est du point de vue de la directive, puisque celle-ci fixe une durée maximale moyenne à 48 heures (art. 5). Elle l'est au regard du Code du travail, puisque ce dernier admet des heures d'équivalence et qu'en tenant compte de celles-ci la durée maximale moyenne ne dépasse pas les 44 heures de l'art. L. 3121-36 C. trav.

1. V. CE 28 avr. 2006, *Dellas*, préc. ; Soc. 29 juin 2011, *Sbaï*, n° 10-14.743, *D.* 2011. 1978 ; *RDT* 2011. 511, obs. M. Véricel.

2. Soc. 29 juin 2011, préc.

3. L'organisation de la récupération est réglée par les art. R. 3122-4 s. C. trav. : information préalable de l'inspecteur du travail, consultation du comité d'entreprise, récupération qui ne peut en principe augmenter la durée du travail de plus d'une heure par jour, ni de plus de 8 heures par semaine. Les décrets de branche de l'art. L. 3121-52 C. trav. peuvent traiter des modalités de récupération.

4. Même si l'employeur a omis d'informer l'inspecteur du travail, estime la Cour de cassation, mais les salariés pouvant obtenir des dommages-intérêts si cette omission leur a causé un préjudice (Soc. 16 déc. 2005, *Bull. civ.* V, n° 371).

5. V. ss 823 s.

6. V. modification du contrat de travail.

Celui-ci peut imposer au salarié d'effectuer de telles heures même si le contrat de travail n'envisage pas cette possibilité. Le salarié qui refuse d'effectuer des heures supplémentaires, régulièrement instaurées par l'employeur, commet, sauf cas particulier [1], une faute justifiant une sanction qui peut aller jusqu'au licenciement et même, dans certaines situations, à un licenciement sans préavis [2]. De même, l'employeur est fondé à mettre fin par décision unilatérale à la pratique d'heures supplémentaires, sans que le salarié puisse prétendre qu'il modifie le contrat de travail [3].

b) Tout employeur dispose d'un *contingent annuel* d'heures supplémentaires (par salarié). Ce contingent est fixé par une convention ou un accord collectif d'entreprise ou d'établissement ou, à défaut, par une convention ou un accord de branche, sans qu'aucun plafond légal ne soit prévu. À défaut d'un tel accord [4], le contingent est déterminé par décret, et le texte réglementaire actuellement en vigueur fixe ce volume à *220 heures* (C. trav., art. D. 3121-14-1). L'employeur peut faire accomplir les heures qui s'imputent sur ce contingent, conventionnel ou réglementaire après en avoir informé le comité d'entreprise ou à défaut les délégués du personnel, s'il en existe [5].

Ce contingent épuisé, l'employeur peut encore faire accomplir des heures supplémentaires *hors contingent*, dans les conditions que fixe une convention ou un accord collectif d'entreprise ou d'établissement ou, à défaut, une convention ou un accord collectif de branche (le même accord, en pratique, qui détermine le contingent). L'absence d'un tel accord ne le prive pas, cependant, de la faculté de faire effectuer ces heures au-delà du contingent. Dans les deux hypothèses – existence ou absence d'un accord – l'employeur doit, avant d'instaurer ces heures « sur-supplémentaires », recueillir l'avis du comité d'entreprise ou des délégués du personnel, s'il en existe. Mais, en l'absence d'accord déterminant le contingent annuel, les modalités de l'utilisation du contingent réglementaire et de son éventuel dépassement donnent lieu au moins une fois par an à une consultation du comité d'entreprise ou, à défaut, des délégués du personnel [6].

La loi de 2008, en abrogeant l'article L. 3121-17, a fait disparaître les « heures choisies » inventées par la loi du 31 mars 2005, dont on avait fait grand cas et qui semblaient si clairement inspirées par la faveur pour le choix individuel de travailler davantage. La formule permettait à un salarié – à condition, cependant, qu'une convention ou un accord collectif

1. Le salarié est fondé à refuser d'exécuter des heures supplémentaires lorsque l'employeur n'a pas rémunéré celles précédemment exécutées (Soc. 7 déc. 1999, n° 97-42.878 D) ou si elles n'ont pas donné lieu à repos compensateur (Soc. 5 nov. 2003, *RJS* 2/04, n° 214, 2e esp.).

2. Soc. 9 mars 1999, *Dr. soc.* 1999. 630, obs. P. H. Antonmattei ; 26 nov. 2003, *RJS* 2/04, n° 214.

3. V. ss 621 s.

4. Dont ne saurait tenir lieu un accord entre l'employeur et le comité d'entreprise (Soc. 21 févr. 2007, n° 04-43.071 P, *D.* 2007. AJ. 801).

5. Il n'y a plus, comme naguère, d'obligation d'informer préalablement l'inspecteur du travail.

6. Il n'a plus besoin, comme naguère, de l'autorisation de l'inspecteur du travail.

ouvre cette faculté – d'effectuer, sur proposition de son employeur ou à sa demande, des heures de travail au-delà du contingent annuel (il n'était pas question, pour le salarié, de les imposer à son employeur). Les règles de droit transitoire en matière contractuelle ont néanmoins pour conséquence que subsistent aujourd'hui des accords en vertu desquels des salariés accomplissent de telles heures choisies (l'art. 18, IV, *in fine* de la L. de 2008 le confirme implicitement) [1].

B. Les contreparties des heures supplémentaires

804 La contrepartie la plus ancienne est la majoration de rémunération des heures effectuées au-delà de la durée légale. Une loi du 6 juillet 1976 a introduit le repos compensateur que les réformes ultérieures, jusqu'à la « loi Aubry II » du 19 janvier 2000 comprise ont tenté de favoriser. La loi d'août 2008 a modifié très sensiblement les dispositifs et supprimé l'essentiel de la dette en repos compensateur due par l'employeur.

805 ***Les majorations de rémunération*** ◊ Toutes les heures supplémentaires, du contingent annuel ou hors contingent, donnent lieu à une majoration de salaire de *25 %* pour chacune des huit premières heures supplémentaires (de la 36e à la 43e heure incluse), *50 %* à partir de la 44e heure (C. trav., art. L. 3121-22) [2]. Mais une convention ou un accord collectif de branche étendu ou un accord d'entreprise ou d'établissement peut prévoir un taux différent (moins élevé), qui ne peut cependant être inférieur à *10 %*.

Ce droit, d'ordre public, à rémunération majorée des heures supplémentaires ne faisait pas obstacle à une *convention de forfait*, c'est-à-dire un accord par lequel l'employeur et le salarié conviennent d'une rémunération globale pour toutes les heures de travail effectuées, sans distinguer heures normales et supplémentaires. La Cour de cassation a admis, dans une certaine mesure, la validité de cet arrangement [3]. Les conventions de forfait étant, depuis la loi de 2000, réglées par le Code du travail, ce régime jurisprudentiel est caduc – et plus encore depuis la loi de 2008 [4] – même s'il peut conserver un intérêt pour l'interprétation de certaines dispositions législatives.

1. L'accord sur la pratique d'heures choisies fait corps avec le contrat de travail et sa mise en cause, qui a une incidence nécessaire sur la rémunération, vaut modification du contrat, donc requiert l'accord du salarié comme de l'employeur. Que l'art. L. 3121-7 C. trav. ne soit plus en vigueur n'y change rien.

2. Le versement de primes ne peut tenir lieu de règlement de rémunération des heures supplémentaires (Soc. 27 juin 2000, *Dr. soc.* 2000. 1020, obs. C. Radé ; 1er déc. 2005, *ibid.* 2006. 451, obs. C. Radé ; 19 déc. 2007, n° 06-44.359 D). Le fait de mentionner sur le bulletin de paie un nombre d'heures inférieur à celui effectué réalise une dissimulation d'emploi salarié (C. trav., art. L. 8221-5, 2°), mais cette dissimulation n'est caractérisée que s'il est établi que l'employeur a procédé de manière intentionnelle (v. ss 950), et cet élément intentionnel ne peut se déduire de la seul absence de mention des heures supplémentaires (Soc. 15 avr. 2008, n° 07-40.925 D).

3. V. la 23e édition de ce Précis, n° 932 ; J. Barthélémy, Les relations du salaire et des temps de travail, *Dr. soc.* 1997. 581.

4. V. ss 808 s.

806 ***Le repos compensateur de remplacement*** ◊ Le paiement des heures supplémentaires et de la majoration de rémunération peut être *remplacé en tout ou en partie* par un repos compensateur équivalent (C. trav., art. L. 3121-24). La conversion en repos peut ainsi ne porter que sur la majoration, l'heure supplémentaire étant payée au taux normal.

Ce remplacement peut être prévu par une convention ou un accord collectif d'entreprise ou d'établissement ou, à défaut, une convention ou un accord de branche (il n'est plus nécessaire qu'il soit étendu). En l'absence d'accord et dans les entreprises dépourvues de délégué syndical (c'est-à-dire où aucun syndicat représentatif ne s'est officiellement implanté en constituant une section syndicale et désignant un délégué), donc non assujetties à l'obligation annuelle de négocier de l'article L. 2242-1, l'employeur peut décider de ce remplacement de la rémunération par un repos compensateur, à condition que le comité d'entreprise ou les délégués du personnel, s'ils existent, ne s'y opposent pas.

Les heures supplémentaires donnant lieu à un repos compensateur équivalent ne s'imputent pas sur le contingent annuel d'heures supplémentaires (C. trav., art. L. 3121-25). On comprend que ce procédé du remplacement offre de la flexibilité aux employeurs.

807 ***La contrepartie obligatoire en repos*** ◊ Il s'agit, sous une appellation créée par la loi de 2008, d'un repos compensateur de *complément* et non plus de remplacement, qui ne se substitue pas à la rémunération majorée des heures supplémentaires, mais s'ajoute à elle. De plus, le bénéfice de ce repos ne dépend pas de l'accord des partenaires sociaux ou de l'employeur mais est imposé par la loi (C. trav., art. L. 3121-11).

Cette contrepartie est due, désormais, quel que soit l'effectif de l'entreprise, *pour toute heure supplémentaire accomplie au-delà du contingent annuel*. L'ensemble de ses caractéristiques et « conditions de prise » est fixé par une convention ou un accord collectif d'entreprise ou d'établissement ou, à défaut, une convention ou un accord de branche (normalement celui qui fixe le contingent et les conditions de son utilisation). Cet accord peut d'ailleurs prévoir également qu'une contrepartie en repos est accordée au titre des heures supplémentaires sur contingent (C. trav., art. L. 3121-11, al. 2). En l'absence d'accord collectif, les « caractéristiques et conditions de prise » de la contrepartie des heures hors contingent sont déterminées par un décret (dont, logiquement, les actuels art. D. 3121-7 s. C. trav., tiennent lieu [1]).

En tout cas, cette contrepartie est fixée par la loi à *50 %* (soit une demi-heure de repos pour chaque heure effectuée) pour les entreprises de vingt

1. Ces dispositions règlent le moment auquel le droit à repos est acquis (il faut que la durée du repos ait atteint 7 heures), le délai dans lequel il doit être pris (les deux mois suivant l'ouverture du droit) et période (en dehors de la période du 1er juill. au 31 août et sans pouvoir être accolé au congé payé annuel), procédure à suivre par le salarié pour bénéficier de ce temps de repos et faculté, pour l'employeur, d'en différer la jouissance, etc.

salariés au plus et à *100 %* (une heure de repos pour une heure travaillée) pour les entreprises d'un effectif supérieur (art. 18, IV, non codifié de la L. du 20 août 2008).

Bien que les textes ne le précisent pas, ce repos doit être effectivement pris [1] et ne saurait être remplacé par une indemnité, et il est assimilé à une période de travail effectif pour le calcul des droits du salarié [2].

C. Les forfaits

808 ***Notion et expansion*** ◊ La convention de forfait est l'accord par lequel un employeur et un salarié conviennent d'une rémunération globale pour l'ensemble des heures de travail à effectuer, sans distinguer heures normes et heures supplémentaires. Différentes formules sont concevables : forfait horaire sur une base hebdomadaire, mensuelle ou annuelle (tant d'heures par semaine, par mois, par an) ou forfait en jours par an. Il s'agit d'une convention individuelle, qui doit faire l'objet d'une mention écrite dans le contrat de travail. Une clause de convention ou d'accord collectif disposant que l'horaire est forfaitairement fixé à tant d'heures ou de jours sur telle période de temps et que le salaire est global, ne saurait valoir règle de forfaitisation : elle autorise seulement la conclusion de conventions individuelles de forfait dans la mesure admise par la loi [3].

Contemporaine de l'embauche, semblable convention constitue une clause du contrat de travail. Sa stipulation en cours d'exécution du contrat est, à l'évidence, une modification de celui-ci, qu'un avenant constatera et qui enrichira le champ contractuel du rapport de travail. Nul doute que la remise en cause ou la renonciation à un tel arrangement s'analyse en une modification du contrat exigeant l'accord des deux parties.

Si ce type de stipulation était déjà connu en jurisprudence, les premières dispositions législatives qui le concernent datent de la loi du 19 janvier 2000. L'opération de réduction du temps de travail avait relancé le débat sur la situation des cadres en matière de temps de travail, en réponse à une

1. Ce qui suppose que le salarié soit informé et que l'employeur lui demande de les prendre (ce qui peut être objet de différend, ex. : Soc. 9 mai 2007, n° 05-46.029 P, *Sem. soc. Lamy* 2007, n° 1308, comm. C. G.). La mention, sur le bulletin de paie, des droits à repos en contrepartie d'heures supplémentaires n'a qu'une valeur informative et la charge de la preuve de l'octroi effectif du repos incombe à l'employeur (Soc. 7 mai 2008, n° 06-43.058 P, *D.* 2008. AJ. 1557, obs. L. Perrin).

2. Ce dernier point était précisé par l'art. L. 3121-28, al. 2 C. trav., mais ce texte a été emporté par l'abrogation de l'entier paragraphe intitulé « Repos compensateur obligatoire » (L. du 20 août 2008, art. 1er, II). Tout comme l'art. L. 3121-31 C. trav. visant le cas du salarié dont le contrat est rompu ou qui décède avant d'avoir pu bénéficier du repos compensateur (versement d'une indemnité à l'intéressé ou à ses ayants droit). Ces points devraient être réglés par les dispositions conventionnelles ou réglementaires auxquelles renvoie le nouv. art. L. 3121-11 C. trav.

3. Soc. 9 avr. 2008, n° 07-41.418 P, *D.* 2008. AJ. 1213 ; 31 janv. 2012, n° 10-17.593 (le renvoi global fait à la convention collective pour les questions relatives au temps de travail ne peut valoir convention écrite de forfait, même si cette convention prévoyait un tel forfait).

préoccupation des intéressés [1], des organisations syndicales, des directions. La série de dispositions relatives aux cadres en matière de durée du travail, alors introduite dans le Code du travail, admettait sous certaines conditions la validité des conventions de forfait et en réglait les effets [2]. Puis la conclusion de telles conventions allait être rendue possible pour des salariés non-cadres. Avant la loi d'août 2008, la section « Conventions de forfait » du Code du travail comportait d'ailleurs deux sous-sections respectivement consacrées aux cadres et aux non-cadres. Cette loi a bouleversé le paysage, en particulier en permettant la conclusion d'un type de convention de forfait avec tous les salariés.

809 ***La conclusion des conventions de forfait*** ◊ L'article L. 3121-40 nouveau précise qu'« elle requiert l'accord de l'intéressé » et doit être stipulée par écrit [3]. Au-delà de cette règle commune [4], il existe deux sortes de clauses de forfait. Les premières, relativement bénignes, peuvent être stipulées librement dans les contrats individuels sans qu'une convention collective ne les prévoient (a). Les secondes, plus dangereuses, supposent d'être autorisées par une convention collective (b). On notera que la loi d'août 2008 comporte une disposition de *« sécurisation »* : les accords conclus en application des dispositions du Code du travail qu'elle abroge et remplace « restent en vigueur » (art. 19, III) [5].

a) Forfaits sans convention collective. Selon l'article 3121-38, la durée du travail de *tout salarié* peut être fixée par une convention de forfait *en heures sur la semaine* ou *sur le mois*. De telles clauses sont parfaitement valides pourvu que la rémunération forfaitaire prévue dépasse le montant de la rémunération minimale légale ou conventionnelle, y compris le montant des majorations dues pour les heures supplémentaires incluses dans le forfait.

b) Forfaits soumis à encadrement conventionnel. La conclusion de toute convention de forfait *sur l'année*, que ce soit *en heures* ou *en jours*, est subordonnée à sa prévision par une convention collective de branche ou

1. *Le temps de travail de ceux qui ne le comptent pas*, dir. D. Kaisergruber, Éd. d'Organisation, 1999 ; P. Bouffartigue et M. Bocchino, Travailler sans compter son temps ? Les cadres et le temps de travail, *Travail et emploi*, 1/98. 37 ; J. Barthélémy, Le temps de travail des cadres, *JCP E* 1997. 662 ; J.-E. Ray, Temps de travail des cadres et 35 heures. Un tournant à négocier collectivement, *Dr. soc.* 1998. 979.

2. P.-H. Antonmattei, Les cadres et les 35 heures : la règle de trois !, *Dr. soc.* 1999. 996 ; Les cadres et les 35 heures : de la règle de trois à la règle de quatre !, *ibid.* 2000. 159 ; M.-A. Moreau, Temps de travail et charge de travail, *ibid.* 263 ; M.-J. Mustel-Gomez, Les cadres et le temps de travail, *RJS* 2000. 158.

3. Ce qu'a jugé la Cour de cassation sous l'empire des textes antérieurs, en interprétant ces dispositions (Soc. 26 mars 2006, *JCP S* 2008. 1375, note F. Dumont ; *D.* 2008. AJ. 1064, obs. S. Maillard).

4. Un alinéa ajouté à l'art. L. 2323-29 C. trav. impose de consulter chaque année le comité d'entreprise sur le recours aux conventions de forfait et sur les modalités de suivi de la charge de travail des salariés concernés (L. 2008, art. 19, II).

5. Sur cette pratique dans les lois des dernières années relatives au temps de travail v. : F. Morel, préc., Annexe XI, p. 419.

d'entreprise. Celle-ci détermine : les catégories de salariés susceptibles de conclure une convention de forfait, la durée annuelle de travail à partir de laquelle le forfait est établi, ainsi que les caractéristiques principales des conventions (C. trav., art. L. 3121-39). Le texte nouveau laisse donc à l'accord collectif plus de liberté pour fixer le régime du temps de travail dans le cadre des forfaits en question qu'il n'en avait sous l'empire des dispositions remplacées en 2008 [1].

Mais les partenaires sociaux signataires de ces accords n'ont pas toute licence en ce qui concerne les salariés « éligibles » à ces forfaits.

La conclusion de conventions de *forfait en heures sur l'année*, dans la limite, naturellement, de la durée annuelle de travail précisée par la norme conventionnelle, est réservée (C. trav., art. L. 3121-42) :

– aux *cadres* [2] intégrés dans un atelier, un service ou une équipe, mais qui, par la nature de leurs fonctions, ne suivent pas ou ne peuvent suivre l'horaire collectif applicable dans cette unité (ingénieurs, chercheurs, responsables d'agence, chefs de service ?) ;

– aux *salariés non-cadres* qui disposent d'une « réelle autonomie dans l'organisation de leur emploi du temps ».

La formule la plus audacieuse au regard de ce qu'était naguère le modèle légal du temps de travail, celle de *forfait en jours sur l'année* (C. trav., art. L. 3121-43), ne peut être proposée qu'à :

– des *cadres* intégrés, eux aussi, dans une équipe, un service, un atelier, mais qui disposent d'une « autonomie dans l'organisation de leur emploi du temps » et qui, par la nature de leurs fonctions, ne suivent pas l'horaire collectif de cette unité (cadres commerciaux, journalistes ?) ;

– des *salariés non-cadres* dont la durée du temps de travail ne peut être prédéterminée et qui disposent d'« une réelle autonomie » dans l'organisation de leur emploi du temps, pour, est-il précisé, « l'exercice des responsabilités qui leur sont confiées » ; il semble que l'on retrouve là, notamment, des « salariés itinérants » que visait l'ancien l'article L. 3121-51 (« commerciaux », techniciens des services après-vente, etc.)

La définition légale de ces différentes catégories paraît plus incertaine que celle des catégories visées par les anciens articles réglant la pratique des forfaits (C. trav., anc. art. L. 3121-38, L. 3121-39). Il appartient le cas échéant au juge de contrôler la validité des conventions de forfaits au regard de la qualification professionnelle des salariés concernés et des conditions d'exécution de leur contrat [3]. Si l'intéressé ne relève pas,

1. V. anc. art. L. 3121-43, L. 3121-45 s. Pour une interprétation rigoureuse, sous l'empire des textes antérieurs, de cette exigence de règlement d'un certain nombre de points par la convention ou l'accord collectif (et non par décision unilatérale de l'employeur) : Soc. 13 déc. 2006, *JCP S* 2007. 1217, note M. Del Sol.

2. Bien que le texte ne le précise pas, à la différence de l'anc. art. L. 3121-38 C. trav., il s'agit de salariés ayant la qualité de cadres au sens de la convention collective de branche ou au sens de l'art. 4, al. 1er de la convention nationale de retraite et de prévoyance des cadres du 14 mars 1947.

3. V., sous l'empire des textes antérieurs : Soc. 26 mai 2004, *Dr. soc.* 2004. 839, note P.-H. Antonmattei ; 13 déc. 2006, *Dr. soc.* 2007. 361, obs. J. Barthélémy ; 31 oct. 2007, *JCP S*

vérification faite, d'une catégorie à laquelle la convention de forfait en cause est accessible, il y a lieu de lui appliquer le droit commun de la durée du travail (décompte du temps de travail effectif et rémunération ou compensations correspondantes).

810 ***Effets du forfait-heures*** ◊ En cas de stipulation d'un *forfait en heures*, que ce soit sur *la semaine* ou *le mois* (non-cadre n'entrant pas dans les prévisions des art. L. 3121-42 ou L. 3121-43 C. trav.) ou sur *l'année* (salarié cadre ou non cadre entrant dans les catégories visées par l'art. L. 3121-42 C. trav.), le salarié doit percevoir une rémunération au moins égale à la rémunération minimale applicable dans l'entreprise (en vertu de la convention collective applicable ou d'un accord de salaire et en fonction de son contrat) pour le nombre d'heures correspondant à son forfait, augmentée des majorations pour heures supplémentaires prévues à l'article L. 3121-22 [1]. Par ailleurs, il n'est pas soustrait aux dispositions fixant la durée légale (ce qu'implique son droit au paiement majoré pour des heures supplémentaires), les durées maximales hebdomadaires ou la durée quotidienne maximale. Le principal danger est alors simplement celui de la preuve des heures supplémentaires effectuées, notamment lorsque le forfait est prévu sur l'année. La computation des heures effectuées est en pratique plus difficile pour le salarié sur l'année que sur une semaine.

811 ***Effets du forfait-jours*** ◊ Le salarié dont le contrat accueille une convention de *forfait annuel en jours* [2] n'est pas soumis aux dispositions relatives à la durée légale hebdomadaire, à la durée maximale quotidienne, aux durées hebdomadaires maximales (C. trav., art. L. 3121-48). Il peut, en revanche, prétendre au minimum de repos quotidien et au repos hebdomadaire [3], aux jours fériés dans l'entreprise et aux congés payés.

2007, 1004, note G. Vachet, *Dr. soc.* 2008. 443, note A. Bugada, *D.* 2008. Pan. 444, obs. A. Fabre. Autour de ce dernier arrêt, v. : *Sem. soc. Lamy* 2007, n° 1327, Doss. par F. Champeaux, H. Gosselin, J. Barthélémy et H. Rose. Question : peut-on admettre l'employeur, qui a proposé une convention de forfait au salarié, et qui a peut-être signé un accord d'entreprise ouvrant ce type de convention à des salariés qui n'y sont point éligibles selon les critères légaux, à invoquer cette illégalité de la convention ? En d'autres domaines (ex. la requalification d'un CDD en CDI), la Cour de cassation distingue entre salarié et employeur sur le plan de la qualité pour invoquer une méconnaissance de la loi.

1. La possibilité, pour l'accord collectif, d'ouvrir la voie à la pratique d'heures individuellement choisies au-delà de la durée annuelle de travail prévue par la convention (C. trav., anc. art. L. 3121-44) n'a pas été maintenue.

2. Sur les forfaits jours, v. A. Fabre (dir.) Les forfaits jours, dossier, *Cahiers sociaux*, n°257, nov. 2013, p. 475.

3. Ce qui pourrait autoriser à le faire travailler 13 heures par jour et 78 heures par semaine. On imagine mal des syndicats représentatifs ne pas exiger des garde-fous avant de signer un accord. Le Comité européen des droits sociaux, organe de contrôle de l'application de la Charte sociale européenne, a considéré (en étant confirmé par le Comité des ministres du Conseil de l'Europe) que ce régime autorisait une durée du travail « manifestement trop longue pour être qualifiée de raisonnable » au sens de l'art. 2.1 de la Charte révisée et que le nombre de salariés susceptible de pratiquer le forfait-jours était trop élevé pour que l'on se trouve en présence de « cas

La durée de son travail est contractuellement fixée en jours, mais *ne peut excéder 218 jours* dans l'année (C. trav., art. L. 3121-44). Il peut cependant, s'il « le souhaite » (prend soin de préciser l'article L. 3121-45) et en accord avec son employeur (auquel il ne saurait, pas plus que d'autres salariés, imposer un temps de travail supplémentaire afin de gagner davantage), « renoncer à une partie de ses jours de repos en contrepartie d'une majoration de son salaire ». On a là une forme de *travail supplémentaire choisi*, qui n'est plus subordonnée, comme dans l'ancien article L. 3121-46 [1], à sa prévision par une norme conventionnelle. L'accord, qui vaut évidemment modification du contrat et dont la remise en cause vaudra nouvelle modification, est établi par écrit, comme « avenant à la convention de forfait » et fixe le taux – *10 %* au moins – de la majoration applicable à ce temps de travail supplémentaire. Le nombre de jours alors travaillés dans l'année ne peut excéder un chiffre fixé par l'accord collectif (que suppose la pratique de cette catégorie de forfaits) et, à défaut de disposition sur ce point, ce *nombre maximal* est de *235 jours*. Ce nombre doit être « compatible » avec l'application des dispositions légales sur les repos quotidien et hebdomadaire, les jours fériés chômés et les congés payés.

Que doit-il advenir si, en l'absence d'avenant constatant semblable accord pour un travail supplémentaire choisi, il s'avère que le salarié a travaillé un plus grand nombre de jours que prévu ? Une disposition issue de la loi de 2000, et qui avait survécu jusqu'alors (C. trav., anc. art. L. 3121-49), prévoyait que lorsque le nombre de jours travaillés dépassait, en fin d'année, le plafond retenu par la convention, le salarié devait bénéficier, au cours des trois premiers mois de l'année suivante, d'un nombre de jours de repos égal à ce dépassement et réduisant d'autant le plafond pour l'année en cours. Elle a été abrogée par la loi de 2008. On ne voit donc d'autre solution qu'une indemnisation du salarié [2].

Au titre des garanties originales accordées au salarié « forfaitisé-jours », l'article L. 3121-46 prescrit un entretien annuel individuel avec l'employeur, portant sur la charge de travail [3] et l'organisation du travail dans l'entreprise, l'articulation de l'activité professionnelle de l'intéressé avec sa « vie personnelle et familiale », sa rémunération. Par ailleurs, reprenant en partie une disposition de la loi de 2000, l'article L. 3121-47 nouveau énonce que si ce salarié « perçoit une rémunération manifestement sans rapport avec les sujétions qui lui sont imposées », il peut, nonobstant toute

particuliers » au sens de l'art. 4.2 sur le droit à une rémunération majorée pour les heures supplémentaires (M. Miné, Le droit du travail à l'épreuve de la Charte sociale, *Sem. soc. Lamy*, n° 1228, p. 8, et Les conclusions rendues en 2006 par le CEDS concernant la France, *RDT* 2006. 318).

1. Cette disposition avait été introduite par la loi du 31 mars 2005, en même temps que celle concernant les « heures choisies » pour les salariés soumis au droit commun de la durée du travail.

2. Correspondant au moins au supplément de rémunération qu'il aurait perçu pour ce temps supplémentaire. Avec la majoration de 10 % ? La majoration de 25 % due pour heures supplémentaires pourrait ici s'appliquer comme point de comparaison.

3. M.-A. Moreau, préc.

disposition conventionnelle ou clause contractuelle contraire, saisir le conseil de prud'hommes afin d'obtenir une indemnité réparant le préjudice subi, compte tenu notamment du niveau de salaire pratiqué dans l'entreprise, et correspondant à sa qualification [1].

812 ***Un encadrement légal insuffisant*** ◊ Si l'on s'en tient à la réglementation légale, les possibilités ouvertes en cas de passage au forfait-jour apparaissent étonnantes. Les durées maximales du travail en heures étant inapplicables, les seules protections sont celles relatives au temps de repos. Le temps de repos minimum de 11 heures par jour, prévu par l'article L. 3131-1 du Code du travail reste ainsi applicable. Le temps de repos de 20 minutes toutes les 6 heures de l'article L. 3121-33 du Code du travail est lui aussi applicable (bien qu'il ne soit pas expressément visé par l'art. L. 3121-41 C. trav., cette interprétation est dictée par la Dir. n° 2003/88/CE). Pour travailler plus de 12 heures, il faut donc deux pauses. Il faut encore rappeler que les articles L. 3132-1 et L. 3132-2 du Code du travail, qui restent applicables, prévoient un repos hebdomadaire obligatoire de 35 heures par semaine.

Cela nous fait des maxima de 12 heures et 20 minutes de travail par jour. Mieux, sous certaines conditions, qui sont loin d'être impossibles à réaliser, une convention étendue ou d'entreprise peut réduire à 9 heures le temps de repos quotidien minimal (C. trav., art. D. 3131-1 à D. 3131-3). Ce qui permet d'atteindre les 14 heures et 20 minutes par jour et des semaines de pointe à 92 heures. Sur 218 jours, on obtient un total dans l'année de plus 3 124 heures, soit une moyenne de plus de 66 heures par semaine sur l'année. Et le tout, faut-il le rappeler, sans qu'aucune heure ne soit considérée comme une heure supplémentaire. Les 66 heures payées 35. Record à battre…

Pour le salarié courageux qui souhaite travailler plus, l'article L. 3121-45 a prévu qu'une « majoration de son salaire » devra lui être versée. Cette majoration ne peut être inférieure à 10 % (C. trav., art. L. 3121-45, *in fine*). Le nombre maximal de jours travaillés est fixé, en principe, à 235 (C. trav., art. L. 3121-45, al. 1er). Mais ce nombre peut être augmenté par la convention collective sans autres limites que celles qui résultent des congés payés, du repos hebdomadaire et des jours fériés chômés dans l'entreprise. Les employeurs prêts à payer la majoration pour jours supplémentaires pourraient ainsi obtenir 282 jours, à 12h20 par jour. Soit en moyenne sur l'année, plus de 73 heures de travail par semaine. Dans le cas où le repos quotidien peut être réduit à 9 heures, on pourrait observer des moyennes de plus de 85 heures par semaine.

1. L'anc. art. L. 3121-50 C. trav., que reprend en partie l'article cité, prévoyait cette saisine du juge (pour laquelle, faut-il le rappeler, un texte spécial n'est jamais indispensable) et surtout cette indemnisation pour un autre cas : celui du salarié en forfait-jours n'ayant pas bénéficié d'une réduction effective de sa durée de travail. Il est vrai que cette disposition était contemporaine d'une autre, née aussi de la « loi Aubry II », reconnaissant expressément aux cadres concernés le droit à un telle « réduction effective de leur durée de travail » (C. trav., anc. art. L. 212-15-3, I). Autres temps… Sur ce recours : M.-A. Moreau, préc., p. 274-275.

813 ***Les limites internationales, constitutionnelles et jurisprudentielles*** ◊ Les possibilités ouvertes par la loi française excèdent la limitation « raisonnable » de la durée du travail qu'impose la Chartes sociale européenne (art. 2). À ce titre, le Comité européen des droits sociaux a condamné la France à plusieurs reprises [1]. Au visa des droits à la santé et au repos du préambule de la Constitution de 1946 et des protections du droit de l'Union européenne relatives à la santé et à la sécurité, la Chambre sociale de la Cour de cassation a conditionné la validité du forfait-jour au respect d'exigences supplémentaires, non expressément visées par la loi. Par un arrêt *Moulin* du 29 juin 2011 [2], la Cour subordonne cette validité à l'existence de stipulations conventionnelles garantissant le respect des durées maximales du travail, quotidiennes et hebdomadaires [3]. Cette exigence jurisprudentielle réintroduit la nécessité d'une computation des heures effectuées, sans supprimer tous les dangers du forfait-jours [4]. Persiste notamment la possibilité d'un dépassement des 35 heures en moyenne par semaine sans paiement d'heures supplémentaires.

SECTION 2. LA RÉPARTITION DU TEMPS DE TRAVAIL

814 ***Diversification*** ◊ Cette répartition a longtemps obéi à trois règles : celle de la *répartition collective*, tous les salariés d'un même établissement suivant le même horaire, celle de la *répartition hebdomadaire*, la durée du

1. Décis. du 11 déc. 2001 (réclam. n° 9/2000, du 7 déc. 2004 (réclam. n° 22/2003) ; du 23 juin 2010, (réclam. n° 55/2009), disponibles sur le site de la Charte sociale européenne : http://www.coe.int/t/dghl/monitoring/socialcharter/Complaints/Complaints_fr.asp.

Sur cette troisième condamnation de la France, v. not. M. Miné, « Le droit du temps de travail à la lumière de la Charte sociale européenne », *Sem. soc. Lamy* 2011, n° 1475, p. 7 ; S. Laulom, L'organisation du temps de travail sous l'influence des droits sociaux européens, *RDT* 2011. 298 ; J.-F. Akandji-Kombe, Réflexions sur l'efficacité de la Charte sociale européenne : à propos de la décision du Comité européen des droits sociaux du 23 juin 2010, *RDT* 2011. 233. Sur les condamnations antérieures, v. not. J.-Ph. Lhernould, *RJS* 6/02, p. 513.

2. Soc. 29 juin 2011, *Moulin*, n° 09-71.107 P, *Sem. soc. Lamy* 2011, n° 1499, p. 9, obs. M.-F. Mazars et P. Flores ; *RDT* 2011. 474, controverse B. Van Craeynest et P. Masson ; *ibid*. 481, obs. M.-F. Mazars, S. Laulom et C. Dejours ; A. Lyon-Caen, *Dr. ouvrier* 2012. 171 ; *D*. 2012. 901, pan., obs. J. Porta ; 31 janv. 2012, n° 10-19.807 P. Dans le même sens, v. not. Soc. 31 janv. 2012, n° 10-19.807 P. ; 26 sept. 2012, n° 11-14.540 P, *RDT* 2013. 273, obs. S. Amalric. L'arrêt susvisé du 29 juin 2011 précise que la violation par l'employeur des garanties conventionnelles impératives conduit à l'inapplicabilité de la convention de forfait-jour.

3. Une telle garantie n'est pas assurée par une convention collective qui se contente de mentionner l'obligation faite aux salariés de respecter les durées minimales de repos, ni par une convention qui se contente de renvoyer aux contrats individuels pour fixer des protections : Soc. 31 janv. 2012, n° 10-19.807 P ; une clause de suivi individuel des salariés deux fois par an ne garantit pas non plus que « l'amplitude et la charge de travail restent raisonnables » : Soc. 24 avr. 2013, n° 11-28.398 P., *RDT* 2013.493, note M. Véricel.

4. B. Boubli, Forfaits en jours : conditions de validité et recours, *Sem. soc. Lamy* 2013, n° 1585, p. 8 ; *ibid*., n° 1586, p. 7.

travail étant une durée hebdomadaire constante, celle de la *libre répartition du temps de travail dans la journée.*

Si l'horaire est toujours en principe collectif et hebdomadaire, les exceptions se sont multipliées. Les modes de répartition du temps de travail se sont diversifiés, qu'il s'agisse de répartition collective ou individuelle (§ 1), de répartition par semaine (§ 2), sur quatre semaines au plus (§ 3), sur plus de quatre semaines (§ 4), de jour ou de nuit (§ 5). Le sens de l'évolution législative est un assouplissement de plus en plus débridé permettant aux directions des entreprises d'ajuster, dans une certaine mesure, la main-d'œuvre disponible à un allongement de la durée d'utilisation des équipements ou aux variations de l'activité. Il permet aussi de répondre, dans certains cas, à des aspirations des salariés.

§ 1. Répartition collective ou individuelle

A. La règle de l'horaire collectif

815 Le Code n'énonce pas cette règle, dont la positivité est cependant certaine. Les « décrets 40 heures » étaient et demeurent fondés sur elle. Il s'agit très précisément d'une règle implicite que présupposent quelques dispositions, tel l'article L. 3122-33 autorisant à « déroger à la règle de l'horaire collectif de travail » en instaurant des horaires individualisés, ou l'article L. 3122-26 permettant à tout salarié de bénéficier d'aménagements de son horaire de travail pour la pratique régulière d'un sport [1].

L'uniformité de l'horaire pour l'ensemble du personnel facilite les contrôles de l'Inspection du travail. L'horaire étant obligatoirement affiché dans l'établissement et communiqué à l'inspecteur compétent (C. trav., art. L. 3171-1, D. 3171-1 s.), il est aisé de vérifier si la réglementation de la durée du travail (durée maximale journalière, durée maximale hebdomadaire, heures supplémentaires…) est respectée. L'uniformité de l'horaire présente, en revanche, quelques inconvénients soit en raison même de l'activité de l'entreprise, soit en raison des souhaits des salariés. Face à la règle de principe, des exceptions sont aujourd'hui plus largement admises avec l'organisation du travail en équipes et avec l'instauration d'horaires individualisés.

B. Les travaux en équipes

816 La formule d'équipes travaillant à des heures différentes n'a cessé de se diversifier.

817 ***Équipes successives, équipes chevauchantes ou alternantes*** ◊ D'assez nombreuses dérogations à l'horaire collectif ont été admises, dès 1936,

1. Elle n'a de sens et d'utilité que si est présupposée la règle (de principe) de l'horaire collectif.

pour permettre à des entreprises de fonctionner de façon ininterrompue ou du moins prolongée. Dans la formule encore la plus connue, des équipes de salariés *se succèdent* (« 3x8 », « 4x8 », « 5x8 ») pour assurer la production sans interruption la nuit, le dimanche et les jours fériés (travail en continu) ou avec un arrêt hebdomadaire (semi-continu).

Les dispositions traitant du travail en équipes successives et des conditions d'organisation de cette formule apparaissent au titre des dérogations au repos dominical. L'article L. 3132-14 l'admet dans « les industries et entreprises industrielles » et la subordonne à sa prévision par une convention ou un accord collectif étendu ou une convention ou un accord collectif d'entreprise, à défaut à une dérogation accordée par l'inspecteur du travail (C. trav., art. R. 3132-9). Notons que la durée du travail des salariés travaillant de façon permanente en équipes successives selon un *cycle continu* [1] ne doit pas être supérieure en moyenne, sur une année, à 35 heures par semaine travaillée (C. trav., art. L. 3132-15) [2].

Les « décrets 40 heures » interdisaient le travail par relais et n'autorisaient que très exceptionnellement la pratique des équipes chevauchantes (deux équipes commencent et terminent le travail à des heures différentes mais se retrouvent ensemble à certaines heures de la journée) ou des équipes alternantes (deux équipes « alternent » au cours de la journée sur les mêmes postes de travail, ce qui entraîne une très grande amplitude de la journée de travail) [3]. Cette organisation du travail était autorisée notamment pour le personnel soignant des établissements hospitaliers, pour le personnel de vente dans le commerce de détail, pour le personnel de garde dans les hôtels.

818 ***Les équipes de suppléance*** [4] ◊ Plus récente que les précédentes, cette formule ne concerne que le secteur industriel. Elle a pour but de permettre d'utiliser les équipements sept jours sur sept malgré le repos hebdomadaire

1. Ce *cycle continu* (l'usine ou l'atelier fonctionne en continu, grâce aux équipes successives) ne doit pas être confondu avec le *cycle de travail*, forme d'aménagement du temps de travail par répartition de l'horaire sur plusieurs semaines, prévue par le Code depuis 1987 et inclus depuis la loi du 2 août 2008, dans le régime des art. D. 3122-7-1 s. C. trav. (v. ss 822 s.). V. : M. Morand, Cycle continu ou cycle de travail : la confusion des genres, *Sem. soc. Lamy* 2008, n° 1354, p. 4 (à propos de Soc. 26 mars 2008, n° 06-45.578 P, *Sem. soc. Lamy* 2008, n° 1349, p. 12, rapp. H. Gosselin).

2. Cette disposition s'applique dès lors que l'entreprise adopte cette organisation même si l'une des équipes a parfois un horaire normal ; toute heure effectuée au-delà de cette durée ouvre donc droit à la majoration de salaire et au repos compensateur des heures supplémentaires (Soc. 7 déc. 1999, *Bull. civ.* V, n° 477, 478 ; *Dr. soc.* 2000. 77, concl. S. Kherig). Ce texte date de l'ordonnance de 1982 qui avait ainsi imposé, pour ces entreprises, un passage précoce aux 35 heures et a suscité, dans nombre d'entreprises, la création d'une cinquième équipe, c'est-à-dire le passage des 4x8 aux 5x8 (J. Bunel, L'accord BSN sur la réduction du temps de travail des salariés postés : conditions et enjeux du progrès social, *Dr. soc.* 1982. 543).

3. Ex. d'équipes chevauchantes : une équipe A travaille de 7 h à 14 h 30, une équipe B de 10 h 30 à 18 h. Ex. d'équipes alternantes : une équipe A travaille de 7 h à 10 h 45 et de 14 h 30 à 18 h 15, une équipe B travaille de 10 h 45 à 14 h 30 et de 18 h 15 à 22 h.

4. G. Vachet, La semaine comprimée, *Le temps de travail*, préc., p. 42.

du personnel. Une équipe de salariés remplace une autre équipe dont les membres prennent leur repos de fin de semaine ; l'équipe de suppléance travaillera ainsi un, deux ou trois jours par semaine, selon la durée des congés hebdomadaires dans l'entreprise (le dimanche, presque toujours le samedi, assez souvent le vendredi ou éventuellement le lundi).

Cette pratique des équipes de suppléance (ou « équipes spéciales de fin de semaine »), dérogatoire aux règles sur le repos hebdomadaire, est licite depuis 1982 dans les conditions des articles L. 3132-16 et suivants. Selon ces textes, une convention ou un accord collectif étendu ou un accord d'entreprise ou d'établissement [1] peut prévoir l'organisation de deux groupes dont l'un a pour seule fonction de suppléer l'autre pendant le ou les jours de congés accordés à celui-ci en fin de semaine. En l'absence de convention ou accord collectif concernant cette question, l'employeur peut solliciter de l'inspection du travail l'autorisation de faire travailler une équipe de suppléance ; celle-ci sera éventuellement accordée après consultation des délégués syndicaux et avis du comité d'entreprise ou des délégués du personnel, s'ils existent.

La rémunération des salariés des équipes de suppléance est majorée d'au moins 50 % par rapport à ce qu'elle serait pour une durée équivalente de travail selon l'horaire normal de l'entreprise. Cette majoration s'applique aussi bien aux heures travaillées le vendredi qu'à celles travaillées un samedi ou un dimanche. Mais la majoration ne s'applique pas lorsque les salariés de l'équipe de suppléance remplacent durant la semaine les salariés partis en congé (C. trav., art. L. 3132-19).

La durée journalière du travail des salariés affectés aux équipes de suppléance peut atteindre douze heures lorsque la durée de la période de recours à ces équipes n'excède pas 48 heures consécutives. Lorsque cette durée est supérieure à 48 heures, la journée de travail des salariés concernés ne peut excéder dix heures (C. trav., art. R. 3132-11 entrant dans les prévisions de dérogation de l'article L. 3121-34 sur la durée maximale quotidienne).

C. Les horaires individualisés [2]

819 ***Une mise en place conditionnée à l'accord du CE*** ◊ Les horaires individualisés, « à la carte », se sont développés depuis les années 1970. Ils consistent à fixer une période quotidienne de présence obligatoire, encadrée de « plages » à l'intérieur desquelles chaque salarié choisit librement son heure de début et de fin du travail, selon ses convenances et ses impératifs familiaux ou sociaux (en supprimant la hantise du retard). Chacun

1. La convention ou l'accord collectif comporte obligatoirement des dispositions concernant la formation du personnel travaillant en équipes de suppléance et la rémunération du temps de formation. Ils doivent aussi prévoir les modalités d'exercice du droit des salariés de l'équipe de suppléance d'occuper un emploi autre que de suppléance.

2. J. Pélissier, Les horaires individualisés, *Dr. soc.* 1981. 554.

doit faire en sorte d'effectuer sa durée hebdomadaire, mais tous ne travaillent pas exactement en même temps. Cette pratique a été admise et encouragée par la loi du 27 décembre 1973 relative à l'amélioration des conditions de travail.

Aux termes des articles L. 3122-23 et suivants, les employeurs sont autorisés, pour répondre aux demandes de certains travailleurs, à pratiquer des horaires individualisés sous réserve que le comité d'entreprise ne s'y oppose pas et que l'inspecteur du travail soit préalablement averti. Dans les entreprises qui ne disposent pas d'une représentation du personnel, la pratique des horaires individualisés est autorisée par l'inspecteur du travail après qu'a été constaté l'accord du personnel.

Les horaires individualisés peuvent entraîner, dans la limite d'un nombre d'heures fixé par décret, « des reports d'heures d'une semaine à une autre sans que ces heures aient d'effet sur le nombre et le paiement des heures supplémentaires » [1].

§ 2. Répartition dans la semaine

820 ***Diversification et bouleversement des textes*** ◊ Il faut rappeler que la durée légale était, à l'origine, une limitation ou une mesure de temps de travail de chaque semaine. Ce principe demeure : la durée du travail est, en principe, de 35 heures chaque semaine, et c'est par semaine civile que se décomptent les heures supplémentaires. L'affaiblissement de cette dimension de l'institution est un aspect marquant de l'évolution législative depuis 1982. Les progrès de la référence à une durée annuelle du travail ont été constants et rapides [2]. La dernière étape de cette évolution a été la loi du 20 août 2008 laquelle a profondément remodelé la matière.

821 ***Nombre de jours de travail dans la semaine*** ◊ Les décrets auxquels renvoie l'article L. 3121-52 doivent notamment régler la répartition et l'aménagement du temps de travail (C. trav., art. L. 3122-46), sachant que la règle sur le repos hebdomadaire (C. trav., art. L. 3132-1 : « il est interdit de faire travailler un même salarié plus de six jours par semaine ») crée une contrainte de base. Ces décrets sont, pour la grande majorité des branches, des « décrets 40 heures », qui retiennent trois modalités de répartition du temps travaillé dans la semaine : sur six jours, cinq jours et demi, ou cinq jours. Mais s'ils restent largement applicables, ils sont exposés à dérogation par convention ou accord collectif de branche étendu ou par convention ou accord collectif d'entreprise ou d'établissement (C. trav.,

---

1. L'art. R. 3122-2 C. trav. précise qu'à défaut de convention ou d'accord collectif étendu ou bien d'accord d'entreprise ou d'établissement (dont ne peut tenir lieu un accord entre l'employeur et le comité d'entreprise), le report ne peut excéder 3 heures par semaine et le cumul des reports ne peut avoir pour effet de porter le total des heures reportées à plus de 10. V. : Soc. 21 févr. 2007, *RDT* 2007. 462, obs. M. Véricel.
2. L. Merlin, La durée annuelle du travail : une figure en hausse, *Dr. soc.* 1999. 863.

art. L. 3121-53, L. 3122-47), notamment dans leurs dispositions relatives à la répartition des horaires de travail à l'intérieur de la semaine [1]. Un tel accord peut donc autoriser ou prévoir la répartition sur quatre jours ou jours et demi. Et si aucun décret n'est applicable dans l'entreprise, l'employeur dispose de la plus grande marge de manœuvre sous réserve de l'application des dispositions sur la durée maximale quotidienne du travail, le repos hebdomadaire et les jours fériés.

Le choix appartient à l'employeur. Mais il doit engager chaque année une négociation avec les syndicats implantés dans l'entreprise sur l'organisation du temps de travail (C. trav., art. L. 2242-8).

§ 3. **Répartition sur plus d'une semaine, sans convention collective**

822 ***Modulation sur quatre semaines au plus*** ◊ Depuis la loi du 20 août 2008 et ses décrets d'application, une certaine modulation du temps de travail sur une période supérieure à la semaine est possible en l'absence de convention collective. Cette modulation unilatérale est possible sur **quatre semaines au plus** (C. trav., art. D. 3122-7-1 s.). Une semaine pourra ainsi être travaillée 45 heures, la suivante 25 heures, la troisième 48 heures et la dernière de 22 heures. Puis, le rythme reprendra pour une nouvelle série de quatre semaines...

Ce mode d'organisation du temps de travail peut être imposé par l'employeur sans convention collective, après consultation des représentants du personnel. Seules les heures travaillées au-delà de 35 heures par semaine *en moyenne* sur quatre semaines et les heures travaillées au-delà de 39 heures par semaines seront considérées comme des heures supplémentaires.

La régularité mensuelle de l'organisation du temps de travail n'est qu'un principe. L'employeur pourra modifier cette répartition indicative librement, pour peu qu'il respecte un délai de prévenance de sept jours ouvrés (C. trav., art. D. 3122-7-1, al. 5). Seules les très grandes amplitudes dans le changement des horaires (comme un passage d'horaires de jour à des horaires de nuit) pourront être refusées par le salarié [2].

Il demeure qu'en principe cette modulation sans convention collective reste limitée dans le temps (4 semaines) et dans l'amplitude (les heures travaillées au-delà de 39 heures par semaine restent des heures supplémentaires). Elle est sensiblement moins dangereuse qu'une modulation sur plusieurs mois ou sur l'année. Elle n'en reste pas moins porteuse de risques, notamment en ce qu'elle accroît les facultés accordées à l'employeur de faire varier unilatéralement les horaires. Et cet accroissement du pouvoir unilatéral peut s'imposer sans convention collective.

---

1. Soc. 30 sept. 1997, *RJS* 12/97, n° 1381.
2. V. ss 622.

§ 4. Répartition sur plus d'une semaine, avec convention collective

823 ***Un accord nécessaire*** ◊ Aux termes de l'article L. 3122-2, une convention d'entreprise ou, à défaut, une convention de branche peut organiser la répartition du temps de travail sur une période supérieure à la semaine et au plus égale à l'année.

Cet accord doit contenir plusieurs clauses obligatoires, prévues par l'article L. 3122-2. La médiocrité de ces exigences dessine en creux l'amplitude de ce qu'une modulation conventionnelle peut organiser.

Selon l'article L. 3122-2, 3°, l'accord doit prévoir les conditions de prise en compte, pour la rémunération, des absences ainsi que des arrivées et départ en cours de période, ce qui appelle peu de commentaire.

Selon l'article L. 3122-2, 2°, l'accord doit aussi prévoir les limites pour le décompte des heures supplémentaires. Il s'agit du seuil à partir duquel les heures travaillées ne pourront plus être compensées par des heures non travaillées au cours d'autres semaines, mais seront considérées comme des heures supplémentaires devant être payées pour le mois où elles sont travaillées. Aucune limite maximale pour la fixation de ce seuil n'est désormais fixée par la loi. Rien n'interdit par conséquent de fixer ce seuil au niveau des durées maximales absolues de durée du travail hebdomadaire... Ce qui privera la disposition conventionnelle de tout effet utile et condamnera les salariés à ne pouvoir recevoir le paiement d'heures supplémentaires qu'une fois à la fin de chaque période de modulation, les heures travaillées au-delà de la moyenne de 35 h par semaine pouvant alors seulement être connues.

L'accord doit encore prévoir certains éléments relatifs à la répartition de la durée et à la fixation des horaires, questions cruciales en la matière, de très importantes variations pouvant avoir lieu d'un jour à l'autre, d'une semaine à l'autre, d'un mois à l'autre.

824 ***Information et modification de la durée du travail et des horaires*** ◊ Selon l'alinéa 5 de l'article L. 3122-2 : « Lorsque l'accord s'applique aux salariés à temps partiel, il prévoit les modalités de communication et de modification de la répartition de la durée et des horaires de travail ». Ce texte semble signifier, *a contrario*, que lorsque les salariés à temps partiel ne sont pas soumis à la modulation prévue par l'accord, ces conditions d'information n'ont pas à être spécifiées. En revanche, lorsque ces salariés sont visés, la spécification des modalités de communication et de modification de la durée et des horaires semble nécessaire pour tous les salariés, qu'ils soient ou non à temps partiel. Cette solution littérale apparaît curieuse. L'information sur la durée et la répartition du temps de travail, ainsi que sur les conditions de leur modification sont cruciales pour tous les salariés et dans tous les cas.

Fort heureusement, l'article L. 3171-1 du Code du travail demeure. Il impose l'affichage des heures de début et de fin du travail et celui des heures et de la durée des repos. Il précise qu'en cas de modulation par accord collectif, cet affichage doit préciser la répartition de la durée du travail au cours de la période de modulation. L'exigence d'un programme indicatif de modulation, dont la connaissance est mise à la portée des salariés est ainsi confirmée.

Cette protection apparaît minimale. La notification à chaque salarié concerné n'est pas impérative. Et surtout, la prévision d'un programme indicatif n'interdit pas la modification unilatérale de ce programme.

825 À cet égard, l'accord de modulation doit fixer « Les conditions et délais de prévenance des changements de durée ou d'horaire de travail » (C. trav., art. L. 3122-2, 1°). L'alinéa 6 de cet article prévoit toutefois qu'en l'absence de fixation du délai de prévenance d'une telle modification, ce délai est « fixé à sept jours ». Ce qui appelle au moins deux commentaires.

– Le texte ne précise pas s'il s'agit de jours ouvrés ou calendaires. On peut penser, par analogie avec l'article D. 3122-7-1, alinéa 5 du Code du travail, qu'il s'agit de jours ouvrés. Mais la question est ouverte.

– Le texte ne fixe pas de délai de prévenance minimal. Cette absence apparaît assez hallucinante. Faut-il en déduire qu'avec une clause en ce sens un employeur pourrait prévenir ses salariés de leurs horaires de travail du jour au lendemain, voire d'heure à heure, par simple voie d'affichage ? Le temps de travail modulé peut-il alors se transformer en une sorte d'astreinte permanente ? Pareils excès ne sont pas formellement exclus... Cependant, en supprimant tout temps où le salarié peut organiser une vie personnelle digne de ce nom, de telles stipulations sont des restrictions aux droits et libertés fondamentaux de la personne, à commencer par son droit à la vie privée. Comme telles, elles doivent être justifiées et proportionnées, par application de l'article L. 1121-1 du Code du travail. Ce qui se révélera particulièrement difficile à démontrer s'agissant de clauses prévoyant de possibles modifications sans justifications suffisantes ni délai suffisant.

Il conviendra donc de garder à l'esprit le respect des droits fondamentaux des salariés lors de la rédaction de la clause de variation unilatérale d'un accord collectif de modulation.

826 ***Calcul des heures supplémentaires et de la rémunération*** ◊ Sous l'empire d'un accord de répartition du temps de travail sur une durée supérieure à la semaine, les heures supplémentaires ne sont plus que des heures travaillées au-delà de la durée légale du travail *en moyenne*, sur la période de modulation prévue (C. trav., art. L. 3122-4). Plus précisément, le texte dispose que constituent des heures supplémentaires, selon le cadre retenu pour leur décompte par l'accord :

– soit les heures effectuées au-delà de 1 607 heures annuelles (représentant la durée légale sur l'année) ou de la limite annuelle moins élevée éventuellement fixée par l'accord collectif, déduction faite, s'il y a lieu, des heures supplémentaires effectuées au-delà de la « limite haute hebdomadaire » éventuellement fixée par cet accord, et déjà comptabilisées ;

– soit les heures effectuées au-delà de la moyenne de 35 heures calculée sur la période de référence fixée par l'accord ou le décret, déduction faite des heures supplémentaires accomplies au-delà de la même limite haute hebdomadaire que pourrait fixer l'accord ou le décret, et déjà comptabilisées.

Les heures supplémentaires ainsi identifiées donnent lieu au versement des contreparties déjà examinées.

Enfin, l'article L. 3122-5 permet à l'accord collectif organisant une variation de la durée hebdomadaire sur tout ou partie de l'année, de détacher la rémunération mensuelle du nombre d'heures effectivement réalisées tel ou tel mois. On pense au lissage des salaires qui organise le paiement de la même somme tous les mois aux salariés, selon un calcul de la durée du travail mensuelle, *en moyenne sur l'année* [1]. Ce lissage des salaires n'est toutefois pas la seule modalité désormais possible, le texte semblant laisser toute latitude à la convention collective pour fixer les modalités de versement de la rémunération. Pareille liberté formelle pourrait toutefois s'avérer trompeuse : l'idée du texte demeure d'assurer une certaine régularité. Cette finalité ne saurait être détournée aux fins de retarder la rémunération due au salarié au-delà du raisonnable.

De plus, si l'accord prévoit des limites à la possible modulation, les heures supplémentaires accomplies au-delà de cette limite doivent être rémunérées (au taux majoré) avec le salaire du mois considéré (C. trav., art. L. 3122-5, al. 2).

827 ***L'accord individuel des salariés concernés*** ◊ La mise en place d'un accord de modulation du temps de travail peut conduire à d'importantes variations dans l'organisation du temps de travail, avec les risques que cela implique dans l'organisation de la vie personnelle du salarié. Pourtant, le législateur a considéré que le passage par accord collectif d'une répartition traditionnelle du temps de travail à un temps modulé pouvait être imposé au salarié sans modification de son contrat individuel de travail [2]. Cette solution discutable pourrait être limitée dans ses effets. Le niveau de la rémunération est contractuel. La baisse de rémunération est donc une modification du contrat susceptible d'être refusée par le salarié. Un accord de modulation pourrait donc être refusé par les salariés si son application conduit à la perte d'une partie de rémunération (par disparition des heures supplémentaires).

1. Le salarié percevra chaque mois un douzième de sa rémunération annuelle, quel que soit le nombre d'heures travaillées dans le mois (à condition que ce nombre reste dans la fourchette prévue dans l'accord d'annualisation). Un alinéa introduit dans l'art. L. 212-8-5 C. trav. par la loi de janv. 2000 disposait qu'« en cas de rupture du contrat de travail pour motif économique intervenant après ou pendant une période de modulation, le salarié conserve intégralement le supplément de rémunération qu'il a, le cas échéant, perçu par rapport au nombre d'heures effectivement travaillées ». Il consacrait une solution jurisprudentielle (Soc. 10 mai 1989, *RJS* 6/89, n° 503) et a été emporté par la loi d'août 2008.

2. C. trav., art. L. 3122-6 issu de la L. du 22 mars 2012. Sur la solution antérieure contraire, v. Soc. 28 sept. 2010, n° 08-43.161 P, *Sem. soc. Lamy* 2010, n° 1464, note F. Favennec-Héry ; *ibid.* 2010, n° 1472, p. 12, note P. Florès.

828 ***Options ouvertes*** ◊ Comme on le voit, les exigences légales pour que soit mis en place un accord de modulation du temps de travail sont devenues, depuis la loi du 20 août 2008, peu nombreuses. Il en résulte une véritable simplification du droit, par destruction des protections antérieures. Les interlocuteurs sociaux se sont ainsi vus reconnaître une très grande liberté. Celle-ci leur permettra d'adopter – ou bien conserver – l'une des formules que le Code proposait et réglait jusqu'alors [1]. Elle leur permettra aussi d'inventer des formules de répartition inédites, l'inventivité pouvant alors se faire pour le meilleur ou, il faut le craindre, pour le pire.

§ 5. Travail de jour, travail de nuit

829 ***Évolutions*** ◊ Dans la limite de la durée maximale de la journée de travail, le Code ne fixait pas, jusqu'à une date assez récente, de règle générale de répartition du temps quotidien. Existaient seulement des dispositions propres aux femmes et aux jeunes, visant notamment à les protéger du travail de nuit. Cette situation a évolué pour deux raisons. La tendance à l'annualisation et à l'individualisation du temps de travail, en faisant disparaître les protections liées au cadre hebdomadaire et collectif, a incité à réglementer la journée de travail, ne serait-ce que pour des raisons de santé et de sécurité. Et une certaine interprétation d'une norme d'égalité entre hommes et femmes a appelé la suppression de certaines protections légales propres à ces dernières. Sur chacun de ces deux plans, le droit communautaire a puissamment contribué aux évolutions du droit français.

A. Le régime général du travail de nuit

830 ***Historique*** ◊ La République française a été condamnée par la Cour de justice des Communautés européennes pour avoir méconnu le principe de l'égalité professionnelle entre les hommes et les femmes. La directive européenne du 9 février 1976 était suffisamment précise pour imposer aux États membres de ne pas ou plus interdire le travail de nuit des femmes dans l'industrie (même si cette interdiction comporte des dérogations), alors qu'il n'existe aucune interdiction analogue pour les hommes [2]. Le législateur français, en mettant tardivement le droit national en conformité avec le droit communautaire, a choisi de ne pas se borner à abroger une règle propre aux femmes et d'introduire un régime nouveau du travail

---

1. L. d'août 2008, art. 20, V, de la énonce que restent en vigueur les accords (de modulation, instaurant un système de cycle de travail, etc.) conclus en application d'articles abrogés ou modifiés par lui.

2. CJCE 13 mars 1997, *RJS* 4/97, n° 493. Cet arrêt de condamnation avait été précédé de deux arrêts interprétatifs sur des questions posées par des juridictions pénales françaises et qui mettaient déjà en évidence le défaut de conformité du droit français : CJCE 25 juill. 1991, *Stoeckel, D.* 1991. 443, note J.-G. Huglo ; *Dr. soc.* 1992. 174, note M. A. Moreau ; 2 août 1993, *Lévy, D.* 1993. 577, note J.-Ch. Pettiti.

de nuit avec le souci de protéger les salariés, hommes ou femmes, contre les effets néfastes du travail nocturne sur la santé, la sécurité et la vie privée des travailleurs [1].

831 ***Notions de « travail de nuit » et de « travailleur de nuit »*** ◊ le *travail de nuit* est, en principe, tout travail entre 21 heures et 6 heures (C. trav., art. L. 3122-29) [2]. Une autre période de 9 heures consécutives comprise entre 21 heures et 7 heures peut être substituée à cette période légale par un accord collectif étendu ou un accord d'entreprise ou d'établissement.

Est *travailleur de nuit* tout salarié :

– qui accomplit, au moins deux fois par semaine, selon son horaire de travail habituel, au moins trois heures de son travail quotidien entre 21 heures et 6 heures ou entre 24 heures et 7 heures dans les cas dérogatoires ;

– ou qui accomplit, au cours d'une période de référence, un nombre minimal d'heures de travail de nuit ; ce nombre minimal est de 270 heures de travail accomplies pendant une période de 12 mois consécutifs (C. trav., art. R. 3122-8). Ce seuil est franchi si l'horaire habituel du salarié conduirait à un tel nombre annuel d'heure et ce même si le salarié n'a pas effectué certaines de ces heures habituelles, pour cause d'absence, de congés ou de maladie par exemple, et que son nombre d'heures effectivement travaillées de nuit est resté de ce fait inférieur à 270 [3].

832 ***Régime*** ◊ Le recours au travail de nuit « *est exceptionnel* » (C. trav., art. L. 3122-32), un employeur ne peut décider unilatéralement d'instaurer cette forme de travail et, lorsqu'elle est régulièrement mise en œuvre, les salariés bénéficient de règles protectrices particulières.

La mise en place du travail de nuit dans une entreprise est *subordonnée à la conclusion préalable* d'une convention ou d'un accord collectif, qui peut être soit une convention ou un accord de branche étendu, soit un accord d'entreprise ou d'établissement (C. trav., art. L. 3122-33). Cet instrument doit comporter les justifications du recours au travail de nuit, qui, selon la loi, ne peuvent résulter que de la nécessité d'assurer la continuité de l'activité économique ou des services d'utilité sociale (C. trav., art. L. 3122-32). Néanmoins lorsque l'employeur a engagé sérieusement et loyalement des négociations tendant à la conclusion d'un accord, il peut éventuellement, en cas d'échec de la négociation, obtenir de l'inspecteur du travail l'autorisation d'affecter les travailleurs à des postes de nuit (C. trav., art. L. 3122-36) [4].

---

1. L. du 9 mai 2001 relative à l'égalité professionnelle entre les hommes et les femmes (C. trav., art. L. 3122-29 s.).

2. Pour les activités de production de presse, de radio, de télévision, de production et d'exploitation cinématographiques, de spectacles vivants et de discothèque, la période de nuit est fixée entre 24 heures et 7 heures (C. trav., art. L. 3122-30).

3. Soc. 7 mars 2012, n° 10-21.744 P, *Sem. soc. Lamy* n° 1533, p. 12, obs. C. Goasguen ; *RDT* 2012. 432, obs. M. Véricel.

4. Cet article précise ce qu'il faut entendre par négociations loyales et sérieuses. Les art. R. 3122-16, R. 3122-17 C. trav. précisent comment doit être formulée cette demande, les

Le travail de nuit régulièrement mis en place est assujetti à des règles légales qui concernent aussi bien sa durée, les contreparties auquel il donne droit, le bénéfice d'une surveillance médicale spéciale, que le droit pour les salariés d'accéder à ce type de travail ou de le refuser dans certains cas. La durée quotidienne du travail effectué par un travailleur de nuit *ne peut excéder huit heures* (des dérogations sont possibles) et la durée hebdomadaire de travail des travailleurs de nuit, calculée sur une période quelconque de douze semaines consécutives, *ne peut dépasser quarante heures* [1]. L'accord collectif doit préciser les *contreparties* au travail de nuit sous forme de repos compensateur et, le cas échéant, sous forme de compensation salariale (C. trav., art. L. 3122-39) [2]. La compatibilité de l'état de santé du salarié avec le travail de nuit fait non seulement l'objet d'un contrôle préalable à l'affectation du salarié à un poste de nuit, mais elle est vérifiée régulièrement (au moins tous les six mois) par le médecin du travail. Si celui-ci constate que l'état de santé est devenu incompatible avec le travail de nuit, l'employeur doit transférer le salarié à titre définitif ou temporaire sur un poste de jour correspondant à sa qualification et aussi comparable que possible à l'emploi précédemment occupé. Enfin, le Code dispose que les salariés de l'entreprise sont prioritaires pour occuper les postes de jour ou de nuit répondant à leur catégorie professionnelle, qui deviennent vacants (art. L. 3122-43). Il précise aussi qu'un employeur ne peut sanctionner et *a fortiori* licencier un salarié qui refuserait de passer du travail de jour à un travail de nuit lorsque celui-ci est incompatible avec des obligations familiales impérieuses, notamment avec la garde d'un enfant ou la prise en charge d'une personne dépendante (C. trav., art. L. 3122-45).

B. Travail de nuit des jeunes

833 ***Des protections accrues*** ◊ Le travail de nuit est, en principe, interdit pour les jeunes travailleurs âgés de moins de dix-huit ans et pour les jeunes

documents qui doivent l'accompagner ; l'inspecteur du travail doit faire connaître sa décision dans les 30 jours qui suivent la réception de la demande. Les recours dirigés contre cette décision doivent être formés dans le mois suivant la date à laquelle les intéressés en ont reçu notification, et sont portés devant le directeur régional du travail.

1. La convention ou l'accord de branche étendu, l'accord d'entreprise ou d'établissement peut porter cette limite à 44 heures lorsque les caractéristiques propres à l'activité du secteur le justifient. À défaut de convention ou d'accord de branche étendu, un décret peut fixer la liste des secteurs pour lesquels cette durée est fixée entre 40 et 44 heures (C. trav., art. R. 3122-9 s.).

2. L'élargissement de la définition du travail de nuit par la loi du 9 mai 2001 (21 h-6 h, au lieu de 22 h-5 h) a eu une incidence sur le paiement des majorations salariales prévues par accord collectif : sont-elles dues pour les heures devenues « de nuit » ? Si la norme conventionnelle fixe la plage horaire (ex. : 22 h-5 h) pendant laquelle le travail ouvre droit à ces compensations, la survenance d'une nouvelle définition légale du travail de nuit est sans incidence et ne profite pas aux salariés sur ce plan (Soc. 21 juin 2006, *RDT* 2006. 322, obs. M. Véricel ; 3 oct. 2007, n° 06-44.051 D). En revanche, si elle ne fixe pas cette plage, la majoration de salaire est due pour chacune des heures de travail de nuit selon la définition légale en vigueur (Soc. 24 janv. 2007, *Dr. soc.* 2007. 649, obs. J. Barthélémy ; *RDT* 2007. 250, obs. M. Véricel ; *JCP S* 2007, 1218, note S. Brissy).

de moins de dix-huit ans qui accomplissent des stages d'initiation ou d'application en milieu professionnel dans le cadre d'un enseignement (C. trav., art. L. 3163-1).

Des dérogations sont possibles pour le travail effectué dans des établissements commerciaux ou du spectacle. Elles sont accordées par l'inspecteur du travail. Un décret de 2006 détermine les secteurs dans lesquels une dérogation peut être accordée. Il s'agit des secteurs de la boulangerie, de la pâtisserie, de la restauration, de l'hôtellerie, des spectacles et des courses hippiques (C. trav., art. R. 3163-1).

Les dérogations ne peuvent concerner que des jeunes ayant entre 16 et 18 ans, sauf lorsqu'il s'agit d'enfants travaillant dans une entreprise de spectacles ou exerçant une activité de mannequins (dans ces cas, les dérogations peuvent autoriser des jeunes de moins de 16 ans à travailler la nuit).

SECTION 3. LES REPOS ET CONGÉS

834 ***Diversité*** ◇ On trouve rassemblées dans les titres II du livre Ier de la troisième partie du Code du travail (« Repos et jour fériés », « congés payés et autres congés ») des dispositions régissant quelques institutions emblématiques du droit du travail. L'ensemble n'a cessé de s'enrichir : repos hebdomadaire, « congés payés », jours fériés, mais divers congés non rémunérés, congés pour événements familiaux, le repos quotidien, compte épargne-temps… Il s'agit là d'un ensemble moins homogène qu'il ne paraît. Il est des temps de repos auxquels le salarié a un droit et qu'il est en quelque sorte tenu d'exercer (repos hebdomadaire, congés annuels), d'autres sont des droits d'imposer une suspension. D'autres encore sont de simples droits à une autorisation d'absence. Si l'on s'interroge sur les fonctions de ces divers droits et mécanismes [1], il apparaît que se mêlent protection de la santé et de la vie personnelle du salarié, réduction du temps de travail (une forme marginale de « partage du travail ») et organisation de l'entreprise.

On s'attachera successivement aux temps de repos pris au cours d'une même journée ou d'une même période de 24 h. (§ 1), au repos hebdomadaire (§ 2), aux jours fériés (§ 3), aux congés annuels (§ 4), aux congés familiaux (§ 5), puis au groupe hétéroclite de ce qu'il faut se résigner à appeler les congés spéciaux (§ 6).

§ 1. **Les pauses et le repos quotidien**

Depuis la transposition tardive de la directive européenne n° 93/104 du 23 novembre 1993 [2] par la loi du 13 juin 1998, tout salarié doit bénéficier

1. F. Favennec-Héry, Le temps de repos : une nouvelle approche de la durée du travail, *RJS* 1999. 819 ; Ph. Waquet, Le temps de repos, *Dr. soc.* 2000. 288.
2. Remplacée par la Dir. n° 2033/88 du 4 nov. 2003.

d'un repos de vingt minutes toutes les six heures de travail et d'un repos quotidien de onze heures consécutives.

835 ***Réglementation des temps de pause*** ◊ La règle des vingt minutes de pause toutes les six heures de travail, prévue à l'article L. 3121-33 du Code du travail [1], ne souffre pas d'exceptions. Ce qui est bien exceptionnel pour une règle relative à la réglementation du temps de travail. Il est vrai que ce temps de repos, au milieu d'une journée de travail de douze heures, apparaît déjà bien réduit pour un salarié obligé dans ce délai de se nourrir et de satisfaire à des besoins naturels.

En sens inverse, la multiplication des pauses rendues obligatoires par l'employeur risque de hacher une journée de travail et de réduire le temps travaillé sans offrir aux salariés de véritables temps libre. Ainsi, un salarié qui alternerait deux heures de pause, puis une heure de travail, puis deux heures de pauses... tout au long d'une journée, peut commencer le travail à 6 h. du matin, le terminer à 19 h. et n'avoir droit qu'à un salaire correspondant au 5 h. qu'il a travaillé entre ses pauses. Pour éviter cette contrainte disproportionnée par rapport au salaire reçu, la loi à interdit que les travailleurs à temps partiel souffrent de plus d'une interruption d'activité ou une interruption supérieure à deux heures (C. trav., art. L. 3123-16). Cette protection est toutefois réservée aux seuls travailleurs à temps partiel. De plus, une convention d'entreprise ou de branche étendue peut y déroger en échange de « contreparties » spécifiques pour les salariés.

836 ***Temps de repos quotidien*** ◊ Le temps de repos quotidien est en principe de onze heures consécutives (C. trav., art. L. 3131-1). Cette durée peut être réduite à neuf heures par jour, par convention collective (C. trav., L 3131-2 et D 3131-3). Sans convention collective, le temps de pause quotidien peut aussi être réduit, en cas de travaux urgents ou de surcroît exceptionnels d'activité (C. trav., art. L. 3131-2).

De cette durée minimale de repos quotidien, la Cour de cassation a déduit l'existence d'une amplitude maximale de la journée de travail. L'amplitude de la journée de travail est le temps écoulé entre le début du travail et la fin du travail au cours d'une période de 24 h. Les pauses sont incluses dans l' « amplitude » de la journée de travail et celle-ci ne doit pas donc pas être confondue avec la « durée » du travail, qui ne compte que les période de temps de travail effectif. Le repos quotidien de principe étant de onze heures consécutives, l'amplitude maximale de la journée de travail est calculée en retranchant cette durée à 24 h. Elle est donc de treize

1. Une interruption de moins de vingt minutes n'interrompt pas le calcul de la durée du travail qui donne droit à une interruption de vingt minutes. Ainsi, une interruption inférieure au minimum légal ne dispense pas l'employeur d'accorder le temps de pause si, au total, au moins six heures ont été travaillées : Soc. 20 févr. 2013, 2 arrêts, n°s 11-26.793 P et 11-28.612 P)

heures par jour [1]. Dans les cas où le temps de repos consécutif est réduit à neuf heures consécutives, l'amplitude peut monter jusqu'à quinze heures par jour.

§ 2. Le repos hebdomadaire

837 ***Origine*** ◇ Consacré sous l'Ancien Régime par les ordonnances et les règlements corporatifs pour des motifs confessionnels, le repos dominical – accompagné de nombreuses fêtes religieuses chômées – gardera longtemps trace de cette origine. La Révolution tentera en vain de lui substituer la formule laïque des décadis et des fêtes nationales. Sous la Restauration, le catholicisme étant redevenu religion d'État, une loi de 1814 rétablira un repos dominical qui tombera en désuétude avec la monarchie de Juillet. Seuls bénéficiaient du repos hebdomadaire les enfants (L. du 22 mars 1841) et les femmes (L. du 2 nov. 1892). Souci des employeurs d'amortir leur matériel et exigences de la clientèle se conjuguaient pour imposer un travail quotidien. Les revendications et campagnes déclenchées aboutirent au vote de la loi du 13 juillet 1906, instituant le repos *hebdomadaire* et *dominical* en faveur des employés et ouvriers [2]. Si le repos hebdomadaire n'est plus contesté, l'obligation de le donner le dimanche est à l'origine d'autres campagnes, qui ont conduit à élargir les possibilités de déroger à la règle du repos dominical. Mais c'est en vain que la « légalité communautaire » de l'institution a été contestée [3]. Le repos hebdomadaire – mais non obligatoirement dominical – a été garanti par l'article 5 de la directive n° 93/104 du 23 novembre 1993 et, aujourd'hui, de la directive n° 2003/88 de 2003.

838 ***Domaine d'application*** ◇ D'abord prévu au profit des travailleurs des établissements industriels et commerciaux, le repos hebdomadaire a été étendu par des lois successives. Il bénéficie aujourd'hui aux personnes occupées dans le champ défini par l'article L. 3111-1, et, bien entendu, aux travailleurs assimilés à des salariés et auxquels les dispositions du Code du

1. Soc. 18 déc. 2001, 99-43.351 P, *RJS* 3/02, n° 294, *Dr. soc.* 2002. 353, obs. J. Barthélémy ; Soc. 23 septembre 2009, APEI, n° 07-44.226 P. Cette solution est une interprétation jurisprudentielle favorable aux salariés, qui s'appuie sur l'esprit de la règle du repos *quotidien* laquelle suppose qu'une période de 24 h doit compter 11 h de repos consécutives. Il aurait été possible d'interpréter les choses différemment et de noter qu'un salarié peut avoir une amplitude de journée de travail de vingt heures, pourvu que celle-ci soit bornée par deux périodes de repos de onze heures.

2. N. Chambelland-Liébault, Un repos dominical pour tous ? La L. du 13 juill. 1906, *Deux siècles de droit du travail. L'histoire par les lois* (dir. J.-P. Le Crom), Éd. de l'Atelier, 1998, p. 105.

3. Critique vaine au regard du droit communautaire de la concurrence (not. : CJCE 28 févr. 1991, *Union CGT de l'Aisne*, *D.* 1991. 343, note J.-G. Huglo : X. Prétot, Repos dominical et droit communautaire de la concurrence, *RJS* 1991. 483), comme de la Dir. n° 76-207 du 9 févr. 1976 relative à l'égalité de traitement entre hommes et femmes (Crim. 10 janv. 1995, *Bull. crim.* n° 9 ; 27 juin 1995, *JCP* 1996. II. 22573, note J.-H. Robert ; 2 mars 1999, *JCP E* 1999. 1492, note J.-J. Serret).

travail sont expressément déclarées applicables sans réserve en ce qui concerne ce repos hebdomadaire [1]. Des régimes particuliers sont prévus dans l'agriculture, la marine de commerce, les transports ferroviaires par suite de leurs exigences propres. La privation éventuelle du repos hebdomadaire donne lieu à un jour de repos compensateur ultérieur. Dans les établissements assujettis sont protégés tous les salariés, quelles que soient leurs fonctions (à l'exception des cadres dirigeants au sens de l'art. L. 3111-2 C. trav.) et leur mode de rémunération, même à la tâche ou au pourboire.

Se trouvent, en revanche, exclus du champ de la réglementation les travailleurs indépendants et leurs auxiliaires familiaux. Rien n'empêche donc un commerçant travaillant seul ou avec les siens [2] de maintenir son commerce en activité permanente, sans fermeture hebdomadaire, alors que l'établissement voisin utilisant un personnel salarié est contraint de fermer. Afin d'éviter cette atteinte au jeu normal de la concurrence, le législateur a prévu une procédure susceptible de conduire à l'édiction d'un règlement prescrivant la fermeture des établissements, quel que soit le personnel familial ou salarié assurant son fonctionnement. Par une heureuse formule de collaboration entre la profession et l'administration, l'article L. 3132-29 dispose que lorsqu'un accord est intervenu entre les syndicats patronaux et ouvriers d'une profession et d'une région déterminée, un arrêté préfectoral peut, sur leur demande, ordonner la fermeture des établissements au public pendant la durée du repos hebdomadaire [3].

839 ***Un repos hebdomadaire*** ◊ De la loi de 1906 sont issues deux règles distinctes et (apparemment) simples : l'une sur le principe du repos hebdomadaire, l'autre sur le jour de ce repos [4].

---

1. V. ss 203 s. Au contraire des dispositions relatives au 1er mai, aux congés payés et aux congés pour événements familiaux, celles concernant le repos hebdomadaire ne sont pas au nombre des dispositions du Code du travail « seules applicables » aux employés de maison par des particuliers (C. trav., art. L. 7221-2), dont la condition est largement régler par une convention collective.

2. Dont le concours peut avoir pour cause l'obligation, entre époux, de contribuer aux charges du mariage (si le droit français régit les effets de ce mariage, ou une institution analogue selon un droit étranger compétent en vertu des règles de conflit de lois applicables en France), ou relever de l'entraide familiale (v. ss 209).

3. L'application et l'interprétation de ce texte suscitent un abondant contentieux administratif (recours pour excès de pouvoir contre l'arrêté préfectoral) et pénal (poursuite contre l'employeur ou le chef d'entreprise contrevenant). Les arrêts des juridictions suprêmes sont nombreux (v. par ex. : CE 9 févr. 2000, *Adda*, *RJS* 6/00, n° 682). Les magasins à commerces multiples ont posé un problème lorsque la fermeture vise l'un de leurs rayons. En principe, ils appartiennent à une catégorie autonome et la mesure ne saurait s'appliquer au rayon (ameublement, par exemple) ou comptoir incorporé (Crim. 21 juill. 1976, *D.* 1976. IR 300). Il en va différemment lorsque le commerçant incriminé, dont l'entreprise est installée dans un établissement commercial à grande surface bénéficiaire d'une dérogation propre, conserve son entière liberté de gestion et demeure soumis aux règles de sa profession (Crim. 2 nov. 1978, *D.* 1979. IR 148). Pour la Cour de Luxembourg (28 févr. 1991, préc.), le choix du jour de fermeture obligatoire des commerces relève de la compétence de chaque État membre.

4. En cas de cumul d'infractions, les infractions à la règle du repos hebdomadaire et à celle du repos dominical doivent être réprimées distinctement (Crim. 25 nov. 1997, *RJS* 3/98, n° 322).

Aux termes de l'article L. 3132-1, « il est interdit d'occuper un même salarié plus de six jours par semaine » [1]. Ce repos doit avoir une *durée minimum de vingt-quatre heures consécutives* auxquelles s'ajoutent les *onze heures* du repos quotidien. Par ailleurs, les jeunes travailleurs de moins de dix-huit ans (ainsi que les jeunes accomplissant un stage d'initiation ou d'application en milieu professionnel dans le cadre d'un enseignement) bénéficient de deux jours de repos consécutifs (C. trav., art. L. 3164-2).

La règle de principe de l'article L. 3132-1 connaît divers tempéraments.

1) S'il est interdit à un employeur de faire travailler son personnel [2] plus de six jours par semaine, le salarié peut parfaitement travailler le jour de repos pour lui-même ou – solution plus discutable – pour un autre employeur, à la double condition de ne pas enfreindre les dispositions relatives au travail dissimulé (C. trav., art. L. 8221-1) et de ne pas dépasser la durée maximale hebdomadaire de travail.

2) À titre exceptionnel et temporaire, des dérogations sont prévues par les articles L. 3132-4 et s. en raison des circonstances ou de la nature particulière de l'entreprise. Par une distinction peu justifiée, aucun repos compensateur n'est prévu en cas de privation du repos hebdomadaire, concernant les travaux urgents pour prévenir ou réparer un accident (C. trav., art. L. 3132-4) ou dans les industries traitant des matières périssables (C. trav., art. L. 3132-5) ou dans les établissements travaillant pour le compte de l'État et dans l'intérêt de la défense nationale (C. trav., art. L. 3132-9), alors que le salarié bénéficiera d'un repos compensateur dans les usines à feu continu, les industries saisonnières [3], ou s'agissant du personnel employé à l'entretien.

840 ***Un repos dominical*** ◊ « Le repos hebdomadaire est donné le dimanche » (C. trav., art. L. 3132-3). Le débat autour de cette disposition plus que centenaire est récurrent [4]. Deux conceptions s'affrontent : l'une repose sur la confusion entre loisir et consommation, l'autre met en valeur la possibilité de se retrouver avec des proches au moins un jour par semaine, d'avoir un jour de repos commun pour tous, qui permette la vie familiale, associative, amicale. La première est encouragée par certains responsables

1. On notera que cet énoncé interdit de faire travailler au-delà d'une certaine limite plutôt qu'il n'attribue un droit au repos à partir de l'instant où cette limite est atteinte.

2. Le salarié victime de l'inobservation a droit à des dommages-intérêts (Soc. 1er févr. 1968, *Bull. civ.* V, n° 64).

3. Dans des activités ne fonctionnant qu'une partie de l'année, et déterminées par décret, le repos hebdomadaire peut être différé à condition que chaque travailleur bénéficie au minimum de deux jours de repos par mois (C. trav., art. L. 3132-7).

4. M. Massé, La fermeture hebdomadaire des établissements et l'évolution des techniques de commercialisation, *Dr. soc.* 1979. 80 ; S. Hennion-Moreau, La règle du repos dominical, *Dr. soc.* 1990. 434 ; F. Favennec-Héry et B. Grassi, Rigueur et incertitudes du principe du repos dominical, *ibid.* 1993.336 ; J. Savatier, L'assouplissement des règles sur le repos dominical, *ibid.* 1994.180 ; A. Bugada, Repos ou travail dominical ?, *Sem. soc. Lamy* 2008, suppl., n° 1352, p. 7 (qui plaide pour plus de souplesse de la part des juges de la légalité des arrêtés de dérogations, en attendant une nécessaire évolution des règles).

de la grande distribution désireux d'augmenter leur chiffre d'affaires en accueillant la clientèle le dimanche. Si ces pressions n'ont pas entraîné l'abrogation de l'article L. 3132-3 [1], elles sont à l'origine de l'élargissement continuel des exceptions qu'il connaît ou dérogations qu'il peut subir [2].

La règle cependant demeure. D'elle découlent plusieurs conséquences :

– l'interdiction de faire travailler le dimanche concerne tout le personnel, même les salariés qui ne travaillent dans l'établissement que le dimanche [3] (sous réserve de la mise en place d'équipes de suppléance) ;

– le salarié qui travaille (que son employeur fait travailler ?) habituellement le dimanche en violation des dispositions légales « subit un préjudice du fait de l'atteinte portée à sa vie personnelle » [4] ;

– sur le plan pénal, le consentement des salariés à travailler le dimanche ne supprime pas l'infraction [5] ;

– le juge des référés peut, dans le cadre de son pouvoir de faire cesser un trouble manifestement illicite ou de prévenir un dommage imminent, et sans porter atteinte à la séparation des pouvoirs, ordonner sous astreinte la fermeture de l'établissement le dimanche en raison de la violation des dispositions de l'article L. 3132-3 [6] ; d'ailleurs, depuis la loi du 19 janvier 2000, « l'inspecteur du travail peut, nonobstant toutes poursuites pénales, saisir en référé le président du TGI pour voir ordonner toutes mesures propres à faire cesser dans les établissements de vente au détail et de prestations de services au consommateur l'emploi illicite de salariés en infraction aux dispositions sur le repos dominical » (C. trav., art. L. 3132-30).

– les syndicats d'employeurs ont, comme les salariés et les syndicats de salariés, qualité pour agir en justice au nom de l'intérêt collectif de la profession contre le commerçant qui méconnaît le repos dominical [7].

841 ***Les dérogations*** ◇ Elles frappent par leur nombre comme par leur diversité.

a) Le Code du travail prévoit des *dérogations permanentes de droit* au repos dominical, aussi bien dans le secteur tertiaire que dans le milieu industriel. Ainsi, le repos hebdomadaire peut être donné par roulement

1. Sur l'avis émis en févr. 2007 par le Conseil économique et social, v. : *Sem. soc. Lamy* 2007, n° 1297, p. 11.
2. V. par ex. le décret du 7 mars 2014 qui instaure une dérogation permanente pour les enseignes de bricolage...
3. Crim. 14 nov. 1989, *RJS* 12/89, n° 933 ; 26 oct. 1993, *RJS* 1/94, n° 95.
4. Soc. 19 déc. 2007, n° 06-41.770 D. Si le salarié apparaît, dans une affaire, comme une « victime » réellement consentante (désireuse de travailler dans ces conditions), la question devrait se poser du rôle causal de la faute de la victime, sinon de l'existence même d'un dommage (la vie personnelle est-elle atteinte ?).
5. Crim. 5 déc. 1989 (13 arrêts), *RJS* 1/90, n° 30, *D.* 1990. Somm. 175, obs. A. Lyon-Caen.
6. Soc. 14 juin 1989, *D.* 1989. 589, concl. H. Écoutin ; 13 juin 2007, n° 06-18.336 P, *D.* 2007. AJ. 1874 (sur action en référé d'une fédération de détaillants en chaussures contre des sociétés ouvrant et employant illégalement des salariés le dimanche) ; 26 mars 2008, n° 07-13.016 D.
7. Cass., ass. plén., 7 mai 1993, *D.* 1993. 437, concl. M. Jéol ; Soc. 25 oct. 1994, *Dr. soc.* 1995. 54 ; Crim. 29 oct. 1996, *RJS* 2/97, n° 150.

dans certaines entreprises de service, sans besoin d'autorisation préalable (C. trav., art. L. 3132-12). Il s'agit d'entreprises dont les services sont considérés comme indispensables quotidiennement : hôtels et restaurants, débits de tabac, entreprises de spectacles, musées, établissements et services de soins, etc. [1]. Dans les commerces de détail alimentaires, le repos hebdomadaire peut être donné le dimanche à partir de treize heures (C. trav., art. L. 3132-13).

b) Les articles L. 3132-14 s. ouvrent la porte à des *dérogations conventionnelles dans les entreprises industrielles*. Une convention ou un accord collectif étendu ou un accord d'entreprise ou d'établissement peut prévoir la possibilité d'organiser le travail de façon continue pour des raisons économiques et d'attribuer le repos par roulement. À défaut d'accord collectif, une dérogation peut être accordée par l'inspecteur du travail après consultation des délégués syndicaux et avis du comité d'entreprise ou des délégués du personnel, s'ils existent.

Le système des équipes de suppléance de fin de semaine constitue également une dérogation à la règle du repos dominical (C. trav., art. L. 3132-16 s.) [2].

c) La dérogation peut être accordée par *décision préfectorale*, dont la loi de 1993 a distingué deux régimes [3]. L'article L. 3132-20 subordonne l'autorisation à la preuve « que le repos simultané, le dimanche, de tout le personnel d'un établissement serait préjudiciable au public ou compromettrait le fonctionnement normal de cet établissement » [4]. Le second régime concerne les établissements situés dans les communes touristiques ou thermales, les zones touristiques d'affluence exceptionnelle ou d'animation culturelle permanente (C. trav., art. L. 3132-25) et certaines zones urbaines, tracées au sein des agglomérations urbaines de plus d'un million d'habitants, où la consommation dominicale est « exceptionnelle » (C. trav., art. L. 3132-25-1 s.) [5]. Dans ces derniers cas, l'autorisation administrative ne suppose plus la preuve exigée dans le cas prévu à l'article L 3132-20 du Code du travail.

---

1. La liste des établissements concernés à été allongée par l'art. 11 la L. du 3 janv. 2008 pour le développement de la concurrence au service du consommateur.

2. V. ss 817.

3. La Direction générale du Travail du ministère a publié un guide pratique à l'intention des directions départementales du Travail afin de favoriser une plus grande cohérence des décisions sur demande de dérogation et des leur application (*Sem. soc.Lamy* 28 mai 2007, n° 1309, p. 2).

4. Les arrêtés préfectoraux sont soumis au contrôle du juge administratif, qui apprécie notamment le préjudice apporté au public et les éventuelles distorsions de concurrence (CE 17 janv. 1997, 2e esp., *RJS* 4/97, n° 426). Ils sont exposés à critique devant le juge de l'excès de pouvoir. Sur divers aspects de ce recours, en particulier la recevabilité de celui introduit par un salarié de l'employeur bénéficiaire et sur l'effet suspensif (de l'arrêté) du recours, v. : A. Bugada, préc. ; X. Haïli, Le juge de l'excès de pouvoir et les dérogations préfectorales d'ouverture du commerce le dimanche, *Sem. soc. Lamy* 2008, suppl. n° 1352, p. 13.

5. Sur cet ajout par la loi du 10 août 2009, V. M. Véricel, La loi du 10 août 2009 relative au travail dominical : réaffirmation du principe du repos dominiacal ou généralisation du travail le dimanche ?, *RDT* 2009. 593. Sur sa validation par le Conseil constitutionnel, v. V. Bernaud, Travail dominical : le Conseil constitutionnel sacrifie la protection du salarié sur l'autel de la consommation, *Dr. soc.* 2009. 1081.

Dans tous les cas, l'autorisation préfectorale ne peut être donnée que pour une durée déterminée (C. trav., art. L. 3132-25-4).

Lorsque l'autorisation préfectorale a été accordée, l'entreprise ne peut passer au travail le dimanche que par accord collectif ou par décision unilatérale de l'employeur précédée d'un référendum (C. trav., art. L. 3132-25-3). Seuls les salariés volontaires ayant donné leur accord par écrit peuvent être amenés à travailler le dimanche (C. trav., art. L 3132-25-4). On peut toutefois craindre qu'en pratique, dans certains établissements, une telle autorisation écrite ne devienne une formalité systématiquement exigée à toute nouvelle embauche.

d) L'article L. 3132-26 fonde des dérogations occasionnelles par *arrêté municipal* au profit des établissements de commerce de détail et dans la limite de cinq dimanches par an. Les salariés ont droit à un repos compensateur et à une majoration de salaire pour ce jour de travail exceptionnel (égale au trentième du salaire mensuel ou à la valeur d'une journée de travail). Cette disposition est remarquable, puisque les textes n'imposent aucune majoration de salaires en cas de dérogation de plein droit ou de dérogation prolongée accordée par le préfet.

§ 3. Les jours fériés

842 ***Le repos les jours fériés*** ◊ L'article L. 3133-1 du Code du travail institue jours fériés un certain nombre de fêtes légales : 1er janvier, lundi de Pâques, 1er mai, 8 mai, Ascension, lundi de Pentecôte, 14 juillet, Assomption (15 août), Toussaint, 11 novembre, Noël [1]. Mais il n'interdit pas d'occuper des salariés ces jours-là. Il appartient dès lors à l'employeur de décider s'ils seront ou non chômés [2]. Toutefois cette règle se trouve largement tempérée par la loi, l'usage et la convention :

– les jeunes travailleurs et apprentis âgés de moins de 18 ans ne peuvent être employés les jours fériés dans les établissements industriels, les professions libérales, les syndicats, associations, sociétés civiles (C. trav., art. L. 3164-6) ;

– depuis une loi du 30 avril 1947, le 1er mai est obligatoirement chômé (C. trav., art. L. 3133-4 s.) ;

– selon un usage général, remontant à l'Ancien Régime, que la laïcisation et les exigences de l'industrialisation avaient tendu à refouler, les jours fériés sont chômés dans la plupart des entreprises ;

– les conventions collectives comportent souvent une rubrique « Jours fériés » prévoyant un certain nombre de jours chômés dans la branche d'activité couverte.

1. Sont jours fériés : le Vendredi saint en Alsace-Moselle, un autre jour de l'année dans chacun des départements d'outre-mer.
2. Soc. 28 juin 1957, *Bull. civ.* IV, n° 547.

Depuis l'ordonnance du 16 janvier 1982, l'employeur ne peut faire récupérer les heures perdues par suite de chômage les jours fériés (C. trav., art. L. 3133-2). Les jours de « pont », en revanche, sont récupérables.

843 ***La rémunération des jours fériés*** ◊ Avec la généralisation des jours fériés chômés, c'est sur ce problème de la rémunération qu'a principalement porté la revendication ouvrière.

a) Quand le *jour férié est effectivement chômé* dans l'entreprise, le chômage des jours fériés ne peut entraîner aucune perte de salaire pour les salariés totalisant au moins trois mois d'ancienneté (C. trav., art. L. 3133-3). Cette protection, longtemps réservée aux salariés mensualisés [1], ne s'appliquent pas aux salariés travaillant à domicile, aux salariés saisonniers, ni aux salariés intermittents et aux salariés temporaires. De nombreuses conventions collectives prévoient en outre l'indemnisation d'un certain nombre de jours fériés [2].

b) Si le salarié *travaille un jour férié*, il n'a droit, selon la loi, à aucune majoration [3]. Mais diverses conventions collectives prévoient une majoration du taux horaire allant de 50 à 100 %. Dans les établissements et services qui, en raison de leur activité ne peuvent interrompre le travail, les salariés occupés le 1er mai ont droit, en plus de leur salaire, à une indemnité égale au montant de celui-ci (« double salaire ») (C. trav., art. L. 3133-6).

§ 4. **Les congés payés annuels**

844 ***Création et développement*** ◊ Les motifs impérieux de santé physique, de détente intellectuelle et morale qui justifient la limitation du nombre d'heures de travail et le repos hebdomadaire auraient dû également faire triompher depuis longtemps le principe du congé payé, consacré par de nombreuses législations étrangères [4]. Il permet seul à l'ouvrier de s'évader de son usine, à l'employé de son bureau, pour jouir de véritables vacances. L'institution est pourtant de création relativement récente en France. Seuls en profitaient avant 1936 les fonctionnaires, les cheminots et les journalistes (L. de 1935) ainsi que les employés de certaines entreprises privées. Facilitée par l'avènement du Gouvernement du Front populaire et

---

1. Accord national interprofessionnel du 14 décembre 1977 sur la mensualisation, annexé à la loi du 19 janvier 1978, avant d'être intégré au Code du travail.

2. Si une convention collective prévoit que les salariés appelés à travailler un jour férie auront droit à un repos compensateur ou à une majoration de salaire, cet avantage bénéficie aux travailleurs de nuit qui travaillent un jour férié de 0 heure à 5 heures (Soc. 21 févr. 2007, n° 05-40.991 P). Sur des problèmes de coïncidence d'un jour férié et d'un jour de repos hebdomadaire ou de jour d'absence pour cause de « RTT », v. : Soc. 13 déc. 2006, *Bull. civ.* V, n° 378 et 384.

3. Soc. 4 déc. 1996, *Bull. civ.* V, n° 421.

4. Le principe en a été consacré par une Conv. de l'OIT du 24 juin 1936 et la Déclaration universelle des droits de l'homme.

un ralentissement de l'activité dû à la crise, la réforme généralisant les congés annuels payés fut réalisée par la loi du 20 juin 1936 [1].

Les textes législatifs – articles L. 3141-1 et suivants du Code du travail, désormais – ont été remaniés à diverses reprises dans un sens favorable aux salariés. Les conventions collectives ont souvent octroyé des avantages supplémentaires sous la forme de congés exceptionnels ou de primes de vacances correspondant aux dépenses supplémentaires qu'entraîne le départ en congé. À la suite d'un accord Renault de décembre 1962 ouvrant une brèche dans le front patronal, le bénéfice d'une quatrième semaine de congés payés a été étendu à des millions de travailleurs par une cascade d'accords collectifs, avant d'être généralisé par la loi du 16 mai 1969. Mais les organisations syndicales revendiquaient déjà une cinquième semaine et le droit conventionnel s'était largement engagé dans cette voie. Toutefois, le CNPF (aujourd'hui Medef) s'opposait à sa généralisation et entendait lier ce nouvel allongement à la lutte contre l'absentéisme. Réalisant une nouvelle avancée sociale en recueillant la substance de l'Accord interprofessionnel de juillet 1981 sur la durée du travail, l'ordonnance du 16 janvier 1982 a porté à cinq semaines la durée normale de ces congés annuels [2]. L'institution échappe aujourd'hui à la discussion, tant sont considérables et positives, sur le plan social, mais aussi économique et culturel, les répercussions des congés payés (« industrie des loisirs » dont on sait l'importance dans l'économie française, réanimation des régions rurales, brassage de populations, etc.).

A. Conditions d'octroi

845 ***Bénéficiaires*** ◊ « A droit chaque année à un congé payé à la charge de l'employeur » *tout salarié* – y compris cadre dirigeant au sens de l'article L. 3111-2 – d'un employeur de droit privé ou d'un établissement public à caractère industriel et commercial. En raison des conditions particulières à certaines professions, il existe des régimes spéciaux de congés payés (bâtiment et travaux publics, artistes du spectacle, etc.) [3].

846 ***Absence de conditionnalité liée à une durée minimale de travail effectif*** ◊ Pour bénéficier d'un congé annuel, le droit français exigeait une période de travail effectif minimale durant l'année de référence [4]. Cette solution fut jugée contraire au droit européen, tel qu'interprété par la Cour de justice de l'Union européenne [5]. Après une dizaine d'années de

1. Ce texte n'avait pas été préparé dans la précipitation par le Gouvernement de Léon Blum. Il reprenait l'essentiel d'un projet de loi qu'avait rédigé et présenté, en 1931, Antoine Durafour, alors ministre du Travail du Gouvernement de « cartel des gauches ».

2. A. Jeammaud, Le nouveau régime du temps de travail, *Dr. soc.* 1982. 305.

3. Les travailleurs temporaires n'ont cependant droit qu'à une indemnité compensatrice de congés payés, non à une véritable suspension de l'exécution de leur contrat de travail (v. ss 249).

4. Cette durée était à l'origine d'un mois.

5. CJCE 26 juin 2001, aff. 173/99, *BECTU*, *RJS* 10/01 n° 1232 : refus de la conditionnalité sur le fondement de l'art. 7, § 1 de la Dir. n° 93/103 ou de la Dir. n° 2003/88 : « *tout* travailleur »

résistance tant de la Cour de cassation [1] que du législateur [2], la loi du 22 mars 2012 a supprimé cette conditionnalité et rendu le droit français conforme au droit européen (C. trav., nouv. art. L. 3141-3). Les travailleurs les plus précaires peuvent désormais bénéficier sinon de véritables congés payés, du moins d'indemnités compensatrices de congés payés proportionnels au temps qu'ils ont travaillé, celui-ci fut-il de quelques jours seulement.

Eu égard à leur raison d'être, les congés payés doivent être pris chaque année [3] et le salarié qui a continué à travailler au lieu d'en jouir ne saurait en principe prétendre cumuler l'indemnité de congés payés avec son salaire [4].

B. Durée

847 ***Période de référence*** ◊ Le droit à congé se calcule selon la durée de travail effectif réalisé au sein d'une période de référence, qui précède l'année de prise des congés. Selon l'article R. 3141-3, cette période de référence s'étend du 1er juin de l'année précédente au 31 mai de l'année en cours, mais un accord collectif organisant la répartition de la durée du travail sur une période supérieure à la semaine (instaurant une modulation, par exemple) peut fixer une autre date (C. trav., art. L. 3141-11, al. 2 [5]).

848 ***Calcul*** ◊ Depuis 1982, la durée du droit à congé annuel est de deux jours et demi-ouvrables par mois de travail, sans que la durée totale puisse excéder 30 jours ouvrables. Par « jours ouvrables », on entend les jours qui peuvent être travaillés en respectant les règles relatives au repos hebdomadaire et aux

---

a droit à des congés payés. V. aussi CJUE 24 janv. 2012, aff. C-282/10, Dominguez, *D.* 2012. 369 ; *ibid.* 901, obs. P. Lokiec et J. Porta, *RDT* 2012. 371, obs. M. Véricel, *ibid.* 578, chron. C. Boutayeb et E. Célestine, *RTD eur.* 2012. 490, obs. S. Robin-Olivier, *Sem. soc. Lamy* 2012, n° 1525, p. 7, note S. Laulom.

1. La Cour de cassation a, un temps, résisté à cette solution (Soc. 7 mars 2007, *Dr. soc.* 2007. 652, obs. J. Savatier, *RDT* 2007. 383, obs. M. Véricel), Mais, après que la CJUE ait réitéré sa position (CJUE 20 janv. 2009, *RDT* 2009. 170, obs. M. Vericel), la Cour de cassation s'était résolue à demander à la CJUE d'interpréter la conformité du droit droit français (Soc. 2 juin 2010, n° 08-44.834 P).

2. Sous l'influence du droit européen, le législateur avait déjà réduit la durée minimale de travail effectif à dix jours (L. du 20 août 2008 (art. 22)). Ce qui ne limitait la contradiction avec le droit européen, sans la supprimer…

3. Une convention collective peut déroger à cette règle de l'annualité, dès lors que c'est dans un sens plus favorable au salarié : Soc. 26 févr. 1975, *Bull. civ.* V, n° 98 (report de congés lié au travail à l'étranger) ; 13 janv. 1998 *RJS* 2/98, n° 179 (report d'une année sur l'autre en cas de maladie). Une possibilité de report est désormais prévue dans des conditions particulières.

4. Soc. 8 nov. 1977, *Bull. civ.* V, n° 474 ; 21 mai 1980, *Bull. civ.* V, n° 347 ; 26 nov. 1981, *JCP* 1982. IV. 60 (un salarié prenant en une seule fois les congés payés correspondant à deux années de travail n'a pas droit à une indemnité de deux mois de salaires). Mais le salarié peut obtenir des dommages-intérêts pour congés non pris s'il établit qu'il en a été privé par la faute de l'employeur (Soc. 25 févr. 1988, *Bull. civ.* V, n° 146 ; *D.* 1988. Somm. 331, obs. Ph. Langlois ; 3 nov. 1994, *RJS* 12/94, n° 1389 ; et d'autres arrêts plus récents).

5. Tel que modifié par l'art. 24, X de la L. du 20 août 2008.

jours fériés chômés dans l'établissement [1]. L'article L. 3141-4 assimile à un mois de travail effectif les périodes équivalant à quatre semaines ou 24 journées de travail.

Cette durée de 24 jours s'entend en jours ouvrables. Un calcul en jours « ouvrés » est également possible. À la différence des jours ouvrables, les jours ouvrés sont les jours normalement travaillés par le salarié. Un salarié qui bénéficie de deux jours de repos consécutif par semaine a 5 jours « ouvrés » par semaine. Pour un tel salarié, il suffira d'une durée de travail effectif de 20 jours, pour obtenir un droit à congé de 2,5 jours ouvrables [2].

Il convient parmi ces trois modes de calcul (en mois, semaines ou jours) d'adopter celui qui est le plus favorable aux salariés [3]. De plus, l'article L. 3141-6 interdit d'opérer une réduction des congés payés plus que proportionnelle à la durée d'absence du salarié. En pratique, dès lors, il convient de totaliser le nombre de jours travaillés ou assimilés à des jours de travail effectifs, et de le diviser par 24, 22 ou 20, selon que le nombre de jours ouvrés pour le salarié est de 6 ; 5, 5 ou 5 par semaine. Ceci permettra d'obtenir le nombre d'équivalent mois, lequel devra être multiplié par 2, 5, pour obtenir le nombre de jours ouvrables de congés payés dû [4]. Sans que ce total ne puisse, bien entendu, dépasser les 30 jours de congés payés annuels. Ainsi, un employeur sera assuré de respecter les règles de calcul légales. Lorsque le nombre de jours ouvrables calculé n'est pas un nombre entier, la durée du congé est portée au nombre entier immédiatement supérieur (C. trav., art. L. 3141-7).

849 ***Périodes assimilées à des temps de travail effectifs*** ◊ Pour le calcul de la durée de congés payés de nombreux temps sont assimilés à des temps de travail effectifs. L'article L. 3141-5 en dresse une liste incomplète [5],

1. Si un jour férié compris dans la période du congé tombe un jour ouvrable (c'est-à-dire n'importe quel jour sauf un dimanche), il donne normalement lieu à prolongation d'un jour du congé (Soc. 20 oct. 1998, *Dr. soc.* 1999. 91, obs. J. Savatier). Mais de nombreuses conventions collectives décomptent les congés en jours ouvrés (jours effectivement travaillés selon l'horaire normal de l'entreprise). Ces dispositions sont valides dans la mesure où elles sont plus favorables aux salariés (Soc. 27 mars 1996, *RJS* 7/96, n° 800). Mais, dans ce cas, seuls donnent lieu à prolongation du congé les jours fériés qui se situent un jour ouvré (Soc. 13 févr. 1991, *Bull. civ.* V, n° 74 ; Cass., ass. plén., 21 mars 1997, *Dr. soc.* 1997. 644, obs. G. Couturier). En revanche, est nulle la disposition d'un accord collectif substituant un décompte horaire au décompte en jours ouvrables (Soc. 11 mars 1998, *RJS* 4/98, n° 478).

2. V. déjà, en ce sens, Rép. min., *JOAN* 19 sept. 1951, *JCP* 1951. IV. 289.

3. Le salarié qui, au cours de la période de référence, a travaillé douze fois quatre semaines a droit à trente jours de congés payés comme s'il avait travaillé douze mois ; il importe peu qu'il n'ait pas travaillé quatre semaines ou 24 jours au cours d'un mois : Cass., ass. plén., 9 janv. 1987, *D.* 1987. 198, concl. J. Cabannes ; *JCP E* 1987. 14996 note G. Vachet.

4. En ce sens, v. A. Jeammaud, *Dr. soc.* 1982. 305, spéc. 325 ; Y Chalaron, Rép. Dalloz, *V*° Congés payés.

5. Ainsi (en vertu de nombreux textes extérieurs au chapitre consacré aux congés annuels et épars dans le Code) les périodes de congé de formation économique, sociale et syndicale, les congés de formation professionnelle, les congés pour événements familiaux, les jours de repos compensateur, etc.

laquelle comprend notamment les périodes de congé payé de l'année précédente, les congés maternité, paternité et d'adoption et les périodes de suspension pour cause d'accident du travail ou de maladie professionnelle [1]. Sous l'influence de la Cour de justice de l'Union européenne [2], la Cour de cassation a étendu cette liste aux absences pour accident de trajet [3]. Mais elle refuse d'aller plus loin dans cette interprétation extensive et, nonobstant le texte de la directive qui aurait pu aller dans ce sens, décide que les absences pour maladie non professionnelle demeurent des temps pendant lesquels le salarié n'acquiert pas de droits à congé [4].

On peut noter que lorsque l'employeur dispense le salarié d'exécuter son travail pendant le délai-congé, la durée du préavis est assimilée à un temps de travail effectif et doit être prise en compte pour le calcul de la durée du congé déterminant le montant de l'indemnité de congés payés (C. trav., art. L. 1234-5).

850 ***Majorations*** ◇ Les majorations en raison du jeune âge ou de l'ancienneté dans l'entreprise relèvent du seul droit conventionnel. En revanche, toute femme salariée ou apprentie bénéficie de deux jours de congé supplémentaire par enfant à charge de moins de quinze ans et vivant à son foyer (C. trav., art. L. 3141-9). Ce supplément peut conduire à un dépassement des 30 jours de congés prévus à l'article L. 3141-3 si la mère a moins de 21 ans. Dans le cas contraire, cette durée de 30 jours est un plafond. Cette faveur accordée aux mères semble peu compatible avec l'égalité homme-femme. Pour cette raison, il est probable qu'un père pourrait en réclamer l'application.

Quelle que soit leur ancienneté dans l'entreprise, les jeunes travailleurs et apprentis de moins de vingt et un ans au 30 avril de l'année précédente peuvent, à leur demande, bénéficier d'un congé de 30 jours ouvrables, quelle qu'ait été leur durée de travail effectif pendant la période de référence (C. trav., art. L. 3164-9). Toutefois seuls les jours de congés acquis par le travail réalisé pendant cette période seront payés.

La durée légale des congés payés peut, bien entendu, être augmentée par une stipulation du contrat individuel, par l'usage, ou l'accord collectif [5].

---

1. Dans la limite d'une durée d'un an (Soc. 13 mars 1991, *RJS* 4/91, n° 596). Les absences pour accident de *trajet* ne sont pas assimilées à un temps de travail effectif (Soc. 14 mai 1984, *JS UIMM* 1985. 390 ; la Cour de cassation avait antérieurement retenu la solution opposée), non plus que les absences dues à une rechute après un accident du travail (Soc. 3 mars 1988, *JS UIMM* 1988. 225). La maladie non professionnelle est également exclue (Soc. 29 avr. 1975, *D.* 1975. IR 128), mais des conventions collectives ou des usages l'assimilent également.

2. CJUE 24 janv. 2012, aff. C-282/10, *Dominguez, D.* 2012. 369 ; *ibid.* 901, obs. P. Lokiec et J. Porta ; *RDT* 2012. 371, obs. M. Véricel ; *ibid.* 578, chron. C. Boutayeb et E. Célestine ; *RTD eur.* 2012. 490, obs. S. Robin-Olivier ; *Sem. soc. Lamy* 2012, n° 1525, p. 7, note S. Laulom.

3. Soc. 3 juill. 2012, n° 08-44.834, *Bull. civ.* V, n° 204 ; *RDT* 2012. 567, obs. M. Véricel.

4. Soc. 13 mars 2013, n° 11-22.285, *RDT* 2013. 341, obs. M. Véricel.

5. La convention collective peut fixer librement les conditions d'octroi des congés supplémentaires qu'elle institue (Soc. 12 nov. 1997, *RJS* 12/97, n° 1387).

C. Prise du congé

851 ***Ordre public absolu*** ◊ Les congés payés sont des périodes de repos impératives. Elles s'imposent à l'employeur qui doit mettre le salarié en mesure de prendre ses congés et prendre l'initiative de fixer les dates de congés. Les congés annuels payés sont aussi impératifs pour le salarié, lequel ne peut troquer ses droits à congés contre d'autres avantages, fussent-ils plus favorables, comme une importante rémunération supplémentaire. Du moins en est-il ainsi des quatre semaines de congés payés originelles, la cinquième semaine pouvant être abandonnée par le salarié en échange d'un abondement équivalent de son compte épargne temps [1].

852 ***Époque de prise du congé*** ◊ Les congés payés doivent être pris au cours de l'année qui suit la période de référence. Quatre semaines doivent en principe être prise au cours d'une période située entre le 1er mai au 31 octobre (C. trav., art. L. 3141-13) [2]. Cette période peut être fixée de manière plus limitée par convention collective. Il appartient à l'employeur, maître de l'organisation de son entreprise, de fixer la date précise des congés de chaque salarié [3], après consultation des délégués du personnel. Le point de départ du congé est le premier jour ouvrable où l'intéressé aurait dû travailler, et non un jour qui est chômé dans l'entreprise en raison de la répartition de l'horaire hebdomadaire sur cinq jours (donc le mardi et non le lundi quand l'entreprise ferme le dimanche et le lundi) [4].

Deux formules sont possibles.

a) Le congé du personnel *par roulement* assure la continuité du fonctionnement de l'entreprise. À défaut de stipulations de la convention collective ou d'usages, l'ordre des départs est fixé par l'employeur après avis des

1. Sur le compte épargne-temps, v. ss 873.

2. Dans l'agriculture les congés payés sont pris entre le 1er oct. et le 30 juin. Le salarié qui ne prend pas son congé pendant la période des congés pour un motif ne résultant pas du fait de son employeur ne peut prétendre ensuite à une indemnité compensatrice (Soc. 25 févr. 1988, *Bull. civ.* V, n° 146 ; 11 oct. 1995 *RJS* 1/96, n° 31). Le salarié qui, en raison d'un (long) arrêt maladie n'a pu jouir du droit à congé qu'il avait acquis, peut en réclamer le bénéfice à son retour dans l'entreprise et prendre ce congé durant la période prévue à cet effet par le Code ou la convention collective (Soc. 3 mai 2000, *Dr. soc.* 2000. 775, obs. C. Radé).

3. Le salarié ne saurait donc prendre ses congés à une date choisie par lui et partir sans autorisation préalable de l'employeur : Soc. 31 mai 1978, *Bull. civ.* V, n° 312 (acte de désinvolture manifeste et préjudiciable, motif réel et sérieux de licenciement) ; 1er févr. 1979, *Bull. civ.* V, n° 79 (dénonciation justifiée du contrat de location-gérance d'un pompiste ayant pris d'autorité ses congés à des périodes de pointe) ; 19 juin 1997 *RJS* 8-9/97, n° 987 (faute grave). En revanche l'employeur ne peut imposer au salarié qui part en retraite une prise anticipée de ses congés payés pour éviter d'avoir à lui verser une indemnité compensatrice (Soc. 22 oct. 1997, *RJS* 12/97, n° 1386). Lorsque l'employeur ne fixe pas lui-même l'ordre des départs en congé, le salarié ne peut pour autant partir en congé sans prévenir (Soc. 20 avr. 1989, *RJS mai* 1989, n° 435 : faute grave). Dans d'autres circonstances, la défaillance de l'employeur dans l'organisation des congés fait exclure la faute grave du salarié parti en congé sans autorisation, mais n'empêche que son attitude constitue une cause réelle et sérieuse de licenciement (Soc. 11 juill. 2007, *JCP S* 1668, note C. Puigelier).

4. Soc. 2 mars 1989, *RJS* 4/89, n° 335.

délégués du personnel, compte tenu de la situation de famille des bénéficiaires (congé du conjoint notamment) et de la durée de leurs services chez l'employeur, ainsi que, le cas échéant, de leur activité chez un ou plusieurs autres employeurs (pour les salariés à temps partiel). Les conjoints ou partenaires liés par un PACS travaillant dans une même entreprise ont droit à un congé simultané. Sauf circonstances exceptionnelles, l'ordre et les dates de départ fixés par l'employeur ne peuvent être modifiés dans le délai d'un mois avant la date prévue du départ (C. trav., art. L. 3141-16) [1].

Parce que la continuité du congé conditionne son effet bénéfique, le congé ne dépassant pas 12 jours ouvrables doit être continu (C. trav., art. L. 3141-18) [2]. En revanche, depuis l'institution de la cinquième semaine, la durée de congé pouvant être pris en une seule fois ne peut excéder 24 jours ouvrables (C. trav., art. L. 3141-17) [3].

Le congé principal d'une durée supérieure à 12 jours mais n'excédant pas 24 jours ouvrables peut être *fractionné* par l'employeur avec l'agrément du salarié, qui est toujours nécessaire (C. trav., art. L. 3141-18 s.) [4]. Celui-ci doit alors bénéficier d'une séquence d'au moins 12 jours ouvrables continus compris entre deux jours de repos hebdomadaire. Cette fraction doit être attribuée dans la période du 1er mai au 31 octobre, les jours restant dus pouvant être accordés en une ou plusieurs fois en dehors de cette période. Deux jours ouvrables de congés supplémentaires sont attribués lorsque le nombre de jours de congés pris en dehors de cette période est au moins égal à six, et un jour lorsque ce nombre est de trois à cinq [5]. Les jours de congé principal

---

1. Le fait pour le salarié de ne pas se soumettre à une modification de la date des congés, intervenue deux mois avant la date retenue pour leur début peut constituer une faute grave (Soc. 23 juill. 1989, *RJS* 1989, n° 777). En revanche, le départ en congés à la date initialement fixée, sans autorisation écrite de l'employeur, ne constitue pas une faute, dès lors que l'employeur n'a pas dressé de planning des congés et a modifié la date moins d'un mois avant celle prévue sans justifier de circonstances exceptionnelles (Soc. 3 juin 1998, *Bull. civ.* V, n° 294). L'employeur ne peut invoquer des circonstances exceptionnelles que pour modifier un calendrier déjà fixé de congés, et non pour mettre brusquement ses salariés en congés (Crim. 21 nov. 1995, *Bull. crim.* n° 355). Le refus d'un salarié de reporter la date de son départ alors que l'employeur se prévaut de circonstances réellement exceptionnelles, peut constituer une cause réelle et sérieuse de licenciement (ex. : Soc. 15 mai 2008, n° 06-44.354 D).

2. La formation de référé du conseil de prud'hommes a, dans certaines circonstances, le pouvoir d'ordonner une prolongation du congé pour qu'il atteigne cette durée (Soc. 7 nov. 1989, *RJS* 1989, n° 936).

3. Il peut être dérogé individuellement à cette disposition pour ceux des salariés qui justifient de contraintes géographiques particulières (travailleurs étrangers par exemple).

4. T. Tauran, « Le fractionnement des congés payés et le contrôle de la Chambre sociale », *D.* 2006. Chron. 2426. Le fractionnement n'est possible qu'avec l'accord du salarié ; en revanche, l'accord individuel du salarié n'est pas indispensable en ce qui concerne les modalités du fractionnement, qui peuvent être fixées par la convention collective (Soc. 10 mars 2004, *RJS* 5/04, n° 553).

5. Lorsque les dates de vacances ont été acceptées par l'employeur, le ou les jours de congés supplémentaires sont dus, que le fractionnement résulte d'une initiative de l'employeur ou ait été demandé par le salarié (Soc. 8 juin 1972, *Bull. civ.* V, n° 387 ; 9 avr. 2008, *JCP S* 2008. 1353, note L. Drai), qu'il concerne les congés légaux ou des congés conventionnels plus longs (Soc. 23 nov. 1994, *Bull. civ.* V, n° 309). La renonciation du salarié aux congés supplémentaires pour fractionnement doit être expresse (Soc. 10 juill. 1986, *JS UIMM* 1986. 439 ; 7 mai 1987, *ibid.*

dus en sus de vingt-quatre jours ouvrables ne sont pas pris en compte pour l'ouverture du droit à ce supplément [1]. Lorsque le congé s'accompagne de la fermeture de l'établissement, le fractionnement ne peut être pratiqué par l'employeur que sur avis conforme des délégués du personnel [2] ou, à défaut, recevoir l'agrément des salariés. Des dérogations peuvent être apportées à ces dispositions sur le fractionnement soit par accord individuel du salarié, soit par convention ou accord collectif d'établissement [3].

Le fractionnement de la *cinquième semaine* de congés payés n'entre pas dans les prévisions de ces dispositions et l'avis conforme des délégués du personnel n'est donc pas requis [4].

b) La *fermeture totale* pendant quelques semaines d'été est encore pratiquée par de nombreuses entreprises, notamment industrielles. Tout le personnel prend alors nécessairement son congé à la même date. Si cette fermeture se prolonge au-delà de la durée légale des congés payés, les salariés ont droit à une indemnité qui ne peut être inférieure à l'indemnité journalière de congés payés, mais n'est pas cumulable avec elle (C. trav., art. L. 3141-29) [5]. Lorsque la fermeture de l'établissement ne dépasse pas la durée légale des congés, les salariés qui n'ont acquis qu'un droit à congé d'une durée inférieure à celle de la fermeture (salariés récemment embauchés par exemple) sont indemnisés au titre du chômage partiel (C. trav., art. R. 5122-10) [6].

L'employeur peut prévoir que la cinquième semaine de congés payés, sera prise pendant la fermeture de l'entreprise, par exemple entre Noël et le jour de l'An [7].

853 ***Annualité de la période de prise des congés*** ◊ En principe les congés doivent être pris au cours de l'année qui suit la période de référence. Règle qui s'impose au salarié comme à l'employeur. Toutefois cette règle fait l'objet de certains aménagements.

1987.405 : le salarié qui, pendant 21 ans, n'a pas bénéficié de jours de congés supplémentaires en raison du fractionnement ne peut se voir opposer une renonciation tacite à ce droit ; 19 juin 2002, *Bull. civ.* V, n° 207).

1. Soc. 19 nov. 1987, *JS UIMM* 1988. 53.

2. Pour une hypothèse singulière : Soc. 20 oct. 1998, *Dr. soc.* 1999. 91, obs. J. Savatier.

3. Est donc nulle la clause d'un accord *de branche* dérogeant à ces dispositions de l'art. L. 3141-20 C. trav. (Paris, 16 mai 2000, *RJS* 6/00, n° 679 : annulation de l'accord de réduction de la durée du travail dans les banques).

4. Crim. 25 févr. 1992, *CSBP* 1992, A. 23 ; Cass., ch. mixte, 10 déc. 1993 (deux arrêts), *Dr. soc.* 1994. 211 ; *Dr. ouvrier* 1994. 59, concl. R. Kessous, note A. Lyon-Caen.

5. Situation fréquente dans les établissements scolaires ou médico-sociaux en raison du rythme de leur activité propre (Soc. 17 déc. 1987, *Bull. civ.* V, n° 771 ; 26 sept. 1990, *Bull. civ.* V, n° 396 ; 17 déc. 1997, *Bull. civ.* V, n° 396). À la fermeture totale de l'établissement, il faut assimiler l'absence de tâches correspondant à la qualification des salariés (Soc. 7 nov. 1984, *JS* 1985, F. 24).

6. Ces dispositions s'appliquent aussi bien aux salariés sous contrat à durée déterminée qu'aux salariés sous contrat à durée indéterminée. Sur les diligences qui incombent en pareil cas à l'employeur, v. : Soc. 2 avr. 1997, *Bull. civ.* V, n° 137.

7. Peu importe que cette fermeture soit décidée pour tenir compte de la conjoncture économique (Cass., ch. mixte, 10 déc. 1993, préc.).

854 ***Report en cas d'annualisation du temps de travail*** ◊ En cas d'annualisation du temps de travail, les droits à congés calculés au cours d'une période de référence peuvent être exercés jusqu'à la fin de l'année civile suivante (C. trav., art. L. 3141-21). Si, par exemple la période de référence va du 1er mai 2011 au 30 juin 2012, les salariés pourront prendre leurs congés jusqu'au 31 décembre 2013. Cette possibilité suppose :

– que la durée du travail du salarié soit, en vertu d'une disposition légale, décomptée à l'année (forfait annuel en heures ou en jours, répartition conventionnelle de l'horaire sur l'année, temps partiel modulé sur l'année) ;

– qu'une convention ou un accord de branche étendu ou un accord d'entreprise ou d'établissement ouvre cette possibilité de report en mentionnant « les cas précis et exceptionnels de report », les conditions dans lesquelles les reports peuvent être pratiqués à la demande du salarié après accord de l'employeur, les modalités de rémunération des congés reportés, etc.

855 ***Report en cas de suspension du contrat pendant la période de prise des congés*** ◊ Lorsque le salarié est mis dans l'impossibilité de prendre ses congés pendant l'année de prise des congés pour cause de maladie, professionnelle ou non, ses droits à congé ne sont pas perdus. Ceux-ci peuvent être pris à son retour. Cette solution, désormais entérinée par la Cour de cassation [8], est issue de la jurisprudence de la Cour de justice de l'Union européenne [9]. Le même report est possible en cas d'impossibilité de prendre ses congés payés du fait d'un autre congé, comme un congé maternité [10], ou un congé parental d'éducation par exemple [11]

856 ***Suspension du contrat pour maladie et suspension pour congé payé*** ◊ Selon la jurisprudence traditionnelle, le salarié normalement parti en vacances ne pouvait prétendre à des jours de congé supplémentaire en raison de sa maladie en cours de congé [12], sauf disposition favorable contraire de la convention collective. Ce point est en cours d'abandon, ce qui devrait permettre une prolongation de congé en cas de maladie [13]. Quoi

---

8. Soc. 24 févr. 2009, n° 07-44.488 P, *RDT* 2009. 241, obs. M. Véricel ; 16 févr. 2012, n° 10-21.300 P.

9. CJCE 20 janv. 2009, *AJDA* 2009. 245, chron. E. Broussy, F. Donnat et C. Lambert ; *RDT* 2009. 170, obs. M. Véricel ; *RTD eur.* 2010. 673, chron. S. Robin-Olivier ; 10 sept. 2009, aff. C-277/08, *Vincente Pereda*, *RDT* 2009. 725, note M. Véricel ; CJUE, 3 mai 2012, aff. C-337/10, Neidel, *Sem. soc. Lamy* 2013, n° 1582, p. 53 obs. S. Laulom.

10. CJUE 18 mars 2004, *Continental industrias*, aff. C-342/01, *RJS* 2004. 430, obs. J.-P. Lhernould ; *D.* 2004. IR 1066 ; Soc. 2 juin 2004, *Bull. civ.* V, n° 161.

11. CJUE 22 avr. 2010, aff. C-486/08, *RDT* 2010. 523, obs. M. Véricel. *Contra*, v. encore Soc. 28 janv. 2004, *Dr. soc.* 2004. 431, obs. C. Radé, solution qui n'est plus d'actualité du fait de la jurisprudence européenne.

12. Parmi de nombreux arrêts : Soc. 18 mars 1975, *JCP* 1975. II. 18093 ; 4 déc. 1986, *Bull. civ.* V, n° 499 ; v. ss 316.

13. CJCE 20 janv. 2009, aff. 350/06 et 520/06 ; Soc. 24 févr. 2009, *RDT* 2009. 241, obs. M. Véricel ; 24 févr. 2009, n° 07-43.479 ; v. ss 325 ; CJCE 10 sept. 2009, *Vincente Pereda*, aff. C-277/08 ; *RDT* 2009. 725, note M. Véricel.

qu'il en soit, il est certain que le salarié dont le contrat de travail se trouve suspendu par un arrêt de travail pour maladie à la date des départs en congé fixée par l'employeur conserve son droit à congé et peut demander à en bénéficier ultérieurement [1].

D. L'indemnité de congé payé

857 ***Nature et charge de la dette*** ◇ Cette « indemnité » constitue en réalité, en raison de son objet comme de son mode de calcul, un *substitut de salaire* exigible à l'échéance – donc à la fin des congés payés – et mentionné sur le bulletin de paie. Son régime juridique est par conséquent celui du salaire (insaisissabilité, privilège et superprivilège, assurance-garantie, prescription quinquennale). Elle ne peut se cumuler avec lui si le travailleur ne prend pas son congé [2].

Est débiteur de l'indemnité, dans son intégralité, celui qui est employeur au moment du départ en congés [3]. S'il y a eu transfert au cours de l'année de référence, le nouvel employeur, qui verse au salarié l'intégralité de l'indemnité de congés payés, pourra obtenir le remboursement partiel de celle-ci du précédent employeur, bénéficiaire du travail du salarié pendant une partie de la période de référence [4]. En cas de décès de l'employeur personne physique, sans continuation de l'entreprise ou de l'activité du salarié, l'indemnité est naturellement à la charge de sa succession.

Dans certaines professions où le salarié n'est pas habituellement employé de façon continue chez le même employeur (dockers, artistes du spectacle, mais aussi bâtiment pour des raisons plus complexes), les employeurs sont tenus de s'affilier à des caisses de congés payés auxquelles ils versent des cotisations (C. trav., art. L. 3141-30 s.) [5]. Ces caisses jouent

---

1. V. déjà Soc. 4 déc. 1996, *Bull. civ.* V, n° 420.

2. Mais si la convention collective prévoit que la maladie du salarié pendant la période de congé donne droit à un report de congé, le salarié perçoit pendant l'arrêt maladie le complément de salaire prévu par la convention collective en cas d'arrêt de travail pour maladie et postérieurement une indemnité compensatrice de congés payés s'il n'a pu prendre un congé effectif avant la date limite fixée par la convention (Soc. 13 déc. 1991, *RJS* 5/91, n° 598). Quant au salarié licencié avec préavis, rien ne lui interdit de prendre son congé annuel à l'époque fixée avant son licenciement, l'employeur devant lui laisser achever son préavis au retour des congés ou lui verser l'indemnité de préavis (Soc. 12 oct. 1978, *Bull. civ.* V, n° 498, *D.* 1979. IR 228, obs. J. Pélissier), car période de préavis et de congés payés ne se confondent pas.

3. Le point de départ de la prescription en matière d'indemnité de congé payés est fixé à l'expiration de la période au cours de laquelle les congés auraient pu être pris (Soc. 4 déc. 1996, *RJS* 1/97, n° 51).

4. Soc. 2 févr. 1984, *D.* 1984. 321, 4e esp., concl. G. Picca et H. Ecoutin. Mais lorsque le transfert intervient dans le cadre d'une procédure de redressement judiciaire, l'indemnité de congés payés correspondant à la période antérieure à la reprise des contrats de travail par le cessionnaire doit être payée par le commissaire à l'exécution du plan (Soc. 14 mai 1997, *Dr. soc.* 1997. 748).

5. Pour une illustration du contentieux de l'affiliation : Soc. 15 nov. 2006, *Bull. civ.* V, n° 347. C'est sous cet angle que se pose parfois le problème de la qualification contestée de contrat de travail, ainsi que celui de la détermination de l'employeur débiteur en cas de sous-entreprise.

le rôle d'organismes de compensation et versent elles-mêmes les indemnités de congés payés aux salariés en fonction du temps de travail effectif chez les différents employeurs [1].

858 ***Montant*** ◊ L'indemnité est du *plus élevé des deux montants* que détermine l'article L. 3141-22 du Code du travail [2].

a) Cette indemnité est en principe égale au *dixième de la rémunération totale* perçue par le salarié au cours de la période de référence. La rémunération servant de base de calcul doit comprendre, outre le salaire principal, tous les accessoires versés en contrepartie du travail : primes diverses [3], indemnités autres que les remboursements de frais, indemnité de congé payé de l'année précédente [4], indemnités afférentes à la contrepartie obligatoire en repos des heures supplémentaires (selon le nouv. art. L. 3121-11 C. trav.), pourboires, heures supplémentaires accomplies habituellement dans l'entreprise [5], avantages en nature (logement, nourriture) dont le salarié cesse de bénéficier pendant le congé, et dont la valeur est fixée forfaitairement chaque année par arrêté. Sont par contre exclues de l'assiette de calcul : les primes et gratifications de caractère bénévole, précaires et révocables, qui ne constituent pas « un élément de rémunération sur lequel le travailleur pouvait compter » ; les primes ou participations de caractère annuel (primes de fin d'année, de rendement, de productivité ou de vacances) [6] ; les indemnités journalières

1. Même si l'employeur n'a pas versé les cotisations (Soc. 15 févr. 1957, *D.* 1957. 297), mais cet employeur ne saurait s'exonérer du paiement des cotisations au motif que la caisse n'a pas versé aux salariés concernés des indemnités de congés payés dues (Soc. 15 juin 1999, *Dr. soc.* 1999. 841, obs. C. Radé) L'employeur ayant régulièrement cotisé ne saurait être condamné à verser au salarié une indemnité complémentaire de congés payés (Soc. 9 févr. 1977, *Bull. civ.* V, n° 77).

2. La Cour de cassation a admis le versement de l'indemnité sous forme d'un pourcentage forfaitaire sur le montant des commissions perçues par le salarié (gérant de magasin, par exemple), ou même par intégration forfaitaire dans son salaire (Soc. 4 avr. 1979, *D.* 1979. IR 453 : travaux irréguliers rétribués à la tâche). La solution du droit français, qui intègre toutes les rémunérations du travail dans le calcul de l'indemnité de congés payés est désormais renforcée par la jurisprudence de la CJUE, laquelle exige l'intégration de l'ensemble des primes, y compris de sujetion, dans le calcul de l'indemnité (CJUE 15 sept. 2011, *Williams*, aff. C-155/10).

3. Ex. : primes d'essai en vol du personnel navigant (Soc. 15 nov. 1972, *JCP* 1973. II. 17412, note H. Groutel), primes d'assiduité (Soc. 2 mai 1973, *Bull. civ.* V, n° 245), primes de déplacement si elles ne sont pas des remboursements de frais (Soc. 2 juill. 1985, *JS UIMM* 1986. 92), primes de mission versées à des ingénieurs pendant leur affectation à l'étranger (Soc. 4 févr. 1993, *RJS* 3/93, n° 286), primes de soirée et de samedi, destinées à compenser une servitude de l'emploi (Soc. 3 juill. 1990, *CSB*, n° 23, S 130).

4. Est en revanche exclue de l'assiette de calcul la rémunération de congés supplémentaires d'origine conventionnelle, dès lors que ces congés ne sont pas assimilés par la convention à du temps de travail effectif (Soc. 14 janv. 1998, *RJS* 3/98, n° 325).

5. Sauf quand elles ont un caractère exceptionnel dû aux absences pour congés (Soc. 23 oct. 1963, *JCP* 1963. II. 13438, note G.-H. C. ; 21 oct. 1979, *Bull. civ.* V, n° 446).

6. Soc. 10 juill. 1961, *Dr. soc.* 1962. 101, note J. Savatier. Les arrêts en ce sens sont nombreux : Soc. 15 juin 1978, *Bull. civ.* V, n° 369 (prime annuelle d'intéressement) ; 5 janv. 1978, *D.* 1978. IR 152 (13e mois de prime de vacances) ; 24 oct. 1978, *Bull. civ.* V, n° 523 (primes de vacances et de fin d'année) ; 1er juill. 1985, *JS UIMM* 1986. 94 (pourcentage sur les affaires de maladie [1] ; les indemnités de chômage partiel, dès lors que, sauf dispositions conventionnelles contraires, les périodes de chômage partiel ne sont pas assimilées par l'article L. 3141-5 à des temps de travail effectif [2].

b) Ce premier mode de calcul, référé à la rémunération globale antérieurement perçue, présente un inconvénient évident en cas de hausse des salaires ou de promotion du salarié au cours de l'année de référence. Aussi l'article L. 3141-22, II dispose-t-il que l'indemnité ne pourra être inférieure au montant de la rémunération que l'intéressé aurait perçue s'il avait travaillé pendant la période de congé. Le salarié doit bénéficier de la formule la plus favorable [3], y compris en ce qui concerne les jours de congés supplémentaires prévus par la convention collective [4]. S'il est possible de convenir d'un salaire forfaitaire incluant les congés payés, c'est à la double condition que cette convention soit expresse et n'aboutisse pas à un résultat moins favorable pour le salarié que l'application des dispositions légales [5].

859 ***Chèques-vacances*** ◊ Afin de faciliter le départ en congé des travailleurs à bas salaires, une ordonnance du 26 mars 1982 a, en généralisant une pratique antérieure, créé les chèques-vacances. Leur régime est fixé par les articles L. 411-1 et suivants du Code du tourisme, auxquels renvoie l'article L. 3263-1 du Code du travail. Instauré dans l'entreprise à l'initiative de l'employeur, après consultation des représentants du personnel, le système est financé par un versement périodique du salarié (entre 2 % et 20 % du SMIC mensuel) et par une cotisation patronale de 20 à 80 % de la valeur libératoire du chèque, versée à un établissement public émettant les chèques. Ceux-ci peuvent être utilisés par les bénéficiaires en paiement des dépenses de transports en commun, hébergement, repas, loisirs.

860 ***L'indemnité compensatrice*** ◊ Lorsque le contrat de travail est résilié au cours de l'année de référence, c'est-à-dire avant qu'il ait pu bénéficier du congé acquis en raison du temps travaillé durant cette période, le salarié doit recevoir une indemnité compensatrice. Il n'y a pas lieu de lieu de distinguer selon le mode ou le motif de la résiliation (licenciement,

---

réalisées au-delà d'un certain quota) ; 12 nov. 1987, *JS UIMM* 1988. 53 (prime de vacances et prime de fin d'année calculées globalement pour l'ensemble de l'année, même si, par erreur, l'employeur les avait incluses les années précédentes) ; 18 févr. 1988, *Bull. civ.* V, n° 128 (sommes attribuées en fonction d'une production globale annuelle) ; 2 avr. 1997, *RJS* 5/97, n° 554 (13ᵉ mois).

1. Soc. 8 juin 1994, *RJS* 7-8/94, n° 806.

2. Soc. 19 févr. 1992, *Bull. civ.* V, n° 107 ; 19 nov. 1997, *Bull. civ.* V, n° 389. Ces périodes de chômage partiel ne sont pas considérées comme « ayant donné lieu à rémunération en fonction de l'horaire de travail de l'établissement » au sens de l'art. L. 3141-22, I, 3° C. trav.

3. Un accord d'entreprise ne peut déroger au mode de calcul légal dans un sens moins favorable au salarié (Soc. 11 févr. 1982, *Bull. civ.* V, n° 95 ; *D.* 1983. IR 205, obs. G. Vachet).

4. Soc. 26 févr. 1997, *Bull. civ.* V, n° 85.

5. Soc. 2 avr. 1997, *Dr. soc.* 1997. 528, obs. G. Couturier. Sur la portée de l'art. 7 de la directive : CJCE 16 mars 2006, aff. jointes C-131-04 et C-257-04, *CD Robinson Steele*, *RJS* 8-9/06, *RDT* 2007. 43, obs. M. Véricel.

démission, résiliation conventionnelle, résiliation de plein droit par un événement force majeure) [1].

Le salarié perd toutefois droit à cette indemnité compensatrice quand la résiliation a été provoquée par sa *faute lourde* (C. trav., art. L. 3141-26, al. 2) [2]. Mais la faute lourde commise pendant l'exécution du préavis ne le prive pas de cette indemnité, dont le bénéfice est acquis au jour de la décision de licenciement ou de démission [3]. On sait que, de jurisprudence désormais constante, la faute lourde – privative de cette indemnité compensatrice ou génératrice de responsabilité civile du salarié à l'égard de l'employeur [4] – se caractérise par l'intention de nuire à l'employeur ou à l'entreprise [5]. Qu'une faute jugée assez grave pour priver du préavis de licenciement ne prive pas également de l'indemnité compensatrice se justifie tout à fait, puisque cette dernière correspond, à la différence de l'indemnité de préavis, à un temps de travail effectué par le salarié. Il y a donc dans la privation de cette indemnité de congés payés une véritable sanction. Et elle paraît fort discutable : que le salarié ait commis une faute lourde n'empêche qu'il a travaillé, comme tout autre salarié licencié avant d'avoir pris ses congés.

Mais un salarié peut être créancier d'une indemnité compensatrice de congés payés en l'absence de rupture du contrat de travail. C'est le cas lorsque l'employeur l'a mis dans l'impossibilité d'exercer son droit à congé annuel pendant la période prévue [6]. Si, au contraire, le salarié n'a pas pris son congé avant l'expiration de la période de congés, pour un motif ne résultant pas du fait de l'employeur, il ne peut prétendre à une indemnité compensatrice [7].

§ 5. **Les congés parentaux et familiaux**

861 Parmi les congés accordés par le droit pour raisons familiales, le premier historiquement est celui relatif à la maternité (A). L'importance que revêt ce congé ne doit pas pour autant conduire à négliger les autres congés familiaux et notamment le congé paternité (B).

1. Cela vaut également pour le salarié sous contrat à durée déterminée « dès lors que le régime des congés applicable dans l'entreprise ne lui permet pas une prise effective de ceux-ci » (C. trav., art. L. 1242-16). V. : Soc. 25 févr. 1998, *Dr. soc.* 1998. 496, obs. C. Roy-Loustaunau.
2. La faute lourde ne prive le salarié que de l'indemnité compensatrice afférente à la période de congés en cours (Soc. 9 juill. 1991, *RJS* 10/91, n° 1101).
3. Soc. 23 oct. 1991, *Bull. civ.* V, n° 430 ; 10 oct. 1995, *CSBP* 1995, A 58.
4. V. ss 648.
5. Soc. 29 nov. 1990, *Dr. soc.* 1991. 105, note G. Couturier ; 12 mars 1991, *JCP E* 1991. 180, note F. Taquet ; 30 avr. 1997 *RJS* 6/97, n° 668 (destruction volontaire des archives de l'entreprise) ; 6 juill. 1999, *Dr. soc.* 1999. 961, obs. J. Savatier (si le délit de vol comporte un élément intentionnel, celui-ci n'implique pas, par lui-même, l'intention de nuire à l'employeur).
6. Soc. 7 nov. 1995, *RJS* 1/96, n° 31 (1re esp.).
7. Soc. 28 janv., *RJS* 4/04, n° 423 (le salarié qui a pris un congé parental s'imposant à l'employeur a lui-même rendu impossible l'exercice de son droit à congés payés).

A. La maternité

862 La législation est intervenue à plusieurs reprises pour assurer la « protection de la maternité » [1]. Cette protection prend des formes assez diverses. Ainsi la femme enceinte est-elle protégée – du moins dans les textes – contre les risques de discrimination lors de l'embauchage [2], comme elle est protégée contre l'obligation de travailler qui pourrait résulter d'un contrat de travail précédemment conclu : les femmes en état de grossesse apparente peuvent quitter le travail sans délai-congé et sans avoir, de ce fait, à payer une indemnité de rupture (C. trav., art. L. 1225-34) [3] ; de même, après la naissance, la mère peut résilier son contrat à l'issue du congé de maternité pour élever son enfant sans être tenue de respecter le délai de préavis (C. trav., art. L. 1225-66) [4].

Mais l'essentiel de la protection est assuré par un régime de suspension du contrat qui est du type « suspension, obstacle au licenciement ». Non seulement, la femme est, pendant un certain temps, dispensée de fournir sa prestation de travail (1) mais elle est, dans le même temps, protégée d'une manière originale contre le licenciement (2).

1. Dispense pour la salariée de l'obligation de travailler

863 ***Dispense partielle en début de grossesse*** ◊ Pendant une première période qui commence avec le début de la grossesse et qui se termine au plus tard six semaines avant la date présumée de l'accouchement [5], la salariée peut être dispensée d'exécuter une partie de sa tâche habituelle.

---

1. M. Hardouin : Grossesse et liberté de la femme, *Dr. soc.* 1977. 287 ; C. Sutter : Du droit à la maternité au droit à la procréation, *Dr. soc.* 1981. 710 ; K. Berthou et A. Masselot, Égalité de traitement et maternité, *Dr. soc.* 1999. 942.

2. Aux termes de l'art. L. 1225-1 C. trav., l'employeur ne doit pas prendre en considération l'état de grossesse d'une femme pour refuser de l'embaucher ou résilier son contrat de travail au cours d'une période d'essai. Il lui est en conséquence interdit de rechercher ou de faire rechercher toutes informations concernant l'état de grossesse de l'intéressée. La femme candidate à un emploi n'est pas tenue de révéler son état (confirmation de la jurisprudence antérieure). Sur la rupture de l'essai en cours de grossesse : Soc. 2 févr. 1983, *Bull. civ.* V, n° 50 ; *D.* 1984. IR 168, obs. J.-M. Sportouch. Les dispositions de l'art. L. 1225-4 C. trav. ne sont pas applicables pendant la période d'essai ; le licenciement d'une femme enceinte pendant cette période ne saurait être considéré comme nul (Soc. 21 déc. 2006, *Dr. soc.* 2007. 356, obs. J. Savatier). Mais la nullité du licenciement d'une salariée en état de grossesse est encourue sur le fondement de l'art. L. 1132-1 C. trav., la Cour de cassation ayant jugé que les dispositions de cet article s'appliquent à la période d'essai (Soc. 16 févr. 2005 n° 02-43.402, *Bull. civ.* V, n° 52). L'art. L. 1132-1 C. trav. vise expressément, depuis la L. du 23 mars 2006, l'état de grossesse comme motif discriminatoire prohibé.

3. Cette règle apparemment protectrice ne va pas sans danger. Prenant l'initiative de la rupture, la salariée perd le bénéfice éventuel de l'indemnité de licenciement et semble-t-il des priorités de réembauchage reconnues en cas de démission en fin de congé maternité ou de congé parental.

4. Elle bénéficie d'une priorité d'emploi dans l'année qui suit la rupture du contrat ; en cas de réemploi, elle bénéficie de tous les avantages qu'elle avait acquis au moment de son départ.

5. C. trav., art. L. 1225-17.

Cette dispense peut prendre la forme d'une réduction du temps de travail. De nombreuses conventions collectives prévoient, en effet, une réduction du temps de travail des femmes enceintes, qui peut aller jusqu'à une heure par jour ; certains accords n'accordent cette réduction du temps de travail qu'à partir du troisième ou quatrième ou même cinquième mois de grossesse, mais d'autres l'accordent dès le début de la grossesse.

La dispense partielle d'activité peut également se traduire par un changement provisoire d'activité. Elle interviendra, aussi bien à la demande de la salariée qu'à celle de l'employeur, lorsque l'état de santé de la salariée l'exige [1]. Elle n'entraîne aucune diminution de rémunération [2]. Lorsqu'un changement d'affectation est nécessaire et que la salariée enceinte est en arrêt de travail dans l'attente d'un nouvel emploi, cette période d'attente doit être rémunérée par l'employeur [3]. Cette modification temporaire d'activité ne peut avoir d'effet excédant la durée de la grossesse et prend fin dès que l'état de santé de la femme lui permet de retrouver son emploi initial [4].

L'aménagement du travail de la femme enceinte peut enfin se traduire par un passage de l'horaire de nuit à l'horaire de jour. Ce changement intervient lorsque le médecin du travail constate par écrit que le poste de nuit est incompatible avec l'état de santé de la salariée ou, plus simplement, lorsque celle-ci en fait la demande (C. trav., art. L. 1225-9). Il ne doit entraîner aucune diminution de la rémunération.

Exceptionnellement, le changement provisoire d'activité peut se transformer en suspension du contrat de travail avec une garantie de rémunération jusqu'au début du congé maternité lorsque l'employeur est dans l'impossibilité de proposer un autre emploi à une salariée enceinte qui occupe un poste l'exposant à des risques déterminés par décret en Conseil d'État [5] ou qui devait abandonner un poste de nuit pour occuper un poste de jour [6].

864 ***Dispense totale pendant le congé maternité*** ◊ À partir de la sixième, douzième ou vingt quatrième semaine précédant la date présumée de l'accouchement [7] s'ouvre une seconde période au cours de laquelle la salariée

1. C. trav., art. L. 1225-7.
2. C. trav., art. L. 1225-7, dern. al. Lorsqu'un changement d'affectation de la salariée en état de grossesse est nécessaire, l'employeur doit rémunérer la salariée pendant la période où celle-ci est en arrêt de travail dans l'attente d'un nouvel emploi (Soc. 17 déc. 1997, *RJS* 2/98, n° 176 ; 19 janv. 1999, *RJS* 3/99, n° 368).
3. Soc. 17 déc. 1997, *RJS* 2/98, n° 176 ; 19 janv. 1999, *Bull. civ.* V, n° 28 ; *RJS* 3/99, n° 368 ; C. trav., anc. art. L. 122-25-1-2 pour les cas où la salariée est exposée à des risques déterminés par décret en Conseil d'État.
4. C. trav., art. L. 1225-7.
5. C. trav., art. L. 1225-14. Cette garantie de rémunération est composée de l'allocation journalière prévue à l'art. L. 333-1 CSS et d'un complément à la charge de l'employeur, selon les mêmes modalités que celles prévues par les dispositions mentionnées à l'art. L. 1226-1 C. trav., à l'exception des dispositions relatives à l'ancienneté.
6. C. trav., art. L. 1225-10.
7. Le congé commence douze semaines avant la date présumée de l'accouchement lorsque des naissances multiples sont prévues (24 semaines avant en cas de naissances de plus de deux enfants) : C. trav., art. L. 1225-18.

est dispensée totalement de l'obligation de fournir un travail. Cette période de suspension dure en principe seize semaines [1]. La durée de la suspension sera prolongée en cas d'état pathologique de la salariée [2], de naissances multiples [3] ou bien encore lorsque la salariée a déjà mis au monde deux enfants nés viables [4]. La durée de la suspension peut ainsi aller jusqu'à quarante-six semaines lorsqu'une femme met au monde des triplés [5].

Lorsque l'accouchement a lieu avant la date présumée, la période de suspension pourra être prolongée jusqu'au terme des seize, vingt-six, trente-quatre ou quarante-six semaines de repos auxquelles la salariée a droit selon sa situation (C. trav., art. L. 1225-20). Si, au contraire, l'accouchement intervient après la date prévue, la période de suspension postérieure à l'accouchement n'est pas écourtée ; la mère bénéficie ainsi d'un congé plus long que celui normalement prévu.

La période du congé maternité est assimilée par la loi à une période de travail effectif pour la détermination de la durée des congés payés (C. trav., art. L. 3141-5) et pour la détermination des droits que la salariée tient de son ancienneté (C. trav., art. L. 1225-24). Mais cette assimilation de la période de congé à une période de travail effectif n'existe que dans les cas expressément prévus par la loi ; une salariée qui a bénéficié d'un congé maternité en cours d'année subira un abattement sur une prime de fin d'année lorsque celui-ci est pratiqué à partir d'un certain nombre de jours d'absence [6].

Pendant toute cette période d'arrêt de travail, la salariée perçoit des indemnités journalières maternité versées par la sécurité sociale [7].

865 ***Réintégration dans l'emploi*** ◊ À l'issue du congé maternité ou du congé parental d'éducation, la salariée doit être réintégrée dans l'emploi précédemment occupé ou dans un emploi similaire. C'est seulement

1. C. trav., art. L. 1225-17 ; Six semaines avant la date présumée de l'accouchement et dix semaines après. En dehors des textes relatifs à la suspension du contrat de travail, le Code du travail édicte une interdiction : les salariées ne peuvent être occupées pendant une période de huit semaines au total avant et après leur accouchement. Il est interdit d'employer des femmes en couches dans les six semaines qui suivent leur délivrance (C. trav., art. L. 1225-29).

2. C. trav., art. L. 1225-21 ; Lorsqu'un état pathologique résulte de la grossesse ou des couches, la période de suspension est augmentée de la durée de cet état pathologique dans la limite de deux semaines avant la date présumée de l'accouchement et de quatre semaines après la date de celui-ci.

3. C. trav., art. L. 1225-18 ; Le congé maternité se termine 22 semaines après la date de l'accouchement en cas de naissances multiples.

4. C. trav., art. L. 1225-19.

5. C. trav., art. L. 1225-18 ; La durée de la suspension peut même aller jusqu'à 52 semaines si l'état pathologique de la mère le justifie (C. trav., art. L. 1225-21).

6. Soc. 11 avr. 1991, *Liaisons soc.* 1991, n° 6553, p. 2.

7. Le versement de cette indemnité journalière de repos est subordonné à la seule condition pour l'assurée de cesser tout travail salarié durant la période d'indemnisation (CSS, art. L. 331-3). La salariée qui exerce en même temps une profession libérale ne perd pas droit à cette indemnité de repos lorsqu'elle continue à exercer son activité libérale à temps partiel pendant la période du congé maternité : Cass. ass. plén., 20 mars 1992, *RJS* 5/92, n° 675.

lorsque l'emploi qu'elle occupait n'est plus disponible qu'un emploi similaire peut être proposé à la salariée à la fin du congé parental [1].

La suspension du contrat n'entraînera aucun effet négatif sur la rémunération de la salariée. Celle-ci verra sa rémunération majorée à hauteur des augmentations générales ainsi que de la moyenne des augmentations individuelles perçues par les salariés relevant de la même catégorie professionnelle ou à défaut de la moyenne des augmentations individuelles dans l'entreprise [2].

2. Protection contre le licenciement [3]

866 ***Portée de la protection*** ◇ Aux termes de l'article L. 1225-4 du Code du travail, il est interdit à l'employeur de résilier le contrat de travail d'une salariée en état de grossesse médicalement constatée et pendant l'intégralité des périodes de suspension auxquelles elle a droit [4], qu'elle en use ou non, ainsi que pendant les quatre semaines qui suivent l'expiration de ces périodes [5].

Après avoir posé le principe de l'interdiction, l'article L. 1225-4 du Code du travail ajoute que l'employeur peut toutefois résilier le contrat s'il justifie [6] :

a) soit d'une faute grave [7] de l'intéressé – alors que pour un licenciement ordinaire une faute sérieuse suffit – non liée à l'état de grossesse, ce qui incite le juge à tenir compte de la condition physique comme de la vulnérabilité psychologique de la femme [8].

1. Soc. 27 oct. 1993, *Dr. soc.* 1993. 963.
2. C. trav., art. 1225-26.
3. A. Gardin, Maternité et rupture de contrat de travail, *RJS* 12/07, p. 975.
4. Non seulement l'employeur ne peut pas notifier un licenciement pendant la période de suspension, mais il ne peut pas prendre des mesures préparatoires à un licenciement (Soc. 15 sept. 2010, n° 08-43.299, *RDT* 2011. 31, obs. M. Mercat-Brun ; CJCE 11 oct. 2007, *RJS* 2/2008, n° 239.
5. La protection de quatre semaine est décomptée à compter de la reprise du travail. Si le congé maternité est suivi d'une période de congés payés, la protection est donc maintenue jusqu'à quatre semaines après la fin de ces congés payés (Soc. 30 avr. 2014, n°13-12.321 P). La protection joue même lorsqu'il y a interruption de grossesse, le licenciement prononcé avant l'interruption de grossesse est irrégulier : Soc. 27 sept. 1989, *RJS* 1989. 455, n° 741 (en l'espèce, attribution de dommages et intérêts, le maintien du salaire n'ayant pas été demandé) ; dans ces cas d'interruption de grossesse, il a été jugé que les salaires étaient dus à la femme irrégulièrement licenciée du jour du licenciement au jour de l'interruption de grossesse : Aix, 12 janv. 1988, *Sté Chris Alexander, Doc. F. Lefebvre*, P. III-410.
6. La preuve de la faute grave ou de l'impossibilité doit donc être apportée par l'employeur : Soc. 7 juill. 1976, *Bull. civ.* V, n° 359 ; 30 nov. 1978, *ibid.* 615 ; 14 mai 1984, *JS* 1984, SJ 167.
7. C'est-à-dire analogue à la faute grave privative des indemnités de rupture, interdisant le maintien du contrat même pendant le préavis. L'existence d'une faute grave a été reconnue à l'encontre de la salariée en cas d'absence sans justification (Soc. 17 déc. 1984, *JS Lamy* 1985. SJ 100), d'abandon de poste (Soc. 2 juill. 1984, *JS* 1984. SJ 213), d'agissements contraires à la probité (Soc. 21 janv. 1987 *JS Lamy* 1987. NB 29, d'injures grossières proférées à l'encontre de l'employeur (Soc. 28 mars 1995, n° 1421 D)... Par contre a été refusé le caractère de faute grave à des absences expliquées par les débuts difficiles d'une grossesse (Soc. 4 juin 1987, *JS Lamy* 1987. NB 95), au retard dans l'envoi d'un certificat médical (Soc. 12 mars 1997, *RJS* 4/97, n° 404).
8. Soc. 1er juin 1976, *Bull. civ.* V, n° 278 (absences répétées par suite de l'absence du mari avec retard pour prévenir s'expliquant par « le désarroi d'une femme en état de grossesse » ; Crim. 8 avr. 1976, *D.* 1976. IR 196 (manquements justifiés par l'état de santé).

b) soit de l'impossibilité de maintenir le contrat, pour un motif étranger à la grossesse ou à l'accouchement.

Il en sera ainsi non seulement en cas de force majeure atteignant l'entreprise, mais aussi de la nécessité d'un licenciement collectif [1], de la fermeture de l'entreprise, ou même de la réorganisation d'un service à la suite de circonstances économiques ou techniques impérieuses [2]. Dans les cas où l'employeur procède au licenciement de la salariée, la lettre de licenciement doit mentionner expressément le ou les motifs exigés par l'article L. 1225-4 du Code du travail ; à défaut de cette précision, le licenciement sera déclaré nul [3].

Il peut arriver en pratique qu'un employeur procède à un licenciement sans avoir été avisé, dans les formes voulues, de la grossesse de l'intéressée [4]. Aux termes du même article L. 1225-3, alinéa 2, le licenciement est annulé [5] si, dans un délai de quinze jours à dater de sa signification [6], l'intéressée envoie à son employeur par lettre recommandée avec accusé de réception un certificat médical justifiant qu'elle est en état de grossesse, et si, bien entendu, l'employeur ne peut pas prouver l'existence d'une faute grave de la salariée ou l'impossibilité de maintenir le contrat de travail pour un motif étranger à la grossesse ou à l'accouchement. Si l'employeur réintègre la salariée dans son emploi dès réception de l'attestation de grossesse, la salariée qui refuse de reprendre son activité est considérée comme l'auteur de la rupture [7]. En revanche, si la proposition de réintégration est tardive, la salariée peut obtenir des dommages et intérêts pour licenciement irrégulier sur la base de l'article L. 1225-71 [8].

Pendant le congé maternité, la protection de la salariée contre le licenciement est renforcée. La résiliation du contrat de travail ne peut pas être signifiée ni prendre effet pendant le congé maternité quelle que soit la

1. Le motif économique de licenciement ne constitue pas en soi une impossibilité de maintenir le contrat de travail d'une salariée en état de grossesse (Soc. 6 janv. 2010, *RJS* 3/10, n° 255 ; 21 mai 2008, *Bull. civ.* V, n° 110 ; 19 nov. 1997, *RJS* 1/98, n° 24. »

2. Soc. 4 oct. 1995, CSB 1995. 329. Par contre le licenciement sera illicite en cas de motif fallacieux de prétendue réduction d'activité ou compression d'effectifs : Soc. 11 mai 1977, *Bull. civ.* V, n° 248 ; 31 mars 1978, *ibid.* 194 ; *D.* 1978. IR 388, obs. J. Pélissier ; 29 févr. 1984, *JS* 1984. F 53.

3. Soc. 21 janv. 2009, n° 07-41.841, *RJS* 4/09, n° 339 ; 21 mai 2008, *Bull. civ.* V, n° 110 ; *RJS* 8-9/08, n° 887.

4. Est assimilée à cette situation, le refus d'une rétraction de démission d'une salariée enceinte lorsque la démission ne résultait pas d'une volonté claire et non équivoque (Soc. 26 oct. 2011, *RJS* 1/12, n° 29 : la rupture produit les effets d'un licenciement nul).

5. Soc. 20 nov. 2001, *RJS* 2/02, n° 168 ; 8 mars 1978, *D.* 1978. IR 388, obs. J. Pélissier ; 11 oct. 1979, *ibid.* 526. Concernant la portée exacte d'une telle nullité, V. n° suivants.

6. En principe l'expiration du délai préfix entraîne la déchéance pour la salariée du droit de se prévaloir de son état (Soc. 17 juin 1971, *Bull. civ.* V, 389). Mais il en va différemment quand il est établi que l'employeur avait en fait connaissance de la grossesse avant la notification du licenciement (Soc. 20 juin 1995, *RJS* 8-9/95, n° 880).

7. Soc. 8 mars 1984, *JS* 1984. F 64, *Bull. civ.* V, n° 93. Elle ne peut donc pas bénéficier des indemnités dues en cas de licenciement irrégulier (Soc. 4 nov. 1988, *Bull. civ.* V, n° 564, *RJS* 1/89, n° 10). Dans le même sens, Soc. 2 mars 1994, *CSB* 1994. S 57.

8. Soc. 30 sept. 1992, *RJS* 11/92, n° 1242.

cause de licenciement invoquée par l'employeur (C. trav., art. L. 1225-4). Le licenciement est nul même si lettre de licenciement précise que celui-ci ne prendra effet qu'à l'expiration du congé maternité [1]. Tenant compte de la jurisprudence communautaire [2], la Cour de cassation décide maintenant que l'employeur ne peut pas prendre, pendant cette période de protection, des mesures préparatoires du licenciement. Si de telles mesures interviennent pendant cette période, le licenciement notifié après l'expiration de la période de protection sera déclaré nul [3]

867 ***Sanctions du licenciement illicite*** ◊ L'irrégularité du licenciement est sanctionnée ici de façon originale puisque celui-ci est déclaré « nul » par la loi. Un licenciement nul ne pouvant produire aucun effet, la femme irrégulièrement licenciée doit normalement continuer à tenir son emploi. Les juges ont cependant décidé à plusieurs reprises qu'il n'y avait pas lieu de condamner l'employeur à réintégrer la salariée [4]. La nullité du licenciement se traduisait seulement par le versement de salaires et de dommages et intérêts. La Cour de cassation juge désormais « qu'en cas de licenciement d'une salariée en état de grossesse, nul en application de l'article L. 122-25-2 (C. trav., nouv. art. L. 1225-5) du Code du travail, sa réintégration doit être ordonnée si elle le demande » [5].

Il convient donc désormais de distinguer deux situations. Soit la salariée demande sa réintégration, la nullité étant établie ; l'employeur sera condamné à réintégrer cette salariée dans son emploi et à payer les salaires dont la femme aurait été privée du fait de son licenciement. Soit la salariée ne demande pas sa réintégration, la demande de réintégration ne constituant qu'une faculté pour le salarié ; l'employeur sera alors condamné, comme dans les autres cas de nullité, à trois paiements : le paiement des

---

1. Soc. 19 mars 2008, n° 07-40.599, *RDT* 2008. 383, obs. H. Tissandier : la salariée, victime d'un licenciement nul, a droit au paiement d'une indemnité réparant intégralement le préjudice résultant du caractère illicite du licenciement dont le montant est souverainement apprécié par les juges du fond dès lors qu'il est au moins égal à celui prévu par l'(anc.) art. L. 122-14-4. En l'espèce, la validité du motif de licenciement n'était pas discuté (licenciement à la suite d'une liquidation judiciaire).

2. CJCE 11 oct. 2007, aff. C-460-06, *RJS* 2/08, n° 239.

3. Soc. 15 sept. 2010, n° 08-43.299, *RJS* 11/10, n° 841 ; *Dr. soc.* 2011. 256, obs. F. Favennec-Héry. Avant cet arrêt, la Cour de cassation jugeait que l'employeur pouvait « engager » la procédure préalable au licenciement (convocation à l'entretien) dès l'instant où celui-ci n'est signifié qu'après : Soc. 5 juill. 1978, *Bull. civ.* V, n° 557 ; 29 mai 1990, *RJS* 7/90, n° 560 (publication du plan de licenciement pendant la période de protection, mais notification du licenciement après l'expiration de cette période : licenciement régulier).

4. Soc. 8 mars 1978, *D.* 1978. IR 388, obs. J. Pélissier ; v. égal. Rennes, 27 avr. 1978, *D.* 1978. 101, note Pagès ; 27 nov. 1990, *RJS* 1/91, n° 14 ; 30 janv. 1996, n° 428 D.

5. Soc. 30 avr. 2003, *Bull. civ.* V, n° 152, *Dr. soc.* 2003. 831, chron. B. Gauriau ; avis de l'avocat général J. Duplat *RJS* 7/03, p. 557 s ; *D.* 2004. Somm. 178, obs. B. Lardy-Pélissier. L'employeur qui a licencié une femme enceinte en ignorant son état de grossesse ne peut pas, après avoir été avisé de cet état, réintégrer le salarié seulement jusqu'à l'issue de la période de protection et prétendre que le licenciement prendra effet quatre semaines après la fin de son congé. L'envoi à l'employeur du certificat de grossesse n'a pas pour effet de suspendre le licenciement ; il entraîne sa nullité de plein droit (Soc. 7 avr. 2004, *RJS* 4/04, n° 685).

salaires qui auraient été perçus pendant la période couverte par la nullité [1], le paiement des indemnités de licenciement et de préavis et le paiement de dommages-intérêts réparant le préjudice résultant du caractère illicite du licenciement [2].

B. La paternité

868 ***Le congé paternité et d'accueil d'enfant*** ◊ Le congé paternité est issu de la loi du 4 décembre 2001. D'une durée de 11 jours, ou de 18 jours en cas de naissances multiples, il est indemnisé par la Sécurité sociale dans les mêmes conditions que le congé de maternité [3]. Il doit être pris dans les quatre mois suivant la naissance de l'enfant [4]. Le salarié est maître des dates de prise de son congé. Le salarié qui souhaite bénéficier du congé de paternité doit simplement prévenir son employeur de ses dates de prises de congé au moins un mois avant le début de son congé [5] et ces dates s'imposent alors à l'employeur [6].

Initialement prévu au bénéfice exclusif du père, ce congé fut dans un premier temps refusé au conjoint ou au partenaire de la mère, malgré le rôle que celui-ci pouvait jouer auprès de la mère et de l'enfant [7]. Cette situation au biologisme radical, peu compatible avec l'évolution moderne des familles, a finalement été abandonnée par la loi du 17 décembre 2012. Le désormais « congé de paternité et d'accueil d'enfant » bénéficie depuis au conjoint de la mère ou encore à la personne liée à elle par un pacte civil de solidarité [8].

Le congé maternité demeure de très loin plus long et mieux protégé que le congé paternité en droit français. De plus, le congé paternité est facultatif

---

1. La salariée a droit au paiement de tous les salaires qui auraient été versés du jour où elle a dû cesser son travail du fait du licenciement jusqu'au jour où cesse la période la protection (c'est-à-dire quatre semaines après l'expiration du congé maternité), même si elle a travaillé, après son licenciement, au service d'un autre employeur : les dispositions impératives de la loi ne souffrent aucune exception. Soc. 7 juill. 1976, *Bull. civ.* V, n° 435 ; 10 mai 1979, *Gaz. Pal.* 1981. I. 299 ; 16 juill. 1987, *D.* 1987. IR 181. Par ailleurs, la Cour de cassation a précisé que « les dispositions impératives » de l'anc. art. L. 122-30, al. 2 C. trav. ne souffrant aucune restriction (un employeur) ne peut déduire des salaires versés à titre de sanction de la nullité du licenciement, les indemnités éventuellement payées à (la salariée) par la Sécurité sociale (Soc. 10 avr. 1991, *Sté Framatome, Liaisons soc.* 1991, n° 6553, p. 3 ; 21 mai 1992, *Sem. soc. Lamy* 1992, n° 607, p. 16 ; 10 nov. 1993, *CSB* 1994. A 3).

2. Le montant sera au moins égal à six mois de salaires (Soc. 9 oct. 2001, *Bull. civ.* V, n° 314 ; *RJS* 12/01, n° 1468 : le montant des dommages-intérêts est souverainement apprécié par les juges du fond dès lors qu'il est au moins égal à celui prévu par l'anc. art. L. 122-14-4 C. trav. ; Soc. 17 déc. 2002, *Bull. civ.* V, n° 390).

3. C. trav., art. L. 1225-35 ; CSS, art. L. 331-8.

4. C. trav., art. D. 1225-8 ; Civ. 2e, 10 nov. 2009, n° 08-19.510, *Bull. civ.* II, n° 265.

5. C. trav., art. L. 1225-35, al. 3.

6. Soc. 31 mai 2012, n° 11-10.282 P.

7. Civ. 2e, 11 mars 2010, n° 09-65.853, *Bull. civ.* II, n° 57 (refus du congé à la partenaire homosexuelle de la mère).

8. C. trav., art. L. 1225-35, al. 1er.

pour le salarié, alors que le congé maternité est, en partie, impératif pour la mère. Cette disparité de situation entre la mère et le père n'est bien entendu pas une discrimination, des motifs biologiques évidents permettant de justifier la différence. Cette disparité n'en est pas moins fort discutable. De par l'existence d'un congé maternité plus important, les soins de l'enfant seront, les premiers temps, donnés davantage par la mère que par le père, ce qui peut contribuer à l'aggravation du sexisme au sein des couples. De plus, et peut-être surtout, la crainte des congés maternité demeure une importante source de discrimination à l'embauche, notamment pour les emplois de responsabilité. Un congé paternité de durée identique et impératif pour le père, en égalisant les contraintes professionnelles, réduirait d'autant cette source de discrimination.

C. Autres congés pour raison parentale ou familiale

Aux congé parental d'éducation et au congé d'adoption, qui viennent compléter les congés paternité et maternité, s'ajoutent toute une série d'autres cas de congé pour motif familial.

869 ***Congé parental d'éducation*** ◇ Le congé parental d'éducation a été créé 12 juillet 1977, modifié à plusieurs reprises et repris au niveau de l'Union européenne [1]. Il est aujourd'hui réglementé par les articles L 1225-47 et suivants du Code du travail.

Le congé parental d'éducation peut bénéficier au père *et* à la mère, qui peuvent prendre l'un et l'autre ce congé, ainsi qu'aux adoptants. Le droit de prendre un tel congé est ouvert dans toutes les entreprises, quelle que soit leur taille [2].

À la double condition de travailler depuis au moins un an dans l'entreprise au moment de la naissance de l'enfant [3], la mère et le père peuvent prendre un congé parental d'éducation [4] ou travailler à temps partiel. Le congé parental a une durée initiale d'un an au plus. En règle générale, il peut être prolongé deux fois, pour prendre fin, au plus tard, au troisième anniversaire de l'enfant ou à l'expiration d'un délai de trois ans à compter de l'arrivée au foyer de l'enfant (de moins de trois ans) adopté [5]. Le salarié en congé parental d'éducation ne peut exercer aucune activité professionnelle autre que des activités d'assistance maternelle [6].

---

1. Un accord-cadre sur le congé parental a été, en 1995, le premier à être conclu entre les partenaires sociaux au niveau communautaire sur la base de l'Accord sur la politique sociale annexé au Traité de Maastricht. Il a été mis en œuvre par une Dir. n° 96/34/CE du 3 juin 1996, qui accordait un délai de deux ans aux États membres pour le transposer dans leur ordre interne.

2. La L. du 25 juill. 1994 relative à la famille a supprimé la distinction entre les entreprises selon qu'elles employaient moins de cent salariés ou au moins cent salariés.

3. Ou de l'arrivée au foyer d'un enfant, confié en vue de son adoption (C. trav., art. L 1225-47).

4. D. Corrignan-Carsin, Á propos du congé parental d'éducation, *Dr. soc.* 1993. 728 s.

5. C. trav., art. L. 1225-48. En cas de maladie, d'accident ou de handicap grave de l'enfant, le congé parental peut être accordé pendant une quatrième année(C. trav., art. L. 1225-49). Les parties peuvent également convenir de la prolongation du congé parental au-delà de la troisième année (Soc. 11 févr. 2004, *RJS* 4/04, n° 426). Sur les possibilités d'interruption anticipée du congé (décès de l'enfant ou diminution importante des ressources du ménage), v. C. trav., art. L. 1225-52 ; Soc. 26 mars 2002, *RJS* 6/02, n° 692 (l'envoi d'une lettre recommandée pour demander une reprise anticipée du travail n'est pas une condition du droit à cette reprise anticipée).

6. C. trav., L. 1225-53.

Ce congé, qui n'est pas rémunéré [1], est pris en compte pour moitié dans le calcul de l'ancienneté [2]. Il n'est pas assimilé, à la différence du congé maternité, à un temps de travail effectif pour le calcul des congés payés.

Le salarié qui entend bénéficier du congé parental doit informer son employeur, par lettre recommandée avec demande d'avis de réception, ou par lettre remise en main propre contre décharge, du point de départ et de la durée du congé. La Cour de cassation a jugé que cette obligation d'information n'était pas une condition du droit au congé parental ; la salariée qui, à l'expiration du congé maternité, ne reprend pas le travail sans adresser une lettre recommandée informant l'employeur du point de départ et de la durée du congé parental, pourra néanmoins invoquer le droit à ce congé pour justifier son absence [3].

À l'issue du congé, le salarié retrouve son précédent emploi ou un emploi similaire assorti d'une rémunération au moins équivalente (C. trav., art. L. 1225-55) [4]. La perte de rémunération subie par le salarié en congé parental [5] peut être partiellement compensée : par l'allocation journalière de présence parentale versée par la Sécurité sociale (CSS, art. L. 531-4 s.), par une allocation versée par l'employeur en vertu d'un accord collectif [6], ou par l'utilisation du compte épargne-temps.

Si pendant le congé parental, la salariée devient enceinte, elle bénéficie des règles protectrices de la maternité [7].

870 ***Congé d'adoption*** ◊ Le congé d'adoption, octroyé, comme son nom l'indique, à la suite d'une adoption, est une transposition du droit relatif au congé maternité. Son régime juridique, et notamment son paiement par la sécurité sociale et les protections contre le licenciement sont similaires [8]. Sa durée est plus courte, la partie du congé maternité accordée au nom de la situation de la femme en fin de grossesse n'étant pas accordée en cas d'adoption [9]. Le congé d'adoption est donc en principe de dix semaines, lesquelles peuvent être augmentée en cas d'adoptions multiples [10]. Ce congé peut bénéficier à la mère adoptive comme au père adoptif. Lorsque les deux parents partagent la durée de ce congé, ce qui est leur droit, la durée totale du congé est accrue de 11 jours, afin d'intégrer l'équivalent de la durée du congé paternité [11].

Le congé parental d'éducation ne prive pas l'employeur du droit de résilier le contrat pour un motif indépendant du congé parental.

---

1. Mais le bénéficiaire du congé parental percevra des allocations (complément libre choix d'activité, qui s'ajoute à la prestation d'accueil de jeune enfant).

2. C. trav., art. L. 1225-54.

3. Soc. 12 mars 2002 *RJS* 6/02 nº 691 ; 10 juin 2003, *RJS* 8-9/03, nº 1030 ; 25 janv. 2012, nº 10-16.369.

4. C'est seulement lorsque l'emploi qu'il occupait n'est plus disponible qu'un emploi similaire peut être proposé au salarié à la fin du congé parental (Soc. 27 oct. 1993, *Dr. soc.* 1993. 963). L'emploi similaire n'est pas seulement un emploi qui correspond à la qualification professionnelle du salarié ; c'est un emploi qui répond à des fonctions semblables (soc. 12 mars 2002, *RJS* 6/02, nº 693).

5. Car la salariée ou le salarié en congé parental ne peut exercer aucune activité professionnelle autre que des activités d'assistance maternelle (C. trav., art. L. 1225-53).

6. Allocations exonérées de cotisations sociales (L. du 25 juill. 1994, art. 15).

7. Soc. 11 févr. 2004, *RJS* 4/04, nº 426.

8. C. trav., art. L. 1225-37 s

9. Le congé adoption peut toutefois être anticipé d'une semaine avant l'arrivée de l'enfant, sans que la durée totale du congé n'en soit augmentée (C. trav., art. L. 1225-37).

10. C. trav., art. L. 1225-37.

11. C. trav., art. L. 1225-40.

871 ***Autre congés pour événements familiaux*** ◊ L'employeur doit aussi accorder certains congés pour événement familiaux, qui suspendent le contrat de travail sans suspendre l'obligation de l'employeur de verser une rémunération au salarié. À la différence des congés maternité, paternité et d'adoption, ces congés sont donc financièrement à la charge de l'employeur.

Les principaux congés pour événement familiaux sont prévus à l'article L. 3142-1 du Code du travail. Ils sont de quatre jours pour le mariage du salarié [1], d'un jour pour le mariage d'un enfant, de deux jours pour le décès d'un enfant, du conjoint ou du pacsé, d'un jour pour le décès du père, de la mère, du beau-père, de la belle-mère, d'un frère ou d'une sœur. Ils comprennent aussi trois jours pour la naissance d'un enfant ou l'arrivée d'un enfant dans le foyer. Il s'agissait, pendant longtemps de l'unique droit du père. La création du congé paternité a laissé subsister ce congé dû par l'employeur. Celui-ci s'ajoute donc aux onze jours du congé paternité [2]. En revanche, ces trois jours initialement pensés pour le père, ne s'ajoutent pas aux droits de la mère en congé maternité.

La Cour de cassation considère que le jour d'absence autorisée ne doit pas être obligatoirement celui de l'événement qui le justifie, mais qu'il doit être pris dans une période raisonnable par rapport à sa date : la veille du mariage de l'enfant, par exemple [3].

Ces jours d'absence n'entraînent aucune réduction de la rémunération. Ils sont assimilés à des jours de travail effectif pour la détermination de la durée du congé annuel (C. trav., art. L. 3142-2).

Un congé non rémunéré en cas de maladie ou d'accident d'un enfant de moins de seize ans (trois ou cinq jours maximum par an selon le cas) a été institué par une loi du 25 juillet 1994 (art. L. 1225-61). En cas de maladie, de handicap ou d'accident d'une particulière gravité rendant indispensables une présence soutenue et des soins contraignants, un congé rémunéré par la sécurité sociale est de plus prévu par les articles L. 1225-62 et suivants du Code du travail : le congé de présence parentale.

§ 6. Les congés spéciaux

872 ***Notion et expansion*** ◊ L'idée que le salarié puisse, en certaines occasions, se soustraire à l'exécution de son contrat de travail pour se consacrer à d'autres activités n'est pas nouvelle. Les usages, puis la loi, lui ont reconnu depuis longtemps la possibilité de s'absenter en raison de certains événements familiaux. La création de crédits d'heures a accompagné l'institution des représentants du personnel puis la reconnaissance du droit syndical dans l'entreprise. Le développement du droit de la formation professionnelle permanente s'est accompagné de la reconnaissance à tout salarié d'un droit à congé-formation. Mais ce type de droit à congé ou de droit de s'absenter a connu un essor remarquable depuis une vingtaine d'années. La loi étend les possibilités, pour le salarié, de concilier son activité professionnelle

1. Si le salarié qui se marie a le droit de s'absenter pendant quatre jours sans perte de rémunération, celui qui se marie pendant une période de congé ne peut prétendre ni à une prolongation de son congé, ni à une indemnité compensatrice (Soc. 20 juin 1984, *JCP E* 1985. I. 14. 383, obs. B. Teyssié).

2. Il se cumule aussi avec le congé d'adoption de l'art. L. 1225-37 C. trav. et avec le congé accordé au père en cas de décès de la mère au cours du congé de maternité (C. trav., art. L. 1225-28).

3. Soc. 16 déc. 1998, *JCP E* 1999. 404, note O. Bonijoly.

avec des engagements familiaux, politiques, associatifs etc. [1]. La « flexibilisation » du cadre juridique du rapport de travail apparaît ici sous un aspect bilatéral : aux nouvelles possibilités reconnues aux employeurs pour l'organisation du temps de travail font écho quelques libertés nouvelles reconnues aux salariés [2].

À la différence des congés précédemment étudiés, ces congés dits *spéciaux* doivent être demandés par le salarié, qui lève ainsi une option que lui ouvre la loi. Autre différence, ces congés (hormis le congé sabbatique, sorte de congé pour convenances personnelles) répondent à une finalité précise. Enfin, leur financement fait appel aux techniques les plus variées, qui éventuellement se combinent : financement par l'employeur, par la Sécurité sociale ou par un organisme paritaire, par le bénéficiaire de l'activité du salarié pendant son congé, par le salarié lui-même (formule de « congé sans solde »). Le plus ancien de ces congés spéciaux est sans doute le congé maternité, lequel est traité plus haut [3]. La description de quelques-uns des autres congés spéciaux suit.

873 ***Compte épargne-temps*** ◊ C'est notamment pour faciliter ce financement que la loi du 25 juillet 1994 a permis de créer, par convention ou accord de branche étendu ou bien par convention ou accord d'entreprise ou d'établissement, un *compte épargne-temps* au profit des salariés. Son régime juridique a été sensiblement modifié par la loi du 31 mars 2005. La loi n° 2008-111 du 8 février 2008 pour le pouvoir d'achat a favorisé la « monétisation » des temps de repos stockés sur le compte épargne-temps. La loi du 20 août 2008 poursuit le processus d'assouplissement en modifiant largement les dispositions des articles L. 3151-1 s. du Code du travail.

a) Aux termes de l'article L. 3154-1, « le compte épargne-temps permet au salarié d'accumuler des droits à congé rémunéré ou de bénéficier d'une rémunération, immédiate ou différée, en contrepartie des périodes de congé ou de repos non prises ou des sommes qu'il y a affectées ». Il peut être institué par une convention ou un accord collectif d'entreprise ou d'établissement [4] ou, à défaut, par une convention ou un accord de branche (qui n'a plus besoin d'être étendu).

Cette convention ou cet accord doit déterminer les conditions et les limites dans lesquelles le compte peut être alimenté en temps ou en argent à l'initiative du salarié : par des temps de repos (cinquième semaine de congés payés, contreparties en repos d'heures supplémentaires), par des temps de travail qui, au lieu d'être rémunérés immédiatement, sont placés sur le compte (heures effectuées au-delà de la durée prévue par une convention de forfait en heures), par des éléments de salaires (augmentations ou compléments du salaire de base, primes d'intéressement...), et même par affectation du congé annuel (mais seulement pour sa fraction excédant 24 jours ouvrables). Il détermine aussi comment il peut être abondé, à l'initiative de l'employeur, pour les heures accomplies au-delà

---

1. A. Bousiges, *Rép. trav.*, *V°* « Congés ».
2. A. Supiot, « Du bon usage des lois en matière d'emploi », *Dr. soc.* 1997. 229 (spéc. 241 s.).
3. V. ss 862 s.
4. Il n'est plus question, comme dans le texte antérieur, d'accord de groupe.

de la durée collective. Le montant des droits pouvant être inscrits dans ce compte est plafonné, et lorsque le plafond est atteint la liquidation des droits est obligatoire.

Les droits acquis dans le cadre du compte épargne-temps sont garantis dans les conditions fixées pour la garantie de l'AGS (C. trav., nouv. art. L. 3154-1, renvoyant à l'art. L. 3253-8 C. trav.) [1].

L'accord règle l'utilisation des droits, leur gestion et leur liquidation, le transfert des droits d'un employeur à un autre.

b) Sur le plan de l'utilisation, l'article L. 3153-1 nouveau dispose que, nonobstant les prévisions de la convention ou de l'accord collectif, tout salarié peut, sur sa demande et en accord avec son employeur, utiliser les droits affectés sur le compte épargne-temps pour compléter sa rémunération. Il s'agit d'une pérennisation d'une disposition de la loi du 8 février 2008. Mais l'utilisation sous forme de complément de rémunération des droits versés sur le compte au titre du congé annuel n'est possible que pour ceux de ces droits correspondant à des jours excédant la durée de 30 jours [2]. Le salarié peut ainsi utiliser ce compte pour indemniser une absence ou un congé non rémunéré (congé parental, congé sabbatique, congé de solidarité internationale), pour compléter sa rémunération ou se constituer une épargne (qui lui permettra de financer des prestations supplémentaires de retraite, de procéder au rachat de cotisations d'assurance vieillesse...). L'article L. 3153-3 ménage un régime favorable, sur le plan fiscal et sur celui des cotisations patronales de sécurité sociale aux abondements de l'employeur lorsqu'ils sont utilisés pour contribuer au financement de prestations de retraite, mais aussi, désormais, aux droits issus d'autres abondements.

c) À défaut de dispositions conventionnelles prévoyant les conditions du transfert des droits accumulés d'un employeur à un autre, le salarié à une option. Soit, en cas de rupture de son contrat de travail, il perçoit une indemnité correspondant à la conversion monétaire de l'ensemble des droits qu'il a acquis. Soit il demande, en accord avec l'employeur, la consignation de ses droits, convertis en unités monétaires, auprès d'un organisme tiers (la caisse des dépôts et consignations, par exemple). Les droits ainsi mis à l'abri pourront être débloqués au profit du bénéficiaire ou de ses ayants droit (C. trav., nouv. art. L. 3154-3).

874 ***Congé pour création ou reprise d'entreprise, congé sabbatique, mobilité volontaire sécurisée*** ◊ Ils ont été créés en même temps, par la loi du 3 janvier 1984 (C. trav., art. L. 3142-78 s.). Ils sont, l'un et l'autre [3], des congés non rémunérés, mais ils peuvent donner lieu à

1. Sur l'AGS, v. ss 953 s.
2. Cela signifie que, si la cinquième semaine de congés payés peut être stockée sur le compte, elle ne peut être monétisée isolément.
3. Ce qui était, à l'origine un congé de création d'entreprise, concerne aussi la reprise d'une entreprise et l'« exercice des responsabilités de direction » au sein d'une jeune entreprise innovante (C. trav., art. L. 3142-79), et l'intéressé peut lui préférer une période de travail à temps partiel.

utilisation du compte épargne-temps. Leur bénéfice est, sous certaines conditions, un droit pour les salariés, quel que soit le nombre de travailleurs occupés par l'employeur, même s'il est évident que les salariés des petites entreprises rencontreront plus de difficultés pour en bénéficier que ceux des entreprises importantes [1]. Ils reposent, l'un et l'autre, sur une technique de suspension du contrat de travail [2] : en fin de congé, le salarié retrouve son emploi ou un emploi similaire [3], assorti d'une rémunération au moins équivalente [4].

Le congé sabbatique peut être pris par les salariés qui ont six années d'activité professionnelle et au moins trente-six mois d'ancienneté dans l'entreprise (consécutifs ou non). Il ne faut pas avoir bénéficié, au cours des six années précédentes dans l'entreprise, d'un congé sabbatique, d'un congé pour création d'entreprise ou d'un congé de formation de longue durée (au moins six mois). Ce congé qui a une durée minimale de six mois et une durée maximale de onze mois n'a pas à être motivé. Il s'agit, à la différence du congé parental ou du congé pour création ou reprise d'entreprise, d'un congé pour convenances personnelles. Pendant son congé, le salarié peut, s'il le souhaite, exercer une activité rémunérée à condition de respecter ses obligations de loyauté et de non-concurrence [5].

---

1. Dans les entreprises de moins de 200 salariés, l'employeur peut refuser le congé s'il estime qu'il aura des conséquences préjudiciables sur la production et sur la marche de l'entreprise. Ce refus peut être contesté devant le bureau de jugement du conseil de prud'hommes (C. trav., art. L. 3142-97). Dans les entreprises de 200 salariés et plus, l'employeur peut seulement différer le départ en congé (C. trav., art. L. 3142-96). L'employeur doit répondre au salarié dans le délai d'un mois, même si sa demande est tardive, faute de quoi son accord tacite sur la date de départ du salarié est acquis (Soc. 12 mars 2008, n° 06-43.866 P, *RDT* 2008. 308, obs. V. Bonnin ; *D.* 2008. AJ. 925, obs. S. Maillard). Si plusieurs sociétés apparaissent conjointement employeurs du salarié, compte doit être tenu de l'ensemble de leurs effectifs (Soc. 17 avr. 1996, *Bull. civ.* V, n° 173). Le refus de l'employeur d'accorder un congé sabbatique doit être annulé par le juge qui constate que l'absence du salarié n'aurait pas d'effet préjudiciable pour l'entreprise (Soc. 2 févr. 1999, *Dr. soc.* 1999. 408, obs. J. Savatier).

2. Pendant la durée du congé, le salarié ne peut se prévaloir des avantages conventionnels liés à l'exercice de ses fonctions (Soc. 19 févr. 1997, *RJS* 4/97, n° 431 : logement de fonction).

3. Le droit à réintégration n'est soumis à aucune condition (Soc. 21 nov. 1995, *RJS* 1/96, n° 34). En particulier, il n'est pas subordonné à la justification du respect de la finalité du congé sollicité (Soc. 1er déc. 2005, *RJS* 2/06, n° 230), et aucune autre obligation que celles prévues par les dispositions le concernant ne s'impose au salarié à l'égard de son employeur, notamment quant au moyen de parvenir à son projet ou au résultat obtenu (Soc. 18 oct. 2006, *JCP S* 2006, 1983, note T. Lahalle). Un emploi qui comporte par rapport à l'emploi initial des modifications touchant à des éléments essentiels du contrat de travail ne peut être qualifié d'emploi similaire : Soc. 16 mars 1989, *RJS* 1989, n° 339. Dans le même sens : Soc. 2 oct. 1997 *RJS* 11/97, n° 1251 (perte de qualification et réduction d'autorité). Le refus par le salarié d'un emploi non similaire ne vaut pas démission (Soc. 26 févr. 1997, *RJS* 6/97 n° 699).

4. Le salarié ne peut prétendre être réemployé avant l'expiration du congé. Lorsque l'accord est intervenu sur la durée du congé, l'employeur peut s'opposer à sa dénonciation unilatérale par le salarié (Soc. 7 mai 1996, *Dr. soc.* 1996. 975, obs. G. Couturier). Le bénéficiaire d'un congé pour création d'entreprise doit informer son employeur au moins trois mois avant la fin de son congé de son intention soit d'être réemployé, soit de rompre son contrat. Pour la Cour de cassation, la conséquence de la méconnaissance de cette obligation n'est pas une rupture automatique du contrat de travail imputable au salarié (Soc. 23 oct. 1991, *RJS* 12/91, n° 1333 ; 13 déc. 1995, *Dr. soc.* 1996. 427).

5. Soc. 27 nov. 1991, *RJS* 1/92, n° 43 ; 5 juin 1996, *Bull. civ.* V, n° 231 ; 1er avr. 2003, *RJS* 6/03, n° 770.

Le congé pour création ou reprise d'entreprise est plus libéralement ouvert : il suffit d'avoir une ancienneté de trente-six mois dans l'entreprise et de vouloir créer ou reprendre une entreprise [1]. Sa durée est d'un an, renouvelable une fois.

Ces différents congés poursuivent une même idée, celle de permettre à un salarié de se lancer dans une autre activité tout en conservant la possibilité de retrouver son emploi en cas d'échec. Cette même logique a conduit le législateur à construire une « mobilité volontaire sécurisée » (C. trav. art. L 1222-12 et s. issus de la loi du 14 juin 2013), laquelle s'analyse non pas en un congé, mais plutôt en un droit à la réintégration, consenti par l'employeur à un salarié qui quitte l'entreprise pour occuper un nouvel emploi.

875 ***Autres congés non rémunérés*** ◊ Une section du Code du travail recomposé (C. trav., art. L. 3142-16 s.) regroupe sous cet intitulé les dispositions, généralement récentes, relatives aux : *congé de solidarité familiale*, visant à permettre l'accompagnement d'un proche en fin de vie [2], *congé de soutien familial, congé de solidarité internationale* (L. du 4 févr. 1995), *congé pour catastrophe naturelle, congés de formation de cadres et d'animateurs pour la jeunesse, congé mutualiste de formation* (loi du 25 juillet 1985 portant réforme du Code de la mutualité), *congé de représentation* (L. du 7 août 1991 en faveur des associations et des mutuelles), *congés des salariés candidats ou élus à un mandat parlementaire ou local, congé de service dans la réserve opérationnelle*, et *congé pour acquisition de la nationalité française* (création de la loi du 20 novembre 2007).

L'ancien texte du Code plaçait dans cette nomenclature des congés non rémunérés l'ancien « congé d'éducation ouvrière », créé par une loi du 23 juillet 1957, devenu depuis 1986 « congé de formation économique, sociale et syndicale », tout en renvoyant, pour son régime, aux dispositions sur le droit syndical le livre IV du Code. La recodification a rapproché les dispositions réglant ce qu'il dénomme le *congé de formation économique et sociale et de formation syndicale* [3] de celles concernant d'autres congés, mais plutôt des « congés rémunérés » (C. trav., art. L. 3142-7 s.) [4]. Ce congé permet à tout salarié de suivre les stages de formation économique, sociale ou syndicale organisés par des centres rattachés à des organisations syndicales représentatives ou par des instituts établis dans certaines universités spécialisés et agréés par le ministère chargé du travail. Il est rémunéré par l'employeur dans les entreprises employant au moins dix salariés, dans la limite d'une dépense globale égale à 0,08 pour mille du montant des salaires payés pendant l'année en cours. Cette rémunération

1. Le détournement de ce congé à d'autres fins que la création d'entreprise constitue une cause réelle et sérieuse de licenciement (Soc. 19 févr. 1997, *RJS* 4/97, n° 430).

2. D. Boulmier, Le nouveau congé d'accompagnement d'une personne en fin de vie accordé à certains salariés, *D.* 2000. Chron. 84.

3. Auxquelles renvoie l'art. L. 2145-1 C. trav.

4. Tout comme le *congé de participation aux instances d'emploi et de formation professionnelle ou à un jury d'examen* (qui recouvre une autorisation d'absence sans perte de rémunération).

est déductible de la taxe destinée à la formation professionnelle continue. Les frais occasionnés par ces stages et les pertes éventuelles de rémunération des salariés sont habituellement pris en charge par les instituts subventionnés à cet effet par le ministère.

SECTION 4. **SANCTIONS**

876 La relative fréquence de la violation des règles relatives à la durée et la répartition du temps de travail ont conduit le législateur à édicter, en la matière, des sanctions spéciales, tant pénales que civiles, particulièrement lourdes.

§ 1. **Sanctions pénales**

877 ***Une multitude de contraventions et un délit*** ◊ Les articles R. 3134-1 et suivants, très complets, prévoient des contraventions de quatrième classe ou de cinquième classe selon les cas, pour la quasi-totalité des règles relatives à la durée et à la répartition du temps de travail (durée légale et heures supplémentaires, durées maximales, règles d'information, règles spécifiques relatives au temps partiel, etc.). Partiellement redondants, ces textes protègent l'essentiel du droit en la matière.

Ils sont complétés par un délit sévère : le délit de travail dissimulé prévu à l'article L. 8221-5, lequel est passible d'un emprisonnement de trois ans et d'une amende de 45 000 € (C. trav., L. 8224-1). Pour que ce délit soit constitué il suffit que l'employeur ait omis de mentionner sur le bulletin de paie la totalité des heures réellement effectuées par le salarié, pour peu que cette omission soit intentionnelle. La preuve de cette intention suppose simplement la preuve de la connaissance, par l'employeur, des heures effectuées par le salarié et non mentionnées au bulletin de paie [1].

§ 2. **Sanctions civiles**

878 ***Six mois de salaire*** ◊ La violation des règles relatives à la durée et à la répartition du temps de travail caractérise une faute de l'employeur qui pourra conduire aux versements d'arriérés de salaire, à la requalification d'un contrat de travail à temps partiel en contrat de travail à temps plein, à la prise d'acte de la rupture par le salarié, au paiement des heures de grèves.

En cas de travail dissimulé, en outre, une indemnité supplémentaire de six mois de salaire sera due en cas de rupture du contrat de travail (C. trav., art. L. 8223-1). Cette indemnité est due même si la dissimulation d'heures

1. V. par ex. Soc. 24 mars 2010, n° 08-43.268.

n'a pas fait l'objet de poursuites pénales [1], quelle que soit la cause de la rupture de la relation travail, y compris la démission [2] ou l'arrivée à échéance d'un contrat à durée déterminé [3]. Cette indemnité se cumule avec les autres sommes qui peuvent être dues par l'employeur, que ce soit des rappels de salaires pour heures supplémentaires non dues, ou toute indemnité due à la suite ou à l'occasion de la rupture [4].

1. Soc. 15 oct. 2002, n° 00-45.082.

2. Soc. 12 oct. 2004 n° 02-44.666, (démission suivie d'une rupture du préavis d'un commun accord).

3. Soc. 7 nov. 2006, n° 5-40197, *Bull.* V, n° 328.

4. Soc. 6 févr. 2013, n°11-23738 P, *Dr. ouvrier* 2013.562, note M. Bonnechère et Soc. 15 mai 2013, n°11-22396 P (cumul des indemnités de « toute nature auxquelles le salarié a droit en cas de rupture de la relation de travai ». *Adde*. Soc. 12 janv. 2006, n° 03-46.800 (indemnité de licenciement sans cause réelle et sérieuse) ; 12 janv. 2006, n° 04-40.991 (indemnité compensatrice de préavis et l'indemnité de congés payés) ; 12 janv. 2006, n° 04-42.190 (indemnité pour non-respect de la procédure de licenciement) ; 12 janv. 2006, n° 04-43.105 (indemnité pour violation de la procédure), 12 janv. 2006, n° 04-41.769 (indemnité pour violation de l'ordre des licenciements) ; 12 janv. 2006, n° 03-44.776 (l'indemnité de requalification d'un CDD en CDI). Toutefois, au vu de l'ancien Code du travail, la jurisprudence de 2006 excluait le cumul de cette indemnité et des indemnités légales et conventionnelle de licenciement (Soc. 12 janv. 2006, n°s 04-42.190, 04-41.769 et 04-42.159). Cette exception curieuse (l'objet des indemnités en question est sans aucun lien) pouvait s'expliquer du fait de la rédaction antérieure, ambiguë de l'ancien Code (C. trav., anc. art. L. 324-11-1). Elle a disparu depuis le recodification de 2008 et ce sont bien les indemnités de « toute nature » qui se cumulent désormais (Soc. 6 févr. 2013 préc.).

CHAPITRE 2

LA SANTÉ ET LA SÉCURITÉ AU TRAVAIL

879 ***Une préoccupation fondatrice et renouvelée*** ◊ La protection de la santé des travailleurs et l'amélioration de la sécurité du travail ont constitué, dans tous les pays industrialisés, la pierre angulaire du droit du travail. Cette place première, qui se retrouve aujourd'hui dans le droit social de l'Union européenne, se justifie par l'engagement physique que suppose l'exécution du contrat de travail : ce contrat porte sur le corps du travailleur [1]. Ce n'est pas seulement affaire d'humanité et de justice : la vie de notre société et le développement du système économique qui en est l'armature appelaient et requièrent encore une action publique de protection du support physique de la force de travail [2]. Avec le développement du travail industriel et du machinisme au cours du XIXe siècle s'est accru le risque d'accidents du travail ou de maladies causés par le travail ou les produits utilisés. La protection de la sécurité physique intéressant la défense de la Nation [3] et l'ordre public, l'État ne pouvait se désintéresser de conditions de travail.

La *réparation* des accidents du travail et des maladies professionnelles a finalement été « socialisée » par la loi du 9 avril 1898, dont l'importance pratique n'a eu d'égale que la dimension symbolique [4]. Mais la meilleure politique consiste, par des *mesures préventives*, à diminuer les risques et à humaniser les conditions du travail, à la fois dans l'intérêt de chaque travailleur et de la collectivité dont la charge financière se trouve allégée [5]. L'intervention de l'État en ce domaine n'est donc pas laissée à la discrétion des pouvoirs publics. Les autorités publiques ont l'obligation « de se tenir informées des dangers que peuvent courir les travailleurs dans le cadre de leur activité professionnelle, compte tenu notamment des produits et

---

1. A. Supiot, *Critique du droit du travail*, PUF, 1994, 2e éd., 2002, p. 67 s. ; M. Bonnechère, Le corps laborieux : réflexion sur la place du corps humain dans le contrat de travail, *Dr. ouvrier* 1994. 173.
2. V. ss 11 s.
3. Des préoccupations d'ordre militaire ont été les premières mises en avant pour justifier son intervention.
4. V. ss 12. V. Ph.-J. Hesse, Le nouveau tarif des corps laborieux : la loi du 9 avr. 1898 concernant les responsabilités des accidents dont les ouvriers sont victimes dans leur travail, *Deux siècles de droit du travail. L'histoire par les lois* (dir. J.-P. Le Crom), Éd. de l'Atelier, 1998, p. 89 ; Accidents du travail et maladies professionnelles, *Dr. soc.* n° spéc. (Colloque du centenaire de la loi de 1898), juill.-août 1998. Sur le régime actuel de prise en charge du risque professionnel par la Sécurité sociale, v. les ouvrages de droit de la sécurité sociale ou de la protection sociale.
5. La Sécurité sociale assume à cet égard une importante mission préventive (CSS, art. L. 421-1 s.).

substances qu'ils manipulent ou avec lesquels ils sont en contact, et d'arrêter, en l'état des connaissances scientifiques, au besoin d'études ou d'enquêtes complémentaires, les mesures les plus appropriées pour limiter et si possible éliminer ces dangers »[1].

L'intervention législative, d'abord préoccupée des enfants et des femmes, s'est ensuite amplifiée, grâce en partie à l'action de l'Association internationale pour la protection légale des travailleurs, créée au début de ce siècle, puis de l'Organisation internationale du travail, dont les problèmes de sécurité restent une préoccupation majeure.

En France, quelques lois importantes ont été adoptées au cours des dernières décennies. La loi du 6 décembre 1976 a accru les pouvoirs des inspecteurs du travail, mais elle a aussi imposé aux employeurs l'obligation de former les salariés dans le domaine de la sécurité et a introduit la conception dite de « la sécurité intégrée » (les problèmes de sécurité doivent être traités dès le stade de la fabrication des machines ou des produits dangereux). Quatrième des « lois Auroux », celle du 23 décembre 1982 a institué un nouvel organisme dans l'entreprise, le comité d'hygiène, de sécurité et des conditions de travail (CHSCT), substitué à deux organismes antérieurs. Elle a également reconnu aux salariés la faculté (« droit nouveau ») de se retirer d'une situation de travail qui présente un danger grave et imminent pour leur vie ou pour leur santé[2]. La loi du 31 décembre 1991 a entendu transposer dans le Code du travail l'importante directive n° 89/391 du 12 juin 1989 concernant la mise en œuvre de mesures visant à promouvoir l'amélioration de la sécurité et de la santé des travailleurs au travail[3], mais sans y parvenir de manière satisfaisante aux yeux de la Commission européenne puis de la Cour de justice des Communauté européennes[4].

D'autres lois ou décrets ont été adoptés, notamment pour transposer des directives européennes, tant il est vrai que le secteur « santé et sécurité au travail » est le plus dense du droit social de l'Union européenne[5] et celui qui a eu l'impact le plus manifeste sur le droit français[6]. Et tout récemment encore avec l'accord

1. CE, ass., 3 mars 2004, *Ministre de l'Emploi et de la Solidarité c/ Consorts Thomas* (aff. de l'amiante), *D.* 2004. 973, note H. Arbousset ; *D.* 2005. Pan. 26, obs. P.-L. Frier ; *Dr. ouvrier* 2004. 206, concl. E. Prada-Bordenave.

2. H. Seillan, « La loi du 23 déc. 1982 relative aux comités d'hygiène, de sécurité et des conditions de travail », *D.* 1983. Chron. 33 ; P. Chaumette, « Le CHSCT et le droit de retrait du salarié », *Dr. soc.* 1983. 425.

3. F. Meyer et F. Kessler, Les mesures d'hygiène et de sécurité à l'épreuve du droit communautaire : à propos de la transposition de la Dir. n° CEE 89-391, *Dr. ouvrier* 1992. 161.

4. CJCE 5 juin 2008, aff. C-226/06, *Commission c/ France, D.* 2008. AJ. 1698. Consécutivement à cette condamnation, a été adopté un décret renforçant l'information des salariés sur les risques pour leur santé et leur sécurité (Décr. n° 2008-1347 du 17 déc. 2008. V. M. Véricel, *RDT* 2008. 242).

5. Du dialogue social européen est né, après l'accord de 2004 sur le stress, un accord-cadre du 26 avr. 2007 sur le harcèlement et la violence au travail (comm. C. Sachs-Durand, *RDT* 2007. 525). Le 26 mars 2010 les partenaires sociaux sont parvenus à un projet d'accord sur le harcèlement et la violence au travail assurant la transposition de l'accord-cadre de 2007 (F. Pelletier, L'ANI sur le harcèlement et la violence au travail : de nouvelles obligations pour l'employeur ? : *JCP S* 2010. 253 ; P. Adam, Une lecture de l'accord du 26 mars 2010 sur le harcèlement et la violence au travail, *RDT* 2010. 426).

6. V. ss 36 s. Mais l'influence n'est pas toujours nette et pacifique. La République française a subi des condamnations pour défaut de transposition complète (CJCE 27 nov. 2003, aff. 66/03, *RJS* 3/04, n° 354 : pour la Dir. n° 2000/39/CE, relative à la protection des travailleurs contre les

national interprofessionnel du 2 juillet 2008 [1] transposant (avec le trop habituel retard) l'accord-cadre européen du 8 octobre 2004 sur le stress au travail [2]. Mais les problèmes ressentis localement ont aussi leur part dans l'inspiration des textes. La période récente, marquée par une intensification de la charge de travail (fruit de la flexibilisation du temps de travail, notamment), le développement d'organisations du travail et d'une « gestion des ressources humaines » éprouvantes pour les personnes, a vu s'affirmer l'exigence de protection de la santé mentale au travail [3]. Elle a été prise en compte par la loi de modernisation sociale du 17 janvier 2002 [4], avec l'apparition de la santé mentale parmi les objets de diverses prescriptions ou objectif de certains dispositifs [5], mais aussi la mise hors la loi du « harcèlement moral » au travail, dix ans après celle du harcèlement sexuel. Quant à la loi du 30 juillet 2003 relative à la prévention des risques technologiques et naturels et à la réparation des dommages, qui ne concerne évidemment pas les seules relations du travail et ne vise que les établissements les plus dangereux [6], sa préparation avait été entreprise après la catastrophe de l'usine AZF de Toulouse (sept. 2001).

L'abondance des lois et règlements n'a pas dispensé la Cour de cassation de contribuer à ce droit de la santé et de la sécurité au travail. Le premier apport a été celui de la Chambre criminelle, appelée à préciser les conditions de la responsabilité pénale (du chef d'entreprise ou d'établissement, en premier lieu) en cas de manquement aux règles d'hygiène et sécurité ou d'accident du travail. Plus récemment, la « découverte », par les chambres

---

agents chimiques, dans un contexte attestant le poids de lobbies ; 5 juin 2008, aff. C-226/06, préc.). C'est à la Dir. n° 94/103 du 23 nov. 1993 concernant certains aspects de l'aménagement du temps de travail, mais adoptée au titre des prescriptions minimales de santé et sécurité au travail, qu'un régime français d'heures d'équivalence s'est heurté (CJCE 1er déc. 2005, *Dellas et al.* aff. C-14/04, *D.* 2006. 1722, note M. Miné ; *RJS* 2/06, n° 288, comm. J.-Ph. Lhernould, p. 89 ; *RDT* 2006. 33, obs. M. Véricel ; S. Bourgeot et M. Blatman, De l'obligation de sécurité de l'employeur au droit à la santé des salariés, *Dr. soc.* 2006. 653).

1. Cet ANI a fait l'objet d'un arrêté d'extension le 23 avr. 2009 (*JO* du 6 mai 2009). En oct. 2009, le ministre du Travail, M. X. Darcos, a engagé un plan d'urgence sur la prévention du stress au travail, en demandant notamment aux entreprises de plus de mille salariés de « transposer » l'ANI du 2 juill. 2008. Ce même ministre a rendu public, le 18 févr. 2010, l'état d'avancement de la prévention du stress au travail réalisé auprès de 1500 entreprises de plus de mille salariés, qui a donné lieu à un classement en trois catégories (vert, orange, rouge), renseignant ainsi sur leur niveau d'avancement dans la mise en œuvre d'une politique de prévention du stress au travail (*JCP S* 2010. Actu. 114). Ce classement a été finalement enterré par son successeur, M. E. Woerth, en avr. 2010 (*Le Monde* du 8 avr. 2010, p. 3). Cette méthode dite du « name and shame » (« nommer et faire honte ») pouvait pourtant présenter une certaine efficacité.

2. C. Sachs-Durand, La transposition dans les États membres de l'accord conclu par les partenaires sociaux au sein de l'Union européenne, sur le stress au travail : *RDT* 2009. 243.

3. J. Martinez, Les mouvements d'extension du droit de la santé au travail : *JCP S* 2009. 1170.

4. N. Maggi-Germain, Travail et santé, *Dr. soc.* 2002. 485 ; Le stress au travail, *RJS* 3/03, chron. 191 ; P.-Y. Verkindt, Travail et santé mentale, *Sem. soc. Lamy* 2003, n° 1112, p. 6 ; L. Lerouge, *La reconnaissance d'un droit à la protection de la santé mentale au travail*, LGDJ, 2005 ; P. Adam, La prise en compte des risques psychosociaux par le droit du travail français, *Dr. ouvrier* 2008. 313. Pour une approche juridique comparée de la question, v. *Risques psychosociaux en droit social*, L. Lerouge (Dir.), Dalloz, 2014.

5. Dispositions des actuels art. L. 4121-1 sur l'obligation générale de l'employeur, L. 4612-1 sur les missions du CHSCT, L. 4624-1 sur les actions du médecin du travail, L. 2313-2 C. trav. sur le « droit d'alerte » des délégués du personnel, etc.

6. A. Bugada, La loi Bachelot du 30 juill. 2003 et la protection du personnel dans les entreprises à risques, *JCP E* 2005. 30.

civiles de la Cour, *de l'obligation de sécurité de résultat pesant sur l'employeur* a marqué un nouvel infléchissement de ce segment du droit social.

Malgré cette densité et cette sophistication du droit, les accidents du travail et maladies professionnelles ne connaissent pas un recul aussi fort et constant qu'on pouvait l'espérer. Si la prévention des risques est le maître mot, des périls perdurent et d'autres apparaissent (alcoolisme et autres addictions, cancers liés à l'emploi de certains produits, troubles musculo-squelettiques, etc.), le mépris pour la santé de la femme et de l'homme au travail n'appartient pas nécessairement à un passé révolu d'exploitation des prolétaires (scandale de l'amiante, surexposition des travailleurs précaires aux risques professionnels, exigences « d'investissement » et culture de la compétition, pratiques de « gestion par le stress », suicides de salariés en rapport avéré ou probable avec la pression subie dans l'entreprise, etc.). La fin de *la souffrance au travail* [1] et même la *réduction de sa pénibilité* demeurent des objectifs à atteindre dans le monde du travail.

L'amélioration de la situation [2] reste à l'ordre du jour de l'action publique, dans le cadre désormais du *dialogue social* institutionnalisé par la loi du 31 janvier 2007. Le Gouvernement a invité les partenaires sociaux [3] à négocier sur les réformes souhaitables concernant, en particulier, les CHSCT, les droits d'alerte sur l'existence d'une situation de danger (seulement reconnus, pour l'heure, à ce comité et à chaque délégué du personnel), la médecine du travail [4]. Mais la négociation sur la pénibilité, prévue par la loi du 21 août 2003 portant réforme des retraites et engagée en 2005, s'est achevée en juillet 2008 sur un constat d'échec qui a eu pour effet de « rendre la main » au pouvoir exécutif [5]. Les mesures sur la pénibilité au travail ont trouvé place dans la loi du 9 novembre 2010 portant réforme des retraites [6]. Désormais, l'employeur doit prendre les mesures nécessaires afin de prévenir la pénibilité au

1. C. Dejours, *Souffrance en France*, Seuil Poche, 2006. V. aussi, C. Dejours et P.-A. Rosental, « La souffrance au travail a-t-elle changé de nature ? », *RDT* 2010. 9.

2. Et d'abord sa meilleure connaissance, à laquelle concourent notamment les études de la Direction de l'animation de la recherche, des études et des statistiques (DARES), mais aussi des rapports ou analyses commandés par des ministres, produits par le Conseil économique et social, l 'Agence nationale pour amélioration des conditions de travail (ANACT), etc. Ex. : Ph. Nasse et P. Légeron, Rapport pour le ministre du Travail sur la détermination, la mesure et le suivi des risques psychosociaux au travail, mars 2008 (*RDT* 2008. 212).

3. À l'occasion de *conférences sociales (tripartites) sur les conditions de travail* (les premières se sont tenues au cours de l'année 2007-2008).

4. V. sur la question, M. Véricel, Les projets du gouvernement en matière d'égalité femmes-hommes et en matière de santé et sécurité au travail : *RDT* 2010. 174.

5. F. Héas, Pénibilité et droit du travail : *JCP S* 2009. 1038.

6. B. Lardy-Pélissier, La pénibilité : au-delà de l'immédiat et du quantifiable, *RDT* 2011. 160. Ainsi qu'il a été relevé, « la réforme des retraites reposant sur l'allongement de la durée d'activité, la prévention de la pénibilité des parcours professionnels est dès lors érigée par le législateur comme l'un des moyens les plus efficaces pour y parvenir » : S. Niel et C. Morin, Comment négocier la pénibilité ?, *Sem. soc. Lamy* 2011, n° 1487, p. 7.

travail (C. trav., art. L. 4121-1) [1]. Celle-ci est définie comme l'exposition à un ou plusieurs facteurs de risques professionnels liés à des contraintes physiques marquées, à un environnement physique agressif ou à certains rythmes de travail susceptibles de laisser des traces durables identifiables et irréversibles sur la santé du salarié [2]. Pour chaque salarié exposé, l'employeur doit consigner, dans une fiche individuelle, les conditions de pénibilité auxquelles le travailleur est exposé, la période au cours de laquelle cette exposition est survenue ainsi que les mesures de prévention mises en œuvre pour faire disparaître ou réduire ces facteurs durant cette période (C. trav., art. L. 4121-3-1) [3]. Au plan collectif, les entreprises employant au moins cinquante salariés ou appartenant à un groupe ayant un effectif d'au moins cinquante salariés devront, lorsque le nombre de salariés exposés aux facteurs de pénibilité dépasse une proportion fixée par décret, établir, soit par voie conventionnelle, soit de manière unilatérale, des mesures destinées à prévenir la pénibilité sous peine d'une pénalité financière [4]. Précisons encore qu'à titre expérimental, jusqu'au 31 décembre 2013, un accord collectif de branche peut créer un dispositif d'allégement ou de compensation de la charge de travail des salariés occupés à des travaux pénibles [5].

Sa densité exclut, ici, la description systématique de ce *droit de la santé et de la sécurité au travail*. On tentera d'esquisser son *profil* (Section 1), de décrire ou signaler ses *dispositions et dispositifs principaux* (Section 2) et de faire le point sur les *responsabilités* encourues, notamment par l'employeur (Section 3).

SECTION 1. PROFIL DU DROIT DE LA SANTÉ ET DE LA SÉCURITÉ AU TRAVAIL

880 ***Le droit de la santé et de la sécurité dans le Code du travail*** ◊ Dans le texte en vigueur de 1973 à 2008, les dispositions législatives et réglementaires étaient principalement réunies dans un titre « Hygiène, sécurité et conditions de travail » du livre II (« Réglementation du travail »), où elles voisinaient avec le régime des temps de travail et de repos. Elles forment désormais la principale composante de la quatrième partie

1. Ce faisant, le législateur ouvre de nouvelles perspectives d'indemnisation aux salariés lorsque l'employeur n'aura pas pris les mesures en cause.
2. L'article D. 4121-5 C. trav. précise chacun des facteurs de risque énoncés par la loi.
3. V., sur cette fiche pénibilité, *Sem. soc. Lamy* 2012, nº 1528, p. 2.
4. CSS, art. L. 138-29 s. Les entreprises dont l'effectif comprend au moins cinquante salariés et est inférieur à trois cents salariés ou appartenant à un groupe dont l'effectif comprend au moins cinquante salariés et est inférieur à trois cents salariés ne sont pas soumises à cette pénalité lorsqu'elles sont couvertes par un accord de branche étendu comportant des mesures relatives à la prévention de la pénibilité.
5. L. nº 2010-1330, art. 86.

de la version issue de la recodification, précisément intitulée « Santé et sécurité au travail ». On notera l'influence, dans cet intitulé comme dans divers énoncés réformés, de la terminologie communautaire (« sécurité et santé »). Surtout, ce choix de rendre plus visible ce segment du droit légiféré du travail a suggéré l'incorporation à ce bloc d'autres séries de dispositions (le régime des services de santé au travail, par exemple) et une restructuration interne franchement bienvenues [1].

Mais ces dispositions denses et détaillées [2] ne sont pas les seules visant à protéger la santé et la sécurité au travail. D'autres, figurant dans d'autres parties du Code, ont également et partiellement au moins cet objectif, qu'il s'agisse de celles concernant la situation du salarié malade, inapte ou accidenté, la condition de la salariée en état de grossesse ou le recours au travail de nuit [3], ou de celles relatives aux harcèlements désormais placées parmi les dispositions préliminaires de la première partie du Code (C. trav., art. L. 1151-1 s.). La prévention et la « répression » du *harcèlement moral* sont en partie inspirées, on l'a signalé, d'une volonté d'améliorer la protection de la santé physique et mentale, et celles du *harcèlement sexuel* relèvent aussi de la lutte contre la violence dans les rapports de travail. La protection de la santé et de la sécurité dans l'exécution du travail salarié est également un objectif de dispositions du Code de la sécurité sociale ou du Code de la santé publique (en ce qui concerne, par exemple, de lutte contre le tabagisme) [4].

881 ***Les procédés de traitement des problèmes par le droit*** ◊ On voit à l'œuvre, dans ce droit de la santé et de la sécurité au travail, cinq procédés, qui correspondent à autant de manières de concevoir l'intervention du droit sur ce terrain.

a) Une réglementation. Dans la masse des textes législatifs et réglementaires rassemblés dans cette quatrième partie du Code dominent les dispositions qui relèvent d'un type particulier de normativité juridique : la *réglementation*, au sens matériel de ce terme. Il s'agit d'un entrelacs d'énoncés, très concrets et souvent fort détaillés, signifiant des règles ayant pour objets des conduites ou actions humaines – prescriptions de réaliser telle opération ou de conduire telle action (souvent présentées comme des « obligations » de l'employeur) ou interdictions – mais aussi des activités ou des choses (équipements, lieux, installations) [5]. Plus que d'autres, également d'ordre public [6], ces dispositions s'accompagnent d'une impérieuse exigence d'effective conformation des comportements et des choses aux normes qu'elles énoncent (importance des contrôles et de l'action confiés à l'Inspection du

1. A. Fabre, Santé et sécurité, à la découverte du nouveau Code, *RDT* 2008. 145.
2. Auxquels s'ajoutent naturellement d'innombrables arrêtés et circulaires.
3. Qui doit prendre en compte « les impératifs de protection de la sécurité et de la santé des travailleurs » (C. trav., art. L. 3122-32).
4. S. Béal, Le tabac dans l'entreprise, *JCP S* 2006. 1041.
5. Le droit du travail s'occupe aussi de choses (J.-P. Laborde, Le droit du travail et les choses, *Études en l'honneur de Jean Savatier*, p. 267).
6. Mais dans la même mesure, par ex., que celles du C. route.

travail, « garantie » pénale) [1]. Cette réglementation des conditions matérielles du travail est l'exemple d'une *législation tutélaire*, manifestant la sollicitude de l'État qui intervient pour protéger des personnes en situation de faiblesse et de forte exposition à des risques.

b) Des régimes de responsabilité. L'existence d'une *responsabilité pénale* est depuis longtemps très visible, qu'elle soit encourue en raison de la méconnaissance de la réglementation ou en raison d'actions ou d'omissions ayant concouru à un accident du travail ou à la survenance d'une maladie professionnelle. Celle d'une *responsabilité civile* l'était moins en raison de la garantie assurantielle et de la mutualisation opérées par le régime de réparation des accidents du travail et maladies professionnelles intégré à la Sécurité sociale. Ce régime conserve cependant quelques traces de responsabilité civile, puisque, d'une part, les employeurs financent, par leurs cotisations exclusives la réparation (partielle) de dommages imputables à l'activité de leurs entreprises en fonction de leur dangerosité effective, et que, d'autre part, la réparation peut dépendre de la gravité d'une faute éventuellement repérée dans la réalisation du risque [2].

c) La constitution d'organismes. Le traitement juridique des problèmes de santé et sécurité au travail s'affine et s'adapte à la multiplicité des problèmes comme à la singularité de chaque entreprise, lorsqu'il opte pour la constitution d'organismes aptes à ajuster les normes abstraites aux conditions « locales » et à prendre des initiatives. Ainsi le Code règle-t-il la présence, dans l'entreprise, aussi bien de *services de santé au travail* (autour du médecin du travail) que d'un CHSCT, véritable institution représentative du personnel. Mais, parce que les efforts de plusieurs acteurs doivent être conjugués, le Code fait participer à la prévention, outre l'Inspection du travail, des organismes paritaires extérieurs aux entreprises : le *Conseil d'orientation sur les risques professionnels* (C. trav., art. R. 4641-1 s.), l'*Agence nationale pour l'amélioration des conditions de travail* (C. trav., art. L. 4642-1 s.), sans oublier les *organismes professionnels de santé, de sécurité et des conditions de travail* constitués dans les branches d'activités présentant des risques particuliers (C. trav., art. L. 4643-1 s.) [3]. Participent également à l'action de prévention divers organismes de sécurité sociale : la *Caisse nationale d'assurance maladie* du régime général (CNAM), assistée par les comités techniques nationaux et gérant un fonds de prévention (CSS, art. R. 251-1 s.) qui finance notamment l'*Institut national de recherche et de sécurité* (association constituée sous l'égide de la Caisse et gérée paritairement) ; les *caisses régionales et primaires d'assurance maladie* jouent un important rôle de conseil auprès des entreprises en matière d'hygiène et de sécurité [4].

d) La reconnaissance de droits aux travailleurs. Le traitement juridique des risques du travail s'enrichit, et s'éloigne un peu plus du modèle de la législation tutélaire, avec la reconnaissance aux salariés de moyens d'action autonomes, dans

1. La proposition d'un « recentrage de la sanction pénale sur les atteintes aux droits fondamentaux des salariés » (avec développement, ailleurs, de sanctions administratives) maintiendrait dans ce périmètre du pénalement sanctionné « les atteintes à la santé, à l'intégrité physique et morale ainsi qu'à la sécurité au travail » (J. Michel, Quelques réflexions sur une évolution possible des sanctions en droit du travail, *Dr. soc.* 2004. 817).

2. Aussi insatisfaisant que paraisse ce système, y compris du point de vue de son aptitude à favoriser le respect de la réglementation et la prévention (R. Pellet, L'entreprise et *la fin* du régime des accidents et des maladies professionnelles, *Dr. soc.* 2006. 402).

3. Sur le modèle de l'Office professionnel de prévention du bâtiment et des travaux publics (OPPBTP) (C. trav., art. R. 4643-2 s.).

4. Sur les attributions des CRAM, v. CSS, art. L. 422-2 s. ; CE 27 oct. 1995, *CRAM de Normandie, Dr. soc.* 1996. 106, obs. X. P.

lesquels on est prompt à voir des « droits ». On a d'abord vu naître des prérogatives dites « *collectives* », parce qu'elles ont pour titulaires des organes de représentation et de défense des intérêts des salariés (syndicats, institutions représentatives). Est de ce type la prérogative reconnue au 1982 au CHSCT (actuel C. trav., art. L. 4131-2) et que l'on a aussitôt pris l'habitude de dénommer « droit d'alerte ». Un pas supplémentaire dans la diversification de la technique juridique a été franchi avec la reconnaissance de *prérogatives individuelles* assurant à chaque salarié une liberté d'action sous immunité, comme celle le fondant à se retirer impunément d'une situation de travail dangereuse, dans laquelle on a vu aussitôt un « droit de retrait »[1]. On pourrait discuter cette tendance à « voir des droits subjectifs partout », dans toute prérogative juridique, ou dans chaque immunité ou simple faculté résultant de l'application de règles de droit, si la recodification n'avait partiellement résolu le problème : ce que le texte de 1982 appelait « la faculté ouverte par l'article L. 231-8 » (se retirer d'une situation dangereuse) est désormais dénommé « droit de retrait » par les articles L. 4131-1 et L. 4132-1, et les intitulés « couvrant » ces dispositions comme celles qui règlent la prérogative reconnue au CHSCT parlent de « droits d'alerte et de retrait ».

Il est même tentant de reconnaître la positivité d'un droit plus ample – « matriciel » – qui résulterait de la coalition des innombrables dispositions protectrices de la santé et de la sécurité. Peut-être un *droit à la santé et à la sécurité dans le travail*, auquel se réfère un arrêt de la Cour de cassation[2], et qui pourrait se réclamer des normes juridiques prestigieuses (« garantie » par « la nation » de la protection de la santé, selon l'al. 11 du Préamb. Const. de 1946, droit à la vie de l'art. 2 de la CEDH)[3].

e) La création d'obligations de sécurité. Le procédé est, à l'égal de la reconnaissance de droits, éloigné de la réglementation. Même lorsque cette dernière est tissée de normes prescrivant ou interdisant certaines conduites ou opérations, et présentées ou exactement perçues comme imposant des obligations à l'employeur ou au chef d'entreprise. La norme créant une obligation de sécurité ne prescrit pas une opération précise, mais charge le débiteur de faire « tout » ce qui est utile et possible afin d'obtenir un résultat – que, le salarié en l'occurrence, soit sain et sauf en fin d'exécution du travail – ou même le rend débiteur de l'obtention de ce résultat, au

1. Aspect de l'enrichissement des droits individuels propres du salarié, qui est l'une des tendances les plus visibles de l'évolution contemporaine : A. Jeammaud, La place du salarié individu dans le droit français du travail, *Études en hommage à Hélène Sinay*, p. 347.

2. Soc. 28 févr. 2006, *Dr. soc.* 2006. 514, note J. Savatier ; *JCP S* 2006. 1278, note P. Sargos ; *JCP E* 2006. 1990, note M. Miné. V. aussi : S. Bourgeot et M. Blatman, De l'obligation de sécurité de l'employeur au droit à la santé des salariés, *Dr. soc.* 2006. 653. Cet arrêt dit d'un salarié victime d'un accident du travail et n'ayant pas bénéficié, lors de sa reprise du travail de l'examen médical prescrit par le Code, que son « *droit à la sécurité dans le travail* a ainsi été méconnu ». Dans le même ordre d'idées, si la présence de dispositions orientées vers la protection de la santé mentale au travail ne signifie évidemment pas que le système de droit reconnaît un « droit à la protection de la santé mentale au travail » (*contra* : L. Lerouge, préc.), il deviendrait difficile, au nom de la même exigence de rigueur, de nier la positivité d'un tel droit si la Cour de cassation s'avisait de s'y référer pour en déduire des conséquences dans la solution de question de droit et de litiges.

3. Pour la Cour EDH, cet art. 2 interdit à un État d'interdire toute enquête alors qu'il y a des raisons de croire qu'un individu a subi des blessures mortelles dans des circonstances suspectes, notamment en cas d'accident mortel du travail (9 mai 2006, *Pereira Henriques c/ Luxembourg*, *JCP S* 2006. 1480, note J. Cavallini). On songe aussi au « droit à la sécurité et à l'hygiène dans le travail », reconnu à « tous les travailleurs » par la Charte sociale européenne révisée de 1996 (S. Bourgeot et M. Blatman, préc.). Mais il faudrait, pour apprécier la portée de cette évocation (Partie I, point 3) et des engagements étatiques de la Partie II, tenir compte du mécanisme singulier de cette convention internationale.

risque de devoir réparer le dommage causé par sa non-obtention, sans s'occuper des moyens les plus adéquats d'y parvenir. Imposer une obligation de sécurité représente une économie de réglementation, de multiplication ou réitération d'injonctions particulières.

SECTION 2. DISPOSITIONS ET DISPOSITIFS PRINCIPAUX

882 ***Champ d'application*** ◊ Sous ce banal intitulé, les articles L. 4111-1 s. dessinent un domaine des dispositions de cette quatrième partie plus large que celui de la plupart des autres articles du Code du travail et qui souligne leur caractère concret, le réalisme qui préside à leur conception. Ces dispositions sont déclarées applicables aux « employeurs de droit privé » aux « travailleurs » (plutôt qu'« à leurs salariés », comme il est dit dans les art. L. 1111-1, L. 1131-1, L. 1141-1 C. trav., etc.), mais également à diverses catégories d'établissements publics (avec des possibilités d'adaptation par décrets). En revanche, ne sont pas soumises à ces dispositions (sauf extension expresse de tout ou partie d'entre elles par décret) les mines et carrières et les entreprises de transport dont le personnel est régi par un statut (SNCF, RATP, etc.), qui, pour de raisons techniques, sont dotées de règles particulières.

Mais il est précisé que les « travailleurs », au sens de l'article L. 4111-1, alinéa 1er, « sont les salariés, y compris temporaires, et les stagiaires, ainsi que toute personne placée à quelque titre que ce soit sous l'autorité de l'employeur » (C. trav., art. L. 4111-5) [1]. De plus, certains pans de la réglementation rassemblée dans cette quatrième partie (utilisation des lieux de travail, équipements de travail et moyens de protection, risques d'exposition à certains produits, etc.) sont applicables aux ateliers des établissements publics dispensant un enseignement technique ou professionnel « pour leurs personnels, comme pour leurs élèves », soit dans des relations qui, en règle générale, ne relèvent pas du Code du travail.

La vocation de ces dispositions de droit de la santé et de la sécurité du Code du travail est essentiellement *préventive* [2]. On le vérifiera en étudiant les *obligations de sécurité* qu'elles mettent à la charge de diverses personnes (§ 1), les harcèlements (§ 2), les objets de la *réglementation* qui représente

1. Traduction du « souci, affiché au niveau communautaire, d'étendre l'application des dispositions relatives à la santé et à la sécurité à toutes les personnes œuvrant dans l'entreprise, qu'elles soient liées ou non par un contrat de travail avec l'employeur » (A. Fabre, préc.). Sur le régime des indépendants : P. Chaumette, Les risques professionnels des travailleurs indépendants, *Le travail en perspectives* (dir. A. Supiot), LGDJ, 1998, p. 215 ; Soc. 12 oct. 1999, *Dr. soc.* 1999. 1121, obs. P. Chaumette.

2. M.-T. Aubert-Monpeyssen et P.-Y. Verkindt, La protection de la santé du travailleur. Approche juridique de la notion de prévention, *La santé du salarié*, préc. p. 29 ; B. Desjardins, La prévention des handicaps, *Dr. soc.* 1991. 588.

la grande masse de ces dispositions (§ 2), les *droits originaux qu'elles reconnaissent en cas de danger grave et imminent* (§ 3) et les *interventions* des principaux acteurs institutionnels dans ce domaine (§ 4).

§ 1. Les obligations de sécurité

883 Le tableau est plus simple du côté des travailleurs, même s'il n'est pas certain qu'il y ait lieu de parler d'« obligation de sécurité » (B) que du côté patronal (A).

A. Du côté patronal

884 ***Entre obligation légale et obligation contractuelle*** ◊ La chambre criminelle de la Cour de cassation a affirmé assez tôt et avec constance que pesait sur le chef d'entreprise une obligation générale de sécurité [1]. La directive n° 89/391 du 12 juin 1989 allait prescrire aux États membres d'introduire dans leur droit une disposition telle que « l'employeur est obligé d'assurer la santé et la sécurité des travailleurs dans tous les aspects liés au travail » (art. 5). Transposant cette directive, la loi du 31 décembre 1991 a créé dans le Code du travail un chapitre « Principes généraux de prévention » [2], s'ouvrant par un substantiel (C. trav., art. L. 230-2) qui imposait une série d'obligations de prévention, non pas à l'employeur, mais au chef d'établissement. Prescription était adressée à cette personne (physique) de prendre « les mesures nécessaires pour assurer la sécurité et protéger la santé physique et mentale des travailleurs de l'établissement », puis il était précisé la consistance de ces mesures [3].

On se demande si la chambre sociale de la Cour de cassation a simplement tiré les conséquences de cette disposition ou consacré une authentique règle prétorienne, lorsque, dans une série d'arrêts du 28 février 2002, elle a énoncé que *l'employeur* était tenu, *en vertu du contrat de travail* le liant à son salarié, d'une *obligation de sécurité de résultat* [4]. Le contenu obligationnel du contrat de travail s'est ainsi trouvé enrichi, par la consécration d'une « lecture » débattue à la fin du XIXe siècle avant d'être négligée en

---

1. Crim. 11 juin 1987, *Dr. soc.* 1988. 610, note J.-P. Murcier ; 19 nov. 1996, *Bull. crim.* n° 413. V. H. Seillan, *L'obligation de sécurité du chef d'entreprise*, Dalloz, 1981.

2. P. Chaumette, Commentaire de la loi du 31 déc. 1991..., *Dr. soc.* 1992. 337. Ces textes ont été un peu enrichis en 2001, 2002 et 2003.

3. Pour le Conseil d'État, l'obligation mise à la charge de « l'employeur » par l'article introduit en 1991 ne décharge pas l'État de la responsabilité encourue en raison de sa passivité (CE, ass., 3 mars 2004, *D.* 2004. 973, note H. Arbousset ; *ibid.* 2005. Pan. 26, obs. P.-L. Frier ; *Dr. ouvrier* 2004. 206, concl. E. Prada-Bordenave).

4. *Dr. soc.* 2002. 445, obs. Arnaud Lyon-Caen ; *D.* 2002. 2696, note X. Prétot ; *JCP* 2002. II. 10053, concl. A. Benmaklouf, note F. Petit. V. égal. : P. Ollier, La responsabilité de l'employeur en matière d'accidents du travail et de maladies professionnelles, *Rapport annuel de la Cour de cassation* 2002, p. 109 ; P. Sargos, L'évolution du concept de sécurité au travail et ses conséquences en matière de responsabilité, *JCP* 2003. Doctr. 104.

raison de l'existence d'un régime de réparation des dommages subis ou imputables au travail [1]. Mais il s'agissait, justement, de faciliter aux salariés victimes d'une maladie professionnelle provoquée par l'amiante ou à leurs ayants droit la preuve de la faute inexcusable de l'employeur qui fonde une amélioration de la réparation en vertu des articles L. 452-1 et suivants du Code de la sécurité sociale [2]. Cette position a été maintenue à travers nombre d'arrêts rendus par la chambre sociale, puis par la deuxième chambre civile, à propos d'accidents du travail comme de maladies professionnelles. Ces décisions ont précisé la charge de la preuve, les conditions dans lesquelles pouvait être retenu un manquement à cette obligation de sécurité constitutif de faute inexcusable, ainsi que la portée de sa caractérisation [3].

En 2005, l'Assemblée plénière a apporté son appui à la ligne jurisprudentielle inaugurée en 2002 par un arrêt rendu au visa de l'article 1147 du Code civil, ne faisant aucune allusion à l'article L. 230-2 du Code du travail (actuels C. trav., art. L. 4121-1 s.) et énonçant que c'est « en vertu du contrat de travail » que « l'employeur est tenu (...) d'une obligation de sécurité de résultat » [4]. Mais des arrêts ont entretenu l'équivoque en présentant l'obligation de sécurité comme un effet du contrat de travail (parfois avec référence à l'art. 114 C. civ.), donc une obligation de l'employeur, tout en faisant référence (en visa de cassation dans certains cas) à l'article L. 230-2, qui impose une obligation au « chef d'établissement ». Confusion ou choix de faire prendre en charge la découverte prétorienne de 2002 par le texte antérieur ? Ne convenait-il pas de distinguer l'*obligation légale de prévention*, que le texte du Code faisait peser sur le *chef d'établissement*, et l'*obligation contractuelle de sécurité* de résultat dont le contrat de travail rend *l'employeur* débiteur et le salarié créancier ?

Mais il est bien vite apparu que la chambre sociale avait cessé de rattacher l'obligation de sécurité au contrat de travail et sollicitait, autant que de besoin, l'article L. 230-2 (parfois « interprété à la lumière de la directive

---

1. Y. Saint-Jours, De l'obligation contractuelle de sécurité de résultat de l'employeur, *D.* 2007. Chron. 3024.

2. V. la discussion de cette audace jurisprudentielle du point de vue de droit de la sécurité sociale : X. Prétot, note *D.* 2002. 2696 (critiquant « une jurisprudence *contra legem* ») ; P. Morvan, Le « déflocage » de la faute inexcusable, *RJS* 6/02, p. 495.

3. Soc. 11 avr. 2002 : *D.* 2002. 2215, note Y. Saint-Jours ; 31 oct. 2002, *Bull. civ.* V, n° 336 ; 27 févr. 2003 : *RJS* 5 mars, n° 669 ; 28 mars 2003, *Bull. civ.* V, n° 110 ; 12 mai 2003, *Bull. civ.* V, n° 141 (l'imprudence de la victime ne suffit pas à exclure la qualification et les effets de la faute inexcusable) ; 2e Civ. 14 oct. 2003, *Bull. civ.* II, n° 300 (il peut y avoir faute inexcusable sans qu'elle soit d'une exceptionnelle gravité) ; 8 juill. 2004, *Dr. soc.* 2004. 1044, obs. X. Prétot (la preuve de la faute inexcusable incombe à la victime, appelée à établir que l'employeur avait ou aurait dû avoir conscience du danger et qu'il n'a pas pris de mesure de prévention ou pas pris de mesures suffisantes) ; 14 sept. 2004, n° 02-31.141 ; 14 déc. 2004, *Bull. civ.* II, n° 520 ; *D.* 2005. Pan. 1898, obs. X. Prétot ; 15 févr. 2005, 03-30.431 D ; 31 mai 2006, *Bull. civ.* II, n° 141. Mais les arrêts excluant la faute inexcusable, parce que l'employeur ne pouvait avoir conscience du danger, ne sont pas rares.

4. 24 juin 2005, *Bull. civ.* ass. plén., n° 7 ; *JCP S* 2005. 1056, note P. Morvan ; *Dr. soc.* 2005. 1067, obs. X. Prétot.

n° 89/391/CEE du 12 juin 1989 ») [1], tout en continuant à parler, en dépit de la lettre du texte sollicité, d'une obligation de l'employeur. La formule par laquelle elle l'identifie varie peu depuis 2006 : « l'employeur » est « *tenu d'une obligation de sécurité de résultat en matière de protection de la santé et de la sécurité des travailleurs dans l'entreprise* » [2], ou « *tenu envers ses salariés d'une obligation (...)* » [3], ou encore « *tenu à l'égard de son personnel d'une obligation (...)* » [4]. Tandis que la deuxième chambre civile, sur le terrain de la qualification de faute inexcusable au sens du droit de la sécurité sociale, énonce encore que l'obligation pèse sur l'employeur en vertu du contrat de travail, tout en se référant à l'ancien article L. 230-2 du Code du travail autant qu'à l'article 1147 du Code civil [5].

885 ***Une obligation légale de l'employeur*** ◇ **a)** Un discret changement de rédaction à l'occasion de la recodification a soustrait la Cour de cassation au reproche de confusion. Les articles L. 4121-1 et suivants qui remplacent l'article L. 230-2 font peser sur « l'employeur », l'obligation dont la loi de 1991 avait chargé « le chef d'établissement ». Largement pratiquée à l'occasion de cette recomposition du Code, la substitution du premier de ces termes à l'expression « chef d'entreprise » est bienvenue lorsqu'elle met en scène le cocontractant du salarié dans des rapports auxquels il est manifestement partie. Elle relève, ici, d'un choix de politique législative plutôt que de la réécriture de textes « à droit constant ». Mais la loi de ratification est passée par là [6], et la chambre sociale ne dit plus autre chose que le Code du travail lorsqu'elle énonce que l'employeur (personne morale, le plus souvent) est tenu de cette obligation de sécurité.

b) Doit-on considérer que cette obligation est directement imposée par la loi, ou qu'elle découle du régime légal du contrat de travail au titre des obligations que le droit étatique attache à tout contrat de travail [7], comme ne le dit plus la chambre sociale ? Le bien-fondé du rattachement au

---

1. Un conseiller à la chambre sociale situe dans un arrêt du 30 sept. 2005, évoquant « la lourde obligation de sécurité de résultat pesant sur l'employeur » (*Dr. soc.* 2006. 102, obs. J. Savatier), l'abandon du rattachement au contrat (M. Blatman, L'obligation de sécurité de résultat de la Cour de cassation en six étapes, *Sem. soc. Lamy* 2007, n° 1295, p. 6).

2. Soc. 28 févr. 2006, *Dr. soc.* 2006. 514, note J. Savatier ; *JCP S* 2006. 1278, note P. Sargos ; *JCP E* 2006. 1990, note M. Miné ; *RDT* 2006. 23, obs. B. Lardy-Pélissier ; 20 sept. 2006, n° 05-42.925 D ; 19 déc. 2007, *Dr. soc.* 2008. 388, obs. J. Savatier ; *RDT* 2008. 246, obs. M. Véricel.

3. Soc. 17 mai 2006, *Bull. civ.* V, n° 176 ; *RDT* 2006. 94, obs. B. Lardy-Pélissier ; *ibid.* 103, obs. F. Meyer ; 21 juin 2006, *D.* 2006. 2831, note M. Miné ; *Dr. soc.* 2006. 826, note C. Radé ; *Dr. ouvrier* 2006. 535, note F. Saramito ; *JCP S* 2006, 1566, note C. Leborgne-Ingelaere ; *RDT* 2006. 245, obs. P. Adam ; *D.* 2007. Pan. 183, obs. E. Dockès.

4. Soc. 5 mars 2008 *(Snecma)*, *Dr. soc.* 2008. 605, obs. P. Chaumette ; *Sem. soc. Lamy* 2008, n° 1346, p. 6, rapp. P. Bailly, comm. P.-Y. Verkindt, *RDT* 2008. 216, obs. P. Adam ; *ibid.* 316, obs. L. Lerouge.

5. Civ. 2e, 31 mai 2006, *JCP S* 2006. 1701, note Ph. Coursier ; 8 nov. *RJS* 1/08, n° 67 ; 6 mars 2008, n° 07-16.010 D.

6. V. ss 49.

7. Les art. L. 4121-1 s. C. trav. appartiendraient au régime légal du contrat de travail et régleraient l'une des obligations dont il rend l'employeur débiteur et le salarié créancier.

contrat a été mis en doute dès avant l'entrée en vigueur des nouvelles dispositions [1]. Il perd en tout cas sa pertinence dès lors que l'employeur assume cette obligation, non seulement à l'égard de ses salariés ou de « son personnel », comme ont pu le dire certains arrêts, mais aussi à l'égard des autres « travailleurs » qui se trouvent sous son autorité, ainsi qu'en dispose l'article L. 4111-5. La logique est donc de considérer que cette obligation de sécurité, d'abord imposée par les articles L. 4121-1 et suivants, est désormais une *obligation légale* [2].

c) Quant à la qualification d'obligation de résultat, fermement maintenu par la Cour de cassation, elle ne semble guère correspondre à ce dont les articles L. 4121-1 et suivants chargent l'employeur. À savoir, « *prendre les mesures nécessaires pour assurer la sécurité et protéger la santé physique et mentale des travailleurs* », et plus précisément :

– prendre des « mesures » comprenant des actions de prévention des risques professionnels, et de la pénibilité au travail d'information et de formation [3], de « mise en place d'une organisation et de moyens adaptés », en « veillant » à adapter ces mesures pour tenir compte du changement des circonstances et tendre à l'amélioration des situations ;

– mettre ces mesures en œuvre « sur le fondement des *principes généraux de prévention* suivants » [4] : éviter les risques, évaluer les risques qui ne peuvent être évités, combattre les risques à la source [5], adapter le travail à l'homme, remplacer ce qui est dangereux par ce qui ne l'est pas ou ce qui l'est moins, planifier la prévention, donner la priorité aux mesures de protection collective, « donner des instructions appropriées aux travailleurs », etc. ;

---

1. G. Pignarre, L'obligation de sécurité patronale entre incertitudes et nécessité, *RDT* 2006. 150 ; P. Morvan, *Securitas omnia corrumpit* ou le principe selon lequel il incombe à l'employeur de protéger la sécurité et la santé des travailleurs, *Dr. soc.* 2007. 674.

2. Les enjeux de cette qualification peuvent paraître réduits. La prise d'acte de la rupture par le salarié produit les effets d'un licenciement injustifié s'il s'avère que l'employeur a, comme le prétend le salarié, manqué à ses obligations, mais celles-ci ne sont pas nécessairement des obligations contractuelles. En présence de rapport de travail à dimension internationale, si l'obligation de sécurité est, en droit français, un effet du contrat, c'est à la *lex contractus*, qui peut être choisie par les parties, que le juge français demandera si l'employeur est, en vertu du contrat de travail, débiteur de sécurité. Mais le jeu des « dispositions impératives » au sens de l'art. 6 et les « lois de police » au sens de l'article 7 de la Convention de Rome de 1980 et, bientôt, du règlement « Rome I » du 17 juin 2008, est assez ample pour qu'une obligation légale n'ait pas de bonnes chances de s'appliquer à un rapport de travail exécuté en France, même s'il découle d'un contrat soumis à une loi étrangère.

3. L'internationalisation des entreprises, des groupes, des collectivités de travail aussi, du commerce des équipements et des produits, fait surgir la question de la langue de rédaction des documents destinés aux salariés ou que ceux-ci ont à consulter (anglais possible, ou français obligatoire dès lors que le travail s'exécute en France ?). La question se pose particulièrement lorsque ces documents touchent à la santé ou à la sécurité des salariés, et compte tenu aussi de l'art. L. 1321-6, al. 2 C. trav. V. par ex. : Versailles, 2 mars 2006, *JCP E* 2006. 1513 ; S. Béal et M.-N. Rouspide, Rédaction en français des documents nécessaires au travail, *JCP E* 2006. 1837.

4. Où l'on découvre que ces « principes » (repris de l'art. 6 de la Dir. n° 89/391) ne sont pas eux-mêmes des règles juridiques d'un niveau élevé de généralité, ou d'une autorité particulière, mais simplement (aussi importants soient-ils en pratique) des *critères* de décision et de choix que retient et impose la disposition normative de l'art. L. 4121-2 C. trav.

5. Les art. L. 1152-4, L. 1153-5 C. trav. – « l'employeur prend toutes dispositions nécessaires en vue de prévenir les agissements » de harcèlement moral ou de harcèlement sexuel – paraissent désormais « décliner » ce point de la règle générale.

– évaluer les risques compte tenu de la nature des activités de l'établissement et mettre en œuvre les mesures qu'ils appellent ;

– prendre en considération, avant de lui confier des tâches, les capacités d'un travailleur de mettre en œuvre les précautions nécessaires, etc.

Aussi détaillée soit-elle, cette disposition ne semble pas faire plus que prescrire des *moyens* à utiliser afin de maximiser les chances du salarié d'achever indemne l'exécution de sa prestation de travail [1]. Obligation de moyens *dirigée*, pourrait-on dire. Il n'y a pas obligation de rendre ce salarié sain et sauf en fin d'exécution, avec exposition à une obligation de réparer le préjudice subi du seul fait que la santé de l'intéressé se trouve altérée en cours d'exécution. Si la Cour de cassation persiste à la qualifier d'obligation de résultat, c'est qu'elle lui fait recouvrir des exigences allant au-delà de ce qu'emporte la lettre des articles L. 4121-1 et suivants.

886 ***Le rayonnement de l'obligation de sécurité*** ◊ L'obligation mise en évidence par les arrêts « amiante » de 2002 n'a pas tardé à produire des effets au-delà du domaine des accidents du travail et des maladies professionnelles

Pour la chambre sociale, cette obligation couvre aussi la protection des salariés contre le tabagisme (des autres salariés ou du chef d'entreprise lui-même), de sorte que le défaut de respect des dispositions qui le prennent pour cible sur les lieux de travail équivaut à son inexécution, laquelle fonde une prise d'acte de rupture par le salarié qui produira les effets d'un licenciement injustifié [2].

La Cour considère également que, si un salarié a repris le travail après un arrêt consécutif à un accident du travail sans avoir bénéficié de l'examen médical de reprise prescrit par le Code, l'employeur ne peut rompre que dans les conditions restrictives de rupture du contrat pendant la période de suspension consécutive à l'accident du travail : le respect des règles concernant les visites serait une *condition de l'effectivité de cette obligation de sécurité* [3]. Elle convoque encore cette exigence d'effectivité à propos de la prise en considération des propositions du médecin du travail motivées par l'état du salarié (C. trav., art. L. 4624-1), de sorte que la

1. Sur ce qu'elle implique en matière de protection contre les risques psychosociaux, v. : P. Adam, La prise en compte des risques psychosociaux…, préc., p. 319 s.

2. Soc. 29 juin 2005, *D.* 2005. 2565, note A. Bugada ; *Dr. soc.* 2005. 971, note J. Savatier. Plus récemment, Soc. 6 oct. 2010, n° 09-65.103, *JCP S* 2011. 1043, note P.-Y. Verkindt.

3. Soc. 28 févr. 2006, préc. ; v. aussi : S. Bourgeot et M. Blatman, De l'obligation de sécurité de l'employeur au droit à la santé des salariés, *Dr. soc.* 2006. 653. Cet arrêt de cassation sur un moyen relevé d'office par la Cour, au visa de l'art. L. 230-2, souligne que l'employeur, tenu d'une obligation de sécurité de résultat « doit en assurer l'effectivité », et pousse l'affirmation de la protection due au salarié jusqu'à parler de son « droit à la sécurité dans le travail ». Le recours à cette idée d'effectivité, appliqué à une obligation, ne paraît ni indispensable, ni très pertinent (la Cour décide d'inférer de la positivité de l'obligation une certaine conséquence juridique), mais le terme est connoté positivement pour les juristes de ce temps, ce qui le rend intéressant sur le plan rhétorique. Quant au « droit à la sécurité » invoqué, il est également création prétorienne et non contenu des règles signifiées par les textes.

sanction prise contre ce dernier en raison de ses carences doit être annulée s'il apparaît que cet état, à l'origine des recommandations négligées, est de nature à expliquer ces carences et que l'employeur doit être condamné à réparer le dommage causé au salarié par cette faute [1]. Dans la même veine, il a été jugé que lorsque l'absence prolongée du salarié pour cause de maladie résulte d'un manquement de l'employeur à l'obligation de sécurité de résultat, ses conséquences sur le fonctionnement de l'entreprise ne peuvent être invoquées pour justifier un licenciement [2].

La chambre sociale considère surtout que l'employeur manque à son obligation de sécurité de résultat en matière de protection de la santé et de la sécurité des travailleurs lorsqu'un salarié est victime sur le lieu de travail de violences physiques ou morales ou de harcèlement, exercés par l'un ou l'autre de ses salariés, quand bien même il aurait pris des mesures en vue de faire cesser ces agissements [3].

Selon un arrêt, cette obligation de l'employeur lui « interdit » de prendre, dans l'exercice de son pouvoir de direction, « des mesures qui auraient pour objet ou pour effet de compromettre la santé et la sécurité des salariés ». Et la Cour d'en déduire qu'une cour d'appel avait pu, à la demande d'un syndicat, ordonner la suspension de la mise en œuvre d'une nouvelle organisation du travail de maintenance et de surveillance dans un établissement dangereux, dès lors qu'elle apparaissait de nature à compromettre la santé et la sécurité des salariés [4]. Il est difficile, en présence d'une telle décision, discutable peut-être mais perçue par certains comme l'apogée de la carrière jurisprudentielle de l'obligation de sécurité de l'employeur [5], de prétendre que sa sollicitation n'apporte rien sur le plan de la solution des litiges et questions de droit soumis aux tribunaux [6].

---

1. Soc. 19 déc. 2007, préc. La Cour de cassation entend aujourd'hui renforcer les obligations des employeurs en matière de reclassement des salariés inaptes en se fondant sur l'obligation de sécurité de résultat (v. M. Véricel, « L'étendue de l'obligation de sécurité de l'employeur en matière de reclassement des salariés inaptes », *RDT* 2010. 30 et la jsp. citée).

2. Soc. 13 mars 2013, n° 11-22.082, *RDT* 2013, note B. Lardy-Pélissier.

3. Soc. 3 févr. 2010, n°s 08-40.144 et 08-44.019, *JCP* 2010. 321, note J. Mouly ; 23 janv. 2013, n° 11-18.855, *JCP S* 2013. 1163, note F. Dumont. V. aussi, Soc. 19 oct. 2011, n° 09-68.272, *RDT* 2012. 44, note M. Véricel (l'absence de faute de l'employeur ne peut l'exonérer de sa responsabilité) ; 4 avr. 2012, n° 11-10.570, *Dr. soc.* 2012. 646, note Ch. Radé (l'agression d'une salariée par le conjoint de l'employeur ne constitue pas un événement imprévisible et irrésistible rendant impossible la poursuite du contrat de travail). Pour être rigoureuse, la solution donne plein effet à la qualification d'obligation de sécurité de résultat. Ces arrêts s'inscrivent dans une politique jurisprudentielle de prévention des risques, ainsi qu'en témoigne le visa de l'art. L. 4121-1 C. trav. (J. Mouly, *ibid.*).

4. Soc. 5 mars 2008 (*Snecma*), préc. V. aussi, TGI Paris, 5 juill. 2011, *JCP S* 2011. 1455, note, O. Obled ; Lyon, 4 sept. 2012, n° 11/05300, *D.* 2013. 1037, obs. P. Lokiec et J. Porta (condamnation de la pratique du « benchmark ») ; Paris, 13 déc. 2012, n° 12/00303, *ibid.* (suspension de la réorganisation de la *Fnac*). *Adde*, H. Lanouzière, « Les restructurations et leurs effets sur la santé », *Sem. soc. Lamy*, 2013, n° 1582. 6.

5. P.-Y. Verkindt, L'acmé de l'obligation de sécurité du chef d'entreprise, *Sem. soc. Lamy* 25 mars 2008, n° 1346, p. 10, Un nouveau droit des conditions de travail, préc.

6. P. Morvan, *Securitas omnia corrumpit*..., préc., n° 10 s. M. J. Savatier juge inutile la sollicitation de l'obligation de sécurité par l'arrêt du 19 déc. 2007 (obs. préc., p. 389).

B. Du côté des travailleurs

887 ***Une obligation pour chaque travailleur*** ◊ Depuis la transposition de la directive n° 89/391, le Code impose également à chaque travailleur de prendre soin de sa sécurité et de sa santé ainsi que de celles des autres personnes concernées du fait de ses actes ou de ses omissions au travail (C. trav., art. L. 4122-1) [1]. En admettant qu'il s'agisse bien d'une obligation « de sécurité » – que le travailleur doit exécuter « conformément aux instructions qui lui sont données par l'employeur » et qu'énonce ou rappelle le règlement intérieur (C. trav., art. L. 1321-1, 1°) – il est clair qu'elle est seulement obligation de moyens. De plus, on n'a guère songé à la rattacher au contrat de travail.

Le manquement à cette obligation, qui « n'affecte pas le principe de la responsabilité des employeurs ou chefs d'établissement », doit être apprécié en fonction de la formation du salarié et de ses possibilités. Elle est susceptible d'entraîner diverses conséquences juridiques, ainsi qu'en témoignent quelques arrêts remarqués [2].

§ 2. Les harcèlements

888 ***Notions de harcèlement moral et sexuel*** ◊ **a) Harcèlement moral.** Introduit dans le Code du travail par la loi de modernisation sociale du 17 janvier 2002, le harcèlement moral constitue une pièce importante de la réglementation visant à protéger la santé physique et mentale des salariés [3]. Pourtant, les dispositions qui le concernent ne sont pas à chercher dans la

---

1. V. : P. Chaumette, comm. de la L. du 31 déc. 1991..., préc. ; A. Supiot, L'identité professionnelle, *Études Jean Savatier*, PUF, 1992, p. 424 ; Y. Saint-Jours, L'obligation de sécurité du salarié : prévention et responsabilité, *Dr. ouvrier* 2007. 560 ; C. André, L'obligation salariale de sécurité est-elle une obligation de sécurité ?, *JCP S* 2008. Étude 1094 ; F. Favennec-Héry, L'obligation de sécurité du salarié, *Dr. soc.* 2007. 687.

2. Elle facilite sans doute la qualification de faute grave, justifiant un licenciement sans indemnité. Ex. : Soc. 28 févr. 2002, *Dr. soc.* 2002. 533, note R. Vatinet ; 23 mars 2005, *D.* 2005. 1758, note H.-K. Gaba ; 30 sept. 2005, *D.* 2006. 973, note H.-K. Gaba ; 6 juin 2007, *JCP S* 2007. 1584, note Y.-P. Verkindt ; 4 oct. 2011, n° 10-18.862 : *Lexbase Hebdo, éd. sociale*, n° 458, note S. Tournaux. Mais l'art. L. 4122-1 C. trav. peut produire d'autres effets : Soc. 28 mai 2002, *Dr. soc.* 2002. 781, obs. F. Duquesne (justification de la disposition d'un règlement intérieur permettant de pratiquer, sous certaines conditions, un contrôle d'alcoolémie d'un salarié sur le lieu de travail) ; 24 sept. 2002, *Dr. soc.* 2002. 1054, note B. Gauriau (validité d'un accord d'intéressement indexé sur le taux de fréquence des accidents du travail) ; 21 juin 2006, *Dr. soc.* 2006. 826, note C. Radé ; *RDT* 2006. 245, obs. P. Adam, (engage sa responsabilité personnelle à l'égard de ses subordonnés le salarié qui leur fait subir intentionnellement des agissements répétés de harcèlement moral).

3. Il faut ajouter à ces dispositions légales ANI du 26 mars 2010 sur le harcèlement et la violence au travail. Ce texte, qui définit ces deux notions et propose un cadre pour leur identification, leur prévention et leur gestion, « innove peu et n'impose guère » (P. Adam, Une lecture de l'accord du 26 mars 2010 sur le harcèlement et la violence au travail, *RDT* 2010. 428. *Adde*, R. Colson et J.-M. Poittevin, La procédure interne, nouveau remède au harcèlement ? : *RDT* 2012. 80.

quatrième partie dudit code, relative à la santé et à la sécurité au travail. Elles figurent dans sa première partie, aux articles L. 1151 et suivants [1].

Ainsi que l'affirme l'article L. 1152-1, « Aucun salarié ne doit subir les agissements répétés de harcèlement moral qui ont pour objet ou pour effet une dégradation de ses conditions de travail susceptible de porter atteinte à ses droits et à sa dignité, d'altérer sa santé physique ou mentale ou de compromettre son avenir professionnel » [2]. Ce texte, qui définit plus le harcèlement moral en contemplation de ses conséquences, que des actes répréhensibles qui en sont à l'origine, a été précisé par la Chambre sociale de la Cour de cassation, spécialement après qu'elle a accepté d'en contrôler la qualification [3], un temps abandonnée au pouvoir souverain des juges du fond [4]. Conformément à l'exigence d'« agissements répétés », mais aussi à la définition même du harcèlement, un seul fait ne suffit pas à caractériser le harcèlement moral [5]. Pour autant, celui-ci peut se dérouler sur une brève période [6]. Dans deux importants arrêts rendus le 10 novembre 2009, la Cour de cassation a décidé que le harcèlement moral est constitué indépendamment de l'intention de son auteur [7] et que peuvent caractériser un tel harcèlement « les méthodes de gestion mises en œuvre par un supérieur hiérarchique dès lors qu'elles se manifestent pour un salarié déterminé par des agissements répétés ayant pour objet ou pour effet d'entraîner une dégradation des conditions de travail susceptible de porter atteinte à ses droits et à sa dignité, d'altérer sa santé physique ou mentale ou de compromettre son avenir professionnel » [8]. Si ces deux solutions peuvent être mises en relation (c'est parce que l'intention est écartée que le harcèlement « managérial » est reconnu), on ne saurait pour autant nécessairement en

1. Applicables aux employeurs de droit privé et à leurs salariés, ces dispositions sont également applicables au personnel des personnes publiques employé dans les conditions de droit privé (art. L. 1151-1).V. CE 11 juill. 2011, n° 321225 : *RDT* 2011. 576, note P. Adam.

2. On trouve la même définition à l'article 222-33-2 du Code pénal.

3. Soc. 24 sept. 2008, *RDT* 2008. 744, note G. Pignarre. J. Savatier, À propos du contrôle de la Cour de cassation sur les décisions judiciaires en matière de harcèlement moral, *Dr. soc.* 2009. 57.

4. Soc. 27 oct. 2004, n° 04-41.008, *Bull. civ.* V, n° 2670.

5. Soc. 9 déc. 2009, n° 07-45.521, *Bull. civ.* V, n° 280.

6. Soc. 26 mai 2010, n° 08-43.152, *JCP S* 2010. 1330, note C. Leborgne-Ingelaere. Pour des ex. dans lesquels le harcèlement a été retenu, v. Soc. 22 sept. 2010, n° 09-41.495, *JCP S* 2010. 1441, note C. Puigelier ; 23 juin 2010, n° 09-41.175, *ibid.* 1432 ; 14 sept. 2010, n° 09-66.762, *ibid.* 1484 ; 27 oct. 2004, *Bull. civ.* V, n° 267.

7. Soc. 10 nov. 2009, n° 08-41.497, *Dr. soc.* 2010. 110, obs. Ch. Radé ; 15 nov. 2011, n° 10-30.463, *JCP S* 2012. 1061, note C. Leborgne-Ingelaere ; *Adde,* pour une critique de cette solution, M. Ledoux et J. El Berry, Un harcèlement moral « génétiquement modifié » ?, *Sem. soc. Lamy* 2011, n° 1482, p. 12.

8. Soc. 10 nov. 2009, n° 07-45.321, *Dr. soc.* 2010. 109, obs. Ch. Radé. Cet arrêt démontre que le harcèlement peut être « collectif » (plusieurs, voire tous les salariés sont concernés par les pratiques), même s'il doit au final produire ses effets sur un ou plusieurs salariés déterminés. V. aussi ; Soc. 20 oct. 2010, n° 08-19.748, *Dr. soc.* 2011. 97, obs. Ch. Radé (le harcèlement moral n'est pas constitué dès lors que le salarié n'a pas été personnellement victime d'une dégradation de ses condtions de travail). V. aussi, pour une autre hypothèse dans laquelle le harcèlement managérial a été admis, Soc. 3 févr. 2010, n° 08-44.107, *JCP* 2010. 321, note J. Mouly.

conclure que la conception intentionnelle du harcèlement moral est aujourd'hui abandonnée [1]. Si l'on doit admettre qu'une intention de nuire n'est pas nécessaire, il n'en va pas de même de ce qu'un auteur qualifie d'intention « harcelante » [2]. Certainement facilité par la détention d'un pouvoir hiérarchique, un harcèlement moral peut exister indépendamment de celui-ci [3].

b) Harcèlement sexuel. Consécutivement à la censure du Conseil constitutionnel [4], le harcèlement sexuel a fait l'objet d'une nouvelle définition, par l'effet d'une loi du 6 août 2012 [5] ; définition désormais uniforme dans le Code du travail (C. trav., art. L. 1153-1) et le Code pénal (C. pén., 222-33). Le harcèlement sexuel se caractérise par « le fait d'imposer à une personne, de façon répétée, des propos ou comportements à connotation sexuelle qui soit portent atteinte à sa dignité en raison de leur caractère dégradant ou humiliant, soit créent à son encontre une situation intimidante, hostile ou offensante ». Il se confirme ainsi, si besoin était, que le harcèlement sexuel, à l'instar du harcèlement moral, ne peut être caractérisé par un seul acte. Mais la loi « assimile » au harcèlement sexuel « le fait, même non répété, d'user de toute forme de pression grave dans le but réel ou apparent d'obtenir un acte de nature sexuelle, que celui-ci soit recherché au profit de l'auteur des faits ou au profit d'un tiers » [6].

889 ***Dispositions communes*** ◊ Le régime probatoire applicable aux harcèlements est précisé par l'article L. 1154-1 du Code du travail : 1) le salarié établit des faits qui permettent de présumer l'existence d'un harcèlement ; 2) au vu de ces éléments, il incombe à la partie défenderesse de prouver que ces agissements ne sont pas constitutifs d'un tel harcèlement et que sa décision est justifiée par des éléments objectifs étrangers à tout harcèlement [7]. S'agissant de la première phase, les juges du fond ne doivent pas

---

1. Il est en revanche certain que l'*infraction* de harcèlement moral est, quant à elle, intentionnelle (E. Fortis, Harcèlement moral en droit pénal et en droit du travail, unité ou dualité ?, *Sem. soc. Lamy* 2011, n° 1482, p. 8. L'auteur constate que la dualité des harcèlements moraux existe bien).

2. P. Adam, La « figure » juridique du harcèlement moral managérial, *Sem. soc. Lamy* 2011, n° 1482, p. 4. Pour cet auteur, l'intention « harcelante » doit être comprise comme l'accomplissement volontaire d'actes objectivement humiliants, vexatoires, avilissants ou psychologiquement déstabilisants.

3. Crim. 6 déc. 2011, n° 10-82.266, *Bull. civ.* V, n° 249.

4. Cons. const. 4 mai 2012, n° 2012-240 QPC, *D.* 2012. 1372, note S. Détraz. Postérieurement à cette décision, la Cour de cassation a refusé de transmettre au Conseil constitutionnel les QPC relatives au harcèlement moral : Soc. 11 juill. 2012, n° 12-40.051 QPC et Crim. 4 sept. 2012, n° 12-80.222 QPC, *JCP S* 2012. 1495, note C. Leborgne-Ingelaere. V. aussi, Soc. 1er mars 2013, n° 12-40.103 QPC, publié.

5. C. Leborgne-Ingelaere, « Le harcèlement sexuel dans le Code du travail depuis la loi du 6 août 2012 : entre avancées et imperfections », *JCP S* 2012. 1403.

6. Il est parfois fait état, à ce propos de ce comportement, de « chantage sexuel » ; ce qui permet de le distinguer du harcèlement sexuel.

7. Selon la Cour de cassation il résulte de ce texte que lorsque le salarié établit la matérialité de faits précis et concordants constituant selon lui un harcèlement, il appartient au juge d'apprécier si ces éléments, pris dans leur ensemble, permettent de présumer l'existence d'un harcèlement.

procéder à une appréciation séparée de chaque élément invoqué par le salarié, mais décider si, pris dans leur ensemble, les éléments matériellement établis laissent présumer l'existence d'un harcèlement moral [1]. Ces mêmes juges du fond doivent mettre la Cour de cassation en mesure d'exercer son contrôle sur le point de savoir si les faits établis ne sont pas de nature à faire présumer un harcèlement moral [2].

Bien que cela n'était sans doute pas nécessaire compte tenu du rayonnement de l'obligation de sécurité de résultat pesant sur l'employeur, le législateur lui impose expressément de prendre toutes les dispositions nécessaires en vue de prévenir les agissements de harcèlement, qu'il soit moral (C. trav., art. L. 1152-4) ou sexuel (C. trav., art. L. 1153-5) [3]. L'obligation précitée revêt ici toute sa portée puisque l'absence de faute de l'employeur ne peut l'exonérer de sa responsabilité [4], qui peut être engagée bien qu'il ait pris des mesures en vue de faire cesser les agissements de harcèlement [5]. L'employeur doit en outre répondre des agissements des personnes qui exercent, de fait ou de droit, une autorité sur les salariés, seraient-elles extérieures à l'entreprise [6]. Quant aux salariés, auxquels il faut ajouter les personnes en formation ou en stage [7], ils ne peuvent être sanctionnés, de quelque manière que ce soit, ou faire l'objet d'une mesure discriminatoire, pour avoir subi ou refusé de subir des agissements répétés de harcèlement moral ou sexuel ou pour avoir témoigné de tels agissements ou les avoir relatés (C. trav., art. L. 1152-2, L. 1153-3). La Cour de cassation en déduit que le salarié qui relate des faits de harcèlement ne peut être licencié pour ce motif, sauf mauvaise foi, laquelle ne peut résulter de la seule circonstance que les faits dénoncés ne sont pas établis [8]. À l'inverse, le harcèlement

---

Dans l'affirmative, il incombe à l'employeur de prouver que ces agissements ne sont pas constitutifs d'un tel harcèlement et que sa décision est justifiée par des éléments objectifs étrangers à tout harcèlement : Soc. 25 janv. 2011, n° 09-42.766, *JCP S* 2011. 1152, note C. Leborgne-Ingelaere ; 6 juin 2012, n° 10-27.766 : *Bull. civ.*, n° 170 ; 15 janv. 2014, n° 12-20.688, publié.

1. Soc. 6 juin 2012, n° 10-27.76, *Lexbase Hebdo, éd. Sociale*, n° 490, note Ch. Radé.

2. Soc. 24 sept. 2008, préc.

3. Sur la nécessité pour l'employeur d'agir avec célérité, v. Soc. 29 juin 2011, n° 09-70.902, *RDT* 2011. 576, note P. Adam. Il n'entre pas dans les pouvoirs du juge d'ordonner, à la demande de collègues, la modification ou la rupture du contrat de travail du salarié harceleur (Soc. 1er juill. 2009, n° 07-44.482, *Bull. civ.* V, n° 167). L'employeur doit également afficher, dans les lieux de travail, le texte des art. 222-33 et 222-33 C. pén. S'agissant encore des mesures de prévention, il est explicitement prévu que les délégués du personnel peuvent exercer leur droit d'alerte en présence de faits de harcèlement sexuel ou moral (C. trav., art. L. 2313-2). V. aussi, au titre de l'obligation générale de prévention pesant sur l'employeur, l'art. L. 4121-2, 7 C. trav.

4. Soc. 21 juin 2006, n° 05-43.914, *RDT* 2006. 245, obs. P. Adam.

5. Soc. 3 févr. 2010, n° 08-40.144, *JCP* 2010. 321, note J. Mouly.

6. Soc. 1er mars 2011, n° 09-69.616, *Lexbase Hebdo, éd. Sociale* n° 434, obs. C. Radé ; 19 oct. 2011, n° 09-68.272 ; 3 nov. 2011, n° 10-15.124. Cette solution ouvre bien des perspectives, notamment dans le domaine du prêt de main-d'œuvre ou de la prestation de service.

7. C. trav., art. L. 1152-2, L. 1153-2. Ce dernier texte, qui intéresse le harcèlement sexuel, vise aussi les candidats à un recrutement, à un stage ou à une formation en entreprise.

8. Soc. 10 mars 2009, 07-44.092, *RDT* 2009. 376, obs. B. Lardy-Pélissier ; *ibid.* 453, obs. P. Adam ; 7 févr. 2012, n° 10-18.035, *Sem. soc. Lamy* 2012, n° 1527, 12, chron. P. Adam qui ajoute que la mauvaise foi ne peut résulter que de la connaissance par le salarié de la fausseté constitue nécessairement une faute grave [1], quelle qu'ait pu être l'attitude antérieure de l'employeur [2], et peut être caractérisé par des agissements ayant eu lieu en dehors du temps et du lieu de travail [3]. Le salarié victime d'un harcèlement peut mettre en cause la responsabilité civile de son employeur, indépendamment de tout litige relatif à la rupture du contrat de travail. Mais celui-ci accompagne souvent l'action en responsabilité. L'application du principe de réparation intégrale impose alors la réparation de tous les chefs de préjudice, qu'il s'agisse du préjudice résultant de la perte de l'emploi, de celui résultant du prononcé de sanctions disciplinaires injustifiées ou encore de celui résultant des agissements de harcèlement moral [4]. La Cour de cassation a par ailleurs décidé, de manière plus discutable, que les obligations résultant des articles L. 1152-4 (obligation de prévention) et L. 1152-1 du Code du travail sont distinctes, en sorte que la méconnaissance de chacune d'elles, lorsqu'elle entraîne des préjudices différents, peut ouvrir droit à des réparations spécifiques [5].

Au plan pénal, les faits de harcèlement moral ou sexuel sont punis des mêmes peines, à savoir deux ans d'emprisonnement et 30 000 euros d'amende (C. pén., art. 222-33, 222-33-2) [6]. Ces sanctions sont alourdies en cas de circonstances aggravantes, énumérées par la loi. Sont également pénalement sanctionnés les faits de discriminations commis à la suite d'un harcèlement moral ou sexuel (C. trav., art. L. 1155-2) [7].

des faits qu'il dénonce. Pour un cas de dénonciation mensongère, v. Soc. 6 juin 2012, n° 10-28.345 P. Rappr., en matière de dénonciation d'actes de maltraitance, Soc. 6 juin 2012, n° 10-28.199, *Lexbase Hebdo, éd. Sociale*, n° 490, obs. G. Auzero.

1. Soc. 5 mars 2002, n° 00-40.717, *Bull. civ.* V, n° 83. V., toutefois, en matière de harcèlement moral : Soc. 29 janv. 2013, n° 11-23.944, inédit, dans lequel la Cour de cassation écarte la faute grave. La solution peut s'expliquer au regard des circonstances particulières de l'espèce. Lorsque l'employeur prononce une sanction disciplinaire à l'encontre du salarié harceleur, le régime probatoire réservé à la victime de harcèlement n'est pas applicable : Soc. 7 févr. 2012, n° 10-17. 393, *Bull. civ.* V, n° 56.

2. Soc. 18 févr. 2014, n° 12-17.557, publié.

3. Soc. 19 oct. 2011, n° 09-72.672, *JCP S* 2012. 1042, note B. Bossu ; 11 janv. 2012, n° 10-12.930, *JCP S* 2012. 1283, note C. Leborgne. Retenue à propos du harcèlement sexuel, cette solution doit certainement être appliquée au harcèlement moral. Elle est pleinement justifiée car il est des agissements qui conservent un rapport avec l'activité professionnelle, alors même qu'ils sont commis en dehors du temps et du lieu de travail.

4. Soc. 30 nov. 2011, n° 11-10.528, inédit ; 19 janv. 2012, n° 10-30.483, inédit.

5. Soc. 6 juin 2012, n° 10-27.694, *Lexbase Hebdo*, éd. *Sociale*, n° 490, obs. Ch. Radé.

6. Les salariés sont informés par tout moyen du texte de l'article 222-33-2 du Code pénal (C. trav., art. L. 1152-4). L'article L. 1153-5 du même code dispose que « dans les lieux de travail ainsi que dans les locaux ou à la porte des locaux où se fait l'embauche, les personnes mentionnées à l'article L. 1153-2 sont informées par tout moyen du texte de l'article 222-33 du code pénal ».

7. C. pén., art. 225-2 fixe des peines nettement plus lourdes lorsqu'une discrimination consiste « à refuser d'embaucher, à sanctionner ou à licencier une personne ». Ce texte, qui ne concerne que le harcèlement sexuel, peut entrer en conflit avec l'art. L. 1155-2 C. trav. L'administration a précisé que, dans ces hypothèses, c'est la qualification la plus sévèrement sanctionnée qui doit être retenue en cas de poursuites (Circ. crim. n° 2012-15/E8, 7 août 2012, point 2.2).

§ 3. Les objets de la réglementation

890 *Une diversité ordonnée* ◊ Les textes relevant de cette technique qu'est la réglementation, au sens précisé plus haut, représentent la part la plus volumineuse de cette quatrième partie. Il semble admis que le résultat de la recodification est satisfaisant en ce domaine [8]. La séparation retenue dans le Code de 1973 entre « hygiène » et « sécurité » a été abandonnée tant elle paraissait obsolète, et bien des dispositions appartenant respectivement à ces deux blocs ont été rapprochées ou mêlées d'heureuse manière [9]. L'objectif affiché étant de faciliter l'accès aux textes, et leur « lisibilité », ce genre de modification s'imposait, afin de rendre leur ordonnance plus rationnelle.

On entre dans le secteur purement « réglementaire » de la quatrième partie du Code après les titres consacrés aux « principes généraux de prévention » et au « droit d'alerte et de retrait », avec un titre sur *l'information et la formation des travailleurs*. Ce corps de dispositions met en évidence l'importance de cette pratique, et charge notamment l'employeur d'une obligation d'organiser et dispenser une information des travailleurs sur les risques pour la santé et la sécurité et les mesures prises pour y remédier [10], mais également d'organiser une formation pratique et appropriée à la sécurité au bénéfice de diverses catégories de salariés (v. not. l'art. L. 4141-2 C. trav.).

Certaines *catégories de travailleurs* font ensuite l'objet d'une série de dispositions particulières : « femmes enceintes, venant d'accoucher ou allaitant », jeunes travailleurs (fixation d'un âge d'admission, notamment) [11], salariés sous contrat à durée déterminée et temporaire (interdiction de certains travaux, obligations particulières d'information et de formation).

Les livres suivants de cette quatrième partie font se succéder :

– des « *dispositions applicables aux lieux de travail* », avec une série de règles sur les obligations du maître d'ouvrage (qui entreprend la construction ou l'aménagement de bâtiments destinés à recevoir des travailleurs) pour la conception de ces lieux, et les obligations de l'employeur pour leur utilisation ;

– des *dispositions relatives aux équipements* de travail et moyens de protection ;

– des dispositions sur la *prévention de certains risques d'exposition* (risques chimiques, biologiques, bruit, vibrations mécaniques, rayonnements ionisants) ;

8. A. Fabre, préc.

9. Ex. : dans la version précédente du Code, un article disposait que les locaux de travail devaient « être tenus dans un état constant de propreté et présenter les conditions d'hygiène et de salubrité nécessaires à la santé du personnel » (C. trav., anc. art. L. 232-1), un autre, distant dans le recueil, énonçait que les établissements et locaux devaient « être aménagés de manière à garantir la sécurité des travailleurs » (C. trav., anc. art. L. 233-1). Les deux dispositions ont été heureusement rapprochées dans un art. L. 4221-1 C. trav.

10. Un Décr. du 17 déc. 2008 a renforcé les obligations pesant sur l'employeur en la matière (C. trav., art. R. 4141-1 s).

11. Des dispositions spéciales visent les « petits boulots » que les mineurs de plus de quatorze ans peuvent accomplir pendant leurs vacances scolaires (C. trav., art. L. 4153-3), ainsi que les stages professionnels qu'ils peuvent effectuer durant leurs deux dernières années de scolarité (C. trav., art. L. 44153-1). L'emploi des mineurs à la mendicité habituelle (ouverte ou déguisée) constitue une *infraction* pénale (C. trav., art. L. 4741-8).

– des règles de *prévention des risques liés à certaines activités ou opérations* (travaux réalisés dans un établissement par une entreprise extérieure, installations nucléaires de base, bâtiment et génie civil, manutention des charges).

891 ***Traits dominants*** ◊ Ces différentes subdivisions de la quatrième partie du Code du travail comportent beaucoup plus de dispositions réglementaires au sens formel (art. en R ou en D) que de dispositions de valeur législative. Parmi ces dernières, une sorte de hiérarchie purement matérielle apparaît, selon le niveau relatif de généralité ou l'ampleur de l'objet des normes. Plusieurs livres ou titres s'ouvrent en effet, quand cela a paru possible et par choix des artisans de la recodification, par d'assez courtes séries de dispositions, intitulées « principes » ou « principes généraux », réunissant les dispositions les plus générales ou de base de la matière normative regroupée dans la subdivision, et détaillée, complétée, « équipée », par les dispositions subséquentes [1]. Les normes ainsi dénommées ne sont certes pas des « principes » au sens d'une théorie du droit, mais la méthode est appréciable du point de vue de l'objectif de communication du droit assigné à la « remise en code ».

Sur le plan substantiel, il ressort de ces dispositions que les moyens de *prévention collective* sont privilégiés, parce qu'ils sont en général moins contraignants pour les salariés et plus efficaces (ils limitent l'incidence des négligences individuelles). Visible aussi est l'influence (accentuée depuis la loi de 1976) de l'idée de *sécurité intégrée* : les maîtres d'ouvrage entreprenant la construction ou l'aménagement de bâtiments destinés à accueillir des travailleurs doivent se conformer à des règles posées, dans l'intérêt de la santé et de la sécurité au travail des futurs occupants ; les fabricants de substances dangereuses et les constructeurs d'équipements de travail et moyens de protection doivent donner des informations à des organismes agréés et se soumettre à des procédures de certification de conformité [2].

La loi impose aussi une *coordination* entre employeurs intervenant sur un même site, qu'il s'agisse de travaux réalisés dans un établissement par une entreprise extérieure (C. trav., art. L. 4511-1, R. 4511-1 s.), des établissements comprenant une « installation nucléaire de base » ou une installation susceptible de donner lieu à des servitudes d'utilité publique en vertu du Code de l'environnement (C. trav., art. L. 4521-1 s.), ou des

1. Ex. : C. trav., art. L. 4211-1, L. 4211-2, L. 4221-1 pour, respectivement, les obligations du maître d'ouvrage en matière de conception des lieux de travail et de l'employeur pour leur utilisation ; C. trav., art. L. 4311-1 à L. 4311-6 sur la conception des équipements de travail et des moyens de protection et C. trav., art. L. 4321-1 à L. 4321-3 sur leur utilisation. Les passages consacrés à la prévention de certains risques comportent des « principes de prévention » (ex. : C. trav., art. L. 4531-1 à 3 pour le bâtiment et le génie civil, qui relayent et précisent l'application, dans cette activité, des principes généraux de prévention de l'art. L. 4121-2 C. trav.).

2. On remarquera les art. L. 4311-5, L. 44116 C. trav. permettant à l'acheteur ou au locataire d'un équipement de travail ou d'un moyen de protection comme à l'acheteur d'une substance ou d'une préparation dangereuse, livrés dans des conditions contraires à certaines dispositions du Code du travail d'obtenir, pour ce motif et à condition d'agir dans l'année suivant la livraison, la résolution du contrat de vente ou de bail et des dommages et intérêts.

chantiers du bâtiment ou du génie civil, qui sont soumis à des contraintes plus lourdes (C. trav., art. L. 4531-1 s., R. 4532-1 s.) : désignation d'un coordonnateur dont la mission et les pouvoirs sont définis contractuellement [1], mise en place éventuelle d'un collège interentreprises auquel participent avec voix consultative des salariés employés sur le chantier, assujettissement des travailleurs indépendants à certaines dispositions du Code du travail [2].

On rappellera que le règlement intérieur a vocation à régler ou rappeler « les mesures d'application de la réglementation en matière de santé et de sécurité », et « notamment les instructions prévues à l'article L. 4122-1 » (ex. : port de masque, casque, combinaison, chaussures de sécurité, etc.).

§ 3. Les droits en cas de danger grave et imminent

892 *Le droit de retrait du travailleur* [3] ◊ La loi du 23 décembre 1982 a reconnu à tout salarié la faculté de se retirer d'une situation de travail périlleuse. À lire le nouveau texte du Code, tout travailleur a le droit de se retirer d'une situation de travail dont il a un motif raisonnable de penser qu'elle présente un danger grave et imminent pour sa vie ou sa santé, en raison notamment d'une défectuosité du système de protection (C. trav., art. L. 4131-1) [4]. Si ce droit de retrait constitue une simple faculté pour le salarié, il a en revanche, sur le fondement de ce texte, l'obligation de signaler immédiatement à l'employeur l'existence d'une situation qu'il estime dangereuse. À ce droit d'alerte en cas de danger grave et imminent pour la sécurité et la santé, il convient d'ajouter un droit d'alerte « verte », qui n'est pas, quant à lui, assorti d'un droit de retrait [5]. Plus précisément, en application de l'article L. 4133-1 du Code du travail, le travailleur alerte immédiatement l'employeur s'il estime, de bonne foi, que les produits ou procédés de fabrication utilisés ou mis en œuvre par l'établissement font peser un risque grave sur la santé publique ou l'environnement [6].

Jusqu'à cette quatrième loi Auroux, « le chef d'entreprise responsable de la sécurité, chargé de la mise en œuvre des mesures nécessaires » pouvait

1. Crim. 30 avr. 2002, *Dr. soc.* 2002. 908, obs. F. Duquesne. Sur les missions du coordonnateur de sécurité, v. Crim. 9 juin 2009, n° 08-82.847, *JCP S* 2009. 1068, note N. Rias.

2. M.-L. Morin, Sous-traitance et relations salariales. Aspects de droit du travail, *Travail et Emploi*, n° 60, p. 23 s.

3. P. Chaumette, Le CHSCT et le droit de retrait du salarié, *Dr. soc.* 1983. 425 ; J. Frossard, Les recours à l'action unilatérale, *Dr. soc.* 1987. 496 ; J.-M. Gasser, Le droit de retrait dans le secteur privé, *RJS* 6/06. 463.

4. Soc. 28 mai 2008, n° 07-15.744, *JCP S* 2008 1506, note A. Barège.

5. Institué par une L. du 16 avr. 2013 (L. n° 2013-316).

6. La loi assure la protection du lanceur d'alerte (C. trav., art. L. 4133-5 ; CSP, art L. 1351-1), tout en sanctionnant celui qui agit de mauvaise foi ou avec l'intention de nuire (C. pén., art. 226-10). L'employeur est tenu d'informer les salariés sur les risques que peuvent faire peser sur la santé publique ou l'environnement les produits ou procédés de fabrication utilisés ou mis en œuvre par l'établissement ainsi que sur les mesures prises pour y remédier (C. trav., art. L. 4141-1).

faire l'objet de sanctions civiles et pénales s'il ne remplissait pas ses obligations, mais les salariés ne disposaient d'aucune prérogative leur permettant d'imposer directement le respect de l'obligation générale de sécurité. Désormais, le salarié *peut quitter son poste de travail sans crainte (en droit) de perte de salaire ou de sanction disciplinaire* [1]. La loi dispose en effet qu'aucune sanction, qu'aucune retenue de salaire ne peut être prise à son encontre (C. trav., art. L. 4131-3) [2]. Invoquant cette prescription et l'obligation de sécurité de résultat en matière de protection et de sécurité au travail dont l'employeur doit assurer l'effectivité, la Cour de cassation considère qu'est nul le licenciement prononcé par l'employeur pour un motif lié à l'exercice légitime par le salarié du droit de retrait [3]. L'employeur ne peut par ailleurs exiger que le salarié reprenne son activité, du moins « dans une situation de travail ou persiste un danger grave et imminent » (C. trav., art. L. 4131-1, al. 3), mais a la faculté de lui confier un autre travail correspondant à sa qualification professionnelle.

Le *droit* [4] reconnu au salarié – et plus largement à tout « travailleur », au sens de l'article L. 4111-5 – est seulement *de retrait* : il peut seulement suspendre l'exécution de son travail, et non décider de l'exécuter dans des conditions autres que celles convenues ou fixées par l'employeur dans l'exercice de son pouvoir de direction [5]. Encore faut-il que *deux conditions* soient remplies [6].

En premier lieu, il faut que l'intéressé ait un motif raisonnable de penser que la situation de travail présente un danger grave et imminent pour sa

1. Le prononcé d'une sanction contre un salarié ayant légitimement exercé son droit de retrait peut consommer le délit de mise en danger d'autrui (Crim. 8 oct. 2002, *Bull. crim.* n° 181).

2. Soc. 9 mai 2000, *Dr. soc.* 2000. 778. Le refus du salarié d'effectuer une tâche à laquelle il ne peut être affecté (ou ne peut être affecté que s'il a fait l'objet d'un examen préalable par le médecin du travail) ne constitue pas une faute, même si l'intéressé n'a à aucun moment prétendu se trouver dans une situation répondant aux conditions de l'art. L. 4131-1 C. trav. et exercer son droit de retrait (Soc. 18 déc. 2007, n° 06-43.801 P, *RJS* 3/08, n° 294 ; *D.* 2008. AJ. 359). On pourrait dire aussi que l'exercice du droit de retrait ou le bénéfice de l'avantage ou de l'immunité qu'il recouvre (comme celui du droit de grève et d'autres droits subjectifs dans notre système) n'est pas subordonné à son invocation explicite (encore moins formelle), ni même à la conscience de l'exercer.

3. Soc. 28 janv. 2009, n° 07-44.556, *JCP S* 2009. 1226, note P.-Y. Verkindt. En visant notamment dans cette décision l'art. L. 1121-1 C. trav., la Cour de cassation laisse entendre que le droit de retrait d'une situation dangereuse est un droit de la personne humaine.

4. On peut avancer que ce droit va de pair avec un « devoir d'alerte » ou plus précisément avec l'obligation pour le salarié de signaler immédiatement à l'employeur toute situation de travail dont il a un motif raisonnable de penser qu'elle présente un danger grave et imminent pour sa vie ou sa santé (C. trav., art. L. 4131-1. V. aussi en ce sens, Soc. 21 janv. 2009, n° 07-41.935, *JCP S* 2009. 1184, note D. Everaert-Dumont).

5. Paris, 5 oct. 2004 (cité par J.-M. Gasser, préc., note 6).

6. Dressant un tableau à partir d'arrêts de la Cour de cassation et de cours d'appel, un auteur (J.-M. Gasser, préc.) avance que cette prérogative est moins un droit subjectif qu'une « exception aux règles gouvernant l'exécution du contrat de travail » (à la manière de l'exception *non adimpleti contractus ?*). Mais dès lors que la loi elle-même (depuis… 2008) la qualifie de « droit », peut-on lui dénier la portée qu'implique semblable qualification ? L'arrêt préc. du 28 janv. 2009 autorise à répondre par la négative à cette question.

vie et sa santé. Il n'a pas à solliciter l'accord de l'employeur ou de son représentant sur l'existence d'un danger ou sur son caractère grave et imminent, ni à solliciter l'accord d'un membre du CHSCT [1]. Il a le *droit* (et non l'obligation [2]) – en fonction de sa propre appréciation du danger – de cesser son travail de sa propre autorité [3]. On peut certes hésiter sur le sens qu'il convient de donner aux expressions « motif raisonnable de penser » et « danger grave et imminent pour sa vie ou pour sa santé », étant entendu que les menaces pour la santé mentale (harcèlement moral ou sexuel) comme les risques pour la santé physique sont concernés. En cas de contestation, les juges du fond apprécient souverainement les éléments de la cause pour déterminer si le salarié pouvait avoir ce motif raisonnable [4], et ils doivent se livrer à cet examen dès lors que le salarié invoque le droit de retrait pour justifier son attitude [5]. Le texte légal ouvre d'assez larges possibilités aux salariés, puisqu'il n'exige pas l'existence objective d'un danger grave et imminent mais seulement l'idée que peut en avoir le salarié : il suffit que son appréciation soit « raisonnable », c'est-à-dire qu'elle ne soit pas extravagante, ou excessive. Si un salarié a des doutes et si la réalisation de la menace n'est pas imminente, il peut se borner à signaler à l'employeur (C. trav., art. L. 4131-1, al. 1er) ou à un membre du CHSCT (C. trav., art. L. 4131-2) la situation qu'il estime dangereuse, sans prendre la décision d'arrêter son travail. L'employeur décidera alors ce qu'il convient de faire, tout en sachant que s'il opte pour la continuation du travail, il y aura présomption irréfragable de faute inexcusable de sa part si le salarié était par la suite victime d'un accident du travail ou d'une maladie professionnelle (C. trav., art. L. 4131-4).

L'article L. 4132-1 du Code du travail pose une seconde – et fort logique – condition de régularité de cette suspension du travail : il ne faut pas qu'elle crée pour autrui (pour des collègues de travail, en premier lieu) une nouvelle situation de danger grave et imminent. C'est une condition, qui à défaut de ce texte, découlerait de l'article L. 4122-1 et de l'obligation de sécurité qu'il fait peser sur tout travailleur.

---

1. Soc. 10 mai 2001, *RJS*, 7/01, n° 872.

2. Soc. 9 déc. 2003, *Dr. soc.* 2004. 313, obs. Ph. Waquet.

3. L'employeur ne peut instaurer, dans le règlement intérieur, une procédure de consignation écrite de la situation qui a provoqué le retrait ou l'alerte, même si cette formalité est postérieure à ladite situation (CE 12 juin 1987, *Sté Gantois*, *Dr. soc.* 1987. 651, note J. Savatier ; 11 juill. 1990, *RJS* 1990, n° 767 ; Soc. 28 mai 2008, n° 07-15.744 P). L'exercice du droit de retrait n'est pas soumis à une condition d'extériorité du danger ; celui-ci peut donc résulter de l'état de santé du salarié (Soc. 20 mars 1996, *Dr. soc.* 1996. 684, obs. J. Savatier : allergie, ensuite confirmée par le médecin du travail).

4. Soc. 23 avr. 2003, *Dr. soc.* 2003. 805, obs. J. Savatier. Pour des affirmations antérieures du pouvoir souverain des juges du fond : Soc. 11 déc. 1986, *Dr. ouvrier* 1988. 245, note M. Bonnechère ; 30 janv. 1993, *JCP E* 1993. II. 494, note G. Lachaise. Du côté des juges du fond, v. Versailles, 12 nov. 1996, *RJS* 2/97, n° 239 ; Rennes, 16 mars 2004, *Sem. soc. Lamy* 2004, n° 1169.

5. Soc. 9 mai 2000, *Dr. soc.* 2000. 778, obs. G. Couturier.

893 ***Le droit d'alerte du CHSCT*** ◊ Plutôt que de lui reconnaître un pouvoir d'arrêter un atelier ou un chantier pour raison de sécurité [1], le législateur de 1982 a préféré attribuer au comité d'hygiène, de sécurité et des conditions de travail un simple droit d'alerte (C. trav., art. L. 4131-2, L. 4132-2 à L. 4132-4).

L'exercice de cette prérogative comporte plusieurs étapes : 1) un représentant du personnel au CHSCT constate, notamment par l'intermédiaire d'un travailleur, l'existence d'une cause de *danger grave et imminent* « en alerte immédiatement l'employeur », en consignant cet avis par écrit (C. trav., art. D. 4132-1) ; 2) l'employeur ou son représentant doit procéder *immédiatement* à une enquête avec l'auteur de l'alerte, et prendre les dispositions nécessaires pour y remédier [2] ; 3) s'il y a divergence sur la réalité du danger ou la façon de le faire cesser, le CHSCT est réuni d'urgence (et en tout état de cause dans un délai n'excédant pas vingt-quatre heures) ; l'employeur doit informer l'inspecteur du travail et l'agent du service de prévention de la caisse régionale d'assurance maladie, qui peuvent assister à cette réunion du comité ; 4) à défaut d'accord entre l'employeur et la majorité du comité sur les mesures à prendre, l'inspecteur du travail est saisi immédiatement par l'employeur ; 5) l'inspecteur peut, selon les cas, saisir le directeur régional des entreprises, de la concurrence, de la consommation, du travail et de l'emploi qui mettra éventuellement l'employeur en demeure de prendre les mesures propres à faire cesser la situation dangereuse (C. trav., art. L. 4721-1) ou saisir en référé le président du tribunal de grande instance, qui peut ordonner la fermeture temporaire d'un atelier, d'un chantier ou encore la mise hors-service comme la saisie de matériel ou machine (C. trav., art. L. 4732-1, L. 4732-2).

À l'instar du travailleur, les représentants du personnel au Comité d'hygiène, de sécurité et des conditions de travail disposent également d'un droit d'alerte « verte » (C. trav., art. L. 4133-2). Lorsque celui-ci est mis en œuvre, l'employeur examine la situation conjointement avec le lanceur d'alerte et l'informe de la suite qu'il réserve à celle-ci. Le CHSCT est en outre informé des alertes transmises à l'employeur, de leurs suites ainsi que des saisines éventuelles du préfet (C. trav., art. L. 4133-4) [3].

§ 4. Les interventions « institutionnelles »

894 ***Principales « institutions »*** ◊ Le rôle de l'inspection du travail est évidemment essentiel pour assurer une suffisante effectivité aux règles du Code du travail en général et à celles intéressant l'hygiène et la sécurité en

1. Ce pouvoir aurait pu soulever de délicats problèmes de responsabilité, le comité risquant d'être poursuivi en cas d'accident pour ne pas avoir fait cesser le travail.

2. L'employeur ne peut refuser au représentant du CHSCT de se rendre sur les lieux et doit lui fournir à cet effet les moyens nécessaires (Soc. 10 oct. 1989, *RJS* 1989, n° 850 : en l'espèce, remboursement des frais de déplacement). V. égal. l'art. L. 4132-5 C. trav.

3. Il est réuni en cas d'événement grave lié à l'activité de l'établissement ayant porté atteinte ou ayant pu porter atteinte à la santé publique ou à l'environnement (C. trav., art. L. 4614-10).

particulier (A). Moins directement « juridique », la mission du comité d'hygiène, de sécurité et des conditions de travail (CHSCT) est plus quotidienne (B).

A. Les interventions de l'inspection du travail

895 ***Principaux procédés*** ◊ Sans revenir sur les attributions de ce corps de fonctionnaires et des différents moyens dont disposent ses agents [1], il importe de s'arrêter à deux procédés remarquables : les *mises en demeure* et les *mesures d'arrêt de travaux ou d'activité*.

896 ***Les mises en demeure*** ◊ On sait qu'aux termes de l'article L. 8112-1, les inspecteurs du travail sont chargés de veiller à l'application des dispositions du Code du travail et de constater les infractions à ces dispositions, mais qu'avant de dresser procès-verbal ils sont en général tenus de délivrer une mise en demeure de se conformer aux dispositions réglementaires (C. trav., art. L. 4721-4) et ne dressent procès-verbal d'infraction que si les mesures prescrites ne sont pas prises dans le délai imparti [2].

Même en l'absence d'infraction à une disposition réglementaire précise, l'employeur peut manquer à son obligation générale sécurité découlant des articles L. 4121-1 et suivants du Code du travail. Lorsque l'inspecteur constate qu'il en est ainsi (il relève par exemple un risque résultant des conditions d'organisation du travail, de l'aménagement du poste de travail, du stockage des produits de fabrication...), le Direccte peut mettre l'employeur en demeure de prendre les mesures propres à éliminer le risque. Cette mise en demeure, écrite, fixe un délai d'exécution tenant compte des difficultés de réalisation. Si, à l'expiration de ce délai, la situation dangereuse n'a pas cessé, l'inspecteur du travail peut dresser procès-verbal (C. trav., art. L. 4721-1 s.). L'infraction ainsi constatée est punie de l'amende prévue pour les contraventions de cinquième classe, appliquée autant de fois qu'il y a de travailleurs directement exposés à la situation dangereuse visée par la mise en demeure (C. trav., art. R. 4741-2).

L'inspecteur du travail ne contrôle pas seulement l'application des textes (contrôle juridique), mais aussi la conformité du matériel aux normes de sécurité (contrôle technique). Depuis la loi du 6 décembre 1976, modifiée par celle du 31 décembre 1991, il peut « demander » à l'employeur de faire vérifier, par des organismes agréés, l'état de conformité des équipements de travail et moyens de protection mentionnés à l'article L. 4321-1 aux normes qui leur sont applicables (C. trav., art. L. 4722-1 s.) [3].

897 ***Les mesures d'arrêts de travaux ou d'activité*** ◊ Un inspecteur du travail (ou, par délégation, un contrôleur) peut, sur un chantier du bâtiment et des travaux publics, prendre toutes mesures utiles afin de soustraire immédiatement un salarié, qui n'a pas exercé son droit de retrait

1. V. ss 84 s. V. : X. Prétot, Les sanctions administratives de l'insécurité au travail, *Dr. soc.* 2007. 707.
2. V. ss 85.
3. Sur l'incidence de cette démarche dans un procès pénal, v. : Crim. 6 nov. 2007, *RDT* 2008. 464, obs. J.-F. Dreuille.

d'une situation qui constitue une infraction, lorsqu'il constate que la cause du danger résulte de carences déterminées (défaut de protection contre les chutes de hauteur, absence de dispositifs de nature à éviter l'ensevelissement ou les risques liés aux opérations de confinement et de retrait de l'amiante). La mesure, qui a nature de sanction administrative, peut aller jusqu'à l'arrêt temporaire de la partie des travaux en cause, est soumise à une procédure et à un recours particulier devant le président du tribunal de grande instance (C. trav., art. L. 4731-1 s.) [1].

En présence de situations révélant une inobservation (pénalement sanctionnée) de certaines dispositions de cette quatrième partie du Code, créant un risque sérieux d'atteinte à l'intégrité physique d'un travailleur, l'inspecteur peut saisir en référé le président du tribunal de grande instance pour voir ordonner « toutes mesures propres à faire cesser ce risque ». La mesure peut être une mise hors-service, une immobilisation, une saisie de matériel, de machine, de dispositif, de produit, ou même la fermeture temporaire d'un atelier ou d'un chantier. Le juge peut assortir sa décision d'une astreinte liquidée au profit du Trésor (C. trav., art. L. 4732-1). Une procédure analogue est prévue en présence de certains risques dans des opérations de bâtiment ou de génie civil (C. trav., art. L. 4732-2). Précision d'importance, les décisions du juge des référés « ne peuvent entraîner ni rupture, ni suspension du contrat de travail, ni aucun préjudice pécuniaire à l'encontre des salariés concernés » (C. trav., art. L. 4732-3).

B. Les missions du CHSCT [2]

898 ***Constitution*** ◊ Le *comité d'hygiène, de sécurité et des conditions de travail* (C. trav., art. L. 4611-1 s.) est l'institution représentative spécialement chargée de veiller à la santé au travail [3]. Sa constitution est obligatoire dans les *établissements occupant au moins cinquante salariés* [4], étant toutefois précisé que tout salarié employé par une *entreprise* dont l'effectif est au

1. B. Silhol, Protection de l'intégrité physique du salarié : un exemple méconnu, *RDT* 2008. 459.

2. J.-B. Cottin, *Le CHSCT*, Lamy Axe Droit, 2e éd., 2012.

3. Tous les représentants de salariés, institutions représentatives du personnel *stricto sensu* ou représentations syndicales, ont un rôle à jouer sur ce terrain. V. : P.-Y. Verkindt, Le rôle des instances de représentation du personnel en matière de sécurité, *Dr. soc.* 2007. 697.

4. C. trav., art. L. 4611-1. Il s'agit des établissements au sens de la législation sur les comités d'entreprise, sans que la constitution de plusieurs CHSCT au sein d'un même établissement soit exclue (en dehors du cas de l'art. L. 4613-4) s'il comporte des secteurs d'activités différentes (Soc. 29 janv. 2003, *Dr. soc.* 2003. 451, obs. J. Savatier). Sauf accord collectif, un même CHSCT ne peut regrouper des salariés dépendant de plusieurs établissements dotés chacun d'un comité d'établissement, en sorte que seuls les salariés de l'établissement concerné peuvent être désignés au sein du CHSCT de cet établissement, et que le collège désignatif ne peut être constitué que des membres élus de ce même établissement (Soc. 17 juin 2009, n° 08-60.438, *JCP S* 2009. 1483, note J.-B. Cottin ; 8 déc. 2010, n° 10-60.087, *JCP S* 2011. 1111, note J.-B. Cottin). Sur la mise en place et la personnalité du CHSCT, la désignation et la protection des représentants du personnel, v. ss 1009, 1117.

moins égal à cinquante salariés doit relever d'un CHSCT [1]. Plusieurs CHSCT peuvent être constitués dans un même établissement lorsque celui-ci occupe habituellement au moins cinq cents salariés. En ce cas, le comité d'entreprise détermine, en accord avec l'employeur, le nombre des comités devant être constitués, eu égard à la nature, la fréquence et la gravité des risques, aux dimensions et à la répartition des locaux ou groupes de locaux, au nombre des travailleurs occupés dans ces mêmes périmètres ainsi qu'aux modes d'organisation du travail [2]. En cas de désaccord, le nombre de comités est fixé par l'inspecteur du travail [3]. Dans certains établissements dangereux ou activités à hauts risques le comité est soumis à des dispositions particulières et doit parfois être élargi à des représentants des entreprises extérieures qui y interviennent [4].

899 ***Attributions de conseil*** ◇ Le CHSCT a pour mission générale de contribuer à la protection de la santé et de la sécurité des salariés ainsi qu'à l'amélioration des conditions de travail (C. trav., art. L. 4612-1) [5]. Dans les installations classées, sa compétence a été étendue aux risques que l'entreprise peut faire peser sur l'environnement [6].

Cette mission se traduit tout d'abord par une activité de conseil. L'employeur doit consulter le CHSCT avant toute mesure d'aménagement important modifiant les conditions d'hygiène et de sécurité ou les conditions de travail (notamment avant toute transformation importante des postes de travail découlant de la modification de l'outillage, d'un changement de produit, avant toute modification des cadences et des normes de productivité) (C. trav., art. L. 4612-8) [7]. La notion de modification des

---

1. Soc. 19 févr. 2014, n° 13-12.207, publié.

2. A C. trav., art. L. 4613-4, al. 1er. Pour la Cour de cassation, il résulte de ce texte, d'une part, que le critère géographique peut être pris en compte pour décider de l'implantation de ces comités et, d'autre part, que lorsqu'un tel critère est retenu, et sauf accord en disposant autrement, seuls les salariés travaillant effectivement dans les périmètres ainsi déterminés sont éligibles au comité d'hygiène, de sécurité et des conditions de travail géographiquement correspondant : Soc. 12 avr. 2012, n° 11-12.916, *Bull. civ.* V, n° 128.

3. Sous le contrôle restreint du juge administratif (CE 3 oct. 1994, *Dr. soc.* 1995. 159, concl. Ch. Maugüe). En l'absence d'accord et de décision de l'inspecteur du travail, il ne peut être procédé à la désignation de la délégation du personnel au sein d'un CHSCT, peu important l'existence d'un accord collectif ayant fixé le nombre de CHSCT dans l'établissement : Soc. 28 sept. 2011, n° 10-60.219, *Bull. civ.* V, n° 207.

4. C. trav., art. L. 4523-1 s., R. 4523-1 s., L. 4524-1, L. 4532-10 s.

5. S. Guedes da Costa et E. Lafuma, Le CHSCT dans la décision d'organisation du travail, *RDT* 2010. 419. Ainsi que le révèlent ces auteurs, ne sont plus seulement soumises au CHSCT des décisions de direction des personnes mais également des décisions qui intéressent la gestion de l'entreprise, des décisions de direction économique. Il résulte notamment de cette évolution un risque d'empiétement du CHSCT sur les prérogatives du comité d'entreprise. La Cour de cassation a, à cet égard, décidé que lorsqu'il est consulté sur les problèmes généraux intéressant les conditions de travail, le comité d'entreprise doit disposer de l'avis du CHSCT : Soc. 4 juill. 2012, n° 11-19.678, *JCP S* 2012, note L. Cailloux-Meurice.

6. C. trav., art. L. 4612-15.

7. Le CHSCT peut, dans cette hypothèse, faire appel à un expert rémunéré par l'employeur. En l'absence d'un CHSCT unique compétent pour l'ensemble des sites concernés, le projet qui conditions de travail doit être entendue largement et englobe notamment les changements importants de l'aménagement du temps de travail [1], un transfert d'activité s'il entraîne une modification des conditions de travail des salariés concernés [2], ou l'introduction d'un système d'évaluation des salariés au moyen d'entretiens annuels [3]. Le CHSCT doit être consulté lors de l'élaboration ou de la modification du règlement intérieur, à propos de toutes les dispositions concernant l'hygiène et la sécurité.

L'employeur doit aussi le consulter sur les mesures qui concernent spécialement certaines catégories de salariés : remise ou maintien au travail de salariés, victimes d'accident du travail, de travailleurs handicapés, d'invalides de guerre ou d'invalides civils [4].

Enfin, au moins une fois par an, le chef d'établissement doit soumettre à l'*avis* du CHSCT un *rapport écrit* faisant le bilan de la situation générale de l'hygiène, de la sécurité et des conditions de travail dans l'établissement, et sur un *programme annuel de prévention* des risques professionnels et d'amélioration des conditions de travail (art. L. 4612-16 s.).

Lorsque les consultations prévues aux articles L. 4612-8, L. 4612-9, L. 4612-10 et L. 4612-13 portent sur un projet commun à plusieurs établissements, l'employeur peut mettre en place une instance temporaire de coordination de leurs CHSCT qui a pour mission d'organiser le recours à une expertise unique (C. trav., art. L. 4616-1). La loi détermine la composition de cette instance (C. trav., art. L. 4616-2) [5], qui fonctionne selon les règles applicables au CHSCT, et les modalités d'intervention de l'expert C. trav., (art. L. 4616-3). Ce dernier remet son rapport dans des délais

---

excède nécessairement les prérogatives de chacun des CHSCT impose la consultation de tous les CHSCT territorialement compétents pour ces sites (Soc. 30 juin 2010, n° 09-13.640, *Lexbase Hebdo, éd. Sociale*, n° 403, note G. Auzero ; *Dr. soc.* 2010. 1006, obs. L. Pécaut-Rivolier). La mise en place d'une instance de coordination des CHSCT (v. infra) écarte cette lourde et pourtant nécessaire procédure.

1. Soc. 24 oct. 2000, *Dr. soc.* 2001. 453, obs. O. Bonijoly. V. P.-Y. Verkindt, Le CHSCT et la réduction du temps de travail, *Dr. soc.* 2004. 362. Rappr. : Crim. 12 avr. 2005, *Dr. soc.* 2005. 856, note F. Duquesne.

2. Soc. 12 juill. 2005, *Dr. ouvrier* 2006. 130, note M. Cohen. V. aussi : *Sem. soc. Lamy* 2006, n° 1246.

3. Soc. 28 nov. 2007, *Dr. ouvrier* 2008. 49, rapp. J.-M. Béraud ; *JCP S* 2008. 1070, note J.-B. Cottin ; *RDT* 2008. 111, obs. L. Lerouge et 180, obs. P. Adam. Cet arrêt approuve la cour d'appel de Paris d'avoir confirmé l'ordonnance de référé faisant interdiction à une direction d'entreprise de mettre son projet en application avant d'avoir recueilli l'avis du CHSCT et d'avoir transmis cet avis au comité d'entreprise (auquel elle avait soumis son projet), après avoir relevé « que les évaluations annuelles devaient permettre une meilleure cohérence entre les décisions salariales et l'accomplissement des objectifs, qu'elles pouvaient avoir une incidence sur le comportement des salariés, leur évolution de carrière et leur rémunération, et que *les modalités et les enjeux de l'entretien étaient manifestement de nature à générer une pression psychologique entraînant des répercussions sur les conditions de travail* », alors que le CHSCT est chargé, par l'art. L. 4612-1 C. trav., de contribuer à la protection de la santé des salariés. Elle a estimé, en revanche, qu'il n'y avait pas lieu à déclaration auprès de la CNIL.

4. N. Maggi-Germain, La construction juridique du handicap, *Dr. soc.* 2002. 1092.

5. Un accord d'entreprise peut toutefois prévoir des modalités particulières de composition et de fonctionnement de l'instance de coordination (C. trav., art. L. 4616-5).

déterminés, tandis que l'instance de coordination doit aussi se prononcer dans un temps restreint. À l'expiration de ces délais, elle est réputée avoir été consultée. Le rapport de l'expert et, le cas échéant, l'avis de l'instance de coordination sont transmis par l'employeur aux CHSCT concernés par le projet ayant justifié la mise en place de l'instance de coordination, qui rendent leurs avis. On comprend ainsi que, contrairement à ce que peut laisser entendre l'article L. 4616-1, l'instance de coordination n'a pas simplement pour mission d'organiser le recours à une expertise unique. Elle est aussi en mesure de donner un avis sur l'opération projetée ; avis que l'employeur se doit, semble-t-il, de solliciter. Mais, ce faisant, l'instance de coordination ne se substitue en aucune façon aux CHSCT qui conservent, de ce point de vue, leurs prérogatives propres.

La consultation du CHSCT lors de projets importants concernant la santé, l'hygiène et la sécurité revêt une importance capitale, tant en fait, qu'en droit. À cet égard, il faut rappeler que le comité d'entreprise doit disposer, dans le cadre de sa consultation sur un projet important, de l'avis préalablement émis par le CHSCT dans le cas où cet avis s'impose et qu'à défaut, il est recevable à invoquer, dans le cadre de sa propre consultation, l'irrégularité de la procédure de consultation du CHSCT et à saisir le juge des référés pour faire suspendre l'exécution du projet [1]. Le CHSCT lui-même, et c'est là chose logique, est en droit de demander une telle suspension lorsque l'employeur ne l'a pas mis en mesure de donner un avis utile, en raison, par exemple, de l'insuffisance des informations délivrées [2].

À côté de ses attributions consultatives [3], le comité peut susciter toute initiative utile à la promotion de la prévention des risques professionnels et proposer des actions de prévention. Si l'employeur rejette un projet, il doit motiver sa décision (C. trav., art. L. 4612-3).

De façon générale, le CHSCT se réunit au moins tous les trimestres à l'initiative de l'employeur, plus fréquemment en cas de besoin, notamment dans les branches d'activité présentant des risques particuliers (art. L. 4614-7). L'ordre du jour de chaque réunion, établi par le président et le secrétaire, doit être transmis aux membres du comité et à l'inspecteur du travail. Plus ponctuellement, le CHSCT doit être réuni à la suite de tout accident ayant entraîné ou ayant pu entraîner des conséquences graves ou à la demande motivée de deux de ses membres, représentants du personnel (C. trav., art. L. 4614-10) [4]. Dans ce dernier cas, dès lors que la condition est remplie, il n'appartient ni à l'employeur ni au juge de vérifier si la demande est bien fondée [5].

1. Soc. 4 juill. 2012, n° 11-19.678 : *Bull. civ.* V, n° 215. V. aussi, dans le même sens, Soc. 10 juill. 2013, n° 12-17.196, publié.

2. Soc. 25 sept. 2013, n° 12-21.747, publié.

3. À l'instar du comité d'entreprise, l'avis du CHSCT ne peut résulter que d'une décision prise à l'issue d'une délibération collective et non de l'expression d'opinions individuelles de ses membres : Soc. 10 janv. 2012, n° 10-23.206, *JCP S* 2012. 1101, note J.-B. Cottin.

4. En cas de défaillance de l'employeur, l'auteur de la demande est recevable à demander en justice la réunion de ce CHSCT : Soc. 15 janv. 2013, n° 11-27.651, *JCP S* 2013. 1152, note J.-B. Cottin.

5. Soc. 26 juin 2013, n° 12-13.599, publié.

900 ***Attributions de contrôle*** ◊ Donneur d'avis, le CHSCT exerce également une mission de contrôle (C. trav., art. L. 4612-1, 3°, L. 4612-2 s.) Il procède à l'analyse des risques professionnels auxquels peuvent être exposés les salariés de l'établissement [1]. Il procède, au moins quatre fois par an, à des inspections qui lui permettent de veiller à l'observation des prescriptions légales. Il effectue aussi des enquêtes en matière d'accident du travail et de maladies professionnelles ou à caractère professionnel (C. trav., art. L. 4612-5, R. 4612-2) [2].

Dans l'exercice de cette mission de contrôle, le CHSCT peut faire appel à un expert (C. trav., art. L. 4614-12) lorsqu'il constate l'existence d'un *risque grave* [3], ou en cas de projet important modifiant les conditions d'hygiène et de sécurité ou les conditions de travail [4]. La décision de recourir à un expert constitue une délibération sur laquelle les membres élus du CHSCT doivent seuls se prononcer en tant que délégation du personnel, à l'exclusion du chef d'entreprise, président du comité [5].

Les frais d'expertise sont à la charge de l'employeur (C. trav., art. L. 4614-13), qui ne peut par ailleurs s'opposer à l'entrée de l'expert dans l'établissement. Si l'employeur conteste la nécessité d'une expertise [6], le choix de l'expert [7] ou le coût de son intervention [8], la contestation est portée devant

1. Il procède aussi à l'analyse de l'exposition des salariés à des facteurs de pénibilité.

2. La constitution de partie civile d'un CHSCT n'est recevable, à l'occasion d'un accident du travail susceptible de révéler des délits d'homicide et de blessures involontaires, que s'il justifie de la possibilité d'un préjudice direct et personnel découlant des *infractions* (Crim. 11 oct. 2005, *Dr. soc.* 2006. 43, note F. Duquesne).

3. Soc. 3 avr. 2001, *Bull. civ.* V, n° 121 (le risque doit être constaté dans l'établissement). La possibilité de recourir à un expert ne peut résulter de la seule activité soumise à la législation sur les installations classées : Soc. 15 janv. 2013, n° 11-27.679, *JCP S* 2013, 1103, note L. Dauxerre.

4. M. Caron et P.-Y. Verkindt, La notion de projet important justifiant la demande d'expertise du CHSCT : *Dr. soc.* 2012. 383. Le nombre de salariés concernés ne suffit pas, à lui seul, pour qualifier le projet d'important : Soc. 10 févr. 2010, n° 08-15.086, *Bull. civ.* V, n° 40. V. aussi, à propos de la mise en place d'un dispositif de dépistage de l'usage de stupéfiants, Soc. 8 févr. 2012, n° 11-10.382, *Lexbase Hebdo, éd. Sociale*, n° 476, note G. Auzero.

5. Soc. 26 juin 2013, n° 12-14.788, publié.

6. Le juge peut cantonner la mission de l'expert à l'analyse et à la prévention du risque constaté, car l'expertise ne saurait servir de prétexte à une remise en cause de l'organisation générale du travail (Soc. 11 févr. 2004, n° 02-10.862 D). Le CHSCT ne pouvant délibérer que sur un sujet en lien avec une question inscrite à l'ordre du jour, ne peut désigner un expert sur un problème qui ne présente pas ce lien (Soc. 22 janv. 2008, *JCP S* 2008. 1239, note J.-B. Cottin).

7. Sauf abus manifeste, le juge n'a pas à contrôler le choix de l'expert (26 juin 2001, *RJS* 10/01 n° 1150, 2e esp.). Le cabinet qui dispose d'un agrément ministériel dans les domaines de la santé, de la sécurité au travail, de l'organisation du travail et de la production peut être désigné par un CHSCT, en qualité d'expert, à l'occasion d'une opération de restructuration. L'agrément exclut tout abus (Soc. 8 juill. 2009, n° 08-16.676, *JCP S* 2009. 1456, note J.-B. Cottin).

8. L'employeur doit supporter, « sauf abus », non seulement le coût de l'expertise, mais également les frais de procédure en cas de contestation, c'est-à-dire les dépens et les honoraires d'avocat du CHSCT, qui a la personnalité civile mais est dépourvu de ressources propres (Soc. 12 janv. 1999, *Dr. soc.* 1999. 301, obs. M. Cohen ; 15 janv. 2013, n° 11-27.679, préc.). Le juge peut annuler la désignation de l'expert lorsque le coût de l'expertise demandée est manifestement surévalué (Soc. 26 juin 2001, *RJS* 10/01, n° 1150), ou réduire le montant de ses honoraires, nonobstant l'acceptation, par les parties intéressées et avant expertise, du tarif proposé : Soc. 15 janv. 2013, n° 11-19.640, *JCP S* 2013. 1103, note L. Dauxerre.

le président du tribunal de grande instance qui, statuant en urgence et en la forme des référés, décidera de la nécessité de cette opération [1]. Cette désignation ne suspend pas l'exécution de la décision prise par l'employeur jusqu'au dépôt du rapport de l'expert, et n'autorise donc pas un salarié à refuser de se soumettre à cette décision [2]. Malgré sa « montée en puissance, » le CHSCT demeure bien un organe consultatif !

Rappelons que le CHSCT dispose d'un droit d'alerte en cas de danger grave et imminent et d'un droit d'alerte « verte » [3].

SECTION 3. LES RESPONSABILITÉS

901 ***Personne morale, personne physique*** ◊ Naguère, seule une personne physique (chef d'entreprise ou d'établissement, salarié investi d'une délégation de pouvoirs) pouvait être pénalement condamnée, sauf jeu, depuis l'entrée en vigueur du Code pénal de 1992, de la responsabilité pénale d'une personne morale (employeur) dans les cas expressément prévus par ce code. Cette règle de spécialité a pris fin avec l'année 2005, et *la responsabilité pénale* à envisager ici peut être celle d'une personne morale autant que d'une personne physique (§ 1). La *responsabilité civile*, en revanche, a toujours pu être celle d'une personne morale comme d'une personne physique, mais son rôle reste modeste (§ 2).

§ 1. La responsabilité pénale [4]

A. Les incriminations et les sanctions

902 ***Responsabilité pénale pour infraction aux règles de santé et de sécurité*** ◊ Dans l'ancien texte du Code du travail, l'article L. 263-2 visait « les chefs d'établissement, directeurs, gérants ou préposés qui, par leur faute personnelle, ont enfreint les dispositions (...) ». Dans le nouveau texte, l'article L. 4741-1 incrimine « le fait pour l'employeur ou son délégataire de méconnaître par sa faute personnelle les dispositions (...) ». On s'est inquiété des conséquences que pourrait avoir ce changement

1. Il appartient aux juges du fond d'apprécier souverainement la nécessité de l'expertise (Soc. 25 juin 2003, *RJS* 2003, n° 1177). Sur les problèmes soulevés par cette expertise : H. Seillan, La L. du 23 déc. 1982 relative aux CHSCT, *D.* 1983. Chron. 33 ; J. Grinsnir, L'appel à un expert par le CHSCT, *Dr. ouvrier* 1996. 15 ; P.-Y. Verkindt, Nouvelles technologies et pratiques de l'expertise, *Dr. soc.* 2002. 54.

2. Soc. 13 févr. 2008, n° 06-44.000 D.

3. V. ss 893.

4. A. Cœuret et E. Fortis, *Droit pénal du travail*, Litec, 5e éd., 2012, p. 295 s. ; G. Auzero, Santé et sécurité au travail : J.-Cl. Lois pén. spéc., Fasc. 50, 2008.

terminologique [1], mais le risque d'affaiblissement de la responsabilité pénale patronale qu'il pourrait suggérer ou encourager, reste pure conjecture [2].

L'infraction incriminée par cet article L. 4741-1 est constituée par « le fait de méconnaître » l'une ou l'autre des dispositions d'une assez longue liste, qui ne couvre cependant pas la totalité de cette quatrième partie du Code [3]. Notamment, la seule méconnaissance des dispositions du titre « principes généraux de prévention », et notamment des articles L. 4121-1 et suivants (obligation de sécurité de l'employeur) n'est pas pénalement sanctionnée.

La peine prévue est une amende de 3 750 €, appliquée autant de fois qu'il y a de salariés concernés par l'infraction, c'est-à-dire exposés au risque d'accident. En cas de récidive, la peine encourue est un emprisonnement d'un an et une amende de 9 000 €. Le juge pénal peut ordonner, à titre de peine complémentaire, une publicité du jugement (affichage aux portes des établissements et publication dans la presse), et, en cas de récidive, il peut prononcer contre l'auteur de l'infraction une interdiction temporaire d'exercer (C. trav., art. L. 4741-5) [4]. Si peut être retenue la responsabilité pénale de l'employeur (personne morale ou personne physique) ou celle d'un « délégataire » – ce qui appelle examen de la question de la délégation de pouvoirs [5] – « l'employeur est civilement responsable des condamnations (pécuniaires) prononcées contre ses directeurs, gérants ou préposés » (C. trav., art. L. 4741-7).

L'employeur, en revanche, est seul exposé à commettre le délit incriminé par l'article L. 4741-3 : le fait de ne pas s'être conformé aux mesures prises par l'inspecteur du travail en vertu de l'article L. 4731-1 sur un chantier du bâtiment ou des travaux publics [6].

Quant à l'article L. 4741-9, il punit d'une amende de 3 750 € le fait, pour toute personne autre que l'employeur ou le préposé qui le représente – il s'agit, en fait, de fabricants, vendeurs, importateurs, etc. – de « méconnaître par sa faute personnelle » un certain nombre de dispositions relatives aux équipements de travail et moyens de protection ou à la prévention de certains risques d'exposition. Le régime de l'amende, la punition de la

---

1. A. Fabre, préc.

2. On peut ainsi lire, dans un arrêt rendu le 8 avr. 2008, qu'une *infrac*tion aux règles de sécurité ne peut, selon les dispositions de l'anc. art. L. 263-2 C. trav., devenu C. trav., art. L. 4741-1, être imputée qu'au seul chef d'établissement ou à son délégataire (Crim. 8 avr. 2008, *JCP E* 2008. 1813, n° 3, obs. E. Fortis). Au sein des personnes morales, la qualité de chef d'entreprise est en principe attribuée à l'organe qui détient l'ensemble des pouvoirs de direction du personnel (v. G. Auzero ; *op. cit.* § 25 s.).

3. Les dispositions dont la violation est incriminée par l'art. L. 263-2 (C. trav., art. L. 4741-1) définissant de manière claire et précise les obligations du dirigeant d'entreprise ou de son délégataire, ce texte n'est pas incompatible avec l'art. 7 de la Conv. EDH (Crim. 5 mars 2002, n° 01-84.284 D).

4. En cas d'*infrac*tion à certaines dispositions relatives aux lieux de travail, aux équipements de travail et moyens de protection, etc. ou à une mise en demeure adressée par l'inspecteur du travail (C. trav., art. L. 4721-4), le jugement fixe le délai dans lequel les travaux de sécurité et de salubrité imposés par ces textes ou cette injonction devront être exécutés (C. trav., art. L. 4741-5).

5. V. ss 699 s.

6. V. ss 897.

récidive et les peines complémentaires encourues sont analogues à ce qui est prévu pour l'infraction de l'article L. 4741-1.

903 ***Responsabilité pénale pour délit contre les personnes*** ◊ Elle sera éventuellement recherchée et retenue suite à un accident du travail ou à la survenance d'une affection imputable aux conditions de travail. Elle sera parfois liée à une inobservation de la réglementation, mais pas nécessairement (imprudence ou négligence indépendante de toute infraction du type précédent). La faute de la victime ne saurait exonérer le prévenu de la responsabilité pénale qu'il encourt en raison de sa propre faute [1]. Or, le Code pénal de 1992 a élargi le domaine saisi par les incriminations et aggravé les sanctions [2].

Les délits d'homicide involontaire (C. pén., art. 221-6, 221-7), de blessures involontaires (C. pén, art. 221-19 à 222-21) et de manquement à une obligation légale de prudence ou de sécurité (C. trav., art. L. 121-3) [3] appréhendent les imprudences, négligences ou autres manquements à une obligation de sécurité. En cas de manquement délibéré à une obligation de sécurité, les peines sont aggravées.

L'article 223-1 incrimine le « fait d'exposer directement autrui à un risque immédiat de mort ou de blessures de nature à entraîner une mutilation ou une infirmité permanente ». Ce délit de mise en danger de la vie d'autrui est constitué en cas de « violation manifestement délibérée d'une obligation de sécurité ou de prudence imposée par la loi ou le règlement » [4], mais il est indépendant de tout dommage. La qualification suppose l'existence d'un élément intentionnel caractérisé [5].

L'atteinte à la dignité humaine est visée par l'article 225-14, qui incrimine le fait de soumettre une personne, dont la vulnérabilité ou l'état de dépendance sont apparents ou connus de l'auteur, à des conditions de travail ou d'hébergement incompatibles avec la dignité humaine [6].

---

1. Crim. 29 févr. 1956, *Bull. crim.* n° 213 ; 4 août 1998, *D.* 1999. Somm. 183, obs. M.-C. Amauger-Lattès ; 14 mars 2006, *JCP S* 2004. 1360.

2. E. Fortis, Sur les incidences de la réforme du Code pénal sur le droit du travail, *Dr. soc.* 1993. 884.

3. Ex. d'arrêts retenant une « faute caractérisée » : Crim. 3 déc. 2002, *Dr. soc.* 2003. 432, obs. F. Duquesne (agents de la fonction publique territoriale n'ayant pas pris les mesures relevant de leur domaine de compétence et permettant d'éviter l'accident) ; 11 févr. 2003, *Bull. crim.* n° 28 ; *D.* 2003. Somm. 1660, obs. Ch. Mathieu (il y a contradiction de motifs à constater une faute caractérisée d'un chef d'entreprise et à admettre, pour le relaxer, qu'il pouvait ignorer le risque découlant de l'absence de dispositif de protection sur une machine) ; 28 févr. 2006, *Dr. soc.* 2006. 682 s., obs. F. Duquesne ; 28 févr. 2006, *ibid.* 1056, obs. F. Duquesne ; 25 avr. 2006, *Sem. soc. Lamy* 2006, n° 1264, p. 15 ; 15 janv. 2008, *RDT* 2008. 247, obs. L. Lerouge.

4. Crim. 8 oct. 2002, *Bull. crim.* n° 181 ; 28 mars 2006, *JCP S* 2006. 1476.

5. Si le juge n'est pas tenu de constater que le prévenu (directeur d'usine mis en garde par l'inspecteur du travail) avait eu connaissance de la nature du risque particulier créé par son manquement, il lui appartient de caractériser un lien immédiat entre la violation des prescriptions réglementaires et le risque auquel ont été exposés les salariés (Crim. 16 févr. 1999, *D.* 2000. 9, note A. Cerf).

6. Crim. 3 déc. 2002, *RJS* 3/03, n° 373 (exploitation de stagiaires) ; 4 mars 2003, *RJS* 6/03, n° 702 (humiliations et brimades) ; 23 avr. 2003, *RJS* 8-9/03, n° 1049 (conditions indignes

Le cumul des peines prévues par le Code du travail et des peines de même nature encourues pour les infractions d'homicide involontaire ou de blessures involontaires ne peut dépasser le maximum légal de la peine la plus élevée qui est encourue, conformément à l'article 132-3 du Code pénal [1].

Si l'employeur a valablement délégué ses attributions à un préposé [2], cette délégation ne l'exonère pas nécessairement de sa responsabilité pénale, la chambre criminelle estimant que les juges répressifs peuvent retenir sa responsabilité et celle du préposé délégué pour le délit de blessures involontaires [3]. Mais si un préposé est poursuivi à la suite de la mort ou des blessures d'un autre salarié, victime d'un accident provoqué par l'une des infractions de l'article L. 4741-1 [4], l'article L. 4741-2 permet au tribunal correctionnel, « compte tenu des circonstances de fait et des conditions de travail de l'intéressé », de mettre le paiement de tout ou partie des amendes à la charge de l'employeur.

904 ***La mesure de l'article L. 4741-11*** ◊ En cas d'accident du travail la juridiction répressive, tout en relaxant des personnes physiques poursuivies en raison d'une violation des règles de sécurité, fait obligation à « l'entreprise » de prendre toutes mesures pour rétablir des conditions normales de santé et sécurité au travail. À cet effet, la juridiction enjoint à l'entreprise de présenter un plan de réalisation de ces mesures, accompagné de l'avis motivé du comité d'entreprise et du CHSCT ou, à défaut, des délégués du personnel. Disposition paradoxale, puisque cette mesure suppose que « des manquements graves ou répétés aux règles de santé et sécurité au travail » ont été relevés dans l'entreprise alors que la poursuite pénale aboutit à une relaxe.

Les articles L. 4711-11 s. règlent l'adoption du plan et ses suites [5]. Elles peuvent en fin de compte aboutir à une condamnation pénale en vertu de l'article L. 4741-1 et à une fermeture totale ou partielle, définitive ou temporaire, ordonnée par le juge pénal [6].

---

d'hébergement d'une gardienne âgée). Rappr. : art. L. 225-4-1 relatif à la traite des êtres humains. V. : M. Bonnechère, Santé-sécurité dans l'entreprise et dignité de la personne au travail, *Dr. ouvrier* 2003. 253.

1. V. : Crim. 6 mai 2008, *Dr. soc.* 2008. 876, obs. F. Duquesne ; 2 mars 2010, nº 09-82.607, *Dr. soc.* 2010. 1125, obs. F. Duquesne. En revanche, une faute pénale unique ne peut être sanctionnée que par une seule peine : Crim. 11 mai 2010, nº 09-85.130, *ibid.* 1122, obs. F. Duquesne.
2. V. ss 705.
3. Crim. 18 oct. 1977, *D.* 1978. 472, note A. Benoît.
4. V. ss 902.
5. Prescrire une telle mesure excède les pouvoirs du juge d'instruction (Crim. 24 févr. 1981, *D.* 1981. 469, note P. Malaval). Le contrôle de l'exécution des mesures prescrites est exercé par l'inspecteur du travail, qui peut saisir le juge des référés pour faire ordonner la fermeture totale ou partielle de l'établissement pendant le temps nécessaire à cette exécution.
6. Les condamnations sur le fondement de l'art. L. 4147-12 C. trav. ne peuvent entraîner ni suspension, ni rupture des contrats de travail, ni aucun préjudice pécuniaire pour les salariés affectés. Mais si la fermeture totale et définitive entraîne le licenciement du personnel, elle donne lieu au versement des indemnités légales et de dommages-intérêts comme en cas de licenciement injustifié (C. trav., art. L. 4741-13).

B. Les questions communes

905 ***La condition de « faute personnelle »*** [1] ◊ Afin de réduire le champ d'une responsabilité pénale que les milieux patronaux trouvaient trop facilement engagée, la loi de 1976 a introduit dans le texte d'incrimination repris, pour l'essentiel, par l'article L. 4147-1 du Code du travail, la condition de faute personnelle. Mais la chambre criminelle de la Cour de cassation a bientôt considéré que le chef d'entreprise (seul concerné à l'époque) commettait une faute personnelle en ne veillant pas lui-même à la stricte et constante exécution des dispositions édictées en vue d'assurer la sécurité des travailleurs [2]. Pour les tribunaux, le chef d'entreprise était personnellement responsable même lorsqu'il n'était pas présent sur les lieux de l'infraction [3], même lorsque l'un de ses préposés avait commis une négligence ou violé une consigne de sécurité [4], ou encore lorsque le certificat de conformité délivré par le constructeur d'une machine était erroné [5].

Cette jurisprudence n'a pas été remise en cause par la loi du 10 juillet 2000 « tendant à préciser la définition des délits non intentionnels ». Cette loi a limité la responsabilité pénale à deux hypothèses : la violation manifestement délibérée d'une obligation particulière de prudence ou de sécurité prévue par la loi ou le règlement, et la faute caractérisée exposant autrui à un risque d'une particulière gravité qu'on ne pouvait ignorer (C. pén., art. L. 121-3, al. 4) [6]. La Cour de cassation considère que cette faute peut résulter du seul fait de n'avoir pas veillé personnellement à la stricte et constante application de la réglementation [7].

La condamnation n'est pourtant pas systématique. L'employeur sera relaxé s'il a pris toutes les mesures nécessaires pour assurer la sécurité [8].

---

1. B. Lapérou-Schneider, La responsabilité pénale de l'employeur personne physique et la présomption de faute : *Dr. soc.* 2012. 273.

2. Crim. 4 oct. 1978, *Bull. crim.* n° 257 ; 8 juin 1993, *Dr. ouvrier* 1993.480 ; 15 mars 1994, *Bull. crim.* n° 97.

3. Crim. 2 oct. 1979, *Bull. crim.* n° 267 ; 22 mai 1973, *Bull. crim.* n° 230.

4. Crim. 20 nov. 1974, *Bull. crim.* n° 344 ; 18 oct. 1977, *Bull. crim.* n° 305 ; 15 févr. 1994, *Bull. crim.* n° 69.

5. Crim. 23 juin 1993, *RJS* 1993, n° 993 ; 17 sept. 1996, *RJS2/97*, n° 156.

6. Les personnes morales sont responsables pénalement de toute faute non intentionnelle de leurs organes ou représentants ayant entraîné une atteinte à l'intégrité physique, même en l'absence de faute délibérée ou caractérisée de la personne physique (Crim. 28 avr. 2009, n° 08-83.843 : *JCP S* 2009. 1413, note Th. Tauran).

7. Crim. 12 sept. 2000, *Dr. soc.* 2000. 1075, obs. P. Morvan ; 16 janv. 2001 (2ᵉ esp.), 30 janv. 2001 et 13 févr. 2001, *Dr. soc.* 2001. 654, note P. Morvan ; 24 oct. 2000, 2ᵉ esp., et 10 oct. 2000, *RJS* 4/01, n° 464 ; 19 déc. 2000, *RJS* 4/01, n° 463 ; 24 sept. 2002, *Dr. ouvrier* 2003. 306 ; 11 févr. 2003, *Dr. ouvrier* 2003. 307 ; 6 nov. 2007, *RDT* 2008. 464, obs. J.-F. Dreuille (absence de formation suffisante à la sécurité). P. Morvan, Responsabilité pénale et droit social, avant et après la L. du 10 juill. 2000, *RJS* 2001, 4/01, p. 283.

8. Ex. : Crim. 20 sept. 1980, *Dr. soc.* 1981. 723, note M. Roger (initiative imprévue d'un contremaître qui fait effectuer des travaux en dehors du plan de travail fixé par le chef d'entreprise) ; 3 mai 1978, *D.* 1978. IR 349, obs. G. Roujou de Boubée.

L'article 121-3, al. 3 du Code pénal permet d'écarter l'incrimination lorsque l'employeur a accompli les « diligences normales » qui lui incombaient [1].

906 ***La responsabilité pénale de la personne morale*** ◊ Le Code pénal a consacré la responsabilité pénale des personnes morales (C. pén., art. 121-2) qui peut désormais être engagée pour toutes les infractions, sauf exception [2]. Cette responsabilité va pouvoir concerner l'employeur lui-même lorsqu'il s'agit d'une société, d'une association, d'un établissement public, etc., mais elle n'est jamais exclusive de celle de personnes physiques auteurs ou complices des mêmes faits [3].

Cette responsabilité pénale est encourue pour les atteintes involontaires à la vie ou à l'intégrité des personnes et pour le délit de risques causés à autrui [4]. Elle doit permettre de sanctionner le non-respect des mesures de sécurité « comme une défaillance dans l'organisation générale de l'entreprise et non comme le manquement ponctuel d'un homme à une obligation spécifique » [5]. En matière *correctionnelle*, la personne morale encourt des peines d'amende ou la dissolution, l'interdiction d'exercer des activités professionnelles ou sociales, un placement sous surveillance judiciaire pour une durée de cinq ans, la fermeture définitive des établissements pour une durée de cinq ans au plus, l'exclusion des marchés publics [6]. En matière *contraventionnelle*, l'amende peut atteindre cinq fois le taux de l'amende prévue pour les personnes physiques par le règlement qui réprime

---

1. Ces diligences doivent être appréciées *in concreto*. Cette disposition, introduite par une L. du 13 mai 1996, n'a pas entraîné un infléchissement sensible de la jurisprudence (Crim. 19 nov. 1996, *Bull. crim.* n° 413 ; 17 juin 1997, *RJS* 10/97, n° 1101).

2. A. Cœuret, Généralisation de la responsabilité pénale des personnes morales, *RJS* 11/06, p. 843.

3. Sur les conditions de mise en jeu de la responsabilité pénale de la personne morale, v. ss 706. La relaxe du représentant légal d'une personne morale attraite devant la juridiction correctionnelle en son nom personnel ne met pas obstacle à ce qu'il soit appelé à représenter ultérieurement celle-ci dans les poursuites engagées contre elle à raison des mêmes faits (Crim. 30 mai 2000, *Dr. soc.* 2000. 1148, obs. P. Morvan). En cas de poursuite contre une personne morale et contre la personne physique qui est son représentant légal, un mandataire de justice peut être désigné pour représenter la première (Crim. 15 févr. 2005, *Dr. soc.* 2005. 585, obs. F. Duquesne).

4. Ex. : Crim. 24 oct. 2000, *RJS* 3/01 n° 391 (faute non intentionnelle d'un représentant ayant entraîné une atteinte à l'intégrité physique) ; 21 juin 2005, *Dr. soc.* 2005. 1054, obs. F. Duquesne. V. aussi : Crim. 20 juin 2006 (deux arrêts), *Dr. soc.* 2006. 1060 s., obs. F. Duquesne.

5. E. Fortis, préc., p. 887. V. Crim. 1er déc. 1998, *D.* 2000. 34, note M.-A. Houtmann (condamnation d'une société pour homicide involontaire faute d'avoir veillé à la mise en place d'un dispositif qui eût empêché la chute mortelle d'un salarié, dans la mesure où le président ou son délégataire en matière de sécurité n'avait pas accompli toutes les diligences normales pour faire respecter les prescriptions qui s'imposaient à cette société) ; 14 déc. 1999, préc. ; 14 mars 2006, *JCP S* 2006. 1360 (responsabilité pénale d'une société engagée en même temps que celle de son représentant, suite à la chute mortelle d'un salarié travaillant sur une toiture sans équipement de sécurité, pour avoir méconnu une obligation particulière de sécurité ou de prudence imposée par la loi). La circulaire du 13 févr. 2006 suggère aux parquets d'engager les poursuites à la fois contre la personne morale et contre la personne physique en cas d'*infrac*tion intentionnelle, mais de ne poursuivre que la première en cas d'*infrac*tion non intentionnelle ou « de nature technique ».

6. L'art. 131-39 C. pén. prévoit d'autres peines, dont l'interdiction de faire appel à l'épargne, l'affichage ou la diffusion de la décision prononcée.

l'infraction (C. pén., art. 131-41). Cette peine d'amende peut être remplacée pour les contraventions de la cinquième classe par d'autres peines.

907 ***Délégation de pouvoirs et responsabilité pénale d'un salarié*** ◊ Comme le chef d'entreprise autrefois, l'employeur peut éviter les condamnations pénales pour infraction à la réglementation du travail en déléguant ses pouvoirs à un salarié [1].

§ 2. **La responsabilité civile**

908 ***Une place résiduelle*** ◊ Si la violation des règles de sécurité a causé un préjudice sans provoquer d'accident du travail, les règles générales de la responsabilité civile trouvent à s'appliquer. Mais, en cas d'accident du travail ou de maladie professionnelle, les règles de droit commun sont écartées pour laisser place à la législation spéciale de la réparation forfaitaire, assurée par la Sécurité sociale. Ni la victime, ni ses proches en cas d'accident mortel, ne peut faire condamner l'employeur ou un salarié de l'entreprise à réparer le préjudice causé (CSS, art. L. 451-1). C'est seulement en cas de faute inexcusable de l'employeur que la victime peut obtenir une réparation plus complète qui sera versée par la Sécurité sociale, mais récupérée par cette dernière sur l'employeur (CSS, art. L. 452-1 s.). Nous savons que ce recours est facilité par la Cour de cassation pour laquelle le seul fait, pour l'employeur, de manquer à son obligation de sécurité de résultat constitue une faute inexcusable « lorsque l'employeur avait ou aurait dû avoir conscience du danger auquel était exposé le salarié et qu'il n'a pas pris les mesures nécessaires pour l'en préserver » [2].

En revanche, si l'affection dont souffre le salarié ou ancien salarié ne peut être prise en charge comme maladie professionnelle, la Cour de cassation estime que l'intéressé est recevable à réclamer des dommages et intérêts à son employeur « selon le droit commun de la *responsabilité civile contractuelle* », à l'aune duquel sera apprécié le bien-fondé de la demande [3]. L'ampleur aujourd'hui reconnue à « l'obligation de sécurité de résultat » de l'employeur, par exemple à l'égard des agissements de harcèlement moral, donne de l'importance à cette éventuelle recherche de responsabilité civile, mais si l'obligation est légale et non (plus) effet du contrat de travail, il ne s'agit plus de responsabilité contractuelle [4]. L'employeur n'est d'ailleurs pas seul à pouvoir être condamné à indemniser le salarié victime ou ses proches : le préposé délégataire de pouvoirs engage également sa responsabilité civile, par exemple en cas de faute qualifiée au sens de l'article L. 121-3 du Code pénal [5].

---

1. V. ss 699 s.
2. V. ss 905.
3. Soc. 11 oct. 1994, *D.* 1995. 440, note C. Radé ; 28 oct. 1997, *D.* 1998. 219, note C. Radé.
4. V. ss 906.
5. Crim. 28 mars 2006, *JCP S* 2006. 1448, note J.-F. Césaro.

TITRE 3

LA RÉMUNÉRATION DU TRAVAIL

909 ***Une question centrale*** ◊ Le travail pour le compte et sous l'autorité d'autrui est une activité librement entreprise. Mais si les raisons pour lesquelles chaque salarié s'y adonne – ou chaque personne en recherche d'emploi poursuit sa quête – varient avec les individus, nul doute que la perspective de recevoir un salaire est toujours importante et le plus souvent décisive. Source essentielle de revenu pour la majorité des membres de notre société – « société salariale » [1] – le salaire reste au cœur de la comparaison des revenus. Il est un indicateur [2] de l'étonnante inégalité des moyens de vivre et des conditions sociales dans un pays aussi solennellement attaché que la France à la valeur d'égalité.

Certes, « salarié » n'est pas, et n'a jamais été, synonyme de prolétaire ou d'exploité, et le salaire dû en vertu d'un contrat de travail n'a pas de rapport nécessaire, ni exclusif, avec les mérites de la personne ou l'utilité sociale de sa prestation. Ce qui ne rend tout de même pas indifférent au fléchissement du pouvoir d'achat des salaires directs, si sensible depuis quelque temps en France, autant ou plus que dans des pays voisins. Et ajoute plutôt au malaise qui naît, du point de vue d'un élémentaire sens de la justice (« sociale »), de la comparaison avec la croissance des revenus du capital, dont on croit voir un reflet dans celle de la rémunération (non salariale) de quelques « grands patrons » [3]. Au point que le pouvoir politique

1. R. Castel, *Les métamorphoses de la question sociale. Une chronique du salariat*, Fayard, 1995.
2. Sur les difficultés méthodologiques de toute mesure de l'évolution des salaires, v. : Dares, *premières informations et synthèses*, n° 41.1, oct. 2006.
3. Sans parler de ce que l'on découvre – de ce que les salariés directement concernés découvrent – de temps à autre à propos de sommes versées à des dirigeants sociaux quittant leurs

ne cesse de manifester une volonté d'œuvrer à l'amélioration de ce pouvoir d'achat, en affichant l'objectif dans le nom des lois : loi du 21 août 2007 « en faveur du travail, de l'emploi et du pouvoir d'achat », loi du 8 février 2008 « pour le pouvoir d'achat » [1].

Le salaire est redevenu la grande affaire dans les relations du travail. Le droit du travail est d'ailleurs « *construit autour de la question du salaire* » [2]. Serait-ce à travers maintes dispositions qui n'en traitent pas directement, il vise son versement, son maintien, son aptitude à satisfaire les besoins premiers de l'humain. Quant aux règles juridiques ayant ce salaire pour objet, leur découverte commande de s'arrêter successivement à la *notion juridique de salaire*, à la détermination de son *montant*, à celle des modalités de son *paiement* (Chapitres 1, 2, 3), avant d'évoquer plus sommairement la *participation aux fruits et au capital* (Chap. 4), qui contribue aussi, modestement, au revenu du travailleur salarié. « Salaires et avantages divers » et « Intéressement, participation et épargne salariale » sont d'ailleurs les deux livres qui forment, après celui consacré aux divers aspects du temps de travail, l'essentiel de la troisième partie du Code du travail recomposé.

---

fonctions (« parachutes dorés »), parfois après de lourds échecs. Sur ce point, qui concerne le droit du travail dans la mesure où le « parachute doré » est l'objet de stipulations logées dans le contrat de travail que le dirigeant cumule avec son mandat social, ou qui s'est trouvé suspendu durant ce mandat : A. Couret, Rémunération des dirigeants sociaux : l'introduction partielle du critère de performance dans la loi, *Dr. soc.* 2008. 521. *Adde*, G. Auzero et N. Ferrier, « Cumul d'un mandat social et d'un contrat de travail », *Rép. trav.*, 2010.

1. Volonté qui s'est heurtée à la crise économique. D'où un retour à plus de mesure, ainsi qu'en témoigne la loi du 3 déc. 2008, plus modestement intitulée « en faveur des revenus du travail ». Au mois de févr. 2010, le Président de la République avait exigé des partenaires sociaux qu'ils négocient sur le partage de la valeur ajoutée, sous peine d'intervention législative en la matière. L'idée était de respecter une règle « des trois tiers » : un tiers des bénéfices pour les salariés, un autre pour les actionnaires et un dernier pour les investissements. Semblable exigence avait été formulée en 2009, avec, à la clef, un échec dû à la résistance du Medef. *Adde* le rapport de M. J.-Ph. Cotis (« Partage de la valeur ajoutée, partage des profits et écarts de rémunération en France »), remis au Président de la République en mai 2009. V. aussi, G. Cette et *alii*, Le partage des revenus de la croissance en France, Rapp. au Conseil d'analyse économique, n° 85, juill. 2009. Le législateur a finalement créé en juillet 2011, une bien illusoire prime dite « de partage des profits ». V. G. Briens et J.-B. Allanic, La prime de partage des profits : *Sem. soc. Lamy* 2011, n° 1505 ; R. Vatinet, Une étrange prime de partage des profits : *JCP S* 2011. 1385.

2. G. Lyon-Caen, *Le salaire*, dans *Traité de droit du travail* (dir. G.-H. Camerlynck), Dalloz, t. 2, 2e éd. 1981. n° 1.

CHAPITRE 1
LA NOTION DE SALAIRE

910 « Salaire » est le nom que la langue du droit du travail a retenu pour l'objet de la deuxième obligation que le contrat de travail fait naître à la charge de l'employeur [1]. Donc de la principale créance du salarié. Mais ce terme traditionnel est concurrencé par « rémunération » et une *clarification* s'impose à cet égard (Section 1), avant de s'engager dans l'exploration de *l'extension de la catégorie juridique* que l'on continuera, au bénéfice de cette mise au point, à nommer « salaire » (Section 2).

SECTION 1. SALAIRE OU RÉMUNÉRATION ?

§ 1. Évolutions

911 ***Dans la terminologie*** ◊ Dans le Code civil de 1804, « salaire » désigne, dans le régime sommaire du louage de services, la rétribution que « le maître » paye à l'ouvrier [2] (C. civ., art. 1781, abrogé en 1868), ou que le mandant verse au mandataire s'il a été convenu que le mandat ne serait point gratuit (C. civ., art. 1992, 1999). Aujourd'hui, le terme « rémunération », très employé par les lois contemporaines sur les sociétés et désormais par le Code de commerce à propos de ce qui est payé aux dirigeants de sociétés au titre de l'exercice de leurs fonctions, s'est beaucoup diffusé dans le Code du travail. Il apparaît que les règles soumettant à un régime spécifique – pour la détermination de son montant, son paiement, sa protection – ce que l'on continue à appeler plus volontiers « le salaire », visent plutôt « la rémunération », dont « le salaire » serait la première composante.

Témoin, l'actuel article L. 3221-3, hérité, *via* l'ancien article L. 140-2, d'une loi de 1972 relative à l'égalité de rémunération entre hommes et femmes, et recomposé sans changement de vocabulaire : « Constitue une *rémunération* au sens du présent chapitre, le *salaire* ou traitement ordinaire de base ou minimum et *tous les autres avantages et accessoires* payés (...) par l'employeur au salarié en raison de l'emploi de ce dernier ». Une distinction

---

1. Ce qui peut donner à penser que le salaire est sans doute moins un critère du contrat de travail, qu'une conséquence de celui-ci. C'est bien parce qu'une telle qualification peut être retenue que naît une créance de salaire au bénéfice du salarié ou de la personne qui le devient consécutivement à la requalification de la relation.

2. « Gages » pour le domestique.

est ainsi introduite entre une notion large de *rémunération* de l'emploi, et une notion plus étroite de *salaire*, qui serait essentiellement le prix de base du travail fourni. Mais les expressions de « salaire » et de « rémunération (du travail) » sont souvent employées, dans le Code du travail, comme synonymes. Il faut donc admettre que « salaire » possède, dans la langue du droit du travail, un *sens étroit* (salaire de base) et un *sens large* (ensemble du salaire de base augmenté des « compléments du salaire », qui en sont des « éléments constitutifs » [1]), dans lequel il a pour synonyme « rémunération ».

Dans un souci de clarification, le terme de « rémunération » pourrait lui être définitivement substitué avec cette seconde signification [2], si des textes épars n'énonçaient que « n'est pas considérée comme salaire » telle « rémunération » ou « part de rémunération » perçue par un salarié d'une catégorie particulière [3]. Ce choix n'excédait pas la vocation d'une « recodification à droit constant », mais il n'a pas été fait.

912 ***Dans la conception du salaire*** ◊ Le salaire apparaît d'abord, juridiquement, comme la contrepartie du travail accompli [4]. L'obligation de le payer trouve sa source dans la convention synallagmatique qui unit les parties, dès lors que celle-ci mérite bien la qualification de contrat de travail [5]. C'est ce contrat qui détermine, en principe, le montant, la nature et les modalités de calcul du salaire. Ce montant sera en fait déterminé, sur le marché du travail, en fonction de la valeur attribuée à la prestation de travail attendue, de la qualification du travailleur, elle-même dépendante de la durée de sa formation, de son expérience. Peu importe la personnalité et les besoins du travailleur. Cette conception purement contractuelle, rattachant la créance de salaire au seul droit commun des obligations, a prévalu pendant plus d'un siècle. Elle inspire encore les arrêts énonçant que le salaire n'est pas dû lorsque le travail n'est pas fourni [6]. En revanche, elle n'est pas le fondement nécessaire de ceux qui rattachent la rémunération au contrat de travail pour permettre au salarié de résister à sa modification (à la baisse) : l'idée est simplement que les parties se sont, ou sont réputées, s'être accordées sur le salaire, quels que soient sa raison d'être ou les déterminants de son montant.

---

1. V. les termes de l'art. R. 3232-1 C. trav.
2. Depuis la L. du 23 mars 2006, ce qui est désormais l'art. L. 1132-1 C. trav. prohibe toute discrimination en matière de rémunération « au sens de l'art. L. 3221-3 ». Ce qui conforte la portée générale de la définition du terme « rémunération » retenue par ce dernier texte.
3. Ex. : C. trav., art. L. 7121-8, pour la « rémunération due à l'artiste (du spectacle) à l'occasion de la vente ou de l'exploitation de l'enregistrement de son interprétation (...) ».
4. Sur la relation entre salaire et marché du travail, v. les stimulantes réflexions de X. Lagarde, Prix et salaire, *Études offertes à J. Ghestin*, LGDJ, 2001, p. 527. V. aussi, G. Couturier, De quoi le salaire est-il la contrepartie ?, *Dr. soc.* 2011. 10.
5. Est salaire, toute rémunération d'un travailleur en état de subordination : Soc. 10 oct. 1979, *Bull. civ.* V, n° 704 ; 12 juin 1981, *Bull. civ.* V, n° 539.
6. Soc. 11 janv. 1962, *JCP* 62. II. 12564 ; 10 juin 2008, n° 06-46. 000 P, *Sem. soc. Lamy* 2008, n° 1359, comm. F. C.

Dépassant, en tout cas, cette conception qui établit une stricte corrélation entre l'exécution de la prestation de travail et la naissance de la créance de salaire, le droit du travail tend à considérer comme salaire *toute somme ou tout avantage accordé à l'occasion du travail dans le cadre de l'entreprise*. Ainsi, peu importe l'origine *paternaliste* de l'avantage (gratification de fin d'année) son octroi par *un tiers* (pourboire) ou son caractère *collectif* (prime de productivité). De même, sont assimilées au salaire des sommes versées hors toute prestation effective de travail et qu'on peut considérer comme de véritables *substituts de salaire :* indemnité de congés payés, maintien du salaire ou indemnisation compensatrice en cas de maladie, heures de délégation payées des représentants du personnel. Il existe aujourd'hui un salaire d'*inactivité* [1] versé par exemple en cas de chômage partiel, voire parfois à un salarié qu'une grève empêche de travailler. Le salaire n'est plus le strict prix du travail, mais la *rémunération attachée à l'emploi*, certes due en vertu et en exécution du contrat de travail, mais souvent fixée par des règles applicables à ce contrat (légales ou, surtout, conventionnelles) plus que par ses propres stipulations [2].

Par son caractère *alimentaire*, le salaire remplit une fonction vitale pour la majeure partie de la population. Il doit donc assurer la subsistance, dans des conditions décentes, du travailleur et de ceux qui dépendent de lui. Si le préambule de la Constitution de 1946 ne fait pas expressément mention du droit à un salaire remplissant cette vocation, la Déclaration universelle des droits de l'homme proclame que quiconque travaille a droit à une rémunération équitable et satisfaisante, et la Charte sociale européenne (révisée) dispose que « Tous les travailleurs ont droit à une rémunération équitable leur assurant, ainsi qu'à leurs familles, un niveau de vie satisfaisant » (Partie I, § 4). Le salarié ne doit pas être associé aux pertes alors que son revenu ne dépend pas, en principe, des profits et n'est pas une part de ceux-ci [3].

La politique des entreprises et celle de l'État viennent néanmoins limiter et parfois contredire ces perspectives, au nom de l'incidence des salaires sur le coût de la production et le niveau des prix. Les salaires sont un élément de la situation économique. Le chômage les expose à la baisse sur le marché du travail. La lutte contre l'inflation interdit toute majoration des salaires sans gain préalable de productivité, et même le simple maintien du pouvoir d'achat devient alors problématique. Le salaire distribué n'est plus qu'un revenu parmi d'autres, que l'État cherche à maîtriser. Par

1. J. Savatier, Le salaire d'inactivité, *Dr. soc.* 1984. 710. La loi impose parfois à l'employeur de payer le salaire, ou d'en reprendre le paiement, en l'incitant ainsi à sortir d'une situation équivoque, soit en reprenant l'exécution de l'ensemble de ses obligations contractuelles, soit en procédant à un licenciement (C. trav., art. L. 1226-4).

2. Une formule paraît, dès lors, judicieuse : « lorsqu'un salarié n'est pas en mesure de fournir la prestation inhérente à son contrat de travail, son employeur ne peut être tenu de lui verser un salaire, sauf disposition légale, conventionnelle ou contractuelle particulière » (Soc. 8 juin 2005, *Dr. soc.* 2005. 918, obs. C. Roy-Loustaunau).

3. Soc. 9 avr. 1987, *Bull. civ.* V, n° 213.

ailleurs, le système français de sécurité sociale est principalement financé par des cotisations sur les salaires, qui n'ont cessé de réduire le montant du salaire réellement perçu par le salarié (salaire direct) par rapport au coût du travail salarié pour l'entreprise [1].

§ 2. La qualification de « salaire » (ou « rémunération »)

913 *Enjeux* ◊ La nécessité de qualifier telle ou telle somme versée au salarié surgit banalement. Le salaire est en effet régi par des règles spécifiques, qu'il s'agisse de son taux (existence du SMIC), de son paiement (assurance garantie des salaires), de sa protection contre les créanciers du salarié (insaisissabilité partielle, régime particulier de saisie) [2]. Lui seul est assujetti aux cotisations sociales. Il sert de référence pour le calcul des indemnités de congés payés, rien de plus logique, mais aussi de diverses indemnités dues en cas de licenciement, etc. La masse salariale sert d'assiette de calcul de la subvention annuelle de fonctionnement que l'employeur doit verser au comité d'entreprise (C. trav., art. L. 2325-43).

Deux types de sommes sont à *exclure* de la catégorie de salaire : les *frais professionnels*, c'est-à-dire les sommes dues au salarié en remboursement de dépenses professionnelles, si elles sont utilisées de manière conforme [3] ; les *indemnités réparatrices*, qui ont la nature de dommages et intérêts parce qu'elles réparent un préjudice (ce qui n'est pas le cas des indemnités de congés payés ou de préavis qui remplacent le salaire) [4].

Pour le surplus, les sommes variées, destinées à améliorer la production (primes de rendement, d'assiduité ou d'ancienneté) ou à associer le travailleur aux résultats de l'entreprise (prime de productivité) venant s'ajouter au salaire de base, *empruntent sa nature juridique*. La rémunération du travailleur englobe tous ces éléments, notamment quand elle sert de base de calcul des diverses indemnités (congés payés, préavis, licenciement).

La catégorie juridique de salaire s'avère donc composite [5]. Ses diverses composantes seront ou non prises en considération – et plus ou moins largement – selon qu'il s'agira de déterminer le *montant* du salaire à comparer au minimum légal (SMIC) ou conventionnel qui est dû, de calculer des *indemnités de rupture*, ou d'identifier quelles sommes relèvent du *régime juridique de la créance de salaires* (bénéfice du privilège général ou de l'assurance

1. J.-C. Willard, Prélèvements obligatoires, salaires direct et indirect : fausses querelles, vrais enjeux, *Dr. soc.* 1992. 93.
2. La qualification peut être importante aussi en présence d'une transaction qui laisse hors de son objet les « créances salariales » (Soc. 21 mars 2000, *D.* 2000. IR 145).
3. Soc. 17 nov. 1977, *Bull. civ.* V, n° 628. V. toutefois pour la prise en charge de frais professionnels par l'assurance garantie des salaires : Soc. 17 déc. 1991, *Dr. soc.* 1992. 194.
4. Indemnité de licenciement abusif ou de licenciement sans cause réelle et sérieuse, etc.
5. G. Lyon-Caen, préc., n° 4, n°s 190 s. ; P.-H. Antonmattei, La qualification de salaire *Dr. soc.* 1997. 571 ; D. Hennebelle *Essai sur la notion de salaire* Th. PU Aix-Marseille, 2001.

garantie des salaires, ou soumises à la prescription quinquennale). Quant au droit de la sécurité sociale, il retient une notion extensive des « rémunérations » entrant dans l'assiette de calcul des cotisations (CSS, art. L. 242-1) [1].

914 ***La périphérie du salaire*** ◊ **a)** En droit, l'intéressement correspondant au bénéfice d'une fraction des résultats de l'entreprise n'est pas du salaire (ou rémunération). Le droit contemporain, dans un effort d'intégration du salariat au système capitaliste, cherche à associer le travailleur soit aux résultats de la production collective, soit à l'échelon de l'entreprise. Le projet du « capitalisme populaire » est de faire du salarié un actionnaire, en tout cas de l'attacher financièrement aux performances de l'entreprise de son employeur [2]. Les sommes versées au titre de la participation, d'ailleurs, n'ont pas nature de salaire par la volonté formelle du législateur. L'employeur ne saurait donc substituer un intéressement au salaire.

b) Le salaire proprement dit, lié au travail effectif du salarié, disparaît avec la suspension ou la cessation du travail. Le droit social contemporain s'attache à garantir la *continuité des ressources* au travailleur en congé, malade, invalide, chômeur ou retraité. Si le salaire continue à être versé par l'employeur, sans travail correspondant (maladie, jours fériés chômés, indemnité de congé annuel), les sommes versées relèvent de la catégorie « salaire ». Si, en revanche, intervient un tiers (« caisse ») qui verse une prestation de substitution (indemnité journalière au titre de l'assurance-maladie, allocation de chômage, préretraite ou pension), on entre dans la catégorie « prestation sociale » [3]. Il existe une catégorie mixte, constituée par la protection sociale complémentaire facultative (prévoyance collective) [4].

En raison de leur finalité commune, les sommes ainsi fournies, soit par l'employeur, soit par la Sécurité sociale ou les régimes complémentaires de retraite ou d'indemnisation du chômage alimentés par une contribution paritaire, sont qualifiées par les économistes de *salaire indirect*. Seule cette conception compréhensive permet d'appréhender le coût global de la force

---

1. Réputée extensive, cette catégorie n'est tout de même pas sans limite (ex. : 2e Civ. 18 janv. 2006, *Bull. civ.* II, n° 22 : l'aide financière versée par une clinique à une élève infirmière n'accomplissant aucun travail subordonné pour son compte n'a pas le caractère d'une rémunération au sens de l'art. L. 242-1 CSS). L'art. L. 5422-9 C. trav., fixant l'assiette des contributions finançant l'assurance chômage, vise les « rémunérations brutes » ; ce qui pose également des problèmes d'interprétation et de qualification (ex. : Soc. 17 juin 2003, *Dr. soc.* 2003. 1031, obs. C. Radé).

2. V. ss 968 s.

3. La distinction paraît renforcée par les règles tendant à exclure le cumul de ce qui a nature juridique de salaire et d'une prestation sociale. Mais la politique sociale peut pousser à malmener la « logique juridique ». Par exemple, l'art. L. 5425-1 C. trav. admet que les allocations aux travailleurs privés d'emploi (qu'elles relèvent de l'assurance ou de la solidarité) se cumulent, dans une certaine mesure, avec « les revenus tirés d'une activité occasionnelle ou réduite ».

4. Cotisation à des mutuelles, à des compagnies d'assurance. V. G. Lyon-Caen, *La prévoyance*, Dalloz (Coll. Connaissance du droit), 1994, p. 67 s. ; et 93 s.

du travail, et il est clair que la part du salaire « indirect » nuit à la croissance du salaire « direct » versé au salarié. Le coût de la main-d'œuvre comprend en définitive le *salaire* auquel s'ajoutent les *charges sociales* (cotisations légales de sécurité sociale et cotisations à des régimes complémentaires) [1]. Le *salaire net* perçu par le travailleur est égal au *salaire brut* amputé des *cotisations salariales* précomptées par l'employeur. Pour celui-ci, le *coût salarial* correspond au salaire brut augmenté des *cotisations patronales* [2]. Entre ce coût et le salaire net, la différence est aujourd'hui considérable, d'où l'importance des thèmes de l'allégement des charges sociales ou de l'abaissement du coût du travail dans les débats relatifs à la politique de l'emploi ou aux salaires eux-mêmes.

SECTION 2. LES CONTOURS DE LA CATÉGORIE DE SALAIRE

915 Le salaire de base appartient évidemment à cette catégorie ou, pour dire les choses en d'autres termes, il appartient, plus sûrement que tout autre élément, à la catégorie « rémunération » au sens du droit du travail. À son propos (§ 1) se posent des questions de mode de détermination et de mode de fourniture. Les questions de qualification juridique se posent, en revanche, pour d'autres éléments – les *accessoires du salaire* (§ 2), diverses « indemnités » (§ 3), et des prestations du comité d'entreprise (§ 4) – qui peuvent parfois être inclus dans la catégorie « salaire » (ou « rémunération ») et en suivre le régime ou demeurer extérieurs.

§ 1. Le salaire de base

916 ***Liberté contractuelle*** ◊ En droit, il appartient aux parties de choisir, lors de la conclusion du contrat de travail, quel sera le mode de rémunération. En fait il est déterminé par l'employeur en fonction de la nature de la prestation de travail à accomplir ainsi que des usages de la profession. Certaines conventions collectives disposent, avec un réalisme certain, que « les employeurs restent libres d'appliquer les formules de rémunération qu'ils jugent le mieux adaptées aux conditions de travail dans leur établissement ». Que le contrat de travail puisse accorder un salaire supérieur à celui prévu par les accords collectifs est d'ailleurs l'application la plus évidente de l'article L. 2254-1 du Code du travail.

1. Les cotisations sociales, *Dr. soc.* n° spéc. juin 1993.
2. Les cotisations patronales doivent rester exclusivement à la charge de l'employeur, toute convention contraire étant nulle de plein droit (CSS, art. L. 241-8 ; v. Soc. 17 oct. 2000, *Dr. soc.* 2000. 1145, obs. C. Radé).

917 ***Salaire au temps et salaire au rendement*** ◇ **a)** Le salaire au temps est celui dont le montant dépend exclusivement du temps passé au travail par le salarié (« celui effectué par un salarié sans qu'il soit fait référence à une production quantitativement déterminée », selon la formule de certaines conventions collectives). Mode de rémunération le plus simple, il offre au salarié l'avantage de la sécurité, sur le plan psychologique et financier. Mettant sa force de travail à la disposition de l'employeur pendant la durée convenue, le travailleur perçoit le salaire correspondant et demeure à l'abri de faibles rendements dus à ses moyens limités ou au mauvais fonctionnement de l'entreprise [1].

L'unité de temps ainsi choisie comme base de rémunération peut varier suivant la nature de la fonction et l'échelon dans la hiérarchie professionnelle. Traditionnellement, les *ouvriers* étaient payés à *l'heure*, plus rarement à la journée ou à la semaine. C'est d'ailleurs sur la base horaire qu'est établi le SMIC au profit des travailleurs les plus défavorisés. Employés, agents de maîtrise et cadres étaient payés *au mois*, sur la base de la durée légale du travail. Le langage du monde du travail comme des conventions collectives distinguait ainsi deux catégories de salariés : les « horaires » et les « mensuels ». Engagée après mai 1968, la *mensualisation* progressive des premiers a tendu vers l'unification du régime. Arrivant après des accords dans diverses branches, un ANI du 14 décembre 1977 est venu assurer progressivement des avantages minimaux concernant le paiement du chômage, les jours fériés, les indemnités de licenciement et de départ en retraite, l'indemnité complémentaire de maladie, etc., inhérents au paiement au mois. Puis une loi du 19 janvier 1978 a disposé que seraient acquis aux salariés des différentes professions les droits ouverts par les clauses de cet accord (annexé à la loi). La rémunération d'un salarié mensualisé est indépendante du calendrier, de la répartition des jours ouvrés selon les mois et les années [2].

La recodification a été l'occasion d'incorporer au Code du travail un article construit en généralisant des dispositions de cet ANI de 1977. Aux termes de l'article L. 3242-1, « *la rémunération des salariés est mensuelle et indépendante, pour un horaire de travail effectif déterminé, du nombre de jours travail travaillés dans le mois* » [3]. Le texte précise que « pour un horaire équivalent à la durée légale hebdomadaire, la rémunération mensuelle due au salarié se calcule en multipliant la rémunération horaire par les 52/12 de la durée légale hebdomadaire » [4]. Toutefois, ces dispositions ne

1. La réduction du salaire pour baisse de la production dans le cadre d'une « grève perlée » constitue une sanction pécuniaire, puisque le salaire mensuel n'est pas fonction du rendement (Soc. 12 avr. 1995, *Dr. soc.* 1995. 599, note J. Savatier).

2. Soc. 16 févr. 1994, *Dr. soc.* 1994. 373. La détermination de la rémunération d'un salarié mensualisé ayant effectué un mois incomplet passe par le calcul du salaire horaire.

3. L'alinéa ajoute, dans une sorte d'explication de texte, que « le paiement mensuel neutralise les conséquences de la répartition inégale des jours entre les douze mois de l'année ». Certains pourraient voir là un « neutron législatif ».

4. Soit, pour une rémunération horaire brute de 11 €, une rémunération mensuelle de : 11 × 151,66 (52 douzièmes de 35) = 1 668,66 € brut.

s'appliquent pas aux « salariés travaillant à domicile »[1], aux salariés saisonniers, intermittents et temporaires.

La détermination du salaire en fonction de la durée du travail a deux conséquences.

En premier lieu, la réduction de la durée du travail entraîne *a priori* une réduction proportionnelle de la rémunération[2]. Néanmoins une *compensation* peut toujours être convenue par accord collectif ou avenant au contrat de travail. Aucun problème de qualification ne se pose si la compensation s'opère par augmentation du taux horaire du salaire (n'apparaît pas de somme particulière qu'il importerait de qualifier). Il surgit, au contraire, si l'employeur doit verser un « complément différentiel », une « prime de réduction du temps de travail » ou une « indemnité compensatrice » : s'agit-il d'une indemnité réparatrice ou d'un élément de salaire ? La seconde qualification s'impose et la somme en question suit le régime du salaire[3].

En deuxième lieu, la rémunération en cas de *travail à temps partiel* est proportionnelle à celle du salarié à plein-temps (C. trav., art. L. 2133-10), ce qui est à la fois une modalité de l'égalité et une exigence logique.

Le temps rémunéré par le salaire est le *temps de travail effectif*. Ce qui a fait naître quelques problèmes avec le développement de « zones grises ». Si la loi a réglé certaines difficultés, comme pour les astreintes (C. trav., art. L. 3121-5 s.), des hésitations ont pu subsister. Ainsi a-t-on douté que toutes les composantes du temps de travail effectif au sens du régime de la durée du travail constituent du temps à rémunérer (par exemple les heures passées par le salarié sur le lieu de travail à la simple disposition de l'employeur, sans autre activité). Les règles limitant la durée du travail et celles liant la rémunération au temps de travail n'ont pas la même finalité. Dès lors, les parties ne sont-elles pas libres de fixer des modalités de calcul des salaires qui ne prennent pas également en compte toutes les heures de « travail effectif » ? Mais l'inscription dans la loi d'une définition (unique) du temps de travail effectif (C. trav., art. L. 3121-1) incite à écarter une telle distinction[4].

---

1. C'est-à-dire, si l'on se réfère à la lettre de l'ANI de 1978, aux travailleurs à domicile au sens des art. L. 7411-1 s. C. trav., alors qu'il peut être convenu, entre un salarié de droit commun et son employeur, que le premier travaillera à son domicile.

2. La réduction de la durée hebdomadaire du travail résultant d'un accord collectif étendu s'impose aux salariés, mais la perte de rémunération contractuelle qu'entraînent ces réductions constitue une modification du contrat de travail (Soc. 27 mars 2001, *RJS* 6/01, n° 751 ; 13 nov. 2002, *RJS* 1/03, n° 42). En revanche les salariés dont la rémunération mensuelle n'a pas été affectée par une réduction de la durée du travail résultant de leur statut collectif ne peuvent prétendre à une augmentation de cette rémunération en cas de retour à la durée initiale (Soc. 17 sept. 2002, *Dr. soc.* 2002. 1000, obs. C. Radé).

3. Elle doit être prise en compte pour vérifier si le salarié perçoit le salaire minimal, légal (SMIC) ou conventionnel (Soc. 19 mars 1985, *Dr. soc.* 1985. 489, rapport B. Boubli ; 15 avr. 1992, *RJS* 6/92, n° 812) ; et elle se cumule avec le paiement des heures supplémentaires (Soc. 4 juin 2002, *Dr. soc.* 2002. 868, note Favennec-Héry). V. G. Bélier et F. Favennec-Héry, Accords de réduction du temps de travail et compensation financière, *Dr. soc.* 1998. 971.

4. Ainsi que l'affirme à très juste titre la Chambre criminelle de la Cour de cassation, « dans le cas où les temps de pause correspondent à un repos obligatoire durant lequel les salariés ne sont plus à la disposition de leur employeur, les primes les rémunérant, qui ne correspondent

La Cour de cassation décide que le salarié qui se tient à la disposition de son employeur et ne refuse pas d'exécuter son travail a droit à son salaire, peu important que l'employeur ne lui fournisse pas de travail [1].

Observons que certaines sommes versées au salarié, et qui sont incontestablement des éléments de sa rémunération, n'ont pas de lien très direct avec un temps de travail déterminé, soit qu'il s'agisse d'une rémunération différée d'heures travaillées il y a plus ou moins longtemps (rémunération résultant d'une « monétisation » d'un compte épargne-temps), soit qu'elles compensent les inconvénients de l'horaire de travail (compensation salariale conventionnellement prévue du travail de nuit) ou d'autres sujétions (compensation financière des astreintes, rémunération des temps de pause et de restauration qui ne constituent pas des temps de travail effectif, contrepartie financière des temps d'habillage et déshabillage obligatoirement réalisés dans les locaux ou sur le lieu de travail, contrepartie financière du temps de déplacement professionnel) [2]. Quant à la contrepartie pécuniaire de toute obligation contractuelle ou conventionnelle de non-concurrence, elle a la nature de salaire [3] sans avoir de lien avec un temps de travail.

b) Dans le système du *salaire au rendement*, la rémunération varie en fonction des résultats du travail d'un individu ou d'une équipe dans un temps donné, selon une formule déterminée et répondant aux normes de qualité exigées [4]. Le lien ainsi établi entre salaire et productivité a varié dans le temps et les secteurs d'activité [5]. Longtemps courante dans

---

ni à un travail effectif au sens de l'art. L. 3221-1 C. trav., ni à un complément de salaire de fait au sens de l'art. D. 3231-6 dudit code, sont exclues du salaire devant être comparé au salaire minimum de croissance » : Crim. 15 févr. 2011, n° 10-83.988 et 10-87.019, *RDT* 2011. 319, obs. G. Pignarre.

1. Soc. 3 juill. 2001, *Dr. soc.* 2001. 1009, obs. C. Radé. V. aussi, dans le même sens, la jurisprudence relative au paiement des périodes non travaillées entre plusieurs contrats précaires en cas de requalification en contrat à durée indéterminée (Soc. 9 déc. 2009, n° 08-41.737, *Bull. civ.* V, n° 282 ; 10 nov. 2009, n° 08-40.088, *JCP S* 2010. 1042, note Fl. Bousez ; 22 sept. 2010, n° 09-42.343, inédit).

2. *Cf.* respectivement les art. L. 3121-7, L. 3121-2 à L. 3121-4 C. trav. Les sommes allouées aux salariés par un « accord d'établissement transactionnel » et destinées à compenser les pertes éventuellement subies par eux du fait de la modification du mode de calcul de leur salaire, constituent une rémunération incluse dans l'assiette des cotisations (Civ. 2e 24 mai 2005, n° 04-30.025 D). Nul doute qu'elles constituent également des salaires au sens du droit du travail.

3. V. ss 181.

4. Sur le *salaire à la part* chez les marins : P. Chaumette *Le contrat d'engagement maritime*, Éd. CNRS 1993. 236 s. Constituent des éléments de salaire ayant un rapport direct avec une réalisation du salarié, et non avec le temps consacré à son obtention, les rémunérations dues à celui qui a créé – qui a inventé notamment – dans le cadre de l'exécution de son contrat de travail (cas de la rémunération supplémentaire due au salarié auteur d'une « invention de mission » : art. L. 611-7 C. propr. intell.). Sur l'ensemble de la question, v. : G. Boucris-Maitral, *Créations et salariat*, Th. Lyon 2, 2005 ; L. Flament, La rémunération des inventions de salariés, *JCP S* 2006. 1290. *Adde*, Soc. 21 sept. 2011, n° 09-69.927, *RDT* 2011. 696, note F. Héas ; 12 févr. 2013, n° 12-12.898, *JCP S* 2013. 1159, note L. Drai.

5. G. Caire, Les trois âges de la liaison salaire-productivité, *Travail et Emploi*, n° 91, juill. 2002. 57.

l'industrie – souvent de façon partielle, sous forme de prime de rendement s'ajoutant à un salaire de base – cette forme de détermination de la rémunération peut avoir des effets pervers : incitation à des cadences de travail excessives, arbitraire patronal.

Inspiré, lui aussi, d'une disposition de l'ANI de 1977, l'article L. 3242-2 nouveau précise que « la mensualisation n'exclut pas les divers *modes de calcul du salaire*, aux pièces, à la prime ou au rendement ». Le choix de ces modes devrait relever de la négociation annuelle d'entreprise sur les salaires, mais la loi impose seulement de consulter le comité d'entreprise sur les modes de rémunération ayant des conséquences sur les conditions de travail, et avant toute modification des cadences et des normes de productivité.

Dans le secteur tertiaire, le salaire au rendement peut prendre la forme de *commissions* sur les opérations réalisées, qui constituent la forme classique de rémunération de ces salariés par détermination de la loi que sont les VRP (C. trav., art. L. 7313-7) [1] et que l'on trouve fréquemment dans la rémunération des « commerciaux ». D'une façon plus générale, les commissions, étroitement liées aux résultats obtenus par le salarié, peuvent être rapprochées des objectifs convenus avec l'employeur. La jurisprudence autorise les clauses de variation de rémunération, sous réserve qu'elles soient fondées sur des éléments objectifs indépendants de la volonté de l'employeur, qu'elles ne fassent pas porter le risque d'entreprise sur le salarié et qu'elles n'aient pas pour effet de réduire la rémunération en dessous des minima légaux et conventionnels [2].

Lorsque le calcul de la rémunération dépend d'éléments détenus par l'employeur, celui-ci doit, non seulement les produire en cas de litige [3], mais d'abord communiquer au salarié les bases de ce calcul afin de lui permettre de vérifier qu'il a été effectué selon les modalités convenues [4]. Si une part variable de la rémunération doit être fixée, chaque année, au regard des résultats de l'activité du salarié, par un accord des parties, il incombe à l'employeur, qui détient les éléments de la négociation, de faire des propositions au salarié. S'il ne le fait pas, manquant ainsi à son obligation d'exécuter le contrat de bonne foi, ou si les parties ne s'accordent pas, il appartiendra au juge prud'homal, saisi par la partie la plus diligente (le salarié, en pratique), de fixer cet élément de la rémunération « en fonction des critères visés au contrat et des accords conclus les années précédentes » [5].

---

1. V. ss 202.

2. Soc. 2 juill. 2002, *Dr. soc.* 2002. 998, obs. C. Radé.

3. Soc. 18 déc. 2001, *RJS* 3/02, n° 287 ; 24 sept. 2009, n° 07-41.383, *JCP S* 2009. 1090, note J.-Ph. Tricoit.

4. « Le salarié doit pouvoir vérifier... » énonce laconiquement un arrêt récent (Soc. 18 juin 2008, *D.* 2008. 2209, note H. K. Gaba ; *D. AJ.* 1832, obs. B. Ines), qui a donné lieu à un communiqué parlant, lui d'un « droit élémentaire » du salarié (en vérité, était en cause l'obligation d'exécuter le contrat de bonne foi ; v. ss 619).

5. Soc. 22 mai 1995, *Bull. civ.* V, n° 161 ; *Grands arrêts*, n° 55 ; 20 oct. 1998, *Bull. civ.* V, n° 436 ; 26 oct. 1999, *Dr. soc.* 2000. 214, obs. C. Radé ; 22 févr. 2000, *Bull. civ.* V, n° 438, obs. C. Radé ; 20 nov. 2002, n° 00-46.256 D ; 13 juill. 2004, *Dr. soc.* 2004. 934, note C. Radé ; 24 janv. 2007, *Dr. ouvrier* 2007. 282, 2e esp. ; 9 mai 2007, *JCP S* 2007. 1540 ; 11 juill. 2007, n° 06-41.733 D.

Un double correctif va toutefois jouer pour les travailleurs les moins bien rémunérés : le SMIC est dû (en le multipliant par le nombre d'heures effectivement travaillées, indépendamment du rendement) quel que soit le mode de rémunération [1], et les conventions collectives garantissent un salaire au moins égal au salaire horaire minimum de la catégorie.

918 ***Salaire en espèces et salaire en nature*** ◊ La rémunération en nature – nourriture, logement, chauffage, éclairage ou habillement – était essentielle dans une économie principalement agricole et artisanale où le salarié partageait l'existence de son patron. Elle demeure courante et normale dans certaines professions dont elle facilite l'exercice : travail agricole et maritime, hôtellerie et restauration, gens de maison. Des modalités nouvelles ont même fait leur apparition (fourniture d'un véhicule, d'un logement, chèque-restaurant ou ticket-restaurant, attribution de matériel informatique à usage privé, etc.) [2].

Les avantages en nature constituent un élément de la rémunération et sont donc soumis au régime juridique du salaire [3]. Leur prise en considération dans le calcul de l'indemnité de congés payés, des indemnités de préavis ou de licenciement, pour vérifier que le SMIC est perçu, ou au regard de la Sécurité sociale et du fisc, nécessite leur *évaluation forfaitaire* par voie réglementaire ou d'accord collectif. Il n'existe pas de barème unique, valant pour toutes les circonstances [4].

Ne constituent pas des avantages en nature, au regard du droit du travail, la fourniture de vêtements ou d'outils de travail, non plus que le transport du salarié au lieu de travail, la mise à disposition d'un logement

---

1. Soc. 25 mai 2005, *Dr. soc.* 2005. 924, obs. C. Radé ; 10 mai 2007, n° 05-44.313 P, *RDT* 2007. 594, obs. M. Véricel. Rappr. : Soc. 13 juin 2007, *Dr. soc.* 2007. 1174, 1re esp., obs. D. Jourdan et J. Barthélémy.

2. Le ticket-restaurant constitue un avantage en nature entrant dans la composition de la rémunération visée par les règles d'égalité (ex. : Soc. 29 nov. 2006, *Dr. soc.* 2007. 355, obs. C. Radé). La qualité d'avantage en nature peut être reconnue à l'assurance du véhicule personnel du salarié (Soc. 8 déc. 1993, *RJS* 2/94, n° 146), au paiement d'un voyage d'agrément (Soc. 25 oct. 1990, *RJS* 12/90, n° 971). Elle l'a été aussi à la fourniture de cigarettes (Soc. 4 mars 1983, *JS UIMM* 1984. 448), mais la stipulation d'une telle rémunération aurait aujourd'hui une cause (sinon un objet) illicite. Pour l'interdiction de la fourniture de boissons alcoolisées au titre d'avantage en nature, v. C. trav., art. R. 3231-16. La fourniture, par l'employeur, d'un logement et d'un véhicule constitue un avantage en nature qu'il y a lieu d'inclure dans le montant de la rémunération du salarié et qui doit être indiqué sur le bulletin de paie qui lui est remis : Soc. 31 janv. 2012, n° 10-24.388, *JCP S* 2012. 1152, note Th. Passerone.

3. Soc. 12 déc. 2000, *RJS* 5/01, n° 682 (la suppression d'un avantage en nature constitue une sanction pécuniaire prohibée). Le salarié peut recevoir une rémunération exclusivement en nature (travail au pair), à condition que la valeur n'en soit pas inférieure au taux du SMIC (Soc. 20 févr. 1963, *Bull. civ.* IV, n° 178) ni au montant du salaire minimum prévu par la convention collective des employés de maison (Soc. 17 mars 1993, *RJS* 6/93, n° 675). En revanche le salarié qui choisit de ne pas profiter de l'avantage en nature ne peut exiger d'indemnité correspondante (Soc. 16 févr. 1994, *Dr. soc.* 1994. 374).

4. En l'absence de barème réglementaire, l'avantage doit être apprécié d'après sa valeur réelle (Soc. 8 janv. 1976, *Bull. civ.* V, n° 8).

gratuit [1], ou l'utilisation d'une voiture de service, et moins encore le bénéfice des installations ou œuvres sociales [2].

§ 2. Les accessoires du salaire

919 ***Autres sommes d'argent*** ◊ Le salarié perçoit, occasionnellement ou régulièrement, des sommes d'argent, désignées de diverses façons – « *gratification* », « *prime* », « *pourboire* » – dont il faut déterminer si elles partagent la nature et suivent donc le régime du salaire en formant ainsi, avec le salaire de base, la rémunération de l'intéressé.

A. Les gratifications

920 ***Notion*** ◊ La gratification consiste en une somme d'argent versée par l'employeur pour marquer au personnel sa satisfaction du travail accompli pour la prospérité de l'entreprise, ou, plus rarement, à l'occasion d'événements familiaux intéressant individuellement les salariés (mariage ou naissance d'un enfant). D'où la variété des dénominations que reçoit, en pratique, la gratification : « treizième mois », « étrennes », « prime de bilan », « prime de fin d'année », « prime exceptionnelle », « prime de vacances ». Mais la jurisprudence et diverses conventions collectives distinguent les gratifications qui restent des libéralités de celles qui, malgré leur nom, constituent juridiquement des compléments de salaire.

921 ***La gratification-libéralité*** ◊ La gratification « de caractère facultatif, bénévole et variable » constitue une libéralité en raison de l'*animus donandi* qui l'inspire et de l'absence de contre-prestation [3]. Il en résulte, d'une part que le taux et les conditions d'attribution demeurent à la discrétion de l'employeur [4], d'autre part que le salarié ne pourra en exiger le renouvellement [5]. L'employeur peut toujours supprimer une telle gratification ou en

---

1. Soc. 21 nov. 2012, n° 11-10.258, *JCP S* 2013. 1092, note A. Barège.

2. Pour une illustration de la délicate distinction entre avantages en nature et frais professionnels, v. Civ. 2e, 8 oct. 2009, n° 08-20.707, *JCP S* 2009. 1538, note M. Del Sol. V. aussi, Soc. 31 janv. 2012, n° 10-24.388, préc. (remboursement des frais du voyage annuel en métropole d'un salarié expatrié et des membres de sa famille).

3. Cass., ch. réun., 5 août 1941, *Grands arrêts*, 2e éd., 1980, n° 99 ; Soc. 2 juill. 1981, *Bull. civ.* V, n° 637 (et d'autres décisions).

4. N'a pas le caractère de salaire, une gratification bénévole dont l'employeur fixe discrétionnairement les montants et les bénéficiaires et qui est attribuée à l'occasion d'un événement unique (Soc. 14 oct. 2009, n° 07-45.587 PBR, *JCP S* 2010. 1102, note B. Bossu ; *Lexbase Hebdo, éd. Sociale*, n° 369, obs. G. Auzero). Est naturellement réservée l'hypothèse d'un abus de l'employeur dans son droit d'attribuer la gratification, par exemple s'il la refuse à un salarié en raison de sa participation à une grève (Soc. 25 oct. 1961, *Dr. soc.* 1962) ; encore faut-il établir cette discrimination (Soc. 4 juill. 1979, *D.* 1980. IR 88, obs. J. Pélissier).

5. Parmi de nombreux arrêts : Soc. 22 mai 1964, *Bull. civ.* IV, n° 346 ; 26 juin 1968, *Bull. civ.* V, n° 268 ; 30 nov. 1972, *Bull. civ.* V, n° 604 ; 6 déc. 1979, *Bull. civ.* V, n° 956.

modifier le montant [1]. Son pouvoir paraît toutefois ne pas pouvoir échapper à l'application du principe « à travail égal, salaire égal », s'agissant à tout le moins de la détermination des bénéficiaires de la gratification [2].

Cette gratification-libéralité échappe au régime juridique du salaire. Il n'en sera pas tenu compte dans le calcul du montant des heures supplémentaires, de l'indemnité de préavis ou de congés payés et diverses conventions collectives excluent expressément les gratifications de caractère exceptionnel et bénévole du calcul des salaires minima garantis ou de l'indemnité de licenciement [3]. Toutefois l'article L. 242-1 du Code de la sécurité sociale inclut toutes les gratifications, quelle que soit leur nature, dans l'assiette de calcul des cotisations.

922 ***La gratification-complément de salaire*** [4] ◊ Il s'agit d'une figure peu orthodoxe au regard du droit des libéralités : la gratification qui perd son caractère d'origine, libéral et discrétionnaire, pour devenir un élément normal et permanent de la rémunération.

Cette mal-nommée « gratification » tirera son caractère obligatoire – sa nature de dette salariale de l'employeur – du contrat individuel qui en prévoira le paiement par l'employeur [5], de la convention collective, de l'engagement unilatéral de l'employeur [6] ou de l'usage [7]. Cet usage – « usage constant dans l'entreprise » selon une terminologie consacrée – devra être établi par le salarié, demandeur à l'action en paiement. Il pourra toujours être dénoncé selon les règles prétoriennes valables quel que soit l'objet de l'usage d'entreprise ou de l'engagement unilatéral [8].

La question cruciale est celle de la preuve de l'existence de l'*usage* [9]. Elle est affaire de données objectives. Pendant longtemps la Cour de cassation a décidé que l'usage supposait, pour être établi, que soient constatées sa généralité, sa constance, sa fixité [10]. *Généralité* : le versement doit bénéficier

1. Soc. 5 mars 1980, *Bull. civ.* V, n° 222 ; 21 févr. 1980, *Bull. civ.* V, n° 166 ; 12 déc. 1983, *JS UIMM* 1984, n° 451.

2. V. en ce sens, Soc. 30 avr. 2009, n° 07-40.527, *JCP E* 2009. 1158, avec les obs. crit. de P. Morvan ; *Dr. soc.* 2009, obs. Ch. Radé ; 10 oct. 2012, n° 11-15.296, *JCP S* 2012, note N. Dauxerre (« Le caractère discrétionnaire d'une rémunération ne permet pas à un employeur de traiter différemment des salariés placés dans une situation comparable au regard de l'avantage considéré. »).

3. Ex. : Soc. 20 avr. 2005, *Bull. civ.* V, n° 150.

4. J. Savatier, Treizième mois de salaire et primes analogues, *Dr. soc.* 1993. 641.

5. Soc. 17 juill. 1996, *Bull. civ.* V, n° 286, *Grands arrêts*, n° 55.

6. Soc. 5 juin 1996, *Dr. soc.* 1996. 973, obs. G. Couturier, *Grands arrêts*, n° 54 ; 28 oct. 1997, *Dr. soc.* 1998. 77, obs. G. Couturier. Un important arrêt en date du 14 oct. 2009 invite à relativiser l'idée qu'une gratification résultant d'un engagement unilatéral de l'employeur aurait, de ce seul fait, la qualification de salaire (Soc. 14 oct. 2009, n° 07-45.587 PBR, préc.).

7. Soc. 8 oct. 1996, *RJS* 11/96, n° 1149 (usage plus favorable que la convention collective).

8. La remise en cause de l'avantage suppose une dénonciation régulière de l'usage (Soc. 27 mai 1997, *RJS* 7/97, n° 886).

9. L'usage peut avoir pour objet un mode calcul d'un élément de la rémunération plutôt que l'existence de cet élément (ex. : Soc. 4 avr. 2007, *RDT* 2007. 595, obs. G. Pignarre : calcul avant escompte des commissions des VRP).

10. V. encore : Soc. 28 févr. 1996, *Bull. civ.* V, n° 74.

à l'ensemble du personnel ou au moins à l'ensemble d'une catégorie [1]. *Constance* : il ne doit pas s'agir d'un geste occasionnel et non renouvelé, ou très irrégulier, de l'employeur [2]. *Fixité* : cette exigence prive de caractère obligatoire des versements variables dans leur montant et leur mode de calcul parce qu'elle révèle un choix chaque fois singulier, indice d'*animus donandi* [3]. Un employeur pouvait donc, en variant chaque année le montant du versement, lui conserver son caractère de gratification-libéralité. Cela a conduit la Cour de cassation à dire « d'usage » des versements dont le mode de calcul est fixe bien que leur montant varie [4]. Le caractère variable de la rémunération résultant d'un engagement unilatéral de l'employeur ne paraît plus suffire à exclure la qualification de salaire [5]. En cas de désaccord entre les parties sur le montant de cet élément, il incombe au juge du fond de se prononcer sur ce montant au vu de la pratique des années précédentes [6].

Que le versement de l'avantage soit soumis à une condition ne fait pas obstacle à la reconnaissance d'un usage. Mais une condition portant atteinte aux « libertés et droits fondamentaux du salarié » (C. trav., art. L. 1121-1) est évidemment invalide [7] et son invocation pour priver un salarié de l'avantage pourrait révéler une discrimination [8].

Complément de salaire dont elle emprunte la nature, semblable gratification en suit le régime :

1) L'employeur est tenu à chaque échéance d'en acquitter le montant, sans pouvoir le réduire, au profit de tous ceux qui remplissent les conditions prévues [9].

1. Soc. 4 janv. 1978, *Bull. civ.* V, n° 5 ; 20 juill. 1978, *Bull. civ.* V, n° 456 ; 22 mars 1979, *Bull. civ.* V, n° 189 ; 1er avr. 1981, *Bull. civ.* V, n° 221 ; 2 juill. 1987, *Bull. civ.* V, n° 442.

2. Soc. 8 déc. 1976, *D.* 1977. IR 18 ; 4 janv. 1978, 20 juill. 1978 et 22 mars 1979, préc. ; 10 déc. 2002, n° 01-40.528 D (illustration du défaut de généralité et constance).

3. Soc. 26 févr. 1976, *D.* 1976. IR 111 (prime de fin d'année variable dans son montant et *sans référence à un critère fixe et précis*). Refus de tout caractère d'usage obligatoire à une prime de bilan subordonnée à l'existence de bénéfices (Soc. 21 févr. 1980, *Bull. civ.* V, n° 166), à moins qu'il y ait un minimum garanti (Soc. 23 oct. 1980). V. aussi : 2 juill. 1987, *Bull. civ.* V, n° 442 ; 16 juill. 1987, *Bull. civ.* V, n° 499 (caractère aléatoire du versement).

4. Soc. 9 déc. 1979, *Bull. civ.* V, n° 748 (prime régulièrement versée à tout le personnel, n'ayant cessé de progresser et dont le montant était sensiblement égal à un mois de salaire) ; 28 févr. 1996, *RJS* 4/96, n° 408 (prime de fin d'année fixe dans son montant, payée pendant quatre ans, mais qui n'avait pas été soumise aux retenues de cotisations recouvrées par l'Urssaf). Si l'usage porte sur un mode de calcul d'un élément de la rémunération, le caractère, il paraît logique que l'on s'en tienne à la double exigence de généralité et de fixité (ex. : Soc. 4 avr. 2007, préc.).

5. Soc. 5 juin 1996, *Bull. civ.* V, n° 225, *Grands arrêts*, n° 54.

6. Soc. 22 mai 1995, *Bull. civ.* V, n° 161, *Grands arrêts*, n° 53.

7. Soc. 18 avr. 2000, *Dr. soc.* 2000. 646, obs. C. Radé (maintien de la prime de fin d'année subordonné à la condition de présence dans l'entreprise au 30 juin de l'année suivante, jugé attentatoire à la liberté du travail). Si la condition du bénéfice de la prime était l'absence de faute ou de sanction disciplinaire au cours de l'année, sa mise en œuvre constituerait une sanction pécuniaire prohibée (Soc. 22 nov. 1995, *Bull. civ.* V, n° 309).

8. Crim. 4 oct. 1977, *D.* 1978. IR 56 (délit en cas de suppression pour activité syndicale).

9. La prime de vacances profitant, selon la convention collective, à l'ensemble des salariés, est due aux apprentis qui sont des salariés (Soc. 12 juill. 1999, *Dr. soc.* 1999. 949, obs. J. Savatier).

2) Pour les gratifications-salaires à périodicité annuelle, un problème particulier se pose lorsque le salarié quitte l'entreprise (licenciement ou démission) en cours d'année. Après avoir longtemps refusé au salarié le bénéfice de la gratification à proportion de la durée de sa présence au cours de l'année, la Cour de cassation estime aujourd'hui qu'il peut prétendre à la prime de fin d'année *prorata temporis* si la convention collective (ex. : dans les banques) ou le contrat de travail le prévoit, ou si l'intéressé établit que tel est l'usage dans l'entreprise [1], ou encore si l'employeur a pris un engagement unilatéral en ce sens [2].

3) Une gratification ayant nature juridique de salaire doit être prise en compte pour fixer le montant de l'indemnité de préavis, de licenciement ou de maladie [3].

B. Les primes

923 ***Variété*** ◊ S'impose, ici, la même remarque qu'à propos des gratifications : on rencontre, sous ce vocable, des pratiques très diverses. Les syndicats de salariés dénoncent leur prolifération, leur danger (prime de rendement, prime d'assiduité) et revendiquent leur intégration pure et simple dans le salaire, c'est-à-dire leur remplacement par des augmentations du salaire de base.

1) La plupart sont inspirées par le souci de l'employeur d'obtenir un résultat : production accrue, de meilleure qualité, et au moindre prix de revient : *primes de rendement*, consistant en un supplément proportionnel à l'élévation de la production (et qui manifeste la survivance partielle du salaire au rendement [4]) ; *primes d'objectifs* récompensant la réalisation de ceux-ci ; *primes à la régularité*, dans les transports ; *boni de chantier* dans les entreprises de bâtiment lorsqu'un chantier est achevé avec de l'avance.

2) D'autres entendent récompenser – donc encourager – la fidélité du salarié à l'entreprise : *primes d'ancienneté* en fonction du temps passé dans l'entreprise

1. Cass., ass. plén., 5 mars 1993, *D.* 1993. 245 concl. M. Jéol ; Soc. 9 avr. 2002, *Dr. soc.* 2002. 777, obs. C. Radé ; 28 mai 2003, *Dr. soc.* 2003. 886, obs. C. Radé ; 12 juill. 2004, n° 02-43.377 D ; 28 sept. 2005, n° 03-42.963 D ; 5 avr. 2006, *Bull. civ.* V, n° 140. Comp. : Soc. 13 nov. 2002, *Dr. soc.* 2003. 228, obs. C. Radé.

2. Soc. 18 oct. 2007, n° 06-41.586 P, *RDT* 2007. 736, obs. G. Pignarre.

3. Une clause ne peut priver les salariés en cours de préavis du montant d'une prime de fin d'année (Soc. 5 juill. 1995, *Bull. civ.* V, n° 234). Il y a lieu en revanche d'exclure pour le calcul de l'indemnité de congés payés une gratification annuelle, car elle correspond à l'année entière (période de travail et période de congé).

4. Certaines primes sont interdites par les conventions collectives lorsqu'elles incitent indirectement à enfreindre les règles de sécurité, telles, dans les transports routiers, les primes de rendement au kilomètre ou la prime « au bon » incitant les coursiers à effectuer un maximum de courses dans un temps donné, donc à circuler le plus rapidement possible (Soc. 13 nov. 2003, *RJS* 1/04, n° 130 ; 21 mars 2007, n° 05-45.667 D). Conséquence (« sanction ») de l'irrégularité : tout salarié concerné peut, dès lors, prétendre au paiement correspondant à cette prime sans qu'il y ait à vérifier s'il a rempli les conditions de « performance » stipulées (Soc. 21 mars 2007, préc.).

et destinée à encourager la stabilité du personnel ; *prime d'assiduité* destinée à combattre l'absentéisme, aux allures de « prime anti-grève » [1].

3) Certaines sont apparemment justifiées par les conditions d'exécution du travail, telle la prime de *pénibilité* (travail dans le froid ou la chaleur, travail au fond des mineurs et en hauteur des ouvriers du bâtiment) ou d'*insalubrité*, ou d'*éloignement* (d'*expatriation* parfois) [2].

4) Nombre de « primes », enfin, constituent plutôt des gratifications (primes de vacances, de fin d'année, de rentrée scolaire, de bilan), dont la qualification et le régime ont déjà été examinés, et qui ont la particularité de n'être jamais versées mensuellement [3].

924 ***Nature juridique et régime*** ◊ Ces diverses primes, fréquemment prévues par les conventions collectives de travail, faisant assez souvent l'objet d'un usage, mais naissant parfois d'un engagement unilatéral de l'employeur, et parfois prévues par le contrat individuel, constituent une partie du salaire soumise à son régime juridique, dès lors qu'elles présentent un caractère de périodicité. Les conditions de leur qualification d'éléments de rémunération et leur régime sont analogues à ceux des gratifications (sauf pour ce qui tient à la périodicité, d'ordinaire annuelle, de ces dernières).

Les primes ne sauraient se substituer à d'autres éléments de la rémunération [4]. Elles seront incluses dans la base de calcul des indemnités de congés payés, de préavis et de licenciement [5]. Les conditions d'octroi de la prime prévues par le titre l'instituant doivent être respectées par le juge [6],

1. Mais elle est licite dès lors qu'elle est perdue aussi bien en cas d'absence pour maladie ou de mise à pied que de grève. *Adde*, Soc. 11 janv. 2012, n° 10-23.139, *JCP S* 2012. 1149, note L. Drai (« Si un accord collectif peut tenir compte des absences pour le paiement d'une prime, c'est à la condition que toutes les absences, hormis celles qui sont légalement assimilées à un temps de travail effectif, entraînent les mêmes conséquences sur son attribution »).

2. V. aussi, à propos d'une firme ayant pour objectif le maintien du pouvoir d'achat : Soc. 7 avr. 2010, n° 07-45.322, *JCP S* 2010. 1286, note D. Everaert-Dumont.

3. Elles sont parfois versées par le comité d'entreprise sans pour autant changer de nature (Soc. 27 sept. 1989, *JS UIMM* 1989, n° 522). Sur la difficulté de distinguer ces primes, v. Soc. 8 juin 2011, n° 09-71.056, *Bull. civ.* V, n° 152 (un treizième mois de salaire ne peut constituer une prime de vacances).

4. Un versement, même volontaire, de primes ne peut tenir lieu de règlement d'heures supplémentaires (Soc. 16 oct. 2001, *Bull. civ.* V, n° 320 ; *D.* 2002. Somm. 772, obs. F. Signoretto ; 1er déc. 2005, *Dr. soc.* 2006. 451, obs. C. Radé).

5. Elles ne sauraient par suite être déduites de l'assiette des cotisations de Sécurité sociale, même s'agissant de primes de crèche et de garde qui ne sont pas assimilées à des remboursements de frais professionnels (Soc. 9 nov. 1978, *Bull. civ.* V, n° 572). V. aussi, pour l'intégration à cette assiette des prix et primes attribués à des coureurs cyclistes salariés d'une association sportive : Civ. 2e 13 déc. 2005, *JCP S* 2006. 1317.

6. Ex. : la condition de présence dans l'entreprise à la date du versement (Soc. 19 juill. 1995, *RJS* 11/95, n° 1131 ; il appartient au salarié qui l'invoque de prouver, comme pour les gratifications-salaires, l'usage ou la convention instituant le versement de la prime *prorata temporis* : Soc. 17 oct. 2000, *Dr. soc.* 2001, obs. C. Radé), ou la condition d'appartenance à une catégorie spécifique de personnel (Soc. 12 juill. 1999, *Dr. soc.* 1999. 949, obs. J. Savatier). Quand les conditions sont remplies, il appartient à l'employeur, en l'absence de mention sur le bulletin de paie, de prouver le paiement (Soc. 3 févr. 1979, *Bull. civ.* V, n° 93). Le contentieux sur le paiement ou et la condition est réputée accomplie lorsque c'est l'employeur qui en a empêché l'accomplissement [1].

C. Les pourboires

925 ***Notion et nature juridique*** ◊ Le pourboire est une somme d'argent versée, non par l'employeur lui-même, mais par le tiers avec lequel le salarié est entré en relation à l'occasion de ses fonctions. Son versement est censé traduire la satisfaction du client. Le pourboire est licite [2], à condition de ne pas être versé à l'insu de l'employeur, auquel cas il constituerait une rémunération occulte vraisemblablement au préjudice de ce dernier.

Comme l'indique l'étymologie du terme, il s'agissait à l'origine d'une libéralité dont le montant et les modalités étaient abandonnés à la discrétion du donateur [3]. En fait, la généralisation de la pratique du pourboire dans de nombreuses professions a entraîné une modification progressive dans les rapports des trois personnes intéressées par son octroi et son attribution définitive.

Les rapports entre client et salarié sont passés au second plan : le pourboire tend à s'intégrer dans le contrat conclu entre le client et l'employeur, pour en constituer simplement l'une des modalités. Le pourboire individuel disparaît progressivement au profit du *service collectif* porté sur la facture, centralisé par l'employeur, et versé à une « masse » grevée d'affectation au profit du personnel. Dans le rapport du salarié et de l'employeur, le pourboire constitue désormais un véritable salaire complémentaire ou même exclusif, prévu et considéré comme tel par les parties dans le cadre du contrat de travail qui les unit, et réglementé à ce titre par la loi et la convention collective.

926 ***Régime juridique*** ◊ Cette évolution dans la pratique du pourboire devait donner lieu à des abus de certains patrons qui conservaient une partie de ces sommes sous des prétextes divers, ou procédaient à une répartition inéquitable entre les membres du personnel. Une loi du 19 juillet 1933 (C. trav., art. L. 3244-1 et 2) a réglementé le contrôle et la répartition des pourboires [4].

Dans les établissements commerciaux où existe la pratique du pourboire, toutes les perceptions effectuées « pour le service » par l'employeur,

la prise en compte de primes met d'ordinaire en question l'interprétation de dispositions de conventions collectives, que contrôle la Cour de cassation (ex. : Soc. 26 févr. 2003, 2 arrêts, *Dr. soc.* 2003. 659, obs. C. Radé ; 21 mars 2006, *JCP S* 2006. 1354, note P.-Y. Verkindt).

1. Soc. 13 nov. 2002, *Dr. soc.* 2003. 228, obs. C. Radé.

2. Sauf s'il est interdit par l'accord collectif (Soc. 4 févr. 1970, *Bull. civ.* V, n° 59) ; le salarié enfreignant cette interdiction commettrait une faute grave.

3. Cette forme de pourboire, purement facultatif et épisodique, n'a pas entièrement disparu. Elle rémunère un service occasionnel, et s'ajoute parfois à la majoration pour le service. Elle conserve le caractère de libéralité et échappe à tout contrôle.

4. P.-H. d'Ornano, La pratique du pourboire dans le secteur des Hôtels-Cafés-Restaurants, *JCP S* 2006. 1514.

sous forme d'un pourcentage ou autrement, ainsi que toutes les sommes remises volontairement par les clients, pour le service, entre les mains de l'employeur [1], doivent être « *intégralement reversées au personnel en contact avec la clientèle* et à qui celle-ci avait coutume de les remettre directement » (art. L. 3244-1) [2]. L'article R. 3244-1 impose à l'employeur de justifier de l'encaissement et de la remise à son personnel des sommes perçues. Il ne peut être dérogé à ces règles ni par contrat de travail, ni par accord collectif [3].

Ce dispositif protecteur s'étant révélé insuffisant, une loi du 2 avril 1937 est venue condamner la pratique dite de « l'achat du tablier » : dans tous les hôtels, restaurants, entreprises de spectacle ou de transport, il est interdit aux employeurs, directeurs ou gérants, d'imposer aux salariés des versements ou d'opérer des retenues sous quelque dénomination ou pour quelque objet que ce soit, à l'occasion de l'embauchage ou de l'exercice normal du travail (C. trav., art. L. 3251-4, R. 3255-1) [4].

Les pourboires perçus par le personnel sont soumis à tous égards au régime juridique du salaire [5]. Ils ne sauraient se substituer au salaire fixe, mais s'y ajoutent [6]. Si l'employé est rémunéré au seul pourboire, le salaire minimum légal lui est garanti [7]. L'indemnité de congés payés doit être versée par l'employeur et non prélevée sur la masse des pourboires.

§ 3. Les « indemnités »

927 ***Rémunération et réparation*** ◊ En droit du travail, le terme générique d'indemnités couvre des indemnités aux origines ou finalités différentes.

1. Ne sont donc pas visées les sommes remises directement par un client à un salarié déterminé.

2. L'application des dispositions d'ordre public de l'article L. 3244-1 n'est pas subordonnée à l'existence de stipulations conventionnelles ou d'un décret fixant les catégories de bénéficiaires et les modalités de la répartition : Soc. 14 nov. 2013, n° 12-16.805, publié.

3. Soc. 5 nov. 1970, *Bull. civ.* V, n° 485 ; 9 mars 1994, *RJS* 4/94, n° 409 ; 6 mai 1998, *ibid.* 6/98, n° 737. La question s'est posée de savoir ce qu'il fallait entendre par « personnel en contact avec la clientèle et à qui celle-ci avait coutume… ». Pour rejeter le pourvoi formé contre un arrêt d'appel qui avait lui-même rejeté la demande d'annulation d'un accord collectif des personnels des casinos, la chambre sociale a estimé que « l'ensemble des personnels en contact avec la clientèle » (en la circonstance les portiers, hôtesses d'accueil, employés de vestiaires, etc.) devait participer au partage, quelle que soit la catégorie du personnel (les personnels des tables de jeux) à qui les sommes sont « matériellement remises » (Soc. 9 mai 2000, *Dr. soc.* 2000. 773, obs. Ch. Radé). V. aussi : Soc. 18 juill. 2001, *RJS* 11/01, n° 1287 ; 29 sept. 2004, *Bull. civ.* V, n° 235 ; 14 nov. 2013, n° 12-16.805, publié (ne sont pas habituellement en contact avec la clientèle, les directeurs régionaux dont la mission principale consiste dans l'encadrement et le contrôle des établissements et dont les fonctions de service, limitées aux hypothèses de remplacement d'un salarié absent, ne sont qu'accessoires).

4. Soc. 18 févr. 2003, *RJS* 6/03, n° 818 (retenues en paiement de communications téléphoniques personnelles).

5. Soc. 21 févr. 1980, *Bull. civ.* V, n° 174 (les indemnités de rupture doivent être calculées sur les pourboires effectivement centralisés et perçus). V. toutefois, pour les heures de délégation : Crim. 26 juill. 1989, *RJS* 10/89, n° 767.

6. Soc. 28 juin 1978, *Bull. civ.* V, n° 390.

7. Il doit être apprécié mois par mois, sans compensation d'un mois sur l'autre (Soc. 17 janv. 1962, *JCP* 1962. II. 12922).

Tantôt il s'agit d'éléments *de salaire* ou de *substituts* de celui-ci : indemnité de congés payés, indemnité de préavis, indemnité complémentaire de maladie, contrepartie financière d'une obligation contractuelle ou conventionnelle de non-concurrence [1], mais aussi indemnité de départ à la retraite [2]. Ils relèvent alors du régime du *salaire*.

Tantôt il s'agit de véritables *dommages-intérêts* réparant un préjudice [3] : indemnité pour licenciement sans cause réelle et sérieuse ou irrégulier en la forme ; indemnité de licenciement (ou indemnité de clientèle du VRP) [4] ou de mise à la retraite [5] ; indemnité forfaitaire de l'article L. 8223-1 accompagnant la rupture de la « relation de travail » du salarié employé en travail dissimulé [6], indemnité versée à un inventeur évincé de ses fonctions [7] ; indemnité réparatrice de l'inexécution du contrat de travail par l'employeur [8]. Le régime du salaire est écarté (mais seulement en partie du point de vue fiscal et social) [9]. L'exclusion du régime du salaire concerne également les indemnités de départ volontaires ou transactionnelles, qui échappent donc (en principe) aux cotisations sociales [10].

Tantôt il s'agit d'indemnités destinées à *rembourser, sur justification ou forfaitairement, des dépenses liées à l'activité professionnelle.* Il est de règle, parfois avec référence à l'article 1135 du Code civil (en visa de cassation), que les *frais professionnels* engagés par les salariés doivent être supportés par l'employeur [11], mais les sommes ainsi versées doivent être utilisées conformément à leur destination, au risque de requalification [12]. Si ce qui se présente, par son appellation, comme remboursement de frais professionnels

1. Soc. 17 mai 2006, *Bull. civ.* V, n° 177 ; 10 oct. 2007, *Dr. soc.* 2008. 250, obs. J. Mouly.

2. Soc. 30 janv. 2008, *JCP S* 2008, note F. Dumont.

3. De la même façon que les dommages-intérêts, comprenant le remboursement des frais engagés pour sa défense, que l'employeur doit verser au salarié au titre d'une garantie à raison des actes ou faits en exécution du contrat de travail.

4. L'usage débridé du terme « indemnité » favorise des confusions. Ex. : Soc. 19 nov. 2003, *Dr. soc.* 2004. 208, obs. C. Radé.

5. À la différence de l'indemnité de *départ* à la retraite.

6. Soc. 20 févr. 2008, *JCP S* 2008. 1235, note A. Martinon.

7. CE 11 oct. 1991, *Dr. soc.* 1992. 201, concl. J. Arrighi de Casanova.

8. Soc. 11 déc. 1991, *Dr. soc.* 1992. 191 : il appartient en pareil cas au juge de requalifier la demande de salaires présentée par le salarié.

9. Pour les indemnités de licenciement, légale, conventionnelle ou contractuelle, v. ss 567 s.

10. Soc. 23 mai 2000, *Sem. soc. Lamy* 2000, n° 984, p. 11.

11. Soc. 25 févr. 1998, *RJS* 4/98, n° 464 ; 9 janv. 2001, *Dr. soc.* 2001. 441, obs. J. Mouly ; 10 nov. 2004, *Dr. soc.* 2005. 216, obs. C. Radé. L'employeur ne peut fixer unilatéralement le montant du remboursement (Soc. 23 sept. 2009, n° 07-44.477, *RDT* 2009. 726, note M. Véricel). Le salarié doit respecter le délai fixé par l'employeur pour produire les justificatifs de frais (Soc. 29 sept. 2009, n° 07-45.722, *ibid*).

12. L'employeur doit prendre en charge, dans une proportion et des conditions déterminées par voie réglementaire, le prix des titres d'abonnement souscrits par ses salariés pour leurs déplacements entre leur résidence habituelle et leur lieu de travail accomplis au moyen de transports publics de personnes ou de services publics de location de vélo (C. trav., art. L. 3261-2). Par ailleurs, l'employeur peut assumer tout ou partie des frais de carburant engagés par certains de ses salariés pour ces mêmes déplacements (C. trav., art. L. 3261-3 s.). Le montant de la prise en charge des frais de transport publics ou des frais de transports personnels doit apparaître sur le bulletin de paie. Ces remboursements font l'objet d'un traitement social et fiscal particulier.

(« prime de panier », « prime de repas », « indemnité de déplacement ») est versé ou dû – en vertu de l'usage par exemple – indépendamment des débours du salarié, il s'agit d'un accessoire du salaire qui en emprunte la nature et qui est exigible comme tel [1].

§ 4. Secours et allocations servis par le comité d'entreprise

928 ***Le « rémunératoire » et le « social »*** ◊ Les avantages procurés aux salariés par le comité d'entreprise relèvent des activités sociales gérées par celui-ci et paraissent étrangers à toute idée de salaire, échappant par là à toute cotisation de sécurité sociale. Mais, outre que le comité peut servir de paravent à l'employeur, et un complément de salaire se dissimuler derrière une activité sociale, le souci d'élargir l'assiette des cotisations à des avantages d'un montant parfois élevé suggère qu'il s'agit d'éléments de la rémunération. Ne sont-ils pas versés à l'occasion du travail ?

Aussi la jurisprudence a-t-elle assez vite assimilé ces avantages à des compléments de salaire [2]. À la seule exception des *secours*, car ceux-ci répondent à l'idée d'entraide, supposent un état de besoin et excluent toute référence à la rémunération d'une activité. Tout autre avantage est soumis à cotisation sociale [3]. Cette position suscite une double objection : le comité d'entreprise a une personnalité propre et, à moins qu'il serve de simple intermédiaire, ses versements sont par principe extérieurs au rapport de travail ; par ailleurs, l'activité sociale est distincte de la rémunération. L'administration avait adopté une position conciliante, mais le Conseil d'État a annulé la circulaire [4]. La Cour de cassation a confirmé la nature salariale des versements. L'employeur est donc débiteur des cotisations sociales, mais a un recours contre le comité [5].

---

1. Le contentieux concerne notamment des primes de panier, des indemnités de déplacement, et intéresse surtout l'assiette des cotisations sociales. Ex. : Cass., ass. plén., 25 oct. 1985, *D.* 1986. 117 pour des indemnités de repas en cas de mission ; Soc. 14 juin 1990, *JS UIMM*, 90/531, p. 375 ; 24 oct. 1997, *RJS* 12/97, n° 1372 : une prime de panier, remboursement de frais, n'entre pas dans l'assiette des cotisations sociales. Il s'agit en revanche d'un élément de rémunération lorsqu'elle ne constitue pas le remboursement de frais réellement engagés, mais la compensation d'une sujétion particulière : Soc. 1er avr. 1992, *RJS* 5/92, n° 628. V. aussi : Soc. 12 déc. 1991, *RJS* 2/92, n° 150 (indemnité de détachement à l'étranger analysable comme un complément de rémunération) ; 17 déc. 2004, *Dr. soc.* 2005. 325, obs. C. Radé (prime de repas due sans que le salarié ait à prouver qu'il a pris un repas en déplacement).

2. Cass., ass. plén., 28 janv. 1972, *D.* 1972. 205 (primes). Même position de la jurisprudence fiscale : CE 10 juill. 1964, *Dr. soc.* 1965. 307.

3. Soc. 17 mai 1983, *Dr. soc.* 1984. 735 (allocation de vacances) ; 25 mars 1985, *Bull. civ.* V, n° 209 (aide au départ des enfants) ; 22 mai 1979, *Bull. civ.* V, n° 442 ; Crim. 20 nov. 1979, *Dr. soc.* 1984. 734 (prime de rentrée).

4. CE 19 févr. 1988, *Dr. soc.* 1988. 500 (strict respect du texte devenu l'art. L. 242-1 CSS : assujettissement de *tout versement* à l'exception des *secours*).

5. Soc. 11 mai 1988, 5 arrêts, *Dr. soc.* 1988. 499, note J.-J. Dupeyroux ; *D.* 1988. 550, note Y. Saint-Jours ; 11 janv. 1990 (bourses d'études), *Dr. soc.* 1991. 80 ; 9 juin 1992, *Dr. soc.* 1993. 80, note J. Savatier ; 13 mai 1993, *Bull. civ.* V, n° 141.

CHAPITRE 2
LE MONTANT DU SALAIRE

929 ***Libéralisme, action syndicale, intervention étatique*** ◊ L'étude historique du régime des salaires révèle une évolution profonde dans les conceptions politiques et sociales. Jusqu'à une époque relativement récente, la détermination du montant des salaires – assimilés au prix d'une marchandise, le travail – était abandonnée à la loi de l'offre et de la demande, conformément à la doctrine libérale. Il résultait donc d'une « libre » discussion des parties, et une telle fiction autorisait une exploitation des salariés, auxquels la jurisprudence refusait d'apporter une limitation quelconque en retenant, dans certaines circonstances la violence morale ou la lésion. Encore aujourd'hui le salaire effectif – à condition, il est vrai, de respecter les minima légaux et conventionnels – demeure fixé par le contrat individuel. Donc, en fait et le plus souvent, sauf pour quelques cadres supérieurs ou autres salariés en situation de force, par l'employeur.

Le mouvement syndical a toujours visé à obtenir, par la négociation ou par la grève, la signature d'accords collectifs incluant des stipulations sur les salaires. Cette action s'est toutefois révélée insuffisante dans la mesure où elle concernait essentiellement les salaires *minimaux*. La négociation de branche ou dans l'entreprise devrait porter sur les salaires *réels*.

Quant à l'État, ses techniques d'intervention sont limitées : fixation d'un salaire minimum, extension des conventions collectives, prohibition de certains mécanismes comme l'indexation [1]. Aujourd'hui l'idée même d'une ingérence de l'État est vivement contestée, et l'institution du SMIC est régulièrement critiquée [2]. On doit dire, cependant, que depuis le rétablissement, après la période de dirigisme de l'après-guerre, de la liberté des salaires par la loi du 11 février 1950 relative aux conventions collectives, la détermination des salaires repose sur deux mécanismes.

---

1. Sans oublier, bien qu'elle soit récente, l'incrimination pénale d'une forme d'exploitation extrême : « le fait d'obtenir d'une personne, en abusant de sa vulnérabilité ou de sa situation de dépendance, la fourniture de services non rétribués ou en échange d'une rétribution manifestement sans rapport avec l'importance du travail accompli » (C. pén., art. 225-13). Ex. : Crim. 11 déc. 2001, *Bull. crim.* n° 256 ; 23 avr. 2003, *Bull. crim.* n° 85 ; 3 déc. 2002, *Dr. soc.* 2003. 428, obs. F. Duquesne.

2. Une fraction du patronat est hostile à l'existence même d'un salaire minimum qui serait nuisible à l'emploi, spécialement des jeunes : J. Roche, À propos du SMIC, *Dr. soc.* 1988. 291. Cet effet pervers ne semble pas confirmé par l'expertise économique. V. : M. Dollé, Le salaire minimum en France : que nous apprennent les expériences étrangères ?, *Dr. soc.* 1999. 547. Le problème n'est ni hexagonal, ni européen : C. Saget, « Lutte contre la pauvreté et emploi dans les pays en développement : de l'utilité du salaire minimum », *RIT* 2001/3, p. 287. Le Royaume-Uni s'est, lui aussi, doté d'un salaire minimum en avr. 1999.

En premier lieu, l'État *fixe un salaire minimum interprofessionnel légal*. Il ne saurait, en effet, se désintéresser du niveau des rémunérations Du point de vue *social*, il convient de garantir à tout ouvrier ou employé le salaire minimum vital, indispensable. Il ne s'agit pas seulement d'assurer la satisfaction des besoins physiologiques élémentaires [1], mais aussi d'exigences dont la satisfaction apparaît normale, compte tenu du degré d'évolution et du progrès technique, du groupe social auquel le travailleur appartient, et du revenu national. Il s'agit donc d'une notion relative, variant suivant les pays et l'époque considérée. Sur le plan *économique*, la fixation du SMIC a une incidence inévitable sur l'ensemble des salaires et par là sur les prix, ainsi que sur les revendications des fonctionnaires réclamant une augmentation correspondante de leurs traitements [2].

En second lieu, les salaires sont déterminés dans leur ensemble par *voie d'accords collectifs*. Cette formule lancée par la loi de 1950 a rallié les suffrages des syndicats de salariés – obtenant des majorations par leur pression, et accroissant de ce fait l'importance de leur rôle – mais aussi des employeurs, soucieux d'échapper à une sorte de tutelle administrative, et même du Gouvernement, déchargé de sa responsabilité dans un dialogue mettant désormais face-à-face salariat et patronat. La loi du 13 novembre 1982 a accru l'importance de la négociation effective des salaires. Le point le plus discuté est devenu celui du niveau de cette négociation : branche d'activité ou entreprise.

La loi renvoie donc la fixation des salaires à une *liberté contractuelle*, dont il importera d'identifier les modalités (négociation collective, contrat de travail) et prendre la mesure, car on devine qu'elle doit s'accommoder de quelques dispositions d'ordre public (Section 2). Mais à condition que soit en tout cas respecté le *salaire minimum de croissance*, institution majeure en ce qui concerne le montant du salaire (Section 1).

SECTION 1. LE SALAIRE MINIMUM INTERPROFESSIONNEL DE CROISSANCE (SMIC)

930 ***Définition*** ◊ Il a succédé, en 1970, au salaire minimum interprofessionnel garanti (SMIG) qu'avait créé la loi de 1950. Il s'agit d'un salaire abstrait,

1. À cela correspondent en effet les minima sociaux garantis par l'aide sociale ou la Sécurité sociale.

2. Incidemment, le SMIC offre un élément de référence pour l'appréciation du montant de la rémunération versée à un salarié. Par définition, un tel élément n'existe pas s'agissant de la rémunération des mandataires sociaux. Il en résulte, entre autres explications, la difficulté de déterminer ce que peut être une « juste » rémunération de ces fonctions. Pour autant, lorsque certaines rémunérations extravagantes de ces mandataires sociaux défraient la chronique, il est fréquent qu'elles soient appréciées à l'aune du SMIC.

minimum (en fonction des besoins incompressibles), national, interprofessionnel, fixé par les pouvoirs publics, correspondant à une heure de travail [1]. Les dispositions qui le régissent composent, après la recodification, le chapitre I du titre III (« Détermination du salaire ») du livre II (« Salaire et avantages divers ») de la troisième partie du Code (C. trav., art. L. 3231-1 s.) [2].

§ 1. Régime

931 ***Généralité d'application*** ◊ Sa raison d'être justifierait que le SMIC revête un caractère de généralité, quant à son champ territorial d'application, aux professions, aux bénéficiaires, et au mode de rémunération.

1) Le SMIC est un taux légal *uniforme* pour l'ensemble du territoire métropolitain (à la différence du SMIG, pour lequel on distinguait huit zones).

2) Le SMIC s'impose dans les rapports entre les employeurs de droit privé et leurs salariés (C. trav., art. L. 3211-1), mais bénéficie également au personnel des établissements publics à caractère industriel et commercial et au personnel de droit privé des établissements publics administratifs (C. trav., art. L. 3231-1) [3]. Il vaut également pour l'agriculture. Le cas de la pêche fait l'objet de dispositions spéciales [4].

3) En sont *bénéficiaires* tous les salariés de l'un ou de l'autre sexe – à *l'exclusion de ceux qui sont liés à leur employeur par un contrat d'apprentissage* (C. trav., art. D. 3211-1) ou un *contrat de professionnalisation* (s'ils ont moins de 26 ans : C. trav., art. L. 6325-8) – *âgés de 18 ans* (au-dessous, le jeune salarié a droit à un SMIC soumis à un abattement [5]). On avait pu penser que ne pouvait prétendre au SMIC, faute de possible vérification de son temps d'activité, le salarié non soumis à un horaire et libre d'organiser son activité, tel le VRP [6]. Mais la Chambre sociale a naguère rappelé, à l'occasion d'une affaire concernant un distributeur de prospectus, que « sauf dans les cas où la loi en dispose autrement et quel que soit le mode

1. J. Savatier, Les minima de salaires, *Dr. soc.* 1997. 575.

2. Cette institution d'un salaire minimum horaire, emblématique de l'interventionnisme étatique dans les relations du travail, en quête de justice sociale, n'empêche que se développe un phénomène de pauvreté dans le salariat. Sur cette préoccupante question, v. : P. Concialdi, Les travailleurs pauvres, *Dr. soc.* 2000. 708 ; M. Maruani, Les *working poor* version française *ibid.* 2003.696 ; H. Périvier, La pauvreté laborieuse : bilan et perspectives, *ibid.* 2006. 608.

3. Le droit au SMIC traduit, estime le Conseil d'État, un principe général du droit applicable aux agents publics contractuels (CE 23 avr. 1982, *Ville de Toulouse*, *D.* 1983. 8, note J.-B. Auby).

4. C. trav., art. 34. V. Ch. Eoche-Duval, L'adaptation du SMIC au secteur de la pêche : spécificité maritime ou laboratoire d'essai à l'usage terrestre ?, *Dr. soc.* 1998. 430.

5. C. trav., art. D. 3231-3 : 20 % avant 17 ans ; 10 % entre 17 et 18 ans. Cet abattement est supprimé après six mois de pratique professionnelle.

6. Soc. 10 nov. 1993, *RJS* 12/93, n° 1245. Il en va autrement si le représentant est soumis à un horaire de travail (Soc. 3 juill. 1996, *RJS* 8-9/06, n° 994).

de rémunération pratiqué, un salarié a droit à une rémunération au moins égale au SMIC pour le nombre d'heures qu'il a effectué »[1].

4) Quant au *mode de rémunération*, peu importe que le travailleur soit rémunéré au temps – qu'il soit alors payé à l'heure, à la semaine ou au mois[2] – ou qu'il perçoive une rémunération au rendement. Dans ce dernier cas, il peut exiger la différence entre le salaire perçu et le SMIC pour chaque heure de travail effectif. Si le salarié est rémunéré aux pourboires, l'employeur doit le cas échéant compléter le montant des sommes perçues de la part des clients[3]. Au SMIC peuvent prétendre certains non-salariés assimilés par la loi aux salariés (C. trav., art. L. 7321-1 s.)[4].

Ni le contrat individuel, ni la convention collective ne peuvent déroger au SMIC dans un sens défavorable au salarié, soit en mettant à sa charge un déficit qui se compenserait avec son salaire et abaisserait celui-ci au-dessous du SMIC[5], soit en imputant sur le salaire des frais (professionnels) contractuellement laissés à la charge du salarié[6], soit encore en pratiquant une compensation entre plusieurs payes successives[7].

932 ***Vérification du respect du SMIC*** ◊ Verser un salaire (brut) inférieur au SMIC constitue une contravention de cinquième classe, l'amende étant appliquée autant de fois qu'il y a de salariés concernés (C. trav., art. R. 3233-1). Le salarié qui n'a pas « touché » le SMIC peut prétendre à un rappel de salaire. D'où l'enjeu pratique de la comparaison au SMIC du salaire stipulé dans un contrat ou un accord collectif, ou effectivement perçu.

L'article D. 3231-6, qui concerne la rémunération mensuelle minimale liée au SMIC, implique que le salaire à comparer au minimum horaire légal est celui qui correspond à *une heure de travail effectif* compte tenu des *avantages en nature* et des *majorations diverses* ayant le caractère de fait

1. Soc. 25 mai 2005, *Dr. soc.* 2005. 924, obs. C. Radé. S'agit-il d'un revirement (v. déjà : Soc. 13 oct. 2004, *Dr. soc.* 2004. 1141, obs. C. Radé ; 10 nov. 2004, *Dr. soc.* 2005. 216, obs. C. Radé) ? Pour l'affirmative : B. Boubli, Le Smic dans les professions à horaire prédéterminé : l'exemple des distributeurs de prospectus, *JCP S* 2005. 1346. À défaut d'être véritablement nouvelle, la position est clairement formulée.

2. Soc. 10 déc. 1953, *Bull. civ.* V, n° 566 ; Crim. 16 juin 1954, *D.* 1954. 562 ; Soc. 3 mai 1972, *Bull. civ.* V, n° 285 ; 25 mai 2005, préc.

3. Soc. 10 juin 1960, *Bull. civ.* IV, n° 475. De même, le personnel logé et nourri : Soc. 31 mars 1982, *Bull. civ.* V, n° 242 ; les concierges : 23 juin 1982, *Bull. civ.* V., n° 411, et employés de maison.

4. V. ss 197 s. Dans leur cas, il faut comparer le bénéfice d'exploitation au taux du SMIC : Soc. 19 févr. 1981, *Bull. civ.* V, n° 153 ; 5 mars 1981, *Bull. civ.* V, n° 195 ; 5 janv. et 4 juill. 1985, *Dr. soc.* 1985. 811, note J. Savatier.

5. La responsabilité des déficits de caisse imposée à la vendeuse gérante salariée d'une succursale ne saurait réduire son salaire à un taux inférieur au salaire minimum (Soc. 9 avr. 1962, *Bull. civ.* IV, n° 289). V. aussi : Soc. 18 oct. 1972, *Bull. civ.* V, n° 505 ; 28 avr. 1976, *D.* 1976. IR 153 (gérant non salarié, en l'absence de faute lourde) ; 24 mai 1978, *Bull. civ.* V, n° 296 ; *D.* 1978. IR 386, obs. J. Pélissier (gérante de kiosque-bibliothèque de gare) ; 19 févr. 1981, *Bull. civ.* V, n° 153 (comparaison des bénéfices réalisés avec le salaire minimum).

6. Soc. 25 févr. 1998, *RJS* 4/98, n° 464 ; 10 nov. 2004, *Dr. soc.* 2005. 216, obs. C. Radé.

7. Soc. 29 janv. 2002, *Dr. soc.* 2002. 460, obs. C. Radé.

d'un *complément de salaire* à l'exclusion des remboursements de frais [1] et de la prise en charge des frais de transport (obligatoire pour l'employeur en Île-de-France).

L'interprétation et la mise en œuvre de cette formule ont soulevé certaines difficultés.

1) Un salarié ne peut réclamer le SMIC s'il n'a pas effectué le temps de travail effectif correspondant [2]. En cas de réduction de la durée du travail avec *compensation pécuniaire* (une indemnité différentielle), il y a lieu d'intégrer celle-ci au salaire de base à comparer au SMIC [3].

2) Les *avantages en nature*, qu'il est normal d'inclure puisqu'ils assurent la subsistance du salarié, sont évalués dans le cadre professionnel par voie de convention ou d'accord collectif ; à défaut la nourriture est évaluée à deux fois le minimum garanti (de l'art. L. 3231-12 C. trav.) par jour, à une fois pour un seul repas, et le logement à 0,02 € par jour (C. trav., art. D. 3231-10, D. 3231-11).

3) Les *compléments* s'ajoutant au salaire en empruntant sa nature sont à l'origine de l'essentiel des controverses [4]. Le problème est d'éviter que l'employeur puisse prétendre avoir fourni la rémunération minimale imposée par la loi en comptabilisant à cet effet tous les éléments de celle-ci, ce qui pourrait constituer une incitation à laisser stagner (voire à réduire) le salaire de base et à compléter la rémunération avec des éléments moins transparents et stables. Selon la Cour de cassation, *il convient d'imputer sur le SMIC ceux qui sont directement liés à la prestation de travail* [5], telles des primes de rendement [6], des primes annuelles [7], ou encore un « complément métier » [8]. En revanche, il faut exclure, parce qu'elles comportent une exigence périphérique à la prestation de travail et indépendante du temps de travail effectif, les primes d'*assiduité*, de résultat [9], d'*ancienneté* [10], les primes compensant certaines sujétions (prime de transport, prime de rythme, etc. [11]) ou encore les primes

---

1. Soc. 9 janv. 2001, *Dr. soc.* 2001. 441, obs. J. Mouly ; 24 oct. 2001, *RJS* 1/02, n° 3.

2. Soc. 16 févr. 1983, *Bull. civ.* V, n° 86. Sur la rémunération des temps de pause, v. Soc. 13 mars 2001, *RJS* 5/01, n° 608.

3. Soc. 19 mars 1985, *Dr. soc.* 1985. 489, note J. Savatier ; 15 oct. 1987, *Bull. civ.* V, n° 576.

4. J. Savatier, La portée du droit du SMIC, selon les modalités de rémunération, *Dr. soc.* 1985. 811.

5. V. aussi, à propos d'un minium conventionnel, Soc. 7 avr. 2010, n° 07-45.322, *JCP S* 2010. 1286, note D. Everaert-Dumont. La Cour de cassation précise, dans cette même décision, que la circonstance qu'une prime ait pour objectif le maintien du pouvoir d'achat n'exclut pas qu'elle soit versée en contrepartie du travail.

6. Soc. 30 mars 1994, *RJS* 5/94, n° 553 (imputation des *gueltes*, primes dépendant des ventes effectuées).

7. Soc. 28 févr. 1985, *JS UIMM* 1985, n° 466 ; 6 nov. 1985, *ibid.*, n° 472 ; Crim. 12 févr. 1985, *Bull. crim.* n° 469 ; Soc. 21 juill. 1986, *Bull. civ.* V, n° 480 ; 2 mars 1994, *Dr. soc.* 1994. 372 (prime de vacances).

8. Soc. 14 nov. 2012, n° 11-14.862 P.

9. Soc. 2 avr. 2003, *RJS* 6/03, n° 742 ; 7 avr. 2004, n° 02-41.616 D.

10. Crim. 10 mai 1983, *Dr. ouvrier* 1983. 471 ; Soc. 7 janv., 6 févr., 4 juill. 1985, en annexe de l'étude de J. Savatier, préc. ; Crim. 27 mai 1997, *Dr. soc.* 1997. 733, obs. J. Savatier.

11. Soc. 29 mars 1995, *Dr. soc.* 1995. 503 (une prime de rythme, compensant une sujétion particulière, doit être exclue, tandis qu'une prime de polyvalence, rémunérant la formation du rémunérant des temps de pause [1]. Quant au *treizième mois*, la Chambre criminelle l'exclut de l'ensemble à comparer au SMIC [2] ; ce que fait également la Chambre sociale, mais avec une nuance [3]. De même, doivent être exclues les participations aux résultats [4]. On peut se demander si certaines de ces solutions n'entrent pas en contradiction avec les dispositions de l'article D. 3231-6 du Code du travail qui, s'il se réfère bien au temps de travail effectif, vise également les « majorations diverses ayant le caractère de fait d'un complément de salaire » [5].

4) Les majorations pour *heures supplémentaires* et les remboursements de *frais* sont exclus de la masse à comparer SMIC, auquel ils s'ajoutent donc.

933 ***La fixation du SMIC*** ◊ La loi du 11 février 1950 laissait au seul Gouvernement le soin de fixer le niveau du SMIG, compte tenu, d'une part, des conditions économiques générales et de l'évolution du revenu national, d'autre part de l'avis de la Commission supérieure des conventions collectives. Sous la pression des organisations ouvrières, une loi du 18 juillet 1952, modifiée par une loi du 26 juin 1957, introduisit une clause d'échelle mobile. Le système devait pourtant se révéler notoirement insuffisant en période d'expansion et l'écart n'allait cesser de croître

salarié à plusieurs postes et une part de ses performances, doit être incluse) ; 3 juill. 2001, *Dr. soc.* 2001. 1004, obs. C. Radé (prime de « non accident ») ; 22 mai 2001, *Dr. soc.* 2001. 766, obs. C. Radé (prime de rendement et de ventes) ; 4 mars 2003, *Dr. soc.* 2003. 658, obs. C. Radé (prime de cherté de la vie versée dans les DOM).

1. Soc. 13 juill. 2010, n° 09-42.890, *Dr. soc.* 2010. 1112, obs. Ch. Radé (les primes de pause doivent être exclues du salaire devant être comparé au SMIC dès lors que les salariés ne sont pas, pendant les pauses, à la disposition de l'employeur, de sorte que celles-ci ne constituent pas du temps de travail effectif, qu'elles ne sont pas la contrepartie du travail et que leur détermination dépend de facteurs généraux sur lesquels les salariés n'influent pas). Solution confirmée par deux arrêts en date du 21 mars 2012 (n°s 10-27.425 et 10-21.737, *Dr. soc.* 2012. 630, note crit. Ch. Radé), dans lesquels la Cour de cassation abandonne toutefois l'obscure référence « aux facteurs généraux sur lesquels les salariés n'influent pas ». V. aussi dans le même sens, Soc. 17 oct. 2012, n° 11-15.699 P ; Crim. 15 févr. 2011, n°s 10-87.019 et 10-83.988, *RDT* 2011. 319, obs. G. Pignarre : « dans le cas où les temps de pause correspondent à un repos obligatoire durant lequel les salariés ne sont plus à la disposition de leur employeur, les primes les rémunérant, qui ne correspondent ni à un travail effectif (...), ni à un complément de salaire de fait (...) sont exclues du salaire devant être comparé au salaire minimum de croissance ».

2. Crim. 27 janv. 1987, *Dr. ouvrier* 1987. 404 ; 29 nov. 1988, *Bull. crim.* n° 405.

3. Pour la Chambre sociale, c'est seulement pour le mois à la fin duquel il est versé (déc., normalement) qu'il est possible d'imputer ce treizième mois sur le SMIC (Soc. 2 mars 1994, *Dr. soc.* 1994. 372), l'employeur ne pouvant en revanche s'acquitter de son obligation de payer le salaire minimum en versant des acomptes ou des quotes-parts de ce treizième mois (Soc. 17 mars 1988, *Bull. civ.* V, n° 187 ; 3 mars 1988, *Bull. civ.* V, n° 158). Même solution pour les minima conventionnels (Soc. 7 mai 1991, *RJS* 6/91, n° 712).

4. Crim. 5 nov. 1996, *RJS* 2/97, n° 145.

5. Mais il faut admettre, à rebours, que cette catégorie est singulièrement large et, de ce fait, de nature à faire entrer dans l'assiette du SMIC un grand nombre de primes. On peut par suite juger que la référence à la « contrepartie du travail » permet de tracer un juste milieu entre ce qui doit être pris en compte et exclu de cette assiette.

entre l'évolution moyenne des salaires et celle du SMIG. La loi du 2 janvier 1970 [1] a répondu à une double préoccupation :

– sur le plan social, abandonner l'ancienne notion *statique* de maintien d'un minimum de subsistance aux moins favorisés, pour y substituer la conception *dynamique* d'une participation garantie et régulièrement croissante aux fruits du progrès économique ;

– sur le plan économique, éviter le retour de situations où le retard pris par le salaire minimum est tel que le combler entraîne une surcharge dangereuse pour les entreprises ou certains secteurs de l'économie ; éviter également que certaines entreprises ne survivent qu'en sous-payant leur personnel.

La conjoncture n'est évidemment plus la même, mais les dispositions légales nées des considérations ci-dessus demeurent. Selon l'article L. 3231-2, le salaire minimum de croissance doit assurer aux salariés dont les rémunérations sont les plus faibles la *garantie de leur pouvoir d'achat* et une *participation au développement économique* de la nation.

Afin d'éviter toute distorsion, l'évolution du *minimum horaire (brut) légal* repose sur un double mécanisme d'indexation et de prise en compte de la croissance.

a) Indexation. Subsiste le relèvement *automatique* du SMIC en fonction de l'indice national des prix à la consommation : lorsque cet indice affiche une hausse d'au moins 2 %, le SMIC est relevé dans la même proportion à compter du premier jour du mois qui suit la publication de l'indice entraînant le relèvement (C. trav., art. L. 3231-5). Un *arrêté conjoint* des ministres chargés du travail, de l'agriculture, et de l'économie et des finances fait connaître son nouveau montant.

b) Prise en compte de la croissance. Afin d'assurer aux intéressés « une participation au développement économique de la nation », chaque année le Gouvernement, après consultation et avis motivé de la Commission nationale de la négociation collective [2], fixe par *décret* en Conseil des ministres le nouveau taux du SMIC au 1er janvier (C. trav., art. L. 3231-6 s.) [3].

---

1. G. Lyon-Caen, « Du SMIG au SMIC et au minimum garanti », *D.* 1970. Chron. 9.

2. La L. n° 2008-1258 du 3 déc. 2008 (art. 24) a modifié les règles de détermination du SMIC afin, semble-t-il, d'en « dépolitiser » la revalorisation. Un groupe d'experts se prononce chaque année sur l'évolution du SMIC. Le rapport qu'il établit à cette occasion est adressé à la Commission nationale de la négociation collective et au Gouvernement. Il est rendu public. Le Gouvernement remet lui-même à la Commission précitée, préalablement à la fixation annuelle du salaire minimum, une analyse des comptes économiques de la Nation et un rapport sur les conditions économiques générales. Si ce rapport s'écarte de celui établi par le groupe d'experts, le Gouvernement motive par écrit ces différences auprès de la Commission nationale de la négociation collective. Le premier rapport de ce groupe d'experts (sur la composition duquel, v. *D.* 2009-552 du 19 mai 2009) a été remis en juin 2009 (*JCP S* 2009. Actu. 312).

3. Antérieurement au 1er janv. 2010, la fixation annuelle du SMIC prenait effet au 1er juill. La loi du 3 déc. 2008 a modifié cette date afin, selon l'exposé des motifs, de faciliter le travail des partenaires sociaux dans les banches et dans les entreprises. Les négociations annuelles obligatoires ayant souvent lieu en début d'année civile, la fixation préalable du SMIC est de nature à clarifier la situation et à faciliter l'établissement des grilles des minima conventionnels (R. Vatinet, La loi en faveur des revenus du travail : *JCP S* 2008. 1644).

Il s'agit alors d'un relèvement facultatif (occasion d'un éventuel « coup de pouce »), mais en aucun cas, l'accroissement annuel du pouvoir d'achat du SMIC « ne peut être inférieur à la moitié de l'augmentation du pouvoir d'achat des salaires horaires moyens enregistrés par l'enquête trimestrielle du ministère chargé du travail ».

Afin d'assouplir le système, les articles L. 3231-10 et L. 3231-11 ouvrent au Gouvernement la faculté d'accorder en cours d'année ce que l'on peut appeler des « acomptes » imputables sur cette augmentation [1].

La revalorisation du SMIC entraîne une majoration du salaire horaire ainsi que de la rémunération mensuelle minimale de salariés rémunérés au-dessous de son nouveau taux. Elle a des incidences multiples sur la rémunération des apprentis, des divers bénéficiaires de la formation professionnelle et indirectement des fonctionnaires des catégories inférieures (resserrement de l'éventail des salaires), mais aussi des effets induits sur certaines rentes, sur l'indemnisation du chômage et la Sécurité sociale [2]. C'est pour cela, entre autres raisons, que les tenants du libéralisme économique critiquent de cette institution.

§ 2. Institutions satellites

934 ***Le minimum garanti*** ◊ Limitant ainsi la portée de la réforme, la loi du 2 janvier 1970 a prévu que, dans diverses dispositions législatives ou réglementaires comportant une référence à l'ancien SMIG, ce dernier était remplacé par un minimum garanti spécifique, « déconnecté » du SMIC, d'un montant nettement inférieur (3,51 € à compter du 1er janv. 2014), avec augmentation en cas de hausse de 2 % ou d'intervention facultative du Gouvernement (C. trav., art. L. 3231-12, R. 3231-17). Dépendent ainsi du seul minimum garanti, les aides accordées par le Fonds national de l'emploi, le niveau des plafonds de ressources ou l'évaluation des avantages en nature.

935 ***La rémunération mensuelle minimale*** ◊ Répondant à une revendication déjà ancienne des organisations syndicales – celle d'un « vrai salaire minimum mensuel » – une loi du 23 décembre 1972 a entendu garantir aux travailleurs salariés une rémunération mensuelle minimale. Ses dispositions se retrouvent aux articles L. 3232-1 s. Il importait en effet de faire bénéficier les travailleurs les plus défavorisés du mouvement de mensualisation des salaires, mais avec un caractère impératif et une portée accrue.

1) Tout salarié lié à son employeur par un contrat de travail comportant un horaire au moins *égal à la durée légale* hebdomadaire du travail, perçoit une rémunération mensuelle minimale égale au produit du montant du

1. Depuis le 1er janv. 2014, le SMIC horaire brut s'élève à 9,53 €, soit 1 445,38 € bruts mensuels sur la base de la durée légale de 35 heures hebdomadaires.

2. J.-P. Courthéoux, « Le SMIC, étalon de valeur », *Dr. soc.* 1984. 100 ; « Le salaire minimum, salaire de référence », *Dr. soc.* 1990. 836.

SMIC par le nombre d'heures correspondant à cette durée légale pour le mois considéré (les heures correspondant aux fêtes légales sont comprises dans cette durée, même si elles sont chômées dans l'entreprise : c'est un aspect de cette « mensualisation » du SMIC). Cette rémunération mensuelle minimale se trouve toutefois réduite à due concurrence lorsque le travailleur a effectué un nombre d'heures *inférieur à la durée légale* pour cause de suspension du contrat par des absences dues à la maladie [1], à l'accident ou à la maternité, ou à la cessation collective du travail [2], ou en raison de la date de début ou de cessation du contrat de travail [3].

2) Quand, par suite de la réduction de l'horaire au-dessous de la durée légale, le salarié a perçu au cours du mois, à titre de salaire et d'allocations légales ou conventionnelles pour privation partielle d'emploi, une somme totale inférieure à la rémunération mensuelle minimale, son employeur doit lui verser une *allocation complémentaire* correspondant à la différence [4]. Un document comptable justificatif doit être fourni au salarié. Si l'allocation est à la charge de l'employeur, l'État lui rembourse toutefois une fraction égale en principe à 50 % dans les limites d'un plafond.

Ainsi les travailleurs les plus défavorisés se trouvent-ils désormais un peu protégés contre les fréquentes réductions d'horaires de l'entreprise pour des causes économiques, mais le mécanisme n'est guère différent de celui de l'indemnisation du chômage partiel [5].

SECTION 2. LA FIXATION DES SALAIRES PAR ACCORDS COLLECTIFS ET INDIVIDUELS

936 ***Cadre*** ◇ La fixation des salaires semble, idéalement, affaire de *négociation collective*. C'est le cas, en France, dans une certaine mesure (§ 1). Pourtant, si la *négociation individuelle* – lors de la conclusion ou à l'occasion d'une modification du contrat de travail – reste suspecte (dans le cadre d'un contrat d'adhésion…), elle paraît moins marginale qu'autrefois. Surtout, le droit jurisprudentiel la répute essentielle et tend à lui garantir un espace (§ 2). Ce qui ne saurait l'affranchir, d'un *ordre public salarial* au demeurant enrichi par cette même jurisprudence (§ 3).

1. La retenue de salaire doit correspondre au temps exact de la cessation de travail : Soc. 26 janv. 2011, n° 08-45.204, *Bull. civ.* V, n° 101.

2. Constitue une cessation collective de travail justifiant la réduction de la rémunération mensuelle la fermeture de l'établissement pour congé (Soc. 2 avr. 1992, *Dr. soc.* 1992. 475).

3. Le salaire ne peut être réduit pour une autre cause (Soc. 25 mai 1993, *Bull. civ.* V, n° 773). Cette disposition est applicable aux travailleurs à temps partiel, qui bénéficient des mêmes droits que les travailleurs à temps plein (Crim. 11 févr. 1986, *JS UIMM* 1986, n° 476).

4. L'employeur versant certains mois une rémunération supérieure à ce minimum mensuel n'est pas libéré de sa dette pour les mois ayant donné lieu au versement d'un salaire inférieur à ce minimum (Soc. 29 janv. 2002, *Bull. civ.* V, n° 36).

5. Sur l'indemnisation du chômage partiel ; v. ss 338.

§ 1. La négociation collective des salaires [1]

937 ***L'accord de branche : des minima de salaires*** ◊ Le SMIC concerne uniquement les travailleurs les plus défavorisés et ne constitue pas une base de départ de la hiérarchie des salaires qui entraînerait en cas de modification une hausse généralisée de l'éventail tout entier [2].

Depuis la loi du 11 février 1950, c'est principalement par voie de négociation collective que sont déterminés les salaires. Les conventions collectives extensibles doivent obligatoirement fixer le *salaire minimum professionnel* [3] du travailleur sans qualification (indice 100) et les coefficients hiérarchiques afférents aux diverses qualifications professionnelles [4]. C'est la hiérarchie des salaires, caractéristique du système français. Les augmentations périodiques de ces salaires catégoriels minima s'opèrent par voie de majoration du « point ». À la lecture du barème on peut déterminer arithmétiquement le *salaire minimum conventionnel* correspondant à chaque emploi. Le salarié doit donc percevoir une rémunération au moins égale à ce dernier. Ce travail de comparaison pose de récurrentes difficultés au moment de déterminer les compléments de salaire à prendre en considération. Pour la Cour de cassation, « en l'absence de dispositions conventionnelles contraires, toutes les sommes versées en contrepartie du travail entrent dans le calcul de la rémunération à comparer avec le salaire minimum garanti » [5]. Lorsque les partenaires sociaux ont précisé les

---

1. Selon le Conseil constitutionnel, la libre négociation des salaires figure parmi les « principes fondamentaux du droit du travail » au sens de l'article 34, auxquels seule la loi – et non le pouvoir réglementaire – peut porter atteinte. J. Pélissier, La négociation des salaires, *Dr. soc.* 1984. 678 ; J.-C. Javillier, La négociation d'entreprise en matière de rémunération, *ibid.* 1988.68 ; J. Savatier, Les minima de salaires, *ibid.* 1997.575 ; F. Gaudu, Le salaire et la hiérarchie des normes, *ibid.* 2011. 24.

2. En droit, car, en fait, la hausse du SMIC exerce une influence sur l'évolution générale des salaires. Certains accords collectifs prévoient, dans ce cas, la réunion des signataires et une procédure de discussion.

3. Ce salaire minimum professionnel sera parfois inférieur au montant du SMIC. Il n'en demeurera pas moins la base licite de calcul de l'ensemble des salaires. Mais aucun salarié ne pourra percevoir moins que le SMIC. Au cours de ces dernières années, les négociations ont permis de remédier, dans un certain nombre de branches, à cette anomalie que constitue l'existence d'un salaire minimum conventionnel inférieur au salaire minimum légal, mais cette situation juridiquement paradoxale perdure dans de très nombreuses branches.

4. Cette technique rigide, qui solidarise toutes les catégories par voie de hausse du salaire minimum professionnel, est écartée dans certaines branches au profit d'une formule plus souple fixant des taux distincts pour les diverses catégories. La hiérarchie conventionnelle s'impose au juge (Soc. 14 déc. 1977, *Bull. civ.* V, n° 698).

5. Soc. 7 avr. 2010, n° 07-45.322, *JCP S* 2010. 1286, note D. Evraert-Dumont. Il en va notamment ainsi des commissions (Soc. 2 avr. 2003, *Dr. soc.* 2003. 661, obs. C. Radé ; 7 avr. 2004, *Bull. civ.* V, n° 116), ou d'une prime d'objectifs (Soc. 4 juin 2002, *Dr. soc.* 895, obs. C. Radé), mais non des gratifications libérales, de la participation aux fruits de l'entreprise, des primes d'assiduité (Soc. 19 mars 1986, *JS UIMM* 1986, n° 474), d'ancienneté (Soc. 19 juin 1996, *RJS* 8-9/96, n° 1048 ; 7 févr. 2007, *RDT* 2007. 253, obs. G. Pignarre ; en revanche les majorations du salaire liées à l'ancienneté doivent être prises en compte : Soc. 4 févr. 2003, *RJS* 4/03, n° 462), d'activité ou de rythme (prime « liée au caractère contraignant du travail imposé » et ne correspondant pas aux prestations effectuées par le salarié : Soc. 27 oct. 1999, *Dr. soc.* 2000. 206) et plus généralement des avantages liés à la situation de l'entreprise et non au travail fourni (Soc. 23 oct. 1991, *Bull. civ.* V, n° 436).

éléments de rémunération exclus du minimum conventionnel, il faut s'en tenir strictement à cette définition, sous peine de violer la convention ou l'accord collectif [1]. Ainsi, lorsque le calcul du salaire minimum conventionnel annuel garanti repose sur le nombre d'heures travaillées donnant lieu à rémunération, les heures non travaillées par suite de chômage-intempéries ou d'absences pour maladie, accident ou maternité, qui font l'objet d'une indemnisation spécifique, doivent être exclues du temps rémunéré et diminuer à due proportion ce salaire minimum [2]

Le mécanisme est parfois complété par l'institution d'une garantie de ressources annuelle fonctionnant comme un second minimum [3].

Les conventions collectives susceptibles d'extension doivent obligatoirement prévoir les procédures et la périodicité de révision des salaires catégoriels minima (C. trav., art. L. 2261-22). Depuis la loi du 13 novembre 1982, le Code impose une négociation annuelle des minima de salaires dans chaque branche entre organisations déjà liées par une convention ou des accords collectifs à ce niveau (C. trav., art. L. 2241-1). La loi du 23 mars 2006 a ajouté au programme de cette négociation salariale annuelle, mais aussi de la négociation quinquennale de branche sur les classifications (C. trav., art. L. 2241-7) la définition et la programmation de mesures propres à « supprimer les écarts de rémunération entre les femmes et les hommes avant le 31 décembre 2010 » (C. trav., art. L. 2241-9).

Quand l'accord ne peut s'établir entre les partenaires sociaux, la fédération patronale prend parfois une décision unilatérale de majoration ou adresse au moins une *recommandation* à laquelle la Cour de cassation reconnaît, sous certaines conditions, une portée normative [4].

938 ***L'accord d'entreprise : les salaires effectifs*** ◊ Les minima catégoriels fixés au niveau des branches sont nettement inférieurs aux salaires pratiques. Les salaires réels ont longtemps relevé de la souveraineté de l'employeur sous couvert d'accord contractuel lors de l'embauchage, puis en cours de carrière. Depuis la loi du 13 novembre 1982 une négociation annuelle des salaires effectifs doit être ouverte au niveau de l'entreprise, et doit également porter sur les objectifs en matière d'égalité professionnelle entre les femmes et les hommes (C. trav., art. L. 2242-8 s.). Mais, en vertu de l'article L. 2254-1, seules les dispositions plus favorables d'un accord collectif peuvent se substituer aux clauses du contrat individuel relatives au salaire [5]. L'accord d'entreprise fixe donc des salaires qui sont des salaires

---

1. V. clairement en ce sens, Soc. 24 avr. 2013, n° 12-10.196 P.

2. Soc. 10 juill. 2013, n° 12-15.608, publié.

3. P. Guillen, L'accord du 19 juill. 1978 relatif à l'institution d'une rémunération annuelle dans la métallurgie, *Dr. soc.* 1978. 452.

4. V. ss 741. Mais la recommandation du groupement ou du syndicat patronal ne s'impose qu'aux employeurs adhérents à cette organisation, quels que soient les liens de groupe entre entreprises (Soc. 13 juill. 2004, *TPS* 2004. Comm. 300).

5. Trouve ici à s'appliquer la règle classique selon laquelle en cas de concours de stipulations contractuelles et conventionnelles, les avantages ayant la même objet ou la même cause ne minima d'entreprise, mais il n'est jamais certain qu'il s'agisse des rémunérations réellement pratiquées.

§ 2. Salaire et contrat de travail [1]

939 ***La rémunération, élément du champ contractuel*** ◊ Le montant du salaire dépend en définitive du contrat de travail, qui peut toujours déroger aux normes conventionnelles, dès lors que c'est en faveur du salarié. Dans les faits, l'employeur a le plus souvent la maîtrise du montant du salaire sous couvert d'accord contractuel, pourvu qu'il respecte le SMIC et les minima conventionnels, quelques règles de non-discrimination et le principe « À travail égal, salaire égal ». Cette dernière limite n'est pourtant pas négligeable : l'employeur qui pratique des augmentations « au choix » dans une démarche d'individualisation des salaires effectifs, s'expose à devoir justifier ses choix par des éléments objectifs. Surtout, le fait que le salaire soit réputé fixé par l'accord des parties est lourd de conséquences si l'employeur entend le modifier.

a) La Cour de cassation s'est efforcée de préciser les rapports du salaire avec le contrat de travail et d'autres sources normatives. « La rémunération, contrepartie du travail du salarié, *résulte en principe du contrat de travail*, sous réserve, d'une part, du SMIC, et d'autre part, des *avantages* résultant des *accords collectifs*, des *usages* de l'entreprise ou des *engagements unilatéraux* de l'employeur » [2]. Parce que la rémunération – montant et mode de détermination – « constitue *un élément du contrat de travail* », elle ne peut être modifiée sans l'accord du salarié [3], aussi modeste soit cette modification de la « rémunération contractuelle » [4] et même si elle est avantageuse pour l'intéressé [5]. Au surplus, si une clause insérée dans le contrat peut prévoir une variation dès lors qu'elle est fondée sur des éléments objectifs, indépendants

peuvent se cumuler. Simple à énoncer, la règle est plus délicate à mettre en œuvre, spécialement lorsque les avantgaes en cause sont proches. V., à propos de primes de treizième mois : Soc. 13 juin 2012, n° 10-27.395, *Lexbase Hebdo, éd. Sociale*, note Ch. Radé.

1. F. Gaudu, Le salaire et la hiérarchie des normes, *Dr. soc.* 2011. 24.

2. Soc. 20 oct. 1998, *Dr. soc.* 1999. 125, note Ph. Langlois ; *D.* 1999. 524, note F. Jault-Seseke et M. Moreau.

3. Soc. 28 janv. et 3 mars 1998, *Dr. soc.* 1998. 523, note G. Couturier ; 18 avr. 2000, *RJS* 6/00, n° 633 ; 18 juill. 2000, *Dr. soc.* 2000. 1021, obs. C. Radé ; 27 févr. 2001, *RJS* 5/01, n° 562 (droit du salarié de refuser une modification des modalités contractuelles de calcul de ses commissions) ; 3 juill. 2001, 2 arrêts, *Dr. soc.* 2001. 1006 ; *ibid.* 1007, obs. C. Radé (arrêt *Aviceau* : une clause du contrat de travail ne peut valablement permettre à l'employeur de modifier unilatéralement la rémunération contractuelle du salarié ; arrêt *Pierre* : le taux horaire du salaire prévu par le contrat ne peut être modifié unilatéralement par l'employeur). En revanche l'adoption d'une nouvelle politique commerciale de l'entreprise ne constitue pas une modification du contrat de travail même si elle entraîne une baisse de la rémunération du salarié : Soc. 19 juin 2001, *RJS* 10/01, n° 1116 ; 8 janv. 2002, *Dr. soc.* 2002. 358, obs. C. Radé.

4. Soc. 19 mai 1998, *Bull. civ.* V, n° 265.

5. Soc. 28 janv. et 3 mars 1998, préc. ; 19 mai 1998, préc. ; 27 févr. 2001, *Dr. soc.* 2001. 514, note C. Radé.

de la volonté de l'employeur [1], elle ne saurait habiliter ce dernier à modifier unilatéralement cette rémunération [2]. La modification (baisse) de sa rémunération ne peut être imposée au salarié même si elle est la conséquence d'une réduction du temps de travail [3], ou d'une diminution du volume de travail fourni au salarié [4] ; même si elle est la conséquence d'une mutation par mise en œuvre d'une clause de mobilité [5].

L'employeur ne peut donc que proposer la réduction du salaire (ou son augmentation, mais il y aura moins de problèmes) au salarié, dont l'acceptation doit être expresse [6] (sauf jeu de l'article L. 1222-6 sur la procédure de modification pour motif économique) [7]. Le refus du salarié, qui exerce dès lors sa liberté contractuelle, est en principe légitime [8] ; si l'employeur entend alors le licencier [9], le motif de cette rupture ne peut être que celui de la modification proposée et refusée, et non le refus lui-même. C'est donc des qualités du motif (économique) ayant poussé l'employeur à faire la proposition de modification de la rémunération que dépendra la justification du licenciement [10].

b) Ce système vaut pour tout élément de la *rémunération contractuelle*. Mais si la rémunération du salarié présente « en principe » ce caractère, elle peut aussi résulter partiellement du statut collectif applicable dans l'entreprise. Un problème de qualification peut donc surgir à propos d'une prime, d'une gratification ou de tout autre élément du salaire : s'agit-il d'un élément de la rémunération contractuelle ou de l'application du statut collectif ? [11]. L'enjeu de cette qualification est d'importance car, si cet

---

1. Soc. 2 juill. 2002, *Bull. civ.* V, n° 229 ; *D.* 2003. Somm. 391, obs. V. Wauquier ; *Grands arrêts*, n° 52.

2. Soc. 30 mai 2000, *D.* 2000. IR 175.

3. Ce que confirment implicitement : Soc. 12 juill. 2005 ; *Dr. soc.* 2005. 1053, obs. J. Barthélémy ; 5 avr. 2006, *JCP S* 2006. 1536, note B. Bossu.

4. Soc. 5 avr. 2006, *JCP S* 2006. 1471, note Th. Lahalle (pour un travailleur à domicile).

5. Soc. 15 déc. 2004, *Dr. soc.* 2005. 337, obs. J. Mouly.

6. Soc. 18 avr. 2000, préc.

7. Dès lors que l'employeur modifie la rémunération contractuelle du salarié sans recueillir au préalable son accord, celui-ci est en mesure de prendre acte de la rupture de son contrat de travail ; prise d'acte qui se trouve *ipso facto* justifiée (Soc. 5 mai 2010, n° 07-45.409, *JCP S* 2010. 1298, note D. Corrignan-Carsin).

8. L'accord du salarié pour une rémunération moindre à l'avenir ne constitue pas une *renonciation* à une créance (échue). Au demeurant le droit français n'est pas aussi hostile à la renonciation qu'on a tendance à le penser (A. Jeammaud, La renonciation du salarié, *Dr. ouvrier* 1997. 535).

9. L'action en exécution est-elle fermée au salarié ? V. J. Savatier, La réduction du salaire : inexécution ou modification unilatérale du contrat ?, *Dr. soc.* 1986. 867.

10. Si la modification (par suppression d'une prime) devait faire descendre la rémunération du salarié au-dessous du minimum conventionnel, le licenciement du salarié serait à coup sûr dépourvu de cause réelle et sérieuse. Telle est « la doctrine de la Cour de cassation », précise Soc. 27 oct. 1999, *Dr. soc.* 2000. 206, obs. C. Radé.

11. Soc. 7 avr. 1998, *Dr. soc.* 1998. 623, obs. J. Savatier ; 18 juill. 2000, *Dr. soc.* 2000. 1021, obs. C. Radé. L'attitude de l'employeur peut être décisive : s'il a sollicité l'accord des salariés à la remise en cause d'un avantage, il en a confirmé le caractère contractuel : Soc. 5 oct. 1999, *Dr. soc.* 2000. 112, obs. J.-P. Laborde ; 1er févr. 2012, n° 10-17.394, *JCP S* 2012. 1151, note D. Asquinazi-Bailleux. La Cour de cassation a toutefois pu décider que « l'avantage litigieux qui résultait d'un usage et n'était pas incorporé au contrat de travail n'a pu changer de nature par élément de rémunération procède de la convention collective, de l'usage ou de l'engagement unilatéral, il pourra être remis en cause sans que le salarié puisse s'y opposer à titre individuel [1]. Sous réserve de la règle du maintien des avantages individuellement acquis (C. trav., art. L. 2261-13), cet élément de rémunération ne s'incorpore pas au contrat et se trouvera donc modifié ou supprimé si la « norme collective » dont il procédait est régulièrement dénoncée ou révisée (notification, respect d'un délai de préavis ou de prévenance) [2].

La rigueur de cette solution est atténuée lorsque la rémunération résulte *exclusivement* de l'usage ou de l'engagement unilatéral. Dans ce cas, « la dénonciation (régulière) de cet usage ou de cet engagement ne permet pas à l'employeur de fixer unilatéralement le salaire, et celui-ci doit alors résulter d'un accord contractuel, à défaut duquel il incombera au juge de se prononcer » [3]. Ce juge (prud'homal) fixera le salaire sur saisine par la partie la plus diligente ou sera conduit à dire, sur une action en paiement ou dans le cadre d'un litige consécutif à la rupture, ce qu'il aurait dû être.

On reconnaît dans cette construction l'adaptation, au cas de la rémunération, du régime prétorien de la modification des conditions de travail et d'emploi, mais avec un certain brouillage de la distinction de la modification du contrat et de celle du statut collectif.

---

l'effet de la recherche de l'employeur d'un accord avec ses salariés sur sa modification : Soc. 26 avr. 2006, n° 05-43.005, inédit. De même, la remise au salarié lors de son embauche d'un document résumant les usages et les engagements unilatéraux de l'employeur n'a pas pour effet de contractualiser les avantages qui y sont décrits (Soc. 11 janv. 2000, *D.* 2000. 893, note G. Pignarre ; *Dr. soc.* 2000. 833, 2e esp., note M. Véricel).

1. Il en va autrement si la révision de la convention porte sur la durée du travail ; la baisse de salaire qui peut résulter d'une réduction de celle-ci est constitutive d'une modification du contrat et se trouve subordonnée à l'acceptation du salarié (Soc. 13 nov. 2002, *RJS* 1/03, n° 42). De même, la Cour de cassation a décidé que, « que la structure de la rémunération dont bénéficiait la salariée ne résultant que de dispositions conventionnelles, modifiées par la nouvelle convention conclue le 2 juin 2003, sans qu'un avantage individuel ait été acquis à ce titre, la cour d'appel qui a vérifié que le montant de la rémunération n'avait pas subi de réduction a retenu à bon droit que la clause contenue à l'article 61 de cette convention ne permettait pas à l'intéressée de prétendre au maintien de la structure de la rémunération antérieure » (Soc. 19 mars 2014, n° 13-10.021 : *Lexbase Hebdo, éd. Sociale*, n° 565, note S. Tournaux). Il résulte de cette décison que le salarié peut s'opposer à la modification de la structure de sa rémunération fixée par une norme conventionnelle, dès lors qu'elle emporte réduction de sa rémunération. Est-ce à dire que le salarié pourrait, plus généralement, s'opposer à toute réduction de sa rémunération alors même qu'elle résulterait de stipulations conventionnelles ? Cela peut se concevoir dès lors que l'on admet que la rémunération est, par nature, contractuelle.

2. Soc. 25 févr. 1988, *Bull. civ.* V, n° 139 ; 17 mars 1993, *Dr. soc.* 1993. 464 ; 27 juin 2000, *Dr. soc.* 2000. 828, obs. C. Radé et obs. Ph. Waquet, *Dr. soc.* 2000. 1007 ; 10 juin 2003, *RJS* 8-9/03, n° 1042. En particulier, la Chambre sociale juge avec constance que « les avantages résultant pour les salariés d'un usage d'entreprise ne sont pas incorporés aux contrats de travail » (Soc. 3 déc. 1996, *Bull. civ.* V, n° 412 ; 6 juill. 2005, *Bull. civ.* V, n° 239 ; *D.* 2006. Pan. 37, obs. P.-E. Berthier). Bien qu'elle paraisse être favorable au salarié, l'intégration d'une prime d'origine conventionnelle à sa rémunération contractuelle requiert son accord (Soc. 23 oct. 2001, *Dr. soc.* 2002. 112, obs. C. Radé).

3. Soc. 20 oct. 1998 (*Courcelles*), *Bull. civ.* V, n° 435.

940 ***Une individualisation encouragée et contrôlée*** ◊ **a)** Cette valorisation du contrat favorise une individualisation du salaire comprise comme sa fixation effective par accord direct entre l'employeur et chacun de ses salariés [1]. Elle encadre, et peut rendre problématique, une autre pratique d'« individualisation des salaires », qui consiste, pour un accord collectif, à prévoir qu'une fraction de la masse salariale sera affectée (par un mécanisme de primes par exemple), à une rémunération distinctement fixée pour chaque salarié.

S'il est ainsi prévu par le contrat ou l'accord collectif qu'une partie variable de la rémunération doit résulter d'un accord – annuel, par exemple – entre l'employeur et le salarié, l'absence d'un tel accord ne risque-t-elle pas de laisser le salarié désarmé, se heurtant au refus du juge de se substituer aux parties ? La jurisprudence sociale s'est affranchie de cette conception radicale de la liberté contractuelle : à défaut d'accord des parties sur ce montant variable, *il appartient au juge de déterminer cette rémunération* en fonction des critères visés au contrat (ou dans l'accord collectif) et des accords conclus les années précédentes [2]. On imagine la difficulté, pour le juge prud'homal, de cette manière d'« arbitrage » des salaires. On comprend aussi qu'en ouvrant la perspective de son intervention, la Cour de cassation crée comme une obligation de négocier. Et, comme dans son arrêt *Courcelles* évoqué plus haut, la Cour considère que cette juridiction a devoir et pouvoir de fixer, à défaut d'accord entre les parties et à la demande la plus diligente (du salarié), un élément de la rémunération. Cette hypothèse d'*intervention du juge pour combler une lacune du contrat de travail* concernant un élément de la rémunération n'a plus rien d'exceptionnel [3], et devrait alimenter le classique débat sur la réfaction du contrat par le juge.

b) En dehors ou en amont de cette hypothèse de fixation judiciaire, le problème d'une individualisation partielle des salaires est de dégager des critères (objectifs) d'appréciation du « mérite » ou de la « valeur » professionnelle. En effet, dans l'une ou l'autre de ses versions, toute individualisation est tributaire d'un ordre public salarial qui se manifeste, notamment, par des exigences de justification. Lorsque la rémunération ou un élément de celle-ci est fondée sur des objectifs à atteindre, la jurisprudence veille à écarter toute clause potestative qui permettrait à l'employeur de modifier arbitrairement le calcul de la rémunération [4], tout en consacrant « le droit de l'employeur d'évaluer le travail de ses salariés » [5].

---

1. La divulgation du montant du salaire est soumise aux règles de traitement et de circulation des données à caractère personnel de la Dir. n° CE 95-46, qui a un effet direct dans l'ordre national (CJCE 20 mai 2003, aff. 465/00, *RJS* 12/03, n° 1391 et obs. Haguenau et Moizard. p. 942).

2. Soc. 23 mai 1995, n° 91-41.584, *Bull. civ.* V, n° 161, *GADT*, n° 55-57. Dans le même sens, Soc. 13 janv. 2009, *Dr. soc.* 2009. 611, obs. Ch. Radé.

3. Ex. : Soc. 10 mars 2004, *Bull. civ.* V, n° 77 (fixation de la contrepartie pécuniaire des astreintes) ; 16 janv. 2008, n° 06-42.983 P (contrepartie des temps d'habillage et déshabillage dans les locaux ou sur le lieu de travail).

4. Soc. 20 oct. 1998, *Bull. civ.* V, n° 436 ; 27 juin 2000, *Bull. civ.* V, n° 246. V. Ph. Waquet, Les objectifs *Dr. soc.* 2001. 120.

5. V. ss 652.

§ 3. L'ordre public salarial

941 Le montant des salaires, tel qu'il peut être déterminé par le contrat de travail, l'accord collectif ou la décision de l'employeur, avec le concours éventuel d'usages ou d'engagements unilatéraux, est tributaire d'un certain nombre de règles *ne supportant aucune dérogation, pas même en faveur des salariés ou (encore moins) d'un salarié particulier.* L'ensemble est hétéroclite. Il y a d'une part des dispositions, mineures dans la configuration d'ensemble du droit du travail et peu significatives des valeurs qui sont censées l'inspirer, mais dont les salariés peuvent éprouver directement l'impact puisqu'elles jouent dans le sens d'une restriction du montant des rémunérations : *prohibition de l'indexation des salaires* et *imposition d'une journée de solidarité.* On a, d'autre part, une batterie de règles emblématiques d'un droit du travail sensible à la valeur d'égalité (entre les travailleurs) : des *normes contre la discrimination et en faveur de l'égalité de traitement en matière de rémunération* [1].

942 ***La limitation des possibilités d'indexation*** ◊ L'ordonnance du 30 décembre 1958, visant toutes les conventions, donc les contrats de travail et les conventions collectives, a prohibé toutes les clauses prévoyant des indexations fondées sur le SMIC, sur le niveau général des prix ou des salaires ou sur le prix des biens, produits ou services n'ayant pas de relation directe avec l'objet de la convention, ou avec l'activité de l'une des parties. La loi du 2 janvier 1970 a réitéré cette interdiction d'indexer les salaires sur le SMIC dans les accords collectifs en inscrivant dans le Code du travail une disposition que l'on retrouve à l'article L. 3231-3. Serait valide, en revanche, une indexation fondée sur le chiffre d'affaires d'une entreprise ou ses bénéfices, ou sur le prix de vente des produits fabriqués. Aussi bien la Cour de cassation a-t-elle affirmé que les dispositions de l'ordonnance devaient être interprétées restrictivement parce que dérogatoires à la liberté des conventions [2].

D'ailleurs, la négociation collective a un temps méconnu cette prohibition de l'indexation. La Cour de cassation ne pouvait manquer, dès que l'occasion lui fut donnée, de la rappeler et de l'appliquer, en invitant les juges du fond à constater la nullité absolue des clauses de ce type et à en tirer toutes les conséquences [3]. En pratique, l'employeur est fondé (pour

1. Sur ces règles, v. ss 693 s.
2. Soc. 12 févr. 1969, *Dr. ouvrier* 1970. 95 ; 14 mai 1987, *JS UIMM* 1987, n° 494.
3. Soc. 8 avr. 1976, *Bull. civ.* V, n° 166 (clause d'indexation sur le SMIC) ; 2 mars 1977, *Dr. soc.* 1977. 485, note J. Savatier (indexation sur les indices nationaux INSEE-CGT) ; 3 mai 1979, *D.* 1980. IR 27, obs. Ph. Langlois (indice INSEE-CFDT) ; 7 déc. 1983 et 15 févr. 1984, *Dr. soc.* 1984. 687, note J. Savatier ; 12 mars 1992, *Bull. civ.* V, n° 199. Toutefois, lorsqu'un dispositif conventionnel de revalorisation comprend plusieurs paramètres, dont une indexation prohibée, cette dernière n'entraîne pas la nullité de l'ensemble du dispositif (Soc. 9 avr. 1987, *Bull. civ.* V, n° 212 ; 18 mars 1997, *RJS* 10/97, n° 1106).

respecter la loi) à cesser unilatéralement d'appliquer la clause [1], et il n'y a ici ni droit acquis ni possibilité d'invoquer l'usage.

Pour briser tout lien entre le niveau des salaires et celui des prix, le Gouvernement a parfois fixé d'avance l'augmentation admissible pour les entreprises du secteur public et s'est opposé à tout ajustement *a posteriori* même par voie de négociation [2]. Certaines fédérations patronales ont suivi l'exemple en ne faisant, il est vrai, que des suggestions. Cette politique va au-delà de la prohibition de l'indexation, puisque rien n'indique que les prix voudront bien s'aligner sur ce que les pouvoirs publics ou les partenaires sociaux ont prévu.

943 ***L'imposition d'une « journée de solidarité »*** ◊ L'émotion suscitée par le nombre élevé de personnes âgées victimes de la canicule de l'été 2003 a provoqué, de la part des pouvoirs publics, un effort d'imagination dont est née la loi du 30 juin 2004 créant la journée de solidarité. Il s'agit d'assurer le financement d'actions publiques en faveur de l'autonomie des personnes âgées et handicapées.

Cette journée de solidarité prend la forme, pour les salariés, d'*une journée supplémentaire de travail non rémunérée* et, pour les employeurs, du versement d'une contribution prévue par l'article L. 14-10-4, 1° de Code de l'action sociale et des familles. Les employeurs, privés et publics, qui font ainsi l'économie des salaires d'une journée pourtant travaillée par leurs salariés, versent à une Caisse nationale de solidarité pour l'autonomie (CNSA) créée à cet effet par la loi de 2004, une « contribution de solidarité pour l'autonomie » qui représente le fruit de l'effort obligatoirement consenti par tous, notamment par les salariés dont le travail accompli ce jour-là, *dans la limite de sept heures* (et d'une durée réduite proportionnellement à leur durée contractuelle de travail pour les salariés à temps partiel) ne donne pas lieu à rémunération. On se trouve donc bien en présence d'un *dispositif qui réduit la rémunération des salariés* – pour une excellente cause, bien sûr – par rapport à ce qu'elle devrait être selon toutes les autres règles juridiques qui la régissent. Et il n'y a place pour aucune dérogation en faveur de qui que ce soit afin que ces heures de travail effectif lui soient payées. Les règles composant le régime de ce dont on a souhaité faire une « institution » exemplaire de la solidarité intergénérationnelle présentent donc un caractère d'*ordre public absolu* [3].

---

1. Soc. 26 janv. 1978, *Dr. soc.* 1979. 287, note J. Savatier.
2. Ce que la Cour de cassation juge licite : Soc. 30 avr. 1985, *Bull. civ.* V, n° 267.
3. Cette innovation sociale, assez impopulaire en raison de ses modalités, sinon dans son principe, a donné lieu à divers contentieux. Un contentieux administratif alimenté par des recours contre des actes administratifs de mise en œuvre de la journée (CE 25 juill. 2007 et 9 nov. 2007, *JCP S* 2008. 1065, note A. Noury, dont on retiendra que l'instauration d'une telle journée ne méconnaît pas les dispositions du Pacte international relatif aux droits économiques, sociaux et culturels, ni de la Charte sociale européenne, pas plus que de la Conv. OIT n° 29 sur le travail forcé et de la Conv. EDH). Des contentieux prud'homaux, également, consécutifs à des mouvements de grève un lundi de Pentecôte pour protester contre l'instauration de cette journée de

Ces dispositions (C. trav., art. L. 3133-7 s.) figurent paradoxalement dans le chapitre du Code du travail consacré... aux jours fériés. C'est que la loi de 2004 fixait cette journée de solidarité, en principe, au lundi de Pentecôte : l'idée était que les actifs sacrifiaient un jour férié, chômé pour l'immense majorité d'entre eux. Les difficultés de mise en œuvre de cette innovation sociale ont conduit à modifier le texte initial et, depuis une loi du 16 avril 2008, les modalités d'accomplissement de la journée de solidarité sont fixées par accord d'entreprise ou d'établissement ou, à défaut, par accord de branche. Cet accord peut prévoir : soit le travail d'un jour férié précédemment chômé, autre que le 1er mai (par exemple le lundi de Pentecôte), soit le travail d'un jour de « RTT », soit toute autre modalité permettant le travail de sept heures précédemment non travaillées.

---

travail non rémunéré (ex. : Soc. 16 janv. 2008, *D.* 2008. AJ. 345, deux arrêts, obs. J. Cortot, *JCP S* 2008. 1219, note G. Talvard et B. Platel, dont on retiendra que, lorsque la journée de solidarité est fixée un jour férié précédemment chômé pour lequel le salarié aurait été rémunéré par l'effet de la mensualisation, son absence pour grève fonde l'employeur à pratiquer une retenue sur salaire, qui ne constitue pas une sanction pécuniaire prohibée). Pour la discussion v. : J. de Rochefort, Pas de retenue sur salaire sans salaire : truisme ou sophisme ?, *RDT* 2007. 290.

CHAPITRE 3
LE PAIEMENT DU SALAIRE

944 ***Contextes du paiement*** ◊ Comme tout débiteur d'une dette exigible, l'employeur est tenu de la payer en exécutant ainsi le contrat de travail ; concrètement, de payer le salaire en exécutant l'une des obligations principales que ce contrat a fait naître à sa charge [1]. Des dispositions légales prétendent assurer le paiement [2]. Mais elles sont de nature différente selon que l'employeur est *solvable* (Section 1) ou *en cessation de paiements* (Section 2). Des *obstacles au paiement* peuvent surgir (Section 3).

SECTION 1. L'EMPLOYEUR SOLVABLE

945 Les règles légales concernant le paiement du salaire poursuivent trois objectifs : *régularité, sécurité* des modes de paiement, *vérification*.

§ 1. Régularité du paiement

946 ***Périodicité du paiement*** ◊ Le salaire est quérable et non portable [3]. Compte tenu du caractère alimentaire de sa créance de salaire, il importe que le travailleur soit payé à des intervalles assez rapprochés.

1) Le Code du travail a accueilli les dispositions liées à la mensualisation du salaire (C. trav., art. L. 3242-1 s.). Ainsi, la rémunération est payée une fois par mois. Un acompte correspondant, pour une quinzaine, à la moitié de la rémunération mensuelle, est versé au salarié qui en fait la demande. Ces dispositions ne s'appliquent pas aux salariés travaillant à domicile, aux saisonniers, aux salariés intermittents et aux salariés temporaires. Les salariés ne bénéficiant pas de la mensualisation sont payés au moins deux fois par mois, à seize jours d'intervalle. Et, pour tout travail aux pièces dont l'exécution dure plus d'une quinzaine, les dates de

1. L'employeur étant tenu de payer sa rémunération et de fournir un travail au salarié qui se tient à sa disposition, il ne saurait être exigé de ce dernier qu'il établisse avoir fourni un travail dont le salaire est la contrepartie, ou s'être trouvé dans une situation en imposant le versement par l'employeur : Soc. 23 oct. 2013, n° 12-14.237, publié.

2. Mais le salarié qui a la maîtrise de fonds pour les besoins du fonctionnement de l'entreprise, ne peut « se payer lui-même », à l'insu ou contre la volonté de l'employeur, sans commettre une faute grave (Soc. 9 mai 2006, n° 04-41.378 D). Sur la possibilité pour l'employeur d'exercer une action en répétition de l'indu, v. Soc. 17 mai 2011, n° 10-12.852, *Bull. civ.* V, n° 108.

3. Soc. 11 avr. 1991, *Bull. civ.* V, n° 186 ; 5 déc. 1995, *RJS* 1/96, n° 26.

paiement peuvent être fixées d'un commun accord, mais le salarié doit recevoir des acomptes chaque quinzaine et doit être intégralement payé dans la quinzaine suivant la livraison de l'ouvrage.

2) Malgré le silence des textes, certains *compléments de salaire* échappent par nature à une périodicité rapprochée : la participation aux bénéfices suppose ainsi un exercice annuel clos ; la prime de productivité sera souvent calculée et réglée par trimestre ou semestre. Le paiement n'est dû que si la créance du salarié est liquide et exigible [1].

3) Le salaire est versé un jour ouvrable, sauf en cas de paiement réalisé par virement (art. R. 3241-1).

L'inspecteur du travail contrôlera le respect de cette périodicité en se faisant présenter, lors de ses visites dans l'établissement (C. trav., art. L. 8113-4), les doubles des bulletins de paie que l'employeur doit conserver pendant cinq ans. Outre la sanction pénale d'amende, l'employeur pourra être condamné à des dommages-intérêts moratoires, ou même compensatoires en cas de préjudice indépendant du retard. Le juge ne peut accorder (sur le fondement de l'art. 1244 C. civ.) aucun délai pour le paiement d'une créance salariale [2]. Le défaut de paiement, le retard dans le paiement ou le paiement incomplet [3] de la rémunération du salarié est le type même de l'inexécution contractuelle de la part de l'employeur [4]. Le salarié est alors fondé à invoquer l'exception d'inexécution, c'est-à-dire à suspendre le travail. Et s'il prend acte de la rupture en faisant à son employeur reproche d'un tel manquement, la rupture devra s'analyser en un licenciement sans cause réelle et sérieuse [5]. Si les salariés suspendent collectivement le travail en réaction au défaut de paiement des salaires et afin de l'obtenir, ce mouvement est certes constitutif d'une grève, mais la Cour de cassation juge avec constance que l'employeur doit indemniser le préjudice causé par la perte des salaires

1. Soc. 22 mai 2002, *RJS* 8-9/02 (soldes de commissions).

2. Soc. 18 nov. 1992, *Dr. soc.* 1993. 61. Des délais sont en revanche possibles pour le règlement de créances indemnitaires.

3. Ex. : Soc. 31 oct. 2006, *RDT* 2007. 44, obs. G. Pignarre. L'origine du paiement tardif du salaire, quelle qu'elle soit (incident informatique, erreur comptable, etc.), n'est pas susceptible d'exonérer l'employeur de sa responsabilité (QE n° 82832 de M. Jacques Remiller, *JOAN Q* 29 juin 2010, p. 7201, réponse publ. 29 mars 2011, p. 3196).

4. Est illicite la clause du contrat de travail subordonnant la rémunération du travailleur à domicile (télévendeuse) au règlement par le client de la commande qu'il a enregistrée (Soc. 10 mai 2007, *RDT* 2007. 594, obs. M. Véricel).

5. Ex. : Soc. 2 déc. 1993, *Dr. soc.* 1993. 183 (l'employeur ne peut exciper du comportement du salarié pour retenir le montant du salaire mensuel exigible) ; 7 déc. 1993, *ibid.* 1994. 210 (le salarié qui quitte l'entreprise parce qu'il n'est pas payé ne peut être considéré comme démissionnaire) ; 18 nov. 1998, *ibid.* 1999. 97 ; 24 oct. 2001, *RJS* 1/02, n° 3 ; 12 oct. 1999, *Dr. soc.* 2000. 113, obs. J.-P. Laborde (défaut de paiement des indemnités d'astreinte). Lorsque le contrat est à durée déterminée, le défaut de paiement à l'échéance est une faute grave de l'employeur rendant impossible le maintien du lien contractuel jusqu'à son terme (Soc. 18 juill. 2001, *RJS* 11/01, n° 1264 ; 9 janv. 2008, *JCP S* 2008, 1201, note C. Lefranc-Hamoniaux). Pour la Cour de cassation, il appartient à l'employeur qui ne peut, en raison de difficultés financières, assurer la pérennité du travail et le paiement des salaires, soit de licencier le salarié pour motif économique, soit de se déclarer en état de cessation des paiements ; à défaut, le salarié peut obtenir la résiliation judiciaire du contrat de travail (Soc. 20 juin 2006, *Dr. soc.* 2006. 1051, obs. C. Radé).

correspondant au temps d'un arrêt de travail auquel ils ont été « contraints » par le manquement de l'employeur à ses obligations [1] ; sauf si le retard est imputable à des difficultés économiques [2].

947 ***La prescription de la créance de salaires*** ◊ **a)** Une loi du 16 juillet 1971 avait fixé le délai de prescription des créances salariales à cinq ans, alors qu'il était autrefois de six mois, et l'avait ainsi aligné sur celui de l'action en paiement de toutes les dettes périodiques. La réforme de la prescription en matière civile [3] par la loi n° 2008-561 du 17 juin 2008 n'avait pas modifié cette prescription [4]. La loi du 14 juin 2013 relative à la sécurisation de l'emploi a réduit ce délai de prescription de manière importante [5]. L'article L. 3245-1 du Code du travail dispose désormais que « L'action en paiement ou en répétition du salaire se prescrit par trois ans à compter du jour où celui qui l'exerce a connu ou aurait dû connaître les faits lui permettant de l'exercer. La demande peut porter sur les sommes dues au titre des trois dernières années à compter de ce jour ou, lorsque le contrat de travail est rompu, sur les sommes dues au titre des trois années précédant la rupture du contrat ». S'agissant du point de départ du délai de prescription triennale, son appréciation objective ne sera écartée que lorsque le salarié apportera la preuve qu'il a eu une connaissance tardive des faits susceptibles de lui permettre de faire valoir son droit en justice [6]. Ce délai ne peut faire l'objet d'aménagement conventionnel (par contrat de travail) qu'il s'agisse de l'allonger ou de l'abréger (C. civ., art. 2254, al. 3). Pour ce qui est de l'objet de la prescription, il varie selon que le salarié exerce une action en paiement de salaire au cours de l'exécution du contrat de travail [7] ou postérieurement à sa rupture [8].

1. Soc. 12 mars 1959, *D.* 1959. 241 ; 14 mars 1979, *Bull. civ.* V, n° 232, *D.* 1979. IR 423, obs. J. Pélissier ; 17 nov. 1990, *Dr. soc.* 1991. 315, 4e esp., note J. Savatier.

2. Soc. 28 oct. 1997, *Bull. civ.* V, n° 335 ; 26 janv. 2000, *Bull. civ.* V, n° 37.

3. En vertu de l'art. 34 de la Constitution, il n'appartient qu'au législateur d'abroger ou modifier des dispositions législatives (antérieures à 1958) ou poser des règles concernant la prescription d'une action en paiement d'une créance, ce qui relève des « principes fondamentaux des obligations civiles » (CE 27 nov. 2006, sur question préjudicielle d'appréciation de légalité d'un décret concernant les rapports entre armateurs et marins, posée par la Cour de cassation, et l'arrêt consécutif de la chambre sociale, Soc. 7 mars 2007, *Dr. soc.* 2007. 655, obs. P. Chaumette).

4. Elle a créé un art. L. 1134-5 C. trav. sur la prescription de l'action en matière de discrimination. Sur le projet de loi, v. : B. Gauriau, Sur quelques délais de prescription en matière de droit du travail, *Dr. soc.* 2008. 789. Sur le texte adopté et promulgué : F. C., La réforme de la prescription et le droit du travail, *Sem. soc. Lamy* 15 juill. 2008, n° 1361-1362, p. 2.

5. M. Poirier, Eviter le couperet de la prescription, après la loi du 14 juin 2013 relative à la sécurisation de l'emploi : *Dr. ouvrier* 2014. 182.

6. V., pour des ex. de la connaissance supposée des faits, Soc. 6 avr. 2011, n° 10-30.664, inédit ; 24 avr. 2013, n° 12-10.196, publié et pour des ex. de connaissance réelle des faits litigieux : Soc. 9 avr. 2008, n° 06-42.787, inédit ; 25 sept. 2013, n° 11-27.693 : *Lexbase Hebdo, éd. Sociale*, n° 544, note G. Auzero.

7. Dans ce cas, le délai pour agir en justice se confond avec le délai applicable au droit à rappel de salaire.

8. Dans cette hypothèse, et ainsi qu'il a été observé, « le délai d'action en justice se différencie du droit susceptible d'être invoqué devant le juge, pour aboutir à un délai total de six ans » (M. Poirier, art. préc., p. 195).

Sous l'empire du droit antérieur, le domaine de la prescription quinquennale s'était beaucoup élargi, au détriment de celui de la prescription trentenaire de droit commun [1]. Toutes les personnes liées par un contrat de travail sont concernées, à quelque échelon de la hiérarchie professionnelle qu'elles se situent et quelle que soit la périodicité du paiement (journée, semaine ou mois). La prescription s'applique, selon une formule délibérément compréhensive de la Cour de cassation, à « *toute action afférente au salaire* » : action en paiement [2] ou en rappel de salaire [3], et même en paiement d'indemnités kilométriques ou de repas qui correspondent à des remboursements de frais professionnels [4]. Cette prescription s'applique aussi à l'action en répétition de l'indu introduite par l'employeur, c'est-à-dire à la restitution d'une fraction ou d'un élément du salaire qu'il n'aurait pas dû payer [5].

b) Aux termes de l'article 2247 nouveau du Code civil, le juge ne peut suppléer d'office le moyen résultant d'une prescription [6].

La prescription triennale est susceptible d'être *interrompue* pour les mêmes causes que toute prescription. Notamment : une demande en justice par le salarié, c'est-à-dire une demande de convocation de l'employeur devant le bureau de conciliation du conseil de prud'hommes [7], l'interruption

1. P. Sargos, Étendue et limites de la prescription quinquennale, *Sem. soc. Lamy*, n° 1208, 19 mars 2005, p. 5.

2. La prescription de la créance de salaire ne court qu'à compter de la date d'exigibilité de chacune des fractions de la somme réclamée (Soc. 26 janv. 2005, *Dr. soc.* 2005. 596, obs. J. Savatier). V. aussi Soc. 6 avr. 2011, n° 10-30.664, *JCP S* 2011. 1272.

3. La Cour de cassation ne fait plus de la périodicité annuelle ou infra-annuelle de versement des sommes en cause une condition d'application de la prescription : Soc. 26 sept. 2002, *Bull. civ.* V, n° 283 (contrepartie pécuniaire d'une obligation de non-concurrence) ; 2 déc. 2003, *Dr. soc.* 2004. 204, obs. A. Jeammaud, et 3 mars 2004, *RJS* 5/04, n° 541, 2e esp. (sommes précomptées à tort) ; 13 janv. 2004 *Dr. soc.* 2004. 311, obs. C. Radé (sommes compensatrices du travail dominical) ; 10 mars 2004, *Dr. soc.* 2004. 558, obs. C. Radé (partie variable de la rémunération déterminée annuellement) ; 15 mars 2005, *Dr. soc.* 2005. 820, obs. C. Radé (indemnités de départ et d'installation prévues par la convention collective) ; 16 déc. 2005, *JCP S* 2006. 1158, note P.-Y. Verkindt (sommes qui auraient dû être payées au titre du repos compensateur).

4. Soc. 12 juill. 2006, *RDT* 2006. 324, obs. G. Pignarre, *JCP S* 2006. 1693, note P.-Y. Verkindt.

5. Soc. 18 juin 1980, *D.* 1980. 542 ; 23 juin 2004, *Dr. soc.* 2004. 1040, obs. C. Radé. L'erreur de celui qui a payé une somme non due n'est plus une condition de la répétition de l'indu (Soc. 14 déc. 2004, *Dr. soc.* 2005. 328, obs. C. Radé).

6. Soc. 27 oct. 1993, *RJS* 1/94, n° 71.

7. Ou une production au règlement judiciaire (Soc. 1er mars 1989, *Bull. civ.* V, n° 160). L'effet interruptif n'opère en principe que sur une demande en cours, non sur une seconde demande (Soc. 15 juin 1961 : *Bull. civ.* V, n° 650 ; 15 avr. 1992 *Dr. soc.* 1992. 888). Il en est autrement lorsque les deux actions, au cours d'une même instance, concernent l'exécution du même contrat de travail (Soc. 8 avr. 2010, n° 08-42.307, *Bull. civ.* V, n° 91). Antérieurement, la Chambre sociale exigeait que les deux actions aient un seul et même but (Soc. 3 nov. 2005, *JCP S* 2006, 1098, note P. Morvan. V. toutefois, pour une référence au contrat : Soc. 11 févr. 2004, n° 01-45.561, *Bull. civ.* V, n° 48). Une citation déclarée caduque n'interrompt pas la prescription (Soc. 21 mai 1996, *RJS* 7/96 n° 795). Par ailleurs, l'action du salarié en paiement d'un rappel de rémunération peut interrompre aussi la prescription de l'action reconventionnelle de l'employeur en restitution d'une somme indûment payée (Soc. 14 déc. 2004, préc.).

étant considérée comme non avenue en cas de rejet de la demande (C. civ., art. 2243 nouv.) [1] ; une reconnaissance de dette par l'employeur [2].

L'action du salarié en paiement ou en rappel d'un élément de rémunération a pour effet d'interrompre le cours de la prescription de l'action reconventionnelle de l'employeur en restitution d'un élément de salaire qu'il estime avoir payé à tort [3]. Réciproquement, l'effet interruptif de la prescription attaché à la demande formée par l'employeur contre son salarié ou ancien salarié (en dommages-intérêts par exemple, ou en répétition d'un paiement indu), dès lors qu'elle procède du contrat de travail, s'étend aux demandes reconventionnelles du salarié procédant de ce même contrat [4].

§ 2. Sécurité des modes de paiement

948 ***Monnaie de paiement*** ◊ La monnaie de paiement est matière à intervention législative. Au XIXe siècle, certains patrons remettaient à leurs ouvriers des bons ou jetons échangeables contre des marchandises dans des économats annexés à l'entreprise ou tout au moins désignés par l'employeur. Ce *truck system* (système du troc), forme de dation en paiement, fruit d'un paternalisme suspect, importé d'Angleterre où il était largement pratiqué, donnait lieu à des abus de la part d'employeurs imposant l'achat de produits de qualité médiocre ou à des prix supérieurs à ceux du commerce libre. La protestation des syndicats, appuyée par des mouvements de grève, allait aboutir à la loi du 7 décembre 1908. Les salaires ont, dès lors, dû être payés en monnaie métallique ou fiduciaire ayant cours légal, nonobstant toute stipulation contraire.

Les règles sont désormais les suivantes (C. trav., art. L. 3241-1) :

– sous réserve des dispositions particulières imposant son paiement sous une forme déterminée, et nonobstant toute clause contraire (nulle), le salaire est payé en espèces ou par chèque barré ou par virement à un compte bancaire ou postal [5] ;

– le paiement par chèque ou virement est obligatoire à partir de 1 500 € ;

– au-dessous de cette somme, le salarié qui le demande peut être payé en espèces [6].

1. Pour une discutable application de cette règle en cas de déclaration d'« incompétence » de la formation de référé, v. : Soc. 27 mai 1992, *Dr. soc.* 1992. 882, note J. Savatier.
2. Soc. 22 oct. 1996, *Bull. civ.* V, n° 340.
3. Soc. 14 déc. 2004, *Dr. soc.* 2005. 328, obs. C. Radé.
4. Soc. 21 déc. 2006, *Dr. soc.* 2007. 358, obs. C. Radé.
5. L'inscription d'une créance en compte courant (si le salarié est associé ou actionnaire de la société employeur) équivaut à un paiement et lui fait perdre son individualité en la transformant en simple article de compte, dont seul le solde peut constituer une créance exigible entre les parties. En conséquence, elle suppose l'accord exprès du salarié (Soc. 23 févr. 2005, *Bull. civ.* V, n° 65) et le salarié qui a consenti à ce mode de paiement ne peut prétendre que ses rémunérations ne lui ont pas été versées (Soc. 15 oct. 2002, *Dr. soc.* 2002. 1142, obs. Radé).
6. L'obligation de paiement par chèque à partir de 1 500 € par mois, s'impose même si le salaire est fractionné en acomptes (Soc. 3 févr. 1982, *Liaison soc.*, n° 5188). Le chiffre de 1 500 €

949 ***Les chèques et titres simplifiés de travail*** ◊ Afin de favoriser l'emploi dans les services aux particuliers, et de combattre le travail « noir », la loi du 20 décembre 1993 a entendu soulager ces derniers d'une partie des « contraintes administratives » inhérentes à la qualité d'employeur. D'où la création d'un nouveau mode de paiement du salaire, dénommé chèque-service [1]. Il s'agit d'un titre de paiement émis et délivré à l'employeur par un établissement de crédit agréé par l'État, et payé comme un chèque ordinaire au salarié. Son montant correspond au salaire net, augmenté d'une indemnité compensatrice de congés payés. Un volet correspondant au chèque est adressé par l'employeur à un organisme de recouvrement des cotisations sociales, qui calcule et encaisse le montant des cotisations sociales. L'employeur est réputé satisfaire à toutes les obligations liées à l'embauche et à l'emploi de salariés, notamment en matière de protection sociale.

Le succès de la formule a conduit à l'étendre à certaines associations en 2003, puis à la réaménager dans le cadre de la réforme du régime des services à la personne, avant de la mettre à la disposition d'autres petits employeurs. L'invention et la modification de ces dispositions s'inscrivent dans des politiques d'aide à l'emploi. Un titre de la première partie du Code du travail est désormais consacré, après « rapatriement » de certaines dispositions qui figuraient jusqu'alors dans le Code de la sécurité sociale, aux « *chèques et titres simplifiés de travail* » (C. trav., art. L. 1271-1 s.), dont il règle trois variétés conçues selon le schéma du chèque-emploi service universel.

1) Le *chèque emploi-service universel* (CESU) permet à des particuliers de déclarer et, lorsqu'il comporte une formule de chèque régie par le chapitre Ier du titre III du livre Ier du Code monétaire et financier, de rémunérer des salariés occupant des emplois entrant dans le champ des services à la personne mentionnés à l'article L. 7231-1 du Code du travail ou des assistants maternels agréés en application de l'article L. 421-1 du Code de l'action sociale et des familles. Il leur offre aussi la possibilité d'acquitter tout ou partie du montant des prestations fournies par une association ou une entreprise de services à la personne. Pour s'en tenir à la rémunération de salariés, il ne peut servir qu'à celle d'emplois de service auprès de particuliers dans leurs résidences, et ne peut être utilisé à l'égard de salariés qui consacrent tout ou partie de leur temps de travail à une activité relevant de la profession de leur employeur, et pour le compte de celui-ci. Au demeurant, l'utilisation de ce moyen de paiement et d'accomplissement de diverses procédures ou formalités est subordonnée à *l'accord du salarié*. L'employeur et le salarié qui en font usage sont réputés avoir satisfait aux obligations des dispositions imposant un écrit pour les contrats à durée déterminée ou le contrat de travail à temps partiel (si la durée du travail n'excède pas huit heures par semaine ou ne dépasse pas quatre semaines consécutives dans l'année ; pour les emplois de durée supérieure, un contrat de travail soit être établi par écrit) [2], ou réglant les modes de paiement du salaire, ainsi que la remise d'un bulletin de paie. En revanche, l'utilisation de ce dispositif ne fait pas obstacle à l'application des dispositions de l'article L. 3171-4 du Code du travail relatives à la preuve de l'existence ou du nombre d'heures de travail accomplies [3]

---

permet de payer en billets tous les petits salaires et favorise donc le travail au noir et la fraude. La chambre sociale a considéré que le paiement par chèque sans provision valait rupture abusive (Soc. 16 mars 1978, *D.* 1978. IR 317) ; il fonderait, aujourd'hui, le salarié à prendre acte de la rupture en ayant les meilleures chances de faire juger que le grave manquement de l'employeur commande d'analyser cette rupture en un licenciement, *ipso jure* injustifié.

1. A. Lyon-Caen, Le chèque-service, *Dr. soc.* 1994. 109.
2. V. C. trav., art. L. 1271-5. V. : Soc. 9 avr. 2008, *Dr. soc.* 2008. 874, obs. C. Roy-Loustaunau.
3. Soc. 17 oct. 2012, n° 10-14.248 : *Bull. civ.* V, n° 268.

2) Le *chèque-emploi associatif* (C. trav., art. L. 1272-1 s.), destiné aux associations à but non lucratif employant neuf salariés au plus ou aux associations de financement électoral, qui ne peuvent cependant l'utiliser qu'avec l'accord de chaque salarié.

3) Le *titre emploi-service entreprise* (TESE, art. L. 1273-1 s.) [1] peut être utilisé, en France métropolitaine, d'une part par les entreprises qui occupent neuf salariés au plus, quelle que soit la durée annuelle d'emploi de ces salariés et, d'autre part, par les entreprises qui, quel que soit leur effectif, emploient des salariés dont l'activité dans la même entreprise n'excède pas la limite de cent jours, consécutifs ou non, ou de 700 heures de travail par année civile [2]. À la différence des « chèques » évoqués précédemment, le TESE ne constitue pas un moyen de paiement de la rémunération au salarié. Il permet aux entreprises d'obtenir du service le calcul des rémunérations dues aux salariés et de l'ensemble des cotisations et contributions sociales, ainsi que d'établir les déclarations obligatoires relatives à ces dernières. En outre, l'employeur qui utilise le « Titre Emploi-Service Entreprise » est réputé satisfaire, par la remise au salarié et l'envoi à l'organisme habilité des éléments du titre emploi qui leur sont respectivement destinés, aux formalités énumérés par l'article L. 1273-5 du Code du travail [3]. La simplification peut toutefois s'avérer plus apparente que réelle compte tenu du formalisme auquel elle est, en certains cas, subordonnée [4].

Les effets de ces dispositifs débordent la simple question du mode de paiement du salaire, puisque l'objectif est de placer les employeurs concernés dans une situation aussi proche que possible de celle de simples « clients », utilisateurs d'une prestation de service.

§ 3. Vérification du paiement : le bulletin de paie

950 ***Contenu*** ◊ Consacrant une pratique en usage dans les entreprises importantes afin d'éviter toute contestation ultérieure, une loi du 4 mars 1931 a rendu obligatoire, sous peine d'amende, la délivrance par l'employeur d'un bulletin de paie (C. trav., art. L. 3243-2) [5]. Ce document permet au salarié de vérifier l'exactitude de la somme versée, par le décompte détaillé d'un salaire que les techniques modernes de rémunération ont rendu de plus en plus complexe. Cette obligation patronale, dont le but originaire était simple (vérification), est aujourd'hui utilisée dans les rapports du salarié avec la Sécurité sociale, et constitue un élément essentiel d'information

---

1. Le titre emploi-service entreprise (TESE) s'est substitué, à compter du 1er avr. 2009, au titre emploi-entreprise et au chèque-emploi pour les très petites entreprises qui se trouvent par là même fusionnés (L. n° 2008-776 du 4 août 2008, art. 55).

2. Sont exclus de ce service les entreprises relevant du régime des salariés agricoles et les employeurs occasionnels exerçant une activité d'entrepreneur de spectacles vivants.

3. Mais là s'arrête la simplification. Ainsi que l'a rappelé la Cour de cassation, ce dispositif dispense seulement l'employeur d'établir un bulletin de paie, un contrat de travail et un certificat de travail. Les dispositions du Code du travail sur la rupture du contrat de travail ne sont donc pas écartées en cas de recours à ce dispositif : Soc. 6 nov. 2013, n° 12-24.053 : *Lexbase Hebdo, éd. Sociale*, n° 548, note S. Tournaux.

4. V. par ex., s'agissant du recours à un contrat de travail à temps partiel, Soc. 5 mars 2014, n° 12-17.809, publié, *RDT* 2014. 333, note S. Tournaux.

5. La loi n'exige pas une remise en mains propres, et l'envoi postal est admis (Soc. 7 juin 1995, *Dr. soc.* 1995. 1043), de même que, désormais, l'envoi sous forme électronique. Il faut pour cela l'accord du salarié et qu'il soit recouru à cette dernière modalité dans « des conditions de nature à garantir l'intégrité des données ». L'employeur doit en tout état de cause faire parvenir le bulletin de paie au salarié par tout moyen et ne peut se contenter de le tenir à sa disposition dans les locaux de l'entreprise (Soc. 19 mai 1998, *Dr. soc.* 1998. 723, obs. C. Marraud).

du salarié sur sa situation professionnelle [1]. L'article L. 3243-1 déclare les dispositions subséquentes applicables à toutes les personnes salariées ou travaillant à quelque titre et en quelque lieu que ce soit, pour un ou plusieurs employeurs, quels que soient le montant et la nature de leur rémunération, la forme, la nature ou la validité de leur contrat [2].

Le bulletin de paie doit contenir une série de *mentions* détaillées (C. trav., art. R. 3243-1), dont la liste n'a cessé de s'allonger, puis qu'un décret du 14 mars 2005 a tenté de réduire dans le cadre de la simplification du droit. Ces mentions sont les suivantes : nom et adresse de l'employeur ; référence de l'organisme de Sécurité sociale et numéro d'immatriculation ; code de l'activité principale selon la nomenclature des activités économiques (s'il y a lieu) ; convention collective applicable [3] ; nom et emploi du travailleur, ainsi que sa position dans la classification conventionnelle qui lui est applicable [4] ; période et nombre d'heures de travail en distinguant les heures payées au taux normal et les heures comportant une majoration pour heures supplémentaires ou pour toute autre cause, mais aussi nature et volume de l'éventuel forfait, indication de la base de calcul du salaire si elle n'est pas la durée du travail (cas de rémunération à la commission) ; nature et montant des accessoires de salaires soumis à cotisations sociales [5] ; montant de la rémunération *brute* ; nature et montant des retenues et ajouts effectués sur cette dernière (le regroupement des retenues correspondant aux cotisations et contributions salariales est désormais autorisé [6]) ; montant de la somme effectivement reçue par le salarié (rémunération *nette*) ; date du paiement ; dates du congé et montant de l'indemnité correspondante, lorsqu'une période de congé annuel est comprise dans la période de paie considérée [7] ; montant de la prise en charge des frais de transport publics ou des frais de transport personnels.

---

1. V. H. Blaise et M.-T. Lorans, Le bulletin de paie : un mode rénové d'information et de preuve, *Dr. soc.* 1992. 16 ; G. Pignarre, Le régime juridique de la créance de salaire, *ibid.* 1997. 589. Le gouvernement français a considéré que le bulletin de paie constituait l'instrument d'information des salariés requis par la *directive européenne du 14 oct. 1991*. L'un des décrets qui ont successivement modifié la liste des mentions obligatoires, le décret du 31 août 1994, a eu pour objet la transposition (d'ailleurs incomplète) de cette directive.

2. À l'exception des salariés payés au moyen d'un chèque-emploi.

3. En l'absence de convention collective applicable, référence doit être faite aux dispositions du Code du travail relatives à la durée des congés payés et à la durée de préavis en cas de cessation de la relation de travail.

4. Ces deux mentions relatives à l'emploi et à la classification sont cumulatives et non alternatives (Crim. 23 nov. 1993, *RJS* 3/94, n° 255). La mention du bulletin ne peut prévaloir contre la réalité de l'emploi occupé et ne suffit pas à établir un accord sur la qualification (Soc. 6 juill. 1976, *Bull. civ.* V, n° 344).

5. Le bulletin doit, par exemple, mentionner le montant des pourboires effectifs enregistré et connu (Soc. 21 févr. 1980, *Bull. civ.* V, n° 131), les avantages en nature (13 févr. 1980, *JS UIMM* 1980, n° 407). Le rappel de primes dues sur plusieurs mois peut figurer sur un seul bulletin de paie établi lors de leur paiement : Soc. 30 nov. 2010, n° 09-41.065, *JCP S* 2011. 1093, note J.-Ph. Tricoit. En revanche, n'a pas à apparaître de manière distincte sur le bulletin de paie une majoration pour diplôme : Soc. 22 juin 2011, n° 09-67.264, *Bull. civ.* V, n° 162.

6. Là réside la simplification de 2005 : il s'agissait de réduire le nombre de lignes du bulletin de 21 à 7 ! Le taux, le montant et la composition de chacun de ces prélèvements (Sécurité sociale, assurance chômage, retraite complémentaire, CSG, CRDS, etc.) sont communiqués au salarié au moins une fois par an ou lorsque son contrat prend fin (soit sur le bulletin de paie, soit sur un document annexé).

7. L'art. R. 3243-6 dispense de certaines de ces mentions le bulletin de paie de salariés de particuliers pour des services rendus au domicile (particuliers incités, par ailleurs, à utiliser le CESU). Sur la légalité de cette disposition réglementaire : CE 28 janv. 1994, *RJS* 4/94, n° 480.

Afin de développer l'information individuelle des salariés et de leur faire mesurer l'importance des charges sociales assises sur leurs salaires, le bulletin (ou le récapitulatif annuel remis au salarié) doit mentionner la nature et le montant des cotisations patronales de sécurité sociale.

À l'inverse, le bulletin de paie *ne doit pas* contenir certaines indications : ni les retenues opérées du fait de l'exercice du droit de grève, ni les heures payées consacrées aux fonctions de représentation (C. trav., art. R. 3243-4) [1]. Éventuellement celles-ci figureront sur une fiche annexe [2].

Afin de permettre le contrôle de l'Inspection du travail l'employeur doit conserver pendant cinq ans un *double* des bulletins de paie (C. trav., art. L. 3243-4, avec dérogation possible en vertu de l'art. L. 3243-5 C. trav.).

951 ***Force probante*** ◊ La nécessité, pour le travailleur, de percevoir au plus vite son salaire, ainsi que l'état de subordination dans lequel il se trouve placé, interdisaient de reconnaître à un document établi unilatéralement par l'employeur valeur de preuve du paiement du salaire dans tous ses éléments. C'est à cet employeur qu'incombe, en tant que débiteur, la preuve du paiement (C. civ., art. 1315) [3]. Au moment de la résiliation ou de l'expiration du contrat, cette preuve peut résulter de la signature par le salarié d'un reçu pour solde de tout compte.

1) Le contenu des bulletins de paie ne constitue, en tout état de cause, *qu'un indice* parmi d'autres [4]. En cas de litige relatif à l'existence ou au nombre d'heures de travail effectuées, l'employeur doit fournir au juge les éléments de nature à justifier les horaires effectivement réalisés par le salarié (C. trav., art. L. 3171-4) [5].

2) Aux termes de l'article L. 3243-3, *l'acceptation sans protestation ni réserve* de son bulletin de paie par le salarié ne peut valoir de sa part renonciation au paiement de tout ou partie du salaire et de ses accessoires [6], car la renonciation à un droit ne se présume pas. Elle ne peut valoir non plus compte arrêté et réglé (au sens du Code de procédure civile), lequel suppose que les deux parties, en mesure de discuter les éléments du compte, se soient mises définitivement d'accord. La Cour de cassation estime qu'en cas de litige il incombe à l'employeur de prouver le paiement (notamment en produisant des pièces comptables), car la délivrance du bulletin de paie et

1. J.-M. Verdier, Mentions du bulletin de paie, heures de délégation et temps de grève, *JCP E* 1989. 4 ; Soc. 3 févr. 1993, *Dr. soc.* 1993. 304 ; 18 févr. 2004, *Dr. soc.* 2004. 559, obs. C. Radé.

2. L'informatisation d'un système de paie doit faire l'objet d'une déclaration préalable auprès de la CNIL, à défaut de laquelle l'employeur commet une faute dont réparation doit être accordée aux salariés si elle leur a causé un dommage (Soc. 7 juin 1995, *RJS* 1995, n° 901).

3. Car le fait qu'un élément de rémunération (une prime, par exemple) ne soit pas mentionné sur le bulletin, alors même qu'il aurait dû l'être, n'empêche pas l'employeur de rapporter par d'autres moyens la preuve de son paiement (Soc. 5 juin 1991, *Dr. soc.* 1992. 23).

4. Soc. 8 févr. 1979, *Dr. ouvrier* 1979. 532 (en l'absence de mention expresse du paiement d'une prime, le tribunal peut estimer, par une appréciation des faits de la cause, que la preuve de son versement n'est pas rapportée) ; 4 mars 1987, *JS UIMM* 1987, n° 493 (l'employeur doit établir qu'il a payé le SMIC que réclame le salarié) ; 5 janv. 1994, *RJS* 2/94, n° 153 (l'employeur doit établir qu'il a payé une prime d'ancienneté non réclamée depuis seize ans).

5. Soc. 15 oct. 2002, *Dr. soc.* 2002. 1144, obs. C. Radé ; 18 nov. 2003, *RJS* 1/04, n° 18. Le salarié a cependant la charge de l'allégation, et doit fournir au juge des éléments de nature à étayer sa demande (Soc. 25 févr. 2004, *Dr. soc.* 2004. 665).

6. Soc. 27 oct. 1993, *Dr. soc.* 1993. 964 ; 16 mars 1994, *RJS* 6/94, n° 702 (salarié établissant lui-même ses bulletins).

son acceptation par le salarié *ne créent pas une présomption* suffisant à établir le paiement des sommes qui y sont mentionnées [1].

3) L'article L. 3243-2 dispose qu'il ne peut être exigé, au moment de la paie, aucune formalité de *signature* ou d'émargement autre que celle établissant que le total des espèces remises au travailleur correspond bien au montant de la rémunération nette indiquée sur le bulletin de paie. Il n'existe donc pas en la matière l'équivalent du reçu ou de la quittance délivrée par le créancier (le salarié) pour faire preuve de la libération du débiteur [2].

4) La jurisprudence a reconnu au bulletin une certaine force probante *au profit du salarié*, en le considérant comme un *commencement de preuve par écrit* émanant de l'employeur, ou comme faisant naître une *présomption simple* du fait que le salarié a travaillé avec une certaine qualification à une période précise [3], la preuve contraire pouvant toujours être rapportée par le salarié ou l'employeur [4]. Ainsi encore, à défaut de rédaction d'un écrit lors de la conclusion d'un contrat de travail, la production d'un bulletin de paie fournit-elle une preuve suffisante de son existence [5], de la qualification du salarié [6], du montant de l'indemnité de préavis [7] ou du droit à un salaire mensuel [8].

952 ***Sanctions*** ◊ L'employeur qui refuse de délivrer ou de rectifier un bulletin de paie s'expose à une sanction pénale d'amende, mais, plus pratiquement, à se voir condamner par le conseil de prud'hommes à s'exécuter, sous astreinte le cas échéant. Même le bureau de conciliation peut lui ordonner de délivrer un bulletin de paie sous astreinte (C. trav., art. R. 1454-14). Cet employeur s'expose aussi à une condamnation à dommages et intérêts au profit du salarié [9], ou à se voir imputer la rupture du contrat dont le salarié pourrait prendre acte [10].

L'employeur qui ne mentionne sur le bulletin de paie qu'une partie de la rémunération et des heures de travail ne satisfait pas aux obligations légales. La mention d'un nombre d'heures inférieur à celui réellement effectué peut constituer une dissimulation d'emploi salarié au sens de l'article L. 8221-5 [11] et, sur le plan civil, le motif d'une condamnation à payer au salarié l'indemnité de l'article L. 8223-1 [12].

---

1. Soc. 2 févr. 1999, *Dr. soc.* 1999. 255, concl. P. Lyon-Caen ; 16 févr. 1999, *Dr. soc.* 1999. 411, obs. C. Roy-Loustaunau ; 25 avr. 2001, *Dr. soc.* 2001. 765, obs. C. Radé ; 11 janv. 2006, *JCP S* 2006. 1134, note P.-Y. Verkindt.

2. Sont toutefois opposables au VRP les relevés périodiques de commissions, non contestés en temps utile (Soc. 30 sept. 2003, *RJS* 12/03, n° 1389).

3. Soc. 24 janv. 2001, *RJS* 4/01, n° 401 ; 19 mars 2003, *Dr. soc.* 2003. 662, obs. C. Radé.

4. Soc. 31 mars 1978, *Bull. civ.* V, n° 198.

5. Soc. 5 févr. 1970, *Bull. civ.* V, n° 112 ; 7 oct. 1976, *Bull. civ.* V, n° 394.

6. Soc. 5 oct. 1956, *Dr. soc.* 1956. 609 ; 6 déc. 1973, *Bull. civ.* V, n° 587.

7. Soc. 4 nov. 1954, *Bull. civ.* IV, n° 485.

8. Soc. 24 juin 1976, *Bull. civ.* V, n° 325.

9. Soc. 21 févr. 1979, *Bull. civ.* V, n° 113.

10. Soc. 24 mars 1971, *JCP* 1971. IV. 122.

11. Crim 27 sept. 1994, *RJS* 12/94, n° 1375 ; 22 févr. 2000, *RJS* 2000, n° 562. Une mention mensongère peut constituer le délit de faux de l'art. 441-1 C. pén. (Crim. 7 sept. 2005, *Bull. crim.* n° 220 : mention que la salariée se trouvait en congés payés alors qu'elle était en arrêt maladie).

12. Pour la Cour de cassation, la dissimulation n'est caractérisée que s'il est établi que l'employeur a, de manière intentionnelle, porté sur le bulletin de paie un nombre d'heures de travail inférieur à celui réellement effectué (Soc. 4 mars 2003, *Dr. soc.* 2003. 528, obs. C. Radé ; 19 janv. 2005, *Dr. soc.* 2005. 472, obs. C. Radé ; 8 mars 2007, *RDT* 2007. 395, obs. G. Pignarre).

SECTION 2. L'EMPLOYEUR INSOLVABLE

953 ***La protection des créances salariales*** ◊ En garantie de sa créance de salaires, le salarié d'un employeur insolvable n'a longtemps bénéficié que de la technique habituelle de la sûreté réelle. Il fallait soustraire la créance de salaire au concours égalitaire avec les autres créanciers, sur un actif insuffisant. Les articles 2331, 4° et 2375, 2° du Code civil lui accordent, face aux autres créanciers et sur les biens de son employeur, une priorité, un privilège général (C. trav., art. L. 3253-1 renvoyant au Code civil). En 1935 s'y est ajoutée une autre méthode consistant à assurer le paiement immédiat, nonobstant l'existence de toute autre créance privilégiée, d'une fraction du salaire : la pratique a vite adopté le terme, impropre, de superprivilège (C. trav., art. L. 3253-2 s.). Privilège et superprivilège ont été reconnus, non seulement au bénéfice de la créance de salaires, mais aussi à celui de diverses créances d'indemnités découlant de la rupture du contrat de travail, les difficultés de l'entreprise s'accompagnant d'ordinaire de licenciements. Des impayés demeuraient néanmoins fréquents, et toutes les créances n'étaient pas garanties.

Une *loi du 27 décembre 1973* a introduit un autre moyen d'améliorer la condition des salariés de l'entreprise défaillante : en instituant un mécanisme d'*assurance contre le risque de non-paiement du salaire* incluant également le non-paiement de diverses indemnités, qui a donné lieu à la création de l'*Association pour la gestion du régime de garantie des créances des salariés* (*AGS*). La réforme des *procédures de redressement judiciaire et de liquidation* par la loi du 25 janvier 1985, a requis un remodelage complet de cette assurance, devenue une pièce maîtresse des procédures [1]. L'esprit de la loi (sauver les entreprises viables et les emplois) conduisait aussi à se préoccuper du sort des créances salariales en cas de poursuite d'exploitation postérieurement à l'ouverture d'une procédure de « faillite ». Privilège et superprivilège n'ont pas disparu pour autant. Outre que l'assurance n'est ni générale ni illimitée, l'organisme gestionnaire n'opère que comme débiteur subsidiaire. Après avoir payé, il tentera donc de récupérer ses avances auprès du débiteur principal, et c'est lui qui, subrogé dans les droits du salarié désintéressé, fera valoir le privilège et le superprivilège.

Les dispositions pertinentes, modifiées en dernier lieu par la *loi de sauvegarde des entreprises du 26 juillet 2005* [2], se trouvent désormais aux articles L. 3253-6 et suivants du Code du travail. Elles assurent la conformité du droit français au droit communautaire [3], mais doivent être interprétées conformément aux dispositions de ce dernier (telles que les interprète la Cour de justice). De plus, une loi n° 2008-89 du 30 janvier 2008 a

---

1. Le règlement des créances salariales dans le redressement judiciaire, *Dr. soc.* n° spéc., déc. 1987 ; Y. Chagny, La situation des salariés de l'entreprise en difficulté, *RJS* 1999. 743 ; *ibid.* 819.

2. P. Morvan, Le droit social dans la réforme du droit des entreprises en difficulté, *JCP E* 2005. 1511, n° 40 s. L'ordonnance du 18 déc. 2008 portant réforme du droit des entreprises en difficultés a apporté de légères modifications à ces dispositions.

3. Dir. communautaire n° 80-987 du 20 oct. 1980, modif. par Dir. n°s 87/164/CEE du 2 mars 1987, 2002/74/CE du 23 sept. 2002, relative à la protection des travailleurs en cas d'insolvabilité de l'employeur.

transposé les dispositions de la directive n° 2002/74 du 23 septembre 2002 relative à la garantie des créances impayées dans les procédures d'insolvabilité internationale. Le Code du travail contient ainsi une série d'articles (C. trav., art. L. 3253-18-1 à L. 3253-19-9) applicables lorsque l'employeur occupant des salariés sur le territoire français et insolvable est établi dans un autre État de la Communauté européenne ou de l'Espace économique européen [1].

§ 1. L'assurance des salaires

954 ***Employeurs assujettis*** ◊ L'article L. 3253-6 impose une obligation d'assurer ses salariés contre « le risque de non-paiement des sommes qui leur sont dues en exécution du contrat de travail, en cas de procédure de sauvegarde, de redressement ou de liquidation judiciaires » à tout « employeur de droit privé » [2].

L'hésitation s'était manifestée pour les personnes morales de droit privé gérant un service public [3] ou les sociétés à capital public. Si le système est une simple assurance, leur exclusion de l'obligation s'impose, puisque le risque de « faillite » à assurer n'existe guère pour elles. S'il s'agit, en revanche, d'un régime de solidarité, la plus large affiliation est souhaitable. Après avoir estimé que toute personne morale de droit privé, même gérant un service public, en particulier une société à capitaux publics ou d'économie mixte, était assujettie [4], la Cour de cassation avait changé de point de vue s'agissant de la SNCF, d'Air France, de Radio France et de la SEITA [5]. Mais elle est ensuite revenue à la lettre du texte : une société soumise par la loi de 1986 sur l'audiovisuel à la législation sur les sociétés anonymes est une personne morale de droit privé qui doit, à ce titre, assurer ses salariés [6] ; il en va de même pour la société France Télécom [7].

---

1. Ces dispositions ne feront l'objet d'aucun développement particulier dans les pages suivantes.

2. L'assujettissement de l'employeur à l'obligation d'assurance des salariés résulte de sa seule qualité de personne morale de droit privé, sans qu'il y ait lieu de tenir compte de son statut particulier, et notamment de l'origine de son capital, de la nature de ses ressources, du contrôle économique et financier de l'Etat auquel il est soumis, du mode de désignation de ses administrateurs et de la mission de service public dont il est investi : Soc. 2 juill. 2014, n° 13-15.605, publié.

3. Une caisse d'allocations familiales ou de sécurité sociale est assujettie (Soc. 12 janv. 1978, *Dr. soc.* 1979. 30), de même qu'une caisse d'épargne ou une Urssaf (Soc. 21 avr. 1988, *Bull. civ.* V, n° 245).

4. Pour des organismes de Sécurité sociale, v. les arrêts commentés par F. Derrida, L'AGS devant la Cour de cassation, *Dr. soc.* 1979. 30 ; Soc. 25 févr. 1981, *ibid.* 1982. 185, note H. Blaise.

5. Soc. 16 déc. 1987, *Dr. soc.* 1988. 489, concl. G. Picca ; 6 nov. 1991, *Bull. civ.* V, n° 476 ; 17 avr. 1991, *Dr. soc.* 1991. 497, concl. G. Picca.

6. Soc. 29 févr. 2000, *Dr. soc.* 2000. 560, obs. C. Radé (arrêt concernant la société Télévision du savoir, de la formation et de l'emploi). Sur cet arrêt, v. : B. Hatoux, Les entreprises publiques et l'assurance insolvabilité ; Le débat n'est pas clos, *Dr. soc.* 2001. 149.

7. Soc. 7 sept. 2004, *Dr. soc.* 2004. 1033, obs. C. Radé.

955 ***Salariés bénéficiaires et institution responsable*** ◇ Les bénéficiaires sont tous les salariés liés par contrat de travail [1] (ce qui exclut les mandataires sociaux) à un employeur assujetti, français ou étrangers [2], même employés irrégulièrement. La loi inclut expressément dans la liste des bénéficiaires les salariés détachés à l'étranger ou salariés français expatriés bénéficiaires de l'assurance chômage (C. trav., art. L. 3253-6) [3]. En vertu de la directive n° 2008/94, les salariés travaillant en France pour le compte d'un employeur ressortissant d'un autre État de la Communauté sont garantis contre le risque d'insolvabilité par l'institution française [4]. C'est d'ailleurs la solution clairement consacrée par l'article L. 3253-1 8-1 [5].

L'*AGS*, chargée de gérer le régime, est une association constituée par les organisations nationales d'employeurs représentatives. Elle conclut une convention de gestion avec l'« organisme gestionnaire » du régime d'assurance chômage et avec l'Agence centrale des organismes de sécurité sociale pour le recouvrement des cotisations (C. trav., art. L. 3253-14). C'est donc, désormais, Pôle emploi qui encaisse les *cotisations*, à la charge exclusive des employeurs, assises comme celles de l'assurance chômage sur le salaire, et d'un taux modique [6]. En cas de réalisation du risque, elles avancent les fonds aux administrateurs de la procédure collective et récupèrent ensuite une partie des sommes avancées.

§ 2. **Étendue de la garantie**

La garantie de l'AGS couvre certaines *créances*, dans la limite d'un certain *montant*.

1. Y compris donc les apprentis : Soc. 8 juill. 2008, n° 07-41.403, *JCP S* 2008. 1594, note Th. Lahalle. La CJUE considère qu'un salarié détenant une part essentielle de l'entreprise en difficulté peut être exclu de l'AGS : CJUE 10 févr. 2011, aff. C-30/10, *JCP E* 2011. Actu. 1212, note J. Cavallini.

2. Soc. 30 juin 1993, *RJS* 10/93, n° 990 (salariés étrangers, recrutés à l'étranger, exécutant partiellement leur contrat de travail en France).

3. Sur la détermination de l'institution responsable lorsque le salarié a exercé son activité dans un état membre autre que celui où se trouve le siège de son employeur déclaré insolvable, v. Soc. 21 sept. 2011, n° 08-41.512, *Bull. civ.* V, n° 194.

4. Soc. 20 janv. 1998, *Dr. soc.* 1998. 298, obs. R. Vatinet ; 2 juill. 2002, *Dr. soc.* 2002. 1004, obs. C. Radé ; 3 juin 2003, *Dr. soc.* 2003. 847, rapp. Y. Chagny ; 26 avr. 2006, *Bull. civ.* V, n° 144. Lorsque l'entreprise a son siège hors de l'Union européenne, la garantie est due si le jugement de faillite a fait l'objet d'une décision d'exequatur (Soc. 3 juin 2003, *Dr. soc.* 2003. 846, rapp. Y. Chagny, *RJS* 8-9/03, n° 1020 et avis P. Lyon-Caen, p. 658, *D.* 2004. Somm. 58, obs. M. Henry). V. aussi CJUE 10 mars 2011, aff. C-477/09, *JCP S* 2011. 1275, note E. Jeansen.

5. À l'inverse, un salarié travaillant à l'étranger pour le compte d'une société française, tout en ayant maintenu son domicile sur le territoire français, bénéficie de la garantie de l'AGS : Soc. 4 déc. 2012, n° 11-22.166, *JCP S* 2013. 1060, note G. Vachet. V. aussi, Soc. 44 avr. 2012, n° 09-68.553, *ibid.*, note G. Vachet. V. L.-C. Henry, La réforme oubliée, la protection des salariés face à l'insolvabilité de l'employeur, *D.* 2013. 2410.

6. Ce taux de cotisation est fixé par le conseil d'administration de l'AGS et s'applique à des salaires plafonnés. Les droits du salarié sont indépendants du versement des cotisations par l'employeur (C. trav., art. L. 3253-7). Aussi est-il logique que la demande d'admission de l'employeur au dispositif de désendettement des rapatriés n'ait pas pour effet de priver les salariés de leur droit à garantie des créances salariales (Soc. 7 juin 2006, *D.* 2006. IR 1706). L'assurance joue même si un tiers est susceptible de garantir également tout ou partie de ces créances (Soc. 1er déc. 1993, *Dr. soc.* 1994. 221).

956 *Créances garanties* ◊ On peut, en synthétisant les dispositions des articles L. 3253-8 à 13 [1], en distinguer cinq séries.

1) Les sommes dues aux salariés à la date du jugement d'ouverture d'une procédure collective. Il s'agit de l'ouverture d'une procédure de redressement ou de liquidation judiciaire, mais non d'une procédure de sauvegarde [2]. Les sommes sont *toutes celles (encore) dues par l'employeur en exécution du contrat de travail*. Cette catégorie est entendue, en jurisprudence, de façon très compréhensive. On y trouve : les salaires échus (qu'ils soient privilégiés ou non) [3] et leurs accessoires [4], la contrepartie pécuniaire d'une clause de non-concurrence [5], mais aussi toutes les indemnités découlant de la rupture du contrat de travail antérieure à l'ouverture, régulière ou non. Sont ainsi garanties les indemnités de préavis, de licenciement (légale ou conventionnelle [6]), de congés payés [7], de licenciement sans cause réelle et sérieuse [8] ou de licenciement abusif [9] ; les indemnités fixées par une transaction accompagnant la rupture [10] ; les indemnités de rupture anticipée du contrat à durée déterminée de précarité d'emploi d'un intérimaire, de clientèle ; l'indemnité compensatrice de la perte des salaires découlant de l'annulation du licenciement d'un salarié protégé [11].

---

1. Selon la technique du « code suiveur », l'art. L. 625-9 C. com. reproduit les art. C. trav.

2. La question de la prise en charge des créances salariales par l'AGS en cas d'ouverture d'une procédure de sauvegarde a divisé le patronat au temps de la discussion de la loi de juill. 2005 (R. Vatinet, Sur la place faite aux salariés par la loi de sauvegarde des entreprises du 26 juill. 2005, *JCP S* 2005. 1230, n° 11). La Cour de cassation a exclu cette prise en charge : Soc. 10 mars 2009, n° 07-45.326 : *JCP E* 2009. 1549, note I. Beyneix. V. toutefois, en cas de conversion de la procédure de sauvegarde en procédure de redressement ou de liquidation judiciaire, Soc. 21 janv. 2014, n° 12-18.421, publié.

3. Les circonstances pourront inciter l'AGS à plaider que la créance dont le salarié lui demande garantie a fait l'objet d'une novation en créance « civile » (ex. : l'intéressé a tardé à réclamer le paiement afin, sans doute, de favoriser la société, lui procurer des facilités, lui permettre de se relancer). Mais la novation ne se présume pas, la volonté non équivoque du salarié de nover sa créance doit être établie, et la Chambre sociale la reconnaît très (trop ?) difficilement (Soc. 29 juin 2005, *JCP S* 2005. 1260, note P. Morvan ; 7 déc. 2005, *JCP S* 2006. 1159, note P. Morvan).

4. Ex. : Soc. 28 oct. 1997, *RJS* 12/97, n° 1447.

5. Si cette contrepartie est une somme due mois par mois pendant la durée de l'interdiction de concurrence, la garantie n'est due que pour les échéances antérieures au jour du jugement d'ouverture (Soc. 6 mai 1997, *Dr. soc.* 1997. 751, 2 arrêts, obs. R. Vatinet ; 27 oct. 1999, *Dr. soc.* 2000. 123, obs. C. Radé).

6. Soc. 12 juin 2001, *RJS* 8-9/01, n° 1024.

7. Soc. 2 juin 1992, *Bull. civ.* V, n° 358.

8. Soc. 20 mai 1992, *RJS* 2/93, n° 155. Cela vaut même pour les dommages-intérêts réparant un préjudice moral (Soc. 8 juin 1999, *Dr. soc.* 1999. 847, obs. C. Radé). La garantie est due même si le licenciement est « privé d'effet » pour avoir été prononcé en violation de l'art. L. 1224-1 (Soc. 28 janv. 2004, *RJS* 4/04, n° 383). La garantie de l'AGS couvre le paiement des sommes fixées dans une transaction (Soc. 3 avr. 2001, *Dr. soc.* 2001. 672, obs. C. Radé) ; notamment dans un accord transactionnel conclu dans le cadre d'une médiation judiciaire, que l'AGS ne peut contester qu'en établissant la fraude ayant présidé à cet accord (Soc. 25 janv. 2006, *JCP S* 2006. 1446, note P. Morvan).

9. Soc. 29 janv. 2003, *Bull. civ.* V, n° 26 ; 21 févr. 2006, n° 03-46.355 D.

10. Soc. 24 sept. 2002, *RJS* 12/02, n° 1399 (2e esp.) ; 23 nov. 2004, *Dr. soc.* 2005. 221, obs. C. Radé.

11. Soc. 16 nov. 1999, *D.* 1999. IR 281.

Faut-il aller plus loin ? Une jurisprudence extensive considère que la garantie couvre *toutes les sommes dues en réparation de l'inexécution ou du retard dans l'exécution d'une obligation de l'employeur* [1]. La Cour de cassation estime également qu'elle couvre les sommes impayées découlant d'un contrat d'assurance groupe conclu par l'entreprise au bénéfice de son personnel [2], les frais professionnels (extérieurs au salaire, mais dérivant du contrat de travail) [3], mais aussi des dommages et intérêts pour violation des règles sur le repos dominical [4] ou la déclaration d'embauche [5], pour interruption de la formation en alternance du salarié [6]. Sont en revanche exclues de la garantie les sommes dues en vertu d'une astreinte judiciaire [7] ou d'un titre autre que le contrat de travail [8].

Enfin, le texte légal lui-même précise que l'assurance couvre les contributions dues par l'employeur pour le financement de la convention de sécurisation professionnelle (art. L. 1233-65). Il ajoute que la garantie de toutes ces sommes et créances s'étend aux contributions et cotisations sociales d'origine légale ou d'origine conventionnelle imposées par la loi [9].

2) Les créances résultant de la rupture du contrat de travail liée à la procédure collective. Il s'agit des créances d'indemnités de préavis, licenciement,

1. L'idée de la Cour de cassation est que ces dommages-intérêts constituent « une modalité d'exécution de l'obligation de faire ou de ne pas faire », ce qui est fort discutable : Soc. 4 déc. 2002, *RJS* 2/03, n° 199 (défaut de délivrance des bulletins paie et certificats de travail). V. : Soc. 8 nov. 1994, CSB 1995. 14 (indemnisation pour non versement du capital-décès, faute pour l'employeur d'avoir payé les cotisations) ; 16 mars 1999 (dommages-intérêts auxquels l'employeur a été condamné pour avoir laissé les salariés dans l'ignorance de leurs droits au repos compensateur) et 22 mars 1999 (dommages-intérêts en réparation du dommage causé par la transmission tardive, par le représentant des créanciers, des documents nécessaires pour adhérer à une convention de conversion), *Dr. ouvrier* 2000. 75, note F. Saramito ; 24 oct. 2000, *Dr. soc.* 2001. 206, obs. C. Radé ; 9 nov. 2004, *Bull. civ.* V, n° 280 (indemnité réparant le manquement de l'employeur à son obligation d'exécuter de bonne foi le contrat de travail) ; 10 juill. 2001, *Dr. soc.* 2001. 1127, obs. G. Couturier (indemnité réparant le retard dans le paiement des indemnités de rupture) ; 8 janv. 2002, *Dr. soc.* 2002. 371, obs. C. Radé (dommages-intérêts à raison de l'inexécution de l'obligation d'affilier à une caisse de retraite complémentaire des cadres) ; 15 déc. 2004, n° 02-46.973 D (dommages-intérêts alloués à une salariée en raison de l'attitude discriminatoire de l'employeur) ; 20 juin 2007, *JCP S* 2007. 1852, note A. Martinon (dommages-intérêts pour défaut d'immatriculation aux organismes sociaux et de bulletins de paie, non-délivrance de documents, travail dissimulé). En revanche, la garantie ne concerne pas des cotisations impayées à un régime de retraite complémentaire prévu par accord collectif, qui ne sont pas des créances des salariés mais des dettes de l'employeur à l'égard de l'organisme (30 mars 1999, *Dr. soc.* 1999. 646, obs. C. Radé ; 28 mars 2000, *ibid.* 2000. 664, obs. C. Radé).

2. Soc. 4 févr. 1987, *Dr. soc.* 1987. 616, note H. Blaise (le critère n'est pas la nature salariale de la créance mais son *rattachement au contrat de travail :* capital décès dû à la veuve d'un salarié bénéficiant d'une assurance groupe).

3. Soc. 17 déc. 1991, *Dr. soc.* 1992. 194.

4. Soc. 8 juin 1999, *Dr. soc.* 1999. 847, obs. C. Radé.

5. Soc. 29 janv. 2003, *RJS* 4/03, n° 465.

6. Soc. 31 oct. 2000, *RJS* 1/01, n° 15.

7. Soc. 8 oct. 2003, *RJS* 12/03, n° 1400.

8. Soc. 15 janv. 2003, *RJS* 3/03, n° 353.

9. Ou l'indemnité réparant le préjudice subi par le salarié, parti en préretraite avant l'ouverture de la procédure, du fait du défaut de paiement des cotisations patronales à une caisse de retraite complémentaire (Soc. 25 janv. 2005, *Dr. soc.* 2005. 477, obs. C. Radé).

précarité, etc.[1], à raison d'une rupture[2] intervenant pendant la période d'observation, dans le mois suivant le jugement qui arrête le plan de sauvegarde, de redressement ou de cession[3], dans les quinze jours suivant le jugement de liquidation[4], et pendant la période de maintien provisoire de l'activité éventuellement autorisé par ce jugement de liquidation et dans les quinze jours, ou vingt-et-un jours lorsqu'un plan de sauvegarde de l'emploi est élaboré, suivant la fin de ce maintien d'activité[5]. Les créances résultant du licenciement des salariés protégés (représentants du personnel ou des syndicats, salariée en état de grossesse, etc.) sont garanties par l'AGS même si la rupture intervient au-delà de ces délais (nécessité d'une autorisation administrative, interdiction de licencier pendant un certain temps, etc.), dès lors que l'administrateur, l'employeur ou le liquidateur a manifesté, au cours de ces périodes, son intention de rompre le contrat de travail (C. trav., art. L. 3253-10 ; C. com., art. L. 631-19, L. 642-5). Sont également garanties les créances (ex. : indemnité de licenciement) résultant de la rupture (d'un « commun accord des parties ») des salariés auxquels une convention de reclassement personnalisé a été proposée, dès lors que cette proposition leur a été adressée au cours de ces mêmes périodes.

3) Créances nées du travail dans le temps de la procédure. L'article L. 3253-8, 5° dispose que, lorsque le tribunal prononce la liquidation judiciaire,

---

1. Mais aussi de la créance de contrepartie pécuniaire d'une clause de non-concurrence, dont la Cour de cassation estime qu'elle « résultait de la rupture » du contrat, de sorte que l'AGS devait en garantir le paiement, peu important que toutes les échéances ne soient pas encore exigibles (Soc. 20 juin 2006, *Dr. soc.* 2006. 1054, obs. C. Radé).

2. L'assurance couvre les dommages-intérêts dus pour rupture anticipée d'un contrat à durée déterminée (dont l'AGS n'est pas fondée à demander la requalification, ni à faire valoir que sa durée prévue, irrégulière, doit être réduite à la durée maximale autorisée par la loi : Soc. 18 oct. 2007, *Dr. soc.* 2008. 742, obs. C. Roy-Loustaunau). La rupture visée par le texte est une rupture tenant au choix de l'administrateur, de l'employeur ou du liquidateur judiciaire (qui peut ne pas se manifester par la notification d'un licenciement, par exemple, dès lors qu'il apparaît que le liquidateur a manifesté son intention de rompre des contrats, pourtant déjà rompus en fait : Soc. 6 juin 2007, *Dr. soc.* 2007. 984, note C. Radé). En revanche, ne bénéficie pas de la garantie la créance indemnitaire d'un salarié résultant de son départ à la retraite après le jugement d'ouverture (Soc. 20 avr. 2005, *JCP S* 2005. 1009, note P. Morvan). V. aussi, à propos de la résiliation judiciaire du contrat de travail : Soc. 14 oct. 2009, n° 07-45.257, *JCP S* 2009. 1559, note F. Dumont.

3. Si ce plan ne prévoit aucun licenciement, les contrats de travail se poursuivent avec le cessionnaire (C. trav., art. L. 1224-1) et l'AGS n'a rien à garantir (Soc. 6 juill. 1999, *Dr. soc.* 1999. 959, obs. C. Radé). Les salariés licenciés dans le cadre d'une cession d'actifs autorisée par le juge-commissaire bénéficient de la garantie de l'AGS (Soc. 27 nov. 2001, *RJS* 3/02, n° 290).

4. Délai de rigueur (Soc. 21 nov. 1989, *Bull. civ.* V, n° 672 ; 3 avr. 2002, *Dr. soc.* 2002. 527, concl. P. Lyon-Caen ; 1er oct. 2003, *RJS* 12/03, n° 1396). La responsabilité du liquidateur ayant tardé à licencier peut être engagée (Com. 6 juill. 1993 *Bull. civ.* IV, n° 281 ; Soc. 10 mai 2001, *RJS* 7/01, n° 863).

5. La garantie ne bénéficie pas aux sommes qui concourent à l'indemnisation du préjudice causé par la « rupture dans le cadre d'un licenciement pour motif économique » en application d'un accord ou d'une décision unilatérale propre à l'entreprise ou au groupe, antérieur de moins de 18 mois au jugement d'ouverture d'une procédure de sauvegarde, redressement ou liquidation (C. trav., art. L. 3253-13). Il s'agit d'éviter les arrangements visant à indemniser plus favorablement les salariés en faisant « payer l'AGS ».

l'assurance couvre, « dans la limite d'un montant maximal correspondant à un mois et demi de travail » [1], les « sommes dues » au cours de la période d'observation, des quinze jours suivant le jugement de liquidation (ou du mois en ce qui concerne les représentants des salariés, prévus par les art. L. 621-4 et L. 631-9 C. com.), et pendant le maintien provisoire de l'activité que ce jugement peut autoriser et au cours des quinze jours, ou vingt-et-un jours lorsqu'un plan de sauvegarde de l'emploi est élaboré, suivant la fin de ce maintien de l'activité.

4) Mesures d'accompagnement. En application de l'article L. 3253-8, 4°, l'AGS couvre les mesures d'accompagnement résultant d'un plan de sauvegarde de l'emploi déterminé par un accord collectif majoritaire ou par un document élaboré par l'employeur, conformément aux articles L. 1233-24-1 à L. 1233-24-4, dès lors qu'il a été validé ou homologué dans les conditions prévues à l'article L. 1233-58 avant ou après l'ouverture de la procédure de redressement ou de liquidation judiciaire.

5) Sommes dues au titre de l'intéressement et de la participation. Sont également garantis (C. trav., art. L. 3253-10), d'une part, les sommes dues au titre de l'intéressement ou de la participation aux fruits de l'expansion, ou en application d'un accord créant un fonds salarial, lorsqu'elles prennent la forme d'un droit de créance sur l'entreprise [2], d'autre part les arrérages d'une préretraite découlant d'une convention collective ou d'un accord d'entreprise [3]. Cette couverture suppose que ces sommes soient exigibles à la date du jugement d'ouverture de la procédure, ou le deviennent du fait de la rupture du contrat de travail en rapport avec un plan de sauvegarde ou de redressement, ou bien qu'intervienne un jugement de liquidation [4] ou un jugement arrêtant un plan de cession totale de l'entreprise.

957 ***Le montant de la garantie*** ◇ En raison de certains abus (ex. : contrat de travail à salaire élevé conclu alors que l'entreprise connaissait des difficultés [5]) ou de fraudes (contrats et indemnités de complaisance), une loi du 27 décembre 1975 a introduit une limitation fixée par décret et en référence au plafond utilisé en matière de cotisations d'assurance chômage (C. trav., art. L. 3253-17). Depuis 1998, la Cour de cassation appliquait largement le montant le plus favorable au salarié (13 fois le salaire plafond, au lieu de quatre antérieurement) [6], ce qui facilitait les abus et

1. Montant fixé par l'art. D. 3253-2 C. trav.
2. G. Auzero, La détermination des créances garanties par l'AGS en matière d'épargne salariale : *RDT* 2009. 358.
3. L'AGS peut contester l'existence de la convention (Soc. 22 avr. 1985, *Bull. civ.* V, n° 249), et il n'y a pas de garantie en l'absence de convention (Soc. 10 avr. 1991, *RJS* 5/91, n° 584).
4. Soc. 30 sept. 2004, *Dr. soc.* 2004. 1149, obs. J. Savatier.
5. Les contrats de travail conclus après la date de cessation des paiements sont nuls, selon l'art. L. 632-1, I, 2° C. com., si les obligations de l'entreprise excèdent notablement celles du salarié. Ex. : Soc. 29 oct. 2002, *Dr. soc.* 2003. 287, note R. Vatinet ; 2 déc. 2009, n° 08-43.104, *JCP S* 2010, 1092, note A. Barège.
6. Soc. 15 déc. 1998, *Dr. soc.* 1998. 152, concl. P. Lyon-Caen, *Dr. ouvrier* 1999. 47, rapp.t J.-Y. Frouin, *D.* 1999. 205, note C. Souweine.

contribuait au déséquilibre financier de l'AGS [1]. Aussi ces montants ont-ils été revus à la baisse en 2003. Désormais le montant des sommes garanties varie selon l'ancienneté du contrat de travail dont résulte la créance (C. trav., art. D. 3253-5). Il est de : six fois le plafond mensuel lorsque le contrat a été conclu plus de deux ans avant la date du jugement d'ouverture ; cinq fois le plafond lorsqu'il a été conclu moins de deux ans et six mois au moins avant cette date ; quatre fois le plafond s'il a été conclu moins de six mois avant la date de ce jugement [2].

§ 3. Modalités de paiement des créances

958 ***Établissement et règlement des créances salariales*** ◊ Les salariés d'un employeur soumis à une procédure collective n'ont plus à « produire », c'est-à-dire à indiquer individuellement à un mandataire de justice ce qui leur est dû. Un relevé des créances salariales est établi par le mandataire judiciaire (mandataire de justice, distinct de l'administrateur judiciaire, désigné dans le jugement d'ouverture afin d'agir au nom et dans l'intérêt collectif des créanciers), puis soumis pour vérification au représentant des salariés, dont c'est la principale mission et qui est élu par le comité d'entreprise, les délégués du personnel, ou directement par le personnel. Ce relevé doit ensuite être visé par le juge-commissaire, ce visa n'ayant pas valeur de décision [3].

L'établissement des relevés doit être réalisé dans des délais précis (C. trav., art. L. 3253-19) : dans les dix jours pour les créances superprivilégiées ; dans les trois mois du jugement pour les autres créances salariales exigibles, etc. Si les fonds disponibles sont suffisants, les salariés sont immédiatement désintéressés (en tenant compte des privilèges). S'ils sont insuffisants, le mandataire de justice demande l'avance des fonds à l'AGS, laquelle doit s'exécuter dans les *cinq jours* (partie superprivilégiée) ou dans les *huit jours* pour le surplus des créances réclamées [4]. Le mandataire de

1. Th. Meteyé, AGS : jusqu'où peut-on aller trop loin ? *Dr. soc.* 2002. 972. Le revirement de 1998 représentant un surcoût annuel de 60 millions d'euros pour le régime.

2. Le plafond de garantie d'une indemnité pour licenciement injustifié est celui en vigueur à la date de cet acte, et non celui en vigueur à la date du jugement condamnant l'employeur ou à la date d'ouverture de la procédure (Soc. 19 avr. 2005, *Dr. soc.* 2005. 935, obs. C. Radé ; 7 juin 2006, *Bull. civ.* V, n° 207). Les créances des organismes sociaux, qui ne sont pas des créances du salarié, ne sont pas prises en compte pour apprécier le montant maximum de la garantie de l'AGS : Soc. 2 juill. 2014, n° 13-11.948, publié.

3. Sur la procédure d'établissement et règlement des créances, v. : R. Vatinet, Le volet social de la loi de sauvegarde des entreprises précisé par son décret d'application, *JCP S* 2006. 1205.

4. La présentation des relevés de créances salariales est suffisante au paiement par l'AGS et le salarié n'a pas à prouver l'insuffisance des fonds (Soc. 21 oct. 1998, *Bull. civ.* V, n° 441). Toutefois, en cas de procédure de sauvegarde (puisqu'il y a garantie de certaines créances, liées notamment à des ruptures de contrats de travail), le mandataire de justice doit justifier auprès de l'AGS que l'insuffisance des fonds est « caractérisée » (puisqu'il n'y a pas, normalement, de cessation des paiements).

justice reverse immédiatement les sommes reçues aux salariés créanciers [1]. Ceux-ci ne peuvent s'adresser directement à l'AGS [2], et l'AGS ne peut les payer elle-même [3].

Les lois de 1973, 1985 et 2005 (C. com., art. L. 625-7) ont laissé subsister le *privilège* et le *superprivilège* [4], qui bénéficieront directement aux salariés ou à l'AGS si, dans la mesure de leurs créances garanties par l'assurance contre l'insolvabilité et faute de disponibilités, ils ont été réglés par cette dernière, alors subrogée dans leurs droits [5].

959 ***Privilège*** ◊ Il est prévu par les articles 2331, 4° et 2375, 2° du Code civil, auxquels renvoie l'article L. 3253-1.

a) Conditions. Les *bénéficiaires* sont tous les salariés en vertu d'un contrat de travail, quels que soient le secteur professionnel considéré ou l'importance de la fonction.

Quant aux *créances garanties*, le privilège concerne tout salaire, quels que soient sa forme, son mode de calcul ou sa périodicité, et tous ses accessoires (primes, gratifications, indemnité de congés payés, etc.). Le privilège garantit également le paiement de l'indemnité de préavis et des dommages-intérêts pour rupture injustifiée ou abusive, ainsi que de l'indemnité de licenciement (dans les limites d'un plafond) qu'elle soit prévue par la loi, un accord collectif ou l'usage. Sont également garanties les indemnités afférentes au contrat à durée déterminée et celle de précarité d'emploi. En revanche, l'indemnité de clientèle n'est pas couverte [6].

b) Portée. Ce privilège *général* grève tous les meubles de l'employeur débiteur et, en cas d'insuffisance, les immeubles, malgré l'absence de publicité par inscription. Mais la créance de salaires n'est privilégiée que pour les six derniers mois de travail effectif restés impayés (et non des six mois précédant le jour du jugement ouvrant la procédure). Ce privilège est classé au quatrième rang par l'article 2331 du Code civil, après les frais de justice, les frais funéraires et de dernière maladie. Mais, comme tous les privilèges généraux, il passe après le fisc et les privilèges spéciaux. En cas de liquidation, par exemple, il sera primé, sur le prix de vente des marchandises

1. « À l'exclusion des créanciers subrogés », précise l'art. L. 3253-21, al. 3 C. trav., donc d'un tiers (une banque, par exemple) qui aurait désintéressé le salarié.

2. Soc. 21 mars 1990, *Bull. civ.* V, n° 133 ; 12 févr. 1991, *RJS* 1991, n° 342 (fin de non recevoir). Mais rien n'interdit au salarié de solliciter des juges une condamnation de l'AGS à payer entre les mains du représentant des créanciers.

3. Soc. 11 juin 1992, *Bull. civ.* V, n° 384. Ce qui a des conséquences sur l'éventuelle responsabilité pour retard de paiement de ces sommes aux salariés (v. Soc. 26 janv. 2000, *D.* 2000. IR 62).

4. La loi du 26 juill. 2005 a introduit une disposition qui se retrouve aujourd'hui à l'art. L. 3253-5 C. trav. accordant un superprivilège pour « les sommes dues aux façonniers par leurs donneurs d'ordres », lorsque ces derniers font l'objet d'une procédure collective. Ces entrepreneurs ne rejoignent pas pour autant la cohorte des « assimilés aux salariés ». V. P. Morvan, Le droit social dans la réforme du droit des entreprises en difficulté, *JCP E* 2005. 1511, n° 38.

5. C. Saint-Alary-Houin, L'efficacité des sûretés garantissant les créances salariales, *Dr. soc.* 1987. 842.

6. Soc. 19 mars 1986, *D.* 1986. IR. 239.

en magasin, par le privilège spécial du bailleur pour le paiement du loyer, par celui du créancier nanti ou du vendeur de meubles.

960 ***Superprivilège*** ◊ **a) Créances garanties.** Au terme de l'article L. 3253-2, cette sûreté garantit, en cas d'ouverture d'une procédure de sauvegarde, de règlement ou de liquidation judiciaire, le paiement du salaire pour les 60 derniers jours de travail des salariés dans la limite d'un plafond (double du plafond des cotisations de sécurité sociale : C. trav., art. D. 3253-1) [1]. Ce délai court, non du jugement, mais de la dernière échéance impayée [2].

Se trouvent garanties, sous déduction des acomptes déjà versés, outre les salaires et accessoires de salaires, les indemnités de congés payés et de préavis, l'indemnité de précarité d'emploi, mais aussi les contributions de l'employeur dans le cadre de la convention de reclassement personnalisé. Par contre, il n'est rien dit de *l'indemnité de licenciement* ni des dommages et intérêts pour licenciement injustifié ou abusif.

b) Modalités. Les sommes garanties doivent être payées par l'administrateur, nonobstant l'existence de toute autre créance, même celle du Trésor, dans les dix jours suivant le jugement d'ouverture de la procédure, sur simple ordonnance du juge-commissaire et à la seule condition que le débiteur dispose des fonds nécessaires (C. com., art. L. 625-8) [3]. À défaut, ces sommes seront acquittées sur les premières rentrées de fonds.

961 ***Créances nées postérieurement au jugement d'ouverture*** ◊ S'il y a continuation de l'exploitation (pendant la période d'observation) et s'il y a des fonds, les créances nées après le jugement d'ouverture sont payées à leur échéance (paiement des salaires en fin de mois, des indemnités lors des licenciements qui peuvent être autorisés) et partiellement garanties par l'AGS (C. trav., art. L. 3253-8, 4°).

Si les créances nées après le jugement ne sont pas payées à leur échéance, une grave difficulté surgit. En effet, la loi choisit, afin de permettre le sauvetage des entreprises et des emplois, de favoriser, par exemple, tout créancier consentant un crédit. Un conflit de priorités surgit donc entre ces créanciers (fournisseurs, banques) et les salariés qui ont travaillé, n'ont pas été payés, puis ont été licenciés, mais aussi entre ces créanciers et l'AGS qui a fait l'avance des salaires. L'article L. 622-17 la règle en établissant un ordre de paiement : la partie superprivilégiée des rémunérations

1. Est seule garantie par le superprivilège institué par le Code du travail la créance résultant du contrat de travail pesant sur un employeur faisant l'objet d'une procédure collective, à l'exclusion des sommes qui pourraient être dues par le repreneur : Com. 3 nov. 2010, n° 09-14.744, *Bull. civ.* V, n° 168.

2. Pour les indemnités de congés payés, v. C. trav., art. L. 3253-4.

3. Avant tout établissement du montant des créances privilégiées, l'administrateur doit, avec une simple autorisation du juge-commissaire et dans la mesure des fonds disponibles, verser immédiatement aux salariés, à titre provisionnel, une somme égale à un mois de salaire impayé, dans la limite du double du plafond mensuel retenu pour le calcul des cotisations de sécurité sociale (C. com., art. L. 625-8, al. 2).

antérieures vient toujours en tête, puis le reste des salaires non avancé par l'AGS, les frais de justice (honoraires des auxiliaires de justice), les prêts bancaires et les crédits fournisseurs, les salaires avancés par l'AGS au titre de L. 3253-8, 4° (cas de prononcé de la liquidation judiciaire), etc.

962 ***Contestations relatives au règlement des créances salariales*** ◊ La règle reste la suspension des poursuites individuelles par le jugement ouvrant une procédure ; elle s'applique à tous les créanciers de somme d'argent. Cependant, elle connaît divers tempéraments en matière salariale.

Si une instance prud'homale entre un salarié et son employeur est en cours lors de l'ouverture, elle est *poursuivie,* en présence du mandataire judiciaire, qui doit informer dans les dix jours la juridiction saisie (le conseil de prud'hommes) et les salariés parties à cette instance de l'ouverture de la procédure collective (C. com., art. L. 625-3), l'AGS étant mise en cause afin de lui rendre opposable le jugement à intervenir [1].

Si une contestation naît postérieurement à l'ouverture, soit qu'une créance (erreur ou oubli) ne figure pas sur le relevé, soit que l'AGS refuse de prendre en charge le paiement d'une créance, la loi du 25 janvier 1985 (contrairement à la législation antérieure qui attribuait compétence exclusive au tribunal de commerce) a confié *au seul conseil de prud'hommes* le soin de la trancher [2]. Dans le premier cas (C. com., art. L. 625-1) le salarié assignera le mandataire judiciaire directement devant le bureau de jugement (dans un délai de deux mois, à peine de forclusion [3]), l'AGS étant appelée en cause [4]. Dans le second cas, le salarié, informé par le mandataire judiciaire du refus de l'AGS, fera convoquer celle-ci devant le conseil des prud'hommes (C. com., art. L. 625-4). Il y a là une remarquable extension de la compétence d'attribution du conseil de prud'hommes à un litige entre un salarié et l'AGS, portant non sur l'existence de la créance salariale

1. Faute de procéder à cette information dans le délai prescrit, le mandataire judiciaire ne pourra se prévaloir de l'inopposabilité de la décision rendue (Soc. 17 sept. 2003, *RJS* 12/03, n° 1394, 2e esp. ; 5 nov. 2003, *RJS* 1/04, n° 50). Si le salarié ne reprend pas l'instance contre l'administrateur après le jugement d'ouverture, il ne pourra se prévaloir de l'exception ainsi apportée à la règle de la suspension des poursuites : le jugement favorable qu'il pourra obtenir sera « réputé non avenu » par application de l'art. 372 C. pr. civ. (Soc. 29 févr. 2000, *Dr. soc.* 2000. 562, obs. C. Radé).

2. Soc. 21 mars 1989, *Bull. civ.* V, n° 223 ; 3 oct. 1989, *Bull. civ.* V, n° 559 (licenciement pendant la période d'observation) ; 10 oct. 1990, *D.* 1990. 532 (salarié omis sur le relevé). V. A. Arseguel, Aspects généraux du contentieux prud'homal relatif aux créances salariées depuis la L. du 25 janv. 1985, *Dr. soc.* 1987. 807.

3. Il peut cependant être relevé de cette forclusion dans le délai d'un an à compter de l'ouverture de la procédure (Soc. 26 mars 2003, *RJS* 6/03, n° 744). Cette forclusion ne s'applique pas aux créances nées après le jugement d'ouverture (Soc. 12 mars 2003, *RJS* 3/03, n° 613). Le délai ne court pas lorsque le représentant des créanciers n'a pas informé le salarié de son existence et de son point de départ (Soc. 25 juin 2002, *RJS* 10/02, n° 1127) ou a lui-même déposé hors délai le relevé de créances salariales (Soc. 8 janv. 2002, *RJS* 3/02, n° 289).

4. Soc. 21 juin 2005, *Bull. civ.* V, n° 209. La créance reconnue par le conseil de prud'hommes au profit du salarié doit être portée sur l'état des créances même si le jugement est frappé d'appel (Soc. 12 juill. 2005, *JCP S* 2005. 1268, note P. Morvan).

mais sur la garantie de paiement. L'AGS a un *droit propre* à contester le principe et l'étendue de sa garantie dans tous les cas où les conditions de celle-ci ne paraissent pas remplies [1].

963 ***Subrogation de l'AGS*** ◇ Comme tout assureur, l'AGS est subrogée dans les droits du salarié qu'elle a désintéressé [2]. Au demeurant, il importe, pour la pérennité du système d'assurance des créances salariales et le rôle qu'il peut jouer dans la dédramatisation relative des restructurations, qu'elle puisse « récupérer » une part significative des sommes versées aux salariés.

L'article L. 3253-16 qualifie curieusement les sommes versées d'« avances », en précisant qu'il y a subrogation :

– pour l'ensemble des créances, lors d'une procédure de sauvegarde ;

– pour les créances garanties par le superprivilège [3] et les sommes versées au titre de la garantie des créances de l'article L. 3253-8, 3° lors d'une procédure de redressement ou de liquidation judiciaire (l'AGS sera remboursée, nonobstant l'existence de toute autre créance, sur les premiers fonds disponibles), tandis que, pour les autres créances, l'AGS viendra en concours avec les créanciers antérieurs au jugement et pourra éventuellement se prévaloir du privilège simple dont bénéficiait le salarié dans les droits duquel elle se trouve subrogée [4].

SECTION 3. **LES OBSTACLES AU PAIEMENT**

964 Le salarié pourra éprouver des difficultés à être payé du fait de *ses propres créanciers*, ou parce que l'employeur lui-même *est son créancier*.

---

1. Soc. 3 mai 1978, *D.* 1978. 492, note A. Honorat ; 1er févr. 1993, *Bull. civ.* V, n° 67 ; 13 juin 2001, *RJS* 10/01, n° 1147. L'AGS garantissant le paiement des créances au titre de l'intéressement et de la participation, la Cour de cassation lui reconnaît un droit propre de contester le principe et l'étendue du bénéfice net et de celui des capitaux propres établis par attestation de l'inspecteur des impôts ou du commissaire aux comptes, ce que les salariés ne peuvent faire en vertu de l'art. L. 3326-1 C. trav. (Soc. 10 févr. 1999, *Dr. soc.* 1999. 413, obs. C. Radé). V. aussi l'ex. de l'espèce de : Soc. 30 nov. 2004, *Dr. soc.* 2005. 344, obs. B. Gauriau (contestation par l'AGS de l'existence d'un contrat de travail entre une société en liquidation et son actionnaire et gérant de fait, qui se prévalait pourtant de sa qualité de représentant des salariés dans la procédure et la prétendait attestée par l'autorisation de son licenciement par l'inspecteur du travail).

2. L'AGS, qui a fait l'avance de sommes dues en vertu d'une décision exécutoire et qui est légalement subrogée dans les droits du salarié, n'est pas tenue de justifier, avant de déclarer sa créance, que la dette salariale de l'employeur résultant de cette décision a été portée sur l'état des créances : Soc. 13 juill. 2010, n° 08-20.736, *JCP S* 2010. 1553, note A. Martinon.

3. L'AGS ne perd pas le bénéfice de cette subrogation du fait de l'ouverture d'une seconde procédure et demeure en conséquence dispensée de l'obligation de déclarer sa créance : Soc. 3 févr. 2009, n° 07-19.631, *JCP S* 2009. 1229, note Th. Lahalle.

4. La Cour de cassation a jugé qu'il résulte de l'article L. 3253-16, 2° que les créances en question sont légalement réputées être des créances antérieures, sans distinction de date de naissance, et, lorsqu'elles bénéficient du privilège général des salaires, priment, en application du premier de ces textes, les créances hypothécaires : Com. 11 juin 2014, n° 13-17.997, publié.

§ 1. Empêchement procédant des créanciers du salarié

965 ***Saisie des rémunérations*** ◊ Le salarié peut être endetté, avoir emprunté ou acheté à crédit. Afin d'éviter que, par le procédé de la saisie, les créanciers du travailleur insolvable ne viennent dans un premier temps s'opposer au paiement, puis se faire attribuer intégralement la créance de salaire – mais sans toutefois ruiner le crédit du salarié, notamment auprès des fournisseurs – le Code du travail (C. trav., art. L. 3252-1 s.) consacre une insaisissabilité partielle. Elle est doublée d'une incessibilité partielle visant à protéger le salarié imprévoyant contre lui-même en l'empêchant de céder à l'avance la totalité de sa créance de salaires. La procédure de saisie des sommes dues à titre de rémunération (C. trav., art. R. 3252-11 s.) est particulière [1] et diffère de la procédure de saisie-attribution, voie d'exécution sur les créances de droit commun.

a) Étendue de l'indisponibilité. La partie saisissable ou cessible varie et augmente logiquement avec l'importance du salaire. Les proportions sont fixées par décret et régulièrement relevées (C. trav., art. L. 3252-2). Selon l'article R. 3252-2, modifié en dernier lieu par le décret du 15 décembre 2010, les proportions vont du vingtième sur la portion inférieure ou égale à 3 510 €, à la totalité sur la tranche supérieure à 20 470 € (avec cinq tranches intermédiaires). L'indisponibilité partielle subsiste même une fois le salaire versé à un compte bancaire [2].

Pour déterminer à quelles sommes s'applique l'indisponibilité et apprécier la fraction saisissable, il convient de tenir compte du salaire principal et de tous les accessoires participant de sa nature juridique [3] (déduction faite des cotisations et contributions sociales obligatoires, et à l'exclusion des remboursements de frais, des indemnités de licenciement et des dommages et intérêts liés aux circonstances de la rupture, des prestations de retraite, soumis au droit commun). Cette insaisissabilité n'est évidemment pas opposable aux créanciers alimentaires du salarié [4]. En revanche, les prestations familiales, les rentes d'accident du travail, les allocations d'aide sociale sont entièrement insaisissables.

1. Pour une illustration, v. Civ. 2e, 19 nov. 2009, n° 08-21.292, *JCP S* 2010. 1045, note S. Brissy.

2. Mais l'insaisissabilité ne porte que sur les sommes insaisissables comprises dans le solde créditeur du compte (Civ. 2e, 24 juin 2004, *Bull. civ.* II, n° 323).

3. C'est afin de se prononcer sur sa saisissabilité et les règles applicables à sa saisie que la chambre sociale a récemment rappelé que l'indemnité de départ à la retraite, n'ayant pas pour objet de réparer un préjudice, constituait une rémunération (Soc. 30 janv. 2008, *JCP S* 2008. 1221, note F. Dumont).

4. V. loi du 2 janv. 1973 sur le paiement direct des pensions alimentaires, à laquelle se réfère l'art. L. 3252-5 C. trav. Selon ce texte, toutefois, une somme est dans tous les cas laissée à la disposition du « bénéficiaire de la rémunération » ; elle est égale au montant mensuel du RMI pour un allocataire seul (soit 474,93 € au 1er janv. 2012).

b) Procédure[1]. La loi organise une procédure de saisie très simplifiée devant le tribunal d'instance[2] avec préliminaire obligatoire de conciliation, afin de limiter les frais supportés en définitive par le salarié, et de ne pas importuner à l'excès son employeur qui pourrait être tenté de se séparer de lui au moment même où il a le plus besoin de ressources (C. trav., art. R. 3252-11 s.).

§ 2. Empêchement venant de l'employeur

966 ***Restrictions apportées à la compensation***[3] ◊ La compensation est l'extinction automatique de deux dettes réciproques, à concurrence du montant de la moins élevée, dès lors qu'elles sont liquides et exigibles. En raison de l'état de subordination du salarié et du caractère alimentaire de la créance de salaire, un dispositif protecteur vient limiter le jeu de la compensation que l'employeur pourrait prétendre opposer lors du paiement, en invoquant diverses créances qu'il possède contre le salarié (fournitures, avances, etc.). Le système assez complexe adopté par le Code du travail (C. trav., art. L. 3251-1 s.) obéit au double souci – en partie contradictoire – de restreindre les droits de l'employeur, mais aussi de ne pas décourager complètement une forme de crédit bénéfique pour le salarié et qui, en règle générale, lui sera consenti sans intérêts par son employeur.

Le Code fait logiquement une distinction selon l'origine de la créance patronale, mais il est loin d'avoir prévu toutes les hypothèses.

a) Fournitures. En principe est *interdite toute compensation* concernant les fournitures diverses procurées à crédit par l'employeur. Il y a là, en effet, un danger très voisin de celui qui a conduit à interdire les économats patronaux. Échappe toutefois à l'interdiction la fourniture d'outils et instruments nécessaires au travail, de matières ou matériaux dont l'ouvrier a la charge et l'usage, ainsi que les sommes avancées pour l'acquisition de ces mêmes objets. Il s'agit en effet d'avances non suspectes et favorables au salarié[4].

b) Avances en argent. L'employeur peut se rembourser au moyen de *retenues* successives ne dépassant pas à chaque fois *le dixième* du montant des salaires exigibles (C. trav., art. L. 3251-3). La retenue opérée de ce chef ne se confond pas avec la portion du salaire saisissable par les autres créanciers. Le législateur a donc fait à l'employeur une situation privilégiée puisqu'il se voit ainsi réserver le dixième du salaire en étant soustrait au concours des autres créanciers.

---

1. La saisie des rémunérations dues par un employeur est soumise à ces dispositions spéciales du Code du travail, même si le débiteur saisi n'est plus le salarié de cet employeur (Cass., ass. plén., 9 juill. 2004, *D.* 2004. 3161, note A. Bugada ; *Dr. soc.* 2004. 1031, obs. C. Radé).

2. Qui a pouvoir de qualifier les sommes saisies, donc de se prononcer sur la nature du contrat.

3. G. Vachet, La compensation *Dr. soc.* 1997. 600.

4. Ainsi, dans le bâtiment, au profit de l'ouvrier maçon tenu de posséder son outillage. Mais le badge remis à un salarié pour lui permettre d'accéder au site de travail et au restaurant d'entreprise n'est pas un outil nécessaire au travail (Soc. 20 avr. 2005, *D.* 2006. 1346, note J. Mouly).

On ne doit pas confondre ces avances, qui constituent de véritables prêts [1], avec les simples *acomptes* versés avant l'échéance normale, en rémunération d'un travail en cours ou déjà accompli. L'acompte est un paiement partiel anticipé, éteignant dans cette mesure même la créance du salarié, et donc déductible du montant du salaire à l'échéance [2].

967 ***Hypothèses non prévues par le Code*** ◊ Elles sont nombreuses et l'incertitude est grande. Les juges doivent se tourner vers les règles du Code civil, dont l'article 1293 invite à restreindre la compensation pour éteindre une dette qui présente, comme celle du salaire dû par l'employeur, un caractère alimentaire. Pourtant, la jurisprudence ne consacre pas de règle générale excluant la compensation, dont l'article L. 3251-1 ne serait qu'une application particulière.

Il se peut que le salarié ne soit pas *créancier* de son seul salaire, mais aussi de sommes diverses, dont les unes ont la nature juridique de salaire – pour elles s'appliquent les restrictions à la compensation [3] – tandis que d'autres n'ont pas cette nature, de sorte que la compensation avec elles ne subit pas de restrictions (si les conditions du Code civil sont réunies) [4].

Le salarié peut être *débiteur* pour de multiples causes, autres que des fournitures ou avances en argent : dettes d'indemnité de préavis en cas de démission brusque ou abusive [5] ; dommages et intérêts de responsabilité contractuelle à l'égard de l'employeur [6], remboursement à l'employeur de dépenses de formation en vertu d'une clause de dédit formation [7]. Il peut aussi se trouver débiteur de son employeur parce qu'il a perçu plus qu'il ne lui était dû et doit restituer [8], ou parce qu'il est tenu d'un déficit de caisse ou ne peut justifier de l'utilisation des sommes qui lui ont été

---

1. Si l'employeur a consenti un prêt au salarié, la Cour juge que la compensation des sommes restant dues par le salarié avec le salaire (que l'on pourrait penser soumise à la limitation de l'art. L. 3251-3 C. trav.) ne peut s'appliquer que sur la fraction saisissable de ce salaire (Soc. 4 avr. 2006, *JCP S* 2006. 1410).

2. Soc. 12 juin 1963, *Dr. soc.* 1964. 41. Doit être assimilé à un acompte le versement correspondant aux salaires perdus du fait de la grève, sous réserve de récupération (Soc. 24 févr. 1971, *Dr. soc.* 1971. 461, note J. Savatier). En revanche une convention de prêt avec intérêt ne peut être assimilée à un acompte (Soc. 5 mai 1993, *Bull. civ.* V, n° 125).

3. Salarié créancier d'une indemnité de congés payés ou de préavis (Soc. 18 déc. 1986, *Bull. civ.* V, n° 625).

4. Salarié créancier d'une indemnité de licenciement (Soc. 23 juin 1988, *Bull. civ.* V, n° 383 ; 15 nov. 1989, *JS UIMM* 1990. 523), ou de dommages et intérêts pour rupture sans cause réelle et sérieuse (Soc. 21 nov. 1984, *JS UIMM* 1985. 464 : compensation intégrale avec le remboursement d'un prêt).

5. Soc. 28 avr. 1994, *RJS* 6/94, n° 703 (pas de compensation).

6. Mais cette responsabilité ne peut résulter que d'une faute lourde. V. aussi Soc. 20 mai 2008, n° 05-42.009, *JCP S* 2008. 1467, note S. Brissy.

7. Soc. 21 mars 2000, *Dr. soc.* 2000. 594, note C. Radé : la compensation n'est pas exclue, mais ne peut s'appliquer que sur la fraction saisissable du salaire.

8. La compensation sous forme de « retenues » se substitue alors à une répétition de l'indu : Soc. 13 mai 1980, *Dr. ouvrier* 1981. 66 ; 9 oct. 1968, *Bull. civ.* V, n° 351 (remboursement échelonné des sommes versées par erreur).

confiées [1]. Ou encore parce que des manquants ont été constatés sur les marchandises à lui confiées [2], parce que l'employeur, agissant comme caution, a payé l'un de ses débiteurs [3], ou parce qu'il a omis de précompter une cotisation de sécurité sociale [4].

Le juge saisi ne se contente pas de faire la part des hypothèses régies par le Code civil et de celles pour lesquelles le Code du travail a limité la compensation au dixième. Il fait aussi intervenir la quotité saisissable du salaire, à laquelle renvoie l'article 1293 du Code civil. concernant les dettes d'aliments, l'employeur étant traité comme s'il faisait saisie sur lui-même [5]. Ce juge a toujours la possibilité d'ordonner la compensation dite *judiciaire*, mais à condition qu'il s'agisse de dettes connexes [6].

Il ne faut pas confondre la compensation avec les *retenues sur salaire* effectuées par l'employeur, en application de la loi ou d'une convention collective, pour le compte d'un organisme tiers (cotisation salariale au profit de la Sécurité sociale, de l'Assedic, ou des organismes de retraite complémentaire) ou pour son propre compte en raison de l'inexécution de la prestation de travail [7]. Les règles de la compensation ne s'appliquent pas [8].

---

1. Soc. 23 mai 1979, *Bull. civ.* V, n° 328 ; 4 févr. 1988, *Bull. civ.* V, n° 99 (compensation des déficits avec les cautionnements déposés, mais dans la limite du SMIC).

2. Soc. 24 mars 1993, *Dr. soc.* 1993. 455 (pas de compensation).

3. Soc. 6 mars 1980, *Dr. ouvrier* 1981. 232.

4. Soc. 25 févr. 1997, *Dr. soc.* 1997. 415, obs. G. Couturier (compensation admise). V. J. Savatier, Les incidences d'un redressement de cotisations sur les rapports entre employeur et salarié, *Dr. soc.* 1997. 451.

5. Soc. 16 mars 1962, *Dr. soc.* 1962. 573 (salaire et indemnité de rupture abusive due par le salarié) ; 25 févr. 1997, *Bull. civ.* V, n° 82. Exemplaire paraît, à cet égard : Soc. 21 mars 2000, préc., relatif à la compensation du salaire avec la dette de dédit-formation.

6. Soc. 10 janv. 1974, *D.* 1974. IR 43 (compensation judiciaire entre indemnité de congé payé due au salarié et cotisation ouvrière de sécurité sociale non précomptée) ; 24 mars 1988, *Bull. civ.* V, n° 218 (pas de compensation judiciaire de dettes non connexes, l'une découlant d'un prêt, l'autre de la rupture du contrat de travail) ; 15 nov. 1989, *RJS* 2/90, n° 116.

7. Soc. 27 mai 1992, *Bull. civ.* V, n° 343. La retenue par heure d'absence d'un salarié payé au mois doit être en principe égale au quotient du salaire mensuel par le nombre d'heures de travail (Soc. 11 févr. 1982, *JCP* 1982. IV. 153). Une retenue ne peut être opérée pour mauvaise exécution du travail sans constituer une amende prohibée. Une retenue sur salaire pour le remboursement des contraventions afférentes à un véhicule professionnel mis au service du salarié « est illégale, fût-elle prévue par le contrat de travail » (Soc. 11 janv. 2006, *Bull. civ.* V, n° 7).

8. V. toutefois Soc. 17 juill. 2001, *Dr. soc.* 2001. 1010, obs. C. Radé : un employeur ne peut compenser sa dette de salaire avec une créance relative à la fourniture d'un logement en vertu des art. L. 3251-1 (restreignant la compensation) et L. 5222-2 C. trav. (ayant pour effet de limiter largement les retenues sur le salaire des travailleurs étrangers).

CHAPITRE 4

LA PARTICIPATION FINANCIÈRE DES SALARIÉS

968 ***Des formules facultatives aux formules obligatoires*** ◊ L'ordonnance du 7 janvier 1959 avait entendu, par des faveurs fiscales et sociales, encourager l'intéressement du personnel à l'entreprise. Trois formules d'intéressement étaient prévues : aux bénéfices, à l'accroissement de la productivité, et au capital. Ces formules devaient être adoptées par voie d'accords collectifs conclus avec les syndicats représentatifs ou approuvés à la majorité des deux tiers par le personnel de l'entreprise. Les distributions faites au personnel n'avaient pas le caractère d'un élément de salaire. Ces distributions avaient et ont conservé un caractère collectif et aléatoire. Ce dispositif, ouvrant une faculté, subsiste dans un cadre rénové par l'ordonnance du 21 octobre 1986 et par la loi du 25 juillet 1994.

Avec l'*ordonnance du 17 août 1967*, le Gouvernement a institué une formule obligatoire d'*épargne salariale* en donnant aux salariés un droit sur les bénéfices réinvestis (autofinancement), et a désarmé l'opposition des milieux patronaux en faisant supporter par le fisc la charge de cette participation aux fruits de l'expansion. Elle a été harmonisée avec celle du 7 janvier 1959 de manière à permettre la conclusion de *contrats mixtes* (L. du 27 déc. 1973) et subsiste aujourd'hui sous le nom rénové de *participation aux résultats de l'entreprise*.

Des *plans d'épargne d'entreprise* prévus par une autre ordonnance de 1967, modifiée par celle de 1986 et par les lois du 25 juillet 1994 et du 19 février 2001, ont également été imaginés. Il s'agit d'une troisième méthode de stimulation de l'épargne salariale, orientée vers l'acquisition de valeurs mobilières.

Une quatrième technique a été encouragée durant la dernière période : *l'actionnariat des salariés* (participation au capital).

Une *loi du 29 décembre 1983* en créant des *fonds salariaux* témoignait de l'intérêt des pouvoirs publics pour l'épargne salariale directement investie dans l'entreprise. Mais il ne peut plus en être créé à l'avenir (ordonnance du 21 octobre 1986).

La participation financière, œuvre législative du gaullisme dont la doctrine sociale privilégiait l'« *association capital-travail* » et l'avènement d'un « capitalisme populaire », a été principalement réformée par des majorités politiques de droite, mais la gauche s'y est progressivement ralliée (création des fonds salariaux sous le Gouvernement Mauroy-Delors). En 2001, elle a suscité assez d'intérêt dans les rangs de la « majorité plurielle » du Gouvernement Jospin pour que soit adoptée une nouvelle loi (dite « loi Fabius »), du 19 février 2001, *relative à l'épargne salariale* [1]. Ce texte a fait entrer l'intéressement, la participation et l'épargne salariale, dans le champ de l'obligation de négocier au niveau des branches ou de l'entreprise, et elle a autorisé leur mise en place au niveau du groupe d'entreprises.

1. G. Auzero, *Bull. Joly* 2001. 345 ; F. Favennec-Héry, *RJS* 1/02, p. 2.

Le siège de la matière est l'*ordonnance du 21 octobre 1986* modifiée par la loi du 7 novembre 1990, puis par la *loi du 25 juillet 1994*. Cette dernière a réintégré dans le Code du travail les dispositions relatives à l'intéressement et la participation, qui en avaient été retirées par l'ordonnance de 1986.

Après tant d'autres lois (2003, 2004, 2005) qui ont modifié et compliqué ces dispositions, le Gouvernement Villepin a, en 2006, fait adopter, une *loi pour le développement de la participation et de l'actionnariat salarié*, promulguée le 30 décembre 2006. À défaut de bouleverser les dispositifs antérieurs, elle a tenté de mettre en scène une idée censée frapper les esprits : créer un « dividende du travail ». Mais, en réalité, l'article 1er de ce texte se contentait de rapprocher sous cette étiquette quelques possibilités qu'ouvre ou améliore cette nouvelle loi [1]. Cette notion, dont on peut penser qu'elle confine au verbalisme, a néanmoins fait son entrée dans le Code du travail avec la loi du 3 décembre 2008 en faveur des revenus du travail [2]. Sans craindre la contradiction le législateur a souhaité, avec ce texte, à la fois développer l'épargne salariale et « dynamiser » le pouvoir d'achat [3]. À cette fin, et de manière bien contestable, la loi offre aux salariés bénéficiaires de la participation un choix entre disponibilité immédiate ou blocage assorti d'incitations fiscales. Pour le reste, elle comporte tout un arsenal de mesures incitatives, principalement à destination des PME, constitué, comme à l'habitude, d'exonérations fiscales et sociales [4].

Quatre caractères dominent, pour l'heure et formellement, l'ensemble des dispositifs [5] : la non-substitution au salaire, le caractère collectif, le caractère aléatoire et réversible [6], la place privilégiée de la négociation

1. R. Vatinet, Développement de la participation des salariés, *JCP S* 2007. 1001.
2. R. Vatinet, La loi en faveur des revenus du travail : *JCP S* 2008. 1644. On ne trouve trace de ce « dividende du travail » que dans l'intitulé du livre III de la troisième partie du Code du travail (« Dividende du travail, intéressement, participation et épargne salariale »). Une manifestation de ce « dividende du travail » pourrait être décelée dans la prime « de partage des profits » instituée par l'article 1er de la loi du 28 juillet 2011 (v. ss 6).
3. R. Vatinet, *op. cit.*
4. Pratique qui ne va évidemment pas sans susciter d'importantes questions à l'heure où les déficits se creusent. Pour ce qui est des exonérations sociales, il faut toutefois faire état de la création, par la LFSS pour 2009, d'un « forfait social », contribution patronale spécifique sur les revenus accessoires aux salaires non soumis à cotisations sociales mais assujettis à la CSG et dont le produit est affecté à la CNAM et au fonds de solidarité vieillesse. Portant notamment sur les sommes versées au titre de la participation et de l'intéressement, ainsi que sur l'abondement à un plan d'épargne salariale, le taux de ce « forfait social » est de 20 % (CSS, art. L. 137-16).
5. La loi de 1994 a créé un Conseil supérieur de la participation devenu, par l'effet de la loi du 3 déc. 2008, le Conseil d'orientation, de la participation, de l'intéressement, de l'épargne salariale et de l'actionnariat salarié (C. trav., art. L. 3346-1).
6. Le législateur n'a eu de cesse, ces dernières années, d'écorner ces principes. La création d'un « supplément d'intéressement et de participation » apparaît ainsi en contradiction avec le caractère aléatoire, tandis que « l'intéressement de projet » n'est guère conforme au caractère collectif (sur ces dispositifs, v. ss 971, 974). De manière plus générale, les incitations au développement des dispositifs d'épargne salariale ont conduit, en fait, à une substitution au moins partielle de ces derniers au salaire et, par voie de conséquence, à un report des risques économiques sur la rémunération des salariés (v. A. Allouache et I. Vacarie, La composition et la charge de la rémunération : *Dr. soc.* 2009. 1025). Le fait que la LFSS pour 2013 ait porté le « forfait social » de 8 à 20 % est de nature à freiner cette évolution.

collective dans leur mise en place dans les entreprises ou les branches. On les retrouve en effet dans *l'intéressement* (Section 1), la *participation aux résultats de l'entreprise* (Section 2) et *l'épargne salariale* (Section 4), mais partiellement, il est vrai, dans la *participation au capital* à base d'acquisition ou de distribution d'actions (Section 3).

SECTION 1. L'INTÉRESSEMENT FACULTATIF

969 ***Notion et domaine*** ◇ L'intéressement a pour objet d'associer collectivement les salariés aux résultats et aux performances de l'entreprise. Il présente un caractère aléatoire et résulte d'une formule de calcul liée à ces résultats et performances. Sa mise en place est facultative (C. trav., art. L. 3312-1) et passe par la conclusion d'un accord. Elle est possible dans toute entreprise quelles que soient sa taille, la nature de son activité et sa forme juridique [1], sous réserve de modalités particulières pour les entreprises publiques à statut (C. trav., art. L. 3311-1 et R. 3311-1, R. 3311-2) [2], où l'employeur satisfait à ses obligations en matière de représentation du personnel, car les représentants auront à suivre l'application de l'accord. Afin de favoriser la mise en place d'un accord d'intéressement dans les entreprises qui en sont dépourvues et la conclusion d'avenants plus favorables dans celles qui en sont dotées, la loi du 3 décembre 2008 a institué un crédit d'impôt en leur faveur [3]. Sans craindre de porter atteinte au caractère aléatoire de l'intéressement et au principe de sa mise en place par accord, le législateur permet à l'« employeur » d'octroyer unilatéralement, au titre de l'exercice clos, un supplément d'intéressement (C. trav., art. L. 3314-10) [4].

Cet intéressement collectif n'est jamais exclusif d'un intéressement individuel au résultat prévu et organisé par une clause du contrat de travail. Au profit de cadres, notamment.

970 ***L'accord d'intéressement*** [5] ◇ Il peut prendre la forme d'une convention collective de travail, d'un accord conclu entre l'employeur et les représentants

1. V. aussi, pour le salarié d'un groupement d'employeurs, l'art. L. 3312-2, al. 2 C. trav.

2. Un groupement d'intérêt économique n'est pas exclu, même s'il compte parmi ses membres un établissement public administratif, et l'accord peut, pour le calcul de l'intéressement, prendre en compte les résultats des entreprises membres de ce GIE (Soc. 1er juin 2005, *Dr. soc.* 2005. 925, obs. J. Savatier). Il n'en va pas en revanche de même d'un centre hospitalier (Soc. 6 juill. 2011, nº 10-15.348, *Bull. civ.* V, nº 186). Un accord instituant l'intéressement dans la fonction publique a été ouvert à la signature en mars 2010 (*Liaisons soc., Quot., Bref soc.*, nº 15564).

3. Sur ce crédit d'impôt dont la mise en œuvre s'avère complexe, v. R. Vatinet, art. préc. Les accords et avenants devront être conclus avant le 31 déc. 2014. Une autre incitation réside dans le fait que, dans les entreprises dont l'effectif est inférieur à 250 salariés, certains dirigeants ainsi que leur conjoint peuvent bénéficier de l'intéressement (C. trav., art. L. 3312-3).

4. Les modalités de répartition du supplément d'intéressement sont toutefois fixées par l'accord d'intéressement ou par un accord spécifique.

5. J. Savatier, Les accords collectifs d'intéressement et de participation, *Dr. soc.* 1988. 89.

d'organisations syndicales représentatives dans l'entreprise, mais aussi au sein du comité d'entreprise. En outre, l'accord peut résulter de la ratification, par un vote du personnel à la majorité des deux tiers, d'un projet soumis par l'employeur (C. trav., art. L. 3312-5).

Signalons ici qu'en l'absence d'accord d'intéressement, de participation, de plan d'épargne d'entreprise, de plan d'épargne pour la mise à la retraite collectif (Perco), ou d'accord de branche comportant un ou plusieurs de ces dispositifs, l'employeur est tenu d'engager, chaque année, une négociation avec les organisations syndicales représentatives dans l'entreprise, en quête d'un accord sur l'un ou l'autre (C. trav., art. L. 2242-12).

Cet accord doit notamment comporter l'indication des modalités de calcul et les critères de répartition retenus (C. trav., art. L. 3313-2), il doit en outre prévoir un système d'information du personnel et de vérification des modalités de son exécution. Il est déposé auprès de l'autorité administrative, qui peut demander le retrait ou la modification des clauses contraires aux dispositions légales. Il emporte les avantages fiscaux, pour l'employeur comme pour les bénéficiaires (C. trav., art. L. 3315-1 s.) qui le rendent attractif. L'accord est conclu pour trois ans maximum dans le cadre d'un établissement, d'une entreprise, d'un groupe ou au niveau de la branche [1]. Sous certaines conditions fixées par la loi, cet accord peut être renouvelé par tacite reconduction (C. trav., art. L. 3312-5, al. 6) [2].

971 ***Les formules d'intéressement*** ◊ Elles sont librement choisies par les partenaires : participation collective aux résultats, à l'accroissement de la productivité, ou tout autre mécanisme de rémunération collective associant le personnel aux résultats ou aux performances de l'entreprise (y compris de ses filiales) ou du groupement d'intérêt économique.

La répartition de l'intéressement entre les bénéficiaires [3], sous forme de *primes*, peut être uniforme ou proportionnelle à la durée de présence dans l'entreprise au cours de l'exercice de référence ou proportionnelle à la rémunération. L'exigence est que la répartition concerne *tout le personnel* [4]. Il faut toutefois noter que dans les entreprises ou les groupes disposant d'un accord d'intéressement et concourant avec d'autres entreprises à une activité caractérisée et coordonnée, un accord peut

---

1. C. trav., art. L. 3312-8. Les entreprises de la branche qui souhaitent en bénéficier devront conclure un accord dans les conditions prévues à l'art. L. 3312-5 C. trav.

2. Il n'entre pas dans les pouvoirs du juge d'instituer un accord d'intéressement identique à l'accord antérieur devenu caduc (Soc. 2 mars 2010, n° 08-12.238 FD). L'employeur peut prétendre à la restitution des primes d'intéressement versées au titre d'un accord privé d'effet, à consition que son action ne soit pas prescrite : Soc. 16 févr. 2011, n° 09-43.089, *JCP E* 2011. 1447, note S. Béal.

3. Qui ne sont plus nécessairement des salariés, puisque, dans les entreprises comptant entre 1 et 250 salariés, le chef d'entreprise (voire son conjoint) et des dirigeants sociaux peuvent bénéficier d'un accord d'intéressement (C. trav., art. L. 3312-3).

4. Soc. 23 nov. 1999, *Dr. soc.* 2000. 216, obs. C. Radé. Une condition d'ancienneté dans l'entreprise ou le groupe peut être exigée sans toutefois pouvoir excéder trois mois (C. trav., art. L. 3342-1).

être conclu pour prévoir que tout ou partie des salariés bénéficie d'un intéressement de projet (C. trav., art. L. 3312-6)[1].

Le montant global des primes distribuées ne doit pas dépasser annuellement 20 % du total des salaires bruts afin, compte tenu des avantages fiscaux accordés à cette forme de revenu, d'éviter les excès (aux frais du contribuable). En outre, le montant des primes distribuées à un même bénéficiaire ne peut, au titre d'un même exercice, excéder la moitié du montant du plafond annuel moyen retenu pour le calcul des cotisations de sécurité sociale (C. trav., art. L. 3314-8)[2]. Il peut être prévu que ces primes d'intéressement alimentent le compte épargne-temps (C. trav., art. L. 3343-1).

972 ***Nature de l'intéressement*** ◊ La caractéristique essentielle de l'intéressement est de donner lieu au versement immédiat d'un revenu disponible pour n'importe quelle dépense. Mais, selon la loi, il ne s'agit pas d'un salaire : ce n'est pas la contrepartie du travail mais la traduction des résultats collectifs atteints. Le caractère collectif[3] et aléatoire[4] de l'intéressement fait son originalité par rapport au salaire.

La loi dispose que les sommes attribuées n'entrent pas en ligne de compte pour le calcul du SMIC, pas plus qu'elles ne sont utilisées pour le calcul d'une indemnité qui est fonction du salaire (indemnités de licenciement). Elles ne sont pas soumises à cotisations sociales, mais au seul « forfait social ». Elles viennent en déduction des bases de l'impôt. La *non-substitution au salaire*[5] est la règle fondamentale (C. trav., art. L. 3312-4)[6]. Une

1. Cet « intéressement de projet » contredit quelque peu le caractère collectif de l'intéressement. V. sur la question, G. Auzero, Développement de la participation et de l'actionnariat salarié : *Bull. Joly* 2007. 331, spéc. 335.

2. Sont pris en compte, outre les sommes issues de l'intéressement *stricto sensu*, le supplément d'intéressement et les primes exceptionnelles d'intéressement dont le législateur autorise régulièrement le versement. Cette dernière pratique est très contestable. Avantageuse pour les entreprises en raison des exonérations sociales, elle banalise l'idée que les revenus du salarié peuvent varier significativement en fonction des résultats et des bénéfices de l'entreprise (A. Allouache et I. Vacarie, art. préc., p. 1030) et contribue au phénomène de substitution de l'épargne salariale au salaire.

3. Soc. 26 oct. 1995, *RJS* 12/95, n° 264 (interdiction de minorer, par voie d'accord, la part revenant au salarié en cas d'insuffisance professionnelle caractérisée, ou de la supprimer en cas de faute grave) ; 17 déc. 2002, (2 esp.) *RJS* 3/03, n° 371 (licéité d'une indexation sur les performances d'équipes semi-autonomes) ; 24 sept. 2002, *Bull. civ.* V, n° 277 (validité d'un accord d'intéressement indexé sur le taux de fréquence des accidents du travail). 21 oct. 2003, *RJS* 1/04, n° 85 (interdiction d'une clause d'assiduité) ; 14 juin 2005, n° 03-16.083 D (le système n'est pas collectif si la prime dépend de l'application conjuguée de deux critères liés au salaire et à l'absentéisme, de sorte que salariés risquent d'être privés de tout intéressement pour un exercice). V. : V. Wauquier, Le caractère collectif de l'intéressement, *Dr. ouvrier* 2004. 405.

4. L'appréciation du caractère aléatoire relève de l'appréciation souveraine du juge du fond (Soc. 17 déc. 2002, *Dr. soc.* 2003. 337, obs. J. Savatier). Il suffit que l'aléa existe, même s'il est faible (Soc. 2 juill. 2003, *RJS* 10/03, n° 1199).

5. Un délai de 12 mois doit s'écouler entre le dernier versement d'un élément de rémunération supprimé en tout ou partie et la date d'effet d'accord de l'intéressement.

6. Soc. 27 janv. 1994 (deux arrêts), *RJS* 3/94, n° 283 ; 18 mai 1995, *RJS* 7/95, n° 803 (interdiction de remplacer une prime de nature salariale par une prime d'intéressement) ; 9 oct. 2001, *RJS* 12/01, n° 1448 (suppression d'une prime simultanément à la conclusion de l'accord d'intéressement) ; 17 févr. 2004, *RJS* 5/04, n° 583 (diminution corrélative d'une prime de bilan) ; 9 nov. 2005, *RJS* 1/06, n° 70.

seule réserve : ces sommes sont garanties par l'AGS, comme le salaire, en cas d'insolvabilité de l'employeur (C. trav., art. L. 3251-10). En outre la jurisprudence les assimile au salaire en ce qui concerne tant la prohibition des discriminations en cas de grève [1], que le maintien des revenus du salarié élu conseiller prud'homme [2].

SECTION 2. LA PARTICIPATION OBLIGATOIRE AUX RÉSULTATS DE L'ENTREPRISE

973 ***Une obligation légale, un champ d'application limité*** ◊ La loi ne se contente pas d'accorder aux entreprises différents avantages fiscaux en échange de la participation. Elle rend celle-ci obligatoire. Il en résulte que la participation est un droit pour les salariés.

La participation a pour objet de garantir collectivement aux salariés le droit de participer aux résultats de l'entreprise. Elle prend la forme d'une participation financière à effet différé, calculée en fonction du bénéfice net de l'entreprise, constituant une réserve de participation (C. trav., art. L. 3322-1) [3]. Pour être imposée par la loi, la participation est toutefois mise en place par un accord [4]. À défaut d'accord, un régime dit « d'autorité » s'applique (C. trav., art. L. 3323-5) [5].

Le droit des salariés à la participation s'applique indépendamment de la nature de l'activité et de la forme juridique de l'entreprise [6]. Cependant, la loi ne rend la participation obligatoire que dans les entreprises et les unités économiques et sociales occupant habituellement au moins 50 salariés [7].

---

1. La suppression de la prime d'intéressement au détriment des grévistes est illicite : Soc. 6 nov. 1991, *JCP* 1992. II. 21806, note J. Savatier. Le droit à l'intéressement est conservé même en cas de licenciement pour faute lourde (Soc. 12 oct. 1995, *RJS* 11/95, n° 1154).

2. Crim 4 janv. 1991, *Bull. crim.* n° 9.

3. Le dernier alinéa de ce même texte nous apprend qu'« elle concourt à la mise en œuvre de la gestion participative dans l'entreprise », sans que l'on sache comment.

4. Exceptionnellement par décision unilatérale de l'employeur, en cas de « participation volontaire » (C. trav., L. 3323-6).

5. Ce régime s'applique dans les entreprises tenues de mettre en place la participation qui ne concluent pas d'accord dans le délai d'un an suivant la clôture de l'exercice au titre duquel sont nés les droits des salariés. Ce régime a pour spécificité notable d'entraîner un blocage de ces sommes pendant huit ans, au lieu de cinq. Mais, ici comme ailleurs, les salariés peuvent demander le versement immédiat de tout ou partie de ces sommes.

6. L'entreprise, immatriculée en France, où se tiennent des réunions du comité d'entreprise, et qui est passible de l'impôt selon la législation française, est un établissement distinct soumis à la législation sur le droit des salariés à la participation aux bénéfices : Soc. 8 févr. 2012, n° 10-28.526, *Bull. civ.* V, n° 69.

7. Sur le calcul de l'effectif, v. Soc. 8 déc. 2010, n° 09-65.380, *JCP S* 2011. 1064, note R. Vatinet. Cet effectif s'apprécie au niveau de l'entreprise, non de l'établissement (Soc. 24 janv. 2006, *Dr. soc.* 2006. 454, obs. J. Savatier). L'accord peut prévoir qu'il cessera de s'appliquer en cas de réduction des effectifs au-dessous du seuil légal (Soc. 18 sept. 2002, *Dr. soc.* 2002. 1002,

Les entreprises plus petites, échappant à l'obligation, peuvent cependant appliquer le régime légal à titre volontaire. Les établissements publics à caractère industriel et commercial et les sociétés ou autres entités dont le capital est majoritairement détenu par l'État et d'autres personnes de droit public, font l'objet de mesure d'adaptation (C. trav., art. L. 3321-1) [1].

Le législateur a désiré que l'accroissement de capital découlant des bénéfices investis fût réparti entre les détenteurs du capital et les salariés. Les salariés ont un droit, s'ajoutant au droit au salaire, sur l'enrichissement de la firme qui les emploie, sur les bénéfices non distribués mais réinvestis par elle. Si ces bénéfices peuvent être indisponibles, ils restent cependant définitivement acquis au salarié.

Par la même occasion, l'objectif est de développer les investissements productifs, soit à l'intérieur de l'entreprise elle-même (autofinancement), soit dans le cadre plus large du marché financier par un développement de l'épargne, et spécialement de l'épargne salariale, grâce à des encouragements fiscaux à investir. Simultanément l'entreprise bénéficie d'un avoir fiscal si elle constitue une provision d'un même montant. En mettant fin au blocage obligatoire des sommes issues de la participation, qui constituait l'une des caractéristiques principales de ce mécanisme, la loi du 3 décembre 2008 en faveur des revenus du travail a porté un coup certain à l'épargne salariale *stricto sensu*. Désormais, celle-ci risque d'être réservée aux salariés disposant des rémunérations les plus élevées [2].

§ 1. Calcul de la participation

974 ***La réserve de participation et le supplément*** ◊ Les droits des travailleurs sont constatés dans la comptabilité de l'employeur au moyen d'une « réserve », la *réserve de participation*. Celle-ci est le résultat de calculs complexes, dont le point de départ est le *bénéfice fiscal*, lequel apparaît comme un chiffre facile à connaître et échappant à la contestation parce que contrôlé par l'Administration. Définie par l'article L. 3324-1 du Code du travail, la formule permettant le calcul de la réserve spéciale de participation est la suivante : ½ (B – 5 % C) x (S/VA), sachant que B

obs. Savatier). Des règles particulières sont prévues pour les entreprises nouvelles (C. trav., art. L. 3322-5) et celles qui, ayant conclu un accord d'intéressement, viennent à employer au moins 50 salariés (C. trav., art. L. 3322-3).

1. Décr. du 26 nov. 1987, souvent modifié, dressant la liste des établissements et entreprises publics où la loi s'applique. Le fait que le capital d'une société de droit privé soit détenu en partie par une entreprise publique figurant sur cette liste ne saurait la soustraire à l'obligation de négocier un accord de participation (Soc. 6 juin 2000, *Dr. soc.* 2000. 1023, obs. J. Savatier).

2. Si l'on ajoute à cela les multiples interventions législatives qui ont permis, ces dernières années, des déblocages exceptionnels des sommes légalement indisponibles, on ne peut que constater, selon le juste propos d'un auteur, que le législateur éprouve de plus en plus la tentation de « casser la tirelire » de l'épargne salariale, au nom du développement du pouvoir d'achat (P. Morvan, Le nouveau droit de la rémunération : *Dr. soc.* 2008. 643).

correspond aux bénéfices nets de l'entreprise [1], C à ses capitaux propres, S à la masse des salaires [2] et VA à la valeur ajoutée.

L'accord de participation peut écarter cette formule légale de calcul et en privilégier une autre, à la stricte condition qu'elle aboutisse à des avantages au moins équivalents pour les salariés. L'accord doit en outre respecter les principes essentiels régissant la participation et la réserve spéciale de participation ne pas dépasser la moitié du bénéfice net comptable ou, au choix des parties, un des plafonds établis par la loi (C. trav., art. L. 3324-2).

Comme en matière d'intéressement, le conseil d'administration ou le directoire ou, pour les « entreprises » (*sic*) dans lesquelles n'existent pas de tels organes, l'« employeur » (*sic*) peut décider de verser un « supplément de réserve spéciale de participation » au titre de l'exercice clos, dans le respect des plafonds légaux et selon les modalités de répartition prévues par l'accord de participation ou par un accord spécifique (C. trav., art. L. 3324-9).

975 ***Répartition entre les salariés et autres bénéficiaires*** ◇ En principe, la réserve spéciale de participation est répartie entre les bénéficiaires proportionnellement à leur salaire. Mais d'autres modes de répartition sont envisageables. L'accord de participation peut ainsi prévoir que la répartition entre les bénéficiaires est uniforme, proportionnelle à la durée de présence dans l'entreprise au cours de l'exercice ou retenir conjointement plusieurs critères. Lorsque la répartition de la réserve est effectuée proportionnellement aux salaires, la rémunération servant de base de calcul est retenue dans la limite d'un montant maximum fixé par l'accord, qui ne peut en tout état de cause dépasser quatre fois le plafond annuel de la sécurité sociale. (C. trav., art. L. 3324-5, D. 3324-10) [3]. L'accord peut par ailleurs fixer un salaire plancher servant de base au calcul de la part individuelle.

La répartition de la réserve spéciale bénéficie à *tous les salariés* [4], y compris, le cas échéant, ceux travaillant pour un groupement d'employeur (C. trav., art. L. 3322-2). Une durée minimum d'ancienneté peut être exigée, sans

---

1. Le montant du bénéfice net et celui des capitaux propres de l'entreprise sont établis par une attestation de l'inspecteur des impôts ou du commissaire aux comptes. Cette formalité respectée, ils ne peuvent pas être remis en cause à l'occasion des litiges relatifs à la participation aux résultats de l'entreprise : Soc. 11 mars 2009, n° 08-41.140, *JCP S* 2009. 1454, note R. Vatinet ; 8 déc. 2010, n° 09-65.810, *JCP S* 2011. 1063, note R. Vatinet. Mais, pour produire cet effet, l'attestation délivrée par le commissaire aux comptes doit préciser le montant des capitaux propres, celui des bénéfices nets et l'exercice auquel ces montants se rapportent : Soc. 30 janv. 2013, n° 12-11.875, *Bull. Joly* 2013. 256, note G. Auzero et J.-M. Chonnier.

2. Sur les salaires à retenir pour le calcul de la réserve spéciale de participation, v. Soc. 17 mai 2011, n° 10-10. 9587, *Bull. civ.* V, n° 114.

3. Le plafond des droits susceptibles d'être attribués à un même salarié est égal aux trois quarts du plafond annuel de la sécurité sociale (C. trav., art. D. 3324-12). Ce plafond de répartition individuelle, qui s'applique également au supplément de participation, ne peut faire l'objet d'aucun aménagement à la hausse ou à la baisse (C. trav., art. L. 3324-5).

4. Y compris les salariés expatriés (Soc. 22 mai 2001 et 29 oct. 2002, *Dr. soc.* 2003, obs. J. Savatier).

pouvoir être supérieure à trois mois [1]. Le chef d'entreprise ainsi que son conjoint, s'il bénéficie du statut de conjoint collaborateur ou de conjoint associé, de même que les présidents, directeurs généraux, gérants ou membres de directoire de personnes morales, peuvent bénéficier du régime de participation volontaire (C. trav., art. L. 3323-6). Par ailleurs, dans les entreprises dont l'effectif est compris entre un et deux cent cinquante salariés, qui adoptent un accord de participation dérogatoire, ces mêmes personnes peuvent bénéficier de la participation (C. trav., art. L. 3324-2) [2]

§ 2. Gestion des droits des salariés

976 ***Disponibilité et Indisponibilité*** ◊ La loi du 3 décembre 2008 en faveur des revenus du travail a mis un terme à une règle que l'on pouvait pourtant penser gravée dans le marbre, celle de l'indisponibilité des sommes dues au titre de la participation. Depuis, les bénéficiaires disposent d'une option entre le versement immédiat des sommes issues de la participation ou leur blocage pendant une durée de cinq ans [3]. Le versement immédiat peut être demandé à l'occasion de chaque versement effectué au titre de la répartition de la réserve spéciale de participation [4]. Seul un accord de participation dérogatoire est en mesure de prévoir que tout ou partie des sommes versées au titre de la participation supérieure à la répartition calculée selon la formule légale ne pourra être négociable ou exigible qu'à l'expiration d'un délai de cinq ans à compter de l'ouverture de ces droits (C. trav., art. L. 3324-10) [5].

Il demeure une incitation relative au blocage des sommes issues de la participation, puisque celles qui, à la demande du bénéficiaire, sont immédiatement distribuées sont assujetties à l'impôt sur le revenu au titre des traitements et salaires (C. trav., art. L. 3325-2). En revanche, qu'elles soient bloquées ou distribuées, ces sommes bénéficient des mêmes exonérations sociales [6] et sont déductibles des bénéfices imposables de l'entreprise.

1. Avec quelques difficultés s'il s'agit de salariés à temps partiel ou de salariés détachés dans une autre entreprise (Soc. 23 juill. 1988 et 26 janv. 1989, *Dr. soc.* 1989. 381, note J. Savatier).
2. Mais seulement pour la part « excédant le montant qui aurait résulté d'un calcul effectué en application de l'article L. 3324-1 ». Cette mesure vise à encourager la conclusion d'accords dérogatoires. Qu'il s'agisse du régime volontaire ou du régime dérogatoire, la répartition est calculée, pour ces bénéficiaires, proportionnellement à la rémunération annuelle ou au revenu professionnel imposé à l'impôt sur le revenu au titre de l'année précédente plafonnés au niveau du salaire le plus élevé versé dans l'entreprise et dans les limites des plafonds de répartition individuelle réglementaires.
3. Huit ans dans le régime d'autorité, dans lequel la même option existe (C. trav., art. L. 3323-5).
4. Sur les modalités de cette demande, v. les art. R. 3324-21-1, D. 3324-21-1 C. trav.
5. De même, au sein des sociétés coopératives ouvrières de production et des coopératives agricoles, l'accord de participation peut prévoir le blocage de tout ou partie de la réserve spéciale de participation pendant un délai de cinq ans (art. L. 3323-9).
6. Exonération des cotisations de sécurité sociale, mais pas de la CSG et de la CRDS et application du « forfait social » de 20 %.

Le salarié qui fait le choix d'affecter les sommes dues au titre de la participation peut néanmoins en demander le déblocage anticipé dans une longue série d'hypothèses énumérées par l'article R. 3324-22 du Code du travail [1]. Quant à l'entreprise, elle peut payer directement aux bénéficiaires les sommes leur revenant lorsque celles-ci n'atteignent pas un montant fixé par arrêté, en l'occurrence 80 euros.

977 ***Nature juridique de la participation*** ◊ La participation se distingue du salaire, auquel elle s'ajoute sans pouvoir, jamais, être imputée sur lui. Les sommes attribuées aux salariés échappent aux cotisations de Sécurité sociale. Pour le salarié, dès lors qu'ils ont été bloqués, les droits de participation échappent à l'impôt sur le revenu. Le résultat de la participation n'est donc traité *ni comme un salaire*, puisqu'il n'en supporte pas les charges, *ni comme une part de bénéfices*, puisqu'il est déductible des résultats de l'exercice suivant. Cette participation financière, comme l'intéressement a un caractère aléatoire (exercice en déficit) et collectif.

L'avantage pour l'entreprise est considérable et comporte en outre un *avoir fiscal* correspondant à la provision pour investissement.

Seul point de contact avec le salaire : l'AGS en garantit le paiement (C. trav., art. L. 3253-10).

978 ***Emploi de la participation*** ◊ **1) Dans l'entreprise.** Les accords de participation conclus avant le 1er janvier 2007 pouvaient prévoir, dans les sociétés par actions, l'attribution d'actions ou de coupures d'action provenant soit d'une incorporation des réserves au capital, soit d'un rachat préalable par la société elle-même en application de l'article L. 225-208 du Code de commerce [2].

Désormais, et pour ce qui est de la gestion de la réserve spéciale de participation dans l'entreprise, l'accord peut seulement prévoir l'affectation des sommes qui la constituent à des comptes que l'entreprise doit consacrer à des investissements. Les salariés ont alors sur l'entreprise un droit de créance égal au montant des sommes versées (C. trav., art. L. 3323-2, 2°) [3]. Compte tenu du risque que cette formule fait courir aux salariés en cas de défaillance de l'entreprise, la loi précise qu'un accord ne peut prévoir l'affectation des sommes constituant la réserve spéciale de participation uniquement à un compte courant bloqué (C. trav., art. L. 3323-3).

2) À l'extérieur de l'entreprise. La gestion de la réserve spéciale de participation à l'extérieur de l'entreprise passe nécessairement par la mise en

1. Sont notamment visés : le mariage ou la conclusion d'un PACS, l'invalidité, le décès, la rupture du contrat de travail, etc.

2. Il a été mis fin à cette possibilité par la loi 2006-1170 du 30 déc. 2006, qui a laissé subsister les accords conclus avant le 1er janv. 2007.

3. Cette formule s'impose dans le régime d'autorité, les sommes étant alors bloqués pendant huit ans et non cinq.

place d'un plan d'épargne salariale [1]. Les sommes constituant la réserve sont alors versées à des comptes ouverts au nom des intéressés en application de ce plan (C. trav., art. L. 3323-2, 1°) [2]. Les sommes recueillies par le plan peuvent ensuite être affectées à l'acquisition de titres émis par des sociétés d'investissement à capital variable (SICAV) ou de parts de fonds commun de placement (FCP), ainsi qu'à l'acquisition d'actions émises par des sociétés constituées exclusivement pour le rachat de tout ou partie d'une entreprise ou du capital d'une société [3].

Dans ces deux dernières modalités, la société ne conserve pas la réserve spéciale de participation en trésorerie. Il y a constitution d'un « patrimoine » pour les salariés dans l'esprit du « capitalisme populaire ».

§ 3. Accords de participation

979 ***Accord d'entreprise*** ◊ Différents de l'accord collectif de droit commun, ils peuvent passer par les mêmes voies que l'accord d'intéressement : être intégrés dans une *convention collective*, faire l'objet d'un *accord d'entreprise* particulier conclu avec les syndicats représentatifs dans l'entreprise, prendre la forme d'un *accord conclu au sein du comité d'entreprise*, ou résulter de la *ratification directe du personnel* à la majorité des deux tiers d'un projet de contrat soumis par l'employeur (C. trav., art. L. 3322-6). Rappelons l'existence de l'obligation de négocier de l'article L. 2242-12.

L'accord a pour objet de *choisir la nature et les modalités* du régime de participation. Une information régulière des travailleurs est prévue. Un accord peut être également conclu au niveau du groupe entre les sociétés d'un même groupe ou seulement certaines d'entre elles (C. trav., art. L. 3322-7) [4].

L'Administration est tenue informée par un dépôt de l'accord auprès de l'autorité administrative, qui conditionne l'ouverture du droit aux exonérations [5]. De plus, l'inspecteur du travail est invité à suivre l'état de la négociation, puisque si, dans un délai d'un an suivant la clôture de l'exercice au titre duquel sont nés les droits des salariés, aucun accord n'a été

1. L'adossement de la participation à un PEE n'était initialement impératif que pour les accords conclus postérieurement au 1er janv. 2007 (L. n° 2006-1770 du 30 déc. 2006). Depuis la L. n° 2010-1330 du 9 nov. 2010, cet adossement s'impose à tous les accords de participation existant à la date de promulgation de loi. Les accords de participation conclus antérieurement à la loi du 30 déc. 2006 et ne prévoyant pas de PEE doivent être régularisé, au plus tard le 1er janv. 2013.

2. Lorsqu'un salarié ne demande pas le versement de tout ou partie des sommes qui lui sont attribuées au titre de la participation ou qu'il ne décide pas de les affecter à l'un des dispositifs prévus par l'art. L. 3323-2 C. trav., sa quote-part de réserve spéciale de participation, calculée selon la formule légale, est affectée, pour moitié dans un PERCO (C. trav., art. L. 3324-12).

3. C. trav., art. L. 3332-15. Il s'agit là des deux principales modalités d'utilisation des sommes recueillies par le plan, mais non des seules.

4. La participation peut également être mise en place au niveau d'une unité économique et sociale (C. trav., art. R. 3322-2).

5. À défaut d'accord de participation régulièrement déposé, la totalité des sommes versées au titre de la participation doit être réintégrée dans l'assiette des cotisations sociales de l'entreprise (Civ. 2e, 3 juill. 2008, n° 07-17.379, *JCP S* 2008. 1555, note Th. Tauran.

conclu, ce fonctionnaire « constate » cette situation, et les sommes de la réserve spéciale de participation sont obligatoirement affectées à un fonds que l'entreprise doit consacrer à des investissements, tandis que les sommes revenant aux salariés sont versées à des comptes courants bloqués pour huit ans (C. trav., art. L. 3323-5) [1].

Les exonérations fiscales et sociales risquent, si l'accord est dérogatoire, d'être contestées par le fisc ou l'Urssaf. Cette dernière va jouer un rôle déterminant en cas d'accord irrégulier, et pour dépister ces irrégularités, à côté des directions départementales du travail et de l'emploi.

Les litiges nés de l'application des accords sont de la compétence des tribunaux de grande instance et des tribunaux d'instance [2] (à l'exclusion des différends portant sur le bénéfice fiscal), et non des conseils de prud'hommes [3]. Mais ces tribunaux ne peuvent remettre en question le bénéfice net certifié par l'inspecteur des impôts ou la commission aux comptes, ni ordonner à cet effet une expertise [4].

980 ***Accord de branche*** ◊ La loi a prescrit l'ouverture de négociations de branche en vue d'établir un régime de participation au plus tard le 30 décembre 2009 (C. trav., art. L. 3322-9). En présence d'un accord de branche, les « entreprises » peuvent opter pour son application, le choix n'appartenant pas à l'employeur mais devant être opéré selon l'une ou l'autre des modalités offertes pour la conclusion d'un accord de participation d'entreprise (dont éventuellement par voie) de référendum.

SECTION 3. **LA PARTICIPATION AU CAPITAL**

981 ***Acquisition et distribution d'actions*** ◊ Vieille idée [5], l'actionnariat salarié a fait l'objet ces dernières années des attentions réitérées du

1. En l'absence de ce constat, les salariés ont le droit de demander au juge (judiciaire : TGI ou TI), de faire application du « régime légal de participation » (celui de l'art. L. 442-5, 3° C. trav.) lorsque les conditions en sont remplies (Soc. 13 sept. 2005, *JCP S* 2005. 1446, note R. Vatinet ; *Dr. soc.* 2005. 1051, obs. J. Savatier).

2. Pour un rappel de la compétence de principe du juge judiciaire dans les litiges portant sur un accord de participation, v. Soc. 2 déc. 2008, n°s 07-16.615 et 07-42.506, *JCP S* 2009, 1074, note J.-Y. Kerbourc'h.

3. Le conseil des prud'hommes n'est pas compétent pour connaître de la demande du salarié, qui entend obtenir, après licenciement, le paiement de ce qui lui est dû au titre de la participation (Soc. 20 oct. 1977, *Dr. soc.* 1978. 127).

4. Soc. 24 nov. 1982, *Bull. civ.* V, n° 636. Dans le même sens : CE 24 juill. 1987, *LPA*, n° 141. Le bénéfice net peut être discuté, mais uniquement au regard de son obligation de garantie des créances des salariés, par l'AGS, à laquelle la Cour de cassation reconnaît un droit propre de contester le principe et l'étendue du bénéfice net et de celui des capitaux propres établis par attestation de l'inspecteur des impôts ou du commissaire aux comptes (Soc. 10 févr. 1999, *Dr. soc.* 1999. 413, obs. C. Radé).

5. Les premières expériences d'actionnariat des salariés seraient apparues au XIXe siècle et la plus symbolique d'entre elles seraient le « familistère », fondé par Jean-Baptiste Godin à Guise, dans les Ardennes, en 1859 (v. J. Chérioux, L'actionnariat salarié : vers un véritable partenariat dans l'entreprise : Rapp. au Sénat, n° 500, 1998).

législateur [1] qui a tout à la fois souhaité faciliter l'accès des salariés au capital de la société qui les emploie et assurer leur représentation dans ses organes de gestion [2]. À s'en tenir à la seule participation au capital, elle est assurée par trois principales mesures d'inégale portée : les options de souscription ou d'achat d'actions (stock-options), les augmentations de capital réservées aux salariés, les attributions gratuites d'actions [3]. Ces dispositifs relèvent pour l'essentiel du Droit des sociétés et les dispositions pertinentes figurent dans le Code de commerce [4].

a) Les stock-options consistent en une offre [5] consentie par une société par actions, à des bénéficiaires [6], de souscrire ou acheter des actions émises par la société ou existantes, dans un certain délai et à un prix déterminé à l'avance. Destinées à favoriser l'actionnariat des salariés, les stock-options se sont révélées être, en fait, le moyen fiscalement avantageux d'améliorer la rémunération des cadres et, surtout des dirigeants [7], avec, à la clé, de récurrentes polémiques [8]. Attribuées aux salariés, les stock-options ont fait surgir des difficultés juridiques soumises aux juges du travail [9]. Celles-ci découlent principalement des stipulations du règlement du plan d'option [10] limitant le libre exercice des options et, notamment, des clauses dites de

---

1. V. notamment en dernier lieu, la L. du 30 déc. 2006 pour le développement de la participation et de l'actionnariat salarié (R. Vatinet, *JCP S* 2007. 1032 ; G. Auzero, *Bull. Joly* 2007. 331). Les lois de privatisation intervenues en 1986 et 1993 ont permis à un grand nombre de salariés de devenir actionnaires des sociétés employeurs (Y. Guyon, Actionnariat et privatisation : *Dr. soc.* 1987. 45).

2. Sur cette question, v. ss 1262 s.

3. Il faut par ailleurs préciser que les sommes recueillies par un PEE peuvent être affectées à l'acquisition de valeurs mobilières émises par la société employeur (C. trav., art. L. 3332-15). Mais, dans ce cadre et en règle générale, les salariés ne détiendront les actions que de manière indirecte, par l'intermédiaire d'un fonds commun de placement.

4. Ce qui n'a pas pour effet de les soustraire au principe d'égalité de traitement. V. en ce sens, Soc. 11 sept. 2012, n° 11-26.045, *Lexbase Hebdo, éd. Sociale*, n° 499, note G. Auzero.

5. Offre que la Cour de cassation qualifie de promesse unilatérale de contrat (Civ. 2e, 20 sept. 2005, n° 03-30.709, *JCP E* 2006. 1047, note R. Vatinet). La qualification d'engagement unilatéral aurait sans doute été préférable (v. en ce sens, G. Auzero, Attributions individuelles de stock-options et licenciement injustifié du bénéficiaire : le recours salutaire au droit des obligations : *Bull. Joly* 2005. 177).

6. Ces bénéficiaires sont les salariés et les mandataires sociaux.

7. La loi du 3 décembre 2008 en faveur des revenus du travail a souhaité corriger cet état de fait. Désormais, mais dans les seules sociétés cotées, des stock-options ou des actions gratuites ne peuvent plus être attribuées à des mandataires sociaux qu'à l'une des conditions suivantes : attribution d'actions gratuites ou d'options de souscription ou d'achat d'actions à l'ensemble des salariés, conclusion d'un accord d'intéressement, d'un accord de participation dérogatoire ou d'un accord de participation volontaire (C. com., art. L. 225-186-1).

8. Il convient en effet de relever que la loi de finances pour 2013 a considérablement durci le régime des options attribuées à compter du 28 septembre 2012, tant sur le plan fiscal que social.

9. L'octroi, par l'employeur, d'une option donnant droit à une souscription d'action constitue un accessoire du contrat de travail dont le contentieux relève de la juridiction prud'homale (Soc. 21 juin 2005, *JCP S* 2005. 1183, note B. Boubli). V. aussi plus généralement, R. Vatinet, Quelques incertitudes sur le régime juridique des stock-options, *Dr. soc.* 2002. 690 ; G. Bélier et A. Cormier : Stock options et droit du travail, *Dr. soc.* 2000. 838.

10. La Cour de cassation exige que le règlement ait été porté à la connaissance des bénéficiaires pour leur être « opposable » (Soc. 15 janv. 2002, n° 99-45.979, *Bull. Joly* 2002. 633, note H. Le Nabasque. V. aussi, Soc. 16 mai 2007, n° 05-45.281, *JCP E* 2007. 2291, note R. Vatinet, relatif à l'« opposabilité » d'un plan rédigé dans une langue étrangère).

présence, subordonnant le maintien du droit d'option au fait que le salarié soit présent dans l'entreprise au moment où il l'exerce. Pour la Cour de cassation, le salarié qui n'a pu, du fait de son licenciement sans cause réelle et sérieuse, lever les options de souscription ou d'achat d'actions, a nécessairement subi un préjudice dont il est en droit d'obtenir réparation [1], cette réparation prenant exclusivement la forme de dommages et intérêts [2]. La clause de présence doit en tout état de cause être soigneusement rédigée, étant entendu que la privation de la faculté de lever les options en cas de licenciement pour faute grave constitue une sanction pécuniaire prohibée qui ne peut être prévue par le plan de stock-options [3].

b) En application de l'article L. 3332-18 du Code du travail, « les sociétés peuvent procéder à des augmentations de capital réservées aux adhérents d'un plan d'épargne d'entreprise ». Le Code de commerce se veut plus contraignant, puisque, lors de toute augmentation du capital par apport en numéraire, l'assemblée générale extraordinaire doit se prononcer sur un projet de résolution tendant à réaliser une augmentation de capital en faveur des salariés (C. com., art. L. 225-129-6, al. 1er) [4]. Par ailleurs, tous les trois ans, une assemblée générale extraordinaire est convoquée pour se prononcer sur un projet de résolution tendant à réaliser une telle augmentation de capital. Cette exigence ne vaut que si les actions détenues par le personnel de la société et des sociétés qui lui sont liées au sens de l'article L. 225-180 représentent moins de 3 % du capital (C. com., art. L. 225-129-6).

c) On doit à la loi de finances pour 2005 [5], la mise en place d'un nouveau dispositif d'attributions gratuites d'actions aux salariés et aux mandataires sociaux [6]. Constituant une alternative séduisante aux plans de stock-options, ce dispositif connaît un engouement certain, dû principalement au fait que les bénéficiaires sont assurés de réaliser un gain [7], sans bourse déliée. Il faut en outre souligner que l'attribution gratuite d'actions bénéficie d'un régime fiscal et social favorable [8], tant pour les bénéficiaires

---

1. Soc. 29 sept. 2004, *JCP E* 2005. 131, n° 4, obs. J.-J. Caussain, Fl. Deboissy et G. Wicker.

2. Soc. 1er déc. 2005, *Bull. Joly* 2006. 507, note crit. G. Auzero ; 2 févr. 2006, *JCP E* 2006. 2035, n° 5, obs. crit. J.-J. Caussain, Fl. Deboissy et G. Wicker. Cette solution, qui aboutit à priver le salarié injustement licencié de ses options, est critiquable. La clause de présence pouvant s'analyser en une condition résolutoire, il y aurait matière, sur le fondement de l'art. 1178 C. civ., à exécution forcée (v. en ce sens, G. Auzero, art. préc., p. 183 s. ; J.-J. Caussain, Fl. Deboissy, G. Wicker, *JCP E* 2005. 131).

3. Soc. 21 sept. 2009, n° 08-42.026, *RDT* 2010. 28, obs. crit. G. Auzero.

4. La contrainte est relative puisque l'assemblée générale n'est pas tenue de donner une suite favorable au projet.

5. L. 2004-1484 du 30 déc. 2004, art. 83 ; C. com., art. L. 225-197-1 s., A. Liehnard, Attributions d'actions gratuites : *D.* 2005. 138 ; J.-Ph. Dom, L'attribution gratuite d'actions : *Bull. Joly* 2005. 188.

6. Antérieurement, une loi du 24 oct. 1980 avait organisé un mécanisme de distribution gratuite d'actions en faveur des salariés (M. Vasseur, *D.* 1981. Chron. 63).

7. À tout le moins si l'action vaut plus que zéro...

8. La taxation des attributions gratuites d'action a été cependant alourdie par la loi de finances pour 2013.

que pour la société [1]. Dès lors qu'elles ont été attribuées à l'ensemble des salariés de l'entreprise, les actions gratuites peuvent être versées, à compter de l'expiration de la période d'acquisition, sur un plan d'épargne d'entreprise, dans la limite d'un montant égal à 7,5 % du plafond annuel de la sécurité sociale par adhérent (C. trav., art. L. 3332-14). À compter du versement dans le plan, les actions sont bloquées pendant un délai minimum de cinq ans (C. trav., art. L. 3332-26).

SECTION 4. L'ÉPARGNE SALARIALE

982 ***Pluralité d'inspirations*** ◊ L'idée d'épargne salariale affectée aux investissements apparaissait dans les *fonds salariaux* de la loi du 29 décembre 1983. Créés par conventions collectives soumises à agrément, ils avaient vocation à servir à financer des investissements productifs ou des opérations tendant à la création d'emplois, et les sommes versées restaient indisponibles pendant cinq ans, sauf départ du salarié de l'entreprise. Le personnel « prêtait », en quelque sorte, à son employeur. Les régimes actuels d'épargne salariale n'ont pas la même inspiration. Suivant les recommandations d'un rapport Balligand-de Foucault de 2000 [2], la loi du 19 février 2001 s'est efforcée de développer l'épargne salariale dans plusieurs directions. La loi du 30 décembre 2006 vise également le développement de cette forme d'épargne collective. Elle est aussi à l'origine de la disposition actuelle des textes dans le Code du travail : un titre « Plans d'épargne salariale », dont les dispositions sont applicables aux employeurs de droit privé et à leurs salariés (C. trav., art. L. 3331-1), regroupe des chapitres respectivement consacrés au *plan d'épargne d'entreprise (PEE)*, au *plan d'épargne interentreprises (PEI)*, au *plan d'épargne pour la retraite collectif (Perco)*. On verra aussi un signe de la faveur du législateur pour cette pratique dans la présence de l'épargne salariale au nombre des thèmes de négociation obligatoire (quinquennale) au niveau de la branche (C. trav., art. L. 2241-8).

983 ***Plan d'épargne d'entreprise*** ◊ Il s'agit d'un système d'*épargne collectif* ouvrant aux salariés [3] de l'entreprise la *faculté de participer*, avec l'aide de

1. Dès lors que les conditions légales sont respectées. Il faut à cet égard souligner que les bénéficiaires ne deviennent propriétaires des actions qu'au terme d'une période dite « d'acquisition » qui ne peut être inférieure à deux ans. À compter de cette date, ils doivent encore conserver les actions pendant un délai de deux ans au minimum. Par exception, si la période d'acquisition est supérieure ou égale à quatre ans, la période de conservation peut être réduite à moins de deux ans ou supprimée. Ces délais tendent à assurer la fidélité du bénéficiaire.

2. *L'épargne salariale au cœur du contrat social*, Rapport au Premier ministre, Doc. fr., 2000, 376 p.

3. L'art. L. 3332-2 C. trav. ouvre plus largement le bénéfice du PEE en visant les anciens salariés partis à la retraite et, dans les entreprises occupant entre un et deux cent cinquante salariés, les chefs d'entreprise, leurs conjoints bénéficiant du statut de conjoint collaborateur ou de conjoint associé, ainsi que certains mandataires sociaux. Est également concerné le salarié d'un groupement d'employeurs.

l'employeur, à la constitution d'un *portefeuille de valeurs mobilières* (C. trav., art. L. 3332-1). C'est en même temps un système de gestion de l'épargne salariale par l'*entreprise elle-même*.

Le PEE peut être établi à l'initiative de l'employeur ou par accord avec le personnel (avec une obligation de négocier). À défaut d'accord l'employeur consulte les représentants du personnel sur le projet de règlement du PEE (C. trav., art. L. 3332-3 s.). Le règlement du PEE détermine les conditions dans lesquelles le personnel est informé de son existence et de son contenu [1]. Il doit par ailleurs préciser son champ d'application, sa durée, ses bénéficiaires, ses différentes sources d'alimentation [2] et les différentes formules de placement. Il est déposé auprès de l'autorité administrative [3].

Le plan d'épargne d'entreprise (PEE) recueille : les sommes dues au salarié au titre de la participation ou par l'effet d'un accord d'intéressement, celles provenant de versements volontaires du salarié (dans la limite du quart de la rémunération annuel) ; une éventuelle contribution supplémentaire de l'entreprise [4], dite *abondement*, exemptée de charges fiscales (dans une certaine limite) et de cotisations de sécurité sociale [5] et qui ne peut se substituer à aucun des éléments de la rémunération ; le cas échéant et sous certaines conditions, les actions gratuites attribuées aux salariés.

Le plan, géré par l'employeur ou par un établissement spécialisé, procède à un placement des sommes ainsi recueillies, soit en parts d'organismes de placement collectif en valeur mobilière (SICAV, fonds communs de placement d'entreprise, SICAV d'actionnariat salarié), soit en valeurs mobilières émises par l'entreprise ou par une entreprise liée [6] (C. trav., art. L. 3332-15). Les sommes versées sur le plan peuvent être également affectées à un

1. L'employeur doit informer chacun de ses salariés, en temps utile, des modifications affectant le règlement du PEE : Soc. 17 juin 2009, n° 07-45.560, *JCP S* 2009. 1455, note R. Vatinet.

2. Il faut ici rappeler que l'affectation des sommes issues de la participation à un PEE est un mode de gestion obligatoire (C. trav., art. L. 3323-2).

3. Toute modification, autre que de forme, apportée au règlement du plan d'épargne équivaut à l'établissement d'un règlement nouveau et exige donc le renouvellement de la formalité de dépôt : Soc. 16 déc. 2008, n° 07-14.610, *JCP S* 2009. 1455, note R. Vatinet.

4. Le PEE doit nécessairement comporter une aide de l'entreprise. Mais celle-ci peut consister dans la seule prise en charge des frais de fonctionnement du plan, rendant ainsi l'abondement facultatif.

5. Seules peuvent être exonérées de cotisations les sommes dont l'employeur justifie qu'elles ont été attribuées sur la base de critères prédéterminés, résultant de l'accord ayant établi le plan (Soc. 23 mars 2000, *RJS* 6/00, n° 691). Le caractère collectif du système interdit de faire dépendre la contribution patronale de critères de performance individuelle (Soc. 10 déc. 2003, *RJS* 2/04, n° 244)

6. Il faut comprendre que lorsque le règlement du plan permet d'investir tout ou partie des sommes placées sur le plan en titres de l'entreprise ou d'une entreprise du même groupe, ces titres peuvent être détenus en direct ou par l'intermédiaire d'un FCPE ou d'une SICAVAS. Le choix entre ces deux formules doit être réfléchi compte tenu de l'exercice des droits politiques attachés aux titres. Afin de protéger l'épargne des salariés contre une éventuelle défaillance de la société qui les emploie, le règlement du plan ne peut proposer uniquement une formule d'investissement en titres de l'entreprise, sauf si les participants ont accès à un plan d'épargne de groupe ou interentreprises, de même durée minimale de placement, permettant d'investir dans un OPVCM à vocation générale (C. trav., art. L. 3332-17).

fonds dédié au rachat des titres de l'entreprise ou d'actions émises par des sociétés exclusivement créées pour racheter tout ou partie de son capital ainsi que des titres d'une entreprise du même groupe dans le cadre d'une opération de rachat de l'entreprise réservée à ses salariés (C. trav., art. L. 3332-16). Les revenus de ce portefeuille collectif de valeurs mobilières sont exonérés d'impôt sur le revenu, s'ils sont réinvestis. Le capital acquis pour le compte des salariés (actions ou parts) est indisponible pendant cinq ans. Mais le salarié peut obtenir la délivrance ou le remboursement de ses avoirs de manière anticipée, dans les mêmes cas et aux mêmes conditions qu'en matière de participation [1]. Il faut enfin souligner que la loi organise le transfert des sommes affectées à un PEE en cas de modification dans la situation juridique de l'entreprise (C. trav., art. L. 3335-1 s.) [2].

L'originalité du mécanisme est de ne pas requérir impérativement d'accord collectif. Tous les salariés doivent pouvoir y participer sur un pied d'égalité, la modulation des sommes versées par l'entreprise ne pouvant résulter que de l'application de règles à caractère général, et non de la performance individuelle des salariés [3] ou de leur position dans la hiérarchie des salaires.

984 ***PEI et Perco*** ◊ Depuis 2001, le procédé est accessible aux petites entreprises par regroupement pour mettre en place un plan d'épargne interentreprises (PEI, C. trav., art. L. 3333-1 s.). La loi du 19 février 2001 avait également créé un plan partenarial d'épargne salariale volontaire (PPESV), défini comme un produit d'épargne à long terme. La loi du 21 août 2003 portant réforme des retraites l'a remplacé par le plan partenarial d'épargne salariale volontaire pour la retraite (PPESVR), lui-même rebaptisé plan d'épargne pour la retraite collectif (PERCO) par la loi de finances pour 2004 (C. trav., art. L. 3334-1 s.) Ce dispositif concrétise une vocation possible de l'épargne d'entreprise : l'épargne en vue de la retraite [4], une recherche de *prévoyance collective* plus qu'une volonté d'association des salariés au profit [5]. Le PERCO emprunte, pour une large part, son régime

1. Cette faculté ne paraît pas s'appliquer aux actions gratuites versées dans le plan (C. trav., art. L. 3332-26). La loi organise par ailleurs des cas spécifiques de déblocage anticipé (C. trav., art. L. 3332-25).

2. G. Jolivet et H. Ouaissi, Le sort des régimes d'épargne salariale lors de transferts d'entreprise : *JCP S* 2007. 1466.

3. Soc. 26 oct. 2000, *Dr. soc.* 2001. 88.

4. J. Barthélémy, Épargne-retraite ou épargne et retraite, *Dr. soc.* 2002. 728 ; Ph. Martin, Épargne salariale et retraite : les avatars de la protection sociale d'entreprise en Europe, *Dr. soc.* 2003. 202.

5. Afin de développer l'épargne retraite, la loi du 9 nov. 2010 portant réforme des retraites renforce la place des PERCO (M. Del Sol, Dispositions portant sur l'épargne retraite et les retraites supplémentaires d'entreprise, *Lexbase Hebdo, éd. Sociale*, n° 419 ; J. Barthélémy, L'impact de la réforme des retraites sur la protection sociale non légale, *Dr. soc.* 2011. 319). La loi prévoit notamment qu'un régime de retraite à prestations définies ne peut être institué dans l'entreprise que si l'ensemble des salariés bénéficie d'un PERCO (art. 111). Par ailleurs, en l'absence de compte épargne temps dans l'entreprise, le salarié peut, dans la limite de cinq jours par an, verser les sommes correspondant à des jours de repos non pris sur le plan (C. trav., art. L. 3334-8).

juridique au PEE. Il ne peut être mis en place que si les participants ont la possibilité d'opter pour un placement plus court au sein d'un PEE ou d'un PEI. Les sommes ou valeurs inscrites aux comptes des participants sont détenues jusqu'au départ à la retraite. Toutefois, dans des cas liés à la situation ou au projet du participant [1], ces sommes ou valeurs peuvent être exceptionnellement débloquées avant le départ en retraite.

Les réserves d'une partie du mouvement syndical face à ce développement de l'épargne salariale tiennent à la crainte que le procédé ne serve à affaiblir davantage le système de protection sociale par répartition au profit des dispositifs de capitalisation. Cependant les principales confédérations (CGT, CFDT, CGC, CFTC) ont créé en 2002 un comité intersyndical de l'épargne salariale, qui a notamment pour mission de délivrer des labels syndicaux aux opérateurs financiers sur la base d'un cahier des charges établi par lui.

SECTION 4. LA PRIME DE PARTAGE DES PROFITS [2]

985 ***Présentation*** ◊ Instituée par l'article 1er de la loi de financement rectificative de la sécurité sociale pour 2011 [3], la prime de partage des profits a pour ambition de rétribuer les salariés qui, par leur travail, contribuent à l'enrichissement de la société qui les emploie, en évitant que cet enrichissement profite essentiellement, sinon exclusivement, à ses associés ou actionnaires, par le versement de dividendes. Si l'objectif poursuivi peut apparaître louable [4], le dispositif technique retenu par le législateur s'avère particulièrement critiquable et confère à cette prime un caractère extrêmement illusoire pour les salariés. La pérennité de ce dispositif n'est au demeurant guère assurée puisque le texte précité précise qu'il s'applique « jusqu'à l'intervention d'une loi suivant les résultats d'une négociation nationale interprofessionnelle, au plus tard le 31 décembre 2013, sur le partage de la valeur ajoutée qui pourra notamment proposer des adaptations législatives dans le champ de la participation et de l'intéressement prévus aux titres Ier et II du livre III de la troisième partie du code du travail » [5].

986 ***Champ d'application*** ◊ Ne sont obligatoirement soumises au dispositif étudié que les sociétés commerciales qui emploient habituellement cinquante salariés et

1. Cas limitativement énumérés par l'art. R. 3334-4 C. trav. Les art. L. 3335-1, L. 3335-2 C. trav. organisent le transfert des avoirs des salariés.

2. G. Briens et J.-B. Allanic, La prime de partage des profits : *Sem. soc. Lamy* 2011, n° 1505 ; R. Vatinet, Une étrange prime de partage des profits : *JCP S* 2011. 1385 ; J. Daniel et A. Le Roux, La prime de partage des profits, *ibid.* 1386.

3. L. n° 2011-894 du 28 juill. 2011, *JO* 29 juill. 2011, p. 12922.

4. Sentiment qui ne résiste pas à l'analyse, ne serait-ce que parce ce dispositif conduit à laisser une nouvelle dans l'ombre la question des augmentations de salaire.

5. Interrogé par l'Association Française des Entreprises privées (AFEP), le directeur général du travail a indiqué, dans une lettre du 8 avril 2014, que « dans la mesure où une loi n'est pas intervenue avant le 1er janvier 2014, les dispositions législatives relatives à la prime de partaga des profits demeurent en vigueur, y compris les exonérations sociales ». En résumé, tant qu'une loi ne sera pas intervenue sur la question, le dispositif en cause restera en vigueur.

plus, au sens des articles L. 3322-2 et L. 3322-4 du Code du travail. L'appréciation du seuil d'effectif doit donc se faire comme pour la mise en place de la participation. Lorsque plus de la moitié du capital d'une société commerciale est détenue directement par l'État ou, ensemble ou séparément, indirectement par l'État et directement ou indirectement par ses établissements publics, le dispositif lui est applicable si elle ne bénéficie pas de subventions d'exploitation, n'est pas en situation de monopole et n'est pas soumise à des prix réglementés.

Les sociétés commerciales qui n'atteignent pas le seuil d'effectif requis peuvent néanmoins verser volontairement une prime à leurs salariés, soit de manière unilatérale, soit par l'effet d'un accord conclu préalablement. Elles bénéficient en ce cas du régime social favorable prévu par la loi. Mais cette soumission volontaire au dispositif n'est permise que si les sociétés de moins de cinquante salariés remplissent une autre condition, dont dépend aussi l'application obligatoire du dispositif.

Une société n'est tenue de verser une prime de partage des profits à l'ensemble de ses salariés [1], que si elle attribue à ses associés ou actionnaires des dividendes dont le montant par part sociale ou par action est en augmentation par rapport à la moyenne des dividendes par part sociale ou par action versés au titre des deux exercices précédents. On aura donc compris que le seul versement de dividendes ne suffit pas et que si une hausse est exigée, elle ne doit pas être appréciée de manière globale. En revanche, l'origine de ces dividendes est sans importance.

La loi réserve un traitement particulier aux sociétés appartenant à un groupe au sens de l'article L. 2331-1 du Code du travail [2]. Lorsqu'une société [3] appartient à un tel groupe, elle verse une prime à l'ensemble de ses salariés dès lors que l'entreprise dominante du groupe attribue des dividendes dont le montant par part sociale ou par action est, dans les conditions précédemment décrites, en augmentation. Cette disposition paraît de nature à élargir le champ d'application du dispositif. En effet, dès lors que la hausse des dividendes est vérifiée au niveau de l'entreprise dominante, il semble bien que ce sont toutes les sociétés du groupe qui doivent verser la prime, alors même qu'elles emploient moins de cinquante salariés et ne distribuent pas elles-mêmes le moindre dividende. Cela étant, dès lors qu'une société remplit ces deux conditions, elle doit verser la prime, sans qu'il y ait lieu de tenir compte de la situation de l'entreprise dominante.

987 ***Modalités de fixation de la prime*** ◊ Lorsqu'une société remplit les conditions qui viennent d'être décrites, elle doit verser une prime de partage des profits [4]. Le législateur s'est cependant gardé d'en fixer le montant et le mode de calcul. S'inspirant là encore des dispositions relatives à la participation, il se borne à renvoyer à un accord le soin d'établir les modalités concrètes de calcul et de

---

1. La loi n'opère donc aucune distinction selon la forme du contrat de travail liant le salarié à la société et n'exclut ni les salariés détachés ou mis à disposition, ni les salariés cumulant leur contrat de travail avec un mandat social.

2. Le renvoi à cet article laisse entendre que seules les entreprises dominantes dont le siège social est situé sur le territoire français sont visées par le dispositif, à l'exclusion des sociétés étrangères.

3. Il n'est donc plus exigé ici que la société soit « commerciale », ce qui est certainement sous-entendu…

4. Sont toutefois dispensées de cette obligation, les sociétés ayant versé, au titre de l'année en cours au bénéfice de l'ensemble de leurs salariés, par accord d'entreprise, un avantage pécuniaire qui n'est pas obligatoire en application de dispositions législatives en vigueur ou de stipulations conventionnelles et qui est attribué, en tout ou en partie, en contrepartie de l'augmentation de dividendes.

versement de la prime. Cet accord doit être conclu dans le délai de trois mois suivant l'assemblée générale ayant décidé d'attribuer des dividendes [1].

En cas d'échec des négociations, un procès-verbal de désaccord est établi dans lequel sont consignées les propositions initiales de l'employeur, en leur dernier état les propositions respectives des parties et la prime que l'employeur s'engage à attribuer unilatéralement après avis des représentants du personnel, s'ils existent. L'absence d'accord n'autorise donc pas l'employeur à se dispenser du versement de la prime. Elle lui permet « seulement » d'en fixer unilatéralement le montant, qui pourra en conséquence être limité à quelques euros [2].

Si chaque salarié doit percevoir une prime, la loi autorise que sa répartition soit modulée entre les salariés en application des critères prévus à l'article L. 3324-5 du Code du travail. En tout état de cause, et à l'instar des sommes issues de l'intéressement ou de la participation, la prime ne peut se substituer à aucun élément de rémunération ou à une augmentation de salaire prévue par une norme conventionnelle ou le contrat de travail.

Il convient enfin de noter que la loi conduit à la création d'une nouvelle « niche sociale » puisque, sous réserve de remplir les conditions prévues par le texte, la prime est exonérée de cotisations sociales dans la limite d'un montant de 1 200 euros par an et par salarié [3].

1. Le dispositif est applicable aux attributions de dividendes autorisées à compter du 1er janv. 2011 au titre du dernier exercice clos. Pour les attributions de dividendes intervenues à la date de promulgation de la loi, le délai court jusqu'au 31 oct. 2011.

2. On ne saurait cependant trop insister ici sur le nécessaire respect de l'exigence de loyauté lors des négociations. Le fait de ne pas engager de négociation est en outre pénalement sanctionné.

3. Elle est en revanche soumise à la CSG, à la CRDS et au forfait social.

QUATRIÈME PARTIE

LES RELATIONS COLLECTIVES

988 Le particularisme du droit du travail ne tient pas seulement à la manière dont il règle, avec le concours mesuré du droit commun des obligations, le rapport d'emploi, mais aussi au fait qu'il institue des *relations professionnelles*. Il s'agit de relations *collectives* parce qu'elles mettent en présence des organisations d'employeurs et de salariés ou l'employeur et la collectivité que constitue le personnel de son entreprise. Leur régime compense partiellement la subordination de chaque salarié [1]. C'est dans les dispositifs qu'elles ordonnent avec le notable concours de la jurisprudence, que l'on a pu tenter d'identifier les promesses de la « démocratie économique » annoncée en 1981 par le Rapport Auroux [2], ou une réalisation de l'idée de « constitution sociale de l'entreprise ».

L'article L. 2221-1 du Code du travail pourrait laisser croire que « les relations collectives entre employeurs et salariés » se réduisent à la négociation de conventions et d'accords collectifs de travail. Le texte du Code suggère, en réalité, une vision inexacte de ses propres dispositifs. Ces derniers sont plus variés et complexes. Les négociations et conventions collectives (Titre 2) reposent sur l'organisation d'une représentation collective des salariés et des employeurs qui prend plusieurs formes (Titre 1). Par ailleurs, cette organisation collective des acteurs sociaux ne se traduit pas seulement par des négociations et des conventions collectives. Elle se manifeste également dans des conflits collectifs (Titre 3).

---

1. V. ss 5.
2. A. Jeammaud et A. Lyon-Caen, *in Droit du travail, démocratie et crise*, Actes Sud, 1986, p. 19.

TITRE 1
LA REPRÉSENTATION COLLECTIVE

989 ***Représentation ou expression directe ?*** ◊ Si l'expression de « représentation des salariés » est communément employée, il importe de déterminer de quel type de représentation il s'agit. D'une représentation des sujets, celle qui permet de rendre une personne, représentée par un autre, partie à un acte juridique conclu en son nom et pour son compte (représentation du mandant par le mandataire, de l'incapable par son représentant légal, d'une personne morale par son président ou gérant) ? D'une représentation des intérêts, dans laquelle il s'agit moins d'engager autrui ou de le rendre créancier que d'agir dans son intérêt, de faire valoir ses points de vue ? Ou encore, à égale distance de ces deux types, de la représentation d'une collectivité, distincte de ses membres (et « comme personnifiée »), à la manière de la représentation politique républicaine (celle du peuple par ses représentants pour l'exercice de la souveraineté nationale) ? Le débat paraît mineur, mais il est récurrent. Sans doute les deux types se combinent-ils [1]. Les dispositifs juridiques dont nous entreprenons l'examen agencent, à tout le moins, des procédés de défense des intérêts [2].

La représentation collective des travailleurs s'est d'abord affirmée hors de l'entreprise avec la reconnaissance de la liberté reconnue aux *syndicats*. La *représentation des salariés dans l'entreprise* s'est organisée plus tardivement,

1. G. Borenfreund, Propos sur la représentativité syndicale, *Dr. soc.* 1988. 476 ; F. Petit, *La notion de représentation dans les relations collectives de travail*, LGDJ, Bibl. droit privé, 2000.

2. A. Jeammaud, M. Le Friant, A. Lyon-Caen, L'ordonnancement des relations du travail, *D.* 1998. Chron. 359.

par strates successives, et forme un système complexe, dont l'adéquation est régulièrement mise en question [1]. Le train de réformes de 1982, officiellement soucieux d'introduire un peu plus de « démocratie » dans l'entreprise et de faire advenir une « citoyenneté dans l'entreprise », a esquissé un dépassement en consacrant un *droit d'expression directe des travailleurs*. Non sur l'organisation, la marche et l'exercice du pouvoir dans l'entreprise, mais sur certains aspects de leur travail.

L'innovation, l'une des plus emblématiques de la période de gouvernement d'Union de la gauche, a été fort controversée : en raison de sa vague inspiration « autogestionnaire », du risque qu'elle semblait porter de « court-circuitage » de l'encadrement autant que des syndicats et des institutions électives, ou, au contraire, de sa modestie (même pas d'expression sur la politique salariale !), de sa sensibilité à l'idéologie de l'intérêt de l'entreprise (ne s'agissait-il pas d'exploiter le « gisement d'idées » présent chez les travailleurs ?), de son innocuité pronostiquée pour le pouvoir patronal. Les résultats n'ont pas été à la hauteur des espérances et n'ont pas confirmé les inquiétudes. Les groupes d'expression directe et « conseils d'atelier ou de bureau » du secteur public ont à peu près disparu depuis plus de vingt ans.

Une simple codification à droit constant ne pouvait toutefois évacuer les dispositions consacrées à cet ex-« droit nouveau des travailleurs » et à sa mise en œuvre. On retrouve donc, dans le texte nouveau du Code du travail, mais au sein du livre consacré à la négociation collective curieusement, un titre recueillant des dispositions de lois de 1982, 1983 et 1986. Aux termes de l'article L. 2281-1, « les salariés bénéficient d'un *droit à l'expression directe et collective sur le contenu, les conditions d'exercice et l'organisation de leur travail* », cette expression ayant « pour objet de définir les actions à mettre en œuvre pour améliorer leurs conditions de travail, l'organisation de l'activité et la qualité de la production dans l'unité de travail à laquelle ils appartiennent et dans l'entreprise » (C. trav., art. L. 2281-2). Ce droit s'exerce sur les lieux et pendant le temps de travail, sans perte de rémunération et sous immunité pour les opinions émises. Il est organisé par un accord d'entreprise ou d'établissement (fruit éventuel d'une négociation obligatoire), à défaut par un acte normateur de l'employeur après consultation des représentants élus du personnel. L'organisation est un peu plus encadrée par la loi dans les entreprises relevant de la loi de démocratisation du secteur public de 1983.

Sur le plan d'une théorie du droit du travail, ce droit présente l'originalité d'être, à la fois, un *droit à la participation* et un *droit individuel*, dont l'invention a enrichi la catégorie des *droits individuels d'exercice collectif* parmi les procédés juridiques de défense des intérêts et illustré l'extension

1. G. Lyon-Caen, À la recherche des concepts de base du livre IV du Code du travail, *Mélanges en l'honneur de J.-M. Verdier*, Dalloz, 2001, p. 81 ; G. Bélier et F. Petit, Faut-il instituer un canal unique de représentation dans l'entreprise ? : *RDT* 2010. 76.

de la place du salarié individu dans le droit français [1]. Individuel quant à sa titularité, mais s'exerçant dans un cadre collectif [2].

Malgré cet intérêt, sa faible vitalité autorise à ne pas lui consacrer d'exposé systématique [3], et à ne retenir que les dispositifs, déjà considérables et sophistiqués, relatifs aux *syndicats* (Sous-titre 1) et à la *représentation des salariés dans l'entreprise* (Sous-titre 2).

1. A. Jeammaud, La place du salarié individu dans le droit français du travail, *Études en hommage à H. Sinay*, Peter Lang, 1994, p. 347.

2. Selon la Cour de cassation, il s'exerce *seulement dans ces réunions collectives* organisées sur les lieux et pendant le temps de travail, la formulation d'opinions en dehors de ce cadre relevant de la liberté d'expression générale (Soc. 14 déc. 1994, *Dr. soc.* 2000. 163, concl. J. Duplat, note J.-E. Ray). L'arrêt rendu dans l'affaire Clavaud avait paru retenir une conception large du droit d'expression (Soc. 28 avr. 1988, *Dr. ouvrier* 1988. 250, concl. H. Écoutin, note A. Jeammaud et M. Le Friant), mais il s'agissait d'une décision d'espèce. La Cour a ensuite clairement adopté la position sus-indiquée : des propos tenus en dehors de l'entreprise (Soc. 16 nov. 1993, *Dr. soc.* 1994. 42 ; 7 oct. 1997, *RJS* 11/97, n° 1199), ou dans une lettre adressée par un salarié à son employeur (Soc. 28 avr. 1994, *Bull. civ.* V, n° 159), ne relèvent pas du droit d'expression et ne sont pas couverts par l'immunité qu'il emporte ; s'exerce alors la liberté d'expression, dont les salariés peuvent se voir reprocher d'avoir abusé (accusations mensongères, calomnies, propos injurieux). Cep., l'invention du droit d'expression a sans doute favorisé la reconnaissance de l'opposabilité de la liberté d'expression du salarié à l'employeur, et le salarié peut assurément se prévaloir du droit d'expression quand il s'exprime, dans l'entreprise et dans le domaine d'exercice de ce droit, alors que les groupes d'expression n'existent plus ou ne fonctionnent plus (implicite dans : Soc. 20 janv. 1993, *RJS* 3/93, n° 296).

3. On pourra se reporter à la 23e édition du présent Précis, nos 912 s.

de la place du salarié-individu dans le droit français[1] : individuel quant à sa titularité, mais s'exerçant dans un cadre collectif[2].

Malgré cet intérêt, sa faible vitalité autorise à ne pas lui consacrer d'exposé systématique[3] et à ne retenir que les dispositifs, déjà considérables et sophistiqués, relatifs aux *syndicats* (Sous-titre 1) et à la *représentation des salariés dans l'entreprise* (Sous-titre 2).

1. A. Jeammaud, La place du salarié-individu dans le droit français du travail, *Études en hommage à H. Sinay*, Peter Lang, 1994, p. 347.

2. Selon la Cour de cassation, il s'exerce seulement dans ces réunions collectives organisées sur les lieux et pendant le temps de travail, la formulation d'opinions en dehors de ce cadre relevant de la liberté d'expression générale (Soc. 14 déc. 1994, *Dr. soc.* 2000. 163, concl. J. Duplat, note J.-E. Ray) ; l'arrêt rendu dans l'affaire Clavaud avait paru retenir une conception large du droit d'expression (Soc. 28 avr. 1988, *Dr. ouvr.* 1988. 250, concl. H. Ecoutin, note A. Jeammaud et M. Le Friant), mais il s'agissait d'une décision d'espèce. La Cour a ensuite clairement adopté la position sus-indiquée : des propos tenus en dehors de l'entreprise (Soc. 16 nov. 1993, *Dr. soc.* 1994. 42 ; 7 oct. 1992, *RJS* 11/92, n° 1199) ou dans une lettre adressée par un salarié à son employeur (Soc. 28 avr. 1994, *Bull. civ.* V, n° 157) ne relèvent pas du droit d'expression et ne sont pas couverts par l'immunité qu'il emporte ; s'exerce alors la liberté d'expression, dont les salariés peuvent se voir reprocher d'avoir abusé (accusations mensongères, calomnies, propos injurieux). Cep., l'invention du droit d'expression a sans doute favorisé la reconnaissance de l'opposabilité de la liberté d'expression du salarié à l'employeur, et le salarié peut assurément se prévaloir du droit d'expression quand il s'exprime dans l'entreprise et dans le domaine d'exercice de ce droit, alors que les groupes d'expression n'existent plus ou ne fonctionnent plus (implicite dans Soc. 26 janv. 1993, *RJS* 3/93, n° 290).

3. On pourra se reporter à la 23e édition du présent Précis, n° 912 s.

SOUS-TITRE 1

Les syndicats

990 ***Un régime des groupements professionnels*** ◊ Au temps de la révolution industrielle et de la prohibition, pénalement sanctionnée, des coalitions (loi Le Chapelier), le syndicat a été la forme d'organisation de la classe ouvrière naissante. Succédant à cette période d'illégalité et de répression, puis à une phase de tolérance, le temps de la légalité – et même de la liberté – de l'organisation professionnelle autonome a été inauguré par la *loi Waldeck-Rousseau du 21 mars 1884*. Ce texte majeur a d'ailleurs fait du syndicat une forme d'organisation de défense et de promotion d'intérêts communs accessible à *tous les groupes professionnels* et non aux seuls travailleurs salariés, même si en parlant « des syndicats » on songe d'abord aux syndicats de salariés, aux « syndicats ouvriers » [1].

Insérées dans le Code du travail les dispositions issues de la loi de 1884 concernent donc indifféremment des groupements de commerçants [2], d'industriels, d'artisans, de professionnels libéraux, d'officiers ministériels [3], d'agriculteurs, y compris en leur qualité d'employeurs, et non les seuls travailleurs subordonnés ; et ces derniers sont aussi bien les fonctionnaires que les salariés proprement dits. Elles forment l'essentiel du Titre III du Livre Ier (« les syndicats professionnels ») de la deuxième partie du Code du travail. En revanche celles des Titres II (« Représentativité syndicale ») et IV (« exercice du droit syndical dans les entreprises »), issues de lois postérieures (1956, 1968, 1982 en particulier) ne concernent que les syndicats de salariés. Mais le régime de ces syndicats (leurs missions et leurs droits) se compose aussi de nombreuses dispositions insérées dans d'autres passages du Code (notamment le Livre II « La négociation collective. Les conventions et accords collectifs de travail » et le livre III concernant les institutions représentatives du personnel de la deuxième partie du Code du travail) [4].

Ce droit du syndicalisme a marqué l'organisation du mouvement syndical en France, et influencé ses rapports avec ces « travailleurs », pourvus ou privés d'emploi, qu'il entend organiser, unir, et dont il doit, dans

---

1. V. : *Le syndicalisme salarié*, dir. B. Lardy-Pélissier et J. Pélissier, Dalloz, Coll. Thèmes et commentaires, 2002.

2. V., à propos d'un syndicat d'apiculteurs : Soc. 13 janv. 2009, n° 07-17.692, *JCP S* 2009. 1343, note A. Martinon. Selon cette décision, si le droit de constituer un syndicat suppose l'exercice d'activités rémunérées et non désintéressées ou philanthropiques, aucune distinction n'est à opérer selon que ces activités rémunérées sont exercées à titre exclusif, accessoire ou occasionnel, ni selon que les revenus qui en sont tirés constituent un revenu principal ou accessoire.

3. Un arrêt du Conseil d'État le rappelle implicitement (16 déc. 2005, *RDT* 2006. 113, obs. S. Nadal).

4. L'ouvrage de référence en la matière est : J.-M. Verdier, *Syndicats et droit syndical, Traité de droit du travail*, Dalloz, t. 5, 2e éd., vol. I (*Liberté, structures, action*), 1987, vol. II (*Le droit syndical dans l'entreprise*), 1984.

l'intérêt de la démocratie, défendre les intérêts. Ce qu'il est convenu d'appeler la « crise du syndicalisme », qu'attesterait notamment le très faible taux d'affiliation syndicale, a fini par mettre en question certains aspects emblématiques du droit du syndicalisme [1]. Un droit qui sera exposé à travers l'étude successive de la liberté syndicale (Chap. 1), de l'organisation syndicale (Chap. 2) et de l'action syndicale (Chap. 3).

1. V. ss 27.

CHAPITRE 1
LA LIBERTÉ SYNDICALE

991 ***Sources*** ◊ La liberté syndicale revêt d'abord une valeur constitutionnelle puisque le préambule de la Constitution de 1946, auquel renvoie celui de la Constitution de 1958, la consacre sous sa double forme de la liberté individuelle d'adhérer à un syndicat, et de la liberté d'agir syndicalement : « Tout homme peut défendre ses droits et ses intérêts par l'action syndicale et adhérer au syndicat de son choix » [1].

Elle se trouve également inscrite dans les *traités internationaux* ratifiés par la France : « les travailleurs et les employeurs sans distinction d'aucune sorte ont le droit, sans autorisation préalable, de constituer des organisations de leur choix, ainsi que de s'affilier à ces organisations, à la seule condition de se conformer aux statuts de ces dernières » (Conv. OIT n° 87) [2] ; « les travailleurs doivent bénéficier d'une protection adéquate contre tous les actes de discrimination tendant à porter atteinte à la liberté syndicale en matière d'emploi » (Conv. OIT n° 98) [3]. La liberté syndicale est garantie, dans le cadre du Conseil de l'Europe, par l'article 11 de la Convention européenne des Droits de l'homme [4], par la Charte sociale européenne et consacrée, dans l'Europe communautaire, par la Charte communautaire des droits sociaux fondamentaux des travailleurs et par la Charte des droits fondamentaux de l'Union européenne de 2000 [5].

Le Code du travail, recueillant l'essentiel des dispositions de la loi de 1884, protège la liberté syndicale dans sa double dimension collective et individuelle. « Les syndicats (...) peuvent se constituer librement » (C. trav., art. L. 2131-2) : comme les précédentes, cette norme garantit la liberté syndicale à toutes les personnes pour la défense de leurs intérêts professionnels, y compris aux employeurs. Mais les dispositions réunies dans ce Code s'attachent plus particulièrement à protéger la liberté syndicale des salariés, directement soumis au pouvoir de l'employeur. Ainsi,

---

1. Le Conseil d'État a constaté que cette disposition constitutionnelle avait tacitement abrogé les dispositions législatives antérieures relatives au statut des huissiers qui réservaient à la Chambre nationale des huissiers de justice la négociation collective avec les syndicats du personnel des études (16 déc. 2005, préc.).

2. Il est à remarquer que dans la période récente, cette norme est fréquemment mobilisée par la Cour de cassation à l'appui de ses décisions, v. par ex., Soc. 3 mars 2010, n° 09-60.283, *Bull. civ.* V, n° 54 ; 13 janv. 2009, n° 07-17.692, *JCP S* 2009. 1343, note A. Martinon.

3. L'OIT a mis au point une procédure de plaintes dirigées contre les États qui ne respecteraient pas ces principes (V. Valticos, *Droit international du travail*, Traité Dalloz, t. 8, 2e éd., 1983, nos 294 s. ; J.-M. Servais, *Normes internationales du travail*, LGDJ, 2004, n° 237 s. ; L. Sweps-ton, Droits de l'homme et liberté syndicale : évolution sous le contrôle de l'OIT, *RIT* 1998. 187).

4. Par un important arrêt *Demir et Baykara c/ Turquie*, la Cour européenne des droits de l'homme est venue préciser les implications de la liberté syndicale : CEDH, gr. ch., 12 nov. 2008, n° 34503/97, *JCP S* 2009. 1154, note F. Sudre. *Adde*, N. Hervieu, La Cour européenne des droits de l'homme, alchimiste de la liberté syndicale : *RDT* 2009. 288.

5. Sur l'ensemble de la question, v. : J.-M. Verdier, *Syndicats et droit syndical*, préc., vol. I ; Libres propos à partir d'une expérience : l'application des normes de l'OIT relatives à la liberté syndicale, *in Le syndicalisme salarié*, préc., p. 81.

« il est interdit à l'employeur de prendre en considération l'appartenance à un syndicat ou l'exercice d'une activité syndicale pour arrêter ses décisions en matière notamment de recrutement, de conduite et de répartition du travail, de formation professionnelle, d'avancement, de rémunération et d'octroi d'avantages sociaux, de mesures de discipline et de rupture du contrat de travail » (C. trav., art. L. 2141-5). De même, « il est interdit à l'employeur ou à ses représentants d'employer un moyen quelconque de pression en faveur ou à l'encontre d'une organisation syndicale » (C. trav., art. L. 2141-7).

Enfin, les *conventions collectives* nationales de branche doivent, pour pouvoir être étendues, contenir des dispositions relatives au libre exercice du droit syndical, ainsi qu'à l'exercice des fonctions syndicales et à leur incidence sur la carrière professionnelle (C. trav., art. L. 2261-22).

SECTION 1. ASPECT INDIVIDUEL

992 ***Protection de la liberté syndicale*** ◊ La liberté syndicale s'entend de la faculté, pour toute personne, *d'adhérer* à un syndicat (C. trav., art. L. 2141-1) [1], et au syndicat *de son choix* s'il en existe plusieurs. C'est aussi la faculté de *n'adhérer à aucun syndicat* [2] et celle de *se retirer* d'un syndicat (C. trav., art. L. 2141-3).

Cette liberté doit être garantie, protégée contre ceux qui seraient tentés de lui porter atteinte. Il faut éviter que son exercice comporte pour le syndiqué des conséquences préjudiciables, donc assurer son effectivité. La législation contemporaine prend ainsi en compte deux périls qui la menacent, à vrai dire, inégalement. L'hostilité de l'employeur d'abord : le salarié peut aujourd'hui exiger de celui-ci qu'il respecte son droit d'adhérer à un syndicat et d'agir en militant syndical (§ 1). Le péril que peut représenter le groupement syndical, ensuite : la loi française, d'esprit individualiste, reconnaît une liberté syndicale négative, celle ne pas être syndiqué, et s'efforce de protéger cette liberté d'adhérer ou de ne pas adhérer contre les empiétements d'un groupement syndical à la recherche d'adhérents ou désireux d'exercer une emprise sur les salariés (§ 2).

§ 1. Liberté face à l'employeur

993 ***Vie professionnelle et carrière syndicale*** ◊ La liberté syndicale risque de se heurter au pouvoir de direction ou au pouvoir disciplinaire de l'employeur. La loi proscrit toute prise en considération de l'appartenance ou de l'activité syndicale, qui constituerait dès lors une *discrimination* [3].

1. Faculté d'adhésion à laquelle il convient d'ajouter le droit de ne pas être écarté d'un syndicat pour un motif discriminatoire.

2. Cons. const. 25 juill. 1989, *Dr. soc.* 1989. 627, Le Conseil qualifie cette faculté de « liberté personnelle ». Rapp. Cour EDH, 20 avr. 1993, *Dr. soc.* 1993. 999, note Ch. Pettiti ; 25 avr. 1996, *D.* 1997. 363, note J.-P. Marguénaud et J. Mouly ; 11 janv. 2006, *RJS* 5/06, n° 596 (obs. F. Kessler, p. 364).

3. Sur l'interdiction des discriminations syndicales, que ce soit à l'embauche ou dans l'emploi, v. ss 686 s.

Le législateur ne se contente plus d'interdire de tels comportements et incite désormais à valoriser les activités syndicales. Un « accord » détermine ainsi les mesures à mettre en œuvre pour concilier la vie professionnelle avec la carrière syndicale et pour prendre en compte l'expérience acquise, dans le cadre de l'exercice de mandats, par les représentants du personnel désignés ou élus dans leur évolution professionnelle (C. trav., art. L. 2141-5, al. 2) [1].

994 ***Protection pénale*** [2] ◊ L'article L. 2146-2 du Code du travail prévoit des *sanctions pénales* pour toute infraction aux articles L. 2141-5 à L. 2141-8, prononcées par le tribunal de police, et en cas de récidive par le tribunal correctionnel. Elles s'appliquent spécialement au cas de *discrimination* [3]. Il suffit que l'employeur « prenne en considération » l'affiliation syndicale pour arrêter une décision.

Discrimination à l'embauchage, dans l'exécution du travail par mutation ou déclassement, dans la rémunération, à travers une sanction disciplinaire ou un licenciement : ces actes consomment le délit spécifique dont l'incrimination protège la liberté syndicale. Un cumul d'infractions est concevable, car la discrimination par violation des articles L. 2141-5 à L. 2141-8 (C. trav., art. L. 2146-2) peut constituer aussi le délit d'entrave au droit syndical (C. trav., art. L. 2146-1) [4] ou le délit de discrimination des articles 225-1 et suivants du Code pénal [5]. L'application de ces dispositions se heurte, bien sûr, à des difficultés de preuve. La chambre criminelle de la Cour de cassation a cependant amorcé une évolution analogue à celle de la chambre sociale : elle estime que le délit peut être constitué même si la considération antisyndicale prohibée n'a pas constitué le motif exclusif des mesures prises, et que le juge pénal doit rechercher, par l'analyse comparée avec la situation et l'évolution de carrière d'autres salariés (pour autant que le salarié ou le syndicat partie civile, ou le parquet, lui soumette des données à cet effet), si l'intéressé a ou non subi une discrimination présentant un lien

1. V. aussi l'art. L. 2242-20 C. trav. qui précise que, dans les entreprises de plus de trois cents salariés, la négociation sur la gestion prévisionnelle des emplois et des compétences porte également sur le déroulement de carrière des salariés exerçant des responsabilités syndicales et l'exercice de leurs fonctions.

2. A. Cœuret, Droit syndical et droit pénal. Regard sur une collaboration fructueuse, *Mélanges en l'honneur de J.-M. Verdier*, p. 1 ; P. Morvan, Le droit pénal des institutions représentatives du personnel, *Dr. soc.* 2000. 987.

3. Ex. : Crim. 7 juin 1968, *JCP* 1968. 15679 ; 13 mai 1980, *Dr. ouvrier* 1981. 235 ; 6 mai 1986, *Dr. ouvrier* 1987. 113 ; 8 mars 1994, *RJS* 7/94, n° 877 ; 25 juin 2002, *Dr. ouvrier* 2002. 555, note M. Richevaux ; 22 oct. 2002, *Dr. ouvrier* 2003. 446, 2e esp. ; 25 nov. 2003, n° 03-80.721, *Bull. crim.* n° 238.

4. Même si l'entrave n'est pas constituée, le délit de discrimination peut être établi : Crim. 5 mars 1991, *Dr. ouvrier* 1992. 157. Les juges du fond disposent d'un pouvoir de choix de la qualification en fonction des circonstances de l'espèce : Crim. 25 janv. 2000, *Bull. crim.* n° 38.

5. Ex. : Crim. 2 sept. 2003, *Bull. crim.* n° 148. Mais les art. 225-1 et 225-2 C. pén. sont évidemment d'interprétation stricte et seuls consomment l'infraction des agissements comme le refus d'embaucher, le prononcé d'une sanction ou un licenciement (Crim. 14 mars 2006, n° 05-82.505).

avec son engagement syndical [1]. Les personnes morales autant que des personnes physiques peuvent être poursuivies et punies pour ces infractions.

§ 2. Liberté face au groupement syndical

995 ***Libre refus d'adhérer. Libre retrait*** ◊ L'individualisme libéral qui inspire les solutions du droit français devait le conduire à protéger l'individu contre les tendances à l'hégémonie du groupe. Tout ce qui pourrait apparaître, de la part de ce dernier, comme une menace ou une contrainte en vue d'inciter le travailleur à se syndiquer va à l'encontre de la liberté syndicale. La loi du 27 mars 1956, qui a renforcé la liberté syndicale « positive » du salarié face à l'employeur, a été inspirée initialement par une volonté de lutter contre un certain « impérialisme » syndical, particulièrement dans l'industrie du livre (imprimeries). La liberté de ne pas adhérer ou de démissionner – liberté syndicale « négative » – est méconnue si une clause des statuts frappe d'une pénalité celui qui démissionne ou lui interdit d'exercer par la suite son activité [2].

Mesure traditionnelle d'intimidation, analogue au boycott, la mise à l'index a été utilisée à des fins variées : tantôt contre un employeur (qui embauche un travailleur non syndiqué ou qui refuse d'appliquer une convention collective), tantôt contre un salarié (qui refuse d'adhérer à un syndicat ou de se plier à la discipline syndicale). Elle a cessé d'être un délit pénal. Mais les tribunaux la traitent comme une faute civile, engageant la responsabilité du groupement qui en prend l'initiative, dès lors qu'elle porte atteinte à la liberté du travail ou à la liberté de ne pas se syndiquer, notamment en incitant les employeurs à ne pas engager ou à congédier le travailleur exclu du syndicat et mis à l'index [3]. Il en va de même pour la grève déclenchée pour obliger un patron à congédier un ouvrier non syndiqué [4]. Prononcé sous la pression, le licenciement du salarié récalcitrant à cette excessive discipline syndicale serait assurément nul en vertu de l'art. L. 1132-4 du Code du travail.

996 ***Nullité des clauses de sécurité syndicale*** ◊ La mise à l'index est une mesure primitive et peu efficace. Un syndicalisme fort peut user d'une autre méthode, jadis à l'honneur dans le monde anglo-saxon : il obtient l'insertion dans une convention collective d'une clause selon laquelle l'employeur n'engagera que des ouvriers syndiqués (*closed shop*) ou s'engageant

---

1. Crim. 14 juin 2000, *Dr. soc.* 2000. 1035, obs. J. Mouly ; 6 janv. 2004, *Bull. crim.* n° 4 ; 9 nov. 2004, *Dr. ouvrier* 2005. 237, note E. Fortis. À comparer, pour apprécier l'évolution, avec : Crim. 8 mars 1994, *Dr. soc.* 1994. 884, obs. M. Grévy. Le juge qui, se fondant sur des éléments suffisants de conviction, décide que la discrimination n'est pas suffisamment établie ne renverse pas la charge de la preuve (Crim. 3 avr. 2007, n° 06-81.784, *JCP S* 2007. 1494, obs. J.-F. Césaro).

2. La démission ne peut être entravée par aucune clause pénale : Civ. 1re, 23 mars 1983, *Bull. civ.* I, n° 112. Un syndicat des moniteurs de skis ne peut prétendre interdire à celui qui démissionne d'exercer sa profession au même lieu ; il y aurait au surplus restriction illicite à la liberté du travail : (Soc. 23 juin 1988, *Bull. civ.* V, n° 394).

3. Civ. 25 nov. 1953, *D.* 1956. 154, note J. Friedel ; 31 mars 1956, *JCP* 1956. II. 9434 ; T. pol. Paris, 26 sept. 1963, *JCP* 1964. II. 13665, note J.-M. Verdier ; Paris,9 mai 1971, *D.* 1972. 11, concl. P. Cabannes.

4. Cass. 22 juin 1892, *Grands arrêts*, 4e éd., 2008, n° 124.

à adhérer au syndicat (*union shop*) ; ou d'une clause réservant les avantages obtenus aux seuls membres du syndicat, celui-ci pouvant être, au surplus, propriétaire de la marque syndicale, ou label, utilisée pour la mise en vente du produit. On a pu soutenir que ces clauses établissant un *monopole syndical de l'emploi*, ne portaient pas directement atteinte à la liberté syndicale, le salarié conservant la faculté de ne pas adhérer, quitte à chercher du travail dans une autre entreprise. Au début du siècle passé, la Cour de cassation en avait reconnu la validité [1].

La loi du 27 avril 1956, en interdisant à l'employeur ou à ses représentants « d'employer un moyen quelconque de pression en faveur ou à l'encontre d'une organisation syndicale » (C. trav., art. L. 2141-7), en indiquant aussi qu'il est interdit à l'employeur « de prendre en considération l'appartenance à un syndicat (...) pour arrêter sa décision en ce qui concerne le recrutement... » (C. trav., art. L. 2141-5), a condamné l'*union shop* et le *closed shop*, suivant en cela l'exemple de la loi américaine. Elle n'interdit pas le label, mais condamne son utilisation aux fins d'établissement d'un monopole d'emploi : « est nulle, et de nul effet, toute disposition ou accord tendant à obliger l'employeur à n'embaucher ou à ne conserver à son service que des adhérents du syndicat propriétaire de la marque ou du label ». La loi était destinée à faire pièce au monopole de la CGT dans les imprimeries de presse. Il n'est cependant pas certain, malgré les sanctions pénales prévues, que l'usage se soit conformé à cette interdiction. C'est une tendance naturelle, là où existe un syndicalisme de métier, que de vouloir réserver les emplois aux adhérents, l'employeur s'adressant au syndicat pour obtenir une main-d'œuvre qualifiée [2]. Des usages ou accords collectifs ont perduré dans les imprimeries [3].

SECTION 2. **ASPECT COLLECTIF**

997 La liberté syndicale avait été conçue, en 1884, sur le modèle d'une liberté individuelle : la loi disposait simplement que les syndicats pouvaient se

1. Civ. 21 oct. 1916, *S.* 1920. I. 17. *Contra* : CE 17 juill. 1939, *Dr. soc.* 1939. 376.

2. Cela a pendant longtemps été le cas des dockers jusqu'à la loi du 9 juin 1992 (C. ports mar., art. L. 511-1 s.).

3. Les dispositions d'une convention collective concédant à un syndicat signataire un droit de regard sur les embauches n'organisent-elles pas une entente prohibée par le droit de la concurrence (C. com., art. L. 420-1) ? Le Conseil de la concurrence avait répondu par l'affirmative, mais sa décision a été annulée par la cour d'appel de Paris (29 févr. 2000, *Dr. ouvrier* 2000. 147, note G. Lyon-Caen) et le pourvoi contre cet arrêt a été rejeté (Com. 15 janv. 2002, *D.* 2002. AJ. 720, obs. É. Chevrier : la cour d'appel qui a constaté que les syndicats en cause, quelqu'illicites que soient leurs agissements, n'avaient pas d'activité économique a décidé à bon droit que la prohibition des ententes ne leur était pas applicable). À l'étranger, la convention collective réserve souvent des avantages aux salariés syndiqués, alors qu'en France elle bénéficie *indistinctement* à tous les salariés, syndiqués ou non. Il y a sans doute là l'une des explications majeures du faible taux de syndicalisation que connaît notre pays.

constituer librement. Depuis lors, toute une doctrine s'est construite sur les rapports du mouvement syndical et de l'État, autour du principe de l'autonomie ou de l'indépendance (§ 1). Plus récemment, elle a connu certains prolongements, dans la mesure où la liberté syndicale a semblé présider aussi aux rapports de l'organisation syndicale et de l'employeur (§ 2).

§ 1. Rapports des syndicats et de l'État

998 ***Autonomie du mouvement syndical*** ◊ Dès l'origine, il fut admis que les syndicats pouvaient se constituer librement, sans autorisation ni formalisme, et acquéraient de plein droit la personnalité morale. La rédaction et le dépôt des statuts ne doivent pas être assimilés à une autorisation administrative, ni même à une déclaration.

De même que l'État n'intervient pas dans la constitution du syndicat, il doit s'abstenir de toute ingérence dans son fonctionnement. Le syndicat est un groupement privé, qui se détermine en toute indépendance [1]. Les statuts constituent sa loi. Les pouvoirs publics ne peuvent s'immiscer dans le choix des dirigeants. Ils ne peuvent dissoudre le groupement par voie administrative.

De ce principe de liberté découlent diverses conséquences :

– des syndicats différents peuvent parfaitement se constituer dans la même branche ou la même entreprise ; c'est le *pluralisme syndical* ;

– la liberté syndicale ne concerne pas seulement des syndicats isolés, mais aussi les unions ou fédérations de syndicats ; d'ailleurs la *libre constitution d'unions ou de fédérations* est assurée par les articles L. 2133-1 et L. 2133-2 du Code du travail.

En résumé, le mouvement syndical est autonome par rapport à l'État, à la seule condition d'en respecter les lois. En droit français, le syndicalisme est en principe politiquement comme financièrement indépendant de l'État [2].

Néanmoins, les syndicats jouent un rôle important dans l'administration de la Sécurité sociale, de l'assurance chômage, dans la gestion des entreprises publiques, ou au Conseil économique et social. Leur *institutionnalisation* est un risque [3]. L'indépendance, nécessaire à la contestation, implique une certaine distance par rapport aux rouages de l'État [4].

---

1. V. Soc. 3 mars 2010, n° 09-60.283, *JCP S* 2010. 1190, note B. Gauriau.

2. La jurisprudence administrative souligne le caractère privé du groupement syndical (ex. : CE 10 févr. 1956, *Sté Safla, Dr. ouvrier* 1957. 23). Une bourse du travail, n'ayant pas (à l'exception de celle de Paris) le caractère d'établissement public, une commune peut estimer que son maintien ne correspond plus à un besoin d'intérêt général et modifier l'affectation de l'immeuble mis à sa disposition : (CE 30 oct. 1987, *AJDA* 1988. 43 ; 3 avr. 1992, *RJS* 7/92, n° 887). Un conseil municipal ne peut allouer une subvention à un syndicat : (CE 21 juin 1995, *RJS* 8-9/95, n° 907).

3. V. ss 27.

4. Les syndicats reçoivent, directement ou indirectement, diverses subventions publiques, notamment pour la formation, formule traditionnellement acceptée. Mais la situation n'est guère satisfaisante (on a même connu quelques « affaires »), et la question du financement des syndicats est une préoccupation récurrente. Le rapport *Pour un dialogue social efficace et légitime : représentativité et financement des organisations syndicales et professionnelles*, remis au mois de mai 2006 par le conseiller d'État R. Hadas-Lebel avançait des propositions pour encourager la cotisation (donc l'adhésion), clarifier les financements publics et ceux assurés par les entreprises, imposer la transparence des comptes (*Sem. soc. Lamy* 2006, n° 1260 ; *RDT* 2006. 64). La L. du

§ 2. Rapports des syndicats et de l'employeur

999 ***Exigences de neutralité ou d'égal traitement*** ◊ Certaines directions d'entreprise peuvent vouloir domestiquer l'organisation syndicale, pour réduire sa virulence, voire la transformer en organe soumis de coopération. On a même vu des employeurs susciter (financer au besoin) la création de syndicats de salariés (« syndicats-maison »). Mais cette stratégie n'est plus de mise. L'opinion dominante est que « l'existence de syndicats forts n'est pas contraire aux intérêts bien compris de l'employeur [1] ».

Plus généralement, est à coup sûr fondée l'action d'un syndicat contre un employeur qui use ou a usé, à l'égard de son personnel, de moyens de pression pour obtenir des adhésions à une organisation de sa convenance : selon l'article L. 2141-7 du Code du travail, « il est interdit à l'employeur ou à ses représentants d'employer un moyen quelconque de pression en faveur ou à l'encontre d'une organisation syndicale » [2]. L'article L. 2141-6 prohibe quant à lui la méthode consistant, pour l'employeur, à prélever les cotisations syndicales sur la paie. L'article L. 2141-8 précise que toute mesure méconnaissant ces interdictions « est considérée comme abusive » et expose son auteur à des dommages-intérêts. La Cour de cassation estime néanmoins qu'une telle mesure – par exemple si elle fait l'objet d'une convention – peut être annulée à la demande de tout syndicat qui en est victime et peut ne pas se contenter d'une indemnisation [3]. Cette faveur compromettrait d'ailleurs l'indépendance, condition de la représentativité ou plus exactement d'existence, du syndicat bénéficiaire.

Allant au-delà des prohibitions de l'ancien article L. 412-2 du Code du travail (C. trav., art. L. 2141-7), même si ce texte figure (avec le Préamb. Const. de 1946 et la Déclaration de 1789) dans le visa ou les motifs de ses arrêts, la Cour de cassation se réfère désormais au « principe d'égalité, qui est de valeur constitutionnelle et que le juge doit appliquer », pour en déduire qu'une subvention patronale aux organisations syndicales, prévue par une convention ou un accord collectif, ne saurait être réservée aux seuls syndicats signataires de cet accord [4]. De même, les dispositions d'une

20 août 2008 portant réforme de la démocratie sociale et réforme du temps de travail a, à ce dernier titre, institué quelques règles destinées à favoriser la transparence financière des syndicats (C. trav., art. L. 2135-1 à L. 2135-6). Transparence financière qui figure désormais au rang des critères de la représentativité syndicale (C. trav., art. L. 2121-1).

1. F. Bloch-Lainé, *Pour une réforme de l'entreprise*, Seuil, 1975.

2. Soc. 16 mars 1977, *Bull. civ.* V, n° 199 ; Crim. 2 sept. 2008, n° 07-81.661, *JCP S* 2009. 1019, note J.-F. Césaro : commet le délit de discrimination syndicale le directeur d'une société qui met en œuvre, par l'intermédiaire d'une société prestataire de services, des moyens de pression à l'encontre d'un syndicat afin de réduire son influence.

3. Soc. 10 juill. 2001, *Dr. soc.* 2001. 1131, obs. J. Savatier. Rappr. : Soc. 25 juin 2002, *Bull. civ.* V, n° 218.

4. Soc. 29 mai 2001, *Dr. soc.* 2001. 821, note G. Borenfreund. Cette solution conduit à une certaine méconnaissance de la nature fondamentalement contractuelle de la norme conventionnelle. Mais une convention collective peut prévoir, sous certaines conditions, une répartition inégalitaire d'une « contribution patronale au développement du dialogue social » (Soc.

convention ou d'un accord collectif visant à faciliter la communication des organisations syndicales ne peuvent, sans porter atteinte au principe d'égalité, être limitées aux seuls syndicats représentatifs et doivent bénéficier à tous les syndicats qui ont constitué une section syndicale [1]. En revanche, ne méconnaît pas ce même principe la disposition d'un accord collectif plus favorable que la loi qui subordonne l'octroi d'avantages à des syndicats à une condition de représentativité [2].

La Cour de cassation juge également que l'employeur ne saurait s'opposer à la désignation d'un délégué syndical par un syndicat représentatif au motif que la condition d'effectif de l'entreprise n'est pas remplie, alors qu'il a accepté la désignation d'un délégué par un autre syndicat [3]. Pour autant, dans la mesure où le nombre des délégués syndicaux dans l'entreprise ou l'établissement tel qu'il est fixé par la loi ne peut être augmenté par un usage ou un engagement unilatéral, l'employeur qui décide unilatéralement d'une telle augmentation peut unilatéralement décider de revenir à l'application des textes légaux qui n'ont pas cessé d'être applicables, sous réserve de ne pas méconnaître le principe d'égalité entre tous les syndicats concernés et, pour répondre à l'exigence de loyauté qui s'impose en la matière, de les en informer préalablement [4].

1000 ***Libre exercice du droit syndical dans l'entreprise*** ◊ Dans l'entreprise, la liberté syndicale n'a pas seulement un aspect individuel ; ses

10 oct. 2007, n° 05-45.347, rectifié par Soc. 23 oct. 2007, *Dr. soc.* 2008. 106, chron. G. Borenfreund). La question de l'égalité de traitement n'a évidemment lieu d'être posée que si, dans un premier temps, la stipulation conventionnelle est plus avantageuse que la loi.

1. Soc. 21 sept. 2011, n° 10-19.017, *JCP S* 2011. 1536, note B. Gauriau ; 11 janv. 2012, n° 11-14.292, *Dr. soc.* 2012. 320, note F. Petit. La Cour de cassation admet implicitement, dans ce dernier arrêt, que l'application des stipulations conventionnelles illégales entraîne la nullité des élections professionnelles. V. aussi, Soc. 23 mai 2012, n° 11-14.930, *Lexbase Hebdo, éd. Sociale*, n° 488, G. Auzero ; *JCP S* 2012. 1298, note F. Petit.

2. Soc. 22 sept. 2010, n° 09-60.410, *JCP S* 2010. 1499, note B. Gauriau. À l'instar de la loi, la convention collective peut donc réserver des avantages aux seuls syndicats représentatifs. Mais là où la loi n'a pas distingué, la norme conventionnelle ne le peut pas plus. Il est donc logique que des avantages en matière de communication syndicale, que la loi ouvre aux syndicats ayant simplement constitué une section, ne puissent être réservés aux seuls syndicats représentatifs. C'est moins le principe d'égalité qui est ici en cause, que le respect de la loi. Au-delà, le principe d'égalité trouve à s'appliquer et, avec lui, l'exigence de justification. V. en ce sens, Soc. 29 mai 2013, n° 12-26.955, *Lexbase Hebdo, éd. Sociale*, n° 531, note Ch. Radé : « Une disposition conventionnelle plus favorable peut instaurer, pour son application, une différence de traitement entre syndicats représentatifs dès lors, d'une part, que la disposition ne prive pas ces syndicats de l'exercice de leurs droits légaux, et d'autre part que cette différence est justifiée par des raisons objectives matériellement vérifiables liées à l'influence de chaque syndicat en rapport avec l'objet de l'accord ».

3. Soc. 5 mai 2004, *Bull. civ.* V, n° 119; 25 janv. 2012, n° 11-14, p. 151 : *Bull. civ.* V, n° 30. Mais un syndicat, qui est en droit de contester l'avantage accordé par l'employeur à un autre syndicat en violation d'une règle d'ordre public, ne peut en revanche revendiquer à son profit le bénéfice de cet avantage illégal : Soc. 29 mai 2013, n° 12-26.457, *Bull. civ.* V, n° 143.

4. Soc. 4 mars 2009, n°s 08-60.436 et 08-60.401, *JCP S* 2009. 1272, note J.-Y. Kerbourc'h ; 25 janv. 2012, n° 11-14.151, *JCP S* 2012. 1112, note G. François. V. aussi antérieurement, Soc. 5 mars 2008, n°s 07-60.305 et 07-60.032, *Sem. soc. Lamy* 2008, n° 1364, p. 8, avec la chron. de B. Boubli.

violations peuvent compromettre, au-delà des militants pris individuellement, la représentation syndicale elle-même, mise dans l'impossibilité de jouer le rôle qui lui est dévolu, mais qui se heurte ici à l'autorité patronale, fondée sur la propriété. C'est afin d'assurer l'exercice du droit syndical dans l'entreprise qu'a été votée la loi du 27 décembre 1968. Les syndicats de salariés, à condition d'être représentatifs ou « quasi représentatifs » dans ce cadre [1], disposent ainsi de moyens spécifiques pour l'exercice du droit syndical qui est reconnu dans toutes les entreprises (C. trav., art. L. 2141-4, al. 1er). Ils peuvent s'organiser librement *dans* toutes les entreprises (C. trav., art. L. 2141-4, al. 2), et plus seulement à l'extérieur [2]. Cette liberté « collective » est protégée par l'incrimination pénale de l'article L. 2146-1 du Code du travail.

1. Ainsi que nous le préciserons plus avant, certaines prérogatives, qui étaient antérieurement réservées aux syndicats représentatifs dans l'entreprise, sont désormais attribuées à des syndicats qui ne le sont pas. Il s'agit là d'un apport majeur de la loi du 20 août 2008 portant rénovation de la démocratie sociale et réforme du temps de travail.

2. M. Grévy, L'action syndicale dans l'entreprise, *in Le syndicalisme salarié*, préc., p. 43.

CHAPITRE 2
L'ORGANISATION SYNDICALE [1]

1001 ***Régime et conditions*** ◊ Tous les syndicats professionnels relèvent d'un régime commun (Section 1). Des prérogatives spécifiques sont reconnues aux syndicats de travailleurs salariés, mais subordonnées, pour certaines d'entre elles, à la condition de représentativité (Section 2).

SECTION 1. STATUT JURIDIQUE

§ 1. Objet et constitution [2]

A. Personnes susceptibles d'adhérer à un syndicat

1002 Selon l'art. L. 2131-2 du Code du travail, deux conditions sont requises pour participer à la fondation d'un syndicat ou pouvoir adhérer à un syndicat : l'exercice d'une profession et la similitude des professions exercées. Il n'existe pas de condition particulière de capacité.

1003 ***Exercice d'une profession*** ◊ Seules les personnes exerçant une profession peuvent fonder un syndicat ou y adhérer. Ainsi, des propriétaires d'immeubles affermés ou loués, qui gèrent leur patrimoine sans exercer de véritable activité professionnelle, ne sauraient défendre leurs intérêts en constituant un syndicat. La même solution s'impose, en l'état actuel des textes, pour les étudiants [3]. Mais il y a une exception : les particuliers employant sans but lucratif des salariés (employés de maison) peuvent se grouper en syndicat pour la défense des intérêts qu'ils ont en commun, en tant qu'employeurs de ces salariés. Si la condition d'activité professionnelle fait ici défaut, la constitution d'un syndicat a été jugée souhaitable afin de rendre possible la conclusion de conventions collectives.

---

1. S'il est classiquement proposé de considérer le syndicat comme une institution (v., not., P. Durand, *Traité de droit du travail*, t. III, Dalloz, 1956, avec le concours d'A. Vitu, § 20 ; J.-M. Verdier, Syndicats et droit syndical, vol. I, *Traité de droit du travail*, 2ᵉ éd., Dalloz, 1987, p. 299), il y a place pour une conception contractuelle du syndicat. V. en ce sens, G. Auzero, Le syndicat-contrat, *Mélanges en l'honneur de F. Gaudu*, IRJS éd., 2014, p. 255.

2. Pour une illustration de la complexité de l'organisation interne d'une organisation syndicale, v. F. Piotet, Les paradoxes de la CGT : *Dr. soc.* 2010. 533.

3. Une organisation d'étudiants qui se qualifie de « syndicat » ne relève pas du régime des syndicats professionnels. Elle peut se prévaloir de la liberté d'association, non de la liberté syndicale.

Si l'exercice d'une activité professionnelle est nécessaire, peu importe sa nature [1]. En outre l'article L. 2141-2 admet qu'un chômeur ou un retraité peut rester membre de son syndicat ou adhérer à un syndicat [2].

Le droit syndical a longtemps été refusé aux fonctionnaires, au nom d'une certaine conception de l'État. Le fonctionnaire n'exerçait pas de profession, le service de l'État excluait toute possibilité de revendication ; un syndicat risquerait d'inciter à la grève ou d'adhérer à une centrale ouvrière à tendance révolutionnaire, ce qui apparaissait contradictoire avec le service de l'État. Le Conseil d'État estimait illégaux les syndicats de fonctionnaires, lesquels pouvaient être dissous et, simples groupements de fait sans personnalité morale, ne pouvaient ester en justice. Finalement, la loi du 19 octobre 1946 sur le statut des fonctionnaires leur a reconnu le droit de créer, sans limitation ni réserve, des syndicats, qui se sont le plus souvent affiliés aux confédérations existantes. Seuls les militaires restent interdits de syndicat (L. du 13 juill. 1972). Il existe des syndicats dans la police et la magistrature [3]. Le droit syndical s'étend à certains agents publics bénévoles [4].

Lorsque la profession est légalement représentée par un ordre, qui en est l'organe et qui jouit d'un pouvoir réglementaire et disciplinaire, reste-t-il une place pour le syndicalisme ? La réponse doit être en principe affirmative : syndicats et ordres existent côte à côte et la seule difficulté est de déterminer leur compétence respective. En matière de sécurité sociale, ce sont les syndicats de médecins qui traitent avec les caisses à propos des tarifs d'honoraires. Mais les questions de déontologie sont de la compétence de l'Ordre des médecins. Cette coexistence s'applique aux professions de médecin, sage-femme, pharmacien, vétérinaire, expert-comptable, architecte, avocat [5], notaire, huissier [6].

1004 ***Similitude ou connexité de profession*** ◊ Aux termes de l'art. L. 2131-2, les syndicats réunissent des personnes « exerçant la même profession, des métiers similaires ou des métiers connexes ». Il y a une gradation entre les trois termes d'identité, similitude, connexité, et donc place pour le syndicalisme de métier comme pour le syndicalisme d'industrie. Un lien

---

1. Ainsi que l'a rappelé la Cour de cassation, l'art. L. 2131-2 C. trav., qui suppose l'existence d'activités rémunérées à l'exclusion des activités désintéressées ou philanthropiques, ne distingue pas selon que ces activités sont exercées à titre exclusif, accessoire ou occasionnel, ni selon que les revenus qui en sont tirés constituent un revenu principal ou accessoire : Soc. 13 janv. 2009, n° 07-17.692, *JCP S* 2009. 1343, note A. Martinon.

2. Les syndicats sont donc habilités à représenter les retraités dans la négociation des conventions collectives de retraite (Soc. 23 nov. 1999, *Dr. soc.* 2000. 322, concl. Ph. de Caigny ; sur cet arrêt AGIRC, v. L. Favoreu, *Dr. soc.* 2000. 337 ; J.-J. Dupeyroux, *ibid.* 409 ; Ph. Langlois, *ibid.* 412 ; 31 mai 2001, *Dr. soc.* 2001. 744, concl. J. Duplat, v. aussi Soc. 20 mais 2014, n° 12-26.322). Mais une organisation exclusivement composée de chômeurs ou de retraités peut-elle être, en droit, un syndicat ? La L. du 29 juill. 1998 relative à la lutte contre les exclusions a prévu la création de comités de liaisons dans lesquels siègent « des demandeurs d'emploi représentant les organisations syndicales représentatives au plan national et les organisations ayant spécifiquement pour objet la défense des intérêts ou l'insertion des personnes privées d'emploi » (C. trav., art. L. 5411-9). Cette disposition offre donc un strapontin aux « syndicats de chômeurs » sur la scène de la représentation syndicale.

3. Décr. du 28 mai 1982 ; L. du 13 juill. 1983 ; L. du 11 janv. 1984.

4. Avis du CE du 3 mars 1993, *RJS* 8-9/94, n° 1008 (sapeurs-pompiers volontaires).

5. Un ordre attente à la liberté syndicale en affiliant collectivement ses membres à un syndicat d'avocats (Montpellier, 25 juin 1979, *D.* 1980. 179, note J.-M. Verdier).

6. CE 16 déc. 2005, *Synd. national des huissiers de justice*, *JCP S* 2006. 1264, note J.-M. Olivier.

minimum est néanmoins exigé, constitué par l'appartenance à la même branche d'activité. Selon la loi, des professions sont connexes lorsqu'elles « concourent à l'établissement de produits déterminés ». C'est le produit, et non le métier, qui définit alors la profession [1]. Pourront ainsi faire partie d'un même syndicat les salariés d'une entreprise de construction d'automobiles, encore que leurs qualifications (ouvriers, employés, cadres) et leurs professions soient diverses. En revanche, entre des médecins et pharmaciens ou entre des travailleurs de la métallurgie et de l'industrie chimique, le lien de connexité serait insuffisant pour qu'ils puissent légalement appartenir à un même syndicat (mais leurs syndicats respectifs peuvent se retrouver au sein d'une union de syndicats, *a fortiori* d'une confédération) [2].

Les syndicats « mixtes », groupant patrons et salariés, sans être explicitement prohibés, sont étrangers à la tradition française [3].

Il n'y a pas d'autres conditions que celles-là, déduites du caractère professionnel du syndicat. Tout salarié, quels que soient son sexe, son âge, sa nationalité, peut librement adhérer au syndicat de son choix (C. trav., art. L. 2141-1). Les personnes morales comme les personnes physiques peuvent se syndiquer et cette remarque trouve son importance pour les syndicats patronaux, dont les membres sont en majorité des sociétés.

B. **Objet du syndicat**

1005 ***Principe de spécialité*** ◊ Les syndicats « ont exclusivement pour objet l'étude et la défense des droits ainsi que des intérêts matériels et moraux, tant collectifs qu'individuels, des personnes visées par leurs statuts » (C. trav., art. L. 2131-1) [4]. Cette formule a été substituée en 1982 à une rédaction antérieure nettement plus restrictive, qui avait pu servir de base

---

1. Crim. 5 janv. 1971, *Bull. crim.* n° 3 (reconnaissant la qualité de syndicat professionnel à un groupement de défense contre les maladies des animaux constitué par des ressortissants de différentes professions). V. l'analyse économique de R. Salais et M. Storper, *Les mondes de production*, Éd. EHESS, 1993.

2. Même si elle se dénomme « syndicat », une organisation se verra refuser la qualité de syndicat, donc l'exercice des droits réservés à cette catégorie de personnes morales, si elle ne limite pas le cercle de son recrutement à des personnes exerçant la même profession, des métiers similaires ou des métiers connexes ; s'il s'agit, par exemple, d'un « syndicat des commerçants et entreprises commerciales » d'un département (Crim. 14 juin 2000, *Dr. soc.* 2000. 1017, obs. J. Savatier).

3. Ils sont liés au souvenir de la Charte du Travail. V. J.-P. Le Crom, *Syndicats, nous voilà ! Vichy et le corporatisme*, Éd. de l'Atelier, 1994.

4. Un syndicat ne peut désigner un délégué syndical que dans le champ d'application géographique et professionnel déterminé par ses statuts, peu important son adhésion à une organisation reconnue représentative au plan national (Soc. 11 févr. 2009 : *Bull. civ.* V, n° 46). La dénomination du syndicat est partie intégrante de ses statuts (Soc. 18 nov. 2009, n° 09-65.639, *JCP S* 2010. 1014, note Y. Pagnerre). Il peut aussi être tenu compte, de manière plus discutable, du règlement intérieur du syndicat : Soc. 8 févr. 2012, n° 11-15.342, *JCP S* 2012. 1211, note Y. Pagnerre. Par un arrêt du 30 oct. 2013, la Cour de cassation a décidé d'exercer un contrôle de l'interprétation donnée par le juge du fond des clauses statutaires définissant le champ professionnel et géographique : Soc. 30 oct. 2013, n° 12-35.276, *Sem. soc. Lamy* 2014, n° 1620, p. 8.

à des poursuites aux fins de dissolution de la CGT [1] ou à la censure d'affichages syndicaux à contenu « politique » [2].

Les syndicats sont aujourd'hui habilités à intervenir sur tous les aspects de la vie sociale susceptibles d'avoir une incidence sur les intérêts qu'ils entendent défendre [3]. La loi en a tiré diverses conséquences en matière de tracts ou d'affiches syndicales ou de réunions syndicales dans l'entreprise.

1006 ***Activités interdites au syndicat*** ◊ Le principe de spécialité exclut tout de même qu'un syndicat se livre à certaines activités, encore que les règles soient assez souples.

a) Activité commerciale. L'exercice du commerce et l'accomplissement d'actes de commerce, sont interdits au syndicat, lequel ne peut donc acheter pour vendre, réaliser des bénéfices et les distribuer à ses adhérents [4].

Cette prohibition connaît un tempérament : les syndicats peuvent – s'ils y sont autorisés par leurs statuts – acheter pour prêter, louer ou répartir entre leurs membres les objets nécessaires à l'exercice de leur profession (matières premières, outils, machines, engrais, semences, plantes, animaux, aliments de bétail) ; ils peuvent également offrir leur entremise gratuite pour la vente des produits provenant des exploitations des syndiqués. Ce tempérament est destiné aux syndicats d'exploitants agricoles [5].

Par ailleurs, l'interdiction de faire du commerce n'empêche pas les syndicats de déposer une marque ou *label* dont ils deviennent propriétaires [6]. La marque syndicale est ensuite apposée sur tout produit ou objet pour en certifier l'origine et les conditions de fabrication (C. trav., art. L. 2134-1).

b) Activité sociale. La loi autorise expressément les syndicats à créer des habitations à loyer modéré, à acquérir des terrains pour jardins ouvriers, à créer des services de placement ou des œuvres professionnelles, à subventionner des coopératives de production et de consommation. Ils peuvent également constituer, entre leurs membres, des caisses de secours ou des caisses de retraites [7]. En revanche, un syndicat ne peut avoir pour objet exclusif de proposer des services rémunérés d'assistance et de conseil juridiques [8].

---

1. T. corr. Seine, 13 janv. 1921, *Gaz. Pal.* 1921. 1.87.

2. Soc. 6 nov. 1974, *Dr. soc.* 1975. 124.

3. Seule une instance syndicale habilitée à modifier les statuts a le pouvoir d'étendre l'activité du syndicat à des personnes ne relevant pas de l'activité professionnelle qu'ils déterminent (Soc. 28 févr. 2007, n° 05-44.927, *JCP S* 2007. 1380, obs. Th. Lahalle).

4. Des tribunaux peuvent être appelés à qualifier un groupement de syndicat ou de société. S'il était établi qu'il exerçait une activité de production, de distribution ou de service, distincte de sa mission première de défense des intérêts de ses adhérents, un syndicat pourrait être qualifié d'entente prohibée par le droit de la concurrence (solution implicite de : Paris, 29 févr. 2000, *Dr. ouvrier* 2000. 147, note G. Lyon-Caen ; et sur pourvoi de : Com. 15 janv. 2002, *D.* 2002. AJ. 720, obs. É. Chevrier). V. B. Edelman, Où la concurrence sera le genre humain, *D.* 2000. Chron. 261.

5. Ce tempérament figurait à l'art. L. 411-18 qui n'a pas été repris dans le nouveau Code du travail. Il devrait figurer dans le Code rural.

6. Sur les actions visant à défendre les marques syndicales, v. Soc. 10 mai 2011, n° 10-18.173, *RDT* 2011. 649, note R. Marié.

7. C. trav., art. L. 2132-5, L. 2132-6. En fait les syndicats, en France, ne gèrent rien ; toutes les activités sociales sont à gestion paritaire (chômage, retraites) ou relèvent des activités sociales et culturelles gérées par les comités d'entreprise. Ce qui n'est pas le cas dans d'autres pays.

8. Soc. 15 nov. 2012, n° 12-27.315, *Lexbase Hebdo, éd. Sociale*, n° 507, note G. Auzero.

c) Activité politique. Un syndicat ne saurait se constituer pour défendre une plate-forme politique et ne peut poursuivre des objectifs essentiellement politiques. Il ne peut non plus agir contrairement aux dispositions de l'article L. 1132-1 du Code du travail et aux règles anti-discrimination. Une chambre mixte a estimé qu'un syndicat (de policiers, ou d'agents de l'administration pénitentiaire), qui n'était que l'instrument d'un parti politique (le Front national) dont il servait exclusivement les intérêts et les objectifs, ne pouvait se prévaloir de la qualité juridique de syndicat [1]. Les statuts d'un syndicat ne sauraient à l'avance exclure tel ou tel adhérent en fonction de son idéologie : il doit unir les travailleurs indépendamment de leurs opinions ou de leurs croyances.

Mais, dans la tradition française, il n'est pas interdit au mouvement syndical – si tel est le souhait des adhérents – d'adopter telle ou telle résolution impliquant une prise de position politique. Les syndicats ont participé au rassemblement populaire en 1936, au Conseil national de la Résistance, à l'Assemblée consultative en 1944 et 1945 [2]. Aujourd'hui encore, engagement politique et militantisme syndical sont, pour un individu, souvent liés. Par ailleurs, les syndicats sont en permanence conduits à se prononcer sur des initiatives ou choix des gouvernants, et invités à concourir à des politiques publiques.

C. Formalités de constitution

1007 ***Le dépôt des statuts, condition de la personnalité civile*** ◊ Le libéralisme de la loi française se manifeste dans les conditions de forme requises pour la constitution d'un syndicat, qui sont différentes de celles exigées pour les associations.

Les fondateurs doivent en premier lieu rédiger les *statuts*, lesquels seront proposés au vote de l'assemblée générale. Ces statuts indiquent habituellement l'objet du syndicat, son siège, le montant des cotisations, le nom des premiers administrateurs, les conditions d'adhésion.

Ces statuts doivent être déposés à la mairie, avec le nom des premiers administrateurs. Ce *dépôt* est la seule formalité qu'impose la loi. Elle est renouvelée à chaque changement de la direction ou des statuts (C. trav., art. L. 2131-3) [3]. Il n'y a ni déclaration, ni autorisation préalable ; le dépôt est plutôt une mesure de publicité destinée à informer les tiers de l'existence du syndicat.

Pour les unions – horizontales (locales, départementales, régionales), fédérations professionnelles, confédérations – il y a deux conditions supplémentaires : elles

---

1. Cass., ch. mixte, 10 avr. 1998 (3 arrêts), *Dr. soc.* 1998. 565, rapp. J. Merlin ; *D.* 1998. 389, note A. Jeammaud ; *Grands arrêts*, 4ᵉ éd., 2008, n° 123. V. égal. Paris, 17 juin 1997, *Dr. soc.* 1997. 985, obs. A. Jeammaud ; Montpellier, 9 juill. 1997, *D.* 1997. 469, rapp. R. Tournier. V. A. Jeammaud, « *Fraus omnia corrumpit* », *D.* 1997. Chron. 19. L'utilisation, par un parti politique, de la forme juridique du syndicat afin d'obtenir certains avantages juridiques de cette qualification – l'implantation dans des services publics ou des entreprises, le bénéfice des droits syndicaux – constitue une parfaite illustration de la fraude à la loi. Cette jurisprudence est en quelque sorte confortée par la loi, qui érige désormais « le respect des valeurs républicaines » en critère de représentativité (C. trav., art. L. 2121-1).

2. V. une interprétation rigide, différente, dans la lettre du Président du gouvernement provisoire, Ch. De Gaulle, au secrétaire général de la CGT, Léon Jouhaux, en 1945.

3. La modification des statuts, serait-elle « substantielle », n'a pas pour effet d'entraîner la création d'un nouveau syndicat : Soc. 3 mars 2010, n° 09-60.283, *JCP S* 2010. 1190, note B. Gauriau.

doivent, lors du dépôt des statuts, faire connaître le nom et le siège social des syndicats qui les composent ; ces statuts doivent régler les modalités selon lesquelles les syndicats (ou fédérations) membres sont représentés dans les assemblées générales et les organes administratifs (C. trav., art. L. 2133-2).

L'inobservation de ces conditions de forme n'entraîne pas la nullité. Mais le syndicat dont les statuts n'ont pas été déposés n'existe pas comme personne juridique et ne constitue qu'une association non déclarée, sans personnalité [1]. Il ne peut donc ester en justice [2], mais ne peut exciper du défaut de personnalité pour échapper à une action en responsabilité civile [3]. Lui est refusé le droit de constituer une section syndicale [4]. Le délégué syndical qu'il aura désigné pourra être licencié sans autorisation de l'inspecteur du travail, et les affiches apposées par ses militants pourront être enlevées impunément par l'employeur [5].

§ 2. Capacité civile

1008 ***Orientations*** ◊ L'organisation interne du syndicat est librement réglée par ses *statuts*. Mais elle est dominée par trois orientations : le syndicat est une *personne juridique*, dotée d'un patrimoine et gérée par des organes ; les adhérents exercent un certain contrôle sur le syndicat (*démocratie syndicale*) ; le syndicat, en sens inverse, exerce une certaine autorité sur les individus qui en font partie (*discipline syndicale*). Les unions ont la même capacité que les syndicats eux-mêmes (C. trav., art. L. 2133-1 s.) [6].

A. La personnalité civile du syndicat

1009 Le dépôt des statuts fait acquérir au groupement syndical, la personnalité civile (C. trav., art. L. 2132-1) [7].

1. Seul le dépôt des statuts fait acquérir au syndicat la personnalité juridique (Civ. 2e, 25 févr. 1965, *Dr. soc.* 1965. 508, obs. J. Savatier ; Crim. 18 oct. 1977, *Dr. soc.* 1978. 380, note J.-M. Verdier). Mais le renouvellement du dépôt, en cas de changement de la direction ou des statuts, ne constitue qu'une formalité dont l'absence ne suffit pas à priver le syndicat d'une des conditions de son existence, et ce syndicat n'est donc pas privé de la faculté d'établir sa représentativité afin d'exercer les droits liés à cette qualité (Soc. 7 mai 2002, *Dr. soc.* 2002. 790, obs. F. Duquesne ; 11 mai 2004 *Bull. civ.* V, n° 131 ; ces arrêts confirment au passage qu'un syndicat n'a d'existence légale que du jour du dépôt initial des statuts).
2. Soc. 21 janv. 1988, *Bull. civ.* V, n° 69.
3. Soc. 21 juill. 1986, *Bull. civ.* V, n° 456.
4. Soc. 7 mai 1987, *Bull. civ.* V, n° 293.
5. Crim. 28 juin 1988, *Dr. soc.* 1989. 304 ; 18 oct. 1977, préc.
6. Sur le fondement de ce texte, la Cour de cassation a énoncé la règle de principe selon laquelle, « sauf stipulation contraire de ses statuts, une union de syndicats, à laquelle la loi a reconnu la même capacité civile qu'aux syndicats eux-mêmes, peut exercer les droits conférés à ceux-ci » : Cass. ass. plén., 30 juin 1995, n° 93-60.026, *Bull. ass.* plén., n° 5. Mais, seul un lien d'affiliation autorise un tel exercice des droits conférés à autrui : Soc. 14 janv. 2014, n° 13-12.281, *Lexbase Hebdo, éd. Sociale*, n° 557, note G. Auzero.
7. Dans nombre de pays étrangers les syndicats n'ont pas la personnalité civile et ne cherchent pas à l'acquérir, parfois par désir d'échapper à d'éventuelles condamnations à des dommages-intérêts, voire à des poursuites pénales dans les régimes autoritaires.

1010 ***Patrimoine syndical*** ◊ Personne juridique, le syndicat a nécessairement un patrimoine. Grâce aux cotisations qu'il perçoit et aux subventions qu'il reçoit, il peut acquérir des biens. Les syndicats ont le droit d'acquérir sans autorisation, à titre gratuit ou à titre onéreux, des biens, meubles ou immeubles. Leur capacité juridique est donc plus large que celle des associations qui ne peuvent, sans autorisation, acquérir toutes sortes de biens à titre gratuit. En France, cependant, une tradition, faite de prudence et d'impécuniosité, veut que les syndicats ne soient pas riches.

Autre caractéristique du régime des syndicats : *l'insaisissabilité* dont la loi frappe les biens nécessaires au fonctionnement du syndicat. Les immeubles et objets mobiliers nécessaires à leurs réunions, à leurs bibliothèques et à leurs cours de formation professionnelle, sont insaisissables. On peut se demander si cette énumération est limitative et si les syndicats peuvent, pour accroître leur crédit, renoncer à cette insaisissabilité [1]. Celle-ci ne saurait en tout cas soustraire les syndicats à une responsabilité civile [2].

1011 ***Droit de contracter*** ◊ Personnes morales, les syndicats peuvent conclure des contrats ou conventions avec d'autres syndicats, des sociétés, etc., ou avec les salariés qu'ils embauchent pour les besoins de leur fonctionnement. Les articles L. 2231-1 et L. 2132-1 confèrent aux syndicats une vocation naturelle à représenter les intérêts des salariés dans la négociation collective [3]. Mais ce monopole n'a pas valeur constitutionnelle et le législateur peut donc prévoir d'autres modes de représentation collective dès lors qu'ils n'ont ni pour objet ni pour effet de faire obstacle à celle des syndicats [4].

1012 ***Droit d'ester en justice*** ◊ Le syndicat peut figurer activement ou passivement à toute instance judiciaire, non seulement pour la défense de ses propres intérêts de personne civile, mais aussi pour la défense des intérêts collectifs de la profession, faculté qui est refusée à une association (C. trav., art. L. 2132-3). Il peut aussi, dans certaines hypothèses prévues par la loi, agir en justice pour le compte et au nom d'un salarié [5].

Il existe des *litiges entre syndicats*. Certains sont internes, opposant une fédération à la confédération ou encore une confédération et les syndicats qui lui sont affiliés [6] ; d'autres sont consécutifs à une scission. Les plus

1. Celle insaisissabilité partielle limitera les effets de l'exécution d'une condamnation pécuniaire éventuelle. Mais une saisie-arrêt sur les comptes en banque d'un syndicat a été jugée valide (TGI Nanterre, 13 févr. 1989, *D.* 1990. 127).

2. Crim. 24 janv. 1978, *Bull. crim.* n° 29 ; Cons. const. 22 oct. 1982, *D.* 1983. 189.

3. Crim. 18 nov. 1997, *Dr. soc.* 1998. 409, obs. M. Cohen ; *D.* 1998. Somm. 260, obs. M.-A. Souriac (la négociation d'un accord avec le comité d'entreprise, alors qu'existe une représentation syndicale dans l'entreprise, consomme le délit d'entrave).

4. Cons. const. 6 nov. 1996, *Dr. ouvrier* 1996. 479, note G. Lyon-Caen ; *Dr. soc.* 1997. 31, note M.-L. Morin ; *Grands arrêts*, 4e éd., 2008, n° 157.

5. V. ss 1046 s.

6. Litiges fréquents en matière de désignation des représentants du syndicat dans l'entreprise. V. à ce propos, Soc. 29 oct. 2010, n° 09-68.207, *JCP S* 2010. 1544, obs. R. Chiss. La Cour de cassation livre, dans cette importante décision, l'ensemble des règles permettant de régler un tel litige.

nombreux portent sur la représentativité, les résultats d'élections professionnelles dans l'entreprise ou la validité de la désignation de délégués syndicaux, ou encore, depuis quelques années, la validité d'un accord collectif. La compétence est généralement celle du tribunal de grande instance ou du tribunal d'instance. La qualité pour agir est quelquefois déniée à un syndicat [1]. Si un syndicat (représentatif) est tenu à l'écart d'une négociation, il peut à coup sûr agir en réparation [2].

1013 ***Responsabilité du syndicat*** ◊ Comme toute personne juridique, le syndicat dispose d'organes agissant en son nom. Engagée par ses organes, sa responsabilité civile peut être contractuelle (violation d'une convention collective) ou délictuelle (grève abusive). Les problèmes qu'elle suscite sont ceux que pose la responsabilité de personnes morales en général. Toutefois, la responsabilité syndicale à l'occasion d'une grève est matière spécialement délicate.

Si le syndicat est responsable des agissements de ses organes (responsabilité du fait personnel, en droit, et non du fait d'autrui), il n'est pas responsable de ceux de ses adhérents, ni en matière délictuelle, ni même en matière contractuelle [3]. Ainsi n'est-il pas responsable de la violation d'une convention collective par un de ses adhérents.

Si un syndicat est responsable d'un dommage, les adhérents ne peuvent être poursuivis sur leur patrimoine. Il en est ainsi même des dirigeants syndicaux, qui ne sont que des organes de la personne morale : leur faute n'engage que cette dernière, sauf en cas de faute personnelle détachable de la fonction. La situation est différente pour les délégués syndicaux qui ne sont pas des organes du syndicat.

B. Le contrôle des adhérents sur le syndicat

1014 ***Démocratie syndicale*** ◊ Le syndicat doit constituer une société démocratique où jouent le principe électif et la loi de la majorité. La souveraineté appartient à l'assemblée générale des syndiqués, laquelle élit les dirigeants. De ces dirigeants statutaires, il faut distinguer les « permanents », adhérents de l'organisation (en principe), salariés par elle ou mis à sa disposition pendant un certain temps en vertu d'un accord collectif ou de dispositions statutaires de la fonction publique. Toutefois, certains permanents sont des dirigeants statutaires occupés à temps plein par leurs fonctions (au niveau des confédérations et fédérations, notamment).

Le syndiqué a le droit de participer à l'élaboration des décisions qui jalonnent la vie syndicale, sans qu'il en fasse toujours usage. En matière de conventions collectives, les dirigeants signent seuls et la loi n'exige pas l'approbation majoritaire des adhérents. Si ces derniers sont consultés,

1. Colmar, 8 juill. 1975 (à propos d'une affiche), *D.* 1976. 360, note G. Lyon-Caen.
2. Soc. 18 déc. 1991, *Bull. civ.* V, n° 600 (négociation avec les élus du personnel).
3. V. en dernier lieu, Civ. 2e, 26 oct. 2006, n° 04-11.665, *JCP S* 2006. 1990, obs. O. Lipérini.

cette consultation ne doit pas être confondue avec l'approbation majoritaire de l'accord par le personnel (référendum) prévue par certaines dispositions légales.

C'est surtout en matière de grève que l'harmonisation des points de vue est indispensable entre les dirigeants et la base. La tendance est à consulter, avant le déclenchement de la grève ou lors de la reprise du travail envisagée, l'assemblée générale des syndiqués, voire de l'ensemble des salariés.

La démocratie syndicale conduit à voir dans *l'assemblée générale* des syndiqués l'organe souverain du syndicat. Elle s'oppose à toute forme de bureaucratie autoritaire. Reste à savoir si la loi de la majorité fonctionnera en toutes circonstances et si la minorité ne doit pas être protégée contre les abus possibles.

a) En ce qui concerne la désignation des organes directeurs, la majorité est théoriquement toute puissante et pourrait se réserver le monopole de la participation aux organes directeurs. Néanmoins, pour des raisons de sagesse et d'opportunité et afin de ne pas inciter à la scission, la plupart des syndicats – au moins à l'échelon des confédérations – réservent une place aux représentants du ou des courants minoritaires (on parle parfois de « tendances »).

b) En ce qui concerne les clauses des statuts, on s'est demandé si la majorité pouvait modifier celles qui avaient un caractère fondamental : les bases essentielles du contrat ne requièrent-elles pas, pour leur modification, l'unanimité ou au moins une majorité qualifiée ? La question est apparue en pleine lumière lors des scissions syndicales de 1947-1948, puis de 1964. Les tribunaux ont, avec des nuances, plutôt reconnu à la majorité le pouvoir de modifier les statuts et, à travers eux, l'affiliation du syndicat [1].

1015 ***Élection des dirigeants syndicaux*** ◊ C'est un droit du syndiqué que de participer, selon les modalités fixées par les statuts, à l'élection des organes dirigeants du syndicat. La non-réélection manifeste le contrôle des adhérents sur le comportement des dirigeants.

La loi impose ici certaines conditions d'aptitude. Selon l'art. L. 2131-5 du Code du travail, il faut, pour pouvoir être chargé de l'administration ou de la direction d'un syndicat, en être membre, jouir de ses droits civiques et n'avoir encouru aucune condamnation prévue aux articles 5 et 6 du Code électoral. La condition de *nationalité* française a disparu en 1975 ; il n'y a plus de condition d'ancienneté de résidence ; il n'est plus exigé qu'un minimum d'administrateurs soit français.

Les statuts déterminent les contrôles financiers qui s'exercent sur les dirigeants. Généralement, cette mission est confiée à une commission spéciale élue par l'assemblée générale. Pour l'heure encore, les ressources et les dépenses des syndicats ne sont pas publiées.

1. V. ss 1023.

C. Le contrôle du syndicat sur les adhérents

1016 *L'adhésion* ◊ Les statuts peuvent la subordonner à certaines conditions (agrément, par exemple). Un refus d'admission opposé à une demande, en conformité des statuts, paraît échapper à toute censure des tribunaux. C'est là un aspect du droit de ne pas contracter. Ainsi, les syndicats de cadres définissent avec précision les catégories professionnelles qui peuvent, à l'exclusion de toutes autres, demander leur adhésion. On doit cependant souligner que, dans la tradition française, l'admission dans le syndicat, en dépit de son orientation propre, n'est jamais subordonnée à des conditions d'ordre politique ou confessionnel [1]. L'adhésion se manifeste par la délivrance d'une carte syndicale.

1017 *Obligations de l'adhérent : les cotisations* ◊ L'adhérent est tenu à certaines obligations, dont la principale est le paiement de la cotisation syndicale, attesté par la remise de timbres apposés sur la carte. Les statuts fixent son taux et ses modalités de recouvrement. Selon l'article L. 2141-6, il est interdit à tout employeur de prélever les cotisations syndicales sur les salaires de son personnel et de les payer au lieu et place de celui-ci, même s'il existe une clause en ce sens dans un accord collectif. Le paiement de la cotisation concerne exclusivement les rapports internes de l'adhérent et de l'organisation. Le refus de payer les cotisations ou de reprendre la carte vaut démission. Cette faculté de retrait est d'ordre public et peut être exercée à tout instant, nonobstant toute clause contraire des statuts. Le syndicat peut néanmoins réclamer les cotisations afférentes aux six mois suivant la démission, tandis que le démissionnaire conserve ses droits acquis dans les œuvres sociales dépendant du syndicat (caisse de retraite, société de secours mutuels).

1018 *Discipline syndicale* ◊ Comme toute organisation, le syndicat exerce une certaine autorité sur ses membres, doublée d'un pouvoir disciplinaire. Les statuts prévoient en général dans quels cas (fautes disciplinaires), selon quelles formes (procédure disciplinaire), le syndiqué pourra être exclu ou suspendu du syndicat (sanctions disciplinaires). Les tribunaux apprécieront si la procédure a bien été suivie, notamment si les droits de la défense ont été respectés [2]. Quant au fond, ils vérifieront si les faits

---

1. Relevons qu'en vertu de l'art. 2 de la L. n° 2008-496 du 27 mai 2008 « toute discrimination directe ou indirecte fondée sur le sexe, l'appartenance ou la non-appartenance, vraie ou supposée, à une ethnie ou une race, la religion ou les convictions, le handicap, l'âge ou l'orientation sexuelle est interdite en matière d'affiliation et d'engagement dans une organisation syndicale ou professionnelle, y compris d'avantages procurés par elle (…) ». Cette même loi a modifié l'art. L. 2141-1 C. trav. afin de préciser qu'un salarié ne peut être écarté du syndicat pour un motif discriminatoire.

2. Soc. 16 déc. 1976, *D.* 1977. IR 40. Un syndicat ou une union de syndicats peut donner mandat à un syndiqué pour le représenter au sein de ou auprès de différentes instances ; un tel mandat est révocable à tout moment par application de l'art. 2004 C. civ. (en raison de divergences syndicales notamment), et cette révocation ne constitue pas une sanction disciplinaire (Soc. 25 oct. 2005, *Dr. soc.* 2006. 239, obs. P.-Y. Verkindt).

reprochés au syndiqué correspondent bien à la qualification et à la sanction prévues par les statuts, mais il est douteux qu'ils puissent réviser une sanction prononcée conformément aux statuts, c'est-à-dire en apprécier le bien-fondé [1]. En fait, l'exclusion est très rare. Le non-paiement des cotisations est considéré comme valant démission. En pratique, l'exclusion sera prononcée contre le syndiqué qui a pris des positions contraires à celles de l'organisation (refus de s'associer à un arrêt de travail ou une manifestation décidée régulièrement par le syndicat) ou, au niveau d'une fédération ou d'une confédération, contre un syndicat affilié qui s'opposerait trop ouvertement à la ligne de l'organisation. La validité de la clause interdisant à une même personne d'avoir une double affiliation syndicale est controversée [2].

1019 ***Formation syndicale*** ◊ L'influence du groupement sur ses adhérents s'exprime aussi dans l'organisation d'écoles, de centres, où se forment les militants et surtout les futurs dirigeants et permanents.

La loi favorise cette formation économique et sociale des travailleurs appelés à exercer des responsabilités syndicales : l'État peut subventionner les centres, instituts ou organismes qui la dispensent (C. trav., art. L. 2145-2 s.) [3], et les travailleurs sont en droit de bénéficier d'un congé (congé de formation économique, sociale et syndicale) pour participer à ces stages (C. trav., art. L. 3142-7 s.) [4].

§ 3. Financement des syndicats [5]

1020 ***Fonds paritaire*** ◊ Jusqu'à la loi du 5 mars 2014 relative à la formation professionnelle, à l'emploi et à la démocratie sociale, les organisations syndicales étaient financées par trois catégories de ressources : leurs ressources propres – principalement constituées par les cotisations versées par les adhérents –, les ressources issues du « paritarisme », et les ressources issues de subventions publiques. Ce système de financement, dont c'est peu dire qu'il manquait de transparence [6], n'était guère satisfaisant, nuisant grandement aux organisations elles-mêmes, souvent placées, de ce

1. L'exclusion ne saurait être cependant fondée sur un motif discriminatoire (C. trav., art. L. 2141-1 qui dispose qu'un salarié ne peut être écarté d'un syndicat pour l'un des motifs visés à l'art. L. 1132-1 C. trav.).
2. Soc. 9 mars 1968, *JCP* 1969. II. 15824.
3. Sur les instituts du travail créés dans une dizaine d'universités françaises (Bordeaux, Paris 1, Strasbourg, Lyon 2, etc.), v. le témoignage de M. David, *Témoins de l'impossible*, Éd. ouvrières, 1982, et ceux qui figurent dans les *Mélanges* dédiés à cet historien du droit et du social, *Convergences*, Calligrammes, 1991.
4. Sur l'impossibilité, pour un comité d'entreprise, d'utiliser les fonds reçus au titre de son budget de fonctionnement pour financer des formations syndicats, v. Soc. 27 mars 2012, n° 11-10.825, *Dr. soc.* 2012. 643, obs. F. Petit.
5. Les règles relatives au financement des syndicats valent pour les organisations patronales.
6. Cela, alors même que la loi du 20 août 2008 a érigé la « transparence financière » en critère de représentativité syndicale, imposant, pour l'essentiel, aux syndicats d'établir des comptes.

fait, sous les feux de la critique. La loi précitée a entendu remédier à ces difficultés, par la création d'un fonds paritaire *ad hoc*.

L'article L. 2135-9 du Code du travail prévoit la création d'un « fonds paritaire, chargé d'une mission de service public, apportant une contribution au financement des organisations syndicales de salariés et des organisations professionnelles d'employeurs, au titre de leur participation à la conception, à la mise en œuvre, à l'évaluation ou au suivi d'activités concourant au développement et à l'exercice des missions définies à l'article L. 2135-11 ». Le législateur a pris le parti de s'en remettre très largement à l'autonomie et à la responsabilité des partenaires sociaux, en leur confiant la gestion de ce fonds [1]. En amont, celui-ci est créé par un accord national et interprofessionnel, qui doit cependant être soumis à l'agrément du ministre chargé du travail. À défaut d'accord ou d'agrément de celui-ci, les modalités de création du fonds et ses conditions d'organisation et de fonctionnement seront définies par décret [2].

Le fonds paritaire n'a d'autre fonction que d'être un outil de centralisation et de redistribution des ressources qui lui sont affectées.

1021 ***Ressources du fonds*** ◊ L'article L. 2135-10 du Code du travail énumère les ressources susceptibles d'être affectées au fonds, qui sont au nombre de quatre. Est en premier lieu prévu une contribution des employeurs de droit privé, assise sur la masse salariale. Son taux doit être fixé par un accord national interprofessionnel agréé par le ministre chargé du travail. À défaut d'un tel accord ou à défaut de son agrément par le ministre, ce taux doit être fixé par décret. En tout état de cause, le texte prévoit qu'il ne peut être inférieur à 0,014 % de la masse salariale, ni supérieur à 0,02 % [3]. Le fonds peut, en deuxième lieu, être alimenté, le cas échéant, par une participation volontaire d'organismes à vocation nationale dont le champ d'intervention dépasse le cadre d'une ou de plusieurs branches professionnelles, gérés majoritairement par les organisations syndicales de salariés et les organisations professionnelles d'employeurs. La liste de ces organismes est fixée par l'ANI créant le fonds [4]. En troisième lieu, le fonds paritaire est

1. L'article L. 2135-15 organise la gestion du fonds, assurée par une association paritaire, administrée par un conseil d'administration composé de représentants des organisations syndicales de salariés et des organisations professionnelles d'employeurs représentatives au niveau national et interprofessionnel. Le ministre du travail désigne un commissaire du Gouvernement auprès de l'association paritaire. Cette personnalité assure une mission de contrôle et dispose d'un droit d'opposition lorsqu'il estime qu'une décision ou délibération concernant l'utilisation de la subvention de l'État n'est pas conforme à la destination de la contribution.

2. Le fonds paritaire doit être opérationnel au 1er janvier 2015.

3. Cette contribution des employeurs a vocation à se substituer à deux ressources : d'une part, les sommes issues du FONGEFOR et des « préciputs » versés par les OPCA, d'autre part, le financement, par les entreprises, du congé de formation économique et sociale syndicale des salariés, prévu à l'article L. 3142-8, abrogé par la loi.

4. Lorsque le conseil d'administration de ces organismes a décidé le versement d'une participation au fonds paritaire, interdiction leur est faite d'assurer aucun financement direct ou indirect des organisations syndicales de salariés et des organisations professionnelles d'employeurs.

financé par une subvention de l'État [1]. En quatrième, et dernier lieu, le financement du fonds est assuré par, le cas échéant, toute autre ressource prévue par des dispositions législatives ou réglementaires, par accord conclu entre les organisations syndicales de salariés et les organisations professionnelles d'employeurs représentatives au niveau national et interprofessionnel ou par accord de branche étendu.

1022 ***Dépenses du fonds et bénéficiaires des financements*** ◊ Les ressources du fonds ne sont pas affectées selon le bon vouloir de ceux qui le gèrent. L'article L. 2135-11 du Code du travail énumère au contraire précisément les activités pouvant être financées. Elles sont au nombre de quatre [2] et relèvent toutes, selon la loi, de missions d'intérêt général. Chacune de ces activités est financée au moyen d'une ou plusieurs des ressources du fonds énumérées précédemment. Achevant cet ensemble bien complexe, l'article L. 2135-12, détermine les catégories d'organisations bénéficiaires des crédits du fonds paritaire, qui varient en fonction de leur éligibilité à chaque catégorie de dépenses du fonds. Quant à l'article L. 2135-3, il fixe les modalités de répartition des crédits du fonds au titre de chaque catégorie de dépenses qu'il est amené à financer.

Ajoutons, pour conclure, que la loi fait obligation aux organisations syndicales et patronales bénéficiant de financements du fonds paritaire d'établir un rapport annuel écrit détaillant l'utilisation qui a été faite des crédits perçus. Ce rapport est rendu public et transmis au fonds dans les six mois suivant la fin de l'exercice sur lequel porte le rapport. En l'absence de transmission du rapport dans le délai prescrit, ou lorsque les justifications des dépenses engagées sont insuffisantes, le fonds peut, après mise en demeure de l'organisation concernée de se conformer à des obligations, non suivie d'effet dans le délai que la mise en demeure impartit, et qui ne peut être inférieur à quinze jours, suspendre l'attribution du financement à l'organisation en cause ou en réduire le montant.

§ 4. **Dissolution et scission des syndicats**

1023 ***Dissolution*** ◊ La loi distingue trois formes de dissolution : la dissolution volontaire, lorsque l'unanimité des syndiqués décide de mettre fin au

1. Cette subvention a vocation à recouvrir les financements actuels de l'État de la formation économique, sociale et syndicale des salariés appelés à exercer des fonctions syndicales, prévue à l'article L. 2145-3, et destinée aux centres rattachés aux organisations syndicales.

2. Sont visées : la conception, la gestion, l'animation et l'évaluation des politiques menées paritairement et dans le cadre des organismes gérés majoritairement par les organisations syndicales de salariés et les organisations professionnelles d'employeurs ; la participation des organisations syndicales de salariés et des organisations professionnelles d'employeurs à la conception, à la mise en œuvre et au suivi des politiques publiques relevant de la compétence de l'Etat, notamment par la négociation, la consultation et la concertation ; la formation économique, sociale et syndicale des salariés appelés à exercer des fonctions syndicales ou des adhérents à une organisation syndicale de salariés amenés à intervenir en faveur des salariés ; toute autre mission d'intérêt général.

groupement ; la dissolution statutaire lorsque le contrat a envisagé soit un terme, soit une condition résolutoire ; la dissolution judiciaire, à titre de sanction de l'illicéité des statuts (C. trav., art. L. 2135-1) [1].

Les biens du syndicat sont dévolus conformément aux statuts. En général, ceux-ci les attribuent à la confédération à laquelle est affilié le syndicat. À défaut de dispositions statutaires, cette dévolution est décidée par l'assemblée générale. Avec une limite toutefois : les biens du syndicat dissous ne peuvent être répartis entre les adhérents (C. trav., art. L. 2131-6). Cette règle oppose nettement le régime des syndicats et celui des sociétés.

1024 ***Scission*** ◇ **a) Notion**. Il ne faut pas confondre la scission – éclatement du syndicat par suite de dissensions internes (le contraire de la fusion) – avec l'exclusion d'un syndicat de la confédération dont il fait partie [2] ou sa démission, encore appelée désaffiliation, généralement prévues par les statuts des confédérations [3]. La scission, qu'elle soit le fait d'une minorité ou d'une majorité, oblige à se prononcer sur la dévolution des biens et des archives du syndicat [4].

On ne doit pas non plus la confondre avec une démission collective suivie de la constitution d'un syndicat rival. Il faut raisonner sur le cas où une majorité veut entraîner le syndicat à adhérer à une nouvelle confédération contre le gré d'une minorité. Le peut-elle ou doit-elle démissionner collectivement ?

b) Régime. À l'occasion de la division entre CGT et CGT-FO, en 1947-1948, deux thèses se sont affrontées. Selon la conception « contractuelle », les statuts, au moins dans leurs dispositions fondamentales, ne peuvent être modifiés que d'un accord unanime. L'affiliation d'un syndicat à la CGT constituant une disposition fondamentale, une majorité n'avait donc pas pouvoir de décider du changement d'orientation et d'affiliation du syndicat. Celui-ci demeurant comme personne juridique, la seule voie ouverte aux scissionnistes était la démission collective, suivie de la constitution d'un syndicat nouveau sans droit sur les biens du syndicat plus ancien [5]. Selon la thèse « institutionnelle », en revanche, les statuts peuvent être révisés à la majorité, notamment le changement d'affiliation.

---

1. Cette action ne peut être exercée qu'à la diligence du procureur de la République : (Soc. 6 avr. 1994, *Dr. soc.* 1994. 567). Mais la Cour de cassation estime que toute personne justifiant d'un intérêt à agir (un autre syndicat) est recevable à contester la qualité de syndicat professionnel d'une organisation au motif que son objet ne satisfait pas aux exigences de la loi et demander au TGI d'interdire à cette organisation de se prévaloir de cette qualité (Cass., ch. mixte, 10 avr., 1re esp., *D.* 1998. 389, note A. Jeammaud ; *Grands arrêts*, 4e éd., 2008, n° 123).

2. Cette exclusion peut être à l'origine d'un contentieux collatéral, par ex. autour de la désignation de délégués syndicaux ou de la présentation de candidats à des élections professionnelles (ex. : Soc. 15 déc. 2004, *Dr. soc.* 2005. 348, obs. J. Savatier).

3. En l'absence de dispositions statutaires permettant à une confédération de contester la décision de désaffiliation de l'un de ses syndicats affiliés, la confédération ou une fédération ne peut discuter la régularité de la décision en cause : Soc. 19 févr. 2014, n° 13-10.007, publié.

4. V. J.-M. Verdier, *Traité*, préc. nos 132 s.

5. G. Lyon-Caen, *Dr. ouvrier* 1949. 2 ; *ibid*. 1955. 457.

Un syndicat pouvait donc, par délibération majoritaire, devenir membre de la nouvelle confédération FO en conservant son nom et ses biens [1]. Selon une troisième analyse, les biens du syndicat devaient être partagés entre les deux syndicats issus de la scission, proportionnellement au nombre de leurs adhérents [2].

La Cour de cassation a adopté des solutions nuancées selon les circonstances (syndicat ou union notamment) et surtout selon les statuts, loi des parties. En règle générale, l'affiliation a été considérée comme non essentielle à l'objet du syndicalisme et donc modifiable à la majorité. Les biens du syndicat appartenaient donc à ceux qui – majoritaires – avaient voté pour une nouvelle affiliation et ne pouvaient être revendiqués par la minorité restée fidèle à la CGT. Mais si les statuts (d'une union départementale par exemple) semblaient faire de l'affiliation à la CGT une disposition fondamentale du pacte, la Cour de cassation exigeait l'accord unanime et les dissidents, même majoritaires, ne pouvaient que démissionner sans pouvoir prétendre à aucun droit sur le patrimoine [3].

La prudence de la Cour n'était pas toujours imitée par les décisions du fond qui se prononçaient assez catégoriquement pour la possibilité de modifier les statuts à la majorité en toutes leurs stipulations [4].

La scission survenue au sein de la CFTC a eu également des prolongements judiciaires, l'originalité de cette scission étant qu'elle se produisait directement au niveau confédéral. Le tribunal de la Seine [5] avait jugé que la CFTC « maintenue » était sans droit sur la dénomination et sur le sigle « CFTC » ou sur le patrimoine syndical. Il avait reconnu valides les modifications apportées aux statuts de la confédération et estimé que la CFDT continuait la personne morale de l'ancienne confédération.

La cour d'appel de Paris [6] avait au contraire estimé que la référence chrétienne, constituant un élément substantiel des statuts, ne pouvait être modifiée qu'à l'unanimité et que par conséquent les résolutions du congrès de novembre 1964 étaient nulles. L'arrêt en déduisait que la confédération subsistait telle qu'elle était avant 1964, rejetant ainsi les prétentions de la jeune CFDT sur la dénomination et le patrimoine. La Cour de cassation [7] a approuvé la cour d'appel d'avoir interprété les statuts

1. J. Brèthe de La Gressaye, notes, *JCP* 1948. II. 3544 ; *ibid.* 1949. II. 5035 ; *ibid.* 1951. II. 6391 ; *ibid.* 6477 ; *ibid.* 1955. II. 8857.

2. J. Carbonnier, note *Dr. soc.* 1949. 138.

3. Soc. 28-29 mai 1959, 5 arrêts, *JCP* 1959. II. 11243, note R. Lindon ; 8 arrêts, *D.* 1960. 145, note J. Brèthe de La Gressaye : 11 arrêts, *Dr. soc.* 1960. 17, note Rosenthal ; Soc. 3 oct. 1962, *Dr. soc.* 1963. 44 ; obs. J. Savatier.

4. Angers, 11 juill. 1960, *Dr. ouvrier* 1960. 293 ; Paris, 26 mai 1962, *Dr. soc.* 1963. 460.

5. T. Seine. 7 juill. 1965, *D.* 1966. 214, note J.-M. Verdier, *JCP* 1966. II.14515, note H. Sinay, *Dr. soc.* 1965. 553. obs. J. Brèthe de La Gressaye.

6. Paris, 21 juin 1966, *D.* 1967. 321, note J. Brèthe de La Gressaye, *Dr. soc.* 1967. 28, note J.-M. Verdier.

7. Soc. 9 mai 1968, *Dr. soc.* 1969. 285, note J.-M. Verdier ; *D.* 1968. 681, note J. Brèthe de la Gressaye ; *Grands arrêts*, 4e éd., 2008, n° 122.

comme ne comportant pas la possibilité de transformer de façon aussi radicale l'orientation de la confédération, autrement qu'à l'*unanimité*. Mais, de façon quelque peu énigmatique, elle a cassé son arrêt pour n'avoir pas admis que la *CFDT était la continuatrice* de la confédération ancienne, investie comme telle du droit sur le nom, le sigle et le patrimoine. En mars 1971, une transaction mettant fin aux procès en cours, a été signée par les deux confédérations. Les locaux sont demeurés à la CFDT, la CFTC continuant seule à user de la dénomination et du sigle (les arrangements pécuniaires n'ont pas été révélés).

La scission syndicale pose encore d'autres problèmes, lorsqu'il s'agit par exemple de l'attribution des sièges dévolus à l'ancienne confédération dans les caisses de Sécurité sociale [1]. Plus récemment, la Cour de cassation a décidé que l'affiliation confédérale sous laquelle un syndicat a présenté des candidats au premier tour des élections des membres titulaires des comités d'entreprise constitue un élément essentiel du vote des électeurs et qu'il s'ensuit qu'en cas de désaffiliation après ces élections, le syndicat ne peut plus continuer à se prévaloir des suffrages obtenus pour se prétendre représentatif, que cette désaffiliation résulte d'une décision du syndicat lui-même [2], ou qu'elle lui ait été imposée par la confédération [3]. Il faut par suite considérer que l'affiliation confédérale est un objet essentiel du syndicat qui ne peut être modifié, dans le silence des statuts, qu'à l'unanimité de ses membres [4] ; solution témoignant, et procédant, de la nature contractuelle du syndicat [5]. L'importance reconnue à l'affiliation syndicale par la Cour de cassation a été, dans une certaine mesure, reprise à son compte par le législateur [6].

---

1. Civ. 2e, 10 févr. 1967, *Dr. soc.* 1967. 584, note J.-M. Verdier. Sur l'utilisation contestée d'un sigle et d'une investiture : Soc. 21 nov. 1984, *D.* 1984. IR 438.

2. Soc. 18 mai 2011 (4 arrêts), *Lexbase Hebdo*, éd. *Sociale*, n° 442, note G. Auzero. V. aussi, M. Grévy, Affiliation syndicale et démocratie sociale. À propos des arrêts du 18 mai 2011 : *RDT* 2011. 489. En revanche, le score électoral exigé d'un candidat par l'article L. 2143-3 du code du travail pour sa désignation en qualité de délégué syndical est un score personnel : Soc. 28 sept. 2011, n° 10-26.762, *RDT* 2011. 713, note M. Grévy. Cette dernière solution, qui conduit à faire disparaître l'appartenance syndicale derrière la personne du salarié, est discutable. La Cour de cassation a par ailleurs décidé, de manière tout à fait justifiée cette fois-ci, que pour apprécier l'influence d'un syndicat, le juge doit prendre en considération l'ensemble de ses actions, y compris celles qu'il a menées alors qu'il était affilié à une confédération syndicale dont il s'est par la suite désaffilié : Soc. 28 sept. 2011, n° 10-26.545, *RDT* 2011. 713, note M. Grévy.

3. Soc. 28 nov. 2012, n° 12-14.528, *Sem. soc. Lamy* 2013, n° 1572, p. 10, chron. L. Pécaut-Rivolier et Y. Struillou.

4. V. en ce sens, Soc. 31 mai 2011, n° 10-17. 159, *Lexbase Hebdo*, éd. *Sociale*, n° 444, note G. Auzero ; *Dr. soc.* 2011. 1133, note F. Petit. Soucieuse d'assouplir la rigueur de cette solution, au demeurant justifiée, la Cour de cassation institue une voie médiane puisqu'à défaut de stipulations statutaires spécifiques, la décision est prise aux conditions statutaires prévues pour la dissolution de l'organisation syndicale et à défaut, dans le silence des statuts, à l'unanimité.

5. V. G. Auzero, Le syndicat-contrat, *Mélanges en l'honneur de F. Gaudu*, IRJS éd., 2014, p. 255.

6. V. l'art. L. 2122-3-1, introduit dans le Code du travail par la loi du 5 mars 2014 et applicable à compter du 1er janvier 2015.

SECTION 2. LA REPRÉSENTATIVITÉ [1]

1025 ***Notion*** ◊ Le pluralisme syndical – qu'il se manifeste au sein de l'entreprise, de la profession ou sur le plan national et interprofessionnel – a pour effet de situer côte à côte des organisations égales en droit mais inégalement aptes à servir de porte-parole aux travailleurs. Un syndicat squelettique, comptant peu d'adhérents (et encore moins de militants), ne peut parler avec autant de poids qu'un syndicat qui groupe la majorité ou une fraction significative des travailleurs d'une entreprise ou d'une profession. De là l'idée de réserver l'exercice de certaines prérogatives aux seuls syndicats dits « représentatifs ». Apparue pour la première fois dans le Traité de Versailles de 1919 à propos de la participation des syndicats à la Conférence internationale du travail, la représentativité peut être définie comme l'aptitude reconnue à un syndicat professionnel d'être le porte-parole des salariés dont il prétend défendre et promouvoir les intérêts (y compris de ceux qui ne sont pas ses adhérents, et qu'il ne *représente* donc pas au sens « civiliste » de la représentation).

Notre droit de la représentativité a été profondément modifié par la loi du 20 août 2008 portant rénovation de la démocratie sociale et réforme du temps de travail[2]. Cette loi s'est largement inspirée d'une position commune signée le 9 avril 2008 par les deux principales confédérations syndicales françaises, la CGT et la CFDT, et par les deux principales organisations patronales, le MEDEF et la CGPME[3]. Cette réforme a été voulue afin de renforcer la légitimité des syndicats, acteurs majeurs de la négociation collective dont le rôle ne cesse de s'étendre, mais aussi celle des conventions et accords collectifs de travail par eux signés[4].

1. A. Arseguel, *La représentativité syndicale*, Th. Toulouse, 1976 ; S. Yannakourou *L'État, l'autonomie collective et le travailleur. Étude comparée du droit français et italien de la représentativité syndicale*, LGDJ, 1995 ; J.-M. Verdier, Réalité, authenticité et représentativité syndicales, *Études offertes à A. Brun*, Lib. Éco. et soc., 1974, p. 571, et *Dr. soc.* 1991. 5 ; G. Borenfreund, Propos sur la représentativité syndicale, *Dr. soc.* 1988. 476, La représentation des salariés et l'idée de représentation, *ibid.* 1991.685, Le nouveau régime de la représentativité syndicale : *RDT* 2008. 712 ; J. Savatier, Les transformations de la fonction représentative des syndicats, *Études offertes à G. Lyon-Caen*, Dalloz, 1989, p. 179 ; A. Arseguel, Réflexions sur la théorie de la représentation syndicale, *Mélanges dédiés à M. Despax*, Univ. sc. soc. Toulouse, 2002, p. 401. D'un point de vue sociologique : J. Bunel : Représentation patronale et représentativité des organisations patronales, *Travail et Emploi*, 1997, n° 70, p. 3 ; La représentativité syndicale, *Chronique internationale de l'IRES*, n° 66, sept. 2000.

2. L. n° 2008-789 du 20 août 2008, *JO* du 21 août 2008, p. 13064. B. Gauriau, La rénovation de la démocratie sociale : *JCP S* 2008. 1448. Si l'on en croit une étude de la DARES, rendue publique en septembre 2011, les effets bénéfiques de la réforme se font encore attendre (v. *Liaisons. soc.* Quot., Bref soc. n° 15950 du jeudi 6 oct. 2011).

3. Sur cette position commune, v. G. Borenfreund, « Regards sur la position commune du 9 avr. 2008. Syndicats : le défi de l'audience électorale » : *RDT* 2008. 360 ; M. Grévy, E. Peskine, S. Nadal, Regards sur la position commune du 9 avr. 2008. À propos du devenir (incertain ?) des syndicats dans l'entreprise, *RDT* 2008. 431. P.-H. Antonmattéi, « Les critères de la représentativité : lecture critique de la position commune du 9 avr. 2008 » : *Dr. soc.* 2008. 771.

4. V. en ce sens la position commune et l'exposé des motifs de la loi. La réforme de la représentativité s'accompagne d'une modification des conditions de validité des conventions et

Jusqu'à la loi précitée, la représentativité était la condition unique posée par le législateur à l'exercice par les syndicats de leurs principales prérogatives. Les droits de créer une section syndicale, de désigner des délégués syndicaux et des représentants syndicaux aux comités d'entreprise, de présenter des candidats aux élections professionnelles ou encore celui, essentiel, de négocier et signer les conventions et accords collectifs de travail étaient exclusivement attribués aux syndicats représentatifs. Désormais, certaines de ces prérogatives ne leur sont plus réservées et des syndicats qui ne sont pas représentatifs mais qui aspirent à l'être peuvent y prétendre [1]. Cet apport majeur de la loi du 20 août 2008 constitue cependant moins une faveur du législateur à l'attention des syndicats non représentatifs, que la conséquence des nouvelles modalités d'acquisition de la représentativité [2]. Dans le système antérieur, certains syndicats bénéficiaient d'une présomption irréfragable de représentativité, tandis que les autres étaient tenus de prouver leur représentativité, sur la base de critères énumérés par la loi et ordonnés par la jurisprudence. Avec la réforme, cette présomption irréfragable disparaît et, par voie de conséquence, le système de la représentativité prouvée est généralisé [3]. Compte tenu des changements profonds opérés par la loi de 2008, le législateur avait pris soin d'aménager des dispositions transitoires, qui ont pris fin au mois d'août 2013 [4].

Tout entière tournée vers la représentativité des organisations syndicales de salariés, la loi du 20 août 2008 n'évoquait donc pas celle des organisations patronales, pourtant visée par quelques textes du Code du travail [5], mais nullement réglementée de manière spécifique par celui-ci, notamment quant à ses critères d'établissement. Cette lacune a été

accords collectifs de travail. Tout cela ouvre des perspectives renouvelées et, à certains égards inquiétantes, quant au rôle que l'on peut faire jouer aux normes conventionnelles, spécialement au niveau de l'entreprise.

1. Il en va principalement ainsi du droit de créer une section syndicale, de négocier le protocole d'accord préélectoral ou encore de celui de présenter des listes de candidats au premier tour des élections professionnelles dans l'entreprise.

2. Principalement de la nécessité de recueillir un certain nombre de suffrages aux élections professionnelles.

3. Ainsi qu'il a été relevé, la réforme « substitue à la légitimité descendante née de la présomption irréfragable de représentativité par affiliation aux confédérations syndicales reconnues représentatives par l'arrêté du 31 mars 1966, fondée sur la tradition de notre mouvement syndical, une légitimité ascendante fondée sur l'audience aux élections professionnelles dans l'entreprise » (M.-L. Morin, La représentativité des syndicats dans l'entreprise pendant la période transitoire de la L. du 20 août 2008 : *Dr. soc.* 2010. 548).

4. Sur ces dispositions transitoires, qui avaient suscité un important contentieux, v. la 27e éd. de ce Précis, n° 993 s. Subsiste, pour quelques temps encore, une disposition de cette sorte, au terme de laquelle, pendant quatre ans à compter de la première détermination des organisations syndicales de salariés reconnues représentatives au niveau des branches, toute organisation syndicale affiliées à l'une des organisations syndicales de salariés reconnues représentatives au niveau national et interprofessionnel est présumée représentative au niveau de la branche (L. 2008-789, art. 11, III).

5. V., par ex., l'art. L. 2261-19.

comblée par la loi du 5 mars 2014 relative à la formation professionnelle, à l'emploi et à la démocratie sociale, qui conduit désormais à distinguer la représentativité des organisations syndicales de salariés (§ 1) et celle des organisations patronales (§ 2).

§ 1. La représentativité des organisations syndicales de salariés

A. La disparition de la présomption irréfragable de représentativité

1026 ***État du droit antérieur*** ◊ De la loi du 28 octobre 1982 jusqu'à celle du 20 août 2008, tout syndicat affilié à une confédération représentative sur le plan national et interprofessionnel [1], bénéficiait d'une présomption de représentativité (C. trav., anc. art. L. 2122-1) [2]. Cette *présomption de représentativité* n'était pas susceptible de preuve contraire [3]. Elle découlait de plein droit de l'affiliation nationale, mais à une confédération, non à une simple fédération [4]. Elle avait une portée générale dans les entreprises où le syndicat affilié était implanté [5]. On parlait de *représentativité d'emprunt* ou *par affiliation*. L'affiliation à une confédération nationale non représentative ne permettait évidemment pas à un syndicat d'entreprise de se prévaloir de cette affiliation pour désigner un délégué syndical. Le retrait d'affiliation opérait retour au droit commun et exposait le syndicat à devoir établir sa représentativité propre [6].

1027 ***Critiques*** ◊ Si cette représentativité présumée présentait d'indéniables avantages [7], elle était également source de graves inconvénients [8]. Outre

---

1. Liste figurant dans l'arrêté du 31 mars 1966 : CNPF (aujourd'hui Medef) du côté des employeurs, CGT, CGT-FO, CFDT, CFTC et CFE-CGC (pour les cadres exclusivement) du côté des salariés. L'Union nationale des syndicats autonomes (UNSA) s'est vu refuser son inscription sur cette liste (CE 5 nov. 2004, n° 257878, *Union nationale des syndicats autonomes*, *TPS* 2005. Comm. 55).

2. Cette représentativité d'emprunt permettait donc aux syndicats en bénéficiant d'exercer la plénitude des prérogatives reconnues par la loi aux syndicats représentatifs.

3. Soc. 5 juill. 1977, *Dr. ouvrier* 1978. 44 ; 28 juin 1978, *Bull. civ.* V, n° 534 ; 7 juill. 1983, *Dr. soc.* 1984. 86.

4. Soc. 9 déc. 1982, *Bull. civ.* V, n° 700 ; 19 nov. 1986, *Bull. civ.* V, n° 546. Le syndicat national des journalistes (SNJ) ne peut se prévaloir de la présomption irréfragable de représentativité (Soc. 4 mai 1994, *RJS* 6/94, n° 721).

5. Soc. 16 déc. 1992, *Dr. soc.* 1993. 285, obs. G. Borenfreund.

6. Soc. 3 mars 1993, *RJS* 4/93, n° 415 ; 26 juin 2001, *Bull. civ.* V, n° 228. Le retrait, par une confédération représentative, de l'affiliation d'une fédération ou d'un syndicat, peut bénéficier, dans le cadre où est implantée l'organisation désaffiliée, à une autre organisation affiliée (ex. : Soc. 15 déc. 2004, *Dr. soc.* 2005. 348, obs. J. Savatier), sans interdire au syndicat ainsi privé de la représentativité d'emprunt d'établir sa représentativité propre.

7. Au premier rang desquels figure la préservation de l'action syndicale de la menace constante d'un procès en représentativité.

8. G. Borenfreund, Propos sur la représentativité syndicale, *Dr. soc.* 1988. 476.

qu'elle favorisait la division syndicale, elle autorisait des organisations sans légitimité suffisante à négocier avec l'employeur des conventions et accords collectifs porteurs de renonciations [1]. Le législateur ayant eu assez tôt conscience des défauts de la présomption irréfragable de représentativité, spécialement en matière de négociation collective, il s'était efforcé d'en corriger les effets les plus pervers, en recourant au « principe majoritaire ». La règle de principe restait cependant la même : l'affiliation à une organisation représentative au plan national et interprofessionnel suffisait au syndicat pour acquérir, de manière irréfragable, la représentativité. Réclamée par les signataires de la position commune du 9 avril 2008, la suppression de la présomption irréfragable de représentativité est advenue avec la loi du 20 août 2008.

B. La généralisation de la représentativité prouvée

1. La preuve de la représentativité

1028 ***Principes*** ◊ Avant la loi du 20 août 2008, un syndicat qui n'était pas affilié à une confédération reconnue représentative sur le plan national et interprofessionnel pouvait déjà se prévaloir d'une *représentativité propre*, qu'il lui appartenait d'établir en cas de contestation [2], sur la base de cinq critères énumérés par la loi : les effectifs, l'indépendance, les cotisations, l'expérience et l'ancienneté du syndicat, l'attitude patriotique pendant l'occupation (C. trav., anc. art. L. 2121-1). Ces critères, qui n'étaient pas cumulatifs, avaient été complétés [3] et ordonnés [4] par la jurisprudence.

Cette représentativité prouvée est désormais généralisée. Partant, certaines règles établies antérieurement à la réforme de 2008, tel le principe de concordance, sont maintenues. Les principaux changements résident,

1. Il faut en effet comprendre qu'un syndicat simplement affilié à une organisation représentative au niveau national pouvait par exemple conclure au niveau de l'entreprise une convention collective applicable à l'ensemble du personnel alors qu'il n'y comptait qu'un seul militant ayant recueilli sa seule voix lors des élections professionnelles.

2. Cette solution doit se maintenir postérieurement à la loi du 20 août 2008. Il a, par ailleurs, été décidé que l'absence de contestation, à l'occasion des élections professionnelles, de la capacité d'un syndicat à présenter des candidats au premier tour du scrutin n'empêche pas que soit contestée, postérieurement aux élections, la représentativité de ce syndicat dans le champ géographique et professionnel que couvre l'entreprise, peu important que le litige porte sur les critères également imposés pour la présentation de candidats : Soc. 26 juin 2013, n° 12-21.766, publié.

3. La jurisprudence tenait compte de l'audience électorale.

4. À compter de 2002, la Chambre sociale de la Cour de cassation avait reconfiguré ces critères en liant la représentativité à la réunion de deux qualités : l'indépendance et l'influence. Elle avait précisé que le juge du fond l'apprécie souverainement dès lors qu'il « constate » la première et « caractérise » la seconde « au regard des critères énumérés par l'article L. 2121-1 », dans sa rédaction alors en vigueur (Soc. 3 déc. 2002, *Dr. soc.* 2003. 298, note J.-M. Verdier ; 12 oct. 2005, *JCP S* 2006. 1007, note J.-M. Olivier. V. aussi, Soc. 21 mai 2003, *Dr. soc.* 2003. 779, note F. Duquesne).

en réalité, dans l'adjonction de nouveaux critères de représentativité, au premier rang desquels figure l'audience électorale [1].

1029 ***Règle de concordance*** ◊ Selon cette règle, dégagée par la jurisprudence, la représentativité s'apprécie dans le cadre (branche, entreprise, établissement etc.) que vise la disposition dont l'application est en cause. En d'autres termes, un syndicat n'est jamais représentatif en général.

Ainsi, lorsqu'il s'agit de savoir si une organisation syndicale peut prétendre à un siège au conseil d'administration d'une caisse nationale de Sécurité sociale, à raison du caractère national et interprofessionnel de ce régime, la représentativité du syndicat doit s'apprécier au *plan national et interprofessionnel* [2].

De même, lorsqu'il s'agit de l'application de la loi sur la formation syndicale, celle-ci ayant entendu réserver aux seules organisations syndicales de caractère *interprofessionnel* et représentatif au *plan national* la possibilité d'organiser des stages ou sessions ouvrant droit aux congés ainsi institués, une fédération des chauffeurs routiers ne peut être reconnue représentative au sens de cette loi [3].

À l'inverse, des organisations représentatives au niveau local ne peuvent être écartées des commissions de concertation mises en place à ce niveau par des entreprises publiques [4].

Pour la conclusion d'accords nationaux interprofessionnels (tels ceux relatifs aux retraites ou au chômage), l'appréciation de la représentativité se fera encore au niveau national et interprofessionnel [5]. On doit admettre que la représentativité nationale implique une présence suffisamment *diversifiée* dans les différentes branches ; ainsi le ministre pouvait-il estimer que l'UNSA n'était pas suffisamment représentative au niveau national et interprofessionnel, malgré les progrès de son implantation en dehors de la fonction publique [6]. Même raisonnement concernant la participation aux conseils économiques régionaux [7].

Tout au plus marquera-t-on une hésitation lorsqu'à l'intérieur d'un dispositif légal manifestement appelé à fonctionner dans un cadre national interprofessionnel, telle la Commission nationale de la négociation collective, une représentation propre est réservée à un secteur professionnel, comme le secteur agricole. La représentativité doit-elle alors s'apprécier dans le cadre plus restreint des *activités agricoles ?* La question se posait pour la confédération FO, à laquelle adhéraient très peu de salariés

---

1. Le tribunal d'instance dispose d'une compétence générale pour statuer sur la prétention d'un syndicat à la qualité de syndicat représantatif : Soc. 3 janv. 2012, n° 10-25.429 : *Sem. soc. Lamy* 2012, n° 1541, p. 6, chron. L. Pécaut-Rivolier et Y. Struillou.
2. CE 6 nov. 1970, *JCP* 1970. II. 16566.
3. CE 2 nov. 1973, *Dr. soc.* 1974. 469.
4. CE 18 juin 1997 (4 arrêts), *Dr. soc.* 1998. 94, obs. Ch.-A. Garbar.
5. CE 2 mars 1962, *D.* 1962. 740.
6. CE 5 nov. 2004, *Dr. soc.* 2004. 1098, concl. P.-H. Stahl.
7. CE 21 janv. 1977, *Dr. soc.* 1977. 174, concl. R. Denoix de Saint Marc.

agricoles, alors qu'elle était représentative au plan interprofessionnel. Pour le Conseil d'État, « rien ne s'opposait à ce que chacune des confédérations reconnues comme les plus représentatives de l'*ensemble des travailleurs* des différentes professions fût, à ce titre, habilitée à désigner pour la composition de ladite section (celle des activités agricoles) un représentant choisi au sein de ses propres organisations agricoles » [1].

Pour l'extension d'une convention collective, la représentativité s'apprécie au niveau de la *branche* [2].

La Cour de cassation, de son côté, s'agissant des dispositions sur les institutions représentatives du personnel ou l'exercice du droit syndical dans l'entreprise ou l'établissement, considère que les juges du fond doivent rechercher les indices de représentativité au niveau de l'*entreprise* ou de l'*établissement* [3].

Il convient enfin de souligner que la loi du 20 août 2008 conduit à un élargissement du champ d'application du « principe » de concordance, qui trouve désormais à s'appliquer en dehors de la seule question de la représentativité. Ainsi, pour désigner un délégué syndical dans un établissement distinct, le syndicat mandant doit y avoir constitué une section syndicale comportant au moins deux adhérents [4].

2. Les critères de la représentativité prouvée

1030 ***Énumération légale*** ◊ La représentativité des organisations syndicales est déterminée d'après sept critères énumérés par l'article L. 2121-1 du Code du travail dans sa rédaction issue de la loi du 20 août 2008 : 1°) le respect des valeurs républicaines ; 2°) l'indépendance ; 3°) la transparence financière ; 4°) une ancienneté minimale de deux ans dans le champ professionnel et géographique couvrant le niveau de négociation ; 5°) l'audience établie à partir des résultats aux élections professionnelles ; 6°) l'influence, prioritairement caractérisée par l'activité et l'expérience ; 7°) les effectifs d'adhérents et les cotisations. Il est à remarquer que les deux conditions d'indépendance et de respect des valeurs républicaines, auxquelles on peut ajouter celle de transparence financière, sont moins des

1. CE 22 juin 1951, *Dr. soc.* 1951. 472, concl. R. Odent ; *Grands arrêts*, 4ᵉ éd., 2008, n° 127.
2. CE 2 mars 1962, *Dr. soc.* 1962. 346.
3. V., *infra*, les développements relatifs à ces différentes institutions représentatives du personnel. Un arrêt rendu le 10 nov. 2010 démontre toutefois qu'en matière de représentativité syndicale dans l'entreprise, la Cour de cassation est encline à admettre des entorses au principe de concordance (Soc. 10 nov. 2010, n° 09-72.856, *RDT* 2011. 24, avec la chron. de G. Borenfreund).
4. Soc. 23 juin 2010, n° 09-60.438, *Lexbase Hebdo, éd. Sociale*, n° 402, note G. Auzero ; *Dr. soc.* 2010. 1135, obs. F. Petit. Applicable au représentant de la section syndicale, cette solution conduit donc à affirmer que la section syndicale doit exister au niveau où est effectuée la désignation. Ainsi que l'a par ailleurs rappelé la Cour de cassation, la lettre de désignation fixe les limites du litige et le juge ne peut apprécier la validité de la désignation d'un délégué ou d'un représentant syndical en dehors du cadre défini par cette lettre (Soc. 8 juill. 2009, n° 09-60.048, *Bull. civ.* V, n° 178).

critères de représentativité, que des qualités intrinsèques que doit présenter une organisation pour pouvoir être considérée comme un syndicat [1].

1031 ***Caractère cumulatif des critères*** ◊ Bien que la lettre de l'art. L. 2121-1 du Code du travail n'imposait pas cette lecture, et ne la suggérait même pas, les tribunaux considéraient depuis longtemps que la représentativité d'un syndicat ne supposait pas qu'il remplisse tous les critères alors énumérés par ce texte. Ces critères n'étaient donc *pas cumulatifs* [2]. Désormais, la loi exige expressément que les critères qu'elle énumère soient cumulativement réunis. La Cour de cassation a retenu une interprétation compréhensive du texte [3]. Pour la Chambre sociale en effet, si les critères posés par le texte précité doivent être tous réunis pour établir la représentativité d'un syndicat et si ceux tenant au respect des valeurs républicaines, à l'indépendance et à la transparence financière doivent être satisfaits de manière autonome, ceux relatifs à l'influence, aux effectifs d'adhérents et aux cotisations, à l'ancienneté et à l'audience électorale doivent faire l'objet d'une appréciation globale [4]. Il ressort de cette importante solution que les trois premiers critères énumérés par l'article L. 2121-1 du Code du travail doivent être nécessairement réunis pour qu'une organisation syndicale accède à la représentativité [5]. En revanche, les quatre autres critères « doivent » faire l'objet d'une « appréciation globale », ce qui paraît autoriser le juge à procéder des compensations, tel critère venant au soutien ou au secours de tel autre [6].

1032 ***Respect des valeurs républicaines*** ◊ Le critère de l'attitude patriotique pendant l'Occupation était, de longue date, devenu obsolète. Reprenant la proposition de la position commune du 9 avril 2008, la loi lui substitue « le respect des valeurs républicaines », qui implique « le respect de la liberté d'opinion, politique, philosophique ou religieuse ainsi que le refus de toute discrimination, de tout intégrisme et de toute intolérance »

1. V. en ce sens, M.-L. Morin, La L. n° 2008-789 du 20 août 2008 : premières décisions de la Cour de cassation sur le droit syndical : *Dr. soc.* 2009. 950, spéc. 956. Il aurait été préférable que le législateur sépare ces critères des autres ou, à tout le moins, n'en fasse pas des critères de représentativité.

2. Ex. : Soc. 21 mai 1986, *Bull. civ.* V, n° 236 ; 8 févr. 1994, *RJS* 3/94, n° 273.

3. Interprétation qui paraît cependant rejoindre la volonté des signataires de la position commune qui précise que « ces critères, qui sont cumulatifs *et s'apprécient dans un cadre global*, se substituent à ceux de l'art. L. 2121-1 C. trav. actuellement en vigueur » (nous soulignons).

4. Soc. 29 févr. 2012, n° 11-13.748, *JCP S* 2012. 1168, note B. Gauriau.

5. Solution logique dans la mesure où il s'agit moins là de critères de représentativité que d'authenticité, pour ne pas dire d'existence du groupement en tant que syndicat.

6. Cela étant, et dans la mesure où tous ces critères doivent être réunis, l'absence totale de l'un d'entre eux ne saurait être compensée d'une quelconque manière. En outre, tous les critères ne peuvent être compensés, si tant est que l'« appréciation globale » ait cette signification. L'audience électorale et l'ancienneté étant rapportées à une exigence minimale, précisément chiffrée, celle-ci doit nécessairement être atteinte. En d'autres termes, seuls les critères de l'influence et des effectifs d'adhérents et des cotisations peuvent, lorsqu'ils sont insuffisants, être compensés par les autres.

(position commune, art. 1-6) [1]. Il y a là une forme de consécration de la jurisprudence qui avait refusé toute représentativité aux syndicats Front National, en raison de l'illicéité de leur objet [2]. L'appréciation de ce nouveau critère doit, à l'évidence, se faire à la lumière de l'objet du syndicat, mais sans doute aussi du comportement de ses membres [3]. En cas de litige, il incombe à la partie qui soutient qu'un syndicat ne satisfait pas au critère de respect des valeurs républicaines de le démontrer [4].

1033 ***Indépendance*** [5] ◊ Ni la position commune, ni la loi n'apportent la moindre précision sur le critère de l'indépendance. Ce silence laisse à penser que les solutions jurisprudentielles dégagées antérieurement seront maintenues. L'indépendance doit s'apprécier par rapport à l'employeur. Un nombre suffisant d'adhérents, des cotisations elles-mêmes suffisantes s'ajoutant à une réelle activité syndicale dans l'entreprise sont autant de garanties ou d'indices de cette indépendance du syndicat [6]. Il incombe à celui qui allègue le défaut d'indépendance de le prouver [7].

L'absence d'indépendance d'un syndicat peut découler du fait que ses adhérents appartiennent tous au service du chef du personnel [8]. Plus catégoriquement, la non-représentativité découlera du fait qu'un syndicat reçoit de l'employeur une subvention [9]. L'absence d'indépendance est souvent dissimulée derrière le problème des cotisations : des adhérents non cotisants, le faible chiffre des cotisations, l'absence de régularité de leur paiement peuvent trahir une dépendance financière envers l'employeur [10].

L'absence d'indépendance est également induite d'un comportement hostile aux autres syndicats et de la critique systématique de l'usage que

1. Y. Pagnerre, Le respect des valeurs républicaines, *JCP S* 2009. 1050.
2. Cass., ch. mixte, 10 avr. 1998, *Dr. soc.* 1998. 565, rapp. J. Merlin ; *D.* 1998. 389, note A. Jeammaud.
3. Appelée à se prononcer sur ce critère à propos de la CNT, la Cour de cassation, s'abstenant de définir positivement les valeurs républicaines, a affirmé que « le preuve n'était pas rapportée que le syndicat CNT, en dépit des mentions figurant dans ses statuts datant de 1946, poursuive dans son action un objectif illicite contraire aux valeurs républicaines » (Soc. 13 oct. 2010, n° 10-60.130, *JCP S* 2010. 1493, avec la chron. de Y. Pagnerre). Si la Cour de cassation insiste plus sur l'action actuelle du syndicat que sur les stipulations de ses statuts, il ne saurait en être déduit que celles-ci ne peuvent avoir de conséquence sur l'appréciation de ce critère, spécialement si elles sont récentes.
4. Soc. 8 juill. 2009, n° 08-60.599, *JCP S* 2009, 1364, note Y. Pagnerre. La même solution devrait continuer de prévaloir pour l'indépendance (Soc. 22 juill. 1981, n° 81-60.695, *Bull. civ.* V, n° 748). Pour le reste, la règle identique : le syndicat qui se prétend représentatif doit démontrer qu'il remplit les critères légaux (Soc. 4 mai 1994, n°s 92-60. 369 et 92-60. 396, *Bull. civ.* V, n° 748).
5. S. Michel, Le critère de l'indépendance au sein de l'anc. art. L. 133-2 C. trav., *Dr. ouvrier* 2003. 133.
6. Soc. 8 janv. 1997, *Bull. civ.* V, n° 13.
7. Soc. 13 juin 1979, *JS UIMM*, n° 400 ; 22 juill. 1981, *Bull. civ.* V, n° 748.
8. Soc. 28 févr. 1975, *Dr. ouvrier* 1977. 198. Comp. (plus nuancé) : Soc. 23 mars 1977, *Bull. civ.* V, n° 220.
9. Soc. 31 janv. 1973, *Bull. civ.* V, n° 50 et 51.
10. Soc. 23 févr. 1973, *Dr. soc.* 1973. 589 ; Civ. 2e, 19 juin 1969, *Dr. ouvrier* 1970. 116 ; 27 oct. 1982, *Dr. ouvrier* 1983. 318 ; 10 oct. 1990, *Bull. civ.* V, n° 455.

ceux-ci font du droit de grève [1]. L'indépendance se reflète aussi dans l'activité du syndicat et son authenticité comme organe de défense des intérêts des salariés usant de tous les moyens légaux d'action collective.

1034 ***Transparence financière, ancienneté et influence*** ◊ Le critère de la transparence financière n'est pas sans lien avec l'indépendance, dès lors qu'il permet de s'assurer qu'un syndicat n'est pas sous la dépendance d'un quelconque bailleur de fonds [2]. En application de l'article L. 2135-1 du Code du travail, les syndicats professionnels « sont soumis aux obligations comptables définies à l'article L. 123-12 du code de commerce » [3]. Toutefois, lorsque leurs ressources annuelles n'excèdent pas une certaine somme, ils peuvent adopter une présentation simplifiée de leurs comptes, voire ne tenir qu'un livre enregistrant chronologiquement l'ensemble des mouvements de leur patrimoine [4]. Cette transparence financière, à l'évidence de nature à améliorer la lisibilité du financement des organisations syndicales, est complétée, en amont, par la règlementation relative au financement de ces mêmes organisations par la loi du 5 mai 2014 relative à la formation professionnelle, à l'emploi et à la démocratie sociale [5].

Critère traditionnel, l'ancienneté du syndicat a été précisée par la loi du 20 août 2008. Désormais, en effet, un syndicat ne pourra être reconnu représentatif que s'il a une ancienneté minimale de deux ans dans le champ professionnel et géographique couvrant le niveau de négociation [6]. Quoique relativement bref, ce délai de deux ans présente une rigidité certaine, conduisant à dénier toute représentativité à un syndicat particulièrement actif et ayant remporté un beau succès aux élections professionnelles, mais n'ayant pas l'ancienneté requise. Ainsi que le précise la loi, celle-ci s'apprécie à compter de la date de dépôt légal des statuts. Les modifications de ces statuts, dont on sait qu'elles doivent également être déposées (C. trav., art. L. 2131-3), n'interfèrent pas sur le décompte de l'ancienneté [7], alors

1. Soc. 23 févr. 1973, préc. ; 11 janv. 1979, *Dr. ouvrier* 1979. 434 ; 23 juin 1983, *D.* 1984. 166 Néanmoins la non-participation à une grève ne suffit pas établir le défaut de représentativité d'un syndicat (Soc. 6 juill. 1976, *JS UIMM*, n° 368).

2. Exigence de nature à couper court aux récurrentes critiques sur le financement des syndicats (v., par ex., A.-S. David et B. Brognard, *Syndicats filous, salariés floués*, éd. Max Milo, 2012).

3. Ces mêmes syndicats sont tenus de nommer un commissaire aux comptes lorsque leurs ressources dépassent un seuil fixé par décret (art. L. 2135-6).

4. Sur les modalités techniques de mise en œuvre de ces dispositions, v. C. trav., art. D. 2135-1 s. La Cour de cassation a décidé que les documents comptables dont la loi impose la confection et la publication ne constituent que des éléments de preuve de la transparence financière, leur défaut pouvant dès lors être suppléé par d'autres documents produits par le syndicat et que le juge doit examiner : Soc. 29 févr. 2012, n° 11-13.748, *JCP S* 2012. 1168, note B. Gauriau.

5. V. ss 1020.

6. Ainsi qu'il a été relevé, il faut sans doute entendre que l'ancienneté du syndicat s'apprécie « dans le champ professionnel et géographique couvrant le niveau où il entend accéder à la représentativité » (G. Borenfreund, art. préc., p. 716).

7. V. au soutien de cette opinion, Soc. 3 mars 2010, n° 09-60.283, *JCP S* 2010. 1190, note B. Gauriau ; *Lexbase Hebdo, éd. Sociale*, n° 387, note G. Auzero, dans lequel la Cour de cassation refuse de faire produire effet au changement d'affiliation du syndicat.

même qu'elles concernent le champ professionnel et géographique dans lequel le syndicat entend accéder à la représentativité [1]. Cette compétence professionnelle et géographique exigée du syndicat est le rappel du principe de spécialité énoncé aux articles L. 2131-1 et L. 2131-2 du Code du travail [2]. Elle dépend des stipulations statutaires du syndicat exerçant la prérogative [3], qui ne peut donc se prévaloir de la compétence statutaire plus large de l'union à laquelle il est affilié [4].

Si le critère de l'influence fait son apparition dans la loi, il avait été antérieurement dégagé par la jurisprudence [5]. Toutefois, la Cour de cassation n'en avait pas réellement fait un critère à part entière, imposant plus simplement aux juges de fond de caractériser l'influence du syndicat au regard des critères énumérés par la loi [6]. Selon l'article L. 2121-1, l'influence devra être prioritairement caractérisée par l'activité et l'expérience [7].

1035 ***Effectifs et cotisations*** ◊ La représentativité suppose la prise en considération des effectifs du syndicat L'existence d'un certain nombre d'adhérents est une condition minimale de représentativité. Le point délicat est celui de la *preuve*, dont la charge pèse, rappelons-le, sur l'organisation qui se prétend représentative [8]. Il faut certainement faire application ici des principes dégagés par la Cour de cassation dans l'arrêt *Okaidi* du 8 juillet 2009 [9]. Le syndicat doit fournir, de manière contradictoire, les éléments de preuve de nature à établir le nombre de ses adhérents, à l'exclusion des éléments susceptibles de permettre l'identification des adhérents du syndicat, dont seul le juge peut prendre connaissance [10].

---

1. Soc. 14 nov. 2012, n° 12-14.780 : *Bull. civ.* V, n° 294, « la modification par le syndicat de son champ statutaire n'a pas pour effet de remettre en cause l'ancienneté acquise par le syndicat à compter du dépôt initial de ses statuts » La solution n'allait pas de soi. L'ancienneté étant rapportée aux champs professionnel et géographique, une modification des statuts les affectant aurait dû conduire à faire partir le calcul de celle-ci à compter du dépôt de cette modification.

2. V. en ce sens, M.-L. Morin, Les nouveaux critères de la représentativité syndicale dans l'entreprise, *Dr. soc.* 2011. 62, spéc., p. 67.

3. La dénomination du syndicat faisant partie de ses statuts, elle doit être prise en compte pour l'appréciation de sa compétence géographique et professionnelle (Soc. 19 nov. 2009, n° 09-65.639, *RJS* 2010, n° 198).

4. Soc. 22 sept. 2010, n° 09-60.480, *JCP S* 2010. 1471, note J.-Y. Kerbourc'h. Il suffit, dans une telle hypothèse, que la prérogative soit exercée par l'union de syndicats, en lieu et place du syndicat de base. Remarquons, qu'à l'inverse, une union peut profiter des « attributs » du syndicat qui lui est affililé, en l'occurrence ses adhérents (Soc. 13 janv. 2010, n° 09-60.155, *Dr. soc.* 2010. 597, obs. F. Petit), à condition que le lien d'affiliation soit réel et définitif (Soc. 5 déc. 2012, n° 12-14.366, *Bull. civ.* V, n° 322).

5. E. Letombe, La notion d'influence dans le droit de la représentativité syndicale. État des lieux à l'heure de la position commune du 9 avr. 2008, *JCP S* 2008. Actu. 319.

6. V. ss 1028.

7. Pour apprécier l'influence d'un syndicat, le juge doit prendre en considération l'ensemble de ses actions, y compris celles qu'il a menées alors qu'il était affilié à une confédération syndicale dont il s'est par la suite désaffilié : Soc. 28 sept. 2011, n° 10-26.545, *RDT* 2011. 713, note M. Grévy.

8. Soc. 17 oct. 1971, *D.* 1972. 44 ; 22 juill. 1981, *Bull. civ.* V, n° 748 ; 30 avr. 1987, *JS UIMM* 1987. 491. V. aussi : CE 26 oct. 1973, *Dr. soc.* 1975. 40 ; 17 juin 1960, *Dr. soc.* 1961. 170.

9. Soc. 8 juill. 2009, n° 09-60.011, *RDT* 2009. 729, obs. M. Grévy, v. ss 1107.

10. V. en ce sens, M.-L. Morin, art. préc., *Dr. soc.* 2011. 71.

Ce critère des effectifs est cependant *relatif*, en ce sens qu'il appelle la comparaison avec les effectifs des autres organisations, mais aussi avec le nombre de non-syndiqués. Ainsi, eu égard au petit nombre de salariés agricoles syndiqués, FO a pu être considérée comme représentative des salariés agricoles malgré le faible nombre d'adhérents à sa fédération agricole [1].

La jurisprudence judiciaire est également favorable à la prise en considération prioritaire du volume des effectifs et en rapport avec le nombre des salariés dans le cadre considéré et les effectifs des autres syndicats [2]. Si le nombre des adhérents est inconnu [3], s'il est réduit ou dérisoire par comparaison à celui d'autres organisations [4], ou au nombre de salariés [5], la représentativité sera écartée. Pour une organisation patronale on tiendra compte, autant que des effectifs, du nombre de salariés travaillant dans les entreprises adhérentes [6].

La Cour de cassation estimait que la faiblesse des effectifs pouvait être « compensée par l'activité, l'audience, l'expérience et l'indépendance du syndicat » [7], tandis qu'inversement les effectifs ne suffisent pas à rendre un syndicat représentatif en l'absence d'une réelle activité ou d'une influence dans l'entreprise [8]. Alors même que les critères de représentativité sont désormais cumulatifs, cette jurisprudence a été maintenue [9].

Critère traditionnel au même titre que le précédent, les cotisations permettent de s'assurer que le syndicat n'est pas démuni de tous moyens financiers, lui interdisant par là même de mener une action effective et pouvant faire douter de son indépendance véritable. Comme les effectifs, ce critère est à relativiser eu égard au faible taux de syndicalisation.

1036 ***Audience électorale*** ◇ Antérieurement à la loi du 20 août 2008, le juge n'hésitait pas à se référer à l'audience électorale du syndicat qui constituait, sinon un critère, du moins un indice de sa représentativité. Désormais, le Code du travail fait de l'audience électorale un critère à part entière de la représentativité et, plus largement, la pierre angulaire de celle-ci.

a) Au niveau de l'entreprise ou de l'établissement, un syndicat ne peut être reconnu représentatif que s'il satisfait aux critères énumérés précédemment et s'il a recueilli au moins 10 % des suffrages exprimés au premier tour des dernières élections des titulaires au comité d'entreprise ou de la délégation unique du personnel ou, à défaut, des délégués du personnel

---

1. CE 22 juin 1951, préc. ; 13 juill. 1966, *JCP* 1966. II. 14900.
2. Soc. 29 mai 1972, *Dr. soc.* 1973. 90 ; 12 juill. 1994, *Dr. soc.* 1994. 812 ; 13 avr. 1999, *Dr. soc.* 1999. 643, obs. G. Borenfreund.
3. Soc. 26 nov. 1954, *Dr. soc.* 1955. 166 ; 6 déc. 1973, *Dr. ouvrier* 1974. 287.
4. Soc. 22 mai 1972, *Dr. soc.* 1972. 583.
5. Soc. 29 mai 1972, *Dr. ouvrier* 1974. 287.
6. Soc. 13 juill. 1966, *JCP* 1966. II. 14900.
7. Soc. 2 nov. 1993, *RJS* 12/93, n° 1219 ; à l'inverse, la faiblesse des effectifs peut être corroborée par l'absence d'influence dans l'établissement (Soc. 13 avr. 1999, préc.).
8. Soc. 21 oct. 1998, *RJS* 12/98 n° 1505 (2e esp.).
9. V. ss 1031.

(C. trav., art. L. 2122-1) [1]. Donnant son plein effet à la locution « à défaut », la Cour de cassation a décidé, dans un arrêt du 13 juillet 2010, « que l'audience recueillie par les organisations syndicales aux élections des délégués du personnel, ne peut être prise en compte, pour apprécier leur représentativité, que s'il ne s'est pas tenu dans l'entreprise d'élections au comité d'entreprise ou à la délégation unique du personnel permettant de mesurer cette audience » [2]. Si cette solution se conçoit bien dans l'entreprise unitaire, elle est plus délicate à mettre en œuvre dans l'entreprise divisée en établissements distincts. Si des comités sont mis en place au niveau des établissements, on doit admettre que la représentativité se mesure nécessairement aux élections de ces derniers [3]. Toutefois, lorsque des délégués du personnel sont élus dans des établissements distincts spécifiques, l'audience ne doit-elle pas être prise en compte à ce niveau, spécialement lorsqu'est en cause la désignation d'un délégué syndical dans le même périmètre ? Alors que le principe de concordance pouvait exiger de répondre par l'affirmative à cette question, ce n'est pas la solution qu'a retenue la Cour de cassation [4]. Cette entorse au principe de concordance s'expliquait par la volonté la Cour de cassation, affirmée *a posteriori*, d'aligner la conception de l'établissement distinct pour la désignation des délégués syndicaux sur celle dégagée pour la mise en place des comités d'établissement [5]. La mise à l'écart de cette dernière solution par la loi du 6 mars 2014 devrait, en bonne logique, entraîner la remise en cause de la jurisprudence précitée [6].

Lorsqu'une liste commune a été établie par des organisations syndicales [7], la répartition entre elles des suffrages exprimés se fait sur la base indiquée par les organisations concernées lors du dépôt de leur liste [8].

---

1. Au niveau du groupe, le seuil de 10 % est apprécié par addition de l'ensemble des suffrages obtenus dans les entreprises ou établissements concernés (C. trav., art. L. 2122-4). Le critère de l'audience électorale est d'ordre public absolu : Soc. 18 mai 2011, n° 10-60.406, *Bull. civ.* V, n° 116.

2. Soc. 13 juill. 2010, n° 10-60.148, *Dr. soc.* 2010. 1133, obs. F. Petit.

3. En ce sens, Soc. 6 janv. 2011, n° 10-18.205, *Dr. soc.* 2011. 414, chron. F. Petit. La Cour de cassation affirme en outre dans cet arrêt que, « ni un accord collectif ni un engagement unilatéral de l'employeur ne peuvent avoir pour effet de modifier ce périmètre légal d'appréciation de la représentativité syndicale ».

4. Soc. 10 nov. 2010, n°s 09-72.856 et 09-60.451, *RDT* 2011. 24, avec la chron. de G. Borenfreund ; Soc. 14 déc. 2010, n° 10-60.221, *Bull. civ.* V, n° 292.

5. Soc. 18 mai 2011, n° 10-60.383, *Sem. soc. Lamy* 2011, n° 1495, p. 5 avec le rapp. de L. Pécaut-Rivolier.

6. V. ss 1079.

7. Une liste de candidats présentée par deux syndicats affiliés à la même confédération ne constitue pas une liste commune au sens de la loi et ne peut, par suite, donner lieu à une répartition entre eux des suffrages qu'elle a recueillis en vue de les faire bénéficier, chacun, d'une représentativité propre : Soc. 10 mai 2012, n° 11-21.356, *Bull. civ.* V, n° 145.

8. Cette répartition doit être portée à la connaissance de l'employeur et des électeurs de l'entreprise ou de l'établissement concerné avant le déroulement des élections ; à défaut, la répartition s'opère à parts égales (Soc. 13 janv. 2010, n° 09-60.208, *JCP S* 2010. 1066, chron. B. Gauriau. V. aussi, Soc. 2 mars 2011, n° 10-17.603, *Bull. civ.* V, n° 59, qui reconnaît au juge d'instance compétence pour rétablir les résultats en opérant la répartition des suffrages à parts égales ; Soc. 24 oct. 2012, n° 11-61.166 P.

À défaut d'indication, la répartition des suffrages se fait à parts égales entre les organisations concernées [1]. La constitution d'une liste commune doit être nettement distinguée de la situation dans laquelle des syndicats appartenant à une même tendance confédérale présentent chacun leur propre liste aux élections professionnelles. Dans ce cas, il n'y a pas lieu de procéder à la totalisation, au profit de l'un ou de l'autre, des suffrages recueillis en propre par chacun [2].

Selon la loi, sont pris en compte les suffrages exprimés au premier tour des élections, quel que soit le nombre de votants. En d'autres termes, peu importe que le *quorum* n'ait pas été atteint et qu'un second tour doive être organisé ; dans tous les cas, il convient de procéder au dépouillement [3]. Ainsi que l'a précisé la Cour de cassation, l'audience se mesure tous collèges confondus [4], peu important l'absence de candidats dans un collège [5] et par union ou confédération ayant présenté des listes aux élections concernées [6]. Elle a par ailleurs décidé, sans surprise compte tenu de l'objet des résultats électoraux en la matière, que le nombre de voix recueillies par les organisations syndicales à prendre en considération pour le décompte des suffrages exprimés en leur faveur est le nombre de suffrages exprimés au profit de chaque liste [7]. Est tout aussi fondée l'affirmation selon laquelle l'affiliation confédérale sous laquelle un syndicat a présenté des candidats au premier tour des élections professionnelles dans l'entreprise constitue un élément essentiel du vote des électeurs. Il en résulte qu'en cas de « désaffiliation » après ces élections, le syndicat ne peut plus continuer à se prévaloir des suffrages ainsi obtenus pour se prétendre représentatif [8]. La Cour de cassation avait également décidé qu'une organisation syndicale ne peut revendiquer à son profit, au sein d'une entreprise, le score électoral obtenu par un syndicat qui lui est affilié qu'à la condition que cette

1. Lorsqu'aucune des organisations en cause n'atteint le seuil de 10 %, elle ne saurait se prévaloir du score obtenu par la liste commune pour exercer une prérogative liée à la représentativité : Soc. 14 janv. 2014, n° 12-28.929, publié.

2. Soc. 26 oct. 2011, n° 11-10. 290, *Dr. soc.* 2012. 101, note F. Petit.

3. La contestation des résultats du premier tour des élections n'est recevable que si elle est faite dans les quinze jours suivant ce premier tour : Soc. 26 mai 2010, *Dr. soc.* 2010. 1001, obs. F. Petit.

4. La représentativité des syndicats intercatégoriels prend donc nécessairement en compte les suffrages exprimés par l'ensemble des salariés de l'entreprise, peu important que certains soient électeurs dans des collèges spécifiques : Soc. 12 avr. 2012, n° 11-22.289, *JCP S* 2012. 1277, note L. Pécaut-Rivolier.

5. Soc. 22 sept. 2010, n° 10-10.678, *Bull. civ.* V, n° 195.

6. Soc. 22 sept. 2010, n° 09-60.435, *Bull. civ.* V, n° 188.

7. Soc. 6 janv. 2011, n° 10-60.168, *Dr. soc.* 2011. 340, obs. F. Petit. Il n'y a donc pas lieu de tenir compte des éventuelles ratures.

8. Soc. 18 mai 2011 (4 arrêts), *Lexbase Hebdo*, éd. *Sociale*, n° 442, note G. Auzero. Cette solution de principe traduit bien la modification profonde de l'objet des élections, postérieurement à l'adoption de la loi du 20 août 2008. Elles n'ont plus uniquement pour objet la mise en place de représentants du personnel mais permettent aussi déterminer la représentativité des syndicats primaires et, à travers eux, des unions, fédérations et confédérations auxquelles ils appartiennent. De là l'importance accordée, de manière justifiée, à l'étiquette syndicale et non à la personne des candidats. Sur les conditions de cette « désaffiliation-affiliation », v. ss 977.

affiliation ait été mentionnée sur les bulletins de vote au moyen desquels les électeurs ont exprimé leur choix ou ait été portée à leur connaissance certaine par le syndicat [1]. Cette solution a été entérinée par le législateur. L'article L. 2122-3-1 [2] dispose que, lors du dépôt de la liste [3], le syndicat indique, le cas échéant, son affiliation à une organisation syndicale. À défaut d'indication, l'organisation syndicale ne recueille pas les suffrages exprimés en faveur du syndicat qui lui est affilié pour la mesure de l'audience électorale.

b) Au niveau des branches et au niveau interprofessionnel, l'audience électorale nécessaire à l'obtention de la représentativité est fixée à 8 % (C. trav., art. L. 2122-5, L. 2122-9) [4]. Elle sera mesurée en additionnant, d'une part, les suffrages exprimés au premier tour des élections professionnelles dans l'entreprise et, d'autre part, les suffrages exprimés au scrutin concernant les entreprises de moins de onze salariés (C. trav., art. L. 2122-5, L. 2122-9) [5]. Ce dernier scrutin a été institué par une loi du 15 octobre 2010, afin que s'expriment les salariés travaillant dans des entreprises dépourvues d'institutions représentatives du personnel [6].

Deux conditions supplémentaires sont posées par la loi pour que les syndicats puissent bénéficier de la représentativité. Au niveau de la branche professionnelle, ils doivent disposer « d'une implantation territoriale équilibrée au sein de la branche » (C. trav., art. L. 2122-5), tandis qu'au niveau national et interprofessionnel les syndicats doivent être représentatifs « à la fois dans les branches de l'industrie, de la construction, du commerce et des services » (C. trav., art. L. 2122-9). Ces deux exigences apparaissent critiquables car, outre les difficultés d'appréciation qu'elles peuvent susciter, elles sont de nature à conduire à dénier toute

1. Soc. 12 avr. 2012, n°s 11-22.290 et 11-22.291 : *Dr. soc.* 2012. 641, note F. Petit.

2. Introduite au sein du Code du travail par la loi du 5 mars 2014, cette disposition s'applique à compter du 1er janv. 2015.

3. En application de la loi, l'indication doit donc intervenir plus tôt que dans la solution jurisprudentielle. Il sera sans doute prudent de reprendre cette indication sur les bulletins de vote.

4. À lire la position commune (point 2-2), ce seuil de 8 % doit être transitoire. Il n'est pas certain que le législateur ait retenu cette option. Il va de soi qu'à ces deux niveaux le syndicat devra en outre remplir les autres critères légaux. Dans les deux cas, la mesure de l'audience s'effectue tous les quatre ans (C. trav., art. L. 2122-5, L. 2122-9). Cela devrait être également le cas dans la plupart des entreprises. Seul doit être réservé le cas dans lequel une convention collective aurait réduit le mandat de ces représentants à une durée comprise entre deux à quatre ans. Situation qui aura pour effet de rendre plus fréquentes les joutes électorales et qui rend problématique la mesure quadriennale de l'audience aux niveaux supérieurs.

5. À cette fin, un système d'information baptisé « MARS » (mesures de l'audience de la représentativité syndicale) a été créé (v. L. Bateman, Un décollage difficile pour MARS, *Sem. soc. Lamy*, n° 1453, p. 7. Au niveau national et interprofessionnel, les cinq confédérations autrefois présumées représentatives ont, seules, franchi l'obstacle très relatif des 8 % (v. l'arrêté du 30 mai 2013, relatif à la liste des organisations syndicales reconnues représentatives au niveau national et interprofessionnel).

6. C. trav., art. L. 2122-10-1 s. Ce scrutin est organisé, tous les quatre ans, au niveau régional. Sur les modalités techniques de ce scrutin, v. C. trav., art. R. 2122-8 s.

représentativité à des syndicats qui auront pourtant remporté un certain succès lors des élections professionnelles.

Afin de sécuriser la reconnaissance de la représentativité dans les branches et au niveau interprofessionnel, la loi du 20 août 2008 prévoit qu'après avis d'un Haut Conseil du dialogue social créé pour l'occasion, le ministre chargé du travail arrête la liste des organisations syndicales reconnues représentatives par branche professionnelle et des organisations syndicales reconnues représentatives au niveau national et interprofessionnel en application des critères précités (C. trav., art. L. 2122-11). Une fois cette liste arrêtée et les délais de recours contentieux achevés, la représentativité des organisations en cause ne semble donc plus pouvoir être contestée [1]. Au niveau des branches et au niveau national et interprofessionnel le contentieux de la représentativité relèvera donc principalement, sinon exclusivement, des juridictions administratives, tandis qu'il continuera à être tranché par le juge d'instance et le tribunal de grande instance au niveau de l'entreprise [2].

Contrairement à ce qu'avaient pu décider certains juges du fond [3], la Cour de cassation a considéré que l'exigence du score électoral de 10 % pour pouvoir accéder à la représentativité n'était pas contraire à la liberté syndicale dont de nombreux textes internationaux sont garants [4].

1037 ***Cycle électoral*** ◊ Par un arrêt de principe du 13 février 2013, la Cour de cassation a consacré la règle dite du « cycle électoral » [5], affirmant que « la représentativité des organisations syndicales, dans un périmètre donné, est établie pour toute la durée du cycle électoral ». Elle en déduit qu'il n'y a donc pas lieu de tenir compte des élections intermédiaires et, notamment, des élections partielles qui peuvent intervenir au cours de ce cycle [6].

---

1. Sans doute faut-il également appliquer ici la règle dite du « cycle électoral » (v. ss 1037).
2. Reste à savoir quel sera le contrôle opéré par la Cour de cassation. Sur l'état du droit antérieur, v. la 23e éd. du présent ouvrage, § 576.
3. V. not. en ce sens le jugement du TI de Brest en date du 27 oct. 2009, *RDT* 2010. 117, note H. Tissandier.
4. Soc. 14 avr. 2010, n° 09-60.426, *Sem. soc. Lamy* 2010, n° 1442, p. 10, obs. F. C. et p. 11 l'entretien avec J.-F. Akandji-Kombé. La Cour de cassation écarte également, dans cette même décision, tout grief d'inconventionnalité relativement à l'exigence que le délégué syndical soit choisi parmi les candidats ayant obtenu au moins 10 % des voix aux élections professionnelles. Par ailleurs, par trois arrêts rendus le 18 juin 2010, la Cour de cassation a refusé de transmettre au Conseil constitutionnel les questions sur la constitutionnalité des dispositions de la L. du 20 août 2008 relatives à l'exigence d'un seuil d'audience électorale pour l'accès à la représentativité (Cass. QPC, 18 juin 2010, n° 10-40.005 à 10-40.007. *Adde*, J.-F. Akandji-Kombé, À propos de la constitutionnalité de la loi du 20 août 2008, *Sem. soc. Lamy* 2008, n° 1453, p. 7). Souhaitant vraisemblablement clore le débat, il n'en a pas moins affirmé la validité du critère de l'audience à l'occasion d'une question portant sur un tout autre point(Cons. const. 7 oct. 2010, n° 2010-42). V., sur la question, les pertinentes analyses de M.-L. Morin, Les nouveaux critères de la représentativité syndicale dans l'entreprise, *Dr. soc.* 2011. 62 ; A. Martinon, La représentativité des syndicats catégoriels : *JCP S* 2012. 1235.
5. De préférence à l'appréciation dite « au fil de l'eau ».
6. Soc. 13 févr. 2013, n° 12-18.098, *Lexbase Hebdo, éd. Sociale*, n° 518, note G. Auzero ; *JCP S* 2013. 1164, note E. Jeansen et Y. Pagnerre.

Le motif de principe précité laissait entendre que la représentativité, *stricto sensu*, d'un syndicat ne pouvait être contestée durant le cycle électoral. Confirmation en a été donnée dans une décision en date du 14 novembre 2013. Pour la Cour de cassation, « si les critères posés par l'article L. 2121-1 du Code du travail doivent être tous réunis pour établir la représentativité d'un syndicat et si ceux tenant au respect des valeurs républicaines, à l'indépendance et à la transparence financière doivent être satisfaits de manière autonome et permanente » [1], les autres critères « font l'objet, dans un périmètre donné, d'une appréciation globale pour toute la durée du cycle électoral » [2].

Dans les deux décisions qui viennent d'être évoquées, la Cour de cassation avait pris soin de borner les solutions retenues à l'existence d'un « périmètre donné ». On pouvait, en conséquence, penser que la logique du cycle électoral devait céder en cas de modification de ce périmètre, par suite d'un transfert d'entreprise ou d'établissement. La Cour de cassation a néanmoins assuré, ici aussi, la prééminence du cycle électoral, affirmant, dans plusieurs arrêts rendus le 19 février 2014, dans lesquels étaient en cause des transferts d'établissements, que « la représentativité des organisations syndicales est établie pour toute la durée du cycle électoral » [3]. Il résulte de cela qu'un syndicat reste représentatif dans une entreprise, alors même que celle-ci cède un ou plusieurs de ses établissements dans lesquels il était particulièrement bien implanté. À l'inverse, un syndicat qui n'a pas obtenu un score électoral de 10% lors des dernières élections organisées dans l'entreprise accueillant un ou plusieurs nouveaux établissements, ne peut prétendre y être représentatif au prétexte qu'il avait obtenu cette qualité dans les établissements transférés. La position adoptée par la Cour de cassation, qui porte à son paroxysme le maintien des situations acquises en début de cycle électoral, suscite de nombreuses et importantes difficultés [4], qu'une appréciation de la représentativité « au fil de l'eau » aurait permis d'éviter.

1038 ***Représentativité des syndicats catégoriels*** ◊ Le Code du travail prévoit des dispositions particulières pour les syndicats catégoriels, quel que soit le niveau d'appréciation de la représentativité [5]. Ainsi, dans l'entreprise

1. La satisfaction de ces critères peut donc être contestée à tout moment. Remarquons que leur non-respect conduit moins à remettre en cause la représentativité du syndicat que sa qualité même de syndicat.

2. Soc. 14 nov. 2013, n° 12-29.984, *Sem. soc. Lamy* 2014, n° 1620, p. 8, chron. L. Pécaut-Rivolier et Y. Struillou ; *RDT* 2013. 127, note I. Odoul-Asorey, Si une telle solution a l'avantage d'assurer une certaine stabilité des relations collectives dans l'entreprise, elle ne satisfait pas pleinement en ce qu'elle permet, par exemple, à un syndicat de rester représentatif, alors qu'il perd la quasi-totalité de ses adhérents durant le cycle (situation en cause dans l'arrêt évoqué). La réforme de 2008 était, pourtant, tout entière fondée sur l'idée de légitimité, spécialement de l'acteur syndical.

3. Soc. 19 févr. 2014, n°s 13-20.069, 12-29.354, 13-17.445, 13-16.750, publiés : *RDT* 2014. 272, note M. Grévy. *Adde*. E. Jeansen et Y. Pagnerre, « La dictature du cycle électoral », *JCP S* 2014. 1121.

4. Sur ces difficultés, v. l'art. préc. d'E. Jeansen et Y. Pagnerre.

5. P.-H. Antonmattéi, Négociation collective et syndicats catégoriels : le début des ennuis, *Dr. soc.* 2011. 89.

ou l'établissement, sont représentatives à l'égard des personnels relevant des collèges électoraux dans lesquels leurs règles statutaires leur donnent vocation à présenter des candidats, les organisations syndicales catégorielles affiliées à une confédération syndicale catégorielle interprofessionnelle nationale qui satisfont aux critères légaux et qui ont recueilli au moins 10 % des suffrages exprimés au premier tour des dernières élections professionnelles dans ces collèges (C. trav., art. L. 2122-2) [1]. Malgré sa formule générale, il faut constater que ce texte ne concerne pour l'heure que la CFE-CGC, seule « confédération syndicale catégorielle interprofessionnelle nationale » [2]. Ce faisant la loi réserve un certain « privilège » aux syndicats catégoriels affiliés à cette organisation [3] ; ce qui n'a pas manqué d'attiser la critique [4], sans pour autant émouvoir le Conseil constitutionnel qui a déclaré l'article L. 2122-2 du Code du travail conforme à la Constitution [5]. Il reste que ce privilège ne saurait être exagéré. Tout en admettant qu'un syndicat affilié à une confédération catégorielle interprofessionnelle nationale puisse présenter des candidats dans plusieurs collèges si ses statuts le prévoient, la Cour de cassation a fort logiquement décidé que, dans ce cas, sa représentativité est établie en fonction des suffrages recueillis dans l'ensemble des collèges [6]. Dans le même ordre d'idée, dans une entreprise à établissements multiples au sein de laquelle, dans certains établissements, ont été institués des collèges uniques en raison de l'effectif employé, un syndicat catégoriel ne peut pas exiger que sa représentativité au niveau de l'entreprise ne soit mesurée qu'à partir des résultats recueillis dans les seuls établissements où plusieurs collèges ont été mis en place [7].

---

1. On retrouve la même règle pour l'appréciation de la représentativité dans la branche et au niveau national et interprofessionnel (C. trav., art. L. 2122-7, L. 2122-10).

2. Ce que reconnaît au demeurant la circulaire du 13 nov. 2008 (préc.) en soulignant que « dans le paysage syndical actuel, seule la CFE-CGC est visée par ce dispositif ». V. aussi, Soc. 24 sept. 2013, n° 12-60.556, publié.

3. Ce « privilège » est réservé aux syndicats statutairement catégoriels. Par suite, dès lors que les statuts du syndicat lui donnent vocation à présenter des candidats dans tous les collèges, il en résulte que son audience doit être mesurée tous collèges confondus, peu important qu'il n'ait présenté des candidats que dans certains d'entre eux, Soc. 27 mars 2013, n° 12-22.733, *Bull. civ.* V, n° 93. Dès lors que le syndicat est statutairement catégoriel, il n'y a pas lieu de tenir compte du contenu des tracts distribués pendant la campagne électorale, ni du fait que le protocole a rattaché certains techniciens au 1er collège : Soc. 14 nov. 2013, n° 13-12.659, publié.

4. D'autant plus que d'autres syndicats catégoriels (journalistes et pilotes de ligne) ont bénéficié d'un traitement de faveur de la part du législateur. Sur la représentativité des syndicats de journalistes, v. Soc. 2 mars 2011, nos 09-60.419 et 10-60.157, *Sem. soc. Lamy* 2011, n° 1500, p. 4 avec la chron. De L. Pécault- Rivolier et Y. Struillou.

5. Cons. const. 7 oct. 2010, n° 2010-42 ; 12 nov. 2010, n° 2010-63. Sur ces décisions, v. l'art. préc. de P.-H. Antonmattéi. De son côté, la Cour de cassation a considéré que ce privilège était conforme aux engagements internationaux de la France : Soc. 28 sept. 2011, n° 10-19.113, *JCP S* 2012. 1072, note B. Gauriau.

6. Soc. 28 sept. 2011, n° 10-26.693, préc. ; 31 janv. 2012, n° 11-60.135, préc. Reste à savoir si, en cas d'échec, ce syndicat, qui n'a plus de catégoriel que le nom, peut se replier sur sa seule représentativité catégorielle. On peut en douter.

7. Soc. 4 juill. 2012, n° 11-60.239, *Bull. civ.* V, n° 213.

Le sort réservé aux syndicats affiliés à la CFE-CGC avait fait par ailleurs naître d'importantes interrogations relativement à la négociation et à la conclusion d'accords d'entreprise intercatégoriels [1]. Elles ont été résolues, en deux temps, par la Cour de cassation. Tout d'abord, dans un arrêt rendu le 31 mai 2011, elle a affirmé « qu'un syndicat représentatif catégoriel peut, avec des syndicats représentatifs intercatégoriels, et sans avoir à établir sa représentativité au sein de toutes les catégories de personnel, négocier et signer un accord d'entreprise intéressant l'ensemble du personnel, son audience électorale rapportée à l'ensemble des collèges électoraux, devant alors être prise en compte pour apprécier les conditions de validité de cet accord » [2]. Elle a ensuite décidé qu'en application du principe de spécialité, un syndicat représentatif catégoriel ne peut négocier et signer seul un accord d'entreprise intéressant l'ensemble du personnel, quand bien même son audience électorale, rapportée à l'ensemble des collèges électoraux, est supérieure à 30 % des suffrages exprimés au premier tour des dernières élections professionnelles [3]. La solution est parfaitement justifiée, en ce qu'elle assure et garantit le respect des stipulations statutaires des syndicats [4]. Elle constitue aussi, en quelque sorte, la contrepartie du « privilège » dont bénéficient ces syndicats en matière de représentativité [5].

§ 2. La représentativité des organisations patronales

1039 ***Exigence de représentativité*** ◊ Si l'exigence de représentativité est fréquemment visée par le Code du travail relativement aux syndicats de salariés, beaucoup plus rares sont les textes qui l'évoquent à propos des organisations patronales [6]. Tel est, par exemple, le cas de l'article L. 2261-19 qui

1. P. Adam, « La CFE-CGC peut-elle signer un accord d'entreprise intercatégoriel ? », *Sem. soc. Lamy*, n° 1424, p. 6 ; L. Flament, La représentativité après la loi du 20 août 2008 : nouvelles questions : *JCP S* 2009. 1386 et note ss. Paris, 14 janv. 2010, *JCP S* 2010. 1152 ; P.-H. Antonmattéi, art. préc. Pour ce qui est des accords catégoriels, leur négociation est à l'évidence ouverte aux syndicats catégoriels représentatifs dans le collège concerné (C. trav., art. L. 2232-13). Plus délicate est la question de savoir si elle est également ouverte aux syndicats intercatégoriels et, dans l'affirmative, à quelles conditions (v. P.-H. Antonmattéi, art. préc., p. 91).

2. Soc. 31 mai 2011, n° 10-14.391, *Sem. soc. Lamy* 2011, n° 1496, avec la chron. de P. Adam ; *Dr. soc.* 2011. 1132, note F. Petit.

3. Soc. 2 juill. 2014, n° 13-14.622, publié, *Sem. soc. Lamy* 2014, n° 1368, p. 12, avec l'entretien accordé par L. Pécaut-Rivolier.

4. Il est tout de même curieux, pour ne pas dire franchement critiquable, de se vouloir statutairement catégoriel, tout en niant cette stipulation fondamentale par son action.

5. Il n'en demeure pas moins que cette solution peut présenter, en fait, des inconvénients. La principale intéresse les entreprises qui, employant un nombre élevé de cadres, n'auront pour syndicats représentatifs qu'une organisation catégorielle.

6. Cela s'explique principalement par le fait que, dans le champ de la négociation collective, et s'agissant de la partie patronale, la représentation, au sens civiliste du terme, supplante, en règle très générale, la représentativité. Il convient en effet de rappeler que, sous réserve de son extension, ne sont liés, par une norme conventionnelle, que les employeurs membres d'un groupement signataire.

dispose que, pour pouvoir être étendu, la convention de branche ou l'accord professionnel ou interprofessionnel doit avoir été négocié et conclu au sein d'une commission paritaire composée « de représentants des organisations syndicales d'employeurs et de salariés représentatives dans le champ d'application considéré ». Appelé à apprécier la représentativité des organisations patronales, le juge n'avait d'autres choix, antérieurement à la loi du 5 mars 2014, que de se référer aux critères de représentativité énoncés par l'article L. 2121-1 [1], non sans quelques adaptations [2]. Cela n'était cependant guère satisfaisant, spécialement après la réforme de la démocratie sociale de 2008, dont on a vu qu'elle soumet la représentativité à un critère d'audience électorale apprécié par rapport aux élections professionnelles dans l'entreprise, auquel les organisations patronales ne peuvent pas, par hypothèse, satisfaire [3]. La loi du 5 mars 2014 est venue combler cette lacune.

1040 *Critères* ◊ En application de l'article L. 2151-1 du Code du travail [4], la représentativité des organisations professionnelles d'employeurs est déterminée d'après les six critères cumulatifs suivants : 1° Le respect des valeurs républicaines ; 2° L'indépendance ; 3° La transparence financière ; 4° Une ancienneté minimale de deux ans dans le champ professionnel et géographique couvrant le niveau de négociation [5] ; 5° L'influence, prioritairement caractérisée par l'activité et l'expérience ; 6° L'audience, qui se mesure en fonction du nombre d'entreprises adhérentes et, selon les niveaux de négociation, en application du 3° des articles L. 2152-1 ou L. 2152-4.

L'article L. 2151-1 reprend donc, à l'identique, cinq des sept critères permettant d'établir la représentativité des organisations syndicales. Il devrait en résulter une transposition des solutions dégagées depuis 2008 par la Cour de cassation relativement à la représentativité des syndicats de salariés, non sans de nécessaires adaptations s'agissant, notamment, de l'exigence d'indépendance [6]. On peut ainsi penser que, trouvera à s'appliquer la solution selon laquelle si tous les critères posés par le texte doivent être

---

1. CE 2 mars 2011, n° 313189, *RJS* 6/11, n° 537.

2. Le Conseil d'État tenait ainsi compte du nombre d'entreprises adhérentes et du nombre de salariés de ces entreprises, rapporté au nombre total des entreprises et des salariés de la branche. V., en dernier lieu, CE 30 déc. 2013, n° 352901, *Lexbase Hebdo, éd. Sociale*, n° 555, note G. Auzero.

3. B. Teyssié, J.-F. Césaro et A. Martinon, « La représentativité des organisations professionnelles d'employeurs », *JCP S* 2011. 1102 ; F. Héas, « La représentativité des organisations salariées et patronales en droit français », *RDT* 2011. 91 ; N. Maggi-Germain, « La représentativité des organisations professionnelles d'employeurs », *Dr. Soc.* 2011. 1072.

4. La loi s'inspire largement des conclusions du rapport sur la réforme de la représentativité patronale remis le 23 octobre 2013 par le Directeur général du travail d'alors.

5. Cette ancienneté s'apprécie à compter du dépôt légal des statuts.

6. Cela relève de l'évidence dans la mesure où l'indépendance des syndicats de salariés s'apprécie, d'abord, à l'égard de l'employeur et des organisations auxquelles il peut adhérer. Il convient de relever que ce critère était vérifié antérieurement. V., par ex., CE 2 mars 2011, n° 313189, préc.

réunis pour établir la représentativité d'une organisation patronale et si ceux tenant au respect des valeurs républicaines, à l'indépendance et à la transparence financière doivent être satisfaits de manière autonome, ceux relatifs à l'influence, à l'ancienneté et à l'audience doivent faire l'objet d'une appréciation globale [1].

1041 *Audience* ◊ Là où l'audience des organisations syndicales se mesure à l'aune des suffrages obtenus lors des élections professionnelles dans l'entreprise et de l'élection *ad hoc* s'agissant des très petites entreprises, celle des organisations patronales est fonction du nombre d'entreprises adhérentes.

Au niveau des branches professionnelles, sont représentatives les organisations professionnelles d'employeurs dont les entreprises adhérentes à jour de leur cotisation représentent au moins 8% de l'ensemble des entreprises adhérant à des organisations professionnelles d'employeurs de la branche satisfaisant aux critères mentionnés aux 1° à 4° de l'article L. 2151-1 et ayant fait la déclaration de candidature prévue à l'article L. 2152-5 [2]. Le seuil de 8% n'est donc pas apprécié au regard de l'ensemble des entreprises de la branche, mais uniquement par rapport à celles qui adhèrent aux organisations patronales visées [3]. L'organisation professionnelle d'employeurs ne pourra prétendre à la représentativité que si elle a fait acte de candidature en ce sens [4]. Le nombre d'entreprises adhérant à l'organisation devra être attesté par un commissaire aux comptes, qui peut être celui de l'organisation [5].

Au niveau national et interprofessionnel, sont représentatives les organisations professionnelles d'employeurs dont les entreprises et les organisations adhérentes à jour de leur cotisation représentent au moins 8% de l'ensemble des entreprises adhérant à des organisations professionnelles d'employeurs satisfaisant aux mêmes conditions que celles énoncées précédemment [6]. On constate que sont ici prises en compte les entreprises qui adhèrent directement à l'organisation qui entend se prévaloir de la représentativité, mais aussi celles qui adhèrent à un groupement membre

1. Soc. 29 févr. 2012, n° 11-13.748, *Bull. civ.* V, n° 83 ; V. ss 1031
2. Art. L. 2152-1. Ce texte précise que ces organisations devront, en outre, satisfaire aux autres critères de l'article L. 2151-1 et, à l'instar des organisations syndicales, disposer d'une implantation territoriale équilibrée au sein de la branche.
3. Il s'agit, ce faisant, de ne pas pénaliser les branches dans lesquelles le taux d'adhésion des entreprises à des organisations patronales est très faible. L'article L. 2152-1 retient des modalités particulières d'appréciation du seuil de 8 % dans les branches couvrant les activités agricoles.
4. Cette déclaration de candidature devra se faire selon des modalités précisées par décret. En tout état de cause, les organisations devront indiquer, à cette occasion, le nombre de leurs entreprises adhérentes et le nombre de salariés qu'elles emploient (art. L. 2152-5).
5. En application de l'article L. 2135-6, les syndicats professionnels d'employeurs, leurs unions et les associations d'employeurs mentionnés à l'article L. 2135-1 qui souhaitent établir leur représentativité sont tenus de nommer un commissaire aux comptes et un suppléant. Plus généralement, les syndicats et groupements d'employeurs sont tenus de la même obligation lorsque leurs ressources dépassent un seuil fixé par décret.
6. Le nombre d'entreprises adhérant à ces organisations est attesté, pour chacune d'elles, par un commissaire aux comptes.

de celle-ci [1]. L'organisation patronale d'employeurs ne doit pas se contenter de satisfaire à cette audience ; elle doit également remplir les autres critères de représentativité. Le législateur a pris soin de tenir compte du phénomène de la « multi-adhésion », fréquent au sein des groupements patronaux. À cet effet, l'article L. 2152-4 dispose que lorsqu'une organisation professionnelle d'employeurs adhère à plusieurs organisations professionnelles d'employeurs ayant statutairement vocation à être présentes au niveau national et interprofessionnel, elle répartit entre ces organisations, pour permettre la mesure de l'audience, ses entreprises adhérentes. Cette répartition n'est pas entièrement abandonnée à la libre volonté des organes du groupement [2]. Le texte précité prévoit qu'elle ne peut affecter à chacune de ces organisations une part d'entreprises inférieure à un pourcentage fixé par décret, compris entre 10% et 20% [3].

Que ce soit au niveau de la branche professionnelle ou au niveau national et interprofessionnel, la mesure de l'audience s'effectue tous les quatre ans [4].

Au niveau national et multi-professionnel. La loi du 5 mars 2014 crée un nouveau niveau de représentation collective, qualifié de niveau « multi-professionnel ». Ainsi qu'il a été souligné, il s'agit, ce faisant, de prendre en compte le fait que le niveau interprofessionnel n'englobe pas, en réalité, tous les secteurs d'activité, mais seulement l'industrie, les commerces, les services et la construction, laissant de côté l'agriculture, les professions libérales et l'économie solidaire [5]. Le niveau national et multi-professionnel désigne donc chacun de ces trois secteurs d'activité. Sont représentatives, à ce niveau, les organisations professionnelles d'employeurs qui satisfont aux cinq premiers critères de l'article L. 2151-1 et dont les organisations adhérentes sont représentatives, sur le fondement de l'article L. 2152-1, dans au moins dix branches professionnelles relevant soit des activités agricoles, soit des professions libérales, soit de l'économie sociale et solidaire, et ne relevant pas du champ couvert par les organisations professionnelles d'employeurs représentatives au niveau national et interprofessionnel (C. trav., art. L. 2152-2). La représentativité de l'organisation patronale est, en outre, subordonnée à l'adhésion d'au moins quinze organisations relevant de l'un des trois champs d'activité précité et au fait

---

1. Nul besoin, donc, pour une entreprise souhaitant être prise en compte, de procéder à une double adhésion, à la différence de la représentativité au niveau des branches. S'agissant des organisations adhérentes, elles doivent être représentatives dans « des » branches de l'industrie, de la construction, du commerce et des services, c'est-à-dire dans au moins deux de ces branches.

2. Il conviendra que les statuts de l'organisation déterminent l'organe compétent pour procéder à cette répartition. On peut penser que ces mêmes statuts pourront réserver aux entreprises adhérentes le droit de déterminer à quelle organisation elles entendent affecter leur adhésion. La loi se borne à préciser que les entreprises adhérentes sont informées de la répartition.

3. L'organisation professionnelle d'employeurs devra indiquer la répartition retenue dans la déclaration de candidature.

4. La première mesure de l'audience sera réalisée à compter de l'année 2017. Trouvera, certainement, à s'appliquer ici la logique du « cycle électoral », retenue par la Cour de cassation pour les organisations syndicales de salariés. Il appartiendra au ministre chargé du travail, après avis du Haut Conseil du dialogue social, d'arrêter la liste des organisations représentatives à ces différents niveaux.

5. Ch. Radé, « Les nouvelles règles de la représentativité des organisations patronales », *Lexbase Hebdo, éd. Sociale*, n° 563.

qu'elle justifie d'une implantation territoriale couvrant au moins un tiers du territoire national soit au niveau départemental, soit au niveau régional.

La loi conforte donc, au côté d'un niveau dont aura compris qu'il est improprement qualifié d'interprofessionnel, l'existence de ce niveau multi-professionnel ; là où aurait pu être fait le choix d'une interprofession unique. Par suite, les organisations représentatives à ce niveau ne seront qu'indirectement associées à la négociation nationale et interprofessionnelle. Ainsi que le précise, en effet, l'article L. 2152-3 du Code du travail, lors de l'ouverture d'une telle négociation, puis préalablement à sa conclusion, les organisations professionnelles d'employeurs, représentatives à ce niveau, informent les organisations représentatives au niveau national et multi-professionnel des objectifs poursuivis par cette négociation et recueillent leurs observations.

CHAPITRE 3
L'ACTION SYNDICALE

1042 *Mission* ◇ Les syndicats ont pour mission l'étude et la défense des droits ainsi que des intérêts matériels et moraux, tant collectifs qu'individuels, des personnes visées par leurs statuts (C. trav., art. L. 2131-1). Cette mission peut s'exercer par des voies différentes, comme le montre la diversité des expériences étrangères. Le syndicalisme y apparaît tantôt, sur le modèle anglo-saxon, comme une force de défense des salariés dans l'entreprise, tantôt, sur le « modèle rhénan », comme une force de cogestion du système social, imposant son partenariat aux organisations d'employeurs. Le syndicalisme « ouvrier » français est encore différent : son action de défense des salariés a eu besoin pour s'affirmer du secours de la loi (Section 1) ; son rôle de gestion s'exerce à la périphérie des relations du travail (Section 2).

SECTION 1. LA DÉFENSE DES SALARIÉS

1043 *Cadre juridique* ◇ La mission première des syndicats consiste à pallier sur le plan collectif la faiblesse individuelle inhérente à la subordination des salariés. La loi est intervenue pour faciliter l'exercice de cette mission, en donnant un cadre juridique à l'action revendicative des syndicats (§ 1) et en leur conférant des facultés d'agir en justice exorbitantes du droit commun (§ 2).

§ 1. L'action revendicative

1044 *Niveaux de l'action revendicative* ◇ L'esprit du droit français a été pendant longtemps de n'envisager l'action syndicale – et par voie de conséquence de ne reconnaître l'existence des droits syndicaux – que dans le cadre de la *profession*. L'époque contemporaine a vu se dessiner un double mouvement d'extension. D'une part, ces droits se sont manifestés dans un cadre interprofessionnel du fait de l'existence des grandes confédérations, ce qui a conduit à situer l'action syndicale dans le cadre *national*. D'autre part, ils tendent à se développer dans le cadre plus restreint de l'*entreprise* au service du personnel de celle-ci [1].

---

1. Sur la contestation des formes traditionnelles d'action des grandes confédérations, v. J.-P. Basilien, Les modes d'action du syndicalisme radical : vraies et fausses nouveautés, *Dr. soc.* 1999. 1057. V. aussi, F. Piotet, Les paradoxes de la CGT : *Dr. soc.* 2010. 533.

La loi du 28 décembre 1968 a entendu garantir ce libre exercice du droit syndical dans l'entreprise, en autorisant la constitution de sections syndicales, en garantissant leur fonctionnement (collecte des cotisations, information des salariés, etc.), et en permettant la désignation de délégués syndicaux dans les entreprises d'au moins 50 salariés. À la différence des institutions élues, la représentation syndicale n'incarne pas seulement les intérêts particuliers du personnel de l'entreprise, mais intègre ces derniers dans la défense plus générale du sort des salariés. Cette conception d'un syndicalisme appelé à transcender les particularismes d'entreprise est à l'origine de maintes dispositions importantes de notre droit des relations professionnelles, comme le régime juridique de la section syndicale d'entreprise (dépourvue de personnalité juridique) ou la maîtrise de la négociation collective par les organisations syndicales.

La mobilité internationale du capital, et les possibilités qu'elle ouvre d'une mise en concurrence de travailleurs de différents pays, débordent le cadre national où se sont organisés les syndicats [1]. Au-delà des efforts, encore très insuffisants, déployés par les syndicats eux-mêmes pour promouvoir des formes nouvelles de représentation et d'action internationale [2] – et les « mobilisations collectives européennes » restent faibles [3] – le droit communautaire donne mission à la Commission de faciliter le dialogue social au niveau européen, « en veillant à un soutien équilibré des parties » (Traité de Rome, art. 138-139 mod. par Traité d'Amsterdam). En revanche les syndicats sont, pour l'essentiel, tenus à l'écart des procédures de régulation du marché conduites par la Commission [4].

1045 ***Négociation et déclenchement des conflits*** ◊ Ainsi qu'il a déjà été signalé, c'est aux organisations syndicales représentatives qu'il appartient de négocier les conventions et accords réglant les conditions de travail et de salaire dans la profession ou l'entreprise, ou de s'opposer (dans certaines conditions assurant à l'opposition un caractère majoritaire) à une convention ou un accord signé par d'autres syndicats. Elles ne jouissent pourtant pas d'un véritable monopole en ce domaine. La loi autorise la négociation par des élus du personnel ou des salariés mandatés (par un ou

1. Ch. Hannoun, L'impact de la financiarisation de l'économie sur le droit du travail : *RDT* 2008. 288.

2. Les confédérations françaises de salariés, à l'exception de la CFE-CGC mais y compris l'UNSA, appartiennent à la Confédération européenne des syndicats (CES) dont le siège est à Bruxelles et qui est, côté syndical, le « partenaire social au niveau communautaire » au sens du Traité CE modifié (v. M.-A. Moreau, L'action syndicale en Europe, *in Le syndicalisme salarié*, préc., p. 59 ; M.-E. Blas Lopez, Le cadre d'action des partenaires sociaux européens, *Dr. soc.* 2006. 540). Par ailleurs, la CGT, la CFTC, la CGT-FO et la CFDT sont affiliées à la Confédération syndicale internationale (CSI), née en nov. 2006, principalement du regroupement de la Confédération internationale des syndicats libres, de la Confédération mondiale du travail. La création de la CSI a conduit à marginaliser un peu plus la Fédération syndicale mondiale.

3. J.-M. Denis, Les mobilisations collectives européennes : de l'impuissance à la nécessité d'alliance, *Dr. soc.* 2006. 679.

4. F. Vasquez, L'intervention des représentants du personnel dans les procédures externes à l'entreprise en Europe, *Dr. soc.* 1998. 927 ; H.-J. Legrand, Les modalités d'intervention des représentants des travailleurs dans les procédures communautaires intéressant la vie des entreprises, *ibid.* 931.

plusieurs syndicats) dans les entreprises dépourvues de délégués syndicaux, tout en préservant le rôle des organisations syndicales représentatives (C. trav., art. L. 2232-21 s.). Le Conseil constitutionnel estime que les syndicats n'ont pas « un monopole de la représentation des salariés en matière de négociation collective » et que « des salariés désignés par la voie de l'élection ou titulaires d'un mandat assurant leur représentativité peuvent également participer à la détermination collective des conditions de travail dès lors que leur intervention n'a ni pour objet ni pour effet de faire obstacle à celle des organisations syndicales représentatives » [1].

On observera que s'il s'agit de conventions collectives susceptibles d'extension, les organisations syndicales représentatives sont appelées à siéger en commission mixte, véritable petit « parlement » professionnel. La conception française de la convention collective ne s'explique vraiment que par des traditions vivaces au sein du mouvement syndical (absence de devoir de paix). Certains voudraient qu'il soit davantage sollicité ou engagé dans la production normative au plus haut niveau, à travers le développement de la négociation de la loi, voire avec la reconnaissance d'un primat de la négociation sur la législation comme mode d'adoption et de réforme du régime du travail et de la protection sociale (idée de « démocratie sociale ») [2].

Bien que l'exercice du droit de grève implique une action collective, ce droit n'appartient pas aux syndicats mais aux salariés. Dans les services publics toutefois, les syndicats ont reçu un monopole dans le déclenchement des grèves. Le rôle des syndicats demeure en tout cas essentiel en matière de conflits du travail. C'est souvent le syndicat qui appellera à la grève, qui la dirigera, qui formulera les revendications, qui négociera, qui appellera à la reprise du travail. Certains syndicats ont constitué des fonds de grève.

Le droit français distingue nettement l'*action syndicale* qui bénéficie d'une protection pénale (C. trav., art. L. 2146-1, 2146-2), y compris pour l'organisation de réunions dans l'entreprise, et l'*action de grève*, dépourvue de protection pénale [3]. Mais si la seule participation à une grève ne suffit pas à caractériser une action syndicale ou à établir une appartenance syndicale [4], il en est autrement lorsque le mouvement a été déclenché par une organisation syndicale, et que les mesures prises par l'employeur n'ont frappé que des syndiqués ou ont eu pour objet de faire pression sur ce syndicat [5].

---

1. Cons. const. DC 96-383 du 6 nov. 1996, *Dr. ouvrier* 1996. 479, note G. Lyon-Caen ; *Dr. soc.* 1997. 31, note M.-L. Morin ; *Grands arrêts*, 4e éd., 2008, n° 157.

2. V. ss 25.

3. Des licenciements, des sanctions ou autres mesures de rétorsion frappant les grévistes ou toute autre manœuvre contre l'exercice du droit de grève ne constituent pas des agissements visés par l'art. L. 2141-5 C. trav. et ne consomment donc pas l'infraction de l'art. L. 2146-2 C. trav. (Crim. 19 juin 1979, *Bull. crim.* n° 217 ; *D.* 1980. IR 88, obs. J. Pélissier).

4. Crim. 4 déc. 1979, *Bull. crim.* n° 349 ; 31 mars 1981, *JS UIMM* 1981, n° 422, p. 406 ; *D.* 1982. IR 83, obs. J. Pélissier).

5. Crim. 12 mai 1981, *Bull. crim.* n° 154 ; 15 déc. 1981, *ibid.*, n° 330 ; *D.* 1982. IR 321, obs. J.-M. Béraud ; 22 oct. 1986, *Dr. soc.* 1987. 852, note J. Déprez ; 21 nov. 1989, *Dr. ouvrier* 1990. 410 ; 4 avr. 1995, *Bull. crim.* n° 146. Rappr. : Soc. 8 juin 2005, *Dr. ouvrier* 2006. 95.

§ 2. L'action en justice des syndicats [1]

A. Différents types d'action syndicale

1046 ***Distinction*** ◊ Il importe de bien distinguer l'action *propre* du syndicat, l'action exercée *au nom d'un salarié* auquel le syndicat se substitue et l'action « *syndicale* » en défense de l'*intérêt collectif de la profession* (C. trav., art. L. 2132-3) [2].

1047 ***Intérêts propres du syndicat*** ◊ Il n'a jamais été contesté que le syndicat, personne morale, puisse ester en justice pour défendre ses *intérêts propres* de groupement, même s'il est dépourvu de représentativité [3]. L'intérêt est la condition de recevabilité de l'action, conformément au droit commun procédural (C. pr. civ., art. 31) et il suffira au syndicat d'établir que ses intérêts sont en cause. Les actions en justice nées d'une scission syndicale, et qui tendaient à revendiquer tel ou tel élément du patrimoine syndical, étaient évidemment recevables à ce titre. De même, c'est un intérêt moral certain que le syndicat invoque lorsqu'il se plaint d'une atteinte à la liberté syndicale dont est victime un de ses adhérents, lorsqu'il agit en annulation d'une mesure de l'employeur avantageant une autre organisation ou en dommages-intérêts réparant le préjudice causé par une telle mesure discriminatoire [4], lorsqu'il agit en annulation d'une élection professionnelle à laquelle il a présenté des candidats, ou encore lorsqu'il conteste la qualité de syndicat professionnel d'un « syndicat » créé par un parti politique pour s'implanter dans un service public ou une entreprise [5]. L'action du syndicat signataire d'une convention collective pour en obtenir l'application ou pour réclamer des dommages-intérêts en cas d'inexécution – ou action contractuelle – est une action qu'il exerce dans son intérêt propre. Elle est ouverte aux seuls syndicats signataires de la convention [6]. La jurisprudence estime que cette action (C. trav., art. L. 2262-11) ne produit pas d'effet au bénéfice individuel de chacun des salariés, à la différence de

---

1. La saisine d'une juridiction n'est pas la seule manière, pour les syndicats, de participer à la vie juridique. L'art. 64 de la loi du 31 déc. 1971 modifiée les habilite à pratiquer le droit en donnant des consultations et en rédigeant des actes sous seing privé « au profit des personnes dont la défense des intérêts est visée par leurs statuts, sur des questions se rapportant directement à leur objet ». Mais, un syndicat ne peut avoir pour objet exclusif de proposer des services rémunérés d'assistance et de conseil juridiques, Soc. 15 nov. 2012, n° 12-27.315, *Lexbase Hebdo, éd. Sociale*, n° 507, note G. Auzero.

2. Il faut distinguer des droits d'agir en justice reconnus aux syndicats la faculté que la loi leur reconnaît d'assister les parties au procès prud'homal (C. trav., art. R. 1453-2).

3. Soc. 18 mai 1982, *Bull. civ.* V, n° 326.

4. Soc. 10 juill. 2001, *Dr. soc.* 2001. 1131, obs. J. Savatier.

5. Cass., ch. mixte, 10 avr. 1998, *D.* 1998. 389, note A. Jeammaud ; *Dr. soc.* 1998. 565, rapport J. Merlin ; *Grands arrêts*, 4e éd., 2008, n° 123.

6. Soc. 14 févr. 2001 : *Bull. civ.* V, n° 56.

l'action de substitution de l'article L. 2262-9 [1]. Indépendamment de ces actions, les syndicats professionnels sont recevables à demander l'exécution d'une convention collective sur le fondement de l'article L. 2132-3, même s'ils n'ont pas été signataires de ce texte. Le non-respect des dispositions d'une convention collective cause en effet nécessairement un préjudice à l'intérêt collectif de l'ensemble de la profession [2].

1048 ***Intérêts individuels des salariés : l'action de substitution*** [3] ◊ « Nul en France ne plaide par procureur » : nul ne peut, sans mandat, exercer une action en justice au nom et pour le compte d'une autre personne. Un syndicat ne peut donc se substituer à un salarié pour exercer une action en justice « appartenant » à celui-ci. Mais ce principe a reçu, au profit des syndicats de salariés essentiellement, des exceptions inspirées par un souci d'assurer l'exercice effectif des droits et actions des travailleurs. Deux types de motifs ont paru guider le législateur : la considération de la faiblesse particulière des salariés en question face à l'employeur (travailleur à domicile, salarié sous contrat précaire, salarié ou salariée victime d'une discrimination sexiste ou d'un harcèlement, etc.), la dimension collective des dispositions ou mesures en cause à travers le litige individuel (application d'une convention collective, réalisation d'une opération de licenciement pour motif économique).

Ces hypothèses de qualification d'un syndicat pour agir en justice comme « *procureur d'intérêts individuels* » sont demeurées limitées jusqu'à 1981, et permettaient seulement à l'organisation d'exercer l'action en justice d'un de ses membres. Ainsi un syndicat peut-il agir :

– aux lieu et place d'un de ses membres travailleur à domicile (C. trav., L. 7423-2) ;

– en exerçant l'action en justice née, au profit d'un de ses membres, d'une convention ou d'un accord collectif auquel il est partie (C. trav., art. L. 2262-9) [4].

Les textes de ce type se sont multipliés depuis 1981. Dans cette nouvelle et ample série d'hypothèses, la faculté syndicale de substitution concerne les actions individuelles de salariés *même non adhérents de l'organisation*, mais elle est toujours subordonnée à la condition de *représentativité* du syndicat. Un syndicat représentatif est ainsi habilité à exercer toute action en justice :

– d'un travailleur étranger (C. trav., art. L. 8255-1), d'un salarié intérimaire (C. trav., art. L. 1251-59), d'un salarié d'un groupement d'employeurs (C. trav., art. L. 1253-16), d'un salarié sous contrat à durée déterminée (C. trav., art. L. 1247-1) ;

---

1. Soc. 20 juin 1990, *Bull. civ.* V, n° 308 ; 12 janv. 1994, *Dr. soc.* 1994. 281. V. aussi, Soc. 25 sept. 2013, n° 12-13.697, *Sem. soc. Lamy* 2013, n° 1606, p. 11, chron. L. Pécaut-Rivolier et Y. Struillou. Il résulte de cette décision que le seul fait que l'exécution d'un accord collectif puisse bénéficier à des salariés pris individuellement ne confère pas au litige un caractère nécessairement individuel.

2. Qu'il s'agisse d'une convention étendue (Soc. 12 juin 2001, n° 00-14.435, *Dr. soc.* 2001. 1019, obs. P.-H. Antonmattéi) ou non étendue (Soc. 3 mai 2007, n° 05-12.340, *RDT* 2007. 536, obs. G. Borenfreund ; 16 janv. 2008, n° 07-10.095, *Bull. civ.* V, n° 10 ; 13 juin 2013, n° 12-12.818 P).

3. A. Supiot, *Les juridictions du travail, Traité de droit du travail*, Dalloz, t. 9, 1987, n°s 523 s. ; F. Petit, L'action de substitution, un cadeau promis à un avenir meilleur, *Dr. soc.* 2004. 262.

4. Ex. : Soc. 10 mars 1965, *D.* 1965. 624, note J. Villebrun ; *Grands arrêts*, 4e éd., 2008, n° 31.

– de tout salarié victime d'un prêt de main-d'œuvre illicite (C. trav., art. L. 8233-1) ou d'une méconnaissance des règles sur l'égalité de rémunération entre hommes et femmes (C. trav., art. L. 1144-2) ;

– de tout salarié s'estimant victime d'une discrimination prohibée par l'article L. 1132-1 (C. trav., art. L. 1134-2) ou d'un harcèlement sexuel ou moral (C. trav., art. L. 1154-2) ;

– de tout salarié touché par un licenciement économique (C. trav., art. L. 1235-8).

Dans ces différents cas, le syndicat n'a pas à justifier d'un mandat de l'intéressé. Mais ce dernier, dûment averti par le syndicat, doit ne pas s'être opposé à cette initiative (dans un certain délai) et peut toujours intervenir à l'instance engagée [1].

Certains souhaitent la généralisation de cette faculté, pour le syndicat, de se substituer à un salarié (au moins dans les entreprises où n'existe aucune représentation syndicale) [2]. Il faudrait en tout cas la réserver aux syndicats représentatifs et, peut-être, en limiter le bénéfice aux adhérents du syndicat (ce qui créerait un intérêt à l'adhésion).

1049 ***Intérêt collectif de la profession : « l'action syndicale »*** ◊ La question avait été soumise aux tribunaux à la fin du XIXe siècle par des syndicats agricoles, des syndicats de travailleurs indépendants et d'employeurs. Si un rebouteux exerçait illégalement la médecine, le syndicat de médecins pouvait-il lui réclamer des dommages-intérêts au motif qu'un préjudice collectif en résultait pour la profession médicale ? Si un viticulteur « mouillait » son vin, la profession en subissait-elle un dommage matériel ou moral tel qu'une action en justice du syndicat viticole était possible ? Pour certains juristes de l'époque, l'idée même d'intérêt collectif ou de préjudice collectif était fausse : il n'y avait qu'une addition de

1. Dans sa Décis. n° 89-257 DC du 25 juill. 1989 (*Dr. soc.* 1989. 627, comm. X. Prétot ; *ibid.* 701) le Conseil constitutionnel a estimé en termes généraux que cette « action individuelle exercée syndicalement » n'était pas contraire à la liberté personnelle du salarié de se tenir à l'écart de tout syndicat, mais il a assorti cette appréciation de réserves d'interprétation. Sur les modalités de cette ressource procédurale : Soc. 1er févr. 2000, 2 arrêts, *JCP* 2001. II.10451, note E. Jeuland. Selon l'un de ces arrêts, l'action de substitution est « personnelle » au syndicat et n'est pas « une action par représentation des salariés » (le syndicat exerce pourtant bien l'action qui « appartient » au salarié et ne peut demander qu'au nom et pour le compte de ce dernier, sans rien demander pour lui-même), ce dont la Cour déduit que l'organisation n'est pas tenue d'indiquer dans sa déclaration de pourvoi les noms, prénoms, etc., des salariés en faveur desquels elle agit. L'autre interprète assez libéralement les dispositions relatives à l'information du salarié, et il lui a été reproché d'ignorer la réserve d'interprétation du juge constitutionnel (C. Roy-Loustaunau, obs. *Dr. soc.* 2000. 516). Mais les dispositions en cause dans l'arrêt n'étaient pas celles que concernait la décision de ce juge, et la lecture qu'en pratique la chambre sociale ne méconnaît pas l'esprit de la réserve en question. Pour un autre commentateur, la Cour tend à « équilibrer les droits des salariés et les droits des syndicats » (E. Jeuland, note préc.).

2. A. Supiot, *Dr. soc.* 1985. 774 ; *RF aff soc.* 1993.101 ; F. Petit, préc. ; *contra :* M. Cohen, Le droit de substitution, cadeau empoisonné aux syndicats *Dr. soc.* 1990. 790. Pour un exemple en matière de travail temporaire : Crim. 15 nov. 1983, *Dr. ouvrier* 1984. 477. V. H. Peschaud, Le droit de substitution et les garanties des salariés, *Dr. ouvrier* 2000. 478.

préjudices individuels et des actions individuelles isolées étaient seules possibles à l'exclusion d'une action « professionnelle » ou « syndicale ».

Mais cette opinion n'a pas prévalu. La profession était dépourvue d'organes pouvant parler en son nom. Le syndicat devint cet organe. Dans un arrêt célèbre [1], la Cour de cassation admit un syndicat à agir en justice pour défendre les intérêts collectifs de la profession considérée dans son ensemble : il suffisait que les faits relevés fussent de nature à préjudicier à la profession, même si celle-ci ne subissait pas de préjudice direct. Doctrine d'autant plus remarquable que les associations ne sont pas habilitées, sauf exception, à agir en justice pour la défense d'intérêts collectifs.

La loi du 12 mars 1920 (C. trav., art. L. 2132-3) a mis fin à toute hésitation : *les syndicats peuvent*, devant toutes les juridictions, *exercer tous les droits réservés à la partie civile*, concernant les faits portant un préjudice direct ou indirect à l'intérêt collectif de la profession qu'ils représentent [2]. On remarquera que cette action syndicale :

1) a été conçue sur le modèle de l'action civile en dommages-intérêts [3] ;

2) est recevable que l'atteinte alléguée à l'intérêt collectif de la profession soit directe ou indirecte, même si le préjudice invoqué est d'abord individuel et par contrecoup seulement collectif, et que ce préjudice soit moral ou matériel.

Conçue à l'origine pour les syndicats de non-salariés [4], l'action syndicale est surtout exercée, aujourd'hui, par les syndicats de salariés contre des employeurs [5]. Cette technique de défense en justice de l'intérêt collectif a été transposée hors du droit du travail, au profit d'associations agréées, notamment en matière d'environnement. L'action de ces associations et celle des syndicats ne sont d'ailleurs pas exclusives l'une de l'autre [6].

B. Régime de l'action syndicale

1050 ***Intérêt collectif de la profession et intérêt général*** ◊ On a dit que l'intérêt collectif de la profession déguiserait souvent l'intérêt général pur

1. Cass., ch. réun., 5 avr. 1913, *D.* 1914. I. 65, rapp. Falcimaigne, concl. Sarrut ; *S.* 1920. I. 49, note A. Mestre.

2. La Cour de cassation a refusé de transmettre une QPC remettant en cause la constitutionnalité de cette disposition : Soc. 5 juin 2013, n° 12-27.478 P.

3. Soc. 18 nov. 2009, n° 08-43.523, *JCP S* 2010. 1070, note Th. Lahalle (arrêt rendu au visa de l'art. 1382 C. civ.).

4. Ex. : Cass., ass. plén., 7 mai 1993, *D.* 1993. 437, concl. M. Jéol ; Com. 1er déc. 1998, *D.* 1999. 331, note J. Boré.

5. L'action peut aussi être dirigée contre un cocontractant de l'employeur : Soc. 10 janv. 2012, n° 09-16.691, *JCP S* 2012. 1215, note S. Brissy.

6. Crim. 25 mai 1993, *Bull. crim.* n° 188. D'ailleurs, l'art. L. 1134-3 C. trav. qualifie certaines associations de lutte contre les discriminations pour exercer les actions individuelles que peuvent également exercer les syndicats représentatifs, tandis que l'art. L. 5212-16 ouvre aux associations spécialisées la faculté d'exercer une action civile fondée sur l'inobservation des dispositions à l'obligation d'emploi des travailleurs handicapés et personnes assimilées, lésant l'intérêt collectif qu'elles représentent (action analogue à l'action syndicale de l'art. L. 2132-3 C. trav.).

et simple, que les autorités publiques et singulièrement le ministère public ont pour vocation de défendre. La tendance de la jurisprudence est de permettre aux syndicats de veiller au respect de la législation du travail (repos hebdomadaire, hygiène et sécurité du travail, etc.) en déclenchant l'action publique en concurrence avec le parquet [1]. Cette action n'est pas réservée aux syndicats représentatifs [2]. Mais encore faut-il que l'organisation syndicale qui agit en justice respecte les conditions tenant au respect des valeurs républicaines et à l'indépendance. Il est également nécessaire que le syndicat ait vocation, en application de la stipulation de ses statuts fixant son champ géographique et statutaire, à couvrir l'entreprise éventuellement concernée [3]. L'action est aussi ouverte aux syndicats d'employeurs, dans la mesure où la violation de cette législation rompt l'égalité entre employeurs [4]. Le respect du droit du travail participe en effet de la protection d'une saine concurrence entre entrepreneurs.

Une des originalités du droit français est ainsi de permettre aux syndicats de veiller au respect de la loi et de les inciter à saisir les tribunaux [5]. Comme nombre de dispositions du Code du travail sont pénalement sanctionnées, les syndicats sont devenus – aux côtés de l'inspection du travail [6] – les agents essentiels du respect de la légalité. Il leur a été parfois reproché de privilégier la voie pénale.

Le respect du droit du travail n'est pas le seul terrain sur lequel l'intérêt général et l'intérêt de la profession peuvent se trouver également en

---

1. Ex. : Crim. 20 nov. 1980, *Bull. crim.* n° 309 (action d'un syndicat de journalistes pour violation de la législation sur la presse).

2. Soc. 18 mai 1982, *Bull. civ.* V, n° 326. Ne peut donc être opposé au syndicat le fait qu'il a été constitué depuis moins de deux ans, Soc. 10 mai 2012, n° 11-60.746, inédit.

3. Soc. 10 mai 2012, n° 11-60.128, *Sem. soc. Lamy* 2012, n° 1560, p. 6, chron. L. Pécaut-Rivolier et Y. Struillou. V. aussi, Soc. 26 sept. 2012, n° 11-60.147, *ibid.* : le champ professionnel tel que déterminé par les statuts d'un syndicat et lui donnant vocation à représenter les salariés d'une UES, doit s'apprécier par référence à l'activité principale de cette UES.

4. Ass. plén. 7 mai 1993, préc. ; Soc. 25 oct. 1994, *Dr. soc.* 1995. 54 (qualité d'un syndicat d'employeurs pour agir en référé contre des employeurs violant la règle du repos dominical). Encore faut-il que le syndicat représente la profession à laquelle appartiennent les défendeurs (Soc. 2 févr. 1994, *Dr. soc.* 1994. 377, obs. J. Savatier), mais aussi qu'il mérite bien la qualification de syndicat (Crim. 14 juin 2000, *Dr. soc.* 2000. 1017, obs. J. Savatier.

5. Parmi les décisions récentes, v. : Crim. 11 mars 2003, *Bull. crim.* n° 65 (recevabilité de l'action civile d'un syndicat de l'Inspection du travail, pour dénonciation calomnieuse, contre un employeur verbalisé par un contrôleur du travail) ; Soc. 16 nov. 2004, n° 02-46.815 D (inobservation, par l'employeur, des dispositions légales sur la réduction du temps de travail) ; Soc. 15 juin 2011, n° 10-60.392, *Bull. civ.* V, n° 156 (contestation de la désignation du représentant des salariés) ; Soc. 10 janv. ; 2012, n° 09-16.691, *ibid.*, n° 5 (Dès lors que l'objet de la demande du syndicat tend à la défense de l'emploi des salariés de l'entreprise, son action est recevable) ; Soc. 12 févr. 2013, n° 11-27.689 P (application du principe d'égalité de traitement). Mais l'action syndicale ne saurait se substituer à l'action publique : Crim. 8 déc. 1987, *D.* 1988. IR 39 (irrecevabilité du Syndicat général des impôts, à la suite de la dégradation d'un immeuble du Fisc).

6. L'inspecteur du travail s'est pourtant vu dénier qualité pour saisir le juge judiciaire (par exemple le président du TGI en référé) en dehors des quelques hypothèses spécialement prévues par la loi : CE 21 oct. 1994, *Sté Tapis Saint-Maclou*, *Dr. soc.* 1995. 139, concl. J.-C. Bonichot ; *Grands arrêts*, 4e éd., 2008, n° 32.

jeu [1]. L'observation des conditions légales mises à la privatisation des entreprises publiques touche aussi à l'intérêt collectif des salariés de la profession, et les syndicats sont donc recevables à agir de ce chef [2].

1051 ***Intérêt collectif de la profession et intérêt individuel*** ◊ Lorsqu'un intérêt individuel est seul lésé, la Cour de cassation estime le syndicat irrecevable à agir [3]. Mais elle a considéré qu'un accident du travail, dû à la méconnaissance de la réglementation de sécurité en vigueur, fondait la constitution de partie civile des syndicats [4]. Une même infraction peut parfaitement léser un intérêt individuel, l'intérêt général et les intérêts collectifs de la profession. Cela est spécialement vrai en matière de sécurité du travail, même si n'est pas spécialement en cause un manquement aux dispositions du Code du travail [5], ou de statut des représentants du personnel [6]. S'agissant de leurs prérogatives, il est admis que les syndicats professionnels peuvent agir en justice en cas de défaut de réunion, d'information ou de consultation des institutions représentatives du personnel lorsqu'elles sont légalement obligatoires. En revanche, ils ne sont pas recevables à agir pour demander communication à leur profit de documents qui, selon eux, auraient dû être transmis au comité d'entreprise [7].

Les syndicats peuvent *intervenir* à l'action engagée par un travailleur si l'intérêt collectif de la profession est concerné par sa demande [8].

1052 ***Intérêt collectif et intérêt « social »*** ◊ En cas de violation du droit des sociétés (abus de biens sociaux), certains syndicats (et certains comités d'entreprise) ont entendu se constituer partie civile. Des irrégularités de gestion lèsent l'ensemble des travailleurs par les menaces qu'elles font peser sur l'emploi. Si certains juges du fond l'ont admis, la Chambre criminelle estime que le délit ne préjudicie qu'à la société et à ses actionnaires, non aux salariés [9].

---

1. V. par ex. Crim. 27 mai 1999, *D.* 2000. 120, note Y. Saint-Jours (violation du secret médical par l'employeur). V. aussi, Civ. 1re, 16 avr. 2008, nos 06-20.390, 06-20.978, *JCP S* 2008. 1469, obs. Th. Lahalle (un syndicat peut agir en justice sur le fondement de l'art. L. 2132-3 pour contester les conditions de fonctionnement d'une juridiction).

2. Soc. 5 oct. 1994, *Dr. soc.* 1994. 983 ; *D.* 1995. Somm. 373, obs. J. Frossard.

3. Soc. 6 févr. 1953, *S.* 1954. I. 157 ; 23 janv. 2008, n° 05-16.492, *Bull. civ.* V, n° 22 (reconnaissance d'un contrat de travail) ; 18 nov. 2009, n° 08-44.175, *JCP S* 2010, 1070, note Th. Lahalle (le litige relatif au manquement de l'employeur à son obligation de reclassement) ; 11 sept. 2012, n° 11-22.014, *Dr. soc.* 2012. 1065, note A. Mazeaud (contestation du transfert d'un contrat de travail).

4. Crim. 26 oct. 1967, *JCP* 1968. II. 15475, note J.-M. Verdier ; 20 mars 1972, *D.* 1972. 417 ; 3 déc. 1981, *Bull. crim.* n° 323.

5. Ex. : Crim. 11 oct. 2005, *Dr. soc.* 2006. 43, note F. Duquesne.

6. CE 10 avr. 1992, *RFDA* 1993. 261, concl. Hubert ; Soc. 19 oct. 1999, *RJS* 12/99, n° 1476.

7. Soc. 11 sept. 2012, n° 11-22.014, préc.

8. Soc. 23 sept. 2009, n° 08-42.109 : *JCP S* 2009, 1584, note J.-Y. Kerbourc'h.

9. Crim. 27 nov. 1991, *Bull. crim.* n° 439 ; 24 juin 1997, *Bull. crim.* n° 251 ; 23 févr. 2005, *Dr. soc.* 2005. 588, obs. F. Duquesne.

1053 ***Modalités d'exercice*** ◊ L'action syndicale peut être exercée devant toutes les juridictions : civiles (action en dommages-intérêts devant le tribunal de grande instance [1], action en annulation d'élections devant le tribunal d'instance, etc.), pénales (constitution de partie civile ou citation directe mettant en mouvement l'action publique), administratives (recours en annulation pour excès de pouvoir) [2]. Elle peut être exercée au fond ou par la saisine d'un juge des référés [3], par voie de demande principale ou sous forme d'intervention [4].

Une union de syndicats, à laquelle le Code reconnaît la même capacité civile qu'à un syndicat, peut assurément exercer l'action de l'article L. 2132-3 du Code du travail, sauf stipulation contraire de ses statuts [5]. Ce qui ne saurait trop étonner, s'agissant d'une fédération ou d'une union de syndicats d'une branche, puisqu'il s'agit de réagir à un acte ou une situation qui affecte l'intérêt collectif de la profession. La faveur pour l'action syndicale est plus marquée lorsqu'un syndicat d'entreprise est admis, « dans l'intérêt de la profession qu'il représente », à joindre son action à celle de la fédération à laquelle il appartient, pour demander l'annulation d'un accord concernant, il est vrai, cette entreprise (mais signé avec la fédération de branche d'une autre confédération) [6]. L'« intérêt collectif de la profession » peut donc être l'intérêt d'une collectivité de travail particulière. Au regard de cette considération de proximité, il paraît logique que soit jugée recevable l'action de syndicats d'un établissement face à une opération de transfert d'activité de ce site vers un autre au sein de l'entreprise [7]. Le dynamisme de l'article L. 2132-3, son « rôle fondateur », se manifeste encore quand il permet à un syndicat non-signataire d'une convention collective d'agir contre un employeur pour faire juger qu'il

---

1. Ex. : Soc. 20 oct. 1998, *Dr. soc.* 1999. 91, obs. J. Savatier.

2. CE 2 juill. 1965, *JCP* 1965. II. 14308 ; 4 mars 2009, *JCP S* 2009. 1179. L'action est recevable contre les mesures réglementaires et individuelles affectant les intérêts collectifs (L. du 13 juill. 1983, art. 8), mais non contre les mesures d'organisation du service (CE 31 oct. 1984, 11 oct. 1985).

3. C'est en référé qu'une confédération a obtenu du Conseil d'État la suspension de l'exécution de l'ordonnance du 2 août 2005 relative à l'aménagement des règles de décompte des effectifs des entreprises, dans l'attente que l'interprétation que la Haute juridiction avait demandé à la Cour de justice de Luxembourg (CE 23 nov. 2005, *JCP S* 2006. 1403, note B. Gauriau).

4. Par ex., l'intervention devant le conseil de prud'hommes (qui ne serait pas compétent si le syndicat était demandeur) dans un litige entre un salarié et un employeur (comp. Pour une intervention sur le fondement de l'art. L. 2262-9 C. trav. : Soc. 9 avr. 2002, *Bull. civ.* V, n° 124), y compris pour la première fois en cause d'appel (Soc. 7 juill. 2004, *Bull. civ.* V, n° 202). Même non fondée, cette intervention ne constitue pas une faute du syndicat susceptible de faire dégénérer en abus et de fonder sa condamnation pour procédure abusive au profit de l'employeur défendeur à l'instance (Soc. 20 avr. 2005, n° 03-41.521 D).

5. Soc. 18 déc. 2000, *Dr. soc.* 2001. 216, obs. J. Savatier.

6. Soc. 26 mai 2004 (*Michelin*), *Dr. soc.* 2004. 839, note P.-H. Antonmattéi.

7. Soc. 21 janv. 2004 (*Aventis Pharma*), *Bull. civ.* V, n° 26. V. J.-M. Verdier, La recevabilité de l'action syndicale exercée dans l'intérêt collectif de la profession après les arrêts *Aventis Pharma* et *Michelin*, *Dr. soc.* 2004. 845.

devait l'appliquer [1]. De même, les conditions de négociation du protocole préélectoral mettant en jeu l'intérêt collectif de la profession, tout syndicat non-signataire du protocole, invité ou non à participer à cette négociation, a intérêt à agir pour en contester le déroulement [2].

Bien que la formule (maladroite ou désuète) de l'article L. 2132-3 paraisse subordonner la recevabilité de l'action à la preuve d'un préjudice, cette recevabilité ne dépend évidemment que de l'intérêt à agir, qui n'est pas subordonné à la démonstration préalable du bien-fondé de l'action : si la lésion de l'intérêt collectif n'est pas établie, le juge ne peut la déclarer irrecevable mais seulement la dire non-fondée [3]. Mais, dès lors que l'atteinte à l'intérêt collectif de la profession est constituée, le juge ne peut se borner à allouer une somme à titre symbolique et doit évaluer le préjudice réel subi par le syndicat [4].

SECTION 2. LA GESTION DU « SOCIAL »

1054 ***Syndicalisme gestionnaire*** ◊ L'accent mis sur la posture revendicative des syndicats français conduit souvent à sous-estimer les importantes responsabilités qui leur ont été confiées dans la gestion d'un certain nombre d'organismes. Ils participent, par leurs élus, à la gestion des entreprises publiques, et dans une faible mesure, à celle de quelques entreprises privées. On mentionnera également les fonctions consultatives des syndicats qui ont des représentants au Conseil économique et social, à la Commission nationale de la négociation collective, et dans une foule d'organismes de moindre importance [5]. Les syndicats ont cessé d'être extérieurs au « système » : ils ont un pied dehors et un pied dedans, ce qui ne va pas parfois sans contradictions. La forme la plus achevée de ce syndicalisme gestionnaire est le *paritarisme*, forme française de la cogestion, qui s'épanouit dans les institutions sociales extérieures à l'entreprise. La participation des syndicats à la gestion des organismes de sécurité sociale est un autre trait majeur, qu'il faut prendre en considération pour comprendre les particularités du syndicalisme en France.

1055 ***Paritarisme*** ◊ La forme la plus ancienne du paritarisme se trouve dans l'organisation élective et paritaire de la juridiction prud'homale. Malgré

1. V. ss. 1042. Sur le fondement du même texte, un syndicat est recevable à demander en justice que soit déterminée l'étendue des droits acquis par les salariés à la suite de la dénonciation d'un accord collectif : Soc. 2 déc. 2008, n° 07-44.132 : *RDT* 2009. 116, note H. Tissandier.

2. Soc. 23 sept. 2009, n° 08-60.535, *JCP S* 2009. 1467, note J.-Y. Kerbourc'h.

3. Soc. 11 juill. 2000, *Bull. civ.* V, n° 275 ; 23 févr. 2005, *Bull. civ.* V, n° 71.

4. Soc. 18 nov. 2009, n° 08-43.523, *JCP* 2010. 456, n° 1, note Ph. Stoffel-Munck et C. Bloch. Le juges du fond avaient en l'espèce accordé au syndicat un euro « à titre symbolique ».

5. Pour une tentative d'inventaire, v. A. Supiot, Notes sur le néocorporatisme en France, *Dr. sociétés* 1987.177. *Le paritarisme. Institutions et acteurs, Revue de l'IRES*, n° spéc., n° 24, 1997. V. aussi le rapport de M. D.-J. Chertier, *Pour une modernisation du dialogue social*, mars 2006.

l'absence d'un monopole de présentation des candidats aux élections prud'homales, la quasi-totalité des conseillers prud'hommes salariés sont présentés et formés par les syndicats.

Le paritarisme préside également à l'organisation du système français d'assurance-chômage. Ce système, juridiquement indépendant de la sécurité sociale, repose sur une base conventionnelle, ce qui conduit les syndicats à négocier périodiquement la révision des règles applicables aux prestations et aux cotisations. Son administration relève d'organismes de droit privé (Unedic et Assedic) dont la gestion est paritaire. La présidence de l'Unedic a ainsi pu échoir, au gré des alliances avec le patronat à la CGT-FO ou à la CFDT.

Une structure analogue a été retenue pour l'administration du système de financement de la formation professionnelle continue. La loi a réorganisé cette administration autour d'organismes paritaires collecteurs agréés, qui assurent la collecte et la redistribution des contributions des entreprises.

Enfin le paritarisme est de règle dans les institutions de protection sociale complémentaire, qui ont le monopole de la gestion des retraites complémentaires obligatoires [1]. Les opérations de prévoyance collective ne font pas quant à elles l'objet d'un tel monopole, mais peuvent être confiées à des organismes paritaires. Les confédérations syndicales représentatives de salariés participent, avec les organisations patronales, à l'administration des organismes de la Sécurité sociale. Cette participation fut élective et majoritaire, jusqu'à la réforme Jeanneney de 1967, qui imposa le paritarisme et la désignation des administrateurs par les syndicats. L'abandon du paritarisme et le retour à l'élection décidés en 1981 ayant été un échec (aucune élection n'a été organisée depuis 1983), une nouvelle réforme fut annoncée fin 1995, prévoyant une réduction du pouvoir des conseils d'administration et le retour à la désignation des administrateurs. Ce « plan Juppé » a suscité un mouvement de protestation de grande ampleur en même temps qu'une division spectaculaire des confédérations syndicales [2]. Se sont opposés ceux pour qui le syndicat doit se faire, dans l'administration de la Sécurité sociale, le représentant de l'intérêt général, et ceux qui considèrent, au contraire, qu'il doit s'en tenir à la défense des intérêts des catégories sociales qu'il représente. Ces événements ont aussi montré l'importance vitale accordée par les syndicats à ces mandats d'administrateurs, en même temps que leur détermination à les défendre [3].

1. Ph. Laigre, Les institutions de retraite complémentaire et leurs fédérations après la L. du 8 août 1994, *Dr. soc.* 1995. 306.

2. V. Le plan Juppé, *Dr. soc.* n[os] spéc. mars et sept.-oct. 1996. Pour une interprétation d'ensemble du mouvement de grève : A. Supiot, Malaise dans le social, *Dr. soc.* 1996. 115.

3. G. Adam, Le retour des syndicats, *Dr. soc.* 1996. 344.

SOUS-TITRE 2

Les institutions représentatives du personnel dans l'entreprise

1056 ***La notion d'institution représentative du personnel*** ◊ L'expression d'institution représentative du personnel est d'origine doctrinale [1]. Elle a d'abord permis de désigner génériquement des organes élus par les salariés, dans le cadre de l'entreprise ou de l'établissement (comité d'entreprise et ses variantes, délégués du personnel), afin de représenter et défendre leurs intérêts et points de vue. La deuxième des lois Auroux, celle du 28 octobre 1982 « relative au développement des institutions représentatives du personnel », a emprunté cette terminologie, alors qu'elle traitait également du droit syndical dans l'entreprise, mais que les comités d'hygiène, de sécurité et des conditions de travail devaient être configurés par la loi du 23 décembre 1982. L'article L. 1232-4 du Code du travail offrant (depuis 1991) au salarié convoqué à un entretien préalable au licenciement la faculté, « en l'absence d'institutions représentatives du personnel dans l'entreprise », de se faire assister par un conseiller extérieur, l'expression est devenue le nom d'une catégorie juridique et des problèmes de qualification n'ont pas manqué de surgir.

La Cour de cassation a d'abord implicitement traité le délégué syndical comme une institution représentative du personnel [2], alors qu'il est, à proprement parler, un représentant du syndicat qui l'a désigné [3], et un représentant des « intérêts salariés » plus que des salariés eux-mêmes (encore qu'il joue un rôle essentiel dans la négociation d'entreprise). Puis elle a estimé que le représentant des salariés désigné lors de l'ouverture d'une

1. Elle constitue, depuis la recodification, l'intitulé du livre III de la deuxième partie du Code du travail.

2. Soc. 19 févr. 2002, *RJS* 5/02, n° 547 ; *D.* 2002. Somm. 2093, obs. S. Frossard ; *Dr. soc.* 2002. 1073, 1re esp., note F. Petit.

3. La Cour de cassation tire des conséquences importantes de cette règle, considérant que dès lors que le délégué syndical représente le syndicat auprès de l'employeur, l'action judiciaire visant à voir constater la caducité de son mandat en raison d'une modification du périmètre de l'entreprise met en cause directement le droit du syndicat à être représenté à l'intérieur de ce périmètre et, par voie de conséquence, impose la convocation du syndicat intéressé et non des délégués syndicaux à titre individuel (Soc. 29 avr. 2009, n° 07-19.880, *Sem. soc. Lamy*, n° 1419, p. 6, chron. L. Pécaut-Rivolier et Y. Struillou). Ainsi que le soulignent ces auteurs, cette décision « rappelle la nature de l'institution des représentants syndicaux en entreprise et la différence majeure entre leur mission et celle des représentants élus, fussent-ils syndiqués ».

procédure collective (C. com., art. L. 621-4), disposant d'attributions limitées aux seuls actes relatifs à cette procédure, ne pouvait être considéré comme « une institution représentative du personnel au sens du code du travail »[1]. L'élection (le représentant en question est désigné par le comité d'entreprise ou les délégués du personnel, à défaut élu par les salariés) ne serait donc pas décisive, et seules compteraient les attributions de l'organe en question : leur caractère limité ou spécial (ce qui n'est pas le cas du délégué syndical) devrait l'exclure de la qualification d'institution représentative du personnel[2].

D'un point de vue doctrinal ou didactique, nous retiendrons une conception assez large des institutions représentatives du personnel : organes élus ou composés d'élus, mais aussi organes implantés par des syndicats représentatifs dans l'exercice du droit syndical dans l'entreprise[3].

§ 1. Représentation élue et représentation syndicale

1057 ***Origines des délégués du personnel. La loi du 16 avril 1946*** ◊ C'est de l'action ouvrière que naît la délégation, chargée de « parler » à la direction au nom de tous. L'institution se perfectionne et prend sa figure définitive quand des élections régulières ont lieu, quand la délégation devient permanente, quand sa compétence est définie et reconnue.

On la trouve consacrée pour la première fois dans la sentence arbitrale de Waldeck-Rousseau mettant fin, en 1899, à une grève des ateliers du Creusot. A. Thomas, ministre de l'Armement, crée en 1917, à la demande des syndicats, des délégués d'atelier dans les usines d'armement. Mais c'est seulement en 1936-1938 que les délégués sont imposés par le législateur.

Les accords Matignon de 1936 prévoient que dans tout établissement de plus de 10 salariés, des délégués ouvriers seront élus pour présenter toutes réclamations à la direction. Selon la loi du 24 juin 1936, toute convention collective doit contenir des dispositions tendant à l'élection de délégués du personnel. Le décret-loi du 12 novembre 1938 refond l'institution. Suspendues pendant huit ans, les élections des délégués sont à nouveau rendues possibles par la loi du 16 avril 1946.

1. Soc. 27 juin 2002, *Dr. soc.* 2002. 1029, obs. B. Bossu ; *ibid.* 1073, 2e esp., note F. Petit. Comp. Soc. 15 juin 2011, n° 10-60.392, *Lexbase Hebdo, éd. sociale*, n° 446, note G. Auzero.

2. Cette exclusion concernerait les salariés mandatés par une ou plusieurs organisations syndicales représentatives « pour une négociation déterminée » d'entreprise ou d'établissement (C. trav., art. L. 2232-25). Il ne faut pas perdre de vue que la qualification s'inscrit, lorsqu'elle est pratiquée par les tribunaux, dans le cadre de l'interprétation de l'art. L. 1232-4 C. trav., dont la finalité est de permettre au salarié menacé de licenciement d'être assisté au mieux. L'interprétation retenue par l'arrêt du 19 févr. 2002 paraît donc discutable : le salarié désireux d'être assisté par un collègue un peu aguerri aux échanges avec la direction sera privé de la faculté de recourir à un conseiller extérieur plus librement choisi, et devra, en pratique, solliciter le délégué d'un syndicat avec lequel il peut n'avoir aucune affinité.

3. Deux ouvrages fondamentaux, l'un un peu ancien, l'autre régulièrement réédité, couvrent, par leur addition, l'essentiel de la matière : J.-M. Verdier, *Syndicats et droit syndical*, Dalloz, 2e éd., vol. II *Le droit syndical dans l'entreprise*, 1984 ; M. Cohen, *Le droit des comités d'entreprise et des comités de groupe*, LGDJ, 10e éd., avec la collaboration de L. Milet, 2013.

1058 ***Origines des comités d'entreprise. L'ordonnance du 2 février 1945 et la loi du 18 juin 1966*** ◊ Bien que la revendication du « contrôle » ouvrier de l'entreprise soit ancienne, la « gestion ouvrière » ne se retrouve guère que dans les coopératives ouvrières de production, et la participation du personnel à la gestion dans certaines nationalisations. L'origine immédiate des comités d'entreprise est plutôt à chercher dans certaines initiatives spontanées de l'époque de la Libération (comités de gestion). Sur le plan social, le rôle des comités était déjà préfiguré dans les « comités sociaux » de la Charte du travail de Vichy [1].

Les travaux préparatoires de l'ordonnance du 22 février 1945 témoignent d'un désir de « réformer l'entreprise », qui se manifeste périodiquement dans les esprits sans entraîner de changement véritable dans les structures. Une loi du 18 juin 1966 apporte quelques améliorations au droit antérieur.

1059 ***La lente pénétration des syndicats dans l'entreprise et la loi du 27 décembre 1968*** ◊ Dès 1945-1946, les candidats aux fonctions de membre du comité d'entreprise ou de délégué du personnel sont présentés au premier tour par les organisations syndicales, lesquelles peuvent provoquer leur révocation en cours de mandat. Bientôt, chaque organisation syndicale représentative peut désigner un représentant au comité d'entreprise avec voix consultative, et les délégués du personnel peuvent se faire accompagner, lorsqu'ils sont reçus, par un représentant du syndicat. Les organisations syndicales peuvent donc veiller à l'exact fonctionnement des organismes élus et leur donner l'impulsion nécessaire. Au demeurant, des responsables syndicaux sont fréquemment élus comme délégués du personnel ou membres du comité d'entreprise. Il reste que, sur le plan de l'entreprise, le syndicat n'existe qu'en filigrane.

Le législateur, en 1884 comme en 1920, n'avait envisagé l'action syndicale que dans le cadre local ou professionnel ; cela correspondait aux préoccupations dominantes du syndicalisme patronal. Pour les salariés au contraire, c'est dans l'entreprise que se situe principalement l'activité syndicale. Or, jusqu'en 1968, le fonctionnement du syndicat dans l'entreprise n'a guère été envisagé que sur le plan du respect de la liberté syndicale individuelle (liberté d'adhérer au syndicat) ou de la liberté du travail face à certaines actions collectives. L'idée que le droit syndical devait pouvoir s'exercer dans l'entreprise fit progressivement son chemin, pour triompher en mai 1968 dans le protocole de Grenelle, qui contenait l'engagement du Gouvernement de déposer un projet de loi relatif à l'exercice du droit syndical dans l'entreprise. La loi du 27 décembre 1968 est ainsi la fille des journées de mai, encore qu'elle soit parfois plus restrictive que le texte du protocole [2]. Le législateur a choisi de faire de la section syndicale une antenne du syndicat dans

1. V. : J.-P. Le Crom, *Syndicats, nous voilà ! Vichy et le corporatisme*, Éd. de l'Atelier, 1995 ; La naissance des comités d'entreprise : une révolution par la loi ? *Travail et Emploi*, 1995, n° 63, p. 58 ; *L'introuvable démocratie salariale. Le droit de la représentation du personnel dans l'entreprise (1890-2002)*, Syllepse, 2003.

2. Faut-il analyser cette législation, même améliorée par la suite, comme une « amputation légale d'une liberté constitutionnelle » (G. Lyon-Caen, À la recherche des concepts de base du livre IV du Code du travail, *Mélanges en l'honneur de J.-M. Verdier*, p. 81, spéc. p. 88) ? Nous ne le pensons pas : en l'absence de ces dispositions légales, un syndicat pourrait sans doute désigner un ou plusieurs délégués, mais ceux-ci ne pourraient prétendre à des moyens fournis par l'employeur, ni imposer à ce dernier de les entendre ; la liberté syndicale dans l'entreprise trouverait rapidement ses limites dans le droit de propriété et la liberté d'entreprendre, également garantis par le bloc de constitutionnalité.

l'entreprise, plutôt que d'aider à la constitution de syndicats d'entreprise (qui auraient pu passer sous le contrôle de l'employeur).

1060 ***Les « lois Auroux »*** ◊ La loi du 28 octobre 1982 concerne aussi bien les délégués syndicaux et les sections syndicales d'entreprise que les délégués du personnel et les comités d'entreprise. Bien qu'elle crée certains organes nouveaux (délégués de site et comités de groupe), elle n'apporte pas de modification majeure au droit de la représentation des travailleurs dans l'entreprise. Elle introduit toutefois dans le Code du travail un article rompant avec la philosophie de « coopération » qui avait initialement inspiré l'institution [1] : *« le comité d'entreprise a pour objet d'assurer une expression collective des salariés, permettant la prise en compte permanente de leurs intérêts dans les décisions relatives à la gestion et à l'évolution économique et financière de la société »* (C. trav., art. L. 2323-1) [2]. Mais cette loi apporte surtout de nombreuses modifications visant à faciliter le fonctionnement, élargir les attributions et accroître les moyens des institutions syndicales et électives [3].

La loi du 23 décembre 1982 fusionne l'ancien comité d'hygiène et de sécurité avec le comité (créé en 1973) chargé de l'amélioration des conditions de travail, donnant naissance au *comité d'hygiène, de sécurité et des conditions de travail (CHSCT)*, désormais véritable institution représentative.

1061 ***Extension et reflux des attributions des représentants du personnel*** ◊ Il importe, pour avoir une idée exacte du rôle que leur confie la loi, de considérer d'autres dispositions du Code du travail que celles du livre III de la deuxième partie. Le régime du licenciement pour motif économique, à travers ses réformes ou ajustement successifs, à travers aussi l'interprétation jurisprudentielle des textes, n'a cessé d'enrichir l'objet et les moyens de l'information et de la consultation des représentants du personnel lorsque la direction d'une entreprise envisage de procéder à des licenciements répondant à cette qualification.

La loi de modernisation sociale du 17 janvier 2002 a poursuivi dans cette direction en modifiant les articles L. 1233-3 et suivants du Code du travail. Mais, avec ses dispositions consacrées au « droit à l'information des représentants du personnel », elle a aussi allongé la liste des objets d'information et consultation du comité d'entreprise, et renforcé ses moyens d'émettre un avis éclairé ou de faire prendre en compte son point de vue. De quelques mois antérieure, la loi relative aux « nouvelles régulations économiques » du 15 mai 2001 a également élargi les attributions du comité en cas d'offre publique d'acquisition comme dans le processus de contrôle des concentrations, et l'a habilité à provoquer la convocation de l'assemblée générale des actionnaires et à participer à cette assemblée [4].

---

1. « Le comité d'entreprise *coopère avec la direction* à l'amélioration des conditions d'emploi et de travail ainsi que des conditions de vie du personnel (...) », disposait jusqu'alors l'art. L. 432-1 C. trav., hérité de l'ordonnance de 1945.

2. Il s'agit là, non d'une pure déclaration de philosophie du comité ou d'un « neutron législatif », mais d'un énoncé à signification normative, apte à fonder la solution de questions de droit et destiné à gouverner l'interprétation d'autres dispositions plus techniques.

3. Sur la L. du 28 oct. 1982, v. : J.-M. Verdier, *Dr. soc.* 1983. 37 ; M. Cohen, *Dr. ouvrier* 1983. 1.

4. M. Cohen, Les attributions économiques du comité d'entreprise depuis la loi sur les nouvelles régulations économiques, *Dr. ouvrier* 2002. 55 ; Les nouvelles attributions du comité

Mais la loi du 3 janvier 2003, d'inspiration toute différente et destinée à alléger les « contraintes » imposées aux directions d'entreprise, est venue suspendre (pour 18 mois, ensuite transformés en 24), l'application de plusieurs dispositions introduites dans le Code du travail ou le Code de commerce par la loi de modernisation sociale [1], et finalement éliminées par la « loi Borloo » du 18 janvier 2005. Cette dernière a également affecté les attributions des représentants du personnel en réformant le régime du licenciement pour motif économique [2]. Les institutions représentatives ne sortent pas renforcées de quelques textes ultérieurs qui ont moins répondu à une volonté de simplification (ordonnance du 1er décembre 2005) qu'à celle d'alléger les coûts induits pour les employeurs (loi du 2 août 2005 en faveur des petites et moyennes entreprises portant de deux à quatre ans la durée du mandat des élus et satisfaisant ainsi une revendication du Medef [3]), ou d'inciter à embaucher des jeunes (Ord. nº 2005-892 du 2 août 2005 neutralisant l'effet sur le calcul de l'effectif de l'embauche de salariés de moins de 26 ans [4]).

La loi relative à la sécurisation de l'emploi du 14 juin 2013 s'efforce, quant à elle, de trouver un équilibre entre la création de droits collectifs nouveaux en faveur de la participation des salariés [5] et l'allègement des contraintes que font peser sur l'employeur les prérogatives des institutions représentatives du personnel [6].

1062 ***Dispositions propres aux PME*** ◊ Aboutissement d'une longue série de rapports sur la simplification des institutions représentatives du

---

d'entreprise depuis la loi de modernisation sociale, *Dr. soc.* 2002. 298 ; R. Vatinet, De la loi sur les nouvelles régulations économiques à la loi de modernisation : une montée en puissance du comité d'entreprise, *ibid.* 286.

1. M. Cohen, La L. du 3 janv. 2003 et les comités d'entreprise, *Dr. soc.* 2003. 271.

2. M. Cohen, Le fonctionnement du comité d'entreprise et les licenciements économiques après la L. du 18 janv. 2005, *Dr. soc.* 2005. 394.

3. M. Cohen, La raréfaction organisée des élections des représentants du personnel, *Dr. soc.* 2005. 1157.

4. Ch. Willmann, L'exclusion du calcul des effectifs des jeunes de moins de 26 ans, *Dr. soc.* 2005. 1142. Saisi par les cinq confédérations nationalement représentatives d'un recours en annulation de ces dispositions, le Conseil d'État a sursis à statuer et posé deux questions d'interprétation à la Cour de justice des Communautés européennes (19 oct. 2005, *CGT et autres*, v. en annexe de l'art. préc.). Puis il a ordonné la suspension de l'exécution de cette ordonnance, qui reste un acte réglementaire jusqu'à sa ratification par le Parlement (CE 23 nov. 2005, *JCP S* 2006. 1403, note B. Gauriau). La CJCE a jugé que le droit communautaire s'oppose à une réglementation nationale qui exclut, fût-ce temporairement, une catégorie déterminée de travailleurs du nombre de travailleurs employés (CJCE 18 janv. 2007, aff. C-385/05, *D.* 2007. 776, note V. Bonin). Retenant l'interprétation donnée par la CJCE, le Conseil d'État a annulé pour excès de pouvoir l'ordonnance (CE 6 juill. 2007, *JCP S* 2007. 1572, note B. Gauriau).

5. Création d'un énième cas de consultation du comité d'entreprise sur « les orientations stratégiques de l'entreprise » et d'une « base de données économiques et sociales ».

6. La loi a ainsi, pour but affiché, d'enfermer dans des délais raisonnables la procédure d'information – consultation du comité d'entreprise et l'intervention des experts mandatés par ce dernier.

personnel dans les petites et moyennes entreprises [1], la loi du 20 décembre 1993 offre notamment aux entreprises de moins de 200 salariés la possibilité de confier aux délégués du personnel la représentation des salariés au comité d'entreprise [2]. Cette possibilité de « fusion » des deux types de représentations, susceptible de concerner la majorité des comités d'entreprise, a pour principal objectif de réduire le nombre des représentants et leur coût pour l'employeur, mais laisse sans réponse la question de l'effectivité du droit des salariés à une représentation collective dans les PME. L'explication et la critique valent également pour la disposition de la loi du 2 août 2005, en faveur de ces entreprises, allongeant de deux à quatre ans la durée du mandat des élus du personnel, avec cette circonstance aggravante qu'elle n'est pas limitée aux PME !

L'Accord national interprofessionnel sur la politique contractuelle du 31 octobre 1995, relayé par la loi du 12 novembre 1996 avait ouvert d'autres perspectives en permettant aux représentants élus du personnel de devenir, dans les entreprises dépourvues de délégués syndicaux et dans certaines conditions, des acteurs de la négociation collective. Les deux lois Aubry de 1998 et 2000 ont en partie suivi cette orientation en matière d'accords de passage aux 35 heures. La loi du 4 mai 2004 autorise conventions de branches et accords professionnels étendus à prévoir que, dans les entreprises ou établissements dépourvus de délégués syndicaux, des accords collectifs pourront être conclus par les représentants élus du personnel. Cette faculté a été accrue par la loi du 20 août 2008 portant rénovation de la démocratie sociale et réforme du temps de travail (C. trav., art. L. 2232-21 s.) [3].

1063 ***Fonction de la représentation institutionnelle du personnel*** ◊ Quel est exactement, au-delà des énoncés de la loi, la fonction des instances et procédures de représentation du personnel dans l'organisation de l'entreprise et la régulation des rapports sociaux ? Il s'agit, pour les uns, de vecteurs de collaboration entre la direction et le personnel, pour les autres, de relais ou moyens de l'action syndicale.

Selon une analyse plus élaborée, l'histoire de la représentation du personnel serait celle d'une *tension entre trois « modèles »* : un *modèle paternaliste* ou *« patronaliste »* (représentation à objectif pédagogique, comptant sur le concours d'une élite de salariés exemplaires et idéologiquement intégrés, illustrée par les comités sociaux de la Charte de Vichy, et aujourd'hui vouée à la diffusion d'une « culture d'entreprise »), un *modèle cogestionnaire*, sinon « autogestionnaire » (participation d'élus des travailleurs à tous les aspects de la gestion de l'entreprise, dans l'esprit des comités de

---

1. Rapports Arthuis (1986, Min. du trav.), Lemoine (1987, CNPF), Bélier (1991, Min. du trav.), Calandra (1992, Cons. éco. et soc.), Coffineau (févr. 1993, Premier Min.), Mattéoli (sept. 1993).

2. J.-E. Ray, *Dr. soc.* 1994. 142 ; M. Cohen, *Dr. soc.* 1994. 147. Pour la constitutionnalité du dispositif : Cons. const. 16 déc. 1993, n° 93-328 DC, *Dr. soc.* 1994. 141, note X. Prétot.

3. V. ss 1368 s.

gestion mis en place dans une centaine d'entreprises à la Libération), un *modèle de « contrôle ouvrier »* (la représentation des travailleurs est destinée à contrôler les décisions patronales, avec prééminence des syndicats sur des institutions représentatives essentiellement composées de syndicalistes) [1].

Une autre interprétation rapproche représentations élues, syndicats implantés et agents de la négociation dans l'entreprise dans un schéma institutionnel qui pourrait être celui d'une *« constitution sociale de l'entreprise »*. Ce schéma et cette notion supposent l'abandon d'un système de commandement patronal au profit d'une certaine forme de « gouvernement », avec approfondissement de la consultation, mais aussi progrès de la codécision (dans laquelle les syndicats représentatifs, à travers la négociation, jouent le premier rôle). Cependant, si l'évolution des règles juridiques et de leur pratique va en ce sens, l'entreprise, telle que le droit du travail actuel contribue à l'agencer, n'est pas véritablement « un espace de démocratie ni du point de vue du pouvoir sur les salariés, ni de celui de son gouvernement ». La formule de ***« constitution sociale »*** demeure de l'ordre de la métaphore [2].

1064 ***Droit comparé et droit européen*** [3] ◊ Deux conceptions s'opposent lorsqu'il s'agit d'aménager les rapports du capital et du travail dans l'entreprise. La conception anglo-saxonne est à dominante conventionnelle ou bilatérale : les rapports collectifs dans l'entreprise sont des rapports entre la direction et le syndicat ; il n'y a pas d'institutions élues. Le délégué syndical (*shop steward*) défend les intérêts du personnel. Cela se fait sans difficulté majeure, peut-être parce que le syndicat est unique et « discute affaires ». La conception de l'Europe continentale (Allemagne) est à dominante institutionnelle : le personnel élit des représentants au sein d'un organisme homogène (conseil d'établissement). Le syndicat joue un rôle mineur dans l'entreprise [4]. En France, de façon assez originale, représentation élue et représentation syndicale coexistent dans l'entreprise : il y a un « double canal » de représentation.

Une certaine diversité des modalités peut subsister avec la *directive n° 2002/14 du 11 mars 2002 établissant un cadre général relatif à l'information et à la consultation des travailleurs*. Cet instrument de rapprochement des législations des États membres de la Communauté européenne évoque

1. J.-P. Le Crom, *L'introuvable démocratie salariale*, préc., p. 169 s.

2. J.-M. Béraud, Autour de l'idée de constitution sociale de l'entreprise, *Études offertes à Jean Pélissier*, p. 55. V. aussi : J.-C. Javillier, Dynamique des relations professionnelles et évolution du droit du travail (Le cas des représentations des salariés dans l'entreprise), *Études en hommage à H. Sinay*, p. 219.

3. Commission européenne, *L'Europe des représentants du personnel et de leurs attributions économiques, Europe Sociale* sept 3/96, 171 p.

4. La L. allemande du 11 oct. 1952 excluait le syndicat de l'entreprise. Depuis la L. du 15 janv. 1972, le syndicat a un droit de regard sur le fonctionnement du conseil d'établissement (*Betriebsrat*), qui n'est composé que de salariés. Sur la réforme de cette loi : P. Rémy, À propos de la loi allemande du 28 juill. 2001 réformant la constitution de l'établissement, *Sem. soc. Lamy* 2002, n° 1071.

le système français, puisqu'il impose de prévoir une « information » et une « consultation » des représentants des travailleurs. Mais il ne prescrit pas l'institution d'un organe permanent comme le comité d'entreprise. N'imposant que des exigences minimales, il n'a donné lieu, en France, à aucun acte de transposition. Mais, comme d'autres directives, il pèse obligatoirement sur l'interprétation des règles du droit national [1], et constitue, comme la directive n° 2009/38 du 6 mai 2009 relative au comité d'entreprise européen (transposée par l'Ord. du 20 oct. 2011) [2], un obstacle à tout retour d'importance sur les acquis normatifs en matière d'information et consultation des représentants du personnel.

En revanche, assez semblables doivent être les dispositions que les États de l'Union (et les trois États de l'Espace économique européen) étaient tenus d'adopter en octobre 2004 au plus tard, afin de transposer la *directive n° 2001/86 du 8 octobre 2001 complétant le statut de la Société européenne pour ce qui concerne l'implication des travailleurs* [3]. La transposition a été opérée (tardivement) en France par la loi du 26 juillet 2005 pour la confiance et la modernisation de l'économie. Ce texte a créé dans le Code de commerce un chapitre consacré à la société européenne (C. com., art. L. 229-1 s.) complétant les dispositions du règlement CE n° 2157/2001 du 8 octobre 2001 portant statut de cette forme de société, et inséré dans le Code du travail un ensemble de dispositions réglant *l'implication des salariés et le comité de la société européenne* dans toute personne morale de ce type ayant son siège en France (C. trav., art. L. 2351-1 à L. 2355-1). Ces dispositions font apparaître, en droit français, une nouvelle catégorie juridique, l'*implication*, qui recouvre l'*information*, la *consultation* (« instauration d'un dialogue et d'un échange de vues » entre les représentants des salariés et la direction de la société) et la *participation* (« influence sur les affaires de la société » exercée par la représentation les salariés à travers un rôle dans la désignation de certains membres de l'organe de surveillance ou d'administration).

Conformément à la directive, le Code du travail confie à un « groupe spécial de négociation » (GSN) le soin de déterminer, durant la phase de constitution de la société, les modalités de cette implication ; il fixe les objets de l'accord négocié au sein de ce groupe, et dispose de ce qu'il advient

1. Dans la mesure où, comme dans des directives antérieures, la consultation des représentants des travailleurs doit être conduite « en vue d'aboutir à un accord », même s'il n'y a pas imposition d'une obligation de négocier telle que le Code du travail peut en connaître. L'incidence pourrait se manifester sur un autre point : les États doivent prévoir que, dans certains cas, l'employeur n'est pas obligé de communiquer des informations ou de procéder à des consultations au motif que le fonctionnement de l'entreprise serait entravé (art. 6).

2. La Dir. du 6 mai 2009 a abrogé, avec effet au 6 juin 2011, celle du 22 septembre 1994. V. B. Teyssié, Le comité d'entreprise européen (Dir. n° 2009/38/CE 6 mai 2009 ; Ord. n° 2011-1328 du 20 oct. 2011) : *JCP S* 2011. 1489.

3. M.-A. Moreau, « L'implication des travailleurs dans la société européenne », *Dr. soc.* 2001. 967 ; P. Rodière, *Droit social de l'Union européenne*, LGDJ, 2e éd., 2002, n° 426 s. ; B. Teyssié, *Droit européen du travail*, Litec, 3e éd., 2006, n° 731 s. V. aussi N. Lenoir, La *Societas Europaea* ou SE : Rapport au garde des Sceaux, ministre de la Justice : Doc. fr., 2007.

si cette instance décide de ne pas entamer une négociation ou de la clore, ou si aucun accord n'est obtenu au terme de la période de négociation de six mois (pouvant être portée à un an). L'information et la consultation des salariés de la société européenne et de ses filiales ou établissements peuvent être assurées, en vertu d'un accord conclu au sein du GSN ou d'une décision de celui-ci, soit par un « organe de représentation » régi par l'accord, soit par une procédure d'information et consultation sans organe permanent, soit selon les règles nationales des États où la société européenne emploie des salariés. À défaut d'accord ou de décision du GSN, elles vont reposer sur la constitution d'un « comité de la société européenne » (dont la composition évoque celle du comité d'entreprise européen), qui conditionne l'immatriculation de la société. La participation, quant à elle, peut être instituée par l'accord négocié au sein du GSN, mais elle est obligatoire (selon les modalités d'un droit national) dans certaines circonstances [1]. Une *directive nº 2003/72 du 22 juillet 2003 complétant le statut de la société coopérative européenne pour ce qui concerne l'implication des travailleurs* prescrivait aux États de transposer ses dispositions dans leur droit au plus tard le 18 août 2006. Là encore, la transposition a été assurée avec retard dans notre droit par une loi du 30 janvier 2008 (C. trav., art. L. 2361-1 à L. 2365-1) [2]. Il convient enfin de relever que sous l'impulsion du Droit communautaire, le Code du travail garantit et organise la participation des salariés dans les sociétés issues de fusions transfrontalières (C. trav., art. L. 2371-1 à L2375-1). L'idée est d'éviter que de telles opérations sociétaires soient mises à profit afin de favoriser un amoindrissement des droits des salariés [3].

§ 2. **Droit conventionnel**

1065 Ce système à trois volets – délégués du personnel, comité d'entreprise (sous diverses modalités), délégués syndicaux – est un minimum, qui peut faire l'objet d'aménagements par voie d'accords ou d'usages.

1066 ***Le droit conventionnel et l'ordre public*** [4] ◊ Le choix des instruments européens de confier largement à une négociation collective le soin de

1. Ce régime sera évoqué, plus avant, pour certains de ses éléments, mais ne fera pas l'objet d'un exposé systématique. V. B. Teyssié, Aperçus rapides, *JCP S* 2005. Actu. 127 ; *ibid.* 148 ; *ibid.* 168 ; *ibid.* 187 ; G. Perrier, La société européenne : vers une contractualisation accrue de la représentation du personnel, *JCP S* 2005. Actu. 275 ; A. Teissier, L'implication des salariés dans la société européenne ; la constitution du groupe spécial de négociation, approche de droit comparé, *JCP S* 2006. 1095.

2. Globalement, l'implication des salariés dans la société coopérative européenne a été bâti sur le modèle du dispositif en vigueur dans la société européenne.

3. A. Seifert, « L'implication des travailleurs dans une fusion transfrontalière », *in Fusions tranfrontalières de sociétés*, ss. la coord. de P.-H. Conac, Larcier, 2011, 123.

4. G. Borenfreund, La licéité des accords collectifs relatifs au droit syndical et à la représentation du personnel, *Dr. soc.* 1992. 893 ; D. Fabre et *alii*, L'aménagement conventionnel du droit

fixer les modalités de représentation des intérêts des travailleurs contraste avec les solutions du droit français, qui n'admet, en règle générale, qu'une négociation d'amélioration et non une véritable contractualisation de la représentation du personnel. Selon l'article L. 2312-6, la désignation et les attributions des délégués du personnel peuvent faire l'objet d'accords collectifs contenant des clauses plus favorables aux délégués que les dispositions légales. Selon l'article L. 2325-4, le fonctionnement et les pouvoirs du comité d'entreprise peuvent également faire l'objet d'accords collectifs [1]. En matière syndicale, l'article L. 2141-10 admet expressément les accords plus favorables (possibilité de désigner des délégués syndicaux dans les entreprises situées en-deçà de l'effectif minimum légal, crédit d'heures d'exercice des fonctions dépassant celui prévu par la loi, etc.) [2]. La même capacité d'amélioration doit, en principe, être reconnue aux autres sources du statut collectif, notamment aux usages, mais sous d'importantes exceptions [3].

La loi est-elle susceptible de dérogation par voie d'accord là où elle n'a rien prévu ? La question s'est notamment posée lors de la procédure d'extension, car le ministre peut exclure d'une convention les clauses qui seraient en contradiction avec les textes législatifs en vigueur [4]. Il est sûr qu'on peut introduire des délégués et des comités dans les entreprises où la loi n'en impose pas [5]. Ces représentants d'origine conventionnelle bénéficient du statut de salariés protégés en matière de licenciement (C. trav., art. L. 2411-2) [6]. La jurisprudence admet aussi la possibilité d'accroître conventionnellement le nombre de délégués [7], et d'alléger par voie d'accord

---

syndical, *in Droit syndical dans l'entreprise*, Suppl. *Sem. soc. Lamy n°* 1263, 29 mai 2006, p. 23. *Adde*, G. Auzero, Les accords d'entreprise relatifs au droit syndical et à la représentation du personnel, Thèse Montesquieu-Bordeaux IV, 1997.

1. Il importe de souligner que la loi renvoie parfois cette amélioration au seul protocole d'accord préélectoral. Il en va ainsi pour l'accroissement du nombre de délégués du personnel (C. trav., art. L. 2314-1) ou du nombre de représentants élus au comité d'entreprise (C. trav., art. L. 2324-1).

2. Les stipulations conventionnelles améliorant les dispositions légales doivent être interprétées strictement. V. en ce sens, Soc. 26 mai 2010, n° 09-60.243, *Dr. soc.* 2010. 1002, obs. F. Petit ; 15 juin 2011, n° 10-20.761, *Bull. civ.* V, n°158.

3. Usage et engagement unilatéral de l'employeur ne peuvent, au contraire d'un accord collectif, augmenter le nombre de délégués syndicaux et de représentants syndicaux au comité d'entreprise : Soc. 20 mars 2001 : *Bull. civ.* V, n° 101 ; 10 juill. 2002 : *RJS* 11/02, n° 1254 ; 5 mars 2008, n° 07-60.305, *Sem. soc. Lamy*, n° 1364, p. 8, avec la chron. de B. Boubli ; 4 mars 2009, n° 08-60.436 et 08-60.401 : *RDT* 2009. 459, obs. H. Tissandier ; 25 janv. 2012, n° 11-14.151 : *JCP S* 2012, 1112, note G. François. V. ss 999. *Adde*, à propos d'une simple recommandation adressée aux parties signataires d'un accord : Soc. 15 juin 2011, n° 10-20.761 : *Dr. soc.* 2011. 1126, note F. Petit.

4. CE, avis, du 22 mars 1973, *Dr. ouvrier* 1973. 190.

5. Soc. 16 déc. 1998, *RJS* 2199, n° 231.

6. Sous réserve, en application d'une jurisprudence restrictive de la Cour de cassation, de présenter une « identité de nature » avec une institution légale. V. toutefois, pour ce qui pourrait être une amorce de revirement jurisprudentiel : Soc. 23 oct. 2007, n° 06-44.438, *RDT* 2008. 46, note M. Grévy.

7. Soc. 12 déc. 1968, *Dr. ouvrier* 1969. 356.

les conditions d'âge [1] ou d'ancienneté [2]. Il est également loisible d'augmenter le nombre d'heures de délégation, ou de prévoir le vote par correspondance. Un accord collectif peut même créer une instance originale de représentation – d'une autre « nature » que celles prévues par la loi – dès lors qu'elle s'ajoute et ne se substitue pas à l'une ou l'autre de ces dernières [3]. La négociation s'est développée ces dernières années pour donner des garanties de carrière aux salariés titulaires d'un mandat représentatif, ce qui est assurément licite [4]. De même que sont valides les dispositions d'accords collectifs prévoyant le versement, par l'employeur, de subvention aux organisations syndicales pour leurs activités, dès lors que sont respectés la liberté syndicale et le « principe d'égalité de valeur constitutionnelle » dans le traitement des syndicats [5]. Est également valide l'accord collectif de groupe organisant une représentation syndicale au niveau de ce groupe [6].

En revanche, l'ordre public fait échec à toute restriction apportée aux droits des salariés, à une disposition privilégiant ou pénalisant une organisation syndicale par rapport aux autres [7], aux clauses qui tendraient à modifier la compétence des juridictions ou des organes administratifs [8].

§ 3. **Contentieux**

1067 Outre un contentieux *répressif* ici particulièrement significatif, il y a place pour des interventions du juge d'instance et de l'inspection du travail. D'où un contentieux *judiciaire* et *administratif*.

1068 ***Le délit d'entrave*** [9] ◊ L'entrave ou l'atteinte à la désignation des délégués syndicaux, à l'élection des délégués du personnel ou à la constitution

1. Soc. 17 oct. 1973, *Bull. civ.* V, n° 486 ; 31 mars 1977, *Bull. civ.* V, n° 248.

2. Soc. 26 mai 1977, *Bull. civ.* V, n° 352.

3. Soc. 15 mars 2006, *Dr. soc.* 2006. 646, note F. Duquesne.

4. La loi fait désormais obligation de négocier sur le déroulement de carrière des salariés exerçant des responsabilités syndicales et sur la conciliation de la vie professionnelle et de la carrière syndicale (C. trav., art. L. 2141-5, L. 2242-20, V. aussi, à propos de la validation des acquis de l'expérience, l'art. L. 6111-1 C. trav.).

5. Soc. 29 mai 2001, *Dr. soc.* 2001. 821, note G. Borenfreund. Y. Chalaron, Les syndicats non signataires d'un accord d'entreprise, *Mélanges dédiés à M. Despax*, p. 477. Sur l'application du principe d'égalité de traitement en la matière, v. ss 999.

6. Soc. 30 avr. 2003, *Dr. soc.* 2003. 732, note B. Gauriau.

7. Soc. 27 mai 2008, n° 06-46.403, *RDT* 2008. 612, obs. S. Nadal ; 16 sept. 2008, n° 07-13.440, *JCP S* 2009. 1109, étude B. Gauriau.

8. CE, avis, du 22 mars 1973, préc. L'anc. art. L. 434-12 C. trav. ne prévoyant que l'aménagement du fonctionnement et des pouvoirs du comité d'entreprise, la composition de celui-ci serait intangible (Soc. 2 mars 1977, *D.* 1977. 550 ; 11 oct. 1978, *Dr. ouvrier* 1979. 262 ; 3 avr. 1979, *JCP* 1979. IV. 201) ; mais il est possible de prévoir le remplacement automatique des suppléants afin de maintenir constant le nombre des élus (Soc. 11 oct. 1978, *D.* 1979. IR 225). V. aussi, Soc. 16 janv. 2008, n° 06-15.679 : *JCP S* 2008. Actu. 70 (la désignation des membres du CHSCT ne peut résulter que d'un vote du collège qui en est chargé ; un accord collectif ne peut déroger à cette règle).

9. A. Cœuret et E. Fortis, *Droit pénal du travail*, Litec, 5e éd., 2012, p. 387 s. ; P. Chauvel, Interprétation déclarative de la loi pénale et droit pénal du travail, *Dr. soc.* 1983. 659 ; A. Cœuret, du comité d'entreprise et les entraves à l'exercice régulier des fonctions de ces organes de représentation constituent un délit pénal (C. trav., art. L. 2146-1, droit syndical dans l'entreprise [1] ; C. trav., art. L. 2316-1, délégués du personnel ; C. trav., art. L. 2328-1, comité d'entreprise ; C. trav., art. L. 2335-1, comité de groupe ; C. trav., art. L. 2346-1, groupe spécial de négociation, comité d'entreprise européen ou procédure spéciale de dialogue ; C. trav., art. L. 2334-2, groupe spécial de négociation ou comité de la société européenne ; C. trav., art. L. 4742-1, CHSCT).

De nombreux arrêts de la Chambre criminelle de la Cour de cassation illustrent ce qui, dans les relations avec les représentants des salariés, peut consommer le délit d'entrave, par véritable manœuvre ou par méconnaissance plus ou moins délibérée des règles. L'infraction peut être commise au stade de la mise en place des institutions représentatives (élections, désignation), dans le traitement des salariés exerçant ces fonctions et notamment en cas de licenciement (licenciement sans autorisation de l'inspecteur du travail, refus de réintégration) [2], ou en rapport avec l'exercice des fonctions (refus de recevoir des délégués, refus de rembourser leurs frais de déplacement, entrave à leur circulation, défaut d'information ou de consultation d'un comité d'entreprise, information ou consultation tardive par rapport à la prise de décision, obstacle au travail de l'expert-comptable mandaté par ce comité, défaut de versement de la subvention due à ce comité), ou encore sur le terrain de la gestion des activités sociales et culturelles (refus de céder la gestion de l'activité au comité, défaut de versement de la contribution légale). Ces arrêts, comme ceux qui écartent l'incrimination, apportent une contribution essentielle à l'interprétation des dispositions et au règlement des questions de droit majeures concernant la représentation et la défense des intérêts des salariés dans l'entreprise. C'est à ce titre que, chemin faisant, nous rencontrerons certains d'entre eux autant que des arrêts de la Chambre sociale de la Cour.

La poursuite est déclenchée à la suite d'une constatation par l'inspecteur du travail [3], ou d'une constitution de partie civile. Les syndicats sont habilités à se constituer partie civile sur le fondement de l'article L. 2132-3 du Code du travail, l'intérêt collectif de la profession étant évidemment en cause [4]. Si des membres du

---

Droit syndical et droit pénal, *Mélanges en l'honneur de J.-M. Verdier*, p. 1. Pour un tableau assorti d'un procès de la conception du délit d'entrave dans la jurisprudence de la chambre criminelle : P. Morvan, Le droit pénal des institutions représentatives du personnel, *Dr. soc.* 2000. 987. Les critiques, classiques, de l'excès de droit pénal dans les relations du travail (ex. : B. Teyssié, Sur le droit pénal du travail, *Dr. soc.* 2000. 940 ; comp. : J.-F. Césaro, La norme pénale, l'entreprise et le droit du travail, *Dr. soc.* 2005. 139) doivent être mises en rapport avec le caractère, en vérité marginal, de la répression pénale.

1. La loi du 20 août 2008 ayant octroyé un certain nombre de prérogatives aux syndicats non représentatifs (constitution d'une section syndicale, participation au processus électoral, etc), la Chambre criminelle a été conduite à affirmer que ces syndicats peuvent agir pour délit d'entrave au droit syndical : Crim. 31 janv. 2012, n° 11-84.113 P, *Bull. crim.* 31.

2. La seule mise à pied d'un salarié protégé, qui ne suspend pas l'exécution de son mandat, ne constitue pas en soi une entrave aux fonctions représentatives de l'intéressé : Crim. 8 avr. 2014, n° 12-85.800, *JCP S*2014, 1270, note F. Duquesne.

3. Le procès-verbal peut être nul pour cause d'incompétence territoriale de l'inspecteur (ex. : Crim. 9 déc. 2003, *Bull. crim.* n° 238 : procès-verbal dressé par un inspecteur de Marseille pour entrave au fonctionnement d'un comité d'entreprise, commise au siège de la société, dans le Nord).

4. Crim. 7 oct. 1959, *D.* 1960. 294 ; 4 mai 1971, *Bull. crim.* n° 131 ; 25 avr. 1989, *RJS* 7/89, n° 595.

comité ne peuvent agir individuellement, le comité lui-même, doté de la personnalité juridique, peut exercer l'action civile en tant que victime de l'infraction [1].

L'élément *matériel* du délit est constitué par les obstacles apportés à la mise en place et au fonctionnement de l'institution et par les atteintes portées au statut de ses membres. S'agissant de son élément *légal*, la Chambre criminelle estimait naguère que le délit d'entrave était constitué non seulement en cas de violation des dispositions légales, mais également des stipulations conventionnelles [2] ou des usages [3] plus favorables. Critiquée par certains [4], cette jurisprudence a été grandement infléchie à partir de trois arrêts rendus par la Chambre criminelle le 4 avril 1991 [5]. Désormais [6], les sanctions pénales de l'entrave ne sont susceptibles d'être appliquées qu'aux strictes conditions prévues par l'article L. 2263-1 du Code du travail [7] : dérogation à disposition légale en vertu d'une autorisation législative expresse [8], par une stipulation figurant dans une convention ou un accord collectif de travail étendu [9].

De jurisprudence constante, l'élément *intentionnel* du délit réside dans le simple fait que l'acte est volontaire [10], les raisons d'agir (mobiles) de l'agent restant indifférentes [11], et l'ignorance de la loi ou l'erreur de droit étant sans incidence [12]. Aucun dol particulier n'est exigé [13]. La Chambre criminelle a toutefois estimé qu'en présence

---

1. Crim. 24 nov. 1953, *D.* 1954. 237, note G. Levasseur ; 29 mars 1973, *JCP* 1974. II. 17651, 1re esp., note N. Catala. ; 28 nov. 1984, *Bull. crim.* n° 375 ; *D.* 1985. IR 436, obs. Ph. Langlois. La décision de saisir la justice relève d'une délibération à la majorité, qui porte aussi sur le mandat donné au président, c'est-à-dire au chef d'entreprise (sauf si lui-même, un de ses collaborateurs ou la personne morale employeur est visé par la poursuite) ou au secrétaire (un élu) pour agir au nom du comité. L'action civile individuelle de salariés est irrecevable, faute, pour eux, de préjudice personnel et direct (Crim. 3 déc. 1996, *Bull. crim.* n° 441).

2. Crim. 14 févr. 1978, *Plessis*, *Dr. soc.* 1979. 172, note J. Pradel. V. aussi, Crim. 15 janv. 1980, *Dr. ouvrier* 1981. 67 ; 20 avr. 1982 : *Bull. crim.* n° 96.

3. Crim. 24 févr. 1977, *Bull. crim.* n° 80.

4. J. Borricand, « Donner et reprendre ne vaut : réflexions sur quelques décisions « sociales » récentes de la Chambre criminelle », *D.* 1980. 323.

5. Crim. 4 avr. 1991, *Dr. ouvrier* 1991. 313, note Alvarez-Pujana ; *RSC* 1991. 782, note A. Lyon-Caen.

6. Sur cette évolution, v. M.-C. Amauger-Lattes, « L'évolution paradoxale de la sanction pénale du droit conventionnel du travail », *Dr. soc.* 2009. 568.

7. Pour une nette confirmation, v. Crim. 5 mars 2013, n° 11-83.984, *JCP S* 2013. 1197, note F. Duquesne ; *Lexbase Hebdo, éd. Sociale*, n° 520, note G. Auzero ; qui retient le délit d'entrave alors qu'était prescrite la mise en place d'un « conseil d'établissement ». Cette décision confirme que la notion de « dérogation », visée par l'article L. 2263-1, renvoie tant aux dérogations *in pejus*, qu'*in melius*.

8. Depuis la recodification ne sont plus visées les améliorations des dispositions réglementaires. Est par ailleurs exclue la violation d'un droit purement conventionnel, n'ayant aucune correspondance dans la loi (v. déjà en ce sens, Crim. 24 févr. 1987, *JS UIMM* 1987. 488 ; 4 avr. 1991, préc.).

9. La violation d'un usage ne peut donc être réprimée au titre de l'article L. 2263-1 (Soc. 4 avr. 1991, *Moisan*, préc.).

10. Crim. 5 déc. 1989, *Bull. crim.* n° 367 ; 4 janv. 1991, *Bull. crim.* n° 9 ; 22 mars 1994, *Dr. soc.* 1994. 967, obs. J. Savatier.

11. Ex. : Crim. 9 févr. 1988, *Bull. crim.* n° 67 ; 23 avr. 1992, *Bull. crim.* n° 180.

12. Ex. : Crim. 30 nov. 1999, *Bull. crim.* n° 284. Pour une incidence exceptionnelle de l'erreur v. : Crim. 13 janv. 1998, *Bull. crim.* n° 17. Certaines circonstances, toutefois, peuvent exclure l'intention (Crim. 30 oct. 1984, *Bull. crim.* n° 330 : grève avec occupation des locaux de l'entreprise rendant impossible la réunion du comité), mais l'obstacle doit être insurmontable (Crim. 25 févr. 1986, *Bull. crim.* n° 78 ; 9 déc. 1986, *Bull. crim.* n° 368).

13. Crim. 28 juin 1978, *JS UIMM*, n° 392, p. 19 ; 15 févr. 1994, *Bull. crim.* n° 68. V. : J. Malaval : *Dr. soc.* avr. 1979. 93. Ainsi qu'il a été relevé, les tribunaux procèdent désormais systématiqued'un accord d'entreprise signé par tous les syndicats représentatifs et dotant l'établissement d'un « comité social d'établissement » chargé des fonctions dévolues par la loi aux délégués du personnel, un directeur des ressources humaines pouvait ne pas avoir « pensé porter atteinte au fonctionnement régulier des institutions représentatives du personnel », de sorte que l'élément intentionnel de l'infraction n'était pas établi [1].

Il s'agit d'une infraction *continue*, ce qui entraîne d'importantes conséquences [2]. Elle peut se combiner avec le délit d'atteinte à la liberté syndicale [3].

L'infraction est punie d'un emprisonnement d'un an et d'une amende de 3 750 € ou de l'une de ces deux peines seulement (en cas de récidive, l'emprisonnement peut être porté à 2 ans et l'amende à 7 500 €) [4]. La sanction sera prononcée à l'encontre de l'employeur personne physique, du chef d'entreprise ou de toute personne investie par délégation de l'autorité patronale (directeur général de la société, chef d'établissement, directeur des ressources humaines, etc.) [5]. Mais depuis la fin de l'année 2005 la responsabilité d'une personne morale employeur peut également être retenue pour des faits postérieurs à cette date ; et si seule une peine d'amende est alors encourue, le montant de celle-ci est le quintuple de celui de l'amende encourue par une personne physique (18 750 € en l'occurrence). Remarquons aussi que l'infraction peut être commise par un salarié ou un représentant du personnel [6]. Après déclenchement de la poursuite par l'action civile du comité lui-même, le cas échéant. La recevabilité de l'action du chef d'entreprise ou de l'employeur paraît douteuse, l'action civile étant réservée à qui a « personnellement souffert du dommage directement causé par l'infraction » (C. pr. pén., art. 2) [7].

Une critique classique reproche à la conception jurisprudentielle de l'entrave de transformer celle-ci en « incrimination tentaculaire », dont la mise en œuvre

---

ment à une appréciation *in abstracto* du dol général et le juge raisonne essentiellement en fonction de ce que l'agent devait savoir ou ne pouvait pas ne pas savoir (A. Cœuret et E. Fortis, *op. cit.*, § 540).

1. Crim. 8 oct. 2002, *Dr. soc.* 2003. 143, obs. F. Duquesne.

2. Crim. 28 mai 1968, *D.* 1969. 471, note J.-M. Verdier ; 14 févr. 1977, *Bull.*, n° 80. Ce caractère continu ne se retrouve pas en cas d'entrave au fonctionnement régulier d'un comité (Crim. 26 avr. 1988, *Bull. crim.* n° 179).

3. V. ss 993.

4. Sur une question de bénéfice d'une loi d'amnistie, v. : Crim. 22 juill. 2004, *Bull. crim.* n° 182.

5. La délégation de pouvoir ne met pas à coup sûr le chef d'entreprise à l'abri d'une condamnation pénale. Le fait de confier à un représentant le soin de présider le comité d'entreprise ne l'affranchit pas de sa responsabilité propre (Crim. 3 mars 1998, *RJS* 6/98 n° 749 ; 15 mai 2007 : *Dr. soc.* 2008, obs. F. Duquesne), et si le cadre supérieur délégué peut être alors auteur de l'infraction (ex. : Crim. 16 sept. 2003, *Bull. crim.* n° 164), encore faut-il qu'il ait personnellement porté atteinte au fonctionnement de l'institution (Crim. 14 oct. 2003, *Dr. soc.* 2004. 222, obs. F. Duquesne). De plus, la délégation de pouvoirs « ne saurait être étendue au-delà des limites qu'elle définit » (Crim. 12 avr. 2005, *Dr. soc.* 2005. 856, note F. Duquesne). Le délit pourra être imputé au président du conseil d'administration d'une société qui, n'ayant pas délégué de façon permanente ses fonctions a, par ses prises de position, personnellement participé à la réalisation de l'entrave (Crim. 20 mai 2003, *Bull. crim.* n° 101 : refus de consulter le comité d'entreprise avant la signature d'un accord sur l'aménagement du temps de travail).

6. Les salariés s'opposant à une réintégration et le directeur général qui les y incite, sont les uns et les autres coupables (Crim. 9 déc. 1987, *Dr. ouvrier* 1988. 232). Le secrétaire du comité (Crim. 4 nov. 1988, *Dr. soc.* 1989. 212, obs. J. Savatier), ou un administrateur judiciaire (Crim. 30 janv. 1996, *Bull. crim.* n° 53) peut commettre l'infraction.

7. Crim. 4 nov. 1987, n° 87-80.856.

méconnaîtrait largement le principe de légalité des délits et traiterait pratiquement cette infraction comme un délit matériel alors qu'il s'agit d'une infraction intentionnelle [1].

1069 ***Rôle du juge d'instance et de l'autorité administrative*** ◊ Le juge d'instance est compétent pour statuer sur la régularité des élections des délégués du personnel et des membres du comité d'entreprise. Il est également compétent pour statuer sur la validité des désignations des délégués syndicaux. Indirectement, il aura à trancher les contestations sur la *représentativité* de syndicats.

Chargée d'une mission de contrôle sur le fonctionnement des institutions représentatives du personnel, l'« autorité administrative » intervient plus spécialement :

– dans la mise en place des institutions (nombre d'établissements distincts ; répartition du personnel entre les collèges et des sièges entre les catégories) ;

– dans la protection des représentants, dont le licenciement ne peut intervenir sans son autorisation.

Les décisions de l'autorité administrative peuvent faire l'objet d'un recours hiérarchique devant le ministre ou d'un recours contentieux. Ce recours contentieux ne pouvant être porté que devant le juge administratif, le droit de la représentation du personnel donne ainsi naissance à un double contentieux, administratif et judiciaire [2].

Nombreuses sont d'ailleurs les dispositions communes aux diverses institutions de représentation. Leur étude (Chap. 1), précédera celle des délégués du personnel (Chap. 2), des comités d'entreprise (Chap. 3), puis de l'exercice du droit syndical dans l'entreprise (Chap. 4).

---

1. P. Morvan, préc. Certains arrêts rappellent cependant « le principe selon lequel nul ne peut être puni pour un délit dont les éléments ne sont pas définis par la loi » (Crim. 5 mars 2002, *RJS* 6/02, n° 695), ou que les dispositions pénales relatives aux entraves « sont d'interprétation stricte » (Crim. 12 avr. 2005, préc.). L'application de la qualification, qui comporte une forte part d'indétermination (et dont il est dès lors malaisé de circonscrire « l'interprétation stricte ») n'est pas délibérément extensive (ex : Crim. 4 janv. 2005, *Dr. soc.* 2005. 708, obs. F. Duquesne, refusant de voir une entrave dans la diffusion, par une direction, d'un document détaillant le remboursement des frais de déplacement de chacun des représentants du personnel). La Chambre criminelle estime avec constance que l'art. L. 2328-1 C. trav. et les textes d'incrimination analogues offrent des garanties suffisantes au regard de l'exigence de prévisibilité de l'art. 7 de la Conv. EDH (Crim. 3 mai 1994, *Bull. crim.* n° 164 ; 13 janv. 1998, *Bull. crim.* n° 17 ; 22 juin 1999, *TPS* 1999, n° 360 ; 22 nov. 2005, *Dr. soc.* 2006. 388, note F. Duquesne).

2. Les juges répressifs n'ont pas à surseoir à statuer dans l'attente des résultats du contentieux administratif ou prud'homal : Crim. 15 févr. 1994, *Bull. crim.* n° 68.

CHAPITRE 1
DISPOSITIONS COMMUNES

1070 Ces dispositions, uniques ou analogues, concernent la *mise en place* des organes de représentation (Section 1) et le *statut des représentants* des salariés (Section 2).

SECTION 1. MISE EN PLACE DES ORGANES DE REPRÉSENTATION

1071 ***Critères*** ◊ L'obligation de constituer (institutions élues) ou d'accepter la constitution (organismes constitués par les syndicats représentatifs) suppose que l'entreprise relève du *champ d'application de ces organes* (Sous-section 1). Elle appelle ensuite l'identification des *unités de représentation* (Sous-section 2), et passe enfin par le *choix (élection ou désignation) des représentants* du personnel ou des syndicats (Sous-section 3).

Sous-section 1. Champ d'application

§ 1. Statut de l'entreprise

1072 ***Secteur privé*** ◊ Les délégués du personnel sont élus dans tous les établissements industriels, commerciaux ou agricoles, dans les professions libérales, les offices publics et ministériels, les sociétés civiles, les syndicats professionnels, les sociétés mutualistes, les organismes de sécurité sociale (à l'exception de ceux qui ont le caractère d'établissement public administratif), les associations ou plus généralement tout employeur de droit privé (C. trav., art. L. 2311-1). Le champ d'application est le même pour le comité d'entreprise [1]. Quant aux dispositions concernant les sections syndicales et les délégués syndicaux, elles s'appliquent aux « employeurs de droit privé ainsi qu'à leurs salariés ». Elles sont également applicables « au personnel des personnes publiques employé dans les conditions de droit privé,

1. En tant qu'employeurs de salariés (pour leurs activités sociales et culturelles), les comités d'entreprise, personnes morales de droit privé, ne paraissent plus pouvoir échapper à l'obligation d'installer en leur propre sein un comité. En effet, l'art. L. 2321-1 C. trav. vise désormais « les employeurs de droit privé » (Comp. avec l'anc. art. L. 431-1 C. trav.).

sous réserve des dispositions particulières ayant le même objet résultant du statut qui régit ce personnel » (C. trav., art. L. 2111-1).

1073 ***Secteur public*** [1] ◊ Les sociétés anonymes à capital public ne posent *a priori* aucun problème particulier, à la différence des établissements publics. Mais la mise en place de délégués du personnel et de comités d'entreprises est prévue dans les établissements publics à caractère industriel et commercial [2], ainsi que dans les établissements publics à caractère administratif lorsqu'ils emploient du personnel dans les conditions de droit privé (C. trav., art. L. 2311-1, L. 2321-1). Les dispositions relatives à l'exercice du droit syndical dans les entreprises sont applicables au personnel des personnes publiques employé dans les conditions du droit privé (C. trav., art. L. 2111-1) [3].

Des adaptations, tenant compte du caractère de l'établissement et des organismes de représentations déjà existants, peuvent être fixées par décret en Conseil d'État [4]. Cette faculté d'adaptation n'est pas prévue pour l'exercice du droit syndical, mais ce dernier fait l'objet de dispositions spécifiques (loi sur la démocratisation du secteur public : C. trav., art. L. 2144-1, L. 2144-2) permettant son amélioration par voie conventionnelle.

1074 ***L'entreprise étrangère*** ◊ Y a-t-il lieu de créer des institutions représentatives lorsqu'une société ayant son siège dans un pays étranger, et régie par le droit de ce pays (*lex societatis*), possède en France un ou plusieurs établissements ? Il s'agit d'une question de détermination de la compétence de la loi française dans l'espace international. En l'absence de texte ou de convention internationale, la règle jurisprudentielle prescrit une application dite « territoriale » ou « immédiate » (adjectifs également discutables) des dispositions du Code du travail : celles-ci ont statut de lois de police au sens de l'article 3 du Code civil.

Le Conseil d'État [5] a estimé que les règles sur les comités d'entreprises devaient être appliquées par *toute personne physique ou morale exerçant en France les responsabilités de l'employeur.* La circonstance qu'un employeur ait son siège à l'étranger ne saurait le faire échapper à ces dispositions. Il lui appartient d'instituer des comités dans chacun de ses établissements

1. V. J. Chorin, *Le particularisme des relations du travail dans les entreprises publiques à statut*, LGDJ, 1994 ; Ch.-A. Garbar, *Le droit applicable au personnel des entreprises publiques*, LGDJ, 1996 ; N. Maggi-Germain, *Négociation collective et transformation des entreprises publiques à statut*, LGDJ, 1996.

2. Soc. 19 sept. 2007, n° 06-60.203, *Bull. civ.* V, n° 203 (commune exploitant en régie un golf).

3. Ces dispositions s'appliquent ainsi à France Télécom, même avant l'ouverture de son capital (Soc. 22 févr. 1995, *Bull. civ.* V, n° 69 ; *Dr. soc.* 1995. 394), mais non à la Caisse des dépôts (Soc. 28 nov. 1995, *Bull. civ.* V, n° 322 ; *RJS* 1/96, n° 35) dont le statut exclut l'emploi de personnel dans les conditions du droit privé. V. aussi, à propos des agents contractuels publics de Pôle emploi, CE 7 avr. 2011, n° 333917, publié au *Lebon*.

4. Faculté d'adaptation réglementaire peu utilisée (ex. : un décret de 1985 pour le CEA) ; faute de décret, le droit commun s'applique (Soc. 30 nov. 1994, *RJS* 1/95, n° 43).

5. CE 29 juin 1973, *Cie internationale des Wagons-Lits, Rev. crit. DIP* 1974. 334, concl. N. Questiaux ; *Grands arrêts*, 4e éd., 2008, n° 17.

français et un comité central à l'échelle du pays. Ce comité se réunira, non au siège situé à l'étranger, mais au lieu où l'entreprise exerce à titre principal ses activités d'employeur en France. Ses attributions seront celles de tout comité d'entreprise, « à la seule exception de celles qui seraient incompatibles avec la présence à l'étranger du siège social » (ex. : la participation de représentants du comité au conseil d'administration est exclue, dès lors que ce conseil est régi par une *lex societatis* étrangère).

La Cour de cassation a adopté une position analogue. Tout syndicat représentatif est fondé à désigner un délégué syndical central dans le cadre constitué par les implantations françaises d'une société étrangère [1]. Toute personne qui emploie des salariés sur le territoire français doit organiser l'élection de délégués du personnel dans l'établissement qu'elle exploite sur ce territoire [2]. Ces représentants exercent l'ensemble des attributions prévues par la loi à l'exception de celles qui seraient incompatibles avec la présence du siège social à l'étranger [3]. En revanche, le principe de souveraineté des États fait obstacle à ce qu'il soit fait application au sein de la représentation officielle d'un État étranger des règles du Code du travail français relatives à la représentation du personnel et à celle des syndicats [4].

Il reste que le droit national se trouve structurellement démuni face au développement d'entreprises ou de groupes transnationaux [5]. Un palliatif partiel existe avec la possible constitution d'une représentation des salariés ajustée à cette dimension transnationale (le comité d'entreprise européen).

Dans les *sociétés européennes* (SE) constituées conformément au règlement CE n° 2157/2001 du 8 octobre 2001 et les sociétés participant à la constitution d'une SE, ayant leur siège en France, s'appliquent les dispositions des articles L. 2351-1 et suivants du Code du travail. Celles-ci concernent également les filiales de siège français et les établissements français de toute SE ayant son siège dans un autre État de l'Union ou de l'Espace économique européen. Elles prévoient un dispositif d'« implication des salariés » institué par accord conclu au sein d'un *groupe spécial de négociation* (GSN) ou reposant, à défaut d'accord, sur un *comité de la société européenne* régi par les articles L. 2353-1 et suivants, à moins que les négociateurs aient préféré instaurer une simple *procédure d'information et de consultation*. Mais le GSN peut choisir de ne pas instituer un tel organe ou une telle procédure, et « se fonder sur la réglementation relative à l'information et à la consultation » dans les États membres où la SE emploie des

1. Soc. 3 mars 1988, *Rev. crit. DIP* 1989. 63, note G. Lyon-Caen ; *JDI* 1989. 78, note M.-A. Moreau. La protection des représentants du personnel contre le licenciement, selon la loi française, s'applique aux représentants élus dans le cadre de l'établissement français d'une société étrangère (Cass., ass. plén., 10 juill. 1992, 3 arrêts, *Dr. soc.* 1993. 67, concl. Y. Chauvy).

2. Soc. 14 févr. 2001, *Dr. soc.* 2001. 639, note M.-A. Moreau ; 14 janv. 2004, *Bull. civ.* V, n° 14.

3. Ex. : Cass., ch. mixte, 25 févr. 1986, *Dr. soc.* 1986. 406 ; *ibid.* 709.

4. Soc. 4 nov. 2009, n° 08-60.593, *JCP S* 2009. 1565, note B. Gauriau.

5. M.-A. Moreau, Activités transnationales et représentation collective des salariés, *Dr. soc.* 1991. 53.

salariés (C. trav., art. L. 2352-13, al. 2). Dans cette hypothèse, la situation du segment français de cette société européenne est comparable, au regard des dispositions du Code du travail sur les comités d'entreprise, à celle de l'implantation française d'une entreprise étrangère. En tout cas, la société européenne de siège français ou ses établissements en France relèvent, dans les conditions de droit commun, du régime des délégués du personnel et de l'exercice du droit syndical dans l'entreprise.

§ 2. **Taille de l'entreprise**

1075 ***Les seuils*** ◊ Le personnel de l'entreprise ou de l'établissement doit être suffisamment important pour justifier la création des institutions représentatives légales. Dans les petites entreprises, un contact direct existe entre le personnel et la direction. Mais l'effectif requis n'est pas le même pour toutes les institutions. Il faut également tenir compte de la faculté ouverte, dans les entreprises de moins de 200 salariés, de se dispenser d'élection d'un comité d'entreprise en confiant aux délégués du personnel le rôle des élus à ce comité (formule de la *délégation unique* de l'art. L. 2326-1 C. trav.).

a) Des *délégués du personnel* doivent être élus si dans l'établissement sont occupés habituellement au moins *11 salariés*. Le nombre de délégués croît avec l'importance de l'effectif, d'un titulaire (plus un suppléant) pour 11 à 25 salariés, jusqu'à 9 pour 750 à 999 salariés, avec ensuite un délégué supplémentaire par tranche de 250 salariés, et autant de suppléants (C. trav., art. R. 2314-1). Ce nombre est modifié [1] tant qu'il y a carence de comité d'entreprise ou de CHSCT, soit qu'ils n'aient pu être constitués, soit qu'ils n'aient pu être renouvelés (C. trav., art. R. 2314-2).

b) Un *comité* doit être élu si l'entreprise occupe au moins *50 salariés* [2]. Le nombre des représentants croît progressivement de 3 (50 salariés) jusqu'à 15 (à partir de 10 000 salariés), avec autant de suppléants (C. trav., art. R. 2324-1), mais un accord peut naturellement prévoir un nombre de membres élus supérieur. Si l'entreprise comporte plusieurs établissements distincts, un *comité,* comportant le même nombre d'élus qu'un comité d'entreprise, doit être élu dans chacun d'eux, sans qu'il soit requis qu'il compte 50 salariés au moins.

c) Des sections syndicales peuvent être constituées, par les syndicats représentatifs et « quasi représentatifs », dans toutes les entreprises, quel que soit l'effectif (C. trav., art. L. 2141-1). Mais un syndicat ne peut désigner un *délégué syndical* ou un *représentant de la section syndicale* que

1. De 3 (entreprises de 50 à 74 salariés) à 8 (entreprises de 175 à 199 salariés).

2. Si un comité d'entreprise doit être mis en place lorsque le seuil est franchi, l'employeur dispose d'un délai d'un an à compter du franchissement de ce seuil « pour se conformer complètement aux obligations récurrentes d'information et de consultation du comité d'entreprise prévues au présent code, selon des modalités déterminées par décret en Conseil d'État ». (C. trav., art. L. 2322-2, al. 2).

si l'entreprise ou l'établissement emploie au moins *50 salariés* (C. trav., art. L. 2143-3). Toutefois, dans les entreprises employant moins de 50 salariés [1], tout syndicat représentatif peut désigner un délégué élu du personnel comme délégué syndical ou représentant de la section syndicale pour la durée de son mandat (C. trav., art. L. 2143-6, L. 2142-1-4). D'autres seuils sont fixés pour le représentant syndical au comité d'entreprise, le délégué syndical central et le délégué supplémentaire au titre des cadres.

d) Les comités d'hygiène, *de sécurité et des conditions de travail* (CHSCT) doivent être mis en place dans les établissements occupant au moins *50 salariés* (C. trav., art. L. 4611-1).

1076 ***Calcul de l'effectif*** ◊ **a)** Quels salariés faut-il prendre en compte pour le calcul de l'effectif de l'entreprise ou de l'établissement ? La loi du 28 octobre 1982 avait introduit des règles identiques pour la mise en place des différentes institutions. Ces dispositions (C. trav., art. L. 2141-11, L. 2312-8, L. 2322-6) ont été remplacées, avec l'ordonnance du 24 juin 2004 relative à la simplification du droit, par un renvoi à de nouveaux articles du Code (C. trav., art. L. 1111-2, L. 1111-3), portant règles uniques mais très semblables aux dispositions remplacées. L'interprétation jurisprudentielle de ces dernières conserve donc sa pertinence [2].

1) Est compté pour une unité tout salarié sous contrat de travail à durée indéterminée [3], même s'il est en cours de préavis, et tout travailleur à domicile.

La Cour de cassation, après avoir longtemps exclu de l'effectif le chef d'établissement et les salariés ayant une position assimilable à la sienne en raison des pouvoirs qui leur sont confiés, juge désormais que les cadres détenant sur un service, un département ou un établissement de l'entreprise, une délégation d'autorité qui les exclut de l'électorat et de l'éligibilité, doivent néanmoins être comptabilisés [4]. La solution paraît logique, dès lors que ces cadres dirigeants ont la qualité de salariés, leur présence et leur nombre témoignant de l'importance de l'entreprise.

---

1. Bien que l'art. L. 2143-6 C. trav. vise désormais « l'établissement », le seuil de cinquante salariés doit continuer de s'apprécier au niveau de l'entreprise : Soc. 29 avr. 2009, n° 08-60.484, *RDT* 2009. 529, obs. M. Grévy.

2. Il incombe à l'employeur de produire tous les éléments permettant de déterminer les effectifs (Soc. 11 déc. 1996, *RJS* 1/97, n° 59), faute de quoi le juge d'instance pourra décider que la condition d'effectifs litigieuse est remplie (Soc. 27 mai 1998, *RJS* 7/98, n° 880). De façon plus générale, l'employeur doit fournir aux syndicats appelés à négocier le protocole préélectoral l'ensemble des informations utiles à la détermination de l'effectif et des listes électorales (Soc. 13 mai 2009, n° 08-60.530, *Sem. soc. Lamy* 2009, p. 37, chron. L. Pécaut-Rivolier et Y. Struillou). S'agissant plus spécialement des salariés mis à disposition, l'employeur doit, sans se borner à interroger les entreprises extérieures, fournir aux organisations syndicales les éléments dont il dispose ou dont il peut demander judiciairement la production par ces entreprises (Soc. 26 mai 2010, n° 09-60.400, *Bull. civ.* V, n° 114).

3. Les travailleurs handicapés sont comptabilisés dans les mêmes conditions que les valides. Par ailleurs, sont indifférentes la nationalité des salariés et la loi applicable à leur contrat de travail.

4. Soc. 26 sept. 2002, *Dr. soc.* 2002. 1080, note F. Duquesne. V. déjà, pour leur prise en compte dans l'effectif cadres pour la constitution d'un 3e collège : Soc. 30 mai 2001, *Bull. civ.* V, n° 189.

2) Les salariés à temps partiel sont pris en compte au prorata de leur horaire de travail [1]. Mais un accord collectif peut prévoir que ces salariés seront pris en compte intégralement [2].

3) Les salariés embauchés sous contrat à durée déterminée et les travailleurs mis à disposition par une entreprise extérieure [3], y compris les travailleurs temporaires [4], sont pris en compte dans l'effectif au prorata de leur temps de présence dans l'entreprise au cours des douze mois précédents ; ils en sont exclus lorsqu'ils remplacent un salarié absent ou dont le contrat de travail est suspendu [5]. La notion de « salariés mis à disposition » a suscité de sérieuses difficultés d'interprétation. Après plusieurs années de tâtonnements [6], la Cour de cassation considère aujourd'hui que doivent être pris en compte dans l'effectif de l'entreprise les salariés « intégrés de façon étroite et permanente à la communauté de travail qu'elle constitue » [7], reprenant ainsi un critère établi par le Conseil constitutionnel [8]. Dans trois arrêts datés du 13 novembre 2008, la Chambre sociale a précisé ce qu'est « une intégration étroite et permanente à la communauté de travail » : les salariés mis à disposition doivent

1. L'effectif est calculé en divisant la masse totale des horaires inscrits dans les contrats par la durée légale du travail, ou la durée conventionnelle si celle-ci est inférieure. Mais les VRP multicartes doivent être pris en compte intégralement (Soc. 7 oct. 1998, *RJS* 11/98, n° 1417). Sur la difficulté particulière concernant les journalistes pigistes : Soc. 10 mai 2006, *D.* 2006. IR 1632 (à paraître au *Bulletin*).

2. Soc. 25 janv. 2012, n° 11-60.092, *Bull. civ.* V, n° 35.

3. Sur les formes que revêt cette pratique, v. J.-Y. Kerbourc'h, Qu'est-ce qu'une mise à disposition de personnel ? : *Dr. soc.* 2009. 530. V. aussi R. Vatinet, La mise à disposition de salariés : *Dr. soc.* 2011. 656. Un agent public, mis à la disposition d'un organisme de droit privé, ne relève pas des dispositions spécifiques relatives à l'électorat et à l'éligibilité des salariés mis à disposition : Soc. 20 juin 2012, n° 11-20.145 P ; 17 avr. 2013, n° 12-21.581 P.

4. Les travailleurs temporaires sont pris en compte pour l'appréciation de l'effectif de l'entreprise utilisatrice, mais le sont aussi pour le calcul de l'effectif de l'entreprise de travail temporaire, leur employeur (entreprise où ils sont électeurs et éligibles), dès lors qu'ils ont été liés à elle par un ou plusieurs contrats de travail pendant une durée totale de trois mois au moins au cours de la dernière année civile (ce que conserve le nouv. art. L. 1251-54 C. trav.). La Chambre sociale estime toutefois que ces intérimaires, pris en compte dans l'effectif de l'utilisateur pour la mise en place d'un CHSCT sont exclus de l'effectif de l'entreprise de travail temporaire pour la mise en place et la détermination du nombre de membres du CHSCT de cette dernière (Soc. 26 sept. 2002, *Dr. soc.* 2003. 241, obs. A. Cristau).

5. Le décompte des effectifs se heurte à des situations complexes : salariés recrutés en France pour travailler dans un établissement situé à l'étranger (Soc. 4 mai 1994, *Dr. soc.* 1994. 713) ; travailleurs absents pour une longue période ou dispensés d'activité (Soc. 12 déc. 1990, *Bull. civ.* V, n° 662 ; 24 mars 1993, *RJS* 5/93, n° 518 ; 26 mai 2004, préc.).

6. Sur cette évolution, v. Y. Pagnerre et G. Saincaize, L'intégration des salariés mis à disposition : nouvelles conditions, nouveaux effets : *JCP S* 2009. 1368.

7. Soc. 28 févr. 2007, n° 06-60.171, *Sem. soc. Lamy* 2007, n° 1298, p. 12. *Adde*, M.-L. Morin, Effectif et électorat : Cons. const. 28 déc. 2006 à l'arrêt de la Cour de cassation du 28 févr. 2007, *RDT* 2007. 229. V. aussi dans le même sens, Soc. 1er avr. 2008, n° 07-60.287, *Bull. civ.* V, n° 77.

8. Critère retenu dans une importante décision rendu le 28 déc. 2006, censurant une nouvelle tentative du législateur d'exclure du décompte des effectifs les salariés intervenant en exécution d'un contrat de sous-traitance, mais aussi de prestation de services : « considérant que le droit de participer par l'intermédiaire de leurs délégués à la détermination collective des conditions de travail ainsi qu'à la gestion des entreprises a pour bénéficiaires, sinon la totalité des travailleurs employés à un moment donné dans une entreprise, du moins tous ceux qui sont intégrés de façon étroite et permanente à la communauté de travail qu'elle constitue, même s'il n'en sont pas les salariés », le législateur ne pouvait « limiter le corps électoral aux seuls salariés qui lui sont liés par un contrat de travail » (Cons. const. 28 déc. 2006, n° 2006-545 DC, *JO* 31 déc. ; *RDT* 2007. 84, avec l'étude d'A. Lyon-Caen).

être présents dans les locaux de l'entreprise utilisatrice et y travailler depuis une certaine durée, partageant ainsi des conditions de travail au moins en partie commune, susceptibles de générer des intérêts communs [1]. Bien que rendue sur la base de la législation antérieure, cette solution rejoint les prescriptions de l'article L. 1111-2, tel que modifié par la loi du 20 août 2008. Selon ce texte les salariés mis à disposition ne sont pris en compte dans l'effectif dans les conditions précitées que s'ils sont présents dans les locaux de l'entreprise utilisatrice et y travaillent depuis au moins un an. Ces différentes précisions ne règlent pas l'ensemble des difficultés relatives à la prise en compte dans l'effectif des salariés mis à disposition. Au titre des certitudes, on peut relever que la durée de présence d'au moins un an ne s'entend pas d'une ancienneté de service continue et que l'exigence d'intérêts communs ne constitue pas un critère supplémentaire [2]. Par ailleurs, les dispositions de l'article L. 1111-2 du Code du travail relèvent de l'ordre public absolu et ne peuvent donc être modifiées par l'effet de stipulations conventionnelles [3]. Il faut encore souligner que la Cour de cassation a décidé que ne doivent pas être pris en compte dans l'effectif les salariés qui ne sont pas mis à la disposition exclusive de la société utilisatrice mais travaillent indifféremment pour plusieurs transporteurs et ne se rendent que ponctuellement dans les locaux de cette société [4]. Notons enfin qu'il appartient à l'employeur, responsable de l'organisation de l'élection, de fournir aux organisations syndicales les éléments nécessaires au contrôle des effectifs et de l'électorat. Par conséquent, et s'agissant des salariés mis à disposition, il doit, sans se borner à interroger les entreprises extérieures, fournir aux organisations syndicales les éléments dont il dispose ou dont il peut demander judiciairement la production par ces entreprises [5].

4) Sont exclus du calcul de l'effectif : les apprentis, ainsi que les salariés titulaires d'un contrat initiative-emploi, d'un contrat d'accompagnement dans l'emploi et d'un contrat de professionnalisation (C. trav., art. L. 1111-3). Ces dispositions ayant été jugées conformes à la Constitution [6], la Cour de cassation avait posé à la CJUE la question de savoir si le droit fondamental relatif à l'information et à la consultation des travailleurs, reconnu par l'article 27 de la Charte des droits fondamentaux de l'Union européenne, tel que précisé par les dispositions de la Directive 2002/14, pouvait être invoqué dans un litige entre particuliers aux fins de vérifier la conformité d'une mesure nationale de transposition de la directive, et dans l'affirmative,

---

1. Soc. 13 nov. 2008, n°s 07-60.434, 08-60.465 et 08-60. 331, *Sem. soc. Lamy* 2008, n° 1375, dossier spéc., avis J. Duplat et obs. A. Lyon-Caen.

2. V. en ce sens le Rapp. annuel de la Cour de cassation pour 2008, qui souligne qu'en évoquant cette notion ces arrêts « n'ajoutent pas une condition supplémentaire aux critères de lieu et de durée. Ils en explicitent la raison d'être au regard de l'effet utile du principe de participation » (p. 243). Pour l'interprétation des autres critères, v. Y. Pagnerre et G. Saincaize, art. préc.

3. V. sur cette question, « Les salariés mis à disposition à nouveau dans le débat », *Sem. soc. Lamy*, n° 1400, Dossier spéc. et CE 23 déc. 2010, *Dr. soc.* 2011. 423, concl. C. Landais, qui approuve le refus du ministre chargé du Travail d'étendre un avenant à la convention collective nationale de la propreté excluant qu'un salarié d'une entreprise de propreté travaillant dans une entreprise cliente puisse être regardé comme faisant partie des effectifs de cette dernière et puisse bénéficier de l'option d'exercer son droit de vote et de candidature dans l'entreprise d'accueil.

4. Soc. 14 avr. 2010, n° 09-60.367, *Dr. soc.* 2010. 720, obs. L. Pécaut-Rivolier. En revanche, les salariés mis à disposition qui remplissent les conditions légales doivent être pris en compte dans l'effectif, sans qu'il y ait à tenir compte du fait que certains d'entre eux aient choisi d'être électeurs dans l'entreprise qui les emploie : Soc. 19 janv. 2011, n° 10-60.296, *JCP S* 2011. 1172, note Y. Pagnerre.

5. Soc. 26 mai 2010, n° 09-60.400, *Bull. civ.* V, n° 114.

6. Cons. const. 29 avr. 2011, n° 2011-122 QPC.

si ces mêmes dispositions devaient être interprétées en ce sens qu'elles s'opposaient à une disposition législative nationale excluant du calcul des effectifs de l'entreprise, notamment pour déterminer les seuils de mise en place des institutions représentatives du personnel, les travailleurs titulaires de certains contrats de travail. À dire vrai, on savait déjà que ces dispositions étaient contraires à la directive précitée [1]. Restait donc la question de savoir si le juge national avait la faculté de se fonder directement sur les dispositions de l'article 27 de la Charte des droits fondamentaux afin d'écarter des dispositions nationales contraires au droit de l'Union. Par un arrêt du 15 janvier 2014, la CJUE a répondu par la négative, écartant la possibilité que des salariés ou leurs représentants puissent agir contre l'employeur pour obtenir directement l'application des prescriptions d'une directive auxquelles le droit national n'est pas conforme [2].

Désireuse d'encourager l'emploi des jeunes, une ordonnance n° 2005-892 du 2 août 2005 avait exclu du calcul de l'effectif, tant qu'il n'a pas atteint cet âge, tout salarié âgé de moins de 26 ans embauché à compter du 22 juin précédent. Mais le Conseil d'État a jugé que la compatibilité de cette disposition avec deux directives communautaires soulevait une difficulté justifiant une question préjudicielle à la Cour de Luxembourg, avant de suspendre l'application de cette mesure dans l'attente de la réponse du juge européen [3]. Finalement, retenant l'interprétation donnée par la CJCE [4], le Conseil d'État annulé pour excès de pouvoir l'ordonnance [5].

On retiendra donc que certains salariés doivent être comptés dans l'effectif sans être électeurs, tandis que d'autres ne sont pas pris en compte alors qu'ils sont électeurs (apprentis, salariés en contrat aidé, etc.). Lorsque le calcul des effectifs aboutit à un nombre décimal, aucune disposition de l'article L. 1111-2 ne prévoit de l'arrondir au nombre entier supérieur [6].

b) Les seuils légaux doivent être atteints, non seulement au moment où les élections et les désignations ont lieu, mais *pendant douze mois, consécutifs ou non, au cours des trois années* précédant la date des élections ou la date de désignation (C. trav., art. L. 2143-3, L. 2312-2, L. 2322-2) [7]. Cette règle s'applique à la mise en place des institutions, non à leur renouvellement [8].

c) Il se peut que, après la mise en place de l'institution représentative, les *effectifs diminuent*. Quand il s'agit de délégués du personnel, la diminution

1. CJUE 18 janv. 2007, aff. C-385/05, *D.* 2007. 776, note V. Bonin.

2. CJUE 15 janv. 2014, aff. C-176/12, *Sem. Soc. Lamy*, n° 1618, p. 11, avec l'étude de P. Rodière. La Cour n'en confirme pas moins que l'article L. 1111-3 du Code du travail n'est pas conforme à la directive de 2002. Pour ce faire, elle se réfère expressément à son arrêt *CGT* de 2007.

3. CE 19 oct. 2005, *Dr. soc.* 2005. 1142, note Ch. Willmann ; 23 nov. 2005, *JCP S* 2006. 1403, note B. Gauriau. La Cour de justice a toutefois estimé qu'il n'y avait pas lieu à application de la procédure d'urgence sollicitée par la Haute juridiction administrative (21 nov. 2005, aff. C-385-05). V. *RDT* 2006. 106, obs. C. Sachs-Durand.

4. CJCE 18 janv. 2007, aff. C-385/05, préc.

5. CE 6 juill. 2007, *JCP S* 1572, note B. Gauriau.

6. Soc. 17 juin 2009, n° 08-60.954, *RJS* 8-9/09, n° 729.

7. Sur la mise en œuvre de cette règle, v. Soc. 8 déc. 2010, *Dr. soc.* 2011. 228, obs. F. Petit. Pour déterminer le seuil à partir duquel un délégué syndical peut être désigné dans un établissement nouvellement créé, il faut prendre en compte l'ancienneté que les salariés affectés à cet établissement ont pu acquérir dans l'entreprise (Soc. 29 mars 2005, *RJS* 7/05, n° 758 ; *D.* 2005. Pan. 2507, obs. B. Lardy-Pélissier).

8. Soc. 7 nov. 1984, *Bull. civ.* V, n° 503 ; 5 avr. 1994, *RJS* 5/94, n° 563 ; 27 mai 1998 *RJS* 10/98, n° 1244.

des effectifs n'aura aucun effet en cours de mandat ; mais à l'expiration du mandat, l'institution ne sera pas renouvelée si l'effectif de l'établissement est resté inférieur à 11 salariés pendant au moins 12 mois (C. trav., art. L. 2312-3). Pour les comités d'entreprise et pour les délégués syndicaux, une autre règle a été retenue : en cas de réduction *importante et durable* des effectifs en dessous de 50 salariés, la suppression de la représentation doit normalement résulter d'un accord entre le chef d'entreprise et l'ensemble des organisations syndicales représentatives [1] ; à défaut d'accord, l'autorité administrative peut autoriser la suppression du comité (C. trav., art. L. 2322-7) ou décider que le mandat de délégué syndical prend fin (C. trav., art. 2143-11) [2].

Sous-section 2. **L'unité de représentation**

1077 Son identification et la diversité de ses espèces illustrent particulièrement le *réalisme* du droit du travail, encouragé sans doute par un souci d'effectivité de ses règles [3].

§ 1. **Unité plus petite que l'entreprise**

1078 ***Entreprise ou établissement*** [4] ◊ Le comité d'entreprise a pour cadre normal l'entreprise, unité économique, dans la mesure où la loi lui confère certaines attributions d'ordre économique. La délégation du personnel a pour cadre normal l'établissement, unité technique de production dépourvue de personnalité propre.

Il arrive que l'entreprise ne comporte qu'un établissement : il y a lieu alors à constitution d'un comité d'entreprise et d'une délégation du personnel. Lorsqu'elle compte plusieurs établissements (plusieurs usines, agences ou succursales), il y a autant de délégations du personnel, et doivent être élus des *comités d'établissement*, auxquels se superpose un comité central d'entreprise. Dans ce cas, l'établissement

1. V. Soc. 23 juin 1998, *Dr. soc.* 1998. 847, obs. G. Borenfreund.

2. L'autorité administrative a un pouvoir d'apprécier l'opportunité en invoquant des motifs d'intérêt général (CE 24 juill. 1981, *Lebon* 338 ; 20 déc. 1985, *D.* 1986. IR 383, obs. J. Frossard). Incompétent sur ce point, le juge d'instance peut connaître de l'incidence d'une réduction des effectifs sur le nombre de sièges à pourvoir (Soc. 7 mars 1990, *Bull. civ.* V, n° 106 ; 3 oct. 1995, *RJS* 11/95, n° 1140). Mais la perte de la qualité d'établissement distinct, reconnue par décision administrative, laquelle est d'application immédiate, emporte la suppression du comité de l'établissement considéré et s'impose au juge (Soc. 6 janv. 2009, n° 08-82.731, *JCP S* 2009. 1216, note J.-Y. Kerbourc'h).

3. V. *Les lieux du droit du travail* (dir. Ph. Waquet), *Sem. soc. Lamy* 2003, Suppl. n° 1140 ; F. Gaudu, Entre concentration économique et externalisation : les nouvelles frontières de l'entreprise, *Dr. soc.* 2001. 471 ; A. Cœuret, Frontières de l'entreprise et institutions représentatives du personnel, *ibid.* 487 ; P. Rémy, Le groupe, l'entreprise et l'établissement, *ibid.* 505 ; L. Pécaut-Rivolier, « La détermination des unités de représentation », *Dr. soc.* 2013. 316.

4. J. Savatier, Établissement ou entreprise : quel cadre pour les relations de travail ?, *Mélanges dédiés à M. Despax*, p. 61.

est le siège tout à la fois d'un comité (d'établissement) et d'une délégation (du personnel), les élus des différents comités d'établissement élisant leurs représentants au *comité central d'entreprise* [1]. Plusieurs entreprises peuvent créer des institutions sociales communes, confiées alors à la gestion d'un *comité interentreprises*. Le cadre de la constitution d'un CHSCT est également l'établissement, dès lors qu'y sont occupés au moins 50 salariés (C. trav., art. L. 4611-1) [2].

Pour les délégués syndicaux, le seuil de 50 salariés concerne l'entreprise, même si celle-ci est composée d'établissements de moindre dimension [3]. Mais différents articles parlent d'entreprises ou établissements. Les articles R. 2143-1 et suivants font dépendre le nombre de délégués syndicaux (pour chaque syndicat) soit de l'effectif de l'entreprise (C. trav., art. R. 2143-2), soit de celui de l'établissement distinct (C. trav., art. R. 2143-3-3). Dans les entreprises comportant des établissements distincts, chaque syndicat représentatif peut désigner, à la fois, un ou plusieurs délégués syndicaux dans chaque établissement et un délégué syndical central (C. trav., art. L. 2143-5). Le système de représentation est donc à rapprocher de celui adopté pour les comités d'entreprise (délégués syndicaux d'établissement plus délégué central d'entreprise) et à différencier de celui des délégués du personnel qui ne connaît que des délégués d'établissement.

1079 ***La notion d'établissement*** [4] ◊ Le chef d'entreprise et les organisations syndicales peuvent fixer, par voie d'accord, le nombre d'établissements distincts de l'entreprise. Les syndicats ont, en général, intérêt à la reconnaissance d'un grand nombre d'établissements (plus grand nombre de délégués et plus grand nombre d'heures de délégation) [5], alors que le chef d'entreprise préfère en limiter le nombre (limiter le temps passé en réunion, les heures d'absence de salariés délégués, le nombre de salariés protégés).

---

1. L'implantation française d'une entreprise de siège et droit étrangers constituera un établissement accueillant les représentations ayant normalement cette unité pour cadre, mais sera aussi le cadre de constitution d'un comité d'entreprise. Si cette entreprise dispose, en France, de plusieurs établissements, chacun d'eux devra être doté d'un comité d'établissement, et un comité central d'entreprise couvrira ce segment français de l'entreprise (v. ss 1074).

2. Ou, dans les établissements de 500 salariés au moins, le secteur d'activité (C. trav., art. L. 4613-4). Le CHSCT étant institué dans le cadre de l'établissement et, le cas échéant par secteur d'activité, l'existence d'une unité économique et sociale n'a de conséquence ni sur le cadre de désignation, ni sur la composition du collège désignatif (Soc. 16 janv. 2008, n° 06-60.286, *JCP S* 2008. 1171, obs. J.-B. Cottin). Sauf accord collectif, un même CHSCT ne peut regrouper des salariés dépendant de plusieurs établissements dotés chacun d'un comité d'établissement, en sorte que seuls les salariés de l'établissement concerné peuvent être désignés au sein du CHSCT de cet établissement, et que le collège désignatif ne peut être constitué que des membres élus de ce même établissement (Soc. 17 juin 2009, n° 08-60.438, *JCP S* 2009 1483, note J.-B. Cottin).

3. Le représentant de la section syndicale peut quant à lui être désigné dans l'entreprise ou l'établissement (C. trav., art. L. 2142-1-1).

4. I. Desbarats, *L'entreprise à établissements multiples en droit du travail*, LGDJ, 1996 ; B. Desjardins, La notion d'établissement en droit du travail, *RJS* 4/93. Chron. 215 ; L. Pécaut-Rivolier, « La notion d'établissement distinct et le droit de la représentation du personnel », *JCP S* 2012. 1305.

5. Soit une entreprise de 495 salariés. Si elle ne constitue qu'un établissement, il y aura, par application de l'art. R. 2314-1, 7 C. trav. délégués du personnel et 7 suppléants, soit 14 personnes protégées et 105 heures de délégation (15 heures pour chaque délégué titulaire). Si l'entreprise est divisée en 6 établissements de 30 salariés (2 délégués), 70 salariés (2 délégués), 76 (3 délégués), 85 (3 délégués), 104 (4 délégués), 130 (5 délégués), il y aura 19 délégués titulaires (et autant de suppléants) disposant de 285 heures de délégation.

Jusqu'à l'ordonnance n° 2005-1478 du 1er décembre 2005, les litiges relatifs à la reconnaissance d'établissements distincts relevaient du juge d'instance lorsqu'ils surgissaient à propos de l'élection de délégués du personnel ou de la désignation de délégués syndicaux, mais du directeur départemental du travail lorsqu'ils concernaient la mise en place d'un comité d'établissement. Désormais, à défaut d'accord entre chef d'entreprise et organisations syndicales intéressées, c'est à l'autorité administrative qu'il appartient de reconnaître la qualité d'établissement distinct, qu'il s'agisse d'élire des délégués du personnel ou de mettre en place des comités [1] ou de décider du nombre d'établissements distincts au sein d'une entreprise (C. trav., art. L. 2327-7) [2]. Le contentieux sera donc administratif. En revanche, l'ordonnance de 2005 n'ayant pas touché à l'article L. 2143-8 du Code du travail, le tribunal d'instance aura, le cas échéant, à se prononcer sur la qualité d'établissement distinct à l'occasion de la contestation de la désignation de délégués syndicaux.

Lorsqu'un accord a été conclu entre un employeur et les syndicats pour diviser l'entreprise en plusieurs établissements distincts pour les élections des représentants du personnel, cet accord a une nature électorale. Il est de ce fait soumis à la double condition de majorité prévue par l'article L. 2324-4-1. L'absence d'accord, qui ouvre la compétence de l'autorité administrative, doit être strictement entendue. Elle renvoie uniquement à l'hypothèse dans laquelle au moins une organisation syndicale ayant répondu à l'invitation à négocier de l'employeur, n'a pu convenir d'un accord [3]. Par suite, « en cas d'absence des organisations syndicales, qu'elle résulte de leur absence de l'entreprise ou d'un désintérêt de leur part, il appartient à l'employeur de procéder seul à la fixation des établissements distincts » [4]. Alors même qu'il procède d'une carence des syndicats, le pouvoir ainsi conféré à l'employeur n'en reste pas moins troublant. Cela est d'autant plus vrai, que la perte de la qualité d'établissement distinct peut également résulter d'une décision unilatérale de l'employeur [5].

1. Le périmètre de l'établissement distinct, déterminé à l'occasion d'un précédent scrutin par accord préélectoral ou décision de l'autorité administrative demeure celui dans lequel doivent se dérouler les élections lorsqu'il n'a été modifié ni par un protocole préélectoral, ni par une décision administrative : Soc. 26 sept. 2012, n° 11-26.659, *Dr. soc.* 2012. 1053, avec l'étude de C. Landais et *alii*.

2. CE 5 juin 2002, *RJS* 1/03, n° 53.

3. C. trav., art. L. 2314-31, L. 2322-5 et L. 2327-7, modifiés par la loi du 5 mars 2014. Ces textes précisent que la saisine de l'autorité administrative mentionnée au premier alinéa suspend le processus électoral jusqu'à la décision administrative et entraîne la prorogation des mandats des élus en cours jusqu'à la proclamation des résultats du scrutin. La loi laisse dans l'ombre les conséquences de la saisine du juge administratif. La J. était déjà en ce sens : Soc. 26 sept. 2012, n° 11-60.231, *Bull. civ.* V, n° 241.

4. J.-P. Gille, Rapp. fait au nom de la Commission des affaires sociales de l'Assemblée nationale, sur le projet de loi relation à la formation professionnelle, à l'emploi et à la démocratie sociale.

5. Jusqu'à la loi du 5 mars 2014, les articles L. 2314-31 et L. 2322-5 visaient la perte de la qualité d'établissement distinct « reconnue par décision administrative ». On peut raisonnablement penser que la décision unilatérale de l'employeur ne peut ici intervenir que si la qualité d'établissement distinct n'a pas été, en amont, reconnue par l'autorité administrative ou par accord.

Après avoir cherché à donner une définition unique de l'établissement, la Cour de cassation avait opté pour une approche fonctionnelle de cette notion, en faisant varier ses contours selon les missions de l'institution en cause [1]. La mission des délégués syndicaux ne se confondant pas avec celle des délégués du personnel ou celle des comités d'entreprise, l'existence d'établissements distincts a pu être affirmée à propos de la désignation de délégués syndicaux alors qu'elle était écartée, dans la même entreprise, à propos de la mise en place des délégués du personnel ou du comité. Le caractère fonctionnel de la notion d'établissement avait ainsi pour corollaire son caractère relatif [2]. Le Conseil d'État a également adopté, en matière de comités d'établissement, une approche fonctionnelle et relative, mais en reconnaissant beaucoup de poids aux choix d'organisation de l'exercice du pouvoir patronal [3]. Un moment abandonnée par la Cour de cassation au profit d'une définition unique de l'établissement [4], la conception fonctionnelle a ensuite été réaffirmée [5].

Mettant en œuvre cette conception, la Cour estimait naguère (arrêts de 1998 à 2000) que deux conditions devaient être réunies pour reconnaître un établissement distinct : l'existence d'un groupe de salariés ayant des intérêts communs et travaillant sous une direction unique, et la présence d'un représentant de l'employeur pouvant être un interlocuteur qualifié des représentants des salariés compte tenu de leur mission spécifique (habilité à recevoir les réclamations et à transmettre celles auxquelles il ne pourrait donner suite, pour les délégués du personnel ; qualifié pour recevoir les revendications et y faire droit le cas échéant, pour les délégués syndicaux). Postérieurement, la Cour a mis l'accent sur la considération d'une véritable collectivité de salariés et abandonné celle des pouvoirs délégués au représentant de l'employeur. Caractérise ainsi l'établissement distinct, pour la désignation de délégués syndicaux, le regroupement de cinquante salariés constituant *« une communauté de travail ayant des intérêts propres » et travaillant sous la direction d'un représentant de l'employeur, quels que soient les pouvoirs qui lui sont délégués* [6]. Cette conception est favorable à l'identification d'établissements plus proches des salariés. Elle neutralise largement

1. Soc. 15 janv. 1970, *JCP* 1970. II. 16315, note G. Lyon-Caen ; *Grands arrêts*, 4e éd., 2008, n° 130 ; 8 juill. 1977, *Bull. civ.* V, n° 491 ; 25 févr. 1982, *D.* 1983. IR 203.

2. Soc. 15 janv. 1970, préc. ; 18 juin 1975, *Bull. civ.* V, n° 332.

3. CE 1er juin 1979, préc. Le Conseil retient une implantation géographique stable, une nécessaire autonomie de gestion du personnel (CE 7 juin 1985, *Dr. soc.* 1985. 500, à propos des établissements de la SNCF). Dans le même sens : CE 28 nov. 1989, *RJS* 3/90, n° 223 ; 11 déc. 1991, *RJS* 4/92, n° 461 ; 28 juill. 1993, *RJS* 11/93, n° 1112 ; 26 nov. 2001, *RJS* 3/02, n° 298 (exigence d'autonomie pour la reconnaissance de la qualité d'établissement distinct) ; 6 mars 2002, *RJS* 7/02, n° 834 (admettant que les établissements distincts du Crédit Lyonnais correspondent aux directions d'exploitation au niveau de régions largement découpées). On a reproché à cette conception de ne pas considérer assez l'existence d'une communauté de travail et de privilégier le mode d'organisation et d'exercice du pouvoir patronal de direction (Y. Chalaron, préc.).

4. Soc. 20 mars 1991, *Dr. soc.* 1991. 696, note J. Savatier ; 17 mars 1993, *RJS* 4/93, n° 414 ; 6 avr. 1994, *Dr. soc.* 1994. 567 ; 28 mai 1997, *RJS* 7/97, n° 830.

5. Soc. 1er déc. 1998, *Bull. civ.* V, n° 528 ; 26 mai 1999 (2 arrêts), *D.* 2000. 91, note A. Arseguel.

6. Soc. 2 oct. 2001, *Dr. soc.* 2001. 1129, obs. J. Savatier ; *Grands arrêts*, 4e éd., 2008, n° 134.

l'organisation des pouvoirs choisie par l'employeur et laisse aux juges du fond plus de liberté pour apprécier les données d'espèce. Toutefois, elle n'emporte pas retour à l'unicité d'établissement qu'il s'agisse d'élire des délégués du personnel ou de désigner des délégués syndicaux D'autant moins que la Cour a ensuite spécifié ce qui fait lien dans un regroupement de salariés au point d'en faire l'indice majeur de l'établissement distinct : une communauté « susceptible de générer des réclamations communes et spécifiques » lorsqu'il s'agit d'élection de délégués du personnel [1], et « une communauté susceptible de générer des revendications communes et spécifiques » quand est en cause une désignation de délégués syndicaux [2]. Il reste que l'on disposait d'une définition de l'établissement distinct, même si elle faisait place à une variable La question est aujourd'hui de savoir quelle influence la doctrine de la Cour de cassation pourra exercer sur les décisions de l'autorité administrative et du juge administratif en matière d'identification de l'établissement servant de cadre à l'institution de délégués du personnel.

S'agissant des délégués syndicaux, et consécutivement à l'importance accordée à l'audience électorale pour la mesure de la représentativité syndicale par la loi du 20 août 2008, la Cour de cassation avait décidé que « sauf accord collectif en disposant autrement, le périmètre de désignation des délégués syndicaux est le même que celui retenu, lors des dernières élections, pour la mise en place du comité d'entreprise ou d'établissement » [3]. Unifiant les périmètres d'élection des membres du comité d'établissement et de désignation du délégué syndical, cette solution avait pour effet mécanique de transférer à l'autorité administrative la compétence générale [4], en l'absence de protocole électoral valide déterminant le périmètre de mise en place des institutions élues [5]. Cette jurisprudence a été remise en cause par la loi du 5 mars 2014 [6]. Désormais, l'article L. 2143-3 du Code du travail dispose que la désignation du délégué syndical « peut intervenir au sein de l'établissement regroupant des salariés placés sous la

---

1. Soc. 29 janv. 2003, *Dr. soc.* 2003. 453, obs. J. Savatier ; *D.* 2004. Somm. 99, 1re esp., obs. I. Desbarats ; 13 juill. 2004, *Dr. soc.* 2004. 1155, obs. J. Savatier.

2. Soc. 24 avr. 2003, *Dr. soc.* 2003. 780, obs. J. Savatier ; *D.* 2004. Somm. 99, 2e esp., obs. I. Desbarats ; 15 déc. 2004, *Dr. soc.* 2005. 346, obs. J. Savatier. V. aussi, Soc. 21 janv. 2009, n° 08-60.452, *JCP S* 2009. 1344, note A. Martinon.

3. Soc. 18 mai 2011,n° 10-60.383, *Sem. soc. Lamy* 2011, n° 1495, p. 5, avec le rapp. de L. Pécaut-Rivolier. V. aussi, Soc. 14 nov. 2012, nos 11-27.490 et 11-25.433, *Sem. soc. Lamy* 2013, n° 1572, p. 7, chron. L. Pécaut-Rivolier et Y. Struillou.

4. V. en ce sens, L. Pécaut-Rivolier, art. préc., n° 8.

5. Ainsi que le relève l'auteur cité à la note précédente, « le juge d'instance, ultérieurement saisi de la question de la validité de la désignation du délégué syndical, n'aura plus en charge que la vérification de ce que cette désignation s'est bien effectuée sur le périmètre déterminé par le protocole préélectoral ou l'autorité administrative ». Sur les conséquences induites par cette solution de principe, v. la 28e éd. de ce Précis, n° 1032.

6. Ainsi qu'il a été affirmé lors des travaux parlementaires, « le texte s'éloigne ici volontairement de la jurisprudence, afin de permettre la désignation d'un délégué syndical sur un périmètre différent de celui sur lequel est organisée l'élection sur laquelle se fonde la mesure de l'audience, pour permettre, comme l'indique l'étude d'impact, une désignation du délégué syndical au plus près du salarié » (J.-P. Gille, Rapp. à l'Assemblée nationale).

direction d'un représentant de l'employeur et constituant une communauté de travail ayant des intérêts propres, susceptibles de générer des revendications communes et spécifiques ». Consacrant la définition prétorienne de l'établissement distinct, forgée en 2003 par la Cour de cassation [1], la loi fait naître d'importantes difficultés, principalement liées au niveau de la prise en compte de l'audience électorale, tant en termes de représentativité que de validité des normes conventionnelles ; difficultés que la jurisprudence avait, précisément, largement atténuées.

L'évolution précitée devrait également avoir des conséquences sur le périmètre de mise en place du représentant de la section syndicale. La Cour de cassation avait, en effet, considéré que l'existence d'une section syndicale permettant la désignation, soit d'un représentant de la section syndicale, dès lors que le syndicat n'est pas représentatif, soit d'un délégué syndical, s'il l'est, il en résulte que le cadre de désignation de ces représentants syndicaux est nécessairement le même [2].

Les « établissements » isolés de moins de onze salariés (pour les délégués du personnel) [3] ou de moins de cinquante salariés (pour les délégués syndicaux) [4] doivent être rattachés à un établissement principal même éloigné, afin d'assurer une représentation des salariés qui y travaillent de sorte que tous exercent leur droit constitutionnel à la participation [5]. En revanche, s'agissant de la constitution de comités d'établissements, le Conseil d'État a souligné qu'aucune disposition législative ne subordonnait la reconnaissance ou le maintien de la qualité d'établissement distinct à la condition que cette implantation rassemble cinquante salariés au moins (même si l'importance de l'effectif est un élément d'appréciation de son autonomie, donc un facteur de la qualification) [6].

1080 ***Chantiers*** ◊ La jurisprudence sur l'élection des délégués dans les *chantiers du bâtiment et des travaux publics* [7] prolonge celle qui vient d'être évoquée.

---

1. Soc. 24 avr. 2003, préc. Le législateur n'a toutefois pas repris à son compte la précision jurisprudentielle relative au fait qu'il n'y a pas à tenir compte de l'étendue des pouvoirs du représentant de l'employeur. Mais il est vrai que là où la loi n'a pas distingué, il n'y a pas lieu de le faire…

2. Soc. 14 déc. 2010, n° 10-60.221, *JCP S* 2011. 1116, étude B. Gauriau. Une décision postérieure, en date du 20 juin 2012 (n° 11-60.202, *Bull. civ.* V, n° 195), contredit cette solution (v. ss 1111).

3. Le critère de la distance s'efface : Soc. 21 mai 1986, *Dr. soc.* 1986. 707 (regroupement « afin de ne pas priver le personnel qui y sert de la possibilité d'avoir ses intérêts défendus par un délégué »).

4. Soc. 12 mars 1991, *Dr. soc.* 1991. 701, obs. J. Savatier ; 30 mai 2001, *Dr. soc.* 2002. 126, obs. M. Cohen. Le délégué syndical peut être désigné parmi les salariés des centres ainsi rattachés : Soc. 25 oct. 1995, *RJS* 1/96, n° 39.

5. En revanche, un établissement distinct ne peut être reconnu qu'au sein d'une même entreprise ou d'une même unité économique et sociale. Un tribunal d'instance ne peut donc reconnaître l'existence d'un établissement distinct sur un site relevant de deux employeurs distincts n'appartenant pas à la même unité économique et sociale (Soc. 20 nov. 2006, n° 05-60.340 : *Bull. civ.* V, n° 405 ; *RDT* 2007. 399, note E. Peskine).

6. CE 15 mai 1991, *JCP E* 1991. II. 202, concl. P. Hubert ; *Dr. soc.* 1992. 39, 1re esp., note J. Savatier ; 19 oct. 1992, *Dr. trav.* 1992, n° 12, p. 7 ; 26 juill. 1996, *Fédé. construction CGT*, inédit.

7. Soc. 5 déc. 1973, *Dr. soc.* 1974. 332, note J. Savatier ; 8 juill. 1976, *Dr. ouvrier* 1977. 311 ; 15 déc. 1976, *Bull. civ.* V, n° 676 ; 30 avr. 1987, *Bull. civ.* V, n° 249.

Compte tenu de la brève durée des chantiers, de la mobilité du personnel et pour assurer la continuité de la protection, il est possible d'organiser des élections dans le cadre d'un ensemble de chantiers groupés, les salariés affectés à ceux-ci constituant un seul corps électoral votant en même temps pour l'ensemble des candidats. Mais la mission des délégués de présenter les réclamations du personnel et la nécessité pour eux de se trouver sur place commandent que des délégués soient désignés « tant en nombre que pour leur affectation » *pour chacun des établissements où leur présence est indispensable*. Chaque chantier doit donc avoir ses candidats et être représenté par un délégué. La conciliation des deux directives purement prétoriennes peut s'avérer difficile, mais elle est nécessaire si l'on veut tenir compte des fréquentes rotations de personnel d'un chantier à un autre.

§ 2. **Unité plus vaste que l'entreprise**

1081 ***Regroupements*** ◊ La représentation du personnel et la représentation syndicale peuvent être organisées dans une unité plus large que l'entreprise. Plusieurs entreprises constituent alors une seule unité. Plusieurs regroupements sont prévus par le législateur : l'unité du site (pour les délégués du personnel), l'unité économique et sociale (pour toutes les institutions représentatives), l'unité du groupe (pour le seul comité d'entreprise).

1082 ***Le site*** ◊ L'unité de site est prévue seulement pour l'implantation des délégués du personnel [1]. Lorsque plusieurs entreprises, dont l'effectif est inférieur à 11 salariés sont établies sur un même site, des *délégués de site* peuvent être élus par l'ensemble des salariés travaillant dans ces entreprises (C. trav., art. L. 2312-5). La loi ne précise pas ce qu'il faut entendre par site ; ce peut être un centre commercial, une galerie marchande, une zone industrielle ou artisanale, éventuellement une rue piétonne. Mais elle précise les modalités de reconnaissance de l'unité de site : c'est le directeur départemental du travail qui décidera de l'organisation d'une élection de délégués du personnel dans le cadre d'un site ; il prendra cette décision « lorsque la nature et l'importance des problèmes communs aux entreprises du site le justifient » ; encore faut-il que les salariés travaillant sur le site soient au moins 50, qu'ils y travaillent « durablement ». Participeront à l'élection seulement les salariés des unités où travaillent habituellement moins de 11 salariés [2]. Ce dispositif, qui semble peu utilisé, laisse plusieurs questions sans réponse : la mission de ces délégués de site n'est pas clairement définie ; aucune coordination

---

1. Soc. 13 janv. 1999, *Bull. civ.* V, n° 20 (pas de désignation d'un délégué syndical de site).

2. Les conditions des élections sont définies par accord entre l'autorité gestionnaire du site ou le représentant des employeurs concernés et les organisations syndicales de salariés. À défaut d'accord, le directeur départemental fixe le nombre et la composition des collèges électoraux, ainsi que le nombre des sièges et leur répartition entre les collèges (C. trav., art. L. 2312-5).

n'est prévue entre cette mission et celle des délégués du personnel d'entreprises importantes travaillant sur le même site [1].

1083 ***L'unité économique et sociale*** ◊ Dès les années 1970, la Cour de cassation a estimé que des sociétés juridiquement distinctes, mais ayant une même direction et présentant une communauté d'intérêts, pouvaient être regardées comme « une unité économique et sociale » (UES) assimilable à une entreprise pour l'application de la législation relative à la représentation du personnel (délégués et comités) et à la représentation syndicale. Cette création jurisprudentielle a été consacrée par la loi en 1982 [2].

Ce sont d'abord les juridictions répressives qui ont refusé de tenir compte de la « façade juridique » masquant l'unité d'une entreprise. La constitution de – ou la division en – plusieurs sociétés commerciales ayant des activités identiques ou étroitement complémentaires, peut n'être qu'un moyen de contourner les dispositions du droit du travail en divisant la collectivité de travail en entités aux effectifs inférieurs à certains seuils. Pour faire échec à cette manœuvre, à cette fraude à la loi, la Chambre criminelle a décidé que les sociétés, tout en ayant une existence juridique propre, ne constituaient pas, au regard du droit du travail, des entreprises distinctes [3].

Si les premiers arrêts de la Chambre sociale de la Cour de cassation reprennent cette idée de fraude pour retenir l'existence d'une seule entreprise [4], une autre analyse a été bientôt adoptée [5] : les juges se contentent de relever que plusieurs sociétés juridiquement distinctes constituent au regard du droit du travail, indépendamment de toute imputation ou suspicion de fraude, « un seul *ensemble économique ou une seule unité économique et sociale* » [6]. La notion a été accueillie, sans être définie, par l'article L. 2322-4 du Code du travail, mais elle vaut aussi pour les délégués du personnel et les délégués syndicaux [7].

1. Dans un centre commercial peuvent voisiner de grosses entreprises, qui ont plusieurs délégués du personnel, et de très petites entreprises. Afin d'encourager le « dialogue social territorial », l'art. L. 2234-1 C. trav. autorise la constitution, par accord collectif, de commissions paritaires au plan local, départemental ou régional.

2. I. Desbarats, La notion d'unité économique et sociale en droit du travail, *Mélanges dédiés à M. Despax*, p. 75 ; G. Couturier, L'unité économique et sociale – Trente ans après, *Les lieux du droit du travail*, préc., p. 56 ; B. Boubli, L'unité économique et sociale... État des lieux et souhaits de réforme, *Sem. soc. Lamy*, n° 1156, 16 janv. 2004 ; L'UES dans un conflit de logiques : logique contentieuse et logique institutionnelle : *JCP S* 2012. 1131.

3. Crim. 23 avr. 1970 (*D.* 1970. 444 ; *Grands arrêts*, 4e éd., 2008,n° 131). V. aussi sur la fraude : Soc. 29 avr. 1985, *Dr. soc.* 1986. 11.

4. Soc. 8 juin 1972, *JCP* 1973. II. 17316.

5. Soc. 19 déc. 1972, *D.* 1973. 381, note M. Despax.

6. On retrouve cette analyse dans de nombreux arrêts rendus de 1973 à 1982 (ex. Soc. 18 juill. 1978, *Bull. civ.* V, n° 593 et 605). La « constatation » d'une UES, qui a d'abord constitué un moyen de défense des dispositifs du droit du travail, une manifestation de réalisme dans l'application de celui-ci, cohabite désormais avec la « construction » délibérée d'une UES, comme « procédé d'organisation sociale d'ensembles complexes » (G. Couturier, préc.).

7. Soc. 3 juill. 1985, *Bull. civ.* V, n° 401 ; 1er déc. 1998, *Bull. civ.* V, n° 528.

Cette unité peut résulter de divers indices[1] :

– sur le plan économique (et surtout pour la constitution d'un comité commun) on s'attachera à l'unité de direction (dirigeants communs, administrateurs, commissaires aux comptes communs), à la communauté de moyens (comptabilité, informatique, locaux communs) et d'intérêts (absence de concurrence, participations financières, échanges techniques)[2], à la communauté d'activité ou à la complémentarité des activités[3]. Le juge ne peut se borner à relever l'appartenance des sociétés concernées à un même groupe sans caractériser la concentration du pouvoir de direction entre les mêmes mains[4]. Pour autant, il n'est pas nécessaire de caractériser la détention de mandats sociaux croisés ou cumulés de toutes les sociétés par les mêmes personnes[5] ;

– l'unité économique n'étant pas suffisante, il faut, sur le plan social, et principalement au regard de la mise en place de délégués syndicaux ou du personnel, relever ce que des arrêts nomment une « communauté de travailleurs » (« liés par des intérêts communs » est-il parfois précisé), et qu'attesteront une identité de statut collectif et des conditions de travail similaires (accord de participation unique, bilan social unique), éventuellement confortées par une gestion du personnel unifiée et une permutabilité du personnel[6] ; cependant, la circonstance que l'une des sociétés

---

1. V. la formule synthétique de Soc. 18 juill. 2000, *Dr. soc.* 2000. 1037, obs. J. Savatier ; *Grands arrêts*, 4e éd., 2008, n° 133. V. aussi : Soc. 17 déc. 2003, *Dr. soc.* 2004. 323, obs. J. Savatier.

2. Ex. : Soc. 15 févr. 2006, *JCP S* 2006. 1313, note G. Blanc-Jouvan.

3. Soc. 27 mars 1985, *Dr. soc.* 1985. 540, concl. G. Picca ; *D.* 1985. IR 436, obs. Ph. Langlois (à propos d'associations) ; 23 juin 1988, *Bull. civ.* V, n° 393 (les activités doivent être identiques ou complémentaires, il ne suffit pas qu'elles soient voisines et relèvent de la même branche, donc de la même convention collective) ; 24 nov. 1992, *RJS* 1/93 (la dépendance administrative et financière de deux organismes relevant d'une même autorité de tutelle ne caractérise pas en soi l'existence d'une unité économique) ; 8 avr. 1992, *Dr. soc.* 1992. 630 (dirigeants communs, statuts identiques et unité d'objet social) : 17 mai 1994, *RJS* 7/94, n° 869, 1re esp. (GIE) ; 1er déc. 1999, *RJS* 1/00, n° 67 (activités complémentaires exercées sur un même site sous une direction unique) ; 26 janv. 2000, *RJS* 3/00, n° 293 ; 18 juill. 2000, préc. ; 13 juill. 2004, *Dr. soc.* 2004. 944, 4e esp., note J. Savatier (la spécificité des domaines d'intervention des différentes sociétés n'empêche pas de constater une complémentarité d'activités résultant du fait qu'elles travaillent pour les mêmes clients et font elles-mêmes état de cette complémentarité) ; 12 janv. 2005, *Dr. soc.* 2005. 479, obs. J. Savatier (peu importe que l'activité d'une société ne soit complémentaire que de l'activité d'un secteur de production de l'autre) ; 24 juin 2014, n° 13-11.593, publié (l'activité d'un groupement d'employeurs n'est pas complémentaire de l'activité de production agricole de ses membres).

4. Soc. 15 mai 2001, *Dr. soc.* 2001. 777, obs. J. Savatier. L'unité économique nécessite la présence en son sein de l'entité juridique exerçant le pouvoir de direction sur l'ensemble des salariés inclus dans l'unité sociale (Soc. 23 mai 2000, *Dr. soc.* 2000. 852, concl. P. Lyon-Caen, obs. J. Savatier).

5. V. en ce sens, Soc. 4 mars 2009, n° 08-60.497, *RJS* 10/09, p. 671, chron. A. Cœuret.

6. Pour l'existence d'une UES : Soc. 27 mars 1985, préc. ; 8 avr. 1992, préc. (similitude du statut du personnel et permutabilité de celui-ci) ; 31 mai 1994, *RJS* 7/94, n° 869, 2e esp. ; 18 juill. 2000, préc. ; 26 mai 2004, *Dr. soc.* 2004. 915, obs. J. Savatier (salariés contribuant à l'activité d'un « pôle » du groupe, mobiles entre les sociétés, et relevant de la même convention collective, des mêmes accords d'intéressement et de prévoyance) ; 13 juill. 2004, préc. (l'application d'une même convention collective, l'existence de permutations de salariés entre les sociétés, ainsi que de services et d'avantages communs, caractérisent l'unité sociale) ; 12 janv. 2005, préc. (personnels gérés en commun, sans autre différence que celle résultant de l'existence de n'emploie pas de personnel (cas d'une société *holding*, par exemple) ne l'exclut pas de l'unité économique et sociale pour la mise en place d'un comité d'entreprise commun [1].

Tantôt ce sont de petites entreprises qui sont ainsi réunies au regard du droit du travail. Tantôt l'unité économique et sociale s'observe au sein d'un véritable groupe : si les activités des filiales sont étroitement dépendantes, la direction unique et centralisée, le personnel sans cesse muté d'une filiale à l'autre, la convention collective unique, le groupe ainsi intégré devient une unité économique et sociale [2]. En tout cas, le choix entre ces deux qualifications (du point de vue de la représentation du personnel, sinon d'autres aspects des relations professionnelles) s'impose, car il y a « incompatibilité entre les notions d'unité économique et sociale et de groupe doté d'un comité » : l'existence d'une UES pour la constitution d'un comité d'entreprise ne peut être reconnue « à un niveau où existe déjà un comité de groupe » [3].

deux entités juridiques distinctes, peu important l'application de deux conventions différentes) ; 15 févr. 2006, préc. (l'identité des conditions de travail et de rémunération, l'application de la même convention collective, la permutabilité des salariés, dont, de surcroît, les revendications sont défendues par un délégué syndical unique, caractérisent l'unité sociale). Contre la reconnaissance d'une UES : Soc. 14 mars 1989, *Bull. civ.* V, n° 211 (pas d'unité sociale d'un personnel sans unicité de statut collectif, ni permutabilité) ; 2 mai 2000, *Dr. soc.* 2000. 799, obs. J. Savatier (conventions collectives différentes, régimes de prévoyance et mutuelles distincts, pas de similitude de gestion des personnels) ; 5 déc. 2000, *RJS* 2/01, n° 213 (quelques mutations ne suffisent pas à attester la communauté de travailleurs) ; 18 févr. 2004, *Bull. civ.* V, n° 56 (en l'absence d'unité de direction sur les collaborateurs parlementaires, les députés à l'Assemblée nationale ne constituent pas une unité économique et sociale) ; 5 mai 2004, *Dr. soc.* 2004. 944, 4e esp., note J. Savatier (défaut d'unité sociale en raison de la conclusion d'accords collectifs distincts et du faible nombre de salariés concernés par des mutations à l'intérieur du groupe). L'absence d'accords collectifs communs aux différentes sociétés ne paraît pas exclure qu'elles constituent une unité économique et sociale (Soc. 12 janv. 2005, préc.), et l'existence de celle-ci n'empêche que les accords propres à chacune de ces sociétés conservent leur champ d'application respectif (Soc. 2 déc. 2003, *Dr. soc.* 2004. 212, obs. J. Savatier).

1. Soc. 21 janv. 1997, *Dr. ouvrier* 1997. 201, note M. Cohen ; 24 nov. 2004, *Dr. soc.* 2005. 230, obs. J. Savatier ; 26 janv. 2005, *ibid.* 480, obs. J. Savatier. Il en va de même si la *holding* n'emploie que des cadres alors que la filiale est l'employeur de la majorité des salariés (Soc. 14 juin 2005, n° 04-60.401).

2. Parmi de nombreux arrêts : Crim. 15 mars 1982, *Bull. crim.* n° 77 ; Soc. 22 oct. 1984, *Bull. civ.* V, n° 395. S'il y a contrôle et domination, il y a groupe ; si les activités sont étroitement dépendantes, la direction unique, le personnel commun est fréquemment muté, il y a UES (ex. : Soc. 17 mars 1983, *Bull. civ.* V, n° 170 ; 22 oct. 1984, préc. ; 22 janv. 1992, *Dr. soc.* 1992. 272 ; 21 janv. 1997, préc.). Un groupe assez intégré pour constituer une UES aura un comité central d'entreprise, tandis qu'un groupe ordinaire sera doté d'un comité de groupe.

3. Soc. 20 oct. 1999, *Bull. civ.* V, n° 391 ; 25 janv. 2006, *JCP S* 2006. 1281, note R. Vatinet. Mais l'existence d'un comité de groupe n'exclut pas que certaines sociétés de ce groupe forment une UES dotée d'un comité central d'entreprise (Soc. 30 mai 2001, *RJS* 8-9/01, n° 1032). V. M. Cohen, Les confusions relatives au périmètre de l'unité économique et sociale, *RJS* 3/01, p. 183. Dans un arrêt du 16 avr. 2008 (n° 07-60.348, inédit), la Cour de cassation a souhaité, en les qualifiant de fraude, mettre un terme aux pratiques ayant pour objet de contourner sa jurisprudence et consistant, dans la demande de reconnaissance de l'unité économique et sociale, à délimiter le périmètre de celle-ci de telle sorte qu'il soit identique au périmètre du groupe à une société près. Par ailleurs, l'intéressement, la participation ou un plan d'épargne

Les critères de l'unité économique et sociale sont les mêmes pour toutes les institutions représentatives [1]. Après avoir été tentée par une approche « fonctionnelle », telle que l'identification varie selon les institutions en cause, la Cour de cassation a clairement opté pour une conception « objective » : « *la notion d'UES n'est pas relative* (...), sa reconnaissance par le juge *selon des critères propres indépendants de la finalité des institutions représentatives comprises dans son périmètre*, même si elle modifie nécessairement la configuration des institutions existantes, *n'implique pas du juge une appréciation de l'opportunité de la demande* » sollicitant cette reconnaissance [2].

L'audace de cette construction d'origine jurisprudentielle est son indifférence à la personnalité morale de chacune des entités ainsi réunies en une unité. Cependant, il ne peut exister d'unité économique et sociale entre des établissements de sociétés distinctes ou entre une société et un établissement d'une autre société [3]. Surtout, « il ne peut y avoir d'unité économique et sociale reconnue par convention ou par décision de justice qu'entre des personnes juridiquement distinctes prises dans l'ensemble de leurs établissements et de leurs personnels », et non entre certaines filiales d'un groupe et certains établissements de la société mère [4]. D'ailleurs, l'article L. 2322-4 parle d'unité économique et sociale entre « plusieurs entreprises juridiquement distinctes ».

L'article L. 2322-4, énonce qu'une unité économique et sociale peut être reconnue par « convention ». Ainsi que l'a précisé la Cour de cassation, la reconnaissance ou la modification conventionnelle d'une unité économique et sociale ne relève pas du protocole d'accord préélectoral mais de l'accord collectif signé, aux conditions de droit commun, par les syndicats représentatifs au sein des entités faisant partie de cette UES [5]. L'unité économique et sociale peut également être reconnue par décision de justice. Cette dernière émanera, normalement, du tribunal d'instance dans le cadre d'un contentieux de la mise en place d'une institution

d'entreprise pouvant être mis en place au sein d'un groupe constitué par des entreprises juridiquement indépendantes, mais ayant établi entre elles des liens financiers et économiques, la conclusion d'un tel accord ne postule pas l'existence d'une unité économique et sociale (Soc. 13 oct. 2010, n° 09-60.473, *JCP S* 2010. 1514, note J. Daniel).

1. Soc. 5 mai 1988, *Bull. civ.* V, n° 273 ; 7 oct. 1998, *RJS* 11/98, n° 1381 ; 1er déc. 1998, préc. ; 12 déc. 1990, *ibid.*, n° 664 ; 2 nov. 1993, *RJS* 12/93, n° 1215 ; *D.* 1994. Somm. 295, obs. G. Borenfreund. Le juge peut se référer à un précédent jugement relatif à l'existence d'une UES dès lors qu'aucune modification n'est intervenue dans les rapports entre les sociétés (Soc. 29 janv. 2003, *RJS* 4/03, n° 480).

2. Soc. 13 juill. 2004, *Dr. soc.* 2004. 944, 1re esp., note J. Savatier. V. aussi, Soc. 3 mai 2007, n° 06-60.042, *Dr. soc.* 2007. 1250, obs. J. Savatier.

3. Soc. 21 nov. 1990, *Bull. civ.* V, n° 578 ; 13 janv. 1999, *RJS* 2/99, n° 230 ; 29 mars 2000.

4. Soc. 7 mai 2002, *Dr. soc.* 2002. 715, note J. Savatier.

5. Soc. 14 nov. 2013, n° 13-12.712, *Sem. soc. Lamy* 2014, n °1620, p. 5, chron. L. Pécaut-Rivolier et Y. Struillou. Justifiée, cette solution était en outre attendue après que la Chambre sociale avait décidé que le contentieux de la reconnaissance d'une UES est indépendant du contentieux pouvant naître de l'élection : Soc. 31 janv. 2012, n° 11-20.232, *JCP S* 2012. 1131, chron. B. Boubli.

représentative ou de la désignation d'un délégué syndical [1]. Mais toute partie intéressée [2] peut aussi agir en reconnaissance de l'unité économique et sociale avant cette mise en place ou cette désignation [3]. Cette action est également de la compétence du tribunal d'instance, car elle « ressortit au contentieux des élections professionnelles » [4]. La Cour de cassation a paru un temps admettre la possibilité d'une reconnaissance tacite de l'unité économique et sociale, lorsque les sociétés s'abstenaient de contester la désignation d'un délégué syndical à ce niveau [5]. Cette solution n'est plus de mise aujourd'hui : l'absence d'une telle contestation n'établit pas à elle seule l'existence de l'unité économique et sociale mais constitue un élément que le juge doit prendre en considération dans l'action en reconnaissance de cette unité [6]. En tout état de cause, la reconnaissance d'une unité économique et sociale impose la mise en place des institutions représentatives du personnel qui lui sont appropriées. Il

1. L'action en reconnaissance d'une unité économique et sociale relève de la compétence d'attribution du tribunal d'instance, même lorsqu'elle est intentée en l'absence de tout contentieux électoral. Il en est de même de l'action aux fins de modification, par voie d'élargissement ou de réduction, du périmètre d'une unité économique et sociale (Cass., avis, 19 mars 2007 : *RJS* 6/07, n° 753 ; *JCP S* 2007. 1458, note G. Blanc-Jouvan). Les jugements statuant sur une demande de reconnaissance d'une UES sont toujours susceptibles d'appel, dès lors que, depuis l'entrée en vigueur de la L. du 20 août 2008, la demande de reconnaissance ne peut plus être formulée à l'occasion d'un contentieux en matière d'élection professionnelle ou de désignation des représentants syndicaux : Soc. 31 janv. 2012, n° 11-20.233, *RDT* 2012. 168, note T. Grumbach ; *JCP S* 2012. 1131, chron. A. Boubli (v. antérieurement, Soc. 12 sept. 2007, n° 06-60.275, *Bull. civ.* V, n° 129). Si cette solution peut se justifier, elle conduit à s'interroger sur le maintien de la compétence du tribunal d'instance.

2. Syndicats, en pratique, mais aussi comité d'entreprise, qui a ici qualité pour agir (Soc. 29 janv. 2003, *Bull. civ.* V, n° 33). La reconnaissance judiciaire d'une UES ne peut en revanche être demandée par une personne étrangère à la collectivité de travail dont il s'agit d'assurer la représentation (Soc. 16 nov. 2010, *JCP S* 2010. 1156, note B. Bossu).

3. Soc. 2 juin 2004, *Dr. soc.* 2004. 912, obs. J. Savatier. V. déjà : Soc. 27 juin 1990, *RJS* 11/90, n° 580 ; 29 janv. 2003, préc. L'existence de l'UES doit s'apprécier en l'état de la situation existant à la date de la requête introductive d'instance et le jugement produit son effet déclaratif à cette date (Soc. 8 avr. 1992, préc. ; 21 janv. 1997, préc. ; 7 oct. 1998, *Dr. soc.* 1998. 1050, obs. J. Savatier ; Soc. 20 févr. 2008, n° 06-40.949, *Bull. civ.* V, n° 41), qui est la saisine initiale en cas de cassation d'un premier jugement avec renvoi (Soc. 17 déc. 2003, *Dr. soc.* 2004. 323, obs. J. Savatier). Est donc nulle l'élection d'un comité d'établissement intervenue entre la date de requête et la décision de reconnaissance de l'UES (Soc. 21 janv. 1997, *Dr. soc.* 1997. 351, note J. Savatier). Il résulte de « l'incompatibilité entre les notions d'UES et de groupe doté d'un comité » que les périmètres respectifs du groupe et de l'UES prétendue doivent être comparés à la date de la requête tendant à la reconnaissance de cette dernière et compte tenu de leur évolution depuis leur mise en place (Soc. 25 janv. 2006, préc.). Il est possible, après un jugement reconnaissant l'existence d'une UES, de saisir à nouveau la juridiction compétente pour voir constater la disparition de cette UES (Sur les conditions de recevabilité d'une telle demande, v. Soc. 16 avr. 2008, n° 07-60.373).

4. Soc. 29 oct. 2003, *Dr. soc.* 2004. 215, obs. J. Savatier. Solution discutable compte tenu de la solution arrêtée par la Cour de cassation dans l'arrêt préc. du 31 janv. 2012.

5. Soc. 3 mai 2007, n° 06-60.042, préc.

6. Soc. 4 mars 2009, n° 08-60.497, *RJS* 10/09, chron. A. Cœuret. Ainsi que le souligne cet auteur, il existe, de par cette désignation, « comme une présomption simple de l'existence de l'UES dont le juge ne peut faire abstraction (...) ».

appartient par suite aux syndicats représentatifs de désigner des délégués syndicaux dans le cadre de cette unité économique et sociale et de mettre fin aux mandats antérieurs ; sachant que les mandats des délégués syndicaux, désignés antérieurement à la reconnaissance de l'unité, deviennent caducs par suite de cette reconnaissance [1].

Le « dynamisme de l'unité économique et sociale » [2] suggère de faire de ce cadre une unité de négociation collective autant que de représentation des salariés, voire d'aller au-delà des effets aujourd'hui attachés à son existence par la loi et la jurisprudence pour en faire la « définition » de l'entreprise au sens du droit du travail [3] ; plus précisément, l'objet que nomme ou la réalité socio-juridique que désigne le terme « entreprise » dans le langage de cette branche du droit. Cette ambition se heurte toutefois nécessairement à la règle de l'indépendance juridique des personnes morales qui composent l'unité économique et sociale et à l'absence de personnalité juridique de cette dernière. Ainsi, après avoir rappelé que l'unité économique et sociale ne peut être considérée, même en application d'un accord collectif, comme l'employeur des salariés des différentes structures qui la composent [4], la Chambre sociale a décidé que l'obligation d'établir un plan de sauvegarde de l'emploi pesant sur l'employeur, c'est au niveau de l'entreprise qu'il dirige que doivent être vérifiées les conditions d'effectifs et le nombre de licenciements imposant l'établissement et la mise en œuvre d'un tel plan [5]. Pour autant, l'assimilation de l'unité économique et sociale à l'entreprise au sens du droit du travail continue de présenter un certain intérêt au-delà de la seule mise en place des institutions représentatives du personnel [6].

---

1. Soc. 29 avr. 2009, n° 07-19.880, *RJS* 7/09, n° 644.

2. J. Savatier, Le dynamisme de l'unité économique et sociale pour l'organisation des rapports collectifs de travail, *Dr. soc.* 2004. 944.

3. B. Boubli, « L'unité économique et sociale… État des lieux et souhaits de réforme », préc. ; G. Blanc-Jouvan, « L'unité économique et sociale et la notion d'entreprise », *Dr. soc.* 2005. 68.

4. Soc. 16 déc. 2008, n° 07-43.875, *RDT* 2009. 228, obs. B. Lardy-Pélissier.

5. Soc. 28 janv. 2009, n° 07-45.481, *Dr. ouvrier* 2009. 313. La Cour de cassation a toutefois postérieurement assorti la règle de principe posé dans cet arrêt d'une importante exception, en affirmant qu'il en va autrement lorsque, dans le cadre d'une unité économique et sociale, la décision de licencier a été prise au niveau de cette UES (Soc. 16 nov. 2010, n° 09-69.489, *RDT* 2011. 112, obs. E. Peskine). La solution retenue dans cette dernière décision ne saurait cependant être sollicitée à l'excès. Elle n'apporte notamment pas de réponse à la question de savoir qui est, dans cette situation, débiteur de l'obligation d'établir le plan de sauvegarde de l'emploi. Celui-ci ne paraît pouvoir être en l'état que l'employeur des salariés.

6. Outre l'arrêt préc. du 16 nov. 2010, v. Soc. 25 sept. 2012, n° 10-26.224, *Dr. soc.* 2012. 1074, note D. Boulmier : La cour d'appel ayant constaté que les sociétés assemblées en une UES constituaient une entreprise elle-même divisée en établissements distincts et que le montant global de la contribution était inchangé, la cour d'appel en a exactement déduit que cette contribution au financement des institutions sociales devait être calculée dans le cadre de l'entreprise, c'est-à-dire de l'UES, et le taux légal de cette contribution ensuite appliqué à chaque établissement, en l'absence d'usage plus favorable.

1084 ***Le groupe*** ◊ À la différence de l'unité économique et sociale, le groupe est une unité d'implantation qui n'est utilisée que pour un seul organe de représentation [1] : le *comité de groupe* [2].

À la différence encore de l'UES, le groupe n'était pas une notion utilisée par la jurisprudence avant la loi du 28 octobre 1982. Seuls, quelques accords collectifs avaient créé des comités de groupe, et l'unité économique et sociale, cadre de mise en place d'un comité d'entreprise, correspondait parfois à un groupe.

L'article L. 2331-1 C. trav. précise que le *groupe* est constitué par une « *entreprise dominante* », dont le siège social est situé sur le territoire français, et *les entreprises qu'elle domine* dans les conditions définies par diverses dispositions du Code de commerce, à savoir : ses sociétés filiales au sens de l'article L. 233-1 du Code du commerce (celles dont elle détient plus de la moitié du capital), celles qu'elle « contrôle » au sens de l'article L. 233-3 (dans lesquelles elle dispose de plus de la majorité des droits de vote, par exemple grâce à la fraction du capital détenue par elle et ses filiales, etc.) ou celles sur lesquelles elle exerce pour une autre raison un « contrôle exclusif » au sens de l'article L. 233-16 (ex. : elle désigne la majorité des membres des organes d'administration, elle exerce une influence en vertu d'un contrat ou de clauses statutaires). Appartient également au groupe toute société dont cette entreprise dominante détient au moins 10 % du capital (participation au sens de l'art. L. 233-2 C. trav.) et sur laquelle elle exerce une « influence dominante », lorsque la permanence et l'importance de leurs relations établissent « l'appartenance de l'une et de l'autre à un même ensemble économique ». L'article L. 2331-1 établit d'ailleurs une présomption – simple – d'influence dominante lorsqu'une entreprise, directement ou indirectement, peut nommer plus de la moitié de membres des organes de direction ou surveillance d'une autre, dispose de la majorité des voix ou détient la majorité de son capital. Lorsque plusieurs entreprises en dominent également une autre selon l'un ou l'autre de ces critères, celle qui peut nommer plus de la moitié de ses membres des organes de direction, administration ou surveillance, est considérée comme dominante, sauf preuve de l'influence dominante d'une autre [3]. Quel que soit le lien entre les composantes, n'appartiennent au groupe au sens de l'article L. 2331-1 que les sociétés dont le siège est

---

1. L'art. L. 2232-32 C. trav. prévoit toutefois que pour la négociation menée au niveau du groupe, les organisations syndicales de salariés représentatives peuvent désigner un ou plusieurs coordinateurs syndicaux de groupe. Les fonctions de ces « coordinateurs » restent limitées par l'objet même du mandat qui leur est conféré.

2. V. *Les groupes de sociétés et le droit du travail* (dir. B. Teyssié), Éd. Panthéon-Assas/LGDJ, 1999 (spéc. : F. Favennec-Héry, La représentation collective dans les groupes de sociétés, p. 125) ; A. Mazeaud, Le groupe, *Les lieux du droit du travail*, préc., p. 60.

3. Faute de pouvoir être incluses simultanément dans deux groupes, les filiales communes dont le capital est également partagé entre deux sociétés qui les gèrent à égalité n'appartiennent à aucun groupe au sens de l'art. L. 439-1 (Soc. 9 févr. 1994, *Dr. soc.* 1994. 251, rapp. Ph. Waquet).

situé sur le territoire français. Ainsi, seul *le segment français* d'un groupe transnational est-il couvert par le comité de groupe [1].

Le texte légal tend donc à tracer le périmètre du groupe en fonction de *l'influence exercée, en fait, par une société sur d'autres*. Ici encore se manifeste le réalisme du droit du travail. Il est source d'incertitude [2]. L'article L. 2331-2 prévoit d'ailleurs une procédure de détermination de l'appartenance à ce périmètre pour les composantes autres que les filiales : le comité d'une entreprise estimant que celle-ci est contrôlée par une autre ou soumise à son influence dominante au sens de ce texte peut demander son inclusion dans le groupe, donc dans le champ d'un comité de groupe déjà existant ou à constituer ; cette demande est transmise par le chef de l'entreprise concernée à celui de l'entreprise dominante qui, dans un délai de trois mois, doit faire droit à cette demande (si un comité de groupe existe déjà, il devra tenir compte du lien ainsi constaté lors du renouvellement du comité de groupe) ; s'il ne partage pas le point de vue du comité demandeur et, plus généralement, en cas de litige sur le périmètre d'un groupe, le comité d'entreprise ou toute organisation syndicale représentative dans l'entreprise dont l'appartenance est discutée ou d'une (ou dans une) entreprise du groupe (l'entreprise dominante par exemple) peut saisir le tribunal de grande instance du siège de l'entreprise dominante.

Lorsque les sociétés du groupe ont des activités économiques très différentes et lorsque le personnel de ces sociétés constitue autant de collectivités distinctes ayant un statut propre, il y a simplement groupe. En revanche, une unité économique et sociale peut être identifiée au sein d'un groupe [3].

1085 ***Le groupe ou l'entreprise européen*** ◊ La directive n° 2009/38 du 6 mai 2009, concernant l'institution d'un comité d'entreprise européen ou d'une procédure dans les entreprises de dimension communautaire et les groupes d'entreprises de dimension communautaire en vue d'informer et de consulter les travailleurs, a été transposée par l'ordonnance n° 2011-1328 du 20 octobre 2011 [4]. La directive de 2009 préserve le traitement spécifique que celle de 1994 avait accordé aux entreprises et groupes ayant

1. Sur les réseaux bancaires (type Crédit agricole), v. l'art. L. 2331-5 C. trav. ; Soc. 4 déc. 2007, n° 06-11.206, *JCP S* 2008. 1163, note S. Béal.

2. Sur la validité d'un accord délimitant le groupe : Soc. 16 avr. 1986, *Bull. civ.* V, n° 134 ; Crim. 11 juin 2002, *Bull. crim.* n° 133 ; 30 mars 2010, *Dr. soc.* 2010. 865, obs. F. Petit.

3. V. ss 1079, 1154 ; Soc. 17 mars 1983, *Bull. civ.* V, n° 176 ; 22 oct. 1984, *Dr. ouvrier* 1987. 60.

4. La directive de 2009 a abrogé, avec effet au 6 juin 2011, la Dir. n° 94/45 du 22 sept. 1994, concernant la représentation des travailleurs dans les entreprises ou groupes d'entreprises de dimension communautaire, qui avait elle-même été transposée par une loi du 12 nov. 1996. V. S. Laulom, La révision manquée de la directive sur les comités d'entreprise européen : *Sem. soc. Lamy*, n° 1399, 5 ; J.-Ph. Lhernould, La nouvelle directive CE européen : une victoire française… quelle victoire ? : *RJS* 2009. 101 ; B. Teyssié, Le comité d'entreprise européen (Dir. n° 2009/38/CE du 6 mai 2009 ; Ord. n° 2011-1328 du 20 oct. 2011, *JCP S* 2011. 1489.

conventionnellement mis en place une instance européenne de représentation du personnel, alors qu'elle n'était pas obligatoire [1].

L'article L. 2341-1 prévoit l'institution d'un comité d'entreprise européen [2] dans les entreprises qui emploient au moins 1 000 salariés dans deux ou plusieurs États membres de la Communauté européenne ou de l'Espace économique européen et comptant au moins deux établissements ou entreprises employant au moins 150 salariés dans deux États différents au moins [3].

Ces dispositions de la loi française sont applicables aux entreprises ou groupes d'entreprises ayant leur siège en France. Pour celles et ceux dont le siège est situé dans un État tiers, la loi s'applique si un représentant en France a été désigné ou bien encore si l'établissement ou l'entreprise employant le plus grand nombre de salariés au sein de ces États est situé en France.

Le droit des salariés à l'information et à la consultation est ouvert à l'échelon européen. La mise en œuvre de ce droit est soumise à la conclusion d'accords qui doivent être négociés au sein d'un groupe spécial de négociation (GSN). Il appartient au chef de l'entreprise ou de l'entreprise dominante du groupe d'entreprises de dimension communautaire de mettre en place ce dernier. À défaut d'une telle initiative, la procédure est engagée à la demande écrite de cent salariés ou de leurs représentants, relevant d'au moins deux entreprises ou établissements situés dans au moins deux États différents. Le nombre de membres du GSN dépend de la répartition des salariés employés entre les États destinataires de la

1. Un accord d'anticipation conclu avant que ne devienne applicable la norme de transposition de la directive de 1994 et, en tout état de cause, pour les premiers destinataires de la directive, au plus tard le 22 sept. 1996 (date limite assignée à ces derniers pour la transposition), dispensait en principe les entreprises ou groupes concernés d'avoir à appliquer les obligations découlant de la directive de 1994. Tant que cet accord demeurera applicable, éventuellement au prix d'une révision de son contenu ou de son renouvellement, ces mêmes entreprises ou groupes d'entreprises seront dispensés d'appliquer la directive de 2009 (Dir. n° 2009/38, art. 14 ; Ord. n° 2011-1328, art. 5). Ajoutons que les accords conclus ou révisés en application de la directive de 1994, entre le 5 juin 2009 et le 5 juin 2011, échappent aux obligations imposées par les nouveaux textes (Ord. n° 2011-1328, art. 5).

2. Les textes offrent en réalité une alternative : soit organiser un comité d'entreprise européen, soit se contenter de mettre en place une procédure d'information et de consultation.

3. La constitution d'un groupe spécial de négociation suppose qu'un certain nombre d'informations sur la configuration du groupe ou de l'entreprise soient fournies et circulent. La Cour de Luxembourg a rendu plusieurs arrêts précisant, à cet égard, la portée des dispositions de la Dir. n° 94/45/CE. Sur l'obligation, pour toute société faisant partie d'un groupe, de fournir des informations aux organes de représentation de ses travailleurs, afin d'assurer un « effet utile » à la directive, et sur l'étendue de ces informations : CJCE 29 mars 2001, aff. C-62/99, *RJS* 7/01, n° 948. Sur l'obligation, pour tout État membre, d'assurer que les directions locales fournissent ces informations à la direction centrale présumée : CJCE 13 janv. 2004, aff. C-440/00, *RJS* 4/04, n° 473. Sur leur obligation d'imposer à toute entreprise dominante établie sur leur territoire de fournir à une autre entreprise du même groupe établie dans un autre pays membre les informations demandées à celle-ci par les représentants de ses travailleurs : CJCE 15 juill. 2004, aff. C-349/01, *TPS* 2004, n° 316 ; *RJS* 1/05, p. 3, chron. N. Moizard. La directive de 2009 a partiellement consacré ces exigences prétoriennes (Dir. n° 2009/38, art. 4 ; C. trav., art. L. 2342-3, al. 3).

directive [1]. Le GSN peut décider, par au moins deux tiers des voix, de ne pas ouvrir de négociation ou de mettre fin aux négociations déjà en cours [2]. Les négociations peuvent aussi se solder simplement par un échec [3], auquel cas les dispositions subsidiaires relatives à la création d'un comité légal sont de plein droit applicables. À l'opposé, si les parties parviennent à un accord, elles en déterminent en principe librement le contenu. La loi impose cependant certaines stipulations qui diffèrent selon que les parties ont opté pour la constitution d'un comité d'entreprise européen ou d'une procédure d'information et de consultation [4]. Quelle que soit l'option retenue, il faut donc que le dispositif assure à la fois l'information et la consultation des représentants des salariés sur les questions transnationales, c'est-à-dire, les questions qui concernent l'ensemble de l'entreprise ou du groupe d'entreprises de dimension communautaire ou au moins deux entreprises ou établissements de l'entreprise ou du groupe situés dans deux États membres (C. trav., art. L. 2341-8). Reprenant les prescriptions de la directive de 2009, le Code du travail précise ce que recouvrent l'information et la consultation. La première « consiste, pour le chef de l'entreprise ou de l'entreprise dominante du groupe d'entreprises ou tout autre niveau de direction plus approprié, à transmettre des données aux représentants des salariés afin de permettre à ceux-ci de prendre connaissance du sujet traité et de l'examiner » [5]. Quant à la consultation, elle consiste, pour les mêmes personnes, à « organiser un échange de vues et à établir un dialogue avec les représentants des salariés à un moment, d'une façon et avec un contenu qui permettent à ceux-ci d'exprimer, sur la base des informations fournies et dans un délai raisonnable, un avis concernant les mesures faisant l'objet de la consultation, qui peut être pris en compte au sein de l'entreprise ou du groupe d'entreprises (...) » [6]

1. C. trav., art. R. 2344-1 (est alloué un siège par tranche de 10 % des effectifs employés dans l'ensemble des États).

2. En ce cas, les dispositions légales « subsidiaires » ne sont pas applicables et une nouvelle demande de constitution d'un GSN ne peut être introduite que deux ans au plus tôt après cette décision, sauf si les parties fixent un délai plus court.

3. Echec qui peut évidemment se traduire par un constat réalisé par les parties à la négociation, mais aussi par l'écoulement d'un délai de trois ans à compter du début du processus de discussion, sans signature d'accord.

4. L'accord instituant un comité doit ainsi déterminer notamment son périmètre d'application ; la composition du comité (en particulier le nombre de ses membres, la répartition des sièges permettant de prendre en compte le besoin de représentation équilibrée des salariés selon les activités, les catégories de salariés et le sexe, la durée du mandat) ; les attributions du comité et les modalités selon lesquelles l'information et la consultation se déroulent en son sein ; les modalités de l'articulation entre l'information et la consultation du comité d'entreprise européen et les institutions représentatives du personnel national (C. trav., art. L. 2342-9).

5. C. trav., art. L. 2341-7, qui ajoute que « l'information s'effectue à un moment, d'une façon et avec un contenu appropriés, qui permette notamment aux représentants des salariés de procéder à une évaluation en profondeur de l'incidence éventuelle de ces données et de préparer, le cas échéant, des consultations (...) ».

6. C. trav., art. L. 2341-6. La lecture de ce texte et de la directive de 2009 laisse clairement entendre que la consultation du comité d'entreprise européen doit précéder la prise de décision,

En l'absence d'accord, la loi impose la mise en place d'un comité d'entreprise européen, dont elle fixe la composition, le fonctionnement et les attributions (C. trav., art. L. 2343-1 s.). À ce dernier titre, le comité est réuni au moins une fois par an et reçoit, à cette occasion, un certain nombre d'informations énumérées par l'article L. 2343-2 du Code du travail. Il est aussi consulté une fois par an lors d'une réunion sur un rapport portant sur certains des points précités. Par ailleurs, lorsque surviennent des circonstances exceptionnelles ou des décisions affectant considérablement les intérêts des salariés, notamment en cas de délocalisation, de fermeture d'entreprises ou d'établissements ou de licenciements collectifs, le bureau ou, s'il n'en existe pas, le comité d'entreprise européen, en est informé. Enfin, le bureau ou le comité se réunit à sa demande avec l'employeur afin d'être informé et consulté sur les mesures affectant considérablement les intérêts des salariés [1].

§ 3. Restructurations et institutions représentatives

1086 ***Modifications affectant la représentation*** ◊ Il a été indiqué [2] qu'une baisse des effectifs pouvait entraîner une disparition de la représentation et qu'une constatation, par l'autorité administrative, de la perte de la qualité d'établissement distinct pouvait également affecter la représentation. La loi envisage aussi l'incidence, sur le sort des institutions syndicales et électives, d'une modification dans la situation juridique de l'employeur au sens de l'article L. 1224-1 du Code du travail. Modification qui peut affecter l'établissement, l'entreprise, l'unité économique et sociale, le groupe, donc la configuration de l'unité où s'exerce la représentation [3].

1087 ***Sort des mandats*** ◊ Le mandat de délégué syndical ou de délégué syndical central subsiste (il n'y a pas besoin d'une nouvelle désignation ; la protection contre le licenciement demeure), dès lors que l'entreprise conserve son autonomie juridique (C. trav., art. L. 2143-10).

---

y compris la détermination des principales modalités selon lesquelles elle sera mise en œuvre (v. en ce sens, B. Teyssié, art. préc., § 41). Cette assertion est confirmée par les dispositions de l'art. L. 2341-11 C. trav. qui précise que « par dérogation aux art. L. 2341-6 et L. 2341-7 C. trav., le chef de l'entreprise ou de l'entreprise dominante du groupe d'entreprises (...) qui lance une offre publique d'acquisition portant sur le capital d'une entreprise n'est pas tenu de saisir le comité d'entreprise européen ou les représentants des salariés dans le cadre d'une procédure d'information et de consultation *préalablement* à ce lancement » (nous soulignons).

1. Pour plus de précisions sur le comité d'entreprise européen, qu'il soit constitué par voie conventionnelle ou en l'absence d'accord, on se reportera à la substantielle étude précitée de B. Teyssié.

2. V. ss 1076.

3. P. Rodière, L'adaptation du comité aux structures de l'entreprise, *Dr. soc.* 1983. 361 ; J. Savatier, Le sort des institutions représentatives du personnel après une restructuration de l'entreprise, *Dr. soc.* 1989. 39 ; P.-Y. Verkindt, L'incidence des transferts d'entreprise sur les instances de représentation du personnel, *Dr. soc.* 2005. 752.

La même règle vaut pour le *délégué du personnel* (C. trav., art. L. 2314-28). Si l'entreprise devient un établissement (absorption ou fusion) d'une autre entreprise ou si la modification porte sur un ou plusieurs établissements distincts qui conservent ce caractère, le mandat des élus se poursuit jusqu'à son terme (al. 2). Si l'entreprise cesse d'être une « entité économique autonome », ou l'établissement d'être distinct, le mandat prend fin à son expiration normale et n'est pas renouvelé. Cependant des élections anticipées ou, en sens inverse, une prorogation de la date des élections peuvent être décidées par voie d'accord avec les syndicats représentatifs, pour tenir compte de la date des élections dans l'entité « d'accueil » (mise en harmonie des dates d'élections).

Le mandat des membres des *comités d'entreprise*, et celui des représentants syndicaux au comité subsistent semblablement si l'entreprise conserve son autonomie juridique (C. trav., art. L. 2324-26).

Si l'entreprise devient établissement ou si la modification intervenue intéresse un établissement distinct (comité d'établissement), le mandat se poursuit jusqu'à son terme avec la même réserve que pour les délégués, pour harmoniser les dates d'élections. La disparition de l'entreprise (de son autonomie juridique) entraîne la disparition du mandat des membres du comité d'entreprise (ex. : absorption). Lorsque l'entreprise perd son autonomie juridique, sans devenir un établissement distinct de celle qui l'a reprise, le mandat des membres élus de son comité d'entreprise expire à la date d'effet de la reprise [1]. Mais la fermeture d'un établissement ne met pas fin par elle-même aux mandats des membres du comité d'établissement [2].

Il reste que la formule de perte ou maintien d'« autonomie *juridique* » est plus restrictive que celle de l'article 5 de la directive européenne du 14 février 1977 (désormais Dir. n° 2001/23 du 12 mars 2001, art. 6) qui subordonne seulement le maintien du statut et de la fonction des représentants des travailleurs à la conservation de l'« autonomie » de l'entreprise ou de l'établissement. La Cour de cassation, après avoir suggéré une retouche des textes, a choisi d'interpréter ceux-ci « à la lumière de la directive ». Elle a jugé que le mandat d'un délégué du personnel devait subsister dès lors que le transfert portait sur une entité économique autonome conservant son identité et dont l'activité s'était poursuivie [3] et que le mandat du délégué syndical subsiste dès lors que l'entreprise « conserve son autonomie, peu important qu'elle ait perdu son autonomie juridique » [4]. Plus récemment, la Cour de cassation a fait sienne l'interprétation retenue

1. CE 8 janv. 1997, *RJS* 2/97, n° 171. Le juge doit se placer au jour du transfert pour apprécier si un établissement a conservé, ou non, le caractère d'établissement distinct (Soc. 3 févr. 1998, *RJS* 3/98, n° 327).

2. CE 18 janv. 1991, *Dr. soc.* 1992. 39.

3. Soc. 28 juin 1995, *RJS* 8-9/95, n° 904.

4. Soc. 10 oct. 2000, *Dr. soc.* 2001. 104, obs. J. Savatier (cession partielle d'activité, portant sur un établissement, à une société nouvellement créée) ; 18 déc. 2000, *ibid. 326*, obs. J. Savatier (fusion de deux sociétés) ; 15 mai 2002, *RJS* 7 févr., n° 833 ; 31 mars 2004, *Bull. civ.* V, n° 102 ; 13 oct. 2010, n° 09-13.109, *Lexbase Hebdo*, éd. Sociale, n° 414, obs. Ch. Radé (fusion-absorption).

par la Cour de justice de l'Union européenne de l'article 6 de la directive du 12 mars 2001 dans un arrêt rendu le 29 juillet 2010 [1], au terme duquel une entité économique transférée conserve son autonomie dès lors que les pouvoirs accordés aux responsables de cette entité, au sein des structures d'organisation du cédant, à savoir le pouvoir d'organiser, de manière relativement libre et indépendante, le travail au sein de ladite entité dans la poursuite de l'activité économique qui lui est propre et, plus particulièrement, les pouvoirs de donner des ordres et des instructions, de distribuer des tâches aux travailleurs subordonnés relevant de l'entité en cause ainsi que de décider de l'emploi des moyens matériels mis à sa disposition, ceci sans intervention directe de la part d'autres structures d'organisation de l'employeur, demeurent au sein des structures d'organisation du cessionnaire, en substance, inchangés [2].

Le cas d'une scission suivie d'un apport partiel d'actifs est envisagé par la loi, afin que cette opération ne soit pas utilisée pour écarter un représentant du personnel. Si les contrats de travail en cours au jour de la modification dans la situation juridique de l'employeur subsistent entre le nouvel employeur et le personnel de l'entreprise (C. trav., art. L. 1224-1), l'automaticité de l'effet de cette règle est écartée lorsque le transfert de l'entreprise est seulement partiel (cession d'une partie d'une entreprise ou d'une partie d'un établissement) et lorsque des salariés travaillant dans la partie transférée sont investis de l'un des mandats visés par l'article L. 2414-1 du Code du travail [3]. Le transfert de ces salariés doit en effet être soumis à l'autorisation préalable de l'inspecteur du travail qui s'assure que le salarié ne fait pas l'objet d'une mesure discriminatoire (C. trav., art. L. 2421-9) [4]. Si l'autorisation de transfert est refusée, l'employeur doit proposer au salarié un emploi similaire assorti d'une rémunération équivalente dans un autre établissement ou une autre partie de l'entreprise [5].

1088 ***Sort des institutions*** ◊ La loi ne l'a envisagé qu'à travers celui des mandats eux-mêmes. La survie d'une section syndicale semble dépendre

1. CJUE 29 juill. 2010, aff. C-151/09, *JCP S* 2010. 1430, note E. Jeansen.
2. Soc. 15 nov. 2011, n° 10-23.609, *JCP S* 2012. 1060, note M. Morand.
3. Si le texte vise les délégués syndicaux et les anciens délégués syndicaux, il ne vise par ailleurs que les délégués du personnel et les membres du comité d'entreprise en cours de mandat. Les anciens délégués du personnel et anciens membres du comité d'entreprise ne bénéficient donc pas de cette protection. V. toutefois, pour les candidats, Soc. 8 juin 1999, *Bull. civ.* V, n° 272.
4. CE 20 mai 1988, *Dr. soc.* 1989. 229, concl. J. de Clausade : l'inspecteur du travail ne peut opposer de refus que s'il y a discrimination. Soc. 24 nov. 1992, *Dr. soc.* 1993. 65 : à défaut d'autorisation, la mesure est nulle. L'autorisation préalable est également requise en cas de transfert conventionnel (Soc. 16 mars 1999, *RJS* 5/99 n° 699, 2e esp.). Toutefois, dans ce cas, la Cour de cassation considère que le changement d'employeur, qui constitue une novation du contrat de travail, ne s'imposant pas au salarié, son accord exprès est nécessaire au changement d'employeur, mais échappe au contrôle de l'inspecteur du travail : Soc. 3 mars 2010, n° 08-41.600 : *Dr. soc.* 2010. 606, obs. Y. Struillou.
5. Si les salariés protégés refusent les propositions de reclassement, une demande d'autorisation de licenciement, motivée par le refus de mutation, pourra être présentée par l'employeur.

du maintien de l'autonomie de l'unité correspondant à l'entreprise affectée. Pour les délégués du personnel, l'article L. 2314-31 énonce que la « perte de la qualité » d'établissement distinct emporte la cessation des fonctions (sauf accord contraire). Par analogie et pour un comité d'établissement, d'entreprise ou central, son sort est lié au maintien de « l'autonomie juridique », formule qui recouvre la survie de l'unité au sein de laquelle fonctionne l'institution (établissement, entreprise, unité économique et sociale). Si cette autonomie est perdue, l'institution disparaît (ne sera pas renouvelée) [1]. Lorsque la cession partielle de l'entreprise n'a porté que sur des activités, et non sur un établissement distinct, le comité d'établissement qui s'est constitué au sein de l'entreprise cessionnaire n'a aucun droit sur le patrimoine du comité de l'entreprise cédante [2]. Si un établissement d'une entreprise devient l'établissement unique d'une entreprise, le comité d'établissement subsiste mais devient comité d'entreprise [3]. Les dispositions du droit conventionnel relatives à la représentation de salariés, « mises en cause » par la fusion, la cession ou une autre opération, continuent à s'appliquer pendant un temps limité, conformément à l'article L. 2261-14 [4].

Des dispositions légales spécifiques n'existent que pour le comité central d'entreprise (entreprise à pluralité d'établissements) et le groupe.

Le *comité central d'une entreprise affectée par une modification* demeure en fonction si cette entreprise conserve son autonomie juridique (C. trav., art. L. 2327-11) [5]. Il se transforme au contraire en comité d'établissement dans le cas où l'entreprise absorbée perd son autonomie pour devenir un simple établissement de l'entreprise absorbante, et délègue alors des représentants au comité central de cette dernière. La loi prévoit un délai de transition d'un an pendant lequel le nombre de ces représentants au comité central d'entreprise peut dépasser le nombre maximal légal.

Pour le *comité de groupe* (C. trav., art. L. 2331-2) la loi envisage soit la disparition des liens de domination, soit l'apparition de liens nouveaux entre la société dominante et une société dominée. Dans le premier cas (ex. : cession de contrôle), la société cesse d'être prise en compte pour la composition du comité de groupe. Dans le second, on tiendra compte de la société nouvelle pour la constitution du comité de groupe lors de son renouvellement.

---

1. Soc. 22 avr. 1982, *D.* 1982. 460, concl. G. Picca (cessation d'activité d'un comité en cas d'absorption de la société) ; 20 oct. 1988-9 juin 1988, *Dr. ouvrier* 1989. 197. ; 28 mars 1989, *Bull. civ.* V, n° 268 (disparition d'une UES, et donc d'un délégué syndical central).

2. Soc. 22 févr. 1995. *Dr. soc.* 1995. 392, obs. J. Savatier.

3. L'institution se maintient dans la nouvelle entreprise, même si elle change de dénomination, et conserve ses droits, notamment en matière de dotation des activités sociales et culturelles (Soc. 30 nov. 2004, *Dr. soc.* 2005. 352, obs. M. Cohen).

4. Soc. 31 janv. 2001, *Dr. soc.* 2001. 455, obs. J. Savatier.

5. Soc. 15 mai 2002, n° 00-42.989, *JS Lamy* 2002, n° 108, p. 23.

Sous-section 3. Le choix des représentants

1089 ***Modalités*** ◊ Deux modes coexistent. L'*élection* préside au choix des institutions comme les délégués du personnel ou le comité d'entreprise (pour la plupart de ses membres), la *désignation* à celui des institutions syndicales, mais aussi de certains membres d'institutions représentatives du personnel proprement dites (comité de groupe, représentants syndicaux au comité, comité d'entreprise européen, représentants du personnel pour « l'implication des salariés dans la société européenne » ou au comité de cette société) [1].

§ 1. Élection par le personnel

L'élection a lieu tantôt au suffrage direct, tantôt au suffrage indirect.

A. Élection au suffrage direct

1090 ***Catégories de représentants concernées*** ◊ L'élection au suffrage direct est retenue pour le choix des délégués du personnel, des membres des comités d'établissement et des membres des comités d'entreprise, ainsi que de leurs suppléants [2]. Les membres des comités centraux d'entreprise, les représentants du comité d'entreprise au conseil d'administration ou de surveillance et ceux des comités d'hygiène, de sécurité et des conditions de travail sont au contraire choisis au suffrage indirect.

1091 ***Règles générales*** ◊ Les nombreuses difficultés pratiques que l'on rencontre à propos des élections ne doivent pas masquer quelques règles essentielles et largement communes [3].

a) Les élections *ont lieu tous les quatre ans*, depuis la loi du 2 août 2005 qui a ainsi porté de deux à quatre ans la durée du mandat des délégués du personnel et des membres du comité d'entreprise [4]. Si cette durée s'impose au juge [5], la loi permet à un accord de branche, de groupe ou d'entreprise de fixer une durée de mandat comprise entre deux et quatre ans pour les élus au suffrage direct (C. trav., art. L. 2314-27, L. 2324-25) et

---

1. M.-L. Morin, L. Pécaut-Rivolier et Y. Struillou, *Guide des élections professionnelles et désignation des représentants syndicaux en entreprise*, Dalloz, 2e éd., 2011.

2. Sur les suppléants, v. C. trav., art. L. 2314-1 et L. 2324-1. Le représentant suppléant remplace le titulaire lorsque celui-ci est absent, quelle qu'en soit la cause : Soc. 5 oct. 1994, *RJS* 11/94, n° 1281 (délégués travaillant en équipes successives).

3. F. Petit, « L'influence du droit électoral politique sur les élections professionnelles dans l'entreprise », *Dr. soc.* 2000. 603.

4. Pour une vigoureuse critique : M. Cohen, La raréfaction organisée des élections des représentants du personnel, *Dr. soc.* 2005. 1157.

5. Il ne peut ni la proroger (Soc. 16 juin 1983, *Bull.* n° 343) ni l'abréger (Soc. 24 nov. 1992, *Bull. civ.* V, n° 570), sauf accord unanime au sein de l'entreprise (Soc. 13 juin 1989, *Bull. civ.* V, n° 435).

pour les membres des comités centraux d'entreprise et des comités de groupe (C. trav., art. L. 2333-3) [1]. Des élections partielles sont organisées à l'initiative de l'employeur seulement si un collège électoral n'est plus représenté parmi les élus en place ou si le nombre des élus titulaires est réduit de moitié ou plus (car les suppléants peuvent, comme les titulaires, quitter l'entreprise ou démissionner de leur mandat), sauf si cette situation apparaît moins de six mois avant le terme du mandat des élus en fonction (C. trav., art. L. 2314-7, L. 2324-10) [2].

b) *Le chef d'entreprise ou d'établissement doit prendre l'initiative des opérations électorales* [3]. Il doit organiser tous les quatre ans, à la même date, l'élection des délégués du personnel et des membres du comité d'entreprise ou d'établissement (C. trav., art. L. 2314-6) [4], sous peine de nullité des élections [5]. Cette durée du mandat est d'ordre public absolu et, sous réserve de la faculté ouverte par la loi du 2 août 2005, ne peut être modifiée par accord collectif [6] ; mais des changements affectant l'organisation ou le statut de l'entreprise peuvent avoir pour conséquence de l'abréger [7]. La carence du chef d'entreprise ou son attitude dilatoire peuvent consommer le délit d'entrave. Au plan civil, la méconnaissance par l'employeur de ses

---

1. Une convention collective, qui, conformément à la loi en vigueur à l'époque de son adoption, fixait à deux ans la durée du mandat des délégués du personnel, ne peut valoir dérogation aux nouvelles dispositions issues de la loi du 2 août 2005 fixant la durée des mandats à quatre ans (Soc. 7 nov. 2007, n° 07-60.041, *Bull. civ.* V, n° 187). Au regard de la lettre des textes, qui visent des accords collectifs, la réduction de la durée des mandats ne peut résulter d'un accord préélectoral. Mais une contestation qui porte sur la durée des mandats issus d'élections qui se sont déroulées en application d'un tel accord n'est recevable que si elle est introduite dans un délai de quinze jours suivant ces élections (Soc. 16 déc. 2009, n° 09-60.149, *JCP S* 2010. 1094, note J.-Y. Kerbourc'h).

2. Des élections partielles ne peuvent être organisées que si les conditions légales sont réunies : Soc. 30 nov. 2011, n° 11-12.097, *JCP S* 2012. 1138, note J.-Y. Kerbourc'h. V. aussi, sur la possibilité d'organiser des élections complémentaires lorsque l'effectif augmente en cours de mandat, Soc. 13 oct. 2010, *Dr. soc.* 2011. 109, obs. F. Petit.

3. L'employeur informe tous les quatre ans le personnel par tout moyen permettant de conférer date certaine à cette information de l'organisation des élections (C. trav., art. L. 2314-2).

4. L'exigence de simultanéité s'applique à l'élection des représentants d'une UES (Soc. 5 avr. 1995, *Bull. civ.*, n° 124), mais elle n'implique pas que les élections aient lieu à la même date dans tous les établissements de la même entreprise (Soc. 24 nov. 2004, *Dr. soc.* 2005. 350, obs. M. Cohen). Si, par suite d'une carence initiale de candidats, les délégués du personnel ont été élus postérieurement aux membres du comité, leur mandat expire cependant à la même date : Soc. 13 avr. 1999, *Dr. soc.* 1999. 642.

5. Soc. 28 mai 2008, n° 07-60.333, *RDT* 2008. 754, obs. M. Grévy.

6. Soc. 8 nov. 1994, *Dr. soc.* 1995. 68. La prorogation des mandats a donc un caractère exceptionnel et doit résulter d'un accord unanime des syndicats représentatifs dans l'entreprise lorsque les circonstances le justifient (Soc. 27 mai 1999, *Dr. soc.* 1999. 849, obs. M. Cohen ; 12 mars 2003, *Bull. civ.* V, n° 96). Est sans valeur la consultation d'un comité irrégulièrement composé du fait de l'expiration du mandat de ses membres (Soc. 3 mars 1998, *Dr. soc.* 1998. 508, obs. R. Vatinet).

7. La reconnaissance d'une UES impose l'organisation immédiate d'élections dans ce cadre, de sorte que prennent aussitôt fin les mandats en cours des élus du personnel des unités que recouvre cette UES (Soc. 26 mai 2004, *Dr. soc.* 2004. 915, obs. J Savatier). La constatation, par l'autorité administrative, de la perte de la qualité d'établissement distinct entraîne, sauf accord, la fin des mandats et l'obligation d'organiser les élections adaptées à la nouvelle configuration de l'entreprise (Soc. 23 nov. 2005, *Dr. soc.* 2006. 237, obs. J. Savatier).

obligations légales cause nécessairement un préjudice aux salariés privés d'une possibilité de représentation et de défense de leurs intérêts [1]. Par ailleurs, en cas de défaillance, l'employeur ne pourra ensuite arguer de l'absence de représentants pour échapper aux sanctions civiles d'un défaut de consultation des représentants du personnel [2]. La loi admet salariés et syndicats à réclamer à la direction l'organisation d'élections, mais ne les habilite pas à les organiser eux-mêmes [3] ; ils peuvent saisir le juge des référés qui imposera à l'employeur, sous astreinte, d'engager le processus électoral [4]. Mais si aucune liste de candidats n'est présentée, le chef d'entreprise ou d'établissement établira un procès-verbal de carence constatant l'absence de candidature, qui sera porté à la connaissance des salariés par tout moyen permettant de donner date certaine à cette information et transmis, dans les quinze jours, à l'inspecteur du travail, par tout moyen permettant de conférer date certaine à cette transmission. Ce dernier en envoie copie aux organisations syndicales de salariés du département concerné (C. trav., art. L. 2314-5, L. 2324-8) [5].

c) Les *organisations syndicales* jouent un rôle très important : elles négocient et concluent avec le chef d'entreprise ou d'établissement le protocole d'accord préélectoral qui règle le déroulement des opérations électorales ; elles ont le monopole de la présentation des candidats au premier tour. La loi du 20 août 2008 portant rénovation de la démocratie sociale et réforme du temps de travail a, de ce point de vue, apporté de profonds changements, puisque, désormais, la négociation du protocole d'accord préélectoral et la présentation des candidats ne sont plus réservées aux seuls syndicats représentatifs.

d) *Les électeurs sont répartis en collèges électoraux distincts* afin d'assurer la représentation de certaines catégories professionnelles de salariés minoritaires dans l'entreprise (personnel d'encadrement).

e) Bien qu'ait été choisi le scrutin de liste avec élection à la représentation proportionnelle [6], le législateur ménage la possibilité d'une *élection à deux*

1. Soc. 17 mai 2011, n° 10-12.852, *Bull. civ.* V, n° 108.
2. Soc. 7 déc. 1999, *Dr. soc.* 2000. 226, obs. J. Savatier ; 22 mars 2000, *Bull. civ.* V, n° 119 (défaut de consultation des délégués du personnel sur le reclassement des salariés déclarés médicalement inaptes). V. aussi, en matière de licenciements économiques, C. trav., art. L. 1235-15 ; Soc. 23 sept. 2008, n° 06-45.528, *RJS* 12/08, n° 1178 (la seule intervention du représentant des salariés dans la procédure de licenciement ne couvre pas l'irrégularité de procédure). L'employeur ne peut dénoncer un usage en l'absence de représentation du personnel par suite de sa propre carence (Soc. 16 nov. 2005, *Dr. soc.* 2006. 233, obs. J. Savatier ; *D.* 2006. Pan. 417, obs. G. Borenfreund).
3. Soc. 20 janv. 1983, *Bull.*, n° 29 ; 23 mars 1983, *Bull.*, n° 189.
4. À condition que le manquement soit établi, donc que l'organisation ait bien été demandée par un salarié ou un syndicat et que le chef d'entreprise ait opposé un refus (Soc. 9 nov. 2005, *JCP S* 2006. 1049, note B. Gauriau).
5. Sur la portée de ce procès-verbal de carence : Soc. 17 mars 2004, *Bull. civ.* V, n° 93.
6. Rappelons que le scrutin majoritaire, alors favorable à la CGT, a été abandonné en 1947, afin de faire place à des élus CFTC, puis FO. Inspiré par la division syndicale, le choix de la proportionnelle n'a pu que l'entretenir.

tours. Au premier tour [1], seuls les salariés présentés par des syndicats peuvent être candidats ; un second tour est organisé si les suffrages exprimés représentent moins de la moitié des électeurs inscrits (défaut de *quorum*), et les candidatures sont alors libres. Ce système a pour but de favoriser l'élection de salariés présentés par un syndicat, tout en respectant la liberté des électeurs qui peuvent marquer leur hostilité à ces candidatures en s'abstenant au premier tour, puis élire au second tour des candidats non syndicaux.

1092 ***Protocole d'accord préélectoral*** [2] ◊ Sa négociation a lieu sur invitation du chef d'entreprise, tenu d'une obligation de négocier [3]. Antérieurement à la loi du 20 août 2008, l'employeur devait obligatoirement inviter à sa négociation toutes les organisations « intéressées » (C. trav., anc. art. L. 2314-3, L. 2324-4), c'est-à-dire tous les syndicats représentatifs dans l'entreprise ou affiliés à une organisation représentative au plan national [4]. Désormais, sont invitées à la négociation du protocole d'accord préélectoral :

– les organisations syndicales qui satisfont aux critères de respect des valeurs républicaines et d'indépendance, légalement constituées depuis au moins deux ans et dont le champ professionnel et géographique couvre l'entreprise ou l'établissement concerné ;

– les organisations syndicales reconnues représentatives dans l'entreprise ou l'établissement ;

– les organisations syndicales ayant constitué une section syndicale dans l'entreprise ou l'établissement ;

– les syndicats affiliés à une organisation syndicale représentative au niveau national et interprofessionnel.

Tandis que les premières sont informées et invitées à négocier par « tout moyen », les autres sont invitées à la négociation par courrier (C. trav.,

---

1. Ce premier tour doit se tenir, au plus tard, le quarante-cinquième jour suivant l'information du personnel sur l'organisation des élections. Lorsque l'organisation de l'élection est consécutive au franchissement du seuil exigé pour la mise en place des institutions représentatives du personnel, le premier tour se tient dans les quatre-vingt-dix jours suivant cette même information (C. trav., art. L. 2314-2 et L. 2324-3).

2. G. Borenfreund, « Négociation préélectorale et droit commun de la négociation collective », *Études offertes à Jean Pélissier*, p. 93 ; S. Béal et M.-N. Rouspide-Katchadourian, « Le casse-tête du protocole d'accord préélectoral », *Sem. soc. Lamy*, n° 1424, p. 10 ; C. Landais et *alii*, « Le nouveau protocole préélectoral », *Dr. soc.* 2012. 1048.

3. S'il n'invite pas à négocier, les élections sont nulles : Soc. 9 avr. 1987, *Bull. civ.* V, n° 219. L'employeur doit effectivement organiser une réunion en vue de la négociation du protocole d'accord, sans pouvoir se contenter de l'échange de mails ou de courriers : Soc. 9 nov. 2011, n° 11-60.032, *Dr. soc.* 2012. 202, note F. Petit.

4. Peu importe que ces dernières aient ou non désigné un délégué syndical (Soc. 24 sept. 2003, inédit), aient ou non des adhérents dans l'entreprise (Soc. 4 juill. 1990, *Bull. civ.* V, n° 351), ou que, ayant désigné un délégué syndical central d'entreprise, elles n'aient pas de délégué dans l'établissement où il s'agit d'organiser l'élection (Soc. 15 févr. 2006, *JCP S* 2006. 1282, note J.-Y. Kerbourc'h). À défaut de délégué syndical désigné dans l'entreprise, l'invitation est valablement adressée au syndicat de branche ou à l'union (locale, départementale) à laquelle il adhère (Cass., ass. plén., 5 juill. 2002, *Dr. soc.* 2002. 1025, obs. J. Savatier ; *Grands arrêts*, 4e éd., 2008, n° 137).

art. L. 2314-3, L. 2324-4) [1]. L'invitation à négocier doit parvenir, au plus tard, quinze jours avant la date de la première réunion de négociation [2].

Cet accord collectif spécial devait faire l'unanimité pour toutes les stipulations de nature à peser sur le déroulement du scrutin ou la composition des instances représentatives, notamment pour l'éventuelle modification du nombre ou de la composition des collèges [3], mais non pour une modification de la répartition des sièges entre les catégories de personnel [4], pas plus que pour l'augmentation du nombre des délégués du personnel ou des membres du comité [5]. L'exigence d'unanimité a été partiellement supprimée par la loi du 20 août 2008, qui soumet, par principe [6], la validité du protocole d'accord préélectoral à une double condition de majorité : signature par la majorité des organisations syndicales ayant participé à sa négociation [7], dont les organisations syndicales représentatives ayant recueilli la majorité des suffrages exprimés lors des dernières élections professionnelles ou, lorsque ces résultats ne sont pas disponibles, la majorité des organisations représentatives dans l'entreprise (C. trav., art. L. 2314-3-1, L. 2324-4-1) [8].

La Cour de cassation a décidé que lorsque le protocole d'accord préélectoral répond à la double condition de majorité, il ne peut être contesté devant le juge judiciaire qu'en ce qu'il contiendrait des stipulations contraires à l'ordre public, notamment en ce qu'elles méconnaîtraient les

---

1. Sur les conséquences du défaut d'affichage, Soc. 2 mars 2011, n° 10-60.201, *Bull. civ.* V, n° 62 ; 10 oct. 2012, n° 11-60.238. Seules les organisations syndicales qui n'ont pas été convoquées par lettre à la négociation préélectorale peuvent se prévaloir de cette omission pour faire annuler le processus électoral : Soc. 24 oct. 2012, n° 11-60.199, *Bull. civ.* V, n°276.

2. C. trav., art. L. 2314-3 et L. 2324-4. Dans le cas d'un renouvellement de l'institution, cette invitation est effectuée deux mois avant l'expiration du mandat des délégués en exercice.

3. Soc. 10 oct. 1990, *D.* 1992. Somm. 285, obs. G. Borenfreund ; Soc. 26 janv. 1999, *Dr. soc.* 1999. 420, obs. M. Cohen. L'adhésion d'un syndicat à l'accord pouvait être tacite et résulter de la présentation de candidats à l'élection (Soc. 20 nov. 2002, *Bull. civ.* V, n° 348), sauf s'il avait émis des réserves sur la validité de l'accord (Soc. 8 janv. 2002, *Bull. civ.* V, n° 6). Le défaut d'unanimité ne rendait pas, *à elle seule*, le protocole irrégulier, mais permettait à la partie intéressée de saisir le juge d'instance (Soc. 28 oct. 1997, *Bull. civ.* V, n° 350 ; *Grands arrêts*, 4e éd., 2008, n° 136).

4. Soc. 12 juin 2002, *Dr. soc.* 2002. 1161, obs. M. Cohen.

5. Soc. 8 déc. 2004, *Bull. civ.* V, n° 325 ; 15 déc. 2004, *Bull. civ.* V, n° 337.

6. V. aussi en ce sens, Soc. 6 oct. 2011, n° 11-60.035, *Lexbase Hebdo, éd. Sociale*, n° 458, note G. Auzero.

7. Est considérée comme ayant participé à la négociation, l'organisation qui est venue à au moins une réunion : Soc. 26 sept. 2012, n° 11-60.231, *Bull. civ.* V, n°241.

8. Ces règles valent pour la négociation de l'accord relatif à la mise en place des délégués de site (C. trav., art. L. 2312-5), pour répartir le personnel dans les collèges et répartir les sièges entre les différentes catégories de personnel, (C. trav., art. L. 2314-11, L. 2324-13), pour convenir de l'existence d'un établissement distinct (C. trav., art. L. 2314-31, L. 2322-5), pour augmenter le nombre de membres élus au sein du comité d'entreprise (C. trav., art. L. 2314-1), pour la mise en place d'un comité central d'entreprise (C. trav., art. L. 2327-7) et pour fixer les modalités d'organisation et de déroulement des opérations électorales (C. trav., art. L. 2314-23 et L. 2324-21). V. aussi, les art. L. 2314-12, L. 2314-13 et L. 2324-7. Le nombre de voix recueillies par des syndicats à prendre en considération pour le décompte des suffrages exprimés en leur faveur est le nombre de suffrages exprimés au profit de chaque liste, sans qu'il y ait lieu de tenir compte d'éventuelles ratures : Soc. 6 janv. 2011, n° 10-17.653 ; *JCP S* 2011. 1232, note J.-Y. Kerbourc'h.

principes généraux du droit électoral [1]. Elle a également affirmé que lorsque cette condition n'est pas remplie, cette circonstance ne rend pas irrégulier le protocole préélectoral mais a pour effet de permettre à la partie qui peut y avoir intérêt de saisir le juge d'instance d'une demande de fixation des modalités d'organisation et de déroulement du scrutin [2].

La modification du nombre et de la composition des collèges électoraux (C. trav., art. L. 2314-10, L. 2324-12), la suppression du comité d'entreprise et du mandat de délégué syndical (C. trav., art. L. 2322-7, L. 2143-11) et l'organisation du scrutin hors du temps de travail (C. trav., art. L. 2314-22, L. 2324-20) [3] continuent d'être soumises à l'exigence d'un accord unanime [4]. Cette unanimité s'entend de la signature de toutes les organisations syndicales représentatives dans l'entreprise [5] et elles seules [6].

Il va de soi que des modifications négociées peuvent être apportées à un protocole préélectoral. Mais, en ce cas, ces modifications ne peuvent résulter que d'un avenant soumis aux mêmes conditions de validité que le protocole lui-même [7]. Il est important de souligner qu'en application de la loi, certaines stipulations qui ne sont pas dépourvues de liens avec les élections professionnelles, doivent figurer dans un accord collectif « de droit commun ». Il en va par exemple ainsi pour la fixation du mandat de délégué du personnel ou de membre élu du comité d'entreprise à une durée inférieure à quatre ans [8].

---

1. Soc. 6 oct. 2011, préc. v. aussi, Soc. 10 juill. 2013, n° 12-21.945, inédit.

2. Soc. 6 oct. 2011, préc. La solution, en ce qu'elle assure la validité d'un acte juridique dont les conditions de formation ne sont pas réunies, peut surprendre. En tout état de cause, sa portée ne doit pas être exagérée. Ainsi, on peut penser qu'elle ne s'applique pas aux hypothèses dans lesquelles l'unanimité est requise et, notamment, à la modification du nombre et de la composition des collèges électoraux. Si l'unanimité n'a pas été obtenue, l'employeur doit certainement s'en tenir à l'application de la loi. Par ailleurs, pour ce qui est de la répartition du personnel et des sièges entre les collèges ou de la détermination des établissements distincts, en l'absence d'accord conforme aux exigences légales, il faut nécessairement s'adresser à l'autorité administrative.

3. La possibilité de procéder au vote électronique à partir de tout ordinateur, vingt-quatre heures sur vingt-quatre, ne constitue pas une disposition du protocole préélectoral soumise à la règle de l'unanimité : Soc. 5 avr. 2011, n° 10-19.951, *Bull. civ.* V, n° 87.

4. Ces règles nouvelles pourront entraîner des modifications dans la jurisprudence de la Cour de cassation. Ainsi, et pour ne prendre qu'un seul exemple, il n'est pas certain que pourra être maintenue la solution selon laquelle le protocole d'accord préélectoral, s'il n'a pas été dénoncé, peut rester valable pour les élections suivantes (Soc. 7 févr. 1989, *RJS* 4/89, n° 369). Il en va de même de la possibilité de reconduire tacitement le protocole (Soc. 28 nov. 1985, *Dr. ouvrier* 1986. 449).

5. Antérieurement à la loi du 5 mars 2014, les textes visaient les organisations syndicales représentatives « existant » dans l'entreprise. Afin d'éviter des confusions, la loi en cause a supprimé le mot « existant ».

6. Si les syndicats non représentatifs peuvent participer à la négociation de ces stipulations, leur position finale, signature ou non, est indifférente. Pour ce qui est de l'exigence d'unanimité en matière de reconnaissance d'une UES, v. ss 1083.

7. Soc. 26 oct. 2011, n° 10-27.134, *Dr. soc.* 2012. 99, note F. Petit.

8. C. trav., art. L. 2314-27 et L. 2324-25. V. aussi les art. L. 2327-16 (répartition des compétences entre comité central d'entreprise et comité d'établissement), ainsi que les art. L. 2314-21 et L. 2324-19 (mise en place du vote électronique).

À l'instar des autres négociations menées dans l'entreprise ou l'établissement, la négociation du protocole d'accord préélectoral est soumise à l'exigence de loyauté. L'employeur doit donc fournir aux organisations syndicales appelées à celle-ci l'ensemble des informations utiles à la détermination de l'effectif et des listes électorales [1]. Si le législateur impose la négociation sur certains points précis, rien n'interdit d'étendre celle-ci à d'autres stipulations relatives au processus électoral.

Doivent être abordés lors de la négociation : *a)* la division de l'entreprise en établissements distincts (v. ss 1079) ; *b)* la double répartition : des sièges entre les différentes catégories de personnel, et du personnel dans les collèges électoraux [2] ; *c)* les voies et moyens en vue d'atteindre une représentation équilibrée des femmes et des hommes sur les listes de candidature (C. trav., art. L. 2324-6, R. 2314-4) ; *d*) les modalités d'organisation et de déroulement des élections : date, lieu du scrutin, impression des bulletins, vote par correspondance, éventuel vote électronique [3], bureaux de vote, etc. [4]. Conformément à la règle générale, il peut contenir des dispositions plus favorables (plus de délégués à élire [5], possibilité pour chaque syndicat de désigner plusieurs représentants au comité d'entreprise [6]), mais non créer des obstacles au vote ou déroger à des dispositions d'ordre public absolu [7]. Il doit respecter les principes généraux du droit électoral [8].

---

1. Sur la composition de la délégation syndicale chargée de négocier le protocole, v. Soc. 31 janv. 2012, n° 11-16.049, *Bull. civ.* V, n° 40.

2. Dans les entreprises de travail temporaire, le répartition des sièges peut faire l'objet d'un accord en vue d'assurer une « représentation équitable » du personnel permanent et du personnel temporaire (C. trav., art. L. 2314-13, L. 2324-7).

3. La signature d'un protocole préélectoral organisant un vote électronique (C. trav., art. L. 2314-23, L. 2324-21) doit être nécessairement précédée de la conclusion d'un accord collectif d'entreprise (C. trav., art. L. 2314-21, L. 2324-19). Il en résulte, d'une part, que la validité du protocole préélectoral prévoyant la mise en œuvre du votre par voie électronique est subordonnée à l'entrée en vigueur d'un accord d'entreprise conclu à cet effet (Soc. 28 sept. 2011, n° 11-60.028, *JCP S* 2011. 1549, note F. Petit) et, d'autre part, que chacun de ces accord obéit à ses propres conditions de validité (Soc. 28 sept. 2011, n° 10-27.370, *ibid*).

4. Il n'est pas obligatoire que le protocole d'accord préélectoral soit matérialisé par un seul et même accord global sur l'ensemble des matières relevant de la négociation : Soc. 28 sept. 2011, n° 10-27.370, préc. Dès lors qu'elles sont fixées par un protocole préélectoral dont la régularité n'est pas contestée, les modalités d'organisation du scrutin s'imposent aux organisations syndicales et à l'employeur qui peut s'opposer à l'envoi tardif d'une liste de candidatures : Soc. 9 nov. 2011, n° 10-28.838, *Dr. soc.* 2012. 102, note F. Petit.

5. C. trav., art. L. 2314-1 et L. 2324-1. Une telle stipulation ne peut donc figurer dans un accord collectif de « droit commun ». Elle ne peut, a fortiori, résulter d'un usage ou d'un engagement unilatéral de l'employeur (Soc. 20 juin 2000, *Bull. civ.*V, n° 235).

6. Soc. 3 avr. 2002, *RJS* 2/02, n° 836.

7. Par ex., étendre l'électorat à des non-salariés (Soc. 24 juin 1998, *Bull. civ.* V, n° 341). De même, le protocole ne peut modifier la date à laquelle s'apprécient les conditions d'électorat et d'éligibilité, en privant les salariés des droits électoraux qu'ils tiennent de la loi : Soc. 1er déc. 2010, n° 10-60.163, *JCP S* 2011. 1082, note L. Drai ; 26 sept. 2012, n° 11-25.420, *Bull. civ.* V, n° 238.

8. Ex. : Soc. 11 mars 1992, *Bull. civ.* V, n° 174 (interdiction des bulletins de couleur) ; 9 févr. 2000, *RJS* 3/00, n° 299 (vote par correspondance). Pour un repérage de « principes » identifiés et présents dans les motifs d'arrêts de la Cour de cassation (liberté du scrutin, égalité des can-

Il est communiqué, à sa demande, à l'inspecteur du travail. Un syndicat non-signataire de l'accord préélectoral peut le contester en justice [1]. Plus précisément, les conditions de négociation du protocole préélectoral mettant en jeu l'intérêt collectif de la profession, tout syndicat non-signataire du protocole, invité ou non à participer à cette négociation, a intérêt à agir pour en contester le déroulement [2].

À défaut d'accord entre le chef d'entreprise et les syndicats, la répartition du personnel dans les collèges électoraux et des sièges entre les différentes catégories de personnel incombe au Directeur régional des entreprises, de la concurrence, de la consommation, du travail et de l'emploi du siège de l'établissement (C. trav., art. R. 2314-6, R. 2324-3) [3], qui est également compétent pour reconnaître la qualité d'établissement distinct. L'absence d'accord doit, au terme de la loi, être strictement comprise. Elle renvoie à l'hypothèse dans laquelle au moins une organisation syndicale ayant répondu à l'invitation à négocier de l'employeur, n'a pu convenir d'un accord (art. L. 2314-11, L. 2314-31, L. 2324-13 et L. 2322-5). Cette précision, apportée par la loi du 5 mars 2014 relative à la formation professionnelle, à l'emploi et à la démocratie sociale, emporte une conséquence importante, clairement formulée lors des travaux parlementaires : « en cas d'absence des organisations syndicales, qu'elle résulte de leur absence de l'entreprise ou d'un désintérêt de leur part, il appartiendra à l'employeur de procéder seul à la répartition du personnel et des sièges ou (...) à la fixation des établissements distincts » [4].

L'autorité administrative est, en revanche, compétente lorsqu'un accord ayant été conclu, il ne satisfait manifestement pas à la double condition de majorité [5]. Dans tous les cas où elle intervient [6], la saisine de l'autorité

didats, etc.) et des simples évocations de ces « principes généraux », v. : F. Petit, Les principes généraux du droit électoral dans la jurisprudence de la Chambre sociale de la Cour de cassation, *D.* 2005. Chron. 1815.

1. Afin, not., d'éviter les actions en justice des « mauvais perdants », la Cour de cassation considère que le syndicat qui, sans émettre expressément de réserves, a, soit participé à la négociation du protocole préélectoral, soit présenté des candidats, ne peut plus en contester la régularité : Soc. 2 mars 2011, n° 10-60.201, *Bull. civ.* V, n° 62 ; 9 nov. 2011, n° 10-28.587, inédit. V. aussi, Soc. 19 sept. 2007, n° 06-60.222, *Bull. civ.* V, n° 132).

2. Soc. 23 sept. 2009, n° 08-60.535, *JCP S* 2009. 1467, note J.-Y. Kerbourc'h ; 10 oct. 2012, n° 11-60.238, inédit.

3. L'autorité administrative ne peut modifier le nombre de sièges défini par la loi et doit attribuer à chaque collège un nombre égal de titulaires et de suppléants : CE 17 nov. 2010, n° 335930, *JCP S* 2011. 1067, note E. Jeansen.

4. J.-P. Gille, Rapp. à l'Assemblée nationale. On peut se demander si le remède, qui confère un pouvoir nouveau au chef d'entreprise, n'est pas pire que le mal, en l'occurrence la carence fréquente des syndicats lors de la négociation du protocole préélectoral, spécialement dans les petites entreprises. V. aussi, sur les conséquences de cette règle nouvelle en matière de perte de la qualité d'établissement distinct, n° 1074.

5. CE 31 mai 2012, n° 354186, *Sem. soc. Lamy* 2012, n° 1559, p. 6, chron. L. Pécaut-Rivolier et Y. Struillou. La compétence de l'Administration doit donc reposer sur une évidence. À défaut, elle doit renvoyer les parties à agir préalablement devant le juge d'instance.

6. À l'exception, évidemment, de la première mise en place de l'institution représentative du personnel.

administrative suspend le processus électoral jusqu'à sa décision et entraîne la prorogation des mandats en cours jusqu'à la proclamation des résultats du premier tour de scrutin [1]. À l'inverse, un syndicat est recevable à contester un protocole préélectoral dont il soutient qu'il modifie la composition des collèges électoraux même lorsque l'autorité administrative a estimé que, le protocole préélectoral étant valide au regard de la loi, elle n'avait pas compétence pour procéder à la répartition des sièges et du personnel entre les collèges [2].

Les modalités d'organisation et de déroulement des opérations électorales sur lesquelles aucun accord n'a pu intervenir sont fixées par une décision du juge d'instance « statuant en dernier ressort en la forme des référés » [3]. Ce juge sera, par ailleurs, appelé à se prononcer sur la validité, l'interprétation ou la portée de l'accord préélectoral à l'occasion du contentieux des élections [4].

1. Collèges électoraux

1093 ***Pluralité des collèges*** ◊ Le nombre de collèges est impérativement fixé par la loi, sauf dérogation par accord électoral unanime. Le principe est celui de la dualité des collèges : un collège pour les ouvriers et employés, un autre pour les ingénieurs, chefs de service, techniciens, agents de maîtrise et assimilés (C. trav., art. L. 2314-8, L. 2324-11). Il supporte, toutefois, plusieurs exceptions.

1) Il n'y a qu'*un seul collège* lorsque l'établissement occupe moins de 26 salariés : dans ce cas, en effet, il n'y a qu'un seul délégué du personnel titulaire et un seul suppléant à élire.

2) Il y a, en revanche, *trois collèges* pour l'élection des membres du comité d'établissement ou du comité d'entreprise lorsque le nombre des ingénieurs, chefs de services et cadres administratifs, commerciaux ou techniques assimilés sur le plan de la classification est au moins égal à 25 dans l'entreprise ou dans l'établissement au moment des élections ; ces salariés constituent un troisième collège, dit collège « cadres » (C. trav., art. L. 2324-11) [5].

---

1. Soc. 26 sept. 2012, n° 11-60.231, *Dr. soc.* 2012. 1048, avec l'étude de C. Landais et *alii*. Cette solution a été consacrée par la loi du 5 mars 2014 (art. L. 2314-11, L. 2314-31, L. 2324-13 et L. 2322-5), qui a toutefois laissé dans l'ombre les conséquences de la saisine de la juridiction administrative.

2. Soc. 13 févr. 2013, n° 11-25.468, publié.

3. À défaut d'accord, et si nul n'a sollicité le juge d'instance, il appartient au chef d'entreprise de fixer ces modalités Soc. 5 févr. 1997, *RJS* 3/97, n° 309. Mais il ne peut imposer aux organisations syndicales des contraintes qui ne sont pas justifiées par les nécessités du bon déroulement du scrutin : Soc. 26 sept. 2012, n° 11-26.399, *Bull. civ.* V, n° 240.

4. Les conditions de validité d'un protocole préélectoral, qui doivent être appréciées au jour de sa signature, ne sauraient dépendre du résultat d'élections postérieures : Soc. 5 avr. 2011, n° 10-18.733, *JCP S* 2011. Actu. 181.

5. Il ne peut être dérogé à cette règle, même par accord signé par tous les syndicats représentatifs (Soc. 13 oct. 2004, *Dr. soc.* 2005. 111, obs. J. Savatier). Peu importe, pour l'appréciation de cette condition d'effectifs, que certains cadres soient exclus de l'électorat en raison des pouvoirs

3) Le nombre des collèges peut être augmenté par une convention collective ou un accord préélectoral (4e collège). Mais la convention ou l'accord ne peut produire effet que s'il est signé par toutes les organisations syndicales représentatives existant dans l'entreprise (C. trav., art. L. 2314-10, L. 2324-12) [1].

À défaut d'accord unanime, le nombre de collèges électoraux ne dépend que de l'application des dispositions légales. Il n'est donc pas dans le pouvoir du juge d'autoriser une dérogation à celles-ci [2]. Il en va différemment lorsque l'application de la loi conduit à la constitution d'un collège insusceptible de se voir attribuer un siège [3].

1094 ***Répartition du personnel dans les collèges*** ◊ Elle est effectuée par l'accord préélectoral, et à défaut d'accord le directeur régional des entreprises, de la concurrence, de la consommation, du travail et de l'emploi [4]. On utilise les catégories professionnelles mentionnées dans les conventions collectives ; à défaut on doit avoir égard à la seule fonction exercée [5]. La répartition est concrétisée par la confection des listes électorales, établies par les soins de l'employeur [6]. Une promotion avant les élections en vue de faire changer le salarié de collège constitue une fraude électorale [7].

1095 ***Répartition des sièges entre les catégories de personnel*** ◊ Les textes réglementaires fixent le nombre de délégués ou de membres du comité à élire mais ne règlent pas la répartition des mandats entre les

---

qu'ils détiennent et qui permettent de les assimiler au chef d'entreprise : Soc. 30 mai 2001, *Bull. civ.* V, n° 189. Il est possible de créer par convention un 4e collège pour les cadres supérieurs : (Soc. 9 juin 1983, *Bull. civ.* V, n° 321). Lorsque les cadres sont moins de 25, ils constituent une catégorie dans le deuxième collège (si l'entreprise ou l'établissement occupe plus de 500 salariés) et ont au moins un délégué titulaire élu (C. trav., art. L. 2324-11, al. 2).

1. Soc. 16 nov. 1993, *Bull. civ.* V, n° 276.

2. Soc. 26 juin 2013, n° 12-27.480, publié.

3. Soc. 16 oct. 2013, n° 13-11.324, *Sem. soc. Lamy* 2014, n° 1620, p. 7, chron. L. Pécaut-Rivolier et Y Struillou. En l'espèce, lors d'une élection des membres du comité d'entreprise, l'un des collèges était exclusivement composé de salariés mis à disposition, qui ne peuvent être éligibles à cette institution (art. L. 2324-17-1). Se fondant sur le principe de participation, la Chambre sociale décide, dans ce cas particulier, que le juge peut décider de la mise en place de deux collèges au lieu de trois.

4. Tant qu'elle n'a pas été annulée, la décision de l'autorité administrative s'impose au juge d'instance (Soc. 28 mai 1997, *RJS 7/97*, n° 844), qui doit surseoir (Soc. 13 mai 1976, *Bull. civ.* V, n° 582), et ne peut ordonner la suspension des élections à raison d'une contestation de ce qu'elle a fixé (Soc. 8 déc. 2004, *Bull. civ.* V, n° 325). Sur l'autorité administrative géographiquement compétente, *v°* CE 16 déc. 1994, *Dr. soc.* 1995. 257, concl. Ch. Mauguë.

5. CE 9 févr. 1972, *Dr. soc.* 1972. 462, concl. Rougevin-Baville ; 27 mai 1983, *Dr. soc.* 1983. 601. Mais un ingénieur est, de droit, électeur dans le collège « cadres » : Soc. 26 sept. 2012, n° 11-22.167, *Bull. civ.* V, n° 245.

6. Si, dans un but de vérification, les organisations syndicales peuvent demander communication des coeffients hiérarchiques des salariés à l'employeur, il n'appartient pas au tribunal d'instance d'ordonner l'affichage de ces informations, de nature personnelle : Soc. 20 juin 2012, n° 11-19.643, *Bull. civ.* V, n° 190..

7. Soc. 12 mars 1981, *Bull. civ.* V, n° 218 ; 8 juill. 1981, *Bull. civ.* V, n° 679.

différents collèges et les différentes catégories. Celle-ci s'effectue comme la répartition du personnel dans les collèges : par accord préélectoral [1] ou, à défaut, par décision de l'autorité administrative. Des sièges distincts doivent être attribués à chaque collège, le minimum étant un siège de titulaire par collège. Chaque collège est composé de plusieurs catégories de personnel : par exemple le premier collège est composé des « employés » et des « ouvriers » ; l'accord préélectoral, ou à défaut l'autorité administrative, répartit entre les catégories d'un même collège les sièges qui lui sont attribués (ex. : 2 sièges pour les ouvriers et un siège pour les employés).

2. Électorat et éligibilité

1096 ***Électorat*** ◊ L'électorat est attaché à la qualité de salarié d'une entreprise [2], indépendamment du sexe, de la nationalité et à compter de l'âge de 16 ans. Une ancienneté de trois mois dans l'entreprise est exigée [3], sauf dérogation prévue par accord collectif [4] ou autorisée l'inspecteur du travail (C. trav., art. L. 2314-20, L. 2324-18). Il n'est pas nécessaire en revanche que le salarié, pour être électeur, soit comptabilisé dans les effectifs [5]. Le salarié ne doit pas avoir subi de condamnation entraînant la privation de droits civiques [6]. Ces conditions sont appréciées à la date du premier tour de scrutin [7].

Bien que salariés, le chef d'établissement et les cadres représentant l'employeur à l'égard du personnel ne sont pas électeurs [8]. Un cadre n'est cependant privé de la qualité d'électeur que s'il peut être assimilé au chef

1. Sur les conséquences d'un protocole créant deux collèges mais n'attribuant de siège qu'à l'un d'entre eux seulement, v. Soc. 9 nov. 2011, n° 10-25.766, *Dr. soc.* 2012. 200, note F. Petit.

2. Soc. 12 juin 2002, *Bull. civ.* V, n° 204. Cette condition est d'ordre public absolu et il ne peut y être dérogé par accord collectif (Soc. 24 juin 1998 *Bull. civ.* V, n° 341).

3. Ancienneté dans l'entreprise, non dans l'établissement (Soc. 7 janv. 1985, *Bull.* V, n° 5). Remplissent cette condition les salariés «intermittents» ou vacataires qui, ayant travaillé dans l'entreprise de manière habituelle au cours des trois derniers mois, sont intégrés de manière étroite et permanente à la communauté de travail (Soc. 24 sept. 2008, n° 07-60.310 : *JCP S* 2008. 1618, note J.-Y. Kerbourc'h). Pour être électeur et éligible dans l'entreprise de travail temporaire, l'intérimaire doit être liée à cette dernière par un contrat de travail temporaire au moment de la confection des listes électorales (n'est donc ni électeur, ni éligible, celui qui vient de refuser une mission : Soc. 4 févr. 2004, *Bull. civ.* V, n° 41).

4. CE, avis, 22 mars 1973, n° 310108.

5. Ex. : Soc. 8 avr. 1992, *Bull. civ.* V, n° 263 (contrat emploi-solidarité) ; 17 mai 1994, *RJS* 8-9/94, n° 1020 (remplaçant sous contrat à durée déterminée).

6. Condamnations prévues par les art. 5 et 6 du Code électoral. L'employeur ne peut exiger la production du casier judiciaire (Crim. 15 juin 1995, *RJS* 7/95, n° 798), mais peut contester l'électorat d'un salarié et le juge opérera les vérifications nécessaires (Soc. 2 juill. 1981, *Bull. civ.* V, n° 642).

7. Il s'agit là d'une règle d'ordre public, qui ne peut être écarté par un accord préélectoral, serait-il plus favorable : Soc. 26 sept. 2012, n° 11-25.420, publié.

8. Soc. 18 mai 1983, *Bull. civ.* V, n° 273 6 oct. 1999, *RJS* 11/99 n° 1389. Cette exclusion de l'électorat est d'ordre public absolu (Soc. 5 avr. 1995, *RJS* 5/95, n° 532), mais l'intéressé est compris dans l'effectif (v. ss 1075 s.).

d'entreprise en raison des pouvoirs qu'il détient [1]. La Cour de cassation a même réduit cette catégorie d'exclus de l'électorat en se référant à l'article L. 1441-4 du Code du travail, qui fait de certains cadres des électeurs employeurs aux élections prud'homales : seuls sont exclus de l'électorat (et de l'éligibilité) aux institutions représentatives du personnel « les cadres détenant sur un service, un département ou un établissement de l'entreprise une délégation particulière d'autorité établie par écrit permettant de les assimiler à un chef d'entreprise » [2].

Après avoir un moment soumis l'électorat à la condition de percevoir une rémunération, la Cour de cassation juge aujourd'hui en termes généraux que « le salarié dont le contrat de travail est suspendu reste électeur dans l'entreprise » [3]. Il en est de même pour les salariés qui, en cours de préavis, sont dispensés de travailler [4] ou qui, représentants du personnel, ont été irrégulièrement congédiés [5]. Le salarié qui est détaché pour exercer des fonctions de permanent syndical reste électeur dans son entreprise d'origine [6].

La situation des *salariés mis à disposition* par une entreprise extérieure est plus complexe, puisqu'ils ont des liens avec deux entreprises. La Cour de cassation considère aujourd'hui que, sauf dispositions législatives contraires, les travailleurs mis à disposition d'une entreprise, intégrés de façon étroite et permanente à la communauté de travail qu'elle constitue, inclus à ce titre dans le calcul des effectifs, sont à ce même titre, électeurs aux élections des membres du comité d'entreprise ou d'établissement et des délégués du personnel dès lors qu'ils remplissent les conditions prévues par la loi [7]. Afin de restreindre l'accession à l'électorat des salariés mis à disposition, la loi du 20 août 2008 a ajouté une condition d'ancienneté continue. Ces salariés ne sont électeurs que s'ils bénéficient d'une ancienneté continue de douze mois dans l'entreprise utilisatrice, alors que trois mois suffisent pour les salariés « normaux » (C. trav., nouv. art. L. 2314-18-1, L. 2324-17-1). Les salariés remplissant ces conditions ne bénéficient pas pour autant d'un double vote puisque la loi leur fait obligation de choisir

1. Soc. 3 oct. 1989 *Bull. civ.* V, n° 562 ; 29 mai 1991, *Dr. soc.* 1991. 642 (demeure électeur le salarié qui remplace le directeur lorsque celui-ci est absent) ; 11 mars 1992, *RJS* 4/92, n° 468.

2. Soc. 6 mars 2001, *Bull. civ.* V, n° 73 ; 8 juill. 2009, n° 08-60.595 : *JCP S* 2009. 1407, note C. Puigelier ; 20 mars 2013, n° 12-11.702, *Lexbase Hebdo, éd. Sociale*, n° 522, note G. Auzero. Cet arrêt, rendu à propos du droit d'être désigné représentant syndical au CE, laisse entendre qu'un salarié est privé de ce droit s'il est titulaire d'une délégation d'autorité, mais aussi s'il peut être amené à représenter l'employeur devant les institutions représentatives du personnel.

3. Soc. 8 avr. 1992, *Dr. soc.* 1992. 628 (salarié en congé parental) ; v. aussi Soc. 15 mai 1991, *Bull. civ.* V, n° 240.

4. Soc. 11 févr. 1981, *Bull. civ.* V, n° 118 ; 27 janv. 1983, *Bull. civ.* V, n° 45.

5. Cass., ch. mixte, 25 oct. 1968, *D.* 1968. 706 ; Soc. 13 juill. 1993, *RJS* 8-9/93, n° 895.

6. Soc. 27 nov. 1980, *Bull. civ.* V, n° 861.

7. Soc. 28 févr. 2007, n° 06-60.171 : *Bull. civ.* V, n° 34 ; *JCP S* 2007, 1272, note P. Morvan ; *RDT* 2007. 229, avec l'étude de M.-L. Morin (Sur la notion d'intégration étroite et permanente à la communauté de travail, v. ss 1076). Dans ce même arrêt, la Cour de cassation a exclu que *les salariés intérimaires* puissent avoir la qualité d'électeur dans l'entreprise utilisatrice, en se fondant sur les textes de loi qui organisent leur participation aux élections au sein de l'entreprise de travail temporaire. Pour une confirmation, v. Soc. 30 janv. 2008, n° 07-60.096 : *JCP S* 2008, 1156.

s'ils exercent leur droit de vote dans l'entreprise qui les emploie ou dans l'entreprise utilisatrice. Ainsi que l'a décidé la Cour de cassation, les conditions présidant à l'électorat dans l'entreprise utilisatrice devant être appréciées lors de l'organisation des élections dans cette entreprise, c'est à cette date que les salariés mis à disposition doivent être en mesure d'exercer leur droit d'option [1].

Certains agents publics mis à la disposition d'entreprises ou établissements privés sont électeurs (et éligibles) aux institutions représentatives du personnel de ces entités [2].

C'est l'employeur qui établit les *listes électorales* par collège et il lui appartient, en cas de contestation, de fournir les éléments nécessaires au contrôle leur régularité [3]. Chaque liste doit comporter toutes les indications permettant de vérifier que les conditions d'électorat sont remplies – nom et prénoms de chaque électeur, date et lieu de naissance, ancienneté dans l'entreprise, emploi – à l'exclusion, juge désormais la Cour de cassation, du domicile, qui est sans incidence sur l'électorat [4]. Elle doit être publiée (affichée) dans l'établissement afin que les salariés puissent éventuellement en contester la régularité devant le juge d'instance. Ni l'employeur, ni les salariés ne peuvent s'opposer à ce que les syndicats consultent, ou se voient communiquer s'ils en font la demande, cette liste des électeurs et des éligibles portant les mentions nécessaires au contrôle de sa régularité [5].

Les conditions d'électorat et d'éligibilité des délégués du personnel et de la représentation élue au comité d'entreprise s'apprécient au jour du premier tour de scrutin, sans qu'un protocole d'accord préélectoral puisse modifier cette date en privant les salariés des droits électoraux qu'ils tiennent de la loi [6].

1097 ***Éligibilité*** ◊ L'électorat est la première condition de l'éligibilité. Mais il faut avoir travaillé dans l'entreprise depuis un an au moins [7], avoir 18 ans

---

1. Soc. 26 mai 2010, n° 09-60.400, *JCP S* 2010. 1346, note J.-Y. Kerbourc'h. *Adde*. L. Pécaut-Rivolier, *op. cit.*, *Dr. soc.* 2011. 82, spéc. p. 86, qui présente parfaitement les conséquences qu'il convient de tirer de cette décision. Le fait que le salarié mis à disposition ait choisi de voter dans l'entreprise qui l'emploie n'exclut pas qu'il doive être pris en compte dans l'effectif de l'entreprise utilisatrice dès lors que les conditions légales sont remplies : Soc. 19 janv. 2011, n° 10-60.296, *Lexbase Hebdo, éd. sociale*, n° 426, note S. Tournaux.

2. Cas des maîtres de l'enseignement privé liés à l'État par un contrat de travail de droit public, pris en compte pour le calcul de l'effectif de l'établissement d'affectation, que la loi déclare électeurs et éligibles (C. éduc., art. L. 442-5, mod. par L. du 5 janv. 2005). Cas des fonctionnaires « intégrés à la communauté des travailleurs » de l'entreprise à la disposition de laquelle ils se trouvent (Soc. 23 mai 2006, P.).

3. V. ss 1076.

4. Soc. 20 mars 2002, *Dr. soc.* 2002. 621, note D. Boulmier ; *RJS* 6/02, n° 702 (concl. J. Duplat, p. 515).

5. Soc. 17 janv. 2001, *RJS* 4/01, n° 469 ; 20 mars 2002, préc.

6. Soc. 1er déc. 2010, n° 10-60.163, *JCP S* 2011. 1082, note L. Drai ; *Dr. soc.* 2011. 228, obs. L. Pécaut-Rivolier.

7. Peu importe que l'ancienneté requise résulte de contrats distincts, séparés par des périodes d'interruption (Soc. 3 oct. 2007, n° 06-60.063, *JCP S* 2007, 1882, obs. F. Dumont). La suspension

accomplis, ne pas appartenir à la proche famille du chef d'entreprise [1]. Les salariés travaillant à temps partiel simultanément dans plusieurs entreprises ne sont éligibles que dans l'une de ces entreprises. Ils choisissent celle dans laquelle ils font acte de candidature (C. trav., art. L. 2314-16, L. 2324-15) [2]. Les conditions de nationalité ou de connaissance de la langue française ont disparu. Si elle a reconnu l'éligibilité des salariés mis à disposition dans l'entreprise d'accueil, la loi du 20 août 2008 l'a assortie d'une condition restrictive, en exigeant que les salariés aient au moins vingt-quatre mois d'ancienneté continus au service de l'entreprise (C. trav., art. L. 2314-18-1). Ce même texte a en revanche proprement et simplement exclu les salariés mis à disposition de l'éligibilité aux fonctions de représentants au comité d'entreprise (C. trav., art. L. 2324-17-1) [3]. Le salarié remplissant les conditions requises ne dispose donc, du point de vue de l'éligibilité, d'un droit d'option que pour les élections des délégués du personnel [4]. Cela étant, le fait pour un salarié mis à disposition, ayant exercé son droit d'option, d'avoir été élu en qualité de délégué du personnel dans l'entreprise utilisatrice, est sans incidence sur ses droits d'être électeur et éligible aux élections des membres du comité d'entreprise dans l'entreprise qui l'emploie [5]

Le salarié demeure éligible pendant la durée du préavis [6], mais son élection ne fera pas obstacle à la cessation des relations contractuelles à l'échéance du préavis [7]. Une candidature inspirée par le souci de se protéger contre un licenciement imminent serait entachée d'une fraude dont la preuve incomberait à qui contesterait l'élection (l'employeur en pratique) [8].

du contrat ne fait évidemment pas perdre l'ancienneté acquise (Soc. 26 sept. 2002, *Bull. civ.* V, n° 286 ; *D.* 2003. Somm. 385, obs. E. Peskine). Doit être prise en compte *l'ancienneté acquise au sein d'un groupe* (Soc. 8 juill. 1997, *RJS* 8-9/97, n° 999) S'il y a modification de la situation juridique de l'employeur l'ancienneté est conservée. Les conditions d'éligibilité doivent être remplies à la date du scrutin (Soc. 7 oct. 1998, *RJS* 11/98 n° 1378, 2ᵉ esp.). L'inspecteur du travail peut, à l'instar de ce qui est prévu pour l'électorat, accorder des dérogations (C. trav., L. 2314-20 et L. 2324-18).

1. Sont inéligibles le conjoint, les ascendants, descendants, frères, sœurs et alliés au même degré du chef d'entreprise. Le lien de parenté avec le chef d'établissement ne peut pas être assimilé au lien de parenté avec le chef d'entreprise (Soc. 10 oct. 1990, *D.* 1990. IR 247).

2. Exigences que la Cour de cassation a appliquées à des salariés au forfait-jours : Soc. 16 nov. 2011, n° 11-13.256 : *JCP S* 2012. 1059, note F. Dumont.

3. Semble-t-il pour des raisons tenant aux informations confidentielles que les membres du comité d'entreprise sont susceptibles de recevoir et ce alors même que ces derniers sont tenus à cet égard d'une obligation de discrétion. La Cour de cassation a toutefois adopté une interprétation restrictive de cette exclusion, en décidant que le salarié mis à disposition peut être candidat à la délégation unique du personnel dans l'entreprise d'accueil : Soc. 5 déc. 2012, n° 12-13.82, *Sem. soc. Lamy* 2013, n° 1572, p. 5, chron. L. Pécaut-Rivolier et Y. Struillou. Sur la notion de salariés mis à disposition, v. ss 1075 s.

4. L'électorat étant la condition première de l'éligibilité, l'option pour le vote et pour la candidature ne peuvent pas être dissociées.

5. Soc. 28 sept. 2011, n° 10-27.374 : *JCP S* 2011, 1550, note J.-Y. Kerbourc'h.

6. Soc. 11 févr. 1981, *Bull. civ.* V, n° 118 ; 1er juill. 1981, *ibid.*, n° 624.

7. Soc. 18 avr. 1980,. *Bull. civ.* V, n° 334 ; 6 janv. 1983, *D.* 1983. IR 232.

8. Mais une lettre d'avertissement (même « ultime ») ne constitue pas une menace de licenciement, telle que l'élection du salarié sanctionné serait irrégulière (Soc. 25 oct. 2000, *D.* 2001. Somm. 740, obs. J.-M. Verdier).

En revanche, la jurisprudence sur l'éligibilité des salariés dont le contrat est suspendu n'a pas été constante. Mais la Chambre sociale affirme aujourd'hui que les salariés sont éligibles dès lors que leur contrat de travail n'est que suspendu [1].

Le fait d'être membre du comité d'entreprise ne fait pas obstacle à l'éligibilité aux fonctions de délégué du personnel (et réciproquement) : le *cumul de mandats* est licite [2].

3. Candidatures

1098 ***Présentation des candidats par les syndicats au premier tour*** ◊ Au premier tour, les syndicats ont le monopole de la présentation des listes de candidats [3]. Dans le système en vigueur avant la réforme de 2008, seuls les syndicats représentatifs étaient habilités à présenter des candidats. Selon la loi du 20 août 2008, la représentativité est désormais subordonnée dans l'entreprise à une audience électorale minimale de 10 % des suffrages exprimés. Elle suppose donc d'avoir pu participer au processus électoral. Partant, pour qu'un syndicat soit un jour en mesure d'accéder à la représentativité, il faut à l'évidence autoriser un syndicat non encore représentatif à présenter des candidats. À l'instar de ce qui est prévu pour la négociation du protocole d'accord préélectoral, le texte précité autorise donc les organisations syndicales [4] qui satisfont aux critères de respect des valeurs

---

1. Soc. 15 mai 1991, *RJS* 6/91, n° 730 ; 1er déc. 1993, *RJS* 1/94, n° 56 ; 26 sept. 2002, préc. Sont éligibles les salariés en dispense d'activité dès lors qu'ils restent liés par contrat de travail (Soc. 10 oct. 2002, *TPS* 2003, n° 25).

2. Ce qui revient à dire qu'il n'y a aucune incompatibilité entre ces mandats. Par suite, un salarié élu au comité d'entreprise et en qualité de délégué du personnel suppléant ne peut se désister au profit d'un candidat auquel les résultats du scrutin ne confèrent pas la qualité d'élu : Soc. 29 juin 2011, n° 10-18.647 : *Dr. soc.* 2011. 1124, obs. F. Petit.

3. La participation d'une personne morale qui n'a pas la qualité de syndicat au premier tour est une cause de nullité de l'élection, peu important son influence sur les résultats : Soc. 27 janv. 2010, n° 09-60.103 : *RDT* 2010. 244, note I. Odoul-Asorey. Un délégué syndical ne peut présenter une liste de candidats au nom de son syndicat que s'il dispose d'un mandat exprès à cette fin : Soc. 15 juin 2011, n° 10-25. 282 : *Dr. soc.* 2011. 1127, note F. Petit. L'employeur qui, chargé de l'organisation des élections, n'a pas réclamé ce mandat lors du dépôt de la liste de candidatures, ni contesté le dépôt de cette liste, ne peut remettre en cause sur ce motif la validité de la liste après le déroulement du scrutin : Soc. 26 sept. 2012, n° 11-25.544, *Lexbase Hebdo, éd. Sociale,* n° 501, note G. Auzero. En revanche, l'employeur peut, sans en référer au juge, écarter la liste présentée par un délégué syndical à qui il a demandé, en vain, de produire son mandat, à condition de s'être assuré auprès de l'organisation syndicale que le délégué n'avait pas de mandat pour agir et que celle-ci ne souhaite pas présenter de liste : Soc. 30 oct. 2013, n° 12-29.952, publié. Une union syndicale ne peut déposer de liste au nom d'un syndicat d'entreprise prétendument affilié si les conditions statutaires d'adhésion n'ont pas été respectées : Soc. 5 déc. 2012, n° 12-14.366, *Bull. civ.* V, n° 322.

4. Une union de syndicats est en droit de déposer une liste. Mais, une union syndicale ne peut déposer de liste au nom d'un syndicat d'entreprise prétendument affilié si les conditions statutaires d'adhésion n'ont pas été respectées : Soc. 5 déc. 2012, n° 12-14.366, *Bull. civ.* V, n° 322. Lorsque l'employeur a été informé par une fédération de sa volonté de déposer une liste de candidats aux lieu et place des organisations syndicales qui lui sont affiliées, il peut, sans saisir un tribunal, tirer les conséquences de cette décision et ne pas retenir les candidatures déposées par les syndicats affiliés : Soc. 4 juin 2014, n° 13-60.238, publié.

républicaines et d'indépendance, légalement constituées depuis au moins deux ans [1] et dont le champ professionnel et géographique couvre l'entreprise ou l'établissement concerné [2] à établir des listes de candidats pour le premier tour des élections [3]. Sont également concernés par cette prérogative, outre évidemment les syndicats déjà reconnus représentatifs dans l'entreprise ou l'établissement, ceux qui y ont constitué une section syndicale et les syndicats qui sont affiliés à une organisation syndicale représentative au niveau national et interprofessionnel (C. trav., art. L. 2314-3, L. 2324-4, auxquels renvoient les art. L. 2314-24, L. 2324-22). Alors même que l'accès aux élections est plus largement ouvert qu'antérieurement, la Cour de cassation a maintenu sa jurisprudence selon laquelle les syndicats affiliés à une même union ne peuvent présenter qu'une seule liste dans le même collège [4]. Si les syndicats passent outre cette interdiction, le tribunal d'instance peut être saisi. Mais si la contestation n'est pas faite avant le scrutin, la seule présentation de listes concurrentes n'a pas pour effet de conduire à l'annulation du scrutin. Elle fait seulement obstacle à ce que les syndicats en cause puissent procéder à la totalisation au profit de l'un ou de l'autre, des suffrages recueillis par chacun [5].

Pour chaque élection, il faut établir pour chaque collège au moins deux listes : une liste de membres titulaires et une liste de suppléants. Ces listes peuvent être incomplètes, mais elles ne doivent pas comporter un nombre de candidats supérieur au nombre de sièges à pourvoir [6]. Un salarié peut se porter candidat à une même fonction en qualité de titulaire et en qualité de suppléant. Toutefois, dans la mesure où il ne peut être élu en cette double qualité, sa candidature en qualité de suppléant présente un caractère subsidiaire. En conséquence, lorsqu'un salarié a été élu comme suppléant au premier tour des élections, il peut se présenter au second tour et être élu comme titulaire. Mais il perd alors la qualité subsidiaire de suppléant [7].

Depuis la loi du 9 mai 2001, « à l'occasion de l'élaboration du protocole d'accord préélectoral (...) les organisations syndicales examinent les voies

1. Après avoir écarté une QPC sur la question (Soc. 20 oct. 2011, n° 11-60.203, QPC), la Cour de cassation a jugé que la condition d'ancienneté de deux ans ne porte pas atteinte aux engagements internationaux de la France : Soc. 29 févr. 2012, n° 11-60.203, *Bull. civ.* V, n° 82.

2. Le syndicat ne saurait à cet égard se prévaloir de la compétence statutaire de l'union à laquelle il est affilié : Soc. 22 sept. 2010, *Dr. soc.* 2010. 1258, obs. F. Petit.

3. Une organisation syndicale peut présenter comme candidats soit ses propres adhérents, soit des salariés non syndiqués ou adhérents à une autre organisation : Soc. 28 mars 2012, n° 11-61.180 : *JCP S* 2012, 1274, note Th. Lahalle.

4. Soc. 22 sept. 2010, n° 10-60.135 : *Bull. civ.* V, n° 184. V. antérieurement, Soc. 16 oct. 2001 : *Bull. civ.* V, n° 322. Dans un arrêt du 29 oct. 2010, la Cour de cassation a en quelque sorte livré un mode d'emploi de la résolution des conflits entre syndicats affiliés à une même confédération (Soc. 29 oct. 2010, n° 09-67.969, *JCP S* 2010, 1544, note R. Chiss). Si deux syndicats affiliés à la même confédération peuvent valablement présenter des listes séparées dans des collèges différents, les suffrages obtenus restent propres à chacun (Soc. 28 sept. 2011, n° 10-25.279 : *Sem. soc. Lamy* n° 1514, p. 7, chron. L. Pécaut-Rivolier et Y. Struillou).

5. Soc. 26 oct. 2011, n° 11-10.290 : *JCP S* 2012. 1008, note J.-Y. Kerbourc'h.

6. Soc. 27 oct. 1999, *RJS* 12/99, n° 1477 ; 20 juin 2000, *Bull. civ.* V, n° 239.

7. Soc. 10 mai 2012, n° 11-18.912, publié.

et moyens en vue d'atteindre une représentation équilibrée des femmes et des hommes sur les listes de candidatures » (C. trav., art. R. 2314-4, L. 2324-6). Le recours à un procédé de quota, choisi par la loi relative à l'égalité salariale telle que votée par le Parlement (L. du 23 mars 2006), s'est heurté, devant le Conseil constitutionnel, au principe d'égalité devant la loi [1].

La loi ne prévoit pas de date limite de dépôt des candidatures. Si les listes peuvent, en principe, être déposées jusqu'au dernier moment [2], elles ne doivent pas l'être de façon prématurée, c'est-à-dire avant que le protocole préélectoral ait fixé le nombre de collèges et réparti le personnel dans les collèges ainsi que les sièges entre les catégories [3].

1099 ***Liberté des candidatures au deuxième tour*** ◊ Un second tour doit être organisé lorsque le nombre de votants au premier tour est inférieur à la moitié des électeurs inscrits (*quorum*). Par votant, il ne faut pas entendre toute personne qui dépose un bulletin dans l'urne le jour du vote, mais seulement celle qui émet un vote valable en faveur d'une des listes présentées par les syndicats représentatifs ; les bulletins blancs et les bulletins nuls sont donc assimilés à des abstentions, face aux « suffrages exprimés » [4].

Il y aura également lieu à un second tour, bien que le *quorum* de votants ait été atteint, lorsque certains des sièges n'ont pas été pourvus [5].

Il y aura enfin un « second » tour lorsqu'aucune organisation syndicale n'aura présenté de liste de candidats au premier tour. Après avoir constaté la carence des candidatures, l'employeur organise un second tour pour lequel les candidatures sont libres.

L'originalité du second tour est de permettre aux salariés de voter pour des listes autres que celles présentées par les organisations syndicales, qui sont néanmoins considérées comme maintenues pour ce second tour [6]. Le fait, pour des indépendants de préconiser l'abstention au premier tour, afin de se présenter en candidats

---

1. Cons. const. 16 mars 2006, 2006-533 DC, *RJS* 5/06, n° 519.

2. Les protocoles préélectoraux fixent souvent une date limite pour la présentation des candidatures. Cette disposition est licite si le délai imposé répond aux nécessités d'organisation du scrutin, en particulier lorsque le vote par correspondance est admis : Soc. 10 juill. 1997, *RJS* 10/97, n° 1115. L'employeur ne commet aucune irrgularité en refusant une liste remise après l'heure fixée par le protocole préélectoral : Soc. 9 nov. 2011, n° 10-28.838 : *JCP S* 2012. 1140, note J.-Y. Kerbourc'h.

3. En cas de dépôt prématuré, il n'y a pas véritablement candidatures, si bien que les salariés dont les noms figurent sur la liste ne bénéficient pas de la protection spéciale des candidats (Ass. plén. 27 oct. 1972, *D.* 1973. 655 ; Soc. 18 nov. 1992, *Bull. civ.* V, n° 557). Mais la loi tient compte du fait que l'employeur a eu connaissance d'une candidature « imminente » pour faire jouer la protection (art. L. 2411-7, et L. 2411-10).

4. Interprétation fixée par des arrêts de l'Assemblée plénière : 2 déc. 1977, *D.* 1978. 69, concl. R. Schmelck ; 20 juill. 1979, *Dr. soc.* 1980. 46, obs. J. Savatier.

5. S'il appartient à l'employeur d'organiser un second tour pour pourvoir les sièges demeurés vacants à l'issue du premier, sa carence à poursuivre le processus électoral pour le second tour n'a pas d'incidence sur la régularité du premier tour du scrutin : Soc. 10 mai 2012, n° 11-21.339, *Bull. civ.* V, n° 139.

6. Soc. 18 juill. 2000, *Bull. civ.* V, n° 298 (le protocole préélectoral ne peut écarter cette règle).

« libres » au second tour, n'entraîne pas l'annulation des élections [1]. Annulation que justifient, en revanche, les pressions patronales incitant à l'abstention au premier tour [2].

4. Le scrutin

1100 Sa date est portée à la connaissance du personnel par tout moyen permettant de conférer date certaine à cette information (C. trav., art. L. 2314-2, L. 2324-3) [3].

1101 ***Campagne électorale, organisation du vote*** ◊ Deux exigences dominent la matière : le secret et la sincérité du scrutin. L'élection a lieu « au scrutin secret et sous enveloppe » ou par vote électronique (C. trav., art. L. 2314-21, L. 2324-19) [4]. Le recours à cette dernière modalité est strictement encadré par la loi afin d'assurer le respect des exigences précitées. La possibilité de recourir à un vote électronique est ainsi subordonnée à la conclusion d'un accord d'entreprise ou de groupe comportant un cahier des charges précis (C. trav., art. R. 2314-8, R. 2324-4). Le protocole d'accord préélectoral doit mentionner la conclusion de cet accord et comporter, en annexe, la description détaillée du fonctionnement du système retenu et du déroulement des opérations électorales (C. trav., art. R. 2314-16, R. 2324-12) [5]. Cela ne signifie pas que le protocole préélectoral est nécessaire ; ce que la loi n'exige au demeurant pas. Aussi, a-t-il été, à juste titre, décidé que dès lors qu'un accord d'entreprise prévoit le recours au vote électronique, les modalités de mise en œuvre de ce procédé peuvent, en l'absence de protocole préélectoral valide, être fixées par l'employeur ou, à défaut, par le tribunal d'instance, dans les conditions prévues par l'accord d'entreprise [6]. En tout état de cause, le système de

1. Soc. 23 mars 1977, JS *UIMM* n° 376, p. 291.

2. Soc. 10 mai 1978, *Dr. ouvrier* 1978. 387 ; 14 janv. 2004, *Bull. civ.* V, n° 12 (diffusion par l'employeur d'un tract de propagande pour le 2e tour au profit d'éventuels candidats « libres »). V. aussi, Soc. 14 janv. 2004, n° 01-60.788 : *Bull. civ.* V, n° 12. Mais l'employeur peut mettre des bulletins blancs à la disposition des électeurs (Soc. 25 févr. 1992, *Bull. civ.* V, n° 123).

3. L'inobservation de cette formalité entraîne la nullité de l'élection (Soc. 3 avr. 2002, inédit).

4. Un dispositif doit permettre aux électeurs de s'isoler (Soc. 26 mai 1998, *Bull. civ.* V, n° 279). Le vote à main levée est nul (Soc. 9 juin 1998 *Bull. civ.* V, n° 312). Le dépouillement des suffrages par voie électronique est possible, à condition, que le procédé mis en œuvre ne conduise pas à violer les principes du secret et de la sincérité du vote : Soc. 10 mai 2012, n° 11-25.029 et Soc. 26 sept. 2012, n° 11-22.598 : *Sem. soc. Lamy* 2012, n° 1559, p. 8, chron. L. Pécaut-Rivolier et Y. Struillou. v. aussi Soc. 14 janv. 2014, n° 13-60.165, publié : les règles relatives au vote électronique ne sont pas applicables au dépouillement optique.

5. Appliquant la loi au pied de la lettre, la Cour de cassation considère que le recours au vote électronique ne peut résulter d'un accord d'établissement. Doit par suite être déclaré nul le protocole d'accord préélectoral qui sy réfère (Soc. 10 mars 2010, n° 09-60.096, *Bull. civ.* V, n° 56). L'article L. 2314-22 du Code du travail, qui prévoit que l'élection a lieu uniquement pendant le temps de travail, ne s'applique pas au vote électronique : Soc. 5 avr. 2011, n° 10-19.951 : *JCP S* 2011. 1252 avec la chron. de F. Petit. Sur l'articulation entre l'accord collectif et le protocole préélectoral, v. ss 1092.

6. Soc. 4 juin 2014, n° 13-18.914, publié.

vote électronique retenu doit assurer la confidentialité des données transmises, notamment celles des fichiers constitués pour établir les listes électorales des collèges électoraux, ainsi que la sécurité de l'adressage des moyens d'authentification, de l'émargement, de l'enregistrement et du dépouillement des votes [1].

Pour assurer la sincérité du scrutin, les syndicats, les salariés ou le chef d'entreprise peuvent demander au juge d'instance de mettre en place un dispositif de contrôle de la régularité, de la liberté et de la sincérité du scrutin ; les frais entraînés par ces mesures sont à la charge de l'employeur [2]. L'employeur est tenu d'une obligation de neutralité [3], et toute intervention de sa part entraînera l'annulation.

De nombreuses autres règles sont fixées par l'accord préélectoral (ou à défaut par le juge d'instance), comme celles relatives à l'organisation d'un vote par correspondance [4], le lieu du vote, la durée du scrutin… La loi précise que l'élection a lieu pendant le temps de travail, sauf accord contraire entre l'employeur et l'ensemble des organisations syndicales intéressées (C. trav., art. L. 2314-22, L. 2324-20).

Le scrutin clos, le bureau de vote procède aux opérations de dépouillement [5]. Sont nuls les bulletins sans enveloppe, les bulletins portant d'autres noms que ceux des candidats de la liste (le panachage est interdit), les bulletins (ou les enveloppes) portant des signes de reconnaissance.

---

1. Soc. 27 févr. 2013, n° 12-14.415, *Bull. civ.* V, n° 60 ; 14 nov. 2013, n° 13-10.519, publié (intervention d'un technicien informatique). Dans une délibération en date du 11 avril 2013 (n° 2013-091), la CNIL a précisé ses exigences en la matière

2. Le juge d'instance apprécie le caractère indispensable du dispositif de contrôle (Soc. 8 juin 1999, *Bull. civ.* V, n° 270). Il peut désigner un huissier pour constater d'éventuelles irrégularités (Soc. 11 mars 1982, *Dr. ouvrier* 1983. 388 ; 1er avr. 1992, *Bull. civ.* V, n° 232). La Cour de cassation admet, par référence au droit commun électoral, que chaque liste a le droit d'avoir dans chaque bureau de vote un délégué, mais que celui-ci doit faire partie du personnel de l'entreprise. Ex. de frais à la charge de l'employeur : Soc. 29 juin 2005, *Bull. civ.* V, n° 225.

3. Soc. 14 janv. 2004, préc. ; 13 oct. 2004, *Dr. soc.* 2005. 351, obs. M. Cohen ; 23 févr. 2005, *Bull. civ.* V, n° 67.

4. Si le vote physique est la règle en l'absence de dispositions conventionnelles dérogatoires, le recours au vote par correspondance pour les élections professionnelles n'est contraire à aucune règle d'ordre public : Soc. 12 févr. 2013, n° 11-25.696, publié. La signature de l'électeur sur l'enveloppe extérieure, renfermant celle qui contient le bulletin de vote, est une formalité substantielle dont le protocole préélectoral ne peut dispenser (Soc. 9 févr. 2000, *Bull. civ.* V, n° 61). En revanche, un dispositif d'identification des électeurs dans le cadre du vote par correspondance ne peut figurer sur les bulletins de vote que si le protocole préélectoral l'a prévu et a fixé les garanties appropriées au respect du secret du vote par la mise en œuvre de procédés rendant impossible l'établissement d'un lien entre l'identité de l'électeur et l'expression de son vote : Soc. 10 mai 2012, n° 11-25.029, publié. Sur les conséquences d'un acheminement tardif des votes par correspondance, v. Soc. 10 mars 2010 : *Dr. soc.* 2010. 595, note F. Petit.

5. Sur le rôle et les pouvoirs d'un bureau de vote, v. Soc. 8 déc. 2010, *Dr. soc.* 2011. 224, obs. F. Petit. À défaut de dispositions spécifiques prévues par un protocole préélectoral, et en l'absence de désignation des membres du bureau de vote par accord entre l'employeur et les organisations syndicales ayant présenté des listes aux élections, le bureau de vote est composé, conformément aux principes généraux du droit électoral, des deux salariés électeurs les plus âgés, et du salarié électeur le plus jeune : Soc. 16 oct. 2013, n° 12-21.448, *Sem. soc. Lamy* 2014, n° 1620, chron. L. Pécaut-Rivolier et Y Struillou.

En revanche, les bulletins sur lesquels le nom d'un ou plusieurs candidats a été raturé sont valables (à condition évidemment que tous les noms n'aient pas été raturés : il s'agirait alors d'un bulletin blanc) [1]. De même, il est permis à chaque électeur d'insérer dans la même enveloppe autant de bulletins de vote qu'il y a de sièges à pourvoir lorsque ces bulletins sont établis au nom de chacun des candidats se présentant individuellement [2].

Cette opération de décompte permet d'abord de savoir si le *quorum* a été atteint [3]. S'il l'est ou s'il s'agit du second tour, le bureau continuera ses opérations pour désigner les élus.

Immédiatement après la fin du dépouillement des bulletins de vote, le procès-verbal des opérations électorales est rédigé par le secrétaire dans la salle de vote, en présence des électeurs ou, en l'absence de secrétaire, par l'un des membres du bureau de vote ou par l'un des électeurs présents choisis par lui [4].

Le procès-verbal de dépouillement doit faire apparaître les heures d'ouverture et de clôture du scrutin afin de permettre la vérification du bon déroulement des opérations électorales. À défaut d'une telle mention, et non sans une certaine sévérité, la Cour de cassation considère qu'il y a lieu d'annuler les élections [5].

1102 ***Représentation proportionnelle*** ◊ Il convient d'abord de déterminer le nombre de voix recueillies par chaque liste. Pour cela, il faut additionner les voix obtenues par chaque candidat de la liste et diviser ce total par le nombre de candidats de la liste.

Il est ensuite attribué à chaque liste autant de sièges que le nombre de ses voix contient de fois le quotient électoral. Celui-ci est égal au nombre de suffrages valablement exprimés au sein du collège électoral, divisé par le nombre de sièges à pourvoir. S'il reste des sièges à pourvoir, ils sont attribués à la plus forte moyenne [6].

Le nombre de sièges revenant à chaque liste étant déterminé, le bureau de vote proclame élus, dans la limite de ce nombre de sièges obtenus, les candidats de la liste qui ont obtenu le plus grand nombre de voix. Mais il ne tiendra pas compte des ratures du nom du candidat lorsque celles-ci ne représentent pas 10 % des suffrages valablement exprimés en faveur de la

1. La jurisprudence a toujours admis la possibilité de changer l'ordre des candidats ; c'est un droit pour tout électeur (Soc. 28 janv. 1982, *Bull. civ.* V, n° 56).

2. Soc. 24 sept. 2008, n° 08-60.004 : *RDT* 2009. 49, obs. F. Petit.

3. Rappelons que depuis la loi du 20 août 2008, seuls les résultats du premier tour de scrutin sont pris en compte, quel que soit le nombre d'électeurs, pour l'attribution aux syndicats de la représentativité et l'habilitation à conclure des conventions et accords collectifs de travail.

4. Soc. 2 juill. 2014, n° 13-60.218, publié. Le non-respect de ces exigences est cause de nullité des élections.

5. Soc. 16 oct. 2013, n° 12-21.680, publié.

6. Le nombre de voix obtenu par chaque liste est divisé par le nombre, augmenté d'une unité, des sièges attribués à la liste ; le nombre de sièges, attribués au quotient électoral, est nécessairement un nombre entier (Soc. 26 mai 2010, n° 09-60.350, *Dr. soc.* 2010. 1000, obs. F. Petit). Les listes sont classées dans l'ordre décroissant des moyennes ainsi obtenues. Le premier siège non pourvu est attribué à la liste ayant la plus forte moyenne. Il est procédé successivement à la même opération pour chacun des sièges non pourvus jusqu'au dernier. Quand il reste un siège à pourvoir et qu'une seule liste a encore un candidat, ce siège est attribué à ce candidat (Soc. 12 janv. 2000, *RJS* 3/00, n° 302).

liste (C. trav., art. L. 2314-24, L. 2324-22), et les candidats seront alors proclamés élus dans l'ordre de présentation [1]. Un procès-verbal est dressé [2].

5. Contentieux électoral

1103 ***Contentieux judiciaire et contentieux administratif*** ◊ Selon les articles L. 2314-25 et L. 2324-23, le contentieux de la régularité des opérations électorales et celui de l'électorat relèvent du tribunal d'instance. Le juge statue selon une procédure rapide et simplifiée [3]. La régularité des élections ne pourra plus être remise en cause une fois écoulés les brefs délais de sa saisine : trois jours suivant la publication de la liste électorale pour toute contestation relative à l'électorat, quinze jours suivant la proclamation du résultat de l'élection pour la contestation de sa régularité [4]. Mais le tribunal peut être saisi, avant le jour du scrutin d'une contestation mettant en cause le calcul des effectifs, les conditions de négociation ou la validité de l'accord préélectoral, les conditions d'éligibilité, etc. On peut donc distinguer, selon un critère chronologique et non plus selon l'objet de la contestation, un contentieux préélectoral, donnant lieu à jugement (sur une question d'électorat ou sur un autre point) avant le scrutin, et un contentieux postélectoral, donnant lieu à jugement après le scrutin [5]. Le tribunal doit, en tout cas, statuer dans les dix jours de sa saisine. Il tranche en dernier ressort [6] : seul un pourvoi en cassation peut être formé, dans

---

1. Soc. 3 mars 1993, *RJS* 4/93, n° 427.

2. Le juge d'instance a compétence, en cas de contestation de ce procès-verbal, pour en vérifier la régularité et, le cas échéant, y apporter les corrections nécessaires : Soc. 28 nov. 2012, n° 11-28.001, publié.

3. On est en la matière sans représentation obligatoire (Soc. 17 déc. 2002, *Bull. civ.* V, n° 386). Le contentieux des élections professionnelles n'échappe pas à l'obligation de payer la contribution pour l'aide juridique : Soc. 28 mars 2012, n° 11-61.180, *Bull. civ.* V, n° 112.

4. Le premier tour de scrutin doit faire l'objet d'un dépouillement afin de connaître l'audience électorale des syndicats. La Cour de cassation a donc été conduite à admettre que la contestation des conditions de déroulement du premier tour d'un scrutin était recevable, même en cas d'organisation d'un second tour, et qu'elle devait être impérativement introduite dans les quinze jours du premier tour (Soc. 23 mai 2010, n° 09-60.453, *Dr. soc.* 2010. 1001, obs. F. Petit). Ce délai court à compter de la proclamation des résultats ou de la publication du procès-verbal de carence (Soc. 31 janv. 2012, n° 11-60.139, *Bull. civ.* V, n° 38). Lorsqu'il est formé par déclaration écrite adressée au greffe du tibunal d'intance, le recours a pour date celle d'envoi de la déclaration : Soc 6 janv. 2011, n° 09– 60.398, *JCP S* 2011. 1276, note J.-Y. Kerbourc'h. La contestation d'une candidature peut être introduite jusqu'à l'expiration d'un délai de quinze jours suivant la proclamation des résultats : Soc. 16 oct. 2013, n° 13.11.217, publié.

5. On est tenté de considérer que la loi du 20 août 2008 a fait naître un contentieux de troisième type, portant sur les résultats du premier tour de scrutin et permettant de mesurer la représentativité des syndicats, sans nécessairement conduire à une élection. À cet égard, il a été jugé que la contestation de ces résultats n'est recevable que si elle est faite dans les quinze jours suivants ce premier tour : Soc. 26 mai 2010, n° 09-60.453, *Bull. civ.* V, n° 113.

6. Le jugement qui statue sur une demande d'annulation des mandats électifs en cours est rendu en premier ressort, de sorte que le pourvoi formé contre cette décision est irrecevable : Soc. 1er févr. 2006 : *RJS* 4/06, n° 476.

un délai de dix jours [1]. La Cour de cassation estimait que les jugements antérieurs aux élections n'étaient pas susceptibles de pourvoi, dès lors que la contestation sur laquelle il avait été statué pouvait être encore débattue devant le « juge de l'élection », dont la décision pouvait être frappée de pourvoi [2]. Compte tenu des enjeux attachés aux élections professionnelles par la loi du 20 août 2008 et de la nécessité de s'assurer, dans les meilleurs délais, de la régularité du processus électoral, la Chambre sociale a consenti à abandonner cette jurisprudence [3].

Le juge d'instance a pouvoir d'apprécier l'éligibilité, la représentativité [4] ou désormais la « semi-représentativité » d'un syndicat, ou d'interpréter une convention collective si celle-ci a modifié le nombre ou la composition des collèges électoraux [5], quand bien même elle aurait fait l'objet d'un arrêté d'extension. Cette compétence électorale du juge d'instance est exclusive de toute autre, et l'autorise même à se prononcer sur la qualification de contrat de travail (pour l'électorat ou l'éligibilité) [6] ou du contrat de travail de certains salariés (pour calcul de l'effectif). En cas de fraude ou violence, ou d'atteinte à la liberté de vote, il annule en principe l'élection. Toutefois, à moins qu'elles soient directement contraires aux principes généraux du droit électoral [7], les irrégularités commises dans l'organisation et le déroulement du scrutin ne peuvent constituer une cause d'annulation que si elles ont exercé une influence sur le résultat des élections [8] ou, depuis l'entrée en vigueur de la loi du 20 août 2008, si, s'agissant du premier tour, elles ont été déterminantes de la

1. Depuis 1999, la Cour de cassation a plusieurs fois suggéré au législateur, dans son rapport annuel, d'instaurer le double degré de juridiction en matière d'élections professionnelles et de désignation des représentants syndicaux aux comités ou de délégués syndicaux.

2. Soc. 7 mai 2002, *Dr. soc.* 2002. 625, avis P. Lyon-Caen ; 29 janv. 2003, *Dr. soc.* 2003. 548, obs. J. Savatier ; 25 janv. 2006 : *Dr. soc.* 2006. 469, obs. P.-Y. Verkindt ; Soc. 27 oct. 2004, *Bull. civ.* V, n° 271.

3. Soc. 23 sept. 2009, n° 08-60.535 : *JCP S* 2009, 1467, note J.-Y. Kerbourc'h. Désormais donc, la décision du tribunal d'instance statuant en matière de contestation préélectorale est susceptible de pourvoi en cassation. La Cour de cassation a par la suite décidé que l'application immédiate de la règle résultant de ce revirement de jurisprudence ne saurait priver le demandeur au pourvoi contre un jugement ayant statué sur la validité des élections du droit de critiquer les dispositions du jugement préélectoral non frappé de pourvoi en raison de la jurisprudence antérieure au revirement (Soc. 26 mai 2010, n° 09-60.400, *Bull. civ.* V, n° 114).

4. V. en dernier lieu : Soc. 13 sept. 2005, *Dr. soc.* 2006. 235, obs. P-Y. Verkindt.

5. Civ. 2e sect., 14 avr. 1961, *D.* 1961. Somm. 91.

6. Soc. 27 mai 1987, *Bull. civ.* V, n° 346 ; 8 avr. 1992, *RJS* 6/92, n° 765 ; 8 févr. 2012, n° 11-14.802, *Bull. civ.* V, n° 60.

7. Sur cette notion fuyante, v. F. Petit, Les principes généraux du droit électoral dans la jurisprudence de la Chambre sociale de la Cour de cassation : *D.* 2005. 1815. *Adde*, G. François, note ss. Soc. 28 mars 2012 : *JCP S* 2012, 1261.

8. Solution classique : Soc. 15 févr. 1978, *Dr. ouvrier* 1978. 474 ; 13 mars 1985, *Bull. civ.* V, n° 164 ; 4 juin 2003, *Bull. civ.* V, n° 186 et 187 ; Soc. 16 avr. 2008, n° 07-60.362. Ex. d'« anomalie » devant entraîner l'annulation : Soc. 18 juill. 2001, *RJS* 11/01, n° 1310 (déplacement des urnes, laissées deux heures durant dans le véhicule d'un membre de la direction). Ex. d'irrégularité ne justifiant pas l'annulation : Soc. 13 juill. 2004, *Bull. civ.* V, n° 215 (apposition de croix plutôt que de signatures sur la liste d'émargement, dès lors que le nombre de bulletins correspond au nombre d'émargements et qu'aucune fraude n'est alléguée) ; Soc. 9 juill. 2008, n° 07-60.404 (ouverture par erreur du bureau de vote avant l'heure prévue).

qualité représentative des organisations syndicales dans l'entreprise ou du droit pour un candidat d'être désigné délégué syndical [1].

Le juge administratif, pour sa part, connaît des recours formés contre les décisions du Direccte intervenant faute d'accord, sur la répartition du personnel et des sièges dans les collèges électoraux, sur des dérogations aux conditions d'ancienneté ou sur l'organisation d'une élection de délégués de site.

Les syndicats sont recevables à contester la régularité des élections car l'intérêt collectif de la profession est en cause, même s'ils n'ont pas présenté de listes [2], comme à contester une inscription sur les listes électorales. Sont également recevables l'employeur [3] ou tout électeur [4].

B. Élections au suffrage indirect

1104 ***Élections au comité central d'entreprise*** ◊ Il ressort de l'art. L. 2327-3 que les comités d'établissement élisent leurs représentants au comité central d'entreprise à raison d'un ou deux délégués par comité [5] sans que le chiffre total puisse être supérieur à 20 membres titulaires et 20 suppléants [6]. Partie prenante de l'élection, les comités d'établissement ont, en conséquence, un intérêt et une qualité à agir pour contester les conditions d'organisation et de déroulement de cette élection [7].

La loi règle peu cette élection. Elle dispose que les délégués au comité central doivent être élus parmi les membres du comité d'établissement, que l'élection a lieu tous les quatre ans (après l'élection des membres des comités d'établissement), que le nombre des délégués suppléants doit être égal au nombre des délégués titulaires et que, dans certains cas, un délégué titulaire et un délégué suppléant doivent avoir la qualité de cadre [8].

---

1. Soc. 13 janv. 2010, n° 09-60.203, *Dr. soc.* 2010. 595, obs. F. Petit. Cette solution s'applique sans tenir compte du fait qu'il y ait lieu de tenir compte que l'employeur a été ou non défaillant dans l'organisation du scrutin : Soc. 10 mars 2010 : *Dr. soc.* 2010. 595, obs. F. Petit.

2. Soc. 23 sept. 2009, n° 08-60.535, *JCP S* 2009. 1467, note J.-Y. Kerbourc'h ; 10 oct. 2012, n° 11-60.238, inédit.

3. Soc. 26 mai 1982, *Bull. civ.* V, n° 353.

4. Civ. 2e, 21 juill. 1969, *Bull.* II, n° 263.

5. Art. D. 2327-2 : chaque établissement peut être représenté au comité central d'entreprise soit par un seul délégué, titulaire ou suppléant, soit par un ou deux délégués titulaires et un ou deux délégués suppléants.

6. Le nombre d'établissements distincts et la répartition des sièges entre les comités de ces différents établissements font l'objet d'un accord entre le chef d'entreprise et les syndicats (qui peut aussi augmenter le nombre de membres du comité central : article D. 2327-1). À défaut d'accord, ces points sont réglés par le directeur départemental du travail du siège effectif de l'entreprise (CE 29 mars 2000, *Fédé. des employés et cadres CGT-FO* ; 27 juin 2001, *Fédé CGT du secteur financier, RJS* 11/01, n° 1307).

7. Soc. 30 oct. 2013, n° 13-12.234, publié.

8. Un délégué titulaire *et* un délégué suppléant au moins au comité central doivent appartenir à la catégorie « ingénieurs et cadres » lorsqu'un ou plusieurs établissements de l'entreprise constituent trois collèges électoraux ; un délégué titulaire au moins (on ne parle plus de suppléants) doit appartenir à cette catégorie lorsque l'ensemble des établissements groupent soit plus de 500 salariés soit au moins 25 ingénieurs et cadres.

La jurisprudence a dégagé quelques règles prétoriennes : vote global des membres des comités d'établissement sans distinction de collèges, mais seuls les membres *titulaires* du comité d'établissement participent au vote et le président du comité est exclu du vote [1] ; vote au scrutin uninominal majoritaire à un tour [2] ; seuls peuvent être élus comme titulaires au comité central les membres titulaires des comités d'établissement [3] (les membres suppléants des comités d'établissement peuvent être élus suppléants au comité central) [4] ; participation de tous les syndicats ayant au moins un élu dans un comité d'établissement à la négociation de l'accord électoral [5].

1105 ***Élections au comité d'hygiène, de sécurité et des conditions de travail*** [6] ◊ Les représentants du personnel au comité d'hygiène, de sécurité et des conditions de travail (de 3 à 9 salariés selon l'effectif de l'établissement) sont élus par un collège « désignatif » formé par les membres élus du comité d'entreprise et les délégués du personnel (C. trav., art. L. 4613-1) [7] ; collège désignatif qui est, par ailleurs, seul habilité à fixer les modalités de déroulement de l'élection. Collège unique donc, – mais la délégation du personnel doit comprendre un ou plusieurs salariés (de 1 à 3 selon l'effectif) appartenant au personnel de maîtrise ou des cadres (R. 4613-1) [8]– quel que soit le nombre de CHSCT dans l'établissement [9]. Mais, le texte précité n'interdit pas que des salariés appartenant à cette catégorie puissent

1. Soc. 21 juill. 1976, *Dr. soc.* 1976. 494. Il y a lieu de respecter les modalités convenues par les organisations intéressées (Soc. 5 juin 1985, *Bull. civ.* V, n° 326).

2. Soc. 29 mars 1994, *Bull. civ.* V, n° 110 ; 9 juin 1998, *Bull. civ.* V, n° 312 ; 5 mars 2008, n° 06-60.274 : *RJS* 5/08, n° 572 (irrégularité des élections poste à pourvoir par poste à pourvoir, dans le cadre d'un scrutin où les électeurs ne votaient à chaque fois que pour un candidat). V. aussi, Soc. 8 déc. 2010, n° 10-60.176, *Dr. soc.* 2011. 226, obs. F. Petit.

3. Soc. 3 juin 1977, *Bull. civ.* V, n° 374 ; 7 mai 2002, *Dr. soc.* 2002. 788, obs. J. Savatier ; 4 juin 2003, *RJS* 10/03, n° 1185.

4. Soc. 27 nov. 1975, *Bull. civ.* V, n° 575.

5. Soc. 16 déc. 1998, *RJS* 2/99, n° 227. V. C. Barberot, Les modalités du scrutin des élections au comité central d'entreprise, *RJS* 7/98, p. 529.

6. Sur la constitution du CHSCT et la possibilité de mettre en place une instance de coordination des CHSCT, v. ss 898, 899.

7. Un accord collectif (Soc. 16 janv. 2008, n° 06-15.679 : *Bull. civ.* V, n° 7) ou un protocole préélectoral (Soc. 16 déc. 2009, n° 09-60.156) ne saurait déroger à cette règle. Le collège désignatif est constitué de tous les membres titulaires du comité d'établissement et de tous les délégués du personnel « élus dans le périmètre de ce comité » : Soc. 8 déc. 2010, n° 10-60.087, *Dr. soc.* 2011. 227, obs. F. Petit. Cette dernière règle peut toutefois être écartée par accord collectif (même arrêt). Le tribunal d'instance est compétent pour connaître la composition du collège : Soc. 17 avr. 2013, n° 12-19.825, *Bull. civ.* V, n° 103.

8. L'appartenance au personnel de maîtrise dépend des fonctions et pouvoirs exercés, de l'autonomie de l'intéressé (Soc. 25 sept. 2002, *Bull. civ.* V, n° 279). Si l'un des sièges réservés au personnel d'encadrement n'a pas été pourvu, il doit être déclaré vacant sans que le collège désignatif puisse modifier l'équilibre de la représentation du personnel au sein du CHSCT en attribuant ce siège à une catégorie autre que celle à laquelle il est légalement réservé : Soc. 10 mai 2012, n° 11-60.171, publié. V., sur la question des sièges réservés aux salariés appartenant aux catégories des cadres et agents de maîtrise : L. Pécaut-Rivolier et Y. Struillou, « Chronique des jurisprudences sur la représentation du personnel », *Sem. soc. Lamy* n° 1365, p. 7, spéc., p. 8 à 10.

9. Soc. 19 oct. 1994, *Dr. soc.* 1995. 68.

être par ailleurs élus pour pourvoir les sièges auxquels le Code du travail n'attribue aucune affectation catégorielle particulière [1]. Les textes ne donnent aucune autre indication sur les conditions de cette élection au deuxième degré. Ils n'indiquent ainsi pas qui peut être élu. Aucune limitation n'étant prévue, tout salarié de l'établissement peut être choisi [2], dès lors qu'il travaille dans l'établissement [3] même s'il est mis à disposition par une entreprise extérieure [4]. Bien que les textes ne prévoient pas que seuls les élus titulaires participent au choix des membres du CHSCT, cette solution paraît s'imposer et elle est effectivement retenue [5]. À défaut d'accord unanime entre les membres du collège [6], la délégation du personnel est élue au scrutin de liste [7] avec représentation proportionnelle à la plus forte moyenne, et à un seul tour [8]. Le vote par correspondance est possible, mais la décision d'y recourir ne peut émaner que du collège désignatif [9]. Il y a lieu d'appliquer les principes généraux du droit électoral [10]. La jurisprudence admet toutefois une certaine souplesse dans leur mise en œuvre, afin de tenir compte de la particularité du scrutin. Ainsi, la constitution formelle d'un bureau de vote n'est pas obligatoire. Toutefois, si le collège décide de le constituer, il ne peut alors s'affranchir des règles de base en ce domaine [11].

---

1. Soc. 14 janv. 2014, n° 13-13.607, publié.

2. Soc. 10 oct. 1989, *Bull. civ.* V, n° 579 ; la qualité de salarié doit s'apprécier à la date de la désignation (Soc. 15 nov. 1995, *RJS* 12/95, n° 1250) ; aucune condition de capacité électorale n'est fixée (Soc. 9 juill. 1996, *RJS* 8-9/96, n° 931). Aucune disposition du Code ne donne au comité d'entreprise pouvoir de révoquer le mandat d'un membre du CHSCT (Soc. 14 janv. 2004, *RJS* 3/04, n° 320). Parce que leurs conditions de travail dépendent aussi de l'entreprise de travail temporaire, les travailleurs temporaires sont éligibles au CHSCT de l'entreprise qui les emploie : Soc. 22 sept. 2010, n° 09-60.454, *Dr. soc.* 2010. 1262, obs. F. Petit.

3. V. toutefois, Soc. 4 mars 2009, n° 08-60.408 : *Dr. soc.* 2009. 543, chron. F. Petit.

4. Soc. 14 déc. 1999, *D.* 2000. Somm. 377, obs. B. Lardy-Pélissier.

5. Soc. 19 nov. 1986, *Bull. civ.* V, n° 548. Dans l'entreprise dotée d'une délégation unique du personnel, seuls les membres titulaires de celle-ci participent à l'élection (Soc. 7 mai 2002, *RJS* 7 févr., n° 826).

6. Cet accord unanime n'est pas obligatoirement passé par écrit : Soc. 22 sept. 2010, n° 10-60.046, *Dr. soc.* 2010. 1260, obs. F. Petit.

7. Le droit de rayer les noms des candidats étant inhérent au scrutin de liste dans les élections des représentants du personnel, chaque électeur peut en faire usage lors de la désignation des membres du CHSCT, sauf accord unanime des membres du collège désignatif : Soc. 30 nov. 2011, n° 11-11. 560 : *JCP S* 2012. 1031, note J.-B. Cottin. Par ailleurs, aucun texte ne s'oppose à ce que le collège désignatif procède à la désignation des membres du CHSCT par deux scrutins séparés, dont l'un est destiné à l'élection des salariés appartenant au personnel d'encadrement : Soc. 29 févr. 2012, n° 11-11.410, *Bull. civ.* V, n° 81.

8. Soc. 21 janv. 1988, *Dr. soc.* 1988. 297, obs. J. Savatier ; 28 févr. 1989, *Bull. civ.* V, n° 152. 3 oct. 1989, *ibid.*, n° 563 (un seul tour, pas de dérogation conventionnelle) L'accord unanime par lequel les membres du collège électoral appelés à procéder à la désignation des membres du CHSCT adoptent expressément une règle particulière de départage des candidats à égalité peut intervenir à l'issue du premier tour et prendre la forme de l'organisation, acceptée par tous les membres du collège désignatif, d'un second tour de scrutin : Soc. 20 mars 2013, n° 12-20.307, publié.

9. Soc. 17 avr. 2013, n° 12-25.249, inédit.

10. Soc. 10 juill. 1990, *Bull. civ.* V, n° 360.

11. Soc. 17 avr. 2013, n° 12-21.876, *Bull. civ.* V, n° 102.

Les contestations sont de la compétence du tribunal d'instance, qui statue en dernier ressort (C. trav., art. R. 4613-11) [1].

§ 2. Désignation par les syndicats [2]

A. Désignation des délégués syndicaux

1106 ***Différentes catégories de délégués syndicaux*** ◊ Contrairement à ce qui a lieu pour les délégués du personnel, il n'y a pas deux catégories de délégués syndicaux, titulaires et suppléants [3]. La faculté, pour chaque organisation, de désigner au moins un délégué est subordonnée à une condition d'effectif de l'unité de désignation : au moins 50 salariés. Leur nombre minimum dépend des effectifs, et varie de 1 (moins de 1 000 salariés) à 5 (plus de 9 999 salariés) par entreprise ou par établissement (C. trav., art. R. 2143-1 s.) [4].

Mais des distinctions sont à faire.

a) La principale concerne les délégués syndicaux *d'établissement* et les délégués syndicaux *d'entreprise* (C. trav., art. L. 2143-5) [5]. Dans toutes les entreprises composées de plusieurs établissements, les syndicats représentatifs peuvent désigner un ou plusieurs représentants dans les établissements et un représentant pour l'ensemble de l'entreprise. Dans les entreprises de moins de 2 000 salariés, le délégué syndical *central* est obligatoirement un des

---

1. Sur les modalités de la contestation, v. Soc. 26 mai 2010, *Dr. soc.* 2010. 1003, obs. F. Petit ; Soc. 14 déc. 2010, n° 10-16.089, *Dr. soc.* 2011. 232, obs. L. Pécaut-Rivolier. La contestation relative à la désignation des membres du CHSCT est effectuée dans le délai de quinze jours suivant cette désignation et l'annulation ultérieure des élections des membres du comité d'entreprise et des délégués du personnel n'a pas pour effet d'ouvrir un nouveau délai de forclusion : Soc. 16 nov. 2011, n° 11-11.486 : *JCP S* 2012. 1030, note J.-B. Cottin. Le délai précité s'applique à la contestation d'une candidature d'un membre non élu au CHSCT : Soc. 16 oct. 2013, n° 13-11.217, publié.

2. F. Petit, *Droits syndicaux dans l'entreprise et liberté syndicale*, La doc. Française, 2014.

3. Un accord collectif – et lui seul (rappr. : Soc. 20 mars 2001, *Dr. soc.* 2001. 568, obs. J. Savatier) – peut prévoir la désignation de délégués suppléants. Un syndicat peut remplacer un délégué temporairement éloigné en désignant un autre délégué, mais il ne peut instaurer un système de suppléance habituelle en désignant, outre les délégués syndicaux qu'il était en droit de désigner, deux autres personnes pour les remplacer dans l'exercice de leur mandat pendant leur congé de fin de semaine (Soc. 14 janv. 2004, *Bull. civ.* V, n° 19).

4. Le nombre de délégués peut être augmenté par un accord collectif (Soc. 30 mai 2001, *Bull. civ.* V, n° 199), qui peut également accorder la faculté de désigner un délégué au-dessous du seuil de 50 salariés, ; mais ces améliorations ne peuvent résulter d'un usage d'entreprise ou d'un engagement unilatéral de l'employeur (Soc. 4 mars 2009, n° 08-60.401 et 08-60.411 : *RDT* 2009. 459, obs. H. Tissandier ; 25 janv. 2012, n° 11-14.151 : *JCP S* 2012. 1112, note G. François).

5. Sur la définition de l'établissement distinct pour la mise en place des délégués syndicaux, v. ss 1079. Le découpage en établissements distincts ne peut avoir pour effet de laisser subsister au sein de l'entreprise un centre d'activité de moins de 50 salariés privés de représentation syndicale, et un syndicat peut donc désigner un délégué commun à deux unités atteignant ensemble ce seuil (Soc. 30 mai 2001, *Dr. soc.* 2002. 126, obs. M. Cohen ; v. aussi : 15 janv. 2002, *ibid.* 368, obs. J. Savatier).

délégués d'établissement ; dans les entreprises d'au moins 2 000 salariés, le délégué syndical *central* peut être distinct des délégués d'établissement [1]. Le syndicat qui a désigné un délégué ou des délégués au niveau de l'entreprise, ne peut désigner un ou des délégués dans un établissement distinct qu'après avoir transformé le mandat des délégués d'entreprise pour en faire des délégués d'établissement [2].

Il peut aussi être procédé à la désignation d'un délégué syndical au sein d'une unité économique et sociale, à la stricte, et logique, condition que des élections permettant de déterminer la représentativité des syndicats et l'audience des candidats aient été organisées dans ce périmètre [3].

b) Dans les entreprises employant moins de 50 salariés [4], les syndicats représentatifs dans l'établissement peuvent désigner un *délégué du personnel comme délégué syndical* (C. trav., art. L. 2143-6). Il s'agit nécessairement d'un délégué titulaire [5], sauf accord plus favorable, qui exerce alors une double fonction (avec un seul crédit d'heures) et pour la seule durée de son mandat de délégué du personnel [6].

c) Dans les entreprises d'au moins 500 salariés, les syndicats représentatifs dans l'entreprise peuvent désigner un délégué « catégoriel » représentant les techniciens et les cadres, appelé délégué *supplémentaire* (C. trav., art. L. 2143-4). Tout syndicat qui a obtenu, lors de l'élection au comité d'entreprise, un ou plusieurs élus dans le collège des ouvriers et employés et au moins un élu dans l'un des deux autres collèges peut désigner un délégué syndical supplémentaire appartenant au 2e ou au 3e collège. Lorsqu'une entreprise est divisée en établissements distincts pour l'élection des comités d'établissement, la désignation d'un délégué syndical

1. L'art. L. 2143-5 prévoit que « chaque syndicat représentatif peut désigner un délégué syndical central d'entreprise, distinct des délégués syndicaux d'établissement ». Dans une première lecture, le syndicat *peut* désigner un délégué central, mais s'il en désigne un, celui-ci *doit* être distinct des délégués d'établissement. Selon une autre lecture, le syndicat peut, s'il le souhaite, désigner un délégué central distinct des délégués d'établissement. La seconde lecture s'impose, car il serait paradoxal qu'un syndicat ne puisse faire, dans une grande entreprise, ce qu'il peut faire dans une petite, à savoir désigner comme délégué central un délégué d'établissement.

2. Soc. 12 juin 2002, *Dr. soc.* 2002. 915, obs. J. Savatier ; 17 sept. 2003, *Bull. civ.* V, n° 237 ; 16 avr. 2008, n° 07-60.414, *JCP S* 2008. 1455, obs. F. Dumont.

3. Soc. 29 mai 2013, n° 12-60.262, publié.

4. Alors même que, depuis la recodification, Code du travail vise les « établissements » de moins de cinquante salariés, la condition d'effectif doit continuer d'être appréciée au niveau de l'entreprise : Soc. 29 avr. 2009, n° 08-60.484 : *RDT* 2009. 529, obs. M. Grévy.

5. Soc. 24 sept. 2008, n° 06-42.269 : *RDT* 2009. 51, obs. F. Signoretto. Le délégué titulaire momentanément absent étant, en application de la loi, remplacé par un délégué suppléant, il en résulte que le délégué du personnel assurant le remplacement peut, pour la durée de celui-ci, être désigné comme délégué syndical : Soc. 20 juin 2012, n° 11-61.176, publié.

6. Soc. 12 oct. 2004, *Dr. soc.* 2005. 112, obs. Ch. Masquefa-Neau-Leduc et J.-M. Verdier. Cela étant, dès lors qu'un délégué personnel suppléant a été désigné délégué syndical et que sa désignation n'a pas été contestée dans le délai de quinze jours prévu par la loi, le mandat de délégué syndical détenu par le salarié ne prend pas fin du fait de la cessation de son mandat électif (Soc. 24 sept. 2008, préc.).

supplémentaire étant subordonnée aux résultats des élections, la condition d'effectif prévue par l'article L. 2143-3 s'apprécie par établissement [1].

1107 ***Désignation par les syndicats représentatifs*** ◊ Seuls les syndicats représentatifs peuvent désigner des délégués syndicaux. Pour la désignation de délégués dans un établissement, la représentativité du syndicat au niveau de l'entreprise ne suffit pas ; il faut que le syndicat soit représentatif dans l'établissement [2]. Réciproquement, pour désigner un délégué au niveau de l'entreprise (ou d'une unité économique et sociale) divisée en établissements, ou un délégué syndical central, un syndicat doit être représentatif dans l'entreprise (ou l'unité) et pas seulement dans certains établissements [3]. En cas de contestation, la représentativité du syndicat doit être appréciée par le juge au moment de la désignation [4].

Il ressort par ailleurs de l'article L. 2143-3 du Code du travail que la validité de la désignation d'un délégué syndical est subordonnée à l'existence d'une section syndicale [5]. Cette règle implique que le syndicat soit en mesure d'établir la preuve qu'il compte un certain nombre d'adhérents formant ce collectif avec, à la clef, un risque de représailles. Afin d'éviter cela, la Cour de cassation avait décidé que « lorsqu'un syndicat représentatif désigne un délégué syndical dans l'entreprise (...), l'existence d'une section syndicale est établie par cette seule désignation » [6]. Cette solution, qui avait mis un terme à toute contestation sur l'existence de la section syndicale, appartient au passé. Tirant les conséquences des modifications apportées par la loi du 20 août 2008 à l'article L. 2142-1 [7], la Chambre sociale considère que celui-ci conditionne la création d'une section syndicale à la présence de plusieurs adhérents dans l'entreprise ou l'établissement. Un syndicat doit donc, pour établir la preuve de l'existence ou de la constitution d'une section syndicale, démontrer la présence de plusieurs adhérents dans l'entreprise ou l'établissement. Mais, ne perdant pas de vue les risques engendrés par une telle preuve à l'égard des syndiqués, la Cour de cassation l'aménage à deux égards. Tout d'abord, elle souligne que l'adhésion du salarié à un syndicat relève de sa vie personnelle et ne peut être divulguée sans son accord. À défaut d'un tel accord, le syndicat qui

1. Soc. 14 janv. 2009, n° 08-60.449 : *RDT* 2009. 247, obs. crit. G. Borenfreund. Solution discutable qui interdit la désignation d'un délégué supplémentaire dans l'entreprise atteignant le seuil de 500 salariés, alors qu'aucun des établissements la composant ne comporte un tel nombre de salariés.

2. Soc. 8 juill. 1992, *RJS* 10/92, n° 1124. Sur la notion d'établissement distinct pour la mise en place des délégués syndicaux, v. ss 1004.

3. Soc. ; 25 janv. 2006, *Bull. civ.* V, n° 35 (3 arrêts) ; 28 sept. 2011, n° 10-26.545 : *RDT* 2011. 713, note M. Grévy.

4. Soc. 10 mars 2010, n° 09-60.246, *Bull. civ.* V, n° 62.

5. Sur l'application du « principe » de concordance en la matière, v. ss 1029.

6. Soc. 27 mai 1997 : *D.* 1997. 416, note J.-M. Verdier.

7. En application de ce texte, dans sa rédaction issue de la loi du 20 août 2008, dès lors qu'il a « plusieurs adhérents dans l'entreprise ou l'établissement » un syndicat peut y constituer une section syndicale.

entend créer ou démontrer l'existence d'une section syndicale dans une entreprise, alors que sa présence y est contestée, ne peut produire ou être contraint de produire une liste nominative de ses adhérents [1]. Mais, il appartient au juge de veiller à ce que l'atteinte au principe de la contradiction soit limitée aux éléments d'identification des adhérents [2]. Ensuite, il suffit au syndicat de démontrer la présence d'au moins deux adhérents dans l'entreprise ou l'établissement [3]. La position ainsi retenue par la Cour de cassation, particulièrement équilibrée, mérite d'être saluée. Il n'en demeure pas moins que la loi du 20 août 2008 a ressuscité une hypothèse de contestation de la désignation d'un délégué syndical [4]. Mais c'est sans doute là la conséquence inéluctable de la volonté d'enraciner davantage la représentation syndicale au sein de la collectivité des salariés [5].

C'est le syndicat, et non pas la section syndicale (dépourvue de personnalité juridique), qui est habilité à désigner les délégués syndicaux. Mais, sauf stipulations contraires de ses statuts, une union de syndicats, à laquelle la loi a reconnu la même capacité civile qu'aux syndicats eux-mêmes, peut exercer les droits conférés à ceux-ci et notamment celui de désigner un représentant [6]. Cette solution a été maintenue postérieurement à l'adoption de la loi du 20 août 2008, alors même que la désignation d'un délégué syndical est subordonnée à la preuve par le syndicat de l'existence de plusieurs adhérents dans l'entreprise [7]. De même, en cas de

---

1. Dans cette hypothèse, seul le juge peut prendre connaissance des éléments susceptibles de permettre l'identification des adhérents du syndicat.

2. Soc. 14 nov. 2012, n° 11-20.391, publié.

3. Soc. 8 juill. 2009, n° 09-60.011 : *RDT* 2009. 729, obs. M. Grévy ; *Dr. soc.* 2009. 950, chron. M.-L. Morin. Dès lors que le délégué syndical est désigné au niveau d'un établissement, ces exigences doivent être vérifiées à ce même niveau : Soc. 23 juin 2010, n° 09-60.438, *Dr. soc.* 2010. 1135, obs. F. Petit.

4. Il a ainsi fallu que la Cour de cassation précise que la présence de deux adhérents suffit, peu important l'effectif de l'entreprise (Soc. 4 nov. 2009, n° 09-60.075, *Bull. civ.* V, n° 244) et que la constitution de la section syndicale peut s'effectuer concomitamment à la désignation du délégué syndical (Soc. 8 juill. 2009, n° 08-60.599 : *Dr. soc.* 2009. 950, chron. M.-L. Morin. Rendue à propos de la désignation d'un représentant de la section syndicale, cette solution vaut pour le délégué syndical).

5. M. Grévy, *op. cit.*, p. 732.

6. Ass. plén., 30 juin 1995, n° 93-60.026 : *JCP E* 1995. II. 741, note Y. Saint-Jours ; 4 févr. 2004, *Dr. soc.* 2004. 565, 1re esp., obs. J. Savatier. Cette règle de principe, conforme aux prescriptions de l'article L. 2133-3, est susceptible d'entraîner des situations de concurrence que la Cour de cassation s'est efforcée de régler. Un important arrêt en date du 29 oct. 2010, tout en reprenant des solutions anciennes, livre un véritable mode d'emploi de la résolution de ces conflits (Soc. 29 oct. 2010, n° 09-67.969, *JCP S* 2010, 1544, note R. Chiss. *Adde*, l'art. préc. de L. Pécaut-Rivolier, *Dr. soc.* 2011. 85). Ainsi que le souligne ce dernier auteur, « la ligne directrice de cet arrêt est claire : aux structures syndicales de régler leur propre conflit et de faire connaître l'arbitrage au juge d'instance dont l'intervention ne peut, ne doit être que subsidiaire ».

7. La Cour de cassation l'a d'abord admis pour une union de syndicats qui, en l'absence de syndicat primaire implanté dans l'entreprise, avait elle-même recueilli des adhésions et créé une section syndicale (Soc. 8 juill. 2009, n° 09-60.012 : *Dr. soc.* 2009. 950, chron. M.-L. Morin), avant d'affirmer, de manière plus discutable, que « l'affiliation d'un syndicat à une union permet à cette dernière de se prévaloir des adhérents du syndicat pour l'exercice des prérogatives découlant de la loi » (Soc. 13 janv. 2010 : *JCP S* 2010, 1066, étude crit. B. Gauriau ; *Dr. soc.* 2010. 597, obs. F. Petit).

désaffiliation du syndicat primaire, la confédération ou l'une de ses fédérations ou unions peut, si elle justifie de l'existence dans l'entreprise, au jour de la désignation, d'une section syndicale constituée sous son sigle, procéder à la désignation d'un délégué syndical afin de maintenir dans l'entreprise la présence du mouvement syndical auquel les électeurs ont accordé au moins 10 % de leurs suffrages [1]. En tout état de cause, une confédération et les organisations syndicales qui lui sont affiliées ne peuvent désigner ensemble un nombre de délégués syndicaux supérieur à celui prévu par la loi [2]. L'organisation syndicale mandante peut, sans condition de durée de mandat, librement révoquer un délégué qu'elle a désigné et procéder à son remplacement par la désignation d'un nouveau délégué [3]. Désigner un ou plusieurs délégués permet à ce syndicat de bénéficier des missions et moyens reconnus à ces représentants, mais aussi de prétendre (par leur truchement), participer à toute négociation d'entreprise [4]. Cela étant, un syndicat ne peut désigner un délégué syndicat que dans le champ d'application géographique et professionnel déterminé par ses statuts [5].

1108 ***Salariés susceptibles d'être désignés*** ◊ Pour être désigné délégué syndical, les conditions à remplir sont les mêmes que pour être élu : être âgé de 18 ans accomplis, avoir la qualité de salarié de l'entreprise [6] depuis un an au moins et n'avoir encouru aucune des condamnations prévues aux art. L. 5 et L. 6 du Code électoral (C. trav., art. L. 2143-1). Il ne faut pas détenir des pouvoirs permettant d'être assimilé au chef d'entreprise [7]. Il

1. Soc. 18 mai 2011, n° 10-60.300 : *RDT* 2011. 489, étude M. Grévy. Il résulte de cela que la confédération peut décider de retirer le mandat de délégué syndical au salarié qui a maintenu son adhésion au syndicat qui s'est désaffilié : Soc. 16 oct. 2013, n° 12-60.281, publié. Il y a là un aménagement de la règle selon laquelle seul le syndicat mandant est en droit de procéder à la révocation. V., aussi, Soc. 8 févr. 2012, n° 11-13. 259 : *Dr. soc.* 2012. 373, étude F. Petit (remplacement du délégué syndical).

2. Soc. 15 juin 2011, n° 10-20.761, *Bull. civ.* V, n° 158. La Cour de cassation admet une dérogation pour le syndicat catégoriel pouvant se préavaloir d'une disposition légale spécifique concernant sa représentativité, tout en étant affililé à une organisation confédérale intercatégorielle : Soc. 28 nov. 2012, n° 11-61.192, *Bull. civ.* V, n° 310.

3. En principe, seule l'organisation (syndicat, union ou fédération de syndicats) qui a désigné peut révoquer et remplacer (Soc. 22 juin 2005, *Dr. soc.* 2005. 1062, obs. P.-Y. Verkindt ; 10 janv. 2006, *JCP S* 2006. 1215, note Th. Lahalle). Il en est toutefois autrement lorsque, en présence d'un conflit avec un autre syndicat affilié à la même organisation syndicale, cette dernière a, en application de ses statuts, tranché le conflit en attribuant compétence à cet autre syndicat (Soc. 16 déc. 2009, n° 09-60.118 : *JCP S* 2010. 1084, note B. Gauriau). V. aussi, pour une autre exception à la règle, Soc. 16 oct. 2013, préc. En tout état de cause, le mandat du délégué syndical prend fin de plein droit aux élections suivantes (v. ss 1105).

4. Soc. 26 mars 2002, *Dr. soc.* 2002. 617, note M.-L. Morin.

5. Soc. 11 févr. 2009, n° 08-60.440, *Sem. soc. Lamy*, n° 1401, p. 8, chron. L. Pécaut-Rivolier et Y. Struillou. Il ne s'agit là que d'une conséquence du principe de spécialité.

6. Soc. 17 juill. 1996, *RJS* 8-9/96, n° 942. Un travailleur à temps partiel peut être désigné (Soc. 4 déc. 1991, *RJS* 2/92, n° 169) ou un salarié en congé de formation professionnelle (Soc. 5 mai 1997, *Bull. civ.* V, n° 99).

7. À défaut de délégation particulière d'autorité établie par écrit permettant de l'assimiler au chef d'entreprise, un salarié ne peut être exclu du droit d'être désigné comme délégué syndical ou représentant syndical au comité d'établissement (Soc. 21 mai 2003, 2 arrêts, *Dr. soc.* 2003. 784, obs. F. Duquesne).

n'est nécessaire ni d'être français, ni de savoir s'exprimer en français. La Cour de cassation interprète libéralement la condition d'ancienneté [1] mais plus strictement celle de travail dans l'entreprise (il ne suffit pas de travailler dans l'entreprise – il faut travailler dans l'établissement – pour pouvoir être désigné délégué dans un établissement) [2]. Dans les entreprises de moins de 50 salariés, le syndicat peut désigner comme délégué syndical un délégué du personnel élu comme candidat « libre », mais non pas un délégué élu sous un autre étiquette syndicale [3]. Le salarié détaché peut être désigné comme délégué syndical dans l'entreprise d'accueil [4], comme dans l'entreprise d'origine [5]. Le salarié dont le licenciement a été annulé et qui a sollicité sa réintégration, peut être désigné, même si cette réintégration n'est pas encore effective [6]. D'une façon générale, la Cour de cassation manifeste le souci de ménager l'*autonomie* des organisations syndicales, donc leur liberté de choix [7]. Elle considère ainsi que dès lors qu'un salarié remplit les conditions prévues par la loi pour être désigné délégué syndical, il n'appartient qu'au syndicat désignataire d'apprécier s'il est en mesure de remplir sa mission, peu important que ce salarié ait précédemment exercé des fonctions de représentant d'un autre syndicat ou qu'il ait été élu lors des dernières élections sur des listes présentées par un autre syndicat [8].

1. L'ancienneté d'un an peut résulter de plusieurs contrats distincts, même séparés par une ou plusieurs périodes d'interruption (Soc. 15 mai 1991, *Bull. civ.* V, n° 244 ; 5 janv. 2005, n° 04-60.002). Par ailleurs, il résulte du rapprochement des textes que le salarié élu délégué du personnel ou candidat régulier au comité d'établissement « remplit par là même les conditions d'ancienneté et de présence dans l'entreprise pour être désigné comme délégué syndical (ou représentant syndical au comité d'entreprise) » (Soc. 4 févr. 2004, 2 arrêts, *Dr. soc.* 2004. 565, obs. J. Savatier). L'ancienneté à prendre en compte est celle acquise au sein du groupe (Soc. 7 juill. 1999, *RJS* 8-9/99, n° 1083 ; 7 mars 2001, *Dr. soc.* 2001. 569, obs. J. Savatier). Mais la durée d'un stage antérieur à l'embauche n'entre pas en compte pour la détermination de cette ancienneté (Soc. 26 nov. 2003, *Bull. civ.* V, n° 303). Le délai d'un an est réduit à 4 mois dans le cas de création d'entreprise ou d'ouverture d'établissement (art. L. 412-14, al. 2).

2. Soc. 14 févr. 1980, *Bull. civ.* V, p. 48, *D.* 1980. IR 554, obs. J. Pélissier. Possibilité de désigner un fonctionnaire détaché auprès d'un organisme de droit privé et qui se trouve dans un rapport de subordination à l'égard de celui-ci : Soc. 5 mars 1997, *Bull. civ.* V, n° 99.

3. Soc. 2 nov. 1994 : *D.* 1995. Somm. 374, obs. G. Borenfreud ; 14 mars 2000, *D.* 2000. 707, note J. Mouly. Il n'est pas certain que cette jurisprudence résiste à la liberté de choix conférée aux syndicats dans les entreprises de plus de 50 salariés ; même si la situation est différente.

4. Soc. 30 mai 2001 : *Bull. civ.* V, n° 194. Cette solution devrait valoir pour le salarié mis à disposition, dès lors qu'il est intégré de façon étroite et permanente à la communauté de travail. La Cour de cassation l'ayant admis pour le représentant de la section syndicale (Soc. 29 févr. 2012, n° 11-10.904, *Bull. civ.* V, n° 84), il devrait en aller de même pour le délégué syndical, sous condition de sa légitimité électorale.

5. Soc. 27 mai 2009, n° 08-60.569 : *RDT* 2009. 530, note E. Peskine. Il ne faut pas oublier que la désignation est subordonnée à une certaine légitimité élective.

6. Soc. 13 juill. 1995, *Bull. civ.* V, n° 209 ; 17 juill. 1996, *Dr. soc.* 1996. 1107, obs. G. Couturier ; 10 déc. 1996, *RJS* 1/97, n° 58.

7. Soc. 17 juill. 1996, préc. ; 27 mai 2009, préc. ; 13 janv. 2010, n° 09-60.108, *Bull. civ.* V, n° 112.

8. Soc. 17 avr. 2013, n° 12-22.699, *Bull. civ.* V, n° 104. Solution discutable en ce qu'elle méconnaît l'obligation de loyauté du salarié à l'égard du syndicat sur la liste duquel il a été élu, à tout le moins s'il est, dans le même temps, membre de celui-ci.

Depuis la loi du 20 août 2008, un syndicat ne peut plus désigner n'importe quel salarié de l'entreprise ou de l'établissement en qualité de délégué syndical. Le délégué syndical ne peut être désigné que parmi les candidats aux élections professionnelles qui ont recueilli, à titre personnel et dans leur collège, au moins 10 % des suffrages exprimés au premier tour des dernières élections au comité d'entreprise ou de la délégation unique du personnel ou des délégués du personnel [1], quel que soit le nombre de votants (C. trav., art. L. 2143-3, al. 1er) [2]. Alors que l'affiliation confédérale sous laquelle un syndicat a présenté des candidats aux élections des membres du comité d'entreprise constitue un élément essentiel du vote des électeurs en ce qu'elle détermine la représentativité du syndicat, le score électoral exigé d'un candidat pour sa désignation en qualité de délégué syndical est un score personnel [3]. Par ailleurs, lorsqu'un transfert porte sur une entité susceptible d'emporter maintien des mandats représentatifs, et non sur certains contrats de travail seulement, le salarié peut se prévaloir du score de 10 % obtenu dans l'ancienne entreprise pour être désigné délégué syndical [4].

« Si aucun des candidats présentés par l'organisation syndicale aux élections professionnelles ne remplit la condition précitée » [5] ou s'il ne reste, dans l'entreprise ou l'établissement, plus aucun candidat aux élections professionnelles qui la remplit, une organisation syndicale représentative peut désigner un délégué syndical parmi les autres candidats ou, à défaut, parmi ses adhérents au sein de l'entreprise ou de l'établissement (C. trav., art. L. 2143-3, al. 2). Lorsqu'un syndicat dispose de candidats ayant obtenu au moins 10 % des suffrages exprimés, le délégué syndical doit nécessairement être choisi parmi eux, conformément aux

---

1. La loi n'instaurant aucune « hiérarchie » entre ces différentes élections, peut importe le scrutin auquel s'est présenté le salarié : Soc. 28 sept. 2011, n° 11-10.601 : *RDT* 2011. 716, note I. Odoul Asorey. Il n'est pas non plus nécessaire que ce scrutin couvre l'intégralité du périmètre au sein duquel s'apprécie la représentativité de l'organisation syndicale ou celui au sein duquel doit s'exercer le mandat qu'elle confère au salarié : Soc. 28 nov. 2012, n° 12-13.628, *Bull. civ.* V, n° 309.

2. Cette même exigence, qui est d'ordre public absolu (Soc. 29 mai 2013, n° 12-26.457, publié), s'applique au délégué syndical supplémentaire désigné dans les entreprises de plus de 500 salariés (C. trav., art. L. 2143-4), mais pas au délégué syndical central (Soc. 16 nov. 2011, n° 10-28.201, *Dr. soc.* 2012. 106, note F. Petit). En revanche, il n'est pas fait mention de cette condition à propos du délégué du personnel désigné comme délégué syndical dans les établissements de moins de cinquante salariés (C. trav., art. L. 2143-6). Le nouvel alinéa 1er de l'article L. 2143-11 dispose toutefois que « le mandat de délégué syndical prend fin lorsque l'ensemble des conditions prévues au premier alinéa de l'article L. 2143-3 et à l'article L. 2143-6 cessent d'être réunies ».

3. Soc. 28 sept. 2011, n° 10-26.762, *RDT* 2011. 713, note M. Grévy ; *JCP S* 2012. 1089, note B. Gauriau. Solution contestable qui, en rendant dans une certaine mesure le salarié propriétaire de ses voix, laisse entendre que le vote est nécessairement indifférent à son appartenance syndicale. On aura également compris qu'elle permet à un syndicat de désigner un salarié qui a obtenu les suffrages requis en s'étant présenté aux élections sur la liste établie par un autre syndicat. V. aussi en ce sens, Soc. 17 avr. 2013, n° 12-22.699, préc.

4. V. en ce sens, Soc. 14 déc. 2011, n° 10-27.441, *Dr. soc.* 2012. 211, obs. L. Pécaut-Rivolier.

5. Ces mots ont été ajoutés au texte par la loi du 5 mars 2014.

prescriptions de l'alinéa 1er de l'article L. 2143-3 [1]. Si le syndicat ne dispose pas [2], ou plus [3], de candidats ayant recueilli l'audience électorale requise, il lui est possible de donner le mandat à un autre candidat ou, à défaut, à l'un de ses adhérents [4].

Conséquence inéluctable du rôle conféré aux résultats aux élections professionnelles, tant du point de vue du syndicat mandant que du salarié désigné lui-même, le mandat de délégué syndical prend fin, au plus tard, lors du premier tour des élections de l'institution représentative du personnel renouvelant l'institution dont l'élection avait permis de reconnaître la représentativité de l'organisation syndicale l'ayant désigné (C. trav., art. L. 2143-11, al. 1er) [5]. En indiquant que le mandat prend fin, « au plus tard », lors du premier tour de scrutin, ce texte laisse entendre que le syndicat mandant reste en mesure de mettre un terme au mandat de manière anticipée, alors même qu'il est à durée déterminée.

Ainsi que l'a affirmé la Cour de cassation, « l'obligation faite aux syndicats représentatifs de choisir, en priorité, le délégué syndical parmi les candidats ayant obtenu au moins 10 % des voix ne heurte aucune prérogative inhérente à la liberté syndicale et que, tendant à assurer la détermination par les salariés eux-mêmes des personnes les plus aptes à défendre leurs intérêts dans l'entreprise et à conduire les négociations pour leur compte, elle ne constitue pas une ingérence arbitraire dans le fonctionnement syndical » [6].

---

1. Soc. 29 juin 2011, n° 10-60.394, *Bull. civ.* V, n° 180.

2. Mais encore faut-il, ainsi que le laisse clairement entendre le texte après sa modification par la loi du 5 mars 2014, que le syndicat ait présenté des candidats dans le périmètre de désignation. La jurisprudence était déjà en ce sens : Soc. 12 avr. 2012, n° 11-60.218, *Bull. civ.* V, n° 124 ; 27 févr. 2013, n° 12-15.807, publié.

3. Situation qui renvoie à l'hypothèse dans laquelle les salariés ayant obtenu 10 % des suffrages exprimés ne sont plus en mesure d'exercer un mandat de délégué syndical au profit du syndicat (Soc. 27 févr. 2013, n° 12-18.828, publié) et non au cas dans lequel ils ne souhaitent pas assumer un tel mandat (Soc. 29 juin 2011, préc.).

4. La locution « à défaut » paraît introduire un ordre de priorité entre les candidats et les simples adhérents ; ces derniers ne pouvant être désignés délégué syndical que si le syndicat ne dispose plus du moindre candidat en mesure d'exercer ce mandat. Le renvoi aux « autres candidats » n'a guère de sens lorsqu'aucun des candidats présentés n'a obtenu 10 % des suffrages, puisque le syndicat peut désigner l'un d'entre eux. Mais il est vrai que la Cour de cassation a admis que le mandat de délégué syndical peut être donné à un salarié ayant obtenu le score électoral précité sur une liste présentée par un autre syndicat : Soc. 17 avr. 2013, n° 12-22.699, préc.

5. Cette précision a été apportée par la loi du 5 mars 2014, qui consacre la jurisprudence de la Cour de cassation : Soc. 22 sept. 2010, n° 09-60.435, *JCP S* 2010. 1500, note B. Gauriau. Chaque syndicat représentatif doit donc procéder à une nouvelle désignation qui fait courir un nouveau délai de constestation de quinze jours, même si le salarié désigné exerçait déjà la mission de délégué syndical avant le nouveau scrutin : Soc. 31 janv. 2012, n° 10-25.429, *Dr. soc.* 2012. 372, étude F. Petit.

6. Soc. 14 avr. 2010, n° 09-60.426, *Sem. soc. Lamy* n° 1442, p. 10, obs. F. Champeaux. Bien que la question ne lui ait pas été transmise, le Conseil constitutionnel a décidé de statuter, à l'occasion d'une QPC portant sur les syndicats catégoriels, pour confirmer l'analyse de la Cour de cassation, en reprenant les termes mêmes de la décision précitée : Cons. const. 12 nov. 2012, n° 2010-63/64/65, QPC.

Un salarié déjà délégué du personnel ou membre du comité d'entreprise peut être désigné délégué syndical [1] ; de même, le salarié désigné représentant syndical au comité d'entreprise peut être désigné délégué syndical [2].

1109 ***Modalités de la désignation*** ◊ Le syndicat porte à la connaissance du chef d'entreprise ou d'établissement les noms et prénoms du délégué syndical soit par lettre recommandée avec demande d'avis de réception, soit par lettre remise contre récépissé (C. trav., art. D. 2143-4) [3]. La désignation d'un délégué dans le cadre d'une unité économique et sociale reconnue par accord collectif doit être notifiée à la personne remplissant la fonction de chef d'établissement [4]. Si l'unité n'est pas encore reconnue, la désignation doit être notifiée au représentant légal de chacune des personnes morales concernées avec indication, à peine de nullité, de la composition de l'unité en question [5]. La date portée sur l'avis de réception ou le récépissé fait foi entre les parties.

Cette date joue un rôle important. Elle permet de déterminer, dans le cas où une procédure de licenciement est engagée, si le début de celle-ci est antérieur ou postérieur à la désignation du salarié. Il en va de même en cas de mutation de l'intéressé [6]. C'est aussi également à cette date que sera appréciée la représentativité du syndicat [7]. Elle fixe aussi le point de départ du court délai ouvert pour contester la désignation.

La désignation du délégué syndical doit également faire l'objet d'un affichage sur les panneaux réservés aux communications syndicales [8]. Enfin,

1. Il en va de même pour un membre du CHSCT (Soc. 13 janv. 1999, *RJS* 2/99, n° 222).

2. Le délégué syndical est de droit représentant syndical au comité dans les entreprises de moins de 300 salariés (art. L. 2143-22).

3. Une désignation par télécopie est sans effet (Soc. 25 janv. 1995, *RJS* 3/95, n° 259). Ces conditions de forme doivent être respectées pour chaque nouvelle désignation, notamment lorsqu'un délégué reprend ses fonctions après avoir été remplacé durant une suspension de son contrat. Mais elles ne conditionnent pas la validité de la désignation et il est possible de prouver autrement que l'employeur en a eu connaissance (Soc. 6 déc. 1978, *Bull. civ.* V, n° 840 ; 21 oct. 1998, *RJS* 12/98, n° 1507). Des problèmes relatifs au pouvoir d'agir au nom du syndicat peuvent se poser. Ex. : Soc. 8 juill. 1977, *Bull. civ.* V, n° 489 ; 23 juin 1999, *RJS* 10/99, n° 1266 (validité de la désignation opérée par le secrétaire du syndicat disposant d'un mandat apparent pour le faire) ; 31 mars 2004, inédit (nullité de la désignation par lettre signée par un membre du bureau d'une fédération de branche, sans document attestant une délégation du président). La lettre de désignation fixe les limites du litige (Soc. 8 juill. 2009, n° 09-60.048 : *JCP S* 2009, 1416, étude B. Gauriau).

4. Soc. 30 mai 2001, *RJS* 8-9/01, n° 1036.

5. Soc. 16 déc. 1992, *RJS* 2/93, n° 164 ; 12 juill. 1995, *RJS* 11/95, n° 1144 ; 26 avr. 2000, *Dr. soc.* 2000. 798, obs. J. Savatier. La Cour de cassation a précisé que le syndicat doit faire état explicitement de la revendication de la reconnaissance de l'existence d'une UES, de sorte qu'est elliptique, voire lacunaire, la lettre de désignation qui se borne à énumérer trois sociétés, sans faire état de cette revendication (Soc. 6 févr. 2002, *Bull. civ.* V, n° 56). La notification à la personne qui préside également les personnes morales composant l'UES satisfait cette condition (Soc. 18 déc. 2000, *Dr. soc.* 2001. 327, obs. J. Savatier).

6. Soc. 23 févr. 1994, *Dr. soc.* 1994. 518.

7. Soc. 3 mars 1993, *RJS* 4/93, n° 415.

8. L'affichage de la désignation d'un délégué syndical central doit avoir lieu au siège de l'entreprise, et l'affichage dans un établissement ne fait pas courir le délai de contestation (Soc. 15 févr. 2006, *JCP S* 2006. 1298, note J.-Y. Kerbourc'h).

le syndicat doit adresser à l'inspecteur du travail une copie de la communication adressée au chef d'entreprise ou d'établissement.

1110 ***Contestation de la désignation*** ◊ Les contestations relatives à la désignation des délégués syndicaux (légaux ou conventionnels) sont de la compétence exclusive du tribunal d'instance qui statue en dernier ressort (C. trav., art. L. 2143-8) [1]. Le tribunal d'instance compétent est celui du lieu, siège de l'entreprise ou établissement, où la désignation litigieuse devrait produire effet [2].

Le recours peut être introduit par l'employeur, les salariés, mais aussi par un autre syndicat (litige intersyndical) ou par une autre structure de la fédération ou confédération syndicale qui a procédé à la désignation (litige intrasyndical) [3]. Il n'est recevable que s'il est introduit dans les *quinze jours* qui suivent l'accomplissement des formalités de désignation [4]. Passé ce délai (préfix), la désignation « est purgée de tout vice » : l'employeur ne pourra plus exciper d'une irrégularité (insuffisance de l'effectif, défaut de représentativité du syndicat [5], insuffisante ancienneté du salarié désigné, etc.) pour priver le délégué désigné du bénéfice des dispositions légales, notamment de la protection contre le licenciement ou du bénéfice des heures de délégation. Malgré sa vigueur, cette formule ne fait pas échec à toutes les contestations, formulées après l'expiration du délai de quinze jours [6].

---

1. En revanche, le tribunal d'instance statue en premier ressort en ce qui concerne la révocation du mandat (Soc. 29 oct. 1998, *RJS* 12/98, n° 1510) et sur les litiges qui concernent la suppression des mandats en raison de la baisse des effectifs (Soc. 15 févr. 2006, n° 05-60.138 : *Bull. civ.* V, n° 75). Sur l'autorité de chose jugée attachée à une annulation de la désignation, v. Soc. 24 juin 1998, *RJS* 8-9/98, n° 1013 (1re esp.).

2. Soc. 2 mars 2004, n° 02-60.828 : *Bull. civ.* V, n° 72 (est recevable la demande d'annulation de la désignation d'un délégué syndical formé par un employeur devant un tribunal d'instance postérieurement au délai légal de quinze jours, dès lors qu'il est établi que cette contestation avait été introduite dans le délai devant un tribunal s'étant déclaré territorialement incompétent et que, après renvoi, l'instance engagée s'était poursuivie devant la juridiction désignée).

3. V. par ex., Soc. 8 déc. 2004, préc. On imagine qu'un litige de ce type s'inscrit dans un conflit « politique » interne à l'organisation.

4. Le délai commence à courir le lendemain de la notification (Soc. 29 oct. 2003, *Bull. civ.* V, n° 273). En cas de désignation d'un délégué auprès d'une UES ce délai court à compter de la notification de cette désignation à tous les représentants légaux des personnes morales constituant cette unité (Soc. 12 janv. 2000, *RJS* 2/00, n° 185). L'affichage de la désignation d'un délégué syndical central sur des panneaux destinés aux organisations syndicales situés au siège de l'entreprise fixe le point de départ du délai de contestation pour les organisations syndicales représentées dans l'entreprise et les salariés qui y sont employés (Soc. 23 sept. 2009, n° 08-60.520, *Sem. soc. Lamy*, n° 1426, p. 10, chron. L. Pécaut-Rivolier et Y. Struillou). Le recours est considéré comme introduit à la date de l'envoi de la décalartion au greffe : Soc. 6 janv. 2011, n° 09-60.398 : *Sem. soc. Lamy*, n° 1500, p. 5, avec la chron. de L. Pécaut-Rivolier et Y Struillou.

5. Soc. 26 juin 2013, n° 11-25.456, publié. De même, la désignation d'un délégué syndical au sein d'une UES, qui n'a pas été contestée dans un délai de quinze jours, est purgée de tout vice, alors qu'il est par ailleurs reconnu que l'UES n'existe pas : Soc. 4 mars 2009, n° 08-60.497, *Bull. civ.* V, n° 61. Si ces solutions sécurisent la représentation syndicale, elles ont pour effet mécanique d'amputer le mandat d'une partie des prérogatives qui lui sont normalement attachées, notamment le droit de négocier.

6. La contestation est recevable après l'expiration du délai lorsque l'employeur n'a connaissance du vice de la désignation qu'après la notification de celle-ci (Soc. 29 oct. 1986, *Bull. civ.* V,

La Cour de cassation avait estimé que la contestation, par l'employeur, d'une désignation irrégulière pour insuffisance de l'effectif, ne constituait pas, à elle seule, une discrimination, alors pourtant qu'il n'avait pas contesté la désignation de délégués par d'autres syndicats [1]. Mais, plus récemment, elle s'est référée au « principe d'égalité de valeur constitutionnelle » pour considérer que l'employeur ne saurait s'opposer à la désignation d'un délégué par un syndicat, au motif que la condition d'effectif de l'entreprise n'était pas remplie, alors qu'il n'avait pas contesté la désignation d'un délégué par un autre syndicat [2].

Le juge d'instance annulera une désignation irrégulière ou frauduleuse (inspirée par le souci de procurer au salarié le bénéfice de la protection contre le licenciement) [3]. Mais il ne pourra se faire juge de l'opportunité de la désignation [4]. Par ailleurs, la lettre de désignation fixant les limites du litige, le juge ne peut apprécier la validité de la désignation d'un délégué ou représentant syndical en dehors du cadre défini par cette lettre [5]

Si, postérieurement à la désignation du délégué, l'effectif descend en dessous de 50 salariés [6] ou si l'entreprise perd son autonomie (absorption), le chef d'entreprise ne peut décider lui-même que le mandat du délégué syndical a pris fin ; il ne peut non plus demander au juge d'instance de prononcer la suppression du mandat ; il doit, à défaut d'accord avec l'organisation syndicale qui a désigné le délégué, solliciter cette décision du directeur départemental du travail (C. trav., art. L. 2143-11) [7]. Mais il peut

n° 498 ; 10 mai 1994, *RJS* 6/94, n° 722 ; 27 févr. 2013, n° 11-28.084, publié). La forclusion est inopposable à l'employeur lorsque le syndicat, auteur de la désignation, n'a pas la personnalité morale (Crim. 28 juin 1988, *Bull. crim.* n° 295).

1. Soc. 1er oct. 2003, *RJS* 6/04, n° 717, 1re esp.

2. Soc. 5 mai 2004, et 19 mai 2004 (désignation d'un délégué syndical dans le cadre d'une région), *RJS* 7/04, n° 829. Sans remettre en cause cette solution, la Cour de cassation a plus récemment affirmé que le principe d'égalité de traitement ne peut faire échec à une pratique illicite (Soc. 5 mars 2008, n° 07-60.305 et 07-60.032 : *Sem. soc. Lamy*, n° 1364, p. 8, avec la chron. de B. Boubli).

3. Par exemple, une désignation suivant la convocation de l'intéressé à un entretien préalable à son éventuel licenciement est naturellement suspecte. L'exercice d'une activité de défense des salariés avant la désignation peut faire écarter le soupçon (Soc. 14 mai 1997, *D.* 1997. 479, note J.-M. Verdier ; 18 nov. 1999, *Dr. soc.* 2000. 190, note. J.-M. Verdier). N'a pas de caractère frauduleux la désignation d'un délégué plus d'un mois après l'entretien préalable et avant la notification d'un licenciement disciplinaire (Soc. 16 mars 1999, *Dr. soc.* 1999. 488, concl. P. Lyon-Caen), ou après un avertissement qui ne constitue pas une menace de licenciement (Soc. 25 oct. 2000, *D.* 2001. Somm. 740, obs. J.-M. Verdier). D'ailleurs, la Cour de cassation rappelle que « la bonne foi est présumée (...) et que la fraude doit être établie par celui qui l'allègue » (Soc. 13 oct. 2004, *Dr. ouvrier* 2005. 64). L'existence d'une fraude au statut protecteur relève de l'appréciation souveraine du juge du fond (Soc. 7 mai 2002, *RJS* 7/02, n° 845 ; 21 mai 2003, *Dr. soc.* 2003. 1027, obs. J. Mouly ; 13 juill. 2004, *Dr. soc.* 2005. 283, note J.-M. Verdier).

4. Soc. 3 mars 1999, *RJS* 4/99, n° 547 ; 20 mars 2002.

5. Soc. 8 juill. 2009, n° 09-60.048 : *JCP S* 2009, 1416, étude B. Gauriau.

6. Éventuellement par la disparition de l'unité économique et sociale entre des entreprises à faibles effectifs.

7. Le délégué dont le mandat prend ainsi fin bénéficie du statut protecteur comme tout ancien délégué syndical, pendant 12 mois s'il a exercé ses fonctions pendant un an au moins (Soc. 25 janv. 2006, *Bull. civ.* V, n° 36).

arriver que le tribunal d'instance soit saisi par l'employeur d'une demande de suppression de mandat ou de constatation de sa caducité et que l'incompétence de la juridiction ne soit pas soulevée [1].

B. Désignation du représentant de la section syndicale

1111 *Désignation* ◊ On doit à la loi du 20 août 2008 portant rénovation de la démocratie sociale et réforme du temps de travail d'avoir donné naissance à une nouvelle institution représentative du personnel : le représentant de la section syndicale [2]. Cette création correspond au souci des partenaires sociaux, puis du législateur, de donner aux syndicats non encore représentatifs dans l'entreprise ou l'établissement les moyens d'obtenir les résultats électoraux qui leur permettront d'établir leur représentativité au sein de ce périmètre [3]. La désignation de ce représentant nouveau est donc expressément réservée aux syndicats qui, ayant constitué une section syndicale au sein de l'entreprise ou de l'établissement de cinquante salariés et plus [4], n'y sont pas représentatifs (C. trav., art. L. 2142-1-1, al. 1er) [5]. Donnant son plein effet à la conjonction de coordination « ou », la Cour de cassation a décidé que si les niveaux de représentation prévus par ce texte ne peuvent se cumuler, un syndicat non représentatif peut choisir de désigner un représentant de la section syndicale pour l'ensemble de l'entreprise plutôt que de désigner un tel représentant dans le cadre des établissements où sont implantés des comités d'établissements [6]. Un syndicat représentatif dans l'entreprise ne saurait, dans un établissement où il n'a pas été reconnu représentatif, bénéficier de moins de prérogatives que celles reconnues aux syndicats non représentatifs et est donc en droit, faute de pouvoir procéder à la désignation d'un délégué syndical, de désigner un représentant de la section syndicale dans cet établissement, peu important qu'il ait désigné un délégué syndical central [7].

---

1. La Cour de cassation considère, dans une telle hypothèse, que le délai de forclusion de 15 jours ne joue pas (Soc. 28 mars 1989, *Bull. civ.* V, n° 268) et que le jugement est susceptible d'appel et non pas rendu en dernier ressort (Soc. 15 févr. 2006, *JCP S* 2006. 1417, note B. Boubli).

2. Qualification contestable dans la mesure où la section syndicale ne dispose pas de la personnalité juridique.

3. Position commune du 9 avr. 2008 et rapport Assemblée nationale n° 992. P. Adam, « L'action syndicale non représentative dans l'entreprise », *Dr. ouvrier* 2014. 1.

4. Dans les entreprises de moins de cinquante salariés un délégué du personnel titulaire peut être désigné, pour la durée de son mandat, comme représentant de la section syndicale (art. L. 2142-1-4 et Soc. 27 mars 2013, n° 12-20.369, publié). Sur l'impossibilité de désigner un « représentant de section syndicale central », v. Soc. 29 oct. 2010, n° 09-60.484, *JCP S* 2011. 1011, note Y. Pagnerre.

5. Soc. 8 juill. 2009, n° 08-60.599 et 09-60.048 : *Dr. soc.* 2009. 950, chron. M.-L. Morin.

6. Soc. 20 juin 2012, n° 11-60.202 : *Lexbase Hebdo, éd. Sociale*, n° 492, note G. Auzero. Cette solution implique qu'une section syndicale existe au niveau où est désigné le RSS (Rappr. Soc. 31 mai 2011, n° 10-25.688 : *Dr. soc.* 2011. 1131, note F. Petit)..

7. Soc. 13 févr. 2013, n° 12-19.662, *Lexbase hebdo, éd. Sociale*, n° 518, note C. Radé. Bien que curieusement formulée, il ne s'agit là que d'une application du principe de concordance.

Comme pour les délégués syndicaux, la désignation d'un représentant de la section syndicale suppose que le syndicat puisse établir, en cas de contestation, qu'il a plusieurs adhérents dans l'entreprise [1]. Quel que soit l'effectif de l'entreprise ou de l'établissement, l'article L. 2142-1-1 n'autorise la désignation par une organisation syndicale que d'un seul représentant de la section syndicale [2]. La Cour de cassation a par ailleurs admis que les travailleurs mis à disposition d'une entreprise, qui, intégrés de façon étroite et permanente à la communauté de travail, remplissent les conditions pour être inclus dans le calcul des effectifs en application de l'article L. 1111-2-2° du Code du travail, peuvent, à ce même titre, en l'absence de dispositions légales y faisant obstacle, être désignés représentants de la section syndicale au sein de cette entreprise [3].

Par ailleurs, les dispositions relatives aux conditions de désignation des délégués syndicaux, celles intéressant la publicité, la contestation, l'exercice et la suppression de leurs mandats, ainsi que celles qui concernent la protection des délégués syndicaux sont applicables au représentant de la section syndicale [4]. Le législateur a ainsi manifestement voulu élaborer pour le représentant de la section syndicale un régime inspiré de celui des délégués syndicaux [5]. Pour autant, les stipulations conventionnelles prévoyant des règles plus favorables pour la désignation des délégués syndicaux ne s'appliquent pas à la désignation des représentants de la section syndicale [6].

Le mandat du représentant de la section syndicale prend fin, à l'issue des premières élections professionnelles suivant sa désignation, dès lors

1. Sur cette exigence et l'aménagement des règles probatoires arrêtés par la Cour de cassation, v. ss 1107 et la jsp. citée. On rappellera en outre que pour pouvoir désigner un représentant de la section syndicale dans un établissement, un syndicat n'a pas à rapporter la preuve de son implantation dans l'ensemble des sites composant cet établissement (Soc. 8 juill. 2009, n° 09-60.048, préc.) et qu'une union de syndicat peut procéder à une telle désignation (Soc. 13 janv. 2010, n° 09-60.155 : *Bull. civ.* V, n° 13 ; 9 nov. 2011, n° 11-11.007 : *JCP S* 2012, 1073, note E. Jeansen, qui admet cette faculté alors même qu'il n'y a pas de syndicat primaire implanté dans l'entrerprise. V. aussi, Soc. 7 févr. 2012, n° 11-15.342, *Bull. civ.* V, n° 68). Enfin il a été précisé que l'un des deux adhérents de la section syndicale peut être désigné comme représentant de celle-ci (Soc. 26 mai 2010, n° 09-60.278, *Dr. soc.* 2010. 861, obs. F. Petit).

2. Soc. 14 déc. 2010, n° 10-60.263, *JCP S* 2011. 1068, note Y. Pagnerre.

3. Soc. 29 févr. 2012, n° 11-10.904 : *JCP S* 2012, 1180, note L. Dauxerre. Ce représentant de la section syndicale devrait pouvoir être désigné délégué syndical si, lors des élections, le syndicat mandant devient représentatif et si le salarié a obtenu, sur son propre nom, 10 % des suffrages aux élections des délégués du personnel (seul scrutin auquel il est éligible dans l'entreprise utilisatrice).

4. C. trav., nouv. art. L. 2142-1-2, qui renvoie aux articles L. 2143-1, L. 2143-2, L. 2143-7 à L. 2143-10 et aux deuxième et troisième alinéas de l'article L. 2143-11.

5. V. en ce sens, la chron. de L. Pécaut-Rivolier et Y. Struillou, *Sem. soc. Lamy*, n° 1441, p. 6. Tirant les conséquences de ce constat, la Cour de cassation a décidé qu'en l'absence de dispositions particulières, l'organe interne du syndicat habilité à désigner les représentants syndicaux est apte à désigner le représentant de la section (Soc. 18 nov. 2009, n° 09-65.639 : *JCP S* 2010, 1014, note Y Pagnerre). Le syndicat qui désigne un représentant de la section syndicale doit indiquer à peine de nullité, soit l'entreprise, soit l'établissement lieu de la désignation dans la lettre qu'il notifie au chef d'entreprise, qui fixe les termes du litige (Soc. 18 nov. 2009, n° 09-60.033, inédit).

6. Soc. 26 mai 2010, n° 09-60.243, *Dr. soc.* 2010. 1002, obs. F. Petit.

que le syndicat qui l'a désigné n'est pas reconnu représentatif dans l'entreprise [1]. Le salarié qui perd ainsi son mandat de représentant syndical ne peut pas être désigné à nouveau comme représentant syndical au titre d'une section jusqu'aux six mois précédant la date des élections professionnelles suivantes dans l'entreprise (C. trav., nouv. art. L. 2142-1-1, al. 3) [2], sauf si le périmètre des nouvelles élections est différent de celui au sein duquel le représentant avait été antérieurement désigné [3]. En revanche, ce dernier texte n'interdit pas au syndicat de désigner comme représentant de la section syndicale un salarié qui le représentait au sein du comité d'entreprise et dont le mandat a pris fin par suite de la perte de représentativité de son organisation [4]. La perte du mandat de représentant de la section syndicale en cas d'échec de l'organisation mandante aux élections professionnelles confirme que celui-ci a avant tout pour rôle de faire du prosélytisme dans l'entreprise, afin de permettre à son organisation de franchir la barre fatidique des 10 % des suffrages exprimés permettant d'accéder à la représentativité [5].

C. Désignation des représentants syndicaux au comité d'entreprise

1112 ***Règles de désignation*** ◊ En matière de désignation des représentants syndicaux au comité d'entreprise, il convient de distinguer selon que l'entreprise compte plus ou moins de trois cents salariés. Lorsque l'effectif est supérieur ou égal à ce nombre, l'article L. 2324-2 du Code du travail permet à chaque organisation syndicale représentative dans l'entreprise ou l'établissement de désigner *un* représentant syndical au comité. Antérieurement à la loi du 5 mars 2014 relative à la formation professionnelle, à l'emploi et à la démocratie sociale, le texte précité réservait cette prérogative

1. Sur la conformité de cette règle aux engagements internationaux de la France, v. Soc. 12 nov. 2013, n° 13-11.316, *Sem. soc. Lamy* n° 1620, p. 9, chron. L. Pécaut-Rivolier et Y. Struillou. De manière plus générale, le mandat de représentant de la section syndicale prend fin de plein droit aux élections suivantes : Soc. 10 mars 2010, n° 09-60.347 : *Dr. soc.* 2010. 600, obs. L. Pécaut-Rivolier. Retenue à propos d'un représentant syndical au comité d'entreprise, cette solution vaut pour le représentant de la section.

2. Il résulte de ce texte que le salarié, désigné en qualité de représentant de la section syndicale au niveau de l'entreprise, ne peut, à l'issue des élections professionnelles, lorsque le syndicat n'est pas reconnu représentatif dans l'entreprise, être désigné en qualité de représentant de section syndicale au niveau de l'entreprise ou de l'un de ses établissements, avant l'expiration du délai visé à l'article précité : Soc. 4 juin 2014, n° 13-60.205, publié.

3. Soc. 25 sept. 2013, n° 12-26.612, *Bull. civ.* V, n° 219.

4. Soc. 4 nov. 2009, n° 09-60.039, *Bull. civ.* V, n° 243. V. aussi, à propos d'un délégué syndical dont le mandat a pris fin : Soc. 20 mars 2013, n° 11-26.836, publié.

5. Selon les travaux parlementaires (rapport Sénat n° 470), il s'agit également d'empêcher qu'un salarié ne parvenant pas à faire établir la représentativité de son organisation aux élections continue de bénéficier de tous les droits et protections liés au statut de représentant de section, alors même que les salariés refusent de lui accorder la représentativité.

aux syndicats ayant des élus au comité d'entreprise [1]. Ayant suscité une abondante jurisprudence [2], cette exigence conduisait à ce résultat curieux qu'un syndicat représentatif, mais n'ayant pas obtenu au moins deux élus au comité était privé de la prérogative en cause.

Le représentant doit être choisi parmi les membres du personnel de l'entreprise (ou de l'établissement) [3] et doit remplir les conditions d'éligibilité au comité (C. trav., art. L. 2324-2) [4]. C'est une faculté, jamais une obligation, qui peut être exercée à tout moment [5].

Dans les entreprises employant moins de 300 salariés et dans les établissements appartenant à ces entreprises, le syndicat a une liberté de choix limitée puisque *le délégué syndical est de droit représentant syndical au comité* (C. trav., art. L. 2143-22) [6] : le syndicat a toujours la maîtrise du choix de sa représentation puisque c'est lui qui désigne le délégué syndical, mais il perd la liberté de choisir deux salariés différents pour exercer deux fonctions différentes et faisant appel à des qualités différentes [7].

La désignation du représentant syndical au comité se fait selon les mêmes modalités que celle des délégués syndicaux (C. trav., art. D. 2143-4) [8]. Bien que la loi n'impose pas l'affichage, la Cour de cassation semble étendre

---

1. Règle qui avait été introduite par la loi du 20 août 2008. La loi du 5 mars 2014 rétablit donc le droit antérieur à la réforme de 2008.

2. Sur cette jurisprudence, v. la 28ᵉ éd. de ce Précis, n° 1064.

3. Soc. 26 avr. 2000, *Dr. soc.* 2000. 800, obs. J. Savatier.

4. On retrouve, ici, des solutions jurisprudentielles rencontrées à propos des délégués syndicaux ou de portée plus générale : le salarié élu représentant du personnel ou régulièrement candidat à ces fonctions remplit, par là même, les conditions d'une désignation en qualité de représentant syndical (Soc. 4 févr. 2004, *Bull. civ.* V, n° 38) ; seul le cadre disposant d'une délégation particulière d'autorité, établie par écrit, permettant de l'assimiler au chef d'entreprise, ne peut être désigné (Soc. 21 mai 2003, *Dr. soc.* 2003. 784, 2ᵉ esp., obs. F. Duquesne : désignabilité d'une responsable des ressources humaines ; 5 janv. 2005, n° 03-60. 491 ; 24 mai 2006, à paraître au *Bulletin*) ; le salarié licencié peut être désigné pendant la période du préavis et pour sa durée, même s'il a été dispensé d'exécuter ce préavis (Soc. 29 oct. 2003, *Bull. civ.* V, n° 269) ; une démonstratrice, salariée d'un fournisseur mais intégrée à la communauté des travailleurs d'un grand magasin peut être désignée comme représentante au comité d'entreprise de ce dernier (Soc. 30 avr. 2003, *Dr. soc.* 2003. 782, obs. J. Savatier ; *Grands arrêts*, 4ᵉ éd., 2008, n° 138).

5. Soc. 3 avr. 2002, *Bull. civ.* V, n° 120.

6. Le représentant de la section syndicale n'est pas de droit représentant syndical au comité d'entreprise ou d'établissement : Soc. 14 déc. 2011, n° 11-14.642, *JCP S* 2012. 1075, note Y. Pagnerre.

7. Pour être communément admise, cette règle est contestable, tant en fait qu'en droit. Tout d'abord, un même salarié ne pouvant siéger simultanément au comité d'entreprise en qualité de membre élu et de représentant syndical (Soc. 17 juill. 1990, n° 89-60. 729 : *Bull. civ.* V, n° 120), on interdit au délégué syndical de se présenter aux élections ou, à tout le moins, une fois élu, on l'oblige à démissionner de son mandat. Ensuite, la locution « être de droit » représentant syndical au comité pourrait être interprétée comme signifiant que si le délégué syndical souhaite être représentant au comité, il n'y a d'autre choix pour le syndicat que de le nommer ou de renoncer à exercer cette prérogative. En d'autres termes, l'article L. 2143-22 imposerait moins une obligation au syndicat, qu'il reconnaîtrait un droit au délégué syndical.

8. La désignation d'un représentant syndical au comité d'entreprise et au CHSCT d'une UES est valablement notifiée à une seule personne lorsque celle-ci représente toutes les sociétés composant l'unité (Soc. 26 nov. 2003, *Dr. soc.* 2004. 216, obs. J. Savatier). Le syndicat qui « mandate » un salarié doit, à peine de nullité de cette désignation, indiquer si c'est en qualité de représentant syndical ou de délégué syndical (Soc. 29 mars 2005, *Bull. civ.* V, n° 103).

cette exigence – et selon les mêmes modalités – à cette désignation [1]. Compte tenu des conséquences attachées aux résultats des élections professionnelles, le mandat de représentant syndical au comité d'entreprise prend fin de plein droit aux élections suivantes et si le représentant syndical se maintient en fonction après les élections alors qu'il ne remplit plus les conditions fixées par la loi, tout intéressé peut faire constater l'expiration du mandat sans qu'il puisse lui être opposé un délai de forclusion [2].

Le tribunal d'instance est compétent pour statuer sur les contestations de désignation de ce représentant syndical (C. trav., art. L. 2324-23) [3], et malgré le silence du Code la demande doit être introduite dans le délai de quinze jours [4], y compris lorsqu'est en cause un représentant syndical de droit au comité d'entreprise [5]. Tant que le mandat n'est pas judiciairement annulé, la méconnaissance par l'employeur des obligations lui incombant à l'égard des représentants syndicaux au comité d'entreprise est constitutive d'un trouble manifestement illicite qu'il appartient au juge des référés de faire cesser [6].

D. Désignation des représentants du personnel au comité de groupe

1113 ***Choix syndical parmi des élus*** [7] ◊ C'est le premier cas – il l'a été chronologiquement – dans lequel des syndicats eux-mêmes désignent les représentants du personnel (C. trav., art. L. 2333-2) [8]. Ils perdent cependant ce droit lorsque, pour l'ensemble des entreprises faisant partie du groupe, la

1. Au moins s'il s'agit d'un représentant à un comité central d'entreprise (Soc. 15 févr. 2006, *JCP S* 2006. 1298, note J.-Y. Kerbourc'h), mais on voit mal pourquoi il en irait autrement pour un représentant à un comité d'entreprise.

2. Soc. 10 mars 2010, n° 09-60.347 : *Dr. soc.* 2010. 600, obs. L. Pécaut-Rivolier.

3. Le juge d'instance, par exemple, annulera la désignation d'un représentant excédant le nombre fixé par la convention collective plus généreuse que la loi (Soc. 3 avr. 2002, *RJS* 7/02, n° 836). La contestation de la désignation ne constitue pas, en soi, une discrimination (Soc. 18 févr. 2004, *RJS* 6 avr., n° 717, 2e esp.), mais « le principe constitutionnel d'égalité » sera, là encore, opposé à l'employeur contestant une désignation irrégulière alors qu'il n'a pas réagi à une désignation analogue et antérieure émanant d'un autre syndicat (Soc. 5 janv. 2005, *RJS* 4/05, n° 401). Comme en matière de désignation d'un délégué syndical, l'existence d'une fraude relève du pouvoir souverain d'appréciation du juge du fond (Soc. 21 mai 2003, préc.).

4. Soc. 29 mars 1994, *RJS* 6/94, n° 714.

5. Soc. 25 janv. 2012, n° 11-10.978 : *Dr. soc.* 2012. 373, chron. F. Petit. En bonne logique, le délai de contestation doit commencer à courir à compter de la désignation en qualité de représentant syndical et non de délégué syndical.

6. Soc. 24 oct. 2012, n° 11-20.346, publié.

7. Le chef de l'entreprise dominante dispose d'un délai de six mois pour constituer et réunir le comité de groupe. Mais ce délai ne court qu'à compter du jour où la configuration du groupe a été définie, soit par accord (avec les syndicats représentatifs dans les sociétés du groupe), soit par décision judiciaire (Crim. 11 juin 2002, *Bull. crim.* n° 133). Sur la délimitation du groupe au sens de ces dispositions, v. ss 1084.

8. Le syndicat n'a pas à justifier de sa représentativité au niveau du groupe (Soc. 4 avr. 1990, *Bull. civ.* V, n° 167).

moitié au moins des élus d'un ou plusieurs collèges ont été présentés sur des listes non syndicales (élus de second tour) [1].

En dehors de cette hypothèse, le système de désignation des représentants du personnel est le suivant : 1) le nombre total des sièges au comité de groupe est réparti entre les élus des différents collèges électoraux proportionnellement à l'importance numérique de chaque collège [2] ; 2) ensuite les sièges affectés à chaque collège sont répartis entre les organisations syndicales, proportionnellement au nombre d'élus qu'elles ont obtenus dans ces collèges, selon la règle de la représentation proportionnelle au plus fort reste ; 3) enfin, chaque organisation syndicale désigne les représentants du personnel de son obédience [3], en les choisissant parmi ses élus aux comités d'entreprise ou d'établissement de l'ensemble des entreprises du groupe.

Les contestations relatives à ces désignations relèvent du tribunal d'instance (C. trav., art. R. 2331-3) [4], qui, en revanche, n'a pas reçu compétence pour connaître de la demande d'un syndicat tendant à voir ordonner le renouvellement du comité [5].

Ainsi, non seulement les représentants du personnel au comité de groupe sont désignés par des syndicats, mais la représentation de plusieurs comités d'entreprises du groupe risque de n'être pas assurée (puisque la première répartition se fait par collège). Ce qui est curieux dans la mesure où l'institution a pour but de faire parvenir l'information économique concernant le groupe à tous les salariés travaillant dans les entreprises composant celui-ci [6].

E. Désignation des représentants du personnel au comité d'entreprise européen

1114 ***Deux cadres de désignation*** [7] ◊ La composition du comité d'entreprise européen, ou les modalités d'une procédure d'information et consultation

1. Dans ce cas, il incombe à l'autorité administrative dans le ressort de laquelle se trouve le siège de la société dominante de répartir les sièges entre les élus du ou des collèges en cause (C. trav., art. L. 2333-4). Sur le contentieux de la décision du ministre statuant sur recours hiérarchique v. : CE 16 janv. 2004, *RJS* 5/04, n° 562.

2. Il s'agit des collèges au sens de l'élection des membres du comité d'entreprise ou d'établissement, et seul un accord unanime peut, pour la désignation des membres du comité de groupe, modifier le nombre et la composition des collèges (Soc. 19 nov. 2002, *Bull. civ.* V, n° 345). La classification d'un salarié dans un collège au sein duquel il a été élu à un comité d'entreprise ou d'établissement exclut, sauf accord unanime postérieur aux élections, qu'il puisse être désigné au comité de groupe au titre d'un autre collège (Soc. 15 févr. 2006, *RJS* 5/06, n° 595).

3. Un syndicat ne peut donc désigner au comité de groupe qu'un représentant du personnel ayant été élu sur sa propre liste (Soc. 31 mars 2009, n° 08-60.482 : *Bull. civ.* V, n° 97).

4. Qui tranche à charge d'appel, aucun texte ne prévoyant qu'il statue en dernier ressort (Soc. 15 févr. 2006, préc.).

5. Soc. 13 nov. 2001, *RJS* 1/02, n° 52.

6. Une modification par voie d'accord est possible, mais sera inopposable aux non-signataires de cet accord (Soc. 16 avr. 1986, *Bull. civ.* V, n° 134). Tous les syndicats ayant un siège au comité de groupe doivent participer à la négociation de tout accord concernant le fonctionnement de ce comité (Soc. 4 mai 1994, *Bull. civ.* V, n° 164). L'accord instituant le comité peut prévoir la désignation de représentants syndicaux, et les syndicats ayant pu désigner des représentants du personnel à ce comité de groupe sont par là même représentatifs aux fins d'exercice de cette faculté (Soc. 13 mai 2003, *Dr. soc.* 2003. 1030, obs. M. Cohen) ; mais un usage ne peut déroger à cet accord, même s'il est plus favorable (Soc. 8 déc. 2004, *Dr. soc.* 2005. 353, obs. J. Savatier).

7. Conformément à la Dir. n° 94/45, la L. du 12 nov. 1996 (art. 5) a sauvegardé les comités européens constitués par des accords collectifs antérieurs à sa promulgation. V., à propos du comité de groupe Renault : Versailles, 7 mai 1997, *Dr. soc.* 1997. 493, note M.-A. Moreau, obs. A. Lyon-Caen : affaire de *Vilvorde*).

(sans constitution d'un organe permanent du type comité), sont déterminées par un accord écrit conclu entre le chef d'entreprise, ou le chef de l'entreprise dominante du groupe d'entreprises à dimension communautaire (au sens de l'art. L. 2341-1 C. trav.), et un groupe spécial de négociation, composé de représentants de l'ensemble des salariés (C. trav., art. L. 2342-1 s.). À défaut d'ouverture d'une négociation ou d'accord, un comité d'entreprise européen est institué (C. trav., art. L. 2343-1 s.) [1]. Les membres du groupe spécial de négociation et les représentants au comité européen des salariés des entreprises ou établissements (de sociétés françaises ou étrangères) implantés en France sont désignés par les organisations syndicales de salariés parmi leurs élus aux comités d'entreprise ou d'établissement ou leurs représentants syndicaux dans l'entreprise ou le groupe, sur la base des résultats des dernières élections [2]. Les membres de ce groupe ou de ce comité (constitués et fonctionnant selon le droit français) appelés à représenter les salariés d'entreprises ou d'établissements implantés dans d'autres pays européens sont élus ou désignés selon les règles ou usages en vigueur dans ces pays (C. trav., art. L. 2344-4) [3].

Signalons que, dans le cadre des dispositifs d'implication des salariés dans la société européenne (C. trav., art. L. 2351-1 s.), les membres du groupe spécial de négociation et, le cas échéant, du comité de la société européenne (régi par les art. L. 2353-1 s.), sont également désignés par les organisations syndicales parmi leurs élus ou représentants syndicaux, selon des modalités fixées par l'article L. 2352-5, auquel renvoie l'article L. 2353-9. En l'absence d'organisation syndicale (représentative) dans une société européenne de siège français ou une unité (entreprise ou établissement) française d'une société européenne relevant du droit d'un autre État, ces représentants sont élus conformément aux règles gouvernant l'élection des membres du comité d'entreprise (C. trav., art. L. 2352-6).

SECTION 2. STATUT DES REPRÉSENTANTS DES SALARIÉS

1115 ***Statut protecteur*** ◊ Exposés aux sanctions plus que les autres salariés parce que leur mission inquiète l'employeur, les délégués syndicaux et les

1. V. ss 1085.
2. Les membres du comité d'entreprise européen sont désignés pour quatre ans par les organisations syndicales représentatives parmi leurs élus ou représentants syndicaux, en fonction des résultats aux dernières élections. La composition du comité d'entreprise européen ne peut pas, dès lors, être modifiée en fonction d'élections postérieures à sa mise en place : Soc. 21 janv. 2009, n° 08-60.426 : *JCP S* 2009. 1164, note A. Martinon.
3. Les contestations relatives à ces différentes désignations sont de la compétence du tribunal d'instance du siège de l'entreprise ou de la filiale française dominante du groupe. L'art. L. 2344-7 ne précisant pas que ce tribunal statue en dernier ressort, et la demande étant (par nature) indéterminée, il ne se prononce qu'à charge d'appel, le pourvoi contre son jugement étant dès lors irrecevable (Soc. 18 juin. 2003, *Bull. civ.* V, n° 200 ; 24 sept. 2008, n° 07-60.350 : *Bull. civ.* V, n° 182). V. aussi, Soc. 4 nov. 2009, n° 08-17.469 : *JCP S* 2010. 1122, note A. Martinon.

représentants du personnel doivent être protégés contre les mesures affectant leur emploi et les sanctions disciplinaires. Dans leur intérêt personnel, certes, mais surtout dans celui des institutions représentatives et de l'ensemble des travailleurs qu'ils représentent [1]. Aussi le droit commun de la cessation du contrat de travail, notamment le droit de résiliation unilatérale de l'employeur, se trouve-t-il écarté, et apparaît l'idée d'un *statut légal protecteur* [2]. Ce statut bénéficie en partie à d'autres représentants ou défenseurs des intérêts des salariés, bien qu'ils n'appartiennent pas à des institutions représentatives [3], et qui composent ainsi, avec les représentants du personnel et des syndicats, la catégorie des *salariés protégés*.

Pour que cette protection soit efficace, il faut protéger, non seulement les représentants pendant le cours de leur mandat, mais aussi les candidats à ces fonctions et ceux dont le mandat vient d'expirer (Sous-section 1). De même, il ne suffit pas de protéger ces personnes contre les licenciements (Sous-section 2) ; il convient aussi de les protéger contre des mesures voisines (Sous-section 3). Enfin, il faut leur permettre de se consacrer à leurs fonctions sans perte de salaire (Sous-section 4).

Sous-section 1. **Personnes protégées**

1116 En règle générale, elles bénéficient de la procédure statutaire dès lors qu'elles n'ont pas été convoquées à un entretien préalable au licenciement avant leur désignation ou leur candidature à une élection [4]. Conformément au principe de séparation des pouvoirs la décision d'incompétence de l'inspecteur du travail constitue une décision administrative qui fait obstacle à ce que le juge judiciaire se prononce sur la nécessité de l'autorisation administrative de licenciement. Il appartient aux juges du fond, en

1. Le salarié ne peut donc renoncer par avance au bénéfice de dispositions d'ordre public qui ne sont pas édictées dans son intérêt personnel (Soc. 28 janv. 1988, *D.* 1988. 457, note J.-M. Verdier ; 28 mars 1989, *Bull. civ.* V, n° 258).

2. J.-M. Verdier, Du contrat au statut et du droit individuel aux libertés publiques, *JCP* 1971. I. 2422 ; Les représentants des salariés : « protégés » ou « exposés » ? Liberté fondamentale et logique du statut, *Études offertes à Jean Pélissier*, p. 571.

3. Salarié mandaté pour une négociation d'entreprise et conseiller du salarié, conseiller prud'homme, mais aussi médecin du travail (Soc. 6 juill. 2011, n° 10-13.805 : *JCP S* 2011, 1456, note A. Barège), ou agents de droit privé élus au sein d'une commission paritaire instituée en son sein par une chambre départementale d'agriculture : Soc. 9 oct. 2012, n° 11-22.350, *Sem. soc. Lamy* 2013, n° 1573, p. 11.

4. L'employeur est tenu de demander l'autorisation administrative de licencier un salarié lorsque ce dernier bénéficie du statut protecteur à la date de l'envoi de la convocation à l'entretien préalable au licenciement, peu important que le courrier prononçant le licenciement soit envoyé postérieurement à l'expiration de la période de protection : Soc. 26 mars 2013, n° 11-27.996, publié. Une désignation postérieure à la convocation n'est pas nulle, mais le contrat de travail prendra fin (si le licenciement est décidé) sans que l'employeur ait à se soumettre à la procédure statutaire (parmi de nombreux arrêts : Soc. 3 avr. 2001, *RJS* 6/01, n° 763 ; CE 23 déc. 2011, n° 338.607 : *Sem. soc. Lamy*, n° 1528, p. 11, chron. L. Pécaut-Rivolier et Y. Struillou).

présence d'une difficulté sérieuse sur le bénéfice du statut protecteur, d'inviter les parties à saisir la juridiction administrative [1]

1117 ***Représentants du personnel, élus en application de dispositions légales*** ◊ Plusieurs catégories d'élus ou assimilés bénéficient du régime protecteur (C. trav., art. L. 2411-1) [2].

1) *Les représentants élus*, en cours de mandat, qu'il s'agisse de titulaires ou de suppléants. Cette protection concerne les délégués du personnel, les membres des comités d'entreprise ou d'établissement, les membres des comités d'hygiène, de sécurité et des conditions de travail [3].

À ces salariés on assimilera les membres du groupe spécial de négociation et les membres du comité d'entreprise européen, ainsi que ceux du groupe spécial de négociation des modalités de l'implication des salariés dans la société européenne et les membres du comité de la société européenne, bien qu'ils puissent être désignés (en tout cas pour les unités implantées en France) aussi bien qu'élus (pour ceux représentant le personnel d'unités implantées dans d'autres pays) [4].

Il convient d'y ajouter [5] le *représentant des salariés* dans les procédures de sauvegarde, de redressement et de liquidation judiciaires des entreprises [6], ainsi que les *conseillers prud'hommes*, candidats aux fonctions et anciens conseillers [7]. La protection du conseiller prud'homme court à compter de la proclamation des résultats

1. Soc. 4 oct. 2011, n° 10-18.023 : *JCP S* 2011, 1586, note J.-Y. Kerbourc'h.

2. Remarquons que le statut protecteur peut même bénéficier à des personnes qui, pour être investies d'un mandat de représentant du personnel, ne sont pas à proprement parler des salariés : Soc. 8 déc. 2009, n° 08-42.089, *Sem. soc. Lamy*, n° 1441, p. 8, chron. L. Pécaut-Rivolier et Y. Struillou ; *Lexbase Hebdo, éd. Sociale*, n° 377, note G. Auzero. Etaient en cause en l'espèce des gérants non salariés de succursales de commerce de détail alimentaire (art. L. 7322-1). En revanche, le principe de la souveraineté des États fait obstacle à ce qu'il soit fait application au sein de la représentation officielle d'un État étranger, des règles du Code du travail français relatives à la représentation du personnel et à celle des syndicats : Soc. 4 nov. 2009, n° 08-60.593 : *JCP S* 2009. 1565, note B. Gauriau.

3. Mais non le salarié secrétaire du CHSCT s'il n'est pas membre de la délégation du personnel (Soc. 18 mai 2005, *Bull. civ.* V, n° 173).

4. Nombre de salariés représentants d'unités françaises – en tout cas ceux désignés au comité européen d'entreprise mis en place en l'absence d'accord (C. trav., art. L. 2343-1) – bénéficient déjà de la protection en qualité d'élus ou de représentants syndicaux aux comités d'entreprise ou d'établissement de ces implantations (C. trav., art. L. 2344-2). Il en va de même des membres du comité de groupe, désignés parmi les élus à des comités d'entreprise ou d'établissement (C. trav., art. L. 2333-1).

5. Les élus des travailleurs aux conseils d'administration ou de surveillance des entreprises soumises à la loi de démocratisation du secteur public bénéficient d'une protection analogue (L. du 26 juill. 1983, art. 29 s. : avis du conseil dont ils sont membres, autorisation de l'inspecteur du travail).

6. C. com., art. L. 662-4, pour les représentants des salariés prévus par les art. L. 621-4 et L. 641-1. V. Soc. 23 sept. 2009, n° 08-40.603 : *JCP S* 2009, 1495, note A. Martinon. Ce représentant est désigné par le comité d'entreprise, les délégués du personnel, à défaut élu par le personnel. Prenant fin lors de la dernière audition ou consultation précédant l'adoption d'un plan de redressement : Soc. 30 janv. 2013, n° 11-22.979, publié), la protection ne bénéficie pas au salarié candidat à la fonction (Soc. 1er mars 2005, *Bull. civ.* V, n° 74). Sur les modalités et de contestation de la désignation de ce représentatnt, v. Soc. 15 juin 2011, n° 10-60.392 : *Dr. soc.* 2011. 1137, note F. Petit.

7. Sur le point de départ de la protection des anciens conseillers prud'hommes, v. Crim. 6 mai 2008, n° 07-80.530, *Bull. crim.* n° 106.

des élections, le lendemain du jour du scrutin, prévue par l'article D. 1441-162 du Code du travail, indépendamment de la publication au recueil des actes administratifs de la préfecture du département prévue par l'article D. 1441-164 du même code [1]. Cela étant, dans la mesure où le mandat de conseiller prud'homal est exercé à l'extérieur de l'entreprise, l'employeur n'a pas nécessairement connaissance, au moment du licenciement, du fait que le salarié bénéficie du statut protecteur, encourant ainsi d'importantes sanctions, nonobstant sa bonne foi. À cet égard, le Conseil constitutionnel saisi au titre d'une QPC, a décidé, tout en validant le statut protecteur découlant de l'exercice d'un mandat extérieur à l'entreprise, que les dispositions en cause « ne sauraient, sans porter une atteinte disproportionnée à la liberté d'entreprendre et à la liberté contractuelle, permettre au salarié protégé de se prévaloir d'une telle protection dès lors qu'il est établi qu'il n'en a pas informé son employeur au plus tard lors de l'entretien préalable au licenciement » [2]. Faisant explicitement référence à cette décision, la Cour de cassation a, par la suite, affirmé que le salarié titulaire d'un mandat de conseiller prud'homal ne peut se prévaloir de cette protection que si, au plus tard lors de l'entretien préalable au licenciement, ou, s'il s'agit d'une rupture ne nécessitant pas un entretien préalable, au plus tard avant la notification de l'acte de rupture, il a informé l'employeur de l'existence de ce mandat ou s'il rapporte la preuve que l'employeur en avait alors connaissance [3].

2) *Les candidats aux élections* des délégués du personnel et des membres du comité d'entreprise ou d'établissement [4], la loi ne faisant plus de distinction entre les candidats au premier tour des élections et les candidats au second tour (C. trav., art. L. 2411-7, L. 2411-10) [5]. Les uns et les autres sont protégés pendant les 6 mois qui suivent la publication des candidatures [6]. Ce délai court à partir de l'envoi à l'employeur, par lettre recommandée, des listes de candidature [7] ; cette formalité n'est prévue que pour faciliter la preuve de la candidature et non pour sa validité [8], mais réserve au salarié la faculté de prouver que l'employeur connaissait l'imminence de sa candidature [9]. L'annulation de la candidature n'a

1. Soc. 22 sept. 2010, n° 09-60.968, *Dr. soc.* 2010. 1268, obs. L. Pécaut-Rivolier.

2. Cons. const. 14 mai 2012, n° 2012-242 QPC : *Lexbase Hebdo, éd. Sociale* n° 488, note Ch. Radé.

3. Soc. 14 sept. 2012, n° 11-21.307 : *JCP S* 2012. 1468, note D. Boulmier. Antérieurement, la Cour de cassation avait adopté une position moins radicale, tout en sanctionnant les manquements du salarié : Soc. 16 févr. 2011, n° 10-10.952 : *Bull. civ.* V, n° 51.

4. Y. Struillou, Élections et protection : la mise en lumière par la loi du 20 août 2008 des failles et des incohérences du dispositif de protection, *Sem. soc. Lamy* 2011, supplément n° 1485, p. 11.

5. CE 28 mars 2013, n° 338289. Le retrait ultérieur de la liste à l'occasion du report des élections n'a pas d'incidence sur la protection : Soc. 26 sept. 2012, n° 11-14.339, *Bull. civ.* V, n° 235. L'employeur qui ne conteste pas la régularité de la candidature du salarié dans le délai réglementaire, n'est pas recevable à alléguer le caractère frauduleux de la candidature du salarié pour écarter la procédure d'autorisation administrative : Soc. 13 mai 2014, n° 13-14.537, publié.

6. L'annulation des élections ne prive pas les candidats de la protection (Soc. 11 mai 1999, *RJS* 6/99 n° 828). La date à laquelle la mise en place de l'institution est obligatoire est sans incidence sur l'acquisition de cette protection, dès lors que le délai entre la demande du syndicat tendant à l'organisation des élections et le jour où l'institution doit être mise en place est raisonnable (Soc. 25 janv. 2006, n° 03-42.908, *Bull. civ.* V, n° 29).

7. CE 28 mars 2013, n° 338289.

8. Soc. 4 mars 1998, *RJS* 4/98, n° 491.

9. C'est au moment de l'envoi de la convocation à l'entretien préalable au licenciement que l'employeur doit avoir connaissance de la candidature d'un salarié aux élections professionnelles. Lorsque l'employeur engage la procédure de licenciement avant d'avoir connaissance d'une candidature ou de son imminence, le salarié, même s'il est ultérieurement élu, ne bénéficie pas, au titre de la procédure en cours, du statut protecteur : Soc. 28 janv. 2009, n° 08-41.633 : *RDT* 2009. 248, note M. Grévy.

pas d'effet rétroactif sur le statut protecteur et la perte de la protection n'intervient qu'à la date du jugement d'annulation [1].

3) *Les salariés qui ont demandé l'organisation des élections* [2] sont protégés pendant 6 mois à compter de l'envoi à l'employeur de la lettre par laquelle un premier syndicat demande à son tour ou accepte l'organisation d'élections (C. trav., art. L. 2411-6, L. 2411-9) [3].

4) Les *anciens* délégués du personnel, membres du comité d'entreprise et membres des comités d'hygiène, de sécurité et des conditions de travail (C. trav., art. L. 2411-5, L. 2411-8), bénéficient de la protection pendant les 6 mois qui suivent l'expiration de leur mandat ou la disparition de l'institution [4]. Passée cette période on retombe dans le droit commun du licenciement, mais l'employeur ne pourra se fonder sur des faits datant de la période de protection, notamment des faits ayant donné lieu à un refus d'autorisation pendant cette période [5].

1118 ***Représentants syndicaux en application de dispositions légales et salariés mandatés*** ◊ Différentes catégories de représentants des syndicats bénéficient d'un régime de protection très voisin de celui institué au profit des élus du personnel.

1) *Les représentants syndicaux en cours de mandat*, qu'il s'agisse de *délégués syndicaux* d'entreprise ou d'établissement (art. L. 2411-3) [6], du représentant de la section syndicale (C. trav., art., L. 2142-1-2) ou de *représentants syndicaux au comité d'entreprise ou d'établissement* (C. trav., art. L. 2421-3). La protection est applicable dès que l'employeur a reçu la lettre désignant tel salarié comme délégué syndical ou comme représentant syndical au comité d'entreprise. Elle s'applique même avant la réception de la lettre de désignation si le salarié peut faire la preuve que l'employeur a eu connaissance de l'imminence de sa désignation avant de le convoquer à l'entretien préalable au licenciement, prévu à l'article L. 1231-1 (C. trav., art. L. 2411-3, L. 2411-10) [7]. Inversement, sera jugée *frauduleuse* – donc nulle – la désignation d'un délégué seulement destinée à le soustraire à une menace de licenciement [8]. Mais,

1. Soc. 28 nov. 2000, *Dr. soc.* 2001. 634, note J.-M. Verdier.

2. Y. Struillou, art. préc.

3. Ex. : Crim. 30 mars 1999, *Dr. soc.* 1999. 750 (peu importe que la demande n'ait pas été faite par lettre recommandée) ; Soc. 25 janv. 2006, *RJS* 4/06, n° 470 (la date à laquelle la mise en place de l'institution est obligatoire est sans incidence, dès lors que le délai entre la demande du syndicat et cette date est raisonnable). Il importe peu que le salarié n'ait pas été éligible (faute d'ancienneté suffisante) à la date de sa demande d'élections ou de la formalisation de sa candidature (Soc. 15 févr. 2006, *JCP S* 2006. 1247, note J.-Y. Kerbourc'h). Si le syndicat n'a pas relayé la demande d'élections formulée par le salarié mais l'a désigné comme candidat, on pourra considérer que l'employeur avait connaissance de l'imminence de la candidature de l'intéressé, alors protégé en qualité de candidat (Soc. 16 mars 2005, *RJS* 5/05, n° 533). La protection ne s'applique pas si la demande est manifestement dépourvue de tout caractère sérieux (Soc. 13 oct. 2010, n° 09-41.916, *JCP S* 2011, 1158, note J.-Y. Kerbourc'h).

4. Cette protection s'applique au représentant réintégré, mais non confirmé par le syndicat dans son mandat, après retrait par l'employeur d'une décision de licenciement (CE 1er déc. 1999, *Dr. soc.* 2000. 399, concl. G. Bachelier).

5. Soc. 13 oct. 1993, *RJS* 11/93, n° 1118 ; 3 juill. 2003, *Bull. civ.* V, n° 213 ; 20 nov. 2004, *Bull. civ.* V, n° 295.

6. Les salariés administrateurs de caisses du régime général de la Sécurité sociale bénéficient de la protection réglée par l'art. L. 2411-3 C. trav. (CSS, art. L. 231-11).

7. Soc. 18 nov. 1998, *RJS* 1/99, n° 69.

8. La fraude peut également entacher une candidature à l'élection des délégués du personnel ou du comité d'entreprise. V. : J. Mouly, La fraude dans la désignation des délégués syndicaux et quelle que soit sa cause l'éventuelle annulation de la désignation n'a pas d'effet rétroactif sur le bénéfice de la protection pendant la période antérieure au jugement d'annulation [1].

2) *Les anciens représentants d'un syndicat* qui ont exercé leurs fonctions pendant 1 an au moins (s'il s'agit d'anciens délégués syndicaux, C. trav., art. L. 2411-3) ou pendant au moins 2 ans (s'il s'agit de représentants syndicaux au comité d'entreprise, C. trav., art. L. 2411-8). Les anciens délégués syndicaux sont protégés pendant 12 mois après la cessation de leurs fonctions, alors que les anciens représentants syndicaux au comité d'entreprise ne sont protégés (comme les anciens élus du personnel) que pendant les 6 mois suivant l'expiration de leur mandat ou la disparition de l'institution.

3) La loi du 12 novembre 1996, puis les lois Aubry du 13 juin 1998 et du 19 janvier 2000 relatives à la réduction du temps de travail, avaient étendu la protection aux salariés mandatés par un syndicat pour négocier un accord (art. 19, VI de la loi de 2000) [2]. Stabilisant et généralisant cette extension, l'article L. 2411-4du Code du travail, fait bénéficier de la protection contre le licenciement le *salarié mandaté* par une ou plusieurs organisations syndicales représentatives pour négocier et conclure un accord d'entreprise ou d'établissement, lorsque la convention de branche ou un accord professionnel étendu prévoit cette possibilité de mandatement. L'intéressé est protégé dès que l'employeur a connaissance de l'imminence de sa désignation et jusqu'à l'expiration d'une période de 12 mois suivant la fin de son mandat (révocation de celui-ci, signature de l'accord ou procès-verbal de désaccord) [3].

1119 ***Le conseiller du salarié*** ◊ Dans les entreprises dépourvues d'institutions du personnel, le salarié peut se faire assister lors de l'entretien préalable à son licenciement par un conseiller de son choix, inscrit sur une liste dressée par le préfet (C. trav., art. L. 1232-4). Ce conseiller du salarié, lorsqu'il est lui-même salarié, bénéficie, face à son propre employeur et à compter de son inscription, de la même protection contre le licenciement que les délégués syndicaux (C. trav., art. L. 2411-21) [4]. Cependant, et à

---

des candidats aux élections dans l'entreprise, *Dr. soc.* 1987. 106. V. par ex. : Soc. 1er déc. 1993. *Bull. civ.* V, n° 298 ; 23 févr. 1994, *Dr. soc.* 1994. 518 (désignation le lendemain de la notification d'une mutation) ; 12 juill. 1994, *Bull. civ.* V, n° 234 ; *D.* 1995. Somm. 356, obs. J. Frossard. Ainsi qu'il a déjà été relevé à propos de la désignation des délégués syndicaux, l'existence de la fraude relève de l'appréciation souveraine du juge du fond.

1. Soc. 28 févr. 2007, n° 05-42.553 : *Bull. civ.* V, n° 36. De même, l'annulation par un syndicat du mandat de représentant syndical au comité d'entreprise n'a pas d'effet rétroactif sur la qualité de salarié protégé et le salarié bénéficie du statut protecteur si la rupture du contrat de travail intervient avant l'annulation de son mandat, peu important qu'il n'en ait pas effectivement exercé les fonctions : Soc. 4 mars 2009, n° 08-41.408 : *JCP S* 2009. 1275, note J.-Y. Kerbourc'h.

2. Sur quelques problèmes concernant ces « mandatés lois Aubry », v. : Soc. 11 mai 2004, *Bull. civ.* V, n° 129 ; 28 mars 2006, *JCP S* 2006. 1388, note J.-Y. Kerbourc'h ; 20 juin 2006, *Sem. soc. Lamy*, n° 1268, 3 juill. 2006, p. 15.

3. Peu importe qu'il n'y ait pas eu ouverture effective d'une négociation (Soc. 11 mai 2004, *Bull. civ.* V, n° 134 ; *Dr. soc.* 2004. 921, obs. Ch. Radé). V. aussi, à propos des salariés mandatés pour le suivi d'un accord RTT : Soc. 28 mars 2006, n° 04-45.695 : *Bull. civ.* V, n° 129 ; *RJS* 6/06, n° 742.

4. La protection du conseiller du salarié inscrit sur la liste prévue par l'article L. 1232-7, al. 2, du Code du travail court à compter du jour où cette liste est arrêtée dans le département par le préfet en application de l'article D. 1232-5 du même code, indépendamment des formalités de publicité prévues par ce dernier texte : Soc. 22 sept. 2010, n° 09-41.173, *Dr. soc.* 2010. 1268, obs. L. Pécaut-Rivolier.

l'instar du conseiller prud'homal (v. ss 1117), le conseiller du salarié n'est pas en droit de se prévaloir de la protection résultant de son mandat lorsqu'il est établi qu'il n'en a pas informé son employeur au plus tard lors de l'entretien préalable au licenciement [1].

1120 ***Représentants élus ou désignés en application de dispositions conventionnelles*** ◊ Les délégués syndicaux, les délégués du personnel, les membres du comité d'entreprise et le représentant du personnel au CHSCT institués par voie conventionnelle bénéficient du même régime protecteur que les représentants élus ou désignés par application des dispositions légales (C. trav., art. L. 2411-2) [2]. Pour la Cour de cassation, les institutions représentatives créées par voie conventionnelle doivent, pour que leurs membres bénéficient de la protection assurée, « être de même nature que celles prévues par le code du travail » [3]. Pourtant, la différence de « nature » est souvent discutable et les raisons de protéger le salarié investi d'un mandat contre d'éventuelles mesures de rétorsion ou tentatives d'éviction se retrouvent dans ces hypothèses [4].

Sous-section 2. **Protection contre le licenciement** [5]

§ 1. **Nécessité d'une autorisation administrative de licencier**

1121 ***L'autorisation administrative, condition de validité de tout licenciement*** ◊ Il n'y a pas lieu de distinguer entre les licenciements

---

1. Soc. 14 sept. 2012, n° 11-28.269, publié et 26 mars 2013, n° 11-28.269, publié.

2. N. Dauxerre, La reconnaissance du statut protecteur aux représentants conventionnels du personnel : *JCP S* 2008, 1095.

3. Soc. 19 déc. 1989, *Bull. civ.* V, n° 719. Sont (ou étaient) ainsi privés de protection : un délégué syndical au comité de groupe (Crim. 4 avr. 1991, *Bull. crim.* n° 164), un représentant syndical au CHSCT (Soc. 29 janv. 2003, *Dr. soc.* 2003. 550, obs. J. Savatier), un membre d'un conseil de discipline (Soc. 19 juin 1991, *Bull. civ.* V, n° 306), un administrateur de fonds d'assurance formation (Soc. 1er déc. 1993, *Dr. soc.* 1994. 280 ; *D.* 1994. Somm. 300, obs. J.-M. Verdier), un salarié désigné comme représentant syndical à un comité interétablissement chargé de la gestion et des réalisations et œuvres sociales décidées par les comités d'établissement (Soc. 12 juill. 2006, n° 04-45.893 : *Bull. civ.* V, n° 258). V. aussi : CE 29 déc. 1995, *RJS* 3/96, n° 298. Un arrêt plus récent en date du 23 oct. 2007 semble marquer un infléchissement de la rigoureuse jurisprudence de la Chambre sociale de la Cour de cassation (Soc. 23 oct. 2007, n° 06-44.438 : *RDT* 2008. 46, obs. M. Grévy).

4. P. Ortscheidt, Pour un renforcement de la protection des représentants conventionnels, *Mélanges H. Sinay*, 1994. 247.

5. J.-Y. Kerbourc'h, Le licenciement des salariés protégés, *RJS* 12/03, p. 923 ; L. Pécaut-Rivolier et Y. Struillou, Protection des représentants du personnel, Cour de cassation et Conseil d'État : des marches parallèles à la démarche commune, *Dr. soc.* 2010. 902. Pour le cas particulier du fonctionnaire détaché détenant un mandat de représentant du personnel dans l'entreprise d'accueil, v. Soc. 23 sept. 2009, n° 08-40.406 : *JCP S* 2009, 1496, note A. Martinon.

selon leur cause. Les licenciements pour faute grave ou pour faute lourde en cas de grève [1] sont, comme les licenciements pour faute simple, soumis à cette procédure. Il en va de même du licenciement résultant de l'inaptitude physique du salarié [2]. Les licenciements pour motif économique de salariés protégés requièrent une autorisation [3], alors même que le licenciement économique en général n'en appelle plus [4]. En cas de procédure collective, le statut protecteur opère : les licenciements autorisés par le juge-commissaire ou décidés par le tribunal de commerce, doivent être au surplus autorisés par l'inspecteur du travail lorsqu'ils concernent des salariés protégés [5] ; à défaut, sanctions civiles et pénales sont encourues [6]. Même en cas de fermeture complète de l'entreprise, le licenciement des salariés protégés se trouve soumis à autorisation administrative préalable [7].

En ce qui concerne la rupture à l'initiative de l'employeur pendant la période d'essai, la Cour de cassation a d'abord jugé qu'elle n'était pas subordonnée à la procédure protectrice spéciale [8]. C'était méconnaître que l'art. L. 122-4, al. 2 alors en vigueur déclarait inapplicable pendant cette phase initiale de la vie du contrat les seules règles « ci-après définies », c'est-à-dire celles qui composent le droit commun de la résiliation unilatérale du contrat de travail à durée indéterminée. La Chambre sociale a heureusement « reviré » par deux arrêts du 25 octobre 2005 [9].

1122 ***Caractère exclusif de la procédure statutaire*** ◊ De 1952 [10] à 1974, la Chambre sociale de la Cour de cassation a considéré qu'un employeur pouvait utiliser deux voies pour mettre fin aux relations contractuelles avec un représentant du personnel ou à un délégué syndical : soit suivre la

---

1. Crim. 2 août 1951, *D.* 1951. 653, rapp. M. Patin ; CE 16 juin 1978, *Dr. soc.* 1979. 16.
2. Soc. 4 mai 1994, *Dr. soc.* 1994. 714 ; CE 7 oct. 2009, n° 319107 : *JCP S* 2010. 1032, note P.-Y. Verkindt (l'inspecteur du travail, lorsqu'il est saisi tout à la fois d'un recours formé par un salarié sur le fondement de l'article L. 4624-1 et d'une demande d'autorisation de licencier ce salarié pour inaptitude physique, ne peut se prononcer sur la demande d'autorisation de licenciement sans avoir statué sur le recours, après avis du médecin-inspecteur).
3. Y compris en cas de règlement ou liquidation judiciaire : Crim. 25 mai 2004, *Dr. soc.* 2004. 920, obs. F. Duquesne.
4. En cas d'acceptation d'une convention de reclassement personnalisé, la rupture du contrat de travail ne peut prendre effet qu'après que l'inspecteur du travail a autorisé le licenciement : Soc. 4 déc. 2012, n° 11-11.299, *Bull. civ.* V, n° 314.
5. Faute d'autorisation, le contrat de travail du représentant du personnel se poursuit avec le repreneur (Crim. 20 mars 1996, *RJS* 5/96, n° 573 ; 21 avr. 1997, *RJS* 7/97, n° 836).
6. Soc. 25 janv. 1979, *Dr. soc.* 1979. 426, obs. J. Savatier ; Crim. 12 déc. 1978, *Dr. soc.* 1979. 177. note F. Derrida ; 25 mai 2004, *Dr. soc.* 2004. 920, obs. F. Duquesne.
7. Soc. 28 mai 1988, *Bull. civ.* V, n° 317 ; 23 juin 1993, *RJS* 8-9/93, n° 891 ; 10 janv. 1995, *Dr. soc.* 1995. 196 ; CE 28 mai 1986, *JS UIMM* 1986. 480.
8. Soc. 13 mars 1985, *D.* 1985. 442, note J. Mouly.
9. Soc. 26 oct. 2005, 2 arrêts, *Bull. civ.* V, n° 306 ; *D.* 2006. 115, note J. Mouly, et Pan. 419, obs. P. Lokiec ; *RJS* 1/06, n° 63, rapport M.-L. Morin, p. 9. Compte tenu de la condition d'ancienneté dans l'entreprise requise pour exercer des fonctions représentatives, cette solution n'intéresse qu'un nombre limité de salariés protégés.
10. Soc. 21 févr. 1952, *D.* 1952. 290.

procédure spéciale de licenciement, soit demander au conseil de prud'hommes la résiliation judiciaire du contrat de travail sur le fondement de l'art. 1184 C. civ. Cette dualité de voies était, disait-on, liée au dualisme de la condition du délégué : représentant d'une collectivité, il se trouvait dans une situation statutaire caractérisée par l'existence d'un régime spécial de licenciement ; salarié, il était, comme tout contractant, soumis au droit commun des contrats exposé à une action en résolution judiciaire pour inexécution de ses obligations.

Malgré les nombreuses critiques adressées à cette jurisprudence, il fallut attendre 22 ans pour qu'elle soit abandonnée. Les arrêts *Perrier*, rendus le 21 juin 1974 [1] par la Cour de cassation en chambre mixte, énoncent que « les dispositions législatives soumettant à la décision conforme de l'inspecteur du travail le licenciement des salariés légalement investis de fonctions représentatives, ont institué, au profit de tels salariés et dans l'intérêt de l'ensemble des travailleurs qu'il représentent, une protection exceptionnelle et exorbitante du droit commun qui interdit par suite à l'employeur de poursuivre par d'autres moyens la résiliation du contrat de travail » [2]. Depuis ce célèbre revirement, un employeur ne peut plus obtenir, ni même rechercher, la rupture du contrat d'un représentant du personnel ou d'un délégué syndical par la voie de la résiliation judiciaire ; la demande devant le juge prud'homal est irrecevable [3] ; l'employeur ou le chef d'entreprise qui l'introduit ou la fait introduire commet, par cette seule initiative, le délit d'entrave [4]. C'est une des très rares hypothèses où le fait d'introduire une demande en justice consomme une infraction pénale.

La portée de cette jurisprudence ne se limite pas à la résiliation judiciaire. L'interdiction de poursuivre la résiliation du contrat par d'autres moyens que la procédure spéciale a conduit la jurisprudence à soumettre à cette procédure l'adhésion d'un salarié protégé à une convention de conversion [5], à une convention d'allocation spéciale du FNE [6], une résiliation conventionnelle [7] ou une transaction recouvrant une telle rupture

1. Cass., ch. mixte, 21 juin 1974, *D.* 1974. 593, concl. A. Touffait ; *Grands arrêts*, 4e éd., 2008, n° 151. Sur ce revirement de jurisprudence, v. : H. Sinay, *D.* 1974. Chron. 237 ; R. Latournerie, *ibid.* 1975. Chron. 103.

2. La formule, soigneusement élaborée et qui, chose assez exceptionnelle dans les arrêts de la Cour de cassation, livre une justification substantielle de la règle consacrée (au lieu de l'affirmation qui constitue en général l'essentiel de la motivation des arrêts), a été reprise dans de nombreux arrêts de la Chambre sociale ou de la Chambre criminelle. On la retrouve dans les deux arrêts du 26 oct. 2005 (préc.) concernant la rupture en période d'essai. V. aussi, Soc. 2 déc. 2009, n° 08-42.037 et 08-43.466 : *Lexbase Hebdo, éd. Sociale*, n° 376, note G. Auzero.

3. Soc. 28 mai 1975, *Bull. civ.* V, n° 284 ; 16 oct. 1975, *ibid.*, n° 463 ; Soc. 11 déc. 2001, *RJS* 2/02, n° 198 (cassation d'un arrêt de cour d'appel ayant prononcé la résiliation du contrat sur demande reconventionnelle de l'employeur, défendeur à une action en réintégration).

4. Ass. plén. 28 janv. 1983, *D.* 1983. 269, concl. J. Cabannes ; Crim. 28 janv. 2004, *Bull. crim.* n° 22.

5. Soc. 4 avr. 1990, préc. ; CE 3 mai 1993, préc. ; 10 déc. 1993, *RJS* 3/94, n° 277).

6. Soc. 8 juin 1999, *Dr. soc.* 1999. 850, obs. J. Savatier ; 23 mai 2000, *Bull. civ.* V, n° 202.

7. Remarquons que la rupture conventionnelle issue de la loi du 26 juin 2008 ne peut intervenir qu'avec l'autorisation de l'inspecteur du travail lorsqu'elle concerne un salarié protégé.

« amiable »[1]. La Chambre sociale avait estimé que le salarié lui-même ne pouvait, à la différence du salarié ordinaire, solliciter la résiliation judiciaire de son contrat[2]. Mais elle a changé de point de vue en considérant que, si la procédure statutaire est d'ordre public, le salarié protégé « ne peut être privé de la possibilité de poursuivre la résiliation judiciaire de son contrat de travail aux torts de l'employeur en cas de manquement, par ce dernier, à ses obligations »[3]. La résiliation du contrat de travail prononcée par le juge aux torts de l'employeur produit les effets d'un licenciement nul pour violation du statut protecteur[4]. Mais, le juge judiciaire ne peut, sans violer le principe de la séparation des pouvoirs, se prononcer sur une demande de résiliation judiciaire postérieure au prononcé du licenciement notifié sur le fondement d'une autorisation administrative, même si la saisine du Conseil de prud'hommes était antérieure à la rupture[5]. Lorsque l'autorisation de licencier a été refusée, les motifs, qui sont le soutien nécessaire de la décision, s'imposent au juge judiciaire, en vertu du même principe[6].

Sauf manifestation de volonté non équivoque de démissionner de la part du salarié protégé, son contrat ne peut donc prendre fin que par un licenciement[7]. La rupture dont le salarié prend l'initiative en raison de l'inexécution de ses obligations par l'employeur, s'analyse, si les griefs sont avérés, et s'ils empêchent la poursuite du contrat de travail, en un

---

1. Parmi de nombreux arrêts : Soc. 2 déc. 1992, *Dr. soc.* 1993. 152, rapp. Ph. Waquet ; 1er juin 1994, *Dr. soc.* 1994. 783, concl. Y. Chauvy ; 16 mars 1999, *Bull. civ.* V, n° 125 ; 3 avr. 2001, *RJS* 6/01, n° 764 ; 10 juill. 2002, *JCP* 2003. II. 10 018, note E. Mazuyer (nullité d'ordre public de la transaction conclue entre l'employeur et le salarié avant toute notification d'un licenciement régulièrement autorisé) ; 16 mars 2005, *RJS* 5/05, n° 533 (nullité de la transaction conclue avant toute demande d'autorisation) ; 31 janv. 2006, *JCP S* 2006. 1335, note J.-Y. Kerbourc'h (nullité de la transaction portant sur licenciement futur après réintégration). En revanche, rien n'interdit au salarié, lorsqu'un licenciement, même illégal, lui a été notifié, de renoncer à réclamer sa réintégration et de conclure une transaction pour régler les conséquences pécuniaires de la rupture (Soc. 5 févr. 2002, *JCP E* 2002. 727, note F. Duquesne). Le représentant qui a accepté une réparation indemnitaire ne peut ensuite reprocher à l'employeur un refus de réintégration (Crim. 4 févr. 1992, *JCP E* 1993. II. 382 ; Soc. 10 janv. 1995, *RJS* 2/95, n° 137). Une clause contractuelle de mobilité ne saurait prévaloir sur le statut protecteur (Soc. 23 sept. 1992, *Dr. soc.* 1992. 925 ; 5 janv. 1994, *Dr. soc.* 1994. 279).

2. Soc. 18 juin 1996, *Dr. soc.* 1996. 979, obs. H. Blaise.

3. 16 mars 2005, n° 03-40.251 : *D.* 2005. 1613, note J. Mouly ; Pan. 2506, obs. B. Lardy-Pélissier. À l'appui de son action le salarié peut invoquer non seulement des manquements de l'employeur à l'ensemble des règles applicables à son contrat de travail, mais également les manquements aux exigences propres à l'exécution du mandat dont il est investi : Soc. 27 mai 2009, n° 08-42.555, *Bull. civ.* V, n° 136 ; 30 nov. 2011, n° 10-23.060, inédit.

4. Soc. 26 sept. 2006, n° 05-41.890. Le salarié protégé dont la demande est accueillie n'a droit, au titre de la violation de son statut protecteur, qu'au paiement d'une indemnité égale à la rémunération qu'il aurait dû percevoir jusqu'à l'expiration de la période de protection en cours au jour de la demande : Soc. 4 mars 2009, 07-45.344 : *JCP S* 2009. 1311 ; *Lexbase Hebdo, éd.* Sociale, n° 342, note G. Auzero.

5. Soc. 10 mai 2012, n° 10-30.754, inédit. V. aussi, Soc. 29 sept. 2010, n° 09-41.127, *Dr. soc.* 2010. 1265, obs. Y. Struillou.

6. Soc. 8 avr. 2014, n° 13-10.969, publié.

7. Soc. 12 déc. 1990, *Bull. civ.* V, n° 667. La qualification du mode de rupture doit donc être particulièrement rigoureuse (ex. : Soc. 17 mars 1993, *Dr. soc.* 1993. 461)

licenciement nul dès lors qu'il n'a pas été prononcé selon la procédure spéciale [1]. Toutefois, parce que la prise d'acte de la rupture par un salarié entraîne la rupture immédiate du contrat de travail et ne peut être rétractée, le salarié protégé ne peut ultérieurement solliciter sa réintégration dans son emploi [2]. Le salarié protégé, qui a pris acte de la rupture de son contrat de travail, peut justifier des manquements de son employeur aux règles applicables au contrat de travail et aux exigences propres à l'exécution des mandats dont il est investi, peu importANT les motifs retenus par l'autorité administrative à l'appui de la décision par laquelle elle a rejeté la demande d'autorisation de licenciement antérieurement à la prise d'acte [3].

Les salariés investis de fonctions représentatives – qui, conformément à l'article L. 1237-15 du Code du travail, peuvent, le cas échéant, convenir en commun avec leur employeur de la rupture du contrat de travail qui les lie et soumettre la rupture conventionnelle ainsi obtenue à l'autorisation de l'inspecteur du travail – ne sauraient renoncer à la protection exceptionnelle d'ordre public instituée par le législateur pour protéger leur mandat en demandant à l'autorité administrative d'autoriser purement et simplement leur licenciement [4].

Une décision administrative devant obligatoirement être sollicitée, le principe de la séparation des pouvoirs trouvera à s'appliquer et interdira au juge judiciaire (prud'homal ou pénal) de se prononcer sur les questions sur lesquelles l'autorité administrative se sera nécessairement et régulièrement prononcée. En particulier sur le caractère réel et sérieux du motif du licenciement autorisé ou non autorisé par l'administration [5] ou sur le respect des règles (légales ou conventionnelles) de procédure qui devaient être suivies avant la saisine de l'inspecteur et dont ce dernier devait contrôler l'observation [6]. De même, en cas d'annulation par le juge administratif de l'autorisation de licenciement, si l'absence de cause réelle et

1. Soc. 5 juill. 2006 : *Bull. civ.* V, n° 237 ; *JCP S* 2006, 1757, note J.-Y. Frouin.

2. Soc. 29 mai 2013, n° 12-15.974, *Bull. civ.* V, n° 138.

3. Soc. 4 juill. 2012, n° 11-13.346, *Bull. civ.* V, n° 212.

4. CE 2 juill. 2014, n° 368590.

5. Soc. 25 avr. 1990, *Bull. civ.* V, n° 189 (licenciement pour faute) ; 21 sept. 1993, *RJS* 11/93, n° 1120 (licenciement économique) ; 10 janv. 1995, *Dr. soc.* 1995. 196 (cessation d'activité) ; 28 mars 2000, *RJS* 5/00, n° 556 (amnistie) ; 12 juin 2001, *RJS* 8-9/01, n° 1039 (pas d'admission possible du caractère réel et sérieux du motif d'un licenciement refusé par l'administration) ; 2 juin 2004, *Bull. civ.* V, n° 159 (le juge prud'homal ne peut apprécier ni le caractère réel et sérieux du motif d'un licenciement autorisé, ni la régularité de la consultation du comité d'entreprise) ; 10 nov. 2009, n° 08-42.660 : *JCP S* 2010. 1031, note P.-Y. Verkindt : le juge prud'homal ne saurait dire le licenciement injustifié pour méconnaissance, par l'employeur de son obligation de reclassement. V. aussi, pour cette même obligation en matière de licenciement économique : Soc. 23 juin 2009, n° 07-44.640 : *JCP S* 2009. 1422, note J.-Y.Kerbourc'h.

6. Soc. 4 juin 2004, préc. ; 13 juill. 2004, *Bull. civ.* V, n° 211 ; 27 oct. 2004, *ibid*, n° 270. En revanche, le principe de la séparation des pouvoirs ne fait pas obstacle à ce que le juge judiciaire apprécie la régularité de la procédure de licenciement postérieure à la notification par l'administration de son autorisation : Soc. 4 juill. 2012, n° 10-28.799, *Bull. civ.* V, n° 210 (contestation de la qualité à agir du signataire de la lettre de licenciement).

sérieuse ne résulte pas, en soi, de cette annulation [1], la décision du juge administratif se prononçant sur les faits fautifs invoqués par l'employeur ayant retenu que ces faits, soit n'étaient pas établis, soit ne justifiaient pas la mesure de licenciement, s'oppose à ce que le juge judiciaire, appréciant les mêmes faits, décide qu'ils constituent une cause réelle et sérieuse de licenciement [2]. En revanche, le juge prud'homal conserve le pouvoir de vérifier la mise en œuvre des critères retenus pour fixer l'ordre des licenciements pour motif économique [3], ou encore, en matière de transfert conventionnel, le pouvoir de vérifier l'accord donné par le salarié protégé au transfert de son contrat de travail [4]. De même, l'autorisation de licenciement accordée par l'autorité administrative ne prive pas le salarié protégé du droit d'obtenir réparation des préjudices résultant, pour la période antérieure à son licenciement, des manquements de l'employeur à ses obligations légales ou contractuelles [5].

La jurisprudence a également eu à statuer sur la délicate situation du salarié dont le licenciement est autorisé en raison de son inaptitude, elle-même consécutive à un harcèlement. Dans un premier temps, la Cour de cassation a retenu une solution exclusivement indemnitaire [6], qui n'était cependant pas pleinement satisfaisante [7]. Postérieurement, le Conseil d'État et la Cour de cassation se sont accordés pour considérer que l'inspecteur du travail, saisi d'une demande d'autorisation de licencier pour inaptitude, ne vérifie pas la cause de cette inaptitude, mais exerce un

1. Le juge administratif peut en effet annuler l'autorisation de licenciement au motif, par exemple, que la décision n'est pas motivée ou a été prise par un autorité incompétente.

2. Soc. 26 sept. 2007, n° 05-42.599 : *Bull. civ.* V, n° 140. En revanche, le juge judiciaire retrouve sa pleine compétence lorsque, sur renvoi préjudiciel, l'autorisation administrative est annulée pour des motifs tirés de son illégalité externe : Soc. 26 sept. 2007, n° 05-45.665, *Bull. civ.* V, n° 137. Dès lors que le ministre a refusé l'autorisation de licenciement en raison d'une irrégularité de procédure, les motifs par lesquels l'autorité administrative porte une appréciation sur la matérialité des faits, leur gravité et le lien entre la procédure de licenciement et les fonctions représentatives ne sont pas le soutien nécessaire de la décision de refus et ne peuvent pas être opposés au salarié qui conteste une nouvelle procédure de licenciement, engagée pour les mêmes faits, postérieurement à l'expiration de la protection : Soc. 29 janv. 2013, n° 11-13.286, publié.

3. Soc. 11 déc. 2001, *RJS* 2/02, n° 202 (dans la mesure où, selon la jurisprudence administrative, le contrôle de l'inspecteur du travail ne porte pas sur le respect de ces critères) ; 27 oct. 2004, préc. CE 9 juin 2010, n° 315538. Et le juge prud'homal conserve, en présence d'une autorisation administrative de licenciement, tout pouvoir de se prononcer sur l'existence d'un contrat de travail (on imagine une contestation par l'AGS de la qualité de salarié de l'intéressé : Soc. 30 nov. 2004, *Dr. soc.* 2005. 344, obs. B. Gauriau).

4. Soc. 3 mars 2010, n° 08-41.600, *Bull. civ.* V, n° 51.

5. Soc. 15 nov. 2011, préc. ; 10 mai 2012, préc. ; 5 déc. 2012, n° 10-20.584, inédit (violation par l'employeur de son obligation de sécurité de résultat). Le juge judiciaire perd toutefois sa compétence si les manquements invoqués par le salarié ont nécessairement été pris en compte par l'autorité administrative (mêmes arrêts). V. aussi pour la réparation des préjudices causés par la faute ou la légèreté blâmable de l'employeur en cas de cessation d'activité : CE 8 avr. 2013, n° 348559 : *RDT* 2013. 406, note T. Sachs.

6. Soc. 15 nov. 2011, n° 10-10.687, *Bull. civ.* V, n° 259.

7. Notamment parce qu'elle n'ouvrait la voie, pour le salarié, qu'à une simple indemnisation financière, alors que, pour les salariés ordinaires, c'est la nullité du licenciement qui doit être prononcée en raison du harcèlement.

contrôle objectif de la situation qui lui est soumise [1]. Dès lors que l'autorité administrative ne contrôle pas la cause de l'inaptitude, le principe de la séparation des pouvoirs ne s'oppose donc pas à ce que le juge judiciaire conserve le pouvoir de vérifier si l'inaptitude a pu être causée par un harcèlement et, dans l'affirmative, d'en tirer toutes les conséquences en prononçant la nullité du licenciement [2].

Même si son office est seulement de vérifier que le motif du licenciement est bien celui pour lequel l'autorisation a été accordée [3], il pourra condamner un employeur qui aura procédé au licenciement autorisé en avançant un motif autre que celui pour lequel l'autorisation avait été accordée [4]. Il lui appartiendra également de se prononcer, le cas échéant, sur le droit aux indemnités légales d'un salarié protégé licencié pour faute grave ou faute lourde, mais il ne pourra alors examiner que les fautes retenues par l'administration pour autoriser cette rupture [5].

§ 2. Modalités de la procédure statutaire

1123 ***Coordination avec les autres procédures de licenciement*** ◊ Le licenciement d'une personne protégée est d'autant plus complexe que l'existence d'une procédure spéciale de licenciement n'exclut pas l'application de la procédure imposée par le droit commun du licenciement ou le régime du licenciement pour motif économique.

La procédure spéciale, par ailleurs, n'est pas exactement la même selon qu'elle concerne un délégué du personnel ou un membre du comité d'entreprise d'une part, ou un délégué syndical d'autre part. Dans le premier cas, elle suppose une consultation du comité d'entreprise et l'intervention de l'inspection du travail ; dans le second cas, la demande d'autorisation de licenciement est directement soumise à l'autorité administrative.

1) *En cas de licenciement pour motif personnel*, l'employeur doit organiser l'entretien prévu à l'art. L. 1232-2 avant de procéder à la consultation du comité d'entreprise [6]

---

1. Contrôle qui porte donc sur la matérialité de l'inaptitude définitive, la recherche des possibilités de reclassement et l'absence de lien entre la décision de licenciement et les fonctions représentatives.

2. CE 20 nov. 2013, n° 340591 et Soc. 27 nov. 2013, n° 12-20.301, *Sem. soc. Lamy* n° 1621, p. 12, chron. L. Pécaut-Rivolier et Y. Struillou ; *Lexbase Hebdo, éd. Sociale*, n° 551, note Ch. Radé : La solution, si elle n'est pas strictement respectueuse de l'orthodoxie juridique, garantit au salarié protégé les mêmes droits qu'au salarié ordinaire.

3. Soc. 28 oct. 2003, *D.* 2004. 595, note M. Souleau-Bertrand ; *Dr. soc.* 2004. 219, obs. J. Mouly.

4. Soc. 11 juin 2002, *Bull. civ.* V, n° 198 (nullité, pour défaut d'autorisation administrative, du licenciement autorisé pour motif économique mais finalement prononcé pour faute grave).

5. Soc. 10 juill. 2001, *Bull. civ.* V, n° 260. V. aussi, Soc. 19 sept. 2007, n° 06-42. 494. Dans le cas où l'autorité administrative a décidé que le refus opposé par un salarié à un changement de ses conditions de travail constituait une faute de nature à justifier son licenciement, cette autorisation ne fait pas obstacle à ce que le juge judiciaire apprécie si ce refus constitue ou non une faute grave privative des indemnités de rupture : Soc. 20 juin 2012, n° 10-28.516, *Bull. civ.* V, n° 194.

6. Il n'est toutefois pas interdit que la convocation des membres du comité d'entreprise leur soit adressée antérieurement à l'entretien préalable (CE 16 déc. 2009, n° 327032, *Sem. soc.*

ou d'adresser sa demande d'autorisation à l'inspecteur du travail (C. trav., art. R. 2421-8) [1]. En cas d'inaptitude physique à l'emploi, le salarié protégé a les mêmes droits qu'un autre à être reclassé compte tenu des conclusions du médecin du travail [2] et à retrouver son salaire dès lors qu'il n'a été ni reclassé ni licencié dans le mois suivant l'examen médical de reprise du travail (C. trav., art. L. 1226-10) [3].

2) *En cas de licenciement pour motif économique*, la consultation du comité est toujours précédée d'un entretien individuel préalable [4]. Lorsque le licenciement concerne moins de dix salariés, la demande d'autorisation sera adressée à l'inspecteur du travail dans les 15 jours qui suivent cette délibération du comité d'entreprise ; si le salarié menacé de licenciement est un délégué syndical, sans autre mandat électif, la demande d'autorisation de licenciement est directement adressée à l'inspecteur du travail après l'entretien individuel. Lorsque le licenciement collectif concerne au moins dix personnes, l'employeur doit consulter le comité d'entreprise sur le projet de licenciement de délégués du personnel ou des membres du comité au cours de la dernière consultation sur le projet de licenciement collectif [5] ou après cette dernière consultation. La demande d'autorisation est adressée à l'inspecteur du travail dans les 15 jours suivant la délibération du comité (C. trav., art. R. 2421-9) [6].

Il importe par ailleurs de souligner que le Conseil d'État a jugé que la mise à la retraite d'un salarié protégé impose à l'employeur de convoquer l'intéressé à un entretien préalable, à défaut duquel l'autorisation accordée est entachée de nullité [7].

Lamy, n° 1442, chron. L. Pécaut-Rivolier et Y. Struillou). Dès lors que, par son comportement, l'employeur a privé l'entretien préalable de toute portée utile, la procédure préalable de licenciement est entachée d'irrégularité : CE 7 juill. 2010, n° 318139.

1. CE 15 déc. 1978, *D.* 1979. 417 ; 12 oct. 1990, *RJS* 2/91, n° 219. Le Conseil d'État a jugé que la méconnaissance du délai de cinq jours entre la convocation et l'entretien préalable entache nécessairement d'illégalité l'autorisation de licenciement accordée par l'autorité administrative : CE 20 mars 2009, n° 312258 : *RDT* 2009. 457, obs. M. Grévy.

2. CE 9 déc. 1998, *RJS* 3/99, n° 390 (l'inspecteur du travail doit s'assurer de la prise en considération des propositions du médecin du travail).

3. Soc. 18 janv. 2000, *Dr. soc.* 2000. 445, note A. Mazeaud. La saisine de l'inspecteur interrompt le délai d'un mois (à compter du deuxième avis du médecin du travail prévu à l'art. R. 4624-31) accordé à l'employeur pour prononcer le licenciement, mais le paiement des salaires doit être repris à l'expiration de ce délai et jusqu'à la date du licenciement finalement autorisé, sans, pourtant, que le défaut de ce paiement rende le licenciement irrégulier (Soc. 16 nov. 2005, *Bull. civ.* V, n° 326).

4. Soc. 10 mai 1999, *RJS* 6/99, n° 831 (obligation de procéder à l'entretien dans le cadre d'un licenciement de 10 salariés et plus) ; CE 30 nov. 1998, *RJS* 2/99, n° 236 ; 28 sept. 2005, *Sem. soc. Lamy*, n° 1234, 31 oct. 2005, p. 14.

5. L'ordre du jour doit préciser que le comité aura à entendre les salariés concernés et à se prononcer sur leur cas.

6. L'inspecteur du travail doit rejeter une demande d'autorisation lorsque la procédure prévue par les art. L. 1233-29 et L. 2412-4 n'a pas été respectée (CE 8 janv. 1997, *RJS* 2/97, n° 171). De même, lorsque le licenciement économique d'un salarié protégé est envisagé dans le cadre d'une liquidation judiciaire de l'entreprise, la double procédure de consultation du comité d'entreprise sur le licenciement collectif pour motif économique et sur la restructuration de l'entreprise, sauf impossibilité d'accomplir ces formalités n'incombant pas à l'employeur, doit être organisée préalablement à la consultation spécifique du comité sur le licenciement du salarié protégé : CE 26 janv. 2011, *Dr. soc.* 2011. 427, concl. G. Dumortier.

7. CE 17 juin 2009, n° 304027, *Sem. soc. Lamy*, n° 1419, p. 9, chron. L. Pécaut-Rivolier et Y. Struillou. Ajoutons que, dans cette même hypothèse, l'employeur doit consulter le comité d'entreprise : CE 26 oct. 2011, n° 335.755.

1124 ***La faculté de mise à pied conservatoire*** ◊ « En cas de faute grave, l'employeur peut prononcer la mise à pied immédiate de l'intéressé dans l'attente de la décision définitive » (C. trav., art. L. 2421-1, L. 2421-3, L. 2421-5).

Différente de la mise à pied ordinaire, sanction disciplinaire entraînant privation du salaire correspondant au temps de suspension du contrat, cette mesure constitue au profit de l'employeur, et afin de sauvegarder son autorité, une simple mesure d'attente [1]. Elle est subordonnée à plusieurs conditions.

1) Une faute grave. La procédure normale étant la demande d'autorisation de licenciement sans mise à pied, celle-ci ne peut être prononcée que dans des circonstances exceptionnelles. Alors que la mise à pied disciplinaire suppose une faute d'une gravité moindre que celle pouvant justifier un licenciement, cette mise à pied « spéciale » implique une faute plus grave que celle justifiant une demande de licenciement pure et simple.

2) Une durée limitée. Par nature provisoire, la mise à pied ne peut durer que jusqu'à la décision de l'inspecteur du travail (qui doit intervenir rapidement) [2]. Le recours hiérarchique ou contentieux contre la décision autorisant le licenciement n'est pas suspensif [3]. Lorsque l'inspecteur du travail refuse le licenciement, la mise à pied est annulée et ses effets supprimés de plein droit. Le représentant retrouve son emploi et ses fonctions [4] et a droit au paiement du salaire correspondant au temps de mise à pied [5].

3) Une demande simultanée d'autorisation de licenciement. La mise à pied, prélude au licenciement, doit être accompagnée d'une demande de licenciement.

Pendant cette brève période de mise à pied, le travail se trouve suspendu et le salaire n'est pas payé. La Cour de cassation a longtemps considéré que le représentant mis à pied devait suspendre ses *fonctions* [6]. La Cour de cassation affirme désormais que « la mise à pied d'un représentant du personnel, qu'elle soit de nature conservatoire ou disciplinaire, n'a pas pour

---

1. Elle ne fait pas obstacle au prononcé d'une mise à pied disciplinaire (Soc. 4 janv. 1968, *Dr. soc.* 1968. 312).

2. Art. R. 2421-6. Une mise à pied maintenue pendant 22 mois constitue un trouble manifestement illicite qui ouvre droit à réintégration (Soc. 22 oct. 1998, *RJS* 12/98, n° 1515).

3. Crim. 30 mars 1960, *Dr. soc.* 1961. 49 ; 5 mars 1991, *RJS* 5/91, n° 608.

4. Crim. 25 mai 1961, *D.* 1961. Somm. 115 ; Soc. 13 déc. 1961, *Dr. soc.* 1962. 35 ; 12 juin 2001, *Dr. ouvrier* 2002. 125, note L. Milet. Le fait de ne pas rétablir l'intéressé dans ses fonctions constitue une violation du statut protecteur et une inexécution des obligations contractuelles, qui s'analyse en un licenciement atteint de nullité (Soc. 4 févr. 2004, *Bull. civ.* V, n° 34).

5. Soc. 8 juin 1997, *RJS* 8-9/97, n° 998 ; 24 oct. 1997, *RJS* 12/97, n° 1372 (paiement des indemnités de repas pour la période de mise à pied annulée) ; 18 juill. 2000, *Dr. soc.* 2000. 1155, obs. L. Milet. Si le contrat du délégué était suspendu par la grève, le refus d'autorisation rend l'employeur débiteur du salaire du temps de suspension, car cette dernière a alors sa cause, non dans la grève, mais dans la décision patronale rétroactivement anéantie (Soc. 17 déc. 2002, *Dr. soc.* 2003. 177, obs. F. Duquesne).

6. Ex. : Soc. 27 nov. 1985, *Bull. civ.* V, n° 562 ; Crim. 5 mars 2002, *Bull. crim.* n° 86.

effet de suspendre l'exécution de son mandat »[1] : le salarié peut pénétrer et circuler dans les locaux de l'entreprise, participer à une réunion de délégués du personnel ou du comité d'entreprise, etc.

1125 ***La consultation du comité d'entreprise*** ◊ Le comité d'entreprise[2] émet seulement *un avis* sur un projet de licenciement[3], si celui-ci concerne un délégué du personnel ou un membre du comité d'entreprise, y compris un représentant syndical (la demande d'autorisation de licencier un délégué syndical est directement soumise à l'inspecteur du travail). Il appartient à l'employeur de mettre le comité d'entreprise à même d'émettre son avis, en toute connaissance de cause, sur la procédure dont fait l'objet le salarié protégé, en lui transmettant des informations précises et écrites sur les motifs de celle-ci[4].

L'avis du comité d'entreprise est exprimé au scrutin secret après audition de l'intéressé (C. trav., art. R. 2421-9)[5]. Les règles de majorité sont évidemment applicables (majorité des présents). Le président du comité ne doit pas participer au vote, puisqu'il sollicite l'avis du comité en tant que délégation du personnel[6].

Lorsqu'un salarié cumule un mandat de délégué syndical et un mandat d'élu du personnel, l'employeur doit solliciter l'avis du comité avant de saisir l'inspection du travail (C. trav., art. R. 2421-1)[7].

1126 ***L'intervention de l'inspection du travail*** ◊ L'autorisation préalable de l'inspecteur du travail est toujours nécessaire depuis la loi du 28 octobre

1. Soc. 2 mars 2004, *Bull. civ.* V, n° 71. La Chambre criminelle de la Cour de cassation retient la même solution : Crim. 11 sept. 2007, n° 06-82.410 : *Bull. crim.* n° 199. Conséquence de cette solution, la seule mise à pied d'un salarié protégé ne constitue pas en soi une telle entrave : Crim. 8 avr. 2014, n° 12-85.800, *JCP* S 2014, 1270, note F. Duquesne.

2. Le mandat de représentant syndical au comité d'entreprise d'une UES devant être regardé comme différent de celui de représentant syndical au comité d'entreprise d'une des entreprises constitutives de l'unité, une nouvelle consultation du comité d'entreprise s'avère nécessaire : CE 9 févr. 2011, n° 329471.

3. L'absence de convocation de tous les représentants syndicaux à la réunion, au cours de laquelle le comité doit entendre le salarié concerné et émettre son avis, entache d'illégalité l'autorisation accordée par l'inspecteur du travail (CE 3 oct. 2008, n° 306430, *Sem. soc. Lamy*, n° 1374, chron. L. Pécaut-Rivolier et Y. Struillou). En revanche, la procédure est régulière lorsque l'employeur n'a pas procédé à la consultation du comité en raison de l'annulation des élections par le juge judiciaire (CE 3 sept. 2009, n° 303393, *Sem. soc. Lamy*, n° 1426, p. 15, chron. L. Pécaut-Rivolier et Y. Struillou). Il en va différemment lorsque l'absence de comité est due à une carence de l'employeur : CE 12 oct. 1994, n° 90984 ; 9 mai 2011, n° 333247.

4. CE 26 oct. 2011, n° 335.775 : *Sem. soc. Lamy*, n° 1528, p. 11, chron. L. Pécaut-Rivolier et Y. Struillou.

5. Aucune disposition n'impose de délai pour la convocation du délégué en vue de son audition par le comité, ni ne fait obligation à l'employeur de communiquer l'ordre du jour de cette réunion à l'intéressé si celui-ci fait l'objet d'une mise à pied conservatoire (Crim. 5 mars 2002, préc.).

6. Soc. 2 nov. 1988, *Bull. civ.* V, n° 617.

7. Si après un refus, une nouvelle demande de licenciement est formulée, une nouvelle délibération du comité est exigée (CE 17 mars, 31 mars 1989, *JS UIMM* 1990. 523).

1982, quelle que soit la nature du mandat, quelle que soit la nature du licenciement, quel qu'ait été l'avis du comité [1].

1) *La demande d'autorisation* doit être adressée au plus tard dans les 15 jours suivant la délibération du comité d'entreprise (C. trav., art. R. 2421-1, R. 2421-10 ; dans les 48 heures suivant cette délibération en cas de mise à pied préventive). Cette demande est adressée par lettre recommandée avec demande d'avis de réception à l'inspecteur du travail dont dépend l'établissement où est employé l'intéressé [2]. Elle doit énoncer les motifs du licenciement envisagé [3], préciser le ou les mandats dont le salarié est titulaire [4], et être accompagnée, le cas échéant, du procès-verbal de la réunion du comité d'entreprise.

2) *L'inspecteur doit procéder à une enquête contradictoire* [5] : l'intéressé doit être entendu, au besoin assisté d'un représentant de son syndicat ; l'audition du chef d'entreprise s'impose pareillement : l'exigence du contradictoire doit être scrupuleusement respectée (C. trav., art. R. 2421-4) [6]. L'inspecteur doit vérifier que les procédures préalables au licenciement ont été respectées [7], y compris celles qui sont fixées par une convention ou un accord collectif [8].

---

1. La décison d'incompétence de l'inspecteur du travail lie le juge judiciaire qui ne peut se prononcer sur la nécessité de l'autorisation administrative de licenciement : Soc. 4 oct. 2011, n° 1-18.023 : *JCP S* 2011. 1586, note J.-Y. Kerbourc'h.

2. Sur la détermination de l'inspecteur du travail compétent lorsque l'entreprise, ayant son siège social à l'étranger, ne dispose d'aucune implantation en France, v. CE 21 juill. 2009, n° 314968, *Sem. soc. Lamy*, n° 1426, p. 15, chron. L. Pécaut-Rivolier et Y. Struillou. V. aussi, lorsque l'établissement de rattachement ne dispose pas d'une autonomie de gestion suffisante : CE 17 juill. 2013, n° 356099.

3. CE 20 mars 2009, n° 308346 : *RDT* 2009. 457, note M. Grévy. L'employeur doit rédiger soigneusement sa demande, dans la mesure où l'inspecteur du travail ne peut, pour statuer, se fonder sur d'autres motifs que ceux énoncés dans celle-ci : v., en dernier lieu, CE 14 oct. 2012, n° 334588, publié.

4. CE 22 juill. 1992, *RJS* 11/92, n° 1276 ; 13 déc. 2005, *RJS* 3/06, n° 365 ; 20 mars 2009, n° 309195 : *RDT* 2009. 457, obs. M. Grévy.

5. Le caractère contradictoire de l'enquête impose à l'autorité administrative d'informer le salarié protégé de façon suffisamment circonstanciée pour lui permettre d'assurer utilement sa défense, notamment en lui communiquant l'identité des personnes faisant état, dans leur témoignage ou attestation, d'agissements qui lui seraient imputables et dont elles auraient été directement et personnellement victimes (CE 12 oct. 2006, n° 286728 : *RJS* 1/07, n° 73. V. aussi CE 9 juill. 2007, n° 288295 : *Dr. soc.* 2007. 1000, obs. Y. Struillou, confirmant l'obligation pour l'inspecteur du travail d'informer le salarié protégé et l'employeur de la teneur des éléments qu'il a recueillis). Sur les limites de l'obligation pesant sur l'inspecteur du travail, v. CE 24 nov. 2006, n° 284208 : *Dr. soc.* 2007. 25, concl. Y. Struillou.

6. CE 16 juin 1995, *RJS* 8-9/95, n° 914. Sur la portée de l'exigence du contradictoire : CE 7 févr. 1992, *RJS* 6/92, n° 760 ; 2 nov. 1992, *RJS* 1/93, n° 56. V. aussi, CE 22 févr. 2012, n° 346.307 et 335.200 : *Sem. soc. Lamy* n° 1541, p. 11, chron. L. Pécaut-Rivolier et Y. Struillou.

7. L'inspecteur doit vérifier que la convocation à l'entretien préalable était régulière, et doit notamment refuser l'autorisation si le lieu de l'entretien n'était pas indiqué (CE 28 sept. 2005, n° 266023, *Sem. soc. Lamy*, n° 1234, 31 oct. 2005, p. 14) ; il doit s'assurer que l'employeur n'a pas engagé la procédure de licenciement disciplinaire plus de deux mois après sa connaissance des faits (CE 31 janv. 1990, *AJDA* 1990. 573, obs. X. Prétot), et un licenciement non autorisé se saurait interrompre ce délai (CE 30 avr. 2004, *RJS* 11/04, n° 1170 ; *D.* 2004. Somm. 3031, obs. D. Chelle et X. Prétot) ; il doit refuser l'autorisation si, à la date de la demande, l'employeur a rompu de son fait les relations contractuelles avec le salarié (CE 15 déc. 2004, *RJS* 2/05, n° 293). De même, l'inspecteur doit refuser d'autoriser le licenciement lorsque l'employeur ne s'explique pas lors de l'entretien préalable (CE 19 mars 2008, n° 289433 : *Sem. soc. Lamy*, n° 1355, note FC) ou lorsque a été méconnu le délai de cinq jours entre la convocation et l'entretien (CE 20 mars 2009, n° 31258, préc.).

8. CE 21 mai 2008, n° 304394 : *JCP S* 2008, act. 297 (comp. antérieurement, CE 12 mars 1993, *RJS* 6/93, n° 634).

S'il s'agit d'une demande de licenciement *pour faute* [1], l'inspecteur du travail doit s'assurer que la rupture projetée n'est pas en rapport avec les fonctions représentatives ou l'appartenance syndicale de l'intéressé [2]. Il doit ensuite rechercher si les faits reprochés sont d'une gravité suffisante pour justifier son licenciement, compte tenu, à la fois, des règles applicables au contrat de travail et des exigences propres au mandat dont il est investi [3]. En outre l'inspecteur a la faculté, pour refuser le licenciement, de tenir compte de motifs d'intérêt général relevant de son *pouvoir d'appréciation de l'opportunité ;* mais s'il peut ainsi refuser l'autorisation de licencier malgré l'existence d'une faute grave en invoquant l'intérêt général, il ne faut pas que ce refus porte une atteinte excessive à l'intérêt de l'employeur [4]. Si l'employeur invoque des faits se rattachant au comportement de l'intéressé qui, sans caractériser une faute, rendraient impossible la poursuite du contrat, il appartient à l'autorité administrative de rechercher si ces éléments présentent un caractère objectif et si, en raison des responsabilités de l'intéressé, ils peuvent justifier une autorisation de licencier ; mais la perte de confiance ne peut jamais constituer par elle-même un motif d'autorisation [5]. Il faut à cet égard souligner que le Conseil d'État a, à très juste titre, décidé qu'un agissement du salarié intervenu en dehors de l'exécution de son contrat de travail ne peut motiver un licenciement pour faute, sauf s'il traduit la méconnaissance par l'intéressé d'une obligation

---

1. L. Pécaut-Rivolier et Y. Struillou, « Le licenciement pour motif disciplinaire des salariés protégés », *Sem. soc. Lamy*, n° 1329, p. 6.

2. Le licenciement peut être justifié par des agissements commis dans le cadre du mandat, dès lors qu'ils ne se rattachent pas à l'exercice normal des fonctions représentatives et sont d'une gravité suffisante : dépassement important et répété du crédit d'heures (CE 16 avr. 1982, *Lebon T. 767* ; 17 déc. 1993, *RJS* 3/94, n° 263), détournement de fonds par le trésorier du comité d'entreprise, comportement pendant un conflit collectif (CE 23 sept. 1992, *RJS* 11/92, n° 1277).

3. CE 5 mai 1976 *SAFER d'Auvergne C. Bernette*, *Dr. soc.* 1976. 347, concl. Ph. Dondoux, note J.-C. Venezia ; *D.* 1976. 583 note H. Sinay ; *Grands arrêts*, 4e éd., 2008, n° 152. Pour des exemples de fautes (hors mandat) d'une gravité suffisante : CE 15 juill. 2004, *D.* 2004. Somm. 3932, obs. D. Chelle et X. Prétot (violation de secret professionnel à des fins personnelles) ; 27 juill. 2005, *RJS* 11/05, n° 1120 (dénigrement systématique de la gestion de l'employeur et accusation, sans preuve, de fraude fiscale) ; 8 mars 2006, *JCP S* 2006. 1334, note J.-Y. Kerbourc'h (attitude d'un moniteur-éducateur en contradiction avec la déontologie professionnelle). En cas de grève, l'inspecteur doit vérifier l'existence de la faute lourde requise par l'art. L. 521-1 (CE 1er avr. 1992, *Dr. soc.* 1992. 689, concl. D. Kessler ; 6 mars 2002, *RJS* 6/02, n° 699). Sur l'incidence d'une procédure pénale impliquant le salarié protégé. V. : J. Pralus-Dupuis, *Dr. soc.* 1994. 695. Sur la question de la charge de la preuve des faits, v. : CE 13 mars 2002, *Dr. soc.* 2002. 627, concl. E. Mignon. V. aussi, lorsque la demande d'autorisation de licencier fait suite au refus, par le salarié, d'une sanction emportant modification de son contrat de travail : CE 3 juill. 2013, n° 348099, *Sem. soc. Lamy*, n° 1607, p. 12, chron. L. Pécaut-Rivolier et Y. Struillou.

4. Pour des exemples d'atteinte excessive aux intérêts de l'employeur : CE 8 févr. 1980, *D.* 1980. 337 ; 27 juill. 1990, *RJS* 11/90, n° 891, 1re esp. Pour une absence d'atteinte excessive : CE 19 nov. 1980, *Rec.*, p. 432. Le souci de maintenir une représentation du personnel peut être un motif d'intérêt général justifiant un refus d'autorisation (CE 9 oct. 1987, *Rec.*, p. 309 ; 11 févr. 2005, *Rec.*, p. 57), mais pas celui de maintenir le pluralisme syndical dans l'entreprise (CE 8 nov. 1993, *RJS* 2/94, n° 164).

5. CE 21 déc. 2001, *Rec.*, p. 669. Comp. : 22 mai 2002, *RJS* 8-9/02, n° 999.

découlant de ce contrat [1]. Si la demande de licenciement est consécutive à une déclaration d'inaptitude pour cause d'accident du travail ou maladie professionnelle, le contrôle s'étend aux offres de reclassement dans l'entreprise [2]. Remarquons enfin que lorsque la demande d'autorisation de licenciement est fondée sur la circonstance que le salarié ne remplit pas les conditions légalement exigées pour l'exercice de l'emploi pour lequel il a été embauché ou auquel il a été promu, l'inspecteur du travail ne doit pas simplement vérifier la réalité de ce motif. Il doit là aussi rechercher si le licenciement envisagé est en rapport avec les fonctions représentatives normalement exercées ou l'appartenance syndicale de l'intéressé [3].

Lorsque la demande d'autorisation de licenciement est fondée sur un motif *d'ordre économique* il appartient à l'inspecteur du travail de rechercher si la situation de l'entreprise justifie le licenciement – en considérant, le cas échéant, la situation à l'échelle du groupe, y compris des unités ayant leur siège à l'étranger [4] – et de tenir compte de la possibilité d'assurer le reclassement du salarié [5]. Pour le Conseil d'État, la nécessité de sauvegarder la compétitivité de l'entreprise « est au nombre des causes sérieuses de licenciement économique », au même titre que les difficultés économiques ou les mutations technologiques ; mais, faute de « menace » pesant sur cette compétitivité, le licenciement d'un salarié protégé pour cause de suppression de son poste dans le cadre de modifications structurelles décidées par la direction, n'est pas justifié [6]. Le Conseil d'État admet également que le licenciement puisse intervenir en cas de cessation d'activité de l'entreprise. Dans ce cas, il appartient à l'autorité administrative de contrôler, outre le respect des exigences procédurales légales et des garanties conventionnelles, que la cessation d'activité de l'entreprise est totale et définitive, que l'employeur a satisfait, le cas échéant, à l'obligation de reclassement prévue par le code du travail et que la demande ne présente pas de caractère discriminatoire [7].

---

1. CE 15 déc. 2010, n° 316856, *RDT* 2011. 99, concl. G. Dumortier et 116, obs. P. Adam. Était en cause en l'espèce le licenciement d'un salarié en raison de la suppression de son permis de conduire à la suite d'un contrôle d'alcoolémie opéré en dehors de la vie professionnelle. Cette solution n'exclut pas le licenciement du salarié. Ne pouvant être motivé par une faute, il pourra être justifié par le trouble objectif causé par le comportement du salarié.
2. CE 2 févr. 1996, *RJS* 3/96, n° 304 ; 7 avr. 2011, n° 334211 : *Sem. soc. Lamy*, n° 1515, p. 8, chron. L. Pécaut-Rivolier et Y. Struillou.
3. CE 15 déc. 2010, n° 329674 : *RDT* 2011. 99, concl. G. Dumortier.
4. CE 8 juill. 2002, *RJS* 10/02, n° 1148.
5. Mais il n'appartient pas à l'inspecteur d'apprécier le respect, par le liquidateur, des obligations de reclassement externe nées du plan social, car un tel contrôle serait indissociable de celui de la validité de ce plan, réservé à la juridiction judiciaire que le délégué licencié pourra ultérieurement saisir (CE 3 mai 2006, *JCP S* 2006. 1544, note J.-Y. Kerbourc'h).
6. CE 8 mars 2006, *Moranzini*, *JCP S* 2006. 1314, note J.-Y. Kerbourc'h (modifications structurelles décidées par une société mutuelle d'assurance par le tassement de l'activité d'une de ses branches et la volonté d'améliorer sa productivité).
7. Mais, il n'appartient pas à l'inspecteur du travail de rechercher si cette cessation d'activité est due à la faute ou à la légèreté blâmable de l'employeur, sans que sa décision fasse obstacle à ce que le salarié, s'il s'y estime fondé, mette en cause devant les juridictions compétentes la

Comme pour les demandes d'autorisation concernant des licenciements pour faute, l'inspecteur du travail peut refuser l'autorisation en s'appuyant sur des motifs d'intérêt général, mais il ne faut pas que ce refus porte une atteinte excessive aux intérêts de l'employeur [1]. Le contrôle des offres de reclassement, dans l'entreprise ou dans le groupe [2], est devenu essentiel : l'absence d'offre justifie le refus d'autorisation [3] ; le refus d'une offre, par le salarié, fondera une autorisation [4]. En revanche, le contrôle n'est pas réputé s'exercer sur le respect des critères d'ordre des licenciements pour motif économique [5]. On soulignera enfin que l'inspecteur du travail ne peut se fonder sur la volonté du salarié de quitter l'entreprise pour autoriser son licenciement [6].

---

responsabilité de l'employeur en demandant réparation des préjudices que lui auraient causé cette faute ou légèreté blâmable dans l'exécution du contrat de travail : CE 8 avr. 2013, n° 348559 : *RDT* 2013. 394, concl. G. Dumortier et p. 406, note T. Sachs.

1. CE 18 févr. 1977, *Abellan, Dr. soc.* 1977. 166, concl. Ph. Dondoux ; 16 janv. 1985, *Dr. ouvrier* 1985. 331. L'autorité administrative et le juge de la légalité de sa décision peuvent être conduits à se prononcer sur une opération de réorganisation au regard de l'art. L. 122-12 (CE 29 déc. 2000, *RJS* 4/01, n° 474 ; *D.* 2001. Somm. 1917, obs. D. Chelle et X. Prétot).

2. CE 11 juin 1993, *RJS* 8-9/93, n° 893 ; 22 mai 1995, *RJS* 7/95, n° 794 ; 30 oct. 1995, *RJS* 2/96, n° 138 (obligation de l'administrateur judiciaire en cas de procédure collective) ; 30 juill. 1997, *RJS* 10/97, n° 1113 (absence d'effort de reclassement) ; 17 nov. 2000, *RJS* 3/01, n° 317 ; 13 avr. 2005, *Dr. ouvrier* 2005. 123, note F. Héas (pas de recherche de reclassement au sein du groupe constitué par une association). Si le juge administratif a d'abord limité l'exigence de recherche de postes de reclassement aux unités du groupe établies en France et œuvrant dans le même secteur d'activité, il estime désormais que cette recherche doit porter aussi sur les sociétés du groupe ayant leur siège à l'étranger, dont les activités ou l'organisation offrent à l'intéressé, compte tenu de ses compétences et de la législation du pays, la possibilité d'exercer des fonctions comparables (CE 4 févr. 2004, *RJS* 4/04, n° 436). On rapprochera cette formule de celles de la Cour de cassation. Lorsque le plan de cession arrêté par le tribunal de commerce prévoit des licenciements devant intervenir dans le mois suivant le jugement, les contrats de travail des salariés licenciés en exécution de ce jugement ne sont pas transférés à l'entreprise cessionnaire. Par suite, l'entreprise cédante demeure l'employeur de ces salariés, y compris lorsqu'ils bénéficient d'un statut protecteur, et ne peut les licencier que lorsque le reclassement de l'intéressé ne peut être opéré dans l'entreprise ou dans les entreprises du groupe auquel l'entreprise appartient. Si l'entreprise cédante doit chercher à reclasser un salarié dont le licenciement est envisagé dans l'ensemble des entités dont elle assure encore la direction effective ou du groupe d'entreprises auquel elle appartient, cette recherche ne s'étend pas à l'entreprise cessionnaire, notamment pas aux entités cédées qui sont déjà passées sous la direction effective de cette dernière : CE 2 juill. 2014, n° 361502.

3. Le Conseil d'État invite l'administration du travail à une certaine exigence. V. par ex. : CE 11 janv. 1993, *RJS* 4/93, n° 425 (l'aide à la recherche d'emploi à l'extérieur de l'entreprise ne vaut pas recherche de reclassement) ; 11 janv. 1995, *RJS* 5/95, n° 530 (offre d'un poste surqualifié) ; 22 janv. 1996 et 2 févr. 1996, *RJS* 3/96, n° 305 ; 31 janv. 2001, *RJS* 7/01, n° 890 ; 28 janv. 2004, n° 225435 et 257130 (insuffisance des efforts et offres de reclassement dans le cadre d'un groupe). Il admet cependant qu'une offre de reclassement puisse être sérieuse même si elle est assortie d'une période d'essai, faute d'autres possibilités de reclassement (CE 26 juin 2002, n° 223952).

4. CE 3 avr. 1995, *RJS* 6/95, n° 670, 2ᵉ esp. Mais le salarié peut refuser une offre portant modification de ses conditions de rémunération dès lors que l'employeur ne soutient pas qu'il était impossible de le reclasser autrement (CE 10 juin 1998, *RJS* 8-9/98, n° 1017).

5. CE 10 avr. 1991, *RJS* 6/91, n° 726 ; 15 juin 1998, *RJS* 8-9/98, n° 1016 ; 29 déc. 2000, *RJS* 4/01, n° 475. Le pouvoir de contrôle du juge judiciaire peut et doit donc s'exercer pleinement sur ce point).

6. CE 2 juill. 2014, n° 368590. Ainsi que l'affirme le Conseil d'Etat, « les salariés investis de fonctions représentatives – qui, conformément à l'article L. 1237-15 du code du travail, peuvent, le cas échéant, convenir en commun avec leur employeur de la rupture du contrat de travail qui

3) *L'inspecteur du travail doit rendre sa décision dans un délai déterminé.* Ce délai est de 15 jours, réduit à 8 jours en cas de mise à pied conservatoire [1]. Le délai court à compter de la *réception* de la demande motivée de l'employeur. Il ne peut être prolongé que si les nécessités de l'enquête le justifient. Si l'inspecteur ne répond pas dans ce délai, éventuellement prolongé, son silence vaut refus d'autorisation [2].

Lorsque l'inspecteur prend une décision explicite, il doit la motiver et la notifier à l'employeur, au salarié, ainsi qu'à l'organisation syndicale concernée (lorsqu'il s'agit d'un délégué syndical ou d'un représentant syndical au comité d'entreprise). Cette notification est faite par lettre recommandée avec demande d'avis de réception (C. trav., art. R. 2421-5).

La décision de l'inspecteur du travail est immédiatement exécutoire. L'employeur peut donc notifier le licenciement dès qu'il a reçu l'autorisation de licencier [3], mais la transaction alors conclue serait nulle [4]. Le salarié a droit, sauf faute grave ou lourde, aux indemnités légales ou conventionnelles de rupture. Le licenciement prononcé malgré une décision de refus serait nul [5]. Lorsque l'employeur n'a pas obtenu l'autorisation de licencier, il n'a donc d'autre choix que de conserver le salarié dans l'entreprise et de le rémunérer. Il en va ainsi alors même que le contrat de travail ne peut plus être exécuté, faute pour le salarié de disposer du titre ou de l'agrément requis pour exercer ses fonctions [6].

---

les lie et soumettre la rupture conventionnelle ainsi obtenue à l'autorisation de l'inspecteur du travail – ne sauraient renoncer à la protection exceptionnelle d'ordre public instituée par le législateur pour protéger leur mandat en demandant à l'autorité administrative d'autoriser purement et simplement leur licenciement ».

1. Art. R. 2421-4.

2. Soc. 18 nov. 1970, *Dr. soc.* 1971. 196, obs. J. Savatier ; CE 17 déc. 1982.

3. La lettre de licenciement qui se réfère à l'autorisation est suffisamment motivée, le juge prud'homal pouvant seulement vérifier que le motif indiqué est bien celui pour lequel cette autorisation a été donnée (Soc. 10 janv. 1995, *Dr. soc.* 1995. 196 ; 28 oct. 2003, *Dr. soc.* 2004. 219, obs. J. Mouly ; 13 juill. 2004, *Bull. civ.* V, n° 210 ; 5 avr. 2005, *ibid*, n° 121 ; 31 mars 2009, n° 07-45.217). Le seul défaut de mention de l'autorisation dans une lettre qui mentionne la cause de la rupture (une décision de liquidation judiciaire) ne prive pas le licenciement économique de motif réel et sérieux (Soc. 25 mai 2004, *Bull. civ.* V, n° 137). En revanche, le licenciement est évidemment injustifié si la lettre ne mentionne ni l'autorisation, ni la cause économique (Soc. 5 avr. 2005, *Bull. civ.* V, n° 120). Le délai d'un mois imposé par l'art. L. 1332-1 pour notifier un licenciement pour faute court de la réception de l'autorisation et le licenciement prononcé après expiration de ce délai se trouve sans cause réelle et sérieuse (Soc. 28 oct. 2003, *Bull. civ.* V, n° 262).

4. Soc. 10 juill. 2002, *JCP* 2003 II. 10 018, note E. Mazuyer (« nullité absolue d'ordre public »).

5. En refusant l'autorisation, l'inspecteur reconnaît la qualité de salarié protégé de l'intéressé, dont le licenciement, dès lors, constituera nécessairement un trouble manifestement illicite (Soc. 26 juin 2001, *Bull. civ.* V, n° 230). L'illégalité, ultérieurement affirmée, de la décision de refus d'autorisation n'ôtera pas son caractère délictueux (délit d'entrave) au licenciement (Crim. 11 mai 2004, *Dr. soc.* 2004. 919, obs. F. Duquesne). En cas de fermeture définitive d'un établissement, si le salarié a refusé une mutation, mais si l'autorisation de le licencier a été refusée, l'employeur qui maintient le contrat de travail en versant le salaire ne méconnaît pas le statut protecteur (Soc. 25 nov. 2003, *Dr. soc.* 2004. 326, obs. J. Mouly).

6. Soc. 2 déc. 2009, n° 08-43.466 et 08-42.037, *Lexbase Hebdo, éd. Sociale*, n° 376, note G. Auzero.

La décision prise par l'inspecteur du travail est regardée comme créatrice de droit au profit de l'employeur (autorisation de licencier) ou du salarié (refus d'autorisation). Elle est donc la plus importante en droit. Cette règle a des conséquences importantes lorsque la décision de l'inspecteur fait l'objet d'un recours.

§ 3. Recours

1127 *Recours hiérarchique contre la décision de l'inspecteur* ◊ Le recours hiérarchique (C. trav., art. R. 2422-1) doit être introduit devant le ministre chargé du Travail dans un délai de 2 mois à compter de la notification de l'inspecteur ; la recevabilité du recours s'apprécie à la date de sa réception par le ministre. Ce recours peut être formé par l'employeur, par le salarié ou par une organisation syndicale pour ses représentants (délégué syndical ou membre représentant le syndicat au comité d'entreprise) ; une organisation syndicale ne peut pas former un recours hiérarchique pour des représentants du personnel si ceux-ci ne lui ont pas donné mandat à cet effet.

Le ministre ne peut plus se saisir lui-même et réformer ou annuler la décision de l'inspecteur du travail de sa propre initiative (comme cela était admis par les textes antérieurs).

Le recours hiérarchique n'a *aucun effet suspensif.* Si l'inspecteur a autorisé le licenciement, l'employeur peut le prononcer même si le salarié a formé un recours. Le salarié ne peut même pas demander au juge administratif d'ordonner qu'il soit sursis à l'exécution de l'autorisation, du moins lorsque l'employeur a immédiatement utilisé cette autorisation pour notifier le licenciement ; dès lors que le licenciement est intervenu, la décision administrative est entièrement exécutée et un sursis à exécution ne peut plus être ordonné [1].

Le silence gardé pendant plus de 4 mois sur ce recours vaut décision de rejet (C. trav., art. R. 2422-1).

Saisi d'un recours, le ministre est confronté à deux alternatives : soit il confirme la décision de l'inspecteur et dans ce cas, le dispositif de sa décision doit se borner à cette confirmation de l'autorisation ou du refus opposé par l'inspecteur du travail [2] ; soit il annule la décision de l'inspecteur du travail et statue ensuite sur la demande d'autorisation de l'employeur. Mais il ne peut prononcer cette annulation que pour des motifs

1. CE 16 déc. 1977, *Lehodey*, *D.* 1979. 95, note J.-P. Duprilot ; *Dr. soc.* 1978. 112, concl. M.-A. Latournerie. Le juge administratif des référés ne peut-il être saisi afin d'ordonner, en raison de l'urgence, toute mesure nécessaire à la sauvegarde d'une « liberté fondamentale » à laquelle une personne morale de droit public aurait porté une atteinte grave et manifestement illégale (CJA, art. L. 521-2) ? Le Conseil d'État a admis que l'employeur pouvait user de cette procédure du référé-liberté face à une décision de refus du licenciement d'un délégué demandé en raison de faits de harcèlement moral sur des subordonnés, tout en considérant que, dans les circonstances de l'espèce, il n'y avait pas atteinte d'une gravité aussi caractérisée à la liberté d'entreprendre de l'employeur et à la liberté du travail des salariés harcelés (CE 4 oct. 2004, *Dr. soc.* 2005. 608, note F. Reneaud).

2. Le ministre ne peut donc à la fois confirmer la décision de l'inspecteur du travail et autoriser le licenciement du salarié déjà autorisé par l'inspecteur : CE 5 sept. 2008, n° 303992, *Sem. soc. Lamy*, n° 1367, chron. X. Magina.

de légalité compte tenu des circonstances de fait et de droit existant à la date à laquelle s'est prononcé l'inspecteur [1]. L'annulation par le ministre de l'Autorisation initiale ne laisse rien subsister de celle-ci. En conséquence, l'annulation ultérieure par le juge administratif de la décision du ministre ne peut avoir pour effet de faire revivre l'autorisation initialement accordée par l'inspecteur du travail [2].

1128 ***Recours contentieux. Contrôle du juge administratif*** ◊ L'employeur ou le salarié peut attaquer directement la décision de l'inspecteur du travail en saisissant le juge administratif ou, s'il a exercé un recours hiérarchique, attaquer de la même façon la décision ministérielle devant ce même juge. Il faut toutefois avoir à l'esprit que les décisions de l'inspecteur du travail et du ministre sont des décisions distinctes. Par conséquent, le salarié qui conteste une autorisation de licenciement, confirmée par le ministre, doit attaquer à la fois la décision de l'inspecteur et celle du ministre [3].

Ces recours pour excès de pouvoir doivent être portés devant le tribunal administratif, dont le jugement est susceptible d'appel devant la cour administrative d'appel [4], l'arrêt de celle-ci étant exposé à un recours en cassation devant le Conseil d'État. Ils ne sont recevables que pendant un délai de 2 mois à compter de la notification à l'intéressé de la décision administrative ou de l'expiration d'un délai de 4 mois sans réponse.

Les pouvoirs du juge administratif ont subi une profonde transformation à la suite de la condamnation de la résiliation judiciaire du contrat de travail des représentants du personnel par les arrêts *Perrier*. L'intervention du juge judiciaire ne pouvant plus permettre de contourner un refus d'autorisation de licencier, le Conseil d'État a décidé d'étendre le contrôle juridictionnel de la décision de l'inspecteur ou du ministre du Travail.

Depuis l'arrêt *SAFER d'Auvergne* [5], le juge administratif ne doit plus se contenter de rechercher si les faits reprochés au salarié sont matériellement

1. CE 6 juill. 1990, *Dr. soc.* 1991. 117, obs. X. Prétot ; 5 avr. 2006, *JCP S* 2006. 1545, note J.-Y. Kerbourc'h. Si le ministre annule la décision de l'inspecteur du travail, il se retrouve saisi de droit de la demande de l'employeur et doit se prononcer en fonction des circonstances de fait et de droit existant à la date de sa propre décision.

2. Soc. 27 nov. 2012, n° 11-19.266, publié. V. aussi, dans le même sens, CE 7 janv. 2000, n° 184565, *RJS* 2000, n° 555.

3. Dans la mesure où la décision de l'inspecteur du travail est créatrice de droits au profit de l'employeur, la seule annulation de la décision du ministre n'entraîne pas celle de l'inspecteur et l'employeur n'est pas tenu de réintégrer le salarié (Crim. 17 févr. 2004, n° 03-80.136 : *Bull. crim.* n° 45). Le Conseil d'État a cependant approuvé une cour administrative d'appel pour avoir requalifié les conclusions du salarié et considéré que compte tenu de leur objet – obtenir l'annulation de l'autorisation de licenciement et la réintégration dans l'entreprise – elles devaient être regardées comme tendant également à l'annulation de la décision de l'inspecteur du travail (CE 5 sept. 2008, n° 303707, *Sem. soc. Lamy*, n° 1374, chron. L. Pécaut-Rivolier et Y. Struillou).

4. Lorsque le juge d'appel annule le jugement par lequel le tribunal administratif a annulé l'autorisation accordée par l'Administration, l'arrêt d'appel a pour effet de faire revivre cette autorisation, en raison de l'effet rétroactif qui s'attache à la décision juridictionnelle : Soc. 10 janv. 1989, n° 86-40.284, *Bull. civ.* V, n° 1.

5. CE 5 mai 1976, préc. Sur les développements de la jurisprudence administrative, v. : D. Chelle et X. Prétot, *RJS* 1992. 457.

exacts, s'il y a eu détournement de pouvoir, erreur de droit ou erreur manifeste d'appréciation ; il apprécie lui-même la gravité des faits reprochés au salarié et décide si ces faits étaient d'une gravité suffisante pour justifier un licenciement [1]. Ce contrôle s'exerce aussi bien sur la faute dans l'exécution du contrat [2] que sur la faute dans l'exercice du mandat [3].

Si le licenciement a un motif économique, le juge administratif vérifie la pertinence de ce motif, l'absence de discrimination et les propositions de reclassement [4] (l'autorisation doit être refusée, même si les difficultés économiques ne sont pas contestées, s'il n'a pas été proposé au représentant un emploi équivalent lui permettant d'assurer ses fonctions électives ou syndicales). Le juge administratif recherche si le motif d'intérêt général éventuellement invoqué par l'autorité administrative pour refuser l'autorisation sollicitée existe bien, et il annulera une décision ministérielle de refus d'autorisation s'il estime que ce refus porte une atteinte excessive à l'intérêt de l'employeur [5].

§ 4. Conséquences d'un licenciement non autorisé

A. Prononcé d'un licenciement en l'absence d'autorisation administrative

1129 ***La nullité du licenciement*** ◊ La question de la sanction du respect de cette procédure illustre la difficulté, pour le droit du travail, de s'en tenir aux règles du droit commun des actes juridiques. Celui-ci suggère immédiatement la nullité du licenciement prononcé en violation des règles

---

1. Le Conseil d'État contrôle la qualification des faits retenus par le juge du fond (CE 11 juin 1999, *RJS* 8-9/99, n° 1093, 1re esp.).

2. CE 11 févr. 1998, *Dr. soc.* 1998. 1054, obs. M. Miné (vol de marchandises de valeur minime : faute d'une gravité insuffisante pour justifier le licenciement) ; 19 juill. 1991, *RJS* 10/91, n° 1114 (refus réitéré et inexpliqué d'exécuter des travaux de sa compétence professionnelle : faute d'une gravité suffisante) ; 6 avr. 2001, *RJS* 6/01, n° 765 (dénonciation calomnieuse, auprès de services de santé publique, de la direction de l'établissement de soins où travaillait le délégué : faute d'une suffisante gravité).

3. Appréciation sévère des *fautes commises à l'occasion d'un conflit* au cours duquel le juge attribue au représentant un rôle spécifique de direction et de modération : CE 27 juin 1979, *Dr. soc.* 1979. 420 ; 9 oct. 1987, *JCP* 1988. 20964, note F. Moderne ; 13 nov. 1987, *Dr. soc.* 1988. 190 ; 1er avr. 1992, *Dr. soc.* 1992. 689, concl. D. Kessler (arrêt d'une machine où étaient occupés des non-grévistes) ; 12 juill. 1995, *RJS* 10/95 n° 1030 (piquets de grève ; absence de rôle modérateur) ; 10 janv. 2000, *RJS* 5/00, n° 554 (participation active au blocage des accès à un établissement) ; 6 mars 2002, *RJS* 6/02, n° 699 (violences lors d'un mouvement de grève, notamment à l'égard d'autres membres du personnel). Mais le seul fait de participer à un piquet de grève n'ayant pas affecté la liberté du travail n'est pas fautif : CE 2 févr. 1996, *RJS* 3/96, n° 299.

4. CE 18 févr. 1977, *Abellan*, préc. ; 27 juin 1979, *D.* 1980. 337, note A. Jeammaud ; 2 févr. 1996, *RJS* 3/96, n° 305 ; 8 janv. 1997, *RJS* 2/97, n° 175. Juge de cassation, le Conseil d'État contrôle la qualification juridique des faits et la réalité des motifs économiques, mais, sous réserve de la dénaturation des faits, l'appréciation des efforts de reclassement relève des seuls juges du fond (CE 11 juin 1999, *RJS* 8-9/99, n° 1093, concl. G. Bachelier p. 631).

5. Ex. : CE 8 févr. 1980, *D.* 1980. 337.

légales impératives. Cette nullité a été assez tôt consacrée par la Cour de cassation dans un arrêt de principe [1]. Le licenciement n'est susceptible de produire aucun effet. Le représentant doit normalement recouvrer son emploi, son salaire, ses fonctions représentatives. Mais de longues années furent nécessaires avant d'atteindre ce résultat [2].

1130 ***L'indemnisation*** ◇ La Cour de cassation a assez longtemps refusé d'imposer le maintien du contrat à l'employeur. Invoquant l'article 1142 du Code civil, elle considérait que l'obligation de réintégrer constituait une obligation de faire dont l'inexécution ne pouvait donner lieu qu'à l'allocation de *dommages-intérêts* [3]. Tout au plus, un juge pouvait-il ordonner une réintégration conditionnelle avec conversion en dommages-intérêts au cas de refus d'exécution [4]. Cette jurisprudence aboutissait à traiter un licenciement nul comme simplement abusif. Or, l'art. 1142 C. civ. n'exclut sans doute l'exécution forcée d'une obligation de faire que si elle porte atteinte à la liberté individuelle du débiteur, ce qui n'est pas normalement le cas dans ce type de situation (surtout lorsque l'employeur est une personne morale).

Aujourd'hui, alors même que la réintégration est la sanction normale d'un licenciement non autorisé, le délégué n'est jamais tenu, s'il entend réagir en exerçant quelque voie de droit, de la solliciter. Il peut préférer réclamer des *dommages-intérêts* [5].

Après avoir traité cette indemnisation comme celle de n'importe quel licenciement abusif, la Cour de cassation a admis que le représentant avait droit, à titre d'indemnité, au versement des salaires correspondant à toute la période de protection puisque l'employeur aurait dû lui fournir du travail jusqu'à cette date [6] nonobstant la gravité de la faute qu'il aurait pu commettre [7] et même si l'employeur avait obtenu une autorisation administrative après le prononcé du licenciement [8]. Une autre indemnité pouvait

1. Soc. 3 juin 1948, *Bull. civ.* IV, n° 557.
2. B. Bossu, Les situations de fait et l'évolution de la jurisprudence de la chambre sociale de la Cour de cassation, *Dr. ouvrier* 1999. 94.
3. Soc. 27 nov. 1952, *D.* 1953. 239 ; 13 avr. 1961, *D.* 1961. 401.
4. Soc. 7 déc. 1956, *Dr. soc.* 1957. 167 ; 23 juin 1960, *Bull. IV*, n° 683.
5. Soc. 4 juill. 1989, *Bull. civ.* V, n° 497 ; 17 oct. 1989, *ibid.*, n° 595. Le représentant victime d'un licenciement nul peut conclure avec l'employeur une transaction réglant les conséquences pécuniaires de la rupture du contrat (Soc. 5 févr. 2002, *JCP* E 2002. 727, note F. Duquesne). Cet accord interdit au salarié, qui a obtenu la réparation indemnitaire tant des conséquences du licenciement lui-même que de celles résultant de son irrégularité, de poursuivre le chef d'entreprise ou l'employeur pour avoir refusé sa réintégration (Crim. 4 févr. 1992, *JCP E* 1993. II. 382 ; Soc. 10 janv. 1995, *RJS* 2/95, n° 137).
6. Parmi de nombreux arrêts : Soc. 3 oct. 1989, *Bull. civ.* V, n° 558 : 5 oct. 1994, *Dr. soc.* 1994. 983 ; 25 nov. 1997, *Dr. soc.* 1998. 91, obs. M. Cohen ; *Grands arrêts*, 4e éd., 2008, n° 155 ; 8 juin 1999, *RJS* 7/99, n° 909. La Cour de cassation a refusé de transmettre au Conseil constitutionnel une QPC contestant cette solution : Soc. 20 févr. 2013, n° 10-40.095 QPC, publié.
7. Soc. 10 juill. 1990, *Dr. soc.* 1990. 794, 2e esp., note H. Marie ; CE 14 juin 1991, *Dr. soc.* 1992. 51, concl. M. Denis-Linton.
8. Soc. 1er juin 1994, *Dr. soc.* 1994. 810.

réparer le préjudice résultant de la rupture du contrat de travail, sauf si le licenciement était justifié par une faute grave du salarié [1].

Plus récemment, la Cour a rompu tout lien entre cette seconde indemnisation et le comportement du salarié [2]. La règle paraît désormais simple et rigoureuse [3] : le salarié protégé, qui ne demande pas la poursuite de son contrat, a le droit d'obtenir : 1) au titre de la méconnaissance du statut protecteur, une *indemnité d'un montant égal à la rémunération qu'il aurait dû percevoir* entre son éviction et la fin de la période de protection [4], étant précisé que la référence n'est pas la rémunération nette mais « le montant de la rémunération avant précompte des contributions sociales et des impositions de toute nature que la loi met à la charge du salarié » [5]. Le salarié ne peut toutefois prétendre à cette indemnité forfaitaire que s'il a présenté sa demande d'indemnisation avant la fin de la période de protection. S'il introduit sa demande après cette date, sans justifier de motifs qui ne lui soient pas imputables, il n'a droit qu'à une indemnité calculée en fonction du préjudice subi [6] ; 2) les *indemnités de rupture* (indemnités compensatrices de préavis et de licenciement) [7] ; 3) une *indemnité réparant l'intégralité du préjudice résultant du caractère illicite du licenciement* et au

1. Soc. 10 juill. 1990, *Dr. soc.* 1990. 794, 1re et 3e esp., note H. Marie ; 21 juill. 1993, *Dr. ouvrier* 1994. 158 ; 7 juin 1995, *Bull. civ.* V, n° 185 ; 30 nov. 1999, *RJS* 1/00, n° 72.

2. Soc. 12 juin 2001, *Dr. soc.* 2001. 899, obs. J. Savatier ; *D.* 2001. Somm. 3011, obs. B. Lardy-Pélissier ; 15 mai 2002, *RJS* 7/02, n° 833 ; 22 mai 2002, *Dr. soc.* 2002. 917, obs. J. Mouly. V. : L. Milet, Les indemnités dues aux représentants du personnel licenciés sans autorisation administrative, *Dr. soc.* 2001. 1053 ; J.-Y. Frouin, L'indemnisation des salariés protégés licenciés sans autorisation, *RJS* 11/01, p. 842.

3. Rappelée et appliquée par des nombreux arrêts. Ex. : Soc. 16 mars 2005, *Bull. civ.* V, n° 96 ; 29 mars 2005, *Bull. civ.* V, n° 105.

4. Soc. 25 nov. 1997, *Bull. civ.* V, n° 405 ; *Grands arrêts*, 4e éd., 2008, n° 155 ; 22 juin 2004, *RJS* 10/04, n° 1066 ; 30 juin 2004, *ibid*, n° 1069 ; 7 juin 2005, *Bull. civ.* V, n° 191. La période de protection est, pour le conseiller du salarié dont le mandat n'est pas limité dans le temps, limitée à la durée de la protection accordée au délégué syndical (art. L. 2411-3), ce qui conduit à lui accorder l'équivalent de 12 mois de salaires à compter de son éviction (Soc. 6 juin 2000, *Bull. civ.* V, n° 218 ; 2 mai 2001, *Dr. soc.* 2001. 774, 1re esp., obs. J. Savatier. Lorsque le salarié est protégé à plusieurs titres, la sanction de la méconnaissance du statut protecteur doit être égale au moins au montant des salariés dont le salarié a été privé depuis la date de son éviction jusqu'à la fin de la période de protection qui expire la dernière (Soc. 3 mai 2007, n° 05-43.863 : *RJS* 7/07, n° 876). La Cour de cassation avait jugé, à propos d'un conseiller prud'homme illégalement licencié, que le montant de cette indemnité devait être limitée à la durée de la protection des représentants du personnel (Soc. 2 mai 2001 : *Bull. civ.* V, n° 147). Toutefois, à l'époque où l'arrêt avait été rendu les représentants du personnel étaient élus pour deux ans. La durée de leur mandat ayant été ensuite porté à quatre ans, il n'était pas certain que la Chambre sociale maintienne sa jurisprudence (v. sur la question, J. Mouly, Quelle indemnisation pour les salariés protégés irrégulièrement licenciés ? : *Dr. soc.* 2009. 1204, spéc. p. 1212 s.). Elle a pourtant réaffirmé cette solution dans une décision en date du 12 juin 2013 : Soc. 12 juin 2013, n° 12-17.273 P ; Comp. Soc. 1er juin 2010, n° 09-41.507, *JCP S* 2010. 1337, note Th. Lahalle.

5. Soc. 7 juin 2005, *Bull. civ.* V, n° 191.

6. Soc. 11 juin 2013, n° 12-12.738, *RDT* 2013. 573, note M. Grévy.

7. Soc. 5 févr. 2002, *Bull. civ.* V, n° 53 ; 23 nov. 2004, *Bull. civ.* V, n° 296 ; 10 mai 2006, *Bull. civ.* V, n° 173 (le montant de l'indemnité compensatrice de préavis ne saurait être déduite de celui de l'indemnité de violation du statut protecteur, ni être amputée de l'équivalent d'indemnités journalières perçues par le salarié).

moins égale à celle prévue par l'article L. 1235-3 du Code du travail (non inférieure aux salaires des six derniers mois)[1]. Ce cumul de l'indemnité forfaitaire et de l'indemnité de licenciement illicite est troublant, dans la mesure où il revient à mêler exécution forcée en nature et réparation par équivalent[2]. Le salarié ne saurait, en revanche, cumuler des indemnités qui ont pour objet de réparer des préjudices identiques. Il en va ainsi de l'indemnité résultant du caractère illicite de l'emploi et de l'indemnité prévue par l'article L. 1235-11 du Code du travail en cas d'absence ou d'insuffisance du plan de sauvegarde de l'emploi[3].

1131 ***La réintégration***[4] ◊ Sur le plan *civil*, la notion de voie de fait, trouble grave qu'il importe de faire cesser d'urgence, a fondé la saisine de juges des *référés*, qui n'ont pas hésité à condamner l'employeur à réintégrer le représentant du personnel *sous astreinte*. D'abord réticente, la Cour de cassation a progressivement admis cette mesure[5]. Son arrêt *Revet Sol*, de 1972[6], sans employer le terme « réintégration », souligne que la demande du délégué tendait simplement à faire ordonner la *continuation de l'exécution* d'un contrat de travail auquel l'employeur avait prétendu mettre fin par une voie de fait, bien que le droit de rompre unilatéralement lui eût été retiré et qu'il n'eût pas obtenu l'accord de l'inspecteur du travail ; les juges avaient donc pu estimer urgent de faire cesser ce trouble et ordonner, par une mesure provisoire, une remise en l'état. Cette jurisprudence a été consacrée par la loi du 28 octobre 1982.

La Cour de cassation veille à ce que le salarié protégé, s'il la sollicite[7], obtienne sa réintégration (en saisissant la formation de référé du conseil de prud'hommes) dans l'emploi dont il a été illégalement privé, si cet emploi subsiste, ou dans une autre unité de l'entreprise ou du groupe dont

1. Soc. 23 nov. 2004, préc. ; 18 mai 2005, *Bull. civ.* V, n° 172. Le départ à la retraite après le licenciement n'affecte pas cette indemnisation (Soc. 26 nov. 2002, *Bull. civ.* V, n° 101). Il n'y a pas lieu de prendre en considération les motifs de la rupture (Soc. 12 déc. 2001, *Dr. soc.* 2002. 225, obs. G. Couturier), ou le fait que la réintégration soit matériellement impossible (Soc. 25 juin 2003, *Bull. civ.* V, n° 207).

2. Pour parvenir à ce résultat, il faut considérer que le contrat s'est poursuivi jusqu'au terme de la période de protection et qu'il n'a été rompu qu'à ce moment-là. Ainsi que l'a proposé, non sans pertinence, un auteur, il conviendrait au contraire d'admettre que la rupture du contrat est intervenu au moment du licenciement, sans que, pour autant, cela conduise à une diminution de l'indemnisation due au salarié (v. J. Mouly, art. préc.).

3. Soc. 15 oct. 2013, n° 12-21.746, publié. Le salarié ne peut prétendre qu'à l'indemnité la plus élevée. V. aussi, Soc. 30 juin 2010, n° 09-40.347, *Bull. civ.* V, n° 154.

4. B. Desjardins, La réintégration, *Dr. soc.* 1992. 766 ; H. Sinay : Rigueur et ampleur de la réintégration, *Dr. soc.* 1994. 552 ; P. Tillie, Les nullités textuelles, *Dr. ouvrier* 1999. 102 ; Actualité de la réintégration, *Dr. ouvrier*, n° spéc. mars 1999.

5. Civ. 2e, 10 nov. 1966, *D.* 1967. 178, note G. Lyon-Caen ; Cass., ch. mixte, 25 oct. 1968, *Dr. soc.* 1969. 177, note J. Savatier ; *Grands arrêts*, 4e éd., 2008, n° 153 ; Soc. 25 nov. 1970, *Dr. soc.* 1971. 277 ; 21 avr. 1971, *D.* 1971. 706.

6. Soc. 14 juin 1972, *JCP* 1972. II.17275, note G. Lyon-Caen ; *D.* 1973. 114, note N. Catala ; *Grands arrêts*, 4e éd., 2008, n° 154.

7. Le salarié qui demande sa réintégration invoque nécessairement la nullité de son licenciement (Soc. 18 déc. 2000, *Dr. soc.* 2001. 450, obs. L. Milet).

l'entreprise fait partie [1]. En particulier, l'existence d'un trouble manifestement illicite (au sens de l'art. R. 1455-6 C. trav.) ne saurait être discutée [2]. Lorsque le salarié sollicite sa réintégration et que l'emploi qu'il occupait précédemment n'existe plus ou n'est plus vacant, le refus de l'intéressé d'occuper des postes équivalents proposés par l'employeur ne constitue pas, par lui-même, une faute disciplinaire. Toutefois, ce refus est susceptible de rendre impossible la poursuite du contrat de travail et peut constituer un motif de nature à justifier une autorisation de licenciement [3]. Ainsi que l'affirme la Cour de cassation, en raison de la protection exceptionnelle et exorbitante du droit commun dont bénéficient les salariés investis de fonctions représentatives, dans l'intérêt de l'ensemble des travailleurs qu'ils représentent, seule une impossibilité absolue peut libérer l'employeur de l'obligation de réintégrer le salarié à son poste de travail, avec maintien de ses conditions de travail antérieures, à la suite du refus d'une autorisation administrative de licenciement et constituer ainsi à ce titre une cause étrangère propre à justifier la suppression de l'astreinte dont est assortie la décision ordonnant la réintégration [4].

Aucun délai n'est imparti au salarié pour demander sa réintégration effaçant une rupture prononcée en violation du statut protecteur [5]. Lorsque le salarié a obtenu judiciairement sa réintégration et que l'employeur y fait

---

1. Soc. 12 mai 1998, *RJS* 6/98, n° 758, (2e esp.). La réintégration s'impose même si le poste de l'intéressé a été supprimé (Soc. 13 juill. 1993, *Dr. soc.* 1993. 881 ; 13 déc. 1994, *Bull. civ.* V, n° 341 ; 8 juill. 1997, *Dr. soc.* 1997. 990), ou modifié (17 mars 1993, *Dr. soc.* 1993. 462), ou se trouve occupé par un autre salarié (31 mai 1995, *Dr. soc.* 1995. 683), voire par l'employeur lui-même (18 nov. 1998, *Dr. soc.* 1999. 197, obs. M. Cohen), et quelle que soit l'ancienneté du licenciement (20 mai 1992, *Dr. soc.* 1992. 714). La réintégration peut être ordonnée dans une autre société du même groupe (Soc. 15 déc. 1988, *D.* 1990. 87, note A. Penneau ; 16 oct. 2001, *D.* 2002. Somm. 770, obs. E. Peskine). Il n'est pas certain que cette jurisprudence se maintienne, la Cour de cassation ayant par deux fois jugé que l'obligation de réintégration ne s'étendait pas au groupe dans des cas où, il est vrai, n'était pas en cause le licenciement nul d'un salarié protégé (Soc. 9 juill. 2008, n° 07-41.845, licenciement discriminatoire et Soc. 15 févr. 2006, n° 04-43.282, licenciement nul en raison de la nullité du plan de sauvegarde de l'emploi). L'employeur n'est libéré de son obligation de réintégrer qu'en cas de disparition de l'entreprise (Soc. 9 juill. 1986, *Bull. civ.* V, n° 368 ; 24 juin 1998, *RJS* 8-9/98, n° 1020 ; 20 juin 2006, n° 05-44.256 : *JCP S* 2006, 1925, obs. J.-Y. Kerbourc'h). Si l'employeur ne justifie pas d'une impossibilité de réintégrer, puis propose au salarié, après l'expiration de la période de protection, une modification de contrat, le licenciement consécutif à un refus de cette modification est nul (Soc. 30 juin 2004, *Bull. civ.* V, n° 185).

2. L'employeur ne peut utilement invoquer l'hostilité du personnel au retour du délégué (Soc. 9 juin 1988, *D.* 1990. 64, *Bull. civ.* V, 356), ni contester la qualité de personne protégée (26 juin 2001, *Bull. civ.* V, n° 230 : le refus d'autorisation « purgerait » la désignation ou la candidature de tout vice) ou la validité du « mandatement » du salarié chargé de négocier un accord (19 févr. 2002, *Sem. soc. Lamy*, 4 mars 2002, n° 1065), ni faire valoir que le licenciement refusé était motivé par la violation délibérée d'une réglementation de santé publique (12 juin 2001, *D.* 2001. IR 2085).

3. CE 14 oct. 2012, n° 334588, *Sem. soc. Lamy* 2013, n° 1573, p. 12, chron. L. Pécaut-Rivolier et Y. Struillou.

4. Soc. 24 juin 2014, n° 12-24.623, publié. La Cour de cassation ajoute que le refus d'une partie du personnel de travailler à nouveau avec le salarié investi d'un mandat représentatif pour des motifs écartés par l'autorité administrative ne peut suffire à caractériser une impossibilité absolue de réintégrer celui-ci dans son poste. En l'espèce, le salarié était accusé de harcèlement.

5. Soc. 11 déc. 2001, *RJS* 2/02, n° 200. La transaction conclue après l'ordonnance de réintégration, et ayant en réalité pour objet de résilier le contrat, est nulle (Soc. 3 avr. 2001, *Bull. civ.* V, n° 118).

obstacle, ce dernier est tenu au paiement d'une indemnité égale à la rémunération que le salarié aurait perçue jusqu'à ce que, renonçant à la réintégration, il prenne acte de la rupture de son contrat de travail. Dans ce cas, le salarié a droit, en outre, aux indemnités de rupture de son contrat de travail ainsi qu'à une indemnité pour licenciement illicite, au moins égale à celle prévue par l'article L. 1235-3 du Code du travail [1].

Lorsqu'il demande sa réintégration avant la fin de la période de protection, le salarié a droit à l'équivalent de sa rémunération depuis le licenciement jusqu'à la date de sa réintégration [2]. En cas de transfert d'entreprise le paiement de cette indemnité incombe au cessionnaire. Toutefois, lorsque la cession intervient dans le cadre d'une procédure de redressement judiciaire, le nouvel employeur n'est pas tenu, à l'égard des salariés dont les contrats de travail subsistent, des obligations qui incombaient à l'ancien employeur à la date du transfert de l'entité économique [3].

Le licenciement irrégulier et le refus ultérieur de réintégrer consomment par ailleurs le délit d'entrave [4].

Alors même qu'elle produit les effets d'un licenciement nul pour violation du statut protecteur lorsque les faits invoqués la justifie, la prise d'acte de la rupture initiée par un salarié protégé n'autorise pas ce dernier à solliciter sa réintégration [5].

B. Annulation d'une autorisation administrative de licencier

1132 ***De la jurisprudence à la loi*** ◊ L'annulation par le ministre du Travail ou par le juge administratif d'une autorisation de licencier accordée par l'inspecteur du travail a donné naissance à une fameuse divergence au sein

1. Soc. 25 janv. 2006, n° 04-40.789 : *Bull. civ.* V, n° 28.

2. Soc. 10 déc. 1997, *RJS* 1/98, n° 71 ; 11 déc. 2001, préc. Cette indemnité compensatrice de la privation de rémunération est également due lorsque la demande de réintégration est formée après l'expiration de la période de protection pour des raisons non imputables au salarié : Soc. 30 nov. 1999, *Bull. civ.* V, n° 465 ; 11 déc. 2001, préc. ; 26 mars 2013, n° 11-27.996, *Lexbase Hebdo, éd. Sociale*, n° 524, note S. Tournaux (ayant constaté que le salarié avait attendu plus de quatre ans après l'expiration de la période de protection pour demander sa réintégration ainsi qu'une indemnisation courant à compter de la date de son éviction de l'entreprise, sans pouvoir justifier de ce délai, la cour d'appel a ainsi caractérisé un abus dans l'exercice de ce droit à indemnisation). Elle peut être réclamée, au titre du référé-provision (art. R. 1455-7), à la formation de référé du conseil de prud'hommes (Soc. 26 nov. 1997, *RJS* 1/98, n° 68). Le salarié, dont la réintégration est de droit, ne peut alors prétendre aux indemnités de rupture (Soc. 28 avr. 2006, *JCP S* 2006, 1548).

3. Soc. 27 mai 2009, n° 08-41.096 : *JCP S* 2009, 1394, note P. Morvan : il en résulte que lorsque le salarié licencié irrégulièrement par le cédant demande sa réintégration, le cessionnaire désigné dans le cadre de la procédure de redressement judiciaire doit paiement d'une indemnité égale au montant des salaires que l'intéressé aurait perçus entre la date d'effet de la cession et celle de sa réintégration ou de sa demande de réintégration si elle est postérieure à la cession.

4. Crim. 1er févr. 1951, *D.* 1951. 586 ; 23 avr. 1970, *D.* 1970. 629. L'entrave existe même si les salariés de l'entreprise s'opposent à la réintégration (Crim. 9 déc. 1986, *Bull. crim.* n° 368 ; 17 mars 1992, *RJS* 10/92, n° 1077). La réintégration ne fait pas disparaître une infraction déjà consommée (Crim. 15 févr. 1994, *RJS* 6/94, n° 713 ; 4 avr. 1995, *RJS* 6/95, n° 666).

5. Soc. 29 mai 2013, n° 12-15.974, publié. La solution est justifiée par le fait que la prise d'acte entraîne la rupture immédiate du contrat de travail et qu'elle ne peut être rétractée.

de la Cour de cassation. La Chambre criminelle décidait que l'annulation de l'autorisation de licencier entraînait l'annulation du licenciement qui avait pu être prononcé : l'employeur qui ne réintégrait pas le salarié commettait le délit d'entrave [1]. La Chambre sociale considérait au contraire que l'annulation de l'autorisation administrative n'avait aucune influence sur le licenciement prononcé : l'employeur n'avait commis aucune faute en rompant le contrat de travail avec l'autorisation de l'inspecteur du travail et ne pouvait être tenu de réparer les conséquences de l'annulation, le contrat restant rompu dans les rapports entre les parties [2]. L'annulation de la décision de l'inspecteur n'avait donc d'effet qu'au plan administratif, dans la mesure où la responsabilité de la puissance publique pouvait être mise en cause [3].

En 1980, un arrêt de chambre mixte mit fin à cette divergence [4] en faisant prévaloir l'analyse de la Chambre criminelle. Mais la portée de cette jurisprudence était limitée dans ses effets civils, la Chambre sociale considérant, en cas d'annulation de l'autorisation par le juge administratif, que le juge judiciaire sollicité d'ordonner la réintégration devait surseoir à statuer jusqu'à la décision définitive du Conseil d'État [5].

Cette solution, fort discutable, a conduit le législateur, avec la loi du 28 octobre 1982, à poser lui-même les règles applicables en cas d'annulation de l'autorisation de licencier un délégué syndical [6], un délégué du personnel ou un membre du comité d'entreprise (C. trav., art. L. 2422-1) [7].

1133 ***Le dispositif législatif*** ◊ **a) Réintégration.** Lorsque la décision autorisant le licenciement a été annulée, le représentant élu ou syndical a *droit à réintégration*, que l'annulation résulte d'un jugement ou arrêt [8] ou d'une décision de l'autorité hiérarchique [9]. La transaction alors conclue sur un futur licenciement serait nulle [10].

---

1. Crim. 9 juin 1966, *Dr. soc.* 1967. 292 ; 4 oct. 1973, *Bull. crim.* n° 346.

2. Soc. 1er juill. 1964, *JCP* 1965.II.14240, note P. de Font Réaulx.

3. Cette action en responsabilité administrative est ouverte à l'employeur (CE 21 mars 1984, *Rec.* p. 125) comme au salarié (CE 9 juin 1995, *RJS* 7/95, n° 797 ; concl. J. Arrighi de Casanova).

4. Cass., ch. mixte, 18 janv. 1980, *D.* 1980. 380, note A. Jeammaud et J. Pélissier ; *JCP* 1980. II.19.397, concl. J. Robin et note J.-Cl. Javillier ; *Grands arrêts*, 4e éd., 2008, n° 156.

5. Soc. 24 janv. 1980, *D.* 1980. 477, note A. Jeammaud et J. Pélissier ; 27 nov. 1980, *Bull. civ.* V, n° 860 ; 11 févr. 1981, *Bull. civ.* V, n° 116.

6. Disposition applicable au conseiller prud'homme, par renvoi de l'art. L. 1442-19 (Soc. 12 mai 1998, *Dr. soc.* 1998. 728, obs. M. Keller).

7. La Cour de cassation a refusé de transmettre au Conseil constitutionnel une QPC qui mettait en cause la constitutionnalité de cette disposition : Soc. 18 nov. 2011, n° 11-40.067 : *JCP S* 2012, 1183, note J.-Y. Kerbourc'h.

8. Il n'y a d'exception qu'en cas de prononcé d'un sursis à exécution (Soc. 17 sept. 2003, 2 arrêts, *Bull. civ.* V, n° 238 et 239).

9. Soc. 14 janv. 1988, *Bull. civ.* V, n° 39 (la réintégration n'est plus subordonnée au caractère définitif de l'annulation) ; 22 juin 1993, *Dr. soc.* 1993. 776 ; Crim. 14 mars 2006, *Bull. crim.* n° 72 (le droit à réintégration n'étant pas subordonné au caractère définitif de l'annulation, commet le délit d'entrave l'employeur qui refuse la réintégration au motif qu'il a demandé au juge administratif l'annulation de la décision du ministre annulant l'autorisation). Peu importe que le licenciement ait été notifié à l'issue de la période de protection (Soc. 1er oct. 2003, *Dr. soc.* 2003. 1136, obs. J. Savatier ; *D.* 2004. Somm. 380, obs. J.-M. Verdier).

10. Crim. 31 janv. 2006, *Dr. soc.* 2006. 573, obs. F. Duquesne.

Le salarié doit demander sa réintégration dans les deux mois qui suivent la notification qui lui a été faite de la décision du ministre ou du juge annulant l'autorisation, et ne peut l'exiger une fois ce délai expiré [1].

Le salarié doit retrouver son emploi ou un emploi équivalent (attributions semblables, rémunération au moins égale à la rémunération antérieure et mêmes perspectives de carrière, même secteur géographique aussi) [2]. Il doit également être réintégré dans ses fonctions de délégué du personnel ou de membre de comité d'entreprise, si l'institution n'a pas été renouvelée. Si des élections ont eu lieu depuis son licenciement, le délégué du personnel ou le membre du comité recouvre une protection pendant une durée de 6 mois à compter du jour où il retrouve sa place dans l'entreprise. Mais le retour d'un délégué syndical dans ses fonctions dépendra de la volonté de l'organisation syndicale qui peut ou non le désigner à nouveau [3].

b) Indemnisation. Lorsque l'autorisation de licencier a été annulée, le salarié licencié a droit à une indemnisation. Ce droit présente plusieurs caractéristiques.

1) Il existe au profit de tous les salariés protégés, qu'ils demandent ou non leur réintégration. Le choix du salarié a seulement des conséquences sur le calcul de la somme due : s'il a demandé la réintégration et s'il n'a pas été réintégré lorsque l'annulation est devenue définitive, cette somme couvre le préjudice subi jusqu'au jour où il est effectivement rétabli dans son emploi [4] ; s'il ne demande pas sa réintégration, l'indemnisation couvre

---

1. Soc. 23 juin 1999, *RJS* 8-9/99, n° 1094 ; 29 mars 2005, *Bull. civ.* V, n° 104 (il n'en va autrement qu'en cas de sursis à exécution). Peu importe la date de la notification de la décision ministérielle (Soc. 9 mai 2000, *Bull. civ.* V, n° 174). Demander en référé une provision sur l'indemnité légale de licenciement tandis que l'autorisation se trouve contestée devant la juridiction administrative, ne vaut pas renonciation au droit à réintégration (Soc. 1er oct. 2003, préc.).

2. Soc. 24 juin 1998, *RJS* 8-9/98, n° 1018 ; Crim. 17 déc. 1996, *RJS* 4/97, n° 432. La mise en disponibilité, avec maintien du salaire, pendant la période de protection restant à courir ne constitue pas une réintégration (Soc. 30 juin 2004, *Dr. soc.* 2004. 1040, obs. L. Milet). La réintégration dans un emploi équivalent n'est licite que si l'emploi n'existe plus ou n'est pas vacant (Soc. 24 janv. 1990, *Dr. soc.* 1990. 328, rapp. Ph. Waquet). Sur la notion d'emploi équivalent : Soc. 21 mars 2002, n° 00-40.675 (un emploi d'ouvrier professionnel mécanicien de fabrication équivaut à l'emploi initial de tourneur) ; 10 déc. 2003, n° 01-45.110 (des postes à Paris ou Lyon ne sont pas équivalents à un poste à Toulouse). Si l'emploi du salarié n'existe plus ou n'est pas vacant, l'emploi équivalent doit être recherché au sein de l'entreprise ou du groupe (Soc. 15 déc. 1988, préc.). La demande de réintégration est opposable au nouvel employeur lorsque l'entité économique a été reprise (Soc. 10 juill. 1995, *Dr. soc.* 1995. 834 ; 26 févr. 2003, *Bull. civ.* V, n° 68 ; Crim. 31 janv. 2006, préc.). Si la réintégration est impossible, en raison de la liquidation judiciaire de l'employeur par exemple, le salarié peut prétendre à une indemnité réparant le préjudice subi (Soc. 6 avr. 2005, n° 03-43.642).

3. Soc. 24 janv. 1990, n° 89-60.004, *Bull. civ.* V, n° 31. Lorsque le syndicat choisit de désigner, de nouveau, le salarié en qualité de délégué syndical, ne peuvent y faire obstacle les dispositions légales imposant aux syndicats représentatifs de choisir le délégué syndical en priorité parmi les candidats ayant recueilli au moins 10 % des suffrages exprimés au premier tour des dernières élections : Soc. 14 nov. 2013, n° 13-11.301, *Sem. soc. Lamy*, n° 1621, p. 14, chron. L. Pécaut-Rivolier et Y. Struillou.

4. Soc. 30 nov. 2004, *Bull. civ.* V, n° 305. V. : *Sem. soc. Lamy*, n° 1198, 17 janv. 2005, p. 12.

la période allant du licenciement à la fin du 2e mois suivant la notification à l'employeur de la décision d'annulation (C. trav., art. L. 2422-1) [1].

2) Il suppose que l'annulation de l'autorisation de licencier soit devenue définitive : après l'annulation par le ministre de l'Autorisation de licencier délivrée par l'inspecteur du travail, le salarié peut, même si la décision du ministre fait l'objet d'un recours devant le juge administratif, exiger d'être immédiatement réintégré dans son emploi et ses fonctions, mais il ne peut obtenir immédiatement d'indemnisation ; il devra, pour cela, attendre que l'éventuel recours de l'employeur ait été définitivement rejeté par les juridictions administratives [2].

3) L'indemnisation couvre non seulement le préjudice postérieur à la décision d'annulation, mais également le préjudice subi depuis le jour du licenciement (différence importante avec la jurisprudence antérieure) [3].

4) La somme due a une nature mixte, à la fois indemnité et salaire : l'employeur doit « une indemnité correspondant à la totalité du préjudice subi », mais qui constitue « un complément de salaire » (les cotisations de sécurité sociale sont dues) [4].

5) S'agissant d'autres indemnités, la Cour de cassation a choisi de ne pas aligner la situation du salarié licencié en vertu d'une autorisation ensuite annulée sur celle du salarié licencié sans autorisation [5] : il peut prétendre au paiement des indemnités légales de rupture qui ne lui auraient pas été versées, mais seulement s'il apparaît qu'il n'avait pas commis de faute grave, et à une indemnité pour licenciement injustifié, mais seulement s'il est établi que son licenciement était, au moment de son prononcé, dépourvu de cause réelle et sérieuse [6].

---

1. Soc. 24 juin 1998, *RJS* 8-9/98, n° 1019 ; 11 mai 1999, *RJS* 6/99, n° 833 (1re esp.). L'indemnisation du salarié qui n'a pas demandé sa réintégration ne s'étendra pas au-delà de la période de deux mois suivant la notification de la décision, même si cette dernière a fait l'objet d'un recours ; c'est l'ouverture du droit à indemnisation qui est suspendue au caractère définitif de la décision, et non pas son mode de calcul (Soc. 15 déc. 1993, *RJS* 1/94, n° 54 ; 17 sept. 2003, *Bull. civ.* V, n° 238). Le départ à la retraite du salarié après son licenciement est sans incidence sur le principe et le montant de cette indemnisation (Soc. 26 mars 2002, *RJS* 6/02, n° 711).

2. Soc. 23 nov. 2004, *Bull. civ.* V, n° 294 (le salarié ne peut même obtenir de provision, car sa créance est sérieusement contestable dès lors qu'un recours contentieux a été introduit par l'employeur). Mais le caractère définitif de la décision privant le licenciement de validité n'a d'effet que sur l'exigibilité de l'indemnité, et le préjudice perdure tant que la réintégration demandée n'a pas été accordée (Soc. 2 févr. 2006, *JCP S* 2006. 1216, note J.-Y. Kerbourc'h).

3. Soc. 25 nov. 1997, *RJS* 1/98, n° 71 (3e esp.).

4. L'intéressé ne peut cumuler cette indemnité avec les allocations de chômage (Soc. 28 oct. 2003, *Dr. soc.* 2004. 117, obs. P.-Y. Verkindt) ou les sommes perçues au titre d'une activité professionnelle (Soc. 29 oct. 2010, 08-43.202, *JCP S* 2011, 1032, note S. Brissy).

5. B. Gauriau, Licenciement nul et licenciement dont l'autorisation est annulée : une distinction toujours nécessaire, *Dr. soc.* 2005. 277.

6. Ass. plén., 10 juill. 1992, *RJS* 10/92, n° 1078 ; Soc. 5 févr. 2002, *D.* 2002. 1298, note P. Bailly ; 30 avr. 2002, *Dr. soc.* 2002. 724, note J.-M. Verdier.

Ce régime des effets de l'annulation est applicable à l'hypothèse du retrait, par l'inspecteur du travail saisi d'un recours gracieux, de l'autorisation de licenciement d'abord accordée[1].

Sous-section 3. Protection contre les mesures autres que le licenciement

1134 ***Extension de la protection*** ◊ Le champ d'application de la protection tend à suivre l'extension du régime du licenciement à d'autres modes de rupture et à d'autres sanctions, alors que la jurisprudence s'est longtemps tenue à l'idée que l'autorisation n'était requise qu'en cas de licenciement.

§ 1. Extension jurisprudentielle du régime d'autorisation à d'autres hypothèses que le licenciement

1135 ***Modification, mutation***[2] ◊ « Aucune modification de son contrat de travail, aucun changement de ses conditions de travail ne peuvent être imposés à un représentant du personnel sans son accord », telle est la règle consacrée par la Cour de cassation[3]. La jurisprudence administrative est dans le même sens[4]. Le salarié protégé qui refuse une modification quelconque de son contrat doit être maintenu dans son emploi et c'est à l'employeur d'engager en pareil cas la procédure spéciale de licenciement[5]. Ainsi la rétrogradation, assortie d'une diminution de la rémunération est assimilable à un licenciement ; si elle n'a pas été acceptée par le salarié protégé, elle constitue le délit d'entrave[6].

La mise en *chômage partiel* d'un salarié protégé requiert autorisation[7], et, si elle n'est pas acceptée par le délégué, l'employeur doit lui payer le salaire dû pour une période normale d'activité[8].

1. Soc. 30 avr. 2002 (deux arrêts), préc. ; 8 oct. 2003, *Bull. civ.* V, n° 254.

2. J. Mouly, Le changement dans les conditions de travail des salariés protégés à l'aune des jurisprudences judicaires et administratives : *Dr. soc.* 2011. 1083.

3. Soc. 25 nov. 1997, *RJS* 1/98, n° 67 ; 10 mai 1999, *Bull. civ.* V, n° 208 ; 30 mai 2001, *Dr. soc.* 2001. 901, obs. J. Savatier (le délégué conserve son mandat malgré son rattachement à une autre unité, qu'il n'a pas accepté) ; 15 févr. 2006, *JCP S* 2006. 1265, note J.-Y. Kerbourc'h. Néanmoins, une réduction du temps de travail sans perte de salaire, en vertu d'un accord conclu dans le cadre d'une loi visant à cette réduction s'impose même aux salariés protégés (Soc. 26 févr. 2003, *Bull. civ.* V, n° 73).

4. CE 10 mars 1997, *RJS* 5/97, n° 567 ; TA Dijon, 14 mars 2002, *Dr. soc.* 2002. 673, obs. J. Mouly.

5. Soc. 30 juin 1993, *Bull. civ.* V, n° 192 ; *D.* 1994. Somm. 299, obs. J.-M. Verdier ; 31 mai 1995. *Dr. soc.* 1995. 683, obs. M. Cohen.

6. Crim. 31 janv. 1974, *Bull. crim.* n° 52 ; 29 mars 1994, *RJS* 8-9/94, n° 1005.

7. Crim. 12 déc. 1989, *RJS* 1/90, p. 33 ; Soc. 18 juin 1996, *Bull. civ.* V, n° 248.

8. Soc. 18 juin 1996, *Dr. soc.* 1996. 979.

La *mutation* peut également, au regard du régime spécial de protection, être assimilée au licenciement, qu'elle entraîne modification du contrat de travail ou simple changement de ses conditions de travail, dès lors qu'elle est de nature à nuire à l'exercice du mandat [1] ; si le salarié la refuse, l'employeur doit solliciter l'autorisation de licencier [2]. Pour le Conseil d'État, le refus opposé par un salarié protégé à un changement de ses conditions de travail constitue, en principe, une faute [3]. La Chambre criminelle de la Cour de cassation décide que toute mutation de poste ou de fonction, imposée à un représentant du personnel, caractérise l'élément matériel du délit d'entrave ; l'infraction est constituée si l'employeur n'apporte pas la pleine justification de la mesure critiquée [4]. Au plan civil, la jurisprudence d'abord hésitante, exige maintenant l'accord du salarié pour toute mutation, même en exécution d'une clause de mobilité [5]. Le statut l'emporte. Mais le refus du salarié de se soumettre à une mutation peut justifier une autorisation de licencier [6].

La *révocation d'un usage* a été, jusqu'à une date récente, différemment qualifiée par le Conseil d'État, qui y voyait une modification du contrat du représentant appelant, en cas de refus, une demande d'autorisation de licenciement [7], et par la Cour de cassation, qui juge cette révocation opposable au représentant comme à tout autre salarié parce qu'elle n'affecte pas le contrat de travail [8]. Mais la Haute juridiction administrative s'est rangée à cette dernière opinion [9].

---

1. Crim. 31 janv. 1974, *Dr. ouvrier* 1974. 162 ; 26 avr. 1983, *Dr. ouvrier* 1984. 205.

2. Soc. 10 oct. 1989, *Bull. civ.* V, n° 575 ; 12 déc. 1990, *RJS* 1/91, n° 55 ; Crim. 27 févr. 1990, *RJS* 4/90, n° 317. Si le salarié n'a pas été licencié, il peut demander au juge des référés de faire cesser un trouble manifestement illicite (Soc. 30 avr. 1997, *RJS* 6/97, n° 706).

3. Après s'être assuré que la mesure envisagée ne constitue pas une modification du contrat de travail de l'intéressé, il appartient à l'autorité administrative, sous le contrôle du juge, d'apprécier si le refus du salarié constitue une faute d'une gravité suffisante pour justifier l'autorisation sollicitée, compte tenu de la nature du changement envisagé, de ses modalités de mise en œuvre et de ses effets, tant au regard de la situation personnelle du salarié, que des conditions d'exercice de son mandat : CE 7 déc. 2009, n° 301563 : *JCP S* 2010, 1096, note J.-Y. Kerbourc'h. Selon un auteur, il existe « une contradiction fondamentale entre les positions de la Cour de cassation et du Conseil d'État. On ne peut, en effet, considérer tout à la fois que l'employeur ne peut imposer à un salarié protégé un changement de ses conditions de travail et que le refus de celui-ci de ses soumettre à la décision de l'employeur constitue une faute grave » (J. Mouly, art. préc., p. 1084). La Cour de cassation juge toutefois que le refus par le salarié protégé d'une modification que l'autorité administrative a qualifié de simple changement de ses conditions de travail, justifiant d'accorder à l'employeur l'autorisation de licenciement, ne caractérise pas à lui seul une faute grave : Soc. 20 juin 2012, n° 10-28.516, publié.

4. Crim 26 mars 1980, *Bull. crim.* n° 104 ; 28 oct. 1980, *ibid*, n° 282 ; 9 févr. 1982, *D.* 1983. IR 206 27 févr. 1990, *RJS* 4/90, n° 317 ; 15 févr. 1994, *Bull. crim.* n° 68.

5. Soc. 28 janv. 1988, *D.* 1988. 457, note J.-M. Verdier ; 23 sept. 1992, *Dr. soc.* 1992. 925 ; 5 janv. 1994, *Dr. soc.* 1994. 279 ; 4 oct. 1995, *Dr. soc.* 1995. 1044.

6. Ex. : CE 6 mai 1996, *RJS* 7/96, n° 812 ;. Pour une annulation d'autorisation de licencier pour refus d'une mutation conforme à une clause de mobilité, mais propre à interdire l'exercice normal du mandat (mutation à l'étranger) : CE 29 déc. 2000, *D.* 2001. Somm. 1918, obs. D. Chelle et X. Prétot.

7. CE 23 juin 1995, *RJS* 11/95, n° 1148 ; chron. D. Chelle et X. Prétot, p. 703.

8. Soc. 1er juin 1994, *RJS* 7/94, n° 879 (2 arrêts).

9. CE 9 mars 2005, *RJS* 7/05, n° 760.

1136 ***Impossibilité d'exécution*** ◊ La rupture du contrat de travail intervenant à la suite d'une maladie professionnelle ou d'un accident du travail est incontestablement un licenciement, assujetti à la procédure spéciale [1]. Il en est désormais de même lorsque la maladie n'est pas professionnelle ou lorsque l'accident n'est pas un accident du travail. La Cour de cassation décide que la rupture du contrat de travail à durée indéterminée en raison d'une invalidité rendant le salarié inapte à tout emploi dans l'entreprise est un licenciement. La demande d'autorisation de licenciement est donc nécessaire [2].

1137 ***Mise à la retraite*** ◊ La mise à la retraite par l'employeur d'un salarié protégé est soumise en toute hypothèse à l'exigence d'une autorisation administrative préalable [3]. À défaut d'autorisation, elle est nulle et le salarié doit obtenir sa réintégration [4]. S'il ne demande pas sa réintégration, il peut obtenir une indemnité égale à la rémunération qu'il aurait perçue jusqu'au terme de la période de protection [5]. Mais la Cour de cassation va aujourd'hui plus loin, et aligne sa condition sur celle du délégué victime d'un licenciement (formel) non autorisé : cette rupture s'analyse en un licenciement nul et, outre la sanction de la méconnaissance du statut protecteur, le salarié, qui ne demande pas la reprise d'exécution de son contrat, a droit aux indemnités de rupture et à une indemnité réparant l'intégralité du préjudice résultant du caractère illicite de ce licenciement, et au moins égale à celle prévue par l'article L. 1235-3 [6].

L'inspecteur du travail doit vérifier que la mesure n'est pas en rapport avec les fonctions représentatives exercées ou l'appartenance syndicale de l'intéressé, et que les conditions légales de mise à la retraite sont remplies. À défaut,

---

1. La modification du contrat imposée au salarié suite à cet accident, et refusée par lui, équivaut à un licenciement (Crim. 6 janv. 2004, *Dr. soc.* 2004. 435, obs. F. Duquesne).

2. Soc. 4 mai 1994, *Dr. soc.* 1994. 714. L'autorisation de licenciement supposera que l'absence du salarié soit cause de perturbations suffisamment graves dans le fonctionnement de l'entreprise (CE 10 févr. 1993, *RJS* 4/93, n° 424). V. aussi : CE 25 juill. 1986, *Dr. soc.* 1987. 620, concl. Guillaume ; 6 mars 1987, *Dr. ouvrier* 1988. 239. L'autorisation est normalement accordée dès lors qu'aucun reclassement n'est possible.

3. CE 8 févr. 1995, *RJS* 3/95, n° 266, concl. Arrighi de Casanova, p. 148 ; Soc. 5 mars 1996, *Dr. soc.* 1996. 537, obs. M. Cohen ; 2 déc. 1998 *RJS* 1/99, n° 101 ; 14 nov. 2000, *Bull. civ.* V, n° 373. L'annulation de la décision d'incompétence rendue par l'autorité administrative sollicitée d'autoriser la rupture, prive celle-ci d'effet et permet au salarié de demander sa réintégration (Soc. 12 oct. 2005, *Bull. civ.* V, n° 288). L'adhésion d'un salarié à un dispositif de préretraite mis en place par l'employeur dans le cadre d'un plan de réduction d'effectifs ne dispense pas ce dernier de son obligation de solliciter l'autorisation de l'inspection du travail avant la rupture : Soc. 6 juill. 2011, n° 10-15.406, *Bull. civ.* V, n° 188.

4. Soc. 23 janv. 2001, *Dr. soc.* 2001. 451, obs. L. Milet ; 27 oct. 2004, *Bull. civ.* V, n° 275.

5. Soc. 5 mars 1996, préc. ; 23 mai 2000, *Bull. civ.* V, n° 200.

6. Soc. 10 déc. 2003, *Bull. civ.* V, n° 314 ; 27 oct. 2004, préc. Pour la Cour, l'indemnisation de l'atteinte au statut revêt un caractère forfaitaire et il n'y a donc pas lieu de déduire de l'indemnité correspondant aux salaires perdus le montant de la pension perçue (elle estime pourtant qu'une indemnité de même nature ne peut se cumuler avec les allocations de chômage versées ou les salaires payés par le repreneur un temps employeur de l'intéressé).

l'autorisation doit être refusée. Elle peut aussi être refusée pour un motif d'intérêt général, dans les mêmes conditions qu'un licenciement [1].

§ 2. Organisation par la loi d'autres régimes de protection

1138 ***Cadre légal*** ◊ La loi du 28 octobre 1982 a réglé spécialement, outre le cas du transfert partiel d'entreprise ou d'établissement, celui de rupture ou de cessation des contrats à durée déterminée. Il faut aussi tenir compte des dispositions pénales et de l'article L. 1132-1 du Code du travail, susceptibles de frapper toute espèce d'entrave ou de discrimination à l'encontre de représentants des salariés.

1139 ***Cessation des contrats à durée déterminée*** ◊ La protection des salariés titulaires d'un contrat à durée déterminée est assurée par les articles L. 2412-1 et suivants du Code du travail [2]. La rupture anticipée ou le non-renouvellement doit être autorisée par l'inspecteur du travail.

Même lorsque le contrat de travail ne contient aucune clause de renouvellement, l'employeur doit, un mois avant son terme, saisir l'inspecteur du travail [3]. Celui-ci doit rechercher si le salarié protégé, dont l'employeur n'envisage pas de poursuivre le contrat, ne fait pas l'objet d'une mesure discriminatoire [4]. Il doit statuer avant la date du terme du contrat. S'il constate qu'il n'y a pas discrimination, l'arrivée du terme entraîne la cessation du lien contractuel ; dans le cas contraire, le contrat devra se poursuivre au-delà du terme et se transformera ainsi en contrat à durée indéterminée [5].

---

1. Le Conseil d'État a en outre jugé que la mise à la retraite d'un salarié protégé imposait à l'employeur de convoquer l'intéressé à un entretien préalable (CE 17 juin 2009, n° 304027, *Sem. soc. Lamy*, n° 1419, p. 9, chron. L. Pécaut-Rivolier et Y. Struillou) et nécessitait la consultation du comité d'entreprise (CE 26 oct. 2011, n° 335755 : *Sem. soc. Lamy*, n° 1528, p. 11, chron. L. Pécaut-Rivolier et Y. Struillou).

2. V. aussi les art. L. 2421-7 et L. 2421-8.

3. Soc. 21 sept. 1993, *RJS* 11/93, n° 1119. La solution a été maintenue postérieurement à l'opération de recodification : Soc. 23 oct. 2012, n° 11-19.210, *Sem. soc. Lamy* 2013, n° 1573, p. 11, chron. L. Pécaut-Rivolier et Y. Struillou. Soucieuse de prévenir une éventuelle fraude au statut protecteur, la Chambre sociale estime désormais que cette procédure concerne seulement le salarié protégé avant le point de départ du délai d'un mois et que l'employeur n'est pas tenu de saisir l'inspecteur lorsque le salarié fait acte de candidature aux fonctions (ou est désigné comme délégué syndical) moins d'un mois avant le terme de son contrat (Soc. 28 mai 2003, *Dr. soc.* 2003. 899, obs. J. Mouly).

4. CE 10 juin 1992, *RJS* 10/92, n° 1133. Ces exigences bénéficient aux conseillers prud'hommes pendant la période de six mois suivant la cessation de leur mandat : Soc. 13 mars 2012, n° 10-21.785 : *JCP S* 2012, 1251, note D. Boulmier.

5. CE 25 oct. 1985, *Dr. soc.* 1986. 107, concl. Massot ; 13 févr. 1987, *Dr. soc.* 1987. 694 ; Soc. 27 sept. 2007, n° 06-41.086 : *JCP S* 2008, 1139, obs. F. Bousez. L'indemnité de requalification n'est pas due car le contrat initial n'était pas irrégulier (même arrêt). La rupture malgré la décision de l'inspecteur constatant une discrimination consomme le délit d'entrave (Crim. 19 juin 2001, *D.* 2001. IR 2457). Si l'inspecteur du travail n'est pas saisi, ou plutôt tant qu'il n'est pas saisi, le contrat n'est pas rompu (Soc. 16 oct. 2001, *Dr. soc.* 2002. 124, obs. C. Roy-

L'article L. 2413-1 du Code du travail dispose par ailleurs que l'interruption ou la notification du non-renouvellement de la mission d'un salarié temporaire par l'entrepreneur de travail temporaire ne peut intervenir qu'après autorisation de l'inspecteur du travail lorsque le salarié est investi de l'un des mandats énumérés par le texte.[1]

1140 « ***Transfert*** » ◊ Lorsqu'un salarié protégé est compris dans « un transfert partiel d'entreprise ou d'établissement » par application de l'art. L. 1224-1, son « transfert » – c'est-à-dire la transmission *ex lege* de son contrat de travail – doit être soumis à l'autorisation préalable de l'inspecteur du travail (C. trav., art. L. 2414-1)[2], à la demande de l'entreprise cédante, y compris si l'opération de transfert a été déjà réalisée[3]. C'est que ce changement d'employeur par l'effet de la fameuse règle réputée stabilisatrice de l'emploi du salarié, fait normalement changer le salarié d'unité (« de représentation ») d'appartenance et, en l'occurrence, séparation de la collectivité de travail dont il était un représentant[4]. La Cour de cassation a retenu une définition compréhensive de la notion de transfert « partiel » d'entreprise ou d'établissement, considérant que le transfert de la totalité des salariés employés dans une entité économique doit être regardé comme un transfert partiel d'établissement au sens de la loi, dès lors que l'entité économique transférée ne constitue pas un établissement au sein duquel a été mis en place un

Loustaunau) : il reste un contrat à durée déterminée, mais son terme est prorogé (Soc. 20 juin 2000, *Dr. soc.* 2001. 135, obs. C. Roy-Loustaunau). Le salarié peut obtenir sa réintégration en référé (Soc. 10 déc. 2003, *Bull. civ.* V, n° 311).

1. S'agissant du délégué syndical, l'inspecteur du travail doit, en outre, être sollicité lorsque l'entrepreneur de travail temporaire lui a notifié sa décision de ne plus faire appel à lui pour de nouveaux contrats. V. sur la question ; Soc. 13 févr. 2012, n° 11-21.946 QPC, *Bull. civ.* V, n° 71.

2. Cette autorisation administrative est également requise lorsque le salarié protégé fait partie du personnel dont le contrat de travail est en partie transféré au repreneur d'une activité en application d'une convention ou d'un accord collectif (Soc. 28 mai 2003, n 01-40.512 : *Bull. civ.* V, n° 181 ; 28 nov. 2007, n° 06-42.379 : *JCP S* 2008, 1171. obs. J.-Y. Kerbourc'h). Dans cette hypothèse l'accord exprès du salarié est nécessaire au changement d'employeur et échappe au contrôle de l'inspecteur du travail (Soc. 3 mars 2010, n° 08-41.600, *JCP S* 2010. 1220, note L. Drai). Par ailleurs, lorsqu'une autorisation administrative pour le transfert du contrat de travail d'un délégué du personnel a été accordée à l'employeur, le juge judiciaire ne peut, sans violer le principe de séparation des pouvoirs, remettre en cause l'appréciation par l'autorité administrative de l'application de l'article L. 1224-1 du Code du travail (Soc. 3 mars 2010, n° 08-40.895, *JCP S* 2010. 1221, note J.-Y. Kerbourc'h).

3. CE 24 juin 2013, n° 340128. La solution est logique car, faute d'autorisation, il ne peut y avoir, juridiquement, de transfert du salarié. Il incombe à l'employeur de porter à la connaissance de l'inspecteur du travail les mandats détenus par le salarié protégé y compris, lorsqu'il en a connaissance, un mandat susceptible d'être attribué postérieurement au transfert : CE 22 mai 2013, n° 340111.

4. Cette protection s'applique aussi bien aux candidats qu'aux élus (Soc. 8 juin 1999, *RJS* 7/99, n° 943). Le salarié ne peut renoncer à la procédure (Soc. 6 avr. 2004, n° 02-41.953 D). Si l'opération n'entre pas dans les prévisions de l'art. L. 1224-1, le transfert du salarié sans autorisation ne viole pas l'art. L. 2421-9, mais constitue un licenciement déguisé, donc un délit d'entrave (Crim. 10 mai 1988, *Bull. crim.* n° 202).

comité d'établissement[1]. L'inspecteur du travail doit, pour autoriser ce « transfert », vérifier la réalité de la modification dans la situation juridique de l'employeur mais aussi que l'intéressé exécutait effectivement son contrat dans l'entité transférée[2] ; il doit aussi s'assurer qu'il ne fait pas l'objet d'une mesure discriminatoire, c'est-à-dire qu'il n'a pas été placé, en raison de ses fonctions représentatives, dans le groupe des salariés appelés à changer d'employeur. En l'absence d'autorisation, l'employeur doit maintenir l'intéressé dans son emploi[3], et son transfert est nul[4]. Autorisé, il se trouve réalisé de plein droit à compter de la date de notification de l'autorisation[5].

1141 ***Discriminations dans l'emploi*** ◊ Le pouvoir disciplinaire ne disparaît pas à l'encontre des salariés protégés[6]. En dehors de la mise à pied conservatoire du représentant auquel une faute grave est reprochée, l'employeur peut infliger une mise à pied ordinaire à une personne protégée, comme à un autre salarié[7]. Cette mise à pied disciplinaire n'a pas d'effet sur l'exécution du mandat[8]. Le salarié qui entend s'y opposer se voit offrir une option : ou bien il la refuse explicitement, et l'employeur devra alors solliciter une autorisation administrative préalable pour la prononcer ; ou bien

1. Soc. 15 nov. 2011, n° 10-15.294 : *JCP S* 2012, 1182, note J.-Y. Kerbourc'h. L'importance ainsi accordée à la présence d'un comité d'établissement n'est pas sans rappeler la jurisprudence relative au périmètre de mise en place des délégués syndicaux (v. ss 1079).

2. CE 15 juin 2005, *JCP S* 2005. 1301, note J.-Y. Kerbourc'h. Si l'inspecteur du travail peut, au cours de son enquête, recueillir les observations de l'entreprise destinée à devenir l'employeur du salarié protégé en cas d'autorisation du transfert, aucune disposition réglementaire ni aucun principe de lui imposent de le faire : CE 28 mars 2013, n° 350436.

3. Toute mutation de poste ou de fonctions imposée contre son gré au salarié constitue une entrave « si l'employeur ne rapporte pas la preuve de sa pleine justification » (Crim. 22 nov. 2005, *Dr. soc.* 2006. 693, obs. F. Duquesne).

4. Le salarié irrégulièrement transféré doit être réintégré, avec versement des salaires perdus du transfert à cette réintégration, mais sans pouvoir cumuler la somme correspondant à ces salaires avec celle qu'il a pu percevoir du repreneur : Soc. 28 mai 2003, *Bull. civ.* V, n° 349. V. aussi Soc. 31 mai 2011, n° 10-17.460 : *JCP S* 2011. 1432, note J.-Y. Kerbourc'h. La Cour de cassation a, plus récémment, jugé que le transfert du contrat de travail étant nul, faute d'autorisation de l'inspecteur du travail, il s'en déduit déduit que ce contrat a été, de fait, rompu par l'entreprise cédante, et que le salarié peut prétendre, en application de l'article L. 1235-3 du code du travail, à une indemnité au moins égale aux salaires des six derniers mois : Soc. 18 juin 2014, n° 13-10.204, publié.

5. CE 27 juin 2005, *JCP S* 2005. 1286, note J.-Y. Kerbourc'h (l'autorisation ne peut donc faire l'objet d'un référé-suspension). Mais cette autorisation ne fait pas obstacle à ce que le salarié dont le mandat s'exerce dans un cadre dépassant celui du marché perdu (repris par un autre employeur) opte, comme le lui permet une disposition conventionnelle, pour son maintien dans l'entreprise qui a perdu ce marché ; et son employeur doit alors, soit demander l'autorisation de le licencier s'il ne peut le « réintégrer », soit continuer à le rémunérer (Soc. 11 janv. 2005, 2 arrêts, *Dr. soc.* 2005. 560, note A. Mazeaud).

6. Toutefois, et ainsi que l'affirme la Cour de cassation, « une saction disciplinaire ne peut être prononcée qu'en raison de faits constituant un manquement du salarié à ses obligations professionnelles envers l'employeur » (Soc. 30 juin 2010, n° 09-66.792, *Dr. soc.* 2010. 1263, obs. F. Duquesne).

7. Soc. 4 avr. 1974, *Dr. ouvrier* 1975. 18 ; 3 mai 1979, *Bull. civ.* V, n° 382.

8. Soc. 23 juin 1999, *Dr. soc.* 1999. 971, obs. A. Mazeaud ; *D.* 2000. Somm. 90, obs. J.-F. Paulin. La Chambre criminelle de la Cour de cassation retient la même solution : Crim. 11 sept. 2007, n° 06-82.410 : *JS Lamy* 2007, n° 221-6.

il en conteste le bien-fondé devant le juge judiciaire, et renonce par là même à la procédure administrative [1]. Il importe que la sanction ne frappe pas le délégué seulement à raison d'actes de sa fonction [2].

Le représentant est aussi exposé à des discriminations par l'exercice du *pouvoir de direction* de l'employeur. Elles peuvent constituer un délit d'entrave ou d'atteinte à la liberté syndicale, qui vise « notamment l'embauche, la conduite et la répartition du travail, la formation professionnelle, l'avancement, la rémunération et l'octroi d'avantages sociaux, les mesures de discipline et de congédiement » [3]. Elles sont également sanctionnées au plan civil [4]. D'une façon générale, les conditions de travail des salariés protégés ne peuvent être modifiées sans leur accord [5] ; confronté à un refus du salarié, l'employeur doit renoncer à la modification envisagée ou engager une procédure de licenciement [6].

Seule la comparaison objective du sort réservé à différentes catégories de salariés permet de mettre en évidence la discrimination. L'art. L. 1132-1 C. trav. ne range pas les activités représentatives comme telles parmi les données dont la prise en considération transforme une décision ou une distinction en discrimination. Seule l'éventuelle discrimination en raison des activités syndicales est visée et peut être établie selon le régime probatoire que ce texte aménage. Il convient d'interpréter largement l'expression « activités syndicales » (les activités d'un représentant syndical, mais aussi d'un élu sur liste syndicale), et de pratiquer, pour les autres activités représentatives (celles d'un élu non syndical en premier lieu), le système probatoire consacré par la Cour de cassation avant même la loi de 2001 [7].

Sous-section 4. **La rémunération des fonctions**

§ 1. **Crédit d'heures légal**

1142 ***Le mécanisme du crédit d'heures*** ◊ Selon les articles L. 2143-13, L. 2442-1-3, L. 2315-1, L. 2325-6 et L. 4614-3, le chef d'établissement ou d'entreprise est tenu de laisser aux délégués syndicaux, représentants de la

1. Soc. 23 juin 1999, préc. On peut regretter le byzantinisme (inévitable ?) de la distinction ainsi opérée entre « refus » et « contestation du bien-fondé » de la sanction.

2. La sanction discriminatoire doit être annulée par le juge et donner lieu au paiement de dommages-intérêts. Un délit d'entrave à l'exercice du droit syndical peut être retenu.

3. Ex. : Crim. 25 mai 1982, *Bull.* n° 135 ; 19 mai 1987, *Dr. ouvrier* 1988. 452 ; 28 juin 1994, *RJS* 11/94, n° 1283 (refus d'une augmentation salariale au mérite) ; 30 avr. 1996, *RJS* 10/96, n° 1059.

4. Soc. 21 avr. 1983, *Bull. civ.* V, n° 206 ; Soc. 5 oct. 1999, *Dr. soc.* 1999. 1118, obs. Cohen.

5. Soc. 5 mai 1998, *RJS* 6/98, n° 758 (salarié « dispensé » de travailler) ; 19 oct. 1999, *RJS* 12/99, n° 1476 (affectation de délégués à des postes les isolant de leurs collègues) ; 6 juill. 1999, *RJS* 10/99, n° 1267. Mais le représentant ne peut arguer de cette protection pour refuser d'effectuer une tâche correspondant à son emploi (Soc. 10 mai 1999, *RJS* 6/99, n° 829).

6. V. Soc. 6 avr. 1999 *RJS* 5/99 n° 698 (nullité de la mise à pied consécutive au refus) ; 10 mai 1999, *RJS* 6/99, n° 830.

7. Sur l'interdiction des discrimination, v. ss 686 s.

section syndicale, délégués du personnel, membres élus du comité d'entreprise, représentants syndicaux au comité dans les entreprises de plus de 500 salariés, et membres du CHSCT, un certain nombre d'heures nécessaires à l'exercice de leur mission (« heures de délégation ») [1]. Ce temps, précise la loi, « est de plein droit considéré comme temps de travail et payé à l'échéance normale ». Il est indispensable, en effet, non seulement qu'ils jouissent d'heures de liberté pour exercer leurs fonctions, mais en outre qu'ils n'en pâtissent pas dans leur rémunération. Ils doivent percevoir la somme qu'ils auraient reçue s'ils avaient travaillé [2] ; un accident survenu pendant ce temps est un accident du travail [3] ; et ce temps doit être pris en compte pour le calcul des droits à congés ou de l'ancienneté du salarié [4]. Dans la mesure où la suspension du contrat de travail n'entraîne pas celle du mandat de représentant du personnel, un salarié est en droit d'utiliser ses heures de délégation pendant la suspension de son contrat, notamment lorsqu'il est en arrêt maladie. Mais il y a, en ce cas, une difficulté à concilier la règle selon laquelle ces heures sont considérées comme du temps de travail avec les exigences du Code de la sécurité sociale qui soumet l'attribution d'indemnités journalières à l'obligation pour le bénéficiaire de s'abstenir de toute activité non autorisée. La Cour de cassation a résolu le problème en décidant que l'exercice de son activité de représentation par le représentant du personnel ou d'un syndicat, dont le mandat n'est pas suspendu, ne peut ouvrir droit à indemnisation que s'il a été préalablement autorisé par le médecin traitant [5]. Ce « crédit d'heures » est calculé mensuellement. Il ne peut être reporté d'un mois sur l'autre. En revanche, il ne peut pas être diminué, en raison par exemple de la fermeture de l'entreprise pendant plusieurs semaines du mois [6]. Le paiement a lieu avec le salaire et la somme versée a le caractère d'un salaire [7], encore qu'elle ne doive pas être individualisée sur

---

1. Relevons que les salariés peuvent encore bénéficier d'heures de délégation en vertu de dispositions particulières. Il en va par exemple ainsi des salariés titulaires de mandats d'élus locaux en vertu du Code général des collectivités territoriales. Ces crédits d'heures sont soumis à un régime juridique particulier (Soc. 16 avr. 2008, n° 06-44.793, *JCP S* 2008. 1355, note J.-Y. Kerbourc'h).

2. Soc. 3 févr. 1993, *Dr. soc.* 1993. 304 ; 13 déc. 1995, *RJS* 2/96, n° 134 (droit au repos compensateur) ; Crim. 10 juin 1997, *RJS* 10/97, n° 1104 (réduction du montant des primes) ; Soc. 2 juin 2004, *Bull. civ.* V, n° 160 (droit à la prime d'assiduité malgré les absences pour exercice des fonctions autorisées par la convention collective) ; Soc. 11 mars 2009, n° 08-40.132 : *JCP S* 2009. 1363, note J.-Y. Kerbourc'h (droit à une indemnité forfaitaire compensant une sujétion particulière). En cas de paiement habituel au pourboire, l'employeur ne peut prélever sur la masse des pourboires le paiement des heures de délégation (Soc. 8 nov. 1994, *Dr. soc.* 1995. 71).

3. Soc. 11 oct. 1990, *Bull. civ.* V, n° 470 ; 12 juill. 1995, *Liaisons soc.* 1995, n° 7338, p. 17.

4. Soc. 6 avr. 1994, *Dr. soc.* 1994. 565.

5. Cass., ch. mixte, 21 mars 2014, n° 12-20.002, *Lexbase Hebdo, éd. Sociale*, n° 565, note G. Auzero; *JCP S* 2014, 1269, note D. Asquinazi-Bailleux.

6. Crim. 14 févr. 1978, *Bull. crim.* 141, *D.* 1978. IR 384, obs. J. Pélissier.

7. Le délégué a droit au taux majoré des heures supplémentaires lorsque les heures de délégation ont été prises *en dehors de l'horaire de travail* en raison des nécessités du mandat (Soc. 12 févr. 1991, *D.* 1992. 282, note A. Bouilloux ; 21 nov. 2000, *RJS* 3/01, n° 309 ; 11 juin 2008, n° 07-40.823, *Bull. civ.* V, n° 133) ou lorsqu'il s'agit de temps de trajet excédant, en raison d'un le bulletin de paie [1]. C'est une forme de salaire sans contrepartie en travail plutôt qu'une indemnité de fonction.

1143 ***Attribution individuelle du crédit d'heures*** ◊ Le principe – mais il comporte des exceptions – est que le crédit d'heures est propre à chaque représentant et ne peut être globalisé [2].

1) Pour les *délégués du personnel* titulaires, ce crédit est fixé pour chacun à 15 heures par mois dans les entreprises dont l'effectif est d'au moins 50 salariés, et à 10 heures dans les autres [3] (plus, éventuellement, 20 heures par mois lorsqu'ils exercent les attributions économiques du comité d'entreprise) [4]. Ce crédit est porté à 20 heures par mois lorsque les délégués constituent une délégation unique et exercent les fonctions de membres élus du comité d'entreprise (C. trav., art. L. 2326-3). Le temps passé à la réunion mensuelle avec l'employeur est rémunéré comme temps de travail sans être imputé sur ce crédit d'heures (C. trav., art. L. 2315-11). Ces heures de délégation sont destinées au plein exercice du mandat individuel, ce qui exclut toute possibilité de répartition de leurs heures entre les délégués [5]. Les délégués du personnel suppléants n'ont pas de crédit d'heures, mais ils peuvent assister aux réunions mensuelles avec l'employeur, dont le temps leur est payé comme temps de travail (C. trav., art. L. 2315-11).

2) Pour les *délégués syndicaux*, le crédit d'heures varie également selon l'effectif : si l'entreprise ou l'établissement occupe de 50 à 150 salariés, chaque délégué dispose d'au moins 10 heures par mois ; si elle (ou il) occupe de 151 à 500 salariés, chaque

---

déplacement pour les besoins du mandat, la durée normale du trajet entre domicile et lieu de travail (Soc. 10 déc. 2003, *Bull. civ.* V, n° 315 ; 12 juin 2013, n° 12-15.064, *Sem. soc. Lamy,* n° 1607, p. 8, chron. L. Pécaut-Rivolier et Y. Struillou). En outre, les heures de délégation accomplies par le salarié en dehors de ses horaires de travail pour les nécessités du mandat doivent donner lieu, le cas échéant, à un repos compensateur de remplacement (Soc. 9 oct. 2012, n° 11-23.167, *Lexbase Hebdo, éd. Sociale,* n° 503, note G. Auzero). Si le crédit d'heures d'un délégué travaillant à temps partiel dépasse le tiers de son temps de travail mensuel, les heures de délégation prises hors du temps de travail sont traitées comme heures de travail effectif et rémunérées comme telles (Soc. 20 mars 2002, *RJS* 6/02, n° 750 ; 21 janv. 2004, *RJS* 3/04, n° 322). Un délégué travaillant de nuit, qui prend des heures de délégation pendant le jour, a droit au paiement de la majoration de nuit (Soc. 14 mars 1989, *Bull. civ.* V, n° 212). Sur le paiement des heures de délégation d'un enseignant, v. : Soc. 27 oct. 1998, *Dr. soc.* 1999. 106, obs. M. Cohen. Est exclu le cumul, pour une même période, du paiement des heures de délégation et d'une indemnité de congés payés (Soc. 19 oct. 1994 *RJS* 12/94, n° 1419. Comp., Soc. 27 nov. 2013, n° 12-24.465, *Lexbase Hebdo, éd. Sociale,* n° 552, note G. Auzero, qui vient, sinon remettre en cause, du moins atténuer la solution précitée).

1. Art. R. 3243-4. Si les mentions du bulletin permettent d'identifier des heures de délégations (en distinguant heures rémunérées et heures de présence) elles sont illicites, et le salarié peut faire ordonner leur rectification (Soc. 18 févr. 2004, *Dr. soc.* 2004. 559, obs. Ch. Radé).

2. Soc. 20 oct. 1994, *Dr. soc.* 1995. 69.

3. Ce volume de 10 heures concerne les « entreprises », non les établissements de moins de 50 salariés dans une entreprise d'une taille supérieure.

4. En revanche, le mandat de délégué syndical qui peut, dans une entreprise de moins de 50 salariés, être confié à un délégué du personnel, n'ouvre pas droit à crédit d'heures particulier : le temps dont dispose le salarié pour l'exercice de son mandat d'élu peut être utilisé dans les mêmes conditions pour ses fonctions syndicales (art. L. 2143-6). Il en va de même pour le représentant de la section syndicale (art. L. 2142-1-4).

5. Soc. 27 nov. 1980, *Bull. civ.* V, n° 859, *D.* 1981. IR 261, obs. J. Pélissier. Un usage en ce sens est illicite. Est également exclue la répartition entre titulaires et suppléants (Soc. 10 déc. 1996, *RJS* 1/97, n° 52).

délégué dispose de 15 heures par mois ; et au-delà de 500 salariés, de 20 heures par mois (C. trav., art. L. 2143-13). S'il y a plusieurs délégués syndicaux pour une même section syndicale, ils peuvent répartir entre eux les heures de délégation : le crédit d'heures est alors un crédit global [1]. La section syndicale dispose d'ailleurs d'un *crédit global* supplémentaire pour préparer la négociation d'entreprise [2]. Le délégué syndical central dispose de 20 heures par mois dans les entreprises employant au moins 2 000 salariés (lorsqu'il n'est pas en même temps délégué d'établissement) [3].

3) Pour les *membres titulaires du comité d'entreprise et les représentants syndicaux*, le temps disponible pour les fonctions est de 20 heures par mois. S'y ajoute le temps passé par les membres titulaires et suppléants aux *séances du comité* ainsi qu'aux séances de la *commission* sur la *formation professionnelle*. Le temps passé aux séances de la commission d'aide au *logement* est indemnisé dans la limite de 20 heures par an. 40 heures par an sont prévues globalement pour *la commission économique*.

Dans les grandes entreprises, il est souvent fait masse de l'ensemble de ces crédits d'heures, conduisant à des dispenses totales d'activité pour certains travailleurs, devenant « permanents » du comité d'entreprise [4].

4) Chaque représentant du personnel au CHSCT dispose chaque mois de : 2 heures (jusqu'à 99 salariés), 5 heures (de 100 à 299), 10 heures (de 300 à 499), 15 heures (de 500 à 1 499), ou 20 heures (à partir de 1 500) [5]. Il peut y avoir répartition entre les représentants ; s'y ajoute le temps passé à diverses réunions et enquêtes visées à l'article L. 4614-3.

Le droit contemporain a vu se multiplier les « crédits d'heures » [6]. Lorsqu'un salarié cumule les mandats, il cumule aussi, en principe, les crédits d'heures.

1144 ***Utilisation du crédit d'heures*** ◊ Le temps rémunéré comme temps de travail doit avoir été effectivement consacré à l'exercice des fonctions représentatives [7]. Mais quelles activités entrent dans l'exercice des fonctions ? Qui peut s'en faire juge ? La loi du 28 octobre 1982 a redéfini le

1. Maîtres de la répartition, les délégués doivent seulement en informer la direction. Le délégué syndical central est exclu du bénéfice de cette faculté (Soc. 3 mars 1993, *Dr. soc.* 1993. 390).

2. 10 heures par an dans les entreprises occupant au moins 500 salariés, et 15 heures par an dans les entreprises occupant au moins 1 000 salariés. Crédit alloué globalement et annuellement, quel que soit le nombre d'accords négociés au cours de l'année (Soc. 2 juin 2004, *Bull. civ.* V, n° 160). Le représentant de la section syndicale dispose de quatre heures de délégation par mois (art. L. 2142-1-3).

3. Application combinée des art. L. 2143-15 et L. 2143-5.

4. Néanmoins, un accord de « globalisation » ou de répartition, ici non prévu par la loi (alors qu'il l'est pour les délégués syndicaux) est illicite (Soc. 22 oct. 1984, *JS UIMM* 1985).

5. La variation des effectifs d'un établissement (à la hausse ou à la baisse) doit être prise en compte dès le mois suivant pour la fixation du nombre d'heures de délégation (Soc. 6 nov. 1991, *Dr. soc.* 1992. 85).

6. Représentants des salariés dans les procédures collectives, négociateurs d'un accord d'entreprise, salariés membres du conseil d'administration d'organismes de sécurité sociale (v. pour un problème particulier : Soc. 31 janv. 2006, *Sem. soc. Lamy*, n° 1260, 9 mai 2006, p. 12). Mais les salariés membres d'une institution représentative instituée par voie conventionnelle et « ne relevant pas d'une catégorie de même nature » que les institutions prévues par la loi ne bénéficient d'heures de délégation que si elles sont prévues par l'accord ou la convention (Soc. 15 mars 2006, *Dr. soc.* 2006. 646, note F. Duquesne ; *RDT* 2006. 114, obs. M. Grévy).

7. Le crédit d'heures d'un représentant du personnel peut être pris en dehors de l'horaire normal de travail et en sus du temps de travail effectif lorsque les nécessités du mandat le justifient : Soc. 11 juin 2008, n° 07-40.823 : *RDT* 2008. 538, obs. F. Signoretto.

contrôle de l'utilisation du crédit d'heures : exclusion de tout contrôle *a priori* de l'employeur, mais possible vérification *a posteriori*[1].

La pratique a créé le procédé des « *bons de délégation* ». Ces documents permettent de comptabiliser les heures effectivement prises par le représentant pour l'exercice de son mandat. Ils sont licites à la condition qu'ils n'aient pas été institués unilatéralement mais à l'issue d'une concertation[2] et surtout qu'ils ne portent pas atteinte à la liberté d'action des représentants du personnel ou du syndicat. Ce qui suppose que le bon de délégation soit un simple procédé d'information préalable[3] et non une demande d'autorisation de s'absenter[4] ou un instrument de contrôle de l'utilisation des heures[5]. Lorsque le bon est licite, le salarié qui refuse de le remplir au moment de « partir en délégation » commet une faute et peut être sanctionné[6]. En revanche, ce refus ne peut justifier celui de l'employeur de rémunérer les heures d'absence du délégué, si celui-ci déclare s'absenter pour accomplir sa mission. Il résulte, en effet, des textes que les temps de délégation sont *de plein droit* considérés comme temps de travail et *payés à l'échéance normale*. L'employeur peut seulement, après avoir payé, contester devant le juge l'usage que le délégué a fait des heures réservées à sa mission, afin d'obtenir le remboursement des sommes versées[7].

Le crédit d'heures de délégation n'est pas un forfait ; le délégué ne peut s'absenter de son poste de travail ou, plus généralement, obtenir le paiement d'heures de délégation, que s'il exerce sa mission de délégué. Un contrôle peut donc être exercé sur l'activité d'un représentant, mais seulement après l'utilisation de ces heures de mission et paiement par l'employeur à l'échéance normale[8]. Ce contrôle est désormais exercé par le juge, à l'initiative de l'employeur. Le temps de délégation étant de plein droit considéré comme temps de travail et la loi ayant posé une *présomption d'utilisation conforme*, il appartient en effet à l'employeur de rapporter la preuve que les heures de délégation n'ont pas été utilisées par le représentant à des fins de représentation du personnel ou à des fins syndicales[9].

---

1. Soc. 4 févr. 2004, *Bull. civ.* V, n° 36. Ce régime concerne toutes les hypothèses dans lesquelles un salarié a le droit de s'absenter de son travail pour accomplir un mandat (ex. Soc. 13 mai 2003, *Bull. civ.* V, n° 160 : à propos d'un salarié administrateur d'un organisme de sécurité sociale).

2. Crim. 12 avr. 1988, *JCP* 1989.II.21206, note O. Godard ; 10 janv. 1989, *RJS* 3/89, n° 238.

3. Le procédé ne peut être détourné de cette fonction de contrôle des déplacements, et ne saurait donc être étendu par l'employeur (même avec l'approbation du comité d'entreprise) à un cas (les conversations téléphoniques entre représentants du personnel) non prévu par l'accord d'entreprise qui l'a institué (Soc. 10 mai 2006, *JCP S* 2006. 1499, note B. Gauriau).

4. Crim. 10 mars 1981, *Dr. ouvrier* 1981. 415 (entrave si l'employeur en fait une autorisation d'absence) ; un délai de prévenance peut être imposé (Crim. 12 avr. 1988 préc.).

5. Soc. 10 déc. 2003, *Bull. civ.* V, n° 315.

6. Crim. 31 mars 1981, *D.* 1982. IR 77. Refuser de se soumettre à un usage irrégulier des bons ne constitue évidemment pas une faute (Soc. 10 déc. 2003, préc.). Il appartient au salarié de fractionner ses heures de délégation en fonction des besoins de ses mandats et d'aviser l'employeur des heures effectivement prises (Soc. 11 déc. 2001, *RJS* 2/02, n° 193).

7. L'employeur ne peut, en imputant par avance le contingent d'heures de délégation d'un représentant du personnel travaillant exclusivement la nuit sur la durée du travail en vigueur dans l'entreprise, limiter sa liberté d'utilisation de son crédit d'heures de jour et de nuit : Soc. 11 juin 2008, n° 07-40.823, préc.

8. La résistance opposée par l'employeur à la réclamation par le salarié de ses heures de délégation est nécessairement fautive (Soc. 18 juin 1997, *RJS* 8-9/97, n° 989).

9. Soc. 23 févr. 1994, *Dr. soc.* 1994. 519. L'employeur n'ayant pu apporter la preuve de la non-conformité de l'utilisation des heures peut être condamné à verser au représentant des dommages-intérêts pour préjudice moral (Soc. 21 oct. 1992, *RJS* 12/92, n° 1396).

L'employeur qui entend se ménager une possibilité de contester l'usage des heures de délégation et obtenir le remboursement éventuel du salaire correspondant, doit commencer par demander au délégué l'indication des activités pour lesquelles ces heures ont été utilisées. C'est sur l'employeur que pèse la charge de prouver la non-conformité de l'utilisation des heures aux missions du délégué, même si ce dernier doit, à sa demande, préciser les activités exercées pendant le temps de délégation [1]. S'il ne fournit pas cette indication, l'employeur peut agir en référé pour obtenir l'information [2]. Ce n'est qu'après avoir obtenu des précisions sur l'utilisation des heures de délégation [3] qu'il peut saisir le conseil de prud'hommes d'une demande en remboursement des sommes versées (action en répétition de l'indu), en établissant soit que les informations données par le délégué sont inexactes, soit que l'usage des heures de délégation n'entre pas dans sa mission [4]. Mais qu'est-ce qui relève de la mission des représentants et qu'est-ce qui s'en écarte sans discussion ?

Par exemple, il n'entre pas dans le mandat d'un membre du comité d'entreprise d'assister un salarié devant le conseil de prud'hommes ou d'être scrutateur lors des élections prud'homales [5], ni dans celui d'un délégué syndical, de consacrer son temps de fonction à des études personnelles, à l'administration de son syndicat [6], ou à une instance électorale [7]. Mais alors que les élus n'ont à traiter que des problèmes concernant les salariés de l'entreprise [8], le délégué syndical a une mission plus large [9]. Les représentants du personnel peuvent se réunir sur leur temps de délégation [10].

§ 2. Le dépassement licite du crédit légal

1145 ***Crédit conventionnel et dépassement exceptionnel*** ◊ **a)** Le dépassement du crédit d'heures peut être *prévu par un accord* qui institue un crédit supplémentaire conventionnel.

---

1. Soc. 2 mai 1989, *Dr. soc.* 1989. 637, note J.-M. Verdier ; *Grands arrêts*, 4e éd., 2008, n° 150. V. aussi : Soc. 10 oct. 1989, *Bull. civ.* V, n° 578 ; 16 mars 1994, *Dr. soc.* 1994. 520 ; 4 févr. 2004, *Bull. civ.* V, n° 36 (pour un élu au CHSCT) ; 30 nov. 2004, *ibid.*, n° 313.

2. Pour obtenir des indications, et non une justification de l'utilisation des heures (Soc. 25 mai 1993, *Dr. soc.* 1993. 681 ; 4 févr. 2004, préc.).

3. Si l'employeur agit en remboursement avant d'avoir obtenu des précisions sur l'usage des heures de délégation, la demande est rejetée (Soc. 4 déc. 1991, *RJS* 1/92, n° 46 ; 15 déc. 1993, *Dr. soc.* 1994. 217). Il s'expose à une condamnation pour délit d'entrave s'il abuse de son droit d'agir en justice (Crim. 16 oct. 1990, *RJS* 12/90, n° 989).

4. J.-M. Verdier, *Dr. soc.* 1991. 300 ; J. Frossard, La contestation par l'employeur de l'usage des heures de délégation, *RJS* 1991. 155.

5. Soc. 21 janv. 1987, *JS UIMM* 1987. 488.

6. Soc. 8 mars 1984, *Bull. civ.* V, n° 92 ; 21 janv. 1987, préc. ; 13 déc. 1988, *Bull. civ.* V, n° 657 : le lien d'un déplacement avec la mission doit toujours être vérifié.

7. Soc. 2 juin 1995, *Dr. soc.* 1993. 681 ; 3 févr. 1998, *RJS* 4/98, n° 489. Mais, le salarié protégé est dans l'exercice de son mandat lorsqu'il assure sa propre défense lors d'une contestation par l'employeur de ses heures de délégation (Ass. plén. 31 oct. 1996, *Dr. soc.* 1997. 270, note J.-M. Verdier).

8. Soc. 8 juill. 1998, *RJS* 8-9/98, n° 1 008 (réunion syndicale n'intéressant pas directement les problèmes de l'entreprise).

9. Soc. 23 janv. 1990, *Bull. civ.* V, n° 21 (arrêt n° 1) ; *Grands arrêts*, 4e éd., 2008, n° 141 (défense de l'emploi dans l'entreprise et la localité).

10. Crim. 11 mai 1989.

L'employeur qui fait obstacle à l'utilisation par le délégué d'heures « *conventionnelles* » de délégation peut être condamné pour délit d'entrave comme celui qui s'oppose à l'utilisation du crédit légal d'heures de délégation [1].

Un crédit supplémentaire résulte souvent d'un usage [2].

b) Le dépassement du crédit d'heures peut donner lieu à paiement de la totalité des heures consacrées aux fonctions en cas de « *circonstances exceptionnelles* ». Il s'agira, par exemple, de l'existence d'un « mouvement revendicatif » dans l'entreprise [3], d'une menace de licenciement collectif [4], ou d'un projet important de restructuration de l'entreprise [5].

La question s'est posée de savoir si l'employeur était, dans ce cas, tenu de rémunérer à l'échéance les heures de dépassement ou si, au contraire, il pouvait retenir leur paiement tant que le délégué n'avait pas fait la preuve de l'existence des circonstances exceptionnelles invoquées, et de l'utilisation conforme. Pour la Cour de cassation, l'obligation de payer à l'échéance normale les heures de délégation ne s'étend pas à celles prises en raison de telles circonstances, et il appartient au salarié d'établir l'existence de ces dernières avant de prétendre à leur paiement par l'employeur [6]. Hors circonstances exceptionnelles, le dépassement constitue une faute grave, qui peut justifier une autorisation de licenciement [7].

1. Crim. 14 févr. 1978, *Dr. soc.* 1979. 172, note J. Pradel, *D.* 1978. IR 384, obs. J. Pélissier. Rappr. : Crim. 24 févr. 1977, *Bull. crim.* n° 80 ; 2 oct. 1981, *JS UIMM* 1982. 23. La règle du paiement préalable s'applique à ces heures conventionnelles (Soc. 21 juill. 1986, *Dr. soc.* 1986. 762 note J.-E. Ray ; 9 mai 2000, *Bull. civ.* V, n° 173).

2. La violation d'un usage n'entre pas dans la catégorie des agissements pénalement sanctionnés (Crim. 4 avr. 1991, *RJS* 5/91, n° 614). L'employeur peut dénoncer cet usage conformément aux règles jurisprudentielles régissant cet acte (Soc. 11 juin 1981, *JS* n° 41, F. 81 ; 9 juill. 1986, *Dr. soc.* 1986. 890, note J. Savatier).

3. Soc. 27 juin 1979, *Bull. civ.* V, n° 587 ; 8 juill. 1998, *RJS* 10/98, n° 1 238. La grève ne suspendant pas le mandat, le crédit d'heures peut être utilisé au cours de ce mouvement (Soc. 27 févr. 1985, *JS UIMM* 1985, n° 468), mais la qualification de circonstances exceptionnelles dépend de l'ampleur de la grève.

4. Soc. 7 déc. 1977, *D.* 1978. IR 152 ; rappr. : 28 oct. 2003, *Bull. civ.* V, n° 265. Mais la négociation d'un accord n'est pas une circonstance exceptionnelle (Soc. 5 nov. 1987, *Bull. civ.* V, n° 627).

5. Soc. 6 juill. 1994, *Dr. soc.* 1994. 899. Rappr. : 10 déc. 2003, *Bull. civ.* V, n° 315. La démission collective des autres élus d'un comité d'entreprise place ceux qui restent dans des circonstances exceptionnelles (Soc. 4 déc. 2002, n° 00-43.717 D).

6. Il n'y a pas de présomption d'usage conforme : Crim. 3 juin 1986, *Dr. soc.* 1986. 757, note J.-E. Ray ; Soc. 21 juill. 1986, préc. ; 10 juin 1997, *Dr. soc.* 1997. 989, note M. Cohen ; 26 juin 2001, *RJS* 11/01, n° 1302. Mais le salarié peut obtenir une provision en utilisant la procédure de référé-provision devant le conseil de prud'hommes (Soc. 28 oct. 2003, préc.).

7. CE 16 avr. 1982, *Rec.* Tables p. 767 ; 17 déc. 1993, *RJS* 3/94, n° 263. Par ailleurs, et alors même que la Cour de cassation considère qu'une sanction disciplinaire ne peut être prononcée qu'en raison de faits constituant un manquement du salarié à ses obligations professionnelles envers l'employeur (Soc. 30 juin 2010, n° 09-66.792, *Dr. soc.* 2010. 1263 ; obs. F. Duquesne), un tel dépassement fautif peut justifier une mesure disciplinaire dans la mesure où il ne concerne pas uniquement l'exercice du mandat représentatif, mais aussi l'exécution de la prestation de travail.

CHAPITRE 2
LES DÉLÉGUÉS DU PERSONNEL

1146 ***Rôle*** ◊ C'est à travers l'octroi des heures « de fonction » ou « de délégation » que s'est peu à peu précisé le rôle des délégués du personnel [1]. Outre ces attributions propres (Section 1), la loi leur attribue des fonctions de remplacement des autres institutions (Section 2).

SECTION 1. ATTRIBUTIONS PROPRES

Elles ont été élargies et les moyens pour y faire face ont été accrus.

1147 ***Réclamations et réception par l'employeur*** ◊ Avant la loi Auroux du 28 octobre 1982, la Cour de cassation avait introduit une distinction entre les réclamations (relatives à l'application des règles en vigueur dans l'entreprise) et les revendications (visant à la transformation de ces règles). S'il existait des délégués syndicaux dans l'entreprise, ils avaient le monopole de la revendication, notamment en matière de salaires, et les délégués du personnel étaient cantonnés dans un rôle de réclamation [2].

L'art. L. 2313-1 C. trav. confie aux délégués du personnel la mission de présenter aux employeurs toutes les réclamations individuelles et collectives relatives aux salaires, à l'application du Code du travail et des autres dispositions légales concernant la protection sociale, la santé et la sécurité, ainsi que des conventions et accords applicables dans l'entreprise.

Une distinction est ainsi faite entre les salaires et l'ensemble des autres questions intéressant les travailleurs : dans le domaine des salaires, les délégués présentent des demandes qui n'ont pas pour seul but d'obtenir l'application des règles de droit, mais peuvent avoir pour objet une augmentation de rémunération. Si l'employeur est tenu de répondre à une telle demande, il peut se borner à renvoyer l'examen de cette revendication à la négociation annuelle obligatoire avec les représentations syndicales [3]. Dans les autres domaines, le rôle des délégués est seulement de veiller à – et à réclamer – l'*application* des dispositions légales [4] ou d'origine professionnelle.

---

1. J. Savatier, Les attributions des délégués du personnel, *Dr. soc.* 1993. 746 ; V. Bonin, Quelle raison d'être pour les délégués du personnel : *Bull. soc. Fr. Lefebvre* 2009, p. 521.

2. Crim. 24 mai 1973, *D.* 1973. 599, note J. Savatier ; *Grands arrêts*, 4ᵉ éd., 2008, nᵒ 139.

3. Crim. 26 janv. 1993, *Dr. soc.* 1993. 751 (en annexe de l'article préc. de J. Savatier, qui souligne l'excessive subtilité de ces distinctions).

4. En vertu de l'alinéa 2 de l'article L. 2313-1, il appartient aux délégués du personnel de saisir l'inspection du travail de toutes les plaintes et observations relatives à l'application des dispositions légales dont elle est chargée d'assurer le contrôle.

Les réclamations peuvent être aussi bien individuelles que collectives [1]. Cette faculté de présenter des réclamations individuelles ne signifie point que les délégués du personnel soient substitués aux salariés ; ceux-ci conservent le droit de présenter eux-mêmes leurs observations à l'employeur ou à ses représentants ; normalement, les délégués du personnel n'interviendront pour le compte d'un salarié que sur la demande expresse de celui-ci, a qui appartient le choix du mode d'intervention [2]. Mais l'employeur ne doit rien faire pour dissuader les salariés de passer par l'intermédiaire des délégués du personnel, sauf à commettre un délit d'entrave [3].

La présentation des réclamations à l'employeur obéit à un certain nombre de règles :

1) Il n'est plus nécessaire que les demandes aient été préalablement présentées sans succès au représentant de l'employeur compétent pour prendre la décision ; désormais, les délégués du personnel peuvent présenter directement leurs demandes au chef d'entreprise ou au chef d'établissement ; celui-ci doit répondre lui-même, sans avoir la possibilité de renvoyer la question à un chef de service ou d'atelier.

2) Les demandes sont habituellement présentées au cours d'une réunion avec les délégués, qui doit être tenue chaque mois (C. trav., art. L. 2315-8) [4]. Les délégués titulaires peuvent être accompagnés des suppléants (qui n'ont cependant que le droit de se taire) [5] et assistés d'un représentant d'une organisation syndicale (qui peut ne pas être salarié de l'entreprise) [6]. Les délégués sont reçus collectivement par le chef d'établissement ou son *représentant*. Celui-ci peut se faire *assister* par des collaborateurs, mais ils ne peuvent, ensemble, être plus nombreux que les délégués titulaires (C. trav., art. L. 2315-8).

3) Les demandes doivent être présentées par écrit deux jours au moins avant la date de la réunion [7] ; sauf circonstances exceptionnelles, les demandes qui n'auraient pas été présentées par écrit en respectant ces délais n'ont pas à être abordées lors de la réunion. Les réponses de l'employeur seront également consignées par écrit dans les six jours ouvrables qui suivent la réunion (C. trav., art. L. 2315-12). Un registre des demandes et réponses est tenu à la disposition des salariés et de l'inspection du travail.

---

1. Elles peuvent concerner le personnel d'entreprises extérieures (art. L. 2313-3 et L. 2313-4).

2. Lorsqu'un salarié a présenté lui-même sa réclamation au chef d'établissement, la présence du délégué à l'entretien sollicité par ce salarié (sur son évaluation professionnelle) n'entre pas dans la mission de l'élu (Crim. 11 févr. 2003, *Dr. soc.* 2003. 635, note F. Duquesne).

3. L'organisation de procédures parallèles constitue le délit d'entrave (Crim. 20 mars 1984, *Bull. crim.* n° 118).

4. Le défaut de réunion constitue le délit d'entrave (Crim. 22 oct. 1975, *Bull. crim.* n° 223 ; 7 janv. 1981, *ibid.*, n° 5 : en cas d'indisponibilité du directeur d'établissement, le président de la société doit organiser lui-même la réunion ou désigner un représentant à cet effet ; 4 nov. 1982, *D.* 1983. IR 66 : seule la force majeure exonère le chef d'établissement de cette obligation ; 11 oct. 1989, *Dr. ouvrier* 1991. 28 : tous les délégués doivent être reçus au cours d'une même réunion). Le défaut de réunion mensuelle ne peut être justifié que par le refus ou la défection des délégués eux-mêmes (Crim. 11 oct. 1989, préc.).

5. Crim. 11 oct. 1983, *Bull. crim.* n° 242 (les délégués suppléants n'ont vocation à remplir les fonctions des titulaires dans leur plénitude que lorsqu'ils en assurent effectivement le remplacement).

6. Crim. 10 mai 1973, *Bull. crim.* n° 218 ; 17 juill. 1973, *ibid.*, n° 333. Il peut s'agir d'un ancien salarié, licencié pour faute grave (Crim. 7 févr. 1979, *JS* 1979, F. 37).

7. En demandant aux délégués de présenter par note écrite leurs demandes 7 jours avant la date de réunion (serait-ce à la demande d'un syndicat), un chef d'entreprise commet le délit d'entrave (Crim. 23 mai 1978, *JS* 1978, F. 74).

4) En dehors de cette réunion mensuelle obligatoire, les délégués peuvent demander à être reçus, soit individuellement, soit par catégorie, soit par atelier, service ou spécialité professionnelle (C. trav., art. L. 2315-8). Il existe même une possibilité pour eux d'être reçus par le conseil d'administration (C. trav., art. L. 2315-9).

1148 ***Attributions consultatives*** ◊ L'employeur doit recueillir l'avis des délégués du personnel dans diverses hypothèses prévues par la loi. Ainsi par exemple sur les propositions de reclassement qu'il est tenu de faire à un salarié victime d'un accident du travail ou d'une maladie professionnelle et devenu médicalement inapte à reprendre son emploi (C. trav., art. L. 1226-10) [1] ; sur la fixation de la date (C. trav., art. L. 3141-13) [2], sur le fractionnement (C. trav., art. L. 3141-20) des congés annuels [3], sur l'arrêt de travail pour intempérie dans les entreprises du bâtiment et des travaux publics (art. L. 5424-9), ou encore sur l'utilisation du crédit d'impôt compétitivité emploi (C. trav., art. L. 2313-7-1) [4].

1149 ***Défense des droits des personnes et libertés individuelles*** [5] ◊ Les droits des personnes et les libertés individuelles et collectives ne peuvent subir dans l'entreprise des restrictions qui ne seraient pas justifiées par la nature des tâches à accomplir ni proportionnées au but recherché (C. trav., art. L. 1121-1, L. 1321-3). Si un délégué constate, notamment par l'intermédiaire d'un salarié, une atteinte illicite aux droits des personnes, à leur santé physique et mentale ou aux libertés individuelles, il en saisit l'employeur qui doit procéder avec lui à une enquête et remédier à cette situation [6]. En cas de désaccord avec l'employeur, ou si l'employeur ne réagit pas à l'alerte donnée et ne diligente pas l'enquête, le délégué peut se substituer au salarié victime de cette atteinte [7] pour saisir le bureau de jugement du conseil de prud'hommes qui, statuant selon les formes du référé, ordonnera toute mesure propre à mettre fin à l'illégalité constatée (C. trav., art. L. 2313-2) [8].

1. L'employeur n'est pas tenu de recueillir cet avis collectivement au cours d'une réunion des délégués (Soc. 20 avr. 2003, *Dr. soc.* 2003. 787, obs. J. Savatier ; *D.* 2004. Somm. 187, obs. A. Arseguel). Il ne peut le recueillir qu'après que l'inaptitude a été constatée dans les conditions de l'art. R. 241-51-1, donc après le second des deux examens prévus par ce texte (Soc. 16 févr. 2005, *Dr. soc.* 2005. 580, obs. J. Savatier). La Cour de cassation précise que L'employeur ne peut se soustraire à cette obligation, et échapper aux conséquences de sa méconnaissance, en faisant valoir qu'aucun délégué n'a été élu, s'il n'a pas établi un constat de carence (Soc. 7 déc. 1999, *Dr. soc.* 2000. 226, obs. J. Savatier).

2. À défaut de convention ou d'accord collectif applicable.

3. Exigence d'un avis conforme (Soc. 20 oct. 1998, *Dr. soc.* 1999. 91, obs. J. Savatier).

4. Sont applicables les modalités d'intervention prévues, dans la même hypothèse, pour le comité d'entreprise (v. ss. 1201).

5. C. trav., art. L. 2313-2, créé par la loi du 31 déc. 1992.

6. Soc. 17 juin 2009, n° 08-40.274 : *JCP S* 2009, 1362, note E. Jeansen.

7. Cette action de substitution suppose que le salarié concerné ait été informé par écrit et ne s'y soit pas opposé. Le délégué peut agir sur le même fondement pour faire sanctionner une discrimination dont il est lui-même la victime (Soc. 26 mai 1999, *RJS* 7/99, n° 935). V. aussi Soc. 28 mars 2006, n° 04-41.016 : *Bull. civ.* V, n° 126.

8. Le jugement peut déclarer nul le licenciement dénoncé et ordonner, sous astreinte, la poursuite du contrat (Soc. 28 mars 2006, préc. : dans une affaire où le délégué du personnel

1150 ***Contacts avec le personnel*** ◊ Droit de se déplacer librement dans l'entreprise, non seulement pendant les heures de délégation, mais également en dehors de leurs heures habituelles de travail (art. L. 2315-5) – ce qui donne une assez grande liberté d'action aux délégués [1]. Les délégués du personnel peuvent prendre « tous contacts nécessaires à l'accomplissement de leur mission, notamment auprès d'un salarié à son poste de travail, sous réserve de ne pas apporter de gêne importante à l'accomplissement du travail des salariés » (C. trav., art. L. 2315-5) [2].

Droit d'afficher des communications destinées au personnel sur les emplacements réservés à cet effet et aux portes d'entrée des lieux de travail (C. trav., art. L. 2315-7) [3]. Les délégués du personnel ne sont pas obligés, à la différence des délégués syndicaux, de communiquer à l'employeur le texte des documents qu'ils affichent. L'employeur ne peut retirer ou faire retirer les communications qu'il estime irrégulières, dès lors qu'elles sont affichées sur les panneaux réservés à cet effet (ou sur les portes d'entrée des lieux de travail) [4]. L'employeur peut seulement saisir le juge des référés (président du TGI) qui ordonnera, éventuellement, le retrait de la communication (si la communication n'est pas conforme à l'objet précisé par la loi : communication à caractère politique, à caractère injurieux à l'égard de certains membres du personnel...).

Le droit de distribuer des tracts n'est pas expressément accordé aux délégués du personnel. Si la diffusion de documents informant le personnel des réponses de la direction aux réclamations présentées par eux devrait être déclarée licite, la diffusion de tracts syndicaux par des délégués du personnel pendant leur temps de travail est, à coup sûr, irrégulière [5].

Les délégués du personnel ont *droit à un local* pour se réunir et recevoir les salariés (par exemple pendant les plages libres d'un horaire variable) [6]. La Chambre sociale précise que, pour l'accomplissement de leur mission légale et afin de préserver la confidentialité qui s'y attache, les salariés investis d'un mandat électif ou syndical

---

avait alerté l'employeur, mais où le bureau de jugement de la juridiction prud'homale avait été saisie par la salariée). Un délégué du personnel peut réclamer le retrait d'éléments de preuve obtenus par l'employeur de façon frauduleuse (Soc. 10 déc. 1997, *Dr. soc.* 1998. 127, note B. Bossu). Sur le refus de la Cour de cassation de transmettre une QPC mettant en cause la conformité de l'art. L. 2313-2 aux exigences constitutionnelles, v. Cass. QPC ; 3 juill. 2014, n° 14-40.027, publié.

1. Subordonner le déplacement à une autorisation constitue une entrave (Crim. 27 juin 1979, *JS UIMM* 1979, n° 402).

2. Pour une illustration : Soc. 23 sept. 1992, *Bull. civ.* V, n° 478 ; *Grands arrêts*, 4e éd., 2008, n° 140. Aujourd'hui, et pour tenir compte des innovations technologiques, il paraît logique que les délégués (ou les membres du comité d'entreprise) puissent prendre contact avec les salariés par courriel, sous la même condition de « ne pas apporter de gêne importante » à l'exécution du travail.

3. Selon que les juges estimeront que la porte d'un bureau, sur laquelle est affichée une communication, est « une porte d'entrée des lieux de travail » ou qu'elle n'a pas cette fonction, le fait de retirer un feuillet affiché sur cette porte constituera ou non le délit d'entrave (Crim. 3 déc. 1985, *JS* 1985, F. 11). V. aussi : Crim. 15 mars 1983, *Bull. crim.* n° 85 ; 19 févr. 1979, *Bull.* n° 73.

4. Crim. 8 mai 1968, *D.* 1968. 563, note J.-M. Verdier.

5. Crim. 1er févr. 1983, *JS UIMM* 1983, n° 442. Mais le délégué du personnel pourrait, comme militant de la section syndicale, distribuer les tracts syndicaux aux heures d'entrée et de sortie du travail. Du reste il peut être désigné comme délégué syndical.

6. Crim. 7 janv. 1981, *Bull. crim.* n° 13 (délit d'entrave pour non fourniture de local).

(donc les délégués du personnel) doivent pouvoir disposer, dans l'entreprise, d'un matériel ou procédé excluant l'interception de leurs communications téléphoniques et l'identification de leurs correspondants [1].

1151 ***Activités en dehors de l'entreprise*** ◊ Si les activités étrangères au personnel de l'entreprise n'entrent pas dans la mission des délégués du personnel [2], ceux-ci peuvent quitter l'établissement ou l'entreprise pour exercer leurs fonctions (C. trav., art. L. 2315-5), sans avoir à demander l'autorisation, quitte à remplir un bon de délégation. En particulier, ils peuvent se rendre à l'inspection du travail pour informer l'inspecteur des irrégularités qui seraient commises et solliciter son intervention (C. trav., art. L. 2313-1) [3]. De même, l'article L. 2313-9 invite les délégués à communiquer suggestions et observations au comité d'entreprise et au CHSCT. Mais le délégué élu n'a pas, comme tel, à intervenir devant le conseil de prud'hommes pour assister un salarié [4].

SECTION 2. REMPLACEMENT D'AUTRES INSTITUTIONS REPRÉSENTATIVES

1152 La pluralité d'institutions représentatives du personnel est d'autant moins justifiée, et plus difficile à mettre en œuvre, que l'entreprise est plus petite. La tendance est alors de confier aux délégués du personnel les fonctions exercées ailleurs par d'autres institutions. Cette mission de suppléance s'exerce de plein droit, au profit des salariés qui n'ont pas d'autre porte-parole dans l'entreprise (§ 1). La *délégation unique*, instituée en 1993, permet au contraire à l'employeur de substituer définitivement les délégués du personnel aux membres élus du comité d'entreprise (§ 2). On passe donc d'une « représentation minimale garantie » aux travailleurs à une faculté patronale de réduction des droits à représentation.

---

1. Soc. 6 avr. 2004, *RJS* 6 avr., n° 716 (le poste téléphonique mis à la disposition du délégué était desservi par l'autocommutateur de l'entreprise).

2. Ils ne peuvent utiliser leurs heures de délégation pour se rendre à des réunions syndicales ou participer à des actions syndicales (Soc. 6 oct. 1977, *Bull. civ.* V, n° 518 ; 5 juill. 1979, *ibid.*, n° 618 ; 8 juin 1979, *ibid.*, n° 511 ; 21 juill. 1982, *ibid.*, n° 493 ; 8 mars 1984, *ibid.*, n° 92 : l'assistance à une réunion d'information ne peut être prise sur le temps de fonction que si elle « se rattache directement à une difficulté particulière de l'entreprise » ; 24 mars 1993, *Dr. soc.* 1993. 753 : réunion syndicale ayant trait à la situation des entreprises de la branche dans le département, n'entrant donc pas dans la mission d'un délégué). Cette jurisprudence affaiblit le lien – pourtant reconnu par la loi – entre le délégué du personnel et le syndicat (J. Savatier, préc. *Dr. soc.* 1993. 746). La Chambre criminelle a une conception moins restrictive : ce n'est pas parce que des questions concernent l'ensemble de l'entreprise qu'elles dépassent la compétence d'un délégué d'établissement (Crim. 22 mai 1974, *Bull. crim.* n° 199 ; 9 déc. 1980, *JS* 1981, F. 13).

3. Au cours des visites d'établissement, l'inspecteur du travail doit se faire accompagner par le délégué compétent, si celui-ci le désire.

4. Soc. 12 mars 1987, *JS UIMM* 1987. 488 ; 21 févr. 1990, *Bull. civ.* V, n° 85.

§ 1. La mission de suppléance

1153 ***Attributions exceptionnelles*** ◊ Les délégués du personnel sont légalement investis d'autres missions lorsque d'autres organes de représentation font défaut.

Ainsi le délégué du personnel exerce-t-il la mission du *délégué syndical*, lorsqu'un syndicat représentatif le désigne dans une entreprise employant moins de 50 salariés (C. trav., art. L. 2143-6). De même, dans les établissements de cette taille, un délégué du personnel peut être désigné en qualité de représentant de la section syndicale par un syndicat non représentatif (C. trav., art. L. 2142-1-3).

Dans le cercle des institutions représentatives du personnel *stricto sensu*, les délégués du personnel exercent collectivement les attributions dites « économiques » du *comité d'entreprise* [1] (avec le droit à une subvention de fonctionnement, le droit à la formation économique, le droit à l'assistance d'expert, des heures supplémentaires de délégation) lorsque, dans une entreprise employant au moins 50 salariés, un comité d'entreprise n'a pu être élu faute de candidatures (C. trav., art. L. 2313-13) [2]. En l'absence de comité d'entreprise, ils participent également à la gestion des activités sociales et culturelles (C. trav., art. L. 2313-15). Ils remplacent le comité dans ses attributions en matière de prévention des difficultés, de licenciement économique, ou au cours d'une procédure de redressement judiciaire et liquidation de l'entreprise [3].

S'il n'existe pas de *comité d'hygiène, de sécurité et des conditions de travail* dans un établissement employant au moins 50 salariés, les délégués du personnel ont les missions et les moyens qui sont habituellement attribués aux membres de ces comités (C. trav., art. L. 2313-16) [4].

Toutes ces dispositions font des délégués du personnel des *représentants « à tout faire », polyvalents, dans les entreprises petites et moyennes* (entre 11 et 50 salariés). Et les articles L. 2313-13 et L. 2313-14 leur adaptent tant bien que mal [5] les prérogatives légales des comités d'établissement et d'entreprise. Cette réforme aurait dû enlever beaucoup de son effet dissuasif au seuil de 50 salariés.

1154 ***Représentation des salariés d'entreprises extérieures*** ◊ Dans un établissement peuvent travailler des salariés qui dépendent d'une autre entreprise : ils peuvent faire présenter au chef d'établissement leurs réclamations individuelles et collectives par l'intermédiaire des délégués du personnel (C. trav., art. L. 2313-3, L. 2313-4). Ce sera le cas également des travailleurs temporaires : les délégués du personnel sont leurs intermédiaires dans l'entreprise utilisatrice. Ainsi devront-ils veiller à ce que la rémunération de l'intérimaire ne soit pas inférieure à celle d'un salarié de

---

1. Il s'agit des attributions mentionnées à la section 1 du chapitre III du titre II (art. L. 2313-3).

2. Dans les entreprises comptant moins de 50 salariés, ils sont consultés sur les projets de licenciements collectifs pour motif économique (art. L. 2313-7).

3. V. aussi l'art. L. 2323-17 pour la « dénonciation » de la pratique excessive ou abusive des contrats précaires dans l'entreprise.

4. Quand l'établissement occupe moins de 50 salariés (art. L. 4611-3).

5. Cette mission conduit à faire de la délégation du personnel un organe collégial, ce qui n'est pas son mode normal de fonctionnement. Les délégués sont élus dans le cadre d'établissements qui ne correspondent pas nécessairement à celui des institutions qu'ils sont appelés à suppléer.

même qualification dans l'entreprise utilisatrice. Le délégué du personnel a de la sorte vocation générale à être le porte-parole, même de ceux qui ne l'ont pas nécessairement choisi. La même inspiration préside à l'institution de délégués de site lorsque plusieurs établissements de moins de 11 salariés exercent leur activité sur le même lieu et que des problèmes communs sont à traiter (C. trav., art. L. 2312-5).

§ 2. La délégation unique [1]

1155 ***Décision patronale*** ◊ Ce dispositif, introduit par la loi du 20 décembre 1993, vise principalement à simplifier l'architecture des institutions représentatives dans les petites et moyennes entreprises, et à y réduire le nombre de représentants. L'article L. 2326-1 permet au chef d'une entreprise de moins de 200 salariés « de décider que les délégués du personnel constituent *la délégation du personnel au comité d'entreprise* ». Cette décision est prise après simple consultation des délégués du personnel et, s'il existe, du comité d'entreprise (exigence minimale qui devrait s'entendre à peine de nullité [2]). Le législateur pouvait-il ainsi renvoyer la mise en œuvre du principe de participation des travailleurs à une décision unilatérale de l'employeur. Cette question ne devait-elle pas relever, pour le moins, de la négociation collective ? Le Conseil constitutionnel a estimé qu'eu égard aux précisions et garanties prévues par le texte, une simple concertation préalable suffisait [3]. Les difficultés de mise en œuvre de ce dispositif font douter de ses vertus simplificatrices. Il aurait été plus simple de s'en tenir aux mécanismes de suppléance déjà prévus par le Code.

La décision patronale, qui ne peut être prise qu'au moment du renouvellement ou de la création du comité, entraîne une diminution du nombre de représentants du personnel dans l'entreprise, la délégation unique comportant moins de sièges que la délégation du personnel et le comité lorsqu'ils demeurent distincts [4]. En revanche, elle reste en principe sans incidence sur les attributions et les règles de fonctionnement respectives de la délégation du personnel et du comité d'entreprise [5]. Tout concourt cependant à ce que la fusion des mandats s'accompagne d'une

---

1. V. divers commentaires de cette innovation de 1993 : J.-E. Ray, *Dr. soc.* 1994. 142 ; M. Cohen, *Dr. soc.* 1994. 147 ; P. Rennes, *Dr. ouvrier* 1995. 1 ; M. Del Sol, *Dr. soc.* 1995. 153 ; J. Savatier, *RJS* 2/96, 63.

2. Seuls les délégués du personnel et le comité d'entreprise (s'il existe) sont habilités à participer à la consultation prévue (Soc. 8 janv. 1997, *RJS* 2/97, n° 164). Le désaccord manifesté par les organisations syndicales quant au choix de mettre en place une délégation unique ne dispense pas l'employeur de procéder à une négociation du protocole préélectoral dans les conditions prévues par la loi : soc. 28 sept. 2011, n° 10-21.752 : *JCP S* 2011. 1573, note J.-Y. Kerbourc'h.

3. Cons. const. n° 93-328 DC du 16 déc. 1993, *Dr. soc.* 1994. 139, obs. X. Prétot.

4. Art. R. 2314-3 : cette réduction varie de 4 à 8 sièges (titulaires et suppléants) selon la taille de l'entreprise. Le nombre de « délégués uniques » va de 3 à 8 (et autant de suppléants). Ne s'appliquent pas les règles prévoyant, pour l'élection des membres du comité, la constitution d'un troisième collège pour les ingénieurs, chefs de service et cadres (Soc. 26 sept. 2002, *Bull. civ.* V, n° 287).

5. Art. L. 2326-3 : « les délégués du personnel (...) et le comité d'entreprise conservent l'ensemble de leurs attributions (...) (Leurs réunions) ont lieu (...) selon les règles propres à chacune de ces instances » (ex. : Soc. 18 nov. 2003, *Dr. soc.* 2004. 218, obs. J. Savatier). Toutefois les fusion des attributions. Sauf à développer un formalisme de la représentation que la loi prétend réduire dans les PME, la dualité des institutions élues laissera alors la place à un organe de type nouveau : la délégation du personnel en tant qu'organe collégial (à la différence des délégués du personnel), dont les membres seront dotés de prérogatives individuelles (à la différence des élus au comité).

Des dispositions relatives aux institutions représentatives (antérieures à la loi de 1993) ne peuvent faire obstacle à la décision de mettre en place la délégation unique, mais on doit s'y référer pour déterminer le nombre de sièges à pourvoir au sein de cette délégation [1]. Mais des accords peuvent améliorer le régime légal de la délégation unique (augmenter le nombre de délégués, par exemple) ou prescrire le maintien du comité et des délégués du personnel comme institutions distinctes [2].

1156 ***Établissements distincts*** ◊ Dans le silence de la loi sur les conditions de son application dans les entreprises (de moins de 200 salariés) comportant plusieurs établissements distincts, rien n'interdit que la constitution d'une délégation unique concerne un seul de ces établissements [3]. Le découpage de l'entreprise en établissements et la répartition des sièges doivent s'opérer selon les dispositions applicables aux comités (C. trav., art. R. 2314-3), c'est-à-dire par accord préélectoral ou à défaut par décision du directeur départemental du travail. D'où un contentieux possible devant le juge administratif. Pour le reste, les dispositions relatives à l'élection des délégués du personnel demeurent applicables, sous le contrôle du juge d'instance. Le renvoi à la notion d'établissement au sens des comités d'établissement (C. trav., art. L. 2327-1) entraîne la disparition d'élections distinctes dans les établissements au sens des délégués du personnel (C. trav., art. L. 2311-1), c'est-à-dire la disparition des délégués du personnel dans les établissements de moins de 50 salariés [4]. En revanche, si la délégation unique n'a pas été instaurée dans tous les établissements, il y a lieu, lorsque l'effectif de l'entreprise atteint ou dépasse 200 salariés, de procéder à de nouvelles élections dans chacun des établissements, sans attendre l'échéance des mandats en cours [5].

---

représentants du personnel qui cumulaient un mandat de délégué du personnel et un mandat de représentant syndical désigné auprès du comité (cas fréquent dans les petites entreprises) devront choisir entre ces deux mandats, en raison de l'incompatibilité entre les fonctions d'élu et de représentant syndical au comité (Soc. 25 oct. 1995, *RJS* 1995, n° 1265).

1. Il convient de comparer le nombre de délégués prévus pour la délégation unique (art. R. 2314-3) avec celui des délégués du personnel et membres du comité résultant des règles conventionnelles, et de retenir le nombre le plus élevé. V. : Soc. 14 déc. 1995, *Dr. soc.* 1996. 202 obs. M. Cohen ; 27 mai 1999, *RJS* 7/99, n° 937.

2. Soc. 8 janv. 1997, *RJS* 2/97, n° 164.

3. M. Cohen, *Le droit des comités d'entreprise et de groupe*, LGDJ, 7ᵉ éd., p. ; 100 ; J. Savatier, préc. p. 66. Ce qu'admet implicitement : Soc. 17 mars 2004, *Bull. civ.* V, n° 92.

4. CE 8 sept. 1995, *RJS* 11/95, n° 1141 ; Soc. 14 déc. 1995, *Dr. soc.* 1996. 201 ; 10 juin 1998, *RJS* 7/98, n° 879.

5. Soc. 17 mars 2004, préc.

CHAPITRE 3
LES COMITÉS D'ENTREPRISE [1]

1157 ***Plan*** ◊ Il convient d'examiner successivement leur *organisation et leur fonctionnement*, y compris les moyens dont ils disposent (Section 1), leurs *attributions en matière sociale*, initialement les plus importantes (Section 2), et leurs *attributions en matière économique*, dont le développement a signifié l'avènement d'une forme modeste de « démocratie économique » (Section 3).

SECTION 1. ORGANISATION ET FONCTIONNEMENT

1158 ***Rôle*** ◊ Les comités ont pour vocation d'assurer une « expression collective des salariés » (C. trav., art. L. 2323-1). Mais à la différence des délégués, qui ne constituent pas une organisation, les comités sont traités par la loi comme une structure organisée.

Le comité existe dans une *entreprise*, mais l'« entreprise » n'étant pas un sujet de droit, il n'est pas un « organe » de l'entreprise, ni de la ou des sociétés qui donnent forme juridique à celle-ci. Il est plutôt un acteur institutionnel de l'entreprise.

§ 1. Incidence de la structure de l'entreprise

1159 Le « comité d'entreprise » existe aux différents degrés où se prennent les décisions : établissement, entreprise, groupe, et entreprises ou groupes de dimension communautaire. À la relative décentralisation du pouvoir économique répond une organisation de la représentation du personnel de type fédéral.

1160 ***Entreprise à établissements multiples*** ◊ L'entreprise à établissement unique n'est pourvue que d'un comité *d'entreprise*. S'agissant des entreprises à établissements multiples, elles comprennent des comités d'*établissement* et un comité *central d'entreprise* [2]. Quelles sont les attributions

---

1. V. M. Cohen, *Le droit des comités d'entreprise et des comités de groupe*, LGDJ, 9e éd., 2009.

2. Selon la Cour de cassation, si la loi prévoit la création d'un comité central d'entreprise dans les entreprises comprenant des établissements distincts, elle ne fait pas expressément obligation au chef d'entreprise de prendre l'initiative de sa constitution lorsqu'aucune démarche n'a été effectuée à cet effet auprès de lui (Crim. 14 janv. 1986, n° 85-91.285 : *Bull. crim.* n° 24 ; *D.* 1986. IR 381, obs. J. Frossard. V. aussi dans le même sens, Paris, 7 sept. 2007 : *Bull. Joly* 2008. 12, obs. crit. G. Auzero).

respectives des deux échelons ? La loi dispose seulement que les comités d'établissement « ont les mêmes attributions que les comités d'entreprise dans la limite des pouvoirs confiés au chef de ces établissements » (C. trav., art. L. 2327-15).

Il résulte de ce texte que lorsque la mesure excède les limites du pouvoir d'un seul chef d'établissement ou concerne plusieurs établissements simultanément, la mesure relève de la compétence du seul comité central d'entreprise. Celui-ci n'a pas un rôle de simple coordination, il dispose de pouvoirs propres [1]. Mais il est parfois nécessaire de consulter à la fois le comité central d'entreprise et le ou les comités d'établissement. Il en va par exemple ainsi dans l'hypothèse où la mise en œuvre de la décision et son application au cas particulier de l'établissement rendent nécessaire l'élaboration de dispositions particulières relevant normalement du chef d'établissement [2].

En matière de licenciement pour motif économique, l'article L. 1233-36 du Code du travail dispose que « dans les entreprises dotées d'un comité central d'entreprise, l'employeur consulte le comité central et le ou les comités d'établissements intéressés dès lors que les mesures envisagées excèdent le pouvoir du ou des chefs d'établissement concernés ou portent sur plusieurs établissements simultanément » [3]. Tel qu'il est formulé, ce texte semble exiger une consultation systématique du comité d'établissement concerné par les licenciements et, le cas échéant, du comité central d'entreprise. La Cour de cassation paraît toutefois soumettre la consultation du comité d'établissement à la condition que la mesure l'affecte [4].

Plus généralement, le comité central exercera les *attributions économiques qui excèdent les pouvoirs d'un chef d'établissement*, telles celles en matière de contrôle du bilan et des comptes (C. trav., art. L. 2327-2). Tout dépend donc de la portée de la question posée [5].

---

1. Crim. 6 nov. 1975, *Dr. soc.* 1976. 392, note J. Savatier ; Crim. 21 mars 1979, *Bull. crim.* n° 118 ; 17 janv. 1984, *Dr. ouvrier* 1984. 273 ; 25 sept. 1990, *RJS* 11/90, n° 782.

2. Crim. 17 janv. 1984, *Bull. crim.* n° 23. V. aussi, Soc. 11 févr. 1992, *RJS* 10/92, n° 1120 ; Soc. 5 juill. 2006, n° 04-18.814, *Bull. Joly* 2007. 68, note C. Néau-Leduc ; Crim. 11 févr. 2003, *Bull. Joly* 2003. 574, note G. Auzero. Il importe alors de déterminer dans quel ordre cette double consultation doit être opérée. Dans le silence de la loi, et en bonne logique, la pratique consiste le plus souvent à consulter le comité central d'entreprise en premier, puisque c'est à l'échelle de la direction générale que sont prises les décisions et à l'échelle de l'établissement qu'elles sont mises en œuvre.

3. Ce texte intéresse le licenciement de dix salariés et plus. Une formule similaire figure à l'article L. 1233-9 pour le licenciement de moins de dix salariés.

4. Soc. 25 juin 2002, *Bull. civ.* V, n° 217 ; 23 avr. 2013, n° 12-15.221, *Lexbase Hebdo, éd. Sociale*, n° 527, note G. Auzero. L'article L. 1233-36 ajoute que lorsque les deux institutions doivent être consultées, les comités d'établissement tiennent leurs réunions après celles du comité central d'entreprise.

5. V. aussi, pour le recours à un expert-comptable : Soc. 14 déc. 1999, *Dr. soc.* 2000. 225, obs. M. Cohen ; 18 nov. 2009, n° 08-16.260 : *RDT* 2010. 180, obs. F. Signoretto ; *Bull. Joly* 2010. 220, obs. B. Saintourens. Ainsi que l'affirme la Cour de cassation dans ce dernier arrêt, « la mise en place d'un comité d'établissement suppose que l'établissement dispose d'une autonomie suffisante en matière de gestion du personnel et de conduite de l'activité économique de l'établissement ». Cette solution a pour conséquence de priver d'effets la discussion relative aux pouvoirs du chef d'établissement et à exclure à ce titre toute contestation du recours à l'expert-comptable par le comité d'établissement. La Chambre sociale précise en outre, dans cette même décision, que le droit du comité central d'entreprise d'être assisté pour l'examen annuel des comptes de l'entreprise ne prive pas le comité d'établissement du droit d'être assisté par un expert-comptable chargé de lui fournir tous éléments d'ordre économique, social et financier nécessaires à

Mais en matière d'*activités sociales et culturelles*, chaque comité d'établissement a qualité pour gérer celles qui lui sont propres et percevoir les ressources correspondantes directement de l'employeur, le comité central n'ayant que la gestion des éventuelles activités communes avec les ressources afférentes. Ce comité central n'a aucun pouvoir de répartir entre les comités d'établissement une subvention qui serait globalisée, donc de modifier les modalités de cette répartition, ou de décider de créer de nouvelles activités communes [1]. Il n'est ici qu'un rouage de *coordination* dépourvu de pouvoirs propres. Toutefois, l'article L. 2327-16 prévoit deux tempéraments à cette répartition des compétences. Les comités d'établissement peuvent, en premier lieu, confier au comité central la gestion d'*activités communes :* la dérogation résulte alors d'un simple *accord entre les comités*. En second lieu, un *accord entre le chef d'entreprise et une ou plusieurs organisations syndicales* représentatives [2] peut *définir les compétences* respectives du comité central et des comités d'établissements. La Cour de cassation décide qu'un tel accord ne peut enlever à ces derniers la gestion des activités sociales propres à chaque établissement, ni les priver du droit de percevoir directement de l'employeur la subvention calculée sur la masse salariale de l'établissement [3].

En cas de transfert au comité central d'entreprise de la gestion des activités sociales et culturelles, ce transfert fait l'objet d'une convention entre les comités d'établissements et le comité central d'entreprise [4].

1161 ***Groupe de sociétés*** ◊ La loi du 28 octobre 1982 (C. trav., art. L. 2331-1 s.) a tenu compte du processus de concentration des entreprises, en prévoyant, au-dessus de l'établissement et de l'entreprise, un échelon supplémentaire de représentation. *Le comité de groupe* se superpose aux comités

---

la compréhension des documents comptables de l'établissement et à l'appréciation de sa situation. Pour une confirmation de ces solutions, v. Soc. 9 nov. 2011, n° 10-16.702 : *Sem. soc. Lamy*, n° 1528, p. 7, chron. L. Pécaut-Rivolier et Y. Struillou ; 8 avr. 2014, n° 13-10.541, publié (« Il appartient au seul comité d'établissement d'apprécier l'opportunité de se faire assister d'un expert pour l'examen des comptes de cet établissement, sans que le droit du comité central d'entreprise d'être lui-même assisté pour l'examen annuel des comptes de l'entreprise ne soit de nature à le priver de cette prérogative »). *Adde*, A. Cœuret et G. Navarro, L'accès du comité d'établissement à l'expertise-comptable : un cas d'allergie au critère des pouvoirs délégués : *JCP E* 2012. 1131 ; A. Sauret et Ch. Windal, L'expert-comptable du comité et les comptes annuels : ne pas oublier les impératifs du code de commerce : *JCP S* 2012. 1107.

1. Soc. 16 déc. 1971, *D.* 1972. 294.

2. Accord soumis aux conditions de majorité et d'opposition prévues par l'article L. 2232-12 C. trav. Le projet d'accord, consécutif à l'opération de fusion-absorption, fixant le taux moyen pondéré de la contribution patronale aux œuvres sociales pour l'ensemble de l'entreprise est déterminant des règles de répartition prenant en compte les besoins propres à chaque établissement requiert, par son objet, simultanément, la consultation du comité central d'entreprise et des comités d'établissement (Crim. 11 févr. 2003, n° 01-88.650 : *Bull. crim.* n° 31 ; *Dr. soc.* 2003. 897, obs. M. Cohen).

3. Soc. 30 juin 1993, *Dr. soc.* 1993. 754, rapp. Ph. Waquet. Interprétation contestable, qui ajoute au texte une limitation qu'il ne contient pas, et qui contrarie l'organisation d'une véritable solidarité sociale entre les établissements (« effet Matthieu » : les œuvres sociales sont d'autant plus pauvres dans un établissement que le niveau de salaire y est bas).

4. Cette convention, qui comporte des clauses conformes à des clauses types déterminées par décret, est nécessaire quelles que soient les modalités du transfert. Imposée par la loi du 5 mars 2014, elle vise à garantir les conditions de la transparence financière, autrement dit, de déterminer précisément à quel niveau (établissement ou entreprise) les ressources et les dépenses relatives aux activités sociales et culturelles doivent être prises en compte.

centraux d'entreprise, lesquels fédèrent plusieurs comités d'établissement. La loi du 12 novembre 1996 a, conformément à la directive du 22 septembre 1994, donné une dimension transnationale au comité d'entreprise européen, institué dans les entreprises ou groupes d'entreprises de dimension communautaire (C. trav., art. L. 2341-4 s.) [1]. La loi de 1982 avait cantonné le comité de groupe à un rôle de simple information des travailleurs – la loi du 15 mai 2001 est restée dans cette logique – et mesuré chichement ses moyens de fonctionnement. Le comité d'entreprise européen a un rôle de consultation, appuyé sur des droits d'information et des moyens de fonctionnement substantiels [2]. La directive du 6 mai 2009 et sa norme de transposition dans notre droit interne, laissent clairement entendre que la consultation du comité d'entreprise européen doit précéder la prise de décision [3]. En revanche, s'agissant de la chronologie des procédures transnationale et nationale d'information et de consultation, ces mêmes textes laissent subsister quelques zones d'ombre [4]. Conformément au rôle privilégié réservé en la matière au contrat, il appartient avant tout à l'accord instituant un comité d'entreprise européen de déterminer les modalités de l'articulation entre l'information et la consultation de cette institution et des instances nationales de représentation du personnel [5]. Lorsque le comité d'entreprise européen est constitué en l'absence d'accord ou lorsque l'accord ne prévoit pas les modalités de l'articulation, l'article L. 2341-9 se borne à affirmer que le processus d'information et de consultation est mené tant au sein du comité d'entreprise européen que des institutions nationales représentatives du personnel [6]. À suivre ce texte à la lettre, il importe seulement d'informer et de consulter aux deux niveaux, sans qu'existe, d'un point de vue chronologique, la moindre priorité entre le comité d'entreprise européen et les institutions représentatives

1. La directive de 1994 a été abrogée, avec effet au 6 juin 2011, par une directive du 6 mai 2009, elle-même transposée dans notre droit interne par l'ordonnance du 20 oct. 2011 ; v. ss 1085.

2. Soc. 16 janv. 2008, n° 07-10.597, *Sem. soc. Lamy* 2008, n° 1338, p. 11, obs. FC. *Adde*, M.-A. Moreau et J.-J. Paris, « Le rôle du comité d'entreprise européen au cours des restructurations, expériences et prospectives », *Sem. soc. Lamy*, suppl. n° 1376, p. 33.

3. V. ss 1085. *Adde*, CJCE 10 sept. 2009, aff. C-44/08, *Akavan*, *Sem. soc. Lamy*, suppl. n° 1444, p. 15, chron. S. Laulom. Rendue en matière de licenciements économiques, cette décision doit retenir l'attention ; la Cour y précisant que « la procédure de consultation doit être déclenchée par l'employeur au moment où a été adoptée une décision stratégique ou commerciale le contraignant à envisager ou à projeter des licenciements collectifs ».

4. B. Krief, L'articulation du comité d'entreprise européen et des instances nationales de représentation du personnel : *JCP S* 2012. 1116, ; B. Teyssié, Le comité d'entreprise européen (Dir. 2009/38/CE du 6 mai 2009 ; Ord. n° 2011-1328 du 20 oct. 2011) : *JCP S* 2011. 1489.

5. C. trav., art. L. 2342-9. L'accord ne saurait évidemment sacrifier une procédure d'information et de consultation au profit ou au détriment de l'autre. Il importe en outre que les stipulations de l'accord soient suffisamment claires pour ne pas laisser de place au doute quant aux modalités de cette articulation. À défaut, le recours au juge sera difficile à éviter (v. B. Krief, *op. cit.* et la jsp. citée).

6. Ce même texte précise que cette double procédure d'information et de consultation doit être menée uniquement dans le cas où des décisions susceptibles d'entraîner des modifications importantes dans l'organisation du travail ou dans les contrats de travail sont envisagées.

du personnel national [1]. Au demeurant, instaurer un tel droit de priorité, que ce soit au profit du premier ou des secondes, n'a, dans l'absolu, guère de sens. Il peut, par suite, être suggéré que le comité d'entreprise européen doit être consulté en premier lorsque la décision est prise au niveau transnational, les instances nationales étant consultées en second, [2] au vu des implications « nationales » de la décision.

§ 2. Personnalité juridique

1162 ***Reconnaissance et attributs*** ◊ La personnalité, expressément reconnue par l'ordonnance de 1945 aux comités d'entreprise, a été reconnue, par application de la règle prétorienne consacrée par un arrêt fameux (rejetant l'idée selon laquelle la personnalité morale n'était qu'une création du législateur) aux comités d'établissement [3], puis aux comités de groupe [4]. Il suffit de constater qu'il s'agit d'un groupement pourvu d'une possibilité d'expression collective pour la défense d'intérêts licites dignes d'être juridiquement reconnus et protégés. L'article L. 2327-18 confirme cette jurisprudence, qui bénéficie également au CHSCT [5].

C'est à propos de l'action en justice des comités que la discussion a pris naissance. Mais la Chambre criminelle a bientôt estimé que le comité pouvait ester en justice en cas d'entrave apportée à son fonctionnement, que cette entrave affecte ses attributions économiques ou ses compétences sociales [6]. L'article L. 2325-1 dispose aujourd'hui que « le comité d'entreprise est doté de la personnalité juridique et gère *son* patrimoine ». Ce texte atteste qu'il n'existe pas, sous réserve de ce qui sera dit de la distinction des deux sommes que doit lui verser l'employeur, d'affectation des ressources du comité. Plusieurs conséquences en découlent.

a) Un comité d'entreprise paraît recevable à agir en justice, devant les juridictions judiciaires (civiles ou pénales) ou administratives, dès lors que sont en cause ses intérêts propres (si la subvention de fonctionnement à laquelle il a droit ne lui est pas ou pas intégralement versée, si telle de ses compétences est méconnue par l'employeur qui néglige de l'informer et le consulter, etc.) ou les intérêts qu'il représente et qu'il a charge de sauvegarder en vertu de la disposition générale de l'article L. 2323-1 du Code du travail. Même s'il est douteux que le comité

1. Il importe en revanche que ces processus aient lieu avant la prise de décision.

2. V. en ce sens l'article préc. de B. Krief. Cette articulation n'est pas sans rappeler celle qui préside, en droit interne, au respect des prérogatives des comités d'établissement et du comité central d'entreprise. Ajoutons qu'est ici en cause une même décision (ou plus exactement un même projet de décision) et non l'hypothèse dans laquelle le comité d'entreprise européen est consulté sur la décision de principe et les institutions représentatives nationales sur les modalités de mise en œuvre de cette décision, par hypothèse définitivement arrêtée.

3. Civ. 28 janv. 1954, *D.* 1954. 217, note G. Levasseur.

4. Soc. 23 janv. 1990, *Dr. soc.* 1990. 322, note J. Savatier (action en justice recevable s'agissant de la cession d'une filiale du groupe).

5. Soc. 17 avr. 1991, *Dr. soc.* 1991. 516, *JCP* 1992. 21856, note H. Blaise (même argumentation que pour les comités d'établissement). La personnalité juridique est expressément reconnue par la loi au comité d'entreprise européen (art. L. 2343-7) et au comité de la société européenne (art. L. 2353-13).

6. Crim. 29 mars 1973, *JCP* 1973.II.17651 ; 4 janv. 1979 ; *Bull. crim.* n° 6.

« représente » à proprement parler les salariés (individuellement considérés ou comme collectivité dépourvue de personnalité juridique) ; et bien que, à la différence des syndicats, il ne soit pas qualifié par la loi pour défendre l'intérêt collectif de la profession [1], ou exercer par substitution certaines actions individuelles de salariés [2]. Dans le domaine de l'emploi et des licenciements pour motif économique, par exemple, les actions en justice de comités se sont multipliées, sans que leur recevabilité soit réellement contestée [3]. Mais sont également recevables des actions en référé afin d'obtenir la suspension d'une mesure ou la désignation d'un expert [4], des actions en dommages-intérêts pour violation des prérogatives du comité [5], des actions en nullité d'un règlement intérieur élaboré sans consultation du comité [6] ou d'une délibération d'un conseil d'administration à laquelle n'auront pas été convoqués ses représentants [7], des actions civiles devant le juge pénal pour entrave [8] ou une intervention devant le tribunal de commerce dans une procédure de liquidation [9]. Il reste que les juridictions judiciaires paraissent plus réticentes [10] que le Conseil d'État [11]. Pour ce dernier, « un comité (central) d'entreprise a qualité pour déférer au juge de

1. Si les syndicats professionnels peuvent, devant toutes les juridictions, exercer tous les droits réservés à la partie civile concernant les faits portant un préjudice direct ou indirect à l'intérêt de la profession qu'ils représentent, notamment en cas de défaut de réunion, d'information ou de consultation des institutions représentatives du personnel lorsqu'elles sont légalement obligatoires, ils ne sont pas recevables à agir pour demander communication à leur profit de documents qui, selon eux, auraient dû être transmis au comité d'entreprise : Soc. 11 sept. 2012, n° 11-22.014, *JCP S* 2012. 1521, note G. Loiseau.

2. Soc. 14 mars 2007, n° 06-41.647, *Bull. civ.* V, n° 51 ; *RDT* 2007. 401, note E. Andreo. Par ailleurs, le comité d'entreprise, qui n'a pas le pouvoir de conclure une convention ou un accord collectif de travail, n'est pas recevable à agir en justice en son nom propre pour en demander l'exécution (Soc. 20 sept. 2006, n° 04-10.765, *Bull. civ.* V, n° 278. Dans la mesure où le comité d'entreprise peut aujourd'hui, dans certaines conditions, négocier et conclure des accords collectifs, cette jurisprudence doit être relativisée). En revanche, dès lors qu'il est signataire d'un accord de fin de conflit, un comité d'entreprise a par là même qualité pour demander, conjointement avec les organisations syndicales signataires, son application ou l'indemnisation du préjudice résultant de son inexécution par l'employeur (Soc. 5 juill. 2006, n° 04-43.213, *RDT* 2006. 142).

3. Soc. 17 mai 1995, *Dr. soc.* 1995. 570, concl. P. Lyon-Caen. Sur l'action du comité devant le juge communautaire dans le cadre du contrôle des concentrations d'entreprises : TPICE 27 avr. 1995, *RJS* 11/95, n° 1192.

4. Soc. 11 mars 1992, *Bull. civ.* V, n° 175.

5. Soc. 10 oct. 1973, *Dr. soc.* 1974. 113 ; Crim. 4 nov. 1988, *JS UIMM* 1989. 517 ; Soc. 7 févr. 1996, *Dr. soc.* 1996. 539, obs. M. Cohen.

6. Soc. 14 juin 1969, *Dr. soc.* 1969. 515.

7. Com. 17 févr. 1975, *D.* 1975. 466.

8. Crim. 4 mai 1971, *JCP* 1971. II. 16888 ; 4 janv. 1979, *JS* 1979, n° 396, p. 180.

9. Soc. 6 févr. 1980, *Bull. civ.* V, n° 107 ; *D.* 1981. IR 1, obs. F. Derrida.

10. Soc. 1er juin 1994, *Dr. soc.* 1994. 715, obs. A. Lyon-Caen (défaut de qualité pour critiquer un accord collectif d'entreprise) ; 29 janv. 2003, *Bull. civ.* V, n° 33 (qualité pour demander la reconnaissance d'une UES) ; Paris, *D.* 2001. IR 3011 (défaut de qualité pour agir au nom des salariés pour l'application d'une convention collective dans l'entreprise). La Cour de cassation souligne que le comité n'a pas qualité pour agir au nom des salariés (Soc. 18 mars 1997, *Dr. soc.* 1997. 544, note G. Couturier et note J. Savatier), ni les intérêts collectifs de la profession (Soc. 23 oct. 1985, *Dr. soc.* 1987. 101, note J. Savatier. Rappr. : Crim. 28 nov. 1984, *Bull. crim.* n° 375 ; *D.* 1985. IR 436, obs. Ph. Langlois ; 28 mai 1991, *RJS* 7/91, n° 852). Sur l'ensemble de la question, v. : M. Keller, L'action en justice du comité d'entreprise pour la défense de ses prérogatives économiques (ou les vertus altruistes d'une action propre), *Dr. soc.* 2006.

11. CE 13 mars 1992, *Dr. soc.* 1992. 686, concl. G. Le Chatelier (mise en place d'équipes de suppléance) ; 3 mars 1993, *Rec.* p. 41, concl. B. Schwartz (décision relative à la structure de l'entreprise) ; 5 déc. 1984, *Rec.* p. 396 (contestation d'un permis de construire accordé à l'employeur).

l'excès de pouvoir, notamment, les mesures qui sont de nature à affecter les conditions d'emploi et de travail du personnel de l'entreprise »[1]. Dans l'exercice de ces actions, le comité doit être représenté, et l'est en général par son secrétaire[2].

b) Le comité peut avoir son propre personnel (pour ses activités sociales et culturelles), distinct du personnel de l'entreprise.

c) Il est responsable des dommages causés par les fautes de ses préposés et représentants, comme par les manquements repérables dans son activité[3].

d) Il possède un patrimoine, et peut être soumis à une procédure collective[4]. Il a la capacité d'acquérir, de s'obliger, d'accepter dons et subventions.

§ 3. Composition tripartite

1163 ***Chef d'entreprise ou son représentant***[5] ◊ Le chef d'entreprise (employeur individuel, gérant ou président d'une société, d'une association, etc.) est membre de droit du comité et le préside. Il peut se faire représenter par un salarié, généralement un cadre, ayant reçu pouvoir à cet effet. Il en va de même du chef d'établissement, qui préside en principe le comité d'établissement[6]. Tout salarié, ayant reçu pouvoir pour présider le comité, cesse *ipso jure* d'être électeur au comité. La Cour de cassation ayant refusé à ce président le droit de se faire accompagner par des membres de la direction lors des réunions du comité, les lois du 20 décembre 1993 et du 4 mai 2004 l'ont autorisé à se faire assister par deux collaborateurs ayant voix consultative[7].

1164 ***Délégation élue du personnel*** ◊ Son importance varie avec l'effectif de l'entreprise (C. trav., art. R. 2324-1) : de 3 à 15, avec autant de *suppléants*, appartenant à la même catégorie et élus sur la même liste. L'article

---

1. De sorte que le juge administratif des référés ne commet aucune erreur de droit en jugeant, pour retenir l'intérêt à agir de ce comité, que l'exécution des décisions ministérielles de ne pas retenir l'offre de l'entreprise (l'Imprimerie nationale) pour la fourniture de passeports électroniques sécurisés était de nature à affecter l'emploi de façon suffisamment directe et certaine (CE 3 mars 2006, *Sté F.-C. Oberthur Fiduciaire et Ministre de l'Intérieur*). Sur cet arrêt : R. Vatinet, Le droit d'action du comité d'entreprise devant les juridictions administratives, *JCP S* 2006. 1490. V. déjà : CE 4 juin 1982, *Dr. soc.* 1982, note X. Prétot ; 22 déc. 1982, *Dr. soc.* 1983, note J.-P. Dubois.

2. Soc. 1er juin 2010, n° 09-12.758, *JCP S* 2010, act. 314. Le président du comité (le chef d'entreprise) n'est pas son représentant, sauf mandat formel (Crim. 21 mai 1998, *RJS* 10/98, n° 1242, 2e esp.). Le comité, qui doit être représenté par l'un de ses membres mandaté par une délibération spéciale, l'est en général par son secrétaire – en tout cas s'il y a lieu d'agir en justice contre l'employeur ou le chef d'entreprise, président du comité (ex. : Crim. 3 janv. 2006, *Dr. soc.* 2006. 856, obs. F. Duquesne) – mais mandat peut aussi être donné au président lui-même. Ce mandat habilite à exercer les voies de recours contre le jugement rendu (Soc. 12 janv. 1999, *RJS* 2/99, n° 185 ; Crim. 7 déc. 2004, n° 04-81.797 D ; 6 avr. 2005, *Dr. soc.* 2005. 825, obs. P.-Y. Verkindt). Le président du comité peut personnellement agir contre le comité, par exemple pour faire annuler une délibération, comme peut le faire aussi l'employeur, personne physique ou morale.

3. Ex. : Soc. 11 févr. 1971, *D.* 1971. 375 (insuffisance de contrôle d'une œuvre sociale).

4. Y. Fromont, *Dr. soc.* 1992. 45.

5. J. Pélissier, *Dr. soc.* avr. 1979.83.

6. Soc. 7 oct. 1998, *Dr. soc.* 1998. 1052, obs. J. Savatier.

7. Art. L. 2325-1 et L. 2317-12. Dans les petites entreprises, les représentants de la direction peuvent donc être aussi nombreux que ceux du personnel, ce qui dénature l'institution.

L. 2324-28 règle les conditions de remplacement. Les suppléants doivent être convoqués comme les titulaires, et siègent avec voix consultative. Le nombre des élus du personnel peut être augmenté par convention. Rappelons que, dans les entreprises de moins de 200 salariés, la loi du 20 décembre 1993 a permis au chef d'entreprise de décider, après consultation du comité et des délégués du personnel, « que les délégués du personnel constituent la délégation du personnel au comité d'entreprise » [1].

1165 ***Représentants syndicaux au comité d'entreprise*** ◊ La distinction entre les fonctions de délégué syndical et de représentant syndical auprès du comité d'entreprise a été supprimée dans les entreprises de moins de 300 salariés, où le délégué syndical est, de droit, représentant syndical au comité d'entreprise, d'établissement ou central (C. trav., art. L. 2143-22). Si elle a plusieurs délégués dans l'entreprise, l'organisation syndicale fait connaître à l'employeur celui qu'elle désigne pour la représenter au sein du comité.

En revanche, à partir de 300 salariés, chaque organisation syndicale représentative peut y nommer un représentant, distinct de ses délégués.

Selon l'article L. 2324-2 : *a*) chaque organisation syndicale peut en désigner un, mais un seul ; *b*) ce représentant doit être choisi parmi les membres du personnel et remplir les conditions d'éligibilité au comité ; *c*) il a les mêmes droits – à l'exception du droit de vote dans les délibérations – et les mêmes devoirs qu'un représentant élu. Les fonctions ne sont pas cumulables avec celles d'élu au comité, mais le sont avec celles de délégué du personnel ou de délégué syndical [2].

1166 ***Composition du comité central, du comité de groupe et du comité européen*** ◊ La composition du comité central est semblable à celle du comité d'entreprise, avec cette précision que chaque comité d'établissement est représenté par un ou deux délégués titulaires et un ou deux suppléants (désignation au second degré, au scrutin majoritaire à un tour), avec un maximum de 20 membres élus, sauf accord plus favorable [3]. En revanche la composition du comité de groupe présente quelque originalité, puisque les représentants du personnel des sociétés du groupe ne sont pas élus, mais désignés parmi les élus aux comités d'entreprise, en principe par les organisations syndicales (C. trav., art. L. 2333-2). Leur nombre total ne peut excéder 30 [4], et le nombre des sièges est réparti entre les élus des différents collèges proportionnellement à l'importance numérique de ceux-ci. Les représentants au comité d'entreprise européen sont désignés selon des modalités analogues (C. trav., art. L. 2344-2 à L. 2344-4) [5].

---

1. Art. L. 2326-1 ; v. ss 1155.
2. V. ss 1112
3. Art. L. 2327-3 à L. 2327-6, D. 2327-1 et D. 2327-2.
4. Art. D. 2332-2 : dans les groupes de moins de 15 entreprises, le nombre des représentants du personnel ne peut excéder le double du nombre de ces entreprises.
5. V. ss 1089.

§ 4. Réunions et délibérations [1]

1167 ***Bureau et règlement intérieur*** ◊ Le bureau est formé du chef d'entreprise ou d'établissement, ou de la personne déléguée à cet effet – *président* de droit du comité – et d'un *secrétaire*, obligatoirement élu parmi les élus du personnel [2]. Un *trésorier* doit aussi être élu parmi les représentants du personnel [3]. Les fonctions du secrétaire sont nombreuses et absorbantes, très sensibles aussi [4] ; le poste échoit d'ordinaire à l'animateur de la liste qui a obtenu la majorité des sièges et, dans les comités où siègent des élus de différents syndicats, l'élection du secrétaire est l'objet d'une compétition intersyndicale. D'où l'importance de la question de la participation du président du comité à son élection [5].

Adopté par le comité lui-même, le *règlement intérieur* (C. trav., art. L. 2325-2) détermine les modalités de son fonctionnement, ses rapports avec les salariés [6]. Il fixe par exemple les missions du bureau, le fonctionnement des commissions, les formes et délais de convocation, le déroulement des votes, la diffusion des procès-verbaux [7]. Il fixe les modalités de l'invitation de personnes extérieures aux séances [8].

1168 ***Réunions*** ◊ Le comité doit se réunir au moins une fois par mois si l'effectif de l'entreprise est au moins égal à 150 salariés [9], et une fois tous les deux mois si l'effectif est inférieur, sauf si la formule de la délégation unique a été adoptée (C. trav., art. L. 2325-14). Le comité central doit se réunir au moins

1. J. Savatier, *Dr. soc.* 1983. 395.

2. En cas de partage des voix, le plus âgé des candidats est déclaré élu : Soc. 7 oct. 1982, *Bull. civ.* V, n° 535 ; 30 nov. 2011, n° 10-23.986 : *Sem. soc. Lamy*, n° 1528, p. 8, chron. L. Pécaut-Rivolier et Y. Struillou.

3. La désignation d'un trésorier a été rendue obligatoire par la loi du 5 mars 2014. Cette obligation doit être reliée à la réglementation des comptes du comité instituée par ce même texte.

4. Il arrête, avec le chef d'entreprise, l'ordre du jour des réunions, et rédige les procès-verbaux, etc. Son crédit d'heures est celui d'un simple membre élu.

5. V. ss 1169.

6. Ainsi, et à titre d'exemple, en l'absence d'une disposition d'un règlement intérieur le prévoyant, seule une délégation spéciale donnée par le comité d'entreprise peut habiliter une personne pour l'exercice du pouvoir disciplinaire (Soc. 12 juill. 2006, n° 04-47.737 : *Bull. civ.* V, n° 255). Un salarié est recevable à soulever par voie d'exception l'illégalité du règlement intérieur du comité d'entreprise qui lui fait grief : Soc. 11 avr. 2012, n° 011-14.476, *JCP S* 2012. 1262, note E. Jeansen.

7. Mais ce texte ne permet pas au comité d'inclure dans le règlement des dispositions concernant une mesure qui relève des prérogatives de l'employeur, sauf pour celui-ci à répondre d'un éventuel abus dans leur exercice : Soc. 15 janv. 2013, n° 11-28.324, publié.

8. Soc. 22 nov. 1988, *Bull. civ.* V, 613, *Dr. soc.* 1989. 215, concl. G. Picca, note M. Cohen (le chef d'entreprise ne peut faire siéger qui il veut ; un accord avec le comité est nécessaire). De même, la majorité ne peut imposer la présence d'un tiers sans l'accord du chef d'entreprise ; Crim. 26 avr. 1988, *Liaisons soc.* 1988, n° 6123 (vote pour introduire quiconque n'est pas légalement membre du comité : expert, médecin du travail, et surtout collaborateur du chef d'entreprise au-delà des facultés légales) ; Soc. 23 juin 1988, *Dr. ouvrier* 1989. 457.

9. Le pouvoir reconnu à l'employeur, ou son représentant, de convoquer le comité d'entreprise au moins une fois par mois, inclut nécessairement le pouvoir de fixer la date de la réunion, sauf accord entre la majorité des élus du comité et l'employeur. Il ne saurait être porté atteinte aux prérogatives de l'employeur par le règlement intérieur du comité, sauf pour celui-ci à répondre d'un éventuel abus dans leur exercice : Soc. 15 janv. 2013, n° 11-28.324, publié.

une fois par semestre et le comité de groupe une fois par an au moins. Le défaut de convocation selon ce minimum légal constitue une entrave. La majorité du comité peut décider une réunion supplémentaire, ordinaire, ou extraordinaire (C. trav., art. L. 2325-14) [1]. La réunion a lieu pendant les heures de travail et dans le local aménagé à cet effet. Si la Cour de cassation admet en la matière le recours à la visioconférence c'est à la double condition qu'aucun des participants ne s'y soit opposé et que les questions inscrites à l'ordre du jour n'impliquent pas un vote à bulletin secret [2].

L'*ordre du jour* est arrêté conjointement et signé par le président *et* le secrétaire [3], et il doit être communiqué aux membres du comité 3 jours à l'avance. Afin de déjouer des stratégies de blocage (secrétaire refusant de signer l'ordre du jour mentionnant une consultation sur des projets de restructuration, délocalisation, etc.), les textes disposent, depuis la loi du 18 janvier 2005, que lorsque sont en cause des consultations rendues obligatoires par une disposition législative, réglementaire ou par un accord collectif, elles sont inscrites de plein droit à l'ordre du jour par l'un ou par l'autre des membres du bureau (C. trav., art. L. 2325-15, al. 2, L. 2327-14, al. 2) [4]. Mais l'autre membre du bureau a évidemment la faculté de contester le caractère obligatoire de cette consultation. Lorsque le comité se réunit à la demande de la majorité de ses membres, les questions jointes à cette demande figurent obligatoirement à l'ordre du jour.

La *convocation* doit être adressée à tous les membres du comité, 3 jours à l'avance sous peine d'entrave, le cas d'urgence étant excepté (15 jours pour le comité de groupe). En cas de carence, le comité peut être convoqué par l'inspecteur du travail, et siège alors sous sa présidence.

En vertu de la disposition plus générale de l'article L. 2325-3, le choix des jours et heures de réunion doit tenir compte des intérêts des salariés travaillant hors de l'entreprise ou dans des unités dispersées [5].

1169 ***Votes*** ◊ La matière est dominée par la question de la participation du chef d'entreprise ou d'établissement [6]. Aux termes de l'article L. 2325-18, « le

---

1. Le refus de convoquer cette réunion supplémentaire constitue également une entrave (Crim. 17 janv. 1984, *Bull.* n° 23 ; 14 sept. 1988, *RJS* 1/89, n° 44).

2. Soc. 26 oct. 2011, n° 10-20.918 : *Dr. soc.* 2012. 98, note F. Petit.

3. Sauf urgence la convocation sans ordre du jour est constitutive d'entrave (Crim. 25 oct. 1994, *RJS* 3/95, n° 250). le comité ne peut valablement délibérer sur un ordre du jour fixé unilatéralement par le président (Soc. 8 juill. 1997, *Dr. soc.* 1997. 982, obs. M. Cohen ; Crim. 4 nov. 1997, *Bull. crim.* n° 582). En cas de désaccord il appartient au plus diligent des deux membres du bureau de saisir le juge des référés (Soc. 23 juin 1999, *RJS* 8-9/99, n° 1081 ; 1er oct. 2003, *RJS* 12/03, n° 1411).

4. L. Milet, La fixation de l'ordre du jour du CE, *Dr. ouvrier* 2005. 355. L'élaboration conjointe de l'ordre du jour demeurant la règle, les dispositions de l'article L. 2325-15, al. 2 ne dispensent pas l'employeur qui entend faire inscrire la question à l'ordre du jour de la réunion du comité d'entreprise de la soumettre préalablement au secrétaire du comité, alors même que la consultation est obligatoire : Soc. 12 juill. 2010, n° 08-40.740, *JCP S* 2010, 1419, note F. Dumont.

5. L'action des membres du comité ou d'un syndicat contestant la régularité de la tenue des réunions d'un comité doit être dirigée contre l'employeur, personne physique ou morale et non pas contre le comité lui-même ou contre le chef d'établissement (Soc. 7 oct. 1998, *Dr. soc.* 1998. 1052, obs. J. Savatier).

6. J. Savatier, Vote du président et pouvoirs de la majorité dans les délibérations du comité d'entreprise, *Dr. soc.* 1989. 206 ; F. Champeaux, La délicate question du vote de l'employeur, *Sem. soc. Lamy*, n° 1251, p. 10.

président du comité ne participe pas au vote lorsqu'il consulte les membres élus du comité *en tant que délégation du personnel* ». Il en résulte que le comité est à géométrie variable selon les délibérations : soit comité *en formation plénière* (organe mixte), soit *délégation du personnel* (organe homogène). La participation au vote du chef d'entreprise-président est exclue chaque fois que le comité est consulté et donne un avis, ou possède un pouvoir de décision ; consultation sur un projet de licenciement économique ou sur le licenciement d'un salarié protégé [1], désignation des représentants du comité d'établissement au comité central [2], désignation de l'expert-comptable [3], désignation des représentants du comité au conseil d'administration [4], demande de réunion supplémentaire du comité, ou lorsque le comité négocie un accord de participation, exerce un droit de *veto* (horaires variables) [5], ou décide de l'emploi de la subvention de fonctionnement versée par l'employeur [6].

Le président participe au vote s'il s'agit de régler le fonctionnement interne du comité [7]. Les délibérations relatives à la gestion des activités sociales et culturelles ont donné lieu à des décisions divergentes au sein de la Cour de cassation : la Chambre criminelle avait reconnu au président un droit de vote qui lui est refusé par la Chambre sociale [8]. Cette dernière estime, en revanche, que le chef d'entreprise ou d'établissement participe à la désignation du secrétaire (et du trésorier), au motif qu'il ne s'agit pas alors d'une consultation des élus en tant que délégation du personnel [9].

Les votes ont lieu à la majorité des *membres présents* (C. trav., art. L. 2325-18) [10]. Le président n'a jamais voix prépondérante [11]. Le comité peut, avant de voter, consulter le personnel, mais cette consultation est compliquée s'il ne peut exiger des services les adresses du personnel [12].

---

1. Soc. 22 nov. 1988, *Dr. soc.* 1989. 211 (nullité de la délibération).
2. Soc. 21 juill. 1976, *Bull. civ.* V, n° 460.
3. Soc. 26 nov. 1987, *Bull. civ.* V, n° 679.
4. Soc. 5 mai 1983, *Bull. civ.* V, n° 235.
5. Soc. 16 déc. 1981, *Bull. civ.* V, n° 966.
6. Rép. min., n° 17698, *JOAN* 16 févr. 1987, p. 835. La nullité de la délibération pour cause de participation du président au vote suppose-t-elle que celle-ci ait influencé le résultat ? La position de la Chambre sociale n'est pas constante (v. : 28 janv. 1988, *Bull. civ.* V, n° 82 ; 22 nov. 1988, *Dr. soc.* 1989. 211, en annexe de l'étude préc. de J. Savatier).
7. Soc. 10 juill. 1991, *Bull. civ.* V, n° 355 ; 25 sept. 2013, n° 12-14.489, inédit (le président du comité d'entreprise est en droit de participer au vote portant sur la désignation du secrétaire et du trésorier du comité ; une clause du règlement intérieur du comité ne peut le priver de ce droit).
8. Crim. 4 nov. 1988, *Dr. soc.* 1989. 212 ; Soc. 25 janv. 1995, *Dr. soc.* 1995. 263, obs. J. Savatier. La position de la Chambre sociale paraît plus logique : la volonté du législateur a été de confier la gestion des activités sociales aux représentants des salariés.
9. Soc. 22 nov. 1988, *Dr. soc.* 1989. 206, note J. Savatier ; 10 juill. 1991, *Dr. soc.* 1991. 741, obs. M. Cohen ; 21 nov. 2000, *Dr. soc.* 2001. 29, concl. P. Lyon-Caen, obs. M. Cohen ; 5 janv. 2005, *RJS* 4/05, n° 402. La solution paraît fort discutable : l'enjeu de cette élection est considérable, notamment dans les rapports entre les syndicats représentés, et l'on est loin de la simple question d'administration interne. Ceci explique une certaine résistance des juges du fond (v. en dernier lieu TGI Bobigny, réf., 2 juin 2008, n° 08/00663 : *Sem. soc. Lamy* n° 1357, obs. FC).
10. Aucun *quorum* n'étant fixé pour l'adoption d'une résolution, d'une décision ou d'un avis du comité d'entreprise, la délibération prise par un seul membre du comité à la suite du départ des autres membres est régulière : Soc. 30 sept. 2009, n° 07-20.525 : *JCP S* 2009, 1526, note Fl. Aubonnet et C. Ventéjou.
11. Crim. 4 oct. 1977, *Dr. ouvrier* 1977. 59.
12. Soc. 19 déc. 1990, *Dr. soc.* 1991. 267 rapp. Ph. Waquet.

Par le truchement du président, l'employeur peut prendre, devant la délégation du personnel au comité (ou les délégués du personnel), des engagements qui s'imposent à lui. C'est devant les membres élus du comité (ou les délégués du personnel) qu'il dénonce éventuellement des engagements unilatéraux, pris sous cette forme ou sous une autre, ou des usages.

1170 ***Procès-verbaux*** ◊ Leur établissement est obligatoire et confié au secrétaire du comité (C. trav., art. R. 2325-3) [1]. Ils constituent un moyen de preuve utile en cas de litige. Il peut au demeurant être fait appel à une sténodactylo, et sauf opposition, à un procédé d'enregistrement des échanges quitte à les transcrire en document écrit [2].

Leur *publicité*, en revanche, a suscité une controverse. L'article L. 2325-21 admet aujourd'hui que les procès-verbaux soient affichés ou diffusés dans l'entreprise par le secrétaire, selon les modalités fixées par le règlement intérieur, sachant que s'applique ici l'obligation de discrétion. Ils peuvent assurément être diffusés par courrier électronique, y compris sur la messagerie électronique de l'entreprise, ou sur le site du comité dont la mise en place sur l'intranet de l'entreprise ne paraît pas soumise à la condition d'existence d'un accord, posée par l'article L. 2142-6 en matière syndicale.

1171 ***Commissions*** ◊ Il en existe deux catégories. Certaines sont *obligatoires :* 1) commission de la formation (plus de 200 salariés) ; 2) commission d'information et d'aide au logement (plus de 300 salariés) ; 3) commission économique (au moins 1 000 salariés) ; 4) commission de l'égalité professionnelle (au moins 200 salariés). D'autres sont *facultatives ;* le comité peut les créer pour l'examen de problèmes particuliers (C. trav., art. L. 2325-22) et appeler à y siéger d'autres salariés que les membres du comité [3].

La *commission économique* « est chargée notamment d'étudier les documents économiques et financiers recueillis par le comité d'entreprise et toute question que ce dernier lui soumet » (C. trav., art. L. 2325-23). Elle comprend au maximum cinq représentants du personnel, dont au moins un représentant de la catégorie des cadres. Elle est présidée obligatoirement par un membre titulaire du comité ou du comité central d'entreprise. Elle se réunit au moins deux fois par an. Elle peut se faire assister par l'expert-comptable qui assiste le comité d'entreprise et par les experts choisis par le comité d'entreprise. Le chef d'entreprise est tenu de laisser aux membres de cette commission économique le temps nécessaire à leurs

1. Un juge ne saurait autoriser le chef d'entreprise à demander à un huissier de justice d'assister aux réunions avec mission d'en dresser procès-verbal, au motif que le secrétaire ne remplirait pas correctement son office (Soc. 25 nov. 2003, *RJS* 2/04, n° 223, commentaire M. Cohen p. 107).

2. Crim. 4 févr. 1986, *D.* 1986. Somm. 383, obs. J. Frossard. La présence de la dactylographe à la séance pour enregistrer le procès-verbal n'est évidemment pas illicite, même si le chef d'entreprise s'y était opposé (Soc. 7 janv. 1988, *Dr. ouvrier* 1989. 17 ; Crim. 30 oct. 1990, *Bull. crim.* n° 367). Le problème est différent de celui de la présence de « personnes extérieures ».

3. Experts et techniciens appartenant à l'entreprise (C. trav., art. L. 2325-22, al. 2).

réunions dans la limite d'une durée *globale* qui ne peut excéder 40 heures par an. Ce temps leur est payé comme temps de travail effectif.

Cette commission est donc chargée de préparer le travail consultatif du comité d'entreprise (elle peut par exemple entendre des responsables de l'entreprise).

§ 5. **Moyens de fonctionnement**

1172 ***Les moyens matériels et en personnel*** ◊ Le chef d'entreprise « met à disposition du comité un local aménagé et le matériel nécessaire à l'exercice de ses fonctions » (C. trav., art. L. 2325-12) [1].

a) Le local doit permettre aux membres du comité de se réunir dans de bonnes conditions et être doté à cet effet du matériel indispensable : tables, chaises, armoires, téléphone.

Il devrait être suffisamment grand pour permettre au comité d'entreprise d'organiser en dehors du temps de travail des réunions d'information internes au personnel, portant sur des problèmes d'actualité, comme l'autorise l'article L. 2325-13 [2].

b) Les dispositions légales doivent permettre d'obtenir la mise à disposition du comité d'entreprise de matériel de dactylographie et de reprographie moderne [3]. L'équipement de communication doit exclure l'interception de leurs communications téléphoniques et l'identification de leurs correspondants [4].

Bien que les textes actuels ne fassent plus référence à cette possibilité, il est assez fréquent que tout ou partie du personnel utilisé par le comité pour son fonctionnement (ex. : dactylographie) soit mis à disposition du comité d'entreprise par l'entreprise et rémunéré par elle.

Sauf accord plus favorable, le montant des sommes versées par l'employeur pour le fonctionnement du comité vient en déduction de la subvention de fonctionnement [5]. Le comité peut évidemment recruter son propre personnel [6].

1173 ***La subvention de fonctionnement*** [7] ◊ **a) Fonction**. Aux termes de l'article L. 2325-43, « l'employeur [8] verse au comité une subvention de

1. Crim. 15 mai 2007, n° 06-84.318 : *Bull. crim.* n° 126 ; *JCP S* 2007, 1723, note J.-Y. Kerbourc'h ; Soc. 19 mai 2010, n° 09-41.067, *Dr. soc.* 2010. 860, obs. F. Duquesne (mise à disposition d'un local en cas de cessation d'activité de l'entreprise).

2. Un juge des référés a admis que l'employeur étende à ce local un système de badges d'accès répondant à des impératifs de sécurité et d'hygiène (TGI Nîmes, réf., 4 mai 2005, *RJS* 3/06, n° 303).

3. En revanche l'employeur n'est pas tenu de fournir au comité un fichier du personnel (Soc. 26 sept. 1989, *Bull. civ.* V, n° 540 ; 2 juin 1993, *JCP* 1993. II. 22096, rapp. Ph. Waquet). Pourtant, la fonction légale de représentation n'implique-t-elle pas de pouvoir consulter et informer commodément ceux qu'on représente ?

4. Soc. 6 avr. 2004, *RJS* 6 avr., n° 716 ; 4 avr. 2012, n° 10-20.845, *JCP S* 2012. 1263, note Ph. d'Ornano.

5. Soc. 5 oct. 1994, *RJS* 11/94, n° 1280 ; 5 mars 1996, *RJS* 4/96, n° 416. V. ss 726.

6. Régi par le droit commun du travail et les conventions collectives pertinentes (Soc. 18 déc. 1991, *Bull. civ.* V, n° 594).

7. P. Morvan, « Quelle « masse salariale » pour le budget du comité d'entreprise ? », *RJS* 2/13. 83.

8. Il a été jugé que la vente d'un fonds de commerce ne transmet pas au cessionnaire les dettes du cédant et, si le comité mis en place dans le cadre d'un établissement cédé demeure en fonction, il n'en résulte pas que l'employeur est tenu des dettes du cédant (Soc. 28 mai 2008, n° 07-40.904 : *Bull. civ.* V, n° 119).

fonctionnement d'un montant annuel équivalent à 0,2 % de la masse salariale brute. Ce montant s'ajoute à la subvention destinée aux activités sociales et culturelles sauf si l'employeur fait déjà bénéficier le comité d'entreprise d'une somme ou de moyens en personnel équivalents à 0,2 % de la masse salariale brute ».

L'objectif du législateur est de permettre au comité d'entreprise de disposer de ressources destinées à financer des activités autres que celles consistant à gérer les activités sociales.

« Fonctionnement », cela signifie, outre le fonctionnement administratif du comité, celui de ses activités autres que sociales et culturelles. Deux budgets séparés sont gérés par le comité : celui des activités sociales et celui du « fonctionnement » [1].

Quel que soit le montant de la contribution patronale aux activités sociales et culturelles, il n'est pas possible d'imputer sur celle-ci la subvention de fonctionnement et *vice versa* [2].

b) Calcul. La subvention doit être calculée en retenant comme assiette la masse salariale brute versée au niveau de l'entreprise [3] dans l'année en cours (masse incluant les indemnités de congés payés) [4]. Dans la mesure où cette masse salariale n'est pas différente de celle servant d'assiette de

---

1. G. Couturier, Les budgets du comité d'entreprise, *Dr. soc.* 1983. 376 ; Y. Chalaron, *Dr. ouvrier* 1986. 317 ; J. Savatier, Les contributions patronales au financement du comité d'entreprise, *Dr. soc.* 1990. 205. En cas de carence du comité d'entreprise (absence de candidatures) régulièrement constatée, le comité, ensuite reconstitué, reste créancier des sommes qui lui étaient dues pour cette période de carence au titre de la subvention de fonctionnement comme de la contribution au financement des activités sociales, et cela même si l'obligation conjointe du chef d'entreprise et des délégués du personnel de gérer cette subvention et de faire fonctionner ces activités, n'a pas été assurée : Soc. 13 sept. 2005, *Bull. civ.* V, n° 256 ; *D.* 2006. Pan. 418, obs. O. Leclerc. En revanche, le comité d'entreprise ne peut être créancier de sommes correspondant à la subvention destinée à son fonctionnement pour une période antérieure à sa création : Soc ; 27 mars 2012, n° 11-11.176 : *Lexbase Hebdo, éd. Sociale*, n° 482, note G. Auzero. Ces deux arrêts exigent de distinguer deux situations : celle dans laquelle le comité est « mis en sommeil » en raison d'une carence lors du renouvellement de l'institution et celle dans laquelle il n'a jamais été mis en place, y compris du fait de l'employeur.

2. V. : Soc. 26 sept. 1989, Crim. 4 oct. 1989, en annexe de l'étude préc. de J. Savatier. Si une subvention est supérieure au minimum légal, il s'agit là d'un usage qui peut être dénoncé par l'employeur (Soc. 21 nov. 1989, *ibid.*). Sur les exigences qui en découlent pour un accord collectif répartissant entre comité central et comités d'établissement, à la fois, la contribution patronale aux activités sociales et culturelles et la subvention de fonctionnement : Soc. 9 nov. 2005, *JCP S* 2006. 1120, note C. Neau-Leduc.

3. Les rémunérations des salariés mis à disposition doivent être prises en compte dans la masse salariale servant au calcul de la subvention de fonctionnement du comité d'entreprise de l'entreprise d'accueil, dès lors que ces salariés sont intégrés de façon étroite et permanente au personnel de cette dernière et rémunérés en tout ou partie par elle : Soc. 7 nov. 2007, n° 06-12.309 : *Bull. civ.* V, n° 185. En revanche, la rémunération versée aux salariés temporaires n'a pas à être incluse dans la masse salariale brute de l'entreprise utilisatrice : Soc. 10 mars 2010, n° 08-21.529 : *Dr. soc.* 2010. 724, note L.Pécaut-Rivolier.

4. Soc. 10 oct. 1990, *Bull. civ.* V, n° 449 ; Crim. 19 mars 1991, *D.* 1991. IR 147. En cas de défaut de versement aux salariés d'éléments de rémunération (primes) entrant dans la masse salariale brute, le comité est fondé à obtenir des dommages-intérêts en réparation du préjudice résultant de la privation d'une fraction de subvention (Soc. 26 mars 2002, *RJS* 7/02, n° 859).

calcul à la contribution patronale aux activités sociales et culturelles du comité d'entreprise [1], doit être appliquée à la première la règle énoncée par la Cour de cassation pour la seconde [2].

Faute de pouvoir connaître avec exactitude cette masse avant la fin de l'année, la subvention peut être calculée sur la masse de l'année précédente et réajustée en fin d'année [3].

Certaines dépenses demeurent à la charge de l'employeur et ne sauraient être imputées sur la subvention : frais afférents au local du comité d'entreprise ; frais de matériel nécessaire à son fonctionnement ; paiement des heures de délégation, même si par voie conventionnelle celles-ci ont été fixées à un niveau plus élevé que celui prévu par la loi ; frais de déplacement des membres du comité d'entreprise à l'occasion de réunions décidées par l'employeur ou convoquées à la demande de la majorité des membres du comité [4], rémunération de l'expert-comptable et de l'expert en technologie lorsqu'ils interviennent dans les conditions fixées par la loi (C. trav., art. L. 2325-35), maintien du salaire des représentants du personnel en formation. Ces dépenses ne s'imputent pas sur la subvention.

Ne peut être déduite (imputée sur la subvention) que la rémunération du personnel mis à disposition du comité, mais non de celui employé dans les activités sociales [5] à raison de la séparation des deux budgets.

La loi n'impose pas à l'employeur de verser la totalité de la subvention de fonctionnement en début d'année. Il peut effectuer plusieurs versements étalés dans le temps sous réserve toutefois qu'ils permettent d'assurer un fonctionnement normal du comité.

---

1. Soc. 2 déc. 2008, n° 07-16.615, inédit.

2. « Sauf engagement plus favorable, la masse salariale servant au calcul de la contribution patronale aux activités sociales et culturelles s'entend de la masse salariale brute correspondant au compte 641 à l'exception des sommes qui correspondent à la rémunération des dirigeants sociaux, à des remboursements de frais, ainsi que celles qui, hormis les indemnités légales et conventionnelles de licenciement, de retraite et de préavis, sont dues au titre de la rupture du contrat de travail » : Soc. 20 mai 2014, n° 12-29.142, publié, JCP S 2014, 1239, note F. Broud ; *Sem. soc. Lamy* 2014, n° 1632, p. 5.

3. Constitue un délit d'entrave le refus de verser la subvention à un comité d'établissement, mais aussi de lui communiquer le montant de la masse salariale de l'établissement, qui lui permettrait de vérifier s'il a été rempli de ses droits (Crim. 11 févr. 2003, *Dr. soc.* 2003. 897, obs. M. Cohen). L'action en paiement d'un rappel de subvention de fonctionnement intentée par le comité ne peut être déclarée prescrite lorsque le comité n'avait pas eu communication par l'employeur des éléments nécessaires à l'appréciation de ses droits, Soc. 1er févr. 2011, n° 10-30.160, *Bull. civ.* V, n° 44.

4. Soc. 15 juin 1994, *Dr. soc.* 1994. 811 ; 28 mai 1996, *Dr. soc.* 1996. 744, obs. M. Cohen ; 15 mai 2001, *Bull. civ.* V, n° 172 ; 22 mai 2002, *ibid.*, n° 174 ; Crim. 22 nov. 2005, *Dr. soc.* 2006. 388, note F. Duquesne. Pour la rémunération du temps de trajet effectué en dehors d'une période de travail : Soc. 30 sept. 1997, *Dr. soc.* 1997. 1109, concl. P. Lyon-Caen.

5. Soc. 21 sept. 1993, *RJS* 11/94, n° 1114. La difficulté concerne le personnel mis à la disposition du comité et utilisé en partie au fonctionnement de celui-ci, en partie aux activités sociales et culturelles (Soc. 26 sept. et 4 oct. 1989, *Dr. soc.* 1990. 205, 1re et 2e esp., note J. Savatier ; *D.* 1990. Somm. 158, obs. A. Lyon-Caen ; 10 juill. 2001, *Dr. soc.* 2001. 1014, obs. M. Cohen).

c) Utilisation. La loi n'affecte de façon expresse la subvention de fonctionnement que :

– aux frais d'expertise, lorsque le comité d'entreprise a recours à un expert, rémunéré par lui, pour la préparation de ses travaux (C. trav., art. L. 2325-41) ;

– au financement de la formation économique des membres du comité d'entreprise (C. trav., art. L. 2325-44).

Pour le surplus, elle est de libre emploi [1]. Tout en affirmant que le comité d'entreprise décide librement de l'utilisation des fonds reçus au titre de son budget de fonctionnement, la Cour de cassation considère néanmoins que ses dépenses doivent s'inscrire dans le cadre du fonctionnement du comité d'entreprise et de ses missions économiques [2].

Ni le comité central d'entreprise, ni le comité de groupe n'ayant de subvention de fonctionnement distincte, leurs dépenses devront être couvertes par les comités d'établissement. Une négociation s'imposera, mais, à défaut d'accord entre ces différentes instances, il appartiendra au juge (TGI) « d'arbitrer le différend en fixant lui-même le montant de la rétrocession » [3].

1174 ***Transparence des comptes*** ◇ Jusqu'à la loi du 5 mars 2014 relative à la formation professionnelle, à l'emploi et à la démocratie sociale, seul l'article R. 2323-37 du Code du travail évoquait la gestion financière du comité d'entreprise, lui imposant de faire, chaque année, « un compte rendu détaillé » de celle-ci. La réforme précitée a introduit des règles plus complètes et autrement plus exigeantes, de nature à favoriser la transparence financière (C. trav., art. L. 2325-45 et s.). En principe, les comités d'entreprise sont soumis aux obligations comptables définies à l'article L. 123-12 du Code de commerce [4]. Toutefois, et par exception, le comité dont le nombre de salariés, les ressources annuelles et le total du bilan n'excèdent pas, à la clôture d'un exercice, pour au moins deux de ces trois critères, des seuils fixés par décret, peut adopter une présentation simplifiée de ses comptes, selon des modalités fixées par un règlement de l'Autorité des normes comptables, et n'enregistrer ses créances et ses dettes

1. Les sommes versées au comité d'entreprise peuvent faire l'objet de détournements constitutifs d'abus de confiance commis par le secrétaire ou le trésorier (Crim. 10 mai 2005, *Dr. soc.* 2005. 936, obs. F. Duquesne ; Soc. 30 juin 2010, n° 10-81.182, *Dr. soc.* 2010. 1263, obs. F. Duquesne) et à l'égard duquel la constitution de partie civile du comité est recevable, mais non celle de l'employeur, faute d'intérêt direct et personnel (Crim. 6 avr. 2005, *Dr. soc.* 2005. 825, obs. P.-Y. Verkindt).

2. Soc. 27 mars 2012, n° 11-10.825 : *Lexbase Hebdo, éd. Sociale*, n° 482, note G. Auzero. Le juge du tribunal de grande instance, statuant en référé, a le pouvoir d'ordonner la suspension des décisions du comité d'entreprise dont l'illégalité caractérise un trouble manifestement illicite (même arrêt).

3. Soc. 15 mai 2001, *Bull. civ.* V, n° 172 ; *D.* 2001. Somm. 3013, obs. I. Desbarats. V. : B. Boubli, *Sem. soc. Lamy*, 28 mai 2001, n° 1030. V. aussi, Crim. 11 févr. 2003, n° 01-88.650 : *Bull. crim.* ; *Dr. soc.* 2003. 897, obs. M. Cohen et Soc. 9 nov. 2005, n° 04-15.464 : *Bull. civ.* V, n° 319.

4. Les comptes annuels du comité sont établis selon les modalités définies par un règlement de l'Autorité des normes comptables.

qu'à la clôture de l'exercice (L. 2325-45) [1]. De même, le comité dont les ressources annuelles n'excèdent pas un seuil fixé par décret peut s'acquitter de ses obligations comptables en tenant un livre retraçant chronologiquement les montants et l'origine des dépenses qu'il réalise et des recettes qu'il perçoit et en établissant, une fois par an, un état de synthèse simplifié portant sur des informations complémentaires relatives à son patrimoine et à ses engagements en cours. À l'établissement des comptes annuels, qui ne relève du rôle que des représentants élus au comité, à l'exclusion des représentants syndicaux et du chef d'entreprise [2], viennent s'ajouter d'autres obligations. Ainsi, le comité d'entreprise doit-il fournir des informations sur les « transactions significatives » [3] qu'il a effectuées. Il doit aussi établir un rapport présentant des informations qualitatives sur ses activités et sur sa gestion financière, de nature à éclairer l'analyse des comptes par les membres élus du comité et les salariés de l'entreprise [4]. Notons enfin que le trésorier du comité d'entreprise ou, le cas échéant, le commissaire aux comptes présente un rapport sur les conventions passées entre le comité et l'un de ses membres.

1175 ***Moyens intellectuels*** ◊ En 1982, il a paru utile de faire bénéficier les membres du comité d'entreprise de la *formation économique* et financière nécessaire pour mieux appréhender les données économiques qui leur sont soumises. Fréquence : formation renouvelée pour les membres du comité d'entreprise ayant exercé leur mandat pendant 4 ans, consécutifs ou non (C. trav., art. L. 2325-44) [5]. Durée : 5 jours. Nature : congé d'éducation ouvrière (C. trav., art. L. 3142-13) et non congé de formation. Financement : par le comité ; mais la formation a lieu pendant le temps de travail, sans perte de salaire (s'ajoutant au crédit d'heures). Le financement est donc réparti entre employeur et comité.

---

1. Dans les comités d'entreprise dépassant deux des trois seuils en cause, il importe, en sus de ces obligations comptables, de mettre en place, au sein du comité, une « commission des marchés » (L. 2525-34-3 et s.). Celle-ci a pour rôle de proposer au comité les critères de choix des fournisseurs et prestataires, de choisir ces derniers en rendant compte annuellement au comité de ses choix et d'établir un rapport d'activité.

2. Les documents comptables arrêtés sont mis à disposition, le cas échéant, du ou des commissaires aux comptes et approuvés par les membres élus du comité réunis en assemblée plénière. La réunion au cours de laquelle les comptes sont approuvés porte sur ce seul sujet et fait l'objet d'un procès-verbal spécifique. S'agissant du commissaire aux comptes, il doit en être nommé au moins un lorsque le comité dépasse, pour au moins deux des trois critères visés à l'article L. 2325-45 des seuils fixés par décret. Deux commissaires sont à désigner lorsque le comité établit des comptes consolidés en application de l'article L. 2325-48. Le coût de la certification des comptes est à la charge du comité.

3. Selon le règlement 2010-02 de l'Autorité des normes comptables, il y a transaction significative, « si son omission ou son inexactitude est susceptible d'influencer les décisions économiques prises par les utilisateurs se fondant sur les comptes. Le caractère significatif doit s'apprécier en fonction du montant de la transaction et/ou de la nature de la transaction ».

4. On aura donc compris que les documents comptables arrêtés par le comité, accompagnés de ce rapport, doivent être portés, par tout moyen, à la connaissance des salariés de l'entreprise.

5. Cette formation n'est pas nécessairement suivie à l'occasion du premier mandat (Soc. 5 mai 1993, *Dr. soc.* 1993. 604), et n'est accordée qu'aux titulaires, non aux suppléants.

SECTION 2. ATTRIBUTIONS SOCIALES [1]

1176 ***Définition légale*** ◊ L'ordonnance du 2 février 1945 avait transféré au comité d'entreprise la gestion des œuvres créées antérieurement dans l'entreprise au profit du personnel, amputant le pouvoir de l'employeur sur un terrain autre que la gestion de l'entreprise. La loi du 2 août 1949 avait ensuite assuré au comité des ressources pour faire face aux dépenses afférentes à ces œuvres. Aux termes de l'article L. 2323-83 du Code du travail, « le comité d'entreprise assure contrôle ou participe à la gestion de toutes les activités sociales et culturelles établies dans l'entreprise prioritairement au bénéfice des salariés ou de leur famille, quel qu'en soit le mode de financement... ». À l'expression d'« œuvres sociales » a donc été substituée celle d'« activités sociales et culturelles ».

§ 1. La notion d'activité sociale et culturelle [2]

1177 ***Nécessité d'une définition*** ◊ Une définition s'impose afin de déterminer ce qui doit être transféré au comité et ce à quoi il peut utiliser ses ressources affectées.

La jurisprudence s'est efforcée de dégager différents critères [3]. « Doit être considérée comme une œuvre sociale toute activité *non obligatoire légalement*, quels que soient sa dénomination, la date de sa création et son mode de financement, exercée principalement *au bénéfice du personnel de l'entreprise, sans discrimination*, en vue d'améliorer les conditions collectives d'emploi, de travail et de vie du personnel au sein de l'entreprise » [4]. Ces critères sont désormais ceux de l'activité sociale et culturelle, puisque le changement de dénomination n'a été accompagné d'aucune modification du contenu des attributions sociales du comité d'entreprise.

A. Activité facultative, de nature non salariale

1178 ***Une activité non obligatoire pour l'employeur*** ◊ Cette activité ne doit pas correspondre à une obligation de l'employeur.

a) Ne constituent pas des « activités sociales » et échappent certainement au comité d'entreprise toutes les activités correspondant à des obligations *légales* pour l'employeur (ex. : les actions en matière de sécurité).

Encore ce principe demande-t-il à être précisé. Ainsi, le service médical obligatoire figure-t-il parmi les activités sociales énumérées par l'article R. 2323-20, alors qu'il n'est pas géré par le comité. Le « réfectoire », obligatoire dans les entreprises de plus de 25 salariés, peut en revanche être géré par le comité, puisque l'obligation de l'employeur

---

1. J. Savatier, *L'action sociale et culturelle des comités d'entreprise*, Éd. Liaisons, 1992.

2. Y. Chalaron, *Dr. soc.* 1978. 1 et avr. 1979, p. 63 ; J. Savatier *op. cit.* p. 11 s. ; M. Cohen, *op. cit. p.* 743 s.

3. L'art. R. 2323-20 livre une énumération, non limitative, et sans cohérence logique, de ces « institutions sociales d'entreprises ».

4. Soc. 13 nov. 1975, *Bull. civ.* V, n° 533 ; *Grands arrêts*, 4e éd., 2008, n° 146.

est limitée à la mise à disposition d'un réfectoire dont le mode de fonctionnement est libre : une cantine qui y serait installée pourrait donc constituer une activité sociale du comité d'entreprise [1]. Si la contribution versée obligatoirement par l'employeur au titre de *la construction* ne constitue pas une activité sociale susceptible d'être gérée ou contrôlée par le comité d'entreprise, il en va différemment pour toute somme supplémentaire versée par l'employeur en faveur de la construction de logements.

b) Les obligations *conventionnelles* de l'employeur sont également exclues du domaine des activités sociales du comité d'entreprise. Dès lors qu'un avantage résulte pour un salarié d'une convention collective, il échappe aux prérogatives sociales du comité [2]. La mise en place d'un régime complémentaire de retraite et de prévoyance dans l'entreprise relève ainsi de la négociation collective, après avis du comité [3], et non des activités sociales. Relèvent en revanche de ces dernières le versement de contributions à un tel régime, de même que les institutions de prévoyance ou d'entraide ne correspondant pas aux *régimes* de protection complémentaire créés par accord collectif [4].

1179 ***Consistant en prestations de nature sociale*** ◊ Le bénéfice d'une activité sociale, même gérée par le comité d'entreprise, constitue pour le salarié un droit lié à sa qualité de salarié de l'entreprise [5]. Mais à la différence du salaire, qui est la contrepartie synallagmatique du travail fourni, l'avantage procuré par le comité est fourni au personnel sans référence à la valeur du travail. C'est pourquoi il s'agit d'une prestation « sociale », et non pas « économique ». Cette distinction a été largement privée d'effet en droit fiscal et en droit de la sécurité sociale, où, hormis les secours individuels, les avantages versés par le comité aux salariés sont en principe assimilés au salaire [6]. Elle conduit pourtant à refuser au comité le droit de revendiquer la gestion des sommes dues par l'employeur au titre du contrat de travail, ou de distribuer un revenu complémentaire indépendamment de l'état de besoin des salariés.

Les allocations de sommes d'argent, de nature variable, versées par l'employeur n'ont donc pas vocation à être transférées au comité, si elles s'analysent en compléments de rémunération [7]. Si le comité les verse, ce

---

1. Le pouvoir de police dans ce lieu appartient au seul employeur (Soc. 9 juin 1983, *Dr. soc.* 1984. 151).

2. Soc. 11 mai 1988, *Bull. civ.* V, n° 282.

3. CSS, art. L. 911-1 et L. 911-2, et C. trav., L. 2323-41.

4. Soc. 22 juin 1993, *Dr. soc.* 1993. 777 (participation de l'employeur aux cotisations mutualistes). V. : J. Savatier, *op. cit.* p. 36 s.

5. Soc. 14 janv. 1981, *Bull. civ.* V, n° 25.

6. Les prestations servies aux salariés de l'entreprise, en cette seule qualité, selon des normes constantes, appartiennent à l'assiette des cotisations (Soc. 17 avr. 1996, *RJS* 6/96, n° 717 : bourses d'étude), au contraire de véritables secours attribués sur examen des situations individuelles (11 avr. 2002, *RJS* 7/02, n° 876 : bourses d'étude versées sur critères sociaux en fonction de situations exceptionnelles).

7. Crim. 20 nov. 1979, *D.* 1980. IR 345 (prime de rentrée, allocations versées lors du service militaire, le refus d'alimenter le compte du comité n'est pas une entrave car il s'agit d'accessoires de salaire) ; Soc. 3 oct. 1984, *Dr. soc.* 1984. 720 (le comité doit informer l'employeur qui doit déclarer ces sommes à l'Urssaf) ; 25 mars 1985, *D.* 1985. 476 ; 27 sept. 1989, *JS UIMM* 1989. 522 ; Soc. 2 déc. 2008, n° 07-16.818 : *Bull. civ.* V, n° 239 (les activités sociales et culturelles ne peuvent comprendre un avantage accordé par l'employeur à ses salariés en rémunération d'un qui est fréquent, même s'il prend en ce domaine une initiative, c'est comme simple mandataire de l'employeur.

B. Les limites du social et du culturel

1180 ***Une activité ni politique ni syndicale*** ◊ L'activité sociale et culturelle se distingue de l'activité syndicale ou politique, bien que la frontière entre le « politique » et le « culturel » soit indécise. Une certaine « neutralité » est imposée.

La jurisprudence veille au respect de la distinction entre l'activité *sociale* du comité d'entreprise et l'activité *syndicale*. C'est ainsi qu'un comité d'entreprise ne saurait assurer les frais de déplacement de salariés désireux de participer à une manifestation syndicale pour la défense de leur emploi, car « une action syndicale ne se confond pas avec les œuvres dont les comités d'entreprise assurent la gestion » [1].

Sont également illicites les aides financières versées à des grévistes lorsqu'elles sont directement et principalement motivées par la grève [2], car elles affectent alors le droit que possède l'employeur d'opérer des retenues pour faits de grève. Il en va différemment pour les secours qui peuvent être accordés à certains grévistes à titre individuel en raison d'un état de besoin particulier [3]. Le comité peut aussi aider d'anciens salariés licenciés pour motif économique, à agir en justice pour obtenir le respect du plan social [4].

Bien plus, lorsque le comité d'entreprise gère lui-même le restaurant d'entreprise, il a le devoir d'en assurer un fonctionnement régulier « non seulement dans l'intérêt des salariés non grévistes mais aussi dans celui de l'entreprise », donc d'assurer la continuité du service de restauration en cas de grève [5].

Le comité d'entreprise ne saurait financer ou organiser des activités de nature *politique :* ainsi, le financement d'un voyage destiné à se rendre à une manifestation politique ne constitue pas une activité sociale licite pas plus que la tenue de réunions de propagande [6].

Il y aurait, dans ces diverses hypothèses, emploi irrégulier ou détournement des fonds affectés aux activités sociales. L'employeur aurait qualité pour demander en justice l'annulation de la délibération du comité ou le remboursement à ce dernier des sommes versées ou dépensées [7].

---

travail particulier ou de l'obtention de résultats déterminés, peu important que cet avantage résulte d'une initiative à laquelle l'employeur n'est pas tenu. Un voyage accordé aux salariés pour les récompenser de l'obtention de résultats déterminés ne constitue pas une activité sociale et culturelle).

1. Soc. 7 mai 1980, *Dr. ouvrier* 1981. 23. Rappr. : Soc. 12 févr. 2003, *Dr. soc.* 2003. 551, obs. M. Cohen (la défense de l'emploi relevant des attributions du comité dans l'ordre économique, devait être annulée sa délibération affectant une part du budget des activités sociales et culturelles à une campagne de défense de l'emploi dans l'entreprise).

2. Soc. 18 mai 1983, *Bull. civ.* V, n° 266.

3. Soc. 8 juin 1977, *Bull. civ.* V, n° 380 ; 18 mai 1983, *Bull. civ.* V, n° 266 ; 11 juin 1996, *RJS* 7/96, n° 804. L'idée semble dominer que ne constitue pas une activité sociale licite celle qui tend à s'opposer aux pouvoirs de l'employeur (ex. : la compensation d'une perte de salaire subie par des travailleurs mis à pied : Orléans, 25 mai 1981, *JS* 1981, n° 421, p. 361).

4. Soc. 26 janv. 1999, *Dr. soc.* 1999. 300, obs. M. Cohen ; *Grands arrêts*, 4e éd., 2008, n° 147.

5. Soc. 14 janv. 1981, *Bull. civ.* V, n° 25.

6. Crim. 7 nov. 1979, *D.* 1980. IR 346.

7. Soc. 1er févr. 1979, *Bull. civ.* V, n° 104.

1181 ***Mais qui peut être d'ordre culturel*** ◊ En ce domaine, les réalisations des comités d'entreprise sont extrêmement diverses : ils peuvent organiser des conférences, des expositions, des ventes de produits culturels, des spectacles, des voyages [1], etc., ou mettre à la disposition du personnel des bibliothèques et des discothèques ; ils peuvent aussi procurer des accès à des tarifs avantageux à des spectacles, des vacances ; organiser des activités sportives, etc.

Des litiges peuvent naître entre employeur et comité à propos du contenu de certaines activités culturelles, qui doit être exclusif de toute propagande syndicale. La question s'est posée, avant la loi Auroux de 1982, à l'occasion de *réunions-débats* organisées par certains comités sur des thèmes politiques, économiques ou sociaux, et auxquelles des personnalités extérieures à l'entreprise ont parfois été conviées.

Aux termes de l'art. L. 2325-13, « le comité d'entreprise peut organiser, dans le local mis à sa disposition, des réunions d'information, internes au personnel, portant notamment sur des problèmes d'actualité. Le comité peut inviter des personnalités extérieures, syndicales ou autres, dans les conditions prévues par les dispositions des articles L. 2142-10 et L. 2142-11 ».

Ainsi, le comité peut tenir librement des réunions d'information internes à l'entreprise portant notamment sur des problèmes d'actualité ; ces réunions, qui ne sont pas soumises à autorisation de l'employeur, peuvent certainement porter sur des questions politiques, économiques ou sociales ; mais le terme de réunion « d'information » devrait permettre le maintien de la distinction de l'information et de la propagande. Par ailleurs, il peut, sans autorisation nécessaire de l'employeur, inviter des personnalités syndicales extérieures à l'entreprise à condition de les recevoir dans son local ; pour tenir de telles réunions dans un autre local (plus grand), il lui faut obtenir l'accord de l'employeur. Enfin, il ne lui est pas permis d'inviter une personnalité extérieure à l'entreprise, *autre que syndicale*, sans autorisation de l'employeur.

C. Activité au bénéfice de tous les salariés de l'entreprise

1182 ***Une activité bénéficiant aux salariés sans discrimination*** ◊ L'activité est dirigée (« prioritairement », précise désormais l'art. L. 2323-83 C. trav.) vers le personnel de l'entreprise auquel il faut ajouter les membres de leur famille, les anciens salariés (retraités), les salariés détachés, et les travailleurs temporaires présents dans l'entreprise (C. trav., art. L. 1251-24) [2].

Surtout, elle doit profiter à l'ensemble du personnel sans discrimination. La prise en considération de la position hiérarchique ou de l'affiliation syndicale serait illicite [3] ; il peut cependant être tenu compte des

1. V. toutefois, pour l'exclusion d'un voyage accordé par l'employeur à ses salariés pour récompenser l'obtention de résultats déterminés : Soc. 2 déc. 2008, n° 07-16.818 : *Bull. civ.* V, n° 239.

2. Caractérise une discrimination constitutive d'un trouble manifestement illicite la délibération d'un comité d'entreprise décidant qu'il ne délivrerait plus aux salariés extérieurs à l'entreprise, en particulier aux travailleurs temporaires, les cartes d'accès au restaurant dont il assure la gestion (Soc. 21 nov. 1990, *RJS* 1/91, n° 47).

3. Soc. 16 avr. 2008, n° 06-44.839, *RDT* 2008. 467, obs. F. Signeretto.

besoins et des ressources de chacun. Ainsi une prime de vacances peut être modulée selon les ressources, une bourse d'étude peut être attribuée en fonction des besoins. Le comité, toutefois, ne peut exiger des salariés qu'ils fournissent leur déclaration de revenus [1].

Le comité d'entreprise peut créer contre la volonté de l'employeur des activités nouvelles, même non expressément citées par l'article R. 2323-20 [2], et mettre fin à des activités anciennes.

1183 ***Quelles que soient la forme et la nature des avantages consentis*** ◊ L'activité sociale peut consister en un service, une prestation, un avantage en nature ou un versement en espèces [3]. Dans la mesure où ces prestations ou avantages entrent dans l'assiette des cotisations sociales (parce qu'elles n'ont pas un caractère de secours lié à des circonstances exceptionnelles) [4], les sommes versées ou correspondantes doivent être communiquées à l'employeur, débiteur des cotisations à l'Urssaf (même si leur charge doit finalement être supportée par le budget géré par le comité) [5].

L'avantage social doit être accordé selon des modalités et des règles préétablies, afin d'éviter tout risque de discrimination et d'arbitraire. Cela n'empêche que le comité puisse verser des secours occasionnels à condition qu'ils répondent à des besoins réels et à une idée d'entraide légitime.

Toute activité susceptible de servir les intérêts du personnel ne constitue pas pour autant une activité sociale et culturelle : il faut qu'elle se traduise par l'octroi d'un avantage direct et immédiat pour le personnel. Un service de consultation juridique, directement accessible aux salariés, peut ainsi constituer une activité sociale [6], alors que ce n'est pas le cas d'un service

---

1. Il y aurait atteinte à la vie privée (Civ. 1re, 29 mai 1984, *Bull. civ.* I, n° 176).

2. Ch. réunies, 20 mai 1965, *JCP* 1965. II. 14358. Sur la possibilité (douteuse) pour le comité de développer une action sociale au-delà du cercle du personnel de l'entreprise, v. Th. Lamarche, « Le comité d'entreprise, nouvel acteur de l'action sociale », *RDSS* 1997. 239.

3. Bons d'achat, cadeaux (arbre de Noël), séjours gratuits de vacances (Soc. 25 mars 1985, *D.* 1985. 476), voyages, spectacles ou loisirs à prix avantageux, bourses d'étude. Les dispositions sur les services à la personne, issues de la loi du 26 juill. 2005, prévoient et encouragent l'aide financière du comité d'entreprise (ou de l'employeur) pour permettre aux salariés d'accéder à ces services (C. trav., art. L. 7233-4 et 7233-7). Sur la responsabilité civile encourue par le comité : Civ. 1re, 27 janv. 1982, *Bull. civ.* I, n° 47 ; Civ. 1re 16 mars 1994 et Grenoble, 17 juin 1993, *Dr. soc.* 1994. 789, note J. Savatier.

4. CE 19 févr. 1988 et Soc. 11 mai 1988 (5 arrêts), *Dr. soc.* 1988. 499, note J.-J. Dupeyroux ; *D.* 1988. 550, note Y. Saint-Jours ; Soc. 5 mai 1995, *Bull. civ.* V, n° 143 ; Civ. 2e, 11 juill. 2005, *JCP S* 2006. 1304 ; 9 févr. 2006, *ibid.* 1340, note G. Vachet. Des dispositions éparses viennent soustraire à ces cotisations sociales certains avantages ou prestations fournis par les comités d'entreprise : art. L. 7233-1 pour l'aide financière à l'accès aux services à la personne, circulaires de l'ACOSS pour certains bons d'achat ou chèques-cadeau (*Sem. soc. Lamy*, n° 1193, 27 oct. 2004, p. 3), dont la Cour de cassation rappelle cependant qu'elles ne sont pas créatrices de droits (Civ. 2e, 31 mai 2006, n° 04-30.762 D). La tendance n'est d'ailleurs pas à l'exonération (ex. : L. Lautrette et Y.-É. Logeais, Les contributions du comité d'entreprise aux régimes de retraite et de prévoyance complémentaires après la loi Fillon, *JCP S* 2005, 1413).

5. Soc. 3 oct. 1984, *Dr. soc.* 1984. 720 ; 11 mai 1988, préc.

6. Soc. 23 mars 1982, *Bull. civ.* V, n° 208. Mais selon Civ. 1re, 16 juill. 1985, il est contraire à la déontologie de l'avocat de consulter ailleurs qu'à son cabinet (donc dans les locaux du comité), *D.* 1987. Somm. 67 ; Soc. 21 juill. 1986, *Bull. civ.* V, n° 386 (licéité de l'adhésion à une association de formation et de conseil juridique).

d'études économiques utilisé par le comité pour l'exercice de ses attributions consultatives [1]. Le financement d'un club sportif peut être une activité sociale, non le paiement d'une subvention à une association sportive extérieure [2].

§ 2. Modes de gestion

1184 ***Diversité*** ◇ **a)** Le comité *assure lui-même la gestion* des activités sans personnalité civile : celles qui tendent à améliorer les conditions de vie du personnel (restaurant, crèche, colonie de vacances, bibliothèque) [3]. Il peut constituer une commission en son sein pour s'occuper de la gestion de chacune d'elles (C. trav., art. L. 2325-22). Si l'employeur en conserve la gestion totale ou partielle sans l'accord du comité, il y a entrave [4].

b) Le comité *participe à la gestion des* activités qui ont la personnalité civile en désignant des représentants à la moitié au moins des sièges du conseil d'administration (société coopérative de consommation fonctionnant au profit du personnel ou œuvre constituée sous forme d'une association, tel un club sportif). Quand il s'agit de sociétés commerciales, la combinaison des règles sur les comités et des règles sur les sociétés doit être assurée.

c) Le comité se borne à *contrôler la gestion* de certaines activités en se faisant représenter par des délégués auprès de leur conseil d'administration, en exerçant un certain droit de regard, ou même de *veto*. Il en est ainsi pour celles qui fonctionnent à l'aide de cotisations du personnel telles que les sociétés mutualistes [5], pour celles s'occupant de la construction de logements pour le personnel, pour les centres d'apprentissage (la responsabilité de ces dernières intéresse principalement l'employeur).

d) Comité interentreprises. Pour la création de certaines activités sociales, plusieurs entreprises peuvent être conduites à se grouper. Les institutions sociales communes sont alors gérées par un comité interentreprises, qui comprend les représentants de différents comités d'entreprise (C. trav., art. R. 2323-28 s.). Ses ressources proviennent de dotations versées par ces derniers [6].

---

1. Soc. 16 déc. 1980, *Bull. civ.* V, n° 900.
2. Soc. 7 mai 1987, *D.* 1987. 340 (le personnel n'en bénéficie pas).
3. Il est à noter que les comités d'entreprise sont dispensés de déclarer à la CNIL les traitements de données à caractère personnel mis en œuvre pour la gestion des activités sociales et culturelles (CNIL délib., 17 oct. 2006, n° 2006-230 du 15 nov. 2006, n° 264 : *RDT* 2007. 119, obs. O. Leclerc).
4. Crim. 19 déc. 1963, *Dr. soc.* 1964. 355, rapp. Costa.
5. Soc. 11 févr. 1971, *D.* 1971. 375 (responsabilité du comité pour erreurs de gestion). Selon le Code de la mutualité, le comité n'exerce, sur la mutuelle d'entreprise, qu'un pouvoir de contrôle qui ne l'autorise pas à s'opposer à ses décisions, ni à agir en nullité de ses délibérations (Soc. 15 oct. 2002, *Bull. civ.* V, n° 313 ; *D.* 2003. Somm. 384, obs. L. Camaji).
6. Il ne peut agir en paiement directement contre les entreprises, mais seulement contre les comités (Soc. 31 oct. 1960, *D.* 1961. 37). Sur les problèmes soulevés par le retrait d'une des entreprises parties prenantes, v. Soc. 25 janv. 1995 (*Comité interentreprise ORTF*), *Dr. soc.* 1995. 261. obs. J. Savatier.

1185 ***Le contrôle des « institutions sociales d'entreprise » à statut spécial*** ◊ L'article R. 2323-20 du Code du travail mentionne toujours, dans la liste indicative des « activités sociales et culturelles établies dans l'entreprise », les « services sociaux » et « le service de santé au travail institué dans l'entreprise ». Cette qualification d'activités sociales et culturelles paraît discutable, surtout en ce qui concerne le « service de santé au travail » : le rôle du comité à l'égard de ces services, de constitution le plus souvent obligatoire, est de simple contrôle, le chef d'entreprise conservant un rôle essentiel dans leur gestion.

a) Le service de santé au travail [1]. Les services de santé au travail sont assurés par un ou plusieurs médecins, les *médecins du travail*, dont le rôle *exclusivement préventif* « consiste à éviter toute altération de la santé des travailleurs du fait de leur travail, notamment en surveillant leurs conditions d'hygiène au travail, les risques de contagion et leur état de santé » (C. trav., art. L. 4622-3) et que la loi veut largement ouverts à d'autres « compétences » (caisses régionales d'assurance maladie, ANACT, etc.). Un service de cette nature est *obligatoire* dans toutes les entreprises [2]. Son organisation est une obligation pour l'employeur, qui en assume les frais indépendamment de la contribution aux activités sociales gérées par le comité d'entreprise. Il peut prendre la forme d'un service *autonome*, propre à l'entreprise, avec médecin employé à temps complet ou partiel, ou d'un *service interentreprises* auquel l'employeur adhère. Le choix entre les deux modalités, lorsqu'il est ouvert, appartient à l'employeur, sauf opposition motivée du comité (ou comité central) d'entreprise ou, à défaut, des délégués du personnel (C. trav., art. D. 4622-2) [3]. En cas d'option pour l'adhésion à un service de santé interentreprises, le comité est consulté sur le choix de ce service [4]. Le *service de santé au travail d'entreprise* (ou d'unité économique et sociale) ou d'établissement est administré par l'employeur *sous la surveillance* du comité d'entreprise ou d'établissement, ou du comité central et des comités d'établissement concernés (pour un service inter-établissements). Ce comité est notamment saisi pour avis des questions relatives à l'organisation et au fonctionnement du service, ainsi que du rapport annuel du médecin du travail sur lequel il présente ses observations. Tout *service interentreprises*, qui doit avoir pour objet exclusif la pratique de la médecine du travail et être constitué sous la forme d'un organisme à but non lucratif doté de la personnalité civile, est administré par le président de cet organisme sous la surveillance d'un *comité interentreprises*

---

1. Art. L. 4621-1 s., D. 44626-2 s. C. trav. V. sur la médecine du travail avant la réforme de 2002, 2003 et 2004 : *Dr. soc.* n° spéc. avr. 1980 ; La médecine du travail, quel avenir ?, *Dr. soc.* 1987. 561 ; P. Chaumette *ALD* 1986. 165 ; J. Savatier, *Dr. soc.* 1986. 779. Sur la réforme (modeste) réalisée par la loi de modernisation sociale du 17 janv. 2002 (qui a remplacé « service médical du travail » par « service de santé au travail »), complétée par les décrets du 24 juin 2003 et du 28 juill. 2004, v. : L. Doré, L'évolution de la médecine du travail, *Dr. soc.* 2004. 931 ; M. Babin, Les perspectives de la médecine du travail, *Dr. soc.* 2005. 653 ; P. Frimat, La médecine du travail après la réforme de 2004 : quelles perspectives ?, *La santé au travail* (dir. P.-Y. Verkindt), *Sem. soc. Lamy*, Suppl. n° 1232, 17 oct. 2005, p. 55.

2. Crim. 30 avr. 1958, *Bull. crim.* n° 369.

3. L'opposition des représentants du personnel peut être surmontée avec l'autorisation du directeur régional du travail, après avis du médecin inspecteur régional du travail (sur le rôle de ce dernier, v. : A. Chatfield, La place et le rôle du médecin inspecteur régional, *La santé au travail*, préc., p. 56).

4. Il doit être également consulté sur la cessation de l'adhésion à un tel service (Soc. 9 juill. 1996, *RJS* 11/96, n° 1187).

constitué à cette fin (composé à partir des comités des entreprises concernées) ou d'une commission de contrôle (où les salariés sont majoritaires).

Le médecin du travail (si possible spécialisé, en tout cas spécialement diplômé) est lié à l'employeur ou au service interentreprises par un contrat de travail – c'est un salarié par détermination de la loi [1] – et l'employeur est responsable des dommages que le service pourrait causer par son organisation insuffisante [2]. Mais le médecin agit « dans l'intérêt exclusif de la santé et de la sécurité des travailleurs dont il assure la surveillance médicale » et « son indépendance est garantie » dans l'ensemble de ses missions (C. trav., art. R. 4623-15). Il demeure personnellement responsable de ses fautes proprement techniques. Son rôle est seulement préventif (visites d'embauchage, examens périodiques, surveillance de l'hygiène, prévention des accidents) [3] ; il ne peut donner de soins, sauf en cas d'urgence, ni réclamer d'honoraires [4]. L'employeur ou le président du service interentreprises doit lui fournir les moyens (local, infirmière) de remplir sa mission. Il doit assurer la confidentialité des informations d'ordre médical au regard des services du personnel.

Le recrutement du médecin du travail par l'employeur ou le président du service interentreprises requiert l'*accord* du comité d'entreprise (ou d'établissement) ou, pour un service interentreprises, du comité interentreprises (ou de la commission de contrôle, voire du conseil d'administration). Mais le médecin du travail est aussi salarié protégé, puisque tout projet de licenciement le concernant doit être soumis à l'*avis* de ces mêmes institutions, et ne peut intervenir que sur *autorisation* de l'inspecteur du travail, après avis du médecin inspecteur régional du travail [5].

b) Le service social du travail [6]. Son rôle est de veiller au bien-être des salariés dans l'entreprise, particulièrement à celui des femmes, des mineurs ; de se préoccuper de la famille du salarié (crèche, colonie de vacances) ; d'entrer en rapport avec la Sécurité sociale ou l'Aide sociale à propos de questions intéressant le personnel.

---

1. M. Babin, préc.

2. L'absence de visites régulières peut être la cause de la maladie ultérieurement apparue : Soc. 10 juin 1976, *Dr. soc.* 1976. 498 (lien de causalité) ; 13 févr. 1980 (absence de lien de causalité).

3. Le médecin du travail est « le conseiller du chef d'entreprise ou de son représentant, des salariés, des représentants du personnel, des services sociaux… » (art. R. 241-41). Il établit chaque année, en fonction de l'état et des besoins de santé des salariés, un « plan d'activité en milieu de travail », et l'employeur doit prendre toutes mesures pour lui permettre de consacrer à ses missions en milieu de travail le tiers de son temps (soit au moins 150 demi-journées de travail effectif chaque année pour un praticien à plein temps). Il a la charge de divers examens médicaux (examen d'embauchage, examen périodique au moins tous les 24 mois pour chaque salarié) et pratique une surveillance médicale renforcée pour certains salariés.

4. CE 23 janv. 1959, *Dr. soc.* 1959. 282 ; 3 nov. 1967, *Dr. soc.* 1968. 510. La prescription, par un médecin du travail, d'un médicament traitant l'obésité contrevient à ses obligations et engage sa responsabilité et celle du service médical interentreprises en cas d'effets nocifs (Civ. 1re, 24 janv. 2006, *Dr. soc.* 2006. 458, obs. J. Savatier).

5. A. Arseguel, La protection des médecins du travail contre le licenciement, *Dr. soc.* 1978. 92. Pour des exemples de contrôle juridictionnel des décisions de l'inspection, v. : CE 5 févr. 1988, *Dr. soc.* 1988. 449, concl. Robineau ; 10 avr. 2002, *Dr. soc.* 2002. 627, concl. E. Mignon. Mais il a été jugé que l'employeur pouvait congédier le médecin sans solliciter l'autorisation de l'inspecteur du travail en cas d'absence du comité d'entreprise sans entrave de sa part (Soc. 16 mars 1978, *Bull. civ.* V, p. 154). Il y a entrave à ne pas consulter le comité au cas de réorganisation du service (Crim. 4 janv. 1979, *Dr. soc.* 79.459) ou en cas de licenciement. (Crim. 9 mai 1978, *JCP* 1978. IV. 209). La même procédure est applicable à la mise à la retraite du médecin (Crim. 2 févr. 1982, *Bull. crim.* n° 38). La réintégration peut être ordonnée en cas d'inobservation de ce régime de rupture (Soc. 7 mai 1987, *Bull. civ.* V, n° 274).

6. C. trav., art. L. 4631-1 et D. 4632-1 s.

Il est dirigé par un (ou une) conseiller (ère) du travail. Il avait été rendu *obligatoire* par l'acte dit loi du 28 juillet 1942 dans les entreprises de plus de 250 salariés. Mais faute de décrets d'application, cette loi ne s'applique qu'exceptionnellement [1]. La Cour de cassation en a déduit qu'ailleurs le service social était *facultatif* [2].

Là où il est obligatoire, ce service est placé sous le contrôle du comité d'entreprise qui « l'utilise ». Là où il a été créé, sans être obligatoire, il constitue une activité sociale *sui generis*, et le comité peut revendiquer des pouvoirs de gestion [3] selon le droit commun. Souvent le comité laisse le service fonctionner sous la direction du chef d'entreprise, auquel cas il ne peut se plaindre d'entrave s'il n'a pas été consulté sur sa réorganisation [4].

Le statut du (ou de la) conseiller (ère) du travail est différent dans l'un ou l'autre cas :

– salarié(e) *de l'entreprise*, si le service n'a pas été pris en charge par le comité, il (ou elle) peut être remplacé(e) – donc licencié(e) – par l'employeur dans les conditions du droit commun ;

– salarié(e) *du comité*, si celui-ci gère le service social, il (ou elle) ne peut être licencié(e) que par cette institution.

Il (ou elle) est lié(e) par le secret professionnel [5] et peut donc refuser de témoigner en justice sur les faits dont il (ou elle) a eu à connaître dans sa profession et de communiquer ces renseignements à l'employeur.

1186 ***Caractère exclusif des pouvoirs du comité*** ◊ Si un chef d'entreprise ou d'établissement conserve la gestion d'une « œuvre sociale » ou s'oppose au partage ou au contrôle de cette gestion, il commet un délit d'entrave. Toutes les ressources passent par le comité, y compris celles des activités personnalisées [6]. Le comité doit alors désigner ses représentants au conseil d'administration : le droit des sociétés ou des associations cède ici devant la législation sociale.

Si, avec l'accord exprès ou tacite du comité, l'employeur conserve la gestion d'une activité déterminée, il est censé en assurer le fonctionnement pour le compte de l'institution représentative [7].

§ 3. **Financement des activités sociales et culturelles** [8]

1187 ***Contribution de l'employeur*** ◊ Le financement des activités sociales et culturelles est assuré, pour l'essentiel, par une contribution versée par

1. Cuir, céramique transformation des métaux.
2. Soc. 6 mars 1966, *Dr. soc.* 1966. 572, obs. J. Savatier.
3. Crim. 9 avr. 1975, *Dr. soc.* 1975. 455, obs. J. Savatier.
4. Crim. 9 avr. 1975, préc.
5. Soc. 20 nov. 1980, *Dr. soc.* 1981. 457, note A. Jeammaud. La finalité du service social du travail n'est pas très claire, non plus que ses rapports avec les directions de personnel, naturellement tentées de l'absorber.
6. Crim. 19 déc. 1963, *Dr. soc.* 1964. 355 ; 7 oct. 1965, *D.* 1965. 811.
7. Soc. 28 janv. 1971, *Bull. civ.* V, n° 60. Ce qui peut permettre une prise en charge partielle et progressive par le comité.
8. M. Cohen, Le financement des activités sociales et culturelles des comités d'entreprise, *Dr. soc.* 2000. 490.

l'employeur et dont le montant est très inégal. Cette disparité résulte des lacunes des textes d'origine, auxquelles la loi du 28 octobre 1982 n'a pas remédié.

A. Montant de la contribution patronale

1188 *Une double référence* ◊ Son mode de calcul est tel qu'il se borne à pérenniser le passé social de l'entreprise. Aux termes de l'art. L. 2323-86 (texte de 1945), « la contribution versée chaque année par l'employeur pour financer des institutions sociales du comité d'entreprise ne peut en aucun cas être inférieure au *total le plus élevé des sommes affectées aux dépenses sociales de l'entreprise* atteint *au cours des trois dernières années précédant la prise en charge* des activités sociales et culturelles par le comité d'entreprise, à l'exclusion des dépenses temporaires lorsque les besoins correspondants ont disparu »[1].

Le *rapport de cette contribution au montant global des salaires payés* ne peut non plus être inférieur au même rapport existant pour l'année de référence définie à l'alinéa précédent (texte de 1949).

Le calcul de cette contribution pose de délicats problèmes pratiques lorsqu'il s'agit de définir les notions de *prise en charge*, d'*année de référence* ou encore de *dépenses sociales* à prendre en considération et de *masse salariale*[2].

La loi vise la prise en charge effective de l'activité c'est-à-dire le moment où le comité a commencé à exercer ses droits de gestion ou de contrôle. Cette prise en charge peut être totale et immédiate, mais elle peut être *partielle et progressive*, source alors de plus grandes difficultés pratiques[3].

Après avoir pris position pour la date unique à laquelle la prise en charge avait commencé, la Cour de cassation a finalement retenu une pluralité de dates[4] en cas de prise en charge progressive : « Quelles qu'aient pu être les modalités de financement convenues lors de la prise en charge des précédentes œuvres sociales, le comité d'établissement peut prétendre, lors du transfert de nouvelles œuvres, au financement correspondant à celles-ci, calculé sur les trois années précédant la prise en charge de ces œuvres. »

1. Quand bien même le comité d'entreprise aurait délégué à l'employeur la gestion d'une partie des activités sociales et culturelles, le montant de la contribution de l'employeur au financement des activités doit être fixé en tenant compte de la totalité des dépenses sociales de la période de référence : Soc. 30 mars 2010, n° 09-12.074, *Dr. soc.* 2010. 724, note L.Pécaut-Rivolier.

2. Dès lors que les sociétés rassemblées en une UES constituent une entreprise elle-même divisée en établissements distincts, la contribution au financement des institutions sociales doit être calculée dans le cadre de l'entreprise, c'est-à-dire de l'UES, et le taux légal de cette contribution ensuite appliqué à chaque établissement, en l'absence d'usage plus favorable : Soc. 25 sept. 2012, n° 10-26.224, *JCP S* 2012, 1500, note H. Guyot.

3. Parce que le comité n'a droit à la contribution versée par l'employeur au restaurant d'entreprise que lorsqu'il demande que la gestion lui en soit transférée, la Cour de cassation estime qu'il est irrecevable à demander à justice que le montant de cette contribution soit déterminé tant qu'il ne requiert pas ce transfert (Soc. 12 nov. 2003, *Dr. soc.* 2004. 220, obs. M. Cohen).

4. Soc. 13 nov. 1975, *Bull. civ.* V, n° 533.

Il convient cependant de faire une distinction : si les dépenses correspondant aux activités nouvellement transférées avaient été comprises dans le calcul de la contribution d'origine, elles ne sauraient faire l'objet d'une nouvelle contribution. Ce n'est donc que si ces dépenses avaient été exclues à l'origine, ou si les activités nouvellement transférées ont été créées par l'employeur postérieurement au début de la prise en charge, que le comité peut prétendre au « financement correspondant ».

L'année de référence est « la meilleure » des trois années civiles qui précèdent la prise en charge (C. trav., art. R. 2323-35).

1189 ***Dépenses à prendre en considération. Rapport à la masse salariale*** ◊ Il s'agit de l'ensemble des dépenses jusque-là consacrées par l'employeur à des activités sociales et culturelles. Il faut y inclure les sommes dépensées pour des activités dont l'employeur a conservé la gestion. En effet, celle-ci est alors exercée pour le compte du comité d'entreprise qui doit reverser à l'employeur les sommes nécessaires à leur financement [1].

Bien que le comité d'entreprise ne les gère pas directement, on doit inclure dans le calcul de la subvention les dépenses destinées à des œuvres dotées de la personnalité civile ; c'est en effet la totalité du budget social qui est transférée au comité d'entreprise et les activités personnalisées ne disposent d'aucune autonomie financière [2]. C'est donc au comité d'entreprise qu'il appartient ensuite de subventionner ces organismes [3].

Les seules sommes exclues du calcul de la contribution sont les « dépenses temporaires, lorsque les besoins correspondants ont disparu », c'est-à-dire les frais de premier établissement (ex. : la construction d'un équipement sportif). Mais c'est seulement au moment de la prise en charge des activités sociales par le comité et de la fixation de la contribution patronale que le montant des sommes affectées aux dépenses sociales au cours de l'année de référence peut être diminué des dépenses temporaires lorsque les besoins correspondants ont disparu ; ultérieurement, sauf accord entre l'employeur et le comité, la contribution patronale ne peut varier qu'en fonction des modifications de la masse salariale, même si les dépenses du comité d'entreprise se trouvent réduites du fait de la disparition de certains besoins [4].

Par ailleurs, il faut intégrer dans le calcul de la contribution les dépenses nécessaires à l'entretien et à l'amortissement des biens remis au comité d'entreprise (dépenses nécessaires au maintien de ces biens en l'état).

Plus délicate est la question de savoir si de nouvelles dépenses d'investissement et de modernisation de la part de l'employeur doivent entraîner une réduction de la subvention. « Lorsque l'employeur, qui a fait construire et a mis à la disposition du comité d'entreprise un bâtiment moderne à usage de restauration remplaçant des locaux vétustes dans lesquels le comité d'entreprise gérait des cantines, ce qui a permis de très importantes économies de personnel, n'apporte pas la preuve de ce que la contribution patronale a été chiffrée en tenant compte d'une valeur d'investissement

---

1. Soc. 28 janv. 1971, préc. ; 30 mars 2010, nº 09-12.074, préc.

2. Crim. 19 déc. 1963, préc.

3. L'employeur n'a d'obligation légale de financement qu'à l'égard du comité, et non pas à l'égard des institutions créées par celui-ci (Soc. 16 déc. 1993, *Dr. soc.* 1994. 218).

4. Soc. 4 juin 1982, *D.* 1983. 135, note P. Rongère.

ou d'usage des locaux, il ne peut soutenir qu'en fournissant des locaux d'une valeur d'usage supérieure, il maintient un rapport constant entre sa contribution et la masse salariale, bien qu'ayant diminué ses versements en espèces »[1].

Un rapport constant doit être maintenu entre les dépenses sociales et le montant global des salaires versés[2]. C'est bien la masse salariale qui doit être prise en considération, non les effectifs, et doivent être comprises dans la masse salariale toutes les sommes ayant la nature juridique d'éléments de salaire[3]. Plus précisément, « sauf engagement plus favorable, la masse salariale servant au calcul de la contribution patronale aux activités sociales et culturelles s'entend de la masse salariale brute correspondant au compte 641 à l'exception des sommes qui correspondent à la rémunération des dirigeants sociaux, à des remboursements de frais, ainsi que celles qui, hormis les indemnités légales et conventionnelles de licenciement, de retraite et de préavis, sont dues au titre de la rupture du contrat de travail »[4]

Au total, l'importance de la contribution va dépendre de l'ampleur de l'action sociale naguère menée par l'employeur. Or, celle-ci a pu être très réduite, voire inexistante, et rien n'a été prévu pour les entreprises nouvelles où aucune dépense n'a pu être effectuée avant la constitution du comité d'entreprise, de sorte qu'aucune subvention n'est légalement due par l'employeur[5]. Aucune contribution minimale n'est prévue. Ce régime est donc très inégalitaire.

1190 ***Rôle de la convention et de l'usage*** ◇ Seuls des accords collectifs ou des usages peuvent garantir aux comités un financement normal des activités sociales lorsque la contribution légale est insuffisante ou inexistante[6]. Des dérogations au mode de calcul de la contribution peuvent être convenues, dès lors qu'elles aboutissent à l'octroi d'une subvention plus élevée que celle résultant du mécanisme légal[7]. Ces accords sont conclus avec le comité lui-même ou avec les syndicats dans la forme d'un accord

---

1. Soc. 4 juin 1982, préc. (prenant une position différente de celle qui avait été prise initialement dans cette affaire Rhône-Poulenc : Soc. 8 nov. 1979, *Bull. civ.* V, n° 823).

2. Soc. 21 oct. 1993, *Dr. soc.* 1994. 30, obs. J. Savatier. Sur l'incidence de la réduction de la masse salariale : Soc. 6 juin 2000, *Dr. soc.* 2000. 1039, obs. M. Cohen. Sauf engagement plus favorable, la masse salariale servant au calcul de la contribution patronale aux activités sociales et culturelles s'entend de la masse salariale brute comptable correspondant au compte 641 « Rémunérations du personnel » tel que défini par le plan comptable général : Soc. 30 mars 2011, n° 09-71.438, inédit.

3. Soc. 6 avr. 1994, *Dr. soc.* 1994. 566. La masse salariale englobe la rémunération de tous les salariés liés à l'employeur par un contrat de travail et placés sous son autorité, même si elle est payée par un tiers (Soc. 2 mars 1999, *RJS* 4/99, n° 539). Toutefois, la rémunération versée aux salariés temporaires n'a pas à être incluse dans la masse salariale brute de l'entreprise utilisatrice (Soc. 10 mars 2010, n° 08-21.529 : *Dr. soc.* 2010. 724, note L. Pécaut-Rivolier).

4. Soc. 20 mai 2014, n° 12-29.142, publié, *Sem. soc. Lamy* 2014, n° 1632, p. 5 ; *JCP S* 2014, 1239, note F. Broud. V., antérieurement, Soc. 30 mars 2011, n° 10-30.080, inédit.

5. L'art. L. 2323-86 C. trav. ne s'applique pas lorsqu'il n'est pas établi que des sommes étaient affectées aux dépenses sociales de l'entreprise avant la création des comités d'entreprise (Soc. 9 juill. 1997, *Dr. soc.* 1997. 991, obs. M. Cohen).

6. En cas de modification dans la situation juridique de l'employeur, le montant de la contribution de l'employeur aux activités sociales et culturelles du comité d'entreprise, s'il a été fixé dans l'entreprise d'origine par un usage ou un accord collectif à un montant supérieur à la contribution légale, n'est conservé que si l'institution se maintient dans la nouvelle entreprise : Soc. 13 mai 2009, n° 08-12.514 : *JCP S* 2009, 1376, note J.-Y. Kerbourc'h.

7. Soc. 23 mars 1982, *Bull. civ.* V, n° 207. V. aussi : Soc. 26 sept. 1989, *Dr. soc.* 1990. 216.

d'entreprise. Et si l'employeur a versé d'une manière régulière une somme supérieure à la contribution légale, il peut être tenu d'en maintenir le versement lorsqu'un usage constant a été ainsi créé [1]. Accord ou usage peuvent être dénoncés moyennant préavis, mais la contribution patronale ne peut être ramenée en dessous des minima fixés par les articles L. 2323-86 et R. 2323-35. Le chiffre le plus avantageux atteint au cours des trois dernières années doit être maintenu à condition que la masse salariale reste constante ; si celle-ci diminue, la contribution diminue aussi [2].

B. Versement et utilisation de la contribution

1191 Créancier de l'employeur, le comité d'entreprise peut prétendre à ce versement régulier [3]. Le versement de la contribution annuelle n'est pas nécessairement unique et peut être fractionné à condition que la trésorerie du comité soit régulièrement approvisionnée [4].

1192 ***Répartition entre comités d'établissement et comité central*** ◊ Le montant de la contribution doit être déterminé globalement au niveau de l'entreprise, le taux légal étant ensuite appliqué à chaque établissement, sauf usage ou accord collectif plus favorable [5] ; ce qui permet de doter les établissements nouveaux (mieux lotis que les entreprises nouvelles). Chaque comité d'établissement doit ensuite recevoir directement sa part de la contribution [6].

---

1. Soc. 24 mars 1960, *Bull. civ.* V, n° 430. Indépendamment de toute idée d'usage, le versement d'une contribution d'un montant supérieur au minimum légal n'est pas sans cause et ne donne donc pas lieu à restitution (Soc. 10 juill. 2001, *Dr. soc.* 2001. 1014, obs. M. Cohen).

2. V. M. Morand, *Dr. soc.* 1989. 707. V. toute une série d'arrêts : Soc. 5 déc. 1989, *Bull. civ.* V, n° 692 ; *Grands arrêts*, 4e éd., 2008, n° 148 ; Soc. 20 oct. 1993, *Dr. soc.* 1994. 30 obs. J. Savatier (dénonciation unilatérale d'un accord fixant le montant de la contribution patronale) ; 15 déc. 1993, *Dr. soc.* 1994. 218 (retrait de salariés et des locaux mis à disposition d'une mutuelle créée par le comité) ; 1er avr. 1997, *Dr. soc.* 1997. 542, note M. Cohen ; *Grands arrêts*, 4e éd., 2008, n° 149 ; 3 févr. 1999, *Dr. soc.* 1999. 493, obs. M. Cohen ; 14 déc. 1999, *Dr. soc.* 2000. 224, obs. M. Cohen ; 22 janv. 2002, *Dr. soc.* 2002. 366, obs. M. Cohen (même affaire que l'arrêt du 3 févr. 1999).

3. La prescription applicable est de 5 ans en vertu de l'article 2277 C. civ., sauf si le comité ignore le montant exact de ce qui lui est dû en raison de la déduction des coûts de personnel mis à sa disposition (Soc. 10 juill. 2000, *Dr. soc.* 2001. 1014, obs. M. Cohen). L'obligation légale et annuelle de versement de la contribution aux activités sociales et culturelles à la charge de l'employeur n'est pas suspendue par la carence du comité d'entreprise constatée dans les conditions prévues à l'article L. 2324-8, et même si l'obligation conjointe des délégués du personnel et du chef d'entreprise de gestion des activités sociales du comité d'entreprise n'est pas assurée, celui-ci reste créancier, en principe, de cette somme (Soc. 13 sept. 2005, n° 04-10.961 : *JCP S* 2005, 1300, note J.-M. Olivier).

4. Soc. 6 juill. 1976, *Bull. civ.* V, n° 414.

5. Soc. 18 mars 1971, *D.* 1971. 527 ; 26 sept. 1989, *Dr. soc.* 1990. 205, 1re esp., note J. Savatier ; 17 sept. 2003, *Dr. soc.* 2003. 1135, obs. M. Cohen. Le défaut de consultation des comités d'établissement avant la conclusion d'un accord sur la contribution patronale constitue une entrave à leur fonctionnement (Crim. 11 févr. 2003, *Dr. soc.* 2003. 897, obs. M. Cohen).

6. Si par l'effet d'une scission d'entreprise, opérant modification dans la situation juridique de l'employeur au sens de l'art. L. 1224-1, al. 2 C. trav. et entraînant maintien des mandats, un comité d'établissement devient le comité d'une nouvelle entreprise, la contribution à ses activi-

Le comité central d'entreprise n'a pas le pouvoir de fixer lui-même le mode de répartition de la contribution entre les différents comités, ni de modifier la répartition antérieure [1]. N'ayant aucune attribution sociale propre, il n'intervient en effet que lorsqu'il existe des activités communes ou lorsqu'un accord collectif lui confie certaines compétences [2]. Dans ce cas, il doit recevoir les ressources nécessaires à leur financement [3].

La répartition doit donc se faire par accord entre les différents comités d'établissement sans qu'aucune règle légale ou jurisprudentielle impose de modalités particulières de calcul. L'accord, qui peut être conclu entre le chef d'entreprise et l'ensemble des organisations syndicales représentatives dans l'entreprise pour définir les compétences respectives du comité central et des comités d'établissements (C. trav., art. L. 2327-16), pourra fixer également des règles différentes de répartition de la contribution [4].

1193 ***Affectation*** ◇ La contribution patronale est grevée d'une affectation globale : le financement des institutions sociales du comité d'entreprise. Celui-ci ne peut l'utiliser pour l'exercice de ses autres prérogatives (par ex. pour financer des expertises en vue de sa consultation sur un projet économique de la direction) [5].

Les sommes reçues à ce titre par le comité ne font, en revanche, l'objet d'aucune affectation spéciale à des activités déterminées, pas même aux activités dotées de la personnalité morale. C'est donc en toute liberté que le comité peut répartir le montant de la subvention entre les différentes activités en fonction de sa propre définition des priorités et des besoins sociaux du personnel [6]. Il a licence de supprimer une activité en la privant de toute dotation et en instituer une nouvelle, dans le cadre de son budget global.

---

tés sociales et culturelles ne peut être inférieure au total le plus élevé des sommes affectées au cours des trois dernières années, et le cas échéant au cours des trois dernières années précédant la fin de validité de l'usage ou de l'accord collectif qui en réglait le montant (Soc. 30 nov. 2004, *Dr. soc.* 2005. 352, obs. M. Cohen).

1. Soc. 16 déc. 1971, *D.* 1972. 264.

2. V. ss. 1158.

3. En application du dernier al. de l'art. L. 2327-16, « en cas de transfert au comité central d'entreprise de la gestion d'activités sociales et culturelles en application du présent article, ce transfert fait l'objet d'une convention entre les comités d'établissement et le comité central d'entreprise. Cette convention comporte des clauses conformes à des clauses types déterminées par décret ».

4. Soc. 27 mai 1987, *Bull. civ.* V, n° 344 (dans une entreprise peuvent coexister une subvention calculée d'après les effectifs et une subvention calculée d'après les salaires) ; 7 mai 1987, *ibid.*, n° 268 (chaque comité d'établissement ayant sa part, rien ne s'oppose à ce que l'employeur verse une subvention spéciale au comité central s'il existe des œuvres communes). En revanche, un accord ne peut enlever aux comités d'établissement la gestion des activités sociales de l'établissement (Soc. 30 juin 1993, *RJS* 1993. 496, concl. Y. Chauvy).

5. Soc. 16 déc. 1980, préc. Depuis la loi du 17 juill. 2001, l'article L. 2323-87 autorise le comité à verser le reliquat de son budget, s'il n'excède pas 1 %, à une association humanitaire reconnue d'utilité publique pour des actions de lutte contre l'exclusion ou de réinsertion sociale.

6. Crim. 7 oct. 1965, *D.* 1965. 811 ; Ch. réunies, 20 mai 1965, préc.

SECTION 3. ATTRIBUTIONS ÉCONOMIQUES

1194 ***Conception générale du droit français***[1] ◊ Comme en 1945, en 1982 la philosophie de l'institution a fait l'objet de controverses à l'Assemblée nationale. Cela se traduit par de nouvelles formules qui ne sauraient demeurer sans incidence sur le fonctionnement de l'institution (C. trav., art. L. 2323-1, L. 2323-2 s.).

Son objet est dorénavant « d'assurer une *expression collective* des salariés » et sa mission est « de permettre la *prise en compte permanente de leurs intérêts* » dans les décisions relatives à la gestion, à l'évolution économique et financière de l'entreprise, à l'organisation du travail, à la formation professionnelle et aux techniques de production. Toute proposition de nature à améliorer les conditions de travail et d'emploi des salariés, ainsi que leurs conditions de vie dans l'entreprise, peut-être formulée ou examinée par lui (C. trav., art. L. 2323-1).

Ces formules dénotent une rupture avec la préférence pour la « *coopération* avec la direction » que consacrait l'ancien art. L. 432-1, et que récusaient les syndicats les plus représentatifs. Mais elles ne consacrent pas un pouvoir de *contrôle* que n'admet pas le patronat : les attributions du comité restent essentiellement *consultatives* (même si le Code parle de ses « pouvoirs »). Face aux pouvoirs de l'employeur, il dispose de droits d'être informé et consulté avant des décisions d'importance ou à propos de certaines situations. Son *autonomie* par rapport à l'entreprise – dont il n'est pas un organe, malgré l'appartenance et la présidence de droit du chef d'entreprise – est plus clairement consacrée.

L'importance du rôle reconnu au comité est attestée par le droit reconnu aux délégués du personnel de le suppléer en cas de carence dans ses attributions économiques (C. trav., art. L. 2313-13), et même de tenir certains rôles du comité si la loi n'impose pas sa création[2].

Deux limites de son rôle accusent la physionomie de l'institution.

1195 ***Absence de cogestion de l'entreprise*** ◊ Si le préambule de la Constitution de 1946 dispose que les salariés participent par l'intermédiaire de leurs délégués à la gestion des entreprises, si la loi astreint à consulter le comité sur la « marche générale de l'entreprise », le principe demeure que les décisions économiques sont prises par la direction seule, dans le cadre du pouvoir de gestion économique dont l'ont investi les propriétaires. Le comité n'a que le droit d'être informé, la direction n'a obligation que de le consulter, c'est-à-dire de solliciter un *avis* qui ne la lie en aucune façon.

Sur quelques points limités, le comité dispose d'un droit de *veto* (codécision) : pour l'introduction des horaires individualisés (C. trav., art. L. 3122-23). La participation à la gestion a reçu un début de réalisation dans le secteur

---

1. V. M. Cohen, *Le droit des comités d'entreprise et des comités de groupe*, préc., p. 491 s. ; R. Vatinet, *Les attributions économiques du comité d'entreprise*, Sirey, 1983 ; G. Couturier, *Dr. soc.* 1983. 26 ; B. Henriet, *Dr. soc.* 1988. 166, 1990.875.

2. V. ss 1155.

public [1]. Dans le secteur privé, elle peut toujours – c'est une faculté – être organisée, mais la loi impose seulement que des représentants du comité siègent (avec voix consultative) aux réunions du conseil de la société anonyme [2].

Des lois plus récentes [3] ont-elles modifié cet état de choses ? La loi du 15 mai 2001 relative aux « nouvelles régulations économiques » a élargi les attributions classiques du comité en présence d'une opération de concentration, et l'a habilité à provoquer la convocation de l'assemblée générale des actionnaires puis à participer à cette réunion. La loi de modernisation sociale du 17 janvier 2002 a renforcé son rôle en cas de projet de licenciement économique, enrichi la liste des objets d'information et consultation, amélioré ses moyens de se faire entendre. Mais le « droit d'opposition » à la réalisation du projet de la direction (C. trav., anc. art. L. 432-1, al. 3, créé par cette loi) a pu paraître abusivement dénommé et n'était qu'un droit de saisir un médiateur, propre à retarder mais non empêcher la réalisation d'un projet de dirigeants résolus [4]. Quoi qu'il en soit, la loi du 3 janvier 2003 a suspendu cette innovation jugée trop audacieuse [5], puis la loi du 18 janvier 2005 l'a éliminée.

1196 ***Absence de pouvoir de négociation*** ◊ En principe, le comité d'entreprise n'a pas le pouvoir de négocier des conventions, celui-ci étant réservé aux organisations syndicales représentatives [6]. Avec deux exceptions d'inégale importance : la négociation d'un accord d'intéressement ou de participation « au sein du comité d'entreprise » (C. trav., art. L. 3312-5, L. 3322-6) ; la négociation d'un accord d'entreprise ou d'établissement en l'absence de délégués syndicaux (C. trav., art. L. 2232-21 à L. 2232-23 tel que rédigés par la L. du 4 mai 2004 et mod. par L. du 20 août 2008). Cependant, les discussions qui se déroulent en comité d'entreprise revêtent parfois le caractère d'une négociation et des décisions sont prises par le chef d'entreprise, consignées au procès-verbal, et acceptées par le comité. La Cour de cassation reconnaît la force obligatoire de l'engagement unilatéral ainsi pris par l'employeur [7].

---

1. V. ss 1263 s.

2. V. ss 1228 s.

3. M. Cohen, Les attributions économiques du comité d'entreprise depuis la loi sur les nouvelles régulations économiques, *Dr. ouvrier* 2002. 55 ; Les nouvelles attributions du comité d'entreprise depuis la loi de modernisation sociale, *Dr. soc.* 2002. 298 ; R. Vatinet, De la loi sur les nouvelles régulations économiques à la loi de modernisation : une montée en puissance du comité d'entreprise, *ibid.* 286.

4. N'était-on pas en présence, surtout, d'une « promotion des communications » (A. Supiot, Travail, droit et technique, *Dr. soc.* 2002. 13), conjuguée à une vogue des médiations (N. Moizard, Un retour en grâce des médiateurs ?, *Dr. soc.* 2002. 325) ?

5. M. Cohen, La loi du 3 janv. 2003 et les comités d'entreprise, *Dr. soc.* 2003. 271.

6. En pratique les interférences sont nombreuses, et souvent mal réglées, entre négociation et consultation. V. : M.-F. Bied-Charreton, L'articulation des missions du syndicat et du comité d'entreprise au sein de l'entreprise, *Dr. ouvrier* 1995. 56 ; M.-A. Souriac-Rotschild, Négociation collective d'entreprise et consultation du comité d'entreprise, *Act. jur. CFDT* 1996, n° 118 et n° 119 ; rapport J.-Y. Frouin sous Soc. 5 mai 1998, *Dr. soc.* 1998. 579.

7. Soc. 14 juin 1984, *Dr. soc.* 1985. 192 (procès-verbal mentionnant engagement de payer un 13e mois) ; 23 oct. 1985, *Dr. soc.* 1986. 105 ; 23 oct. 1991, *Bull. civ.* V, n° 433. V. : R. Vatinet, *Dr. soc.* 1982. 675 ; P.-H. Antonmattéi : *RJS* 8-9/98, p. 611.

Une phrase suffirait pour disposer que les décisions d'exercice du pouvoir de direction requièrent l'accord de l'employeur (représenté par le chef d'entreprise) et des élus du personnel. Il n'y aurait pas besoin d'un texte beaucoup plus fourni pour prescrire que toute mesure ou projet de quelque importance fasse l'objet d'une négociation obligatoire avant décision unilatérale. En revanche, il faut une accumulation de dispositions fastidieuses, paraissant enfermer l'employeur dans un carcan, pour faire en sorte que le pouvoir demeure aux mains de ce dernier tout en le contraignant ou l'incitant à informer, s'expliquer, écouter. Pour être, le cas échéant, convaincu par les objections ou contre-propositions des représentants du personnel, mais aussi pour convaincre ceux-ci et les autres salariés de la justesse de ses choix « dans l'intérêt de l'entreprise » [1].

La consultation du comité s'impose à l'occasion ou en prévision de certains événements (§ 1). L'information lui est due périodiquement et à intervalles réguliers (§ 2) [2]. Elle se renforce à travers la présence de membres du comité au sein d'organes de la société (§ 3). Elle peut s'éclairer, comme peut être éclairé l'avis à donner, grâce au recours à des experts (§ 4). Enfin, le comité dispose de prérogatives et a une mission particulière face aux difficultés de l'entreprise (§ 5).

§ 1. Les consultations du comité

1197 ***Généralité de l'obligation de consulter*** ◊ « Le comité d'entreprise est informé et consulté sur les questions intéressant l'organisation, la gestion et la marche générale de l'entreprise et, notamment, sur les mesures de nature à affecter le volume ou la structure des effectifs, la durée du travail, les conditions d'emploi, de travail et de formation professionnelle. » (C. trav., art. L. 2323-6). Cet article pose le principe d'une « compétence générale » du comité d'entreprise sur l'ensemble des questions qui y sont évoquées [3].

Il n'y a pas lieu de distinguer selon l'activité de l'entreprise ou selon la nature – économique ou sociale – des décisions projetées [4]. De même, il importe peu que la mesure projetée par la direction ait ou non des conséquences directes et immédiates pour le personnel de l'entreprise [5]. Il n'y a

---

1. Le droit – la loi et son interprétation jurisprudentielle – tendrait à imposer à l'employeur, à travers un échange qui peut prendre la forme d'un débat contradictoire, une *démonstration* de l'opportunité, sinon de la nécessité, de la décision projetée (E. Lafuma, *Des procédures internes. Contribution à l'étude de la décision de l'employeur en droit du travail*, Th. Paris-X, 2003).

2. Lorsque l'institution est nouvellement créée, l'employeur dispose d'un délai d'un an à compter du franchissement du seuil d'effectif « pour se conformer complètement aux obligations récurrentes d'information et de consultation du comité d'entreprise prévues au présent code, selon des modalités prévues par décret en Conseil d'État » (C. trav., art. L. 2322-2, al. 2).

3. L'expression est utilisée par la circulaire DRT n° 84-12 du 30 nov. 1984, prise en application de la loi du 28 oct. 1982.

4. Crim. 29 mars 1973, *JCP* 1974. II. 17651 ; *Dr. soc.* 1974. 419. La consultation du comité s'impose lorsque la réorganisation résulte de l'application d'une loi : Soc. 26 oct. 2010, n° 09-67.760, *JCP S* 2010. 1542, note L. Sébille.

5. Crim. 2 mars 1978, *Haulotte, Dr. soc.* 1978. 369 (1re esp.), note J. Savatier ; *JCP* 1979. II. 19052, note Ph. Salvage ; *Grands arrêts*, 4e éd., 2008, n° 142.

pas lieu enfin de distinguer selon que la décision en cause est unilatérale ou prend la forme de consentement à un accord collectif sur l'une des questions relevant de la compétence du comité [1]. Bien plus, la Cour de cassation considère, sur le fondement de l'article L. 2323-6 du Code du travail, qu'il n'y a pas lieu de distinguer selon que la mise en œuvre des mesures visées par ce texte résulte d'une décision unilatérale de l'employeur ou lui soit imposée par un accord collectif étendu [2].

Seule est à prendre en considération « l'importance » de la décision projetée. En effet, « la consultation préalable du comité ne s'impose à l'employeur que lorsque les mesures envisagées... sont importantes et ne revêtent pas un caractère individuel ». Elle ne s'impose pas lorsqu'il s'agit « de mesures temporaires exceptionnelles » [3].

Au-delà de cette « compétence générale », dans quel domaine particulier le comité exerce-t-il sa compétence et doit-il être consulté ? Comment se déroule la consultation ? Quelles sont les sanctions du défaut de consultation ?

A. Objets de consultation

1. Décisions et projets intéressant l'organisation de l'entreprise

1198 ***Organisation interne*** ◊ L'article L. 2323-19 impose la consultation du comité avant toute modification importante des structures de production ou de l'organisation économique ou juridique de l'entreprise.

L'organisation de l'entreprise est également modifiée en cas de changements dans la répartition des fonctions et des tâches entre les différents

1. Soc. 5 mai 1998, *Dr. soc.* 1998. 579, rapp. J.-Y. Frouin, obs. J.-E. Ray ; *D.* 1998. 608, note G. Auzero ; *Grands arrêts,* 4e éd., 2008, n° 159 ; 19 mars 2003, *Dr. soc.* 2003. 552, obs. G. Couturier. Plus récemment, la Cour de cassation a décidé, sans surprise, que le comité d'entreprise doit être consulté sur la dénonciation par le chef d'entreprise d'un accord d'entreprise qui intéresse l'organisation, la gestion ou la marche générale de l'entreprise et, qu'à défaut, la dénonciation demeure sans effet jusqu'à l'accomplissement de cette formalité (Soc. 5 mars 2008, n° 07-40.273 : *RDT* 2008. 540, obs. G. Borenfreund). On peut penser que cette solution devrait être étendue à la dénonciation par l'employeur d'un engagement unilatéral, pour l'heure soumise à une simple « information » des représentants du personnel.

2. Soc. 21 nov. 2012, n° 11-10.625, *Lexbase Hebdo, éd. Sociale*, n° 509, note G. Auzero. *Adde,* M. Morand, « Normes collectives et consultation des représentants du personnel », *JCP S* 2013. 1106. La solution peut surprendre dans la mesure où n'était pas en cause une quelconque décision de l'employeur sur laquelle le comité d'entreprise pouvait avoir une influence. Pour autant, elle peut se justifier, d'une part, par la généralité des termes de l'article L. 2323-6 et, d'autre part, par le fait que le comité peut être utilement associé à la mise en œuvre dans l'entreprise de l'accord étendu qui, en l'espèce, instituait une nouvelle classification professionnelle. Dans semblable hypothèse, c'est aussi le CHSCT qui doit être consulté : Soc. 7 mai 2014, n ° 12-35.009, inédit.

3. Crim. 15 avr. 1982, *Bull. crim.* n° 90, 19 févr. 1991, *RJS* 4/91, n° 481 ; Soc. 26 mai 1981, *Bull. civ.* V, n° 466 (pas de consultation sur une mesure individuelle) ; Crim. 13 déc. 1994 : *RJS* 3/95, n° 252. Le Conseil d'État a adopté le même critère (CE 3 mars 1978, *Dr. soc.* 1978. 56).

services ou unités géographiques de production [1]. L'organisation de l'entreprise englobe l'organisation du travail. Le comité d'entreprise est à ce titre obligatoirement consulté avant l'introduction de nouvelles méthodes d'organisation du travail, avant toute transformation de postes de travail découlant de l'introduction de nouvelles technologies : « le comité d'entreprise est informé et consulté préalablement à tout projet *important* d'introduction de nouvelles technologies lorsque celles-ci sont susceptibles d'avoir des conséquences sur l'emploi, la qualification, la rémunération, la formation ou les conditions de travail du personnel. Les membres du comité reçoivent, un mois avant la réunion, des éléments d'information sur ces projets et leurs conséquences... » (C. trav., art. L. 2323-13). Un plan d'adaptation doit être soumis au comité [2].

Le transfert d'un service appelle aussi consultation du comité [3].

1199 ***Organisation externe*** ◊ Parmi les modifications de l'organisation juridique de l'« entreprise », l'article L. 2323-19 mentionne « notamment » la fusion ou la cession de l'entreprise elle-même, ainsi que l'acquisition ou la cession de filiales.

La portée du précepte est claire lorsque l'opération porte sur un fonds de commerce. Mais les cessions *d'actions*, si elles sont des opérations patrimoniales émanant des actionnaires et non des organes de la société, et si elles n'entraînent aucune modification dans la structure de la personne morale (à la différence de la fusion), affectent le contrôle de la société, donc le sort de l'entreprise. Aussi la Chambre criminelle avait-elle affirmé la compétence consultative du comité, en la limitant toutefois à la cession d'actions emportant cession de contrôle, ouvrant la voie à un changement de direction de l'entreprise [4]. La loi du 28 octobre 1982 a élargi l'intervention de la représentation collégiale des salariés à toute prise de participation (au sens du Code de commerce, il y a participation lorsqu'une société détient entre 10 et 50 % du capital d'une autre). En vertu de l'article L. 2323-19 actuel, le chef d'entreprise est ainsi tenu de consulter le comité d'entreprise « lorsqu'il prend une participation dans une société et de l'informer lorsqu'il a connaissance d'une prise de participation dont son entreprise est l'objet » (al. 3) [5]. Ce ne sont que des

1. Ex. : Crim. 25 oct. 1977 ; *Dr. ouvrier* 1978. 62, (réorganisation d'un service) ; 26 juin 1984 (division d'un service), CE 4 juin 1982, *Dr. soc.* 1982. 793 (réorganisation d'une caisse sécurité sociale) ; Crim. 6 févr. 1979, *Dr. ouvrier* 1980. 136 (fermeture d'un établissement) ; Soc. 9 juill. 1996, *RJS* 8-9/96, n° 940 (plan de restructuration d'un groupe).

2. Innovation technologique et droit du travail, *Cour de cassation. Rapport annuel 2005*, p. 97 (spéc., p. 98 s.).

3. Crim. 6 déc. 1977, *Bull. crim.* n° 386.

4. Crim. 2 mars 1978, préc. ; 4 avr. 1979, *D.* 1980. 125. Sous l'empire des dispositions actuelles : Crim. 22 oct. 1991, *RJS* 1/92, n° 47 ; Soc. 16 avr. 1996, *RJS* 5/96, n° 559.

5. L'art. L. 2323-19 ne fait aucune distinction selon que l'entreprise prend une participation dans une société déjà constituée ou à constituer, et l'obligation de consulter le comité n'est pas limitée aux seuls projets économiques et financiers importants (Crim. 3 févr. 2004, *Bull. crim.* n° 30 ; *Bull. Joly* 2004. 652, obs. P. Le Cannu).

exemples. Le domaine de l'information et de la consultation du comité excède donc les « modifications de la situation de l'entreprise » au sens de l'article L. 1224-1 du Code du travail.

Le dépôt d'une offre publique d'acquisition donne lieu à saisine spéciale du comité [1]. Plus précisément, dans cette hypothèse, l'employeur de l'entreprise sur laquelle porte l'offre et l'employeur qui en est l'auteur réunissent immédiatement leur comité d'entreprise pour l'en informer (art. L. 2323-21). En réalité, si le comité de l'entreprise auteur de l'offre est, effectivement, simplement informé [2], celui de l'entreprise cible est consulté. Ce dernier, qui peut se faire assister d'un expert-comptable, dispose, en outre, de la faculté d'auditionner l'auteur de l'offre.

Si l'entreprise visée est l'entreprise dominante d'un groupe, le comité de ce groupe doit être informé immédiatement, et cette instance peut engager la même démarche que le comité d'entreprise (art. L. 2332-2).

1200 ***Transfert, fusion ou scission de l'entreprise. Opération de concentration*** [3] ◊ Le droit du comité à être informé et consulté avant une décision de transfert, de fusion [4] ou de scission était reconnu avant même la loi du 28 octobre 1982 [5]. Il résulte aujourd'hui de l'article L. 2323-19 que le cédant, mais aussi le cessionnaire, doivent informer les représentants de leur personnel des motifs de l'opération, de ses conséquences juridiques, économiques et sociales et des mesures envisagées à l'égard des travailleurs. L'information du comité de chacune des entreprises concernées doit porter sur les motifs de l'opération, ses modalités financières ainsi que sur les mesures envisagées à l'égard des salariés. Elle ne doit pas être tardive, les salariés étant placés devant le fait accompli. Il y a lieu de consulter les comités, et de la société absorbante et de la société absorbée [6]. L'apport partiel d'actifs est assimilable à une scission-fusion.

Si tout projet de fusion doit être soumis à consultation du comité, il n'ouvre pas nécessairement pour ce comité le droit de déclencher la

---

1. Institué par la loi du 15 mai 2001, ce dispositif a été modifié par la loi du 29 mars 2014, visant à reconquérir l'économie réelle, dite loi « Florange ». V. G. Auzero, « L'intervention du comité d'entreprise lors des offres publiques d'acquisition », *Lexbase Hebdo, éd. Sociale*, n° 566.

2. Information qui a exceptionnellement lieu *a posteriori* (L. 2323-25), afin de préserver le « secret des affaires ».

3. A. Lyon-Caen, Le comité d'entreprise et les restructurations, *Dr. soc.* 2004. 285 ; F. Favennec-Héry, La consultation des représentants du personnel sur le transfert de l'entreprise, *Dr. soc.* 2005. 729.

4. N. Tagliarino-Vignal, Le droit du comité d'entreprise d'être informé et consulté dans le cadre d'opérations de fusion : *RJS* 2010. 99.

5. Crim. 29 mars 1973, *Dr. ouvrier* 1974. 82, *JCP* 1974. II. 17651, note N. Catala.

6. Crim. 28 nov. 1984, *Bull. crim.* n° 375 (fusion des sociétés Peugeot et Talbot). Entrave en cas d'information insuffisante et tardive sur une fusion : Soc. 16 avr. 1996, *RJS* 5/96, n° 559. V. aussi Soc. 16 janv. 2008, n° 07-10.597 : *Sem. soc. Lamy*, n° 1338, p. 11, obs. FC ; *Bull. Joly* 2008. 562, note C. Néau-Leduc, qui fixe la date ultime de la consultation en matière de fusion « à la tenue du conseil d'administration devant arrêter le projet de fusion qui est irréversible selon les dispositions combinées des articles L. 236-6 du Code de commerce et 254 modifié du décret du 23 mars 1967 ».

procédure d'alerte de l'article L. 2323-78, et de recourir aux services d'un expert-comptable rémunéré par l'employeur [1].

Un cas particulier est constitué par la cession ou l'acquisition d'une *filiale* (au sens de C. com., art. L. 233-1) par apport partiel d'actifs, souscription à une augmentation de capital, achat d'actions ou de parts. Mais dans la plupart des cas, une telle acquisition ne se fait que d'une manière progressive, elle est l'aboutissement d'un long processus. La dernière étape, celle qui va permettre d'atteindre le seuil de possession de 50 % du capital, peut résulter d'une opération banale. C'est pourtant cette dernière qui devra être soumise pour avis au comité.

Par ailleurs, et depuis la loi de mai 2001, si l'entreprise est partie à une opération de concentration au sens (compréhensif) de l'article L. 430-1 du Code du commerce, la direction doit réunir le comité dans les trois jours à compter de la publication de cette opération (imposée par les règles françaises ou européennes sur le contrôle des concentrations), afin que les représentants du personnel puissent décider de recourir éventuellement aux lumières d'un expert (C. trav., art. L. 2323-20) [2].

Le transfert d'une entreprise du secteur privé au secteur public (*nationalisation*) ou l'inverse (*privatisation*) constitue une cession au sens de l'article L. 2323-19 du Code du travail, et devrait être précédé d'une consultation. Le principe a été posé par le Conseil d'État [3], mais n'a pas toujours été respecté lors des privatisations [4].

1201 ***Constitution de liens contractuels de dépendance*** ◊ Certaines alliances contractuelles entre sociétés constituent également des mesures d'organisation, même si elles ne sont pas expressément mentionnées par l'article L. 2323-19 (collaboration, par mise en commun de certains services ou spécialisation dans des fonctions complémentaires, constitution d'une filiale commune ou d'un GIE, conclusion de divers contrats de coopération). Elles doivent être portées à la connaissance du comité [5]. Il en est de même, et à plus forte raison, pour la conclusion de contrats d'intégration : fourniture ou approvisionnement exclusif et, surtout, sous-traitance. Le recours à cette dernière formule affecte à la fois « les conditions

---

1. Soc. 30 juin 1993, *Dr. soc.* 1993. 777, obs. M. Cohen. De même, l'article L. 2325-35 ne prévoit pas que le comité d'entreprise puisse être assisté d'un expert rémunéré par l'entreprise en cas d'information-consultation sur un projet de cession de l'entreprise (Soc. 14 mars 2006, n° 05-13.670 : *Bull. civ.* V, n° 101).

2. La Cour de cassation considère que sont parties à l'opération de concentration l'ensemble des entités économiques affectées directement ou indirectement par la prise de contrôle : Soc. 26 oct. 2010 ; n° 09-65.565 : *RDT* 2011. 123, obs. E. Lafuma ; 2 juill. 2014, n° 13-17.357, publié. *Adde*, N. Tagliarino-Vignal, Opération de concentration et droit du comité d'entreprise, *RJS* 3/11, p. 179.

3. CE 22 déc. 1982, *Dr. soc.* 1983. 676, note J.-P. Dubois.

4. Soc. 23 janv. 1990, *Dr. soc.* 1990. 322, note J. Savatier (contestation en référé, par le comité de groupe, de la cession d'une de ses filiales par la Régie Renault sans consultation du comité – ici, de groupe) ; 5 oct. 1994, *RJS* 11/94, n° 1283 (privatisation d'une entreprise touchant à l'intérêt collectif des salariés de la profession bancaire).

5. Soc. 26 sept. 1990, *Bull. civ.* V, n° 400 (adhésion à GIE).

d'emploi du personnel du donneur d'ordre » – puisqu'il permet de faire effectuer certains travaux par un personnel juridiquement rattaché à une autre entreprise – et « l'organisation économique » de l'entreprise du sous-traitant qu'il est susceptible de placer en situation de dépendance ou, de domination économique. Toute extériorisation de l'emploi relève de la consultation de l'article L. 2323-19 [1].

2. Décisions et projets intéressant la gestion et la marche générale de l'entreprise

1202 ***Décisions et projets concernant la gestion et la stratégie économique*** [2] ◊ Le comité d'entreprise est consulté chaque année sur la politique de *recherche et de développement technologique* de l'entreprise (C. trav., art. L. 2323-12). À défaut, les aides publiques correspondantes sont suspendues. Une telle obligation suppose qu'un plan annuel soit élaboré et que des indications soient fournies aux représentants, notamment sur les moyens mis en œuvre et leur coût.

Selon la même périodicité, le comité d'entreprise est consulté sur les orientations stratégiques de l'entreprise, définies par l'organe chargé de l'administration ou de la surveillance de l'entreprise [3], et sur leurs conséquences sur l'activité, l'emploi, l'évolution des métiers et des compétences, l'organisation du travail, le recours à la sous-traitance, à l'intérim, à des contrats temporaires et à des stages. Le comité émet un avis sur ces orientations et peut proposer des orientations alternatives. Cet avis est transmis à l'organe chargé de l'administration ou de la surveillance de l'entreprise, qui formule une réponse argumentée. Le comité en reçoit communication et peut y répondre (C. trav., art. L. 2323-7-1) [4]. En vue de l'examen des orientations stratégiques de l'entreprise, le comité peut se faire assister d'un expert-comptable [5]. Mais, par exception à la règle qui prévaut en la matière, et sauf accord entre l'employeur et le comité

1. Crim. 7 févr. 1984, *JS UIMM* 1984.453. Même raisonnement pour un contrat de location-gérance, ou de licence d'une marque, ou de franchisage.

2. La loi de modernisation sociale de 2002 avait fait apparaître, dans un art. L. 431-5-1, un nouvel objet d'information : « l'annonce publique » (M. Cohen, *Dr. soc.* 2002. 298 ; J. Grangé, Comité d'entreprise, annonces publiques et restructurations, *Dr. soc.* 2002. 704). Cette disposition novatrice n'a pas survécu aux lois de 2003 et 2005.

3. Introduit par la loi relative à la sécurisation de l'emploi, ce nouveau cas de consultation obligatoire paraît constituer un progrès. On peut toutefois s'interroger sur son intérêt réel, compte tenu de la possibilité offerte de longue date au comité d'entreprise de déléguer deux de ses membres pour siéger au sein du conseil d'administration ou de surveillance des sociétés (art. L. 2323-92 et s. v. ss 1228). V. A. Martinon, L'information et la consultation des représentants du personnel : nouveaux droits ou nouveau partage des responsabilités ? : *JCP S* 2013. 1263.

4. La base de données visée à l'article L. 2323-7-2 est le support de préparation de cette consultation dont l'objet reste relativement vague, étant observé qu'aucun projet de décision de l'employeur n'est ici en cause.

5. Cette possibilité de recours à l'expert-comptable ne se substitue pas aux autres expertises, c'est-à-dire, très vraisemblablement, à l'expertise dite « libre » et à l'expertise technologique.

d'entreprise, ce dernier contribue, sur son budget de fonctionnement, au financement de cette expertise à hauteur de 20 %, dans la limite du tiers de son budget annuel[1].

1203 ***Mesures et projets de gestion du personnel menaçant les effectifs*** ◊ « Le comité d'entreprise est obligatoirement informé et consulté... sur les mesures de nature à affecter le volume ou la structure des effectifs... les conditions d'emploi... du personnel » (C. trav., art. L. 2323-6) [2]. Cette disposition fort générale fonde la consultation de l'institution représentative sur les projets de restructuration aux modalités juridiques assez variées ou de délocalisation [3]. Chaque année, dans les entreprises de trois cents salariés et plus, « le comité d'entreprise est informé et consulté sur l'évolution de l'emploi et des qualifications dans l'entreprise au cours de l'année passée ; les prévisions annuelles ou pluriannuelles et les actions notamment de prévention et de formation, que l'employeur envisage de mettre en œuvre compte tenu de ces prévisions, particulièrement au bénéfice des salariés âgés ou présentant des caractéristiques sociales ou de qualification qui les exposent plus que d'autres aux conséquences de l'évolution économique ou technologique (...) » (C. trav., art. L. 2323-56). L'idée est, en imposant aux employeurs d'informer et consulter les représentants du personnel sur cet objet, de les inciter à développer la « gestion prévisionnelle de l'emploi et des compétences », dont on espère une gestion « douce » de restructurations des organisations productives, jugées désormais inévitables sinon banales. D'ailleurs, la loi impose aux entreprises ou groupes d'entreprises de taille moyenne ou grande, une obligation d'engager, tous les trois ans, notamment sur le fondement des orientations stratégiques de l'entreprise et leurs conséquences mentionnées à l'article L. 2323-7-1, une négociation portant sur « la mise en place d'un dispositif de gestion prévisionnelle des emplois et des compétences, sur laquelle le comité d'entreprise est informé (...) » (C. trav., art. L. 2242-15) [4].

---

1. Dès lors que cette limite est franchie, il faut sans doute en revenir à la règle générale, c'est-à-dire à la prise en charge des frais d'expertise par l'employeur. Il y a également lieu de penser que si le comité d'entreprise a épuisé la totalité de son budget antérieurement à la consultation, il perd le droit de recourir à un expert.

2. Doit, par exemple, être soumis à l'avis du comité le projet consistant à rechercher, parmi les salariés, ceux qui seraient candidats à des mesures n'entraînant pas la rupture de leur contrat de travail (Soc. 12 janv. 1999, *Dr. soc.* 1999. 297, obs. F. Favennec-Héry ; rappr. : 7 avr. 2004, *Dr. soc.* 2004. 668, obs. G. Couturier).

3. M. Cohen, Les délocalisations et les comités d'entreprise, *Sem. soc. Lamy*, n° 1194, 13 déc. 2004.

4. La régularité de la consultation du comité d'entreprise sur un projet de licenciement économique n'est pas subordonnée au respect préalable par l'employeur de l'obligation de consulter le comité d'entreprise sur l'évoluation annuelle des emplois et des qualifications prévue par l'article L. 2323-56 du Code du travail ni de celle d'engager tous les trois ans une négociation portant sur la gestion prévisionnelle des emplois et des compétences imposée par l'article L. 2242-15 du même Code : Soc. 30 sept. 2009, n° 07-20.525 : *JCP S* 2009, 1526, note Fl. Aubonnet et C. Ventéjou.

Ces dispositions générales sur la consultation du comité d'entreprise en matière d'emploi doivent être combinées avec les règles propres aux procédures de licenciement pour motif économique, ce qui est source de difficultés depuis longtemps repérées [1].

Conformément aux prescriptions de l'article L. 2323-15 du Code du travail, « le comité d'entreprise est saisi en temps utile des projets restructuration et de compression des effectifs [2] ; il émet un avis sur l'opération projetée et ses modalités d'application » [3]. Dès lors que l'opération de restructuration s'accompagne d'un projet d'au moins dix licenciements pour motifs économiques, il convient de se référer aux dispositions de l'article L. 1233-30 [4], qui exige, d'une part, la consultation du comité d'entreprise sur l'opération en cause et, d'autre part, sa consultation sur le projet de licenciement collectif. Ainsi que le laisse clairement entendre ce texte, ce sont bien deux avis distincts qui doivent être demandés au comité d'entreprise [5]. Bien que la règle ne figure plus expressément dans l'article L. 1233-30, postérieurement à sa modification par la loi du 14 juin 2013, ces deux procédures de consultation peuvent être menées concomitamment [6].

Un accord collectif qualifié d'accord de « méthode » peut fixer, par dérogation aux règles de consultation des instances représentatives du personnel prévues par la loi, les modalités d'information et de consultation du comité d'entreprise applicables lorsque l'employeur envisage de prononcer le licenciement économique de dix salariés ou plus dans une même période de trente jours (C. trav., art. L. 1233-21) [7]. Tout en laissant subsister ces accords de « méthode », la loi du 14 juin 2013 relative à la sécurisation de l'emploi permet à l'accord collectif d'entreprise déterminant le contenu du plan de sauvegarde de l'emploi, de fixer « les modalités de consultation du comité d'entreprise » (C. trav., art. L. 1233-24-1) [8]. Sachant que l'accord de

1. M. Cohen, Représentation du personnel et licenciements collectifs, *Mélanges H. Sinay*, p. 207.

2. La notion de « compression des effectifs » doit être entendue plus largement que celle de licenciements pour motif économique (v. en ce sens, Crim. 4 nov. 1997, n° 96-84.594 : *Bull. cim.*, n° 370). Sur la consultation du comité d'entreprise en matière de licenciements pour motif économique, v. ss 480 s.

3. Cet avis est transmis à l'autorité administrative.

4. Texte profondément modifié par la loi du 14 juin 2013 relative à la sécurisation de l'emploi.

5. Avis qui doivent être rendus dans des délais maximums fixés par la loi, qui varient de deux à quatre mois en fonction du nombre de salariés licenciés. En tout état de cause, le comité d'entreprise doit tenir deux réunions espacées d'au moins quinze jours. En l'absence d'avis du comité dans les délais prescrits, celui-ci est réputé avoir été consulté.

6. L'exigence que le comité d'entreprise rende « deux avis » n'en confirme pas moins que les deux procédures doivent être distinctes ; ce qui laisse entendre que cette distinction doit ressortir notamment de l'ordre du jour et des procès-verbaux, ainsi que l'avait décidé par le passé la Cour de cassation (Soc. 9 févr. 2000, n° 98-12.143 : *Bull. civ.* V, n° 62 ; *Dr. soc.* 2000. 446, obs. J. Savatier).

7. G. Auzero, Les restructurations vues sous l'angle des prérogatives du comité d'entreprise : du légal au conventionnel : *Bull. Joly* 2006. 867 ; Th. Grumbach, Monopole syndical, contenu et négociation des accords de méthode : *Dr. soc.* 2006. 325.

8. Cet accord ne peut toutefois déroger aux règles générales d'information et de consultation du comité d'entreprise prévues aux articles L. 2323-2, L. 2323-4 et L. 2323-5 (art. L. 1233-24-3).

« méthode » peut être conclu au niveau de l'entreprise, mais aussi au niveau du groupe ou de la branche, il conviendra, le cas échéant, de soigneusement veiller à l'articulation des stipulations des différents accords organisant les modalités de la consultation du comité d'entreprise [1].

Le bouleversement législatif a toutefois épargné une autre innovation de 2002, révélatrice d'un souci d'ajuster les procédures aux réalités des organisations productives : lorsque le projet de restructuration et de compression des effectifs (quel que soit son volume) est de nature à affecter le volume d'activité ou d'emploi d'une entreprise sous-traitante, l'employeur doit immédiatement en informer ce sous-traitant, dont les représentants du personnel doivent être aussitôt informés et éclairés sur l'évolution qu'ils risquent de subir (C. trav., art. L. 2323-16).

1204 ***Recherche d'un repreneur*** ◊ Dès lors qu'elle occupe au moins mille salariés, toute entreprise qui envisage la fermeture d'un établissement qui aurait pour conséquence un projet de licenciement collectif doit rechercher un repreneur [2]. Le comité d'entreprise est étroitement associé à cette démarche obligatoire. Tout d'abord, l'employeur concerné doit réunir et informer le comité de son projet, au plus tard à l'ouverture de la procédure de licenciement collectif [3]. Ensuite, l'employeur s'étant mis en quête d'un repreneur, le comité est informé des offres de reprise formalisées, au plus tard huit jours après leur réception. Possibilité lui est alors donnée d'émettre un avis [4], dans les délais prévus pour l'information et la consultation relative à un plan de sauvegarde de l'emploi. Mais le comité peut aussi décider de participer, lui-même, à la recherche d'un repreneur. Enfin, l'employeur consulte le comité d'entreprise sur toute offre de reprise à laquelle il souhaite donner suite et indique les raisons qui le conduisent à accepter cette offre, notamment au regard de la capacité de l'offrant à garantir la pérennité de l'activité et de l'emploi de l'établissement [5]. Si, avant la fin de la procédure d'information et de consultation prévue pour les licenciements collectifs, aucune offre de reprise n'a été reçue ou si l'employeur n'a donné suite à aucune offre, il réunit le comité d'entreprise pour lui présenter un

---

1. Il n'est pas du tout certain que le concours de ces différents accords doivent être réglé par l'application des stipulations les plus favorables, ne serait-ce que parce qu'il s'agit d'accords dérogatoires. Il faut encore ajouter que, tandis que l'accord de méthode est soumis à la règle des 30 %, l'accord déterminant le contenu du PSE et, éventuellement, les modalités de la consultation du comité est subordonné, quant à sa validité, à une stricte condition majoritaire. V. sur la question, F. Favennec-Héry, Licenciement économique : un changement d'acteurs : *JCP S* 2013, 1258, spéc., n° 12.

2. C. trav., art. L. 1233-57-9 et s., issus de la loi du 29 mars 2014 visant à reconquérir l'économie réelle, dite loi « Florange ».

3. Il doit communiquer au comité tous renseignements utiles sur le projet, notamment les actions qu'il envisage d'engager pour trouver un repreneur (art. L. 1233-57-10). L'article L. 1233-57-11 vise le cas dans lequel l'entreprise est dotée d'un comité central d'entreprise et de comités d'établissement.

4. Il n'est pas commun que la loi évoque simplement la simple faculté pour le comité d'émettre un avis.

5. Le comité émet un avis sur cette offre dans un délai fixé en application de l'article L. 2323-3.

rapport qui indique, notamment, les actions engagées pour rechercher un repreneur et les motifs qui ont conduit, le cas échéant, à refuser la cession de l'établissement. Dans un délai de sept jours, à compter de la réunion au cours de laquelle ce rapport a été présenté, le comité d'entreprise peut saisir le tribunal de commerce, s'il estime que l'employeur n'a pas respecté ses obligations ou a refusé de donner suite à une offre qu'il considère comme sérieuse. Le tribunal examine la conformité de la recherche aux obligations légales. Lorsque le juge constate un manquement, les personnes publiques compétentes peuvent émettre un titre exécutoire pour obtenir le remboursement de tout ou partie des aides pécuniaires en matière d'installation, de développement économique ou d'emploi attribuées à l'entreprise au cours des deux années précédant le jugement, au titre de l'établissement concerné par le projet de fermeture [1].

La loi reconnaît au comité la faculté de se faire assister d'un expert de son choix rémunéré par l'entreprise [2]. Cet expert a pour mission « d'analyser le processus de recherche d'un repreneur, sa méthodologie et son champ, d'apprécier les informations mises à la disposition des repreneurs potentiels, d'étudier les offres de reprise et d'apporter son concours à la recherche d'un repreneur par le comité d'entreprise et à l'élaboration de projets de reprise » (art. L. 1233-57-17).

1205 ***Décisions et questions de recrutement, formation, rémunération et prévoyance*** ◊ Le comité est informé et consulté sur « les problèmes généraux intéressant les conditions de travail résultant de l'organisation du travail, de la technologie, des conditions d'emploi, de l'organisation du temps de travail, des qualifications et des modes de rémunération » (C. trav., art. L. 2323-27) [3]. Lorsqu'il est consulté sur les problèmes généraux intéressant les conditions de travail, le comité d'entreprise doit disposer de l'avis du comité d'hygiène, de sécurité et des conditions de travail. Il s'ensuit que le comité d'entreprise est recevable à invoquer dans le cadre de sa propre consultation l'irrégularité de la procédure de consultation préalable du CHSCT [4].

Il doit aussi être informé, préalablement à leur utilisation : *a*) sur les méthodes ou techniques d'aide au recrutement des candidats à un emploi ; *b*) sur les traitements automatisés de gestion du personnel. Information et

---

1. Telle qu'adoptée par le Parlement, la loi prévoyait des sanctions autrement plus rigoureuses, qui n'ont pas été du goût du Conseil constitutionnel qui les a censurées : Cons. const., 27 mars 2014, n° 2014-692, *Lexbase Hebdo, éd. Sociale*, n° 566, note Ch. Radé.

2. La loi ne vise donc pas spécifiquement le recours à un expert-comptable. Il y a là une différence avec ce que prévoyait l'article L. 1233-90-1 du Code du travail relatif à l'obligation de rechercher un repreneur antérieurement à la loi « Florange » ; disposition abrogée par ce texte.

3. Pour une application de ce texte, v. Crim. 12 avr. 2005, n° 04-83.101 : *Bull. crim.* n° 129.

4. Soc. 4 juill. 2012, n° 11-19.678, *JCP S* 2012. 1399, note L. Cailloux-Meurice ; *JCP E* 2012. 1542, note F. Duquesne. Il résulte de cet arrêt qu'il peut être nécessaire de consulter à la fois le comité d'entreprise et le CHSCT et que, dans ce cas, la consultation du second doit précéder celle du premier.

consultation préalable sont également requises sur les moyens ou les techniques permettant un contrôle de l'activité des salariés (C. trav., art. L. 2323-32) [1]. De cette exigence d'information et consultation, la Cour de cassation déduit d'importantes conséquences, non seulement dans les relations entre l'employeur et la représentation collective, mais aussi dans les rapports de l'employeur et de chaque salarié [2].

Le comité est obligatoirement informé et consulté sur les orientations de la formation professionnelle dans l'entreprise, en fonction des perspectives économiques et de l'évolution de l'emploi, des investissements et des technologies dans l'entreprise (C. trav., art. L. 2323-33). La pratique de l'apprentissage dans l'entreprise donne elle aussi lieu à une consultation détaillée (C. trav., art. L. 2323-41 s.). Il donne, chaque année, au cours de deux réunions spécifiques, son avis sur l'exécution du plan de formation du personnel de l'entreprise lors de l'année précédente et de l'année en cours et sur le projet de plan ou de mise en œuvre du plan pour l'année à venir (C. trav., art. L. 2323-34 s) [3]. En matière de droit au congé formation il intervient encore en cas de refus de ce congé par l'employeur (C. trav., art. L. 6322-6) [4]. Pour pouvoir exercer ce rôle, le comité d'entreprise a la faculté de procéder à des études et à une enquête auprès du personnel [5].

En matière de rémunérations, le comité d'entreprise a un rôle particulier s'agissant de la *participation* des salariés aux résultats de l'entreprise. D'une part, les accords de participation et d'intéressement peuvent être conclus en son sein (C. trav., art. L. 3312-5) [6]. Les accords d'intéressement doivent

---

1. B. Bossu, Nouvelles technologies et surveillance du salarié, *RJS* 8-9/01, p. 663. Sur ces nouvelles formes de contrôle des salariés, et la sous-utilisation de leurs compétences par les comités, v. le 16e rapport d'activité de la CNIL, Doc. fr. 1996, p. 113, et des rapports plus récents de cette autorité (*Sem. soc. Lamy*, n° 1023 et n° 1064, 25 févr. 2002). La consultation du comité ne s'impose pas lorsqu'un audit est mis en œuvre pour apprécier, à un moment donné, l'organisation d'un service (Soc. 12 juill. 2010, *Dr. soc.* 2010. 1008, note L. Pécaut-Rivolier).

2. Il résulte de la combinaison de la loi « Informatique et libertés » de 1978, de l'art. 226-16 C. pén., des art. L. 1221-9 et L. 2323-32 C. trav., qu'à défaut de déclaration à la CNIL d'un traitement automatisé d'informations nominatives concernant un salarié, le refus de ce dernier de se soumettre à une prescription de son employeur impliquant la mise en œuvre de ce traitement ne saurait être sanctionné (Soc. 6 avr. 2004, *D.* 2004. 2736, note R. de Quénaudon ; *Dr. ouvrier* 2004. 378, note P. Adam). Constitue un moyen de preuve illicite, et ne peut donc être reçu en justice, l'enregistrement d'un salarié réalisé par l'employeur à l'aide d'une caméra de vidéosurveillance (de la clientèle), installée sans information et consultation préalable du comité, même si le CHSCT avait été consulté et si le salarié ne pouvait ignorer la présence de ce dispositif (Soc. 7 juin 2006, *D.* 2006. IR 1704).

3. Cet avis doit être donné avant la fin de l'année précédant celle de l'exécution du plan (Crim. 26 nov. 1991, *RJS* 3/92, n° 305).

4. Crim. 4 janv. 1983, *Dr. ouvrier* 1984. 182 ; Soc. 4 avr. 1978, *Bull. civ.* V, n° 278 (rôle respectif du comité d'établissement et du comité central).

5. Crim. 7 janv. 1981, *D.* 1981. IR 423.

6. Dans les entreprises disposant d'un accord d'intéressement, d'un accord de participation ou d'un plan d'épargne salariale, lorsque le comité d'entreprise n'en est pas signataire, l'employeur le consulte, avant leur prorogation ou renouvellement, sur les évolutions envisageables à leur apporter, ainsi que sur la situation de l'actionnariat salarié et sur la participation des salariés à la gestion de l'entreprise (art. L. 2323-18).

par ailleurs définir les conditions dans lesquelles le comité d'entreprise ou une commission spécialisée ou, à défaut les délégués du personnel disposent des moyens d'information nécessaires sur les conditions d'application des clauses du contrat (C. trav., art. L. 3313-2) [1]. D'autre part, si la négociation des salaires est de la compétence des organisations syndicales, le comité doit être consulté sur les problèmes de conditions de travail résultant des modes de rémunération et périodiquement informé sur l'évolution des rémunérations [2]. Il est également consulté sur l'affectation de la contribution sur les salaires au titre de l'effort de construction, quel qu'en soit l'objet, ainsi que sur les conditions de logement des travailleurs étrangers que l'entreprise se propose de recruter (C. trav., art. L. 2323-31).

Tout régime de prévoyance fonctionnant dans l'entreprise est soumis à l'avis du comité (C. trav., art. L. 2323-1, R. 2323-1). Pour sa mise en place, pour toute modification il y a lieu à information et consultation du comité (CSS, art. L. 911-1 s.).

Ajoutons que si la loi prescrit de « soumettre pour avis » aux représentants du personnel un rapport annuel sur la situation comparée des conditions d'emploi et de formation de femmes et des hommes dans l'entreprise (C. trav., art. L. 2323-57), on est dans le domaine de la consultation des élus plutôt que dans celui de la simple information.

1206 ***Temps de travail*** ◊ Aux termes de l'article L. 2323-29, « le comité d'entreprise est consulté sur la durée et l'aménagement du temps de travail ainsi que sur le plan d'étalement des congés dans les conditions prévues à l'article L. 3141-13. Il délibère chaque année sur les conditions d'application des aménagements d'horaires prévus à l'article L. 3122-2 lorsqu'ils s'appliquent à des salariés à temps partiel ». Il doit, par ailleurs, intervenir spécialement sur certaines questions.

– Travail à temps partiel : si le comité a naguère disposé d'un droit de *veto* suspensif, seul son avis est désormais requis et doit être transmis dans un délai de 15 jours à l'inspecteur du travail (C. trav., art. L. 3123-2). Cet avis doit porter sur le principe de la pratique d'horaires à temps partiel dans l'entreprise, et non pas sur chaque cas de salarié embauché à temps partiel ou de transformation d'un emploi à temps plein en emploi à temps partiel [3].

---

1. Si des dispositions similaires sont prévues pour les accords de participation et les règlements de plan d'épargne salariale, elles le sont à titre facultatif (art. L. 3341-5). Notons encore que lorsqu'il existe un comité d'entreprise, le projet d'accord d'intéressement lui est soumis pour avis avant sa signature (art. L. 3312-7, R. 3312-1 et R. 3312-2). V. aussi, pour les plans d'épargne salariale, les art. L. 3332-5 et L. 3333-2.

2. Il doit être consulté : sur la mise en place de nouveaux plans de rémunération ayant une incidence sur la structure et le volume des effectifs de l'entreprise (Crim. 3 mars 1998, *RJS* 6/98, n° 749) ; avant l'instauration d'une prime de productivité (Crim. 7 mars 2000) ; sur les modalités de commercialisation d'un nouveau produit d'assurance affectant globalement le mode de rémunération, et par là les conditions de travail des commerciaux (Soc. 28 nov. 2000, *Dr. soc.* 2001. 212, obs. Ch. Radé) ; sur la mensualisation de primes (Soc. 26 mars 2002, *RJS* 7/02, n° 859).

3. Crim. 24 févr. 1987, *JS UIMM*, n° 490.87. L'employeur communique au moins une fois par an au comité un bilan du travail à temps partiel réalisé dans l'entreprise (art. L. 3123-3).

– ***Horaires individualisés*** : les employeurs sont autorisés à déroger à la règle de l'horaire collectif de travail et à pratiquer des horaires individualisés sous réserve que le comité d'entreprise ou, à défaut, les délégués du personnel n'y soient pas opposés et que l'inspecteur du travail soit préalablement informé (C. trav., art. L. 3122-23). Un véritable droit de *veto* est donc reconnu aux représentants du personnel [1].

– ***Conventions de forfait*** : le comité d'entreprise est consulté chaque année sur le recours aux conventions de forfait ainsi que sur les modalités de suivi de la charge de travail des salariés concernés (C. trav., art. L. 2323-29, al. 3).

– ***Heures supplémentaires*** : dans la limite du contingent annuel, des heures supplémentaires peuvent être effectuées après une simple information du comité d'entreprise ; les heures supplémentaires effectuées au-delà de ce contingent doivent être soumises à l'avis du comité d'entreprise ou, à défaut, des délégués du personnel (C. trav., art. L. 3121-11-1). En l'absence de convention collective ou de représentation syndicale dans l'entreprise, le comité (à défaut les délégués du personnel), peut s'opposer au remplacement du paiement des heures supplémentaires par un repos compensateur équivalent [2].

– ***Modification des horaires*** : en principe une modification des horaires de travail doit être soumise au comité d'entreprise [3], sauf si la mesure ne touche qu'une faible partie du personnel et si elle est temporaire et exceptionnelle [4]. La mise en chômage partiel entre dans les prévisions légales bien qu'elle n'ait pas un caractère définitif [5], de même que la récupération des heures perdues ou la suppression des pauses [6], la fermeture liée à un lock-out [7] ou à la force majeure.

– ***Congés payés*** : la période des congés payés, si elle n'est pas fixée par une convention collective, ne peut être déterminée par l'employeur

1. Crim. 4 nov. 1983, *Bull. civ.* V, n° 285 (le comité ne peut cependant imposer un horaire) ; 16 sept. 2003, *RJS* 1/04, n° 72.

2. Art. L. 3121-24 et L. 3121-11.

3. Crim. 10 juill. 1979, *Dr. ouvrier* 1980. 465 ; 11 janv. 2000, *D.* 2000. IR 103. Sauf pour un aménagement secondaire : Crim. 25 mai 1982, *JS UIMM* 1983. 438. Consultation du comité d'établissement, non du comité central d'entreprise : Soc. 29 janv. 1981, *JS UIMM* 1981. 417 (plus réservé : Crim. 30 oct. 1984, *D.* 1985. IR 126).

4. La conclusion, avec de jeunes salariés précédemment sous contrats d'adaptation, de contrats à durée indéterminée avec alternance entre périodes de travail posté et périodes de travail à la journée, dénuée de caractère ponctuel, constitue une modification importante de l'organisation de temps de travail des salariés, et doit donc donner lieu à consultation du comité d'entreprise (et du CHSCT) (Crim. 12 avr. 2005, *Dr. soc.* 2005. 856, note F. Duquesne). En revanche, la décision d'un employeur de proposer aux salariés, suite à un arrêt de la production, de traiter les jours non travaillés comme des jours de réduction du temps de travail, ne constituait pas une modification de l'horaire collectif, et n'imposait pas la consultation préalable (Crim. 21 juin 2005, n° 05-80.036 D).

5. Crim. 7 oct. 1980, *Dr. ouvrier* 1981. 272 ; 10 mai 1988, *JS UIMM* 1988. 510, p. 517.

6. Crim. 21 nov. 1978, *Dr. ouvrier* 1979. 212.

7. Crim. 30 oct. 1984, préc.

lui-même qu'après consultation des délégués du personnel et du comité d'entreprise (C. trav., art. L. 3141-13) [1].

1207 ***Règlement intérieur*** ◊ Le règlement intérieur ne peut être introduit qu'après avoir été soumis à l'avis du comité d'entreprise. La même procédure est applicable au cas de modification ou de retrait des clauses du règlement intérieur (C. trav., art. L. 1321-4). Cette consultation est une formalité substantielle, en l'absence de laquelle le règlement est inopposable aux salariés [2], même si l'avis du comité ne lie pas l'employeur [3].

1208 ***Aides publiques et crédit d'impôt compétitivité emploi*** ◊ Le comité d'entreprise est informé et consulté, après notification à l'entreprise, de l'attribution directe, par une personne publique, de subventions, prêts ou avances remboursables dont le montant excède un seuil fixé par arrêté [4]. Cette disposition s'applique dans les mêmes conditions aux subventions, prêts et avances remboursables attribués dans le cadre de programmes ou fonds communautaires. L'information et la consultation portent sur la nature de l'aide, son objet, son montant et les conditions de versement de l'emploi fixées, le cas échéant, par la personne publique qui attribut (C. trav., art. R. 2323-7-1) [5].

Les sommes reçues par l'entreprise au titre du crédit d'impôt compétitivité emploi (CGI, art. 244 *quater* C) et leur utilisation sont retracées dans la base de données économiques et sociales prévue à l'article L. 2323-7-2. Le comité d'entreprise est informé et consulté, avant le 1er juillet de chaque année, sur l'utilisation par l'entreprise de ce crédit d'impôt (C. trav., art. L. 2323-26-1). La classique information-consultation du comité d'entreprise est, en la matière, couplée avec un véritable pouvoir de contrôle attribué à l'institution, bâti sur le modèle de son droit d'alerte. En effet, lorsque le comité constate que tout ou partie du crédit d'impôt n'a pas été utilisé conformément aux prescriptions légales [6], il peut demander à l'employeur de fournir des explications. Si ces explications sont insuffisantes ou si elles confirment l'utilisation non conforme du crédit d'impôt, le comité établit un rapport, qui est transmis à l'employeur et au comité de suivi régional chargé de veiller au suivi de la mise en œuvre et à l'évaluation du crédit d'impôt. Au vu du rapport, le comité peut, en outre, décider de saisir de ses conclusions l'organe chargé de l'administration ou de la

1. V. aussi les art. L. 3121-7 (astreintes), L. 3122-9 (travail de nuit), D. 3121-16 et R. 3121-28 (durées maximales de travail), R. 3132-18 (repos hebdomadaire et équipe de suppléance), D. 3121-10 (repos compensateur).
2. Soc. 4 juin 1969, *D.* 1969. 515.
3. Soc. 16 oct. 1980, *Bull. civ.* V, n° 752.
4. Un arrêté du 27 avr. 2009 (*JO*, 29 avr. 2009, p. 7252) a fixé ce seuil à 200 000 € pour les subventions et 1 500 000 € pour les prêts et avances remboursables.
5. Pour une approche critique de cette disposition, issue d'un décret du 30 mars 2009, v. D. Boulmier, Le comité d'entreprise touché à son tour par l'oxymore. À propos du décret n° 2009-349 du 30 mars 2009 : *JCP S* 2009. act. 193.
6. Edictées par l'article 244 *quater* C du CGI.

surveillance dans les sociétés ou personnes morales qui en sont dotées, ou d'en informer les associés dans les autres formes de sociétés ou les membres dans les GIE [1].

B. Procédure de consultation

1209 ***Modalités*** ◊ Dans l'exercice des attributions qui viennent d'être répertoriées, le comité d'entreprise se borne, en droit, à émettre des avis et vœux (C. trav., art. L. 2323-3). L'employeur demeure seul juge des décisions à prendre, mais la procédure de consultation doit se dérouler selon les modalités prescrites.

1. Moment de la consultation

1210 ***Information préalable et délais de la consultation*** ◊ L'information ne vaut pas consultation [2] et elle en est une condition préalable [3]. Plusieurs dispositions précisent quelles informations doivent être fournies avec le projet. Mais, en l'absence de toute précision légale, une information préalable suffisante est toujours requise, en vertu de l'article L. 2323-4 : « Pour lui permettre de fournir un avis motivé, le comité d'entreprise dispose d'informations précises et écrites transmises par l'employeur (...) » [4]. Ce même texte dispose que les membres élus du comité peuvent, s'ils estiment ne pas disposer d'éléments suffisants, saisir le président du tribunal de grande instance statuant en la forme des référés, pour qu'il ordonne la communication par l'employeur des éléments manquants. Le juge statue dans un délai de huit jours [5]. Il précise enfin que le comité d'entreprise dispose « de la réponse motivée de l'employeur à ses propres observations ».

---

1. Mal rédigés, les textes laissent entendre que le conseil d'administration ou de surveillance, et lui seul, est saisi, en réalité, d'une demande d'explication sur l'utilisation du crédit d'impôt, à laquelle « l'employeur » (*sic* !) est tenu de répondre de façon motivée. Les associés et membres d'un GIE sont, quant à eux, simplement informés, recevant le rapport du comité. Dans les « autres personnes morales », il est prévu que les dispositions qui viennent d'être évoquées s'appliquent à l'organe chargé de l'administration ou de la surveillance, sans que l'on sache s'il est simplement informé ou saisi d'une demande d'explication. Mais, dans la mesure où il s'agit d'un organe social, c'est la seconde option qui doit, sans doute, être retenue. La procédure de contrôle s'arrête là.

2. Soc. 26 mars 2002, *RJS* 7/02, n° 859.

3. Mais informer simultanément la presse et le comité n'a pas été considéré comme une entrave (Crim. 29 mai 1990, *JS UIMM* 90.530, p. 324).

4. Crim. 15 févr. 2005, *Dr. ouvrier* 2006. 89, note A. de Senga). V. aussi, en matière d'introduction d'un nouvel outil informatique : Crim. 27 mars 2012, n° 11-80.565, *JCP S* 2012. 1276, note T. Passerone. Le caractère insuffisant de l'information peut avoir de graves conséquences : Paris, 31 juill. 2009 : *RJS* 2/10, p. 99, chron. N. Tagliarino-Vignal.

5. Cette saisine n'a pas pour effet de prolonger le délai dont dispose le comité pour rendre son avis. Toutefois, en cas de difficultés particulières d'accès aux informations nécessaires à la formulation de l'avis motivé du comité d'entreprise, le juge peut décider la prolongation de ce délai. Le fait que le comité n'ait pas usé de la faculté que lui reconnaît ce texte ne devrait pas avoir pour effet de lui interdire de contester en justice la validité de la procédure de consultation, en raison de l'insuffisance des informations fournies par l'employeur.

Afin d'émettre ses vœux et avis, le comité d'entreprise dispose « d'un délai d'examen suffisant » (C. trav., art. L. 2323-3). Ce texte dispose toutefois que, sauf dispositions spéciales, un accord entre l'employeur et le comité d'entreprise ou, le cas échéant, le comité central d'entreprise [1], adopté à la majorité des membres titulaires élus du comité fixe les délais dans lesquels les avis du comité d'entreprise sont rendus dans le cadre des consultations prévues aux articles L. 2323-6 à L. 2323-60, ainsi qu'aux articles L. 2281-12, L. 2323-72 et L. 3121-11 [2]. À défaut d'accord, trouvent à s'appliquer les délais établis par l'article R. 2323-1-1 [3]. En principe fixé à un mois, ce délai réglementaire est porté à deux mois en cas d'intervention d'un expert, trois mois en cas de saisine d'un ou de plusieurs CHSCT (Comité d'hygiène, de sécurité et des conditions de travail) et à quatre mois si une instance de coordination des CHSCT est mise en place à cette occasion, que le comité soit assisté ou non d'un expert. À l'expiration de ces délais, mais aussi de ceux fixés contractuellement, le comité d'entreprise est réputé avoir été consulté et avoir rendu un avis négatif (art. L. 2323-3 et R. 2323-1-1).

Ainsi que le rappelle l'article L. 2323-3, des délais particuliers sont parfois prévus : « un mois avant la réunion » pour la consultation sur l'introduction de nouvelles technologies, trois semaines au moins avant la réunion pour la consultation sur le plan de formation du personnel, etc. L'accord du comité (ou d'une de ses commissions) est impuissant à justifier une réduction de ces délais spéciaux [4], si ce n'est dans le strict cadre des accords de « méthode », à l'exclusion des accords visés par l'article L. 2323-3 du Code du travail.

1211 ***Investigations complémentaires*** ◊ Pour l'exercice de ses missions, le comité d'entreprise a accès à l'information utile détenue par les administrations publiques et les organismes agissant pour leur compte, conformément aux dispositions légales relatives à l'accès aux documents administratifs (C. trav., art. L. 2323-5). Il peut obtenir des renseignements utiles

1. Est-ce à dire que l'accord conclu avec le comité central d'entreprise vaudra pour la consultation des comités d'établissement ? Dans le silence de la loi et ces derniers étant tiers à l'accord, une réponse négative paraît devoir être apportée à cette question. Cela étant, le texte n'interdit pas qu'un accord soit conclu avec chaque comité d'établissement. À défaut, ce sont les délais réglementaires qui doivent s'appliquer et non ceux prévus par l'accord conclu avec le comité central.

2. Les délais contractuellement fixés ne peuvent être inférieurs à quinze jours. Dans cette limite, ils peuvent donc être inférieurs au délais réglementairement fixé. Ils doivent cependant permettre au comité d'exercer utilement sa compétence, en fonction de la nature et de l'importance des questions qui lui sont soumises et, le cas échéant, de l'information et de la consultation du ou des CHSCT. Rien n'interdit à l'accord de prévoir un délai unique, qui devra toutefois permettre au comité d'exercer utilement sa compétence quel que soit l'objet de la consultation.

3. Ces délais de consultation courent à compter de la communication par l'employeur des informations prévues par le Code du travail pour la consultation ou de l'information par l'employeur de leur mise à disposition dans la base de données économiques et sociales (art. R. 2323-1). Il se déduit de ce texte que les délais ne peuvent commencer à courir et, de ce fait, ne peuvent être opposés au comité, tant que ce dernier n'a pas reçu l'information requise.

4. Crim. 3 janv. 2006, *Dr. soc.* 2006. 575, obs. F. Duquesne.

auprès des services du fisc, de la Banque de France, de l'INSEE, de l'AMF (Autorité des marchés financiers) ou de la CNIL. La jurisprudence lui reconnaît le droit de *librement s'informer* [1], c'est-à-dire de recueillir une documentation de sa propre initiative [2].

1212 ***Antériorité de la consultation par rapport à la décision*** [3] ◊ « Les décisions de l'employeur sont précédées de la consultation du comité d'entreprise, sauf, en application de l'article L. 2323-5, avant le lancement d'une offre publique d'acquisition. » (C. trav., art. L. 2323-2). Il s'agit là d'une exigence fondamentale qui vise à ne pas mettre le comité devant le fait accompli et à donner à la procédure d'information et de consultation un effet utile [4]. Mais si la consultation du comité ne doit pas intervenir trop tard, elle ne doit pas non plus être réalisée trop tôt. Pour la Cour de cassation, « *si une décision s'entend d'une manifestation de volonté d'un organe dirigeant qui oblige l'entreprise,* il ne s'en déduit pas qu'elle implique nécessairement des mesures précises et concrètes ; (...) *un projet ou des orientations, mêmes formulées en termes généraux* doivent être soumis à consultation du comité (...) *lorsque leur objet est assez déterminé pour que leur adoption ait une incidence sur l'organisation, la gestion et la marche générale de l'entreprise,* peu important qu'ils ne soient pas accompagnés de mesures précises et concrètes d'application *dès lors que la discussion ultérieure de ces mesures n'est pas de nature à remettre en cause dans son principe le projet ou les orientations adoptés* » [5]. Lorsque la mesure s'inscrit dans une procédure complexe comportant des décisions échelonnées, le comité doit être consulté à l'occasion de chacune d'elles [6]. Le délit d'entrave est constitué lorsque la

---

1. Crim. 12 avr. 1983, *Dr. ouvrier* 1984. 150 ; 25 mai 1983, *Dr. ouvrier* 1983. 340.

2. Remarquons que l'alinéa 4 de l'ancien article L. 431-5, qui permettait au comité d'entreprendre les études et recherches nécessaires à sa mission, a été abrogé lors de recodification. Cette abrogation ne remet pas en cause une telle faculté qui ressort des prérogatives générales du comité d'entreprise.

3. La consultation doit être préalable, même en cas d'urgence, et le non-respect de cette exigence d'antériorité consomme le délit d'entrave (Crim. 25 oct. 1988, *RJS* 1/89, n° 46). S. Béal et A. Ferreira, Consultation préalable du comité d'entreprise : une exigence, *JCP S* 2005. 1255.

4. V. à cet égard l'important arrêt de la CJCE en date du 10 sept. 2009 qui précise que « la procédure de consultation doit être déclenchée par l'employeur au moment où a été adoptée une décision stratégique ou commerciale le contraignant à envisager ou à projeter des licenciements collectifs » (CJCE 10 sept. 2009, aff. C-44/08, *Akavan, Sem. soc. Lamy,* suppl. n° 1444, p. 15, chron. S. Laulom).

5. Soc. 12 nov. 1997, *RJS* 12/97, n° 1391, rapp. J.-Y. Frouin ; *Dr. ouvrier* 1998. 49, concl. Y. Chauvy ; *Grands arrêts,* 4e éd., 2008, n° 143 ; 18 juin 2003, *Dr. ouvrier* 2003. 424. Rappr. : Crim. 19 févr. 1991, *RJS* 4/91, n° 481, V. A. Lyon-Caen, « Le comité d'entreprise et les restructurations », *Dr. soc.* 2004. 285.

6. Soc. 7 févr. 1996, *Bull.* V n° 47 ; 2 mars 1999, *Dr. soc.* 1999. 531, obs. M. Cohen. Si le comité d'entreprise doit être informé à chacune des étapes d'une procédure complexe, il doit disposer, dès l'origine, d'une information suffisamment détaillée afin que les représentants du personnel puissent se prononcer en ayant une vision satisfaisante des objectifs poursuivis, des moyens pour y parvenir et des conséquences en termes d'emploi (Paris, 31 juill. 2009 : *RJS* 2/01, p. 99, chron. N. Tagliarino-Vignal). *Adde,* S. Béal et M.-N. Katchadourian, Projet complexe : à quel moment et comment le comité d'entreprise doit-il être informé et consulté : *JCP S* 2009, 1463.

consultation intervient entre la prise de décision et sa mise en œuvre [1], *a fortiori* si la décision a connu un commencement d'exécution avant toute consultation [2].

Quand la décision patronale doit « prendre la forme de la négociation d'un accord collectif d'entreprise sur l'un des objets soumis légalement à l'avis du comité d'entreprise » (la gestion de l'emploi par exemple), cette consultation « doit avoir lieu concomitamment à l'ouverture de la négociation et au plus tard avant la signature de l'accord » [3]. En application de l'article L. 2323-6 du Code du travail, le comité d'entreprise est informé et consulté sur les questions intéressant l'organisation et la marche générale de l'entreprise et, notamment, sur les mesures de nature à affecter le volume ou la structure des effectifs, la durée du travail, les conditions d'emploi, de travail et de formation professionnelle, sans qu'il y ait lieu de distinguer selon que la mise en œuvre de ces mesures résulte d'une décision unilatérale de l'employeur ou lui soit imposée par un accord collectif étendu [4].

2. Déroulement de la consultation et portée de l'avis

1213 ***Débat et vote*** ◊ De jurisprudence constante, le terme « consulter » implique un échange de vues, une réponse de la direction aux questions pertinentes [5] et une *libre discussion.* Il y a entrave à se refuser à toute discussion ou à ne pas associer le comité à la recherche d'une solution.

L'expression de son avis par le comité ne revêt pas de formes obligatoires [6]. Cet avis peut ressortir des débats consignés au procès-verbal [7] ou faire l'objet d'une motion spécialement rédigée, et plus ou moins motivée. L'avis, en tout cas, implique un *vote* qui l'arrête [8], le formalise [9]. À tout le

1. Crim. 21 nov. 1978, *Bull. crim.* n° 324 ; 13 déc. 1994, *ibid.*, n° 405 ; 25 avr. 2006, *JCP S* 2006. 1547 (membres du comité central d'entreprise apprenant, lors de leur réunion pour consultation sur la fermeture de cafétérias, que ces établissements seraient fermés quelques jours plus tard, ces fermetures étant effectivement intervenues aux dates annoncées). Comp. : Crim. 8 juin 2004, n° 03-87.795 D (le fait que, concomitamment à la convocation du comité afin d'examiner un projet de restructuration, des articles de presse aient annoncé la fermeture de deux sites ne suffit pas à caractériser l'entrave, dès lors qu'il apparaissait que les mesures de restructuration n'étaient pas arrêtées lorsque la consultation avait été initiée).

2. Crim. 21 nov. 1978, *Bull. crim.* n° 324 (affichage de la mesure prévue avant la réunion du comité). Rappr. : Crim. 11 janv. 2000, *D.* 2000. IR 103 (consultation destinée à faire pression sur le comité pour l'amener à se désister d'une action en justice).

3. Soc. 5 mai 1998, *Dr. soc.* 1998. 579, rapp. J.-Y. Frouin, obs. J.-E. Ray ; *D.* 1998. 608, note G. Auzero ; *Grands arrêts*, 4ᵉ éd., 2008, n° 159 ; 19 mars 2003, *Dr. soc.* 2003. 552, obs. G. Couturier.

4. Soc. 21 nov. 2012, n° 11-10.625, préc. (v. ss 1197).

5. Crim. 4 juin 2002, n° 01-83.062 D (défaut de réponse, lors d'une réunion portant sur la cession éventuelle d'une partie de l'activité, à des questions concernant le prix, le lieu du transfert et sa date, alors que l'opération était déjà définitivement acquise en son principe).

6. L. Marquet de Vasselot, De l'expression par le comité d'entreprise de son avis : *RJS* 8-9/00, p. 607.

7. Sur les conséquences du retard dans la rédaction de ce procès-verbal, v. J. Savatier, *Dr. soc.* 1994. 965(obs. sous Crim. 22 mars 1994).

8. V. toutefois, pour une opinion contraire, L. Marquet de Vasselot, art. préc., p. 609.

9. L'avis du comité d'entreprise ne peut être exprimé que par les membres du comité d'entreprise et non par les organisations syndicales auxquelles ils appartiennent (Soc. 5 déc. 2006, n° 05-21.641 :

moins en va-t-il ainsi lorsque cet avis est donné dans le délai imparti par l'accord conclu avec le comité ou imposé réglementairement (v. ss 1210). En effet, en application de l'alinéa 4 de l'article L. 2323-2, à l'expiration de ces délais, le comité d'entreprise est réputé avoir été consulté et avoir rendu un avis négatif. Rappelons que « le président du comité ne participe pas au vote lorsqu'il consulte les membres élus du comité en tant que délégation du personnel » (C. trav., art. L. 2325-18).

À quel niveau la représentation du personnel doit-elle être saisie ? Tout dépend de la question à débattre. Relève-t-elle des pouvoirs du chef d'établissement, ce sera le comité d'établissement. Si elle intéresse tous les établissements, ce sera le comité central. Toutefois, il peut être nécessaire de mener une double consultation lorsque le projet d'établissement est de nature à avoir une incidence sur l'entreprise ou si, inversement, la mise en œuvre de la décision arrêtée au niveau de l'entreprise nécessite l'élaboration de dispositions particulières relevant normalement du chef d'établissement [1].

Le comité de groupe est destinataire de l'information au niveau de la société dominante du groupe, c'est-à-dire de l'information chronologiquement antérieure à toute autre, et d'où découlent toutes les autres. Selon l'article L. 2332-1, il reçoit des informations sur l'activité, la situation financière, l'évolution de l'emploi dans le groupe ; le bilan et les comptes consolidés, ainsi que le rapport des commissaires aux comptes.

Pour le comité d'entreprise européen, l'article L. 2341-6 définit la consultation comme « l'organisation d'un échange de vues et l'établissement d'un dialogue ». En bonne logique, la consultation doit être préalable à la décision du chef d'entreprise, mais ni la directive européenne, ni la loi française ne l'affirment clairement [2].

1214 ***Un simple avis*** ◊ Bien que l'avis du comité d'entreprise ne lie pas l'employeur [3], sa portée peut être accrue par sa transmission à des tiers susceptibles d'exercer une autorité ou une influence sur l'employeur.

Les textes ont multiplié les hypothèses de transmission obligatoire de l'avis du comité à l'administration compétente pour autoriser ou contrôler

Bull. civ. V, n° 371). Aucun *quorum* n'étant fixé pour l'adoption d'une résolution, d'une décision ou d'un avis du comité d'entreprise, la délibération prise par un seul des membres du comité à la suite du départ des autres membres est régulière (Soc. 30 sept. 2009, n° 07-20.525, préc.).

1. V. ss 1160.

2. Sur le rôle du comité d'entreprise ou de groupe européen en contexte de restructuration, v. les études de M.-A. Moreau et de G. Bélier, *Dr. soc.* 2006. 308 et 319. Pour une application du caractère préalable de la consultation, fondée toutefois sur la norme conventionnelle : Soc. 16 janv. 2008, n° 07-10.597 : *RDT* 2008. 191, obs. H. Tissandier ; *Sem. soc. Lamy*, n° 1338, p. 11, note F.C. Il résulte par ailleurs de cet arrêt que l'information et la consultation du comité d'entreprise et du comité d'entreprise européen n'ayant pas le même objet ni le même champ d'application, les renseignements fournis lors de la réunion du premier n'assurent pas nécessairement une complète information du second. Il reste à trancher le récurrent débat de l'articulation de ces deux institutions.

3. Il reste exceptionnel que le comité ait pouvoir de s'opposer à une mesure envisagée par la direction (v. ss 1195).

les décisions de l'employeur (avis sur les projets de compression d'effectif, introduction d'horaires réduits, repos hebdomadaire, plan d'amélioration des conditions de travail...). Depuis la loi de sécurité financière du 1er août 2003, lorsqu'une assemblée générale d'actionnaires est appelée à délibérer sur des sujets ayant dû donner lieu à consultation du comité d'entreprise, l'avis de celui-ci lui est communiqué (C. com., art. L. 225-105).

D'autre part, le procès-verbal des réunions peut être affiché ou diffusé dans l'entreprise.

En toute hypothèse, le chef d'entreprise doit rendre compte, en la motivant, de la suite donnée aux avis et vœux émis par le comité d'entreprise (C. trav., art. L. 2323-3). Aucun délai ne lui est imparti pour ce faire.

1215 ***Secret professionnel et obligation de discrétion des membres du comité***[1] ◊ Le comité d'entreprise doit tout savoir sur l'entreprise sans que le secret des affaires puisse lui être opposé, puisque la loi ne prévoit aucune exception à la communication des renseignements qui lui sont dus. Dès lors, une responsabilité particulière peut peser sur ses membres à l'égard des informations dont la divulgation pourrait nuire à l'entreprise : ils sont parfois tenus à la discrétion, plus rarement au secret professionnel.

Aux termes de l'article L. 2325-5, « les membres du comité d'entreprise sont tenus au *secret professionnel* pour toutes les questions relatives aux procédés de fabrication »[2].

En outre, les membres du comité d'entreprise et les représentants syndicaux sont tenus à une obligation de *discrétion* à l'égard des informations présentant un caractère confidentiel et *données comme telles* par l'employeur[3]. Mais une disposition spéciale peut attribuer ce caractère à certaines informations[4].

1. Si la Dir. n° 2002/14/CE du 11 mars 2002, établissant un cadre général relatif à l'information et à la consultation des travailleurs ne semble pas devoir induire une évolution du droit français de la représentation du personnel, on notera qu'elle accorde de l'importance à la question de la confidentialité des informations. L'art. L. 2323-25, dérogeant à l'art. L. 2323-2, n'est pas, à proprement parler, le fruit d'une transposition de cette directive, mais la dispense d'information préalable qu'il accorde au chef d'entreprise peut se réclamer de l'art. 6 (point 2) de cet instrument. Par ailleurs, la directive communautaire sur les opérations d'initiés (Dir. n° 89/592/CEE, et désormais Dir. n° 2003/6 du 28 janv. 2003), pourrait avoir quelque incidence, notamment à la lumière de son interprétation par la Cour de justice (CJCE 22 nov. 2005, aff. C-384/02, *JCP S* 2006. 1119, note R. Vatinet ; E. Lafuma, chron. *RJS* 5/06, p. 359). V. aussi, P. Morvan, Aspects sociaux de la confidentialité dans les restructurations : *Dr. soc.* 2010. 541.

2. V. aussi, pour les délégués syndicaux, l'art. L. 2143-21 C. trav.

3. L'obligation de discrétion prévue au second alinéa de l'article L. 2325-5 ne peut être invoquée par l'employeur à l'encontre d'un salarié que si le caractère confidentiel des informations a été mentionné au cours de la réunion du comité d'entreprise et que mention de cette déclaration figure au procès-verbal de la réunion (Soc. 12 juill. 2006, n° 04-47.558 : *Bull. civ.* V, n° 256 ; *Bull. Joly* 2006. 1429, obs. crit. G. Auzero). Un arrêt postérieur, dont il faut relever qu'il n'a pas été publié, paraît remettre en cause cette solution : Soc. 6 mars 2012, n° 10-24.367, *JCP S* 2012. 1248, note E. Jeansen.

4. Par exemple, les informations concernant l'entreprise communiquées dans le cadre de la procédure d'alerte « ont par nature un caractère confidentiel » (art. L. 2323-82). V. aussi l'article L. 2323-10.

Le secret professionnel est assorti de sanctions pénales alors que l'obligation de discrétion n'engage que la responsabilité civile des membres du comité d'entreprise. Sa violation est en outre de nature à justifier une sanction disciplinaire prise par l'employeur [1]

La discrétion est une notion plus souple et plus relative que le secret, et si ce dernier n'a pas été imposé au comité c'est bien qu'on a voulu lui permettre de transmettre certaines informations à certaines personnes, notamment à ses mandants [2]. Elle doit être appréciée en fonction du but de l'obligation, qui est de protéger l'entreprise contre les dangers de la concurrence ; seules sont concernées les informations dont les concurrents pourraient tirer parti pour lui nuire [3]. Sont donc exclues de cette obligation toutes les informations qui font l'objet d'une publicité de droit, notamment les informations comptables et toutes celles qui sont communiquées aux actionnaires sur lesquels aucune obligation de même type ne pèse. S'il n'est pas à exclure que son importance s'accroisse, avec l'extension des droits d'information du comité [4], sa mise en œuvre restera malaisée puisque les syndicats pourront toujours diffuser des informations qui seraient présentées comme confidentielles au comité [5].

C. Sanctions

1216 ***Actions en justice du comité*** ◇ Confronté à un trouble manifestement illicite par méconnaissance ou mépris de ses attributions, le comité peut utilement saisir le juge des référés (président du TGI) en vue de faire ordonner la production d'informations, la désignation d'un expert, ou encore la suspension de la mesure projetée tant qu'il n'a pas été régulièrement consulté [6]. Il peut aussi, au fond, réclamer et obtenir l'exécution d'un engagement pris à son égard ou la réparation du préjudice causé par son inexécution [7].

---

1. Soc. 6 mars 2012, préc.
2. J. Savatier, *Dr. soc.* 1985. 111 ; M.-F. Mialon, *Dr. soc.* 1986. 94.
3. Soc. 11 oct. 1972, *D.* 1973. 344, note G. Viney.
4. Ex. : secret exigé sur un plan de redressement (Crim. 4 nov. 1982, *Dr. ouvrier* 1983. 417).
5. La cour d'appel de Paris a souligné, dans un arrêt du 15 juin 2006, qu'aucune obligation légale de discrétion ou confidentialité ne pesait sur les membres d'un syndicat, alors que l'art. L. 2325-5 en impose une aux membres du comité d'entreprise et représentants syndicaux (v. : J.-E. Ray, Liberté d'expression et site syndical Internet, *Sem. soc. Lamy*, n° 1269, 10 juill. 2006, p. 6).
6. Multiples illustrations : Soc. 28 nov. 2000, *Dr. soc.* 2001. 212, obs. Ch. Radé ; TGI Lyon, 27 janv. 1986, *Dr. ouvrier* 1986. 141 ; TGI Foix, 29 déc. 1988, *Dr. ouvrier* 1989. 354 ; Chambéry 6 juin 1989, *Dr. ouvrier* 1990. 104 ; Paris, 31 juill. 2009 : *JCP S* 2009, 1463, étude S. Béal et M.-N. Katchadourian. Une action en référé aux fins de suspension d'une opération pour défaut de consultation du comité peut être introduite par un syndicat ; pour un exemple dans une affaire concernant la réorganisation de la sous-traitance pour la maintenance des centrales nucléaires d'EDF, v. : TGI Nanterre, réf., 18 janv. 2006, *Sem. soc. Lamy*, n° 1254, 27 mars 2006.
7. Ex. : Soc. 5 juill. 2006, *Sem. soc. Lamy*, n° 1270, 17 juill. 2006, p. 15 (qualité du comité, signataire d'un accord de fin de conflit non appliqué par l'employeur, pour demander, conjointement avec les syndicats signataires, application de cet accord ou indemnisation du préjudice causé par son inexécution)

Le *délit d'entrave* est caractérisé – à la charge du chef d'entreprise ou de son délégataire (chef d'établissement ou salarié cadre délégué pour présider le comité) ou (et) de l'employeur, même personne morale – par la méconnaissance des prérogatives du comité dans l'ordre économique, sans que l'imprécision des textes constitue une cause d'exonération. C'est par la voie pénale qu'est souvent assuré le respect des droits du comité [1], mais la méthode n'est pas la plus satisfaisante.

Le comité peut, en agissant par la voie de l'action civile ou par une action en responsabilité devant le juge civil de droit commun [2], obtenir des *dommages-intérêts* en réparation du préjudice résultant de la méconnaissance de ses droits [3].

La *nullité* serait souvent une sanction plus simple et surtout plus efficace. Admise naguère en cas de non-convocation du comité aux séances du conseil d'administration [4], elle paraît aujourd'hui écartée par la Cour de cassation [5]. De même, si la consultation du comité sur la négociation d'un accord collectif doit avoir lieu au plus tard avant la signature de celui-ci, le défaut de consultation n'entraîne pas la nullité ou l'inopposabilité d'un accord d'entreprise : le vice ne peut être sanctionné que selon les règles régissant le fonctionnement du comité [6]. Mais il en va sans doute autrement si une irrégularité de la procédure d'information et consultation du comité a été soulevée avant le terme de cette procédure, à un moment où celle-ci pouvait encore être suspendue (par une demande en référé) et reprise, si le chef d'entreprise (l'employeur) est passé outre et a pris ou mis en œuvre la mesure, objet de cette consultation [7].

L'article L. 2323-24 prévoit une sanction originale lorsque l'initiateur d'une offre publique d'acquisition refuse de se rendre à la convocation du comité d'entreprise ou d'y envoyer un représentant : il ne peut, jusqu'au jour où il sera enfin entendu par ce comité, exercer les droits de vote attachés aux titres de la société qu'il détient ou viendrait à détenir (avec extension de cette interdiction aux sociétés du groupe auquel il appartient) [8]. Il

1. En témoigne la part exceptionnelle des arrêts de la Chambre criminelle dans le *corpus* des décisions productrices de jurisprudence en ce domaine.

2. Ex. : Soc. 26 mars 2002, *RJS* 7/02, n° 859.

3. Crim. 4 janv. 1979, *Bull. crim.* n° 172.

4. Com. 17 févr. 1975, n° 73-13.242 : *Bull. civ.* IV, n° 44.

5. Soc. 26 mai 1998, n° 95-15.883 : *Bull. Joly* 1999. 264, note P. Le Cannu.

6. Soc. 5 mai 1998 et 19 mars 2003, préc.

7. C'est ce qu'estime désormais la Chambre sociale à propos de licenciements économiques notifiés malgré l'irrégularité de la procédure devant le comité d'entreprise (Soc. 14 janv. 2003, *Dr. soc.* 2003. 344, obs. L. Milet ; 7 avr. 2004, *Dr. soc.* 2004. 668, obs. G. Couturier). On ne voit pas pourquoi écarter cette solution dans le cas d'exercice d'autres attributions, alors que l'irrégularité en cause dans l'arrêt du 7 avr. 2004 concernait l'information-consultation de l'anc. art. L. 432-1 et non celle du livre III (la nullité a été exclue en l'espèce parce que le comité d'établissement et les syndicats avaient saisi la justice et invoqué l'irrégularité après l'achèvement de la procédure).

8. La sanction est également levée si l'auteur de l'offre n'est pas convoqué à une nouvelle réunion du comité d'entreprise dans les quinze jours qui suivent la réunion à laquelle il avait été préalablement convoqué…

existe par ailleurs quelques sanctions spécifiques, attachées à des hypothèses particulières de consultation du comité d'entreprise [1].

Le comité peut-il exercer l'action civile devant les juridictions pénales pour abus de biens sociaux affectant l'organisation, la gestion et la marche générale de l'entreprise ? Le droit pénal des affaires a été conçu pour assurer la protection de la société commerciale elle-même et de ses actionnaires. Cependant, nul ne peut se voir interdire *a priori* l'exercice d'une action civile qui « appartient à tous ceux qui ont personnellement souffert du dommage causé par l'infraction » (C. pr. pén., art. 2). Encore faudra-t-il prouver un préjudice subi par le personnel ayant pour cause directe l'infraction commise. La Chambre criminelle est pour le moins réticente [2].

§ 2. Les informations dues au comité

1217 Aux informations à caractère général (A), s'ajoutent la communication des comptes (B) et le bilan social (C). Ces informations récurrentes sont regroupées dans une base de données économiques et sociales (D).

A. Informations générales

1218 ***Documents portant sur l'organisation et la situation de l'entreprise*** ◊ Un mois après chaque élection, l'employeur communique au comité une documentation économique et financière, précisant notamment « la forme juridique de l'entreprise et son organisation » (organigramme de l'entreprise, structure fonctionnelle et géographique) (C. trav., art. L. 2323-7). Dans les sociétés par actions cette documentation comprend également des renseignements sur les détenteurs de la propriété et du contrôle de l'entreprise (répartition du capital entre les actionnaires détenant plus de 10 % du capital).

La documentation due au comité nouvellement élu doit indiquer aussi « les perspectives économiques de l'entreprise, telles qu'elles peuvent être envisagées ».

Elle doit préciser, le cas échéant, la position de l'entreprise au sein du groupe.

1219 ***Informations trimestrielles ou semestrielles*** ◊ Au cours de chaque trimestre, l'employeur communique au comité d'entreprise des informations sur l'évolution générale des commandes et de la situation financière, sur l'exécution des programmes de production et sur les retards éventuels dans le paiement, par l'entreprise, des cotisations de sécurité sociale ou

1. V. en matière de formation professionnelle et de politique de recherche et de développement technologique de l'entreprise, les art. L. 6331-31 et L. 2323-12.
2. Crim. 7 juin 1983, *Bull. crim.* n° 172 ; 4 nov. 1988, *ibid.*, n° 373.

des cotisations dues aux institutions de retraite complémentaire ou des cotisations ou primes dues aux organismes assureurs (C. trav., art. L. 2323-46, L. 2323-50).

Chaque trimestre dans les entreprises d'au moins 300 salariés, il informe aussi le comité des mesures envisagées en ce qui concerne l'amélioration, le renouvellement ou la transformation de l'équipement ou des méthodes de production et d'exploitation et de leurs incidences sur les conditions de travail et d'emploi (L. 2323-51). Cette information trimestrielle porte aussi sur la situation de l'emploi.

La situation de l'emploi doit y être « analysée en retraçant, mois par mois, l'évolution des effectifs et de la qualification des salariés par sexe ». L'information doit donc être analytique, mais elle doit aussi retracer l'évolution, ce qui suppose des indications comparatives sur les mêmes données pour les périodes précédentes.

Cette information doit renseigner les représentants du personnel sur le recours à des salariés sous contrat à durée indéterminée et déterminée, à des travailleurs temporaires, à des salariés à temps partiel, ou à des salariés appartenant à une entreprise extérieure (salariés mis à la disposition de l'entreprise par une société de services), ainsi que sur le nombre de contrats d'insertion en alternance (contrats de professionnalisation désormais). L'employeur doit même préciser les motifs pour lesquels il a eu recours à ces catégories de personnel (C. trav., art. R. 2323-10). Lors de la réunion trimestrielle d'information sur la situation de l'emploi, l'employeur porte à la connaissance du comité d'entreprise, à la demande de celui-ci, tous les contrats passés avec des entreprises de travail temporaire et avec des établissements de travail protégé (C. trav., art. L. 2323-52) [1].

Dans le prolongement de ce droit d'information, la loi du 17 janvier 2002 a confié au comité un rôle de contrôle d'application du droit et d'auxiliaire de l'inspecteur du travail, sur un point précis : lorsqu'il a connaissance de « faits susceptibles de caractériser un recours abusif aux contrats à durée déterminée et aux contrats de travail temporaire, ou lorsqu'il constate un accroissement important de salariés occupés dans l'entreprise (sous de tels contrats) », il peut décider de saisir cet inspecteur afin que celui-ci effectue les constatations qu'il estime utile (C. trav., art. L. 2323-17) [2]. Lorsque, entre deux réunions trimestrielles du comité d'entreprise sur la situation de l'emploi, le nombre de salariés titulaires d'un contrat de travail à durée déterminée et le nombre de salariés temporaires connaissent un accroissement important par rapport à la situation existant lors de la dernière réunion du comité, l'examen de cette question est inscrit de plein droit à l'ordre du jour de la prochaine réunion ordinaire du comité si la majorité des membres du comité le demande (C. trav., art. L. 2323-53) [3].

1. Pour une application assez rigoureuse de ces dispositions : Crim. 19 juin 2001, *Bull. crim.* n° 150.
2. Les alinéas suivants règlent l'intervention subséquente de l'inspecteur et habilitent les délégués du personnel à exercer cette attribution en l'absence de comité.
3. V. aussi, sur l'information en matière de contrats « aidés », l'art. L. 2323-54 C. trav.

L'employeur communique semestriellement au comité d'entreprise la liste des demandes de congé ou de période de travail à temps partiel pour création d'entreprise et de congé sabbatique avec l'indication de la suite qui y a été donné (C. trav., art. L. 3142-106).

1220 ***Rapports annuels*** ◊ Plusieurs rapports doivent être présentés au comité d'entreprise par la direction [1]. Leur contenu varie selon que l'entreprise compte plus ou moins de trois cents salariés.

Entreprises de moins de trois cents salariés [2]. Chaque année, dans les entreprises de moins de trois cents salariés, l'employeur remet au comité d'entreprise un rapport sur la situation économique de l'entreprise. Ce rapport porte sur l'activité et la situation financière de l'entreprise, le bilan du travail à temps partiel dans l'entreprise, l'évolution de l'emploi, des qualifications, de la formation et des salaires, les actions en faveur de l'emploi des travailleurs handicapés dans l'entreprise (C. trav., art. L. 2323-47) et la situation comparée des conditions générales d'emploi et de formation des femmes et des hommes [3]. La loi du 9 novembre 2010 portant réforme des retraites a sensiblement renforcé les obligations pesant sur l'employeur à ce dernier égard puisque, désormais [4], le rapport doit établir un « plan d'action » destiné à assurer l'égalité professionnelle entre les femmes et les hommes [5], sous peine pour l'employeur de devoir verser une pénalité financière. Remis aux membres du comité quinze jours avant la réunion, ce rapport est tenu à la disposition de l'inspecteur du travail, accompagné de l'avis du comité, dans les quinze jours qui suivent [6].

Entreprises de plus de trois cents salariés. Au moins une fois par an, l'employeur remet au comité d'entreprise un rapport d'ensemble sur la situation

---

1. Les salariés sont informés de la politique de l'entreprise concernant ses choix de mécénat et de soutien aux associations et aux fondations (art. L. 2323-84 introduit, sans autre précision, par la loi du 1er août 2003 relative au mécénat, aux associations et aux fondations). V. aussi les art. L. 4612-17 (rapport écrit faisant le bilan de la situation générale de la santé et de la sécurité), L. 2262-6 (liste des modifications apportées aux conventions et accords collectifs de travail applicables dans l'entreprise), D. 4622-70 (rapport relatif au service de santé au travail), D. 3323-13 (rapport sur la réserve spéciale de participation), R. 5212-4 (déclaration annuelle d'emploi des handicapés).

2. On doit à la loi du 20 déc. 1993 d'avoir institué un rapport annuel simplifié dans les PME (v. la rédaction de l'anc. art. L. 432-4-2).

3. Sur l'objet de ce rapport et les informations devant y figurer, v. aussi les articles R. 2323-8 et R. 2323-9.

4. Ces dispositions entrent en vigueur à compter du 12 janvier 2012 ou, pour les entreprises couvertes par un « plan d'action » à la date de publication de la loi, à l'échéance de ce plan.

5. Changement notable, c'est une « obligation d'agir » qui pèse sur l'employeur et les mesures présentées doivent, en fonction évidemment de leur teneur, être qualifiées d'engagements unilatéraux (Sur ces dispositions v. les comm. de M. Miné, *RDT* 2011. 121 et G. Auzero, *Lexbase Hebdo, éd. Sociale*, n° 419).

6. Le comité d'entreprise est par ailleurs informé de la conclusion des conventions ouvrant droit à des contrats « aidés » (L. 2323-48) et, à sa demande, l'employeur lui présente le rapport mentionné à l'article 15 de la loi du 31 déc. 1989 renforçant les garanties offertes aux personnes assurées contre certains risques. De même, s'il le sollicite, le comité se voit remettre le rapport d'activité établi par le médecin du travail (art. D. 4624-45).

économique et les perspectives de l'entreprise pour l'année à venir. À cette occasion, l'employeur soumet un état faisant ressortir l'évolution de la rémunération moyenne horaire et mensuelle par sexe, par catégories telles qu'elles sont prévues à la convention de travail applicable et par établissement, ainsi que les rémunérations minimales et maximales horaires et mensuelles, au cours de l'exercice et par rapport à l'exercice précédent (C. trav., art. L. 2323-55) [1]. À l'occasion de la réunion prévue pour la présentation de ce rapport, le comité d'entreprise est encore informé et consulté sur l'évolution de l'emploi et des qualifications dans l'entreprise au cours de l'année écoulée et sur les prévisions annuelles ou pluriannuelles et les actions que l'employeur envisage de mettre en œuvre, particulièrement au bénéfice des salariés âgés ou présentant des caractéristiques sociales ou de qualifications les exposant, plus que d'autres, aux conséquences de l'évolution économique ou technologique (C. trav., art. L. 2323-56).

Enfin, chaque année, l'employeur soumet pour avis au comité d'entreprise, soit directement, soit, si elle existe, par l'intermédiaire de la commission de l'égalité professionnelle, un rapport écrit sur la situation comparée des conditions générales d'emploi et de formation des femmes et des hommes dans l'entreprise (C. trav., art. L. 2323-57) [2]. Comme dans les entreprises de moins de trois cents salariés, ce rapport doit établir un « plan d'action » destiné à assurer l'égalité professionnelle entre les femmes et les hommes.

1221 ***Adaptations conventionnelles*** ◊ L'article L. 2323-61 du Code du travail. [3] précise qu'une convention de branche, d'entreprise ou de groupe peut adapter, dans les entreprises de trois cents salariés et plus, les modalités d'information du comité d'entreprise et organiser l'échange de vues auquel la transmission de ces informations donne lieu [4]. Cette adaptation doit se réaliser « sans préjudice des obligations de consultation du comité d'entreprise » [5].

1. Le contenu de ce rapport est précisé par l'article R. 2323-11. Constitue un délit d'entrave le défaut de communication au comité pendant seize mois du rapport annuel d'activité de l'entreprise en l'absence de force majeure ou de circonstances exceptionnelles ayant rendu impossible la production d'un tel rapport (Crim. 30 oct. 2006, n° 05-82.447, *Bull. crim.* n° 259 ; *RJS* 2/07, n° 239).

2. Sur le contenu de ce rapport, v. l'art. D. 2323-12 et, sur ses conséquences, les art. L. 2323-58 à L. 2323-6 C. trav.

3. Cette disposition a été introduite dans le Code par la loi du 30 déc. 2006 sur le développement de la participation et de l'actionnariat salarié (v. M. Cohen, La loi sur la « participation » et les comités d'entreprise, *Dr. soc.* 2007. 298 ; R. Vatinet, « Les droits d'information du comité d'entreprise remanié », *JCP S* 2007.1072 ; G. Auzero, « Développement de la participation et de l'actionnariat salarié », *Bull. Joly* 2007. 331).

4. La référence à un « échange de vues » tend à signifier qu'il ne s'agit pas ici pour l'employeur de consulter le comité. Il convient en effet de rappeler que si la consultation exige toujours la transmission préalable d'informations, il est de nombreuses informations qui n'implique pas de consultation au sens de la loi. Mais rien n'empêche que, sur la base de ces informations, un « échange de vues » s'instaure entre l'employeur et la représentation élue des salariés.

5. On peut se demander si, à l'instar des accords de méthode visés par l'article L. 1233-21 du Code du travail, cet accord d'adaptation peut déroger à la loi. L'article L. 2323-61 ne l'envisageant pas de façon expresse, la dérogation paraît devoir être exclue (v. G. Auzero, art. préc., p. 348).

L'accord précité peut substituer à l'ensemble des informations et documents à caractère économique, social et financier prévus par les articles L. 2323-51, L. 2323-55 à L. 2323-57 et L. 3123-3, un rapport dont il fixe la périodicité, mais qui doit être au moins annuelle. L'accord doit, au minimum, comporter des informations sur l'activité et la situation financière de l'entreprise ; l'évolution de l'emploi, des qualifications, de la formation et des salaires ; le bilan du travail à temps partiel dans l'entreprise ; la situation comparée des conditions générales d'emploi et de formation des femmes et des hommes ; les actions en faveur de l'emploi des travailleurs handicapés dans l'entreprise [1].

B. Informations comptables

1222 ***Dispositions générales*** ◊ « Les entreprises ne revêtant pas la forme de société commerciale communiquent au comité d'entreprise les documents comptables qu'elles établissent » (C. trav., art. L. 2323-9). Chaque fois que des documents comptables sont établis dans l'entreprise, même en l'absence de toute obligation, ils doivent être communiqués au comité d'entreprise. Cette disposition est appelée à s'appliquer dans toutes les entreprises, puisque l'obligation de tenir une comptabilité est aujourd'hui généralisée, tant par les articles L. 123-12 et suivants du Code du commerce que par le droit fiscal.

1223 ***Dispositions propres aux sociétés commerciales*** ◊ Dans les sociétés commerciales, le chef d'entreprise est tenu de communiquer au comité, avant leur présentation à l'assemblée générale des actionnaires ou à l'assemblée des associés, l'ensemble des documents transmis annuellement à ces assemblées, ainsi que le rapport des commissaires aux comptes (C. trav., art. L. 2323-8, al. 1er).

Le comité peut formuler toutes observations utiles sur la situation économique et sociale de l'entreprise. Ces observations sont transmises à l'assemblée des actionnaires ou des associés en même temps que le rapport du conseil d'administration, du directoire ou des gérants. (C. trav., art. L. 2323-8, al. 2).

Les documents obligatoirement transmis chaque année aux assemblées d'actionnaires ou d'associés comprennent notamment [2] :

– l'inventaire ;

– le bilan : document le plus important dont la lecture devrait donner une vision relativement complète de la situation de l'entreprise à condition

---

1. Remis aux membres du comité quinze jours avant la réunion, ce rapport doit être transmis à l'inspecteur du travail dans les quinze jours qui suivent. L'accord doit également définir les conditions dans lesquelles les salariés sont directement informés sur la situation économique, sociale et financière de l'entreprise et sur les matières mentionnées par la loi (C. trav., art. L. 2323-61). Les technologies de l'information et de la communication peuvent être utilement mobilisées ici.

2. Les documents à communiquer varient en fonction de la forme de la société. V. aussi les art. L. 2323-10 et L. 2323-11.

que son mode d'établissement soit connu. Le comité d'entreprise peut obtenir le bilan du dernier exercice et ceux des trois derniers exercices ;

– les comptes de résultats : ce sont le compte d'exploitation générale et le compte des pertes et profits.

Le comité peut convoquer les commissaires aux comptes et ceux-ci doivent fournir toutes explications sur les différents postes des documents communiqués ainsi que sur la situation financière (C. trav., art. L. 2323-8, al. 3).

« Les membres du comité d'entreprise ont droit aux mêmes communications et aux mêmes copies que les actionnaires, aux mêmes époques, dans les conditions prévues par les articles L. 225-100 et suivants du Code de commerce » (C. trav., art. L. 2323-8, al. 4) [1].

Les communications et copies dues aux actionnaires, donc au comité d'entreprise, comprennent notamment (C. trav., art. R. 225-81, R. 225-83 C. com., qui concernent les sociétés anonymes) :

– un exposé sommaire de la situation de la société, accompagné d'un tableau faisant apparaître les résultats de la société au cours de chacun des cinq derniers exercices ;

– le rapport du conseil d'administration et du directoire adressé aux actionnaires sur leur demande ou tenu à leur disposition ;

– la liste des actionnaires pour l'exercice en cours et les trois derniers exercices ;

– la liste des administrateurs ou des membres du directoire et du conseil de surveillance ;

– le montant global des rémunérations versées aux personnes les mieux rémunérées ;

– l'ordre du jour de l'assemblée et les projets de résolution présentés à l'assemblée.

C. Bilan social [2]

1224 ***Contenu et fonction*** ◊ Le chef d'entreprise établit et soumet annuellement au comité d'entreprise un bilan social lorsque l'effectif habituel de l'entreprise est au moins de *300 salariés*. Dans les entreprises comportant des établissements distincts est établi, outre le bilan de l'entreprise et selon la même procédure, un bilan social particulier pour chaque établissement dont l'effectif habituel est de 300 salariés au moins (C. trav., art. L. 2323-68) [3].

Le bilan social récapitule en un document unique les principales données chiffrées permettant d'apprécier la situation de l'entreprise dans le

1. Le texte vise, sans autre précision, les « membres du comité d'entreprise » et non les membres élus du comité d'entreprise. On peut par suite en déduire que les représentants syndicaux au comité peuvent revendiquer le droit d'information reconnu par la loi.

2. A. Di Maggio et al., *Dr. soc.* 1977. 147 ; J. Dumont, *Dr. soc.* 1978. 137 ; M. Aubry, *Dr. soc.* 1978. 265 ; C. Morel, *Dr. soc.* 1985. 20.

3. Ainsi que le rappelle ce texte, ces obligations ne se substituent à aucune des obligations d'information et de consultation du comité d'entreprise ou d'établissement qui incombent à l'employeur en application, soit des dispositions légales, soit des dispositions conventionnelles.

domaine social, d'enregistrer les réalisations effectuées et de mesurer les changements intervenus au cours de l'année écoulée et des deux années précédentes. L'article R. 2323-17 fixe la *liste des informations* qui doivent y figurer. Elles sont regroupées en sept rubriques : emploi, rémunérations et charges accessoires, santé et sécurité au travail, autres conditions de travail (durée et aménagement du temps de travail, conditions physiques du travail, médecine du travail, etc.), formation, relations professionnelles (configuration des représentations électives et syndicales, contentieux, etc.), autres conditions de vie relevant de l'entreprise (activités sociales et culturelles, protection sociale complémentaire, etc.). Au sein de chaque rubrique des « indicateurs » sont énumérés.

Le bilan social est destiné en premier lieu au *comité* d'entreprise. Celui-ci est même associé à son élaboration, puisque le projet de bilan doit lui être communiqué et qu'il émet un avis sur ce document. D'autre part le bilan doit servir de base à l'exercice des prérogatives du comité en matière d'emploi, d'amélioration des conditions de travail et de formation professionnelle. Mais on peut douter qu'il enrichisse véritablement l'information des représentants du personnel, puisque toutes les informations qu'il « récapitule » lui sont déjà dues. Il est vrai qu'un accord collectif peut toujours l'étoffer (C. trav., art. L. 2323-76).

Le *projet* de bilan social doit être également communiqué aux *délégués syndicaux*, car il est propre à éclairer leur action de négociateurs dans l'entreprise [1].

Le bilan social doit être également communiqué à l'*inspecteur du travail*, à tout salarié qui en fait la demande et aux actionnaires.

L'idée de bilan social répond à deux objectifs principaux : améliorer l'information, encourager la « concertation » dans l'entreprise en donnant une base chiffrée au dialogue social. Il décrit ainsi un social « *quantifié* ». En réalité, les chiffres portent sur des éléments très variés (effectifs, nombre d'accidents du travail…) que l'on ne peut comparer d'une entreprise à l'autre puisqu'ils ne sont pas traduits nécessairement en termes monétaires.

L'information donnée par le bilan présente d'ailleurs de nombreuses *lacunes* (par exemple, aucune indication n'est prévue sur le nombre de jours de grève dans l'entreprise) [2]. Elle ne présente aucune garantie de *véracité* et de *sincérité*, ce qui risque de faire du document un objet et un motif de confrontation. Le document est établi par le chef d'entreprise seul et, malgré la communication de son projet au comité d'entreprise, *aucun contrôle de son contenu* n'a été prévu, à la différence de ce qui a lieu pour les informations économiques et financières contrôlées par un commissaire aux comptes et pour l'examen desquelles le comité est assisté par un expert-comptable.

---

1. Une autre information est prévue à leur bénéfice lors de la négociation annuelle des salaires.

2. La CNIL a émis le vœu que le bilan social contienne un chapitre consacré à la mise en place des systèmes de contrôle d'activité et d'évaluation des personnes (16e rapport d'activité préc., p. 119).

D. Base de données économiques et sociales

1225 ***Contenu et utilisation*** ◊ Une base de données économiques et sociales, mise régulièrement à jour, rassemble un ensemble d'informations que l'employeur met à disposition du comité d'entreprise et, à défaut, des délégués du personnel (art. L. 2323-7-2) [1]. La base de données est accessible, en permanence, à ces institutions représentatives du personnel [2], ainsi qu'aux membres du CHSCT et aux délégués syndicaux [3]. Tenue au choix de l'employeur, sur support informatique ou papier [4], la base de données est constituée au niveau de l'entreprise [5]. Dans les entreprises dotées d'un comité central d'entreprise, la base de données comporte les informations que l'employeur met à disposition de ce comité et des comités d'établissement. Les informations contenues dans la base de données portent, au minimum, sur les thèmes suivants : investissements, fonds propres et endettement, ensemble des éléments de la rémunération des salariés et dirigeants, activités sociales et culturelles, rémunération des financeurs, flux financiers à destination de l'entreprise – notamment aides publiques et crédit d'impôts –, sous-traitance et, le cas échéant, transferts commerciaux et financiers entre les entités du groupe [6]. Ces éléments d'information sont régulièrement mis à jour, au moins dans le respect des périodicités prévues par le présent code (art. R. 2323-1-6).

Les représentants du personnel ayant accès à la base de données sont tenus d'une obligation de discrétion à l'égard des informations revêtant un caractère confidentiel et présentées comme telles par l'employeur

---

1. Instituée par la loi relative à la sécurisation de l'emploi, cette base de données est mise en place dans un délai d'un an à compter de sa promulgation, dans les entreprise de trois cents salariés et plus, et de deux ans dans les entreprises dont l'effectif est inférieur à ce seuil.

2. Sous réserve de stipulations conventionnelles plus favorables ou d'un engagement de l'employeur en ce sens, les délégués du personnel n'ont accès à la base que si un comité d'entreprise n'a pu être mis en place alors que le seuil de cinquante salariés a été franchi.

3. Elle est également accessible, dans une certaine mesure, à l'autorité administrative (C. trav., art. L. 2323-7-3, al. 2).

4. Art. R. 2323-1-7. L'employeur informe les destinataires de la base de données, de son actualisation, selon des modalités qu'il détermine et fixe les modalités d'accès, de consultation et d'utilisation de la base.

5. Art. R. 2323-1-6. Il n'est donc pas obligatoire de constituer une base de données propre à chaque établissement distinct doté d'un comité. Dès lors qu'est mise en place une base de données unique au niveau de l'entreprise, on peut penser que l'employeur peut limiter l'accès des comités d'établissement aux informations de la base propres à l'établissement. L'existence d'une unité économique et sociale paraît exiger la constitution d'une base de données qui lui est propre, nonobstant le fait qu'elle soit composée de personnes morales distinctes. Un accord peut prévoir la constitution d'une telle base au niveau du groupe de sociétés (art. R. 2323-1-10).

6. Ces informations portent sur les deux années précédentes et l'année en cours et intègrent des perspectives sur les trois années suivantes. Elles sont présentées sous forme de données chiffrées ou, à défaut, pour les années suivantes, sous forme de grandes tendances (art. R. 2323-1-5). Leur contenu, précisé par les articles R. 2323-1-3 et R. 2323-1-4, varie selon que l'entreprise compte plus ou moins de trois cents salariés. Il peut être enrichi par un accord de branche ou d'entreprise ou, le cas échant, un accord de groupe, en fonction de l'organisation et du domaine d'activité de l'entreprise.

(C. trav., art. L. 2323-7-2). Ce dernier doit, en outre, indiquer la durée du caractère confidentiel des informations (art. R. 2323-1-8).

1226 ***Substitution aux informations récurrentes*** ◊ Par souci de simplification, l'article L. 2323-7-3 dispose que les éléments d'information contenus dans les rapports et informations transmis de manière récurrente au comité d'entreprise sont mis à disposition de ses membres dans la base de données économiques et sociales [1]. Cette mise à disposition actualisée vaut communication des rapports et informations au comité d'entreprise [2]. En revanche, les informations liées à des consultations du comité en raison de la survenance d'évènements ponctuels continuent de faire l'objet de l'envoi de rapports et informations *ad hoc* [3]. À lire le texte précité, qui fait suite à l'article L. 2323-7-2 dont on a vu qu'il évoque les informations appelées à figurer dans la base de données, il semble que les informations récurrentes ne sont qu'un élément, parmi d'autres, de la base. Pourtant, la circulaire d'application du 18 mars 2014 indique que ce sont « essentiellement les informations déjà fournies en application du Code du travail (...) qui devront être mises à disposition dans la base de données ». En d'autres termes, la base de données ne serait, pour l'essentiel, que le réceptacle des informations récurrentes [4] ; ce qui ne ressort pas véritablement des textes légaux [5].

§ 3. L'information « institutionnalisée » dans les sociétés

1227 ***Définition*** ◊ Il s'agit d'une forme de participation – modeste – du comité d'entreprise à certaines réunions d'organes de la société employeur. Le procédé paraît devoir assurer à ces représentants une information de particulière qualité sur le fonctionnement et la politique de l'entreprise

1. Ce texte entre en vigueur à une date fixée par décret et, au plus tard, au 31 décembre 2016. Jusqu'à cette date, toutes les informations dues au comité doivent lui être envoyées.

2. Ce même texte énonce, en son al. 2, que lorsque les dispositions du Code du travail prévoient la transmission récurrente à l'autorité administrative de rapports et informations, les éléments d'informations qu'ils contiennent sont mis à sa disposition à partir de la base de données et la mise à disposition actualisée vaut transmission à cette autorité.

3. Le caractère ponctuel de la consultation doit, certainement, être opposé à sa récurrence. Par suite, les informations liées à une consultation revenant à intervalle régulier (par exemple, l'avis formulé annuellement par le comité sur l'exécution du plan de formation, v. art. L. 2323-34), peuvent figurer dans la base de données.

4. On comprend, à cet égard, mieux les dispositions de l'article R. 2323-1-6, dont on a vu qu'il prescrit que les éléments d'information sont mis à jour « au moins dans le respect des périodicités prévues par le présent code ». Cette périodicité ne peut que renvoyer aux informations récurrentes.

5. À suivre la circulaire, l'employeur n'aurait pour rôle que de répartir les informations récurrentes dans les différentes rubriques de la base. Les textes légaux conduisent, au contraire, à considérer que chaque rubrique de la base doit être remplie, que ce soit au moyen d'informations récurrentes ou non.

(para-information), autant ou plus encore qu'un moyen de se faire entendre (para-consultation). À la règle déjà ancienne assurant une présence au conseil de la société, la loi du 15 mai 2001 a ajouté des droits d'intervention en direction des assemblées générales.

1228 ***La représentation au conseil d'administration ou de surveillance*** ◊ Dans les sociétés, deux membres du comité d'entreprise, délégués par celui-ci et appartenant l'un à la catégorie des cadres techniciens et agents de maîtrise, l'autre à la catégorie des employés et ouvriers, assistent avec voix consultative à toutes les séances du conseil d'administration ou du conseil de surveillance (C. trav., art. L. 2323-62) [1]. Dans les sociétés où il existe trois collèges électoraux, cette délégation du comité est portée à 4 membres dont deux appartiennent à la catégorie des ouvriers et employés, le troisième à la catégorie de la maîtrise et le quatrième à la catégorie des ingénieurs, chefs de service et cadres assimilés. La représentation est réduite à un seul membre (un membre titulaire ou le secrétaire du comité) là où la loi (secteur public) ou bien les statuts ont introduit des administrateurs salariés (C. trav., art. L. 2323-64, L. 2323-65).

La désignation des représentants du comité – « par l'ensemble des membres titulaires du comité et non par catégorie » – au conseil d'administration ou au conseil de surveillance participe du rôle consultatif du comité. Le chef d'entreprise ne peut donc participer à ce vote [2].

Les représentants du comité au conseil de la société jouissent de divers droits.

a) Droit d'être convoqués et d'assister à toutes les réunions du conseil d'administration ou de surveillance. Tout projet de décision relevant de la compétence de cet organe doit leur être transmis.

Un doute subsiste quant à la validité d'une délibération prise en leur absence. Sous l'empire des textes antérieurs à la loi du 24 juillet 1966 sur les sociétés commerciales, la Cour de cassation jugeait qu'étaient nulles les décisions prises en l'absence provoquée des représentants du personnel [3]. Mais l'article 360 de cette loi (désormais C. com., art. L. 235-1) dispose que : « La nullité d'actes ou délibérations (...) ne peut résulter que de la violation d'une disposition impérative du présent livre ou des lois qui régissent les contrats. » Pourtant, les organes de la société doivent aussi respecter les lois d'ordre public, elles-mêmes sanctionnées par des nullités d'ordre public (loi sur les ententes, législation fiscale) ; le Code du travail revêtant ici un caractère d'ordre public, sa violation délibérée devrait toujours être sanctionnée par la nullité de l'acte. La Cour de cassation semble rechercher une voie moyenne, en distinguant

1. Dans les sociétés par actions simplifiées, les statuts précisent l'organe social auprès duquel s'exerce cette représentation (art. L. 2323-66).

2. Soc. 5 mai 1983, *Bull. civ.* V, p. 165. L'éventuelle contestation est de la compétence du TGI, juge de droit commun (Civ. 22 juin 1962, *D.* 1962. 533).

3. Com. 17 févr. 1975, *D.* 1975. 466, note J.-C. Bousquet ; *Grands arrêts*, 4e éd., 2008, n° 145.

selon que l'absence des délégués est ou non le résultat d'une fraude, et selon l'objet de la délibération litigieuse [1].

b) Droit de recevoir communication des mêmes documents que les membres du conseil d'administration ou de surveillance (C. trav., art. L. 2323-63).

c) Si les représentants du comité d'entreprise n'ont qu'une voix consultative, et ne participent donc pas aux votes des conseils, leur rôle a été renforcé en 1982. D'une part, ils « peuvent soumettre les vœux du comité au conseil », ce qui implique la liberté de prendre la parole et d'émettre des propositions ou suggestions sur tout sujet de leur choix (ces vœux s'ajoutent aux avis qu'ils peuvent donner en cours de délibération du conseil). D'autre part, la loi impose au conseil d'administration ou de surveillance de formuler « un avis motivé sur ces vœux ».

1229 ***L'intervention en direction des assemblées générales*** ◊ L'article L. 2323-67 prévoit deux types d'interventions [2].

En premier lieu, « dans les sociétés », le comité d'entreprise (représenté par l'un de ses membres délégué à cet effet) peut demander en justice (au président du tribunal de commerce statuant en référé) la désignation d'un mandataire chargé de convoquer « l'assemblée générale des actionnaires » en cas d'urgence. Il peut également requérir l'inscription de projets de résolutions à l'ordre du jour des assemblées. Seules les sociétés anonymes, voire les autres sociétés par actions, sont concernées [3], à l'exclusion des autres formes de sociétés commerciales et des sociétés civiles (il s'agirait d'un cas particulier d'une faculté offerte à « tout intéressé » par l'art. L. 225-103 II, 2° C. com.). L'objet de la résolution projeté doit relever de la compétence de l'assemblée plutôt que du conseil, ce qui réduit sérieusement le champ des possibles demandes.

En second lieu, deux membres du comité d'entreprise peuvent assister aux assemblées générales. Il s'agira, soit d'élus spécialement désignés à cet effet (l'un appartenant à la catégorie des cadres, techniciens et agents de maîtrise, l'autre à celle des employés et ouvriers), soit des représentants du comité au conseil d'administration ou de surveillance. Ils doivent, à leur demande, être entendus lors de toutes les délibérations requérant l'unanimité des associés (ex. : le transfert du siège social à l'étranger ?) ; c'est dire qu'ils n'ont aucun droit de prendre la parole sur les autres questions. On peut craindre que ces innovations de 2001 aient peu d'intérêt et de portée en pratique [4].

1. Soc. 26 mai 1998, *RJS* 10/98, n° 1243 : « l'absence des salariés ayant voix consultative, hors toute fraude, n'entache pas de nullité une délibération dont le seul objet était l'exercice d'une action en justice ».

2. V. : R. Vatinet, *Dr. soc.* 2002. 286.

3. Une interrogation subsiste à propos des sociétés par actions simplifiées qui ne comportent pas à proprement parler d'actionnaires.

4. V. une première application : T. com. Marseille, réf., 7 nov. 2001, *RJS* 2/02, n° 195 ; *Rev. sociétés* 2002, obs. R. Vatinet.

§ 4. L'analyse de l'information : les experts du comité

1230 Pour l'exercice de leurs attributions économiques, les comités d'entreprise peuvent bénéficier de l'assistance de trois types d'experts différents [1], selon des modalités distinctes pour chacun d'eux (C. trav., art. L. 2325-35 s.) [2].

A. L'expert-comptable du comité d'entreprise

1231 ***Vers un « audit » permanent*** ◊ La mission de l'expert-comptable porte sur tous les éléments d'ordre économique, financier ou social nécessaires à la *compréhension des comptes* et à *l'appréciation de la situation de l'entreprise* (C. trav., art. L. 2325-36). Pour opérer toute vérification ou tout contrôle qui entre dans l'exercice de ces missions, il a accès aux mêmes documents que le commissaire aux comptes (C. trav., art. L. 2325-37, al. 1er).

Cette assistance était déjà prévue avant la loi du 28 octobre 1982, mais celle-ci en a étendu le champ d'application et les cas de recours ; elle a également précisé l'objet de sa mission ; elle a surtout considérablement *élargi ses pouvoirs* d'investigation ; elle a enfin réglé le problème de compétence relatif au règlement des *litiges* portant sur la rémunération de l'expert.

1232 ***Domaine et cas de recours à l'expert-comptable*** ◊ L'assistance du comité d'entreprise par un expert-comptable bénéficie à tous les comités dans *toutes les entreprises*, quelle que soit leur forme juridique.

Le comité de groupe peut se faire assister par un expert-comptable, qui sera rémunéré par l'entreprise dominante (C. trav., art. L. 2334-4) [3].

À la question de savoir si un comité d'établissement est en droit de recourir aux services d'un expert-comptable, la loi n'apporte pas de réponse tranchée, l'article L. 2325-15 du Code du travail se bornant à affirmer que le comité d'établissement a les mêmes attributions que le comité d'entreprise dans la limite des pouvoirs confiés au chef d'établissement. Si la Cour de cassation a très tôt admis, sur le fondement de ce texte, qu'un comité d'établissement pouvait se faire assister d'un expert-comptable pour

1. Depuis l'adoption de la loi du 29 mars 2014 visant à reconquérir l'économie réelle, dite « Florange », ce sont, en réalité, quatre types d'experts qui peuvent assister le comité. En effet, dans le cadre du dispositif mis en place par cette réforme (v. ss 1204), le comité peut recourir à l'assistance « d'un expert de son choix rémunéré par l'entreprise » (art. L. 1233-57-17). La personne mandatée n'est donc pas nécessairement un expert-comptable. Il peut s'agir d'un expert « libre », qui sera toutefois rémunéré par l'entreprise.

2. M. Cohen, *Dr. soc.* 1984. 281 ; G. Bélier, *Dr. soc.* 1988. 158 ; A. Supiot, Le progrès des lumières dans l'entreprise, *Mélanges G. Lyon-Caen*, p. 463 ; P. Cam et P. Chaumette, *Dr. soc.* 1989. 220 ; T. Grumbach : *Dr. soc.* 1992. 544.

3. Cet expert « a accès aux mêmes documents que les commissaires aux comptes des entreprises constitutives du groupe ». Sa compétence s'étend donc à toutes les entreprises, même étrangères, concernées par la consolidation des comptes (Soc. 6 déc. 1994, *Dr. soc.* 1995. 41, obs. M. Cohen ; 27 nov. 2001 : *Bull. Joly* 2002. 610, note G. Auzero).

l'examen annuel des comptes, elle a paru hésiter sur les limites à apporter à cette prérogative [1]. Désormais, elle se borne à affirmer que « la mise en place d'un comité d'établissement suppose que l'établissement dispose d'une autonomie suffisante en matière de gestion du personnel et de conduite de l'activité économique ». Il faut donc comprendre que dès lors qu'un comité d'établissement existe, il a le droit de se faire assister par un expert-comptable [2], sans qu'il y ait lieu d'avoir égard à l'existence d'un budget ou d'une comptabilité propre [3]. Par ailleurs, il appartient au seul comité d'établissement d'apprécier l'opportunité de se faire assister d'un expert pour l'examen des comptes de cet établissement, sans que le droit du comité central d'entreprise, d'être lui-même assisté pour l'examen annuel des comptes de l'entreprise, ne soit de nature à le priver de cette prérogative [4].

En matière de licenciements pour motif économique un comité d'établissement dispose du droit de faire appel à un expert-comptable si la procédure n'affecte que cet établissement. Si le licenciement concerne plusieurs établissements, le recours à l'expert relève normalement du comité central d'entreprise (art. L. 1233-36) ; mais, en cas de carence de sa part, cette initiative peut être prise par le comité d'un des établissements concernés [5].

Ce concours de l'expert-comptable est de droit dans des hypothèses précises, visées par l'article L. 2325-35 du Code du travail :

– « en vue de l'examen annuel des comptes prévu aux articles L. 2323-8 et L. 2323-9 » [6], et « en vue de l'examen des documents mentionnés à l'article L. 2323-10, dans la limite de deux fois par exercice » ;

---

1. Dans certaines décisions elle s'est fondée sur l'existence d'un budget distinct (Soc. 11 mars 1992 : *Bull. civ.* V, n° 176), tandis que, dans d'autres, elle a considéré que la mission de l'expert-comptable du comité d'établissement devait être défini dans la limite de la délégation de pouvoir du chef d'établissement (Soc. 27 mai 2008, n° 07-12.582 : *JCP S* 2008, 1496, note J.-Y. Kerbourc'h).

2. Soc. 18 nov. 2009, n° 08-16.260 : *RDT* 2010. 180, obs. F. Signoretto ; *Bull. Joly* 2010. 220, note B. Saintourens ; 9 nov. 2011, n° 10-16.702 : *Sem. soc. Lamy*, n° 1528, p. 7, chron. L. Pécaut-Rivolier et Y Struillou. Cette solution avaient été annoncée par un arrêt antérieur (Soc. 14 déc. 1999, n° 98-16.810 : *Dr. soc.* 2000. 225, obs. M. Cohen ; *Bull. Joly* 2000. 722, note G. Auzero). *Adde*, A. Cœuret et G. Navarro, L'accès du comité d'établissement à l'expertise-comptable : un cas d'allergie au critère des pouvoirs délégués : *JCP E* 2012. 1131 ; A. Sauret et Ch. Windal, L'expert-comptable du comité et les comptes annuels : ne pas oublier les impératifs du code de commerce : *JCP S* 2012. 1107.

3. Ainsi qu'il a été souligné, « la jurisprudence n'oblige pas l'employeur à tenir une comptabilité spécifique propre à l'établissement ; mais l'existence d'un établissement distinct oblige l'employeur à donner une réalité à l'autonomie juridique reconnue à cet établissement et aux droits du comité d'établissement, en lui permettant d'effectuer un contrôle spécifique sur les éléments d'ordre économique, social et financier. Cela impose, par suite, de différencier dans les comptes les éléments particuliers à chacun des établissements » (L. Pécaut-Rivolier et Y. Struillou, *op. cit.*).

4. Soc. 8 avr. 2014, n° 13-10.541, publié. V. aussi, dans le même sens, Soc. 18 nov. 2009, préc. ; 28 nov. 2007, n° 06-12.977 : *Bull. civ.* V, n° 199.

5. Soc. 25 janv. 1995, *Dr. soc.* 1995. 271, obs. M. Cohen. Cet arrêt est dans la ligne de la jurisprudence qui, antérieurement à la loi du 2 août 1989 (ayant donné expressément compétence au comité central pour recourir à l'expertise : art. L. 321-2), reconnaissait ce pouvoir aux comités d'établissement (Soc. 13 juin 1990, *Bull. civ.* V, n° 280).

6. L'exercice de ce droit est indépendant de la date de l'examen de ces comptes par l'assemblée générale des actionnaires (Soc. 17 févr. 2004, *Bull. Joly* 2004. 977, note B. Saintourens ; Soc. 18 déc. 2007, n° 06-17.389, *Bull. Joly* 2008. 179, note B. Saintourens). Si le droit de recourir

– « en vue de l'examen des orientations stratégiques de l'entreprise prévu à l'article L. 2323-7-1 » (v. ss 1202) ;

– lorsqu'il est consulté sur une opération de concentration à laquelle l'entreprise est partie (C. trav., art. L. 2323-20) [1] ;

– dans le cadre d'une procédure de licenciement pour motif économique de dix salariés et plus (C. trav., art. L. 1233-30) [2] ;

– dans les conditions prévues aux articles L. 2323-25 et L. 2325-35 du Code du travail, relatifs aux offres publiques d'acquisition ;

– dans le cadre de l'exercice du droit d'alerte (C. trav., art. L. 2323-78) [3]. Dans cette hypothèse, le recours à l'expert-comptable n'est possible qu'une fois par exercice comptable (C. trav., art. L. 2323-79).

1233 ***Choix, mission et pouvoirs de l'expert-comptable*** ◊ Il est choisi par le comité d'entreprise « à la majorité des membres présents » (C. trav., art. L. 2325-18) [4], le président ne participant pas au vote par application de l'article L. 2325-18 [5]. Le comité choisit librement [6].

La mission de l'expert-comptable porte en premier lieu sur « les éléments d'ordre économique, financier ou social nécessaires à la compréhension des comptes » ; il a donc d'abord un rôle pédagogique, rôle d'explication de l'information reçue et de ses implications économiques ou sociales.

Cette mission porte ensuite sur l'appréciation de la situation de l'entreprise [7]. Elle est délicate et porteuse de conflits potentiels dans la mesure

à un expert-comptable s'exerce au moment où les comptes sont transmis au comité d'entreprise, il ne résulte pas de la loi que la désignation de l'expert doive intervenir lors de la réunion d'information au cours de laquelle les comptes lui sont présentés (Soc. 15 déc. 2009, n° 08-17.722 : *JCP S* 2010. 1071, note J.-Y. Kerbourc'h). La teneur de cette réunion d'information ainsi que l'éventuelle proximité de la date à laquelle l'assemblée générale doit examiner les comptes de la société sont sans incidence sur le droit du comité de recourir à un expert en vue de la compréhension des comptes dès lors que cette désignation intervient dans un délai raisonnable (même arrêt).

1. S'il choisit de recourir à un expert, le comité (ou sa commission économique) doit tenir une deuxième réunion afin d'entendre les résultats de ses travaux. Mais ce processus est court-circuité si le projet de concentration laisse place à un projet de cession, qui ne constitue pas un cas de recours à l'expert-comptable rémunéré par l'employeur (Soc. 14 mars 2006, *RDT* 2006. 115, obs. E. Peskine).

2. La loi du 14 juin 2013 relative à la sécurisation de l'emploi permet, en outre, au comité d'entreprise de mandater un expert-comptable afin qu'il apporte toute analyse utile aux organisations syndicales pour mener la négociation relative au contenu du plan de sauvegarde de l'emploi (art. L. 1233-34).

3. Sur l'étendue de la mission de l'expert désigné dans cette hypothèse, v. Soc. 29 sept. 2009, n° 08-15.035 : *RDT* 2010. 46, obs. O. Leclerc.

4. La désignation de l'expert n'est toutefois pas subordonnée de manière obligatoire à un vote du comité. Celui-ci n'est requis que dans l'hypothèse où existe un désaccord entre les membres du comité : Soc. 12 avr. 1988 : *Dr. soc.* 1991. 51.

5. Soc. 26 nov. 1987, *Bull. civ.* V, n° 679.

6. Soc. 11 mars 1992, *Dr. soc.* 1993. 289.

7. Relève par ex. de cette mission l'étude de la structure des rémunérations du personnel destinée à fournir au comité des explications cohérentes sur la situation de l'entreprise, mais pas l'analyse de la situation comparée des hommes et des femmes au sein de l'entreprise : Soc. 10 janv. 2012, n° 10-21.270, *JCP S* 2012. 1242, note M. d'Allende.

où l'appréciation de l'état de l'entreprise conduit nécessairement à une appréciation de la qualité de sa gestion.

Lorsqu'il est appelé à assister le comité dans le cadre d'une procédure de licenciement économique, l'expert doit certainement aider les élus à apprécier la nécessité des licenciements et leur opportunité compte tenu de la situation de l'entreprise, ainsi que la qualité des mesures prévues par le plan de sauvegarde de l'emploi.

Enfin, la loi lui permet encore d'effectuer « toute vérification et tout contrôle » qui entre dans l'exercice de sa mission. Les droits d'investigation de l'expert, calqués sur ceux des commissaires aux comptes [1], sont particulièrement larges (C. com., art. L. 823-13, L. 823-14) : « À toute époque de l'année, les commissaires aux comptes... opèrent toutes vérifications et tout contrôle qu'ils jugent opportuns et peuvent se faire communiquer sur place *toutes les pièces* qu'ils estiment utiles à l'exercice de leur mission et notamment *tous les contrats, livres, documents comptables et registres de procès-verbaux...* ». Ces investigations « peuvent être faites tant auprès de la personne ou de l'entité dont les commissaires aux comptes sont chargés de certifier les comptes que des personnes ou entités qui la contrôlent ou qui sont contrôlées par elle au sens de l'article L. 233-3 ». Ces formules concernent l'expert-comptable du comité d'entreprise [2], comme celui du comité de groupe [3]. C'est à lui d'apprécier quels sont les documents utiles à l'exercice de sa mission [4], l'employeur pouvant seulement faire appel au juge des référés s'il estime que les investigations de l'expert excèdent l'objet de celle-ci [5]. L'expert-comptable étant tenu à des obligations de secret et de discrétion, il ne peut se voir opposer le caractère confidentiel des documents demandés [6]

---

1. Soc. 29 oct. 1987, *Dr. ouvrier* 1989. 15 ; *Grands arrêts*, 4e éd., 2008, n° 144.

2. Soc. 8 nov. 1994, *Dr. soc.* 1995. 73 ; 21 févr. 1996, *Dr. soc.* 1996. 640. Il y a entrave, quand sont examinés les comptes d'une filiale, à refuser de communiquer ceux de la société mère : Crim. 26 mars 1991, *RJS* 5/91, n° 600.

3. Soc. 6 déc. 1994, préc.

4. Soc. 13 mai 2014, n° 12-25.544, publié (« qu'il appartient au seul expert-comptable désigné par le comité d'entreprise de déterminer les documents utiles à l'exercice de sa mission »).

5. Soc. 16 mars 1990, *Dr. soc.* 1991. 47 ; Crim. 13 avr. 1992, *Dr. soc.* 1993. 290 ; Soc. 19 oct. 1994, *Dr. soc.* 1995. 72. Mais l'expert étant seul juge de l'utilité des documents demandés, il ne saurait être reproché aux juges du fond de n'avoir pas recherché si les documents demandés étaient nécessaires à l'accomplissement de sa mission : Soc. 15 déc. 2009, n° 08-18.228 : *JCP S* 2010. 1085, note J.-Y. Kerbourc'h. V. aussi, Soc. 12 sept. 2013, n° 13-12.200, publié (« les questions posées ne présentent pas un caractère sérieux dès lors que l'article L. 2334-4 du Code du travail, tel qu'interprété par la jurisprudence, ne prive pas les parties d'un recours possible au juge pour contester la nature des documents dont la communication est demandée par l'expert dans le cadre de sa mission et d'une vérification de la nécessité de ces documents au regard de la mission confiée par le comité d'entreprise ; que s'il ne peut être demandé au juge de contrôler l'utilité concrète de ces documents, ce que seul l'expert est en mesure de faire en réalisant sa mission, le juge peut sanctionner tout abus de droit caractérisé »).

6. Soc. 15 déc. 2009, préc. V. aussi Soc. 5 mars 2008, n° 07-12.754 : *JCP S* 2008, 1323, note J.-Y. Kerbourc'h (à moins qu'elle soit dans l'impossibilité de produire les documents demandés, le refus opposé par une entreprise de communiquer les documents sollicités par l'expert-comptable constitue un trouble manifestement illicite qu'il convient de faire cesser par la voie du référé).

Deux points ont été particulièrement litigieux : l'expert-comptable peut-il examiner la comptabilité *prévisionnelle* et la comptabilité *analytique* ?

La thèse restrictive soutenait que ces documents n'étaient pas *nécessaires* à sa mission. Elle a été écartée par la Cour de cassation, qui s'appuie sur l'égalité des droits entre commissaires aux comptes et experts comptables du comité, pour décider que la mission de ces derniers porte sur tous les éléments d'ordre économique, financier ou social nécessaires à l'intelligence des comptes et à l'appréciation de la situation de l'entreprise [1]. Cette jurisprudence est particulièrement importante en cas de projet de licenciement économique. Cette interprétation, qui valorise la formule de l'article L. 2325-35, conduit aussi à une solution audacieuse en présence d'une société insérée dans un groupe transnational, même de souche étrangère : l'expert-comptable ayant, comme le commissaire aux comptes, accès aux comptes de sociétés mères et filiales, une « société captive » de droit français, comprise dans un groupe et dont il n'est pas prouvé qu'elle ne puisse recueillir les informations concernant les autres sociétés, établies dans d'autres pays, doit communiquer ces informations au comité d'entreprise [2].

Enfin, l'expert-comptable a « libre accès dans l'entreprise », accès aux services de son choix, services financiers et comptables par exemple. Tous les renseignements qu'il sollicite doivent lui être fournis [3].

Muni de ces divers éléments, l'expert est en mesure d'établir un rapport, qui doit être remis à son mandant dans un délai raisonnable fixé par accord entre celui-ci et l'employeur (art. 2325-42-1) [4]. À défaut d'accord, s'appliquent les délais fixés par les articles R. 2325-6-1 et R. 2325-6-2, qui n'encadrent que deux des cas d'intervention de l'expert-comptable [5].

L'accord détermine également, au sein de ce délai, le délai pendant lequel l'expert peut demander à l'employeur toutes les informations qu'il juge nécessaires à la réalisation de sa mission et le délai de réponse de l'employeur à cette demande. La Cour de cassation a décidé que l'expert-comptable désigné par le comité d'entreprise, qui dispose d'un droit de communication des documents nécessaires à l'accomplissement de sa mission, a qualité pour saisir le juge des référés d'une demande de communication de ces pièces [6].

---

1. Soc. 22 oct. 1987, *Bull. civ.* V, n° 591 (comptabilité analytique permettant de connaître la situation de chaque établissement ou de chaque division de l'entreprise) ; Soc. 29 oct. 1987, préc. (comptabilité prévisionnelle remise aux commissaires aux comptes) ; Soc. 8 nov. 1994, préc.

2. Soc. 27 nov. 2001, *Dr. soc.* 2002. 164, note G. Couturier ; *Bull. Joly* 2002. 610, note G. Auzero (rejetant le pourvoi contre : Caen 21 sept. 1999, *Dr. soc.* 2000. 385, obs. Q. Urban).

3. Le refus de l'accès constitue une entrave, ainsi que le refus de l'assistance aux séances du comité d'entreprise (Crim. 25 mars 1983, *D.* 1983. IR 351 ; 12 avr. 1983, *Dr. ouvrier* 1983. 340 ; 12 avr. 1988, *Dr. soc.* 1991. 51 ; 9 nov. 2004, n° 03-83.683 D). Le refus de communiquer un document sollicité justifie la saisine du juge des référés (Soc. 10 oct. 1989, *Bull. civ.* V, n° 574 ; 17 févr. 2004, préc.).

4. Délai qui ne peut être prorogé que par commun accord.

5. Pour ce qui est des autres cas, seul un accord est donc en mesure de fixer des délais à l'expertise.

6. Soc. 26 mars 2014, n° 12-26.964, publié. Cette solution, qui intéressait des faits antérieurs à la loi de sécurisation de l'emploi, devrait être maintenue postérieurement à elle, sans que la demande de l'expert puisse être enfermée dans le cours délai prévu par l'article L. 2323-4 qui ne concerne que le comité d'entreprise lui-même.

1234 ***Litiges*** ◊ Choisi par le comité, dont il est le mandataire et auquel ses travaux appartiennent, l'expert-comptable est rémunéré par l'employeur [1]. De tels rapports triangulaires ne manquent pas de poser de nombreux problèmes : le montant de la rémunération, dont il appartient à l'employeur de s'acquitter [2], dépend en grande partie du choix de l'expert et du contenu de l'assistance qui relèvent l'un et l'autre du seul comité d'entreprise.

Pour prévenir les litiges, l'expert adresse à l'employeur une lettre de mission initiale, indiquant l'étendue de son travail et le chiffre approximatif des honoraires, encore que l'accord préalable du chef d'entreprise sur le montant prévu des honoraires ne soit pas requis. Le comité d'entreprise est exclu de toute discussion relative à la rémunération, ce qui porte en germe de sérieux conflits.

La loi prévoit qu'en cas de litige le *président du tribunal de grande instance* est compétent (C. trav., art. L. 2325-40). Il statue « en la forme » des référés (C. trav., art. R. 2325-7). Cette procédure originale confère au magistrat un rôle proche mais différent de celui qui lui est dévolu comme juge des référés ou des requêtes [3] ; elle s'applique aux contestations relatives à la nécessité de l'expertise, au choix de l'expert, à l'étendue de sa mission, ainsi qu'aux litiges sur sa rémunération [4]. Sauf à exercer cette voie de recours, l'employeur ne peut refuser à l'expert-comptable désigné communication des documents que ce dernier juge utiles à l'exercice de sa mission [5].

Les experts du comité d'entreprise sont tenus aux mêmes obligations de secret et de discrétion que les membres du comité d'entreprise eux-mêmes (C. trav., art. L. 2325-42) [6].

B. L'expert en technologie [7]

1235 ***Conditions de recours à cet expert*** ◊ La possibilité de recourir à un expert à l'occasion de tout projet important d'introduction de nouvelles

1. Par dérogation à cette règle de principe, et dans certaines limites, le comité assume une partie de la rémunération de l'expert lorsque ce dernier est appelé à intervenir lors de l'examen des orientations stratégiques de l'entreprise (v. ss 1202).

2. L'expertise décidée par le comité d'entreprise et réalisée pour son compte n'est pas soumise aux règles qui régissent les relations entre l'employeur et ses prestataires de services ; lorsque l'employeur est une collectivité territoriale, il lui appartient de procéder aux formalités permettant le règlement d'une dépense légalement obligatoire (Soc. 18 déc. 2007, n° 06-17.389 : *Bull. Joly* 2008. 179, note B. Saintourens).

3. A. Supiot, *Les juridictions du travail*, n° 577. Notamment, la décision rendue en la forme des référés est une décision au fond et la condamnation prononcée (à verser un certain montant d'honoraires, par exemple), n'a pas un caractère provisoire (Soc. 8 janv. 2002, *Bull. civ.* V, n° 8). Lorsque le président du TGI est saisi d'un litige sur la rémunération de l'expert-comptable, il a aussi le pouvoir de statuer sur la demande connexe de communication de documents par une décision au fond : Soc. 26 oct. 2010, n° 09-15.601, *JCP S* 2010, 1546, obs. S. Brissy.

4. Soc. 13 juin 1990, *Bull. civ.* V, n° 280. Le juge du fond a un pouvoir souverain d'appréciation (Soc. 13 déc. 1994, *CSPB* 1995, n° 66, p. 29 ; Soc. 10 juill. 1995, *Dr. soc.* 1995. 935, obs. M. Cohen).

5. Crim. 13 avr. 1992, *Dr. soc.* 1993. 290, note M. Cohen.

6. P. Morvan, Aspects sociaux de la confidentialité dans les restructurations : *Dr. soc.* 2010. 541.

7. P.-Y. Verkindt, NTIC et nouvelles pratiques d'expertise, *Dr. soc.* 2002. 54.

technologies est une innovation introduite par la loi de 1982 (C. trav., art. L. 2325-38), mais le comité d'entreprise ne dispose sur ce point d'aucune autonomie de décision. Il ne choisit pas librement cet expert comme il le fait pour l'expert-comptable. Ce concours sollicité par les élus – dans son principe comme dans ses modalités – doit faire l'objet d'un accord entre l'employeur et la majorité des membres élus du comité, faute de quoi la décision devra être prise par le président du tribunal de grande instance, saisi et statuant en la forme des référés.

Cette forme d'assistance n'est possible que dans les entreprises d'au moins 300 salariés (C. trav., art. L. 2325-38). Elle est offerte au comité d'entreprise à l'occasion de tout projet *important* d'introduction de *nouvelles* technologies, lorsque celles-ci sont susceptibles d'avoir des conséquences sur l'emploi, la qualification, la rémunération, la formation ou les conditions de travail du personnel, et lorsque l'employeur envisage de mettre en ouvre des mutations technologiques importantes (C. trav., art. L. 2325-38, qui renvoie aux art. L. 2323-13, L. 2323-14 C. trav.). La jurisprudence, soulignant les qualificatifs utilisés par la loi, se montre assez restrictive [1].

La loi parle d'un « expert » sans autre précision ; aucune profession ni aucun titre particulier ne sont requis. Il n'existe pas ici de profession organisée. Il n'existe même pas d'« experts en technologie » à proprement parler [2].

1236 ***Mission et rémunération de l'expert*** ◊ Sa mission devra porter sur l'étude du projet et de ses conséquences sur l'emploi, la qualification, la rémunération, la formation et les conditions de travail du personnel. Son étendue doit être précisée par l'accord ou par la décision du président [3].

Pour l'exercice de cette mission, l'expert ne s'est pas vu reconnaître de pouvoirs d'investigation particuliers ; il a « libre accès dans l'entreprise » c'est-à-dire dans tous les locaux de l'entreprise qu'il jugerait utile

---

1. Il s'agit de distinguer un réaménagement d'un changement important. Question de fait, ce qui explique que la Cour de cassation se montre tantôt favorable au recours à l'expert (Soc. 2 juill. 1987, *Bull. civ.* V, n° 438, Soc. 9 juill. 1997, *RJS* 11/97 n° 1252 : l'importance se mesure aux incidences sur les salariés) tantôt défavorable (Soc. 15 oct. 1987, *Bull. civ.* V, n° 569 : simple amélioration d'un procédé en vigueur ; Crim. 3 mai 1994, *Bull. crim.* n° 164 : introduction d'un nouveau logiciel entraînant le changement d'affectation d'un salarié ; 29 mars 1994, *RJS* 8-9/94, n° 1005 : installation d'un micro-ordinateur). Et la *nouveauté* comme l'*importance du projet* doivent seulement être relevées par les juges du fond. L'entrave est constituée s'il n'y a pas eu saisine du comité avant l'introduction de la nouvelle technologie (Crim. 17 juin 1986, *Liaison soc.* n° 5844). Encore faut-il qu'il y ait un « projet » (Soc. 28 oct. 1996, *Bull. civ.* V, n° 352) et projet *élaboré* (Soc. 3 mars 1988, *Bull. civ.* V, n° 152), ce qui exclut toute expertise sur des travaux préparatoires. V. : B. Teyssié, *JCP* 1988. I. 3314 ; P. Cam et P. Chaumette, *Dr. soc.* 1989. 220 ; T. Grumbach, *Dr. soc.* 1992. 544. V. aussi l'ANI sur les mutations technologiques du 23 sept. 1988.

2. Sur l'organisation pratique de cette spécialité, v. F. Cochet : *Dr. soc.* 1992. 556.

3. À l'instar de l'expert-comptable, l'expert en technologie doit rendre son rapport dans un délai raisonnable fixé par un accord entre l'employeur et le comité d'entreprise. À défaut d'accord, l'article R. 2325-6-3 lui impose de rendre son rapport dans un délai de 21 jours à compter de sa désignation.

de visiter. Il dispose par ailleurs des éléments d'information prévus par les articles L. 2323-13 et L. 2323-14.

Il est rémunéré par l'employeur.

L'expert en technologie est tenu aux mêmes obligations de secret et de discrétion que les membres du comité eux-mêmes. L'obligation de secret portant sur les seuls secrets de fabrication pourrait trouver ici un de ses rares domaines d'application.

C. Les experts rémunérés par le comité d'entreprise

1237 ***Liberté du comité*** ◊ Le comité d'entreprise est libre de faire appel à « tout expert » à condition qu'il en assure lui-même la rémunération (C. trav., art. L. 2325-41). Cette faculté n'a été rendue possible que grâce à l'octroi au comité d'entreprise d'une subvention de fonctionnement.

Le recours à cet expert doit donner lieu à délibération du comité d'entreprise ; il doit donc être décidé à la majorité des voix, le président ne prenant pas part au vote. Le comité peut faire ainsi appel à « tout expert » sans qu'il existe ici aucune restriction relative au titre, à la profession ou à une qualité particulière ; choix en est laissé à l'entière discrétion du comité d'entreprise (ex. : un avocat pour éclairer les représentants du personnel consultés sur une opération de restructuration ou un projet de licenciement).

Le comité d'entreprise peut y faire appel « pour la préparation de ses travaux » quels qu'ils soient : étude de l'information qu'il a reçue, élaboration d'un avis sur toute question de sa compétence [1]. Cette possibilité est également reconnue au CHSCT [2].

Les droits de l'expert sont cependant ici limités : il ne dispose que des documents d'information détenus par le comité lui-même. Il n'a libre accès qu'au local du comité [3].

Parmi ces experts, une place à part doit être faite à l'expert dit « de gestion ». Le comité d'entreprise peut, comme des actionnaires minoritaires, vouloir être informé sur « une opération de gestion ». Il saisit (en référé) la justice qui seule, ici, prend la décision [4].

1. Crim. 12 avr. 1983, *Dr. ouvrier* 1984. 150.
2. Soc. 19 déc. 1990, *Bull. civ.* V, n° 694.
3. Il a également accès, dans des conditions définies par accord entre l'employeur et la majorité des élus du comité, aux autres locaux de l'entreprise (L. 2325-41, al. 3). Sa mission doit être assurée dans les mêmes délais que ceux prévus pour l'expert-comptable rémunéré par l'employeur (v. ss. 1226).
4. B. Teyssié, L'expert de gestion du comité d'entreprise, *Dr. soc.* 1994. 877 ; M.-F. Bied-Charreton, À propos de l'expertise de gestion du comité d'entreprise, *Dr. soc.* 1995. 39. Cette faculté n'est pas prévue par le Code du travail, mais par les articles L. 223-37 et L. 225-231 du Code de commerce. La Cour de cassation considère à juste titre que dès lors qu'il est établi qu'une nouvelle expertise de gestion ne permettrait pas d'obtenir d'autres informations que celles qui figuraient déjà dans deux rapports établis par l'expert-comptable désigné par le comité central d'entreprise, cette mesure est inutile : Com. 12 févr. 2008, n° 06-20.121 : *Bull. Joly* 2008. 384, obs. G. Auzero.

§ 5. Le comité d'entreprise et les difficultés de l'entreprise

1238 ***Une évolution significative*** ◊ Les difficultés que rencontre l'entreprise concernent directement les salariés, car elles peuvent annoncer des suppressions de postes, voire une cessation d'activité, au moins des pertes de droits et garanties conventionnels, contractuels ou d'usage. Aussi la tendance de la législation contemporaine est-elle de contraindre l'employeur à informer les représentants du personnel de toute situation ou mesure menaçante. De plus, si l'intervention des représentants du personnel pouvait ne pas sembler indispensable à l'époque où les procédures collectives (« la faillite ») visaient essentiellement à assurer un certain paiement des créanciers d'un commerçant maladroit ou malhonnête, elle s'impose au contraire lorsque la philosophie de ces procédures évolue et que leur régime se diversifie parce qu'il s'agit aussi, sinon d'abord, d'assurer autant que faire se peut le maintien de l'activité et de sauvegarder l'emploi. D'autant plus que les difficultés des entreprises et le bouleversement permanent des structures productives paraissent inhérents à l'évolution du système économique, au durcissement et à l'internationalisation de la concurrence.

Avec les réformes de 1984 et 1985, notamment, le législateur a confié au comité d'entreprise (ou, à défaut, aux délégués du personnel) une mission dans la prévention des difficultés de l'entreprise et en l'associant au redressement tenté après un dépôt de bilan.

Si la loi de sauvegarde des entreprises du 26 juillet 2005 n'a pas touché au rôle du comité d'entreprise en matière de *prévention ou détection des difficultés* (A), elle a, en réaménageant ce que l'on peut continuer à appeler les « procédures collectives », étendu un peu leur rôle dans le *traitement des difficultés* avérées (même avant toute cessation des paiements) (B)

A. Le comité et la prévention des difficultés

1239 ***L'information et les moyens renforcés du comité*** ◊ L'objectif de la loi du 1er mars 1984 sur la prévention et le règlement amiable des difficultés des entreprises était que soient décelées les difficultés de l'entreprise et que remède leur soit apporté tant qu'il en est temps et hors toute intervention du tribunal de commerce. À cet effet, elle a institué des dispositifs permettant d'*alerter* la direction et de permettre à celle-ci d'adopter en temps voulu les mesures correctives et de *régler à l'amiable* les difficultés naissantes. Elle intéresse le droit des sociétés et le droit du travail [1], le comité d'entreprise jouant, aux côtés des commissaires aux comptes, un rôle majeur dans le mécanisme institué. Le siège de la matière figure aux articles L. 2323-78 s. C. trav.

1. M. Jeantin, *Dr. soc.* 1984. 599.

Une information comptable plus précoce du comité a été imposée. La comptabilité n'est plus seulement rétrospective, elle devient *prévisionnelle*. Le comité d'entreprise figure parmi les destinataires du rapport écrit dans lequel la direction doit analyser les documents comptables (C. com., art. L. 232-2). Il est encore destinataire d'un rapport des commissaires aux comptes, dressé au cas où l'obligation précédente ne serait pas respectée. Il peut recourir à un *expert-comptable* deux fois par exercice pour l'analyse de cette information [1], réputée confidentielle.

Le comité d'entreprise a qualité pour demander en justice la récusation (C. com., art. L. 823-6) ou la révocation (C. com., art. L. 823-7) des commissaires aux comptes. Si ces derniers sont habilités, dans les sociétés commerciales, certaines personnes morales non commerçantes ayant une activité économique ou les associations recevant un certain volume de subventions publiques, à déclencher la procédure d'alerte lorsqu'ils relèvent un « fait de nature à compromettre la continuité de l'exploitation », le comité doit se voir communiquer les rapports qu'ils élaborent dans ce cadre (C. com., art. L. 234-1 s.).

1240 ***Le droit d'alerte du comité*** [2] ◊ Attribué et réglé par l'article L. 2323-78 C. trav., il constitue le principal moyen d'intervention préventive du comité. Rappelons qu'en l'absence de comité, ce droit appartient aux délégués du personnel (C. trav., art. L. 2313-14). Ce droit peut être exercé lorsqu'il a connaissance de faits « de nature à affecter de manière préoccupante la situation économique de l'entreprise », critère plus large que celui retenu pour les commissaires aux comptes [3].

Ce droit comporte trois « moments » : demande d'explication adressée au chef d'entreprise qui doit répondre à la prochaine séance du comité [4] ; faute de réponse satisfaisante ou si la réponse confirme le caractère préoccupant de la situation, établissement par le comité d'un rapport, communiqué aux commissaires aux comptes et pour lequel l'assistance de l'expert-comptable est prévue [5] ; saisine éventuelle des dirigeants, ce qui oblige à inscrire la question à l'ordre du jour du conseil d'administration ou de

1. Soc. 28 oct. 1996, *Dr. soc.* 1996. 1104.

2. V. Stulz, Th. Meiers et Ph. Waquet, Faut-il instituer une alerte financière dans l'entreprise ? : *RDT* 2008. 705.

3. Soc. 18 janv. 2011, n° 10-30.126, *Dr. soc.* 2011. 342, obs. G. Couturier.

4. Le point de départ de la procédure est une préoccupation du comité, et non de l'employeur ; à partir du moment où existent des faits de nature à affecter la situation de l'entreprise, c'est donc au comité, non à l'employeur, de se faire juge de leur caractère préoccupant (Soc. 8 mars 1995, *Dr. soc.* 1995. 393, obs. M. Cohen) ; l'appréciation de ce caractère relève du pouvoir souverain des juges du fond (Soc. 11 mars 2003, *RJS* 5 mars, n° 628). Pour l'admission du déclenchement de la procédure par le comité d'entreprise d'une Caisse régionale d'assurance maladie : Soc. 19 févr. 2002, *Bull. civ.* V, n° 70 (fermeture du laboratoire de prothèses dentaires entraînant suppression d'emplois et remise en cause des objectifs et missions traditionnels de l'organisme).

5. C. trav., art. L. 2323-79. Le comité peut s'adjoindre avec voix consultative deux salariés de l'entreprise choisis pour leur compétence et en dehors du comité d'entreprise. Ces salariés disposent de cinq heures de délégation chacun.

surveillance, celui-ci devant donner une réponse motivée dans le délai d'un mois (C. trav., art. L. 2323-81). La commission économique du comité devrait jouer en cette hypothèse un rôle essentiel.

Alors que des juridictions du fond avaient pu en juger autrement, la Cour de cassation considère qu'un comité d'établissement n'est pas investi de ce droit d'alerte, au motif que, si cette instance a les mêmes attributions qu'un comité d'entreprise, l'exercice de la prérogative de l'article L. 2323-78 est subordonné à l'existence de faits touchant à « la situation économique de l'entreprise »[1]. Selon cette interprétation très littérale du texte, le comité central est donc seul fondé à lancer une procédure d'alerte, la Cour ne paraissant même pas réserver l'hypothèse d'une inaction caractérisée de cette instance centrale.

B. Le comité et le traitement des difficultés[2]

1241 ***Le comité et la procédure de conciliation*** ◊ La loi du 26 juillet 2005 a substitué cette procédure (C. com., art. L. 611-4 s.) à celle du règlement amiable, en majorant assez peu le rôle des représentants du personnel. Cette procédure, devant le tribunal de commerce (pour les personnes exerçant une activité commerciale ou artisanale) ou le TGI (pour les personnes morales de droit privé et les personnes physiques exerçant une activité indépendante, y compris une profession libérale), est applicable à des personnes « qui éprouvent une difficulté juridique, économique ou financière, avérée ou prévisible » et ne se trouvent pas en cessation des paiements depuis plus de 45 jours.

Saisi par requête du débiteur, le président du tribunal peut charger un expert d'établir un rapport sur sa situation[3], et désigne en tout cas un conciliateur chargé de favoriser la conclusion, entre le débiteur, ses principaux créanciers et ses cocontractants habituels, d'« un accord amiable destiné à mettre fin aux difficultés de l'entreprise », mais aussi de présenter toute proposition relative à la sauvegarde de cette dernière, à la

1. Soc. 1er mars 2005, *Dr. soc.* 2005. 587, obs. G. Couturier ; *Dr. ouvrier* 2005. 435, note F. Saramito ; 6 avr. 2005, *Bull. civ.* V, n° 126 ; 12 oct. 2005, *JCP S* 2005. 1377, note C. Neau-Leduc.

2. Sur la réforme de 2005 : R. Vatinet, Sur la place faite aux salariés par la loi de sauvegarde des entreprises du 26 juill. 2005, *JCP S* 2005. 1230 ; Le volet social de la loi de sauvegarde des entreprises précisé par son décret d'application, *JCP S* 2006. 1205 ; P. Morvan, Le droit social dans la réforme du droit des entreprises en difficulté, *JCP E* 2005. 1511. Sur le droit antérieur : P. Morvan, Le comité d'entreprise et ses doubles dans le droit des procédures collectives, *JCP E* 2003. 1625. Les dispositions introduites (dans le Code de commerce) par la loi du 26 juill. 2005 s'appliquent aux procédures ouvertes à compter du 1er janv. 2006. Elles feront seules l'objet de l'exposé synthétique ici proposé.

3. Après ouverture de la procédure de conciliation, le président du tribunal peut, nonobstant toute disposition législative ou réglementaire contraire, obtenir communication de tout renseignement lui permettant d'apprécier la situation économique, financière, sociale et patrimoniale du débiteur et ses perspectives de règlement, notamment par les membres et représentants du personnel, les administrations et organismes publics, les organismes de sécurité et de prévoyance sociales (C. com., art. L. 611-6).

poursuite de l'activité et au maintien de l'emploi. Si un accord intervient, le président peut soit, sur requête conjointe des parties, le constater et lui donner force exécutoire, soit, à la demande du débiteur [1], l'homologuer par jugement. Le tribunal statue sur l'homologation après avoir entendu ou dûment appelé un certain nombre d'acteurs, dont « les représentants du comité d'entreprise ou, à défaut, des délégués du personnel » (C. com., art. L. 611-9) [2].

Mais l'ouverture et le déroulement de la procédure de conciliation intéressent « l'organisation, la gestion et la marche générale de l'entreprise », et peuvent à l'évidence déboucher sur des « mesures de nature à affecter » les effectifs et les conditions d'emploi et de travail du personnel du débiteur, pour emprunter les termes de l'article L. 2323-6 du Code du travail. Dès lors, on voit mal comment l'employeur pourrait se dispenser d'informer et consulter le comité d'entreprise, sinon avant de soumettre sa requête au tribunal, du moins avant de consentir à un accord. On ne saurait voir dans l'article L. 611-9 du Code de commerce (qui n'est pas consacré au rôle des seuls représentants des salariés) une disposition spéciale réglant entièrement, en dérogeant à l'art. L. 2323-6 C. trav., l'intervention des représentants du personnel dans cette procédure de conciliation.

1242 ***Le comité dans la procédure de sauvegarde*** [3] ◊ Principale innovation de la loi de 2005, cette procédure est ouverte sur demande d'un commerçant, d'un artisan, d'un agriculteur, d'une personne physique exerçant une activité professionnelle indépendante (y compris une profession libérale) ou de toute personne morale de droit privé (C. com., art. L. 620-2), qui justifie de difficultés qu'elle n'est pas en mesure de surmonter et de nature à le conduire à la cessation des paiements. Elle « est destinée à faciliter la réorganisation de l'entreprise afin de permettre la poursuite de l'activité économique, le maintien de l'emploi et l'apurement du passif » (C. com., art. L. 620-1). Elle donne lieu à un plan arrêté à l'issue d'une période d'observation. Cette procédure fait place à diverses interventions des représentants du personnel.

Avant de statuer sur la demande d'ouverture de la procédure, le tribunal (tribunal de commerce ou TGI) doit entendre ou appeler, notamment, *les représentants du comité d'entreprise ou, à défaut et quelle que soit la cause de cette absence de comité, des délégués du personnel* (C. com., art. L. 621-1). S'il décide de cette ouverture (par un jugement qui désigne le juge-commissaire et, sauf pour les entreprises de taille modeste, un administrateur judiciaire), il doit inviter le comité ou, à défaut, les délégués du personnel à désigner *un représentant parmi les salariés de l'entreprise* ; sachant qu'en

1. Le comité d'entreprise ou, à défaut, les délégués du personnel sont informés par le débiteur du contenu de l'accord lorsque celui-ci demande l'homologation (C. com., art. L. 611-8-1).
2. Alors tenus par une obligation de confidentialité (art. L. 611-15).
3. V. aussi, sur l'information et la consultation du comité d'entreprise lors d'une procédure de sauvegarde, de redressement ou de liquidation judiciaire, l'art. L. 2323-44 C. trav.

l'absence de toute institution représentative permanente, les salariés élisent directement ce représentant (C. com., art. L. 621-4, L. 621-7) [1]. Si, durant la période d'observation, où se poursuit l'activité, le tribunal envisage d'ordonner la cessation partielle de celle-ci, de convertir la procédure de sauvegarde en redressement judiciaire, voire de prononcer la liquidation judiciaire, il doit, avant de statuer, entendre ou appeler notamment ces ou ce représentant(s) des salariés (C. com., art. L. 622-10).

Cette période d'observation a toutefois vocation à prendre fin par l'adoption d'un *plan de sauvegarde* arrêté par le tribunal (C. com., art. L. 626-1), à propos duquel les représentants des salariés ont un rôle à jouer. Dans la phase de son élaboration, les représentants des institutions représentatives doivent recevoir communication des propositions pour le règlement des dettes (C. com., art. L. 626-5), puis être informés et consultés sur les mesures que le débiteur envisage de proposer dans le projet de plan au vu des informations et offres reçues. Ils le sont également sur le bilan économique et social et sur le projet de plan, qui leur sont communiqués par l'administrateur et complétés, le cas échéant, de ses observations (art. L. 626-8) [2]. Les représentants du comité ou des délégués du personnel *doivent être entendus par le tribunal avant le jugement* arrêtant le plan de sauvegarde (C. com., art. L. 626-9), et leur avis devra être recueilli avant tout jugement qui viendrait modifier substantiellement les objectifs ou moyens de ce plan (C. com., art. L. 626-26).

Le comité d'entreprise ou les délégués du personnel doivent être tenus informés de l'exécution du plan de sauvegarde par l'administrateur ou le mandataire nommé, par le tribunal, commissaire à cette exécution (C. com., art. L. 626-25). Par ailleurs, la cession de l'entreprise, qui peut intervenir à tout moment sous le contrôle du tribunal, requiert que ce dernier recueille l'avis des « délégués » du comité ou des délégués (C. com., art. L. 642-5).

Enfin, les décisions arrêtant ou rejetant, ou modifiant, le plan de sauvegarde, sont susceptibles d'appel ou de pourvoi en cassation de la part du comité d'entreprise ou, à défaut, des délégués du personnel (C. com., art. L. 661-1, I), qui peuvent ainsi contester, par exemple, le volet du plan consacré à l'emploi [3].

---

1. Ce représentant désigné ou élu dans le cadre et pour les besoins de cette procédure de sauvegarde (ou de la procédure de redressement ou de liquidation judiciaire) est un salarié protégé (C. com., art. L. 662-4). Sa désignation est régie par les dispositions du décret n° 2005-1677 du 28 déc. 2005 (v. : R. Vatinet, Le volet social de la loi de sauvegarde des entreprises..., préc., n° 4 s.). Il exerce, à côté de ses *attributions d'emprunt* (de « doublure ») évoquées ici (notamment lorsqu'il remplace des institutions représentatives inexistantes) des *attributions propres* (vérification des relevés de créances salariales) (P. Morvan, Le droit social dans la réforme du droit des entreprises en difficulté, préc., n° 8).

2. Le procès-verbal de leur réunion consacrée à cette consultation est transmis au tribunal, ainsi qu'au directeur départemental du travail qui doit le recevoir avec le rapport lui-même.

3. Les membres du comité ou les délégués du personnel désignent, parmi eux, la personne habilitée à exercer les voies de recours en leur nom (art. L. 661-10).

1243 ***Le comité dans le redressement ou la liquidation judiciaire*** [1] ◊ La procédure de redressement judiciaire est ouverte à tout débiteur (commerçant, artisan, autre professionnel indépendant, personne morale de droit privé) « qui, dans l'impossibilité de faire face au passif exigible avec son actif disponible, est en cessation des paiements » ; elle vise à « permettre la poursuite de l'activité de l'entreprise, le maintien de l'emploi et l'apurement du passif », grâce à un plan de redressement arrêté à l'issue d'une période d'observation (C. com., art. L. 631-1). La procédure de liquidation judiciaire est ouverte au débiteur en cessation des paiements lorsque son redressement « est manifestement impossible » ; son objectif est de mettre fin à l'activité de l'entreprise ou de réaliser le patrimoine du débiteur par une cession de ses droits et biens (C. com., art. L. 640-1). Le comité d'entreprise est maintenu en fonction tant que l'activité de l'entreprise se poursuit et que l'effectif salarié ne connaît pas de « réduction importante et durable » au-dessous du seuil de 50 salariés (C. trav., art. L. 2322-7). Les représentants du personnel jouent même un rôle un peu plus largement prévu que naguère par les textes.

En premier lieu, le comité doit assurément être informé et consulté, au moins en vertu de l'article L. 2323-6, avant toute déclaration de cessation des paiements par l'employeur [2]. Par ailleurs, le comité ou, à défaut, les délégués du personnel peuvent communiquer au président du tribunal (tribunal de commerce ou TGI) « tout fait révélant la cessation des paiements du débiteur » (C. com., art. L. 631-6, L. 640-6) [3].

En deuxième lieu, comme celui qui ouvre une procédure de sauvegarde, le *jugement ouvrant une procédure de redressement ou de liquidation* ne peut être rendu qu'après audition, entre autres acteurs ou intéressés, des « représentants du comité d'entreprise ou, à défaut, des délégués du personnel » (C. com., art. L. 631-7, L. 641-1, I, renvoyant à l'art. L. 621-1 C. com.). Comme dans la procédure de sauvegarde encore, le tribunal invite ce comité ou ces délégués à désigner *un représentant des salariés*, qui, en l'absence de toute institution représentative permanente, devra être élu par les salariés afin d'exercer les fonctions dévolues à cette institution dans la procédure (C. com., art. L. 631-9, L. 641-1, II, renvoyant à l'art. L. 621-4 C. com.). Si le tribunal peut, à tout moment de la période d'observation inhérente à la procédure de redressement judiciaire, ordonner la cessation partielle de l'activité ou prononcer la liquidation judiciaire, il doit préalablement entendre ou appeler les représentants du comité ou des délégués (C. com., art. L. 631-15, II).

---

1. Sur la situation des salariés dans les procédures de redressement judiciaire avant 2005, v. : *Dr. soc.* 1986. 647 ; A. Arseguel, *Annales Fac. Droit de Toulouse*, t. XXXIV ; *Dr. ouvrier* 1985. 155 ; R. Vatinet, *JCP E* 1985. 14546.

2. Crim. 15 oct. 1991, *JS UIMM* 1992. 548, p. 155.

3. On pense à des retards dans le paiement des salaires ou à un défaut de versement de la subvention de fonctionnement du comité ou de la contribution patronale aux activités sociales et culturelles. Le comité, en tant que créancier de l'employeur, pourrait même être l'auteur de l'assignation de celui-ci aux fins d'ouverture de la procédure collective.

En troisième lieu et comme pour le plan de sauvegarde, ces représentants sont associés à l'élaboration du *plan de redressement* et entendus avant le jugement qui l'arrête (C. com., art. L. 631-19, I), et avant tout jugement de liquidation judiciaire (C. com., art. L. 641-1, I, préc.).

En quatrième lieu, comité d'entreprise ou délégués du personnel doivent être tenus informés de l'exécution du plan de redressement par le commissaire à cette exécution (C. com., art. L. 631-19).

À ces interventions des représentants du personnel s'ajoute, *en cas de licenciements pour motif économique* autorisés par le juge-commissaire pendant la période d'observation (C. com., art. L. 631-17) [1], prévus par le plan de redressement (C. com., art. L. 631-19, II), ou prononcés par le liquidateur en application de la décision judiciaire de liquidation (C. com., art. L. 641-4, al. 6), celle que règle l'article L. 321-9 (C. trav. nouv. art. L. 1233-58) auquel renvoient (en même temps qu'à l'art. L. 321-8, actuel C. trav. nouv. art. L. 1233-60) les dispositions du Code de commerce.

Enfin, le comité d'entreprise ou, à défaut, les délégués du personnel [2] – ou, en leur absence, le représentant directement élu par les salariés – se voient expressément reconnaître la faculté d'exercer les *voies de recours* (appel ou pourvoi en cassation selon le cas) contre les décisions arrêtant, rejetant ou modifiant le plan de redressement et les décisions statuant sur la liquidation judiciaire (C. com., art. L. 661-1, I).

1. L'ordonnance du juge-commissaire autorisant des licenciements pendant la période d'observation interdit toute contestation du caractère économique du licenciement dès qu'elle est devenue définitive (Soc. 9 juill. 1996, *D.* 1997. 60, note P. Bailly).

2. En habilitant une personne à exercer les voies de recours en leur nom (art. L. 661-10).

CHAPITRE 4
L'EXERCICE DU DROIT SYNDICAL DANS L'ENTREPRISE

1244 ***Plan*** ◊ Parce qu'il est polymorphe, il paraît utile de dresser un tableau de ses *lignes directrices* (Section 1), avant de traiter de la *section syndicale* (Section 2), des missions et moyens des *délégués syndicaux* (Section 3), et d'évoquer l'existence de régimes particuliers (Section 4).

SECTION 1. LIGNES DIRECTRICES

1245 ***Économie du droit syndical dans l'entreprise*** ◊ Agir syndicalement, « faire du syndicalisme » sur le lieu du travail a longtemps constitué une faute. Les lois du 27 décembre 1968 et du 28 octobre 1982 ont opéré un renversement : tout obstacle mis par l'employeur à l'action syndicale dans l'entreprise constitue un délit d'entrave. Mais la réaction patronale à l'action syndicale n'est pas délictueuse, les salariés en cause s'exposent même à des sanctions disciplinaires, si les modalités fixées par le législateur sont méconnues. Telle est la dialectique générale. Le titre IV du livre Ier de la deuxième partie (C. trav., art. L. 2141-1 à L. 2146-2) traite de l'exercice du droit syndical dans les entreprises. C'est trop peu de parler de présence syndicale, car les syndicats sont investis de droits et de *fonctions*. En contrepartie, ils s'exposent à des responsabilités (pénale, civile, disciplinaire). Les syndicats bénéficient de *libertés*, qui se heurtent à d'autres libertés ne serait-ce que la liberté d'entreprise, et qui de ce fait connaissent des limites [1].

Trois orientations résultent des textes.

1246 ***Droit d'organisation*** ◊ Selon l'art. L. 2141-4, l'exercice du droit syndical est reconnu dans toutes les entreprises, quel que soit leur effectif de salariés. Le même texte en livre la clef : c'est le droit pour les syndicats professionnels de *s'organiser librement* [2]. Droit à exister au grand jour, sans

1. J.-M. Verdier, *Syndicats et droit syndical*, *Traité de droit du travail* (dir. G.-H. Camerlynck), Dalloz, tome 5, 2e éd., vol. II *Le droit syndical dans l'entreprise*, 1984. ; J. Pélissier, La fonction syndicale dans l'entreprise, *Dr. soc.* 1984. 41 ; G. Borenfreund, Droit syndical dans l'entreprise, *Rép. trav.*, vo « Syndicats professionnels I » ; *Droit syndical dans l'entreprise* (dir. B. Boubli), *Sem. soc. Lamy*, Suppl. no 1263, 29 mai 2006.

2. C'est le verbe *to organize* du droit américain, mais avec un appauvrissement de sens, car il signifie en réalité : syndiquer les salariés et négocier ensuite en leur nom.

que les syndiqués s'exposent à des sanctions ; droit de s'affirmer ; droit de recruter ; droit de présenter des revendications et de les faire aboutir par l'action ; droit d'informer les salariés ; droit de négocier avec l'employeur ; droit de déclencher des conflits si la négociation ne débouche pas. L'organisation des syndiqués conduira à la section syndicale. Mais ce droit, dans le contexte du droit français, n'est que l'avatar d'une liberté publique, la liberté syndicale. Aussi le même art. L. 2141-4 précise-t-il que le droit syndical s'exerce « dans le respect des droits et libertés garantis par la Constitution de la République », donc de la liberté du travail, mais aussi, quoique non mentionnées, de la liberté économique de l'employeur et de la liberté syndicale « négative », celle de ne pas se syndiquer.

1247 ***Non-discrimination*** ◊ L'art. L. 2141-5 fait aujourd'hui écho à l'art. L. 1132-1. La règle de non-discrimination intéresse chaque *salarié :* l'employeur ne peut prendre en considération l'exercice d'une activité syndicale pour arrêter une mesure de promotion, de discipline ou de congédiement ; elle intéresse aussi *le syndicat :* le chef d'entreprise ne peut employer aucun moyen de pression en faveur ou à l'encontre d'une organisation syndicale.

Dans le premier cas, le délit est celui d'atteinte à la liberté syndicale (C. trav., art. L. 2146-2) ; dans le second celui d'entrave (C. trav., art. L. 2146-1). Sur le plan civil, toute disposition ou tout acte (mesure disciplinaire, licenciement) motivé par les activités syndicales (ou l'exercice normal du droit de grève) est *nul de plein droit ;* sa sanction ne peut donc être que la réintégration. On sait que, depuis 2001, la preuve de la discrimination à raison des activités syndicales est facilitée par les dispositions introduites dans l'art. L. 1132-1 C. trav.[1].

1248 ***Multiplicité des interventions*** ◊ Le syndicat, sans être nécessairement représentatif, peut agir dans toute entreprise – quelles que soient sa nature, sa forme juridique, son activité – sur divers registres et en vertu de différentes prérogatives.

Au titre de ce qui constitue *stricto sensu* le droit syndical dans l'entreprise (C. trav., art. L. 2141-9), il est fondé, sans condition d'effectif, à constituer une section syndicale et, si l'entreprise est d'une certaine taille, à désigner un ou plusieurs délégués syndicaux.

Mais il a également : le droit de négocier le protocole préélectoral et de présenter des listes de candidats au premier tour des élections de représentants du personnel, celui d'assister les délégués du personnel, de désigner un représentant auprès du comité d'entreprise, le droit de négocier et conclure tout accord d'entreprise, notamment dans le cadre de la négociation annuelle obligatoire, ou l'accord mettant en place le droit d'expression. Le syndicat apparaît ainsi dans l'entreprise comme un centre

1. Sur l'ensemble de la question, v. ss 686.

d'animation des institutions collectives et comme l'interlocuteur normal de l'employeur. Il participe à la mise en place des institutions électives et veille à leur fonctionnement. Qu'il y ait conflit ou hors tout conflit, il dialogue et négocie avec la direction.

SECTION 2. LA SECTION SYNDICALE [1]

1249 ***Critères de formation*** ◊ Dans *toute* entreprise ou dans tout établissement, même occupant moins de 50 salariés, un syndicat est habilité à constituer une section syndicale dès lors qu'il remplit les conditions légales [2]. La loi du 20 août 2008 a sensiblement élargi le bénéfice de cette prérogative qui, antérieurement, était réservée aux seuls syndicats représentatifs. Désormais, dès lors qu'ils ont plusieurs adhérents dans l'entreprise ou l'établissement, chaque syndicat qui y est représentatif, chaque syndicat affilié à une organisation syndicale représentative au niveau national et interprofessionnel ou chaque organisation syndicale qui satisfait aux critères de respect des valeurs républicaines et d'indépendance et est légalement constituée depuis au moins deux ans [3] et dont le champ professionnel et géographique couvre l'entreprise concernée peut constituer une section syndicale dans l'entreprise ou l'établissement (C. trav., nouv. art. L. 2142-1) [4].

1250 ***Nature de la section syndicale*** ◊ L'article L. 2142-1 dispose seulement que la section assure « la représentation des intérêts matériels et moraux » des membres du syndicat. Elle n'est donc pas un syndicat d'entreprise, même s'il est possible de créer un syndicat, doté de la personnalité juridique,

1. G. Couturier, Que reste-t-il de la section syndicale d'entreprise ? *Mélanges en l'honneur de J.-M. Verdier*, p. 25.

2. L'art. 2142-1 paraît exclure le cumul des niveaux de repésentation. En d'autres termes, lorsque l'entreprise est divisée en établissements distincts, il ne peut être constitué de sections syndicales à ces deux niveaux.Un accord collectif peut autoriser la création d'une section syndicale « nationale », en la réservant aux syndicats représentatifs, Soc. 22 sept. 2010, n° 09-60.410, *JCP S* 2010. 1499, note B. Gauriau.

3. L'exigence d'une ancienneté minimale constitue une condition raisonnable et proportionnée pour garantir la mise en œuvre du droit de participation des travailleurs par l'intermédiaire de leurs représentants et l'exercice par le syndicat de prérogatives au sein de l'entreprise, sans priver le salarié de la liberté d'adhérer au syndicat de son choix : Soc. 30 nov. 2011, n° 11-40.072 QPC : *Dr. soc.* 2012. 205, note L. Pécaut-Rivolier.

4. Rappelons que la constitution d'une section syndicale exige la présence d'au moins deux adhérents dans l'entreprise (Soc. 8 juill. 2009, n° 09-60.011 : *RDT* 2009. 729, obs. M. Grévy), peu important les effectifs de celle-ci (Soc. 4 nov. 2009, n° 09-60.011, *Sem. soc. Lamy*, n° 1441, p. 4, chron. L. Pécaut-Rivolier et Y. Struillou) et l'affectation géographique des ces salariés, qui peuvent appartenir à deux établissements distincts. En outre l'un de ces deux adhérents peut être désigné en qualité de représentant de la section syndicale (Soc. 26 mars 2010, n° 09-60.278 P). Sur la preuve de la présence de deux adhérents au moins dans l'entreprise ou l'établissement, v. Soc. 14 déc. 2010, n° 10-60.137, *JCP S* 2011, 1069, note E. Jeansen. Si la section syndicale est une section d'établissement, la preuve doit être apportée de l'existence de deux adhérents au moins dans cet établissement.

dans ce cadre (cas des grandes entreprises). Elle est un regroupement des salariés de l'entreprise membres du syndicat. La jurisprudence en a exactement déduit que cette simple antenne ou structure interne du syndicat n'avait pas la personnalité juridique [1]. C'est un regroupement de fait. À s'en tenir aux textes, c'est pourtant sur la section syndicale que prennent appui les libertés syndicales qu'ils reconnaissent, conçues essentiellement comme des libertés d'expression ; ce sont plus exactement des libertés collectives, garanties par des moyens matériels, c'est-à-dire des droits. Les sujets actifs de ces droits sont les syndiqués de l'entreprise ; le sujet passif est l'employeur. Mais ce sont des droits dont l'exercice est défini par la loi.

1251 ***Droits d'expression*** ◊ **1) Libre affichage syndical (C. trav., art. L. 2142-3).** La liberté d'expression du syndicat était, avant 1968, l'objet de fréquents litiges portant aussi bien sur le principe du droit d'affichage que sur le contenu des informations ou sur la censure exercée préalablement par l'employeur.

La liberté d'affichage est dorénavant reconnue sans que l'employeur puisse se faire justice en faisant enlever l'affiche [2] ; s'il prétend le contenu d'une affiche illicite, il doit saisir le juge des référés (président du TGI) afin de faire ordonner le retrait [3].

Mais les documents doivent être affichés sur des panneaux réservés à cet usage (et distincts de ceux affectés aux délégués du personnel) ; il doit s'accompagner de la communication d'un exemplaire à la direction (qui est ainsi informée, mais n'a pas à autoriser). Le contenu de la communication, tout en étant « librement déterminé par l'organisation syndicale » (C. trav., art. L. 2142-3) doit être de nature syndicale [4] et n'être ni injurieux ni diffamatoire, la loi renvoyant sur ce point aux dispositions applicables à la liberté de la presse (C. trav., art. L. 2142-5) [5].

---

1. Soc. 22 mars et 18 juill. 1979, *Dr. soc.* 1980. 44, note J. Savatier ; 19 déc. 1990, *Bull. civ.* V, n° 698. Elle ne peut donc présenter de liste aux élections professionnelles (Soc. 30 mai 2001, *Bull. civ.* V, n° 188), ni désigner le délégué syndical (Soc. 8 juill. 1977, *Bull. civ.* V, n° 489).

2. Crim. 19 févr. 1979, *Bull. crim.* n° 73, (l'arrachage de la communication constitue le délit d'entrave, même si celle-ci contient une attaque injurieuse à l'égard d'un membre de l'encadrement) ; 11 mai 2004, n° 03-83.682.

3. Soc. 6 nov. 1974, *Dr. soc.* 1975. 125, obs. J. Savatier) ; mais ce juge doit refuser d'ordonner ce retrait si le caractère illicite du trouble invoqué n'est pas manifeste (Soc. 25 juin 1981, *Bull. civ.* V, n° 614 : affichage d'un jugement condamnant les dirigeants de l'entreprise pour entrave aux fonctions des délégués du personnel), L'employeur peut aussi assigner au fond (devant le TGI ou le TI selon le montant de sa demande) pour faire condamner le syndicat à dommages-intérêts en réparation du préjudice causé.

4. Qui s'entend largement, puisque les syndicats ont désormais pour objet « l'étude et la défense des droits ainsi que des intérêts matériels et moraux, tant collectifs qu'individuels, des personnes visées par leur statut » (C. trav., art. L. 411-1). Ex. : TGI Montpellier 23 juill. 1992, *RJS* 2/93, n° 163 (dénonciation des insuffisances sociales du Traité de Maastricht) ; TGI Nanterre (réf.), 3 mai 2002, *RJS* 7/02, n° 843 (critique du programme économique et social d'un parti d'extrême-droite).

5. V. aussi : Soc. 7 mars 1979, *JS UIMM* 1979. 419 (demandeurs membres du comité d'entreprise qui s'estimaient diffamés par le syndicat CGT et la déléguée syndicale). La Chambre cri-

2) Libre diffusion des publications et tracts. Elle est libre, sous les mêmes conditions [1], pour les publications et tracts de nature syndicale, même dans l'enceinte de l'entreprise [2]. Mais il n'y a pas entrave de la part du chef d'entreprise à s'opposer ou réagir à la diffusion d'un tract politique [3]. La diffusion n'est possible qu'aux heures d'entrée et de sortie du travail (expression que les juges entendent de façon stricte) [4]. La diffusion des tracts par voie postale à l'adresse personnelle des salariés ne se heurte évidemment à aucune restriction ; dans le cas des entreprises de travail temporaire, elle est de droit et effectuée aux frais de l'employeur (C. trav., art. L. 2142-7).

Le développement des nouvelles techniques d'information et de communication a fait surgir de nouveaux problèmes. Depuis la loi du 4 mai 2004, un accord d'entreprise peut autoriser la mise à disposition des publications et tracts de nature syndicale, soit sur un site syndical sur l'intranet de l'entreprise, soit par diffusion sur la messagerie électronique de celle-ci [5], cette diffusion ne devant pas affecter le bon fonctionnement du

minelle s'est montrée assez restrictive : Crim. 18 juin 1985 (condamnation pénale de syndiqués pour un tract ou une affiche : « le patron commence par se servir... ».) ; Crim. 23 nov. 1993, *Bull.* n° 351 (des attaques personnelles – affiche ou tract dénonçant un « chef surmené »... – excèdent « les limites admissibles d'une polémique née d'un conflit social »). Le syndicat ne peut être tenu pour juridiquement responsable des actes fautifs commis par les membres de la section, sauf à prouver sa participation directe à l'agissement dommageable (Paris, 10 mai 1993, *RJS* 7/93, n° 834).

1. Soc. 10 juin 1999, *Act. jur. CFDT* 1999, n° 138, p. 20 (le terme « salaud » employé sans précaution ni réserve dans un tract est une injure engageant la responsabilité civile du syndicat). Comp. : Paris, 2 oct. 2005, *D.* 2005. IR 2825 ; *Sem. soc. Lamy*, n° 1247, 6 févr. 2006, obs. O. Gouël (responsabilité d'un syndicat, sur le fondement de l'art. 1382 C. civ., à l'égard d'une compagnie aérienne à raison de la distribution – non aux salariés, mais aux passagers embarquant dans un aéroport – d'un tract dénonçant le recours de cette compagnie à des intérimaires durant une grève, donc mettant en cause la sécurité du transport assuré par elle, jetant le discrédit sur cette entreprise et pouvant ainsi détourner la clientèle au profit de compagnies concurrentes).

2. Crim. 30 janv. 1973, *Bull. crim.* n° 54 (la loi n'impose pas que la libre diffusion ne se fasse qu'à proximité immédiate du point de franchissement de cette enceinte, sous réserve du cas où il serait constaté qu'elle a été abusivement faite dans des conditions de nature à apporter un trouble injustifié à l'exécution normale du travail ou à la marche de l'entreprise) ; Crim. 12 févr. 1979, *D.* 1979. IR 427, obs. J. Pélissier ; 21 févr. 1979, *Dr. ouvrier* 1979. 354. Les dispositions de cet article, qui se bornent à réoganiser la diffusion des tracts par les syndicats professionnels aux travailleurs à l'intérieur de l'entreprise, ne sont pas applicables à une diffusion de tracts à l'extérieur de l'entreprise (Soc. 28 févr. 2007, n° 05-15.228 : *Bull. civ.* V, n° 37 ; *RDT* 2007. 466, note E. Peskine).

3. Crim. 27 mars 1979, *JS UIMM*, n° 400, p. 363 ; 25 nov. 1980, *JS* 1981, F. 14 (sanctions disciplinaires prononcées contre les distributeurs de tracts politiques).

4. V. : Crim. 12 févr. 1979, préc. (diffusion interdite pendant la pause de la mi-journée) ; Soc. 8 juill. 1982, *Bull. civ.* V, n° 355 ; 9 juin 1983, *D.* 1983. IR 352 (irrégularité d'une diffusion pendant le repas pris dans l'entreprise) ; 27 mai 1997, *Dr. soc.* 1997. 759, obs. J. Savatier (illicéité du dépôt de tracts sur les bureaux des personnels absents en dehors des heures de travail et distribution de tracts après le début du travail) ; Soc. 31 mars 1998, *Dr. soc.* 1998. 727, obs. G. Couturier (illicéité de la diffusion d'une invitation à une réunion, remise sous enveloppe, pendant les heures de travail).

5. Ne constitue pas une diffusion, au sens de l'article L. 2142-6 C. trav., le fait que le message syndical soit arrivé dans les seules boîtes électroniques des responsables d'agence : Soc. 10 janv. 2012, n° 10-18.558 : *RDT* 2012. 167. Solution, *a priori* curieuse, qu'explique certainement par la qualité des destinataires du message.

réseau informatique de l'entreprise, ni entraver l'accomplissement du travail ; l'accord doit, en tout cas, définir les modalités de cette diffusion [1], en précisant notamment les conditions d'accès des syndicats et les règles techniques visant à préserver la liberté de choix des salariés d'accepter ou refuser le message (C. trav., art. L. 2142-6) [2]. Mais si l'expression dans le périmètre de l'entreprise subit ainsi quelque restriction, la portée pratique de celle-ci se trouve limitée par la liberté de « communication par voie électronique » dont bénéficie tout syndicat, comme quiconque, dès lors qu'il s'adresse « au public » et non plus aux salariés de telle entreprise [3].

3) Liberté des réunions syndicales (C. trav., art. L. 2142-10). La liberté de réunion est prévue, mais les réunions ne peuvent être que mensuelles ; elles doivent avoir lieu en dehors des lieux de travail et en dehors du temps de travail des participants ; elles doivent avoir un objet syndical [4]. La loi du 28 octobre 1982 n'a pas satisfait la revendication syndicale d'heures d'information syndicale pendant le temps de travail [5]. En revanche, elle autorise les sections syndicales à inviter des personnes extérieures à l'entreprise (mais la section syndicale n'a un véritable pouvoir de décision que pour inviter des personnalités syndicales et seulement dans le local syndical) [6].

---

1. L'accord d'entreprise mettant à la disposition des organisations syndicales la messagerie électronique interne pour la publication d'informations syndicales peut subordonner cette faculté à l'existence d'un lien entre le contenu des communications et la situation sociale existant dans l'entreprise (Soc. 22 janv. 2008, n° 06-40.514 : *RDT* 2008. 324, obs. G. Borenfreund).

2. J.-E. Ray, CGT, CFDT, CNT, CE et TIC. Rapports collectifs de travail et nouvelles technologies de l'information et de la communication : *Dr. soc.* 2012. 362. Compte tenu des exigences légales, il faut admettre, avec cet auteur, qu'en matière d'accord TIC, c'est l'employeur qui décide. Mais un accord vaut peut-être mieux que des pratiques sauvages sur des réseaux externes à l'entreprise. Le Conseil constitutionnel a considéré que l'article L. 2142-6 n'est pas inconstitutionnel : Cons. const., 27 sept. 2013, n° 2013-345, *Sem. soc. Lamy*, n° 1606, p. 13, chron. L. Pécaut-Rivolier et Y. Struillou. Ainsi que le relèvent ces auteurs, le Conseil constitutionnel semble admettre que les salariés, utilisant leur poste de travail professionnel, puissent, d'une part, accéder aux messageries syndicales externes et, d'autre part, recevoir des communications syndicales provenant de ces mêmes messageries.

3. La Cour de cassation a néanmoins érigé des limites à cette liberté. Après avoir rappelé qu'il résulte de l'art. 10, § 2, de la Conv. EDH que des restrictions peuvent être prévues par la loi lorsqu'elles sont nécessaires à la protection des droits d'autrui, notamment pour empêcher la divulgation d'informations confidentielles, de telle restrictions devant être proportionnées au but légitime poursuivi, et que selon l'art. 1er de la loi n° 2004-575 du 21 juin 2004, la liberté de communication électronique peut être limitée dans la mesure requise notamment par la protection de la liberté et de la propriété d'autrui, elle affirme que « si un syndicat a le droit de communiquer librement des informations au public sur un site internet, cette liberté peut être limitée dans la mesure de ce qui est nécessaire pour éviter que la divulgation d'informations confidentielles porte atteinte aux droits des tiers » : Soc. 5 mars 2008, n° 06-18.907 : *JCP S* 2008, 1600, note B. Gauriau, censurant Paris, 15 juin 2006 : *JCP S* 2006, 1790, étude B. Gauriau.

4. Sinon, l'employeur peut la faire interdire par le juge des référés.

5. Des syndicats ont tenté d'organiser des réunions en invoquant le droit de grève : si la grève est fictive, la réunion est irrégulière (Crim. 9 nov. 1971, *JCP* 1972. II.17074 ; Soc. 4 juill. 1972, et 16 mai 1973, *Dr. soc.* 1974. 55). V. aussi : Soc. 26 mars 1980, *Bull. civ.* V, n° 297 ; 8 nov. 1988, *Dr. ouvrier* 1989. 240 (grève véritable, donc pas besoin de l'autorisation du chef d'entreprise).

6. Art. L. 2142-10. L'invitation de personnalités extérieures autres que syndicales suppose l'accord du chef d'entreprise ; il en est de même pour l'invitation de personnalités syndicales

1252 *Moyens matériels de la section* ◊ La loi prévoit que la section peut librement collecter les cotisations ; qu'il doit lui être fourni un local ; qu'un crédit d'heures global doit lui être attribué.

1) Libre collecte des cotisations syndicales (C. trav., art. L. 2142-2). La collecte des cotisations syndicales peut être effectuée à l'intérieur de l'entreprise. Le texte actuel ne précise plus, comme le faisait le texte antérieur, « en dehors des temps et des locaux de travail ». Ce droit a son importance dans la mesure où le système français interdit le précompte des cotisations syndicales (le *check off* des pays anglo-saxons) (C. trav., art. L. 2141-6). La collecte est normalement une tâche du délégué syndical.

2) Local syndical (C. trav., art. L. 2142-8). Dans les entreprises ou établissements de plus de 200 salariés, un local doit être mis à la disposition des sections syndicales par l'employeur. Commun aux diverses sections lorsque l'entreprise ou l'établissement compte moins de 1 000 salariés [1], ce local devient propre à chacune d'entre elles au-delà de ce seuil, dès lors qu'elles ont été constituées par des organisations syndicales représentatives [2]. Ce local doit être convenable, aménagé et doté du matériel nécessaire à son fonctionnement [3]. Les modalités d'aménagement et d'utilisation par les sections syndicales des locaux mis à leur disposition sont fixées par accord avec l'employeur (C. trav., art. L. 2142-9). L'employeur qui déplace d'office le local syndical, sans autorisation judiciaire préalable et malgré l'opposition d'une organisation syndicale, porte atteinte à la liberté syndicale [4].

3) Crédit d'heures global (C. trav., art. L. 2143-16) [5]. Chaque section syndicale dispose d'un crédit global d'heures. Ce contingent est de 10 heures par an (entreprises d'au moins 500 salariés) et de 15 heures par an (entreprises d'au moins 1 000 salariés). Il est mis à la disposition soit des délégués syndicaux, soit des salariés adhérents au syndicat avec une finalité précise : la préparation de la négociation de la convention ou accord d'entreprise.

---

lorsque la réunion doit avoir lieu dans un local autre que le local syndical. Comp. avec les réunions organisées par le comité d'entreprise (v. ss 1166). Pour la liberté d'une réunion d'information syndicale : Soc. 10 oct. 1989, *Bull. civ.* V, n° 577. Les représentants du personnel peuvent, eux, se réunir pendant le temps de travail, la réunion étant imputée sur leur temps de délégation.

1. V. Cass. QPC, 10 avr. 2014, n° 14-40.008, publié.

2. Alors même que le seuil de 1 000 salariés a été franchi, les sections syndicales constituées par des syndicats qui ne sont pas représentatifs se partagent donc le même local.

3. Ces exigences ne sont curieusement affirmées qu'à propos du local attribué à chaque section syndicale dans les entreprises de plus de 1 000 salariés. S'agissant du local commun, mis à la disposition des sections syndicales dans les entreprises de plus de 200 salariés, la loi précise simplement qu'il doit convenir « à l'exercice de la mission de leurs délégués ». On peut penser que cela renvoie aux exigences précitées.

4. Soc. 13 janv. 2010, n° 08-19.917 : *RDT* 2010. 178, obs. M. Grévy. On peut penser que le choix de l'implantation du local syndical doit faire l'objet d'un accord avec l'employeur et qu'en cas de désaccord, il appartient au juge de trancher. Il résulte de ce même arrêt que le local syndical doit en principe être implanté dans la zone de travail et, qu'à tout le moins, cette implantation ne doit pas entraver la liberté d'aller et venir des salariés et de leurs représentants entre le lieu de travail et le local syndical. V. aussi, antérieurement, Soc. 26 sept. 2007, n° 06-13.810 : *Bull. civ.* V, n° 143.

5. Sur la technique du crédit d'heures, v. ss 1142 s.

SECTION 3. LE REPRÉSENTANT DE LA SECTION SYNDICALE

1253 ***Désignation*** ◊ Créé par la loi du 20 août 2008 portant rénovation de la démocratie sociale et réforme du temps de travail, le représentant de la section syndicale peut être désigné dans l'entreprise ou l'établissement par les syndicats qui n'y sont pas représentatifs [1].

1254 ***Prérogatives*** ◊ Le représentant de la section syndicale bénéficie des mêmes prérogatives que le délégué syndical, à l'exception notable du pouvoir de négocier des accords collectifs (C. trav., nouv. art. L. 2142-1-1,). Toutefois, par dérogation, lorsqu'en raison d'une carence au premier tour des élections professionnelles, un délégué syndical n'a pu être désigné au sein de l'entreprise ou de l'établissement ou lorsqu'il n'existe pas de délégué syndical dans l'entreprise ou l'établissement, le représentant de la section syndicale désigné par une organisation syndicale affiliée à une organisation syndicale représentative au niveau national et interprofessionnel peut disposer, sur mandatement par son organisation syndicale du pouvoir de négocier et conclure un accord d'entreprise ou d'établissement [2]. Si, à l'issue des élections professionnelles suivant le mandatement du représentant de la section syndicale, l'organisation syndicale à laquelle il est adhérent n'est pas reconnue représentative et nomme un autre représentant de la section syndicale, celui-ci ne peut pas être mandaté jusqu'aux six mois précédant les dates des élections professionnelles dans l'entreprise (C. trav., nouv. art. L. 2143-23) [3].

1255 ***Moyens*** ◊ Chaque représentant de la section syndicale dispose de quatre heures de délégation par mois qui, conformément aux règles classiques en la matière, sont de plein droit considérées comme temps de travail et payées à l'échéance normale (C. trav., art. L. 2142-1-3) [4].

---

1. Sur les conditions de désignation du représentant de la section syndicale, v. ss 1111. P. Adam, « L'action syndicale non représentative dans l'entreprise », *Dr. ouvrier* 2014. 1.

2. La validité de l'accord d'entreprise ou d'établissement négocié et conclu avec le représentant de la section syndicale est subordonnée à son approbation par les salariés à la majorité des suffrages exprimés dans des conditions déterminées par décret et dans le respect des principes généraux du droit électoral. Faute d'approbation, l'accord est réputé non écrit (art. L. 2232-14).

3. Ces dispositions ne sont pas applicables dans les entreprises qui entrent dans le champ des articles L. 2232-21 à L. 2232-29 du Code du travail et de l'article 14 de la loi du 20 août 2008, ni dans les entreprises qui entrent dans le champ des conventions de branche ou accords professionnels conclus en application des articles L. 2232-21 à L. 2232-29 du Code du travail dans leur rédaction antérieure à la publication de cette même loi (art. 6-III de la loi du 20 août 2008). La rédaction pour le moins confuse des textes rend extrêmement problématique la détermination exacte du rôle dévolu au représentant de la section en matière de négociation collective. Pour des éclaircissements, v. Y. Pagnerre, Le représentant de la section syndicale : *JCP S* 2009. 1156.

4. Cette même disposition précise également que l'employeur qui entend contester l'utilisation faite des heures de délégation saisit le juge judiciaire. Remarquons que lorsque, dans les entreprises de moins de cinquante salariés, un délégué du personnel est désigné en qualité de

SECTION 4. LES DÉLÉGUÉS SYNDICAUX

1256 ***Désignation*** ◊ Les délégués syndicaux peuvent être désignés par tout syndicat représentatif, à la condition que l'entreprise emploie au moins 50 salariés (C. trav., art. L. 2143-3). Mais le fonctionnement de l'institution dépend de plusieurs seuils, dont l'articulation est complexe.

1257 ***Organisation calquée sur celle de l'entreprise*** ◊ Rappelons [1] que :

– si l'entreprise est unitaire et compte moins de 50 salariés, tout syndicat représentatif peut désigner un délégué du personnel titulaire comme délégué syndical pour la durée de son mandat (sans augmentation de son crédit d'heures de délégué du personnel) ;

– si l'entreprise est unitaire et emploie au moins 50 salariés, ou comporte plusieurs établissements occupant au total au moins 50 salariés, le nombre de délégués par section syndicale croît (de 1 à 5) en fonction des effectifs ;

– dans l'entreprise qui comporte au moins deux établissements de 50 salariés ou plus, chaque syndicat représentatif peut désigner l'un de ses délégués d'établissement [2] pour remplir la fonction de délégué syndical central l'entreprise dépasse 2 000 salariés, chaque syndicat représentatif peut désigner un délégué syndical central distinct des délégués d'établissement ;

– si l'entreprise compte au moins 500 salariés et comporte plusieurs collèges électoraux, chaque syndicat représentatif qui a obtenu au moins un élu dans le collège des ouvriers et employés, et au moins un élu dans l'un des deux autres collèges, peut désigner un délégué *supplémentaire* parmi ses adhérents appartenant à la catégorie de la maîtrise ou des cadres [3] ;

Ainsi la grande entreprise compte-t-elle en son sein non pas simplement un ou plusieurs délégués syndicaux, mais un appareil syndical ramifié. Au surplus, la fonction de délégué syndical est compatible avec toute fonction élective (C. trav., art. L. 2143-9).

1258 ***Fonctions et responsabilités des délégués syndicaux*** ◊ La loi se borne à disposer que ces délégués sont désignés par leur syndicat « pour le représenter auprès de l'employeur » (C. trav., art. L. 2143-3), et ne définit pas davantage leurs attributions. Ce qui conduit à leur reconnaître une compétence *générale*.

---

représentant de la section syndicale, il ne bénéficie pas, sous réserve de dispositions conventionnelles plus favorables, d'un crédit d'heures supplémentaire. La loi précise par suite, que le temps dont dispose le délégué du personnel pour l'exercice de son mandat peut être utilisé dans les mêmes conditions pour l'exercice de ses fonctions de représentant de la section syndicale (art. L. 2142-1-4).

1. Sur la désignation des délégués syndicaux v. ss 1106 s.

2. Cette faculté est ouverte même si le syndicat n'a qu'un seul délégué d'établissement dans l'entreprise (Soc. 16 déc. 1992, *RJS* 1/93, n° 52).

3. La désignation d'un délégué syndical central et celle d'un délégué supplémentaire sont distinctes et ne s'excluent pas.

Leur fonction de *représentation* et de défense des syndiqués et de l'ensemble du personnel s'apparente à celle des délégués élus, mais porte sur un domaine plus vaste [1]. Ils assurent la défense des intérêts collectifs des salariés, en présentant toute réclamation ou revendication. Informant la direction, et en retour leurs collègues de travail, leur vocation est typiquement médiatique. Interlocuteurs privilégiés du chef d'entreprise, c'est avec eux que chaque année il doit engager la négociation sur les salaires et la durée du travail. Leur fonction essentielle est donc la *négociation*, même informelle [2].

Outre leurs attributions propres, ils exercent en pratique les droits de leur syndicat qui découlent de l'existence de la section syndicale. Certes, au sein de la section syndicale, ils n'exercent aucun pouvoir, mais ils animent celle-ci, sans pouvoir être rendus responsables de son comportement.

C'est enfin *en cas de conflit* que leur rôle prend sa pleine dimension. Très actifs avant et pendant une grève ainsi que lors de la reprise du travail, ils se voient assigner par la jurisprudence une fonction modératrice et pondératrice. D'ailleurs, leur mandat subsiste en période de grève [3].

Ils peuvent être poursuivis soit au *plan pénal* pour atteinte à la liberté du travail, soit au *plan civil* en réparation des dommages causés à l'employeur [4].

1259 ***Moyens d'action des délégués syndicaux*** ◊ Outre le crédit d'heures de fonctions qui leur est alloué et les facilités qu'ils trouvent dans les moyens attribués à la section syndicale, l'article L. 2143-20 leur confère une triple faculté : 1) celle de *s'absenter* de leur poste de travail ; 2) celle de *se déplacer librement* dans l'entreprise tant pendant leurs heures de délégation qu'en dehors de leurs heures de travail, avec la possibilité de prendre tout contact nécessaire et de s'entretenir avec les salariés, à condition de ne pas apporter de gêne importante à l'exécution du travail ; 3) celle de *quitter* l'établissement pendant les heures de délégation [5].

En raison de l'ampleur de leur mandat, tout déplacement coïncidera, sauf abus caractérisé, avec l'accomplissement d'une de leurs missions [6].

---

1. Crim. 24 mai 1973, *D.* 1973. 599, note J. Savatier ; *JCP* 1974.II.17651, note N. Catala ; *Grands arrêts*, 4e éd., 2008, n° 139. Compétence pouvant s'étendre aux questions de sécurité par exemple (Crim. 4 nov. 1981, *Dr. ouvrier* 1983. 71). Mais n'entre pas dans leurs attributions, l'assistance des salariés en justice (Soc. 9 avr. 1987, *Bull. civ.* V, n° 226) ni le contrôle d'un scrutin national, leur mission étant cantonnée à l'entreprise (Soc. 19 mars 1987, *Bull. civ.* V, n° 174). À défaut de pouvoir spécial donné par leur syndicat, ils sont irrecevables à agir en annulation d'élections professionnelles dans l'entreprise (Soc. 31 janv. 2001, *Dr. soc.* 2001. 457, obs. J. Savatier).

2. Les accords signés par le délégué lient son organisation, dès lors que celle-ci n'a pas notifié en temps utile à l'employeur la suspension ou le retrait de son mandat (Soc. 19 févr. 1992, *RJS* 4/92, n° 472).

3. Crim. 26 févr. 1979, *D.* 1979. IR 426, obs. J. Pélissier.

4. Soc. 8 févr. 1972, *D.* 1972. 656, note J. Savatier.

5. V. Crim. 25 mars 1982, *Dr. ouvrier* 1983. 152 ; 27 sept. 1988, *JS UIMM* 1989. 511 (notion de gêne).

6. La Cour de cassation considère toutefois que le temps consacré à une instance électorale ne relève pas de la mission du délégué syndical (Soc. 10 oct. 1990, *Bull. civ.* V, n° 452 ; 2 juin 1993, *Bull. civ.* V, n° 157). Jurisprudence contestable compte tenu des responsabilités attribuées par la loi au syndicat dans l'organisation des élections dans l'entreprise. Entre, en revanche,

Jouera pleinement pour eux la présomption légale d'utilisation de leur crédit d'heures à des activités conformes à leurs fonctions, quels que soient l'absence, le déplacement, le contact pris.

SECTION 5. RÉGIMES PARTICULIERS

1260 ***Le droit conventionnel dans le secteur privé*** [1] ◊ L'article L. 2141-10 rappelle que la loi ne fait pas obstacle à l'application de conventions et d'accords plus favorables : institution de délégués là où cela n'est pas obligatoire, accroissement du nombre des délégués (C. trav., art. L. 2143-12), crédit d'heures majoré, etc. [2]. De toute manière, l'institution appelle une négociation constante (utilisation du local). Mais la loi constitue un minimum dont aucune décision unilatérale de l'employeur, aucune convention, aucun usage ne peut rien retrancher.

Certaines grandes entreprises et certaines branches professionnelles ont ainsi leur régime propre du droit syndical, qui vaut et s'impose dès lors qu'il est plus favorable que le régime légal [3]. D'ailleurs, les dispositions d'une convention ou d'un accord collectif tendant à améliorer l'exercice du droit syndical ou les institutions représentatives du personnel bénéficient de plein droit à tous les syndicats représentatifs dans l'entreprise, sans qu'il y ait lieu de distinguer entre ceux qui ont signé ou adhéré à cet accord et ceux qui n'y sont pas parties [4]. On reconnaît là, aujourd'hui, un effet du « principe d'égalité, de valeur constitutionnelle », dont la portée reste incertaine mais dont il est acquis, par exemple, qu'il ne permet pas à un employeur de subventionner un syndicat représentatif et non un autre au motif qu'il n'est pas partie à l'accord prévoyant cette subvention [5].

Pour lutter contre la désyndicalisation, des accords collectifs visent à encourager l'action syndicale dans l'entreprise. Ces accords, dits parfois « accords AXA » (première entreprise à en avoir signé un de ce type) [6],

dans la mission du délégué l'assistance aux audiences d'un procès mettant en cause d'autres représentants du personnel de l'entreprise à l'occasion d'un conflit collectif (Soc. 1er avr. 1992, *Bull. civ.* V, n° 268).

1. D. Fabre et autres, L'aménagement conventionnel du droit syndical, *Droit syndical dans l'entreprise, Sem. soc. Lamy*, Suppl. n° 1263, préc., p. 23. V. ss 1066.

2. Diffusion de tracts pendant la pause ; local pour chaque organisation ; réunions syndicales pendant les heures de travail, etc. Les usages jouent ici le même rôle que les conventions.

3. Soc. 6 avr. 1994, *Dr. soc.* 1994. 567.

4. Mais la Cour de cassation admet que le bénéfice des avantages conventionnels soit soumis à une exigence de représentativité. V. en dernier lieu, Soc. 22 sept. 2010, n° 09-60.410, *JCP S* 2010. 1499, note B. Gauriau.

5. Soc. 29 mai 2001, *Dr. soc.* 2001. 821, note G. Borenfreund. V. ss 999.

6. *Act. jur. CFDT*, n° 85, nov. 1990, p. 17. À propos d'un accord plus récent v. : J. Savatier, L'organisation de la représentation syndicale dans les groupes de sociétés. L'exemple des accords du groupe AXA, *Dr. soc.* 2001. 498.

prévoient une subvention patronale de l'activité syndicale [1] et s'efforcent d'améliorer les chances de carrière et de formation des représentants du personnel. Ils témoignent d'une volonté commune de certains dirigeants patronaux et syndicaux de conforter la représentation syndicale dans les entreprises. Malgré les vives critiques adressées par certains [2] et les incertitudes relatives à la licéité de certaines de leurs dispositions [3], ils participent d'une orientation stratégique de certains syndicats [4] et l'accord interprofessionnel du 31 octobre 1995 a encouragé leur développement [5].

1261 ***Secteur public : négociation obligatoire de compléments*** ◊ La loi du 26 juillet 1983 sur la démocratisation du secteur public a étendu les moyens des syndicats dans les entreprises qui en relèvent (C. trav., art. L. 2144-1, L. 2144-2) [6]. Elle institue une négociation, ici *obligatoire* pour l'employeur, concernant les modalités *complémentaires* d'exercice du droit syndical, portant sur les points suivants :

– réunions syndicales dans l'enceinte de l'entreprise et pendant le temps de travail, avec possibilité accordée aux salariés d'y assister sans perte de salaire (c'est l'information syndicale pendant le travail réclamée par les syndicats) ;

– possibilité pour les syndiqués (dans les limites d'un quota) d'obtenir une suspension du contrat de travail, afin d'exercer des fonctions de permanent de leur organisation, avec réintégration dans l'emploi ;

– possibilité d'autorisations d'absence au bénéfice des syndiqués pour assister aux réunions statutaires de leur organisation ou à des réunions syndicales hors de l'entreprise ;

– facilités pour la collecte des cotisations syndicales (C. trav., art. L. 2144-2).

L'article 41 non codifié de la loi traite du régime de cette obligation de négocier spécifique, calqué sur celui de l'obligation annuelle de négocier dans l'entreprise. Ce qui précède s'explique par la plus grande syndicalisation des salariés du secteur public.

1. Par la remise d'un « chèque syndical » à chaque salarié, qui peut l'endosser au profit de l'organisation de son choix.
2. G. Adam, Les syndicats sous perfusion, *Dr. soc.* 1990. 833.
3. G. Borenfreund, La licéité des accords collectifs relatifs au droit syndical, *Dr. soc.* 1992. 893 ; J.-M. Verdier, Liberté et égalité : le pluralisme syndical à l'épreuve des accords collectifs relatifs à l'exercice du droit syndical, *Mélanges H. Sinay*, p. 69.
4. V. N. Notat, *Dr. soc.* 1991. 93.
5. ANI du 31 oct. sur la politique contractuelle. V. : G. Coin, *Dr. soc.* 1996. 3 ; G. Auzero, *Les accords d'entreprise relatifs au droit syndical et à la représentation du personnel*, Th. Bordeaux IV, 1997.
6. A. Jeammaud, La démocratisation du secteur public, *AJDA* 1983. 563.

CHAPITRE 5
LA PARTICIPATION À LA GESTION

1262 ***Participation et présence*** ◊ La participation à la gestion – ou mieux, aux décisions – bien que prévue dans le Préambule constitutionnel de 1946 [1], a été sacrifiée jusqu'ici à la participation aux *résultats* de l'entreprise. La participation à la gestion, ou aux décisions, conduit inévitablement à poser le problème de la présence des salariés *dans les organes de la société de capitaux*. Cette présence acceptée ici (Allemagne), inconnue ailleurs (Grande-Bretagne, États-Unis) existait sous une forme embryonnaire en France : présence de représentants du comité d'entreprise aux séances du conseil d'administration ou de surveillance, n'ayant pas voix délibérative [2].

La question [3] a quelque peu évolué, en deux étapes :

– d'abord du fait de la politique de nationalisation du gouvernement d'Union de la gauche : loi 26 juillet 1983 sur la *démocratisation du secteur public* ;

– puis du fait de la politique de *privatisation* ensuite conduite par des majorités de droite : ordonnance 21 octobre 1986, puis loi du 19 juillet 1993.

– Nous évoquerons seulement cette participation – exceptionnelle – dans *l'entreprise publique* (Section 1), puis dans *l'entreprise privée* (Section 2). Rappelons toutefois que la « participation », entendue comme « l'influence qu'a l'organe représentant les salariés ou les représentants des salariés sur les affaires d'une société » en jouant un rôle dans l'organe de surveillance ou d'administration, est l'une des dimensions de « l'implication des salariés » dans la société européenne, susceptible d'être réalisée dans des

---

1. Rappelons qu'en application du 8e alinéa de ce Préambule, « tout travailleur participe, par l'intermédiaire de ses délégués, à la détermination collective des conditions de travail ainsi qu'à la gestion des entreprises ». Le Conseil constitutionnel a, quant à lui et très récemment, affirmé que ce texte « n'impose pas la présence de représentants des salariés au sein des organes de direction de l'entreprise » (Cons. const., 26 juill. 2013, n° 2013-333 QPC, *Sem. Soc. Lamy* 2013, n° 1606, p. 9, chron. L. Pécaut-Rivolier et Y. Struillou). Cela n'interdit pas de rester convaincu du fait que la participation à la gestion doit s'entendre d'une participation à la prise de décision (V. en ce sens, G. Auzero, « La représentation obligatoire des salariés dans les conseils d'administration et de surveillance », *Dr. soc.* 2013. 740). Une participation qui n'est donc pas obligatoire, sans que l'on sache véritablement pourquoi, à tout le moins d'un point de vue juridique.

2. V. ss 1228.

3. Travaux de la commission Sudreau (Doc. fr. 1975) ; F. Bloch-Lainé, *Pour une réforme de l'entreprise*, Seuil 1963. V. aussi, ss. la direc. d'A. Conchon et M.-N. Auberger, Les administrateurs salariés et la gouvernance d'entreprise, La doc. française, 2009.

sociétés européennes de siège français (C. trav., art. L. 2351-1 s.), y compris (dans une variante « faible ») à travers la modalité subsidiaire du comité de la société européenne (C. trav., art. L. 2353-2 s.).

SECTION 1. LA PARTICIPATION DANS L'ENTREPRISE PUBLIQUE

1263 ***Un élément de « démocratisation »*** ◊ La loi du 26 juillet 1983 sur la démocratisation du secteur public, prolongeant les lois de nationalisation elles-mêmes (L. du 11 févr. 1982), entendait associer les représentants des travailleurs aux grandes décisions prises dans l'entreprise, sans qu'ils aient à interférer avec la gestion quotidienne, et sans qu'une confusion s'établisse avec le rôle des syndicats [1]. La réforme évoquait, à l'époque, l'idéal du « socialisme démocratique et autogestionnaire ». En pratique l'intention du législateur était sans doute de faire cogérer par les syndicats le changement lié à la modernisation.

Cette loi contient deux sortes de dispositions ; les unes (titre III) d'adaptation au secteur public de certaines innovations des lois Auroux (conseils d'atelier, extension des droits syndicaux et des attributions du comité d'entreprise), les autres faisant entrer les représentants élus des salariés aux conseils d'administration et de surveillance (titre II). Il s'agit de *participation minoritaire à la gestion* et le terme de « démocratisation » n'a pas d'autre signification. Mais, si le texte de la loi n'a pas été bouleversé malgré le changement de cap (« libéral ») de 1986, le champ d'application de la loi n'est pas sans incertitude (titre I). Les opérations d'ouverture de capital, qui se sont multipliées depuis vingt ans, ont affecté la portée et la signification de ce dispositif.

1264 ***Champ d'application*** ◊ Il est constitué par les établissements publics industriels et commerciaux (EPIC), ou mixtes de l'État, dont le personnel est soumis à un statut de droit privé (par opposition aux établissements publics administratifs). On distingue :

– les entreprises dites de « premier rang » : établissements publics dont le personnel n'est pas soumis à un régime de droit public ; autres établissements publics de l'État qui assurent à la fois une mission de service public à caractère administratif et à caractère industriel et commercial lorsque la majorité du personnel est soumise au droit privé (Ports autonomes) et les entreprises publiques détenues en majorité par

1. A. Jeammaud, La démocratisation du secteur public, *AJDA* 1983. 563 ; Y. Guyon et M. Bazex, *JCP* 1983. I. 3127 ; Y. Saint-Jours, *Dr. ouvrier* 1985. 409. Sur la décision du Conseil constitutionnel du 20 juill. 1983, v. L. Hamon, *Dr. soc.* 1984. 163 (les conséquences en ont été tirées par une loi du 16 févr. 1984, modifiant le nombre des représentants salariés dans les conseils).

l'État (sociétés nationales ou d'économie mixte, sociétés anonymes et sociétés à forme mutuelle nationalisées) ;

– les entreprises dites de « second rang » : sociétés anonymes dont plus de la moitié du capital est détenu directement ou indirectement, soit par une entreprise de premier rang, soit conjointement par l'État, ses établissements publics ou les sociétés de second rang, lorsqu'elles emploient 200 salariés en moyenne sur les 24 derniers mois.

Il existe divers cas particuliers visés par les annexes [1]. Des seuils d'effectifs multiples et spécifiques existent dans cette loi, laquelle tient compte dorénavant des modifications survenant dans la composition du capital ou dans les effectifs.

1265 ***Composition du conseil d'administration (ou de surveillance)*** ◊ Deux catégories d'entreprises, celles où le conseil est de composition tripartite, celles où il est bipartite :

– le *tripartisme* s'applique aux établissements publics industriels et commerciaux et autres entreprises publiques de premier rang ; mais il y a des exceptions ;

– le *bipartisme* concerne les filiales, les sociétés codétenues et les entreprises visées à l'annexe I.

Dans la première hypothèse, le conseil comprend des représentants de l'*État*, des personnalités nommées pour leur *compétence* et un tiers de représentants élus par les *salariés*.

Dans la seconde, il comprend à hauteur des deux tiers des représentants élus par les *actionnaires*, conformément au régime des sociétés commerciales, et un tiers de représentants élus par les *salariés*.

Il convient de souligner que si dans les filiales et les sociétés codétenues les présidents sont élus par le conseil, dans les établissements publics et entreprises de premier rang, le président est nommé par décret.

L'autonomie de gestion y est donc problématique et le rôle des administrateurs salariés incertain.

1266 ***L'élection des administrateurs salariés*** ◊ Son régime est à comparer avec celui de l'élection des représentants du personnel [2]. L'électorat se confond avec celui en vigueur pour le comité d'entreprise. L'éligibilité en diffère un peu ; surtout les listes de candidats doivent :

– comporter une fois et demi plus de candidats que de sièges ;

– présenter un programme d'orientation relatif à la gestion de l'entreprise ;

– être patronnées soit par une organisation syndicale représentative, soit (formule neuve et originale) par 10 % d'élus du personnel titulaires ou suppléants.

---

1. La liste exhaustive des entreprises concernées, dressée par le Haut-conseil du secteur public en janv. 1984 (643 entreprises, dont 122 maisons mères ; 20 000 salariés concernés) a été sensiblement réduite par l'effet des vagues successives de privatisations depuis 1986.

2. Sur les formalités préparatoires aux élections, et le vote par correspondance : Soc. 17 déc. 1984 ; 28 janv. 1985 ; 19 juin 1985, *Dr. ouvrier* 1986. 112 et 113, *Bull. civ.* V, n° 346.

Un siège est réservé aux cadres. En cas de vacance, il y est pourvu par la nomination du suivant sur la liste. Le contentieux électoral relève du tribunal d'instance.

Il a été nécessaire d'adapter (de réduire), dans le secteur public, la délégation consultative du comité d'entreprise au sein du conseil d'administration. Elle aurait pu être supprimée. Finalement elle est assurée par le seul secrétaire du comité (C. trav., art. L. 2323-64).

D'autre part la loi abroge les dispositions instituant l'actionnariat des salariés dans le secteur public.

1267 ***Statut des administrateurs salariés*** [1] ◊ Le mandat est de 5 ans. Il comporte l'attribution de moyens nécessaires à son exécution, et notamment d'un crédit d'heures (variable : minimum 15 heures par mois). Ce mandat est gratuit et incompatible avec tout mandat de représentation du personnel dans l'entreprise (électif ou syndical) [2]. Si le statut de ces administrateurs salariés est en principe identique à celui des autres administrateurs, le contrat de travail exerce une influence :

– en tant que mandataire social, l'administrateur peut être révoqué pour faute grave dans l'exercice de ses fonctions, mais seulement par décision du président du tribunal de grande instance ;

– en tant que salarié, il bénéficie d'une protection contre le licenciement : avis du conseil d'administration, autorisation de l'inspecteur du travail. Ainsi la possibilité de licenciement s'ajoute à celle de révocation judiciaire. Au surplus toute modification apportée au contrat de travail doit être soumise pour avis au conseil auquel appartient le salarié.

Le statut de ces salariés administrateurs diffère aussi de celui des administrateurs ordinaires au regard de leur responsabilité. La loi invite à tenir compte de la gratuité du mandat et exclut toute responsabilité solidaire.

1268 ***Privatisation*** ◊ Les lois de privatisation de 1986 et de 1993 n'ont pas entendu soumettre les entreprises privatisées à des dispositions dérogatoires du droit commun des sociétés commerciales. Elles ont plutôt cherché à modifier le droit commun pour rendre possible le maintien d'une certaine représentation des salariés dans les organes sociaux. En revanche une loi du 25 juillet 1994 [3] impose de prévoir dans les statuts des entreprises privatisées après cette date une clause de participation de représentants élus des salariés au conseil d'administration ou au conseil de surveillance. Mais rien n'interdit aux actionnaires de faire disparaître cette clause après réalisation de l'opération de privatisation. Il convient toutefois de souligner que la loi du 30 décembre 2006 a modifié l'article 8-1 de

1. D. 26 déc. 1983, *ALD* 1984. 45.

2. Les membres d'institutions représentatives du personnel, au sens du Code du travail, ne sont pas inéligibles, mais l'incompatibilité les oblige à choisir (Soc. 13 mars. 1985, *Dr. ouvrier* 1986. 26).

3. J. Savatier, La représentation des salariés dans les organes de la société anonyme après la loi du 25 juill. 1994, *Dr. soc.* 1995. 33 ; A. Sauret : *JCP E* 1994. 383.

la loi du 6 août 1986 afin de pérenniser la présence d'un nombre minimal d'administrateurs salariés dans les conseils d'administration ou de surveillance de sociétés qui ont fait l'objet d'un transfert dans le secteur privé dans le passé [1]. Plus précisément, le texte précité dispose que « les statuts de toute société dont le transfert au secteur privé a été décidé en application de l'article 4 de la loi n° 86-793 du 2 juillet 1986 (...) et qui ont prévu que le conseil d'administration ou le conseil de surveillance, selon le cas, comprend au moins deux membres représentant les salariés actionnaires ne peuvent être modifiés de telle sorte que ce nombre puisse être inférieur à : un, si le conseil d'administration ou le conseil de surveillance compte moins de quinze membres et deux s'il compte quinze membres ou plus » [2].

SECTION 2. LA PARTICIPATION DANS L'ENTREPRISE PRIVÉE [3]

1269 ***Représentants élus des salariés (dispositif facultatif)*** ◊ L'ordonnance 86-1135 du 21 octobre 1986, relative à la participation des salariés à la gestion, a modifié la loi du 24 juillet 1966 sur les sociétés. Elle a été conçue dans la perspective d'un mouvement de privatisation d'entreprises publiques, notamment des entreprises nationalisées en 1982 par la majorité et le gouvernement d'Union de la gauche [4]. Ces dispositions, qui concernent les sociétés anonymes, ont aujourd'hui trouvé place dans le Code de commerce. Elles prévoient :

– une participation *facultative* de représentants élus du personnel aux organes de la société, pour les sociétés qui peuvent modifier leurs statuts à cet effet [5] ;

– une participation adaptée à la *forme de la société* puisqu'elle peut s'exercer au sein du conseil d'administration (C. com., art. L. 225-27 s.) ou du conseil de surveillance (C. com., art. L. 225-79 s.) ;

– une *véritable participation*, puisque les administrateurs salariés ont voix *délibérative*, alors que les représentants du comité d'entreprise de l'article L. 2323-62 du Code du travail, n'ont que voix consultative ;

---

1. Il reste difficile de savoir si cette disposition s'applique uniquement aux sociétés qui, antérieurement à leur privatisation, avaient introduit dans leurs statuts une clause prévoyant une telle représentation ou si elle concerne également les entreprises ayant prévu la même stipulation postérieurement à leur privatisation.

2. On peut s'étonner que cette mesure n'ait pas été étendue aux sociétés privatisées en application de la loi du 25 juill. 1994.

3. E. Jeansen, Représentation des salariés dans les organes de gestion de la société anonyme : *J.-Cl. Travail Traité*, Fasc. 15-82, 2011 ; G. Auzero, Les salariés et la gouvernance des sociétés non cotées, *Journal des soc.*, juin 2011, p. 61 ; J.-M. Moulin, La participation des salariés à la gestion de la société : *Bull. Joly* 2002. 571.

4. J.-J. Daigre, Les représentants salariés élus au conseil d'administration ou de surveillance des sociétés anonymes *Dr. soc.* 1987. 450.

5. Le nombre de sociétés ayant usé de cette faculté semble réduit.

– une participation *minoritaire* : le nombre d'élus des salariés ne peut excéder le tiers ; tout paritarisme est donc exclu et l'on évitera de parler de « cogestion ».

Comparés aux autres représentants du personnel, ces salariés administrateurs ont un statut original [1] :

– ils ont les mêmes droits et obligations que les autres administrateurs [2] ;

– ils sont élus par les salariés du groupe (société mère et filiales directes et indirectes ayant leur siège social en France), sur présentation, soit d'organisations syndicales, soit d'une fraction du personnel (5 %) ; le monopole de présentation syndicale a ici disparu [3] ;

– leur mandat est incompatible avec tout autre mandat électif ou syndical (la participation exclut la contestation, en quelque sorte) [4] ; l'éligibilité requiert une ancienneté de 2 ans ; le mandat, de 6 ans au maximum, est renouvelable ;

– leur rémunération ne peut être réduite du fait de l'exercice de leur mandat (ils percevront des jetons de présence en sus). Disposant d'un crédit d'heures pour exercer leur mandat, ils bénéficient, à leur demande, d'une formation adaptée à l'exercice de leur mandat, à la charge de la société [5]. Si leur licenciement est soumis aux mêmes exigences que celui des représentants du personnel (C. trav., art. L. 2411-1, 12°), leur mandat social ne peut être révoqué que pour faute, par décision du président du tribunal de grande instance statuant en la forme des référés.

1270 ***Représentants élus des salariés (dispositif obligatoire)*** ◊ La loi relative à la sécurisation de l'emploi du 14 juin 2013 a franchi une étape importante en matière de participation des salariés à la gestion de l'entreprise, en rendant leur présence obligatoire dans les organes de la société qui la structure juridiquement [6]. La réforme n'en reste pas moins timide, si l'on en juge par son champ d'application. Sont en effet concernées par ce dispositif obligatoire, les sociétés qui emploient, à la clôture de deux exercices consécutifs, au moins cinq mille salariés permanents dans la

1. C. com., art. L. 225-27 à 34. Ces salariés administrateurs ne doivent pas être confondus ni avec les administrateurs cumulant un contrat de travail et un mandat social, ni avec les représentants propres des salariés actionnaires.

2. Sur l'information des administrateurs représentants des salariés, v. Soc. 29 janv. 2008, n° 06-20.311, *RDT* 2008. 248, obs. H. Tissandier.

3. J. Savatier, L'élection des administrateurs salariés dans les sociétés anonymes, *Dr. soc.* 1989. 641.

4. Aux termes de l'art. L. 225-30 C. com., ce mandat est incompatible « avec tout mandat de délégué syndical, de membre du comité d'entreprise, de délégué du personnel ou de membre du CHSCT ». Pour la Cour de cassation, cette incompatibilité est un peu plus large et concerne « tout mandat syndical exercé dans l'entreprise susceptible de créer des conflits d'intérêts avec les fonctions de membre du conseil d'administration », donc un mandat de « permanent syndical » prévu par un accord d'entreprise, de sorte qu'un administrateur salarié ne peut se voir confier une telle fonction (Soc. 30 sept. 2005, *Bull. civ.* V, n° 281).

5. C. com., art. L. 225-30-1 et L. 225-30-2.

6. C. com., art. L. 225-27-1. G. Auzero, « La représentation des salariés dans les conseils d'administration et de surveillance », *Dr. Soc.* 2013. 740.

société et ses filiales, directes ou indirectes, dont le siège social est fixé sur le territoire français, ou au moins dix mille salariés permanents dans la société et ses filiales, directes ou indirectes, dont le siège social est fixé sur le territoire français et à l'étranger, et qui ont pour obligation de mettre en place un comité d'entreprise [1]. Une société n'est pas soumise au dispositif dès lors qu'elle est la filiale, directe ou indirecte, d'une société elle-même soumise à cette obligation [2].

Si les conditions précitées sont remplies, les statuts de la société doivent stipuler que le conseil d'administration ou le conseil de surveillance comprend des administrateurs ou des membres représentant les salariés [3]. Leur nombre varie d'un à deux [4] selon que l'organe en cause compte plus ou moins de douze administrateurs ou membres. Les sociétés remplissant les conditions légales, mais dont les organes comportent déjà des représentants des salariés en application des dispositifs légaux facultatifs [5], ne sont pas soumises au dispositif obligatoire, à la stricte condition que le nombre de ces représentants soit au moins égal au nombre prévu par ce dernier.

Les statuts doivent fixer les conditions dans lesquelles sont désignés les représentants des salariés, selon l'une des modalités énumérées par la loi. Outre l'organisation d'une élection auprès des salariés de la société mère et de ses filiales [6], l'article L. 225-27-1 du Code de commerce évoque la désignation, selon le cas, par le comité de groupe, le comité central d'entreprise ou le comité d'entreprise de la société mère et la désignation par l'organisation syndicale ou chacun des organisations syndicales ayant obtenu le plus de suffrages aux élections au comité d'entreprise ou, à défaut, aux délégués du personnel dans la société et ses filiales. Lorsqu'au moins deux administrateurs sont à désigner, les statuts peuvent prévoir la

1. Cette dernière exigence a pour effet d'écarter du dispositif les sociétés employant moins de 50 salariés. Sont plus particulièrement visées à cet égard les sociétés *holding*.

2. L'articulation de ces dispositions pose des difficultés. Il est certain que doivent être additionnés les effectifs de la société mère et de ses filiales, directes ou indirectes. Si le seuil est atteint, seule la première paraît tenue de modifier ses statuts pour faire entrer dans ses organes des représentants des salariés. Les secondes ne sont soumises à cette obligation que si la société mère y échappe. Cette situation ne semble renvoyer qu'à l'hypothèse dans laquelle le siège social de la société mère n'est pas situé en France et celle dans laquelle cette même société mère n'a pas la forme sociale requise. Mais, en ce cas, se sont toutes les filiales constituées sous forme de société anonyme (SA) ou de société en commandite par actions (SCA) qui seront soumises au dispositif obligatoire. Voilà qui rend problématique la constitution de la société mère sous une autre forme sociale…

3. On aura compris que ne sont visées que les SA, auxquelles il faut ajouter les SCA. Les SAS ne sont donc pas concernées, avec les conséquences que cela semble impliquer pour les filiales constituées sous forme de SA ou de SCA (v. la note précédente).

4. Il s'agit là d'un minimum.

5. En l'occurrence, les articles L. 225-27 C. com., 5 de la loi n° 83-675 du 26 juill. 1983 et 8-1 de la loi n° 86-912 du 6 août 1986.

6. Lorsqu'il est fait application de l'article L. 225-27-1 du Code de commerce, les candidats ou listes de candidats sont présentés par une ou plusieurs organisations syndicales représentatives. C'est donc le monopole de présentation syndicale qui prévaut ici.

désignation de l'un d'entre eux selon les modalités qui viennent d'être décrites et celle de l'autre par le comité d'entreprise européen ou, pour les sociétés européennes, par l'organe de représentation des salariés ou à défaut, par le comité de la société européenne.

Le statut des représentants des salariés désignés en application du dispositif qui vient d'être décrit est identique à celui dont bénéficient les représentants des salariés élus en application du dispositif facultatif prévu par l'article L. 225-27 du Code de commerce (v. ss 1269).

1271 ***Représentants des salariés actionnaires*** [1] ◊ L'idée de démocratiser l'entreprise par l'actionnariat ouvrier est, en France, aussi ancienne que de faible portée. Elle a été notamment mise en œuvre par des sociétés de type particulier (sociétés coopératives ouvrières de production : SCOP ; ou sociétés anonymes à participation ouvrière) ou par l'encouragement de la reprise d'une société par ses salariés [2]. La loi du 25 juillet 1994, s'appuyant sur les possibilités d'actionnariat salarié ouvertes par les privatisations décidées en 1993 [3], permet de réserver aux salariés actionnaires des sièges au conseil d'administration ou au conseil de surveillance des sociétés anonymes (C. com., art. L. 225-23, L. 225-71) [4]. Ces dispositions ont été quelque peu renforcées, d'abord par la loi de modernisation sociale du 17 janvier 2002 [5], puis par la loi du 30 décembre 2006 relative au développement de la participation et de l'actionnariat salarié [6]. Dans les sociétés cotées [7], dès lors que les salariés détiennent plus de 3 % du capital social, un ou plusieurs administrateurs doivent être élus par l'assemblée générale des actionnaires sur proposition des salariés actionnaires [8]. Ceux-ci se prononcent par un vote dans des conditions fixées par les statuts. Ces administrateurs sont élus parmi les salariés actionnaires ou, le cas

1. G. Auzero, Actions de préférence et actionnariat salarié, *Bull. Joly* 2006. 1288. *Adde*, « Le salarié, sujet de droit des sociétés », *Bull. Joly*, juill. 2005.

2. La reprise d'une entreprise par ses salariés (à l'occasion du décès du chef d'entreprise, par exemple) est favorisée par des avantages fiscaux. V. : A. Couret, *Dr. soc.* 1985. 458 et 1987.458. Il est difficile de savoir si l'autorité ne passe pas entre les mains des organismes bancaires ou financiers qui ont facilité le rachat, plutôt qu'entre celles des salariés (les cadres, en fait).

3. Loi n° 92-923 du 19 juill. 1993 (v. M. Durupty, *AJDA* 1993. 712).

4. V. : J. Savatier, La représentation des salariés dans les organes des sociétés anonymes après la loi du 25 juill. 1994, *Dr. soc.* 1995. 33 ; A. Sauret : *JCP E* 1994. 383.

5. C. Malecki, La loi de modernisation sociale et la nouvelle donne de la participation des salariés à la gestion de l'entreprise, *JCP E* 2002. 915.

6. G. Auzero, Développement de la participation et de l'actionnariat salarié, *Bull. Joly* 2007. 331.

7. Restriction introduite par la loi de 2006 afin de ne pas dissuader les PME d'ouvrir leur capital. Le représentant des salariés actionnaires continue ainsi d'être considéré comme un épouvantail, ce qui ne repose sur aucun fondement, l'expérience démontrant que les sociétés qui ont introduit, de manière volontaire, un représentant des salariés actionnaires dans leur conseil d'administration sont généralement satisfaites de cette décision (v. en ce sens I. Debré, Rapp. au nom de la commission des affaires sociales du Sénat sur le projet de loi relatif au développement de la participation et de l'actionnariat salarié).

8. Ce dispositif ne s'applique pas lorsque l'organe social comporte des représentants des salariés élus en application des art. L. 225-27 ou L. 225-79 (art. L. 225-23 et L. 225-71). Pour une illustration, v. Com. 16 févr. 2010, n° 09-65.402 : *Dr. sociétés* 2010, n° 90, obs. M. Roussille.

échéant, parmi les salariés membres du conseil de surveillance d'un fonds commun de placement d'entreprise détenant des actions de la société [1].

Le législateur multiplie ainsi des dispositions complexes et sans portée significative, et évite les mesures simples qui pourraient donner véritablement voix délibérative aux représentants des salariés au sein des organes sociaux [2].

1. Sur les informations dues aux administrateurs salariés, v. Com. 29 janv. 2008, 06-20. 311 : *RDT* 2008. 248, obs. H. Tissandier.
2. J. Savatier, préc., p. 38.

TITRE 2

NÉGOCIATIONS ET CONVENTIONS COLLECTIVES

§ 1. Notions premières

1272 ***Sens et portée du droit conventionnel du travail*** ◊ Avec l'invention des conventions collectives, le droit du travail a donné le jour à une technique juridique très originale, qui transcende la division habituelle entre la loi et le contrat. L'inégalité économique, mais aussi juridique (inhérente à la subordination), qui caractérise le contrat individuel de travail, a conduit à rechercher au plan collectif des moyens de restaurer un certain équilibre entre employeurs et salariés. De ce point de vue, la convention collective a d'abord été une invention de la pratique. Tandis qu'un ouvrier ne peut négocier sur un pied d'égalité avec son patron, un syndicat est susceptible de le faire, en recourant au besoin à la grève. Très tôt les syndicats ont ainsi cherché à conclure avec les employeurs des accords qui garantissent un certain nombre de droits aux ouvriers qu'ils représentaient. Ce type de contrat collectif ne pouvait être pleinement reconnu par le droit civil en raison de l'effet relatif des conventions, selon lequel un contrat ne peut lier que les individus qui l'ont conclu (C. civ., art. 1165).

Une solution aurait pu consister à voir dans la convention collective une sorte de contrat-type, sans force juridique propre, auquel les employeurs et les salariés sont présumés se référer, et dont les dispositions se trouvent dès lors incorporées aux contrats individuels de travail. Cette solution dite de l'*incorporation* est aujourd'hui encore celle qui prévaut par exemple en droit anglais, car elle est la plus conforme à la tradition britannique de non-intervention de l'État dans les relations de travail. En France au contraire, on a très tôt considéré qu'il incombait d'abord à l'État de restaurer une certaine égalité dans les rapports entre patrons et ouvriers. Il peut le faire en imposant lui-même des règles d'ordre public qui insèrent en tout contrat de travail un statut salarial minimal. Mais il peut aussi intervenir indirectement, en donnant force juridique aux accords conclus entre les syndicats et les employeurs. Cette méthode indirecte est celle qui a prévalu dans de nombreux pays, tels ceux du nord de l'Europe ou aux États-Unis, qui se sont dotés d'un véritable droit de la négociation et des conventions collectives et ne possèdent en revanche que peu de lois imposant des règles substantielles en droit du travail. Toutefois une telle méthode suppose d'avoir des syndicats forts et unis et une culture patronale du compromis, qui font également défaut au système français de relations du travail. C'est pourquoi cette « politique contractuelle » ne s'est développée en France que lentement (le droit à la négociation collective a été reconnu aux États-Unis presqu'un demi-siècle avant d'être introduit en droit français) et comme complément, et non pas comme alternative à l'intervention légale et réglementaire. Cependant depuis les réformes Auroux (1982) le droit conventionnel du travail n'a cessé de gagner en importance, en même temps qu'il se compliquait et se voyait chargé de fonctions nouvelles.

1273 ***Fonctions et niveaux des conventions collectives*** ◊ Toute convention collective permet aux représentants des employeurs et des salariés de s'accorder sur des règles applicables aux relations individuelles de travail. Il existe donc un droit commun des conventions collectives applicable à ce mécanisme de représentation des intérêts patronaux et salariaux. Mais la portée de la convention varie avec le niveau de cette représentation.

Si une convention est conclue au niveau d'une *branche d'activité* par des organisations représentatives des employeurs et des salariés de cette branche, elle joue un rôle de police sociale de la concurrence. Les entreprises appartenant à une même branche opèrent en effet sur les mêmes marchés, où elles se trouvent en compétition. Dès lors qu'elle est liée par une convention de branche, une entreprise ne peut plus rechercher un avantage comparatif sur ses concurrentes dans une baisse comparative des salaires ou des conditions de travail. Dès lors la concurrence entre les entreprises de la branche ne peut plus porter que sur la qualité de leurs produits ou de leurs services : elle est mise au service du bien-être des hommes au lieu que les hommes soient traités comme un instrument de concurrence. Cette fonction d'intérêt général explique que l'État puisse décider sous certaines conditions d'étendre l'effet normatif d'une convention de branche à toutes les entreprises qui en relèvent, même si elles n'étaient pas représentées par les signataires. Cette fonction d'intérêt général explique aussi pourquoi le juge communautaire, gardien vigilant du principe de libre concurrence, fait échapper en principe les conventions collectives à la prohibition des ententes [1]. La négociation collective est du reste devenue un instrument privilégié d'élaboration du droit social communautaire, depuis que l'accord social de Maastricht a conféré aux partenaires sociaux au niveau européen un droit de saisine sur tout projet de directive intéressant les conditions de travail [2].

Cette fonction d'harmonisation des conditions sociales de la concurrence fait totalement défaut dans les conventions conclues au niveau de l'*entreprise*, qui ont au contraire pour effet de permettre une diversification du statut conventionnel des salariés appartenant à une même branche d'activité. Si l'accord d'entreprise se trouve soumis à la convention de branche cette diversification ne peut conduire qu'à améliorer le sort des travailleurs. Mais s'il n'existe pas de convention de branche ou si l'accord d'entreprise ne lui est pas soumis, il peut au contraire participer d'une mise en concurrence sociale des entreprises au sein de cette branche.

Les conventions conclues au niveau d'une *profession* (ex. journaliste, VRP) jouent encore un rôle différent en fondant un droit corporatif, qui s'applique à une catégorie particulière de salariés, quelle que soit leur branche ou leur entreprise d'appartenance. Bien qu'il ait considérablement régressé au cours du XXe siècle, ce type de convention collective n'a pas disparu et peut se combiner avec les conventions de branche ou d'entreprise.

Enfin les *accords nationaux interprofessionnels* (ANI) visent l'ensemble des branches et des entreprises sur le territoire. Leur fonction a principalement consisté à associer les organisations patronales et syndicales à l'évolution du droit du travail dans son ensemble, soit en créant des systèmes de protection auxquels l'État a ensuite donné une base légale (ex. assurance chômage, formation continue), soit en préparant ou en accompagnant une réforme législative (pratique dite de la loi négociée).

Le système français combine tous ces niveaux : la convention collective s'y est d'abord développée au niveau de la branche, mais il fait aussi une grande place aux accords interprofessionnels et, plus récemment, à la négociation et aux accords d'entreprise. D'où sa particulière complexité : à un droit commun des conventions collectives, s'ajoutent des règles propres aux différents types de négociation et d'accords collectifs.

1274 ***Les modèles nationaux de négociation collective*** ◊ Dans la plupart des pays riches, les conventions collectives constituent depuis longtemps une source essentielle du droit du travail. Mais chaque modèle national se caractérise par la place respective qu'il accorde aux différents niveaux de négociation collective et par les rapports qu'il établit entre eux. Certains systèmes ne connaissent guère que la négociation d'entreprise (États-Unis, Japon), et d'autres (l'Allemagne, jusqu'à une période récente) que la négociation de branche. Le modèle dit « rhénan » (Allemagne, Autriche, Suisse)

1. CJCE. 21 sept. 1999, *Albany*, aff. C-67/96, *RJS* 3/00, n° 348, *Dr. soc.* 2000. 106, obs. Prétot ; CJCE 21 sept. 2000, *Van der Woude*, aff. C-222/98, *RJS* 12/00, n° 1310.
2. Traité CE, art. 38.

d'« économie sociale de marché » combine l'intervention de la loi, et le pouvoir normateur (*Tarifautonomie*) des partenaires sociaux [1] ; puissantes et bien organisées, les organisations patronales et syndicales prennent elles-mêmes en main au niveau des branches, de nombreuses questions d'intérêt commun pour la profession, telle la formation professionnelle. Cette culture du partenariat et de la complémentarité du droit légal et conventionnel est absente du modèle britannique ; le système de *collective bargaining* y vise une régulation spontanée du marché du travail, résultant de la rencontre des forces syndicales et patronales dont l'État a seulement pour mission de garantir les libertés fondamentales. Ce rôle presque exclusif de la négociation collective se retrouve dans le modèle dit « nordique » (Danemark, pays scandinaves), mais, à la différence du système anglais, les conventions collectives y ont une base légale et participent d'une culture du partenariat plus proche du « modèle rhénan ».

À la différence de ces pays du nord de l'Europe, dans les pays latins le droit du travail s'est d'abord identifié à la loi et au règlement, et la négociation entre patronat et syndicat s'est cantonnée pendant longtemps à la fixation des salaires. En France notamment, les organisations patronales et syndicales, moins représentatives et plus marquées idéologiquement, n'entendaient pas développer entre elles un véritable partenariat (d'où le rejet de la notion de « partenaires sociaux » au profit de celle d'« interlocuteurs sociaux »). Elles préféraient laisser l'État décider du contenu du droit du travail, tout en faisant pression sur lui pour obtenir les textes les plus conformes à leurs intérêts respectifs.

Les deux dernières décades ont vu se produire un certain rapprochement entre ces différents modèles. Le rôle de la loi n'a cessé de croître dans les pays qui l'ignoraient presque entièrement (ainsi au Royaume-Uni et même aux États-Unis), tandis qu'à l'inverse dans les pays latins la négociation collective est devenue une source essentielle du droit du travail, soit directement au travers de conventions ou d'accords interprofessionnels (accord sur l'indemnisation du chômage, accord sur la sécurité de l'emploi), soit indirectement au travers du phénomène de la « loi négociée » [2]. À l'interventionnisme étatique a succédé un néolibéralisme. On parle de « politique contractuelle » [3]. Après la présentation du rapport Chertier [4], la loi du 31 janvier 2007 de modernisation du dialogue social impose une concertation entre le gouvernement et les acteurs sociaux sur les projets de

1. V. F. Kessler *Le droit des conventions collectives de travail en République fédérale d'Allemagne*, Th. Strasbourg, Francfort, Peter Lang, 1988.

2. J.-M. Verdier et Ph. Langlois : Aux confins de la théorie des sources du droit : une relation nouvelle entre la loi et l'accord collectif, *D.* 1972. 258.

3. Sur les tendances modernes en matière de négociation collective : Verdier et Langlois : *D.* 1972. Chron. 253, Échanges et projets, *Dr. soc.* 1978. 322 ; Adam : *Dr. soc.* 1978. 385 et 420 ; J.-P. Murcier : *Dr. soc.* 1979. 268 ; M.-L. Morin, thèse préc. Le Ministère de l'Emploi publie chaque année un bilan de la négociation collective.

4. Que penser du rapport Chertier ?, M.-A. Souriac et Ph. Langlois, *RDT* 2006. 216 s.

réforme portant sur les relations individuelles et collectives du travail, l'emploi et la formation professionnelle [1].

1275 ***Différents types de négociation*** ◇ Il existe des types variés de négociation. Son objet premier est le règlement des conditions de travail (salaires, durée du travail, etc.). Mais la convention collective sert non seulement à fixer les termes de l'échange salarial, mais aussi à organiser les entreprises et les professions [2]. Elle peut notamment servir à fonder une protection sociale complémentaire : versement du salaire entier en cas de maladie, octroi de pré-retraites, indemnisation du chômage partiel, affiliation à un régime de prévoyance collective. Lorsqu'elle organise ainsi une solidarité impliquant les anciens (chômeurs, retraités) ou les futurs salariés (jeunes), la convention collective soulève des problèmes très spécifiques qui relèvent pour partie du droit de la sécurité sociale [3]. La convention va parfois jusqu'à créer une nouvelle institution, chargée de gérer un régime de sécurité (chômage) ou de garantie sociale (formation professionnelle). Les accords nationaux interprofessionnels (ANI) sont devenus un moyen habituel de préparer ou de mettre en œuvre une réforme législative (loi négociée) ; ils peuvent, à l'inverse, comme les conventions de branche, se borner à encadrer des négociations de niveau inférieur (accord-cadre [4]). La négociation peut se limiter parfois à mettre fin à une grève (accords de fin de conflits). Si elle est régulière, au niveau de l'entreprise, elle pèse sur la gestion (négociation décisionnelle). Depuis une trentaine d'années la convention collective n'a plus servi seulement à améliorer le sort des salariés, mais à obtenir d'eux des concessions, le plus souvent au nom de la sauvegarde de l'emploi. Ce développement des accords dérogatoires et des accords « donnant-donnant » a été un puissant facteur de transformation du droit de la négociation collective et du contenu des conventions collectives [5].

---

1. Art. L. 1, L. 2 et L. 3 C. trav. ; J.-F. Césaro, Commentaire de la loi du 31 janv. 2007 de modernisation du dialogue social *JCP* 2007, n° 8 ; N. Maggi-Germain, « Sur le dialogue social », *Dr. soc.* 2007. 798 ; P.-H. Antonmattéi, *Dr. soc.* 2007. 459 ; « La place des partenaires sociaux dans l'élaboration des réformes », *Dr. soc.* 2010. 489 s.

2. G. Vachet, La fonction organisationnelle de la convention collective, *in Études offertes à Jean Pélissier*, Paris, Dalloz, 2004, 559.

3. J.-J. Dupeyroux, Sur les accords collectifs relatifs à la protection sociale complémentaire, *Dr. soc.* 1994. 820 ; Ph. Langlois, La révision des accords collectifs de retraite, *Dr. soc.* 1994. 696 ; J. Barthélémy, La nature juridique des accords de retraite complémentaire, *Dr. soc.* 2003. 513 ; Solidarité et accord de protection sociale complémentaire, *in Études offertes à Jean Pélissier*, Paris, Dalloz, 2004, 27.

4. On parle alors d'accords « imparfaits » ; la négociation au niveau inférieur engendrera un accord « parfait » (*self executing*), c'est-à-dire un accord imposant des obligations précises aux entreprises. Morin et Teyssié : L'accord cadre, *Dr. soc.* 1988. 741 ; S. Frossard : L'encadrement des conventions collectives d'entreprise par des conventions de champ d'application plus large, *Dr. soc.* 2000. 617.

5. J. Pélissier, Droit des conventions collectives : évolution ou transformation, *Mélanges Verdier*, Dalloz, 2001, p. 95 s.

§ 2. Nature juridique de la convention collective [1]

1276 ***Définitions*** ◊ La convention collective de travail est un accord conclu entre un employeur ou un groupement d'employeurs et une ou plusieurs organisations syndicales représentatives de salariés, en vue de fixer en commun les conditions d'emploi et de travail ainsi que les garanties sociales. Son trait essentiel est de substituer des groupements aux individus dans la détermination des conditions d'emploi, de travail, de salaire.

La loi distingue la *convention* collective de *l'accord* collectif. La convention collective a vocation à traiter de l'ensemble des conditions d'emploi, de travail et des garanties sociales. L'accord collectif ne traite qu'un ou plusieurs sujets déterminés dans cet ensemble (C. trav., art. L. 2221-2). Ainsi l'on parlera d'accord sur la durée du travail ou d'accord de salaire, lorsque les acteurs sociaux n'ont élaboré de règles conventionnelles qu'à propos de la durée du travail ou du montant des salaires.

Cette distinction entre convention et accord s'applique quel que soit le niveau de négociation ; il existe des conventions et des accords d'entreprise comme il existe des conventions et des accords nationaux de branche.

1277 ***Nature hybride*** ◊ La convention collective est un accord créant des normes (des règles) [2].

Lors de sa conclusion, elle est traitée comme un contrat. Elle doit en respecter les conditions de formation et la *force obligatoire* vis-à-vis de ses signataires. Comme tout contrat, elle ne peut être annulée ou modifiée par la survenance d'une loi nouvelle et son interprétation relève du pouvoir du juge judiciaire. Reste un point obscur : doit-on interpréter une convention collective en relation avec la loi en vigueur lors de sa conclusion ? Ou avec celle en vigueur lors de son application ? [3]

En revanche lors de son application, la convention est essentiellement traitée comme un règlement. Elle a *force normative*, c'est-à-dire qu'elle régit

---

1. Despax, Négociations, conventions et accords collectifs, Dalloz 1989, 2e éd. ; N. Aliprantis : La place de la convention collective dans la hiérarchie des normes, LGDJ, 1980 ; P. Rodière *La convention collective de travail en droit international*, Th. Paris, Litec, 1987 ; M.-A. Souriac-Rotschild : *Les accords d'entreprise* (Th., Paris I, 1986) ; J.-P. Chauchard : La conception française de la convention collective (Th. Paris I, 1985) ; F. Kessler : *Le droit des conventions collectives de travail en RFA*, 1988 ; Y. Chalaron, *Négociations et accords collectifs d'entreprise*, Litec 1990, n° 193, p. 188-189 ; V. Bonnin, *Les rapports entre le contrat de travail et la convention collective*, thèse Bordeaux, juill. 1993 ; M.-L. Morin, *Le droit des salariés à la négociation collective*, LGDJ, 1994 ; G. Couturier *Traité de droit du travail* t. 2 : *Les relations collectives de travail*, PUF, 2001, n° 196 s. F. Gaudu et R. Vatinet *Les contrats du travail*, LGDJ, 2001. Nos spéciaux de *Droit social*, not. avr. 1998 : Négociation collective et emploi, et juin 2004 : Loi du 4 mai 2004.

2. P. Durand : Le dualisme de la convention collective, *RTD civ.* 1939. 353 ; Traité III, n° 191. On distingue ainsi la partie obligatoire et la partie normative de la convention collective. V. not. G. Borenfreund : Les syndicats bénéficiaires d'un accord collectif, *Dr. soc.* 2001. 821.

3. Ass. plén. 12 mai 1989, *JCP* 1989.II.21322, concl. Cabannes, note G. Lyon-Caen (convention collective des banques et législation sur les jours fériés). Paris, 15 déc. 1999 *RJS* 1/2000, n° 55 : la validité d'un accord de réduction de la durée du travail, conclu le 4 janv. 1999, doit être appréciée au regard de la loi à venir devant compléter celle du 13 juin 1998 ; la Cour prononce un sursis à statuer.

les contrats individuels compris dans son champ d'application (sans s'incorporer à ceux-ci). L'inspection du travail doit veiller à son application à l'instar de celle de la loi et du règlement (C. trav., art. L. 8112-1). Le juge doit l'appliquer comme il applique la loi, sous le contrôle de la Cour de cassation [1], qui assure ainsi l'unité de leur interprétation [2]. Elle doit donc être recherchée par le juge comme règle de droit applicable au même titre que la loi. Même si le salarié ne fonde pas sa réclamation en justice sur une convention collective déterminée, le juge doit rechercher s'il y a une convention collective applicable et, le cas échéant, en déterminer le contenu [3].

§ 3. Évolution législative

1278 ***Statut*** ◊ Plusieurs lois ont voulu donner un statut légal à la convention collective de travail [4]. Le fait lui-même est révélateur de la méfiance du législateur à l'égard de l'autonomie collective, de l'indécision des idées en la matière, de l'emprise exercée par la conjoncture économique et sociale (libéralisme, dirigisme).

1279 ***La reconnaissance de l'effet normatif*** ◊ Avant toute intervention du législateur, aux yeux des tribunaux, la convention collective apparaissait *a priori* tributaire de la liberté des conventions et de l'article 1134 du Code civil ; les conditions de fond et de forme demeuraient celles du droit commun ; les clauses insérées dans la convention étaient librement débattues par les parties, souveraines dans la détermination de son contenu ; le principe de l'effet relatif des contrats (C. civ., art. 1165) était respecté dans la mesure où seuls les membres des groupements signataires étaient tenus par les stipulations conventionnelles. On expliquait ce résultat en disant que les organes du groupement représentaient les adhérents ou stipulaient à leur profit.

Un seul point achoppait : comment obliger les parties au contrat individuel de travail à respecter la convention collective ? Sans répudier par ailleurs la théorie contractuelle, maintenant la libre conclusion, le libre contenu et l'effet relatif, la *loi du 23 mars* 1919 édicte que les clauses du contrat de travail contraires à celles de la convention collective seront réputées non écrites et remplacées de plein droit par les dispositions correspondantes de la convention collective.

1280 ***La convention susceptible d'extension*** ◊ L'originalité de la convention collective apparaît plus nettement dans la loi du 24 juin 1936, loi qui provoquera l'essor sans précédent de cette technique. Elle prévoit en effet

1. J. Y. Frouin : L'interprétation de la norme collective, *RJS* 3/96, p. 137 s.
2. Cass., ass. plén., 6 févr. 1976, *JCP* 1976. II. 18481, note H. Groutel ; 18 mars 1988, *D.* 1989.221, note J.-P. Chauchard ; Soc. 28 avr. 1988, *Bull. civ.* V, n° 262, p. 171.
3. Soc. 20 févr. 1996, *CSB* 1996, n° 80 A. 28, note A. Philbert.
4. C. Didry, *Naissance de la convention collective*, Paris, éd. EHESS, 2002.

un deuxième type de convention collective dont la conclusion est rendue plus aisée par l'aménagement de la rencontre des partenaires au sein d'une commission mixte. Le contenu, tout en étant librement décidé par les parties contractantes, doit obligatoirement comporter diverses clauses concernant l'essentiel des rapports de travail. Mais l'innovation la plus audacieuse du législateur de 1936 est certainement d'avoir permis à l'autorité publique de procéder par arrêté ministériel à l'extension de la convention collective, dès l'instant où elle a été signée par les syndicats et groupements d'employeurs représentatifs [1], considérés comme les porte-parole de la profession. Dès lors, la distinction entre parties et tiers s'estompe. Les entreprises même non-membres du ou des groupement(s) signataire(s) devront respecter la convention dans leurs rapports avec le personnel.

1281 ***Une conception éphémère : la convention collective sous tutelle publique*** ◊ La loi du 23 décembre 1946 mérite d'être mentionnée, malgré son échec, car elle est l'unique tentative faite pour acclimater en France une technique conventionnelle rigide, en harmonie avec le dirigisme strict de l'époque. Pas de liberté contractuelle : la conclusion de la convention requiert l'agrément des autorités publiques. Pas d'initiative dans le contenu : la loi indique elle-même les points qui doivent figurer dans la convention et exclut notamment la matière capitale de la fixation des salaires (alors réservée à l'Administration). Pas de choix même dans le champ d'application, puisqu'il ne peut être conclu qu'une convention collective par branche d'activité à l'échelon national ; la participation obligatoire des organisations représentatives, l'agrément ministériel requis rendent inutile la procédure d'extension.

1282 ***Retour à la liberté contractuelle*** ◊ La loi du 11 février 1950 a marqué le retour à la libre négociation des conditions de travail, y compris le montant des salaires. Toutefois, de la loi de 1936, le législateur a conservé la procédure d'extension, faisant ainsi place à deux types de convention collective : la convention collective ordinaire, libre contrat entre groupements, et la convention collective susceptible d'extension, qui peut devenir la charte de toutes les entreprises de la branche d'activité considérée. En outre, désireux de donner à la technique de la négociation collective le maximum de souplesse, le législateur a fait place aux simples accords d'établissement.

1283 ***La reconnaissance du droit à la négociation collective dans la branche et dans l'entreprise*** [2] ◊ Mise en œuvre de l'idée de « politique contractuelle », la loi du 13 juillet 1971 a pour la première fois reconnu l'existence d'un « droit des travailleurs à la négociation collective » (C. trav.,

---

1. Depuis la loi du 5 mars 2014 relative à la formation professionnelle, à l'emploi et à la démocratie sociale, il faut encore que la convention n'ait pas fait l'objet de l'opposition des organisations professionnelles d'employeurs majoritaires.

2. M.-L. Morin, *Le droit des salariés à la négociation collective, principe général de droit*, Th. Toulouse, Paris, LGDJ, 1994.

art. L. 2221-1), en même temps qu'elle élargissait le domaine de la négociation au niveau de l'entreprise et de l'établissement et qu'elle assouplissait la procédure d'extension [1]. Mais c'est la loi du 13 novembre 1982 qui a rendu ce droit effectif en créant des obligations de négocier à la charge des employeurs. La volonté du législateur a été de donner un nouvel essor à la négociation collective de telle sorte que la très grande majorité des salariés soient couverts par des normes conventionnelles. D'où la modification des règles d'extension et d'élargissement des conventions et l'obligation faite aux employeurs de négocier dans la branche et dans l'entreprise. Alors que le droit français des conventions collectives était jusqu'alors organisé autour des conventions de branche, la loi de 1982 a ainsi consacré la dualité des niveaux de négociation [2]. Réforme lourde de conséquences, car les débats ultérieurs vont pour l'essentiel porter sur la place relative de ces deux niveaux. Afin d'éviter la fragmentation et l'affaiblissement des droits des travailleurs, la loi Auroux subordonnait encore la convention d'entreprise à la convention de branche et conférait aux syndicats représentatifs le monopole de la signature des conventions. Cette hiérarchie et ce monopole ont été contestés par une partie du patronat qui a proposé la conclusion de « contrats collectifs d'entreprise » avec les représentants élus du personnel [3]. Cette proposition trouve un large écho dans la réforme intervenue en 2004.

1284 ***Principe majoritaire et remise en cause de la hiérarchie des conventions collectives*** ◊ La loi Fillon du 4 mai 2004 a largement donné satisfaction aux partisans d'un « contrat collectif d'entreprise », en permettant de négocier dans l'entreprise des accords qui dérogent aux règles de la convention de branche [4].

Cette réforme, qui est la plus importante intervenue depuis la loi de 1950, a été préparée par une négociation nationale interprofessionnelle en deux temps.

Les partenaires sociaux ont d'abord conclu le 31 octobre 1995 un accord national interprofessionnel ayant pour but « de développer la pratique contractuelle, de façon articulée, à tous les niveaux » [5]. Cet accord, reconduit en 1999, cherchait à étendre la négociation collective dans les (nombreuses) entreprises sans implantation syndicale, en permettant qu'un accord de

1. G. Lyon-Caen : *D.* 1970. Chron. 159 ; Despax : *Dr. soc.* 1971. 530 ; H. Groutel : *JCP* 1972.I.2462.

2. Sur l'évolution de la négociation de branche, ainsi concurrencée par l'essor de la négociation d'entreprise, v. A. Jobert, *Travail et emploi*, n° 95, juill. 2003, p. 5.

3. Le contrat collectif d'entreprise, *Liaison soc.*, 6 mars 1985 (proposition présentée par l'association patronale « entreprise et progrès »). V. également, G. Bélier : Les dérogations au Droit du travail dans de nouveaux contrats d'entreprise, *Dr. soc.* 1986. 49 s.

4. V. les dossiers publiés sur cette réforme : *Dr. soc.* juin 2004, p. 579 s. ; *LPA.* n° 97 du 14 mai 2004. Add. A.Jobert et J.Saglio, Ré-institutionnaliser la négociation collective en France, *Travail et Emploi*, n° 100, 2004, 113.

5. Cet accord a été signé du côté patronal par le CNPF, la CGPME, et l'UPA et du côté salarial par la CFDT, la CFTC et la CGC. V. G. Coin, *Dr. soc.* 1996. 3 s. ; Cohen, *Dr. soc.* 96, p. 18 ; M.-L. Morin, *Dr. soc.* 1996. 11 s. ; G. Bélier, *Sem. soc. Lamy*, n° 768, p. 3.

branche autorise la conclusion de conventions d'entreprise avec les représentants élus du personnel ou avec des salariés spécialement « mandatés par le syndicat ». Une loi du 12 novembre 1996 avait autorisé, pour une durée déterminée, les expérimentations souhaitées par les signataires de l'accord [1]. Le législateur a reçu l'onction du Conseil constitutionnel pour développer ces nouvelles formes de négociation. Ce dernier a en effet décidé que les syndicats ne jouissaient pas d'un « monopole de la représentation des salariés en matière de négociation collective » et que « des salariés désignés par la voie de l'élection ou titulaires d'un mandat assurant leur représentativité peuvent également participer à la détermination collective des conditions de travail dès lors que leur intervention n'a ni pour objet ni pour effet de faire obstacle à celle des organisations syndicales représentatives » [2].

Tirant le bilan de cette première expérimentation, et aussi des déboires de la politique contractuelle dans la refondation de l'assurance chômage [3], les interlocuteurs sociaux ont adopté le 16 juillet 2001 une « *Position commune sur les voies et moyens de l'approfondissement de la négociation collective* » [4]. Ce texte se situe à plusieurs égards dans le prolongement de l'accord interprofessionnel de 1995, notamment par la place qu'il attribue aux modes alternatifs de négociation dans les entreprises sans implantation syndicale et par l'articulation qu'il propose des négociations de branche et d'entreprise (celle-ci pouvant déroger à celle-là lorsque celle-là l'autoriserait). Mais il franchit un pas supplémentaire en recommandant l'adoption du principe majoritaire en matière de convention collective, cette majorité étant celle des organisations représentatives au niveau des branches ou de l'interprofession et celle des suffrages des salariés au niveau des entreprises.

---

1. Pour assurer la mise en œuvre des lois des 35 h, le législateur était allé encore plus loin dans la promotion de modes subsidiaires de négociation collective. La conclusion d'un accord de branche n'était plus alors un préalable nécessaire à la conclusion par un salarié « mandaté » par une organisation représentative d'un accord d'entreprise de réduction du temps de travail donnant droit à une aide de l'État dans les entreprises dépourvues de délégué syndical (art. 19, VI de la loi du 19 janv. 2000). Cette loi précisait que l'accord signé par un salarié mandaté doit avoir été approuvé par les salariés à la majorité des suffrages exprimés ; V. G. Bélier : Les novations dans le droit de la négociation collective *Dr. soc.* 1999. 1014 ; J.-E. Ray : Du tout-État au tout contrat ? *Dr. soc.* 2000. 574 ; M.-C. Amauger-Lattes et I. Desbarats, Pour une réactivation du mandatement dans le système français de négociation collective, *Dr. soc.* 2003. 365.

2. Cons. const. D. 96-383 du 6 nov. 1996, *Dr. soc.* 1997. 31, ss. obs. M.-L. Morin ; *Grands arrêts*, 4e éd., 2008, n° 157. V. G. Lyon-Caen : La constitution française et la négociation collective *Dr. ouvrier* 1996. 479 ; J. Pélissier, Droit des conventions collectives : évolution ou transformation, *Mélanges Verdier*, Dalloz, 2001, p. 95 s.

3. La décision du Gouvernement d'imposer en oct. 1997 le passage aux 35 h dès le 1er janv. 2000 en dehors de toute concertation a acculé le président du CNPF à la démission. Rebaptisée Medef, l'organisation patronale s'est donnée pour objectif une « refondation sociale » qui attribuerait explicitement à la négociation collective un rôle créateur en droit du travail, et permettrait aux interlocuteurs sociaux de régler eux-mêmes toute une série de questions d'intérêt commun (assurance-chômage, formation professionnelle, etc).

4. *Liaisons soc.* 2001, C1, n° 174, *Dr. soc.* 2003. 92. Ce texte a été signé par toutes les organisations patronales et syndicales représentatives à l'exception de la CGT. V. G. Bélier : Des voies nouvelles pour la négociation collective, *Sem. soc. Lamy*, n° 1038 du 23/7/01.

La loi Fillon du 4 mai 2004 a consacré les deux grandes innovations ainsi préconisées par les partenaires sociaux : reconnaissance partielle du *principe majoritaire* en donnant la possibilité aux conventions de branche et aux accords professionnels étendus de subordonner la validité des accords d'entreprises à la signature de syndicats représentatifs ayant recueilli au moins la moitié des suffrages exprimés au premier tour des dernières élections au comité d'entreprise ou, à défaut, des délégués du personnel ; reconnaissance de *modes alternatifs de négociation collective* dans les entreprises dépourvues de représentation syndicale. Mais cette loi a aussi largement satisfait la revendication patronale de « contrat collectif d'entreprise », en ouvrant largement la faculté de déroger par accord d'entreprise aux dispositions de la convention de branche et à de nombreuses dispositions légales. Ce faisant elle affaiblit considérablement la hiérarchie des normes conventionnelles et le principe (dit de « faveur ») de l'application de la norme la plus favorable au salarié [1].

1285 ***L'association des partenaires sociaux au pouvoir législatif*** ◊ L'un des grands problèmes du droit du travail contemporain est de distinguer ce qui peut être abandonné à la sphère autonome des « interlocuteurs sociaux » et ce qui regarde avant tout l'État, garant de l'intérêt général. Depuis la fin des années 1960, tous les Gouvernements successifs se sont accordés pour reconnaître aux organisations patronales et syndicales un rôle éminent dans les réformes du droit du travail. Et ces organisations ont conclu de leur côté de nombreux accords nationaux interprofessionnels (ANI) qui ont préparé ou accompagné d'importantes réformes législatives, dans des domaines aussi divers que la formation professionnelle, le licenciement, l'emploi précaire, l'organisation du temps de travail, etc. L'idée s'est ainsi progressivement installée que les interlocuteurs sociaux devaient être associés à l'élaboration et la mise en œuvre des lois en droit du travail.

Les partenaires sociaux [2] souhaitaient que soit opérée au niveau constitutionnel une répartition des tâches entre la loi et la convention en droit du travail, qui distinguerait : a) un domaine propre du législateur (celui des principes généraux du droit du travail) ; b) un domaine partagé du législateur et des interlocuteurs sociaux (celui de la mise en œuvre de ces principes, la loi n'intervenant alors que subsidiairement à la convention) ; et c) un domaine propre de la négociation (celui de la dérogation « *in melius* » aux dispositions légales et réglementaires). Le souhait des signataires était de donner ainsi une base légale (et sur certains points, constitutionnelle)

---

1. Sur cette réforme, v. not. P. Rodière, L'émergence d'un nouveau cadre de négociation collective, *Sem. soc. Lamy*, 2003, n° 1125, et les contributions de M.-A. Souriac, J.-E. Ray, P.-H. Antonmattéi et G. Borenfreund, réunies dans le numéro spécial de *Droit Social*, Le nouveau droit de la négociation collective, juin 2004, p. 579 s. G. Borenfreund et al., *La négociation collective à l'heure des révisions*, Paris, Dalloz, 2005. Pour un premier bilan de sa (très timide) mise en œuvre, v. le rapport Hadas-Lebel (*Sem. soc. Lamy* n° 1267 du 26 juin 2006) et le bilan annuel de la négociation collective 2005 (*Sem. soc. Lamy* 2006, n° 1268).

2. *Position commune* préc. du 16 juill. 2001, *Dr. soc.* 2003. 92.

au pouvoir normateur des interlocuteurs sociaux, dans une perspective assez semblable à celle adoptée au niveau communautaire [1].

Une telle revendication soulevait de lourds problèmes constitutionnels (notamment de représentativité et de légitimité du droit négocié dans un système de démocratie parlementaire) [2]. Aussi les pouvoirs publics n'ont-ils pas suivi sur ce point la *Position commune*, se contentant d'introduire dans l'exposé des motifs de la loi du 4 mai 2004 un engagement « solennel » à « renvoyer à la négociation nationale interprofessionnelle toute réforme de nature législative relative au droit du travail » [3]. Le rapport Chertier sur l'amélioration du dialogue social présentait en avril 2006 de nouvelles propositions [4]. Mais la loi du 31 janvier 2007 de modernisation du dialogue social, tout en prévoyant une concertation entre le gouvernement et les organisations syndicales de salariés et d'employeurs représentatives au niveau national et interprofessionnel sur les projets de réforme envisagés par le gouvernement portant sur les relations individuelles et collectives du travail, l'emploi et la formation professionnelle, laisse au gouvernement et au parlement le rôle majeur dans l'élaboration du droit de travail [5]. La loi du 20 août 2008 portant rénovation de la démocratie sociale et réforme du temps de travail en est un exemple. Les dispositions du Titre II concernant « le temps de travail » ne sont, en rien, le résultat d'un travail commun entre le gouvernement et les acteurs sociaux.

1286 ***La loi du 20 août 2008*** [6] ◊ La loi du 20 août 2008, qui a transformé les règles du droit français en matière de représentativité syndicale, apporte aussi de profondes modifications au droit de la négociation et des conventions collectives. Elle contient d'une part des règles de portée générale

---

1. Traité CE, art. 138, V. P. Rodière *Traité de droit social de l'Union européenne*, Paris, LGDJ, 2008, n° 92 s. ; B. Teyssié *Droit européen du travail*, Litec, 2001, n° 104 s.

2. *Cf.* l'article pionnier de Ph. Langlois et J.-M. Verdier, Aux confins de la théorie des sources : une relation nouvelle entre la loi et la négociation collective, *D.* 1974. Chron. 253 ; add. le débat qui a accompagné l'adoption de la *Position commune* de 2001 et la réforme de 2004 : M. Bonnechère : « La loi, la négociation collective et l'ordre public en droit du travail », *Dr. ouvrier* 2001. 411 ; G. Lyon-Caen, À propos d'une négociation sur la négociation, *Dr. ouvrier* 2001, 1 s. ; Pour une réforme enfin claire et imaginative du droit de la négociation collective, *Dr. soc.* 2003. 355 ; Contribution au travail législatif sur la négociation collective, *Dr. soc.* 2003. 1110 ; A. Supiot, Un faux dilemme : la loi ou le contrat ? *Dr. soc.* 2003. 53 ; G. Borenfreund et M.-A. Souriac, Les rapports de la loi et de la convention collective : une mise en perspective, *Dr. soc.* 2003. 72 ; P.-H. Antonmattéi, Négociation collective : brève contribution au débat sur la réforme, *Dr. soc.* 2003. 87 ; A. Mazeaud, Sur l'autonomie collective des partenaires sociaux, *Dr. soc.* 2003. 361.

3. Loi n° 2004-391 du 4 mai 2004 (*JO* du 5). Il s'agit de mots creux, vite démentis par la pratique du gouvernement qui a recouru aux ordonnances ou à des procédures expéditives pour faire adopter ses réformes concernant l'emploi (s'exposant à devoir les retirer faute d'avoir procédé à la moindre concertation, comme ce fut le cas du CPE en mars 2006).

4. Le rapport Chertier sur l'amélioration du dialogue social préconise d'introduire dans la Constitution une disposition autorisant les partenaires sociaux à se saisir des projets de réforme concernant le droit du travail pour en négocier le contenu (*Liaison soc.* W, n° 38/2006).

5. V. ss 1248, texte et note.

6. M.-A. Souriac, « Les réformes de la négociation collective », *RDT* 2009. 19 ; G. Bélier et H. J. Legrand, *La négociation collective après la loi du 20 août 2008*, éd. Liaisons, 2009.

concernant l'ensemble des conventions collectives et d'autre part des règles particulières propres aux accords collectifs concernant le temps de travail.

Les dispositions générales concernent essentiellement les conditions de validité. Il est tout d'abord décidé de donner une importance accrue à l'exigence majoritaire. Sans consacrer un véritable principe majoritaire qui subordonnerait la validité des accords signés à la signature des syndicats représentatifs majoritaires, la loi du 20 août 2008 pose pour la première fois l'exigence de la signature de l'accord par une minorité significative de syndicats représentatifs. La validité d'un accord est désormais subordonnée à sa signature par une ou plusieurs organisations syndicales de salariés représentatives ayant recueilli au moins 30 % des suffrages exprimés aux élections professionnelles (C. trav., art. L. 2232-2, L. 2232-6, L. 2232-12). Cette minorité qualifiée ne peut pas cependant imposer sa volonté à la collectivité des salariés car les syndicats représentatifs ayant recueilli 50 % des suffrages exprimés aux élections professionnelles peuvent s'opposer à l'entrée en vigueur de l'accord signé. Par ailleurs, la nouvelle loi facilite la conclusion des accords collectifs d'entreprise en l'absence de délégué syndical. Il n'est désormais plus nécessaire qu'une convention collective étendue autorise le recours à d'autres représentants des salariés que les délégués syndicaux pour que la conclusion d'un accord d'entreprise soit possible (v. *infra*).

Les dispositions concernant le temps de travail renforcent le mouvement qui tend à valoriser les accords d'entreprise au détriment des accords de branche. Sur plusieurs points touchant le temps de travail, la loi du 20 août 2008 donne la priorité à l'accord d'entreprise ; l'accord de branche ne pourra poser une règle qu'à défaut d'accord d'entreprise ; l'accord de branche devient supplétif de l'accord d'entreprise alors que traditionnellement c'était l'accord de branche qui posait les règles, règles que l'accord d'entreprise ne pouvait qu'améliorer au profit des salariés.

§ 4. Champ d'application du régime légal

1287 ***Domaine*** ◇ Selon l'article L. 2211-1 du Code du travail, les dispositions du Livre concernant la négociation et les conventions collectives s'appliquent aux employeurs de droit privé ainsi qu'à leurs salariés.

Elles s'appliquent également aux établissements publics à caractère industriel et commercial et aux établissements publics à caractère administratif lorsqu'ils emploient du personnel dans les conditions du droit privé.

1288 ***Portée*** ◇ La convention collective, telle que la loi la définit, est relative à la détermination des relations collectives entre employeurs et salariés. Celle-ci porte sur l'ensemble des conditions d'emploi, de formation professionnelle de travail et des garanties sociales des salariés.

C'est admettre qu'il n'y a pas de différence de nature entre convention collective de travail et convention collective de prévoyance ou de sécurité sociale, ou qu'une même convention peut traiter des salaires et de l'indemnisation complémentaire de la maladie. Elle peut, en sens inverse, ne porter que sur un *objet déterminé*. Exemple : réduction de la durée du travail, auquel cas on parlera d'*accord collectif*.

Sont l'objet de régimes légaux particuliers, dérogatoires au régime légal de droit commun :
– les accords préélectoraux ;
– les conventions d'assurance chômage ;
– les accords relatifs aux régimes complémentaires de retraite [1] ;
– les accords d'intéressement et de participation ;
– les accords relatifs à la réduction et à l'aménagement du temps de travail.

1289 ***Accords « atypiques »*** [2] ◊ Divers autres accords collectifs peuvent être conclus entièrement en marge de la loi. Leur validité n'est pas discutable sur la base de l'article 1134 du Code civil mais ce ne sont pas des conventions collectives de travail. Il en est ainsi de certains accords mettant fin à un conflit du travail, des conventions collectives ne respectant pas les conditions légales de validité, de certains accords nationaux interprofessionnels, des conventions salariales conclues dans le secteur public ou encore des conventions collectives conclues au niveau international. En effet, la convention de l'OIT relative aux conventions collectives (Conv. OIT n° 98) vise seulement les droits internes, et ne contient pas de règles substantielles applicables à la négociation et aux conventions collectives internationales [3].

La catégorie qui a soulevé le plus de difficultés est celle des accords conclus en l'absence d'interlocuteur syndical habilité à négocier, avec les représentants élus dans l'entreprise. Ces *accords atypiques* ne sont pas des conventions collectives, mais la jurisprudence leur reconnaît cependant une force obligatoire. D'une manière générale, elle décide en effet qu'en vertu de l'adage *Tu patere legem* (« subis les effets de ta propre loi »), l'employeur est tenu par son engagement unilatéral, qui participe ainsi du statut collectif applicable aux salariés [4]. Le nombre de ces accords atypiques s'est réduit avec la large reconnaissance des modes alternatifs de négociation dans l'entreprise par les lois du 4 mai 2004 et du 20 août 2008.

---

1. J. Barthélémy, La nature juridique des accords de retraite complémentaire, *Dr. soc.* 2003. 513.
2. J. Savatier, Accords d'entreprise atypiques *Dr. soc.* 1985. 188 ; C. Freyria, Les accords d'entreprise atypiques, *Dr. soc.* 1988. 43 et 464 ; G. Vachet, Les accords atypiques, *Dr. soc.* 1990. 621 ; G. Borenfreund, *Dr. soc.* 1991. 692.
3. P. Rodière, *La convention collective de travail en droit international*, Th. Paris, Litec, 1987 ; A. Lyon-Caen : La négociation collective dans ses dimensions internationales *Dr. soc.* 1997. 352 ; F. Jault-Seseke, La détermination des accords collectifs applicables aux relations du travail internationales, *in*, *Mélanges Paul Lagarde* Paris, Dalloz, 2005, 455 ; I. Daugareilh, La négociation collective internationale, *Travail et Emploi* 2005 n° 104, p. 69.
4. Soc. 5 juin 2001, *Bull. civ.* V, n° 208 ; 4 févr. 2003, *Dr. soc.* 2003. 532, obs. Radé (jurisprudence constante). V. F. Gaudu et R. Vatinet, *Les contrats du travail*, LGDJ, 2001, n° 629 s. ; Freyria, *Dr. soc.* 1988. 43 ; Deprez, *RJS* 1989. 447 ; G. Vachet, *Dr. soc.* 1990. 620 ; A. Supiot, La réglementation patronale de l'entreprise, *Dr. soc.* 1992. 215 ; E. Dockès, L'engagement unilatéral de l'employeur, *Dr. soc.* 1994. 227.

SOUS-TITRE 1

Le droit commun des conventions collectives

1290 Au-delà de leur grande diversité, toutes les conventions collectives se trouvent soumises à un certain nombre de dispositions communes, relatives à leurs conditions de validité (Chap. 1), à leur révision (Chap. 2) et à leur application (Chap. 3).

CHAPITRE 1
CONDITIONS DE VALIDITÉ

1291 En plus des règles applicables à tout contrat, la formation des conventions collective obéit à des conditions particulières de validité, tenant aux parties contractantes, ainsi qu'à leur contenu, leur forme et leur publicité.

SECTION 1. CONDITIONS RELATIVES AUX PARTIES

1292 *Capacité de contracter* ◊ Du côté salarié, la convention doit être conclue « par une ou plusieurs organisations syndicales représentatives dans le champ d'application de la convention ou de l'accord » (C. trav., art. L. 2231-1). Les syndicats représentatifs ont donc seuls la capacité de signer des conventions. Mais ce monopole n'a pas de valeur constitutionnelle ce qui a permis au législateur d'y apporter certaines entorses.

Les conditions de la représentativité des organisations syndicales ont été modifiées par la loi du 20 août 2008 [1]. La représentativité est déterminée par sept critères cumulatifs (C. trav., art. L. 2121-1). Pour chaque niveau de négociation (entreprise et établissement, groupe, branche professionnelle, niveau national et interprofessionnel), la loi précise quelles sont les organisations syndicales représentatives [2].

Du côté des employeurs, la loi ne réserve pas la capacité de contracter aux organisations syndicales. Tout autre groupement d'employeurs et les employeurs pris individuellement peuvent valablement conclure un accord collectif. Une association loi de 1901 ou un organisme corporatif (ex. Conseil supérieur du notariat) peut donc se trouver, en matière de convention collective, assimilée à un syndicat patronal. C'est le cas du Medef (ex. CNPF), qui est une association et non un syndicat. Elle ne prévoit, par ailleurs, aucune exigence de représentativité concernant l'organisation patronale signataire. L'article L. 2231-1, posant les règles générales de négociation et de conclusion des conventions et accords collectifs de travail, ne pose l'exigence de représentativité que pour les organisations syndicales de salariés. Il en est de même dans les articles L. 2232-2 et L. 2232-6 qui déterminent respectivement les conditions de validité des accords interprofessionnels et des conventions de branche. Cependant une

1. V. ss 1096 s.
2. Art. L. 2122-1, L. 2122-4, L. 2122-5 et L. 2122-9.

convention de branche, un accord professionnel ou un accord interprofessionnel ne peuvent être étendus que s'ils ont été conclus par des organisations représentatives, aussi bien d'employeurs que de salariés (C. trav., art. L. 2261-19). Cette exigence de représentativité, appliquée aux organisations patronales, s'accommodait mal des critères de représentativité établis pour les syndicats de salariés. La loi du 5 mars 2014 relative à la formation professionnelle, à l'emploi et à la démocratie sociale a corrigé cet état du droit en instituant des critères de représentativité propres aux organisations patronales, au demeurant identiques, pour la majorité d'entre eux, à ceux des syndicats de salariés [1].

1293 ***Représentation majoritaire des salariés*** ◊ Afin de favoriser le pluralisme syndical et l'égalité de traitement entre syndicats, la loi a pendant longtemps admis qu'une convention collective pouvait être valablement conclue par une organisation minoritaire dans le champ d'application de cette convention. Cette règle ne présentait guère d'inconvénients tant que les conventions collectives ne servaient qu'à améliorer le sort des salariés, et une sorte de division du travail s'était établie entre d'une part les syndicats les plus combatifs, en pointe dans les actions revendicatives (au premier rang desquels la CGT, organisation la plus représentative du monde ouvrier) et d'autre part les syndicats « gestionnaires », prompts à transiger sur les résultats de ces actions (au premier rang desquels la CGT-FO, faiblement implantée dans le secteur privé). Un syndicat même très minoritaire pouvait donc valablement engager les salariés dans des accords rejetés par les représentants d'une majorité d'entre eux.

Cette faculté de conclure des accords minoritaires est devenue plus difficile à justifier lorsque s'est développée une négociation « donnant-donnant », qui pouvait écarter certaines dispositions légales protectrices des salariés (accords dits « dérogatoires ») ou réviser à la baisse leur statut collectif. Depuis le début des années 1980 (réformes Auroux), le législateur a encouragé ce type de négociation, au nom de la sauvegarde de l'emploi et de la compétitivité. Mais il ne pouvait le faire sans s'assurer de l'adhésion (ou de la résignation) majoritaire des salariés concernés par ces accords [2]. Aussi la loi a-t-elle reconnu un « droit d'opposition » aux syndicats représentant une majorité de ces salariés [3]. D'abord limité à la conclusion des accords dérogatoires dans l'entreprise, ce véritable droit de *veto* (les textes frappés d'opposition étaient réputés non écrits) avait ensuite été étendu à la révision des conventions de branche [4], puis aux accords de branche autorisant des modes alternatifs de négociation dans l'entreprise [5]. Plus

1. V. ss 1039 s.
2. A. Supiot, Les syndicats et la négociation collective *Droit social* 1983, p. 63.
3. M. Despax, L'exercice du droit d'opposition de l'article L. 132-26 C. trav. à l'encontre d'accords sur la durée et l'aménagement du temps de travail, *Dr. soc.* 1991. 292.
4. L. n° 92-1446 du 31 déc. 1992, art. 33.
5. L. du 12 nov. 1996, art. 6, VI.

ponctuellement, le législateur y avait eu recours en matière de réduction négociée du temps de travail [1] et d'aménagement des procédures de licenciement collectif [2].

S'est ainsi progressivement installée l'idée que la légitimité des conventions et accords collectifs était suspendue au consentement d'une majorité de salariés [3]. Préconisée par les partenaires sociaux en 2001 dans leur « *Position commune sur les voies et moyens de l'approfondissement de la négociation collective* » [4], la reconnaissance de ce « principe majoritaire » a été opérée par la loi du 4 mai 2004 [5] et confirmée par la loi du 20 août 2008. Ce principe signifie que pour être valable, un accord doit avoir recueilli l'adhésion d'une représentation majoritaire des salariés.

Jusqu'à la loi du 5 mars 2014 relative à la formation professionnelle, à l'emploi et à la démocratie sociale, les organisations professionnelles d'employeurs étaient restées étrangères à la problématique du « droit d'opposition » et du « principe majoritaire ». Cela n'est guère surprenant dans la mesure où, lorsqu'elles signent une convention ou un accord collectif, ces organisations n'engagent, en principe, que leurs membres. L'exception à cette règle réside dans le mécanisme de l'extension, qui oblige d'avoir égard au caractère « minoritaire » de l'organisation signataire. Aussi, la réforme précitée a-t-elle franchi une importante étape en soumettant l'extension, et elle seule [6], à un droit d'opposition des « majoritaires ».

1294 ***Opposition ou consentement majoritaire*** ◊ La loi distingue, selon les cas, deux manières différentes de constater l'existence de cette adhésion.

La première consiste à soumettre la validité de la convention à l'engagement explicite des organisations majoritaires. Pour être valide, l'accord doit alors avoir été signé par les organisations majoritaires ou bien directement approuvé par une majorité de salariés. Cette possibilité est, en pratique, peu utilisée. Les acteurs sociaux préfèrent recourir à l'autre procédé.

---

1. L. dite Aubry-II, n° 2003-37 du 19 janv. 2000, art. 19 (aujourd'hui abrogé).

2. L. n° 2003-6 du 3 janv. 2003, art. 2.

3. Sur l'opportunité de l'introduction du principe majoritaire en matière de négociation collective, V. G. Borenfreund : La représentation des salariés et l'idée de représentation : *Dr. soc.* 1991. 685, et du même auteur : L'idée majoritaire dans la négociation collective, *Mélanges M. Despax*, Presses Univ. Toulouse, 2002.429 ; A. Supiot : Parité, égalité et majorité dans les relations collectives de travail, *Mélanges H. Sinay*, Francfort, Peter Lang, 1994.59 s. ; M.-L. Morin : Principe majoritaire et négociation collective : un regard de droit comparé *Dr. soc.* 2000. 1083 s. ; J. Pélissier : Droit des conventions collectives. Évolution ou transformation, *in Mélanges J.-M. Verdier*, Paris, Dalloz, 2001.95 s. ; L. Bonnard-Plancke, Aux origines de l'idée majoritaire en matière de négociation collective, *Dr. soc.* 2005. 866.

4. *Liaisons soc.* 2001, C1, n° 174, *Dr. soc.* 2003. 92.

5. J.-E. Ray, Les curieux accords dits « majoritaires » de la loi du 4 mai 2004, *Dr. soc.* 2004. 590 ; G. Borenfreund, Les syndicats et l'exigence majoritaire dans la loi Fillon, *in La négociation à l'heure des révisions*, (ouv. coll.) Dalloz, 2005, p. 7.

6. Pour l'heure, et s'agissant de la partie patronale, la validité du texte conventionnel échappe donc à toute considération « majoritaire ».

Celui-ci consiste à attribuer aux organisations majoritaires un droit d'opposition aux accords signés par des syndicats minoritaires [1]. Cette opposition doit être écrite, motivée et notifiée dans un bref délai (15 jours pour les accords interprofessionnels et les conventions de branche ; 8 jours pour les accords d'entreprise) [2].

Dans les deux cas, l'accord qui satisfait aux exigences de la loi peut être dit majoritaire, même si cette majorité ne s'exprime pas de la même manière. Lorsque l'accord n'a pas été frappé d'opposition, on a affaire à une majorité implicite ou de *consensus* (notion venue du droit international public : le silence de la majorité vaut acceptation). Lorsqu'il a été signé par une représentation majoritaire, on a affaire à une majorité d'*engagement* (adhésion explicite de la majorité). La sanction du défaut de majorité est la même dans les deux procédures (majorité d'engagement ou majorité d'opposition) : les textes concernés sont réputés non écrits.

Actuellement, le système se caractérise par son régime hybride. Il ne consacre pas intégralement un système. L'absence d'opposition majoritaire ne suffit pas à valider un accord collectif [3] ; celle-ci est également subordonnée à la signature de l'accord par une minorité significative des syndicats représentatifs. Mais le législateur n'a pas osé faire de l'exigence d'une signature par les syndicats représentant la majorité du personnel la règle de principe pour la validation des accords [4]. Ce caractère hybride traduit la transformation graduelle du droit des conventions collectives.

1295 ***Majorité électorale ou majorité d'organisations*** ◊ La notion de majorité a recouvert, elle aussi, deux sens différents dans la loi. Il s'agit dans certains cas d'une majorité de type électoral (sont majoritaires les syndicats qui ont obtenu ensemble une majorité de voix dans des élections

1. La loi du 20 août 2008 consacre la règle selon laquelle une convention ou un accord collectif est valablement conclue par des organisations syndicales représentatives qui sont minoritaires dès lors que les organisations syndicales majoritaires n'ont pas exercé leur droit d'opposition. Il est toutefois exigé que la minorité signataire représente au moins 30 % des suffrages exprimés aux élections permettant de déterminer les audiences syndicales (art. L. 2232-2, L. 2232-6 et L. 2232-12) sauf dans les entreprises où un accord a pu être signé malgré la carence au premier tour des élections professionnelles (C. trav., art. L. 2232-14).

2. L'opposition est irrecevable après cette date, dont la détermination relève de l'appréciation souveraine du juge du fond (Soc. 10 juill. 2002, *Dr. soc.* 2002. 1032) ; cette solution rendue à propos du droit d'opposition aujourd'hui disparu de l'art. L. 132-7 anc. (révision des conventions) est transposable au nouveau dispositif. Le maintien en vigueur d'un accord qui a été régulièrement frappé d'opposition constitue un trouble manifestement illicite dont la cessation peut être ordonnée en référé (Soc. 25 mai 2004, *RJS* 8-9/04, n° 943).

3. Envisagée du côté des seules organisations professionnelles d'employeurs, l'absence d'opposition majoritaire autorise l'extension de la convention ou de l'accord collectif.

4. Pour l'heure, seule la validité des accords déterminant le contenu du PSE et des accords de maintien dans l'emploi est, par dérogation à l'article L. 2232-10, subordonnée à leur signature par une ou plusieurs organisations syndicales représentatives ayant recueilli au moins 50 % des suffrages exprimés en faveur d'organisations reconnues représentatives au premier tour des dernières élections professionnelles dans l'entreprise (respectivement, art. L. 1233-24-1 et L. 5125-4, al. 1er).

professionnelles correspondant au champ d'application de la convention). Dans d'autres cas, il s'agit d'une majorité de type institutionnel (sont majoritaires les syndicats qui représentent ensemble la majorité des organisations représentatives dans le champ de l'accord).

La loi du 20 août 2008 fait prévaloir pour les négociations, quel que soit le niveau de celles-ci (entreprise, groupe, branche, interprofessionnel) la majorité de type électoral. Le nombre d'organisations syndicales représentatives, qui ont signé ou qui s'opposent, n'a pas d'importance. Seul compte le nombre d'électeurs que représentent les organisations, signataires ou opposantes.

1296 ***Habilitation des négociateurs*** ◊ Pour engager valablement les organisations syndicales et les associations d'employeurs, la convention doit être signée par des personnes physiques habilitées à les représenter. Aux termes de l'article L. 2231-2, la représentation des organisations a lieu en vertu : soit d'une stipulation statutaire (clause des statuts du syndicat ou du groupement donnant pouvoir général à tel ou tel organe) ; soit d'une délibération spéciale de l'organisation (vote d'une assemblée) ; soit de mandats spéciaux, écrits et individuels émanant des adhérents de l'organisation.

1297 ***Possibilité d'adhésion*** ◊ La convention collective ne se referme pas définitivement sur le cercle des parties initiales. Un groupement d'employeurs ou un syndicat de salariés n'ayant pas signé la convention peut, s'il a la capacité de négocier une convention collective, adhérer postérieurement à la convention collective (C. trav., art. L. 2261-3) [1]. L'adhésion doit porter sur la totalité des clauses de la convention, et être notifiée à l'ensemble des signataires de la convention et faire l'objet d'un dépôt à la direction départementale du travail et au greffe du Conseil de prud'hommes. Si ces règles sont respectées, l'organisation adhérente a, en principe, les mêmes droits et obligations que les parties signataires. Des règles particulières s'appliquent dans le cas où l'adhésion à une convention de branche ou un accord interprofessionnel est le fait d'organisations dont l'activité n'entre pas dans le champ d'application de l'accord (C. trav., art. L. 2261-5, L. 2261-6).

SECTION 2. CONDITIONS RELATIVES AU CONTENU DES CONVENTIONS : LE RESPECT DE L'ORDRE PUBLIC [2]

1298 ***Aperçu général*** ◊ La convention ou l'accord collectif ont normalement pour but et pour effet d'améliorer la situation des salariés. Ils peuvent

1. Sur les droits des organisations représentatives non-signataires, v. F. Saramito, *Dr. ouvrier* 2003.1.
2. N. Aliprantis, *La place de la convention collective dans la hiérarchie des normes*, LGDJ, p. 173 ; G. Lyon-Caen : La négociation collective et la législation d'ordre public, *Dr. soc.* 1973. 89 ;

« comporter des stipulations plus favorables aux salariés que les dispositions légales en vigueur. Ils ne peuvent déroger aux dispositions qui revêtent un caractère d'ordre public » (C. trav., art. L. 2251-1). De là, l'affirmation que l'ordre public social est relatif : la loi s'impose en tant qu'elle assure un minimum ; elle peut être écartée lorsque la convention accorde plus aux salariés.

Cette présentation, globalement exacte, doit cependant être nuancée. Dans certains cas, les textes étatiques sont d'ordre public absolu : la convention ou l'accord collectif ne peuvent, même dans un sens favorable aux salariés, en modifier les dispositions. Dans d'autres cas, la convention ou l'accord collectif peuvent exceptionnellement écarter des règles légales ou réglementaires qui sont protectrices des intérêts des salariés. La loi reste impérative au regard du contrat individuel, mais l'accord collectif peut déroger aux dispositions légales, même à celles qui protègent les salariés.

1299 ***Ordre public absolu*** ◊ **a)** Selon un avis du Conseil d'État du 22 mars 1973 [1], les textes d'origine étatique s'imposent de façon absolue, au regard des conventions collectives, lorsqu'ils « débordent le domaine du droit du travail ». Ainsi l'interdiction générale des indexations fondées sur le SMIC ou sur le niveau général des prix rend nulles les clauses d'indexation de ce type qui seraient insérées dans une convention collective, bien que celles-ci soient favorables aux salariés.

b) Ont également un caractère d'ordre public absolu les principes ou règles concernant *« des avantages ou garanties échappant, par leur nature, aux rapports conventionnels »*. La formule est sujette à interprétation. Deux domaines « interdits » sont expressément mentionnés par le Conseil d'État : la compétence des agents publics (et des juridictions), les incriminations pénales. Les partenaires sociaux peuvent organiser un système de protection contre le licenciement par exemple, mais ils ne peuvent pas soumettre la licéité du licenciement à une autorisation administrative, en dehors des situations où les textes officiels organisent eux-mêmes celle-ci. Il n'appartient pas, en effet, à des personnes privées de déterminer la compétence des agents publics.

Pour la même raison, en cas de litige individuel de travail, *le droit de saisir le Conseil de prud'hommes* est traité en jurisprudence comme une protection intangible du salarié [2].

L. Rozès : *Dr. soc.* 1977. 311 ; M. Bonnechère : *Dr. ouvrier* 1988. 171 ; Ph. Langlois, Droit public et droit social en matière de négociation collective, *Dr. soc.* 1991. 933 ; M.-L. Morin, La loi et la négociation collective : concurrence ou complémentarité, *Dr. soc.* 1998. 419 ; F. Gaudu : L'ordre public en droit du travail, *in Mélanges J. Ghestin*, LGDJ, 2001, p. 363 ; G. Borenfreund et M.-A. Souriac, Les rapports de la loi et de la convention collective : une mise en perspective, *Dr. soc.* 2003. 72 N. Meyer, *l'ordre public en droit du travail*, LGDJ 2006 ; F. Canut *L'ordre public en droit du travail* LGDJ 2007.

1. *Dr. soc.* 1973. 514 ; *Dr. ouvrier* 1973. 190.
2. Ass. plén. 6 févr. 1976, *Belle jardinière, Dr. soc.* 1976. 472, obs. J. Savatier. V. ss 1169.

Bien souvent, c'est la Cour de cassation qui, au détour d'un arrêt, énonce, sans plus d'explication, que telle ou telle disposition est « d'ordre public », interdisant, de ce fait, toute négociation [1].

1300 ***Ordre public social*** ◊ Le principe général en droit du travail est qu'un accord collectif peut toujours comporter des dispositions plus favorables aux salariés que celles des lois et règlements en vigueur, et que la situation des salariés doit être régie, en cas de conflit de normes, par celle qui leur est la plus favorable [2]. Ce principe général, dit « principe de faveur », signifie que « la loi ne peut permettre aux accords collectifs de travail de déroger aux lois et règlements ou aux conventions de portée plus large que dans un sens plus favorable aux salariés » [3]. Le Conseil constitutionnel y voit un « principe fondamental du droit du travail », et non pas un « principe fondamental reconnu par les lois de la République », ce qui signifie que le législateur est libre d'en réduire la portée [4].

Ce principe s'imposait aussi bien en cas de concours de normes de natures différentes (loi, convention collective, contrat) qu'en cas de concours de conventions collectives (les conventions de niveau supérieur fixant des règles minimales que les conventions de niveau inférieur ne pouvaient qu'améliorer au profit des salariés). La loi Fillon du 4 mai 2004 a réduit le champ d'application du principe de faveur dans les relations entre loi et convention collective, en facilitant la conclusion d'accords dérogatoires d'entreprise ; et surtout elle l'a privé de l'essentiel de sa portée dans les rapports entre conventions collectives en généralisant la faculté de déroger aux conventions de niveau supérieur [5]. La loi du 20 août 2008 renforce ce mouvement, spécialement dans ses dispositions concernant le temps de travail, en donnant un rôle majeur aux accords d'entreprise. L'accord d'entreprise, dans plusieurs circonstances, n'est même pas un accord dérogatoire ; la loi ne pose pas une règle à laquelle un accord d'entreprise peut déroger ; elle confie à l'accord d'entreprise et, à défaut à

1. V. par ex., Soc. 4 févr. 2014, n° 12-35.333, *Lexbase Hebdo, éd. Sociale*, n° 559, note G. Auzero, « Les conditions de validité d'un accord collectif sont d'ordre public » ; 18 mai 2011, n° 10-60.406, *Bull. civ.* V, n° 116 : « en ce qu'elle soumet désormais la représentativité des organisations syndicales à la condition d'avoir obtenu au moins 10 % des suffrages exprimés lors du premier tour de l'élection des membres titulaires du comité d'entreprise, la loi n° 2008/789 du 20 août 2008 est d'ordre public absolu ».

2. Soc. 17 juill. 1996, *B. civ.* V, n° 296 et 297, *Dr. soc.* 1996. 1049, concl. P. Lyon-Caen, obs. J. Savatier, *Grands arrêts*, 4e éd., 2008, n° 180 ; CE 27 juill. 2001, (*Féd. nat. des transports FO*), *RJS* 1/02, n° 107, chron. Bocquillon.

3. Cons. const. 29 avr. 2004, n° 2004-494 DC, § 9.

4. Cons. const. 20 mars 1997, n° 97-388 DC, *Dr. soc.* 1997. 476, note Prétot ; 13 janv. 2003, n° 2002-465 DC, *Dr. soc.* 2003. 260, obs. Prétot, *Grands arrêts*, 4e éd., 2008, n° 181 ; 29 avr. 2004, n° 2004-494 DC, préc. V. A. Jeammaud : Le principe de faveur *Dr. soc.* 1999. 119 ; F. Bocquillon : Que reste-t-il du « principe de faveur » ? *Dr. soc.* 2001. 255. M. Bonnechère : La loi, la négociation collective et l'ordre public en droit du travail : quelques repères, *Dr. ouvrier* 2001. 411 ; J. Pélissier : Droit des conventions collectives : évolution ou transformation, *Mélanges Verdier*, Dalloz, 2001, p. 95 s.

5. M.-A. Souriac, L'articulation des niveaux de négociation, *Dr. soc.* 2004. 579.

l'accord de branche, le soin de fixer lui-même le contenu de la disposition applicable (v. par exemple la fixation du contingent d'heures supplémentaires, v. ss 769).

L'ordre public social régit aussi bien les relations individuelles que les relations collectives de travail.

a) Dans le domaine du rapport individuel de travail, en dehors des exceptions mentionnées au numéro précédent, l'ordre public est constitué par le minimum social protecteur : salaire minimum, congés payés légaux [1], procédure de licenciement, délai de préavis, indemnité légale minimale de licenciement, etc. La jurisprudence annule systématiquement les clauses conventionnelles qui privent le salarié de ce statut minimum sur un point particulier. En revanche, toute clause plus favorable est pleinement licite.

b) Dans le domaine des rapports collectifs, la conception de l'ordre public relatif a progressivement prévalu sur celle de l'ordre public absolu, même si certains points demeurent non modifiables [2]. La convention collective peut prévoir un plus grand nombre de délégués syndicaux, un plus grand nombre d'heures de délégation, une plus grande liberté d'invitation de personnes extérieures à l'entreprise. Les améliorations par rapport au statut légal peuvent cependant se heurter, *en matière syndicale*, aux principes de la liberté syndicale et de la non-discrimination. Si une clause conventionnelle peut certainement améliorer la protection des syndicalistes contre le licenciement, en prévoyant la réintégration de plein droit de tout salarié licencié pour activité syndicale, une convention collective ne peut pas comporter une clause réservant l'embauche aux membres des syndicats signataires (C. trav., art. L. 2134-2). De façon plus générale, toute clause assurant des avantages particuliers à des syndicalistes se heurterait aux dispositions de l'article L. 2141-5 du Code du travail interdisant à tout employeur de prendre en considération l'appartenance à un syndicat ou l'exercice d'une activité syndicale pour arrêter ses décisions en ce qui concerne notamment le recrutement, la conduite et la répartition du travail, la formation professionnelle, l'avancement, la rémunération, etc. [3].

Il en résulte que si la participation aux organismes paritaires ou aux institutions créées par une convention collective est réservée aux syndicats signataires ou adhérents à la convention, les dispositions conventionnelles

---

1. Soc. 30 nov. 2004, *Bull. civ.* V, n° 316 (interdiction de remplacer l'indemnisation du 1er mai par un repos compensateur).

2. Sans que le constat doive être exagéré, la loi du 20 août 2008 a, en la matière, accru le bloc de règles ne pouvant être modifiées. V. par ex., Soc. 24 oct. 2012, n° 11-22.087, *Bull. civ.* V, n° 278 (obligation d'avoir deux élus au CE pour y désigner un représentant syndical) ; 18 mai 2011, n° 10-60.406, *Bull. civ.* V, n° 116 (nécessité d'avoir obtenu 10 % des suffrages pour être représentatif dans l'entreprise).

3. Soc. 29 mai 2001, *Bull. civ.* V, n° 185 (v. aussi, G. Borenfreund : Les syndicats bénéficiaires d'un accord collectif, *Dr. soc.* 2001. 821). Sur la nécessité de respecter le principe d'égalité de traitement, v. ss 999.

à caractère normatif visant à améliorer les institutions représentatives du personnel sont applicables de plein droit à tous les salariés et syndicats, sans distinction [1].

La convention collective peut également aménager *l'exercice du droit de grève*. Cependant, dans la mesure où la convention collective ne peut qu'améliorer la situation des salariés, il est logique d'en conclure qu'elle ne peut restreindre l'exercice du droit de grève. Première conséquence : à la différence de ce qui est admis dans de nombreux systèmes juridiques étrangers, la conclusion d'une convention collective ne fait pas naître une obligation de paix sociale (*i.e.* engagement de ne pas appeler à la grève) à la charge des syndicats signataires [2]. Deuxième conséquence : les clauses d'une convention collective qui aménagent le recours à la grève, par exemple en imposant un préavis accompagné d'une obligation de négocier, ne lient que les syndicats signataires et sont inopposables aux grévistes [3].

1301 ***Accords dérogatoires*** ◊ Un nouvel ordre public a fait son apparition en matière de salaires et surtout d'aménagement du temps de travail ; on parle d'accords « dérogatoires » [4]. À la loi qui reste impérative, il ne peut être dérogé dans le contrat individuel ; mais ce que le contrat individuel ne peut pas faire, la convention collective le peut. À l'égard de celle-ci, la loi est alors selon les cas supplétive (si elle déclare ne s'appliquer qu'à défaut d'accord contraire), ou dispositive (si elle prévoit elle-même des règles dérogatoires qui ne peuvent être mises en œuvre que par voie d'accord) [5]. La dérogation suppose dans les deux cas une habilitation législative expresse [6]. Cette technique est un instrument essentiel de ce qu'on a appelé la « flexibilisation », notion ambiguë qui désigne à la fois la diversification du droit du travail selon les branches ou les entreprises, et la diminution des droits des travailleurs au nom de la compétitivité des entreprises. Elle a d'abord été utilisée en matière d'aménagement du temps de travail et de recours aux emplois précaires, et plus récemment en matière de licenciement économique (accords dits de méthode, dérogeant à la procédure d'information et de consultation du comité d'entreprise sur les licenciements économiques) [7].

---

1. Soc. 20 nov. 1991, *Bull. civ.* V, n° 522, *Dr. soc.* 1992. 52, rapp. Waquet, *Grands arrêts*, 4e éd., 2008, n° 163.

2. Soc. 21 mai 1959, *Dr. soc.* 1959. 485.

3. Soc. 7 juin 1995, *Dr. soc.* 1995. 835 ; 12 mars 1996, *Dr. soc.* 1996. 541 ; Soc. 17 juill. 1996, *RJS* 10/96 n° 1079. V. chron. Radé : Exercice du droit de grève et négociation collective, *Dr. soc.* 1996. 42 ; M.-A. Souriac : Conflits du travail et négociation collective *Dr. soc.* 2001. 705.

4. F. Bocquillon, *La dérogation en droit du travail*, thèse Strasbourg III, 1999 ; A. Supiot, *Dr. soc.* 1983. 63 ; J.-E. Ray, *Dr. soc.* 1988. 99 ; G. Bélier, *Dr. soc.* 1986. 49 ; M. Bonnechère, Les tendances à la déréglementation et leur incidence sur la théorie des sources en droit du travail, *Dr. soc.* 1990. 40 ; M.-A. Souriac et G. Borenfeund, préc.

5. V. sur cette distinction A. Supiot, *Dr. soc.* 2003. 59.

6. CE 27 juill. 2001 *RJS* 1/02, n° 107 (nullité des dispositions d'un décret prévoyant, en l'absence d'habilitation législative, que des accords collectifs pourraient déroger à ses dispositions dans un sens défavorable aux salariés).

7. *Cf.* P.-H. Antonmattei, *Dr. soc.* 2003. 486 et *Dr. soc.* 2005. 399.

Compte tenu de la gravité de l'atteinte qu'elle porte à l'ordre public social, cette faculté de dérogation se trouvait subordonnée le plus souvent à la conclusion d'un accord ou d'une convention de branche et fréquemment sous réserve de l'extension ministérielle de cet accord. Cette garantie était importante car l'équilibre de la négociation est évidemment mieux assuré à ce niveau qu'à celui de l'entreprise. C'est pourquoi la position commune adoptée par les partenaires sociaux ne préconisait pas de réforme législative sur ce point : les syndicats étaient particulièrement attachés aux garanties offertes par la négociation de branche en matière de dérogation, tandis que le patronat souhaitait au contraire promouvoir un « contrat collectif d'entreprise » le plus dégagé possible des disciplines de la loi et de la profession. Nonobstant cette absence d'accord entre les partenaires sociaux, le législateur a donné satisfaction au Medef en ouvrant aux accords d'entreprise de nouvelles facultés de dérogation antérieurement réservées aux accords de branche [1].

Interrogé sur la conformité de cette réforme avec le principe de faveur, le Conseil constitutionnel a estimé que ce principe « ne saurait être regardé comme un principe fondamental reconnu par les lois de la République (...) ; qu'en revanche il constitue un principe fondamental du droit du travail au sens de l'article de la Constitution, dont il appartient au législateur de déterminer le contenu et la portée » [2]. Le principe de l'application de la norme la plus favorable au salarié ayant une simple valeur législative, et non pas constitutionnelle, peut donc être écarté par la loi, sous la seule réserve que « lorsque le législateur autorise un accord collectif à déroger à une règle qu'il a lui-même édictée et à laquelle il a entendu conférer un caractère d'ordre public, il doit définir de façon précise l'objet et les conditions de cette dérogation » [3]. Aux yeux du Conseil constitutionnel, la consécration du principe majoritaire dans la conclusion des accords d'entreprise, dérogatoires ou non, constitue une garantie suffisante pour justifier l'extension du domaine des dérogations possibles à ce niveau.

Il est permis de douter que ce soit le cas. Dans la négociation d'entreprise, à la différence de la négociation de branche, la menace de la perte de la compétitivité et de l'emploi peut toujours être brandie pour convaincre les salariés de renoncer à certains de leurs droits. La réforme est ainsi de nature à encourager entre les entreprises d'une même branche une concurrence fondée sur la course aux dérogations et au « moins-disant » social, à rebours de la vocation première du droit des conventions collectives.

1302 ***Agrément*** [4] ◊ À la différence de la procédure d'extension qui a pour effet de généraliser l'effet normatif d'une convention collective déjà applicable, la procédure d'agrément est un préalable à l'applicabilité de

1. Loi du 4 mai 2004 préc. art. 43, et surtout loi du 20 août 2008.
2. Cons. const. déc. 2004-494 DC, 29 avr. 2004,§ 9.
3. Cons. const. n° 2004-494 DC, préc., § 8.
4. J. Barthélemy, L'agrément des accords collectifs, *Dr. soc.* 1987. 623.

certaines conventions. Elle permet aux pouvoirs publics d'exercer un contrôle sur le contenu du droit conventionnel. L'agrément n'affecte pas le caractère contractuel de la convention, et rétroagit donc à la date de conclusion de celle-ci [1].

L'agrément est requis, selon des modalités particulières, pour l'entrée en vigueur des conventions d'assurance-chômage. Mais il se rencontre aussi dans certains secteurs d'activité. C'est le cas des conventions ou accords collectifs concernant les sociétés mutualistes et les organismes de sécurité sociale ainsi que les établissements et services à caractère social et sanitaire à but non lucratif (L. du 30 juin 1975, modifiée par une loi du 6 janvier 1986) [2].

SECTION 3. CONDITIONS DE FORME ET DE PUBLICITÉ

1303 ***Sécurité juridique*** ◊ Contrairement au régime institué en 1946 [3], la conclusion des conventions collectives s'opère librement. Toutefois pour des raisons de sécurité juridique, la loi exige certaines conditions de forme et de publicité.

1304 ***Nécessité d'un écrit*** ◊ Selon l'article L. 2231-3, la convention collective de travail doit être écrite à peine de nullité [4]. Destinée à donner son contenu au contrat individuel, la convention collective ne peut être qu'un acte écrit. Au demeurant, l'exigence d'un écrit est indispensable comme préliminaire aux règles de publicité [5].

Les conventions et accords collectifs doivent être rédigés en français ; toute disposition rédigée en langue étrangère est inopposable au salarié à qui elle ferait grief (C. trav., art. L. 2231-4).

1305 ***Publicité par voie de dépôt et d'affichage*** ◊ Appelée à être consultée par les intéressés, la convention collective doit être portée à la connaissance du public. La publicité s'effectue par voie de dépôt en 2 exemplaires,

1. Soc. 6 juill. 2005, *Bull. civ.*, n° 537. Comp. dans le cas d'un arrêté d'extension : Soc. 16 nov. 2005, *Bull. civ.* V, n° 327.

2. L'exigence d'un agrément s'étend aux engagements unilatéraux de l'employeur à caractère collectif (Soc. 8 juin 2005, *Dr. soc.* 2005. 939, obs. J. Savatier) ainsi qu'aux avenants modifiant un accord d'entreprise (Soc. 26 oct. 2005, *RJS* 1/05, n° 68). Le refus d'agrément doit être motivé (CE 12 juin 2002, *RJS* 11/02, n° 1263) ; v. J. Savatier, la portée de l'exigence d'un agrément administratif des conventions collectives applicables aux établissements médico-sociaux, *Dr. soc.* 1994. 394).

3. Cette loi subordonnait la validité même de la convention à un agrément ministériel.

4. D'où exigence de la signature de ceux qui l'ont conclue (Soc. 8 janv. 2002, *D.* 2002. IR 542, *RJS* 3/02, n° 310, cassant Colmar, 4 nov. 1999, *D.* 2000. 696, note Rouat).

5. Sur la rectification des erreurs matérielles intervenues dans cet écrit, v. Soc. 20 sept. 2005, *RJS* 12/05, n° 1233.

dont une version papier et une électronique, auprès des services du ministre chargé du travail [1] (C. trav., art. D. 2231-2). La convention ou l'accord collectif doit également être déposé au greffe du Conseil de prud'hommes du lieu de conclusion (C. trav., art D. 2231-2).

Lorsque la validité d'une convention ou d'un accord est suspendue à l'absence d'opposition des organisations syndicales majoritaires, il ne peut être procédé au dépôt qu'à l'expiration du délai d'opposition (C. trav., art. L. 2231-7). Ce délai d'opposition est assez bref : 15 jours à compter de la date de notification de l'accord ou de la convention quand il s'agit d'une convention de branche ou d'un accord professionnel, 8 jours à compter de la notification de l'accord ou de la convention quand il s'agit d'une convention ou d'un accord d'entreprise.

Cette notification de la convention ou de l'accord doit être faite par la partie la plus diligente des organisations signataires à l'ensemble des organisations représentatives à l'issue de la procédure de signature (C. trav., art. L. 2231-5). Logiquement, avant de recevoir le dépôt d'une convention ou d'un accord collectif, l'autorité compétente devrait vérifier que celui-ci a bien été notifié à tous les syndicats représentatifs ayant participé à la négociation et qu'une opposition n'est plus possible. Si cette notification n'a pas été faite auprès de tous les syndicats représentatifs, le délai d'opposition ne court pas au regard des organisations syndicales qui n'ont pas reçu notification. Si ces organisations syndicales de salariés représentatives sont majoritaires, elles peuvent, semble-t-il, exercer leur droit d'opposition puisque le délai d'opposition n'a pas couru à leur encontre [2].

La loi prévoit que c'est la partie la plus diligente qui procède au dépôt, celui-ci entraînant l'application de l'accord. L'article L. 2261-1 du Code du travail précise que les textes sont applicables, sauf stipulations contraires, à partir du jour qui suit leur dépôt auprès du service compétent [3]. Toute personne intéressée peut prendre gratuitement communication, et copie à ses frais, du texte de la convention collective [4].

Une publicité plus complète est prévue pour les conventions collectives étendues, au moyen de la publication de l'arrêté d'extension au *Journal officiel*.

1306 ***Obligations d'information des salariés*** ◊ L'information des salariés et des représentants du personnel sur le droit conventionnel applicable

1. Les conventions de branche et les accords professionnels ou inter-professionnels sont déposés auprès des services centraux du ministre chargé du travail (C. trav., art. D. 2231-3).Les conventions et accords d'entreprise ou d'établissement sont déposés auprès de la direction régionale des entreprises, de la concurrence, du travail et de l'emploi (C. trav., art. D. 2231-4).

2. Ni la validité d'un accord ni son applicabilité aux salariés ne sont subordonnées à sa notification aux organisations syndicales, laquelle a seulement pour effet de faire courir le délai d'opposition de celles qui ne sont pas signataires : Soc. 13 oct. 2010 n° 09-68.151, *RJS* 1/11, n° 64 ; *Dr. soc.* 2011. 219, obs. L. Pécaut-Rivolier

3. En revanche, l'absence de dépôt n'entraîne pas la nullité de la convention, car le dépôt n'est qu'une mesure de publicité : Soc. 3 oct. 1962, *Dr. soc.* 1962-630.

4. Le texte des principales conventions collectives est accessible via le site Legifrance, qui assure le service public de l'accès au droit www.legifrance.gouv.fr/.

dans l'entreprise s'opère, en principe, selon des modalités définies au niveau de la branche ou de la profession (C. trav., art. L. 2262-5).

À défaut, l'employeur doit observer les prescriptions des articles R. 2262-1 et suivants : remise d'une notice d'information à l'embauche ; communication d'un exemplaire des différentes conventions applicables aux représentants du personnel dans l'entreprise ; affichage d'un avis informant les salariés du lieu où ils peuvent consulter une version à jour de ces textes dans l'entreprise [1] ; mise à disposition de ces textes sur le serveur intranet de l'entreprise s'il en existe un.

Mention doit être faite sur le bulletin de paie de la convention de branche applicable au salarié [2].

Le défaut d'information rend inopposables aux salariés les obligations qui résultent pour eux de la convention collective [3]. Il ne saurait en revanche les priver des droits que cette convention collective leur reconnaît. Le défaut d'information engagera, par ailleurs, la responsabilité civile de l'employeur, sans que le salarié n'ait à rapporter la preuve d'un préjudice [4].

---

1. Le défaut d'affichage non seulement est source d'un préjudice dont il peut être demandé réparation (Soc. 29 mai 1989, *Dr. ouvrier* 1980. 105), mais rend la convention inopposable aux salariés qui en ignorent le contenu (Soc. 31 mai 1989, *Bull. civ.* V, n° 412 ; Soc. 14 févr. 1996, *RJS* 4/96, n° 426 ; Soc. 28 févr. 1996, *RJS* 4/96, n° 426).

2. La mention d'un accord collectif dans le bulletin de paie ne crée qu'une présomption simple d'application volontaire de cet accord : Soc. 17 nov. 2010, n° 09-42.793 *RJS* 2/11 n° 119. En revanche, le salarié peut se prévaloir de la convention collective mentionnée dans le contrat de travail, peu important qu'il soit ultérieurement établi que cette convention n'était pas celle appliquée dans l'entreprise : Soc. 16 mai 2012, n° 11-11.100, *Bull. civ.* V, n° 150.

3. Soc. 15 avr. 1992 *RJS* 1992, n° 766 ; 6 juill. 1994, *RJS* 8-9/94, n° 1023 ; 28 févr. 1996, *RJS* 4/96, n° 426 ; 8 janv. 1997 *RJS* 2/97, n° 184 ; 23 avr. 1997 *RJS* 6/97, n° 648.

4. Soc. 19 mai 2004, *Bull. civ.* V, n° 134, *RJS* 7/04, n° 810.

CHAPITRE 2
DURÉE ET RÉVISION DES CONVENTIONS COLLECTIVES

1307 ***Continuité du statut collectif*** ◊ Lorsqu'elle est arrivée à échéance (convention à durée déterminée) ou lorsqu'elle a été dénoncée par les signataires (convention à durée indéterminée), la convention collective ne devrait plus entraîner de conséquences juridiques. Mais dans la mesure où elle fonde un statut collectif pour les salariés, des dispositions spéciales visent à assurer la continuité de ce statut, en favorisant sa révision et en aménageant les périodes de transition entre deux conventions.

SECTION 1. CONVENTIONS COLLECTIVES À DURÉE INDÉTERMINÉE

1308 Sujette à révision la convention peut être aussi dénoncée par les signataires ou voir son application remise en cause par un événement indépendant de leur volonté.

§ 1. Révision [1]

1309 ***Application du principe majoritaire à la révision des conventions collectives*** ◊ Les conventions et accords collectifs de travail doivent prévoir les formes selon lesquelles ils pourront être renouvelés ou révisés (C. trav., art. L. 2222-5) [2].

---

1. B. Palli, La révision des conventions collectives à l'épreuve de la réforme de la représentativité syndicale, *RDT* 2010. 155 s. ; L. Flament, À propos de l'impact de la loi du 20 août 2008 sur la révision des accords collectifs, *RJS* 2011. 257.

2. Lorsque l'accord initial ne prévoit pas les modalités de sa révision, il résulte de l'article L. 2261-7 du Code du travail que le consentement unanime des signataires est nécessaire pour engager la procédure de révision : Soc. 13 nov. 2008, n° 07-42.481, *Bull. civ.* V, n° 224. Compte tenu du caractère relatif de la représentativité prouvée, lié au critère de l'audience électorale, cette solution ne va pas sans poser de difficultés. Dès lors qu'une convention collective prévoit qu'elle ne peut être révisée qu'au terme d'un délai de préavis, est nul l'accord de révision passé sans que ce délai ait été respecté. (Soc. 27 oct. 2004, *Bull. civ.* V, n° 277, *RJS* 1/05, n° 64, Rapp. Duplat, p. 19).

En l'absence de disposition législative ou conventionnelle applicable, le juge avait dû prendre position sur une question fondamentale : une convention ou un accord de révision doit-il être signé par l'ensemble des signataires de la convention ou de l'accord initial pour se substituer à cette convention ou à cet accord initial, ou bien suffit-il qu'un syndicat représentatif ait signé l'accord modificatif pour que ce dernier soit opposable à l'ensemble des salariés ?

Dans un arrêt *Basirico* [1], la chambre sociale de la Cour de cassation avait décidé que pour libérer les employeurs des obligations prévues par la convention collective initiale, les groupements patronaux signataires devaient soit obtenir la signature de toutes les organisations syndicales représentatives ayant signé cette convention ou y ayant adhéré, soit dénoncer cette convention. Faute de quoi les salariés pouvaient invoquer le bénéfice des dispositions les plus favorables contenues et dans la convention collective et dans l'accord modificatif.

Vivement critiquée par le patronat [2], cette jurisprudence avait provoqué l'intervention du législateur, qui avait imposé la substitution de l'avenant aux dispositions correspondantes de la convention ou de l'accord modifié, tout en créant un droit d'opposition au bénéfice des non-signataires de l'avenant, lorsque celui-ci réduisait les droits des salariés [3]. Ce dispositif a été supprimé par la loi du 4 mai 2004, qui soumet l'avenant de révision aux mêmes règles de conclusion que l'accord initial [4].

L'article L. 2261-7 du Code du travail prévoit désormais que seules les organisations syndicales de salariés représentatives signataires ou adhérentes d'une convention ou d'un accord collectif sont habilitées à signer les avenants de révision [5]. En généralisant la représentativité prouvée et surtout, en érigeant l'audience électorale en critère incontournable de cette dernière, la loi du 20 août 2008 a pour effet collatéral de rendre plus difficile la révision des normes conventionnelles [6]. La négociation de

1. Soc. 9 mars 1989, *Dr. soc.* 1989. 631, note Despax.

2. *Roche, Dr. soc.* 1992. 860.

3. Loi n° 92-1446 du 31 déc. 1992. V. M.-L. Morin, La signature des accords collectifs : à propos de la réforme de la procédure de révision, *RJS* 1993. 74.

4. M.-L. Morin, « La révision des conventions et accords collectifs après la loi du 4 mai 2004 », *RJS* 2005. 87. Un avenant de révision qui n'est signé par aucun des syndicats signataires de l'accord initial est nul : Soc. 8 avr. 2009, n° 08-40.256, *RJS* 6/09, n° 560. L'exigence d'unanimité subsiste pour l'engagement de la négociation de révision, en l'absence de clause particulière dans l'accord initial : Soc. 13 nov. 2008, préc.

5. Mais un accord collectif ne peut être conclu ou révisé sans que l'ensemble des organisations syndicales représentatives aient été invitées à sa négociation (Soc. 17 sept. 2003, *Bull. civ.* V, n° 240, *Grands arrêts*, 4e éd., n° 160 ; v. déjà dans le cas d'un accord d'entreprise Soc. 26 mars 2002, *Sanofi*, *Dr. soc.* 2002. 617, ss. art. M.-L. Morin ; *D.* 2002. 3231, note F. Petit). Les syndicats représentatifs doivent être invités à la négociation de révision, même s'ils n'ont pas signé l'accord dont la révision est envisagée (Crim. 28 oct. 2008, n° 07-82.799, *RDT* 2009. 245 : l'absence de convocation d'un syndicat représentatif à la révision d'un accord d'entreprise constitue un délit d'entrave à l'exercice du droit syndical).

6. Il suffit, à titre d'exemple, d'imaginer que le seul syndicat signataire d'un accord collectif d'entreprise, par hypothèse représentatif à l'époque et ayant obtenu plus de 30 % des suffrages, ne

révision pose aussi d'importantes difficultés lorsqu'en l'absence de délégué syndical dans l'entreprise, l'accord initial a été signé par les représentants élus ou par un salarié mandaté à cet effet. L'article L. 2232-9 du Code du travail, qui envisage seul la question, ne permet en aucune façon de régler l'ensemble de ces difficultés [1].

L'article L. 2261-8 précise que l'avenant de révision conclu conformément aux nouvelles exigences du principe majoritaire est substitué de plein droit aux dispositions de la convention ou de l'accord modifié ; il est opposable à l'ensemble des employeurs et salariés liés par la convention ou l'accord collectif de travail [2].

Que décider dans le cas où seuls certains groupements *patronaux*, signataires de l'accord initial, signent l'avenant ? La Cour de cassation a jugé que l'avenant ne peut pas être opposé aux employeurs qui ne sont pas membres d'un groupement patronal l'ayant signé [3]. On peut douter que cette solution soit conforme au texte de l'article L. 2261-8, selon lequel l'avenant portant révision d'une convention est opposable « à l'ensemble des employeurs » liés par cette convention. Cette disposition spéciale devrait l'emporter sur les dispositions générales de l'article L. 2262-1 également visés par cet arrêt.

§ 2. **Dénonciation**

1310 ***Le droit de dénonciation*** [4] ◊ Il se peut que les parties à la convention collective n'arrivent pas à trouver un terrain d'entente pour adapter celle-ci aux nouvelles conditions économiques ou sociales et que certains signataires préfèrent la dénoncer.

Les signataires ont, en effet, toujours le droit de dénoncer une convention collective à durée indéterminée (C. trav., art. L. 2261-9), à condition de la dénoncer globalement. La convention collective constitue « un ensemble contractuel » et l'une des parties signataires ne peut pas dénoncer une partie de la convention collective en prétendant que l'autre partie continue à lier les

franchissent pas la barre des 10 % aux élections suivantes. La révision ne sera possible que si un ou plusieurs syndicats représentatifs, non signataires de l'accord initial, y adhèrent. Autre situation problématique : ce même accord avait été signé par un syndicat ayant obtenu plus de 30 % des suffrages. Aux élections suivantes, il obtient 20 % des suffrages. Représentatif, il peut signer l'avenant de révision ; mais ayant obtenu moins de 30 % des suffrages, sa seule signature ne suffit pas.

1. Ce texte se borne, en substance, à affirmer que les accords d'entreprise conclus avec les représentants élus ou un salarié mandaté peuvent être révisés avec ces mêmes personnes. Mais la règle énoncée ne vaut que si le *statu quo* est maintenu. À titre d'exemple, et ce n'est pas l'hypothèse la plus complexe, quelle solution retenir lorsque, postérieurement à la signature d'un accord avec le comité d'entreprise, un délégué syndical est désigné dans l'entreprise ?

2. V. sous l'empire de la législation antérieure (inchangée sur ce point) : Soc. 31 mai 2001, *Bull. civ.* V, n° 200 (opposabilité aux retraités d'un accord révisant le régime des retraites complémentaires du secteur bancaire) ; Soc. 28 mai 2002, *Dr. soc.* 2002. 874, note Coursier (révision d'un accord de retraite supplémentaire).

3. Soc. 29 mai 1996, *Bull. civ.* V, n° 212 ; *Dr. soc.* 1996. 613, rapport J.-Y. Frouin.

4. E. Dockès, Les titulaires du droit de dénoncer efficacement une convention collective, *Dr. soc.* 2011. 1257 s.

signataires [1]. Il n'en va autrement que si la convention collective elle-même autorise une dénonciation partielle [2]. Les signataires doivent de façon générale observer les conditions de dénonciation fixées par la convention elle-même et, en particulier, respecter un préavis. En l'absence de stipulation expresse, la durée du préavis qui doit précéder la dénonciation est de trois mois (C. trav., art. L. 2261-9). Lorsque la dénonciation émane d'un chef d'entreprise, celui-ci doit consulter le comité d'entreprise avant de dénoncer une convention qui concerne l'emploi et les conditions de travail [3].

En cas de dénonciation, l'auteur de celle-ci doit la notifier aux autres signataires de la convention (C. trav., art. L. 2261-9) [4] et la déposer à la direction du travail et au greffe du Conseil de prud'hommes [5]. Une dénonciation qui n'est pas faite dans les formes requises est nulle et de nul effet [6].

1311 ***Dénonciation émanant de la totalité des signataires employeurs ou des signataires salariés (C. trav., art. L. 2261-10)*** ◊ Lorsque tous les signataires employeurs (ou l'employeur dans le cas d'un accord d'entreprise) ou tous les signataires salariés usent du droit de dénonciation, la dénonciation entraîne plusieurs effets :

1) Une nouvelle négociation doit s'engager, à la demande d'une des parties intéressées, dans les 3 mois qui suivent la date de la dénonciation [7].

2) Tant qu'une nouvelle convention n'a pas été conclue et substituée à la convention dénoncée, celle-ci continue à s'appliquer comme par le passé [8]. Cette « *survie* » de la convention collective dénoncée ne peut pas cependant se prolonger au-delà d'*un an* à compter de l'expiration du délai de préavis [9], sauf si la convention collective contenait elle-même une clause prévoyant une survie plus longue [10].

---

1. Soc. 12 oct. 2005, *Good Year Dunlop, Bull. civ.* V, n° 289.

2. Soc. 16 oct. 1974 *Bull. civ.* V, n° 478 ; Soc. 30 mars 1977 *JS UIMM*, n° 376, p. 301.

3. Soc. 5 mars 2008, *Sem. soc. Lamy* 31 mars 2008, p. 11.

4. La dénonciation notifiée à d'autres qu'aux organismes signataires est irrégulière : Soc. 16 févr. 1989, *Dr. ouvrier* 1989. 359 ; 19 avr. 1989, *Bull. civ.* V, n° 289 (aux représentants syndicaux au comité d'entreprise au lieu des délégués syndicaux).

5. Chambéry, 9 janv. 1986, *Dr. ouvrier* juill. 1986. 264 : c'est la date de dépôt qui fait courir le délai d'un an au-delà duquel la convention collective dénoncée n'est plus applicable.

6. Soc. 24 févr. 1993 *Dr. soc.* 1993. 464 (la dénonciation notifiée à une section syndicale est sans effet) ; Soc. 10 févr. 1999, *Dr. soc.* 1999. 388.

7. Si des discussions en vue du remplacement d'un accord collectif existant peuvent être engagées avant la dénonciation, la « nouvelle négociation » visée à l'article L. 2261-10 ne peut avoir lieu qu'après la dénonciation ; il en résulte que toutes les organisations syndicales représentatives doivent être invitées à cette nouvelle négociation après la dénonciation (Soc. 9 févr. 2000, *RJS* 3/2000, n° 306).

8. Soc. 23 mai 2000, *Bull. civ.* V, n° 199 ; la solution est la même en cas d'annulation de l'accord conclu en vue de remplacer l'accord dénoncé (Soc. 9 nov. 2005, *RJS* 1/05, n° 69).

9. Soc. 23 janv. 1985, *Bull. civ.* V, n° 49 ; 7 juin 2005, *Bull. civ.* V, n° 192 ; 12 oct. 2005, *Bull. civ.* V, n° 290.

10. Soc. 12 févr. 1991, *CSBP* mars 1991, p. 59 (A 16) : la clause de survie doit fixer une durée déterminée ; la stipulation selon laquelle « en cas de dénonciation, l'accord demeurera en vigueur jusqu'à la conclusion d'un nouvel accord » n'a pas pour effet de prolonger la survie de la convention collective au-delà d'un an.

3) Au-delà de cette survie provisoire, les salariés des entreprises concernées conservent les avantages individuels qu'ils ont acquis en application de la convention [1].

Ce *maintien des avantages individuels acquis* [2] appelle lui-même plusieurs observations :

a) Il ne doit pas être confondu avec le maintien des avantages acquis résultant d'une clause insérée dans une nouvelle convention collective, substituée à une convention collective antérieure ; le maintien est ici *légal* et ne s'impose que lorsque les négociations engagées à la suite de la dénonciation n'ont pas abouti à la conclusion d'un nouvel accord [3] ; il concerne uniquement les avantages *individuels* (alors que la clause conventionnelle peut viser les avantages individuels et collectifs – ou seulement collectifs) [4] ; il n'appelle aucune comparaison entre les clauses insérées dans deux conventions collectives successives pour savoir quelle est la clause *la plus avantageuse* (ici, toute clause insérée dans la convention dénoncée est maintenue lorsqu'elle apporte un plus par rapport aux dispositions légales ou aux clauses du contrat individuel de travail) [5].

b) La distinction de l'avantage individuel et de l'avantage collectif n'est pas évidente. S'il est admis que le caractère collectif ou individuel doit être apprécié au regard de l'objet de l'avantage et non de sa source [6], encore faut-il préciser en quoi l'objet d'un droit est individuel ou collectif [7]. Ainsi que l'a jugé la Cour de cassation, l'avantage qui, au jour de la dénonciation de la convention ou de l'accord collectif, procurait au salarié une rémunération ou un droit dont il bénéficiait à titre personnel [8], est individuel. Il en va par exemple ainsi de la « structure » [9] et du « niveau » [10] de la

1. Art. L. 2261-13. Cette règle ne s'applique pas dans les entreprises publiques à statut (Soc. 17 mai 2005, *RJS* 8-9/05, n° 919).

2. E. Dockès, L'avantage individuel acquis, *Dr. soc.* 1993. 826 ; M. Despax : Le maintien des avantages acquis en matière de rémunération, *Dr. soc.* 1990. 156, sous Aix, 5 juin 1989. Sur le caractère individuel ou collectif de l'avantage, V. Soc. 12 févr. 1991 préc. (Le système de répartition des pourboires a un caractère collectif) ; Y. Aubrée : Le concept légal d'« avantage individuel acquis », *RJS* 11/00, chron., p. 699.

3. Soc. 30 nov. 1994, *Dr. soc.* 1995. 178, note J. Savatier, *Grands arrêts*, 4e éd., 2008, n° 171.

4. Soc. 1er juin 2005, *RATP*, *Dr. soc.* 2005. 1064, obs. Radé (Nature collective de la stipulation d'une heure quotidienne d'entraînement physique de l'ensemble des agents de sécurité de la RATP).

5. Soc. 15 mai 2001, *Bull. civ.* V, n° 170.

6. Soc. 6 nov. 1991 *RJS* 1991, n° 1342 ; Soc. 22 avr. 1992 *RJS* 1992, n° 767.

7. Comp. N. Aliprantis, *La place de la convention collective dans la hiérarchie des normes*, LGDJ, 1990, p. 59 ; M. Despax, *Négociations, conventions et accords collectifs*, 2e éd., Dalloz 1989, n° 166 *bis* ; E. Dockès, art. *cit. Dr. soc.* 1993. 826.

8. Soc. 13 mars 2001, *Bull. civ.* V, n° 90, *Dr. ouvrier* 2001. 261, note E. Dockès ; 23 mai 2006, *Bull. civ.* V, n° 183. Seraient ainsi individuelles les dispositions susceptibles d'utilisation privative (E. Peskine et C. Wolmark, *Droit du travail*, Dalloz, 7e éd., 2013, n° 879. Il pourrait être aussi avancé qu'est individuel l'avantage dont l'octroi dépend des qualités personnelles de son bénéficiaire.

9. Soc. 1er juill. 2008, n° 06-44.437, *Bull. civ.* V, n° 147

10. Soc. 26 nov. 1996 : *Bull. civ.* V, n° 406 ; 16 sept. 2008, n° 07-43.580, inédit. Mais, les salariés ne peuvent plus prétendre pour l'avenir à la réévaluation de leur salaire selon les dispositions de l'accord, celle-ci ne constituant pas un avantage individuel acquis : Soc. 26 janv. 2005, n° 02-44.712 : *Bull. civ.* V, n° 32.

rémunération résultant d'un accord collectif dénoncé. En revanche, constitue un avantage collectif, celui « dont le maintien est incompatible avec le respect par l'ensemble des salariés concernés de l'organisation collective du temps de travail qui leur est désormais applicable » [1].

c) La notion *d'acquisition* des avantages est encore plus difficile à cerner. Une certitude cependant : seules des personnes dont le contrat de travail a été conclu avant que la convention dénoncée ait cessé de produire effet peuvent invoquer le maintien des avantages conventionnels [2]. Mais, à partir de quand peut-on considérer qu'un avantage a été « acquis » : faut-il que le salarié ait effectivement bénéficié de cet avantage ou suffit-il qu'il ait eu vocation à en bénéficier ? La Cour de cassation décide que l'avantage individuel acquis, au sens de l'art. L. 2261-13, est celui « qui procurait au salarié une rémunération ou un droit dont il bénéficiait à titre personnel et qui correspondait à un droit déjà ouvert et non simplement éventuel » [3]. Ainsi les avantages prévus en cas de mise à la retraite ou de licenciement ne pourraient pas être invoqués par les salariés mis à la retraite ou licenciés après la survie provisoire de la convention. Il ne suffit pas non plus que le salarié ait déjà bénéficié d'un avantage dans le passé pour que celui-ci soit acquis ; ce n'est pas parce qu'un salarié a bénéficié dans le passé d'une rémunération pendant un congé maladie en application de la convention collective dénoncée qu'il a droit aux indemnités conventionnelles lorsqu'il est de nouveau en congé maladie après l'expiration de la convention dénoncée [4]. Il faut qu'il remplisse les conditions d'ouverture de cet avantage au jour de la dénonciation. Le droit déjà ouvert doit, semble-t-il, s'entendre d'un droit ayant un caractère continu ou cyclique (droit à salaire, à une prime de vacances) par opposition aux droits liés à la survenance d'un événement accidentel ou ponctuel (congé maternité, congé maladie, indemnité de retraite, de licenciement) [5].

Les avantages maintenus parce qu'individuels et acquis sont-ils des avantages « contractuels », « conventionnels » ou légaux ? De la réponse dépend la licéité de la renonciation d'un salarié à cet avantage individuel acquis. Pour la Cour de cassation, les avantages individuels acquis sont

1. Soc. 8 juin 2011, n° 09-42807 : *JCP S* 2011, 1407, note F. Dumont. V. aussi, Soc. 12 févr. 1991 : *Bull. civ.* V, n° 62 (système de répartition des pourboires) ; 23 sept. 2009, n° 08-40.830 : *JCP S* 2009. 1599, note G. Vachet (jours de repos accordés à des cadres au forfait jours) ; 1er juin 2005, n° 04-16.994 : *Dr. soc.* 2005. 1065, note Ch. Radé (heure quotidienne d'entraînement physique).

2. Les salariés ne peuvent donc se prévaloir de contrats qui n'étaient pas en cours à la date de l'expiration du délai de survie de la convention (Soc. 12 mars 2003, *RJS* 5 mars, n° 643). Cette solution devrait conduire à remettre en cause celle d'un arrêt plus ancien, qui avait décidé que les salariés embauchés après la dénonciation mais avant l'expiration du délai d'un an, perdent ces avantages lorsque la convention cesse de produire effet (Soc. 15 mai 2001, *Bull. civ.* V, n° 170).

3. Soc. 13 mars 2001, préc. ; 15 mai 2001, *Bull. civ.* V, n° 170 ; 2 juill. 2003, *RJS* 10/03, n° 1195 ; Soc. 26 janv. 2005, préc. ; 12 oct. 2005, *Sem. soc. Lamy* 2005, n° 1233 ; 28 avr. 2006 et 23 mai 2006, *Liaisons soc.* 2006, n° 962.

4. Cass. 18 mars 2009, n° 07-43.324 *RJS* 7/09 n° 653.

5. E. Dockès, *op. cit.*, p. 832 ; en ce sens, Soc. 18 févr. 1997, préc. (le mode de calcul des retenues en cas de grève ne constitue pas un avantage acquis).

incorporés au contrat de travail [1]. La réduction ou la suppression de ces avantages par l'employeur sera donc analysée comme une modification du contrat de travail, et nécessitera l'acceptation expresse du salarié.

1312 ***Dénonciation par une partie des signataires sans incidence sur le champ d'application (C. trav., art. L. 2261-11)*** ◊

1) Principe. La convention conserve toute sa valeur comme convention collective puisque, par hypothèse, restent liées au moins une organisation d'employeurs et une organisation syndicale représentative.

Si la dénonciation émane d'un ou plusieurs syndicats de salariés, la convention demeure applicable à tous les salariés travaillant dans les entreprises liées par celle-ci ; la seule conséquence de la dénonciation concerne les organisations syndicales qui, après la période de survie de la convention, ne peuvent plus invoquer ou se voir opposer les droits et les obligations « contractuels » des signataires : ils ne pourront plus, par exemple, siéger dans les commissions de conciliation instituées par la convention ou dans les commissions d'interprétation.

Si la dénonciation émane d'employeurs, elle entraîne des conséquences plus graves. La convention collective cesse d'être applicable dans les entreprises dont les responsables sont membres du syndicat ayant dénoncé la convention. Cette conséquence est cependant atténuée par l'application de l'ensemble de la convention collective pendant quinze mois après le dépôt de la dénonciation et par le maintien des avantages individuels acquis par application de cette convention après l'expiration du délai d'un an.

2) Cas particulier. Une organisation syndicale représentative de salariés perd sa qualité d'organisation représentative. La loi du 20 août 2008 a introduit une disposition curieuse [2] au sein de l'article L. 2261-10 placé sous la rubrique « Dénonciation par la totalité des signataires employeurs ou salariés ». Aux termes du dernier alinéa de cet article, lorsqu'une des organisations syndicales de salariés signataire de la convention perd la qualité d'organisation représentative dans le champ d'application de celle-ci, la dénonciation n'emporte d'effets que si elle émane d'une ou plusieurs organisations syndicales de salariés représentatives dans son champ d'application ayant recueilli la majorité des suffrages exprimés dans les conditions prévues au chapitre II du titre III. En d'autres termes, il n'est plus nécessaire que la totalité des organisations syndicales signataires, qui sont restées représentatives, dénoncent la convention collective pour que celle-ci soit privée d'effet. Il suffit qu'une majorité d'organisations syndicales de salariés représentatives dénoncent la convention. Il existe donc désormais des cas dans lesquels la dénonciation par une

1. Soc. 13 mars 2001, *Bull. civ.* V, n° 90.

2. L'anomalie de cette disposition a été relevée par plusieurs auteurs : M.A. Souriac, Les réformes de la négociation collective, *RDT* 2009. 21 s. ; G. Bélier et H. J. Legrand, *La négociation collective après la loi du 20 août 2008*, éd. Liaisons, 2009.

partie seulement des organisations syndicales signataires ôte à la convention collective, contrairement au principe affirmé dans l'article 2261-11, ses effets de convention collective[1].

1313 ***Dénonciation par une partie des signataires, seuls représentatifs pour une partie du champ d'application*** ◊ Un seul groupement patronal dénonce la convention (sur 4 signataires par exemple), mais il est le seul groupement patronal représentatif pour un des secteurs d'activité, visés dans le champ d'application professionnel de la convention. Ou bien un seul syndicat de salariés dénonce la convention signée par 5 syndicats, mais ce syndicat est le seul syndicat représentatif dans un des départements qui composent la région géographique d'application.

Ces dénonciations ne mettent pas à néant la convention collective (sous réserve de ce qui est indiqué au numéro précédent) mais elles en modifient, dans le premier cas, le champ d'application professionnel, dans le second, le champ d'application géographique (C. trav., art. L. 2261-12).

Dans ces hypothèses, l'article L. 2261-10, 3e alinéa prévoit qu'une organisation syndicale intéressée peut demander l'ouverture d'une nouvelle négociation dans le secteur visé par la dénonciation.

De toute façon, comme dans les situations précédentes, il y a dans les secteurs concernés, prorogation de la convention (pendant quinze mois s'il n'y a pas substitution d'une nouvelle convention), puis maintien des avantages individuels acquis.

§ 3. **Mise en cause** [2]

1314 ***Notion et effets de la mise en cause de la convention collective applicable*** ◊ On dit qu'il y a mise en cause de la convention collective applicable à chaque fois qu'une entité économique sort du champ d'application de cette convention. La mise en cause de l'application d'une convention dans une entreprise déterminée résulte notamment d'une fusion, d'une cession, d'une scission ou d'un changement d'activité [3]. Elle peut résulter également du transfert du siège social de l'entreprise d'un

1. Mais cette exception et, avec elle, la nécessité de l'interpréter strictement, peut laisser à penser que la règle de principe doit être maintenue lorsque, par exemple, un accord ayant été signé par deux syndicats, l'un ayant obtenu 15 % des suffrages aux élections et l'autre 40 %, seul ce dernier le dénonce. Dans ce cas, un syndicat représentatif reste bien partie à l'accord. Mais il aurait pu être considéré que sa condition de validité faisant, *a posteriori*, défaut, la caducité de l'acte juridique doit être prononcée. Cette situation n'étant pas visée par le dernier alinéa de l'article L. 2261-10, le principe énoncé à l'article L. 2261-11 devrait recevoir application.

2. C. trav., art. L. 2261-14.

3. Une cession de parts sociales à un nouvel actionnaire, qui ne réalise à elle seule ni une fusion, ni une cession, ni une scission d'entreprise, ne met en cause l'application d'aucune convention ou accord (Soc. 18 janv. 2006, *RJS* 4/06, n° 479).

département à un autre [1] ou de la disparition des organisations signataires [2]. Mais la perte de la qualité d'organisation représentative de toutes les organisations syndicales signataires d'une convention ou d'un accord collectif n'entraîne pas la mise en cause de cette convention ou de cet accord (C. trav., art. L. 2261-14-1).

La mise en cause produit des effets analogues à ceux de la dénonciation émanant de la totalité des signataires employeurs ou des signataires salariés (C. trav., art. L. 2261-14). La convention collective continue de produire effet jusqu'à l'entrée en vigueur de la convention collective qui lui est substituée ou, à défaut, pendant une durée d'un an à compter de l'expiration du délai de préavis [3]. L'accord de substitution peut prévoir le maintien de certains avantages résultant de la convention mise en cause [4]. Lorsque la convention collective mise en cause n'a pas été remplacée par une nouvelle convention dans le délai prévu par la loi, les salariés des entreprises concernées conservent les avantages individuels qu'ils ont acquis en application de cette convention, à l'expiration de ce délai [5]. Une nouvelle négociation doit s'engager dans les entreprises concernées dans les trois mois qui suivent la mise en cause soit pour l'adaptation aux dispositions conventionnelles nouvellement applicables, soit pour l'élaboration de nouvelles dispositions.

SECTION 2. CONVENTION COLLECTIVE À DURÉE DÉTERMINÉE

1315 ***Durée maximale*** ◊ Les négociateurs peuvent préférer conclure pour une durée déterminée [6]. Le Code du travail leur en réserve expressément le droit

1. Soc. 3 mars 1998 *RJS* 4/98, n° 496 ; Soc. 21 mai 1997 *Dr. soc.* 1997. 762 : le transfert du siège social de l'entreprise d'un département à un autre entraîne la mise en cause d'une convention collective départementale ; la mise en cause opère automatiquement ; il n'est donc pas nécessaire que le chef d'entreprise dénonce la convention collective qui était jusque là applicable.

2. Soc. 15 mars 1995 *Bull. civ.* V, n° 91.

3. La règle est d'ordre public et ne peut être écartée par le contrat individuel de travail (Soc. 2 juill. 2003, *RJS* 10/03, n° 1196). À défaut d'accord de substitution, la CCN mise en cause cesse de produire effet à l'expiration de ce délai (v. l'ex. de la fusion Panzani-William Saurin : Soc. 23 avr. 2003, *Bull. civ.* V, n° 140 : en l'absence d'accord de substitution et une fois expiré le délai d'un an d'application de la CCN de la conserve, la CCN des pâtes alimentaires, activité principale du nouvel ensemble, est seule applicable). La conclusion d'un nouvel accord avec le personnel, et non avec les syndicats représentatifs, n'est pas opposable au salarié (Soc. 9 oct. 2001, *Bull. civ.* V, n° 311, *RJS* 12/01, n° 1447). L'absence de négociation après la mise en cause de la convention collective ne proroge par le delai d'un an (Soc. 23 juin. 1999, *Dr. soc.* 1999. 973).

4. Soc. 20 févr. 2006, *RJS* 5/06, n° 611.

5. Cette règle ne s'applique pas dans les entreprises publiques à statut (Soc. 17 mai 2005, *Bull. civ.* V, n° 164, *RJS* 8-9/05, n° 919). Le maintien des avantages des salariés ayant bénéficié de la convention mise en cause peut conduire à des différences de traitement avec les autres salariés, qui ne peuvent invoquer de ce chef une rupture du principe d'égalité (Soc. 11 janv. 2005, *RJS* 3/05, n° 299).

6. Ils n'ont parfois pas le choix. C'est ainsi que les accords de maintien de l'emploi ont nécessairement une durée déterminée, qui ne peut être supérieure à deux ans (C. trav., art. L. 5125-1).

(C. trav., art. L. 2222-4). Le législateur prévoit seulement que la durée de la convention ne peut pas être supérieure à 5 ans ; il est nécessaire qu'il y ait un réexamen suffisamment fréquent des conditions de travail et de salaire, afin que les parties (surtout la partie qui représente les salariés) ne se lient trop à l'avance. Une convention à durée déterminée peut du reste faire l'objet d'une révision avant terme si tous les signataires y consentent [1].

1316 ***Échéance du terme*** ◊ En principe, la convention à durée déterminée qui arrive à expiration continue à produire ses effets comme une convention à durée indéterminée (C. trav., art. L. 2222-4). Elle cessera donc d'être applicable dans les mêmes conditions qu'une convention collective à durée indéterminée (une fois le terme échu) par l'effet d'une dénonciation [2].

La transformation de la convention collective à durée déterminée en convention collective à durée indéterminée, lors de l'expiration du terme convenu, peut cependant être écartée par la volonté des signataires (« à défaut de stipulations contraires », précise le texte qui affirme le changement de qualification) [3].

La convention collective cesse alors d'être applicable à l'arrivée du terme, sans que les salariés puissent invoquer la survie provisoire de la convention puis le maintien des avantages individuels acquis. À la différence de ce qui est prévu en cas de dénonciation des conventions à durée indéterminée, aucun texte n'impose en effet le maintien des droits individuels acquis en application d'une convention à durée déterminée, arrivée à échéance. Les seules limites à la cessation brutale des avantages conventionnels résulteront des dispositions contenues dans la convention collective elle-même, la loi imposant aux signataires de prévoir dans quelle forme et à quelle époque la convention pourra être renouvelée ou révisée.

1. Soc. 11 mai 2004, *Bull. civ.* V, n° 130.
2. Soc. 25 janv. 1994. *CSB* 1994, A. 14.
3. La Cour de cassation donne une interprétation stricte à l'expression « stipulations contraires » : Soc. 26 juin 1991, *Bally*, *RJS* 8-9/91, n° 983 (la clause prévoyant qu'un accord conclu pour 2 ans ferait l'objet d'une nouvelle négociation à l'expiration du terme n'est pas « une stipulation contraire »). Dans le sens d'une interprétation stricte de l'expression sauf stipulations contraires, voir égalment Soc. 28 sept. 2010, n° 09-13.708 ; *RJS* 12/10 n° 963.

CHAPITRE 3
APPLICATION DES CONVENTIONS COLLECTIVES

SECTION 1. APPLICATION DE LA CONVENTION COLLECTIVE AU CONTRAT INDIVIDUEL DE TRAVAIL [1]

§ 1. Effet immédiat

1317 ***Application aux contrats de travail en cours*** ◊ La convention collective régit non seulement les contrats individuels de travail conclus postérieurement à sa mise en vigueur, mais aussi tous les contrats en cours d'exécution [2]. C'est le principe de l'effet immédiat. Selon l'article L. 2254-1 du Code du travail « lorsqu'un employeur est lié par les clauses d'une convention ou d'un accord, ces clauses s'appliquent aux contrats de travail conclus avec lui, sauf dispositions plus favorables » [3].

1318 ***Point de départ de l'application de la convention collective*** ◊ La convention collective est, en principe, applicable à partir du jour qui suit son dépôt auprès du service compétent ; mais les parties signataires peuvent, si elles le veulent, fixer une autre date pour l'entrée en vigueur de la nouvelle convention (C. trav., art. L. 2261-1 : « sauf stipulations contraires »).

§ 2. Effet impératif

1319 ***Signification*** ◊ La convention collective s'impose dans son contenu aux parties au contrat individuel. Elle régit les contrats de travail comme une loi

---

1. F. Géa et M.-F. Mazars, Contrat de travail et normes collectives, Les rencontres de la Chambre sociale 2012, *BICC* 1er oct. 2012, nº 768, thème 3.

2. Soc. 19 nov. 1997, *RJS* 1/98, nº 75 (application de la durée conventionnelle plus favorable de la période d'essai) ; Soc. 26 mai 1976, *D.* 1976. IR 207 (application à un salarié en cours de préavis des nouveaux taux de salaires fixés par la convention collective nationale). L'effet immédiat concerne également tout avenant portant modification de la convention collective (Soc. 20 nov. 1986, *Bull. civ.* V, nº 552).

3. Soc. 17 juill. 2001, *Bull. civ.* V, nº 273 ; *Dr. soc.* 2001. 1017, obs. Radé (substitution de plein droit des dispositions conventionnelles plus favorables à celles du contrat de travail d'un salarié détaché hors de l'entreprise au moment de l'entrée en vigueur de la convention). Il en va autrement si l'accord subordonne son applicabilité à l'adhésion individuelle de chaque salarié (Soc. 25 févr. 2003, *Bull. civ.* V, nº 64).

le ferait. Elle impose des obligations à l'employeur et crée des droits au profit du salarié, auxquels il ne peut renoncer [1]. Ceci peut être gênant au cas de défaillance de l'entreprise : il n'est pas possible au salarié de consentir à la perte d'un droit conventionnellement défini [2]. Les exemples d'effet impératif sont multiples : le salaire prévu par la convention collective s'impose, au moins comme un minimum, en tant que salaire du contrat individuel ; le délai-congé de même. Si la convention collective prévoit des avantages extra-légaux : congés payés supplémentaires en fonction de l'ancienneté, indemnité de licenciement, l'employeur est tenu d'en faire profiter le salarié, qui tient de la convention collective une créance directe contre lui.

Si le contrat individuel de travail ne peut être moins favorable que la convention collective, il peut être plus favorable. Conformément au « principe de faveur », les clauses de la convention collective, de même que les dispositions légales, ne constituent qu'un minimum auquel le contrat individuel peut déroger en faveur du travailleur [3]. L'ordre public social place le contrat individuel par rapport à la convention collective, dans la même situation que la convention collective par rapport à la loi. C'est ainsi que les salaires consentis lors de l'embauchage peuvent être nettement supérieurs aux minima prévus par la convention collective pour l'emploi considéré. Inversement, la réduction de salaire ou d'avantages acceptée par un syndicat, ne peut prévaloir sur les prévisions des contrats individuels de travail. La Cour de cassation considère à cet égard, et de manière constante, qu'un accord collectif ne peut modifier le contrat de travail d'un salarié [4]. Ainsi qu'il a été relevé, cette formule peut laisser à penser qu'une telle modification doit être écartée, sans qu'il soit besoin de prendre appui sur le caractère avéré plus favorable du contrat [5]. En tout état de

1. Le salarié ne peut, tant que le travail est en cours, valablement renoncer aux avantages qu'il tient d'un convention ou d'un accord collectif, même pendant la durée de survie de celui-ci après dénonciation ou mise en cause (Soc. 3 mars 1988, *Bull. civ.* V, n° 161, *Grands arrêts*, 4e éd., 2008, n° 161 ; 19 oct. 1999, *RJS* 11/99, n° 1392 ; 13 nov. 2001, *Bull. civ.* V, n° 344). La Cour de cassation condamne le procédé qui consiste à subordonner le bénéfice d'un avantage conventionnel à la renonciation par le salarié de son droit d'agir en justice contre l'employeur et décide en termes généraux que « la mise en œuvre d'un accord collectif dont les salariés tiennent leurs droits ne peut être subordonnée à la conclusion de contrats individuels de transaction » (Soc. 5 avr. 2005, *Dr. soc.* 2005. 701, obs. G.Couturier ; 15 oct. 2013, n° 12-22.911, *Lexbase Hebdo, éd. Sociale*, n° 546, note G. Auzero).

2. Aucune dérogation ou renonciation individuelle n'est possible : Soc. 4 déc. 1990, *Bull. civ.* V, n° 608 ; 6 juill. 1994, *CSB* 1994, A. 53.

3. Soc. 19 nov. 1997, *Bull. civ.* V, n° 386 ; 25 févr. 1998, *Bull. civ.* V, n° 104 ; 3 juill. 2001, *Bull. civ.*, n° 207 ; 13 nov. 2001, *RJS* 1/02, n° 12 (2e esp.).

4. Soc. 13 nov. 2001, n° 99-42.978, *Bull. civ.* V, n° 340 ; 27 juin 2002, n° 00-44.663, *RJS* 10/02. 1075 ; 25 févr. 2003, n° 01-40.588, *Bull. civ.* V, n° 64 ; *RJS* 5 mars, n° 567 ; 26 sept. 2010, n° 08-43.161, *Bull. civ.* V, n° 197 ; *Dr. soc.* 2011. 151, note J. Barthélémy ; *RDT* 2010. 725, note F. Canut (l'instauration d'une modulation du temps de travail par accord collectif constitue une modification du contrat de travail qui requiert l'accord exprès du salarié).

5. G. Borenfreund, « Le refus du salarié face aux accords collectifs de maintien de l'emploi et de mobilité interne », *RDT* 2013. 316. À l'appui de cette assertion on peut relever que les derniers arrêts rendus en la matière ne comportent plus la moindre référence au principe de faveur (Soc. 25 févr. 2003, préc. ; 26 sept. 2010, préc. Comp. Soc. 13 nov. 2001, préc. ; 27 juin 2002, préc.). On peut toutefois considérer que les deux règles de principe évoquées se complètent plus qu'elles ne s'excluent.

cause, cette solution démontre que le contrat de travail peut faire barrage à l'application d'un accord collectif [1]. D'ailleurs, et lorsque le besoin en a été ressenti, le législateur n'a pas hésité à amoindrir la force de résistance du contrat de travail. On songe ici à la loi Aubry du 19 janvier 2000 [2], à la loi Warsmann du 23 mars 2012 [3] et, dernièrement, à la loi relative à la sécurisation de l'emploi du 14 juin 2013, qui se situe toutefois sur un autre registre. Créant et réglementant les accords de maintien dans l'emploi, celle-ci s'efforce de régler leur articulation avec le contrat de travail. L'article L. 5125-2, *nouveau*, du Code du travail dispose ainsi, dans un alinéa 1, que « pour les salariés qui l'acceptent, les stipulations de l'accord (...) sont applicables au contrat de travail. Les clauses du contrat de travail contraires à l'accord sont suspendues pendant la durée d'application de celui-ci » [4]. Quant aux salariés qui refusent l'application de l'accord, leur sort est réglé par le deuxième alinéa du texte : leur licenciement, qui repose sur un motif économique, est prononcé selon les modalités d'un licenciement individuel pour motif économique et ouvre droit aux mesures d'accompagnement que doit prévoir l'accord [5]. Les accords de mobilité interne, également créés par la loi précitée sont soumis à des dispositions similaires [6].

Tout aussi délicate est la question de savoir si la convention collective peut créer à la charge du salarié des obligations qui ne figurent pas dans son contrat de travail. Si la convention était en vigueur au moment de l'embauche, et qu'elle a été portée à la connaissance du salarié, ces obligations

1. Ainsi que le relève M. Borenfreund (art. préc., p. 316), « des voix se sont élevées en doctrine pour considérer qu'à l'heure de la négociation de gestion, les rapports du contrat de travail et de l'accord collectif devaient être repensés, de sorte que la norme conventionnelle, dont la légitimité s'est vue consolidée par une exigence majoritaire, puisse primer sur les clauses contraires, y compris plus favorables, du contrat de travail ».

2. C. trav., art. L. 1222-7 et L. 1222-8.

3. C. trav., art. L. 3122-6 : « La mise en place d'une répartition des horaires sur une période supérieure à la semaine et au plus égale à l'année prévue par un accord collectif ne constitue pas une modification du contrat de travail ».

4. Le rôle donné à la volonté du salarié démontre que l'accord collectif en cause ne s'impose pas, en tant que tel, au contrat de travail. Le salarié qui consent à son application n'accepte pas, à proprement parler, la modification de son contrat de travail dont les clauses contraires sont simplement suspendues. En réalité, le salarié renonce, pour un temps, à se prévaloir des clauses plus favorables de son contrat de travail. Sa volonté est donc abdicative et ne concerne, en application de la loi, que les stipulations du contrat individuel. Celles qui figureraient dans une norme conventionnelle autre que l'accord de maintien de l'emploi ne sont donc pas concernées.

5. Si la loi fait ici œuvre de qualification, il ne saurait être considéré qu'elle pose, en sus, une présomption de justification. Remarquons d'ailleurs que, dans le silence de la loi, la qualification du licenciement aurait pu s'avérer problématique au regard de l'élément matériel de l'article L. 1233-3 du Code du travail. Il n'y a pas plus de suppressions d'emplois que, nous l'avons vu, de modifications du contrat de travail.

6. C. trav., art. L. 2242-33, *nouveau*. Ce texte précise que les stipulations de l'accord sont applicables au contrat de travail et que ses clauses contraires à l'accord sont suspendues, sans évoquer l'acceptation des salariés. Mais il envisage ensuite leur refus et le licenciement qui en résulte.

s'imposent à lui, sauf disposition plus favorable du contrat [1]. En revanche le salarié devrait pouvoir refuser des obligations résultant d'une convention collective postérieure à son embauche et non prévues par son contrat. Mais une jurisprudence contestable distingue alors selon l'objet de l'obligation. La Cour de cassation a ainsi jugé que l'employeur ne peut se prévaloir d'une clause de non-concurrence [2] ou d'une clause de mobilité [3] instituée par voie d'accord collectif, à l'encontre d'un salarié dont le contrat ne comporte pas une telle clause. Mais, à l'inverse, elle décide que le régime d'astreinte institué par la convention collective s'impose au salarié sans qu'il puisse exciper d'une modification de son contrat de travail [4].

1320 ***Différence avec l'incorporation*** ◊ La convention collective régissant les contrats de travail comme une loi le ferait, un salarié cesse de pouvoir invoquer les droits prévus par une convention collective dès que son contrat n'est plus soumis à cette convention, sous la seule réserve du maintien des avantages individuels acquis.

Si la convention s'était incorporée au contrat individuel (par l'effet du mécanisme de la représentation, les signataires représentant les employeurs et les salariés concernés), le salarié pourrait au contraire continuer à s'en réclamer postérieurement au moment où la convention a cessé de produire effet. Cette solution de l'incorporation des clauses de la convention collective dans le contrat de travail est rejetée par la jurisprudence [5], du moins lorsqu'il s'agit des clauses d'une convention encore en vigueur [6]. Il en résulte qu'une prime prévue par la convention ne peut être intégrée sans l'accord du salarié à la rémunération contractuelle [7]. La non-incorporation est liée à l'idée d'une convention collective de *nature réglementaire* (acte règle).

La question de l'incorporation se pose en d'autres termes lorsque le contrat de travail consacre lui-même un droit au profit du salarié et que les modalités de ce droit sont prévues par la convention collective. Les salariés font souvent valoir qu'ils ont droit aux prestations telles qu'elles sont prévues par la convention collective au moment de leur embauche lorsque les

---

1. Soc. 8 janv. 1997, *Bull. civ.* V, n° 8, *Dr. soc.* 1997. 323, obs. Couturier, *Grands arrêts*, 4e éd., n° 165 ; 23 avr. 1997, *Bull. civ.* V, n° 143 (précisant que les juges du fond doivent rechercher « si l'existence de la convention collective avait été portée à la connaissance du salarié au moment de son embauche ») ; 16 déc. 1998, *RJS* 2/99, n° 241 ; 30 nov. 2005, *RJS* 3/06 (inopposabilité d'une clause de mobilité). Mais la période d'essai doit être expressément stipulée dans la lettre d'engagement ou le contrat de travail (art. L. 1221-23).

2. Soc. 17 oct. 2000, *Bull. civ.* V, n° 334 ; *D.* 2001. 2061, note J. Mouly.

3. Soc. 27 juin 2002, *RJS* 10/02, n° 1074 (Dès lors que l'engagement du salarié est antérieur à la convention collective, cette dernière ne peut, sans modifier le contrat de travail de l'intéressé, lui imposer une clause de mobilité qui n'y figurait pas).

4. Soc. 13 févr. 2002, *RJS* 5/02, n° 570.

5. Soc. 27 juin 2000, *JCP* 2000. 10446, note L. Gamet (le changement de structure salariale résultant d'un accord de substitution s'impose aux salariés sans que ceux-ci puissent se prévaloir d'une modification de leur contrat de travail) ; 10 juin 2003, *Dr. soc.* 2003. 887, obs. Radé.

6. Lorsque la convention collective a été dénoncée, les avantages individuels acquis résultant de cette convention sont incorporés dans le contrat individuel.

7. Soc. 23 oct. 2001, *Godart*, *Bull. civ.* V, n° 330.

dispositions de la convention collective ont été modifiées postérieurement de façon défavorable pour eux. La Cour de cassation rejette leur prétention en faisant clairement la distinction entre l'existence du droit, résultant du contrat de travail, et les modalités d'application de ce droit qui résultent de la convention collective. Les salariés qui n'avaient pas de droit déjà ouvert sous l'empire de la convention existante au moment de leur embauche ne peuvent pas invoquer les dispositions de celle-ci lorsqu'elles ont été modifiées au moment où leur droit contractuel a pris naissance [1].

§ 3. **Effet automatique**

1321 ***Absence de nullité*** ◊ Les clauses du contrat individuel contraires aux clauses de la convention collective sont *ipso jure* remplacées par ces dernières. Ceci ne signifie point que les clauses du contrat individuel soient nulles. Bien que le législateur ne l'ait pas formellement dit, il est de tradition d'écarter ici la nullité *stricto sensu* des clauses du contrat individuel de travail contraires aux dispositions de la convention collective.

1322 ***Substitution provisoire*** ◊ L'originalité du droit du travail réside ici dans la substitution qu'il opère : les clauses du contrat individuel moins favorables au salarié sont remplacées par les clauses correspondantes de la convention collective [2]. Lorsque le contrat individuel a omis de réglementer les conditions de travail ou de salaire, la convention collective se substitue encore à lui.

Dans la logique du système, cette substitution est provisoire ; dès que la convention collective cesse d'être applicable, les clauses insérées dans le contrat individuel produisent leur effet (avec la réserve du maintien des avantages individuels acquis).

SECTION 2. **SANCTIONS DES CONVENTIONS COLLECTIVES**

1323 ***Inexécution d'une convention collective*** ◊ Les conventions collectives obligent tous ceux qui les ont signées ou qui sont membres des organisations signataires (C. trav., art. L. 2262-2). C'est le simple reflet de l'article 1134 du Code civil. Selon l'article L. 2262-4, les organisations signataires sont au surplus « tenues de ne rien faire qui soit de

1. Soc. 25 mars 2009, n° 07-42-318 *RJS* 6/09 n° 563 : les modes de calcul d'un sursalaire familial avaient été modifiées dans la nouvelle convention collective applicable au moment où les salariés pouvaient invoquer le droit à ce complément de salaire.

2. Soc. 19 nov. 1997, *Bull. civ.* V, n° 386 ; Soc. 17 juill. 2001, *Dr. soc.* 2001. 1017, obs. Radé ; *RJS* 11/01, n° 1282 (jurisprudence constante).

nature à en compromettre l'exécution loyale », sans toutefois être garantes du comportement de leurs adhérents.

L'inexécution d'une convention collective peut être aussi bien le fait d'un salarié (qui ne respecte pas par exemple les obligations mises à sa charge en cas d'absence due à la maladie), d'un syndicat que d'un employeur (qui ne paie pas le salaire conventionnel). Il reste que c'est cette dernière hypothèse qui est la plus fréquente, ne serait-ce que parce que la convention met les obligations surtout à la charge de l'employeur.

Ces inexécutions sont le plus souvent sanctionnées sur le plan civil, mais elles peuvent également être à l'origine de sanctions pénales.

§ 1. Les sanctions civiles

1324 ***L'objet des demandes en justice*** ◊ Si une personne, liée par une convention collective, ne la respecte pas, un litige pourra surgir portant sur l'exécution forcée de cette convention. Rien de plus normal que d'obtenir d'un employeur qu'il se plie aux stipulations d'une convention collective qui a pour lui valeur obligatoire ; l'effet automatique de la convention collective incitera le juge à le condamner purement et simplement, à donner à la relation de travail le contenu adéquat [1].

En cas d'inobservation de la convention, la revendication du demandeur peut également consister en l'allocation de *dommages-intérêts*, en compensation du préjudice causé par l'inexécution fautive.

Assez souvent, le différend portera sur l'*interprétation* de la convention ou sur sa *portée* eu égard à l'entreprise considérée, l'employeur contestant le sens d'une clause déterminée ou niant être régi par la convention. L'interprétation de la convention sera en pratique sollicitée du juge latéralement à une action en exécution ou en dommages-intérêts.

La *validité* même de telle clause de la convention peut être aussi judiciairement contestée [2] ; l'annulation peut, à la différence de l'interprétation, constituer l'objet d'une demande en justice à titre principal.

1325 ***La nature des actions. Actions collectives*** ◊ La convention collective a été signée par deux ou plusieurs groupements, généralement de type syndical. Ils peuvent puiser respectivement dans l'intérêt même du groupement le droit d'agir en justice.

a) Chacun des groupements signataires pourra agir *contre l'autre* partie, pour manquement à ses engagements. Cette action est l'*action*

1. Le juge saisi doit appliquer au litige la convention collective applicable alors même que le salarié demandeur n'a pas réclamé le bénéfice de cette convention (Soc. 17 déc. 1991, *CSBP* mars 1992, p. 67, A. 12 : application de l'art. 12 du C. pr. civ. : le juge tranche le litige conformément aux règles de droit qui lui sont applicables ; Soc. 20 févr. 1996, *CSB* 1996, n° 80, A. 28). Si une partie invoque une convention collective, il incombe au juge de se procurer ce texte par tous moyens (Soc. 29 janv. 2003, *RJS* 4/03, n° 414 ; 19 févr. 2003, *RJS* 5 mars, n° 646).

2. M.-A. Souriac-Rotschild : Le contrôle de la légalité interne des conventions collectives, *Dr. soc.* 1996. 395 s.

contractuelle de type traditionnel. Exemple : un syndicat de salariés agit contre un syndicat d'employeurs, lequel aurait interprété faussement dans une circulaire à ses adhérents le sens d'une clause relative à une prime de rendement : action en dommages-intérêts ou en exécution [1]. L'action d'un groupement d'employeurs contre un syndicat de salariés est également possible.

b) Chacun des groupements peut agir contre ses propres membres qui ne respecteraient pas la convention signée. À vrai dire l'action découle moins ici de la convention collective que des statuts du groupement ; et elle revêt une signification *disciplinaire* manifeste (C. trav., art. L. 2262-11) : groupement patronal contre un patron indiscipliné.

c) Chacun des groupements signataires peut agir *contre toute personne liée par la convention* (C. trav., art. L. 2262-11). Exemple : le syndicat de travailleurs poursuit un employeur isolé, lié par la convention et qui ne la respecte pas. Cette action appartient au même type que l'*action syndicale :* elle s'explique par cette simple constatation que le comportement de l'employeur – qui ne pratique pas dans son entreprise les taux de rémunération prévus par une convention collective nationale – cause un préjudice aux intérêts collectifs de la profession. Ce type d'actions assez rarement exercé naguère est devenu plus fréquent [2].

1326 ***Actions individuelles*** ◇ Un individu, appelé à bénéficier d'une convention collective, peut agir en dommages-intérêts (ou en exécution forcée) contre une autre personne, tenue par les stipulations de la convention [3] : c'est l'action d'un salarié contre un employeur tenu par la convention. En fait, cette action a peu de traits originaux, encore qu'elle soit mentionnée dans l'article L. 2262-12, car elle se résorbe dans l'action née du contrat individuel de travail par le jeu de l'effet automatique et impératif de la convention collective.

---

1. Soc. 27 avr. 1964. *Dr. soc.* 1964. 576 ; 2 mars 1974, *Dr. soc.* 1974. 417 ; 23 mars 1982, *Bull. civ.* V, 214. La Cour de cassation avait jugé qu'un syndicat non signataire de la convention collective ne pouvait pas, même sur la base de l'ancien article L. 411-11 (C. trav., art. L. 2132-3) donnant aux syndicats le droit d'agir en justice pour défendre l'intérêt collectif de la profession, demander l'application de la convention collective (Soc. 3 mars 1998 *RJS* 4/98, n° 498 ; 10 mai 1994, *RJS* 6/94), à moins que les dispositions de celle-ci aient fait l'objet d'un arrêté d'extension (Soc. 12 juin 2001, *Euro Disney*, *Bull. civ.* V, n° 221 ; *D.* 2002. 361, note H. Nassom-Tissandier et P. Rémy, *JCP* 2002. 10049, note F. Petit, *Dr. soc.* 2001. 1019, obs. Antonmattéi ; 18 févr. 2003, *RJS* 5 mars, n° 645) ; J.-M. Verdier : Accords collectifs et action « syndicale » en justice : le rôle fondateur de l'article L. 411-11 du Code du travail (réflexions à partir de l'arrêt *Euro Disney* du 12 juin 2001, *D.* 2002. Chron. 503). Cette jurisprudence paraît abandonnée, depuis l'arrêt *Michelin* qui a admis qu'un syndicat d'entreprise pouvait, sur la base de l'ancien art. L. 411-11 (C. trav., art. L. 2132-3), joindre son action à celle de la fédération signataire à laquelle il a adhéré pour demander la nullité d'un accord d'entreprise qu'il n'avait pas lui-même signé (Soc. 26 mai 2004, *Dr. soc.* 2004. 842, et obs. J.-M. Verdier p. 845).
2. Soc. 6 déc. 1979, *Bull. civ.* V, n° 957 (action en exécution et, à cette occasion, en interprétation) ; 25 juin 2002, *RJS* 10/02, n° 1154 (action en qualification de la rupture de certains contrats de travail au regard d'un accord collectif) ; Soc. 22 févr. 2006, *RJS* 6/06, n° 758.
3. Soc. 12 juill. 2006, n° 04-47.550, *Bull. civ.* V, n° 263 ; *RDT* 2007. 48, obs. H. Tissandier.

L'action de substitution mérite davantage de retenir l'attention. L'article L. 2262-9 contient une disposition fréquemment utilisée ; il permet à tout groupement capable d'ester en justice, et dont les membres sont liés par une convention collective, d'exercer toutes les actions qui naissent de cette convention en faveur de leurs membres [1]. C'est *une action individuelle exercée syndicalement*. Les raisons de cette disposition sont connues : le salarié isolé connaît mal la convention collective et les droits qu'il y puise ; il hésitera à agir seul contre son employeur. Cette action est dérogatoire au droit commun à plusieurs points de vue : le syndicat n'a pas besoin de justifier d'un mandat ; il n'a même pas besoin d'indiquer dans la procédure le nom de l'intéressé dont il a pris la défense (contrairement à la règle : *nul ne plaide par procureur*) ; il suffit que l'adhérent ait été averti et ne se soit pas opposé à l'action exercée en son nom et pour son compte par le syndicat.

Il n'est même pas nécessaire que le syndicat saisisse le juge à titre principal ; selon le même article, le syndicat peut également agir par voie d'*intervention* à l'instance principale engagée par un de ses adhérents [2]. Il le fera à raison de l'intérêt collectif que la solution du litige peut présenter pour l'ensemble de ses membres. Mais, selon la jurisprudence, cette intervention présente toutes les caractéristiques d'une véritable *action syndicale*, et non plus de l'action individuelle exercée syndicalement. D'où il suit qu'à partir de là les deux actions – principale et en intervention – sont indépendantes, au point que le désistement du salarié laisse subsister l'instance entre le groupement syndical et l'employeur [3].

1327 ***La juridiction compétente : juridiction judiciaire ou juridiction administrative*** ◊ Le problème se pose surtout lorsqu'on est en présence d'une convention collective ayant fait l'objet d'un arrêté d'extension.

Certaines décisions avaient estimé que la convention collective une fois étendue devenait un acte réglementaire lequel échappait comme tel à la compétence judiciaire [4]. Cette solution a été abandonnée. Les actions en justice, provoquées par l'application d'une convention étendue, ressortissent toutes sans exception à la compétence judiciaire. Solution affirmée d'abord par le Tribunal des conflits [5] à propos de la convention collective des organismes de Sécurité sociale (lesquels gèrent pourtant un service public) ; puis par le Conseil d'État qui a estimé que si l'interprétation d'une convention collective ou sa validité étaient contestées à l'occasion d'un recours dirigé contre un arrêté d'extension, le juge administratif, placé

1. Peu importe qu'un syndicat soit ou non signataire de la convention pour user des actions ouvertes par l'article L. 2262-9 – ancien article L. 135-4 – (Soc. 14 févr. 2001, *Bull. civ.* V, n° 56 ; *Dr. soc.* 2001. 572, obs. Miné).

2. Cette faculté est ouverte aux syndicats non signataires dès lors que leurs membres sont liés par la convention (Soc. 9 avr. 2002, *RJS* 7/02, n° 815).

3. Soc. 25 oct. 1961, *D.* 1962. note Verdier, *Dr. soc.* 1962. 229 ; 9 juin 1971, *Dr. ouvrier* 1972.277.

4. En ce sens : Paris, 4 juill. 1962, *D.* 1963. 670, note B. de La Gressaye.

5. T. confl. 19 mai 1958, *JCP* 1958.II.10658.

devant une question préjudicielle, devait surseoir à statuer [1]. Finalement, la Cour de cassation s'est rangée à ce même point de vue et a considéré que si la convention comportait des clauses arguées d'illégalité, il appartenait au juge judiciaire d'en connaître quand bien même la convention aurait été étendue par voie d'arrêté, l'intervention de l'autorité administrative ne la purgeant pas de ses vices [2].

1328 ***Compétences respectives des conseils de prud'hommes et des tribunaux de grande instance*** ◊ L'action « contractuelle » d'un groupement contre un autre relève de la compétence du tribunal de grande instance [3]. En revanche, l'action d'un syndicat sera portée devant le Conseil de prud'hommes lorsqu'il s'agit d'une intervention à l'occasion d'une demande individuelle présentée par un salarié ; dans ce cas, il y a prorogation de la compétence prud'homale [4].

Les actions individuelles (aussi bien l'action née du contrat de travail que l'action individuelle exercée syndicalement) doivent être portées devant le Conseil de prud'hommes puisque les clauses de la convention collective dont il est demandé l'exécution, et au besoin l'interprétation, sont indivisiblement liées au contrat individuel de travail [5]. Toutes les demandes présentées par un salarié ne concernent pas cependant un litige individuel. Lorsqu'un salarié se borne à demander l'application générale d'une convention collective à son contrat de travail sans formuler de prétentions particulières, la Cour de cassation juge que le litige a un caractère collectif et relève de la compétence du tribunal de grande instance [6].

1329 ***Interprétation par un juge ou par une commission paritaire*** ◊ Si les actions en nullité ou en exécution relèvent de la compétence des tribunaux judiciaires, l'interprétation proprement dite des conventions de

1. CE 4 mars 1960, *Féd. industr. chim., Dr. soc.* 1960. 342.
2. Civ. 2e sect., 12 juill. 1963, *JCP* 1964.II.13495, note P. S. et Ch. G ; 4 févr. 1987, *Bull. civ.* V, 61.
3. Civ. 3 juin 1957 *Dr. soc.* 1958. 238, note Hébraud ; Soc. 10 nov. 1961, *Dr. soc.* 1962. 168. Le tribunal d'instance est compétent pour juger de la validité d'un accord collectif relatif aux représentants du personnel dont la désignation est contestée devant lui (Soc. 23 nov. 2005, *RJS* 2/06, n° 237).
4. Soc. 2 mai 1974, *Dr. soc.* 1974. 417 (syndicat demandant devant les prud'hommes l'application d'un accord collectif de mensualisation).
5. Soc. 15 janv. 2002, *RJS* 4/02, n° 467 (la formation de référé du conseil de prud'hommes statuant sur le fondement de l'art. R. 516-31 C. trav. est compétente pour interpréter une convention ou un accord collectif). Mais le litige entre un employeur et des syndicats quant à l'interprétation d'accords collectifs relève de la compétence du tribunal de grande instance, alors même qu'il est survenu lors de contentieux individuels entre des salariés et leur employeur, soumis à la juridiction prud'homale : Soc. 21 nov. 2012, n° 11-15.057, *JCP S* 2013. 1094, note T. Lahalle.
6. Soc. 6 mai 1998 *RJS* 6/98, n° 768. Il faut donc nettement distinguer l'hypothèse où le salarié invoque à son profit un droit particulier (salaire, indemnité, droit à congé…) qui se manifeste à l'occasion du contrat de travail de celle où le salarié se borne à demander l'application générale d'une convention collective à son contrat de travail ; dans le premier cas, la compétence est prud'homale même si la solution du litige dépend de l'application et de l'interprétation d'une clause conventionnelle ; dans le second, c'est le tribunal de grande instance qui est compétent au motif que le litige intéresse tous les salariés de l'entreprise – V. aussi Soc. 30 avr. 1997 *RJS* 6/97 n° 725.

branche ou des accords interprofessionnels est fréquemment réservée par celle-ci à une commission paritaire, composée des personnes qui l'ont négociée et dont la mission devient ainsi permanente. Elle est en général distincte de la commission de conciliation. Sa compétence s'étend parfois à la classification des emplois.

La Cour de cassation juge que l'avis donné par la commission paritaire dans un but de conciliation ne lie pas le juge [1] ; c'est lui qui doit trancher le litige, en interprétant lui-même la convention.

Il n'en est autrement que lorsque la convention collective prévoit que l'avis de la commission paritaire a valeur d'un avenant à la convention. Le juge n'a plus alors à interpréter une clause ambiguë ; il doit appliquer une clause conventionnelle claire et précise [2].

Lorsque l'interprétation d'un accord collectif résulte non pas d'un avis d'une commission paritaire d'interprétation mais d'un avenant signé par l'ensemble des parties à l'accord initial, cette interprétation s'impose aussi bien aux juges qu'à l'employeur et aux salariés et elle s'impose de façon rétroactive [3]. Mais encore faut-il que l'on soit bien en présence d'un avenant interprétatif et non d'un texte venant substantiellement modifier les stipulations initiales [4].

§ 2. Les sanctions pénales

1330 ***Pouvoirs de contrôle de l'inspection du travail*** ◊ La loi du 13 novembre 1982 a considérablement étendu les pouvoirs de contrôle de l'inspection du travail dans le domaine des conventions collectives. Avant cette loi, l'inspection du travail avait une compétence limitée au contrôle de l'application des conventions étendues. Désormais, elle est chargée de veiller à l'application de toutes les conventions et accords collectifs de travail, interprofessionnels, de branche ou d'entreprise, étendus ou non étendus (C. trav., art. L. 8112-1).

Cet élargissement de la mission des inspecteurs du travail ne signifie pas qu'ils peuvent dresser procès-verbal et saisir le Parquet chaque fois qu'ils relèvent une inexécution d'une disposition insérée dans une convention collective. Cette possibilité n'existe que dans certaines situations qui vont être précisées ; en dehors de celles-ci, les inspecteurs ne peuvent que rappeler aux

1. Cass., ass. plén., 6 févr. 1976, *JCP* 1976.II.18481, note H. Groutel ; *D.* 1976. 472, note J. Savatier ; Soc. 10 févr. 1998 *RJS* 3/98, n° 340.

2. Soc. 11 oct. 1994 *Bull. civ.* V, n° 272 ; *Dr. soc.* 1995. 359, note M. A. Moreau ; *RJS* 11/94, n° 1285 – Voir J. Y. Frouin, L'interprétation des conventions et accords collectifs de travail, *RJS* 3/96, spéc. n°s 42 s. Sur l'importance à accorder en la matière aux préambules des conventions et accords collectifs, v. G. Auzero, « La force juridique des préambules des conventions et accords collectifs de travail », *TPS* 2004, n° 3, p. 7.

3. Soc. 1 déc. 1998, *Dr. soc.* 1999. 303, obs. J. Savatier ; Soc. 5 déc. 2001, *RJS* 2/02, n° 206 ; l'avenant qui annule et remplace certaines dispositions d'une convention antérieure est un accord de révision et non un accord interprétatif, (Soc. 24 avr. 2001, *Bull. civ.* V, n° 132).

4. Soc. 12 juin 2014, n° 13-15.416, publié.

employeurs leurs obligations et aux salariés ou aux syndicats la possibilité de saisir le juge civil en application des articles L. 2262-1 et L. 2262-12.

1331 ***Infractions en matière de salaires*** ◊ Le premier type d'infractions pénales, résultant de la violation d'une convention collective, n'est pas nouveau. Les employeurs qui ne versent pas les salaires fixés par une convention ou un accord *étendu* sont passibles de la peine d'amende prévue pour les contraventions de la quatrième classe, l'amende étant appliquée autant de fois qu'il y a de travailleurs rémunérés dans des conditions illégales (C. trav., art. R. 2263-3) [1]. La violation des règles relatives aux salaires, contenues dans un accord d'entreprise ou dans une convention nationale, régionale ou locale de branche qui n'a pas été étendue, ne fait pas, en revanche, l'objet d'une incrimination pénale.

1332 ***Violation de clauses conventionnelles « dérogatoires »*** ◊ Il s'agit là d'une incrimination nouvelle. Elle présente un point commun avec l'incrimination précédente : seules les violations de clauses contenues dans des conventions ou des accords collectifs étendus sont susceptibles de constituer une infraction. Il y a effectivement infraction pénale lorsque la clause violée est une clause dérogatoire à une disposition législative lorsque la loi autorise expressément cette possibilité de dérogations (C. trav., art. L. 2263-1) [2] ; l'infraction aux stipulations conventionnelles dérogatoires est passible des sanctions qu'entraînerait la violation des dispositions législatives ou réglementaires en cause. Cette règle procède d'abord du souci de maintenir l'égalité devant la loi pénale. Les dérogations autorisées par la loi ont pour but de permettre un assouplissement de la réglementation du travail et l'adaptation de celle-ci aux besoins de l'entreprise ; il eût été anormal que coexistent un régime légal plus rigide et assorti de sanctions pénales et un régime conventionnel plus souple échappant à ces sanctions [3]. On observera, cependant, que la notion de dérogation visée par l'article L. 2263-1 ne renvoie pas uniquement à la dérogation *in pejus*. Un arrêt rendu par la Chambre criminelle de la Cour de cassation le 5 mars 2013 démontre, au contraire, qu'elle englobe la dérogation *in melius* [4]. L'association de sanctions pénales à la violation de

1. Le fait de ne pas avoir maintenu le salaire des employés malades n'est pas expressément prévu par l'article R. 153-2 et ne constitue donc pas une infraction pénale : Crim. 29 juin 1992, *RJS* 2/93, n° 152.

2. Crim. 19 juin 2012, n° 11-84.884, *Bull. crim.* n° 154 ; *Dr. soc.* 2012. 1067, note J. Mouly : la méconnaissance d'une obligation conventionnelle de négocier avec les organisations syndicales, qui n'a pas été instituée en application d'une disposition législative expresse, dans une matière déterminée, n'est pas susceptible de recevoir une qualification pénale.

3. Circ. ministérielle DRT n° 15 du 25 oct. 1983, *Liaison soc.*, n° 5412 du 9 nov. 1983, p. 12 ; Y. Chalaron : *Dr. soc.* 1984. 505.Il faut souligner que toute violation d'une clause conventionnelle dérogatoire constitue une infraction (à supposer bien entendu que la clause soit contenue dans une convention étendue) même si la clause laisse moins de liberté à l'employeur que la loi.

4. Crim. 5 mars 2013, n° 11-83.984, *RDT* 2014. 54, note S. Frossard. Était en cause, en l'espèce, une stipulation conventionnelle imposant de mettre en place un comité d'établissement dans les entités employant moins de 50 salariés.

stipulations conventionnelles, plus favorables que la loi, doit cependant rester exceptionnelle. Cela procède de l'exigence légale selon laquelle la dérogation conventionnelle doit procéder d'une disposition législative expresse « dans une matière déterminée » [1].

1333 ***Violation de clauses améliorant le statut légal des représentants du personnel*** ◊ Dans l'arrêt *Plessis* [2], la chambre criminelle de la Cour de cassation avait jugé que le délit d'entrave était constitué lorsqu'un employeur refusait à un délégué du personnel et à un délégué syndical la faculté de s'absenter pendant des heures conventionnelles de délégation (le crédit légal d'heures de délégation étant déjà épuisé). Aujourd'hui, si les pénalités de l'entrave en cas de violation d'un accord tendant à améliorer le régime légal de la représentation du personnel dans l'entreprise peuvent encore être prononcées, c'est aux strictes conditions de l'article L. 2263-1 du Code du travail [3].

1. Par sa formulation très générale, l'article L. 2251-1 du Code du travail ne relève pas de cette qualification. Dans l'arrêt précité du 5 mars 2013 était, en revanche, en cause l'article L. 2322-3, qui vise bien une « matière déterminée ».

2. Crim. 14 févr. 1978, *D.* 1978. IR 384. note J. Pélissier ; *Dr. soc.* 1979. 172, note Pradel. Mais si à la clause violée ne correspond aucun droit légal pénalement sanctionné, pas de poursuite pénale : Crim. 24 févr. 1987, *JS UIMM* 1987. 488.

3. Crim. 5 mars 2013, n° 11-83.984, préc.

SOUS-TITRE 2

Les règles propres aux différents niveaux de négociation collective

1334 Le système français de négociation collective comprend trois niveaux : les conventions collectives de branche y conservent une place centrale (Chap. 1). À un niveau inférieur, il fait aussi une large place à la négociation et aux accords d'entreprise ou de groupe (Chap. 2). À un niveau supérieur la négociation se trouve associée à l'œuvre législative et réglementaire, au travers des accords nationaux interprofessionnels et des procédures d'extension et d'élargissement des conventions collectives (Chap. 3). Ces différents niveaux soulèvent des problèmes juridiques différents et se sont ainsi développés, en complément du droit commun des conventions collectives, des règles qui leur sont propres.

CHAPITRE 1
LA NÉGOCIATION ET LA CONVENTION COLLECTIVE DE BRANCHE

1335 ***Branches professionnelles et droit conventionnel*** ◊ La branche d'activité a été pendant longtemps en France le lieu quasi-exclusif de la négociation collective. La convention de branche permettait de fixer un statut social commun à un ensemble d'entreprises opérant sur un même marché et d'éviter ainsi qu'elles ne se concurrencent par une politique de bas salaires ou de mauvaises conditions de travail. L'essor de la négociation interprofessionnelle et de la négociation d'entreprise a considérablement réduit l'emprise des branches professionnelles sur le droit conventionnel du travail. Mais bien que leur rôle ne soit plus exclusif, il demeure important, notamment en raison de la politique d'extension des principales conventions de branche (v. ss Chapitre 3).

SECTION 1. **ÉLABORATION** [1]

§ 1. **La négociation de la convention de branche**

1336 ***Obligations de négocier*** ◊ La loi fait obligation aux organisations qui sont liées par une convention de branche (ou à défaut par des accords professionnels) de négocier :

a) chaque année sur les salaires et sur la programmation de la suppression des écarts de rémunérations entre hommes et femmes (C. trav., art. L. 2241-1) ;

b) tous les 3 ans sur l'égalité professionnelle entre hommes et femmes (C. trav., art. L. 2241-3) ; sur la formation professionnelle (C. trav., art. L. 2241-6) ; sur les conditions de travail, la gestion prévisionnelle des emplois et des compétences et sur la prise en compte de la pénibilité du travail (C. trav., art. L. 2241-4) ; sur les mesures tendant à l'insertion professionnelle et au maintien dans l'emploi des handicapés (C. trav., art. L. 2241-5) ; sur les priorités, les objectifs et les moyens de la formation professionnelle des salariés (C. trav., art. L. 2241-6) ;

1. B. Gauriau, « La négociation de branche et la négociation interprofessionnelle », *JCP S* 2012. 1239.

c) au moins une fois tous les 5 ans sur les *classifications* (C. trav., art. L. 2241-7).

Cette obligation ne s'impose qu'aux organisations qui ont déjà conclu une convention ou un accord de branche. Sur les autres ne pèse aucune obligation (le caractère *obligatoire* de la négociation d'entreprise est entendu beaucoup plus largement). On relèvera également que le refus de négocier au niveau de la branche n'est pas sanctionné pénalement (autre différence avec la négociation d'entreprise).

En dehors des sujets où elle impose une négociation, la loi reconnaît aux syndicats de salariés représentatifs dans la branche ou dans l'entreprise le droit de voir prises en compte leurs demandes relatives aux thèmes de négociation. Les modalités d'exercice de ce *droit de saisine* doivent être définies par la convention de branche ou l'accord professionnel (C. trav., artL. 2222-3).

1337 ***Modalités de la négociation de branche*** ◊ La négociation se déroulera selon les règles que les négociateurs choisiront. La loi impose cependant à la partie patronale deux obligations.

L'une concerne *l'information*. La partie patronale doit remettre aux organisations syndicales un rapport, au moins 15 jours avant l'ouverture de la négociation. Ce rapport, qui établit la situation économique et sociale de la branche, doit donner essentiellement des informations sur la situation de l'emploi et sur l'évolution des salaires moyens effectifs par catégorie et par sexe. Lorsqu'elle porte sur l'égalité professionnelle, la négociation se déroule sur la base d'un rapport spécial, contenant des indicateurs pertinents, reposant sur des éléments chiffrés, pour chaque secteur d'activité (C. trav., art. D. 2241-7).

L'autre concerne la *rémunération* des salariés participant à la négociation. La loi n'impose pas une obligation directe de rémunération ; elle prévoit seulement que la convention ou l'accord de branche doit préciser quelles sont les modalités d'exercice du droit de s'absenter, les dispositions relatives au maintien des salaires ou à la compensation des pertes de ceux-ci, ainsi que les règles concernant l'indemnisation de frais de déplacement lorsque les négociateurs sont des salariés d'entreprise (C. trav., art. L. 2232-8).

Si *la négociation échoue*, les dernières propositions faites par l'organisation patronale ont été assimilées à un engagement minimum [1]. Elles peuvent prendre la forme d'une recommandation ; selon la volonté des membres de l'organisation patronale, la recommandation a valeur de simple conseil [2] ou a un caractère impératif [3]. Pour que la recommandation

1. Soc. 4 mars 1981, *Bull. civ.* V, n° 180 ; 11 juin 1981, *Bull. civ.* V, n° 525 (il y avait eu dépôt et invitation des adhérents à les observer).

2. Soc. 21 mars 1984 (*JS UIMM* 1986. 472) ; 4 févr. 1987, *Bull. civ.* V, n° 60 ; 8 oct. 1987, *Bull. civ.* V, 543 ; 28 avr. 1988, *JS UIMM* 1988. 505, *D.* 1989. 85, *Bull. civ.* V, 205.

3. Soc. 4 mars 1981, *Bull. civ.* V, n° 178 ; 31 mars 1981 (ind. chimique), *Bull. civ.* V, 287.

patronale s'impose à tous les membres de l'organisation [1], il faut que la volonté du groupement de rendre obligatoire la recommandation apparaisse clairement [2].

Faiblesse de la négociation de branche. Parmi la multitude de branches professionnelles existant dans notre pays, beaucoup connaissent une activité conventionnelle faible et erratique [3]. La loi du 5 mars 2014 relative à la formation professionnelle, à l'emploi et à la démocratie sociale a introduit dans le Code du travail quelques règles susceptibles de remédier à cette situation, visant à « la restructuration des branches professionnelles » [4].

Ainsi, dans une branche où moins de 5 % des entreprises adhèrent à une organisation professionnelle d'employeurs représentative et dont l'activité conventionnelle présente, depuis la dernière mesure d'audience quadriennale, une situation caractérisée par la faiblesse du nombre des accords ou avenants signés et du nombre des thèmes de négociation couverts par ces accords au regard de ses obligations ou facultés de négocier, le ministre chargé du travail peut, après avis de la Commission nationale de la négociation collective et du Haut Conseil du dialogue social, décider de ne pas arrêter la liste des organisations professionnelles d'employeurs reconnues représentatives pour une branche professionnelle mentionnée à l'article L. 2152-6, ainsi que la liste des organisations syndicales reconnues représentatives pour une branche professionnelle mentionnée à l'article L. 2122-11. La décision du ministre a moins pour conséquence de faire disparaître la branche, que d'y exclure la négociation, faute de négociateurs. Rien n'est dit sur la situation des salariés et des entreprises de cette branche confrontés, pour l'avenir, à un désert conventionnel ; si ce n'est que continueront, visiblement, à s'appliquer les textes en vigueur au moment de la décision ministérielle.

Dans une situation similaire à celle qui vient d'être évoquée, c'est-à-dire caractérisée par un taux d'adhésion réduit et une faible activité conventionnelle sur les cinq années précédentes, le ministre chargé du travail peut, après avis de la Commission nationale de la négociation collective,

1. La recommandation ne lie que les adhérents du groupement patronal qui en est l'auteur : Soc. 29 juin 1999, *Dr. soc.* 1999. 800. V. R. de Quenaudon : Nature et régime d'une recommandation patronale, *D.* 2000. 50.

2. L'engagement doit être précis et non équivoque ; l'expression de la volonté doit être appréciée au moment où la décision patronale est prise : une lettre du groupement, postérieure à l'engagement, selon laquelle « les organisations professionnelles n'avaient pas la volonté de donner un caractère impératif à leur recommandation » est sans effet : concl. Jacques Duplat, *Dr. soc.* 1999. 798.

3. V. sur la question, J.-F. Poisson, La négociation collective et les branches professionnelles, Rapport au Premier ministre remis le 28 avril 2009, La Documentation française.

4. Tel est l'intitulé de la section 8 du chapitre Ier du titre VI du livre II de la deuxième partie du Code du travail, composé d'un seul texte, au demeurant fort long, l'article L. 2261-32. Certaines des prescriptions de ce texte seront évoquées à propos des mécanismes de l'extension et de l'élargissement (infra, 1393 et 1403). Sous couvert de « restructuration », il s'agit, en réalité, de réduire le nombre de branches ; ce qui ne ressort pas de manière évidente des dispositifs institués par le législateur. V. P.-H. Antonmattéi, « Restructuration des branches professionnelles : ce n'est pas pour demain ! », *Sem. soc. Lamy*, n° 1630, p. 8.

notifier aux organisations professionnelles d'employeurs et aux organisations syndicales de salariés le constat de cette situation et les informer de son intention de fusionner le champ de la convention collective concernée avec celui d'une autre branche présentant des conditions économiques et sociales analogues [1].

§ 2. La conclusion de la convention de branche

1338 ***Le principe majoritaire*** [2] ◊ La convention ou l'accord doit être signé par une ou plusieurs organisations syndicales représentatives ayant recueilli aux élections prise en compte pour la mesure de l'audience prévue à l'article L. 2122-5 ou, le cas échéant aux élections visées à l'article L. 2122-6, au moins 30 % des suffrages exprimés en faveur d'organisations reconnues représentatives à ce niveau lors des élections professionnelles. (C. trav., art. L. 2232-6) Cette condition relative à la signature ne suffit pas à assurer la validité de la convention ou de l'accord. Encore faut-il que la convention ou l'accord ainsi conclu ne fasse pas l'objet de l'opposition d'une ou plusieurs organisations syndicales de salariés représentatives ayant recueilli la majorité des suffrages exprimés en faveur des mêmes organisations à ces mêmes élections [3]. L'opposition est exprimée dans un délai de quinze jours à compter de la date de notification de l'accord ou de la convention.

SECTION 2. APPLICABILITÉ

1339 ***Délimitation*** ◊ Il appartient aux parties à une convention collective de définir son champ d'application professionnel et territorial (§ 1). La

1. Fusion qui n'adviendra toutefois que si la situation subsiste à l'expiration d'un délai fixé par le ministre, sans pouvoir être inférieur à un an et à la double condition que celui-ci persiste dans sa volonté de fusionner et que la Commission de la négociation collective, sollicitée pour avis, ne s'y oppose pas. Lorsqu'il prononce la fusion, le ministre doit inviter les partenaires sociaux des branches concernées à négocier. Si la fusion est décidée, que devient la convention collective « absorbée » ? Est-elle mise en cause ou disparaît-elle purement et simplement à compter de la fusion ?

2. Ces règles sont issues de la loi du 20 août 2008 portant rénovation de la démocratie sociale, qui avait pris soin de ménager des règles transitoires dans l'attente de la première mesure de l'audience syndicale au niveau des branches professionnelles. Sur ces dispositions, v. la 28ème éd. de ce Précis, n° 1283 et s.

3. La Cour de cassation a décidé que « le terme de « majorité », se suffisant à lui-même, implique au moins la moitié des voix plus une » : Soc. 10 juill. 2013, n° 12-16.210, *RDT* 2013. 641, note I. Odoul-Asorey. Retenue à propos d'un accord collectif d'entreprise, cette solution devrait valoir pour les accords conclus aux niveaux professionnel et national et interprofessionnel. Toutefois, et ainsi qu'il a été justement relevé, les arrêtés fixant les organisations syndicales représentatives à ces niveaux « déterminent le poids de ces organisations dans la négociation collective en termes de pourcentages, et non en termes de voix... » (I. Odoul-Asorey, obs. préc.).

convention n'est obligatoirement applicable que dans les entreprises comprises dans ce champ d'application, qui appartiennent à un groupement signataire (§ 2). En revanche l'appartenance syndicale du salarié n'a pas, sauf exceptions, d'incidence sur l'applicabilité de la convention (§ 3).

§ 1. Champ d'application de la convention

1340 ***Définition conventionnelle*** ◊ Toute convention collective doit préciser son champ d'application territorial et professionnel (C. trav., art. L. 2222-1), mais c'est surtout pour les conventions de branche que cette stipulation pose des difficultés particulières.

Le champ d'application professionnel est défini en termes d'activités économiques, ce qui laisse une grande latitude aux négociateurs. En France le nombre de branches d'activité ainsi organisées au plan conventionnel est par exemple beaucoup plus important qu'en Allemagne. D'où un émiettement de la négociation entre des branches de taille et d'importance économique les plus diverses.

Les accords conclus au plan régional et local complètent le plus souvent des conventions nationales de branche, même si l'on assiste à un timide essor d'une négociation territoriale interprofessionnelle beaucoup plus développée dans d'autres pays (ex. Italie) et que la loi encourage au travers des commissions paritaires professionnelles ou interprofessionnelles qui peuvent être instituées au plan local, départemental ou régional (C. trav., art. L. 2234-1).

1341 ***Modification du champ d'application résultant de l'adhésion d'une organisation d'employeurs à la convention*** ◊ L'adhésion d'une nouvelle organisation à une convention collective n'affecte pas le champ d'application territorial ou professionnel de la convention lorsque la représentativité de cette organisation coïncide avec ce champ d'application. Dans ce cas, l'organisme qui adhère a les mêmes droits et obligations que les premiers signataires (participations aux institutions paritaires créées par la convention de branche ; participation aux négociations portant sur la modification ou la révision du texte en cause) et son adhésion est sans incidence sur le champ d'application de la convention (C. trav., art. L. 2261-4).

Il en va autrement dans le cas où l'adhésion d'une organisation patronale aurait pour effet de rendre la convention applicable dans un secteur professionnel ou dans un secteur géographique où elle ne l'était pas. L'adhésion perd alors son caractère unilatéral. Elle prend obligatoirement la forme d'un accord collectif entre le ou les organismes qui veulent adhérer et les signataires de la convention. Si les signataires de la convention veulent bien accepter l'adhésion, ils modifieront, par voie de conséquence, le champ d'application indiqué dans la convention (C. trav., art. L. 2261-5). Cet accord collectif d'adhésion sera déposé dans les mêmes conditions que les autres conventions collectives.

§ 2. Conditions d'applicabilité tenant à l'employeur

1342 En dehors de quelques cas où l'applicabilité d'une convention résulte de la volonté d'un employeur qui normalement n'est pas assujetti à la convention (B), celle-ci a un caractère obligatoire (A).

A. L'applicabilité obligatoire

1343 ***Affiliation syndicale de l'employeur*** ◇ L'affiliation syndicale de l'employeur au groupement patronal signataire de l'accord joue un rôle décisif.

Si l'employeur n'est pas membre du groupement qui a signé la convention ou l'accord de branche, il n'est pas lié par les clauses de celui-ci [1] en dehors des cas où la convention ou l'accord a fait l'objet d'un arrêté d'extension (v. ss 1327, 1382). La règle est applicable même lorsque l'employeur est une filiale d'une société mère qui, elle, est membre du groupement patronal signataire. Bien qu'il soit établi que la société mère détient en réalité le pouvoir de direction et de contrôle du travail dans la société filiale, la convention collective n'est pas applicable dans la société filiale qui « n'était ni signataire ni adhérente à la convention collective... (et qui) n'était pas membre du groupement patronal signataire » [2]. Pendant longtemps cette règle s'est appliquée même en cas de cession d'entreprise ; l'employeur cessionnaire non-membre du groupement patronal signataire n'était pas tenu de continuer à appliquer dans l'entreprise la convention que son prédécesseur (le cédant) avait dû appliquer, en considération de sa propre affiliation syndicale [3]. Depuis la loi Auroux du 13 novembre 1982 (C. trav., art. L. 2261-14), le nouvel employeur doit engager une négociation dans l'entreprise pour déterminer les nouvelles dispositions collectives applicables. Tant qu'un nouvel accord n'est pas signé, le chef d'entreprise doit appliquer – dans la limite d'une durée d'un an – la convention antérieurement applicable dans l'entreprise [4]. Si aucune convention n'a été conclue au terme d'une année, les salariés conserveront les avantages individuels qu'ils ont acquis à cette date, en application de la convention antérieurement appliquée.

---

1. Ass. plén. 6 avr. 1990, *RJS* 1990, n° 490, p. 345 (un avenant à une convention collective étendue n'est pas applicable à un employeur, non affilié au syndicat signataire, tant que cet avenant n'a pas été lui-même étendu) ; Soc. 29 mai 1996, *Dr. soc.* 1996. 613 (un avenant de révision n'est pas applicable à un employeur, membre d'un groupement signataire de la convention, mais non signataire de l'avenant) ; C'est à l'employeur qui l'invoque de prouver qu'il n'est pas adhérent à une organisation signataire (Soc. 20 nov. 2001, *Micheli*, *Bull. civ.* V, n° 352).

2. Soc. 30 avr. 2002, *Bull. civ.* V, n° 140 ; *Dr. soc.* 2002. 791, obs. G. Couturier ; *Grands arrêts*, 4e éd., 2008, n° 169.

3. Soc. 17 oct. 1979. *Bull. civ.* V, n° 744.

4. La convention n'est opposable au nouvel employeur qu'en cas de transfert de l'entité économique, dans les conditions prévues à l'art. L. 122-12, al. 2 (C. trav., art. L. 1224-1) (Soc. 22 mai 2002, *Dr. soc.* 2002. 1031, obs. Mazeaud).

Si, au contraire, l'employeur est membre du groupement signataire, il est tenu de l'appliquer lorsque son entreprise se trouve dans le champ d'application géographique et professionnel couvert par la convention (C. trav., art. L. 2262-1). La Cour de cassation a cependant jugé qu'un groupement patronal pouvait limiter par une délibération spéciale l'opposabilité de son engagement à certains de ses membres [1].

Un employeur, membre du groupement patronal, ne peut se libérer des obligations résultant de la convention collective par la *démission* du syndicat signataire (C. trav., art. L. 2262-3). Seule est efficace la démission antérieure à la signature de l'accord [2] ou de tel avenant modificatif ultérieur [3]. Le caractère indélébile de l'affiliation est constant en jurisprudence et la démission inopérante à libérer l'employeur [4]. Demeurent incertaines, en revanche, les conséquences de l'exclusion de l'employeur du syndicat, de la démission du syndicat de la fédération signataire, de la *disparition du syndicat lui-même*. La tendance des arrêts est de considérer, en cette dernière hypothèse, que tant que la convention collective n'a pas été dénoncée, elle reste en vigueur, surtout si un nouveau syndicat s'est substitué au syndicat signataire [5].

1344 ***Activité économique*** ◊ L'applicabilité de la convention collective dépend, en second lieu, de l'activité économique de l'entreprise. Une convention collective de branche ne s'appliquera dans une entreprise qu'autant que l'activité principale de celle-ci relève de son champ d'application professionnel (C. trav., art. L. 2261-2). Si l'activité principale de l'entreprise n'entre dans le champ d'application d'aucune convention collective de branche, la convention collective même étendue régissant l'activité secondaire n'est pas applicable [6].

Cette condition d'applicabilité soulève plusieurs questions délicates : comment déterminer l'activité principale de l'entreprise ? Ne doit-on pas prendre en considération l'activité principale d'établissements ou de centres autonomes de production ou de distribution, qui serait différente de l'activité principale de l'entreprise ? Que décider lorsque l'entreprise change d'activité principale ?

a) Détermination de l'activité principale. Pour déterminer l'activité principale de l'entreprise, il ne suffit pas de se référer au classement INSEE

1. Soc. 29 avr. 1985, *D.* 1988. 232, note G. Borenfreund, *Bull. civ.* V, n° 262 (seuls sont liés les membres du groupement qui, au cours d'une délibération spéciale, ont donné mandat aux représentants du syndicat de les engager par voie d'accord, la délibération de l'assemblée du groupement ayant autorisé la conclusion de la convention collective en réservant expressément l'opposabilité à ceux des adhérents qui auraient donné mandat spécial écrit) ; V. aussi Paris, 4 juill. 2001, *D.* 2002. 676, note F. Petit.

2. Soc. 1er févr. 1957, *Dr. ouvrier* 1957. 402.

3. Soc. 8 déc. 1966, *Dr. soc.* 1967. 377.

4. Soc. 10 févr. 1999, *Dr. soc.* 1999. 422, obs. Ph. Langlois. Ce dernier arrêt précise que l'employeur est également lié par les accords postérieurs à sa démission lorsqu'ils ne sont que l'application de la convention ou de l'accord conclu avant sa démission.

5. Soc. 30 juin 1965, *Bull. civ.* IV, n° 517 ; toutefois plus ambigu : 26 oct. 1966, *Dr. soc.* 1967. 376.

6. Soc. 6 juin 1984, *JS UIMM* 1985. 169.

de l'entreprise. Cette référence est souvent utilisée, mais elle n'a que la valeur d'une présomption simple. De même, ce ne sont pas les mentions qui figurent dans les statuts de la personne morale qui permettent de cerner l'activité principale de l'entreprise [1]. C'est la recherche de l'activité réellement exercée qui permet de prendre position sur l'applicabilité de la convention [2].

Pour distinguer les activités secondaires de l'activité principale, il peut être tenu compte aussi bien des effectifs rattachés à telle ou telle activité [3] que du chiffre d'affaires généré par chacune d'elle [4]. Le plus souvent, il sera fait référence aux effectifs lorsque l'activité de l'entreprise est une activité industrielle. Lorsque l'entreprise est une entreprise commerciale ou de services, c'est plutôt le volume du chiffre d'affaires qui est pris en considération pour comparer l'importance des différences activités.

La jurisprudence imposait toujours l'application de la convention collective de branche correspondant à l'activité principale de l'entreprise. Il ne pouvait pas être dérogé à ce principe, notamment en insérant dans la convention collective de branche une clause autorisant les entreprises exerçant plusieurs activités à choisir, lorsque certaines conditions étaient remplies, l'application d'une autre convention [5]. Une telle clause d'option était déclarée nulle par la Cour de cassation. Le législateur est intervenu pour mettre fin à cette jurisprudence. Le nouvel article L. 2261-2 prévoit, dans son second alinéa, qu'« en cas de pluralités d'activités rendant incertaines l'application (du) critère (de l'activité principale) pour le rattachement d'une entreprise à un champ conventionnel, les conventions collectives et les accords professionnels peuvent, par des clauses réciproques et de nature identique, prévoir les conditions dans lesquelles l'entreprise détermine les conventions et accords qui lui sont applicables » [6]. On relèvera que la licéité des clauses d'option reste assez encadrée. Elle n'est reconnue que dans les cas où la pluralité d'activités rend incertaine la détermination de l'activité principale. Elle ne peut produire effet que si elle

---

1. Soc. 26 janv. 2005, *RJS* 3/05, n° 385 ; Soc. 4 déc. 2001, *RJS* 2/02, n° 204.

2. Soc. 19 juill. 1995, *RJS* 10/95, n° 1034 ; Soc. 30 mai 2000, *Bull. civ.* V, n° 208, *Dr. soc.* 2000. 803, obs. G. Couturier (recours à des sociétés écran échappant au champ d'application de la convention collective) ; Soc. 4 déc. 2001, *RJS* 2/02, n° 204 ; 7 déc. 2005, *Bull. civ.* V, n° 361 ; 15 mars 2006, *RJS* 6/06, n° 755. La détermination de l'activité réelle relève du pouvoir souverain d'appréciation du juge du fond (Soc. 12 mars 2003, *RJS* 5 mars, n° 585) ; l'inspecteur du travail n'a donc pas compétence pour déterminer la convention applicable.

3. Soc. 23 avr. 2003, *Bull. civ.* V, n° 140.

4. Soc. 23 mai 1979, *Bull. civ.* V, n° 447.

5. Soc. 26 nov. 2002, n° 00-46873, *Bull. civ.* V, n° 359 : la convention collective nationale de la miroiterie, de la transformation et négoce du verre autorisait les entreprises dont l'activité « pose » se situait entre 20 % et 80 % de l'activité totale à opter entre l'application de cette convention et celle correspondant à leur activité « pose ».

6. Par exemple, la convention collective nationale des ouvriers du bâtiment et la convention collective nationale des ouvriers des travaux publics autorisent l'une et l'autre le choix d'une de ces deux conventions dans les entreprises exerçant les deux activités, en précisant les situations dans lesquelles l'option peut être exercée et les conditions d'exercice de cette option (après accord avec les représentants du personnel).

est insérée dans plusieurs conventions collectives, chacune de ces conventions consacrant la possibilité de l'option *par des clauses réciproques et de nature identique*. La Cour de cassation vérifie elle-même que les juges du fond ont bien tenu compte des conditions déterminées par la clause conventionnelle d'option avant d'appliquer la convention collective choisie par l'employeur [1].

En dehors des clauses conventionnelles d'option, rien n'interdit aux signataires d'un accord d'entreprise de prévoir que, outre la convention collective de branche à laquelle l'entreprise est soumise, une autre convention collective peut s'appliquer à tout ou partie du personnel [2]. Il y a alors nécessairement concours de conventions collectives de branche au sein de l'entreprise.

b) Activités distinctes dans des centres autonomes. En principe, une même convention collective de branche est applicable à tout le personnel dans l'ensemble de l'entreprise. La jurisprudence avait dégagé cette règle avant qu'elle ne soit intégrée dans le Code du travail (C. trav., art. L. 2261-2). Le but poursuivi est d'établir un véritable statut collectif pour l'ensemble du personnel et d'éviter, autant que faire se peut, le concours de conventions de branche dans une même entreprise. Ce souci d'unité a moins de pertinence lorsque des salariés, ayant une activité nettement différenciée par rapport à celle des autres salariés de l'entreprise, travaillent ensemble dans un lieu distinct avec une organisation autonome. Les juges ont vite considéré que l'application de la convention collective correspondant à l'activité principale de l'entreprise devait être écartée « dans l'hypothèse où des salariés exercent une activité nettement différenciée dans un centre d'activité autonome » [3] (v. ss 1333).

c) Changement d'activité. Si l'entreprise *change d'activité*, la convention collective de branche n'a normalement plus vocation à s'appliquer dans celle-ci. Cependant, comme dans les cas de changement d'employeur à la suite d'une cession ou d'une fusion, les conséquences du changement d'activité sur l'application de la convention collective sont limitées par l'effet de la loi. La convention collective antérieurement appliquée continue à produire tous ses effets pendant une année (ou jusqu'à l'entrée en vigueur d'une convention qui lui est substituée) ; à défaut d'une nouvelle convention collective applicable et à l'expiration du délai d'un an, la

1. Soc. 18 févr. 2009, n° 07-45-306, inédit.
2. Soc. 23 avr. 2003, n° 01-41196, *RJS* 7/03, n° 919.
3. Soc. 6 déc. 1995, *Bull. civ.* V, n° 333 ; *Grands arrêts*, 4ᵉ éd., 2008, n° 167 ; antérieurement, Soc. 21 mars 1990, *RJS* 5/90, n° 399 (application de la convention collective nationale du commerce de détail de la chaussure au personnel d'un magasin de vente au détail alors que la société a pour activité principale la vente en gros) ; Soc. 20 juill. 1982, *Bull. civ.* V, n° 484 (dans cet arrêt, la Cour de cassation fait référence à l'existence d'un « *établissement distinct* » *:* lorsqu'une unité de production ou de distribution est qualifiée « établissement distinct », la convention collective applicable dans cet établissement est celle qui correspond à l'activité principale de cet établissement, même si l'activité de cet établissement est peu importante par rapport à l'activité globale de l'entreprise).

convention antérieurement applicable continuera à produire des effets partiels au profit des salariés qui, à cette date, ont bénéficié des clauses de cette convention ; c'est le maintien des avantages individuels acquis, prévu par l'article L. 2261-14. Assez souvent, à l'occasion d'un changement d'activité, l'employeur s'affilie au groupement patronal correspondant à sa nouvelle activité. Si ce groupement patronal a signé une convention de branche, cette convention de branche s'appliquera immédiatement mais elle ne se substitue pas à la convention collective antérieurement applicable qui continue à s'appliquer pendant une durée maximale d'un an, tant qu'une convention, résultant d'une négociation engagée après le changement d'activité, n'a pas adapté « les dispositions conventionnelles antérieures à celles nouvellement applicables » [1].

1345 ***Situation géographique de l'entreprise*** ◊ Enfin, une convention collective ne s'applique dans une entreprise ou un établissement que dans la mesure où ceux-ci sont situés dans l'espace géographique que la convention collective entend couvrir.

Aucun problème, (du moins dans l'ordre interne) [2], ne se pose lorsque la convention collective a une portée nationale ; celle-ci est applicable dans toutes les entreprises de la branche d'activité, situées en France, lorsque l'employeur est membre du groupement patronal signataire.

Mais les partenaires sociaux peuvent librement décider de négocier dans un secteur géographique plus limité. Entièrement maîtres de leur décision, ils peuvent, s'ils le souhaitent, négocier et au niveau national, et au niveau régional et au niveau local. Dans la pratique, ils choisissent le plus souvent un niveau : national ou régional (ou local) ; certains secteurs négocient plus volontiers au niveau régional (métallurgie), d'autres plus volontiers au niveau national (chimie) [3].

Lorsque la convention ou l'accord n'a qu'une portée géographique limitée (un département par exemple), seuls les entreprises ou les établissements situés dans ce département relèvent de cette convention ou de cet accord. Lorsque l'entreprise est transférée d'un département à l'autre, l'avenant d'une convention collective concernant le département où l'entreprise était d'abord implantée est mis en cause par ce transfert ; il cessera donc d'être applicable aux salariés de l'entreprise un an après le transfert,

---

1. Soc. 14 mai 1992, *Bull. civ.* V, n° 310, *Grands arrêts*, 4e éd., 2008, n° 170 ; Soc. 24 févr. 1993, *RJS* 1993, n° 429 ; Soc. 1er déc. 1993, *D.* 1994. 334, note E. Dockès, *RJS* 1994, n° 168 ; Soc. 9 févr. 1994, *Dr. soc.* 1994. 384, obs. G. Bélier ; Soc. 31 janv. 1995, *RJS* 3/95, n° 277. Sur cette question, J. Pélissier, Conventions collectives applicables après une restructuration, *RJS* 1991. 3 s. ; J. Deprez, *RJS* 1992. 451 s.

2. Lorsque la relation de travail a un caractère international, l'applicabilité de la convention collective soulève au contraire de très sérieuses difficultés : V. P. Rodière *La convention collective de travail en droit international*, Th. Paris, Litec, 1987 ; V. Soc. 28 nov. 2001, *RJS* 2/02, n° 150.

3. La préférence pour un niveau de négociation n'exclut pas que, pour un type de questions, on négocie à un autre niveau que le niveau habituel. Ainsi, dans la métallurgie, ont été conclus un accord national sur la réduction du temps de travail, un accord national sur la sécurité de l'emploi, un accord national sur la mensualisation, une convention collective nationale pour les cadres.

même s'il n'y a pas eu de dénonciation de l'accord [1]. Si une entreprise a des établissements dans plusieurs départements et si les conventions collectives dans ce secteur d'activité sont départementales, la direction de l'entreprise devra appliquer des conventions différentes dans ces différents établissements [2].

B. L'applicabilité volontaire

1346 ***Adhésion de l'employeur*** ◊ Un employeur qui n'est pas membre du groupement patronal signataire ou dont l'entreprise n'est pas située dans le champ d'application géographique et professionnel de la convention, peut y adhérer à titre individuel. Cette adhésion individuelle doit être notifiée aux signataires de la convention et faire l'objet d'un dépôt à la direction départementale du travail et au greffe du Conseil de prud'hommes (C. trav., art. L. 2261-3) [3]. Elle rend la convention collective applicable dans l'entreprise. La décision unilatérale de l'employeur produit cet effet à elle seule, chaque fois que l'activité de l'entreprise est située dans le champ d'application géographique et professionnel de la convention. En revanche, lorsqu'un employeur entend appliquer dans son entreprise une convention collective qui concerne un autre secteur d'activité ou une autre région, son adhésion est subordonnée à l'agrément des organisations syndicales représentatives dans l'entreprise. La loi prévoit que cet agrément est donné après négociation (C. trav., art. L. 2261-6).

Lorsque l'adhésion est le fait d'un groupement d'employeurs et qu'elle rend la convention applicable dans un secteur territorial ou professionnel non compris dans son champ d'application, elle doit prendre la forme d'un accord collectif entre « les parties intéressées conformément aux dispositions de l'article L. 2231-1 » [4] et les parties signataires de cette convention ou de cet accord (C. trav., art. L. 2261-5).

Ainsi que le précise l'article L. 2261-4, lorsqu'une organisation syndicale de salariés ou une organisation d'employeurs représentatives dans le champ d'application de la convention ou de l'accord adhère à la totalité des clauses d'une convention de branche, cette organisation a les mêmes droits et obligations que les parties signataires. Il résulte de ce texte que l'adhésion confère au groupement qui en est à l'origine la qualité de partie à l'acte collectif. Mais, pour cela, encore faut-il que ce groupement soit représentatif

1. Soc. 3 mars 1998, *RJS* 4/98, n° 496 ; 21 mai 1997, *RJS* 7/97, n° 848.

2. Soc. 20 nov. 1991 *RJS* 1992, n° 59 (la convention collective de la librairie de détail de la région parisienne ne s'applique pas aux salariés travaillant à Toulouse, bien que l'entreprise ait son siège social à Paris et que l'établissement de Toulouse soit un établissement secondaire). *Adde*. Soc. 25 oct. 1995, *RJS* 12/95, n° 1259.

3. En application de ce texte, l'adhésion peut aussi être le fait d'une organisation syndicale ou association d'employeurs.

4. Cette disposition, qui manque singulièrement de clarté, paraît renvoyer à la signature de l'organisation patronale qui entend adhérer, mais aussi à celle des syndicats de salariés représentatifs dans le champ considéré.

dans le champ d'application de la convention ou de l'accord [1]. On observera, également, que le texte précité semble autoriser une adhésion partielle, exclusive cependant de la qualité de partie l'acte juridique [2].

1347 ***Applicabilité volontaire en l'absence d'adhésion*** ◊ En l'absence d'adhésion, un employeur peut décider d'appliquer tout ou partie des dispositions d'une convention collective qui n'est pas normalement applicable [3].

Cette application doit résulter d'une volonté claire et non équivoque de l'employeur et l'application volontaire d'une convention collective ne vaut pas nécessairement engagement d'appliquer à l'avenir les dispositions des avenants éventuels ou d'un accord de substitution [4].

Cette volonté peut se manifester par une *mention dans le contrat de travail* précisant que le salarié bénéficiera des droits reconnus par une convention collective déterminée [5]. Les droits conventionnels deviennent alors des droits contractuels : la dénonciation de la convention collective n'entraînera aucune conséquence dans les relations entre l'employeur et le salarié puisque ce dernier tient ses droits du contrat et non de la convention collective [6].

Dans d'autres cas, la volonté de l'employeur d'appliquer volontairement une convention collective aux salariés de l'entreprise résultera d'*indices* ; ainsi lorsque mention est faite de la convention dans le contrat de travail ou dans une note de service [7], ou lorsque l'employeur fait référence dans le

---

1. Cette exigence de représentativité est logique puisque cela revient au fond à exiger la même chose de celui qui signe et de celui qui adhère. Le non-respect de cette condition ne constitue pas un obstacle à l'adhésion mais, seulement, à l'accession à la qualité de partie à l'acte.

2. Peut-être faut-il ici réserver l'hypothèse dans laquelle l'acte lui-même autorise une adhésion partielle ou stipule la divisibilité de ses stipulations.

3. L'application peut être partielle (Soc. 27 avr. 1988, *Bull. civ.* V, n° 252) ou ne concerner que certaines catégories de salariés (Soc. 5 oct. 1993, *RJS* 1993, n° 1122). Sans doute y-a-t-il également place pour une application volontaire décidée par un groupement d'employeur et engageant tous ses membres, sous réserve des stipulations statutaires en ce sens ou d'un mandat spécial.

4. Soc. 21 oct. 1998, *Dr. soc.* 1999. 103 ; 17 déc. 1998, *Dr. soc.* 1999. 195 ; 2 avr. 2003, *Dr. soc.* 2003. 901, obs. Radé ; 7 avr. 2004, *Dr. soc.* 2004. 675, obs. Radé (volonté claire et non équivoque d'appliquer les avenants).

5. Soc. 16 mai 2012, n° 11-11.100, Bull. civ. V, n° 150. La mention dans le contrat de travail de l'application d'une disposition d'une convention collective dont ne relève pas l'employeur est limitée à celles de ses prévisions transposables dans l'entreprise considérée (Soc. 16 déc. 2005, *Bull. civ.* V, n° 369). S'agissant de la mention, dans le contrat de travail, de la convention collective normalement applicable dans l'entreprise, elle a certainement rang de clause « informative », au sens retenu par la Cour de cassation.

6. Lorsque cette application volontaire est limitée à certaines clauses de la convention collective, la seule mention de cette dernière sur le bulletin de paie ne confère pas aux salariés le droit de bénéficier de ses autres dispositions (Soc. 10 juin 2003, *RJS* 8-9/03, n° 1040). La solution est contestable car elle confond la décision soumettant unilatéralement le salarié à un statut collectif (résultant de la mention sans réserve du bulletin de paie) avec la contractualisation de certains éléments de ce statut (résultant de l'incorporation de certaines clauses de la convention dans le contrat individuel).

7. Soc. 7 avr. 2004, *Dr. soc.* 2004. 675.

bulletin de paie à la grille de rémunération prévue par la convention [1]. La mention sur le bulletin de salaire de la convention applicable dans l'entreprise vaut présomption de l'applicabilité de la convention collective, l'employeur étant admis à apporter la preuve contraire [2].

Lorsque l'employeur veut se libérer des règles de la convention collective appliquée volontairement, il devra, pour mettre fin à l'usage ou à son engagement unilatéral, prévenir individuellement les salariés et informer les représentants du personnel dans un délai permettant d'éventuelles négociations [3]. En outre, lorsque l'application dans l'entreprise d'une convention collective à laquelle l'employeur n'est pas soumis et résulte d'un usage ou d'un engagement unilatéral de ce dernier, la conclusion d'un accord d'entreprise ayant le même objet met fin à cet usage ou à cet engagement, en sorte qu'il n'y a pas lieu de rechercher en ce cas si les clauses de l'accord sont ou non plus favorables que celles de la convention jusqu'alors appliquée volontairement [4].

§ 3. Conditions d'applicabilité tenant au salarié

1348 ***L'affiliation syndicale du salarié est indifférente*** ◊ Elle est doublement inopérante.

Le salarié, même s'il est membre du syndicat ouvrier signataire de la convention collective applicable dans une branche d'activité, ne peut exiger de l'employeur qu'il lui applique la convention si ce dernier n'est pas membre du syndicat patronal signataire [5].

L'employeur membre du groupement patronal signataire doit l'appliquer à *tout personnel de son entreprise*, sans distinguer selon que celui-ci est adhérent ou non du syndicat ouvrier signataire. Cet effet dit *erga omnes* (opposable à tous) s'impose même si le régime découlant de cette convention est

---

1. Soc. 18 janv. 2000, *RJS* 3/2000, n° 305. La faculté ainsi reconnue au salarié de se prévaloir de la convention mentionnée sur le bulletin ne lui interdit pas de se prévaloir des dispositions plus favorables de la convention normalement applicable à l'entreprise (Soc. 7 mai 2002, *RJS* 7/02, n° 860).

2. Soc. 15 nov. 2007, *D.* 2008. 325, note B. Reynès ; *RDT* 2008. 44, obs. H. Tissandier ; *Grands arrêts*, 4e éd., 2008, n° 168. Cet arrêt opère un revirement de jurisprudence, confirmé à plusieures reprises : Soc. 2 juill. 2008 *RJS* 10/08 n° 1012 ; Soc. 17 nov. 2010 n° 09-42.793 *RJS* 2/11 n° 119. La Cour de cassation jugeait auparavant que la mention de la convention collective applicable valait « reconnaissance de l'application collective à l'entreprise dans les relations individuelles de travail » : Soc. 16 nov. 1999, *Bull. civ.* V, n° 295, *Dr. soc.* 2000. 921, rapp. Frouin ; 18 juill. 2000, *Bull. civ.* V, n° 295, *RJS* 11/00, p. 712, concl. J. Duplat ; 10 janv. 2001, *RJS* 3/01, n° 320 ; Soc. 16 déc. 2005, *RJS* 2/06, n° 250. En ce qui concerne les relations collectives, une seule convention collective est applicable, laquelle est déterminée par l'activité principale de l'entreprise (Soc. 18 juill. 2000, *Bull. civ.* V, n° 296 ; 10 janv. 2001, préc. ; Soc. 15 nov. 2007 préc.) ; la convention mentionnée dans le bulletin de paye sera donc écartée au profit de la convention collective correspondant à l'activité principale.

3. Soc. 10 mai 1994, *Dr. soc.* 1994. 718 ; Soc. 31 janv. 1996, *RJS* 3/96, n° 313.

4. Soc. 26 sept. 2012, n° 10-24.529, *JCP S* 2012. 1540, note J. Daniel.

5. Soc. 20 déc. 1955, *D.* 1956. 136, *Dr. soc.* 1956. 86.

défavorable au salarié [1]. Est ainsi assurée l'unité du statut collectif des salariés l'entreprise, quelle que soit leur appartenance syndicale.

1349 ***L'activité du salarié*** ◊ De façon générale, la convention collective de branche s'applique à tous les salariés de l'entreprise, quel que soit leur métier (secrétaire, camionneur, peintre, etc.) lorsque l'activité de l'entreprise entre dans le champ d'application professionnel de la branche [2].

Il se peut cependant qu'une convention collective de branche prévoie expressément que, pour telle catégorie de salariés, une autre convention collective sera appliquée (ex. journaliste, VRP). Dans ce cas, la volonté des parties signataires sera respectée, et l'activité professionnelle du salarié jouera, alors, un rôle essentiel pour déterminer la convention applicable [3].

Il se peut également que la convention collective renvoie à une annexe définissant les emplois entrant dans le champ d'application de la convention ; les salariés dont les emplois ne sont pas mentionnés dans l'annexe ne bénéficient pas des dispositions de la convention collective [4].

SECTION 3. APPLICATION

1350 ***Conflits de normes*** ◊ L'application des conventions de branche dans l'entreprise pose des problèmes particuliers que le droit commun des conventions collectives ne suffit pas à résoudre. Ces problèmes naissent des interférences susceptibles de se produire entre des conventions collectives dont les effets normatifs s'exercent dans un même champ d'application. On parle de concours, ou de conflit de conventions collectives lorsque

---

1. Soc. 17 juill. 1956, *Dr. soc.* 1956. 546 ; 25 janv. 1968, *Dr. ouvrier* 1969.41.

2. Soc. 6 déc. 1995, *RJS* 1/96, n° 48 : la convention collective applicable aux salariés d'une entreprise est celle dont relève l'activité principale exercée par l'employeur, peu important les fonctions assumées par le salarié ; il n'en est autrement que dans l'hypothèse où les salariés exercent une activité nettement différenciée dans un centre d'activité autonome ; Soc. 4 mai 1999, *RJS* 6/99, n° 835 : (la convention collective du notariat s'applique aux femmes de ménage) ; Soc. 21 févr. 2006, *RJS* 5/06 (la reprise du marché des porteurs de bagages de l'aéroport de Roissy par une société de transport demeure sans effet sur la convention applicable).

3. Ch. réunies 27 avr. 1961, *Dr. soc.* 1961. 479 (non application de la convention collective des maisons de vente au détail à une retoucheuse de la Belle Jardinière, à qui il convient d'appliquer la convention collective des ouvriers et ouvrières de l'habillement) ; Soc. 2 mai 2000, *Bull. civ.* V, n° 160, *Dr. soc.* 2000. 804, obs. J. Savatier (application de la convention des gardiens et employés d'immeubles à la femme de ménage d'une résidence service pour retraités) ; Soc. 10 mars 2004, *RJS* 5/04, n° 620 (inapplicabilité au VRP de la convention mentionnée sur le bulletin de paie si elle ne contient pas de stipulation particulière aux VRP).

4. Soc. 24 nov., 1983, *Bull. civ.* V, n° 577 (un peintre plâtrier, salarié d'une société immobilière, ne peut pas invoquer la convention collective qui lie son employeur parce que son emploi n'est pas mentionné dans l'annexe et ne peut être assimilé à celui du personnel de nettoyage qui, lui, est mentionné). Toutefois pour l'application à un salarié dont l'emploi n'est pas prévu (Soc. 24 janv. 1985, *Bull. civ.* V, 63).

plusieurs conventions sont ainsi applicables à une entreprise déterminée [1]. La solution de ces conflits de normes varie selon le type de concours – professionnel, territorial ou temporel – auquel on a affaire.

§ 1. Concours de conventions découlant de leur champ d'application professionnel

1351 *Cas de concours* ◊ Plusieurs conventions collectives de branche ont vocation à s'appliquer dans une entreprise qui a plusieurs activités (par ex., lunetterie et photographie, vente au détail d'alimentation et restauration...), lorsque l'employeur est membre de plusieurs groupements patronaux ayant conclu des conventions collectives différentes applicables dans les différents secteurs d'activité de l'entreprise. Le concours de conventions collectives se posera dans les mêmes termes lorsque l'employeur est membre d'un seul groupement patronal (par exemple celui de la lunetterie), si l'autre activité (la photographie) est couverte par une convention collective étendue.

Il existe un autre type de concours, tenant non plus à la pluralité d'activités de l'employeur mais à la pluralité de conventions ou d'accords concernant un même secteur professionnel : par exemple, accord national interprofessionnel et accord national professionnel. Ce type de concours connaît les mêmes solutions que les concours entre conventions ayant un champ géographique différent (C. trav., art. L. 2252-1).

1352 *Pluralité d'activités dans la même entreprise* ◊ Lorsqu'une entreprise a plusieurs activités dans un même établissement, une seule convention collective sera appliquée à l'ensemble du personnel. Pour déterminer quelle convention doit effectivement être appliquée, il faut se référer à l'activité principale de l'entreprise. Si des deux activités de l'établissement – optique-lunetterie d'une part, photographie d'autre part – l'activité optique-lunetterie est la plus importante, il faut appliquer à tout le personnel, même aux salariés qui ont toujours travaillé au service photographie, la convention de l'optique-lunetterie.

La volonté du salarié est impuissante à écarter la convention désignée par l'activité principale de l'entreprise. Un salarié ne peut pas utilement invoquer l'application d'une des conventions collectives susceptibles d'être appliquées, au motif qu'elle contient des dispositions plus favorables pour lui [2]. La règle s'applique aussi bien lorsque le salarié travaille dans le cadre d'une seule des activités de l'entreprise [3] que lorsqu'il travaille indifféremment pour l'une ou l'autre activité. Si le contrat de travail

1. G. Vachet : *Les conflits entre conventions collectives*, Th. Lyon 1977.
2. Soc. 18 déc. 1972, préc.
3. Soc. 6 déc. 1995, *RJS* 1/96, n° 48 ; Soc. 13 juin 1973, préc.

se réfère à une autre convention, celle-ci ne s'appliquera que dans la mesure où elle est plus favorable au salarié [1].

L'employeur peut, en revanche, lorsqu'il existe une clause d'option insérée dans la convention collective de branche (v. ss 1324), choisir la convention collective applicable. Faute de subordonner la mise en œuvre de la clause d'option à un accord d'entreprise, cette disposition ouvre un *self-service normatif* au bénéfice exclusif de l'employeur, qui pourra librement choisir la convention la moins protectrice des salariés.

1353 ***Pluralité d'activités dans des centres d'activité autonome*** ◊ Lorsqu'une même entreprise a plusieurs activités, exercées dans des centres distincts, la jurisprudence adopte des solutions différentes selon que ces locaux constituent ou ne constituent pas un « centre autonome d'activité ».

Dans un premier temps, les arrêts faisaient référence à des activités différentes dans des « établissements distincts » ; ils décidaient qu'il fallait appliquer dans chaque établissement la convention collective correspondant à l'activité principale de celui-ci [2] ; la règle s'imposait même si, l'activité d'un établissement, était peu importante par rapport à l'activité globale de l'entreprise [3] Si, au contraire, une activité originale était exercée dans un local annexé aux locaux où avait lieu l'activité essentielle de l'entreprise, une seule convention devait être appliquée à l'ensemble du personnel ; ainsi le personnel d'une cafétéria, adjointe à un supermarché de vente de produits d'alimentation et d'approvisionnement, relève non pas de la convention collective des hôtels-cafés-restaurants mais de celle des magasins de vente d'alimentation et d'approvisionnement [4].

La distinction entre « établissement annexe » (formule utilisée pour imposer l'application d'une seule convention collective) et « établissement distinct » est préférable à celle qui consistait à prendre pour seul critère le lien plus ou moins étroit existant entre l'activité d'un établissement et celle de l'activité principale de l'entreprise [5]. La référence à la notion d'établissement pouvait cependant être source de confusions. Aussi la jurisprudence utilise aujourd'hui une autre terminologie, en se référant à l'existence d'un « centre d'activité autonome » pour appliquer à celui-ci la convention relative à cette activité de préférence à la convention collective concernant l'activité principale de l'entreprise [6].

---

1. Soc. 18 juill. 2000, *Bull. civ.* V, n° 297.
2. Soc. 20 juill. 1982, *Bull. civ.* V, n° 484 ; 29 avr. 1976, *Bull. civ.* V, n° 246 ; Soc. 23 févr. 1994 CSB 1994. 120, S. 51.
3. Soc. 20 juill. 1982, préc.
4. Soc. 16 juin 1982, *Bull. civ.* V, n° 394.
5. Soc. 15 janv. 1969, *Dr. soc.* 1969. 319, obs. J. Savatier.
6. Soc. 21 mars 1990, *RJS* 1990. 291, n° 399 ; Soc. 6 déc. 1995, *Bull. civ.* V, n° 333, *Grands arrêts*, 4e éd., 2008, n° 167 ; Soc. 13 nov. 1996 *RJS* 3/97, n° 311 ; Soc. 5 oct. 1999, *RJS* 11/99, n° 1390 ; Soc. 20 janv. 2000, *RJS* 3/2000, n° 304 ; 22 mai 2002, *Dr. soc.* 2002. 1031, obs. A. Mazeaud.

§ 2. **Concours, dans une même branche, de conventions ayant un champ d'application territorial ou professionnel différent**

1354 ***Application combinée des conventions ou accords applicables*** ◊ Les négociateurs ayant toute liberté pour déterminer le champ d'application d'une convention ou d'un accord dans l'espace, plusieurs conventions collectives peuvent être applicables dans une même entreprise ; par exemple, une convention d'entreprise, une convention locale pour ce secteur d'activité, une convention nationale de branche et un accord interprofessionnel [1].

En application du principe de faveur, les droits attribués aux salariés par la convention ayant la portée géographique la plus étendue ne pouvaient pas, jusqu'à la réforme Fillon du 4 mai 2004, être limités ou supprimés par une convention ayant un champ d'application plus limité. La convention à moindre rayonnement pouvait uniquement contenir des dispositions plus favorables aux travailleurs. Lorsque deux clauses concernant le même objet (par ex. l'indemnité de licenciement) étaient contenues dans deux conventions distinctes, on appliquait donc une seule clause à la relation de travail : *celle qui était la plus avantageuse* pour les salariés, à l'exclusion de tout cumul d'avantages se rapportant à la même « cause » [2]. L'appréciation de la clause la plus avantageuse était faite globalement vis-à-vis de l'ensemble du personnel et non pas vis-à-vis d'un salarié pris individuellement [3].

La loi du 4 mai 2004 a considérablement réduit la portée de cette règle en décidant qu'à l'avenir, une convention ou un accord de branche pourrait en principe comporter des dispositions moins favorables que les conventions de niveau territorial ou professionnel plus élevé [4]. C'est seulement lorsque les signataires de ces conventions de portée plus large auront expressément stipulé qu'il ne pourrait y être dérogé en tout ou partie (clause dite de « fermeture »), que le principe de faveur continuera de s'appliquer (C. trav., art. L. 2252-1). Ainsi par exemple si un accord de branche contient une disposition moins favorable au salarié qu'un accord interprofessionnel

---

1. Quatre niveaux sont exceptionnels ; deux ne sont pas rares.

2. Soc. 28 avr. 1983, *Bull. civ.* V, p. 221 (non-cumul) ; 10 mai 1983, *Bull. civ.* V, 253 (cumul parce que se rapportant à des causes différentes) ; 2 avr. 1984, *Bull. civ.* V, p. 6239 ; 30 avr. 1987. *Bull. civ.* V, p. 245 ; Cass., ass. plén., 18 mars 1988, *Bull. civ.* AP, n° 3, *D.* 1989. 221, note Chauchard, *Grands arrêts*, 4e éd., 2008, n° 179 (exclusion de tout cumul) ; Soc. 31 mai 1989, *RJS* 1989, n° 666, p. 360 (non-cumul de deux clauses concernant l'une et l'autre des jours chômés) : 17 mars 1988, *Bull. civ.* V, p. 128, n° 197 (cumul parce que les avantages ne sont pas de même nature : congés payés d'une part, jours chômés d'autre part).

3. Soc. 17 janv. 1996, *RJS* 3/96, n° 290 ; 8 juin 1999, *Dr. soc.* 1999. 852 obs. J. Savatier ; 18 janv. 2000, *RJS* 3/2000, n° 307. Si la règle était certaine, son application était délicate. Il était en effet souvent difficile de déterminer si les avantages prévus par les conventions collectives en concours ont ou n'ont pas le même objet ou la même cause.

4. M.-A. Souriac, L'articulation des niveaux de négociation, *Dr. soc.* 2004. 579. Sur les dispositions moins favorables stipulées dans un accord d'entreprise, v. ss 1374.

également applicable, c'est cette disposition moins favorable qui devra être appliquée, dès lors que l'accord interprofessionnel ne l'aura pas interdit expressément. Il en ira de même en cas de concours de conventions de champ d'application territorial différent : une convention régionale ou locale pourra servir à diminuer les droits des salariés négociés au plan national. Au principe de faveur est substituée la règle *specialia generalibus derogant* (« la règle spéciale l'emporte sur la règle générale »).

Ces dispositions ne valent que pour l'avenir et le silence des conventions et accords conclus antérieurement à la réforme ne peut s'interpréter comme ouvrant une faculté de dérogation [1].

1355 ***Modification de la convention de niveau inférieur*** ◊ En application du principe de faveur, la loi obligeait les parties à un accord de niveau inférieur à en adapter le texte lorsque des stipulations plus favorables étaient adoptées dans une convention de niveau supérieur applicable à l'entreprise. Cette obligation d'adaptation assurait la diffusion en aval du droit conventionnel des améliorations intervenues en amont.

Cette obligation légale d'adaptation a été supprimée par la loi Fillon du 4 mai 2004. Dorénavant c'est seulement lorsque la convention ou l'accord de niveau supérieur l'aura expressément prévu que les parties à un accord moins favorable de niveau inférieur seront tenues de modifier celui-ci (C. trav., art. L. 2252-1).

§ 3. Concours de conventions successives

1356 ***Avantages acquis*** ◊ Lorsqu'une convention collective est substituée à une convention plus ancienne dans un secteur professionnel et géographique donné, on applique cette nouvelle convention collective à tous les salariés des entreprises concernées. Lorsque celle-ci améliore la condition des travailleurs, son application immédiate ne soulève en principe aucune discussion.

Mais il arrive que, dans un domaine ou un autre, la convention nouvelle se révèle moins avantageuse que l'ancienne. Les travailleurs ont-ils le droit de se prévaloir, pour s'opposer à la convention nouvelle et se réclamer de l'ancienne, d'un principe qui serait celui du *maintien des avantages acquis ?* À défaut, une clause de la convention nouvelle peut-elle produire ce résultat ?

1357 ***En l'absence d'une clause de maintien des avantages acquis*** ◊ Plusieurs situations méritent d'être distinguées :

1) Le salarié revendique le bénéfice d'avantages dont il a joui jusque-là, et qui ne résultaient pas de l'ancienne convention, mais d'une source

1. Soc. 9 mars 2011, *Dr. soc.* 2011. 731 ; *RJS* 5/11, n° 441 : un accord collectif d'entreprise, même conclu postérieurement à l'entrée en vigueur de la loi du 4 mai 2004, ne peut déroger, par des clauses moins favorables, à une convention collective de niveau supérieur conclue antérieurement à cette date, à moins que les signataires de cette convention n'en aient disposé autrement.

juridique différente. Le changement de convention est sans influence sur les droits que le salarié tient de la loi. S'agissant des avantages qui procèdent d'une convention collective d'un *niveau supérieur*, ils continuent de produire effet sous réserve des possibilités de dérogation que la loi offre désormais aux conventions de niveau inférieur.

Il en va de même pour les avantages qui figurent dans un *contrat individuel* par application de l'article L. 2254-1 et cette hypothèse s'étend au cas où le contrat individuel a expressément repris une clause de l'ancienne convention collective ; ainsi incorporée au contrat individuel, elle survit à la disparition de la convention collective ancienne [1].

On peut aussi évoquer le maintien des avantages résultant d'un *usage* ; sur ce point la jurisprudence n'est pas favorable aux salariés. La convention collective qui a le même objet qu'un usage antérieur met fin à celui-ci sans qu'il y ait lieu de procéder à sa dénonciation et les salariés ne peuvent pas invoquer le bénéfice d'un avantage acquis [2].

2) Le salarié revendique des avantages acquis en application d'une convention collective qui a été dénoncée et à laquelle aucune autre convention n'a été substituée. Il a désormais droit, par application de la loi, au maintien des avantages *individuels acquis* (v. ss 1311).

3) Enfin, troisième éventualité, le salarié invoque le bénéfice d'avantages prévus par une convention qui a été remplacée par une autre, ne contenant plus les mêmes dispositions favorables. Les avantages découlant de la précédente convention collective ne sont pas maintenus de plein droit. Ils ne s'incorporent pas dans les contrats individuels, sauf clause expresse. Les dispositions de la convention collective antérieure, même plus avantageuses, *cessent d'être applicables* [3]. Elles ne peuvent être invoquées utilement par les salariés que dans les hypothèses où la nouvelle convention collective contient une clause prévoyant expressément le maintien des avantages acquis. Selon la rédaction de cette clause, les droits des salariés seront plus ou moins étendus.

1358 ***En présence d'une clause de maintien des avantages acquis*** ◊ La clause prévoyant le maintien des avantages acquis peut, si elle est bien rédigée, éliminer les principales difficultés d'application que la pratique révèle. La clause devra préciser de quels avantages il s'agit (individuels ou collectifs, en indiquant ce qu'il faut entendre par chacun de ces termes), adopter une méthode de comparaison permettant de savoir ce qui est plus

---

1. Soc. 27 juin 1979 (salaire individuel plus avantageux que celui d'une nouvelle convention collective).

2. Soc. 9 juill. 1996 *RJS* 8-9/96, n° 954 – De la même façon, la convention collective met fin aux avantages résultant d'un engagement unilatéral de l'employeur (Soc. 5 mars 1997 *RJS* 4/97, n° 443 ; 26 janv. 2005, *Bull. civ.* V, n° 31). Il ne peut être dérogé par voie d'usage à un accord collectif fixant les conditions de désignation d'un représentant syndical au comité de groupe (Soc. 8 déc. 2004, *Bull. civ.* V, n° 326, *Dr. soc.* 2005. 353, obs. J. Savatier).

3. Soc. 24 févr. 1985, *Bull. civ.* V, 14 (pas de droit acquis à une qualification ancienne) ; 12 déc. 1985, *Dr. soc.* 1986. 905, note Deprez.

ou moins avantageux, déterminer les salariés bénéficiaires du maintien, définir en quoi consiste l'acquisition d'un avantage...

Lorsque la clause ne comporte pas toutes ces précisions, la jurisprudence applique quelques règles générales d'interprétation qu'elle a élaborées :

a) Il faut comparer, non certes l'ensemble des deux conventions collectives, ni en sens inverse deux avantages précis et identiques (le taux d'une indemnité de licenciement calculé selon l'une et l'autre convention) – mais « *chaque ensemble d'avantages se rapportant à la même cause* ». Ainsi l'ensemble des droits reconnus au salarié en cas de départ en retraite – ou en cas de licenciement – ou en cas de maladie [1]. Les avantages visés peuvent résulter, non seulement de la convention antérieure, mais aussi d'un usage ou d'un engagement unilatéral [2].

b) Il faut faire cette comparaison non pour un salarié isolé – mais pour l'*ensemble des bénéficiaires*, c'est-à-dire l'ensemble du personnel dont le contrat de travail est en cours [3], en écartant cependant les salariés qui viendraient à être embauchés ultérieurement [4], lesquels n'ont jamais acquis d'avantages sous l'empire de la première convention [5].

c) Il faut que la conservation d'un ensemble d'avantages prévus par l'ancienne convention ne *conduise pas à un cumul* avec les avantages nouveaux. La comparaison, article par article, peut conduire à écarter une disposition de la nouvelle convention, non à ajouter un avantage figurant dans l'ancienne à ceux prévus dans la nouvelle [6].

---

1. Soc. 12 juin 1963, *JCP* 1963.II.13367, *Dr. soc.* 1965. 419 ; 12 févr. 1969, *Bull. civ.* V, n° 94, p. 94 ; 25 janv. 1984, *JS* 1984, n° 67, F. 39 (à propos de l'application combinée de la convention collective de la nouveauté de Marseille et de la convention collective des magasins populaires : la comparaison est faite sur l'ensemble des avantages conventionnels en cas de maladie, qu'il s'agisse des indemnités complémentaires journalières ou de l'indemnité versée en cas de rupture, provoquée par la prolongation de la maladie).

2. Soc. 28 juin 2000, *Bull. civ.* V, n° 258 ; 14 juin 2000, *RJS* 9-10/00, n° 975 ; rapp. Soc. 6 juin 2000, *Bull. civ.* V, n° 213.

3. Soc. 11 janv. 1962, *Dr. soc.* 1962. 290 ; Soc. 25 janv. 1984, préc.

4. Soc. 18 nov. 1955, *Dr. soc.* 1956. 92.

5. Ne sont pas bénéficiaires ceux qui n'ont pas acquis un avantage, mais n'y ont qu'un droit éventuel : Soc. 10 mai 1989, *JS UIMM* 1989. 519.

6. Soc. 26 juin-3 juill. 1985. *JS UIMM*, n° 1986.473 (non-cumul des avantages) ; 16 mars 1989, *Bull. civ.* V, 225 (cumul d'avantages ayant un objet distinct).

CHAPITRE 2
LA NÉGOCIATION ET LA CONVENTION COLLECTIVE D'ENTREPRISE

1359 ***L'essor de la négociation d'entreprise*** ◇ Pendant longtemps l'essentiel du droit français des conventions collectives se situait au niveau des branches professionnelles et la loi n'attribuait qu'une place marginale aux accords d'entreprise [1]. Ce n'est qu'en 1971 qu'il est devenu possible de conclure de véritables conventions collectives d'entreprises, et non plus de simples accords salariaux. Dix ans plus tard, les réformes Auroux (L. du 13 nov. 1982) ont consacré le dualisme (branche/entreprise) dans notre système de conventions collectives, en instituant une double obligation de négocier : tous les 5 ans dans les branches, et tous les ans dans les entreprises dotées d'une représentation syndicale [2]. Cette consécration n'a pas fait à l'époque consensus, certains craignant que le développement de la négociation d'entreprise ne vide de substance les conventions de branche et ne se traduise par un recul de la protection conventionnelle des salariés dans les entreprises sans forte implantation syndicale [3].

Ces deux niveaux de négociation procèdent de représentations différentes de l'intérêt collectif des employeurs et des salariés. La convention de branche procède de l'idée qu'au sein d'une même profession, les employeurs d'une part et les salariés d'autre part constituent deux communautés professionnelles, ayant chacune leurs intérêts propres, que la négociation de branche a pour objet de concilier ; dans la convention d'entreprise en revanche, l'idée d'intérêt commun des employeurs est totalement absente, et l'appartenance des salariés au « personnel » d'une entreprise déterminée l'emporte sur leur solidarité avec les autres travailleurs de la même

1. Ce type d'accord a cependant joué un rôle prospectif dans le secteur nationalisé, la Régie Renault s'étant engagé en 1955 dans une politique de négociation avec les syndicats qui a frayé la voie à l'industrie automobile et même à l'industrie alimentaire (Jaussaud, « L'accord Renault », *Dr. soc.* janv. 1956).

2. M. –A. Souriac-Rotschild, *Les accords d'entreprise*, Th. Paris I, 1986 (ouvrage de référence sur le sujet, demeuré malheureusement non publié) ; Y. Chalaron, *Négociations et accords collectifs d'entreprise*, Litec 1990, n° 28, p. 27.

3. V. Sur ce débat : R. Soubie, L'obligation de négocier et sa sanction, *Dr. soc.* 1983. 55 s. ; G. Bélier, Le double niveau de négociation dans les lois Auroux : un atout pour la politique contractuelle, *Dr. soc.* 1983. 74 s. ; P. Rodière, Accord d'entreprise et convention de branche ou interprofessionnelle, *Dr. soc.* 1982. 711 s.

branche [1]. L'exemple des États-Unis montre qu'un système de relations professionnelles qui ne connaît que la négociation collective d'entreprise favorise la désyndicalisation patronale et la division salariale et offre une moindre résistance à la déréglementation des relations de travail.

En France, la négociation de branche n'a pas connu depuis 1982 le dépérissement redouté par certains, mais la négociation collective d'entreprise a cependant été utilisée pour *réduire* les avantages salariaux, rendre les horaires plus flexibles [2] et relayer certaines politiques de l'emploi, comme celle de « partage du travail » (accords subventionnés de passage aux 35 heures). C'est dans l'entreprise en effet que s'est principalement développée la pratique des accords dits « donnant-donnant », qui consiste notamment à détériorer les conditions de travail au nom de la sauvegarde de l'emploi. Cette tendance est facilitée par la loi Fillon du 4 mai 2004 qui autorise, sous certaines conditions, les accords d'entreprise à déroger aux stipulations des conventions de branche. La loi du 20 août 2008 accentue cette évolution en faisant jouer un rôle essentiel aux accords d'entreprise dans l'organisation du temps de travail (contingent annuel d'heures supplémentaires, forfaits en jours et heures, aménagement du temps de travail sur plusieurs semaines, jusqu'à l'année). Il convient, enfin, de faire état de la loi relative à la sécurisation de l'emploi du 14 juin 2013, qui autorise la conclusion d'accords de maintien de l'emploi et de mobilité interne, ayant pour effet d'affaiblir la force de résistance du contrat de travail (v. ss 1319).

On traitera d'abord de la négociation, que celle-ci soit libre ou obligatoire, dans les entreprises (Section 1), ensuite du sort des conventions ou des accords d'entreprise en cas de transfert de celle-ci (Section 2).

SECTION 1. LA NÉGOCIATION D'ENTREPRISE [3]

1360 La possibilité de négocier au niveau de l'entreprise est un principe fondamental du droit du travail [4]. Elle s'accompagne souvent d'une obligation de négocier.

---

1. La promotion de la négociation d'entreprise pose la question de la nature juridique du « personnel » dont les intérêts se trouvent ainsi représentés. V. J. Barthélémy, Collectivité du personnel et notion d'entreprise, *D.* 2000. Chron. 279.

2. R. Soubie, Les accords donnant-donnant, *Dr. soc.* 1985. 614 et les articles de J.-E. Ray (temps de travail) et J.-C. Javillier (rémunération), *Dr. soc.* 1988. 68 et p. 99. M.-A. Souriac et G. Borenfreund : La négociation collective entre désillusion et illusions, *Mélanges Verdier*, Dalloz, 2001.383 ; J.-E. Ray, La négociation collective : quel avenir ? *in Mélanges Despax*, PU Toulouse, 2002, p. 445 s.

3. G. Bélier et H. Legrand, *la négociation collective en entreprise*, éd. Liaisons, 2011 ; « La négociation collective d'entreprise : question d'actualité », *Dr. soc.* sept.-oct. 2009.

4. CE 21 juill. 1970, *Dr. soc.* 1971. 112, note Vénezia.

§ 1. La liberté de négocier

1361 *Cadre* ◊ Employeurs et syndicats représentatifs jouissent d'une très grande liberté pour négocier dans le cadre de l'entreprise. L'encadrement législatif de la négociation n'a pas pour effet de limiter la liberté de négociation mais au contraire de l'accroître.

A. Unité de négociation [1]

1362 *Entreprise privée et entreprise publique* ◊ La négociation peut être menée aussi bien dans les entreprises publiques que dans les entreprises privées. L'ancienne prohibition de la négociation collective dans les entreprises publiques à statut comme la Banque de France, la SNCF, EDF, etc. a disparu. A ainsi été consacrée une pratique *contra legem* qui n'avait cessé de se développer, surtout depuis 1969.

Désormais, les directions des entreprises publiques et des établissements publics à caractère industriel et commercial peuvent négocier les conditions d'emploi et de travail ainsi que les garanties sociales des personnels qui ne sont pas soumis à un statut législatif ou réglementaire particulier (C. trav., art. L. 2233-1). Elles peuvent également conduire des négociations concernant le personnel statutaire pour compléter les dispositions statutaires ou pour en déterminer les modalités d'application dans les limites fixées par le statut (C. trav., art. L. 2233-2) [2]. La négociation est même devenue obligatoire dans toutes les entreprises du secteur public pour déterminer certaines modalités d'exercice du droit syndical [3].

1363 *Établissement* [4] ◊ La négociation peut concerner l'ensemble de l'entreprise, mais aussi être conduite au niveau d'un établissement ou d'un groupe d'établissements d'une même entreprise (C. trav., art. L. 2232-16). Elle se déroulera dans les mêmes conditions, quel que soit le niveau de négociation choisi.

Les accords peuvent être différents d'un établissement à l'autre ; les salariés d'un établissement ne sont pas victimes d'une atteinte au principe d'égalité de traitement au seul motif qu'ils ne bénéficient pas des avantages attribués à des salariés d'un autre établissement de la même

1. V. F. et M.-L. Morin : La firme et la négociation collective. La question des frontières en économie et en droit, *in Mélanges Despax*, PU Toulouse, 2002, p. 497 s.

2. *Cf.* N. Maggi-Germain *Négociation collective et transformations de l'entreprise publique à statut*, Th. Nantes, LGDJ, 1996. Si des accords collectifs peuvent compléter le statut, c'est à la condition de ne pas contredire les dispositions du statut sous convert d'ajout, ce qui reviendrait indirectement à le réviser (Soc. 12 juill. 1999, *Bull. civ.* V, n° 349 ; Soc. 27 oct. 1999, *Dr. soc.* 2000. 189, obs. G. Couturier).

3. Loi du 26 juill. 1985 (*JO* 27 juill. 1983) sur la démocratisation du secteur public ; C. trav.,art. L. 2144-2.

4. I. Desbarats *L'entreprise à établissements multiples en droit du travail*, Th. Toulouse, LGDJ, 1996 ; B. Lardy-Pélissier, L'établissement, *in Syndicats et droit du travail*, Dalloz, 2008, p. 53 s.

entreprise [1]. En effet, la négociation collective d'établissement a pour finalité de permettre des différences de traitement entre les salariés de la même entreprise. Pour autant, ces différences de traitement ne doivent-elles pas alors être justifiées ? La Cour de cassation a pu affirmer qu'« il ne peut y avoir de différences de traitement entre salariés d'établissements différents d'une même entreprise exerçant un travail égal ou de valeur égale que si elles reposent sur des raisons objectives dont le juge doit contrôler la réalité et la pertinence » [2]. La portée de cette solution, qui concernait une décision unilatérale de l'employeur, ne saurait être exagérée. Elle doit certainement être appliquée à un accord d'entreprise, qui ne peut opérer de différences de traitement entre des salariés travaillant dans des établissements différents et se trouvant dans une situation identique que si elles sont justifiées. En revanche, le principe d'égalité de traitement doit rester étranger aux accords d'établissement, qui ne peuvent être appliqués en dehors de leur périmètre de conclusion [3].

Dans la mesure où il s'agit de négociation « libre », le chef d'entreprise choisit le niveau de négociation : entreprise ou établissement. Les syndicats représentatifs dans l'entreprise ou dans les établissements peuvent seulement faire pression sur le chef d'entreprise pour que les négociations s'engagent à un niveau plutôt qu'à un autre. La question se pose en d'autres termes lorsque la négociation d'entreprise est obligatoire (v. ss 1356).

1364 ***Territoires : commissions paritaires professionnelles ou interprofessionnelles*** ◊ Afin de permettre la négociation dans les petites entreprises, la loi Auroux (1982) avait permis la création de commissions paritaires susceptibles de suppléer le défaut d'institutions représentatives, et notamment d'élaborer des accords professionnels, interprofessionnels ou interentreprises.

Ce dispositif peu utilisé a été réformé par la loi du 4 mai 2004 dans le but d'encourager une négociation territoriale impliquant toutes les entreprises et non plus seulement les petites (C. trav., art. L. 2234-1, L. 2234-2). De nombreux problèmes communs à plusieurs entreprises peuvent en effet se poser au niveau d'un territoire déterminé (agglomération urbaine, bassin d'emploi, zone commerciale), qui appellent des solutions négociées [4].

Aussi la loi permet-elle l'institution de commissions paritaires professionnelles ou interprofessionnelles, aussi bien au plan local que départemental ou régional.

1. Soc. 18 janv. 2006, *RJS* 4/06 (un accord d'entreprise peut prévoir que des modalités de rémunérations spécifiques seront déterminées par voie d'accords d'établissements).
2. Soc. 21 janv. 2009, n° 07-43.452, *RDT* 2009. 321, obs. Th. Aubert-Monpeyssen.
3. Pour le dire autrement, le salarié d'un établissement A ne saurait invoquer le bénéfice d'un avantage stipulé dans un accord conclu dans un établissement B, en se fondant sur le principe en cause. Admettre cela reviendrait à remettre en cause le périmètre d'application de l'accord, tel qu'il a été voulu par ses parties signataires.
4. M.-L. Morin, Espaces et enjeux de la négociation collective territoriale, *Dr. soc.* 1999. 681.

Chaque commission paritaire est créée par un accord collectif conclu entre d'une part les chefs d'entreprises concernées ou leurs représentants et d'autre part les organisations syndicales représentatives. Cet accord doit définir le statut des salariés appelés à participer aux travaux de la commission (droit de s'absenter, maintien de la rémunération et frais de déplacement, protection contre le licenciement) [1].

Les missions des commissions paritaires ont été élargies. Comme auparavant, elles peuvent examiner les réclamations individuelles ou collectives des salariés, ainsi que toute autre question relative à leurs conditions d'emploi et de travail ; elles peuvent aussi concourir à l'élaboration et à l'application des conventions et accords collectifs conclus à d'autres niveaux. La loi prévoit de plus qu'elles « négocient et concluent des accords d'intérêt local, notamment en matière d'emploi et de formation continue ». Il est permis de se demander si le droit commun des conventions collectives est adapté pour régir ce type de négociation qui implique le plus souvent l'engagement d'autres partenaires (notamment les collectivités locales).

1365 ***Groupe*** ◇ En l'absence de disposition législative, c'est la jurisprudence qui avait encadré la pratique en plein essor des accords de groupe [2]. La loi du 4 mai 2004 a donné à ces accords une base légale en en faisant une variété de conventions d'entreprise (C. trav., art. L. 2232-30 s.) [3].

Leur *champ d'application* est fixé par la convention ou l'accord lui-même et peut être constitué de tout ou partie des entreprises constitutives du groupe.

La *négociation* de l'accord de groupe obéit à des règles particulières. Côté patronal, il est négocié par l'employeur de l'entreprise dominante ou par un ou plusieurs représentants, mandatés à cet effet, des différents employeurs entrant dans son champ d'application. Côté salariés, toutes les organisations syndicales représentatives dans le groupe ou dans l'ensemble des entreprises concernées doivent participer à la négociation ; mais la loi permet que ces organisations désignent parmi les délégués syndicaux un ou plusieurs coordonnateurs, qui seront habilités à négocier et signer l'accord.

---

1. L'accord peut prévoir que la composition de ces commissions tient compte des résultats de la mesure de l'audience électorale et qu'elles n'exercent qu'une partie des missions définies à l'article L. 2234-2.

2. Arrêt de principe : Soc. 30 avr. 2003, *Dr. soc.* 2003. 732, obs. B. Gauriau ; V. J. Savatier : L'organisation de la représentation syndicale dans les groupes de sociétés. L'exemple des accords du groupe AXA, *Dr. soc.* 2001. 498 ; M.-A. Rotschild-Souriac, Les accords de groupe, quelques difficultés juridiques, *Dr. soc.* 1991. 491 ; P. Rodière, L'émergence d'un nouveau cadre de négociation collective ? *Sem. soc. Lamy*, 2003, n° 1125, p. 6. ; M.-A. Morin, Les accords collectifs de groupe, *RJS* 10/03, chron. p. 743.

3. R. Vatinet, « Négociation d'entreprise et négociation de groupe », *JCP S* 2012. 1238 ; J.-F. Cesaro, La négociation collective dans les groupes de sociétés, *Dr. soc.* 2010. 780 s. H.-J. Legrand, Accords collectifs de groupe et d'unité économique et sociale : une clarification inachevée, *Dr. soc.* 2008. 60 ; P.-H. Antonmattéi, l'accord de groupe, *Dr. soc.* 2008. 57 ; G. Auzero, « La vie des conventions et accords collectifs de groupe », *RDT* 2006. 230.

La validité d'un accord de groupe est subordonnée à une double condition [1]. En premier lieu, l'accord doit être signé par une ou plusieurs organisations syndicales de salariés représentatives ayant recueilli dans le périmètre de cet accord au moins 30 % des suffrages exprimés au premier tour des dernières élections des titulaires des comités d'entreprise ou de la délégation unique du personnel ou, à défaut, des délégués du personnel, quel que soit le nombre de votants (C. trav., art. L. 2232-34). En second lieu, la validité de l'accord n'est reconnue qu'en l'absence d'opposition d'une ou plusieurs organisations syndicales de salariés représentatives ayant recueilli dans le même périmètre la majorité des suffrages exprimés à ces mêmes élections, quel que soit le nombre de votants. Les organisations syndicales qui voudraient exercer leur droit d'opposition doivent exprimer leur opposition dans un délai de huit jours à compter de la date de notification de cet accord (C. trav., art. L. 2234-34, al. 2).

Quant à son *contenu*, l'accord de groupe ne peut, à la différence de l'accord d'entreprise, déroger aux conventions de branche dont relèvent les entreprises du groupe, que lorsque ces conventions l'autorisent expressément (clause dite d'« ouverture ») (C. trav., art. L. 2232-35). La loi est muette sur l'articulation de l'accord de groupe et des accords d'entreprise. Dans la mesure où elle permet la conclusion de véritables conventions de groupe (et pas seulement d'accords) on peut penser qu'elle rend caduque la jurisprudence qui limitait ce type de négociation aux sujets d'intérêt commun aux personnels des entreprises concernées du groupe [2]. En revanche conserve toute sa force la règle jurisprudentielle selon laquelle la négociation de groupe ne doit pas se substituer à celle des accords d'entreprises.

Les *effets* de l'accord de groupe sont les mêmes que ceux d'un accord d'entreprise. Il est donc directement applicable dans toutes les entreprises entrant dans son champ d'application. La loi étant muette sur l'incidence d'un changement du périmètre du groupe, les règles applicables à la mise en cause d'un accord d'entreprise en pareille hypothèse ont vocation à s'appliquer.

B. Les négociateurs

1366 ***Les parties à la négociation*** ◇ Les interlocuteurs du chef d'entreprise ou du chef d'établissement sont en principe les organisations syndicales représentatives dans l'entreprise ou dans l'établissement [3]. Cette représentativité

1. Il s'agit des conditions posées par le nouvel article L. 2232-34 dans sa rédaction résultant de la loi du 20 août 2008, art. 8, VIII. Bien que cette loi ne contienne aucune disposition transitoire concernant les accords de groupe, il est raisonnable de penser que ces nouvelles règles s'appliquent à compter du 1er janv. 2009 comme celles concernant la validité des accords d'entreprise (art. 12, II de la loi du 20 août 2008). Jusqu'à cette date, la validité des accords de groupe est soumise aux conditions posées par l'article L. 2232-34 dans sa rédaction antérieure à la loi du 20 août 2008.
2. Soc. 30 avr. 2003.
3. V. Bonnin : Les choix de l'organe de représentation des salariés lors de la conclusion d'un accord collectif, *Dr. ouvrier* 1998. 340 s.

ne résulte plus de l'affiliation à une organisation représentative sur le plan national. Sont représentatives les organisations syndicales qui satisfont aux critères de l'article L. 2121-1 (respect des valeurs républicaines, indépendance, ancienneté minimale de deux ans...) et qui ont recueilli au moins 10 % des suffrages exprimés au premier tour des dernières élections des titulaires au comité d'entreprise ou de la délégation unique du personnel ou, à défaut, des délégués du personnel, quel que soit le nombre de votants (C. trav., art. L. 2122-1).

L'employeur doit inviter *toutes* les organisations syndicales à la négociation ; le fait de n'ouvrir la négociation qu'avec certaines organisations syndicales représentatives constituerait un acte de discrimination syndicale, prohibée par la loi [1], et entraînerait la nullité de l'accord conclu au terme de cette négociation [2]. Cette obligation s'étend à la négociation des accords de révision : bien que ces accords ne puissent être signés que par les signataires de l'accord initial, toutes les organisations représentatives doivent être conviées à leur négociation [3]. Mais, bien entendu, un employeur n'a pas le pouvoir d'imposer à un syndicat une participation à la négociation ; si tel syndicat représentatif ne veut pas s'asseoir autour de la table de négociation, ceci n'empêche pas le chef d'entreprise d'engager ou de poursuivre la négociation avec les autres syndicats représentatifs. S'il est nécessaire que tous les syndicats représentatifs soient invités à négocier, il n'est pas nécessaire qu'ils participent tous à la négociation d'entreprise. L'article L. 2232-19 prévoit également que les représentants syndicaux des salariés d'entreprises extérieures, qui travaillent dans les locaux de l'entreprise ou dans un chantier dont l'entreprise assume la direction, doivent être entendus lors des négociations lorsqu'ils en font la demande.

L'employeur doit non seulement inviter toutes les organisations syndicales représentatives à participer à la négociation ; il doit aussi les convoquer toutes à une même réunion et s'interdire de conduire des négociations séparées [4].

Lorsqu'un syndicat représentatif est présent dans l'entreprise et que l'accord conclu porte sur une matière relevant de la négociation annuelle obligatoire, un chef d'entreprise ne peut pas conclure un accord collectif avec les représentants élus du personnel *sans commettre une infraction pénale* [5].

1367 ***Composition des délégations syndicales*** ◊ L'article L. 2232-17 précise comment doit être composée chaque délégation syndicale. Celle-ci comprend obligatoirement un ou deux délégués syndicaux (deux, chaque fois que plusieurs délégués syndicaux ont été désignés pour une même

1. C. trav., art. L. 2141-7 et L. 2146-2 : Soc. 13 juill. 1988, *Bull. civ.* V, n° 454 (en matière de négociation annuelle obligatoire ; référé interdisant les négociations séparées).
2. Soc. 10 mai 1995, *RJS* 6/95, n° 676 ; Soc. 2 déc. 1998, *RJS* 1/99, n° 78.
3. Soc. 26 mars 2002, *Sem. soc. Lamy*, n° 1071 du 15 avr. 2002.
4. J. Pélissier, La loyauté dans la négociation collective *Dr. ouvrier* 1997. 498 et 499.
5. Crim. 18 nov. 1997, *Bull. crim.* n° 90, *Dr. soc.* 1997. 409, obs. Cohen, *Grands arrêts*, 4e éd., 2008, n° 158.

section syndicale)[1]. C'est la vocation du délégué de négocier les accords d'entreprise : l'employeur n'a pas à vérifier ses pouvoirs ; ce sera le cas échéant au syndicat à prouver le défaut de pouvoir du délégué[2].

Elle comprend *facultativement* un ou plusieurs salariés de l'entreprise ; le nombre de ceux-ci est fixé par accord entre l'employeur et l'ensemble des organisations syndicales représentatives ; à défaut d'accord, la délégation ne pourra pas comprendre plus de salariés que de délégués syndicaux ; une exception toutefois : lorsqu'un seul délégué syndical est membre de la délégation, deux salariés peuvent être choisis pour compléter la délégation. C'est l'organisation syndicale représentative, et non pas la section syndicale, qui désigne les salariés membres de la délégation. On peut relever que ces salariés ne bénéficient pas d'un régime particulier de protection contre le licenciement et les mesures qui y sont assimilables[3].

Des règles particulières s'appliquent à la négociation des accords de groupe (v. ss 1344).

1368 ***Négociation dérogatoire dans les entreprises dépourvues de délégué syndical : évolution*** ◊ La faible implantation syndicale dans les petites entreprises y rend difficile le développement d'une véritable négociation collective équilibrée. Au lieu de se contenter d'en prendre acte et de renforcer en contrepartie la négociation de branche ou territoriale, le législateur s'est efforcé, à la demande des partenaires sociaux, d'organiser des modes alternatifs de négociation dans ces entreprises. C'est ainsi qu'une loi expérimentale du 12 novembre 1996, suivant les préconisations de l'ANI du 31 octobre 1995, avait autorisé la conclusion d'accords avec les représentants élus dans l'entreprise ou des salariés « mandatés » par un syndicat, sous réserve que cette négociation dérogatoire soit permise et organisée par un accord de branche étendu.

La négociation dérogatoire a été consacrée en termes généraux par la loi Fillon du 4 mai 2004 (art. L. 2232-21), qui a fidèlement suivi sur ce point la position commune des partenaires sociaux du 16 juillet 2001[4]. La loi du

---

1. Lorsque le nombre de délégués syndicaux est supérieure à deux, « la délégation de chaque organisation est légalement composée de deux d'entre eux et éventuellement complétée par un nombre égal de salariés » sauf accord plus favorable conclu entre l'employeur et l'ensemble des organisations participant à la négociation : Soc. 5 janv. 2011 n° 09-69.732 *RJS* 3/11, n° 259. C'est seulement lorsqu'il y a accord entre l'employeur et l'ensemble des participants à la négociation au sein de l'entreprise que les délégations syndicales peuvent comprendre plus de deux délégués syndicaux.

2. Soc.19 févr. 1992, *CSBP* avr. 1992, p. 19 : le syndicat qui entend suspendre le mandat donné à son délégué doit en informer les autres parties à la négociation avant la conclusion de l'accord ; à défaut d'une telle information, l'accord signé est opposable au syndicat.

3. Mais ils pourront invoquer les dispositions de l'article L. 1132-1 selon lesquelles aucun salarié ne peut être sanctionné ou licencié en raison des activités syndicales. Membre d'une délégation syndicale, qui exerce elle-même une fonction syndicale, le salarié a, même s'il n'est pas syndiqué, une activité syndicale.

4. G. Borenfreund, La négociation collective dans les entreprises dépourvues de délégués syndicaux, *Dr. soc.* 2004. 606.

20 août 2008 modifie notablement les règles élaborées par la loi du 4 mai 2004, sans se substituer immédiatement à celle-ci. Jusqu'au 31 décembre 2009, seules demeuraient applicables les dispositions émanant de la loi du 4 mai 2004. Depuis le 1er janvier 2010, les nouvelles dispositions sont applicables pour toutes les entreprises dépourvues de délégué syndical, qui ne relèvent pas d'une convention de branche ou d'un accord professionnel (L. du 20 août 2008, art. 14) [1].

1369 ***Système dérogatoire applicable à partir du 1er janvier 2010*** ◊ La loi du 20 août 2008 apporte plusieurs modifications aux règles de négociation des accords collectifs en cas d'absence de délégué syndical dans l'entreprise [2].

Elle supprime tout d'abord l'exigence d'une convention collective ou d'un accord de branche étendu prévoyant la négociation d'accord d'entreprise en l'absence de délégué syndical. La négociation d'entreprise est désormais possible, en l'absence de délégué syndical, par application de la loi.

Mais cette possibilité n'est ouverte que pour négocier « sur des mesures dont la mise en œuvre est subordonnée par la loi à un accord collectif » [3]. La loi entend ainsi faciliter la mise en pratique des dérogations aux dispositions légales, autorisées uniquement par accord collectif ; tel est le cas notamment des dérogations aux dispositions légales concernant les aménagements du temps de travail. Hors ce type d'accord, la négociation et la conclusion d'accord collectif d'entreprise sera impossible [4].

La loi du 20 août 2008 prévoit plusieurs modalités de négociation :

1) Négociation avec des représentants élus du personnel. *Dans les entreprises de moins de 200 salariés*, en l'absence de délégués syndicaux dans l'entreprise ou l'établissement, ou de délégué du personnel désigné comme délégué syndical dans les entreprises de moins de 50 salariés, les représentants élus du personnel au comité d'entreprise ou à la délégation unique du personnel ou, à défaut, les délégués du personnel peuvent négocier et conclurent un accord d'entreprise dérogatoire (C. trav., nouv. art. L. 2232-21).

La validité de l'accord d'entreprise est subordonnée à sa conclusion par des membres titulaires élus au comité d'entreprise ou, à défaut, des délégués du personnel titulaires représentant la majorité des suffrages exprimés lors des dernières élections professionnelles ; elle est également subordonnée à l'approbation de la commission paritaire de branche (C. trav., nouv. art. L. 2232-22).

---

1. Les conventions de branche ou accords professionnels conclus en application des articles L. 2232-1 à L. 2232-29 du Code du travail dans leur rédaction antérieure à la publication de la loi du 20 août 2008 continuent de produire leurs effets pour toutes les entreprises comprises dans leur champ, quel que soit leur effectif.

2. En l'absence de délégué syndical dans l'entreprise, seul un accord négocié dans les conditions fixées par la loi peut recevoir la qualification d'accord collectif. V. en ce sens, bien que rendu sous l'empire des textes antérieures à la réforme de 2008, Soc. 14 janv. 2014, n° 12-19.412, publié.

3. Art. L. 2232-21 nouveau et art. L. 2232-24 nouveau. Les textes excluent la négociation d'accords de méthodes par cette voie dérogatoire.

4. Sauf, semble- t-il, s'il s'agit d'une négociation et d'une conclusion avec le représentant d'une section syndicale ; l'article L. 2142-23 ne limitant pas le champ de la négociation avec le représentant de la section syndicale.

2) Négociation avec des salariés mandatés. Dans les entreprises dépourvues de délégué syndical et de représentants élus du personnel, les accords d'entreprise ou d'établissement dérogatoires peuvent être négociés et conclus par un ou plusieurs salariés expressément mandatés par une ou plusieurs organisations syndicales représentatives dans la branche (C. trav., nouv. art. L. 2232-24) [1]. L'accord signé par un salarié mandaté doit, pour être validé, être approuvé par les salariés à la majorité des suffrages exprimés.

3) Négociation avec le représentant de la section syndicale. *Dans les entreprises de 200 salariés au moins*, le représentant de la section syndicale, désigné par une organisation syndicale de salariés affiliée à une organisation syndicale représentative au niveau national et interprofessionnel, peut disposer, sur mandatement par son organisation syndicale, du pouvoir de négocier et conclure un accord d'entreprise ou d'établissement (C. trav., art. L. 2143-23). Cette possibilité n'est ouverte que s'il n'existe pas de délégué syndical dans l'entreprise. La validité de l'accord conclu avec le représentant de la section syndicale est subordonnée à son approbation par les salariés à la majorité des suffrages exprimés (C. trav., art. L. 2232-14)

C. Déroulement de la négociation [2]

1370 ***Absence de formalisme*** ◊ Lorsqu'il s'agit de négociation facultative, aucun formalisme n'est imposé par le législateur pour le déroulement de la négociation. Il est seulement prévu que les négociateurs détermineront par accord les informations qui seront remises par le chef d'entreprise aux délégués syndicaux de l'entreprise ou de l'établissement avant la véritable discussion sur le fond (C. trav., art. L. 2232-20). Il est également possible que le chef d'entreprise et les délégations syndicales fixent une périodicité des négociations et leur objet (C. trav., art. L. 2232-20).

Il faut toutefois coordonner la négociation collective avec les règles de consultation du comité d'entreprise. Lorsque l'objet de la négociation porte sur une des questions visées à l'article L. 2323-6 du Code du travail (questions intéressant l'organisation, la gestion et la marche générale de l'entreprise, mesures de nature à affecter le volume ou la structure des effectifs, la durée du travail, les conditions d'emploi, de travail et de formation professionnelle du personnel), l'employeur doit consulter le comité d'entreprise tout en négociant avec les syndicats. La Cour de cassation a, en effet, jugé que la règle selon laquelle « la décision du chef d'entreprise doit être précédée par la consultation du comité d'entreprise » s'applique à

---

1. À condition qu'un procès-verbal de carence ait établi l'absence de représentants élus du personnel.

2. J. Pélissier, La loyauté dans la négociation collective, *Dr. ouvrier* 1997. 496 s. ; Y. Chalaron, La conduite de la négociation, *Dr. soc.* 1990. 584 s. ; M. Miné, La loyauté dans le processus de négociation collective d'entreprise *Travail et Emploi* n° 84, 2000, p. 47 s.

toute décision du chef d'entreprise sans qu'il y ait lieu de distinguer selon que cette décision est une décision unilatérale ou prend la forme de la négociation d'un accord collectif d'entreprise [1].

Le défaut de consultation du comité d'entreprise n'a cependant pas pour effet d'entraîner la nullité ou l'inopposabilité d'un accord d'entreprise conclu au mépris de cette obligation de consultation [2]. La violation de cette obligation sera sanctionnée selon les règles régissant le fonctionnement des comités d'entreprise (délit d'entrave, dommages et intérêts).

1371 ***Rémunération des négociateurs*** ◊ Chaque section syndicale dispose d'un crédit global d'heures pour préparer la négociation, qu'elle répartit librement entre ses représentants aux négociations (C. trav., art. L. 2143-16) [3]. Les salariés, membres des délégations syndicales, seront rémunérés pour le temps passé à la négociation (C. trav., art. L. 2232-18). Les délégués syndicaux n'auront donc pas à utiliser leurs heures de délégation pour participer à la négociation. Ils utiliseront éventuellement celles-ci pour préparer la négociation, si le crédit spécial d'heures attribué à cet effet à chaque section syndicale s'avère insuffisant.

D. Objet de la négociation

1372 ***L'émancipation de la négociation d'entreprise*** ◊ Les interlocuteurs jouissent d'une très grande liberté. Les conventions de branche doivent seulement fixer les modalités selon lesquelles seront prises en compte par l'employeur les demandes relatives aux thèmes de négociation émanant des syndicats représentatifs dans l'entreprise. Aucune question ne doit être impérativement abordée ; à l'inverse il n'existe aucune exclusion [4]. La négociation peut porter aussi bien sur des questions qui font l'objet de clauses insérées dans une convention de branche, dans un accord professionnel ou interprofessionnel que sur des questions n'ayant pas donné lieu jusqu'à maintenant à des dispositions insérées dans un acte collectif. La convention ou l'accord d'entreprise peuvent en effet comporter « des dispositions nouvelles » ou simplement adapter des

---

1. Soc. 5 mai 1998, *Bull. civ.* V, n° 219, *Dr. soc.* 1998, rapp. Frouin p. 579 et obs. Ray p. 764, *Grands arrêts*, 4e éd., 2008, n° 159 ; Soc. 13 nov. 2001, *Vivendi*, *Bull. civ.* V, n° 343 (consultation du comité d'établissement sur la mise en œuvre d'un accord cadre conclu au niveau de l'entreprise). M. Cohen, la consultation du comité d'entreprise avant la conclusion d'un accord collectif, *RJS* 6/98, p. 435 s. Cette consultation doit avoir lieu concomitamment à l'ouverture de la négociation et au plus tard avant la signature de l'accord : Soc. 5 mai 1998, préc.

2. Soc. 5 mai 1998, préc. ; 19 mars 2003, *Bull. civ.* V, n° 105.

3. Ce crédit est alloué globalement et annuellement quel que soit le nombre d'accords conclus dans l'entreprise au cours d'une même année (Soc. 2 juin 2004, *RJS* 11/04, n° 1165).

4. Sur la répartition du domaine de l'unilatéral et du négocié, V. A. Supiot : La réglementation patronale de l'entreprise, *Dr. soc.* 1992. 215 ; sur le cas particulier des pouvoirs des décisions qui relèvent d'une initiative individuelle des salariés, V. J. Barthélémy : Horaires individualisés et accords collectifs, *Dr. soc.* 2001. 720.

dispositions générales aux conditions particulières de l'entreprise (ou de l'établissement) (C. trav., art. L. 2253-1) [1].

Jusqu'à la réforme intervenue en 2004, les négociateurs ne pouvaient retenir en principe que des solutions au moins *aussi favorables* aux salariés que les dispositions résultant des dispositions légales et réglementaires. La négociation d'entreprise était un instrument permettant d'améliorer la situation des travailleurs et non pas d'aggraver les obligations qui pèsent sur eux. C'est pourquoi elle ne pouvait davantage servir à réduire les droits conférés aux salariés par des conventions de niveau supérieur.

Cette conception de la négociation collective est sortie profondément transformée de la loi Fillon du 4 mai 2004, qui a multiplié les possibilités de déroger à la loi et généralisé la dérogation aux conventions de niveau supérieur. Dans les entreprises (nombreuses) où les salariés sont en position de faiblesse dans la négociation avec l'employeur, l'accord d'entreprise pourra ainsi remplir, à rebours de sa vocation initiale, une fonction de détérioration des conditions de travail [2].

1373 ***Dérogations à la loi*** ◇ Depuis la loi Auroux du 13 novembre 1982, le Code du travail visait en termes généraux les clauses, contenues dans les accords d'entreprise ou d'établissement, « qui dérogent à des dispositions législatives ou réglementaires lorsque lesdites dispositions l'autorisent » [3]. Les cas de dérogations autorisés ont été multipliés par la loi Fillon du 4 mai 2004, qui a attribué aux accords d'entreprise quatorze nouvelles facultés de dérogation antérieurement réservées aux accords de branche étendus. Ces facultés de dérogation, qui s'ajoutent à celles déjà reconnues par les textes antérieurs [4], concernent principalement les salaires, la durée du travail et l'emploi précaire.

1) Salaires. La loi du 13 novembre 1982 permettait déjà qu'un accord d'entreprise ou d'établissement puisse contenir des clauses salariales défavorables à *certains* salariés. Ces accords peuvent en effet prévoir des modalités particulières d'application de majorations de salaires, convenues à un niveau plus général, à la double condition que les salaires minima hiérarchiques et que l'augmentation de la masse salariale totale soient respectés [5]. En clair, ceci signifie qu'un accord d'entreprise peut valablement décider que les cadres bénéficieront d'une augmentation de salaires inférieure à celle retenue dans la convention de branche, les autres catégories de salariés bénéficiant, elles, d'une augmentation plus élevée (C. trav., art. L. 2253-4).

1. Les dispositions d'un accord d'entreprise qui n'ont pas pour objet l'adaptation d'un accord professionnel applicable dans l'entreprise doivent s'interpréter de manière autonome (Soc. 9 mars 2005, *Dr. soc.* 2005. 703).
2. M.-A. Souriac, L'articulation des niveaux de négociation, *Dr. soc.* 2004. 579.
3. Même dérogatoire, un accord collectif ne peut priver un salarié des droits qu'il tient de la loi pour la période antérieure à sa signature (Soc. 11 juill. 2000, *Bull. civ.* V, n° 274, *D.* 2001. 149, note Radé).
4. Art. 43 de la loi 2004-391. V. tableau *in Liaisons. soc.* 2004, n° 8482, C1.
5. Si ces conditions ne sont pas respectées, l'augmentation est due à tous les salariés (Soc. 22 févr. 2006, *RJS* 6/06, n° 758).

2) Durée du travail. D'autres textes législatifs prévoient expressément que telle ou telle disposition légale créatrice de droit pour les salariés puisse être écartée par accord collectif ; ainsi l'article L. 3122-47 du Code du travail dispose-t-il que les accords d'entreprise peuvent *déroger* aux dispositions réglementaires relatives à l'aménagement et à la répartition des horaires de travail, ainsi qu'aux modalités de récupération des heures de travail perdues. La loi du 20 août 2008 donne aux accords d'entreprise la possibilité de définir le contingent annuel d'heures supplémentaires (C. trav., art. L. 3121-11), de prévoir le remplacement du paiement des heures supplémentaires par un repos compensateur, d'organiser la répartition des horaires sur une période supérieure à la semaine et au plus égale à l'année (C. trav., art. L. 3122-2).

3) Emploi précaire. Les accords d'entreprise peuvent déroger aux règles relatives à l'indemnité de précarité due aux salariés à durée déterminée (C. trav., art. L. 1243-9) ainsi qu'à diverses dispositions protectrices relatives au travail intérimaire (période d'essai, indemnité de fin de mission, définition des missions).

Cette multiplication des accords dérogatoires entraîne une profonde transformation des relations de travail. Le droit du travail français ne se caractérise plus de la même façon par le rôle majeur joué par la notion « d'ordre public social », la loi ne protège plus systématiquement le salarié ; elle peut ne le protéger qu'à la condition que les négociateurs d'un accord d'entreprise n'en aient pas décidé autrement [1].

1374 ***Dérogations aux conventions de niveau supérieur et supplétivité de ces dernières*** ◊ Tenant compte de la faiblesse de l'implantation syndicale dans les entreprises françaises, la loi interdisait que les accords d'entreprise puissent contenir des dispositions moins favorables que les conventions de branche. L'équilibre relatif des forces patronales et syndicales qui existe au niveau de la branche fait en effet le plus souvent défaut dans les entreprises, et c'est pourquoi l'accord d'entreprise ne pouvait servir qu'à améliorer le statut conventionnel des salariés. Suivant la recommandation des partenaires sociaux, la loi Fillon du 4 mai 2004 a réduit considérablement la portée de cette règle (C. trav., art. L. 2253-1) [2].

Le principe de faveur ne s'applique plus désormais qu'à quatre questions : a) les salaires minima ; b) les classifications ; c) la protection sociale complémentaire ; d) la mutualisation des fonds destinés à la formation professionnelle.

---

1. Idée d'ordre public conditionnel ou de loi dispositive au regard d'une convention collective (de branche étendue, ou d'entreprise), v. J.-E. Ray : Les accords sur le temps de travail, *Dr. soc.* 1988. 99 ; J.-Cl. Javillier : Les accords d'entreprise en matière de rémunération, *Dr. soc.* 1988. 68 ; G. Borenfreund, La résistance du salarié à l'accord collectif, l'exemple des accords dérogatoires. *Dr. soc.* 1990. 626 s.

2. M.-A. Souriac, L'articulation des niveaux de négociation, *Dr. soc.* 2004. 579 ; et du même auteur : Quelle autonomie pour la négociation collective d'entreprise ?, *in* G. Borenfreund et al. *La négociation à l'heure des révisions*, Dalloz, 2005, p. 89.

Dans les autres matières, le principe de la règle la plus favorable cesse de régir les rapports de la convention de branche et de la convention d'entreprise. La convention ou l'accord d'entreprise ou d'établissement peut comporter des dispositions dérogeant en tout ou partie à celles qui lui sont applicables en vertu d'une convention ou d'un accord couvrant un champ d'application territorial ou professionnel plus large, sauf si cette convention ou cet accord en dispose autrement [1]. Le principe est donc celui de la liberté de déroger à une convention de niveau supérieur, et il ne sera fait exception à ce principe que si cette convention l'écarte expressément. Les partenaires sociaux ne s'étant pas privés d'user de cette dernière prérogative, la loi du 20 août 2008 a institué un mécanisme plus subtil et dangereux pour les salariés. Sur plusieurs questions intéressant le temps de travail, cette loi donne priorité à l'accord d'entreprise ou d'établissement, ramenant la convention collective de branche au rang de règle supplétive. Ainsi, et pour ne prendre qu'un seul exemple, l'article L. 3122-2 dispose qu'« un accord collectif d'entreprise ou d'établissement ou, à défaut, une convention ou un accord de branche peut définir les modalités d'aménagement du temps de travail et organiser la répartition de la durée du travail sur une période supérieure à la semaine et au plus égale à l'année ». Priorité est donc donnée au niveau de négociation le plus décentralisé pour fixer la répartition du temps de travail. Un tel mécanisme exclut, d'une part, tout concours de normes et écarte, d'autre part, toute interrogation sur ce qu'autorise la norme négociée au niveau supérieur. Si la simplification est réelle, elle reste très relative. En effet, outre la difficulté d'articuler les mécanismes de dérogation et de supplétivité [2], un concours entre accords dérogatoires de niveaux différents n'est pas à exclure [3].

E. Conclusion des accords

1375 ***Nouvelles règles de conclusion*** ◊ La validité d'un accord d'entreprise est soumise à une double condition [4]. La première concerne la signature de

---

1. Cep., un accord d'entreprise, conclu postérieurement à l'entrée en vigueur de la loi du 2 mai 2004, ne peut déroger par des clauses moins favorables à une convention collective de niveau supérieur, conclue antérieurement à cette date à moins que les signataires de cette convention en aient disposé autrement (Soc. 9 mars 2011, n° 09-696647, *RDT* 2001. 324 s.).

2. Par ex., l'article L. 3121-11, qui privilégie l'accord d'entreprise ou d'établissement pour la fixation du contingent annuel d'heures supplémentaires, permet-il aux négociateurs de s'affranchir de l'interdiction de déroger sur ce point, stipulée par l'accord de branche ? Remarquons que le Conseil constitutionnel a répondu par l'affirmative à cette interrogation (Cons. const. 7 août 2008, déc. n° 2008-568 DC, cons. 18 à 20).

3. V., sur ces questions, G. Vachet, L'articulation accord d'entreprise, accord de branche : concurrence, complémentarité ou primauté ?, *Dr. soc.* 2009. 896 ; P. Morvan, L'articulation des normes sociales à travers les branches, *Dr. soc.* 2009. 679 ; Fl. Canut, Le nouvel ordonnancement juridique, Dr. soc. 2010. 379 ; G. Auzero, L'articulation des normes conventionnelles, Dr. ouvrier 2010. 324.

4. La Cour de cassation a décidé que les conditions de validité d'un accord collectif sont d'ordre public et qu'un accord collectif ne peut, en conséquence, subordonner sa validité à des l'accord. Celui-ci doit être signé par une ou plusieurs organisations syndicales de salariés représentatives ayant recueilli au moins 30 % des suffrages exprimés au premier tour des dernières élections des titulaires au comité d'entreprise ou de la délégation unique du personnel ou, à défaut, des délégués du personnel [1].

L'absence d'opposition d'une ou plusieurs organisations syndicales de salariés représentatives ayant recueilli la majorité des suffrages à ces mêmes élections est la seconde condition de validité. La condition de majorité des suffrages est satisfaite dès lors que les suffrages recueillis par plusieurs syndicats permettent d'atteindre cette majorité, même si ces syndicats n'ont pas manifesté leur volonté de joindre leur opposition respective [2] Le terme « majorité » implique au moins la moitié des voix plus une [3].

Les organisations qui entendent exprimer leur opposition doivent le faire dans les huit jours qui suivent la date de notification de cet accord.

§ 2. La négociation obligatoire

1376 L'obligation de négocier chaque année dans l'entreprise sur les salaires effectifs, la durée effective et l'organisation du temps de travail a été, en 1982, l'apport le plus important des réformes Auroux au domaine des conventions collectives. Des réformes successives ont étendu le champ d'application de cette obligation de négocier, en introduisant notamment une obligation triennale de négocier dans les entreprises les plus importantes.

L'obligation de négocier n'est pas une obligation de conclure un accord, mais sa violation est assortie de sanctions spécifiques.

A. Contenu de l'obligation de négocier

1377 ***Initiative de la négociation*** ◊ Aux termes de l'article L. 2242-1 « dans les entreprises où sont constituées une ou plusieurs sections syndicales d'organisations représentatives (...), l'employeur engage chaque année une négociation ». L'obligation de négocier pèse donc sur l'employeur et non sur les syndicats, qui de leur côté exercent collectivement le droit à la négociation que la loi attribue aux salariés.

L'employeur doit prendre l'*initiative* de la négociation (C. trav., art. L. 2242-1). À défaut d'une telle initiative depuis plus de 12 mois suivant la précédente négociation, la négociation s'engage obligatoirement à la demande d'une organisation syndicale représentative [4].

---

conditions de majorité différentes de celles prévues par la loi : Soc. 4 févr. 2014, n° 12-35.333, *Lexbase Hebdo, éd. Sociale*, n° 559, note G. Auzero. Rendue sous l'empire des textes antérieurs à la réforme de 2008, cette solution reste d'actualité.

1. Art. L. 2232-12 ; le texte précise : « quel que soit le nombre de votants ».
2. Soc. 13 oct. 2010 *RJS* 12/10, n° 946.
3. Soc. 10 juill. 2013, n° 12-16.210, RDT 2013. 641, note I. Odoul-Asorey.
4. Cette demande doit être transmise par l'employeur dans les 8 jours aux autres organisations représentatives (art. L. 2242-1).

L'employeur doit prendre l'initiative de cette négociation « chaque année ». Il semble qu'il faille interpréter le texte législatif de la façon suivante : l'employeur a pour seule obligation de prendre l'initiative d'une négociation chaque année civile. S'il y a eu négociation en 2008, il doit prendre l'initiative d'une négociation en 2009. L'employeur ne commet pas de faute en s'abstenant de prendre l'initiative tant que l'année 2009 n'est pas achevée ; en revanche, il en commettrait une s'il n'engageait pas la négociation après la demande d'une organisation syndicale représentative, formulée 12 mois après la précédente négociation.

Cette initiative de négociation, l'employeur peut la prendre aussi bien au niveau des *établissements* composant l'entreprise qu'au niveau de l'*entreprise* elle-même. L'ancien article L. 132-27 prévoyait en effet l'alternative lorsque l'entreprise comporte plusieurs établissements. La loi n'imposant aucune condition particulière pour que la négociation puisse se dérouler dans les établissements, il ne semblait pas que l'on puisse soumettre, comme l'avait jugé la Cour de cassation, la négociation dans les établissements à un accord des organisations syndicales [1]. En revanche, tout le personnel de l'entreprise ayant vocation à bénéficier de dispositions conventionnelles, l'employeur était évidemment obligé d'engager la négociation dans *tous* les établissements de l'entreprise.

L'ancien article L. 132-27 a éclaté en plusieurs articles dans la nouvelle codification. La disposition selon laquelle la négociation peut être conduite aussi bien dans les établissements que dans l'entreprise se trouve actuellement dans l'article L. 2242-11 qui concerne la négociation sur un régime de prévoyance maladie. Elle n'apparaît plus dans les autres articles relatifs à la négociation annuelle (salaires et durée du travail, égalité professionnelle entre les femmes et les hommes...). Cette nouvelle rédaction ne devrait pas entraîner une modification des règles de fond non seulement parce que la recodification est une recodification à droit constant mais aussi parce qu'il serait peu logique qu'on ne puisse pas négocier par établissement sur les salaires ou la durée du travail alors que cette négociation est possible lorsqu'elle porte sur le régime de prévoyance maladie.

1378 ***Modalités de la négociation*** ◊ Négocier, ce n'est pas seulement se rencontrer un jour déterminé.

La loi a prévu quelques règles de négociation. Au cours d'une *première réunion* seront précisés, d'une part, le lieu et le calendrier des réunions, d'autre part, les informations que l'employeur remettra aux délégations syndicales (et la date de leur remise) (C. trav., art. L. 2242-2). Ces informations devront permettre une analyse comparée de la situation des hommes

---

1. Soc. 21 mars 1990, *RJS* 1990. 291, n° 400. Dans un arrêt plus récent, la Cour de cassation subordonne la négociation par établissement non plus à l'absence d'opposition d'une organisation syndicale représentative mais à l'existence d'une négociation dans tous les établissements avec les seuls représentants des organisations syndicales représentatives (Crim. 4 déc. 1990 *CSBP* févr. 1991, p. 35). Sur cette question, V. M.-A. Rotschild-Souriac, *Dr. soc.* nov. 1988 ; J. Pélissier, *Dr. soc.* 1984. 680.

et des femmes concernant les emplois et les qualifications, les salaires payés [1], les horaires effectués et l'organisation du temps de travail.

Ensuite, tout au long de la négociation, il est interdit à l'employeur, sauf en cas d'urgence, de prendre des *décisions unilatérales* concernant la collectivité des salariés dans les matières qui font l'objet de négociation (C. trav., art. L. 2242-3). Ainsi l'employeur ne pourra-t-il pas décider seul d'une augmentation de salaires, d'un abaissement de la durée de travail ou d'une modification des horaires ; il ne pourra pas non plus dénoncer la convention d'entreprise en cours d'application, car la dénonciation est un acte unilatéral [2]. Cette limitation du pouvoir de direction, qui a pour but de rendre effective la négociation, n'existe que pendant la durée de la négociation. D'où l'importance du calendrier établi au cours de la première réunion et de la date limite fixée pour la constatation de l'impossibilité de conclure un accord.

Les discussions aboutiront soit à un accord soit à un *procès-verbal de désaccord*. Obligation de négocier n'est pas obligation de conclure. Faute d'accord, le procès-verbal doit mentionner, en leur dernier état, les propositions respectives des parties et les mesures que l'employeur entend appliquer *unilatéralement*. Il n'y aura pas obligatoirement correspondance entre les dernières propositions patronales et les mesures annoncées par l'employeur.

1379 ***Objet de la négociation*** ◇ Le législateur ne cesse d'allonger la liste des obligations de négocier dans l'entreprise [3]. Deux questions doivent obligatoirement être négociées **tous les ans** :

a) les salaires effectifs [4] (C. trav., art. L. 2242-8) ;

b) la durée effective du travail et l'organisation du temps de travail, notamment la mise en place du travail à temps partiel ou l'augmentation de la durée du travail à la demande des salariés (C. trav., art. L. 2242-8) ;

Sur deux autres questions, l'employeur doit aussi engager une négociation chaque année, mais une fois un accord conclu, la périodicité de cette négociation est portée à **trois ans** :

a) les objectifs en matière d'égalité professionnelle entre les hommes et les femmes dans l'entreprise ainsi que les mesures permettant de les atteindre (C. trav., art. L. 2242-5) ;

---

1. Paris, 9 févr. 1996, *RJS* 4/96, n° 427 (si l'employeur n'est pas obligé de donner des informations sur les salaires individuels, il est tenu de communiquer des informations sur la masse globale des primes, sur les ventilations de celles-ci par catégorie de salariés et sur les critères de leur attribution).

2. Soc. 29 juin 1994, *CSB* 1994, A. 52.

3. M.-A. Souriac, Actualité et devenir de l'obligation de négocier, *in Études offertes à Jean Pélissier*, Paris, Dalloz, 2004, 489.

4. Les salaires effectifs sont « les salaires bruts par catégories, y compris les primes et avantages en nature le cas échéant lorsque ces primes et avantages résultent de l'application de la convention ou d'un accord ». La négociation n'a pas à porter sur les salaires individuels (Circ. DRT n° 15 du 25 oct. 1983, *Liaisons soc.*, n° 5412 du 9 nov. 1983, p. 7). L'obligation de négocier s'étend à la commercialisation d'un nouveau produit d'assurance affectant le montant des salaires effectifs d'une partie du personnel : Soc. 28 nov. 2000, *UAP*, *Bull. civ.* V, n° 398 ; *Dr. soc.* 2001. 212, obs. Radé (v. P.-H. Antonmattéi, *Dr. soc.* 2001. 252).

b) l'insertion professionnelle et le maintien dans l'emploi des travailleurs handicapés (C. trav., art. L. 2242-13).

Enfin, dans deux autres domaines, l'obligation d'engager **chaque année** une négociation n'existe qu'en l'absence d'accord déjà applicable aux salariés de l'entreprise :

a) la mise en place d'un régime de *prévoyance maladie* (C. trav., art. L. 2242-11) ;

b) la mise en place d'un système d'*intéressement*, de *participation financière* ou d'*épargne d'entreprise* (C. trav., art. L. 2242-12).

Rien n'oblige les interlocuteurs à conduire en même temps la négociation sur ces différents sujets [1]. Mais les possibilités de trouver un terrain d'entente sont plus grandes dans le cadre d'une négociation globale. En revanche, ils ne peuvent pas exclure de la négociation annuelle une catégorie du personnel [2].

Dans les grandes entreprises ou dans les groupes [3], cinq questions doivent en outre être négociées tous les trois ans, notamment sur le fondement des orientations stratégiques de l'entreprise et de leurs conséquences (C. trav., art. L. 2242-15) :

a) La mise en place d'un dispositif de gestion prévisionnelle des emplois et des compétences, sur laquelle le comité d'entreprise est informé, ainsi que sur les mesures d'accompagnement susceptibles de lui être associées, en particulier en matière de formation, d'abondement du compte personnel de formation, de validation des acquis de l'expérience, de bilan des compétences ainsi que d'accompagnement de la mobilité professionnelle et géographique des salariés autres que celles prévues par un accord de mobilité interne ;

b) Le cas échéant, les conditions de la mobilité professionnelle ou géographique interne à l'entreprise prévue à l'article L. 2242-21, qui doivent, en cas d'accord, faire l'objet d'un chapitre spécifique ;

c) Les grandes orientations à trois ans de la formation professionnelle dans l'entreprise et les objectifs du plan de formation, en particulier les catégories de salariés et d'emplois auxquels ce dernier est consacré en priorité, les compétences et qualifications à acquérir pour les trois années de validité de l'accord ainsi que les critères et modalités d'abondement par l'employeur du compte personnel de formation ;

d) Les perspectives de recours par l'employeur aux différents contrats de travail, au contrat de travail à temps partiel et aux stages, ainsi que les moyens mis en œuvre pour diminuer le recours aux emplois précaires dans l'entreprise au profit des contrats à durée indéterminée ;

e) Les conditions dans lesquelles les entreprises sous-traitantes sont informées des orientations stratégiques de l'entreprise ayant un effet sur leurs métiers, l'emploi et les compétences.

---

1. L'article 33 de la loi du 5 mars 2014 (non codifié) dispose, qu'à titre expérimental, un accord peut prévoir le regroupement dans une négociation unique dite de « qualité de vie au travail » de tout ou partie des négociations obligatoires prévues par divers articles précisément énumérés. Cet accord, soumis, quant à sa validité, au principe majoritaire au sein plein et fort du terme est conclu pour une durée de trois. Pendant son application, l'obligation de négocier annuellement est suspendue pour les négociations qui font l'objet du regroupement précité.

2. Crim. 28 mars 1995, *RJS* 10/95.

3. Entreprises ou groupes d'entreprise occupant au moins 300 salariés ou ayant une dimension communautaire et un établissement de 150 salariés en France.

Chef d'entreprise et organisations syndicales qui sont *obligés* de négocier jouissent, pour conduire leur négociation, d'une très grande *liberté*. Il y a en effet coïncidence entre les domaines de la négociation annuelle obligatoire et ceux où les négociateurs peuvent déroger à des dispositions légales ou réglementaires (aménagement des horaires, répartition des horaires) ou conventionnelles (augmentation des salaires).

B. Sanctions de l'obligation de négocier

1380 ***Sanctions civiles*** ◊ L'employeur qui n'engage pas la négociation ou qui ne respecte pas les obligations mises à sa charge pendant la procédure de négociation (carence dans la fourniture d'informations, décisions unilatérales pendant le cours de la négociation) sera déclaré civilement responsable des préjudices subis par les salariés et par les organisations syndicales.

Il semble également que les organisations syndicales aient la possibilité d'introduire une demande en référé devant le Président du Tribunal de grande instance pour faire cesser le trouble résultant d'un refus d'ouvrir la négociation ou de fournir les informations nécessaires. Par application des articles 808 et 809 C. pr. civ., le juge des référés pourra ordonner, le cas échéant sous astreinte, l'ouverture des négociations et la production de documents [1].

Enfin, dès lors qu'une décision patronale aurait dû l'être, mais n'a pas été précédée d'une négociation, le juge du fond peut en suspendre la mise à exécution jusqu'à ce que cette négociation ait eu lieu [2].

1381 ***Sanctions pénales*** ◊ Les articles L. 2243-1 et L. 2243-2 du Code du travail sanctionnent pénalement le fait pour l'employeur de « se soustraire aux obligations prévues à l'article L. 2242-1, ou à celles prévues par les articles L. 2242-5, L. 2242-8, L. 2242-9, L. 2242-11 à L. 2242-14 et L. 2242-19 » [3]. L'employeur qui n'engage pas de négociation annuelle sur l'un des sujets où cette négociation est obligatoire s'expose donc à des sanctions pénales. Il y aura également infraction lorsque, saisi d'une demande présentée par une organisation syndicale représentative dans les 12 mois suivant la précédente négociation, l'employeur n'a pas transmis celle-ci, dans les 8 jours, aux autres organisations syndicales ou n'a pas convoqué les parties à la négociation dans les 15 jours suivant cette demande. Les sanctions encourues sont une peine d'emprisonnement d'un an et une amende de 3 750 €.

En revanche, les abstentions ou les agissements de l'employeur en cours [4] ou au terme de la négociation ne sont pas incriminés par les articles

1. Soc. 13 juill. 1988, préc.
2. Soc. 28 nov. 2000, *UAP*, *Bull. civ.* V, n° 398 ; *RJS* 2/01, n° 212.
3. M. Puech : L'obligation, au regard du droit pénal, d'engager une négociation annuelle dans les entreprises, *Dr. soc.* 1984. 19.
4. Crim. 4 oct. 1989, *D.* 1989. IR 306, *JS UIMM*, n° 1990.523, *Dr. soc.* 1990. 154, note J. Savatier (le comportement entièrement négatif de l'employeur au cours de négociation n'est pas pénalement répréhensible).

L. 2243-1 et L. 2243-2 du Code du travail ; ainsi l'employeur qui ne fournit pas les informations dues, qui prend des décisions unilatérales en cours de négociation, qui se refuse à toute discussion une fois les négociations ouvertes ne pourra-t-il pas être condamné sur la base de cet article. Ceci ne signifie point que l'employeur fautif ne puisse pas être condamné pénalement ; dans de nombreuses situations, une condamnation pénale pourra être prononcée sur la base des articles L. 2146-1 (atteinte à l'exercice du droit syndical dans l'entreprise) et L. 2146-2 (discrimination syndicale).

SECTION 2. LE SORT DES CONVENTIONS ET ACCORDS D'ENTREPRISE EN CAS DE TRANSFERT DE L'ENTITÉ ÉCONOMIQUE

1382 ***Modification de la personne de l'employeur*** ◇ L'application des accords d'entreprise obéit aux règles du droit commun des conventions collectives. Les dispositions de la convention ou de l'accord s'imposent donc à l'employeur [1] qui doit en faire bénéficier tous les salariés de l'entreprise (ou de l'établissement) qu'ils soient ou non syndiqués, qu'ils soient ou ne soient pas membres de l'organisation ou des organisations syndicale(s) signataire(s) de l'accord.

En revanche la mise en cause du statut conventionnel résultant d'une modification de la personne de l'employeur, bien qu'elle puisse aussi affecter l'application des conventions de branche, concernera surtout les conventions et accords d'entreprise.

Jusqu'en 1971, la jurisprudence décidait qu'en cas de vente, d'absorption totale ou partielle de l'entreprise, l'accord collectif signé par un employeur ne liait pas les employeurs ultérieurs ; en particulier, le salarié licencié par l'acquéreur du fonds de commerce ne pouvait pas invoquer le bénéfice de l'accord d'entreprise signé par le précédent employeur. L'ancien article L. 122-12, al. 2 du Code du travail ne concernait que le contrat individuel de travail et n'était pas applicable aux conditions collectives de travail. Comme il était admis que les avantages, résultant de la convention collective, n'étaient pas intégrés au contrat individuel, le nouvel employeur pouvait modifier les conditions de travail et n'était pas lié, en cas de licenciement, par les règles protectrices contenues dans l'accord [2]. Si le salarié refusait les nouvelles conditions de travail imposées par le nouvel employeur, il prenait lui-même l'initiative de la rupture et était considéré comme démissionnaire [3]. La loi du 13 juillet 1971 a mis un terme à cette jurisprudence.

---

1. Soc. 13 mai 1982, *Bull. civ.* V, n° 305 (pas de modification unilatérale) ; Soc. 25 avr. 2001, *Bull. civ.* V, n° 134, *Dr. soc.* 2001. 772, obs. J. Mouly (un accord d'entreprise demeure en vigueur tant qu'il n'a pas été dénoncé ou mis en cause).
2. Soc. 29 avr. 1965, *D.* 1966. 760, note J. Villebrun, *Dr. soc.* 1965. 611.
3. Soc. 10 févr. 1965, *D.* 1966. 760, note Villebrun ; comparer Soc. 21 juin 1967, *Dr. soc.* 1968. 177 ; 5 mars 1969, *Dr. soc.* 1969. 508.

1383 ***Maintien provisoire de la convention collective*** ◊ Aux termes de l'article L. 2261-14, en cas de fusion, scission, cession ou changement d'activité, les conventions ou accords qui bénéficiaient antérieurement au personnel, sont provisoirement maintenus en vigueur jusqu'à leur remplacement par de nouvelles conventions et à défaut pendant un an à compter de l'expiration du délai de préavis [1]. Ils sont maintenus, même lorsque le nouvel employeur est assujetti à une autre convention collective [2] ; il y a alors concours de conventions collectives [3]. Et ce maintien s'applique à tout transfert d'une entité économique autonome, même s'il résulte d'un événement non explicitement visé par l'article L. 2261-14 [4]. Une négociation doit s'engager durant cette période pour adapter ou renouveler les dispositions conventionnelles.

1384 ***Maintien définitif des avantages acquis*** ◊ Si aucune convention n'est conclue avant l'expiration de l'ancienne convention [5], les salariés conservent les avantages individuels qu'ils ont acquis, en application de cette convention (C. trav., art. L. 2261-14, al. 2).

Une clause de maintien des avantages acquis peut aussi être insérée dans le nouvel accord substitué aux précédentes conventions. Elle aura généralement une portée plus large que la règle légale de maintien des avantages individuels acquis, qui est interprétée restrictivement par la jurisprudence. Et les avantages dont elle garantit le maintien acquièrent une nature conventionnelle, même s'ils résultaient antérieurement d'un usage ou d'un engagement unilatéral [6].

1385 ***La substitution de convention collective*** ◊ La loi favorise donc la substitution de convention collective. Mais que faut-il entendre par convention collective substituée ? Lorsque le chef de l'entreprise cessionnaire est

---

1. V. Chr. Masquefa *La restructuration*, Th. LGDJ, 2000, n° 435 s. ; J. Savatier, *Dr. soc.* 1989. 78 s. ; J.-E. Ray, *Dr. soc.* 1989. 56 s. ; J. Pélissier, Les restructurations d'entreprises et leurs effets sur l'emploi, *RID comp.* 1990. 160 s. ; J. Pélissier, Conventions collectives applicables après une restructuration d'entreprise, *RJS* 1991. 3 s. ; F. Favennec-Héry, Restructurations : le rôle de la négociation collective, *Dr. soc.* 2004. 279 ; A. Mazeaud, La négociation collective en cas de restructuration consécutive à un transfert, *Dr. soc.* 2004. 290. J.-M. Olivier, L'impact des transferts sur les normes collectives en vigueur dans l'entreprise, *Dr. soc.* 2005. 743 ; Ph. Raymond, Fusion d'entreprises et fusion des statuts collectifs, *Dr. soc.* 2006. 303.

2. Soc. 10 févr. 2010, *Dr. soc.* 2010. 476 ; *RJS* 4/10 n° 361. Soc. 13 déc. 1988, *JS UIMM*, 1988. 92 (l'accord d'entreprise applicable dans l'entreprise cédée continue à s'appliquer pendant un an bien que l'entreprise cessionnaire soit soumise à un accord d'entreprise).

3. « La convention collective dont relève le cessionnaire s'applique immédiatement au salarié, les dispositions plus favorables de l'accord mis en cause continuent cependant à lui bénéficier dans les conditions prévues à l'article L. 2261-14 C. trav. », Soc. 10 févr. 2010, préc.

4. Soc. 22 mai 2002, *RJS* 8-9/02, n° 1012 ; 31 janv. 2001, *Bull. civ.* V, n° 31 : sous-traitance d'une activité économique de l'entreprise.

5. Le délai d'un an court à compter de l'expiration du délai de préavis, ce qui porte en pratique à quinze mois la période ouverte pour la négociation d'un nouvel accord : Soc. 27 oct. 1998, *RJS* 12/98, n° 1520.

6. Soc. 10 juill. 2001, *Bull. civ.* V, n° 257.

déjà assujetti à une convention d'entreprise, peut-on considérer que c'est cette convention d'entreprise qui se substitue à la convention initiale, ou doit-on, au contraire, continuer d'appliquer cette dernière, dans la limite du délai d'un an, tant qu'une nouvelle convention n'a pas été conclue entre le nouveau chef d'entreprise et les syndicats représentatifs dans celle-ci ? Après certaines hésitations [1], la Cour de cassation a décidé que « la convention ou l'accord substitué visé (par C. trav., anc. art. L. 132-8, al. 3) est celui résultant de la négociation qui doit s'engager dans l'entreprise, soit pour l'adaptation des dispositions conventionnelles antérieures à celles nouvellement applicables, soit pour l'élaboration de nouvelles dispositions selon le cas » [2]. Cette solution doit être approuvée car elle est à la fois conforme à la lettre de la loi (qui pose une obligation de négocier) et aussi à son esprit (qui est d'éviter toute solution de continuité dans la couverture conventionnelle des salariés).

1. Comp. Soc. 16 mai 1990, *RJS* 7/90, n° 600 ; Soc. 9 oct. 1990, *RJS* 11/90, n° 903.

2. Soc. 14 mai 1992, *RJS* 6/92, n° 768 ; 1er déc. 1993, *D.* 1994. 334, note E. Dockès ; 31 janv. 1995, *RJS* 3/95, n° 277 ; 12 juin 2001, *Bull. civ.* V, n° 217 (n'est pas un accord substitué celui qui a pour objet de faire obstacle aux effets d'un jugement consécutif à la dénonciation irrégulière d'un accord antérieur) ; Soc. 9 oct. 2001, *Dr. ouvrier* 2002.450 (seule une négociation poursuivie avec les syndicats représentatifs peut aboutir à un accord opposable aux salariés).

CHAPITRE 3
LA NÉGOCIATION LÉGIFÉRANTE

1386 ***Force légale ou réglementaire*** ◊ On peut regrouper sous la notion de « négociation légiférante » l'étude des accords susceptibles d'acquérir une force légale ou réglementaire. C'est essentiellement le cas :

a) des accords nationaux interprofessionnels conclus entre les organisations patronales et les confédérations syndicales, lesquels s'insèrent de plus en plus dans le processus législatif ou dans le processus dit de *concertation* entre administration et partenaires sociaux ;

b) des conventions et accords susceptibles de faire l'objet de procédures d'extension ou d'élargissement par le ministre du Travail.

SECTION 1. ACCORDS NATIONAUX INTERPROFESSIONNELS [1]

1387 ***Création par voie d'accords collectifs des régimes d'assurance chômage et des régimes complémentaires de retraite*** ◊ Au lieu d'avoir pour cadre une branche d'activité, ces conventions ont été conclues dans un cadre interprofessionnel par les confédérations patronales et ouvrières. Au lieu de se cantonner aux rapports de travail, elles ont été utilisées dans les domaines de l'emploi, de la prévoyance ou de la Sécurité sociale. C'est ainsi que deux innovations capitales du droit social moderne ont été introduites non par voie légale mais par voie conventionnelle : deux conventions collectives nationales interprofessionnelles, signées par le CNPF d'une part, les grandes confédérations syndicales ouvrières (ou de cadres) d'autre part sont à l'origine : a) des allocations complémentaires d'aide aux travailleurs sans emploi versées par les Assedic (Conv. coll. nat. du 31 déc. 1958) [2] ; b) des régimes complémentaires de retraite et de prévoyance des cadres et des salariés (Conv. coll. du 14 mars 1947 et Conv. coll. nat. du 8 déc. 1961) [3]. L'originalité de ces conventions est d'avoir fondé une institution, ensuite gérée paritairement par les parties signataires. Le

---

1. Ch. Radé, De l'ANI, *Dr. soc.* 2010. 284 s. ; J. Barthélémy, Les accords nationaux interprofessionnels, *Dr. soc.* 2008. 566 ; D. Fabre, Les accords nationaux interprofessionnels : quels acteurs, quels pouvoirs ?, *Sem. soc. Lamy* n° spéc., « Regards critiques sur le droit de la négociation collective », 2008, n° 1361 p. 57 s.

2. Sur les conventions de chômage, v. ss 81.

3. Sur les problèmes spécifiques posés par les conventions collectives insituant des régimes de retraite ou de prévoyance, V. J.-J. Dupeyroux, M. Borgetto, R. Lafore, *Droit de la sécurité sociale*, Dalloz, 17e éd., 2011, n° 1469 s. et les réf. citées.

législateur intervient soit *a posteriori* pour fournir une base légale à la convention, soit *a priori* pour y contraindre. Quand les pouvoirs publics changent leur politique de l'emploi, ils font pression sur les partenaires sociaux afin que ceux-ci modifient les termes de leurs accords. À l'inverse, les organisations patronales et syndicales peuvent prendre l'initiative de transformations importantes et faire pression sur les pouvoirs publics pour qu'ils les entérinent, comme on l'a vu par exemple avec la « refondation » de l'assurance chômage en 2000.

1388 ***Application subsidiaire du droit commun des conventions collectives de travail*** ◊ Le procédé était, à l'époque, si différent de celui envisagé par la législation en vigueur que des mesures législatives spéciales ont dû intervenir pour donner un support légal à ces accords interprofessionnels (Ord. 7 janv. 1959 et 4 févr. 1959 ayant établi un régime d'agrément) [1]. Pour parvenir à l'institution de régimes conventionnels ou complémentaires, le droit de la Sécurité sociale a emprunté une technique jusque-là propre au droit du travail [2].

En fait, ces conventions collectives ne comportaient que des différences de degré, non de nature, par rapport aux conventions collectives de la loi du 11 février 1950. Certes, elles n'étaient pas destinées à réglementer les rapports individuels de travail ; mais même leur plus large rayonnement, les nuances qui séparent l'agrément de l'extension, surtout le fait qu'elles donnent naissance à des institutions nouvelles (les caisses de retraites, les Assedic) et leur fournissent des ressources en astreignant au paiement de cotisations ne devaient pas néanmoins faire oublier qu'il s'agissait d'accords collectifs.

1389 ***Essor de la négociation interprofessionnelle*** ◊ La négociation au plan national interprofessionnel, en se développant constamment, donne lieu à une redistribution des tâches entre l'État et les groupements professionnels. L'objet des négociations est varié : congés payés (ANI du 20 mai 1965) ; emploi (ANI du 10 févr. 1969 modif. en 1974 et 1986) ; conditions de travail (accord-cadre du 17 mars 1975) ; mensualisation (ANI du 10 déc. 1977) ; durée du travail (ANI du 21 mars 1989) ; formation professionnelle (ANI du 9 juill. 1970, du 3 juillet 1991, du 20 sept. 2003 et du 7 janv. 2009) ; politique contractuelle et négociation collective (ANI du 31 oct. 1995, Position commune du 16 juill. 2001 et du 9 avr. 2008) ; modernisation du marché du travail (ANI du 11 janv. 2008), indemnisation du chômage (ANI du 25 mars 2011), contrat de

1. L'agrément produit des effets comparables à l'extension (Soc. 6 oct. 1971, *Dr. ouvrier* 1972.262) mais est de plus nécessaire à la validité même des accords. V. sur l'agrément l'article L. 5422 C. trav.

2. P. Durand : Des conventions collectives de travail aux conventions collectives de Sécurité sociale, *Dr. soc.* 1960. 42 ; J. Savatier : Espèces et variétés dans la famille des accords collectifs, *Dr. soc.* 1960. 598 ; Poulnais : La convention collective de Sécurité sociale, *Dr. soc.* 1968. 498.

sécurisation professionnelle (ANI du 31 mai 2011), accès des jeunes aux formations en alternance (ANI du 7 juin 2011). Il convient, enfin, de faire mention de l'important ANI du 11 janvier 2013 « pour un nouveau modèle économique et social au service de la compétitivité des entreprises et de la sécurisation de l'emploi et des parcours professionnels des salariés ».

Ce sont donc tous les aspects du droit du travail qui relèvent aujourd'hui de la pratique devenue usuelle de la loi négociée, la négociation préparant ou accompagnant les réformes législatives [1]. Les partenaires sociaux ont demandé dans leur position commune que cette pratique reçoive une base constitutionnelle [2]. Sans céder à cette revendication, le Gouvernement s'est cependant engagé « solennellement » dans l'exposé des motifs de la loi du 4 mai 2004, à « renvoyer à la négociation nationale interprofessionnelle toute réforme législative relative au droit du travail ». La loi du 31 janvier 2007 de modernisation du dialogue social impose une concertation entre le gouvernement et les acteurs sociaux sur les projets de réforme concernant les relations de travail, l'emploi et la formation professionnelle [3].

Les accords nationaux interprofessionnels jouent un rôle de plus en plus important qui, pour l'essentiel, se manifeste dans trois orientations nettement différentes ; les uns sont « des accords de gestion sociale » qui mettent en œuvre des mécanismes de solidarité interentreprises qui échappent à la compétence de la négociation de branche ; d'autres sont des « accords de choix stratégiques » qui orientent les négociations de branche sur des questions jugées essentielles. D'autres enfin préparent des réformes législatives.

1390 ***Règles de conclusion*** ◊ Le Code du travail est beaucoup plus explicite sur le rôle des organisations syndicales de salariés que sur celui des organisations patronales – ce qui est, à certains égards, étonnant puisque le champ d'application des accords interprofessionnels dépend principalement des signataires patronaux.

1) Conclusion par les organisations syndicales de salariés. La validité de l'accord interprofessionnel est soumise à une double condition. L'accord doit être signé par une ou plusieurs organisations syndicales de salariés représentatives ayant recueilli aux moins 30 % des suffrages exprimés au premier tour des élections des titulaires aux comités d'entreprise [4] et des suffrages exprimés au scrutin concernant les entreprises de moins de onze salariés. En outre, il ne doit pas faire l'objet d'opposition d'une ou plusieurs organisations syndicales de salariés représentatives ayant recueilli la majorité des suffrages exprimés à ces mêmes élections.

1. J.-M. Verdier et Ph. Langlois : Aux confins de la théorie des sources du droit : une relation nouvelle entre la loi et l'accord collectif, *D.* 1972. 258.

2. A. Supiot, Un faux dilemme : la loi ou le contrat ? *Dr. soc.* 2003. 59.

3. C. trav., art. L. 1, L. 2 et L. 3.

4. Ou de la délégation unique du personnel ou, à défaut, des délégués du personnel, quel que soit le nombre de votants.

2) Conclusion par les organisations patronales. Les règles concernant la capacité des organisations patronales au regard de la négociation et de la conclusion de ces accords sont plus ambiguës. La première ambiguïté concerne l'exigence de représentativité Alors qu'il prévoit que l'accord collectif est conclu par « une ou plusieurs organisations syndicales de salariés représentatives dans le champ d'application de la convention ou de l'accord », l'article L. 2231-1 indique que, du côté patronal, l'accord est conclu par « une ou plusieurs organisations syndicales d'employeurs… ». Il ne serait donc pas nécessaire qu'une organisation syndicale d'employeurs soit représentative pour conclure valablement un accord interprofessionnel [1]. En revanche, l'article L. 1 du Code du travail, relatif au dialogue social, prévoit une concertation entre le gouvernement et « les organisations syndicales de salariés et d'employeurs *représentatives* au niveau national interprofessionnel en vue de l'ouverture éventuelle d'une… négociation (nationale et interprofessionnelle) ». La représentativité est ici exigée aussi bien pour les organisations patronales que pour les organisations de salariés. Faut-il faire une distinction entre les accords nationaux interprofessionnels selon qu'ils sont ou ne sont pas négociés en application de l'article L. 1 du Code du travail ? En tout état de cause, il serait opportun de ne pas confondre la capacité de représenter et la notion de représentativité.

La seconde ambiguïté concerne justement la capacité de telle ou telle organisation patronale à conclure un accord national interprofessionnel. À la différence des confédérations syndicales de salariés qui regroupent les fédérations de salariés appartenant à toutes les branches d'activité, les organisations patronales ne regroupent, chacune, que des employeurs relevant de certaines branches d'activité : le Medef et la CGPME s'expriment au nom des entreprises du commerce, de l'industrie et des services, la FNSEA couvre le secteur de l'agriculture, l'UNAPL celui des professions libérales et l'UPA celui de l'artisanat. Logiquement, un accord national interprofessionnel, destiné à couvrir l'ensemble des professions, ne devrait pouvoir être négocié, du côté patronal, que par l'ensemble de ces organisations patronales et être signée par chacune de ces organisations ; ce qui n'est pas le cas aujourd'hui [2]. En revanche, si un accord interprofessionnel ne concerne que certaines branches d'activité, une seule organisation patronale peut valablement négocier et conclure un tel accord ; ainsi, par

---

1. Ou un accord de branche puisque l'article L. 2231-1 concerne la conclusion de tous les conventions et accords collectifs.

2. Si elle a créé un niveau national et « multi-professionnel », englobant les secteurs de l'agriculture, des professions libérales et de l'économie sociale et solidaire, la loi du 5 mars 2014 ne modifie pas cette curieuse situation. En effet, l'article L. 2152-3 du Code du travail se borne à indiquer que « préalablement à l'ouverture d'une négociation nationale et interprofessionnelle, puis préalablement à sa conclusion, les organisations professionnelles d'employeurs représentatives à ce niveau informent les organisations représentatives au niveau national et multi-professionnel des objectifs poursuivis par cette négociation et recueillent leurs observations ».

exemple, l'UNAPL peut-elle, seule, signer avec les confédérations syndicales de salariés un accord interprofessionnel concernant seulement les professions libérales [1].

1391 ***Régime juridique des accords nationaux interprofessionnels*** ◊ Le régime juridique des accords nationaux interprofessionnels est assez semblable à celui des autres conventions ou accords collectifs. Quelques différences peuvent cependant être relevées.

Pour l'essentiel, les règles générales applicables aux conventions et accords collectifs s'appliquent aux accords nationaux interprofessionnels. Les accords nationaux interprofessionnels peuvent, comme les conventions collectives, faire l'objet d'adhésion (C. trav., art. L. 2261-4, L. 2261-5) et de dénonciation (C. trav., art. L. 2261-12). Ils peuvent également faire l'objet d'extension (C. trav., L. 2261-15) et d'élargissement (C. trav., art. L. 2261-24).

Mais il existe une certaine spécificité des accords interprofessionnels. À la différence de ce qui peut se produire dans une entreprise ou dans une branche, la négociation entre acteurs sociaux ne peut pas déboucher sur une convention collective. Au niveau interprofessionnel, seuls des accords peuvent être négociés et conclus ; le Code du travail ignore *les conventions collectives interprofessionnelles*.

Par ailleurs, des problèmes particuliers de champ d'application se posent. Ce n'est pas parce qu'un accord interprofessionnel a été valablement conclu par le Medef, pour l'ensemble des entreprises industrielles, qu'il s'applique à toutes les entreprises industrielles. Si une fédération patronale d'un secteur d'activité, seule représentative de cette branche, n'a pas adhéré à l'organisation interprofessionnelle signataire de l'accord et n'a pas signé elle-même cet accord, celui-ci ne pourra pas être appliqué dans ce secteur, même s'il a fait l'objet d'un arrêté d'extension [2].

Certes, le champ d'application de l'accord interprofessionnel peut être étendu par la voie de la procédure d'élargissement (v. ss 1407), mais celle-ci présente une originalité lorsqu'il s'agit d'accords interprofessionnels. À la différence de ce qui est imposé pour l'élargissement des accords de branche, un accord interprofessionnel peut être élargi à une branche non comprise dans son champ d'application sans qu'il soit nécessaire que le secteur professionnel faisant l'objet de l'arrêté d'élargissement présente des conditions analogues à celles du secteur dans lequel l'extension est déjà intervenue quant aux emplois exercés [3].

---

1. L'ensemble des professions libérales (avocats, médecins, architectes...) constituent une interprofession, v. Barthélémy, *op. cit.*, p. 568.

2. Soc. 16 mars 2005, *Sté Michelin*, *Dr. soc.* 2005. 642 : la Fédération du caoutchouc et des polymères n'ayant pas adhéré au Medef et n'ayant pas signé l'accord cadre sur l'amélioration des conditions de travail, la société Michelin n'était pas lié par cet accord car la branche d'activité n'entrait pas dans son champ d'application ; l'arrêté d'extension ne pouvait pas modifier celui-ci.

3. V. la différence de rédaction du 2° et 3° de l'article L. 2261-17.

SECTION 2. L'EXTENSION ET L'ÉLARGISSEMENT DES CONVENTIONS COLLECTIVES

1392 ***Fonctions de l'extension et de l'élargissement*** ◊ L'effet normatif d'une convention collective de branche ou d'un accord professionnel ou interprofessionnel ne concerne en principe que les entreprises qui sont membres des organisations signataires (ou en étaient membres au moment de la signature). Il suffit donc qu'un employeur n'adhère à aucune organisation patronale pour échapper aux obligations sociales que s'imposent ses concurrents. Il s'assure ainsi un avantage compétitif aux dépens de son personnel (qui se trouvera exclu du statut collectif prévu par la convention).

C'est pour éviter ces distorsions de concurrence et assurer l'égalité des salariés face au statut conventionnel régissant une même branche professionnelle, que la loi du 24 juin 1936 a introduit en droit français la technique de *l'extension* des conventions collectives. Cette technique consiste à imposer le respect de la convention à toutes les entreprises comprises dans son champ d'application, y compris celles qui n'adhèrent pas à une organisation patronale signataire. L'extension est décidée par le ministre chargé du travail, qui dispose d'un large pouvoir d'appréciation de son opportunité. La technique de l'extension a été reprise par la loi du 11 février 1950 [1], et son usage a été facilité par les lois du 19 janvier 1978 et du 13 novembre 1982.

Le ministre a aussi été doté d'un instrument complémentaire : la faculté d'élargir le champ d'application d'une convention déjà étendue dans son champ d'application, à un champ d'application professionnel ou géographique différent, où est observée une impossibilité persistante de conclure une convention. À la différence de l'extension, la technique de *l'élargissement* a surtout une fonction comminatoire, la menace de se voir imposer une convention négociée ailleurs devant inciter les interlocuteurs sociaux à se doter de leur propre convention.

§ 1. L'extension dans le champ géographique et professionnel

1393 Pour être susceptible d'extension, une convention doit satisfaire des conditions particulières de conclusion. Mais une convention ainsi « extensible » ne sera effectivement étendue que moyennant le respect d'une procédure particulière, conduite par le ministre du Travail.

---

1. P. Durand, Contribution à la théorie de l'extension des conventions collectives, *Dr. soc.* 1956. 214 ; et reprenant le même titre : S. Nadal, *Dr. ouvrier* 2002.423.

A. Conventions susceptibles d'extension

1394 Pour être susceptible d'extension, une convention collective doit avoir été négociée dans des conditions assez substantiellement différentes de celles qui président à la conclusion d'une convention collective ordinaire.

1395 ***Négociation au sein d'une commission paritaire ou mixte*** ◊ La négociation et la conclusion s'opèrent au sein d'une commission, composée obligatoirement des représentants des organisations syndicales d'employeurs et de salariés, représentatives dans le champ d'application considéré (C. trav., art. L. 2261-19) [1]. Les organisations patronales et syndicales peuvent parfaitement se réunir, négocier et conclure, en dehors de la présence d'un représentant de l'État. La commission est alors dite *paritaire* (les employeurs et les salariés ayant le même nombre de représentants).

Mais le plus souvent, c'est le ministre du Travail qui provoque la réunion d'une commission pour élaborer une convention susceptible d'être étendue. La commission est, dans ce cas, *mixte*, car sa composition est tripartite ; elle est, en effet, présidée par un représentant du ministre du Travail.

La réunion d'une commission mixte est, pour le ministre, soit facultative, soit obligatoire ; le ministre peut toujours de sa propre initiative ou à la demande d'une organisation patronale ou syndicale représentative, provoquer une telle réunion. Il devient obligé de convoquer une commission mixte lorsque deux organisations syndicales d'employeurs ou de salariés, représentatives, en font la demande (C. trav., art. L. 2261-20).

Le ministre du Travail ou son représentant intervient activement pour favoriser la négociation ; la loi lui reconnaît expressément certains pouvoirs pour assurer le bon fonctionnement de la commission : il fixe le nombre maximum des représentants par organisation syndicale lorsqu'il y a litige portant sur l'importance des délégations composant la commission mixte (C. trav., art. R. 2261-10) ; il veille à la participation des organisations qu'il a convoquées. Celle-ci est obligatoire lorsque la négociation a lieu dans le cadre d'une commission mixte [2].

Mais le ministre n'a aucun pouvoir pour contraindre à la signature. La liberté contractuelle demeure respectée.

Il semble bien néanmoins que, si la convention n'a pas à être *signée* par toutes les organisations représentatives, elle doit avoir été *négociée* en

---

1. La représentativité s'apprécie en tenant compte du champ d'application des conventions collectives, ce qui oblige à prendre en considération les salariés du secteur public qui relèvent du Code du travail (CE 5 nov. 2004, *UNSA*, *RJS* 1/05, n° 65).

2. Lorsqu'une organisation n'a pas envoyé de représentant habilité à la commission mixte, le ministre lui adresse une nouvelle convocation (art. R. 2261-11 ; si l'organisation s'abstient, sans motif légitime, de déférer à cette nouvelle convocation, le président de la commission établit un rapport et le transmet au Procureur de la République (art. R. 2261-12 ; l'infraction est punie de l'amende prévue pour les contraventions de la 5e classe (art. R. 2263-5). C'est une manifestation de l'obligation de négocier qui pèse, ici, aussi bien sur les syndicats de salariés que sur les organisations patronales.

présence de toutes celles-ci qui doivent avoir été toutes convoquées à la commission mixte. Pas de négociation hors commission mixte, ou alors pas d'extension [1].

1396 ***Champ d'application*** ◊ Les conditions particulières concernant le champ d'application ont progressivement disparu.

Actuellement, un « accord » peut aussi bien qu'une « convention collective » faire l'objet d'une extension, un accord professionnel comme un accord interprofessionnel (C. trav., art. L. 2261-15).

Les avenants et les annexes peuvent, comme la convention ou l'accord collectif, être étendus (C. trav., art. L. 2261-16) [2]. L'arrêté d'extension de l'annexe d'une convention collective se borne à rendre obligatoires les dispositions de cette annexe pour les employeurs et tous les salariés compris dans son champ d'application : il ne modifie pas celui-ci [3].

Conventions, accords, avenants n'ont pas nécessairement un champ d'application national ; ils peuvent être conclus au niveau régional, départemental ou même local. C'est donc, sous cet aspect aussi, la liberté contractuelle.

1397 ***Représentativité des signataires et droit d'opposition*** ◊ Ne serait pas susceptible d'extension une convention qui ne remplirait pas les conditions de validité d'une convention ordinaire. Jusqu'à la loi du 4 mai 2004, cela impliquait seulement que la convention ait été signée du côté salarial par au moins une organisation syndicale représentative. La validité de toutes les conventions collectives ordinaires étant désormais soumise au principe de représentation majoritaire des salariés, il faut en déduire qu'une convention qui ne satisferait pas à ce principe, tel qu'il se trouve défini dans son champ d'application, ne pourra être étendue.

La particularité des conventions extensibles se situe du côté de la représentation des employeurs. Alors qu'une convention ordinaire peut avoir été signée par n'importe quel groupement d'employeurs, ne peuvent être étendues que les conventions signées par des organisations syndicales représentatives *des employeurs*. Toutefois les conventions signées par des associations d'employeurs sont également susceptibles d'extension lorsque ces associations sont représentatives [4]. La représentativité s'apprécie au niveau où la convention est conclue.

L'exigence de représentativité (et du côté salarial de représentativité majoritaire) ne signifie pas exigence d'unanimité. Une convention peut

---

1. CE 26 oct. 1988, *Dr. soc.* 1989. 237, *JS UIMM* 1989. 511, p. 4 ; 20 mai 1988, *JS UIMM* 1988. 507, p. 376.

2. Sur les avenants postérieurs à l'arrêté d'extension : CE 26 oct. 1973, *Dr. soc.* 1975. 40 ; Soc. 11 déc. 1986, *D.* 1987. IR 6 ; 15 oct. 1987, *Bull. civ.* V, 578.

3. Soc. 29 juin 1994, *RSS* 11/94, n° 1286.

4. Représentativité du CNPF, y compris pour engager les entreprises artisanales : CE 2 mars 1962, *Dr. soc.* 1962. 544 ; non-représentativité d'une pseudo-organisation patronale, exclue d'une commission mixte : CE 24 juin 1987, *D.* 1987. IR 173.

être susceptible d'extension, bien qu'elle n'ait pas été signée par toutes les organisations syndicales et patronales représentatives dans son champ d'application (C. trav., art. L. 2261-27). Mais, pour pouvoir être étendus, la convention de branche ou l'accord professionnel ou interprofessionnel, leurs avenants ou annexes, ne doivent pas avoir fait l'objet de l'opposition, dans les conditions prévues à l'article L. 2231-8, d'une ou de plusieurs organisations professionnelles d'employeurs reconnues représentatives au niveau considéré dont les entreprises adhérentes emploient plus de 50 % de l'ensemble des salariés des entreprises adhérant aux organisations professionnelles d'employeurs reconnues représentatives à ce niveau. Le nombre de salariés employés par les entreprises adhérentes est attesté par un commissaire aux comptes [1].

1398 ***Clauses obligatoires*** ◊ Pour être extensibles, les conventions collectives de branche doivent en principe contenir un certain nombre de clauses, dites clauses obligatoires (C. trav., art. L. 2261-22). Il s'agit de rubriques que les négociateurs doivent avoir abordé, afin que la convention couvre tout le champ des relations de travail. Souvent remaniée, la liste de ces clauses embrasse aussi bien les relations collectives que les relations individuelles de travail.

Les clauses obligatoires relatives aux *relations collectives* de travail concernent : **1)** l'exercice du droit syndical ; **2)** la représentation élective du personnel dans l'entreprise ; **3)** les mandats de négociation et de représentation dans la branche ; **4)** les procédures conventionnelles de conciliation suivant lesquelles sont réglés les conflits collectifs de travail ; **5)** les modalités de prise en compte des demandes syndicales de négociation dans la branche ou l'entreprise.

Les clauses obligatoires intéressant les *droits individuels* des salariés concernent : **1)** les classifications professionnelles, les niveaux de qualification et les salaires (salaire minimum professionnel et coefficients hiérarchiques) ; **2)** les congés payés ; **3)** la conclusion et la rupture du contrat de travail ; **4)** l'apprentissage et la formation professionnelle ; **5)** l'égalité de traitement et la suppression des écarts de rémunération entre les salariés des deux sexes ; **6)** l'égalité de traitement entre les salariés français et étrangers ; **7)** les conditions propres à certaines catégories de salariés (handicapés, temps partiel, travailleurs à domicile, expatriés, salariés d'entreprises extérieures, inventeurs) ; **8)** les modalités d'accès à un régime

1. C. trav., art. L. 2261-19. Pour une appréciation critique de ce dispositif, v. S. Nadal, Péril sur la conception de l'extension des accords collectifs de branche, RDT 2014. 196. Ce texte est issu de la loi du 5 mars 2014 relative à la formation professionnelle, à l'emploi et à la démocratie sociale, qui a, par ailleurs, institué des critères de représentativité propres aux organisations professionnelles d'employeurs (v. ss XXX). Le texte précité règle, s'agissant du calcul du taux de 50 %, la difficulté découlant de l'adhésion d'une même organisation professionnelle à plusieurs groupements d'employeurs ayant statutairement vocation à être présents au niveau national et interprofessionnel. Les salariés sont répartis entre ces organisations selon le même taux que celui retenu pour mesurer leur représentativité.

de prévoyance maladie ; **9)** les modalités de mise en œuvre des dispositions relatives à l'intéressement des salariés, à la participation aux résultats et aux plans d'épargne d'entreprise.

Le Conseil d'État juge cependant qu'une convention ou un accord collectif ayant pour objet exclusif de fixer le champ d'application des futurs accords collectifs relatifs aux employeurs et salariés de droit privé des ateliers et chantiers d'insertion peut valablement être étendu. Bien que l'accord collectif ne contienne aucune clause portant sur la détermination des règles de négociation et de conclusion (première condition imposée par l'art. L. 2261-22 C. trav. pour qu'un accord puisse être étendu) et qu'il ne mentionne aucune clause relative aux relations collectives et aux droits individuels des salariés (seconde condition imposée pour rendre possible un arrêté d'extension), la demande d'annulation de l'arrêté d'extension a été rejetée [1].

1399 ***Liberté contractuelle*** ◊ Contrairement à ce que laisse supposer la longueur de cette liste de clauses obligatoires, la liberté contractuelle des négociateurs n'est pas sérieusement atteinte.

Les négociateurs conservent la possibilité de ne conclure qu'un accord portant sur un ou plusieurs objets déterminés, et le législateur a prévu que les accords professionnels ou interprofessionnels pouvaient être étendus comme le sont les conventions collectives de branche. Il est donc aisé pour les organisations patronales et syndicales d'éluder l'obligation de contenu de la convention collective ; il leur suffit, si elles le souhaitent, de conclure successivement plusieurs accords sur des questions précises (durée du travail, sécurité de l'emploi...) et de solliciter ensuite l'extension de ces accords.

Par ailleurs, même en restant dans le cadre des conventions collectives de branche, la loi elle-même prévoit la possibilité d'étendre une convention qui ne comporterait pas toutes les clauses obligatoires (C. trav., art. L. 2261-27). Et les partenaires sociaux conservent de toute manière une grande liberté de négociation. Non seulement ils peuvent insérer des clauses sur des thèmes qui ne sont pas mentionnés par le législateur (le contenu imposé n'est, en tout état de cause, qu'un contenu minimal, C. trav., art. D. 2261-2), mais encore ils sont libres de déterminer le contenu des clauses, dites obligatoires. L'obligation consiste seulement à traiter de telle question, les signataires de la convention restant libres de déterminer le contenu des règles. La pratique administrative admet même le renvoi pur et simple sur tel ou tel point aux dispositions légales afin d'éviter l'échec complet de la négociation.

B. Procédure d'extension

1400 ***Pouvoirs du ministre*** ◊ Lorsqu'il est saisi d'une demande d'extension, le ministre du Travail n'est pas obligé d'étendre une convention collective

1. CE 23 juill. 2010, n° 313776, *RJS* 11/10, n° 870.

ou un accord collectif répondant aux exigences précédentes. Dans un arrêt du 21 novembre 2008, le Conseil d'État a très nettement consacré le pouvoir d'appréciation du ministre [1]. Celui-ci peut, pour des raisons d'opportunité, refuser d'étendre une convention ou un accord collectif, régulièrement conclu et respectant toutes les règles légales. Ce pouvoir d'appréciation peut être exercé même à l'égard des accords dont l'entrée en vigueur est subordonnée par la loi à l'intervention d'un arrêté d'extension [2]. « La volonté des groupements professionnels est impuissante à dicter sa conduite au pouvoir réglementaire » [3]. Le pouvoir du ministre n'est pas pour autant un pouvoir discrétionnaire ; la décision ministérielle de refus d'extension est placée sous le contrôle du juge administratif. Celui-ci censurera le refus d'extension s'il n'est pas justifié par un motif tiré de l'intérêt général. Ce motif tient « notamment aux objectifs de la politique économique et sociale ou à la protection des tiers » [4]. Le ministre peut refuser d'étendre la convention collective dans une hypothèse plus particulière, tenant, notamment, à la faiblesse du taux d'adhésion. Plus précisément, il en va ainsi lorsque, dans une branche, moins de 5 % des entreprises adhèrent à une organisation professionnelle représentative des employeurs et dont les caractéristiques, eu égard notamment à sa taille limitée et à la faiblesse du nombre des entreprises, des effectifs salariés et des ressources disponibles pour la conduite de la négociation ne permettent pas le développement d'une activité conventionnelle régulière et durable en rapport avec la vocation des branches professionnelles et respectant les obligations de négocier qui lui sont assignées (C. trav., art. L. 2261-32, II) [5].

Le ministre a aussi le pouvoir de n'étendre que partiellement les dispositions d'une convention susceptible d'extension. Ceci lui permet notamment d'exclure de l'extension, après avis motivé de la commission nationale de la négociation collective, les clauses *qui seraient en contradiction avec les textes législatifs et réglementaires* en vigueur [6]. Il peut aussi, ce qui est plus surprenant, exclure de l'extension des clauses qui, à son avis, *ne répondent pas à la situation de la branche* dans le champ d'application géographique considéré. Il ne peut user de ce pouvoir que si ce retrait ne modifie pas l'économie de l'accord (C. trav., art. L. 2261-25). Là encore,

---

1. CE 21 nov. 2008, n° 300135, 1e et 6e s.-s., *RJS* 4/09, n 386 ; A. Courrèges, Le pouvoir d'appréciation du ministre pour refuser en opportunité l'extension, *Sem. soc. Lamy* 26 janv. 2009, n° 1384, p. 6 s. ; S. Nadal, Le droit à l'extension n'existe pas, *Sem. soc. Lamy* préc., p. 12 s.

2. CE 21 nov. 2008, préc.

3. S. Nadal, *op. cit.*, p. 13.

4. CE 21 nov. 2008, préc.

5. Le ministre ne peut refuser l'extension qu'après avis de la Commission de la négociation collective.

6. Il ne peut donc étendre des dispositions conventionnelles sous réserve de la conclusion d'un accord ultérieur en précisant le sens (CE. 26 févr. 2003, *RJS* 5 mars, n° 647, concl. Fombeur, p. 380, *Grands arrêts*, 3e éd., 2004, n° 168). Sur le pouvoir d'appréciation du ministre de la Légalité de certaines clauses, V. CE 19 févr. 1982, *Dr. soc.* 1982. 567, concl. Dondoux (contrôle des absences pour maladie) ; CE 8 déc. 2000, *Groupement hippique national, Dr. soc.* 2001. 518, concl. de Silva ; *RJS* 4/01, n° 480 (emplois subordonnés à l'obtention du diplôme homologué).

l'appréciation ministérielle peut être contestée par les signataires de la convention, qui peuvent demander au juge administratif d'annuler l'arrêté d'extension pour excès de pouvoir.

Le ministre du Travail peut également en présence de clauses qui seraient incomplètes au regard des textes législatifs et réglementaires en vigueur, en subordonner l'extension à l'application de ces textes (C. trav., art. L. 2261-25) [1].

Il doit également rechercher si *le champ d'application de la convention recoupe celui d'une autre convention déjà étendue*. En pareil cas, il lui appartient soit d'exclure du champ de l'extension envisagée les activités économiques déjà couvertes par la convention ou l'accord collectif précédemment étendu, soit d'abroger l'arrêté d'extension de cette convention ou de cet accord collectif en tant qu'il s'applique à ces activités [2].

Enfin, le ministre du Travail a le pouvoir d'étendre une convention collective ou un accord collectif alors même que celui-ci n'a pas satisfait à toutes les conditions imposées par la loi pour être susceptible d'extension. Après avoir consulté, éventuellement à deux reprises, la commission nationale de la négociation collective, le ministre du Travail peut étendre soit un texte qui n'a pas été signé par la totalité des organisations représentatives, soit une convention qui ne comporte pas toutes les clauses obligatoires ou qui ne couvre pas l'ensemble des catégories professionnelles de la branche (C. trav., art. L. 2261-27).

1401 ***Consultation préalable de la Commission nationale de la négociation collective*** ◊ Lorsqu'il souhaite procéder à une extension, le ministre du Travail doit préalablement consulter la Commission nationale de la négociation collective. L'initiative peut également émaner d'une organisation d'employeurs ou de salariés représentative dans le secteur concerné, le ministre étant désormais obligé d'engager la procédure d'extension lorsque la demande en est faite par une organisation représentative (C. trav., art. L. 2261-24).

La Commission nationale de la négociation collective, dont la composition est précisée par les articles L. 2272-1 et R. 2272-7 du Code du travail [3], a, entre autres missions [4], celle de donner un avis motivé au ministre

---

1. En revanche il ne peut étendre ces clauses sous réserve qu'elles soient complétées par un accord ultérieur (CE 26 févr. 2003, n° 241949 et 143386, *Union des métiers et des industries de l'hôtellerie, Sem. soc. Lamy* 2003, n° 115).

2. CE 6 nov. 2000, *Féd. nat. des travaux publics, RJS* 3/01, n° 321 ; 30 juin 2003, *Medef et autres, Dr. soc.* 2003. 1112, concl. Fombeur, *Grands arrêts*, 4e éd., 2008, n° 175 ; 2 févr. 2005, *RJS* 7/05, n° 765.

3. Elle comprend le ministre chargé du Travail ou son représentant, président ; le ministre chargé de l'Agriculture ou son représentant ; le ministre chargé de l'économie ou son représentant ; le président de la section sociale du CE ; en nombre égal, des représentants des organisations syndicales de salariés les plus représentatives au plan national d'une part, et des représentants des organisations d'employeurs les plus représentatives au plan national d'autre part.

4. Les missions de la commission sont définies par l'article L. 2271-1 ; les unes concernant les salaires (§ 5, 6, 8) ; les autres concernant la négociation collective : avis pour faciliter le chargé du travail sur l'extension et l'élargissement des conventions et accords collectifs ainsi que sur l'abrogation des arrêtés d'extension ou d'élargissement. Si la Commission donne un avis favorable à l'extension sans que deux organisations d'employeurs ou deux organisations de salariés représentées à cette commission se soient opposées à l'extension, le ministre pourra étendre le texte même si toutes les conditions légales exigées pour l'extension ne sont pas satisfaites [1]. Si, au contraire, deux organisations d'employeurs ou deux organisations de salariés, représentées à la Commission, s'opposent à l'extension, le ministre ne peut pas immédiatement procéder à celle-ci. Cette opposition ne fait pas cependant définitivement échec à l'extension ; le ministre peut demander un nouvel avis à la commission et procéder à l'extension après ce nouvel avis (C. trav., art. L. 2261-27). La volonté ministérielle prime ainsi sur celle des organisations représentatives.

1402 ***Consultation générale et publication au Journal officiel*** ◊ Après avoir recueilli l'avis de la Commission nationale de la négociation collective, le ministre du Travail doit publier au *Journal officiel* un avis relatif à l'extension envisagée, invitant les organisations et personnes intéressées à faire connaître leurs observations dans un délai de 15 jours (C. trav., art. D. 2261-3). Une sorte d'enquête *de commodo et incommodo* se trouve ainsi ouverte.

Ces précautions prises, l'extension sera réalisée par un *arrêté* ministériel : cet arrêté et le texte de la convention étendue sont eux-mêmes publiés au *Journal officiel*. Cet arrêté est un acte administratif susceptible de recours pour excès de pouvoir et il pourra être annulé si les conditions légales précédentes n'ont pas été respectées.

C. Effets de l'extension

1403 ***L'arrêté étend la portée de la convention ou de l'accord*** ◊ Dans le cadre délimité par les parties contractantes, l'arrêté ministériel étend la portée du texte conventionnel. *Le domaine professionnel* (métallurgie) et *géographique* (le département du Rhône) *n'est pas modifié* par l'extension ; en revanche, *tous les employeurs* exerçant une activité entrant dans ce champ d'application professionnel et géographique doivent respecter les dispositions contenues dans la convention ou l'accord, qu'ils soient membres ou non membres des organisations patronales signataires

développement de la négociation collective, avis sur les projets de lois et décrets relatifs à la négociation collective, examen du bilan annuel de la négociation collective, avis sur l'interprétation des clauses d'une convention ou d'un accord collectif. Ses études portent principalement sur les vides conventionnels et les moyens de les combler.

1. Art. L. 2261-27 : lorsque le texte n'a pas été signé par la totalité des organisations les plus représentatives intéressées, lorsque la convention ne comporte pas toutes les clauses obligatoires, lorsque la convention ne couvre pas l'ensemble des catégories professionnelles de la branche.

(C. trav., art. L. 2261-15) [1]. C'est cette extension à tous les employeurs du secteur professionnel et géographique, non affiliés aux groupements signataires, qui fait l'originalité du procédé. Les salariés pouvant invoquer les dispositions d'une convention collective chaque fois que leur employeur est tenu de l'appliquer dans l'entreprise qu'il dirige, l'extension a, en définitive, pour effet de rendre tous les salariés travaillant dans le secteur professionnel et géographique concerné bénéficiaires des dispositions de la convention ou de l'accord [2]. La contestation de la légalité de l'arrêté d'extension relève évidemment de la compétence du juge administratif [3].

1404 ***L'arrêté d'extension ne modifie pas la nature de la convention ou de l'accord*** ◊ La convention ou l'accord collectif conserve sa nature contractuelle [4]. L'acte administratif d'extension se greffe sur l'acte collectif. Lorsque cet acte collectif cesse de produire effet, l'arrêté ministériel, privé de support, n'entraîne plus aucune conséquence juridique [5]. Si l'acte collectif est révisé, les clauses qui ont été retirées de l'accord ne sont plus applicables, bien qu'elles aient été antérieurement étendues. En revanche, les nouvelles clauses substituées aux anciennes ne seront applicables dans l'ensemble des entreprises du secteur intéressé que si elles font elles-mêmes l'objet d'un nouvel arrêté d'extension. Seuls les juges judiciaires sont compétents pour statuer sur la licéité d'une clause contenue dans la convention collective ou sur la régularité des conditions de conclusion de l'accord [6], le juge de l'arrêté d'extension devant renvoyer la question préjudicielle au juge judiciaire. Si la convention ou l'accord collectif a été irrégulièrement conclu, l'arrêté d'extension ne le valide pas.

---

1. L'extension d'un accord interprofessionnel signé par le Medef ne s'impose pas aux entreprises appartenant à une branche professionnelle non représentée par le Medef (Soc. 16 mars 2005, *Dr. soc.* 2005. 640, obs. Langlois ; Soc. 21 nov. 2006, *Bull. civ.* V, n° 351 ; *RJS* 2/07, n° 252).

2. Cet effet normatif trouve sa source dans l'arrêté d'extension et n'est donc pas rétroactif (Soc. 16 nov. 2005, *Bull. civ.* V, n° 327).

3. Depuis la loi du 30 juin 2000, le requérant peut invoquer l'urgence pour obtenir en référé la suspension de l'arrêté (CJA, art. L. 521-1) L'urgence est appréciée par le juge au regard de la nature des intérêts défendus par les requérants : V. CE 19 janv. 2001, Confédération nationale des radios libres, *Rec.* n° 228815, *RJS* 5/01, n° 700 et CE 28 févr. 2001, *Union syndicale Groupe des 10, Rec.* n° 229881, *Dr. soc.* 2001. 375, obs. X. Prétot. La demande de suspension est recevable alors même qu'elle a été introduite postérieurement à l'entrée en vigueur de la mesure d'extension et qu'elle ne porte que sur une partie des effets de celle-ci (CE 6 avr. 2005, *RJS* 6/05, n° 653). Les difficultés sérieuses d'interprétation de la convention donnent lieu à question préjudicielle devant le juge judiciaire (CE 13 févr. 2004, *RJS* 5/04, n° 581).

4. P. Durand, Contribution à la théorie de l'extension des conventions collectives : Les effets de l'arrêté d'extension, *Dr. soc.* 1956. 24 ; A. Brun : L'extension des conventions collectives en jurisprudence, *Dr. soc.* 1960. 644.

5. Art. L. 2261-28 : l'arrêté d'extension devient caduc à compter du jour où la convention ou l'accord cesse d'avoir effet (Soc. 29 mai 2001, *RJS* 8-9/01, n° 1043).

6. CE 4 mars 1960, *Peignage de Reims*, *Dr. soc.* 1960. 274, concl. Nicolay, *Grands arrêts*, 3e éd., 2004, n° 167 ; 4 mars 1960, *Féd. ind. chim.*, *Dr. soc.* 1960. 274 et 342, concl. Nicolay ; 13 juill. 1963, *Dr. soc.* 1964. 105 ; Civ. 2e sect. ; 12 juill. 1963, *JCP* 1964.II.13495, note P. S. et Ch. G. ; CE 3 févr. 1967, *Dr. soc.* 1968. 174, concl. Vught ; 17 juill. 2001, *Féd. de la santé et de l'action sociale CGT, Rec.* n° 227160, *RJS* 11/01, n° 1374 ; CE 13 nov. 2002, *RJS* 2/03, n° 222.

En revanche, et de façon exceptionnelle, l'arrêté d'extension donne sa force obligatoire à la convention ou à l'accord collectif de branche. Il joue alors le double rôle d'un agrément ou d'une extension.

1405 ***Annulation ou abrogation de l'arrêté d'extension*** ◊ L'arrêté d'extension peut également être privé d'effet pour des raisons qui lui sont propres ; ce sera le cas lorsque l'arrêté est annulé parce qu'il a été pris dans des conditions irrégulières ; ce sera le cas également lorsque le ministère du Travail abroge l'arrêté en vue de mettre fin à l'extension d'une convention ou d'un accord qui ne répond plus aux besoins de la profession (C. trav., art. D. 2261-13). Cet arrêté de retrait est pris après avis de la commission nationale de la négociation collective et publié au *Journal officiel* [1].

§ 2. **L'élargissement**

1406 ***Définition*** ◊ L'élargissement ressemble par certains traits à l'extension. Comme l'extension, c'est une technique juridique qui permet au ministère du Travail d'étendre la portée d'une convention ou d'un accord collectif. Le but poursuivi est le même : permettre à un nombre toujours plus élevé de salariés de bénéficier de clauses conventionnelles plus favorables que les dispositions légales, en faisant échec à l'attitude d'employeurs se tenant à l'écart des négociations collectives.

L'élargissement est cependant beaucoup plus difficilement conciliable avec les idées de négociation et de convention que ne l'est l'extension. En effet, si l'arrêté d'extension ne modifie pas le champ d'application territorial et professionnel de la convention ou de l'accord collectif, l'arrêté d'élargissement *rend applicable dans une région ou dans un secteur d'activité une convention ou un accord que les acteurs sociaux de cette région ou de ce secteur n'ont pas conclu*. Aucune des organisations d'employeurs et de salariés de la région et du secteur concerné n'ayant participé à l'élaboration de la règle appliquée, le caractère conventionnel de celle-ci devient très théorique.

1407 ***Conditions d'élargissement*** ◊ Pour qu'un arrêté d'élargissement soit pris, il faut tout d'abord qu'il y ait absence ou carence prolongée des organisations de salariés ou d'employeurs. Celle-ci se traduira par une impossibilité persistante de conclure une convention ou un accord dans une branche d'activité ou tout au moins dans un secteur géographique déterminé (C. trav., art. L. 2261-17) ; elle se traduira également par l'impossibilité de modifier ou de compléter pendant plusieurs années (5 ans au moins) une convention de branche existante (C. trav., art. L. 2261-18).

L'élargissement n'est par ailleurs possible que lorsque le secteur professionnel ou le secteur géographique où l'on entend appliquer la convention ou l'accord présente des conditions économiques analogues à celle du secteur professionnel ou

1. CE 19 févr. 1982, *Dr. soc.* 1982. 567.

géographique dans lequel la convention ou l'accord a été conclu. Cette exigence n'existe pas lorsqu'il s'agit de l'élargissement d'un accord national interprofessionnel (C. trav., art. L. 2261-17, 3°)

Il faut encore que la convention ou l'accord collectif ait été au préalable « étendu » ; une convention ou un accord ne peut être appliqué obligatoirement dans un secteur autre que celui pour lequel il a été conclu que s'il a été auparavant rendu applicable à tous les salariés de ce secteur. Cette règle est applicable non seulement pour l'élargissement des conventions ou des accords de branche mais aussi pour l'élargissement d'un accord interprofessionnel (C. trav., art. L. 2261-17).

L'article L. 2261-32 du Code du travail prévoit, dans les conditions qui viennent d'être évoquées, une autre hypothèse d'élargissement. Celle-ci intéresse les branches dans lesquelles moins de 5 % des entreprises adhèrent à une organisation professionnelle représentative des employeurs et dont l'activité conventionnelle présente, sur les cinq années précédentes, une situation caractérisée par la faiblesse du nombre des accords et des avenants signés et du nombre des thèmes de négociation couverts par ces accords. Dans la situation

Les autres conditions sont d'ordre procédural, la procédure d'élargissement étant calquée sur la procédure d'extension (avis de la commission nationale de la négociation collective, publication d'un avis relatif à l'élargissement au *Journal officiel*, publication de l'arrêté d'élargissement au *Journal officiel*).

On retiendra que le ministre du Travail peut prendre l'initiative d'une procédure d'élargissement comme celle d'une procédure d'extension. En revanche, le droit d'opposition, pour la commission nationale de la négociation collective, n'est pas organisé de la même façon dans les deux procédures. Lorsqu'il s'agit d'élargissement, la loi ne prévoit pas la possibilité d'une double consultation. Les pouvoirs du ministre sont assez étendus : il peut prendre un arrêté d'élargissement, sauf si la majorité des membres de la commission s'est opposée au projet ; l'opposition doit être écrite et motivée.

1408 ***Effets de l'élargissement*** ◊ L'arrêté d'élargissement peut rendre obligatoire dans un secteur territorial une convention ou un accord de branche négocié pour un autre secteur territorial et déjà étendu dans ce secteur. Par exemple, une convention départementale du Rhône deviendra applicable dans le département de la Loire. L'arrêté d'élargissement peut rendre obligatoire, dans un secteur géographique donné, une convention ou un accord collectif déjà applicable dans ce secteur mais dans une autre branche d'activité. Par exemple, dans le département du Bas-Rhin, il sera décidé d'appliquer dans l'industrie de la malterie la convention collective de la brasserie applicable dans ce département. Enfin, l'arrêté d'élargissement peut rendre applicable un accord national interprofessionnel dans des branches d'activité non représentées lors de la signature de l'accord (C. trav., art. L. 2261-17) [1].

Les effets de l'élargissement prennent fin lorsque le ministre abroge l'arrêté d'élargissement [2]. Ils prennent également fin lorsque l'arrêté

1. CE 17 janv. 1986, *D.* 1986. IR 247 (énumération des branches non nécessaire ; élargissement à des branches expressément exclues).

2. Lorsqu'un arrêté d'élargissement est annulé par décision de la justice administrative, il est réputé n'être jamais intervenu (Soc. 7 mai 1991 *CSBP* 1991, S. 111).

d'extension du texte, par la suite élargi, a cessé de produire effet (C. trav., art. L. 2261-29 ; l'extension est un préalable à l'élargissement). Ils cessent enfin lorsqu'une convention ou un accord est conclu dans le secteur territorial ou professionnel ayant fait l'objet d'un arrêté d'élargissement, du moins à l'égard des employeurs liés par cette nouvelle convention ou ce nouvel accord (C. trav., art. L. 2261-30) ; les organisations d'employeurs et de salariés peuvent ainsi éviter l'application d'un texte qu'ils n'ont pas conclu, en négociant une convention ou un accord adapté aux besoins de leur secteur. L'élargissement a ainsi un rôle incitatif à la négociation : la menace d'élargissement, comme l'existence d'un arrêté d'élargissement, incitera les professionnels à élaborer eux-mêmes les règles conventionnelles qui gouverneront leurs relations de travail.

TITRE 3
LES CONFLITS DU TRAVAIL

1409 En régime démocratique, la justice sociale ne procède pas seulement de règles venues d'en haut, mais elle vient aussi d'en bas, de la confrontation des intérêts des employeurs et des salariés. La reconnaissance des libertés de représentation, d'action et de négociation collectives permet d'y convertir les rapports de force en rapports de droit et de métaboliser ainsi les ressources de la violence sociale. À la différence des régimes autoritaires ou dictatoriaux, les démocraties admettent que les travailleurs puissent agir collectivement pour défendre leurs intérêts. Parmi les différentes formes d'actions collectives, la grève s'est ainsi affirmée comme objet d'un droit fondamental (Chap. 1). La loi, et surtout la jurisprudence, s'efforcent de définir les limites dans lesquelles ce droit s'exerce (Chap. 2). Le recours à la grève ou à d'autres formes d'action collective conduit souvent à des ripostes patronales, dont le droit du travail a dû préciser le régime juridique (Chap. 3). Il encadre aussi les divers modes de règlement des conflits collectifs (Chap. 4) [1].

---

1. H. Sinay et J.-C. Javillier, *La grève, Traité de droit du travail* (dir. G.-H. Camerlynck), Dalloz, t. 6, 2e éd., 1984 ; R. Latournerie, *Le droit de la grève*, Sirey, 1972 ; J.-C. Javillier, *Recherche sur les conflits du travail*, thèse Paris-I, 1973 ; B. Teyssié, *La grève*, Dalloz (coll. Connaissance du droit), 1994 ; J.-E. Ray, *Les pouvoirs de l'employeur à l'occasion de la grève*, Litec, 1985.

CHAPITRE 1
ACTION COLLECTIVE ET DÉMOCRATIE

1410 ***Grève et conflit du travail*** ◊ La grève consiste dans la cessation *collective* et *concertée* du travail, à l'appui de *revendications*. Ainsi caractérisée, elle est un instrument d'expression et de défense essentiel pour les travailleurs. Dans la mesure où elle engendre des perturbations dans le fonctionnement d'une entreprise ou d'un service, elle est constitutive d'un préjudice au détriment de l'employeur qu'elle incite de la sorte à négocier. Mais elle est également préjudiciable au salarié qu'elle prive le plus souvent d'une fraction de sa rémunération et parfois même de son emploi. Elle est à l'origine d'une gêne appréciable pour les clients de l'entreprise ou les usagers du service paralysé par la grève. C'est dire la complexité du phénomène.

La grève manifeste l'existence d'un *conflit collectif* du travail, mais ne se confond pas avec celui-ci, dont elle n'est qu'une modalité [1]. Le conflit est une chose, les *formes d'action collective* (grève, occupation, lock-out) utilisés au cours du conflit en sont une autre.

SECTION 1. HISTORIQUE [2]

1411 ***Le délit de coalition*** ◊ La coalition est une action collective en vue de peser sur le prix du travail. Elle recouvre donc un champ plus vaste que la grève, qui suppose un arrêt concerté du travail.

La Révolution, qui venait d'affirmer la liberté du travail interdit en même temps les coalitions qui semblent la contredire. La loi Le Chapelier punit « toutes tentatives des gens de même métier de se réunir pour discuter de leurs intérêts, de refuser de concert ou de n'accorder qu'à un prix déterminé, le secours de leur industrie ou de leurs travaux ». Le délit de coalition rend toute grève juridiquement illégale. Alors que les textes révolutionnaires répriment indistinctement toute coalition, la loi du 22 germinal an XI distingue entre les coalitions ouvrières, punies dans tous les cas d'un emprisonnement de trois mois, et les coalitions patronales, réprimées seulement lorsqu'elles tendent à provoquer injustement l'abaissement des salaires. Les articles 414 et 415 du Code pénal sont consacrés à la répression du délit de coalition.

---

1. Dans la mesure où elles font référence à la notion de « conflit du travail », certaines dispositions légales font surgir des questions de qualification au regard de ce qui devient ainsi une catégorie juridique. V., par ex., au regard de la loi d'amnistie du 6 août 2002 faisant bénéficier de l'amnistie les délits commis « à l'occasion d'un conflit du travail » : Crim. 22 juill. 2004, *Bull. crim.* n° 182 (écartant cette qualification).

2. S. Sirot, *La grève en France. Une histoire sociale (XIXe – XXe siècle)*, O. Jacob, 2002.

Au XIXe siècle, les coalitions et les grèves n'en sont pas moins fréquentes. C'est « l'épreuve de force », en marge du droit.

1412 ***La liberté des coalitions*** ◊ L'empire libéral, à l'instigation de E. Ollivier, fit voter la loi du 25 mai 1864 qui contient deux séries de dispositions.

1) Elle abolit le délit de coalition, au motif que l'individu isolé pouvant arrêter de travailler il doit être permis aux individus en groupe d'agir de même, au motif également que la libre discussion des salaires suppose la possibilité pour les salariés de se coaliser. La coalition devient licite au regard de l'ordre public.

2) La réforme s'accompagne d'un important tempérament : le délit de coalition est remplacé par le *délit d'atteinte à la liberté du travail*. Si des actes de menace, de violence, de contrainte sont accomplis au cours d'une grève, ils tombent sous le coup de la répression. La liberté du travail, qu'on veut défendre, sert à discriminer au cours d'une grève les moyens permis des moyens défendus. Il s'agit donc d'une dépénalisation partielle, la grève restant au surplus *civilement illicite*.

En effet, la jurisprudence attacha à la grève un effet de rupture du contrat de travail qui se maintint jusqu'à la loi du 11 février 1950, laquelle en fit une simple cause de suspension du contrat de travail. C'est qu'une nouvelle Constitution était passée par là.

1413 ***Le droit de grève*** ◊ Après l'illicéité temporaire de la grève sous le régime de la Charte du travail de Vichy (art. 5), le préambule de la Constitution de 1946 franchit une étape capitale en disposant que « *le droit de grève s'exerce dans le cadre des lois qui le réglementent* ». La grève, devenue une modalité essentielle de défense des intérêts professionnels, n'est plus un simple fait regrettable mais toléré : elle devient l'objet d'un droit, que le Préambule qualifie de « particulièrement nécessaire à notre temps ».

Le législateur n'a pas, malgré l'invitation qui lui était faite par le constituant de 1946, *réglementé le droit de grève*. Il a seulement précisé quels étaient les effets habituels de la grève (C. trav., art. L. 2511-1, L. 1132-2) et fixé les règles particulières pour les grèves dans les services publics. Il en résulte que les juridictions judiciaires et administratives ont été amenées à élaborer progressivement le droit de la grève, qui est, pour l'essentiel, un *droit prétorien*. Le Conseil constitutionnel de son côté a orienté l'action législative [1]. Il impose à celle-ci de concilier ce droit avec d'autres droits ayant eux aussi valeur constitutionnelle. Mais la consécration constitutionnelle du droit de grève a manifestement exercé une influence sur la construction du droit prétorien de la grève par la Cour de cassation, qui attache des conséquences à cette position hiérarchique de la norme reconnaissant ce droit [2].

Le droit de grève n'est pas expressément consacré par les conventions de l'Organisation Internationale du Travail qui reconnaissent seulement aux syndicats un droit à l'action collective [3]. C'est la Charte sociale du Conseil de l'Europe qui a

---

1. Les décisions ne sont évidemment pas très nombreuses : 20 juill. 1977 et 28 juill. 1987 (retenues sur traitements et salaires dans le secteur public) ; 25 juill. 1979 (service minimum) ; 22 oct. 1982 (responsabilité civile des syndicats et des grévistes) ; 16 août 2007 (dispositions propres aux transports terrestres). V. Ogier-Bernaud, *Les droits constitutionnels des travailleurs*, Th., PUAM, 2003 ; et du même auteur : La « nature particulière » du droit de grève n'implique pas une protection constitutionnelle amoindrie, *Dr. soc.* 2007. 1221.

2. D'un arrêt fondateur de 1951 (Soc. 28 juin 1951, *Dr. soc.* 1951. 523, note P. Durand ; *Grands arrêts*, 4e éd., 2008, n° 182) à un arrêt récent (Soc. 2 févr. 2006, *RDT* 2006. 42, obs. O. Leclerc), soulignant que « le droit de grève est un principe de valeur constitutionnelle »).

3. Convention n° 87 sur la liberté syndicale. V. N. Valticos *Droit international du travail*, Traité Dalloz de droit du travail, t. 8, 2e éd. 1983. n° 319.

reconnu la première (art. 6) le droit de grève au plan international. Sous l'influence de ce texte et au nom de la liberté syndicale reconnue à l'article 11 de la Convention européenne de sauvegarde des droits de l'homme, la CEDH a a pu en tirer une véritable reconnaissance juriprudentielle du droit de grève [1]. Quant à la Communauté européenne, elle s'est longtemps accommodée d'un ordre juridique qui consacrait la liberté des employeurs d'agir au-dessus des frontières, mais qui la refusait aux travailleurs. Cette situation a évolué avec l'adoption en 2000 de la Charte des droits fondamentaux de l'Union européenne, dont l'article 28 reconnaît aux travailleurs et aux employeurs, ou à leurs organisations respectives, le droit « de recourir, en cas de conflits d'intérêts, à des actions collectives pour la défense de leurs intérêts, y compris la grève ». La CJCE a admis que « le droit de mener une action collective, y compris le droit de grève, doit être reconnu en tant que droit fondamental faisant partie intégrante des principes généraux du droit communautaire dont la Cour assure le respect », en même temps qu'elle s'est arrogé le pouvoir d'interdire les grèves dirigées contre les délocalisations ou les pavillons de complaisance [2]. Cette position restrictive contraste avec la position plus respectueuses du droit de grève adoptée depuis par la CEDH [3] et par le CEDS [4].

SECTION 2. ÉTAT DES PROBLÈMES

1414 ***Perception de la notion*** ◇ Longtemps considérée comme un simple phénomène de violence, la grève est devenue, dans les sociétés démocratiques évoluées, une liberté collective nécessaire ou encore une modalité légitime de défense des intérêts professionnels, faisant contrepoids au pouvoir de la direction. Les systèmes juridiques s'opposent sur certains points [5]. Les transformations récentes du monde du travail appellent un renouvellement de la réflexion juridique sur le droit de grève [6].

---

1. CEDH 21 avr. 2009, *Enerji Yapi Yol Sen*, n° 68959/01, J.-P. Marguénaud et J. Mouly, *RDT* 2009. 499.

2. CJCE 11 déc. 2007, *Viking*, aff. C-438-05, §.44. V. aussi, CJCE 18 déc. 2007, *Laval*, aff. C-341-05, §.91, affaire dans laquelle la Cour prohibe une grève visant à réclamer des droits supplémentaires en faveur des travailleurs détachés dans le cadre d'une prestation de service internationale, au nom de l'atteinte à la libre prestation de service. Sur ces arrêts, parmi de très nombreux commentaires, v. not. P. Chaumette, *Dr. soc.* 2008. 210 ; S. Robin-Olivier et E. Pataut, *RDT* 2008. 80 ; A. Supiot, L'Europe gagnée par « l'économie communiste de marché », *Revue du MAUSS permanente*, 30 janv. 2008 http://www.journaldumauss.net/ spip. php ?article 283 ; B. Teyssié, Esquisse du droit communautaire des conflits collectifs, *JCP S* 2008. 15. V. ss 39 ; E. Dockès, L'Europe antisociale, *RDT* 2009. 145.

3. V. *supra*.

4. V. CEDS 3 juill. 2013, réclamation n° 85/2012, *Sem. soc. Lamy*, n° 1616/2014, p. 5, note S. Laulom ; *RDT* 2014. 160, étude K. Chatzilaou : par cette décision, le Comité juge contraire à la Charte sociale la loi suédoise dite « Lex Laval », loi qui pourtant ne faisait que reprendre les conclusions de l'arrêt *Laval*, du 18 déc. 2007 (CJUE 18 déc. 2007, aff. C-341/05, préc.).

5. G. Lyon-Caen, Essai sur la singularité du droit français des luttes du travail, *Études offertes à André Brun*, Lib. Soc. et éco., 1974, p. 337 ; J.-M. Bélorgey, Gestion des conflits en Europe. Le choc des cultures, *Dr. soc.* 2002. 1125.

6. A. Supiot, Revisiter les droits d'action collective, *Dr. soc.* 2001. 687.

1415 ***Conception globale*** ◊ Pour beaucoup, la grève demeure un *fait* social, qui bénéficie simplement d'un traitement indulgent. Naguère encore faute contractuelle, la grève se verrait octroyer depuis la Constitution de 1946 une *immunité* (comme en droit anglais) interdisant à l'employeur de la sanctionner ; elle n'est plus, de la même façon, une faute délictuelle par elle-même. Sans être inexacte, cette analyse demeure en-deçà de ce qu'impose dorénavant la Constitution, qui parle de « droit » [1].

1) Quand celle-ci parle de *droit* de grève, elle laisse cependant ouverte la porte à une discussion : s'agit-il d'un droit *collectif* (dont le titulaire serait le syndicat ou une autre organisation représentant les travailleurs : conception dite *organique*) comme dans nombreux pays, à commencer par l'Allemagne ? En France les droits même économiques et sociaux sont des droits de l'*individu*, fussent-ils exercés en commun : « tout salarié a un droit personnel à la grève », confirme la Cour de cassation [2], et « une convention collective ne peut avoir pour effet de limiter ou réglementer l'exercice pour les salariés du droit de grève constitutionnellement reconnu » [3]. Ce qui fait du droit de grève « à la française » l'archétype du droit individuel d'exercice collectif [4]. Une grande inégalité règne dans l'exercice de ce droit, dont usent surtout les travailleurs dont l'emploi est le plus stable (fonctionnaires, salariés à statut du secteur public) [5]. Ce sont les salariés les plus vulnérables (salariés intérimaires ou à durée déterminée, à temps partiel, à faibles revenus, etc.) qui ont le moins de possibilités de se défendre par l'action collective.

2) Ce droit est-il réservé aux seuls *salariés* ? La réponse est jusqu'ici (sans doute un peu routinièrement) positive [6], à condition d'entendre par « salariés » l'ensemble des travailleurs subordonnés, agents publics compris. Avec le développement du *travail non salarié*, il y aurait lieu de renouveler les termes du débat. Un très grand nombre

---

1. G. Couturier, *Traité de droit du travail*, PUF, t. 2, 2001, n° 171.

2. Soc. 10 oct. 1990, *Bull. civ.* V, n° 434.

3. Soc. 7 juin 1995, *D.* 1996. 75, note B. Mathieu, *Grands arrêts*, 4e éd., 2008, n° 196. V. M.-A. Souriac : Conflits du travail et négociation collective *Dr. soc.* 2001. 705.

4. A. Jeammaud, M. Le Friant et A. Lyon-Caen, L'ordonnancement des relations du travail, *D.* 1998. Chron. 359 (n° 25 et 28).

5. Après un « pic » de 1999 à 2001, la conflictualité mesurée en nombre de « journées individuellement non travaillées » pour cause de grève a recommencé à diminuer en 2002, 2003, puis 2004. Cette année-là, elle restait, pour ce qui concerne le secteur privé, plus forte dans l'industrie que dans la construction ou les services. Mais la baisse des journées de grève était significative aussi dans les transports, publics ou privés, et dans la fonction publique d'État, qui sont les secteurs les plus affectés, dans les représentations sociales comme dans les faits. Le premier thème de revendication allant jusqu'à l'arrêt de travail restait celui des salaires (Dares, Les conflits du travail en 2004, par A. Carlier et V. de Oliveira, *Premières informations et premières synthèses*, n° 45.1, nov. 2005). Un rapport de la Direction des relations du travail (DRT) du ministère signale une nouvelle hausse des chiffres pour 2005 dans le secteur couvert par l'Inspection du travail, c'est-à-dire dans le secteur privé. Ces chiffres, il est vrai, doivent être reçus avec prudence, car des « contraintes administratives » pesant sur leur production entraîneraient une considérable sous-estimation (D. Revelin, Peut-on faire confiance aux statistiques sociales ?, *Dr. soc.* 2006. 432, spéc. p. 437). En tout cas, les chiffres de la conflictualité seront probablement en hausse pour 2006, compte tenu du conflit autour de la création du CPE.

6. Refus du droit de grève au bénéfice de médecins, revendiquant le droit de ne plus verser leur cotisation à leur ordre : Civ. 1re, 15 janv. 1991, *Bull. civ.* I, n° 19 ; *D.* 1992. Somm. 297, obs. A. Lyon-Caen. Refus de la qualification de grève à un mouvement collectif (blocage d'accès à un site industriel) d'entrepreneurs de transport routier (Soc. 11 janv. 2006, *RJS* 3/06, n° 377, avis J. Duplat, p. 201 ; *Dr. soc.* 2006. 470, obs. P.-Y. Verkindt).

de travailleurs juridiquement indépendants, recourent aujourd'hui à la « grève » (médecins, agriculteurs, avocats, routiers, etc.), notamment ceux dont les revenus proviennent en large partie de prélèvements obligatoires ou qui concourent à une mission de service public. Ils reprennent à leur compte les méthodes de lutte des agents publics (nuire aux usagers) pour faire pression sur l'État. La Constitution vise manifestement tous les citoyens, et ouvre la possibilité, sur le modèle italien, d'un encadrement juridique des grèves de ces travailleurs « parasubordonnés ».

3) Quel sort réserver aux grèves internationales ? Il faut distinguer ici la question de l'exercice du droit de grève par un salarié titulaire d'un contrat de travail international, qui relève du droit international privé, et la question de la grève de solidarité internationale, qui appellerait des solutions originales [1].

4) Faut-il étendre les droits d'action collective au-delà du droit de grève ? L'ouverture des frontières fait perdre beaucoup de son efficacité à la grève comme instrument de pression sur les entreprises multinationales. Ceci conduit à un regain d'intérêt pour des formes d'actions qui paraissent parfois « pré-industrielles » ou d'autres « mobilisations collectives », telles que les campagnes d'information sur les pratiques sociales des entreprises [2], le boycott, la mise à l'index, ou le recours aux labels sociaux [3].

1416 ***Grève et droit pénal*** ◊ Dans certains systèmes juridiques la grève est *interdite* et passible de sanctions pénales. Dans d'autres, le droit pénal saisit certains comportements au cours des grèves.

Dans les législations des pays de l'empire soviétique, toute grève était interdite au motif que l'opposition d'intérêts aurait cessé d'exister entre l'employeur – l'entreprise collectivisée – et les travailleurs. Affirmation dogmatique qui n'empêcha pas le déclenchement de nombreuses grèves, certaines de grande ampleur (en Allemagne de l'Est, en Pologne notamment : grève de Gdansk en 1980). On retrouve la même interdiction dans divers pays à régime autoritaire.

Dans d'autres législations, ce sont seulement certains comportements en cours de grève, qui sont prohibés. Le droit pénal commun suffit, dans certains pays, à réprimer les actes de violence commis en cours de grève. Dans d'autres, comme la France, le législateur a estimé nécessaire de créer une incrimination spéciale : l'entrave à la liberté du travail.

---

1. A. Lyon-Caen, La grève en droit international privé, *Rev. crit. DIP* 1977. 271 ; J.-P. Laborde, Conflits collectifs et conflits de lois, *Dr. soc.* 2001. 715 ; E. Pataut, La grève dans les rapports internationaux de travail : questions de qualification, *Dr. soc.* 2005. 303 ; et pour un tableau des actions collectives à l'échelon communautaire, v. J.-M. Denis, Les mobilisations collectives européennes : de l'impuissance à la nécessité d'alliance, *Dr. soc.* 2007. 671.

2. V. Paris, 30 avr. 2003, *Dr. soc.* 2003. 613 (licéité d'une campagne internet dénonçant les licenciements chez Danone).

3. J.-P. Le Crom, Le label syndical, *in Les acteurs de l'histoire du droit du travail*, PU Rennes, 2004, 297 ; A. Supiot, Revisiter les droits d'action collective, préc. ; J.-E. Ray, De la grève interne aux actions collectives externalisées, *Dr. soc.* 2003. 591 ; F. Calinaud, Conflits collectifs et sites internet, *id.* p. 607 ; J.-M. Denis, Les mobilisations collectives européennes : de l'impuissance à la nécessité d'alliance, *Dr. soc.* 2006. 671 ; D. Boissard, La médiatisation des conflits du travail, *id.*, p. 621 ; R. Beaujolin et J.-Y. Kerbouc'h, La « notation sociale » des entreprises, *in Regards croisés sur le droit social, Sem. soc. Lamy, n° spéc.* 1095 du 28 oct. 2002, p. 85 ; O. Boiral, « Certifier la bonne conduite des entreprises. Enjeux et perspectives », *RIT* 2003/3, 345.

1417 ***Grève et responsabilité civile*** ◊ La *réglementation* de la grève si elle est complète aboutit à faire de la grève en certains cas une faute civile, source de responsabilité pour le gréviste ou le syndicat [1]. Tout en reconnaissant la licéité de principe de la grève, diverses législations la réglementent dans des sens d'ailleurs différents [2]. Il est périodiquement question en France de *réglementer* l'exercice du droit de grève [3]. La jurisprudence du Conseil constitutionnel contient diverses suggestions à cet égard.

1) On peut restreindre son *domaine :* en Allemagne, dans les pays du Benelux et aux États-Unis, la grève est interdite aux fonctionnaires publics, au Japon dans les services publics.

2) On peut la soumettre à *une procédure* ; d'abord quant à l'autorité à qui est réservée la faculté de la déclencher. Ainsi en Allemagne, les *syndicats seuls* le peuvent, la grève « sauvage » étant illicite. Il a été parfois suggéré de subordonner son déclenchement à un vote majoritaire ; c'est le cas au Royaume-Uni. La pratique du préavis de grève, instituée aux USA depuis la loi Taft-Hartley, tend à se répandre dans le droit européen. Toutefois, dans aucun des pays de l'Union européenne, le préavis n'est obligatoire, au moins dans les entreprises privées. L'Italie s'est dotée en 1990 d'une Autorité indépendante qui veille à l'élaboration et au respect d'une réglementation conventionnelle de la grève dans les services publics essentiels [4].

3) Une autre tendance notable consiste à discriminer les grèves selon leurs *mobiles* et à ne retenir comme licites que les grèves professionnelles franches. Plusieurs systèmes juridiques (Allemagne, Grande-Bretagne, Italie, France) proscrivent ainsi les grèves politiques. D'autres vont plus loin en frappant d'illicéité toutes les grèves dites « déloyales » ou abusives et les actions en responsabilité civile sont fréquentes.

4) En Amérique du Nord ou en Allemagne, un lien étroit existe entre grève et *convention collective*. Il n'y a de grève régulière qu'à l'expiration de la convention collective et à l'occasion de son renouvellement. Une telle obligation de respecter la « *paix du travail* » [5] n'est pas admise dans le système français.

1418 ***Effets de la grève sur les rapports de travail*** ◊ Le problème de l'incidence de la grève sur l'emploi et la rémunération se pose nécessairement dans tout système juridique. Dans l'Union européenne, seules la France et l'Italie, rejointes par l'Espagne et le Portugal depuis le retour de la démocratie dans ces pays, admettent formellement l'existence d'un droit de grève. Mais la situation n'est pas en pratique différente dans les pays dont la Constitution ne reconnaît que la liberté des coalitions (Allemagne, Royaume-Uni) ou dans ceux où la législation est muette (Belgique,

1. La CEDH a jugé qu'une action en responsabilité civile pouvait constituer un moyen disproportionné pour assurer la continuité d'un service public affecté par une grève (CEDH 17 juill. 2007, *Satilmis*, n° 74611/01, 26 876/06).

2. Dans la plupart des pays du monde, notamment dans les pays voisins, la licéité de la grève est moins libéralement admise qu'en France. V. : N. Aliprantis, L'étouffement juridique de la grève en Europe, *Mélanges offerts à X. Blanc-Jouvan*, Soc. Législation comparée, 2005, p. 415.

3. Sur cette question *de lege ferenda* : *Dr. ouvrier, n° spéc.* févr.-mars 1988, Interventions P. Rodière (p. 85), A. Lyon-Caen (p. 88) ; G. Lyon-Caen, *Dr. soc.* 1988. 709.

4. M.-V. Ballestrero, La grève en droit italien, *Dr. soc.* 2004. 386.

5. G. Aubert, *L'obligation de paix du travail. Étude de droit suisse et comparé*, Genève, Georg, 1981.

Hollande)[1]. Mais, sauf au Royaume-Uni, la grève en elle-même ne rompt pas le contrat de travail. Le gréviste doit normalement retrouver son emploi : le contrat de travail n'est que suspendu. Pendant cette période de *suspension*, le salarié est dispensé de son obligation de fournir une prestation de travail ; en contrepartie, il perd son droit à rémunération pour cette période.

Mais la grève peut, en certaines circonstances, tenant à ses modalités ou à ses buts, constituer une faute disciplinaire justifiant la rupture du contrat par l'employeur.

1419 ***Modes de solution des conflits*** ◊ Les pays scandinaves, les pays anglo-saxons se signalent par des modes très élaborés de solution des conflits collectifs du travail, ce qui permet de mettre fin à la grève en supprimant sa cause. À vrai dire, la chose est relativement aisée lorsque la grève prend sa source dans un *litige juridique* (inobservation prétendue de la convention collective, sanction disciplinaire injustifiée). L'entreprise est en revanche malaisée lorsque la grève prend sa source dans un *conflit économique* ou d'intérêts (salaires jugés insuffisants, opposition à des décisions juridiquement régulières de fermeture d'établissement, de transfert d'activités, de suppression d'emplois, revendication d'une réduction du temps de travail).

La plus simple de ces méthodes – la *conciliation* – se pratique dans la plupart des législations européennes, et sa mise en œuvre est généralement obligatoire. En France, la loi du 13 novembre 1982 a supprimé le caractère obligatoire de la procédure de conciliation, ou de médiation, ou d'arbitrage[2].

L'intervention de la justice pour trancher à chaud un conflit collectif apparaît en général plus nuisible qu'utile. Elle tend cependant à se répandre[3]. Le recours volontaire à l'*arbitrage*, fréquent aux USA et au Canada, n'est souhaité dans les pays européens ni par le patronat ni par les syndicats.

1420 ***Entreprise privée et secteur public*** ◊ La grève dans les services publics nuit plus aux usagers qu'à la direction. Aussi le législateur tend-il à la soumettre à des conditions plus restrictives, dans ses conditions d'exercice et dans ses effets (C. trav., art. L. 2512-1 s.). Mais du fait de la précarité de

---

1. V. sur le cas de la Belgique, où le problème est de savoir si l'ordre juridique national consacre ou non un droit de grève : M. Jamoulle, Le droit de grève en Belgique : évolutions et perspectives, *Chroniques de droit social* 2003/8, p. 365.

2. Dans le livre V de la deuxième partie du Code du travail, intitulé « conflits collectifs » le titre 2 consacré aux modes de règlement frappe pourtant par sa densité et contraste avec le Titre précédent, consacré à « la grève », qui ne contient qu'un texte général (l'art. L. 2511-1), riche seulement de trois alinéas, mais base de la construction du droit prétorien.

3. En ce qui concerne l'expérience française, il importe de distinguer, avant de parler de « judiciarisation », plusieurs types de contentieux et savoir qu'il est impossible de mesurer la part du contentieux prud'homal (sans aucun doute le plus important) directement lié à des conflits collectifs (A. Jeammaud, Les contentieux des conflits collectifs du travail, *Dr. soc.* 1988. 689 ; L'état du contentieux judiciaire social, *ibid.* 1993.445).

l'emploi privé, contrastant avec la stabilité de l'emploi public, on constate que la grève est plus largement pratiquée dans le secteur public [1] : le rôle du Conseil d'État et du Conseil constitutionnel est de ce fait aussi considérable que celui de la Cour de cassation dans son encadrement juridique. La privatisation de nombreuses entreprises publiques et l'extension corrélative du nombre de salariés du privé concourant à une mission de service public ne justifient plus un examen séparé des deux types de grève ; quitte à signaler les particularités qui caractérisent la grève « publique ».

1. Le Conseil économique et social a observé il y a quelques années, dans l'un de ses avis, que le faible nombre de grèves dans le privé ne devait pas occulter l'augmentation d'une « conflictualité latente » dans les entreprises (Avis du 11 févr. 1998, Prévention et résolution des conflits du travail, *Liaison soc.* n° 17/98 du 24 févr. 1998, W). V. : A. Supiot, Malaise dans le social, *Dr. soc.* 1996. 115 ; G. Groux, Renouveau du conflit social, Bayard, 1998 ; *Le conflit en grève ? Tendances de la conflictualité contemporaine* (dir. J.-M. Denis), La Dispute, 2005.

CHAPITRE 2

LE DROIT DE GRÈVE

1421 ***Titulaires du droit*** ◊ Le préambule de la *Constitution* de 1946 ne parlant que du droit de grève en général, on s'est demandé si ce droit pouvait être invoqué par les agents de l'État et par les travailleurs des services publics. Le *législateur* est intervenu soit pour enlever expressément le droit de grève à certains fonctionnaires, soit, plus tardivement (L. du 31 juill. 1963), pour interdire certaines modalités de la grève dans les services publics. Le poids de son intervention est cependant moindre que celui de la *jurisprudence* administrative qui demeure la source primordiale des normes juridiques [1].

La Constitution de 1946, en affirmant l'existence d'un droit de grève, a incité le Conseil d'État à renverser sa jurisprudence [2]. Dorénavant le droit de grève existe dans les services publics, y compris au profit des fonctionnaires [3], au même titre qu'il bénéficie aux salariés dans l'entreprise privée. Les quelques contraintes propres au secteur public, n'empêchent pas que la grève y soit finalement moins risquée donc plus fréquente [4].

Le législateur a toutefois privé certaines catégories d'agents du droit même de recourir à la grève : militaires [5], fonctionnaires de police et CRS [6], personnels de l'administration pénitentiaire [7], magistrats [8], personnel du service des transmissions du ministère de l'Intérieur [9], ingénieurs des

---

1. J.-M. et J.-B. Auby, *Droit de la fonction publique*, Dalloz, 6ᵉ éd., 2012 ; R. Chapus, *Droit administratif général*, Montchrestien, t. 2, 10ᵉ éd., 1997 ; J.-F. Lachaume, *La fonction publique*, Dalloz, coll. Connaissance du droit, 2ᵉ éd., 1998.

2. CE 7 juin 1950, *Dehaene*, *JCP* 1950.II.5681, concl. A. Gazier ; *D.* 1950. 538, note A. Gervais (la jurisprudence antérieure refusait le droit de grève aux agents publics).

3. Loi du 16 juill. 1983, art. 10 : « Les fonctionnaires exercent le droit de grève dans le cadre des lois qui le réglementent ».

4. G. Morange, Les grèves et l'État, *D.* 1947. Chron. 117 ; J. Rivero : *Dr. soc.* 1948. 58 et 1953.517 ; G. Charlier, *JCP* 1950.I.837 ; J. Belorgey, *Le droit de grève dans les services publics*, 1965 ; D. Loschak, La dégradation du droit de grève dans le secteur public, *Dr. soc. févr.* 1976.56 ; *Dr. soc.* nº spéc. déc. 1989 sur les relations de travail dans les services publics ; Ph. Terneyre, *La grève dans les services publics*, Sirey, 1991 ; J.-P. Colson et autres, La grève dans les services publics, *RFDA* 1988. 805 ; P. Ortscheidt, Grèves et services publics, *RID comp.* nº spéc., vol. 11.347 ; B. Genevois, *Dr. soc.* 1989. 797 ; E. Devaux *La grève dans les services publics*, Th. Limoges, PUF, 1995 ; Ph. Waquet, La grève dans les services publics, *RJS* 4/03, chron., p. 275 ; A. de Senga, Grève dans les services publics, *Dr. ouvrier* 2003.405.

5. Loi 13 juill. 1972.

6. Lois 27 déc. 1947 et 28 sept. 1948.

7. Ord. 6 août 1958. D'où la tentative de révocation en 1989 des gardiens de prison grévistes.

8. Ord. 22 déc. 1958 (art. 10).

9. Loi de finances du 31 juill. 1978 (art. 14).

études et de l'exploitation de l'aviation civile [1]. Ce qui suscite parfois des grèves pour la conquête ou la reconquête du droit de grève.

1422 ***Une réglementation très partielle*** ◊ La Constitution prévoit que le droit de grève s'exerce « dans le cadre des lois qui le réglemente ».

Une réglementation générale, mais limitée, existe pour le secteur des *services publics* depuis la loi du 31 juillet 1963 (C. trav., art. L. 2512-1 s.), provoquée par la longue grève des mineurs du printemps 1963 [2]. Elle concerne aussi bien les personnels civils de l'État, des départements et des communes (de plus de 10 000 habitants) – c'est-à-dire les fonctionnaires et agents publics – que les salariés « de droit privé » des établissements, organismes ou entreprises publics ou privés, chargés de la gestion d'un service public, ainsi que ceux des entreprises publiques industrielles et commerciales dotées d'un statut spécial. Elle s'applique donc au personnel des sociétés concessionnaires ou à celui des organismes privés chargés de la gestion d'un service public [3]. De plus, en l'absence de réglementation légale du droit de grève, le Conseil d'État reconnaît aux chefs de service publics de fixer eux-mêmes, sous le contrôle du juge, « les limitations à apporter au droit de grève en vue d'en éviter un usage abusif ou contraire aux nécessités de l'ordre public ou aux besoins essentiels de la Nation » [4]. À ces dispositions générales s'ajoutent des règles particulières plus contraignantes dans les services publics de transport terrestre ou aérien [5].

Récemment, afin de briser certains mouvements de grève, deux méthodes atypiques ont été utilisées par la puissance publique. La première

---

1. Loi du 17 juin 1971. En ce qui concerne les contrôleurs de la navigation aérienne, ils avaient été privés du droit de grève par la loi du 2 juill. 1964. Une loi du 31 déc. 1984 le leur a rendu tout en réglementant très strictement son exercice (service minimum).

2. H. Sinay, *JCP* 1963.I.1795 ; M. Boitel : *Dr. ouvrier* 1963. 314 ; J. Touscoz : *Dr. soc.* 1964. 20.

3. Soc. 5 juill. 1984, *Bull. civ.* V, n° 297 (CEA), et n° 298 (COGEMA) ; Soc. 6 févr. 1985 *Bull. civ.* V, n° 82 (Air Inter) ; Soc. 25 juin 1987, *Bull. civ.* V, n° 433 (établissement d'enseignement privé sous contrat d'association) ; Cass., ass. plén. 4 juill. 1986, *Bull. civ.* Ass. plén. n° 11 (Air France) ; CE, avis, du 24 oct. 1995, *EDCE n° 47*, 1996, p. 458 ; (entreprises de stockage souterrain de gaz naturel : elles contribuent à garantir la continuité du service) ; Soc. 16 juill. 1997, *RJS* 10/97, n° 1130 (port autonome). Intéressante et inattendue prise en compte de la sous-traitance : lorsqu'une entreprise à statut sous-traite tout ou partie de la gestion du service public à une entreprise privée, les dispositions issues de la loi de 1963 s'appliquent au personnel de cette dernière (Paris, 26 mai 1999, *RJS* 10/99, n° 1278).

4. CE 25 sept. 1996, *RJS* 12/96, n° 1313 ; 13 nov. 1992, *RJS* 2/93, n° 173 (jurisprudence constante depuis l'arrêt *Dehaene*, préc.). Pour une critique de ces solutions, v. A. Supiot, Revisiter les droits d'action collective, *Dr. soc.* 2001. 687.

5. Pour les transports terrestres de voyageurs : loi n° 2007-1224 du 21 août 2007 (*JO* 22 août). V. F. Melleray, *AJDA* 2007. 1755 ; J.-E. Ray, *Dr. soc.* 2007. 1205 et du même auteur *RDT* 2007. 560 ; A. Lyon-Caen ; *ibid.* 487 ; E. Millard ; *ibid.* 563 ; G. Borenfreund, O. Leclerc et E. Peskine, *ibid.* 664 ; M.-A. Souriac ; S. Nadal, *ibid.* 738 ; F. Debord ; *D.* 2007. 283 ; R. Vatinet, *Dr. soc.* 2008. 671. Pour la transposition de ces solutions au transport aérien, v. loi n° 2012-375 du 19 mars 2012 ; L. Péru-Pirotte, Service garanti dans le transport aérien : le passager et le salarié, *JCP S* 2012. 120 ; *RDT* 2012. 573, obs. O. Leclerc. Ces lois ont pour objet principal d'ordonner au salarié de prévenir 24 h. à l'avance de sa volonté de faire grève. Ce préavis individuel ne conditionne pas l'exercice du droit de grève, qui demeure licite. Mais l'employeur peut sanctionner disciplinairement le salarié ayant omis de se déclarer par avance gréviste.

est celle de la réquisition des salariés grévistes [1], par application de l'article L. 2215-1-4° du Code général des collectivités territoriales, au nom du nécessaire maintien de l'ordre public. Cette méthode, utilisée en 2010 pour rouvrir des raffineries de pétrole en grève, a reçu la bénédiction du Conseil d'État [2], mais a valu à la France une condamnation de l'OIT [3]. Bloquée par cette condamnation, la puissance publique a décidé d'utiliser une autre méthode, pour vaincre cette fois une grève des agents de sécurité dans les aéroports à la fin de l'année 2011 : les forces de l'ordre ont été utilisées pour remplacer les salariés grévistes et bloquer ainsi tout effet de la grève. La méthode a été à nouveau approuvée par la juridiction administrative [4], et une plainte devant l'OIT a, à nouveau été déposée...

Si l'on excepte ces interventions inquiétantes, mais ponctuelles, il demeure que l'exercice du droit de grève reste exempt de toute restriction légiférée, de fond ou de procédure, dans le secteur privé. Cette abstention législative [5]a fait du droit de la grève un droit essentiellement jurisprudentiel. La convention collective ne peut introduire de restrictions qui seraient opposables aux salariés exerçant leur droit constitutionnel [6]. Les aménagements convenus par les partenaires sociaux dans une convention collective (préavis, obligations de négociation préalable, procédures de conciliation) ne s'imposeront donc qu'aux organisations signataires et non aux salariés, seuls titulaires du droit de grève.

1423 ***Droit défini et abus*** ◊ Droit constitutionnellement reconnu de suspendre l'exécution de ses obligations et de « nuire » à son créancier pour faire pression sur lui, le droit de grève pose au juge un redoutable problème d'encadrement juridique. D'un côté il est garant de ce droit constitutionnel, de l'autre, il lui appartient de borner son exercice pour le concilier avec le respect de droits d'égale valeur. Ainsi appelée à tracer la frontière du licite et de l'illicite, la jurisprudence use de deux méthodes [7].

a) La première consiste à jouer sur la définition juridique de la grève, pour distinguer parmi les actions collectives celles qui sont juridiquement des

1. Sur la question des réquisitions, v. ss 1465.

2. CE, ord. réf., 27 oct. 2010, n° 343966, *JCP S* 2010. 1033, obs. A. Martinon.

3. CA de l'OIT, déc. du 17 nov. 2011. Sur cette décision, v. not. Le droit en liberté, n° 50, p. 4 note A. Braun. *Adde*. A. Braun et A. Gentilhomme : Réquisitoires contre les réquisitions : le Conseil d'État face aux normes de l'OIT, *Dr. ouvrier* 2011. 507 ; Y. Struillou, Conflits sociaux et réquisition : finalité et modalités du contrôle exercé par le juge administratif, *Dr. ouvrier* 2011. 485 ; A. Martinon, F. Leconte, I. Taraud, *RDT* 2011, controverse p. 9.

4. TA Montreuil, 23 déc. 2011. Sur la question et sur cette décision, cf. F. Champeaux, Un nouveau champ d'atteinte au droit de grève ? *Sem. soc. Lamy* 2012, n° 1520.

5. G. Lyon-Caen : Réglementer le droit de grève ?, *Dr. soc.* 1988. 709.

6. Soc. 7 juin 1995, *Sté Transports Séroul, D.* 1996. 75, note B. Mathieu ; *Dr. soc.* 1996. 37, note Ch. Radé ; *Grands arrêts*, n° 197 ; 12 mars 1996, *Dr. soc.* 1997. 541 (inopposabilité aux salariés des préavis conventionnels). V. M.-A. Souriac, Conflits du travail et négociation collective, *Dr. soc.* 2001. 705.

7. Sur la jurisprudence en matière de grève, ses évolutions, ses apports, : J. Pélissier : La grève : liberté très surveillée, *Dr. ouvrier* 1988, p. 59 ; J.-E. Ray, 1988-1991 : un nouveau droit jurisprudentiel de la grève, *Droit soc.* 1991.715 ; *Grands arrêts*, 4e éd., 2008, n° 182 s. et les obs.

grèves et celles qui n'en sont pas. Cette première méthode permet au juge de disqualifier certains mouvements qui, n'étant pas définis comme des grèves, seront analysés comme des fautes. Depuis sa reconnaissance par le préambule de la Constitution de 1946, la définition du droit de grève a ainsi fluctué en jurisprudence : « modalité de défense des intérêts professionnels »[1], « cessation concertée du travail en vue d'appuyer des revendications professionnelles déjà déterminées auxquelles l'employeur refuse de donner satisfaction » (définition restrictive)[2], « arrêt de travail concerté... dans le but d'obtenir une amélioration des conditions de travail »[3]. La méthode est souvent régressive : la définition découle de ce que le juge souhaite permettre ou défendre, et non pas l'inverse. Le risque est de jouer sur les mots en affirmant que n'est pas une grève un mouvement que le sens commun qualifie de grève[4]. Risque d'autant plus grand que cette méthode emporte les effets les plus drastiques pour les grévistes, dont le comportement sera jugé à l'aune du droit disciplinaire et non pas du droit de grève[5]. Pour éviter de telles dérives la jurisprudence la plus récente a sagement précisé que « l'exercice du droit de grève résulte *objectivement* d'un arrêt collectif et concerté du travail en vue d'appuyer des revendications professionnelles »[6].

b) La seconde méthode consiste à se placer sur le terrain, non pas de la définition, mais de l'exercice du droit de grève : face à une action collective qui a bien la nature juridique d'une grève, on se demandera si elle relève d'un usage normal ou au contraire anormal du droit de grève. Juges judiciaire et administratif s'accordent à considérer que « la reconnaissance du droit de grève ne saurait avoir pour conséquence d'exclure les limitations qui doivent être apportées à ce droit comme à tout autre en vue d'en éviter un usage *abusif* ou contraire aux nécessités de l'ordre public »[7]. Une grève en principe licite, comme étant l'exercice d'un droit, peut devenir fautive ou abusive si elle est exercée à mauvais escient ou si les circonstances sont telles que les limites du droit de grève sont transgressées.

Ces deux méthodes se combinent en jurisprudence, et selon qu'on adopte une définition plus ou moins étroite de la grève, une même action (par exemple une grève politique) pourra être qualifiée soit de mouvement illicite (« non-grève »), soit de grève abusive. La jurisprudence récente a tendance à privilégier la technique de la disqualification. C'est l'inverse

1. Soc. 28 juin 1951, *Dr. soc.* 1951. 532 ; *Grands arrêts*, 4ᵉ éd., 2008, n° 182.
2. Soc. 21 mars 1973, *Bull. civ.* V, n° 174 ; 26 mars 1980, *Bull. civ.* V, 297.
3. Soc. 3 oct. 1963, *D.* 1964. 3, note G. Lyon-Caen ; *id.* 16 mai 1989 (il faut un arrêt de travail, une action concertée, des revendications), *D.* 1989. IR 176.
4. Un haut magistrat a ainsi proposé que dans le secteur public, une grève sans préavis régulier ne soit pas considérée comme une grève (Ph. Waquet, La grève, les mouvements illicites et l'abus du droit de grève, *RJS* 3/95, chron., p. 139). S'agissant d'interpréter les dispositions de la loi du 31 juill. 1963 « relative à certaines *modalités de la grève* dans les services publics », la dérive est évidente ; les modalités de la grève peuvent la rendre illégale, mais non lui ôter sa nature de grève.
5. Soc. 17 déc. 1996, *Bull. civ.* V, n° 445.
6. Soc. 23 oct. 2007 (n° 06-17.802P.), *D.* 2008. 662, note A. Bugada.
7. CE 7 juill. 1950, *Dehaene, préc.* ; Soc. 17 janv. 1956, *D.* 1956. 481 et 11 oct. 1957, *Gaz. Pal.* 1957.II.319.

qu'il faudrait faire. Tout d'abord parce qu'un mouvement collectif illicite demeure un mouvement collectif, et qu'il n'est pas logique d'en déplacer l'analyse sur le terrain des relations individuelles [1]. Ensuite parce qu'en ces matières délicates, où le juge a un rôle pédagogique à jouer, il ne devrait pas user de définitions en rupture manifeste avec le sens commun : tout le monde comprend ce que veut dire « grève illégale ou abusive », personne ne comprend qu'une grève ne soit pas une « grève ».

SECTION 1. LA NOTION JURIDIQUE DE GRÈVE

1424 ***Toute forme de grève est en principe licite*** ◊ Pour la Cour de cassation, « en l'absence de tout texte légal ou réglementaire précisant les formes que doivent revêtir les arrêts de travail pour constituer une grève », telle modalité de grève (en l'espèce des arrêts de travail de brève durée successifs ou répétés) « ne peut être considérée *en principe* comme illicite » [2].

La directive générale est celle de la *régularité* de principe de la grève, exercice d'un droit, *quelles que soient les formes utilisées*, dès lors qu'il y a arrêt collectif de travail à l'appui de revendications. Mais la notion juridique est plus étroite que les pratiques de grève des travailleurs, et le juge (celui qui suit la doctrine de la Cour de cassation) disqualifie parfois des mouvements collectifs de salariés qui pensaient ou avaient pensé « faire grève ».

§ 1. La qualification de grève

1425 Constitue une grève tout *arrêt collectif et concerté du travail en vue d'appuyer des revendications professionnelles* [3].

A. Arrêt collectif du travail

La grève suppose un arrêt du travail [4]. Et cet arrêt doit être collectif [5]. En revanche, peu importent le moment, le spontanéité, la durée, l'ampleur, ou le lieu de cet arrêt collectif de travail.

---

1. Les conséquences sont particulièrement graves pour le salarié, qui peut être sanctionné en l'absence de faute lourde (Soc. 16 nov. 1993, *Dr. soc.* 1994. 35, rapport Ph. Waquet, note J.-E. Ray).

2. Soc. 18 avr. 1963, *D.* 1963. 505, note A. Rouast ; *Grands arrêts*, 4e éd., 2008, n° 187. Dans le même sens, v. not. Soc. 25 janv. 2011, n° 09-69030, P.

3. Soc. 23 oct. 2007 (n° 06-17.802), *D.* 2008. 662, note A. Bugada.

4. Ce qui disqualifie en principe les mouvements collectifs d'insubordination sans arrêt du travail. Pour une mise en question de cette exclusion traditionnelle et pour la qualification de grève des mouvements dans lesquels l'activité est maintenue, contre ou indépendamment de la volonté de l'employeur, v. E. Dockès, Insubordination, propriété et action collective, *Sem. soc. Lamy* supp. n°1631/2014, p. 41. Sur la prohibition des grèves perlées, v. ss 1437.

5. V. ss 1431.

1426 ***Absence de procédure préalable, sauf dans les services publics*** ◊ Peu importe *le moment* [1]. Il n'y a pas lieu d'attendre le résultat d'une procédure de conciliation [2]. Il n'y a pas lieu de respecter un délai de préavis [3] sauf dans les services publics ; pas plus n'est-il nécessaire de consulter le personnel par voie de référendum (encore que cette pratique soit fréquente de la part des syndicats et non irrégulière) [4]. Enfin si la grève suppose l'existence de revendications non satisfaites, la loi ne prévoit pas la manière dont elles ont à être communiquées à l'employeur [5] ni même une phase préalable au cours de laquelle l'employeur aurait refusé de satisfaire les revendications présentées. La jurisprudence exige seulement que l'employeur ait été informé des revendications professionnelles avant l'arrêt de travail, peu important les modalités de cette information [6]. Mais la grève peut précéder leur *rejet* par l'employeur, sans être pour autant fautive [7]. Elle n'est pas un « ultime remède » et la stipulation d'un préavis de grève par une convention collective est inopposable aux salariés [8].

---

1. Soc. 20 janv. 1956, *Bull. civ.* IV, n° 71 : grève inopinée, le jour du lancement d'un navire ; 13 mars 1980, *D.* 1980. IR 546, obs. J. Pélissier.

2. Soc. 28 oct. 1954, *D.* 1955. 84 ; 24 mai 1955, *Dr. soc.* 1955. 567 ; 15 juill. 1955, *Dr. soc.* 1955. 492 et jurisprudence ultérieure. Surtout si les salariés ignorent l'existence de cette procédure (Soc. 8 oct. 1987, *JS UIMM* 1987. 538).

3. Soc. 26 févr. 1981, *Bull. civ.* V, n° 161 « une grève(...) ne saurait perdre son caractère licite du fait qu'elle n'a pas été précédée d'un avertissement, ou d'une tentative de conciliation ». Le préavis, fut-il stipulé par la convention collective est inopposable aux salariés (Soc. 7 juin 1995, *D.* 1996. 75, note Mathieu, préc.). Une grève « en escale », sans préavis des employés d'une compagnie de transport aérien, a été jugée irrégulière, la continuité du transport s'y opposant (Soc. 27 oct. 1979, *D.* 1980. 313, note H. Sinay). En revanche, l'Assemblée plénière a récemment jugé qu'un commandant de bord, qui s'était mis en grève lors d'une escale au lieu d'assurer le vol de retour conformément à son planning de rotation, pour se joindre à un mouvement de grève par ailleurs régulier (avec préavis) et après avoir averti son employeur de son intention suffisamment à l'avance pour permettre son remplacement sur ce vol de retour, n'avait commis aucun abus dans l'exercice du droit de grève (Cass., ass. plén., 23 juin 2006, *RDT* 2006. 71 ; *D.* 2006. 1843, *Dr. soc.* 2006. 935, obs. Dockès, rejetant le pourvoi contre : Paris, 20 nov. 2003, *Dr. ouvrier* 2005. 221, note F. Saramito).

4. La loi n° 2007-1224 du 21 août 2007 (art. 6) relative à la continuité des services de transports terrestres de passages, prévoit la possibilité de consulter les salariés concernés par les motifs figurant dans le préavis, par vote à bulletin secret, sur la poursuite du mouvement qu'au-delà de huit jours de grève. Cette consultation demeure toutefois sans incidence sur le droit de faire ou de ne pas faire grève.

5. Soc. 30 nov. 1977, *Bull. civ.* V, n° 635.

6. Soc. 7 juin 1975, *Dr. soc.* 1995. 836 ; Soc. 28 févr. 2007, n° 06-40944P ; *D.* 2007. 869.

7. « Le *rejet préalable* des revendications des salariés n'est pas une condition d'exercice du droit de grève » : Soc. 20 mai 1992, *Bull. civ.* V, n° 319, *Grands arrêts*, 4e éd., 2008, n° 184 ; Soc. 24 mars 1988, *Dr. soc.* 1988. 646, note J. Déprez ; 11 juill. 1989, *Dr. soc.* 1989. 717, note J. Déprez, *Grands arrêts*, préc. n° 192 ; 13 déc. 1989, *Bull. civ.* V, n° 707 ; 7 avr. 1990, *RJS* 90, n° 419. La jurisprudence antérieure exigeait que le déclenchement de la grève suive le rejet par l'employeur.

8. Soc. 7 juin 1995, *Transports Séroul*, *D.* 1996. 75, note B. Mathieu ; *Dr. soc.* 1996. 37, note Ch. Radé ; *Grands arrêts* n° 197 ; 12 mars 1996, *Dr. soc.* 1997. 541. V. M.-A. Souriac : Conflits du travail et négociation collective *Dr. soc.* 2001. 705.

Dans les services publics[1] il en va autrement : condamnant la grève surprise l'article L. 2512-2 dispose que la cessation concertée du travail doit être précédée d'un *préavis*[2].

a) Quant à son auteur, le préavis doit nécessairement émaner d'un *syndicat représentatif* sur le plan national (affiliation à une confédération reconnue représentative), dans la catégorie professionnelle ou dans l'entreprise, l'organisme ou le service intéressé[3].

b) Quant à son contenu, le préavis doit préciser les motifs, le lieu, la date et l'heure du début de la grève[4], ainsi que sa durée, limitée[5] ou non ; étant entendu que les salariés, restant seuls titulaires du droit de grève pourront se joindre ou non au mouvement, le rejoindre, le quitter[6]. Sauf dans le secteur des transports terrestres[7], les salariés ne sont pas tenus de faire connaître leur intention de participer à la grève avant le déclenchement de celle-ci[8].

c) Quant au délai, le préavis doit parvenir *cinq jours francs* avant le déclenchement de la grève. Rien n'interdit que plusieurs préavis successifs soient

---

1. Les règles relatives à la grève dans les services publics s'appliquent aux entreprises privées participant à l'exécution d'un service public : Soc. 9 oct. 2012, n° 11-21508, P

2. Jugé inefficace par certains (v. J.-E. Ray, La grève dans les transports publics. Pour une conciliation des droits, *Dr. soc.* 2004. 747), ce dispositif a été renforcé dans le secteur des transports terrestre de voyageurs par la loi du n° 2007-1224 du 21 août 2007. Le préavis de grève ne peut y être déposé qu'après une négociation préalable ne pouvant dépasser huit jours. Cette procédure de prévention des conflits doit être fixée par un accord d'entreprise ou de branche (sur les premiers accords conclus, not. à la SNCF et la RATP, v. O. Leclerc, *RDT* 2008. 251). Dans les entreprises ou aucun accord n'est applicable, cette procédure est régie par décret.

3. La grève sans préavis engage la responsabilité syndicale (Soc. 6 févr. 1985, *Bull. civ.* V, n° 82), mais n'est pas nécessairement constitutive d'une faute lourde des travailleurs qui y participent (Soc. 5 juin 1984, *Bull. civ.* V, n° 229 ; CE 31 oct. 1986, *Dr. soc.* 1987. 390). Quant à l'irrégularité du préavis, elle ne suffit pas à rendre fautive la participation à la grève (Soc. 25 févr. 2003, *Dr. soc.* 2003. 554, obs. Ch. Radé). Chaque syndicat représentatif peut déposer son propre préavis pour des périodes de grève différentes (Soc. 4 févr. 2004, *Dr. soc.* 2004. 381, obs. Ch. Radé ; *D.* 2004. Somm. 2190, obs. F. Debord).

4. Paris, 13 sept. 2000, *RJS* 1/01, n° 152 (obligation d'indiquer l'heure précise d'arrêt de travail, commune à tous les membres du personnel).

5. « Un préavis unique peut porter sur des arrêts de travail d'une durée limitée étalés sur plusieurs jours » (Soc. 7 juin 2006, n° 04-17116, *Bull. civ.* V, n° 204, *RDT* 2006. 70, obs. A.M. ; *D.* 2007. 283).

6. Dès lors, l'arrêt d'une journée intervenu au cours de cette période constitue l'exercice normal du droit (Soc. 12 janv. 1999, *Dr. ouvrier* 1999.76, note A. de Senga), de même que le fait de rejoindre l'arrêt de travail à un moment quelconque de la période fixée par le préavis déposé par un syndicat représentatif (Soc. 8 déc. 2005, *JCP S* 2006. 1219, note S. Darmaisin). Le salarié ayant cessé de participer à la grève pourra-t-il ensuite la reprendre ? On ne voit guère comment lui dénier cette faculté, simple modalité d'exercice de son « droit personnel à la grève » (pour reprendre les termes d'un arrêt de la Chambre sociale), et d'exercice régulier dès lors que le mouvement est « couvert » par le préavis régulier (*contra* : S. Darmaisin, note préc.).

7. Loi n° 2007-1224 du 21 août 2007, art. 5-II (préavis individuel de 48 h.). Sur les sanctions encourues, v. CE 11 févr. 2008, n° 312330. Ce préavis est individuel et ne doit donc pas empêcher les salariés de se joindre à la grève après le déclenchement de celle-ci (CE 19 mai 2008, n° 312329, *Synd. SUD-RATP*, *RJS* 8-9/08, n° 924).

8. Cass., ass. plén., 23 juin 2006, *Dr. soc.* 2006. 935, obs. E. Dockès (grève d'un commandement de bord entamée pendant une rotation, l'intéressé ayant avisé l'employeur de son état de gréviste après le déclenchement de la grève, mais suffisamment tôt pour permettre son remplacement).

donnés [1], ni qu'un préavis unique porte sur des arrêts de travail d'une durée limitée étalés sur plusieurs jours [2]. La grève déclenchée moins de cinq jours francs avant la réception du préavis est illégale et les salariés qui s'y associent, même après l'expiration de ce délai en dépit d'une notification de l'employeur attirant leur attention sur l'obligation de préavis, commettent une faute disciplinaire que l'employeur est en droit de sanctionner [3].

d) Quant au destinataire, le préavis doit être adressé soit à l'autorité hiérarchique (fonctionnaires), soit à la direction de l'établissement, de l'entreprise ou de l'organisme intéressé. L'attitude de l'autorité responsable engendre des difficultés d'interprétation [4].

e) Pendant ce délai « les parties *sont tenues* de négocier » [5].

1427 ***Grève non syndicale*** ◊ La spontanéité de la grève n'est pas rare. Dans toutes les entreprises privées qui ne gèrent pas un service public, les salariés peuvent arrêter le travail et se mettre en grève, en l'absence de toute initiative syndicale : « un arrêt de travail ne perd pas le caractère de grève licite du fait qu'il n'a pas été déclenché à l'appel d'un syndicat » [6]. C'est seulement dans les entreprises gérant un service public que l'ordre de grève doit nécessairement émaner d'une organisation syndicale. D'où la fréquence des grèves « sauvages ». Le droit de grève appartient à chaque salarié, même si son exercice est collectif. L'idée selon laquelle l'arrêt de travail doit être « concerté » devrait être réexaminée [7].

1428 ***Arrêts courts et répétés*** ◊ Peu importe *la durée* de l'arrêt de travail [8]. Si la grève de brève durée ou débrayage est licite, elle le demeure même si elle est, comme il est fréquent, répétée [9] : « des arrêts de travail courts

---

1. Soc. 30 janv. 2008, n° 06-21781, *Syndicat Sud* RATP 2008. 143 (préavis de grève successifs mentionnant des motifs différents). Soc. 25 janv. 2012, n° 10-26237 P ; *Dr. soc.* 2012. 433, note P. Chaumette (préavis de grève successifs pour un même motif). En revanche, en cas de manquement à l'obligation de négocier, la succession de préavis peut être analysée comme un trouble manifestement illicite (Soc. 7 juin 2006, préc.). La pratique des « préavis glissants » est en revanche interdite dans le secteur des transports terrestres de voyageurs (L. n° 2007-1224 du 21 août 2007, art. 3 ; v. F. Debord, Le préavis de grève dans les services publics des transports, *D.* 2007. 283).

2. Soc. 7 juin 2006, n° 04-17116, *Société lyonnaise des transports en commun, Bull.* V. n° 204.

3. Soc. 11 janv. 2007, n° 05-40663 P ; *D.* 2007. 549. Comme le délit d'entrave à l'exercice du droit syndical pour l'employeur qui allègue faussement un non-respect du préavis pour empêcher la grève (Crim. 26 mars 2008, n° 07-84308, *RJS* 7/08, n° 818).

4. CE 31 oct. 1986, *Dr. soc.* 1987. 390, concl. J. Vigouroux.

5. Sur les modalités de déroulement de cette négociation dans le secteur des transports terrestres de voyageurs, v. Loi n° 2007-1224 du 21 août 2007, art. 2 et D. n° 2008-82 du 24 janv. 2008.

6. Soc. 19 févr. 1981, *D.* 1981. 417, note R. Bonneau.

7. Pour assurer un minimum de direction collective sont élus des comités de grève, ou des « coordinations ». Mais, dépourvus du pouvoir (juridique) de négocier les conditions de la reprise du travail, ils ne peuvent remplacer les syndicats.

8. Soc. 6 nov. 1958, *Dr. soc.* 1959. 291 ; 13 juin 1957, *D.* 1957. 578 (interruption d'un quart d'heure, exercice légitime du droit de grève).

9. Soc. 18 avr. 1963, *Grands arrêts*, 4e éd., 2008, n° 187 ; 25 févr. 1988, *Bull. civ.* V, 133 ; 1er mars 1989, *RJS* 1989, n° 379, 30 mai 1989, *RJS* 1989, n° 615 ; 16 oct. 2001, *Bull. civ.* V, n° 319.

et répétés, quelque dommageables qu'ils soient pour la production, ne peuvent, en principe, être considérés comme un exercice illicite du droit de grève » [1]. La circonstance que ces débrayages répétés sont effectués sur les lieux de travail est indifférente. Le principe de la licéité des grèves courtes et répétées *doit être concilié* avec l'affirmation du caractère abusif de certaines de ces grèves si elles conduisent à une désorganisation complète de l'entreprise [2].

La grève peut avoir une durée prédéterminée (une journée) ou être déclenchée pour une durée indéterminée (« grève illimitée » : jusqu'à satisfaction).

1429 ***Grève minoritaire ou partielle*** ◊ Peu importe *l'étendue ou l'ampleur* prise par l'arrêt de travail. Il n'est pas nécessaire à sa régularité que la grève intéresse tous les ateliers ou tous les services, toutes les catégories de personnes d'une entreprise ou d'une profession.

Il est acquis qu'une grève peut être le fait d'une *minorité*. Après une série de décisions qui semblaient contradictoires, la Cour de cassation a posé en principe qu'« un arrêt de travail ne perd pas le caractère d'une grève par le seul fait qu'il n'a pas été observé par la majorité du personnel » [3]. De même, la poursuite du refus de travail par une minorité, alors que la majorité du personnel a repris, mérite encore la qualification de grève [4]. En somme, il faut et il suffit, au regard du nombre des grévistes, que plusieurs salariés arrêtent en même temps le travail [5]. Mais l'arrêt de travail d'un seul salarié ne constitue pas une grève, qui s'entend d'un mouvement collectif [6] ; sauf lorsqu'il participe, seul de son entreprise, à un mouvement général, national [7], ou lorsqu'il est le salarié unique de l'employeur [8].

En second lieu la grève peut être limitée à une *catégorie* de personnel, à *un atelier*, à *un service*. Elle peut perturber alors les autres ateliers ou services, faisant « bouchon ». Mais à moins qu'il n'en résulte une impossibilité absolue, auquel cas une mesure générale de fermeture de l'établissement

---

1. Soc. 25 janv. 2011, n° 09-69030, P. Dans le même sens, v. déjà Soc. 11 mars 1964, *Bull. civ.* IV, n° 194 ; 5 juill. 1995, *Dr. ouvrier* 1996. 40, *JS UIMM*, 95-589, p. 381 (fermeture de l'entreprise à la suite de débrayages répétés, jugée injustifiée).

2. Soc. 26 févr. 1975, *Dr. soc.* 1975. 449, obs. J. Savatier ; 30 mai 1989 préc. : « il ne résulte pas des constatations des juges du fond que les arrêts de travail répétés avaient entraîné une désorganisation de l'entreprise elle-même, qui eût seule rendu la grève illicite » ; 10 juill. 1991, *RJS* 1991, n° 997.

3. Soc. 3 oct. 1963, *D.* 1964. 3, note G. Lyon-Caen, *Grands arrêts*, 4e éd., 2008, n° 188.

4. Soc. 19 juin 1952, *Dr. soc.* 1952. 533. Mais l'importance de la diminution du nombre de grévistes peut inciter à juger autrement. Ex. : Soc. 6 nov. 1985 (*Dr. soc.* 1986. 615, note J. Deprez : la majorité ayant repris le travail, la grève des minoritaires devient illicite) ; 19 juin 1987 (*D.* 1988. Somm. 325, obs. G. Borenfreund).

5. Nancy 13 mai 2003, *RJS* 12/03 n° 1429 (licéité de la grève de deux salariés dans une entreprise en comptant quatre).

6. Soc. 29 mars 1995, *Bull. civ.* V, n° 111.

7. Soc. 29 mai 1979, *Bull. civ.* V, n° 464 ; 29 mars 1995, préc.

8. Soc. 13 nov. 1996, *Dr. soc.* 1996. 1108, obs. J.-E. Ray ; *ibid.* 1997. 368, note Ch. Radé ; J. Savatier, *RJS* 1/97, chron. p. 8.

est admise (v. ss 1381 s.), cette forme de grève ne peut être qualifiée d'illicite, puisqu'une catégorie, une équipe, un atelier peut avoir ses propres revendications [1].

1430 ***Grève tournante*** ◊ La grève peut affecter alternativement une catégorie puis une autre, ou un atelier à la suite d'un autre : c'est la grève *tournante*. La jurisprudence en admet la régularité de principe [2], sauf s'il n'y a plus qu'une exécution défectueuse du travail sans rapport avec une grève et désorganisation complète de l'entreprise [3].

C'est seulement *dans les services publics* que la grève tournante se trouve interdite par l'article L. 2512-3 :

a) L'heure de cessation et l'heure de reprise du travail ne peuvent être différentes pour les divers membres du personnel intéressé. Cette première disposition condamne la grève tournante au sein d'un même établissement même lorsque son horaire prévoit des prises de postes successives [4].

b) Les arrêts de travail par échelonnements successifs ou par « roulement concerté », lorsqu'ils émanent de différents établissements ou services d'une même entreprise ou d'un même organisme ne sont pas admis. Seule demeure licite la grève tournante émanant de personnels d'entreprises différentes. Des arrêts de travail courts et répétés du même personnel ne sont pas frappés par l'interdiction.

1431 ***Grève « sur le tas »*** ◊ Peu importe le *lieu* où les grévistes accomplissent leur mouvement : ils peuvent rentrer à leur domicile. Mais, afin de se concerter, il est fréquent qu'ils restent sur les lieux de travail : la grève a lieu « sur le tas », au moins pendant la journée. Elle ne doit pas pour autant être confondue avec une simple réunion pendant le temps de travail [5], sauf si cette réunion est à l'appui de revendications professionnelles [6]. L'utilisation d'un temps de pause, même rémunéré, pour présenter des revendications, n'est pas un arrêt de travail et donc ce n'est pas une grève [7].

---

1. Soc. 5 juin 1973, *Bull. civ.* V, n° 360. Pour un arrêt retenant l'abus du droit à l'occasion d'une grève bouchon : Soc. 11 juin 1981, *JS soc.* 1981, n° 41, F. 84.

2. Soc. 14 janv. 1960, *Dr. soc.* 1960. 491 ; 22 janv. 1981, *Dr. ouvrier* 1981.195.

3. Soc. 30 mai 1989, *Bull. civ.* V, n° 404 ; 7 avr. 1993, *Dr. soc.* 1993. 607 (il faut qu'il y ait désorganisation de l'*entreprise* et pas seulement de la *production*).

4. Soc. 3 févr. 1998, *Dr. soc.* 1998. 294, obs. J.-E. Ray. Sur la portée limitée de cette interdiction dans la jurisprudence récente, cf. M.-C. Rouault et F. Duquesne, Que reste-t-il de l'interdiction de la grève tournante dans le secteur public, *RJS* 3/07, p. 219.

5. Une réunion organisée par le syndicat sur les lieux de travail et pendant le temps de travail est irrégulière et faute d'avoir été précédée de revendications ne saurait être traitée comme une grève. La grève ne peut servir à dissimuler cette irrégularité (Crim. 9 nov. 1971, *JCP* 1972. II.7074, note J. Pélissier ; Soc. 16 mars 1973, *Dr. soc.* 1974. 55, note Savatier ; 30 nov. 1977, *Bull. civ.* V, n° 555 ; 26 mars 1980, *ibid.*, n° 297).

6. En revanche si le rassemblement pendant le travail est décidé à l'appui de revendications professionnelles, la suspension du travail est qualifiée grève, et la réunion sur les lieux de travail, en cours de grève, est licite (Soc. 4 juill. 1972, *JCP* 1973.II.17464, note J. Pélissier ; 11 janv. 1979, *JS soc.*, n° 17 ; 19 févr. 1981, *D.* 1981. 417 ; 8 nov. 1988, *Dr. ouvrier* 1989.240).

7. Soc. 18 déc. 2001, *RJS* 3/02, n° 321.

B. À l'appui de revendications

1432 ***Grève et revendication*** ◊ Peu importe l'*objet des revendications*. Tout ce que la jurisprudence exige c'est qu'il existe des revendications professionnelles non satisfaites [1]. La *grève professionnelle licite* est non seulement celle qui tend à obtenir une augmentation des salaires, mais aussi celle qui tend à obtenir de meilleures conditions de travail, celle destinée à contraindre l'employeur à remplir des engagements [2], mais encore celle lancée pour s'opposer au licenciement de représentants du personnel [3] ou à un licenciement collectif, pour défendre l'emploi en général [4], ou pour défendre l'exercice du droit syndical [5].

Mieux : contrairement à ce qui se passe dans d'autres systèmes juridiques, il n'est pas nécessaire que les salariés aient présenté à l'employeur une revendication au niveau de l'entreprise et dont la satisfaction dépendrait de celle-ci. « La grève générale » est licite. La Cour de cassation l'avait d'abord nié [6], mais elle estime aujourd'hui que « la capacité de l'employeur à satisfaire les revendications des salariés est sans incidence sur la légitimité de la grève » [7]. En conséquence, la participation à une journée générale de protestation « pour les salaires et les retraites » est une forme d'exercice du droit de grève [8]. Une telle grève est proche de la grève politique car elle est généralement dirigée contre la politique économique du Gouvernement [9].

1433 ***Grève de solidarité*** ◊ Peut-on faire grève pour défendre les intérêts professionnels d'*autrui ?* Ainsi se pose la question de savoir si la grève demeure

---

1. Soc. 13 nov. 1993, *RJS* 1/94, n° 72 ; 18 juin 1996, *Bull. civ.* V, n° 243, *Grands arrêts*, 4e éd., 2008, n° 195 (« l'exercice du droit de grève résulte *objectivement* d'un arrêt collectif et concerté du travail en vue d'appuyer des revendications professionnelles ») ; 19 nov. et 17 déc. 1996, *RJS* 1/97, n° 85.
2. Soc. 12 mars 1959, *D.* 1959. 241 ; 14 mars 1979, *D.* 1979. IR 423.
3. Soc. 13 nov. 1954, *Dr. soc.* 1955. 163 ; 18 janv. 1995, *Dr. soc.* 1995. 183, rapport Ph. Waquet (l'existence d'une revendication valant à l'arrêt la qualification de grève ne cesse pas du seul fait que l'employeur saisit le juge d'instance d'une contestation de la désignation du délégué syndical soutenu par ses camarades).
4. Fréquence et licéité des grèves à l'occasion d'un licenciement collectif, pour défendre l'emploi : Soc. 22 nov. 1995, *Dr. soc.* 1996. 204, 27 nov. 1995, *JCP* 1996. Chron. 3925.
5. Soc. 30 mars 1999, *Bull. civ.* V, n° 140.
6. Soc. 23 janv. 1969, *Bull. civ.* V, n° 50.
7. Soc. 23 oct. 2007, *RTM*, n° 06-17802, [P]. *Adde*, sur cette affaire, E. Dockès, La finalité des grèves en question, *Dr. soc.* 2006. 881.
8. Crim. 12 janv. 1971, *D.* 1971. 129 ; Soc. 30 mars 1971, *JCP* 1971.II.16883, note H. Groutel ; Crim. 27 nov. 1973, *Dr. ouvrier* 1974.178 ; Soc. 29 mai 1979, *Bull. civ.* V, n° 464 (journée nationale contre le plan Barre) ; 15 févr. 2006, *Dr. soc.* 2006. 577, obs. Ch. Radé ; *JCP S* 2006, 1364, note critique R. Vatinet (« cessation concertée et collective du travail en vue de soutenir un mot d'ordre national pour la défense des retraites, qui constitue une revendication à caractère professionnel »).
9. La solution s'impose *a fortiori* lorsque cette grève vise la délibération d'une collectivité locale ayant une incidence directe sur le fonctionnement d'une entreprise déterminée (Soc. 23 oct. 2007, n° 06-17802 P., cassant Aix en Provence, 21 mars 2006, *Dr. soc.* 2007. 881, obs. critiques E. Dockès ; *D.* 2008. 662).

licite si elle n'est pas effectuée à l'appui de *revendications propres aux grévistes*, mais pour défendre un ou plusieurs autres travailleurs, ou pour protester contre des mesures qui ne concernent pas directement les grévistes. C'est la question de la *grève de solidarité*.

a) Lorsque la grève manifeste une solidarité *interne* à l'entreprise, la jurisprudence distingue deux types de situations. Ou bien le mouvement est de pure solidarité, c'est-à-dire que les grévistes ne présentent pas de revendications les concernant eux-mêmes et prennent seulement la défense d'un camarade de travail : la grève est alors illicite (en particulier lorsqu'elle a pour but de protester contre le licenciement d'un salarié ; il n'en irait autrement que si le licenciement à l'origine de la grève était à l'évidence irrégulier) [1]. Ou bien les grévistes, tout en prenant la défense d'autrui présentent des réclamations professionnelles les concernant eux-mêmes : la grève est licite, sans qu'il y ait lieu de rechercher si le licenciement contesté était régulier ou irrégulier. Par exemple, une grève de protestation contre le licenciement d'une ouvrière est licite dès lors que le motif du licenciement était le refus de cette ouvrière de tenir un cahier de production et que les grévistes entendaient protester contre cette mesure de la direction [2]. En cas de licenciement économique la solidarité avec les victimes est licite, la grève étant motivée par la défense de l'emploi en général [3]. La Cour de cassation reconnaît aussi au salarié détaché dans une entreprise le droit d'y faire grève à l'appui de revendications qui concernent sa propre situation professionnelle [4].

b) La grève de solidarité *externe* a été jugée non abusive par la Chambre criminelle, même en cas de grève générale « pour l'emploi, le pouvoir d'achat, la défense du droit syndical » car elle cherche à obtenir la satisfaction de revendications d'ordre social et professionnel, « lesquelles pour être *générales* et *communes* à un très grand nombre de travailleurs n'en étaient pas moins de nature à intéresser les salariés de l'entreprise » [5]. En affirmant la licéité de ces grèves, la Chambre criminelle leur ôte, en réalité, leur caractère de « grèves de solidarité » en considérant que chaque gréviste est directement concerné par les revendications générales motivant le mouvement, qu'il défend donc ses propres intérêts et non pas les

---

1. Soc. 8 janv. 1965, *Dr. soc.* 1965. 380, obs. J. Savatier ; 18 mars 1982, *Bull. civ.* V, n° 182, *Grands arrêts*, 4e éd., 2008, n° 191 ; 16 oct. 1985, *Bull. civ.* V, n° 460 ; 30 mai 1989, *Bull. civ.* V, n° 405 ; 16 nov. 1993, *Dr. soc.* 1994. 35, rapport Ph. Waquet et note J.-E. Ray (la grève est disqualifiée en acte d'indiscipline). Comp. : Soc. 27 nov. 1985, *Dr. soc.* 1988. 143, note J. Déprez (grève licite car « pas étrangère à des revendications intéressant l'ensemble du personnel »).

2. Soc. 30 nov. 1977, *Bull. civ.* V, n° 655. V. aussi Soc. 27 nov. 1985, *Dr. soc.* 1988. 152 ; 5 janv. 2011, n° 10-10692, P, *RDT* 2011. 254, obs. S. Nadal (solidarité envers un délégué syndical menacé de licenciement et porteur de revendications : la grève est licite car elle « n'était pas étrangère » à ces revendications).

3. Soc. 27 févr. 1974, *Bull. civ.* V, p. 131 ; Soc. 22 nov. 1995, *Dr. soc.* 1996. 204. Le caractère collectif de la revendication est mis en avant. Les grèves pour l'emploi sont des grèves de solidarité.

4. Soc. 17 déc. 2003, *Dr. soc.* 2003. 327, obs. Radé.

5. Crim. 12 janv. 1971, *D.* 1971. 129 ; *Dr. soc.* 1971. 547, obs. J. Savatier.

intérêts d'autrui [1]. La Chambre sociale s'est trouvée saisie du problème indirectement : l'employeur peut-il modifier l'horaire de travail (faire « récupérer ») ? Certainement oui si les salariés, sans être grévistes, ont été *empêchés de travailler* le jour d'une grève d'ampleur nationale ; en revanche, s'il est en présence de salariés qui ont entendu exercer leur droit de grève dans l'entreprise *par solidarité et pour appuyer la journée de grève nationale* aucune sanction n'est possible en cas de refus de récupérer.

1434 ***Grève et revendications juridiques*** ◊ Une particularité du système français est également d'admettre la licéité de la grève née d'un *différend juridique* ou d'interprétation qui pourrait être porté en justice [2]. Se trouve donc écartée la conception de la grève comme « ultime remède ».

Même attitude en face de la grève éclatant alors qu'une convention collective a été signée et lie les parties : cette grève n'est pas irrégulière, alors même qu'elle surgit indépendamment du renouvellement de la convention collective [3]. L'exercice du droit de grève n'est donc subordonné ni à l'impossibilité d'une action judiciaire, ni à la négociation collective. Il n'est pas réservé aux revendications purement économiques : le terme « revendications professionnelles » inclut les deux.

1435 ***Une revendication « déraisonnable » fait-elle de la grève un simple trouble illicite ?*** ◊ Un arrêt très commenté de l'Assemblée plénière [4], désavouant la position de la Chambre sociale [5], avait prétendu amorcer un important virage dans le traitement juridique de la grève. En premier lieu, le juge des référés intervenant, non pas comme le juge prud'homal, *après* la grève, mais dès *avant* celle-ci sur saisine par l'employeur, *peut-il l'interdire* sur le fondement de l'article 809 C. pr. civ., la simple annonce d'une grève pouvant constituer un *trouble manifestement illicite ?* Par une formule discutable, l'Assemblée plénière lui reconnaissait un pouvoir *souverain* d'appréciation (encore qu'il s'agisse d'une question de pur droit). Autre innovation : le caractère illicite de la grève était déduit des *revendications* présentées : celles-ci étant jugées *déraisonnables*, la grève qui les appuie pouvait être préventivement interdite. En l'espèce il s'agissait de la suppression de l'emploi des officiers mécaniciens sur certains types d'avions : s'y opposer était déraisonnable, car les contraintes

1. Dans un arrêt antérieur (Crim. 23 oct. 1969, *D.* 1970. 128), elle avait cependant admis la licéité d'une véritable grève de solidarité : les juges devaient rechercher si avaient été « présentées des revendications précises insatisfaites d'ordre social et professionnel de nature à intéresser les ouvriers de l'entreprise Rivière-Casalis ou tout au moins *d'autres ouvriers avec lesquels ils auraient entendu se solidariser* ».

2. Soc. 9 févr. 1961, *JCP* 1961.II.12186 *bis*.

3. Soc. 21 mai 1959, *Dr. soc.* 1959. 485.

4. Cass., ass. plén., 4 juill. 1986, *D.* 1986. 477 ; *Dr. soc.* 1986. 745, concl. F. Bouyssic, note G. Lyon-Caen.

5. Soc. 9 nov. 1982, *Dr. ouvrier* 1983.156 : le juge n'a pas à substituer son appréciation à celle de l'employeur ou des syndicats, sur la valeur des revendications.

financières et le progrès technique invitaient à cette suppression, le juge (des référés) étant convié à se faire juge des nécessités de la gestion.

Une telle doctrine permettait à l'employeur de saisir le président du TGI pour obtenir de lui une sorte d'arbitrage avant le déclenchement de la grève et donnait curieusement au juge des référés la mission de déterminer lui-même les revendications qui pouvaient justifier une grève frappant d'illicéité un arrêt de travail à raison de la nature des revendications mises en avant.

Dans un arrêt fortement motivé, la cour d'appel de Paris avait consacré une solution opposée à celle de l'Assemblée plénière de la Cour de cassation [1]. Quelques années plus tard, la Chambre sociale de la Cour de cassation s'est gardée de suivre l'Assemblée plénière et a adopté une position très proche de celle de la cour de Paris. Son arrêt comporte un vigoureux attendu de principe : « si la grève suppose l'existence de revendications de nature professionnelle, le juge ne peut, sans porter atteinte au libre exercice d'un droit constitutionnellement reconnu, substituer son appréciation à celle des grévistes sur la légitimité ou le bien-fondé de ces revendications » [2]. Lorsque sont en cause les libertés communautaires d'établissement ou de prestation de service, cette jurisprudence pourrait être remise en cause à la suite de la jurisprudence de la CJCE [3].

« Au cours d'une grève les salariés peuvent exprimer librement leurs réclamations et leurs revendications sur leurs conditions de travail » [4]. Cette liberté suppose en outre la communication au public du point de vue des grévistes : la grève est aussi un mode d'expression.

§ 2. **Les mouvements exclus de la qualification**

1436 ***Disqualification*** ◊ Ayant défini la grève, la jurisprudence exclut de cette catégorie certains mouvements collectifs. Ce sont des actions « autres », dont les auteurs ne peuvent bénéficier de la protection que commande la qualification « grève ».

---

1. Paris 27 janv. 1988, *Dr. soc.* 1988. 243, note J.-E. Ray ; *D.* 1988. 351, note J.-C. Javillier ; *JCP* 1988.II.20 978, note B. Teyssié. V. : A. Jeammaud et M.-C. Rondeau-Rivier, Vers une nouvelle géométrie de l'intervention judiciaire dans les conflits du travail, *D.* 19888. Chron. 229.

2. Soc. 2 juin 1992, Zaluski, *Dr. soc.* 1992. 696, rapp. Ph. Waquet, note J.-E. Ray ; 19 oct. 1994, *D.* 1994. IR 257 (aucune appréciation par le juge du bien-fondé ou du caractère légitime des revendications). La tentative de juges du fond ne s'arroger ce contrôle (v. Aix en Provence, 21 mars 2006, *Dr. soc.* 2007. 881, obs. E. Dockès) a été sanctionnée par la Cour de cassation (Soc. 23 oct. 2007, *RTM*, n° 06-17802, [P]).

3. Il incombe au juge national « de vérifier si l'action collective engagée (…) est apte à garantir la réalisation de l'objectif poursuivi et ne va pas au-delà de ce qui est nécessaire pour atteindre ce dernier » CJCE, 11 déc. 2007 (Viking) aff. C-438-05, §.84 ; et dans le même sens 18 déc. 2007 (*Laval*) aff. C-341-05, §.101 s. *Contra*, V. CEDS 3 juill. 2013, réclamation n° 85/2012, *RDT* 2014. 160, étude K. Chatzilaou (décision qui condamne la loi suédoise dite « Lex Laval » qui ne faisait que reprendre les conclusions de l'arrêt *Laval*, du 18 déc. 2007).Sur les arrêts *Viking et Laval*, v. S. Robin-Olivier et E. Pataut, *RDT* 2008. 80 ; A. Supiot, L'Europe gagnée par « l'économie communiste de marché », *Revue du MAUSS permanente*, 30 janv. 2008, http://www.journaldumauss.net/ spip. php ?article 283 ; E. Dockès, L'Europe Antisociale, *RDT* 2009. 145.

4. Soc. 20 mai 1992, *Dr. ouvrier* 1992.386 ; *Grands arrêts*, 4e éd., 2008, n° 184.

Ainsi la Cour de cassation invite-t-elle les juges du fond à *disqualifier* certaines formes d'action, en soulignant que « le droit de grève permet au salarié de suspendre sans le rompre son contrat de travail, mais ne l'autorise pas, sous couvert de ce droit à *exécuter son travail dans des conditions autres que celles prévues par son contrat* ou pratiquées dans la profession » [1]. La formule s'applique à la « grève perlée » qui n'est pas une grève faute de se manifester par un arrêt pur et simple de travail, à la grève de solidarité lorsqu'elle ne se rattache pas à un intérêt collectif des salariés [2], ainsi qu'à certaines formes d'actions ouvrières qualifiées d'« exorbitantes du droit de grève », illicites parce qu'elles ne sont qu'un refus du salarié d'exécuter ses obligations, donc un acte d'indiscipline [3]. Tel est le cas de l'« autosatisfaction des revendications ».

Les conséquences de la disqualification sont particulièrement graves pour les participants à un tel « mouvement illicite ». Ces « grévistes » ne pouvant se prévaloir de l'art. L. 2511-1 [4], l'employeur n'a pas besoin d'invoquer une faute lourde pour les licencier ou prononcer d'autres sanctions disciplinaires à leur encontre [5], et peut même décider de sanctionner certains plutôt que d'autres [6].

1437 ***Grève perlée*** ◊ Il s'agit d'une pratique qui ne peut s'abriter derrière le droit de grève, car la grève suppose l'*arrêt* de travail : « il n'y a pas arrêt du travail, lorsque le travail est exécuté au ralenti ou dans des conditions volontairement défectueuses » [7]. On est en présence d'une exécution défectueuse du contrat de travail, d'un travail anormal, la réduction voulue et concertée du rendement constituant une faute grave. Il n'y a pas abus du droit de grève puisqu'il n'y a pas grève, mais exécution défectueuse de ses obligations par le salarié. Des décisions ultérieures parlent toutefois, en pareille hypothèse, de grève abusive ou illicite [8].

Il est malaisé de savoir, surtout en cas de salaire au rendement, quel est le degré de réduction d'activité à partir duquel il est possible de parler de grève perlée. Le juge compare le travail du salarié avec les rendements *habituellement pratiqués*, non avec la norme minimale de travail au-dessus de laquelle les « bonis » sont alloués [9]. En tant qu'exécution défectueuse du contrat, la « grève perlée » expose à une sanction disciplinaire, mais non à une retenue sur salaire [10].

1. Soc. 23 mars 1953, *Bull. civ.* IV, n° 214.
2. V. ss 1433.
3. Soc. 18 oct. 1956, *Dr. soc.* 1957. 235 : le refus de travail, non précédé par la formulation de revendications, est un *acte d'indiscipline* non une grève.
4. Sur lequel, v. ss 1419.
5. Soc. 16 nov. 1993, *Dr. soc.* 1994. 35, rapport. Ph. Waquet, note J.-E. Ray.
6. Soc. 17 déc. 1996 *Bull. civ.* V, n° 445. À condition que la sanction ne constitue pas une discrimination au sens de l'article L. 1132-2.
7. Soc. 5 mars 1953, *D.* 1954. 109, *Grands arrêts*, 4e éd., 2008, n° 185 ; 16 mai 1989, *D.* 1989. IR 176.
8. Soc. 10 oct. 1962, *Bull. civ.* IV, n° 702 ; 11 oct. 1957, *Dr. soc. déc.* 1957 ; 6 janv. 1972, *JCP* 1972.II.17148.
9. Soc. 5 janv. 1979, *JS soc.*, n° 17, F. 29 ; 22 avr. 1964, *Bull. civ.* IV, n° 320.
10. V. ss 9, 1440.

La grève doit être « franche », la perte de salaire pouvant alors être calculée en fonction de la durée de l'interruption de travail. Si entre les arrêts, les *cadences* de travail sont normales, le *rythme* habituel, il y a exercice licite du droit de grève.

1438 ***Exécution défectueuse du travail*** ◊ Le refus de travailler, l'exécution défectueuse du travail, *« l'exécution du travail dans des conditions autres que celles prévues au contrat »* sont des comportements qui se placent parfois sous le couvert du droit de grève, mais ne constituent pas des grèves.

La différenciation est spécialement malcommode : il faut que l'acte d'indiscipline contractuelle soit manifeste. Il en existe pourtant des exemples : refus pour les agents de la SNCF de contrôler les billets des voyageurs [1] ; interruption du travail sans revendication pour aller manifester devant le palais de justice ou assister à une audience [2]. Certains actes traduisant l'intention pure et simple de désorganiser l'entreprise elle-même peuvent en être rapprochés. Un mouvement de blocage de l'accès aux sites de production et du système d'information de l'entreprise (EDF), détournement de matériel, etc., sans arrêt de travail, « ne caractérise pas l'exercice normal du droit de grève » et constitue un mouvement illicite (engageant la responsabilité des syndicats instigateurs envers l'employeur) [3]. L'idée d'exécution défectueuse du contrat est proche lorsque la Chambre sociale refuse la qualification de grève à un mouvement de refus d'assurer les seules périodes d'astreinte, au motif que la grève « ne peut être limitée à une obligation particulière du contrat de travail » [4].

La jurisprudence est moins claire concernant le refus d'accomplir des heures supplémentaires ou de se plier à un nouvel horaire [5]. Une forme particulière d'action collective consiste dans ce que certains ont appelé l'*« auto-satisfaction » des revendications*. Ce type d'action consiste pour les salariés à modifier eux-mêmes et dans le sens qu'ils revendiquent, leurs conditions de travail ou leur horaire : ne voulant plus travailler le samedi,

1. C'est une inexécution partielle des obligations de service, non une grève : Soc. 16 mars 1994, *Dr. ouvrier* 1994.389 ; *JCP* 1994.II.22340, note F. Duquesne (mais la sanction pécuniaire prononcée par la SNCF est illicite).

2. Soc. 7 juin 1995, *Dr. soc.* 1995. 836 (cette action « ne constitue pas l'exercice normal du droit de grève »).

3. Soc. 26 janv. 2000, *Dr. soc.* 2000. 451, obs. A. Cristau.

4. Soc. 2 févr. 2006, *D.* 2006. IR 469, publié au *Bulletin*. Au regard des dispositions régissant le temps de travail, on peut certes reprocher à la cour d'appel, ainsi que le fait cet arrêt, d'assimiler les périodes d'astreinte à du travail effectif. Il reste que l'action en cause consistait à refuser de fournir à l'employeur un service contractuellement dû – et à refuser d'exécuter toute éventuelle intervention dont la durée est traitée comme du temps de travail effectif – en perdant corrélativement le bénéfice de la compensation obligatoire de ces astreintes. Dès lors que, de surcroît, la licéité des débrayages est admise, on comprend mal cette position de la Cour. Il conviendrait de réserver seulement le cas de l'abus par désorganisation de l'entreprise.

5. Acte d'indiscipline : Soc. 16 oct. 1985, *Bull. civ.* V, n° 459 ; 19 juin 1987, *Dr. ouvrier* 1988.314. Distinction entre le refus de travailler et la protestation contre l'horaire : Soc. 21 juin 1989, *Action jur. nov.* 1989. Le refus de travailler au-delà de l'horaire normal serait une grève licite : Soc. 12 avr. 1995, *JS UIMM* 1995. 587, p. 308.

ils décident unilatéralement de faire grève tous les samedis. Selon la jurisprudence, ce n'est plus une modalité d'exercice du droit de grève, car les salariés font comme si leur revendication était satisfaite. Il n'y a plus qu'acte d'indiscipline ou exécution défectueuse du contrat de travail, parce que l'exécution a lieu dans des conditions autres que celles prescrites par l'employeur. La Cour de cassation disqualifie ce type de mouvement : les salariés travaillent « dans des conditions autres que celles imposées par l'employeur » que précisément ils revendiquent [1]. Mais si la coïncidence entre la revendication formulée par les travailleurs et l'arrêt collectif de travail n'est que partielle, le mouvement sera traité comme une grève licite [2].

SECTION 2. **EXERCICE DU DROIT DE GRÈVE**

1439 La grève étant l'exercice d'un droit, ne saurait entraîner, pour le salarié, la perte de son *emploi*, même s'il faut bien constater que, malgré sa valeur constitutionnelle, le droit de grève est mal protégé contre les atteintes qui peuvent lui être portées. En revanche, le salarié, qui n'a pas fourni sa prestation de travail, sera privé de son salaire

Encore cette situation juridique n'est-elle attachée qu'à l'exercice *normal* du droit de grève. S'il est exercé de façon *anormale*, les tribunaux considèrent qu'il existe un *abus* du droit, et divers effets en découlent.

§ 1. **Exercice normal**

A. **Grève et emploi**

1440 ***La protection de l'emploi du gréviste*** ◊ « L'exercice du droit de grève ne peut justifier la rupture du contrat de travail sauf faute lourde imputable au salarié » (C. trav., art. L. 2511-1). Bien que légèrement modifiée lors de la recodification intervenue en 2008, cette formule est largement interprétative de la jurisprudence qui s'était constituée soit au sein de la

1. Soc. 23 nov. 1978, *D.* 1979. 304, note J.-C. Javillier, *Grands arrêts*, 4e éd., 2008, n° 189 ; 15 juin 1978, *Dr. ouvrier* 1980.12, note M. Bonnechère ; 5 nov. 1984, *JS UIMM* 1985. 460 ; 16 janv. 1985, *ibid.* 1986.470 ; 3 et 21 juill. 1986, *D.* 1987. Somm. 204 (auto-modification d'horaire ou d'organisation du travail) ; 21-27 juin 1989, *D.* 1990. Somm. 167, obs. G. Borenfreund ; 12 avr. 1995, *Dr. soc.* 1995. 606, note J.-E. Ray. Cette jurisprudence ne convainc pas, pas plus que la notion d'« autosatisfaction » : dès lors que les salariés ont cessé le travail et souffrent d'une perte de salaire du fait de leur grève, on ne peut pas dire qu'ils exécutent le contrat de travail dans les conditions qu'ils revendiquent. C'est seulement en l'absence d'arrêt du travail que la disqualification se justifie (ex. : Soc. 16 mai 1989, *Bull. civ.* V, n° 360).

2. Soc. 25 juin 1991, *Dr. soc.* 1992. 60 ; Lyon, 17 juin 2005, *Dr. ouvrier* 2006. 146 (« grève pour les postes d'heures supplémentaires » pour obtenir que la direction fasse appel au volontariat pour ces heures et qu'elles soient payées à la fin du mois).

Cour supérieure d'arbitrage avant 1939 [1], soit au travers des arrêts de la Cour de cassation postérieurs à la Constitution du 27 octobre 1946, et sur la base du Préambule.

Le gréviste *conserve son emploi* (suspension du contrat de travail) et l'article L. 2511-1 a été ultérieurement complété afin de mieux garantir cette règle. Elle va de soi dans le secteur public à statut. Le licenciement n'est encouru qu'au cas de faute lourde du gréviste.

1441 ***La grève ne met pas fin au contrat*** ◇ Pendant la grève, le contrat n'est que *suspendu*, et son exécution reprend dès la fin du mouvement. La grève a cessé de rompre par elle-même le contrat de travail. La Cour de cassation a déduit cette conséquence du Préambule de 1946 dans deux arrêts de principe [2]. La Chambre sociale et la Chambre criminelle déduisent de la reconnaissance constitutionnelle du droit de grève, pour la première, et de la volonté des grévistes, pour la seconde, que la grève ne saurait dorénavant entraîner la rupture des contrats de travail. L'article L. 2511-1 consacre donc cette jurisprudence [3].

Pas plus que la grève, une faute commise par un salarié au cours de la grève ne peut entraîner *par elle-même* la rupture des contrats. Elle ne peut que constituer le cas échéant *un motif de résiliation* par acte de l'employeur.

La grève n'entraînant qu'une suspension des contrats, l'employeur doit conserver leur emploi avec leur ancienneté aux grévistes [4], y inclus les cadres [5], sans pouvoir modifier leur emploi ni les rétrograder [6]. La grève ne suspend pas le mandat des représentants du personnel [7] qui peuvent d'ailleurs jouer un rôle de négociateurs.

En 1985, la loi a, à deux reprises, renforcé le principe inscrit dans l'art. L. 2511-1 :

– en ajoutant un alinéa 3 : tout licenciement prononcé en violation de l'alinéa 1 est *nul de plein droit* ;

– en modifiant l'art. L. 1132-2 : aucun salarié ne peut être sanctionné ou licencié à raison... de *l'exercice normal du droit de grève*. Toute disposition ou tout acte contraire est *nul de plein droit*.

La simple suspension du contrat de travail des grévistes entraînant leur retour dans de leur emploi en fin de grève [8] provoque logiquement l'éviction du *personnel de remplacement* s'il en a été recruté.

---

1. CSA 19 mai 1939, *Dr. soc.* 1939. 199.

2. Crim. 28 juin 1951, *Dr. soc.* 1951. 474 et rapp. M. Patin, *D.* 1951. 542 ; Soc. 28 juin 1951, *Dr. soc.* 1951. 532, 6e esp. (à propos de faits antérieurs à la loi de 1950), *Grands arrêts*, 4e éd., 2008, no 182.

3. Soc. 25 avr. et 26 juin 1952, *Dr. soc.* 1953. 433 et 535 ; 5 avr. 1957, *JCP* 1957.II.10137 ; Crim. 18 juill. 1952, *JCP* 1953.II.7530 ; Soc. 9 mai 1973, *Bull. civ.* V, no 282.

4. Soc. 9 juill. 1951, *Dr. soc.* 1952. 115.

5. Soc. 27 mars 1952, *Dr. soc.* 1952. 532.

6. Soc. 15 févr. 1961, *Bull. civ.* V, no 203.

7. Soc. 26 févr. 1979, *JS UIMM*, no 398 ; Crim. 4 nov. 1981, *JS UIMM*, no 427.

8. Sauf événement de force majeure s'opposant à la poursuite du contrat et entraînant sa rupture de plein droit (Soc. 17 mai 1977, *JS UIMM*, no 377). La suspension du contrat de travail s'adapte mal au contrat à durée déterminée dont la grève ne proroge pas l'échéance (Soc. 21 nov. 1984, *Dr. ouvrier* 1985.35).

De toute manière, il appartient à l'employeur de prendre *l'initiative d'une rupture*. Des arrêts en ont déduit :
– s'agissant d'un représentant du personnel que l'autorisation de licenciement devait être sollicitée ;
– s'agissant d'un salarié ordinaire que les autorisations éventuellement exigées (par application du contrôle de l'emploi) devaient être sollicitées.

1442 ***Interdiction de toute sanction*** ◊ Si l'exercice du droit de grève est régulier, l'employeur ne peut prendre aucune sanction disciplinaire, pas plus qu'il ne peut congédier le gréviste [1]. Il a même été admis que le règlement intérieur était suspendu pendant la grève comme le sont les contrats [2]. La Cour de cassation affirme très nettement qu'« un salarié gréviste ne peut être licencié ou sanctionné, à raison d'un fait commis à l'occasion de la grève à laquelle il participe que si ce fait est constitutif d'une faute lourde » [3].

Quant à l'alinéa 2 de l'art. L. 2511-1, il interdit à l'employeur de prendre des mesures discriminatoires en matière de rémunération et d'avantages sociaux [4].

1443 ***Nullité du licenciement*** ◊ Si la grève est licite, l'employeur qui met fin au contrat de travail d'un gréviste prononce un licenciement illégal (et non seulement abusif ou dépourvu de cause réelle et sérieuse). La Cour de cassation considérait toutefois que l'octroi de dommages et intérêts était la seule sanction possible et refusait la remise en état sous forme de réintégration ordonnée en référé [5]. Le licenciement était traité comme s'il était abusif. Contrariant cette résistance, les lois des 3 janvier et 25 juillet 1985 ont fait du licenciement d'un gréviste, en l'absence de faute lourde imputable à celui-ci, un *acte nul* et nul *de plein droit*, appelant une remise en état immédiate (C. trav., art. L. 1132-2, L. 2511-1, al. 3). Des juges du fond ayant cru pouvoir maintenir la jurisprudence antérieure et n'allouer que des dommages et intérêts à des grévistes licenciés illégalement, la Chambre sociale de la Cour de cassation a choisi de donner toute sa portée

1. Jurisprudence confirmée par l'art. L. 1132-2 préc. qui interdit le licenciement et toute sanction discriminatoire contre un gréviste ayant exercé normalement son droit : Soc. 21 janv. 1988, *JS UIMM*, n° 501.

2. Soc. 16 déc. 1968, *Dr. soc.* 1968. 318, obs. J. Savatier ; 4 juill. 1972, *JCP* 1973. II, n° 17464, note J. Pélissier. Ces arrêts, toutefois, datent d'une époque (avant 1982) où le règlement intérieur, dont l'objet n'était pas limité, était traité comme une annexe du contrat de travail et n'avait pas sa nature actuelle d'acte réglementaire privé.

3. Soc. 16 déc. 1992, *Dr. soc.* 1993. 291, note J. Savatier. Une procédure ou une sanction disciplinaire constitue, dès lors, un trouble manifestement illicite et peut être suspendue par la formation de référé du conseil de prud'hommes (ex. : Cass., ass. plén., 23 juin 2006, préc.).

4. Ex. : Soc. 9 févr. 2000, *RJS* 3/00, n° 314 ; 15 févr. 2006, *Dr. soc.* 2006. 577, obs. C. Radé ; *JCP S* 2006. 1364, note R. Vatinet : arrêt qui rappelle la doctrine de la Chambre sociale en ce qui concerne les primes d'assiduité. Sur cet arrêt, v. ss 771.

5. Soc. 28 oct. 1975, *D.* 1975. IR 234 ; 31 mars 1982, *Dr. soc.* 1983. 225, obs. J. Savatier ; 24 avr. 1985, *JS UIMM* 1986. 471 (le licenciement est abusif si la grève est licite).

à la réforme législative. En premier lieu, elle considère que, le licenciement des grévistes étant nul, le juge des référés ordonne à bon droit la poursuite du contrat de travail qui n'a pu être valablement rompu [1]. En deuxième lieu, elle juge que le salarié, dont le contrat n'avait pas été – n'avait pu être – rompu, a droit au paiement d'une indemnité égale au montant de la rémunération qu'il aurait dû percevoir, peu important qu'il ait ou non reçu des salaires ou un revenu de remplacement pendant cette période [2]. Enfin, elle décide que la nullité du licenciement d'un salarié gréviste n'est pas limitée au cas où le licenciement est prononcé en raison de la participation à une grève licite mais qu'elle s'étend à tout licenciement prononcé à raison d'un fait commis au cours d'une grève, dès lors que ce fait ne peut être qualifié faute lourde [3].

1444 ***Garanties purement civiles*** ◇ La grève étant un droit – et un droit consacré par une norme constitutionnelle – le licenciement pour simple exercice de ce droit constitue une faute civile. Les syndicats ont été admis à réclamer des dommages et intérêts pour violation du droit de grève, puisqu'aussi bien cette violation lèse les intérêts collectifs de la profession [4].

Cependant l'exercice du droit de grève n'est pas protégé par la loi pénale. L'atteinte au droit de grève n'est pas, en l'état actuel des textes, constitutive, à elle seule, d'une infraction pénale [5]. Il n'y a infraction que si l'atteinte au droit de grève constitue en même temps une atteinte au libre exercice du droit syndical (C. trav., art. L. 2141-5, L. 2146-2) ce qui sera si l'employeur use de moyens illicites pour faire pression sur l'action syndicale [6] ou si une sanction

1. Soc. 26 sept. 1990, *Dr. soc.* 1991. 60, rapport Ph. Waquet, note J.-E. Ray ; *D.* 1990. 457 ; *Grands arrêts*, 4e éd., 2008, n° 206 ; 10 oct. 1990, *Bull. civ.* V, n° 434 ; 21 févr. 1991, *JS UIMM* 1991. 158. V. : J.-M. Verdier, Au-delà de la réintégration et de l'indemnisation des grévistes..., *Dr. soc.* 1991. 709. Le juge (la formation de référé du conseil de prud'hommes, la cour d'appel le cas échéant) ne peut refuser d'ordonner cette réintégration au motif que le poste de l'intéressé n'est plus vacant et qu'il a retrouvé un emploi, car ce motif ne caractérise pas *l'impossibilité matérielle* de le réintégrer dans son emploi ou, à défaut, dans un emploi équivalent (Soc. 2 févr. 2005, *Bull. civ.* V, n° 43).

2. Soc. 2 févr. 2006, *RDT* 2006. 42, obs. O. Leclerc ; *JCP S* 2006, act. 63, obs. S. Miara ; *Sem. soc. Lamy*, n° 1250, 27 févr. 2006, obs. FV. « Logique de restitution » et non simple « logique d'indemnisation », selon la distinction de J.-M. Verdier (préc.). Et traitement plus favorable que celui réservé au salarié dont le licenciement pour motif économique est nul (par exemple pour insuffisance du plan de sauvegarde de l'emploi), dont les revenus d'activité ou de remplacement pendant la période de son éviction doivent être déduits de l'indemnité à laquelle il a droit quand il demande sa réintégration (Soc. 3 juill. 2003, *Bull. civ.* V, n° 225). Est-ce parce que le licenciement du gréviste est nul pour atteinte à un droit constitutionnellement garanti ?

3. Soc. 22 janv. 1992, *Dr. soc.* 1992. 271 ; 26 janv. 1994, *JS UIMM* 1994. 574. De même annulation et réintégration si les faits fautifs ont été amnistiés : Soc. 29 juin 1994, *Bull. civ.* V, n° 215 ; 28 avr. 1994, *Dr. soc.* 1994. 719.

4. Soc. 27 mars 1968, *Bull. civ.* V, n° 185.

5. Crim. 19 juin 1979, *Bull. civ.*, n° 217 ; *D.* 1980. IR 88, obs. J. Pélissier ; Crim. 31 mars 1981, *D.* 1982. IR 83, obs. J. Pélissier ; Crim. 12 mai 1981, *D.* 1981. IR 397 (même des menaces de licenciement ou des promesses d'avantages aux non-grévistes).

6. Crim. 26 mars 2008, n° 07-84308, *Dr. soc.* 2008763, note F. Duquesne.

après grève vise *les seuls syndiqués* [1]. Mais la seule participation à un mouvement de grève ne suffit pas, par elle-même, à caractériser une action syndicale [2]. Ainsi, des licenciements, même frappant des syndiqués, ne constituent pas une discrimination syndicale, dès lors qu'ils ont commis une faute lourde au cours d'une grève [3], telle une entrave à la liberté du travail.

1445 ***Conséquences indirectes de la suspension*** ◊ La suspension joue également à *l'encontre du travailleur gréviste*. Le lien de subordination ne subsiste plus pendant la grève et la jurisprudence en a déduit deux conséquences : l'employeur *n'a plus la qualité de commettant* au sens de l'article 1384 C. civ. et ne répond donc plus des dommages causés par le salarié à des tiers ; l'accident dont le salarié a pu être victime *n'est pas considéré comme accident de travail ou de trajet* et n'est pas couvert par la Sécurité sociale [4].

Lorsque d'autres causes de suspension interfèrent avec la suspension engendrée par la grève, les solutions suivantes ont été retenues :

– congés légaux : les journées de grève n'entrent pas en ligne de compte pour le calcul de la durée du congé ou celui de l'indemnité compensatrice ; et il n'y a aucune imputation des absences dues à la grève sur le temps de congé ;

– jours chômés : lorsqu'une période de grève englobe un jour chômé comportant versement du salaire tel le 1er mai, la suspension sans versement du salaire liée à la grève l'emporte sur le régime propre du jour chômé : le bénéfice des journées chômées inhérentes à une période de travail dont elles sont partie intégrante ne peut être exigé par le salarié qui n'a pas exécuté son obligation pendant cette période [5] ;

– maladie : elle suspend le contrat de travail mais les conventions collectives prévoient le plus souvent que le salaire est, un certain temps, conservé. Dès lors, il y a lieu de combiner cette suspension avec celle provoquée par la grève lorsque le salarié est malade au début d'une grève, ou tombe malade en cours de la grève ; le régime de la suspension pour maladie prévaut si cette maladie est antérieure au début de la grève [6], alors que

1. Crim. 12 mai 1981, *Dr. ouvrier* 1982.491 ; 5 janv. 1977, *Dr. ouvrier* 1978.33 ; 19 juin 1979, *D.* 1980. IR 88 ; 22 oct. 1986, *Dr. soc.* 1987. 852, note J. Deprez ; 21 nov. 1989, *Dr. ouvrier* 1990.410.

2. Crim. 4 déc. 1979, *Bull. crim.* n° 349, *D.* 1980. IR 337, obs. M. Puech. V. note J. Savatier, *Dr. soc.* 1984. 53.

3. Crim. 4 avr. 1995, *JS UIMM* 1995. 588, p. 335-343 ; Soc. 29 mai 1995, *JS UIMM* 1995. 588, p. 349.

4. Soc. 20 mars 1953, *D.* 1954. 53, note G. Levasseur ; 6 juill. 1965, *Bull. civ.* V, n° 558.

5. Soc. 24 juin 1998, *Bull. civ.* V, n° 335, arrêt n° 1 ; 14 avr. 1999, *ibid.*, n° 179 ; 5 févr. 2002, *RJS* 4/02, n° 479. Dans le même ordre d'idées, le salarié qui s'est associé à la grève est considéré, sauf preuve contraire, comme gréviste pour toute la durée du mouvement et perd sa rémunération pour toute cette période, y compris pour les jours où il n'aurait eu aucun service à assurer (Soc. 24 juin 1998, *Bull. civ.* V, n° 335, arrêt n° 2). Sur le cas particulier de la retenue de salaire pour grève durant la « journée de solidarité » (travaillée et non rémunérée) instituée par la loi n° 2004-626 du 30 juin 2004 (art. L. 212-16 anc.), v. Soc. 16 janv. 2008, n° 06-42327, *D.* 2008. 345, *RJS* 3/08, n° 293.

6. Mais un salarié malade avant la grève ne percevra pas d'indemnité conventionnelle maladie si tous les non grévistes sont empêchés de travailler du fait de la grève (Soc. 31 janv. 1985, *Liaison soc., lég. soc.* 1er avr. 1985, n° 5627, p. 5). En revanche, si une partie du personnel a pu continuer à travailler pendant la grève, le salarié malade avant la grève sera indemnisé alors même que la quasi-totalité du personnel est gréviste (Soc. 16 juill. 1987, *Bull. civ.* V, n° 497).

le gréviste qui tombe malade, ne peut bénéficier du régime conventionnel et le contrat est réputé suspendu par la grève tant que celle-ci est en cours [1] (le malade n'est pas malade, mais... gréviste).

B. Grève et salaire

1446 ***Le synallagmatisme*** ◊ Pendant la grève, le contrat étant suspendu, les parties sont dispensées d'exécuter leurs obligations contractuelles principales. Du côté de l'employeur, l'arrêt de travail entraîne *suspension corrélative de l'obligation de payer le salaire* [2]. Cette conséquence *n'est pas une sanction* qui serait irrégulière mais un effet de la suspension [3]. La retenue doit être strictement *proportionnelle* à la durée de l'interruption de travail [4].

Si la grève est irrégulière, les tribunaux estimaient que la retenue pouvait être égale à la perte occasionnée, donc être plus que proportionnelle à la durée de l'interruption du travail. À un travail exécuté de façon « anormale » correspondait une amputation de la rémunération [5]. La Cour de cassation a dû se rendre à l'évidence : il s'agit d'une sanction, soumise à la procédure disciplinaire, et d'une sanction pécuniaire prohibée [6]. En revanche en matière de service public, le Conseil d'État a jugé légale une note de service EDF prévoyant la rémunération partielle des agents qui, dans le cadre d'un mouvement de grève, s'écarteraient du programme fixé par leur hiérarchie [7]. Dans la mesure où elle permet le recours à des formes de grève n'impliquant pas une interruption totale du service, cette jurisprudence répond à la recherche par le juge administratif d'une conciliation du droit de grève avec les exigences de continuité et de sécurité du service public. Mais l'opposition avec la jurisprudence judiciaire est ici manifeste.

---

1. Soc. 7 oct. 1970, *Dr. soc.* 1971. 136, obs. J. Savatier ; 1er mars 1972, *D.* 1972. 620, note J. Pélissier ; 20 févr. 1980, *Bull. civ.* V, n° 161, *D.* 1981. IR 546, obs. J. Pélissier ; 17 juin 1982, *Bull. civ.* V, n° 405 ; 16 juill. 1987, *ibid.*, n° 497.

2. Soc. 17 nov. 1977, *Bull. civ.* V, n° 626. Il incombe à l'employeur de prouver la participation du salarié à la grève (Soc. 6 févr. 2001, *Bull. civ.* V, n° 39).

3. Soc. 16 janv. 2008, n° 06-42327, *préc.* ; Soc. 9 juill. 2008, n° 07-40429 (grève de la « journée de solidarité », précédemment chômée).

4. Soc. 4 févr. 1988, *Bull. civ.* V, n° 91 ; 16 mai 1989, *JCP* 1990. 21452, note Y. Saint-Jours ; 6 juin 1989, *Bull. civ.* V, n° 426 : la stricte proportionnalité commande de payer le travail antérieur et postérieur à l'arrêt de travail, sinon il y a *sanction pécuniaire prohibée.* Même s'il s'agit de la remise en marche des machines (Soc. 23 oct. 1991, *JS UIMM* 1991. 459 : pas de retenue au motif qu'il y a perte de production ; le temps de remise en route des machines doit être rémunéré) ; 29 mai 1991, *RJS 7/91*, n° 875.

5. Soc. 16 juill. 1964, *D.* 1 964,705, note G. Lyon-Caen ; 7 mai 1987, *Bull. civ.* V, n° 278 ; 14 mai 1987, *ibid.* n° 315.

6. J. Pélissier : La définition des sanctions disciplinaires, *Dr. soc.* 1983. 550. Depuis la loi du 4 août 1982 un revirement était inévitable. Il s'est produit dans les arrêts des 8 oct. 1987 (*Dr. soc.* 1988. 153, note A. Mazeaud : la retenue si elle n'est plus calculée sur la durée de l'interruption de travail, est une sanction) et 7 janv. 1988 (*D.* 1988. 189, note E. Wagner : c'est une sanction pécuniaire illicite au regard de l'art. L. 1331-2) ; Soc. 17 avr. 1991, *Bull. civ.* V, n° 198, 12 avr. 1995, *Dr. soc.* 1995. 599, note J. Savatier (amputation du salaire après grève perlée).

7. CE 17 mars 1997, 2e esp., *Dr. soc.* 1997. 533, obs. J.-E. Ray.

La perte du salaire est proportionnelle à l'interruption de travail et concerne même le salarié payé au mois [1]. Elle s'étend aux accessoires de salaire, tel un supplément familial ou une prime d'intéressement [2]. La grève entraîne réduction à due concurrence de la rémunération mensuelle minimale (C. trav., art. L. 3423-8). Mais la suppression d'un avantage financier décidée dans le but de faire échec à l'exercice du droit de grève, est illicite et frappée de nullité [3].

1447 ***Exceptions*** ◊ Dans deux circonstances particulières, le salaire est intégralement conservé : si un accord de fin de grève porte que les journées de grève seront payées ; si la grève a été provoquée par « un manquement grave et délibéré de l'employeur à ses obligations » [4] qui lèse directement les *droits essentiels des travailleurs*, par exemple leur droit au salaire ou à la sécurité. La suspension du travail apparaît comme une mise en œuvre de l'exception d'inexécution et le salaire des journées de grève est dû au titre de réparation. Il en va de même si un *service minimum* a été effectué [5] dans le secteur public.

Si la grève prive le salarié de sa rémunération, elle ne le prive pas de ses droits d'assuré social. Mais les périodes de grève ne sont pas assimilées à des périodes de travail au point de vue de l'ouverture des droits à prestations. Par ailleurs, le gréviste ne peut percevoir d'allocations de chômage partiel [6].

1448 ***Les secours de grève*** ◊ La perte de la rémunération du fait de la suspension du travail est parfois compensée par l'attribution de secours aux

---

1. Pour être proportionnelle, la perte de salaire doit être calculée sur l'horaire mensuel des intéressés et non par jour calendaire (Soc. 27 juin 1989, *D.* 1989. IR 234), même si la convention collective dispose que les nécessités propres de l'exercice de la profession (de journaliste, par exemple) ne permettent pas de déterminer une répartition des heures de travail (Soc. 19 mai 1998, *Bull. civ.* V, n° 262 ; 16 juin 1999).

2. Soc. 6 nov. 1991, *Dr. soc.* 1991. 930, rapp. Ph. Waquet.

3. Soc. 13 févr. 1996, *Dr. ouvrier* 1996,217, concl. Y. Chauvy.

4. Soc. 20 févr. 1991, *Dr. soc.* 1991. 318, rapport Ph. Waquet et note J. Savatier, *Grands arrêts*, 4e éd., 2008, n° 207 ; Soc. 4 déc. 2007, *RJS* 2/08, n° 216 (refus délibéré d'appliquer la convention collective dont relève l'entreprise). Cette faute est souvent constituée par le non-paiement des salaires à l'échéance (Soc. 7 juin 2006, n° 04-46664, *Bull. V. n°* 205). Mais elle peut prendre d'autres formes : Soc. 26 févr. 1992, *RJS* 4/92, n° 485 (société qui abandonne totalement l'exécution de l'accord conclu avec les salariés à l'issue de la précédente grève et qui prive l'établissement les moyens de fonctionner normalement) ; 2 mars 1994, *D.* 1994. IR 73 ; 21 mai 1997, *Bull. civ.* V, n° 183 (refus du chef d'une entreprise de transport routier de supprimer une prime incitant à dépasser les temps de conduite réglementaires). Il faut un manquement important et délibéré de l'employeur à ses obligations, qui ne peut être reconnu lorsque les retards de paiement des salaires sont liés au redressement judiciaire de l'entreprise (Soc. 28 oct. 1997, *Bull. civ.* V, n° 335 ; 26 janv. 2000), en cas d'application tardive d'une recommandation patronale sur les rémunérations (Soc. 29 mai 1996, *Bull. civ.* V, n° 212), ou en cas de respect partiel de l'obligation de négociation annuelle sur les salaires (Soc. 5 janv. 2005, n° 03-075 D). Lorsque le manquement est caractérisé, un accord de fin de grève prévoyant le non-paiement des jours de grève est inopposable aux salariés (Soc. 3 mai 2007, n° 05-44776 P.)

5. Soc. 20 févr. 1991, *Bull. civ.* V, n° 81, 16 nov. 1993, *Dr. soc.* 1994. 54. Mais la rémunération est limitée au travail accompli au titre du service minimum, et les salariés concernés ne peuvent prétendre à leur entier salaire de la période de grève (Soc. 24 juin 1998, *Dr. soc.* 1998. 851, obs. J.-E. Ray).

6. À la différence du non-gréviste, empêché de travailler.

grévistes, émanant soit de collectes, soit de fonds syndicaux. L'exiguïté des ressources syndicales n'a pas permis de constituer en France d'importants fonds de grève, comme à l'étranger.

La reprise du travail en violation de la discipline syndicale entraîne-t-elle la restitution des secours versés ? La Cour de cassation, considérant que ces secours impliquaient l'acceptation des directives syndicales, s'est prononcée pour la restitution, sans tenir compte du caractère alimentaire de ces subsides [1].

De leur côté, les *comités d'entreprise* ne sont autorisés à venir en aide aux grévistes que sur le fondement d'un secours, dû à l'état de besoin, non sur celui de la grève elle-même [2]. Les collectivités locales ne peuvent soutenir une des parties à un conflit du travail [3]. Elles peuvent, en revanche, prendre des mesures à l'intention des personnes que le conflit a placées dans le besoin, dès lors que l'aide ainsi consentie répond exclusivement à des préoccupations sociales [4].

1449 ***Retenue de la rémunération dans le secteur public*** ◇ La règle de la proportionnalité de la perte de rémunération par rapport au temps non travaillé était traditionnellement écartée pour les grèves dans les services publics qui duraient moins d'une journée ; fonctionnaires et salariés perdaient une journée de traitement ou de salaire même pour un arrêt d'une ou deux heures (règle du trentième indivisible). Il y avait là une conséquence des règles de la comptabilité publique et de l'absence (pas toujours vérifiée) de contrat.

Plus encore, une loi du 22 juillet 1977 assimilait à l'*absence de service fait* (interruption du travail) la *non-exécution par l'agent de ses obligations de service* et des ordres hiérarchiques [5]. Il s'agissait de lutter contre certaines actions collectives soucieuses d'éviter l'interruption totale du service (refus d'accueillir plus de 25 élèves par classe, « grève de la pince » des contrôleurs de la SNCF...).

Une loi du 19 octobre 1982 avait tout à la fois abrogé cette dernière loi et supprimé la règle du trentième indivisible, pour appliquer à l'ensemble du secteur public la règle de la stricte proportionnalité de la retenue à la durée de l'arrêt de travail. Une disposition (amendement Lamassoure) tendant à revenir sur la loi du 19 octobre 1982, inscrite dans la loi portant DDOS du 30 juillet 1987 (art. 89), a été partiellement censurée par le Conseil constitutionnel [6], ce qui a pour effet de créer une situation complexe [7].

---

1. Soc. 5 juin 1953, *JCP* 1953. II. 7832 ; 22 juin 1956, *JCP* 1956. II. 9669.
2. Soc. 8 juin 1977, *Bull. civ.* V, p. 301 ; 11 juin 1996, *RJS* 7/96, n° 804 (régularité de secours alloués aux salariés nécessiteux, sans distinction entre grévistes et non-grévistes).
3. CE 28 juill. 1993, *RJS* 1993, n° 1014 : illégalité des subventions accordées par une commune à l'une des parties).
4. CE 2 oct. 1996, *RJS* 12/96, n° 1314.
5. Loi déclarée conforme à la Constitution (Cons. const. 20 juill. 1977, *D.* 1979. 297, note L. Hamon) et appliquée par le Conseil d'État (CE 7 févr. 1979 ; 15 févr. 1980, *D.* 1980. IR 301 ; 21 mars 1986).
6. Cons. const. 28 juill. 1987, *JO* 29 juill. 1987. L'amendement d'origine parlementaire avait été provoqué par une longue grève des contrôleurs de la navigation aérienne (aiguilleurs du ciel), qui sont des fonctionnaires.
7. Ph. Terneyre, préc., n°s 324 s.

1) Pour les *salariés* des entreprises gérant un service public, des retenues sont opérées en fonction des durées d'absence définies par la loi du 19 octobre 1982 (C. trav., art. L. 2512-5) [1] : la retenue sera égale à 1/160 du salaire mensuel lorsque l'arrêt de travail ne dépasse pas une heure, à 1/50 lorsque l'arrêt de travail dépasse une heure sans excéder une demi-journée, à 1/30 lorsqu'il dépasse une demi-journée sans excéder une journée. Toutefois dans le secteur des transports publics terrestres de passagers, la rémunération des grévistes est réduite en fonction de la durée non travaillée [2].

2) Pour les personnels de l'État et des établissements publics de l'État à caractère administratif, il y a retour au régime des lois de 1961 (trentième indivisible) et de 1977 (retenue également en cas d'inexécution manifeste des obligations de service) [3]. Il s'agit d'une mesure de portée comptable, non d'une sanction disciplinaire, souligne le Conseil constitutionnel.

3) Pour le personnel des collectivités territoriales et pour le personnel hospitalier, retenue strictement proportionnelle à la durée de l'arrêt de travail en l'absence de disposition légale particulière [4].

§ 2. Exercice anormal

1450 ***Terminologie*** ◊ La formulation « exercice normal ou anormal », que l'on rencontre dans des arrêts et dans l'article L. 1132-2 du Code du travail, est pratiquement synonyme de celle d'abus de droit. Elle s'applique dans le secteur privé comme dans le secteur public [5]. Le plus souvent, la dénonciation de l'*anormalité* ou de l'*abus* correspond à la nécessité d'assurer le respect d'un autre droit ou d'un autre principe de valeur constitutionnelle. Il en est ainsi pour le respect des mécanismes institutionnels (grève politique), pour le droit de propriété et la liberté du travail (grève avec occupation des lieux de travail), pour la continuité des services publics.

Ce problème de conciliation se pose dans des termes différents selon que c'est la grève elle-même qui est jugée abusive, ou seulement des actes des grévistes à l'occasion de cette grève.

A. L'abus du droit de grève

1451 Jurisprudences judiciaire et administrative s'accordent pour considérer que le droit de grève est, comme tout droit, susceptible d'exercice abusif. Mais en matière de service public, l'abus peut aussi résulter d'une atteinte excessive à la continuité du service ; aussi le Conseil d'État permet-il qu'un service minimum soit alors imposé aux grévistes.

---

1. Mais le Conseil d'État en fait une interprétation très libre, admettant qu'une note de service puisse, en application de cet article, prévoir la rémunération partielle de salariés qui dans le cadre d'un mouvement de grève n'exécutent que partiellement leurs obligations contractuelles (CE 17 mars 1997, 2e esp., *Dr. soc.* 1997. 534, obs. J.-E. Ray).

2. L. n° 2007-1224 du 21 août 2007 art. 10.

3. CE 8 sept. 1995, *JCP* 1995. II. 22548, concl. M. Denis-Linton (incidence de la retenue sur les cotisations de retraite et de sécurité sociale).

4. TA Versailles, 22 déc. 1988, *RFDA* 1990. 440, concl. Prétot.

5. La preuve de l'abus incombe à l'employeur : Soc. 13 avr. 1955, *Dr. soc.* 1955. 568 ; 4 juin 1959, *Bull. civ.* IV, n° 530.

1452 ***Désorganisation volontaire de l'entreprise*** ◊ Des baisses de rendement auxquelles viennent s'ajouter de brefs arrêts à des heures différentes chaque jour, des débrayages inopinés, exécutés souvent en relais (grève tournante) par diverses équipes, parfois des incidents, soit avec les non-grévistes, soit avec l'encadrement, peuvent constituer, s'ils ont été voulus et concertés pour désorganiser le fonctionnement des services et la production, des actions « exorbitantes du droit de grève [1] ». Certains arrêts ont eu tendance à disqualifier ce type de mouvements, parlant « d'accomplissement du travail dans des conditions autres que celles visées au contrat » (ce qui n'est pas l'arrêt de travail), mais la jurisprudence la plus récente se place clairement sur le terrain de l'abus du droit de grève [2].

La difficulté que suscite cette jurisprudence cherchant à défendre l'*intérêt de l'entreprise* [3] contre des formes pernicieuses d'action collective, sans porter toutefois atteinte au droit de grève, est évidemment de savoir à partir de quel moment on sort du débrayage répété (en lui-même forme de grève licite) [4] ou de la grève tournante, pour entrer dans l'abus du droit de grève. On manquait de critère et l'insécurité juridique était réelle.

Les derniers arrêts, sensibles au caractère constitutionnel du droit de grève, n'autorisent les juges à censurer les arrêts de travail que si ces derniers manifestent la volonté, non de désorganiser la *production* (c'est la conséquence de toute grève) mais l'*entreprise* elle-même [5] : « ce n'est qu'au cas où la grève entraîne ou risque d'entraîner la désorganisation de l'entreprise qu'elle dégénère en abus » [6]. Cette distinction a peu de sens : il est difficile de séparer l'entreprise de sa finalité, la production. On a du mal à concevoir une entreprise dont l'organisation serait préservée et la production désorganisée... Des arrêts anciens recouraient déjà sans grand succès [7]. En réalité, c'est sans doute l'idée de *proportionnalité* qui rend le

---

1. Soc. 21 déc. 1960, *D.* 1961. 198 ; 18 févr. 1960, *JCP* 1960.II.11704, 2e esp. ; 13 déc. 1962, *D.* 1963. 148 ; 16 juill. 1964, *D.* 1 964,705 ; 22 févr. 1978, *JS UIMM*, n° 384.

2. Soc. 18 janv. 1995 *Bull. civ.* V, n° 27, *Grands arrêts*, 4e éd., 2008, n° 196.

3. Sur cette notion, v. G. Couturier, *in Études offertes à J. Savatier*, PUF, 1992 ; A. Pirovan° : La « boussole » de la société. Intérêt commun, intérêt social, intérêt de l'entreprise ? *D.* 1997. Chron. 189.

4. Soc. 10 juill. 1991, *RJS* 9/91, n° 997 ; 30 mai 1989, *Bull. civ.* V, n° 404.

5. La Cour de cassation établit une distinction entre la désorganisation de la production et la désorganisation de l'entreprise elle-même : « la grève entraîne nécessairement une désorganisation de la production... », seuls les arrêts de travail répétés entraînant une désorganisation de l'entreprise rendent la grève illicite (Soc. 30 mai 1989, *Bull. civ.* V, n° 404 ; 10 juill. 1991, préc. ; 7 avr. 1993, *Dr. soc.* 1993. 607 ; 18 janv. 1995, préc. ; 5 juill. 1995, *Dr. ouvrier* 1996.40).

6. Soc. 18 janv. 1995 *Bull. civ.* V, n° 27.

7. Soc. 23 avr. 1959, *Bull. civ.* IV, n° 425 et 426 (« Des arrêts de travail momentanés et inopinés ainsi que le travail au ralenti, traduisent de la part des ouvriers une intention malicieuse de nuire à la situation économique de l'entreprise ») ; 6 nov. 1958, *Dr. soc.* 1958. 89 ; 10 oct. 1958, *Dr. soc.* 1958. 218 (« désorganisation voulue de l'entreprise... ») ; 29 nov. 1990, *Dr. soc.* 1991. 107, note G. Couturier. La grève a pour *effet* de nuire. Le gréviste ne doit pas avoir pour *intention* de nuire, distinction de la *désorganisation de la production* inhérente à la grève et de la volonté de *désorganiser l'entreprise.*

mieux compte de cette jurisprudence [1] : le juge cherche à déterminer si la grève ne cause pas à d'autres droits ou libertés une atteinte disproportionnée à son enjeu.

1453 ***Grève politique*** ◊ De manière constante [2], la Cour de cassation rappelle que la grève tend à modifier ou à améliorer les conditions de travail. Si elle est une protestation contre la politique du Gouvernement, il y a exercice irrégulier du droit de grève [3]. La jurisprudence a précisé ensuite sa position à deux points de vue.

À côté des grèves que la Cour de cassation qualifie d'immixtions dans l'exercice des actes réservés à la puissance publique, faussant ainsi le jeu des institutions constitutionnelles [4], il y a les grèves *mixtes*, dont les mobiles sont à la fois professionnels et politiques. Pour la chambre sociale de la Cour de cassation, ces mouvements sont illicites lorsque l'aspect politique est prédominant [5]. Mais une grève déclenchée pour protester contre la politique économique et sociale du Gouvernement sera considérée comme professionnelle – donc licite – lorsqu'elle a « pour objet le refus du blocage des salaires, la défense de l'emploi et la réduction du temps de travail, revendications étroitement liées aux préoccupations quotidiennes des salariés au sein de leur entreprise » [6]. Quant à la chambre criminelle, elle admet assez largement la licéité des grèves mixtes. Celles-ci sont déclarées licites même si les revendications professionnelles n'ont qu'un caractère accessoire par rapport aux motivations politiques [7].

Puis il a été jugé que la participation à une grève politique constituait une faute lourde justifiant la rupture du contrat de travail [8] ; en même temps, la responsabilité du syndicat qui a donné le mot d'ordre de grève, peut être recherchée [9].

---

1. *Cf.* Ph. Waquet, La grève, les mouvements illicites et l'abus du droit de grève *RJS* 3/95, chron. p. 139.

2. Soc. 23 mars 1953, *D.* 1954. 89, note G. Levasseur, *Grands arrêts*, 4e éd., 2008, n° 186.

3. Certains auteurs fondent l'illicéité de la grève politique sur la technique de disqualification : ne reposant pas sur des revendications professionnelles, elle ne répondrait pas à la notion juridique de grève. Mieux vaut maintenir l'analyse sur le terrain de l'abus de droit, qui a l'avantage de ne pas injurier l'évidence : une grève politique est une grève.

4. Soc. 4 mai 1956, *D.* 1956. 487.

5. Soc. 10 mars 1961, *Dr. soc.* 1961. 363, obs. J. Savatier. Initialement, la chambre sociale avait adopté une position plus favorable aux grévistes : la grève n'était déclarée illicite que lorsque les revendications professionnelles mêlées aux revendications politiques n'étaient qu'un « pur prétexte ».

6. Soc. 29 mai 1979, *Bull. civ.* V, n° 464, *Grands arrêts*, 4e éd., 2008, n° 190.

7. Crim. 29 oct. 1969, *D.* 1970. 128, note H. Sinay.

8. Soc. 20 févr. 1959, *Bull. civ.* IV, n° 274 ; 5 oct. 1960, *D.* 1960. 710 ; 10 mars 1961, préc.

9. Soc. 8 janv. 1959, *Bull. civ.* IV, n° 40. Un arrêt de la Cour de cassation a cru pouvoir établir une distinction entre les mouvements de défense des institutions républicaines et les grèves politiques, les premières étant licites, les secondes prohibées. Cette distinction a provoqué des commentaires sarcastiques et il n'est pas sûr qu'on puisse la présenter comme une distinction de droit positif (Soc. 19 juin 1963, *JCP* 1963.II.13428, note H. Sinay, *D.* 1963. 686, note G. Lyon-Caen ; M. Boitel : Les grèves politiques bénies et les grèves politiques maudites, *Dr. ouvrier* 1963. 71).

1454 ***Paralysie du service public : le service minimum*** ◊ Suspension du travail, la grève rompt la continuité nécessaire du service public. La conciliation sera difficile mais nécessaire entre la grève et la continuité du service, auxquelles le Conseil constitutionnel a reconnu également valeur constitutionnelle [1].

Cette conciliation incombe jusqu'à présent à l'autorité responsable du service. Dans le célèbre arrêt *Dehaene* [2], la jurisprudence administrative, en présence d'une grève des employés de préfecture, a estimé que « la reconnaissance du droit de grève ne saurait avoir pour conséquence d'exclure les *limitations* qui doivent être apportées à ce droit comme à tout autre *en vue d'en éviter un usage abusif* ou contraire aux nécessités de *l'ordre public* ». Le droit de grève, reconnu dans les services publics devait y être réglementé par la loi. Faute de loi, la jurisprudence *Dehaene* a ouvert la voie à une réglementation par l'autorité hiérarchique. À celle-ci incombe, sous le contrôle du juge, la mission de concilier l'exercice du droit de grève avec le fonctionnement du service [3]. Faute d'une telle réglementation complètement édictée, le droit de grève s'exerce dans les conditions du droit commun [4].

Les restrictions du droit de grève imposées par le principe de continuité du service, participent des obligations statutaires du personnel des entreprises publiques. Et c'est à leurs organes et à aux seuls, non au ministre de tutelle, qu'il appartient d'édicter ces restrictions [5]. Le service minimum avait trouvé sa première expression dans le service public de l'audiovisuel [6] où il avait été consacré par la loi [7] ; il a ensuite connu diverses infortunes [8] ; il fonctionne dans le service public hospitalier. S'inspirant de la pratique

1. Cons. const. 25 juill. 1979, n° 79-705 DC, *D.* 1980. 101, note M. Paillet, *Dr. soc.* 1980. 7, note C. Leymarie ; *Grands arrêts,* 4ᵉ éd., 2008, n° 183. V. L. Hamon : *D.* 1980. Chron. 333 ; Cons. const. 28 juill. 1987, *JO* 29 juill., p. 8508. Dans un arrêt du 22 juill. 1980 relatif à la loi sur le contrôle des matières nucléaires, le Conseil a ajouté que le droit de grève devait plier devant un autre principe de valeur constitutionnelle : la sauvegarde de la santé et de la sécurité des personnes (D. Turpin, *Dr. soc.* 1980. 441 ; B. Genevois, La jurisprudence du Conseil constitutionnel relative au droit de grève dans les services publics, *Dr. soc.* 1989. 796 ; J. Chorin, Le droit de grève dans les centrales d'EDF, *Dr. soc.* 1998. 140).

2. CE 7 juill. 1950, *JCP* 1950.II.5681, concl. A. Gazier (jurisprudence constante : CE 13 nov. 1992, *RJS* 2/93, n° 173 ; 25 sept. 1996, *RJS* 12/96, n° 1313 ; 17 mars 1997, *Dr. soc.* 1997. 533, obs. J.-E. Ray).

3. CE 8 mars 2006, n° 278999, *RDT* 2006. 259 note Leclerc ; 15 mai 2006, n° 270171 (Fédération CFDT des finances).

4. CE 26 juin 1996, *RJS* 8-9/96, n° 971.

5. CE 1er déc. 2004, *RJS* 2/05, n° 307 ; 8 mars 2006, *JCP S* 2006. 1316, note B. Gauriau (à propos de la RATP).

6. CE 12 nov. 1976, 20 avr. 1977, *Dr. soc.* 1977. 243, concl. Massot, note J.-Y. Plouvin.

7. L. 26 juill. 1979 ; le Conseil constitutionnel avait clairement distingué service *minimum* (constitutionnel) et service *normal* (inconstitutionnel). V. encore la loi du 29 juill. 1982 sur la communication audiovisuelle (décr. 29 déc. 1982).

8. CE 12 mai 1989, *Dr. soc.* 1989. 669 : annulation du décret sur la navigation aérienne ; la loi du 31 déc. 1984 a traité le problème (CE 8 nov. 1989, *D.* 1992. Somm. 155 ; 13 nov. 1992, *D.* 1992. Somm. 253).

de certaines grandes entreprises publiques [1], la loi du 27 août 2007 promeut une réglementation conventionnelle de la continuité du service dans le secteur des transports terrestres de passagers. Les autorités organisatrices de transport (collectivités publiques, groupement de collectivités ou établissement publics) fixent les dessertes prioritaires en cas de perturbation prévisible du trafic et définissent un niveau minimal de service. Chaque entreprise élabore sur ces bases un *plan de transport* et d'information des usagers qui est approuvé par l'autorité organisatrice et intégré à sa convention d'exploitation. Afin de rendre ce plan opérationnel, elle négocie avec les syndicats un *accord de prévisibilité* du service applicable en cas de grève. À défaut d'accord, elle adopte unilatéralement un plan de prévisibilité. Tout salarié concerné par la mise en œuvre du plan de transport doit informer sa hiérarchie au plus tard 48 heures à l'avance de son intention de participer à un mouvement de grève [2]. On notera qu'un tel préavis individuel de grève de 48 h a été imposé aux enseignants des écoles maternelles et élémentaires, indépendamment de tout processus de négociation, aux fins de permettre l'organisation d'une garde des élèves [3].

La privatisation de nombreuses entreprises publiques et l'ouverture à la concurrence de secteurs faisant antérieurement l'objet d'un monopole de service public (télécommunications, transports aériens, électricité) conduit à poser en termes nouveaux la question du service minimum. Il n'y a aucune raison de restreindre le droit de grève de travailleurs de droit commun employés dans un secteur concurrentiel [4]. Une telle restriction n'est légitime que pour les travailleurs qui jouissent d'une garantie de l'emploi en contrepartie des sujétions inhérentes à la continuité du service. Lier ainsi continuité du service et garantie de l'emploi aurait trois effets bénéfiques : cela rendrait aux travailleurs non titulaires leur entier droit de grève ; cela rendrait au statut des titulaires sa pleine légitimité ; et cela ouvrirait un champ à la négociation collective de ces restrictions, dont les modalités dépendent étroitement de la nature particulière du service rendu [5].

1. V. C. Marquis, La prévention des conflits collectifs à la RATP, *Dr. soc.* 2003. 583 ; N. Olszak et S. Schaeffer, L'accord sur l'amélioration du dialogue social et la prévention des conflits à la SNCF : un modèle pour la réduction des grèves dans les services publics ?, *JCP S* 2005. 1001, ; Les accords régionaux sur le service garanti dans les transports publics, *Dr. soc.* 2006. 37 ; J.-E. Ray, La grève dans les transports publics. Pour une conciliation des droits, *Dr. soc.* 2004. 747.

2. L. n° 2007-1224 du 21 août 2007, art. 5 – II. Le délai de 48h. précède la date à laquelle le salarié se joint à la grève et la date de déclenchement de celle-ci (CE 11 févr. 2008, ord. n° 312330). Le défaut d'information ne rend pas illicite la participation du salarié à la grève, mais l'expose à une sanction disciplinaire spécifique (Cons. const. 16 août 2007, n° 2007-556 DC, *Dr. soc.* 2007. 1221, obs. V. Bernaud ; *AJDA* 2007. 1283). L'utilisation des informations issues de ces déclarations individuelles à d'autres fins que l'organisation du service durant la grève est constitutive d'un délit pénal (atteinte au secret professionnel : C. pén. art. 226-13).

3. C. éduc., art. L. 133-4 issu de la L. du 20 août 2008.

4. J. Chorin, La grève dans les services publics. Questions d'actualité, *Dr. soc.* 2003. 567.

5. A. Supiot, Revisiter les droits d'action collective, *Dr. soc.* 2001. 687.

B. Les actes illicites commis à l'occasion des grèves

1455 ***Absence d'incidence sur la qualification de la grève*** ◊ De nombreux actes illicites peuvent être commis au cours d'une grève (vols, violences, séquestrations, etc.). Ils relèvent en principe de la responsabilité individuelle de ceux qui les commettent et n'ont pas pour effet de modifier la nature de la grève[1]. Ces actes peuvent donner lieu à diverses sanctions civiles, disciplinaires ou pénales[2], mais ne suffisent pas à caractériser l'abus du droit de grève en tant que tel. L'occupation des lieux de travail est longtemps apparue comme une manifestation de ce type, justifiant le prononcé automatique d'une sanction. Mais une jurisprudence abondante est venue nuancer cette solution trop mécanique, et conférer une place spécifique à cette modalité d'action collective.

1456 ***Occupation des lieux de travail*** ◊ Forme particulièrement caractéristique des luttes sociales contemporaines, l'occupation des lieux de travail se présente est le plus souvent une modalité renforcée de la grève comportant souvent des mesures d'interdiction de l'accès à l'entreprise (piquets). Elle peut aussi être une réaction à l'absence de fourniture de travail par l'employeur (fermeture d'établissement, procédure de règlement judiciaire et liquidation de biens). Les salariés ne cessent pas le travail à proprement parler : ils occupent les locaux pour demander l'exécution par l'employeur de son obligation de fournir du travail. De tels mouvements peuvent aller jusqu'à la reprise du travail contre la volonté de l'employeur[3]. Ces occupations de locaux pour exiger du travail présentent certaines analogies avec le droit de grève. Comme en cas de grève, il s'agit de violations délibérées des commandements de l'employeur à l'appui de revendications professionnelles. Leur qualification de grève supposerait une évolution sensible de la définition de ce concept[4]. De tels mouvements peuvent néanmoins être considérés comme licites s'ils ne s'accompagnent d'aucune faute comme une dégradation des locaux, une séquestration ou une atteinte à la liberté du travail.

L'occupation de l'entreprise, lorsqu'elle est une modalité de la grève est en principe licite. En revanche, elle peut être l'occasion de fautes commises par les salariés, notamment en cas d'atteinte à la liberté du travail (a). L'*expulsion* ou l'évacuation *des occupants* peut alors être obtenue en référé par l'employeur (b).

---

1. Soc. 18 janv. 1995, *Bull. civ.*, n° 27 ; 4 nov. 1992, *Bull. civ.* V, n° 529, *Grands arrêts*, 4e éd., 2008, n° 194).
2. V. ss 1476 s.
3. V. le mouvement emblématique des travailleurs de Lip (Besançon), à partir de 1973. Et, sur ce mouvement, v. not. C. Mathieu et Th. Pasquier (dir.), *Actualité juridique de l'action collective, 40 ans après Lip, Sem. soc. Lamy* n°1631 /2014, supp., spéc. p. 7-34.
4. La grève pourrait être conçue comme un arrêt de la subordination, plutôt qu'un arrêt de travail. En ce sens on notera que le temps de travail effectif se définit comme le temps de la subordination (v. ss 796 s.). L'arrêt de travail, actuellement critère de la grève, pourrait ainsi facilement devenir un arrêt du temps de travail, lequel serait un arrêt de l'obéissance ou, si l'on préfère, de la subordination. V. aussi ss 1388.

a) L'occupation des locaux n'est pas, *en elle-même*, illicite [1]. Encore faut-il qu'elle ne s'accompagne ni de violence, ni de dégradation, ni de séquestration, ni d'atteinte à la liberté du travail des non-grévistes. À ces conditions, la seule restriction au droit de propriété qu'opère l'occupation des locaux ne permet pas de condamner les salariés qui y participent [2], le droit de grève venant, en quelque sorte compenser l'atteinte au droit de propriété. Dans le même sens, on notera que ne commet pas une faute lourde le conducteur de poids lourd qui refuse de remettre à son employeur son camion et les clefs de celui-ci [3] ou celui qui, à l'aide de son camion, bloque certaine des entrées de l'entreprise [4]. En revanche, si l'une des fautes précédemment citées est réalisée et en particulier s'il est porté atteinte à la liberté du travail, une faute lourde justifiant le licenciement peut être découverte [5].

La participation d'un salarié à une occupation avec atteinte à la liberté du travail l'expose à des poursuites *civiles*. Il peut être condamné à indemniser les non-grévistes du préjudice qu'ils subissent du fait du non-paiement des journées non travaillées [6] ou l'employeur du préjudice qui résulte pour lui du paiement aux non-grévistes des journées non travaillées. Il peut être condamné aussi *pénalement* pour entrave à la liberté du travail (C. pén., art. 431).

La rétention d'outils de travail, comme la rétention des camions et de leur clefs, est analogue à la question de l'occupation des locaux. Là encore, en l'absence d'atteinte à la liberté du travail, aucune faute lourde du fait de cette rétention ne peut être opposée au grévistes [7].

---

1. Soc. 9 mars 2011, n° 10-11588, *Dr. ouvrier* 2011. 627, note P. Darves-Bornoz : l'occupation des locaux n'est pas un trouble manifestement illicite, en l'absence d'atteinte à la liberté du travail, de dégradation, de violence, de séquestration ou d'autres comportement dangereux à l'égard des personnels présents sur le site.

2. Soc. 11 févr. 1960, *D.* 1960. 603 ; 9 oct. 1963, *Bull. civ.*, n° 667 ; 16 déc. 1968, *Bull. civ.*, n° 593 ; 16 juin 1988, *Dr. ouvrier* 1988. 522 ; 16 mai 1989, *Bull. civ.* V, n° 361 ; 26 févr. 1992, *RJS* 4/92, n° 485 ; 1er mars 1994, *JS UIMM*, 94-572, p. 185. V. aussi : TGI Dole, 14 av. 1995, *Dr. ouvrier* 1996. 37 (très motivé).

3. Soc. 8 févr. 2012, n° 10-14083 P., *RDT* 2012. 436, obs. V. Pontif, *Dr. ouvrier* 2012. 562, obs. A. Ferrer (absence de faute lourde). V. aussi Soc. 15 févr. 1979, n° 76-14537 P, qui ordonne la restitution des clefs et des véhicules au nom de l'atteinte à la liberté du travail réalisée par cette rétention.

4. Soc. 9 mai 2012, n° 10-26497 P., *Dr. ouvrier* 2012. 562, obs. A. Ferrer. D'autres camions avaient ainsi été empêchés de passer, mais il n'était pas démontré que les salariés non grévistes avaient eux été empêchés de rejoindre leur travail.

5. Soc. 6 déc. 1956, *Dr. soc.* 1957. 33 ; 6 mai 1971, *JS soc.*, n° 307 ; 15 févr. 1979, *JS UIMM*, n° 398 ; 19 févr. 1981, *JS UIMM* 1981. 420 ; 30 avr. 1987, *Bull. civ.* V, n° 238 (maintien de l'occupation après une ordonnance d'expulsion) ; Soc. 10 févr. 2009, n° 07-43.939. Mais il est nécessaire de prouver que tel gréviste a bien participé à une occupation illégale (Soc. 31 oct. 1989, *JS UIMM* 1990. 523).

6. Crim. 16 déc. 1982, *Dr. soc.* 1983. 182, note J. Savatier. Le conseil des prud'hommes est compétent pour statuer sur la demande de dommages et intérêts présentée par des non-grévistes à l'encontre de grévistes (Soc. 3 mars 1983, *Dr. soc.* 1983. 638).

7. Soc. 9 mai 2012, 2 arrêts, nos 10-26497 P et 11-15579 ; Soc. 13 mai 2009, n° 08-41337. Pour un cas d'atteinte à la liberté du travail et conséquemment de faute, v. Soc. 7 juill. 1983, n° 81-40191 P.

b) Le contentieux de l'expulsion. Quel que soit le degré d'irrégularité de l'occupation, l'évacuation était fréquemment paralysée par des motifs de procédure. La procédure de *référé* suppose l'assignation de chaque occupant individuellement : cela est souvent impossible et toujours coûteux.

Une nouvelle méthode a été suggérée par la Cour de cassation ; en raison de la difficulté d'assigner nominativement tous les occupants et de l'irrégularité consistant à n'assigner que les délégués « et tous occupants de leur chef », l'employeur est invité à saisir le président du tribunal par la voie de la *requête* en même temps que par la voie du référé. Exerçant alors sa juridiction gracieuse, le président peut statuer non contradictoirement à l'encontre de tous les occupants qui n'ont pas été assignés en référé [1]. L'engagement d'une procédure en référé supposant souvent que l'employeur sollicite un huissier en vue de procéder à des constatations matérielles, la Cour de cassation a eu l'occasion de préciser que cet huissier excédait ses pouvoirs en demandant à des salariés de décliner leur identité et d'enlever des véhicules faisant barrage à des livraisons [2], et qu'il ne pouvait (à peine de nullité de ses procès-verbaux) procéder à des auditions qu'afin d'éclairer ses constatations [3].

En cas de faute commise lors de l'occupation, en cas d'atteinte à la liberté du travail notamment, l'expulsion pourra être ordonnée [4]. En revanche, en l'absence d'une telle faute, le trouble de l'occupation n'est pas considéré comme manifestement illicite [5]. De nombreuses décisions préfèrent toutefois rechercher les *causes* du différend ayant conduit à l'occupation ; à cet effet, elles désignent un *expert* chargé d'examiner la situation sur place, de rechercher s'il y a urgence, d'entendre les parties et l'inspection du travail, avant toute mesure d'expulsion. Elles subordonnent ensuite la décision d'évacuation à une reprise ou à l'ouverture de *négociation* entre les parties ou sursoient jusqu'à l'aboutissement d'une procédure de *médiation* (au sens large) organisée par une personne mandatée par le juge [6].

La position dominante approuvée par la Cour de cassation [7] consiste à *ordonner l'expulsion globale pure et simple* de tous les occupants, l'occupation

---

1. Soc. 17 mai 1977, *D.* 1977. 645, note A. Jeammaud ; *Dr. ouvrier* 1977. 467, note G. Lyon-Caen ; *Dr. soc.* 1978. 117, note J. Savatier ; 21 févr. 1978, *Bull. civ.* V, n° 128 ; 15 févr. 1979, *Bull. civ.* V, n° 143 ; 23 juin 2004, n° 02-31071 P, *Bull. civ.* V, n° 180.

2. Soc. 2 mars 2004, *Bull. civ.* V, n° 69.

3. Soc. 28 avr. 2006, n° 04-13.932, P.

4. Soc. 21 juin 1984, *Dr. soc.* 1985. 19, note J. Savatier ; J. Savatier, L'occupation des lieux du travail, *Dr. soc.* 1988. 655.

5. Soc. 9 mars 2011, n° 10-11588, P ; 3 déc. 1986, *JS UIMM* 1987. 488. Parmi les décisions rendues à l'occasion des grèves de déc. 1995 : TGI Brest, 2 déc. 1995 ; TGI Agen, 4 déc. 1995 ; *RPDS janv.* 1996 : absence de trouble résultant de l'occupation, nécessaire au contraire pour que les grévistes se concertent.

6. Ex. : TGI Pontoise, 4 nov. 1987, *Dr. ouvrier* 1988. 28 ; TGI Privas, 13 oct. 1989, *Dr. soc.* 1990. 167 (3e esp.), note A. Jeammaud et M. Le Friant.

7. Soc. 21 juin 1984, préc. ; toutefois dans un arrêt du 26 juill. 1984, la Chambre sociale a approuvé le juge d'avoir recouru à une mesure d'instruction (expertise) avant toute décision d'évacuation.

portant atteinte à la liberté du travail des non-grévistes et à la liberté du commerce et de l'industrie. Il suffit au juge de relever les éléments du trouble illicite [1].

Quoique muni d'une ordonnance ou d'un arrêt valant titre exécutoire, l'employeur ne parviendra pas toujours, si cette décision n'est pas volontairement exécutée par les occupants, à obtenir le concours de la force publique pour procéder à l'évacuation. « Le justiciable nanti d'une sentence judiciaire, dûment revêtue de la formule exécutoire, est en droit de compter sur l'appui de la force publique pour assurer l'exécution du titre qui lui a été ainsi délivré ; néanmoins (...) *l'autorité administrative a le devoir d'apprécier les conditions de cette exécution et le droit de refuser le concours de la force publique tant qu'elle estime qu'il y a danger pour l'ordre et la sécurité ;* le préjudice qui peut résulter de ce refus ne saurait être regardé comme une charge incombant à l'intéressé que si la situation ne s'est pas prolongée au-delà du délai dont l'Administration doit normalement disposer... pour exercer son action » [2]. Si l'exécution de l'ordonnance d'évacuation risque de perturber l'ordre public (ordre « dans la rue »), l'autorité administrative refusera donc son concours, quitte à engager la responsabilité de la puissance publique [3].

Une des raisons qui inciteront l'employeur à solliciter une décision d'expulsion est que, faute de l'avoir fait, il n'est pas déchargé de sa dette de salaire envers les non-grévistes [4].

1. Une juridiction ne peut mettre l'astreinte accompagnant l'injonction à la charge de syndicats, que si elle explique en quoi ces organisations sont impliquées dans l'occupation illicite (Soc. 22 juin 2004, *Bull. civ.* V, n° 174).

2. CE 3 juin 1938, *La Cartonnerie et imprimerie Saint-Charles, D.* 1938. III. 65, *Dr. soc.* 1938. 241 ; CE 6 mai 1991, *Sté Aut. Citroën, Dr. soc.* 1991. 940, concl. M. Denis-Linton, 25 mars 1981, *Dr. soc.* 1981. 736, note J. Savatier ; T. confl. 22 avr. 1985, *Dr. soc.* 1985. 455 (compétence judiciaire pour la réparation des dommages ; v. cep., CE 2 déc. 1987 et 17 févr. 1988, *JS UIMM* 1988. 504, p. 281).

3. CE 6 mai 1991 préc.

4. Soc. 6 oct. 1971, *D.* 1972. 23.

CHAPITRE 3
LES RIPOSTES À LA GRÈVE

1457 ***Les prérogatives de l'employeur*** ◊ En face d'un mouvement de grève, l'employeur et, dans les services publics, le responsable du service, n'est pas juridiquement désarmé : – il peut licencier ceux qui ont commis une faute lourde ou participé à une grève irrégulière (pouvoir disciplinaire) ; – il peut assurer la continuité de l'activité, ainsi faire travailler les non-grévistes et faire appel à la sous-traitance ; – il peut, dans certains cas, recourir à la fermeture des lieux de travail (pouvoir de direction) ; – il peut saisir la justice, en demandant l'expulsion des occupants ou pour mettre en jeu la responsabilité des grévistes ou du syndicat, si celui-ci a appelé à une grève illicite ; – il peut parfois saisir la justice pénale ; il peut en appeler, par médias interposés, au public affecté par la grève [1].

Les ripostes s'ordonnent ainsi autour des prérogatives de l'employeur dans l'entreprise. Le juge (juge des référés, juge du fond, juge administratif) a le souci de faire respecter l'autorité hiérarchique ou patronale mais parallèlement d'assurer son plein effet au droit constitutionnel de grève [2].

SECTION 1. LE POUVOIR DISCIPLINAIRE

1458 L'employeur peut prononcer des sanctions à l'encontre des grévistes qui se rendent coupables de fautes pendant la grève. Ce pouvoir est prévu par la loi lorsque les grévistes ont commis des fautes lourdes ; il est, en revanche, discuté lorsqu'aucune faute lourde ne peut être relevée à leur encontre.

§ 1. Sanctions en cas de faute lourde

1459 ***Licenciement disciplinaire et autres sanctions*** ◊ Les grévistes qui commettent une *faute lourde* peuvent être licenciés (C. trav., art. L. 2511-1) [3].

---

1. Paris, 16 nov. 1995, *D.* 1996. 429, note B. Edelman (publicité télévisée d'Air France en riposte à une grève du personnel navigant).

2. J.-E. Ray, *Les pouvoirs de l'employeur à l'occasion de la grève*, Litec, 1986 Les pouvoirs de l'employeur… Évolution jurisprudentielle et légale (1988-1991), *Dr. soc.* 1991. 768 A. Jeammaud et M.-Cl. Rondeau-Rivier, Vers une nouvelle géométrie de l'intervention judiciaire dans les conflits du travail, *D.* 1988. Chron. 229. Les actes autres que la grève (boycott) ne sont pas rares en cas de conflits. Les ripostes de l'employeur sont, elles aussi, variées (diffusion d'une émission télévisée dénigrant une grève). Un contentieux multiforme peut en découler (ex. : TGI Rouen 25 mars 1993, *Dr. ouvrier* 1993.413, note G. Lyon-Caen ; Paris, 16 nov. 1995, *Dr. soc.* 96. 102, note J.-E. Ray).

3. La règle n'est pas différente pour les agents publics ou les salariés des entreprises publiques à statut.

Cette affirmation appelle quelques précisions. Réciproquement, en l'absence de faute lourde, le licenciement doit être annulé [1].

1) La faute lourde du salarié n'entraîne pas, par elle-même, la rupture du contrat de travail. Elle constitue seulement un motif de résiliation du contrat [2]. Il en résulte que l'employeur doit suivre la procédure de licenciement et la procédure disciplinaire organisée par la loi du 4 août 1982 s'il entend mettre fin aux relations contractuelles avec le gréviste fautif. Si celui-ci est représentant du personnel ou représentant syndical, l'employeur doit respecter la procédure spéciale de licenciement [3].

2) Selon le texte, la faute lourde du gréviste justifie le licenciement. En l'absence de faute lourde, l'employeur n'a aucun pouvoir disciplinaire sur les comportements commis contre les grévistes. Une simple faute grave ne saurait légitimer une sanction, même un simple avertissement [4]. La solution est logique. Pendant la grève, le salarié n'est pas subordonné à l'employeur, il n'est donc pas soumis à son pouvoir disciplinaire. L'article L. 2511-1 du Code du travail s'analyse comme une exception à ce principe. Et les exceptions sont d'interprétation stricte.

Pourrait-elle justifier des sanctions inférieures ? La jurisprudence semble pencher plutôt dans ce sens. Selon la Cour de cassation, « un salarié gréviste ne peut être licencié ou sanctionné, à raison d'un fait commis à l'occasion de la grève à laquelle il participe, que si ce fait est constitutif d'une faute lourde » [5]. Interprétée *a contrario*, cette motivation laisse à penser que, pour la Cour de cassation, la possibilité d'une sanction moindre que le licenciement demeure ouverte. L'idée selon laquelle « qui peut le plus, peut le moins » pourrait ici s'appliquer.

La solution n'est pas cependant hors de toute discussion possible. L'interprétation *a contrario* des arrêts de la Cour de cassation doit en principe être évitée et, en matière de pouvoir disciplinaire, l'adage « qui peut le plus, peut le moins » n'est guère efficace [6]. Surtout, une faute lourde est plus qu'une faute grave. Or la faute grave est définie par la Cour de cassation comme celle qui rend impossible le maintien du contrat de travail, même pendant la durée du préavis. Une faute ne faisant l'objet que d'une mise à pied, ou même que d'un simple avertissement, est par hypothèse une faute qui ne rend pas impossible cette continuation. Elle n'est donc pas une faute grave [7]. *A fortiori*, elle n'est pas non plus une faute lourde.

---

1. Soc. 9 mai 2012, 10-24.307 P.

2. Soc. 5 avr. 1957, *Bull. civ.* IV, n° 348 ; Crim. 28 juin 1951, *D.* 1951. 542, rapport M. Patin.

3. Sur le pouvoir d'appréciation du juge administratif, v. CE 6 mars 2002, *RJS* 6/02, n° 699.

4. Soc. 16 déc. 1992, *EDF c. Moens*, *Bull. civ.* V, n° 592 ; *Dr. soc.* 1993. 291, note J. Savatier ; *D.* 1993. Somm. 265, obs. E. Dockès ; Soc. 7 juin 1995, *Bull. civ.* V, n° 181 ; Soc. 18 janv. 1995, *Publicom*, *Bull. civ.* V, n° 27 ; *Dr. soc.* 1995. 186, note Ph. Waquet ; *Grands arrêts*, n° 196 ; Soc. 9 mai 2012, 10-24.307, P. V. ss 1461 et réf. cit. note suivante.

5. *Cf.* not. Soc. 16 déc. 1992, *EDF c. Moens* ; 18 janv. 1995, *Publicom* ; 7 juin 1995 ; arrêts préc. note précédente.

6. V. not. CE 28 janv. 1991, *Dr. soc.* 1992. 232.

7. V. ss 542.

La faculté de l'employeur d'adopter une sanction moindre que le licenciement apparaît ainsi bien théorique. S'il s'avisait de procéder ainsi, sa mansuétude démontrera que la faute invoquée n'était pas grave. Et donc qu'elle n'était pas lourde. Or, seule la faute lourde peut légitimer la sanction d'un comportement commis à l'occasion d'une grève.

3) La faute lourde justifie le licenciement mais elle ne justifie pas une mesure discriminatoire à l'encontre d'un représentant du personnel ou d'un représentant syndical [1].

1460 ***Faute lourde*** ◊ La loi ne précise pas ce que recouvre cette qualification. Malgré la définition donnée par la Cour de cassation pour la faute lourde dans les relations contractuelles [2], la notion reste imprécise dans le droit de la grève [3]. L'*intention de nuire à l'employeur ou à l'entreprise* qui sert de critère à la faute lourde lorsqu'il s'agit de savoir si la responsabilité contractuelle du salarié est engagée ou si ce dernier est privé de l'indemnité compensatrice de congés payés, ne permet guère de faire la distinction entre les fautes commises par des grévistes ; ceux-ci ont généralement l'intention de nuire à l'employeur ou à l'entreprise. Quelques directives générales se dégagent cependant de la jurisprudence.

La faute lourde est personnelle : elle doit être directement et personnellement imputable au salarié ; elle est indépendante d'autres fautes qui ont pu être retenues contre l'ensemble des grévistes [4]. Ainsi l'employeur doit-il, en principe, rapporter la preuve d'une faute individuelle commise par le salarié qu'il entend sanctionner [5]. Cette faute doit être d'une gravité toute particulière : salariés et employeur sont en conflit, ce qui implique que le comportement des salariés est *normalement* hostile à l'employeur et générateur de perturbations dans l'entreprise [6].

La participation au même arrêt de travail peut entraîner une sanction pour faute lourde à l'égard de l'un, et non à l'égard des autres. Le pouvoir de l'employeur d'individualiser les sanctions a cependant pour limite la *prohibition des discriminations* visées par la loi (C. trav., art. L. 1132-2) et celle du détournement de pouvoir [7].

---

1. Crim. 1er mars 1983, *Dr. ouvrier* 1984.79 (délit d'entrave et de discrimination) ; 25 mars 1980, *Dr. ouvrier* 1980. 219. En cas de refus d'autorisation administrative de licenciement d'un salarié protégé mis à pied pendant la grève, l'employeur doit payer les salaires correspondant à cette période de mise à pied (Soc. 17 déc. 2002, *Dr. soc.* 2003. 177, obs. F. Duquesne).

2. V. ss 649.

3. V. Pontif, Grève : qualification de la faute lourde, quelques incertitudes, *RDT* 2012. 436.

4. Soc. 20 mai 1955, *Bull. civ.* IV, n° 427, *Grands arrêts*, 4e éd., 2008, n° 199 ; 4 nov. 1992, *Dr. soc.* 1992. 1007 ; 13 juill. 1999, *Dr. ouvrier*, août 1999. 3.

5. Soc. 18 sept. 2007, n° 06-41761, *JCP S* du 13 nov. 2007, p. 36, obs. Vatinet (absence de preuve de la participation active d'un salarié à une entrave à la libre circulation des trains) ; Soc. 19 déc. 2007, n° 06-43739, (participation à un picket de grève prouvée par constat d'huissier) *JS Lamy* 2008, n° 228.

6. Ne constitue pas une faute lourde le fait pour un salarié d'avoir proféré des injures, en dehors de toute violence (Soc. 10 mai 2001, *RJS* 7/01, n° 907, 1re esp.).

7. Soc. 15 mai 1991, *RJS* 7/91, n° 841. Comp. Soc. 29 janv. 1992, *RJS* 3/92, n° 283 ; Caen 9 sept. 1991, *RJS* 10/91, n° 1087 (qui annule comme discriminatoire le licenciement d'un gré-

La faute lourde est donc une faute intentionnelle, d'une particulière gravité et que l'état d'insubordination, actif et autorisé, ne peut justifier. L'appréciation devra tenir compte de toutes les données particulières de l'espèce, de sorte qu'il est impossible d'établir un catalogue de « fautes lourdes ». On peut cependant relever que les fautes susceptibles d'être qualifiées de lourdes sont plutôt des actes qui portent atteinte à l'intégrité physique des personnes [1], à leur liberté d'aller et venir [2], à leur liberté de travailler [3], ou encore des actes de dégradation volontaire de matériel ou de marchandises [4]. Certaines décisions ont cependant retenu l'existence d'une faute lourde en l'absence d'acte de cette nature, par exemple en l'absence de toute violence et de tout risque pour la sécurité des personnes [5]. La Cour de cassation exerce son contrôle sur la qualification [6].

La faute lourde peut aussi être constituée par la participation à une grève illicite ou abusive ou à un mouvement ne méritant pas la qualification de grève. Le salarié est considéré comme auteur d'une faute lourde lorsqu'il participe à une grève qui n'a pas pour objet la modification ou l'amélioration des conditions de travail [7]. Cette qualification, retenue de façon très générale lorsque le gréviste participe à une grève politique, est utilisée avec plus de circonspection lorsqu'il s'agit de grève professionnelle ayant un caractère abusif ; dans ce dernier cas, l'employeur devra établir que le gréviste avait sciemment violé les règles de la grève. Dans les services publics la violation du préavis de grève n'est pas traitée comme faute lourde [8].

---

viste). Si seuls certains grévistes sont sanctionnés, parmi tous ceux ayant pris part au même mouvement, cette circonstance ne révèle pas nécessairement une discrimination (Soc. 15 mai 1991, *Bull. civ.* V, n° 236, 1er févr. 1995, *Dr. soc.* 1995. 276).

1. Brutalités : Soc. 16 juin 1965, *Bull. civ.* IV, n° 469 ; 26 mai 1981 (violence sur un non-gréviste), *JS UIMM* 1981. 422, p. 408 ; abandon des services de sécurité : Soc. 14 juin 1958, *Bull. civ.* IV, n° 549.

2. Séquestrations : Soc. 1er avr. 1997, *Bull. civ.* V, n° 131.

3. Soc. 12 janv. 1983, *Dr. soc.* 1983. 227, note J. Savatier (grévistes s'opposant à ce que des cadres fournissent à leur place, un travail d'exécution) ; 31 mars 1998, *Bull. civ.* V, n° 180 ; 15 mai 2001, *Bull. civ.* V, n° 166, 2e esp. (blocage des accès d'un hôtel empêchant les clients et les non-grévistes d'y accéder) ; 17 déc. 2002, *Dr. soc.* 2003. 448, obs. F. Duquesne (blocage des entrées et sorties de camions) ; 26 mai 2004, n° 02-40.395 D (interdiction d'accès des non-grévistes et persistance de cette obstruction en dépit d'une décision de justice leur enjoignant de libérer le chantier) ; 15 juin 2005, n° 02-42.177 D (attitude agressive pour interdire l'accès des lieux aux non-grévistes).

4. Soc. 27 janv. 1956, *Bull. civ.* IV, n° 103.

5. Refus d'un gréviste de restituer le camion qu'il avait garé à son domicile (Soc. 4 avr. 1979, *Bull. civ.* V, n° 313 ; 7 juill. 1983 : refus de restituer les clefs). Poursuite de la grève au-delà de la signature d'un accord (Soc. 17 avr. 1985, *JS UIMM*, 1986, n° 470) ; bousculades (Soc. 19 nov. 1987, *Bull. civ.* V, n° 654).

6. Soc. 7 juin 2006, n° 04-43855, *D.* 2006. 2715.

7. Soc. 1er mars 1961, *D.* 1961. 420 ; 5 oct. 1960, *D.* 1960. 710 ; 25 juin 1987, *D.* 1988. Somm. 99. V. : J. Pélissier, Fautes des grévistes et sanctions patronales, *Dr. soc.* 1988. 650.

8. Soc. 5 juin 1984, *Bull. civ.* V, n° 229. Manque la connaissance, par chaque salarié, des caractères irréguliers de l'arrêt de travail. Aucune faute ne peut être reprochée aux salariés exerçant leur droit de grève s'ils méconnaissent une obligation de préavis figurant dans la convention collective, celle-ci étant illicite (Soc. 7 juin 1995, *Dr. soc.* 1996. 37, note Ch. Radé, *D.* 1996. 75, note B. Mathieu) ; v. ss 1422.

§ 2. Sanctions en l'absence de faute lourde ?

1461 ***Sanctions ostensibles*** ◊ En l'absence de faute lourde, le gréviste peut-il se voir infliger une sanction moins lourde que le licenciement (par ex. une mise à pied ou un blâme) ? Pour certains auteurs aucune sanction ne pouvait être prononcée à l'encontre de grévistes qui ne se sont pas rendus coupables de faute lourde [1]. Pour d'autres, « si la sanction disciplinaire la plus grave, à savoir le licenciement, suppose une faute lourde imputable au salarié en grève, des sanctions plus bénignes peuvent être prises à raison de fautes plus légères » [2]. La première proposition est la plus convaincante. La grève est un conflit ouvert entre l'employeur et les salariés : ceux-ci refusent momentanément – et ont le droit de refuser – l'autorité hiérarchique de l'employeur. N'étant plus, pendant la grève, dans la position d'un subordonné, qui reçoit et qui doit exécuter des ordres, le gréviste n'est plus en situation d'être sanctionné par l'employeur. Le principe doit donc être la suspension momentanée du pouvoir disciplinaire dans l'entreprise. Il n'existe qu'une exception, et il fallait un texte légal pour la prévoir : en cas de fautes lourdes des salariés grévistes, l'employeur peut licencier (C. trav., art. L. 2511-1).

Après quelques hésitations, la Cour de cassation a tranché en ce sens : « un salarié gréviste ne peut être licencié *ou sanctionné*, à raison d'un fait commis à l'occasion de la grève à laquelle il participe, que si ce fait est constitutif d'une faute lourde » [3].

La Cour de cassation juge également que le règlement intérieur est suspendu pendant la grève [4]. Mais le Conseil d'État admet que le règlement intérieur peut comporter des dispositions limitant le droit de grève en raison d'impérieux motifs de sécurité [5].

Les sanctions *pécuniaires* sont quant à elles toujours interdites même là où le statut du personnel les mentionnerait [6].

---

1. H. Sinay et J.-Cl. Javillier, préc., n° 214.

2. J. Savatier, obs. *Dr. soc.* 1969. 318.

3. Soc. 16 déc. 1992, *EDF c. Moens, Bull. civ.* V, n° 592 ; *Dr. soc.* 1993. 291, note J. Savatier ; *D.* 1993. Somm. 265, obs. E. Dockès ; *Grands arrêts* 208 ; Soc. 7 juin 1995, *Bull. civ.* V, n° 181 ; Soc. 18 janv. 1995, *Publicom, Bull. civ.* V, n° 27 ; *Dr. soc.* 1995. 186, note Ph. Waquet ; *Grands arrêts*, n° 196. Rappr. : Soc. 18 juill. 2000, *Dr. soc.* 2000. 1154 (l'employeur doit payer les salaires correspondant à la mise à pied conservatoire du représentant du personnel gréviste dont le licenciement a été refusé par l'inspecteur du travail).

4. Soc. 16 déc. 1968, *Dr. soc.* 1969. 318, obs. J. Savatier ; 23 nov. 1977, *Bull. civ.* V, n° 635 ; 4 juill. 1972, *JCP* 1973. II. 17464, note J. Pélissier : Ainsi que nous l'avons déjà observé, ces arrêts datent d'une période (avant 1982) où le règlement intérieur était considéré comme une annexe du contrat de travail, lui-même suspendu.

5. CE 12 nov. 1990, *AJDA* 1991. 484 note X. Prétot ; en revanche sont illicites, les dispositions du règlement intérieur ayant pour objet d'assurer la continuité d'approvisionnement de la clientèle (CE 12 oct. 1992, *Dr. soc.* 1993. 162). La disposition de l'acte réglementaire patronal est nul si l'impératif de sécurité (des usagers d'un établissement de soin) n'est pas établi (CE 27 juill. 2005, *JCP S* 2005. 1266, note X. Prétot ; *Dr. ouvrier* 2006. 11, note D. Boulmier).

6. CE 12 nov. 1990, *AJDA* 1991. 332, note M. Hécquard-Théron ; *D.* 1992. Somm. 159, obs. D. Chelle et X. Prétot, qui parle d'un principe général du droit du droit du travail. La retenue sur le salaire n'a pas le caractère d'une sanction.

1462 ***Sanctions déguisées. Les primes d'assiduité*** ◊ La pratique des primes d'assiduité, dénoncées par les syndicats comme « primes anti-grève », s'est développée depuis le début des années 1950 [1]. C'est un moyen de sanctionner, sans le dire, la participation des travailleurs à une grève. En sus du salaire dû, chaque salarié perçoit une prime complémentaire si au cours du mois, du trimestre ou du semestre, il ne s'absente pas. Cette prime est réduite ou même supprimée en fonction du nombre d'absences relevées au cours de la période de référence, le montant de la réduction n'étant point proportionnel à la durée de l'absence (une absence d'une heure peut, par ex., entraîner une réduction de 30 % de la prime mensuelle). Il est évident que si la prime est élevée et si la réduction pour chaque absence est forte, les salariés seront peu enclins à participer à un arrêt de travail d'une demi-journée.

Après avoir longtemps admis la licéité de la plupart des clauses de réduction de prime d'assiduité, en appliquant les principes du droit contractuel [2], la jurisprudence a évolué suite à la loi du 17 juillet 1978 (C. trav., art. L. 2511-1, al. 2), aux termes de laquelle l'exercice du droit de grève ne saurait donner lieu, de la part de l'employeur, à des mesures discriminatoires en matière de rémunérations et d'avantages sociaux [3]. Certes l'affirmation de principe reste la même : il est loisible à l'employeur de tenir compte des absences motivées par la grève à l'occasion de l'attribution d'une prime destinée à récompenser une assiduité profitable à l'entreprise. Mais l'employeur ne peut user de cette possibilité que « si toute absence, *quelle qu'en soit la cause, autorisée ou non*, entraîne les mêmes conséquences » [4]. Un employeur ne peut plus, comme par le passé, prévoir une réduction du montant de la prime en cas de grève ou d'absence fautive et maintenir le droit à la prime en cas d'absence due à la maladie ou en cas d'absence autorisée par la direction. Toute distinction entre les absences est désormais considérée comme discriminatoire à l'encontre des grévistes [5].

---

1. H. Sinay, La grève et les conventions d'assiduité, *JCP* 1961. I. 1673 ; G.-H. Camerlynck, La prime antigrève, *Dr. soc.* 1962. 36.

2. Parmi de nombreux arrêts : Soc. 25 oct. 1961, 7 arrêts, *D.* 1961. 749, note G. Lyon-Caen ; 10 mars 1971, *Bull. civ.* V, n° 196 ; 4 juill. 1979, *D.* 1980. IR 88, 1re esp., obs. J. Pélissier, *Bull. civ.* V, n° 607 ; 11 déc. 1980, *D.* 1981. 509.

3. H. Sinay, La suppression des primes anti-grève, *D.* 1979. Chron. 81.

4. Soc. 21 oct. 1982, *Bull. civ.* V, n° 569 ; 25 mars 1982, *Bull. civ.* V, n° 224, *Grands arrêts*, 4e éd., 2008, n° 204 ; 19 nov. 1987, *Bull. civ.* V, n° 655. Application de l'idée de non-discrimination selon les types d'absence : Soc. 28 mars 1989, *Bull. civ.* V, n° 260 ; 2 mars 1994, *Dr. soc.* 1994. 523 ; 18 janv. 1995, *RJS* 3/95, n° 292 ; 13 janv. 1999, *ibid.* 2/99, n° 258. V. : F. Géa, Les primes « anti-grève », *Dr. ouvrier* 2000. 1.

5. L'abattement de prime n'est licite qu'à la condition « que toutes les absences autorisées ou non entraînent les mêmes conséquences » (Soc. 6 nov. 1991, *Dr. soc.* 1991. 932, rapport Ph. Waquet ; 13 janv. 1999, *RJS* 2/99, n° 258 ; Soc. 10 déc. 2002, *RJS* 2/03, n° 241 ; 5 févr. 2003, *RJS* 4/03, n° 500 ; 15 févr. 2006, *Dr. soc.* 2006. 577, obs. Ch. Radé ; *JCP S* 2006. 1364, note R. Vatinet ; 25 oct. 2007, n° 06-42399, *Sté Charal* ; 16 janv. 2008, n° 06-42983 P.). Seul le juge administratif peut se prononcer sur la conformité à cette règle d'une prime instituée par le statut du personnel d'une entreprise publique (Soc. 29 janv. 2003, *Bull. civ.* V, n° 32).

Si le versement d'une prime résulte d'un usage, la dénonciation de cet usage pour faire échec à une grève est inspirée par un motif illicite, donc frappée de nullité [1].

SECTION 2. LE POUVOIR DE DIRECTION

1463 Usant de son pouvoir de direction, l'employeur s'efforcera soit d'assurer la continuation de l'exploitation ou du service, soit de l'arrêter [2]. Selon les circonstances, il optera pour une des deux voies qui lui sont ouvertes : soit il mettra tout en œuvre pour que, malgré la grève, l'entreprise continue à fonctionner, par exemple avec un personnel d'appoint, soit, au contraire, il décidera de fermer complètement certains services ou ateliers, ou même l'ensemble de l'entreprise afin de ne pas avoir à rémunérer les non-grévistes.

§ 1. Mesures d'organisation du travail

1464 ***Le travail des non-grévistes*** ◊ L'employeur peut demander aux non grévistes d'exécuter des tâches qui n'entrent pas dans leur mission habituelle (« tâches supplétives ») [3]. Les non-grévistes peuvent refuser d'accomplir un travail qui ne correspond pas à leur niveau de qualification (modification du contrat de travail)… ou se mettre, à leur tour, en grève. Mais la pratique révèle que souvent les non-grévistes acceptent de faire le travail des grévistes, des cadres n'hésitant pas, par exemple, à accomplir des tâches d'exécution. Lorsqu'il en est ainsi, les grévistes ne peuvent pas s'opposer à ce que leur tâche soit effectuée par d'autres salariés, même si ceux-ci n'y sont pas normalement affectés ; s'ils le font, ils se rendent coupables d'une faute lourde [4].

Pour inciter les non-grévistes à fournir un travail intensif (peut-être aussi pour inciter les salariés à ne pas faire grève), les employeurs attribuent quelquefois aux non-grévistes, en plus de leur salaire, une prime de surcroît d'activité. Cette prime n'est pas irrégulière lorsque son attribution est décidée après la fin de la grève et alors que les non-grévistes avaient perçu une journée de salaire sans travailler [5]. Mais l'octroi d'une telle prime tombera le plus souvent sous le coup de l'interdiction des mesures discriminatoires à l'occasion des grèves (C. trav., art. L. 2511-1) [6].

1. Soc. 13 févr. 1996, *Bull. civ.* V, n° 54.
2. Sur les conditions du *lock-out*, v. ss. 1468 s.
3. Il ne peut diminuer leur rémunération contractuelle sous le prétexte qu'il les affecte à un travail différent (Soc. 4 oct. 2000, *Dr. soc.* 2000. 1156, obs. J.-E. Ray).
4. Soc. 12 janv. 1983, *Dr. soc.* 1983. 227, note J. Savatier.
5. Crim. 19 juin 1979, *Bull. crim.* n° 217, *D.* 1980. IR 88, obs. J. Pélissier.
6. Soc. 15 oct. 1981, *Bull. civ.* V, n° 785. Comp. : Crim. 7 janv. 1977, *Dr. ouvrier* 1978. 33.

1465 ***Désignation et réquisition*** ◊ Dans les services publics, en application de la jurisprudence *Dehaene*[1], l'autorité hiérarchique peut désigner les salariés qui devront rester à leur poste en raison du caractère indispensable de leur tâche. Cette faculté est ouverte aux entreprises privées gérant un service public[2]. Le juge administratif recherchera, en cas de litige, si la mission que l'autorité a considérée comme indispensable l'était effectivement. Cette appréciation peut d'ailleurs varier en fonction de la teneur des textes législatifs qui précisent la mission du service public et prévoient le service minimum à assurer[3].

Le juge administratif recherchera, également, si le nombre de personnes à qui le travail est imposé n'est pas trop élevé par rapport aux besoins du service minimum[4]. Il vérifiera si la mission habituelle des personnes à qui le travail est imposé est effectivement nécessaire au fonctionnement indispensable du service ; si tel n'est pas le cas, l'injonction administrative sera annulée[5].

Ce contrôle du juge s'exerce aussi sur les mesures de *réquisition* que le gouvernement est autorisé à prendre en temps de guerre ou pour faire face à des situations de trouble d'une particulière gravité[6]. Assortie de sévères sanctions pénales en cas de désobéissance, la réquisition a été utilisée dans le passé pour briser certaines grèves, comme la grève des mineurs de 1963. Cette dernière tentative s'étant soldée par un échec, la réquisition était tombée en sommeil jusqu'à ce que le législateur en assouplisse les conditions en 2003. Désormais « en cas d'urgence, lorsque l'atteinte au bon ordre, à la salubrité, à la tranquillité et à la sécurité publique l'exigent », le préfet peut « réquisitionner tout bien et service, requérir toute personne nécessaire au fonctionnement de ce service ou à l'usage de ce bien et

---

1. V. ss 1421.

2. CE 12 avr. 2013, req. n°°329570, *Dr. soc.* 2013. 608, note crit. P.-Y. Gahdoun ; *Dr. ouvrier* 2013. 573, note crit. M. Grévy ; *AJDA* 2013. 1052 : grève bloquant le redémarrage de centrales nucléaires, réquisition licite de salariés pour réaliser ce redémarrage, au nom des besoins essentiels de la nation. Lorsque l'on sait que le droit de grève des salariés en cours de fonctionnement de ces centrales est très limité, l'inefficacité assurée des grèves qui bloquent le redémarrage finit d'interdire en pratique le droit de grève au sein des centrales nucléaires. *Adde*. V. Bonnin, Les limitations du droit de grève fondées sur les droits des tiers au conflit, *Dr. soc.* 2013. 424.

3. Dans l'audiovisuel public : CE 4 févr. 1966, *D.* 1966. 720 ; 20 janv. 1975, *Dr. soc.* 1976. 63, obs. Bolle ; 12 nov. 1976, *Dr. soc.* 1977. 254, concl. Massot. Pour la navigation aérienne : CE 12 mai 1989, *Dr. soc.* 1989. 669. V. sur l'ensemble de ces questions liées à la continuité du service v. : Ph. Terneyre, *Dr. soc.* 1989. 804.

4. CE 7 janv. 1976, *Rec. p.* 10. Comp. : Soc. 1er juill. 1985 (*Bull. civ.* V, n° 376) : en imposant un service de sécurité d'une importance excessive, un employeur limite abusivement le droit de grève dans les établissements sociaux et médicaux sociaux. Lorsque l'entreprise ne gère pas un service public le service minimum ne peut être imposé que pour des raisons de sécurité (CE 2 nov. 1990, *RJS* 2/91, n° 174 ; CE 27 juill. 2005, *JCP S* 2005. 1266, note X. Prétot ; *Dr. ouvrier* 2006. 11, note D. Boulmier).

5. CE 28 nov. 1958, *D.* 1959. 263, note J.-L. Quermonne ; 4 févr. 1981, *Dr. soc.* 1981. 412, concl. B. Genevois (annulation d'une circulaire interdisant la grève à tous les éclusiers du canal de la Moselle).

6. Loi du 11 juill. 1938, modif. par Ord. n° 59-63 du 6 janv. 1959 ; D. n° 62-637 du 27 mars 1962.

prescrire toute mesure utile »[1]. L'ouverture légale a incité les pouvoirs publics à en faire usage en octobre 2010 pour briser la grève dans les raffineries de pétrole. Cet usage de la réquisition fut approuvé par le Conseil d'État[2], mais a valu à la France d'être condamnée par l'OIT, le secteur pétrolier n'étant pas à ses yeux l'un de ces « secteurs essentiels » dans lesquels, comme dernier recours et après négociation avec les syndicats, la réquisition peut être envisagée[3]. Même ainsi strictement limité par le droit international, le pouvoir de réquisition par l'autorité publique demeure une menace sérieuse qui pèse sur le droit de grève.

En revanche, le juge des référés judiciaire n'a pas, pour le secteur privé, le pouvoir de décider de la réquisition de salariés grévistes[4]. Les salariés grévistes qui, néanmoins, assurent un service minimum à la demande du responsable ou en vertu d'un accord, ont droit à rémunération pour le travail effectué[5].

1466 ***Appel à du personnel de remplacement ou à la sous-traitance*** ◊ La loi interdit à un employeur d'engager par contrat de travail à durée déterminée un salarié pour remplacer un gréviste (C. trav., art. L. 1242-6), ou un salarié qui remplacerait lui-même un gréviste[6]. La loi prohibe également l'appel aux salariés des entreprises de travail temporaire « pour remplacer un salarié dont le contrat de travail est suspendu par suite d'un conflit collectif de travail » (C. trav., art. L. 1251-10).

Dans les services publics, cependant, la continuité du service pourrait l'emporter sur toute autre exigence. Ainsi le Conseil d'État a-t-il jugé que le responsable d'un service (de tri postal), affecté par une grève de ses agents, pouvait recruter du personnel intérimaire, s'il était confronté à des circonstances exceptionnelles, afin d'assurer un fonctionnement minimum[7]. Or, la Première chambre civile de la Cour de cassation a estimé que le régime propre de La Poste ne l'autorisait pas à embaucher du personnel par des contrats à durée déterminée « pour faire obstacle à l'exercice du droit de grève reconnu à ses agents comme aux salariés de droit privé », dès lors

---

1. CGCT, art. L. 2215-1 : V. : CE 9 déc. 2003, *Dr. soc.* 2004, concl. J.-H. Stahl (suspension d'un arrêté de réquisition de toutes les sages-femmes d'une clinique privée en grève : le préfet aurait dû d'abord « rechercher si les besoins essentiels de la population ne pouvaient être autrement satisfaits compte tenu des capacités sanitaires du département »).

2. CE, ord. réf., 27 oct. 2010, n° 343966, *JCP S* 2010. 1033, obs. A. Martinon.

3. CA de l'OIT, déc. du 17 novembre 2011. Sur cette décision, v. not. Le droit en liberté, n° 50, p. 4 note A. Braun. *Adde*. A. Braun et A. Gentilhomme : Réquisitoires contre les réquisitions : le Conseil d'État face aux normes de l'OIT, *Dr. ouvrier* 2011. 507 ; Y. Struillou, Conflits sociaux et réquisition : finalité et modalités du contrôle exercé par le juge administratif, *Dr. ouvrier* 201. 485 ; A. Martinon, F. Leconte, I. Taraud, *RDT* 2011. 9.

4. Soc. 25 févr. 2003, *Dr. soc.* 2003. 621, obs. Ch. Radé, *Grands arrêts*, 4e éd., 2008, n° 198.

5. Soc. 16 nov. 1993, *Dr. soc.* 1994. 54.

6. Le contrat à durée déterminée ne peut, en effet, être conclu que « dans les cas d'absence temporaire ne résultant pas d'un conflit collectif de travail ». Or l'absence du salarié à remplacer résulte bien d'un conflit collectif.

7. CE 18 janv. 1980, *Rec.* 31 ; *D.* 1980. IR 302, obs. P. Delvolvé.

que cet usage de ce type de contrat est prohibé par le Code du travail [1]. La divergence est frappante, et confirme que l'harmonie n'est pas parfaite entre les juridictions suprêmes, tant sur le terrain du droit de grève que sur celui de l'applicabilité du Code du travail dans le secteur public.

Les articles L. 1242-6 et 1251-10 n'ôtent cependant pas toute possibilité à l'employeur privé d'utiliser les services d'une main-d'œuvre de *remplacement*. L'employeur pourra faire appel à des entreprises de sous-traitance qui effectueront le travail habituellement accompli par des grévistes [2]. Il ne lui est pas interdit de faire travailler des travailleurs temporaires pendant la grève lorsque la mission de ces travailleurs a commencé avant le début du conflit, à condition qu'ils accomplissent effectivement la mission prévue au contrat de mise à disposition et non d'autres travaux [3]. Par ailleurs, la Cour de cassation déduit du pouvoir de l'employeur d'organiser l'entreprise pour assurer la continuité de son activité, la faculté, pour lui, d'accepter le concours de bénévoles, surtout s'ils sont personnellement intéressés à la poursuite de cette activité [4]. Il est en revanche très douteux que l'employeur puisse remplacer les grévistes par l'embauche de salariés en contrats à durée indéterminée. Un contrat conclu en remplacement d'un gréviste, même formellement présenté comme un contrat à durée indéterminée, a en réalité un objet limité dans le temps. Il est doté d'un terme : le retour du gréviste. Il entre donc dans la définition du « contrat à durée déterminée » et tombe sous le coup de la prohibition du remplacement par la conclusion de tels contrats, prévue à l'article L. 1242-6 du Code du travail.

1467 ***Prohibition de la « récupération »*** ◇ Pour limiter le préjudice résultant de la grève, l'employeur peut être tenté de recourir à la récupération des heures non travaillées. Mais celle-ci est implicitement interdite en cas de grève ou *lock-out* (C. trav., art. L. 3122-27). La portée de cette prohibition doit cependant être précisée.

Un employeur a le droit d'organiser la récupération des heures perdues lorsqu'il a dû fermer son entreprise, en raison d'une grève des transports ou d'EDF [5]. La grève est alors extérieure à l'entreprise et joue vis-à-vis de celle-ci le même rôle qu'un événement naturel (inondation, tempête de neige) qui fait obstacle au fonctionnement normal de l'entreprise et qui autorise la fermeture avec récupération.

---

1. Civ. 1re, 19 mai 1998, *Dr. soc.* 1998. 848, obs. X. Prétot.

2. Soc. 15 févr. 1979, *Bull. civ.* V, n° 143 Il est souhaitable que, dans des situations de ce genre, l'inspection du travail recherche s'il y a véritable sous-traitance ou, au contraire, fourniture prohibée de main-d'œuvre à but lucratif. Interdiction est faite à des entreprises de surveillance et gardiennage d'intervenir dans le déroulement d'un conflit du travail (loi 12 juill. 1983).

3. Crim. 2 déc. 1980, *D.* 1981. 346, note J. Pélissier ; Soc. 2 mars 2011, n° 10-13634, P.

4. Soc. 11 janv. 2000, *D.* 2000. 369, note Ch. Radé, *Grands arrêts*, 4e éd., 2008, n° 209 (producteurs de lait prêtant leur concours à l'entreprise chargée du ramassage de leur production, dont les chauffeurs sont en grève).

5. Soc. 16 janv. 1966, *Bull. civ.* IV, n° 10 ; 6 févr. 1980, *Bull. civ.* V, n° 108 ; 25 juin 1981, *D.* 1982. IR 396 (en cas de refus de récupérer, les salaires ne sont pas dus) ; 25 avr. 1984, *Bull. civ.* V, 144 (il est licite de mettre en chômage technique sans faire récupérer).

Lorsque ce sont les travailleurs de l'entreprise qui sont en grève, l'employeur ne peut certes pas organiser la récupération, même avec l'accord des organisations syndicales qui accepteraient cette clause de récupération dans un protocole de fin de grève. Il peut, en revanche, convenir avec les organisations syndicales que les heures perdues seront, en tout ou en partie, « rattrapées » après la reprise du travail, et seront traitées comme des heures *supplémentaires* rémunérées au taux majoré [1].

§ 2. **Lock-out**

1468 ***Une prohibition de principe*** ◊ Le lock-out consiste dans la fermeture de l'entreprise, ou d'une partie de l'entreprise à l'occasion d'un conflit collectif [2]. Ce contexte conflictuel le différencie nettement de l'activité réduite décidée pour des motifs économiques [3]. Le *lock-out* est le plus souvent, une pression volontaire de l'employeur sur les salariés pour les conduire à abandonner leurs revendications. Il peut être plus simplement motivé par la volonté de l'employeur d'éviter de payer les salaires des non-grévistes.

Juridiquement, le lock-out est une inexécution du contrat de travail, une sorte d'équivalent au droit de grève, mais exercé par l'employeur. Ce qui explique que certains systèmes juridiques l'aient admis comme une arme réciproque accordée à l'employeur. Pourtant la symétrie n'est guère convaincante. Le droit de cesser d'exécuter leur contrat pour faire pression a été accordé aux salariés pour qu'ils puissent rééquilibrer le rapport de force qui les oppose à l'employeur. La réciproque est dépourvue de sens : l'employeur, qui détient l'emploi et paie les salaires, n'est pas dans une situation de faiblesse face à ses salariés. Il n'est nul besoin de le renforcer encore. Pour cette raison, en droit français, le lock-out est, en principe, interdit [4]. Il est une inexécution fautive des obligations contractuelles de l'employeur. Dans la mesure où il fait pression sur des salariés en grève ou qui s'apprêtent à l'être, il constitue de plus une entrave au droit de grève [5]. Ainsi doublement fautif, le lock-out expose son auteur à plusieurs sanctions indemnitaires : il sera tenu de payer les salaires de ceux qu'il a privé

1. Soc. 25 avr. 1979, *Bull. civ.* V, p. 239, n° 330. Les non-grévistes empêchés de travailler peuvent à l'inverse récupérer les heures perdues (Soc. 30 nov. 1978, *Bull. civ.* V, n° 817).

2. A. Ramin, *Le lock-out et le chômage technique*, LGDJ, 1977 ; H. Sinay et J.-Cl. Javillier, préc., n° 307 ; J.-M. Sportouch, « La fermeture d'entreprise en cas de conflit collectif », *Dr. soc.* 1988. 682 ; A. Cristau, « La mise en chômage technique consécutive à un conflit collectif de travail », *Dr. soc.* 2000. 1091.

3. Soc. 26 févr. 1992, *RJS* 1992, n° 487, 2e espèce : le chômage technique est une riposte illicite à l'exercice du droit de grève. V. aussi pour des réductions du travail illicite, décidées par l'employeur après une grève (en répression), Soc. 16 juill. 1987, *JS UIMM* 1987. 496 (lock-out après reprise du travail) ; 7 févr. 1990, *Bull. civ.* V, n° 92.

4. Soc. 24 janv. 1968, *Bull. civ.* V, n° 51 ; *Grands arrêts*, n° 202. V. aussi, not. 8 janv. 1965, *JCP* 1965. II. 14438, note H. Sinay ; 26 janv. 1972, *Dr. soc.* 1972. 395 ; 6 janv. 1984, *JS UIMM* 1984, n° 452 ; 5 nov. 1986, *JS UIMM* 1987, n° 482.

5. Soc. 17 déc. 2013, n° 12-23006 P., *Dr. soc.* 2014. 292, note D. Boulmier.

de travail [1], il devra de plus verser des dommages et intérêts aux salariés grévistes entravés dans leur mouvement [2].

1469 ***L'exceptionnelle justification du lock-out*** ◊ À titre exceptionnel, la jurisprudence admet que la violation par l'employeur de son obligation de fournir du travail puisse être justifiée.

Dans les années 60 et 70, la Cour de cassation a parfois cherché à justifier la décision patronale de fermeture de l'entreprise par le jeu de l'exception d'inexécution [3]. En présence de grèves tournantes et de débrayages répétés désorganisant les services, le juge retenait la mauvaise exécution du travail pour justifier l'inexécution des obligations patronales et fondait sa décision sur l'interdépendance des obligations qui lient les parties dans le contrat synallagmatique. Mais une telle analyse ne pouvait justifier la privation de salaires des salariés qui n'ont pas participé au mouvement illicite. Aussi ce fondement a-t-il été abandonné [4].

La justification a aussi dérivé autour de la notion de force majeure, laquelle aurait pu justifier l'inexécution des contrats par l'employeur. Au sens strict, l'idée était toutefois difficilement invocable, le comportement des grévistes pouvant difficilement être considéré comme *imprévisible* pour l'employeur, puisqu'il a été informé des revendications qui ont déterminé la grève, ni *étrangère* à l'entreprise.

Sans viser expressément le troisième caractère de la force majeure, le caractère *irrésistible*, la jurisprudence actuelle s'en inspire en recherchant une « situation contraignante, qui (n'est) pas imputable (à l'employeur) et qui (rend) impossible la fourniture de travail aux salariés » [5]. Cette qualification va au-delà de la simple difficulté : il ne suffit pas que le maintien du travail des non-grévistes soit onéreux ou même fait à perte [6]. Il est nécessaire que l'employeur ait fait tout ce qui était en son pouvoir pour éviter la grève ou y mettre fin [7] et, en cas d'occupation, la situation contraignante suppose que l'employeur ait sollicité l'évacuation des lieux de travail [8].

---

1. Les sommes versées en exécution d'un jugement ayant condamné l'employeur pour lock-out ont le caractère de dommages-intérêts (Soc. 23 oct. 1997, *RJS* 12/97, n° 1427).

2. Soc. 17 déc. 2013, n°12-23006 P.

3. Soc. 31 mai 1967, *Dr. soc.* 1967. 632, *Grands arrêts*, 4e éd., 2008, n° 201 ; 12 févr. 1969, *D.* 1969. 690 ; 26 févr. 1975, *Dr. soc.* 1975. 449 (101 arrêts de travail d'une durée d'un quart d'heure à une heure en l'espace de 2 mois ; arrêts successifs, inopinés, répétés, d'où résultait que le *personnel avait accompli son travail dans des conditions autres que celles prévues au contrat*) ; 7 avr. 1976, *Bull. civ.* V, n° 189 ; 3 juill., 9 oct. 1985, *JS UIMM* 1986. 472 (le choix du moment et la durée des arrêts de travail montrent la volonté de désorganiser l'entreprise).

4. Soc. 7 novembre 1990, *Bull. civ.* V, n° 518 ; Soc. 4 juill. 2000, n° 98-20537 P, *Bull. civ.* V, n° 262 ; *Dr. soc.* 2000. 1091, note A. Cristau ; Soc. 22 févr. 2005, *Bull. civ.* V, n° 57, *Dr. soc.* 2005. 599, note C. Radé ; Soc.

5. V. Soc. 4 juill. 2000, préc. ; Soc. 22 févr. 2005, *préc.*, V. aussi, pour une « situation contraignante de nature à libérer l'employeur de son obligation de fournir du travail », Soc. 26 mars 2014, n° 12-26606.

6. V. par ex. Soc. 5 juill. 1995, *Bull. civ.* V, n° 232.

7. Soc. 26 janv. 1972, préc. ; 1er oct. 1975, *Dr. ouvrier* 1976. 313 ; 20 mars 1985, *Bull. civ.* V, n° 194 (une grève « éventuelle » ne peut constituer une circonstance contraignante).

8. Soc. 18 oct. 1952, *Dr. soc.* 1953. 32.

La jurisprudence a récemment précisé que seuls les cas de voie de fait, de situation d'insécurité ou d'atteinte aux personnes pouvaient légitimer une mesure de lock-out [1]. Plutôt qu'un abandon de la jurisprudence précédente, il semble s'agir d'une explicitation des cas précédemment visés comme des situations contraignantes non imputables à l'employeur et rendant impossible l'exécution de la fourniture de travail. La charge de la preuve de la justification pèse, bien entendu, sur l'employeur [2].

SECTION 3. L'ACTION EN RESPONSABILITÉ POUR DOMMAGES DE GRÈVE

1470 L'employeur ne peut pas toujours lutter contre la grève par des mesures qu'il prend lui-même en invoquant son pouvoir disciplinaire ou son pouvoir de direction. Il fait alors appel au juge pour faire condamner à des sanctions civiles et éventuellement pénales ceux qui ont organisé la grève ou qui l'ont faite.

1471 ***Une intervention judiciaire multiforme*** ◊ Le juge peut-il, face à un préavis de grève et préventivement, interdire, à la demande de l'employeur, le déclenchement de celle-ci ? On sait que la Cour de cassation avait reconnu ce pouvoir au juge des référés lorsque la grève lui semblait devoir se traduire par un trouble manifestement illicite [3]. Cette affirmation doit être considérée comme caduque [4].

Le contrôle judiciaire préventif n'est de toute façon envisageable qu'à propos des grèves projetées dans les entreprises gérant un service public.

Si la grève est *manifestement illicite* et comporte l'occupation des lieux de travail, le juge des référés peut ordonner la cessation d'actes irréguliers, ainsi ordonner l'expulsion ; il ne peut pas, en revanche, ordonner une reprise du travail [5]. Les salariés ayant le droit de grève, un juge peut exiger que les abus cessent mais il ne peut imposer une reprise du travail. Pour que cela soit juridiquement possible, il faudrait que le juge constate que les salariés n'ont pas le droit de grève (policiers, militaires…) ou que l'arrêt de travail n'est pas une grève.

Le juge peut aussi sur la base du Nouveau Code de procédure civile désigner un mandataire (conciliateur, médiateur) chargé d'amorcer une négociation [6].

---

1. Soc. 17 déc. 2013, n° 12-23006 P. Il est à noter qu'en l'espèce l'employeur avait maintenu la rémunération des salariés non-grévistes, ce qui atténuait les effets de la fermeture décidée, sans la rendre pour autant licite.
2. V. not. Soc. 30 sept. 2005, *Dr. soc.* 2005. 589, obs. Ch. Radé ; *Dr. ouvrier* 2006. 19, concl. J. Duplat (preuve d'une situation contraignante).
3. Cass., ass. plén., 4 juill. 1986, préc.
4. V. n° 1361.
5. Soc. 22 janv. 1981, *Dr. ouvrier* 1981.195.
6. Soc. 26 juill. 1984, *Dr. soc.* 1985. 121, note J. Savatier ; Paris, 16 mai 1988, *D.* 1988. Somm. 329 ; A. Jeammaud et M.-C. Rondeau-Rivier, *D.* 1988. Chron. 229. Mais attitude plus réservée de : TGI Paris, 2 oct. 1989, *Dr. soc.* 1990. 167, note A. Jeammaud et M. Le Friant, *JCP* 1990. 21518, note P. Bauchard.

Ce sont enfin les clients et usagers d'une entreprise qui peuvent rechercher la responsabilité de cette dernière pour les conséquences dommageables de la grève. La question se pose alors de savoir si la grève exonère l'entreprise de sa responsabilité à l'égard de ses clients et usagers.

En fait c'est après la grève que le juge sera en général saisi et en vue de peser les responsabilités encourues et les dommages causés.

§ 1. Responsabilité civile des grévistes, des délégués et des syndicats [1]

1472 *Application du droit commun* ◊ L'application des règles de la responsabilité civile dans le domaine des conflits collectifs du travail peut être discutée. Un salarié sera-t-il condamné à indemniser ses camarades de travail privés de salaire par suite d'une grève ? Un syndicat sera-t-il condamné à réparer les pertes qu'un conflit a infligées à une entreprise ? Condamnés à d'importantes sommes, leurs comptes pourront-ils être saisis ? Il est bien évident que le simple exercice d'un droit constitutionnel, si dommageable puisse-t-il être, ne saurait constituer le fondement d'une condamnation civile. Mais à l'occasion d'une grève des actes illicites peuvent être commis, la grève elle-même peut être abusive. Si le dommage subi est la conséquence directe (lien de causalité) non de l'exercice normal du droit de grève mais d'une grève fautive, alors, mais alors seulement, le problème peut se poser [2].

Le législateur [3] avait voulu subordonner à des conditions spécifiques et plus strictes l'action en responsabilité civile consécutive à un conflit du travail, en la limitant aux deux hypothèses des dommages consécutifs à des infractions pénales ou causés par des faits manifestement insusceptibles de se rattacher à l'exercice normal du droit de grève. Il a été censuré par le Conseil constitutionnel [4] en ce qu'il avait institué une « immunité » au bénéfice des auteurs de certains dommages et méconnu le principe d'égalité au détriment des employeurs. C'est donc – du fait de l'échec de cette intervention législative – l'article 1382 du Code civil qui s'applique

1. G. Lyon-Caen, La recherche des responsabilités dans les conflits du travail, *D.* 1979. Chron. 255 ; H. Sinay, La neutralisation du droit de grève, *Dr. soc.* 1980. 251 ; J. Savatier, La responsabilité civile des syndicats à l'occasion des grèves, *Dr. soc.* 1980. 545 et 1983, p. 175 ; A. Ramin, Exercice du droit de grève et responsabilité civile, *Dr. soc.* 1980. 537 ; ; G. Viney, Responsabilité civile et relations collectives de travail, *Dr. soc.* 1988. 416 ; Ch. Radé, *Droit du travail et responsabilité civile*, LGDJ, 1997 ; M.-C. Rouault et F. Duquesne, La répression des comportements violents dans l'entreprise en grève, *Dr. soc.* 2009. 1091.

2. La CEDH a jugé qu'une action en responsabilité civile pouvait constituer un moyen disproportionné pour assurer la continuité d'un service public affecté par une grève (CEDH 17 juill. 2007, *Satilmis*, n° 74611/01, 26 876/06, rebaptisé, après rectification, *Dilek et autres c. Turquie*).

3. Texte de la loi du 28 oct. 1982, adopté par l'Assemblée nationale avant censure par le Conseil constitutionnel.

4. Cons. const. 22 oct. 1982, *D.* 1983. 189, note F. Luchaire, *Dr. soc.* 1983. 162, note L. Hamon.

purement et simplement, article qui requiert trois conditions : la preuve d'une *faute* (acte en soi illicite, abus du droit de grève), d'un *dommage* (autre que celui découlant du simple exercice du droit de grève), d'un *lien de causalité* entre celui-ci et celle-là.

1473 ***Syndicats*** ◊ La jurisprudence a été fixée par deux arrêts [1]. Le principe est que chaque gréviste exerce individuellement son droit et que le syndicat n'est pas le commettant des grévistes. Donc la responsabilité d'un syndicat ne peut en principe être engagée à l'occasion de l'exercice du droit de grève. Les actes illicites (dégradations, violences) commis par les grévistes au cours d'une grève, ne sauraient engager la responsabilité du syndicat. Tant que celui-ci n'a pas participé activement aux actes illicites, sa responsabilité ne peut être engagée [2]. Outre l'absence de faute de sa part, c'est l'absence de lien de causalité qui explique la solution. L'appel à la grève n'est pas la cause des dommages subis, car la cause de ceux-ci sont les actes illicites commis par les grévistes. Le syndicat ne saurait se voir reprocher de n'avoir pas su empêcher ces actes illicites ; seules des instructions positives du syndicat dans ce sens auraient pu lui être reprochées [3].

Mais cette directive générale reçoit deux exceptions : si le syndicat, personne morale aujourd'hui pénalement responsable, s'est rendu coupable d'infractions pénales ou est à l'origine de faits ne pouvant se rattacher à l'exercice normal du droit de grève. Spécialement le syndicat pourra, s'il s'est rendu coupable, en organisant une grève avec occupation, d'atteintes à la liberté du travail, – de concert avec tel ou tel de ses adhérents –, être condamné à payer les salaires des non-grévistes à titre de réparation [4]. Il pourra, s'il a participé effectivement à des agissements irréguliers, avoir à en répondre envers l'employeur [5]. Le point délicat sera souvent celui du lien de causalité entre le comportement du syndicat – à le supposer répréhensible – et le préjudice [6].

---

1. Soc. 9 nov. 1982, 2 arrêts, *Dubigeon Normandie et Trailor, D.* 1982. 621 et 1983.531, note H. Sinay, *Dr. soc.* 1983. 175, note J. Savatier, *Dr. ouvrier* 1983.275, *Grands arrêts*, 4e éd., 2008, n° 210-211. Ultérieurement : Soc. 8 nov. 1984, *Bull. civ.* V, n° 423 ; 21 juill. 1986, *Bull. civ.* V, n° 456 (syndicat dont les statuts n'avaient pas été déposés).

2. Soc. 29 janv. 2003, n°00-22290 (« la seule présence du secrétaire de l'Union départementale CGT le jour de l'obstruction des locaux ne caractérise pas un tel agissement fautif du syndicat » et la responsabilité du syndicat doit donc être écartée).

3. Soc. 22 juin 2004, *RJS* 11/04, n° 1188 ; 14 nov. 2007, n° 06-14074, *Syndicat CGT et Fédération nationale énergie, RJS* 1/08, n° 66 (actes commis après la fin de la grève dirigée par le syndicat).

4. Soc. 30 janv. 1991, *Bull. civ.* V, n° 40 (responsabilité à l'occasion d'une grève irrégulière sur appel du syndicat). Comp. : Soc. 7 avr. 1993, *Dr. ouvrier* 1993.350 (aucune faute imputable au syndicat) ; 19 déc. 1990, *Bull. civ.* V, n° 698 (actes illicites mais n'émanant pas du syndicat) ; 17 juill. 1990, *Dr. ouvrier* 1990.375, rapp. Ph. Waquet. Cette responsabilité syndicale est une responsabilité personnelle et non du fait d'autrui.

5. Pour une hypothèse où les actions animées par les syndicats actionnés en dommages et intérêts par l'entreprise (EDF) échappaient à la qualification de grève, faute d'arrêt de travail : Soc. 26 janv. 2000, *Dr. soc.* 2000. 451, obs. A. Cristau.

6. Soc. 16 juin 1993, *JS UIMM*, 93.564, p. 311 ; 17 juill. 1990, préc. ; 19 oct. 1994, *Dr. ouvrier* 1995.146.

Le syndicat engagera aussi sa responsabilité contractuelle s'il méconnaît les dispositions d'une convention collective signée par lui, qui fixent une procédure préalable au déclenchement d'une grève, notamment celles qui imposent le respect d'un préavis. De telles clauses ne peuvent « avoir pour effet de limiter ou de réglementer *pour les salariés* l'exercice du droit de grève qui leur est constitutionnellement reconnu » [1] ; ainsi inopposables aux salariés, elles obligent en revanche les organisations patronales et syndicales signataires de la convention.

1474 ***Délégués syndicaux et élus*** ◊ Les délégués ne doivent répondre que de leurs propres actes : ils ne sont ni les organes, ni les préposés, ni les mandataires du syndicat. Responsables de leur fait personnel [2], ils n'engagent pas la responsabilité d'une union départementale de syndicats [3]. S'il y a plusieurs délégués, la responsabilité *in solidum* est en principe écartée [4].

1475 ***Grévistes*** ◊ Si des grévistes occupant le lieu de travail interdisent l'accès de celui-ci aux non-grévistes, la question s'est posée de savoir s'ils pouvaient être rendus responsables de la perte de salaire subie par ces derniers (l'action oppose alors, non pas l'employeur victime aux syndicats, mais le salarié victime, à d'autres salariés). Ils le pourraient si leur comportement est en lui-même fautif (atteinte à la liberté du travail) et si ce comportement est la cause directe du non-paiement du salaire par l'employeur. Ce dernier point est malaisé à établir, car en principe l'employeur n'est délié de son obligation que par la preuve de la force majeure. Il s'agit ici du fait d'un tiers, lequel doit être imprévisible et insurmontable pour avoir une valeur exonératoire.

La responsabilité des grévistes ne peut être ordonnée qu'au nom des actes fautifs précis commis individuellement et du préjudice directement causé par ces actes. La responsabilité *in solidum* des grévistes pour l'entier préjudice causé par les comportements illicites commis ne peut donc être ordonnée [5].

---

1. Soc. 7 juin 1995, *D.* 1996. 75, note B. Mathieu, *Grands arrêts*, 4e éd., 2008, n° 197. V. : M.-A. Souriac, Conflits du travail et négociation collective, *Dr. soc.* 2001. 705.

2. Soc. 26 juill. 1984, *Bull. civ.* V, n° 331.

3. Soc. 21 janv. 1987, *Dr. soc.* 1987. 426, note J.-E. Ray ; 23 juin 1988, *Dr. ouvrier* 1988.445 ; 17 juill. 1990, *Dr. ouvrier* 1990. 375, rapp. Ph. Waquet.

4. G. Durry : La responsabilité civile des délégués syndicaux, *Dr. soc.* 1984. 69 ; J.-M. Béraud, Le rôle des délégués en cours de grève, *Dr. soc.* 1988. 666. La condamnation *in solidum* a pu être ordonnée dans les années 1970 : Soc. 8 févr. 1972, *D.* 1972. 656, note J. Savatier. Mais cette solution est aujourd'hui abandonnée : la Cour de cassation impose aux juges du fond de vérifier, pour chaque salarié, à quel acte fautif précis il a participé et de déterminer le dommage seul imputable au comportement fautif de ce salarié (Soc. 30 janv. 1991, *RJS* 1991 n° 377).

5. Soc. 30 janv. 1991, n° 89-17332. Cette exclusion de la responsabilité *in solidum* ne bénéficie qu'aux grévistes. Des personnes extérieures à l'entreprise ayant participé aux actes illicites peuvent elles, être condamnées solidairement à verser l'entier préjudice (Civ. 2e, 28 juin 2007, n° 06-15.744, *D.* 2007. 2031). Il se peut que cette différence de traitement s'explique en partie par une différence de sensibilité entre la 2e Ch. civile et la Ch. sociale de la Cour de cass. Sur la position antérieure de la Ch. soc. v. Soc. 8. déc. 1983, *D.* 1984. 90, concl. G. Picca ; Soc. 23 juin 1988, *Dr. ouvrier* 1988. 446, 9 mars 1989, *JCP* 1989. II. 21333, concl. Gauthier, 6 juin 1989, *Bull. civ.* V, n° 425.

L'action des non-grévistes contre les grévistes tendant au paiement des salaires à titre de réparation, relève de la compétence du conseil de prud'hommes (C. trav., art. L. 1411-3) [1]. La jurisprudence exige la preuve d'une faute personnelle du défendeur [2] et exclut une responsabilité *in solidum* « des grévistes », sorte de responsabilité collective non conforme aux principes du droit de la responsabilité civile [3].

§ 2. **Responsabilité pénale des grévistes et des syndicats**

1476 ***Les infractions en cours de grève*** ◊ La conduite de la grève suppose un minimum de centralisation (comité de grève), de solidarité et de discipline (piquets de grève). Elle cherche à s'imposer aux indécis, aux « jaunes » ; la tentation de la contrainte est inhérente au phénomène lui-même. Désordres et provocations constituent un risque permanent. Dans un contexte de chômage massif et face à la difficulté de trouver un véritable interlocuteur patronal, les formes de lutte se sont diversifiées, radicalisées et la violence n'en est pas toujours exclue : occupations, séquestrations, blocage de la production à partir d'un atelier, réduction des cadences, grèves de la faim, retour à « l'action directe » comme à la fin du XIXe siècle.

Plusieurs de ces manifestations constituent des infractions pénales : délit de séquestration (C. pén., art. 224-1 s.) [4], délit de détérioration de marchandises, matériel, instruments de travail (C. pén., art. 322-1) [5], délit de coups et blessures volontaires.

Un délit spécial avait été créé pour assurer le respect de la liberté des non-grévistes : le délit d'atteinte à la liberté du travail (C. pén., anc. art. 414) [6]. Ce délit supposait l'emploi de certains moyens (violences, voies de fait, menaces, manœuvres frauduleuses) et la recherche d'un résultat déterminé : amener ou maintenir une cessation concertée du travail, dans le but de porter atteinte à la liberté du travail. Le Nouveau Code pénal lui a substitué une nouvelle incrimination (C. pén., art. 431-1) [7]. Est désormais sanctionné « le fait d'entraver, d'une manière concertée et à l'aide de menaces, l'exercice de la liberté d'expression, *du travail*, d'association, de réunion ou de manifestation ». La loi prévoit un emprisonnement et

---

1. Soc. 3 mars 1983, *Bull. civ.* V, n° 129 ; Soc. 8 déc. 1983, D. 1984. 90.

2. Soc. 9 mars 1989, *Bull. civ.* V, n° 196 ; 18 janv. 1995, *Dr. soc.* 1995. 183, rapp. Ph. Waquet (c'est le principe même de l'art. 1382 C. civ.).

3. Soc. 23 juin 1989, *D.* 1989. IR 105 ; 30 janv. 1991, *Bull. civ.* V, n° 40. Mais il y a des décisions dissidentes (Soc. 6 juin 1989, *Bull. civ.* V, n° 425).

4. Crim. 18 mars 1980, *JS UIMM* 1980, n° 412 ; 23 déc. 1986, *JS UIMM* 1987, n° 486.

5. Crim. 12 déc. 1951, *D.* 1952. 157, rapp. M. Patin.

6. R. Vouin, L'entrave à la liberté du travail, *Mélanges Brethe de La Gressaye*, 1967, p. 797 ; J. Pradel, *Dr. soc.* 1990. 37.

7. A. Cœuret et E. Fortis, *Droit pénal du travail*, Litec, 3e éd., 2004, n°s 644 s. Cette nouvelle rédaction ne permet pas d'incriminer « le simple trouble apporté à l'activité professionnelle » (Crim. 3 juin 2008, n° 07-80.079 P).

15 000 € d'amende. Les sanctions pénales sont plus rigoureuses (trois ans d'emprisonnement et 45 000 € d'amende) lorsque l'entrave à l'une de ces libertés résulte de coups, violences, voies de fait, destruction ou dégradation (C. pén., art. 431-1, al. 2).

1477 ***Action civile et déclenchement des poursuites*** ◊ On rappellera que la responsabilité pénale d'une personne morale, donc d'un syndicat, peut désormais être recherchée pour toutes les infractions, donc pour celles qui sont évoquées ici.

Les poursuites peuvent être déclenchées par le Parquet et par les salariés non grévistes qui peuvent se constituer partie civile pour atteinte à leur liberté du travail.

En revanche, l'employeur ne peut pas se constituer partie civile en cas d'entrave à la liberté du travail [1]. Seuls les salariés non-grévistes sont victimes directes de l'infraction ; eux seuls peuvent se constituer partie civile. Certes, l'entrave à la liberté du travail peut entraîner, pour l'employeur, un préjudice dans la mesure où celui-ci a payé aux non-grévistes leurs salaires sans obtenir de contrepartie. Et l'employeur peut en obtenir réparation en poursuivant devant le juge civil les membres du piquet de grève. Mais ce préjudice ne résultant pas directement de l'infraction, l'employeur ne peut pas, concurremment avec les salariés non-grévistes et le ministère public, déclencher les poursuites.

Concernant les délits autres que l'atteinte à la liberté du travail l'employeur qui a été victime d'une séquestration ou d'une dégradation de matériel peut se constituer partie civile et mettre ainsi en mouvement l'action publique. C'est le droit commun.

La chose jugée au pénal aura autorité au civil [2].

§ 3. Responsabilité de l'employeur à l'égard de ses clients

1478 ***Incidence de la grève sur les obligations de l'employeur envers ses contractants*** ◊ La grève rompant la continuité du service public gêne le fonctionnement des entreprises privées qui sont ses clients (ou les usagers), de la même manière que la grève dans une entreprise privée, en empêchant l'employeur d'exécuter ses contrats de livraison ou de fourniture, gênera ses clients. La grève exonère-t-elle l'employeur de sa responsabilité contractuelle envers ses cocontractants si elle entraîne retard dans les livraisons, défectuosité des produits ? La réponse est en principe négative, dès lors que la grève ne remplit pas les critères de la force majeure [3].

---

1. Crim. 23 avr. 2003, *Dr. soc.* 2003. 994, obs. F. Duquesne (jurisprudence constante).
2. Soc. 26 janv. 1994, *Dr. ouvrier* 1994.248 (concernant des actes reprochés aux grévistes).
3. La jurisprudence répugnait à faire de la grève un fait libératoire : Civ. 30 juin 1953, *D.* 1953. 642 (grève des cheminots) ; Civ. 1re, 7 mars 1966, *JCP* 1966. II.14878 (grève des élec-

Concernant la grève des agents des services publics, la nécessité d'un préavis, ne fait-elle pas disparaître l'élément d'imprévisibilité ? Des chefs de petites et moyennes entreprises ont considéré la responsabilité du service engagée (en l'espèce EDF). Leurs actions avaient connu des fortunes diverses. Finalement, EDF a été jugée non responsable de l'inexécution des contrats d'abonnement, non seulement parce que lors de la conclusion de ces contrats la grève était bien imprévisible, mais encore parce que l'autorité de tutelle ne lui permettait pas de négocier librement les revendications des grévistes [1]. En pratique, EDF s'est vue déliée de ses obligations en raison, moins de la grève, que des décisions gouvernementales en matière de politique salariale – lesquelles ont placé cette entreprise publique dans un « état de contrainte » rendant ainsi la grève irrésistible pour elle [2]. Dans d'autres arrêts, la Cour de cassation a admis que l'arrêt de travail lui-même, et non seulement sa cause, puisse présenter les caractères de la force majeure [3]. En pratique, la Cour de cassation se contente de relever soit l'absence de préavis – pourtant imposé par la loi – soit les clauses du contrat d'abonnement, soit surtout la maîtrise de la politique salariale par le Gouvernement pour exonérer le service de toute responsabilité [4].

Le caractère fuyant de la notion de force majeure n'est nulle part plus perceptible qu'en matière de grève.

---

triciens) ; Com. 21 nov. 1967, *D.* 1968. 279, note H. Sinay. La grève n'est ni extérieure à l'activité du « débiteur », ni imprévisible, ni irrésistible (on peut négocier). V. encore : Com. 12 nov. 1969, *JCP* 1971.II.16791 ; Civ. 1re, 10 nov. 1971, *D.* 1972. 593, note P. Couvrat (grève dans les transports aériens).

1. Cass., ch. mixte, 4 févr. 1983, *Bull. civ.*, n° 229 et 230, *Dr. soc.* 1983. 627, note G. Viney. Il y a en quelque sorte fait du prince. V. dans le même sens : Civ. 1re, 31 mai 1989, *RTD civ.* 1990. 488, obs. P. Jourdain.

2. V. dans le même sens concernant la SNCF : Soc. 11 janv. 2000, n° 97-18215, P, *Bull. civ.* V, *n°* 16, *Dr. soc.* 2000. 404, note A. Cristau. La responsabilité de la puissance publique peut donc être mise en cause (CE 6 nov. 1985, *D.* 1986. 584, pour la grève des « aiguilleurs du ciel » ; 17 janv. 1986, *JCP* 1987.II.20772), mais elle n'est admise que dans des conditions très restrictives (CE 17 janv. 1986, *JCP* 1987.II.20772).

3. Civ. 1re, 6 oct. 1993, *JCP* 1993. 22.154, note Ph. Waquet ; Civ. 1re, 24 janv. 1995, *D.* 1995. 327, note G. Paisant ; Civ. 1re, 11 juin 1996, *Dr. soc.* 1997. 377, obs. P. H. Antonmattei.

4. S'agissant de la responsabilité de la SNCF, recherchée par des constructeurs automobiles dont les véhicules à livrer par le rail étaient restés longtemps immobilisés par la longue grève de nov.-déc. 1995, la Chambre sociale a considéré que, selon les constatations des juges du fond, la grève avait été déclenchée, non pas pour soutenir des revendications concernant directement l'entreprise, mais pour contester les projets du Gouvernement concernant la protection sociale, projets dont la maîtrise échappait à la SNCF, qui n'avait donc aucune possibilité de négocier sur ces revendications : la cour d'appel avait donc « pu retenir l'existence d'un fait extérieur susceptible de caractériser la force majeure » (Soc. 11 janv. 2000, n°97-18215, P.).

CHAPITRE 4
LE RÈGLEMENT DES CONFLITS COLLECTIFS

1479 ***Évolution du droit*** ◊ **1)** La grande époque du règlement des conflits du travail fut la période 1936-1938 (L. du 31 déc. 1936, du 4 mars 1938). Cette législation établissait l'obligation de recourir à la procédure de conciliation et d'arbitrage avant le recours à la grève ou au lock-out ; les conventions collectives devaient contenir une clause organisant la conciliation ; en cas d'échec, il y avait *obligation*, pour chaque partie, de désigner un arbitre ; les arbitres choisissaient éventuellement un surarbitre. Un recours était ouvert contre la sentence devant la Cour supérieure d'arbitrage, qui en contrôlait la légalité. L'accord de conciliation et la sentence arbitrale étaient obligatoires pour les parties. Ce fut une réussite, mais dont les raisons étaient éphémères, et à laquelle la guerre a mis fin.

2) Un retour timide vers les procédures de solution pacifique caractérise la loi du 11 février 1950. Deux idées inspirent à cette époque le législateur : *a)* il existe un lien entre la négociation collective et les procédures de conciliation et d'arbitrage, celles-ci devant permettre une conclusion plus facile et un respect plus assuré des conventions collectives ; aussi ont-elles le même domaine d'application ; *b)* la prudence : l'obligation édictée se limite à la conciliation, l'arbitrage n'est présenté que comme une faculté.

3) Depuis lors, les efforts du législateur sont tendus vers la recherche de procédures qui seraient plus efficaces que la conciliation, sans aller jusqu'à la méthode trop rigide de l'arbitrage obligatoire : un décret du 5 mai 1955 découvrit la procédure américaine de la médiation et la naturalisa en droit français. Les résultats furent satisfaisants dans les débuts, beaucoup moins par la suite. La loi du 13 novembre 1982 a supprimé le caractère obligatoire de la conciliation elle-même (C. trav., art. L. 2522-1 s.).

Elles sont fort peu mises en œuvre. Parfois, les *tribunaux* sont sollicités et acceptent de mandater un tiers investi d'un rôle de médiateur (au sens du Code de procédure civile). Surtout, les protagonistes du conflit préfèrent un *règlement négocié*. Les procédures spécifiques de règlement des conflits collectifs sont en déshérence [1].

SECTION 1. L'INTERVENTION D'UN TIERS

1480 ***Conciliation*** ◊ La procédure de conciliation tend au rapprochement des points de vue antagonistes jusqu'à l'acceptation d'une solution de type

1. V. l'avis du Conseil économique et social du 11 févr. 1998 « Prévention et résolution des conflits du travail », qui préconise une réactivation de ces procédures et une extension des mécanismes d'« alarme sociale » mis en place dans certaines entreprises, comme la RATP. (*Liaison soc.* n° 17/98 du 24 févr. 1998, W). Sur cette expérience, v. : C. Marquis, La prévention des conflits collectifs à la RATP, *Dr. soc.* 2003. 583. V. aussi : N. Olszak et S. Schaeffer, L'accord sur l'amélioration du dialogue social et la prévention des conflits à la SNCF : un modèle pour la réduction des grèves dans les services publics ?, *JCP S* 2005. 1001.

transactionnel, c'est-à-dire contractuel. Comparable à la négociation diplomatique, elle ne doit pas éveiller l'idée d'un jugement quelconque. Si elle réussit, elle aboutit à la rédaction d'un procès-verbal de conciliation qui enregistre l'accord réalisé. En cas d'échec on dresse un procès-verbal de non-conciliation. Elle peut comporter la présence d'un tiers dont le rôle est de s'interposer entre les parties pour tenter de rapprocher les points de vue.

En 1982, elle est devenue facultative (C. trav., art. L. 2522-1 : tous les conflits collectifs de travail *peuvent* être soumis aux procédures de conciliation).

S'il n'existe aucune procédure conventionnelle ou si celle-ci n'a pu fonctionner, on peut recourir à la procédure réglementaire, qui présente un caractère subsidiaire. Elle implique l'intervention conciliatrice de l'autorité publique. Ainsi au départ le préfet informé peut toujours prendre l'initiative de réunir les parties et de tenter de les concilier. Ensuite et surtout le directeur régional du travail à l'échelon régional – le ministre à l'échelon national –, présideront les commissions tripartites (représentants des employeurs, des salariés et des pouvoirs publics) régionales ou nationales au sein desquelles se déroulera la tentative de conciliation.

Si la conciliation réussit, le procès-verbal prend la valeur d'un accord collectif, ayant même autorité et même effet qu'une convention collective et devant être déposé au secrétariat du conseil de prud'hommes. En cas d'échec, le procès-verbal de non-conciliation enregistre les points de désaccord.

1481 ***Médiation*** ◊ Dans le décret du 5 mai 1955 qui avait introduit cette procédure nouvelle, il n'était possible de recourir à un médiateur que si le conflit collectif : *a)* portait sur les salaires (conflit économique) ; *b)* surgissait à l'occasion de la négociation ou de la révision d'une convention collective ; *c)* revêtait une certaine ampleur (conflit à l'échelon national, régional ou local, à l'exclusion du conflit limité à une seule entreprise). Ces limitations ont été supprimées par la loi du 26 juillet 1957. À cette procédure est venue s'ajouter la pratique prétorienne de la médiation sous le contrôle, et parfois à l'initiative du juge (généralement juge des référés), qui a d'abord pu se fonder sur les dispositions du Code de procédure civile relatives à la conciliation (C. pr. civ., art. 21, 127 s.) ou sur l'art. 145 [1], et qui trouve aujourd'hui son fondement dans les articles 131-1 s. sur la médiation judiciaire.

Le médiateur (celui que prévoit le Code du travail) est soit choisi par les parties, soit, à défaut d'accord, choisi par le ministre sur des listes de personnalités impartiales et compétentes établies par lui. Dans une première phase, il joue un rôle d'enquêteur qualifié. Il réunit sur le différend une documentation, aussi bien d'ordre économique que d'ordre social (situation de l'entreprise ou des entreprises au point de vue économique ; condition des travailleurs).

1. Pratique dont la régularité a été reconnue (Paris, 16 mai 1988, *D.* 1988. IR 173). Mais les juges des référés pouvaient et peuvent toujours hésiter. V. : A. Jeammaud et M. Le Friant, La grève, le juge et la négociation, *Dr. soc.* 1990. 167, et les décisions commentées (notamment : TGI Paris, réf., 2 oct. 1989, refusant la désignation d'un tiers, sollicitée par un syndicat, dans un important conflit Peugeot, qui allait ensuite donner lieu à la désignation d'un « médiateur » par le Gouvernement).

À cet effet, de larges pouvoirs d'investigation lui sont accordés : il peut recourir à une expertise (par ex. une expertise comptable), entendre des témoins, recueillir des renseignements auprès de tous intéressés.

La mission spécifique du médiateur est de faire des propositions motivées portant le nom de *recommandation*. Il doit suggérer une solution tenant compte à la fois de la légitimité des revendications et des possibilités financières de l'entreprise. Cette recommandation est proposée à l'approbation des parties. Si elles ne donnent pas leur accord, le médiateur communique au ministre chargé du Travail le texte de la recommandation motivée et signée. Le ministre *peut* rendre public le rapport du médiateur.

Il ne faut pas confondre cette procédure formelle de médiation avec la fonction médiatrice de l'inspecteur du travail, fonction informelle qui joue cependant en pratique un rôle beaucoup plus important [1].

1482 ***Arbitrage*** ◊ L'arbitre est un particulier, juge d'occasion, choisi par les parties, qui dit le droit et tranche ainsi un différend. En *droit commun* (le Code de procédure civile), les parties à un litige peuvent décider d'un commun accord de faire trancher celui-ci par un arbitre, et rédigent alors un compromis d'arbitrage pour définir la mission de celui-ci. Elles s'engagent à respecter la sentence rendue par lui, laquelle est dépourvue par elle-même de force exécutoire (elle ne l'acquiert que par la formalité judiciaire de l'exequatur). Les parties peuvent même convenir d'avance de soumettre leurs litiges futurs à l'arbitrage, auquel cas elles insèrent dans leur contrat une clause compromissoire. Cet arbitrage de droit commun suppose donc toujours un accord des parties et peut être qualifié pour cette raison de *facultatif*.

L'absence de juridiction permanente en matière de conflits collectifs du travail a conduit parfois à poser le problème de *l'arbitrage social obligatoire* : le recours à l'arbitre pourrait-il être imposé aux parties hors tout compromis ou toute clause compromissoire ? Aucun des partenaires sociaux n'est actuellement favorable à cette intervention autoritaire d'un tiers. Certes, l'arbitrage fonctionne dans de nombreux pays étrangers, mais il ne paraît pas approprié à la conjoncture française actuelle. La loi du 11 février 1950 a conféré à l'arbitrage des conflits collectifs du travail un caractère *facultatif* qui a été maintenu par la loi du 13 novembre 1982. Il n'y a arbitrage que si les parties au conflit en ont ainsi décidé, en insérant une clause compromissoire dans la convention collective (C. trav., art. L. 2524-1) ou en signant un compromis après l'apparition du litige (C. trav., art. L. 2524-2).

L'arbitre désigné par les parties, ne joue pas exactement le même rôle que l'arbitre de droit commun. La loi prescrit qu'il doit statuer en droit dans les litiges juridiques et en équité dans les conflits économiques.

La *sentence* doit être motivée. Ses effets sont ceux d'une convention collective et les sanctions sont celles que la loi attache à la violation d'une convention collective. Cette solution différencie un peu plus l'arbitrage

---

1. Ph. Auvergnon, L'intervention médiatrice de l'administration du travail dans les conflits collectifs, *Dr. ouvrier* 2003.501.

social de celui du Code de procédure civile. En matière de conflits du travail, la sentence est assimilée à un contrat entre les parties : elle a plutôt force *obligatoire* que force *exécutoire* [1].

SECTION 2. LE RÈGLEMENT NÉGOCIÉ ENTRE LES PARTIES

1483 ***La négociation directe, mode normal de règlement des conflits économiques*** ◊ Les procédures de conciliation, de médiation, d'arbitrage sont en sommeil, sinon caduques. Les limites apportées à la grève le sont par les intéressés eux-mêmes dans un effort d'*autolimitation* (référendum, fonctionnement minimum des services publics). Les revendications sont négociées, le retour au travail se fait sur la base de concessions réciproques [2].

C'est plutôt en s'efforçant de rendre la négociation « permanente », en multipliant les commissions paritaires de conflits dans les accords collectifs, que l'on parvient par la prévention et le dialogue régulier à venir à bout des conflits. En outre l'existence de ceux-ci est inévitable dans une société moderne.

Si l'État doit élaborer la « règle du jeu » c'est-à-dire le mode d'emploi des *procédés de lutte*, il incombe aux interlocuteurs sociaux seuls de rechercher le règlement mettant fin à un litige. Une solution imposée aux parties sera ici toujours inadéquate. Quant au juge, son rôle majeur pourrait être d'inviter à négocier et de surveiller le déroulement de la négociation. Le juriste devrait admettre l'existence d'une *négociation transactionnelle* (mettant fin à un différend) distincte de la *négociation normative* (créatrice d'une convention collective). La loi est très en retard mais le *bargaining* (barguigner) heurte encore les habitudes françaises. De manière paradoxale la loi qui a institué une obligation de négocier, n'a rien prévu de tel en cas de conflit collectif. Si ce n'est pendant le préavis de grève dans les services publics.

1484 ***Procès-verbal de fin de conflit*** ◊ Quand l'action des salariés ne se délite pas – il peut y avoir plusieurs causes à cette issue piteuse – et que le conflit ouvert ne prend pas fin par le retour plus ou moins désordonné au travail, il s'achève par de laborieuses discussions dont les fruits sont consignés dans un document d'un type que le Code ignore : le *constat*, le *protocole* ou *procès-verbal* de *fin de conflit* [3].

---

1. Sur les conditions de la contestation d'une sentence arbitrale, v. C. sup. arbitrage, 16 mai 2001, *RJS* 10/01, n° 1184, concl. M. Schwartz, p. 757.
2. M.-A. Souriac, Conflits du travail et négociation collective, *Dr. soc.* 2001. 705.
3. Le plus célèbre mais non le seul est le protocole de Grenelle du 28 mai 1968 (sur celui-ci, G. Lyon-Caen, *JCP* 1970. 16471 et B. Starck, *JCP* 1970.I.2363). Un long et fameux conflit du *Parisien libéré* avait pris fin, lui aussi, par une *négociation entres les parties*, précédée d'une négociation entre les organisations patronales et syndicales (G. Lyon-Caen, « Le conflit du *Parisien libéré* et le système français de règlement des conflits du travail », *Dr. soc.* 1977. 438). V. : R. de Quenaudon, « Protocoles de fin de conflit », *Dr. soc.* 1981. 402 ; J.-P. Chauchard, « Les accords de fin de conflit », *Dr. soc.* 1982. 678 ; M. Moreau, « Les règlements de fin de conflit », *Dr. soc.*

Le contenu de ce document est souvent relatif aux retenues du salaire correspondant aux jours de grève, à la récupération par ceux qui ont été empêchés de travailler, à l'engagement de reprendre le travail dans des conditions régulières, à l'engagement de l'employeur de ne pas prononcer de sanction à l'encontre des grévistes [1]. Il est généralement négocié et conclu par les délégués syndicaux ou les délégués du personnel, ou les uns et les autres, parfois par le comité d'entreprise ou par des délégués *ad hoc* désignés par les salariés (dans entreprises dépourvues d'institutions représentatives).

Le régime juridique de ces protocoles est mal défini. Remédiant à une crise, de caractère provisoire, ils ne se substituent pas à la convention collective [2] et n'obéissent pas nécessairement aux mêmes règles de négociation et de conclusion [3]. L'étendue de leurs effets et leur sanction sont progressivement fixées en jurisprudence, qui y voit soit une transaction au sens de l'article 2044 du Code civil réglant les questions litigieuses et s'opposant à toute réclamation ultérieure [4], soit un accord collectif d'entreprise lorsqu'il est signé après négociation avec les délégués syndicaux [5], soit un engagement unilatéral liant l'employeur [6]. Sur le fond, ils sont assujettis au respect des règles d'égalité et de non-discrimination (C. trav., art. L. 1132-2), ce qui exclut qu'ils réservent des avantages, soit aux non-grévistes, soit aux grévistes [7]. Ils ne peuvent pas davantage priver les salariés de certains de leurs droits individuels [8].

Le non-respect du procès-verbal peut inciter des salariés à saisir le conseil de prud'hommes afin d'obtenir ce qu'il promettait, et la Cour de cassation invite les juges du fond à donner plein effet à ce type d'acte « innomé » [9].

2001. 139 ; M. Fabre-Magnan, « Accords de fin de conflits et droit des contrats », *in* G. Virassamy et al. *Droit et pratiques syndicales en matière de conflits collectifs de travail*, L'Harmattan, 2002, p. 129 ; B. Teyssié, Conflits collectifs : sur la portée des accords de règlement, *TPS*, juin 2002.

1. Engagement qui ne fait pas obstacle à une demande de dommages et intérêts pour réparer le préjudice causé par les fautes des syndicats : mais qui semble bien antinomique avec un licenciement pour faute lourde (Soc. 16 févr. 1989, *Dr. ouvrier* 1989.412).

2. Soc. 17 janv. 1973, *JCP* 1973. Somm. 85.

3. Un comité d'entreprise peut ainsi signer valablement un accord de fin de conflit et en poursuivre l'exécution devant le juge (Soc. 5 juill. 2006, n° 04-43213, *Bull. civ.* V, n° 238)

4. Soc. 30 nov. 1978, *Bull. civ.* V, n° 817 ; 25 avr. 1979, *Bull. civ.* V, n° 330 (récupération au tarif des heures supplémentaires après lock-out ; pas de réclamation ultérieure de salaire ; protocole signé par les délégués du personnel ; récupération acceptée et non imposée, donc licite) ; 16 févr. 1989, *Dr. ouvrier* 1989.412 (« pas de sanction pour fait de grève » : puis licenciement pour faute lourde ; les juges du fond doivent s'expliquer sur la non-réintégration des grévistes licenciés).

5. Soc. 15 janv. 1997, *Bull. civ.* V, n° 20.

6. Soc. 2 déc. 1992, *Dr. soc.* 1993. 192 ; 15 janv. 1997 préc.

7. Soc. 20 janv. 1993, *D.* 1993. IR 44 ; 2 mars 1994, *JCP* 1994. II. 22318, note J. Savatier (discrimination résultant du versement d'une prime aux non-grévistes) ; 5 juill. 2005, *Bull. civ.* V, n° 230 (un avantage substitué, selon le protocole de fin de conflit, aux primes antérieures, ne peut être réservé aux grévistes).

8. Soc. 3 mai 2007, n° 05-44776 P ; *D.* 2007. 1423 (protocole d'accord prévoyant la renonciation au paiement des jours de grève, alors que celle-ci était due à un manquement grave et délibéré de l'employeur à ses obligations).

9. Soc. 24 avr. 1975, *Bull. civ.* V, n° 207 ; 17 déc. 2003, *RJS* 4/04, n° 444 ; Soc. 24 juin 2008, n° 07-40387 (pouvoir d'interprétation du juge du fond).

INDEX ALPHABÉTIQUE

(Les chiffres renvoient aux numéros de paragraphe)

B

C

D

F

O

P

Q

R

S

T

U

V

TABLE DES MATIÈRES

713733 - (I) – OSB- 40g - JOU – (EDO)
Dépôt légal : septembre 2014
Imprimé en Allemagne par Druckerei C.H.Beck